Kuhla/Hüttenbrink
Der Verwaltungsprozess

Der Verwaltungsprozess

von

Dr. Wolfgang Kuhla
Rechtsanwalt und Notar in Berlin
Fachanwalt für Verwaltungsrecht

und

Dr. Jost Hüttenbrink
Rechtsanwalt und Notar in Münster
Fachanwalt für Verwaltungsrecht
Professor an der Kath. Fachhochschule Nordrhein-Westfalen

und

Dipl.-Volkswirt Dr. Jan Endler
Rechtsanwalt in Berlin

3., überarbeitete und erweiterte Auflage

Verlag C. H. Beck München 2002

Es haben bearbeitet:
Hüttenbrink: Abschnitte A, C, D, E, G und I
Kuhla: Abschnitte B, F, H, J und K
Endler: Abschnitt L

ISBN 3 406 48640 1

Wilhelmstraße 9, 80801 München
Druck: fgb. freiburger graphische betriebe
Bebelstr. 11, 79108 Freiburg

Satz: Druckerei C. H. Beck Nördlingen

Umschlaggestaltung: Bruno Schachtner, Grafik-Werkstatt, Dachau

Gedruckt auf säurefreiem, alterungsbeständigem Papier
(hergestellt aus chlorfrei gebleichtem Zellstoff)

Vorwort zur 3. Auflage

Als die 2. Auflage unseres Handbuchs 1998 erschien, lag das „Erdbeben" gerade ein gutes Jahr hinter uns, das die am 1. 1. 1997 in Kraft getretene 6. VwGO-Änderungsnovelle in der Praxis des Gerichtsalltags ausgelöst hatte. Die Konsequenzen ließen sich damals noch nicht voll übersehen. Heute wissen wir: die gesetzlichen Änderungen haben mehr Probleme aufgeworfen als sie gelöst haben. Die einschlägigen juristischen Fachzeitschriften quellen über von Publikationen, im Mittelpunkt steht das Zulassungsrecht. Die Senate der einzelnen Obergerichte entwickeln dabei zum Teil diametral entgegenstehende Grundsätze. Das 6. VwGO-Änderungsgesetz hat sich aus der Sicht der Anwaltschaft zu einem „Rechtsanwaltsbeschleunigungsgesetz" entwickelt. Und – ohne dass sachliche Gründe dies gerechtfertigt hätten –, war damit gleichzeitig eine starke Einschränkung des Rechtsschutzes für den Bürger verbunden. Nicht zuletzt hat es auch die richterliche Praxis der Obergerichte dramatisch verändert: manch ein Richter denkt dort sehnsüchtig an die Zeit zurück, als er in mündlichen Verhandlungen direkten Kontakt mit den Parteien hatte.

Es ist zu begrüßen, dass sich der Gesetzgeber – auch unter dem Eindruck der Entscheidung des Bundesverfassungsgerichts vom 23. 6. 2000[1] – dazu entschlossen hat, einige besonders gravierende Mängel durch das zum 1. 1. 2002 in Kraft getretene „Gesetz zur Bereinigung des Rechtsmittelrechts im Verwaltungsprozess" (RmBereinVpG) zu beheben.

Vor diesem Hintergrund verfolgen wir in der jetzt vorliegenden 3. Auflage unseres Handbuchs zwei Ziele: Systematische Darstellung der Auswirkungen der 6. VwGO-Novelle und erstmalige Kommentierung der neuen gesetzlichen Regelungen des RmBereinVpG.

Wir haben darüber hinaus das Themenspektrum erweitert, wobei wir an der strikt praxisorientierten Darstellung festgehalten haben. Ein neues Kapitel ist dem Einfluss des Europarechts auf das deutsche Verwaltungsprozessrecht und den Verfahrensarten vor dem EuGH gewidmet. Für diese Themen ist es uns gelungen Rechtsanwalt Dipl.-Volkswirt Dr. Jan Endler als Autor zu gewinnen. Er ist mit dieser Materie im besonderen Maße praktisch vertraut und hat die europarechtliche Darstellung eigenverantwortlich verfasst.

Nach wie vor liegt ein besonderer Schwerpunkt des Buchs im Bereich des vorläufigen Rechtsschutzes. Wir haben die Darstellung der typischen Fallkonstellationen und die damit zusammenhängenden prozessualen und materiell-rechtlichen Fragen durchweg inhaltlich vertieft und thematisch ausgeweitet: Dem einstweiligen Rechtsschutz im Planfeststellungsrecht und im Immissionsschutzrecht sind jetzt eigenständige Abschnitte gewidmet. Wir hoffen so, dem Praktiker (Anwalt oder Behördenvertreter) zusätzliche Anregungen und Hinweise geben zu können.

---

[1] 1 BvR 830/00 – DVBl. 00, 1458 ff. dazu *Kuhla*, DVBl. 00, 172.

Vorwort

Auch in anderen Bereichen haben wir Neuland betreten. So enthält die 3. Auflage erstmalig ein umfangreiches Kapitel zur gerichtlichen Normenkontrolle in der Praxis am Beispiel der Überprüfung von Bebauungsplänen.

Die Beispielsschreiben und Beispielsschriftsätzen im Anhang I dienen der Illustration der Darstellungen im Hauptteil; wir haben diesen Anhang I nochmals erheblich erweitert.

Wiederum haben uns unsere jeweiligen Partner mit erfahrenen Anregungen und konstruktiver Kritik begleitet. Dafür bedanken wir uns bei Norbert Burke, Dr. Kornelius Kleinlein, Dr. Christoph Wagner, Dr. Carl-Stephan Schweer und Christian von Hammerstein sowie bei Dr. Raimund Körner. Herr Ministerialrat Hans-Peter Schmieszek im Bundesministerium der Justiz, Berlin, hat uns während des Gesetzgebungsverfahrens für das RmBereinVpG stets über die neuesten Entwicklungen auf dem Laufenden gehalten. Für diese wertvolle Unterstützung unserer Arbeit sagen wir Dank. Ein besonderer Dank gilt unseren Frauen, die es erneut akzeptiert haben, dass wir uns neben der anwaltlichen Tätigkeit der Arbeit an der Neuauflage gewidmet haben.

Rechtsprechung und Literatur wurden bis Herbst 2001 berücksichtigt, teilweise auch noch bis Dezember 2001. Das zum 1. Januar 2002 in Kraft getretene „Gesetz zur Bereinigung des Rechtsmittelrechts im Verwaltungsprozess" (RmBereinVpG) wurde bereits vollständig eingearbeitet. Für Kritik, Anregungen und Bedenken sind wir dankbar.

Münster/Berlin im Januar 2002

Jost Hüttenbrink — Wolfgang Kuhla

Inhaltsübersicht

Inhaltsverzeichnis

(Detaillierte Inhaltsangaben finden sich in den jeweiligen Kapitelübersichten)

Inhaltsverzeichnis

Inhaltsverzeichnis

Inhaltsverzeichnis

Inhaltsverzeichnis

Inhaltsverzeichnis

Inhaltsverzeichnis

Inhaltsverzeichnis

Inhaltsverzeichnis

Literaturverzeichnis

(aufgeführt sind nur Kommentare, Lehrbücher und Monographien)

App/Wettlaufer	Verwaltungsvollstreckungsrecht, 3. Auflage, 1997
Battis	Bundesbeamtengesetz, 2. Auflage, 1997
Battis/Krautzberger/Löhr	Baugesetzbuch – BauGB – Kommentar –, 7. Auflage, 1999
Baumbach/Lauterbach/Albers/Hartmann	Zivilprozeßordnung – Kommentar –, 59. Auflage, 2001
Beckmann	Verwaltungsgerichtlicher Rechtsschutz im raumbedeutsamen Umweltrecht, Beiträge zum Siedlungs- und Wohnungswesen und zur Raumplanung, Bd. 114, 1987
Boeddinghaus/Hahn/Schulte	Bauordnung für das Land NRW 1995, Stand Mai 2000
Bosch/Schmidt	Praktische Einführung in das verwaltungsgerichtliche Verfahren, 7. Auflage, 2000
Brieske	Die anwaltliche Honorarvereinbarung, Neuwied 1997
Brox/Walker	Zwangsvollstreckungsrecht, 6. Auflage, 1999
Buchholz	Sammel- und Nachschlagwerk der Rechtsprechung des Bundesverwaltungsgerichts
Burgi	Verwaltungsprozeß und Europarecht, 1996
Driehaus	Erschließungs- und Ausbaubeiträge, NJW-Schriftenreihe, Heft 42, 6. Auflage, 2001
Driehaus (Hrsg.)	Kommunalabgabenrecht, Loseblattsammlung Stand Januar 2001
Dürr	Die Antragsbefugnis bei der Normenkontrolle von Bebauungsplänen, 1987
Dürr/Korbmacher	Baurecht für Berlin, 1996
Erichsen	Allgemeines Verwaltungsrecht, 11. Auflage, 1998
Ernst/Zinkahn/Bielenberg	BauGB, Loseblattsammlung, Stand März 2001
Eyermann	Verwaltungsgerichtsordnung, 11. Auflage, 2000
Fickert/Fieseler	Baunutzungsverordnung, 9. Auflage, 1999
Finkelnburg/Jank	Vorläufiger Rechtsschutz im Verwaltungsstreitverfahren, 4. Auflage, 1998
Finkelnburg/Ortloff	Öffentliches Baurecht, Band I, 5. Auflage, 1998
Finkelnburg/Ortloff	Öffentliches Baurecht, Band II, 4. Auflage, 1998

Literaturverzeichnis

Gädtke/Böckenförde/Temme .... Landesbauordnung Nordrhein-Westfalen, 10. Auflage, 2001

Gerold/Schmidt/v. Eicken/Madert ..... BRAGO-Kommentar – Bundesgebührenordnung für Rechtsanwälte –, 14. Auflage, 1999

Göttlich/Mümmler .... Bundesgebührenordnung für Rechtsanwälte, 20. Auflage, 2001

Grabitz/Hilf .... Das Recht der Europäischen Union, Kommentar, Loseblattsammlung, Stand Juli 2000

Grigoleit .... Die Anordnung der sofortigen Vollziehbarkeit gemäß § 80 Abs. 2 Nr. 4 VwGO als Verwaltungshandlung, 1996

von der Groeben/Thiesing/Ehlermann (Hrsg.) .... Kommentar zum EU-/EG-Vertrag,, 5. Auflage 1997–1999

Hartmann .... Kostengesetze, 30. Auflage, 2001

Hartstein/Ring/Kreile/Dörr/Stettner .... Rundfunkstaatsvertrag, Stand Januar 2001

Hauck/Haines .... Sozialgesetzbuch, Loseblattkommentar, Band I Stand Mai 2000; Band X 1 und 2 Stand März 1999; Band X 3, Stand Januar 2000

Hentschel .... Straßenverkehrsrecht, 36. Auflage, 2001

Herdegen .... Europarecht, 3. Auflage 2001

Hoppe .... Organstreitigkeiten vor den Verwaltungs- und Sozialgerichten, Siegburg 1970

Hoppe/Grotefeld ..... Öffentliches Baurecht, 1995

Hoppe/Schlarmann/Buchner .... Rechtsschutz bei der Planung von Straßen und anderen Verkehrsanlagen, 3. Auflage, 2001

Hoppe/Schoeneberg .... Raumordnungs- und Landesplanungsrecht des Bundes und des Landes Niedersachsen, 1987

Hoppe/Stüer .... Die Rechtsprechung zum Bauplanungsrecht, 1995

Hoppenberg .... Handbuch des öffentlichen Baurechts, München, Loseblattsammlung, Stand Juli 2001

Hufen .... Verwaltungsprozeßrecht, 4. Auflage, 2000

Hüttenbrink .... Schadensersatzansprüche der Selbstverwaltungskörperschaften gegen ihre Organverwalter, 1981

Jarras .... Bundesimmissionsschutzgesetz, 4. Auflage 1999

Johlen .... Wehrpflichtrecht in der Praxis, 4. Auflage, 1996

Kloepfer .... Umweltrecht, 2. Auflage 1998

Koch/Scheuing .... GK-BImSchG, Stand Dezember 2000

Kopp/Schenke .... VwGO – Verwaltungsgerichtsordnung, 12. Auflage, 2000

Kopp/Ramsauer .... VwVfG – Verwaltungsverfahrensgesetz, 7. Auflage, 2000

Kummer .... Die Nichtzulassungsbeschwerde, 1990

Kuschneus .... Der sachgerechte Bebauungsplan – Handreichungen für die kommunale Planung, 1997

Landmann/Rohmer .... Gewerbeordnung, Loseblattsammlung, Stand Januar 2001

Landmann/Rohmer .... Umweltrecht, Stand März 2001

Larenz .... Methodenlehre der Rechtswissenschaft, 4. Auflage 1979

Leibholz/Rinck/Hesselberger .... Grundgesetz für die Bundesrepublik Deutschland, 7. Aufl., Loseblattsammlung, Stand Dezember 2000

Lenz .... EG-Vertrag, Kommentar, 2. Auflage 1999

Lüke/Walchshöfer .... Münchener Kommentar zur Zivilprozeßordnung, 2. Auflage, 2000

Madert/Hellstab .... Anwaltsgebühren in Verwaltungs-, Steuer- und Sozialsachen, 2. Auflage, 1998

Mampel .... Nachbarschutz im öffentlichen Baurecht, 1994

Martens .... Mustertexte zum Verwaltungsprozeß, 2. Auflage, 1994

Maunz/Dürig .... Grundgesetz für die Bundesrepublik Deutschland, Loseblattsammlung, Stand Januar 2001

Maurer .... Allgemeines Verwaltungsrecht,13. Auflage 2000

Mergler/Zink .... Bundessozialhilfegesetz, Stand August 2000

Meyer-Ladewig .... Sozialgerichtsgesetz, 6. Auflage, 1998

Niehues .... Prüfungsrecht, 3. Auflage, 1994

Palandt .... Bürgerliches Gesetzbuch, 60. Auflage, München 2001

Pietzner/Ronellenfitsch .... Das Assessorenexamen im öffentlichen Recht, 10. Auflage, 2000

Redeker/von Oertzen .... Verwaltungsgerichtsordnung, 13. Auflage, 2000

Rengeling/Middeke/Gellermann .... Rechtschutz in der Europäischen Union, NJW-Schriftenreihe, Bd. 56, 1994

Renner .... Ausländerrecht, 7. Auflage, 1999

Riedel/Sußbauer ...... Bundesgebührenordnung für Rechtsanwälte, Kommentar 8. Auflage, 2001

Ring .... Medienrecht, Loseblattsammlung Stand Februar 2001

Schellhorn/Jirasek/Seipp .... Bundessozialhilfegesetz, 15. Auflage, 1997

Schenke .... Verwaltungsprozeßrecht, 6. Auflage, 1998

Schlichter/Stich .... Berliner Kommentar zum Baugesetzbuch, 2. Auflage, 1995

Schmidt/Glaeser/Horn .... Verwaltungsprozeßrecht, Kurzlehrbuch, 15. Auflage, 2000

Schnellenbach .... Beamtenrecht in der Praxis, 4. Auflage, 1998

Schwarze .... EU-Kommentar, 1. Auflage, 2000

Schoch .... Vorläufiger Rechtsschutz und Risikoverteilung im Verwaltungsrecht, 1988

Literaturverzeichnis

Schoch/Schmidt-
Aßmann/Pietzner ..... Verwaltungsgerichtsordnung, Loseblattsammlung, Stand Januar 2001

Sodan/Ziekow .... Kommentar zur Verwaltungsgerichtsordnung, Stand Juli 2000

Stein/Jonas .... Zivilprozeßordnung, 21. Auflage, 1993

Steinberg .... Fachplanung, 3. Auflage, 2000

Stelkens .... Verwaltungsverfahren, München 1991

Stelkens/Bonk/
Sachs .... VwVfG – Verwaltungsverfahrensgesetz, 6. Auflage, 2001

Stober .... Rechtsschutz im Wirtschafts-, Verwaltungs- und Umweltrecht, 1993

Streinz .... Europarecht, Lehrbuch, 4. Auflage 2001

Stüer .... Handbuch des Bau- und Fachplanungsrechts, 2. Auflage, 1998

Tonne .... Effektiver Rechtsschutz durch staatliche Gerichte als Forderung des europäischen Gemeinschaftsrechts, 1997

Ule .... Verwaltungsprozeßrecht, 9. Auflage, 1987

Wagner .... Die Landesmedienanstalten, 1990

Wilke/Dageförde/
Knuth/Meyer .... Bauordnung für Berlin, 5. Auflage, 1999

Wolff/Bachhof/
Stober .... Verwaltungsrecht I, 11. Auflage, 1999

Wolff/Bachhof/
Stober .... Verwaltungsrecht II, 6. Auflage, 2000

Zöller .... Zivilprozeßordnung – Kommentar – 22. Auflage, 2001

Zuck .... Verfassungsbeschwerde, 2. Auflage, 1988

Abkürzungsverzeichnis

a. A.	andere Ansicht
a. a. O.	am angegebenen Ort
AbfallG	Abfallgesetz
ABl. EG	Amtsblatt der Europäischen Gemeinschaften
Abs.	Absatz
a. E.	am Ende
AEVO	Arbeitserlaubnisverordnung
a. F.	alte Fassung
AFG	Arbeitsförderungsgesetz
AG	Amtsgericht
AGVwGO	Ausführungsgesetz zur VwGO
Alt.	Alternative
Anh.	Anhang
Anm.	Anmerkung
AO	Abgabenordnung
AsylVfG	Asylverfahrensgesetz
Art.	Artikel
Aufl.	Auflage
AuslG	Ausländergesetz
BA	Beschlußausfertigung
BaföG	Bundesausbildungsförderungsgesetz
BauGB	Baugesetzbuch
BauNVO	Baunutzungsverordnung
BauO	Bauordnung
BauR	Baurecht
Bay.	Bayern/Bayerisch
Bay. VerfGH	Bayerischer Verfassungsgerichtshof
BayVBl.	Bayerische Verwaltungsblätter (Zeitschrift)
BBesG	Bundesbesoldungsgesetz
Bbg.	Brandenburg
BezG	Bezirksgericht
BDVR-Rundschreiben	Rundschreiben des Bundes Deutscher Verwaltungsrichter (Zeitschrift)
BeamtVG	Beamtenversorgungsgesetz
BGB	Bürgerliches Gesetzbuch
BGBl.	Bundesgesetzblatt
BGH	Bundesgerichtshof
BGHZ	Entscheidungen des Bundesgerichtshof in Zivilsachen

Abkürzungen

BImSchG	Bundesimmissionsschutzgesetz
Bln	Berlin
BNatSchG	Gesetz über Naturschutz und Landschaftspflege
BNotO	Bundesnotarordnung
B-Plan	Bebauungsplan
BRAGO	Bundesrechtsanwaltsgebührenordnung
BRAO	Bundesrechtsanwaltsordnung
BR/Ds.	Bundesrats-Drucksache
BRRG	Beamtenrechtsrahmengesetz
BSeuchenG	Bundesseuchengesetz
BSHG	Bundessozialhilfegesetz
BT/Ds.	Bundestags-Drucksache
BVerfG	Bundesverfassungsgericht
BVerfGE	Bundesverfassungsgerichtsentscheidung
BVerwG	Bundesverwaltungsgericht
BVerwGE	Bundesverwaltungsgerichtsentscheidung
BW	Baden-Württemberg
DAR	Deutsches Autorecht (Zeitschrift)
dB	Dezibel
DDR	Deutsche Demokratische Republik
d. h.	das heißt
DÖV	Die öffentliche Verwaltung (Zeitschrift)
DRiG	Deutsches Richtergesetz
DtZ	Deutsch-Deutsche Rechtszeitschrift
DVAuslG	Durchführungsverordnung zum Ausländergesetz
DVBl.	Deutsches Verwaltungsblatt (Zeitschrift)
EG	Vertrag zur Gründung der Europäischen Gemeinschaft
EGGVG	Einführungsgesetz zum Gerichtsverfassungsgesetz
EMRM	Europäische Menschenrechtskonvention
EntlG	Entlastungsgesetz
ESVGH	Entscheidungssammlung des Hessischen Verwaltungsgerichtshofes
EU	Vertrag über die Europäische Union
EuG	Europäisches Gericht
EuGH	Europäischer Gerichtshof
EuZW	Europäische Zeitschrift für Wirtschaftsrecht
EWG	Vertrag über die Gründung der Europäischen Wirtschaftsgemeinschaft
f.	folgende
FEVS	Fürsorgerechtliche Entscheidungen der Verwaltungsgerichte und Sozialgerichte (Entscheidungssammlung)
ff.	fortfolgende

FGO	Finanzgerichtsordnung
FStrG	Bundesfernstraßengesetz
GaststättenG	Gaststättengesetz
gem.	gemäß
GemO	Gemeindeordnung
GewArch	Gewerbearchiv (Zeitschrift)
GewO	Gewerbeordnung
GG	Grundgesetz
ggf.	gegebenenfalls
GKG	Gerichtskostengesetz
GmbH	Gesellschaft mit beschränkter Haftung
GVG	Gerichtsverfassungsgesetz
GWB	Gesetz gegen Wettbewerbsbeschränkungen
HGB	Handelsgesetzbuch
HH	Hamburg
i. S. d.	im Sinne des/der
i. d. R.	in der Regel
ins.	insbesondere
i. S. v.	im Sinne von
i. V. m.	in Verbindung mit
JZ	Juristische Zeitschrift
KAG	Kommunalabgabengesetz
KAG NW	Kommunalabgabengesetz für das Land Nordrhein-Westfalen
KG	Kammergericht
KG	Kommanditgesellschaft
KHG	Krankenhausfinanzierungsgesetz
KJHG	Kinder- und Jugendhilfegesetz
KrG	Kreisgericht
LAG	Lastenausgleichsgesetz
LKV	Landes- und Kommunalverwaltung (Zeitschrift)
Ls	Leitsatz
LuftVG	Luftverkehrsgesetz
MedR	Zeitschrift für Medizinrecht
mod.	modifiziert
MDR	Monatsschrift für deutsches Recht
MV	Mecklenburg-Vorpommern
MW	Megawatt

Abkürzungen

m. w. N. .... mit weiteren Nachweisen
Nds. .... Niedersachsen
NDV .... Nachrichtendienst des Deutschen Vereins für öffentliche und private Fürsorge
NJ .... Neue Justiz (Zeitschrift)
NJW .... Neue Juristische Wochenschrift
NJW-CoR .... Computerreport der Neuen Juristischen Wochenschrift
NordÖR .... Zeitschrift für öffentliches Recht in Norddeutschland
NuR .... Natur und Recht (Zeitschrift)
NVwZ .... Neue Zeitschrift für Verwaltungsrecht
NVwZ-RR .... Neue Zeitschrift für Verwaltungsrecht – Rechtsprechungs-Report
NW .... Nordrhein-Westfalen
NWVBl. .... Verwaltungsblatt des Landes Nordrhein-Westfalen (Zeitschrift)
NZS .... Neue Zeitschrift für Sozialrecht
NZV .... Neue Zeitschrift für Verkehrsrecht

OBG .... Ordnungsbehördengesetz
OBG NW .... Ordnungsbehördengesetz Nordrhein-Westfalen
OHG .... offene Handelsgesellschaft
OLG .... Oberlandesgericht
OVG .... Oberverwaltungsgericht
OVGE .... Entscheidungssammlung des OVG
OVG MS .... Oberverwaltungsgericht Münster

PartG .... Parteiengesetz
PartG-DDR .... Parteiengesetz der Deutschen Demokratischen Republik
PatentG .... Patentgesetz
PflanzenSchG .... Pflanzenschutzgesetz
PolG .... Polizeigesetz des Landes Nordrhein-Westfalen
PVG RH-PF .... Polizeiverwaltungsgesetz für das Land Rheinland-Pfalz

Rdn. .... Randnummer
ReblausG .... Reblausgesetz
RVO .... Reichsversicherungsordnung

S. .... Seite
Saarl. .... Saarland, saarländisch
Sächs. .... Sächsisch
SGB .... Sozialgesetzbuch
SGG .... Sozialgerichtsgesetz
SH .... Schleswig-Holstein
Slg. .... Sammlung
s. o. .... siehe oben

sog.	sogenannten
SoldG	Soldatengesetz
str.	strittig
u.	und
u. a.	und andere
unv.	unveröffentlicht
UPR	Umwelt- und Planungsrecht (Zeitschrift)
V	Volt
VA	Verwaltungsakt
VBl.	Verwaltungsblatt
VBlBW	Verwaltungsblätter für Baden-Württemberg (Zeitschrift)
VereinsG	Vereinsgesetz
VerfGH	Verfassungsgerichtshof
VerfGH NW	Verfassungsgerichtshof des Landes Nordrhein-Westfalen
VerfO-EuG	Verfahrensordnung des EuG
VerfO-EuGH	Verfahrensordnung des EuGH
VerwArch	Verwaltungsarchiv (Zeitschrift)
VerwRspr.	Verwaltungsrechtsprechung in Deutschland (Entscheidungssammlung)
VG	Verwaltungsgericht
VGH	Verwaltungsgerichtshof
VGHE	Entscheidungen des Bayerischen Verwaltungsgerichtshofs
VGH NW	Gesetz über den Verfassungsgerichtshof für das Land Nordrhein-Westfalen
vgl.	vergleiche
VIZ	Zeitschrift für Vermögens- und Investitionsrecht
VwGO	Verwaltungsgerichtsordnung
WeinwirtschaftsG	Weinwirtschaftsgesetz
WHG	Wasserhaushaltsgesetz
WRV	Weimarer Reichsverfassung
WTO	World Trade Organisation
z. B.	zum Beispiel
ZBR	Zeitschrift für Beamtenrecht
ZfBR	Zeitschrift für deutsches und internationales Baurecht
ZFSH/SGB	Zeitschrift für Sozialhilfe und Sozialgesetzbuch
Ziff.	Ziffer
ZOV	Zeitschrift für offene Vermögensfragen
ZPO	Zivilprozeßordnung
ZSEG	Gesetz über die Entschädigung von Zeugen und Sachverständigen

Abkürzungen

ZTR	Zeitschrift für Tarifrecht
ZUM	Zeitschrift für Urheber- und Medienrecht
ZVS	Zentralstelle für die Vergabe von Studienplätzen
z. Z.	zur Zeit

A. Allgemeine Einführung

Übersicht

I. Funktion der Verwaltungsgerichte

Nach Art. 20 Abs. 3 GG ist die Gesetzgebung an die verfassungsmäßige Ordnung, die vollziehende Gewalt und die **Rechtsprechung** sind an **Gesetz und Recht gebunden.** 1

Die Bindung der Verwaltung an die Grundrechte wird darüber hinaus in Art. 1 Abs. 3 des Grundgesetzes besonders hervorgehoben. Die im Grundgesetz statuierte Bindung der Verwaltung an Recht und Gesetz stellt nicht nur ein verfassungsrechtliches Postulat dar, sondern wird durch die verfassungsrechtliche Institutionalisierung der Rechtsprechung geschützt. Das Grundgesetz hat in **Art. 19 Abs. 4** den Rechtsweg für den Fall eröffnet, dass „jemand durch die öffentliche Gewalt in seinen Rechten" verletzt wird.[1] „Soweit eine andere Zuständigkeit nicht begründet ist", wird in Art. 19 Abs. 4 Satz 2 GG subsidiär eine Zuständigkeit des ordentlichen Rechtswegs (die Zivilgerichte) begründet. Unbeschadet dieser Auffangregelung will das GG die Kontrolle der Verwaltung der Verwaltungsgerichtsbarkeit als vollwertigem Zweig der Rechtspflege zuweisen. Art. 95 GG, der ausdrücklich das Bundesverwaltungsgericht als obersten Gerichtshof auf dem Gebiet der Verwaltungsgerichtsbarkeit vorsieht, belegt dies anschaulich.

Die aus Art. 20 Abs. 3 GG resultierende Bindung der Verwaltung an Verfassung und Gesetz hat zwangsläufig zur Folge, dass wirksam gesetzte Hoheitsakte auch außer Kraft gesetzt werden können, wenn sie rechtswidrig sind. Auch die Träger der öffentlichen Gewalt unterliegen Irrtümern, so dass fehlerhafte Entscheidungen nicht auszuschließen sind. Maßnahmen der Verwaltung müssen deshalb kontrollierbar und korrigierbar sein. Dies gebietet das materielle Rechtsstaatsprinzip; durch das Grundrecht auf Individualrechtschutz in Art. 19 Abs. 4 GG wird es gewährleistet. 2

Die Verwaltung wird in vielfältiger Weise überprüft. Während die verwaltungsinterne Kontrolle durch die Aufsicht des Vorgesetzten und die Fachaufsichtsbehörde in gewisser Weise auf eine „Selbstreinigung der Verwaltung" abzielt, sind für den Bürger in erster Linie die ihm eingeräumten verwaltungsexternen Kontroll- 3

---

[1] *Maunz/Dürig,* Art. 19, Abs. 4, Rdn. 7–9, Rdn. 15–30.

möglichkeiten von besonderer Bedeutung. Hierbei ist zwischen den **formlosen Rechtsbehelfen** und den **förmlichen Rechtsbehelfen** zu unterscheiden.

Nach Art. 17 GG hat jedermann das Recht, sich einzeln oder in Gemeinschaft mit anderen schriftlich mit Bitten oder Beschwerden an die zuständigen Stellen und/oder an die Volksvertretung zu wenden. Demzufolge kann sich jeder Staatsbürger in Gegenvorstellungen, Aufsichtsbeschwerden oder Dienstaufsichtsbeschwerden an die Behörden wenden, um sein Recht zu suchen. Gegenstand des formlosen Rechtsbehelfs kann jede Maßnahme der öffentlichen Verwaltung sein; der Rechtsbehelf ist weder an Fristen noch an Formen gebunden (Ausnahme: das Petitionsrecht gem. Art. 17 GG, das ausdrücklich die Schriftform verlangt). Seinem Wortlaut nach gewährt Art. 17 GG allerdings nur das Recht des Betroffenen, sich mit Eingaben an die zuständigen Stellen zu wenden. Einen Anspruch auf positive Bescheidung der Beschwerde gibt das Petitionsrecht nicht.

4 Das Wesen des **förmlichen Rechtsbehelfs** besteht deshalb darin, dass der Staatsbürger (in der Regel innerhalb von bestimmten Fristen) seine „Beschwerde" unabhängigen Gerichten vorlegen und zu einer Entscheidung in der Sache selbst bringen darf. Der Gesetzgeber hat mit der Verwaltungsgerichtsbarkeit eine Einrichtung geschaffen, durch die dem Individium Rechtschutz gegen Maßnahmen der Verwaltung gewährt wird.[2] Der verwaltungsgerichtliche Rechtsschutz besteht typischerweise dann, wenn eine Unterordnung des Individuums gegenüber der staatlichen Verwaltung vorliegt und sich das Individuum gegen konkrete Akte staatlicher Gewalt zur Wehr setzen will.

Verwaltungsrechtsschutz kann aber auch dann gewährt werden, wenn ein „Subordinationsverhältnis" fehlt, so bei Streitigkeiten zwischen Gleichgestellten, wie z.B. bei Streitigkeiten zwischen den Parteien eines öffentlich-rechtlichen Vertrages oder bei Streitigkeiten zwischen zwei Trägern öffentlicher Gewalt.[3]

5 Anders als vielfach im europäischen Ausland, kennt die Verwaltungsgerichtsbarkeit in Deutschland eine lange Tradition.[4] Die jetzige, bundeseinheitliche Regelung der Verwaltungsgerichtsbarkeit ist im Jahre 1960 in Kraft getreten;[5] das Gesetz hat seither zahlreiche Änderungen erfahren.

Die Kompetenz der Verwaltungsgerichte ist in § 40 geregelt (vgl. C 1 ff.).

6 Nach Erschöpfung des Verwaltungsrechtsweges kann der Bürger das BVerfG mit der **Verfassungsbeschwerde** anrufen, wenn er sich durch einen Akt der Verwaltung in seinen Grundrechten verletzt sieht. Zugleich wird durch die Verfassungsbeschwerde die Möglichkeit eröffnet, sich gegen prozessuales Unrecht zur Wehr zu setzen, das der einzelne evtl. im Zuge des verwaltungsgerichtlichen Verfahrens erlitten hat (z.B. Verletzungen von Art. 101 Abs. 1 Satz 2 oder Art. 103 Abs. 1 GG).[6]

---

[2] Zum Begriff der Verwaltungsgerichtsbarkeit vgl. *Kopp/Schenke,* § 1, Rdn. 3; ferner *Ule,* Verwaltungsprozeßrecht, 9. Aufl., 1 ff.

[3] Vgl. dazu *Ule,* 1 ff.

[4] Vgl. dazu *Ule,* 2 ff.

[5] Vgl. dazu BGBl. I, 17, 25. 1. 1960.

[6] Zur Verfassungsbeschwerde im allgemeinen, vgl. Kommentierung bei *Maunz/Dürig,* Art. 93 GG, insbesondere auch zur Möglichkeit der kommunalen Verfassungsbeschwerde zum Verhältnis zwischen Verfassungsbeschwerde und Landesverfassungsgerichtsbarkeit, vgl. *Zuck,* Rdn. 174; ferner *Schmidt-Aßmann* in *Schoch/Schmidt-Aßmann/Pietzner,* Einl. Rdn. 226 ff.

Schließlich besteht nach Ausschöpfung der innerstaatlichen Rechtsmittel (einschl. der Verfassungsbeschwerde) auch noch die Möglichkeit einer **Menschenrechtsbeschwerde** (Individualbeschwerde gem. Art. 25 EuRK).[7] **7**

II. Unabhängigkeit der Verwaltungsgerichte

Die Verwaltungsgerichtsordnung verwirklicht für den Bereich der Verwaltungsgerichtsbarkeit (§ 40) die in den Art. 20 Abs. 2 GG, 92 u. 97 GG vorgesehene Gewaltenteilung durch die Schaffung unabhängiger Verwaltungsgerichte. Obwohl bereits aus dem Begriff des „Gerichtes" die Unabhängigkeit von Legislative und Exekutive folgt, stellt § 1 noch einmal ausdrücklich klar, dass die Verwaltungsgerichtsbarkeit durch unabhängige, **von den Verwaltungsbehörden getrennte Gerichte** ausgeübt wird. Die Unabhängigkeit der Verwaltungsgerichtsbarkeit besteht **8**

- in organisatorischer Hinsicht,[8]
- in personeller Hinsicht[9] und
- in sachlicher Hinsicht.[10]

Durch die organisatorische Selbständigkeit ist die in früheren Jahren in der Entstehungsgeschichte der Verwaltungsgerichtsbarkeit bekannte Verbindung der Verwaltungsgerichte mit Verwaltungsbehörden heute nicht mehr möglich. Die Gerichte sind seit Inkrafttreten der VwGO funktionell und organisatorisch selbständig. **9**

Die personelle Unabhängigkeit wird durch Art. 97 Abs. 2 GG gewährleistet.[11] Die sachliche Unabhängigkeit Art. 97 Abs. 1 GG hat zur Folge, dass die Verwaltungsgerichte nur an Gesetz und Recht i.S. von Art. 20 Abs. 3 GG gebunden sind.[12] **10**

Die Verwaltungsgerichte unterliegen also keinerlei Weisungen, insbesondere keinen Weisungen durch die Parlamente, Regierungen oder Behörden.

III. Verhältnis von Verwaltung und Verwaltungsgerichtsbarkeit

Die Exekutive ist zwar als vollziehende Gewalt an Recht und Gesetz gebunden (Art. 20 Abs. 3 GG). Dies bedeutet freilich nicht, dass sich die Tätigkeit der Behörden in einem bloßen Vollzug von Verwaltungsgesetzen erschöpft; je nach Lage des Falles kann die Verwaltung bei ihrem Handeln rechtlich gebunden sein oder einen rechtlichen Handlungsspielraum haben. **11**

---

[7] *Schmidt-Aßmann* in *Schoch/Schmidt-Aßmann/Pietzner,* Einl., Rdn. 228ff.

[8] Vgl. dazu *Redeker/von Oertzen,* § 1, Rdn. 3.

[9] *Redeker/von Oertzen,* § 1, Rdn. 4.

[10] *Redeker/von Oertzen,* § 1, Rdn. 5; *Maunz/Dürig,* Art. 97, Rdn. 13–44.

[11] *Redeker/von Oertzen,* § 15, Rdn. 3; *Maunz/Dürig,* Art. 97, Rdn. 45–69.

[12] *BVerwG,* 14. 9. 1994 – 6 C 42/92 – NJW 95, 344; Art. 20, Abs. 3 GG i.V.m. den einschlägigen sonstigen Grundrechten wird allerdings dann verletzt, wenn sich ein Gericht bei der Anwendung des Rechtes soweit von dem zugrunde liegenden Gesetz entfernt, dass die Begründung der Entscheidung den Zusammenhang mit dem Gesetz nicht mehr hinreichend erkennen lässt.

1. Handlungs- und Entscheidungsspielräume der Verwaltung

12 Eine rechtliche Bindung der Verwaltung liegt vor, wenn die von ihr geplante Regelung an bestimmte gesetzliche Voraussetzungen geknüpft ist, die der Behörde keinen Entscheidungsspielraum lassen (sog. **gebundene Entscheidung**).[13]

Beispiel:

§ 11 Abs. 1 Satz 1 BSHG: „Hilfe zum Lebensunterhalt **ist** dem zu gewähren, der seinen notwendigen Lebensunterhalt nicht oder nicht ausreichend aus eigenen Kräften und Mitteln, vor allem aus seinem Einkommen und Vermögen, beschaffen kann."

13 Neben den sog. gebundenen Entscheidungen, denen sog. „Ist-Bestimmungen" („Muss-Bestimmungen") zugrunde liegen, kennt das Gesetz aber auch zahlreiche Regelungen, die der Verwaltung entweder auf der Tatbestands- oder auf der Rechtsfolgenseite einen Entscheidungsspielraum eröffnen.

14 Dies sind auf der Rechtsfolgenseite – wenn ein bestimmter Tatbestand gegeben ist – „Kann- oder Sollvorschriften", wo die Verwaltung eine Maßnahme nach eigener Entscheidung treffen oder nicht treffen kann (sog. **Ermessensentscheidungen**).[14]

Beispiel:

§ 15b BSHG: „Sind laufende Leistungen zum Lebensunterhalt voraussichtlich nur für kurze Dauer zu gewähren, können Geldleistungen als Darlehen gewährt werden."
§ 36 Abs. 1 Satz 1 BSHG: „Personen, bei denen nach ärztlichem Urteil eine Erkrankung oder ein sonstiger Gesundheitsschaden einzutreten droht, **soll** vorbeugende Gesundheitshilfe gewährt werden".

Bei Ermessensentscheidungen bestimmen die Verwaltungsbehörden in eigener Verantwortung, ob sie überhaupt tätig werden wollen und wenn ja, wie und auf welche Weise gehandelt werden soll (vgl. den klassischen Fall der polizeilichen Generalklausel, z.B. § 14 OBG NW). Ermessensermächtigungen zum Erlass begünstigender oder belastender Verwaltungsakte finden trotz der gesetzlich eingeräumten Entscheidungsfreiheit der Verwaltung nicht im rechtsfreien Raum statt. Da die Behörden an Recht und Gesetz gebunden sind (Art. 20 Abs. 3 GG), unterliegt auch die Ermessensausübung der Behörde den allgemeinen rechtlichen Schranken, die durch Gesetz und Verfassung vorgegeben sind. Die Verwaltung muss bei Ermessensentscheidungen zunächst den Sachverhalt vollständig und richtig ermitteln,[15] sie darf bei Ermessensentscheidungen nicht willkürlich oder nach Belieben handeln; sie ist vielmehr verpflichtet, bei ihrer Entscheidung den erkennbaren Zweck der gesetzlichen Regelung zu berücksichtigen. Die Verwaltung darf nicht in grundrechtlich geschützte Rechte des Betroffenen oder in Grundrechte Dritter eingreifen; sie ist insbesondere durch das Diskriminierungsverbot aus Art. 3 GG in ihrem Handlungsspielraum eingeschränkt, die Entscheidung muss auch verhältnismäßig

[13] *Ule,* 8; bei Sollbestimmungen ist ein sehr eng begrenzter Ermessensspielraum eingeräumt, so dass die Behörde i. d. R. tätig werden muss, vgl. z.B. § 36 Abs. 1 BSHG.

[14] *Ule,* 8; manchmal sind „Kann-Vorschriften" aber auch nur Vorschriften, die die Zuständigkeit und/oder die Ermächtigung der Behörde im Bereich der gebundenen Verwaltung festlegen; vgl. dazu *VGH München,* 9. 5. 1994 – 24 CS 94 438 u. 439 – BayVBl. 95, 84ff.

[15] *Sachs* in *Stelkens/Bonk/Sachs,* § 40, Rdn. 99.

sein.[16] Der Bürger hat einen Anspruch auf ermessensfehlerfreie Entscheidung, sofern der Ermessenstatbestand nicht öffentlichen sondern auch privaten Interessen dient.[17]

Ermessensvorschriften sind sorgfältig zu trennen von „**unbestimmten Rechtsbegriffen**“:[18] **15**

Beispiel:

§ 4 Abs. 1 Nr. 1 GaststättenG: „... (1) Die Erlaubnis ist zu versagen, wenn Tatsachen die Annahme rechtfertigen, dass der Antragsteller die für den Gewerbebetrieb **erforderliche Zuverlässigkeit** nicht besitzt, ...“

Bei **unbestimmten Rechtsbegriffen**[19] wird der Verwaltung ein bestimmtes Tatbestandsmerkmal vorgegeben, dessen Vorliegen oder Nichtvorliegen bei der Rechtsanwendung geprüft werden muss. In derartigen Fällen muss der unbestimmte Rechtsbegriff zunächst abstrakt ausgelegt werden; sodann ist der festgestellte Sachverhalt an der ausgelegten rechtlichen Vorschrift zu messen. Theoretisch gibt es auf die Frage, ob ein konkreter Sachverhalt vom Tatbestand der Norm erfasst wird, nur eine richtige, d.h. rechtmäßige Antwort. Wenn der Tatbestand aber einen solchen unbestimmten Rechtsbegriff enthält und die Entscheidung z.B. von einer Instanz getroffen wird, in der „Elemente gesellschaftlicher Repräsentanz“ verkörpert sind, so ist der Verwaltung insoweit ein **Beurteilungsspielraum**[20] eröffnet.

Beispiel:

Indizierung von jugendgefährdenden Schriften gem. § 1 GjS.[21]

Häufig wird vom Gesetzgeber sowohl mit unbestimmten Rechtsbegriffen als auch mit einer anschließenden Ermessenseinräumung gearbeitet: **16**

Beispiel:

§ 26 Abs. 1 BSHG: „Auszubildende, deren Ausbildung im Rahmen des Bundesausbildungsförderungsgesetz oder des § 40 Arbeitsförderungsgesetzes dem Grunde nach förderungsfähig ist, haben keinen Anspruch auf Hilfe zum Lebensunterhalt. In **besonderen Härtefällen kann** Hilfe zum Lebensunterhalt als Beihilfe oder als Darlehn gewährt werden.“

Im § 26 BSHG stellt der Begriff „in besonderen Härtefällen“ einen unbestimmten Rechtsbegriff dar. Die Verwaltung hat also zunächst zu prüfen, unter welchen Voraussetzungen von einer **„besonderen Härte“** ausgegangen werden kann und ob bei dem zu entscheidenden Sachverhalt ein derartiger besonderer Härtefall vorliegt; dieser Teil der Verwaltungsentscheidung ist gerichtlich voll überprüfbar.

Wird ein „besonderer Härtefall“ bejaht, wird nun der eigene Entscheidungsspielraum der Behörde eröffnet, die in derartigen Fällen ausnahmsweise doch Hilfe

---

16 Zum Grundsatz der Verhältnismäßigkeit vgl. *BVerfG,* 14. 5. 1985 – 1 BvR 449/82 – S. 29; ferner *Zuck,* Rdn. 319, der Grundsatz der Verhältnismäßigkeit gilt (auch) im gesamten EG-Recht: *VGH München,* 3. 2. 1994 – 19 B 93.82 – BayVBl. 95, 212.

17 *Sachs* in *Stelkens/Bonk/Sachs,* § 40, Rdn. 136ff.

18 *Wegge,* „Zur verfassungsrechtlichen Abgrenzung unbestimmter Rechtsbegriffe von unzulässigen dynamischen Verweisungen ...“, DVBl. 77, 648ff.

19 *Sachs* in *Stelkens/Bonk/Sachs,* § 40, Rdn. 147ff.

20 Zum Bewertungsspielraum im Prüfungsrecht s. K 185.

21 *BVerwG,* 16. 12. 1971 – 1 C 31/68 – NJW 72, 596 = BVerwGE 39, 197.

zum Lebensunterhalt bewilligen **kann;**[22] dieser Teil der Entscheidung kann nur auf Ermessensfehler überprüft werden.

17 Von der klassischen Ermessensentscheidung sind **Planungsentscheidungen** zu unterscheiden.

Beispiel:
Planfeststellungsbeschluss gem. § 17 BundesfernstraßenG

Während die Ermessensentscheidung durch eine „Wenn/Dann" Struktur konditional strukturiert ist, wird das von der Behörde bei einer Planungsentscheidung auszuübende (Planungs-)Ermessen final programmiert.[23]

2. Gerichtliche Überprüfungsmöglichkeiten der behördlichen Handlungs- und Entscheidungsspielräume

18 Liegt eine **gebundene Entscheidung** vor, so findet eine umfassende verwaltungsgerichtliche Kontrolle des Verwaltungshandelns dahingehend statt, ob die Verwaltung entsprechend den vorgegebenen Normen gehandelt hat. Das Gericht hat weiter zu prüfen, ob die zugrunde liegenden Gesetze verfassungsgemäß sind.[24]

Es ist allerdings darauf hinzuweisen, dass für die Feststellung der Verfassungswidrigkeit von Gesetzen, die nach Inkrafttreten des Grundgesetzes erlassen worden sind, das Bundesverfassungsgericht das Entscheidungsmonopol hat. Hält also ein Verwaltungsgericht eine dem Verfahren zugrunde liegende Vorschrift für verfassungswidrig, so ist das Gericht zwingend verpflichtet, das Verfahren nach § 100 Abs. 1 GG auszusetzen und die Entscheidung des Bundesverfassungsgerichts einzuholen (vgl. E 317ff.).[25]

19 Die Gerichte sind auch verpflichtet zu überprüfen, ob die anzuwendenden deutschen Gesetze wegen einer Kollision mit dem Gemeinschaftsrecht der Europäischen Gemeinschaft nicht angewendet oder ausgeführt werden dürfen. Kommt das Gericht zu dem Ergebnis, dass eine innerstaatliche Norm gegen das Gemeinschaftsrecht verstößt, sind die deutschen Gerichte berechtigt bzw. verpflichtet, die Norm dem EuGH vorzulegen, jedoch nur dann, wenn die Streitfrage entscheidungserheblich ist[26] (vgl. E 326ff., F 105ff., 132).

20 Der Verwaltungsgerichtsbarkeit steht also keine Zweckmäßigkeitskontrolle, sondern allein eine Rechtmäßigkeitskontrolle zu. Die Verwaltungsgerichte sind keine „Oberverwaltungsbehörden".[27] Die Verwaltungsgerichtsbarkeit ist ausschließlich dazu da, Rechtsschutz zu gewähren und bei Anfechtungs- oder Verpflichtungsklagen über die Rechtmäßigkeit oder Rechtswidrigkeit eines erlassenen oder ab-

---

[22] Vgl. dazu *Schellhorn/Jirasek/Seipp,* § 26, Rdn. 25ff.
[23] *Pietzner/Ronellenfitsch,* § 15, Rdn. 19.
[24] Vgl. dazu *Redeker/von Oertzen,* § 1, Rdn. 7 a.
[25] Vgl. dazu *Redeker/von Oertzen,* § 1, Rdn. 7 a.
[26] *BVerwG,* 18. 12. 1968 – V C 75.67 –; *Redeker/von Oertzen,* § 1, Rdn. 17f.
[27] Zur bedenklichen Aufweichung dieses Grundsatzes im Zusammenhang mit der Einführung der neuen Heilungsvorschriften im Verwaltungsprozess, vgl. *Kuhla/Hüttenbrink,* „Endstation Einzelrichter", DVBl. 96, 717, 718.

gelehnten Verwaltungsakts, nicht aber über seine Zweckmäßigkeit oder Unzweckmäßigkeit zu befinden.

Liegt dagegen eine **Ermessensentscheidung**[28] vor, so kann nur eine eingeschränkte verwaltungsgerichtliche Überprüfung stattfinden. Die VwGO trägt diesem besonderen Spannungsverhältnis bei der Ermessensentscheidung dadurch Rechnung, dass in den Fällen der Verpflichtungsklage[29] ein sog. Bescheidungsurteil möglich ist: Die Gerichte können eine ablehnende Entscheidung der Behörde aufheben und die Behörde dazu verurteilen, unter Berücksichtigung der Rechtsauffassung des Gerichts den jeweiligen Kläger erneut zu bescheiden, § 113 Abs. 1 Satz 3 und § 113 Abs. 5 Satz 1 (vgl. D 205), zum Stichwort: Heilung von Verfahrensfehlern, vgl. E 177 ff.[30] **21**

Die in der Rechtsprechung anerkannte Einschränkung der verwaltungsgerichtlichen Kontrolle aufgrund der Zuerkennung eines **Beurteilungsspielraums** zugunsten der Behörde einerseits und bei Ermessensentscheidungen andererseits ist mit Art. 19 Abs. 4 Satz 1 GG vereinbar; das BVerwG[31] hat hierzu ausgeführt: „Diese Begrenzung der verwaltungsgerichtlichen Nachprüfung verletzt nicht Art. 19 Abs. 4 GG. Gerichtlicher Rechtsschutz dient der Abwehr von Rechtsverletzungen. Sind mehrere rechtmäßige Entscheidungen möglich, verlangt Art. 19 Abs. 4 GG nicht, dass die Auswahl unter ihnen letztverantwortlich vom Gericht getroffen wird".[32] **22**

In Fällen, in denen eine **Planungsentscheidung** des Trägers öffentlicher Gewalt einer gerichtlichen Überprüfung unterliegt, gelten ebenfalls Einschränkungen. Das Gericht kann – beispielsweise bei der Überprüfung von Bauleitplänen – lediglich feststellen, ob das nach dem BauGB vorgeschriebene gesetzliche Instrumentarium eingehalten worden ist und ob eine abwägungsfehlerfreie Planungsentscheidung getroffen wurde.[33] Bei prognostischen Entscheidungen der Behörde besteht daher nur eine eingeschränkte verwaltungsgerichtliche Überprüfungsmöglichkeit. **23**

IV. Verhältnis von Verwaltungsverfahren und Verwaltungsprozess

Die Kontrolle staatlicher Verwaltung ist durch die VwGO insofern gesondert geregelt, als das Gesetz zunächst einmal von einer Selbstkontrolle der Verwaltung ausgeht. Das Verwaltungsverfahren selbst ist stark formalisiert und strukturiert. Der Gesetzgeber hat in den §§ 68–73 besondere Vorschriften für die Anfechtungs- und Verpflichtungsklagen erlassen und dem jeweiligen Betroffenen zunächst einmal die **24**

---

[28] Zum Begriff des Ermessens, vgl. *Stelkens,* Rdn. 425–454.

[29] Vgl. dazu die weiteren Nachweise bei *Redeker/von Oertzen,* § 113, Rdn. 41.

[30] Zur bedenklichen Aufweichung dieses Grundsatzes im Zusammenhang mit der Einführung der neuen Heilungsvorschriften im Verwaltungsprozess, vgl. *Kuhla/Hüttenbrink,* „Endstation Einzelrichter," DVBl. 96, 717, 718.

[31] *BVerwG,* 16. 12. 1971 – I C 31.68 – BVerwGE 39, 197, 205.

[32] Vgl. dazu auch *BVerwG,* 13. 12. 1979 – 5 C 1.79 – BVerwGE 59, 213 ff., 216 ff.; ferner *Ule,* 15 ff.

[33] *Ule,* 8 ff.

Möglichkeit der Einlegung eines Widerspruchs eingeräumt[34] (vgl. D 81ff.). Sinn und Zweck dieser Bestimmungen ist es, der Verwaltung in einem vorgeschalteten Verfahren die Möglichkeit zur kritischen Selbstüberprüfung zu geben. Die Durchführung des Vorverfahrens ist deshalb nach ganz herrschender Auffassung für die Anfechtungs- und Verpflichtungsklage eine von Amts wegen zu beachtende Prozessvoraussetzung und wird deshalb bereits im Rahmen der Klagezulässigkeit geprüft. Die Durchführung des Vorverfahrens ist daher auch nicht entbehrlich.[35]

V. Verwaltungsgerichtsbarkeit und EG-Angelegenheiten

25 Durch die Stärkung und das Zusammenwachsen der Europäischen Gemeinschaft macht sich in den letzten Jahren eine immer stärkere Europäisierung des Rechts, vor allem auch des Verwaltungsrechts, bemerkbar.[36]

26 Der Rechtsschutz in EG-Angelegenheiten ist im wesentlichen durch die EG-Struktur selbst bestimmt: Die Rechtsakte der EG besitzen nicht erst aufgrund eines mitgliedstaatlichen Transformationsaktes, sondern eo ipso aufgrund des Zustimmungsgesetzes zum EG-Vertrag mit seinen Änderungen unmittelbare Gültigkeit.[37] Dabei wird das Gemeinschaftsrecht selten durch Gemeinschaftsorgane (direkter Vollzug) ausgeführt; zum Rechtsschutz gegen Akte von EG-Organen vgl. Kap. L. Das EG-Recht wird vornehmlich durch die Verwaltungen der einzelnen Mitgliedstaaten ausgeführt[38] (indirekter Vollzug). In diesen Fällen haben die nationalen Gerichte, insbesondere auch die Verwaltungsgerichte, das Gemeinschaftsrecht unmittelbar anzuwenden,[39] selbst wenn im Einzelfalle die nationalen Ausführungsgesetze fehlen oder zu spät verabschiedet werden.[40]

27 Nach Art. 234 Abs. 1 EG und Art. 150 EAGV können sämtliche Quellen des Gemeinschaftsrechts Gegenstand einer Vorlage an den EuGH sein.[41] Gerichte eines Mitgliedstaates, deren Entscheidung noch mit Rechtsmitteln des innerstaatlichen Rechts angefochten werden können, können dem EuGH eine Frage über die Auslegung oder Gültigkeit des EG-Rechtes vorlegen; die Instanzgerichte haben also ein Ermessen, von dem jeweils pflichtgemäß Gebrauch zu machen ist.[42] Trifft

---

[34] Vgl. dazu *Stelkens,* Rdn. 682ff.

[35] Vgl. dazu *Kopp/Schenke,* § 68, Rdn. 1ff.

[36] *Neßler,* „Der transnationale Verwaltungsakt zur Dogmatik eines neuen Rechtsinstituts", NVwZ 95, 863ff.; *Gassner,* „Rechtsgrundlagen und Verfahrensgrundsätze des Europäischen Verwaltungsverfahrensrechts", DVBl. 95, 16ff.; *Frenz,* „Subjektiv – öffentliche Rechte aus Gemeinschaftsrecht vor deutschen Verwaltungsgerichten", DVBl. 95, 408ff.; *Burgi,* „Deutsche Verwaltungsgerichte als Gemeinschaftsrechtsgerichte", DVBl. 95, 772ff.; *Schmidt-Aßmann* in *Schoch/Schmidt-Aßmann/Pietzner,* Einl. 1, Rdn. 100ff; *Stern,* „Die Einwirkung des europäischen Gemeinschaftsrechts auf die Verwaltungsgerichtsbarkeit", JuS 98, 769ff.

[37] *Burgi,* a. a. O., DVBl. 95, 772; *Rengeling/Middeke/Gellermann,* Rdn. 341.

[38] *Schmidt-Aßmann* in *Schoch/Schmidt-Aßmann/Pietzner,* Einl. 1, Rdn. 101.

[39] *Rengeling/Middeke/Gellermann,* Rdn. 342.

[40] Vgl. dazu *EuGH,* 9. 8. 1994 – C 396/92 – zur fehlenden Umsetzung der UVP-Richtlinie in Deutschland.

[41] *Ehlers* in *Schoch/Schmidt-Aßmann/Pietzner,* Anh. § 40 zu Art. 177 EGV, Rdn. 16ff.

[42] *Ehlers* in *Schoch/Schmidt-Aßmann/Pietzner,* Anh. § 40 zu Art. 177 EGV, Rdn. 33.

das jeweilige Gericht eine letztinstanzliche Entscheidung, d. h. besteht keine innerstaatliche Anfechtungsmöglichkeit mehr, muss das Gericht nach Art. 234 Abs. 3 EG (Art. 150 EAGV) den EuGH anrufen[43] (vgl. F 105, F 132). Als Rechtsmittel im Sinne dieser Vorschriften gelten neben der Rechtsbeschwerde, die Berufung, aber auch die Revision bzw. die Nichtzulassungsbeschwerde wegen Nichtzulassung der Berufung oder der Revision in Betracht. Das BVerwG muss deshalb, wenn es auf die Auslegung oder Gültigkeit von europäischen Gemeinschaftsrecht ankommt – die Angelegenheit immer dem EuGH vorlegen, weil das Gemeinschaftsrecht grundsätzlich im Sinne des Art. 234 Abs. 3 EG (Art. 150 EAGV) als revisibel anzusehen ist[44] (vgl. auch Kap. L 58ff., 69ff.).

Neben der Vorlagepflicht deutscher Gerichte an den EuGH hat das EG-Recht **28**
weitere Einwirkungsbereiche, z.B. bei der Klagebefugnis (D 56ff.),[45] beim vorläufigen Rechtsschutz,[46] beim Rechtsschutz im öffentlichen Vergabewesen.[47]

Nur ausnahmsweise kommt es zu einem direkten Vollzug des EG-Rechts durch Gemeinschaftsorgane. In diesen Fällen kann für Privatpersonen bzw. für juristische Personen des Privatrechts oder des öffentlichen Rechts dann der gemeinschaftseigene Rechtsschutz[48] eröffnet sein: Die Nichtigkeitsklage (Art. 230 EG), die Untätigkeitsklage (Art. 232 EG) und das Amtshaftungsverfahren (Art. 235, 288 EGV) sind für natürliche oder juristische Personen eröffnet; im übrigen steht der Rechtsweg zum EuGH den EG-Bediensteten in Dienst- und Disziplinarangelegenheiten offen (Art. 236 EG).[49]

Im Einzelfall kann sich der betroffene Bürger auch unmittelbar auf eine von der Bundesrepublik Deutschland nicht umgesetzte Richtlinie berufen, wenn die festgesetzte Frist zur Umsetzung abgelaufen ist, die Richtlinie hinreichend bestimmt und unbedingt gefasst ist und für den Betroffenen ein begünstigendes mitgliedschaftliches Verhalten enthält.[50]

---

[43] *Ehlers* in *Schoch/Schmidt-Aßmann/Pietzner,* Anh. § 40 zu Art. 177 EGV, Rdn. 36.

[44] *Ehlers* in *Schoch/Schmidt-Aßmann/Pietzner,* Anh. § 40 zu Art. 177 EGV, Rdn. 38; vgl. auch F 99; die willkürliche Nichtvorlage verletzt die unterlegene Partei in ihrem Recht aus Art. 101 Abs. 1 S. 2 GG und begründet die Verfahrensrevision bzw. die Verfassungsbeschwerde. Die außerordentlichen Rechtsbehelfe der Wiederaufnahme des Verfahrens oder der Verfassungsbeschwerde gelten in diesem Zusammenhang nicht als Rechtsmittel i. S. d. Art. 177 Abs. 3 EGV; vgl. *Ehlers* in *Schoch/Schmidt-Aßmann/Pietzner,* Anh. § 40 zu Art. 177 EGV, Rdn. 39.

[45] *Burgi,* „Deutsche Verwaltungsgerichte als Gemeinschaftsgerichte", DVBl. 95, 772ff.

[46] *Wahl* in *Schoch/Schmidt-Aßmann/Pietzner,* Vorb § 42 Abs. 2, Rdn. 127ff.; § 42 Abs. 2, Rdn. 215f.; vgl. ferner *Rengeling/Middeke/Gellermann,* Rdn. 527–587; *Sandner,* „Probleme des vorläufigen Rechtsschutzes gegen Gemeinschaftsrecht vor nationalen Gerichten", DVBl. 98, 262ff.

[47] *Schoch* in *Schoch/Schmidt-Aßmann/Pietzner,* Vorb § 80, Rdn. 18ff.; § 80, Rdn. 58, 157, 269ff.

[48] *Rengeling/Middeke/Gellermann,* Rdn. 60ff.; *Schmidt-Aßmann* in *Schoch/Schmidt-Aßmann/Pietzner,* Einl. 1, Rdn. 104.

[49] Vgl. dazu den Exkurs in Kapitel D IX; vgl. *Rengeling/Middeke/Gellermann,* Rdn. 60–340.

[50] *OVG Weimar,* 30. 7. 1997 – 2 EO 196/96 – DVBl. 98, 153 im Anschluß an *EuGH,* 11. 8. 1995 – C-431/92 – DVBl. 96, 424ff.

Hinweis:

Weitere Erörterungen europarechtlicher Fragestellungen finden sich in
Kapitel E II 12: Vorlagepflicht (E 326 ff.)
Kapitel E: Verfahrensfehler (E 294, F 105, F 132)
Kapitel L: Verwaltungsprozess und Europarecht

B. Gerichtsverfassung

Übersicht

I. Gerichtsorganisation

1 Die Verwaltungsgerichtsbarkeit wird gem. § 1 durch unabhängige, von den Verwaltungsbehörden getrennte Gerichte ausgeübt, vgl. oben A 8ff. Die **Verwaltungsgerichtsordnung regelt** die **Gerichtsverfassung** der **allgemeinen Verwaltungsgerichtsbarkeit** sowie das **Verfahren** vor den Verwaltungsgerichten.

2 Neben der allgemeinen Verwaltungsgerichtsbarkeit gibt es **besondere Verwaltungsgerichte:** die **Sozialgerichte,** die im wesentlichen für sozialversicherungsrechtliche Angelegenheiten zuständig sind und die **Finanzgerichte,** die in abgabenrechtlichen Fällen Rechtsschutz bieten. Zur Abgrenzung der Zuständigkeit zwischen den Gerichten der allgemeinen und besonderen Verwaltungsgerichtsbarkeit im Rahmen des § 40 s. unten C 97f. bzw. C 100f.

1. Verwaltungsgerichte

3 § 2 bestimmt, dass in den Ländern Verwaltungsgerichte zu errichten sind. Die Errichtung und Aufhebung von Verwaltungsgerichten ist gem. § 3 Abs. 1 Nr. 1 der Regelung des jeweiligen Landesgesetzgebers vorbehalten.

Gem. § 3 Abs. 1 Nr. 5 hat der Landesgesetzgeber das Recht, durch Gesetz einzelne Kammern des Verwaltungsgerichts an anderen Orten zu errichten (**auswärtige Kammern**). Auf diese Weise kann die Einrichtung einer ortsnahen Rechtsprechung erreicht werden, die den Rechtsschutz erheblich vertieft, ohne dass damit die Kosten eines gesamten Gerichtsapparats in Kauf genommen werden müßten.[1]

In den Flächenstaaten der Bundesrepublik Deutschland gibt es jeweils mehrere Verwaltungsgerichte, in den Stadtstaaten Berlin, Bremen und Hamburg sowie im Saarland und in Schleswig-Holstein besteht jeweils nur ein Verwaltungsgericht.

4 Auch in den fünf neuen Bundesländern sind durch landesrechtliche Bestimmungen[2] die Verwaltungsgerichte etabliert worden.[3]

---

[1] So BT-Dr 3/55, Begründung zu § 2 Abs. 2 Satz 2 des Entwurfs einer VwGO.

[2] Die landesgesetzlichen Bestimmungen sind im Anhang IV 2 abgedruckt.

[3] S. a. *Kipp,* NVwZ 95, 340.

2. Oberverwaltungsgerichte

5 § 2 bestimmt, dass in den Ländern jeweils ein Oberverwaltungsgericht zu errichten ist.

Der Landesgesetzgeber kann gem. § 3 Abs. 1 Nr. 5 auch für das Oberverwaltungsgericht bestimmen, dass einzelne Spruchkörper an anderen Orten als am Sitz des Gerichts errichtet werden.[4] Auch ein Oberverwaltungsgericht, das über **auswärtige Senate** verfügt, hat nur einen Sitz. Nur an diesem Sitz können Rechtsmittel eingelegt werden.[5]

§ 3 Abs. 2 eröffnet den Ländern die Möglichkeit, die Funktionen des Oberverwaltungsgerichts einem gemeinsam zu errichtenden Obergericht zu übertragen.[6]

6 Gem. § 184 kann der Landesgesetzgeber regeln, dass ein Oberverwaltungsgericht die bisherige Bezeichnung „Verwaltungsgerichtshof" weiterführt. Von dieser Ermächtigung ist in Baden-Württemberg (VGH Mannheim), Bayern (VGH München) und Hessen (VGH Kassel) Gebrauch gemacht worden.

3. Bundesverwaltungsgericht

7 Das Bundesverwaltungsgericht hat derzeit seinen Sitz noch in **Berlin,** vgl. Art. 95 Abs. 1 GG i. V. m. § 2 a. F. Künftig wird es – einem Vorschlag der Föderalismuskommission folgend – seinen Sitz in **Leipzig** haben, vgl. § 2 n. F.[7] Dort wird das Gericht das Gebäude des ehemaligen Reichsgerichts nutzen. Der Umzug von Berlin nach Leipzig soll in der Zeit des Jahreswechsels 2002/2003 stattfinden.[8]

Der Präsident des Bundesverwaltungsgerichts erstattet im Frühjahr regelmäßig einen Bericht über die Tätigkeit des Vorjahres und gibt einen Ausblick auf die im laufenden Jahr anstehenden Entscheidungen.[9]

II. Besetzung der Spruchkörper der einzelnen Gerichte

1. Verwaltungsgericht

8 Gem. § 5 Abs. 1 besteht das Verwaltungsgericht aus dem Präsidenten und aus den Vorsitzenden Richtern sowie weiteren Richtern in erforderlicher Anzahl. Die Länder regeln im einzelnen in den Ausführungsgesetzen zur VwGO und in den

---

[4] Zu den verfassungsrechtlichen Anforderungen an eine solche landesgesetzliche Regelung s. *BayVerfGH,* 14. 2. 1995 – Vf. 6 – VII – 93 – NVwZ-RR 96, 123.

[5] *VGH München,* 12. 6. 1996 – 22 B 96 1150 – BayVBl. 96, 734.

[6] Diese Möglichkeit hatten die Länder Niedersachsen und Schleswig-Holstein genutzt, das OVG Lüneburg fungierte als gemeinsames Oberverwaltungsgericht. Nach Kündigung des Staatsvertrages hat das Land Schleswig-Holstein in Schleswig 1990 ein eigenes Oberverwaltungsgericht errichtet.

[7] § 2 in der Fassung des Gesetzes zur Verlagerung des Sitzes des Bundesverwaltungsgerichts von Berlin nach Leipzig, BGBl. I 97, 2742.

[8] Bericht des Präsidenten des Bundesverwaltungsgerichts *Franßen,* DVBl. 00, 536.

[9] S. für die Jahre 2000 und 2001 DVBl. 01, 523.

Landeshaushalts-Bestimmungen, in welchem Verfahren und durch welche Gremien bzw. Stellen die Zahl der Richterstellen an einem Gericht sowie die Zahl der Spruchkörper an diesem Gericht festgelegt wird.

§ 5 Abs. 2 regelt, dass beim Verwaltungsgericht Kammern gebildet werden. **9**
Diese Kammern entscheiden gem. § 5 Abs. 3 Satz 1 **in der mündlichen Verhandlung** in der Besetzung von drei Richtern und zwei ehrenamtlichen Richtern.

Die ordnungsgemäße Besetzung setzt voraus, dass die zur Entscheidung berufenen Richter im Sinne des Art. 97 Abs. 1 GG unabhängig sind. Über diese persönliche Unabhängigkeit verfügen nur hauptamtlich und endgültig angestellte Richter, vgl. auch Art. 97 Abs. 2 GG. Zur ordnungsgemäßen Besetzung eines Gerichts gehört, dass in der Regel die zur Entscheidung berufenen Richter mit persönlicher Unabhängigkeit ausgestattet sind. Nur ausnahmsweise dürfen Richter herangezogen werden, die (noch) nicht über diese Garantie verfügen. Zulässig ist dies insbesondere im Rahmen der Heranbildung des richterlichen Nachwuchses und aus anderen zwingenden Gründen

Bei Entscheidungen, die bis zum 28. Februar 1998 getroffen worden sind, durften grundsätzlich von den drei Richtern zwei Richter auf Probe oder abgeordnete Richter sein, vgl. § 29 DRiG (in der Fassung, die bis zum 28. Februar 1998 galt); seither darf nur ein Proberichter an der Entscheidung mitwirken. § 29 DRiG (in alter und neuer Fassung) ist verfassungskonform dahingehend auszulegen, dass von dieser Besetzungsmöglichkeit nur dann Gebrauch gemacht werden durfte bzw. darf, wenn hierfür eine sachliche Notwendigkeit bestand bzw. besteht.[10] Ein Verstoß gegen die in diesem Sinne restriktiv verstandene Besetzungsregelung hat zur Folge, dass das Gericht i.S.v. § 138 Nr. 1 nicht vorschriftsmäßig besetzt ist,[11] vgl. F 31.

Bei Beschlüssen **außerhalb der mündlichen Verhandlung** (z.B. im Rahmen des einstweiligen Rechtsschutzverfahrens, s. dazu unten J 139) und bei Gerichtsbescheiden gem. § 84 (s. dazu unten E 367) wirken die ehrenamtlichen Richter nicht mit. **10**

Gem. § 6 überträgt die Kammer unter bestimmten Voraussetzungen einem ihrer Mitglieder den Rechtsstreit zur **Entscheidung als Einzelrichter,** vgl. unten E 53 ff.[12] **11**

Im **vorbereitenden Verfahren** liegt die alleinige Zuständigkeit für eine Reihe von Entscheidungen beim **Vorsitzenden** oder bei dem bestellten **Berichterstatter,** § 87 a, s. dazu E 67. Ein Verstoß gegen diese Zuständigkeitsregelung ist als Verletzung einer Vorschrift über den gesetzlichen Richter zu qualifizieren und hat die Aufhebbarkeit der Entscheidung zur Folge.[13] **12**

---

[10] *BVerfG, 1. Kammer des Zweiten Senats,* 13. 11. 1997 – 2 BvR 2269.93 – DVBl. 98, 230; *BVerwG,* 23. 8. 1996 – 8 C 19.95 – NJW 97, 674 = DÖV 97, 25 = BayVBl. 97, 25; ebenso bereits *BGH,* 13. 7. 1995 – V ZB 6/94 – NJW 95, 2791 = BGHZ 130, 304.

[11] *VGH Kassel,* 11. 6. 1997 – 4 TG 4744.96 – NVwZ-RR 98, 269.

[12] Zu den Rechtsbehelfen gegen eine Übertragung auf den Einzelrichter s. *Günther,* NVwZ 98, 37.

[13] *VGH Mannheim,* 4. 1. 1996 – 1 S 3230/95 – NVwZ-RR 97, 140.

13 Gem. § 87a Abs. 2 kann der **Vorsitzende** (wenn ein Beisitzer bestellt ist, gem. § 87 Abs. 3 nur dieser) auch sonst im **Einverständnis der Beteiligten**[14] anstelle der Kammer entscheiden.[15]

2. Oberverwaltungsgericht

14 Das Oberverwaltungsgericht besteht gem. § 9 Abs. 1 aus dem Präsidenten und aus den Vorsitzenden Richtern und weiteren Richtern in der erforderlichen Anzahl. Die personelle Besetzung der Oberverwaltungsgerichte sowie die Zahl der Spruchkörper wird in demselben Verfahren geregelt, das für die Verwaltungsgerichte gilt, vgl. B 8.

15 Bei dem Oberverwaltungsgericht werden gem. § 9 Abs. 2 Senate gebildet. Die Senate des Oberverwaltungsgerichts entscheiden gem. § 9 Abs. 3 in der Besetzung von drei Richtern; die Landesgesetzgebung kann vorsehen, dass die Senate in der Besetzung von fünf Richtern entscheiden, von denen zwei auch ehrenamtliche Richter sein können. In den Fällen des § 48 Abs. 1 (erstinstanzliche Zuständigkeit des OVG, vgl. dazu C 130) können die Länder durch Gesetz vorsehen, dass die Senate über diese Streitsachen in der Besetzung von fünf Richtern und zwei ehrenamtlichen Richtern entscheiden.

16 Die Landesgesetzgeber haben von den sich aus § 9 Abs. 3 ergebenden Regelungsmöglichkeiten in unterschiedlicher Weise Gebrauch gemacht.[16]

Für das normale **Erkenntnisverfahren zweiter Instanz** gibt es in den Bundesländern zwei verschiedene Arten der Besetzung:

Die OVG-Senate entscheiden gem. § 9 Abs. 3 Satz 1, 1. Halbsatz mit **drei Richtern** in

- Baden-Württemberg,
- Bayern,
- Saarland,
- Sachsen,
- Thüringen.

Die OVG-Senate entscheiden mit **drei Richtern** und **zwei ehrenamtlichen** Richtern – wobei die ehrenamtlichen Richter an Beschlüssen außerhalb der mündlichen Verhandlung nicht mitwirken – in

- Berlin, § 2 Abs. 1 AGVwGO,
- Brandenburg, § 4 Abs. 3 BbgVwGG,
- Bremen, Art. 2 Abs. 2 AGVwGO,
- Hamburg, § 3 AGVwGO,
- Hessen, § 13 Abs. 1 AGVwGO,
- Mecklenburg-Vorpommern, § 12 Abs. 1 GerichtsorganisationsG,
- Niedersachsen, § 4 Abs. 1 Nds. VwGG,
- Nordrhein-Westfalen, § 10 Abs. 1 AGVwGO,

---

[14] Das Einverständnis gilt auch für den Fall einer Änderung der Zuständigkeit des Spruchkörpers fort, vgl. *BVerwG,* 5. 2. 1996 – 9 B 32.96 – BayVBl. 96, 508 = DVBl. 96, 634 [nur Ls.]; *BVerwG,* 25. 10. 1996 – 11 B 73.96 – NVwZ-RR 97, 259 = DVBl. 97, 658; s. s. *BFH,* 9. 8. 1996 – VI R 37/96 – NVwZ-RR 97, 260.

[15] *Ortloff* in *Schoch/Schmidt-Aßmann/Pietzner,* § 87a, Rdn. 35ff.

[16] Die landesgesetzlichen Regelungen sind in Anhang IV 2., abgedruckt.

– Rheinland-Pfalz, § 2 Abs. 1 AGVwGO,
– Sachsen-Anhalt, § 4 Abs. 1 AGVwGO,
– Schleswig-Holstein, § 3 Abs. 1 AGVwGO.

Im übrigen gelten im Verfahren zweiter Instanz für die Zuständigkeiten der Angehörigen des Senats gem. § 125 Abs. 1 Satz 1 dieselben Regelungen, die im Verfahren erster Instanz zur Anwendung gelangen, vgl. B 10ff. **17**

Für die **Normenkontrollverfahren** (§ 47) sowie für die **erstinstanzlichen Erkenntnisverfahren** (§ 48) gibt es in den Ländern teilweise zwei weitere Arten der Besetzung; sind insoweit keine Sonderregelungen getroffen, entscheiden die Senate auch in diesen Verfahren in der Regelbesetzung, vgl. B 16. **18**

Die OVG-Senate entscheiden mit **fünf Richtern** gem. § 9 Abs. 3 Satz 1 in **Normenkontrollverfahren gem. § 47**[17] in den Ländern
– Baden-Württemberg, § 5 AGVwGO,
– Bayern, Art. 5 AGVwGO,
– Hessen, § 11 Abs. AGVwGO,
– Mecklenburg-Vorpommern, § 13 GerichtsorganisationsG,
– Nordrhein-Westfalen, § 10 Abs. 2 AGVwGO,
– Sachsen, § 2 Abs. 2 Sächs. GerichtsorganisationsG.

Für die Katalogfälle der **erstinstanzlichen Zuständigkeit gem. § 48 Abs. 1** haben einzelne Länder bestimmt, dass die OVG-Senate mit **fünf Richtern und zwei ehrenamtlichen Richtern** entscheiden:
– Brandenburg, § 4 Abs. 3 BbgVwGO,
– Bremen, Art. 2 Abs. 2 AGVwGO,
– Hessen, § 13 Abs. 1 AGVwGO,
– Nordrhein-Westfalen, § 10 Abs. 3 AGVwGO.

Im übrigen gelten im Verfahren erster Instanz vor dem Oberverwaltungsgericht für die Zuständigkeiten der Angehörigen des Senats dieselben Regelungen, die im Verfahren erster Instanz vor dem Verwaltungsgericht zur Anwendung gelangen, vgl. B 10ff. **19**

Gem. § 12 wird beim jeweiligen OVG ein **Großer Senat** gebildet, der über Fragen des Landesrechts endgültig entscheidet. Für die Zusammensetzung dieses Senats, seine Anrufung und das weitere Verfahren gelten die Bestimmungen über den Großen Senat beim Bundesverwaltungsgericht in § 11, dazu unten B 22 und E 332. Ein Verstoß gegen die sich aus § 12 i.V.m. § 11 ergebende Vorlagepflicht kann die Verfahrensrevision gem. § 132 Abs. 2 Nr. 3 begründen, vgl. unten F 131, E 332ff. **20**

3. Bundesverwaltungsgericht

Das Bundesverwaltungsgericht besteht gem. § 10 Abs. 1 aus dem Präsidenten, den Vorsitzenden Richtern und weiteren Richtern in der erforderlichen Anzahl. **21**

---

[17] § 9 Abs. 4 Satz 1 i.d.F. der 4. VwGO-Novelle sah diese Besetzung auch für die Fälle der erstinstanzlichen Zuständigkeit gem. § 48 Abs. 1 vor; die Bestimmung ist durch das Gesetz zur Entlastung der Rechtspflege v. 11. Januar 1993 aufgehoben worden. Für diese Verfahren gelten nun die allgemeinen Besetzungsregelungen, es sei denn das Land macht von der Ermächtigung gem. § 9 Abs. 3 Satz 2 Gebrauch, dazu sogleich.

Gem. § 10 Abs. 2 werden auch beim Bundesverwaltungsgericht Senate gebildet. Diese entscheiden gem. § 10 Abs. 3 in der Besetzung von fünf Richtern, bei Beschlüssen außerhalb der mündlichen Verhandlung (z.B. Entscheidungen über Nichtzulassungsbeschwerden, dazu unten F 179f.) in der Besetzung von drei Richtern.

22 Gem. § 11 wird bei dem Bundesverwaltungsgericht ein **Großer Senat** gebildet. Dieser entscheidet, wenn ein Senat in einer Rechtsfrage von der Entscheidung eines anderen Senats oder des Großen Senats abweichen will, § 11 Abs. 2. Der Senat, der abweichen will, legt die entscheidende Rechtsfrage (nur diese, nicht den gesamten Streitfall) dem Großen Senat vor. Diese Vorlage ist indes nur zulässig, wenn der Senat, von dessen Entscheidung abgewichen werden soll, auf Anfrage des erkennenden Senats erklärt hat, dass er an seiner Rechtsauffassung festhält. S. im einzelnen E 332.

23 Unabhängig davon hat der erkennende Senat auch die Möglichkeit, eine Frage von grundsätzlicher Bedeutung (zu diesem Begriff s. unten F 88ff.) dem Großen Senat zur Entscheidung vorzulegen, wenn das nach seiner Auffassung zur Fortbildung des Rechts oder zur Sicherung einer einheitlichen Rechtsprechung erforderlich ist (zu dieser Voraussetzung s. unten F ff.).

24 Der Große Senat besteht aus dem Präsidenten und je einem Richter der Revisionssenate, in denen der Präsident nicht den Vorsitz führt. Legt ein anderer als ein Revisionssenat vor, oder soll von dessen Entscheidung abgewichen werden, ist auch ein Mitglied dieses Senats im Großen Senat vertreten, § 11 Abs. 5. Die Entscheidung des Großen Senats über die vorgelegte Rechtsfrage kann ohne mündliche Verhandlung ergehen. Sie ist für den erkennenden Senat bindend, § 11 Abs. 7.

III. Auswahl und Status der Richter

1. Hauptamtliche Richter

25 Die hauptamtlichen Richter der Verwaltungsgerichtsbarkeit werden gem. § 15 Abs. 1 auf Lebenszeit ernannt. Die Ernennung der an den Verwaltungs- und Oberverwaltungsgerichten tätigen Richter wird durch die landesrechtlichen Richter-Bestimmungen geregelt, der Status der Richter durch die Vorschriften des Deutschen Richtergesetzes (DRiG).

26 Die Berufung der Bundesrichter erfolgt gem. Art. 95 Abs. 2 GG i.V.m. dem RichterwahlG. Die Richter des BVerwG müssen das 35. Lebensjahr vollendet haben, § 15 Abs. 3.

2. Ehrenamtliche Richter

27 Sofern die Spruchkörper mit ehrenamtlichen Richtern besetzt sind, vgl. soeben B 9 und B 15 f., wirken diese in der mündlichen Verhandlung (also z.B. nicht im Beschlußverfahren) und bei der Urteilsfindung mit gleichen Rechten wie die Richter mit, § 19.

Ehrenamtliche Richter werden für die Dauer von vier Jahren **gewählt,** § 25. Die Wahl erfolgt durch den **Wahlausschuss** gem. § 26, dem der Präsident des Verwaltungsgerichts, ein von der Landesregierung bestimmter Verwaltungsbeamter und sieben gewählte Vertrauensleute angehören. Die Vertrauensleute werden vom Landesparlament gewählt. Der Landesgesetzgeber kann ein anderes Wahlgremium vorschreiben. Dabei wird die Zahl der zu wählenden ehrenamtlichen Richter vom Präsidenten des Verwaltungsgerichts so bestimmt, dass voraussichtlich jeder von ihnen höchstens zu 12 ordentlichen Sitzungstagen im Jahr herangezogen wird, § 27. **28**

Mitglieder gesetzgebender Körperschaften, Angehörige des öffentlichen Dienstes, Richter, Soldaten und Rechtsanwälte sowie Notare können nicht zu ehrenamtlichen Richtern berufen werden, § 22. Diese **Inkompabilitätsregelungen** dienen der Vermeidung von Pflichtenkollisionen und stärken die Unabhängigkeit der ehrenamtlichen Richter.[18] **29**

Unter den Voraussetzungen des § 24 kann der ehrenamtliche Richter von seinem **Amt entbunden** werden. Das kommt z.B. in Betracht, wenn sich der Hinderungsgrund gem. § 22 Nr. 3 erst während der Amtszeit des Richters ergibt, § 24 Abs. 1 Nr. 1.[19] Der Tatbestand ist auch dann erfüllt, wenn der Hinderungsgrund nach der Berufung wieder wegfällt.[20] Eine Entbindung kommt ferner aus gesundheitlichen Gründen[21] oder gem. § 24 Abs. 2 in besonderen Härtefällen[22] in Betracht. **29 a**

Über die Entbindung ist gem. § 23 Abs. 3 auf Antrag des Präsidenten des Verwaltungsgerichts von einem Senat des Oberverwaltungsgerichts zu entscheiden.

IV. Geschäftsverteilung und Mitwirkungsregelung innerhalb des Gerichtes

Gem. § 4 finden für die Gerichte der Verwaltungsgerichtsbarkeit die Vorschriften des zweiten Titels des Gerichtsverfassungsgesetzes entsprechende Anwendung. Damit gilt auch § 21 e GVG, nach dem das **Präsidium** des Gerichts die Verteilung der Geschäfte durch den **Geschäftsverteilungsplan** regelt.[23] **30**

Die Geschäftsverteilung zwischen den einzelnen Spruchkörpern eines Gerichts muss nach Maßgabe des sog. **Abstraktionsprinzips** erfolgen, um dem Gebot des Art. 101 Abs. 1 Satz 2 GG zu entsprechen, nach dem niemand seinem gesetzlichen Richter entzogen werden darf. Aufgrund der Geschäftsverteilungs-Regelungen muss also bei Eingang einer neuen Sache unzweifelhaft feststehen, welchem Spruchkörper sie zuzuordnen ist. Wenn die Geschäftsverteilung dieser Anforderung nicht entspricht, so ist das erkennende Gericht nicht vorschriftsmäßig besetzt; zu den revisionsrechtlichen Konsequenzen s. F 139 ff.

---

[18] *Stelkens* in *Schoch/Schmidt-Aßmann/Pietzner,* § 22, Rdn. 1.
[19] *OVG Münster,* 17. 8. 1993 – 16 F 215.93 – NVwZ-RR 94, 704.
[20] *OVG Münster,* 30. 10. 1998 – 16 F 11.98 – NVwZ-RR 99, 279.
[21] *OVG Greifswald,* 13. 11. 1997 – 2 P 10.97 – NVwZ-RR 98, 784.
[22] *OVG Greifswald,* 13. 11. 1997 – 2 P 10.97 – NVwZ-RR 98, 784.
[23] Zur Anfechtbarkeit des Geschäftsverteilungsplans durch die Richter der betroffenen Spruchkörper *VG Schleswig,* 13. 6. 1990 – 9 H 281/89 (93) – NVwZ-RR 92, 111.

31 In der Praxis erfolgt die Zuordnung neuer Sachen an die Spruchkörper nach drei unterschiedlichen Kriterien:

– Zeitlich

Beispiel:

Jede 7., 14. und 21. usw. neue Sache wird der 6. Kammer zugewiesen.[24]

– Örtlich

Beispiel:

Alle Verwaltungsstreitsachen aus den Landkreisen X und Y sind der 3. Kammer zugewiesen.

– Fachlich

Beispiel:

Alle beamtenrechtlichen Streitigkeiten sind der 5. Kammer zugewiesen.

Im Geschäftsverteilungsplan können diese drei Zuordnungskriterien kombiniert werden.[25]

32 Der Geschäftsverteilungsplan regelt nicht nur die sachliche Zuständigkeit der Spruchkörper eines Gerichts. Aus diesem Plan ergibt sich vielmehr auch die **personelle Zusammensetzung der Spruchkörper,** § 21 e Abs. 1 Satz 1 GVG.[26]

33 In der Praxis erfolgt häufig eine **Überbesetzung von Spruchkörpern,** d. h. dem der Kammer bzw. dem Senat werden zahlenmäßig mehr Richter zugewiesen, als ihm von Gesetzes wegen angehören müssen. In einem solchen Falle ist der Geschäftsverteilungsplan durch einen schriftlichen[27] **Mitwirkungsplan** zu ergänzen, aus dem sich anhand abstrakter Regelungen ergibt, welcher Richter bei der Entscheidung welcher Verfahren mitwirkt.[28] Zweckmäßigerweise regelt dieser Plan auch, nach welchen Kriterien bestimmt wird, wer jeweils die die Aufgabe des **Berichterstatters** wahrzunehmen hat; insofern ist der Gestaltungsspielraum allerdings größer, denn einen Anspruch auf einen gesetzlichen Berichterstatter gibt es nicht.[29]

Die Zuständigkeit für den Erlass des Mitwirkungsplans liegt beim **Vorsitzenden** des Spruchkörpers.[30]

33 a Auch die **Heranziehung der ehrenamtlichen Richter** wird durch das Präsidium zu Beginn des Geschäftsjahres geregelt, § 30.[31] Der danach aufzustellende Plan muss nicht uneingeschränkt denselben Anforderungen genügen, die für den

---

[24] Sehr instruktiv: *OVG Berlin,* 12. 11. 1998 – 8 SN 49.98.8 M 30.98 – NJW 99, 594.

[25] Der Geschäftsverteilungsplan des Bundesverwaltungsgerichts ist im Internet unter www.bverwg.de zugänglich.

[26] S. z. B. den Geschäftsverteilungsplan des Bundesverwaltungsgerichts, www.bverwg.de.

[27] *BVerfG, 1. Kammer des Zweiten Senats,* 2. 2. 2000 – 2 BvR 1032.99 – NVwZ 00, 665.

[28] *BVerfG, Plenum,* 8. 4. 1997 – PBvU 1/95 – NJW 97, 1497 = DVBl. 97, 765.

[29] *BVerwG,* 4. 5. 1999 – 6 C 13.98 – NVwZ 00, 915.

[30] *BVerfG,* 10. 8. 1995 – 1 BvR 1644/94 – NJW 95, 2703; *OVG Hamburg,* 10. 12. 1997 – Bf V 124.97 – NVwZ 99, 210; missverständlich *BVerfG, Plenum,* 8. 4. 1997 – PBvU 1/95 – DVBl. 97, 765 sub C I 4: „Geschäftsverteilungs- und Mitwirkungspläne eines **Gerichts.**" [Hervorhebung nur hier].

[31] Zu den verfahrensrechtlichen Anforderungen an eine solche Regelung s. *BVerwG,* 25. 4. 1991 – 7 C 11.90 – DVBl. 91, 1313.

Mitwirkungsplan für überbesetzte Spruchkörper bestehen,[32] soeben B 33. Die Gefahr einer Manipulation der Einteilung ehrenamtlicher Richter ist gering, da diese wesentlich häufiger wegen kurzfristiger Verhinderung ausfallen und deshalb ihr Einsatz nicht „planbar" ist. Ferner erschwert die große Zahl der der Kammer zugewiesenen ehrenamtlichen Richter die Möglichkeiten einer personellen Manipulation.[33] Es verstößt daher nicht gegen Art. 101 Abs. 1 Satz 2 GG, wenn sich die Bestimmung der heranzuziehenden ehrenamtlichen Richter (mittelbar) auch aus der Terminierung der Streitsache durch den Vorsitzenden der Kammer ergibt.

Beispiele:
- Nach Eingang der Ladungsverfügung des Vorsitzenden werden die beiden zuoberst auf der Liste der ehrenamtlichen Richter stehenden Richter bestimmt, die noch an keiner Sitzung teilgenommen haben.[34]
- Für jeden festgelegten Sitzungstag werden die ehrenamtlichen Richter nach einer alphabetischen Reihenfolge bestimmt.[35]

Innerhalb des Spruchkörpers verteilt gem. § 21g GVG der **Vorsitzende** die Geschäfte auf die Mitglieder. Auch diese Verteilung erfolgt aufgrund einer allgemeinen Anordnung, die zu Beginn des Geschäftsjahres vom Vorsitzenden zu treffen ist, § 21g Abs. 2 GVG. Die Person des streitentscheidenden Einzelrichters nach § 6 muss nach im Vorhinein aufgestellten Mitwirkungsgrundsätzen in einer kammerinternen Geschäftsverteilung vorausbestimmt bzw. -bestimmbar sein.[36] **34**

Gem. § 4 Satz 2 i.d.F.d. RmBereinVpG entscheidet das Präsidium auch über die Besetzung der Spruchkörper gem. § 99 Abs. 2; s. dazu unten E 137ff. **34a**

V. Vertreter des öffentlichen Interesses

Gem. § 35 wird bei dem BVerwG ein Oberbundesanwalt bestellt. Dieser kann sich zur Wahrung des öffentlichen Interesses an jedem Verfahren vor dem BVerwG beteiligen. Er ist an die Weisungen der Bundesregierung gebunden. Das BVerwG gibt dem Oberbundesanwalt im Rahmen des Verfahrens Gelegenheit zur Äußerung. **35**

Das Revisionsverfahren vor dem BVerwG dient in erster Linie der Wahrung der Rechtseinheit und der Rechtsfortbildung im Bereich des revisiblen Rechts, vgl. F 89. Die Mitwirkung des Oberbundesanwalts trägt dazu bei, dass das Revisionsverfahren diesen Zweck erfüllen kann: **36**

Die Vorlagen für Bundesgesetze werden gem. Art. 76 Abs. 1 GG in den meisten Fällen von der Bundesregierung beim Bundestag eingebracht. Der Oberbundesanwalt kann den erkennenden Senat authentisch über die gesetzgeberischen Überlegungen des jeweiligen Ressorts der Bundesregierung informieren.[37] Gleichzeitig

[32] Kritisch *Roth,* NJW 00, 3692.
[33] *BVerwG,* 17. 5. 2000 – 8 B 114.00 – NVwZ-RR 00, 646.
[34] *BVerwG,* 17. 5. 2000 – 8 B 114.00 – NVwZ-RR 00, 646.
[35] *BVerwG,* 27. 5. 1999 – 3 B 24.99 – DVBl. 99, 1670, *VGH Kassel,* 26. 10. 1999 – 12 ZU 2902.99.A – NVwZ-RR 00, 547 = DVBl. 00, 577 [Ls.] = DÖV 00, 475 [Ls.].
[36] *OVG Hamburg,* 24. 9. 1993 – Bs IV 177/93 – NJW 94, 274.
[37] *Gerhardt* in *Schoch/Schmidt-Aßmann/Pietzner,* § 35, Rdn. 9.

nimmt er zu den bei der Anwendung der einschlägigen gesetzlichen Bestimmungen im jeweiligen Ministerium bundesweit gewonnenen Erfahrungen Stellung. Der Oberbundesanwalt widmet sich auch der Frage, wie sich eine bestimmte Entscheidung des BVerwG auf die weitere Entwicklung des jeweiligen Rechtsbereichs auswirken wird. Die individuellen Aspekte der Streitsache, die unter Umständen für die Argumentation der als Partei beteiligten Körperschaft bestimmend sind, haben dabei kaum Gewicht.

37 § 36 ermöglicht es den Ländern, durch Rechtsverordnung beim Oberverwaltungsgericht und bei den Verwaltungsgerichten einen Vertreter des öffentlichen Interesses zu bestellen.[38]

---

[38] Zu den Vor- und Nachteilen einer solchen Regelung s. *Guckelberger,* BayVBl. 98, 257; Nachweise der Länder, die von der Möglichkeit Gebrauch gemacht haben, bei *Redeker/von Oertzen,* § 36, Rdn. 1.

C. Verwaltungsrechtsweg und Zuständigkeiten

Übersicht

I. Bedeutung der Generalklausel (§ 40)

1 Nach § 40 Abs. 1 ist der Verwaltungsrechtsweg in allen öffentlich-rechtlichen Streitigkeiten nicht verfassungsrechtlicher Art gegeben, es sei denn, dass die Streitigkeiten aufgrund eines Bundesgesetzes ausdrücklich einem anderen Gericht zugewiesen worden sind.

2 § 40 konkretisiert so die verfassungsrechtliche Rechtsweggarantie des Art. 19 Abs. 4 GG, indem jeder, der durch Maßnahmen der öffentlichen Gewalt in seinen Rechten verletzt wird, die Verwaltungsgerichte anrufen kann. Der Verwaltungsrechtsweg wird – sofern nicht eine Sonderzuweisung erfolgt (vgl. dazu C 92ff.) – dabei für alle Streitigkeiten des öffentlichen Rechts überhaupt eröffnet, und zwar gleichgültig, ob eine Maßnahme der öffentlichen Gewalt vorliegt oder nicht oder ob die öffentliche Gewalt überhaupt an dem Streitverhältnis beteiligt ist.[1]

---

[1] *Redeker/von Oertzen,* § 40, Rdn. 1, 2; *Kopp/Schenke,* § 40, Rdn. 1–3.

II. Öffentlich-rechtliche Streitigkeiten

3 Der Weg zu den Verwaltungsgerichten ist eröffnet, wenn es sich um eine öffentlich-rechtliche Streitigkeit (und nicht um eine privatrechtliche Streitigkeit (§ 13 GVG)) handelt, die
– nicht verfassungsrechtlicher Natur ist (vgl. C 82 ff.) bzw.
– nicht durch eine ausdrückliche anderweitige gesetzliche Regelung einem anderen Rechtsweg zugewiesen ist (vgl. C 92 ff.).

Zunächst soll deshalb die öffentlich-rechtliche Streitigkeit von privatrechtlichen Streitigkeiten abgegrenzt werden (vgl. C 4–81).

1. Allgemeine Abgrenzungskriterien

4 Der Begriff der öffentlich-rechtlichen Streitigkeit ist im Gesetz nicht definiert.[2]

Eine öffentlich-rechtliche Streitigkeit liegt vor, wenn der Streitgegenstand unmittelbar im öffentlichen Recht wurzelt,[3] d.h. wenn sich das Klagebegehren als Folge eines Sachverhalts darstellt, der nach öffentlichem Recht zu beurteilen ist. Es muss also geklärt werden, welche Rechtsvorschriften für den Streitgegenstand maßgeblich sind und ob diese dem Bereich des öffentlichen Rechts zuzuordnen sind. Anknüpfungspunkt ist der Sachvortrag des Klägers,[4] weil der Kläger die öffentlich-rechtliche oder privat-rechtliche Natur des Rechtsverhältnisses durch die Art der erhobenen Ansprüche und die Person des Beklagten bestimmt.[5]

5 In Rechtsprechung und Literatur werden verschiedene Theorien zur Abgrenzung von öffentlichem Recht und Privatrecht vertreten.[6] Eine einheitliche, allgemein anerkannte Lehre hat sich nicht durchgesetzt. Die Gerichtsentscheidungen zeichnen sich durch eine reichhaltige Kasuistik aus.[7]

6 In dieser Situation kann die erforderliche Abgrenzung der Rechtsbereiche nicht auf der Grundlage einer „reinen Lehre" erfolgen. Die Abgrenzung ist vielmehr anhand der von den einzelnen Theorien entwickelten unterschiedlichen Kriterien, insbesondere unter pragmatischen Gesichtspunkten vorzunehmen: Im Ergebnis

---

[2] *Redeker/von Oertzen,* § 40, Rdn. 6; *Kopp/Schenke,* § 40, Rdn. 6; *Stelkens,* Rdn. 37, 38.

[3] *Kopp/Schenke,* § 40, Rdn. 6; *Pietzner/Ronellenfitsch,* § 5, Rdn. 21, S. 49; *BVerwG,* 25. 3. 1971 – II C 11.66 –, BVerwGE 38, 1 ff.; *Redeker/von Oertzen,* § 40, Rdn. 6 ff.

[4] *Redeker/von Oertzen,* § 40, Rdn. 6 ff.; *VGH München,* 20. 6. 1994 – 2 C 94 1124 – NVwZ 95, 121 f.

[5] *Redeker/von Oertzen,* § 40, Rdn. 6 ff.; *VGH München,* 20. 6. 1994 – 2 C 94 1124 – NVwZ 95, 121 f; *BVerwG,* 15. 11. 1990 – 7 C 9/89 – BVerwGE 87, 115: bei der Prüfung der Zulässigkeit des Verwaltungsrechtsweges ist nicht auf die öffentlich-rechtliche Rechtsnatur mit der Klage geforderten Handlung, sondern auf den öffentlich-rechtlichen Charakter des Rechtsverhältnisses abzustellen, aus dem der geltend gemachte Anspruch abgeleitet wird.

[6] *Stelkens,* Rdn. 37 ff.; *Stelkens/Bonk/Sachs,* § 1, Rdn. 47 ff.; *Kopp/Schenke,* § 40, Rdn. 6 ff.; vgl. ferner *Dolderer,* „Das Verhältnis des öffentlichen zum privaten Nachbarrecht", DVBl. 98, 19 ff.

[7] Vgl. *Bosch/Schmidt,* 26 ff.; *Redeker/von Oertzen,* § 40, Rdn. 6 ff.

muss vermieden werden, dass Gerichte unterschiedlicher Rechtswege über dieselbe Rechtsfrage entscheiden.[8]

Die folgenden Unterscheidungsmerkmale werden von den einzelnen Theorien für relevant gehalten:

Öffentlich-rechtlich ist ein Rechtsverhältnis, in dem der einzelne Beteiligte kraft seiner Unterwerfung unter die Gewalt des Staates zu einem Träger öffentlicher Gewalt in einem Über- und Unterordnungsverhältnis steht **(Subjektionstheorie).**[9] 7

Träger der öffentlichen Gewalt sind der Bund, die Länder, die Kirchen, die Gemeinden und Gemeindeverbände sowie andere öffentlich-rechtliche Anstalten, Körperschaften und Stiftungen des öffentlichen Rechts, in der Regel also juristische Personen des öffentlichen Rechts, die dem einzelnen gegenüber befugt und in der Lage sind, ihre Anordnungen notfalls mit Zwang durchzusetzen.[10] 8

Beispiel: 9

Die Mutter des Klägers erwarb im Jahre 1943 auf 100 Jahre das Nutzungsrecht an einem Doppelgrab auf einem Friedhof einer katholischen Kirchengemeinde und zahlte hierfür eine „einmalige Pacht“ von 300 Reichsmark. Im Jahre 1989 erließ die katholische Kirchengemeinde als Trägerin des Friedhofs eine neue Friedhofssatzung, die eine Regelung enthält, nach der alte Nutzungsrechte, die auf mehr als 50 Jahre verliehen waren, mit Wirkung vom 1. 2. 1989 auf 50 Jahre seit ihrer Begründung gekürzt werden. Auf dieser Grundlage erließ die Kirchengemeinde gegenüber dem Kläger als Rechtsnachfolger seiner Mutter einen Bescheid, demzufolge das Nutzungsrecht an der Grabstätte im Jahre 1983 endete.
Obwohl der Kläger sich in dem verwaltungsgerichtlichen Verfahren auf ein vermeintliches einhundertjähriges zivilrechtrechtliches Pachtverhältnis berief, handelte es sich bei dem Rechtsstreit um eine öffentlich-rechtliche Streitigkeit, da die beklagte Kirchengemeinde mittels Einziehungsbescheid hoheitlich gegenüber dem Kläger tätig geworden war.[11]

---

[8] *Pietzner/Ronellenfitsch,* § 5, Rdn. 3.

[9] *Redeker/von Oertzen,* § 40, Rdn. 8 m. w. N.; *Ehlers* in *Schoch/Schmidt-Aßmann/Pietzner,* § 40, Rdn. 223.

[10] *Ule,* 52; *Redeker/von Oertzen,* § 40, Rdn. 8 m. w. N.; für Streitigkeiten zwischen der Treuhandanstalt und einer von der Vermögensverwaltung nach § 20b Abs. 2 des PartG der DDR betroffenen Partei, die sich auf die Zustimmung nach § 20b Abs. 1 PartG-DDR beziehen, ist der Verwaltungsgerichtsweg eröffnet, *OVG Berlin,* 8. 10. 1991 – 2 S 6.91 – DVBl. 92, 280f.; vgl. andererseits *OVG Koblenz,* 17. 7. 1991 – 2 A 10173/91 – DVBl. 92, 113: Für Streitigkeiten wegen Nichtbestehens der Angestelltenprüfung (§ 52 BAT).

[11] Vgl. dazu *BGH,* 18. 9. 1958 – V ZR 153/56 – NJW 58, 59; *OVG Koblenz,* 19. 4. 1989 – 10 C 44/88 – NVwZ 90, 96 m. w. N.; ferner *VG Münster,* 4. 10. 1992 – 1 K 971/91 (n. v.): „Durch das Nutzungsrecht ist nämlich ein öffentlich-rechtliches Verhältnis und kein privatrechtlicher Vertrag begründet worden. Mit der Errichtung von Friedhöfen kamen und kommen die Kirchengemeinden nicht etwa nur einem religiösen Bedürfnis nach; sie erfüllen vielmehr eine Aufgabe, die an sich in den Bereich staatlicher und kommunaler Tätigkeit fällt. Auch kirchliche Friedhöfe sind demnach zum öffentlichen Gebrauch durch Widmung bestimmte Sachen; zusammen mit den für die Unterhaltung erforderlichen Sachen stellen sie eine Anstalt des öffentlichen Rechts dar.“ Die katholischen Kirchengemeinden sind als lokale Untergliederungen von katholischen Diözesen gem. Artikel 37 Abs. 5 WRV besondere Körperschaften des öffentlichen Rechts, denen auch eine Anstaltsautonomie mit dem Recht zusteht, die Benutzung der öffentlichen Anstalt „Friedhof“ öffentlich-rechtlich durch Satzung zu regeln. Die in diesem Zusammenhang früher gebräuchlichen, dem Zivilrecht entlehnten Wendungen, wie „Pacht, Pachtpreis“ spielen demgegenüber keine entscheidende Rolle. Der Träger eines Friedhofes kann das Betriebsverhältnis seiner Einrichtung im Einzelfall aber auch privatrechtlich durch Vertrag ausgestalten; in letzterem Fall ist der

10 Allerdings sind nicht alle Rechtssätze, die sich an Träger öffentlicher Gewalt wenden, öffentlich-rechtlicher Art, sondern nur diejenigen, die den Träger der öffentlichen Gewalt berechtigen oder verpflichten, andere natürliche oder juristische Personen des Privatrechts dagegen nicht. Rechtsvorschriften, die für natürliche Personen und juristische Personen des Privatrechts gleichermaßen wie für juristische Personen öffentlichen Rechts gelten, gehören also nicht dem öffentlichen Recht an **(Modifizierte Subjekttheorie).**[12]

11 **Beispiel:**

- Der Kläger begehrt von der Polizei Auskunft darüber, welche personenbezogenen Daten die Polizei über ihn gesammelt hat.
- Der Kläger erstrebt mit der Auskunftserteilung über die zu seiner Person manuell und/oder automatisch gespeicherten Daten eine Amtshandlung der Polizei und damit eine Maßnahme auf dem Gebiet des öffentlichen Rechts.[13]
- Das Vermögen der klagenden politischen Partei steht gem. § 20b Abs. 2 PartG-DDR unter treuhänderischer Verwaltung.
- Die Treuhandanstalt verweigert ihre gem. § 20b Abs. 1 PartG-DDR erforderliche Zustimmung zur Auszahlung von Abfindungen an ehemalige Beschäftigte.
  Für Streitigkeiten zwischen der Treuhandanstalt und einer von der Vermögensverwaltung nach § 20b Abs. 2 des PartG der DDR betroffenen Partei, die sich auf die Zustimmung nach § 20b Abs. 1 PartG-DDR bezieht, ist der Verwaltungsrechtsweg eröffnet, weil § 20b PartG-DDR einen Träger staatlicher Gewalt einseitig berechtigt und verpflichtet.[14]
- Der Zugang zu nichtstaatlichen Schulen und Hochschulen ist ein privatrechtlicher Sachverhalt. Dies gilt unabhängig davon, dass bei der Bewertung der Zugangsentscheidung über die zivilrechtlichen Generalklauseln auch grundrechtliche Positionen (Art. 12 GG) zu berücksichtigen sind.[15]

12 Die ganz überwiegende Zahl der öffentlich-rechtlichen Rechtsverhältnisse ist zwar durch eine Über- und Unterordnung gekennzeichnet; freilich ist auch dem öffentlichen Recht eine Gleichordnung verschiedener Rechtsträger in ihren gegenseitigen Beziehungen nicht fremd.[16]

In derartigen Gleichordnungsfällen ist darauf abzustellen müssen, ob nach der **Interessenstheorie** die das Rechtsverhältnis beherrschende Rechtsform überwiegend den Interessen der Allgemeinheit dient (dann handelt es sich um ein öffentlich-rechtliches Rechtsverhältnis) oder ob die Rechtsnorm über wiegend individuellen Interessen zu dienen bestimmt ist (dann handelt es sich um ein privates Rechtsverhältnis).[17]

Rechtsweg zu den Zivilgerichten gegeben: *VGH München,* 4. 5. 1994 – 4 B 92 1996 –, BayVBl. 1995, 310f.

[12] *Maurer,* Allgem. VerwR, 13. Aufl. 2000, § 3, Rdn. 17; *Redeker/von Oertzen,* § 40, Rdn. 8 m. w. N.; *Ehlers* in *Schoch/Schmidt-Aßmann/Pietzner,* § 40, Rdn. 225f.

[13] *BVerwG,* 20. 2. 1990 – 1 C 29/86 – NJW 90, 2765.

[14] *OVG Berlin,* 8. 10. 1991 – 2 S 6.91 – DVBl. 92, 280f.

[15] *VGH München,* 7. 4. 1992 – VII Ce 10001 – NVwZ 92, 1225; a. A. *VGH Mannheim,* 8. 9. 1990 – 9 S 998/90 – NVwZ-RR 90, 607; der für eine Klage auf Zugang zu einer Kath. Universität, den Verwaltungsrechtsweg für eröffnet hält, wenn sich der Kläger auf Art. 12 GG beruft.

[16] *Ehlers* in *Schoch/Schmidt-Aßmann/Pietzner,* § 40, Rdn. 222.

[17] Vgl. auch *Dolderer,* „Das Verhältnis des öffentlichen zum privaten Nachbarrecht", DVBl. 98, 19ff.; *Redeker/von Oertzen,* § 40, Rdn. 8.

Beispiel:

Der Kläger ist wissenschaftlicher Mitarbeiter der beklagten Universität. Aufgrund des Überschreitens der Jahresarbeitsentgeltgrenze ist er in der Krankenversicherung versicherungsfrei, er hat sich in der gesetzlichen Krankenversicherung freiwillig versichert.
Er verlangt von der Universität die Gewährung eines Zuschusses zum Krankenversicherungsbeitrag gem. § 257 SGB V (früher § 405 RVO).
Es handelt sich um eine öffentlich-rechtliche Streitigkeit, die allerdings den Sozialgerichten zugewiesen ist.[18]

Handelt der Träger öffentlicher Gewalt ausschließlich in Wahrnehmung privatrechtlicher Befugnisse (z.B. Eigentum), so tritt er lediglich **fiskalisch** auf mit der Folge, dass sein Handeln nicht als öffentlich-rechtlich, sondern als zivilrechtlich zu qualifizieren ist.[19] 13

Beispiel:

Die Gemeinde veräußert ein Wohnbau-Grundstück an einen Gemeindebürger. Dieser räumt der Gemeinde an dem Grundstück ein Ankaufsrecht für den Fall ein, dass er das Grundstück innerhalb der nächsten 10 Jahre an jemanden veräußert, dessen Wohnbedarf in der Gemeinde nach deren landesplanerischen Zielen nicht gedeckt werden dürfte.

Etwas anderes kann gelten, wenn der Träger öffentlicher Gewalt mit einer bestimmten Maßnahme, die privatrechtlich abzuwickeln ist, primär öffentliche Interessen verfolgt. 14

Beispiel:

Die Gemeinde erwirbt aus Gründen der Förderung der örtlichen gewerblichen Wirtschaft sowie der Städtebaupolitik großflächig Grundstücke im Gemeindegebiet. Sie weist diese Grundstücke bauplanungsrechtlich als Gewerbegebiet aus und veräußert einzelne Parzellen aufgrund eines durch Vergaberichtlinien geregelten umfangreichen Auswahlverfahrens an Interessenten. Der Streit um die Vergabeentscheidung hinsichtlich eines solchen Grundstücks ist öffentlich-rechtlicher Natur, so dass der Weg zum Verwaltungsrecht eröffnet ist.[20]

Vielfach steht dem Hoheitsträger auch ein **Wahlrecht** zu, ob er öffentlich-rechtlich oder zivilrechtlich tätig werden will. Anknüpfungspunkt ist dann das konkrete Handeln des Hoheitsträgers im jeweiligen Einzelfall. 15

Beispiel:

Der Zahlungsanspruch, den ein Vermieter aus der an ihn gerichteten Mietkostenübernahmeerklärung eines Sozialhilfeträgers ableitet, die Kosten der Unterkunft für einen sozialhilfebedürftigen Mieter zu übernehmen, kann sowohl öffentlich-rechtlicher, als auch privatrechtlicher Natur sein. Die Übernahmeerklärung des Sozialhilfeträgers kann eine privat-rechtliche Willenserklärung darstellen (z.B. die schlichte Erklärung nach § 554 Abs. 2 Nr. 2 Satz 1 2. Alternative BGB,[21] aber auch öffentlich-rechtlicher Natur sein, wenn sie in

---

[18] *Gemeinsamer Senat der Obersten Gerichtshöfe des Bundes,* 4. 6. 1974 – GmS – OGB, 2/73 – NJW 74, 2087.

[19] *BVerwG,* 11. 2. 1993 – 4 C 18.91 – DVBl. 93, 654: „Die Gemeinde darf die Erfüllung eines rechtmäßigen öffentlichen Interesses auch mit den Mitteln des Privatrechts bewerkstelligen, wenn ihr diese dafür am besten geeignet erscheinen und keine öffentlich-rechtlichen Normen oder Rechtsgrundsätze entgegenstehen." Privatrechtlich ist deshalb auch ein Rechtsstreit zwischen zwei Hoheitsträgern zu beurteilen, bei dem es um einen aus dem Eigentum hergeleiteten Abwehranspruch gem. § 1004 BGB i.V.m. § 894 BGB geht, vgl. dazu *Kammergericht,* 25. 7. 2000 – 13 U 3330/00 – KGR Berlin 00, 375ff.

[20] *OVG Koblenz,* 1. 9. 1992 – 7 E 11459/92 – DVBl. 93, 260.

[21] *BVerwG,* 18. 10. 1993 – 5 B 26.93 – BVerwGE 94, 229ff.

Form eines Verwaltungsaktes, einer verwaltungsrechtlichen Zusage oder in Form eines öffentlich-rechtlichen Vertrages gegeben wird.[22]

16 Bestehen für ein und denselben prozessualen Anspruch je nach dem geltend gemachten Klagegrund zwei Rechtswege nebeneinander, richtet sich der zulässige Rechtsweg danach, auf welchen Klagegrund das Begehren gestützt wird.[23]

Liegt dagegen ein Rechtsverhältnis zwischen Personen des privaten Rechts vor, so liegt in der Regel eine privatrechtliche Streitigkeit vor.[24] Eine Ausnahme gilt dann, wenn einer Privatperson öffentlich-rechtliche Handlungs- und Entscheidungsbefugnisse übertragen worden sind **(sog. Beleihung).**[25]

Beispiel:

Genehmigte Privatschulen können berechtigt sein, Prüfungen abzunehmen, die dann im Wege der verwaltungsgerichtlichen Klage angegriffen werden können.[22]

2. Einzelfälle

17 Neben den vorstehend kurz angerissenen Abgrenzungstheorien hat sich in Rechtsprechung und Lehre in der Praxis eine reichhaltige Kasuistik herausgebildet. Dabei wird teilweise versucht, zum besseren Verständnis und zur leichteren Orientierung verschiedene Fallgruppen zu bilden.[26] Weder die Fallgruppenbildung noch die skizzierten Abgrenzungstheorien gewährleisten im Einzelfall eine trennscharfe Abgrenzung zwischen öffentlichem und privatem Recht. Im folgenden sind deshalb typische Einzelfälle – dargestellt in **alphabetischer Reihenfolge** – heraus gearbeitet worden:

17 a **Abschiebungshaft**

Für den Antrag eines Ausländers, die Ausländerbehörde im Wege der einstweiligen Anordnung zu verpflichten, einen bei dem Amtsgericht gestellten Antrag auf Verlängerung der Abschiebungshaft zurückzunehmen, ist der Verwaltungsrechtsweg nicht gegeben.[27] Ob allerdings die Abschiebung zu Recht betrieben wird und ob der Ausländer ausreisepflichtig ist und die Abschiebungsvoraussetzungen vorliegen, ist allerdings ausschließlich von den Verwaltungsgerichten zu prüfen.[28]

---

[22] *BVerwG,* 19. 5. 1994 – 5 C 33.91 – BayVBl. 95, 89 ff.; = NJW 94, 2968 f.
[23] *OVG Lüneburg,* 16. 10. 1997 – 5 O 4010/97 – NVwZ-RR 98, 695 f.
[24] *BVerwG,* 23. 12. 1994 – 3 B 47.94 – DVBl. 95, 1087.
[25] *BVerwG,* 18. 10. 1963 – 7 C 45.62 – BVerwGE 17, 41 ff.; *Bosch/Schmidt,* 39.
[26] Vgl. *Bosch/Schmidt,* 28 ff., die beispielsweise die Fallgruppen
- Bereich obrigkeitlicher Verwaltung,
- öffentlich-rechtliche Verträge,
- Subventionsverhältnisse,
- privatrechtsgestaltende Verwaltungsakte,
- Streitigkeiten im Zusammenhang mit der Benutzung öffentlich-rechtlicher Einrichtungen,
- Tathandlungen eines Trägers öffentlicher Gewalt,
- Streitigkeiten im Zusammenhang mit öffentlichen Sachen

gebildet haben; *BVerwG,* 19. 5. 1994 – 5 C 33.91 – BayVBl. 1995, 89 ff.
[27] *OVG Koblenz,* 28. 6. 1988 – 11 B 346/87 – NVwZ-RR 89, 441.
[28] Vgl. *VG Aachen,* 8. 3. 2000 – 8 L 101/00 – InfAuslR 00, 227 ff.

Abtretung 17 b

Handelt es sich nach der Natur des zugrundeliegenden Rechtsverhältnisses um die Geltendmachung eines öffentlich-rechtlichen Anspruchs, so verliert dieser Anspruch nicht dadurch seinen öffentlich-rechtlichen Charakter, dass er an eine juristische Person des Privatrechts abgetreten wurde. Die Abtretung einer Forderung betrifft nur die Rechtsnachfolge, nicht aber die Rechtsnatur der Forderung, weil es sich um einen bloßen Übergang derselben Forderung auf eine andere Person handelt.[29] Auch im Falle der cessio legis behält die übergegangene Forderung ihren ursprünglichen Charakter bei.[30] Ein öffentlich-rechtlicher Anspruch aus einem öffentlich-rechtlichen Erschließungsvertrag verliert seinen öffentlich-rechtlichen Charakter nicht dadurch, dass er an eine juristische Person des Privatrechts abgetreten wird. Für die Geltendmachung des Anspruchs bleibt daher die Zuständigkeit der Gerichte der Verwaltungsgerichtsbarkeit bestehen.[31]

Amtsärztliches Gutachten 18

Der Anspruch auf Berichtigung eines amtsärztlichen Gutachtens ist öffentlich-rechtlicher Natur.[32]

Amtshaftung 19

Amtshaftungsansprüche sind den Zivilgerichten zugewiesen (Art. 34 Satz 3 GG). Siehe auch Schadensersatzansprüche, C 61.

Apotheker 19 a

Für die Feststellungsklage eines Apothekers, er verstoße durch bestimmte Werbemaßnahmen nicht gegen die Berufsordnung der beklagten Apothekerkammer, ist der Rechtsweg vor die allgemeinen Verwaltungsgerichte gegeben und nicht der Rechtsweg vor das Berufsgericht.[33]

Aufopferung 20

Siehe Entschädigungsansprüche, C 36.

Aufrechnung 21

Die Aufrechnung öffentlich-rechtlicher Ansprüche mit anderen öffentlich-rechtlichen Ansprüchen ist ohne weiteres,[34] die Aufrechnung von öffentlich-rechtlichen und privatrechtlichen Forderungen ist darüber hinaus nach den §§ 387 ff. BGB materiell-rechtlich ebenfalls grundsätzlich zulässig.[35] Strittig ist dagegen die Frage, ob im Verwaltungsprozess auch die Aufrechnung mit einer Gegenforderung möglich ist, für deren gerichtliche Geltendmachung ein anderer Rechtsweg gegeben ist. Bis zur Neufassung des § 17 Abs. 2 GVG war unstrittig, dass eine Aufrechnung im Verwaltungsprozess mit einer zivilrechtlichen Gegenforderung nur dann möglich war, wenn diese rechtskräftig oder bestandskräftig festgestellt oder unbestritten war.[36] Einigkeit besteht ferner darüber, dass das Verfahren gem. § 94 auszusetzen ist, sofern die Entscheidung des Verwaltungsrechtsstreits von dem Bestehen oder Nichtbestehen eines Rechtsverhältnisses abhängt, das nur von dem Gericht

---

29 *OLG Rostock,* 14. 9. 1999 – 7 W 58/99 – NVwZ 00, 234.

30 Die Forderung geht so über, wie sie beim Gläubiger bestand, vgl. dazu beispielsweise *BGH,* 19. 2. 1953 – III ZR 31/51 – BGHZ 9, 65, 66/67; *BGH,* 28. 9. 1972 – II ZR 6/71 – NJW 73, 101, 102, a. A. der sog. Zollbürgenfall, *BGH,*2. 4. 1973 – VII ZR 108/72 – NJW 73, 1077 (1078).

31 *OLG Rostock,* 14. 9. 1999 – 7 W 58/99 – NVwZ 00, 234.

32 *BVerwG,* 8. 5. 1970 – I C 20/68 – NJW 70, 1990.

33 *BVerwG,* 10. 7. 1991 – 3 CB 89/90 – NJW 92, 1579.

34 *BVerwG,* 9. 10. 1959 – VII C 53/58 –, DVBl. 60, 36.

35 *BVerwG,* 12 .2. 1987 – 3 C 22.86 – BVerwGE 77, 19 ff.

36 *BVerwG,* 12. 2. 1987 – 3 C 22.86 – BVerwGE 77, 19 ff.; die Aufrechnungserklärung ist i. d. R. eine bloße Willenserklärung, kein VA, *BVerwG,* 27. 10. 1992 – 3 E 6.82, BVerwGE 66, 218; vgl. ferner *Ehlers,* „Die Aufrechnung im öff. Recht," JuS 90, 777 ff.; *Gerhardt* in *Schoch/Schmidt-Aßmann/Pietzner,* § 113, Rdn. 24.

eines anderen Rechtswegs festgestellt werden kann;[37] im übrigen kommt ein Vorbehaltsurteil in analoger Anwendung des § 302 ZPO in Betracht.[38] Ist über die Gegenforderung bereits ein Rechtsstreit vor dem dafür zuständigen Gericht anhängig, so hat das Verwaltungsgericht nach § 94 VwGO sein Verfahren auszusetzen, bis die Frage des Bestehens des Gegenanspruchs geklärt ist. Ist die Entscheidung über das Klagebegehren bereits spruchreif, so kann das Verwaltungsgericht darüber gem. § 173 VwGO i. V. m. § 302 ZPO durch ein Vorbehaltsurteil entscheiden; der Aussetzung nach § 94 VwGO unterliegt dann nur das Nachverfahren über die Aufrechnung.[39] Durch die Neufassung des § 17 Abs. 2 Satz 1 GVG hat sich ein neuer Meinungsstreit entwickelt.[40] Der 3. Senat des VGH Kassel[41] hat sich mit beachtlichen Gründen dafür ausgesprochen, eine Aufrechnung mit rechtsweg-fremden Forderungen im Interesse der Prozessökonomie und der Rechtseffektivität zuzulassen, weil das Gericht des „zulässigen Rechtswegs" den Rechtsstreit – seit der Gesetzesänderung – unter allen in Betracht kommenden Gerichtspunkten zu entscheiden habe, also auch zivilrechtliche Aufrechnungsansprüche mit berücksichtigen müsse.[42] Dem gegenüber wird eingewandt, dass es bei einer Zulassung der Prozessaufrechnung mit rechtswegfremden Forderungen zu einer gewissen Rechtswegzersplitterung bezüglich der zur Aufrechnung gestellten Forderung kommen kann; im übrigen handele es sich bei der Aufrechnung nicht um einen anderen „rechtlichen Gesichtspunkt," sondern um einen neuen Streitgegenstand, der von § 17 Abs. 2 Satz 1 GVG nicht erfasst werde.[43] Das BVerwG hat bislang offen gelassen, ob im Verwaltungsprozess auch mit einer rechtswegfremden Forderung aufgerechnet werden könne.[44] Das BVerwG hat allerdings zutreffend darauf hingewiesen, dass eine Aufrechnung mit einer Schadensersatzforderung wegen Amtspflichtverletzung (Art. 34 GG, § 839 BGB) bzw. wegen einer Enteignungsentschädigung (Art. 14 Abs. 3 Satz 4 GG) im Verwaltungsprozess grundsätzlich nicht möglich ist. Auch in anderen spezialgesetzlich geregelten Fällen[44] ist die Aufrechnung beschränkt: Soweit die kommunalabgabenrechtlichen Vorschriften die Abgabenordnung für anwendbar erklären (vgl. z. B. § 12 Abs. 1 Nr. 5 a KAG NW),[45] gilt in Erschließungsbeitrags- oder in kommunalabgabenrechtlichen Verfahren § 226 Abs. 3 AO entsprechend, d. h. im kommunalen Abgabenrecht ist die Aufrechnung auf gerichtlich festgestellte oder unbestrittene Forderungen beschränkt.[46] Aufgrund der vorstehend bereits fixierten Ausnahmen wird der Streit um die Auslegung des § 17 Abs. 2 Satz 1 GVG im Verwaltungsprozess nur selten Bedeutung erlangen. Da § 17 Abs. 2 Satz 1 nach herrschender Meinung keine objektive Klagehäufung mit rechtswegfremden Streitgegenstän-

---

[37] *BVerwG,* 12. 2. 1987 – 3 C 22.86 – BVerwGE 77, 19ff.

[38] *BVerwG,* 12. 2. 1987 – 3 C 22.86 – BVerwGE 77, 19ff.; die Aufrechnungserklärung ist i. d. R. eine bloße Willenserklärung, kein VA, *BVerwG,* 27. 10. 1992 – 3 E 6.82, BVerwGE 66, 218; vgl. ferner *Ehlers,* „Die Aufrechnung im öff. Recht," JuS 90, 777ff.; *Gerhardt* in *Schoch/Schmidt-Aßmann/Pietzner,* § 113, Rdn. 24.

[39] *BVerwG,* 7. 10. 1998 – 3 B 68/97 – NJW 99, 160, 161; vgl. ferner *BFH,* 25. 11. 1997 – VII B 146/97 – NVwZ-RR 98, 790ff.

[40] *Bosch/Schmidt,* 61 m. w. N.

[41] *VGH Kassel,* 28. 1. 1994 – 3 TG 2026/93 – NJW 95, 1107ff.

[42] *VGH Kassel,* 28. 1. 1994 – 3 TG 2026/93 – NJW 95, 1107ff.; so auch *Gerhardt* in *Schoch/Schmidt-Aßmann/Pietzner,* § 113, Rdn. 24.

[43] Vgl. dazu *Zöller,* § 17 GVG, Rdn. 10; *Ehlers* in *Schoch/Schmidt-Aßmann/Pietzner,* § 41 (§ 17 GVG, Rdn. 28ff.); *Baumbach/Lauterbach,* § 17 GVG, Rdn. 6; ferner auch der 5. Senat des *VGH Kassel,* 7. 10. 1993 – 5 UE 1398/91 – in NJW 94, 1488: Diese Entscheidung befasst sich allerdings mit einer rechtswegfremden Forderung, wegen der ausländische Gerichte angerufen werden müssten.

[44] *BVerwG,* 31. 3. 1993 – 7 B 5/93 – NJW 93, 2255.

[45] Vgl. dazu *VG Arnsberg,* 11. 1. 1993 – 11 K 1711/92 – n. v. –; vgl. ferner § 51 SGB I, § 19 Bafög, § 51 Abs. 2 BRRG, § 84 Abs. 2 BGB.

[46] *Battis/Krautzberger/Löhr,* § 135, Rdn. 29ff., 32; *Driehaus,* Erschließungs- und Ausbaubeiträge, 4. Aufl., § 2, Rdn. 20; ferner *BVerwG,* 8. 2. 1974 – IV C 21.72 – VerwRSpr. 26, 331.

den zulässt,[47] wäre es systemwidrig, wenn man eine Aufrechnung mit einer streitigen, rechtswegfremden Gegenforderung allgemein für zulässig erachten würde. Auch die amtliche Begründung zur Änderung des § 17 GVG stellt nur auf das Vorhandensein mehrerer Klagegründe (Anspruchsgrundlagen), nicht aber auf den Fall der Zusammenfassung verschiedener Streitgegenstände ab, vgl. auch C 113 f., D 54.[48]

Aufträge 22

Die Vergabe von Aufträgen durch einen Hoheitsträger an einen Privaten ist regelmäßig dem Privatrecht zuzurechnen; das gleiche gilt für die allgemeine Teilnahme eines Hoheitsträgers am Wirtschaftsverkehr. Die wirtschaftliche Betätigung erfolgt regelmäßig auf privatrechtlicher Grundlage.[49]

Auftragssperre 23

Die von einem Hoheitsträger gegenüber einem Unternehmer verhängte Auftragssperre ist privatrechtlich zu beurteilen, sofern es sich bei einem potentiellen Auftrag um den Abschluss eines privatrechtlichen Vertrages handeln würde.[50]

Ausbildung 23 a

Für Klagen eines **angestellten Lehrers** auf Zulassung zur wissenschaftlichen Ausbildung und Prüfung in einer sonderpädagogischen Fachrichtung für das Lehramt an Förderschulen sind die Gerichte für Arbeitssachen nicht zuständig; der Anspruch auf Zulassung zu einem öffentlich-rechtlichen geregelten Ausbildungsgang ist öffentlich-rechtlicher Natur.[51] Eine mit einer Ausbildung für den Justizvollzugsdienst im Zusammenhang stehende Rückzahlungsvereinbarung von Bezügeteilen ist öffentlich-rechtlicher Natur, wenn die Ausbildung als Voraussetzung für die Begründung eines Beamtenverhältnisses durchgeführt wird.[52]

Auskünfte, Auskunftsklage 24

Erklärungen und Auskünfte eines Hoheitsträgers unterfallen in der Regel dem öffentlichen Recht,[53] es sei denn, dass sie ausnahmsweise im Zusammenhang mit privatrechtlichen Aufgaben stehen (z.B. Auskünfte über das Geschäftsgebaren eines Tiefbauunternehmers, mit dem die Gemeinde Verträge über die Durchführung von Kanalisationsarbeiten abgeschlossen hat).[54] Eine Klage gegen eine Ärztekammer auf Erteilung einer Auskunft über die Namen der an einem Verfahren einer Gutachterkommission für ärztliche Haftpflichtfragen beteiligten Gutachter[55] (vgl. auch C 18) ist daher ebenso im Verwaltungsrechtsweg zu verfolgen wie eine Klage auf Auskunftserteilung über von der Polizei außerhalb von Ermittlungsverfahren gesammelte, personenbezogene Daten, weil die Sammlung der zur Person gespeicherten Daten eine Amtshandlung der Polizei darstellt und damit eine Maßnahme auf dem Gebiet des öffentlichen Rechts ist.[56] Das gleiche gilt

---

[47] *Ehlers* in *Schoch/Schmidt-Aßmann/Pietzner,* § 41, § 17 GVG, Rdn. 24 m.w.N.; vgl. ferner unten C 65 ff.

[48] BT/Ds. 11/7030, 37.

[49] *Bosch/Schmidt,* 34; *Ehlers* in *Schoch/Schmidt-Aßmann/Pietzner,* § 40, Rdn. 411.

[50] *Bosch/Schmidt,* 34.

[51] *BAG,* 22. 9. 1999 – 5 AZB 27/99 – NVwZ 00, 360.

[52] *BAG,* 10. 10. 1990 – 5 AZR 634/89 – NJW 91, 943.

[53] *VGH Mannheim,* 15. 10. 1996 – 10 S 176/96 – NJW 97, 54: auch bei Beantwortung von kleinen Anfragen im Land.

[54] *Ehlers* in *Schoch/Schmidt-Aßmann/Pietzner,* § 40, Rdn. 402–405.

[55] *VG Minden,* 20. 3. 1996 – 4 K 1191/95 – MedR 96, 47 = *OVG Münster,* 13. 8. 1998 – 13 A 2118/96 – NJW 99, 1802 ff.; siehe amtsärztliches Gutachten, C 18.

[56] *BVerwG,* 20. 2. 1990 – 1 C 29/86 – NJW 90, 2765; dies gilt auch für Klagen, die auf Auskunft über die Namen und Anschriften verdeckter Ermittler gerichtet sind, wenn diese einer Sperrerklärung durch das Innenministerium gem. § 96 StPO (analog) der Geheimhaltung unterliegen, vgl. *VGH Mannheim,* 3. 6. 1991 – 1 S 1484/91 – NJW 91, 2097.

für die Streitigkeiten eines Datenschutzbeauftragten gegen ein Ministerium wegen Auskunftserteilung,[57] oder für die Feststellungsklage einer vom Bundesamt für Verfassungsschutz observierten Person, mit der geklärt werden soll, ob die Preisgabe personenbezogener Daten gegenüber dem Arbeitgeber des Betroffenen rechtswidrig war.[58] Auch Klagen wegen Sperrerklärungen des Innenministers als oberster Dienstbehörde nach § 96 StPO, die das Ziel verfolgen, die geheimgehaltene Identität einer Auskunftsperson in einem betreffenden Strafverfahren aufzudecken, sind im Verwaltungsrechtsweg zu verfolgen.[59] Immer dann, wenn ein Organwalter in Ausübung eines öffentlichen Amtes tätig wird, sind seine Auskünfte, Äußerungen und Erklärungen öffentlich-rechtlich zu qualifizieren; deshalb sind zum Beispiel allgemein politische Äußerungen der Organe der „Studentenschaften" öffentlich-rechtlicher Natur.[60]

25 **Ausgleichsansprüche (§ 426 BGB)**

Der Ausgleichsanspruch nach § 426 Abs. 1 BGB ist zivilrechtlicher Natur; bei dem Ausgleichsanspruch nach § 426 Abs. 2 BGB handelt es sich um einen Fall der cessio legis, so dass es für die Rechtswegfrage darauf ankommt, welchen Charakter die ursprüngliche, übergegangene Forderung hatte, vgl. C 17 b.[61]

25 a **Ausländer**

Vgl. Abschiebungshaft, C 17 a.

25 b **Ausländischer Rechtsreferendar**

Ausländer, die den juristischen Vorbereitungsdienst außerhalb eines Beamtenverhältnisses auf Widerruf durchlaufen, stehen in einem öffentlich-rechtlichen Ausbildungsverhältnis eigener Art; für Streitigkeiten aus einem solchen Ausbildungsverhältnis ist der Rechtsweg zu den Verwaltungsgerichten gegeben.[62]

26 **Bahn**

Die Benutzung der Deutschen Bahn war auch vor der Bahnreform und der Umwandlung in ein Wirtschaftsunternehmen (Deutsche Bahn AG) privatrechtlich geregelt.[63] Störungen, die vom Bahnbetrieb ausgehen (z. B. Fäkalienregen von einer Eisenbahnbrücke,[64] und Lärmbelästigungen durch einen Eisenbahntunnel unterhalb eines Grundstücks)[65] müssen privatrechtlich (§ 906 Abs. 1 BGB) abgewehrt werden.[66] Bei Verfahren, die Planfeststellungsbeschlüsse, Plangenehmigungen oder die Änderung von Planfeststellungsbeschlüssen und Planergänzung zum Gegenstand haben, handelt es sich dagegen um hoheitliches Tätigwerden (§ 74 VwVfG, § 20 Allgemeines Eisenbahngesetz (AEG)); die Verwaltungsgerichtsbarkeit bleibt für derartige originäre öffentlich-rechtliche Genehmi-

---

[57] *OVG Bautzen,* 25. 9. 1998 – 3 S 379/98 – NJW 99, 2832.

[58] *BVerwG,* 19. 11. 1997 – 1 C 25.95 – DVBl. 98, 833 ff.

[59] *BGH,* 24. 6. 1998 – 5 ArVS 1/98 – DVBl. 98, 1016.

[60] *OVG Münster,* 19. 9. 1977 – V A 879/76 – DVBl. 77, 994 ff.

[61] *Ehlers* in *Schoch/Schmidt-Aßmann/Pietzner,* § 40, Rdn. 436, 437; *Hüttenbrink,* „Schadensersatzansprüche der Selbstverwaltungskörperschaften gegen ihre Organwalter", 181 ff.; a. A. im sog. Zollbürgenfall *BGH,* 2. 4. 1973 – VIII ZR 108/72 – NJW 73, 1077; differenzierend bei *Hermes-Bürgschaften, BGH,* 7. 11. 1996 – IX ZB 15/96 – NJW 97, 328.

[62] *OVG Münster,* 12. 2. 1990 – 12 A 2363/87 – NVwZ 90, 889.

[63] *BGH,* 30. 11. 1959 – III ZR 143/38 – BB 60, 420.

[64] *OLG Schleswig,* 20. 3. 1995 – 1 U 191/92 – NJW-RR 96, 399; die von öffentlichen Schienenwegen ausgehenden Lärmimmissionen sind nicht Gegenstand des Immissionsschutzes, sofern sie lediglich auf dem Betrieb oder einer (wesentlichen) Betriebsänderung der Eisenbahn beruhen, *OVG Münster,* 8. 12. 1994 – 20 A 1775/92 – NWVBl. 95, 217.

[65] *BGH,* 21. 11. 1996 – V ZB 19/96 – NJW 97, X, nur LS.

[66] *OLG Schleswig,* 20. 3. 1995 – 1 U 191/92 – NJW-RR 96, 399; *VGH München,* 5. 12. 1997 – 20 B 94 2266 – NVwZ-RR 98, 639.

gungen weiterhin zuständig.[67] Alle Aufgaben und Befugnisse des Eisenbahn-Bundesamtes, insbesondere auch die Eisenbahnaufsicht sind hoheitlicher Natur, so dass auch Verfahren gegen das Eisenbahn-Bundesamt, die auf hoheitliches Eingreifen gegenüber der Deutschen Bahn AG gerichtet sind, vor den Verwaltungsgerichten auszutragen sind.[68]

Bahnbeamte 27

Für Bahnbeamte, die Ansprüche aus dem Beamtenverhältnis im Sinne des § 126 BRRG gegen ihren Dienstherrn geltend machen, bleibt es bei der Zuweisung zu den Verwaltungsgerichten; macht ein Beamter des Bundeseisenbahnvermögens, welcher der Deutschen Bahn AG zugewiesen ist, gegen die Deutsche Bahn AG die Gewährung von Fahrvergünstigungen nach den Grundsätzen geltend, wie sie im Sozialtarifvertrag für Arbeitnehmer der Deutschen Bahn AG enthalten sind, so ist hierfür der ordentliche Rechtsweg eröffnet, weil die Deutsche Bahn AG die entsprechenden Fahrvergünstigungen nicht aufgrund öffentlich-rechtlicher Normen, sondern aufgrund eines Sozialtarifvertrages gewährt.[69]

Baulandsachen 28

Gem. § 217 BauGB entscheiden die Landgerichte (Kammern für Baulandsachen) entscheiden über alle Verwaltungsakte, die im Umlegungs-, Grenzregelungs-, und Enteignungsverfahren ergehen, auch wenn sie keine Entschädigungsregelung treffen. Darüber hinaus sind die Baulandkammern zuständig für entschädigungsrechtliche Verwaltungsakte, die aus Anlass einer Veränderungssperre (§ 18 BauGB), der Versagung einer Entschädigung trotz vorheriger Erteilung einer Bodenverkehrsgenehmigung (§ 21 Abs. 2 und 3 BauGB; Festsetzung des Entschädigungswertes nach Ausübung des Vorkaufsrechts gem. § 28 Abs. 3 BauGB bzw. gem. § 3 Abs. 3 BauGB – Maßnahmegesetz, bei Entschädigungsverfahren über nutzungsbeschränkende Planungsmaßnahmen gem. §§ 39–44 BauGB), des Härteausgleiches gem. § 81 BauGB, von erschließungsrechtlichen Duldungspflichten (§ 126 Abs. 2 BauGB), bei Entschädigungsleistungen bezüglich Vorarbeiten auf Grundstücken (§ 209 Abs. 2 BauGB) sowie Streitigkeiten über die Höhe der Geldentschädigung nach § 190 BauGB i. V. m. § 88 Nr. 7 und § 89 Abs. 2 des Flurbereinigungsgesetzes.[70]

Beamtenverhältnis 29

Für alle Klagen aus dem Beamtenverhältnis ist nach § 126 BRRG der Verwaltungsrechtsweg eröffnet.[71] Der Verwaltungsrechtsweg gilt auch für die Fälle der Rückführung einer beamtenrechtlichen Beihilfe vom Erben des Beihilfeberechtigten;[72] ferner für Ver-

---

[67] *Ehlers* in *Schoch/Schmidt-Aßmann/Pietzner,* § 40, Rdn. 275; das Eisenbahnbundesamt ist im Rahmen der ihm zustehenden Eisenbahnaufsicht befugt, gesetzmäßiges Handeln der Deutschen Bahn AG sicherzustellen; eine derartige Tätigkeit ist als hoheitlich zu qualifizieren, vgl. dazu *BVerwG,* 13. 10. 1994 – 7 VR 10/94 – NVwZ 95, 399f.

[68] Vgl. dazu *Studenroth,* „Aufgaben und Befugnisse des Eisenbahn-Bundesamtes", Verwaltungsarchiv 96, 97ff.; ferner *Grupp,* „Eisenbahnaufsicht nach der Bahnreform", DVBl. 96, 591ff.; *BVerwG,* 13. 10. 1994 – 7 VR 10/94 – NVwZ 95, 379f.

[69] *VGH Mannheim,* 26. 1. 1995 – 4 S 3368/94 – NVwZ-RR 96, 540f.

[70] *Battis/Krautzberger/Löhr,* § 217, Rdn. 2ff.

[71] Vgl. *Redeker/von Oertzen,* § 40, Rdn. 29–32.

[72] *BVerwG,* 22. 3. 1990 – 2 C 33/87 – DVBl. 90, 870: Der Rückzahlungsanspruch ist die Kehrseite des Leistungsanspruchs und hat daher dieselbe Rechtsnatur wie dieser, so dass für ihn die Rechtswegfrage in demselben Sinne zu entscheiden ist, wie beim Leistungsanspruch selbst (hier das beamtenrechtliche Versorgungsverhältnis); vgl. ferner *BAG,* 10. 10. 1990 – 5 AzR 634/89 – NJW 91, 943: Der Vertrag zwischen einer JVA und einem Bediensteten in Verbindung mit einer Rückzahlungsvereinbarung für die Zeit nach der Beendigung der Ausbildung ist kein privatrechtlicher Sachverhalt, sondern dient der späteren Übernahme des Betroffenen in ein Beamtenverhältnis. Dem steht nicht entgegen, dass formell ein

fahren, die auf Übernahme in das Beamtenverhältnis gerichtet sind (sog. Ernennungsklagen) oder für Klagen des Dienstherrn auf Schadensersatz gegen Mitarbeiter aus einem nicht zustande gekommenen, aber von beiden Seiten gewollten und zunächst als bestehend angesehenen Beamtenverhältnis.[73] Voraussetzung ist freilich, dass der Beamte Ansprüche aus dem Beamtenverhältnis im Sinne des § 126 Abs. 1 BRRG geltend macht; dies ist beispielsweise nicht der Fall, wenn ein Beamter des Bundeseisenbahnvermögens, welcher der Deutschen Bahn AG zugewiesen ist, gegen die Deutsche Bahn AG Gewährung von Fahrvergünstigungen nach Grundsätzen geltend macht, wie sie im Sozialtarifvertrag für Arbeitnehmer der Deutschen Bahn AG enthalten sind.[74] Bei Konkurrentenverfahren kann die Rechtswegbestimmung im Einzelfalle schwierig sein: Streiten zwei Angestellte im öffentlichen Dienst über die Besetzung eines höherrangigen Dienstpostens, so sind hierfür die Arbeitsgerichte zuständig.[75] Streiten dagegen ein Beamter und ein Angestellter um die Besetzung eines höherrangigen Dienstpostens, so sind regelmäßig die Verwaltungsgerichte anzurufen (vgl. C 23a, C 49a, C 56, K 206).[76]

30 **Beliehener**

Auch die Tätigkeit von Privaten kann im Einzelfall der Gerichtsbarkeit der Verwaltungsgerichte unterliegen. Ist der Beklagte eine juristische Person des Privatrechts und als Beliehener befugt, hoheitliche Funktionen auszuüben (z. B. Ausstellung von Prüfbescheinigungen), so handelt es sich hierbei um eine verliehene hoheitliche Befugnis, für die die Verwaltungsgerichte zuständig sind;[77] anders ist allerdings dann zu verfahren, wenn die juristische Person des Privatrechts lediglich für den Staat Leistungen an die Bürger erbringt, es sich also um eine Tätigkeit des sogenannten Verwaltungs-Privatrechts handelt und keinerlei öffentlich-rechtliche Entscheidungsbefugnisse auf den Privaten übertragen worden sind; mithin also keine Beleihung vorliegt.[78]

31 **Benutzungsverhältnisse**

Bei Benutzungsverhältnissen von Staatseinrichtungen/Gemeindeeinrichtungen/öffentlichen Versorgungsbetrieben, kommt es nach ganz herrschender Auffassung darauf an, wie das Benutzungsverhältnis organisatorisch ausgestaltet ist.[79] Das BVerwG hat speziell für

---

Arbeitsverhältnis geschlossen wurde und dass eine Vergütung nach BAT gezahlt wurde. Die Rückzahlungsverpflichtung hat daher beamtenrechtlichen Charakter und ist vor den Verwaltungsgerichten streitig auszutragen. Vgl. ferner *VGH München,* 15. 2. 1989 – 3 B 8801552 – NJW 90, 933; ferner *OVG Koblenz,* 6. 5. 1987 – 2 A 104/86 – NVwZ 88, 1038.

[73] *BVerwG,* 22. 2. 1996 – 2 C 12/94 – NJW 96, 2175f.

[74] *VGH Mannheim,* 26. 1. 1995 – 4 S 3368/94, NVwZ-RR 96, 540f.

[75] *OVG Weimar,* 30. 11. 1996 – 2 EO 497/95 – NVwZ-RR 97, 138.

[76] Zu dem Fall, dass der Beamte die Stellenbesetzung mit einem Angestellten verhindern will, vgl. *OVG Münster,* 8. 9. 1995 – 12 B 1194/95 – n. v.; = *VG Minden,* 30. 3. 1995 – 4 L 1848/94 –; anderer Auffassung für den umgekehrten Fall, dass ein Angestellter die Besetzung einer Stelle mit einem Beamten verhindern will, *VG Münster,* 29. 9. 1997 – 4 L 1097/97 – (bestätigt durch *OVG Münster,* 29. 9. 1997 – GE 927/97 –) unter unzutreffender Berufung auf OVG *Weimar,* 30. 1. 1996 – 2 EO 497/95 – NVwZ-RR 97, 138, 139; ferner *OVG Koblenz,* 10. 12. 1997 – 2 E 12965/97 – NVwZ-RR 99, 51.

[77] *BVerwG,* 5. 10. 1990 – 7 C 7/90 – NVwZ-RR 91, 330.

[78] Vgl. dazu *BVerwG,* 6. 3. 1990 – 7 B 120/89 – NVwZ 90, 754; vgl. auch *OLG Hamm,* 9. 6. 1998 – 9 U 129/97 – NVwZ-RR 99, 223 für den Fall des Betriebs einer Ampelanlage durch ein Straßenbauunternehmen im Rahmen einer Baustelle; ferner *BGH,* 7. 12. 1999 – XI ZB 7/99 – DVBl. 00, 557 zur Auszahlung von Krediten durch ein Bankinstitut im Rahmen eines staatlichen Förderprogramms.

[79] *Redeker/von Oertzen,* § 40, Rdn. 24; zu dem Sonderproblem der Benutzung eines kirchlichen Friedhofs (öffentlich-rechtlich!) vgl. *BGH,* 18. 9. 1957 – V ZR 153, 56 – NJW 58, 59; *OVG Koblenz,* 19. 4. 1989 – 10 C 44/88 – NVwZ 90, 96; sowie *VG Münster,* 25. 3. 1993 – 1 K 1053/91 – n. v.; zur Beseitigung eines Baumes auf einer Grabstätte, vgl. *VGH Kassel,* 22. 5. 1997 – 6 UE 10/96 – NVwZ-RR 98, 434 zur privatrechtlichen Aus-

die Benutzung von gemeindlichen Einrichtungen die sog. Zwei-Stufen-Theorie entwickelt.[80] Da sich der Anspruch auf Zugang zu einer gemeindlichen Einrichtung aus dem öffentlichen Recht ergibt (z.B. § 18 GO NW), kann der betroffene Bürger die Gemeinde zur Durchsetzung seines öffentlich-rechtlichen Nutzungsanspruches vor den Verwaltungsgerichten verklagen (1. Stufe).[81] Die Modalitäten der Benutzung können dann in der zweiten Stufe privatrechtlich ausgestaltet sein; in diesen Fällen ist dann der Weg zu den ordentlichen Gerichten gegeben.[82]

Bereicherung, ungerechtfertigte 32

Nach § 62 VwVfG gelten die Vorschriften des BGB für öffentlich-rechtliche Verträge entsprechend, soweit sich aus dem VwVfG nichts anderes ergibt; das heißt, dass auch das Recht der ungerechtfertigten Bereicherung (§ 812ff. BGB) bei öffentlich-rechtlichen Verträgen zur Anwendung kommt.[83] Der bereicherungsrechtliche Anspruch bei einem nichtigen öffentlich-rechtlichen Vertrag ist dann ebenfalls öffentlich-rechtlicher Natur (siehe auch Erstattungsanspruch, C 38).

Besitzeinweisung, vorläufige 32a

Der Besatzeinweisungsbeschluss ist ein Verwaltungsakt, so dass Rechtsbehelfe öffentlich-rechtlicher Natur sind;[84] der Rechtsweg zu den Verwaltungsgerichten ist allerdings dann nicht gegeben, wenn eine Sonderzuweisung zu den ordentlichen Gerichten (z.B. § 217 BauGB, Baulandkammern) gegeben ist.[85]

Bürgschaft 32b

Bei Streitigkeiten aus einer Bürgschaft, die für eine öffentlich-rechtliche Hauptforderung gegeben wurde, ist der Verwaltungsrechtsweg gegeben (Rechtswegzuständigkeit kraft Sachzusammenhangs).[86]

Culpa in contrahendo 33

Siehe Vertrag, öffentlich-rechtlicher, C 73, Schadensersatzansprüche, C 61.

---

gestaltung der Friedhofsbenutzung wird in vgl. *VGH München,* 4. 5. 1994 – 4 B 92 1966 –, BayVBl. 95, 310f.

[80] *BVerwG,* 29. 5. 1990 – 7 B 30/90 – NVwZ 91, 59; *BGH,* 11. 10. 1990 – III ZR 169/89 – NVwZ-RR 92, 233.

[81] *Bosch/Schmidt,* 38; wird die gemeindliche Einrichtung von einer privatrechtlichen Betriebsgesellschaft betrieben, so ist der Bürger gehalten, zunächst die Gemeinde als Träger der Einrichtung auf Gestattung der Benutzung zu verklagen. Die Gemeinde ist in diesen Fällen verpflichtet, den Zugang durch Einwirkung auf die ihr unterstehende privatrechtliche Betriebsgesellschaft zu verschaffen. Eine verwaltungsgerichtliche Klage, die unmittelbar gegen die Betriebsgesellschaft gerichtet ist, ist unzulässig, vgl. dazu *BVerwG,* 29. 5. 1990 – 7 B 30/90 – NVwZ 91, 59f.

[82] *Bosch/Schmidt,* 38; *BVerwG,* 29. 5. 1990 – 7 B 30/90 – NVwZ 91, 59; *BGH,* 11. 10. 1990 – III ZR 169/89 – NVwZ-RR 92, 223.

[83] *Stelkens/Bonk/Sachs,* § 62, Rdn. 19.

[84] *VGH Mannheim,* 11. 2. 1999 – 5 S 2379/98 – NVwZ-RR 99, 487.

[85] *BVerwG,* 1. 4. 1999 – 4 B 26/99 – NVwZ-RR 99, 485 für Straßen, deren Planung dem Verkehrswegplanungsbeschleunigungsgesetz unterliegt; zu § 11 Abs. 2 ENWG i.V.m. dem Einigungsvertrag und § 116 BauGB ebenfalls der Rechtsweg zu den ordentlichen Gerichten (Kammer für Baulandsachen) eröffnet, vgl. *BVerwG,* 30. 3. 2000 – 4 B 23/00 – DVBl. 00, 1462; *OVG Bautzen,* 5. 2. 1998 – 1 S 730/97 – NJW 99, 517.

[86] *BGH,* 28. 9. 1972 – II ZR 6/71 – NJW 73, 101, 102; *LG Frankfurt,* 14. 10. 1983 – 3/7 O 136/83 – NVwZ 84, 267; a.A. *VGH München,* 23. 11. 1989 – 22 B 88 3677 – BayVBl. 90, 722; ferner *BGH,* 16. 2. 1984 – IXZR 45/83 – BGHZ 90, 187. Vgl. ferner *Zuleeg,* „Öffentlich-rechtliche Bürgschaften?" Rezension der Entscheidung des BGH vom 16. 2. 1984 – IXZR 45/83 – NJW 84, 604", JuS 85, 106f.

33 a **Datenschutz**

Der Auskunftsanspruch eines Datenschutzbeauftragten gegen ein Ministerium ist öffentlich-rechtlicher Natur.[87]

33 b **Disziplinarmaßnahmen**

Vgl. dazu C 103, C 105

Wird von einer Steuerberaterkammer als Vorstufe zu einer disziplinarischen Ahndung eine Missbilligung ausgesprochen, so ist der Verwaltungsrechtsweg gegeben und nicht der Rechtsweg zum Berufsgericht, dessen Zuständigkeit auf die disziplinarrechtliche Ahndung von Verstößen gegen die Berufspflichten beschränkt ist.[88]

33 c **Doktorand**

Das Doktorandenverhältnis beruht nicht auf einem öffentlich-rechtlichen Vertrag i. S. d. § 40 Abs. 2 Satz 1. Für Schadensersatzansprüche aus der Verletzung von Betreuungspflichten ist daher nicht der Verwaltungsrechtsweg, sondern der ordentliche Rechtsweg gegeben.[89]

33 d **EG-Richtlinie, Schadensersatz wegen Nichtumsetzung**

Ein Schadensersatzanspruch, der auf die Nichtumsetzung einer EG-Richtlinie durch den nationalen Gesetzgeber gestützt wird, ist auf dem Zivilrechtsweg geltend zu machen.[90]

34 **Ehrverletzende Äußerungen**

Siehe Realakte, C 57.

35 **Einrichtung, gemeindlich**

Siehe Benutzungsverhältnisse, C 31.[91]

35 a **Einheimischenmodell**

Für die Kontrolle von Vergaberichtlinien einer Gemeinde im Rahmen eines einheimischen Modells ist nach der sog. Zwei-Stufen-Lehre für die 1. Stufe der Verwaltungsrechtsweg eröffnet (vgl. C 13, 14 und 31).[92] Die Entscheidung einer Gemeinde (1. Stufe) über die Auswahl unter verschiedenen Kaufbewerbern um ein gemeindeeigenes Grundstück nach Maßgabe von öffentlich-rechtlichen Vergabekriterien zur Förderung eines bestimmten Personenkreises hat öffentlich-rechtlichen Charakter.[93]

36 **Entschädigungsansprüche**

Entschädigungsansprüche aus Enteignung und Aufopferung sind den Zivilgerichten zugewiesen (Art. 14 Abs. 3 S. 4 GG bzw. § 40 Abs. 2 S. 1). Siehe Schadensersatzansprüche, C 61.

Zweckgebundene Entschädigungsansprüche für Schallschutzmaßnahmen wegen Lärmbeeinträchtigung bei dem Bau öffentlicher Straßen ohne deren wesentliche Änderung gem. §§ 41 und 42 BImSchG sind als Ausgleichsansprüche im Rahmen einer gesetzlichen Inhalts- und Schrankenbestimmung des Eigentums gem. Art. 14 Abs. 1 Satz 2 GG auf dem allgemeinen Verwaltungsrechtsweg geltend zu machen.[94]

---

[87] *OVG Bautzen,* 25. 9. 1998 – 3 S 379/98 – NJW 99, 2832 ff.; vgl. ferner C 24 Auskünfte/Auskunftsklage.

[88] *VGH Mannheim,* 1. 9. 1999 – 9 S 769/99 – DÖV 00, 786.

[89] *VGH Mannheim,* 8. 7. 1980 – IX 1393/79 – VBlBW 81, 360.

[90] *VGH Kassel,* 18. 8. 1999 – 5 UE 2660/98 – UPR 00, 198.

[91] *VGH München,* 16. 9. 1994 – 4 B 94. 1496 – NVwZ 95, 812.

[92] *VG München,* 27. 2. 1996 – M 1 K 95 174 – NVwZ-RR 97, 375.

[93] *OVG Münster,* 30. 6. 2000 – 21 B 472/00.

[94] *VGH Kassel,* 24. 2. 1998 – 14 UE 1897/91 – NVwZ-RR 99, 102.

Ermittlungsmaßnahmen, polizeiliche 37
Siehe C 102, ferner siehe Auskunft, C 23, siehe Realakte, C 57.

Erschließungsvertrag 37a
Bei Streitigkeiten aus einem Erschließungsvertrag, der zwischen einem privatrechtlichen Erschließungsträger und einer Gemeinde abgeschlossen wurde, ist der Rechtsstreit zu den Verwaltungsgerichten eröffnet.[95]
Ein öffentlich-rechtlicher Anspruch aus einem öffentlich-rechtlichen Erschließungsvertrag verliert seinen öffentlich-rechtlichen Charakter nicht dadurch, dass er an eine juristische Person des Privatrechts abgetreten wird. Für die Geltendmachung des Anspruchs bleibt daher die Zuständigkeit der Gerichte der Verwaltungsgerichtsbarkeit bestehen.[96]
Auch Streitigkeiten wegen Zahlungsansprüchen aus einer Vorfinanzierungsvereinbarung in einem Erschließungsvertrag mit einer Gemeinde sind öffentlich-rechtlicher Natur.[97]

Erstattungsanspruch 38
Erstattungsansprüche sind die Kehrseite des Leistungsanspruchs und richten sich auf die Herausgabe des Erlangten.[98] Sie entsprechen nach Struktur und Zielrichtung dem § 812 BGB; sind aber vielfach spezialgesetzlich modifiziert.[99] Leistungen ohne Rechtsgrund und sonstige rechtsgrundlose Vermögensverschiebungen müssen rückgängig gemacht werden; der Erstattungsanspruch ist öffentlich-rechtlicher Natur, wenn der vermeintliche Rechtsgrund der Leistung im öffentlichen Recht wurzelte (z. B. Erstattung von Hinterbliebenenbezügen, die zu Unrecht an Angehörige eines vermeintlich toten Beamten gezahlt worden sind).[100]
Siehe Bereicherung, ungerechtfertigte, C 32, siehe Jugendhilfe, C 44a.
Spezialgesetzliche Ausprägungen des öffentlich-rechtlichen Erstattungsanspruchs findet man in § 49a Abs. 1 VwVfG,[101] § 50 SGB X, § 133 Abs. 3 BauGB, §§ 12 Abs. 2 BBesG, 52 Abs. 2 BeamtVG, 87 Abs. 2 BBG, 53 Abs. 2 BRRG und § 37 Abs. 2 AO. Dort, wo spezialgesetzliche Vorschriften fehlen, greift das allgemeine öffentlich-rechtliche Erstattungsverhältnis als Anspruchsgrundlage zur Rückabwicklung der rechtsgrundlos erbrachten Leistungen ein.
Erforderlich ist, dass zwischen den Beteiligten des Erstattungsverhältnisses eine Vermögensverschiebung im Rahmen einer öffentlich-rechtlichen Rechtsbeziehung stattgefunden hat. Da eine Vermögensverschiebung nicht nur durch Leistung, sondern auch in sonstiger Weise erfolgen kann, kann ein öffentlich-rechtlicher Erstattungsanspruch auch dann gegeben sein, wenn ein Privatsubjekt Aufgaben übernimmt, deren Erfüllung einem Hoheitsträger oblegen hat (z. B. Beseitigung von Ölschäden[102] oder bei der Erneuerung einer an das Grundstück des Bürgers heranreichenden Deichdecke; vgl. auch C 41).[103]

---

95 *OLG Naumburg,* 28. 10. 1999 – 11 U 137/99 – OLGR Naumburg 00, 157 ff. unter Hinweis darauf, dass dies auch für Streitigkeiten aus Vorfinanzierungsabreden gilt.

96 *OLG Rostock,* 14. 9. 1999 – 7 W 58/99 – NVwZ 00, 234.

97 *BGH,* 6. 7. 2000 – V ZB 50/99 – ZfBR 01, 125.

98 *BVerwG,* 22. 3. 1990 – 2 C 33/87 – DVBl. 90, 870: Erstattung von Beihilfezahlungen durch den Erben eines Beamten; *Hüttenbrink/Windmöller,* „Der allgemeine öffentlich-rechtliche Erstattungsanspruch", SächsVBl. 01, 140 ff.

99 *BVerwG,* 12. 3. 1985 – 7 C 48/82 – NJW 85, 24, 36 ff.; *VGH München,* 4. 5. 1994 – 7 B 92 2935 – BayVBl. 95, 370; ferner *Redeker/von Oertzen,* § 40, Rdn. 17 m. w. N.

100 *BVerwG,* 9. 6. 1975 – VI C 163.73 – BVerwGE, 48, 279 ff.

101 *Hüttenbrink/Windmöller,* „Erstattungsansprüche nach § 49a Abs. 1 VwVfG", SächsVBl. 01, 181 ff.

102 *BVerwG,* 19. 1. 1989 – 4 B 239/88 – Buchholz 402.41, Allgemeines Polizeirecht Nr. 42.

103 *BVerwG,* 6. 9. 1988 – 4 C 5.86 – BVerwGE 80, 170 ff.

39 **Flugsicherungsstreckengebühren**

Die Forderungen von Eurocontrol für Flugsicherungsstreckengebühren können durch Verwaltungsakt einer Bundesbehörde geltend gemacht werden, so dass die deutsche Gerichtsbarkeit, und zwar der Verwaltungsrechtsweg gegeben ist.[104]

40 **Folgekostenverträge**

Siehe Vertrag, öffentlich-rechtlicher, C 73.

40 a **Fraktion**

Der Ausschluss eines Mitglieds aus einer Ratsfraktion kann im Wege des Verwaltungsrechtswegs angefochten werden.[105]

40 b **Frauenbeauftragte**

Für Streitigkeiten über die Rechte und Pflichten aus dem Amt einer Frauenbeauftragten ist der Verwaltungsrechtsweg auch dann gegeben, wenn die Amtsinhaberin in einem privatrechtlichen Arbeitsverhältnis steht, da Frauenbeauftragte ein öffentliches Amt im organisationsrechtlichen Sinn bekleiden. Die organschaftlichen Rechte (z. B. auf Beteiligung oder Unterrichtung) sind öffentlich-rechtlicher Natur (vgl. auch 49 c).[106]

40 c **Gemeinnützige Arbeit**

Die Heranziehung zur gemeinnützigen und zusätzlichen Arbeit nach § 19 Abs. 2 und 3 BSHG ist ein Verwaltungsakt, mithin also öffentlich-rechtlicher Natur.[107]

41 **Geschäftsführung ohne Auftrag**

Ansprüche aus Geschäftsführung ohne Auftrag sind dem Verwaltungsrechtsweg zugewiesen, wenn der Kläger ohne Auftrag hoheitliche Aufgaben eines Hoheitsträgers wahrgenommen hat und für einen Hoheitsträger tätig geworden ist.[108] Die Vorschriften des BGB über eine Geschäftsführung ohne Auftrag (§ 677 ff. BGB) sind im öffentlichen Recht entsprechend anzuwenden. Ein Anspruch auf Aufwendungsersatz (entsprechend § 683 BGB) gegen einen Träger öffentlicher Verwaltung kann gegeben sein, wenn ein Privater eine Maßnahme trifft, die zu den Aufgaben des Trägers gehört. Sofern er dabei nicht nach dem wirklichen oder mutmaßlichen Willen der Behörde handelt, so gilt § 679 BGB entsprechend. Ein öffentliches Interesse muss aber gerade daran bestehen, dass die Aufgabe von dem privaten „Geschäftsführer" in der gegebenen Situation erfüllt wurde. Das Interesse muss dabei unter Würdigung aller Umstände des Einzelfalls ermittelt werden, wobei die für das Tätigwerden sprechenden öffentlichen Interessen mit entgegenstehenden Interessen abzuwägen sind.[109]

41 a **Geschäftsverteilung**

Gegen die Zuteilung bestimmter richterlicher Aufgaben durch den Geschäftsverteilungsplan eines Gerichts ist der Verwaltungsrechtsweg gegeben.[110]

---

[104] *VGH Kassel,* 6. 7. 1995 – 5 UE 2132/90 – NVwZ-RR 96, 287.

[105] *OVG Münster,* 21. 11. 1988 – 15 B 2380/88 – NJW 89, 1105; *Ziekow,* „Der Fraktionsausschluss im Kommunalrecht: Zulässigkeit und vorläufiger Rechtsschutz", NWVBl. 98, 297 ff.

[106] *VG Frankfurt,* 11. 1. 1999 – 9 E 20/97 – DVBl. 99, 941.

[107] *VGH München,* 24. 9. 1998 – 12 B 96400 – BayVBl. 99, 341.

[108] *Redeker/von Oertzen,* § 40, Rdn. 16; ferner *BVerwG,* 9. 6. 1975 – VI C 163.73 – in BVerwGE, 48, 279 ff., 285; *VGH München,* 4. 5. 1994 – 7 B 922935 – BayVBl. 95, 370; *Hüttenbrink/Windmöller,* „Der allgemeine öffentlich-rechtliche Erstattungsanspruch", SächsVBl. 01, 140, 141.

[109] *BVerwG,* 6. 9. 1988 – 4 C 5.86 – BVerwGE 80, 170 ff.; ferner *Redeker/von Oertzen,* § 40, Rdn. 16; kritisch *Kischel* „Handle und liquidiere", Verwaltungsarchiv 99, 391 ff.

[110] *VGH Kassel,* 29. 12. 1981 – 1 TG 45/81 – DriZ 84, 62.

Gnadenakt 42

Gnadenakte sind gerichtsfreie Hoheitsakte.[111] Im Falle des Widerrufs einer Gnadenentscheidung unterliegt der Widerruf des Gnadenerweises der richterlichen Kontrolle nach Art. 19 Abs. 4 GG.[112] Im Falle der gerichtlichen Überprüfbarkeit des Klagebegehrens ist das Gericht zuständig, das sachlich zuständig ist; d.h. begehrt der Kläger die Aufhebung eines Widerrufs eines Gnadenerweises wegen einer Maßnahme der Strafjustiz, so sind nach § 23 EGGVG die Strafsenate der örtlich zuständigen Oberlandesgerichte für die Entscheidung sachlich zuständig.[113] Begehrt der Kläger dagegen den Widerruf eines Gnadenerweises, der infolge einer beamtenrechtlichen Disziplinarentscheidung ergangen ist, so sind die Verwaltungsgerichte für die Überprüfung des Widerrufs des Gnadenerweises zuständig.[114]

Hausrecht 43

Die Zuordnung von Streitigkeiten wegen eines von einem Träger öffentlicher Verwaltung ausgesprochenen Hausverbotes werden in Rechtsprechung und Literatur kontrovers diskutiert.[115] Zum Teil wird die Auffassung vertreten, ein von einem Träger öffentlicher Verwaltung ausgesprochenes Hausverbot sei grundsätzlich dem öffentlichen Recht zuzuordnen; für die Rechtsnatur des Hausrechtes und dem daraus resultierenden Hausverbot komme es nicht darauf an, ob die Störung anlässlich privatrechtlicher oder öffentlich-rechtlicher Vorgänge erfolgt sei.[116] Die h.M. differenziert: Wird das Hausverbot öffentlich-rechtlich ausgestaltet (Betretungsverbot durch Ordnungsverfügung), so ist der Verwaltungsrechtsweg gegeben, weil sich der Hoheitsträger öffentlich-rechtlicher Formen bei der Durchsetzung des Hausverbotes bedient hat.[117] Im übrigen ist darauf abzustellen, wie sich die Rechtsbeziehungen zwischen den Beteiligten im allgemeinen gestalten: Ist die Rechtsbeziehung zwischen den Beteiligten privatrechtlicher Natur (z.B. im Verhältnis zwischen einer öffentlich-rechtlichen Sparkasse und ihren Sparkassenkunden), so ist auch ein etwaiger Anspruch auf Aufhebung des Hausverbotes privatrechtlicher Natur.[118]

Hochschulgrad/Verleihung 43 a

Eine Unterlassungsklage, mit der ein Verbot für die beklagte Fachhochschule erstrebt wird, den Absolventen des von ihr angebotenen Studiengangs die akademische Graduierung „Wirtschaftsjuristin" (FH) zu verleihen, ist der Rechtsweg zu den Verwaltungsgerichten eröffnet.[119]

Hochschule, kirchliche 43 b

Streitigkeiten über den Zugang zu staatlich anerkannten Hochschulen sind öffentlich-rechtlicher Natur.[120]

---

[111] *BVerwG,* 27. 5. 1982 – 2 C 50/80 – NJW 83, 187.

[112] *BVerfG,* 12. 1. 1971 – 2 BvL 18/70 – NJW 71, 795.

[113] *BVerwG,* 10. 10. 1975 – *BVerwG,* VII C 26.73 – in BVerwGE, 49, 221 ff.

[114] *OVG Münster,* 21. 5. 1992 – 12 B 526/92 – n. v. –.

[115] *Bosch/Schmidt,* 42, 43.

[116] *OVG Münster,* 14. 10. 1988 – 15 A 188/86 – NVwZ-RR 89, 316/317; ferner *Kuhla/Hüttenbrink,* 1. Aufl., C, Rdn. 21.

[117] *OVG Münster,* 10. 1. 1975 – IV A 295/73 – DVBl. 75, 587; vgl. ferner *VG Münster,* 25. 10. 1997 – 1 L 793/91 – n. v., das bei Fehlen einer öffentlich-rechtlichen Benutzungsregelung (z. B. Satzung) vom privatrechtlichen Charakter eines Hausverbots ausgeht; *OVG Münster,* 11. 2. 1998 – 25 E 960/97 – NVwZ-RR 98, 595.

[118] *OVG Münster,* 4. 1. 1995 – 25 E 1298/94 – NWVBl. 95, 108; ein von der Universitätsverwaltung im Zusammenhang mit einer arbeitsrechtlichen Kündigung gegenüber einem Angestellten ausgesprochenes Hausverbot ist ebenfalls grundsätzlich nicht öffentlich-rechtlicher, sondern lediglich privatrechtlicher Natur, vgl. dazu *VGH Mannheim,* 31. 5. 1994 – 9 S 1126/94 – NJW 94, 2500. Das Hausrecht des Landtagspräsidenten ist öffentlich-rechtlicher Natur, vgl. *VG Düsseldorf,* 12. 5. 2000 – 1 L 963/00 – NWVBl. 01, 69.

[119] *BGH,* 5. 6. 1997 – IZB 3/96 – NJW 98, 546.

[120] *VG Osnabrück,* 24. 9. 1999 – 3 B 41/99 – NVwZ 00, 961 f.

44 **Jagdpachtverträge**

Jagdpachtverträge sind immer privatrechtlicher Natur, wie aus dem Wesen des Pachtvertrages folgt.[121]

44 a **Jugendhilfe, Kostenerstattungsanspruch**

Für den Kostenerstattungsanspruch aus § 89 d SGB VIII ist der Verwaltungsrechtsweg eröffnet.[122]

45 **Kirchen**

Siehe Religionsgesellschaften, C 58.

46 **Konkurrentenverfahren zwischen Angestellten im öffentlichen Dienst**

Die Verwaltungsgerichte sind nicht für Streitigkeiten unter Angestellten im öffentlichen Dienst zuständig.[123]

46 a **Kontrahierungszwang**

In manchen Fällen sieht das Gesetz einen Benutzungszwang zugunsten privater Unternehmen vor (z. B. Bereich der Sonderabfallentsorgung gem. Art. 10 BayAbfAlG, ferner § 3 Abs. 1 Tierkörperbeseitigungsgesetz. Obwohl der Benutzungszwang öffentlichrechtlich geregelt ist, berechtigt dies die begünstigen Privatunternehmen nicht, gegen zuwiderhandelnde Anschlussverpflichtete unmittelbar verwaltungsgerichtlich vorzugehen.[124]

46 b **Krankenhaus**

Für Rechtsstreitigkeiten über die Zulässigkeit von Fehlbelegungsprüfungen des Medizinischen Dienstes der Krankenversicherung nach § 17 a KHG ist der Verwaltungsrechtsweg gegeben.[125]

46 c **Lärm**

Abwehransprüche wegen des Lärms einer Feuersirene sind vor den Verwaltungsgerichten zu verfolgen.[126]

46 d **Lebensmitteluntersuchung**

Für die Klage einer Großhändlerin mit Fleisch und Fleischwaren, die nicht erstmalige Inverkehrbringerin ist, mit der sie feststellen lassen will, ob sie verpflichtet ist, die Ware auf das Vorliegen von Mängeln zu untersuchen, ist der Verwaltungsrechtsweg eröffnet.[127]

47 **Leistungsstörungen**

Siehe Vertrag, öffentlich-rechtlicher, C 73.

48 **Mietkostenübernahme des Sozialhilfeträgers**

Siehe Vertrag, öffentlich-rechtlicher, C 73.

---

[121] *VGH Kassel,* 18. 7. 1995 – 3 TG 1929/95 – NJW 96, 474.

[122] *OVG Münster,* 27. 8. 1998 – 16 A 3477/97 – NWVBl. 99, 144.

[123] *OVG Weimar,* 30. 1. 1996 – 2 EO 497/95 – NVwZ-RR 97, 138 f.

[124] *VGH München,* 7. 5. 1998 – 20 ZE 98 1060 – NJW 99, 162; ferner *Grünewald,* „Das Tierkörperbeseitigungsrecht", Diss. 93, 115, 251, 252; *Wiesemann,* „Benutzungsgebühren und Privatisierung, NWVBl. 98, 257 ff., der sich mit dem Problem auseinandersetzt, ob Dritte als Träger gebührenrelevanter öffentliche Aufgaben oder als Gehilfen bei deren Erfüllung tätig werden können.

[125] *OVG Münster,* 18. 12. 1997 – 13 E 913/97 – NJW 98, 2761.

[126] *BVerwG,* 29. 4. 1988 – 7 C 33/87 – BVerwGE 79, 254.

[127] *BVerwG,* 7. 5. 1987 – 3 C 55/85 – n. v.

Mietspiegel, kommunale 49

Kommunale Mietspiegel sind zwar hoheitliche Verlautbarungen; sie besitzen aber weder Regelungscharakter noch begründen sie ein Rechtsverhältnis,[128] noch stellen sie einen Verwaltungsakt dar;[129] eine spezielle verwaltungsgerichtliche Klage ist deshalb nicht zulässig.

Namensänderung 49 a

Namensänderungen i.S.d. § 1618 BGB erfolgen durch Erklärungen gegenüber dem Standesbeamten. Die etwaig erforderliche Zustimmung des anderen Elternteils wird durch das Familiengericht ersetzt, so dass Namensänderungen nach § 1618 BGB dem öffentlich-rechtlichen Namensänderungsrecht entzogen sind.[130]

Notarsachen 49 b

Verwaltungsakte, die nach der Bundesnotarordnung oder rangniedrigerem Recht ergehen, sind nach § 111 Abs. 1 BNotO nicht den Verwaltungsgerichten, sondern den Zivilgerichten (Notarsenat des zuständigen OLG) zugewiesen.[131]

Nutzungsentgelt für Parken 49 c

Verlangt eine Gemeinde (Schulträger) für die Benutzung des Schulgeländes zu Parkzwecken ein Nutzungsentgelt, so macht sie Ansprüche als Grundeigentum geltend, die zivilrechtlich zu verfolgen sind.[132]

Organwalter Bestellung/Abberufung 49 d

Die Bestellung/Abberufung eines Organwalters ist auch dann eine öffentlich-rechtliche Streitigkeit, wenn es sich bei dem zugrunde liegenden Anstellungsverhältnis um ein Angestelltenverhältnis handelt (vgl. auch 40 c).[133]

Patentanwaltskammer 50

Bei Klagen eines Patentanwaltes gegen die Patentanwaltskammer, die das Ziel haben, die Mitgliedschaft der Patentanwaltskammer in berufsständischen Verbänden und ähnlichen Vereinigungen zu beenden, handelt es sich zwar um eine öffentlich-rechtliche Streitigkeit, die aber nach § 184 Abs. 3 Satz 1 PAO dem Oberlandesgericht zugewiesen ist.[134]

Persönlichkeitsrechte 51

Siehe Auskünfte, C 24, Unterlassungsansprüche, C 69, Realakte, C 57.

Personalakte, Tilgung 52

Die Entscheidung der Frage, welche Vorgänge in die Personalakten aufgenommen werden dürfen, ist den Verwaltungsgerichten und nicht den Disziplinargerichten vorbehalten.[135]

---

[128] *VGH München,* 14. 6. 1994 – 24 B 93 3620 – DVBl. 95, 162; *BVerwG,* 26. 1. 1996 – 8 C 19/94 – NJW 96, 2046 ff.

[129] *VGH München,* 14. 6. 1994 – 24 B 93 3620 – DVBl. 95, 162; *BVerwG,* 26. 1. 1996 – 8 C 19/94 – NJW 96, 2046 ff.

[130] Vgl. dazu *VG Düsseldorf,* 9. 10. 1998 – 25 K 8115/96 – NWVBl. 99, 230.

[131] *BGH* – Senat für Notarsachen – 20. 3. 2000 – NotZ 17/99 – NJW 00, 2428 ff. unter Hinweis darauf, dass bei Streitigkeiten über die Auszahlung von festgesetzten Versorgungsbezügen nach der besonderen Vorschrift des § 113 a Abs. 3 Nr. 2, Abs. 7 BNotO i. V. m. § 126 BRRG der Verwaltungsrechtsweg gegeben sei.

[132] *OVG Koblenz,* 21. 5. 1999 – 2 E 10874/99 – NVwZ-RR 99, 582.

[133] *VG Gießen,* 4. 4. 1996 – 5 G 103/96 – NVwZ-RR 98, 189; vgl. ferner für die Feststellungsklage eines Beamten gegen seine erneute Berufung zum Vorsteher eines Briefwahlvorstandes, *OVG Lüneburg,* 28. 10. 1997 – 5 L 3198/96 – NVwZ-RR 98, 533.

[134] *VGH München,* 30. 9. 1994 – 20 C 94 1445 – NJW 95, 674, 675.

[135] *BVerwG,* 15. 10. 1993 – 1 DB 34/92 – NVwZ 95, 84 ff.

53 **Personalien, Herausgabe**
Für die Geltendmachung eines Anspruches auf Herausgabe der Personalien eines verdeckten Ermittlers und einer Vertrauensperson zum Zwecke einer kommissarischen Vernehmung durch das Strafgericht, ist der Verwaltungsrechtsweg eröffnet.[136]
Siehe auch Auskünfte, Auskunftsklage, C 24.

54 **Pflegesatzvereinbarungen**
sind öffentlich-rechtlicher Natur gem. § 93 Abs. 2 BSHG.[137]
Siehe Vertrag. öffentlich-rechtlicher, C 73.

54 a **Polizeigewahrsam**
Wird eine Person gem. § 35 Polizeigesetz NW in Polizeigewahrsam genommen, so richtet sich das Verfahren über die gem. § 36 Abs. 1 Polizeigesetz NW eine herbeizuführende richterliche Entscheidung nach § 36 Abs. 2 PolG NW nach den Vorschriften des Gesetzes über das gerichtliche Verfahren bei Freiheitsentziehungen (FEVG), das auf die Vorschriften des FGG verweist.[138]

55 **Positive Vertragsverletzung**
Siehe Vertrag, öffentlich-rechtlicher, C 73.

56 **Post**
Nach der Neustrukturierung des Post- und Fernmeldewesens ist das Benutzungsverhältnis grundsätzlich privatrechtlicher Natur.[139] Gleiches gilt für Rechtsstreitigkeiten über die Zulassung zur Benutzung von Einrichtungen der Deutschen Telekom.[140] Durch die Umwandlung des Sondervermögens Deutsche Bundespost in ein Unternehmen des Privatrechts (Deutsche Post AG) sind seit dem 1.1.95 alle Rechtsbeziehungen privatrechtlicher Natur.[141] Klagen eines Beamten der Deutschen Post AG auf Abschluss eines Arbeitsvertrages unter gleichzeitiger Beurlaubung sind öffentlich-rechtlicher Natur.[142] Streitigkeiten über das Mitbestimmungsrecht des Betriebsrats bei der Umsetzung eines Beamten sind arbeitsrechtlicher Natur.[143]
Siehe auch Bahn, C 26, Bahnbeamte, C 27.

---

[136] *VG Darmstadt,* 14. 11. 1994 – 5 E 1538/94 – NVwZ 96, 92.

[137] *Bosch/Schmidt,* 33; *BVerwG,* 1. 12. 1998 – 5 C 17/97 – NVwZ-RR 99, 446 zu Pflegesatzvereinbarungen in der Sozialhilfe; auch für Streitigkeiten über Umlagen der Landeswohlfahrtsverbände gegenüber Pflegeeinrichtungen ist der Verwaltungsrechtsweg gegeben, *VGH Mannheim,* 31. 3. 1998 – 2 S 687/98 – DVBl. 98, 1142; vgl. ferner *BVerwG,* 13. 12. 1998 – 3 B 22.98 – DVBl. 99, 1045 ff. bzgl. Investitionsförderungsmaßnahmen von Pflegeeinrichtungen. Zur Klagebefugnis bei der Anfechtung der Genehmigung einer Pflegesatzvereinbarung, vgl. *BVerwG,* 3. 8. 2000 – 3 C 30/99 – NJW 01, 909. Für die Klage eines Pflegeheims auf Zustimmung einer Landesbehörde zur gesonderten Berechnung von Investitionsaufwendungen gegenüber einem Pflegeversicherten soll dagegen der Sozialrechtsweg gegeben sein, *BSG,* 31. 1. 2000 – B 3 SF 1/99R – NZS 00, 523 ff.

[138] *OLG Köln,* 3. 4. 1997 – 16 WX 85/97 – NWVBl. 99, 197 ff.

[139] *Redeker/von Oertzen,* § 40, Rdn. 25; *Ehlers* in *Schoch/Schmidt-Aßmann/Pietzner,* § 40, Rdn. 584.

[140] *Ehlers* in *Schoch/Schmidt-Aßmann/Pietzner,* § 40, Rdn. 584; privatrechtlicher Natur sind nunmehr insbesondere auch Ansprüche der Deutschen Post AG auf Unterlassung einer bestimmten Beförderungsart (sog. Remailing) gegenüber einem Wettbewerber, vgl. *BGH,* 18. 5. 1995 – I ZR 22/94 – NJW 95, 2295 ff.

[141] *Ehlers* in *Schoch/Schmidt-Aßmann/Pietzner,* § 40, Rdn. 274; überholt daher *VGH Kassel,* 20. 10. 1994 – 11 TH 273/94 – NJW 95, 1170.

[142] *BAG,* 16. 6. 1999 – 5 AZB 16/99 – NVwZ 99, 1259 ff.

[143] *BVerwG,* 22. 2. 1998 – 6 P 3.97 – DVBl. 98, 1094.

Privatschule **56a**
Für Streitigkeiten, die sich aus der Entlassung eines Schülers von einer privaten Ersatzschule ergeben, ist der Zivilrechtsweg gegeben.[144]

Realakte **57**
Unter Realakten versteht man Tathandlungen, die nicht auf die Verwirklichung bestimmter Rechtsfolgen gerichtet sind, sondern einen bestimmten tatsächlichen Erfolg zum Ziele haben.[145] Vollzieht der Hoheitsträger derartige tatsächliche Handlungen, so sind derartige Handlungen ihrer Rechtsnatur nach entsprechend der Norm zu beurteilen, die der Handlung zugrunde liegt. Es muss also festgestellt werden, ob die jeweiligen Realakte mit öffentlich-rechtlich oder privatrechtlich geregelten Normen oder Sachverhalten im unmittelbaren Zusammenhang stehen. Wird beispielsweise durch die technische Ausgestaltung von **Straßenbaumaßnahmen** ein Anliegergrundstück nachteilig betroffen (Beispiel: Abrutschen des Erdreichs eines Grundstücks durch Änderung einer Böschung), so steht dem Grundeigentümer ein Anspruch auf Abwehr weiterer Schäden gegen den jeweiligen Hoheitsträger zu, der im Zeitpunkt der gerichtlichen Entscheidung für den ordnungsgemäßen Zustand der Straße verantwortlich ist. Die Beschädigung der Substanz privatrechtlichen Eigentums durch den öffentlichen Straßenbau ist eine Eigentumsverletzung durch eine hoheitliche Maßnahme, gegen die sich der betroffene Bürger mit Abwehr- und Folgebeseitigungsansprüchen zur Wehr setzen kann. Wegen des hoheitlichen Charakters der Straßenbaumaßnahme sind derartige Ansprüche vor den Verwaltungsgerichten zu verfolgen.[146]
Der Anspruch gegen eine Körperschaft auf **Widerruf** oder Unterlassung einer ehrkränkenden dienstlichen Äußerung im Bereich hoheitlicher Verwaltung fällt in die Zuständigkeit der Verwaltungsgerichte.[147]
Einer Klage auf **Widerruf** einer **Presseerklärung** der Staatsanwaltschaft ist der Verwaltungsrechtsweg eröffnet, da die Presseerklärung der Staatsanwaltschaft in amtlicher Eigenschaft abgegeben wird.[148] Für Angriffe gegen als herabsetzend empfundene Passagen eines strafgerichtlichen Beschlusses (Vorwurf der Verfahrenstorpedierung) ist nicht der Verwaltungsgerichtweg, sondern der Rechtsweg zu den Strafgerichten gegeben.[149]
Der Rechtsweg für eine **Klage auf Auskunftserteilung über von der Polizei** außerhalb von Ermittlungsverfahren gesammelte, personenbezogene Daten, ist öffentlich-rechtlich, weil die Sammlung der zur Person gespeicherten Daten eine Amtshandlung der Polizei darstellt und damit eine Maßnahme auf dem Gebiet des öffentlichen Rechts ist.[150]

---

[144] *OVG Münster,* 23. 7. 1997 – 19 E 169/97 – NWVBl. 98, S. VII.

[145] *Ehlers* in *Schoch/Schmidt-Aßmann/Pietzner,* § 40, Rdn. 392ff.; *Bosch/Schmidt,* 39ff.

[146] *BVerwG,* 21. 9. 1984 – 4 C 51/80 – NJW 85, 1481; vgl. ferner den Fall des *VGH Mannheim,* 23. 2. 1984 – 5 S 2643/83 – NJW 85, 1482, wonach der Beseitigungsanspruch eines Bürgers, auf dessen Privatgrundstück ein Gehweg seitens der Gemeinde errichtet worden ist, ebenfalls öffentlich-rechtlicher Natur ist.

[147] Vgl. dazu *VGH Kassel,* 20. 10. 1987 – 9 OE 24/83 – NJW 88, 1683; *OVG Münster,* 25. 2. 1988 – 20 A 2515/86 – NJW 88, 2636 (Ehrverletzung durch einen Richter); vgl. ferner *VGH Mannheim,* 9. 10. 1989 – 1 S 5/88 – NJW 90, 1808: Wenn die beanstandeten Äußerungen nicht in amtlicher Eigenschaft, sondern nur gelegentlich während einer nach öffentlichem Recht zu beurteilenden Tätigkeit gemacht werden, ist der ordentliche Rechtsweg gegeben (z.B. bei rein persönlichen Äußerungen); vgl. auch *OLG Frankfurt,* 27. 11. 1998 – 24 W 65/98 – DVBl. 98, 871; *VGH Mannheim,* 14. 10. 1997 – 1 S 1705/97 – NVwZ 98, 413.

[148] *BVerwG,* 14. 4. 1988 – 3 C 65/85 – NJW 89, 412.

[149] *VGH München,* 20. 7. 1995 – 5 CE 951273 – NJW 95, 2940.

[150] *BVerwG,* 20. 2. 1990 – 1 C 29/86 – NJW 90, 2765; § 23 EGGVG scheidet aus, weil zur Strafrechtspflege i.S.v. § 23 EGG nur Maßnahmen zählen, die zur Verfolgung von strafrechtlichen Handlungen getroffen werden. Die hier strittigen Daten wurden nur als Hilfsmittel für die zukünftige Arbeit der Polizei bereitgehalten.

Auch der Anspruch auf **Berichtigung** eines **amtsärztlichen Gutachtens** ist öffentlich-rechtlicher Natur.[151]

Klagen eines Hochschullehrers auf Gewährung von Schutz durch die Hochschule gegen **Störungen seines Lehrbetriebs** haben öffentlich-rechtlichen Charakter,[152] während dem Klageverfahren des Hochschullehrers gegen den störenden Studenten ein aus dem Persönlichkeitsrecht wurzelnder Anspruch zugrunde liegt, der dem Privatrecht zuzurechnen ist.[153]

Ansprüche wegen **Verletzung des Persönlichkeitsrechts** durch **Rundfunk- oder Fernsehsendungen** sind unabhängig davon, ob es sich um Anstalten des öffentlichen Rechts handelt oder nicht, immer vor den Zivilgerichten zu verfolgen, da die Rechtsbeziehungen in diesem Falle auf der Ebene des privatrechtlichen Miteinanders geordnet sind und die Grenze der vom Bürger hinzunehmenden Rundfunk- und Fernsehkritik privatrechtlich geregelt ist.[154] Streitet sich dagegen ein Privatanbieter eines Rundfunkprogramms mit einem öffentlich-rechtlichen Sender über die **Nutzung von Frequenzen,** so liegt eine öffentlich-rechtliche Streitigkeit vor, für die der Verwaltungsrechtsweg eröffnet ist.[155]

Siehe auch Tiefflug, C 67, Verkehrsunfälle, C 71, wettbewerbswidriges Verhalten, C 77.[156]

57 a **Rechtsverordnungen**

Der Rechtsschutz durch die Verwaltungsgerichtsbarkeit gegen eine Rechtsverordnung des Bundes darf nicht mit der Erwägung abgeschnitten werden, Rechtsschutz gegen verfassungswidrige Rechtsverordnungen werde durch die Verfassungsbeschwerde gewährleistet.[157]

58 **Religionsgesellschaften**

Das Handeln der Religionsgesellschaften ist öffentlich-rechtlich, wenn diese den Kernbereich ihrer kirchlichen Betätigung verlassen und mit einzelnen Maßnahmen oder Ausstrahlungen in den staatlichen Bereich hineinrücken. Dies gilt beispielsweise in Kirchensteuersachen, in Friedhofsangelegenheiten, im gesamten Schul- und Hochschulrecht; im letzteren Bereich gilt dies allerdings nur, soweit die Religionsgesellschaften als Beliehene (z.B. im Prüfungswesen) tätig werden.[158] Für die Klage eines Kindes auf Aufnahme in einen kirchlichen Kindergarten ist nicht der Verwaltungsrechtsweg, sondern der Zivilrechtsweg gegeben.[159]

Hinsichtlich des **„Kirchenläutens"** gilt folgendes: Soweit es sich um das nicht sakrale Glockenschlagen (Stundenschlag) handelt, handelt es sich um eine bloße Wahrnehmung von Eigentümerbefugnissen außerhalb des öffentlich-rechtlichen Widmungszwecks.[160] Handelt es sich dagegen um ein sakrales, liturgisches Glockenschlagen (z.B. Messeläuten),

---

[151] *BVerwG,* 8. 5. 1970 – IC 20/68 – NJW 70, 1990; vgl. ferner *VG Darmstadt,* 14. 11. 1994 – 5 E 1538/94 – NVwZ 96, 92. Der Anspruch auf Herausgabe von Personalien eines verdeckten Ermittlers ist vor den Verwaltungsgerichten geltend zu machen.

[152] *VG Koblenz,* 18. 12. 1972 – 3 L 63/72 – NJW 73, 1244.

[153] *KG,* 8. 3. 1974 – 9 W 91/74 – DVBl. 74, 379.

[154] *BVerwG,* 7. 6. 1994 – 7 B 48/94 – NJW 94, 2500.

[155] *OVG Hamburg,* 4. 5. 1994 – Bs III 101/94 – NVwZ-RR 95, 147; vgl. ferner K 205 ff.

[156] Zu verschiedenen Fallgestaltungen vgl. *Bosch/Schmidt,* 41, 42.

[157] *BVerfG,* 2. 4. 1997 – 1 BvR 446/96 – NVwZ 98, 169: der Subsidiaritätsgrundsatz verlangt zunächst die Anrufung der allgemein zuständigen Gerichte, wenn diese der behaupteten Grundrechtsverletzung abhelfen können.

[158] Vgl. dazu *Redeker/von Oertzen,* § 40, Rdn. 34; die sonstigen Rechtsbeziehungen, z. B. der Hochschulzugang, sind privatrechtlicher Natur, *VGH München,* 7. 4. 1992 – 7 C 92 1001; vgl. ferner das Stichwort „Beliehener".

[159] *OVG Münster,* 16. 11. 1995 – 16 B 2652/95 – NVwZ 96, 812 ff.

[160] *BVerwG,* 30. 4. 1992 – 7 C 25.91 – BVerwGE 90, 163, 167; ferner *BVerwG,* 20. 1. 1994 – 7 B 198.93 –; Buchholz, 310, § 40, Nr. 268.

ist das Geläut öffentlich-rechtlicher Natur; etwaige Abwehransprüche sind den Verwaltungsgerichten zugeordnet.[161]
Bei **Unterlassungsklagen** gegen kritische Äußerungen der Religionsgesellschaften über andere Glaubensgemeinschaften ist nicht der Verwaltungsrechtsweg, sondern der Zivilrechtsweg gegeben, da die Religionsgesellschaften in diesem Zusammenhang die zivilrechtlichen Vorschriften über den Persönlichkeitsschutz Dritter zu beachten haben.[162]
Bei Streitigkeiten in innerkirchlichen Angelegenheiten, zu denen auch die **Dienstverhältnisse der Seelsorger** rechnen, ist infolge des den Kirchen verfassungsrechtlich gewährleisteten Selbstbestimmungsrechts (Art. 40 GG i. V. m. Art. 137 Abs. 3 Satz 2 WRV) der Rechtsweg zu den staatlichen Gerichten nicht gegeben.[163] Nach § 135 Satz 2 BRRG ist es jedoch den öffentlichen Religionsgemeinschaften überlassen, nicht nur die Rechtsverhältnisse ihrer Beamten und Seelsorger dem Beamtenrechtsrahmengesetz entsprechend zu regeln, sondern auch die Vorschriften dieses Gesetzes über den Verwaltungsrechtsweg für Klagen aus dem Beamtenverhältnis (§§ 126, 127 BRRG) für anwendbar zu erklären.[164] Das BVerfG musste sich in der jüngsten Zeit mehrfach mit sogenannten **„Kirchensachen"** befassen.[165] Insbesondere nach der Entscheidung des BVerfG vom 18. 9. 1998[166] deutet sich an, dass das BVerfG möglicherweise dann den Rechtsweg eröffnen will, wenn „kein innerkirchlicher Rechtsweg gegeben sein sollte."[167] Zusammensetzung und Wahlen zum Kirchenvorstand sind ebenfalls innerkirchliche Angelegenheiten.[168]

Rindfleisch 58 a
Die beim Absatz von Rindfleisch entstehenden Rechtsbeziehungen zwischen Interventionsstelle und Käufer sind öffentlich-rechtlicher Natur.[169]

Rückforderungsanspruch 59
Siehe Bereicherung, C 32, Erstattungsanspruch, C 36.

Rundfunk 60
Siehe Realakte, C 57.

---

[161] *BVerwG,* 30. 4. 1992 – 7 C 25.91 – BVerwGE 90, 163, 167; ferner *BVerwG,* 20. 1. 1994 – 7 B 198.93 –; Buchholz, 310, § 40, Nr. 268.

[162] *BVerwG,* 30. 4. 1992 – 7 C 25.91 – BVerwGE 90, 163, 167; ferner *BVerwG,* 20. 1. 1994 – 7 B 198.93 –; Buchholz, 310, § 40, Nr. 268; *VG Würzburg,* 14. 10. 1997 – W 6 E 97 1217 – NVwZ 99, 799; zu Abwehransprüchen der Kirchengemeinde wegen heranrückender Wohnbebauung, vgl. *VG Freiburg,* 12. 2. 1998 – 4 K 1975/97 – NVwZ 99, 797; *VGH München,* 28. 3. 1994 – 7 LE 93 2403 – NVwZ 94, 787 (Sekte).

[162] *OVG Bremen,* 28. 3. 1995 – 1 B 75/94 – NVwZ 95, 793.

[163] *VG Düsseldorf,* 13. 2. 1998 – 1 K 10671 – NWVBl. 98, 454; ferner *VGH Kassel,* 11. 11. 1998 – 24 dH 2230/98 – NJW 99, 377 (Disziplinarmaßnahme gegen Kirchenbeamte).

[164] *BVerwG,* 28. 4. 1994 – 2 C 23/92 – NJW 94, 3376 f.; ferner die Klarstellung bei *Bosch/Schmidt,* 24; *VG Göttingen,* 14. 1. 1999 – 3 A 3487/97 – NVwZ 99, 794.

[165] Vgl. dazu *BVerfG,* 18. 9. 1998 – 2 BvR 1476/94 – NJW 99, 349; ferner *BVerfG,* 15. 3. 1999 – 2 BvR 2307/94 – NVwZ 99, 758; ferner *Kirchberg,* „Staatlicher Rechtsschutz in Kirchensachen", NVwZ 99, 734.

[166] *BVerfG,* 18. 9. 1998 – 2 BvR 1476/94 – NJW 99, 349.

[167] Eine Tendenzwende ist jedenfalls auch beim *BGH* erkennbar (11. 2. 2000 – VZR 271/99 – NJW 00, 1555), der entschieden hat, dass eine Kirchen- und Religionsgemeinschaft (hier: Jüdische Gemeinde) vor den staatlichen Gerichten ein Mitglied auf Unterlassung in Anspruch nehmen kann, und zwar auch dann, wenn dazu innergemeinschaftliche Vorfragen geklärt werden müssen; sofern die Vorfrage durch ein Schiedsgericht der Kirche oder der Religionsgemeinschaft entschieden wurde, sind die staatlichen Gerichte an diese Entscheidung gebunden.

[168] *VG Neustadt,* 27. 7. 1998 – 1 K 2037/98 – NJW 99, 2611 (Wahlen zum Kirchenvorstand).

[169] *BVerwG,* 23. 9. 1998 – 6 C 6/98 – BayVBl. 99, 411.

61 **Schadensersatzansprüche des Bürgers gegen den Staat**

Nach § 40 Abs. 2 sind vermögensrechtliche Ansprüche aus Aufopferung[170] für das gemeine Wohl und aus öffentlich-rechtlicher Verwahrung sowie für Schadensersatzansprüche aus der Verletzung öffentlich-rechtlicher Pflichten, die nicht auf einem öffentlich-rechtlichen Vertrag beruhen, der ordentliche Rechtsweg gegeben (vgl. dazu und zu den weiteren Sonderzuweisungen zu den Zivilgerichten, Rdn. C 51), für Amtshaftungsansprüche ergibt sich der Zivilrechtsweg aus Art. 34 Satz 3 GG. Die Sonderrechtszuweisung des § 40 Abs. 2 VwGO gilt nicht für Schadensersatzansprüche aus öffentlich-rechtlichen Verträgen, d. h. Ansprüche aus positiver Vertragsverletzung oder culpa in contrahendo im Zusammenhang mit einem öffentlich-rechtlichen Vertragsverhältnis sind deshalb von den Verwaltungsgerichten zu klären.[171] Aufgrund der Rechtswegzuweisung des § 126 BRRG ist für alle Klagen aus dem Beamtenverhältnis (auch aus einem nicht zustande gekommenen Beamtenverhältnis)[172] und für Klagen des Dienstherrn der Verwaltungsrechtsweg gegeben, dies gilt insbesondere auch für Verletzungen der Fürsorgepflicht durch den Dienstherrn.[173] Die Verwaltungsgerichte sind aufgrund der Rechtswegzuweisung des § 59 SG[174] für Soldaten sowie für Schadensersatzansprüche wegen Verletzung der Fürsorgepflichten im Wehrdienstverhältnis[175] und für derartige Ansprüche aus dem Zivildienstverhältnis zuständig.[176] Dies gilt auch für Schadensersatzansprüche gegen die Beschäftigungsstelle, denn das Verhältnis des Zivildienstleistenden zur Beschäftigungsstelle ist durch deren Beleihung öffentlich-rechtlich geprägt.[177] Schadensersatzansprüche wegen Verletzung von Pflichten aus einem Benutzungsverhältnis als verwaltungsrechtlichem Schuldverhältnis sind vor den Verwaltungsgerichten geltend zu machen.[178]

Die Sonderrechtszuweisung des § 40 Abs. 2 VwGO zu den Zivilgerichten gilt nicht für Schadensersatzansprüche eines Hoheitsträgers gegenüber dem Bürger;[179] insbesondere bei Schadensersatzansprüchen aus einem öffentlich-rechtlichen Benutzungsverhältnis,[180] so dass es insoweit bei der Zuständigkeit der Verwaltungsgerichte bleibt.

Soweit Schadensersatzansprüche eines Hoheitsträgers aus unerlaubter Handlung wegen Beschädigung öffentlichen Eigentums durch einen Privaten im Raum stehen, sind diese privatrechtlicher Natur.[181]

---

[170] *BGH,* 15. 12. 1994 – III ZB 49/94 – BGHZ 128, 204.

[171] *Bosch/Schmidt,* 35; anders für Ansprüche aus c. i. c. *VG Gera,* 28. 7. 1999 – 4 K 377/99 – NJW 99, 3574.

[172] *BVerwG,* 22. 2. 1996 – 2 C 12/94 –; NJW 95, 2175 ff. In einem zivilgerichtlichen Verfahren, in dem sich der Kläger auf Amtshaftung (Art. 34 GG, § 839 BGB) einerseits und auf Verletzung des beamtenrechtlichen Treueverhältnisses stützt, können die Gerichte gem. § 17 Abs. 2 S. 1 GVG auch den öffentlich-rechtlichen Anspruch ausurteilen, *OLG Hamm,* 27. 6. 2001 – 11 U 195/00 – n. v.

[173] *Ehlers* in *Schoch/Schmidt-Aßmann/Pietzner,* § 40, Rdn. 38 ff., Rdn. 47.

[174] *Ehlers* in *Schoch/Schmidt-Aßmann/Pietzner,* § 40, Rdn. 53.

[175] *Ehlers* in *Schoch/Schmidt-Aßmann/Pietzner,* § 40, Rdn. 60.

[176] *Ehlers* in *Schoch/Schmidt-Aßmann/Pietzner,* § 40, Rdn. 61; *BGH,* 5. 7. 1990 – III ZR 166/89 – NVwZ 90, 1103 f.

[177] *BVerwG,* 9. 10. 1959 – VII C 53/58 – DVBl. 60, 36; *BGH,* 5. 7. 1990 – III ZR 166/89 – NVwZ 90, 1103.

[178] *BVerwG,* 1. 3. 1995 – 8 C 36/92 – NJW 95, 2303 ff; *OVG Lüneburg,* 31. 5. 1990 – 9 L 93/89 – NVwZ 91, 81 (Baumwurzeln von Straßenbäumen).

[179] *Ehlers* in *Schoch/Schmidt-Aßmann/Pietzner,* § 40, Rdn. 537.

[180] *BVerwG,* 1. 3. 1995 – 8 C 36/92 – NJW 95, 2303 ff.

[181] Vgl. dazu *Hüttenbrink,* „Die Bürgerhaftung als Gegenstück zur Staatshaftung", DÖV 82, 489: Bestehen keine Rechtsbeziehungen zwischen Staat und Bürger, so haftet der Bürger nur aus unerlaubter Handlung; sind daneben öffentlich-rechtliche Rechtsbeziehungen gegeben, so besteht – sofern öffentlich-rechtliche Sondernormen fehlen – zugunsten des Staates Anspruchskonkurrenz zwischen Ersatzansprüchen aus positiver öffentlich-rechtlicher Forderungsverletzung und aus unerlaubten Handlungen (§§ 823 ff. BGB); *Ehlers* in *Schoch/Schmidt-Aßmann/Pietzner,* § 40, Rdn. 432; ferner *BVerwG,* 3. 4. 1996 – 6 C 5.94 – BVerw-

Schadensersatzansprüche gem. § 123 Abs. 3 VwGO i. V. m. § 945 ZPO sind nach h. M. vor den Zivilgerichten geltend zu machen (vgl. auch D 357 ff.).[182]
Siehe auch EG-Richtlinie, C 33 d; siehe auch Verkehrsunfälle, C 71.

Schiedsstelle 62

Der Streit zwischen Mitgliedern der Landeskrankenhausgesellschaft über die Entsendung von Delegierten in die Schiedsstelle nach § 18 a KHG und der Landeskrankenhausgesellschaft ist trotz des öffentlich-rechtlichen Charakters der Schiedsstelle zivilrechtlicher Natur, weil bei Streitigkeiten zwischen den einzelnen Trägern der Krankenhausgesellschaft und der Gesellschaft selbst lediglich vereinsrechtliche Fragestellungen berührt werden.[183]

Schuldanerkenntnis 63

Ein Schuldanerkenntnis ist öffentlich-rechtlicher Natur, wenn der dem Schuldanerkenntnis zugrunde liegende materiell-rechtliche Anspruch seine Grundlagen im öffentlichen Recht findet (Beispiel: Ausbildungsbeihilfen im Zusammenhang mit einer Einbürgerung).[184]

Schulhof/Nutzungsentgelt für Parken 63 a

Vgl. C 49 b.

Soldaten 63 b

Für das Begehren des Soldaten auf Einsichtnahme in seine Sicherheitsakte ist der Rechtsweg zu den allgemeinen Verwaltungsgerichten gegeben;[185] das gleiche gilt für das Begehren eines Soldaten, ihm die Einsatzmedaille der Bundeswehr zu verleihen.[186]

Sozialrechtlicher Herstellungsanspruch 64

Der sozialrechtliche Herstellungsanspruch ist vor den Verwaltungsgerichten einzuklagen, wenn die dem Anspruch zugrunde liegende Rechtsmaterie den Verwaltungsgerichten zugewiesen ist (z. B. Sozialhilferecht, Wohngeldrecht).[187]

Störung des Lehrbetriebes 65

Klagen eines Hochschullehrers auf Gewährung von Schutz durch die Hochschule gegen Störungen seines Lehrbetriebes haben öffentlich-rechtlichen Charakter,[188] während dem Klageverfahren des Hochschullehrers gegen den störenden Studenten ein aus dem Persönlichkeitsrecht wurzelnder Anspruch zugrunde liegt, der dem Privatrecht zuzurechnen ist.[189]

GE 101, 51 ff.; Kritisch *Stelkens,* „Schadensersatzansprüche des Staates gegenüber Privaten", DVBl. 98, 300 ff.

182 Vgl. *BGH,* 23. 9. 1980 – VI ZR 165/78 – BGHZ 78, 127 ff.; a. A. *Ehlers* in *Schoch/Schmidt-Aßmann/Pietzner,* § 40, Rdn. 552.

183 *BVerwG,* 23. 12. 1994 – 3 B 47.94 – DVBl. 95, 1087 ff.

184 *BVerwG,* 6. 7. 1994 – 11 C 12.93 – Buchholz, 310, § 40, Nr. 271; ferner *BVerwG,* 24. 8. 1994 – 11 C 14/93 – NJW 95, 1104 ff.; zum Schuldanerkenntnis eines Beamten gegenüber dem Dienstherrn, vgl. *BGH,* 10. 12. 1997 – III ZR 60/87 – BGHZ 102, 343; zur Haftungserklärung im Rahmen eines gewährten Investitionszuschusses vgl. *VGH München,* 23. 11. 1989 – 22 B 88 3677.

185 *BVerwG,* 1. 8. 1997 – 1 WB 37/97 – NVwZ-RR 98, 184.

186 *BVerwG,* 9. 7. 1997 – 1 WB 6/97 – BVerwGE 113, 94.

187 *VG Bremen,* 29. 6. 1995 – 2 A 463/93 – NVwZ-RR 96, 272; vgl. allgemein *BSG,* 24. 4. 1996 – 5/4 RA 36/93 – NJW 97, 1461.

188 *VG Koblenz,* 18. 12. 1972 – 3 L 63/72 – NJW 73, 1244.

189 *KG,* 8. 3. 1974 – 9 W 91/74 – DVBl. 74, 379.

65 a **Strafvollzug**

Der Verwaltungsrechtsweg ist wegen Zuständigkeit der Strafvollstreckungskammern ausgeschlossen, wenn die angefochtene Maßnahme zwar nicht ausdrücklich gesetzlich geregelt ist, aber in das Rechtsverhältnis zwischen Vollzugsbehörde und Gefangene eingreift.[190]

66 **Subventionen**

Die Wirtschaftsförderung durch die öffentliche Hand wird i. d. R. nach der sog. 2-Stufen-Theorie abgewickelt: In der 1. Stufe wird über das „OB" der Förderung auf öffentlich-rechtlicher Ebene entschieden; in der 2. Stufe geht es um das „Wie" der Förderung. Diese kann öffentlich-rechtlich oder (häufiger) privatrechtlich ausgestaltet sein.[191] Fordert ein privatrechtliches Kreditinstitut, das im Rahmen eines staatlichen Förderprogramms im eigenen Namen Gelder an Private ausgezahlt hat, aus eigenem Recht Rückzahlungen dieser Gelder gegenüber dem Empfänger ein, so ist der Rechtsweg zu den ordentlichen Gerichten dann gegeben, wenn das Handeln des beteiligten Kreditinstituts zur Erfüllung öffentlicher Aufgaben gedient hat, sofern dieses nicht als mit öffentlich-rechtlichen Befugnissen förmlich beliehenes Unternehmen anzusehen ist.[192]

66 a **Tarifvertrag/Allgemeinverbindlicherklärung**

Für den Anspruch einer Tarifvertragspartei auf Allgemeinverbindlicherklärung eines Tarifvertrags ist der Rechtsweg zu den Verwaltungsgerichten eröffnet. Der Charakter der Allgemeinverbindlicherklärung als Rechtsnorm steht dem nicht entgegen.[193]

67 **Tiefflug, militärischer**

Die Durchführung von Tiefflügen sowie die Einrichtung und Beibehaltung von Tieffluggebieten sind weder justizfreie Hoheitsakte noch eine verfassungsrechtliche Streitigkeit; für gemeindliche Klagen oder Klagen natürlicher Personen gegen militärische Tiefflüge ist daher der Verwaltungsrechtsweg geöffnet.[194]

68 **Untersuchungsausschüsse, parlamentarische**

Der Verwaltungsrechtsweg ist ferner bei öffentlich-rechtlichen Streitigkeiten über oder im Zusammenhang mit Maßnahmen und Anordnungen der parlamentarischen Untersuchungsausschüsse eröffnet.[195]

69 **Unterlassen von Äußerungen**

Unterlassungsklagen oder die Geltendmachung von Ansprüchen auf Widerruf von Tatsachenbehauptungen eines Amtsträgers sind öffentlich-rechtlicher Natur, wenn der Hoheitsträger diese Äußerungen im Rahmen seiner öffentlich-rechtlichen Tätigkeit auf-

---

190 *OVG Schleswig,* 8. 12. 1993 – 3 O 37/93 – NJW 94, 1299.

191 Vgl. m. w. N. *BGH,* 7. 11. 1996 – IX ZB 15/96 – NJW 97, 328; nach *OLG Naumburg,* 18. 12. 2000 – 11 W 33/00 – NVwZ 01, 354 spricht auch auf der 2. Stufe die Vermutung für ein öffentlich-rechtliches Handeln der Behörde.

192 *BGH,* 7. 12. 1999 – XI ZB 7/99 – NJW 00, 1042 f.

193 *BVerwG,* 3. 11. 1998 – 7 C 115/86 – NJW 89, 1495.

194 *BVerwG,* 14. 12. 1994 – 11 C 18.93 – DVBl. 95, 242 f.; ferner *Hüttenbrink,* „Rechtliche Möglichkeiten der Beschränkung militärischen Tieffluglärms in den sieben bundesdeutschen Tieffluggebieten", UPR 89, 1 ff.

195 *BVerfG,* 1. 10. 1987 – 2 BvR 1178, 1179, 1191/86, BVerfGE 77, 1 ff.; vgl. aber auch *OVG Bremen,* 10. 4. 1989 – 1 B 12/89 – NJW 89, 1080. Die Klage eines Zeugen, der von seinem Auskunftsverweigerungsrecht Gebrauch macht, gegen Anordnungen des Untersuchungsausschusses nach § 70 StPO, ist vor den Verwaltungsgerichten zu führen, vgl. *OVG Münster,* 24. 3. 1999 – 5 A 216/95 – NWVBl. 98, 402 ff.; *BVerwG,* 13. 8. 1999 – 2 VR 1.99 – DVBl. 99, 487, zum Streit zwischen Bund und Land, ob ein Untersuchungsausschuss Beamte des Bundes als Zeugen vernehmen darf.

gestellt hat und der erstrebte Widerruf/der geltend gemachte Unterlassungsanspruch sich quasi als Amtshandlung darstellen würde.[196] Sofern kein Zusammenhang mit der Amtsführung des Amtswalters vorliegt, ist der Zivilrechtsweg gegeben und die Klage gegen den betreffenden Amtswalter persönlich zu richten.[197]
Siehe auch Auskünfte, C 24, Realakte, C 57, Zwangsverbände, C 81; zu sonstigen Unterlassungsansprüchen, C 73b, C 77.[198]

Urkunde, vollstreckbare 70
Siehe Vollstreckungstitel, C 74.

Vergaberecht 70a
Das Vergaberecht (Recht der öffentlichen Auftragsvergabe) ist die Gesamtheit der Regeln und Vorschriften, die die öffentliche Hand zu einer bestimmten Vorgehensweise bei der Vergabe von entgeltlichen Aufträgen verpflichtet. Der Rechtsschutz gegen Vergabeentscheidungen der öffentlichen Hand ist in den §§ 107ff. GWB geregelt. Es gibt Ähnlichkeiten mit dem verwaltungsgerichtlichen Rechtsschutz; die Verfahren sind aber nicht vor den Verwaltungsgerichten zu führen, sondern der Nachprüfungsantrag ist bei den Vergabekammern einzureichen, die materiell Verwaltungsbehörden sind. Die Beschwerde gegen deren Entscheidungen richtet sich nicht an die Verwaltungsgerichte, sondern an die nach § 116 Abs. 3 GWB zuständigen Vergabesenate der Oberlandesgerichte. Auch zur Entscheidung über den vorläufigen Rechtsschutz nach § 115 Abs. 3 GWB sind deshalb nicht die Verwaltungsgerichte berufen.
Zur Vergabe von Baugrundstücken durch eine Gemeinde an Bauwillige vgl. Rdn. C 35a (Einheimischenmodell).

Verkehrsunfälle 71
Die Teilnahme eines Amtswalters am Straßenverkehr stellt eine hoheitliche Tätigkeit dar, wenn die Zielsetzung der Fahrt dem hoheitlichen Aufgabenbereich zuzurechnen ist und zwischen Fahrt und Zielsetzung ein innerer und äußerer Zusammenhang besteht. Diese Frage ist vor allem wegen des Beamtenprivilegs von Bedeutung, weil in derartigen Fällen der jeweilige Amtswalter nicht persönlich in Anspruch genommen werden kann, sondern die Klage ausschließlich gegen den Dienstherrn zu richten ist. Der Rechtsweg ist eindeutig geregelt; es sind die Zivilgerichte zuständig, weil es sich um Schadensersatzansprüche nach § 40 Abs. 2 S. 1 3. Alt. handelt.[199]

Vermessungsingenieur/Kostenbescheide 71a
Nimmt ein öffentlich-bestellter Vermessungsingenieur Vermessungen vor, deren Ergebnisse dazu bestimmt sind, in das Liegenschaftskataster übernommen zu werden, wertet er solche Ergebnisse aus, führt er Abmarkungen durch, oder wirkt er an der Landesvermessung mit, so stellen „Rechnungen" für die Ausführung solcher Tätigkeiten Kostenbescheide über Gebühren und Auslagen dar, für die der Verwaltungsrechtsweg eröffnet ist.[200]

---

[196] Zum Widerruf von Äußerungen in einem Prüfbericht des Rechnungshofs gegenüber dem Hessischen Rundfunk, vgl. *VG Darmstadt,* 10. 12. 1997 – 5 E 2837/92 – NVwZ-RR 99, 554; *OLG Dresden,* 10. 7. 1997 – 7 W 620/97 – NVwZ-RR 98, 343; *VGH Kassel,* 9. 12. 1993 – 6 UE 571/93 – NVwZ-RR 94, 700: Die Anstellungskörperschaft des betroffenen Amtsträgers ist die richtige Beklagte.

[197] Die Klage eines Bürgermeisters auf Widerruf persönlicher Vorwürfe, welche ein Mitglied des Gemeinderats ihm gegenüber in einer Gemeinderatssitzung erhoben hat, ist bürgerlich-rechtlicher Natur, vgl. dazu *OLG Frankfurt,* 27. 11. 1998 – 24 W 65/98 – NVwZ-RR 99, 814.

[198] *Bosch/Schmidt,* 40.

[199] Vgl. dazu *Ehlers* in *Schoch/Schmidt-Aßmann/Pietzner,* § 40, Rdn. 407–410.

[200] *LG Mühlhausen,* 11. 4. 1997 – 1 T 40/97 – LKV 97, 383.

72 **Vermögensrecht**

Die vermögensrechtlichen Verfahren[201] werden sich durch Zeitablauf immer mehr erledigen. Für die Fälle des § 37 VermG (z.B. der Anspruch auf Rückgabe gem. § 3 Abs. 1 VermG,[202] auf Entschädigung gem. §§ 8, 9 VermG oder in den Fällen des Rechtsschutzes gegen oder auf Erlass eines Investitionsvorrangsbescheides) sind die Verwaltungsgerichte zuständig.[203] Ansprüche auf Wertausgleich (gem. § 7 Abs. 2 i.V.m. Abs. 8 VermG)[204] oder die Unterlassungspflicht aufgrund der Verfügungsbeschränkungen des § 3 Abs. 3 Satz 1 VermG dem Zivilrecht zugeordnet;[205] gleiches gilt für Ansprüche gem. §§ 1 Abs. 4, Fallgruppe 2, 13 VermG (Haftung des staatlichen Verwalters).[206] Auch Rückübertragungsansprüche bei enteignungsersetzenden Grundstückskaufverträgen zwischen einer DDR-Gemeinde und einem Privatmann sind zivilrechtlicher Natur.[207] Wegen der denkbaren zivilrechtlichen Ansprüche hat sich eine reichhaltige Kasuistik entwickelt.[208]

73 **Vertrag, öffentlich-rechtlicher**

Der Verwaltungsrechtsweg ist ferner eröffnet, bei Streitigkeiten aus öffentlich-rechtlichen Verträgen aller Art.[209]

Nach herrschender Auffassung bestimmt sich die Rechtsnatur eines Vertrages in Anlehnung an § 54 Satz 1 VwVfG nach dessen Gegenstand, d.h. es kommt darauf an, ob der Vertrag ein Rechtsverhältnis auf dem Gebiet des öffentlichen Rechts begründet, ändern oder aufheben will.[210] Dabei ist zu unterscheiden zwischen koordinationsrechtlichen und subordinationsrechtlichen Verträgen.[211]

Koordinationsrechtliche Verträge sind beispielsweise Vereinbarungen zwischen einer übergemeindlichen Versorgungskasse und den ihr angehörenden Gemeinden und öffentlichen Sparkassen;[212] Verträge, zwischen einer Gemeinde und der Deutschen Bundesbahn über die Errichtung eines Haltepunktes,[213] sowie Vereinbarungen zwischen einer Gemeinde und den künstlerischen Mitarbeitern der Städtischen Bühnen über Mitbestimmungsrechte bei der Auswahl der künstlerischen Leitung der Bühnen,[214] oder Folgekostenverträge.[215]

---

[201] Vgl. dazu die detaillierte Übersicht bei *Ehlers* in *Schoch/Schmidt-Aßmann/Pietzner,* § 40, Rdn. 446ff.

[202] *Ehlers* in *Schoch/Schmidt-Aßmann/Pietzner,* § 40, Rdn. 453: nicht dagegen zivilrechtliche Rückübertragungsansprüche bei Widerspruch gegen Grundbucheintragungen.

[203] *Ehlers Schoch/Schmidt-Aßmann/Pietzner,* § 40, Rdn. 453–456.

[204] *Redeker/von Oertzen,* § 40, Rdn. 45.

[205] *Bezirksgericht Dresden,* 27. 4. 1992 – II S 23/92 – LKV 93, 174; so auch *OVG Berlin,* 5. 9. 1991 – 8 S 99/91 – LKV 92, 204.

[206] *BGH,* 15. 12. 1994 – III ZB 46/94 – NJW 95, 728ff.: Die Rechtswegregelung des § 37 VermG findet insoweit keine Anwendung.

[207] *LG Erfurt,* 9. 5. 1995 – 9 O 1396/94 – DtZ 95, 341.

[208] *Ehlers* in *Schoch/Schmidt-Aßmann/Pietzner,* § 40, Rdn. 457.

[209] *Redeker/von Oertzen,* § 40, Rdn. 12; zum öffentlich-rechtlichen Charakter von Pflegevereinbarungen, vgl. *BGH,* 11. 11. 1991 – KZR 22/90 – DVBl. 92, 615.

[210] Zur Abgrenzung vgl. allgemein *Kopp/Ramsauer,* § 54, Rdn. 47ff.; ferner *Ehlers* in *Schoch/Schmidt-Aßmann/Pietzner,* § 40, Rdn. 306ff.; ferner *Bosch/Schmidt,* 32ff.

[211] *Redeker/von Oertzen,* § 40, Rdn. 11–14; *Bosch/Schmidt,* 31f.

[212] *BGH,* 17. 10. 1960 – 3 III ZR 161/59 – MDR 61, 123.

[213] *BVerwG,* 15. 3. 1989 – 7 C 42.87 – BVerwGE 81, 312ff.

[214] *VGH Kassel,* 18. 4. 1983 – IV 68/81 – NJW 84, 1139.

[215] Der Vertrag zwischen einem Verein als Träger einer Kindertagesstätte und einer Kommune über die Kostentragungspflicht für die Kindertagesstätte ist öffentlich-rechtlicher Natur, vgl. dazu *OLG Dresden* – 7. 4. 1997 – 6 W 1320/96 – LKV 97, 468; zum Folgekostenvertrag zwischen einem Bauherrn und einer Gemeinde über die Folgekosten einer Baumaßnahme, vgl. *VGH Mannheim,* 20. 11. 1998 – 8 S 2921/98 – NVwZ-RR 99, 698; vgl. andererseits zum Vertrag zwischen einer juristischen Person des Zivilrechts und der

Subordinationsrechtliche Verträge regeln Sachverhalte, bei denen die Behörde befugt ist, eine Regelung durch VA zu treffen (z. B. bei Erschließungsverträgen oder Ablösungsvereinbarungen für Stellplätze).[216]
Öffentlich-rechtliche Verträge können auch lediglich **einseitige Verpflichtungen** beinhalten – ähnlich einem Schuldanerkenntnis nach § 781 BGB.[217] Soll eine Unterwerfung unter die sofortige Zwangsvollstreckung erfolgen, können sich die Parteien der Form des § 61 Abs. 1 VwVfG, aber auch der notariellen Form i. S. d. §§ 794 Abs. 1 Nr. 5 ZPO bedienen.[218]
Die Schwierigkeiten bei der Zuordnung von Verträgen mit Hoheitsträgern oder entsprechenden Zusagen (s. dort) liegt oftmals darin, dass sich der Hoheitsträger vielfach beider Formen, d. h. sowohl öffentlich-rechtlicher Formen als auch der privatrechtlichen Form bedienen kann. So kann beispielsweise die von einem Sozialhilfeträger an einen Vermieter gerichtete rechtsverbindliche Erklärung, die Kosten der Unterkunft und der Heizung für einen sozialhilfeberechtigten Mieter zu übernehmen, sowohl eine öffentlich-rechtliche oder eine privatrechtliche Willenserklärung darstellen.[219] Sofern der Sozialhilfeträger freiwillig eine Erklärung nach § 554 Abs. 2 Nr. 2 Satz 1 2. Alt. BGB gegenüber dem Vermieter zur Befriedigung hinsichtlich fälliger Mietzinsen abgeben will, werden diese Erklärungen nicht aus einer Position hoheitlicher Überordnung abgegeben; sie sollen zivilrechtlicher Natur sein.[220] Auch Streitigkeiten aus einer Rahmenvereinbarung über die Belieferung von Patienten mit Arzneimitteln zwischen einem Verein von Apothekern und Trägern der Sozialhilfe, die Krankenhilfe nach § 37 BSHG zu gewähren haben, sind privatrechtlicher Natur.[221] Jagdpachtverträge sind auch dann privatrechtlicher Natur, wenn eine Körperschaft des öffentlichen Rechts Verpächter ist,[222] weil das Pachtrecht dem Zivilrecht zugeordnet ist.[223]
Sämtliche Ansprüche aus Leistungsstörungen bei öffentlich-rechtlichen Verträgen,[224] oder wegen Wegfalls der Geschäftsgrundlage[225] sind vor den Verwaltungsgerichten geltend zumachen.[226] Die Ansprüche sind im Wege der Leistungsklage zu verfolgen.[227]
Siehe auch Schadensersatzansprüche, C 61.

Verwaltungsprüfung **73 a**

Streitigkeiten wegen des Nichtbestehens der Verwaltungsprüfung für Dienstordnungsangestellte der Krankenkassen gehören vor die Verwaltungsgerichte.[228]

Volkshochschule **73 b**

Der Unterlassungsanspruch gegen eine Volkshochschule, weil sich diese mit ihrem Angebot Nachhilfeunterricht zu erteilen, in einer gegen § 107 GO NW verstoßenen Weise

---

Kommune über die Errichtung und den Betrieb eines Krankenhauses, Schwesternheimes und Altenheimes *OVG Münster,* 23. 5. 1990 – 13 A 1342/88 – NJW 91, 61.

216 *BVerwG,* 13. 2. 1976 – IV C 44.74 – BVerwGE, 50, 171; *OVG Münster,* 25. 1. 1977 – VII A 64/75 – DVBl. 77, 903; *OVG Münster,* 18. 11. 1997 – 3 E 1342/95 – NWVBl. 98, 241.

217 *BVerwG,* 24. 8. 1994 – 11 C 14/93 – NJW 95, 1104.

218 *BVerwG,* 24. 8. 1994 – 11 C 14/93 – NJW 95, 1104 ff., insbesondere 1106.

219 *BVerwG,* 19. 5. 1994 – 5 C 33.91 – BayVBl. 95, 89 ff.

220 *BVerwG,* 18. 10. 1993 – 5 B 26.93 – in BVerwGE 94, 229 ff.

221 *BGH,* 30. 9. 1999 – III ZB 15/99 – DVBl. 00, 60 ff.

222 *VGH Kassel,* 18. 7. 1995 – 3 TG 1929/95 – NJW 96, 474.

223 Streitigkeiten, die aus einem Mietvertrag über die Nutzung von Schulräumen für den Betrieb eines „Schülercafés" entstehen, sind zivilrechtlicher Natur, vgl. dazu *OVG Greifswald,* 2. 3. 2000 – 2 M 105/99 – DVBl. 00, 1467 f.

224 Vgl. dazu §§ 58, 59, 60 VwVfG.

225 *BVerwG,* 26. 1. 1995 – 3 C 21.93 – BayVBl. 95, 600 ff.; *VGH München,* 29. 5. 1995 – 4 B 92 2586 – BayVBl. 95, 659 ff.

226 Vgl. dazu *Redeker/von Oertzen,* § 40, Rdn. 11 ff.; insbesondere Rdn. 15.

227 *Stelkens/Bonk/Sachs,* § 61, Rdn. 8–10.

228 *BVerwG,* 25. 3. 1981 – 7 C 79/79 – DÖV 81, 678.

wirtschaftlich betätigt, verstößt gleichzeitig gegen die guten Sitten im Wettbewerb (§ 1 UWG) und ist somit zivilrechtlich geltend zu machen.[229]

74 **Vollstreckungstitel**

Im Vollstreckungsrecht bestimmt die Herkunft des Titels den Rechtsweg;[230] verwaltungsgerichtliche Vergleiche sind deshalb auch dann von den Verwaltungsgerichten zu vollstrecken, wenn rechtswegfremde zivilgerichtliche Ansprüche zu vollstrecken sind (vgl. I 42).[231]

Bei Streitigkeiten über Vollstreckungstitel i. S. d. § 794 Abs. 1 Nr. 5 ZPO (vollstreckbare notarielle Urkunde) kann es sich um eine öffentlich-rechtliche Streitigkeit handeln, die den Verwaltungsgerichten zugewiesen ist. Für die Rechtswegzuweisung kommt es entscheidend auf die Natur des Rechtsverhältnisses an, aus dem der Klageanspruch hergeleitet wird. Handelt es sich bei der notariellen Urkunde um einen beurkundeten öffentlich-rechtlichen Vertrag, so sind bei Streitigkeiten aus dieser Urkunde die Verwaltungsgerichte zuständig.[232] Die Zwangsvollstreckung erfolgt in Fällen des § 79 Abs. 1 Nr. 5 ZPO den Regeln der ZPO, so dass Vollstreckungsschutz vor den Zivilgerichten zu suchen ist.[233]

75 **Vorkaufsrecht, Ausüben**

Die Rechtsgrundlage für die Ausübung eines gemeindlichen Vorkaufsrechts findet sich in § 24 BauGB; diese Vorschrift ist öffentlich-rechtlicher Natur, so dass etwaige Streitigkeiten im Zusammenhang mit der **Ausübung des Vorkaufsrechts** vor den Verwaltungsgerichten auszutragen sind.[234]

Siehe auch Baulandsachen, C 28.

76 **Waldweg, Befahren**

Für eine Klage auf Verpflichtung der zuständigen Forstbehörde eine Ausnahme von den Verboten des § 28 MVWaldG ist der Rechtsweg zu den Verwaltungsgerichten gegeben, wenn das betroffene Grundstück zum Vermögen des öffentlich-rechtlichen Trägers gehört.[235]

77 **Wettbewerbswidriges Verhalten**

Bei Unterlassungsklagen zwischen einem Privatmann und einem Träger öffentlicher Verwaltung, bei denen es um ein wettbewerbswidriges Verhalten des Trägers öffentlicher Verwaltung geht, kommt es darauf an, ob sich der Hoheitsträger privatrechtlich betätigt oder dessen wirtschaftliche Betätigung im Zusammenhang mit der Erfüllung hoheitlicher

---

229 *OLG Düsseldorf,* 10. 10. 1996 – 2 U 65/95 – NWVBl. 97, 353.

230 Vgl. dazu unten Kap. I; ferner *Pietzner* in *Schoch/Schmidt-Aßmann/Pietzner,* § 168, Rdn. 2.

231 *Pietzner* in *Schoch/Schmidt-Aßmann/Pietzner,* § 168, Rdn. 23 f.

232 *BVerwG,* 24. 8. 1994 – 11 C 14/93 – in NJW 95, 1104 ff.; ferner *Baumbach/Lauterbach,* § 794, Rdn. 61; *OVG Münster,* 24. 8. 1993 – 25 G 275/93 – NJW 93, 2766; ferner *Ehlers* in *Schoch/Schmidt-Aßmann/Pietzner,* § 40, Rdn. 25; das *BVerwG* (a. a. O.) hat zutreffend darauf hingewiesen, dass weder § 797 Abs. 5 ZPO noch § 168 VwGO eine Rechtswegzuweisung zu den Zivilgerichten enthalten; insbesondere beim öffentlich-rechtlichen Vertrag müsse es den Beteiligten grundsätzlich überlassen bleiben, ob sie diesen in der Form des § 61 Abs. 1 S. 1 VwVfG oder aber in der Form des § 794 Abs. 1 Nr. 5 ZPO abschließen.

233 *OVG Münster,* 24. 8. 1993 – 25 G 275/93 – NJW 93, 2766.

234 *Bosch/Schmidt,* 37 m. w. N.

235 *OVG Greifswald,* 2. 11. 1993 – 3 O 31/93 – LKV 95, 86 ff.

Aufgaben und/oder Verpflichtung erfolgt.[236] Liegt in der wirtschaftlichen Betätigung von Gemeinden und Gemeindeverbänden unter Verstoß gegen § 107 GO NW zugleich ein wettbewerbswidriges Verhalten i. S. v. § 1 UWG, so ist der Unterlassungsanspruch vor den Zivilgerichten zu verfolgen.[237]

Wochenmarkt 77 a

Verfahren, bei denen es um die Vergabe von Standplätzen für einen kommunalen Wochenmarkt geht, ist der Verwaltungsrechtsweg gegeben.[238]

Zinsen 78

Prozesszinsen können auch im Verwaltungsprozess geltend gemacht werden.[239]

Zurückbehaltung 79

Eine Zurückbehaltung kommt entsprechend dem Grundgedanken des § 273 BGB auch im öffentlichen Recht in Betracht.[240] Entsprechende Streitigkeiten unterliegen der Verwaltungsgerichtsbarkeit. Das Zurückbehaltungsrecht muss jedoch im Einzelfall hinter vorrangigen öffentlich-rechtlichen Vorschriften zurücktreten.[241] Da die Zurückbehaltung bei Geldforderungen einen der Aufrechnung gleichkommenden Effekt hat, unterliegt sie den gleichen Beschränkungen wie die Aufrechnung.[242]

Zusage 80

Bei der Zuordnung von Zusagen zum öffentlichen oder privat zum öffentlichen Recht oder Privatrecht kommt es auf den objektiven Erklärungsinhalt und den gesetzlichen Zusammenhang an, in dem die Zusage steht. Steht die Zusage im Zusammenhang mit hoheitlicher Tätigkeit, ist sie öffentlich-rechtlich zu qualifizieren, so dass die Verwaltungsgerichte zuständig sind. Handelt es sich dagegen um eine Zusage im Zusammenhang mit

---

236 *Bosch/Schmidt,* 41.

237 Vgl. dazu *OLG Düsseldorf,* 10. 10. 1996 – 2 U 65/95 – NWVBl. 97, 353 (VHS Dormagen wegen Nachhilfeunterricht); *OLG Hamm,* 23. 9. 1997 – 4 U 99/97 – DVBl. 98, 792 (Gelsengrün – GmbH wegen Ausführung gärtnerischer und landschaftsbaulicher Arbeiten); *OLG Düsseldorf,* 28. 10. 1999 – 2 U 7/97 – (Wuppertaler Auto-Recycling-GmbH); anders die Unterlassungsklage eines Rechtsanwalts, mit der ein Verbot für die beklagte Fachhochschule erstrebt wird, den Absolventen des von ihr angebotenen Studiengangs „Wirtschaftsrecht" die akademische Graduierung „Diplom-Wirtschaftsjurist" (FH) zu verleihen: hier ist der Rechtsweg zu den Verwaltungsgerichten eröffnet, vgl. *BGH,* 5. 6. 1997 – I ZB 3/96 – NWVBl. 98, 288.

238 *Bezirksgericht Erfurt,* 19. 11. 1992 – 1 B 68/92 – LKV 93, 236; das gleiche gilt für die Zulassung zu einem Weihnachtsmarkt als öffentliche Einrichtung, vgl. *VGH Kassel,* 29. 11. 1993 – 8 TG 2735/93 – NVwZ-RR 94, 650.

239 Die Heranziehung des § 291 S. 1 BGB im verwaltungsgerichtlichen Verfahren setzt voraus, dass der Prozess mit dem Zuspruch einer eindeutig bestimmten Geldforderung endet, sei es durch Verurteilung zur Zahlung, sei es durch Verpflichtung zum Erlass eines entsprechenden Leistungsbescheids, *BVerwG,* 28. 6. 1995 – 11 C 22/94 – NJW 95, 3135; wird ein Bescheid im Wege der Anfechtungsklage erfolgreich angefochten, so entsteht allein dadurch kein Anspruch auf Prozesszinsen bzgl. der vor Klageerhebung unter Vorbehalt gezahlten Leistungen, *BVerwG,* 27. 10. 1998 – 1 C 38/97 – NJW 99, 1201; der im Verwaltungsprozess obsiegte Kläger hat keinen Anspruch auf Prozesszinsen, wenn nach dem Verpflichtungsausspruch die Geldschuld nicht beziffert ist, oder rein rechnerisch unzweifelhaft ermittelt werden kann; vgl. *BVerwG,* 28. 5. 1998 – 2 C 28.97 – DVBl. 98, 1082.

240 *Palandt,* § 273, Anm. 1.

241 *OVG Hamburg,* 18. 1. 1977 – BF II 4/76 – NJW 77, 1251; ferner *VGH München,* 7. 2. 1990 – 3 B 89. 00806 – NVwZ-RR 90, 625.

242 *Hauck/Haines,* § 51 SGB I, Rdn. 4 m. w. N.

der Teilnahme eines Hoheitsträgers, die mit dem allgemeinen Wirtschaftsverkehr zusammenhängt, ist sie privatrechtlich zu beurteilen, so dass die Zivilgerichte zuständig sind.[243] Siehe auch öffentlich-rechtlicher Vertrag, C 73.

81 **Zwangsverbände**

Die Ansprüche der Mitglieder von öffentlich-rechtlichen Zwangsverbänden auf Einhaltung der gesetzlich vorgegebenen Grenzen dieser Zwangsverbände haben öffentlich-rechtlichen Charakter.[244]

III. Rechtswegzuweisungen für öffentlich-rechtliche Streitigkeiten an andere Gerichte

1. Verfassungsrechtliche Streitigkeiten

82 Mit der Formulierung „öffentlich-rechtliche Streitigkeiten nicht verfassungsrechtlicher Art" nimmt das Gesetz verfassungsrechtliche Streitigkeiten vom Verwaltungsrechtweg aus. Verfassungsrechtlich ist jede Streitigkeit, deren Gegenstand materiell dem Bundes- oder Landesverfassungsrecht zuzuordnen ist.[245] Dem Verfassungsrecht sind dabei aber nur solche Rechtsbeziehungen zuzurechnen, die sich zwischen den Verfassungsorganen oder am Verfassungsleben beteiligten Organen abspielen, nicht aber Rechte oder Streitigkeiten zwischen dem Bürger und dem Staat selbst.[246] Dies gilt selbst dann, wenn ein Verfassungsorgan an dem Rechtsstreit beteiligt ist. Deshalb ist der Verwaltungsrechtsweg, z. B. bei Ladungen und Vorführbefehlen parlamentarischer Untersuchungsausschüsse gegeben (vgl. C 22).

83 Die **typischen verfassungsrechtlichen Streitigkeiten**[247] sind in Art. 93 GG aufgezählt und dem Bundesverfassungsgericht zur Entscheidung zugewiesen.

84 – Auslegung des Grundsatzes aus Anlass von Streitigkeiten über den Umfang der Rechte und Pflichten eines Obersten Bundesorgans oder anderer Beteiligter, die durch das Grundgesetz oder in der Geschäftsordnung eines obersten Bundesorgans mit eigenen Rechten ausgestattet sind (Art. 93 Abs. 1 Nr. 1 GG).

85 – Meinungsverschiedenheiten oder Zweifel über die förmliche und sachliche Vereinbarkeit von Bundesrecht oder Landesrecht mit dem Grundgesetz oder die Vereinbarkeit von Bundesrecht mit sonstigem Bundesrecht auf Antrag der Bundesregierung, der Landesregierung oder **eines Drittels der Mitglieder** des Bundestages (Art. 93 Abs. 1 Nr. 2 GG)

86 – Meinungsverschiedenheiten über Rechte und Pflichten des Bundes und der Länder, insbesondere bei der Ausführung von Bundesrecht durch die Länder und bei der Ausübung der Bundesaufsicht (Art. 93 Abs. 1 Nr. 3 GG),[248]

---

[243] *Ehlers* in *Schoch/Schmidt-Aßmann/Pietzner,* § 40, Rdn. 380 ff.

[244] *BVerwG,* 13. 12. 1979 – 7 C 58.78; BVerwGE 59, 231; *BVerwG,* 12. 2. 1979 – 7 C 65.78 – BVerwGE 64, 113; *BVerwG,* 17. 12. 1981 – 5 C 56.79 – BVerwGE 64, 928; *OVG Münster,* 19. 9. 1977 – 1 C 25.95 – DVBl. 98, 833 ff. (Studentenschaften).

[245] Vgl. *Kopp/Schenke,* § 40, Rdn. 31; *Bosch/Schmidt,* 43–45; *Ehlers* in *Schoch/Schmidt-Aßmann/Pietzner,* § 40, Rdn. 137 ff.

[246] Vgl. dazu *Pietzner/Ronellenfitsch,* 38/39.

[247] *Maunz/Dürig,* Art. 93, Rdn. 1 ff.

– Öffentlich-rechtliche Streitigkeiten zwischen dem Bund und den Ländern und innerhalb eines Landes soweit nicht ein anderer Rechtsweg gegeben ist (Art. 93 Abs. 1 Nr. 4 GG),[249] 87
– Verfassungsbeschwerden, die von jedermann mit der Behauptung erhoben werden können, durch die öffentliche Gewalt in einem seiner Grundrechte oder in einem seiner in Art. 20 Abs. 4, 33, 38, 101, 103 und 104 enthaltenen Rechte verletzt zu sein (Art. 93 Abs. 1 Nr. 4a GG), 88
– Verfassungsbeschwerden von Gemeinden und Gemeindeverbänden wegen Verletzung des Rechts auf Selbstverwaltung nach Art. 28 durch ein Gesetz, bei Landesgesetzen jedoch nur, soweit nicht Beschwerde beim Landesverfassungsgericht erhoben werden kann (Art. 93 Abs. 1 Nr. 4b GG),[250] 89
– in den übrigen im Grundgesetz vorgesehenen Fällen (Art. 93 Abs. 1 Nr. 5 GG).[251] 90

Verfassungsrechtliche Streitigkeiten sind ferner solche Streitigkeiten, die dem Landesverfassungsrecht zuzuordnen sind. Das sind u. a. Streitigkeiten, bei denen es um die Vereinbarkeit zwischen **Landesverfassungsrecht und Landesrecht geht.** 91

Der Begriff des Landesrechts umfasst dabei nicht nur Gesetze im formellen Sinn. Der nordrhein-westfälische Verfassungsgerichtshof hat beispielsweise unter Hinweis auf den Schutzzweck der nordrhein-westfälischen Kommunalverfassungsbeschwerde (§ 50 VerfGHG NW) eine weite Auslegung des Begriffs „Landesrecht" vorgenommen und auch Rechtsverordnungen (auch solche ordnungsbehördlicher Art) und landesweit **geltendes Gewohnheitsrecht** dem Landesrecht zugeordnet und einer Verfassungsbeschwerde vor dem nordrhein-westfälischen Verfassungsgerichtshof zugänglich gemacht. Daneben können auch andere vom Land selbst oder den dazu ermächtigten Stellen erlassene untergesetzliche Rechtsnormen, wie z. B. Gebietsentwicklungspläne, Gegenstand einer Kommunalverfassungsbeschwerde sein.[252]

2. Sonstige Zuweisungen an andere Gerichte

a) Zivilgerichte

Nach § 13 GVG sind die ordentlichen Gerichte für bürgerliche Rechtsstreitigkeiten zuständig, soweit sie nicht durch Gesetz ausdrücklich den Verwaltungsbehörden oder Verwaltungsgerichten zugewiesen sind (vgl. oben C 2ff.). 92

Daneben entscheiden die Zivilgerichte aber auch noch in einer ganzen Reihe von weiteren ihnen ausdrücklich zugewiesenen öffentlich-rechtlichen Streitigkeiten. Zum überwiegenden Teil handelt es sich um **öffentlich-rechtliche Sekundäransprüche**, die vor der Einrichtung der Verwaltungsgerichtsbarkeit traditionell den Zivilgerichten zugewiesen waren: 93

---

248 Zur Abgrenzung eines verfassungsrechtlichen Bund-Länderstreits von einer verwaltungsrechtlichen Streitigkeit nichtverfassungsrechtlicher Art, vgl. *BVerwG,* 3. 3. 1994 – 4 C 1.93 – BVerwGE 96, 45ff.

249 *BVerwG,* 13. 8. 1999 – 2 VR 1.99 – DVBl. 00, 487: Heranziehung von Bundesbeamten vor den Untersuchungsausschuss eines Bundeslandes.

250 Zur Rechtswegerschöpfung als Voraussetzung der Verfassungsbeschwerde, vgl. *BVerfG,* 2. 4. 1997 – 1 BvR 446/96 – NVwZ 98, 169ff.

251 *Maunz/Dürig,* Art. 93, Rdn. 1ff.; ferner *Leibholz/Rinck,* Art. 93, Rdn. 1ff.

252 Vgl. dazu *VerfGHNW,* 15. 12. 1989 – *VerfGH* 5/8 – DVBl. 90, 417ff.; ferner *Hoppe,* Landesverfassungsgerichtsbarkeit, S. 278ff., 281ff.

– Amtshaftungsansprüche gem. Art. 34 Satz 3 GG i.V.m. § 839 BGB,[253] einschließlich der Ansprüche wegen Verletzung des Gemeinschaftsrechts,[254] sowie Schadensersatzansprüche gegen Beamte,[255]
– Amtshaftungsansprüche gegen Notare, § 19 BNotO,
– vermögensrechtliche Ansprüche aus öffentlich-rechtlicher Verwahrung (§ 40 Abs. 2 Satz 1),[256]
– sonstige Schadensersatzansprüche aus der Verletzung öffentlich-rechtlicher Pflichten (§ 40 Abs. 2 Satz 1),[257] soweit es sich nicht um Schadensersatzansprüche aus der eines Verletzung eines öffentlich-rechtlichen Vertrages handelt,[258]
– in analoger Anwendung von § 40 Abs. 2 Satz 1 werden auch Ansprüche aus Gefährdungshaftung den Zivilgerichten zugewiesen (vgl. dazu auch § 43 Abs. 1 OBG NW),[259]
– Entschädigungsansprüche aus Enteignung und Aufopferung[260] (vgl. dazu Art. 14 Abs. 3 Satz 4 GG, § 40 Abs. 2 Satz 1), oder enteignungsgleichem Eingriff;[261] dies gilt nicht für Streitigkeiten über das Bestehen und die Höhe eines Ausgleichsanspruchs im Rahmen des Art. 14 Abs. 1 S. 2 GG.

Hinweis:

§ 40 Abs. 2 S. 1 VwGO ist durch einen Halbsatz ergänzt worden, wonach der ordentliche Rechtsweg dann nicht gegeben ist, wenn es sich um Streitigkeiten über das Bestehen und die Höhe eines Ausgleichsanspruchs im Rahmen von Art. 14 Abs. 1 S. 2 GG handelt. Die Neuregelung ist auf Initiative des Bundesrates im Zuge des RMBereinVpG in die VwGO aufgenommen worden.[262] Jetzt ist klargestellt, daß § 40 Abs. 2 S. 1 nur für die klassischen Tatbestände der Aufopferung von Leib und Leben den Verwaltungsgerichtsweg eröffnet. Damit wird dem vom BVerfG[263] geforderten einheitlichen gerichtlichen Zuständigkeit für die Entscheidungen über Eigentumsbeschränkungen und deren Ausgleich im Rahmen des § 14 Abs. 1 S. 2 GG entsprochen.[264]

– Entschädigungsansprüche wegen rechtmäßiger Inanspruchnahme als Nichtstörer aufgrund landesrechtlicher Bestimmungen (vgl. dazu §§ 41, 44 PolGBW; Art. 49, 52 BayPolAufG; § 46 OBG NW; §§ 68, 70 PVG RH-PF; 192 LVwG Schl-H,

---

253 Vgl. dazu *Kopp/Schenke,* § 40, Rdn. 49 a.

254 *Ehlers* in *Schoch/Schmidt-Aßmann/Pietzner,* § 40, Rdn. 542.

255 *Ehlers* in *Schoch/Schmidt-Aßmann/Pietzner,* § 40, Rdn. 554.

256 Vgl. dazu *Redeker/von Oertzen,* § 40, Rdn. 44.

257 Vgl. dazu *Redeker/von Oertzen,* § 40, Rdn. 43; die Verwaltungsgerichte sind freilich zuständig, wenn es um eine allgemeine öffentlich-rechtliche Entschädigungsnorm geht, die weder Ansprüche aus Aufopferung oder Enteignung sind: *BVerwG,* 24. 6. 1993 – 7 C 26.92 – BayVBl. 93, 693.

258 Vgl. dazu *Redeker/von Oertzen,* § 40, Rdn. 43.

259 *Ehlers* in *Schoch/Schmidt-Aßmann/Pietzner,* § 40, Rdn. 551.

260 *BGH,* 23. 9. 1980 – VI ZR 165/78 – BGHZ 78, 127 ff.

261 *Bosch/Schmidt,* 47, 48.

262 *BR-Drcks.,* 405/01 vom 13. 7. 2000, S. 2/3.

263 B. v. 2. 3. 1999 – 1 BvL 7/91 – NJW 99, 2877 ff.

264 Ansprüche aus Billigkeitsregelungen unterhalb der Schwelle der Enteignung bei bloßen Inhaltsbeschränkungen (z.B. § 74 Abs. 2 S. 3, § 75 Abs. 2 S. 4 VwVfG) sind vor den Verwaltungsgerichten geltend zu machen. *Ehlers* in *Schoch/Schmidt-Aßmann/Pietzner,* § 40 Rdn. 549, siehe auch *BVerwG,* 24. 6. 1993 – 7 C 26.92 – BVerwGE 94, 1; a.A. *BGH,* 15. 12. 1994 – III ZB 49/94 – BGHZ 128, 204 ff.

– Entschädigungsansprüche bei rechtswidrigen Maßnahmen (z.B. im Polizei- und Ordnungsrecht),[265]
– Vertrauensschadensansprüche gem. § 49 Abs. 5 VwVfG, § 21 Abs. 6 BImSchG; § 68 IfSG (früher: § 61 BSeuchenG); §§ 6, 7 ReblausG; § 2 WeinwirtschaftsG; § 17 PflanzenschG;
– Schadensersatzansprüche gem. § 123 Abs. 3 i.V.m. § 945 ZPO,[266]
– Ansprüche nach dem Bundesentschädigungsgesetz.

In einer Reihe von Fällen sind die ordentlichen Gerichte zur Entscheidung von Streitigkeiten berufen, die Verwaltungsakte zum Gegenstand haben. Besondere Bedeutung haben in der Praxis die **94**

– Baulandsachen, § 217 BauGB: die Landgerichte (Kammern für Baulandsachen) entscheiden über alle Verwaltungsakte, die im Umlegungs-, Grenzregelungs-, vorzeitigen Besitzeinweisungs-[267] und Enteignungsverfahren ergehen, auch wenn sie keine Entschädigungsregelung treffen.
  Darüber hinaus sind die Baulandkammern zuständig für entschädigungsrechtliche Verwaltungsakte, die sich aus Anlass einer Veränderungssperre (§ 18 BauGB) ergeben. Die Baulandkammern entscheiden ferner über die Festsetzung des Entschädigungswertes nach Ausübung des Vorkaufsrechts gem. § 28 Abs. 3 BauGB bzw. gem. § 3 Abs. 3 BauGB – Maßnahmegesetz und in Entschädigungsverfahren über nutzungsbeschränkende Planungsmaßnahmen gem. §§ 39–44 BauGB) sowie in Fällen des Härteausgleichs gem. § 81 BauGB, von erschließungsrechtlichen Duldungspflichten (§ 126 Abs. 2 BauGB), von Entschädigungsleistungen bezüglich Vorarbeiten auf Grundstücken (§ 209 Abs. 2 BauGB) sowie bei Streitigkeiten über die Höhe der Geldentschädigung nach § 190 BauGB i.V.m. § 88 Nr. 7 und § 89 Abs. 2 des Flurbereinigungsgesetzes,[268]
– Verwaltungsakte der Kartellbehörden (§§ 62ff. GWB),
– Verwaltungsakte nach dem PatentG (§ 36b), dem Gebrauchsmustergesetz (§ 10) und dem Warenzeichengesetz (§ 13),
– Verwaltungsakte in Landwirtschaftssachen nach dem Grundstücksverkehrsgesetz und dem Landpachtgesetz unterliegen der Beurteilung durch die Landwirtschaftsgerichte (AG, OLG),
– Verwaltungsakte in Notar-,[269] Rechtsanwalts- und Patentanwaltssachen (§ 111 BNotO, § 37 BRAO, § 184 PAO),[270] sowie Feststellungs-, Leistungs- und Unterlassungsklagen,[271]
– Justizverwaltungsakte gem. § 23 EGGVG,[272]

---

265 Vgl. die Nachweise bei *Ehlers* in *Schoch/Schmidt-Aßmann/Pietzner,* § 40, Rdn. 563.
266 *BGH,* 23. 9. 1980 – VI ZR 165/78 – BGHZ 78, 127ff.
267 *BVerwG,* 30. 3. 2000 – 4 B 23.00 – DVBl. 00, 1462.
268 *Battis/Krautzberger/Löhr,* § 217, Rdn. 2ff.
269 *BGH,* 20. 3. 2000 – NotZ 17/99 – NJW 00, 2428f.
270 *VGH München,* 30. 9. 1994 – 20 C 94 1445 – NJW 95, 674f.; vgl. auch *VG Düsseldorf,* 21. 6. 1996 – 15 K 10216/94 – NJW 97, 339 zur Frage der Eignungsprüfung ausländischer Rechtsanwälte für die Zulassung zur Anwaltschaft.
271 *OVG Lüneburg,* 11. 12. 1995 – 8 O 5771/95 –, NJW 96, 869.
272 Zum Begriff des Justizverwaltungsaktes vgl. *Bosch/Schmidt,* 49.

95 Zuständigkeiten der Zivilgerichte sind ferner im **vermögensrechtlichen Bereich** gegeben.

Ansprüche auf Wertausgleich (gem. § 7 Abs. 2 i.V.m. Abs. 8 VermG)[273] oder die Unterlassungspflicht aufgrund der Verfügungsbeschränkungen des § 3 Abs. 3 Satz 1 VermG sind dem Zivilrecht zugeordnet;[274] gleiches gilt für Ansprüche gem. §§ 1 Abs. 4, Fallgruppe 2, 13 VermG (Haftung des staatlichen Verwalters).[275] Auch Rückübertragungsansprüche bei enteignungsersetzenden Grundstückskaufverträgen zwischen einer DDR-Gemeinde und einem Privatmann sind zivilrechtlicher Natur.[276]

Hinweis:
Ansprüche auf Rückübertragung des Vermögenswertes oder Aufhebung der staatlichen Verwaltung über Vermögensobjekte in den neuen Bundesländern sind dem Verwaltungsrechtsweg zugewiesen (§ 37 VermG), und zwar auch sofern der Antragsteller von seinem Wahlrecht Gebrauch macht und statt der **Rückübertragung des** Eigentums eine Entschädigung verlangt.[277]

96 Nach Art. 19 Abs. 4 Satz 2 GG sind die Zivilgerichte ferner zuständig, wenn eine andere Zuständigkeit eines Gerichts nicht begründet ist.

b) Sozialgerichte

97 Die Zuständigkeit der Sozialgerichte ist in § 51 SGG enumerativ aufgeführt; **§ 51 SGG ist weit auszulegen.**[278]

Nach § 51 SGG sind die Sozialgerichte zur Entscheidung über alle öffentlich-rechtlichen Streitigkeiten in Angelegenheiten der Sozialversicherung, der Arbeitslosenversicherung und der übrigen Aufgaben der Bundesanstalt für Arbeit und der Kriegsopferversorgung sowie der gesetzlichen Krankenversicherung zuständig. Zur Kriegsopferversorgung zählen auch die Ansprüche nach dem Bundesversorgungsgesetz, mit Ausnahme der Maßnahmen auf dem Gebiet der sozialen Fürsorge nach den §§ 25–27 des Bundesversorgungsgesetzes. Ferner sind den Sozialgerichten durch Gesetz Streitigkeiten nach dem Bundeskindergeldgesetz, Streitigkeiten über die Altershilfe für Landwirte und Streitigkeiten nach dem Lohnfortzahlungsgesetz zugewiesen.

98 Die Sozialgerichte entscheiden ferner über Streitigkeiten, die zwischen den Krankenkassen und den Leistungserbringern nach dem V. Buch des Sozialgesetzbuchs entstehen:

Verfahren aufgrund der Beziehungen zwischen Ärzten, Zahnärzten, Krankenhäusern und Krankenkassen einschließlich ihrer Vereinigungen und Verbände; Verfahren aufgrund von Entscheidungen der gemeinsamen Gremien von Ärzten, Zahnärzten, Krankenhäusern oder anderen Leistungserbringern und Krankenkas-

---

[273] *Redeker/von Oertzen,* § 40, Rdn. 45.

[274] *Bezirksgericht Dresden,* 27. 4. 1992 – II S 23/92 – LKV 93, 174.

[275] *BGH,* 15. 12. 1994 – III ZB 46/94 – NJW 95, 728 ff.: Die Rechtswegregelung des § 37 VermG findet insoweit keine Anwendung.

[276] *LG Erfurt,* 9. 5. 1995 – 9 O 1396/94 – DtZ 1995, 341.

[277] *Ehlers* in *Schoch/Schmidt-Aßmann/Pietzner,* § 40, Rdn. 454; *Redeker/von Oertzen,* § 40, Rdn. 45; a. A. noch die Vorauflage: möglicherweise wird diese Frage noch gesondert geregelt, vgl. § 9 Abs. 3 VermG.

[278] *BVerwG,* 5. 6. 1986 – 3 C 14.85 – BVerwGE 74, 251 ff., 253.

sen, sowie des Großgeräteausschusses oder aufgrund von Entscheidungen oder Verträgen der Krankenkassen oder ihrer Verbände, und zwar auch soweit durch diese Angelegenheiten **Dritte betroffen** werden.[279]

Hinweis: 99

Für Rechtsstreitigkeiten nach dem Bundessozialhilfegesetz ist der Verwaltungsrechtsweg gegeben, weil es sich nicht um eine **sozialversicherungsrechtliche** Angelegenheit handelt.[280]

Nach der Rechtsprechung des BSG[281] sind mit den in § 51 Abs. 1 SGG genannten Sachgebieten nicht Streitigkeiten mit bestimmten Verwaltungen, sondern schlechthin öffentlich-rechtliche Streitigkeiten in Angelegenheiten der Sozialversicherungen, der Arbeitslosenversicherung und der Kriegsopferversorgung, aber auch nur diese gemeint. Ob eine öffentlich-rechtliche Streitigkeit eine der genannten Angelegenheit betrifft, richtet sich danach, ob das Rechtsverhältnis aus dem der Kläger seinen Klageanspruch herleitet, seiner Natur nach einem dieser Rechtsgebiete zuzurechnen ist. § 51 Abs. 1 SGG unterwirft daher nicht jede öffentlich-rechtliche Tätigkeit der Sozialversicherungsträger der sozialgerichtlichen Kontrolle, sondern nur dann, wenn es um Tätigkeiten in sozialversicherungsrechtlichen Vorschriften geht. In allen anderen Fällen bleibt es bei der originären Zuständigkeit der Verwaltungsgerichte.[282]

Beispiel:
A. bezieht Leistungen nach dem Arbeitsförderungsgesetz. Bei mehreren Vorsprachen im Arbeitsamt störte er massiv den Dienstbetrieb. Die Behördenleitung verhängte darauf hin gegen ihn ein zeitlich befristetes Hausverbot mittels Verwaltungsakt und ordnete zugleich die sofortige Vollziehung des Bescheides an. Es handelt sich hier um keine sozialversicherungsrechtliche Tätigkeit des Arbeitsamtes nach dem Arbeitsförderungsgesetz, sondern um eine allgemeine öffentlich-rechtliche Maßnahme.[283]

c) Finanzgerichte

Die Finanzgerichte sind nach § 33 FGO dazu berufen, über alle öffentlich- 100
rechtlichen Streitigkeiten in Abgabeangelegenheiten zu entscheiden; zahlreiche Bundesgesetze haben darüber hinaus Sonderzuständigkeiten der Finanzgerichte begründet.[284]

Hinweis: 101

Für Kommunalabgaben[285] (nach dem KAG der Länder bzw. Erschließungsbeiträgen nach dem BauGB) ist der Verwaltungsrechtsweg gegeben (vgl. J 27ff.). Der Verwaltungsrechts-

---

279 Vgl. allgemein *Meyer-Ladewig,* SGG, § 51, Rdn. 24.

280 Vgl. dazu *Meyer-Ladewig,* SGG, § 51, Rdn. 47; ferner allg. zur Kasuistik a.a.O., § 51, Rdn. 24.

281 *BSG,* 16. 2. 1983 – 7 RAr 90/81 – BSGE 54, 286, 287f.

282 *OVG NW,* 11. 2. 1998 – 25 E 960/97 – NWVBl. 98, 350f.; ferner für Streitigkeiten über Umlagen der Landeswohlfahrtsverbände gegenüber Pflegeeinrichtungen, *VGH Mannheim,* 31. 3. 1998 – 2 S 687/98 – DVBl. 98, 1142; bzgl. Investitionsförderungsmaßnahmen von Pflegeeinrichtungen vgl. *BVerwG,* 13. 12. 1998 – 3 B 22.98 – DVBl. 99, 1045ff.

283 *OVG NW,* 11. 2. 1998 – 25 E 960/97 – NWVBl. 98, 350f.

284 Vgl. dazu die Nachweise bei *Redeker/von Oertzen,* § 40, Rdn. 68.

285 *BVerwG,* 19. 10. 1955 – V C 43.55 – BVerwGE 2, 254; *BVerwG,* 10. 7. 1964 – VII C 35.62 – BVerwGE 19, 125ff.

weg ist ferner gegeben für Klagen gegen Verwaltungsakte der Zollbehörden über die Einfuhrfähigkeit von Waren[286] oder wenn es um die Erteilung von steuerrechtlich erheblichen Bescheinigungen geht.[287]

d) Dienstgerichte

102 Die Dienstgerichte sind nach dem deutschen Richtergesetz zuständig für Disziplinarverfahren gegen Richter und Staatsanwälte.

e) Disziplinargerichte

103 Die Disziplinargerichte des Bundes entscheiden nach der Bundesdisziplinarordnung in Fällen schuldhafter Verletzung der Beamtenpflichten der Bundesbeamten.

In den Ländern sind die Disziplinarangelegenheiten regelmäßig auf die Verwaltungsgerichte übertragen (vgl. dazu Ermächtigung in § 187).

f) Wehrdienstgerichte

104 Die Truppendienstgerichte entscheiden in einfach gelagerten Disziplinarsachen der Soldaten nach der Wehrdisziplinarordnung. Der Verwaltungsrechtsweg ist für den Soldaten daher nur eingeschränkt eröffnet (vgl. § 59 Abs. 1 SoldG). Der Verwaltungsgerichtsbarkeit entzogen sind Streitigkeiten über Ablehnung und Annahme von Belohnungen, Nebentätigkeiten, Genehmigung von Nebentätigkeiten, Geltendmachung von Urlaub, Dienstführungsverbote usw. Es ist aber hervorzuheben, dass die in den §§ 24, 25, 30 u. 31 SoldG aufgeführten Regelungstatbestände nach wie vor der Verwaltungsgerichtsbarkeit unterliegen.[288]

g) Berufsgerichte

105 Für eine Reihe von freien Berufen sind durch landesrechtliche Vorschriften eigene Berufsgerichte gebildet worden. Dies gilt insbesondere für Zahnärzte, Ärzte, Tierärzte und Apotheker aber auch für Wirtschaftsprüfer, Steuerberater und Steuerbevollmächtigte (§ 187 Abs. 1).[289] Die Berufsgerichte sind dabei – je nach Bundesland verschieden – teilweise den Verwaltungsgerichten bzw. den Zivilgerichten zugeordnet oder als selbständige Berufsgerichte der Kammern errichtet;[290] in Notar- und Anwaltssachen sind die Zivilgerichte zuständig.[291]

Hinweis:
Heilberufsgerichtliche Verfahren, die mit der disziplinarischen Ahndung von Verfehlungen eines Arztes enden, schließen weitergehende Maßnahmen der Verwaltungsbehörden (z.B. Widerruf der Approbation eines Arztes wegen Unwürdigkeit) nicht aus; hier ist der Verwaltungsgerichtsweg gegeben.[292]

---

286 Vgl. die Nachweise bei *Redeker/von Oertzen,* § 40, Rdn. 67 u. 68.

287 *BVerwG,* 24. 3. 1988 – 3 C 41.87 – BVerwGE 79, 171ff.

288 Vgl. *Redeker/von Oertzen,* § 40, Rdn. 74, 75; ferner allgemein *BVerwG,* 28. 10. 1980 – 1 WB 139.79 – BVerwGE 73, 87; *BVerwG,* 18. 1. 1972 – 1 WB 4.71 – BVerwGE 43, 342.

289 *Redeker/von Oertzen,* § 40, Rdn. 76ff.

290 Vgl. dazu die Übersicht bei *Meyer-Hentschel,* „Berufsgerichtsbarkeit u. allg. Verwaltungsgerichtsbarkeit," DVBl. 64, 53ff., 55, 56.

291 S.o. C 51 a.E.; ferner *OVG Lüneburg,* 11. 12. 1995 – 8 O 5661/95 – NJW 96, 869f.

292 *BVerwG,* 14. 4. 1998 – 3 B 95/97 – NJW 99, 3425f.

h) Strafgerichte

Nach § 13 GVG entscheiden die ordentlichen Gerichte in Strafsachen, es sei denn, dass aufgrund anderweitiger ausdrücklicher Vorschriften Verwaltungsbehörden Strafverfügungen erlassen können. Anfechtungs- und Verpflichtungsklagen gegen Justizverwaltungsakte auf dem Gebiet der Strafrechtspflege sowie gegen Verwaltungsakte der Justizvollzugsbehörden im Rahmen des Justizvollzuges sind nach § 23 EGGVG der Strafgerichtsbarkeit zugewiesen; dies gilt auch für Entschließungen der Staatsanwaltschaft, dem Konkursverwalter als einem am Ermittlungsverfahren unbeteiligten Dritten Akteneinsicht zu gewähren.[293] Für Anträge eines Strafverteidigers auf Widerruf und Unterlassung ehrverletzender Äußerungen in einer strafgerichtlichen Entscheidung ist der Rechtsweg zu den Strafgerichten gegeben.[294] **106**

Gleiches gilt bei **polizeilichen Strafverfolgungshandlungen,** die vorbereitend für das staatsanwaltschaftliche Ermittlungsverfahren vorgenommen werden; hier wird der Verwaltungsrechtsweg verneint und die Zuständigkeit der Strafgerichte angenommen. Es muss allerdings unterschieden werden zwischen sog. Maßnahmen im Rahmen eines Ermittlungsverfahrens und solchen Maßnahmen, die lediglich präventiven Charakter haben; für letztere ist der Verwaltungsrechtsweg eröffnet, siehe C 24, 57f. **107**

i) Schiedsgerichte

Schiedsrichterliche Verfahren sind auch auf dem Gebiet des öffentlichen Rechts zulässig, wie sich aus der allgemeinen Verweisungsnorm des § 173 i.V.m. § 168 Abs. 1 Nr. 5 und § 187 Abs. 1 ergibt. Die Zuständigkeit eines Schiedsgerichts kann durch Vereinbarung für alle öffentlich-rechtlichen Streitigkeiten im Sinne von § 40 begründet werden, und zwar sowohl für sog. Parteistreitigkeiten gleichgeordneter Beteiligter als auch für sonstige Streitigkeiten, soweit die Beteiligten über das zugrunde liegende Rechtsverhältnis verfügen können, und zwar speziell in der Form der Berechtigung der Beteiligten zum Abschluss eines Vergleiches i.S. von § 55 VwVfG.[295] Daneben werden in immer stärkeren Maße Schiedsgerichte auch durch gesetzliche Vorschriften institutionalisiert (vgl. dazu § 89h SGB VIII, § 113a BSHG).[296] **108**

Das BVerwG hat in diesem Zusammenhang entschieden,[297] dass die Vereinbarung eines **Schiedsgutachtens** (auf welches die §§ 317ff. BGB entsprechend an- **109**

---

[293] *OLG Frankfurt a. M.,* 1. 2. 1996 – 3 Vas 29/95 – NJW 96, 1484: In der Akteneinsichtsgewährung liegt ein Eingriff in das Recht des Beschuldigten auf informationelle Selbstbestimmung, für die deshalb eine gesetzliche Grundlage erforderlich ist.

[294] *VGH München,* 20. 7. 1995 – 5 CE 95 1273 – NJW 95, 2940.

[295] Vgl. *Baumbach/Lauterbach,* Grundz., § 1025, Anm. 4; *Kopp/Schenke,* § 40, Rdn. 56; *Redeker/von Oertzen,* § 40, Rdn. 78ff.; *Stelkens* in *Schoch/Schmidt-Aßmann/Pietzner,* § 1, Rdn. 25.

[296] Vgl. *BVerwG,* 29. 2. 1996 – 5 C 29.95 – DVBl. 96, 873f.: Da die nach § 89h Abs. 3 SGB VIII bzw. § 113a Abs. 3 BSHG vorgesehene Rechtsverordnung über die Bildung und Zusammensetzung der Schiedsgerichte bislang noch nicht erlassen worden ist, ist der Verwaltungsrechtsweg zurzeit noch nicht ausgeschlossen.

[297] *BVerwG,* 19. 1. 1990 – 4 C 21/89 – NJW 90, 1926ff.

zuwenden seien), im öffentlichen Recht dann grundsätzlich unbedenklich sei, wenn sich die Vertragsbeteiligten gleichgeordnet gegenüberstehen.[298]

110 Bei Abschluss von Schiedsvereinbarungen sind die §§ 1025–1048 ZPO analog anzuwenden. Wegen der näheren Einzelheiten wird auf die zivilrechtliche Kommentarliteratur verwiesen. Der in der ZPO geregelte **Anwaltsvergleich (§§ 796 a–c** ZPO) ist freilich nicht auf das öffentliche Recht übertragbar, weil § 168 Abs. 1 den Anwaltsvergleich nicht als Vollstreckungstitel im Verwaltungsprozess nennt.[299] Ist zwischen den Parteien eine Schiedsvereinbarung zustande gekommen, handelt es sich allerdings nicht um eine Rechtswegzuweisung nach § 40 Abs. 1, sondern um ein Prozesshindernis, das von den Gerichten von Amts wegen zu beachten ist.[300]

IV. Verweisung

111 Die frühere Vorschrift des § 41, die die Entscheidung über die Zulässigkeit des Rechtsweges und die Verweisung regelte, wurde durch das 4. VwGO-Änderungsgesetz[301] aufgehoben. Nach § 173 sind die §§ 17–17b GVG an die Stelle von § 41 a.F. getreten. Die §§ 17–17b GVG gelten einheitlich für alle Gerichtszweige.[302]

1. Wirkungen der Rechtshängigkeit, Umfang der gerichtlichen Entscheidung (§ 17 GVG)

112 Der beschrittene Rechtsweg wird durch eine nach Rechtshängigkeit eintretende Veränderung der den Rechtsweg begründenden Umstände nicht berührt; verwaltungsgerichtliche Klagen sind erhoben (rechtshängig), sobald die Klage bei Gericht eingeht; anders als im Zivilprozess (§ 253 Abs. 1 ZPO) kommt es für die Rechtshängigkeit im verwaltungsgerichtlichen Verfahren nicht auf die Zustellung der Klage (vgl. E 52 an den Beklagten an.[303] Während der Rechtshängigkeit kann die Sache von keiner Partei anderweitig anhängig gemacht werden (**Verbot der anderweitigen Rechtshängigkeit,** vgl. D 4, § 17 Abs. 1 Satz 2 GVG).[304]

113 In § 17 Abs. 2 Satz 1 GVG ist festgelegt, dass das Gericht des zulässigen Rechtsweges den Rechtsstreit unter allen in Betracht kommenden rechtlichen Gesichtspunkten entscheidet. Diese Vorschrift betrifft allerdings nur den Fall, dass für ein und denselben Klageanspruch mehrere, verschiedenen Rechtswegen zugeordnete Anspruchsgrundlagen in Betracht kommen.[305]

---

298 *BVerwG,* 19. 1. 1990 – 4 C 21/89 – NJW 90, 1926ff.

299 *Baumbach/Lauterbach,* § 796a, Anm. 15.

300 *Baumbach/Lauterbach,* § 1025, Anm. 3 b.

301 Vom 17. 12. 90 in BGBl. I 1190, 2809.

302 Vgl. *Kopp/Schenke,* § 41, Anm. 2.

303 *Ehlers* in *Schoch/Schmidt-Aßmann/Pietzner,* § 41 (§ 17 GVG, Rdn. 2), § 81, Rdn. 4; vgl. ferner E 44.

304 *VGH Mannheim,* 30. 9. 1994 – 8 S 1763/94 – NJW 96, 1298.

305 *BVerwG,* 7. 6. 1994 – 7 B 48/94 – NJW 94, 2500; vgl. ferner oben die ausführliche Darstellung zum Stichwort „Aufrechnung" unter C 19; ferner die Darlegungen bei *Ehlers* in

Beispiel:
Der bei einer Beförderung übergangene Kläger macht in einem zivilrechtlichen Verfahren Amtshaftungsansprüche und öffentlich-rechtliche Schadensersatzansprüche geltend.[306]

Liegt dagegen eine Mehrheit von prozessualen Ansprüchen, mithin also keine Identität des Streitgegenstandes vor, so hat das angerufene Gericht den Streitgegenstand, der seinem Rechtsweg nicht zugeordnet ist, abzutrennen und an das zuständige Gericht zu verweisen.

Beispiel: **114**
Die Kläger machen einen Unterlassungsanspruch wegen der Verletzung von Persönlichkeitsrechten durch Sendungen einer öffentlich-rechtlichen Rundfunkanstalt geltend und beantragen im gleichen Verfahren ferner die Einräumung von Sendezeiten.[307]

§ 17 Abs. 2 Satz 1 GVG ändert also nichts an dem Grundsatz, dass im Falle der **115** **objektiven Klagehäufung** für jeden Anspruch die Rechtswegzuständigkeit gesondert zu prüfen ist. Da auch bei der Erhebung einer **Widerklage** ein neuer Streitgegenstand geltend gemacht wird, ist auch für die Widerklage – ebenso wie bei der Klageänderung – erneut die Rechtswegfrage zu prüfen. Die Vorschriften der §§ 33 ZPO bzw. 89 VwGO betreffen lediglich örtliche Zuständigkeiten kraft Sachzusammenhangs, nicht aber den Rechtsweg als solchen.[308] Macht eine Prozesspartei mehrere prozessuale Ansprüche in einem Stufenverhältnis als **Haupt- bzw. Hilfsanträge** geltend, so ist zunächst zu klären, ob das angerufene Gericht für den Hauptanspruch sachlich zuständig ist; ist die Zuständigkeit zu verneinen, so ist das Verfahren ohne Rücksicht auf den Hilfsantrag zu verweisen. Stellt sich der Hauptantrag als unbegründet heraus, so ist die Klage insoweit abzuweisen; in diesem Falle ist hinsichtlich des Hilfsantrages erneut über die sachliche Zuständigkeit des angerufenen Gerichtes zu befinden.[309]

Stark umstritten ist der Rechtsweg bei der Aufrechnung oder der Geltendmachung von Zurückbehaltungsrechten mit rechtswegfremden Ansprüchen (vgl. dazu oben die Stichworte: **Aufrechnung, C 21, Zurückbehaltung, C 79.**

In § 17 Abs. 2 Satz 2 GVG wird klargestellt, dass es in den Fällen des Art. 14 **116** Abs. 3 Satz 4 und Art. 34 Satz 3 GG nicht zu einer rechtswegüberschreitenden Zuständigkeit des angerufenen Gerichtes kommen kann; hier bleibt es bei der grundgesetzlich angeordneten Zuständigkeit der Zivilgerichte.[310]

Schoch/Schmidt-Aßmann/Pietzner, § 41 (§ 17 GVG, Rdn. 18–24); *Baumbach/Lauterbach/Albers/Hartmann,* ZPO, 54. Aufl., § 17 GVG, Rdn. 5, 6 m. w. N.; *Zöller,* § 17 GVG, Rdn. 4; vgl. auch *OLG Hamm* – 27. 6. 2001 – 11 U 195/00 – n. v.

306 *OLG Hamm,* 27. 6. 2001 – 11 U 195/00 – n. v.

307 *BVerwG,* 7. 6. 1994 – 7 B 48/94 – NJW 94, 2500: Ansprüche wegen Verletzung des Persönlichkeitsrechts durch eine die Ehre beeinträchtigende Rundfunk- oder Fernsehsendung sind dem Zivilrechtsweg zugeordnet, s. a. oben C 17 ff., Stichwort: Realakte.

308 *Baumbach/Lauterbach/Albers/Hartmann,* § 17 GVG, Rdn. 6; *Ehlers* in *Schoch/Schmidt-Aßmann/Pietzner,* § 41 (§ 17 GVG, Rdn. 25).

309 Vgl. dazu *Ehlers* in *Schoch/Schmidt-Aßmann/Pietzner,* § 41 (§ 17 GVG, Rdn. 26); *Baumbach/Lauterbach/Albers/Hartmann,* § 17 GVG, Rdn. 7.

310 Vgl. dazu *Bosch/Schmidt,* 60: Die Geltendmachung eines Anspruches wegen Verletzung der Fürsorgepflicht des Dienstherrn (Schadensersatz wegen unterbliebener Beförderung) ist vor den Verwaltungsgerichten geltend zu machen, der parallel gelagerte Anspruch auf Amtspflichtverletzung verbleibt in der Zuständigkeit der Zivilgerichte.

2. Entscheidung über den Rechtsweg (§ 17a GVG)

117 Die Verwaltungsgerichte haben als Sachurteilsvoraussetzung zu prüfen, ob der Verwaltungsrechtsweg gegeben ist. Das Gericht der ersten Instanz prüft von Amts wegen die **Zulässigkeit des Rechtsweges**, während das Berufungs- oder Revisionsgericht, das über ein Rechtsmittel gegen eine Entscheidung in der Hauptsache entscheidet, nicht mehr überprüft, ob der beschrittene Rechtsweg zulässig ist § 17a Abs. 5 GVG).[311] Ist der Verwaltungsrechtsweg nicht gegeben, spricht das Gericht dies aus und verweist den Rechtsstreit zugleich an das zuständige Gericht des zulässigen Rechtsweges (§ 17a Abs. 2 Satz 1 GVG). Das Gericht entscheidet durch **Beschluss.** Die Verweisung an ein Verfassungsgericht ist unzulässig.[312]

118 **Der Verweisungsbeschluss** ist für das jeweilige Gericht, an das verwiesen worden ist, hinsichtlich des Rechtsweges bindend.[313] Eine Sache kann auch dann nicht mehr an einen anderen Gerichtszweig verwiesen werden, wenn dieser zuvor nur seine Zuständigkeit verneint hat, ohne den Rechtsstreit zu verweisen.[314]

Bei ungerechtfertigter Verweisung ist eine Rückverweisung nicht mehr möglich;[315] auch die früher mögliche Weiterverweisung an einen anderen Gerichtszweig[316] ist jetzt ausgeschlossen. Das Berufungsgericht oder Revisionsgericht ist nach § 17a Abs. 5 GVG an der Prüfung der Rechtswegfrage nicht durch ein verwaltungsgerichtliches **Urteil** gehindert, **mit dem die Klage** wegen anderweitiger Rechtshängigkeit **abgewiesen** worden ist.[317]

119 Ändert der Kläger freilich nach der Verweisung sein Klagebegehren und wird dadurch die Zuständigkeit eines anderen Rechtsweges begründet, muss die Verweisung ihre bindende Wirkung verlieren.[318]

120 Sehr strittig ist, ob das Rechtsmittelgericht im **Verfahren des einstweiligen Rechtsschutzes** trotz des § 17a Abs. 5 GVG zu prüfen hat, ob der Verwaltungsrechtsweg eröffnet ist.[319] Aus Gründen des effektiven Rechtsschutzes ist eine Bin-

---

[311] *Redeker/von Oertzen,* Anh. zu § 41, Rdn. 18; *BVerwG,* 31. 10. 1994 – 11 AV 1/94 – NVwZ-RR 95, 200; *BVerwG,* 22. 11. 1997 – 2 B 104.97 – DVBl. 98, 794.

[312] Vgl. *Kopp/Schenke,* § 41, Anm. 2.

[313] *Redeker/von Oertzen,* Anh. zu § 41, Rdn. 7; alle weiteren Sachentscheidungsvoraussetzungen prüft das Gericht, an das verwiesen wurde selbst; *VG Berlin,* 29. 9. 1994 – 28 A 261/92 – NVwZ 95, 512; *BVerwG,* 28. 4. 1994 – 2 C 23/92 NJW 94, 3367; *BAG,* 14. 12. 1998 – 5 AS 8/98 – NZA 99, 319. Eine Entscheidung i. S. v. § 17a Abs. 5 GVG liegt nämlich nicht vor, wenn die Vorinstanz durch Urteil statt durch Verweisungsbeschluss entscheidet, vgl. *BSG,* 16. 6. 1999 – BGV 24/98 R – NVwZ-RR 00, 648.

[314] *VGH München,* 1. 7. 1999 – 8 C 99 1414 – NJW 99, 3211.

[315] *BVerwG,* 9. 3. 1979 – 4 C 32 u. 33.75 – DVBl. 79, 818; anders soll dies bei offensichtlich gesetzwidriger Verweisung sein: vgl. *BAG,* 17. 7. 1995 – 5 AS 8/95 – NJW 96, 413; für den Fall anderweitiger Rechtshängigkeit, vgl. *VGH Mannheim,* 30. 9. 1994 – 8 S 1763/94 – NJW 96, 1298.

[316] *OVG Bremen,* 28. 3. 1995 – 1 B 75/94 – NVwZ 95, 793; anders bei anderweitiger Rechtshängigkeit: *VGH Mannheim,* 30. 9. 1994 – 8 S 1763/94 – NJW 96, 1298; vgl. ferner die vorherige Fußnote.

[317] *VGH Kassel,* 24. 2. 1998 – 14 UE 1897/91 – NVwZ-RR 99, 102ff.; *BAG,* 14. 12. 1998 – 5 AS 8/98 – NZA 99, 319.

[318] *Kopp/Schenke,* § 41, Rdn. 23; *Redeker/von Oertzen,* Anh. zu § 41, Rdn. 8.

[319] Für eine Überprüfung der Zulässigkeit des Rechtsweges im Verfahren des einstweiligen Rechtsschutzes: *VGH Kassel,* 20. 10. 1994 – 11 TH 273/94 – NJW 95,

dung der Rechtsmittelgerichte in Eilverfahren an die vorausgegangene Zulässigkeitsentscheidung der ersten Instanz geboten.[320]

Nach wohl herrschender Auffassung sind die Vorschriften der §§ 17, 17 a und 17 b GVG im isolierten Prozesskostenhilfeverfahren nicht anzuwenden.[321] Der Streit über die Anwendbarkeit dürfte allerdings im verwaltungsgerichtlichen Verfahren akademischer Natur sein, da isolierte Prozesskostenhilfeverfahren nur sehr selten vorkommen: Regelmäßig wird das Prozesskostenhilfegesuch zugleich mit der vorbehaltlos erhobenen Klage eingereicht.[322] 121

Ist der Verwaltungsrechtsweg zulässig, kann das Gericht den Verwaltungsrechtsweg im Rahmen der Sachentscheidung bejahen, es kann aber auch durch Beschluss vorab aussprechen, dass der Verwaltungsrechtsweg zulässig Ist (§ 17 a Abs. 3 Satz 1 GVG). 122

Nach § 17 a Abs. 3 Satz 2 GVG ist das Gericht verpflichtet, einen derartigen **Vorabbeschluss** zu erlassen, wenn eine Partei die Zulässigkeit des Rechtsweges rügt. Versäumt es das Verwaltungsgericht entgegen § 17 a Abs. 3 Satz 2 GVG vorab über die Zulässigkeit des Rechtsmittels zu entscheiden, so ist das Berufungsgericht nach § 17 a Abs. 5 GVG nicht gebunden, sondern kann – sofern der Beklagte in der Berufungsinstanz an der Rüge der Unzulässigkeit des Rechtsweges festhält – über die Zulässigkeit des Rechtsweges entscheiden.[323] 123

1170; *OVG Koblenz,* 1. 9. 1992 – 7 E 11459/92 – NVwZ 93, 381; *VGH Kassel,* 7. 5. 1993 –11 TH 1563/92 – NJW 94, 145; *OVG Weimar,* 30. 1. 1996 – 2 E O 497/95 – NVwZ-RR 97, 138; *OVG Berlin,* 23. 1. 1997 – 2 S 2/97 – NVwZ-RR 98, 464; *OVG Hamburg,* 28. 2. 2000 – 4 SO 5/00 – DVBl. 00, 1467; die Gegenauffassung vertritt dagegen die Ansicht, dass § 17 a Abs. 5 das Rechtsmittelgericht auch schon in dem Verfahren des einstweiligen Rechtsschutzes binde, wenn das Verwaltungsgericht den Rechtsweg erstinstanzlich bejaht habe. *VGH Mannheim,* 6. 4. 1994 – 10 S 405/94 – NJW 94, 2372; *OVG Bremen,* 28. 3. 1995 – 1 B 75/94 – NVwZ 95, 793; ferner *Baumbach/Lauterbach,* § 17 a GVG, Rdn. 15; *Ehlers* in *Schoch/Schmidt-Aßmann/Pietzner,* § 41 (§ 17 a GVG, Rdn. 40, 48).

[320] Für eine Überprüfung der Zulässigkeit des Rechtsweges im Verfahren des einstweiligen Rechtsschutzes: *VGH Kassel,* 20. 10. 1994 – 11 TH 273/94 – NJW 95, 1170; *OVG Koblenz,* 1. 9. 1992 – 7 E 11459/92 – NVwZ 93, 381; *VGH Kassel,* 7. 5. 1993 – 11 TH 1563/92 – NJW 94, 145; *OVG Weimar,* 30. 1. 1996 – 2 E 0497/95 – NVwZ-RR 97, 138; *OVG Berlin,* 23. 1. 1997 – 2 S 2/97 – NVwZ-RR 98, 464. Die Gegenauffassung vertritt dagegen die Ansicht, dass § 17 a Abs. 5 das Rechtsmittelgericht auch schon in dem Verfahren des einstweiligen Rechtsschutzes binde, wenn das Verwaltungsgericht den Rechtsweg erstinstanzlich bejaht habe. *VGH Mannheim,* 6. 4. 1994 – 10 S 405/94 – NJW 94, 2372; *OVG Bremen,* 28. 3. 1995 – 1 B 75/94 – NVwZ 95, 793; ferner *Baumbach/Lauterbach,* § 17 a GVG, Rdn. 15; *Ehlers* in *Schoch/Schmidt-Aßmann/Pietzner,* § 41 (§ 17 a GVG Rdn. 40, 48). Das OVG Greifswald, 2. 3. 2000 – 2 M 105/99 – DVBl. 00, 1467 ff. vertritt die Auffassung, dass wegen des sich aus Art. 19 Abs. 4 S. 1 GG ergebenden Gebots effektiven Rechtsschutzes im Eilverfahren eine Vorabentscheidung gem. § 17 a Abs. 3 GVG entfällt, wenn eine schnelle Entscheidung geboten ist und dem Rechtsschutzsuchenden im Falle des Abwartens der Beschwerdefrist ein schwerer und nicht wiedergutzumachender Schaden droht; im übrigen sind die §§ 17–17 b GVG mit Ausnahme von § 17 a Abs. 4 Satz 4–6 GVG im vorläufigen Rechtsschutzverfahren entsprechend anzuwenden.

[321] Vgl. dazu die Nachweise bei *Zöller,* vor § 17 GVG, Rdn. 12; verneinend, insbesondere auch *OVG Münster,* 28. 4. 1993 – 25 E 275/93 – NJW 93, 2766.

[322] Vgl. dazu auch *Bosch/Schmidt,* 55.

[323] *BVerwG,* 28. 1. 1994 – 7 B 198.93 – Buchholz, 310, § 40, Nr. 268.

124 Der Beschluss nach § 17a Abs. 2 GVG über eine etwaige Verweisung oder der Beschluss nach § 17a Abs. 3 GVG über die Zulässigkeit des Verwaltungsrechtsweges kann ohne mündliche Verhandlung ergehen. Im Falle der Verweisung ist eine Anhörung der Beteiligten zwingend. Der Beschluss ist zu begründen, wie sich aus § 122 Abs. 2 ergibt.

125 Gegen den Beschluss ist gem. § 146 die – zulassungsfreie[324] – **Beschwerde** zulässig, vgl. F 105ff.[325]

126 Auch die **Beschwerde** gegen einen **Beschluss des OVG** ist zulässig, allerdings nur dann, wenn sie das OVG in dem Beschluss ausdrücklich zugelassen hat (§ 17a Abs. 4 Satz 4 GVG).[326] Das OVG hat die Beschwerde zuzulassen, wenn die Rechtsfrage grundsätzliche Bedeutung – siehe dazu F 60ff. – hat oder wenn das Gericht von der Entscheidung eines Obersten Gerichtshofes des Bundes oder des gemeinsamen Senats der Obersten Gerichtshöfe des Bundes abweicht, zur Divergenz vgl. F 82ff. Das Bundesverwaltungsgericht ist an die Zulassung der Beschwerde gebunden (§ 17a Abs. 4 Satz 6 GVG). Die Nichtzulassung der Beschwerde gegen eine Entscheidung des Oberverwaltungsgerichts nach § 17a Abs. 2 Satz 1 GVG kann nicht mit Rechtsmitteln angegriffen werden.[327]

In vermögensrechtlichen Angelegenheiten ist gegen Rechtswegbeschlüsse des Verwaltungsgerichts die Beschwerde nur statthaft, wenn sie vom Verwaltungsgericht in dem Beschluss zugelassen worden ist.[328]

3. Rechtsfolgen der Verweisung (§ 17b GVG)

127 Sobald der Verweisungsbeschluss rechtskräftig ist, wird der Rechtsstreit mit Eingang der Akten bei dem im Beschluss bezeichneten Gericht anhängig.[329] Die Wirkungen der Rechtshängigkeit bleiben dabei bestehen. Soweit durch die Klageerhebung eine Frist gewahrt wird, setzt sich die Wirkung der Rechtshängigkeit fort, sofern die Klage Rechtsirrigerweise bei dem unzuständigen Gericht fristgerecht eingegangen ist.[330]

---

[324] *OVG Hamburg,* 28. 2. 2000 – 4 SO 5/00 – DVBl. 00, 1467.

[325] *Redeker/von Oertzen,* Anh. zu § 41, Rdn. 12f.; *OVG Weimar,* 30. 1. 1996 – 2 EO 497/95 – NVwZ-RR 97, 138.

[326] *BVerwG,* 8. 4. 1994 – 11 B 140.93 – Buchholz, 300; § 17a, Nr. 11; *Redeker/von Oertzen,* Anh. zu § 41, Rdn. 13.

[327] *BVerwG,* 16. 3. 1994 – 4 B 223.93 –; Buchholz, 300, § 17a, Nr. 9.

[328] *BVerwG,* 14. 12. 1998 – 8 B 125.98 – DVBl. 99, 985.

[329] Die Gerichte bleiben dabei an eine gesetzwidrige, rechtskräftige Rückverweisung gebunden, *BGH,* 24. 2. 2000 – III ZB 33/99 – NJW 00, 1343.

[330] *Redeker/von Oertzen,* Anh. zu § 41, Rdn. 19; *Ehlers* in *Schoch/Schmidt-Aßmann/Pietzner,* § 41 (§ 17b GVG, Rdn. 6); ferner *BVerwG,* 20. 1. 1993 – 7 B 158.92 –, DVBl. 93, 562: Sogar der Wechsel des Beklagten nach Ablauf der Klagefrist führt nicht zur Unzulässigkeit der Klage wegen Fristversäumnis; dies entspricht dem Bestreben der VwGO im Interesse eines wirksamen Rechtsschutzes die Erhebung einer Klage nicht mehr als aus Gründen der Rechtssicherheit und Rechtsklarheit nötig an formellen Mängeln scheitern zu lassen; *OVG Koblenz,* 11. 5. 1995 – 10 A 11400/95 – NVwZ-RR 96, 181; geht der Kläger nach Ablauf der Klagefrist von der Verpflichtungsklage auf eine Feststellungs- und Leistungsklage und wiederum später erneut zur Verpflichtungsklage über, so ist diese unzulässig, wenn er den Verpflichtungsantrag nicht bei der ersten Klageänderung als Hilfsantrag aufrechterhalten hat; *VG Kassel,* 10. 10. 1994 – 8 E 1251/89 – NVwZ-RR 95, 704.

Hinweis:
Anders liegt der Fall dann, wenn die Klage an das richtige Gericht adressiert, aber an ein unzuständiges Gericht abgesandt wird, dann ist die Klagefrist nicht gewahrt.[331]

Die Kosten des Verfahrens vor dem unzuständigen Gericht werden als Teil der Kosten behandelt, die bei dem Gericht entstehen, an das der Rechtsstreit verwiesen wurde (§ 17b Abs. 2 GVG). Dem Kläger sind die entstandenen Kosten auch dann aufzuerlegen, wenn er in der Hauptsache obsiegt (§ 17b Abs. 2 Satz 2 GVG); etwas anderes gilt dann, wenn der Beklagte den Kläger durch eine falsche Rechtsmittelbelehrung zur Erhebung einer Klage vor einem unzuständigen Gericht veranlasst hat.[332]

V. Sachliche Zuständigkeit

Die sachliche Zuständigkeit ist in den §§ 45ff. geregelt. **128**

1. Zuständigkeit des Verwaltungsgerichts

In sachlicher Hinsicht ist das Verwaltungsgericht im ersten Rechtszug zuständig **129** für alle Streitigkeiten, für die der Verwaltungsrechtsweg offen steht. Die sachliche Zuständigkeit der Verwaltungsgerichte ist zwingend und der Disposition der Prozessbeteiligten entzogen; anders als im Zivilprozess kann daher die sachliche Zuständigkeit weder durch **Parteivereinbarung** noch durch rügelose Einlassung auf die Klage begründet, geändert oder beseitigt werden.[333]

2. Zuständigkeit des Oberverwaltungsgerichts

Die **sachliche und funktionelle Zuständigkeit des Oberverwaltungsgerichts** wird in § 46[334] geregelt: **130**

Danach entscheidet das Oberverwaltungsgericht im Rechtsmittelverfahren über
(1) die **Anträge auf Zulassung der Berufung** gegen Urteile des Verwaltungsgerichts (§§ 124, 124a),
(2) die zugelassenen Berufungen gegen Urteile des Verwaltungsgerichts (§ 124 Abs. 1),
(3) die Beschwerde gegen Entscheidungen des Verwaltungsgerichts (§ 146 Abs. 1).

Ferner ist das Oberverwaltungsgericht für **Normenkontrollverfahren** gem. **131** § 47 zuständig (vgl. D 207ff.). Die abstrakte Normenkontrolle erfolgt nach § 47 Abs. 1 auf Antrag über die Gültigkeit
(1) von Satzungen, die nach den Vorschriften des BauGB oder des Städtebauförderungsgesetzes erlassen worden sind, sowie von Rechtsverordnungen aufgrund des § 246 Abs. 2 BauGB,

---

331 *OVG Münster,* 29. 8. 1995 – 25 A 4760/95 – DVBl. 96, 117ff.
332 *Redeker/von Oertzen,* Anh. zu § 41, Rdn. 20.
333 Vgl. *Kopp/Schenke,* § 45, Rdn. 4; *Redeker/von Oertzen,* § 45, Rdn. 2.
334 § 46 VwGO ist infolge eines redaktionellen Versehen im Zuge des 6. VwGOÄndG übersehen und nicht angepasst worden.

(2) von anderen im Range unter dem Landesgesetz stehenden Rechtsvorschriften, sofern das Landesrecht dies bestimmt.

(3) Von diesem Recht, die abstrakte Normenkontrolle einzuführen, haben allerdings nicht alle Bundesländer Gebrauch gemacht (vgl. D 208).

132 Das Oberverwaltungsgericht entscheidet gem. § 48 im ersten Rechtszug ferner über sämtliche Streitigkeiten in folgenden Angelegenheiten:

(1) Anlagen im Sinne der §§ 7 u. 9 a Abs. 3 des Atomgesetzes (§ 48 Abs. 1 Nr. 1),

(2) Genehmigungen nach §§ 9 u. 6 des Atomgesetzes betreffend den Umgang mit Kernbrennstoffen (§ 48 Abs. 1 Nr. 2),

(3) Verfahren bezüglich Kraftwerke mit einer Feuerungswärmeleistung von mehr als 300 MW (§ 48 Abs. 1 Nr. 3),

(4) die Errichtung von Freileitungen mit mehr als 1000 V Nennspannung (§ 48 Abs. 1 Nr. 4),

(5) Verfahren für die Errichtung, den Betrieb und die wesentliche Änderung von ortsfesten Anlagen, in denen ganz oder teilweise Abfälle i. S. d. § 41 Abs. 1 KrW-/AbfG gelagert oder abgelagert werden.[335] Planfeststellungsverfahren nach § 7 des AbfallG (§ 48 Abs. 1 Nr. 5),

(6) Anlegen, Erweiterung, Änderung und Betrieb von Verkehrsflughäfen und von Verkehrslandeplätzen mit beschränktem Bauschutzbereich (§ 48 Abs. 1 Nr. 6),[336]

(7) Planfeststellungsverfahren für den Bau oder die Änderung von Straßenbahnen und Eisenbahnen (§ 48 Abs. 1 Nr. 7),[337]

(8) Planfeststellungsverfahren für den Bau/Änderung von Bundesfernstraßen (§ 48 Abs. 1 Nr. 8),[338]

(9) Planfeststellungsverfahren für den Neubau oder den Ausbau von Bundeswasserstraßen (§ 48 Abs. 1 Nr. 9),[339]

(10) Beschlussverfahren in den Fällen des § 99 Abs. 2,

(11) ferner über Klagen gegen die von einer Obersten Landesbehörde nach § 3 Abs. 2 Nr. 1 des VereinsG ausgesprochenen Vereinsverbote und nach § 8 Abs. 2 Satz 1 des VereinsG erlassenen Verfügungen (§ 48 Abs. 2).

---

[335] Für die Klage auf Erlass nachträglicher Anordnungen nach § 17 BImSchG (bezogen auf eine Abfallverbrennungsanlage) ist keine Zuständigkeit des OVG/VGH gegeben, vgl. *VGH Mannheim,* 23. 7. 1999 – 10 S 373/99 – DVBl. 00, 215 [Ls.]. Die Zuständigkeit des OVG/VGH ist ferner dann nicht gegeben, wenn die Planänderung darauf abzielt, dass die Anlage zukünftig zur Ablagerung anderer nicht zu den besonders überwachungsbedürftigen Abfällen zählender Stoffe dienen soll, vgl. dazu *OVG NW,* 13. 8. 1998 – 20 D 190/97.AK – n. v.

[336] Von § 48 Abs. 1 Nr. 6 werden auch alle mit dem Betrieb eines Flughafens in untrennbaren Sachzusammenhang stehenden Entscheidungen und Nebenverfahren erfasst; *VGH München,* 12. 4. 1994 – 20 A 93. 40022 – NVwZ-RR 95, 117.

[337] *VGH Mannheim,* 7. 12. 1995 – 5 S 1525/95 – DVBl. 96, 929; siehe aber auch *OVG Münster,* 29. 5. 1996 – 23 D 128/95 AK – NVwZ-RR 97, 197, das eine Zuständigkeit für raumordnerische Beurteilungen von Vorhaben i. S. v. § 48 Abs. 1 Nr. 7 verneint. Alle Streckenänderungen von öffentlichen Eisenbahnen werden erfasst, vgl. *OVG Lüneburg,* 30. 4. 1997 – 7 K 3887/96 – NVwZ-RR 98, 718 [Ls.].

[338] Die Zuständigkeit ist auch für Unterlassungsklagen begründet, *VG Freiburg,* 20. 8. 1996 – 3 K 1655/96 – NVwZ-RR 97, 144.

[339] Keine Zuständigkeit des OVG/VGH nachträglicher Schutzauflagen, *BayVGH,* 9. 12. 1998 – 8 A 97 40043 – UPR 99, 279 [Ls.].

§ 48 Abs. 1 Satz 1 gilt auch für Streitigkeiten über Genehmigungen, die anstelle eines Planfeststellungsbeschlusses erteilt werden, sowie für sämtliche für das Vorhaben erforderlichen Genehmigungen und Erlaubnisse, auch soweit sie Nebeneinrichtungen betreffen, die mit ihm in einem räumlichen oder betrieblichen Zusammenhang stehen.

Die Zuständigkeit des OVG kann **nicht** durch **Parteivereinbarung** begründet **133**
werden.

3. Zuständigkeit des Bundesverwaltungsgerichts

Das Bundesverwaltungsgericht entscheidet nach § 49 über das Rechtsmittel der **134**
(1) **Revision** gegen Urteile des Oberverwaltungsgerichts nach § 132,
(2) **Revision** gegen Urteile des Verwaltungsgerichts nach §§ 134 u. 135,
(3) der Beschwerde gem. § 99 Abs. 2 S. 12–14 u. § 133 Abs. 1 sowie nach § 17a Abs. 4 Satz 4 GVG, vgl. F 247ff.

Ferner entscheidet das Bundesverwaltungsgericht nach § 50 VwGO im ersten **135**
und letzten Rechtszug über
(1) öffentlich-rechtliche Streitigkeiten nicht verfassungsrechtlicher Art zwischen dem Bund und den Ländern und zwischen verschiedenen Ländern,

Beispiele:
- Streitigkeiten zwischen dem Bund und einem Land wegen Erteilung einer Genehmigung für einen Bundesbeamten, vor dem Untersuchungsausschuss eines Landesparlamentes als Zeuge auszusagen, ist eine öffentlich-rechtliche Streitigkeit nicht verfassungsrechtlicher Art zwischen dem Bund und dem Land.[340]
- Streitigkeiten zwischen dem Bund und dem Land gem. Art. 104a V 1 Halbsatz 2 GG wegen der Inanspruchnahme auf Ersatz von Mehrkosten, die durch die Veruntreuung von Fördermitteln im Rahmen des Vollzuges des Bundesausbildungsförderungsgesetzes entstanden sind, ist eine öffentlich-rechtliche Streitigkeit nicht verfassungsrechtlicher Art.[341]

(2) über Klagen gegen die vom Bundesminister des Inneren nach § 3 Abs. 2 Nr. 2 des Vereinsgesetzes ausgesprochenen Vereinsverbote und nach § 8 Abs. 2 Satz 1 des VereinsG erlassenen Verfügungen, § 50 Abs. 1 Nr. 2,
(3) Beschlussverfahren in den Fällen des § 99 Abs. 2 i. V. m. § 50 Abs. 1 Nr. 4.
(4) über Klagen gegen den Bund, denen Vorgänge im Geschäftsbereich des Bundesnachrichtendienstes zugrunde liegen, § 50 Abs. 1 Nr. 4.

Hält das Bundesverwaltungsgericht eine **Bund-Länder-Streitigkeit** oder eine **136**
Streitigkeit zwischen verschiedenen Ländern für einen verfassungsrechtlichen Rechtsstreit, so legt es die Sache dem Bundesverfassungsgericht zur Entscheidung vor (§ 50 Abs. 3).

Daneben sind dem Bundesverwaltungsgericht folgende weitere Fälle zur Entscheidung zugewiesen worden:
(1) Anfechtungsklagen gegen Entscheidungen des Bundesaufsichtsamtes oder bei Klagen wegen Untätigkeit dieses Amtes gem. § 10a des Gesetzes über die Errichtung eines Bundesaufsichtsamtes für das Versicherungswesen (§ 190 Abs. 1 Nr. 2),

---

[340] Vgl. dazu *BVerwG,* 13. 8. 1999 – 2 VR 1.99 – DVBl. 00, 487.
[341] Vgl. dazu *BVerwG,* 18. 5. 1994 – 11 A 1/92 – BVerwGE 96, 45.

(2) Anfechtungsklagen gegen Anordnungen gem. § 13 Abs. 1 PatentG, sofern diese von der Bundesregierung oder der zuständigen Bundesbehörde getroffen worden sind (§ 13 Abs. 2 PatentG) (§ 190 Abs. 1 Nr. 8),
(3) Klagen gegen Entscheidungen des Bundesaufsichtsamtes nach dem Kreditwesengesetz gem. § 63a Abs. 5 KreditwG.
(4) Anfechtungsklagen gem. § 5 Abs. 1 Verkehrswegebeschleunigungsgesetz.[342]

137 Die Verkehrsprojekte, für deren Streitigkeiten die Zuständigkeit des BVerwG eröffnet ist, sind in der Fernverkehrswegebestimmungsverordnung benannt. Die dort benannte Gemeinde muss nicht durchquert werden. Es reicht ein Trassenverlauf in der Nähe der Gemeinde. Knotenpunkte des Hauptfernverkehrsnetzes setzen ein Zusammentreffen von zwei Hauptverkehrsstrecken voraus.[343]

Die Regelungen über die erstinstanzliche Zuständigkeit des Bundesverwaltungsgerichts sind erschöpfend und können als Ausnahmebestimmungen nicht extensiv ausgelegt werden. Die Zuständigkeit des Bundesverwaltungsgerichts kann nicht durch **Parteivereinbarung** begründet werden.

VI. Örtliche Zuständigkeit

138 Die örtliche Zuständigkeit richtet sich nach § 52. Auch § 52 ist eine abschließende Regelung und kann daher nicht durch Landesgesetz oder Staatsverträge geändert, ergänzt oder erweitert werden; auch durch **Parteivereinbarung oder rügelose Einlassung** des Gegners kann eine örtliche Zuständigkeit nicht begründet werden.

139 § 52 kennt folgende Gerichtsstände:
(1) Gerichtsstand der belegenen Sache (§ 52 Nr. 1),
(2) Anfechtungs- und Verpflichtungsklage gegen eine Bundesbehörde (§ 52 Nr. 2); der Sitz der Behörde,[344]
(3) Anfechtungs- und Verpflichtungsklagen in sonstigen Fällen (§ 52 Nr. 3) der Ort, an dem der Verwaltungsakt erlassen wurde,
(4) Klagen gegen den Dienstherrn (§ 52 Nr. 4): der dienstliche Wohnsitz des Klägers,
(5) allgemeiner Gerichtsstand des Wohnsitzes bzw. Sitz des Beklagten (§ 52 Nr. 5).

---

[342] Hierunter fallen sämtliche Streitigkeiten, die Planfeststellungsverfahren und Plangenehmigungen nach § 1 VerKPBG betreffen; dazu gehören auch Lärmschutzmaßnahmen im Vorgriff auf eine planfestzustellende Regelung; vgl. *BVerwG*, 13. 10. 1994 – 7 VR 10/94 – NVwZ 95, 379 oder ohne Planfeststellung durchgeführte Baumaßnahme, vgl. *BVerwG*, 21. 1. 1994 – ZVR 12/93 – NVwZ 94, 370; anders dagegen, wenn es nur um eine Anfechtungsklage gegen eine Kostenentscheidung einer Behörde im eisenbahnrechtlichen Planfeststellungsverfahren geht, hier sind die Verwaltungsgerichte zuständig; *BVerwG*, 22. 11. 1995 – 11 VR 42/95 – NVwZ-RR 96, 610; VO gem. § 9a FStrG zur Sicherung der Planung einer BAB können im Wege der Normenkontrolle vor dem OVG angegriffen werden; *BVerwG*, 17. 10. 1994 – 4 N 1.94 – DÖV 95, 196f.

[343] *BVerwG*, 8. 1. 1997 – 11 VR 30.95 – NUR 98, 221.

[344] Bei Asylklagen eines inhaftierten Ausländers ist das VG zuständig, das für den Bezirk der Ausländerbehörde, wo sich die Haftanstalt befindet, zur Entscheidung berufen ist, vgl. *VG Ansbach*, 3. 12. 1998 – AN 17 K 9834469 – NVwZ 99, 328.

Die einzelnen Gerichtsstände schließen sich wechselseitig aus. Vorrangig ist zu prüfen, ob der Gerichtsstand der Belegenheit der Sache (§ 52 Nr. 1) eingreift; bei Anfechtungs- und Verpflichtungsklagen ist vorrangig zu prüfen, ob es sich um eine Klage gegen den Dienstherrn handelt; dann gilt § 52 Nr. 4. **140**

Der Gerichtsstand des § 52 Nr. 2 ist gegenüber dem des § 52 Nr. 3 vorrangig. Der Gerichtsstand des § 52 Nr. 5 ist lediglich ein allgemeiner Auffangtatbestand, der nur dann eingreift, wenn keiner der übrigen Gerichtsstände einschlägig ist.[345]

Gemäß § 3 Abs. 1 Nr. 4a kann der Landesgesetzgeber nunmehr Verfahren, bei denen sich die örtliche Zuständigkeit nach § 52 Nr. 2 S. 1, 2 oder 4 bestimmt, auch an ein anderes Verwaltungsgericht oder an mehrere Verwaltungsgerichte des Landes zuweisen. Diese Neuregelung, die auf Initiative des Bundesrates in das Gesetz aufgenommen worden ist,[346] verfolgt das Ziel, überdurchschnittlich hohen Belastungen einzelner Verwaltungsgerichte in diesen Bereich durch eine Dekonzentration entgegenzuwirken.

1. Gerichtsstand der belegenen Sache (§ 52 Nr. 1)

Dieser Gerichtsstand gilt ohne Rücksicht auf die Art der erhobenen Klage für alle Klagearten, sofern diese sich auf unbewegliches Vermögen oder ein ortsgebundenes Recht oder Rechtsverhältnis bezieht.[347] **141**

Unter unbeweglichem Vermögen versteht man gem. § 864 ZPO neben Grundstücken auch grundstücksgleiche Rechte, wie z.B. das Erbbaurecht, aber auch im Schiffsregister eingetragene Schiffe und Schiffsbauwerke; ortsgebundene Rechte und/oder Rechtverhältnisse sind alle auf bestimmte Grundstücke bezogene Rechte und Pflichten (z.B. Baugenehmigungen, Gebührenbescheide, Beiträge).[348]

2. Gerichtsstand der Anfechtungs- und Verpflichtungsklagen im Bereich der Bundesverwaltung (§ 52 Nr. 2)

Der Gerichtsstand gem. § 52 Nr. 2 gilt für alle Verfahren, die sich auf Verwaltungsakte einer Bundesbehörde oder einer bundesunmittelbaren Körperschaft, Anstalt oder Stiftung des öffentlichen Rechts beziehen und die nicht dem Regelungsgegenstand des § 52 Nr. 4 unterliegen. § 52 Nr. 2 Satz 3 enthält allerdings noch eine Sonderregelung für **Asylsachen:** Hier ist das Verwaltungsgericht örtlich zuständig, in dessen Bezirk der Asylantragsteller mit Zustimmung der zuständigen Ausländerbehörde entweder seinen Wohnsitz oder in Ermangelung dessen einen Aufenthalt hat oder seinen letzten Wohnsitz oder Aufenthalt hatte.[349] Ist eine örtli- **142**

---

[345] Vgl. dazu *Kopp/Schenke,* § 52, Rdn. 19; *Redeker/von Oertzen,* § 52, Rdn. 1.

[346] *BR-Drcks.* 405/01 vom 13. 7. 2001, S. 2.

[347] Der Gerichtsstand des § 52 Nr. 1 verdrängt alle anderen Gerichtsstände der VwGO, *VGH München,* 30. 11. 1993 – 20 A 93. 40022 – NVwZ-RR 95, 114.

[348] Vgl. *Kopp/Schenke,* § 52, Rdn. 7; für den Fall der Rückübertragung einzelner Grundstücke gem. § 6 Abs. 6a VermG: *BVerwG,* 12. 10. 1994 – 7 AV 13/94 – LKV 95, 115.

[349] Bei Asylklagen eines inhaftierten Ausländers ist das VG zuständig, das für den Bezirk der Ausländerbehörde, wo sich die Haftanstalt befindet, zur Entscheidung berufen ist, vgl. *VG Ansbach,* 3. 12. 1998 – AN 17 K 98 34469 – NVwZ 99, 328.

che Zuständigkeit nach § 52 Nr. 2 nicht gegeben, bestimmt sich die örtliche Zuständigkeit nach § 52 Nr. 3.

3. Gerichtsstand für sonstige Anfechtungs- und Verpflichtungsklagen (§ 52 Nr. 3)

143 Der Gerichtsstand nach § 52 Nr. 3 gilt für alle Anfechtungs- und Verpflichtungsklagen, die nicht einem der Sondertatbestände des § 52 Nr. 1, 2 u. 4 unterfallen. § 52 Nr. 3 stellt maßgeblich darauf ab, wo der Verwaltungsakt erlassen wurde, d.h. wo er abgesandt bzw. zur Post begeben wurde.

144 Eine **Ausnahme** gilt dann, wenn es sich um einen Verwaltungsakt von Behörden handelt, deren Zuständigkeit sich auf mehrere Gerichtsbezirke erstreckt sowie auf Verwaltungsakte von „gemeinsamen Länderbehörden". Der Gesetzgeber hat hierdurch versucht, eine Konzentrationswirkung von Prozessen bei einem bestimmten Gericht zu vermeiden. In diesen Fällen ist immer das Gericht zuständig, in dessen Bezirk der Beschwerte seinen Sitz oder Wohnsitz[350] hatte. Fehlt ein Wohnsitz innerhalb des Zuständigkeitsbereiches der Behörde, so bestimmt sich die Zuständigkeit nach dem allgemeinen Gerichtsstand des § 52 Nr. 5 (dem Sitz des Beklagten).

145 Eine weitere Ausnahme gilt für Anfechtungsklagen gegen Verwaltungsakte der von den Ländern errichteten **Zentralstelle für die Vergabe von Studienplätzen**. Hier ist das Verwaltungsgericht örtlich zuständig, in dessen Bezirk die Stelle ihren Sitz hat (derzeitiger ZVS – Sitz: **Dortmund;** so dass die örtliche Zuständigkeit **VG Gelsenkirchen** gegeben ist).

146 Das Verwaltungsgericht Gelsenkirchen ist dagegen nicht für sog. **Kapazitätsverfahren** zuständig, bei denen es um Klagen unmittelbar gegen die einzelnen Hochschulen geht, die von dem jeweiligen Kläger mit der Behauptung erhoben werden, diese habe ihre Kapazität nicht ausgeschöpft.

4. Gerichtsstand für Klagen gegen den Dienstherrn (§ 52 Nr. 4)

147 § 52 Nr. 4 gilt für alle Klagen von Soldaten, Richtern und Beamten und den sonstigen in § 52 Nr. 4 genannten Personen unter Einschluss der Kriegsdienstverweigerer ohne Rücksicht auf die Klageart.

148 Klagen gegen den Dienstherrn sind auch solche Verfahren, bei denen es noch nicht zu einem Beamtenverhältnis u.ä. gekommen ist, also z.B. bei Klagen auf Ernennung zum Beamten. Gleiches gilt für Klagen ehemaliger Beamter u.ä. oder Hinterbliebener gegen den früheren Dienstherrn.

149 Maßgeblich für den Gerichtsstand des § 52 Nr. 4 ist der **dienstliche Wohnsitz des Klägers** oder in Ermangelung dessen der Wohnsitz des Klägers.[351] Der maß-

---

[350] Bei Klagen von Rechtsanwälten gegen ihr Versorgungswerk ist für den Gerichtsstand der Wohnsitz und nicht der Kanzleisitz maßgebend: *VGH Kassel,* 7. 5. 1993 – 11 TH 1563/92 – NVwZ 93, 301.

[351] Bei Anfechtung einer Versetzung oder Abordnungsverfügung kommt es auf den Dienstort an, an dem der Beamte seinen Dienst im Zeitpunkt der Zustellung der Verfügung versah: *VG Darmstadt,* 14. 7. 1995 – 5 G 1063/95 – NVwZ-RR 96, 162; ferner bei Zurruhesetzung: *VG Göttingen,* 4. 7. 1996 – 3 B 3196/96 – NVwZ-RR 96, 678; *VG Gießen,* 5. 9. 1996 – 5 E 1114/96 – NVwZ-RR 97, 80; zum Begriff der Dienststelle, vgl. auch

gebliche Zeitpunkt hierbei ist die Klageerhebung; ein Gerichtsort, der bei der Zustellung eines Bescheides nach der Rechtsbehelfsbelehrung des Dienstherrn zutreffend war, kann also bis zur Klageerhebung (beispielsweise in Fällen der Versetzung) überholt sein.[352]

Hinweis:
Das gilt nicht in Verfahren nach § 80 Abs. 5, das Versetzungen oder Abordnungen zum Gegenstand hat,[353] vgl. K 255 ff.

Unter dem Begriff des **„dienstlichen Wohnsitzes"** versteht man nach § 15 Abs. 1 BBesG den Sitz der Behörde, der der Beamte angehört. In **Abordnungsfällen** kommt es also nicht auf den derzeitigen Tätigkeitsbereich des Klägers an, sondern auf dessen ursprüngliche **Stammdienststelle.** **150**

Nach § 52 Nr. 4 Satz 2 gilt die Regelung des Satzes 1 allerdings nur für Anfechtungsklagen, wenn der nach Satz 2 maßgebliche Wohnsitz im Zuständigkeitsbereich der Behörde liegt, die den Bescheid erlassen hat. Anderenfalls bestimmt sich die Zuständigkeit des Gerichts nach dem Sitz der Behörde.[354] **151**

Das gleiche gilt für Verpflichtungsklagen, wenn ein ablehnender Bescheid ergangen war oder dann, wenn ein ablehnender Bescheid nicht vorliegt.

Juristische Personen des Privatrechts, die aufgrund konkreter gesetzlicher Bestimmungen Beamte beschäftigen (z. B. Deutsche Telekom AG, Deutsche Bahn AG, Deutsche Post AG) und dabei Beamtenrecht anzuwenden haben, sind Behörden i. S. d. § 1 Abs. 4 VwVfG. Ihre Untergliederungen sind Dienststellen i. S. d. § 15 Abs. 1 BBesG und § 52 Nr. 4.[355] **151 a**

5. Allgemeiner Gerichtsstand des Wohnsitzes (§ 52 Nr. 5)

Schließlich wird in § 52 Nr. 5 der allgemeine, subsidiäre Gerichtsstand des Wohnsitzes des Beklagten geschaffen. Ist eine Behörde Beklagter, so ist der Sitz der Behörde maßgeblich, die befugt wäre, über den vom Kläger erhobenen Anspruch zu entscheiden.[356] Der Begriff des Wohnsitzes bestimmt sich nach den §§ 7–11 BGB. **152**

Entsteht im Einzelfall Streit über die Zuständigkeit des Gerichtes, so wird das zuständige Gericht innerhalb der Verwaltungsgerichtsbarkeit durch das nächst höhere Gericht bestimmt (§ 53). **153**

OVG Koblenz, 9. 10. 1998 – 10 A 11390/98 – NVwZ-RR 99, 592. Bei Streitigkeiten aus einem früheren Soldatenverhältnis richtet sich die örtliche Zuständigkeit des Verwaltungsgerichts bei (personell) „universeller" Zuständigkeit der Ausgangsbehörde nach § 52 Nr. 4, S. 1, also nach dem bürgerlichen Wohnsitz des ehemaligen Soldaten; *OVG Koblenz,* 18. 2. 2000 – 10 A 11919/99 – RiA 00, 203 ff.

[352] *Redeker/von Oertzen,* § 52, Rdn. 8.

[353] *VG Darmstadt,* 14. 7. 1995 – 5 G 1063/95 (3) – NVwZ-RR 96, 162.

[354] *BVerwG,* 19. 7. 1979 – 6 ER 400.79 – BVerwGE 58, 225 ff., 229.

[355] *VG Frankfurt,* 22. 6. 1994 – 9 E 895/94 – NVwZ 95, 410.

[356] Außenstellen einer Behörde begründen keinen „Sitz" im Sinne des § 52 Nr. 5: *VG Chemnitz,* 29. 8. 1994 – 1 K 1385/94 – VIZ 95, 107. Bei mehreren Beklagten mit verschiedenen Wohnsitzen, vgl. *BVerwG,* 22. 11. 1999 – 11 AV 2.99 – DVBl. 00, 566. Bei Behörden mit mehr als einem Dienstsitz, für die nach außen durch den Behördenleiter oder in dessen Auftrag gehandelt wird, ist der Amtssitz des Behördenleiters, sofern ein solcher bestimmt ist, Sitz i. S. d. § 52 Nr. 5.

6. Gerichtsstand der Widerklage

154 Nach § 89 kann bei dem Gericht der Klage eine Widerklage erhoben werden, wenn der Gegenanspruch mit dem in der Klage geltend gemachten Anspruch oder mit denen gegen ihn vorgebrachten Verteidigungsmitteln zusammenhängt (§ 89 Abs. 1) und das Gericht auch hinsichtlich des Streitgegenstandes der Widerklage zuständig ist (vgl. C 65ff.). Denkbar ist auch eine Hilfswiderklage, die nur für den Fall erhoben wird, dass der Klage stattgegeben wird.[357] In den Fällen des § 52 Nr. 1 ist eine Widerklage ausgeschlossen, wenn für den mit der Widerklage geltend zu machenden Gegenanspruch ein anderes Gericht zuständig ist (§ 89 Abs. 1 Satz 2). Bei Anfechtungs- und Verpflichtungsklagen ist die Widerklage vollständig ausgeschlossen (§ 89 Abs. 2). Die Widerklage hat im Verwaltungsprozess deshalb nur geringe Bedeutung.[358]

In der Berufungsinstanz kann die Widerklage nur mit Zustimmung der sonstigen Prozessparteien oder wenn sie vom Gericht als sachdienlich erachtet wird (§ 530 ZPO i.V.m. § 173), erhoben werden.[359]

Die VwGO sagt über die Art und Weise und über die Form der Erhebung der Widerklage nichts aus; es gelten hier die allgemeinen Grundsätze.

7. Bestimmung des zuständigen Gerichts

155 Das zuständige Gericht innerhalb der Verwaltungsgerichtsbarkeit wird durch das nächst höhere Gericht bestimmt,
- wenn das an sich zuständige Gericht in einem einzelnen Fall an der
- Ausübung der Gerichtsbarkeit rechtlich oder tatsächlich gehindert ist (§ 53 Abs. 1 Nr. 1),
- wenn es wegen der Grenzen verschiedener Gerichtsbezirke ungewiss ist, welches Gericht für den Rechtsstreit zuständig ist (§ 53 Abs. 1 Nr. 2),
- wenn der Gerichtsstand sich nach § 52 richtet und verschiedene Gerichte in Betracht kommen (§ 53 Abs. 1 Nr. 3),[360]
- wenn verschiedene Gerichte sich rechtskräftig für zuständig erklärt haben (§ 53 Abs. 1 Nr. 4),
- wenn verschiedene Gerichte, von denen eines für den Rechtsstreit zuständig ist, sich rechtskräftig für unzuständig erklärt haben (§ 53 Abs. 1 Nr. 5).[361]

Ist eine örtliche Zuständigkeit nach § 52 ausnahmsweise nicht gegeben, so bestimmt das Bundesverwaltungsgericht das zuständige Gericht. Die Bestimmung des

---

357 *Baumbach/Lauterbach,* Anm. 2 B, Anh. zu §§ 253ff.

358 Vgl. dazu *Redeker/von Oertzen,* § 89, Rdn. 1ff.

359 *Redeker/von Oertzen,* § 89, Rdn. 11.

360 Vgl. dazu *BVerwG,* 7. 5. 1996 – 2 AV 1/95 – = NVwZ 96, 988.

361 *VGH Kassel,* 17. 8. 1995 – 13 Z 1548/95 – NVwZ-RR 96, 611; vgl. im Falle einer Klage gegen mehrere einfache Streitgenossen im Sinne des § 64 VwGO, für die verschiedene Gerichtsstände begründet sind, ist für eine Trennung des Verfahrens zum Zwecke der Verweisung kein Raum; vielmehr ist – wie in den Fällen notwendiger Streitgenossenschaft mit verschiedenen Gerichtsständen – das örtlich zuständige Verwaltungsgericht durch das nächst höhere Gericht zu bestimmen; vgl. dazu *OVG Münster,* 4. 1. 1995 – 5 B 30/94 – NVwZ-RR 95, 478; vgl. auch *BVerwG,* 22. 11. 1999 – 11 AV 2.99 – DVBl. 00, 566.

zuständigen Gerichts erfolgt nur auf Antrag, der von jeder Prozesspartei, aber auch von dem mit der Sache befassten Gericht bei dem nächst höheren Gericht gestellt werden kann.[362]

---

[362] Vgl. dazu *Redeker/von Oertzen,* § 53, Rdn. 5; vgl. ferner zur analogen Anwendung des § 36 Nr. 6 ZPO für den Fall eines negativen Kompetenzkonfliktes zwischen Gerichten verschiedener Gerichtsbarkeiten: *BAG,* 17. 7. 1995 – 5 AS 8/95 – NJW 96, 413.

D. Klagearten

Übersicht

I. Übersicht über die Klagearten

1 Während der Zivilprozess in der Regel dadurch gekennzeichnet ist, dass dort Privatpersonen miteinander streiten, ist der Verwaltungsprozess im allgemeinen durch ein Prozessrechtsverhältnis zwischen Privatpersonen einerseits und dem Staat andererseits geprägt. Daraus ergeben sich – in Abweichung zum Zivilprozess – z. T. unterschiedliche Klagearten.

2 Im Zivilprozess liegt der Schwerpunkt auf den sog. Leistungsklagen (zumeist Zahlungsklagen). Daneben kennt der Zivilprozess die Feststellungsklage, mit der streitige Rechtsverhältnisse geklärt werden, und die Gestaltungsklage, die darauf gerichtet ist, dass durch Urteil ein Rechtsverhältnis verändert wird (z. B. Ehescheidung). Dieselben Grundtypen der Klagearten gibt es auch im Verwaltungsprozess. Die besondere Struktur des Verwaltungsprozesses führt freilich zu Modifikationen und Differenzierungen.

3 **Die folgenden Klagearten werden unterschieden:**
- Anfechtungsklage (§ 42 Abs. 1, 1. Alt.), (vgl. D 24ff.)
- Verpflichtungsklage (§ 42 Abs. 1, 2. Alt.), (vgl. D 174ff.)
- Untätigkeitsklage (§ 75), (vgl. D 184ff.)
- allgemeine Leistungsklagen (§ 43 Abs. 2), (vgl. D 206ff.)
- Feststellungsklagen (§ 43 Abs. 1 u. § 113 Abs. 1 Satz 4), (vgl. D 223ff.)
- Organstreitverfahren (vgl. D 262ff.)
- Normenkontrollverfahren gem. § 47 (vgl. D 274ff.)

II. Allgemeine Sachentscheidungsvoraussetzungen

4 Die Zulässigkeit der verwaltungsgerichtlichen Klage hängt davon ab, ob die allgemeinen Sachentscheidungsvoraussetzungen gegeben sind:

(1) Bestehen der deutschen Gerichtsbarkeit[1] (D 6),
(2) Zulässigkeit des Verwaltungsrechtswegs[2] (C 3ff.),

---

[1] Vgl. dazu *Kopp/Schenke,* Vorb. § 40, Rdn. 17; ferner *BVerwG,* 30. 9. 1988 – 9 C 47/88 – NJW 89, 67ff.; *OVG Münster,* 25. 6. 1992 – 20 A 2761/89 – Zu Nato-Tiefflügen.
[2] *Redeker/von Oertzen,* § 40, Rdn. 6–39, 37–39.

(3) sachliche Zuständigkeit des angerufenen Verwaltungsgerichts[3] (C 128ff.),
(4) örtliche Zuständigkeit des angerufenen Verwaltungsgerichts[4] (C 138ff.),
(5) Beteiligtenfähigkeit[5] (D 7–15),
(6) Prozessfähigkeit[6] (D 16),
(7) Legitimation des Vertreters (E 29),
(8) förmliche Ordnungsmäßigkeit der Klageerhebung (E 34ff.),
(9) Fehlen einer rechtskräftigen Entscheidung, die den gleichen Lebenssachverhalt betrifft (F 280),[7]
(10) Fehlen einer anderweitigen Rechtshängigkeit (C 112ff.),[8]
(11) Prozessführungsbefugnis (D 18),
(12) allgemeines Rechtsschutzbedürfnis (vgl. dazu D 19ff.),
(13) besondere Zulässigkeitsvoraussetzungen einzelner Klagearten (zur Anfechtungsklage vgl. D 24 – D 173; zur Verpflichtungsklage vgl. D 174ff.; zur Leistungsklage vgl. D 206ff.; zur Feststellungsklage vgl. D 223ff.; zum Normenkontrollverfahren vgl. D 274ff.).

Die Zulässigkeit des Verwaltungsrechtswegs als solche wurde oben beschrieben (vgl. C 3ff.). Das gleiche gilt für die sachliche (vgl. C 128ff.) und örtliche (vgl. C 138ff.) Zuständigkeit des jeweiligen Verwaltungsgerichts. 5

1. Bestehen der deutschen Gerichtsbarkeit

Bei Beginn des Prozesses ist also zunächst zu prüfen, ob für den vorliegenden Fall überhaupt die deutsche Gerichtsbarkeit zuständig ist. Die deutschen Verwaltungsgerichte können sich nicht mit Streitigkeiten anderer, ausländischer Behörden befassen. Auch die in den §§ 18, 19 GVG genannten Exterritorialen (ausländische Botschafts- und Konsularentscheidungen) sind nicht Gegenstand der deutschen Gerichtsbarkeit.[9] 6

2. Beteiligungsfähigkeit

Die Beteiligungsfähigkeit richtet sich nach § 61; danach sind fähig, am Verfahren beteiligt zu sein 7
– natürliche und juristische Personen, § 61 Nr. 1
– Vereinigungen, soweit ihnen ein Recht zustehen kann, § 61 Nr. 2 und
– Behörden, sofern das Landesrecht dies bestimmt, § 61 Nr. 3.

Anders als in der ZPO wird also in der VwGO nicht von der Partei, sondern von den Beteiligten gesprochen.[10] Das Gesetz versteht unter der Beteiligtenfähig- 8

---

[3] *Redeker/von Oertzen,* § 45, Rdn. 1.
[4] *Redeker/von Oertzen,* § 52, Rdn. 1ff.
[5] *Redeker/von Oertzen,* § 61, Rdn. 1ff.
[6] *Kopp/Schenke,* § 62, Rdn. 1ff.
[7] Vgl. dazu *Kopp/Schenke,* Vorb. § 40, Rdn. 17, Nr. 11.
[8] *Kopp/Schenke,* Vorb. § 40, Rdn. 17 Nr. 12, ferner § 90, Rdn. 1 u. 15; vgl. *VGH Mannheim,* 30. 9. 1994 – 8 S 1763/94 – NJW 96, 1298.
[9] *BVerwG,* 30. 9. 1988 – 9 C 47/88 – NJW 89, 67ff.; *OVG Münster,* 25. 6. 1992 – 20 A 2761/89 – zu Nato-Tiefflügen, *BVerwG,* 14. 12. 1994 – 11 C 18.93 – DVBl. 95, 242f.
[10] *Redeker/von Oertzen,* § 61, Rdn. 1; § 63, Rdn. 1.

keit die Eigenschaft, als Beteiligter Prozesshandlungen vornehmen zu können und damit Subjekt des Prozessrechtsverhältnisses zu sein. Wer nicht beteiligungsfähig ist, kann weder als Kläger, noch als Beklagter noch als Beigeladener an einem Gerichtsverfahren teilnehmen.

a) Natürliche und juristische Personen, § 61 Nr. 1

9 Die natürlichen Personen müssen z.Z. der Klageerhebung noch leben; zu den juristischen Personen zählen die juristischen Personen kraft Zivilrechts (rechtsfähiger Verein, OHG, KG, Reederei, GmbH, GmbH & Co. KG, Genossenschaft,[11] Aktiengesellschaft, GmbH, Stiftung und die bergrechtliche Gewerkschaft).[12]

10 Kraft öffentlichen Rechtes gibt es darüber hinaus Körperschaften des öffentlichen Rechts, selbständige Anstalten, Stiftungen oder Sondervermögen, dem kraft Gesetzes die Fähigkeit zu eigenem Handeln verliehen ist. Beteiligungsfähig sind auch juristische Personen kraft ausländischem Rechts.[13]

b) Vereinigungen, § 61 Nr. 2

11 Der Begriff der Vereinigungen in § 61 Nr. 2 ist unscharf.[14] Gemeint ist eine Personenmehrheit, die über ein gewisses Mindestmaß an Organisation verfügt und ggfs. eine Vertretung nach außen besitzt und der nach materiellem Recht das in einem Rechtsstreit in Frage stehende oder berührte Recht zustehen kann. Vereinigungen müssen also bezüglich des Streitgegenstandes Zuordnungssubjekte der in Frage stehenden Rechte und Pflichten sein.[15] Beteiligungsfähig können demnach der nichtrechtsfähige Verein, die BGB-Gesellschaft,[16] politische Parteien und Gewerkschaften sowie ihre Orts- und Kreisverbände, Betriebs- und Personalräte, die Erbengemeinschaft[17] oder eine Wohnungseigentümergemeinschaft (strittig) sein.[18]

12 Als **beteiligungsfähig** angesehen wurden z.B.
- die Kollegialorgane einer Gemeinde, einer Hochschule oder einer sonstigen Körperschaft öffentlichen Rechts im Organstreitverfahren,[19]
- die Studentenschaft einer Universität hinsichtlich der Verfügung der Universität, durch die den Mitgliedern des Allgemeinen Studentenausschusses die Ausübung ihrer Dienstgeschäfte untersagt wird,[20]

---

[11] Eine Genossenschaft, die sich eine Satzung gegeben und einen Vorstand gewählt hat, ist auch dann beteiligungsfähig, wenn sie mangels Eintragung nicht rechtsfähig ist, vgl. *BVerwG*, 12. 2. 1997 – 11 A 66.95 – NVwZ-RR 98, 19.

[12] Zur Rechtsfähigkeit von BGB-Gesellschaften vgl. *Palandt,* § 705, Rdn. 24, sowie D 11.

[13] *Redeker/von Oertzen,* § 61, Rdn. 3.

[14] *Kopp/Schenke,* § 61, Rdn. 12; *Redeker/von Oertzen,* § 61, Rdn. 4.

[15] *Kopp/Schenke,* § 61, Rdn. 8, 12.

[16] *Bier* in *Schoch/Schmidt-Aßmann/Pietzner,* § 61, Rdn. 6 m.w.N.; *Redeker/von Oertzen,* § 61, Rdn. 4.

[17] Strittig: vgl. *Kopp/Schenke,* § 61, Rdn. 10, aber auch Rdn. 12.

[18] *Redeker/von Oertzen,* § 61, Rdn. 4, m.w. N; a.A. *Kopp/Schenke,* § 61, Rdn. 12: Beteiligte sind die einzelnen Eigentümer.

[19] Vgl. dazu *Kopp/Schenke,* § 61, Rdn. 9, 11; ferner D 203ff.

[20] *OVG Lüneburg,* 17. 1. 1978 – X *OVG* B 173/77 – DVBl. 78, 271, 272.

– Ausschüsse, für die kein einheitlicher Rechtsträger vorhanden ist. (z.B. Bundesausschuss nach § 91 SGB V, Großgeräteausschuss nach § 122 SGB V, Schiedsstelle nach § 18a KHG),[21]
– die Fakultät (Fachbereich) einer Hochschule,[22]
– nichtrechtsfähige Fachhochschule,[23]
– die Vertreter eines Bürgerbegehrens.[24]
– Fraktionen im Rahmen von Organstreitverfahren.[25]

Nicht beteiligungsfähig sind z.B. 13
– der Elternbeirat einer Schule im Streit um die Auflösung,[26]
– eine Schulkonferenz (strittig).[27]
– eine Bürgerinitiative, die aus unbestimmten im Bestand wechselnden Personen besteht,[28]
– regionale Planungsversammlungen (§ 6 HessL PlanG).[29]

Ob der Vereinigung das von ihr behauptete Recht tatsächlich zusteht oder nicht, 14 ist nicht im Rahmen der Zulässigkeit der Klage bei der Beurteilung der Beteiligungsfähigkeit zu prüfen, sondern eine Frage der Begründetheit der Klage. Die Beteiligungsfähigkeit ist nur dann ausgeschlossen, wenn das von der Vereinigung geltend gemachte Recht unter keinen wie auch immer gearteten Umständen der Vereinigung zustehen kann.[30]

c) Behörden, soweit das Landesrecht dies bestimmt, § 61 Nr. 3

Behörden sind grundsätzlich nicht beteiligungsfähig, weil ihnen nur Kompeten- 15 zen, jedoch keine eigenen Rechte zustehen. Das Gesetz hat deshalb die Länder ermächtigt, durch Gesetz oder Rechtsverordnung alle oder bestimmte Behörden neben dem Rechtsträger, dem sie angehören oder anstelle dieses Rechtsträgers für beteiligungsfähig zu erklären. Von dieser Möglichkeit haben Brandenburg, Mecklenburg-Vorpommern, Nordrhein-Westfalen und das Saarland für alle Behörden Gebrauch gemacht. Die Länder Niedersachsen, Sachsen-Anhalt und Schleswig-Holstein haben nur landesunmittelbare Behörden, das Bundesland Rheinland-Pfalz hat lediglich die besondere Aufsichtsklage der Bezirksregierung

---

21 *Redeker/von Oertzen,* § 61, Rdn. 4a.

22 *Redeker/von Oertzen,* § 61, Rdn. 4; *Kopp/Schenke,* § 61, Rdn. 9.

23 *OVG Hamburg,* 27. 2. 1995 – Bf III 159/93 – NVwZ 95, 1135.

24 Die Vertreter eines Bürgerbegehrens sind ähnlich wie Prozessstandscharter zur Geltendmachung der Rechte hinsichtlich eines Bürgerbegehrens im eigenen Namen befugt, *OVG Münster,* 9. 12. 1997 – 15 A 974/97 –, NWVBl. 98, 273f.

25 *OVG Weimar,* 30. 9. 1999 – 2 EO 790/98 – DVBl. 00, 935.

26 *Kopp/Schenke,* § 61, Rdn. 10, ferner *Redeker/von Oertzen,* § 61, Rdn. 4.

27 Verneinend: *OVG Lüneburg,* 22. 11. 1989 – 10 B 331/88 – in DVBl. 89, 114; bejahend: *Redeker/von Oertzen,* § 61, Rdn. 4, *VG Frankfurt,* 7. 10. 1998 – 5 G 2638/98 – NVwZ-RR 99, 379.

28 *VG Dessau,* 23. 3. 1995 – 1 A 75/94 – NVwZ 96, 311.

29 Weil diesen als weisungsgebundenen Organen der Landesplanung kein eigenes Recht zustehen kann, vgl. *VGH Kassel,* 14. 6. 1994 – 4 A 530/91 – NVwZ-RR 95, 424.

30 *OVG Bremen,* 2. 9. 1988 – 3 V 358/88 –; *Redeker/von Oertzen,* § 61, Rdn. 4; siehe dazu auch *VGH Kassel,* 14. 6. 1994 – 4 A 530/91 – NVwZ-RR 95, 424.

zugelassen.[31] Bundesbehörden sind nicht beteiligungsfähig,[32] Beteiligte ist ausschließlich die Bundesrepublik Deutschland.

3. Prozessfähigkeit

16 Die Prozessfähigkeit ist die Fähigkeit Verfahrenshandlungen vorzunehmen (§ 62 Abs. 1).

Zur Vornahme von Verfahrenshandlungen sind fähig

- die nach bürgerlichem Recht Geschäftsfähigen (§ 62 Abs. 1 Nr. 1) und
- die nach bürgerlichem Recht in der Geschäftsfähigkeit Beschränkten, soweit sie durch Vorschriften des bürgerlichen oder öffentlichen Rechts für den Gegenstand des Verfahrens als geschäftsfähig anerkannt sind (§ 62 Abs. 1 Nr. 1).[33]

17 Die **Geschäftsfähigkeit** richtet sich nach den allgemeinen Regeln des Zivilrechts (§§ 104ff. BGB) und soll deshalb hier nicht weiter erörtert werden. Die Prozessfähigkeit ist eine von Amts wegen zu berücksichtigende Voraussetzung für wirksame Prozesshandlungen der Beteiligten.[34] Da die die Geschäfts- und Prozessfähigkeit beeinträchtigenden Störungen der Geistestätigkeit nach der allgemeinen Lebenserfahrung Ausnahmeerscheinungen sind, besteht für das Gericht nur ausnahmsweise eine besondere Prüfungspflicht, wenn nämlich besondere Gründe vorliegen, die vernünftige Zweifel an der Prozessfähigkeit einer Partei wahrscheinlich sein lassen.[35]

Hinweis:
Ist bei einer Prozesspartei eine amtliche Betreuung ohne Einwilligungsvorbehalt i. S. v. § 1903 BGB angeordnet, so ist die Geschäftsfähigkeit nicht in Frage gestellt.[36]

Juristische Personen sind Prozessunfähig; sie können nur durch ihre gesetzlichen Vertreter bei Gericht auftreten; gleiches gilt für nicht rechtsfähige Vereinigungen bzw. für Behörden.[37]

4. Prozessführungsbefugnis

18 Die Prozessführungsbefugnis ist bei der Anfechtungs- und Verpflichtungsklage grundsätzlich mit der Klagebefugnis (vgl. D 56ff.) gleichzusetzen. Hieraus ergibt

---

[31] Vgl. dazu *Kopp/Schenke,* § 61, Rdn. 13; ferner die gesetzlichen Regelungen in § 8 AG Br., § 14 AG MV, § 5 Abs. 1 AG NW, § 17 *AG Saarland,* § 7 AG Nds., § 8 *AG SachsenA* und § 6 *AG SchlH* sowie § 17 Abs. 2 *AG Rheinland-Pfalz.*

[32] *OVG Lüneburg,* 12. 4. 1999 – 7 M 577/99 – NVwZ 00, 509.

[33] Für Minderjährige in bestimmten Fällen, z. B. für die Teilnahme am Religionsunterricht, am Postverkehr, vgl. *Kopp/Schenke,* § 62, Rdn. 5.

[34] *Kopp/Schenke,* § 62, Rdn. 1; *Redeker/von Oertzen,* § 62, Rdn. 2; zum Verfahren bei Prozessunfähigkeit, insbesondere bei partieller Prozessunfähigkeit, vgl. *VGH Kassel,* 27. 6. 1995 – 1 TG 1808/95 – NVwZ-RR 96, 614f.; vgl. ferner *OVG Münster,* 19. 12. 1995 – 15 A 4370/95 – NVwZ-RR 96, 619.

[35] *Kopp/Schenke,* § 62, Rdn. 1; *Redeker/von Oertzen,* § 62, Rdn. 2; zum Verfahren bei Prozessunfähigkeit, insbesondere bei partieller Prozessunfähigkeit, vgl. *VGH Kassel,* 27. 6. 1995 – 1 TG 1808/95 – NVwZ-RR 96, 614f.; vgl. ferner *OVG Münster,* 19. 12. 1995 – 15 A 4370/95 – NVwZ-RR 96, 619.

[36] *BVerwG,* 10. 10. 1994 – 3 B 48.93 – Buchholz, 303, § 53 ZPO Nr. 1.

[37] *Kopp/Schenke,* § 62, Rdn. 14.

sich, dass eine sog. Prozessstandschaft – wie sie beispielsweise im Zivilprozess zulässig ist – im Verwaltungsprozess nur dort möglich ist, wo sie ausdrücklich gesetzlich vorgesehen wurde.[38] Eine Übertragung der Prozessführungsbefugnis durch Rechtsgeschäft auf einen Dritten (gewillkürte Prozessstandschaft) ist deshalb unzulässig.

5. Rechtsschutzbedürfnis

Weitere Voraussetzung für die Zulässigkeit eines verwaltungsgerichtlichen Verfahrens ist das Vorhandensein des Rechtsschutzbedürfnisses. Der Staat will nur den Klägern das Verwaltungsgerichtsverfahren eröffnen, die **schutzwürdige eigene Interessen** verfolgen. Das Rechtsschutzbedürfnis ist allerdings nicht schon deshalb zu verneinen, weil der streitige Betrag nur geringfügig ist[39] oder weil die Gefahr der Verwirklichung einer angefochtenen Genehmigung äußerst unwahrscheinlich wäre.[40] 19

Es können folgende Fallgruppen[41] unterschieden werden, in denen das Rechtsschutzbedürfnis fehlt:

a) Fehlendes Rechtsschutzbedürfnis bei einfacherer Durchsetzbarkeit des Begehrens

Das Rechtsschutzbedürfnis für eine Klage fehlt, wenn der Kläger sein Begehren auf einem einfacheren Weg erreichen kann.[42] Dieser einfachere Weg kann insbesondere die Durchführung eines Verwaltungsverfahrens sein.[43] 20

Beispiele:

(1) Der Bürger muss grundsätzlich zunächst versuchen seine Interessen gegenüber dem Staat in einem Verwaltungsverfahren durchzusetzen, bevor er das Verwaltungsgericht anruft.

(2) Der Behörde ist es verwehrt gegen den Bürger im Wege der Leistungsklage vorzugehen, wenn dasselbe Ziel auch durch einen Leistungsbescheid erreicht werden kann.[44]

(3) Fall J 110.

Sofern es allerdings um die Abwehr von Maßnahmen der öffentlichen Gewalt geht, mit denen vollendete Tatsachen und irreparable Folgen herbeigeführt werden könnten, ist im Interesse umfassenden Rechtsschutzes das Rechtsschutzbedürfnis für eine **vorbeugende Unterlassungsklage** auch dann zu bejahen, wenn zuvor kein Verwaltungsverfahren durchgeführt wurde, vgl. D 217ff., J 218.

b) Fehlendes Rechtsschutzbedürfnis bei Zielerreichung oder Erledigung

Das Rechtsschutzbedürfnis fehlt, wenn der angefochtene Verwaltungsakt einem Antrag des Klägers entspricht. 21

---

[38] Die Vertreter eines Bürgerbegehrens sind ähnlich wie Prozessstandschafter zur Geltendmachung der Rechte hinsichtlich eines Bürgerbegehrens im eigenen Namen befugt, *OVG Münster,* 9. 12. 1997 – 15 A 974/97 – NWVBl. 98, 273f.

[39] *OVG Münster,* 28. 2. 1961 – II A 1311/59 – OVGE 16, 236.

[40] *BVerwG,* 9. 2. 1995 – 4 C 23/94 – NVwZ 95, 894.

[41] *Hufen,* § 23 VI, Rdn. 10ff.; *Schenke,* Rdn. 587ff.

[42] *Pietzner/Ronnellenfitsch,* § 18 Rdn. 6; *Hufen,* § 23 VI, Rdn. 12.

[43] *Schenke,* Rdn. 593ff.; s. aber auch *VGH München,* 19. 4. 1995 – 25 C S 95 850 – BayVBl. 1995, 535: außergerichtliche Vorgehensmöglichkeit lässt das Rechtsschutzbedürfnis noch nicht entfallen.

[44] Str. s. *Pietzner/Ronnellenfitsch,* § 18 Rdn. 6 m. w. N.; s. auch *Hufen,* § 23 VI, Rdn. 12.

Beispiel:

Verkäufer V und Käufer K schließen einen Grundstückskaufvertrag über ein in einem Sanierungsgebiet (§ 142 BauGB) belegenes Grundstück. Sie vereinbaren einen Kaufpreis von 150 000 Euro. K und V beantragen gemeinsam – durch den beurkundenden Notar – die Erteilung der für die Wirksamkeit des Vertrages erforderliche sanierungsrechtliche Genehmigung, § 144 Abs. 2 Nr. 1 BauGB. Diese ist grundsätzlich zu erteilen, wenn der Kaufpreis nicht über dem Verkehrswert liegt; bei der Ermittlung dieses Betrages sind erhöhende Faktoren außer Betracht zu lassen, die sich im Hinblick auf die Sanierung ergeben, vgl. § 153 BauGB. Die beantragte Genehmigung wird erteilt. Innerhalb der Rechtsbehelfsfrist stellt K fest, dass bei Zugrundelegen der aktuellen Bodenrichtwerte, § 196 BauGB, der zulässige Kaufpreis allenfalls 90 000 Euro betragen dürfte.
Ein Rechtsbehelf des K gegen die sanierungsrechtliche Genehmigung ist jedoch unzulässig, weil die Genehmigung antragsgemäß erteilt wurde; allenfalls wäre zu erwägen, ob der Rechtsbehelf deshalb zulässig ist, weil in einem solchen Ausnahmefall nicht auf die formelle sondern die materielle Beschwer, vgl. F 52 f., abzustellen ist.

Das Rechtsschutzbedürfnis ist ferner zu verneinen, wenn sich die Sache **erledigt** hat. Das ist u. a. der Fall, wenn

- die Beschwer weggefallen ist, insbesondere nach Erledigung der Hauptsache, sofern nicht die besonderen Voraussetzungen für eine Fortsetzungsfeststellungsklage gegeben sind (vgl. D 243 ff.; E 221),[45]
- der Verwaltungsakt zwischenzeitlich aufgehoben[46] wurde,
- die Behörde einen Änderungsbescheid erlässt,[47] oder
- die angefochtene Entscheidung durch eine Änderung der Ausgangssituation[48] oder der Gesetzeslage zwischenzeitlich gegenstandslos geworden ist.[49]

c) Fehlendes Rechtsschutzbedürfnis wegen ungeeigneter oder missbräuchlicher Klage

22 Das Rechtsschutzbedürfnis fehlt, wenn eine gerichtliche Entscheidung über die Klage offensichtlich nicht geeignet ist, den Rechtsstreit zwischen den Parteien endgültig zu beenden. Das ist insbesondere der Fall, wenn die **Klage „nicht weit genug reicht"**, weil der Kläger sein eigentliches Klageziel mit der begehrten gerichtlichen Entscheidung nicht erreicht.

Beispiele:

(1) Der Kläger erhebt Klage mit dem Antrag festzustellen, dass ein ihn belastender Verwaltungsakt rechtswidrig ist. Die Feststellungsklage ist in einer solchen Konstellation regelmäßig – zur Ausnahme der Fortsetzungsfeststellungsklage s. D 243 ff. – mangels Rechtsschutzbedürfnis unzulässig, denn der Kläger würde auch bei einem Erfolg seiner Klage keine endgültige Klärung erreichen: Wenn die Behörde die gerichtliche Entscheidung nicht befolgt und den Verwaltungsakt nicht zurücknimmt, müsste er noch eine Anfechtungsklage erheben. Grundsätzlich ist daher nur für diese Klage ein Rechtsschutzbedürfnis gegeben.

---

[45] Eine Fortsetzungsfeststellungsklage, die eine vorläufige Dienstenthebung zum Gegenstand hat, kann z. B. nicht erhoben werden, wenn der Beamte in den Ruhestand versetzt worden ist, vgl. *BVerwG*, 6. 6. 1996 – 1 DB 4.96 – DVBl. 96, 1151.

[46] Der Erlass eines endgültigen Beitragsbescheides löst den Vorausleistungsbescheid ab, so dass das Rechtsschutzbedürfnis einer Klage gegen den Vorausleistungsbescheid entfällt, vgl. *BVerwG*, 19. 12. 1997 – 8 B 244.97 – DVBl. 98, 711.

[47] *OVG Bautzen*, 25. 5. 1998 – 1 S 30/98 – NVwZ-RR 99, 215 f.

[48] *BVerwG*, 28. 4. 1998 – 9 C 1/97 – NVwZ 98, 1085.

[49] *Redeker/von Oertzen*, § 42, Rdn. 29.

(2) Der Kläger begehrt Ausbildungsförderung für eine weitere Ausbildung. Zur Klärung der Förderungsfähigkeit hat er einen Vorabentscheidungsantrag gem. § 46 Abs. 5 BAföG gestellt, der abgelehnt wird; der Kläger erhebt daher Verpflichtungsklage. Einen Leistungsantrag nach § 46 Abs. 1 BAföG hat er nicht eingereicht. Nach Abschluss der Ausbildung besteht kein Rechtsschutzinteresse mehr für die Fortführung des Vorabentscheidungsstreits, weil nach § 15 Abs. 1 BAföG frühestens Ausbildungsförderung ab dem Monat gewährt wird, in dem der Leistungsantrag gestellt worden ist.[50]

(3) Der Kläger beantragt die isolierte Aufhebung eines – verfahrensfehlerhaft ergangenen – Widerspruchsbescheids in der Hoffnung, dass die Widerspruchsbehörde eine für ihn günstigere Entscheidung treffen könnte als das Gericht; sofern der Widerspruchsbehörde kein eigener Ermessens- oder Beurteilungsspielraum zukommt, ist ein schützenswertes Interesse an der isolierten Aufhebung des verfahrensfehlerhaften Widerspruchsbescheids nicht gegeben.[51]

(4) Der Kläger erhebt Verpflichtungsklage auf Erteilung eines planungsrechtlichen Vorbescheids für ein fremdes Grundstück, dessen Eigentümer mit der geplanten Bebauung nicht einverstanden ist. Das Rechtsschutzinteresse fehlt, weil der Ausnutzung des erstrebten Verwaltungsaktes zivilrechtliche Hindernisse entgegen stehen, die sich schlechthin nicht ausräumen lassen, denn das gerichtliche Verfahren ist letztlich nicht geeignet, zur Verbesserung der subjektiven Rechtsstellung des Klägers beizutragen. Eine Rechtsverfolgung ist daher auch dann nutzlos, wenn sie auf ein Ziel gerichtet ist, das sich mit Rücksicht auf zivilrechtliche oder öffentlich-rechtliche Verhältnisse nicht verwirklichen lässt.[52]

Eine Klage wird **missbräuchlich** erhoben, wenn die vom Kläger begehrte Entscheidung nicht geeignet ist, seine rechtliche oder wirtschaftliche Stellung zu verbessern und nur den Zweck verfolgt, dem Gegner zu schaden oder das Gericht zu belästigen.[53] Zur Frage des Klageverzichts, vgl. D 183; zur Verwirkung D 124. 23

III. Anfechtungsklage gem. § 42 Abs. 1

Die klassische Klageart des Verwaltungsprozesses ist die Anfechtungsklage, die ihrem Wesen nach als Gestaltungsklage zu betrachten ist.[54] Ziel der Anfechtungsklage ist die Aufhebung eines (belastenden) Verwaltungsaktes, den die beklagte Behörde erlassen hat (§ 42 Abs. 1). 24

1. Zulässigkeit der Anfechtungsklage

Die Anfechtungsklage ist – abgesehen von den allgemeinen Prozessvoraussetzungen (vgl. D 4–D 23) unter folgenden Voraussetzungen zulässig:
– Die Klage muss sich gegen einen **Verwaltungsakt** richten (vgl. D 25–D 55),

---

50 *BVerwG,* 23. 6. 1993 – 11 C 16/92 – NVwZ 95, 75.

51 *BVerwG,* 13. 1. 1999 – 8 B 266/98 – NVwZ 99, 641.

52 *BVerwG,* 20. 7. 1993 – 4 B 110/93 – NVwZ 94, 482; *OVG Berlin,* 20. 6. 1999 – 2 N 35/98 – NVwZ-RR 00, 61.

53 *VG Meiningen,* 11. 7. 1995 – 2 K 556/94 – NVwZ-RR 96, 720: Rückforderung einer Parkgebühr von 0,80 DM; *Kröpil,* „Missbräuchliche Inanspruchnahme der Verwaltungsgerichtsbarkeit", DVBl. 00, 686ff.; vgl. auch *VG Minden,* 29. 1. 1997 – 10 K 1031/96 – NVwZ-RR 98, 407, wo ein Rechtsschutzbedürfnis eines Kreistagsabgeordneten verneint wurde, der eine Wahlanfechtung erstrebte, obwohl er die Wahl mit der eigenen Stimme befürwortet hatte.

54 *Kopp/Schenke,* § 42, Rdn. 2.

- der Kläger muss behaupten, durch den angefochtenen Verwaltungsakt **in seinen Rechten beschwert** zu sein (vgl. D 56–D 80),
- der Kläger muss ferner ein ordentliches **Vorverfahren** durchgeführt haben (vgl. D 81ff.) und
- **fristgerecht** nach erfolglosem Vorverfahren **die Klage erheben.**

a) Anfechtung eines Verwaltungsakts

25 Die Anfechtungsklage setzt voraus, dass ein Verwaltungsakt Gegenstand der Klage ist.[55] Die bloße Behauptung, dass es sich um einen Verwaltungsakt handele, genügt nicht.[56]

aa) Vorliegen eines Verwaltungsakts

Die Begriffsmerkmale des Verwaltungsaktes werden in § 35 VwVfG definiert:

Verwaltungsakt ist danach jede Verfügung, Entscheidung oder andere hoheitliche Maßnahme, die eine Behörde zur Regelung eines Einzelfalles auf dem Gebiet des öffentlichen Rechts trifft und die auf unmittelbare Rechtswirkung nach außen gerichtet ist (§ 35 Satz 1 VwVfG).[57] Wirksamkeitsvoraussetzung des Verwaltungsakts ist seine Bekanntgabe (Zustellung) gegenüber dem Betroffenen.[58]

Ob ein Verwaltungsakt vorliegt oder nicht, bestimmt sich zwar im wesentlichen danach, wie die Willenserklärung der Behörde bei objektiver Betrachtungsweise aus der Sicht des Empfängers verstanden werden dürfte;[59] bei der Auslegung kommt aber dem materiellen Recht durchaus eine indizielle Bedeutung zu.[60]

Im Einzelfall ist in diesem Zusammenhang zu prüfen, ob das dem Behördenschreiben zugrundeliegende materielle Recht eine Bindung erwartet oder gar verlangt.

26 In der Praxis stellt sich häufig die Frage, wie ein bestimmtes Tun einer Behörde rechtlich zu qualifizieren ist,[61] weil die Behörden sich hinter unklaren Formulierungen verstecken, denen der Laie häufig keinen regelnden, bindenden Charakter zumisst. In vielen Fällen ist ferner zu beobachten, dass die Behörden sogar systematisch dazu übergehen, ihren Bescheiden absichtlich keine Rechtsmittelbeehrung beizufügen, um die Einlegung eines Rechtsmittels nicht herauszufordern.[62] Für oder gegen die Annahme eines Verwaltungsakts kann die äußere Form sprechen; so spricht das Fehlen der Bescheidform, das Fehlen einer Unterschrift oder einer

---

[55] *Wahl/Schütz,* in *Schoch/Schmidt-Aßmann/Pietzner,* § 42, Rdn. 7; *Kopp/Schenke,* § 42, Rdn. 4.

[56] *Kopp/Schenke,* § 42, Rdn. 54; *Happ,* in *Eyermann,* § 42, Rdn. 4.

[57] Vgl. dazu *Kopp/Ramsauer,* § 35, Rdn. 1ff.; ferner *Stelkens,* Rdn. 302ff.; der sich vor allem (vgl. Rdn. 303) auch mit dem Begriff der „Einzelentscheidung in der früheren DDR" auseinandersetzt; ferner *Stelkens/Bonk/Sachs,* § 35, Rdn. 37–137.

[58] *BVerwG,* 11. 2. 1994 – 2 B 173.94 – Buchholz 310, § 86 Abs. 1 Nr. 258.

[59] *Stelkens,* Rdn. 308, 314; ferner *Kopp/Ramsauer,* § 42, Rdn. 2; *BGH,* 17. 5. 1984 – III ZR 86/93 – NJW 85, 1335; *OVG Schleswig,* 7. 7. 1999 – 2 L 264/99 – NVwZ 00, 577.

[60] *Stelkens,* Rdn. 308, 314; ferner *Kopp/Schenke,* Anh. § 42, Rdn. 5, *BGH,* 17. 5. 1984 – III ZR 86/93 – NJW 85, 1335.

[61] Vgl. bei *Redeker/von Oertzen,* § 42, Rdn. 90 mit vollständiger Rechtsprechungsübersicht.

[62] Vgl. zu diesem Phänomen auch *Stelkens,* Rdn. 306.

Rechtsbehelfsbelehrung gegen einen Verwaltungsakt.[63] Die äußere Gestaltung ist aber nicht zwingend, wie im Umkehrschluss aus § 58 Abs. 2 bezüglich des Fehlens der Rechtsbehelfsbelehrung abgeleitet werden mag. Wichtige Indizien für einen Verwaltungsakt sind ein förmlicher Tenor, nach Tatbestand und Rechtsausführungen getrennte Entscheidungsgründe und die förmliche Zustellung.[64]

Dem **Anwalt** kann daher nur empfohlen werden, in Zweifelsfällen Widerspruch 27
und/oder Anfechtungsklage zu erheben.

Beispiel:

Der Betroffene erhält ein Schreiben ohne Rechtsbehelfsbelehrung mit dem Satz: „Unter Bezugnahme auf das Gespräch vom 23. 9. 1993 fordere ich Sie hiermit auf, den an der Westseite Ihres Grundstücks stehenden – ohne Baugenehmigung errichteten – Abstellschuppen (...) bis zum 30. 11. 1993 zu beseitigen".
Da die Behörde hier ultimativ die Beseitigung eines „Schwarzbaus" verlangt, spricht angesichts der Rechtslage viel dafür, dass ein Verwaltungsakt vorliegt.

bb) Einzelne Arten des Verwaltungsakts

Aus dogmatischer Sicht lassen sich verschiedene Typen des Verwaltungsakts unterscheiden:

(1) *Allgemeinverfügungen.* Zu den Verwaltungsakten zählen nach § 35 Satz 2 Vw- 28
VfG auch die sog. **Allgemeinverfügungen,** die sich an einen nach allgemeinen Merkmalen bestimmten oder bestimmbaren Personenkreis richten (z. B. Verbot des Verkaufs eines Gemüses,[65] oder die Aufstellung von Verkehrszeichen)[66] oder die die öffentlich-rechtliche Eigenschaft einer Sache oder ihre Benutzung durch die Allgemeinheit betreffen (sog. dinglicher Verwaltungsakt, z. B. Widmungsverfügungen).[67] Problematisch ist im Einzelfall die Abgrenzung zu Rechtssetzungsakten.[68]

(2) *Planfeststellungsbeschlüssse.* Der **Planfeststellungsbeschluss** (vgl. auch K 144 ff.) 29
ist eine besondere Form der Allgemeinverfügung, der in einem förmlichen Verfahren ergeht. Er hat – aufgrund seiner Genehmigungs- und Konzentrationswirkung – einen umfassenden Regelungscharakter für alle Betroffenen, den Träger des Vorhabens und die öffentlichen Rechtsträger (§ 75 Abs. 1 VwVfG).[69] Prozessuale Probleme entstehen, wenn ein betroffener Nachbar die Anordnung von Schutzauflagen zu einem Planfeststellungsbeschluss begehrt (z. B. nach § 17 Abs. 4 FStrG, § 9 Abs. 2 LuftVG). Während das BVerwG die Anordnung von Schutzauflagen zunächst als Auflage ansah, die vom Träger des Vorhabens mit der Anfech-

---

[63] *BayVGH,* 4. 5. 1994 – 23 CS 94 913 – BayVBl. 95, 182; *OVG Schleswig,* 7. 7. 1999 – 2 L 264/99 – NVwZ 00, 577.

[64] *BayVGH,* 25. 7. 1994 – 25 CE 94 2402 – BayVBl. 95, 308 f.

[65] *BVerwG,* 28. 2. 1961 – I C 54.57 – BVerwGE 12, 87 ff; zur Zulässigkeit einer Allgemeinverfügung feststellender Natur gem. § 13 Abs. 1 S. 2 KrW/AbfG vgl. *VG Berlin,* 4. 6. 1997 – 10 A 88.97 – DVBl. 98, 356.

[66] *BVerwG,* 25. 1. 1995 – 11 C 29.93 – NJW 95, 1977; zur Parkuhr: *BVerwG,* 26. 1. 1988 – 1 B 189/87 – NVwZ 88, 623; ferner *Manssen,* „Anordnungen nach § 45 StVO im System des Verwaltungsrechts und des Verwaltungsprozessrechts", DVBl. 97, 633 ff.

[67] Vgl. dazu *Kopp/Ramsauer,* § 35, Rdn. 106 ff.; *Stelkens/Bonk/Sachs,* § 35, Rdn. 192 ff., 230 ff.; *VGH Mannheim,* 7. 7. 1994 – 5 S 679/94 – NVwZ-RR 95, 185; zur Entwidmung von Bahngelände, vgl. *BVerwG,* 27. 11. 1996 – 11 A 2.96 – NVwZ 97, 920 ff., *OVG Münster,* 27. 4. 1998 – 7 A 3814/96 – NWVBl. 99, 185.

[68] *Stelkens/Bonk/Sachs,* § 35, Rdn. 208 ff.

[69] *Kopp/Ramsauer,* § 75, Rdn. 5.

tungsklage selbständig angefochten und vom Dritten mit der Verpflichtungsklage selbständig begehrt werden konnte,[70] hat das BVerwG in späteren Verfahren entschieden, dass bei Fehlen einer notwendigen Schutzauflage der Planfeststellungsbeschluss objektiv rechtswidrig sei. Ein derartiger, mit der Anfechtungsklage zu verfolgender Aufhebungsanspruch ist freilich nur dann gegeben, wenn der Mangel für die Planentscheidung insgesamt von so großem Gewicht ist, dass dadurch die Ausgewogenheit der Gesamtplanung überhaupt in Frage gestellt wird. Lässt sich dagegen eine fehlende Schutzauflage nachholen, ohne dass dadurch die Gesamtkonzeption der Planung in einem wesentlichen Punkt berührt wird und ohne dass in dem Interessensgeflecht der Planung andere Belange nachteilig betroffen werden, so hat der betroffene Nachbar keinen subjektiven Anspruch auf Planaufhebung, sondern allein einen Anspruch auf Planergänzung, den er dann aber nicht im Wege der Anfechtungsklage sondern lediglich im Wege der Verpflichtungsklage geltend machen kann.[71] Dem **Anwalt** ist in Zweifelsfällen zu raten, Anfechtungsklage und **hilfsweise** Verpflichtungsklage zu erheben (vgl. auch D 153, 210).

30 Darf ein Planfeststellungsbeschluss gem. § 17 Abs. 6c Satz 2 FStrG nicht aufgehoben werden, weil erhebliche Mängel der Abwägung durch ein ergänzendes Verfahren behoben werden können (vgl. dazu auch unten E 193), so hat das Gericht statt der beantragten Aufhebung des Planfeststellungsbeschlusses die Rechtswidrigkeit des angefochtenen Planfeststellungsbeschlusses und dessen Nichtvollziehbarkeit festzustellen.[72] Soweit das Gericht statt der beantragten Aufhebung des Planfeststellungsbeschlusses lediglich dessen Rechtswidrigkeit und Nichtvollziehbarkeit feststellt, handelt es sich zwar gegenüber dem Aufhebungsantrag um ein „Minus", das in dem Aufhebungsantrag bereits enthalten ist. Trotzdem empfiehlt es sich, einen entsprechenden Hilfsantrag zu formulieren, um das Gericht auf diese besondere Möglichkeit nachdrücklich aufmerksam zu machen.[73] Zur Klagebefugnis bei Planfeststellungsbeschlüssen, vgl. D 64a.

31 (3) *Organisationsakte, innerdienstliche Weisungen, aufsichts-/behördliche Maßnahmen.* Probleme tauchen auch bei sogenannten **Organisationsakten** auf. Hier ist die entscheidende Frage, ob es sich um eine Regelung mit Außenwirkung oder um ein bloßes Verwaltungsinternum handelt.[74]

32 **Beispiele:**

(1) Bei der Festlegung der zur Zeit noch vorhandenen sieben militärischen Tieffluggebiete ist von einem bloßen internen Organisationsakt ausgegangen worden, weil die Festsetzung der Tieffluggebiete als solches für die betroffene Gemeinde noch keine Störungen bewirkt. Die Festsetzung der Tieffluggebiete ist vielmehr als genereller (interner) dienstlicher Befehl an die Bundesluftwaffe zu bewerten;[75] daher ist keine Anfechtungsklage

---

[70] *BVerwG,* 17. 11. 1972 – IV C 21.69 – BVerwGE 41, 178ff.;

[71] *BVerwG,* 7. 7. 1978 – 4 C 79.76 – u.a.; – BVerwGE 60, 269ff.

[72] *BVerwG,* 21. 3. 1996 – 4 C 19.94 – DVBl. 96, 907ff.; vgl. auch *Henke,* „Das ergänzende Verfahren im Planfeststellungsrecht", UPR 99, 51ff.

[73] Vgl. *OVG Münster,* 20. 9. 1999 – 23 D 98/95.AK – n. v.

[74] *Stelkens,* Rdn. 320 m. w. N.; ferner, Rdn. 34.

[75] *Hüttenbrink,* „Rechtliche Möglichkeiten der Beschränkung militärischen Tieffluglärms in den sieben bundesdeutschen Tieffluggebieten", UPR 89, 1, 4f.; ferner *OVG Münster,* 25. 6. 1992 – 20 A 2701/89 –; *BVerwG,* 14. 12. 1994 – 11 C 18.93 – DVBl. 95, 242f.

zulässig. Die betroffenen Gemeinden können sich gegen die Tiefflüge freilich mit einer Leistungsklage (Unterlassungsklage) zur Wehr setzen.[76]

(2) Außenwirkung kommt teilweise dagegen Schulorganisationsmaßnahmen (Schulschließung, Auflösung der Oberstufe) zu[77] (vgl. D 53 „Schulrecht").

Auch **innerdienstliche Anordnungen** und **Weisungen** sind deshalb keine Verwaltungsakte und können deshalb nicht angefochten werden.[78] Zu den innerdienstlichen Weisungen zählen z.B. die an einen Beamten in seiner Eigenschaft als Amtsträger und Glied der Verwaltung gerichteten, auf organisationsinterne Wirkung zielenden Weisungen des Dienstherrn sowie alle auf die Art und Weise der dienstlichen Verrichtung bezogenen innerorganisatorischen Maßnahmen der Behörde, in deren Organisation der Beamte eingegliedert ist (zu Verwaltungsvorschriften, vgl. D 285). **33**

Umsetzungsmaßnahmen (vgl. auch K 245ff.) sind deshalb keine Verwaltungsakte, sondern lediglich gesonderte behördeninterne Maßnahmen.[79] Die Umsetzung unterscheidet sich damit von der Versetzung, die allgemein als Verwaltungsakt qualifiziert wird (vgl. K 245ff.).[80] Der betroffene Beamte kann in derartigen Fällen allerdings Rechtsschutz über die allgemeine Leistungsklage suchen.[81] **34**

Anders als innerdienstliche Weisungen sind dagegen **aufsichtsbehördliche Maßnahmen** zu beurteilen, die von den Aufsichtsbehörden gegenüber kommunalen Gebietskörperschaften ergehen; sie sind nach ganz herrschender Meinung Verwaltungsakte.[82] **35**

(4) *Feststellende Verwaltungsakte.* Der **feststellende Verwaltungsakt** stellt rechtserhebliche Eigenschaften bezogen auf einen konkreten Einzelfall verbindlich fest. **36**

Beispiele:

– die Feststellung der Wehrdienstunfähigkeit,[83]
– die Feststellung der Vertriebeneneigenschaft,[84]

---

[76] *Hüttenbrink,* „Rechtliche Möglichkeiten der Beschränkung militärischen Tieffluglärms in den sieben bundesdeutschen Tieffluggebieten", UPR 89, 1, 4f.; ferner *OVG Münster,* 25. 6. 1992 – 20 A 2701/89 –; *BVerwG,* 14. 12. 1994 – 11 C 18.93 – DVBl. 95, 242f.

[77] *BVerwG,* 31. 1. 1964 – VII C 65.62 – BVerwGE 18, 40; *VGH Kassel,* 23. 8. 1982 – VI OE 11/78 – NVwZ 84, 114; zu Schulorganisationsakten vgl. *Stelkens/Bonk/Sachs,* § 35, Rdn. 127.

[78] Zur Frage von Dienstpostenbewertungen, *BVerwG,* 8. 12 1972, – VI C 8.70 – NJW 81, 67ff.; zur Weisung der Schulbehörde zur Änderung einer Zeugnisnote, vgl. *OVG Lüneburg,* 17. 7. 1996 – 13 L 848/96 – NVwZ 98, 94.

[79] *BVerwG,* 22. 5. 1980 – 2 C 30.78 – BVerwGE 60, 144ff.; vgl. dazu ferner unten K 245ff.

[80] *BVerwG,* 22. 5. 1980 – 2 C 30.78 – BVerwGE 60, 144ff.; vgl. dazu ferner unten K 245ff.

[81] *BVerwG,* 22. 5. 1980 – 2 C 30.78 – BVerwGE 60, 144ff.; vgl. dazu ferner unten K 245ff.

[82] Vgl. dazu *Hüttenbrink,* „Gemeindlicher Rechtsschutz gegen aufsichtsbehördliche Maßnahmen", in *Gelzer* Festschrift, S. 215ff.; Fachaufsicht: *BVerwG,* 14. 12. 1994 – 11 C 4.94 – DÖV 95, 513 i. d. R. kein Verwaltungsakt; Weisungen bei Pflichtaufgaben zur Erfüllung nach Weisung, Verwaltungsakt: *OVG Münster,* 16. 3. 1995 – 15 B 2839/93 – NWVBl. 95, 300; Rechtsaufsicht, Verwaltungsakt: *VGH Kassel,* 13. 10. 1950 – OS 94/49 – VerwRspr. 4, 113.

[83] *BVerwG,* 25. 4. 1979 – 8 C 52/77 – NJW 79, 2166.

[84] *BVerwG,* 21. 9. 84 – 8 C 4/82 – NVwZ 85, 412.

– die Feststellung, dass der Antragsteller berechtigt ist, den Kriegsdienst mit der Waffe zu verweigern.

37 (5) *Akzessorische Verwaltungsakte.* Der **akzessorische Verwaltungsakt**[85] hängt in seiner Wirksamkeit von einem anderen Verwaltungsakt ab, mit der Folge, dass er aufzuheben ist, sobald der Ausgangsverwaltungsakt keinen Bestand mehr hat.[86]

38 (6) *Einvernehmliche Verwaltungsakte.* Art. 21 u. 22 des Einigungsvertrages regeln die materielle Zuordnung von Verwaltungs- und Finanzvermögen einzelner Verwaltungsträger. Das Vermögenszuordnungsgesetz[87] regelt den Erlass feststellender Zuordnungsbescheide. Nach § 2 Abs. 1 Satz 2 VZOG kann ein solcher Bescheid im Einvernehmen mit den Verfahrensbeteiligten ergehen; er wird in diesem Falle sofort bestandskräftig. Da die Einigung über den Inhalt des Bescheides aufgrund der gesetzlichen Bestimmung zwingend ist, ist mit der Einigung konkludent ein Rechtsmittelverzicht verbunden.

39 (7) *Privatrechtsgestaltende Verwaltungsakte.* Wenn einem Träger öffentlicher Verwaltung durch Gesetz die Befugnis eingeräumt wird in privatrechtliche Rechtsbeziehungen einzugreifen, stellt sich häufig die Frage, welchen Rechtscharakter die Ausübung dieser Befugnis hat.

Beispiele:

(1) Frau F verkauft ein unbebautes Grundstück, das in dem Bebauungsplan der Gemeinde G als öffentlicher Spielplatz ausgewiesen ist an den Käufer K. Die Gemeinde G übt das ihr zustehende Vorkaufsrecht gem. § 24 BauGB zum vertraglichen Kaufpreis aus. Der Käufer K ist mit der Ausübung des Vorkaufsrechts nicht einverstanden. Da die Rechtsgrundlage für die Ausübung des Vorkaufsrechts § 24 BauGB ist, ist die Ausübung des Vorkaufsrechts öffentlich-rechtlicher Natur. § 28 Abs. 2 Satz 1 BauGB bestimmt, dass die Ausübung des Vorkaufsrechts durch einen (privatrechtsgestaltenden) VA erfolgt.[88]

(2) Die Kliniken der Stadt W erhoben einen allgemeinen Pflegesatz von 380,53 DM pro Tag und beantragten gleichzeitig die Erhöhung eines Pflegesatzes bei der zuständigen Bezirksregierung nach § 18 KHG NW. Die Kliniken W behielten sich gegenüber der Privatpatientin P vor, das Entgelt zu ändern, wenn der Pflegesatz mit rückwirkender Kraft vereinbart und genehmigt werde. Die zuständige Bezirksregierung genehmigte die erhöhten Pflegesätze nachträglich.[89]

40 (8) *Vorsorgliche Verwaltungsakte.* Häufig kann es erforderlich sein, dass die Behörde einen vorläufigen Verwaltungsakt erlässt, obwohl die Voraussetzungen für einen Erlass noch nicht erfüllt sind.[90] Eine besondere Form des vorläufigen Verwaltungsaktes ist der vorsorgliche Verwaltungsakt.

Beispiel:

Ein Arbeitgeber beantragt die Zustimmung zur Kündigung eines Mitarbeiters, über dessen Antrag auf Feststellung der Schwerbehinderteneigenschaft noch nicht endgültig entschieden worden ist.

---

[85] Vgl. im einzelnen *Stelkens/Bonk/Sachs,* § 35, Rdn. 152.

[86] Typisches Beispiel: der Verwaltungszwang wie Zwangsgeldfestsetzung, Ersatzvornahme etc.

[87] Vom 22. 3. 1991, BGBl. 1991 I, S. 766, 784.

[88] *Bosch/Schmidt,* 36, 37 m. w. N.

[89] *OVG Münster,* 27. 9. 1994 – 13 A 1062/93 – NWVBl. 95, 268: Problematisch in den Fällen der hier vorliegenden Art ist vor allem die Klagebefugnis für den Patienten (vgl. dazu auch die Ausführungen bei D 56 ff.).

[90] Vgl. dazu *Losch,* „Der vorsorgliche Verwaltungsakt“, NVwZ 95, 235 ff.

Das BVerwG hat entschieden, dass die Hauptfürsorgestelle berechtigt sei, bei noch ungewisser, weil zwar beantragter, aber noch nicht festgestellter Schwerbehinderteneigenschaft eines Arbeitnehmers über Anträge des Arbeitgebers auf Zustimmung zu außerordentlichen Kündigungen zu entscheiden. Derartige Entscheidungen seien vorsorgliche Verwaltungsakte, denen der Vorbehalt immanent sei, dass das Verfahren vor dem Versorgungsamt zu einer Feststellung der Schwerbehinderteneigenschaft des Arbeitnehmers führe.[91]

(9) *Transnationale Verwaltungsakte.* Die Auswirkungen des europäischen Rechtes zeigen sich in vielen Bereichen; in den letzten Jahren hat sich das Institut des transnationalen Verwaltungsaktes herausgebildet.[92] Es gibt verschiedene EG-Richtlinien, die die nationalen Behörden verpflichten, Verwaltungsentscheidungen anderer EG-Mitgliedstaaten wie eigene Entscheidungen anzuerkennen. Die nationalen Verwaltungsakte haben also infolge dieses Anerkennungsprinzips nicht mehr nur nationale, sondern auch über die eigenen Staatsgrenzen hinausreichende transnationale Wirkungen.[93] **41**

(10) *Zweitbescheide.* Bei sog. Zweitbescheiden ist häufig fraglich, ob eine Behörde, die sich mit dem einem unanfechtbar gewordenen Verwaltungsakt zugrunde liegenden Sachverhalt neu befasst, lediglich ihre frühere Entscheidung noch einmal bestätigt und bekräftigt oder ob die Behörde in eine erneute Sachprüfung eintritt und deshalb eine neue sachliche Entscheidung trifft. Unterrichtet die Behörde den Betroffenen lediglich noch einmal über ihre frühere Entscheidung und Rechtsauffassung, so liegt lediglich eine wiederholende Verfügung und kein anfechtbarer Zweitbescheid vor; tritt die Behörde jedoch in eine neue Sachentscheidung ein, die mit einem gleichlautenden, zweiten Bescheid endet, so wird der Klageweg wiederum im vollen Umfang eröffnet.[94] **42**

Ein anfechtbarer Verwaltungsakt liegt allerdings immer dann vor, wenn die Behörde den Antrag des Antragstellers auf Wiederaufgreifen des bereits rechtskräftig abgeschlossenen Verfahrens gem. § 51 VwVfG ablehnt. Die Regelungswirkung dieses Verwaltungsakts beschränkt sich jedoch darauf, dass die Behörde die tatbestandlichen Voraussetzungen für das Wiederaufgreifen verneint. Zu einer Überprüfung der im ursprünglichen Verwaltungsakt getroffenen Sachentscheidung kommt es dann nicht.[95] **43**

(11) *Verwaltungsakte mit Doppelwirkung.* In der Praxis sind ferner die Verwaltungsakte mit Doppelwirkung (vgl. D 62 f., J 29, 152) von großer Relevanz (vgl. dazu § 50 VwVfG, § 80 a).[96] **44**

---

[91] *BVerwG,* 15. 12. 2988 – 5 C 67.85 – BVerwGE 81, 84 ff.

[92] *Neßler,* „Der transnationale Verwaltungsakt – zur Dogmatik eines neuen Rechtsinstituts", NVwZ 95, 863 ff.

[93] Vgl. dazu das „Weißbuch zum Binnenmarkt" der EG-Kommission, KOM (85) 310 EN.DG v. 14. 6. 1985, Rdn. 58, 77; vgl. dazu auch die Cassis-de Dijon-Doktrin EuGH, 20. 2. 1979 – Rs. 120/78 – SLG. 1979, 649, 664 = NJW 79, 1766.

[94] *Bosch/Schmidt,* 92, 93.

[95] *Bosch/Schmidt,* 92, 93.

[96] *Stelkens/Bonk/Sachs,* § 50, Rdn. 12; *Stelkens,* Rdn. 330 ff. u. 594 ff.; zur Vollziehungshemmung beim Verwaltungsakt mit Doppelwirkung: vor Inkrafttreten der 4. VwGO-Novelle BVerfG, 13. 6. 1979 – 1 BvR 699/77 – NJW 80, 35 u. *Finkelnburg/Jank,* 3. Aufl., Rdn. 500 m. w. N.; ferner *Stelkens,* NVwZ 91, 209, 218.

45 Dabei sind grundsätzlich zwei Fallgestaltungen denkbar:

Zum einen gibt es den Fall, in dem der Adressat des Verwaltungsaktes belastet wird, um einen Dritten zu begünstigen (z.B. Sperrstundenregelung bei Gaststätten zugunsten der Nachbarschaft), zum anderen gibt es die typische baurechtliche Situation des Nachbarstreits, bei der der Adressat begünstigt und der Nachbar belastet wird[97] (vgl. dazu unten D 62f.).

46 (12) *Mitwirkungsbedürftige oder mehrstufige Verwaltungsakte.* § 44 Abs. 3 Nr. 3, 4 und § 45 Abs. 1 Nr. 3 und 5 VwVfG treffen Regelungen für den **„mitwirkungsbedürftigen** oder **mehrstufigen Verwaltungsaktes“** gibt.[98] Gemeint ist damit der Verwaltungsakt, der vor seinem Erlass die Anhörung (z.B. § 37 Abs. 2 BauGB), das Benehmen (§ 37 Abs. 2, Satz 3 BauGB), das Einvernehmen oder die Zustimmung einer anderen Behörde voraussetzt. Typisches Beispiel ist dabei die Baugenehmigung, die in den Fällen der §§ 34, 35 BauGB des Einvernehmens der Gemeinde und in den Fällen des § 35 auch der Zustimmung der höheren Verwaltungsbehörde bedarf.[99] Da ein Verwaltungsakt nur vorliegt, wenn die fragliche Maßnahme auf unmittelbare Rechtswirkung nach außen gerichtet ist, handelt es sich bei der Herstellung des Einvernehmens der Gemeinde oder der höheren Verwaltungsbehörde um ein „bloßes Verwaltungsinternum“, dessen Erteilung oder Nichterteilung nicht durch Anfechtungs- oder Verpflichtungsklage angefochten bzw. erzwungen werden kann.[100] Die für den Erlass des VA zuständige Behörde muss – wenn das Einvernehmen bzw. Zustimmung der mitwirkenden Behörde versagt wird – den beantragten VA ablehnen, und zwar auch dann, wenn dieses Verhalten rechtswidrig ist. Das fehlende Einvernehmen (vgl. z.B. § 35 Abs. 2 Satz 3 BauGB, K 107) kann aber durch die Aufsichtsbehörde ersetzt werden.[101]

---

[97] Vgl. dazu im einzelnen die Darlegungen J 52ff.

[98] Vgl. dazu *Stelkens/Bonk/Sachs,* § 35, Rdn. 153–170; *Hess. VGH,* 19. 3. 1996 – 11 UE 1714/93 – DVBl. 96, 1208.

[99] *Stüer,* „Gemeindliches Einvernehmen trotz Bebauungsplan?“, in Festschrift für Konrad Gelzer zum 75. Geburtstag, 155; ferner *Haldenwang,* „Das rechtswidrig versagte Einvernehmen der Gemeinde und seine Rechtsfolgen“, in Festschrift für Konrad Gelzer zum 75. Geburtstag, 201; *Hüttenbrink,* „Gemeindlicher Rechtsschutz gegen aufsichtsbehördliche Maßnahmen im Baugenehmigungsverfahren“, in Festschrift für Konrad Gelzer zum 75. Geburtstag, 215ff.; *Bosch/Schmidt,* 97.

[100] *BVerwG,* 19. 11. 1965 – IV C 184.65 – BVerwGE 22, 342ff., vgl. auch das Problem der Zustimmung der höheren Verwaltungsbehörde bei § 125 BauGB, vgl. dazu *BVerwG,* 9. 12. 1988 – 8 C 72/87 –; *Stelkens,* Rdn. 238ff.; *Stüer,* „Gemeindliches Einvernehmen trotz Bebauungsplan“, in Festschrift für Konrad Gelzer zum 75. Geburtstag, 155ff.; ferner vgl. *Hüttenbrink,* „Gemeindlicher Rechtsschutz gegen aufsichtsbehördliche Maßnahmen“, in Festschrift für Konrad Gelzer zum 75. Geburtstag, 215, 216; ferner vgl. *VGH Kassel,* 19. 8. 1988 – 4 Tg 438/88 – BauR 88, 699; *Bosch/Schmidt,* 97.

[101] *BVerwG,* 7. 2. 1986 – 4 C 43/83 – NVwZ 86, 556f.; ferner *BVerwG,* 19. 11. 1965 – 4 C 184/85 – in NJW 66, 513; ferner *VGH München,* 18. 4. 1989 – 20 B 88 585 – in BayVBl. 89, 689. Hat der Bauherr einen Anspruch auf Erteilung der Baugenehmigung, so löst die Nichterteilung der Baugenehmigung bzw. die Nichterteilung des gemeindlichen Einvernehmens einen Schadensersatzanspruch wegen Amtspflichtverletzung nach Art. 34 GG, § 839 BGB zugunsten des Bauherrn aus: Vgl. dazu *Hüttenbrink,* „Gemeindlicher Rechtsschutz gegen aufsichtsbehördliche Maßnahmen im Baugenehmigungsverfahren“, in Festschrift für Konrad Gelzer zum 75. Geburtstag, 215ff. (220); *BGH,* 29. 9. 1975 – 3 Z A 40/73 – BGHZ 75, 182ff.; *BGH,* 14. 6. 1984 – III ZR 68/83 – in ZfBR 84, 298.

Von einem internen Mitwirkungsakt wird allerdings dann nicht mehr gesprochen, wenn die mitwirkende Behörde vor Erlass der eigentlich beantragten Genehmigung ihrerseits eine Ausnahmegenehmigung erteilen muss.

Beispiel: 47

(1) Landwirt L möchte im Außenbereich 10 m von der Uferlinie eines Gewässers erster Ordnung ein Scheunengebäude errichten. Der Landwirt benötigt eine Baugenehmigung nach § 35 BauGB, die des Einvernehmens der zuständigen Gemeinde bedarf (nicht der höheren Verwaltungsbehörde, weil es sich um ein privilegiertes Vorhaben i. S. d. § 35 Abs. 1 Ziff. 1 BauGB handelt); zusätzlich erforderlich ist aber auch noch eine Ausnahmegenehmigung gem. § 57 Abs. 3 LG NW, weil das Gebäude entgegen § 57 Abs. 1 LG NW in einem Abstand von weniger als 50 m zu einem Gewässer erster Ordnung errichtet werden soll.

(2) Der Bauherr möchte in einem Abstand von 20 m von einer Bundesautobahn ein Gebäude errichten. Nach § 9 Abs. 1 FStrG bedarf es hierzu – neben der Baugenehmigung – einer Ausnahmegenehmigung von dem Anbauverbot des § 9 Abs. 1 FStrG, die gem. § 9 Abs. 8 FStrG erteilt werden kann.

(3) Der Bauherr H beantragt die Erteilung einer Baugenehmigung im unbeplanten Innenbereich einer Gemeinde. Die Gemeinde, die nicht Baugenehmigungsbehörde ist, erlässt gegenüber dem Bauherrn H einen Verwaltungsakt, in dem sie die Herstellung des gemeindlichen Einvernehmens ablehnt. In derartigen Fällen ist der Verwaltungsakt aufzuheben, weil die Gemeinde nur zur innerbehördlichen Mitwirkung am Baugenehmigungsverfahren berufen ist und der von ihr erteilte belastende Verwaltungsakt einer gesetzlichen Grundlage bedürfte, eine solche Grundlage fehlt jedoch.[102]

(13) *Verfahrenshandlungen.* Ein besonderes Problem werfen in der Praxis häufig sog. **behördliche Verfahrenshandlungen** auf. Nach § 44 a[103] ist die isolierte Anfechtung von behördlichen Verfahrenshandlungen ebenso ausgeschlossen, wie alle anderen nach der VwGO zulässigen Rechtsbehelfe (Widerspruch, Anfechtungs- und Verpflichtungsklage, Anträge nach §§ 80 oder 123).[104] § 44 a VwGO gilt auch für Verfahren des einstweiligen Rechtsschutzes.[105] 48

Der isolierten Anfechtung sind also beispielsweise nicht zugänglich 49
– Eröffnung des Verfahrens,[106]
– Versagung der Anhörung,[107]

---

[102] *BVerwG,* 23. 10. 1968 – IV C 42/66 – NJW 69, 444.

[103] § 44 a VwGO ist durch das 2. VwVfG-ÄndG nicht aufgehoben worden, vgl. *BVerwG,* 10. 2. 1999 – 11 A 21.98 – DVBl. 99, 986.

[104] *Redeker/von Oertzen,* § 44 a, Rdn. 3, *BVerwG,* 18. 12. 87 – 4 C 9.86, BVerwGE 78, 347; *VGH München,* 18. 5. 1995 – 7 CE 95. 1069 – BayVBl. 95, 632 a. E.

[105] Das Bundesverfassungsgericht hat allerdings bei besonderen Fallgestaltungen eine verfassungskonforme Auslegung von § 44 a VwGO gefordert, *BVerfG,* 24. 10. 1990 – 1 BvR 1028/90 – NJW 91, 415; Mängel im Verwaltungsverfahren können in der Regel nur im Klageverfahren gegen die Sachentscheidung geltend gemacht werden. Etwas anderes muss dann gelten, wenn ohne eine isolierte dem Klageverfahren vorausgehende einstweilige Anordnung schwere und unzumutbare, anders nicht abwendbare Nachteile entstünden, zu deren nachträglicher Beseitigung die Entscheidung in der Hauptsache nicht mehr in der Lage wäre, *BVerfG,* 21. 3. 1997 – 11 VR 3.97 –.

[106] Die Ausschreibung einer Stelle ist eine unanfechtbare behördliche Verfahrenshandlung, vgl. *OVG Bautzen,* 19. 1. 1998 – 2 S 649/96 – NVwZ-RR 98, 209.

[107] *Stelkens,* in *Schoch/Schmidt-Aßmann/Pietzner,* § 44 a, Rdn. 17; *VGH München,* 18. 5. 1995 – 7 CE 95. 1069 – BayVBl. 95, 631.

– Versagung der Akteneinsicht,[108]
– Zurückweisung eines anwaltlichen Vertreters,[109]
– Beteiligung anderer Behörden,[110]
– Beteiligung Dritter,[111]
– die Bestellung von Vertretern in Massenverfahren (§§ 17, 18 VwVfG),
– die Entscheidung nach § 21 VwVfG wegen der Besorgnis der Befangenheit,[112]
– die Entscheidungen über Beweismittel § 26 VwVfG oder aber
– Wiedereinsetzungsentscheidungen nach § 32 VwVfG (strittig).[113]

50 Nach § 44a Satz 1 können behördliche Verfahrensfehler nur gemeinsam mit den gegen die eigentliche Sachentscheidung zulässigen Rechtsbehelfen angegriffen werden. Eine isolierte Anfechtungs- und Verpflichtungsklage ist also nicht zulässig.[114] Sollen behördliche Verfahrenshandlungen allerdings vollstreckt werden (z.B. Anordnung, das Betreten eines Grundstücks zum Zwecke weiterer behördlicher Ermittlungen zu dulden) oder gegen einen Nichtbeteiligten ergehen, so sind insoweit alle zulässigen Rechtsbehelfe ohne jede Einschränkung möglich (§ 44a Satz 2). Der Begriff „vollstreckbare Verfahrenshandlung" ist im Lichte von Art. 19 Abs. 4 GG weit auszulegen, so dass er nicht auf Verwaltungsakte beschränkt ist.[115] Soweit die Vollstreckungshandlung nicht als Verwaltungsakt zu qualifizieren ist, steht dann allerdings nicht die Anfechtungsklage, sondern lediglich die Leistungs- oder Unterlassungsklage zur Verfügung.

51 Wichtig ist darauf hinzuweisen, dass durch § 44a der Rechtsschutz gegen Eingriffe in sonstige materielle Rechtspositionen des Einzelnen nicht verhindert werden soll.[116] Zu derartigen materiellen Rechtspositionen zählen z.B.
– ein Eingriff in das Steuer- und Sozialgeheimnis,
– die bevorstehende Bekanntgabe geheimhaltungsbedürftiger wirtschaftlicher Verhältnisse,
– das Recht auf informationelle Selbstbestimmung,[117]

---

108 *Stelkens,* in *Schoch/Schmidt-Aßmann/Pietzner,* § 44a, Rdn. 17; *VGH München,* 18. 5. 1995 – 7 CE 95. 1069 – BayVBl. 95, 631.

109 *Stelkens/Bonk/Sachs,* § 14, Rdn. 41.

110 *Stelkens* in *Schoch/Schmidt-Aßmann/Pietzner,* § 44a, Rdn. 17; Verweigerung der Beteiligung gem. § 73 Abs. 2 VwVfG, vgl. *BVerwG,* 10. 2. 1999 – 11 A 21.98 – DVBl. 99, 986.

111 Auch wenn ein Naturschutzverband entgegen § 29 Abs. 1 BNatSchG fehlerhaft am Verfahren nicht beteiligt wird, kann dieser nur die Sachentscheidung anfechten, *BVerwG,* 31. 10. 1990 – 4 C 7/88 – NVwZ 91, 162.

112 *Stelkens* in *Schoch/Schmidt-Aßmann/Pietzner,* § 44a, Rdn. 17, 29.

113 Ergeht die Wiedereinsetzungsentscheidung ohne Sachentscheidung, so ist sie selbständiger Verwaltungsakt; *Stelkens/Bonk/Sachs,* § 32, Rdn. 45; *BVerwG,* 8. 3. 1983 – 1 C 34/80 – NJW 83, 1923; *VGH Mannheim,* 26. 10. 1981 – 5 S 1387/80 – DVBl. 82, 206. Ergeht die Wiedereinsetzungsentscheidung im Rahmen der Sachentscheidung ist eine isolierte Anfechtung ausgeschlossen; a. A. *Redeker/von Oertzen,* § 44a, Rdn. 3.

114 Zu den weiteren Auswirkungen im Zusammenhang mit den Heilungsvorschriften, §§ 94, 114 VwGO, §§ 45 Abs. 2, 46 VwVfG vgl. unten E 177ff.

115 *Stelkens* in *Schoch/Schmidt-Aßmann/Pietzner,* § 44a, Rdn. 26.

116 *Stelkens* in *Schoch/Schmidt-Aßmann/Pietzner,* § 44a, Rdn. 29.

117 Ggfs. kommt einstweiliger Rechtsschutz in Betracht, *Stelkens* in *Schoch/Schmidt-Aßmann/Pietzner,* § 44a, Rdn. 29.

– der Anspruch auf freien Zugang zu Informationen über die Umwelt gem. § 4 Abs. 1 Satz 1 UlG.[118]

52 Auch die Weigerung, Akteneinsicht zu gewähren (beispielsweise um zu entscheiden, ob gegen ein Verwaltungsakt Widerspruch oder Anfechtungsklage erhoben werden soll), kann im Einzelfall eine Ausnahme von § 44a begründen, da die Verfahrensrechte und § 44a einen materiellen Anspruch auf Einsichtnahme **nicht** überlagern.[119]

cc) Einzelbeispiele

Verwaltungsakt bejaht: 53

- **Abberufung** eines aufsichtsführenden Richters,[120]
- **Ablehnung** eines VA,[121]
- **Allgemeinverfügungen,** z. B. Verkehrszeichen,[122]
- Androhung der **Abschiebung,**[123]
- Kostenrechnung über **Abschleppkosten,**[124]
- **Annahme** der Lohnsummensteuererklärung durch eine Gemeinde,[125]
- **Asylentscheidung,**[126]
- **Asylverfahren,** Einstellung,[127]
- **Aufnahme** einer Schrift in die Liste der Schmutz- und Schundliteratur,[128]
- **Bahngelände,** Entwidmung,[129]
- **Baurecht,**
  - Baulandsachen,[130]
  - Entscheidung nach § 37 BauGB,[131]
  - Vorkaufsrecht, Ausübung,[132]

---

[118] Vgl. Vorlagebeschluss *OVG Münster,* 28. 7. 1997 – 21 A 4985/94 – NWVBl. 98, 107; *BVerwG,* 6. 12. 1996 – 7 C 64.95 – DVBl. 97, 438 ff.

[119] *Redeker/von Oertzen,* § 44a, Rdn. 3a; *BVerfG,* 9. 7. 1990 – 2 BvR 701/80 – NJW 80, 2698; *BVerfG,* 20. 12. 1979 – 1 BvR 385/77 – NJW 80, 759 f. Vgl. auch den Fall des Asylbewerbers, in dem sich die Behörde weigerte die erforderliche Registrierung vorzunehmen, *VGH München,* 10. 10. 1979 – 12. Ce 6181/79; ferner *VGH München,* 17. 2. 1998 – 23 B 95 1954 – NVwZ 99, 889; zum Informationsanspruch und Akteneinsichtsrecht nach § 4 Abs. 1 S. 2 UlG, vgl. *BVerwG,* 6. 12. 1996 – 7 C 64.95 – DVBl. 97, 438 ff.

[120] *BVerwG,* 4. 11. 1960 – VI C 163.58 – BVerwGE 11, 195.

[121] *Wahl/Schütz* in *Schoch/Schmidt-Aßmann/Pietzner,* § 42, Rdn. 32.

[122] *OVG Koblenz,* 7. 10. 1994 – 1 Ss 302/94 – NJW 95, 2302.

[123] *OVG Münster,* 28. 7. 1967 – II B 302/67 – NJW 68, 364.

[124] *BVerwG,* 23. 5. 1975 – IV C 73.73 – BVerwGE 48, 248.

[125] *BVerwG,* 26. 6. 1964 – VII C 6.64 – BVerwGE 19, 68;vorbehaltlose Entgegennahme von Steuererklärungen bei Abgaben, bei denen eine förmliche Festsetzung nicht vorgesehen oder nicht üblich ist.

[126] *Kanein/Renner,* § 31 AsylVfG, Rdn. 11.

[127] *BVerwG,* 7. 3. 1995 – 9 C 264.94 – DVBl. 95, 857.

[128] *OVG Saarlouis,* 10. 3. 1960 – I M 105/58 – AS 8, 4.

[129] *OVG Münster,* 27. 4. 1998 – 7 A 3814/96 – NWVBl. 99, 185; *BVerwG,* 27. 11. 1996 – 11 A 2.96 – NVwZ 97, 920 ff.

[130] Vgl. C 27.

[131] *BVerwG,* 3. 12. 1992 – 4 C 24/90 – NVwZ 93, 892: Die Gemeinde kann Entscheidungen gem. § 37 BauGB über Vorhaben der Landesverteidigung anfechten.

[132] *BVerwG,* 15. 2. 2000 – 4 B 10.00 – ZfBR 00, 347: die Ausübung des Vorkaufsrechts ist ein Verwaltungsakt, der gegenüber dem Verkäufer erlassen wird, der aber auch vom Käufer angefochten werden kann.

- **Beamtenrecht,**
  - Abordnung,[133]
  - Anordnung eines Kaufkraftzuschlags,[134]
  - Anordnung einer ärztlichen Untersuchung,[135]
  - Aufrechnungserklärung des Dienstherrn,[136] (strittig)
  - Zahlung von Beihilfen,[137]
  - Befähigung für eine Laufbahn,[138]
  - dienstliche Beurteilung,[139] (strittig)
  - Beförderung,[140]
  - Dienstleistungsauftrag,[141]
  - Entlassung,[142]
  - Ernennung,[143]
  - Festsetzung des Dienstalters,[144]
  - Nebentätigkeitsgenehmigung,[145]
  - Nutzungsentgeltfestsetzung,[146]
  - Rückforderung von Dienstbezügen,[147]
  - Verlängerung der Probezeit,[148]
  - Versetzung,[149]
  - Versetzung in den Ruhestand,[150]

---

[133] *VGH München,* 27. 10. 1969 – 166/III 69 – in BayVBl. 70, 104.

[134] *BVerwG,* 26. 5. 1971 – VI C 39.68 – BVerwGE 38, 139.

[135] *OVG Lüneburg,* 13. 6. 1990 – 5 M 22/90 – DVBl. 90, 882.

[136] *OVG Münster,* 2. 7. 1964 – I B 36/64 – ZBR 66, 307.

[137] *BVerwG,* 20. 8. 1969 – VI C 130.67 – BVerwGE 32, 352.

[138] *BVerwG,* 19. 3. 1969 – VI C 54.64 – BVerwGE 31, 345.

[139] Das *BVerwG* bewertet die dienstliche Beurteilung nicht als VA (13. 11. 1975 – I C 16.72 – BVerwGE 49, 351), lässt aber andererseits den Widerspruch gegen eine Beurteilung zu, vgl. 26. 6. 1980 – 2 C 8.78 – BVerwGE 60, 245 (251); vgl. ferner *Schnellenbach,* Beamtenrecht in der Praxis, 2. Aufl. S. 162; Die Ablehnung einer beantragten Änderung der Beurteilung ist ein VA.

[140] Vgl. dazu, Rdn. K 206 ff.; ferner *BVerwG,* 25. 8. 1988 – 2 C 62.85 – BVerwGE 80, 127; eine Drittanfechtung des übergangenen Mitbewerbers ist freilich wegen der statusrechtlichen Besonderheiten **nach** der Ernennung/Beförderung des Konkurrenten ausgeschlossen; der übergangene Bewerber hat lediglich vor der Ernennung die Möglichkeit eines Besetzungsverbots im Wege der einstweiligen Anordnung durchzusetzen; die Mitteilung, die Bewerbung sei abgelehnt, ist VA, *BVerwG,* a. a. O. BVerwGE 80, 27.

[141] *OVG Greifswald,* 24. 7. 1998 – 2 M 32/98 – Nord ÖR 99, 26.

[142] *BVerwG,* 21. 10. 1976 – II C 34.75 – BVerwGE 51, 205; ferner K 268.

[143] Vgl. dazu, Rdn. K 206 ff.; ferner *BVerwG,* 25. 8. 1988 – 2 C 62.85 – BVerwGE 80, 127; eine Drittanfechtung des übergangenen Mitbewerbers ist freilich wegen der statusrechtlichen Besonderheiten **nach** der Ernennung/Beförderung des Konkurrentenausgeschlossen; der übergangene Bewerber hat lediglich vor der Ernennung die Möglichkeit eines Besetzungsverbots im Wege der einstweiligen Anordnung durchzusetzen; die Mitteilung, die Bewerbung sei abgelehnt, ist VA, *BVerwG,* a. a. O. BVerwGE 80, 27.

[144] *BVerwG,* 18. 6. 1964 – VI C 30/62 – ZBR 64, 310.

[145] *BVerwG,* 13. 2. 1969 – II C 119/65 – BVerwGE 31, 241.

[146] *BVerwG,* 2. 9. 1999 – 2 C 22/98 – BVerwGE 109, 283.

[147] *BVerwG,* 12. 7. 1972 – VI C 38.70 – BVerwGE 40, 237.

[148] *Schnellenbach,* Rdn. 136.

[149] *OVG Berlin,* 18. 12. 1986 – 4 S 135.86 – ZBR 87, 375.

[150] *BVerwG,* 27. 1. 1977 – 2 C 70.73 – NJW 77, 1355.

- **Berichtigung** von Meldedaten,[151]
- **Bewilligung** von Darlehen,[152]
- **Bezeichnung** eines Vorhabens nach dem Landbeschaffungsgesetz durch das Bundesverteidigungsministerium,[153]
- **Denkmalliste,** Eintragung,[154] je nach Ausgestaltung des Landesrechts nur nachrichtlich,[155]
- **Eintragung** in die Meldekartei,[156]
- **Entziehung** eines akademischen Grades,[157]
- **Erstattungsanspruch** (vgl. C 38),[158]
- **Exmatrikulation,**[159]
- **Festsetzung** von Zwangsmitteln,[160]
- **Gebührenrechnung** des Bezirksschornsteinfegers,[161]
- behördliche **Gegendarstellungsanordnung,**[162]
- **Gemeinderecht,**
  - Anfechtung von Kommunalwahlen,[163]
  - Ausschluss aus einer gemeindlichen Einrichtung (hier: Chor),[164]
  - Beanstandung eines Ratsbeschlusses,[165]
  - Beitragsbescheide eines Pensions-Sicherungsvereins,[166]

---

151 *VGH Kassel,* 26. 9. 1989 – 11 TH 2862/89 – NVwZ 90, 182.

152 VA, soweit das Darlehen durch Bescheid bewilligt wird (sonst: öff. rechtl. Darlehensvertrag) *BVerwG,* 8. 3. 1962 – VIII C 499.59 – BVerwGE 14, 24.

153 *BVerwG,* 11. 4. 1976 – 4 C 51.83 – BVerwGE 74, 124

154 *OVG Münster,* 9. 9. 1994 – 10 A 1616/90 – NWVBl. 1995, 105.

155 Vgl *VGH Kassel,* 23. 1. 1992 – 4 UE 3467/88 – NVwZ-RR 93, 462.

156 *BVerwG,* 22. 1. 1971 – I V C 94.69 – BVerwGE 37, 103.

157 *BVerwG,* 25. 1. 1955 – VII B 560/54 – OVHE 9, 231.

158 Soweit der Erstattungsanspruch spezialgesetzlich geregelt ist (z.B. § 49a Abs. 1 VwVfG oder § 50 SGB X) ist der Erstattungsanspruch aufgrund des gesetzlich angeordneten Verwaltungsaktsvorbehalts durch Verwaltungsakt geltend zu machen. Die Rechtsprechung hat im übrigen eine Befugnis zur Durchsetzung des allgemeinen öffentlich-rechtlichen Erstattungsanspruchs mittels Verwaltungsakt auch ohne Vorliegen einer ausdrücklichen Ermächtigungsgrundlage stets dann angenommen, wenn entweder die zurückgeforderte Leistung ursprünglich mittels Verwaltungsakt gewährt worden ist, weil die Aufhebung dem gleichen Recht folge wie die Gewährung, sog. Kehrseitentheorie: *BVerwG,* 26. 2. 1995 – VII C 71.63 – BVerwGE 20, 295, 297; *BVerwG,* 19. 4. 1972 – IV C 5.70 – BVerwGE 40, 78, 88/89, oder wenn zwischen dem Hoheitsträger und dem Privatsubjekt ein Über- und Unterordnungsverhältnis besteht, z.B. im Beamtenrecht, vgl. dazu *BVerwG,* 28. 6. 1965 – VIII C 10.65 – BVerwGE 21, 270, 271; *BVerwG,* 24. 6. 1966 – IV C 183.62 – BVerwGE 24, 225, 228. Zum Erstattungsanspruch gem. § 84 AuslG vgl. *BVerwG,* 24. 11. 1998 – 1 C 33.97 – NVwZ 99, 779ff.

159 *VGH Kassel,* 29. 6. 1995 – 6 TG 1560/95 – NVwZ-RR 96, 205.

160 *BVerwG,* 16. 9. 1975 – V C 76.74 – BVerwGE 49, 169.

161 *OVG Kassel,* 15. 6. 1967 – VOE 67/67 – ESVGH 18, 86.

162 Der Landeszentrale für neue Medien gegenüber einer Anbietergesellschaft: *VGH München,* 25. 7. 1994 – 25 CE 94 2402 – BayVBl. 95, 308f.

163 Es wird der Erlass eines VA auf Feststellung der Ungültigkeit der Wahl begehrt: *VG Dessau,* 13. 7. 1995 – 1 A 87/94 – NVwZ 96, 311.

164 *OVG Münster,* 28. 11. 1994 – 22 A 2478/93 – NVwZ 95, 814f.

165 *VGH Kassel,* 23. 11. 1995 – 6 TG 3539/95 – NVwZ-RR 96, 410.

166 *OVG Koblenz,* 12. 1. 1994 – 12 B 10412/93 – NVwZ 96, 90: bei umgewandelten Eigenbetrieben.

  - Bürgerbegehren, Annahme,[167]
  - Feststellung des Verlustes der Mitgliedschaft im Rat,[168]
  - Kommunalaufsichtliche Beanstandung eines Stellenplans,[169]
  - Wahl zur Frauenvertreterin gem. § 16 BerlADG,[170]
  - Weisungen der Fachaufsicht,[171]
  - Weisungen bei Pflichtaufgaben zur Erfüllung nach Weisung,[172]
  - Weisungen der Rechtsaufsicht,[173]
- **Genehmigung** einer Beitragsordnung,[174]
- **Genehmigung** (Raumordnung),[175]
- **Hausverbot,**[176] (sehr strittig) (vgl. ferner C 43),
- **Immatrikulation,**[177]
- **Kirchensteuerbescheide,**[178]
- **Orden,**[179]
- **Organisationsakte einer Universität,**[180]
- **Plangenehmigung,**[181]
- **Prüfungsentscheidungen,**
  - Aufnahmeprüfungen, Reifeprüfungen, Hochschulprüfungen,[182]
  - Ausschluss eines Prüflings von der Prüfung,[183]
  - Einzelnoten im Zeugnis (strittig),[184]

---

[167] *VG Dessau,* 23. 3. 1995 – 1 A 75/94 – NVwZ 96, 311; auch die Ablehnung der Zulassung ist ein VA, vgl. *VG Düsseldorf,* 20. 11. 1998 – 1 K 11351/96 – NVwZ 99, 684.

[168] *OVG Münster,* 23. 6. 1997 – 15 A 3457/95 – NWVBl. 98, 58.

[169] *VG Dessau,* 26. 3. 1998 – A 1 K 1638/96 – NVwZ 99, 686.

[170] *VG Berlin,* 18. 9. 1995 – 24 A 68/94 – NVwZ-RR 96, 407.

[171] *BVerwG,* 14. 12. 1994 – 11 C 4.94 – DÖV 95, 513: i. d. R. kein VA mangels Außenwirkung: Ausnahme bei § 45 Abs. 1b S. 1 Nr. 5, 2. Alt. StVO.

[172] *OVG Münster,* 16. 3. 1995 – 15 B 2839/93 – NWVBl. 95, 300.

[173] *VGH Kassel,* 13. 10. 1950 – OS 94/49 – VerwRspr. 4, 113; z. B. §§ 116 ff. GO NW, *Pietzcker* in *Schoch/Schmidt-Aßmann/Pietzner,* § 42, Rdn. 57.

[174] *OVG Lüneburg,* 19. 12. 1972 – II OVG A 105/72 – DVBl. 73, 280; *OVG Münster,* 7. 4. 1995 – 25 B 365/95 – NVwZ-RR 96, 169.

[175] *VGH Mannheim,* 15. 4. 1997 – 10 S 4/96 – NVwZ 98, 416.

[176] *VGH München,* 27. 6. 1963 – Nr. 6 V 62 – BayVBl. 64, 24; *OVG Münster,* 12. 2. 1963 – 2 A 840/62 – DVBl. 63, 450; siehe aber auch *BGH,* 26. 10. 1960 – V ZR 122/59 – BGHZ 33, 230; *BayVGH,* 18. 12. 1985 – 7 B 83 A 264 – BayVBl. 86, 271; ferner *Redeker/von Oertzen,* § 40, Rdn. 28; C 43.

[177] *BVerwG,* 24. 10. 1958 – VII C 104.57 – BVerwGE 7, 287.

[178] *BVerwG,* 1. 8. 1958 – VII C 51.57 – BVerwGE 2, 22; *BVerwG,* 29. 6. 1957 – 2 C 105.56 – BVerwGE 5, 153.

[179] Die Genehmigung der Annahme von ausländischen Titeln und Ordenszeichen ist ein VA, *OVG Münster,* 18. 6. 1998 – 20 A 670/97 – NVwZ-RR 99, 313.

[180] Nur bei Eingriffen in das Grundverhältnis der Professoren, *VGH Mannheim,* 21. 4. 1999 – 9 S 2653/98 – DVBl. 99, 600.

[181] *VGH Mannheim,* 7. 5. 1998 – 5 S 1060/98 – NVwZ 99, 550.

[182] *BVerwG,* 21. 1. 1955 – 2 C 177.54 – BVerwGE 2, 22; *BVerwG,* 29. 6. 1957 – 2 C 105.56 – BVerwGE 5, 153.

[183] *VGH München,* 19. 7. 1990 – 19 III 50 – DVBl. 51, 147.

[184] *VGH Kassel,* 26. 11. 1973 – VI OE 108/83 – DVBl. 74, 469; „Zur Weisung, der Schulbehörde zur Änderung einer Zeugnisnote", vgl. *OVG Lüneburg,* 17. 7. 1996 – 13 L

  - Gesamtnote,[185]
  - Jägerprüfung,[186]
- **Schulrecht,**
  - Einweisung in eine Sonderschule,[187]
  - Einrichtung einer Klasse,[188]
  - Entlassung,[189]
  - Genehmigung einer Privatschule als Ersatzschule,[190]
  - Nichtversetzung eines Schülers,[191]
  - Schließung einer Schule,[192]
  - Schließung einer Klasse,[193]
  - Verhängung von Schulstrafen,[194]
  - Zeugnisnoten,[195]
- **Straßenrecht,**
  - Straßensperrung,[196]
  - Teileinziehung einer Straße,[197]
  - Widmungserweiterung,[198]
- **Überleitungsanzeige** gem. § 90 BSHG[199] a. F.,
- **Vergabe** eines Nutzungsrechts an einer Grabstätte,[200]
- **Verkehrszeichen** (Aufstellung),[201]
  - Anwohnerparkgebiet,
  - Verkehrsrechtliche Anordnungen zur Umsetzung eines Anwohnerparkgebiets,[202]

848/96 – NVwZ 98, 94.

185 *OVG Münster,* 25. 1. 1985 – 15 A 2461/82 – NVwZ 85, 595.

186 *VGH Mannheim,* 2. 10. 1998 – 5 S 1830/97 – NVwZ-RR 99, 501.

187 *BVerwG,* 29. 12. 1958 – VII B 33/58 – DVBl. 59, 366.

188 *VGH Kassel,* 24. 8. 1994 – 7 TG 2135/94 – NVwZ-RR 95, 33.

189 *OVG Münster,* 8. 1. 1959 – V A 1063/57 – OVGE 14, 305.

190 *VGH Kassel,* 29. 11. 1982 – VI OE 120/76 – NVwZ 84, 118.

191 *OVG Koblenz,* 18. 12. 1953 – 2 A 64/53 – DVBl. 54, 579; *VGH München,* 21. 6. 1985 – 7 C S 85 A. 1389 – DÖV 85, 1022.

192 *BVerwG,* 31. 1. 1964 – VII C 65.62 – BVerwGE 18, 40.

193 *VGH Kassel,* 23. 8. 1982 – VI OE 11/78 – NVwZ 84, 114.

194 *VGH Mannheim,* 12. 4. 1984 – 9 S 2757/83 – NVwZ 84, 808; unbedeutende erzieherische Maßnahmen (z. B. Strafarbeit) haben keinen VA-Charakter, vgl. dazu *Pietzcker* in *Schoch/Schmidt-Aßmann/Pietzner,* § 42, Rdn. 52.

195 *OVG Berlin,* 7. 11. 1974 – OVG VB 7.73 – DÖV 75, 570.

196 *VG Stuttgart,* 28. 8. 1956 – II S. 487/55 – VerwRspr. 9, 968.

197 *OVG Münster,* 4. 8. 1994 – 23 A 1518/92 – NVwZ-RR 1995, 481.

198 *VGH Mannheim,* 7. 7. 1994 – 5 S 679/94 – NVwZ-RR 95, 185: Zulassung von Fahrzeugverkehr in einer Fußgängerzone.

199 *BVerwG,* 9. 3. 1960 – V C 198.57 – BVerwGE 10, 209 ff.; *BVerwG,* 17. 5. 1973 – V C 108.72 – BVerwGE 42, 198; heute geht der Anspruch automatisch von Gesetzes wegen über.

200 *VGH München,* 7. 6. 1989 – 4 B 86 02596 – BayVBl. 90, 152.

201 *BVerwG,* 26. 1. 1988 – 1 B 189/87 – NVwZ 88, 623 (Parkuhr); im einzelnen *Stelkens* in *Stelkens/Bonk/Sachs,* § 35, Rdn. 241 ff.; *BVerwG,* 25. 1. 1995 – 11 C 29.93 – NJW 95, 1977; *OVG Koblenz,* 7. 10. 1994 – 1 Ss 302/94 – NJW 95, 2302.

202 *VG Köln,* 20. 3. 1995 – 11 K 9902/94 – NW VBl. 95, 441; *OVG Münster,* 9. 12. 1996 – 25 A 4206/95 – n. V.; *VGH Kassel,* 19. 11. 1986 2 TG 3178/96 – n. v.

- Zusicherung eines Verkehrszeichens,[203]
- **Verweis** des Bundesaufsichtsamtes für das Versicherungswesen,[204]
- **Vorkaufsrecht** (gemeindliches) Ausübung,[205]
- **Wehrdienstverhältnis,**
  - Einberufungsbescheid,[206]
  - Entlassung,[207]
  - Festsetzung des Dienstantritts,[208]
  - Musterungsbescheid,[209]
  - Rückstellungsbescheid,[210]
- **Weisung,** aufsichtliche,[211]
- **Widmung,**[212]
- **Wiedereinsetzung,**[213]
- **Zivildienst,**
  - Anerkennung als Kriegsdienstverweigerer,[214]
  - Anerkennung als Zivildienstverweigerer,[215]
  - Einberufungsbescheid,[216]
- **Zusicherung,**[217]

54 **Verwaltungsakt verneint:**

- **Abgeschlossenheitsbescheinigung** (WEG),[218]
- **Ablehnung** der Aussetzung der Vollziehung,[219]
- **Ablehnung** von Akteneinsicht,[220]
- **Abflugrouten,**[221]

---

[203] *BVerwG,* 25. 1. 1995 – 11 C 29/93 – NJW 1995, 1977 ff.

[204] *BVerwG,* 6. 12. 1999 – 1 A 5/98 – VersR 00, 707.

[205] *Battis/Krautzberger/Löhr,* § 217, Rdn. 2 ff.; *BVerwG,* 15. 2. 2000 – 4 B 10.00 – ZfBR 00, 347: die Ausübung des Vorkaufsrechts ist ein Verwaltungsakt, der gegenüber dem Verkäufer erlassen wird, der aber auch vom Käufer angefochten werden kann.

[206] *BVerwG,* 17. 2. 1972 – VIII C 84.70 – BVerwGE 39, 319.

[207] *BVerwG,* 26. 6. 1969 – VII C 63.66 – BVerwGE 32, 237.

[208] *BVerwG,* 26. 6. 1969 – VIII C 63.66 – BVerwGE 32, 237.

[209] *BVerwG,* 6. 12. 1978 – VIII C 59.77 – Buchholz 448.O; § 8 a Nr. 27; *BVerwG,* 8. 6. 1993 – 8 B 39/93 – NVwZ-RR 94, 165.

[210] *BVerwG,* 17. 2. 1972 – VIII C 84.70 – BVerwGE 39, 319.

[211] *VGH Mannheim,* 24. 2. 1997 – 5 S 7/97 – NVwZ-RR 98, 152 f, anders die innerdienstliche Weisung (z. B. Anweisung zur Änderung einer Zeugnisnote), vgl. *OVG Lüneburg,* 17. 7. 1996 – 13 L 848/96 – NVwZ 98, 94.

[212] Straße: *VG Karlsruhe,* 17. 3. 1998 – 1 K 3132/96 – NVwZ-RR 99, 200; Entwidmung von Bahngelände *BVerwG,* 27. 11. 1996 – 11 A 2.96 – NVwZ 97, 920 ff.; *OVG Münster,* 27. 4. 1998 – 7 A 3814/96 – 4 K 6275/95 – NWVBl. 99, 185.

[213] *Stelkens/Bonk/Sachs,* § 35, Rdn. 82; *BVerwG,* 8. 3. 83 – 1 C 34/80 – NJW 83, 1923.

[214] *BVerwG,* 29. 6. 1992 – 6 C 11/92 – NVwZ 93, 270.

[215] *BVerwG,* 4. 11. 1994 – 8 C 9/93 – NVwZ 95, 496.

[216] *BVerwG,* 4. 11. 1994 – 8 C 9/93 – NVwZ 95, 496.

[217] *Stelkens/Bonk/Sachs,* § 38, Rdn. 4.

[218] *BVerwG,* 8. 12. 1995 – 8 C 47/93 – NJW 97, 71; *VG Berlin,* 26. 2. 1997 – 19 A 766/95 – NVwZ 98, 1327: Leistungsklage.

[219] *VGH München,* 29. 11. 1995 – 4 B 94 2089 – NVwZ-RR 97, 136.

[220] *VGH München,* 5. 9. 1989 – 25 B 88 01631 NVwZ 90, 775.

[221] *VGH München,* 30. 11. 1993 – 20 A 93 40022 NVwZ-RR 95, 144; ggf. muss hier im Wege der Unterlassungsklage vorgegangen werden.

- **Amtsärztliches** Gutachten,[222]
- **Amtshilfeersuchen,**[223]
- **Anforderung** eines Gutachtens,[224]
- **Anordnung** der sofortigen Vollziehung,[225]
- **Aufrechnung** (strittig), vgl. auch C 21[226]
- **Auskunft,**[227]
- **Baulast,**[228]
- **Baurecht,**
  - Abgeschlossenheitsbescheinigung nach WEG,[229]
  - Bauzustandsbescheinigung,[230]
  - Kraftloserklärung einer Abgeschlossenheitsbescheinigung nach WEG,[231]
  - Verlangen einer Gemeinde gem. § 67 Abs. 1 Nr. 3 BauO NW ein Genehmigungsverfahren durchzuführen,[232] (strittig)
- **Beamtenrecht,**
  - Entbindung wegen Befangenheit,[233]
  - Missbilligung,[234]
  - Organisationsverfügung,[235]
  - Ruf an einen Hochschullehrer,[236]

---

[222] *BVerwG,* 30. 9. 1960 – 1 B 97.59 – DVBl. 61, 87.

[223] *BVerwG,* 18. 11. 1960 – VII C 184/57 – NJW 61, 333.

[224] *BVerwG,* 17. 5. 1994 – 11 B 157.93 – BayVBl. 95, 59: vorbereitende Verfahrenshandlung, der Betroffene muss Rechtsschutz im anschließenden Widerspruchs- oder Klageverfahren suchen, zur Fahrerlaubnis: *BVerwG,* 17. 7. 1987 – 7 C 71.85 – Buchholz 442.10 – § 4 STVG Nr. 75 oder auf Erstattung der Gutachterkosten klagen, *BVerwG,* 15. 12. 1989 – 7 C 52.88 – Buchholz, 442.10 – § 4 StVG Nr. 87; im übrigen *OVG Münster,* 11. 4. 1995 – 13 B 549/95 – DÖV 95, 1055.

[225] *BVerwG,* 30. 11. 1994 – 4 B 243/94 – NVwZ-RR 95, 299: Kein VA: Rechtsschutz nur nach §§ 80f. VwGO möglich.

[226] I. d. R. kein VA, vgl. dazu *BVerwG,* 27. 10. 1982 – 3 C 6.82 – BVerwGE 66, 218. Eine Aufrechnung durch VA ist denkbar: *VGH München,* 31. 5. 1995 – 12 VE 94 3906 – BayVBl. 95, 565 ff.; ferner C 21.

[227] *Ehlers* in *Schoch/Schmidt-Aßmann/Pietzner,* § 40, Rdn. 411.

[228] Die Baulast ist eine vom Grundeigentümer übernommene öffentlich-rechtliche Verpflichtung; vgl. *Gädtke,* BauO NW, 8. Aufl., § 7 ff.; die Ablehnung des Antrags, eine eingetragene Baulast zu löschen (vgl. § 83 Abs. 3 BauO NW) hat dagegen VA-Charakter; *OVG Münster,* 9. 5. 1995 – 11 A 4010/92 – NJW 96, 275.

[229] *BVerwG,* 8. 12. 1995 – 8 C 47/93 – NJW 97, 71, Klageart: Leistungsklage.

[230] Die Bescheinigung hat lediglich deklaratorischen Charakter, sie führt bei Streitigkeiten zur Beweislastumkehr, ändert aber die erteilte Baugenehmigung nicht ab und verleiht etwaig unbeanstandet gebliebenen Mängeln keine Legitimation, vgl. *Gädtke,* § 77, Rdn. 28.

[231] *BVerwG,* 8. 12. 1995 – 8 C 37/93 – NJW 97, 21 Klageart: Leistungsklage gerichtet auf Widerruf der Kraftloserklärung.

[232] Das Fehlen eines derartigen Verlangens ist Voraussetzung für die Genehmigungsfreiheit, vgl. *Boeddinghaus/Hahn/Schulte,* BauO NW 95, 16, so dass das Verlangen selbst lediglich das Genehmigungserfordernis auslöst, also ein unselbständiger Verfahrensakt ist; wie hier: *Jäde,* NWVBl. 95, 206, 208; *Stelkens* in *Schoch/Schmidt-Aßmann/Pietzner,* § 44 a, Rdn. 17, a. A. *Simon,* BayVBl. 94, 363, 364; *Erbguth/Stollmann,* JZ 95, 1141.

[233] *BVerwG,* 30. 11. 1993 – 2 B 156/93 – NVwZ 94, 785.

[234] *BDiszG,* 31. 7. 1997 – IV B K 11/96 – NVwZ 99, 668.

[235] *BVerwG,* 28. 11. 1991 – 2 C 41/89 – NVwZ 92, 572 Klageart: Leistungsklage.

[236] Der an einen Bewerber um eine Professorenstelle gerichtete Ruf ist kein Verwaltungs-

- Umsetzung,[237]
- Verwendung eines Proberichters,[238]
- Weisung bezüglich der Aktenbearbeitung,[239]
- Weisung gem. § 54 Abs. 3 Satz 1 BBG,[240]

– **Beitragsrechnung** einer betrieblichen Altersversorgung,[241]
– **Bestimmung** der Linienführung (§ 16 Abs. 1 BFernStrG),[242]
– **Einsatz** eines verdeckten Ermittlers,[243]
– **Gemeinderecht,**
  – Abberufung als Landrat (§ 93 Sachs. Anh. KommVerf),[244]
  – Einvernehmen der Gemeinde,[245]
  – Ratsbeschluss,[246]
  – Weisungen der Fachaufsicht, vgl. aber oben D 53[247]
– **Gnadenakt,**[248]
– **Kreisumlage,**[249]
– **Landesplanerische Stellungnahme,**[250]
– **Ladungen**[251]
– **Mietspiegel,**[252]
– **Realakte,**[253]
– **Schulrecht,**
  – Androhung eines Schulverweises,[254]

---

akt und grundsätzlich keine Zusage der Anstellung, *BVerwG,* 19. 2. 1998 – 2 C 14/97 – NVwZ 98, 971f.; *VG Wiesbaden,* 20. 3. 1995 – 8/VE 844/93 – NVwZ-RR 96, 207: der Ruf ist nur die Mitteilung einer Auswahlentscheidung und daher kein begünstigender VA.

[237] *BVerwG,* 22. 5. 1980 – 2 C 30.78 – BVerwGE 60, 144 Klageart: Leistungsklage.

[238] Die Entscheidung der Justizverwaltung über die Verwendung eines Richters auf Probe im Rahmen des § 13 DRiG ist kein Verwaltungsakt, auch wenn im Einzelfall Rechte des Richters auf Probe betroffen sind. Rechtsschutz wird in Form der Leistungsklage gewährt; *BVerwG,* 26. 9. 1997 – 2 C 39/95 – BVerwGE 102, 81.

[239] *VGH München,* 25. 11. 1986 – 3 B 85 A. 2578 – DVBl. 87, 750.

[240] *BVerwG,* 19. 6. 2000 – 1 DB 13/00 – DokBER B 00, 261.

[241] *BVerwG,* 17. 8. 1995 – 1 C 15/94 – NVwZ 96, 603.

[242] *Ehlers* in *Schoch/Schmidt-Aßmann/Pietzner,* § 40, Rdn. 66.

[243] *VGH Mannheim,* 24. 11. 1994 – 1 S 290/93 – DVBl. 95, 367.

[244] *VG Dessau,* 10. 8. 1995 – 1 A 77/94 – LKV 1996, 71.

[245] *BVerwG,* 25. 10. 1967 – IV C 129.65 – BVerwGE 28, 145.

[246] Mangels Außenwirkung i. d. R. kein VA, *Wahl/Schütz* in *Schoch/Schmidt-Aßmann/Pietzner,* § 42, Rdn. 60; *BayVerfGH,* 24. 10. 1956 – Vf 85, 90 – VI/55 – VGHE 9, 147 n. F.

[247] *BVerwG,* 14. 12. 1994 – 11 C 4.94 – DÖV 95, 513: i. d. R. kein VA mangels Außenwirkung: Ausnahme bei § 45 Abs. 1b S. 1 Nr. 5 s. Alt. StVO.

[248] *BVerwG,* 8. 3. 1962 – VIII C 499.59 – BVerwGE 14, 73; C 38 a.

[249] *BVerwG,* 18. 3. 1960 – VII C 106.59 – BVerwGE 10, 224; vgl. auch *OVG Münster,* 5. 3. 1996 – 15 A 1190/93 – NVwZ 98, 96.

[250] *König/Zekl,* „Landesplanerische Stellungnahme nach § 20 LPlGNW", NWVBl. 99, 334.

[251] *BVerwG,* 25. 5. 1984 – VIII 87/82 – NJW 84, 2541.

[252] *VGH München,* 14. 6. 1994 – 24 B 93 3620 – DVBl. 95, 162; *BVerwG,* 26. 1. 1996 – 8 C 19/94 – NJW 96, 2026ff.

[253] Vgl. C 57.

[254] *VGH Kassel,* 18. 1. 1961 – OS II 36/57 – DÖV 61, 796; zur Missbilligung vgl. *OVG Lüneburg,* 20. 5. 1959 – III A 751/58 – Städtetag 59, 169.

  - Bildung von Schulbezirken,[255]
  - Bewertung einzelner schulischer Leistungen,[256]
  - Erzieherische Maßnahmen,[257]
  - Festlegung des Stundenplans,[258]
  - Klassenarbeiten,[259]
- **Tieffluggebiete,**[260]
- **Verfahrensakte**[261] (vgl. D 48f.),
- **Verwaltungsinterne Mitwirkungsakte** (vgl. D 46f.),
  - Gestattung der Beantragung der Zulassung von Wertpapieren,[262]
  - Einvernehmen der Gemeinde,[263]
- **Verkehrszeichen,**
  - Anordnung der Aufstellung,[264]
- **Vollstreckungsanordnungen,**[265]
- **Zurückbehaltung,**[266]

Bezüglich der zahlreichen weiteren Einzelbeispiele aus der Rechtsprechung, ob ein anfechtbarer Verwaltungsakt vorliegt oder nicht, wird im übrigen auf die einschlägigen Kommentierungen verwiesen.[267] **55**

b) Klagebefugnis

Die Anfechtungsklage ist nach § 42 Abs. 2 nur zulässig, wenn der Kläger schlüssig behauptet, durch den angefochtenen Verwaltungsakt der beklagten Behörde in seinen Rechten beschwert zu sein.[268] Das bloße Behaupten einer Rechtsverletzung ist freilich nicht ausreichend; der Kläger ist vielmehr verpflichtet, einen Geschehensablauf zu schildern, aus dem sich ergibt, warum und weshalb, und in welchen **56**

---

[255] *VGH Kassel,* 25. 4. 1983 – VI N 5/82 – NVwZ 84, 116.

[256] *BVerwG,* 10. 11. 1972 – VII C 19.72 – BVerwGE 41, 153.

[257] *Wahl/Schütz* in *Schoch/Schmidt-Aßmann/Pietzner,* § 42, Rdn. 52.

[258] *Ehlers* in *Schoch/Schmidt-Aßmann/Pietzner,* § 40, Rdn. 52.

[259] *Niehues,* Schul- und Prüfungsrecht, Rdn. 468.

[260] *BVerwG,* 14. 12. 1994 – 11 C 18.93 – DVBl. 95, 242f.; *Hüttenbrink,* „Rechtliche Möglichkeiten der Beschränkung militärischen Tieffluglärms in den sieben bundesdeutschen Tieffluggebieten", UPR 89, 1ff.: Klageart: Unterlassungsklage (Leistungsklage).

[261] Können gem. § 44a i.d.R. nicht selbständig angefochten werden: *Ehlers* in *Schoch/Schmidt-Aßmann/Pietzner,* § 40, Rdn. 40.

[262] Zu § 71 Abs. 2 BörsG: *VGH Kassel,* 19. 3. 1996 – 11 UE 1714/93 – DVBl. 95, 1208: Die Gestattung der Beantragung ist nur ein verwaltungsinterner Mitwirkungsakt.

[263] *BVerwG,* 25. 10. 1967 – IV C 129.65 – BVerwGE 28, 145.

[264] Die Anordnung der Straßenverkehrsbehörde gegenüber dem Träger der Straßenbaulast ein Zeichen aufzustellen ist für die Anlieger kein VA: *VGH Mannheim,* 3. 8. 1995 – 5 S 3563/94 – NVwZ-RR 96, 306.

[265] *BVerwG,* 18. 11. 1960 – VII 184/57 – NJW 61, 332; *OVG Greifswald,* 19. 7. 1994 – 3 M 12/94 – NVwZ 96, 488 (Versiegelung).

[266] *Wahl/Schütz* in *Schoch/Schmidt-Aßmann/Pietzner,* § 42, Rdn. 45.

[267] Vgl. die sehr detaillierte Aufstellung bei *Redeker/von Oertzen,* § 42, Rdn. 90, vgl. *Pietzner/Ronellenfitsch,* 125, 126; ferner *Redeker/von Oertzen,* § 42, Rdn. 15ff., § 42, Rdn. 37ff.; *Wahl/Schütz* in *Schoch/Schmidt-Aßmann/Pietzner,* § 42, Rdn. 23–83.

[268] *Wahl/Schütz* in *Schoch/Schmidt-Aßmann/Pietzner,* § 42, Abs. 2, Rdn. 5ff.; *BVerwG,* 15. 6. 1994 – 3 B 34.94 – Buchholz 451, 512 Nr. 95; *OVG Münster,* 27. 9. 1994 – 13 A 1062/93 – NW VBl. 95, 268ff.

eigenen Rechten er verletzt sein könnte. Ganz überwiegend wird dabei von der sog. **„Möglichkeitstheorie"** ausgegangen, d. h. der Kläger hat substantiiert vorzutragen, aus welchen Gründen gerade er in seinen Rechten verletzt sei und dass die Rechtswidrigkeit des angegriffenen Verwaltungsaktes mindestens möglich sein muss. Danach ist eine Klage unzulässig, wenn unter Zugrundelegung des Klagevorbringens offensichtlich unter einer wie auch immer gearteten Betrachtungsweise keine Verletzung **subjektiver Rechte** des Klägers denkbar ist.[269]

57 § 42 Abs. 2 verfolgt dabei den Zweck, die oft naheliegende Gefahr von **Popularklagen** auszuschließen.[270] Die Klage ist daher unzulässig, wenn der Kläger nicht die Verletzung eigener Rechte, sondern die Beeinträchtigung fremder Rechte bzw. Interessen geltend macht. Ein **mittelbares Betroffensein** ist deshalb in der Regel nicht ausreichend.[271]

58 Beispiele:

(1) Der Versicherungsnehmer einer privaten Krankenversicherung klagt gegen die Genehmigung einer **Prämienerhöhung** durch das Bundesaufsichtsamt für das Versicherungs- und Bausparwesen. Die Klagebefugnis des Versicherungsnehmers wurde verneint, weil die Genehmigung der Tariferhöhungen nur das Rechtsverhältnis zwischen Aufsichtsbehörde und Versicherungsunternehmen betreffe; durch die Genehmigung des neuen Geschäftsplans werde nicht der einzelne Versicherungsvertrag geändert, sondern dem Versicherungsunternehmen öffentlich-rechtlich gestattet, nach dem genehmigten Geschäftsplan Geschäfte zu tätigen. Die Genehmigung gestalte damit nicht das Rechtsverhältnis des Versicherten zu dem Versicherungsunternehmen. Der Versicherungsnehmer müsse seinen Rechtsschutz im Rahmen des zivilrechtlichen Rechtsverhältnisses vor den Zivilgerichten suchen.[272]

(2) E ist Eigentümer einer mit öffentlichen Mitteln geförderten Wohnung. Die zuständige Behörde hat ihn für die Dauer der Überlassung der Wohnung an die Mieterin M unter der Auflage von Ausgleichszahlungen von der gesetzlichen Pflicht freigestellt, die Wohnung nur wohnberechtigten Personen zu überlassen. E macht gegenüber der Mieterin M in Höhe der ihm auferlegten Ausgleichszahlungen einen Mietzuschlag geltend. M klagt im Wege der Anfechtungsklage gegen die E gegenüber ausgesprochene Freistellung mit Zahlungsauflage.

---

[269] *Wahl/Schütz* in *Schoch/Schmidt-Aßmann/Pietzner,* § 42 Abs. 2, Rdn. 65 ff.; *BVerwG,* 15. 6. 1994 – 3 B 34.94 – Buchholz 512 Nr. 95.

[270] *Kopp/Schenke,* § 42, Rdn. 38.

[271] *Pietzner/Ronellenfitsch,* § 14, Rdn. 4; vgl. die Übersicht bei *Wahl/Schütz* in *Schoch/Schmidt-Aßmann/Pietzner,* § 42 Abs. 2, Rdn. 43 ff.; ferner die nachbarschützenden Normen des Bauordnungsrechts, z. B. die Bauwichvorschriften (§ 6 BauONW) oder die Vorschriften über die Anordnung von Stellplätzen (z. B. § 47 Abs. 7 BauONW), vgl. dazu im einzelnen unten die, Rdn. J 52 ff.; vgl. *OVG Frankfurt (Oder),* 25. 4. 1995 – 1 A 24/94 – LKV 95, 374; keine drittschützende Wirkung bei kommunalaufsichtlichen Genehmigungen.

[272] Vgl. dazu *BVerwG,* 16. 7. 1968 – I A 5.67 – BVerwGE 30, 135 ff.; zur Genehmigung von Unternehmenstarifen der Kfz.-Haftpflichtversicherung vgl. ferner *BVerwG,* 25. 11. 1986 – 1 A 20.82 – BVerwGE 75, 1476 ff.: Eine ähnliche Fallgestaltung ergibt sich auch bei der Genehmigung von Preislisten von Tierkörperbeseitigungsanstalten, und zwar selbst dann, wenn – wie etwa nach dem nordrhein-westfälischen Tierkörperbeseitigungsgesetz – für den Fleischereibetrieb ein Anschluss und Benutzungszwang besteht. Der Fleischereibetrieb muss bei unangemessenen Preiserhöhungen seinen Rechtsschutz vor den Zivilgerichten suchen, vgl. dazu *VG Münster,* 15. 8. 1990 – 6 L 113/90 – (n. v.); der Kunde eines Elektrizitätsversorgungsunternehmens kann die Genehmigung von Tariferhöhungen nicht anfechten; *BVerwG,* 22. 2. 1994 – 1 C 24.92 – Buchholz 310, § 42 Nr. 202.

Die Klagebefugnis wurde verneint, weil es sich bei der gegenüber dem Eigentümer erlassenen Freistellung nebst Zahlungsauflage für den Mieter lediglich um eine mittelbare negative Folge handele; unmittelbare Rechtswirkungen entfalte die Freistellung nur im Verhältnis zwischen der handelnden Behörde und dem verfügungsberechtigten Vermieter.[273]

(3) Die Gemeinde G veräußert ein Grundstück an den Käufer K. Die Kommunalaufsichtsbehörde verweigert die erforderliche Genehmigung gem. § 90 Abs. 3b BbgKommVerf. 1993. Da die Kommunalaufsicht den Zweck verfolgt, die Gemeinde vor Grundstücksgeschäften zu schützen, die mit ihren Interessen oder mit ihren rechtlichen Pflichten (z.B. Haushaltsgrundsätzen) nicht zu vereinbaren sind, ist eine Berücksichtigung der Interessen des Geschäftspartners der Gemeinde im Rahmen der **kommunalaufsichtlichen Genehmigung** ausgeschlossen. Folglich fehlt es dem Geschäftspartner der Gemeinde an der Klagebefugnis bei einer Anfechtungs- oder Verpflichtungsklage gegen den kommunalaufsichtlichen Versagungsbescheid.[274]

(4) Der Verstoß gegen eine Regelung über die **instanzielle Zuständigkeit** zwischen unterer und höherer Fachbehörde führt nicht zur Verletzung eigener Rechte des vom festgestellten oder genehmigten Plan betroffenen Dritten.[275]

(5) Aus einem etwaigen Verstoß gegen die bauordnungsrechtliche **Stellplatzpflicht** (fehlende Stellplätze z.B. § 51 Abs. 1 und 2 BauO NW 1995) können die Nachbarn kein Abwehrrecht herleiten, da die Bestimmungen über die Stellplatzpflicht nur der Leichtigkeit des Straßenverkehrs dienen und nach ständiger Rechtsprechung und nach einhelliger Meinung in der Literatur deshalb keinen drittschützenden Charakter haben.[276]

(6) Der Nachbar, der sich gegen den Umbau/Abbruch eines denkmalgeschützten Gebäudes unter Berufung auf das Denkmalrecht wendet, ist nicht klagebefugt, weil dem Denkmalrecht keine drittschützende Wirkung zukommt, sondern dessen Vorschriften ausschließlich öffentlichen Interessen dienen.[277]

---

[273] Vgl. dazu *BVerwG,* 6. 3. 1987 – 8 C 1/85 – NJW 87, 2829ff.; der Mieter hat ferner keine Befugnis gegen eine an seinen Vermieter gerichtete behördliche Kündigungsanordnung (wg. Fehlbelegung) zu klagen: *BVerwG,* 22. 6. 1995 – 8 B 64/95 – NJW 95, 2866f.; vgl. ferner *OVG Münster,* 25. 3. 1998 – 14 E 117/97 – NVwZ 99, 559, wonach eine gem. § 7 IV NMVO 1970 erteilte Genehmigung für den Ausbau von Zubehörräumen öffentlich geförderter Wohnungen keine Rechtsverletzung der Mieter zu begründen vermag. Auch sonstige zivilrechtliche Ausgleichspflichten zwischen Rechtsvorgänger und Rechtsnachfolger begründen zugunsten des Rechtsnachfolgers keine Klagebefugnis, wenn der Rechtsvorgänger einen Gebührenbescheid erhalten hat, den der Rechtsnachfolger aufgrund zivilrechtlicher Absprachen ausgleichen muss, vgl. *VGH München,* 16. 8. 2000 – 19 B 99 2247 – NVwZ 01, 339.

[274] *OVG Frankfurt (Oder),* 25. 4. 1995 – 1 A 24/94 – LKV 1995, 374ff.; vgl. beispielsweise auch zur fehlenden Klagebefugnis eines Investors bei Aufhebung des Investionsvorrangsbescheids *BVerwG,* 13. 10. 1994 – 7 C 15/94 – NJW 95, 672ff.

[275] *VGH Mannheim,* 29. 1. 1991 – 5 S 3088/88 – DVBl. 92, 732, am Beispiel einer Abfallentsorgungsanlage.

[276] Vgl. dazu *OVG Münster,* 10. 7. 1998 – 11 A 7238/95 – NVwZ-RR 99, 365–367; ferner *OVG Münster,* 25. 4. 1994 – 7 A 424/91 – und vom 15. 11. 1995 – 7 A 2950/94 – sowie die Beschlüsse vom 21. 7. 1994 – 11 B 1511/94 – BRS 56, Nr. 159 und vom 27. 11. 1995 – 7 B 3188/95 –; ferner *Boeddinghaus/Hahn/Schulte,* BauO NW 1995, § 51, Rdn. 54 und § 74, Rdn. 34; *Gätke/Böckenförde/Temme/Heinz,* BauO NW, 9. Aufl. 1999, § 51, Rdn. 16. Eine Klage wegen angeblich fehlender Stellplätze hat selbst dann keinen Erfolg, wenn die Besucher der Kinoanlage ihre Fahrzeuge in den benachbarten Wohnstraßen abstellen, vgl. dazu *OVG Münster,* 21. 7. 1994 – 11 B 1511/94 – NVwZ-RR 95, 435, oder wenn ein Vorhaben Mehrverkehr auf einer öffentlichen Erschließungsstraße auslöst, vgl. *OVG Münster,* 22. 8. 1989 – 7 B 30/89 –.

[277] *OVG Münster,* 26. 2. 1993 – 11 A 1431/91 – n. v.; *OVG Münster,* 9. 6. 1989 – 7 B 745/89 – NWVBl. 90, 16.

(7) Für eine öffentlich-rechtliche Nachbarklage eines Sondereigentümers, mit der dieser sich gegen die Art der Nutzung der im Sondereigentum eines anderen Miteigentümers derselben Eigentümergemeinschaft stehenden Wohnung wendet, fehlt regelmäßig die Klagebefugnis gem. § 42 Abs. 2.[278] Der Sondereigentümer muss sich im Verhältnis zu den anderen Sondereigentümern mit diesen zivilrechtlich auseinandersetzen. Der Sondereigentümer bleibt allerdings berechtigt, mittels einer öffentlich-rechtlichen Nachbarklage solche Beeinträchtigungen abzuwehren, die ihre rechtliche Grundlage in einer Genehmigung haben, die einem (außerhalb der Eigentümergemeinschaft stehenden) Dritten erteilt wurde. Dem Wohnungseigentümer verbleibt also der volle öffentlich-rechtliche Rechtsschutz gegen solche Beeinträchtigungen, die von außen auf den Sondereigentümer oder die Eigentümergemeinschaft zukommen.[279]

58a **Keine Klagebefugnis ist ferner gegeben, wenn die vom Kläger beanstandete Maßnahme für ihn lediglich begünstigenden Charakter hat.** Verwaltungsakte i. S. d. § 48 S. 2 VwVfG sind begünstigend, wenn sie ein Recht oder einen rechtlich erheblichen Vorteil begründen oder bestätigen.[280] Wenngleich es in der Regel auf der Hand liegen dürfte, dass unter Begünstigung jede Rechtswirkung zu verstehen ist, an deren Aufrechterhaltung der vom VA Betroffene ein schutzwürdiges Interesse hat, tauchen in der Praxis gelegentlich Fälle auf, in denen sich der belastende/begünstigende Charakter der Maßnahme nicht zweifelsfrei feststellen lässt. Hat die angegriffene Maßnahme lediglich begünstigenden Charakter, so fehlt es naturgemäß an der Klagebefugnis.

Beispiele:

58b (1) Der Eigentümer eines Außenbereichsgrundstücks nebst aufstehendem Wohnhaus wurde von der zuständigen Behörde im Jahre 1985 verpflichtet, die auf dem Grundstück anfallenden häuslichen Abwässer sowie das Niederschlagswasser gem. § 18a Abs. 1 WHG ordnungsgemäß zu beseitigen. In der Folge errichtete der Eigentümer auf dem Grundstück eine eigene Kleinkläranlage. Im Jahre 1990 widerrief die zuständige Behörde den Verpflichtungsbescheid aus dem Jahre 1985. Mit einem weiteren Bescheid wurde der Kläger unter Hinweis auf den Anschluss- und Benutzungszwang verpflichtet, sein Grundstück an die gemeindliche Kanalisation anzuschließen. Die gegen den Widerruf des Verpflichtungsbescheids gerichtete Anfechtungsklage des Eigentümers, der insbesondere auf die hohen Kosten bei der Errichtung der Kleinkläranlage verwies, wurde mit der Begründung zurückgewiesen, der Widerruf des Verpflichtungsbescheids aus dem Jahre 1985 stellte einen „lediglich begünstigenden Bescheid" dar; der Widerruf des Verpflichtungsbescheids habe auch nicht etwa deshalb belastenden Charakter, weil damit mittelbar die aus dem ursprünglichen Verpflichtungsbescheid resultierende Befreiung vom Anschluss- und Benutzungszwang an das gemeindliche Kanalsystem durch den Widerruf entfalle.[281]

---

[278] *BVerwG,* 14. 10. 1988 – 4 C 1/86 – NVwZ 89, 250f.; durch die einem der Miteigentümer erteilte Teilungsgenehmigung werden die Rechte der anderen Miteigentümer nicht verletzt, vgl. dazu *BVerwG,* 27. 4. 1988 – 4 B 67/88 – NJW 88, 2056; auch im Verhältnis Erbbauberechtigter zu Grundstückseigentümer verdrängt der Erbbauberechtigte den Grundstückseigentümer aus dessen Abwehrposition: Der Erbbauberechtigte wird wie der Grundstückseigentümer behandelt, vgl. *BVerwG,* 16. 9. 1993 – 4 C 9.90 – BRS 55, 163, der Erbbauberechtigte ist im Normenkontrollverfahren antragsbefugt, vgl. dazu *OVG Münster,* 5. 11. 1993 – 7 aD 200/91.NE – n. v., während dem Eigentümer die Antragsbefugnis nur zugestanden wird, wenn dieser das Heimfallrecht gegenüber dem Erbbauberechtigten ausgeübt hat, vgl. dazu *OVG Münster,* 6. 8. 1990 – 7 a NE 39/86 – n. v.

[279] *BVerwG,* 14. 10. 1988 – 4 C 1/86 – NVwZ 89, 250.

[280] Vgl. dazu *Stelkens/Bonk/Sachs,* § 48 Rdn. 124.

[281] Vgl. dazu *VG Münster,* 25. 8. 1992 – 6 K 2468/92 – n. v.; ferner *OVG Münster,* 2. 4. 1998 – 20 A 3189/96 – NWVBl. 99, 94f.

(2) Der Kläger verkaufte an den Käufer eine Teilfläche von rund 1000 qm eines insgesamt 5000 qm großen Grundstücks. Auf Antrag des Käufers wurde eine Teilungsgenehmigung bzw. ein Negativattest erteilt. Eine Klagebefugnis des Klägers (Verkäufers) gegen eine Teilungsgenehmigung/ein Negativattest ist nicht gegeben, weil durch die Teilungsgenehmigung/das Negativattest die rechtlichen Möglichkeiten des Eigentümers nicht eingeschränkt, sondern erweitert werden, ihm wird nämlich bescheinigt, dass er sein Grundstück teilen darf. Ob er von diesem Recht Gebrauch machen will oder infolge einer vertraglichen Verpflichtung sogar Gebrauch machen muss, ist für die Erteilung des Negativattests ohne Bedeutung. Die **Teilungsgenehmigung**/das Negativattest haben daher lediglich begünstigenden Charakter.[282]

(3) Der Kläger ist Berufssoldat und wurde vom Bundesminister der Verteidigung (BMV) unter Zusage einer Umzugskostenvergütung von seinem bisherigen Dienstort nach Köln kommandiert. Dieser Antrag wurde mit der Begründung abgelehnt, der Kläger sei nicht uneingeschränkt umzugswillig. Gegen den ablehnenden Bescheid legte der Kläger kein Rechtsmittel ein, sondern stellte beim BMV den Antrag, die Zusage der Umzugskostenvergütung als solche – auch unter Berücksichtigung ihrer möglichen tatsächlichen Auswirkungen auf die Gewährung von Trennungsgeld – ein ausschließlich begünstigender Verwaltungsakt darstellt.[283]

(4) **Andererseits kann auch die Rücknahme eines belastenden Bescheids nicht nur begünstigenden sondern im Einzelfall auch belastenden Charakter haben.** Der Beklagte hatte den Kläger mit dem 1. Bescheid zu einem Kanalanschlussbeitrag herangezogen. Der Bescheid war hinsichtlich der Frage, ob ein Voll- oder nur ein Teilanschlussbeitrag für die Einleitung vorgeklärter Abwässer festgesetzt werden sollte, missverständlich. Mit dem streitbefangenen 2. Bescheid zog der Beklagte den Kläger zu einem vermeintlich durch den alten Bescheid noch nicht festgesetzten Teilanschlussbeitrag für die Einleitung ungeklärter Abwässer heran. Wegen der Zweifel über den Inhalt des ersten Bescheids hob der Beklagte diesen auf, soweit in ihm auch ein Teilanschlussbeitrag für die Einleitung ungeklärter Abwässer festgesetzt worden sein sollte. Der Kläger erhob gegen die erneute Veranlagung insoweit Klage, als sie mehr festsetzte, als nach seiner Meinung bereits in der ersten Veranlagung für die Einleitung ungeklärter Abwässer festgesetzt worden war und focht zugleich den Teilrücknahmebescheid an. Der erste Kanalanschlussbeitragsbescheid hatte – wegen der Beitragsfestsetzung – einerseits belastenden Charakter, andererseits handelte es sich aber auch um einen begünstigenden Verwaltungsakt, weil er nämlich zugunsten des Klägers wegen des Verbots der erneuten Beitragsfestsetzung gleichzeitig auch einen rechtlich erheblichen Vorteil begründete. Dieses Verbot der Doppelveranlagung ist nicht nur ein bloß rein tatsächlicher, mittelbarer oder reflexartiger Vorteil für den jeweiligen Grundstückseigentümer, sondern ein wesensmäßig mit der Festsetzung eines Vollanschlussbeitrags verbundener rechtlich erheblicher Vorteil, so dass die Rücknahme des 1. Bescheids durch den 2. Bescheid für den Kläger belastenden Charakter hatte.[284]

aa) Adressatentheorie

In der Praxis bereitet die Feststellung der Klagebefugnis im Regelfall kein Problem, denn der Adressat eines belastenden Verwaltungsaktes ist stets klagebefugt[285] **(„Ad-** 59

---

[282] *BVerwG,* 27. 4. 1988 – 4 B 67.88 – BRS 48, Nr. 153; *BVerwG,* 1. 7. 1999 – 4 C 23.97 – UPR 00, 35. Auch ein Miteigentümer kann deshalb nicht gegen die einem anderen Miteigentümer erteilte Teilungsgenehmigung klagen, *BVerwG,* 27. 4. 1988 – 4 B 67/88 – NJW 88, 2056.

[283] *BVerwG,* 9. 1. 1989 – 6 C 47/86 – NVwZ 89, 1173.

[284] *VG Münster,* 27. 3. 1998 – 15 A 3212/94 – NWVBl. 98, 410.

[285] Umgekehrt gilt: Ein Dritter, der von einem Bescheid betroffen ist (ohne Adressat zu sein), hat nur dann ein Recht zur Anfechtung, wenn er sich auf eine öffentlich-rechtliche Norm stützen kann, die ihm eine eigene rechtsschutzfähige Position einräumt, vgl. *BVerwG,* 3. 8. 2000 – 3 C 30/99 – NJW 01, 909 ff.

ressatentheorie“), weil er durch den Verwaltungsakt, sofern sich dieser als rechtswidrig erweist, zumindest im Grundrecht der allgemeinen Handlungsfreiheit, Art. 2 Abs. 1 GG, verletzt wird.[286] Wie die vorstehenden Beispiele (3) (D 58, Nr. 1 und 3) zeigen, kann allerdings fraglich sein, ob die angefochtene Entscheidung tatsächlich belastend ist.

60 Bei **Allgemeinverfügungen** kann die **Adressatentheorie** keine Anwendung finden; in diesen Fällen ist mit Hilfe der Schutznormtheorie[287] zu entscheiden, ob der Kläger klagebefugt ist, vgl. D 64f.

bb) Eingriff in private Rechte

61 Die Klagebefugnis liegt auch vor, wenn die angefochtene Entscheidung die **privaten Rechte** des Klägers unmittelbar gestaltet bzw. in diese eingreift.

Beispiel:

A veräußert an ihren Neffen N ein Grundstück. Der Restkaufpreis wird auf 15 Jahre gestundet und durch eine Hypothek am veräußerten Grundstück gesichert. A erlässt N einige Zeit später diese Restkaufpreisforderung vermächtnisweise in ihrem Testament.
Bis zu ihrem Tod war A Bewohnerin des Altenwohn- und Pflegeheims des Z. Nach Erschöpfung ihres sonstigen Vermögens trat sie die gegen ihren Neffen gerichtete Restkaufpreisforderung zur Abdeckung der künftig anfallenden Heimkosten an Z ab. Dieser verpflichtete sich, A weiterhin den Aufenthalt in seinem Heim zu gewähren, bis die abgetretene Forderung aufgebraucht sei. Der zum Zeitpunkt des Todes noch nicht verbrauchte Restbetrag der Forderung sollte Z im Wege der Schenkung verbleiben. Wenige Tage nach dem Tode der A beantragte Z bei der Heimaufsichtsbehörde, ihm die Annahme der von A zugewandten Vermögensvorteile gem. § 14 Abs. 1 Satz 2 HeimG zu genehmigen. Die Genehmigung wurde erteilt. N erhebt gegen diese Genehmigung Anfechtungsklage.
N ist klagebefugt, denn der vermächtnisweise Erlass der Restkaufpreisforderung ist nur wirksam, wenn diese beim Erbfall noch nicht endgültig aus dem Erbschaftsvermögen ausgeschieden war (§§ 2174, 2176, 2169 Abs. 1 BGB). Das hängt davon ab, ob die für die Verfügung der A an Z erforderliche behördliche Genehmigung wirksam ist.[288]

Macht der Kläger ausschließlich einen Eingriff in **private Rechte** geltend, so muss jeweils exakt geprüft werden, ob die angefochtene Entscheidung tatsächlich in die von dem Kläger behaupteten privaten Rechte eingreift oder nicht.

Beispiel:

Die Rechtsverhältnisse unter Miteigentümern richten sich grundsätzlich nach dem bürgerlichen Recht.[289] Bei einem nach dem WEG aufgeteilten Grundstück sind die wechselseitigen Rechte der Sondereigentümer und damit auch die Abwehrrechte gegen Störungen auf dem Grundstück durch dieses Gesetz besonders geregelt. Kommt es zu einem Nutzungskonflikt, so gestalten seine Normen die zwischen dem nachteilig betroffenen Wohnungseigentümer

---

[286] *BVerwG,* 15. 3. 1988 – 1 A 23/85 –, NJW 88, 2752; wer nicht Adressat einer Verfügung ist, ist abgesehen von den Fällen der VA's mit Doppelwirkung – i.d.R. nicht klagebefugt, vgl. dazu *OVG NW,* 24. 2. 1995 – 25 A 2/93 – NWVBl. 95, 318; bei Ordnungsverfügungen an den Besitzer einer Sache wird deshalb der Eigentümer (noch) nicht beschwert, sondern erst bei Vollstreckungshandlungen der Behörde, vgl. dazu *VGH Kassel,* 10. 1. 1995 – 14 TH 2919/94 – NVwZ-RR 96, 330.

[287] Zur Klagebefugnis der Kirchen gegen eine „Bäderregelung“, vgl. *OVG Greifswald,* 22. 12. 1999 – 2 M 99/99 – DVBl. 00, 1072.

[288] *BVerwG,* 18. 12. 1987 – 7 C 57/85 – NJW 88, 984.

[289] *BVerwG,* 27. 4. 1998 – 4 B 67.88 – Buchholz 406.11, § 19 BauGB Nr. 51.

und dem Störer bestehende Rechtslage. Etwaige öffentlich-rechtliche Drittschutzansprüche werden durch das Zivilrecht überlagert und verdrängt. Das vom öffentlichen Recht gesteuerte Handeln der Baugenehmigungsbehörde (im Falle der Erteilung einer Baugenehmigung an die Wohnungseigentümergemeinschaft) bleibt ohne Einfluss auf die gegenseitigen privaten Rechte der Beteiligten. Der von der Eigentümergemeinschaft übergangene Wohnungseigentümer muss deshalb etwaige Abwehrrechte auf zivilrechtlicher Ebene suchen.[290] Gleiches gilt auch dann, wenn Störungen bei der baulichen Nutzung des gemeinschaftlichen Grundstücks der Eigentümergemeinschaft auftreten. Wird also für das im Sondereigentum stehende Erdgeschoss zugunsten eines Dritten (Pächters) eine Gaststättenerlaubnis erteilt, so sind die übrigen hiervon betroffenen Wohnungseigentümer wegen der Sonderregelungen des WEG öffentlich-rechtlich präkludiert; ihre potentiellen Abwehrrechte richten sich nach dem WEG und sind zivilrechtlich zu verfolgen.[291]

cc) Schutznormtheorie, insbesondere bei Verwaltungsakten mit Doppelwirkung

Die Klagebefugnis ist ferner gegeben, wenn die angefochtene Entscheidung die öffentlichen Rechte des Klägers beeinträchtigt. **62**

Diese Rechte können sich zum einen aus den Grundrechten und verfassungsrechtlichen Garantien ergeben (Art. 1–20 GG,[292] insbesondere Art. 2 und Art. 14 GG,[293] Art. 101, 103, 104 GG)[294] ergeben.

Zum anderen kommt in Betracht, dass das einfache materielle Recht den Kläger mit eigenen subjektiven öffentlichen Rechten ausstattet. Dies ist im Wege der Auslegung anhand der Kriterien der **Schutznormtheorie**[295] zu klären (vgl. auch K 37 ff.). Danach ergeben sich aus dem Gesetz subjektive Rechte, sofern das individuell geschützte private Interesse, die Art seiner Verletzung und der Kreis der unmittelbar geschützten Personen hinreichend deutlich klargestellt und abgrenzbar ist.[296]

---

[290] *BVerwG,* 12. 3. 1998 – 4 C 3.97 – DVBl. 98, 893; *BVerwG,* 4. 5. 1988 – 4 C 20/85 – NJW 88, 3279.

[291] *BVerwG,* 12. 3. 1998 – 4 C 3.97 – DVBl. 98, 893. Wird allerdings von außen auf das gemeinschaftliche Grundstück der Eigentümergemeinschaft eingewirkt, hat der Sondereigentümer – ähnlich wie der Miteigentümer – alle etwaig denkbaren öffentlich-rechtlichen Abwehrrechte, vgl. *BVerwG,* 14. 10. 1988 – 4 C 1/86 – NVwZ 89, 215; auch der Erbbauberechtigte, der unter einem innerstädtischen Platz eine Tiefgarage betreibt, hat bei einer Neugestaltung der Platzoberfläche gegenüber der Stadt keine öffentlich-rechtlichen Abwehrrechte, weil er infolge der Platzneugestaltung eine Schädigung der Tiefgarage befürchtet. Der Erbbauberechtigte muss hier zivilrechtliche Ansprüche geltend machen, vgl. *BVerwG,* 10. 11. 1998 – 4 B 107/98 – NVwZ 99, 413.

[292] Zur Klagebefugnis aus Art. 3 GG wegen Verletzung des Willkürverbots, vgl. *BVerwG,* 3. 8. 2000 – 3 C 30/99 – NJW 01, 909.

[293] *BVerwG,* 18. 12. 1987 – 7 C 57/85 –, NJW 88, 984.

[294] *BVerwG,* 18. 12. 1987 – 4 C 9.86 – BVerwGE 78, 347 ff.; *BVerfG,* 9. 7. 1980 – 2 BvR 701/80 – NJW 80, 2698: rechtl. Gehör; vgl. auch *Martensen,* „Persönlichkeitsrecht und Anhörung des Bürgers vor dem Erlass belastender Verwaltungsakte", DÖV 95, 528 ff.

[295] *BVerwG,* 30. 3. 1995 – 3 C 8.94 – DÖV 95, 909 ff.; kein subjektives Recht eines Eigentümers auf Unterschutzstellung eines Gebäudes als Denkmal: *OVG Münster,* 17. 2. 1995 – 10 A 830/92 – NW VBl. 95, 428.

[296] Vgl. *Hoppe* in *Ernst/Hoppe,* 2. Aufl. 1981, Rdn. 388, 390 ff.; *Grotefels* in *Hoppe/Grotefels,* § 17, Rdn. 26 m. w. N.; *Hüttenbrink,* „Zum nachbarschützenden Charakter des Rücksichtnahmegebots im unbeplanten Innenbereich gem. § 34 BBauG – ein konturenloses Rechtsinstitut?", in ZfBR 83, 209 ff.; vgl. ferner beispielhaft: Die Rechtsprechung des Bundesverwaltungsgerichts zum nachbarschützenden Charakter des § 15 BauNVO, *BVerwG,*

Beispiele:

(1) Das Bestehen eines subjektiven Rechts und damit die Klagebefugnis ist für mehrere an einem Flughafen angesiedelte Flugschulen und Flugcharterunternehmen **bejaht** worden, die sich durch eine Änderung der Flughafengenehmigung in ihren wirtschaftlichen Interessen beeinträchtigt sahen. Das BVerwG hat die Kläger deshalb zur Klage befugt gehalten, weil (auch) ihre Interessen bei der Entscheidung über die angefochtene Änderungsgenehmigung zu berücksichtigen gewesen seien. Eine luftverkehrsrechtliche Genehmigung nach § 6 LuftVG, der keine Planfeststellung nach § 8 LuftVG nachfolge, müsse auch die sonst in dem nachfolgenden Planfeststellungsverfahren gebotene Abwägung enthalten. Dabei hätten auch die Belange der Kläger in die Abwägung eingestellt werden müssen.[297]

(2) Der Abschussplan für einen Jagdbezirk gem. § 21 Abs. 1 BJagdG dient nicht nur öffentlichen Interessen, sondern auch den Individualinteressen des Waldeigentümers.[298]

63 Ergibt die Auslegung, dass das Gesetz ausschließlich öffentlichen Interessen dienen soll, kommt es jedoch faktisch auch dem Individualinteresse zugute, so handelt es sich um einen **Rechtsreflex,** der keine Klagebefugnis vermittelt.[299]

Beispiele:

(1) Die Klagebefugnis eines Straßenanliegers (Eigentümers), der sich gegen Fahrbahnschwellen im örtlichen Verkehrsnetz wendet, ist verneint worden, wenn dieser mehrere Möglichkeiten zur Anfahrt seines Grundstücks hat, ohne die streitigen Fahrbahnschwellen zwingend überqueren zu müssen; § 9a NWStrWG gibt dem Benutzer einer Straße keine allgemeine Klagebefugnis für eine gegen den Straßenbaulastträger gerichtete Klage auf Beseitigung derartiger Schwellen.[300]

(2) Ein Grundstückseigentümer beantragt bei der zuständigen Gemeinde ihm im Wege einer Ausnahmegenehmigung von der gemeindlichen Baumschutzsatzung zu gestatten, die auf sein Grundstück herüberragenden Äste eines Baumes seines Nachbarn zurückzuschneiden. Da die Baumschutzsatzung lediglich im öffentlichen Interesse erlassen worden ist und keine schützwürdigenden Belange von Privateigentümern sicherstellen will, wird durch die Ausnahmegenehmigung nicht ummittelbar in die privaten Rechte des betroffenen Eigentümer des Baumes eingegriffen; die zivilrechtliche Befugnis des Nachbarn zum Zurückschneiden der Bäume richtet sich nämlich nach § 910 BGB.[301]

(3) Die Unabkömmlichstellung eines Wehrpflichtigen (§ 3 WehrpflG) dient ausschließlich öffentlichen Interessen; bei Ablehnung der UK-Stellung des Wehrpflichtigen können

---

5. 8. 1983 – 4 C 96.79 – BVerwGE 67, 334 und 5. 8. 1983 – 4 C 53.81 – NJW 84, 138 sowie *Fickert/Fieseler,* Baunutzungsverordnung, 6. Aufl., § 15, Rdn. 6ff.

297 *BVerwG,* 26. 7. 1989 – 4 C 35/88 – NVwZ 90, 262.

298 *BVerwG,* 30. 3. 1995 – 3 C 8.94 – DÖV 95, 909ff.: Drittschutz vermitteln solche Vorschriften, die nach dem in ihn enthaltenen durch Auslegung zu ermittelnden Entscheidungsprogramm auch der Rücksichtnahme auf die Interessen des betreffenden Dritten dienen; zur Klagebefugnis eines Eigentümers eines für befriedet erklärten Grundstücks gegen die Befriedungsanordnung der Jagdbehörde vgl. *BVerwG,* 16. 6. 1994 – 3 C 31.92 – BayVBl. 95, 29.

299 *Pietzner/Ronellenfitsch,* § 14, Rdn. 13; z.B. vermittelt § 5 Abs. 2 BImschG keinen Nachbarschutz, weil die allgemeine Risikovorsorge nur zum Schutz der Allgemeinheit geschieht, vgl. *BVerwG,* 18. 5. 1982, – 7 C 42.80 – BVerwGE 65, 313; das Verbot der Doppelveranlagung im Kanalanschlussbeitragsrecht ist dagegen kein bloß rein tatsächlicher, mittelbarer oder reflexartiger Vorteil für den Grundstückseigentümer, sondern ein wesensmäßig mit der Festsetzung eines Vollanschlussbeitrags verbundener rechtlich erheblicher Vorteil, der somit einen Kanalanschlussbeitragsbescheid auch zu einem begünstigenden Verwaltungsakt macht, vgl. dazu *OVG Münster,* 27. 3. 1998 – 15 A 3212/94 – NWVBl. 98, 410.

300 *OVG Münster,* 10. 11. 1994 – 23 A 2097/93 – in NVwZ-RR 95, 482.

301 *VGH Mannheim,* 21. 12. 1995 – 5 S 3422/95 – NVwZ-RR 96, 383.

deshalb weder der Bedarfsträger (der Arbeitgeber) noch der Wehrpflichtige selbst in ihren Rechten verletzt werden.[302]

(4) Das Zweckentfremdungsverbot in Art. 6 § 1 I Abs. 1 Satz 1 MRVerbG dient ausschließlich öffentlichen Interessen, so dass der Mieter gegenüber einer dem Eigentümer erteilten Zweckentfremdungsgenehmigung nicht klagebefugt ist.[303]

(5) Die FDP erhielt durch Bescheid der Bundestagspräsidentin im Jahre 1996 einen Betrag zur Parteifinanzierung i. H. v. rd. 12 Mio. DM. Mit seiner Klage machte der Südschleswigsche Wählerverband (SSW) neben zwei anderen Parteien geltend, die FDP habe die Mittel wegen nicht ordnungsgemäßer Antragstellung zu Unrecht erhalten. Eine Klagebefugnis des SSW wurde verneint, weil das Antragserfordernis des § 19 Abs. 1 ParteiG Drittschutz nicht vermittelt.[304]

Bei der Anfechtung von **Allgemeinverfügungen**[305] ist über die Klagebefugnis **64**
an Hand der Schutznormtheorie zu entscheiden.

Bei **verkehrsrechtlichen Anordnungen** muss der Kläger z. B. in seiner Eigenschaft als Verkehrsteilnehmer nicht nur eine hinreichende Verkehrsbeziehung zu der fraglichen Anordnung darlegen, sondern auch dartun, dass er durch diese Anordnung in öffentlich-rechtlich individuell geschützten Interessen verletzt wird.[306]

Bei der Anfechtung von **straßenrechtlichen Widmungen** muss der Kläger – soweit die Widmung sich nicht auf in seinem Eigentum stehende Grundstücksflächen erstreckt – geltend machen, dass er im Anliegergebrauch verletzt werde, der ihm als Grundstückseigentümer verfassungsrechtlich gem. Art 14 GG zustehe.[307]

Bei der Anfechtung von (fernstraßenrechtlichen) **Planfestsetzungsbeschlüssen** **64 a**
(vgl. K 144ff.) sind nicht nur die **Eigentümer** von Grundstücken klagebefugt, deren Grundstücke enteignend in Anspruch genommen werden können oder in sonst rechtlich relevanter Weise betroffen sind,[308] sondern auch solche Personen, denen lediglich ein obligatorisches Recht an einem Grundstück zusteht **(Pächter),** auf das sich der Planungsträger mittels der Planfeststellung den Zugriff sichert. Die enteignungsrechtlichen Vorwirkungen treten besonders deutlich zutage, wenn auch das obligatorische Recht Gegenstand eine selbständigen Enteignung sein kann.[309]

Erfolgt die Straßenplanung abschnittsweise, so kann der Eigentümer eines Grundstücks, das erst im nachfolgenden Planfeststellungsabschnitt enteignend in Anspruch genommen werden **kann,** anfechtungsbefugt sein, wenn er geltend machen kann, dass durch den vorhergehenden Planfeststellungsbeschluss ein Zwangspunkt für die Inanspruchnahme seines Grundstücks gesetzt wird (vgl. auch K 46nff.).[310] Der Eigentümer eines im nachfolgenden Planfeststellungsabschnitt be-

---

302 *BVerwG,* 26. 7. 1979 – 8 B 28.79 – BVerwGE, 58, 244.

303 *BVerwG,* 22. 4. 1994 – 8 C 29/92 – NJW 95, 542ff.

304 *OVG Münster,* 4. 5. 1999 – 5 A 5682/97 – DVBl 99, 1372.

305 Zur Klagebefugnis der Kirche gegen eine „Bäderregelung", vgl. *OVG Greifswald,* 22. 12. 1999 – 2 M 99/99 – DVBl. 00, 1072.

306 Zur Anwohnerparkzone vgl. *VG Köln,* 20. 3. 1995 – 11 K 2260/93 – NWVBl. 95, 441.

307 *VGH Mannheim,* 7. 7. 1994 – 5 S 679/94 – NVwZ-RR 95, 185f.

308 *Kopp/Ramsauer,* § 75, Rdn. 38.

309 Vgl. dazu *BVerwG,* 1. 9. 1997 – 4 A 36/96 – NVwZ 98, 504; anders ausdrücklich die Rechtsprechung des 4. Senats zum Bauplanungsrecht, vgl. dazu *BVerwG,* 20. 4. 1998 – 4 B 22/98 – ZfBR 98, 256.

310 *OVG Münster,* 20. 9. 1999 – 23 D 98/95.AK – AU, 8.

troffenen Grundstücks kann indes keine umfassende Überprüfung des angefochtenen Planfeststellungsbeschluss verlangen, sondern nur die Prüfung, ob die etwaige Rechtswidrigkeit des Beschlusses auf einem Rechtsfehler beruht, der, wenn er unterblieben wäre, auch die Inanspruchnahme seines Grundstücks vermeiden würde. Er kann also nicht die volle Rechtmäßigkeit des ihn noch nicht enteignend in Anspruch nehmenden Planfeststellungsbeschlusses zur gerichtlichen Überprüfung stellen, sondern nur insoweit, als es für die Setzung des Zwangspunktes um kausale Rechtsfehler geht.[311]

65 Bei allen **Verwaltungsakten mit Doppelwirkung** ist anhand der **Schutznormtheorie** zu prüfen, ob die dem Verwaltungsakt zugrunde liegende Vorschriften drittschützende Wirkung haben oder nicht.[312] Dabei kann man unterscheiden zwischen

- belastenden Verwaltungsakten, die sowohl für den Adressaten als auch für den Kläger als Dritten belastende Wirkungen haben (z. B. Ausweisung eines mit deutschem Staatsangehörigen verheirateten Ausländers),[313]
- der Kläger begehrt den Erlass eines an einen Dritten gerichteten Verwaltungsakts (z. B. Ordnungsverfügung gegen einen baurechtswidrigen Zustand auf dem Nachbargrundstück),[314] (vgl. auch K 136 ff.) oder
- der Verwaltungsakt hat für den Adressaten begünstigende und für den anfechtenden Kläger belastende Auswirkungen (sog. Verwaltungsakte mit Doppelwirkung, § 80 a).

66 Die größte praktische Bedeutung gewinnt die Schutznormtheorie beim öffentlich-rechtlichen Nachbarschutz: Insbesondere im Städtebaurecht,[315] im Bauordnungsrecht, im Immissionsschutzrecht;[316] im Wasserrecht[317] und im anlagebezoge-

---

[311] *BVerwG,* 21. 3. 1996 – 4 C 1.95 – NVwZ 97, 493; *OVG Münster,* 20. 9. 1999 – 23 D 98/95.AK – AU, S. 8; im übrigen sind die Gerichte bei der Überprüfung, ob der Kläger die Aufhebung des Planfeststellungsbeschlusses verlangen kann, lediglich anhand der von ihm innerhalb der Klagefrist und der nach § 17 Abs. 6 b FStrG zur Verfügung stehenden Frist zur Begründung der Klage vorgetragenen Rügen prüfen, ob die Belange des Klägers bei Erlass des Planfeststellungsbeschlusses gewahrt wurden bzw. abwägungsfehlerfrei überwunden werden konnten.

[312] Vgl. dazu *Bosch/Schmidt,* 122 ff. Ein Dritter, der von einem Bescheid betroffen ist, ohne dessen Adressat zu sein, hat ein Recht zur Anfechtung, wenn er sich auf eine öffentlich-rechtliche Norm stützen kann, die ihm eine eigene schutzfähige Rechtsposition einräumt. Drittschutz vermitteln jedoch nur solche Vorschriften, die nach dem in ihnen enthaltenen, durch Auslegung zu ermittelnden Entscheidungsprogramm, auch der Rücksichtnahme auf Interessen eines individualisierbaren, d. h. sich von der Allgemeinheit unterscheidenden Personenkreis dienen, vgl. *BVerwG,* 3. 8. 2000 – 3 C 30/99 – NJW 01, 909 ff.

[313] *BVerwG,* 25. 10. 1977 – 1 C 31.74 – BVerwGE 55, 8 ff.; zum Fall eines ausländischen Ehepartners vgl. *BVerwG,* 27. 8. 1996 – 1 C 8.94 – DVBl. 97, 186 f.

[314] Vgl. dazu *Finklenburg/Ortloff,* „Öffentliches Baurecht", 2. Bd., 1990, 199 ff. m. w. N.

[315] Subjektive Rechte können sich dabei aus den Festsetzungen eines Bebauungsplans (z. B. Art und Nutzung, Geschossigkeit, Baugrenzen/-linien) oder bei Genehmigungen nach §§ 34, 35 BauGB aus dem allg. Gebot der Rücksichtnahme bzw. aus den Vorschriften der BauNVO 8 z. B. § 15 BauNVO) ergeben, vgl. dazu *Hüttenbrink,* „Zum nachbarschützenden Charakter des Rücksichtnahmegebots im unbeplanten Innenbereich gem. § 34 BBauG – ein konturenloses Rechtsinstitut?", in ZfBR 83, 209 ff.

[316] *Bosch/Schmidt,* 123 f.

[317] Vgl. *Beckmann,* 167 m. w. N.

nen Wirtschaftsverwaltungsrecht gibt es Normen, die den Schutz von Nachbarn vor konkreten Beeinträchtigungen durch das genehmigte Vorhaben gewährleisten sollen und daher diesen Nachbarn subjektive Rechte vermitteln. Anknüpfungspunkt im Baurecht ist dabei immer das Eigentum des Nachbarn; Besitzrechte eines Mieters oder Pächters sind – anders als bei der fernstraßenrechtlichen Planstellung[318] – irrelevant;[319] letztere können sich im Einzelfall aber auf ihr Recht aus Art. 2 Abs. 2 GG berufen.

Beispiele für nachbarschützende Normen:

- die Grundpflicht gem. § 5 Abs. 1 Nr. 1 BImschG,[320]
- §§ 8 Abs. 3 u. 4 WHG, 9, 10 WHG,[321]
- Festsetzungen eines Bebauungsplans, die nach Art und Entstehungsgeschichte dem Nachbarschutz dienen,[322] K 52ff.,
- Befreiungen gem. § 31 Abs. 2 BauGB,[323] ferner § 12 Abs. 2 BauNVO,[324] K 70f.
- § 15 BauNVO, Gebot der Rücksichtnahme gem. §§ 34, 35 BauGB,[325] K 73f.
- Regelungen über die Abstandsflächen[326] oder die Anordnung von Stellplätzen in den Landesbauordnungen,[327] K 80f.
- bauordnungsrechtliche Generalklausel zur Gefahrenabwehr[328]
- Verkürzung der Sperrzeit gem. § 18 Abs. 1 GastG,[329] K 169f.

Der Kläger kann sich auf die Verletzung derartiger Schutznormen immer nur dann stützen, wenn gerade seine persönlichen Rechte durch die angefochtene Maßnahme verletzt werden. Bei Planfeststellungsbeschlüssen findet deshalb keine umfassende Überprüfung der Planungsentscheidung statt, wenn beispielsweise die **67**

---

318 Der Planfeststellungsbeschluss berechtigt den Planungsträger, die von der Planfeststellung betroffenen Grundstücke zu enteignen. Der Planfeststellungsbeschluss entfaltet aber nicht nur enteignungsrechtliche Vorwirkungen für den betroffenen Eigentümer, sondern in gleicher Weise für Personen, denen ein obligatorisches Recht (Pacht/Miete) an einem Grundstück zusteht, auf das sich der Planungsträger den Zugriff sichert (vgl. dazu auch §§ 95ff. BauGB); *BVerwG*, 1. 9. 1997 – 4 A 36/96 – NVwZ 98, 504.

319 *BVerwG*, 20. 4. 1968 – 4 B 22/98 – ZfBR 98, 256; *OVG Lüneburg*, 22. 3. 1996 – 1 L 1201/95 – NVwZ 96, 918.

320 *BVerwG*, 18. 5. 1982 – 7 C 42.80 – BVerwGE 65, 313, 320; die Vorsorgepflicht gem. § 5 Abs. 1 Nr. 2 BImschG hat keine nachbarschützende Wirkung.

321 *BVerwG*, 7. 6. 1967 – 4 C 208.65 – BVerwGE 27, 175, 180.

322 Zur Festsetzung einer zweiten Wohnungsklausel, vgl. *BVerwG*, 9. 10. 1991 – 4 B 137.91 – *Buchholz*, 406.19 Nachbarschutz Nr. 104; *Hoppe/Stüer*, „Die Rechtsprechung zum Bauplanungsrecht", Rdn. 1240–1290; *Grotefels* in *Hoppe/Grotefels*, § 17, Rdn. 30–34 m.w.N.

323 *BVerwG*, 19. 9. 1986 – 4 C 8.84 – BRS 46 Nr. 173.

324 *BVerwG*, 16. 9. 1993 – 4 C 28.91 – DVBl. 94, 284, 286.

325 Zur Festsetzung einer zweiten Wohnungsklausel, vgl. *BVerwG*, 9. 10. 1991 – 4 B 137.91 – Buchholz, 406.19 Nachbarschutz Nr. 104; *Hoppe/Stüer*, „Die Rechtsprechung zum Bauplanungsrecht", Rdn. 1240–1290; *BVerwG*, 16. 9. 1993 – 4 C 28.91 – DVBl. 94, 284, 286.

326 *Gädke/Temme/Böckenförde*, zu § 6 BauO NW, Rdn. 12.

327 Ferner die Vorschriften über Anordnungen von Stellplätzen, z.B. § 51 Abs. 8 BauO NW, vgl. *OVG Münster*, 28. 9. 1981 – 11 B 501/81 – BRS 38 Nr. 18; *OVG Münster*, 17. 3. 1997 – 11 B 152/97 – AU S. 4, 5.

328 *Grotefels in Hoppe/Grotefels*, § 17, Rdn. 39.

329 *BVerwG*, 7. 5. 1996 – 1 C 10/95 – NVwZ 97, 276.

Belange des Klägers berücksichtigt wurden, aber die Belange anderer Beteiligter nicht gerecht abgewogen worden sind.[330]

68 Ein Sonderproblem bilden bei den Verwaltungsakten mit Doppelwirkung die sog. **„Konkurrentenklagen"**, die in vielen verwaltungsgerichtlichen Verfahren erhebliche Schwierigkeiten bereiten.

Das BVerwG hat im Zusammenhang mit Wettbewerbssituationen bei Subventionsgewährungen ausgeführt, dass die Verwaltungsbehörde bei ihren Entscheidungen, mit denen sie einen von mehreren Konkurrenten begünstigt, nicht die rechtlich geschützten Interessen des anderen Konkurrenten willkürlich vernachlässigen darf.[331]

69 Konkurrentenklagen eines Unternehmers[332] (K 159ff.), die sich gegen die Zulassung weiterer Bewerber im Gewerbe- oder Berufsrecht richten, sind in der Regel unzulässig, weil das Berufszulassungsrecht nur dem öffentlichen Interesse dient, aber nicht dem Schutze der bereits vorhandenen Unternehmer.[333] Die Konkurrentenklage ist in derartigen Fällen als kombinierte Anfechtungs- und Verpflichtungsklage freilich trotzdem zulässig, wenn nur eine bestimmte Zahl von Konzessionen vergeben werden und ein Konzessionsbewerber im Rahmen des Bewerbungsverfahrens unterliegt und sich gegen die von ihm beanstandete anderweitige Vergabe der Konzession an einen Dritten wendet.[334] (vgl. K 159ff.)

70 Im Beamtenrecht ist die Anfechtungsklage gegen die bereits erfolgte Ernennung eines Mitbewerbers des Beamten nicht zulässig.[335] Die Ernennung des Mitbewerbers ist kein anfechtbarer Verwaltungsakt mit Doppelwirkung (vgl. K 206ff.). Die durch die Ausschreibung eingeleitete Stellenbesetzung ist durch den Ernennungsakt beendet. Der übergangene Mitbewerber kann in solchen Fällen nur noch Schadensersatzansprüche gegenüber seinem Dienstherrn geltend machen. Um die Ernennung des ausgewählten Mitbewerbers vorläufig zu verhindern, ist deshalb der übergangene Bewerber gut beraten, wenn er unmittelbar nach Erhalt der für ihn negativen Auswahlentscheidung (des Ablehnungsbescheids) hiergegen Widerspruch einlegt und gleichzeitig beim zuständigen Verwaltungsgericht gem. § 123 beantragt, dem Dienstherrn durch Erlass einer einstweiligen Anordnung einstweilen die Ernennung des ausgewählten Mitbewerbers zu untersagen.[336] Durch diesen Besetzungsstopp wird das Rechtsschutzinteresse für das Hauptsacheverfahren bewahrt: Die Entscheidung, nach der der Bewerber um eine Beamtenstelle nicht ausgewählt worden ist, ist ein belastender Verwaltungsakt, bei dem im Verwaltungsstreitver-

---

[330] *BVerwG*, 17. 11. 72 – IV C 21.69 – BVerwGE 41, 178ff.

[331] *BVerwG*, 22. 5. 1980 – 3 C 2.80 – DVBl. 81, 261; für den Fall einer Klage des Trägers eines Krankenhauses gegen die Festsetzung höherer Pflegesätze für benachbarte Krankenhäuser; vgl. ferner *BVerwG* – 7 C 122.66 – BVerwGE 30, 191.

[332] Zur Konkurrentenklage im Personenbeförderungsrecht vgl. *BVerwG*, 6. 4. 2000 – 3 C 6/99 – NVwZ 01, 322ff.

[333] *Bosch/Schmidt*, 128, 129; eine Ausnahme gilt dann, wenn beispielsweise im Omnibus- und Linienverkehr der Unternehmer einer Betriebspflicht unterliegt oder wenn im Güterfernverkehr die Anträge anderer Bewerber willkürlich positiv beschieden werden, vgl. dazu *BVerwG*, 7. 10. 1988 – 7 C 65/87 – NJW 89, 1749.

[334] *BVerwG*, 2. 9. 1983 – 7 C 97/81 – NVwZ 84, 507ff.

[335] Zum Meinungsstand vgl. *Bosch/Schmidt*, 130.

[336] Vgl. dazu *BVerwG*, 25. 8. 1988 – 2 C 62.85 – BVerwGE 80, 127f.

fahren die zugrundeliegende Auswahlentscheidung überprüfbar ist. Der Bewerbung des übergangenen Mitbewerbers könnte jedoch im verwaltungsgerichtlichen Verfahren ohne den Besetzungsstopp nicht mehr entsprochen werden, wenn der andere Bewerber ernannt worden ist.

dd) Gemeinden und Gemeindeverbände

Für **Gemeinden** und **Gemeindeverbände**[337] folgt die Klagebefugnis **bei Verwaltungsakten mit Doppelwirkung** aus Art. 28 GG, wenn in das Recht auf Selbstverwaltung eingegriffen wurde (vgl. D157ff.; D 318 a.E.), zu dem auch die Planungshoheit gehört.[338] Die Planungshoheit vermittelt der Gemeinde eine wehrfähige, in die fachplanerische Abwägung einzubeziehende Rechtsposition, wenn das auf ihrem Gebiet geplante Vorhaben nachhaltig eine hinreichend bestimmte gemeindliche Planung stört[339] (vgl. K 105ff.), oder wesentliche Teile des Gemeindegebiets einer durchsetzbaren kommunalen Planung gänzlich entzogen werden. Dazu ist von der Gemeinde darzulegen, dass und in welcher Weise eine bereits hinreichend konkretisierte örtliche Planung durch die angegriffene Entscheidung rechtswidrig beeinträchtigt wird. Die nachhaltige Beeinflussung ihrer Entwicklung oder die Verletzung ihres Rechts, das Gepräge und die Struktur eines Ortes selbst zu bestimmen (sog. Selbstgestaltungsrecht), kann eine Gemeinde zur Begründung ihrer Klagebefugnis gegen eine Entscheidung mit planerischem Einschlag eines überörtlichen Planungsträgers nur dann erfolgreich geltend machen, wenn dessen Kernbereich dadurch betroffen wird, dass grundlegende Veränderungen des örtlichen Gepräges oder der örtlichen Strukturen, die die Integrität der Gemeinde ausmachen, zu befürchten sind.[340] Die Klagebefugnis einer Gemeinde kann sich im übrigen auch aus ihrer einfach rechtlichen Position als Eigentümerin betroffener Grundstücke bzw. als Trägerin kommunaler Einrichtungen ergeben.[341] Im bauplanungsrechtlichen Bereich greift das Gebot der interkommunalen Rücksichtnahme (§ 2 Abs. 2 BauGB) bereits ein, wenn unmittelbare Auswirkungen gewichtiger Art auf die städtebauliche Ordnung und Entwicklung der Nachbargemeinde in Betracht kommen,[342] (vgl. K 111ff.). 71

---

337 Keine Klagebefugnis ist bei einer Übertragung der Regionalplanung auf eine Region gegeben, wenn sich diese gegen die Erteilung einer Baugenehmigung zur Wehr setzen will, vgl. dazu *VGH Mannheim,* 19. 6. 1998 – 8 S 1093/98 – UPR 99, 228ff.

338 Vgl. *Redeker/von Oertzen,* § 42, Rdn. 103, 105.

339 *VGH Mannheim,* 8. 12. 1994 – 10 S 1305/94 – NVwZ 96, 281ff.

340 *VGH Mannheim,* 7. 4. 1997 – 8 S 2550/96 – NVwZ-RR 98, 219. Von einer Gemeinde als öffentlicher Planungsträgerin kann erwartet werden, dass sie ihre künftige gemeindliche Planung auf ein durchgeführtes öffentliches Vorhaben abstimmt und die davon ausgehenden Beeinträchtigungen in ihrer Planungsvorstellung einbezieht; *VGH Mannheim,* 31. 1. 1998 – 8 S 901/96 – NVwZ-RR 98, 221.

341 *VGH Mannheim,* 7. 7. 1997 – 8 S 2550/96 – NVwZ-RR 98, 219f. Anders als ein Privateigentümer kann die Gemeinde, deren Grundeigentum – z.B. für den Straßenbau – in Anspruch genommen wird, allerdings nicht den Schutz von Art. 14 GG beanspruchen, so dass der Gemeinde – anders als dem Privaten – keine umfassende gerichtliche Kontrolle zugute kommt. Die Klage ist nur begründet, wenn Normverstöße auch gemeindliche Interessen verletzen, vgl. *BVerwG,* 15. 4. 1999 – 4 VR 18.98 (4 A 45.98) – NVwZ-RR 99, 554.

342 *Redeker/von Oertzen,* § 42, Rdn. 103–105; *BVerwG,* 9. 5. 1994 – 4 NB 18.94 – UPR 94, 307; *OVG Münster,* 31. 1. 2000 – 10 B 959.99 – DVBl. 00, 644 m.w.N.

71 a **Beispiele für die gemeindliche Klagebefugnis:**

(1) Anfechtungsklage der Gemeinde gegen einen Planfeststellungsbeschluss nach dem BFernStrG bei Eingriff in die Planungshoheit,[343]
(2) Anfechtungsklage einer Gemeinde gegen einen abfallrechtlichen Planfeststellungsbeschluss,[344]
(3) Anfechtungsklage gegen die aufsichtsbehördliche Aufhebung eines gemeindlichen Bescheids in Selbstverwaltungsangelegenheiten,[345]
(4) Anfechtungsklage gegen eine aufsichtsbehördliche Weisung bei Eingriffen in die Personalhoheit,[346]
(5) siehe auch zur Anfechtung von Baugenehmigungen für Vorhaben im Gemeindegebiet oder benachbarten Gebieten K 30ff.
(6) das Klagerecht einer Gemeinde gegen die Zulassung eines Vorhabens nach § 37 Abs. 3 S. 2 BauGB gegen ihren Widerspruch erstreckt sich über die Verletzung ihrer Planungshoheit hinaus auch auf die sich aus § 36 Abs. 2 S. 1 i.V.m. §§ 31, 33, 34 und 35 BauGB ergebenden Gründe.[347]
(7) Anfechtungsklage einer Nachbargemeinde mit der Begründung, ein Factory-Outlet-Center (Fabrik-Verkaufszentrum) mit der Begründung, das Vorhaben führe zu unmittelbaren Auswirkungen gewichtiger Art auf ihre städtebauliche Entwicklung und Ordnung und verstoße daher gegen § 2 Abs. 2 BauGB (vgl. K 111ff.).[348]

72 Eine Gemeinde ist dagegen dann nicht klagebefugt, wenn der angefochtene Bescheid nicht den eigenen, sondern lediglich einen übertragenden Wirkungskreis betrifft; denn in solchen Fällen nimmt die Gemeinde nicht Selbstverwaltungs- sondern staatliche Aufgaben wahr und kann daher durch eine von ihren Wünschen oder ihren Vorstellungen abweichende Entscheidung grundsätzlich nicht in ihren Rechten verletzt sein. Ähnlich wie bei natürlichen Personen ist bei einfachen gesetzlichen Rechtsnormen auch bei den Gemeinden zu prüfen, ob der jeweiligen gesetzlichen Vorschrift Schutzwirkung zugunsten der Gemeinde zukommt.[349]

---

[343] Vgl. *Redeker/von Oertzen,* § 42, Rdn. 103, 105.

[344] *VGH Mannheim,* 8. 12. 1994 – 10 S 1305/94 – NVwZ 96, 281.
Das Abwägungsgebot gibt einer durch einen abfallrechtlichen Planfeststellungsbeschluss in ihrem Eigentum mittelbar betroffenen Gemeinde nur einen Anspruch auf richtige Abwägung ihrer eigenen Belange mit dem vorhabenstragenden Belangen. Für eine Prüfung, ob sonstige dem Vorhaben entgegenstehende Belange richtig ermittelt oder gewichtet worden sind, ist im gerichtlichen Anfechtungsstreit bei mittelbarer Betroffenheit der Gemeinde kein Raum (anders dann, wenn durch den Planfeststellungsbeschluss das Eigentum der Gemeinde unmittelbar betroffen wird).

[345] *Redeker/von Oertzen,* § 42, Rdn. 103, 105.

[346] Vgl. dazu *Hüttenbrink,* „Gemeindlicher Rechtsschutz gegen aufsichtsbehördliche Maßnahmen", in Festschrift für Gelzer, 215, 217.

[347] *VGH Mannheim,* 19. 12. 1997 – 5 S 2735/95 – DVBl. 98, 909 [Ls.].

[348] *OVG Koblenz,* 8. 1. 1999 – 8 B 12650/98 – UPR 99, 154ff.

[349] *BVerwG,* 20. 4. 1994 – 11 C 17/93 – NVwZ 95, 165ff.; die Gemeinde ist deshalb auch nicht zur Anfechtung eines Widerspruchsbescheids der Aufsichtsbehörde berechtigt mit dem ein von ihr als Verfügungsberechtigter erteilter Bescheid über den Vorrang von Investitionen gem. § 3a des VermG a.F. aufgehoben worden ist. Der Investitionsvorrangsbescheid bietet, da er ausschließlich im öffentlichen Interesse ergeht, dem Verfügungsberechtigte keinen Schutz gegen seine Aufhebung in einem vom Investitionsberechtigten eingeleiteten Widerspruchs- oder Klageverfahren, vgl. *BVerwG,* 18. 5. 1995 – 7 C 3.94 – Buchholz, 112, § 3a Nr. 3; vgl. ferner *VG Chemnitz,* 12. 4. 1995 – 4 K 2271/94 – ViZ 96, 159. Zur fehlenden Klagebefugnis von Regionalverbänden, vgl. *VGH Mannheim,* 19. 6. 1998 – 8 S 1093/98 – UPR 99, 228.

Beispiele für eine fehlende gemeindliche Klagebefugnis: 72 a

(1) § 45 Abs. 1b Satz 2 StVO enthält zum Schutz der Gemeinde als Selbstverwaltungskörperschaft ein Vetorecht mit Abwehr- und Sperrwirkung gegenüber von der Gemeinde nicht gewünschten Anordnungen der Straßenverkehrsbehörden. Die gleiche Vorschrift gibt der Gemeinde aber kein darüber hinaus gehendes Initiativrecht auf straßenverkehrsbehördliche Anordnungen im Sinne der Gemeinde.[350]

(2) Mit der Rüge mangelnder Beteiligung gem. § 15 BBergG allein kann die Gemeinde eine Verletzung eigener Rechte nicht geltend machen.[351]

(3) Die Zulassung von Freisetzungen gentechnisch veränderter Pflanzen nach dem Gentechnikgesetz kann die Selbstverwaltungskörperschaft, auf deren Gebiet die Versuchsfläche gelegen ist, grundsätzlich weder in ihrer Selbstverwaltungsgarantie insbesondere nicht in ihrer Planungshoheit verletzten.[352]

(4) Änderungen des Schienennetzes, die sich auf das fahrplanmäßige Schienenverkehrsangebot in einer Gemeinde auswirken, beeinträchtigen grundsätzlich nicht die gemeindliche Planungshoheit.[353]

(5) Vgl. D 58, Beispiel 3.

Im übrigen können Gemeinden auch präkludiert werden (vgl. dazu allgemein D 80), wenn sie innerhalb eines bestimmten Verfahrens im Rahmen der dort vorgegebenen Fristen nicht rechtzeitig die erforderlichen Einwendungen erheben. 72 b

Beispiele für gemeindliche Präklusionen: 72 c

(1) Eine Gemeinde ist mit fristgerecht erhobenen Einwendungen, die sich nur allgemein gegen die Nichtanwendung der 16. BImSchV richten, im übrigen aber nicht erkennen lassen, dass die Gemeinde dadurch eine Beeinträchtigung ihrer eigenen Rechte befürchtet, im gerichtlichen Verfahren präkludiert.[354]

(2) Eine Gemeinde, die ihr Einvernehmen nach § 36 Abs. 2 S. 2 BauGB nicht fristgerecht versagt hat, hat kein Klagerecht gegen die Baugenehmigung für das entsprechende Vorhaben.[355]

ee) Verfahrensrechte

Subjektive Rechte können aber auch aus bloßen **Verfahrensrechten**[356] (vgl. D 50ff.) erwachsen. Verletzt die Behörde wesentliche Verfahrensrechte des Betroffenen, – abgesehen von den in § 45 Abs. 1 VwVfG genannten Fällen – gehören hierzu z.B. 73

– die Verweigerung der Akteneinsicht durch einen Beteiligten (§ 29 VwVfG),[357]

---

350 *BVerwG,* 20. 4. 1994 – 11 C 17/93 – NVwZ 95, 165ff.

351 *BVerwG,* 15. 10. 1998 – 4 B 94.98 – UPR 99, 75f.

352 *OVG Berlin,* 10. 8. 1998 – 2 S 8/97 – NVwZ 99, 95f.

353 *BVerwG,* 27. 10. 1998 – 11 A 10/98 – NVwZ-RR 99, 225.

354 *VGH Mannheim,* 9. 5. 1997 – 5 S 1585/95 – NVwZ-RR 98, 771.

355 *OVG Lüneburg,* 18. 3. 1999 – 1 L 6696/96 – NVwZ 99, 1003f.

356 *BVerwG,* 18. 12. 1987 – 4 C 9.86 – BVerwGE 78, 347ff.; *OVG Lüneburg,* 7. 10. 1994 – 7 L 3548/93 – NJW 1995, 2053: keine Verletzung von Verfahrensrechten, wenn Antragsunterlagen unvollständig ausgelegt sind (z.B. bei Geheimhaltung).

357 *Martensen,* „Persönlichkeitsrecht und Anhörung des Bürgers vor dem Erlass belastender Verwaltungsakte", DÖV 95, 538ff.; zur Anhörung bei der reformatio in peius vgl. *VGH Mannheim,* 24. 3. 1994 – 14 S 2628/93 – NVwZ 95, 122; zur Akteneinsicht vgl. *BayVGH,* 18. 5. 1995 – 7 CE 95 1069 – BayVBl. 95, 631; das Akteneinsichtsrecht bezieht sich nur auf die von der Behörde geführten oder beigezogenen Akten, *BVerwG,* 26. 8. 1998 – 11 VR 4/98 – NVwZ 99, 535.

– fehlerhafte Ablehnung eines Antrages wegen Besorgnis der Befangenheit (§ 21 VwVfG),[358]
– Ablehnung eines Antrages auf Wiedereinsetzung (§ 32 VwVfG),
– Ablehnung eines Bevollmächtigten (§ 14 VwVfG),

so begründen diese Verfahrensfehler subjektive Rechte des Betroffenen und führen zur Anfechtbarkeit der getroffenen Entscheidung, wenn keine andere Entscheidung in der Sache hätte getroffen werden können (§ 46 VwVfG),[359] zugleich eine materielle Rechtsbetroffenheit des Einzelnen gegeben ist und die Heilung der Verfahrensfehler nicht gem. § 45 Abs. 2 VwVfG nachgeholt wird (§ 45 Abs. 2 VwVfG, § 46 VwVfG, § 44 a)[360] (zur Heilung von Verfahrensfehlern der Behörde im Gerichtsverfahren, vgl. E 177 ff.).

74 **Wichtiger Hinweis:**

Während Verfahrensfehler früher nur bis zum Abschluss des Vorverfahrens geheilt werden konnten, ist durch die Novellierung des § 45 Abs. 2 VwVfG eine wesentliche Änderung eingetreten: Alle Handlungen gem. § 45 Abs. 1 VwVfG können bis zum Abschluss eines gerichtlichen Verfahrens nachgeholt werden (vgl. dazu E 178 f.).[361]

75 Subjektive Rechte können ferner aus sog. **Verfahrensbeteiligungsrechten** erwachsen, wie sie beispielsweise in § 78 Abs. 4 VwVfG, § 10 Abs. 3 BImSchG, § 9 WHG, § 7 Abs. 4 AtomG, für förmliche Verwaltungsverfahren festgelegt sind;[362] zu den Beteiligungsrechten von Naturschutzverbänden, vgl. D 79 und K 149 a ff.[363]

Seit der Mülheim-Kärlich-Entscheidung des BVerfG[364] ist allgemein anerkannt, dass Grundrechtsschutz auch durch die Gestaltung von Verfahren zu bewirken ist. Das bedeutet zwar nicht, dass jeder Verfahrensfehler in einem Verfahren, das auch Interessen Dritter berührt, als Grundrechtsverletzung zu beurteilen wäre. Eine solche Verletzung kommt aber dann in Betracht, wenn die Genehmigungsbehörde Verfahrensvorschriften außer acht lässt, die der Staat in Erfüllung seiner Pflicht zur Wahrung konkreter Grundrechte – insbesondere zum Schutz der in Art. 2 Abs. 2 GG genannten Rechtsgüter – erlassen hat. Das sind Verfahrensvorschriften, die dem betroffenen Bürger eine **Verfahrensbeteiligung** ermöglichen.

---

[358] *OVG Münster,* 10. 1. 2000 – 18 A 4228/95 – DVBl. 00, 572. Zur Befangenheitsrüge von Prüfern, vgl. *OVG Koblenz,* 15. 1. 1999 – 2 A 10946/98 – DVBl. 99, 1597.

[359] Zur Kausalitätsfrage vgl. auch *Stelkens/Bonk/Sachs,* § 46, Rdn. 35.

[360] *Kopp/Ramsauer,* § 45, Rdn. 41; § 45 Abs. 2 gilt allerdings nur für die Anfechtungsklage, nicht für die Verpflichtungsklage (vgl. ferner *Kopp/Schenke,* § 113, Rdn. 55).

[361] Vgl. dazu *Stüer,* „Die Beschleunigungsnovelle 1996", DVBl. 97, 326; *Schenke,* „Reform ohne Ende – das 6. Gesetz zur Änderung der Verwaltungsgerichtsordnung und anderer Gesetze (6. VwGOÄndG)", NJW 97, 81 ff.

[362] Zur Ablehnung einer Hinzuziehung i. S. v. § 13 Abs. 2 VwVfG, vgl. *Bonk,* in *Stelkens/Bonk/Sachs,* § 13, Rdn. 37 ff.; ferner zu Rechtsbehelfen gegen eine Hinzuziehung, *VGH Kassel,* 9. 9. 1999 – 8 UE 656/95 – DVBl. 00, 210.

[363] *BVerwG,* 12. 11. 1997 – 11 A 49/96 – NVwZ 98, 395 ff.

[364] *BVerfG,* 20. 12 1979 – 1 BvR 385/77 – NJW 80, 759 (Mülheim-Kärlich); ferner *BVerwG,* 18. 12. 87 – 4 C 9.86 – BVerwGE 78, 347 (Naturschutzverbände).

Unabhängig von materiell-rechtlichen Positionen soll sich der Kläger nur ausnahmsweise auf isolierte Verfahrensfehler berufen können:[365] **76**

„Zum subjektiven Rechtsschutz durch Vorschriften über das Verwaltungsverfahren hat das BVerwG wiederholt Stellung genommen. Nach seiner ständigen Rechtsprechung kann eine verwaltungsverfahrensrechtliche Regelung den durch sie Begünstigten zwar ein subjektives öffentliches Recht einräumen. Von solcher Qualität ist eine Verfahrensvorschrift aber nur dann, wenn sie nicht nur die Ordnung des Verfahrensablaufs, insbesondere einer umfassenden Information der Verwaltungsbehörde dient, sondern dem betroffenen Dritten in spezifischer Weise und unabhängig vom materiellen Recht eine eigene, nämlich selbständig durchsetzbare verfahrensrechtliche Rechtsposition gewähren will, sei es i. S. eines Anspruchs auf die Durchführung eines Verwaltungsverfahrens überhaupt, sei es i. S. eines Anspruchs auf die ordnungsmäßige Beteiligung an einem (anderweitig) eingeleiteten Verwaltungsverfahren. Die Frage, ob eine solche verfahrensrechtliche Rechtsposition im Rahmen einer konkreten gesetzlichen Regelung anzunehmen ist, beantwortet sich dabei nicht nach Art und Beschaffenheit desjenigen materiellen Rechts, auf das sich das vorgeschriebene Verwaltungsverfahren bezieht, sondern allein nach der Zielrichtung und dem Schutzzweck der Verfahrensvorschrift selbst. Aus ihrem Regelungsgehalt muss sich ergeben, dass die Regelung des Verwaltungsverfahrens mit einer eigenen Schutzfunktion zugunsten einzelner ausgestattet ist, und zwar in der Weise, dass der Begünstigte unter Berufung allein auf einen ihn betreffenden Verfahrensmangel, d. h. ohne Rücksicht auf das Entscheidungsergebnis in der Sache, die Aufhebung bzw. den Erlass einer verfahrensrechtlich gebotenen behördlichen Entscheidung gerichtlich soll durchsetzen können (vgl. z. B. BVerwGE 41, 58 (64 f.); 44, 235 (239 f.) = NJW 1974, 813)“.[366]

Für Gemeinden und Gemeindeverbände ist der Anspruch auf formelle Beteiligung an einem Verwaltungsverfahren durch das BVerwG mehrmals bekräftigt worden[367] (vgl. auch D 318 a. E.). **77**

ff) In-Sich-Prozesse

Die Klagebefugnis fehlt i. d. R. (Ausnahme: Organstreitverfahren, D 262 ff.) für sog. In-Sich-Prozesse, d. h. für Streitigkeiten zwischen Organisationseinheiten desselben Rechtsträgers.[368] **78**

Beispiele:

- Die Bauaufsichtsbehörde ordnet gegenüber einer in ihrem örtlichen Zuständigkeitsbereich liegenden Schule an, dass der Zugang zum zweiten Fluchtweg im Schulgebäude wiederhergestellt werden muss. Eine Klage gegen diesen Bescheid ist unzulässig.
- Zur Frage, ob die Ausgangsbehörde eine Entscheidung der Widerspruchsbehörde anfechten kann, vgl. J 108.
- Einer Frauenbeauftragten steht nicht das Recht zu, ihre Rechtsauffassung gegenüber dem Dienstherrn gerichtlich durchzustehen.[369]

---

365 *BVerwG,* 18. 1. 1982 – 4 C 26/78 – NJW 82, 1546, 1548.

366 *BVerwG,* 18. 1. 1982 – 4 C 26/78 – NJW 82, 1546, 1548.

367 Vgl. *BVerwG,* 22. 6. 1979 – 4 C 40/75 – NJW 80, 718, 719; *BVerwG,* 7. 7. 1978 – 4 C 79.76 – u. a. BVerwGE 56, 110 f.; *BVerwG,* 20. 4. 1994 – 11 C 17/93 – NVwZ 95, 165.

368 *Wahl/Schütz* in *Schoch/Schmidt-Aßmann/Pietzner,* § 42 Abs. 2, Rdn. 102; *BVerwG,* 21. 6. 1974 – IV C 17.72 – BVerwGE 45, 207 ff.; *VGH Kassel,* 14. 6. 1994 – 4 A 530/91 – NVwZ-RR 95, 424: keine Klagebefugnis einer regionalen Planungsversammlung.

369 *OVG Bautzen,* 3. 11. 1999 – 2 S 701/99 – NVwZ-RR 00, 728.

gg) Verbandsklagebefugnis

79 Hinsichtlich der Klagebefugnis von Naturschutz- und Umweltschutzverbänden ist zwischen einem Mitwirkungsrecht in Verwaltungsverfahren und einer allgemeinen Verbandsklagebefugnis in gerichtlichen Verfahren zu differenzieren.

79a Sowohl der Bundesgesetzgeber wie auch die Landesgesetzgeber haben von der Regelungsmöglichkeit Gebrauch gemacht, in bestimmten Rechtsbereichen Verbände mit der Befugnis auszustatten, Rechte bzw. Interessen Dritter im Klagewege wahrzunehmen (Verbandsklagebefugnis) (vgl. z.B. § 39b BerlNatSchG).[370] Die Verbandsklagebefugnis ist in den einzelnen Bundesländern unterschiedlich geregelt. So schließt beispielsweise § 52 Abs. 2 S. 1 Nr. 4 des Naturschutzgesetzes des Landes Sachsen-Anhalt die Klagebefugnis eines in Sachsen-Anhalt anerkannten Naturschutzschutzverbandes aus, wenn – bei abstrakter Betrachtung – ein Dritter klagebefugt wäre und dabei die Verletzung der Belange des Naturschutzes geltend machen könnte; die Klagebefugnis besteht dabei auch dann nicht, wenn ein Dritter aufgrund Präklusion gehindert ist, die Verletzung der Belange des Naturschutzes geltend zu machen.[371] In anderen Landesgesetzen, so z.B. in § 51c Abs. 1 des Landes Naturschutzgesetzes Schleswig-Holstein ist die Klage eines anerkannten Naturschutzverbandes auf das Vorbringen begrenzt, dass der angegriffene Planfeststellungsbeschluss den Vorschriften des Bundesnaturschutzgesetzes, des Landesnaturschutzgesetzes oder anderen Rechtsvorschriften widerspricht, die auch den Belangen des Naturschutzes zu dienen bestimmt sind; eine derartige Begrenzung hat zur Folge, dass Fragen des Verkehrsbedarfs, der Kostenberechnung, der Lärmauswirkungen und andere Fragen nicht naturschutzrechtlicher Art bei der gerichtlichen Überprüfung der Verbandsklage grundsätzlich unberücksichtigt bleiben müssen.[372]

---

[370] *BVerfG,* 20. 12. 1979 – 1 BvR 385/77 –, NJW 80, 759; ferner *BVerwG,* 18. 12. 1987 – 4 C 9.86 – BVerwGE 78, 347 (Naturschutzverbände); nicht klagebefugt ist die oberste Landesbehörde, wenn deren Beteiligung (§ 9 BNatSchG) versäumt wurde, vgl. *BVerwG,* 29. 4. 1993 – 7 A 4/93 – NVwZ 93, 1105; *OVG Frankfurt (Oder)* zu § 65 Brandenburg. NatSchG, 20. 2. 1995 – 3 B 369/94 – NVwZ 96, 406 = LKV 96, 102; zur Antragsbefugnis eines Naturschutzverbandes, der sich gegen das rechtswidrige Unterlassen einer landesbehördlichen Planfeststellung wendet: *BVerwG,* 28. 11. 1995 – 11 VR 38/95 – NVwZ 96, 389. Wenn der Ausbau einer Bundeswasserstraße nicht über ein förmliches Planfeststellungsverfahren erfolgt, sondern auf der Grundlage von § 14 Abs. 1 lit. a WaStrG durch Plangenehmigung erfolgt, so entfällt die Mitwirkung der anerkannten Naturschutzverbände nach § 29 Abs. 1 Satz 1 Nr. 4 BNatSchG; die Entscheidung anstelle eines Planfeststellungsbeschlusses eine Plangenehmigung zu erteilen, bedarf nicht der Zustimmung der anerkannten Naturschutzverbände: *BVerwG,* 22. 3. 1995 – 11 A 1/95 – NVwZ 96, 293f.; sofern ein anerkannter Naturschutzverband gestützt auf sein Mitwirkungsrecht nach § 29 Abs. 1 lit. 1 Nr. 4 BNatSchG im Wege einer einstweiligen Anordnung die Einstellung von Baumaßnahmen verlangen kann, für die eine vorherige Durchführung eines Planfeststellungsverfahrens erforderlich gewesen wäre, so kann er dies nur dann geltend machen, wenn er glaubhaft macht, dass anstelle des Planfeststellungsbeschlusses keine Plangenehmigung hätte erteilt werden können: *BVerwG,* 7. 7. 1995 – 11 VR 11/95 – NVwZ 96, 393; vgl. ferner *Epiney,* „Gemeinschaftsrecht und Verbandsklage", NVwZ 99, 485ff.

[371] *BVerwG,* 6. 11. 1997 – 4 A 16.97 – ZfBR 98, 102.

[372] *BVerwG,* 21. 1. 1998 – 4 VR 3.97 – DVBl. 98, 589.

Von der Verbandsklagebefugnis zu unterscheiden ist eine bloße Verletzung von Beteiligungsrechten von anerkannten Naturschutzverbänden (z. B. § 29 Abs. 1 Satz 1 Nr. 4 BNatSchG). Dem Beteiligungsrecht eines anerkannten Naturschutzverbandes im Rahmen des dem gerichtlichen Verfahren vorgeschalteten Verwaltungsverfahrens ist durch eine einmalige Anhörung hinreichend Rechnung getragen. Die Naturschutzverbände haben in diesen Fällen keinen Anspruch auf einen „Dialog mit der Planfeststellungsbehörde"; die zuständige Behörde ist deswegen weder zu einem ständigen Abstimmungsprozess noch gar zur Herstellung des Einvernehmens mit den Naturschutzverbänden verpflichtet. Andererseits erschöpft sich das Beteiligungsrecht in diesen Fällen nicht in einer bloßen Formalie, sondern zielt vielmehr wie jedes Anhörungsrecht im Verwaltungsverfahren auf eine substantielle Anhörung, so dass das Beteiligungsrecht nicht nur dann verletzt ist, wenn eine gebotene Beteiligung gänzlich unterblieben ist, sondern auch dann, wenn der Verband nicht ausreichend beteiligt worden ist. Die Naturschutzverbände erhalten zwar über § 29 Abs. 1 Satz 1 Nr. 4 BNatSchG kein umfassendes Akteneinsichtsrecht, wohl aber ein Recht auf Einsichtnahme in die ausgelegten Planunterlagen und in die einschlägigen Sachverständigengutachten, die sich mit den Eingriffen in Natur und Landschaft beschäftigen.[373] Wird das Mitwirkungsrecht des Naturschutzverbandes im allgemeinen Verwaltungsverfahren verletzt, so steht dem Naturschutzverband wegen Verletzung dieses subjektiv-öffentlichen Rechts auf Beteiligung ein (eingeschränktes) Klagerecht zu. Der Naturschutzverband kann sich auf den Verfahrensmangel einer unterbliebenen oder unzureichenden Beteiligung berufen und den von der Behörde erlassenen Verwaltungsakt anfechten.[374] Auch die Antragsbefugnis eines anerkannten Naturschutzverbandes, der sich im Rahmen eines Verfahrens nach § 47 gegen die Aufhebung einer Landschaftsschutzverordnung wendet, besteht nach Bundesrecht nur zur Wahrung der gesetzlich eingeräumten Beteiligungsbefugnis.[375]

hh) Präklusion durch materielles Recht

Das materielle Recht enthält Regelungen, nach denen z. B. der von einem Verwaltungsakt mit Doppelwirkung Betroffene hinsichtlich der Geltendmachung seiner Rechte präkludiert wird, sofern er sie nicht innerhalb eines bestimmten Verfahrens innerhalb bestimmter Fristen geltend macht. **80**

Beispiele:
- § 10 Abs. 3 Satz 3 BImSchG,
- § 17 Abs. 4 Satz 1 FStrG,[376]

---

[373] *BVerwG,* 12. 11. 1997 – 11 A 49.96 – DVBl. 98, 334; *OVG Münster,* 18. 7. 1997 – 21 B 1717/94 – NWVBl. 98, 18; *VGH Kassel,* 1. 9. 1998 – 7 OE 2170/95 – NVwZ-RR 99, 304.

[374] *OVG Münster,* 18. 7. 1997 – 21 B 1717/94 – NWVBl. 98, 18; *BVerwG,* 12. 11. 1997 – 11 A 49.96 – DVBl. 98, 334.

[375] *BVerwG,* 21. 7. 1997 – 4 BN 10.97 – ZfBR 98, 50 ff; ferner *OVG Lüneburg,* 28. 7. 1999 – 1 M 2281/99 – NVwZ-RR 00, 151.

[376] Weitere Nachweise von Präklusionsbestimmungen s. *Wahl/Schütz* in *Schoch/Schmidt-Aßmann/Pietzner,* § 42 Abs. 2, Rdn. 107, Fn. 351; die Anhörungsbehörde ist nicht befugt, die gesetzliche Auslegungs- und Einwendungsfrist des § 17 Abs. 4 FStrG abweichend zu

- § 5 Abs. 1 Satz GenTAnhV,[377]
- § 21 VwVfG,[378]

Wenn der Kläger mit seinen Einwendungen gegen den angefochtenen Verwaltungsakt **präkludiert** ist, hat das die **Unzulässigkeit** der Klage mangels Klagebefugnis zur Folge.[379] Zur Präklusion der Rechte von Gemeinden, vgl. D 72b.

c) Vorverfahren

81 Die **Anfechtungsklage** und **Verpflichtungsklage** (vgl. dazu D 174) setzen voraus, dass vor Klageerhebung die Rechtmäßigkeit und Zweckmäßigkeit des angefochtenen oder abgelehnten Verwaltungsakts in einem Vorverfahren nachgeprüft werden (§ 68 Abs. 1).

Der Zweck des Vorverfahrens ist die Entlastung der Verwaltungsgerichte. Vorstellung des Gesetzgebers war es, durch eine erneute behördeninterne Überprüfung weitere Tatbestandsermittlungen zu ermöglichen, rechtliche Erwägungen zu ergänzen und zu überprüfen und vor allem Einwendungen des Widerspruchsführers zu berücksichtigen.[380]

aa) Entbehrlichkeit des Vorverfahrens

82 Eines Vorverfahrens bedarf es nicht, wenn
- es gesetzlich ausdrücklich ausgeschlossen ist,[381]

---

bestimmen. Wer auf eine derartig fehlerhaft zustande gekommene Fristverlängerung vertraut, kann gem. § 32 VwVfG Wiedereinsetzung in den vorigen Stand erhalten. Nach Erlass des Planfeststellungsbeschlusses ist ein derart Betroffener im gerichtlichen Verfahren so zu stellen, wie er mit seinen verspäteten Einwendungen stünde, wenn er nicht präkludiert wäre; *BVerwG,* 30. 7. 1998 – 4 A 1.98 – DVBl. 99, 254.

[377] VG Berlin, 7. 5. 1993 – 14 A 167/93 – NVwZ – 94, 150 m. w. N. Die Versäumung der Einwendungsfrist nach § 17 Abs. 4 S. 1 FStrG bewirkt eine materiell-rechtliche Präklusion in dem Sinne, dass die nicht rechtzeitig vorgetragenen Belange eines Klägers auch im späteren Gerichtsverfahren nicht mehr geltend gemacht werden können, vgl. dazu *BVerwG,* 6. 11. 1998 – 11 A 28.97 –; *BVerwG,* 5. 6. 1998 – 11 B 27.98 –; *BVerwG,* 18. 9. 1995 – 11 VR 7.95 – Buchholz 316, § 73 VwVfG Nr. 13; ferner *BVerwG,* 24. 5. 1996 – 4 A 38.95 – DVBl. 95, 51.

[378] Der Prüfling muss die mögliche Befangenheit von Prüfern unverzüglich rügen, vgl. *OVG Koblenz,* 15. 1. 1999 – 2 A 10946/98 – DVBl. 99, 1597 ff.

[379] *VG Berlin,* 7. 5. 1993 – 14 A 167/93 – NVwZ-RR 95, 150 m. w. N.

[380] Vgl. dazu auch *Stelkens,* in *Stelkens/Bonk/Sachs,* § 79, Rdn. 6; ferner *Redeker/von Oertzen,* § 68, Rdn. 2; *Stelkens,* Rdn. 682 ff.; *Dolde,* in *Schoch/Schmidt-Aßmann/Pietzner,* § 68, Rdn. 2, 3.

[381] Durch Bundesgesetz ist das Vorverfahren z. B. ausgeschlossen in Verfahren nach dem Asylverfahrensgesetz wegen Asylanträgen (§ 10 Abs. 3, § 12 Abs. 8, § 14 Abs. 2 und § 16 Abs. 3 Asylverfahrensgesetz), nach § 36 Abs. 4 Vermögensgesetz gegen Entscheidungen des Landesamtes sowie nach § 25 Satz 2 des Gesetzes, nach § 17 Kriegsdienstverweigerungsgesetz; nach § 80 Abs. 1 TelekommnunikationsG gegen Entscheidungen der Regulierungsbehörde; ferner nach §§ 70, 74 Abs. 1 VwVfG in den Fällen des förmlichen Verwaltungsverfahrens sowie bei Planfeststellungsverfahren. Durch Landegesetz ist z. B. das Vorverfahren bei Klagen eines Bewerbers gegen Entscheidungen der Wahlprüfungsbehörden nach § 25 AG BW, bei Prüfungsentscheidungen bei Hoch- und Fachhochschulangelegenheiten nach § 26 AZG Berlin oder nach § 6 Abs. 1 AG NW, (zur Rspr. im Prüfungswesen vgl. *Redeker/von Oertzen,* § 68, Rdn. 1b), in den Fällen, in denen eine Kollegialbehörde in einem förmlichen Verfahren entscheidet. Durch § 6 Abs. 1b AG NW ist auch das Vorver-

- der Verwaltungsakt von einer obersten Bundesbehörde oder einer obersten Landesbehörde erlassen worden ist, außer wenn ein Gesetz die Nachprüfung vorschreibt,[382]
- der Abhilfebescheid oder der Widerspruchsbescheid erstmalig eine Beschwer enthält (§ 68 Abs. 1 Nr. 2),[383]
- die Behörde fälschlicherweise eine unrichtige – auf Klage lautende – Rechtsmittelbelehrung erteilt hat und den Kläger zur Klage veranlasst hat und sich im Prozess sachlich eingelassen hat,[384]
- sich der mit der Widerspruchsbehörde identische Beklagte sachlich auf die Klage eingelassen und auf die Durchführung des Vorverfahren verzichtet hat,[385] oder
- eine Untätigkeitsklage (§ 75) erhoben wird,[386] D 184ff,
- ein Änderungsbescheid in ein laufendes Klageverfahren im Wege der Klageänderung einbezogen wird.[387]

---

fahren gegen Entscheidungen der ZVS ausgeschlossen, was nach Art. 8 des Staatsvertrages und den Ratifizierungsgesetzen der Länder auch für den Bereich der übrigen Bundesländer gilt.

[382] Zu den obersten Bundesbehörden zählen beispielsweise: der Bundespräsident, der Präsident des Bundestages, des Bundesrates, der Bundeskanzler und die Ministerien; gleiches gilt für ähnliche Entscheidungsstrukturen auf Landesebene; vgl. wegen der näheren Einzelheiten *Redeker/von Oertzen,* § 68, Rdn. 12.

[383] Es sind auch die Fälle der Verwaltungsakte mit Doppelwirkung gemeint, wo ein Dritter gegen einen ursprünglichen Verwaltungsakt Widerspruch einlegt und die Widerspruchsbehörde auf den Widerspruch hin den Ausgangsverwaltungsakt aufhebt; *Redeker/von Oertzen,* § 68, Rdn. 13; sofern der Widerspruchsbescheid eine zusätzliche selbständige Beschwerde des Widerspruchsführers enthält vgl. dazu *OVG Koblenz,* 2. 10. 1991– 2 A 38/91 – NVwZ 92, 386 = DVBl. 92, 787; die Änderung des § 68 Abs. 1 Nr. 2 durch das 6. VwGO-ÄndG hatte nur deklaratorischen Charakter: vgl. *Schenke,* „Das Sechste Gesetz zur Änderung der VwGO und anderer Gesetze (6. VwGOÄndG)", NJW 97, 81ff., 92; hebt die Widerspruchsbehörde auf den Widerspruch des Bauherrn den Bescheid, mit dem die Baugenehmigungsbehörde die Erteilung einer Baugenehmigung wegen der Versagung des Einvernehmens der Gemeinde abgelehnt hat, auf und verpflichtet die Baugenehmigungsbehörde zur Erteilung der Baugenehmigung, weil das Einvernehmen wegen Fristablaufs als erteilt gelte, kann die Gemeinde nur den Widerspruchsbescheid unmittelbar anfechten und nicht die Baugenehmigung, die die Baugenehmigungsbehörde in Vollzug des Widerspruchsbescheids erteilt; *OVG Lüneburg,* 12. 11. 1998 – 1 M 4423/98 – NVwZ-RR 99, 367.

[384] *OVG Münster,* 23. 4. 1991 – 15 A 1682/90 – AU, 10.

[385] *VGH Baden-Württemberg,* 23. 1. 1991 – 1 S 1746/91 – NVwZ-RR 92, 184; vgl. ferner E 108.

[386] *Dolde* in *Schoch/Schmidt-Aßmann/Pietzner,* § 68, Rdn. 20; vgl. *BVerwG,* 4. 8. 1993 – 11 C 15/92 – NVwZ 95, 78.

[387] *BVerwG,* 26. 6. 1969 – 8 C 36.69 – BVerwGE 32, 243ff., 247; bei der Einbeziehung eines Änderungsbescheids in ein Klageverfahren bedarf es einer weiteren Nachprüfung durch ein Widerspruchsverfahren zur Zulässigkeit des geänderten Klageverfahrens nicht. Wird die inhaltliche Änderung eines Verwaltungsakts im Wege der zugelassenen Klageänderung in einen Rechtsstreit einbezogen, dessen Gegenstand der Verwaltungsakt in seiner ursprünglichen Gestalt ist, so ist dem Zweck des Vorverfahrens, die Rechtmäßigkeit und die Zweckmäßigkeit des angefochtenen Bescheides zunächst einer Prüfung durch die Verwaltung selbst zu unterwerfen, durch die frühere Widerspruchsentscheidung genügt; vgl. dazu auch *BVerwG,* 22. 5. 1987 – 4 C 77.84 – DVBl. 87, 1004. Anders liegt der Fall freilich dann, wenn der Kläger im Rahmen eines laufenden Klageverfahrens einen Bescheid in den Rechtsstreit einbeziehen will, der sich inhaltlich grundlegend von dem ursprünglich geltend gemachten Klagebegehren unterscheidet. In einem derartigen Fall muss das erforderliche

bb) Einlegung des Widerspruchs

83 Nach § 69 VwGO beginnt das Vorverfahren mit der Erhebung des Widerspruchs. Die Wirkung des Widerspruchs ist in § 80 geregelt; er hat grundsätzlich aufschiebende Wirkung und Suspensiveffekt (vgl. J 6–44), sofern der Suspensiveffekt nicht durch gesetzliche Sonderregelungen aufgehoben ist.

Hinweis:
Beispielsschreiben für einen Nachbarwiderspruch mit bzw. ohne aufschiebende Wirkung, vgl. Anhang I Nr. 2 und 3.

84 Der Widerspruch gleicht einer Prozesshandlung, so dass die für Prozesshandlungen geltenden Regelungen auf ihn entsprechend angewandt werden: er ist daher unwiderruflich, bedingungsfeindlich und eine Anfechtung des Widerspruchs oder eine Anfechtung der Rücknahme wegen Irrtums ist ausgeschlossen.[388] Der Widerspruch kann während des gesamten Vorverfahrens gegenüber der Behörde, die den Verwaltungsakt erlassen oder abgelehnt hat, oder gegenüber der Widerspruchsbehörde zurückgenommen worden. Die Rücknahme ist bis zum Erlass des Widerspruchsbescheides zulässig.[389]

85 Wird der Widerspruch nach Ablauf der Widerspruchsfrist zurückgenommen, führt dies zur Unanfechtbarkeit der ursprünglich angefochtenen Entscheidung; wird der Widerspruch innerhalb der Widerspruchsfrist zurückgenommen, kann der Betroffene innerhalb der Frist den Widerspruch erneut einlegen.[390] Der Verwaltungsakt wird also erst dann unanfechtbar, wenn die Widerspruchsfrist endgültig abgelaufen ist. Der Widerspruch ist unzulässig, wenn auf dessen Einlegung verzichtet wurde, wobei ein Verzicht auf den Widerspruch grundsätzlich erst nach Erlass des Verwaltungsakts ausgesprochen werden kann. Der Verzicht kann weder angefochten noch zurückgenommen werden.

86 Nach § 70 ist der Widerspruch innerhalb eines Monats, nach dem der Verwaltungsakt dem Beschwerten **bekanntgegeben**[391] worden ist, schriftlich oder zur

---

Vorverfahren durchgeführt werden und die Klagefrist eingehalten werden: vgl. dazu *BVerwG,* 30. 10. 1997 – 3 C 35.96 – NVwZ 98, 1292ff., 1294.

[388] *Dolde* in *Schoch/Schmidt-Aßmann/Pietzner,* § 69, Rdn. 6; *BVerwG,* 21. 3. 1979 – 6 C 10/78 – NJW 80, 135; *BVerwG,* 7. 8. 1998 – 4 B 75/98 – NVwZ-RR 99, 407. Ein Widerruf der Rücknahmeerklärung wird ausnahmsweise für zulässig gehalten, wenn ein Wiederaufnahmegrund i. S. d. §§ 579, 580 ZPO gegeben ist; vgl. dazu *BVerwG,* 9. 1. 1995 – 6 B 222/84 – NVwZ 95, 196: Hier wird ein als derartiger Wiederaufnahmegrund u. a. auch der Fall diskutiert, dass ein zulässig eingelegtes Rechtsmittel auf richterliche Empfehlung hin zurückgenommen worden war, weil dieses irrtümlich für unzulässig gehalten wurde; das BVerwG deutet hier allerdings auch die Möglichkeit einer Wiedereinsetzung in den vorigen Stand an mit der Folge, dass der zurückgenommene Rechtsbehelf erneut einzulegen wäre. Im übrigen vgl. *Schoch/Schmidt-Aßmann/Pietzner,* § 92, Rdn. 25.

[389] *Dolde* in *Schoch/Schmidt-Aßmann/Pietzner,* § 69, Rdn. 13ff.

[390] *Redeker/von Oertzen,* § 69, Rdn. 3.

[391] Die Bekanntgabe an den Adressaten genügt, auch wenn ein Bevollmächtigter bestellt worden ist, vgl. *BVerwG,* 30. 10. 1987 – 3 C 35/96 – NVwZ 98, 1292. Zur Bekanntgabefiktion durch „Aufgabe zur Post" und die Beweislastverteilung, *VG Bremen,* 17. 10. 1995 – 2 A 95/94 – NVwZ-RR 96, 550.

Niederschrift bei der Behörde zu erheben, die den Verwaltungsakt erlassen hat. Die Frist wird auch durch die Einlegung bei der Widerspruchsbehörde gewahrt (§ 70 Abs. 1 Satz 2).[392] Ein vor Erlass eines Verwaltungsaktes eingelegter Widerspruch geht ins Leere und ist unzulässig; wenn der Verwaltungsakt später erlassen wird, muss der Widerspruch wiederholt werden.[393]

Die **Schriftlichkeit** des Widerspruchs setzt grundsätzlich die Unterschrift des Widerspruchsführers oder seines Bevollmächtigten voraus. **87**

Hinweis:
Der Rechtsanwalt sollte eine Vollmacht seines Mandanten beifügen, vgl. D 116, E 29 ff.).

Nach ständiger Rechtsprechung des Bundesverwaltungsgerichts ist jedoch die fehlende Unterschrift unter dem Widerspruch dann unbeachtlich, wenn sich aus dem Widerspruch und etwaigen beigefügten Unterlagen hinreichend sicher, d. h. ohne Rückfrage oder Beweiserhebung, ergibt, dass er von dem Widerspruchsführer herrührt und mit dessen Willen in Verkehr gebracht worden ist.[394] Der Widerspruch kann darüber hinaus zur Niederschrift bei der Behörde erhoben werden. Die Behörde ist deshalb verpflichtet, alle notwendigen Vorkehrungen zu treffen, damit entsprechende Niederschriften erfolgen können; die Behörde ist ferner verpflichtet, den Widerspruch entgegenzunehmen. Die von dem Widerspruchsführer gegenüber einem Mitarbeiter der Behörde mündlich abgegebene Erklärung, man sei mit dem Bescheid nicht einverstanden, ist als Widerspruchserklärung allerdings nicht ausreichend.

Zur Wahrung der Schriftform reicht es, wenn der Widerspruch durch Fern- **88**
schreiber, Telegramm, Telefax oder Telekopie eingelegt wird.[395] Strittig ist, ob die Rechtsmitteleinlegung durch Computerfax mit eingescannter Unterschrift möglich ist.[396] Die Erhebung des Widerspruchs setzt voraus, dass er der Behörde zugeht (§ 130 Abs. 3 BGB). Der Zugang ist erfolgt, wenn der Widerspruch in den Machtbereich der Behörde gelangt, so dass diese die Möglichkeit hat, von dem Widerspruch Kenntnis zu nehmen.[397]

Künftig wird die Widerspruchseinlegung auch mittels eines elektronischen Do- **88 a**
kuments möglich sein. Nach § 3a VwVfG i. d. F. 3. VwVfG-ÄndG ist die Übermittlung elektronischer Dokumente zulässig, soweit ein Zugang hierfür eröffnet ist. Nach § 3a Abs. 2 VwVfG kann die für die Widerspruchseinlegung in § 70 Abs. 1 angeordnete Schriftform durch die mit einer qualifizierten elektronischen Signatur im Sinne des Signaturgesetzes verbundene elektronische Form ersetzt werden, wo-

---

392 Vgl. dazu *Redeker/von Oertzen,* § 70, Rdn. 9; ferner *Kopp/Schenke,* § 70, Rdn. 7.

393 *OVG Münster,* 5. 5. 1995 – 10 B 894/95 – NW VBl. 95, 392.

394 *Redeker/von Oertzen,* § 70, Rdn. 1; *Kopp/Schenke,* § 70, Rdn. 2.

395 Vgl. dazu die weiteren Anmerkungen unten E 34 ff.; es gelten die gleichen Grundsätze wie bei der Klageerhebung.

396 Verneinend: *BGH,* 29. 9. 1998 – XI ZR 367/97 – NJW 98, 3649 f. Bejahend: *BVerwG,* 19. 12. 1994 – 5 B 79/94 – NJW 95, 2121 und *BSG,* 15. 10. 1996 – 14 BEg 9/96 – NJW 97, 1254.

397 Vgl. dazu *Redeker/von Oertzen,* § 70, Rdn. 4; *Rennert* in *Eyermann,* § 70, Rdn. 6: Die Einlegung in ein Postabholfach reicht aus, bewirkt den Zugang des Widerspruchs am Tage der Einlegung nur dann, wenn das Abholfach nach der Verkehrsauffassung täglich geleert wird.

bei die Signatur mit einem Pseudonym die Schriftform nicht ersetzt.[398] Ist ein der Behörde übermitteltes elektronisches Dokument für sie zur Bearbeitung nicht geeignet, hat sie dies dem Absender unverzüglich mitzuteilen. Sie hat dabei die für sie geltenden technischen Rahmenbedingungen zu benennen (§ 3a Abs. 1 VwVfG). Macht ein sonstiger Empfänger der Behörde gegenüber geltend, dass ein von ihr übermitteltes elektronisches Dokument für ihn zur Bearbeitung nicht geeignet sei, hat die Behörde ihm das Dokument erneut in einem geeigneten elektronischen Format oder als Schriftstück zuzusenden (§ 3a Abs. 3 Satz 2 VwVfG). Die Möglichkeit einer Übermittlung eines elektronischen Dokuments ist rein fakultativ, d.h. niemand kann zu diesem Übermittlungsweg gezwungen werden; die bislang übliche Schriftform bleibt unberührt.[399]

cc) Widerspruchsbefugnis

89 Widerspruchsführer ist derjenige, der durch den Erlass des strittigen Verwaltungsakts oder durch dessen Ablehnung in eigenen Rechten beschwert ist. Die **Widerspruchsbefugnis** ist mit der **Klagebefugnis**[400] identisch; es wird daher auf die Darlegungen bei D 56ff. verwiesen.

dd) Widerspruchsfrist

90 Der Widerspruch muss gemäß § 70 Abs. 1 innerhalb eines Monats (Ausnahme z.B. § 33 Abs. 1 WPflG: 2 Wochen) nach Bekanntgabe des Verwaltungsaktes eingereicht werden.[401] Unter Bekanntgabe versteht man sowohl die Zustellung[402] als auch die öffentliche Bekanntgabe,[403] die insbesondere bei Allgemeinverfügungen in Betracht kommt. Die Bekanntgabe setzt den Willen der Behörde voraus, dem Adressaten ihre Entscheidung zur Kenntnis zu bringen; d.h. dass zufällige Kenntnis des Betroffenen nicht ausreichend ist.[404]

91 Die **Widerspruchsfrist** beginnt nur zu laufen, wenn neben der Bekanntgabe des Verwaltungsaktes oder dessen Ablehnung, eine schriftliche **Rechtsbehelfsbelehrung** erfolgt ist. Fehlt die Belehrung oder ist die Belehrung unvollständig oder falsch, so gilt die Jahresfrist des § 58 Abs. 2, die jedoch immer die Bekanntgabe des anzufechtenden Verwaltungsakts voraussetzt.[405] Nach Ablauf dieser Frist ist der Widerspruch freilich unzulässig. Gegen die Versäumung der Jahresfrist kann Wie-

---

[398] Die Übermittlung von elektronischen Dokumenten wird erst möglich sein, wenn die nach § 24 SiG noch zu erlassende Rechtsverordnung in Kraft getreten ist; im übrigen bleibt abzuwarten, ob die Verwaltungsverfahrensgesetze der Länder sich der neuen bundesrechtlichen Regelung anpassen werden.

[399] *BT-Drucks.* 14/4987, Seite 23.

[400] *Dolde* in *Schoch/Schmidt-Aßmann/Pietzner,* § 70, Rdn. 41–43.

[401] Vgl. dazu *Redeker/von Oertzen,* § 70, Rdn. 2; zu den Ausnahmen vgl. § 70, Rdn. 3.

[402] Zur Frage, ob die Zustellung durch die privatisierte Post ausreichend ist, vgl. *Seltmann,* „Zustellung durch die privatisierte Post", AnwBl. 96, 403ff.; *Späth,* „Die Tücke des Objekts oder warum alle Zustellungen mit Postzustellungsurkunde seit dem 1. 1. 1995 unwirksam sind", DStR 96, 1723ff.

[403] *BVerwG,* 31. 3. 1995 – 4 A 1/93 – NVwZ 95, 901 zu § 74 Abs. 5 VwVfG.

[404] Vgl. dazu *Redeker/von Oertzen,* § 70, Rdn. 2a; zu den Ausnahmen vgl. § 70, Rdn. 3.

[405] *BVerwG,* 31. 3. 1995 – 4 A 1/93 – NVwZ 95, 901f. Für die Anfechtung von Verkehrszeichen kommt es für den Fristlauf auf deren Aufstellung an, vgl. *VGH Kassel,* 31. 3. 1999 – 2 UE 2234/96 – NJW 99, 2057.

dereinsetzung in den vorigen Stand nur beantragt werden, wenn der Betroffene an der Wahrung der Frist durch höhere Gewalt gehindert war, E 403ff.[406]

92 Die **Jahresfrist** des § 58 Abs. 2 läuft lediglich dann nicht, wenn eine Bekanntgabe des Ausgangsverwaltungsaktes nicht erforderlich ist oder irrtümlich die Belehrung dahin erteilt worden ist, dass ein Rechtsbehelf gegen den Verwaltungsakt nicht gegeben sei, während in Wahrheit der Widerspruch zulässig war.[407]

93 Das Widerspruchsrecht kann verwirken, wenn der Betroffene über einen längeren Zeitraum hinaus untätig bleibt und die Behörde entsprechend disponiert hat, da sie für den Betroffenen erkennbar von der Bestandskraft ihrer Entscheidung ausgeht (vgl. J 108; zur Verwirkung bei Verwaltungsakten mit Doppelwirkung vgl. auch K 88).[408]

ee) Inhalt der Widerspruchsschrift

94 Das Gesetz macht zum Inhalt des Widerspruchsschreibens keinerlei Vorgaben.[409] Mindestens muss für die Behörde erkennbar sein, dass und wogegen der Betreffende Widerspruch einlegen will.[410] Unklarheiten können auch noch nach Ablauf der Widerspruchsfrist aufgeklärt werden. Das Widerspruchsschreiben muss keinen konkreten Antrag enthalten, regelmäßig kann davon ausgegangen werden, dass der gesamte Bescheid angefochten werden soll. Es ist nicht erforderlich, dass in dem Schreiben das Wort „Widerspruch" auftaucht, wenn nur für die Behörde verständlich ist, dass die Aufhebung oder Änderung des ergangenen Bescheides begehrt wird.[411]

Hinweis:
Vgl. auch das Beispielsschreiben im Anhang I Nr. 3c zur Akteneinsicht im Verwaltungsverfahren.

95 In Schriftsätzen an das Gericht kann **ausnahmsweise** ein Widerspruch gem. § 69 gesehen werden, wenn darin mit hinlänglicher Deutlichkeit der Wunsch nach Durchführung eines förmlichen Widerspruchsverfahrens bei der Behörde zum Ausdruck kommt.[412]

---

406 Vgl. dazu unten E 403ff., wobei darauf hinzuweisen ist, dass die Behinderung bis unmittelbar vor Ablauf der Frist bestanden haben muss, so dass die bloße Unkenntnis vom Ablauf der Frist nicht ausreichend ist, um eine Wiedereinsetzung zu gewähren; vgl. im übrigen dazu *Redeker/von Oertzen,* § 58, Rdn. 17; vgl. auch *Müller-Franken,* „Gemeinschaftsrechtliche Fristhemmung, richtlinienkonforme Auslegung und Bestandskraft von Verwaltungsakten", DVBl. 98, 758.

407 Vgl. dazu *BVerwG,* 15. 6. 1985 – 8 C 116/84 – ZfBR 86, 478.

408 Vgl. zu dem Parallelproblem im Bereich der abstrakten Normenkontrolle D 329–331; ferner *BVerwG,* 18. 1. 1979 – 4 B 257.87 – ZfBR 88, 144; *OVG Münster,* 26. 9. 1979 – X B 1528/78 –, NJW 80, 1413.

409 Vgl. dazu *Redeker/von Oertzen,* § 70, Rdn. 10.

410 *VG Düsseldorf,* 26. 9. 1997 – 1 K 14480/94 – NWVBl. 98, 286.

411 Vgl. dazu *Redeker/von Oertzen,* § 70, Rdn. 10.

412 *OVG Hamburg,* 28. 7. 1995 – Bf IV 14/94 – NVwZ-RR 96, 397; zum Fall einer Klagebegründung als Antrag, vgl. *BVerwG,* 4. 8. 1993 – 11 C 15/92 – NVwZ 95, 76f.

ff) Anhörung von Dritten

96 Sofern in Betracht zu ziehen ist, dass mit der Aufhebung oder Änderung des Verwaltungsaktes im Widerspruchsverfahren erstmalig mit eine Beschwer verbunden ist, bestimmt § 71, dass der Betroffene vor Erlass des Widerspruchsbescheides oder des Abhilfebescheides gehört wird. Die unterlassene Anhörung berührt die Wirksamkeit des Widerspruchsbescheides oder der Abhilfeentscheidung nicht; der übergangene Dritte kann jedoch die Widerspruchsentscheidung anfechten und einen Verfahrensfehler geltend machen, der zur Aufhebung führt, wenn die Entscheidung auf dem Verfahrensfehler beruht.[413] Eine bestimmte Anhörungsform ist vom Gesetz nicht vorgegeben. Zur Anwendung der neuen Heilungsvorschrift des § 45 Abs. 2 VwVfG, vgl. unten E 178f.

gg) Erledigung der Hauptsache während des Widerspruchsverfahrens

97 Erledigt sich das Widerspruchsbegehren (vgl. dazu allg. E 344ff.) vor Erlass des Widerspruchsbescheids, so ist das Vorverfahren beendet, da es seinen Zweck nicht mehr erfüllen kann; das Verfahren ist dann einzustellen.[414] Ein „Fortsetzungsfeststellungswiderspruch" analog zu § 113 Abs. 1 Satz 2 ist unstatthaft.[415] Unterbleibt die Widerspruchsentscheidung wegen Erledigung der Hauptsache, so ist nach h. M. für eine Kostenentscheidung kein Raum (vgl. aber auch D 105).[416] Der Widerspruchsführer kann aber unter den Voraussetzungen der Feststellungsklage ohne vorherige Durchführung eines Vorverfahrens – und ohne Fristbindung[417] – klären lassen, ob der ursprüngliche Verwaltungsakt rechtmäßig war oder nicht.[418] Ergeht trotz Erledigung des Widerspruchsverfahrens eine Widerspruchsentscheidung, so ist diese anfechtbar, weil der Eindruck erweckt wird, der erledigte Ausgangs-VA sei bestandskräftig.[419]

---

[413] *Redeker/von Oertzen,* § 71, Rdn. 2. Die Anhörungspflicht gilt auch für eine beabsichtigte Verböserung im Widerspruchsverfahren, vgl. *BVerwG,* 19. 5. 1999 – 8 B 61/99 – NVwZ 99, 1218.

[414] *BVerwG,* 20. 1. 1989 – 8 C 30.87 – in BVerwGE 81, 226ff.; ferner *Dolde* in *Schoch/Schmidt-Aßmann/Pietzner,* § 68, Rdn. 16.

[415] *Dolde* in *Schoch/Schmidt-Aßmann/Pietzner,* § 68, Rdn. 22 unter Hinweis darauf, dass ein derartiger Fortsetzungsfeststellungswiderspruch in beamtenrechtlichen Streitigkeiten gem. § 126 Abs. 3 BRRG zulässig ist.

[416] Vgl. *BVerwG,* 11. 5. 1981 – 6 C 121.80 – BVerwGE 62, 201ff.; ferner *Stelkens/Bonk/Sachs,* § 80, Rdn. 45 m.w.N.; a.A. *VGH Mannheim,* 6. 10. 1980 – 3 S 151/80 – NJW 81, 1524f. und *Kopp/Ramsauer,* § 80, Rdn. 43.

[417] *BVerwG,* 14. 7. 1999 – 6 C 7/98 – DVBl. 99, 1660ff.

[418] Zu den besonderen Voraussetzungen für eine derartige Feststellungsklage vgl. D 176ff.; Im übrigen vgl. *BVerwG,* 1. 7. 1975 – I C 35.70 – BVerwGE 49, 36ff., 39; zur Unzulässigkeit einer Widerspruchsentscheidung im Falle der Erledigung des Verwaltungsaktes vgl. *BVerwG,* 20. 1. 89 – 8 C 30.87 – BVerwGE, 81, 226ff. Der *VGH Mannheim,* 15. 10. 1997 – 1 S 2555/96 – DVBl. 98, 837, hielt eine Fortsetzungsfeststellungsklage (§ 113 Abs. 1 S. 4 analog) nur für zulässig, die innerhalb eines Monats (bei fehlender Rechtsmittelbelehrung innerhalb eines Jahres) nach Kenntnis vom erledigenden Ereignis zu erheben ist; das *BVerwG,* 14. 7. 1999 – 6 C 7/98 – DVBl. 99, 1660ff war bezüglich der Fristbindung anderer Auffassung und hob die Entscheidung des VGH Mannheim auf; vgl. auch *R. P. Schulze,* „Neue Wege im Rechtsschutz gegen vorprozessual erledigte Verwaltungsakte?", NVwZ 00, 1255.

[419] *BVerwG,* 20. 1. 1989 – 8 C 30.87 – BVerwGE 81, 226.

hh) Abhilfeentscheidung

Aus § 72 ergibt sich, dass zunächst die Behörde, die den angefochtenen Bescheid erlassen hat, über den Widerspruch befinden muss. Ihr wird Gelegenheit gegeben, ihre erste Entscheidung nochmals in tatsächlicher und rechtlicher Hinsicht zu überprüfen und dem Widerspruch ggfs. abzuhelfen.[420] **98**

Hält die Behörde den eingelegten Widerspruch für begründet, so hilft sie ihm dadurch ab, dass sie den angefochtenen Bescheid ganz oder teilweise aufhebt bzw. ändert oder den vom Widerspruchsführer beantragten Verwaltungsakt ganz oder unter Auflagen und Bedingungen erlässt.[421] **99**

Wird dem Widerspruch dagegen in der Weise abgeholfen, dass der mit dem Widerspruch angegriffene Bescheid zunächst insgesamt aufgehoben und dann teilweise neu erlassen wird, so liegt jedenfalls dann kein Zweitbescheid vor, wenn die Sach- und Rechtslage gegenüber dem Erlass des Ursprungsbescheids unverändert war. Ein solcher Änderungsbescheid wird automatisch Gegenstand des anhängigen Widerspruchsverfahrens, einer dahingehenden Erklärung des Widerspruchsführers oder gar eines erneuten Widerspruchs bedarf es nicht.[422]

Eine Begründung ist nicht erforderlich, sofern dem Begehren des Widerspruchsführers im vollem Umfange stattgegeben wird und Dritte durch den Abhilfebescheid nicht berührt werden. **100**

Der Abhilfebescheid muss lediglich eine Kostenentscheidung enthalten.[423] Hilft die Ausgangsbehörde einem Widerspruch nur teilweise ab, obliegt die Kostenentscheidung für das gesamte Vorverfahren der Widerspruchsbehörde.[424] Wird die Kostenentscheidung vergessen, ist eine Ergänzung zulässig. **101**

Hinweis:
Vgl. den Beispielschriftsatz Anhang I Nr. 3a

Sofern die Behörde dem Widerspruch nicht abhilft und sie selbst auch nicht Widerspruchsbehörde ist, muss sie den Widerspruch zusammen mit den Akten der Widerspruchsbehörde zur Entscheidung vorlegen. **102**

Neben einer Abhilfeentscheidung nach § 72 ist auch die Rücknahme oder der Widerruf des Verwaltungsaktes nach §§ 48, 49 VwVfG möglich.[425] **103**

Die Ausgangsbehörde hat freilich bei zulässigem und begründeten Widerspruch **nicht die Wahl,** ob sie den angegriffenen Verwaltungsakt durch Rücknahmebescheid statt durch eine Abhilfeentscheidung aufheben will. Wenn die Ausgangsbehörde zu der Erkenntnis gelangt, dass der angegriffene Verwaltungsakt rechtswidrig **104**

---

[420] *Kopp/Schenke,* § 72, Rdn. 1ff.

[421] *Kopp/Schenke,* § 72, Rdn. 3; *Stelkens,* Rdn. 699; vgl. *BVerwG,* 15. 2. 1991 – 8 C 83/88 – NVwZ 92, 669, wonach bei Aufhebung des Ausgangsbescheids selbst dann eine Vollabhilfe vorliegt, wenn gleichzeitig oder später ein neuer Bescheid mit gleichem oder ähnlichem Inhalt erlassen wird.

[422] *OVG Bautzen,* 28. 5. 1998 – 1 S 149/98 – NVwZ-RR 99, 101.

[423] *BVerwG,* 18. 4. 1986 – 4 C 61995 – DVBl. 96, 1315f.

[424] *BVerwG,* 15. 2. 1991 – 8 C 93/88 – NVwZ 92, 669.

[425] Vgl. § 50 VwVfG, *Redeker/von Oertzen,* § 72, Rdn. 5.

ist, so ist sie vielmehr verpflichtet abzuhelfen.[426] Eine Rücknahme gem. § 48 VwVfG kommt daher nur in Betracht, wenn die Behörde anlässlich des Widerspruchs auf eine Mangel des angefochtenen Verwaltungsakts aufmerksam wird, dieser aber im Widerspruchsverfahren unbeachtlich ist, weil er keine Rechtsverletzung des Widerspruchsführers bewirkt.

Beispiel:

Der Nachbar legt gegen die dem Bauherrn erteilte Baugenehmigung Widerspruch ein. Im Widerspruchsverfahren stellt sich heraus, dass die Baugenehmigung rechtswidrig ist, weil das Bauvorhaben mit dem im Bebauungsplan festgesetzten Maß der baulichen Nutzung nicht im Einklang steht. Eine solche Festsetzung ist grundsätzlich nicht nachbarschützend, vgl. K 59. Mangels Rechtsverletzung kann die Ausgangsbehörde daher dem Widerspruch nicht stattgeben.

Nach ihrem Ermessen kann sie aber über eine Rücknahme der Baugenehmigung entscheiden. Im Hinblick auf den dann drohenden Entschädigungsanspruch des Bauherrn gem. § 48 Abs. 3 VwVfG wird die Behörde allerdings ihr Ermessen regelmäßig zugunsten des Bauherren ausüben und von einer Rücknahme absehen.

105 Im Zweifel ist eine Entscheidung im Widerspruchsverfahren zu Gunsten des Widerspruchsführers ergehende Entscheidung als Abhilfeentscheidung zu qualifizieren.

Wenn sich die Ausgangsbehörde – unzulässig – für die Rücknahme des angefochtenen Verwaltungsakts entscheidet, so darf sie jedenfalls den Widerspruchsführer, der im Widerspruchsverfahren obsiegt hätte, nicht ohne tragfähigen Grund um den zu erwartenden Kostenausspruch bringen; sofern die Ausgangsbehörde sich lediglich der Kostenlast entziehen will, ist dies als tragfähiger Grund nicht ausreichend.[427]

ii) Widerspruchsbescheid

106 Sofern die Ausgangsbehörde dem Widerspruch nicht abhilft, muss ein Widerspruchsbescheid ergehen. Den Widerspruchsbescheid erlässt

- die nächst höhere Behörde, soweit nicht durch Gesetz eine andere höhere Behörde bestimmt wird, § 73 Abs. 1 Nr. 1,
- wenn die nächst höhere Behörde eine oberste Bundes- oder oberste Landesbehörde ist, die Behörde die den Verwaltungsakt erlassen hat (§ 73 Abs. 1 Nr. 2),
- in Selbstverwaltungsangelegenheiten die Selbstverwaltungsbehörde, soweit nicht durch Gesetz anderes bestimmt ist (§ 73 Abs. 1 Nr. 3).

107 Das Gesetz regelt außerhalb des § 73 nur die Form und die Frist für den Widerspruch, so dass gem. § 79 VwVfG die Bestimmungen des VwVfG für das Widerspruchsverfahren entsprechend gelten.[428]

108 Die Widerspruchsbehörde prüft die Rechtmäßigkeit und Zweckmäßigkeit der Entscheidung der Ausgangsbehörde ohne Einschränkung nach. Im Rahmen des Widerspruchsverfahrens können daher auch Verfahrensfehler, die von der Ausgangsbehörde begangen worden sind, geheilt werden (§ 45 Abs. 2 VwVfG). Dies gilt vor allem für die unterlassene Anhörung nach § 28 Abs. 1 VwVfG.[429]

---

[426] *Pietzner/Ronellenfitsch,* § 27, Rdn 3ff. Zur Abgrenzung zwischen Abhilfeentscheidung und Rücknahme vgl. auch *BVerwG,* 1. 7. 1999 – 4 C 23.97 – UPR 00, 35ff.

[427] *BVerwG,* 18. 4. 1996 – 4 C 6.95 – DVBl. 96, 1315ff.

[428] Vgl. dazu *Stelkens,* Rdn. 695.

[429] Vgl. dazu die verschiedenen Beispiele bei *Redeker/von Oertzen,* § 73, Rdn. 14a, 14b.

Die fehlende sachliche Zuständigkeit der Ausgangsbehörde kann freilich im Widerspruchsverfahren nicht geheilt werden.[430] Die Vorschriften der VwGO über das Vorverfahren gestatten es im übrigen der Widerspruchsbehörde nicht, den angegriffenen Verwaltungsakt aufgrund eines – etwa mangels Widerspruchsbefugnis – unzulässigen Widerspruchs aufzuheben oder abzuändern.[431] **109**

Die Widerspruchsbehörde entscheidet aufgrund der Sach- und Rechtslage im Zeitpunkt der Widerspruchsentscheidung, so dass neue Tatsachen ebenso wie neu eingetretene rechtliche Veränderungen zu berücksichtigen sind.[432] **110**

Die Widerspruchsbehörde ist im übrigen auch befugt, über einen verspäteten Widerspruch sachlich zu entscheiden, sofern nicht Rechte Dritter entgegenstehen. Der Widerspruchsführer hat insoweit einen Anspruch auf fehlerfreie Ermessensentscheidung.[433] **111**

Im Widerspruchsbescheid kann die Behörde dem Widerspruch ganz oder teilweise stattgeben oder ihn zurückweisen. Die Behörde ist dabei nicht an die rechtliche Beurteilung der Ausgangsbehörde gebunden, sondern kann auch andere rechtliche Gesichtspunkte heranziehen. Die Widerspruchsbehörde kann bei ihren Entscheidungen dem Widerspruchsführer auch mehr gewähren, als seinem Widerspruchsbegehren entspricht. **112**

Umstritten ist freilich, ob die Behörde den Ausgangsbescheid auch zuungunsten des Bürgers ändern kann. Die sog. **„reformatio in peius“** ist in der VwGO nicht geregelt; die wohl herrschende Meinung vertritt jedoch die Auffassung, dass derartige Verschlechterungen im Widerspruchsverfahren bundesrechtlich zulässig sind.[434] Eine erneute Anhörung des Widerspruchsführers vor Erlass eines verbösernden Widerspruchsbescheides ist nur bei Vorliegen neuer Tatsachen erforderlich. Die Verböserung im Widerspruchsverfahren ist nicht an Voraussetzungen gebunden, die für Widerruf/Rücknahme begünstigender Verwaltungsakte gelten. Rechtsgrundlage für den Widerspruchsbescheid sind allein die für den Erlass des Ausgangsbescheids einschlägigen Rechtsvorschriften.[435] **113**

In derartigen Fällen kann der Widerspruchsbescheid alleiniger Gegenstand einer Anfechtungsklage sein, wenn und soweit er gegenüber dem ursprünglichen Verwaltungsakt eine zusätzliche selbständige Beschwer enthält; ein erneutes Vorverfahren entfällt.[436] **114**

---

[430] Vgl. dazu *Redeker/von Oertzen,* § 73, Rdn. 14f.

[431] *BVerwG,* 29. 10. 1968 – 4 B 7.68 – DÖV 69, 142; *BVerwG,* 18. 5. 1982 – 7 C 42/80 – BVerwGE 65, 313ff: Der Widerspruch wäre unzulässig, wenn der Widerspruchsführer durch den Verwaltungsakt, den er angreift, gar nicht in seinen Rechten betroffen wäre; *BVerwG,* 15. 6. 1994 – 3 B 34.94 – Buchholz 451 512 MGVO Nr. 95 (St).

[432] *Redeker/von Oertzen,* § 73, Rdn. 15.

[433] *VGH Mannheim,* 15. 10. 1991 – 8 S 623/91 – VBlBW 92, 96.

[434] Vgl. dazu *Redeker/von Oertzen,* § 73, Rdn. 20.; *BVerwG,* 17. 6. 1996 – 1 B 100.96 – DVBl. 96, 1318, hält bei Fehlen spezialgesetzlicher Regelungen eine Verschlechterung grundsätzlich für zusätzlich; anders das Verschlechterungsverbot im verwaltungsinternen Kontrollverfahren bei Prüfungsleistungen (z.B. JAG NW), vgl. dazu *OVG Münster,* 6. 9. 1995 – 22 A 1728/91 – AU S. 32.

[435] *OVG Koblenz,* 2. 10. 1991 – 2 A 138/91 – DVBl. 92, 787.; *VGH Mannheim,* 24. 3. 1994 – 14 S 2628/93 – NVwZ 95, 1220ff.

[436] *OVG Koblenz,* 2. 10. 1991 – 2 A 138/91 – DVBl. 92, 787; *VGH Mannheim,* 24. 3. 1994 – 14 S 2628/93 – NVwZ 95, 1220ff.

Die **reformatio in peius** ist allerdings ausgeschlossen, wenn ein Dritter gegen einen begünstigenden VA Widerspruch eingelegt hat, ohne dass der Dritte in seinen Rechten verletzt sein kann.

Beispiel:

Der Nachbar legt gegen die Baugenehmigung des Bauherrn Widerspruch ein, ohne jedoch durch die Baugenehmigung in eigenen Rechten verletzt zu sein. Die Widerspruchsbehörde ist in diesen Fällen nicht befugt, die Baugenehmigung aus Gründen einer objektiven Rechtswidrigkeit, die den Nachbarn nicht beschwert, aufzuheben oder zu ändern.

114 a Im **Prüfungsrecht** gelten weitere Besonderheiten:

Der Grundsatz der Chancengleichheit verbietet eine Verschlechterung des Prüfungsergebnisses bei einer erforderlichen Neubewertung der Prüfungsleistung nur, soweit sie auf einer Änderung des Bewertungssystems oder einem Nachschieben beliebiger Gründe beruht. Eine im Rahmen einer Neubewertung unzulässige Änderung des Bewertungssystems ist lediglich bei einer Änderung der prüfungsspezifischen Bewertungskriterien gegeben.[437]

115 Die Widerspruchsentscheidung muss begründet sein und eine Kostenentscheidung enthalten. Fehlt die Kostenentscheidung, kann eine Ergänzung des Widerspruchsbescheides beantragt werden.[438]

116 **Hinweis:**

Vgl. die Beispielsschriftsätze (Anhang I Nr. 3a und 3b zum Antrag auf Ergänzung des Widerspruchsbescheids um eine Kostenentscheidung und zum Antrag auf Kostenerstattung der Vorverfahrenskosten).

Der Widerspruchsbescheid ist zuzustellen, § 73 Abs. 3 (vgl. auch D 88 a). Gem. § 8 Abs. 1 Satz 2 VwVZG ist diese Zustellung zwingend an den bevollmächtigten Rechtsanwalt zu richten, allerdings nur dann, wenn dieser der Behörde eine schriftliche Vollmacht vorgelegt hat. Ist die Bevollmächtigung dagegen nicht durch eine Urkunde nachgewiesen, so kann die Zustellung auch an den Mandanten direkt erfolgen. Der Rechtsanwalt hält also das Widerspruchsverfahren und die Klagefrist nur dann sicher „unter Kontrolle", wenn er unverzüglich eine schriftliche Vollmacht vorlegt (vgl. D 120). Die Zustellung an den bevollmächtigten Rechtsanwalt per Telefax ist wirksam; eine nochmalige Zustellung durch die Post macht die erste Zustellung nicht hinfällig und setzt auch keine neue Rechtsmittelfrist in Lauf.[439]

117 Die Heilung von Zustellungsmängeln richtet sich nach § 9 Abs. 1 VwZG, wobei § 9 Abs. 1 VwZG gem. § 9 Abs. 2 VwZG nicht anzuwenden ist, wenn mit der

---

[437] Darunter sind diejenigen Kriterien zu verstehen, nach denen der Prüfer die festgestellten fachlichen Vorzüge und Mängel einer Prüfungsleistung einem vorgegebenen Notensystem zuordnet. Eine Änderung des Bewertungssystems liegt nicht schon ohne weiteres in der erstmaligen Berücksichtigung eines neu erkannten Fehlers oder einer anderweitigen an die Stelle der fehlerhaften Korrektur tretenden nachteiligen Einzelwertung. Als ein unzulässiges Nachschieben beliebiger Gründe ist es nicht anzusehen, wenn der Prüfer eine früher als falsch bewertete, nunmehr jedoch als vertretbar anzusehende Lösung erstmals auf ihre sachgerechte Durchführung untersucht und sich auf dieser Grundlage neue Einwendungen ergeben, vgl. dazu *BVerwG*, 14. 7. 1999 – 6 C 20/98 – DVBl. 99, 1594ff.

[438] *BVerwG*, 18. 4. 1996 – 4 C 6.95 – DVBl. 96, 1315ff.

[439] *OVG Hamburg*, 20. 9. 1995 – Bs IV 143/95 –.

Zustellung eine Klage-, Berufungs-, Revisions- oder Rechtsmittelbegründungsfrist zu laufen beginnt.[440]

Sofern über den Widerspruch nicht in angemessener Frist entschieden wird, ist die Anfechtungsklage als Untätigkeitsklage gem. § 75 zulässig, obwohl das Vorverfahren noch nicht abgeschlossen ist (vgl. dazu auch D 129 ff.).[441] **118**

d) Klagefristen

Die Klagefrist ist in § 74 geregelt. die Anfechtungs- und Verpflichtungsklage muss innerhalb **eines Monats** nach Zustellung[442] des Widerspruchsbescheids[443] erhoben werden. Soweit ein Vorverfahren entbehrlich ist (vgl. D 82) muss die Klage innerhalb eines Monats nach Bekanntgabe des Verwaltungsakts (**Ausnahme:** die spezialgesetzliche Sonderregelung in § 74 Abs. 1 AsylVfG: **2 Wochen**) erhoben werden. Bei mehreren Beteiligten läuft die Klagefrist für jeden der Beteiligten je nach Zustellung gesondert.[444] Eine zufällige Kenntnis reicht nicht, da die Bekanntgabe den Willen der Behörde voraussetzt, den VA dem Betroffenen zur Kenntnis zu bringen.[445] Beim Tod des Widerspruchsführers findet die Regelung des § 239 Abs. 1 ZPO jedenfalls insoweit Anwendung als die Klagefrist des § 74 VwGO endet bzw. nicht zu laufen beginnt, sofern kein Prozessbevollmächtigter bestellt ist.[446] **119**

Bei einer wiederholten Bekanntgabe des Widerspruchsbescheids eröffnet die nochmalige Zustellung des Widerspruchsbescheids keine neue Klagefrist; hierfür ist nur die erstmalige Bekanntgabe maßgeblich.[447] Ist ein Bevollmächtigter bestellt, ist ihm gegenüber zuzustellen, vgl. D 87, D 116, E 29 ff. (strittig).[448] **120**

---

[440] § 9 Abs. 2 gilt auch für die Nichtzulassungsbeschwerde, vgl. *Engelhardt/App,* VwVG (VwZG, § 9 Anm. 3b); vgl. allg. ferner *OVG Münster,* 26. 9. 1994 – 22 A 2426/94 – DÖV 95, 564 f.; zur Unwirksamkeit einer Zustellung per Telefax vgl. *OVG Münster,* 26. 10. 1994 – 22 B 997/94 – NVwZ 95, 395.

[441] Zur Möglichkeit einer Untätigkeitsklage des Bauherrn gegen die Widerspruchsbehörde, die auf Zurückweisung eines Nachbarwiderspruchs gerichtet ist, vgl. *VGH Mannheim,* 10. 11. 1993 – 3 S 1120/92 – NVwZ 95, 280 ff.; vgl. ferner *Schledorn,* „Zur Zulässigkeit einer Klage auf Widerspruchsbescheidung", NVwZ 95, 250 f.

[442] Zur Zustellung in einem Asylbewerberheim, vgl. *VGH Mannheim,* 5. 2. 1999 – A 9 S 8/99 – DVBl. 99, 560 [Ls]. Zu Auslandszustellungen vgl. *BVerwG,* 20. 5. 1999 – 3 C 7.98 – DVBl. 00, 558 f.

[443] Zur Frage, ob die Zustellung durch die privatisierte Post ausreichend ist, vgl. *Seltmann,* „Zustellung durch die privatisierte Post" AnwBl. 96, 403 ff.; *Späth,* „Die Tücke des Objekts oder warum alle Zustellungen mit Postzustellungsurkunde seit dem 1. 1. 1995 unwirksam sind", DStR 96, 1723 ff.; höchstrichterliche Entscheidungen, die Postzustellungsurkunde für unwirksam halten, sind bislang noch nicht ergangen; vgl. zu den Auswirkungen des europäischen Gemeinschaftsrechts, *Müller-Franken,* „Gemeinschaftsrechtliche Fristenhemmung, richtlinienkonforme Auslegung und Bestandskraft von Verwaltungsakten" in DVBl. 98, 758 ff.

[444] *Kopp/Schenke,* § 74, Rdn. 4.

[445] *Redeker/von Oertzen,* § 70, Rdn. 2a.

[446] *BVerwG,* 14. 11. 2000 – 8 B 187/00 – NVwZ 01, 309.

[447] *BVerwG,* 11. 5. 1979 – 6 C 70.78 – BVerwGE 58, 100, 106; ferner *BVerfG,* 2. 5. 1978 – 2 BvR 81/78 – NJW 78, 1575; *Kopp/Ramsauer,* § 14, Rdn. 23; *BVerwG,* 31. 7. 1998 – 9 B 776/98 – NJW 98, 3582.

[448] *Redeker/von Oertzen,* § 70, Rdn. 2b, § 74, Rdn. 2; a. A. *BVerwG,* 30. 10. 1997 – 3 C 35/96 – NVwZ 98, 1292 ff.

Beispiel:
Die Eigentümerin eines Hausgrundstücks beauftragt den Rechtsanwalt Widerspruch gegen einen Bescheid einzulegen. Der Prozessbevollmächtigte legt ordnungsgemäß unter Vorlage seiner Vollmacht Widerspruch ein und begründet diesen. Der Widerspruchsbescheid wird entgegen § 73 Abs. 3 iVm § 8 Abs. 1 Satz 2 VwZG der Eigentümerin direkt zugestellt, ohne den Bevollmächtigten zu verständigen. Nach Verstreichen der einmonatigen Klagefrist erkundigt sich die Eigentümerin nach dem Stand des Verfahrens. Der Anwalt beschwert sich bei der Widerspruchsbehörde, die daraufhin den Widerspruchsbescheid erneut – dieses Mal an den Anwalt zustellt.

121 Wird der Widerspruchsbescheid nicht dem Anwalt, sondern fehlerhaft dessen Mandanten zugestellt, so verhindert die fehlerhafte Zustellung, dass die Klagefrist in Lauf gesetzt wird (strittig).[449]

121 a Die einem Rechtsanwalt erteilte und einer Behörde oder dem Gericht vorgelegte schriftliche Vollmacht endet erst dann, wenn der Rechtsanwalt der Behörde oder dem Gericht die Beendigung des Mandatsverhältnisses anzeigt und die wirksame Kündigung des Vertragsverhältnisses durch den Mandanten nachweist.[450]

122 Die Klagefrist kann nur durch Erhebung der Klage gewahrt werden; weitere Proteste, Widersprüche oder Dienstaufsichtsbeschwerden bei der Behörde hindern den Ablauf der Klagefrist nicht.[451]

123 Die Klagefrist ist eine von Amts wegen zu beachtende gesetzliche Frist, die nicht verlängert werden kann.[452] Hat der Kläger auf sein **Klagerecht verzichtet,** so ist die Klage unzulässig.[453]

124 In besonders gelagerten Fällen kann das **Recht zur Klage** auch **verwirkt** werden[454]. Die Verwirkung des Klagerechts setzt voraus, dass die Erhebung der Klage wegen eines schützenswerten, durch das Verhalten des Klägers gerechtfertigten Vertrauens des Beklagten treuwidrig erscheint,[455] vgl. z. B. in den Fällen der Untätigkeitsklage, in denen der Kläger einen unangemessen langen Zeitraum verstreichen lässt, bevor er in das Klageverfahren übergeht.[456]

---

[449] *OVG Hamburg,* 17. 12. 1991 – Bf/VI 35/91 – NVwZ-RR 93, 110 a. A. *BVerwG,* 30. 10. 1997 – 3 C 35/96 – NVwZ 98, 1292 ff.

[450] *VGH Kassel,* 15. 6. 1998 – 13 TZ 4026/97 – NVwZ 98, 1313: Stellt die Behörde in der falschen Annahme, die erste Zustellung an den Bevollmächtigten sei fehlerhaft erfolgt, den Verwaltungsakt erneut zu, so wird hierdurch keine neue Widerspruchsfrist in Lauf gesetzt; bei mehreren Zustellungen beginnt die Rechtsmittelfrist mit **ersten** wirksamen Zustellung, vgl. dazu *BVerwG,* 31. 7. 1998 – 9 B 776/98 – NJW 98, 3582.

[451] Zur Frage der Einhaltung von Klagefristen bei Einbeziehung von weiteren Bescheiden, die den Ausgangsbescheid aufheben oder ändern, vgl. *BVerwG,* 30. 10. 1997 – 3 C 35.96 – DVBl. 98, 542.

[452] *Redeker/von Oertzen,* 74, Rdn. 5.

[453] *Redeker/von Oertzen,* 74, Rdn. 6; *Kopp/Schenke,* § 74, Rdn. 21 f.

[454] Zur Verwirkung des Klagerechts gegen einen Planfeststellungsbeschluss, vgl. *BVerwG,* 10. 8. 2000 – 4 A 11/79 – NVwZ 01, 206.

[455] *Kopp/Schenke,* § 74, Rdn. 18 ff. m. w. N. Ein solches Vertrauen ist bei der Anfechtung eine Prüfungsentscheidung nicht allein deshalb gerechtfertigt, weil sich der beim ersten Prüfungsversuch erfolglos gebliebene Kläger vor der Anfechtung der Prüfungsentscheidung der Wiederholungsprüfung unterzogen hat; *OVG Münster,* 14. 12. 1999 – 14 A 2251/99 – DVBl. 00, 724.

[456] *Kopp/Schenke,* § 76 a. F. Rdn. 2; ferner *Redeker/von Oertzen,* § 75, Rdn. 14 vgl. auch D 144; sowie D 65; zum Problem der Verwirkung bei fehlerhafter Zustellung vgl. auch *OVG Hamburg,* 17. 12. 1991 – Bf/VI 35/91 – NVwZ-RR 93, 110.

Von der Verwirkung des Verfahrensrechts ist die Verwirkung des materiellen Rechts zu unterscheiden,[457] die die Zulässigkeit der Klage nicht berührt und nur bei der Begründetheitsprüfung Bedeutung erlangt, vgl. J 108f. **125**

Von der Klagefrist ist die **Klagebegründungsfrist** zu unterscheiden. Spezialgesetze enthalten in einer Reihe von Fällen Regelungen, die den Kläger verpflichten, die verwaltungsgerichtliche Klage innerhalb bestimmter Fristen zu begründen, dazu siehe E 59 bis E 63. **126**

Weitere Erfordernisse an die Form der Klageschrift (E 28ff.), den Inhalt der Klageschrift (E 34ff.) sowie etwaige **Klagebegründungsfristen** (E 59–E 63) werden im Kapitel E dargestellt (zur Anrufung eines unzuständigen Gerichts und den Rechtsfolgen einer Verweisung, vgl. C 127).

e) Klagegegner

Nach § 78 Abs. 1 ist die Klage zu richten **127**

- gegen den Bund, das Land oder die Körperschaft, deren Behörde den angefochtenen Verwaltungsakt erlassen oder den beantragten Verwaltungsakt unterlassen hat; zur Bezeichnung des Beklagten genügt die Angabe der Behörde,
- sofern das Landesrecht dies bestimmt, gegen die Behörde selbst, die den angefochtenen Verwaltungsakt erlassen oder den beantragten Verwaltungsakt unterlassen hat.

Wird ein Widerspruch erlassen, der erstmals eine Beschwer enthält (§ 68 Abs. 1 Satz 2 Nr. 2) ist Behörde i.S. des § 78 Abs. 1 die Widerspruchsbehörde (§ 78 Abs. 2 n.F.); mit dieser Vorschrift ist klargestellt, dass in diesen Fällen nicht die Ausgangsbehörde, sondern die Widerspruchsbehörde Klagegegner ist (zur Untätigkeitsklage vgl. D 184) **128**

Hinweis:
Vgl. den Beispielsschriftsatz, Anhang I Nr. 6 zur Anfechtungsklage gegen den erstmalig belastenden Widerspruchsbescheid.

f) Klageantrag bei der Anfechtungsklage

aa) Klageantrag im allgemeinen

Bei der Anfechtungsklage lautet der Klageantrag auf Aufhebung des belastenden Verwaltungsaktes.[458] Sofern ein für den Kläger erfolgloses Widerspruchsverfahren vorausgegangen ist, muss außerdem die Aufhebung des (den Verwaltungsakt bestätigenden oder verschlimmernden) Widerspruchsbescheides beantragt werden.[459] **129**

Beispiel für den Tenor eines Anfechtungsurteils: **130**
(vgl. zur Koppelung von Anfechtungs- und Verpflichtungsklage D 145, zur Untätigkeitsklage auch D 184):
„Der Bescheid des Beklagten vom 15. 3. 1994 in der Fassung des Widerspruchsbescheides der Bezirksregierung Münster vom 30. 6. 1994 wird aufgehoben."

---

[457] Zur Verwirkung von baurechtlichen Nachbarabwehrrechten, vgl. *BVerwG,* 18. 1. 1988 – 4 B 257/87 – NVwZ 88, 532f.

[458] Auch eine Kombination von Anfechtungs- und Verpflichtungsbegehren ist als Klagehäufung denkbar, *BVerwG,* 23. 8. 1994 – 1 C 19.91 – DVBl. 95, 47ff.

[459] *BVerwG,* 30. 4. 1996 –6 B 77/95 – NVwZ-RR 97, 132.

Hinweis:
Vgl. den Beispielsschriftsatz, Anhang I Nr. 5 zur fristwahrenden Anfechtungsklage.

131 Wird die Aufhebung des Widerspruchsbescheides versehentlich im Klageantrag nicht erwähnt, so ist ein entsprechender Antrag stillschweigend als im Klageantrag enthalten anzusehen.[460] Besteht die Beschwer des Klägers lediglich im Widerspruchsbescheid, so ist nur dessen Aufhebung zu beantragen.[461]

132 Durch § 79 Abs. 1 Nr. 2 ist klargestellt worden, dass Gegenstand der Anfechtungsklage auch der Abhilfebescheid oder der Widerspruchsbescheid sein kann, wenn dieser erstmalig eine Beschwer enthält.

Beispiel:
Der von einem Bauvorhaben betroffene Nachbar kann sich beispielsweise auf eine Anfechtung eines Widerspruchsbescheids beschränken, wenn dieser auf den Widerspruch des Bauherrn hin die Baugenehmigung nachteilig zu Lasten des Nachbarn verändert hat.[462]

Im Rahmen eines Verpflichtungsbegehrens ist ein schützenswertes Interesse an der isolierten Aufhebung des – verfahrensfehlerhaft ergangenen – Widerspruchsbescheids mangels einer behördlichen Ermessens- oder Beurteilungsspielraums regelmäßig nicht anzuerkennen; die bloße Hoffnung, dass die Widerspruchsbehörde eine für den Betroffenen günstigere Entscheidung treffen könnte als das Gericht, reicht hierfür nicht aus.[463]

bb) Teilanfechtung, Anfechtung von Nebenbestimmungen

133 Die Teilanfechtung von objektiv abgrenzbaren oder bezeichenbaren Teilen eines Verwaltungsaktes ist grundsätzlich zulässig.[464] Insbesondere bei auf Geldleistungen gerichteten Verwaltungsakten kann die Anfechtungsklage auf einen Teil des Verwaltungsaktes beschränkt werden. In diesem Fall ist der betreffende Teil im Klageantrag näher zu bezeichnen.

Beispiel:
Anfechtung von Gebührenbescheiden oder Erschließungsbeitragsbescheiden.

134 In anderen Fällen ist die Teilanfechtung allerdings nur zulässig, wenn die anzufechtende Regelung teilbar ist, d.h. wenn im Falle des Anfechtungserfolgs die verbleibende Regelung für sich genommen sinnvoll ist. Das ist zu verneinen, wenn der angefochtene Teil des Verwaltungsakts mit den übrigen Teilen des Verwaltungsakts in einem untrennbaren Zusammenhang steht;[465] Durch die Teilaufhe-

---

[460] *Kopp/Schenke,* § 42, Rdn. 20.
[461] *Kopp/Schenke,* § 42, Rdn. 20.
[462] *BVerwG,* 3. 3. 1995 – 4 B 15.95 – BayVBl. 95, 700; ferner *BVerwG,* 26. 4. 1994 – 7 B 52.94 – Buchholz, 310, § 79 Nr. 30.
[463] *BVerwG,* 13. 1. 1999 – 8 B 266/98 – NVwZ 99, 641.
[464] *Redeker/von Oertzen,* § 42, Rdn. 34a.; *Kopp/Schenke,* § 42, Rdn. 21ff. (zu Ermessensentscheidungen Rdn. 24); *Pietzcker,* „Rechtsschutz gegen Nebenbestimmungen – unlösbar?", NVwZ 95, 15ff.; *Pietzcker* in *Schoch/Schmidt-Aßmann/Pietzner,* § 42 Abs. 1 Rdn. 10. *Pietzcker* in *Schoch/Schmidt-Aßmann/Pietzner,* § 42 Abs. 1, Rdn. 10.
[465] So auch *BVerwG,* 25. 6. 1985 – 8 C 72.83 – NVwZ 85, 902 für die Teilanfechtung eines Musterungsbescheids.

bung dürfen die verbleibenden Regelungen keine andere Bedeutung erlangen, als ihnen ursprünglich zukam.[466] Der verbleibende Teil des Verwaltungsakts muss also noch rechtmäßig und in sinnvoller Weise bestehen bleiben können.[467]

Beispiel:

Die Teilanfechtung einer Baugenehmigung für ein viergeschossiges Gebäude durch den Nachbarn, mit der dieser die Aufhebung der Genehmigung begehrt, soweit durch diese „die Errichtung eines mehr als dreigeschossigen Gebäudes zugelassen wird" ist nicht zulässig.

Sofern die (teil-)angefochtene Entscheidung im Ermessen der Behörde steht, kommt eine (Teil-)Aufhebung nur in Betracht, wenn die Behörde im Rahmen ihres Ermessens auch die verbleibende Regelung allein erlassen hätte.[468] **135**

Lange Zeit bestand in Rechtsprechung und Literatur Konsens, dass die Frage, ob **Nebenbestimmungen** isoliert anfechtbar sind, von der Art der Nebenbestimmung abhängt:[469] Sofern ein den Adressaten begünstigender Verwaltungsakt mit einer ihn belastenden Auflage (§ 36 Abs. 2 Nr. 4 VwVfG) versehen ist, kann diese Auflage grundsätzlich isoliert angefochten werden, d. h. der gegen die Auflage eingelegte Widerspruch entfaltet aufschiebende Wirkung.[470] **136**

Dies sollte nach früherer herrschender Auffassung nicht gelten, wenn die Wirksamkeit des Verwaltungsakts von einer Bedingung (§ 36 Abs. 2 Nr. 2 VwVfG) abhängig gemacht wird; das Setzen der Bedingung sei nicht isoliert anfechtbar.[471]

Die Bedeutung der materiellrechtlich klaren Abgrenzung zwischen Auflage und Bedingung für die prozessuale Frage, wie weit die Anfechtung reichen muss bzw. kann, wird zunehmend in Zweifel gezogen.[472] Die Antwort auf die Frage nach der isolierten Anfechtbarkeit wird zum Teil von der Art der Hauptregelung im Verwaltungsakt abhängig gemacht: Hat der Bürger einen Anspruch auf Erteilung einer Genehmigung, so kann er (auch) die rechtswidrig gesetzte Bedingung isoliert anfechten, um seinen gesetzlichen Anspruch effektiv durchzusetzen. **137**

Steht die Erteilung der Genehmigung im Ermessen der Behörde, so ist deren Entscheidungsspielraum nur gewahrt, wenn (auch) die Auflage nicht gesondert angefochten werden kann.[473]

Zur rechtlichen Unsicherheit gesellt sich in der Praxis die tatsächliche, weil die Behörden die dem Verwaltungsakt im Sinne des § 36 VwVfG beigegebenen Nebenbestimmungen nicht klar qualifizieren. So enthalten Verwaltungsakte immer **138**

---

466 *Redeker/von Oertzen,* § 42, Rdn. 34 a.

467 *OVG Münster,* 15. 7. 1993 – 4 A 3853/92 – AU, 9; *Kopp/Schenke,* § 113, Rdn. 14.

468 *Pietzcker* in *Schoch/Schmidt-Aßmann/Pietzner,* § 42 Abs. 1, Rdn. 13.

469 *Pietzcker,* „Rechtsschutz gegen Nebenbestimmungen – unlösbar?" NVwZ 95, 15 und ders. in *Schoch/Schmidt-Aßmann/Pietzner,* § 42 Abs. 1, Rdn. 120, ins. Rdn. 137 plädiert für eine Rückkehr zu dieser älteren Auffassung.

470 *Redeker/von Oertzen,* § 42, Rdn. 34 a.; *Pietzcker,* „Rechtsschutz gegen Nebenbestimmungen – unlösbar?", NVwZ 95, 15 ff.; *Wahl/Schütz* in *Schoch/Schmidt-Aßmann/Pietzner,* § 42, Rdn. 10.

471 *BVerwG,* 12. 3. 1983, – 8 C 23.80 – BVerwGE 65, 1319; *OVG Münster,* 15. 7. 1993, – 4 A 3853/92 – AU S. 9.; vgl. ferner *Störmer,* „Rechtsschutz gegen Inhalts- und Nebenbestimmungen", DVBl. 96, 81 ff.

472 Nachweise bei *Pietzcker* in *Schoch/Schmidt-Aßmann/Pietzner,* § 42 Abs. 1, Rdn. 121.

473 *BVerwG,* 19. 1. 1989 – 7 C 31.87 – BVerwGE 81, 185; ferner *OVG Münster,* 4. 6. 1991 – 5 A 125/90 – DVBl. 91, 1366.

wieder Abschnitte, die allgemein mit „Nebenbestimmungen“ oder zusammenfassend mit „Nebenbestimmungen, Auflagen, Bedingungen“ überschrieben sind.

139 Der **Anwalt** muss die fraglichen Teilregelungen sorgfältig analysieren, um zu klären, ob es sich um eine isoliert anfechtbare oder eine nicht gesondert angreifbare Nebenbestimmung handelt. Dabei muss er auch prüfen, ob es sich wirklich um Regelungen und nicht nur um **deklaratorische Hinweise** handelt. Im Zweifel sollte er die Nebenbestimmung isoliert anfechten und hilfsweise den Erlass eines begünstigenden Verwaltungsaktes ohne die fragliche Nebenbestimmung beantragen.[474]

140 **Beispiel:**

(1) Die Aufenthaltserlaubnis enthält die Regelung „selbständige Erwerbstätigkeit oder vergleichbare unselbständige Erwerbstätigkeit ist nicht gestattet“.
Es handelt sich um eine Modalität des genehmigten Aufenthalts, die Regelung ist Sinnvollerweise selbständig durchsetzbar und daher als Auflage zu qualifizieren; eine Bedingung diesen Inhalts wäre unverhältnismäßig.

(2) Eine Baugenehmigung enthält den Zusatz: „Von der Baugenehmigung darf erst Gebrauch gemacht werden, wenn die für das Vorhaben erforderlichen 22 Stellplätze nachgewiesen sind oder pro Stellplatz ein Ablösungsbetrag in Höhe von 20000 Euro an die Stadtkasse gezahlt worden ist.“
Eine solche Zusatzbestimmung kann als Auflage oder Bedingung verstanden werden. Die Bauaufsichtsbehörden stellen regelmäßig klar, dass es sich um eine Bedingung handelt, weil die Erfüllung der Stellplatzpflicht leichter durchsetzbar ist, solange der Bauherr die Baugenehmigung noch nicht in den Händen hält.

(3) Die Baugenehmigung enthält den Zusatz: „Die Nutzung des Gebäudes ist erst nach förmlicher Schlussabnahme zulässig.“
Es handelt sich um einen deklaratorischen Hinweis; die Bauordnungen der Länder machen die Zulässigkeit der Nutzung eines neu errichteten Gebäudes regelmäßig von einer förmlichen Schlussabnahme abhängig.

(4) Die Baugenehmigung enthält den Zusatz: „Sämtliche Zugangstüren zum Treppenhaus müssen die Qualität F 90 haben.
Eine typische Auflage, die isoliert anfechtbar und durchsetzbar ist.

(5) Die Befreiung gem. § 31 Abs. 2 BauGB von den planerischen Festsetzungen über die GRZ (§ 19 BauNVO) wird mit der Auflage versehen, dass das Flachdach dauerhaft intensiv zu begrünen ist. Stellt man auf die Art der Hauptregelung ab, so handelt es sich um eine Auflage, die nicht isoliert anfechtbar ist, weil sie mitbestimmend für die Erteilung der im **Ermessen** stehenden Befreiung war.[475] Orientiert man sich an der Art der Nebenbestimmung, so ist die Auflage allein angreifbar. Ist die Anfechtung erfolgreich, so wird die Behörde prüfen, ob sie Befreiung gem. § 49 Abs. 2 Nr. 2 VwVfG widerruft.[476] Diese mögliche Reaktion wird allerdings den Befreiungsempfänger, der schon gebaut hat, wenig schrecken.

141 Ein Sonderproblem in diesem Zusammenhang taucht bei der **sog. modifizierenden Auflage**[477] auf.

---

[474] *Maurer,* § 12, Rdn. 22 m. w. N.; einen interessanten Fall, bei dem es um die nachträgliche Aufhebung einer bestandskräftigen Nebenbestimmung geht, behandelt *VG Köln,* 13. 3. 1996 – 4 K 452/92 – NVwZ 97, 921 ff.

[475] Zu den denkbaren Fallgestaltungen bei Ermessensentscheidungen im Zusammenhang mit der Anfechtung von Nebenbestimmungen, vgl. *Kopp/Schenke,* § 42, Rdn. 24.

[476] *Maurer,* § 12, Rdn. 29.

[477] *BVerwG,* 12. 3. 1982 – 8 C 23.80 – BVerwGE 65, 139, *BVerwG,* 17. 2. 84 – 4 C 70/80 – NVwZ 84, 366.

Beispiele:

(1) Der Bauherr beantragt die Genehmigung für die Errichtung eines eingeschossigen Zwei-Familien-Hauses mit Satteldach. Die Bauaufsichtsbehörde erteilt eine Baugenehmigung unter der „Auflage“, dass lediglich ein Flachdach gebaut werden dürfe.[478]

(2) Der Bauherr beantragt die Genehmigung für die Nutzungsänderung einer Lagerhalle, in der er künftig „rund um die Uhr“ einen vollautomatischen Getränkemarkt betreiben will; Arbeitnehmer sollen lediglich während der Tagesstunden an Werktagen für Lagerarbeiten eingesetzt werden. Die Bauaufsichtsbehörde erteilt die Genehmigung unter der „Auflage“, dass der Markt nur während der ortsüblichen Ladenöffnungszeiten betrieben wird.[479]

(3) Der Grundstückseigentümer beantragt die Gestattung zur Einleitung von Grundwasser in die öffentliche Kanalisation. Die zuständige Behörde fügt der Gestattung einer Nebenbestimmung bei, wonach das eingeleitete Grundwasser vor Einleitung so zu reinigen ist, dass bestimmte Schadstoffwerte nicht überschritten werden.[480]

In Wahrheit handelt es sich hier nicht um Auflagen im Sinne des § 36 VwVfG, da die Regelungen keine erzwingbaren zusätzlichen Verpflichtungen auferlegen; sie beziehen sich vielmehr auf den Regelungsinhalt des Hauptverwaltungsaktes selbst und modifizieren ihn. Bei der **modifizierenden Auflage** wird also etwas anderes genehmigt, als vom Betroffenen beantragt wurde.[481] Fehlt es in diesen Fällen an einem entsprechenden Hilfsantrag des Klägers, so liegt ein Verfahrensfehler gem. § 45 Abs. 1 Nr. 1 VwVfG vor; der Betroffene, der seinen ursprünglichen Antrag weiter verfolgen will, muss dann statt der Anfechtungsklage eine Verpflichtungsklage erheben.[482] 142

Beispiel:

Die Klägerin betrieb ein Transportbeton-Werk. Der Baugenehmigung war eine Auflage beigegeben, in der es hieß: „Die Anlagen sind so zu erstellen, dass der von ihnen ausgehende Lärmpegel, 0,5 vor dem geöffneten Fenster des am nächsten gelegenen Wohnhauses gemessen, am Tage 65 dB (A), nachts 50 dB (A) nicht überschreitet.“ Die Klägerin erhob gegen diese Auflage Anfechtungsklage. Das *BVerwG* erachtete die isolierte Anfechtung dieser Auflage für unzulässig.[483]

Der Betroffene, der seinen ursprünglichen Genehmigungsantrag weiter verfolgt, muss also einen (Verpflichtungs-)Widerspruch und nachfolgend Verpflichtungsklage erheben. Der (Verpflichtungs-)Widerspruch entfaltet keine aufschiebende Wirkung. Der Antragsteller ist daher nicht gehindert zunächst die ihm unter der modifizierenden Auflage erteilte Genehmigung zu nutzen,[484] um später auf die nicht

---

478 *Stelkens,* Rdn. 376 ff.

479 *VGH München,* 17. 3. 1994 – 14 CE 94 239 – BauR 95, 82 = BayVBl. 94, 566.

480 *VGH Mannheim,* 23. 7. 1998 – 8 S 3189/96 – NVwZ-RR 99, 431.

481 Vgl. dazu auch *VGH Kassel,* 2. 12. 1976 – VII OE 72/75 – DÖV 78, 137 ff. Die einer Gestattung zur Einleitung von Grundwasser in eine öffentliche Kanalisation beigefügte Nebenbestimmung, wonach das eingeleitete Grundwasser vor Einleitung so zu reinigen ist, dass bestimmte Schadstoffwerte nicht überschritten werden, ist als modifizierende Auflage zu qualifizieren, so dass eine isolierte Anfechtung nicht möglich ist, vgl. dazu *VGH Mannheim,* 23. 7. 1998 – 8 S 3189/96 – NVwZ-RR 99, 431.

482 Vgl. im einzelnen: *Erichsen/Martens,* § 13, Rdn. 8; *Pietzcker/Ronellenfitsch,* § 9, Rdn. 14; ferner *Maurer,* § 12, Rdn. 16; *Hufen,* § 14, Rdn. 60.

483 *BVerwG,* 8. 2. 1974 – 4 C 73.72 – DÖV 74, 380.

484 *VGH München,* 17. 3. 1994 – 14 CE 94. 239 – BauR 95, 82 = BayVBl. 94, 566.

modifizierte Genehmigung „umzusteigen“, sobald er deren Erteilung im Klagewege durchgesetzt hat.

Der Antragsteller kann aber auch seine ursprünglichen Absichten aufgeben, von der ihm tatsächlich erteilten Genehmigung Gebrauch machen, so konkludent sein Einverständnis zeigen und den der Genehmigung anhaftenden Verfahrensfehler heilen.

cc) Isolierte Anfechtungsklage

143 Die Zulässigkeit einer isolierten Anfechtungsklage wird in Literatur und Rechtsprechung kontrovers diskutiert.[485] Es geht dabei um die Frage, ob im Falle der Versagung eines begünstigenden Verwaltungsakts statt der Verpflichtungsklage auch die bloße isolierte Anfechtung der Versagung des geltend gemachten Anspruchs in Betracht kommt.[486] Während ein Teil der Rechtsprechung[487] isolierte Anfechtungsklagen auch dann zulässt, wenn der Kläger seinem letztlich erstrebten Ziel durch ein Verpflichtungsurteil hätte näher kommen können, wird dies in der Literatur überwiegend abgelehnt.[488] Die Zulässigkeit der isolierten Anfechtungsklage wird jedenfalls in den Fällen zu bejahen sein, in denen der Kläger die zunächst angestrebte Begünstigung nicht mehr erreichen will, aber ein rechtliches Interesse an der Beseitigung der Belastung hat, die in der zwischenzeitlich erfolgten Versagung liegt.[489]

Beispiel:
Der Bauherr beantragt die Erteilung einer Baugenehmigung. Die Baugenehmigung wird versagt, da das Baugrundstück im Außenbereich i. S. d. § 35 BauGB liege. Der Bauherr nimmt zunächst Abstand von seiner Bauabsicht, möchte aber den ablehnenden Bescheid wegen der Feststellung der Nichtbebaubarkeit des Grundstücks beseitigen.[490]

144 Zu Recht ist die isolierte Anfechtungsklage auch dann als zulässig anzusehen, wenn sich das weitergehende Verpflichtungsbegehren zwischenzeitlich erledigt hat, der Kläger aber an der Aufhebung des ablehnenden ursprünglichen Verwaltungsakts nach wie vor ein besonderes Interesse hat.[491]

Beispiel:
Der Kläger hat die Abiturprüfung nicht bestanden und daher Verpflichtungsklage erhoben. In der Wiederholungsprüfung ist er erfolgreich. Der Kläger hat in diesem Falle ein verständliches Interesse daran, den durch die erste Prüfungsentscheidung begründenden „Makel des Versagens“ zu beseitigen. Er darf daher seine Klage auf eine isolierte Anfechtung der ersten Prüfungsentscheidung umstellen.[492]

---

[485] Vgl. mit weiteren Nachweisen zum Meinungsstand *Redeker/von Oertzen,* § 42, Rdn. 3 (ablehnend); ablehnend ferner *BVerwG,* 15. 12. 1966 – 8 C 30.66 – in BVerwGE 25, 357 ff.; bejahend: *Sodan* in *Sodan/Ziekow,* § 42, Rdn. 329; ferner *BVerwG,* 30. 4. 1971 – 6 C 35.68 – BVerwGE 38, 99 ff. sowie *BVerwG,* 29. 3. 1996 – 1 C 28/94 – NVwZ-RR 97, 126 (n. Ls); vgl. ferner die differenzierende Darstellung bei *Kopp/Schenke,* § 42, Rdn. 30.

[486] *Pietzcker* in *Schoch/Schmidt-Aßmann/Pietzner,* § 42; Abs. 1, Rdn. 107.

[487] *BVerwG,* 30. 4. 1971 – VI C 35.68 – BVerwGE 38, 99 ff.

[488] Vgl. dazu die Nachweise bei *Redeker/von Oertzen,* § 42, Rdn. 3.

[489] *Pietzner/Ronellenfitsch,* § 9 Rdn. 15; *Hufen,* § 14, Rdn. 20; vgl. dazu auch die Beispiele bei *Kopp/Schenke,* § 42, Rdn. 30.

[490] Beispiel in Anlehnung an *Hufen,* § 14, Rdn. 20.

[491] *BVerwG,* 12. 4. 1991 – 7 C 36.90 – in BVerwGE 88, 111 ff.

[492] *BVerwG,* 12. 4. 1991 – 7 C 36.90 – in BVerwGE 88, 111 ff.

dd) Verbindung von Anfechtungs- und Verpflichtungsklage

In seltenen Fällen ergibt sich auch die Notwendigkeit einer Verbindung von Anfechtungs- und Verpflichtungsklage[493] (vgl. D 180). 145

2. Begründetheit der Anfechtungsklage

Die Anfechtungsklage ist begründet, wenn der Verwaltungsakt rechtswidrig ist 146 und der Kläger durch den Verwaltungsakt in seinen Rechten verletzt wird (§ 113 Abs. 1 Satz 1).

a) Rechtswidrigkeit des Verwaltungsakts

Ein Verwaltungsakt ist dann rechtswidrig, wenn er gegen die Rechtsordnung 147 (das Grundgesetz, Bundesgesetz oder Landesgesetz, Rechtsverordnung, autonome Satzung, Gewohnheitsrecht oder gegen EG-Recht)[494] verstößt oder im geltenden Recht keine hinreichende eigene Grundlage findet.[495] Belastende Verwaltungsakte dürfen wegen des Rechtsstaatsprinzips nur erlassen werden, wenn eine hinreichende Ermächtigungsgrundlage vorhanden ist; ein Verwaltungsakt, der ohne Rechtsgrundlage erlassen wird, ist – abgesehen von den seltenen Fällen einer ausnahmsweise zulässigen Rückwirkung[496] rechtswidrig.[497]

Wird der Verwaltungsakt auf eine unzutreffende Ermächtigungsgrundlage gestützt, ist die Verfügung nicht schon deshalb rechtswidrig, sofern der Verwaltungsakt auf der Basis einer anderen Ermächtigungsgrundlage aufrecht erhalten werden kann.[498] Das ist nur dann unzulässig, wenn der Verwaltungsakt dadurch – z.B. im Falle von Ermessensentscheidungen – in seinem Wesen verändert wird.[499]

Der Rechtsverstoß kann sich dabei sowohl gegen formelle Vorschriften des Ver- 148 fahrensrechtes[500] wie gegen das gesamte materielle Recht richten.[501] Der Verstoß

---

493 *OVG Magdeburg,* 22. 2. 1995 – 4 L 382/94 – für die Güterfernverkehrsgenehmigung; zur Spielbankkonzession vgl. *BVerwG,* 23. 8. 1994 – 1 C 19.91 – DVBl. 95, 47ff.; allgemein zur Konkurrentenklage vgl. oben D 68ff.

494 *Jörg Schmidt* in *Eyermann,* § 113, Rdn. 16, 17; *Neßler,* „Der transnationale Verwaltungsakt – zur Dogmatik eines neuen Rechtsinstituts", NVwZ 95, 863 ff.; *Gassner,* „Rechtsgrundlagen und Verfahrensgrundsätze des Europäischen Verwaltungsverfahrensrechts"; DVBl. 95, 16ff.; *Frenz,* „Subjektiv – öffentliche Rechte aus Gemeinschaftsrecht vor deutschen Verwaltungsgerichten", DVBl. 95, 772ff.; *Schmidt-Aßmann* in *Schoch/Schmidt-Aßmann/Pietzner,* Einl. 1, Rdn. 100ff.

495 Die bloße Unzweckmäßigkeit reicht i. d. R. nicht aus; *Kopp/Schenke,* § 113, Rdn. 24.

496 Vgl. dazu vor allem die Problematik im Erschließungsbeitragsrecht, insbesondere zur Frage des rückwirkenden Inkrafttretens der Erschließungsbeitragsatzung *Driehaus,* 184, 185; zur zulässigen Rückwirkungsregelung des § 242 Abs. 8 Satz 1 BauGB vgl. *BVerwG,* 27. 6. 1997–8 C 23.96 –.

497 *OVG Münster,* 26. 10. 1994 – 22 B 997/94 – DÖV 95, 427.

498 *BVerwG,* 21. 11. 1989 – 9 C 28/89 – NVwZ 90, 673; *BVerwG,* 19. 8. 1988 – 8 C 29/87 – NVwZ 89, 471 = BVerwGE 80, 96; *VGH Mannheim,* 26. 5. 1994 – 5 S 2637/93 – NVwZ 95, 397f.

499 *BVerwG,* 21. 11. 1989 – 9 C 28/89 – NVwZ 90, 673; *BVerwG,* 19. 8. 1988 – 8 C 29/87 – NVwZ 89, 471 = BVerwGE 80, 96.

500 Verfahrensverstöße sind freilich nur beachtlich, wenn die verletzte Vorschrift auch dem Schutz des Betroffenen dient und der Verwaltungsakt auf diesem Fehler beruht, vgl. dazu *Jörg Schmidt* in *Eyermann,* § 113, Rdn. 20.

501 *Jörg Schmidt* in *Eyermann,* § 113, Rdn. 16f.

kann darin liegen, dass die Behörde von einem falschen Sachverhalt ausgeht, Interpretations- oder Subsumtionsfehler begeht oder – bei Ermessensentscheidungen – dem Verwaltungsakt ein Ermessensfehlgebrauch zugrunde liegt.[502]

149 Wie sich aus § 43 Abs. 2 VwVfG ergibt, berührt die (bloße) Rechtswidrigkeit des Verwaltungsaktes seine Wirksamkeit nicht, sondern führt nur innerhalb der vorgesehenen Fristen zur Anfechtbarkeit. Daraus ist zu folgern, dass der anfechtbare Verwaltungsakt trotz seiner Mängel grundsätzlich gültig ist und erst im Zuge des Rechtsbehelfsverfahrens mit Wirkung ex nunc vernichtet werden kann. Dies bedeutet für den Betroffenen, dass der anfechtbare aber nicht angefochtene Verwaltungsakt von allen Beteiligten – auch von Behörden und Gerichten – als wirksam beachtet werden muss.[503]

Ist der **Verwaltungsakt** dagegen **nichtig,** zeitigt er keinerlei Rechtswirkungen und ist weder für den Betroffenen noch für die Allgemeinheit verbindlich (§ 43 Abs. 3 VwVfG). Will der Betroffene den Rechtschein des nichtigen Verwaltungsaktes beseitigen, kann er wahlweise eine Feststellungsklage gem. § 43 Abs. 1 2. Alt. oder aber vorsorglich innerhalb der gesetzlichen Fristen des § 74 Anfechtungsklage erheben.[504]

b) Rechtsverletzung des Klägers

150 Zur Begründetheit der Anfechtungsklage gehört weiter, dass der Kläger durch die Rechtswidrigkeit des angefochtenen Verwaltungsaktes in seinen Rechten verletzt ist, § 113 Abs. 1.[505]

Während im Rahmen der Klagebefugnis nur zu prüfen war, ob nach dem Vorbringen des Klägers eine Rechtsverletzung möglich erscheint, ist im Rahmen der Begründetheit der Klage von den Gerichten zu klären, ob tatsächlich eine Rechtsverletzung vorliegt.

151 Eine Rechtsverletzung liegt nur dann vor, wenn der Kläger in seiner Rechtsstellung oder aber in seinen sonstigen schutzwürdigen rechtlichen Interessen in irgendeiner Weise beeinträchtigt wird. Die Rechtsverletzung kann dabei in der Verletzung eines subjektiv öffentlichen Rechts liegen; dieses kann materiellrechtlicher oder verfahrensrechtlicher Natur sein (beispielsweise das Recht des Klägers auf Teilhabe am Verfahren). Auch die Verletzung von privaten Rechten, wie z.B. das Eigentum, eigentumsgleiche Rechte, oder das Besitzrecht kann die Klage begründen.[506]

152 Für den Erfolg der Anfechtungsklage reicht es nicht aus, dass der angefochtene Verwaltungsakt objektiv rechtswidrig ist. Bei der Drittanfechtung (z.B. bei Verwaltungsakten mit Doppelbindung wie bei der Nachbarklage) scheitert eine Anfechtungsklage, wenn die Rechtswidrigkeit der angefochtenen Genehmigung nicht auf einem Verstoß gegen eine drittschützende Norm beruht. Teilweise wird die

---

502 *Redeker/von Oertzen,* § 42, Rdn. 98.

503 *Redeker/von Oertzen,* § 42, Rdn. 99.

504 *Redeker/von Oertzen,* § 42, Rdn. 12, 100 vgl. allg. *Redeker/von Oertzen,* § 42, Rdn. 102; ferner *BVerfG* zum Kernkraftwerk Mühlheim-Kärlich, 20. 12. 1989 – 1 BvR 385/77 – NJW 80, 759.

505 *Kopp/Schenke,* § 113, Rdn. 5; *BVerwG,* 20. 9. 1984 – 4 B 181.84 – DVBl. 85, 122; *OVG Münster,* 4. 8. 1994 – 23 A 1518/92 – NVwZ-RR 95, 481 ff.

506 *Kopp/Schenke,* § 42, Rdn. 78–180; *BVerwG,* 20. 9. 1984 – 4 B 181.84 – DVBl. 85, 122.

Verletzung einer nachbarschützenden Norm verlangt, dass nur dann zu einer Rechtsverletzung führt, wenn der Rechtsverstoß für den Betroffenen tatsächlich spürbar ist[507] (vgl. auch K 46ff.). Der jeweilige Kläger kann sich deshalb auf die Verletzung von Schutznormen immer nur dann stützen, wenn gerade seine eigenen Rechte durch die objektiv rechtswidrige Maßnahme verletzt werden.

Das BVerwG hat deshalb z.B. bei der **Anfechtung von Planfeststellungsbeschlüssen** (vgl. D 29) gem. §§ 17ff. FStrG stets abgelehnt, den Planfeststellungsbeschluss umfassend zu prüfen, weil der Kläger keinen gerichtlich durchsetzbaren Anspruch darauf habe, dass auch die Belange anderer Beteiligter gerecht abgewogen werden oder dass etwa die Planung insgesamt und in jeder Hinsicht auf einer fehlerfreien Abwägung beruht.[508] Der Kläger kann daher im Regelfall eine Überprüfung des Planfeststellungsbeschlusses nur im Hinblick auf die möglicherweise verletzten und zu seinen Gunsten wirkenden Schutznormen erreichen; zur Klagebefugnis bei Planfeststellungsbeschlüssen, vgl. D 64a, K 144ff. Aus dem Abwägungsgebot folgt nach bisher herrschender Rechtssprechung jedenfalls für das Fachplanungsrecht ein subjektiv öffentliches Recht aller von einer Planung Betroffenen auf Berücksichtigung ihrer individuellen Belange in der Planung[509] (zum Recht auf fehlerfreie Abwägung in der Bauleitplanung, vgl. D 307ff.). 153

Hinweis für den Anwalt: 154

Die Versäumung von Einwendungen im Behördenverfahren (z.B. die Versäumung der Einwendungsfrist nach § 17 Abs. 4 Satz 1 FStrG) bewirkt unter Umständen eine materiellrechtliche Präklusion in dem Sinne, dass die nicht rechtzeitig vorgetragenen Belange eines Klägers auch im späteren Gerichtsverfahren nicht mehr geltend gemacht werden können.[510]

Den weitestgehenden Rechtsschutz gegen Planfeststellungsbeschlüsse genießen Eigentümer von Grundstücken, auf denen das Vorhaben verwirklicht werden soll. Aufgrund der enteignungsrechtlichen Vorwirkungen ist der betroffene Grundstückseigentümer quasi als Adressat des Planfeststellungsbeschlusses anzusehen.[511] Art. 14 schützt den Eigentümer uneingeschränkt vor Eingriffen, die nicht dem Wohl der Allgemeinheit dienen und nicht rechtmäßig sind. Deshalb kommt es in diesen Fällen nicht darauf an, dass der rechtliche Mangel speziell auf der Verletzung von Vorschriften beruht, die den Eigentümer schützen sollen.[512]

Bei der umfassenden Überprüfung des Planfeststellungsbeschlusses kann der betroffene Grundstückseigentümer allerdings nicht immer eine vollständige Aufhe- 155

---

[507] *BVerwG*, 10. 9. 1984 – 4 B 147.84 – DVBl. 85, 121.

[508] Zur Frage einer fehlenden Umweltverträglichkeitsprüfung im Planfeststellungsrecht, *OVG Koblenz*, 29. 12. 1994 – 1 C 10893/92 – NVwZ 95, 1026.

[509] *BVerwG*, 14. 2. 1975 – 4 C 21.74 – BVerwGE 48, 56ff.; *BVerwG*, 16. 12. 1993 – 4 C 11.93 – NVwZ 94, 691f.; Zum Recht auf fehlerfreie Abwägung in der Bauleitplanung, bejahend, *Numberger/Schönfeld*, „Neuerungen in der VwGO", UPR 97, 89ff.; verneinend *OVG Münster*, 23. 1. 1997 – 7 a D 142/93.NE – AU, 14ff.

[510] *BVerwG*, 6. 11. 1998 – 11 A 28.97 –; *BVerwG*, 5. 6. 1998 – 11 B 27.98 –; *BVerwG*, 18. 9. 1995 – 11 VR 7.95 – Buchholz 316, § 73 VwVfG Nr. 13; *BVerwG*, 24. 5. 1996 – 4 A 38.95 – DVBl. 95, 51.

[511] *BVerwG*, 18. 3. 1983 – 4 C 80/79 – BVerwGE 67, 74, 76.

[512] Bei sog. „Sperrgrundstücken" gilt allerdings eine differenziertere Betrachtung, *BVerwG*, 12. 7. 1985 – 4 C 40.83 – BVerwGE 72, 15, 16.

bung des Planfeststellungsbeschlusses bei objektiver Rechtswidrigkeit verlangen; ggfs. reichen nämlich im Einzelfall Schutzmaßnahmen u. ä. aus.

Hinweis für den Anwalt:

156 Es muss in den Fällen der Drittbetroffenheit besonders herausgearbeitet werden, wie und auf welche Weise der jeweilige Kläger von einer objektiv rechtswidrigen Genehmigung in eigenen Rechten tatsächlich verletzt wird.[513]

157 Neben den in der Verfassung niedergelegten Grundrechten für Privatpersonen (Art. 1–20, Art. 101, 103, 104 GG) ist auch das durch Art. 28 GG gewährleistete **Recht der Gemeinden auf Selbstverwaltung** als Recht im Sinne des § 113 Abs. 1 anzusehen, (vgl. D 71 f.).

158 Nach dem Grundgesetz haben die Gemeinden grundsätzlich einen alle örtlichen Angelegenheiten umfassenden Aufgabenbereich, für den sie die Befugnis zur eigenverantwortlichen Führung der Geschäfte besitzen. Im Rahmen ihrer Allzuständigkeit hat die jeweilige Gemeinde die Finanz-, Personal- und Planungshoheit; sie hat im Zusammenspiel mit den organisationsrechtlichen Bestimmungen das Recht, Anstalten (Krankenhäuser, Schulen, Altersheime etc.) zu errichten und zu betreiben.

159 Sofern durch hoheitliche staatliche Akte in dieses Selbstverwaltungsrecht eingegriffen wird, wird die Gemeinde grundsätzlich in ihrem Selbstverwaltungsrecht verletzt.

Die in der Selbstverwaltungsbefugnis wurzelnde **Planungshoheit**[514] ist verletzt, wenn Maßnahmen anderer Träger öffentlicher Gewalt unzulässige Auswirkungen auf die gemeindliche Bauleitplanung haben,[515] vgl. auch K 105 ff. Das Selbstverwaltungsrecht kann auch beeinträchtigt sein, wenn eine Gemeinde in einem förmlichen Verwaltungsverfahren nicht beteiligt wird, obwohl sie von dessen Auswirkungen betroffen sein könnte,[516] oder wenn das **kommunale Abstimmungsgebot** gem. § 2 Abs. 2 BauGB verletzt wird, vgl. auch K 111–112 a.[517]

---

[513] *Kopp/Schenke,* § 42, Rdn. 71; *Redeker/von Oertzen,* § 42, Rdn. 16; zur Verletzung des Selbstverwaltungsrechts durch eine Nachbargemeinde vgl. *VG Potsdam,* 19. 9. 1995 – 2 L 1584/95 – NVwZ-RR 96, 332.

[514] Änderungen des Schienennetzes, die sich auf das Fahrplanangebot in einer Gemeinde auswirken, beeinträchtigen grds. nicht die gemeindliche Planungshoheit, *BVerwG,* 27. 10. 1998 – 11 A 10.98 – UPR 99, 146.

[515] *BVerwG,* 11. 2. 1993 – 4 C 15/92 – NVwZ 94, 285; Zur Verletzung der Planungshoheit eines Seebades durch eine wasserrechtliche Erlaubnis zur Fischzucht im Meer, vgl. *OVG Greifswald,* 29. 6. 1995 – 3 M 27/95 – NVwZ-RR 96, 197 *VGH Mannheim,* 8. 12. 1994 – 10 S 1305/94 – NVwZ 96, 281; zur Verletzung des Selbstverwaltungsrechts durch die Festsetzung von Tieffluggebieten, *OVG Münster,* 25. 6. 1992 – 20 A 2701/89 – (n. v.); zur Verletzung des Selbstverwaltungsrechts durch die Genehmigung einer Abfallbeseitigungsanlagen *VerfGH NW,* 28. 1. 1992 – 2/91 – (nicht veröffentlicht); zur Verletzung des Selbstverwaltungsrechts durch eine Nachbargemeinde vgl. *VG Potsdam,* 19. 9. 1995 – 2 L 1584/95 – NVwZ-RR 96, 332; ferner *Hüttenbrink,* „Rechtliche Möglichkeiten der Beschränkung militärischen Tieffluglärms in den sieben bundesdeutschen Tieffluggebieten", UPR 89, 1 ff.

[516] *BVerwG,* 22. 6. 1979 – 4 C 40/75 – NJW 80, 718, 719.

[517] *BVerwG,* 9. 5. 1994 – 4 NB 18.94 – UPR 94, 307; *OVG Münster,* 31. 1. 2000 – 10 B 959.99 – DVBl. 00, 644 m. w. N.; Zum interkommunalen Abstimmungsgebot bei Factory-Outlet-Centern, vgl. *OVG Koblenz,* 8. 1. 1999 – 8 B 12650/98 – UPR 99, 154.

Ferner kann die Selbstverwaltung bei Eingriffen in die **Personalhoheit** verletzt sein.[518]

Erhebt eine Gemeinde im Rahmen eines Planfeststellungsverfahrens Einwendungen gegen Eingriffe der Planfeststellung in ihr Grundeigentum, so entfällt im Anfechtungsprozess zwar die umfassende objektiv-rechtliche Planprüfung, die ein privater Eigentümer auf der Grundlage von Art. 14 GG beanspruchen könnte, vgl. dazu D 151.[519] Jedoch vermittelt das einfachrechtliche Eigentum der Gemeinde eine abwägungserhebliche Position, mit der sie geltend machen kann, die Inanspruchnahme ihrer Grundstücke verletze Gebote der gerechten Abwägung. Denn auch nicht verfassungsgerichtlich geschützte Interessen gehören zum notwendigen Abwägungsmaterial, wenn sie nicht objektiv geringwertig oder nicht schutzwürdig sind. Die Gemeinde kann sich deshalb auch in diesen Fällen beispielsweise auf das Fehlen einer ausreichenden Planrechtfertigung berufen.[520] **160**

Aus dem Selbstverwaltungsrecht der Gemeinden darf nicht gefolgert werden, dass sie (beispielsweise in einem abfallrechtlichen Planfeststellungsverfahren) allgemein Sachwalter des öffentlichen Wohls oder Sachwalter der Interessen ihrer Bürger sind; ebenso wenig haben sie allgemein über die Einhaltung gesetzlicher Normen zu wachen, die zum Schutze anderer Rechtsgüter, beispielsweise Natur und Landschaft, erlassen worden sind. **161**

c) Maßgeblicher Zeitpunkt für die gerichtliche Beurteilung der Sach- und Rechtslage

Das Endurteil ist zu erlassen, sobald der Prozess zur Entscheidung reif ist (§ 300 ZPO i. V. m. § 173).[521] Dabei hat das Gericht in dem jeweiligen Rechtsstreit die Verpflichtung, die Entscheidungsreife auf der Grundlage seiner Rechtsauffassung herbeizuführen.[522] Erledigt sich der Verwaltungsakt während des laufenden Gerichtsverfahrens, so hat der Kläger die Möglichkeit, Fortsetzungsfeststellungsklage zu erheben (vgl. dazu D 243 ff.). **162**

Das Gericht hat bei seiner Entscheidung nicht eine künftige, tatsächlich oder rechtlich nur mögliche Entwicklung zugrunde zu legen, sondern die gegenwärtig gegebene Sach- und Rechtslage. Entwicklungen, die nach dem Zeitpunkt der mündlichen Verhandlung dem geltend gemachten Anspruch materiellrechtlich entgegen stehen könnten, sind vom Gericht grundsätzlich nicht mehr zu beachten, sondern müssen von der benachteiligten Prozesspartei ggfs. gem. §§ 167 Abs. 1 Nr. 1, § 767 Abs. 1, 2 ZPO im Wege der **Vollstreckungsgegenklage** abgewehrt werden (vgl. dazu auch Rdn. I 60 ff.).[523] **163**

---

518 *BVerwG,* 11. 2. 1993 – 4 C 15/92 – NVwZ 94, 285; ferner *Hüttenbrink,* „Rechtliche Möglichkeiten der Beschränkung militärischen Tieffluglärms in den sieben bundesdeutschen Tieffluggebieten", UPR 89, 1 ff.; *VGH Mannheim,* 8. 12. 1994 – 10 S 1305/94 – NVwZ 96, 281.

519 *BVerwG,* 13. 3. 1995 – 11 VR 2/95 – NVwZ 95, 905 ff.

520 *BVerwG,* 13. 3. 1995 – 11 VR 2/95 – NVwZ 95, 905.

521 *Baumbach/Lauterbach,* § 300, Anm. 3 u. 5; ferner *BVerwG,* 6. 9. 1988 – 4 C 26/88 – NJW 89, 118, 119.

522 *BVerwG,* 6. 9. 1988 – 4 C 26/88 – NJW 89, 118, 119.

523 *BVerwG,* 6. 9. 1988 – 4 C 26.88 – BVerwGE 80, 176 ff., 180, 181 m. w. N.

164 In § 113 werden über diese allgemeinen Grundsätze hinaus speziell für die Anfechtungs- und Verpflichtungsklage nähere Bestimmungen getroffen.[524] Nach § 113 Abs. 1 Satz 1 hebt das Gericht den angefochtenen Verwaltungsakt auf, sofern er rechtswidrig ist **und** den Kläger dadurch in seinen Rechten verletzt. Die Rechtswidrigkeit des Verwaltungsakts ist gegeben, wenn er durch unrichtige Anwendung bestehender Rechtssätze oder durch die Anwendung nichtiger Rechtssätze zustande gekommen ist. Die Frage, ob ein Verwaltungsakt rechtmäßig oder rechtswidrig ist, beurteilt sich daher nach der Sach- und Rechtslage im Zeitpunkt der letzten Verwaltungsentscheidung (i. d. R. der Erlass des Widerspruchsbescheids).[525]

165 Anders ist es freilich dann, wenn sich die Sach- und Rechtslage während des gerichtlichen Verfahrens nachträglich **zugunsten des Klägers** ändert; hier besteht kein Zweifel, dass die Aufrechterhaltung des ursprünglich rechtmäßig erlassenen Verwaltungsakts rechtswidrig wird mit der Folge, dass er im Verfahren aufgehoben werden muss. Der Betroffene hat nämlich zwischenzeitlich einen materiellrechtlichen Aufhebungsanspruch erworben, der im Rahmen der noch anhängigen Anfechtungsklage die gerichtliche Aufhebung des Verwaltungsakts mit ex nunc-Wirkung erforderlich macht (zur Heilung von rechtswidrigen Verwaltungsakten, vgl. E 177 ff.).[526]

166 In einem Anfechtungsprozess sind demgemäss Veränderungen der Sach- und Rechtslage **zugunsten des belasteten Klägers** grundsätzlich bis zur letzten mündlichen Verhandlung in der Tatsacheninstanz zu berücksichtigen.[527]

167 Aber auch dieser Grundsatz gilt nicht ausnahmslos:

Bei **Gewerbeuntersagungen** nach § 35 GewO ist nach der Rechtsprechung des Bundesverwaltungsgerichts[528] aufgrund der Neufassung des § 35 Abs. 6 Satz 1 GewO im Jahre 1974 abweichend von dem vorbeschriebenen Grundsatz auf den Zeitpunkt der letzten Behördenentscheidung abzustellen, vgl. K 194. § 35 Abs. 6 Satz 1 GewO setzt für die Wiedergestattung der Gewerbeausübung einen Antrag des Betroffenen bei der zuständigen Behörde voraus. Dieses Antragserfordernis

---

[524] *Redeker/von Oertzen,* § 113, Rdn. 1.

[525] *BVerwG,* 30. 4. 1996 – 6 B 77/95 – NVwZ-RR 97, 132; a. A. *Kopp/Schenke,* § 113, Rdn. 35.; vgl. zu den diversen Fallgestaltungen im Wehrpflichtrecht, *Johlen,* Rdn. 342 ff; so auch bei Widerruf der Approbation, *BVerwG,* 16. 9. 1997 – 3 C 12.95 – und vom 14. 4. 1998 – 3 B 95.97 – NJW 99, 3425. Hat der Sozialhilfeträger Hilfeleistungen durch eine Vorabentscheidung dem Grunde nach für einen in die Zukunft reichenden über den Zeitraum der Widerspruchsentscheidung hinausgehenden Zeitraum abgelehnt, so erfasst die gerichtliche Überprüfung der Rechtmäßigkeit dieser Maßnahme ausnahmsweise auch einen Regelungszeitraum über die Widerspruchsentscheidung hinaus, *BVerwG,* 14. 7. 1998 – 5 C 2.97 – DVBl. 98, 1135.

[526] *BVerwG,* 5. 8. 1965 – 1 C 69.62 – BVerwGE 22, 16, 21 ff. *Kopp/Schenke,* § 113, Rdn. 29 ff.. Umgekehrt: Ein ursprünglich rechtswidriger Verwaltungsakt wird durch eine spätere Veränderung der Sach- und Rechtslage nicht automatisch rechtmäßig, vgl. dazu *Kopp/Schenke,* § 113, Rdn. 47 ff.; vgl. ferner D 171, 171 a, E 177 ff.

[527] Dies gilt vor allem bei Verwaltungsakten mit Dauerwirkung, *BVerwG,* 3. 11. 1994 – 3 C 17.92 – BVerwGE 97, 79 ff.; aber auch für Anfechtungsklagen, die nach § 75 erhoben worden sind, vgl. *VGH Kassel,* 10. 8. 1992 – 12 UE 2254/89 – NVwZ-RR 93, 432.

[528] *BVerwG,* 2. 2. 1982 – 1 C 146.80 – BVerwGE 65, 1 ff. unter Aufgabe der älteren Rechtsprechung z. B. 13. 3. 1973 – 1 C 36.71 – in GewArch 73, 164, 165.

schließt aus, dass die für die Wiedergestattung relevanten Umstände in dem laufenden Anfechtungsverfahren berücksichtigt werden.[529]

Hinweis:
Im Einzelfall kann man allerdings das Verhalten des Gewerbetreibenden nach Erlass der Untersagungsverfügung das besondere Vollzugsinteresse gem. § 80 Abs. 2 Nr. 4 entfallen lassen, vgl. unten K 194.

Gleiches gilt auch bei Verwaltungsakten, die nicht auf Dauerwirkung gerichtet sind (z. B. die Entziehung, Rücknahme oder der Widerruf der Fahrerlaubnis, Entzug der Gaststättenkonzession,[530] der Fahrschullehrererlaubnis[531] oder der Approbation).[532] Hier handelt es sich um einen **rechtsgestaltenden Verwaltungsakt** mit einmaliger Wirkung. Die Verbotswirkung folgt aus dem Gesetz heraus, so dass sich Veränderungen zugunsten des Klägers nicht unmittelbar auf das Anfechtungsbegehren auswirken; hier kommt lediglich **ein Anspruch auf Neuerteilung der Erlaubnis** in Betracht, der aber in einem neuen, gesonderten Verfahren geltend zu machen ist. **168**

Bei **Drittanfechtungsklagen** (z. B. im Baurecht) bleibt die Rechtslage im Zeitpunkt der Erteilung der angefochtenen Genehmigung maßgeblich. Verändert sich die Rechtslage während des laufenden Anfechtungsprozesses, so kann dies auf die vom Bauherrn erworbene ursprüngliche Rechtsposition aus Gründen des Bestandsschutzes keinen Einfluss mehr haben.[533] **169**

Beispiel:
Das Bauvorhaben des Bauherrn beurteilte sich ursprünglich nach § 34 Abs. 1 BauGB. Auf dieser Grundlage wird die Baugenehmigung erteilt, die der Nachbar anficht. Nach Erteilung der Baugenehmigung wird eine Veränderungssperre erlassen oder tritt ein Bebauungsplan in Kraft, der dem Vorhaben entgegen steht. Im Rahmen der Nachbaranfechtungsklage ist auf den Zeitpunkt der Behördenentscheidung abzustellen.

Die behördliche Entscheidung über die Rücknahme einer Baugenehmigung, namentlich wenn diese aus Anlass eines vom Nachbarn eingeleiteten Rechtsbehelfsverfahrens unter den erleichternden Maßgaben des § 50 VwVfG erfolgt, unterliegt im Anfechtungsprozess des Bauherrn keinem anderen materiellen Beurteilungsmaßstab als dem, der im Rahmen einer Nachbarklage nach Genehmigungserteilung gelten würde. Zugunsten des Bauherrn gehende Änderungen der Rechtslage sind demgemäss zu berücksichtigen.[534] Eine Aufhebung der erteilten Genehmigung scheidet in diesen Fällen aus, weil es mit der Eigentumsgarantie unvereinbar wäre,

---

[529] *BVerwG,* 2. 2. 1982 – 1 C 146.80 – BVerwGE 65, 1 ff. unter Aufgabe der älteren Rechtsprechung z. B. 13. 3. 1973 – 1 C 36.71 – in GewArch 73, 164, 165.

[530] *BVerwG,* 1. 3. 1991 – 1 C B 4.91 –; *BVerwG,* 25. 1. 1994 – 1 B 212.93 – GewArch 95, 121.

[531] *BVerwG,* 30. 10. 1996 – 1 B 197.96 – AU, 5.

[532] *OVG Münster,* 30. 1. 1997 – 13 A 2587/94 – n. v.; *BVerwG,* 16. 9. 1997 – 3 C 12.95 –, BVerwGE 105, 214 ff; *BVerwG,* 14. 4. 1998 – 3 B 95.97 – NJW 99, 3425 f.

[533] *BVerwG,* 14. 4. 1978 – 4 C 96, 97/76 – NJW 79, 995; vgl. auch *Kopp/Ramsauer,* § 48, Rdn. 7, der zutreffend darauf hinweist, dass in solchen Fällen für die Behörde (bei Vorliegen der Voraussetzungen des § 49 VwVfG) ausnahmsweise allenfalls ein Widerruf in Betracht komme.

[534] *OVG Münster,* 4. 6. 1998 – 10 A 1318/97 – NWVBl. 99, 9.

die Genehmigung aufzuheben, obwohl diese sogleich wieder erteilt werden müsste.[535]

170 Bei Planfeststellungsbeschlüssen ist auf den Zeitpunkt der Zustellung des Planfeststellungsbeschlusses abzustellen.[536]

171 Für den Fall, dass der Verwaltungsakt rechtswidrig ist, steht es dann in der Entscheidungsbefugnis der Verwaltungsbehörde, ob sie einen neuen Verwaltungsakt mit gleichem oder ähnlichen Inhalt erlassen will, wenn der ursprüngliche Fehler behebbar ist.[537] Dies gilt insbesondere bei Ermessensentscheidungen[538] (vgl. A 14).

Inwieweit die Behörde befugt ist, einen etwaigen rechtswidrigen Verwaltungsakt durch Nachschieben von Gründen nachträglich – ggfs. auch noch im laufenden Prozessverfahren zu heilen, ergibt sich aus § 45 Abs. 2 VwVfG n.F., § 87 Abs. 1 Satz 2 Nr. 7, § 94 Satz 2, § 114 Satz 2 VwGO n.F.; vgl. E 177ff.).

d) Entscheidungsvarianten bei auf Geldleistung gerichteten Verwaltungsakten

172 Eine weitere gesetzliche Besonderheit ergibt sich in den Fällen, in denen der Kläger die Änderung eines Verwaltungsakts begehrt, der einen Geldbetrag festsetzt oder eine darauf bezogene Feststellung trifft (§ 113 Abs. 2).[539] In diesen Fällen kann das Gericht – ohne dass es eines besonderen hierauf gerichteten Antrags bedarf[540] – den Betrag in anderer Höhe festsetzen oder die Feststellung durch eine andere ersetzen. Nach dem Grundsatz des Verbots der **reformatio in peius** kommt dabei nur eine Reduzierung des Geldbetrages in Betracht.[541]

173 Erfordert die Ermittlung des festzusetzenden oder festzustellenden Betrages einen nicht unerheblichen Aufwand (z.B. in Erschließungsbeitragsverfahren), kann das Gericht die Änderung des Verwaltungsakts durch Angabe der zu Unrecht berücksichtigten oder nicht berücksichtigten tatsächlichen oder rechtlichen Verhältnisse so bestimmen, dass die Behörde den Betrag aufgrund der Entscheidung neu errechnen kann. Die Behörde hat das Ergebnis der auf dieser Grundlage angestellten Berechnungen dem Kläger unverzüglich formlos mitzuteilen, § 113 Abs. 2 Satz 3; der Kläger gewinnt so die erforderlichen Informationen um über sein weiteres prozessuales Vorgehen disponieren zu können. Nach Rechtskraft der gerichtlichen Entscheidung muss dann die Behörde abermals entscheiden und dem Betroffenen den auf der Basis der gerichtlichen Vorgaben geänderten Verwaltungsakt erneut bekannt geben. Der Betroffene hat dann wieder die Möglichkeit, abermals Rechtsmittel einzulegen.[542]

---

[535] *VGH Kassel,* 24. 8. 1989 – 4 TG 569/89 – DÖV 90, 257.

[536] *VGH Kassel,* 14. 12. 1993 – 14 TH 1250/93 – NVwZ 94, 1126ff.

[537] *Kopp/Schenke,* § 113, Rdn. 13.

[538] *Kopp/Schenke,* § 114, Rdn. 4.

[539] *Redeker/von Oertzen,* § 113, Rdn. 8–14; zu der Frage, ob der Kläger zwischen einem Vorgehen gem. § 113 Abs. 1 (Teilaufhebung) oder gem. § 113 Abs. 2 (Änderungen) ein durch die Fassung des Klageantrags auszuübendes Wahlrecht hat, s. *Gerhardt* in *Schoch/Schmidt-Aßmann/Pietzner,* § 113, Rdn. 38; zur Anwendung in Erschließungsbeitragssachen vgl. *OVG Münster,* 21. 4. 1997 – 3 A 3508/92 – NWVBl. 98, 245.

[540] *OVG Münster,* 21. 4. 1997 – 3 A 3508/92 – NWVBl. 98, 245.

[541] *Gerhardt* in *Schoch/Schmidt-Aßmann/Pietzner,* § 113, Rdn. 39; ferner *Redeker/von Oertzen,* § 113, Rdn. 8.

[542] *Redeker/von Oertzen,* § 113, Rdn. 12f.

Sofern das Gericht den angefochtenen Bescheid der Höhe nach ändern will, wäre wie folgt zu tenorieren: **173 a**

„Der Beitragsbescheid der Beklagten vom ... in der Fassung des Widerspruchsbescheids vom ... wird dahin geändert, dass anstelle des festgesetzten Betrags von 10 583,00 Euro nur 8493,00 Euro zu zahlen sind."

Das Gericht hat allerdings auch die Möglichkeit, den Betrag nicht selbst auszurechnen; für diesen Fall wäre wie folgt zu tenorieren:
„Der Bescheid des Beklagten vom ... i. d. F. des Widerspruchsbescheids vom ... wird dahingehend abgeändert, dass der Betrag von 10 583,00 Euro durch einen vom Beklagten nach Maßgabe der Entscheidungsgründe dieses Urteils neu zu berechnenden Betrag ersetzt wird."

e) Folgenbeseitigungsanspruch

Ist der Verwaltungsakt schon vollzogen, so kann das Gericht auf Antrag auch aussprechen, dass und wie die Verwaltungsbehörde die Vollziehung rückgängig zu machen hat (§ 113 Abs. 1 Satz 2). Eine entsprechende Tenorierung ist aber nur dann zulässig, wenn die Behörde dazu in der Lage und diese Frage spruchreif ist (§ 113 Abs. 1 Satz 3). Die Folgenbeseitigung kann vom Gericht ausgesprochen werden, wenn und soweit es zuvor den Verwaltungsakt aufgehoben hat. § 113 Abs. 1 Satz 2 und 3 sind keine materielle Anspruchsgrundlage für den Folgenbeseitigungsanspruch, sondern setzen diesen quasi voraus.[543] Der Folgenbeseitigungsanspruch ist dem materiellen Verwaltungsrecht zuzuordnen und ist in langer Tradition in Rechtsprechung und Lehre anerkannt.[544] Ein Anspruch auf Folgenbeseitigung ist gegeben, wenn durch einen hoheitlichen Eingriff in ein subjektives Recht des Klägers ein rechtswidriger Zustand geschaffen worden ist, der noch andauert. Der Folgenbeseitigungsanspruch richtet sich danach auf die Wiederherstellung des Zustands, der im Zeitpunkt des rechtswidrigen Eingriffs bestand.[545] Klarzustellen ist, dass der Folgenbeseitigungsanspruch nicht nur dann geltend gemacht werden kann, wenn sich der hoheitliche Eingriff durch einen Verwaltungsakt vollzogen hat, sondern dass er grundsätzlich bei allen Amtshandlungen besteht, die rechtswidrige Folgen nach sich gezogen haben, also auch bei Eingriffen tatsächlicher Art, wie etwa die Inanspruchnahme eines Grundstücks durch Straßenbaumaßnahmen oder die Verlegung eines gemeindlichen Kanals.[546] **173 b**

Der Folgenbeseitigungsanspruch wird nicht dadurch ausgeschlossen, dass der Vollzug des angefochtenen Bescheides durch ein freiwilliges Nachkommen der ho-

---

[543] *Jörg Schmidt* in *Eyermann,* 10. Aufl., § 113 Rdn. 28.

[544] *BVerwG,* 12. 10. 1971 – VI C 99.67 – BVerwGE 38, 336 ff., 346; *BVerwG,* 17. 1. 1980 – 7 C 42.78 – BVerwGE 59, 319, 326; *Jörg Schmidt* in *Eyermann,* § 113, Rdn. 28 ff.; ferner *Redeker/von Oertzen,* § 113, Rdn. 17.

[545] Der Folgenbeseitigungsanspruch ist dabei nur auf die Wiederherstellung des ursprünglichen, durch den hoheitlichen Eingriff veränderten Zustandes gerichtet; er kann jedoch mangels gesetzlicher Vorschrift nicht zu einem darüber hinaus gehenden Erfolg führen, insbesondere auch nicht zum einem Ausgleich für Schäden, die durch unrichtiges Verwaltungshandeln entstanden sind, vgl. dazu *BVerwG,* 14. 8. 1998 – 2 B 34/98 – DVBl. 99, 320.

[546] *Jörg Schmidt* in *Eyermann,* § 113, Rdn. 29. Zum Folgenbeseitigungsanspruch bei Zuführung von Wasser auf ein bereits vorhandenes Gewässergrundstück vgl. *BVerwG,* 22. 9. 1992 – 7 B 11/92 – in Buchholz 406.16 Grundeigentumsschutz Nr. 59.

heitlichen Anordnung seitens des Betroffenen erfolgt ist.[547] § 113 Abs. 1 Satz 2 VwGO gewährt keinen materiell-rechtlichen Folgenbeseitigungsanspruch, sondern setzt ihn voraus.[548] Der Folgenbeseitigungsanspruch lässt eine Berücksichtigung der Mitverantwortung des anspruchsberechtigten Bürgers zu. Ist der Anspruch auf Folgenbeseitigung auf die Herstellung eines (unteilbaren) Zustandes gerichtet und liegt eine zu berücksichtigende Mitverantwortung vor, so kommt in entsprechender Anwendung des § 251 Abs. 1 BGB die Zahlung eines Ausgleichsbetrages in Betracht.[549]

Der Anspruch auf Folgenbeseitigung ist nur auf die Wiederherstellung der ursprünglichen, durch hoheitlichen Eingriff veränderten Zustandes gerichtet, nicht aber auf einen Ausgleich für Schäden, die durch unrichtiges Verwaltungshandeln verursacht worden sind. Er erfasst also grundsätzlich nur diejenigen rechtswidrigen Folgen einer Amtshandlung, auf die sie unmittelbar gerichtet war. Mittelbare Folgen werden nicht erfasst.[550]

IV. Verpflichtungsklage

174 Die in § 42 Abs. 1 2. Alt. geregelte Verpflichtungsklage ist eine Leistungsklage.[551] Während mit der Anfechtungsklage ein bereits erlassener Verwaltungsakt angegriffen wird, wird mit der Verpflichtungsklage der Erlass eines Verwaltungsaktes erstrebt (vgl. dazu D 25 ff.). Das Gesetz unterscheidet zwei Arten der Verpflichtungsklage:

- die Vornahmeklage (vgl. D 175 ff.)
- die Untätigkeitsklage (§ 75) (vgl. D 184 ff.).

1. Die Zulässigkeit der Verpflichtungsklage

a) Vornahmeklage

175 Die Verpflichtungsklage ist – abgesehen von den allgemeinen Prozessvoraussetzungen (vgl. D 4 ff.) – unter folgenden Voraussetzungen zulässig:

- der Kläger muss das erforderliche Vorverfahren durchgeführt haben (D 81 ff.),
- fristgerecht nach erfolglosem Vorverfahren die Klage erheben, vgl. D 119 ff.,
- die Klage muss sich auf Erlass eines abgelehnten Verwaltungsaktes (vgl. D 25 ff.) richten,
- der Kläger muss behaupten, durch die Versagung des begehrten Verwaltungsakts in seinen Rechten beschwert zu sein (vgl. D 56 ff.),[552]
- der Kläger muss Prozessführungsbefugt sein (vgl. D 18) und
- ein Rechtsschutzbedürfnis vorweisen (vgl. D 19).

---

547 *BVerwG,* 15. 12. 1993 – 10 A 1/91 – Buchholz 232 § 87 BPG Nr. 65.
548 *BVerwG,* 3. 1. 1992 – 6 B 20/91 – in BayVBl. 92, 442–443.
549 *BVerwG,* 14. 4. 1989 – 4 C 34/88 – in BVerwGE 82, 24 ff.
550 Dazu *Jörg Schmidt* in *Eyermann,* § 113, Rdn. 30.
551 Vgl. *dazu Redeker/von Oertzen,* § 42, Rdn. 6.
552 *BVerwG,* 22. 6. 1995 – 3 C 34.93 – Buchholz, 451.74; § 18 Nr. 5.

Die Zulässigkeit der Verpflichtungsklage unterscheidet sich damit von der Anfechtungsklage nur hinsichtlich des Klageantrages;[553] es kann deshalb zu den vorgenannten Zulässigkeitsvoraussetzungen im einzelnen auf die Darlegungen unter D 1–173 verwiesen werden. 176

Der Klageantrag bei der **Verpflichtungsklage** lautet auf Verpflichtung der zuständigen Behörde zum Erlass des begehrten Verwaltungsaktes.[554] Obwohl nicht unbedingt erforderlich, ist es zur Klarstellung ratsam, wenn gleichzeitig die Aufhebung des ablehnenden Verwaltungsaktes begehrt wird.[555] 177

Beispiel für den Tenor eines Verpflichtungsurteils:

„Der Beklagte wird unter Aufhebung seines Ablehnungsbescheids vom 15. 3. 94 in der Fassung des Widerspruchsbescheids der Bezirksregierung Münster vom 30. 6. 94 verpflichtet, eine Baugenehmigung gem. dem Bauantrag vom 1. 12. 93 zu erteilen."

Hinweis:
Beispielsschriftsatz für eine Verpflichtungsklage, vgl. Anhang I Nr. 6.

Hinsichtlich der Geltendmachung von Prozesszinsen, vgl. C 78.

Auch die isolierte Anfechtungsklage, mit der sich der Kläger – trotz Vorliegen der Voraussetzungen einer Verpflichtungsklage – lediglich die bloße Anfechtung des ablehnenden Verwaltungsakts begnügt, kann im Einzelfall ausnahmsweise zulässig sein (vgl. D 143, 144 u. K 274 f.).[556] 178

Bei der **Abgrenzung der Anfechtungsklage von der Verpflichtungsklage** können sich schwierige Probleme ergeben.[557] Die entscheidende Frage, ob der Kläger eine Begünstigung begehrt oder eine Belastung abwehrt, ist nicht immer leicht zu beantworten. Zunehmende Bedeutung wird in diesem Zusammenhang die Bestimmung der richtigen Klageart im Hinblick auf die wirtschaftlich gewichtigen Verwaltungsakte gewinnen, die dem Abbau von Monopolpositionen dienen. 179

Beispiele:

(1) § 35 Abs. 1 Satz 3 TelekommunikationsG[558] verpflichtet die Betreiber öffentlicher Telekommunikationsnetze anderen Betreibern solcher Netze die Zusammenschaltung der Netze zu ermöglichen. Die Betreiber trifft eine entsprechende Verhandlungspflicht, § 36 TelekommunikationsG. Sofern sich die Netzbetreiber über die Konditionen der Zusammenschaltung nicht verständigen, ordnet die Regulierungsbehörde gem. § 37 TelekommunikationsG diese Zusammenschaltung an und legt dabei auch die wirtschaftlichen Konditionen der Zusammenschaltung fest, vgl. 9 NetzzugangsVO.[559]

(2) Gem. § 14 Allgemeines EisenbahnG[560] haben Eisenbahnverkehrsunternehmen das Recht auf diskriminierungsfreie Benutzung der Eisenbahninfrastruktur von Eisenbahn-

---

553 Die Abgrenzung ist im allgemeinen völlig unproblematisch, vgl. aber *Redeker/von Oertzen,* § 42, Rdn. 5.

554 Die Aufstellung eines Verkehrszeichens ist im Wege der Verpflichtungsklage zu machen, vgl. *VGH Mannheim,* 16. 5. 1997 – 5 S 1842/95 – NVwZ-RR 98, 682.

555 Vgl. dazu *BVerwG,* 21. 6. 1961 – VIII C 334.59 – DVBl. 62, 138; vgl. dazu *Redeker/von Oertzen,* § 42, Rdn. 7.

556 Vgl. dazu *Kopp/Schenke,* § 42, Rdn. 30.

557 S. ausführlich *Pietzcker* in *Schoch/Schmidt-Aßmann/Pietzner,* § 42 Abs. 1, Rdn. 107 ff.

558 Gesetz vom 25. Juli. 1996, BGBl. I, 1120.

559 Verordnung vom 23. Oktober 1996, BGBl. I, 1568.

560 Artikel 5 des EisenbahnneuordnungsG vom 27. Dezember 1993, BGBl. I, 2378.

infrastrukturunternehmen. Einzelheiten des Zugangs und das Entgelt sind in einer Vereinbarung zu regeln, § 14 Abs. 4 Allgemeines EisenbahnG. Kommt eine Einigung über die Nutzung nicht zustande, so entscheidet das Eisenbahn-Bundesamt, § 14 Abs. 5 Allgemeines EisenbahnG.

Derartige Verfügungen unterliegen der vollen verwaltungsgerichtlichen Überprüfung. Die richtige Klageart ist mit Blick auf das konkrete Begehren zu bestimmen. Sofern das von der Verfügung betroffene Unternehmen meint, die gesetzlichen Voraussetzungen für die Pflicht, Zugang zur eigenen Infrastruktur zu gewähren, lägen nicht vor (das „Ob“ ist im Streit), ist Anfechtungsklage zu erheben. Denkbar ist aber auch, dass das von der Anordnung betroffene Unternehmen die Zugangsregelung (das „Ob“) hinnimmt, aber die wirtschaftlichen Konditionen des Zugangs nicht akzeptiert (das „Wie“ ist im Streit). Das Unternehmen strebt dann materiell-rechtlich nach einer Verbesserung der Entgeltregelung. Dieses Ziel kann nur im Wege der Verpflichtungsklage erreicht werden.

Diese Differenzierung entscheidet auch über die Verfahrensart im einstweiligen Rechtsschutz (Verfahren gem. § 80 Abs. 5 oder § 123).

180 In manchen Fällen ergibt sich auch die Notwendigkeit einer Verbindung von Anfechtung- und Verpflichtungsklage, vgl. auch J 189 oder es ist hilfsweise ein Verpflichtungsantrag geboten:

Beispiel:

(1) Der in einem Vergabeverfahren unterlegene Bewerber um eine Güterverkehrsgenehmigung, der nach Erschöpfung des zur Verfügung stehenden Kontingents an Genehmigungen eine Neubescheidung seines Genehmigungsantrags erstrebt, muss gleichzeitig auch mittels Anfechtungsklage die oder verschiedene Genehmigungen zugunsten von Mitbewerbern anfechten, um auf diese Weise seinen Rechtsanspruch zu wahren.[561]

(2) Der Antrag eines durch Grundstücksinanspruchnahme verkehrslärmbetroffenen Klägers auf Aufhebung der Planfeststellung einer Bundesfernstraße umfasst nicht ohne weiteres auch einen Hilfsantrag des jeweiligen Klägers auf Planergänzung, der auf Gewährung passiven Lärmschutzes gerichtet ist,[562] der Aufhebungsanspruch wäre im Wege der Anfechtungsklage, der Hilfsantrag auf Planergänzung im Wege der Verpflichtungsklage geltend zu machen.[563]

(3) Hat eine Partei den Antrag nach § 19 Abs. 1 Satz 1 ParteiG auf Festsetzung und Auszahlung staatlicher Finanzmittel nicht fristgerecht gestellt und bleibt sie deshalb nach § 19 Abs. 1 Satz 2 ParteiG unberücksichtigt, erhöhen sich anteilig die Ansprüche aller konkurrierenden Parteien, wenn die Summe der Stimmen- und Zuwendungsanteile der anspruchsberechtigten Parteien die sog. absolute Obergrenze (§§ 18 Abs. 2, 19 Abs. 6 ParteiG) überschreitet. Konkurrierende Parteien können deshalb gem. § 18 Abs. 4, 19 Abs. 2, Abs. 6 ParteiG den auf sie entfallenden Mehrbetrag im Wege einer kombinier-

---

[561] *OVG Magdeburg,* 22. 2. 1995 – 4 L 382/94 – DVBl. 96, 162; nebst Anm. von *Schenke,* DVBl. 96, 388 ff.

[562] *BVerwG,* 10. 7. 1994 – 4 V 94/95 – NVwZ-RR 96, 188 ff.

[563] Kann dem Antrag auf Aufhebung des Planfeststellungsbeschlusses gem. § 17 Abs. 6 c S. 2 FStrG nicht entsprochen werden, weil erhebliche Mängel der Abwägung durch ein ergänzendes Verfahren behoben werden können, so hat das Gericht statt der beantragten Aufhebung die Rechtswidrigkeit des angefochtenen Planfeststellungsbeschlusses und dessen Nichtvollziehbarkeit festzustellen; dieser Antrag ist als Hilfsantrag in dem Aufhebungsantrag enthalten, vgl. dazu *BVerwG,* 21. 3. 1996 – 4 C 19.94 – DVBl. 96, 907 ff.; vgl. ferner *Sauthoff,* „Die Entwicklung im Straßenrecht“, NVwZ 98, 239 ff.

ten Anfechtungsklage (gegen die Zuwendung zugunsten der Konkurrenzpartei) und Verpflichtungsklage (auf Erhöhung des eigenen Zuwendungsbetrages) geltend machen.[564]

Bescheidungsurteile ergehen dann, wenn dem Beklagten ein **Ermessensspielraum,** vgl. A 13, eingeräumt ist, ein Fall des Ermessensfehlgebrauchs/Nichtgebrauchs vorliegt und nach Auffassung des Gerichts keine Ermessensreduzierung auf Null eingetreten ist.[565] Wenn die Angelegenheit noch nicht spruchreif ist (§ 113 Abs. 1 Satz 3 i. V. m. Abs. 5) (vgl. unten D 205), so empfiehlt es sich bereits im Kosteninteresse lediglich einen **„Bescheidungsantrag"** zu stellen. 181

Beispiel für den Tenor eines Bescheidungsurteils:

„Der Beklagte wird unter Aufhebung des Ablehnungsbescheids vom 15. 3. 1993 in der Fassung des Widerspruchsbescheids vom 30. 6. 1993 verpflichtet, den Kläger gem. seinem Antrag vom 1. 12. 1992 unter Berücksichtigung der Rechtsauffassung des Gerichts erneut zu bescheiden".

Hinweis:
Vgl. den Beispielsschriftsatz, Anhang I Nr. 7 a zur Bescheidungsklage

Bescheidungsurteile können ferner dann ergehen, wenn der Beklagte einen Beurteilungsspielraum, vgl. oben A 15, A 22 oder einen Bewertungsspielraum, vgl. unten K 185, hat.[566] 182

Die Rechtskraft eines Bescheidungsurteils umfasst nicht nur die Verpflichtung der Behörde zur Neubescheidung überhaupt, sondern auch die Verpflichtung zur Beachtung der Rechtsauffassung des Gerichts, sowie sie in den Entscheidungsgründen des Bescheidungsurteils niedergelegt wird.[567] 183

Hinweis für den Anwalt:

Bei einer Verurteilung zur Neubescheidung ist eine Beschwer des Klägers dann gegeben, wenn jene Verurteilung entgegen dem ebenfalls auf Neubescheidung gerichteten Klageantrag auf bestimmte Prüfungsgegenstände beschränkt ist.[568]

b) Die Untätigkeitsklage, § 75

Die Untätigkeitsklage ist eine besondere Form der Verpflichtungsklage, weil sie i. d. R. auf den Erlass eines Verwaltungsaktes gerichtet ist. Im Unterschied zur allgemeinen Verpflichtungsklage, die zu erheben ist, wenn die Behörde den Erlass des beantragten Verwaltungsakt ablehnt, ist die Untätigkeitsklage zu erheben, wenn die zuständige Behörde trotz eines entsprechenden Antrags des Betroffenen überhaupt nicht tätig geworden ist. Anders als bei § 88 SGG handelt es sich bei der Untätigkeitsklage gem. § 75 allerdings nicht um eine sog. Bescheidungsklage: Die Untätigkeitsklage kann nicht auf „Bescheidung" d. h. auf ein Tätigwerden schlechthin gerichtet sein.[569] 184

---

564 *OVG Münster,* 4. 5. 1999 – 5 A 5682/97 – NWVBl. 99, 417.

565 *Kopp/Schenke,* § 113, Rdn. 178 ff, 212 ff..

566 *Redeker/von Oertzen,* § 113, Rdn. 40 a. E.; ferner die allgemeinen Ausführungen zur Beurteilungsermächtigung, § 114, Rdn. 15, zu Bescheidungsurteilen in Prüfungsangelegenheiten vgl. *BVerwG,* 14. 7. 1999 – 6 C 20.98 – NJW 00, 1055 ff.

567 *BVerwG,* 3. 11. 1994 – 3 C 30.93 – DVBl. 95, 925 ff.

568 *OVG Münster,* 21. 12. 1997 – 25 A 4997/96 – DVBl. 98, 602 f.

569 Vgl. dazu *Redeker/von Oertzen,* § 75, Rdn. 2.

> **Hinweis:**
> Beispielsschriftsatz für eine Untätigkeitsklage, vgl. Anhang I Nr. 8

185 Die Untätigkeitsklage muss vielmehr wie die Verpflichtungsklage auf Erlass eines konkreten Verwaltungsaktes zielen;[570] d.h. ein entsprechender Antrag an die Behörde muss in der Regel vorausgegangen sein.[571]

186 **Tenorierungsbeispiel:**

„Der Beklagte wird verpflichtet, dem Kläger gem. seinem Antrag vom 1. 12. 1992 eine Baugenehmigung zu erteilen."

187 Sofern ausnahmsweise Gegenstand der Untätigkeit das Nichttätigwerden der Widerspruchsbehörde ist, ist zu differenzieren: Im Anfechtungsfall[572] ist die Klage gegen die Ausgangsbehörde zu richten und zu tenorieren:

Tenorierungsbeispiel:

„Der Bescheid des Beklagten vom 15. 3. 1997 wird aufgehoben."

Ähnlich lautet das Urteil im Verpflichtungsfalle:

Tenorierungsbeispiel:

„Der Beklagte wird unter Aufhebung seines Bescheids vom 15. 3. 1997 verpflichtet, dem Kläger gem. seinem Bauantrag vom 15. 11. 1996 eine Baugenehmigung zu erteilen."

Liegt dagegen der Fall so, dass die Widerspruchsbehörde nicht über den gegen eine Baugenehmigung eingelegten Nachbarwiderspruch entscheidet, so kann der Bauherr Untätigkeitsklage gegen die Widerspruchsbehörde auf Verpflichtung zur Zurückweisung des Widerspruchs erheben.[573] Das Urteil würde in diesem Falle lauten:

Tenorierungsbeispiel:

„Der Beklagte (die Widerspruchsbehörde) wird verpflichtet, den Widerspruch des N. N. gegen die Baugenehmigung des (Bezeichnung der Ausgangsbehörde) vom … zurückzuweisen."

188 Die Untätigkeitsklage ist zulässig, wenn die allgemeinen Voraussetzungen der Verpflichtungsklage vorliegen und wenn die zuständige Behörde über den Antrag auf Erlass eines Verwaltungsaktes oder die Widerspruchsbehörde über einen Widerspruch ohne zureichenden Grund in angemessener Frist sachlich nicht entschieden hat. Zwischenbescheide oder Sachstandsmitteilungen reichen also nicht aus, um die Untätigkeit der Behörde zu beseitigen.[574]

189 Der Kläger muss ferner vortragen können, dass die Behörde ohne zureichenden Grund nicht entschieden hat. Krankheitsfälle, Urlaub oder generelle Arbeitsüber-

---

[570] Vgl. dazu *Redeker/von Oertzen,* § 75, Rdn. 2.

[571] *BVerwG,* 31. 8. 1995 – 5 C 11/94 – NVwZ 96, 912 – NJW 96, 1977; Ausnahme: *BVerwG,* 4. 8. 1993 – 11 C 15/92 – NVwZ 95, 76f; im Einzelfall reicht die Klagebegründung als konkludenter Leistungsantrag aus.

[572] *Redeker/von Oertzen,* § 75, Rdn. 2; vgl. ferner Rdn. 15 wo ausdrücklich auf die Gefahr der Verwirkung einer Untätigkeitsklage verwiesen wird.

[573] *VGH Mannheim,* 10. 11. 1993 – 3 S 1120/92 – NVwZ 95, 280ff.

[574] Vgl. dazu *Redeker/von Oertzen,* § 75, Rdn. 3; *Kopp/Schenke,* § 75, Rdn. 6.

lastung der Behörde und ihrer Mitarbeiter reichen allerdings nicht aus, um die Angelegenheiten hinauszuzögern.[575] Lediglich dann, wenn besondere Umstände hinzutreten, ist die Behörde im Einzelfalle gerechtfertigt (z.B. Arbeitsüberlastung infolge umfangreicher Gesetzesänderungen).

Für die Zulässigkeit der Untätigkeitsklage ist es ferner erforderlich, dass die Be- 190
hörde nicht innerhalb einer **angemessenen Frist** entschieden hat. Das Gesetz geht dabei von einer regelmäßigen Sperrfrist von 3 Monaten aus.[576] Eine Klageerhebung vor Ablauf der 3-Monats-Frist ist nur dann zulässig, wenn besondere Umstände des Einzelfalles eine frühere Klageerhebung rechtfertigen.[577]

Nach Ablauf der **dreimonatigen Sperrfrist** ist die Untätigkeitsklage allgemein zulässig.[578] Aus Gründen der Verfahrensbeschleunigung ist durch den § 14a BImSchG eine „vereinfachte Klageerhebung" eingeführt worden. Der Antragsteller eines immissionsschutzrechtlichen Verfahrens kann nach Ablauf von drei Monaten immer Untätigkeitsklage erheben, wenn über seinen Widerspruch nicht innerhalb dieser Frist entschieden worden ist.[579] Anders als nach § 75 ist eine Verlängerung der Bearbeitungsfrist für die Behörde ausgeschlossen.

Nach Klageerhebung ergeben sich folgende Möglichkeiten: 191

Sofern dem Antrag des Betroffenen nach Klageerhebung stattgegeben wird, hat sich das Verfahren in der Hauptsache erledigt, mit der Folge, dass das Gericht in solchen Fällen der beklagten Behörde die Kosten des Verfahrens durch Beschluss auferlegen wird (§ 161 Abs. 3).[580]

Lehnt die Behörde dagegen in einem nach Klageerhebung erlassenen Verwal- 192
tungsakt den Antrag ab, so wird die Klage fortgeführt, ohne dass ein Vorverfahren erforderlich wäre.[581] Gleiches gilt, wenn nach Klageerhebung der Widerspruch durch einen Widerspruchsbescheid zurückgewiesen wird. Es empfiehlt sich in diesen Fällen, die nachträglich ergangenen Bescheide in den Klageantrag einzubeziehen.

Der Kläger kann in diesen Fällen im übrigen die Hauptsache für erledigt erklären und beantragen, in analoger Anwendung des § 161 Abs. 3 die Kosten des Verfahrens dem Beklagten aufzuerlegen.[582] Schließlich hat der Kläger bei einer Erledigung der Untätigkeitsklage in entsprechender Anwendung des § 113 Abs. 1 Satz 4 VwGO auch die Möglichkeit, eine Fortsetzungsfeststellungsklage (vgl. dazu D 243ff.) zu erheben, wenn im Zeitpunkt des erledigenden Ereignisses noch keine Spruchreife bestand. Das Verwaltungsgericht hat in einem derartigen Falle grund-

[575] Vgl. dazu *Redeker/von Oertzen,* § 75, Rdn. 4; *Kopp/Schenke,* § 75, Rdn. 13.

[576] Bei Sozialhilfeleistungen erstreckt sich die Untätigkeitsklage auf alle Zeiträume, die zwischen Antragstellung und drei Monate vor Klageerhebung liegen, *OVG Münster,* 27. 5. 1994 – 24 E 908/93 – NVwZ-RR 95, 178f.

[577] *Kopp/Schenke,* § 75, Rdn. 12: z.B. bei der Beantragung von Sozialhilfeleistungen; „Vorratsklagen" vor Ablauf der 3-Monatsfrist sind auch im Sozialhilferecht unzulässig, *BVerwG,* 13. 1. 1983 – 5 C 114.81 – BVerwGE 66, 342ff.

[578] *Kopp/Schenke,* § 75, Rdn. 9.

[579] *Redeker/von Oertzen,* § 75, Rdn. 5a.

[580] *Kopp/Schenke,* § 75, Rdn. 19.

[581] *BVerwG,* 13. 1. 1983 – 5 C 114.81 – BVerwGE 66, 342ff.; *BVerwG,* 4. 6. 1991 – 1 C 42/99 – NVwZ 92, 180.

[582] Vgl. dazu *Redeker/von Oertzen,* § 75, Rdn. 8.

sätzlich die Spruchreife herzustellen, um die begehrte Feststellung treffen zu können.[583]

193 Sofern nach Klageerhebung kein Bescheid ergeht, hat das Gericht auf Antrag oder von Amts wegen das Verfahren auszusetzen, sofern sich für das Gericht ergibt, dass ein zureichender Grund dafür vorhanden ist, dass noch kein Bescheid ergangen ist. Für diesen Fall hat das Gericht eine bestimmte Frist zu setzen, innerhalb derer die Entscheidung nachgeholt werden soll.[584]

194 **Hinweis:**

Obwohl der frühere § 76 VwGO, der die sog. Verjährung des Klageanspruches aus § 75 VwGO regelte, durch das VwGO-Änderungsgesetz vom 24. 8. 1976 entfallen ist, bedeutet dies nicht, dass die Untätigkeitsklage zeitlich unlimitiert zulässig wäre. Unter Umständen kann eine Verwirkung des Klagerechts eintreten. Dies wird insbesondere dann der Fall sein, wenn die Behörde aufgrund des Verhaltens des Klägers Veranlassung zu der Annahme hatte, dass er seinen Antrag oder seinen Widerspruch nicht weiter verfolgen wolle.[585]

2. Begründetheit von Verpflichtungsklagen

195 Die Verpflichtungsklage ist begründet, wenn die Ablehnung des begehrten Verwaltungsaktes rechtswidrig ist und der Kläger durch die Ablehnung des begehrten Verwaltungsaktes in seinen Rechten verletzt wird (§ 113 Abs. 5 Satz 1).

a) Rechtswidrigkeit der Ablehnung des begehrten Verwaltungsaktes

196 Die Ablehnung ist dann rechtswidrig, wenn sie gegen die Rechtsordnung (das Grundgesetz, Bundesgesetz oder Landesgesetz, EG-Recht, Rechtsverordnung, autonome Satzung oder Gewohnheitsrecht) verstößt oder im geltenden Recht keine hinreichende eigene Grundlage findet (vgl. dazu oben D 150ff.).

Es gelten die gleichen Grundsätze wie bei der Anfechtungsklage.

b) Rechtsverletzung des Klägers

197 Die Verpflichtungsklage ist nur begründet, wenn, der Kläger durch die Rechtswidrigkeit der Ablehnung des angefochtenen Verwaltungsaktes in seinen Rechten verletzt wird (vgl. dazu oben D 150ff.). Es gelten die gleichen Grundsätze wie bei der Anfechtungsklage.

c) Maßgeblicher Zeitpunkt für die gerichtliche Beurteilung der Sach- und Rechtslage

198 In den Fällen der Verpflichtungsklage ist der entscheidende Zeitpunkt immer die letzte mündliche Verhandlung, so dass sich **nachträglich eintretende Änderungen** der Sach- und Rechtslage **im Regelfall zugunsten oder zuungunsten des Klägers** auswirken.[586]

---

583 *BVerwG,* 27. 3. 1998 – 4 C 14.96 – DVBl. 98, 896f.

584 *Redeker/von Oertzen,* § 75, Rdn. 9; Die Anhängigkeit eines Beschwerdeverfahrens nach § 80 Abs. 5 bietet keinen „zureichenden Grund" zur Aussetzung, vgl. *BayVGH,* 18. 11. 1994 – 11 C 94 2603 – BayVBl. 95, 155ff.

585 Vgl. dazu *Redeker/von Oertzen,* § 75, Rdn. 14, 15; *Kopp/Schenke,* § 76 a.F., Rdn. 2ff.; Verwirkung scheidet auch aus, wenn der Kläger von dritter Seite (z.B. Architekt des Bauherrn) falsch unterrichtet wurde, *OVG Lüneburg,* 17. 5. 1995 – 1 L 4212/93 – NVwZ-RR 96, 378.

586 *BVerwG,* 26. 3. 1981 – 3 C 134.89 – BVerwGE, 62, 86ff., 90.

Beispiel: 199
Der Kläger beantragt die Erteilung einer Baugenehmigung für eine Spielhalle. Nach Ablehnung des Antrags und erfolglosem Widerspruchsverfahren erhebt er Klage. Nach Klageerhebung erlässt die Gemeinde eine Veränderungssperre. Die Veränderungssperre steht jetzt der Erteilung der begehrten Bauerlaubnis entgegen.

Ist das Verpflichtungsbegehren durch Änderungen der Rechtslage nicht mehr 200
begründet, kann der Kläger jedoch einen Fortsetzungsfeststellungsantrag in Anlehnung an § 113 Abs. 1 Satz 4 stellen und ggfs. in einem weiteren Verfahren Schadensersatzansprüche geltend machen.

Von dem Grundsatz der letzten mündlichen Verhandlung als maßgeblichen Ent- 201
scheidungszeitpunkt bei Verpflichtungsklagen werden allerdings **Ausnahmen** zugelassen:

Berufsangehörige werden grundsätzlich bei der Stellung eines Zulassungsantrags 202
nach altem Recht behandelt, wenn der Antrag unter der Geltung des früheren, günstigeren Rechts positiv hätte beschieden werden müssen.[587]

Ähnliches gilt für Studienbewerber.[588] 203

Bei Verwaltungsakten mit Doppelwirkung können sich nachträgliche Rechtsän- 204
derungen im Zweifel nicht mehr zu Lasten des Begünstigten auswirken, so dass Verpflichtungsbegehren, die auf die Vornahme von Schutzauflagen bei bereits bestehenden Planfeststellungsbeschlüssen oder Baugenehmigungen abzielen, nach der alten Rechtslage zu beurteilen sind.[589]

Sofern es in den Fällen der Verpflichtungsklage um eine Ermessungsentscheidung 205
(vgl. A 14) geht, kommt es mitunter vor, dass die Angelegenheit noch nicht spruchreif ist. In diesen Fällen ergeht ein **Bescheidungsurteil** des Gerichts, mit dem es den Beklagten verpflichtet, dem Kläger unter Beachtung der Rechtsauffassung des Gerichts erneut zu bescheiden (§ 113 Abs. 5 Satz 2).[590] Dasselbe gilt, soweit der Behörde ein Beurteilungsspielraum, vgl. A 15, oder ein Bewertungsspielraum, vgl. K 230, eingeräumt ist.[591]

Zu den Möglichkeiten Ermessensfehler im laufenden Klageverfahren zu heilen, vgl. E 177 ff.

V. Allgemeine Leistungsklage (§ 43 Abs. 2)

1. Zulässigkeit der allgemeinen Leistungsklage

a) Leistungsklage

Die allgemeine Leistungsklage wird in §§ 43 Abs. 2, § 111, 113 Abs. 3 u. § 69 206
Abs. 2 erwähnt, ohne dass jedoch ihre Voraussetzungen im Gesetz im einzelnen

---

587 *BVerwG,* 14. 3. 1961 – I C 48.57 – DVBl. 61, 447.

588 *BVerwG,* 22. 6. 1973 – VII C 7.71 – BVerwGE 42, 296, 300.

589 *BVerwG,* 21. 6. 1976 – IV C 90.74 – BVerwGE 51, 15.

590 *Redeker/von Oertzen,* § 113, Rdn. 40, 41; zum Umfang der Rechtskraft eines Bescheidungsurteils, vgl. *BVerwG,* 27. 1. 1995 – 8 C 8.93 – BayVBl. 95, 605 ff.

591 *Redeker/von Oertzen,* § 113, Rdn. 40.

geregelt wären. Mit der Leistungsklage kann die Verurteilung des Beklagten zu einer Handlung, Duldung oder Unterlassung begehrt werden.[592]

207 Die Zulässigkeit der Leistungsklage hängt davon ab, dass die allgemeinen Sachentscheidungsvoraussetzungen gegeben sind, vgl. D 4ff. Auf die Leistungsklage finden die §§ 42, 68–80 keine Anwendung; insbesondere ist ein Vorverfahren oder die Einhaltung einer Klagefrist für die Leistungsklage nicht erforderlich.[593] Eine Ausnahme wird lediglich für **Leistungsklagen aus dem Beamtenverhältnis** gemacht, da nach § 126 Abs. 3 BRRG auch in diesen Fällen ausnahmsweise ein Vorverfahren notwendig ist.[594]

> **Hinweis:**
> Beispielsschriftsatz für eine Leistungsklage, vgl. Anhang I Nr. 10.

208 Mit der Leistungsklage können sehr unterschiedliche Ziele verfolgt werden. Dies hängt damit zusammen, dass eine unbegrenzte Zahl von Leistungsbegehren denkbar ist. Die Leistungsklage ist auf die Vornahme **schlicht hoheitlichen Verwaltungshandelns** gerichtet, so z.B. bei der **Folgenbeseitigungsklage,**[595] bei Klagen auf Zahlungen von Geldleistungen, Auskunftserteilung, Widerruf von amtlichen Äußerungen. Die Leistungsklage kann auch auf das Unterlassen von Handlungen[596] gerichtet sein, vgl. D 215 (z.B. bei **Unterlassungsklagen** bei Mitgliedern von Zwangsverbänden, bei Kompetenzüberschreitungen) etc.[477]

209 Die **Leistungsklage ist unzulässig,** soweit von einer Behörde eine Handlung verlangt werden soll, die einen Verwaltungsakt[597] darstellt. Eine auf Zahlung gerichtete Leistungsklage ist deshalb unzulässig, wenn der Erlass eines Verwaltungsakts Anspruchsvoraussetzung ist. Hat die Behörde den Verwaltungsakt erlassen, zahlt sie aber nicht, so ist die Leistungsklage die richtige Klageart.[598]

Bei der Geltendmachung von **Rückforderungsansprüchen** ist es problematisch, ob die Leistungsklage die richtige Klageart ist. Drei Fallgestaltungen sind zu unterscheiden:

209a (1) *Anspruch eines Privatsubjekts.* Begehrt ein Privatsubjekt die Rückerstattung rechtsgrundlos erbrachter Leistungen von einem Hoheitsträger, so ist es auf die Erhebung einer allgemeinen Leistungsklage angewiesen.[599]

209b (2) *Ansprüche zwischen zwei Hoheitsträgern.* Erstattungsansprüche zwischen zwei Hoheitsträgern müssen ebenfalls im Wege der allgemeinen Leistungsklage geltend

---

592 Vgl. dazu *Redeker/von Oertzen,* § 42, Rdn. 153ff.; ferner *Pietzner/Ronellenfitsch,* S. 98ff.; *Wahl/Schütz* in *Schoch/Schmidt-Aßmann/Pietzner,* § 42 Abs. 1, Rdn. 150.

593 Vgl. dazu *Redeker/von Oertzen,* § 42, Rdn. 153.

594 Vgl. dazu *Redeker/von Oertzen,* § 68, Rdn. 2.

595 *VGH Kassel,* 11. 11. 1993 – 5 VE 441/88 – NVwZ 95, 300ff.; *VGH München,* 27. 10. 1998 – 8 B 97 1604 – NVwZ 99, 1237.

596 *OVG Hamburg,* 24. 8. 1994 – Bs III 326/93 – NVwZ 95, 498; vgl. ferner oben C 24/69.

597 Vgl. dazu oben D 4ff.

598 *VGH München,* 16. 9. 1994 – 4 B 94 1496 – NVwZ 95, 812.

599 *Erichsen,* § 29, Rdn. 31; *Maurer,* § 29, Rdn. 29; *Hüttenbrink/Windmöller,* „Der allgemeine öffentlich-rechtliche Erstattungsanspruch", SächsVBl. 01, 181ff.

gemacht werden,[600] da der Grundsatz der Gleichordnung und Gleichberechtigung zwischen zwei Hoheitsträgern eine Vorgehensweise mittels Verwaltungsakts des einen gegen den anderen ohne ausdrückliche gesetzliche Ermächtigungsgrundlage verbietet, da bei dem allgemeinen Erstattungsanspruch mangels gesetzlicher Regelung naturgemäß keine Ermächtigungsnorm vorhanden ist.

Beispiel:
Ein Landkreis forderte von einer Gemeinde gem. § 48 Rh-Pf. LKO die Erstattung der ihm entstandenen Kosten für einen Rechtsstreit um eine Baugenehmigung mittels Leistungsbescheid.[601]

(3) *Anspruch eines Hoheitsträgers gegen einen Privaten.* Begehrt ein Hoheitsträger von einem Bürger rechtsgrundlos erbrachte Leistungen zurück, so muss differenziert werden: In den meisten Fällen erfolgt die Durchsetzung des Erstattungsanspruchs durch Verwaltungsakt und zwar wenn, **209 c**

– spezialgesetzliche Erstattungsansprüche ausdrückliche Regelungen zur Festsetzung durch Verwaltungsakt enthalten (sog. Verwaltungsaktvorbehalt, z. B. § 49 a Abs. 1 VwVfG oder § 50 SGB X);[602]
– die zurückgeforderte Leistung ursprünglich mittels Verwaltungsakt gewährt worden ist, weil die Aufhebung dem gleichen Recht folge wie die Gewährung, sog. Kehrseitentheorie.[603]
– zwischen dem Hoheitsträger und dem Privatsubjekt ein Über- und Unterordnungsverhältnis besteht,[604] wie dies z. B. insbesondere im Bereich des Beamtenrechts der Fall ist.[605]

Hat der Hoheitsträger die Möglichkeit mittels Verwaltungsakt vorzugehen, so fehlt es ihm für die Erhebung einer Leistungsklage am Rechtsschutzbedürfnis.[606] Umgekehrt gilt, dass dann, wenn dem Hoheitsträger die Geltendmachung durch Leistungsbescheid nicht möglich ist, er den Erstattungsanspruch im Verwaltungsrechts-

---

600 *Erichsen,* § 29, Rdn. 31.

601 *OVG Koblenz,* 6. 12. 1988 – 7 A 28.88 – NVwZ 89, 894: Das *OVG Koblenz* hat den Erlass des Leistungsbescheides für rechtswidrig erachtet, weil § 48 Rh-Pf. LKO keine ausdrückliche Ermächtigung zur Durchsetzung des Erstattungsanspruchs des Landkreises gegen den Träger einer anderen Behörde vorsah. Der Grundsatz der Gleichberechtigung und Gleichordnung kommunaler Gebietskörperschaften verbiete es deshalb, mittels Bescheid vorzugehen, da die Gemeinde nicht allgemein der Verwaltungshoheit des Kreises unterworfen sei und dieser mithin nicht zum Erlass des Bescheides befugt gewesen sei.

602 *Hüttenbrink/Windmöller,* „Erstattungsansprüche nach § 49 a Abs. 1 VwVfG", SächsVBl. 01, 181 ff.

603 *BVerwG,* 26. 2. 1965 – VII C 71.63 – BVerwGE 20, 295, 297; *BVerwG,* 19. 4. 1972 – IV C 5.70 – BVerwGE 40, 78, 88/89; Teile der Literatur stehen der Durchsetzung mittels Verwaltungsakt ohne ausdrückliche Ermächtigungsgrundlage wegen des Vorbehalts des Gesetzes kritisch gegenüber und befürworten in diesen Fällen den Anspruch im Wege der allgemeinen Leistungsklage vor den Verwaltungsgerichten einzuklagen; *Erichsen,* § 29, Rdn. 31; *Ossenbühl,* Staatshaftungsrecht, § 56, 3.

604 *BVerwG,* 28. 6. 1965 – VIII C 10.65 – BVerwGE 21, 270, 271; *BVerwG,* 24. 6. 1966 – IV C 183.62 – BVerwGE 24, 225, 228.

605 Die Ermächtigung zur Rückforderung einer hoheitlich gewährten Leistung durch Verwaltungsakt beruht auf dem öffentlich-rechtlichen Über- und Unterordnungsverhältnis, in dem der Beamte steht, *BVerwG,* 24. 7. 2000 – 10 B 4/99 – n. v.

606 *Schmidt/Seidel,* Verwaltungsprozessrecht, 205.

weg durch Erhebung der allgemeinen Leistungsklage geltend machen muss. Beispiele hierfür sind etwa die Fälle der Rückabwicklung unwirksamer öffentlicher Verträge oder die Rückforderung von fehlgeleiteten Zahlungen gegenüber Dritten.[607]

210 Auch ein Anspruch auf Einleitung eines fehlenden Planfeststellungsverfahrens kann nicht mit der Leistungsklage geltend gemacht werden, wohl aber die materiellen Ansprüche, die der betroffene Kläger im Planfeststellungsverfahren ggf. hätte durchsetzen können, vgl. D 29, 153.

211 Bei einem **öffentlich-rechtlichen Vertrag** müssen vertragliche Verpflichtungen von dem Berechtigten (also auch von der Behörde) im Wege der Leistungsklage geltend gemacht werden,[608] sofern der Vertrag keine sofortige Vollstreckungsunterwerfung enthält.[609] Lehnt eine Behörde eine vertragliche Forderung durch Verwaltungsakt ab, so ist der VA im Wege der Anfechtungsklage aufzuheben; die Forderung ist im Wege der Leistungsklage geltend zu machen.[610]

Hinweis:
Vgl. den Beispielsschriftsatz, Anhang I Nr. 10a, zur Leistungsklage aufgrund eines öffentlich-rechtlichen Vertrages.

212 Strittig ist, ob eine **Normenerlassklage** als Leistungsklage zulässig ist.[611] Sofern ausnahmsweise überhaupt ein Anspruch auf Erlass einer untergesetzlichen Rechtsnorm (Verordnung, Satzung) denkbar ist, können derartige Ansprüche jedenfalls nicht mittels einer Leistungsklage geltend gemacht werden, da der Anspruch auf Erlass einer konkret ausgestalteten Rechtsnorm regelmäßig daran scheitern wird, dass der jeweilige Kläger das normengeberische Ermessen respektieren muss. Wenn überhaupt, wäre allenfalls eine Feststellungsklage denkbar (vgl. auch D 233, D 288).[612]

213 **Tenorierungsbeispiel:**

„Der Beklagte wird verurteilt, an den Kläger 5000 DM nebst 4% Zinsen ab dem 1. 12. 1992 zu zahlen."

214 **Beispiele für den Gegenstand von Leistungsklagen:**

– Die allgemeine Erschließungspflicht einer Gemeinde kann sich im Einzelfalle zugunsten bestimmter Erschließungsmaßnahmen bis zur aktuellen Erschließungspflicht verdichten und dann zu einem Leistungsanspruch Dritter führen.[613]

---

[607] *Hüttenbrink/Windmöller,* „Erstattungsansprüche nach § 49a Abs. 1 VwVfG", SächsVBl. 01, 181 ff.

[608] *Stelkens/Bonk/Sachs,* § 61, Rdn. 8–10.

[609] *Stelkens/Bonk/Sachs,* § 61, Rdn. 8–10.

[610] *OVG Münster,* 16. 3. 1995–3 A 246/92 – NWVBl. 95, 391.

[611] *Wahl/Schütz* in *Schoch/Schmidt-Aßmann/Pietzner,* § 42 Abs. 1, Rdn. 116; vgl. ferner D 288.

[612] *Wahl/Schütz* in *Schoch/Schmidt-Aßmann/Pietzner,* § 42 Abs. 1, Rdn. 160 a. E.; *BVerwG,* 7. 9. 1989 – 7 C 4/89 – NVwZ 90, 162; *OVG Münster,* 14. 6. 1994 – 15 A 2449/91 – NVwZ-RR 95, 105 f.

[613] *BVerwG,* 28. 10. 1981 – 8 C 4.81 – BVerwGE 64, 186.

- **Der öffentlich-rechtliche Folgenbeseitigungsanspruch** gehört nach ganz überwiegender Auffassung in den Bereich der allgemeinen Leistungsklage.[614]
- Die öffentlich-rechtlichen **Zinsansprüche** sind im Wege der Leistungsklage geltend zu machen.[615] Dabei ist allerdings darauf hinzuweisen, dass ein Zinsanspruch gegen die Behörde im allgemeinen ausgeschlossen ist, sofern nicht eine ausdrückliche gesetzliche Regelung für die Zinsansprüche besteht.[616] Allerdings besteht ein allgemeiner Anspruch auf Prozesszinsen, es sei denn, dass der Gesetzgeber diesen Zinsanspruch ausdrücklich anderweitig geregelt hat (z. B. §§ 236 ff. AO 1977).[617]
- Auskunftserteilung, vgl. C 24.[618]
- Widerruf von amtlichen Äußerungen, vgl. C 69, 57.

b) Vorbeugende Unterlassungsklage

Ein Unterfall der Leistungsklage ist die vorbeugende Unterlassungsklage. Sie ist 215
darauf gerichtet, dem Hoheitsträger eine von diesem beabsichtigte Maßnahme zu untersagen.[619]

Beispiel:
(1) Der Antrag einer Gemeinde, die Bundesrepublik Deutschland zu verurteilen, über ihrem Gebiet keine militärischen Flüge unterhalb der Sicherheitsmindesthöhe nach § 6 Abs. 1 Satz 2 Luftverkehrsordnung (LuftVO) durchzuführen, ist als allgemeine Unterlassungsklage (Leistungsklage) zulässig.[620]
(2) Die Klage einer religiösen Vereinigung auf das Unterlassen von staatlichen Warnungen, sich dieser Vereinigung anzuschließen.[621]
(3) Die Klage eines Rechtsanwalts, mit der ein Verbot für die beklagte Fachhochschule erstrebt wird, den Absolventen des von ihr angebotenen Studienganges „Wirtschaftsrecht" die akademische Graduierung „Diplom-Wirtschaftsjurist/in (FH)" zu verleihen.[622]

Wegen des Prinzips der Gewaltenteilung bietet die VwGO grundsätzlich nur 216
Rechtsschutz gegen bereits erfolgte Maßnahmen der Verwaltung. Dieser Grundsatz wird jedoch zur Wahrung effektiven Rechtsschutzes (Art. 19 Abs. 4 GG) durchbrochen, wenn ein besonderes Rechtsschutzbedürfnis vorbeugenden Rechtsschutz rechtfertigt. Dieses liegt vor, wenn eine präventive gerichtliche Entscheidung vollendete, nicht mehr rückgängig zu machende Tatsachen geschaffen werden würden, oder wenn ein nicht wiedergutzumachender Schaden entstünde.[623]

Vorbeugende Unterlassungsklagen gegen drohende Verwaltungsakte 217
sind unzulässig (strittig).[624]

---

[614] Vgl. dazu *Redeker/von Oertzen,* § 42, Rdn. 160.
[615] *Redeker/von Oertzen,* § 42, Rdn. 155.
[616] *BVerwG,* 26. 3. 1963 – IV C 123.63 – BVerwGE 21, 44.
[617] *Redeker/von Oertzen,* § 42, Rdn. 155.
[618] Anders dann, wenn es um einen Antrag auf Erteilung einer bestimmten Auskunft geht und die Behörde den Antrag mittels Verwaltungsakt ablehnt; in diesen Fällen ist die Verpflichtungsklage zu erheben, vgl. dazu *OVG Münster,* 13. 8. 1998 – 13 A 2118/96 – DVBl. 99, 1053 ff.
[619] Vgl. die Übersicht bei *Redeker/von Oertzen,* § 42, Rdn. 162–163; ferner *Wahl/Schütz* in *Schoch/Schmidt-Aßmann/Pietzner,* § 42 Abs. 1, Rdn. 164 ff.
[620] *BVerwG,* 14. 12. 1994 – 11 C 18.93 – DVBl. 95, 242 ff.
[621] *OVG Hamburg,* 24. 8. 1994 – Bs III 326/93 – NVwZ 95, 498.
[622] *BGH,* 5. 6. 1997 – I ZB 3/96 – NVwZ 98, 320.
[623] Vgl. die Übersicht bei *Redeker/von Oertzen,* § 42, Rdn. 162–163; ferner *Wahl/Schütz* in *Schoch/Schmidt-Aßmann/Pietzner,* § 42 Abs. 1, Rdn. 164 ff.
[624] Vgl. dazu *Wahl/Schütz* in *Schoch/Schmidt-Aßmann/Pietzner,* § 42 Abs. 1, Rdn. 165 f.

Die Abwehr belastender Verwaltungsakte erfolgt durch Widerspruch und Anfechtungsklage, so dass für den Einzelnen ausreichender Rechtsschutz besteht; für eine vorbeugende Unterlassungsklage gegen Verwaltungsakte besteht daher kein Grund. Dennoch sind Ausnahmen von diesem Grundsatz dann anzuerkennen, wenn der jeweilige Kläger einer vorbeugenden Unterlassungsklage ein gesteigertes, qualifiziertes Rechtsschutzbedürfnis nachweisen kann; dies ist beispielsweise dann denkbar, wenn sich der jeweilige Kläger bereits gegen verschiedene gleichgelagerte Verwaltungsakte wenden musste und die Gefahr des Erlasses weiterer, gleichgelagerter Verwaltungsakte besteht.

Beispiel:
Ein im Außenbereich gelegenes Kraftfutterwerk sieht sich aufgrund eines neuen Bebauungsplans einer Vielzahl drohender Genehmigungen für Wohngebäude ausgesetzt. In diesem Fall bestand neben der Anfechtung bereits erteilter Genehmigungen die Möglichkeit weitere, gleichartige Baugenehmigungen über die vorbeugende Unterlassungsklage zu verhindern.[625]

218 In Eilfällen kann der vorbeugende Rechtsschutz auch mit dem vorläufigen kombiniert werden, vgl. unten J 218.

219 Die Zulässigkeit einer **vorbeugenden Unterlassungsklage** im Planungsrecht wird im Regelfall an diesem besonderen Rechtsschutzbedürfnis scheitern, weil der Betroffene Zumutbarerweise den von der VwGO grundsätzlich als ausreichend angesehenen, nachträglichen Rechtsschutz in Anspruch nehmen kann, vgl. dazu D 231f., 288f.

220 Vorbeugende Unterlassungsklagen gegen den drohenden Erlass von Rechtsnormen sind unzulässig.[626]

2. Begründetheit der Leistungsklage

221 Die Leistungsklage ist begründet, wenn der Kläger aufgrund der Rechtsordnung (Grundgesetz, Bundesgesetz EG-Recht, Landesgesetz, Rechtsverordnung, autonome Satzung oder Gewohnheitsrecht) einen eigenen, klagbaren Anspruch hat.

222 Maßgeblicher Beurteilungszeitpunkt der Sach- und Rechtslage für das Gericht ist die letzte mündliche Verhandlung.[627]

VI. Feststellungsklage

223 Die **Feststellungsklage** ist in § 43 und die besondere Form der Feststellungsklage, die **Fortsetzungsfeststellungsklage** in § 113 Abs. 1 Satz 2 geregelt.[628] Die Feststellungsklage ist eine besondere Form der Klageart neben der Gestaltungs- und

---

625 *BVerwG,* 16. 4. 1971 – IV C 66.67 – DVBl. 71, 746ff.

626 *BVerwG,* 7. 9. 1989 – 7 C 4/89 – NVwZ 90, 162ff. (a.A. *Kopp/Schenke,* 47, Rdn. 9a); ferner *Wahl/Schütz in Schoch/Schmidt-Aßmann/Pietzner,* § 42 Abs. 1, Rdn. 164.

627 *Baumbach/Lauterbach,* § 300, Rdn. 3 u. 5; *BVerwG,* 6. 9. 1988 – 4 C B 23/89 – NVwZ 90, 460.

628 Zur Erschöpfung des Rechtswegs als Zulässigkeitsvoraussetzung einer Verfassungsbeschwerde gehört auch die Fortsetzungsfeststellungsklage *BVerfG,* 18. 11. 1994 – 2 BvR 1952/93 – NVwZ 95, 557.

Leistungsklage.[629] Ihre Besonderheit liegt darin, dass ihre Wirkung auf den Urteilstenor beschränkt ist; sie ist – abgesehen von den Kosten – keiner Vollstreckung zugänglich.[630]

1. Zulässigkeit der Feststellungsklage

a) Allgemeine Feststellungsklage gem. § 43

Die allgemeine Feststellungsklage ist auf die Feststellung des Bestehens (sog. positive Feststellungsklage) oder des Nichtbestehens (sog. negative Feststellungsklage) eines Rechtsverhältnisses oder auf die Feststellung der Nichtigkeit eines Verwaltungsaktes gerichtet.[631] **224**

Tenorierungsbeispiel: **225**

„Es wird festgestellt, dass der Bescheid des Beklagten vom 1. 12. 1997 nichtig ist."

Die Zulässigkeit der Feststellungsklage hängt vom Vorliegen der allgemeinen Sachentscheidungsvoraussetzungen – einschließlich der Klagebefugnis –[632] ab, vgl. D 4ff. Eines Vorverfahrens bedarf es – abgesehen von den beamtenrechtlichen Fällen, § 126 BRRG[633] – nicht[634] (zur Fortsetzungsfeststellungsklage vgl. D 243ff.). **226**

Dies gilt auch für die Fälle, in denen sich ein Verwaltungsakt durch Aufhebung ex nunc vor Eintritt der Bestandskraft erledigt hat; eine Klage, die auf Feststellung seiner Rechtswidrigkeit gerichtet ist, ist nicht an die Fristen der §§ 74 Abs. 1 bzw. 58 Abs. 2 gebunden.[635]

> **Hinweis:**
> Beispielsschriftsatz für eine Feststellungsklage, vgl. Anhang I Nr. 9.

Daneben müssen die nachstehend erläuterten besonderen Voraussetzungen der Feststellungsklage vorliegen.

aa) Rechtsverhältnis

Die Feststellungsklage dient der Klärung eines Rechtsverhältnisses.[636] **227**

Unter einem Rechtsverhältnis im Sinne von § 43 versteht man die Rechtsbeziehungen, die sich aus einem besonderen Sachverhalt aufgrund einer **öffentlich-rechtlichen Beziehung** zwischen mehreren Personen oder einer Person zu einer

---

[629] *Kopp/Schenke,* § 43, Rdn. 1ff.

[630] *Redeker/von Oertzen,* § 43, Rdn. 1.

[631] Die Gültigkeit von Rechtsnormen kann nicht Gegenstand einer Feststellungsklage sein; *Kopp/Schenke,* § 43, Rdn. 8.

[632] *BVerwG,* 29. 6. 1995 – 2 C 32/94 – NVwZ 96, 184.

[633] *Redeker/von Oertzen,* § 68, Rdn. 2, § 70, Rdn. 3; *BVerwG,* 30. 6. 1960 – VIII C 42.63 – BVerwGE 24, 253.

[634] *Redeker/von Oertzen,* § 43, Rdn. 28.

[635] *BVerwG,* 14. 7. 1999 – 6 C 7/98 – DVBl. 99, 1660ff.

[636] Zur Abgrenzung von der Leistungsklage, *OVG Münster,* 4. 5. 1994 – 6 A 690/93 – NVwZ-RR 95, 98f.

Sache ergeben,[637] kraft deren eine der beteiligten Personen etwas Bestimmtes tun muss, kann oder darf oder nicht zu tun braucht.[638]

Beispiel:

- Der Kläger klagt auf Feststellung der Nichtigkeit eines Verwaltungsakts (§ 43 Abs. 2 S. 2).
- Der von einer Gemeinde erstellte Mietspiegel regelt keine öffentlich-rechtlichen Rechtsbeziehungen, sondern führt lediglich mittelbar zu der zivilrechtlichen Befugnis des Vermieters, ggfs. eine Mieterhöhung auf den Mietspiegel zu stützen,[639] so dass eine Feststellungsklage unzulässig ist,
- einseitige Erledigungserklärung (vgl. E 350ff.) verbunden mit dem Feststellungsantrag, der Rechtsstreit sei in der Hauptsache erledigt.[640]

Auch die Rechte und Pflichten aus organschaftlichen Rechtsbeziehungen sind der Feststellungsklage zugänglich.[641]

228 Nach der Rechtsprechung des BVerwG ist es nicht erforderlich, dass der die Feststellung begehrende Kläger an dem streitigen Rechtsverhältnis **unmittelbar** beteiligt ist; auch das Nichtbestehen eines Drittrechtsverhältnisses kann daher Gegenstand einer Feststellungsklage sein.[642]

Beispiel:

Die Gemeinde H schließt mit dem Bauträger B einen Erschließungsvertrag. B verkauft ein Grundstück, das in dem vertraglichen Erschließungsgebiet liegt an K. K klagt gegen die Gemeinde H auf Feststellung, der Erschließungsvertrag sei nichtig.

Sofern die weiteren Voraussetzungen der Feststellungsklage vorliegen, kann ggfs. auch die Feststellung verlangt werden, dass zwischen dem Kläger oder dem Beklagten und einem Dritten ein Rechtsverhältnis besteht oder nicht besteht.[643] (Zu dem erforderlichen besonderen Feststellungsinteresse in diesen Fällen vgl. unten D 241ff.).

229 Wesentlich ist dabei für den Begriff des Rechtsverhältnisses immer, dass unmittelbare Rechtswirkungen nach außen zwischen den Beteiligten in Frage stehen. Fehlt es an einer entsprechenden Außenwirkung, so fehlt es auch an einem feststellungsfähigen Rechtsverhältnis.[644]

230 Gegenstand einer Feststellungsklage kann dabei auch die Frage sein, ob ein Verwaltungsakt eine bestimmte Rechtsstellung oder bestimmte Rechte und Pflichten vermittelt oder nicht. Dagegen können bestimmte Elemente, unselbständige Teil- oder Vorfragen von Rechtsverhältnissen (wie z.B. bestimmte Lebenssachverhalte, rechtserhebliche Tatsachen) nicht Gegenstand einer Feststellungsklage sein.

---

637 Vgl. dazu u.a. auch die zivilrechtliche Kommentarliteratur zu § 256 ZPO; ferner *Kopp/Schenke,* § 43, Rdn. 11ff., ferner *BVerwG,* 14. 5. 1963 – VII C 33.63 – DVBl. 63, 782ff.

638 *BVerwG,* 26. 1. 1996 – 8 C 19.94 – DVBl. 96, 994.

639 *BVerwG,* 26. 1. 1996 – 8 C 19.94 – DVBl. 96, 994: Der Mietspiegel vermittelt im übrigen keine direkten Rechtsbeziehungen zwischen den Beteiligten.

640 *BVerwG,* 22. 1. 1998 – 2 C 4/97 – NVwZ 99, 404ff.

641 *OVG Münster,* 24. 1. 1995 – 15 A 1746/91 – NWVBl. 95, 233.

642 *BVerwG,* 25. 1. 1970 – IV C 125.67 – Buchholz 237, 1. Art. 14 Bay BG Nr. 1 S. 1 (2); *BVerwG,* 17. 1. 1972 – I C 33.68 – BVerwGE 39, 247, 248, 18. 12. 1975 – V C 79.74 – BVerwGE 50, 60 (62); *BVerwG,* 9. 10. 1984 – 7 B 187.84 – Buchholz 421.2 Hochschulrecht Nr. 106, S. 66/68; *BVerwG,* 27. 6. 1997 – 8 C 23.96 –.

643 *BVerwG,* 27. 6. 1997 – 8 C 23.96 –.

644 Ein kommunaler Mietspiegel vermittelt keine direkten Rechtsbeziehungen zwischen diversen Beteiligten: *BVerwG,* 26. 1. 1996 – 8 C 19/94 – NJW 96, 2046.

Auch die Gültigkeit von Rechtsnormen kann wegen § 47 grundsätzlich nicht Gegenstand einer Feststellungsklage sein.[645] Allerdings ist darauf hinzuweisen, dass in den Bundesländern, in denen das Normenkontrollverfahren nicht eingeführt worden ist,[646] unter Umständen Verordnungen (z. B. Naturschutzverordnungen) incidenter mit der Feststellungsklage angegriffen werden können, weil sie bestimmte Verhaltenspflichten begründen und es keiner weiteren Umsetzung der Verordnung durch einen konkretisierenden Verwaltungsakt mehr bedarf. Mit der Feststellungsklage kann dann geklärt werden, ob aufgrund der Rechtsnorm eine bestimmte Verhaltenspflicht besteht oder nicht.[647] 231

Beispiel: 232

Der Kläger ist von Beruf Landwirt. Er ist Eigentümer einiger Grundstücke, auf denen sich auch eine Gräftenanlage mit einem groß angelegten Teich befindet, den der Kläger in den 70iger Jahren zu Fischereizwecken ausgebaut hatte. Die gesamte Wasserfläche wurde in der Folge jahrelang zu fischereilichen Zwecken benutzt. Im Jahre 1984 erließ der zuständige Regierungspräsident eine ordnungsbehördliche Verordnung in der u. a. die Wasserfläche und die Teichanlage zum Naturschutzgebiet erklärt wurden. Nach § 3 der Verordnung sind u. a. die Fischerei auf den Wasserflächen und ein Kahlschlag oder eine Aufforstung auf den angrenzenden Flächen verboten worden. Der Kläger erhebt Feststellungsklage mit dem Antrage, dass auf seinen Grundstücken jegliche fischereiliche Nutzung gestattet sei und dass er hierzu auch den Uferbereich des Sees und der Gräftenanlage von Bewuchs freihalten und einen Fußweg entlang des Ufers anlegen könne.
Der Kläger kann die Feststellung begehren, dass er zu einem bestimmten, sich aus der Verordnung ergebenden Verhalten nicht verpflichtet sei, weil die Verordnung rechtswidrig sei.[648]

Denkbar ist es darüber hinaus auch, im Wege der Feststellungsklage zu klären, ob der Kläger einen Anspruch auf ein normsetzendes Tätigwerden eines Trägers öffentlicher Gewalt hat. 233

Beispiel:

Der Kläger, der Vorsitzender einer Fraktion mit drei Mitgliedern ist, wendet sich gegen die in der Hauptsatzung der beklagten Gemeinde – nach Fraktionsgröße - vorgesehenen Staffelung der Aufwandsentschädigung für Fraktionsvorsitzende. Er ist der Auffassung, dass allen Fraktionsvorsitzenden im Rat eine gleich hoch bemessene Aufwandsentschädigung zustehe. Bei einer gleichheitswidrigen Festsetzung der Aufwandsentschädigung oder bei einer gleichheitswidrig fehlenden Entschädigungsregelung kann der Kläger mittels einer Feststellungsklage, die auf Erlass einer rechtmäßigen Entschädigungsregelung gerichtet ist, Rechtschutz erhalten.[649]

Die Feststellungsklage muss darüber hinaus auf die Klärung eines konkreten Rechtsverhältnisses gerichtet sein, d. h. es darf sich nicht nur um eine abstrakte 234

---

[645] Vgl. dazu *Kopp/Schenke,* § 43, Rdn. 14.

[646] Das Normenkontrollverfahren ist nur in Baden-Württemberg, Bayern, Brandenburg, Bremen, Hessen, Mecklenburg-Vorpommern, Niedersachsen, im Saarland, Sachsen, Sachsen-Anhalt, Schleswig-Holstein, Thüringen und teilweise in Rheinland-Pfalz eingeführt worden; vgl. dazu D 276.

[647] *BVerwG,* 15. 2. 1990 – 4 C 47.89 – BVerwGE 84, 361.

[648] Vgl. dazu *BVerwG,* 15. 2. 1990 – 4 C 47.89 – BVerwGE 84, 361, *VG Karlsruhe,* 17. 1. 1998 – 1 K 3132/96 – NVwZ-RR 99, 220; *Peters,* „Zur Zulässigkeit der Feststellungsklage (§ 43 VwGO) bei untergesetzlichen Normen", NVwZ 99, 506.

[649] *BVerwG,* 7. 9. 1989 – 7 C 2/89 – NVwZ 90, 162/163, das sogar eine unbezifferte Leistungsklage für zulässig hält; ferner *OVG Münster,* 14. 6. 1994 – 15 A 2449/91 – NVwZ-RR 95, 105 f.

mehr oder weniger theoretische Rechtsfrage handeln; erforderlich ist vielmehr, dass ein bestimmter, überschaubarer Sachverhalt vorliegt, dessen Rechtsfolgen festgestellt werden und dessen Rechtsverhältnisse streitig sind.[650]

bb) Subsidiarität der Feststellungsklage

235 Die allgemeine Feststellungsklage ist unzulässig, soweit der Kläger seine Rechte entweder durch eine Anfechtungs- oder Verpflichtungsklage oder gar durch eine allgemeine Leistungsklage verfolgen kann (§ 43 Abs. 2 Satz 1).[651]

236 Eine Ausnahme wird lediglich dann gemacht, wenn die Feststellung der Nichtigkeit eines Verwaltungsaktes begehrt wird;[652] hier wird nach der ganz herrschenden Meinung auch die Anfechtungsklage für zulässig erachtet, weil es für den Kläger im Einzelfall schwierig ist, zu entscheiden, ob der angefochtene Verwaltungsakt nichtig oder nur rechtswidrig ist.

cc) Feststellungsinteresse

237 Nach § 43 Abs. 1 letzter Hs. muss der Kläger ein berechtigtes Interesse an der alsbaldigen Feststellung, nämlich ein sog. Feststellungsinteresse, besitzen.[653] Das Feststellungsinteresse ist eine besondere Prozessvoraussetzung, die neben der Klagebefugnis (D 56) vorliegen muss.[654] Das Feststellungsinteresse muss auch noch im Zeitpunkt der Entscheidung des Gerichtes gegeben sein. Im Gegensatz zu § 256 ZPO, wo ein rechtliches Interesse des Klägers gefordert wird, ist im Verwaltungsprozess lediglich ein **berechtigtes Interesse** notwendig. Der Begriff des berechtigten Interesses ist weitergehend; es schließt den Begriff des „rechtlichen Interesses" mit ein.[655]

238 Das Feststellungsinteresse erfordert, dass der Kläger im einzelnen dartun muss, warum und weshalb er an der begehrten Entscheidung ein berechtigtes Interesse hat.[656]

Das Interesse ist berechtigt, wenn es nach vernünftigen Erwägungen, aufgrund einer gesetzlichen Regelung oder nach allgemeinen Rechtsgrundsätzen anzuerkennenden, auf einem schutzwürdigen Belang beruht, und zwar gleichgültig, ob dieser

---

[650] Vgl. dazu *Kopp/Schenke,* § 43, Rdn. 17; *Redeker/von Oertzen,* § 43, Rdn. 2ff.; zur Abwehr der Vollstreckung aus einem unanfechtbaren Leistungsbescheid ist die Feststellungsklage gem. § 43 VwGO statthaft, *VGH Mannheim,* 24. 2. 1992 – 5 S 2520/91 – NVwZ 93, 72.

[651] *BVerwG,* 18. 10 1985 – 4 C 21/80 – NJW 86, 1826/1829; *BVerwG,* 29. 8. 1986 – 7 C 5.85 – DVBl. 87, 239, 240; *Kopp/Schenke,* § 43, Rdn. 26; *Happ* in *Eyermann,* § 43, Rdn. 40ff.; zur Subsidiarität gegenüber der Leistungsklage, vgl. *VGH Mannheim,* 30. 9. 1994 – 8 S 1763/94 – NJW 96, 1298.

[652] *Redeker/von Oertzen,* § 43, Rdn. 24.

[653] Das Feststellungsinteresse kann auch unter dem Gesichtspunkt des vorbeugenden Rechtsschutzes gegeben sein, vgl. *OVG Münster,* 4. 5. 1994 – 6 A 690/93 – NVwZ-RR 95, 98.

[654] *BVerwG,* 30. 7. 1990 – 7 B 71/89 – NVwZ 91, 470; *BVerwG,* 29. 6. 1995 – 2 C 32/94 – NVwZ 96, 184.

[655] Vgl. dazu *Kopp/Schenke,* § 43, Rdn. 23ff.

[656] Vgl. dazu *Kopp/Schenke,* § 43, Rdn. 23ff.

rechtlicher, wirtschaftlicher oder auch nur ideeller Art ist (z. T. sogar nur rein persönlicher Art, z. B. das **Rehabilitationsinteresse** eines Betroffenen).[657]

Auch ein rein privatrechtliches Interesse reicht für die öffentlich-rechtliche Feststellungsklage aus.[658] 239

Beispiel:

Wer durch eine ordnungsbehördliche Verordnung belastet wird, die Ge- und Verbote normiert, braucht sich nicht darauf verweisen zu lassen, dass der Strafrichter im Rahmen eines Bußgeldverfahrens die Rechtmäßigkeit der Verordnung prüfen werde; der Betroffene hat vielmehr bereits im Vorfeld etwaiger strafrechtlicher Verfolgungsmaßnahmen die Möglichkeit, verwaltungsgerichtlichen Rechtsschutz in Anspruch zu nehmen, weil der Verwaltungsrechtsweg die fachspezifische Rechtschutzform zur Überprüfung der jeweiligen Verordnung darstellt.

Allgemein kann festgehalten werden, dass immer dann, wenn die Rechtslage unklar ist und der Kläger sein künftiges Verhalten an den gerichtlichen Feststellungen orientieren will, auch ein berechtigtes Interesse an der alsbaldigen Feststellung besteht (vgl. auch D 251).[659] 240

Die Zulässigkeit einer **Feststellungsklage im Drittrechtsverhältnis** (vgl. das Beispiel D 228) setzt aber voraus, dass das Feststellungsinteresse gerade gegenüber der **beklagten Partei** besteht.[660] Ein Feststellungsinteresse gegenüber einem Dritten, das auf dem allgemeinen Interesse an der Klärung einer Rechtsfrage beruht, die für Beziehungen des Klägers zu anderen Personen bedeutsam ist, reicht auch dann nicht aus, wenn der Dritte beigeladen ist.[661] 241

Auch bei der **vorbeugenden Feststellungsklage** gibt es zusätzliche Besonderheiten: Der von dem Kläger angestrebte vorbeugende Rechtsschutz erfordert, dass ein spezielles, auf die Inanspruchnahme vorbeugenden Rechtsschutzes gerichtetes Rechtsschutzinteresse besteht. Dieses Interesse ist nicht gegeben, wenn es an einer begründeten Besorgnis für die Rechtsstellung eines Klägers fehlt. Für einen vorbeugenden Rechtsschutz ist kein Raum, wenn es den Betroffenen zuzumuten ist, die befürchteten Maßnahmen der Verwaltung abzuwarten und er auf einen als ausreichend anzusehenden nachträglichen Rechtsschutz verwiesen werden kann[662] (s. auch zur vorbeugenden Unterlassungsklage D 215 ff.). 242

b) Fortsetzungsfeststellungsklage

aa) Allgemeines

Nach § 113 Abs. 1 Satz 2 gibt es neben der allgemeinen Feststellungsklage auch die sog. **Fortsetzungsfeststellungsklage.**[663] Die Fortsetzungsfeststellungsklage ist 243

---

657 *OVG Münster,* 15. 7. 1994 – 21 A 3389/93 – NWVBl. 95, 31; ferner *BVerwG,* 24. 11. 1994 – 2 A 5.93 – Buchholz 310, § 43 Nr. 122.

658 Vgl. dazu *Kopp/Schenke,* § 43, Rdn. 23 ff.

659 Vgl. dazu *OVG Münster,* 16. 6. 1971 – VIII A 225/70 – DVBl. 72, 506, 507; ferner *Kopp/Schenke,* § 43, Rdn. 24.

660 *BVerwG,* 27. 6. 1997 – 8 C 23.96 – AU S. 8.

661 *VGH Mannheim,* 19. 11. 1989 – 5 S 2156/89 – NVwZ 90, 680; *BVerwG,* 27. 6. 1997 – 8 C 23.96 – AU S. 8.

662 *BVerwG,* 7. 5. 1987 – 3 C 53/85 – NVwZ 88, 430 f.

663 *Redeker/von Oertzen,* § 113, Rdn. 30–37.

in Betracht zu ziehen, wenn sich **nach** Erhebung der Klage und vor Entscheidung der Anfechtungsklage **der Verwaltungsakt** erledigt hat.[664]

> **Hinweis:**
> Vgl. den Beispielsschriftsatz in Anhang I Nr. 9a zur Fortsetzungsfeststellungsklage.

244 Der ursprüngliche **Klageantrag** ist dann umzustellen und lautet auf Feststellung der Rechtswidrigkeit des zwischenzeitlich erledigten Verwaltungsaktes.[665] Erledigt sich ein Verwaltungsakt vor Klageerhebung, kommt ggfs. die allgemeine Feststellungsklage oder aber eine analoge Anwendung des § 113 Abs. 1 Satz 4 in Betracht, ohne dass es eines gesonderten Vorverfahrens und der Einhaltung von Klagefristen bedürfte[666] (vgl. oben D 97). Auch wenn sich bei einer Untätigkeitsklage der Rechtsstreit erledigt, ist in analoger Anwendung des § 113 Abs. 1 S. 4 eine Fortsetzungsfeststellungsklage zulässig.[667]

245 Bei der Fortsetzungsfeststellungsklage handelt es sich dogmatisch um eine fortgesetzte Anfechtungsklage, bei der durch den Erledigungsantrag der Zweck des Vorverfahrens nicht mehr erreicht werden kann, da es nicht Aufgabe einer Behörde ist, darüber zu entscheiden, ob ein zwischenzeitlich erledigter Verwaltungsakt rechtswidrig war.

246 Die Fortsetzungsfeststellungsklage ist allerdings unzulässig, wenn der Betroffene es verabsäumt hat, rechtzeitig gegen den Ausgangsverwaltungsakt Widerspruch einzulegen. Es handelt sich nämlich der Sache nach bei dem Fortsetzungsfeststellungsurteil nicht um ein Feststellungsurteil im eigentlichen Sinne, sondern eher um einen Unterfall des Anfechtungsurteils; es müssen deshalb alle, auch sonst für die Anfechtungs- oder Verpflichtungsklage[668] vorgeschriebenen Prozessvoraussetzungen, insbesondere die Klagebefugnis und die Einhaltung der Widerspruchs- und Klagefristen, gegeben sein.[669]

247 Auch bei einer Fortsetzungsfeststellungsklage ist eine Klageerweiterung im Wege der Klageänderung gem. § 91 Abs. 1 VwGO zulässig. Die Klageerweiterung kann sich ihrem Inhalt nach auf die Feststellung beziehen, dass dem Kläger während eines bestimmten Zeitraums ein Anspruch auf Erteilung einer Genehmigung zustand.[670] Eine analoge Anwendung des § 113 Abs. 1 Satz 4 VwGO auf ver-

---

[664] In Disziplinarverfahren ist eine entsprechende Anwendung des § 113 Abs. 1 S. 4 ausgeschlossen, *BVerwG,* 6. 6. 1996 – 1 DB 4.96 – DVBl. 96, 1151.

[665] *BVerwG,* 20. 4. 1994 – 11 C 60/92 – NVwZ-RR 95, 172; *BVerwG,* 15. 12. 1993 – 6 C 20/92 – BVerwGE 94, 352.

[666] Vgl. dazu *BVerwG,* 26. 6. 1970 – VII C 10.70 – in BVerwGE 35, 334, 336; *BVerwG,* 14. 7. 1999 – 6 C 7/98 – DVBl. 99, 1660f. Zur Frage der Fristbindung vgl. auch *R. P. Schenke,* „Neue Wege im Rechtsschutz gegen vorprozessual erledigte Verwaltungsakte?", NVwZ 00, 1254.

[667] *BVerwG,* 27. 3. 1998 – 4 C 14.96 – DVBl. 98, 896f.

[668] *Kopp/Schenke,* § 113, Rdn. 104, 126.

[669] Dazu *Kopp/Schenke,* § 113, Rdn. 126.

[670] *BVerwG,* 28. 4. 1999 – 4 C 4.98 – DVBl. 99, 1291: Begehrt der Kläger im Rahmen der Fortsetzungsfeststellungsklage und im Wege der Klageerweiterung die Feststellung, dass ihm während eines bestimmten Zeitraums ein Anspruch auf Erteilung einer Genehmigung

waltungsgerichtliche Eilverfahren ist unzulässig, weil das besondere Feststellungsinteresse in einem Eilverfahren nicht befriedigt werden kann.[671] Auch eine analoge Anwendung des § 113 Abs. 1 Satz 4 auf Disziplinarverfahren ist ausgeschlossen.[672]

bb) Fortsetzungsfeststellungsinteresse

Nach § 113 Abs. 1 Satz 4 ist für die Zulässigkeit des Feststellungsantrages ferner Voraussetzung, dass der Kläger ein besonderes Fortsetzungsfeststellungsinteresse hat. **248**

Für das Fortsetzungsfeststellungsinteresse genügt es, dass der Kläger nach vernünftigen Erwägungen nach Lage des Falles ein anzuerkennendes schutzwürdiges Interesse rechtlicher, wirtschaftlicher oder auch ideeller Art hat.[673] **249**

Daraus folgt, dass das Feststellungsinteresse zum Beispiel zu verneinen ist, wenn die Ausgangsbehörde oder die Widerspruchsbehörde den in Frage stehenden Verwaltungsakt wegen seiner Rechtswidrigkeit bereits aufgehoben hat. Das Feststellungsinteresse ist ferner zu verneinen, wenn der Kläger die erstrebte Klärung schon mit einer anderen bereits anhängigen Klage erreichen kann.[674] **250**

Problematisch ist das Feststellungsinteresse im Einzelfall dann, wenn der Kläger das Interesse damit begründet, demnächst Amtshaftungsansprüche und/oder Schadensersatzansprüche geltend zu machen. Nach ständiger Rechtsprechung besteht ein Feststellungsinteresse für die Vorbereitung der **Geltendmachung von Ansprüchen aus Amtshaftung,** wenn ein entsprechender Folgeprozess des Klägers mit hinreichender Sicherheit zu erwarten ist und nicht offenbar aussichtslos erscheint.[675] Die Absicht einen Amtshaftungsprozess zu führen, begründet allerdings kein schutzwürdiges Interesse an einer verwaltungsgerichtlichen Feststellungsklage, wenn der den Amtshaftungsanspruch begründende Verwaltungsakt sich bereits im Vorfeld des verwaltungsgerichtlichen Verfahrens erledigt hat.[676] Das Feststellungsinteresse leitet sich im übrigen daraus ab, dass nach ständiger Rechtsprechung des BGH die Zivilgerichte bei der Entscheidung darüber, ob der Erlass eines Verwaltungsaktes rechtmäßig oder rechtswidrig war, an ein vorausgegangenes verwaltungsgerichtliches Urteil gebunden sind.[677] **251**

---

zugestanden habe, so sind an das Feststellungsinteresse geringere Anforderungen zu stellen, als bei einer isolierten Feststellungsklage.

671 *BVerwG,* 7. 1. 1995 – VII V R 16.94 – BayVBl. 95, 350 ff. Möglich ist allerdings – als Sonderfall – die gerichtliche Feststellung im Rahmen eines Verfahrens nach § 80 Abs. 5, dass der erhobene Widerspruch/die Klage aufschiebende Wirkung haben; vgl. dazu *Happ* in *Eyermann,* § 43 Rdn. 7.

672 *BVerwG,* 6. 6. 1996 – 1 DB 4.96 – DVBl. 96, 1151.

673 Vgl. dazu *Kopp/Schenke,* § 113, Rdn. 129; *Redeker/von Oertzen,* § 113, Rdn. 32 ff.

674 *Redeker/von Oertzen,* § 43, Rdn. 24; s. aber *Kopp/Schenke,* § 113, Rdn. 130.

675 Vgl. dazu *Kopp/Schenke,* § 113, Rdn. 136; ferner *BVerwG,* 9. 3. 1989 – 2 C 4/87 – DVBl. 89, 1150; *BVerwG,* 18. 10. 1985 – 4 C 21/80 – NJW 86, 1826; auch sonstige Ausgleichs- und Ersatzansprüche können ein Feststellungsinteresse begründen; *BVerwG,* 11. 3. 1993 – 3 C 90.90 – BayVBl. 93, 697; *OVG Münster,* 27. 10. 1994 – 25 A 2897/94 – NWVBl. 95, 191.

676 *BVerwG,* 3. 5. 1999 – 7 B 72/99 – n. v. unter Berufung auf *BVerwG,* 20. 1. 1989 – 8 C 30/87 – BVerwGE 81, 226.

677 *BGH,* 15. 5. 1997 – III ZR 250/95 – BGHZ 135, 341 f.

252 Amtshaftungsansprüche oder beamtenrechtliche Entschädigungsansprüche wegen Verletzung der Fürsorgepflicht sind allerdings nach ständiger Rechtsprechung des Bundesverwaltungsgerichts dann ausgeschlossen, wenn ein Kollegialgericht das Verwaltungshandeln objektiv als rechtmäßig angesehen hat.[678] In vielen derartigen Fällen ist daher in der Berufungsinstanz oder der Revisionsinstanz ein Fortsetzungsfeststellungsinteresse wegen fehlendem Verschulden der Behörde unter Hinweis auf die für den Kläger negative Entscheidung der ersten Instanz entfallen.[679]

253 **Beispiel:**

A ist Betreiber einer Spielhalle; er möchte eine 75 qm große Spielhalle in einem Mischgebiet errichten, das überwiegend durch gewerbliche Nutzungen geprägt ist (§ 6 Abs. 2 Nr. 8 BauNVO). Die zuständige Behörde lehnt den Bauantrag des A ab und verweist zur Begründung darauf, dass der Gebietscharakter des im übrigen unbeplanten Baugebiets im wesentlichen nicht durch gewerbliche Nutzungen geprägt werde. Nach erfolglosem Widerspruch wird Klage erhoben. Das Verwaltungsgericht weist die Klage aus den Gründen des angefochtenen Bescheides ebenfalls ab. Im Zuge des Berufungsverfahrens wird für das fragliche Baugebiet erstmalig ein Bebauungsplan aufgestellt, in dem Vergnügungsstätten grundsätzlich ausgeschlossen sind. A beantragt nunmehr hilfsweise im Wege der Fortsetzungsfeststellungsklage festzustellen, dass die seinerzeitige Ablehnung des Bauantrages rechtswidrig gewesen sei. Das Fortsetzungsfeststellungsinteresse lässt sich im vorliegenden Falle unter dem Gesichtspunkt der Amtspflichtverletzung nicht mehr rechtfertigen, da die Behörde infolge der für sie günstigen erstinstanzlichen Entscheidung durch ein Kollegialgericht bestätigt worden ist. Das Feststellungsinteresse könnte in diesem Falle nur noch auf Entschädigungs-/ Enteignungsansprüche gestützt werden (z. B. § 39 ff. OBG NW; §§ 39 ff. BauGB).

254 Etwas anderes gilt freilich, wenn das Kollegialgericht von einem falschen Sachverhalt ausgegangen ist.[680]

255 Ein Fortsetzungsfeststellungsinteresse besteht in den Fällen eines beabsichtigten Amtshaftungsprozesses ferner dann nicht, wenn der Kläger erst nach Eintritt der Erledigung Klage beim Verwaltungsgericht erhebt (vgl. D 244); er ist in diesen Fällen vielmehr verpflichtet, den ihm angeblich entstandenen Schaden sofort im Wege der Amtshaftungsklage bei den Zivilgerichten geltend zu machen.[681]

256 Unter dem Gesichtspunkt der **Wiederholungsgefahr** ist ein berechtigtes Interesse nur dann gegeben, wenn der Erlass eines gleichartigen Verwaltungsaktes zu erwarten ist, ein derartiger Verwaltungsakt aber noch nicht ergangen ist.[682] Ist ein solcher Verwaltungsakt bereits ergangen, besteht schon begrifflich keine Wiederholungsgefahr mehr; die Gefahr hat sich vielmehr bereits verwirklicht mit der Folge, dass der Kläger gegen diesen ergangenen Verwaltungsakt Rechtsmittel

---

[678] *BVerwG,* 9. 3. 1989 – 2 C 4/87 – DVBl. 89, 1115; *OVG Münster,* 27. 10. 1994 – 25 A 2897/94 – NWVBl. 95, 191; zur Substantiierung des Feststellungsinteresses, vgl. *VGH Mannheim,* 21. 1. 1997 – 5 S 3206/95 – NVwZ-RR 98, 549..

[679] *BVerwG,* 9. 8. 1990 – 1 B 94/90 – NVwZ 91, 270, 271.

[680] *BVerwG,* 9. 8. 1990 – 1 B 94/90 – NVwZ 91, 270/271. Zum Einwand des rechtmäßigen Alternativverhaltens vgl. *BVerwG,* 2. 10. 1998 – 4 B 72/98 – NVwZ 99, 523; ferner *OLG Dresden,* 31. 5. 2000 – 6 U 128/00 – n. v.

[681] Vgl. dazu *BVerwG,* 20. 1. 1989 – 8 C 30/87 – NJW 89, 2486; *VGH Mannheim,* 22. 8. 1994 – 9 S 732/92 – NVwZ-RR 95, 88.

[682] Vgl. dazu *BVerwG,* 20. 1. 1989 – 8 C 30/87 – NJW 89, 2486; *VGH Mannheim,* 22. 8. 1994 – 9 S 732/92 – NVwZ-RR 1995, 88. Zum Fortsetzungsfeststellungsinteresse nach Erledigung einer polizeilichen Sicherstellung, vgl. *OVG Münster,* 24. 11. 1998 – 5 A 1107/96 – NWVBl. 99, 259.

einlegen muss.[683] Im übrigen setzt das Feststellungsinteresse unter dem Gesichtspunkt der Wiederholungsgefahr voraus, dass eine hinreichend bestimmte Gefahr besteht, dass unter im wesentlichen veränderten, tatsächlichen und rechtlichen Umständen ein gleichartiger Verwaltungsakt ergehen wird. Besteht lediglich eine geringe Wahrscheinlichkeit, liegt eine derartige Wiederholungsgefahr nicht mehr vor.[684]

Auch das **Rehabilitationsinteresse** eines Klägers kann ein Fortsetzungsfeststel- **257**
lungsinteresse begründen.[685] Ein Rehabilitationsinteresse ist allerdings nur dann zu bejahen, wenn der Kläger durch den erledigten Verwaltungsakt persönlich in seiner Menschenwürde, seinem Persönlichkeitsrecht oder in seinem beruflichen oder gesellschaftlichen Ansehen objektiv erheblich beeinträchtigt wurde.[686] Eine derartige Beeinträchtigung liegt dann nicht vor, wenn der Kläger lediglich den Wunsch nach einer nachträglichen Bestätigung seiner eigenen Rechtsansicht hat. Das beeinträchtigte Rechtsgefühl des Klägers und der damit verbundene Wunsch nach Genugtuung sind für sich genommen nicht ausreichend.[687]

Andererseits hat das Bundesverwaltungsgericht entschieden, dass ein negativer **258**
Prüfungsbescheid über eine Erstprüfung nicht dadurch der Prüfung der Verwaltungsgerichte entzogen wird, dass der Kläger zwischenzeitlich eine Wiederholungsprüfung bestanden hat; der Prüfling bleibt in diesen Fällen weiterhin beschwert, weil das Nichtbestehen der ersten Prüfung die später bestandene Prüfung zwangsläufig als Wiederholungsprüfung ausweist; der Prüfling gilt damit als Repetent, was sich auf sein berufliches Fortkommen ungünstig auswirken kann.[688]

§ 113 Abs. 1 Satz 4 findet im Falle der Erledigung des Verpflichtungsbegehrens **259**
nach Klageerhebung entsprechende Anwendung.

Beispiel:
Siehe Fall D 253

In analoger Anwendung kann die Fortsetzungsfeststellungsklage im Einzelfall auch bei der Erledigung einer allgemeinen Leistungsklage erhoben werden.[689]

---

683 *VGH Mannheim,* 8. 11. 1989 – 5 S 2267/88 – NVwZ-RR 90, 520.

684 *BVerwG,* 16. 10. 1989 – 7 B 108/89 – NVwZ 90, 316; zur geringen Wahrscheinlichkeit der Wiederholungsgefahr im Baurecht, vgl. *OVG Münster,* 16. 8. 1994 – 11 A 3520/91 – unveröffentlicht, AU S. 10, 11.

685 *BVerwG,* 15. 12. 1993 – 6 C 20,92 – BVerwGE 94, 352; *VGH Mannheim,* 22. 8. 1994 – 9 S 732/92 – NVwZ-RR 95, 88; *OVG Münster,* 14. 11. 1994 – 25 A 1134/92 – NWVBl. 95, 266.

686 *VGH Mannheim,* 8. 5. 1989 – 1 S 722/88 – NVwZ 90, 378

687 *VGH Mannheim,* 8. 5. 1989 – 1 S 722/88 – NVwZ 90, 378.

688 *BVerwG,* 12. 4. 1991 – 7 C 36/90 – NVwZ 91, 56. Anders ist allerdings zu entscheiden, wenn es sich bei der Prüfung lediglich um eine Jägerprüfung handelt, vgl. dazu *BVerwG,* 4. 9. 1989 – 7 B 132/89 – NVwZ 90, 59: Die Jägerprüfung unterscheidet sich von anderen Prüfungen deshalb, weil sie nur der Liebhaberei und dem Hobby dient.

689 Die Absicht, eine Amtshaftungsklage zu erheben, begründet kein schutzwürdiges Interesse an einer verwaltungsgerichtlichen Klage, mit dem Ziel, die Rechtswirksamkeit eines Verwaltungsakts festzustellen, wenn sich der Verwaltungsakt bereits vor Klageerhebung erledigt hat: vgl. dazu *BVerwG,* 20. 1. 1989 – 8 C 30.87 – BVerwGE 81, 226ff.

c) Zwischenfeststellungsklage

259 a Über die Verweisungsvorschrift des § 173 ist auch im Verwaltungsprozess eine Zwischenfeststellungsklage gem. § 256 Abs. 2 ZPO zulässig.[690] Die Zwischenfeststellungsklage – als Erweiterung des Klageantrags oder als Widerklage – setzt voraus, dass das festzustellende Rechtsverhältnis dem öffentlichen Recht zugeordnet ist und für die Entscheidung über die Hauptsache vorgreiflich ist.[691] Eines besonderen Feststellungsinteresses bedarf es bei der Zwischenfeststellungsklage nicht.[692] Es reicht für die Zulässigkeit der Zwischenfeststellungsklage aus, dass das inzident ohnehin zu klärende Rechtsverhältnis zwischen den Beteiligten noch über den gegenwärtigen Streit Gegenstand hinaus Bedeutung hat oder gewinnen kann.[693] Über die Zwischenfeststellungsklage kann auch vorab durch Teilurteil (E 372) entschieden werden.[694]

2. Begründetheit der Feststellungsklage

260 Die Feststellungsklage ist begründet, wenn das vom Kläger behauptete Rechtsverhältnis besteht bzw. wenn das vom Kläger geleugnete Rechtsverhältnis nicht besteht.

261 Auch bei der Feststellungsklage ist der maßgebliche Beurteilungszeitpunkt in der Regel die letzte mündliche Verhandlung,[695] es sei denn, dass es sich um die Feststellung der Nichtigkeit eines Verwaltungsaktes handelt; hier gelten die allgemeinen Grundsätze der Anfechtungsklage (vgl. dazu oben D 162 ff.).

VII. Organstreitverfahren

1. Zulässigkeit des Organstreitverfahrens

a) Gegenstand des Organstreitverfahrens

262 Das sog. **Organstreitverfahren** dient der Klärung von organisationsrechtlichen Streitigkeiten im Zusammenhang mit den Berechtigungen kommunaler oder staatlicher Organe untereinander oder innerhalb desselben Organs (Verhältnis des Organs zu seinen Organwaltern oder Organteilen, Verhältnis mehrerer Organteile zueinander).[696] Aus dogmatischer Sicht ist das Organstreitverfahren kein eigenstän-

---

690 *Happ* in *Eyermann*, § 43, Rdn. 6; *Kopp/Schenke*, § 43, Rdn. 33 f.; *Baumbach/Lauterbach/Albers/Hartmann*, ZPO, § 256, Rdn. 121; *BVerwG*, 6. 9. 1988 – 4 C 5/86 – BVerwGE 80, 170 ff.; *VGH Kassel*, 7. 3. 1989 – 2 UE 1974/85 – VRS 79, 390; *VGH München*, 9. 2. 1993 – 8 B 92 642 – n. v.; *OVG Münster*, 22. 4. 1996 – 23 D 43/93.AK – n. v.

691 *Happ* in *Eyermann*, § 43, Rdn. 6.

692 *BVerwG*, 6. 9. 1988 – 4 C 5/86 – BVerwGE 80, 170 ff. unter Hinweis auf *BGH*, 17. 5. 1977 – VI ZR 174/74 – BGZ 69, 37 ff.

693 *VG Leipzig*, 12. 1. 1996 – 1 K 609/94 – n. v.

694 *Happ* in *Eyermann*, § 43, Rdn. 6.

695 *Baumbach/Lauterbach*, § 300, Rdn. 3 u. 5; *BVerwG*, 6. 9. 1988 – 4 C B 23/89 – NVwZ 90, 460.

696 *Ehlers*, „Die Klagearten und besonderen Sachentscheidungsvoraussetzungen im Kommunalstreitverfahren," NVwZ 90, 105 ff.; *Fehrmann*, „Rechtsfragen des Organstreits, Entwicklungstendenzen in der neueren Rechtsprechung", NWVBl. 89, 303 ff.; *Erlenkämper*,

diges Klageverfahren,[697] es geht vielmehr um **Leistungs-, Unterlassungs-** und **Feststellungsklagen,** die allerdings durch eine Reihe prozessualer Eigenheiten geprägt sind, so dass sich praktisch ein Verfahren sui generis etabliert hat.

Organstreitigkeiten entstehen in erster Linie zwischen kommunalen Organen **263** (z.B. Gemeinderat, Kreistag etc.) oder Organmitgliedern[698] oder Fraktionen.[699] Gegenstände dieser Streitigkeiten sind die Rechtmäßigkeit von Beschlüssen, die Rechtmäßigkeit von Maßnahmen der Organe bzw. der Inhalt der ihnen verliehenen Befugnisse. Diese Organstreitigkeiten werden auch als **Kommunalverfassungsstreitigkeiten** bezeichnet.[700]

Beispiele: **264**

(1) Ein Fünftel der Ratsmitglieder des Rates der Stadt D beantragen gem. § 55 Abs. 4 GemO NW Akteneinsicht in einen bestimmten erschließungsbeitragsrechtlichen Vorgang. Der Bürgermeister lehnt den Antrag mit der Begründung ab, die Ratsmitglieder hätten den Grund der Einsichtnahme nicht hinreichend spezifiziert.[701]
(2) Das Ratsmitglied M wird zu Unrecht von einer Sitzung des Gemeinderats wegen der Besorgnis der Befangenheit ausgeschlossen.
(3) Die Ratsmitglieder A u. B wenden sich gegen eine Bestimmung der Geschäftsordnung des Gemeinderats, wonach eine Fraktion eine Mindeststärke von 3 Mitgliedern haben muss.[702]
(4) Das Ratsmitglied U wendet sich gegen einen Ordnungsruf, der ihm wegen angeblicher „grober Ungebühr" erteilt worden ist, weil es darin einen Eingriff in sein Statusrecht als Ratsmitglied sieht.[703]
(5) Ein Gemeinderatsmitglied, das keiner Fraktion angehört, verlangt (wenigstens) in einen Ausschuss des Rats gewählt zu werden.[704]
(6) Klage eines Fraktionsmitglieds gegen seinen Fraktionsausschluss.[705]
(7) Das Antragsrecht von Organmitgliedern/Fraktionen begründet einen Anspruch darauf, dass das Organ über einen Antrag berät und – durch Annahme oder Ablehnung – Beschluss fasst.[706]

„Entwicklungen im Kommunalrecht", NVwZ 99, 1304–1306. Zum Problemkreis Kommunalaufsicht, vgl. *Kallerhoff,* „Das Kommunalaufsichtliche Beanstandungs- und Aufhebungsrecht in der Rechtsprechung des OVG NRW", NWVBl. 1996, 53 ff.

697 *Schoch,* „Kommunalverfassungsstreit im System des verwaltungsgerichtlichen Rechtsschutzes", JuS 87, 783 ff.; *Ehlers,* „Die Klagearten und besonderen Sachentscheidungsvoraussetzungen im Kommunalverfassungsstreitverfahren", NVwZ 90, 105 ff. *Huber,* § 21, Rdn. 11; *Pietzner/Ronellenfitsch,* § 7, Rdn. 13.

698 *Erlenkämper,* „Entwicklungen im Kommunalrecht", NVwZ 97, 546 ff., 554 f.; , NVwZ 96, 534, 543 jeweils m. w. N. der Rechtsprechung.

699 *Erlenkämper,* „Entwicklungen im Kommunalrecht", NVwZ 96, 534 ff., 555; *ders.* NVwZ 96, 534, 543 jeweils m. w. N. der Rechtsprechung.

700 *OVG Weimar,* 21. 11. 1995 – 2 KO 175/94 – LKV 96, 416; *Pietzner/Ronellenfitsch,* § 7, Rdn. 13.

701 Vgl. dazu *VG Gelsenkirchen,* 15. 9. 1994 – 15 L 1589/94 – NWVBl. 95, 111 ff.; wo entgegen der gesetzlichen Vorschrift des § 40 Abs. 2 u. 3 GO NW a. F. das Akteneinsichtsrecht nicht von einer bestimmten Zahl von Ratsmitgliedern, sondern entgegen dem Gesetz von der Ratsfraktion geltend gemacht wurde; ferner *OVG Münster,* 28. 8. 1997 – 15 A 3432/94 – NVwZ 99, 1252.

702 *OVG Koblenz,* 22. 5. 1996 – 7 A 10099/96 – NVwZ-RR 97, 310; s. a. *BVerwG,* 31. 5. 1979 – 7 B 77/78 – NJW 80, 304.

703 *OVG Koblenz,* 29. 11. 1994 – 7 A 10194/94 – NVwZ-RR 96, 52 = DÖV 96, 474.

704 *OVG Koblenz,* 3. 2. 1995 – 7 B 13079/94 – NVwZ-RR 96, 460.

705 Vgl. dazu *Ziekow* „Der Fraktionsausschluss im Kommunalrecht: Zulässigkeit und vorläufiger Rechtsschutz", NWVBl. 98, 297 ff.

706 *VerfGH NW,* 15. 6. 1999 – VerfGH 6/97 – NWVBl. 99, 411.

(8) Vgl. unten D 268.

(9) Kein Organstreitverfahren liegt vor, wenn die Vertrauensperson eines Bürgerbegehrens die Feststellung begehren, das Bürgerbegehren sei zulässig.[707]

265 Organstreitigkeiten in sonstigen öffentlich-rechtlichen Körperschaften (z. B. Universitäten,[708] Studentenschaften, Anstalten des öffentlichen Rechts[709] usw.) werden ebenfalls als zulässig angesehen.[710] Hier gelten die gleichen Grundsätze wie bei Kommunalverfassungsstreitigkeiten.[711]

b) Klageart

266 Für Organstreitverfahren stehen die Anfechtungs- und Verpflichtungsklage nicht zur Verfügung, denn Gegenstand dieser Auseinandersetzungen kann mangels Außenwirkung kein Verwaltungsakt sein.[712] Organstreitverfahren werden daher als Leistungs-, Unterlassungs- oder Feststellungsklagen[713] geführt.[714] In Betracht kommt ferner das Normenkontrollverfahren, soweit dies landesrechtlich zulässig ist[715] vgl. sogleich D 274 ff., 283. Wenn es um die Wirksamkeit von innerorganisatorischen Rechtsetzungsakten (Beschluss des Gemeinderats) geht, ist auch an eine Gestaltungsklage eigener Art zu denken, die die gerichtliche Kassation der angegriffenen Entscheidung zum Ziel hat.[716]

c) Klagebefugnis

267 Die Besonderheit der Organstreitverfahren liegt darin, dass sie **zwischen- oder innerorganschaftliche Rechte und Pflichten** zum Gegenstand haben. Es geht also bei derartigen Streitigkeiten nicht um die Durchsetzung von Rechten, die dem einzelnen Organwalter möglicherweise als natürlicher Person zustehen könnten, sondern um die Durchsetzung von solchen Rechten, die dem einzelnen in seiner

---

[707] *VGH Kassel,* 28. 10. 1999 – 8 UE 3683/97 – a. A. *OVG Bautzen,* 6. 2. 1997 – 3 S 680/96 – NVwZ-RR 98, 253, das den Antragstellern eines zulässigen Bürgerbegehrens einen im kommunalrechtlichen Organstreitverfahren durchsetzbaren Anspruch zuspricht, dem zuständigen Organ Maßnahmen zu untersagen, die vor Durchführung des Bürgerbegehrens geeignet sind, die Durchführung des Bürgerentscheids zu unterlaufen.

[708] *Pietzner/Ronellenfitsch,* § 7, Rdn. 13 m. w. N.

[709] *OVG Bautzen,* 7. 3. 1997 – 3 S 129/97 – SächsVBl. 1997, 268.

[710] *Redeker/von Oertzen,* § 43, Rdn. 15 m. w. N.

[711] *BVerwG,* 9. 10. 1984 – 7 B 187/84 – NVwZ 85, 112 f.

[712] *Redeker/von Oertzen,* § 43, Rdn. 12; *Huber,* § 21, Rdn. 12; s. aber *VGH Kassel,* 23. 11. 1995 – 6 TG 3539/95 – DÖV 96, 480 [Ls.]: die Beanstandung eines Beschlusses der Gemeindevertretung durch den Bürgermeister stellt einen Verwaltungsakt dar.

[713] *OVG Weimar,* 21. 11. 1995 – 2 KO 175/94 – LKV 96, 416; *OVG Koblenz,* 29. 11. 1994 – 7 A 10194/94 – NVwZ-RR 96, 52 = DÖV 96, 474.

[714] *Fehrmann,* „Rechtsfragen des Organstreits, Entwicklungstendenzen in der neuen Rechtsprechung", NWVBl. 89, 303 ff.; *Redeker/von Oertzen,* § 43, Rdn. 12; ferner *Hoppe,* Organstreitigkeiten S. 127 ff.; *OVG Münster,* 4. 4. 1962 – III A 1122/61 – OVGE 17, 261 ff.; *OVG Münster,* 8. 3. 1973 – III B 44/73 – DVBl. 73, 646; ferner *Bosch/Schmidt,* S. 182, 183; *Pietzcker* in *Schoch/Schmidt-Aßmann/Pietzner,* Vorb. § 42 Abs. 1, Rdn. 17, § 42 Abs. 1, Rdn. 159; ob es sich bei dem Klageverfahren um einen Fall der Feststellungsklage i. S. des § 43 handelt oder um eine Klageart sui generis ist müßig zu erörtern.

[715] *VGH Kassel,* 15. 12. 199 4 – 6 N 2588/93 – DVBl. 95, 931; *VGH München,* 17. 1. 1989 – 4 C 88 1823 – NVwZ-RR 90, 432.

[716] *Huber,* § 21, Rdn. 16.

Eigenschaft als Organwalter zustehen könnten. Eine Klagebefugnis besteht deshalb für diese Streitigkeiten nur dann, wenn und soweit in die vom Gesetz eingeräumte Rechtsposition als Organ/Organteil/Organwalter direkt und unmittelbar eingegriffen wird. Als Rechte des Klägers kommen in diesem Zusammenhang insbesondere dessen Mitgliedschaftsrechte oder sonstige Rechte in Betracht, die sich aus der Organschaft unmittelbar ergeben.[717]

Beispiele: 268

(1) Die C-Fraktion im Rat der Stadt H wendet sich gegen einen Beschluss des Rates eine bestimmte Beigeordnetenposition nicht mehr zu besetzen, weil damit entgegen den Vorschriften des § 71 Abs. 3 Satz 3 GemO NW kein Volljurist mehr im Beigeordnetenkollegium der Stadt H vertreten sei.[718] Die Klage der C-Fraktion ist unzulässig, weil sie eine Verletzung objektiven Rechts, nicht jedoch die Verletzung eigener Rechte rügte.[719]

(2) Recht eines Gemeinderatsmitglieds auf Fernbleiben von den Gemeinderatssitzungen.[720]

(3) Beteiligungsrecht des Landschaftsbeirats gegenüber der Unteren Landschaftsbehörde.[721]

(4) Die Ratsmitglieder haben einen Anspruch auf Nichtbehandlung von Tagesordnungspunkten, wenn die in der Geschäftsordnung des Rates der Gemeinde vorgesehene allgemeine Ladungsfrist nicht eingehalten ist. Die in der Geschäftsordnung festgelegten Ladungsfristen dienen nämlich auch dem Schutz von Minderheitsfraktionen und müssen deshalb eingehalten werden.[722]

Die Befugnis organschaftliche Rechte geltend zu machen, geht mit dem Ausscheiden aus dem Organ verloren.[723] Das gilt selbstverständlich nicht, wenn zwischen den Beteiligten streitig ist, ob ein bestimmter Sachverhalt das Ausscheiden zur Folge gehabt hat. 269

Beispiele:

(1) Streit über die Wirksamkeit der Abberufung des Landrats.[724]

(2) Streit über die Wirksamkeit der Abberufung eines Beigeordneten.[725]

---

717 Vgl. dazu auch *Hüttenbrink,* „Schadensersatzansprüche der Selbstverwaltungskörperschaften gegen ihre Organwalter", S. 82ff.; ferner *BVerwG,* 26. 5. 1970 – 2 BvR 664/65 – in *BVerw*GE 27, 297, 308, wo festgestellt worden ist, dass Art. 19 Abs. 4 S. 1 u. 2 jedermann den Rechtsweg wegen der Behauptung der Rechtsverletzung eröffnet, und zwar selbst dann, wenn eine Klagemöglichkeit gesetzlich nicht gegeben ist. Vgl. dazu *Papier,* „Die verwaltungsgerichtliche Organklage, DÖV 80, 292ff.; im übrigen *Hoppe,* „Organstreitigkeiten vor den Verwaltungs- und Sozialgerichten", Siegburg 1970; ferner Hoppe, „Organstreitigkeiten und organisationsrechtliche subjektiv-öffentliche Rechte", in DVBl. 70, 846ff.; ferner *Hüttenbrink,* „Die öffentlich-rechtliche Haftung der ehrenamtlichen Organwalter gegenüber ihren Satzverwaltungskörperschaften", DVBl. 81, 989, 992, 993.

718 Vgl. dazu *VG Gelsenkirchen,* 19. 7. 1996 – 15 K 4746/95 – n. v.

719 *VG Gelsenkirchen,* 19. 7. 1996 – 15 K 4746/95 – n. v.

720 *VGH Mannheim,* 11. 10. 1995 – 1 S 1823/94 – NVwZ-RR 97, 181.

721 *OVG Münster,* 2. 9. 1997 – 15 A 2770/94 – NWVBl. 98, 149f.

722 *VG Münster,* 15. 5. 2001 – 1 L 506/01 – n. v., das zutreffend darauf hinweist, dass der Bürgermeister unter Berufung auf eine Sonderregelung in der Geschäftsordnung die Ladungsfrist nur dann abkürzen darf, wenn ein Ausnahmefall vorliegt, der ein kurzfristiges Handeln des Rates erforderlich macht.

723 *VGH München,* 28. 4. 1995 – 4 B 94 2561 – BayVBl. 95, 661.

724 *VG Dessau,* 10. 8. 1995 – 1 A 77/94 – LKV 96, 71.

725 *OVG Münster,* 28. 2. 1995 – 15 B 2556/94 – NVwZ-RR 95, 591.

270 Die Parteifähigkeit einer Fraktion wegen eines von ihr eingeleiteten Organstreitverfahrens bleibt allerdings auch dann erhalten, wenn zwischenzeitlich die Wahlperiode erloschen ist.[726]

Weil das Organstreitverfahren nur dann zulässig ist, wenn der jeweilige Organverwalter in eigenen organschaftlichen Rechten verletzt wird,[727] kann es **nicht** als **objektive Beanstandungs-** oder **Minderheitenklage** genutzt werden.[728] Aus diesem Grunde gibt es auch keine organschaftliche Befugnis des einzelnen Ratsmitglieds, Kompetenzüberschreitungen anderer Gemeindeorgane zu Lasten des Rates im eigenen Namen abwehren zu können.[729]

d) Klagegegner

271 Aufgrund der Eigenart von Organstreitverfahren kann der Grundsatz, nach der verwaltungsgerichtliche Klagen stets gegen einen Rechtsträger zu richten sind, keine Geltung beanspruchen. Die Klage ist vielmehr gegen den Funktionsträger/das Organ/den Organteil zu richten, der dem Kläger Rechte streitig macht bzw. ihm Pflichten auferlegen will, oder begehrte Maßnahmen unterlassen hat.[730]

Beispiele:

(1) Der Bürgermeister als Vorsitzender des Gemeinderats (§ 41 GemO Bbg) schließt ein Gemeinderatsmitglied wegen Ungebühr von der weiteren Sitzung aus. Die Klage des Gemeinderatsmitglieds ist gegen den Bürgermeister zu richten.

(2) Eine Fraktion im Gemeinderat wendet sich dagegen, dass der hauptamtliche Bürgermeister, der vor seiner Wahl Ratsmitglied war, sein Stimmrecht im Rat als Bürgermeister ausübt, weil dies zu einer Verfälschung der Mehrheitsverhältnisse im Rat führe. Die Klage der Ratsmitglieder ist gegen den hauptamtlichen Bürgermeister zu richten.[731]

(3) Eine Kreistagsfraktion verlangt aus den für die Fraktionsarbeit bewilligten Mitteln eine nach sachgerechten Kriterien bemessene Zuwendung zu erhalten. Die Klage der Fraktion richtet sich gegen den Kreistag.[732]

(4) Der Gemeinderat ist nach der GO NW grundsätzlich befugt, die Geschäfte der laufenden Verwaltung, die nach § 41 Abs. 3 GO NW dem Bürgermeister übertragen sind, teilweise zurückzuholen, beispielsweise dadurch, dass dem Bürgermeister die Kompetenz

---

[726] Vgl. dazu *VerfGH NW,* 29. 4. 1997 – VerfGH 9/95 – NVwZ-RR 98, 478ff.; *OVG Weimar,* 30. 9. 1999 – 2 EO 790/98 –: Der Organstreit endet ausnahmsweise wegen des Wegfalls der Beteiligungsfähigkeit der Fraktion dann, wenn (1) diese Partei oder Gruppierung im neuen Parlament/Organ nicht mehr vertreten ist, (2) diese Partei oder Gruppierung eine Fraktion nicht mehr zu bilden vermag, (3) oder wenn die neu gebildete Fraktion erklärt, sie wolle das Organstreitverfahren nicht mehr fortsetzen.

[727] Vgl. dazu *OVG Koblenz,* 28. 9. 1984 – 7 A 19/84 – NVwZ 85, 283; *VGH Kassel,* 15. 12. 1994 – 6 N 2588/93 – DVBl. 95, 931; Fraktionen können nicht die Rechte von Fraktionsmitgliedern geltend machen.

[728] Vgl. dazu *OVG Koblenz,* 28. 9. 1984 – 7 A 19/84 – NVwZ 85, 283; *VGH Kassel,* 15. 12. 1994 – 6 N 2588/93 – DVBl. 95, 931; Fraktionen können nicht die Rechte von Fraktionsmitgliedern geltend machen; die unberechtigte Mitwirkung wegen Befangenheit eines Ratsmitglieds kann von den übrigen Ratsmitgliedern nicht gerügt werden, *OVG Münster,* 7. 8. 1997 – 15 B 1811/97 – NWVBl. 98, 110.

[729] *OVG Münster,* 17. 3. 1988 – 15 B 695/88 – NVwZ-RR 89, 317; aus dem gleichen Grunde haben einzelne Gemeindevertreter auch keinen Rechtsanspruch darauf, dass Sitzungen der Gemeindevertretung oder Ausschusssitzungen öffentlich stattfinden, vgl. dazu *OVG Greifswald,* 20. 5. 1998 – 2 M 66/98 – DÖV 98, 1014.

[730] *Huber,* § 21, Rdn. 10; *VGH Kassel,* 18. 8. 1999–8 U 2200/99 –.

[731] *OVG Münster,* 21. 12. 1995 – 15 B 3104/95 – NVwZ-RR 97, 52.

[732] *VGH Kassel,* 11. 5. 1995 – 6 TG 331/95 – NVwZ-RR 96, 105.

für Geschäfte mit einem Wert über 10 000,00 DM (bei kleineren Gemeinden) entzogen wird. Die Klage des Bürgermeisters, der nach nordrhein-westfälischem Recht zugleich Ratsvorsitzender ist, ist gegen den Gemeinderat vertreten durch den Ersten Stellvertretenden Bürgermeister zu richten.[733]

2. Begründetheit der Klage im Organstreitverfahren

Die Klage im Organstreitverfahren ist begründet, wenn sich die Maßnahme, die im Streit ist, als rechtswidrig erweist. **272**

Beispiele:

(1) Die Gemeindeordnung bestimmt, dass einer Stadtratsfraktion mindestens zwei Mitglieder angehören müssen. Die Geschäftsordnung des Stadtrats regelt demgegenüber, dass eine Fraktion nur von mindestens fünf Mitgliedern gebildet werden kann. Diese Bestimmung verstößt gegen höherrangiges Recht.[734]

(2) Das Initiativrecht der Ratsminderheit darf durch die Geschäftsordnung nicht durch Voraussetzungen eingeschränkt werde, die mit der Gemeindeordnung nicht im Einklang stehen.[735]

Ferner hängt der Erfolg der Klage davon ab, dass der Kläger dadurch in seinen organschaftlichen Rechten verletzt wird. Bei der Prüfung der Rechtsverletzung stellt sich häufig die Frage, inwieweit die Rechtsposition von Organmitgliedern auch durch ihre persönliche Rechtsposition (Grundrechte!) bestimmt wird. **273**

Beispiele:

(1) Die von einem Bürgermeister in amtlicher Eigenschaft abgegebene Wahlempfehlung zugunsten eines Bewerbers in der Landratswahl verstößt gegen die Neutralitätspflicht und ist durch das Grundrecht der freien Meinungsäußerung nicht gedeckt.[736]

(2) Konkurrenz von Meinungsfreiheit und Verschwiegenheitspflicht des Ratsmitglieds.[737]

Hinweis für den Anwalt: **273 a**

Nach herrschender Auffassung sind die Kosten des unterlegenen Organs/Organteils eines verwaltungsgerichtlichen Organstreitverfahren in der Regel von der Körperschaft, der das Organ oder das Gesamtorgan des Organteils angehört, zu tragen.[738]

VIII. Normenkontrollverfahren

§ 47 regelt nicht nur die sachliche Zuständigkeit des Oberverwaltungsgerichts für die Entscheidung über die Gültigkeit von untergesetzlichen Rechtsvorschriften, sondern enthält auch wesentliche Bestimmungen über das Normenkontrollverfahren selbst.[739] **274**

---

733 *VG Minden,* 2. 5. 2001 – 3 K 3980/00 – n. v.

734 *OVG Koblenz,* 22. 5. 1996 – 7 A 10099/96 – NVwZ-RR 97, 310 = DÖV 97, 85 [Ls.].

735 *OVG Münster,* 13. 9. 1995 – 15 B 2233/95 – NVwZ-RR 96, 222.

736 *BVerwG,* 18. 4. 1997 – 8 C 5.96 – BayVBl. 97, 505.

737 *OVG Koblenz,* 13. 6. 1995 – 7 A 12186/94 – DÖV 96, 929 [Ls.].

738 *OVG Münster,* 12. 11. 1991 – 15 A 1046/90 – NVwZ-RR 93, 263. Zur Missbrauchskontrolle vgl. *VG Darmstadt,* 11. 3. 1999 – 3 E 1866/97 – NVwZ-RR 99, 702 ff.

739 Zur Entwicklung des Normenkontrollverfahrens, vgl. auch *Hüttenbrink,* „Grundsatz der Planerhaltung – Leitmotiv für Neuerungen bei der Normenkontrolle, § 47 VwGO", BauR 99, 351 ff.

275 Die abstrakte Normenkontrolle unterscheidet sich von den sonstigen Klagearten (vgl. D 3) dadurch, dass Verfahrensgegenstand die (abstrakte) Gültigkeit von untergesetzlichen Normen ist, nämlich von

- Satzungen, die nach den Vorschriften des BauGB erlassen worden sind (§ 47 Abs. 1 Nr. 1, 1. Alt.) sowie
- Rechtsverordnungen aufgrund des § 246 Abs. 2 des BauGB (§ 47 Abs. 1 Nr. 1, 2. Alt.),[740] und
- anderen im Range unter dem Landesgesetz stehenden Rechtsvorschriften, sofern das Landesrecht dies bestimmt (§ 47 Abs. 1 Nr. 2).

276 Die Bundesländer Baden-Württemberg, Bayern, Brandenburg, Bremen, Hessen, Mecklenburg-Vorpommern, Niedersachsen, das Saarland, Sachsen, Sachsen-Anhalt, Schleswig-Holstein, Thüringen haben durch Ausführungsgesetze zur VwGO uneingeschränkt von der Ermächtigung des § 47 Abs. 1 Nr. 2 Gebrauch gemacht,[741] Rheinland-Pfalz hat einschränkend Rechtsverordnungen i. S. v. Art. 30 Abs. 1 LV Rh.-Pf. von der Normenkontrolle ausgenommen (vgl. im einzelnen die VwGO-Ausführungsgesetze der einzelnen Bundesländer im Anhang IV 2).

1. Zulässigkeit des Normenkontrollantrags

a) Vorschriften, die der Normenkontrolle unterliegen

277 Das Normenkontrollverfahren kann nur Rechtssätze des Landesrechts im Range unter einem formellen Landesgesetz zum Gegenstand haben.[742] Bei der Normenkontrolle sind dabei das gesamte Bundesrecht (Grundgesetz, Bundesgesetz, Rechtsverordnungen des Bundes und Bundesgewohnheitsrecht), EG-Recht (strittig)[743] sowie das gesamte Landesrecht (die Landesverfassung und die formellen Landesgesetze)[744] Prüfungsmaßstab.

278 Das Bundesrecht selbst (und zwar sowohl das Grundgesetz, einfaches Gesetzesrecht, Verordnungen) wie auch das formelle Gesetzesrecht des Landes unterliegen nicht der abstrakten Normenkontrolle durch das Oberverwaltungsgericht.[745]

279 Gem. § 47 Abs. 1 Nr. 1 sind folgende **Satzungen nach dem BauGB**[746] der abstrakten Normenkontrolle zugänglich:

---

[740] Berlin: Rechtsverordnung, Hamburg: Landesgesetz.

[741] *Redeker/von Oertzen,* § 47, Rdn. 2 m. w. N.

[742] Vgl. dazu *Redeker/von Oertzen,* § 47, Rdn. 1.

[743] So *Rengeling/Middeke/Gellermann,* Rdn. 1120–1123; *VGH Mannheim,* 14. 5. 1992 – 9 S 2730/86 – NVwZ-RR 93, 478; *VGH Mannheim,* 18. 4. 1994 – 9 S 3114/93 – DÖV 94, 831. Nach *BVerwG,* 21. 7. 1983 – 3 C 11/82 – NVwZ 84, 518 und 5. 6. 1986 – 3 C 12/82 – NJW 86, 3040; *BVerwG,* 10. 3. 1994 – 3 C 32.92 – BVerwGE 95, 213 ff. ist das Gemeinschaftsrecht revisibles Recht. A. A. *Jörg Schmidt* in *Eyermann,* § 47, Rdn. 38; ferner *Rinze,* „Europarecht als Prüfungsmaßstab im Rahmen der Normenkontrolle", NVwZ 96, 458.

[744] Anders liegt der Fall nur dann, wenn die ausschließliche Verwerfungskompetenz dem Landesverfassungsgericht zugeordnet ist, vgl. *Redeker/von Oertzen,* § 47, Rdn. 19; *Jörg Schmidt* in *Eyermann,* § 47, Rdn. 34, 38 (vgl. § 47 Abs. 3).

[745] *Redeker/von Oertzen,* § 47, Rdn. 11.

[746] *Redeker/von Oertzen,* § 47, Rdn. 14 sowie § 42, Rdn. 44.

– Bebauungspläne einschließlich örtlicher Bauvorschriften[747] (§ 10 BauGB), deren förmliche Aufhebung,[748] wobei auch die Frage eines Außerkrafttretens,
– wegen Funktionslosigkeit Gegenstand eines Normenkontrollverfahrens sein kann,[749]
– Veränderungssperren (§ 16 BauGB),[750]
– Fremdenverkehrsschutzsatzungen (§ 22 Abs. 2 BauGB),[751]
– Satzungen über ein Vorkaufsrecht (§ 25 BauGB),
– Abrundungssatzungen (§ 34 Abs. 4, 5 BauGB),
– Außenbereichssatzungen (§ 35 Abs. 6 BauGB),
– Erschließungsbeitragssatzungen (§ 132 BauGB),
– Sanierungssatzungen (§ 142 Abs. 3 und 4 BauGB),
– Satzungen über die Aufhebung von förmlichen Festsetzungen von Sanierungsgebieten (§ 162 Abs. 2 BauGB),
– Entwicklungssatzungen (§ 165 Abs. 6 BauGB),[752]
– Erhaltungssatzungen (§ 172 BauGB),
– übergeleitete Bebauungspläne (§ 173 BauGB).[753]

Die Satzungen nach dem früheren BauGB-MaßnahmeG (vgl. § 10 Abs. 1 BauGB-MaßnahmeG)[754] sind wegen der 2-Jahres-Frist des § 47 Abs. 2 **280**

---

[747] *Boeddinghaus/Hahn/Schulte,* § 81 a. F., Rdn. 132. örtliche Bauvorschriften können in das Normenkontrollverfahren einbezogen werden, wenn die Vorschriften Bestandteil eines Bebauungsplanes sind, (vgl. *OVG Münster,* 29. 8. 1983 – 10 a NE 1/81 – OVGE 36, 287; a. A. *OVG Saarlouis,* 4. 12. 1981 – 2 N 12–21/80 –, BRS 38 Nr. 48). Das Normenkontrollverfahren kann sich dann aber nur auf den B-Plan einschl. der örtlichen Bauvorschriften beziehen. Eine isolierte Normenkontrolle hinsichtlich der örtlichen Bauvorschriften ist nicht möglich; (*OVG Münster,* 25. 9. 1986 – 10 a NE 77/85 –). Die Nichtigkeit des Plans erfasst aber auch die gestaltungsrechtlichen Festsetzungen (vgl. *OVG Münster,* 29. 8. 1983 – 10 a NE 1/81 – OVGE 36, 287; U. v. 2. 3. 1988 – 7 a NE 86/85 –). Umgekehrt gilt, dass eine ungültige Gestaltungsvorschrift auch die Nichtigkeit des Gesamtplans nach sich ziehen kann (vgl. *OVG Münster,* 28. 11. 1985 – 7 a NE 72/83 –; *OVG Münster,* 25. 11. 1986 – 11 a NE 36/85 – n. v.)."

[748] *OVG Lüneburg,* 9. 12. 1994 – 1 K 4722/93 – NVwZ 95, 911: Der Aufhebungsbeschluss muss nicht als Satzung bezeichnet werden.

[749] *BVerwG,* 3. 12. 1998 – 4 C N 3/97 – DVBl. 99, 786 f.: „Ohne einen substantiierten Vortrag des Antragstellers, der die strengen Anforderungen für das Funktionsloswerdens eines Bebauungsplanes (BVerwGE 54, 5, 9, NJW 77, 2325) im Einzelfall konkretisiert, besteht für das Normenkontrollgericht im allgemeinen kein Anlass, von sich aus in eine Prüfung etwaiger Funktionslosigkeit eines Bebauungsplans einzutreten."; *BVerwG,* 11. 12. 2000 – 4 BN 58/00 – n. v.; *OVG Münster,* 30. 9. 1999 – 10 a D 53/97. n. v.; ferner *OVG Münster,* 2. 2. 2000 – 7 aD 224/98.NE – n. v.

[750] *Kuhla,* „Die Veränderungssperre in der Normenkontrolle", NVwZ 88, 1084; *BVerwG,* 6. 8. 1992 – 4 N 1.92 – BauR 93, 59 f.; die Berechnung von Beginn und Ende der Veränderungssperre im Einzelfall (z. B. bei gebotener Berücksichtigung anrechnungsfähiger Zeiten aus Anlass der Zurückstellung eines Baugesuchs) kann nicht Gegenstand der verwaltungsgerichtlichen Normenkontrolle sein, vgl. *BVerwG,* 27. 4. 1992 – 4 NB 11.92 – UPR 92, 344.

[751] *Jörg Schmidt* in *Eyermann,* § 47, Rdn. 22.

[752] *BVerwG,* 3. 7. 1998 – 4 CN 5.97 – DVBl. 98, 129 f.; *BVerwG* 8. 7. 1998 – 4 BN 22.98 – ZfBR 98, 313 ff.; *BVerwG,* 3. 7. 1998 – 4 CN 2.97 – ZfBR 98, 312 f.

[753] *BVerwG,* 15. 8. 1991 – 4 N 1.91 – DVBl. 92, 36.

[754] Das BauGB-MaßnahmeG ist zum 31. 12. 1997 ausgelaufen, vgl. die Überleitung § 233 BauGB; zu § 7 BauGB-MaßnahmeG vgl. *OVG Münster,* 16. 10. 1997 – 11 aD 116/96.NE – DVBl. 98, 602; vgl. auch D 353.

heute nicht mehr im Wege des Normenkontrollverfahrens angreifbar (vgl. D 348ff.).

281 Mangels rechtsverbindlicher Regelungen und damit mangels Rechtsnormqualität sind aus dem Bereich des BauGB
– Flächennutzungspläne (§ 5 BauGB),[755]
– Umlegungsbeschlüsse (§ 47 BauGB),[756]
– Umlegungspläne (§ 66 BauGB),[757]
nicht im Wege des Normenkontrollverfahrens nach § 47 überprüfbar.[758]

282 Bei den im § 47 Abs. 1 Nr. 1, 2. Alt. angesprochenen Rechtsverordnungen des § 246 Abs. 2 BauGB handelt es sich um einen Hinweis auf die landesrechtlichen Besonderheiten der Stadtstaaten Berlin und Hamburg; Berlin und Hamburg können Bestimmungen darüber treffen, welche Form der Rechtssetzung an die Stelle der im BauGB vorgesehenen Satzung treten kann. In Berlin werden B-Pläne als Rechtsverordnungen erlassen (vgl. § 4 Abs. 5 AG BauGB Berlin); in Hamburg werden B-Pläne als Gesetze verabschiedet, die dann nach der Rechtsprechung Gegenstand der Normenkontrolle gem. § 47 sein können.[759]

283 Soweit in einem Bundesland die erweiterte Normenkontrolle zugelassen ist (§ 47 Abs. 1 Nr. 2; vgl. oben D 276) können neben den Satzungen des BauGB auch noch weitere Rechtsvorschriften der abstrakten Normenkontrolle unterworfen werden, wenn es sich hierbei um **untergesetzliche** Rechtsnormen des Landesrechts handelt:
– Örtliche Bauvorschriften, die als isolierte Satzung beschlossen wurden,[760]
– Abfallentsorgungspläne, soweit sie für verbindlich erklärt werden,[761]
– Anstaltsordnungen, soweit sie allgemein verbindlichen Charakter haben,[762]
– Rechtsverordnungen,[763]

---

[755] *BVerwG,* 20. 7. 1990 – 4 N 3.88 – ZfBR 90, 296ff.

[756] *Kopp/Schenke,* § 47, Rdn. 22.

[757] *Kopp/Schenke,* § 47, Rdn. 22.

[758] *Redeker/von Oertzen,* § 47, Rdn. 17; *BVerwG,* 20. 7. 1990 – 4 N 3.88 – ZfBR 90, 296ff.; nicht ausreichend ist es, wenn Satzungen nach anderen landesrechtlichen Vorschriften erlassen werden, die für das Normsetzungsverfahren auf Verfahrensvorschriften des BauGB verweisen, vgl. *OVG Münster,* 25. 8. 1994 – 10a D 179/92.NE – NVwZ-RR 95, 176 für Landschaftspläne.

[759] *BVerfG,* 14. 5. 1985 – 2 BvR 397/82 – DÖV 85, 972 (974 f); *Hoppe* in *Hoppe/Grotefels,* § 16, Rdn. 9; s.a. *Gerhardt* in *Schoch/Schmidt-Aßmann/Pietzner,* § 47, Rdn. 17; *OVG Hamburg,* 4. 11. 1999 – 2 E 29/96.N – ZfBR 00, 498ff.

[760] In den Bundesländern, in denen die erweiterte Normenkontrolle nicht zugelassen ist, können örtliche Bauvorschriften nur angefochten werden, wenn sie Bestandteil eines B-Plans sind; vgl. dazu *Boeddinghaus/Hahn/Schulte,* § 81 a. F., Rdn. 132.

[761] *BVerwG,* 18. 12. 1990 – 7 NB 4/90 – NVwZ-RR 91, 235; *BVerwG,* 18. 12. 1990 – 4 NB 4.90 – DVBl. 91, 339.

[762] *Redeker/von Oertzen,* § 47, Rdn. 13.

[763] *Kopp/Schenke,* § 47, Rdn. 25; z.B. Marktverordnungen nach §§ 47, 69 GewO; ferner §§ 10, 14 Ladenschlussgesetz; vgl. dazu *Stober,* Ladenschlussgesetz, 3. Aufl., 90 Erl. Zu §§ 10, 14; allgemein vgl. *BVerwG,* 6. 6. 1989 – 7 NB 4/89 – NVwZ-RR 90, 378; VO über die Öffnung von Verkaufsstellen an einem Sonntag: *OVG Koblenz,* 28. 6. 1995 – 11 C 1255/94 – NVwZ-RR 96, 201; VO nach dem LadSchlG, wonach abweichend von der in § 14 Abs. 1 S. 2 LadSchlG vorgeschriebenen Ladenschlusszeit an Samstagen längere Öffnungszeiten vorgesehen sind: *BVerwG,* 17. 12. 1998 – 1 CN 1/98 – NJW 99, 1567ff; *OVG*

– Polizeiverordnungen (z. B. Sperrgebietsverordnungen,[764] Sperrzeitverordnungen nach § 18 GaststG),[765]
– abgeleitetes Gewohnheitsrecht[766] (z. B. Observanzen),[767]
– autonome Satzungen von Gemeinden, Kreisen und Hochschulen u. a. Körperschaften des öffentlichen Rechts,[768]
– Festsetzungen der Eckregelsätze in der Sozialhilfe für den Bereich eines Bundeslandes.[769]

Soweit allgemeine Regelungen keinen **Rechtsnormcharakter** tragen, ist eine Normenkontrolle unzulässig. Der Rechtsnormcharakter ist insbesondere verneint worden bei **284**
– Landesentwicklungsplänen,[770]
– Raumordnungsplänen,[771]
– Regionalplänen (strittig),[772]
– Allgemeinverfügungen,[773]
– kommunalen Mietspiegeln,[774]
– Verwaltungsvorschriften (strittig).[775]

Koblenz, 29. 4. 1998 – 11 C 12733/97 – DVBl. 99, 58 und *OVG Bremen,* 19. 9. 1998 – 1 HN 204/98 – NVwZ-RR 99, 576 ff, VO über ein Naturschutzgebiet: *Bay VGH,* 5. 3. 1996 – 9 N 92 3498 – BayVBl. 96, 501; VO gem. § 9 a FStrG zur Sicherung der Planung für den Neubau einer BAB: trotz § 5 Abs. 1 VerkPBG ist das OVG zuständig, vgl. *BVerwG,* 17. 10. 1994 – 4 N 1.94 – DÖV 95,196 f.

764 Vgl. *VGH Mannheim,* 22. 3. 1993 – 1 S 2551/91 – NVwZ-RR 92, 418; wobei Normenkontrollklagen gegen bloße Ordnungswidrigkeitsvorschriften unzulässig sind.

765 Vgl. *VGH Mannheim,* 22. 3. 1993 – 1 S 2551/91 – NVwZ-RR 92, 418; wobei Normenkontrollklagen gegen bloße Ordnungswidrigkeitsvorschriften unzulässig sind.

766 *Redeker/von Oertzen,* § 47, Rdn. 15.

767 *VerfGH NW,* 16. 4. 1982 – VerfGH 17/98 – DVBl. 82, 1043 f.

768 Zu Haushaltssatzungen eines Kreises vgl. *VGH Kassel,* 27. 1. 1999 – 8 N 3392/94 – DVBl. 99, 840 und *OVG Koblenz,* 8. 12. 1998 – 7 C 11935/97 – DVBl. 99, 846; zu Hochschulsatzungen vgl. *BVerwG,* 4. 7. 1969 – VII C 29.67 – BVerwGE 32, 308; zu Satzungen der IHK vgl. *OVG Münster,* 7. 7. 1989 – 4 A 1787/88 – Gewerbearchiv 90, 52; zu Satzungen von Wasser- und Bodenverbänden vgl. *BVerwG,* 9. 5. 1958 – IV C 227.57 – BVerwGE 7, 30; ferner *OVG Bremen,* 11. 3. 1991 – 1 T 2/91 – NVwZ-RR 92, 154; ferner vgl. allgemein *Redeker/von Oertzen,* § 47 Rdn. 12–15; Abfallwirtschaftssatzungen: *BVerwG,* 27. 7. 1995 – 7 NB 1/95 – NVwZ 96, 63, zu der Biergartenverordnung vgl. *BVerwG,* 28. 1. 1999 – 7 CN 1.97 – UPR 99, 193 ff.

769 *OVG Bremen,* 9. 4. 1991 – 2 N 1/90 – DÖV 91, 89 ff.; *BVerwG,* 25. 11. 1993 – 5 N 1.92 – BVerwGE 94, 335: der Rechtsnormcharakter ist auch dann zu bejahen, wenn die Eckregelsätze durch Runderlass, also durch Verwaltungsvorschrift festgesetzt worden sind.

770 *Kopp/Schenke,* § 47, Rdn. 33.

771 *Kopp/Schenke,* § 47, Rdn. 33.

772 *Kopp/Schenke,* § 47, Rdn. 33; a. A. *VerfGH NW,* 15. 12. 1989 – VerfGH 5/88 – DVBl. 90, 417 ff.; *Hoppe/Schöneberg,* „Raumordnungs- und Landesplanungsrecht des Bundes und des Landes Niedersachsen", 1987, Rdn. 367 ff.

773 Allgemeinverfügungen sind Verwaltungsakte (§ 35 S. 2 VwVfG); *Kopp/Schenke,* Anh. zu § 42, Rdn. 52.

774 Es handelt sich um bloße Verlautbarungen ohne Regelungscharakter, vgl. *Bay VGH,* 14. 6. 1994 – 24 B 93 3620 – DVBl. 95, 162; auch eine Feststellungsklage ist mangels Rechtsverhältnisses unzulässig, *BVerwG,* 26. 1. 1996 – 8 C 19/94 – NJW 96, 2046 ff.

775 *VGH Kassel,* 15. 4. 1991 – 1 N 3368/90 – DVBl. 92, 779; kritisch *Redeker/von Oertzen,* § 47, Rdn. 16.

285 **Verwaltungsvorschriften** werden in der Regel nicht Gegenstand eines Normenkontrollverfahrens sein können.[776] Es handelt sich hierbei nämlich in den meisten Fällen um ermessensbindende Regelungen, die im Grunde eine von der Verwaltung im voraus bekanntgegebene Verwaltungspraxis widerspiegeln und damit lediglich der einheitlichen und gleichmäßigen Behandlung des betroffenen Personenkreises im Rahmen des Verwaltungsverfahrens dienen. Nach Auffassung von Ossenbühl[777] unterliegen jedenfalls Ministerialerlasse (= ministerielle Verwaltungsvorschriften) der verwaltungsgerichtlichen Normenkontrolle, wenn diese Verwaltungsvorschriften nach Inhalt und Funktion die allgemeine Rechtsordnung ergänzen sollen. Rechtsnormen i. S. d. § 47 sind daher nicht nur Satzungen und Rechtsverordnungen, sondern um dem Schutzzweck des § 47 zu genügen, alle Normen, die mit dem Anspruch auf Verbindlichkeit tatsächlich gelten und von der staatlichen Autorität garantiert werden.[778] Wenn also Verwaltungsvorschriften (z. B. Ministerialerlasse) durch ihren Regelungscharakter quasi administratives Ergänzungsrecht schaffen,[779] dann kommt ihnen ausnahmsweise auch Rechtsnormcharakter zu, d. h. sie sind dann nach außen hin wirkendes sachliches Recht.[780] Die Festsetzung der Eckregelsätze für Sozialhilfe hat deshalb auch dann den Charakter einer Rechtsvorschrift, wenn sie durch ministerialen Runderlass und nicht durch Rechtsverordnung erfolgt ist, so dass ein Normenkontrollantrag in diesen Fällen auch bei einem ministerialen Runderlass zulässig ist.[781] In derartigen Ausnahmefällen können daher auch allgemeine Verwaltungsvorschriften der abstrakten Normenkontrolle zugänglich gemacht werden.

286 Ein Normenkontrollantrag nach § 47 ist nur gegen eine bereits **erlassene** Norm statthaft.[782] Die Norm ist erlassen, wenn sie verkündet wurde.[783] Die Voraussetzung der Veröffentlichung der angegriffenen Norm muss bereits zu dem Zeitpunkt vorliegen, in dem der Antrag erhoben wird. Ein späteres Inkrafttreten der Norm heilt den Mangel der Zulässigkeit nicht.[784] „Planreife“ Bebauungsplanentwürfe i. S. v. § 33 BauGB können daher (noch) nicht mit der Normenkontrollklage angegriffen werden (vgl. auch K 24 ff.).[785] Eine Norm ist freilich dann als „erlassen“ anzusehen,

---

[776] *VGH Kassel,* 15. 4. 1991 – 1 N 3368/90 – DVBl. 92, 779; ferner in einem obiter dictum *VerfGH NW,* 6. 7. 1993 – VerfGH 9/92, 22/92 – A. U. 22; *Kopp/Schenke,* § 47, Rdn. 29.

[777] *Ossenbühl,* „Ministerialerlasse als Gegenstand der verwaltungsgerichtlichen Normenkontrolle“, DVBl. 69, 526.

[778] *VerfGH NW,* 16. 4. 1982 – VerfGH 17/78 – DVBl. 82, 1043 f. zu Gewohnheitsrecht (Observanz); vgl. ferner allg. *Jörg Schmidt* in *Eyermann,* § 47, Rdn. 26.

[779] *Ossenbühl,* „Verwaltungsvorschriften und Grundgesetz“, 68, S. 413 f.

[780] Vgl. *BGH,* 28. 2. 1952 – IV ZR 157/50 – NJW 52, 704. Kritisch zu diesem Ansatz *Kopp/Schenke,* § 47, Rdn. 30.

[781] *BVerwG,* 25. 11. 1993 – 5 N 1.92 – BVerwGE 94, 335.

[782] *BVerwG,* 2. 6. 1992 – 4 N 1.90 – DVBl. 92, 1241.

[783] *Jörg Schmidt* in *Eyermann,* § 47, Rdn. 22; *VGH München,* 15. 12. 1999 – 1 NE 99 3162 – n. v.; *VGH München,* 30. 7. 1999 – 26 NE 99 2007 – BayVBl. 99, 760; *OVG Greifswald,* 4. 11. 1999 – 3 M 116/99 – NordÖR 00, 37.

[784] *OVG Bautzen,* 22. 1. 1998 – 1 S 770/97 – NVwZ 98, 527.

[785] *Kopp/Schenke,* § 47, Rdn. 33; *Redeker/von Oertzen,* § 47, Rdn. 10; *VGH München,* 15. 12. 1999 – 1 NE 99 3162 – n. v.; *VGH München,* 30. 7. 1999 – 26 NE 99 2007 – BayVBl 99, 760; *OVG Greifswald,* 4. 11. 1999 – 3 M 116/99 – NordÖR 00, 37.

wenn sie aus Sicht des Normengebers – z. B. bei **funktionslosen Bebauungsplänen**[786] – Geltung für sich in Anspruch nimmt; ein Normenkontrollantrag ist also auch dann zulässig, wenn strittig ist, ob die Norm formell rechtsgültig erlassen worden ist.

Der Antrag, die Nichtigkeit einer Norm festzustellen, ist unzulässig, wenn die Norm bereits aufgehoben ist,[787] es sei denn, der Antragsteller hat ein berechtigtes Interesse daran, die Ungültigkeit der angegriffenen Norm auch gerade für die Vergangenheit festgestellt zu wissen.[788] Zulässig ist aber ein Normenkontrollantrag gegen eine Norm, mit der eine andere Norm aufgehoben wird.[789] **287**

Hinweis:
Zur konkreten Antragstellung im Normenkontrollverfahren, vgl. D 359 ff.

> **Hinweis:**
> Vgl. den Beispielschriftsatz in Anhang I Nr. 11 zum Normenkontrollverfahren.

Unzulässig ist es ferner, im Rahmen eines Normenkontrollverfahrens eine **Normenerlassklage**[790] zu erheben.[791] Gegen eine analoge Anwendung des § 47 auf Normenerlassklagen spricht bereits, dass es sich bei der Normenkontrollklage um ein objektives Verfahren handelt, das in dem subjektiv-rechtlich geprägten Rechtsschutzsystem der VwGO eine Ausnahme darstellt; derartige Ausnahmeregelungen sind grundsätzlich keiner analogen Anwendung zugänglich. Hinzu kommt, dass der Gesetzgeber in Kenntnis der Problematik einer Normenerlassklage trotz wiederholter Änderungen der VwGO wie auch des § 47 bisher davon abgesehen hat, die Vorschrift entsprechend zu erweitern. Besonders problematisch wäre die Zulassung der Normenerlassklage auch wegen des Einführungsvorbehalts in § 47 Abs. 1 Nr. 2: Während die Nichteinführung von Normenkontrollklagen im allgemeinen für den Bürger keine Rechtsschutzlücke lässt, weil die Rechtmäßigkeit der zugrunde liegenden Rechtsvorschriften im Rahmen der von der VwGO vorgesehenen Klagearten inzident überprüft werden können, wäre eine Normenerlassklage in analoger Anwendung des § 47 nur in den Ländern zulässig, in denen die Nor- **288**

---

786 *BVerwG,* 3. 12. 1998 – 4 CN 3.97 – ZfBR 99, 155 f. = NVwZ 99, 986 f.; *OVG Münster,* 2. 2. 2000 – 7 aD 224/98.NE – n. v.

787 *BVerwG,* 14. 7. 1978 – 7 N 1.78 – BVerwGE 56, 172; zu ggfs. denkbaren Ausnahmen, vgl. *Jörg Schmidt* in *Eyermann,* § 47, Rdn. 15; bei funktionslosen Bebauungsplänen bleibt das Normenkontrollverfahren zulässig, um die Nichtigkeit festzustellen, vgl. dazu *BVerwG,* 3. 12. 1998 – 4 CN 4.97 – ZfBR 99, 467.

788 *VGH Mannheim,* 4. 5. 1998 – 1 S 749/97 – NVwZ 99, 565.

789 *OVG Schleswig,* 21. 6. 1996 – 3 K 2/94 – NVwZ 98, 301.

790 Vgl. auch *Jörg Schmidt* in *Eyermann,* § 47, Rdn. 20, der zwischen der echten und der unechten Normenerlassklage unterscheidet.

791 *BVerwG,* 1. 8. 1958 – VII A 35.57 – BVerwGE 7, 188; ferner *BVerwG,* 19. 8. 1971 – 1 WB 41.71 – BVerwGE 43, 261, 262 – *BVerwG,* 6. 11. 1986 – 3 C 72.84 – BVerwGE 75, 109, 118; *BVerwG,* 23. 12. 1988 – 4 NB 29.88 – Buchholz, 310, § 47, VwGO Nr. 31: Auch eine Klage gegen den Nichterlass einer Norm ist gem. § 47 unstatthaft; *Wahl/Schütz* in *Schoch/Schmidt-Aßmann/Pietzner,* § 42, Rdn. 150 f., 160, *VGH Kassel,* 15. 4. 1991 – 1 N 3368/90 – NVwZ 92, 68 ff.

menkontrollklage allgemein eingeführt ist.[792] Im übrigen wären derartige Klagen regelmäßig unbegründet, weil es praktisch undenkbar ist, dass hinsichtlich des normgeberischen Ermessens eine Ermessensreduktion auf Null festgestellt werden kann. Aus dem gleichen Grund ist auch unzulässig, eine Normenkontrollklage auf Unterlassung des Erlasses einer untergesetzlichen Norm zu erheben.[793]

289 Unter engen Voraussetzungen kann freilich eine allgemeine Feststellungsklage gem. § 43 VwGO denkbar und zulässig sein, und zwar dann wenn der Kläger ein bestimmtes Normerlassbegehren unter Hinweis auf den Gleichheitssatz geltend macht, vgl. auch D 233.[794] Unzulässig ist aber die Verbindung eines Normenkontrollantrags mit einer Feststellungsklage.[795]

290 In den Bundesländern, in denen der Gesetzgeber bislang vom Vorbehalt des § 47 Abs. 1 Nr. 2 keinen Gebrauch gemacht hat (z.B. in Nordrhein-Westfalen) ist teilweise eine Ausweitung der abstrakten Normenkontrolle auf verfassungsrechtlicher Ebene zu beobachten. So hat der VerfGH NW die nach § 52 VerfGHG zulässige gemeindliche Verfassungsklage auch auf die Kontrolle untergesetzlicher Rechtsnormen ausgedehnt: hat das Gericht die Ausweisungen in den nordrheinwestfälischen Regionalplänen als „Landesrecht" i.S.v. § 52 VerfGH NW gewertet und ausgesprochen, dass diese Pläne wegen ihrer Bindungswirkung gegenüber der gemeindlichen Planungshoheit (§ 5 Abs. 4 ROG; § 1 Abs. 4 BauGB) untergesetzliche Normen seien, die Außenwirkung gegenüber Gemeinden entfalteten.[796]

b) Öffentlich-rechtliche Streitigkeit

291 Das Normenkontrollverfahren ist nach § 47 Abs. 1 Satz 1 nur im Rahmen der sachlichen Zuständigkeit des OVG gem. § 40 zulässig.[797] Dies bedeutet, dass nur solche Rechtssätze der abstrakten Normenkontrolle unterliegen, zu deren Vollzug ein im Verwaltungsrechtsstreit anfechtbarer oder durch Verpflichtungsklage erzwingbarer Verwaltungsakt ergehen kann oder aus deren Anwendung sonstige öffentlich-rechtliche Streitigkeiten nicht verfassungsrechtlicher Art (vgl. C 5ff.) entstehen können.[798]

---

[792] *VGH Kassel,* 15. 11. 1982 – VIII N 2/82 – ESVGH 33, 157.

[793] Sehr streitig, vgl. dazu *Kopp/Schenke,* § 47, Rdn. 16 unter Hinweis auf die gegensätzlichen Ansichten in Literatur und Rechtsprechung; ablehnend: *BVerwG,* 7. 9. 1989 – 7 C 4/89 – NVwZ 90, 162ff.; *Jörg Schmidt* in *Eyermann,* § 47, Rdn. 13.

[794] Vgl. dazu oben D 172; ferner *OVG Münster,* 14. 6. 1994 – 15 A 2449/91 – NVwZ-RR 95, 105; vgl. ferner die Ausführungen von *Hoppe* in *Hoppe/Grotefels,* § 16, Rdn. 7 zur vorbeugenden Gemeindenachbarklage.

[795] *VGH Mannheim,* 8. 1. 1992 – 5 S 893/91 – NVwZ 93, 490.

[796] Vgl. dazu *VerfGH NW,* 5. 12. 1989 – VerfGH 5/88 – DVBl. 90, 417ff.; ferner *VerfGH NW,* 28. 1. 1992 – VerfGH 2/91 n. v.; ferner *Werner Hoppe* in *Hoppe/Schöneberg,* „Raumordnungs- und Landesplanungsrecht des Bundes und des Landes Niedersachsen", 1987, Rdn. 367ff.

[797] Vgl. *VGH Kassel,* 15. 1. 1991 – 11 N 62/91 – NVwZ 91, 1098.

[798] Vgl. *Kopp/Schenke,* § 47 Rdn. 17; unzulässig – weil der staatlichen Gerichtsbarkeit entzogen – ist deshalb auch ein Normenkontrollantrag gegen die Mitarbeiter – Vertretungsordnung einer Erzdiozöse – *VGH München,* 22. 4. 1998–7 N 97 1968 – BayVBl. 99, 275.

Beispiel:
Eine Normenkontrollklage gegen eine Polizeiverordnung, die nur Ordnungswidrigkeitsbestimmungen enthält, ist nicht statthaft.[799]

Rechtsvorschriften rein ordnungswidrigkeitsrechtlichen Inhalts können keiner Normenkontrolle unterworfen werden, weil die Normenkontrollgerichte nur im Rahmen „ihrer Gerichtsbarkeit" tätig werden dürfen. Ordnungswidrigkeitsrechtliche Vorschriften werden über Bußgeldbescheide umgesetzt, für deren Überprüfung die ordentlichen Gerichte zuständig sind.[800] **292**

c) Einleitung des Verfahrens durch Antrag

Das OVG wird nicht von Amts wegen, sondern nur auf einen gesonderten Antrag hin tätig (§ 47 Abs. 1). Der schriftlich einzureichende Antrag (zur Übermittlung des Antrags mittels elektronischem Dokument, vgl. E 40a) muss auf die Feststellung der Ungültigkeit einer in § 47 Abs. 1 genannten Rechtsvorschrift gerichtet sein (vgl. auch D 352 zu den im Verfahren zu stellenden Anträgen).[801] **293**

d) Antragsteller

aa) Natürliche und juristische Personen

Jede natürliche oder juristische Person kann einen Normenkontrollantrag stellen, wenn sie geltend macht, durch die fragliche Rechtsvorschrift oder deren Anwendung in ihren Rechten verletzt zu sein oder in absehbarer Zeit verletzt zu werden (§ 47 Abs. 2 S. 1). **294**

(1) *Antragsbefugnis.* Im Zuge des § 6 VwGOÄndG ist es bezüglich der Antragsbefugnis des § 47 Abs. 2 S. 1 VwGO zu einer Änderung gekommen.[802] Dies gilt vor allem bei Normenkontrollverfahren gegen Bauleitpläne. Nach altem Recht konnte jeder ein Normenkontrollverfahren einleiten, der geltend machen konnte, durch den Bebauungsplan einen Nachteil zu erleiden. Nach ständiger Rechtsprechung des BVerwG war dabei von einer Kongruenz des materiellen und des Prozessrechts auszugehen: Ein Nachteil i. S. d. § 47 Abs. 2 a. F. war gegeben, wenn der Antragsteller durch den Bebauungsplan oder dessen Anwendung „negativ, d. h. verletzend in seinem Interesse betroffen war bzw. in absehbarer Weise betroffen werden konnte, das bei der Entscheidung über den Erlass oder den Inhalt dieses Bebauungsplans als privates Interesse des Antragstellers in der Abwägung berücksichtigt werden musste".[803] Dabei war es gleichgültig, ob das durch den Bebauungsplan benachteiligte Grundstück des Antragstellers innerhalb[804] oder außerhalb[805] des Plangebiets lag. **295**

---

799 *VGH Mannheim,* 23. 3. 1992 – 1 S 2551/91 – NVwZ-RR 92, 418; *BVerwG,* 22. 7. 1995 – 7 NB 1/95 – NVwZ 96, 63 ff.

800 *BVerwG,* 22. 7. 1995 – 7 NB 1/95 – NVwZ 96, 63 ff., ständige Rechtsprechung.

801 *Dürr,* „Die Antragsbefugnis bei Normenkontrolle von Bebauungsplänen", 1987, 27 ff.

802 *Kuhla/Hüttenbrink,* „Endstation Einzelrichter, kritische Betrachtung der Entwürfe von Bundesrat und Bundesregierung zur 6. VwGO-Novelle", DVBl. 96, 717 ff., 721.

803 *BVerwG,* 9. 11. 1979 – 4 N 1.78 – NJW 80, 1061 = BVerwGE 59, 87; vgl. ferner *Papier,* S. 522; *BVerwG,* 20. 8. 1992 – 4 N 3.92 – DVBl. 92, 1141; *BVerwG,* 6. 6. 1989 – 7 N 4/88 – NVwZ-RR 90, 378; ferner *Stüer,* E 1910 ff.

804 Vgl. z. B. *Dolde,* NJW 84, 1713, 1714 f.

805 *BGH,* 28. 6. 1984 – III ZR 35/83 – UPR 84, S. 331.

296 Der Gesetzgeber hat den im Rahmen der Antragsbefugnis ursprünglich verwandten Begriff des „Nachteils" aufgegeben.[806] Jetzt scheint für die Antragsbefugnis mehr erforderlich zu sein als ein bloßes „nachteiliges Betroffensein" des jeweiligen Antragstellers.[807] Wie die Entstehungsgeschichte der Gesetzesänderung belegt, muss der Antragsteller vielmehr **geltend machen** in **eigenen Rechten** verletzt zu sein oder in absehbarer Zeit in eigenen Rechten verletzt zu werden.[808] Infolge der gesetzlichen Neuregelung wird überwiegend vertreten, dass die Antragsbefugnis mit der Klagebefugnis i. S. d. § 42 Abs. 2 gleichzusetzen sei.[809] Folgt man dieser Rechtsauffassung, so lässt sich folgender Minimalkonsens feststellen:

297 Unstreitig ist eine Rechtsverletzung i. S. d. § 47 Abs. 2 S. 1 n. F. dann gegeben, wenn die Rechtsnorm unmittelbar in die Rechte des jeweiligen Antragstellers eingreift. Wie bei der Klagebefugnis ist der Normenkontrollantrag jedenfalls dann zulässig, wenn der Antragsteller schlüssig behaupten kann (= „geltend machen kann") in seinen Grundrechten, insbesondere aus Art. 2 Abs. 1 (allgemeine Handlungsfreiheit), Art. 2 Abs. 2 (körperliche Unversehrtheit), Art. 12 (Berufsfreiheit) oder Art. 14 (Eigentumsfreiheit) GG verletzt zu sein (vgl. dazu die Ausführungen oben unter D 56 ff.).

298 Anders als bei der Kontrolle von Rechtsnormen im allgemeinen wird bei Bebauungsplänen freilich nur selten ein Eingriff in die freie Entfaltung der Persönlichkeit anzunehmen sein. Die persönliche Entfaltungsfreiheit eines Antragstellers erstreckt sich nämlich nicht auf das allgemeine Geschehen im Plangebiet. Sofern ein Antragsteller ein Geschehen bekämpfen will, das ihn – wie alle anderen Staatsbürger auch – nicht mehr oder nicht weniger angeht als alles

---

[806] Vgl. dazu *Kuhla/Hüttenbrink,* „Der Verwaltungsprozeß", 1. Aufl., Rdn. D 218 – D 225.

[807] *Jörg Schmidt* in *Eyermann,* § 47, Rdn. 41, 48 vertritt die Auffassung, dass die Neuregelung eher zu einer Erweiterung des Rechtsschutzes führe:

Die an sich bezweckte Einschränkung der Antragsbefugnis wurde also gerade nicht erreicht (vgl. auch *Numberger/Schönfelder,* UPR 97, 89). Im Gegenteil könnte die Neuregelung eher zu einer Erweiterung führen. Während nämlich früher nach der Rechtsprechung des *BVerwG* (NJW 92, 2844) auch bei rechtlich geschützten Belangten unter dem Gesichtspunkt der „Geringwertigkeit" die Antragsbefugnis fehlen konnte, wenn diese unbedeutend waren, gibt es bei einer Rechtsverletzung grundsätzlich keine Unbeachtlichkeitsschwelle mehr. So könnte jetzt das Interesse von zusätzlichem Verkehrslärm verschont zu bleiben, wegen Art. 2 Abs. 2 S. 1 GG leichter geeignet sein, die Antragsbefugnis zu begründen, während diese nach der bisherigen Rechtsprechung bei geringfügigen Beeinträchtigungen verneint wurde (*BVerwG,* NVwZ 94, 693; NVwZ 96, 711; ähnlich *Paetow,* NVwZ 85, 309, 312), weil bei unbedeutenden Veränderungen der Lärmsituation oder dann, wenn sich diese wegen großer Entfernung nur unwesentlich auf das Grundstück des Antragstellers auswirkten, kein Nachteil i. S. v. § 47 Abs. 2 a. F. vorlag; *BVerwG,* NVwZ 93, 468; NVwZ-RR 93, 513; NVwZ 96, 711."

[808] *OVG Münster,* 23. 1. 1997 – 7 a D 142/93.NE – DVBl. 97, 675; BT-Drucks. 13/3993; 10. Zur Antragsbefugnis von Ladenangestellten bei verlängerten Ladenschlusszeiten vgl. *OVG Koblenz,* 29. 4. 1998 – 11 C 12733/97 – DÖV 98, 684; zu Naturschutzverbänden vgl. *BVerwG,* 21. 7. 1997 – 4 BN 10.97 – ZfBR 98, 50 ff.

[809] Vgl. dazu Gesetzesentwurf der Bundesregierung BT-Drucks. 13/3993 v. 6. 3. 1996, S. 9, 10; ferner *Stüer,* „Die Beschleunigungsnovelle 1996", DVBl. 97, 326 ff., 332 f.; *OVG Münster,* 23. 1. 1997–7 a D 142/93.NE – AU, 13.

das, was sonst in einem Gemeinwesen vorgeht, ist der Betreffende nicht klagebefugt.[810]

Stark umstritten war zunächst, ob es ein Recht auf „fehlerfreie Abwägung" als subjektiv-öffentliches Recht (vgl. dazu unten D 304ff.) gebe.[811] **299**

Das BVerwG hat sich in mehreren Entscheidungen an die Neuregelung herangetastet.[812] Sieht man von einem Recht auf „fehlerfreie Abwägung" ab, so ist nach allseitiger Auffassung bei Bebauungsplänen die Antragsbefugnis eines **Grundstückseigentümers** dann gegeben, wenn der Bebauungsplan bzgl. seines Grundstücks Festsetzungen trifft, die sich auf das Eigentumsrecht auswirken können, also z.B. bei **300**

- Änderungen des Gebietscharakters,
- Änderungen von Art und Maß der baulichen Nutzung,
- Änderungen der Bauweise, der bebaubaren Grundstücksflächen und der Zahl der Vollgeschosse,
- Gestaltungsvorschriften, oder bei
- negativen Festsetzungen auf Nachbargrundstücken, die sich auf das eigene Grundstück auswirken und die sich dem Antragsteller gegenüber als rücksichtslos erweisen.[813]

Die Antragsbefugnis ist gem. § 47 Abs. 2 S. 1 VwGO n.F. regelmäßig zu bejahen, wenn sich ein Eigentümer eines im Plangebiet gelegenen Grundstücks gegen eine bauplanerische Festsetzung wendet, die unmittelbar sein Grundstück betrifft.[814] Die bloße Belegenheit eines Grundstücks im Geltungsbereich eines Bebauungsplans allein begründet allerdings die Antragsbefugnis noch nicht.[815] Der jeweilige Antragsteller des gegen einen Bebauungsplan gerichteten Normenkontrollverfahrens kann sich bei negativen Festsetzungen im Plangebiet nicht auf den Entzug einfacher Chancen, Möglichkeiten oder Erwartungen berufen; bei negativen Festsetzungen auf Nachbargrundstücken wird es entscheidend darauf ankommen, ob der Antragsteller, dessen Grundstück u.U. auch außerhalb des Plangebiets liegen kann, im Falle einer baurechtlichen Nachbarklage gleichsam zulässigerweise bei Erteilung einer Baugenehmigung auf dem Nachbargrundstück Anfechtungsklage **301**

---

810 *BVerwG,* 29. 7. 1977 – IV C 51.75 – BVerwGE 54, 211ff., 220, 221.

811 Zur Herleitung des Rechts auf fehlerfreie Abwägung, vgl. *Hüttenbrink,* „Das Recht auf fehlerfreie Abwägung als subjektiv-öffentliches Recht i.S.d. Antragsbefugnis gem. § 47 Abs. 2 VwGO n.F., DVBl. 97, 1253ff.

812 Vgl. *Hüttenbrink,* „Grundsatz der Planerhaltung – Leitmotiv für Neuregelungen bei der Normenkontrolle, § 47 VwGO", BauR 99, 350ff.

813 *BGH,* 28. 6. 1984 – III ZR 35/83 – BGHZ 92, 34ff.: „Den Amtsträgern einer Gemeinde obliegen im Rahmen der planungsrechtlichen Abwägungen nach § 1 Abs. 7 BBauG gegenüber einem Planbetroffenen grundsätzlich nur dann drittgerichtete Amtspflichten, wenn das Gebot der Rücksichtnahme zugunsten dieses Betroffenen drittschützende Wirkung entfaltet."

814 *BVerwG,* 7. 7. 1997 – 4 BN 11/97 – ZfBR 97, 314ff.; *BVerwG,* 22. 8. 2000 – 4 BN 38.00 – ZfBR 00, 564.

815 Eine Rechtsverletzung i.S.d. § 47 Abs. 2 S. 1 kann daher nicht geltend machen, wer vorträgt, sein Grundstück hätte **ohne Änderung der für dieses geltenden Festsetzungen** in den Geltungsbereich eines – die zulässige Nutzung anderer Grundstücke regelnden Änderungsbebauungsplans einbezogen werden müssen; *BVerwG,* 22. 8. 2000 – 4 BN 38.00 – ZfBR 00, 564.

erheben könnte.[816] Er muss also – sofern er die Festsetzungen für Nachbargrundstücke angreifen will, für die Zulässigkeit der Normenkontrolle darlegen, dass er auch insoweit in seinen Rechten verletzt wird. Der Antragsteller wird also immer dann antragsbefugt sein, wenn er geltend machen kann, der Bebauungsplan verstoße gegen das Gebot der nachbarlichen Rücksichtnahme.[817]

302 Geklärt ist auch, dass an die Geltendmachung einer Rechtsverletzung nach § 47 Abs. 2 S. 1 keine höheren Anforderungen gestellt werden können, als sie auch für die Klagebefugnis nach § 42 Abs. 2 gelten. Der Antragsteller genügt danach seiner Darlegungsfrist, wenn er hinreichend substantiiert Tatsachen vorträgt, die es möglich erscheinen lassen, dass er durch die Festsetzungen des Bebauungsplans in einem Recht (z.B. als Eigentümer eines Grundstücks) verletzt wird.[818]

303 Nach neuem Recht kann der Antragsteller die Verletzung eines aus Art. 12, 14 GG abgeleiteten **Rechts am ausgeübten und eingerichteten Gewerbebetrieb** nur dann geltend machen, wenn der Bebauungsplan dem Betrieb eine besondere Rechtsstellung nimmt, welche gerade dieser Betrieb zuvor erlangt hatte.[819] Dabei kann es allerdings in der freien Wettbewerbswirtschaft keinen allgemeinen Konkurrenzschutz geben, insbesondere gibt es kein subjektiv verfassungskräftiges Recht gegen den Staat auf Erhaltung eines bestimmten Geschäftsumfangs und auf Sicherung weiterer Erwerbsmöglichkeiten.[820]

304 Nach der neuen **Rechtslage** blieb freilich die – auch im Gesetzgebungsverfahren nicht erörterte Frage zu klären, ob der Antragsteller möglicherweise unter Berufung auf **ein Recht auf fehlerfreie Abwägung** seine Antragsbefugnis herleiten kann. Insoweit kam es entscheidend darauf an, ob es bei der Durchführung eines B-Planverfahrens einen subjektiven Rechtsanspruch auf ein abwägungsfehlerfreies Bebauungsplanverfahren gibt, dessen Verletzung ein Planbetroffener, also z.B. auch ein **Pächter** oder sonstiger **Mieter**[821] **oder Planangrenzer** ungeachtet der Antwort auf die Frage geltend machen könnte, ob er durch das Ergebnis des Bebauungsplanverfahrens, also durch die Festsetzungen des Bebauungsplans in eigenen ihm zustehenden materiellen Rechten verletzt ist.[822]

---

[816] *Stüer,* „Die Beschleunigungsnovelle 1996", DVBl. 97, 326ff., 332f.; ders. E 1922ff.

[817] Vgl. dazu die Grundsätze des § 15 BauNVO sowie in allgemeiner Form *BVerwG,* 25. 2. 1977 – 4 C 22.75 – in BVerwGE 52, 122 = DVBl. 77, 722; zum Gebot der Rücksichtnahme vgl. ferner *Hüttenbrink,* „Zum nachbarschützenden Charakter des Rücksichtnahmegebots im unbeplanten Innenbereich gem. § 34 BauGB – ein konturenloses Rechtsinstitut?", ZfBR 83, 209ff.

[818] *BVerwG,* 10. 3. 1998 – 4 CN 6/97 – NVwZ 98, 732.

[819] *BVerwG,* 20. 12. 1988 – 7 NB 3.88 – BVerwGE 81, 139ff., 146; ferner *OVG Münster,* 3. 5. 1994 – 10a D 170/93.NE – NWVBl. 95, 99ff., 100, 101.

[820] *BVerwG,* 20. 12. 1988 – 7 NB 3.88 – BVerwGE 81, 139ff., 146; ferner *OVG Münster,* 3. 5. 1994 – 10a D 170/93.NE – NWVBl. 95, 99ff., 100,101.

[821] *BVerwG,* 21. 10. 1999 – 4 CN 1/98 – ZfBR 00, 199ff.: das Recht auf fehlerfreie Abwägung des Mieters wird grundsätzlich bejaht; (für landwirtschaftliche Betriebsflächen); das *BVerwG,* 1. 9. 1997 – 4 F 36/96 – NVwZ 98, 504 weist zur Antragsbefugnis darauf hin, dass der Pächter ggfs. auch Beteiligter eines Enteignungsverfahrens gem. § 95ff BauGB sein könne; a.A. für eine kommunale Abgabensatzung *OVG Weimar,* 26. 1. 2000 – 4 N 952/97 – n. v.

[822] Verneinend: *OVG Münster,* 23. 1. 1997 – 7 aD 142/93.NE – DVBl. 97, 675f.; bejahend: *BayVGH,* 4. 6. 1977 – 26 N 962963 –.

Anders als im Fachplanungsrecht[823] vertrat die wohl überwiegende Rechtsauffassung für den Bereich der Bauleitplanung zunächst die Auffassung, dass es kein subjektives Recht auf ein fehlerfreies Bebauungsplanverfahren oder auf fehlerfreie Abwägung gem. § 1 Abs. 6 BauGB gebe.[824] **305**

Es war lange umstritten, ob der Antragsteller möglicherweise unter Berufung auf ein Recht auf fehlerfreie Abwägung seiner Antragsbefugnis herleiten kann.[825] Das BVerwG hat diese Rechtsfrage geklärt[826] und ausgeführt, dass der Gesetzgeber zwar beabsichtigt habe, die Antragsbefugnis an die Klagebefugnis des § 42 Abs. 2 anzupassen. Andererseits habe der Gesetzgeber mit der Gesetzesänderung keine höheren Anforderungen an die Geltendmachung eine Rechtsverletzung als in § 42 Abs. 2 stellen wollen. Die Änderung der Verwaltungsgerichtsordnung in § 47 Abs. 2 habe aber keine Änderung des materiellen Rechts herbeigeführt. Das in § 1 Abs. 6 BauGB enthaltene Abwägungsgebot habe drittschützenden Charakter hinsichtlich solcher privater Belange, die für die Abwägung erheblich seien.[827] Das BVerwG hat ausgeführt: **306**

„Der Wortlaut der Bestimmung, wonach bei der Aufstellung der Bauleitpläne die öffentlichen und privaten Belange gegeneinander und untereinander gerecht abzuwägen sind, spricht auch bei unbefangener Betrachtung zunächst dafür, dass die Norm auch den privaten Belangen zu dienen bestimmt ist. Eine solche Formulierung, die ausdrücklich eine gerechte Berücksichtigung auch der privaten Belange fordert, entspricht dem typischen Erscheinungsbild einer drittschützenden Norm. Bei dieser Ausgangslage könnte dieser drittschützende Charakter der Norm nur verneint werden, wenn sich aus dem Regelungszusammenhang hinreichende Anhaltspunkte dafür ergeben, die deutlich erkennen lassen, dass das Abwägungsgebot gleichwohl nur dem öffentlichen Interesse dienen soll. Das ist indes nicht der Fall ... In neuerer Zeit sind gegen den Schutznormcharakter des Abwägungsgebots insofern Bedenken erhoben worden, als dadurch – systemwidrig – bloßen faktischen Belangen – unterhalb der Rechtsschwelle – eine Wehrfähigkeit verliehen würde bzw. solche Belange zu subjektiv-öffentlichen Rechten aufgewertet würden.

Diese Einwände greifen nicht durch: Ein privater Belang, der in der Abwägung zu berücksichtigen ist, wird durch den drittschützenden Charakter des Abwägungsgebotes nicht zum subjektiven Recht und ist auch als solcher nicht wehrfähig in dem Sinne, dass der Private die Durchsetzung seines Belanges – wie bei einem subjektiven Recht – verlangen könnte. Der Private hat lediglich ein subjektives Recht darauf, dass sein Belang in der Abwägung seinem Gewicht entsprechend „abgearbeitet" wird."[828]

---

[823] *BVerwG,* 14. 2. 1975 – IV C 21.74 – BVerwGE 48, 56 (66); *BVerwG,* 16. 12. 1993 – 4 C 11.93 – NVwZ 94–691 f.

[824] Vgl. dazu *OVG Münster,* 23. 1. 1997 – 7 aD 142/93.NE – DVBl. 97, 675 f. unter Berufung auf *BVerwG,* 29. 7. 1977 – IV C 51.75 – BVerwGE 54, 211; *Hoppenberg* in „Handbuch des öffentlichen Baurechts", Kap. H 143; *Steinberg,* 340; *Battis/Krautzberger/Löhr,* § 31, Rdn. 60; Schlichter im Berliner Kommentar zum BauGB, Vorb. zu §§ 29–38, Rdn. 7; *Grauvogel* in *Brüggelmann* zu § 2, Rdn. 58; ferner *BGH,* 28. 6. 1984 – III ZR 35/83 – BGHZ 92, 34 ff.: „Den Amtsträgern einer Gemeinde obliegen im Rahmen der planungsrechtlichen Abwägungen nach § 1 Abs. 7 BBauG gegenüber einem Planbetroffenen grundsätzlich nur dann drittgerichtete Amtspflichten, wenn das Gebot der Rücksichtnahme zugunsten dieses Betroffenen drittschützende Wirkung entfaltet."

[825] Vgl. dazu die zusammenfassende Darstellung bei *Hüttenbrink,* „Das Recht auf fehlerfreie Abwägung als subjektiv-öffentliches Recht i. S. d. Antragsbefugnis gem. § 47 Abs. 2 VwGO", DVBl. 97, 1253 ff.

[826] *BVerwG,* 24. 9. 1998 – 4 CN 2.98 – ZfBR 99, 39 ff.

[827] *BVerwG,* 24. 9. 1998 – 4 VN 2.98 – ZfBR 99, 39 ff.

[828] *BVerwG,* 24. 9. 1998 – 4 CN 2.98 – ZfBR 99, 39 ff.

307 Die Auffassung des BVerwG hat sich mittlerweile allgemein durchgesetzt.[829] Insgesamt kann also festgehalten werden, dass der Planbetroffene jedenfalls ein subjektiv-öffentliches Recht auf eine gerechte Berücksichtigung seiner Interessen im Rahmen der Bauleitplanung geltend machen kann. Sonstige Abwägungsfehler, die den Antragsteller in seinen Interessen nicht berühren, haben bei der Prüfung der Antragsbefugnis außer Betracht zu bleiben. Der jeweilige Antragsteller muss ferner vortragen, dass ein **abwägungserheblicher Belang** im Rahmen des Abwägungsvorganges unberücksichtigt geblieben sei.[830] Damit bleiben auch **Mieter und Pächter**[831] oder außerhalb des Plangebiets gelegene Drittbetroffene **antragsbefugt,** wenn sie mit entsprechenden Bedenken an den gemeindlichen Satzungsgeber herangetreten sind und einen sie selbst betreffenden Abwägungsfehler geltend machen. Im Gegensatz zur Antragsbefugnis nach altem Recht verlangt § 47 Abs. 2 jetzt also die konkrete und substantiierte Darlegung der Möglichkeit, dass der gemeindliche Satzungsgeber einen abwägungserheblichen Belang des Antragstellers in einer für das Abwägungsergebnis erheblichen Weise fehlerhaft behandelt hat.[832]

308 Wann Belange eines Antragstellers **abwägungserheblich** sind, ist eine Frage des Einzelfalls.[833] Nicht alle privaten Belange sind in der Abwägung zu berücksichtigen, sondern nur solche, die in der konkreten Planungssituation einen städtebaulich relevanten Bezug haben. Nicht abwägungsbeachtlich sind danach insbesondere geringwertige oder mit einem Makel behaftete Interessen sowie solche, auf deren Fortbestand kein schutzwürdiges Vertrauen besteht oder die für die Gemeinde bei der Entscheidung über den Plan nicht erkennbar waren (vgl. D 614ff.).[834] Schon nach der früheren Rechtslage reichten geringfügige Änderungen nicht aus, um einen „Nachteil“ zu begründen.[835] Dies wird auch künftig so sein.[836] Die wichtigsten Beschränkungen nach der früheren Rechtslage hat das BVerwG wie folgt umrissen:

---

[829] Vgl. dazu die Nachweise bei *Kopp/Schenke,* § 47, Rdn. 72.

[830] So hat das *BVerwG* beispielsweise entschieden, dass der bloße Umstand, dass ein bislang unbebautes Grundstück künftig bebaut werden dürfe, das Interesse des Nachbarn an der Erhaltung dieses Zustandes (z.B. bei einer Ortsrand- oder Aussichtslage) dies noch nicht zu einem abwägungserheblichen Belang mit der Folge mache, dass der betroffene Nachbar damit die Verletzung des Rechts auf gerechte Abwägung i.S.d. § 47 Abs. 2 S. 1 geltend machen könne: 22. 8. 2000 – 4 BN 38.00 – ZfBR 00, 564ff.

[831] *VGH Mannheim,* 7. 1. 1998 – 8 S 1337/97 – ZfBR 98, 264f. (für landwirtschaftliche Betriebsflächen); *BVerwG,* 5. 11. 1999 – 4 CN 3/99 – ZfBR 00, 193ff; das *BVerwG,* 1. 9. 1997 – 4 CN 36/96 – NVwZ 98, 504 weist zur Antragsbefugnis darauf hin, dass der Pächter ggfs. auch Beteiligter eines Enteignungsverfahrens gem. §§ 95ff. BauGB sein könne. Mieter und Pächter gehören im übrigen auch zur Wohnbevölkerung i.S.v. § 1 Abs. 5 S. 2 Nr. 1 BauGB, vgl. *BVerwG,* 21. 10. 1999 – 4 CN 1/98 – ZfBR 00, 199ff.; a.A. für eine kommunale Abgabensatzung *OVG Weimar,* 26. 1. 2000 – 4 N 952/97 – n. v.

[832] Vgl. *Kuhla/Hüttenbrink,* 2. Aufl., D 343ff. Die theoretische Frage, ob der Antragsteller wegen solcher Belange präkludiert ist, die er im Rahmen von Anregungen und Bedenken nicht vorgetragen hat, ist keine Frage der Zulässigkeit, sondern eine Frage der Begründetheit des Antrags (Argument aus § 215 Abs. 1 BauGB).

[833] Verkehrsimmissionen sind z.B. dann nicht abwägungserheblich, wenn die Änderungen geringfügig sind oder sich nur unwesentlich auf das Nachbargrundstück auswirken, vgl. *BVerwG,* 21. 10. 1999 – 4 CN 1/98 – ZfBR 00, 199ff.

[834] *BVerwG,* 24. 9. 1998 – 4 CN 2.98 – BRS 60 Nr. 46.

[835] *VGH Mannheim,* 14. 3. 1991 – 8 S 2399/90 – NVwZ 92, 189.

[836] A.A. *Jörg Schmidt* in *Eyermann,* § 47, Rdn. 48.

„Bei der planerischen Abwägung unbeachtet bleiben können alle (betroffenen) Interessen, die entweder – objektiv – geringwertig oder aber – sei es überhaupt, sei es im gegebenen Zusammenhang – nicht schutzwürdig sind. Von – wie der Senat meint, praktisch weittragender Bedeutung ist dabei insbesondere die sich aus der Schutz(un)würdigkeit ergebende Grenze. Sie führt nicht etwa nur zum Ausscheiden solcher Interessen, die als Interessen mit einem Makel behaftet sind und aus diesem Grunde keinen Schutz verdienen. Nicht schutzwürdig in dem hier in Rede stehenden Sinne sind Interessen vielmehr auch dann, wenn sich deren Träger vernünftigerweise darauf einstellen müssen, dass „so etwas geschieht", und wenn deshalb ihrem etwaigen Vertrauen in den Bestand oder Fortbestand etwa einer bestimmten Markt- oder Verkehrslage die Schutzwürdigkeit fehlt. Das wird bei einer von Bebauungsplänen ausgehenden allgemeinen Beeinflussung der Marktverhältnisse besonders deutlich: Es liegt in der Natur der Sache, dass planerische Festsetzungen auf Markt- und Erwerbschancen Einfluss nehmen, nämlich in der einen Richtung Chancen eröffnen und in einer anderen Richtung Chancen beseitigen. Unterschiede bestehen insoweit im Grunde nur darin, dass Einflüsse dieser Art mehr oder weniger greifbar zutage treten. Die Festsetzung eines Mischgebiets ermöglicht die Errichtung von Betrieben des Beherbergungsgewerbes, und diese Gestattung ist potentiell von Einfluss auf die in dieser Gegend bereits vorhandenen Betriebe. Die Festsetzung eines Campingplatzgebietes anstatt eines Ferienhausgebietes wirkt sich auf Baustoffhersteller ungünstig aus. Die Anordnung von „Bindungen für Bepflanzungen" (§ 9 Nr. 25 Buchst. b BauGB 1979), berührt die Interessen von Gartenbaubetrieben usw. Einflüsse von dieser Art gehen letztlich von so gut wie jeder planerischen Festsetzung aus. Sie wird unvermeidbar; auch sie noch in ihrer jeweiligen Konstellation bei der Abwägung in Rechnung stellen müssen, würde die (Bebauungs-) Planung überfordern.

Darüber hinaus beschränkt sich die Abwägungsbeachtlichkeit auf solche Betroffenheiten, die erstens mehr als geringfügig, zweitens in ihrem Eintritt zumindest wahrscheinlich und drittens – dies vor allem – für die planende Stelle bei der Entscheidung über den Plan als abwägungsbeachtlich erkennbar sind.[837]"

Beispiel: 309
Der bloße Umstand, dass ein bisher unbebautes Grundstück künftig bebaut werden darf, macht das Interesse der Grundstücksnachbarn an der Erhaltung dieses Zustandes (z. B. wegen der Ortsrandlage oder der vorhandenen Aufsicht) noch nicht zu einem abwägungsrechtlich relevanten Belang, mit der Folge, dass bei Nichtberücksichtigung dieses Aspekts die Verletzung des Rechts auf gerechte Abwägung i. S. d. § 47 Abs. 2 S. 1 VwGO deshalb nicht geltend gemacht werden kann.[838]

Treten **juristische Personen** als Antragsteller im Normenkontrollverfahren auf, 310
so sind sie nur aus eigenem Recht antragsbefugt und können nicht etwa Rechte ihrer Mitglieder geltend machen. Andernfalls würde dies sonst nämlich zu einer unzulässigen Popular- oder Verbandsklage führen können.[839]

Auch **Gemeinden** und **Gemeindeverbände,** haben als Gebietskörperschaften 311
unter Berufung auf ihre aus dem verfassungsrechtlich garantierten **Selbstverwaltungsrecht** folgenden **Planungshoheit** (Art. 28 Abs. 2 GG) das Recht, sich gegen eine für sie nachteilige Planung durch andere Planungsträger zur Wehr zu setzen.[840] Schon nach bisher geltendem Recht führten Verstöße gegen die Abstimmungspflicht nach § 2 Abs. 2 BauGB (Gebot der interkommunalen Rücksichtnahme) zu

[837] *BVerwG*, 9. 11. 1979 – 4 NB 1.78 – BVerwGE 59, 87 ff., 102.
[838] *BVerwG*, 22. 8. 2000 – 4 BN 38.00 – ZfBR 00, 564.
[839] Vgl. *Bosch/Schmidt*, D 371.
[840] *OVG Münster*, 3. 5. 1994 – 10 a D 170/93.NE = NWVBl. S. 99 ff.; *BVerwG*, 9. 1. 1995 – 4 NB 42/94 – NVwZ 95, 694; ferner *Grotefels* in *Hoppe/Grotefels*, § 2, Rdn. 16 ff., Rdn. 39.

einem Verstoß gegen das Abwägungsgebot mithin zu einer Antragsbefugnis der Nachbargemeinde (vgl. auch D 71, K 111 ff.).[841]

312 In Anlehnung an die Rechtsprechung zum Fachplanungsrecht wurde zunächst gefordert, dass eine hinreichend bestimmte und konkretisierte Planung der Nachbargemeinde vorliegen muss. Inzwischen geht die obergerichtliche Rechtsprechung aber wohl einhellig davon aus, dass eine Abstimmung bereits dann erforderlich ist, wenn unmittelbare Auswirkungen gewichtiger Art in Betracht kommen. Unmittelbare Auswirkungen gewichtiger Art sind nur dann gegeben, wenn auch ein städtebaulicher Bezug vorhanden ist. Tatsächliche Auswirkungen sind in der Regel nicht berücksichtigungspflichtig.[842]

313 Weitere **Einzelfälle zur Antragsbefugnis** aus der Rechtsprechung:

314 **Abwägungsgebot:**
An die Geltendmachung einer Rechtsverletzung nach § 47 Abs. 2 S. 1 sind keine höheren Anforderungen zu stellen als nach § 42 Abs. 2. Das in § 1 Abs. 6 BauGB enthaltene Abwägungsgebot hat drittschützenden Charakter hinsichtlich solcher privater Belange, die für die Abwägung erheblich sind (vgl. D 308).[843] Das Abwägungsgebot gemäß § 1 BauGB besteht auch für Satzungen über Vorhaben- und Erschließungspläne i. S. d. § 7 Abs. 1 BauGBMaßnG.[844]

315 **Aussichtslage/Ortsrandlage (Erhaltung):**
Der bloße Umstand, dass ein bislang unbebautes Grundstück infolge einer Bebauungsplanänderung/erstmaligen Aufstellung eines Bebauungsplans künftig bebaut werden darf, macht das Interesse der Nachbarn an der Erhaltung des ursprünglichen Zustandes (insbesondere wegen der bislang vorhandenen Ortsrand- oder Aussichtslage) noch nicht zu einem abwägungserheblichen Belang mit der Folge, dass bei Nichtberücksichtigung dieses Aspekts die Verletzung des Rechts auf gerechte Abwägung i. S. d. § 47 Abs. 2 S. 1 VwGO geltend gemacht werden könnte.[845]

---

[841] *BVerwG,* 9. 5. 1994 – 4 NB 18.94 – UPR 94, 307; *BVerwG,* 15. 12. 1989 – 4 C 36/86 – BRS 50 Nr. 153; *OVG Weimar,* 17. 6. 1998 – 1 KO 1040.97 – LKV 99, 194; *VGH Kassel,* 20. 6. 1991 – 4 TH 1094/91 – BRS 52 Nr. 154. Es handelt sich also bei § 2 Abs. 2 BauGB nicht nur um eine bloße Verfahrensvorschrift, sondern auch um eine materielle Abstimmungspflicht. *OVG Münster,* 3. 5. 1994 – 10 a D 170/93.NE – NWVBl. 95, 99 ff., 102: „Die Nachbargemeinde hat folglich einen Anspruch darauf, dass der Bebauungsplan mit ihr materiell abgestimmt ist. Das interkommunale Abstimmungsgebot verleiht der betroffenen Gemeinde gegenüber den sich auf ihr Gebiet auswirkenden Planungen der Nachbargemeinde damit eine stärkere Rechtsposition als ihrer gegenüber Fachplanungen zusteht."

[842] Selbst wenn unmittelbare Auswirkungen gewichtiger Art auf die Nachbargemeinde vorliegen, folgt hieraus nicht automatisch die Unzulässigkeit der geplanten Maßnahme im Hinblick auf § 2 Abs. 2 BauGB, da eine Gemeinde nicht jede (auch städtebaulich erhebliche) negative Folgewirkung bei ihren Nachbargemeinden vermeiden muss. Die Gemeinde ist nicht verpflichtet, ihre eigenen Interessen hinter die Belange der Nachbargemeinden zurückzustellen. Eine Verletzung des interkommunalen Abstimmungsgebots liegt nur dann und erst dann vor, wenn die betreffende Planung zu Lasten der benachbarten Gemeinde die Zumutbarkeitsschwelle überschreitet. Wenn dies im einzelnen der Fall ist, kann nicht generell beantwortet werden. Beispielsweise wird bei Einkaufszentren der Gesichtspunkt von Kaufkraftbeschlüssen dann kritisch, wenn ein städtebaulicher Umschlag stattfindet i. S. e. Bedrohung der verbrauchernahen Versorgung der eigenen Bevölkerung in der betroffenen Nachbargemeinde (Umsatzverlust von mehr als 10%).

[843] *BVerwG,* 24. 9. 1998 – 4 CN 2.98 – DVBl. 99, 100 f.

[844] *BVerwG,* 5. 3. 1999 – 4 CN 2.98 – NVwZ 99, 987.

[845] *BVerwG,* 22. 8. 2000 – 4 BN 38.00 – ZfBR 00, 564.

Bauantragsteller: 316
Ein Bauantragsteller, der sich gegen eine Veränderungssperre wendet, mit der die Gemeinde die Genehmigung seines Vorhabens verhindern will, besitzt auch dann die für einen Normenkontrollantrag erforderliche Antragsbefugnis, wenn er nicht Eigentümer des Baugrundstücks ist.[846]

Baulärm: 317
Bei der Aufstellung eines B-Plans gehört das Interesse des Eigentümers eines außerhalb des Planbereichs gelegenen Grundstücks, bei der späteren Realisierung des B-Plans nicht von den Auswirkungen (hier: Lärm und Staub) einer ebenfalls außerhalb des Planbereichs gelegenen Baustelleneinrichtung beeinträchtigt zu werden, grundsätzlich nicht zu den Belangen, die in der Abwägung berücksichtigt werden müssen. Ein auf Nichtberücksichtigung dieses Belangs gestützter Normenkontrollantrag ist mangels Antragsbefugnis unzulässig.[847]

Dinglich Berechtigte: 318
Dem Eigentümer gleichzustellen ist, wer in eigentumsähnlicher Weise an einem Grundstück dinglich berechtigt ist. Hierzu zählt der Inhaber eines Erbbaurechts ebenso wie der Nießbraucher. Auch der Käufer eines Grundstücks, auf den der Besitz sowie Nutzungen und Lasten übergegangen und zu dessen Gunsten eine Auflassungsvormerkung in das Grundstück eingetragen ist, steht dem Eigentümer gleich.[848]

Kreisumlage: 319
Die Darlegung einer Verletzung des Selbstverwaltungsrechts der Gemeinde (Art. 28 Abs. 2 S. 2 GG) im Rahmen des Angriffs auf die Fortsetzung des KreisumlageG setzt im Normenkontrollverfahren nach § 47 Abs. 2 VwGO voraus, dass rechnerisch unter Bezeichnung der Haushaltsstelle, des betroffenen Betrages und des Haushaltszwecks geltend gemacht wird, dass die Aufgabenüberschreitung zu Lasten der Gemeinde „erheblich“ ist, d. h. Auswirkungen auf die Festsetzungen des Umlagesatzes haben könnte.[849]

Lärmbelästigung: 320
Auch wenn bei einer Änderungs- und Erweiterungsplanung eines Sportzentrums eine Verminderung der Lärmbelästigung für die Umgebung prognostiziert wird, ist ein Anwohner dann antragsbefugt, wenn er die tatsächlichen und rechtlichen Annahmen des der Abwägung zugrunde gelegten Schallgutachtens in Frage stellt.[850]

Ladenangestellte: 321
Für einen Normenkontrollantrag gegen eine RechtsVO nach dem Ladenschlussgesetz, mit der an Samstagen vor verkaufsoffenen Sonntagen abweichend von der in § 14 I S. 2 LadSchlG vorgeschriebenen Ladenschlusszeit um 14 Uhr längere Öffnungszeiten zugelassen werden, ist die Antragsbefugnis eines davon betroffenen Ladenangestellten gegeben.[851]

Landschaftsschutzverordnung: 322
Der Antrag eines Grundstückseigentümers, der sich im Wege der Normenkontrolle gegen die Aufhebung einer Landschaftsschutzverordnung für ein benachbartes Gebiet wendet, in dem künftig Wohnbebauung ermöglicht werden soll, ist unzulässig, weil durch die

---

846 *VGH Mannheim,* 9. 2. 1998 – 8 S 2770/97 – ZfBR 98, 324 ff.

847 *BVerwG,* 12. 3. 1999 – 4 BN 6.99 – ZfBR 99, 225 ff. Auch Baulärm im Vorfeld der Planverwirklichung ist unbeachtlich, *OVG Berlin,* 30. 10. 1998 – 2 A 7.95 – UPR 99, 40 ff.

848 *BVerwG,* 27. 10. 1997 – 4 BN 20.97 – ZfBR 98, 101; *BVerwG,* 10. 3. 1998 – 4 CN 6.97 – ZfBR 98, 205 ff.

849 *OVG Koblenz,* 8. 12. 1998 – 7 C 11935/97 – DVBl. 99, 846.

850 *VGH Mannheim,* 6. 3. 1998 – 8 S 1338/97 – UPR 99, 118.

851 *OVG Koblenz,* 29. 4. 1998 – 11 C 12733/97 – DÖV 98, 694; *BVerwG,* 17. 12. 1998 – 1 CN 1/98 – NJW 99, 1567; *OVG Bremen,* 19. 9. 1998 – 1 HN 204, 212/98 – NVwZ-RR 99, 576.

bloße Aufhebung der Landschaftsschutzverordnung keine subjektiven Rechte des Antragstellers berührt werden.[852]
Die Antragsbefugnis steht auch einem Unternehmen zu, das die ernsthafte Absicht und die gesicherte zivilrechtliche Möglichkeit dargetan hat, in dem unter Landschaftsschutz gestellten Gebiet Kies abzubauen.[853]
Auch Personen, die ein Landschaftsschutzgebiet zu Reitzwecken nutzen, können im Normenkontrollverfahren geltend machen, durch ein in der Landschaftsschutzverordnung enthaltenes Reitverbot in ihrer allgemeinen Handlungsfreiheit (Art. 10 Abs. 1 GG) verletzt zu sein.[854]

323 **Nacherbe:**
Der Nacherbe ist vor Eintritt des Nacherbfalls nicht antragsbefugt im Sinne des § 47 Abs. 2 S. 1.[855]

324 **Naturschutzverband:**
Die Antragsbefugnis eines anerkannten Naturschutzverbandes, der sich im Verfahren nach § 47 gegen die Aufhebung einer Landschaftsschutzverordnung wendet, besteht nach Bundesrecht nur zur Wahrung der gesetzlich eingeräumten Beteiligungsbefugnisse. Sie erweitert sich auch dann nicht, wenn geltend gemacht wird, eine nach Landesrecht andernfalls bestehende Anfechtungsbefugnis (§§ 35, 36 HENatG) werde dadurch entzogen, dass statt einer Befreiung von Verboten der Verordnung diese teilweise aufgehoben werde.[856]

324 a **Pächter:**
Auch der Pächter von im Plangebiet liegenden Grundstücken ist grundsätzlich gem. § 47 Abs. 2 S. 1 antragsbefugt.[857]

325 **Straße:**
Wird eine Straße, die auf dem Gebiet zweier benachbarter Gemeinden verlaufen soll, inhaltlich und zeitgleich abgestimmt durch Bebauungspläne der beiden Gemeinden festgesetzt, so sind Grundstückseigentümer hinsichtlich ihrer Eigentumsbetroffenheit für ein Normenkontrollverfahren nur gegenüber dem B-Plan der Gemeinde antragsbefugt, durch den ihr Grundstück betroffen wird.[858]
Das Anliegerinteresse, von der Belastung eines sein Grundstück erschließenden Weges als Folge der Aufstellung eines B-Plans für ein neues Baugebiet verschont zu bleiben, ist ein abwägungserheblicher privater Belang, der eine Antragsbefugnis auch dann begründet, wenn das Grundstück des Antragstellers nicht im Geltungsbereich des B-Plans liegt.[859]

326 **Verein:**
Ein nach § 29 BNatSchG anerkannter Verein kann einen Bebauungsplan nicht mit der Behauptung im Normenkontrollverfahren angreifen, dieser sei entgegen § 6 I Nds-

---

[852] Dazu *VGH Mannheim,* 9. 12. 1999 – 5 S 1953/98 – VGH BW- LLs 00, Beilage 3, B 2.
[853] *BVerwG,* 17. 1. 2001 – 6 CN 4/00 – n. v.
[854] *BVerwG,* 17. 5. 2000 – 6 CN 3/99 – NVwZ 00, 1296.
[855] *BVerwG,* 27. 10. 1997 – 4 BN 20.97 – ZfBR 98, 101 f.; *OVG Münster,* 23. 6. 1997 – 11 aD 44/97 – NWVBl. 98, 27.
[856] *BVerwG,* 21. 7. 1997 – 4 BN 190.97 – ZfBR 98, 50.
[857] *VGH Mannheim,* 7. 1. 1998 – 8 S 1337/97 – ZfBR 98, 264 f. (für landwirtschaftliche Betriebe); *BVerwG,* 5. 11. 1999 – 4 CN 3/99 – ZfBR 00, 193 ff.; das *BVerwG,* 1. 9. 1997 – 4 CN 36/96 – NVwZ 98, 504, weist zur Antragsbefugnis darauf hin, dass der Pächter ggfs. auch Beteiligter eines Enteignungsverfahrens gem. §§ 95 ff. BauGB sein könne. Mieter und Pächter gehören im übrigen auch zur Wohnbevölkerung i. S. v. § 1 Abs. 5 S. 2 Nr. 1 BauGB, vgl. *BVerwG,* 21. 10. 1999 – 4 CN 1/98 – ZfBR 00, 199 ff.; a. A. für eine kommunale Abgabensatzung *OVG Weimar,* 26. 1. 2000 – 4 N 952/97 – n. v.
[858] *BVerwG,* 29. 8. 2000 – 4 BN 40/00 – NVwZ-RR 01, 199 f.
[859] *BVerwG,* 6. 12. 2000 – 4 BN 59/00 –.

NatSchG nicht durch einen Grünordnungsplan vorbereitet worden, bei dessen Aufstellung der Verein zu beteiligen wäre.[860]

Verkehrsimmissionen: 327
Die Verkehrsimmissionen, die durch die Erweiterung eines reinen Wohngebiets um bis zu 32 Wohnungen für ein Wohngrundstück zu erwarten sind, an dessen Gartenseite die festgesetzte Erschließungsstraße entlang führt, kann ein abwägungserheblicher Belang sein, dessen Nichtberücksichtigung eine Antragsbefugnis für eine Normenkontrollklage gem. § 47 Abs. 2 S. 1 begründen kann.[861] Nicht jede Verkehrszunahme begründet eine Antragsbefugnis; geringfügige Änderungen oder unwesentliche Auswirkungen reichen nicht aus.[862] Das gleiche gilt für das Interesse eines Anliegers von der Überlastung eines sein Grundstück erschließenden Weges als Folge der Aufstellung eines B-Plans für ein neues Baugebiet (hier: Sportmehrzweckhalle und eine Reithalle) verschont zu bleiben, ist ein abwägungserheblicher Belang, der eine Antragsbefugnis auch dann begründet, wenn das Grundstück des Anliegers außerhalb des Plangebiets liegt.[863]

Wasserzweckverband: 328
Ein Wasserzweckverband, der in der Wasserschutzverordnung ausdrücklich als Begünstigter genannt wird, ist im Normenkontrollverfahren gegen eine das Wasserschutzgebiet wieder aufhebende Verordnung gem. § 47 antragsbefugt.[864]

Wiederholung einer gesetzlichen Vorschrift: 329
Für einen Normenkontrollantrag gegen eine Satzungsbestimmung, welche eine bereits unmittelbar gültige Gesetzesbestimmung lediglich inhaltsgleich wiederholt, fehlen sowohl die Antragsbefugnis als auch das Rechtsschutzbedürfnis.[865] Daran ändert sich nichts, wenn der Antragsteller (auch) das Gesetz für verfassungswidrig hält. Gegen das Gesetz steht binnen Jahresfrist die Verfassungsbeschwerde zum BVerfG offen. Das kann nicht umgangen werden, indem gegen die inhaltsgleiche Satzungsnorm ein Antrag nach § 47 mit dem Ziel der Vorlage des Gesetzes nach Art. 100 Abs. 1 GG gestellt wird.[866]

(2) *Rechtsschutzbedürfnis.* Neben der Antragsbefugnis muss darüber hinaus auch noch das allgemeine Rechtsschutzbedürfnis vorliegen. Dies fehlt beispielsweise dann, wenn die Nichtigkeitserklärung der Norm die behaupteten Nachteile nicht mehr beseitigen kann, weil beispielsweise der angegriffene Bebauungsplan bereits aufgehoben[867] oder vollständig verwirklicht ist[868] oder der Antragsteller zwischenzeitlich das Grundstück veräußert hat bzw. durch Enteignung sein Eigentum an dem Grundstück endgültig verloren hat.[869] 330

---

860 *OVG Lüneburg,* 23. 12. 1998 – 1 M 4466/98 – NVwZ 99, 1241.

861 *BVerwG,* 26. 2. 1999 – 4 CN 6.98 – ZfBR 99, 223. Zu weiteren Einzelfällen vgl. *BVerwG,* 6. 12. 2000 – 4 BN 59.00 – ZfBR 01, 202 (Überlastung einer Anliegerstraße infolge eines neuen Baugebiets); *BVerwG,* 21. 10. 1999 – 4 CN 1/98 – ZfBR 00, 199 ff.; *VGH Mannheim* – 5 S 1985/98 – ZfBR 00, 143.

862 *BVerwG,* 21. 10. 1999 – 4 CN 1/98 – ZfBR 00, 199 ff.

863 *BVerwG,* 6. 12. 2000 – 4 BN 59.00 – ZfBR 01, 202 ff.

864 *VGH Mannheim,* 23. 6. 1997 – 8 S 374/97 – NVwZ-RR 98, 423.

865 *VGH Mannheim,* 10. 2. 1998 – 9 S 557/96 – NVwZ 99, 1241.

866 *OVG Bautzen,* 2. 12. 1998 – 3 S 768/97 – NJW 99, 2539.

867 *BVerwG,* 22. 9. 1995 – 4 NB 18.95 – DVBl. 96, 107 ff.

868 *BVerwG,* 28. 8. 1987 – 4 NB 3.86 – BVerwGE 78, 85; Ausnahme aber bei der Straßenplanung, vgl. *BVerwG,* 30. 9. 1992 – 4 NB 22.92 – Buchholz, 310, § 47 Nr. 70.

869 Vgl. dazu *OVG Münster,* 22. 7. 1977 – X a ND 1/77 – OVGE 33, 78 für einen Einzelhandelsverband; auch der im Grundbuch noch nicht eingetragene Käufer vgl. *OVG Saarlouis,* 6. 7. 1989 – 2 N 2/82 – UPR 85, 192 ff. a. A. *OVG Koblenz,* 8. 2. 1983 – 10 C 41/81 – NVwZ 93, 617; nach *OVG Lüneburg* reichen bereits Kaufverhandlungen, 4. 1. 1983 – 1 C 2/81 – ZfBR 83, 281; vgl. *Kohl,* JuS 93, 321.

331 Das **Rechtsschutzbedürfnis** wurde in folgenden **Einzelfällen bejaht:**

332 – Es fehlt nicht an dem für einen Normenkontrollantrag erforderlichen Rechtsschutzinteresse, wenn bei Nichtigkeit des die Bebauung einschränkenden Bebauungsplanes die Geltendmachung eines Baurechtes jedenfalls nicht als offensichtlich aussichtslos angesehen werden kann.[870]

333 – Das Rechtsschutzinteresse von Arbeitnehmerin, die von einer Verordnung über die Verlängerung der Öffnung von Verkaufsstellen an bestimmten Wochenenden betroffen sind, an der Überprüfung dieser Verordnung im Wege der Normenkontrollklage entfällt nicht mit dem Ablauf dieser Wochenenden, wenn ohne die Überprüfung mit dem Erlass entsprechender Verordnungen für die Folgejahre zu rechnen ist.[871]

334 – Der Umstand, dass möglicherweise nicht der Antragsteller, sondern Dritte, die an der Durchführung des Normenkontrollverfahrens ein eigenes Interesse haben, das Kostenrisiko des Verfahrens tragen, ist ohne Belang. Entscheidend ist ausschließlich, ob der Antragsteller ein nachvollziehbares eigenes, rechtlich beachtliches Interesse an der Durchführung des Normenkontrollverfahrens hat. Liegen derartige Interessen des Antragstellers vor, so verlieren sie nicht deshalb am eigenem Gewicht, weil Dritte am Erfolg des Normenkontrollantrags ebenfalls interessiert sind und den Antragsteller deshalb (finanziell) unterstützen.[872]

335 Dagegen wurde das **Rechtsschutzinteresse** in folgenden Fällen **verneint:**

336 – Einem Antragsteller fehlt das Rechtsschutzbedürfnis für die Durchführung eines Normenkontrollverfahrens, wenn der angefochtene Bebauungsplan für sein Grundstück weitergehende Bebauungsmöglichkeiten vorsieht als dies im Falle der Nichtig- oder Unwirksamerklärung des Plans nach den dann zur Anwendung gelangenden § 34 BauGB der Fall wäre und wenn keine reale Aussicht besteht, dass der Plangeber ggfs. einen neuen Bebauungsplan mit für den Antragsteller günstigeren Festsetzungen erlassen oder die Baugenehmigungsbehörde eine Baugenehmigung für das beabsichtigte Vorhaben erteilen würde.[873]

337 – Für einen Normenkontrollantrag gegen eine Satzungsbestimmung, welche eine bereits unmittelbar gültige Gesetzesbestimmung lediglich inhaltsgleich wiederholt, fehlen sowohl die Antragsbefugnis als auch das Rechtsschutzbedürfnis.[874]

338 – Das Rechtsschutzbedürfnis für eine Normenkontrollklage gegen einen Bebauungsplan erfordert, dass die Klage den Antragsteller seinem eigentlichen Ziel, die Aufhebung der auf Grundlage des Plans erteilten Baugenehmigung zu erreichen, näher bringt. Es fehlt am Rechtsschutzbedürfnis für eine Normenkontrollklage gegen einen Bebauungsplan, der inzwischen durch einen anderen Plan ersetzt worden ist.[875]

339 – Die Gemeinde hat kein Rechtsschutzinteresse daran, statt der vom Normenkontrollgericht festgestellten Nichtigkeit eines B-Plans die Feststellung (nur) von dessen Rechtswidrigkeit bis zur Behebung des festgestellten Mangels (§ 47 Abs. 5 Satz 4 i. V. m. § 215 a Abs. 1 S. 1 BauGB) zu erreichen, wenn die Gemeinde bereits Schritte eingeleitet hat, die zwar als Verfahren gem. § 215 a Abs. 1 Satz 1 BauGB bezeichnet werden, sich aber nicht

---

870 *OVG Münster,* 6. 11. 1997 – 11 aD 14/95.NE – NWVBl. 98, 236.

871 *OVG Bremen,* 15. 9. 1998 – 1 HN 212/98 – NVwZ-RR 99, 576.

872 *OVG Münster,* 11. 12. 2000 – 7 aD 60/99.NE – AU S. 27/28.

873 *OVG Münster,* 29. 9. 1998 – 10 aD 139/94.NE – NVwZ-RR 99, 807.

874 Daran ändert sich nichts, wenn der Antragsteller (auch) das Gesetz für verfassungswidrig hält. Gegen das Gesetz steht binnen Jahresfrist die Verfassungsbeschwerde zum Bundesverfassungsgericht offen. Das kann nicht umgangen werden, indem gegen die inhaltsgleiche Satzungsnorm ein Antrag nach § 47 VwGO mit dem Ziel der Vorlage des Gesetzes nach Art. 100 I GG gestellt wird, vgl. *VGH Mannheim,* 10. 2. 1998 – 9 S 557/96 – NVwZ 98, 643.

875 *OVG Bremen,* 27. 5. 1997 – 1 N 1/95 – ZfBR 98, 112.

von einem Verfahren unterscheiden, das auch zur Heilung eines nichtigen Planes durchgeführt werden könnte.[876]

bb) Behörden

Nach § 47 Abs. 2 Satz 1 i.V.m. § 61 Nr. 2 sind auch Behörden antragsbefugt, nicht jedoch Gerichte, da es sich insoweit nicht um Behörden im Sinne des § 47 handelt.[877] Als Behörden sind alle Institutionen[878] zu verstehen, die Aufgaben der öffentlichen Verwaltung wahrnehmen (§ 1 Abs. 4 VwVfG). Gemeinden können – auch – als „Behörde" antragsbefugt sein; Voraussetzung ist, dass die angefochtene Norm auch im Gemeindegebiet gilt und von ihr im Rahmen des eigenen hoheitlichen Handels zu beachten ist[879] (zur Antragsbefugnis als Selbstverwaltungskörperschaft s.o. D 311). **340**

Eine besondere **Antragsbefugnis** ist **bei Behörden** nicht erforderlich.[880] Die Zulässigkeit des Behördenantrags setzt mindestens das allgemeine Rechtsschutzbedürfnis voraus; dies wird im allgemeinen unterstellt, wenn die fragliche Behörde von der strittigen Norm in ihrem Wirkungskreis berührt wird. **341**

Ein **Rechtsschutzbedürfnis** ist freilich zu verneinen, wenn die Behörde die strittige Bestimmung selbst aufheben könnte: **342**

Beispiel:
Die Gemeinde G leitet ein Normenkontrollverfahren gegen einen eigenen Bebauungsplan der Gemeinde ein.

e) Sonstige Verfahrensbeteiligte **343**

aa) Antragsgegner

Antragsgegner im Normenkontrollverfahren ist – wie § 47 Abs. 2 S. 2 bestimmt – der Rechtsträger, der die angegriffene Rechtsvorschrift erlassen hat. **344**

bb) Äußerungsberechtigte, Beiladung

Im übrigen kennt das Gesetz im § 47 Abs. 2 S. 3 noch die Institution des **Äußerungsberechtigten**. Das Oberverwaltungsgericht kann dem Land und anderen juristischen Personen des öffentlichen Rechts, deren Zuständigkeit durch die Rechtsvorschrift berührt wird, Gelegenheit zur Äußerung binnen einer vom Gericht zu setzenden Frist geben.[881] **345**

Bei der Äußerungsberechtigung handelt es sich nicht um eine Beiladung (vgl. dazu E 5ff.), sondern um eine bloße Anhörung im Interesse einer besseren Aufklärung aller für die Entscheidung wesentlichen Gesichtspunkte.[882] Eine **Bei-** **346**

---

[876] *BVerwG,* 6. 3. 2000 – 4 BN 31/99 – DVBl. 00, 939; die Beschwerde gegen die Nichtzulassung der Revision gegen die Normenkontrollentscheidung war deshalb unzulässig.

[877] *Papier,* a.a.O., S. 527; ferner *Redeker/von Oertzen,* § 47, Rdn. 33, vgl. dazu *Kopp/Schenke,* § 47, Rdn. 82.

[878] Auch die höhere Verwaltungsbehörde: *BVerwG,* 31. 8. 1989 – 4 NB 23.89 – NVwZ 90, 57.

[879] *Bosch/Schmidt,* 371; *VGH Mannheim,* 5. 8. 1998 – 8 S 1906/97 – NVwZ 99, 1249.

[880] *Hoppe* in *Hoppe/Grotefels,* § 16, Rdn. 20.

[881] *BVerwG,* 8. 2. 2000 – 4 BN 1.00 – Buchholz 406.11, § 5 BauGB Nr. 11.

[882] *Kopp/Schenke,* § 47 Rdn. 40; ferner *Redeker/von Oertzen,* § 47, Rdn. 38, 28; nach *BVerwG,* 12. 3. 1982 – 4 N 1.80 – BVerwGE 65, 138 sind Beiladungen unstatthaft; § 47 Abs. 2 S. 3 ist aber auf Normbegünstigte analog anwendbar.

ladung ist nach der früher herrschenden Rechtsprechung des BVerwG unzulässig.[883]

347 Die bisherige Auslegung des § 47 Abs. 2 S. 3 durch das BVerwG ist vom BVerfG problematisiert worden.[884] Das BVerfG hat in Frage gestellt, ob der generelle Ausschluss der Beiladung von Grundstückseigentümern, denen die Nichtigkeit des B-Plans zum Nachteil gereichen würde, im Normenkontrollverfahren verfassungsmäßig sei.[885] Der Gesetzgeber hat sich aufgrund der Entscheidung des BVerfG dazu entschlossen, § 47 Abs. 2 zu konkretisieren und die Regelungen über die einfache Beiladung auch für das Normenkontrollverfahren für anwendbar zu erklären. Nach der Neuregelung in § 47 Abs. 2 S. 4 sind die §§ 65 Abs. 1 und 4 und 66 im Normenkontrollverfahren entsprechend anzuwenden. Der Gesetzgeber hat es in diesem Zusammenhang nicht für geboten und sachgerecht erachtet, auch die Vorschriften über die notwendige Beiladung in Anwendung zu bringen, weil die Entscheidung, die eine Norm für nichtig erkläre, keine gestaltende, sondern nur feststellende Wirkung habe. Dies schließe es allerdings nicht aus, dass sich das Ermessen des Gerichts im Hinblick auf die grundrechtlich geschützten Rechtspositionen einer Person so verdichten könne, dass eine Beiladung zwingend werde.[886] Eine Beiladung wird zur Gewährleistung des grundrechtlichen Rechtsanspruchs auf effektiven Rechtsschutz in der Regel dann erforderlich sein, wenn ein B-Plan für ungültig erklärt werden soll und sich dies unmittelbar auf das Eigentum an den dem Plan unterworfenen Grundstücken und deren zulässiger Nutzung auswirkt. Bei einem vorhabenbezogenen B-Plan wird daher z. B. die Beiladung des betroffenen Vorhabenträgers unumgänglich sein. In anderen Fällen, in denen eine Vielzahl von potentiellen Grundstückseigentümern betroffen sein könnte, hat das BVerfG darauf hingewiesen, dass die Instanzgerichte im Einzelfall unter dem Gesichtspunkt der Verhältnismäßigkeit im Rahmen ihres Beiladungsermessens nach § 65 Abs. 1 prüfen müssen, ob eine Verfahrensbeteiligung aller betroffenen Grundstückseigentümer die Durchführung eines rechtsstaatlich grundsätzlich entsprechenden Verfahrens derart behindern würde, dass auch bei Ausschöpfung aller Prozessrechtlichen Möglichkeiten der Ausschluss der Beiladung gerechtfertigt erscheint.[887]

---

[883] *Jörg Schmidt* in *Eyermann,* § 47, Rdn. 62 ff.; *BVerwG,* 7. 5. 1993 – 4 NB 13/93 – NVwZ-RR 94, 235 ff. Darüber hinaus war allgemein anerkannt, dass § 47 Abs. 2 S. 3 unter dem Gesichtspunkt des rechtlichen Gehörs auch auf sonstige Normbegünstigte (natürliche oder juristische Personen des Privatrechts) analog angewandt wird, um diesen Gelegenheit zur Äußerung zu geben, vgl. *Jörg Schmidt* in *Eyermann,* § 47, Rdn. 62 ff.

[884] *BVerfG,* 19. 7. 2000 – 1 BvR 1053/93 – BauR 00, 1720.

[885] Das BVerfG hat ausgeführt, der grundrechtliche Anspruch auf effektiven Rechtsschutz bedeute, dass die Gerichte in dem jeweiligen Verfahren den Grundrechten tatsächliche Wirksamkeit verschaffen müssten, so dass bei mehreren Auslegungsmöglichkeiten diejenige zu wählen sei, die dem Gericht ermögliche, die Grundrechte der Verfahrensbeteiligten durchzusetzen und zu verwirklichen.

[886] So die Begründung zur 7. VwGO-Novelle (Regierungsentwurf eines Gesetzes zur Bereinigung des Rechtsmittelrechts im Verwaltungsprozess (RmBereinVpG).

[887] *BVerfG,* 19. 7. 2000 – 1 BvR 1053/93 – BauR 00, 1720, 1722.

f) Fristen, Verwirkung

Ursprünglich kannte das Normenkontrollverfahren keine Antragsfrist, sondern nur die materiellen Präklusionsvorschriften in Spezialgesetzen, wie z.B. § 215 Abs. 1 BauGB. Durch die Änderung des § 47 Abs. 2 im Rahmen des 6. VwGO-ÄndG ist eine **prozessuale Ausschlussfrist von zwei Jahren** nach Bekanntmachung der Rechtsvorschrift eingeführt worden, innerhalb derer der Normenkontrollantrag zu stellen ist. Eine Belehrung über den Fristbeginn – etwa im Rahmen der Bekanntmachung der Rechtsvorschrift – ist nicht erforderlich.[888] **348**

Die Zweijahresfrist gilt auch für Normenkontrollanträge, bei denen die Feststellung begehrt wird, ein Bebauungsplan sei **funktionslos** geworden und deshalb Außerkraft getreten.[889] Die Antragsfrist beginnt hier mit dem Zeitpunkt des Funktionsloswerdens des B-Plans.[890] **349**

Hinweis: **350**

Die Zweijahresfrist gilt nur für solche Rechtsvorschriften, die nach dem 1. 1. 1997 rechtsverbindlich geworden sind. Für die vor dem 1. 1. 97 in Kraft getretenen Rechtsvorschriften sieht die Überleitungsregelung in Art. 10 des 6. VwGOÄndG vor, dass die Zweijahresfrist ebenfalls am 1. 1. 97 beginnt, sofern die Frist nicht nach anderen Gesetzen bereits abgelaufen war.[891] Für Altpläne ist die Zweijahresfrist am 21. 12. 98 abgelaufen.

Darüber hinaus waren bis zum 31. 12. 97 in den Ländern Brandenburg, Mecklenburg-Vorpommern, Sachsen, Sachsen-Anhalt und Thüringen Normenkontrollverfahren i. S. d. § 47 Abs. 1 Nr. 1 (vgl. D 275) nur binnen drei Monaten ab Inkrafttreten der zu überprüfenden Rechtsnorm zulässig.[892] Sowohl bei der Zweijahresfrist als auch bei der Dreimonatsfrist handelt es sich um Ausschlussfristen.[893] **351**

Strittig ist, ob es sich bei der Antragsfrist gem. § 47 Abs. 2 S. 1 um eine gesetzliche Frist i. S. d. § 60 handelt, oder um eine echte Ausschlussfrist, d. h. um eine gesetzlich fixierte Zeitspanne, deren Ende einen äußersten Zeitpunkt festlegt, nachdem auch bei fehlendem Verschulden eine Prozesshandlung endgültig nicht mehr oder nur noch unter ganz besonderen Voraussetzungen wirksam vorgenommen werden kann.[894] Gegen eine gesetzliche Frist spricht, dass der Gesetzgeber im Zusammenhang mit der Zwei-Jahres-Frist des § 47 Abs. 2 S. 1 keine Regelung getroffen hat, wie § 58 sie für Rechtsmittel und andere Rechtsbehelfe (gegen Anord- **352**

---

888 So für Bebauungspläne, *BVerwG,* 28. 12. 2000 – 4 BN 32/00 – n. v.

889 *OVG Münster,* 30. 7. 1999 – 10 a D 53/97.NE – AU S. 10; fraglich ist allerdings, wann die Zweijahresfrist beginnt.

890 *Jörg Schmidt* in *Eyermann,* § 47, Rdn. 74.

891 Vgl. dazu auch *Stüer,* „Die Beschleunigungsnovelle 1996", DVBl. 97, 326 ff., 333.

892 Die Frist begann für Altpläne am 1. 8. 1993 – *OVG Bautzen,* 1. 9. 1994 – 1 S 280/94 – NVwZ 95, 180; Die Frist wird auch bei fehlerhafter Bekanntmachung der Rechtsvorschrift in Lauf gesetzt; *BVerwG,* 10. 4. 1996 – 4 NB 8/96 – LKV 96, 336.

893 *Schenke,* „Das 6. Gesetz zur Änderung der VwGO und anderer Gesetze (6. VwGO-ÄndG)", NJW 97, 81 ff., 83 ff.; *OVG Frankfurt/Oder,* 7. 12. 1995 – 3 D 9/95 NE – LKV 96, 208.

894 Für eine gesetzliche Frist i. S. d. § 60 Abs. 1: *Dürr* in *Brüggelmann,* BauGB, § 10, Rdn. 583; *Jäde* in *Jäde/Dirnberger/Weiß,* BauGB, § 30, Rdn. 84. Tendenziell ebenso *BVerwG,* 22. 6. 1999 – 4 BN 20/99 – DVBl. 99, 560. Zur Dreimonatsfrist nach dem Gesetz zur Beschränkung von Rechtsmitteln (BGBl. I 1993, 487). A. A. *Jörg Schmidt* in *Eyermann,* § 47, Rdn. 74, *Schenke,* Verwaltungsprozessrecht, 6. Auflage, Rdn. 912 b.

nung von Verwaltungsbehörden) trifft, wonach die Frist nur bei richtiger, schriftlicher Belehrung zu laufen beginnt. Der Normenkontrollantrag ist also kein Rechtsbehelf in diesem Sinne.[895]

Andererseits ähnelt die Formulierung des § 47 Abs. 2 S. 1 den Formulierungen über andere gesetzliche Fristen, so dass auch überzeugende Gründe dafür sprechen, den § 47 Abs. 2 S. 1 zumindest in analoger Anwendung als gesetzliche Frist i. S. d. § 60 Abs. 1 anzusehen.[896]

Es kann also wegen Versäumung der Antragsfrist Wiedereinsetzung in den vorigen Stand gewährt werden. An die Wiedereinsetzung sind freilich strenge Maßstäbe zu stellen, da mangelnde Rechtskenntnis für sich genommen nicht geeignet ist, vor den Nachteilen zu bewahren, die eine Fristversäumung mit sich bringt.[897]

Eine Wiedereinsetzung kann allenfalls so lange als unverschuldet angesehen werden, als der Antragsteller von der Existenz des Bebauungsplans nichts wusste und auch nicht von einem Rechtsanwalt vertreten war. Ein Antrag auf Wiedereinsetzung in den vorigen Stand wegen Versäumung der Antragsfrist, die nicht innerhalb von 14 Tage nach der Beauftragung eines Rechtsanwalts gestellt wird, ist verspätet.[898]

353 Diese rechtsstaatlich bedenklichen Fristen[899] schließen es freilich nicht aus, dass der betroffene Bürger gegen etwaige auf der Basis dieser Satzungen erlassene Verwaltungsakte im Wege des allgemeinen verwaltungsgerichtlichen Verfahrens (Widerspruch/Klage/einstweiliger Rechtsschutz) Rechtsschutz sucht. Er kann die Satzungen dann auch noch nach Ablauf der Fristen inzidenter einer gerichtlichen Überprüfung zuführen.[900]

354 Im übrigen ist es denkbar, dass der Antragsteller seine Antragsbefugnis zur Stellung des Normenkontrollantrags im Einzelfall **verwirken** kann.[901]

Beispiel:
Das OVG Koblenz[902] hatte über den Antrag eines Landwirts zu befinden, der zunächst zahlreiche Grundstücke als Bauerwartungsland veräußert hatte und dann gegen den Bebauungsplan, der das Gelände als allgemeines Wohngebiet auswies, einen Normenkontrollantrag gestellt hatte. Das OVG Koblenz nahm eine Verwirkung der Antragsbefugnis an, weil es treuwidrig sei, zunächst Gelände im Hinblick auf den künftigen Bebauungsplan zu erhöhten Preisen zu verkaufen, um dann aber die Bebaubarkeit durch einen Normenkontrollantrag zu verhindern.

---

[895] So ausdrücklich für B-Pläne *BVerwG,* 28. 12. 2000 – n. v.

[896] Offen gelassen in *VGH Mannheim,* 6. 8. 1999–8 S 1715/99 – NVwZ-RR 01, 201.

[897] *BVerwG,* 22. 6. 1999 – 4 BN 20/99 – DVBl. 99, 1516.

[898] *VGH Mannheim,* 6. 8. 1999 – 8 S 1715/99 – NVwZ-RR 01, 201.

[899] *Schenke,* „Das 6. Gesetz zur Änderung der VwGO und anderer Gesetze (6. VwGOÄndG)", NJW 97, 81 ff., 83 ff.

[900] *Stüer,* E 1930; *BVerwG,* 28. 12. 2000 – 4 BN 32/00 – n. v.

[901] Vgl. *BVerwG,* 28. 8. 1987 – 4 N 3.86 – ZfBR 88, 41; ferner *Dürr,* a. a. O., S. 104 ff; ferner *BVerwG,* 23. 1. 1992 – 4 N 2.90 – DVBl. 92, 577; *OVG Lüneburg,* 22. 2. 1993 – 6 K 3274/91 – NVwZ 94, 84 ff.; *OVG Münster,* 13. 2. 1996 – 11 a D 82/92.NE – NVwZ-RR 96, 623 ff.

[902] *OVG Koblenz,* 7. 6. 1983 – 10 C 26.82 – NJW 84, 444; *VGH Mannheim,* 15. 5. 1995 – 8 S 810/95 – in NVwZ-RR 96, 191; *OVG Münster,* 30. 10. 1996 – 10 aD 2211/96.NE – NVwZ-RR 98, 17.

Das bloße Zeitmoment führt – für sich genommen – noch nicht zur Verwirkung 355
der Antragsbefugnis,[903] weil nach altem Recht im Gesetz eine Antragsfrist nicht vorgesehen war und die Möglichkeit einer Inzidenterkontrolle bei Anfechtungs- und Verpflichtungsklagen zeitlich unbegrenzt ist.[904]

Beispiel:
Das OVG Berlin[905] hat aus diesem Grunde keine Verwirkung angenommen, obwohl der Bebauungsplan bereits 18 Jahre lang Gültigkeit hatte. Das Gericht begründete dies damit, dass der Antragsteller bzw. dessen Rechtsvorgänger bislang keine Veranlassung gehabt hätten, gegen den Bebauungsplan einzuschreiten: es komme auch nicht darauf an, dass die Rechtsvorgänger des Antragstellers bei der Aufstellung des Plans keinerlei Anregungen und Bedenken geltend gemacht hätten.

Diese Entscheidung erscheint sachgerecht, da es zu unbilligen Ergebnissen füh- 356
ren würde, wenn man die häufig im Bereich der baurechtlichen Nachbarklagen herangezogene einjährige Verwirkungsfrist seit Kenntnis von dem nachbarlichen Bauvorhaben allgemein auf Normenkontrollverfahren übertragen würde.[906] Zwischen baurechtlicher Nachbarklage und Normenkontrollverfahren bestehen unterschiedliche Interessenslagen:

Bei einem Einzelbauvorhaben wird dem jeweiligen Nachbarn deutlich durch den Baubeginn vor Augen geführt, was auf ihn zukommen wird. Der bloßen Aufstellung eines Bebauungsplans kommt dagegen keine vergleichbare Signalwirkung zu, auch wenn der Planentwurf öffentlich ausgelegt wird. Der Bürger ist vielfach nicht in der Lage, alle rechtlichen Implikationen eines Bebauungsplans unter Zugrundelegung des jeweils geltenden Baurechts vollständig und für alle Bereiche des Plangebiets zu übersehen.

Die Verwirkung des Antragsrechts muss deshalb im Normenkontrollverfahren 357
die Ausnahme bleiben; als Voraussetzung für eine Verwirkung ist zu fordern, dass sich der Normenkontrollantrag wegen des besonderen Verhaltens des Antragstellers im Einzelfall als missbräuchlich und illoyal gegenüber den vom Bebauungsplan Begünstigten darstellt.[907]

---

903 Vgl. auch *OVG Münster,* 9. 3. 2000 – 7 aD 81/97.NE – AU S. 14.

904 *Dürr,* a. a. O., 104, vgl. auch *OVG Münster,* 9. 3. 2000 – 7 aD 81/97.NE – AU S. 14.

905 *OVG Berlin,* 22. 4. 1988 – 2 A 1.87 – BauR 89, 51.

906 Zur Einjahresfrist im Bereich der baurechtlichen Nachbarklage vgl. beispielsweise *BVerwG,* 25. 1. 1974 – IV C 2.72 – BVerwGE 44, 294.

907 Vgl. dazu *Dürr,* a. a. O. S. 107; der außerdem darauf hinweist, dass eine Verwirkung dann angenommen werden könnte, wenn der Antragsteller die Ungültigkeit eines Bebauungsplans rüge, der zuvor die Grundlage für eine ihm erteilte Baugenehmigung bildete. Dürr verweist dabei u. a. auf *OVG Lüneburg,* 12. 9. 1984 – 6 A 49/83 – BRS 42 Nr. 196; *VGH Mannheim,* 12. 11. 1980 – 3 S 1611/80 – BRS 36, 191, wonach bei der Nachbarklage eine Verwirkung der Klagebefugnis angenommen werde, wenn der Nachbar die Verletzung einer baurechtlichen Vorschrift rüge, obwohl er selbst bei der Errichtung seines Hauses diese Vorschrift nicht beachtet hat; *OVG Lüneburg,* 22. 2. 1993, 6 K 3274/91 – NVwZ 94, 84; vgl. aber auch *VGH Mannheim,* 27. 11. 1998 – 8 S 1030/98 – VBIBW 99, 136. Der Umstand, dass der Antragsteller eines Normenkontrollverfahrens eine Baugenehmigung erhalten hat, die ihm nur auf der Grundlage des angefochtenen Bebauungsplans erteilt werden konnte, reicht nicht aus, die spätere Stellung eines Normenkontrollantrags als treuwidrig zu qualifizieren, wenn er von dieser Genehmigung bisher keinen Gebrauch gemacht hat; vgl. auch *OVG Münster,* 9. 3. 2000 – 7 aD 81/97.NE – AU S. 14.

Beispiel:

Ein treuwidriges Verhalten eines Antragstellers kann vorliegen, wenn dieser zunächst im Rahmen von Vergleichsverhandlungen die Bereitschaft der Gemeinde, den angegriffenen B-Plan entsprechend den Vorschlägen des Antragstellers zu dessen Gunsten zu ändern, ausnutzt, um dann nach Erhalt einer auf der Planänderung gründenden Baugenehmigung die gerichtliche Feststellung zu begehren, dass der B-Plan vor der in seinem Interesse erfolgten Planänderung nichtig gewesen sei.[908]

358 Ein **Verzicht auf das Antragsrecht** kann erst nach Inkrafttreten der Norm erfolgen.[909]

2. Verfahren der Normenkontrolle

a) Anträge und Entscheidungsmöglichkeiten

359 Der Normenkontrollantrag ist gem. § 47 Abs. 6 grundsätzlich auf Nichtigkeitserklärung (d. h. Feststellung der Nichtigkeit) der angegriffenen Rechtsvorschrift zu richten, da eine rechtswidrige Vorschrift von Anfang an ungültig ist; die beanstandete Vorschrift wird also nicht erst durch die Entscheidung aufgehoben.

Beispiel:

Die Antragstellerin beantragt, den Bebauungsplan Nr. 20 „Verspoel/Klosterstraße" für nichtig zu erklären.

360 Im Hinblick auf die Neuregelung des § 215 a BauGB und des damit im Zusammenhang stehenden § 47 Abs. 5 S. 4 (vgl. dazu D 374 ff.) empfiehlt es sich allerdings gestaffelte Anträge zu stellen.

Beispiel:

Die Antragstellerin beantragt, den Bebauungsplan Nr. 20 „Verspoel/Klosterstraße" der Antragsgegnerin für nichtig bzw. für unwirksam zu erklären.

361 **Hinweis:**

Die bloße Unwirksamkeitserklärung des Bebauungsplans stellt gegenüber der Nichtigkeitserklärung kein **„Minus"** dar, mit der Folge, dass der Antragsteller keine kostenrechtlichen Konsequenzen zu tragen hat.[910] Die Unwirksamkeitserklärung verdeutlicht nur, dass eine Heilung der als fehlerhaft erkannten Satzung möglich ist.[911]

362 Will der Antragsteller dagegen ergänzend auf die **Funktionslosigkeit des Bebauungsplans**[912] abstellen, so hätte er folgende Anträge zu stellen:

„Die Antragstellerin beantragt, den Bebauungsplan Nr. 20 „Verspoel/Klosterstraße" der Antragsgegnerin für nichtig bzw. unwirksam zu erklären, **hilfsweise,** den Bebauungsplan Nr. 20 „Verspoel/Klosterstraße" der Antragsgegnerin ist (spätestens) seit dem 31. 1. 2001 für unwirksam zu erklären."

Beruft sich der Antragsteller auf die Funktionslosigkeit des B-Plans, bedarf es eines substantiierten Vortrags des Antragstellers, der die strengen Anforderungen

---

[908] *BVerwG,* 14. 11. 2000 – 4 BN 54/00 – n. v.

[909] *OVG Bautzen,* 11. 2. 1999 – 1 S 347/97 – SächsVBl 99, 134.

[910] *OVG Bautzen,* 4. 10. 2000 – 1 D 19/00 – AU S. 34.

[911] *OVG Bautzen,* 4. 10. 2000 – 1 D 19/00 – AU S. 34.

[912] *BVerwG,* 3. 12. 1998 – 4 CN 3/97 – DVBl. 99, 786; *BVerwG,* 11. 12. 2000 – 4 BN 58/00 – n. v.

für das Funktionsloswerden eines B-Plans im Einzelfall konkretisiert; ansonsten besteht für das Normenkontrollgericht im allgemeinen kein Anlass, von sich aus in eine Prüfung der etwaigen Funktionslosigkeit eines B-Plans einzutreten.[913] Bei der Prüfung der Funktionslosigkeit der Festsetzung eines B-Plans kommt es i.d.R. nur auf die Verhältnisse seit dem Inkrafttreten des B-Plans an. Erst wenn sich die weitere bauliche Entwicklung abweichend vom B-Plan vollzieht, kann die Schutzwürdigkeit des Vertrauens in die Geltung der planerischen Festsetzungen verloren gehen.[914]

Hinweis: 363

Bei Änderungen von Bebauungsplänen muss jeweils geprüft werden, ob es sich bei der jeweiligen Änderung um eine „bloße unselbständige Planänderung" handelt oder ob die Änderung den ursprünglichen Bebauungsplan in seiner früher erlassenen Urfassung ersetzen will. In letzterem Falle verdrängt die spätere Norm die frühere, und zwar auch dann, wenn der gemeindliche Satzungsgeber keine förmliche Aufhebung des Ursprungsplans beschlossen hat.[915] Je nachdem, ob die Änderung des Bebauungsplans das gesamte ursprüngliche Plangebiet erfasst oder nicht, müssen deshalb je nach Interessenlage des Antragstellers modifizierte Anträge gestellt werden (vgl. D 364ff.).

Richtet sich ein Antrag – zulässigerweise – lediglich auf die Feststellung der Nichtigkeit/Unwirksamkeit der **Änderung** eines B-Plans, so darf das Gericht den ursprünglichen B-Plan nicht ohne ausdrücklichen Antrag zum Gegenstand seiner Nichtigkeits- oder Unwirksamkeitsfeststellung machen.[916] Trotzdem verbleibt dem Normenkontrollsenat auch in diesen Fällen die Kompetenz, die Nichtigkeit/Unwirksamkeit der Ausgangssatzung/des Ausgangsplans als Vorfrage für die Gültigkeit der mit dem Normenkontrollantrag angegriffenen Änderungssatzung in materieller und formeller Hinsicht zu prüfen.[917] 364

Der Antrag, die Unwirksamkeit einer Norm nur gegenüber dem Antragsteller festzustellen, ist ebenso unzulässig, wie die Verbindung eines Normenkontrollantrags mit einem anderweitigen Feststellungsantrag gem. § 43.[918] 365

In der Rechtsprechung war es darüber hinaus anerkannt, den Antrag darauf zu beschränken, nur einen Teil der angegriffenen Vorschrift für nichtig (unwirksam) zu erklären, da bei Teilnichtigkeit im Zweifel der Teil der Vorschrift, der von dem Nichtigkeitsgrund nicht betroffen ist, wirksam bleibt.[919] Die **Teilnichtigkeit/Teilunwirksamkeit** führt zur Gesamtnichtigkeit/-unwirksamkeit, wenn sich bei 366

---

[913] *BVerwG,* 3. 12. 1998 – 4 CN 3/97 – DVBl. 99, 786; *BVerwG,* 11. 12. 2000 – 4 BN 58/00 – n. v.

[914] *BVerwG,* 11. 12. 2000 – 4 BN 58/00 – n. v.: Bei einem vorhandenen planwidrigen Altbestand und bei Fortführung der dem neuen Plan widersprechenden Bebauung kann schneller ein Zustand eintreten, bei dem mit einer Realisierung des Plans nicht mehr gerechnet werden kann; es bleibt aber die Entwicklung seit dem Inkrafttreten des B-Plans maßgeblich.

[915] Vgl. dazu *BVerwG,* 10. 8. 1990 – 4 C 3.90 – BRS 50, Nr. 2; *OVG Münster,* 2. 2. 2000 – 7 aD 224/98.NE – n. v.

[916] *BVerwG,* 16. 12. 1999 – 4 CN 7.98 – NVwZ 00, 815.

[917] Ist nämlich die Ausgangssatzung nichtig/unwirksam, so wird dies häufig auch auf die Änderungssatzung durchschlagen, weil diese in vielen Fällen ohne die Ausgangssatzung keine eigene selbständige Bedeutung mehr hat.

[918] *VGH Mannheim,* 8. 1. 1992 – S 893/91 – NVwZ 93, 490.

[919] *OVG Münster,* 27. 3. 1998 – 10 aD 188/97 – NVwZ-RR 99, 110f.

objektiver Betrachtung ergibt, dass die verbleibenden Teile keine selbständige Bedeutung mehr haben, oder dann, wenn der rechtswidrige Teil der Regelung Bestandteil eine Gesamtregelung ist, die eine untrennbare Einheit darstellt; es darf also kein Torso übrig bleiben.[920]

Beispiel:

Ein Bebauungsplan, der bauliche Nutzungen mit einem erheblichen Zu- und Abgangsverkehr festsetzt, aber keine Vorsorge für eine ausreichende Erschließung des gesamten Plangebiets trifft, kann nicht in zeitlicher Hinsicht – beispielsweise beschränkt für eine Übergangszeit bis zur planerischen Absicherung einer ausreichenden Erschließung – für teilnichtig erklärt werden.[921]

367 Sofern der Normenkontrollsenat eine Norm (einen B-Plan) für teilnichtig erklärt, so muss seine Entscheidungsformel dem planungsrechtlichen Bestimmtheitsgebot entsprechen;[922] der Antragsteller sollte daher in diesem Fall einen möglichst präzisen Antrag stellen. Kann ein Antragsteller geltend machen, durch einen Bebauungsplan in seinen Rechten verletzt zu sein oder in absehbarer Zeit verletzt zu werden, so darf sein Normenkontrollantrag, mit dem er den Plan ganz oder teilweise angreift, grundsätzlich nicht deshalb als teilweise unzulässig verworfen oder mit nachteiliger Kostenfolge als teilweise unbegründet zurückgewiesen werden, weil der Bebauungsplan nur für teilnichtig zu erklären ist.[923]

b) Entscheidungen des Gerichts

368 Das OVG entscheidet über den Antrag grundsätzlich durch Urteil.[924] § 47 Abs. 5 geht dabei davon aus, dass in der Regel aufgrund mündlicher Verhandlung entschieden wird; die Vorschrift lässt aber auch eine Entscheidung durch Beschluss ohne mündliche Verhandlung zu, um dem Gericht die Möglichkeit zu geben, in dafür geeigneten Fällen in vereinfachter und beschleunigter Weise zu entscheiden.[925]

369 Nach dem Wortlaut des § 47 Abs. 5 stand es dabei im Ermessen des Gerichts, ob es aufgrund mündlicher Verhandlung durch Urteil oder ohne mündliche Verhandlung durch Beschluss entscheiden wollte. Das BVerwG vertrat früher sogar die Auffassung, dass das OVG sogar dann durch Beschluss entscheiden durfte, wenn es die Beteiligten hierauf vorher nicht hingewiesen hatte.[926]

---

[920] Vgl. dazu *Kopp/Schenke,* § 47, Rdn. 122 a. F. unter Hinweis auf *BVerwG,* 8. 8. 1989 – 4 NB 2/89 – NVwZ 90, 159, 160; *BVerwG,* 28. 12. 1990 – 4 NB 29.89 – *Hoppe/Stüer,* Rdn. 1307; *BVerwG,* 25. 2. 1997 – 4 NB 30.96 – NVwZ 97, 896.

[921] *BVerwG,* 6. 12. 2000 – 4 BN 59/00 – n. v.: Ob in diesen Fällen die Feststellung der bloßen „Unwirksamkeit" statt der Nichtigkeit in Betracht kommt, ist dann jeweils im Einzelfall zu prüfen.

[922] *BVerwG,* 20. 1. 1995 – 4 NB 43.93 – ZfBR 95, 145.

[923] *BVerwG,* 4. 6. 1991 – 4 NB 35.89 – DVBl. 91, 1153 = ZfBR 91, 229.

[924] Vgl. dazu *Kopp/Schenke,* § 47, Rdn. 140 unter Hinweis auf *BVerwG,* 20. 12. 1988 – 7 NB 2/89 – BVerwGE 81, 139, 142.

[925] Vgl. dazu *Kopp/Schenke,* § 47, Rdn. 140 a. E. unter Hinweis auf *BVerwG,* 8. 8. 1989 – 4 NB 2/89 – NVwZ 90, 159, 160; *BVerwG,* 28. 12. 1990 – 4 NB 29.89 – *Hoppe/Stüer,* Rdn. 1307.

[926] *BVerwG,* 8. 9. 1988 – 4 NB 15.88 – DÖV 89, 39f.; *BVerwG,* 8. 9. 1988 – 4 NB 15.88 – NVwZ 89, 245ff.; *BVerwG,* 3. 4. 1991 – 7 NB 1/92 – NVwZ-RR, 92, 405; *BVerwG,* 8. 9. 1988 – 4 NB 15/88 – NVwZ 89, 245f.

Die Rechtsprechung des BVerwG hat sich allerdings in jüngster Zeit gewandelt. Das Normenkontrollgericht ist nach der jüngeren Rechtsprechung des BVerwG bei der Ausübung seines Verfahrensermessens nach § 47 Abs. 5 S. 1 verpflichtet, Art. 6 Abs. 1 S. 1 EMRK mit dem Inhalt, den die Vorschrift in der Entscheidungspraxis des Europäischen Gerichtshofes für Menschenrechte gefunden hat, vorrangig zu beachten. Dies hat zur Folge, dass über einen Normenkontrollantrag in der Regel aufgrund einer mündlichen Verhandlung zu entscheiden ist. Wird über einen solchen Normenkontrollantrag entgegen Art. 6 Abs. 1 S. 1 EMRK ohne mündliche Verhandlung durch Beschluss entschieden, liegt ein absoluter Revisionsgrund vor.[927] **370**

Es ist aber nach wie vor zulässig, im Einvernehmen mit den Parteien ohne mündliche Verhandlung durch Beschluss zu entscheiden. **371**

Entscheidet das OVG durch Beschluss, so hat dieser die gleiche Wirkung wie ein Urteil, d.h. es ist ebenfalls die Möglichkeit der Nichtzulassungsbeschwerde/Revision eröffnet.[928] **372**

c) Umfang der normenkontrollgerichtlichen Prüfung

Ein zulässiger Normenkontrollantrag ist begründet, wenn das Verfahren gegen den richtigen Antragsgegner gerichtet ist und die angegriffene Rechtsnorm gegen höherrangiges Recht verstößt und damit nichtig oder in den Fällen des § 215a BauGB schwebend unwirksam[929] (vgl. u. D 384ff.) ist. **373**

Dies bedeutet: Ist die Zulässigkeitshürde übersprungen, so ist Gegenstand der gerichtlichen Überprüfung ist dabei sowohl das formelle Zustandekommen, als auch der materielle Gehalt der angegriffenen Vorschrift. Das Normenkontrollgericht ist dann bei der Prüfung der Rechtsvorschrift nicht auf die vom Antragsteller geltend gemachten Mängel beschränkt. Es kann die Vorschrift auch aus Gründen für nichtig erklärt werden, die die privaten Belange des Antragstellers nicht berühren.[930] Das Gericht prüft allerdings jeweils nur die Rechtmäßigkeit der Norm, nicht aber deren Zweckmäßigkeit. Schenke[931] hat deshalb zu Recht darauf hingewiesen, dass die materielle Entscheidung des OVG dem Antragsteller beim Erfolg des Normenkontrollverfahrens häufig mehr gibt, als es unter dem Gesichtspunkt des subjektiven Rechtsschutzes erforderlich ist, in dem die Normenkontrollentscheidung nämlich zu einer allgemein verbindlichen Nichtigkeitserklärung der Norm führt.[932] Schenke[933] weist darauf hin, dass im Grunde mit der Gesetzesno- **374**

---

927 *BVerwG,* 16. 12. 1999 – 4 CN 9.98 – UPR 00, 194ff.

928 *Kopp/Schenke,* § 47, Rdn. 140 a. F.

929 I. d. F. des Bau- und Raumordnungsgesetzes 1998, BauROG, 18. 8. 1997, BGBl. 97, 2085.

930 *BVerwG,* 6. 12. 2000 – 4 BN 59/00 – n. v.

931 *Schenke,* „Das 6. Gesetz zur Änderung der VwGO und anderer Gesetze (6. VwGO-ÄndG)", NJW 97, 81ff., 82.

932 Vgl. hierzu aber auch *Hoppe,* „Der Rechtsgrundsatz der Planerhaltung als Struktur- und Abwägungsprinzip in Abwägung im Recht", Symposium zur Emeritierung von Werner Hoppe, 133f., 148f.; ferner *Hüttenbrink,* „Das Recht auf fehlerfreie Abwägung als subjektiv-öffentliches Recht i. S. d. Antragsbefugnis gem. § 47 Abs. 2 VwGO", DVBl. 97, 1253ff.

933 *Schenke,* „Das 6. Gesetz zur Änderung der VwGO und anderer Gesetze (6. VwGO-ÄndG)", NJW 97, 81ff., 82.

velle ein Systembruch erfolgt ist, weil sich an dem objektiv-rechtlichen Kontrollcharakter des Normenkontrollverfahrens nichts geändert hat.[934] Der VGH Baden-Württemberg[935] hat deshalb vorgeschlagen, die Normenkontrolle nicht durch eine Regelung der Antragsbefugnis neu zu ordnen, sondern statt dessen eine Bestimmung aufzunehmen, die dem § 113 Abs. 1 S. 1 VwGO entspricht. Dies würde darauf hinauslaufen, dass nur solche Normenkontrollanträge in der Sache Erfolg haben können, wenn der Kläger zugleich in eigenen Rechten verletzt ist. Dies wäre ein weiterer dogmatischer Bruch, der mit dem Wesen des Normenkontrollverfahrens nicht vereinbar wäre: eine rechtswidrige Norm, die potentiell Rechtsverletzungen bewirkt, darf nicht nur deshalb weitergelten, weil sie gerade den Normenkontrollkläger nicht in seinen Rechten verletzt.

375 Obwohl auch im Normenkontrollverfahren die Amtsmaxime (vgl. dazu E 125ff.) herrscht, verlangt § 86 Abs. 1 keine – von jedem Vorbringen unabhängige – Überprüfung aller nur in Betracht kommenden formellen Fehlerquellen.[936] Es ist deshalb in erster Linie Aufgabe des Antragstellers, etwaige formell rechtliche oder materiell rechtliche Fehler aufzuzeigen.[937]

376 Der Prüfungsumfang des Gerichts wird durch den Antrag (vgl. D 359ff.) bestimmt.[938] Im Falle eines eingeschränkt gestellten Antrags hat das Normenkontrollgericht bei seiner Entscheidung über die beantragte Feststellung der **Teilnichtigkeit** (vgl. D 364ff.) einer Norm allerdings über den gestellten Antrag hinauszugehen, wenn der antragsgemäß für nicht zu erklärende Teil mit anderen, nicht angegriffenen Teilen der Norm in einem untrennbaren Zusammenhang steht.[939]

377 Umgekehrt kann sich die (unbekannte) Nichtigkeit eines Bebauungsplans auf die nachfolgende Änderungssatzung erstrecken (vgl. auch D 364), wenn der Änderungsplan vom Inhalt seiner Festsetzungen her den Ursprungsplan lediglich ergänzt.[940]

378 Prüfungsmaßstab des Normenkontrollantrags ist das EG-Recht[941], das gesamte Bundes- und Landesrecht[942] einschließlich der verfassungsrechtlichen Vorschriften.[943]

---

[934] Vgl. im übrigen auch *Kuhla/Hüttenbrink*, „Der Verwaltungsprozeß", 2. Aufl., D 343–348.

[935] *VGH Baden-Württemberg*, 13. 5. 1997 – 8 S 2814/96 – DVBl. 98, 236ff.

[936] Vgl. dazu *Kopp/Schenke*, § 86, Rdn. 4f.

[937] Vgl. im übrigen auch die Grundsatzentscheidung des *BVerwG*, 12. 12. 1969 – V C 105.66 – BVerwGE 34, 301ff.

[938] Bei einem Verstoß gegen Mitwirkungsrechte von Naturverbänden, ist die Prüfung darauf beschränkt, ob tatsächlich gegen das Mitwirkungsrecht verstoßen wurde, *OVG Bautzen*, 19. 5. 1994 – 1 S 209/94 – NVwZ-RR 95, 514f.

[939] *BVerwG*, 20. 8. 1991 – 4 NB 3.91 – DVBl. 92, 37ff.; *BVerwG*, 28. 1. 1990 – 4 NB 29.89 – *Hoppe/Stüer*, Rdn. 1307.

[940] *VGH Mannheim*, 10. 4. 1997 – 5 S 1564/95 – NVwZ-RR 98, 545.

[941] Das Landesrecht ist dann nicht Prüfungsmaßstab, wenn die Verwerfungskompetenz dem Landesverfassungsgericht zugeordnet ist, vgl. *Redeker/von Oertzen*, § 47, Rdn. 19.

[942] So *Rengeling/Middeke/Gellermann*, Rdn. 1120–1123; *VGH Mannheim*, 14. 5. 1992 – 9 S 2730/86 – NVwZ-RR 93, 478; *VGH Mannheim*, 18. 4. 1994 – 9 S 3114/93 – DÖV 94, 831. Nach *BVerwG*, 21. 7. 1983 – 3 C 11/82 – NVwZ 84, 518 u. 5. 6. 1986 – 3 C 12/82 – NJW 86, 3040; *BVerwG*, 10. 3. 1994 – 3 C 32.92 – BVerwGE 95, 213ff. ist das Gemeinschaftsrecht revisibles Recht. A. A. *Jörg Schmidt* in *Eyermann*, § 47, Rdn. 38; ferner *Rinze*, „Europarecht als Prüfungsmaßstab im Rahmen der Normenkontrolle", NVwZ 96, 458.

[943] *Hoppe* in *Hoppe/Grotefels*, § 16, Rdn. 24: Das Gericht ist nicht auf die im Antrag erwähnten Mängel beschränkt.

Bei der Prüfung von Satzungen nach dem BauGB (§ 47 Abs. 1 Nr. 1) ergeben sich aus dem materiellen Baurecht (§§ 214, 215, 244 Abs. 2 BauGB) zahlreiche Sondervorschriften, die die Fehlerfolgen erheblich reduzieren.[944]

Hält das Normenkontrollgericht die angegriffene Rechtsvorschrift für ungültig, so erklärt es die Rechtsvorschrift für nichtig (vgl. aber auch D 362). Das Normenkontrollgericht ist durch § 121 nicht gehindert, einem Antrag auf Nichtigerklärung eines Bebauungsplanes stattzugeben, wenn zuvor in einem Klageverfahren auf Erteilung einer Baugenehmigung durch rechtskräftiges Urteil die Gültigkeit des Bebauungsplans inzident bejaht worden ist.[945] **379**

Der betroffene Normgeber hat die Entscheidungsformel so zu veröffentlichen, wie die Norm selbst bekanntzumachen wäre (§ 47 Abs. 5 Satz 2, 2. Halbs.). **380**

d) Maßgeblicher Zeitpunkt für die gerichtliche Beurteilung der Sach- und Rechtslage

In Normenkontrollverfahren kommt es für die Wirksamkeit der angegriffenen Rechtsnorm auf die Verhältnisse im Zeitpunkt des Erlasses der Rechtsnorm an (vgl. für Bebauungspläne § 214 Abs. 3 S. 1 BauGB).[946] Bei B-Plänen kommt es also in der Regel auf den gemeindlichen Satzungsbeschluss als Schlusspunkt des Abwägungsvorgangs an, es sei denn, dass sich im Anschluss an den Satzungsbeschluss weitere Formfehler (z.B. Fehlen einer ordnungsgemäßen Ausfertigung oder Bekanntmachung, vgl. auch D 524ff., 528ff., 538ff., 561ff.) ergeben haben, so dass ergänzend auch noch auf diese abzustellen ist. **381**

e) Wirkung der Entscheidung bei Nichtigkeit der Norm

Die Entscheidung des Normenkontrollgerichts, mit der die Nichtigkeit einer Norm festgestellt wird, ist allgemein verbindlich. Die Feststellung der Nichtigkeit wirkt gegenüber jedermann, der sich auf die Vorschriften berufen oder sie anwenden will.[947] Die Entscheidung wirkt ex tunc auf den Zeitpunkt des Erlasses der Norm, soweit nicht durch das Gericht ein anderer Zeitpunkt festgelegt wird. Dem jeweiligen Antragsgegner ist es damit verwehrt, eine inhaltlich gleiche Vorschrift – ohne Behebung des Fehlers – neu zu erlassen **(Normwiederholungsverbot).**[948] **382**

Beispiel: **383**

Der Bebauungsplan einer Gemeinde wird wegen eines formellen Fehlers (Fehlen der Ausfertigung des Bebauungsplans) für nichtig erklärt.

Die Gemeinde kann den Bebauungsplan nach Behebung des Fehlers durch Wiederholung des Aufstellungsverfahrens grundsätzlich neu in Kraft setzen.[949] Die Feststellung, dass der Bebauungsplan nichtig sei, bedeutet nur, dass der Plan keine Rechtswirkungen als gemeindliche Satzung entfalten kann. Die Entscheidung des Normenkontrollgerichts kann aber zwischen den Beteiligten weitere Bindungen **384**

---

944 Vgl. *Battis/Krautzberger/Löhr,* BauGB, 3. Aufl., § 214ff.

945 *BVerwG,* 29. 1. 1992 – 4 NB 22.90 – BauR 92, 342.

946 *OVG Berlin,* 13. 7. 2000 – OVG 2a 5.95 – ZfBR 00, 566; *BVerwG,* 15. 1. 1982 – 4 C94.79 – ZfBR 82, 87; *BVerwG,* 12. 8. 1999 – 4 CN 4.98 – NVwZ 00, 515.

947 *Redeker/von Oertzen,* § 47, Rdn. 45; *BVerwG,* 12. 3. 1982 – 4 N 1.80 – BVerwGE 65, 131ff., 137.

948 *VGH Mannheim,* 26. 9. 1978 – I 1303/77 – DÖV 79, 571f.; *BVerwG,* 6. 5. 1993 – 4 N 2.92 – BauR 93, 695.

949 *BVerwG,* 6. 5. 1993 – 4 N 2.92 – BauR 93, 695; *BVerwG,* 25. 11. 1999 – 4 CN 17/98 – ZfBR 00, 191.

entfalten: Insbesondere die Gemeinde ist nicht nur an den Tenor, sondern auch an die tragenden Gründe der Entscheidung gebunden. Die Gemeinde ist deshalb gehindert, den Bebauungsplan unter Wiederholung des oder der festgestellten Planungsfehler erneut zu erlassen[950] (vgl. auch D 385ff.). Das Normenwiederholungsverbot hindert die Gemeinde allerdings nicht grundsätzlich daran, einen neuen B-Plan gleichen Inhalts aufzustellen, mit dem Ziel, Rechtsmängel oder Inhaltsmängel zu beheben, die nach den Gründen der Normenkontrollentscheidung die Nichtigkeit des Bebauungsplanes zur Folge hatten.[951]

385 Die Nichtigkeit der Rechtsvorschrift hat für die auf ihrer Grundlage erlassenen Verwaltungsakte unterschiedliche Wirkungen:

Verwaltungsakte, die noch nicht unanfechtbar geworden sind, sind aufzuheben.[952] Für Verwaltungsakte, die durch rechtskräftige gerichtliche Entscheidungen unanfechtbar geworden sind, verweist § 47 Abs. 6 Satz 3 auf § 183; sie bleiben also wirksam. Eine Vollstreckung aus ihnen ist freilich unzulässig und es kann im Einzelfalle Vollstreckungsgegenklage (§ 767 ZPO analog) erhoben werden.[953] Das gleiche gilt für sonstige unanfechtbar gewordene Verwaltungsakte, hier ist § 47 Abs. 6 Satz 3 entsprechend anzuwenden.[954]

386 Wird der Normenkontrollantrag abgelehnt, so entfaltet die Entscheidung nur unter den Beteiligten Rechtswirkungen. Lediglich ein Antrag des konkreten Antragstellers, der sich auf dieselbe Rechtsnorm bezieht, wäre aufgrund entgegenstehender Rechtskraft unzulässig.[955]

387 Das Bundesverwaltungsgericht hat in diesem Zusammenhang zur Wiederaufnahme von Normenkontrollverfahren folgendes (s. allgemein F 279ff.; zur einstweiligen Anordnung, vgl. unten D 446) ausgeführt:

„Hält – umgekehrt – das Oberverwaltungsgericht die mit dem Normenkontrollantrag beanstandete Rechtsvorschrift für gültig, so weist es den Antrag ab. Diese Entscheidung führt nicht zur positiven Feststellung der Gültigkeit der Rechtsvorschrift. Sie hindert daher andere durch die Norm nachteilig Betroffene nicht daran, ihrerseits einen auf Ungültigkeitserklärung zielenden Normenkontrollantrag zu stellen und sie hindert das Oberverwaltungsgericht nicht daran, in einem Normenkontrollverfahren erneut sachlich über die Gültigkeit der angegriffenen Rechtsnorm zu entscheiden. Allein der unterlegene Antragsteller wird davon ausgeschlossen, ohne Änderung der Sach- oder Rechtslage ein neues Normenkontrollverfahren mit demselben Begehren einzuleiten …“[956]

---

[950] *BVerwG,* 6. 5. 1993 – 4 N 2.92 – BauR 93, 695.

[951] *BVerwG,* 6. 3. 2000 – 4 BN 31.99 – NVwZ 00, 808; *BVerwG,* 16. 12. 1999 – 4 CN 7.98 – NVwZ 00, 815.

[952] *Redeker/von Oertzen,* § 47, Rdn. 47; *Eyermann,* § 47, Rdn. 56 will grds. alle belastenden VA's rückgängig machen.

[953] *Redeker/von Oertzen,* § 183, Rdn. 1.

[954] *Redeker/von Oertzen,* § 47, Rdn. 46; ferner *Kopp/Schenke,* § 47, Rdn. 141 m.w.N.

[955] *BVerwG,* 16. 7. 1990 – 4 NB 20.90 –, *Hoppe/Stüer,* Rdn. 1301.

[956] *BVerwG,* 12. 3. 1982 – 4 N 1.80 – BVerwGE 65, 131ff., 137; *BVerwG,* 3. 11. 1993 – 4 NB 33/93 – NVwZ-RR 94, 236: Die Sach- und Rechtslage muss sich also nach Erlass des rechtskräftigen Urteils dahin geändert haben, dass für den mit der erneuten Klage geltend gemachten Anspruch – hier auf Nichtigkeitserklärung des Bebauungsplans – nunmehr ein Rechtsgrund gegeben ist. Mit einer erneuten Normenkontrollklage kann z.B. geltend gemacht werden, der Bebauungsplan sei aufgrund einer inzwischen eingetretenen tatsächlichen Entwicklung funktionslos geworden.

f) Wirkung der Entscheidung bei schwebend unwirksamer Norm

Ab dem 1. 1. 1998 gilt für alle Satzungen oder Rechtsverordnungen (§ 246 BauGB), die nach den Vorschriften des Baugesetzbuches erlassen worden sind, eine Besonderheit: **388**

aa) Grundsatz der Planerhaltung

In § 215a BauGB i.d.F. des Bau- und Raumordnungsgesetzes 1998 (BauROG vom 18. 8. 97, BGBl I, 1997, 2081) ist der **Grundsatz der Planerhaltung**[957] fortentwickelt worden. **389**

Mängel der Satzung, die nicht nach § 214 und § 215 BauGB unbeachtlich sind und die durch ein ergänzendes Verfahren behoben werden können, führen nicht zur Nichtigkeit. Bis zur Behebung der Mängel entfaltet die Satzung keine Rechtswirkung.[958] Alle städtebaulichen Satzungen nach dem BauGB[959] (Flächennutzungspläne sind ausgenommen, weil diese gem. § 47 nicht für nichtig erklärt werden können),[960] können künftig durch ein ergänzendes Verfahren geheilt werden; § 215a BauGB ist gem. § 233 Abs. 2 BauGB dabei auch auf Satzungen anzuwenden, die auf der Grundlage bisheriger Fassungen des BauGB in Kraft getreten sind, also auch auf alte Bebauungspläne.[961] **390**

Zentrale Bedeutung kommt dabei der Frage zu, was unter dem Begriff des **„behebbaren Mangels"** zu verstehen ist; dies lässt sich anhand des Gesetzes nur unzureichend beantworten.[962] Es muss sich nach dem Wortlaut des § 215a Abs. 1 BauGB um Mängel handeln, die nicht nach den §§ 214 und 215 BauGB unbeachtlich sind, die aber durch ein ergänzendes Verfahren behoben werden können.[963] Die Art der Fehler, die durch ein ergänzendes Verfahren geheilt werden können, werden – stellt man nur auf den Wortlaut der neuen gesetzlichen Vorschrift des § 215a BauGB ab – in keiner Weise eingeschränkt. Es könnten also sowohl formal-rechtliche[964] als auch materiell-rechtliche Fehler[965] geheilt werden.[966] **391**

---

957 Bundesratsdrucks. 635/96, S. 74; *Hoppe/Henke,* „Der Grundsatz der Planerhaltung im neuen Städtebaurecht", DVBl. 97, 1047; ferner *Stüer/Rude,* „Planreparatur im Städtebaurecht – Fehlerheilung nach § 215a BauGB", in ZfBR 00, 85 ff.

958 *Stüer/Rude,* „Planreparatur im Städtebaurecht – Fehlerheilung nach § 215a BauGB" in ZfBR 00, 85 ff.

959 Vgl. Bundesratsdrucks. 635/96, S. 74; *Hoppe/Henke,* „Der Grundsatz der Planerhaltung im neuen Städtebaurecht", DVBl. 97, 1407 ff.; *Kuhla/Hüttenbrink,* „Der Verwaltungsprozess", 2. Aufl., D 282 m. w. N.

960 *Kuhla/Hüttenbrink,* 2. Aufl., D 281.

961 *OVG Münster,* 3. 12. 1997 – 7 aD 1110/97.NE –

962 *Ernst/Zinkahn/Bielenberg,* BauGB, Vorb. §§ 1–13, Rdn. 47.

963 *Kuhla/Hüttenbrink,* 2. Aufl., D 356.

964 Sehr weitgehend z. B., *VGH Mannheim,* 20. 5. 1998 – 3 S 2784/96 –, NVwZ-RR 98, 614, der es in einem Einzelfall für zulässig erachtet hat, dass auch bei Verfahrensmängeln im Rahmen der Bürgerbeteiligung eine Heilung im ergänzenden Verfahren gem. § 215a Abs. 1 BauGB in Betracht kommt, wenn nach den Umständen des Einzelfalls nicht zu erwarten ist, dass sich der Gemeinderat bei der notwendigen erneuten Abwägung auf Grund bisher nicht vorgetragener Bedenken und Anregungen mit Gesichtspunkten befassen muss, die das Grundgerüst seiner Abwägung in Frage stellen könnten.

965 *OVG Münster,* 2. 3. 1998 – 7 aD 125/96 –, n. v.; *OVG Münster,* 23. 7. 1998 – 10 aD 100/97.NE – nicht rechtskräftig.

966 *Stüer/Rude,* „Planreparatur im Städtebaurecht – Fehlerheilung nach § 215a BauGB" in ZfBR 00, 85 ff.

392 **Beispiele** aus der Rechtsprechung für die Behandlung von **Verfahrensfehlern** (vgl. auch D 465ff.):

- Eine verfahrensfehlerhaft zustande gekommene Satzung über die förmliche Festlegung eines Sanierungsgebietes kann auch dann noch erneut beschlossen und rückwirkend in Kraft gesetzt werden (§ 215 Abs. 3 BauGB 1986 = § 215a Abs. 2 BauGB 1998), wenn die Sanierung bereits abgeschlossen und die förmliche Festlegung schon aufgehoben worden ist.[967]
- Allein das Verstreichen eines erheblichen Zeitraums seit der ursprünglichen Beschlussfassung und eine inzwischen eingetretene Änderung der Sach- und Rechtslage hindern ein rückwirkendes Inkraftsetzen einer wegen eigens Ausfertigungsmangels ungültigen Sanierungssatzung nicht.[968]
- Auch bei Verfahrensmängeln im Rahmen der **Bürgerbeteiligung** kommt eine Heilung im ergänzenden Verfahren gem. § 215a Abs. 1 BauGB in Betracht, wenn nach den Umständen des Einzelfalls nicht zu erwarten ist, dass sich der Gemeinderat bei der notwendigen erneuten Abwägung aufgrund bisher nicht vorgetragener Bedenken und Anregungen mit Gesichtspunkten befassen muss, die das Grundgerüst seiner Abwägung in Frage stellen könnten.[969]
- In der Mitwirkung eines gem. § 22 Abs. 1 S. 1 Nr. 1 GemO (GemO RP) ausgeschlossenen Gemeinderatsmitglieds an dem Satzungsbeschluss eines Bebauungsplans liegt ein durch ein ergänzendes Verfahren nach § 215a Abs. 1 BauGB behebbarer Mangel der Satzung.[970]
- Ein wegen der Mitwirkung eines befangenen Gemeinderats beim Satzungsbeschluss fehlerhafter Bebauungsplan ist gem. §§ 215a Abs. 1 BauGB, § 47 Abs. 5 S. 4 bis zur Behebung des Mangels für nicht wirksam zu erklären.[971]
- Das nach den Vorschriften des BauGB durchzuführende Satzungsverfahren ist ein ergänzendes Verfahren i.S.d. § 215a Abs. 1 S. 1 BauGB, wenn nicht alle zum Erlass einer Satzung erforderlichen Verfahrensschritte durchgeführt werden müssen, wie dies beim erstmaligen Satzungsverfahren notwendig wäre.[972]

393 Die Heilung von **materiell-rechtlichen Fehlern** hat vor allem deshalb besondere Bedeutung, weil die Rüge von Form- und Verfahrensfehlern in den letzten Jahren deutlich zurückgegangen ist; das Schwergewicht der Angriffe in Normenkontrollverfahren liegt jetzt auf materiell-rechtlichen Fehlern, insbesondere auf Verstößen gegen das Abwägungsgebot. Man wird deshalb davon ausgehen müssen, dass vor allem die Abwägungsmängel künftig der Hauptanwendungsfall eines ergänzenden Verfahrens sein werden.

394 Dabei werden sowohl

- Fehler bei der Ermittlung und Einstellung des Abwägungsmaterials, als auch
- bei der Gewichtung des Abwägungsmaterials, also auch Fehler des eigentlichen Abwägungsvorgangs,

Gegenstand eines ergänzenden Verfahrens sein können.

---

[967] *BVerwG,* 3. 12. 1998 – 4 C 14/97 – NVwZ 99, 419–420; für materiell-rechtliche Fehler ist eine Rückwirkung nicht vorgesehen, vgl. *Hoppe/Henke,* „Der Grundsatz der Planerhaltung im neuen Städtebaurecht", DVBl. 97, 1407ff.; ferner *Stüer/Rude,* „Städtebaurecht 96–98", DVBl. 99, 210ff.

[968] *BVerwG,* 10. 11. 1998 – 4 BN 38/98 – NVwZ 99, 420.

[969] *VGH Mannheim,* 20. 5. 1998 – 3 S 2784/96 –, NVwZ-RR 98, 614.

[970] *OVG Koblenz,* 23. 4. 1998 – 1 C 10789/97 – DVP 98, 433–435.

[971] *VGH Mannheim,* 6. 2. 1998 – 3 S 731/97 –, ZfBR 98, 324; *BVerwG,* 5. 11. 1998 – 4 BN 48.98 – NVwZ-RR 99, 425.

[972] *OVG Münster,* 2. 3. 1998 – 7 aD 125/96.NE – NWVBl. 98, 439–443.

Beispiel: 395
Das BVerwG hat zum ersten Mal in einem Urteil vom 8. 10. 99 zur Behebbarkeit von Mängeln des Bebauungsplanes durch ein ergänzendes Verfahren Stellung bezogen. Die Änderung des Bebauungsplans sollte einem bereits ansässigen Betrieb die Erweiterung des Betriebsgeländes ermöglichen. Nach Ansicht der Vorinstanz war das Plangebiet für eine Betriebserweiterung zwar nicht von vornherein ungeeignet. Der VGH bemängelte jedoch, dass wegen der schmalen Betriebszufahrt und der unzureichenden Wende- und Abstellmöglichkeiten für Lastwagen auf dem Betriebsgelände der Lieferverkehr nicht zügig innerhalb des Betriebsgeländes abgewickelt werden könne.

Das BVerwG[973] hat ausgeführt, der festgestellte Abwägungsfehler könne durch ein ergänzendes Verfahren i. S. v. § 215 Abs. 1 S. 1 BauGB behoben werden:

„Für die Anwendbarkeit des § 215a Abs. 1 S. 1 BauGB genügt es, dass die konkrete Möglichkeit der Fehlerbehebung in einem ergänzenden Verfahren besteht. Das setzt voraus, dass der zu behebende Mangel nicht von solcher Art und Schwere ist, dass er die Planung als ganzes von vornherein in Frage stellt oder die Grundzüge der Planung berührt (vgl. § 13 BauGB). Mit dieser Einschränkung sind auch Abwägungsfehler von der Regelung des § 215a BauGB erfasst. Der Senat kann insoweit auf die im Urteil BVerwGE 100, 370 zu § 17 Abs. 6c S. 2 FStrG vertretene Auslegung zurückgreifen, weil § 215a Abs. 1 BauGB hinsichtlich der Mängelbehebung dieser Vorschrift und den in anderen Fachplanungsgesetzen enthaltenen vergleichbaren Regelungen bewusst nachgebildet worden sind."

Ein ergänzendes Verfahren kann auch bei schwerwiegenden Mängeln noch in Betracht kommen.

Beispiel:
Ein Bebauungsplan verstößt gegen § 8a BNatSchG. Ein ergänzendes Verfahren kann in Betracht kommen, um die erforderlichen Festsetzungen zum Ausgleich von Eingriffen in Natur und Landschaft erneut zu beschließen.[974]

Andererseits stößt die Fehlerbehebung gerade bei Abwägungsmängeln häufig auf erhebliche Schwierigkeiten: 396

Beispiel:
Die Gemeinde überplant ein faktisches Mischgebiet in dem die Wohnnutzung überwiegt, als Kerngebiet.[975] Eine derartige Überplanung setzt zunächst eine erkennbare Bestandsaufnahme bei der Ermittlung der abwägungsrelevanten Gesichtspunkte voraus. Weiterhin müssen wichtige Gründe für eine Umgestaltung des Gebietscharakters eingeführt werden können und die erforderlichen Veränderungen müssen im Rahmen des Abwägungsvorgangs zumindest langfristig als realisierbar erscheinen. Ist der Abwägungsprozess fehlerhaft, führt dies zur Unwirksamkeit der Norm.

Betrachtet man dann das Fehlerbehebungsverfahren (vgl. unten D 383), so wird gerade bei Abwägungsmängeln deutlich, dass das Fehlerbehebungsverfahren an seine Grenzen stößt. Die Heilungsvorschrift des § 215a I BauGB bedarf daher der teleologischen Reduktion (vgl. D 399ff.).

---

973 *BVerwG,* 8. 10. 1998 – 4 CN 7.97 – DVBl. 99, 243.

974 *BVerwG,* 25. 5. 2000 – 4 BN 17/00 – NVwZ 00, 1053f.; *BVerwG,* 16. 12. 1999 – 4 CN 7.98 – BauR 00, 684. Ergänzende Festsetzungen nach § 8a BNatSchG sind insbesondere dann zulässig, wenn die Gemeinde nach der ursprünglichen Planungskonzeption derartige Festsetzungen bereits vorgesehen hatte, jedoch von diesen Möglichkeiten im weiteren Planaufstellungsverfahren aufgrund unzutreffender rechtlicher Erwägungen absah.

975 *OVG Münster,* 21. 8. 1997 – 11 aD 156/93.NE – n. v.

397 Ob auch **sonstige Verstöße gegen das materielle Recht,** wie z. B. Verstöße gegen die allgemeinen Vorschriften des BauGB oder die Vorschriften der Baunutzungsverordnung oder gegen andere rechtliche Vorschriften als Anwendungsfall eines ergänzenden Verfahrens in Betracht kommen, erscheint fraglich.

Beispiel:
Eine Gemeinde trifft in einem B-Plan die Festsetzung, dass im Kerngebiet Wohnungen allgemein und überall zulässig sind. Die Gemeinde verstößt damit gegen § 1 Abs. 6 Nr. 2 BauNVO 1977/90, weil dadurch die allgemeine Zweckbestimmung des Kerngebiets nicht gewahrt ist.[976]

Der Rechtsverstoß wird auch künftig zur Nichtigkeit des Bebauungsplans führen, weil der das gesamte Plangebiet erfasst, so dass eine Heilung ausgeschlossen ist (vgl. dazu unten D 400).

bb) Behebung der Fehler

398 Aus der Neuregelung des § 47 Abs. 5 S. 4 („bis zur Behebung“) folgt, dass die Gemeinde verpflichtet ist, ein ergänzendes Verfahren nach § 215 a Abs. 1 einzuleiten, wenn der Fehler entweder aufgrund einer gerichtlichen Entscheidung festgestellt oder die Gemeinde selbst die Fehlerhaftigkeit des B-Plans erkannt hat.[977] Der Pflicht der Gemeinde zur Fehlerbehebung folgt aber gem. § 2 Abs. 3 BauGB kein Anspruch Privater auf Fehlerbehebung.[978] Die Gemeinde hat im übrigen die Möglichkeit, den als nichtig erkannten Plan in einem förmlichen Verfahren aufzuheben. Statt der bloßen Aufhebung kann sich die Gemeinde auch dazu entschließen, einen inhaltlich neuen Bauleitplan in dem dafür vorgesehenen Verfahren zu erlassen. Rechtswidrig ist es in jedem Fall, den als rechtswidrig erkannten Plan auf sich beruhen zu lassen und bewusst nichts zu tun.[979]

399 § 215 a BauGB wirft ferner die Frage auf, ob der B-Plan im Zuge des Fehlerbehebungsverfahrens auch geändert werden darf. Da sowohl formelle als auch materielle Fehler behoben werden dürfen[980], muss es auch möglich sein, im Zuge eines ergänzenden Verfahrens den Planinhalt zu ändern. § 215 a BauGB schließt jedenfalls seinem Wortlaut nach Änderungen und Ergänzungen des Bebauungsplans nicht aus.[981] Änderungen und Ergänzungen im Rahmen des Fehlerbehebungsverfahrens sind aber in analoger Anwendung des § 13 BauGB dann ausgeschlossen, wenn durch die Änderungen und Ergänzungen im Zuge des Fehlerbehebungsverfahrens die Grundzüge der Planung berührt werden.[982]

---

976 *OVG Münster,* 21. 8. 1997 – 11 aD 156/93.NE – n. v.

977 Vgl. dazu *Battis/Krautzberger/Löhr,* BauGB, 6. Aufl., § 215 a, Rdn. 8.

978 Vgl. dazu *Battis/Krautzberger/Löhr,* BauGB, 6. Aufl., § 215 a, Rdn. 8; *Stüer/Rude,* Städtebaurecht 96–98“, DVBl. 98, H 210 ff.; *BVerwG,* 9. 10. 1996 – 4 B 180.96 – BRS 97, 6.

979 Vgl. dazu *Battis/Krautzberger/Löhr,* BauGB, 6. Aufl., § 215 a, Rdn. 10.

980 *OVG Münster,* 23. 7. 1998 – 10 aD 100/97.NE – n. v. Allein aus der materiellrechtlichen Natur eines Fehlers lässt sich nicht unmittelbar ableiten, ob ein ergänzendes Verfahren gem. § 215 a Abs. 1 BauGB in Betracht kommt, vgl. *BVerwG,* 2. 11. 1999 – 4 BN 41.99 – UPR 00, 226 ff.

981 In diesem Sinne auch unter Hinweis auf die Entstehungsgeschichte der Vorschrift *OVG Münster,* 23. 7. 1998 – 10 aD 100/97.NE – n. v.

982 *BVerwG,* 8. 10. 1998 – 4 CN 7/97 –.

Das BVerwG hat es in diesem Zusammenhang für zulässig erachtet, einen wegen Verstoßes gegen § 8a BNatSchG mangelhaften B-Plan in einem ergänzenden Verfahren nach § 215a Abs. 1 BauGB um die erforderlichen Festsetzungen zum Ausgleich von Eingriffen in Natur und Landschaft zu ergänzen und sodann erneut zu beschließen.[983] **400**

Die Behebung der Fehler erfolgt nach § 215a Abs. 2 BauGB durch Neuvornahme der fehlerhaften Verfahrenshandlung durch das zuständige Organ nach den dafür geltenden Vorschriften. Dies bedeutet, dass es eines Ratsbeschlusses beispielsweise nur dann bedarf, wenn dieser (z.B. nach § 10 BauGB) zur Durchführung eines ordnungsgemäßen Verfahrens erforderlich ist. Wenn der zu behebende Fehler beispielsweise erst nach Abschluss der Bürgerbeteiligung begangen worden ist, bedarf es im Rahmen des ergänzenden Verfahrens keiner Wiederholung der Bürgerbeteiligung. Etwas anderes gilt allerdings dann, wenn der B-Plan im Verfahren nach § 215a Abs. 2 BauGB einen anderen Inhalt erhalten soll; dann muss selbstverständlich neben der bloßen Fehlerbehebung zusätzlich das Verfahren ab der Beteiligung der Bürger und Träger öffentlicher Belange wiederholt werden.[984] Im Einzelfall kann im vereinfachten Verfahren gem. § 13 BauGB vorgegangen werden. **401**

Auch wenn keine Änderungen vorgenommen werden sollen, können zwischen früherer Beschlussfassung und dem erneuten Inkrafttreten erhebliche Änderungen der Sach- und Rechtslage eingetreten sein, so dass in der Regel weiteres zu berücksichtigendes Abwägungsmaterial vorliegen dürfte, das eine erneute Abwägung erforderlich macht.[985] **402**

Hinweis:
Soll beispielsweise ein wegen fehlerhafter Ausfertigung nicht wirksam zustande gekommener B-Plan gem. § 215 Abs. 3 BauGB durch Wiederholung des nachfolgenden Verfahrens in Kraft gesetzt werden, so besteht allerdings für die Gemeinde – je mehr Zeit seit der ursprünglichen Beschlussfassung inzwischen vergangen ist – Anlass zur Prüfung, ob nicht durch zwischenzeitlich eingetretene Änderungen der Sach- und Rechtslage die ursprüngliche Abwägung so grundlegend berührt sein könnte, dass eine neue Sachentscheidung durch eine aufgrund der jetzigen Sach- und Rechtslage zu treffenden Abwägung geboten ist.[986]

Wie oben bereits angedeutet, kann das **ergänzende Verfahren nicht schrankenlos** durchgeführt werden.[987] **403**

Eine **Heilung ist ausgeschlossen,** wenn die Grundzüge der Planung betroffen sind[988] oder wenn der Abwägungsmangel von solcher Schwere ist, dass er die Planung als Ganzes von vornherein in Frage stellt (vgl. oben das Beispiel D 392).[989] Abwägungsmängel, die beispielsweise die Grundzüge der Planung berühren (etwa eine fehlende oder fehlerhafte Offenlegung gem. § 3 Abs. 3 S. 2 oder § 13 Abs. 1 **404**

---

983 *BVerwG,* 25. 5. 2000 – 4 BN 17.00 – NVwZ 00, 1053.

984 *Battis/Krautzberger/Löhr,* BauGB, 6. Aufl., § 215a, Rdn. 11.

985 *Battis/Krautzberger/Löhr,* BauGB, 6. Aufl., § 215a, Rdn. 11; *BVerwG,* 18. 12. 1995 – 4 NB 30/95 – NVwZ 96, 890ff.

986 *BVerwG,* 3. 7. 1995 – 4 NB 11.95 – NVwZ 96, 374ff.

987 Vgl. dazu beispielsweise den Aufsatz von *Hoppe/Henke* „Der Grundsatz der Planerhaltung im neuen Städtebaurecht", DVBl. 97, 1407ff.

988 *BVerwG,* 8. 10. 1998 – 4 CN 7.97 –.

989 *OVG Münster,* 3. 12. 1997 – 7 aB 1110/97.NE – AU S. 27; *BVerwG,* 2. 11. 1998 – 4 BN 49.98; *OVG Münster,* 22. 6. 1998 – 7 aD 108/96.NE – NWVBl. 98, 477.

S. 1 BauGB) oder den Kern der Abwägungsentscheidung betreffen[990] können im ergänzenden Verfahren nicht geheilt werden.

405 *Hoppe*[991] nennt in diesem **Zusammenhang vor allem das Gebot der Einheitlichkeit der Planungsentscheidung.** Da die planerische Abwägung nicht nur ein nachvollziehbarer Prozess der vergleichenden Bewertung mit dem Ziel einer zweckgerichteten Kompromisshaften Entscheidung sei, sei ein solcher Prozess grundsätzlich nur als einheitlicher unteilbarer Entscheidungsakt vorstellbar:

> „Die einzelnen der Planungsentscheidung zugrunde liegenden Belange bedingen sich nämlich wechselseitig und bilden ein komplexes Interessengeflecht. Jede Vernachlässigung eines Einzelbelangs teilt sich daher den übrigen Interessenrelationen mit und ergreift somit die gesamte Abwägung. Diese spezifische Struktur der Abwägung stellt besondere Anforderungen an das Zustandekommen der Planungsentscheidung, die unter dem Stichwort „Grundsatz der Konfliktbewältigung" in die planungsrechtliche Dogmatik gefunden haben."

406 Dieser **Grundsatz der planerischen Konfliktbewältigung** erfordert, dass die Planungsentscheidung alle durch das Vorhaben ausgelösten Konflikte bewältigen muss. Der gemeindliche Satzungsgeber darf also sich abzeichnenden Konflikten im Rahmen der Abwägungsentscheidung nicht unter Hinweis auf spätere Lösungsmöglichkeiten vertagen.

407 a Die Gemeinde muss freilich nicht alle Detailfragen im Rahmen des Planverfahrens bewältigen. Sie kann von einer abschließenden Konfliktbewältigung im Planaufstellungsverfahren Abstand nehmen, wenn die Durchführung der als notwendig erkannten Konfliktlösungsmaßnahmen außerhalb des Planverfahrens bei der Verwirklichung des B-Plans beispielsweise im Baugenehmigungsverfahren sichergestellt ist.[992] Eine derartige Konfliktverlagerung ist allerdings dann nicht mehr möglich, wenn bereits im Planungsstadium abzusehen ist, dass sich der offen gelassene Interessenskonflikt auch in einem nachfolgenden Verfahren nicht sachgerecht lösen lassen wird.[993] Der gemeindliche Satzungsgeber muss im Rahmen des Abwägungsvorgangs eine prognostische Beurteilung vollziehen, ob eine spätere Konfliktbewältigung gesichert oder zumindest wahrscheinlich ist.[994]

408 Daraus folgt, dass ein ergänzendes Verfahren dann ausscheidet, wenn Fehler vorliegen, die die Gesamtkonzeption der Planung betreffen, so dass diese bei der Durchführung eines ergänzenden Verfahrens insgesamt zur Disposition steht. Ein ergänzendes Verfahren kann deshalb nur in solchen Fällen zulässig sein, in denen es um punktuelle Nachbesserung bei einer ansonsten intakten Gesamtplanung geht. Für Verfahrensfehler bedeutet dies, dass die bloße Wiederholung eines bestimmten Verfahrensabschnittes – beispielsweise eine erforderliche erneute Offenlegung des Bebauungsplans wegen Änderungen der Konzeption im Laufe des Planverfahrens

---

[990] *BVerwG,* 10. 11. 1998 – 4 BN 45/98 – NVwZ 99, 420/421.

[991] *Hoppe/Henke,* „Der Grundsatz der Planerhaltung im Städtebaurecht", DVBl. 97, 1407 ff.

[992] *BVerwG,* 14. 7. 1994 – 4 NB 25.94 – BRS 56 Nr. 6; *BVerwG,* 8. 10. 1998 – 4 CN 7.97 – NVwZ 99, 414; *OVG Münster,* 7. 12. 2000 – 7 aD 60/99.NE (Preußen-Park), AU S. 78, 79.

[993] *BVerwG,* 11. 3. 1988 – 4 C 56.84 – BRS 48 Nr. 8, *BVerwG,* 21. 2. 2000 – 4 BN 43.99 – BauR 00, 1460; *OVG Münster,* 7. 12. 2000 – 7 aD 60/99.NE (Preußen-Park), AU S. 78, 79.

[994] *BVerwG,* 14. 7. 1994 – 4 NB 25.94 – BRS 56 Nr. 6; *OVG Münster,* 7. 12. 2000 – 7 aD 60/99.NE (Preußen-Park), AU S. 78, 79.

nicht ausreicht. An die Wiederholung der Offenlegung muss sich dann auch eine erneute Abwägungsentscheidung anschließen, da die nachträgliche Durchführung von Verfahrensschritten sonst wenig Sinn machen würde.

Liegt im Einzelfall ein **„behebbarer Mangel"** vor, so ist die Satzung nicht nichtig sondern nur **„schwebend unwirksam"**. **409**

§ 215 a Abs. 1 S. 2 bestimmt hierzu, dass die Satzung bis zur Behebung der Mängel keine Rechtswirkungen entfaltet, sie steht also einer **nichtigen Satzung** gleich. **410**

Nach dem klaren Wortlaut des § 215 a Abs. 1 S. 2 BauGB wird dem fehlerhaften (heilbaren) Plan ohne weitere Voraussetzungen jede Rechtswirkung abgesprochen. Die als unwirksam erachtete Satzung darf deshalb – auch ohne Beschluss der Gemeindevertretung – von der Verwaltung nicht angewandt werden bis der Fehler behoben ist.[995]

Es unterliegt dann dem normgeberischen Ermessen des gemeindlichen Satzungsgebers, ob er das Verfahren fortführen will oder nicht (kein Rechtsanspruch auf Heilung, vgl. D 394). Sofern lediglich die in § 214 Abs. 1 BauGB bezeichneten Vorschriften oder sonstige Verfahrens- oder Formfehler nach Landesrecht verletzt waren, kann die Satzung auch mit **Rückwirkung** erneut in Kraft gesetzt werden (§ 215 a Abs. 2 BauGB)[996] Ein Bebauungsplan kann allerdings außerhalb des Anwendungsbereiches des § 215 Abs. 3 BauGB nicht rückwirkend in Kraft gesetzt werden.[997] Für **materiell-rechtliche Fehler** (vgl. z. B. D 563 ff.) ist eine Rückwirkung nicht vorgesehen.[998] **411**

Da die neuen Vorschriften zur Planerhaltung nach § 233 Abs. 2 BauGB[999] auch auf Flächennutzungspläne und Satzungen anzuwenden sind, die auf der Grundlage bisheriger Fassungen dieses Gesetzes in Kraft getreten sind, gilt die Vorschrift des § 215 a Abs. 1 BauGB auch auf Bebauungspläne, die vor dem 1. 1. 98 in Kraft getreten sind. **412**

Ob die in § 215 a Abs. 2 BauGB neu eingefügte Befugnis, die Satzung auch mit Rückwirkung erneut in Kraft zu setzen, in allen Fällen verfassungsrechtlich unbedenklich ist, ist fraglich. Es sind Fälle denkbar, bei denen zu Gunsten einzelner Bürger Vertrauenstatbestände gegeben sind, in die aufgrund der neuen gesetzlichen Regelung eingegriffen werden könnte. Das BVerwG hat zu § 215 Abs. 3 S. 1 BauGB (a. F.) ausgeführt, dass ein wegen eines Form- oder Verfahrensfehlers ungültiger Bebauungsplan nicht nachträglich (wirksam) durch Nachholung des Verfahrens gem. § 215 Abs. 3 S. 1 BauGB a. F. in Kraft gesetzt werden könne, wenn **413**

---

995 *BVerwG,* 25. 2. 1997 – 4 NB 40.96 – UPR 97, 323 ff.

996 *BVerwG,* 25. 9. 1997 – 4 B 165.97 – NVwZ 98, 945; *BVerwG,* 3. 12. 1998 – 4 C 14/97 – NVwZ 99, 419 ff.

997 *BVerwG,* 18. 4. 1996 – 4 C 22.94 – ZfBR 96, 337; *BVerwG,* 7. 11. 1997 – 4 NB 48.96 – ZfBR 98, 96. Eine Satzung nach § 22 BauGB kann – abgesehen von der Möglichkeit des § 215 Abs. 3 S. 2 BauGB – nur mit Wirkung von der Bekanntmachung an in Kraft gesetzt werden (§ 22 Abs. 3 S. 4, § 12 S. 4 BauGB). Dies gilt für den Ersterlass der Satzung ebenso wie für den Neuerlass zur Behebung materieller Fehler, vgl. dazu *BVerwG,* 21. 8. 1997 – 4 C 6.96 – NVwZ 98, 277.

998 *Hoppe/Henke,* a. a. O. DVBl. 97, 1413, *Stüer/Rude,* „Städtebaurecht 96–98", DVBl. 99, 210 ff.

999 I. d. F. des BauROG v. 18. 8. 1997, 2081.

sich die Verhältnisse so grundlegend verändert haben, dass er inzwischen einen funktionslosen Inhalt oder dass ursprünglich unbedenkliche Abwägungsergebnis jetzt unverhältnismäßig und deshalb nicht mehr haltbar sei.[1000]

cc) Neuregelung des § 47 Abs. 5 VwGO

414 Zusammen mit der Neuregelung des § 215a BauGB ist dem zuständigen Normenkontrollgericht durch § 47 Abs. 5 S. 4 die Möglichkeit eröffnet worden, die Satzung nicht für nichtig, sondern lediglich für schwebend unwirksam zu erklären.[1001] Die Entscheidung darüber, ob die festgestellten Mängel durch ein ergänzendes Verfahren i.S.d. § 215a BauGB behoben werden können, obliegt dabei dem Normenkontrollgericht. Vor allem bei schweren Abwägungsfehlern wird es bei dem Verdikt der Nichtigkeit blieben müssen.

415 Der betroffene Normgeber hat die jeweilige Entscheidungsformel (Nichtigkeit der Satzung bzw. schwebende Unwirksamkeit der Satzung) so zu veröffentlichen, wie die Norm selbst bekannt zu machen wäre (§ 47 Abs. 5 S. 12, 2. Hs.). Die jeweilige Norm darf nach der Entscheidung nicht mehr angewandt werden (vgl. D 380).

416 Berkemann[1002] bewertet diese Neuregelung lapidar mit dem Satz:

> „Das ist ein weiterer Schlag des Gesetzgebers gegen die früher so gelobte Effektivität der abstrakten Normenkontrolle."

Es fragt sich, ob dieser prozessuale Flankenschutz für die neuen Heilungsvorschriften erforderlich war.

417 Das ergänzende Verfahren nach § 215a BauGB ist nicht mit dem Verfahren auf **„Planergänzung"** i.S.d. Fachplanungsrechts zu verwechseln. Während nämlich in solchen Fällen, in denen fachplanungsrechtlich eine Planergänzung im Raum steht, die gerichtliche Verpflichtung zur Fehlerheilung gängig ist, beschränkt sich die Entscheidung des Gerichts in den Fällen des Normenkontrollverfahrens nach wie vor auf die Feststellung der Rechtswidrigkeit und der jeweilige Antragsteller kann keinen Antrag auf Planergänzung stellen und geltend machen.[1003]

418 Die Neuregelung wirft allenfalls weitere Rechtsprobleme auf. So verständlich das Bemühen ist, den planenden Gemeinden bei ohne weiteres zu behebenden Formverstößen (z.B. Mängel der Ausfertigung und der Verkündung) behilflich zu sein, ist doch zu befürchten, dass die neue Tenorierungsmöglichkeit letztlich eher zur Verunsicherung denn zur Rechtsklarheit beiträgt.

419 Abgesehen von den Zweifelsfragen, die bereits § 215a BauGB aufwirft, fehlt sowohl in § 47 Abs. 5 VwGO als auch in § 215a BauGB eine Regelung der Fälle, in denen die nunmehr nicht mehr nichtige, sondern lediglich schwebend unwirksame Norm durch andere von außen kommende Ereignisse möglicherweise wirksam wird. Während früher eine fehlerhafte Norm, die im Rahmen eines Normenkontrollverfahrens verworfen wurde, nichtig blieb, weil sie ex tunc, d.h. von Anfang an nichtig war, stellt sich nun z.B.u.a. die Frage, welche Auswirkungen

---

[1000] *Berkemann*, „Verwaltungsprozeßrecht auf „neuen Wegen", DVBl. 98, 446ff.

[1001] Die Unwirksamkeitserklärung stellt gegenüber der Nichtigkeitserklärung kein Minus dar, vgl. D 361.

[1002] *BVerwG*, 25. 2. 1997 – 4 NB 40/96 – NVwZ 97, 893ff.

[1003] Vgl. *Hoppe/Henke*, a.a.O., DVBl. 97, 1410.

von außen kommende Ereignisse, auf die der gemeindliche Satzungsgeber keinen Einfluss hat, auf die schwebend unwirksame Satzung haben können.

Beispiele: 420

(1) Die Gemeinde hat keinen Flächennutzungsplan aufgestellt und verabschiedet einen Bebauungsplan, ohne diesen jedoch entgegen § 10 Abs. 2 BauGB der höheren Verwaltungsbehörde zur Genehmigung vorzulegen. Der Bebauungsplan wird ortsüblich bekanntgemacht. Das Normenkontrollgericht erklärt den Bebauungsplan für schwebend unwirksam. Später wird nun die Genehmigung durch die höhere Verwaltungsbehörde erteilt.

(2) Überplant ein B-Plan ein Landschaftsschutzgebiet für das die gültige Landschaftsschutzverordnung ein Bauverbot festgesetzt hat, so ist er aus diesem Grunde nichtig.[1004] Wird die Landschaftsschutzverordnung nach Inkrafttreten des Bebauungsplans aufgehoben, so steht die Landschaftsschutzverordnung dem Bebauungsplan nicht mehr entgegen.

Wenn man bei dem 2. Beispiel entgegen der hier vertretenen Ansicht die Auffassung vertritt,[1005] dass der B-Plan nur rechtswidrig und damit gem. § 215 a BauGB zeitweilig unwirksam ist, so wäre der B-Plan nachträglich geheilt. Nach der hier vertretenen Meinung ist der Bebauungsplan wegen des Verstoßes gegen materielles Recht insgesamt nichtig, so dass eine Heilung ausgeschlossen ist, sofern man für diese Fälle nicht eine analoge Anwendung des § 215 a BauGB in Betracht zieht. 421

In beiden Beispielen stellt sich zudem die Frage, ob es für das spätere Wirksamwerden des Bebauungsplans erforderlich ist, dass die Gemeinde den B-Plan erneut bekannt macht oder nicht. Mindestens in den Fällen, in denen das Normenkontrollgericht den Plan für schwebend unwirksam erachtet hat, wird man dies aus Gründen der Rechtssicherheit fordern müssen. Unklar bleibt, wie die Gemeinde mit sonstigen zwischenzeitlich eingetretenen Rechtsänderungen (z. B. BauNVO) im Fehlerbehebungsverfahren umgehen kann bzw. muss. 422

Da fast immer ein weiteres Tätigwerden der Gemeinde nötig bleiben wird, ist auch der praktische Vorteil der gesetzlichen Neuregelung in § 47 Abs. 5 VwGO zweifelhaft. Die Dogmatik des Normenkontrollverfahrens ist jedenfalls durch diese neue Möglichkeit des Gesetzgebers für Bauleitpläne durchbrochen worden. Eine weitere Ungereimtheit stellt es in diesem Zusammenhang dar, dass für sonstige Normen, die nicht auf dem BauGB fußen, diese Verfahrensvariante im Gesetz nicht vorgesehen ist. 423

Dass weitere Verunsicherung aufkommt, zeigt auch eine Entscheidung des OVG Münster vom 3. 12. 97,[1006] nach der der Erlass eine einstweiligen Anordnung (vgl. auch D 444) gegen einen Bebauungsplan im Hinblick auf ein schwebendes Normenkontrollverfahren unter Hinweis auf die neugeschaffene Möglichkeit einer Planergänzung abgelehnt wurde.[1007] 424

1004 S. oben auch Beispiel Nr. 2.

1005 Vgl. dazu *Hoppe/Henke,* a. a. O. DVBl. 97, 1410 ff.

1006 – 7 aB 1110/97.NE, BauR 99, Heft 4.

1007 Bei der zugrunde liegenden Entscheidung des 7. Senats vom 3. 12. 1997 lag eine Fallgestaltung vor, bei der der Antragsteller mit zahlreichen Angriffen gegen einen Bebauungsplan vorging, der im wesentlichen eine Straßenplanung zum Inhalt hatte. Ein Teil der Straßenplanung war Gegenstand eines weiteren Bebauungsplans gewesen, der bereits in Vorjahren aufgehoben worden war. Diesen Teilbereich hatte die Gemeinde dann im Rahmen des zweiten Bebauungsplanverfahrens mitüberplant, hatte dabei die damaligen Fehler

Ergänzendes Verfahren nach § 215 a BauGB

Anwendungsbereich	nach § 214 BauGB beachtliche Verfahrens- und Formfehler
	sonstige nach Landesrecht beachtliche Verfahrens- und Formfehler
	Mängel der Abwägung
Durchführung der Fehlerbehebung	Wiederholung des fehlerhaften Verfahrensschrittes
	Wiederholung aller weiteren für die Inkraftsetzung erforderlichen Verfahrensschritte
	Rückwirkendes Inkraftsetzen des B-Plans ist möglich
	Bei erneutem Satzungsbeschluss: Berücksichtigung der aktuellen und Rechtslage bei der Abwägung
Verbot der Fehlerbehebung	Zwischenzeitlich eingetretene Funktionslosigkeit des B-Plans
	Das ursprüngliche Abwägungsergebnis ist aufgrund veränderter Zustände nicht mehr haltbar
	Fehlerbehebung ist wegen der Schwere des Verstoßes und seiner Auswirkungen ausgeschlossen

---

behoben, allerdings übersehen, dass sie für diese abermals überplante Fläche nunmehr auch noch die gebotenen Ausgleichsmaßnahmen durchführen müsste. Der 7. Senat hatte im Rahmen seiner Eilentscheidung sich auf den ersten 20 Seiten des Beschlusses damit auseinandergesetzt, dass abgesehen von dem vorbeschriebenen Mangel keine durchgreifenden Bedenken gegen den angegriffenen Bebauungsplan bestehen. Im letzten Viertel der Entscheidung hat der Senat den Erlass einer einstweiligen Anordnung mit der Begründung abgelehnt, dass der festgestellte Mangel (fehlende Berücksichtigung der Ausgleichsmaßnahmen) im Rahmen eines ergänzenden Verfahrens behebbar sei, so dass sich von daher der Erlass eine einstweiligen Anordnung verbiete. Dies verwundert umso mehr, als der Senat ausdrücklich festgestellt hatte, dass die Antragsteller durch die Verwirklichung des B-Plans schwere Nachteile erleiden würden. Die Begründung ist an dieser Stelle verfehlt, wie auch die Annahme des Senats, die Gemeinde werde schon den Weg der Heilung beschreiten, nicht überzeugen kann. Denn damit wird jeder Entscheidungsdruck auf die planende Gemeinde genommen, die als nichtig erkannte Norm durch den ein ordnungsgemäßes Satzungsverfahren zu heilen. In manchen kommunalen Bereichen wird damit einer „laissez faire-laissez allez-Haltung" Tür und Tor geöffnet.

Ferner tut sich im Zusammenhang mit den neuen **Heilungsvorschriften** des BauGB die interessante Rechtsfrage auf, ob und inwieweit die allgemeinen neuen Heilungsvorschriften der VwGO auch auf das Normenkontrollverfahren Anwendung finden sollen oder nicht. Der Gesetzgeber schweigt hierzu, so dass angenommen werden muss, dass der § 47 Abs. 5 S. 4 im Zusammenspiel mit den Heilungsvorschriften des BauGB eine lex specialis darstellen, die die Anwendung weiterer Heilungsvorschriften der VwGO ausschließen. 425

3. Rechtsmittel

Nach altem Recht war das Normenkontrollgericht in den nach § 47 Abs. 5 a.F. näher bestimmten Fällen verpflichtet, die Angelegenheit vor einer eigenen Entscheidung dem BVerwG vorzulegen.[1008] Diese Vorlagepflicht ist durch das 6. VwGOÄndG ersatzlos gestrichen worden. Folgerichtig wurde auch die Möglichkeit der Nichtvorlagebeschwerde gem. § 47 Abs. 7 VwGO a.F. aufgehoben. Gleichzeitig hat der Gesetzgeber § 136 VwGO aufgehoben; nach dieser Entscheidung war eine Anfechtung von Normenkontrollentscheidungen nicht möglich. Durch die gleichzeitige Änderung des § 132 können heute sowohl Urteile als auch Beschlüsse des Normenkontrollgerichts gem. §§ 132ff. angefochten werden. Dies bedeutet, dass gegen das Urteil oder den Beschluss des Normenkontrollgerichts den Beteiligten die **Revision** an das **BVerwG** zusteht, wenn das OVG oder auf Beschwerde gegen die Nichtzulassung der Revision das BVerwG die Revision zugelassen hat (§ 132 Abs. 1 n.F.). 426

Die Revision ist zuzulassen, wenn 427
- die Rechtssache grundsätzliche Bedeutung hat (§ 132 Abs. 2 Nr. 1),
- das Urteil von einer Entscheidung des BVerwG, des gemeinsamen Senats der Obersten Gerichtshöfe des Bundes oder des BVerfG abweicht und auf dieser Abweichung beruht (§ 132 Abs. 2 Nr. 2), oder
- ein Verfahrensmangel geltend gemacht wird und vorliegt, auf dem die Entscheidung beruhen kann (§ 132 Abs. 2 Nr. 3).

Es gelten damit die allgemeinen Grundsätze für das Revisionsverfahren, wie sie in F 80ff. im einzelnen näher dargestellt werden. 428

Nach allgemeiner Ansicht handelt es sich bei der Änderung des Rechtsmittelverfahrens im Zusammenhang mit der Normenkontrolle um eine der wenigen sinnvollen Reformen des 6. VwGOÄndG[1009], weil nunmehr – anders als nach dem bisherigen Recht – auch Verfahrensmängel im Rahmen des Revisionsverfahrens geltend gemacht werden können.[1010] 429

[1008] Vgl. dazu D 253 – 264 der Erstauflage.

[1009] Vgl. dazu auch *Kuhla/Hüttenbrink,* „Endstation Einzelrichter", kritische Betrachtung der Entwürfe von Bundesrat und Bundesregierung zur 6. VwGO-Novelle, DVBl. 96, 717, 721.

[1010] Zum bisherigen Recht vgl. *BVerwG,* 28. 3. 1988 – 4 NB 7.88 – BRS 48 Nr. 35, 94.

430 **4. Einstweiliges Anordnungsverfahren, § 47 Abs. 6**

a) Einstweilige Anordnung

431 Die Einleitung eines Normenkontrollverfahrens hat keine aufschiebende Wirkung. Stattdessen ermöglicht es § 47 Abs. 6 eine einstweilige Anordnung zu beantragen, wenn dies zur Abwehr schwerer Nachteile oder aus anderen wichtigen Gründen dringend geboten ist. Die Regelung entspricht weitgehend § 32 BVerfGG.[1011] Bei Erlass einer einstweiligen Anordnung ist nach verfassungsgerichtlicher Rechtsprechung zu § 32 Abs. 1 BVerwG ein strenger Maßstab anzulegen.

432 Der jeweilige Antrag ist auf verschiedenen Prüfungsebenen einer Kontrolle zu unterziehen.[1012] Die **erste Prüfungsebene** umfasst die Frage, ob das Verfahren in der Hauptsache zulässig ist; auf der **zweiten Prüfungsebene** ist zu klären, ob der Hauptsacheantrag offensichtlich unbegründet ist. Eine Offensichtlichkeit ist stets zu verneinen, wenn die Notwendigkeit einer umfassenden Prüfung schwieriger verfassungsrechtlicher Fragen gegeben ist; scheitert der Antrag auf Erlass einer einstweiligen Anordnung nicht auf eine der beiden vorgenannten Ebenen, so hat das Gericht auf der **dritten Prüfungsebene** in eine Interessensabwägung einzutreten, in der eine Diagnose des derzeitigen Zustandes einer Prognose über künftige Folgen des derzeitigen Zustandes einer Prognose über künftige Folgen eine etwaigen Eilentscheidung gegenüber zu stellen ist. Das Gericht hat also die Folgen abzuwägen, die eintreten würden, wenn die einstweilige Anordnung nicht erginge, die angegriffene Verordnung aber im Hauptsacheverfahren für nichtig erklärt würde, und zwar gegen die **schweren** Nachteile oder sonstige wichtige Gründe,[1013] die entstünden, wenn die angegriffene Regelung vorläufig außer Anwendung gesetzt würde (vgl. D 436).[1014]

> **Hinweis:**
> Vgl. den Beispielschriftsatz in Anhang I Nr. 12 zum Antrag auf einstweilige Anordnung.

b) Zeitpunkt der einstweiligen Anordnung

433 Eine einstweilige Anordnung kann auch vor Einreichung des Normenkontrollantrags beantragt werden.[1015] Bei der Entscheidung über die einstweilige Anordnung ist unter Beachtung der vom BVerfG zu § 32 BVerfGG entwickelten Grundsätze ein strenger Maßstab anzulegen.[1016]

[1011] Bei dem Erlass einstweiliger Anordnungen gegen Bebauungspläne ist wegen der besonderen Bedeutung des Verfahrens grundsätzlich ein strenger Maßstab anzuwenden, vgl. *VGH Mannheim,* 11. 2. 1977 – III 88/77 – NJW 77, 1212 m. w. N.; *OVG NW,* 14. 2. 1990 – 10 aD 14/89 – NWVBl. 90, 233.

[1012] *BayVGH,* 26. 9. 1994 – 20 NE 942811.

[1013] *VGH Kassel,* 26. 11. 1999 – 4 NG 1902/99 –; *VGH Mannheim,* 27. 9. 1999 – 1 S 2122/99 – DVBl. 99, 1734.

[1014] *OVG Münster,* 14. 2. 1990 – 10 aD 14/89 – NWVBl. 90, 233; *BayVGH* – 20 NE 942811 – BayVBl. 95, 20ff.

[1015] *OVG Münster,* 14. 2. 1990 – 10 aD 14/89 – NWVBl. 90, 233.

[1016] *OVG Münster,* 14. 2. 1990 – 10 aD 14/89 – NWVBl. 90, 233.

Nach ganz einhelliger Auffassung kann eine einstweilige Anordnung gegen einen B-Plan gem. § 47 Abs. 6 VwGO erst dann gestellt werden, wenn auch eine Norm existiert, die angegriffen werden soll[1017] (vgl. auch D 286). 434

Befindet sich der B-Plan noch im Rechtssetzungsverfahren – beispielsweise weil nach dem Satzungsbeschluss des Rates noch das Anzeigeverfahren bei der höheren Verwaltungsbehörde durchzuführen ist – so ist ein Antrag auf Erlass einer einstweiligen Anordnung noch nicht zulässig, weil es theoretisch sein könnte, dass die höhere Verwaltungsbehörde eingreift und gegen den B-Plan Bedenken anmeldet. Zulässig wäre ein Normenkontrollantrag allerdings dann, wenn die Rechtsvorschrift zwar erlassen, aber noch nicht in Kraft getreten wäre,[1018] vgl. aber D 286. 435

Hinweis: 436

Bei der Erteilung von Baugenehmigungen im Vorgriff auf den Bebauungsplan (z.B. nach § 33 BauGB) muss der betroffene Nachbar den Rechtsschutz durch Einlegung des Widerspruchs und notfalls im Wege eines verwaltungsgerichtlichen Verfahrens nach § 80 Abs. 5 suchen (vgl. K 71ff.).

Da bei Einreichung des Normenkontrollantrages Fristen einzuhalten sind (vgl. D 348ff.), müssen diese auch im einstweiligen Anordnungsverfahren beachtet werden. 437

Befindet sich das Normenkontrollverfahren bereits in der Revisionsinstanz, ist trotzdem das OVG ausschließlich für den Erlass einer einstweiligen Anordnung zuständig.[1019] 438

c) Antragsbefugnis

Antragsbefugt ist im Verfahren gem. § 47 Abs. 6 derjenige, der auch berechtigt ist, einen Normenkontrollantrag gem. § 47 Abs. 1 zu stellen; der Antragsteller muss ferner ein allgemeines Rechtsschutzbedürfnis haben.[1020] 439

1017 Vgl. dazu *Redeker/von Oertzen,* § 47, Rdn. 50, Rdn. 10; ferner *Finkelnburg/Jank,* Rdn. 608; ferner *Kopp/Schenke,* § 47, Rdn. 149; *VGH München,* 15. 12. 1999 – 1 NE 99 3182 – n. v.

1018 Diese Situation ist bei Bebauungsplänen undenkbar. Erlassen aber noch nicht in Kraft getreten wäre der B-Plan, wenn seine Bekanntmachung bereits erfolgt, sein Inkrafttreten jedoch für einen Zeitpunkt nach dem Bekannt machen angeordnet wäre. Dann wäre zwar das „Normsetzungsverfahren" vollständig abgeschlossen, das rechtliche Inkrafttreten wegen der in der Bekanntmachung genannten Frist jedoch noch nicht erfolgt. Es ist aber zu beachten, dass bei Bauleitplänen ein Auseinanderfallen von Bekanntmachung und Inkrafttreten wegen der gesetzlichen Regelung in § 12 BauGB („mit der Bekanntmachung tritt der Bebauungsplan in Kraft") nicht möglich ist.

Anträge auf Erlass einer einstweiligen Anordnung, gerichtet auf Unterlassung der Bekanntmachung im Wege des einstweiligen Anordnungsverfahrens scheitern regelmäßig daran, dass das materielle Recht keinen Unterlassungsanspruch für das Inkrafttreten einer Norm nicht gewährt (vgl. dazu *BVerwG,* 29. 7. 1977 – IV C 51.75 – BVerwGE 54, 211).

1019 *BVerwG,* 3. 7. 1979–4 N 1.79 – BVerwGE 58, 179.

1020 Daran fehlt es auch in Verfahren nach § 47 Abs. 6, wenn der B-Plan durch diverse Baugenehmigungen bereits vollständig umgesetzt ist: *OVG Münster,* 22. 2. 1994 – 10 a D 3422/93 – NE; DÖV 95, 564.

d) Schwerer Nachteil

440 Der Antragsteller muss **schwere Nachteile** geltend machen (§ 47 Abs. 6); sie liegen vor, wenn dem Antragsteller außergewöhnlich hohe Opfer abverlangt werden, unwiederbringliche Nachteile entstehen oder seine rechtlichen Interessen in ganz besonderem Maße beeinträchtigt werden.[1021]

441 Lassen sich im Einzelfalle keine schweren Nachteile i. S. d. § 47 Abs. 6 dartun, so ist der Erlass einer einstweiligen Anordnung aber u. U. auch dann denkbar, wenn **sonstige wichtige Gründe**[1022] vorliegen, so z. B. wenn durch die Verwirklichung der Festsetzungen eines B-Planes endgültige Zustände geschaffen werden, die nach Feststellung der Nichtigkeit des Plans nicht mehr rückgängig gemacht werden können.

442 **Hinweis:**

Andere Möglichkeiten des vorläufigen Rechtsschutzes sind daher vorrangig und müssen möglicherweise auch parallel zum eigentlichen Normenkontrollverfahren in Anspruch genommen werden.

443 Auch bei Erlass einer einstweiligen Anordnung durch das Normenkontrollgericht kann der Anordnungsbeschluss von der jeweiligen Genehmigungsbehörde unterlaufen werden:

Die Behörde kann sich im Einzelfall auf den Standpunkt stellen, dass die zu erteilende Baugenehmigung zwar nicht aufgrund des außer Vollzug gesetzten Bebauungsplans, jedoch nach § 35 BauGB oder nach § 34 BauGB zu erteilen sei.

444 Kann der Antragsteller also über §§ 80, 80 a einstweiligen Rechtsschutz suchen, so ist der Antrag nach § 47 Abs. 6 unzulässig.[1023]

445 Der vorläufige verwaltungsgerichtliche Rechtsschutz kann freilich in Ausnahmefällen für den Antragsteller unzumutbar sein. Unzumutbarkeit liegt z. B. dann vor, wenn der Antragsteller zur Schadensbegrenzung unzählige verwaltungsgerichtliche Anfechtungsklagen und Eilverfahren führen müsste.[1024] Der einstweiligen Anordnung kommt im übrigen bei der Ansiedlung von Großvorhaben im Außenbereich hohe Bedeutung zu. Die Antragsteller können hier oftmals nicht auf das einstweilige Rechtsschutzverfahren gem. § 80 Abs. 5, 80 a verwiesen werden, da im verwaltungsgerichtlichen Eilverfahren die Gefahr besteht, dass die Baugenehmigung aufgrund des angefochtenen Bebauungsplans für wirksam erachtet wird.[1025]

e) Schadensersatzansprüche bei einstweiliger Anordnung

446 Der planenden Gemeinde kann durch den Erlass der einstweiligen Anordnung ein Schaden entstehen.

[1021] *OVG Münster,* 6. 11. 1978 – X a ND 8/78 – BRS 33 Nr. 24. Kein schwerer Nachteil liegt vor, wenn der Antragsteller gegen Festsetzungen vorgehen will, gegen die er abwägungserhebliche Belange nicht vorweisen kann; vgl. *OVG Münster,* 14. 2. 1990 – 10 AND 14/89 – NWVBl. 90, 233 f.; ferner *OVG Bremen,* 11. 3. 1991 – 1 T 2/91 – NVwZ-RR 92, 154; *OVG Münster,* 18. 8. 1994 – 10 a B 3057/93.NE – NVwZ-RR 95, 549.

[1022] *VGH Kassel,* 26. 11. 1999 – 4 NG 1902/99 –; *VGH Mannheim,* 27. 9. 1999 – 1 S 2122/99 – DVBl. 99, 1734 ff.

[1023] Vgl. *Kopp/Schenke,* § 47, Rdn. 149.

[1024] Vgl. *OVG Saarlouis,* 22. 5. 1984 – 2 Q 2/84 – DÖV 85, 74, 75.

[1025] Vgl. *Dürr,* a. a. O., S. 131.

Beispiel:
Die Gemeinde stoppt nach einem Beschluss gem. § 47 Abs. 6 den Ausbau einer im Plan festgesetzten Gemeindestraße und möchte den Verzögerungsschaden geltend machen.

In diesen Fällen stellt sich die Frage nach Schadensersatzansprüchen gem. § 945 ZPO.

Das einstweilige Anordnungsverfahren im Normenkontrollverfahren kann keine weitergehende Rechte auslösen und keinen weitergehenden Inhalt haben, als das Normenkontrollverfahren selbst. Im Hauptsacheverfahren des Normenkontrollverfahrens wird – wenn dem Antrag stattgegeben wird – eine Norm für nichtig erklärt. Weitergehende Wirkung hat die Normenkontrollentscheidung nicht. Da sich im Verfahren des vorläufigen Rechtsschutzes nichts anderes erreichen lässt als im Hauptsacheverfahren, gestattet § 47 Abs. 6 ebenfalls nur die vorläufige Aufhebung der Norm oder wie es im Gesetz heißt, die „Außervollzugsetzung der Rechtsnorm“. Dagegen ist es nach § 47 Abs. 6 grundsätzlich nicht möglich, der Gemeinde und erst recht nicht sonstigen am Verfahren nicht beteiligten Behörden den weiteren Vollzug der Rechtsnorm selbst zu untersagen, den Vollzug von Verwaltungsakten auszusetzen oder die Einstellung von Baumaßnahmen anzuordnen.[1026] Oftmals kann z.B. die gleiche Entscheidung einer Behörde auch nach anderen Vorschriften ergehen, statt der §§ 29, 30, kommen die §§ 34, 35 BauGB zur Anwendung! Der Antragsteller kann deshalb im Rahmen eines Normenkontrollverfahrens mit seinem Antrag auf Erlass eine einstweiligen Anordnung nicht begehren, der Bauaufsichtsbehörde (die oftmals mit der Gemeinde identisch ist) aufzugeben, aufgrund einer Baugenehmigung begonnene Bauarbeiten bis zur Entscheidung des Normenkontrollantrages über den der Genehmigung zugrunde liegenden Bebauungsplans stillzulegen.[1027] Die einstweilige Anordnung, mit der der Vollzug einer Rechtsvorschrift ausgesetzt wird, hat damit praktisch keinen vollstreckungsfähigen Inhalt. Den Behörden wird lediglich untersagt, die betroffenen Bestimmungen weiter anzuwenden. Die faktische Umsetzung der Norm bleibt unberührt; will sich deshalb der Antragsteller eines Normenkontrollverfahrens auch gegen konkrete Baumaßnahmen wenden, so ist er gezwungen, einstweiligen Rechtsschutz über die §§ 80, 123 VwGO zu suchen.[1028] **447**

Mangels vollstreckungsfähigem Inhalt der Entscheidung[1029] kann es auch zu keiner Vollstreckungsmaßnahme kommen, deren Vollzug i.S.d. § 945 ZPO zum Schadensersatz berechtigen könnte. Sofern § 945 ZPO auf den § 47 Abs. 6 VwGO **448**

[1026] Vgl. dazu: *Finkelnburg/Jank/Hamann,* „Vorläufiger Rechtsschutz im Verwaltungsstreitverfahren“, Rdn. 608; ferner *OVG Münster,* 15. 7. 1977 – 7 a ND 4/77 – NJW 78, 342; a.A. unter Umständen *Redeker/von Oertzen,* § 47, Rdn. 54, der auch von etwaigen Auflagen (?) spricht, um die Aussetzung des Vollzuges abzusichern.

[1027] *OVG Münster,* 15. 7. 1977 – 7 a ND 4/77 – NJW 78, 342.

[1028] Vgl. dazu *Finkelnburg/Jank/Hamann,* Rdn. 601.

[1029] Nach h.M. *Pietzner* in *Schoch/Schmidt-Aßmann/Pietzner,* § 168, Rdn. 17, 18, ist nämlich die Anordnung nach § 47 VwGO kein Vollstreckungstitel i.S.d. § 168 VwGO, mithin auch kein Vollstreckungsschaden i.S.d. § 945 ZPO entstehen. Nur *Ziekow,* Nosmos-Kommentar, § 47, Rdn. 406, vertritt die Auffassung, dass etwas anderes dann gelten müsse, wenn ein vorläufiges Verbot der Vollstreckung von Normenvollzugsakten angeordnet worden sei.

Anwendung finden sollte[1030] würde es jedenfalls an einer Kausalität zwischen der Entscheidung und dem der Gemeinde entstandenen Schaden fehlen.[1031]

449 Gegen eine analoge Anwendung des § 945 ZPO spricht auch § 32 BVerfGG. § 32 BVerfGG sieht eine Übernahme des hinter § 945 stehenden Rechtsgedankens ebenfalls nicht vor. Die herrschende Auffassung sieht deshalb von einer entsprechenden Anwendung des § 945 ZPO bei einer einstweiligen Anordnung durch BVerfG und der späteren Aufhebung der Entscheidung des Gerichts ab.[1032]

f) Abänderung der einstweiligen Anordnung

450 Das OVG ist befugt, seine nach § 47 Abs. 6 VwGO getroffene Entscheidung im einstweiligen Anordnungsverfahren in analoger Anwendung des § 80 Abs. 7 VwGO zu ändern.[1033]

Für ein Antragsverfahren der Beteiligten sind veränderte Umstände zu fordern. Neues Vorbringen – auch in der Form der Vorlage neuer Beweismittel – führt nur dann zu einem Anspruch auf eine erneute Entscheidung des Gerichts, wenn dadurch die bisherige Entscheidung überholt ist und neu überdacht werden muss. Bei der Würdigung neuer Beweismittel in einem Abänderungsverfahren im Zusammenhang mit § 47 Abs. 6 VwGO ist zu beachten, dass für die Abwägung gem. § 214 Abs. 3 BauGB die Sach- und Rechtslage im Zeitpunkt der Beschlussfassung über den Bauleitplan maßgebend ist.

451 **Prozessuale Probleme** tauchen auf, wenn der B-Plan durch eine einstweilige Anordnung suspendiert wird und die Gemeinde das Planverfahren aufgreift und zur

---

[1030] Erhebliche weitere Bedenken bestehen, ob die Vorschrift des § 945 ZPO überhaupt auf die Fälle des § 47 Abs. 6 VwGO entsprechend angewandt werden kann. Es wird zwar vertreten, dass die §§ 123 Abs. 2–4 sinngemäß auf § 47 Abs. 6 VwGO anzuwenden seien (vgl. dazu *Redeker/von Oertzen,* § 47, Rdn. 53). Dies könne jedoch nur insoweit gelten, als es mit dem Wesen des Normenkontrollverfahrens zu vereinbaren sei (vgl. *Redeker/von Oertzen,* § 47, Rdn. 53). Eine Anwendung des § 123 Abs. 3 in Bezug genommenen § 945 ZPO ist aber nicht möglich, da es sich hierbei nicht um eine Verfahrensvorschrift, sondern um eine Vorschrift des materiellen Rechts handelt, und die normaussetzende einstweilige Anordnung mit der einzelfallbezogenen einstweiligen Anordnung des § 123 nicht vergleichbar sei (vgl. *Finkelnburg/Jank/Hamann,* Rdn. 608; vgl. dazu ebenso *Hahn,* JuS 83, 678 u. 684; ebenso *Ziekow* in *Sodan/Ziekow,* Kommentar zur Verwaltungsgerichtsordnung, § 47, Rdn. 406).

[1031] Erhebliche weitere Bedenken bestehen, ob die Vorschrift des § 945 ZPO auf die Fälle des § 47 Abs. 6 VwGO entsprechend angewandt werden kann. Es wird zwar vertreten, dass die §§ 123 Abs. 2–4 sinngemäß auf § 47 Abs. 6 VwGO anzuwenden seien (vgl. dazu *Redeker/von Oertzen,* § 47, Rdn. 53). Dies könne jedoch nur insoweit gelten, als es mit dem Wesen des Normenkontrollverfahrens zu vereinbaren sei (vgl. *Redeker/von Oertzen,* § 47, Rdn. 53). Eine Anwendung des in § 123 Abs. 3 in Bezug genommenen § 945 ZPO ist aber nicht möglich, da es sich hierbei nicht um eine Verfahrensvorschrift, sondern um eine Vorschrift des materiellen Rechts handelt und die normaussetzende einstweilige Anordnung mit der einzelfallbezogenen einstweiligen Anordnung des § 123 nicht vergleichbar sei (vgl. *Finkelnburg/Jank/Hamann,* Rdn. 608; vgl. dazu ebenso *Hahn,* JuS 83, 678 u. 684; ebenso *Ziekow* in *Sodan/Ziekow,* § 47, Rdn. 406).

[1032] Vgl. dazu *Zuck,* „Das Recht der Verfassungsbeschwerde", NJW Schriftenreihe, 2. Aufl., Rdn. 959 m. w. N.

[1033] H. M. *OVG Münster,* 20. 7. 1998 – 11 aB 993/98.NE – NVwZ-RR 99, 473 f.; a. A. *OVG Lüneburg,* 15. 8. 1983 – 6 D 7/83 – NVwZ 84, 185; das die Grundsätze zu § 123 analog anwenden will.

Festsetzungen zugunsten des Mandanten enthält. In diesen Fällen muss sorgfältig recherchiert werden, ob ein Generalangriff auf den B-Plan tatsächlich sinnvoll ist (zum Rechtsschutzinteresse vgl. D 336).

b) Informationsbeschaffung durch den Anwalt im Vorfeld eines Normenkontrollverfahrens

Um einen B-Plan überprüfen zu können, müssen **459**

- der Bebauungsplan mit seinen zeichnerischen Darstellungen einschließlich der dazugehörigen Legende, den Verfahrensvermerken und den textlichen Festsetzungen,
- die amtliche Begründung des Bebauungsplans und
- die Planaufstellungsvorgänge (Bebauungsplanakten)

gesichtet werden.

Die Informationsbeschaffung des Anwalts im Vorfeld eines Normenkontrollverfahrens gestaltet sich bisweilen schwierig. In der Regel ist davon auszugehen, dass der eigene Mandant keine sachlichen Detailinformationen liefern kann. Häufig ist der Mandant noch nicht einmal in der Lage, dem Anwalt im Rahmen eines Erstgesprächs die vollständige Kopie des Bebauungsplans vorzulegen. **460**

Ohne die vorstehend genannten Unterlagen, insbesondere ohne die Planaufstellungsvorgänge ist eine Überprüfung des B-Plans in der Regel ausgeschlossen. Aus § 29 VwVfG,[1036] lässt sich ein Anspruch auf Akteneinsichtnahme in die Planaufstellungsvorgänge nicht ableiten, da § 29 VwVfG nur auf solche Verwaltungsverfahren anwendbar ist, die auf den Erlass eines Verwaltungsaktes oder den Abschluss eines öffentlich-rechtlichen Vertrages gerichtet ist. Bei sonstiger Tätigkeit der Behörden, insbesondere bei normativer Tätigkeit – der Bebauungsplan wird nach § 10 Abs. 1 BauGB als Satzung beschlossen – ist § 29 VwVfG nicht anwendbar.[1037] **461**

Ein Auskunftsanspruch lässt sich aber aus § 10 Abs. 3 Satz 2 BauGB ableiten. Hier hießt es: **462**

„Der Bebauungsplan ist mit der Begründung zu jedermanns Einsicht bereit zu halten; über den Inhalt ist auf Verlangen Auskunft zu geben."

Wenngleich sich der Wortlaut dieser Vorschrift nur auf die Planurkunde und die Begründung des Bebauungsplans bezieht, wird man bei verständiger Würdigung dieser Vorschrift auch einen Anspruch auf Auskunft zum Verfahrensablauf und damit auf Einsichtnahme in die Planaufstellungsvorgänge ableiten müssen, weil der Rechtssuchende beispielsweise Verfahrensfehler innerhalb eines Jahres schriftlich gegenüber der Gemeinde geltend machen muss (vgl. dazu § 214 Abs. 1 BauGB).[1038]

Der Versuch des Anwalts, die vollständigen Planaufstellungsunterlagen einzusehen, scheitert häufig am Widerstand der betroffenen Gemeinden, die mit allerlei Argumenten (z. B. Datenschutz) versuchen, sich bedeckt zu halten, um die Mög- **463**

[1036] In allen Bundesländern gleichlautend.
[1037] Vgl. dazu *Bonk* in *Stelkens/Bonk/Sachs,* VwVfG, 5. Aufl., § 29, Rdn. 13, 14.
[1038] Vgl. dazu auch *Gaentzsch,* Berliner Kommentar zum BauGB, § 12 (a. F.), Rdn. 6.

lichkeit der Akteneinsichtnahme durch den Anwalt möglichst zu verhindern.[1039] Der Anwalt sollte sich deshalb im Vorfeld eines Verfahrens zunächst einmal eine vollständige Kopie des B-Plans, ggfs. des Flächennutzungsplans und der amtlichen Begründung zum B-Plan durch die Gemeinde aushändigen lassen (diese Unterlagen werden regelmäßig durch Zahlung der üblichen Gebühren ausgehändigt). Er sollte dann mit seinem Mandanten die Wagnisse eines Normenkontrollverfahrens, insbesondere das Kostenrisiko besprechen und den Normenkontrollantrag zunächst einmal fristwahrend beim zuständigen Normenkontrollsenat des jeweiligen OVG anhängig machen. Der Normenkontrollsenat fordert daraufhin im Rahmen seiner Amtsermittlung die gesamten Planaufstellungsvorgänge an und übergibt sie dem jeweiligen Anwalt zum Zwecke der Akteneinsichtnahme in seinen Büroräumen oder im Einzelfall zum Zwecke der Einsichtnahme auf der Geschäftsstelle des Gerichts.

464 Die Einsichtnahme in die Planaufstellungsvorgänge und deren sorgfältige Auswertung durch den Anwalt ist unerlässlich, um das Verfahren vor dem Normenkontrollsenat sachgerecht führen zu können.

2. Verfahrensfehler

465 Bei der Prüfung von Verfahrensfehlern sind **zwei Fallgruppen** zu unterscheiden:
- Es liegt ein Verfahrensverstoß gegen Vorschriften des BauGB vor.
- Es liegt ein Verstoß gegen landesrechtliche Vorschriften, in der Regel gegen die jeweilige Gemeindeordnung vor.

466 Die Verfahrensfehler lassen sich ihrerseits wiederum in **vier verschiedene Klassen** einteilen:
- Verstöße, die grundsätzlich unbeachtlich sind,
- Verstöße, die grundsätzlich beachtlich sind und die innerhalb eines Jahres gerügt worden sind,
- Verstöße, die grundsätzlich beachtlich sind, die aber mangels Fehlerrüge nach Ablauf eines Jahres geheilt wurden, und
- die so schwerwiegend sind, dass sie unabhängig von einer Rüge immer zur Nichtigkeit der Norm führen.

a) 1. Fallgruppe: Unbeachtliche Verstöße

467 Die Vorschrift des § 214 Abs. 1 BauGB enthält einen abschließenden Katalog von beachtlichen Form- und Verfahrensfehlern nach dem BauGB. Daraus kann im Umkehrschluss die zwingende Folgerung gezogen werden, dass **alle Verfahrensvorschriften, die in § 214 Abs. 1 BauGB nicht erwähnt werden,** bei Nichtbeachtung grundsätzlich nicht zur Fehlerhaftigkeit und Nichtigkeit des B-Plans führen.[1040]

[1039] Zur theoretischen Möglichkeit einer Auskunftsklage *Battis/Krautzberger/Löhr,* § 10, Rdn. 42 a. F.

[1040] *Friege* in *BauGB-Praxiskommentar,* § 215 a, Rdn. 6; *Birk,* Bauplanungsrecht in der Praxis, 3. Aufl., Rdn. 15; *Lemmel* in Berliner Kommentar zum BauGB, § 214, Rdn. 5.

Hinweis:
Manche dieser an sich als Verfahrensfehler unbeachtlichen Verstöße haben aber in anderem Zusammenhang materiell-rechtliche Bedeutung, vgl. beispielhaft D 472 oder D 474.

b) 2. Fallgruppe: Beachtliche Form- und Verfahrensfehler, die innerhalb eines Jahres gerügt werden

aa) Form- und Verfahrensfehler nach dem BauGB

(1) *Der Aufstellungsbeschluss.* Das Bebauungsplanverfahren beginnt mit dem Aufstellungsbeschluss (Einleitung des Verfahrens) (§ 2 Abs. 1 BauGB). Die Zuständigkeit für den Aufstellungsbeschluss ergibt sich nicht aus dem Bundesrecht, sondern bestimmt sich nach Landesrecht (Gemeindeordnung). In den einzelnen Bundesländern (z.B. in NRW) ist es zulässig, die Zuständigkeit bzgl. des Planaufstellungsbeschlusses durch Hauptsatzung auf einen beschließenden Ausschluss des Gemeinderates zu übertragen.[1041] Der Aufstellungsbeschluss ist ortsüblich bekannt zu machen (§ 2 Abs. 1 S. 2 BauGB). Verfahrensfehler im Zusammenhang mit dem Aufstellungsbeschluss sind allerdings für das Bebauungsplanverfahren insgesamt unbeachtlich und führen nicht zur Nichtigkeit des Bebauungsplanes,[1042] weil § 2 Abs. 1 BauGB in § 214 Abs. 1 BauGB nicht als beachtlicher Fehler genannt worden ist; § 214 BauGB beinhaltet bekanntlich einen Positivkatalog, d.h. beachtlich ist nur die Verletzung der dort genannten Vorschriften; alle sonstigen Verletzungen von Verfahrensvorschriften sind damit unbeachtlich. Der Auslegungsbeschluss gem. § 3 Abs. 2 BauGB schließt im übrigen den fehlerhaften Aufstellungsbeschluss konkludent mit ein.[1043] 468

Fazit: Der fehlende oder fehlerhafte Aufstellungsbeschluss oder die fehlende Bekanntmachung gem. § 2 Abs. 1 S. 2 BauGB hat keine Auswirkungen auf die Gültigkeit des Bebauungsplans. Der Fehler ist **unbeachtlich.**[1044] 469

Hinweis: 470
Dem Aufstellungsbeschluss kommt allerdings **konstitutive Bedeutung** im Zusammenhang mit einer Satzung über einer **Veränderungssperre** zu.[1045] Nach § 14 Abs. 1 BauGB ist der Beschluss der Gemeinde über die Aufstellung eines Bebauungsplans eine materielle Rechtmäßigkeitsvoraussetzung der Veränderungssperre.[1046] Fehlt ein derartiger Aufstellungsbeschluss, so ist gleichwohl eine beschlossene und gem. § 16 Abs. 1 BauGB als Satzung bekanntgemachte Veränderungssperre nichtig.[1047]

Ein Aufstellungsbeschluss liegt im Rechtssinne dann nicht vor, wenn er zwar gefasst aber entgegen § 2 Abs. 1 Satz 2 BauGB nicht ortsüblich bekannt gemacht wurde. Nur der ortsüblich bekannt gemachte Aufstellungsbeschluss ist beachtlich. Die Veröffentlichung ist Voraussetzung seiner Wirksamkeit.[1048] Weil § 14 471

[1041] So auch in Baden-Württemberg.

[1042] Vgl. dazu *Battis/Krautzberger/Löhr,* § 2, Rdn. 6; *BVerwG,* 15. 4. 1988 – 4 N 4.87 – BVerwG 79, 200f.

[1043] *Battis/Krautzberger/Löhr,* § 2, Rdn. 4.

[1044] *Rabe,* „Fehler in der Bauleitplanung", ZfBR 01, 229ff., 232.

[1045] Vgl. *Kuhla* „Die Veränderungssperre in der Normenkontrolle", NVwZ 86, 1084ff.

[1046] *BVerwG,* 15. 4. 1988 – 4 N 4.87 – BVerwGE 79, 200.

[1047] *Battis/Krautzberger/Löhr,* § 14, Rdn. 6; *BVerwG,* 25. 3. 1988 – 4 N 4.87 – DVBl. 88, 848.

[1048] Vgl. dazu *BVerwG,* 6. 8. 1992 – 4 N 1.92 – ZfBR 92, 592ff.

Abs. 1 BauGB auf dem Beschluss über die Aufstellung eines B-Plans als tatbestandliche Voraussetzung für den Erlass der Veränderungssperre verweist, nimmt § 14 Abs. 1 BauGB zugleich Bezug auf die ortsübliche Bekanntmachung dieses Beschlusses.

472 Daraus folgt, dass die ortsübliche Bekanntmachung des Aufstellungsbeschlusses im Hinblick auf die als Satzung zu beschließende Veränderungssperre **materielle** (nicht: formelle) **Rechtmäßigkeitsvoraussetzung** ist. Wird hiergegen verstoßen, ist § 214 Abs. 1 BauGB hinsichtlich der als Satzung erlassenen Veränderungssperre unanwendbar, da eine dort allein erfasste Verletzung von Verfahrens- oder Formvorschriften nicht gegeben ist. Auch eine Heilung eines derartigen Rechtsfehlers gem. § 215 Abs. 3 BauGB ist nicht möglich. Es liegt weder ein Fehler vor, der sich aus der Verletzung der in § 214 Abs. 1 BauGB bezeichneten Vorschriften ergibt, noch ein sonstiger Verfahrens- oder Formfehler nach Landesrecht.[1049] Da die vorherige Bekanntmachung des Aufstellungsbeschlusses Voraussetzung für die Rechtmäßigkeit der Satzung über die Veränderungssperre ist, kann der Mangel, der in einer unterlassenen Bekanntmachung gerade dieses Beschlusses liegt, beseitigt werden, in dem seine Bekanntmachung – aus Sicht der Veränderungssperre – nachgeholt und damit § 2 Abs. 1 Satz 2 BauGB entsprochen wird.

473 Eine **erneute Beschlussfassung** über die Veränderungssperre ist nicht geboten. Die ortsübliche Bekanntmachung des Aufstellungsbeschlusses ist keine materielle Wirksamkeitsvoraussetzung für die Beschlussfassung über die Veränderungssperre, sondern nur für deren satzungsmäßige Bekanntmachung. Daraus folgt, dass die spätere Bekanntmachung des Aufstellungsbeschlusses die Rechtmäßigkeit **des Beschlusses** über die Veränderungssperre unberührt lässt. Um die Veränderungssperre allerdings wirksam werden zu lassen, ist zunächst der Aufstellungsbeschluss (erstmals) ortsüblich bekannt zu machen, alsdann muss die Bekanntmachung der Satzung über die Veränderungssperre wiederholt werden, um damit die Veränderungssperre in Kraft zu setzen. Unverändert gilt, dass im Zeitpunkt der Bekanntmachung der Satzung über die Veränderungssperre der Beschluss über die Aufstellung des Bebauungsplans bereits bekannt geworden sein muss, mag auch der zeitliche Unterschied bei den Bekanntmachungen denkbar knapp sein.[1050]

474 (2) *Interkommunale Abstimmung (§ 2 Abs. 2 BauGB).* Nach § 2 Abs. 2 BauGB sind benachbarte Gemeinden verpflichtet, ihre Bauleitpläne aufeinander abzustimmen. § 2 Abs. 2 BauGB regelt das materielle Verhältnis der Bauleitpläne benachbarter Gemeinden zueinander und das Abgestimmtsein des Plans.[1051] Das eigentliche Abstimmungsverfahren regelt sich nach § 4 BauGB (vgl. dazu D 498 ff.). Denn die Nachbargemeinden sind Träger öffentlicher Belange i. S. d. Vorschrift. Benachbart sind Gemeinden nicht nur dann, wenn sie unmittelbar an das Vorhaben angrenzen, sondern wenn das künftige Plangebiet planungsrechtliche Auswirkungen auch auf die Nachbargemeinde haben kann.[1052]

1049 *BVerwG,* 6. 8. 1992 – 4 N 1.92 – ZfBR 92, 292.
1050 Vgl. dazu *BVerwG,* 9. 2. 1989 – 4 B 236.88; ZfBR 89, 171.
1051 *BVerwG,* 15. 12. 1989 – 4 C 36.86 – BVerwGE 84, 209.
1052 *BVerwG,* 9. 1. 1995 – 4 NB 42/95 – BauR 95, 354.

Die mangelnde Beteiligung der Nachbargemeinde ist ein nach § 214 Abs. 1 BauGB unbeachtlicher Verfahrensfehler.[1053] Verstößt die planende Gemeinde gegen den Beteiligungsanspruch der Nachbargemeinde, so wird aber das interkommunale Abwägungsgebot des § 1 Abs. 6 BauGB verletzt mit der Folge, dass ein Verfahrensfehler vorliegt, der zugleich auch auf den Abwägungsvorgang durchschlägt und zu einem materiell-rechtlichen Abwägungsfehler führt.

Das interkommunale Abstimmungsgebot gewährt nach der Rechtsprechung des BVerwG[1054] der Nachbargemeinde einen Anspruch darauf, dass der B-Plan mit ihr materiell abgestimmt wird. Das Abstimmungsgebot verleiht der betroffenen Gemeinde gegenüber den sich auf ihr Hoheitsgebiet auswirkenden Planungen der Nachbargemeinde damit eine stärkere Rechtsposition, als ihr gegenüber Fachplanungen zusteht. Dort hat die Gemeinde eine wehrfähige Position in der Regel nur dann, wenn eine eigene hinreichend bestimmte Planung vorliegt und die Störung nachhaltig ist, oder wenn ein großräumiges Vorhaben der Fachplanung wesentliche Teile des Gemeindegebiets einer durchsetzbaren Planung der Gemeinde entzieht.[1055]

(3) *Umweltverträglichkeitsprüfung.* Mit dem Gesetz zur Umsetzung der UVP-Änderungsrichtlinie[1056] ist neben dem UVPG und verschiedenen anderen umweltrelevanten Gesetzen auch das BauGB geändert worden. Künftig ergibt sich aus § 2 Abs. 3 Nr. 3 UVPG i. V. m. Anlage 1 (Liste der „UVP-pflichtigen Vorhaben"), für welche Bebauungspläne die Gemeinden eine Umweltverträglichkeitsprüfung durchführen müssen (vgl. dazu das Schaubild „UVP-pflichtige Vorhaben"). Dabei ist zu differenzieren zwischen solchen Vorhaben, die UVP-pflichtig sind und solchen Vorhaben, bei denen unterhalb der Schwelle der UVP-Pflichtigkeit eine allgemeine Vorprüfung des Einzelfalls vorgesehen ist, in denen nur dann eine Umweltverträglichkeitsprüfung durchzuführen ist, wenn das Vorhaben nach Einschätzung der zuständigen Behörde aufgrund überschlägiger Prüfung unter Berücksichtigung der in der Anlage 2 zu UVPG aufgeführten Kriterien erhebliche nachteilige Umweltauswirkungen haben kann, die nach § 12 UVPG zu berücksichtigen wären (vgl. dazu § 3c Abs. 1 UVPG). **474a**

1053 *Rabe,* „Fehler in der Bauleitplanung", ZfBR 01, 229ff., 233.

1054 *BVerwG,* 15. 12. 1989 – 4 C 36.86 – BVerwGE 84, 209.

1055 *BVerwG* – 2. 6. 1992 – 4 NB 8/92 – n. v.

1056 v. 27. 7. 2001, BGBl. I, 1950ff.; *Gaentzsch,* „Zur Umweltverträglichkeitsprüfung von Bebauungsplänen und zu Fehlerfolgen insbesonder bei unmittelbarer Anwendbarkeit der UVP-Richtlinie", UPR 01, 287ff.; *Koch/Siebel-Huffmann,* „Das Artikelgesetz zur Umsetzung der UVP-Änderungsrichtlinie, der IVU-Richtlinie und weiterer Umweltschutzrichtlinien", NVwZ 01, 1081ff.; *Stüer,* „Der UVP-pflichtige Bebauungsplan", BauR 01, 1199; *Kuschnerus,* „Die Umweltverträglichkeitsprüfung in der Bauleitplanung", BauR 01, 1211ff.; *Wulfhorst,* „Der Umweltbericht nach § 2a als Instrument der Umweltverträglichkeitsprüfung im Bebauungsplanverfahren", ZfBR 01, 523ff.; *Battis/Krautzberger/Löhr,* § 2a, Rdn. 1.

Auszug aus der Liste „UVP-pflichtige Vorhaben" Anlage 1 des UVPG zu Rdn. 474 a

X in Spalte 1 = vorhaben ist UVP-pflichtig
A in Spalte 2 = Allgemeine Vorprüfung des Einzelfalls: Siehe § 3 c Abs. 1 S. 1 UVPG

18. Bauplanungsrechtliche Vorhaben:

		Sp. 1	Sp. 2
18.1	Bau eines Feriendorfes, eines Hotelkomplexes oder einer sonstigen größeren Einrichtung für die Ferien- und Fremdenbeherbergung, für den im bisherigen Außenbereich im Sinne des § 35 des Baugesetzbuches ein Bebauungsplan aufgestellt wird, nur im Aufstellungsverfahren, mit		
18.1.1	einer Bettenzahl von jeweils insgesamt 300 oder mehr oder mit einer Gästezimmerzahl von jeweils insgesamt 200 oder mehr,	X	
18.1.2	einer Bettenzahl von jeweils insgesamt 100 bis weniger als 300 oder mit einer Gästezimmerzahl von jeweils insgesamt 80 bis weniger als 200;		A
18.2	Bau eines ganzjährig betriebenen Campingplatzes, für den im bisherigen Außenbereich im Sinne des § 35 des Baugesetzbuches ein Bebauungsplan aufgestellt wird, nur im Aufstellungsverfahren, mit einer Stellplatzzahl von		
18.2.1	200 oder mehr,	X	
18.2.2	50 bis weniger als 200;		A
18.3	Bau eines Freizeitparks, für den im bisherigen Außenbereich im Sinne des § 35 des Baugesetzbuches ein Bebauungsplan aufgestellt wird, nur im Aufstellungsverfahren, mit einer Größe des Plangebiets von		
18.3.1	10 ha oder mehr,	X	
18.3.2	4 ha bis weniger als 10 ha;		A
18.4	Bau eines Parkplatzes, für den im bisherigen Außenbereich im Sinne des § 35 des Baugesetzbuches ein Bebauungsplan aufgestellt wird, nur im Aufstellungsverfahren, mit einer Größe von		
18.4.1	1 ha oder mehr;	X	
18.4.2	0,5 ha bis weniger als 1 ha;		A
18.5	Bau einer Industriezone für Industrieanlagen, für den im bisherigen Außenbereich im Sinne des § 35 des Baugesetzbuches ein Bebauungsplan aufgestellt wird, nur im Aufstellungsverfahren, mit einer zulässigen Grundfläche im Sinne des § 19 Abs. 2 der Baunutzungsverordnung oder einer festgesetzten Größe der Grundfläche von insgesamt		
18.5.1	100 000 qm oder mehr,	X	
18.5.2	20 000 qm bis weniger als 100 000 qm;		A
18.6	Bau eines Einkaufszentrums, eines großflächigen Einzelhandelsbetriebes oder eines sonstigen großflächigen Handelsbetriebes im Sinne des § 11 Abs. 3 S. 1 der Baunutzungsverordnung, für den im bisherigen Außenbereich im Sinne des § 35 des Baugesetzbuches ein Bebauungsplan aufgestellt wird, nur im Aufstellungsverfahren, mit einer zulässigen Geschoßfläche von		
18.6.1	5 000 qm oder mehr,	X	
18.6.2	1 200 qm bis weniger als 5 000 qm;		A
18.7	Bau eines Städtebauprojektes für sonstige bauliche Anlagen, für den im bisherigen Außenbereich im Sinne des § 35 des Baugesetzbuches ein Bebauungsplan aufgestellt wird, nur im Aufstel-		

		Sp. 1	Sp. 2
	lungsverfahren, mit einer zulässigen Grundfläche im Sinne des § 19 Abs. 2 der Baunutzungsverordnung oder einer festgesetzten Größe der Grundfläche von insgesamt		
18.7.1	100 000 qm oder mehr,	X	
18.7.2	20 000 qm bis weniger als 100 000 qm,		A
18.8	Bau eines Vorhabens der in den Nummern 18.1 bis 18.7 genannten Art, soweit der jeweilige Prüfwert für die Vorprüfung erreicht oder überschritten wird und für den in sonstigen Gebieten ein Bebauungsplan aufgestellt, geändert oder ergänzt wird, nur im Aufstellungsverfahren;		A
18.9	Vorhaben, für das nach Landesrecht zur Umsetzung der Richtlinie 85/337/EWG des Rates über die Umweltverträglichkeitsprüfung bei bestimmten öffentlichen und privaten Projekten (ABl. EG Nr. L 175 S. 40) in der durch die Änderungsrichtlinie 97/11 EG des Rates (ABl. EG Nr. L 73 S. 5) geänderten Fassung eine Umweltträglichkeitsprüfung vorgesehen ist, sofern dessen Zulässigkeit durch einen Bebauungsplan begründet wird oder ein Bebauungsplan einen Planfeststellungsbeschluß ersetzt		

Die **Umweltverträglichkeitsprüfung** ist eine in das Planungsverfahren integrierte unselbständige Prüfung der umweltrelevanten Auswirkungen bestimmter Planvorhaben; sie beschränkt sich dabei auf verfahrensrechtliche Anforderungen im Vorfeld der eigentlichen Sachentscheidung (Abwägungsentscheidung).

Durch die UVP soll die Sammlung und Bewertung des umweltrelevanten Abwägungsmaterials strukturiert werden, die UVP gibt jedoch nicht vor, mit welchem Gewicht die betroffenen Belange in der Abwägung zu berücksichtigen sind.[1057]

Die UVP erfordert auch keine neuen Untersuchungsverfahren oder Bewertungskriterien, vielmehr sind der allgemeine Kenntnisstand und die allgemeinen anerkannten Prüfungsmethoden zu berücksichtigen, die auch sonst für Planungsentscheidungen einschlägig sind.

Durch die zentrierte Prüfung der Umweltauswirkungen soll dazu beigetragen werden, dass die Umweltbelange mit dem Gewicht zur Geltung kommen, das ihnen bei einer Gesamtschau auch gebührt.

Im Zusammenhang mit der Änderung des UVPG hat sich der Gesetzgeber auch **474 b**
entschlossen, die Umweltverträglichkeitsprüfung stärker als bisher in das Baugesetzbuch zu integrieren. Dies kommt an verschiedenen Stellen im BauGB zum Ausdruck:

- In § 1a Abs. 2 Nr. 3 BauGB wird bestimmt, dass die Umweltverträglichkeitsprüfung – soweit nach dem UVPG erforderlich – Gegenstand der Abwägung zu sein hat.
- Im neuen § 2a BauGB wird nunmehr ein **Umweltbericht** gefordert, den die Gemeinde bereits für das Aufstellungsverfahren in die Begründung aufnehmen muss. Zugleich werden die Mindeststandards für den Umweltbericht in § 2a Abs. l BauGB umrissen. Gemäß § 3 Abs. 2 S. 2 ist bei der Auslegung von Bebauungsplänen auch anzugeben, ob eine Umweltverträglichkeitsprüfung durch-

[1057] *Battis/Krautzberger/Löhr,* § 1a, Rdn. 31–33l.

geführt oder nicht durchgeführt werden soll. Im Rahmen der Bauleitplanung ist der erste Schritt der Umweltverträglichkeitsprüfung der Umweltbericht als Dokumentation und Bewertung der betroffenen Umweltbelange. Dieser Umweltbericht muss vor der öffentlichen Auslegung erstellt sein und in den Entwurf der amtlichen Begründung des Bebauungsplans eingearbeitet sein.

– Bei Änderungen der nach § 2a BauGB (Umweltbericht) erforderlichen Angaben wegen der Besorgnis zusätzlicher oder anderer erheblicher nachteiliger Umweltauswirkungen ist der Bebauungsplan nach § 3 Abs. 2 erneut auszulegen.
– Die Träger öffentlicher Belange sind bei Änderungen der nach § 2a BauGB (Umweltbericht) erforderlichen Angaben wegen der Besorgnis zusätzlicher oder anderer erheblicher nachteiliger Auswirkungen Gelegenheit zu geben, eine ergänzende Stellungnahme abzugeben.
– Gemeinden und Träger öffentlicher Belange von Nachbarstaaten sind am Bauleitplanverfahren zu beteiligen, wenn für den Bebauungsplan eine Umweltverträglichkeitsprüfung durchzuführen ist (§ 4a Abs. 2 BauGB).
– Die Begründung des Plans hat bei Vorhaben, für die eine Umweltverträglichkeitsprüfung durchzuführen ist, die nach § 2a BauGB erforderichen Angaben zu enthalten (vgl. § 12 Abs. 1 S. 2 BauGB).

474c Der **Umweltbericht** muss zumindest folgende Inhalte umfassen (§ 2a Abs. 1 BauGE):[1058]

– **Festsetzungen für das Vorhaben:** Beschreibung der Angaben über Standort, Art und Umfang des Vorhabens mit Bedarf an Grund und Boden
– **Umwelt:** Beschreibung der Umwelt und ihrer Bestandteile im Einwirkungsbereich des Vorhabens mit Angaben zur Bevölkerung, erforderliche Angaben zur Feststellung und Bewertung erheblicher nachteiliger Umweltauswirkungen, wobei ein allgemeiner Kenntnisstand und anerkannte Prüfungsmethoden ausreichend sind.
– **Umweltschützende Maßnahmen:** Beschreibung der Maßnahmen zur Vermeidung, Verminderung und Ausgleich erheblicher nachteiliger Umweltauswirkungen.
– **Auswirkungen:** Beschreibung der zu erwartenden erheblichen nachteiligen Umweltauswirkungen der Festsetzungen; soweit dies nach der Art der Festsetzungen erforderlich ist, müssen auch noch Angaben zu Merkmalen der angewandten technischen Verfahren, zur Art und Umfang der Immissionen, Abfällen, Abwasseranfall, Nutzung und Gestaltung von Naturgütern, wie Wasser, Boden, Luft, Landschaft etc. dargestellt werden.
– **Alternativen:** Es muss eine Übersicht über die wichtigsten geprüften anderweitigen Lösungsmöglichkeiten für das Plangebiet als solches aber auch für die denkbaren Festsetzungen bzgl. des Plangebietes vorliegen, wobei die Auswahlgründe im Hinblick auf die Umweltauswirkungen angegeben werden müssen.
– **Zusätzliche Angaben:** Es muß eine Kurzdarstellung eventueller technischer Lücken, fehlender Kenntnisse bei der Zusammenstellung der Angaben erfolgen.

Der Umweltbericht muss eine (nicht technische) allgemein verständliche Zusammenfassung aller Angaben enthalten und einen Verweis auf Details einschließ-

---

[1058] *Battis/Krautzberger/Löhr,* § 2a, Rdn. 4.

lich weiterer Bestandteile wie beigefügter sonstiger technischer Unterlagen, Gutachten etc. enthalten. Der Umweltbericht muss Dritten die Beurteilung ermöglichen, ob und in welchem Umfang sie von den Umweltauswirkungen der Festsetzungen für das Vorhaben getroffen werden können (§ 2a Abs. 3 BauGB).

Im Rahmen der Offenlegung ist auch anzugeben, ob eine Umweltverträglich- **474 d**
keitsprüfung durchgeführt wird oder nicht. Diese entsprechende Angabe sollte an geeigneter, hervorgehobener Stelle in den Entwurf der amtlichen Begründung zum Bebauungsplan eingearbeitet werden.

Aus dem Zusammenspiel des § 3 Abs. 2 S. 2 letzter Halbsatz BauGB i.V.m. § 214 Abs. 1 S. 1 Nr. 1 zweiter Halbsatz BauGB ergibt sich, dass bereits bei der Offenlegung bekannt gegeben werden muss, ob die Umweltverträglichkeitsprüfung durchgeführt wird oder nicht. Im Umkehrschluß muss man hieraus zwingend ableiten, dass die Umweltverträglichkeitsprüfung vor der Offenlegung noch nicht abgeschlossen sein darf!

Dies läßt sich auch aus § 9 Abs. 1 UVPG ableiten, wo ausdrücklich erwähnt wird, dass die zuständige Behörde die **Öffentlichkeit** zu den Auswirkungen des Vorhabens auf der Grundlage der ausgelegten Unterlagen nach § 6 UVPG anzuhören hat. Die Beteiligung der Öffentlichkeit im Sinne des § 9 UVPG kann entweder in entsprechender Anwendung der § 73 Abs. 3, 4 bis 7 VwVfG erfolgen, und/oder nach § 9 Abs. 3 UVPG, wo folgendes bestimmt ist:

Abweichend von § 9 Abs. 1 und 2 UVPG wird die Öffentlichkeit im vorgelagerten Verfahren dadurch einbezogen, dass

- das Vorhaben öffentlich bekannt gemacht wird,
- die nach § 6 erforderlichen Unterlagen während eines angemessenen Zeitraums eingesehen werden können,
- Gelegenheit zur Äußerung gegeben wird,
- Die Öffentlichkeit über die Entscheidung unterrichtet und der Inhalt mit der Entscheidung Begründung der Öffentlichkeit zugänglich gemacht wird.

Diese in § 9 Abs. 3 UVPG genannten Voraussetzungen werden durch das im § 3 BauGB vorgeschriebenen Offenlegungsverfahren im vollen Umfange erfüllt, so dass eine über die Offenlegung hinausgehende Öffentlichkeitsbeteiligung erforderlich ist.

Im Anschluss an die Offenlegung muss dann eine zusammenfassende Darstellung **474 e**
der Umweltauswirkungen auf der Grundlage der Unterlagen, der behördlichen Stellungnahmen sowie den Äußerungen der Öffentlichkeit einer zusammenfassenden Darstellung der Umweltauswirkungen des Vorhabens sowie der Maßnahmen, mit denen erhebliche nachteilige Umweltauswirkungen vermieden, vermindert oder ausgeglichen werden, einschließlich der Ersatzmaßnahmen bei nicht ausgleichbaren aber vorrangigen Eingriffen in Natur und Landschaft erarbeitet werden. Diese zusammenfassende Darstellung (Auswertung) ist von der planenden Kommune zu erarbeiten, wobei sich diese einschlägiger Planungsbüros bedienen kann. Die zusammenfassende Darstellung ist dann im Rahmen der Abwägungsentscheidung des Rates und bei dem Satzungsbeschluss zu berücksichtigen. Im Rahmen des Satzungsbeschlusses müssen als Folge der UVP ggfs. Planänderungen durchgeführt und Änderungen/Ergänzungen der Begründung erfolgen. Die Er-

gebnisse der integrierten UVP sind also Bestandteil des abschließenden Abwägungsvorgangs durch den Rat und gewinnen dort ausschließlich nach Maßgabe des in § 1 Abs. 6 verankerten Abwägungsgebotes Bedeutung. Es gilt also kein absoluter Vorrang des Umweltschutzes oder des Grundsatzes der Optimierung der Umweltbelange gegenüber den weiteren im Rahmen der Abwägung zu berücksichtigen Belangen gilt. Umweltbelange können also im Rahmen der Abwägungsentscheidung vom Rat ggfs. durch andere für gewichtiger erachtete Belange überspielt werden. In diesem Zusammenhang können evtl. auch bestimmte Prüfungsfragen, die sich auf das einzelne konkrete, später errichtete Vorhaben beziehen, auf das spätere Baugenehmigungsverfahren verlagert werden.

474f Aus alledem kann man folgern, daß das Erfordernis einer Umweltverträglichkeitsprüfung künftig zu den wesentlichen Verfahrenselementen des Bauleitplanverfahrens gehört mit der Folge, dass Verstöße gegen das UVPG gleichzeitig Verfahrensfehler im Rahmen des Bauleitplanverfahrens sind.[1059] Verfahrensverstöße im Zusammenhang mit einer UVP sind nach der geänderten Fassung des § 214 BauGB unbeachtlich, wenn

- bei der Anwendung des § 3 Abs. 2 S. 2 BauGB die Angabe darüber, ob eine Umweltverträglichkeitsprüfung durchgeführt werden soll, unterlassen wurde (§ 214 Abs. 1 S. 1 Nr. 1 BauGB);
- der Umweltbericht als Teil der Begründung der Satzung oder ihr Entwurf unvollständig ist (§ 214 Abs. 1 S. 1 Nr. 2 BauGB) beachtlich ist das vollständige Fehlen eines Umweltberichts nach § 2a in der Begründung des Bebauungsplanentwurfs;
- unbeachtlich ist nach § 214 Abs. 1a ferner, wenn eine vorgeschriebene Prüfung des Einzelfalls (§§ 3c und 3e des UVPG) nicht durchgeführt wurde und erhebliche nachteilige Umweltauswirkungen nicht zu besorgen gewesen wären;
- oder wenn bei der Vorprüfung des Einzelfalls (§§ 3c und 3e des Gesetzes über die Umweltverträglichkeitsprüfung) die Voraussetzung für die Pflicht zur Durchführung der Umweltverträglichkeitsprüfung, dass das Vorhaben erhebliche Nachteile oder Umweltauswirkungen haben könne, nicht richtig beurteilt wurde (§ 214 Abs. 1a Nr. 2 BauGB).

474g **Hinweis:**

Obwohl das Gesetz mit der Umsetzung der UVP-Änderungsrichtlinie erst am 2. 8. 2001 in Kraft getreten ist, bestimmen die Übergangsregelungen für das in diesem Zusammenhang in § 245c ebenfalls geregelte BauGB, dass die alten Vorschriften des BauGB in der vor dem 3. 8. 2001 geltenden Fassung nur dann Anwendung finden, wenn das B-Planverfahren vor dem 14. 3. 1999 förmlich eingeleitet worden ist (sog. Aufstellungsbeschluss). Alle Verfahren, die in der Zeit vom 14. 3. 1999 bis zum 3. 8. 2001 begonnen wurden, unterliegen also bereits den neuen Regeln des geänderten UVPG/BauGB. Die Rückwirkung der erst zum 3. 8. 2001 geltenden gesetzlichen Vorschriften wird vom Gesetzgeber damit begründet, dass die BRD aufgrund der europäischen UVP-Änderungsrichtlinie spätestens zum 14. 3. 1999 gehalten gewesen wäre, diese in nationales Recht umzuwandeln. Da die BRD dem pflichtwidrig nicht nachgekommen ist, musste davon ausgegangen werden, daß die UVP-Änderungsrichtlinie auch ohne Transformation in nationales Recht bereits zum 14. 3. 1999

[1059] Zu den Fehlerfolgen, vgl. auch *Gaentzsch,* „Zur Umweltverträglichkeitsprüfung von Bebauungsplänen und zu Fehlerfolgen bei unmittelbarer Anwendbarkeit der UVP-Richtlinie", UPR 01, 287ff.

in Kraft trat. Die jetzt vom Gesetzgeber beschlossene Rückwirkung orientiert sich also an den EU-rechtlichen Vorgaben.[1060]

(4) *Vorgezogene Bürgerbeteiligung nach § 3 Abs. 1 BauGB.* Die vorgezogene Bürgerbeteiligung will die Bürger möglichst frühzeitig über die allgemeinen Ziele und Zwecke der Planung, Planungsalternativen usw. informieren und unterrichten und den Bürgern die Möglichkeit zur Äußerung und Erörterungen der Überlegungen und der Alternativen geben, um so in einem möglichst frühen Stadium Einfluss auf die Planung nehmen zu können. Das BauGB stellt dabei allerdings die Formen der vorgezogenen Bürgerbeteiligung in das Ermessen der Gemeinde. Denkbar sind förmliche Veranstaltungen, aber auch schriftliche Eingaben oder Gruppenerörterungen. 475

Die vorgezogene Bürgerbeteiligung kann grundsätzlich nach § 3 Abs. 1 BauGB unterbleiben: 476
- wenn ein B-Plan aufgestellt oder aufgehoben wird und keine oder nur unwesentliche Auswirkungen der Planungen auf das Plangebiet und die Nachbargebiete erfolgen (§ 3 Abs. 2 S. 2 Ziff. 2 BauGB), oder
- wenn die Unterrichtung und Erörterung bereits auf einer früheren planerischen Grundlage stattgefunden hat (§ 3 Abs. 2 S. 2 Ziff. 3 BauGB).

Da § 3 Abs. 1 BauGB in § 214 Abs. 1 BauGB nicht erwähnt werden, sind Verstöße nach § 214 Abs. 1 BauGB nicht beachtlich und führen deshalb nicht zur Ungültigkeit des Planes.[1061]

Die Genehmigungsbehörde kann allerdings Verstöße gegen § 3 Abs. 1 BauGB nach § 216 BauGB rügen. 477

(5) *Bürgerbeteiligung in Form der öffentlichen Auslegung des Planes (§ 3 Abs. 2 BauGB).* Die sogenannte zweite Stufe der Bürgerbeteiligung ist vom Gesetzgeber deutlich formeller ausgestattet; Fehler sind deshalb für das weitere Verfahren und die Gültigkeit des Planes von Bedeutung. Der Anwalt wird deshalb sein besonderes Augenmerk auf dieses Verfahrensstadium richten. 478

(a) *Zweck der Auslegung.* Aufgrund der Besonderheiten der §§ 214, 215 BauGB unterscheidet die Rechtsprechung bei der Prüfung von Normenkontrollanträgen häufig zwischen 479
- vorgebrachten Anregungen und Bedenken und deren Behandlung im Rah men des weiteren Behandlung im Rahmen des weiteren Bebauungsplanverfahrens und
- sog. „nicht vorgetragenen Anregungen und Bedenken".

Im letzteren Falle ist die Beachtung von nicht vorgetragenen Interessenspositionen für die planende Gemeinde nur dann beachtlich, wenn sich diese Position als Bedenken aufdrängen mussten. In diesem Zusammenhang drängt sich natürlich immer die Inanspruchnahme fremden Eigentums oder Eingriff in den ausgeübten und eingerichteten Gewerbebetrieb auf. In vielen Fällen ist aber der Eingriff in eine Interessensposition nicht ohne weiteres ersichtlich, so dass deshalb der Auslegung 480

[1060] vgl. dazu auch Gaentzsch, UPR 01, 287 ff; *Battis/Krautzberger/Löhr,* § 245 c, Rdn. 1.
[1061] *Friege* in BauGB-Praxiskommentar, § 3, Rdn. 16.

und der damit eröffneten Möglichkeit, sich zu artikulieren ein hoher Stellenwert zukommt.[1062]

481 Durch die Änderung des BauGB in § 3 Abs. 2 BauGB mit dem das Wort „Gemeinde gestrichen" wurde, wurde vom Gesetzgeber klargestellt, dass das BauGB offen lässt, wer den Beschluss über die Offenlegung fällt. Wer innerhalb der Gemeinde für diese Frage zuständig ist, bestimmt sich also ausschließlich nach Landesrecht.[1063]

482 **Hinweis:**

Die innergemeindliche Kompetenz wird allerdings nur dann delegationsfähig, wenn es um den Planaufstellungsbeschluss oder um den Auslegungsbeschluss geht, nicht jedoch sofern es um den Satzungsbeschluss selber geht, denn in § 10 Abs. 1 BauGB heißt es, dass „die Gemeinde den Bebauungsplan als Satzung" beschließt.[1064]

483 Anders verhält es sich dagegen in den Fällen des § 205 BauGB; hat sich die Gemeinde zu einem Planungsverband mit anderen Gemeinden zusammengeschlossen, so tritt der Planungsverband nach Maßgabe seiner Satzung im Rahmen der Bauleitplanung und deren Durchführung an die Stelle der Gemeinden.

484 (b) *Beschlussfassung über die Offenlegung.* Die in der Praxis übliche Beschlussfassung über die Offenlegung ist bundesrechtlich nicht vorgeschrieben.[1065] Landesrechtlich sind Vorschriften der Gemeindeordnung zu prüfen. Da die Offenlegung nach herrschender Meinung nicht zu den Geschäften der laufenden Verwaltung gehört,[1066] ist in der Regel für die Beschlussfassung über die Offenlegung der Gemeinderat zuständig. In einzelnen Bundesländern besteht die Möglichkeit, die Beschlussfassung über die Offenlegung über die Hauptsatzung vom Rat auf untergeordnete Gremien zu delegieren, vgl. z. B. § 41 Abs. 1 g) GO NW, wonach dem Rat lediglich die **abschließenden** Beschlüsse im Flächennutzungsplanverfahren und die abschließenden Satzungsbeschlüssen auf der Grundlage des Baugesetzbuchs zwingend übertragen sind. Der Anwalt ist deshalb gut beraten, wenn er zur Frage der Zuständigkeit die Hauptsatzung der Gemeinde anfordert. Stellt sich dabei heraus, dass die Zuständigkeit nicht übertragen worden ist, bleibt der Rat zuständig, der Beschluss des (Planungs-) Ausschusses ist rechtswidrig und führt zu einem Verfahrensmangel. Der Auslegungsbeschluss des zuständigen Gemeindeorgans muss **vor der Bekanntmachung** des Beschlusses und dem Beginn der Offenlegung gefasst sein. Eine abweichende Reihenfolge führt zu einem rügefähigen Verfahrensfehler.[1067]

Inhalt des Beschlusses muss die nachdrückliche Billigung des zuständigen Gemeindeorgans eines bestimmten Entwurfes und dessen Begründung sein (§ 3 Abs. 2 BauGB).

1062 *Battis/Krautzberger/Löhr,* § 3, Rdn. 12ff.; *Kuschnerus,* Rdn. 560.

1063 Vgl. z.B. Delegationsmöglichkeit nach § 41 Abs. 2 GO NW; *BVerwG,* 15. 4. 1988 – 4 C 34.86 – DVBl. 88, 958.

1064 Vgl. dazu auch *Battis/Krautzberger/Löhr,* § 10, Rdn. 3; BauGB-Praxiskommentar, § 10, Rdn. 5.

1065 Vgl. *BVerwG,* 15. 4. 1988 – 4 N 4.87 – DVBl. 88, 958; *Battis/Krautzberger/Löhr,* § 3, Rdn. 12.

1066 *Birk,* Rdn. 47.

1067 *Birk,* Rdn. 55.

(c) *Bekanntmachung.* Die Bekanntmachung muss enthalten: **485**
- Angabe der planenden Gemeinde,
- die Bezeichnung des Bebauungsplanentwurfes,
- Umschreibung des Plangebiets,
- den Ort und die Dauer der Auslegung,
- der Hinweis wann und in welchem Zeitraum und wo Anregungen und Be denken geltend gemacht werden können,
- ob eine Umweltverträglichkeitsprüfung durchgeführt oder nicht durchgeführt werden soll, wobei das Fehlen dieses Hinweises nach § 214 Abs. 1 S. 1 Nr. 1 BauGB unbeachtlich ist.

Erforderlich ist der Hinweis, dass Bedenken und Anregungen erhoben werden können, wobei diese schriftlich oder mündlich geltend gemacht werden können. Hilfsweise, die eine Einschränkung hinsichtlich des „Ob oder des Wie" des Vorbringens der Anregungen und Bedenken enthalten (z.B. der Hinweis, dass Anregungen und Bedenken nur von Bewohnern des Plangebiets schriftlich erhoben werden können) machen die Bekanntmachung und die gesamte Auslegung fehlerhaft.[1068] **486**

Wegen der **Anstoßfunktion der Bekanntmachung**[1069] ist darauf Wert zu legen, dass die Bürger ausreichend über den räumlichen Geltungsbereich des B-Plans informiert werden. Beispielsweise reicht die Angabe einer Nummer als ausschließliche Kennzeichnung für das Plangebiet nicht aus. Bezüglich der Anstoßfunktion hat sich eine reichhaltige Rechtsprechung entwickelt. Ausreichend ist es jedenfalls, wenn durch Angabe von Namen, Straßen und Flurstücken für jedermann ersichtlich ist, um welche Bereiche es sich bei der laufenden Planung handelt. **487**

Das BVerwG hat hierzu folgendes ausgeführt:[1070] **488**

> „Die Bekanntmachung gem. § 3 Abs. 2 S. 2 BauGB hat in einer Weise zu erfolgen, welche geeignet ist, dem an der Bauleitplanung interessierten Bürger sein Interesse an Information und Beteiligung durch Anregungen und Bedenken bewusst zu machen und dadurch eine gemeindliche Öffentlichkeit herzustellen. Es genügt, wenn die Bekanntmachung zur Kennzeichnung des Plangebietes an eine geläufige geographische Bezeichnung anknüpft. Häufig wird sich hierfür aber auch eine schlagwortartige Angabe von geläufigen Namen anbieten, um dem Informationsinteresse der Bürger genügen zu können.
>
> Entscheidend wird stets sein, den interessierten Bürger darauf aufmerksam zu machen, welchen Teil des Gemeindegebietes die Gemeinde durch ihre Bauleitplanung zu erfassen gedenkt. Die in der Bekanntmachung hierzu enthaltenen Angaben müssen ihm eine vorläufige Entscheidung ermöglichen, ob die städtebauliche Planungsabsicht der Gemeinde sein näheres Interesse findet. Hierfür muss ihm bereits die Bekanntmachung einen ersten informativen Hinweis geben."

Der Gemeinde ist zu empfehlen, neben einer griffigen Bezeichnung für den B-Plan im Rahmen der Veröffentlichung des Bekanntmachungsbeschlusses auch eine Grobskizze bzgl. des Plangebietes beizufügen, wobei der Anstoßfunktion schon auch dadurch Genüge getan ist, wenn sich aus der Abgrenzung die zu überplanenden Grundstücke nicht eindeutig entnehmen lassen. **489**

[1068] *Birk,* 21.
[1069] *Battis/Krautzberger/Löhr,* § 3, Rdn. 14.
[1070] *BVerwG,* 6. 7. 1984 – 4 C 22.80 – BVerwGE 69, 344 ff.

490 Bekanntmachungsfehler führen zu einem rügefähigen Verfahrensmangel.[1071]

491 Weitere Bekanntmachungsfehler können sich aus landesrechtlichen Vorschriften ergeben (vgl. D 538 ff.).

492 (d) *Zeitpunkt der Bekanntmachung.* Die Auslegung muss **eine Woche** vor ihrem Beginn bekannt gemacht werden (§ 3 Abs. 2 S. 2 BauGB). Der Beginn der Wochenfrist berechnet sich nach § 187 Abs. 1 BGB. Wird von der Gemeinde diese Wochenfrist nicht eingehalten, so stellt dies einen zur Ungültigkeit des B-Plans führenden rügefähigen Verfahrensmangel dar.[1072]

493 (e) *Auslegungsdauer.* Der B-Plan ist nach § 3 Abs. 2 S. 1 BauGB für **einen Monat** auszulegen, wobei der 1. Tag der Offenlegung mitzählt[1073] (Beispiel: 1.7–31.–7. oder 5.4.–4.5.). Das Fristende ist nach §§ 188 Abs. 1, 193 BGB zu berechnen. Verstöße führen zu einem rügefähigen Verfahrensfehler.[1074]

494 Das Bundesrecht gebietet es nicht, dass der Entwurf während der gesamten Dienstzeit der Gemeindeverwaltung vom Publikum eingesehen werden kann, sofern der interessierte Bürger während der allgemeinen Zeit des Publikumsverkehrs hinreichend Gelegenheit zur Einsichtnahme erhält. Eine Auslegung von 33 Stunden in der Woche genügt.[1075] Im übrigen ist es unschädlich, wenn das Ende der Auslegungsdauer in der Bekanntmachung nicht erwähnt wird, wenn der Fristbeginn datumsmäßig bezeichnet worden und auf die Monatsfrist hingewiesen wurde.[1076]

495 (f) *Auslegungsort und Einsichtnahmemöglichkeit.* Die Gemeinde muss in der Bekanntmachung den Auslegungsort mitteilen. Die auszulegenden Unterlagen nämlich:
- der Bebauungsplanentwurf nebst Textteil und Legende, und
- der Entwurf der Begründung des Bebauungsplans

müssen an dem in der Bekanntmachung bezeichneten Ort vollständig, sichtbar, griffbereit und als zusammengehörig erkennbar dem Publikum zugänglich sein.[1077] Der zur Einsichtnahme ausliegende Plan muss dabei mit einem Datum gekennzeichnet sein, damit festgestellt werden kann, ob der zur Auslegung beschlossene Plan auch mit dem Exemplar übereinstimmt, das tatsächlich ausgelegt worden ist. Zur Bedeutung der Entwurfsbegründung vgl. unten D 523). Verstöße führen zu einem rügefähigen Verfahrensfehler.

496 Anlässlich der Offenlegung besteht lediglich ein Recht zur Einsichtnahme. Ein Anspruch auf Fertigung von Fotokopien soll nach überwiegender Auffassung nicht bestehen, obwohl aus Gründen des effektiven Rechtsschutzes es im Einzelfall geboten sein kann, bei sehr umfassenden Unterlagen einzelnen Betroffenen auch die Möglichkeit zu eröffnen, Fotokopien auf eigene Kosten anfertigen zu lassen.

1071 *Battis/Krautzberger/Löhr,* § 214, Rdn. 4.

1072 *Birk,* Bauplanungsrecht in der Praxis, Seite 21; ferner *Battis/Krautzberger/Löhr,* § 3, Rdn. 14.

1073 *Kuschnerus,* Rdn. 565; gem. *SenOBG,* 6. 7. 1972 – GUS – OBG 1/71 – BVerwGE 40, 363 ff. = BGHZ 59, 39 ff.

1074 *Friege,* BauGB-Praxiskommentar, § 215 a, Rdn. 8.

1075 *Battis/Krautzberger/Löhr,* § 3, Rdn. 13.

1076 *Battis/Krautzberger/Löhr,* § 3, Rdn. 13.

1077 *Battis/Krautzberger/Löhr,* § 3, Rdn. 14.

(g) *Folgen von Verfahrensfehlern bei Offenlegung (§ 3 Abs. 2 BauGB).* Zusammenfassend kann festgestellt werden, dass **gerügte Verfahrensfehler** im Zusammenhang mit der Auslegung, nämlich Mängel **497**
- beim Auslegungsbeschluss
- bei der Bekanntmachung der Auslegung (wobei allerdings das Fehlen der Angabe darüber, ob eine Umweltverträglichkeitsprüfung durchgeführt werden soll, nach § 214 Abs. 1 S. 1 Nr. 1 unbeachtlich ist)
- bei der Auslegungsdauer
- beim Auslegungsort
- bei Auslegungsgegenständen (wobei allerdings die Unvollständigkeit der Entwurfsbegründung nach § 214 Abs. 1 S. 1 Ziff. 2 BauGB unbeachtlich ist) und
- bei der Zugängigkeit im Rahmen der Offenlegung

beachtlich sind und zur Ungültigkeit des Planes führen.

Zur Vorgehensweise bei der Rüge von Verfahrensfehlern vgl. unten D 546ff.

(6) *Fehlerhafte Beteiligung der Träger öffentlicher Belange (TöB), § 4 BauGB.* Gemäß § 4 BauGB dient die Beteiligung der TöB ausschließlich der Sammlung des Abwägungsmaterials. Es gibt keine rechtlich bindende Vorgaben, welche Behörden oder sonstige Stellen als TöB in Betracht zu ziehen sind. Aus dem Gesetz ergibt sich lediglich, dass die Gemeinde die Stellungnahmen der Behörden und sonstigen TöB einholen muss, „deren Aufgabenbereich durch die Planung berührt wird". Dies ist dann der Fall, wenn dem TöB durch Gesetz oder aufgrund eines Gesetzes eine öffentliche Aufgabe zugewiesen ist, die auch die Wahrnehmung von Interessen umfasst, die in städtebaulicher Hinsicht für die Bauleitplanung von Bedeutung sind.[1078] **498**

Es hängt von den Umständen des jeweiligen Einzelfalls ab, welche in Betracht kommende TöB von der Gemeinde in dem jeweiligen Planverfahren zu einer Stellungnahme aufzufordern sind.[1079] Durch die Formulierung „deren Aufgabenbereich durch die Planung **berührt wird**" hat der Gesetzgeber verdeutlicht, dass nicht alle nur irgendwie in Betracht kommenden TöB individuell beteiligt werden müssen, sondern nur die, bei denen konkrete Anhaltspunkte dafür vorliegen, dass die vorgesehenen Bestimmungen des Bebauungsplans irgendeine Relevanz für den Aufgabenkreis des jeweiligen Trägers besitzen.[1080] **499**

Sofern ein einzelner TöB entgegen dem § 4 Abs. 1 BauGB nicht beteiligt wird, ist dieser Verfahrensfehler wegen § 214 Abs. 1 S. 1 Nr. 1 BauGB unbeachtlich. Anders stellt sich die Lage freilich dann dar, wenn überhaupt keine TöB's oder eine Vielzahl von TöB's von der Gemeinde übergangen wurden. **500**

[1078] *Kuschnerus,* Rdn. 568.

[1079] Vgl. beispielsweise die Checkliste bei *Grauvogel* in Kohlhammer Kommentar, § 4, Rdn. 20.

[1080] *Kuschnerus,* Rdn. 569, der zutreffend darauf hinweist, dass im Verhältnis zur früheren Gesetzesfassung „berührt werden können" hier eine gewisse Aufweichung stattgefunden hat.

501 **Hinweis:**
Diese rein verfahrensrechtliche Folge lässt aber unberührt, dass infolge der Nichtbeteiligung eines TöB möglicherweise das Abwägungsmaterial falsch zusammengestellt wurde, was durchaus zu einem durchgreifenden Abwägungsmangel führen kann.[1081]

502 Das Gesetz schreibt keinen spezifischen Zeitpunkt für die Beteiligung der TöB vor.[1082] § 4 Abs. 1 S. 1 spricht lediglich davon, dass die Stellungnahmen „möglichst frühzeitig" einzuholen sind. Es ist aber zulässig, die Beteiligung der TöB „gleichzeitig" mit der Offenlegung nach § 3 Abs. 2 BauGB durchzuführen. Es empfiehlt sich freilich, die TöB möglichst frühzeitig zu beteiligen, um die Offenlegung auf einer weitgehend gesicherten Tatsachengrundlage durchführen zu können.

§ 4 Abs. 2 S. 1 BauGB sieht als Frist für den Eingang der Stellungnahme TöB nunmehr eine Monatsfrist vor, die bei Vorliegen eines wichtigen Grundes allerdings angemessen verlängert werden kann.[1083]

503 **Fazit: Unbeachtlich** für das Bebauungsplanverfahren als Verfahrensfehler ist das Versäumnis der planenden Gemeinde einen einzelnen TöB nicht beteiligt zu haben;[1084] **beachtlich** ist es allerdings, wenn die Gemeinde überhaupt keinen oder mehr als nur einzelne TöB's nicht beteiligt hat. Da im Einzelfall vorab schwer zu entscheiden ist, wo hier die Grenze zu ziehen ist, sollte der Anwalt innerhalb der Jahresfrist Beteiligungsmängel bzgl. der TöB stets rügen. Mängel, die nicht innerhalb der Jahresfrist des § 214 Abs. 1 Ziff. 2 BauGB gerügt werden, sind unbeachtlich.

504 (7) *Fehlende grenzüberschreitende Beteiligung von Gemeinden und Trägern öffentlicher Belange eines Nachbarstaates gem. § 4a BauGB.* § 4a BauGB a.F. sah die bundesrechtliche Ermächtigung für die grenzüberschreitende Zusammenarbeit mit Gemeinden und Trägern öffentlicher Belange in Nachbarstaaten mittels gegenseitiger und gleichwertiger Unterrichtung und Konsultation vor. Diese Vorschrift ist durch das Gesetz zur Umsetzung der UVP-Änderungsrichtlinie umgestaltet worden.[1085] § 4a BauGB regelt jetzt, dass bei Bauleitplänen, die erhebliche Auswirkungen auf Nachbarstaaten haben können, die Gemeinden und Träger öffentlicher Belange des Nachbarstaates nach den Grundsätzen der Gegenseitigkeit und Gleichwertigkeit zu unterrichten sind. Die Unterrichtspflicht setzt voraus, dass ein B-Plan erhebliche Auswirkungen auf Teilflächen des Nachbarstaates haben kann. Erhebliche Auswirkungen werden dann zu bejahen sein, wenn diese so schwerwiegend sind, dass die Planungshoheit einer Nachbargemeinde wegen Verletzung des gemeindlichen Abstimmungsgebotes nach § 4 Abs. 2 BauGB verletzt wäre.[1086]

Nach § 4a Abs. 2 BauGB hat die Gemeinde bei Bebauungsplänen für Vorhaben, für die eine Umweltverträglichkeitsprüfung durchzuführen ist, die von einem an-

---

[1081] Vgl. dazu *Kuschnerus,* Rdn. 570; ferner in *Battis/Krautzberger/Löhr,* § 214, Rdn. 4.

[1082] *Kuschnerus,* Rdn. 571.

[1083] *Birk,* Rdn. 96.

[1084] Die Gründe, warum die Gemeinde einen TÖB nicht beteiligt hat, sind irrelevant, vgl. *OVG Lüneburg,* 14. 9. 2000 – 1 K 5414/98 – ZfBR 01, 134.

[1085] Gesetz zur Umsetzung der UVP-Änderungsrichtlinie, der IVU-Richtline, und weiterer EG-Richtlinen zum Umweltschutz, BGBl. I vom 27. 7. 2001, 1950ff.

[1086] Vgl. dazu *Battis/Krautzberger/Löhr,* § 4 a, Rdn. 3.

deren Staat benannten Behörden oder Gemeinden entsprechend § 4 zu beteiligen und darauf hinzuwirken, dass der Entwurf des B-Plans mit der Begründung in geeigneter Weise nach den in dem anderen Staat geltenden Vorschriften der betroffenen Öffentlichkeit zur Verfügung gestellt wird, wenn der andere Staat darum ersucht, oder wenn das Vorhaben zu erheblichen Umweltauswirkungen in dem anderen Staat führen kann. Die Gemeinde muss dabei eine angemessene Frist setzen, die in der Regel einen Monat nicht überschreiten sollte, damit Gelegenheit besteht, Stellungnahmen abzugeben. Auf die Stellungnahmen der zuständigen Stellen des Nachbarstaates finden § 4 Abs. 3 BauGB entsprechende Anwendung. Die Gemeinde ist im übrigen gehalten, in Behörden und Gemeinden des Nachbarstaates die Übersetzung der Angaben nach § 2a (Umweltbericht) zur Verfügung zu stellen, sofern im Verhältnis zu dem anderen Staat die Voraussetzungen der Grundsätze von Gegenseitigkeit und Gleichwertigkeit erfüllt sind. Im übrigen ist der betroffenen Öffentlichkeit des Nachbarstaates die Möglichkeit eröffnet worden, sich im Rahmen der allgemeinen Bürgerbeteiligung an dem Bauleitplanverfahren zu beteiligen. Die Ergebnisse der Beteiligung, Unterrichtung und Konsultation sind im Rahmen des Abwägungsvorgangs nach § 1 Abs. 6 BauGB einzubeziehen; die Gemeinde ist aber hieran im Rahmen des Abwägungsprozesses nicht gebunden.[1087] Eine Verletzung des § 4a BauGB führt nach § 214 Abs. 1 Nr. 1 als Verfahrensfehler zur Nichtigkeit des B-Plans, wenn dieser Umstand innerhalb eines Jahres gerügt wird und die Gemeinde den fraglichen Fehler nicht nachträglich behebt. Auch die fehlende Unterrichtung von der Auslegung führt zu einem rügefähigen Verfahrensfehler.[1088]

(8) *Verfahrensfehler bei der Behandlung von Stellungnahmen der TöB/eingegangenen Anregungen und Bedenken einzelner Bürger.* § 3 Abs. 2 S. 4, 1. Abs. BauGB bestimmt, dass die fristgemäß vorgebrachten Bedenken und Anregungen zu prüfen sind;[1089] das Ergebnis der Überprüfung ist dem Einwender mitzuteilen. Die Gemeinde hat dabei zu klären, ob und ggfs. wie sie den Bedenken und Anregungen Rechnung trägt.[1090] **505**

Verfahrensfehlerhaft ist es deshalb, wenn die Gemeinde einzelne der vorgebrachten Anregungen und Bedenken ungeprüft lässt. Werden die vorgebrachten Anregungen dem Rat vorenthalten, oder stellt dieser sie aus anderen Gründen nicht in seine Abwägung ein, liegt ein Ermittlungsfehler vor und – je nach den Umständen des Einzelfalles – auch ein Gewichtungsfehler im Vorgang der planerischen Abwägung vor.[1091] Das BauGB bestimmt nicht, welches Gemeindeorgan hierfür zuständig ist; diese Frage ist nach dem Kommunalverfassungsrecht zu entscheiden. Regelmäßig ist die Prüfung der eingegangen Anregungen und Bedenken keine Angelegenheit der laufenden Verwaltung, so dass i. d. R. der Gemeinderat die Prüfung vorzunehmen hat.[1092] **506**

1087 Vgl. *Battis/Krautzberger/Löhr,* § 4a, Rdn. 6.

1088 *Battis/Krautzberger/Löhr,* § 4a, Rdn. 6.

1089 *BVerwG,* 25. 11. 1999 – 4 CN 12/98 – NVwZ 00, 676 ff.

1090 *Gaentzsch,* Berliner Kommentar, § 3, Rdn. 26.

1091 *BVerwG,* 25. 11. 1999 – 4 C 12/98 – NVwZ 00, 676 ff. Derartige Abwägungsfehler können allerdings in einem ergänzenden Verfahren behoben werden.

1092 *Battis/Krautzberger/Löhr,* § 3, Rdn. 17.

507 Die Prüfung und Beratung der Anregungen und Bedenken muss **vor dem Satzungsbeschluss** abgeschlossen sein,[1093] der Satzungsbeschluss kann allerdings in der selben Gemeinderatssitzung erfolgen.

508 Die Prüfung der Äußerung der TöB wird in § 3 Abs. 2 S. 4 BauGB nicht ausdrücklich erwähnt; die Prüfung der insoweit eingegangen Anregungen und Bedenken der TöB gehört aber unzweifelhaft zum eigentlichen **Abwägungsvorgang.** Die Stellungnahmen der TöB stellen einen namhaften, vielleicht sogar den wichtigsten Teil des Abwägungsmaterials dar.[1094] Die unterbliebene Prüfung der Stellungnahmen der TöB stellt allerdings **keinen Verfahrensfehler** dar und ist deshalb unter diesem Gesichtspunkt unerheblich.

509 Soweit Fehler in der Behandlung der eingegangenen Stellungnahmen der TöB und der Bedenken und Anregungen auf das Abwägungsergebnis nach § 1 Abs. 6 BauGB durchschlagen, sind derartige Abwägungsfehler – nach entsprechender Rüge innerhalb eines Zeitraumes von sieben Jahren – unter dem Gesichtspunkt des Abwägungsfehlers beachtlich.

510 Nach § 3 Abs. 2 S. 6 BauGB ist die Gemeinde verpflichtet, in den Fällen der (erforderlichen) Genehmigung eines B-Plans die nicht berücksichtigten Anregungen und Bedenken mit einer Stellungnahme der Gemeinde in den Fällen des § 6 oder 10 Abs. 2 BauGB der Genehmigungsbehörde vorzulegen.

511 **Zusammenfassend** kann festgehalten werden, dass ein rügefähiger Verfahrensfehler vorliegt, wenn
- Anregungen und Bedenken einzelner Bürger ungeprüft bleiben,
- in den Fällen des § 6 oder 10 Abs. 2 BauGB die Mitteilung und Vorlage an die Genehmigungsbehörde unterbleibt und wenn
- die Behandlung der eingegangen Anregungen und Bedenken nicht vor dem Satzungsbeschluss erfolgt.

Weitere Fehlerquellen ergeben sich aus dem Kommunalverfassungsrecht der Länder (s. unten D 525 ff.).

512 Soweit die Gemeinde es verabsäumt, entgegen § 3 Abs. 2 S. 4 BauGB den jeweiligen Betroffenen das Ergebnis der Prüfung mitzuteilen, ist dieser Verfahrensfehler unbeachtlich. Die Mitteilung ist mangels Regelung kein Verwaltungsakt. Sie gewährt grundsätzlich nur einen Anspruch darauf überhaupt darüber unterrichtet zu werden, ob und wie sich die Gemeinde mit dem jeweiligen Einwender auseinander gesetzt hat.[1095] Es ist dagegen nicht Sinn und Zweck der Vorschrift, den Betreffenden noch einmal Gelegenheit zu geben, ergänzend vorzutragen.[1096] Die unterlassene Mitteilung an den Betroffenen ist deshalb ein unwesentlicher Verfahrensfehler.[1097]

513 (9) *Verfahrensfehler bei der Änderung des Planentwurfs nach der Offenlegung.* Es ist immer wieder zu beobachten, dass bei Planänderungen während des Aufstellungsverfahrens nach der Offenlegung erhebliche Verfahrensfehler auftreten: Von den

---

[1093] *Birk,* 33.

[1094] *BVerwG,* 14. 8. 1989 – 4 NB 24/88 – NVwZ 90, 122.

[1095] *Battis/Krautzberger/Löhr,* § 3, Rdn. 17 sprechen sogar von einem einklagbaren Auskunftsanspruch.

[1096] *Battis/Krautzberger/Löhr,* § 3, Rdn. 17.

[1097] *Battis/Krautzberger/Löhr,* § 3, Rdn. 17.

TöB sind nur diejenigen erneut zu beteiligen, deren Aufgabenbereich erstmalig oder stärker als bisher berührt wird (§ 4 Abs. 4 BauGB). Ändert die Gemeinde im Laufe des Verfahrens die nach § 2a BauGB (Umweltbericht) erforderlichen Angaben wegen der Besorgnis zusätzlicher oder anderer erheblicher nachteiliger Umweltauswirkungen, ist den hiervon berührten Trägern öffentlicher Belange Gelegenheit zu einer ergänzenden Stellungnahme zu geben (§ 4 Abs. 4 S. 2 BauGB). Die Gemeinde hat allerdings die Möglichkeit im Wege der vereinfachten Beteiligung nach § 13 Nr. 3 BauGB vorzugehen, sie kann also dem betroffenen TöB Gelegenheit zur Stellungnahme innerhalb angemessener Frist geben, wobei sie nicht an die Monatsfrist des § 4 Abs. 2 S. 1 BauGB gebunden ist.

Die Nichtbeteiligung eines TöB ist in diesem Zusammenhang allerdings nach **514** § 214 Abs. 1 Ziff. 1 unbeachtlich, wenn es sich bei den erneut zu beteiligten TöB lediglich um einzelne TöB handelt. Eine Verkürzung der Beteiligung der TöB kann allerdings wiederum zu einem Defizit bei der Zusammenstellung des Abwägungsmaterials und zu einem Abwägungsfehler führen.

Nach § 3 Abs. 3 BauGB muss die Gemeinde die Bürger nach Planänderungen **515** dann erneut beteiligen, wenn „die Grundzüge der Planung" berührt worden sind.[1098] Werden die Grundzüge der Planung berührt, so ist nach § 3 Abs. 3 BauGB eine erneute Offenlegung durch die Gemeinde durchzuführen. Der Begriff „Grundzüge der Planung" ist noch nicht hinreichend geklärt. Die Grundzüge der Planung sollen dann tangiert sein, wenn die planerischen Leitgedanken in ihrer Grundkonzeption geändert werden.[1099] Nach anderer Auffassung kommt es primär auf die räumlichen Auswirkungen der Änderung an.[1100] Sofern sich die räumlichen Auswirkungen auf Teile des Plangebietes beschränken, sind diese nicht mehr als weitreichend zu bezeichnen, so dass auch die Grundzüge der Planung nicht berührt werden, auch wenn sie im Einzelfall für den individuell Betroffenen durchaus gravierend sein mögen. Je eher die Änderung Auswirkungen auf das gesamte Baugebiet oder gar darüber hinaus hat, desto eher muss von einer Berührung der Grundzüge der Planung ausgegangen werden. Klar ist, dass lediglich marginale Änderungen – auch wenn sie das ganze Plangebiet betreffen – die Grundzüge der Planung wohl noch nicht tangieren dürften.

Beispiele:

(1) Wesentliche Änderung: Erschließungsstraße statt Sackgasse,
(2) Keine wesentliche Änderung: Vergrößerung des Radius eines Wendehammers,
(3) Besteht die Änderung lediglich darin, dass für einen kleinen Teil des B-Plangebiets statt eines reinen Wohngebiets ein allgemeines Wohngebiet festgesetzt wird (hier: Änderung für 4 Parzellen am Rande eines 132 Parzellen umfassenden Plangebiets, so werden die Grundzüge der Planung nicht berührt.[1101]

Wird der Entwurf des Bauleitplans nach der Auslegung geändert oder ergänzt, oder ändert die Gemeinde die nach § 2a BauGB (Umweltbericht) erforderlichen Angaben wegen der Besorgnis zusätzlicher oder anderer erheblicher, nachteiliger

---

1098 Vgl. *Battis/Krautzberger/Löhr,* § 13, Rdn. 2.
1099 In diesem Sinne *Battis/Krautzberger/Löhr,* § 3, Rdn. 21.
1100 *Kuschnerus,* Rdn. 575.
1101 *BVerwG,* 15. 3. 2000 – 4 B 18.00 – ZfBR 01, 131.

Umweltauswirkungen, so ist der Plan erneut nach § 3 Abs. 2 BauGB auszulegen.[1102]

516 Werden die Grundzüge der Planung nicht berührt, so kann die Gemeinde nach § 3 Abs. 3 Satz 3 BauGB auf eine erneute Offenlegung des B-Plans verzichten und stattdessen in das **vereinfachte Verfahren** nach **§ 13 Nr. 2 BauGB** übergehen und den betroffenen Bürgern Gelegenheit zur Stellungnahme innerhalb angemessener Frist geben.

517 § 13 Nr. 2 BauGB verlangt nicht, dass die Gemeinde den betreffenden Grundstückseigentümern alle Unterlagen übersendet, die bei einer Bürgerbeteiligung gem. § 3 Abs. 2 BauGB öffentlich auszulegen wären. Es reicht, dass die betroffenen Eigentümer Gelegenheit zur Stellungnahme erhalten und dass sie erkennen können, in welchem Umfang sie von der Änderung oder Ergänzung betroffen sind.[1103]

518 Aufgrund der Unbeachtlichkeitsregelung des § 214 Abs. 1 Satz 1 Nr. 1 BauGB ist es allerdings unerheblich, wenn die Gemeinde fehlerhaft das vereinfachte Verfahren anstelle der an sich gebotenen erneuten Offenlegung durchgeführt hat.[1104] Folgende gerügte Mängel bleiben jedoch beachtlich

- Nichtbeteiligung einzelner planbetroffener Bürger im Rahmen eines vereinfachten Änderungsverfahrens (§ 13 Nr. 2 BauGB) bzw.
- der vollständige Verzicht auf die Durchführung des vereinfachten Verfahrens.

519 Verstöße gegen § 13 Nr. 2 BauGB kommen im übrigen auch in den Verfahren nach

- § 22 Abs. 9 Satz 2 BauGB
- § 34 Abs. 5 Satz 1 BauGB
- § 35 Abs. 6 Satz 5 BauGB

in Betracht.

Die entsprechenden Mängel können im übrigen auch im Rahmen des Abwägungsvorgangs von materiell-rechtlicher Bedeutung sein.

520 (10) *Verfahrensfehler beim Satzungsbeschluss.* Fehlt der Satzungsbeschluss völlig, ist der Bebauungsplan nichtig. Da es sich bei dem Planaufstellungsverfahren nicht um ein Geschäft der laufenden Verwaltung handelt, ist der Satzungsbeschluss – landesrechtlich –[1105] durch den Gemeinderat zu fassen; nach den einschlägigen kommunalrechtlichen Vorschriften ist eine Delegation des Satzungsbeschlusses auf Ausschüsse unzulässig (vgl. auch oben D 480).[1106]

521 Der Satzungsbeschluss muss erkennen lassen, welcher Bebauungsplan (genaue Bezeichnung erforderlich; ggfs. welche Entwurfsfassung) beschlossen wird. Es ist

---

[1102] *Battis/Krautzberger/Löhr,* § 3 Rdn. 20.

[1103] *BGH München,* 23. 7. 1990 – 1 N 87 04052 – NVwZ-RR 91, 176.

[1104] *Battis/Krautzberger/Löhr,* § 214, Rdn. 5. Für die Durchführung der Beteiligung nach § 13 BauGB in § 214 Abs. 1 Nr. 1 HS. 2 spricht überwiegendes dafür, dass auch der Begriff des Verkennens nicht voraussetzt, dass sich die Gemeinde ausdrücklich und im einzelnen mit den Anforderungen des § 13 BauGB auseinandergesetzt hat. Zumindest dann, wenn eine Gemeinde stillschweigend angenommen hat, nach § 13 BauGB verfahren zu dürfen, ist ein Irrtum über die Voraussetzungen des § 13 unbeachtlich, vgl. *BVerwG,* 15. 3. 2000 – 4 B 18.00 – ZfBR 01, 131.

[1105] Aus dem Bundesrecht ergibt sich nicht, welches Gemeindeorgan zuständig ist, *BVerwG,* 10. 8. 2000 – 4 CN 2.99 –.

[1106] *BVerwG,* 5. 12. 1996 – 4 C 31.85 – NJW 87, 1314.

selbstverständlich, dass nur solche Bebauungspläne Rechtskraft erlangen können, bei denen unzweifelhaft ist, dass sie gerade in der veröffentlichten Fassung auch als Satzung beschlossen wurden.

Der Satzungsbeschluss ist immer **nach** Behandlung der Anregungen und Bedenken der einzelnen Privateinwender und der Stellungnahmen der TöB zu fassen (s. oben).[1107] **522**

Der Satzungsbeschluss muss sich auf
- einen konkreten Plan (s. oben),
- bestimmte mit dem Plan verbundene textliche Festsetzungen beziehen soweit sich diese nicht aus dem Planentwurf selbst ergeben,
- die Ermächtigungsnormen angeben, und
- ausdrücklich zu erkennen geben, dass Ortsrecht geschaffen werden soll.[1108]

(11) *Fehlende Begründung gem. § 9 Abs. 8 BauGB.* Ob die Begründung, die dem Bebauungsplan nach § 9 Abs. 8 BauGB beizufügen ist, ebenfalls mit beschlossen sein muss, ist strittig und höchstrichterlich bislang noch nicht entschieden.[1109] Die Begründung des Plans hat bei Vorhaben, für die eine Umweltverträglichkeitsprüfung durchzuführen ist, die nach § 2a BauGB (Umweltbericht) erforderlichen Angaben zu enthalten (vgl. dazu § 12 Abs. 1 S. 2 BauGB). Eine unvollständige oder mangelhafte Begründung stellt keinen Verfahrensfehler dar; das vollständige Fehlen des Umweltberichts stellt freilich einen rügefähigen Verfahrensfehler dar.[1110] **523**

Verfahrensfehlerhaft ist es jedenfalls, wenn die Begründung überhaupt nicht existiert,[1111] weil diese die Entscheidungsfindung der Gemeinde verdeutlichen und für die Bürger deren Informationsbedarf befriedigen soll.[1112] Fehlt die Begründung **vollständig,** so liegt ein wesentlicher Verfahrensfehler vor. Die inhaltliche Unvollständigkeit einer vorhandenen Begründung ist allerdings nach § 214 Abs. 1 Ziff. 2 BauGB unbeachtlich. Es muss sich aber bei dieser Begründung um ein Papier handeln, dass den Namen „Begründung" auch verdient. Unterlagen, die lediglich floskelhaft Allgemeinplätze bzw. gesetzliche Vorschriften wiederholen, gelten als „Nichtbegründung".

(12) *Fehler im Anzeige- und Genehmigungsverfahren.* Verstöße über das Verhältnis des Bebauungsplans zum FNP gem. § 8 Abs. 2 bis 4 BauGB (sogenanntes Entwicklungsgebot) sind nach § 214 Abs. 2 BauGB als materiell-rechtliche Fehler unbeachtlich.[1113] **524**

Allerdings bedürfen nach § 10 Abs. 2 BauGB Bebauungspläne **525**
- nach § 8 Abs. 2 Satz 2 BauGB (Bebauungsplan ohne Erfordernis eines Flächennutzungsplans)
- nach § 8 Abs. 3 Satz 2 BauGB (in Kraft setzen eines vorzeitigen Bebauungsplans vor dem Flächennutzungsplan) und

---

1107 *Birk,* 33.
1108 *Rabe,* „Fehler in der Bauleitplanung", ZfBR 01, 229 ff., 234.
1109 *Battis/Krautzberger/Löhr,* § 9, Rdn. 135 zum Meinungsstand.
1110 *Battis/Kreutzberger/Löhr,* § 214 Rdn. 8.
1111 *BVerwG,* 30. 6. 1989 – 4 C 15/86 – NVwZ 90, 364 ff.
1112 *BVerwG,* 3. 11. 1992 – 4 NB 28/92 – DVBl. 93, 116 ff.
1113 *Battis/Krautzberger/Löhr,* § 214, Rdn. 10–13.

– nach § 8 Abs. 4 BauGB (Erfordernis eines Flächennutzungsplans vor Aufstellung des Bebauungsplans).

der Genehmigung der höheren Verwaltungsbehörde.

526 Die nach diesen Vorschriften etwaig erforderliche Genehmigung ist zwingend; die Nichterteilung der Genehmigung ist immer beachtlich (§ 214 Abs. 1 Ziff. 3 BauGB).

527 Bei Genehmigungen unter Auflagen ist ein Beitrittsbeschluss der Gemeinde erforderlich. Ohne Beitrittsbeschluss vor der Bekanntmachung des B-Plans kann dieser nicht wirksam in Kraft gesetzt werden.[1114]

Das früher geltende Anzeigeverfahren ist mit dem Inkrafttreten des neuen BauROG im Jahre 1998 (vgl. § 11 BauGB a. F.) aufgehoben worden; der Bundesgesetzgeber hat nunmehr in § 246 Abs. 1a BauGB den Ländern ermöglicht, ein Anzeigeverfahren einzuführen. Die Verletzung von Vorschriften über die Anzeige ist ein Verfahrensfehler nach Landesrecht, der nicht nach den §§ 214, 215 BauGB zu beurteilen ist (vgl. dazu D 541 a).[1115]

528 (13) *Fehler beim Inkraftsetzen des B-Plans.* Weitere Fehler beim Inkrafttreten des B-Plans ergeben sich dem Landesrecht (s. u. D 538 ff.). Bundesrechtliche Voraussetzung für das Inkrafttreten des B-Plans ist es, dass die Erteilung einer etwaig erforderlichen Genehmigung und der Beschluss des B-Plans durch die Gemeinde ortsüblich bekannt gemacht wird (Zur Bekanntmachung des Offenlegungsbeschlusses, vgl. D 486).

Die Art und Weise des Bekanntmachungsverfahrens ist landesrechtlicher Natur (vgl. dazu D 538 ff.). Bundesrechtlich ist die Bekanntmachung als solches erforderlich, wobei die Bekanntmachung folgenden Mindestinhalt umfassen muss:

- Angabe der planenden Gemeinde,
- Bezeichnung des Bebauungsplans,[1116]
- Umschreibung des Plangebiets,[1117]
- Hinweis auf Erteilung der Genehmigung (vgl. dazu D 524),
- ggfs. Hinweis auf Durchführung des Anzeigeverfahrens (vgl. dazu D 524 ff.),
- (fakultativ) Hinweis auf §§ 214, 215 Abs. 1 und auf entsprechende Vorschrift des Landesrechts,
- (fakultativ) Hinweis auf § 44 Abs. 3 Sätze 1, 2 und Abs. 4 und
- Unterschrift.

An die Schlussbekanntmachung der Satzung sind geringere Anforderungen zu stellen als an die Bekanntmachung im Auslegungsverfahren, von der eine Anstoßwirkung ausgehen muss (vgl. dazu D 488).[1118]

1114 *BVerwG,* 5. 12. 1996 – 4 C 31.85 – NJW 87, 1314 ggfs. kann sogar eine neue Bürgerbeteiligung erforderlich sein, wenn in die Rechte der Planbetroffenen eingegriffen wird; bei bloßen redaktionellen Änderungen ist ein Beitrittsbeschluss nicht erforderlich, vgl. *BVerwG,* 14. 8. 1989 – 4 NB 24/88 – NVwZ-RR 90, 122 f.

1115 Vgl. dazu *Gierke* in *Brüggelmann,* Kommentar zum BauGB, § 10, Rdn. 236 ff.

1116 *Gierke* in *Brüggelmann,* § 10, Rdn. 318 ff.; für die Bekanntmachung eines B-Plans reicht die bloße Angabe seiner Nummer auch bei einer kleinen Gemeinde mit einem einzigen B-Plan nicht aus, vgl. *BVerwG,* 10. 8. 2000 – 4 CN 2/99 – NVwZ 01, 203.

1117 Vgl. dazu D 487.

1118 *BVerwG,* 6. 7. 1984 – 4 C 22.80 – BVerwGE 69, 344 ff.

Mindestens muss aber der mit der Bekanntmachung verfolgte Hinweiszweck erreicht werden, die Bekanntmachung muss sich auf einen bestimmten B-Plan beziehen; es ist weiter zu fordern, dass sie mittels einer schlagwortartigen Kennzeichnung einen Hinweis auf den räumlichen Geltungsbereich des Planes gibt, und dass dieser Hinweis den Plan identifiziert. Die bloße Angabe einer Nummer des B-Plans ist nicht ausreichend.[1119]

Beachtlichkeit von Form- und Verfahrensfehlern nach dem BauGB (ohne Verstöße gegen landesrechtliche Vorschriften)

unbeachtliche Mängel (§ 214 I 1)
Hinweis: auch als Verfahrensfehler unbeachtliche Mängel können im Einzelfall zu einem Abwägungsfehler führen

- Nichtbeteiligung **einzelner** berührter TöB im Rahmen der Beteiligung nach § 4 oder § 13 Nr. 3
- fehlerhafte Annahme, dass die „Grundzüge der Planung" berührt sind, bei
  - genereller Anwendung von § 13
  - Anwendung von § 13 Nr. 2 bei Planänderungen nach Offenlegung
- Offengelegter Begründungsentwurf bzw. beigefügte Begründung ist lediglich unvollständig
- alle sonstigen in § 214 I 1 nicht aufgeführten Form- und Verfahrensfehler, z. B.:
  - fehlender Aufstellungsbeschluss, § 2 I S. 2
  - fehlende Bekanntmachung des Aufstellungsbeschlusses
  - fehlende Beteiligung von Nachbargemeinden § 2 I
  - fehlende vorgezogene Bürgerbeteiligung § 3 I
- fehlende Angabe, ob eine Umweltverträglichkeitsprüfung durchgeführt werden soll, § 3 Abs. 2 S. 2
- Unvollständigkeit des Umweltberichts (§ 2a) als Teil der Begründung der Satzung

---

1119 *BVerwG,* 10. 8. 2000 – 4 CN 2/99 – NVwZ 01, 203ff.

Unbeachtliche Mängel (§ 214 I 1 a) **Hinweis:** Auch als Verfahrensfehler unbeachtliche Mängel können im Einzelfall zu einem Abwägungsfehler führen.	Fehlende Einzelfallprüfung gem. §§ 3c, e UVPG, wenn erhebliche nachteilige Umweltauswirkungen nicht zu besorgen waren.
	Unrichtige Beurteilung bei der Vorprüfung des Einzelfalls, ob das Vorhaben erhebliche nachteilige Umweltauswirkungen haben könne.
Nur auf Rüge beachtliche Mängel (§ 214 I 1 Nr. 1 a und 2) Diese Fehler müssen innerhalb von 1 Jahr geltend gemacht werden (§ 215 I Nr. 1).	Verletzung der Vorschriften über die – Fehlen des Umweltberichts (§ 2 a) als Teil der Begründung der Satzung, – Fehlende Einzelfallprüfung gem. §§ 3 c und e UVPG, wenn erhebliche nachteilige Umweltauswirkungen zu besorgen waren. – Offenlegung (§ 3 II) – erneute Offenlegung (§ 3 III) – Beteiligung der TöB (§ 4) – grenzüberschreitende Unterrichtung (§ 4 a) – Beifügung der Begründung (§ 9 VIII) – das vereinfachte Verfahren (§ 13)
stets beachtliche Mängel	der Satzungsbeschluss bzw. Beitrittsbeschluss wurde nicht oder nicht vom Rat der Gemeinde gefasst
	die erforderliche Genehmigung wurde nicht erteilt
	der mit der Schlussbekanntmachung verfolgte Hinweiszweck wurde nicht erreicht oder fehlt völlig

bb) Form- und Verfahrensfehler nach den einschlägigen Gemeindeordnungen, dargestellt am Beispiel der GO NW

529 Als Verfahrensvorschriften sind in diesem Zusammenhang alle Rechtsvorschriften anzusehen, die die gemeindlichen Organe beim Erlass von Satzungen oder anderen ortsrechtlichen Bestimmungen bzw. beim Erlass des Flächennutzungsplans zu beachten haben. Mängel der Satzung, die auf der Verletzung von Vorschriften des Landesrechts beruhen und nach Landesrecht (noch) beachtlich sind (vgl. z. B. § 7 Abs. 6 GO NW), aber durch ein ergänzendes Verfahren behoben werden können, führen nach § 215 a Abs. 1 BauGB nicht zur Nichtigkeit der Satzung, sondern nur zur Unwirksamkeit bis zur Behebung des Mangels[1120], sofern sich aus dem Verfah-

[1120] *BVerwG*, 25. 11. 1999 – 4 CN 12.98 – ZfBR 00, 197 = NVwZ 00, 696 ff.

rensfehler nicht weitere materiell-rechtliche Fehler – z. B. bezogen auf den Abwägungsvorgang – ergeben.

(1) *Fehlerhafte Ladung zur Ratssitzung.* Eine Ladung unter Verstoß gegen die La- **530**
dungsfrist für die Ratssitzung, in der der Satzungsbeschluss gefasst werden soll, führt zu einem rügefähigen Verfahrensfehler,[1121] der aber nach den Regeln des § 7 Abs. 6 GO NW unbeachtlich werden kann (vgl. dazu D 555 ff.).

Neben der Einhaltung von Ladungsfristen (§ 47 Abs. 1 Satz 1, Abs. 2 Satz 1 GO NW) ist die Ratssitzung nach § 48 Abs. 1 S. 4 GO NW nach Ort und Zeit der Ratssitzung, in der über den B-Plan entschieden werden soll, sowie die Tagesordnung, von dem Bürgermeister öffentlich bekannt zu machen. Ein Verstoß hiergegen führt ebenfalls zu einem rügefähigem Verfahrensfehler, der aber nach § 7 Abs. 6 GO NW unbeachtlich werden kann (vgl. dazu D 555 ff.).

(2) *Mängel bei der Beschlussfassung des Rates.* Auch bei der eigentlichen Beschluss- **531**
fassung im Zusammenhang mit dem Satzungsbeschluss können verschiedene Verfahrensfehler auftreten:

Nach den § 49 Abs. 1 i. V. m. § 50 Abs. 5 GO NW ist der Rat nur beschlussfähig, wenn mehr als die Hälfte der gesetzlichen Mitgliederzahl anwesend ist. Er gilt als beschlussfähig, solange seine Beschlussunfähigkeit nicht festgestellt ist. Etwaige Verstöße können nach § 7 Abs. 6 GO NW unbeachtlich werden, bzw. geheilt werden (vgl. D 555 ff.).

Die Beschlussfassung ist nach § 50 Abs. 1 GO NW grundsätzlich offen durchzuführen; denkbar ist aber auch eine namentliche Abstimmung, falls dies von einer bestimmten Zahl von Ratsmitgliedern gem. der Geschäftsordnung beantragt wird. Auf Antrag eines Fünftels der Ratsmitglieder ist im übrigen geheim abzustimmen. Auch hier können sich in der Praxis häufig Fehler ergeben, die zu einem rügefähigen Verfahrensfehler i. S. v. § 7 Abs. 6 GO NW führen.

Weitere rügefähige Verfahrensfehler können daraus resultieren, dass das Abstimmungsergebnis falsch festgestellt wird. Nach § 50 Abs. 1 Satz 1, Abs. 5 GO NW sind Satzungsbeschlüsse mit Stimmenmehrheit zu fassen. Bei Stimmengleichheit gilt ein Antrag als abgelehnt, wobei Stimmenthaltungen und ungültige Stimmen bei der Berechnung nicht mitzählen. Sofern ein Beschluss nicht die erforderliche Mehrheit gefunden hat und entgegen der Sachlage eine falsche Protokollierung vorgenommen wird, so liegt kein gültiger Satzungsbeschluss vor (vgl. dazu oben D 520 ff.).[1122]

(3) *Mitwirkungsverbot wegen Befangenheit gem. § 31 GO NW.* Wirkt ein ehrenamt- **532**
lich Tätiger trotz eines Mitwirkungsverbots gem. § 31 Abs. 1 oder 2 GO NW an der Entscheidung einer Angelegenheit mit, so ist die Entscheidung mit einem Verfahrensfehler behaftet und daher rechtswidrig; wirkt also ein Ratsmitglied oder

---

[1121] Vgl. dazu *Rabe,* „Fehler in der Bauleitplanung", ZfBR 01, 229 ff., 234; ferner *VG Münster,* 15. 5. 2001 – 1 L 506/01 – wo ausdrücklich darauf hingewiesen wird, dass Ratsmitglieder einen Anspruch auf Nichtbehandlung von Tagesordnungspunkten haben, wenn die in der Geschäftsordnung des Rates der Gemeinde vorgesehene allgemeine Ladungsfrist nicht eingehalten wird. Beruft sich der Bürgermeister auf eine Sonderregelung in der Geschäftsordnung, die eine Abkürzung der Ladungsfrist zulässt, so muss er die Voraussetzungen für einen Ausnahmefall darlegen, die ein kurzfristiges Handeln des Rates erforderlich machen.

[1122] *Rabe,* „Fehler in der Bauleitplanung", ZfBR 01, 229 ff., 234/235.

Ausschussmitglied entgegen § 31 Abs. 1 oder 2 GO NW an der Beratung oder Entscheidung einer Angelegenheit mit, so ist mit der herrschenden Meinung oder gefasste Beschluss jedenfalls dann als ungültig anzusehen, wenn er auf die Schaffung von Rechtsnormen abzielt.[1123] Bundesrechtlich kommt es dabei nur auf den Satzungsbeschluss an, mit dem vorausgegangene Beschlüsse (etwa der Offenlegungsbeschluss) bestätigt werden.[1124]

Zur Vermeidung der Ungültigkeit eines B-Plans wird es als ausreichend angesehen, wenn das Verfahren von dem Abschnitt an wiederholt wird, an dem der Ausgeschlossene mitgewirkt hat.[1125]

533 Bundesrechtlich sind die Konsequenzen, die sich aus einem Verstoß gegen landesrechtliche Verfahrens- und Formvorschriften ergeben, dem Landesgesetzgeber überlassen. Dies gilt auch für die Rechtsfolgen der Mitwirkung eines von der Beschlussfassung ausgeschlossenen Gemeinderatsmitglieds bei der Beratung und Beschlussfassung über einen Bebauungsplan. Das Landesrecht ist auch dafür maßgeblich, ob dieser Verstoß für den gefassten Beschluss nur dann rechtlich relevant ist, wenn die Mitwirkung des Ausgeschlossenen für das Abstimmungsergebnis ursächlich gewesen ist.[1126]

534 In einigen Bundesländern – so z. B. in Nordrhein-Westfalen, Bayern und Niedersachsen – sind die Auswirkungen von Verstößen gegen das Mitwirkungsverbot durch gesetzliche Änderungen zwischenzeitlich deutlich relativiert worden. Nach § 31 Abs. 6 GO NW kann die Mitwirkung eines wegen Befangen Betroffenen nach Beendigung der Abstimmung nur geltend gemacht werden, wenn sie für das Abstimmungsergebnis entscheidend war. Diese Regelung bedeutet, dass die Stimme des von einer Mitwirkung Ausgeschlossenen bei der Beschlussfassung von ausschlaggebender Bedeutung gewesen sein muss.[1127]

535 **Hinweise:**

(1) Von einer Auswirkung auf das Abstimmungsergebnis kann nur dann gesprochen werden, wenn sich die Mitwirkung des/der wegen Befangenheit betroffenen Mitglieder auf das Abstimmungsergebnis ausgewirkt hat, so dass in der Regel nur bei knappen Abstimmungsergebnissen von einer derartigen Auswirkung gesprochen werden kann. Unerheblich ist es, ob und in welchem Ausmaß die Meinungsäußerungen des befangenen Mitglieds Auswirkungen auf das Abstimmungsergebnis im Rat gehabt haben könnten.[1128]

[1123] *Rehn/Cronauge,* § 31 GO NW, Anm. VII.

[1124] *BVerwG,* 15. 4. 1988 – 4 N 4/87 – NVwZ 88, 916.

[1125] *OVG Münster,* 20. 9. 1983 – 7 a NE 4/80 –.

[1126] *BVerwG,* 5. 11. 1998 – 4 BN 48.98 – NVwZ-RR 99, 425. Soweit die Mitwirkung eines Mitglieds der Gemeindevertretung das nach Landesrecht von der Beratung und Beschlussfassung über einen B-Plan ausgeschlossen war, einen auch **bundesrechtlich beachtlichen Mangel im Abwägungsvorgang** darstellt, ist dies bundesrechtlich nur dann relevant, wenn der Mangel i. S. v. § 214 Abs. 3 Satz 2 BauGB offensichtlich und auf das Abwägungsergebnis von Einfluss gewesen ist.

[1127] *OVG NW,* 23. 12. 1991 – 19 B 3089/91 – DVBl. 92, 448; bzgl. der Einflüsse der Mitwirkung eines befangenen Ratsmitglieds auf das Abwägungsergebnis vgl. *BVerwG,* 5. 11. 1998 – 4 BN 48.98 – NVwZ-RR 99, 425.

[1128] Vgl. dazu *OVG Münster,* 23. 12. 1991 – 19 B 3089/91 – NVwZ-RR 92, 374; ferner *OVG Münster,* 10. 5. 1991 – 19 B 787/91 – NVwZ-RR 92, 21.

(2) In den Bundesländern, in denen eine dem § 31 Abs. 6 GO NW vergleichbare Vorschrift fehlt, kommt es auf die Frage der Ursächlichkeit des aus der Mitwirkung resultierenden Verfahrensfehlers für den Satzungsbeschluss nicht an.[1129]

Denkbar ist es auch, dass ein Ratsmitglied wegen angeblicher Befangenheit durch Beschluss des kommunalen Vertretungsorgans von der Mitwirkung ausgeschlossen wird (so z.B. gem. § 31 Abs. 4 Satz 2 i.V.m. § 43 Abs. 2 Nr. 4 GO NW). Das Ratsmitglied kann diese Entscheidung im Rahmen eines Kommunalverfassungsstreitverfahrens gerichtlich überprüfen lassen. Gelangt das zuständige Verwaltungsgericht dabei zu der Feststellung, dass die Ausschließung zu Unrecht erfolgt ist, so sind die in Abwesenheit des Ausgeschlossenen getroffenen Entscheidungen mit einem Verfahrensfehler behaftet und daher rechtswidrig.[1130] **536**

Enthält die Gemeindeordnung – wie in NRW – eine Begrenzung von Auswirkungen des Verfahrensverstoßes in den Fällen, in denen die Mitwirkung für das Abstimmungsergebnis entscheidend war (§ 31 Abs. 6 GO NW), so wird man diese Vorschrift analog anzuwenden haben, wenn ein Ratsmitglied zu Unrecht von der Entscheidung ausgeschlossen wurde; der Verfahrensfehler ist also in analoger Anwendung von § 31 Abs. 6 GO NW nur dann von Bedeutung, wenn sich die fehlende Mitwirkung auf das Abstimmungsergebnis ausgewirkt haben könnte. **537**

Da die spätere Einfügung des § 23 Abs. 6 GO NW a.F. = § 31 Abs. 6 GO NW n.F. keinen Rückwirkungscharakter hat,[1131] kann der Mangel auch noch nach Jahren gerügt werden, es sei denn, die Gemeinde hätte auf die Heilungsmöglichkeit des § 7 Abs. 6 GO NW rechtzeitig hingewiesen. **538**

(4) *Fehlende sachliche Zuständigkeit des entscheidenden Gemeindeorgans.* Es muss geprüft werden, welches Gemeindeorgan für den jeweiligen Verfahrensschritt zuständig ist. **539**

Beispiel:

Nach § 41 Abs. 1 Buchstabe g GO NW ist der Rat der Gemeinde allein zuständig und kann die Entscheidung über abschließende Beschlüsse im Flächennutzungsplanverfahren und abschließende Satzungsbeschlüsse auf der Grundlage des Baugesetzbuches nicht auf andere Gemeindeorgane – etwa den Planungsausschuss – übertragen.

Ein Verstoß gegen diese zwingende Vorschrift wäre deshalb ein rügefähiger Verfahrensfehler.

(5) *Öffentlichkeit der Rats- und Ausschusssitzungen.* Nach § 48 Abs. 2 GO NW sind die Sitzungen des Rates, nach § 58 Abs. 2 GO NW die Sitzung von Ausschüssen öffentlich. Beschließt der Rat/Ausschuss entgegen dieser Vorschrift in nicht öffentlicher Sitzung über den Bebauungsplan, so liegt ein rügefähiger Verfahrensfehler vor.[1132] **540**

1129 Vgl. dazu *OVG NW,* 20. 9. 1983 – 7 a NE 4/80 – MDR 84, 344 = NVwZ 84, 667; *OVG Münster,* 5. 12. 1996 – 22 A 2639/93 – n. v.

1130 *Rehn/Cronauge,* § 31 GO NW, Anm. VII; unbeachtlich ist allerdings der Fall, dass ein Ratsmitglied in der irrigen Annahme, es sei befangen, der Ratssitzung fernbleibt; ferner *Birk,* Rdn. 128.

1131 *OVG Münster,* 5. 12. 1996 – 22 A 2639/93 – StädteT 97, 358.

1132 *Rehn/Cronauge,* § 48, Anm. IV 1.

541 (6) *Ausfertigungsmängel.* Ausfertigungsmängel stellen einen absoluten Verfahrensmangel dar. (vgl. dazu unten D 563ff.).

(7) *Mängel im Anzeigeverfahren.* Nach § 246 Abs. 1 a können die Länder bestimmen, dass B-Pläne und Satzungen nach § 34 Abs. 4 Satz 1 BauGB, die nicht der Genehmigung bedürfen, vor ihrem Inkrafttreten der höheren Verwaltungsbehörde anzuzeigen sind. Dies gilt nicht für B-Pläne nach § 13 BauGB. Die höhere Verwaltungsbehörde hat die Verletzung von Rechtsvorschriften, die eine Versagung der Genehmigung nach § 6 BauGB rechtfertigen würde, innerhalb einer Frist nach Eingang der Anzeige geltend zu machen. Der B-Plan und die Satzungen dürfen nur in Kraft gesetzt werden, wenn die höhere Verwaltungsbehörde innerhalb der genannten Frist eine Verletzung von Rechtsvorschriften nicht geltend gemacht hat. Ist das durch Landesrecht eingeführte Anzeigeverfahren[1133] nicht durchgeführt worden, so liegt ein Verfahrensfehler nach Landesrecht vor. Ein solcher Fall ist dann gegeben, wenn die Gemeinde den Plan überhaupt nicht angezeigt hat, oder den Plan zwar angezeigt, aber den Ausgang des einmonatigen Prüfverfahrens nicht abgewartet hat. Schließlich kann sich ein Verfahrensfehler daraus ergeben, dass die Gemeinde den B-Plan in Kraft setzt, obwohl die Aufsichtsbehörde die Verletzung von Rechtsvorschriften geltend gemacht hat, so dass ein Bekanntmachungsverbot vorliegt.[1134] Sofern die Aufsichtsbehörde die Verletzung von Rechtsvorschriften geltend macht und der Gemeinde zur Ausräumung der Mängel Auflagen macht, darf die Gemeinde den B-Plan nicht ohne vorherigen Beitrittsbeschluss des Rates bekannt machen.[1135] Strittig ist, ob die Aufsichtsbehörde die Befugnis hat, die Sperrfrist von einem Monat durch eine Vorabererklärung, dass eine Verletzung von Rechtsvorschriften nicht geltend gemacht werde, verkürzen kann.[1136]

542 (8) *Bekanntmachungsfehler.* Zu den bundesrechtlichen Fehlerquellen, vgl. D 528.

[1133] Von der Ermächtigung haben Brandenburg befristet bis zum 31. 12. 2004, Mecklenburg-Vorpommern bei Gemeinden bis 10000 Einwohnern und Sachsen befristet bis zum 31. 12. 2000 Gebrauch gemacht.

[1134] *Gierke* in *Brüggelmann,* BauGB-Kommentar, § 10, Rdn. 236, 237.

[1135] Vgl. dazu *BVerwG,* 5. 12. 1986 – 4 C 31.85 – NJW 87, 1314.

[1136] Die Möglichkeit, die Frist zur Geltendmachung von Rechtsverstößen durch eine Erklärung (Negativattest) der höheren Verwaltungsbehörde abzukürzen, besteht seit der Neuregelung des Anzeigeverfahrens durch das BauROG nicht mehr. Das *OVG Bautzen* – 4. 10. 2000 – 1 D 19/00 – hat dazu (AU S. 17) folgendes ausgeführt: „Das ergibt sich bereits aus dem systematischen Vergleich zwischen § 11 Abs. 3 Satz 2 BauGB a. F. und § 246 Abs. 1a BauGB. In § 11 Abs. 3 Satz 2 2. Halbsatz BauGB a. F. hieß es, der B-Plan darf erst in Kraft gesetzt werden, wenn die höhere Verwaltungsbehörde die Verletzung von Rechtsvorschriften nicht innerhalb der in Satz 1 bezeichneten Frist geltend gemacht hat, oder wenn sie vor Ablauf der Frist erklärt hat, dass sie keine Verletzung von Rechtsvorschriften geltend mache. Mit der Neuregelung in § 246 Abs. 1a BauGB ist die der höheren Verwaltungsbehörde eingeräumte Prüfungsfrist von drei Monaten auf einen Monat verkürzt worden, gleichzeitig ist § 11 Abs. 3 Satz 2 2. Halbsatz BauGB ersatzlos entfallen. Daraus kann nur der Schluss gezogen werden, dass der Gesetzgeber der höheren Verwaltungsbehörde die Möglichkeit einer entsprechenden Erklärung vor Fristablauf nicht mehr einräumen wollte." A. A.: *Gierke* in *Brüggelmann,* BauGB-Kommentar, § 10, Rdn. 228ff.

Die Durchführung der öffentlichen Bekanntmachung von kommunalem Ortsrecht ist von Bundesland zu Bundesland unterschiedlich geregelt. Es gibt hier eine Reihe von Fallstricken, die beispielhaft anhand der Rechtslage in NRW aufgezeigt werden sollen:

Erforderlich ist, dass die **Bekanntmachungsanordnung** folgenden Inhalt hat. **543**

- die Erklärung, dass die Satzung hiermit öffentlich bekannt gemacht wird,
- die Bezeichnung der Genehmigungsbehörden und das Datum der Genehmigung, falls solche vorgeschrieben sind,
- ist eine Genehmigung befristet erteilt worden, muss auch die Befristung angegeben werden, soweit sich diese nicht aus dem Gesetz ergibt,
- auf die Erteilung einer für die Gültigkeit der Genehmigung erforderlichen Zustimmung einer anderen Behörde ist hinzuweisen,
- den Hinweis auf § 7 Abs. 6 GO NW (Heilung von Verfahrens- und Formfehlern),
- Ort und Datum der Unterzeichnung durch den Ratsvorsitzenden,
- die Amtsbezeichnung des Ratsvorsitzenden; unterzeichnet sein Stellvertreter, so ist das Vertretungsverhältnis kenntlich zu machen.

Die Satzung hat in der Überschrift das **Datum** zu enthalten, unter dem die Bekanntmachungsverordnung vom Bürgermeister unterzeichnet worden ist (vgl. dazu § 2 Abs. 4 und 5 Bekanntmachungsverordnung NW vom 7. 4. 81). **544**

Die Satzung und die Bekanntmachungsanordnung sind in vollem Umfange öffentlich bekanntzumachen. **545**

Nach § 4 Abs. 1 der Bekanntmachungsverordnung sind öffentliche Bekanntmachungen der Gemeinden, die durch Rechtsvorschrift vorgeschrieben sind, zu vollziehen **546**

- im Amtsblatt der Gemeinde an dessen Stelle für Bekanntmachungen kreisangehöriger Gemeinden das Amtsblatt des Kreises gewählt werden kann, oder
- in einer oder mehreren in der Hauptsatzung hierfür allgemein bestimmten Tageszeitungen.

Dies gilt auch, wenn durch Rechtsvorschriften die ortsübliche Bekanntmachung vorgeschrieben ist. Die für die Gemeinde geltende Form der öffentlichen Bekanntmachung ist durch die Hauptsatzung festzulegen. Amtsblätter und Tageszeitungen sind namentlich zu bezeichnen. **547**

Eine ordnungsgemäße Bekanntmachung liegt im übrigen nur dann vor, wenn die Satzung im vollen Wortlaut veröffentlicht wird. Lediglich bei Karten, Plänen und Zeichnungen kann anstatt der öffentlichen Bekanntmachung eine bestimmte Stelle der Gemeindeverwaltung zu jedermanns Einsicht während der Dienststunden bezeichnet werden, sofern der Inhalt der Karte, Pläne und Zeichnungen zugleich in der Satzung grob umschrieben wird. In der Bekanntmachungsanordnung für solche Satzungen (Bebauungspläne) müssen Ort und Zeit der Auflegung genau bezeichnet sein. Der Bürgermeister hat dabei eine Bekanntmachung zu unterzeichnen, aus der Ort und Zeit der Auslegung zu ersehen sind. **548**

c) *Unbeachtlichkeit von Form- und Verfahrensfehlern, Heilung*

aa) *Unbeachtlichkeit von – nicht gerügten – Verfahrensfehlern*

549 Nach § 215 Abs. 1 Ziff. 1 BauGB[1137] aber auch nach kommunalrechtlichen Vorschriften der einzelnen Bundesländer (z. B. § 7 Abs. 6 GO NW)[1138] werden Verfahrens- und Formvorschriften unbeachtlich, wenn sie nicht innerhalb eines Jahres seit Verkündung des Bebauungsplans gerügt worden sind.

550 – Bei der Rüge von Verfahrenfehlern ist folgendes zu beachten:

551 – Die Jahresfrist beginnt mit der öffentlichen Bekanntmachung (zur Hinweispflicht, vgl. D 553).[1139]

552 – Die Frist ist vom Gericht von Amts wegen zu überprüfen.[1140]

553 – Unter Berufung auf § 215 Abs. 1 Ziff. 1 BauGB/§ 7 Abs. 6 GO NW können keine Verfahrens- und Formverstöße als unbeachtlich angesehen werden, die der Gemeinde bereits bekannt geworden sind.[1141]

554 – Die Verfahrensrüge kann von jedermann **schriftlich** (Formzwang!) erhoben werden.[1142] Sofern die Gemeinde auf eine entsprechende Verfahrensrüge gegenüber dem Einwender schriftlich reagiert und die Rüge zurückweist, stellt eine derartige Zurückweisung keinen Verwaltungsakt dar.[1143]

555 – Die Entscheidung der Gemeinde über die Berechtigung einer Rüge ist für eine spätere gerichtliche Überprüfung ohne jede Bedeutung. Nach einer Rüge kann sich die Gemeinde gegenüber niemandem mehr auf die befreiende Wirkung des § 7 Abs. 6 GO NW/§ 215 Abs. 1 BauGB berufen.[1144] An die Voraussetzung, dass die verletzte Rechtsvorschrift und die Tatsache zu bezeichnen sind, worauf die Verletzung beruhen kann, dürfen keine zu hohen Anforderungen gestellt werden.[1145] Eine paragraphengenaue Bezeichnung der verletzten Rechtsvorschrift ist nicht erforderlich.[1146] Andererseits muss der Sachverhalt, der die Verletzung oder den Mangel begründen soll, dargelegt werden; eine vorsorgliche „Pauschalrüge" genügt also nicht. Der behauptete Mangel ist vielmehr schriftlich so konkret und substantiiert darzulegen, dass es der Gemeinde durch die Darlegung ermöglicht wird, den behaupteten Fehler zu prüfen, um ggfs. ein ergänzendes Verfahren einleiten zu können.[1147]

1137 Unbeachtlich werden danach nur Formfehler gem. § 214 Abs. 1 Satz 1 Nr. 1 und 2 BauGB, vgl. *Battis/Krautzberger/Löhr,* § 215, Rdn. 6.

1138 Eine ausführliche Übersicht über die Beachtlichkeit von Rechtsverletzungen nach Landesrecht findet sich bei *Gierke,* in *Brüggelmann,* BauGB-Kommentar, § 10, Rdn. 434–436.

1139 *Rehn/Cronauge,* § 7, Anm. VI 3; *Battis/Krautzberger/Löhr,* § 215, Rdn. 5.

1140 *Rehn/Cronauge,* § 7, Anm. VI 3; Ausschlussfrist, keine Wiedereinsetzung möglich.

1141 *BVerwG,* 8. 5. 1995 – 4 NB 16/95 – NVwZ 96, 372 f.: mdl. Erkenntnisse reichen nicht.

1142 Zur Schriftform vgl. *BVerwG,* 8. 5. 1995 – 4 NB 16.95 – NVwZ 96, 372.

1143 *Rehn/Cronauge,* § 7, Anm. VI 3.

1144 Vgl. dazu *VV* zu § 7 GO NW, Ziff. 3.16; *Battis/Krautzberger/Löhr,* § 215, Rdn. 6.

1145 Zu den Anforderungen an die Rüge von Abwägungsmängeln, vgl. *OVG MS,* 9. 3. 2000 – 7 aD 81/97.NE – AU, S. 24.

1146 Vgl. dazu *VV* zu § 7 GO NW, Ziff. 3.14.

1147 *BVerwG,* 8. 5. 1995 – 4 NB 16/95 – NVwZ 96, 327.

- Eine Rüge gegenüber der Gemeinde kann auch dadurch vorgenommen werden, dass die Verletzung von Verfahrens- und Formvorschriften in Verfahren erfolgt, an denen die Gemeinde beteiligt ist (z.B. durch Schriftsätze im Rahmen von Gerichtsverfahren).[1148] Erforderlich ist allerdings, dass der entsprechende Schriftsatz im Rahmen des weiteren Verfahrens der Gemeinde auch zugeht (Hinweis: Der Rügende ist für den Zugang der Rüge beweispflichtig, so dass sich eine Übersendung dieses Schriftsatzes ggfs. mit Empfangsbekenntnis gegenüber der Gemeinde empfiehlt.). **556**
- Sofern in der öffentlichen Bekanntmachung der Satzung der Hinweis auf § 7 Abs. 6 GO NW/§ 215 Abs. 2 BauGB unterlassen wird, hat dies nicht die Unwirksamkeit der Satzung oder der ortsrechtlichen Bestimmung zur Folge. Das Unterlassen des Hinweises hat lediglich die Wirkung, dass die Verletzung von Verfahrens- und Formvorschriften zeitlich unbeschränkt geltend gemacht werden können. Da nach § 215 Abs. 3 BauGB wie auch nach § 7 Abs. 6 GO NW schon bei der veröffentlichten Bekanntmachung auf die Rechtsfolgen des § 215 Abs. 1 BauGB/§ 7 Abs. 6 GO NW hinzuweisen ist, ist es nicht möglich, den fehlenden Hinweis zu einem späteren Zeitpunkt nachzuholen.[1149] **557**
- Der Hinweis in der Bekanntmachungsanordnung auf § 7 Abs. 6 GO NW macht den Hinweis auf die entsprechende Vorschrift des § 215 BauGB nicht entbehrlich, wie umgekehrt auch der Hinweis auf § 7 Abs. 6 GO NW nicht wegen des bereits erfolgten Hinweises auf § 215 Abs. 1 BauGB überflüssig ist. **558**

Aus der Formulierung des § 215 Abs. 1 BauGB „unbeachtlich werden“ bzw. aus der vergleichbaren Formulierung des § 7 Abs. 6 GO NW „kann … nicht mehr geltend gemacht werden“ folgt, dass bis zum Fristablauf die Gerichte uneingeschränkt auf beachtliche Mängel von Amts wegen untersuchen dürfen. Die fristgerechte Rüge eröffnet also nicht erst die gerichtliche Überprüfung, sondern durch die ordnungsgemäße und fristgerechte Rüge wird der gerügte Fehler „nicht unbeachtlich“ bzw. kann weiterhin geltend gemacht werden.[1150] Die einmal erhobene Rüge wirkt absolut und zeitlich unbeschränkt, sofern die Gemeinde den Fehler nicht behebt.[1151] **559**

bb) Heilung von Verfahrensfehlern

Mängel der Satzung, die nicht nach den §§ 214 und 215 BauGB unbeachtlich sind und die durch ein ergänzendes Verfahren behoben werden können, führen nicht zur Nichtigkeit, sondern lassen die Satzungen „schwebend unwirksam“ werden. Bis zur Hebung der Mängel entfaltet die jeweilige Satzung keine Rechtswirkungen. § 215a Abs. 2 BauGB ermächtigt die Gemeinden dazu, bei Verletzung der in § 214 Abs. 1 bezeichneten Vorschriften oder bei sonstigen Verfahrens- und Formfehlern nach Landesrecht[1152] den B-Plan auch mit Rückwirkung erneut in **560**

[1148] *Battis/Krautzberger/Löhr,* § 24, Rdn. 5.
[1149] Vgl. dazu auch *VV* zu § 7 GO NW, Ziff. 3.3.
[1150] *Battis/Krautzberger/Löhr,* § 215, Rdn. 6.
[1151] *Battis/Krautzberger/Löhr,* § 215, Rdn. 6.
[1152] *BVerwG,* 25. 11. 1999 – 4 CN 12/98 – NVwZ 00, 696 ff.

Kraft zu setzen[1153]; hieraus lässt sich der Rückschluss ziehen, dass allgemein auch landesrechtliche Verfahrens- und Formfehler einem ergänzenden Verfahren zugänglich sind, soweit es sich um Satzungen nach dem BauGB handelt.[1154] Zu den Einzelheiten des ergänzenden Verfahrens und zu seinen Auswirkungen auf das Normenkontrollverfahren vgl. D 374.

d) Absolute Verfahrensfehler, bei denen eine Rüge nicht erforderlich ist

aa) Absolute Verfahrensfehler nach dem BauGB

561 Die in § 214 Abs. 1 Nr. 3 BauGB genannten Fehler sind stets beachtlich. Einer Rüge dieser Fehler bedarf es nicht. Ein solcher Fehler liegt vor, wenn
- dass die Gemeinde die Satzung über den Bebauungsplan nicht beschlossen hat (z. B. fehlender Beitrittsbeschluss bei Genehmigung unter Auflagen),
- eine nach § 10 Abs. 2 BauGB erforderliche Genehmigung nicht erteilt worden ist,
- der mit der Bekanntmachung der Bebauungsplansatzung verfolgte Hinweiszweck nicht erreicht worden ist. Es ist mindestens eine schlagwortartige Bezeichnung des Plangebiets erforderlich, damit der Bürger erkennen kann,
- welchen Bereich des Gemeindegebiets der B-Plan betrifft und wo der B-Plan eingesehen werden kann,[1155]
- eine Bekanntmachung ganz unterblieben ist.

bb) absolute Verfahrensfehler nach der Gemeindeordnung am Beispiel des § 7 Abs. 6 GO NW

Absolute Verfahrensfehler können sich auch aus dem Gemeinderecht ergeben. Zu solchen Fehlern ist es zu rechnen, wenn

562 – eine vorgeschriebene Genehmigung fehlt oder ein vorgeschriebenes Anzeigeverfahren wurde nicht durchgeführt (§ 7 Abs. 6 a GO NW),
- die Satzung, die sonstige ortsrechtliche Bestimmung oder der Flächennutzungsplan sind nicht ordnungsgemäß öffentlich bekannt gemacht worden (§ 7 Abs. 6 b GO NW), vgl. dort zu oben,
- der Verfahrensfehler war bereits durch den Bürgermeister durch Ratsbeschluss vorher beanstandet (§ 7 Abs. 6 c GO NW).

cc) sonstige absolute Verfahrensfehler

563 Mit der Ausfertigung des Bebauungsplans wird festgestellt, dass der zeichnerische und textliche Inhalt des B-Plans mit dem Willen des gemeindlichen Satzungsgebers übereinstimmt. Umstritten ist dabei, ob die Ausfertigungen neben der Authentizität des Norminhalts (sogenannte Identitätsfunktionen der Ausfertigung) auch die Legalität des Verfahrens (sog. Legalitätsfunktion) bestätigen sollen.[1156]

[1153] Materiell-rechtlich ist allerdings zu beachten, dass das rückwirkende Inkraftsetzen eines B-Plans ausgeschlossen ist, wenn das Abwägungsergebnis wegen nachträglicher Ereignisse nicht mehr haltbar ist, vgl. *BVerwG*, 18. 12. 1995 – 4 NB 30.95 – ZfBR 96, 163.

[1154] *Battis/Krautzberger/Löhr*, § 215 a, Rdn. 9; *BVerwG*, 25. 11. 1999 – 4 CN 12.98 – ZfBR 00, 197.

[1155] *Battis/Krautzberger/Löhr*, § 214, Rdn. 10.

[1156] So z. B. *Birk*, Rdn. 189.

Das Bundesverwaltungsgericht hat entschieden, dass die Ausfertigung bundesrechtlich aus dem Rechtsstaatsprinzip (nicht aus dem BauGB) abzuleiten sei[1157] und ausschließlich eine „Identitätsfunktion", jedoch keine „Legalitätsfunktion" habe.[1158] Der Ausfertigungsmangel kann zeitlich unbeschränkt gerügt werden.[1159] Die Ausfertigung ist ein nicht den §§ 214, 215 BauGB unterworfenes Verfahrenselement. Bei einem Verfahrensfehler bedarf es keiner gesonderten Rüge.[1160] Art, Inhalt und Umfang der Ausfertigung von B-Plänen richten sich nach irreversiblem Landesrecht.[1161] Die Ausfertigung ist von dem für die Ausfertigung zuständigen Organwalter – in der Regel der Bürgermeister – handschriftlich unterschreiben und nicht nur abzuzeichnen.[1162] Die Ausfertigung muss vor der Bekanntmachung erfolgen.[1163] **564**

Sofern der Bebauungsplan aus zeichnerischen und textlichen Festsetzungen besteht, dürfen nicht zwingend alle Teile der Ausfertigung; es reicht aus, wenn der **565**

[1157] Durch die Ausfertigung des als Satzung und damit als Rechtsnorm erlassenen Bebauungsplan soll – dem Rechtsstaatsprinzip Rechnung tragend – sichergestellt werden, dass der Inhalt des Plans mit dem Willen des gemeindlichen Beschlussorgans übereinstimmt, vgl. *BVerwG,* 24. 5. 1989 – 4 NB 10.89 –, Buchholz 406.11, § 215 BauGB Nr. 1; *BVerwG,* 9. 5. 1996 – 4 B 60.96 – BauR 96, 670.

[1158] *BVerwG,* 16. 12. 1993 – 4 C 22.92 – ZfBR 94, 148/149.

[1159] *BVerwG,* 6. 2. 1995 – 4 B 210.94 – Buchholz 406.11 – § 12 BauGB Nr. 20; vgl. *BVerwG,* 10. 11. 1998 – 4 BN 38.98 – NVwZ 99, 420.

[1160] *OVG Münster,* 9. 3. 2000 – 7 aD 81/97.NE – AU, S. 15.

[1161] *BVerwG,* 16. 12. 1993 – 4 C 22.92 – ZfBR 94, 148/149; vgl. dazu beispielsweise § 2 der Bekanntmachungsverordnung NW vom 7. 4. 1981, wo der Gemeindedirektor vor der Bekanntmachung prüfen muss, ob die vom Rat beschlossene Satzung ordnungsgemäß zustande gekommen ist (§ 2 Abs. 1 BekanntmVO) und wo der Gemeindedirektor dann vor der Bekanntmachung die Bekanntmachungsanordnung unterzeichnenden Bürgermeister zuvor schriftlich bestätigen muss, dass der Wortlaut der Satzung mit den Ratsbeschlüssen Übereinstimmung nach Abs. 1 und 2 BekanntmVO verfahren worden ist. Etwaige Fehler in diesem Bereich wären deshalb ein Bekanntmachungsmangel nach Landesrecht.

[1162] Vgl. dazu *Battis/Krautzberger/Löhr,* § 10, Rdn. 37; ferner muss die Ausfertigung das Datum des Ratsbeschlusses, ggfs. die Tatsache und das Datum der Genehmigung durch die höhere Verwaltungsbehörde und das Datum der Ausfertigung enthalten. Die Ausfertigung muss der ortsüblichen Bekanntmachung vorausgehen (*Battis/Krautzberger/Löhr,* § 10, Rdn. 37). Für die Ausfertigung von B-Plänen reichte es nach bisheriger Rechtsprechung aus, wenn eine Originalurkunde geschaffen wird, auf welcher der Bürgermeister als Vorsitzender des Rates, mithin des zuständigen Beschlussorgans der Gemeinde – gemeinsam mit einem Ratsmitglied – zeitlich nach dem Ratsbeschluss und vor der Verkündung der Satzung schriftlich bestätigt, dass der Rat an einem näher bezeichneten Tag „diesen Bebauungsplan als Satzung beschlossen" hat; vgl. *OVG MS,* 18. 12. 1991 – 7 a NE 77/90 – NWVBl. 92, 357; *OVG MS,* 5. 1. 2000 – 7 aD 120/98.NE –. Ferner war auf Grundlage der Rechtslage, die neben dem Bürgermeister als Vorsitzenden und Vertreter des Rates einerseits den Gemeindedirektor als gesetzlichen Vertreter der Gemeinde in Rechts- und Verwaltungsgeschäften vorsah (vgl. § 55 Abs. 1 S. 1 GO NW a. F.), der Gemeindedirektor befugt, den Inhalt des vom Rat beschlossenen zu dokumentieren und seine Authentizität zu bestätigen. Die Unterzeichnung allein durch den Bürgermeister genügt, seitdem die Gemeindeordnung geändert worden ist und die Funktion des (früheren) Stadtdirektors vom Bürgermeister wahrgenommen werden. Nunmehr vertritt dieser die Gemeinde in Rechts- und Verwaltungsgeschäften (vgl. § 63 Abs. 1 S. 1 GO NW n. F.) und ist berechtigt, den Inhalt des vom Rat beschlossenen allein durch seine Unterschrift zu bestätigen; vgl. auch *OVG MS,* 9. 3. 2000 – 7 aD 81/97.NE – AU S. 16, 17.

[1163] *BVerwG,* 27. 1. 1999 – 4 B 129.98 – ZfBR 99, 159 ff.

Satzungsbeschluss ordnungsgemäß ausgefertigt wurde und diesem Zusammenhang auf die sonstigen Bestandteile der Satzung (z. B. der Plan) derart Bezug genommen worden ist, dass die Identität von Norminhalt und Beschluss des Rates zweifelsfrei feststeht. Der Mangel einer fehlenden Ausfertigung des Bebauungsplanes gehört deshalb insgesamt zu den sonstigen Verfahrens- und Formfehlern nach Landesrecht i. S. d. § 215 Abs. 3 BauGB.[1164] Das Bundesverwaltungsgericht hat in verschiedenen Entscheidungen die Nachholung der auch vollständig unterbliebenen Ausfertigung eines B-Plans für zulässig erachtet und entschieden, dass nach Erstellung der Ausfertigung die Satzung durch erneute Bekanntmachung in Kraft gesetzt werden kann, ohne dass es hierzu eines grundsätzlichen, erneuten Beschlusses der Gemeindevertretung bedürfte.[1165]

566 Auch ein rückwirkendes Inkraftsetzen eines wegen Ausfertigungsmangels unwirksamen Bebauungsplan ist zulässig, und zwar sogar dann, wenn er inzwischen geändert worden ist. Waren auch die Änderungen wegen eines Ausfertigungsmangels unwirksam, können sämtliche Satzungen unter Nachholung der Ausfertigungen rückwirkend in Kraft gesetzt werden.[1166] Eine derartige nachträgliche Heilung eines B-Plans wegen eines Form- oder Verfahrensfehlers scheidet lediglich dann aus, wenn sich die Verhältnisse so grundlegend verändert haben, dass er entweder inzwischen einen funktionslosen Inhalt hat und/oder das ursprünglich unbedenkliche Abwägungsergebnis jetzt unverhältnismäßig und deshalb nicht mehr haltbar ist.[1167]

Beachtlichkeit von Form- und Verfahrensfehlern bei Bebauungsplänen nach Landesrecht (dargestellt am Beispiel der GO NW)

unbeachtliche Mängel	Verfahrensfehler, die nicht innerhalb eines Jahres ab Inkrafttreten der Satzung schriftlich gerügt worden sind, § 7 Abs. 6 GO NW
nur auf Rüge beachtliche Mängel (Frist: 1 Jahr ab Inkrafttreten der Satzung)	– fehlerhafte Einladung zur Ratssitzung (§ 47 Abs. 1 Satz 1 und Abs. 2 GO NW) – fehlerhafte Bekanntmachung der Ratssitzung (§ 48 Abs. 1 Satz 4 GO NW) – fehlende Beschlussfähigkeit (§§ 49 Abs. 1, 50 Abs. 5 GO NW) – Befangenheit (§ 31 GO NW) – fehlende Öffentlichkeit (§ 48 Abs. 2 GO NW) – fehlerhafter Abstimmungsvorgang (§ 50 Abs. 1 GO NW)

[1164] *BVerwG,* 24. 5. 1989 – 4 NB 10/89 – NVwZ 90, 258.
[1165] *BVerwG,* 24. 5. 1989 – 4 NB 10/89 – NVwZ 90, 258 ff.; *BVerwG,* 7. 4. 1997 – 4 B 64.97 – ZfBR 97, 209.
[1166] *BVerwG,* 18. 12. 1995 – 4 NB 30.95 – NVwZ 96, 890.
[1167] *BVerwG,* 25. 2. 1997 – 4 NB 40/96 – ZfBR 97, 206–209, *BVerwG,* 18. 12. 1995 – 4 NB 30.95 – NVwZ 96, 890.

	– falsches Abstimmungsergebnis (§ 50 Abs. 1, 5 GO NW) – fehlende sachliche Zuständigkeit (§ 41 Abs. 1 g GO NW)
stets beachtliche Mängel	– fehlende oder fehlerhafte Ausfertigung – eine vorgeschriebene Genehmigung fehlt oder ein vorgeschriebenes Anzeigeverfahren wurde nicht durchgeführt (§ 7 Abs. 6 a GO NW) – fehlende ordnungsgemäße Bekanntmachung (§ 7 Abs. 6 b GO NW) – der Verfahrensfehler war bereits durch den Bürgermeister beanstandet (§ 7 Abs. 6 c GO NW)

3. Materielle Fehler

a) Überprüfung der Planzeichnung

Ein wichtiger Arbeitsschritt ist die Überprüfung der eigentlichen Planzeichnung. **567**
Dabei geht es zunächst darum, ob die zeichnerischen und textlichen Festsetzungen in sich klar, eindeutig und widerspruchsfrei sind.[1168] Aus Gründen der Rechtsklarheit müssen die Festsetzungen eines B-Plans so eindeutig und klar sein, dass dem B-Plan unmissverständlich entnommen werden kann, wo, wie und was gebaut werden darf. Dabei richtet sich das erforderliche Maß der Konkretisierung von planerischen Festsetzungen danach, was nach den Verhältnissen des Einzelfalls (Planungsziele, örtliche Verhältnisse) für die städtebauliche Entwicklung und Ordnung konkret erforderlich ist.[1169] Die Planzeichnung wird durch die Gemeinde mittels Zeichnung, Farbe, Schrift und Text festgesetzt; sie muss sich dabei an die Planzeichenverordnung (PlanZVO) halten (§ 2 Abs. 5 Ziff. 4 BauGB). Die PlanZVO enthält Muss- und Sollvorschriften; sofern die Planzeichnung gegen Mussvorschriften verstößt, führt dies zur Ungültigkeit des Plans. Sofern lediglich gegen Sollvorschriften verstoßen wird, hat dies die Ungültigkeit des Plans nur dann zur Folge, wenn gleichzeitig gegen das **Bestimmtheitsgebot** verstoßen wird.

Den Planunterlagen muss dabei Kartenmaterial zugrunde liegen, das die Örtlich- **568**
keiten vollständig und richtig wiedergibt. Wesentliche Abweichungen im Vergleich mit der Natur, insbesondere erhebliche **Maßdifferenzen** führen zur Nichtigkeit des Plans **(§ 1 Abs. 1 PlanZVO).**

In **§ 1 Abs. 2 PlanZVO** ist bestimmt, dass sich aus den Planunterlagen für die **569**
Bebauungspläne die Flurstücke mit ihren Grenzen und Bezeichnungen in Übereinstimmung mit dem Liegenschaftskataster, sowie die vorhandenen baulichen Anlagen, die Straßen, Wege und Plätze, sowie die Geländehöhe ergeben sollen. Von

1168 *Rabe,* „Fehler in der Bauleitplanung", ZfBR 01, 229 ff., 236.
1169 *BVerwG,* 24. 1. 1995 – 4 NB 3.95 – BauR 95, 662.

diesen Angaben kann abgesehen werden, als sie für die Festsetzungen nicht erforderlich sind. Der Stand der Planunterlagen soll angegeben werden.

570 In **§ 2 Abs. 1 PlanZVO** wird bestimmt, dass die Gemeinde in den B-Plänen die in der PlanZVO enthaltenen Planzeichen verwenden soll. Dort wo es zu eindeutigen Darstellungen des Planinhalts erforderlich ist, können die in der Anlage enthaltenen Planzeichen ergänzt werden **(§ 2 Abs. 2 Satz 1 PlanZVO).** Die zeichnerische Darstellung und die Verwendung der Planzeichen muss dabei so erfolgen, dass der Inhalt erkennbar ist. Die verwendeten Planzeichen sollen im B-Plan erklärt werden; dies ist zwingend erforderlich, wenn die verwendeten Planzeichen aus der PlanZVO nicht hervorgehen.

571 Aus der Planzeichnung muss ferner die **Bebauungsplangrenze** hervorgehen **(§ 9 Abs. 7 BauGB).**

572 Häufig ergeben sich Fehler daraus, dass die unterschiedlichen Nutzungen (Nutzungsgrenzen) im Bebauungsplan nicht mit hinreichender Deutlichkeit von einander zeichnerisch getrennt werden. Auch in solchen Fällen ist der Bebauungsplan mangels hinreichender Bestimmtheit nichtig.[1170]

b) Überprüfung der textlichen Festsetzungen

573 Neben den zeichnerischen Festsetzungen (zu der beispielsweise auch Nutzungsschablonen gehören können) sind **textliche Festsetzungen** erforderlich, die die zeichnerischen Darstellungen im Plan wiederholen, erläutern und ggfs. ergänzen. Sofern sich zwischen den **zeichnerischen und textlichen Festsetzungen Widersprüche** ergeben, oder diese zu unbestimmt oder in sich unklar oder widersprüchlich sind, führt dies zur Nichtigkeit des Plans, weil die Norm in diesem Falle dem **Bestimmtheitsgebot** nicht genügt.[1171] Die Begründung des Bebauungsplans kann allerdings im Einzelfall als Auslegungshilfe zu Rate gezogen werden.[1172]

Beispiel:
Der Bebauungsplan will ein Sondergebiet nach § 11 Abs. 1 BauNVO festsetzen und dieses Sondergebiet in drei Teilbereiche (SO1, SO2, SO3) gliedern. In den textlichen Festsetzungen werden die einzelnen Bereiche erwähnt; in den zeichnerischen Darstellungen fehlt der Hinweis darauf, welche Grundstücke zu dem SO1/SO2/SO3-Gebieten gehören sollen.

c) Materiell-rechtliche Fehler bei den Festsetzungen des Bebauungsplans

574 Die Regelungen über den möglichen Inhalt eines Bebauungsplans werden in § 9 BauGB, in der BauNVO oder ggfs. ergänzend aufgrund Landesrecht (z. B. BauONW: Gestaltungssatzungen) festgelegt. Der B-Plan muss sich deshalb immer auf bestimmte Fassungen einzelner Gesetze und Rechtsverordnungen berufen. Für den jeweiligen Bebauungsplan bleiben diese Fassungen auch dann von Bedeutung, wenn die bezeichnete Fassung (z. B. die Baunutzungsverordnung) zwischenzeitlich durch eine Nachfolgeregelung außer Kraft getreten ist.

1170 Vgl. dazu *Böddinghaus,* „Die Perlenschnur", ZfBR 93, 161.
1171 *Rabe,* „Fehler in der Bauleitplanung", ZfBR 01, 229 ff., 236.
1172 *OVG Münster,* 11. 12. 2000 – 7 aD 60/99.NE – AUS. 51.

aa) BauGB

Die nach dem BauGB möglichen **Festsetzungen werden in § 9 BauGB abschließend geregelt.**[1173] Zunächst ist der Katalog des § 9 Abs. 1 Nr. 1–26 maßgeblich, darüber hinaus gehende Festsetzungen gibt es – abgesehen von den jetzt möglichen Festsetzungen für Ausgleichsflächen und Ausgleichsmaßnahmen (§ 9 Abs. 1 a BauGB) und den ergänzenden Festsetzungsmöglichkeiten bzgl. **575**
– der Höhenlage (§ 9 Abs. 2 BauGB),
– der geschossweisen Differenzierung (§ 9 Abs. 3 BauGB), und
– der landesrechtlich begründeten Festsetzungsmöglichkeiten (§ 9 Abs. 4 BauGB).
nicht. Die Gemeinde hat kein Findungsrecht bzgl. weiterer Festsetzungsmöglichkeiten.[1174]

bb) Sonstige Bundesgesetzte

(1) *Landschafts- und Naturschutz.* Die Überplanung eines Landschafts- und Naturschutzgebietes führt zur Nichtigkeit des B-Plans.[1175] Anders ist es bei Wasserschutzgebieten, die eine parallele Bebauungsplanfestsetzung nicht grundsätzlich ausschließen.[1176] Bei förmlich festgesetzten Überschwemmungsgebieten führt die Überplanung zur Nichtigkeit des B-Plans, wenn die zugrunde liegenden landesrechtlichen Bestimmungen in solchen Fällen ein generelles Bauverbot nach sich ziehen.[1177] **576**

Bei der Verabschiedung von Bebauungsplänen muss außerdem darauf geachtet werden, dass die Verwirklichung von Festsetzungen nicht daran scheitert, dass die erforderliche Befreiungen von artenschutzrechtlichen Verboten in § 20f. Abs. 1 BNatSchG oder die für die Rodung von Wald erforderliche Genehmigung (§ 9 Abs. 1 Satz 1 BWaldG) nicht erteilt werden können.[1178] Es ist nicht unbedingt erforderlich, dass die vorgenannten Genehmigungen bereits bei der Beschlussfassung über den Bebauungsplan vorgelegen haben. Der B-Plan ist jedoch rechtswidrig, soweit seine Verwirklichung an naturschutzrechtlichen oder forstrechtlichen Hindernissen scheitern würde.[1179] Sollte die erforderliche Genehmigung vor dem Satzungsbeschluss nicht vorgelegen haben, so müsste die Gemeinde im Rahmen eines etwaigen Normenkontrollverfahrens dafür Sorge tragen, dass ihr entweder die erforderlichen Genehmigungen seitens der zuständigen Naturschutzbehörde nachträglich erteilt oder zumindest in Aussicht gestellt werden. Nicht die Befreiung von rechtlichen Vorschriften als solches, sondern das Vorliegen einer objektiven Befreiungslage ist Voraussetzung für die Rechtmäßigkeit des Plans.[1180] **577**

1173 *Birk*, Rdn. 424; *Rabe*, „Fehler in der Bauleitplanung“, ZfBR 01, 229ff., 236.

1174 *Rabe*, „Fehler in der Bauleitplanung“, ZfBR 01, 229ff., 236.

1175 *BVerwG*, 28. 11. 1988 – 4 B 212.88 – ZfBR 89, 77.

1176 Der Gewässerschutz ist freilich ein gewichtiger, abwägungserheblicher Belang, dessen Nichtberücksichtigung zur Nichtigkeit des Plans führen kann, vgl. *BVerwG*, 26. 3. 1993 – 4 NB 45/92 – NVwZ-RR 93, 598f.

1177 So für Bayern: *VGH München*, 24. 11. 1994 – 2 N 93 3393 – NVwZ 95, 924; anders z.B. in Nds.: *OVG Lüneburg*, 30. 3. 2000 – 1 K 2491/98 – ZfBR 00, 573.

1178 *BVerwG*, 25. 8. 1997 – 4 NB 12.97 – ZfBR 97, 320.

1179 *BVerwG*, 25. 8. 1997 – 4 NB 12.97 – ZfBR 97, 320.

1180 *BVerwG*, 25. 8. 1997 – 4 NB 12.97 – ZfBR 97, 320.

578 Ein Bebauungsplan ist wegen Verstoßes gegen § 8a BNatSchG mangelhaft, wenn die erforderlichen Festsetzungen zum Ausgleich von Eingriffen in Natur und Landschaft fehlen.[1181] Die erforderlichen Festsetzungen gem. § 8a BNatSchG können aber ggfs. im Rahmen eines ergänzenden Verfahrens nach § 215a Abs. 1 BauGB nachgeholt werden.[1182]

579 (2) *Umweltverträglichkeitsprüfung.* Bei Vorhaben, bei denen nach dem UVPG eine vorherige Umweltverträglichkeitsprüfung durchgeführt werden muss, (vgl. dazu D 474a ff.) kann die mangelnde Umweltverträglichkeitsprüfung zu einer fehlerhaften Zusammenstellung des Abwägungsmaterials führen, die auch Auswirkungen auf das Abwägungsergebnis haben könnte.[1183] Das Fehlen einer UVP indiziert **aber** nicht zwingend einen Abwägungsmangel.[1184]

cc) Baunutzungsverordnung

580 Der Bebauungsplan muss mit der im Zeitpunkt seines Inkrafttretens geltenden Fassung der Baunutzungsverordnung in Einklang stehen.[1185]

581 (1) *Festlegung der Baugebiete gem. § 1 Abs. 2 BauNVO.* Die im Bebauungsplan vorgesehenen Baugebiete (die für die Bebauung vorgesehenen Flächen) können ihrer Art nach dargestellt werden als
- Kleinsiedlungsgebiete (WS, § 2 BauNVO),
- reine Wohngebiete (WR, § 3 BauNVO),
- allgemeine Wohngebiete (WA, § 4 BauNVO),
- besondere Wohngebiete (WB, § 4a BauNVO),
- Dorfgebiete (MD, § 5 BauNVO),
- Mischgebiete (MI, § 6 BauNVO),
- Kerngebiete (MK, § 7 BauNVO),
- Gewerbegebiete (GE, § 8 BauNVO),
- Industriegebiete (GI, § 9 BauNVO),
- Sondergebiete (SO, §§ 10, 11 BauNVO).

582 Nach § 1 Abs. 3 BauNVO können dabei nur die vorbezeichneten Baugebiete im B-Plan festgesetzt werden. Bei der Festsetzung von Sondergebieten hat der gemeindliche Satzungsgeber allerdings einen weiten Gestaltungsspielraum, was die Zweckbestimmung und die Art der Nutzung angeht.

583 Neben den in § 10 erwähnten Sondergebieten, die der Erholung dienen, nämlich

---

[1181] *BVerwG,* 8. 10. 1998 – 4 CN 7.97 – DVBl. 99, 243; 16. 12. 1999 – 4 CN 7.98 – BauR 2000, 684; *BVerwG,* 25. 5. 2000 – 4 BN 17.00 – ZfBR 00, 421.

[1182] *BVerwG,* 25. 5. 2000 – 4 BN 17.00 – ZfBR 00, 421.

[1183] Zum Fachplanungsrecht (BFernStrG) vgl. *OVG Münster,* 20. 9. 1999 – 23 D 98.95.AK – n. v.; ferner *Kuschnerus,* Rdn. 620–628. Die Durchführung der nach dem UVPG erforderlichen Verfahrensschritte regelt sich nach dem BauGB, vgl. *Battis/Kreutzberger/Löhr* § 1a Rdn. 31.

[1184] Vgl. *Mitschang,* „Umweltverträglichkeitsprüfung in der Bauleitplanung – neue Impulse durch die EG-Änderungsrichtlinie zur UVP-Richtlinie," ZfBR 01, 239 ff. (Teil 1); *BVerwG,* 25. 1. 1996 – 4 C 19/94 – NVwZ 96, 788 ff.; *BVerwG,* 21. 3. 1996 – 4 C 19/94 – NVwZ 96, 1016 ff.; *BVerwG,* 14. 5. 1996 – 7 NB 3/95 – NVwZ 97, 494 ff.

[1185] Zu den einzelnen Fassungen der BauNVO, vgl. *Birk,* Rdn. 280.

– Wochenendhausgebiete,
– Ferienhausgebiete,
– Campingplatzgebiete,

kommen nach § 11 Abs. 2 BauNVO auch andere Zweckbestimmungen und Nutzungen in Betracht, insbesondere 584

– Gebiete für den Fremdenverkehr, wie Kurgebiete und Gebiete für die Fremdenbeherbung,
– Ladengebiete,
– Gebiete für Einkaufszentren und großflächige Handelsbetriebe,
– Gebiete für Messen, Ausstellungen und Kongresse,
– Hochschulgebiete,
– Klinikgebiete,
– Hafengebiete,
– Gebiete für Anlagen, die der Erforschung, Entwicklung oder Nutzung erneuerbarer Energien, wie Wind- und Sonnenenergie, dienen.

Die vorstehende Auflistung ist allerdings nicht vollständig, so dass den Gemeinden ein weiterer Gestaltungsspielraum eröffnet ist. Bei der Festsetzung der Art der baulichen Nutzung für ein Sondergebiet gem. § 11 Abs. 2 BauNVO ist der Plangeber nicht an die in den §§ 2–10 BauNVO angeführten Nutzungsarten und auch nicht an die in § 1 Abs. 4 – 9 BauNVO für die typisierten Baugebiete eröffneten Möglichkeiten der Differenzierung gebunden.[1186] Die Gemeinde darf allerdings ein Sondergebiet nur dann ausweisen, wenn ein Festsetzungsgehalt gewollt ist, der sich keinem der in den §§ 2 ff. BauNVO geregelten Gebietstypen zuordnen lässt.[1187] Der gemeindliche Satzungsgeber ist bei der Verwendung von Begriffen aus dem Nutzungsartenkatalog der BauNVO aber nicht gehindert, diese entsprechend der besonderen Zweckbestimmung des Sondergebietes abzuwandeln.[1188] Sofern der Satzungsgeber bei der Feststellung der Sondergebiete kurze prägnante Begriffe wählt, sollte er diese allerdings in der textlichen Legende näher erläutern; im Einzelfall mag es ausreichen, zur näheren Bestimmung der Festsetzung auch auf die Bebauungsplanbegründung zurückzugreifen. Es ist unschädlich, wenn der B-Plan auslegungsbedürftig, aber noch auslegungsfähig ist.[1189] 585

Durchbrochen wird der Typenzwang der BauNVO ferner durch das Instrumentarium des § 1 Abs. 4–9 BauNVO. Hiernach kann der Plangeber die jeweils zulässigen Nutzungsarten einschränken und modifizieren, oder nach § 1 Abs. 10 BauNVO auch nach der Gebietstypik Nutzungen zulassen, die an sich in dem betreffenden Gebiet unzulässig wären (sog. Briefmarkenplanung); vgl. im einzelnen unten D 589 ff. 586

Der Plangeber ist allerdings verpflichtet, die für das jeweilige Baugebiet vorgegebene allgemeine Zweckbestimmung einzuhalten, so dass er bei der Festsetzung von 587

1186 *BVerwG,* 7. 9. 1984 – 4 N 3.84 – BRS 42, Nr. 55.

1187 *BVerwG,* 29. 9. 1978 – 4 C 30.76 – BVerwGE 56, 283 ff.; *Fickert/Fieseler,* § 11, Rdn. 4.

1188 *BVerwG,* 8. 5. 1989 – 4 B 78.89 – BRS 49, Nr. 66.

1189 *OVG Münster,* 11. 12. 2000 – 7 aD 60/99.NE – AU S. 51.

einzelnen Baugebieten die inhaltliche Zielsetzung der BauNVO berücksichtigen muss.[1190]

Beispiel:
Die Gemeinde überplant ein faktisches Mischgebiet, in dem die Wohnnutzung überwiegt, als Kerngebiet.[1191] Eine derartige Überplanung ist zwar grundsätzlich nicht völlig ausgeschlossen, setzt aber voraus, dass die geplante Zielsetzung (Umwandlung eines Mischgebiets in ein Kerngebiet) auch faktisch realisierbar ist. Lässt sich eine derartige Umwandlung nicht erreichen, ist die geplante Festsetzung unzulässig.

588 Unzulässig sind auch sonstige Fälle des „Etikettenschwindels".[1192] Derartige Fälle sind häufig dann zu beobachten, wenn der gemeindliche Plangeber eine bestimmte Gebietsart nur aus Gründen des Immissionsschutzes gewählt hat, obwohl das Gebiet in Wahrheit einen anderen Gebietscharakter hat oder haben soll. Nach der Rechtsprechung des BVerwG führt eine derartig fehlerhafte Baugebietsausweisung grundsätzlich zur Unwirksamkeit des gesamten Planes.[1193]

589 **Beispiel (Etikettenschwindel bei Dorfgebieten):**
In einer kleinen Gemeinde wird ein Wohngebiet nur deshalb als Dorfgebiet festgesetzt, um etwaige Schutzansprüche der Wohngrundstücke gegenüber landwirtschaftlichen Immissionen herabzusetzen. In derartigen Fällen wird gegen den Typenzwang verstoßen, wenn in dem Gebiet keine oder nur einzelne landwirtschaftliche Betriebe vorhanden sind, oder wenn mit der Ansiedlung von landwirtschaftlichen Betrieben weder zu rechnen ist, noch dies faktisch möglich ist.[1194]

(2) *Zu den Differenzierungen nach § 1 Abs. 4–10 BauNVO*

590 **§ 1 Abs. 4 BauNVO „Horizontale Gliederung"**
- Gliederung nach Nutzungsarten,
- nach Arten der Betriebe (Anlagen und deren besonderen Bedürfnissen oder Eigenschaften),
- gilt nicht für WR- und WA-Gebiete,
- kann für GE- und GI-Gebiete auch gebietsübergreifend erfolgen,

591 **§ 1 Abs. 5 BauNVO „Steuerung allgemein zulässiger Nutzungen"**
- Allgemein zulässige Nutzungen werden allgemein als unzulässig erklärt, oder
- nur ausnahmsweise als zulässig festgesetzt.

§ 1 Abs. 5 BauNVO gilt nicht für WA-Gebiete; im Zusammenspiel mit § 1 Abs. 9 BauNVO können die Nutzungsarten weiter untergegliedert werden und auch auf Arten von Anlagen beschränkt werden.[1195]

[1190] Die Gliederung eines 0,3 ha großen Mischgebiets durch Ausschluss der Wohnnutzung in etwa einem Fünftel des Gebiets wahrt die allgemeine Zweckbestimmung des Baugebiets, vgl. *Bayer. VGH,* 12. 9. 2000 – 1 N 98 3549 – ZfBR 01, 205.

[1191] *OVG Münster,* 21. 8. 1997 – 11 a D 156/93.NE -.

[1192] *BVerwG,* 8. 8. 1989 – 4 NB 2.89 – DVBl. 89, 1103.

[1193] Vgl. dazu auch *Kuschnerus,* Rdn. 401.

[1194] *BVerwG,* 25. 3. 1996 – 4 B 302.95 – ZfBR 96, 228; vgl. auch *BVerwG,* 16. 3. 2000 – 4 BN 6.00 – ZfBR 00, 353.

[1195] *Fickert/Fieseler,* § 1, Rdn. 100; dabei können auch einzelne unter eine Nummer einer Baugebietsvorschrift zusammen gefassten Nutzungen ausgeschlossen werden; vgl. dazu *BVerwG,* 22. 5. 1987 – 4 N 4.86 – ZfBR 87, 249 f., a. A. *Hüttenbrink,* „Können die Gemeinden oder Baugenehmigungsbehörden die Ansiedlung von nicht großflächigen Einzel-

§ 1 Abs. 6 BauNVO „Steuerung der Ausnahmen" 592

Nach dieser Vorschrift können die BauNVO ausnahmsweise zulässigen Nutzungsarten

– als unzulässig, oder
– als allgemein zulässig

festgesetzt werden.

Die Nutzungsarten können nach § 1 Abs. 9 weiter differenziert werden und die Zulässigkeit einzelner Anlagenarten beschränkt werden.

§ 1 Abs. 7 BauNVO „sog. vertikale Gliederung" 593

Nach dieser Vorschrift können für bestimmte Geschosse, Ebenen oder sonstigen Teilen baulicher Anlagen

– nur einzelne (mehrere) allgemein-zulässige Nutzungen für zulässig erklärt werden,
– einzelne (mehrere) allgemein-zulässige Nutzungen als unzulässig oder nur ausnahmsweise zulässig erklärt werden,
– alle (einzelne) Ausnahmen für unzulässig oder allgemein zulässig erklärt werden.

§ 1 Abs. 7 ist nicht in WS- und WR-Gebieten anwendbar.

§ 1 Abs. 7 kann auch auf Arten von Anlagen beschränkt angewandt werden (§ 1 Abs. 9 BauNVO).

§ 1 Abs. 8 BauNVO 594

Nach dieser Vorschrift sind Differenzierungen nach den Absätzen 4–7 auch auf Teile des Baugebiets beschränkbar.

§ 1 Abs. 9 BauNVO 595

Diese Vorschrift ergänzt § 1 Abs. 5 BauNVO und § 1 Abs. 7 BauNVO insofern, als bei besonderen städtebaulichen Gründen hier nach einzelnen Nutzungen eine Nr. der Baugebietsvorschrift durch eine darüber hinausgehende Feingliederung hinsichtlich der jeweiligen Arten von Nutzungen differenziert werden können, die in dem jeweiligen Begriff stecken.

Beispiel:
Nach § 1 Abs. 5 BauNVO können beispielsweise im Mischgebiet Einzelhandelsbetriebe ausgeschlossen werden. Nach § 1 Abs. 9 BauNVO kann dann weiter differenziert werden, dass nur bestimmte Einzelhandelsbetriebe zulässig sind, beispielsweise können bestimmte Sortimentsausschlüsse erfolgen.[1196]

§ 1 Abs. 10 BauNVO 596

§ 1 Abs. 10 BauNVO ist von erheblicher praktischer Bedeutung für eine über dem bloßen Bestandsschutz hinausgehende planungsrechtliche Absicherung einer bereits vorhandenen, an sich im Baugebiet unzulässigen Anlage (sog. Briefmarkenplanung).

---

handelsbetrieben oder Verbrauchermärkten in ausgewiesenen Misch-, Gewerbe- oder Industriegebieten verhindern?", DVBl. 83, 530 ff.

[1196] *BVerwG,* 22. 5. 1987 – 4 N 4.86 – in DVBl. 87, 1001; ferner *BVerwG,* 22. 5. 1987 – 4 C 77.84 – in DVBl. 87, 1004 und *BVerwG,* 22. 5. 1987 – 4 C 19.85 – in DVBl. 87, 1006; ferner *Hüttenbrink,* „§ 11 Abs. 3 BauNVO 87 – Sind die großflächigen Einzelhandelsbetriebe am Ende?" in DVBl. 87, 1045; ferner *Battis/Krautzberger/Löhr,* § 34, Rdn. 41.

597 (3) *Maß der baulichen Nutzung.* Das Maß der baulichen Nutzung ist in den §§ 16ff. BauNVO im einzelnen näher geregelt. Die zulässigen Maßfestsetzungen enthalten zwingende Vorgaben. Ein Verstoß gegen derartige Vorgaben führt zur Unwirksamkeit der Festsetzung und ggfs. des gesamten Plans.

Grundflächenzahl (GRZ):

598 Die Größen der Grundflächen der baulichen Anlagen sind bei Maßfestsetzungen stets festzusetzen (§ 16 Abs. 3 Nr. 1 BauNVO);[1197] dabei ist der gemeindliche Satzungsgeber an die vorgegebenen Obergrenzen gebunden (§ 17 Abs. 1 BauNVO).[1198]

Geschossflächenzahl (GFZ):

599 Die Größe der Geschossfläche kann als Höchst- oder Mindestmaß festgesetzt werden (§ 16 Abs. 4 S. 1 BauNVO); der gemeindliche Plangeber ist dabei grundsätzlich an die vorgegebenen Obergrenzen des § 17 Abs. 1 BauNVO gebunden.[1199]

Zahl der Vollgeschosse (Z):

600 Die Zahl der Vollgeschosse ist bei Maßfestsetzungen festzusetzen, wenn ohne sie öffentliche Belange beeinträchtigt werden können (§ 16 Abs. 3 Nr. 2 BauNVO).[1200] Die Festsetzungen sind als Höchst- und Mindestmaßfestsetzungen sowie als zwingende Vorgaben zulässig (§ 16 Abs. 4 Sätze 1 und 2 BauNVO).

Was im einzelnen unter einem Vollgeschoss zu verstehen ist, bestimmt sich nach den maßgeblichen Regelungen des Landesrechts (vgl. § 20 BauNVO).

Höhe bauliche Anlagen (H):

601 Die Höhe der baulichen Anlagen ist festzusetzen, wenn ohne eine solche Festsetzung beachtliche Belange beeinträchtigt werden können (§ 16 Abs. 4 Sätze 1 u. 2 BauNVO).[1201] Die Festsetzung ist als Höchst- und Mindestmaß sowie als zwingende Vorgabe zulässig (§ 16 Abs. 4 Sätze 1 u. 2 BauNVO). Bei der Festsetzung von Höhen baulicher Anlagen sind die erforderlichen Bezugspunkte klar und eindeutig zu bestimmen (§ 18 Abs. 1 BauNVO).

602 Als oberer Bezugspunkt bietet sich regelmäßig die Firsthöhe oder die Traufhöhe an; problematisch ist häufig der untere Bezugspunkt, sofern keine Höhe über NN als unterer Bezugspunkt angegeben wird, sollte ggfs. auf einen maßgeblichen Punkt einer vorhandenen Erschließungsstraße angeknüpft werden.

603 (4) *Bauweise und überbaubare Grundstücksflächen (§ 22 BauNVO).* Festsetzungen über die Bauweise sind nicht erforderlich.[1202] Festsetzungen bei der offenen Bauweise geben einen seitlichen Grenzabstand vor; sie lässt einzelne Doppelhäuser und Hausgruppen zu. Die max. Länge jedes Einzelgebäudes darf 50 m nicht überschreiten. Der Plangeber kann vorgeben, dass nur ein oder zwei dieser Typen zulässig

---

[1197] *Fickert/Fieseler,* § 16, Rdn. 41.

[1198] *Fickert/Fieseler,* § 17, Rdn. 8: Die Obergrenzen gelten allerdings nur im Bauleitplanverfahren und nicht im Baugenehmigungsverfahren.

[1199] *Fickert/Fieseler,* § 17, Rdn. 8: Die Obergrenzen gelten allerdings nur im Bauleitplanverfahren und nicht im Baugenehmigungsverfahren.

[1200] Die Gemeinde hat bei einem Verzicht Planungsermessen, *Fickert/Fieseler,* § 16, Rdn. 42.

[1201] *Fickert/Fieseler,* § 16, Rdn. 42.

[1202] *Fickert/Fieseler,* § 22, Rdn. 2.

sind. Bei geschlossener Bauweise ist an die seitlichen Grenzen zu bauen, wenn die vorhandene Bebauung keine Abweichung erfordert. Eingriffe in den vorhandenen Bestand bedürfen einer besonderen städtebaulichen Rechtfertigung.

(5) *Baugrenzen/Baulinien.* Bei der Festsetzung der überbaubaren Grundstücksflächen ist der gemeindliche Plangeber im wesentlichen frei. Lediglich Eingriffe in den vorhandenen Bestand bedürfen einer besonderen städtebaulichen Rechtfertigung. Der gemeindliche Satzungsgeber kann **604**

- Baulinien,
- Baugrenzen, und
- die Bebauungstiefe.

regeln. Ohne Regelungen im Plan können nach § 23 Abs. 3 BauNVO auf den nicht überbaubaren Grundstücksflächen die in § 14 BauNVO näher beschriebenen Nebenanlagen zugelassen werden, soweit keine landesrechtlichen Bestimmungen entgegen stehen. Der gemeindliche Satzungsgeber kann hier allerdings Abweichungen regeln.

Hinweis:
Da die Festsetzung des Maßes der baulichen Nutzung (§ 19 Abs. 2 Nr. 1 BauNVO) und die Festsetzung der überbaubaren Grundstücksfläche durch Baugrenzen nach § 23 Abs. 1 BauNVO unterschiedlichen Zwecken dienen, ist jede dieser Festsetzungen für sich anzuwenden und nur im Rahmen der anderen ausnutzbar.[1203]

dd) Landesrechtliche Vorschriften

Soweit in einem Bebauungsplan bauordnungsrechtliche Regelungen, insbesondere gestalterische Festsetzungen enthalten sind, richtet sich deren Zulässigkeit nach dem jeweiligen Landesrecht. **605**

Das Landesrecht bestimmt in diesem Zusammenhang, ob und inwieweit die übernommenen Regelungen den Anforderungen des BauGB, insbesondere das Abwägungsgebot nach § 1 Abs. 6 BauGB, entsprechen müssen.

4. Inhaltliche Überprüfung des Bebauungsplans

Nach der Überprüfung der Festsetzungen auf ihre Zulässigkeit hin muss dann unter verschiedenen Aspekten eine inhaltliche Überprüfung des Bebauungsplans erfolgen. **606**

a) Verstoß gegen § 1 Abs. 3 BauGB (Gebot der Planrechtfertigung)

Nach § 1 Abs. 3 BauGB ist für jeden Bebauungsplan eine **städtebauliche Rechtfertigung** erforderlich.[1204] Was in diesem Sinne erforderlich ist, bestimmt sich nach der jeweiligen planerischen Konzeption der Gemeinde. Die städtebauli- **607**

1203 *BVerwG,* 29. 7. 1999 – 4 BN 24/99 – BauR 99, 1435, 1436: Die Festsetzung von Baugrenzen ist gegenüber der Festsetzung der Grundflächenzahl oder der zulässigen Grundfläche weder nach noch untergeordnet. Ist die zulässige Grundfläche größer als die durch Baugrenzen festgesetzte überbaubare Grundstücksfläche, kann das festgesetzte Maß der baulichen Nutzung nicht voll ausgeschöpft werden. Ist die zulässige Grundfläche kleine als die durch Baugrenzen festgesetzte überbaubare Grundstücksfläche, kann letztere nicht voll ausgenutzt werden.

1204 *Rabe,* „Fehler in der Bauleitplanung", ZfBR 01, 229 ff., 232.

chen Ziele, die sich die Gemeinde setzt, liegen in ihrem planerischen Ermessen. Die Gemeinden haben also einen weiten planerischen Handlungsspielraum.[1205] Die Rechtsprechung hat deshalb nur ausnahmsweise einen Verstoß gegen § 1 Abs. 3 BauGB angenommen und zwar bei solchen Bauleitplänen, die einer positiven Planungskonzeption entbehren und die ersichtlich der Förderung von Zielen dienen, für deren Verwirklichung die Planungsinstrumente des BauGB nicht bestimmt sind.

Beispiele:

(1) Ein Bebauungsplan, der Flächen für land- und forstwirtschaftliche Nutzungen nicht im Interesse einer Förderung der Land- und Forstwirtschaft, sondern deshalb festsetzt, weil er durch das damit weitgehend erreichte Bauverbot außerhalb der Land- und Forstwirtschaft liegende Ziele fördern will, ist mangels Erforderlichkeit nichtig.[1206]

(2) Eine planerische Festsetzung, die lediglich den Zweck verfolgt, ausschließlich private Interessen zu befriedigen, ist mangels Erforderlichkeit nichtig. Unerheblich ist es in diesem Zusammenhang freilich, dass mit der Bauleitplanung auch private Wünsche befriedigt werden sollen, soweit und solange den Privatinteressen hinreichende städtebauliche Belange zur Seiten treten.[1207]

(3) Festsetzungen, bei denen eine positive städtebauliche Zielsetzung nur vorgeschoben wird, um eine in Wahrheit auf bloße Verhinderung gerichtete Planung zu verdecken, verstößt ebenfalls gegen den Erforderlichkeitsgrundsatz.[1208]

608 Eine städtebauliche Rechtfertigung kann im Einzelfall in Frage stehen, wenn die Bauleitplanung infolge vertraglicher Abmachungen der Gemeinde mit einem privaten Investor gegen das sog. **„Kopplungsverbot"** verstößt. Zivilrechtliche als auch öffentlich-rechtliche Verträge dürfen nicht darauf ausgerichtet werden, hoheitliche Entscheidungen ohne entsprechende gesetzliche Ermächtigungen von wirtschaftlichen Gegenleistungen abhängig zu machen (Kein Verkauf von Hoheitsrechten).[1209]

b) Verstoß gegen § 1 Abs. 4 BauGB (Gebot der Anpassung an die Ziele der Raumordnung und Landesplanung)

609 Nach § 1 Abs. 4 BauGB sind die Bauleitpläne den Zielen der Raumordnung und Landesplanung anzupassen. Hier können weitere Bindungen bestehen.[1210]

610 Dabei sind Ziele der Raumordnung und Landesplanung gem. § 3 Nr. 2 ROG verbindliche Vorgaben in Form von räumlich und sachlich bestimmten oder bestimmbaren, vom Träger der Landes- oder Regionalplanung abschließend abgewo-

---

1205 *VGH Kassel,* 25. 5. 2000 – 4 N 2660/91 – ZfBR 01, 129.

1206 *BVerwG,* 14. 7. 1972 – 4 C 8.70 – BVerwGE 40, 258 ff.

1207 *OVG Münster,* 11. 12. 2000 – 7 aD 90/99.NE – AU S. 30: „Die städtebauliche Steuerungsfunktion der gemeindlichen Bauleitplanung wird selbstverständlich auch durch die Interessen privater Investoren beeinflusst, denn die gemeindliche Bauleitplanung vollzieht sich nicht abstrakt in freiem Raum."

1208 *BVerwG,* 11. 5. 1999 – 4 BN 15.99 – ZfBR 99, 279; *BVerwG,* 18. 12. 1990 – 4 NB 8.90 – NVwZ 91, 875; *OVG Hamburg,* 4. 11. 1999 – 2 E 29/96.N – ZfBR 00, 498.

1209 *BVerwG,* 6. 7. 1973 – IV C 22.72 – BVerwGE 42, 331; *BVerwG,* 13. 7. 1979 – 4 C 67.76 – BRS 35, Nr. 126; *BVerwG,* 11. 2. 1993 – 4 C 18.91 – NVwZ 93, 1099; *BVerwG,* 16. 5. 2000 – 4 C 4.99 – ZfBR 00, 491.

1210 *BVerwG,* 18. 2. 1994 – 4 C 4.92 – UPR 94, 30; vgl. auch *Rabe,* „Fehler in der Bauleitplanung", ZfBR 01, 229 ff., 232, der darauf hinweist, dass in NRW z. B. die regionalen Gebietsentwicklungspläne zu betrachten sind.

genen textlichen oder zeichnerischen Festlegungen in Raumordnungsplänen zur Entwicklung, Ordnung und Sicherung des Raumes. Derartige Ziele legen für die örtliche Planung Rahmenbedingungen fest, die tendenziell auf weitere Konkretisierung angewiesen sind. Diese Ziele bieten Lösungen, die auf landes- oder regionalplanerischer Ebene keiner Ergänzung mehr bedürfen, auf der nachgeordneten Planungsstufe der Bauleitplanung nach dem BauGB jedoch grundsätzlich noch verfeinert und ausdifferenziert werden müssen. Der jeweilige Spielraum, der einer Gemeinde in diesem Zusammenhang verbleibt, hängt vom jeweiligen Konkretisierungsgrad der Zielaussage ab.[1211] Die Planungsentscheidung der Gemeinde muss in solchen Fällen mit den Zielen der Raumordnung und Landesplanung in Übereinstimmung stehen.[1212]

Die Ziele der Raumordnung sind dabei der Abwägung nach § 1 Abs. 6 BauGB als Planungsvorgaben entzogen.[1213] Ein Bebauungsplan, der der Anpassungspflicht des § 1 Abs. 4 BauGB nicht entspricht, ist nichtig.[1214]

c) Verstoß gegen Fachplanungen

Verstößt der B-Plan gegen staatliche oder überörtliche Fachplanungen, so führt dies zur Nichtigkeit (oder im Einzelfall zur Teilnichtigkeit) des B-Plans. Fachplanungen können vom örtlichen Satzungsgeber im Rahmen der Abwägung nicht überwunden werden, da die Gemeinde keine Zuständigkeit besitzt, die in der Kompetenz eines anderen Planungsträgers liegende Fachplanung zu ändern.[1215] **611**

Beispiel:
Die Gemeinde überplant die festgesetzte Trasse einer Bundesstraße mit einem Gewerbegebiet, ohne die Trassenführung in ihre Planung miteinzubeziehen.

d) Verstoß gegen das Entwicklungsgebot (§ 8 Abs. 2–4 BauGB)

Verletzungen der Vorschriften über das Verhältnis des Bebauungsplanes zum Flächennutzungsplan nach § 8 Abs. 2 – 4 BauGB sind jedenfalls dann materiellrechtlich unbeachtlich, wenn es sich um Verstöße i. S. v. § 214 Abs. 2 Nr. 1–4 BauGB handelt.[1216] Unbeachtlich ist danach, wenn **612**

- die Anforderungen an die Aufstellung eines selbständigen B-Plans (§ 8 Abs. 2 S. 2 BauGB) oder an die in § 8 Abs. 4 bezeichneten dringenden Gründe für die Aufstellung eines vorzeitigen B-Plans nicht richtig beurteilt worden sind;
- § 8 Abs. 2 S. 1 BauGB hinsichtlich des Entwickelns des B-Plans aus dem Flächennutzungsplan verletzt worden ist, **ohne dass hierbei die sich aus dem Flächennutzungsplan ergebende geordnete städtebauliche Entwicklung beeinträchtigt worden ist;**

1211 *BVerwG,* 20. 8. 1992 – 4 NB 20.91 – NVwZ 93, 167. Je nachdem welche inhaltliche Dichte das Raumordnungsziel aufweist, entfaltet es schwächere oder stärkere Rechtswirkungen zugunsten/zu Lasten der Gemeinde.

1212 Vgl. z. B. § 24 Abs. 3 des Landesentwicklungsprogramms NRW.

1213 *BVerwG,* 20. 8. 1992 – 4 NB 20/91 – NVwZ 93, 167 ff.

1214 *Battis/Krautzberger/Löhr,* § 1, Rdn. 42.

1215 *Rabe,* „Fehler in der Bauleitplanung", ZfBR 01, 229 ff., 232.

1216 Vgl. dazu *Battis/Krautzberger/Löhr,* § 214, Rdn. 11 ff.

- der Bebauungsplan aus einem Flächennutzungsplan entwickelt worden ist, dessen Unwirksamkeit wegen Verletzung von Verfahrens- oder Formvorschriften einschl. des § 6 BauGB sich nach Bekanntmachung des B-Plans herausstellt,[1217]
- im Parallelverfahren gegen § 8 Abs. 3 BauGB verstoßen worden ist, **ohne dass die geordnete städtebauliche Entwicklung beeinträchtigt worden ist.**

613 Verstöße gegen § 8 Abs. 2–4 BauGB sind nach § 214 BauGB aber nur in den dort ausdrücklich genannten Fällen irrelevant, so dass ausnahmsweise Verstöße gegen § 8 Abs. 2–4 BauGB trotzdem einen materiell-rechtlich beachtlichen Fehler nach sich ziehen können.

Das Entwicklungsgebot gem. § 8 Abs. 2 Satz 1 BauGB verlangt, dass B-Pläne aus den Flächennutzungsplänen in der Weise entwickelt werden und dass durch ihre Festsetzungen die zugrunde liegenden Darstellungen des Flächennutzungsplans konkreter ausgestaltet und damit zugleich verdeutlicht werden.[1218]

Verstöße i.S.d. § 214 Abs. 2 Nr. 1 BauGB sind dann beachtlich, wenn der B-Plan der beabsichtigten städtebaulichen Entwicklung diametral entgegen steht. Verstöße i.S.v. § 214 Abs. 2 Nr. 2 oder Nr. 4 BauGB sind dann beachtlich, wenn bei einem vorhandenen Flächennutzungsplan durch die Bauleitplanung gegen das Entwicklungsgebot verstoßen wird.[1219] Es muss deshalb im konkreten Einzelfall geprüft werden, ob die über den Bereich des Bebauungsplans hinausgehenden, übergeordneten Darstellungen des Flächennutzungsplans durch den Bebauungsplan so stark beeinträchtigt werden, dass die Grundkonzeption des Flächennutzungsplans in Frage gestellt wird.[1220] Dabei kommt es auf das Gewicht der planerischen Abweichung des B-Plans vom Flächennutzungsplan im Rahmen der Gesamtkonzeption des Flächennutzungsplans an. Maßgeblich ist dabei letztlich, ob der Flächennutzungsplan seine Bedeutung als kommunales Steuerungsinstrument der städtebaulichen Entwicklung „im Großen und Ganzen" behalten oder verloren hat.[1221]

e) Bedeutung von Abwägungsfehlern im Bauleitplanverfahren (§ 1 Abs. 6 BauGB)

614 Für die Abwägung ist nach § 214 Abs. 3 BauGB die Sach- und Rechtslage im Zeitpunkt der Beschlussfassung über den Bauleitplan maßgebend. Mängel im Abwägungsvorgang sind erheblich, wenn sie offensichtlich und auf das Abwägungsergebnis von Einfluss gewesen sind.[1222]

615 Maßgebender Zeitpunkt der Abwägung ist also die Beschlussfassung durch den gemeindlichen Satzungsgeber.[1223] Die gesetzliche Bestimmung des § 214 Abs. 3 Satz 1 BauGB verdeutlicht dabei die zeitliche Dimension des Abwägungsgebotes; es soll also verhindert werden, dass nachträgliche Änderungen der städtebaulichen

---

[1217] *BVerwG*, 18. 12. 1991 – 4 CN 2.89 – DVBl. 92, 574: Ein aus einem nichtigen Flächennutzungsplan entwickelter B-Plan, kann als vorzeitiger B-Plan (§ 8 Abs. 4 BauGB) wirksam sein, wenn die gesetzlichen Voraussetzungen für einen vorzeitigen B-Plan **objektiv** vorlagen.

[1218] *BVerwG*, 26. 2. 1999 – 4 CN 6.98 – ZfBR 99, 223; *OVG Hamburg*, 4. 11. 1999 – 2 E 29/96.N – ZfBR 00, 498 ff.; *OVG Münster*, 30. 6. 1999 – 7 aD 184/97.NE – NWVBl. 00, 62 ff.

[1219] *Battis/Krautzberger/Löhr*, § 214, Rdn. 11 a. E.

[1220] *OVG Münster*, 30. 6. 1999 – 7 aD 184/97.NE – NWVBl. 00, 62.

[1221] *BVerwG*, 26. 2. 1999 – 4 CN 6.98 – ZfBR 99, 223.

[1222] *Lemmel* in Berliner Kommentar, § 214, Rdn. 37 ff.

[1223] *Battis/Krautzberger/Löhr*, § 214, Rdn. 14.

Verhältnisse oder der zugrunde liegenden rechtlichen Vorschriften, die die Gemeinde bei der Beschlussfassung über den Bauleitplan noch gar nicht berücksichtigen konnte, zu berücksichtigen gehabt hätte. Der § 214 Abs. 3 Satz 1 BauGB begründet also eine eindeutige zeitliche Zäsur.[1224]

Nachträgliche Veränderungen machen deshalb die Abwägung als solche nicht mangelhaft.[1225]

Ausnahmsweise ist auf den späteren Zeitpunkt der Bekanntmachung des Bebauungsplans abzustellen, wenn zwischen Beschlussfassung und Bekanntmachung ausgesprochen gravierende Ereignisse, beispielsweise ein Dammbruch mit Überschwemmungsfolgen eingetreten sind und sich von ihnen her aufdrängt, zu bezweifeln, ob der Plan gleichwohl so in Kraft gesetzt werden darf.[1226] 616

Die Gemeinde soll nicht ohne erneute Sachentscheidung eine Norm in Kraft setzen, deren Rechtsgehalt zweifelhaft geworden ist.[1227] Dies betrifft dann nicht nur das Abwägungsergebnis, sondern auch den Abwägungsvorgang, weil sich in der Zeitspanne, in der die Gemeinde das Inkraftsetzen der Planung durch die anderweitige Möglichkeit einer neuen Entscheidung noch in der Hand hat, die Abwägungssituation ganz anders darstellt, als sie für das zuvor gefundene Ergebnis maßgebend war. In diesen Fällen ist dann erneut in den Abwägungsvorgang einzutreten.[1228] 617

Darüber hinaus sind **Mängel im Abwägungsvorgang** nur **erheblich,** wenn sie **offensichtlich** und auf das **Abwägungsergebnis von Einfluss** gewesen sind.[1229] 618

Da der Rat der Gemeinde das zuständige Organ ist, das den Satzungsbeschluss fasst, muss der Rat über alle mit dem Satzungsbeschluss zusammenhängenden Vorgänge vollständig informiert sein.[1230] 619

Es kommt nicht darauf an, welche Überlegungen die Verwaltung der Gemeinde im einzelnen angestellt hat und was sich ggfs. aus den Aufstellungsvorgängen ergab, sondern entscheidend ist, was der Gemeinderat wusste und damit in seine Entscheidung einbeziehen konnte.[1231] Maßgeblich sind die objektiv erfassbaren Sachumstände und nicht die innere Motivation einzelner Ratsmitglieder.[1232] 620

Die mangelnde, fehlerhafte oder unvollständige Unterrichtung des Gemeinderates durch die Verwaltung führt dazu, dass entweder überhaupt keine Abwägung stattfindet oder an Belangen nicht eingestellt wird, was nach Lage der Dinge einzustellen ist. Umgekehrt folgt aus § 214 Abs. 3 Satz 2 BauGB, dass die möglichen Planbetroffenen im Rahmen der vorgezogenen Bürgerbeteiligung bzw. in der 621

1224 *Battis/Krautzberger/Löhr,* § 214, Rdn. 14.

1225 *Lemmel* in Berliner Kommentar, § 214, Rdn. 37.

1226 *BVerwG,* 29. 9. 1978 – 4 C 30.76 – BVerwGE 56, 283 ff., 289.

1227 *BVerwG,* 23. 6. 1992 – 4 NB 26.92 – NVwZ 93, 361.

1228 Zu diesem Regelausnahmeverhältnis vgl. auch *Lemmel* in Berliner Kommentar, § 214, Rdn. 38.

1229 *BVerwG,* 29. 1. 1992 – 4 NB 22.90 – ZfBR 90, 139; *BVerwG,* 20. 1. 1995 – 4 NB 43.99 – NVwZ 95, 692 ff. Hierzu sind i. d. R. besondere Feststellungen des Normenkontrollgerichts erforderlich, vgl. *BVerwG,* 25. 11. 1999 – 4 CN 12/98 – NVwZ 00, 676 ff.

1230 *BVerwG,* 25. 11. 1999 – 4 CN 12/98 – NVwZ 00, 676 ff.

1231 *Lemmel* in Berliner Kommentar, § 214, Rdn. 41.

1232 *BVerwG,* 21. 8. 1981 – 4 C 57.80 – BVerwGE 64, 33 f.

Auslegung nach § 3 Abs. 2 BauGB verpflichtet sind, von Ihren Beteiligungsrechten Gebrauch zu machen.

622 Die Betroffenen müssen also ihre spezifischen Interessen vortragen, d.h. es müssen Anregungen und Bedenken geltend gemacht werden. Daraus folgt:

623 – Bestimmte Belange sind nur dann für die Abwägung von Relevanz, wenn sie von den Planbetroffenen im Verfahren ausreichend konkret vorgetragen worden sind.[1233]

624 – Sofern der Einwender der Gemeinde einen falschen Sachverhalt vorträgt und die Gemeinde hierauf ihre Abwägung stützt, liegt kein materiell-rechtlicher Fehler des Bebauungsplans vor.[1234]

625 – Im übrigen muss die Gemeinde Belange, die im Rahmen der Offenlegung/der vorgezogenen Bürgerbeteiligung nicht vorgetragen worden sind, nur dann die Abwägung einstellen, wenn sie sich ihr aufdrängen muss.[1235]

626 Offensichtlich ist alles, was zur äußeren Seite des Abwägungsvorgangs derart gehört, dass es auf objektiv fassbaren Umständen beruht. Fehler, die die Zusammenstellung und Aufarbeitung des Abwägungsmaterials, das Erkennen und Berücksichtigen aller wesentlichen Belange in die Abwägung oder die Gewichtung der Belange betreffen, ergeben sich etwa aus Akten, Protokollen, aus der Entwurfs- oder Planbegründung oder aus sonstigen Unterlagen.[1236] Auch rechtlich fehlerhafte Überlegungen der Gemeinde im Rahmen der Abwägungsentscheidung sind nicht deshalb mangels Offensichtlichkeit unbeachtlich, weil die rechtliche Beurteilung der Vorfrage Schwierigkeiten bereitet.[1237]

627 Offensichtlich ist dies in diesem Zusammenhang beispielsweise, wenn der gemeindliche Plangeber durch seine Festsetzungen in dem bestehenden Bestand eines Grundstücks eingreift, das hierdurch in seinem Recht getroffen/tangiert werden könnte.

628 Offensichtliche Mängel sind nur dann erheblich, wenn sie auf das Abwägungsergebnis von Einfluss gewesen sind. Das ist immer dann zu bejahen, wenn nach den Umständen des jeweiligen Einzelfalls die konkrete Möglichkeit bestand, dass ohne den Mangel im Planungsvorgang die Planung anders ausgefallen wäre.[1238]

629 Eine solche Möglichkeit besteht nach der Rechtsprechung des Bundesverwaltungsgerichts immer dann, wenn sich anhand der Planunterlagen oder sonst er-

---

[1233] *BVerwG,* 9. 1. 1979 – 4 N 1.78 – NJW 80, 1061; *BVerwG,* 13. 9. 1985 – 4 C 64.80 – BauR 86, 59.

[1234] *VGH Mannheim,* 24. 3. 1986 – 5 S 3009/85 – NVwZ 87, 67.

[1235] *BVerwG,* 13. 9. 1985 – 4 C 64.80 – NVwZ 86, 740.

[1236] *BVerwG,* 21. 8. 1981 – 4 C 57.80 – BVerwGE 64, 33; *BVerwG,* 21. 8. 1981 – 4 C 65.80 – BVerwGE 64, 42; vgl. auch *Rabe,* „Fehler in der Bauleitplanung", ZfBR 01, 229ff., 235.

[1237] *BVerwG,* 7. 11. 1997 – 4 NB 48.96 – NVwZ 98, 956.

[1238] *Battis/Krautzberger/Löhr,* § 214, Rdn. 17. § 214 Abs. 3 S. 2 BauGB verfolgte das Ziel, der – seinerzeit – zunehmenden Entscheidungspraxis der Verwaltungsgerichte entgegenzuwirken, wegen überhöhter Anforderungen an das Planungsverfahren B-Pläne selbst dann aufzuheben, wenn sie in ihrem Ergebnis nicht zu beanstanden sind. Durch sie soll die gerichtliche Überprüfung von B-Plänen beschränkt werden. Dieses Ziel kann nur erreicht werden, wenn ein strenger Maßstab an die Tatbestandsmerkmale „offensichtlich" und „von Einfluss gewesen" gelegt wird; vgl. dazu *BVerwG,* 20. 1. 1995 – 4 NB 43.93 – ZfBR 95, 145.

kennbarer oder naheliegender Umstände die Möglichkeit abzeichnet, dass der Mangel im Abwägungsvorgang von Einfluss auf das Abwägungsergebnis gewesen sein kann.[1239]

Dies ist z.B. dann der Fall, wenn der Planungsträger sich von einem unzutreffend angenommenen Belang hat leiten lassen und andere Belange, die das Abwägungsergebnis rechtfertigen könnten, weder im Bauleitplanverfahren angesprochen und noch sonst ersichtlich sind: die unzutreffende Erwägung ist dann für das Abwägungsergebnis von Einfluss gewesen. 630

Erforderlich ist aber, dass im einzelnen näher begründet werden muss, weshalb die Vermeidung des Fehlers zu einem anderen Ergebnis hätte führen können. Die bloße abstrakte Möglichkeit hierzu reicht nicht aus.[1240] 631

Die Frage, ob offensichtliche Mängel erheblich waren, lässt sich jeweils immer nur anhand des Einzelfalls beurteilen.

aa) Fristen für die Geltendmachung der Verletzung von Abwägungsmängeln

Nach § 215 Abs. 1 Ziff. 2 werden Mängel der Abwägung unbeachtlich, wenn sie nicht innerhalb von sieben Jahren seit Bekanntmachung des B-Plans schriftlich gegenüber der Gemeinde geltend gemacht worden sind; der Sachverhalt, der den Abwägungsmangel begründen soll, ist dabei darzulegen. Dadurch soll sichergestellt werden, dass die Gemeinde aufgrund gezielter Informationen in die Lage versetzt wird zu prüfen, ob und wie sich der geltend gemachte Mangel beheben lässt. Eine solche Anstoßwirkung kann nur von Erklärungen ausgehen, die in hinreichend bestimmter Weise auf einen dahingehenden Rügewillen schließen lassen. Sie fehlt bei Äußerungen, die mit erkennbar anderer Zweckrichtung abgegeben werden und sich allenfalls mittelbar als Hinweis darauf werten lassen, dass ein B-Plan an einem Abwägungsmangel leidet.[1241] Für die Fristwahrung ist es bei der Mängelrüge unerheblich, von wem die Rüge vorgebracht wurde. Gleichgültig ist es deshalb auch, ob der Antragsteller des Normenkontrollverfahrens oder ein rügender Dritter ein übereinstimmendes Abwägungsinteresse haben. Entscheidend ist allein der Umstand, ob sich aus dem dargelegten Sachverhalt ein konkreter Abwägungsmangel ergibt. Sofern ein Abwägungsmangel hinreichend deutlich und fristgemäß geltend gemacht worden ist, wirkt die Fehlerrüge allgemein und absolut für jedermann („inter omnis"), also nicht nur zugunsten desjenigen, der den Abwägungsmangel ordnungsgemäß geltend gemacht hat.[1242] Insoweit gelten die gleichen Grundsätze wie bei der Rüge von Verfahrensfehlern (siehe oben D 546 ff.). Mängel der Abwägung sind mangels Rüge allerdings nur dann unbeachtlich, wenn die Gemeinde ihrer Hinweispflicht nach § 215 Abs. 2 BauGB nachgekommen ist und auf die befristete Geltendmachung von Mängeln der Abwägung und deren Rechtsfolgen hingewiesen hat.[1243] 632

1239 *BVerwG,* 21. 8. 1981 – 4 C 57.80 – BVerwGE 64, 33 ff., 39.
1240 *BVerwG,* 29. 1. 1992 – 4 NB 22.90 – NVwZ 92, 662 ff.
1241 *BVerwG,* 11. 11. 1998 – 4 BN 50.98 – NVwZ-RR 99, 424.
1242 *BVerwG,* 2. 1. 2001 – 4 BN 13/00 – n. v.
1243 Vgl. dazu *Battis/Krautzberger/Löhr,* § 215, Rdn. 7.

bb) Verletzung des Abwägungsgebots im einzelnen

633 (1) *Abwägungsprozess.* Der Abwägungsprozess nach § 1 Abs. 6 BauGB ist vom Gesetzgeber als zentraler Interessensausgleich aller von der Planung Betroffenen ausgestaltet werden; er ist damit das zentrale Instrument aller rechtsstaatlichen Planung. Der in § 1 Abs. 6 BauGB erwähnte Ausgleich der öffentlichen und privaten Interessen untereinander und gegeneinander ist dabei nur eine eingeschränkten gerichtlichen Kontrolle zugänglich.

634 Nur dann, wenn der Abwägungsvorgang und das Ergebnis der Abwägung nicht dem Gebot der gerechten Abwägung entsprechen, kann der B-Plan unter Hinweis auf § 1 Abs. 6 BauGB mit Erfolg angegriffen werden.[1244]

635 (2) *Struktur des Abwägungsgebots.* Das Abwägungsgebot[1245] verlangt
- die Sammlung des Abwägungsmaterials (Anregungen und Bedenken der privaten Einwender/der TÖB/sowie alles was sich von Amts wegen aufdrängt),
- die Gewichtung der relevanten Belange,
- der Ausgleich der betroffenen Belange,
- das Abwägungsergebnis als sachgerechten Ausgleich (Ausrichtung am Grundsatz der Verhältnismäßigkeit/Beachtung spezieller Ausgleichsvorgaben wie z.B. die naturschutzrechtlichen Ausgleichsregelungen).

636 Das BVerwG unterscheidet bei der Überprüfung der Abwägung folgende Stufen:[1246]

1. Stufe

Hat überhaupt eine Abwägung stattgefunden?

2. Stufe

Ist in die Abwägung eingestellt worden, was nach Lage der Dinge hätte eingestellt werden müssen?

3. Stufe

Sind einzelne Belange bei der Abwägung verkannt worden **(Abwägungsfehleinschätzung)** und ist dadurch die Gewichtung verschiedener Belange in einer Weise erfolgt, die durch die objektive Gewichtigkeit eines dieser Belange außer Verhältnis steht **(Abwägungsdisproportionalität)?**

637 (a) *1. Stufe der Überprüfung: Abwägungsausfall.* Sofern im B-Plan-Verfahren überhaupt keine Abwägung stattgefunden hat, spricht das BVerwG von einem Abwägungsausfall; ein derartiger Fall dürfte heute kaum noch festzustellen sein.

638 (b) *2. Stufe der Überprüfung: Zusammenstellung des Abwägungsmaterials.* Fehler bei der Zusammenstellung des Abwägungsmaterials (Abwägungsdefizit) sind häufig.[1247] Umfang und Tiefe der Sachermittlungspflicht der planaufstellenden Gemeinde divergieren von Fall zu Fall und sind jeweils von den Besonderheiten des Plangebietes abhängig. Dabei kann es vor allem auch von Bedeutung sein, dass die TÖB den Entwurf der Gemeinde nicht beanstandet haben und dass potentiell Betroffene ge-

---

1244 *Birk,* Rdn. 508.

1245 *Kuschnerus,* Rdn. 251–261.

1246 *Gaentsch* in Berliner Kommentar, § 1, Rdn. 76 m. w. N.; *BVerwG,* 12. 12. 1969 – 4 C 105.66 – BVerwGE 34, 301, 309.

1247 *BVerwG,* 27. 7. 1998 – 4 BN 31.98 – ZfBR 98, 317.

gen den Entwurf keine substantiierten Einwendungen erhoben haben.[1248] Häufige Fehlerquellen:

- Nichtberücksichtigung einzelner Einwendungen,
- Unvollständige Unterrichtung des Gemeinderates im Zusammenhang mit dem Satzungsbeschluss,[1249]
- Übergehen von Gesichtspunkten, die sich von Amts wegen hätten aufdrängen müssen (z. B. die Denkmaleigenschaft eines Gebäudes),[1250]
- Nichtberücksichtigung von Altlasten,
- Fehlerhafte Ermittlung des Baubestandes oder der Nutzungen eines Grundstücks bei der Überplanung eines teilweise bereits überplanten Gebietes.[1251]

Des weiteren ist von der Gemeinde zu prüfen, welche Auswirkungen von ihr beabsichtigten Planungen auf die vorgefundene Situation haben werden. Fehlerquellen: 639

- Fehlende Alternativplanungen,
- Fehlende Untersuchung der Auswirkungen von Gewerbebetrieben bei Festsetzung eines Gewerbegebietes auf die in der Nähe gelegene Wohnbebauung,
- Fehlende Prognosen über Verkehrsbelastungen,
- Kein Sachverständigengutachten über Lärmauswirkungen,[1252]
- Keine Untersuchung der Folgen der Änderung eines B-Plans für die Planbetroffenen unter dem Gesichtspunkt des Vertrauensschutzes,
- Keine Prüfung der Wechselwirkungen zwischen einem stark emittierenden landwirtschaftlichen Betrieb bei der geplanten Ausweisung eines Wohngebietes.

Unterlassene Ermittlungen sind unschädlich, wenn die Gemeinde nachweisen kann, dass eine (theoretisch) vorgenommene Ermittlung zu keinem anderen Ergebnis geführt hätte. Die Darlegungs- und Beweislast trägt die Gemeinde.[1253] Liegt der Fehler bei der Zusammenstellung des Abwägungsmaterials darin, dass die planende Gemeinde bestimmte Sachzusammenhänge nicht näher aufgeklärt hat und hat die Gemeinde in diesem Zusammenhang einen bestimmten Sachverhalt ohne vorherige Aufklärung als richtig unterstellt, so ist dieser Fehler bei der Zusammen- 640

1248 *BVerwG,* 14. 8. 1989 – 4 NB 24.88 – DVBl. 89, 1105: In solchen Fällen wird die Gemeinde häufig keinen Anlass haben, weitere Einzelheiten aufzuklären. Die objektiv vorhandenen Belange bleiben allerdings – sanktionslos – unberücksichtigt, wenn sie von dem Planbetroffenen nicht geltend gemacht wurden und sie für die Gemeinde weder offensichtlich waren oder sich geradezu aufdrängen mussten, vgl. dazu *BVerwG,* 13. 9. 1985 – 4 C 64.80 – NVwZ 86, 740. Die planende Gemeinde braucht in ihrer Abwägung Erweiterungs- und Entwicklungsabsichten eines Betriebsinhabers nicht einzustellen, wenn diese Absichten noch unklar sind, oder nicht an einen bereits vorhandenen schutzwürdigen Bestand anknüpfen, vgl. *OVG Münster,* 22. 5. 2000 – 10 aD 139/98.NE – NWVBl. 01, 59.

1249 *BVerwG,* 25. 11. 1999 – 4 CN 12/98 – NVwZ 00, 676 ff.

1250 *OVG Lüneburg,* 14. 2. 1989 – 6 C 23, 24, 26/88 – NVwZ-RR 90, 342.

1251 Die Gemeinde darf durch ihre Bauleitplanung die bauliche Nutzbarkeit von Grundstücken ändern und dabei auch die privaten Nutzungsmöglichkeiten einschränken oder gar aufheben; die privaten Eigentümerinteressen müssen allerdings in der nach § 1 Abs. 6 BauGB gebotenen Abwägung als wichtige Belange berücksichtigt werden, vgl. *OVG Münster,* 22. 5. 2000 – 10 aD 139/98.NE – NWVBl. 01, 58 f.

1252 *OVG Lüneburg,* 30. 6. 1986 – 1 C 4/86 – BauR 87, 176.

1253 *BVerwG,* 23. 4. 1997 – 4 NB 13.97 – ZfBR 97, 261.

stellung des Abwägungsmaterials nur dann beachtlich, wenn sich im nachfolgenden Normenkontrollverfahren herausstellt, dass der von der Gemeinde objektiv zugrunde gelegte Sachverhalt falsch ist. Hat die Gemeinde jedoch einen objektiv zutreffenden Sachverhalt (wenngleich auch ohne nähere Nachforschung) zugrunde gelegt, ist der Plan nicht zu beanstanden.[1254]

641 **Beispiel:**

Eine Gemeinde überplant ein Gewerbegebiet und trifft ergänzende textliche Festsetzungen gem. § 1 Abs. 9 BauNVO, mit denen die Zulässigkeit von Einzelhandelsbetrieben – branchendifferenzierend – zum großen Teil beschränkt werden. Hat die Gemeinde bei der Planaufstellung in diesem Zusammenhang zur Planrechtfertigung städtebauliche Gründe angenommen, die sie jedoch nicht näher untersucht hat, so ist dieser Ermittlungsfehler unbeachtlich, wenn sich hinterher objektiv herausstellt, dass die Annahme der Gemeinde richtig war.

642 Bei der **Zusammenstellung des Abwägungsmaterials** kommt dabei den gesetzlichen Vorgaben des § 1 Abs. 5 und dem hierin enthaltenen Kriterienkatalog i. V. m. § 1 a BauGB besondere Bedeutung zu. Bei der Aufstellung der Bauleitpläne sind nach § 1 Abs. 5 BauGB insbesondere zu berücksichtigen

- die allgemeine Anforderungen an gesunde Wohn- und Arbeitsverhältnisse und die Sicherheit der Wohn- und Arbeitsbevölkerung,
- die Wohnbedürfnisse der Bevölkerung bei Vermeidung einseitiger Bevölkerungsstrukturen, die Eigentumsbildung weiter Kreise der Bevölkerung, insbesondere durch die Förderung kostensparenden Bauens und die Bevölkerungsentwicklung,
- die sozialen und kulturellen Bedürfnisse der Bevölkerung,
- die Erhaltung, Erneuerung und Fortentwicklung vorhandener Ortsteile sowie die Gestaltung des Orts- und Landschaftsbildes,
- die Belange des Denkmalschutzes und der Denkmalpflege,
- die Belange der Wirtschaft, des Verkehrs, die Erhaltung, Sicherung und Schaffung von Arbeitsplätzen.

Besonders herausgehoben sind durch die Einführung des BauROG die in § 1 a Abs. 2 BauGB aufgeführten Belange, nämlich

- die Darstellung von Landschaftsplänen und sonstigen Plänen, insbesondere des Wasser-, Abfall- und Immissionsschutzrechts,
- die Vermeidung und der Ausgleich der zu erwartenden Eingriffe in Natur und Landschaft (Eingriffsregelung nach dem Bundesnaturschutzgesetz),
- die Bewertung der ermittelten und beschriebenen Auswirkungen eines Vorhabens auf die Umwelt entsprechend dem Planungsstand (Umweltverträglichkeitsprüfung)[1255] soweit im Bebauungsplanverfahren die bauplanungsrechtliche Zulässigkeit von bestimmten Vorhaben i. S. d. Anlage zu § 3 UVPG begründet werden soll, und

---

[1254] *BVerwG,* 27. 7. 1998 – 4 BN 31.98 – ZfBR 98, 317.

[1255] Vgl. *Mitschang,* „Umweltverträglichkeitsprüfung in der Bauleitplanung – neue Impulse durch die EG-Änderungsrichtlinie zur UVP-Richtlinie", ZfBR 01, 239 ff. (Teil 1); *BVerwG,* 25. 1. 1996 – 4 C 19/94 – NVwZ 96, 788 ff.; *BVerwG,* 21. 3. 1996 – 4 C 19/94 – NVwZ 96, 1016 ff.; *BVerwG,* 14. 5. 1996 – 7 NB 3/95 – NVwZ 97, 494 ff.

– die Erhaltungsziele oder der Schutzzweck der Gebiete von gemeinschaftlicher Bedeutung der europäischen Vogelschutzgebiete i. S. d. Bundesnaturschutzgesetzes (Prüfung nach der Fauna-Flora-Habitat-Richtlinie).

Der Anwendungsbereich der UVP für B-Pläne wird durch § 2 Abs. 3 Nr. 3 UVPG i. V. m. der Anlage zu § 3 UVPG bestimmt (§ 1a Abs. 2 Nr. 3 BauGB). Die Umweltverträglichkeitsprüfung ist dabei ein unselbständiger Verfahrensbestandteil des B-Planverfahrens. Im Rahmen des Aufstellungsverfahrens der B-Pläne ist die Umweltverträglichkeitsprüfung unter Einbeziehung der Öffentlichkeit durchzuführen. Die Umweltverträglichkeitsprüfung muss dabei der nach § 1 Abs. 6 BauGB gebotenen Abwägung aller Belange als Zwischenschritt vorgeschaltet bleiben, wobei das Fehlen einer UVP noch nicht unbedingt einen Abwägungsmangel indiziert.[1256]

Das Gewicht des Ergebnisses einer erforderlichen Umweltverträglichkeitsprüfung (vgl. dazu D 474a ff.) im abschließenden Abwägungsvorgang richtet sich ausschließlich nach den allgemeinen Abwägungsgrundsätzen gem. § 1 Abs. 6 BauGB, was durch § 1a Abs. 2 Nr. 3 BauGB ausdrücklich klargestellt wird.[1257]

(c) *3. Stufe der Überprüfung: Gewichtung der Belange.* Für die Abwägung in der **643**
Bauleitplanung[1258] gilt der Grundsatz der **Gleichrangigkeit der Belange,** d. h. es gibt keinen abstrakten Vorrang bestimmter einzelner Belange. Maßgeblich ist die jeweilige konkrete Betroffenheit des Einzelbelangs.

Sofern Optimierungsgebote (vgl. oben D 642) die Abwägung nicht weiter **644**
strukturieren können, sind sie untauglich als Vorrangsprinzip herzuhalten. Ggfs.

1256 Vgl. *Mitschang,* „Umweltverträglichkeitsprüfung in der Bauleitplanung – neue Impulse durch die EG-Änderungsrichtlinie zur UVP-Richtlinie", ZfBR 01, 239 ff. (Teil 1); *BVerwG,* 25. 1. 1996 – 4 C 19/94 – NVwZ 96, 788 ff.; *BVerwG,* 21. 3. 1996 – 4 C 19/94 – NVwZ 96, 1016 ff.; *BVerwG,* 14. 5. 1996 – 7 NB 3/95 – NVwZ 97, 494 ff.

1257 Vgl. dazu *Gierke* in *Brüggelmann,* BauGB, § 1a, Rdn. 5 ff.; *Mitschang,* „Umweltverträglichkeitsprüfung in der Bauleitplanung – neue Impulse durch die EG-Änderungsrichtlinie zur UVP-Richtlinie (Teil 1)", ZfBR 01, 239 ff., 245, schreibt dazu zusammenfassend: „In der Rechtsprechung hat die Umweltverträglichkeitsprüfung mittlerweile ebenfalls eine Festschreibung erfahren und insoweit die vielleicht vorhandenen überspannten Erwartungen zurückgeschraubt: In diesem Sinne
– strukturiert die förmliche Umweltverträglichkeitsprüfung den Abwägungsvorgang dergestalt, dass zunächst eine auf die Umwelt beschränkte Ermittlung und Bewertung der Auswirkungen des Vorhabens stattzufinden hat,
– werden die materiell-rechtlichen Zulassungsvoraussetzungen des nationalen Rechts durch die UVP-Richtlinie für UVP-pflichtige Vorhaben nicht verschärft,
– indiziert das Fehlen einer Umweltverträglichkeitsprüfung noch keinen Abwägungsmangel,
– ist die UVP-Richtlinie nicht geeignet, fehlende Umweltstandards zu ersetzen,
– gebieten weder die UVP-Richtlinie noch das UVPG, dass Umweltauswirkungen eines Vorhabens anhand standardisierter Maßstäbe oder in standardisierten oder schematisierten und rechenhaft handhabbaren Verfahren ermittelt oder bewertet werden,
– ergibt sich weder aus der UVP-Richtlinie noch aus dem UVPG eine Verpflichtung zur Alternativenprüfung im Rahmen von planerischen Zulassungsentscheidungen. Inwieweit eine solche Prüfung geboten ist, bestimmt sich allein nach der konkreten Situation und den sich daraus ergebenden Anforderungen des Einzelfalls."

1258 Vgl. dazu beispielsweise *Kuschnerus,* „Die Nachhaltigkeit im Abwägungsprozess und in der gerichtlichen Überprüfung", ZfBR 00, 15 ff.

müssen gesetzgeberische Wertungen, d. h. gesetzliche Hervorhebungen bestimmter Belange im Rahmen der Abwägung eingestellt werden.

- Dabei ist zu berücksichtigen, dass auch derartige Belange grundsätzlich überwunden werden können.
- Die konkrete Zurücksetzung eines derartig hervorgehobenen Belangs ist besonders zu rechtfertigen.
- Die Anforderung an das Gewicht gegenläufiger Belange ist umso höher, je stärker die tatsächliche negative Betroffenheit des hervorgehobenen Belangs zu werten ist.

645 Als hervorgehobene Belange sind die Belange von Natur und Landschaft in der bauleitplanerischen Abwägung anzusehen.[1259]

Im Rahmen der Gewichtung der Belange ist dabei insbesondere der Grundsatz der planerischen Konfliktbewältigung zu beachten.[1260]

646 Hiergegen wird beispielsweise dann verstoßen, wenn bei Neuplanungen an sich unverträgliche Nutzungen nebeneinander ausgewiesen werden. Es gilt der sog. Trennungsgrundsatz, also letztlich eine besondere planerische Ausformung des Rücksichtnahmegebotes. Dort wo eine räumliche Trennung beispielsweise nicht möglich ist, müssen ggfs. begleitende Maßnahmen (wie z. B. Lärmschutzwälle u. ä.) getroffen werden.

647 Beispiel aus der Rechtsprechung für die Nichtbewältigung von derartigen Konflikten

- gewerbliche Nutzungen neben Wohnbebauung,
- Heranrücken eines Wohngebietes an ein Industriegebiet.

648 Andererseits hat das BVerwG mehrfach entschieden, dass möglicherweise nicht alle auftretenden Konflikte im B-Plan-Verfahren gelöst werden müssen. Unter Umständen reicht es deshalb aus, wenn die erforderliche **Konfliktbewältigung** auch noch in einem anschließenden Baugenehmigungsverfahren ggfs. unter Zuhilfenahme des § 15 BauNVO geleistet werden kann. Es ist allerdings erforderlich, dass der gemeindliche Satzungsgeber im Bebauungsplanverfahren mindestens prüft, ob eine derartige Konfliktbewältigung im Baugenehmigungsverfahren möglich ist.[1261] Die Gemeinde darf von einer abschließenden Konfliktbewältigung im B-Planverfahren Abstand nehmen, wenn die Durchführung der als notwendig anerkannten Konfliktlösungsmaßnahmen außerhalb des Planungsverfahrens auf der Stufe der Verwirklichung des B-Plans sichergestellt ist.[1262] Es ist aber allgemein anerkannt, dass die Grenzen zulässiger Konfliktverlagerung überschritten sind, wenn bereits im Zeitpunkt der Planaufstellung absehbar ist, dass sich der offen gelassene Interessenkonflikt auch nicht im Anschluss an das Bauleitplanverfahren sachgerecht lösen lassen wird.[1263] Es ist Aufgabe der Gemeinde im Rahmen des Abwägungs-

---

1259 *BVerwG,* 31. 1. 1997 – 4 NB 27.96 – ZfBR 97, 316.

1260 *Battis/Krautzberger/Löer,* § 1, Rdn. 115; Lemmel in Berliner Kommentar, § 1, Rdn. 79.

1261 *BVerwG,* 17. 2. 1984 – 4 B 19.83 – BVerwGE 69, 30.

1262 *BVerwG,* 14. 7. 1994 – 4 NB 25.94 – BRS 56, Nr. 6; *BVerwG,* 8. 10. 1998 – 4 CN 7.97 – NVwZ 99, 414.

1263 *BVerwG,* 11. 3. 1988 – 4 C 56.84 – BRS 48 Nr. 8, *BVerwG,* 17. 2. 1984 – 4 B 191.83 – BVerwGE 69, 30; *BVerwG,* 21. 2. 2000 – 4 BN 53.99 – BauR 00, 1460.

vorgangs prognostisch zu beurteilen, ob eine Konfliktbewältigung im Rahmen eines späteren Baugenehmigungsverfahrens gesichert oder zumindest wahrscheinlich ist.

Abwägungsdefizite können bei selbstbindenden Vorentscheidungen (z.B. bei 649
vertraglichen Bindungen) entstehen.[1264]

Anerkannt ist ferner das Gebot der Lastenverteilung, wonach vom Bebauungs- 650
plan ausgehende Belastungen z.B. bei Inanspruchnahme oder Beeinträchtigung von Grundstücken durch Ausweisung und Anlehnung öffentlicher Verkehrsflächen möglichst gleichmäßig auf alle Grundstückseigentümer verteilt werden müssen.[1265]

Schließlich hat das **Rücksichtnahmegebot** bei der Gewichtung der Belange im 651
Bauleitplanverfahren entscheidende Bedeutung; es bedeutet im Grunde eine Ausformung des Verhältnismäßigkeitsprinzips, der Situationsgebundenheit eines Grundstücks im Rahmen der Sozialpflichtigkeit nach Art. 14 GG, wenn damit Nutzungsgrenzen und Abwehrrechte gekennzeichnet werden.[1266]

Hervorzuheben ist, dass nach § 1 Abs. 6 BauGB die öffentlichen und privaten 652
Belange gegeneinander und untereinander **gerecht** abzuwägen sind. Welche Belange dabei bevorzugt und welche Belange dementsprechend zurückgestellt werden, ist Gegenstand der Abwägungsentscheidung und vom Gesetz nicht abstrakt vorgegeben.[1267] Die Gerichte haben unter Beachtung der verschiedenen Vorgaben abschließend zu prüfen, ob die Gewichtung einzelner Belange in einer Weise vorgenommen wird, die zu ihrer objektiven Bedeutung außer Verhältnis steht.[1268] Dabei kann der Fehler sowohl dahin gehen, dass bestimmte Belange zu stark gewichtet, oder zu gering gewichtet worden sind. Im allgemeinen gilt, dass je gravierender die zurück zu setzenden Belange betroffen sind, der Plangeber um so gewichtigere Gründe für ein Zurücksetzen einzelner Belange anführen muss.[1269] Das gilt im besonderen dann, wenn der zurück zu setzende Belang im Abwägungsprogramm besonders hervorgehoben ist.

Von besonderer Bedeutung ist dabei die Berücksichtigung der Belange des Na- 653
turschutzes und der Landschaftspflege. Gem. § 1a BauGB soll die Bauleitplanung „dazu beitragen (soll), eine menschenwürdige Umwelt zu sichern und die natürlichen Lebensgrundlagen zu schützen und zu entwickeln". Der Bauleitplan muss ein Konzept verfolgen, dass das Integritätsinteresse von Natur und Landschaft im besonderen Maße berücksichtigt.[1270] Es müssen deshalb möglichst naturschonende Festlegungen der Standorte der Bodennutzung erfolgen. Der gemeindliche Satzungsgeber hat ergänzend über Vermeidungsmaßnahmen zu entscheiden und auf den Eingriffgrundstücke möglichst naturschonende Festsetzungen zu treffen. Im Rahmen der Abwägung sind ferner Ausgleichsmaßnahmen unter besonderer Berücksichtigung des Kompensationsinteresses von Natur und Landschaft zu tref-

---

1264 *Lemmel* in *Berliner Kommentar,* § 1, Rdn. 80, 81.
1265 Vgl. dazu *Birk,* Rdn. 522.
1266 Vgl. dazu *Battis/Krautzberger/Löer,* § 1, Rdn. 122.
1267 *Battis/Krautzberger/Löhr,* § 1, Rdn. 102.
1268 *Lemmel* in Berliner Kommentar, § 1, Rdn. 78.
1269 *BVerwG,* 12. 12. 1969 – 4 C 195.66 – BVerwGE 34, 301, 309.
1270 *Kuschnerus,* Rdn. 523 ff.

fen;[1271] in diesem Zusammenhang können Ausgleichsfestsetzungen auf den Eingriffsgrundstücken oder sonstige auf einen Ausgleich abzielende Maßnahmen beschlossen werden. Schließlich ist es denkbar, dass auch auf anderen Grundstücken Ausgleichsfestsetzungen erfolgen.[1272] Maßnahmen zum Ausgleich von Eingriffen in Natur und Landschaft durch B-Pläne dürfen nicht nur zeitlich befristet werden. Dies gilt auch dann, wenn die Gemeinde von einer zeitlich begrenzten Betriebszeit eines Windparks ausgeht.[1273]

654 **Zusammenfassend** kann festgestellt werden, dass Mängel im Abwägungsvorgang auf den Stufen 1 und 2 nur dann auch von rechtlicher Relevanz sind, wenn sie auf das Abwägungsergebnis (die Stufe 3) von Einfluss gewesen sind. Beurteilungszeitraum für die gerichtliche Überprüfung ist der Zeitpunkt des Satzungsbeschlusses (§ 214 Abs. 2 Satz 1 BauGB). Spätere Entwicklungen können deshalb das Abwägungsergebnis i. d. R. nicht mehr beeinflussen.

655 Zur Abwägungsentscheidung selbst hat das BVerwG[1274] folgendes ausgeführt:

„2.1 Nach § 3 Abs. 2 Satz 4 BauGB sind die fristgemäß vorgebrachten Anregungen der Bürger zu prüfen; das Ergebnis ist mitzuteilen. Das Erfordernis, über die Anregungen förmlich durch Beschluss zu entscheiden, wird damit nicht statuiert. Nach Bundesrecht sind zwischen dem Auslegungsbeschluss (§ 2 Abs. 1 BauGB) und dem Satzungsbeschluss (§ 10 Abs. 1 BauGB) für das Zustandekommen eines Bebauungsplans keine weiteren Beschlüsse der Gemeinde erforderlich (vgl. hierzu Senatsbeschluss vom 15. April 1988 – BVerwG – 4 N 4.87 – BVerwGE 79, 200 (206)). § 3 Abs. 2 Satz 4 BauGB verlangt nur, dass die Anregungen der Bürger geprüft werden. Dass das Ergebnis dieser Prüfung durch einen vor oder neben dem Satzungsbeschluss (§ 10 Abs. 1 BauGB) ergehenden Beschluss festzustellen wäre, ergibt sich aus Bundesrecht nicht. Bundesrecht schließt allerdings auch nicht aus, dass Landesrecht dies bestimmt und auch regelt, welches Gemeindeorgan diesen Beschluss gegebenenfalls zu fassen hat.

2.2 Die Prüfung der vorgebrachten Bedenken und Anregungen ist untrennbar mit dem Abwägungsgebot des § 1 Abs. 6 BauGB verbunden. Sie hat zunächst den Zweck, notwendiges Abwägungsmaterial zu beschaffen und zu vervollständigen. Die vorgebrachten Anregungen sind daraufhin zu überprüfen, ob und in welcher Weise sie in dem Plan berücksichtigt werden können und sollen. Ihre abschließende Prüfung ist somit Bestandteil des Abwägungsvorgangs und geht in das Abwägungsergebnis ein: Die abschließende Entscheidung über Anregungen ist daher dem Satzungsbeschluss vorbehalten (§ 10 Abs. 1, § 214 Abs. 3 Satz 1 BauGB). Sie obliegt dem Gemeindeorgan, das den Satzungsbeschluss zu fassen hat, d. h. in aller Regel dem Gemeinderat (Gemeindevertretung). Das schließt nicht aus, dass ein Ausschluss die Beschlussfassung des Rates als des für den Satzungsbeschluss zuständigen Gemeindeorgans vorbereitet. Werden die vorgebrachten Anregungen jedoch dem Rat vorenthalten oder stellt dieser sie aus anderen Gründen nicht in seine Abwägung ein, liegt ein Ermittlungsfehler und – je nach den Umständen des Einzelfalls – auch ein Gewichtungsfehler im Vorgang der planerischen Abwägung vor; die Abwägungsfehler werden regelmäßig in einem ergänzenden Verfahren zu beheben sein."

[1271] Zur Berücksichtigung der Eigenschaft eines Gebiets als Vogelschutzgebiet im Rahmen der Abwägung, *OVG Lüneburg,* 14. 9. 2000 – 1 L 2153/99 – ZfBR 01, 208 ff.

[1272] Die Änderung des Flächennutzungsplans durch Darstellung eines Gebiets als ökologisch wertvolle Fläche ist keine Ersatzmaßnahme, die einen Ausgleich für mit dem Vollzug eines B-Planes verbundenen Eingriff in Natur und Landschaft darstellt. Eine Kompensation kann nur durch eine rechtliche Aufwertung von Flächen durch entsprechende Festsetzung in einem B-Plan bzw. durch die Übertragung des Ausgleichs auf ein nachfolgendes Verwaltungsverfahren erfolgen, vgl. *VGH Kassel,* 25. 5. 2000 – 4 N 2660/91 – ZfBR 01, 129 ff.

[1273] *OVG Lüneburg,* 14. 9. 2000 – 1 K 1414/98 – ZfBR 01, 134.

[1274] *BVerwG,* 25. 11. 1999 – 4 CN 12/98 – NVwZ 00, 676 ff.

Allerdings ist die Gemeinde verpflichtet, nach der Abwägungsentscheidung (Satzungsbeschluss) ggfs. zwischen dem Satzungsbeschluss und der Bekanntmachung auftretende Gesichtspunkte zu berücksichtigen, da sie ohne weiteres das Verfahren noch einmal aufnehmen kann.[1275] **656**

Ein Abwägungsdefizit kann nicht durch Nachschieben von rechtfertigenden städtebaulichen Gründen im späteren Normenkontrollverfahren geheilt werden.[1276] **657**

Bei der Frage, ob die im Abwägungsvorgang festgestellten Mängel auch auf das Abwägungsergebnis durchgeschlagen sind, also „beachtlich sind", ist zu prüfen, ob ein Fehler offensichtlich i. S. v. „nachweisbar" ist.[1277] Nachweisbare Fehler im Abwägungsvorgang sind nur dann unbeachtlich, wenn praktisch jede andere Planung ausgeschlossen ist.[1278] **658**

Der entsprechende Fehler muss in seinem Einfluss nicht positiv nachgewiesen werden; es reicht die konkrete Möglichkeit der Beeinflussung des Abwägungsergebnisses durch den Fehler. Festgehalten werden kann, dass ein offensichtlicher Mangel im Abwägungsergebnis nicht schon dann vorliegt, wenn die Planbegründung und Aufstellungsvorgänge keinen ausdrücklichen Hinweis darauf enthalten, dass der Plangeber sich mit bestimmten Umständen abwägend befasst hat.[1279] **659**

Mängel im Abwägungsergebnis haben nur dann Bedeutung, wenn sie innerhalb von sieben Jahren nach Bekanntmachung des B-Plans schriftlich gegenüber der Gemeinde gerügt werden. Bezüglich der Form und der Art und Weise der Rüge gelten die gleichen Grundsätze wie bei Verfahrensfehlern, vgl. dazu oben D 540 ff. Nach Ablauf der 7-Jahres-Frist haben Mängel im Abwägungsergebnis keine Bedeutung mehr. Die 7-Jahres-Frist begegnet allerdings verfassungsrechtlichen Bedenken. **660**

1275 *Battis/Krautzberger/Löer,* § 214, Rdn. 14.
1276 *Birk,* Rdn. 535.
1277 *BVerwG,* 29. 1. 1992 – 4 NB 22.90 – ZfBR 90, 139; *BVerwG,* 20. 1. 1995 – 4 NB 43.99 – NVwZ 95, 692 ff. Hierzu sind i. d. R. besondere Feststellungen des Normenkontrollgerichts erforderlich, vgl. *BVerwG,* 25. 11. 1999 – 4 CN 12/98 – NVwZ 00, 676 ff.
1278 *Birk,* Rdn. 538.
1279 *Birk,* Rdn. 538.

Materiell-rechtliche Fehler des Bebauungsplans

Stets beachtliche Fehler	Verstoß gegen § 1 Abs. 3 BauGB Verstoß gegen § 1 Abs. 4 BauGB Verstoß gegen Fachplanungen Verstöße gegen sonstiges höherrangiges Recht
	Mängel der Planzeichnung (z. B. Verstoß gegen das Bestimmtheitsgebot, Verstoß gegen die PlanZVO)
	Verstöße der textlichen Festsetzungen gegen – das BauGB (z. B. § 9 I) – die BauNVO – sonstige materiell-rechtliche Vorschriften – Verstoß gegen das Bestimmtheitsgebot
Unbeachtliche Fehler (§ 214 Abs. 2 BauGB)	Verstöße gegen die Vorschriften über das Verhältnis des Plans zum FNP gem. § 8 Abs. 2 bis 4 BauGB, es sei denn, dass ein grober Verstoß gegen das Entwicklungsgebot vorliegt
Beachtliche Fehler, die der Geltendmachung bedürfen (§ 215 Abs. 1 Ziff. 2 BauGB)	Abwägungsmängel, wenn sie offensichtlich und für das Abwägungsergebnis von Einfluss gewesen sind (§ 214 Abs. 3 BauGB) Die Mängel müssen innerhalb von 7 Jahren geltend gemacht werden (§ 215 Abs. 1 Ziff. 2 BauGB)

E. Klageverfahren in 1. Instanz

Übersicht

I. Allgemeines

1. Beteiligte

Beteiligte des Verwaltungsgerichtsverfahrens sind 1
- der Kläger (§ 63 Nr. 1), vgl. E 2ff.,
- der Beklagte (§ 63 Nr. 2), vgl. E 4,
- der Beigeladene (§ 63 Nr. 3, § 65), vgl. E 5ff.,
- der Oberbundesanwalt oder der Vertreter des öffentlichen Interesses, falls er von seiner Beteiligungsbefugnis Gebrauch macht (§ 63 Nr. 4),[1] vgl. E 17.

Zur Beteiligungsfähigkeit vgl. D 7 bis D 15, zur Prozessfähigkeit vgl. D 16ff.

a) Kläger und Beklagter

Das eigentliche Prozessrechtsverhältnis des Verwaltungsgerichtsprozesses besteht 2
nur zwischen Kläger und Beklagten.

Kläger ist allein derjenige, der mit dem von ihm angestrengten Klageverfahren 3
Rechtsschutz begehrt.

Der **Beklagte** steht ihm als der möglicherweise Verpflichtete gegenüber. Allein 4
der Kläger und der Beklagte haben also die volle Dispositionsfreiheit über das Verfahren. Sie beginnen und beenden das Verfahren und bestimmen durch ihre Anträge den Streitgegenstand.[2]

b) Beigeladener

aa) Begriff des Beigeladenen

Neben den Hauptbeteiligten können aber auch sonstige Personen (gem. § 65 5
Abs. 1 bzw. gem. § 65 Abs. 2) Verfahrensbeteiligte werden. Hierbei handelt es sich um Prozessbeteiligte, deren rechtliche Interessen von dem zwischen Kläger und Beklagten geführten Verfahren betroffen sind, die aber nicht als Hauptbeteiligte, sondern auf andere Weise in das Prozessgeschehen involviert sind. Diese Personen werden durch **Gerichtsbeschluss** als **Beigeladene** an dem Verfahren beteiligt.

Beispiele:
1. Oberstudienrat A beantragt, seinem Dienstherrn im Wege der einstweiligen Anordnung zu untersagen, Frau Oberstudienrätin B auf die an der gemeinsamen Schule freigewordene stellvertretende Schulleiterstelle (Studiendirektor) zu befördern. Frau B wird von dem Ausgang des Verfahrens unmittelbar berührt und ist daher beizuladen.
2. Nachbar A verfolgt im Wege der Anfechtungsklage das Ziel, die von der Baugenehmigungsbehörde dem Nachbarn B erteilte Baugenehmigung aufheben zu lassen. Nachbar B ist unmittelbar betroffen und daher beizuladen.

bb) Einfache Beiladungen

Das Gesetz unterscheidet zwischen notwendigen und einfachen Beiladungen.[3] 6
Von einer einfachen Beiladung spricht man, wenn durch die gerichtliche Ent-

---

[1] *Kopp/Schenke,* § 63, Rdn. 5.
[2] *Redeker/von Oertzen,* § 63, Rdn. 2.
[3] *Kopp/Schenke,* § 65, Rdn. 6.

scheidung rechtliche Interessen des Beizuladenden berührt werden,[4] d.h. wenn sich die Rechtsposition des Dritten durch ein Obsiegen des Klägers oder des Beklagten verbessern oder verschlechtern könnte.[5]

Beispiele:

(1) Der Betreiber eines KKW klagt gegen die Genehmigungsbehörde auf Erteilung der atomrechtlichen Genehmigung: Einfache Beiladung des Generalunternehmers.[6]

(2) Bei einem Streit um die Verleihung des Vaternamens an ein nichteheliches Kind ist die einfache Beiladung der Ehefrau des Kindesvaters zulässig.[7]

(3) Rechtsstreit des Krankenhausträgers wegen Genehmigung der Pflegesätze: einfache Beiladung des betroffenen Patienten.[8]

(4) Wendet sich ein Ausländer, der sich legal im Bundesgebiet aufhält, gegen die Erteilung einer Aufenthaltserlaubnis an seine von ihm getrennt lebende Ehefrau, so kann er zu deren Klageverfahren auf Erteilung einer Aufenthaltserlaubnis im Wege der einfachen Beiladung zugezogen werden.[9]

(5) Im Rahmen einer Verpflichtungsklage auf Erteilung einer Gaststättenerlaubnis brauchen Nachbarn, die durch die Erlaubnis in Rechten verletzt sein können, nicht notwendig beigeladen zu werden;[10] eine einfache Beiladung ist denkbar.

6a Eine Beiladung ist unzulässig, wenn nur sonstige Belange (z.B. allgemeine wirtschaftliche Interessen, ideelle oder soziale Interessen) berührt werden.[11]

Beispiele:

(1) Soweit in einem Rechtsstreit eine Entscheidung über die Schließung, Erlaubnis oder Duldung eines Betriebs zur gewerbsmäßigen Schaustellung von Personen (Peep-Shows) zu treffen ist, greift diese Entscheidung nicht in die Rechte der Darstellerinnen i.S.d. § 65 Abs. 2 ein, so dass diese nicht notwendig beizuladen sind.[12]

(2) Planbetroffene Dritte, die selbst keine Einwendungen erhoben haben, sind nicht als einfache Beigeladene an den Klageverfahren anderer Betroffener zu beteiligen.[13]

(3) Im Rahmen einer Nachbaranfechtungsklage sind beispielsweise die mittelbar – bloß wirtschaftlich – betroffenen Bauunternehmer/Architekten nicht beizuladen.[14]

(4) Hat ein Nachbar im Baugenehmigungsverfahren Einwendungen erhoben und versagt die Baugenehmigungsbehörde sodann die begehrte Baugenehmigung, so ist der Nachbar im Rahmen der vom Bauherrn erhobenen Verpflichtungsklage auf Erteilung der Baugenehmigung nicht beizuladen, weil der Nachbar durch die Versagung der Baugenehmigung nicht in seinen Rechten betroffen wird.[15]

---

[4] *Redeker/von Oertzen,* § 65, Rdn. 4; *Kopp/Schenke,* § 65, Rdn. 10; vgl. auch die Beispiele zur fehlenden Klagebefugnis oben D 48.

[5] *Bier* in *Schoch/Schmidt-Aßmann/Pietzner,* § 65, Rdn. 12.

[6] *OVG Münster,* 31.10. 1980 – 7 B 1366/80 – NJW 81, 1469.

[7] *Redeker/von Oertzen,* § 65, Rdn. 6.

[8] *Kopp/Schenke,* § 65, Rdn. 10.

[9] *VGH Kassel,* 29. 3. 1990 – 12 TE 258/90 – NVwZ-RR 90, 605; im übrigen vgl. die weiteren Beispiele bei *Redeker/von Oertzen,* § 65, Rdn. 6.

[10] *BVerwG,* 20. 5. 1992 – 1 B 22/92 – NVwZ-RR 93, 18.

[11] *Redeker/von Oertzen,* § 65, Rdn. 4; *Kopp/Schenke,* § 65, Rdn. 12; vgl. auch die Beispiele zur fehlenden Klagebefugnis oben D 63.

[12] *BVerwG,* 23. 8. 1995 – 1 B 46/95 – NVwZ-RR 96, 84.

[13] *BVerwG,* 29. 10. 1997 – 11 A 17.97 –, das gleiche gilt für Planbetroffene, die sich bereits verglichen haben, vgl. *BVerwG,* 19. 11. 1998 – 11 A 50/97 – NVwZ-RR 99, 276.

[14] *Kopp/Schenke,* § 65, Rdn. 12; a. A., *OVG Münster,* 31. 10. 1980 – 7 B 1366/80 – NJW 81, 1469. Für den Fall der einfachen Beiladung eines mit der Errichtung eines Atomkraftwerks beauftragten Unternehmers im atomrechtlichen Verfahren.

[15] Vgl. dazu *VG Arnsberg,* 16. 2. 1998 – 4 K 318/98 –, diese Rechtsprechung erscheint zweifelhaft, weil der betroffene Nachbar für den Fall des Obsiegens des Bauherrn nunmehr

Die Beiladung einer Behörde, die den ursprünglichen Verwaltungsakt erlassen hat, ist unzulässig, wenn sich die Klage allein gegen die Widerspruchsbehörde richtet.[16] Die Beiladung einer Landesbehörde ist im übrigen unwirksam, wenn sich die Klage gegen das Land richtet und der Verwaltungsakt von der fraglichen Behörde erlassen worden ist.[17] Eine Beiladung von Bundesbehörden ist mangels Beteiligungsfähigkeit unzulässig,[18] beizuladen ist der Rechtsträger (BRD).[19] **7**

cc) Notwendige Beiladung

Eine Beiladung muss zwingend erfolgen, wenn die Entscheidung zwischen Kläger und Beklagter auch gegenüber dem Beizuladenden nur einheitlich ergehen kann (sog. notwendige Beiladung).[20] Diese Voraussetzung liegt nur vor, wenn die begehrte Sachentscheidung des Gerichts nicht wirksam getroffen werden kann, ohne dass dadurch gleichzeitig unmittelbar und zwangsläufig in die Rechte des Beizuladenden eingegriffen wird, d. h. seine Rechte gestaltet, bestätigt oder festgestellt, verändert oder aufgehoben werden.[21] **8**

Beispiele:

(1) Der Nachbar klagt gegen die erteilte Baugenehmigung, der Bauherr ist notwendig beizuladen.[22]

(2) In einem Rechtsstreit, der auf bauaufsichtliches Einschreiten wegen der Verletzung einer nachbarschützenden baurechtlichen Vorschrift gerichtet ist, müssen, wenn das betroffene Grundstück in Miteigentum steht, nicht alle Miteigentümer notwendig beigeladen werden. Das sich aus dem Miteigentum ergebende Vollstreckungshindernis kann seitens der Bauaufsichtsbehörde durch Erlass einer Anordnung gegen den nicht beigeladenen Miteigentümer ausgeräumt werden.[23]

(3) In Einbürgerungsverfahren ist der Bundesminister des Innern notwendig beizuladen.[24]

(4) Im Rechtsstreit zwischen dem Beamten und seinem Dienstherrn wegen einer Stellenbesetzung ist der Mitbewerber notwendig beizuladen.[25]

(5) In einem gerichtlichen Wahlanfechtungsverfahren ist der direkt Gewählte notwendig beizuladen.[26]

---

die erteilte Baugenehmigung anfechten könnte, aber durch das vorausgegangene positive Verpflichtungsurteil naturgemäß weitgehend (faktisch) präjudiziert sein dürfte.

[16] *Redeker/von Oertzen,* § 65, Rdn. 7;

[17] *Redeker/von Oertzen,* § 65, Rdn. 7; *BVerwG,* 25. 8. 1988 – 2 C 62/85 – NVwZ 89, 158, 159.

[18] *OVG Lüneburg,* 12. 4. 1999 – 7 U 577/99 – NVwZ 00, 209.

[19] *Kopp/Schenke,* § 65, Rdn. 5.

[20] Eine Beiladung ist nur dann notwendig, wenn der Dritte durch eine für den Kläger positive Entscheidung negativ betroffen wird: *BVerwG,* 27. 9. 1995 – 3 C 11.94 – Buchholz, 310 § 65 Nr. 122.

[21] *BVerwG,* 2. 11. 1994 – 1 B 70/94 – NVwZ-RR 95, 196f.

[22] *Redeker/von Oertzen,* § 65, Rdn. 9, Stichwort: Baugenehmigungsverfahren.

[23] *BVerwG,* 24. 7. 1998 – 4 B 69/98 – NVwZ-RR 99, 147.

[24] *BVerwG,* 4. 11. 1987 – 1 B 112/87 – NJW 88, 662.

[25] *BVerwG,* 25. 8. 1988 – 2 C 62/85 – NVwZ 89, 158. Bei der Klage eines Mitbewerbers, der sich gegen die Wahl und Ernennung eines Stadtkämmerers wendet, ist der gewählte Stadtkämmerer notwendig beizuladen, vgl. dazu *BVerwG,* 23. 9. 1988 – 7 B 150/88 – NVwZ-RR 89, 109.

[26] Vgl. *OVG Münster,* 22. 2. 1991 – 15 A 1518/90 – NVwZ-RR 91, 420; anders für den Fall, dass in einem gerichtlichen Wahlanfechtungsverfahren Ratsmitglieder betroffen sein können, die ihr Mandat aus der Reserveliste erhalten haben, die sie im Fall einer Wieder-

(6) Das Institut für medizinische und pharmazeutische Prüfungsfragen in Mainz ist im Verwaltungsstreitverfahren um die Auswertung der von ihm gestellten Prüfungsfragen notwendig beizuladen.[27]

(7) Hat die Vermögenszuordnungsbehörde einen Vermögensgegenstand der Bundesrepublik Deutschland zugeordnet, so ist diese dem Verfahren über die Klage eines Dritten gegen den Vermögenszuordnungsbescheid notwendig beizuladen, weil die Entscheidung auch ihr gegenüber nur einheitlich ergehen kann.[28]

(8) Soweit in immissionsschutzrechtlichen oder Baugenehmigungsverfahren die Zulässigkeit eines Vorhabens vom Einvernehmen der Gemeinde gem. § 36 BauGB abhängig ist, ist die Gemeinde in einem entsprechenden Verfahren notwendig beizuladen.[29]

dd) Verfahren der Beiladung

9 Die Beiladung erfolgt auf Antrag eines Beteiligten, in der Regel jedoch von Amts wegen durch Beschluss des Gerichts. Sofern es sich dabei um eine einfache Beiladung handelt, steht diese allein im Ermessen des Gerichts.[30] Ein Rechtsanspruch auf Beiladung besteht nicht. Liegt ein Fall der notwendigen Beiladung vor, können die Beteiligten die Beiladung verlangen.[31]

10 Der die Beiladung anordnende Beschluss ist unanfechtbar; wird die beantrage Beiladung abgelehnt, können die **Beteiligten und der Beizuladende** gegen die ablehnende Entscheidung **Beschwerde** (§§ 146 ff.) einlegen[32] (vgl. F 247 ff.).

Das Beschwerdegericht kann im Falle der einfachen Beiladung nach seinem Ermessen entscheiden; dies gilt auch dann, wenn der Beiladungsbeschluss aufgehoben wird.[33]

ee) Wirkungen der Beiladung

11 Der Beigeladene ist in jeder Hinsicht Beteiligter des Verfahrens. Er kann innerhalb des Verfahrens selbständig Angriffs- und Verteidigungsmittel geltend machen und alle Verfahrenshandlungen wirksam vornehmen, § 66 Satz 1.

Einfache und notwendig Beigeladene haben unterschiedliche Möglichkeiten, auf den Gang des verwaltungsgerichtlichen Verfahrens Einfluss zu nehmen.[34]

12 Der einfach Beigeladene hat auf die Verfahrensdisposition der Hauptbeteiligten keinen Einfluss; er kann es deshalb nicht verhindern, wenn die Hauptbeteiligten

holungswahl einbüßen könnten, weil die erfolgreichen Listenbewerber grundsätzlich erst gegen die Neufeststellung der Liste, nicht aber schon gegen die Ungültigkeitserklärung der alten Listenfeststellung Klage erheben können; vgl. dazu *OVG Münster,* 30. 4. 1991 – 15 A 2036/90 – NWVBl. 91, 262; bei der Anfechtung einer Stadtratswahl insgesamt ist eine Beiladung der gewählten Bewerber nicht notwendig, vgl. *VG Dessau,* 13. 7. 1995 – 1 A 87/94 – NVwZ 96, 311.

[27] *VGH München,* 20. 12. 1990 – 7 C 903490 – NVwZ-RR 91, 363.

[28] *BVerwG,* 28. 11. 1994 – 7 C 57/93 – NJW 95, 674.

[29] *VGH Kassel,* 16. 3. 1994 – 14 UE 1702/88 – NVwZ-RR 95, 60; vgl. ferner *Hüttenbrink,* „Tendenzen der Rechtsprechung auf dem Gebiet des Bauplanungsrechts im Veröffentlichungszeitraum 1992–1994“, DVBl. 95, 826 ff., 832, 833 m. w. N.

[30] *OVG Münster,* 31. 10. 1990 – 7 B 1366/80 – NJW 81, 1469; *Redeker/von Oertzen,* § 65, Rdn. 12.

[31] *Redeker/von Oertzen,* § 65, Rdn. 12.

[32] *Redeker/von Oertzen,* § 65, Rdn. 18; *Kopp/Schenke,* § 65, Rdn. 37/38; *VGH Mannheim,* 8. 11. 1976 – X 1537/76 – NJW 77, 1308.

[33] *VGH Mannheim,* 8. 11. 1976 – X 1537/76 – NJW 77, 1308.

[34] Vgl. dazu *Redeker/von Oertzen,* § 66, Rdn. 6.

das Verfahren durch Klagerücknahme, Vergleich oder Rücknahme eines Rechtsmittels beenden. Seine Zustimmung hierzu ist nicht erforderlich.[35]

Die Rechtstellung des **notwendig Beigeladenen** ist stärker; sie kommt der eines Hauptbeteiligten nahe. Das zeigt sich insbesondere in zwei Prozesssituationen: 13

Ein notwendig Beigeladener kann Sachanträge stellen, die von denen der Hauptbeteiligten abweichen, § 66 Satz 2. Er kann daher bei einem etwaigen Anerkenntnis des Beklagten versuchen, durch einen Klageabweisungsantrag den Erlass des Anerkenntnisurteils zu verhindern.[36]

Ein Vergleich, dem der notwendig Beigeladene nicht zustimmt, wird nicht wirksam.[37]

Weitergehende Einflussmöglichkeiten hat auch der notwendig Beigeladene nicht. So kann er die Rücknahme der Klage oder eines Rechtsmittels oder die Klaglosstellung des Klägers nicht verhindern. 14

Beispiel:
Die Baugenehmigungsbehörde hebt die vom klagenden Nachbarn angefochtene Baugenehmigung durch einen Rücknahmebescheid auf. Der betroffene Bauherr muss dies hinnehmen; er hat nur die Möglichkeit, den Verwaltungsakt (Rücknahmebescheid) selbständig mit einer Klage anzugreifen.

Auch für die Erledigung der Hauptsache ist die Zustimmung des Beigeladenen entbehrlich.[38]

Der Beigeladene – sowohl der einfache Beigeladene als auch der notwendig Beigeladene – hat das Recht, Rechtsmittel einzulegen.[39] Das Rechtsmittel ist nur zulässig, wenn der Beigeladene beschwert ist, vgl. F 52.[40] Haben mehrere Beteiligte das Rechtsmittel eingelegt, so bleibt das Rechtsmittel des Beigeladenen zulässig, auch wenn einer der Hauptbeteiligten sein Rechtsmittel zurücknimmt;[41] dem Rechtsmittel des Beigeladenen kann aber durch eine Klagerücknahme der Boden entzogen werden.[42] 15

---

[35] *Redeker/von Oertzen*, § 66, Rdn. 6.

[36] *BVerwG*, 4. 11. 1987 – 1 B 112/87 – NJW 88, 662; *Redeker/von Oertzen*, § 66, Rdn. 9–11.

[37] *Redeker/von Oertzen*, § 66, Rdn. 10.

[38] *Kopp/Schenke*, § 66, Rdn. 10, 10a; *Redeker/von Oertzen*, § 66, Rdn. 6 u. 10; *BVerwG*, 14. 10. 1988 – 9 CB 52/88 – NVwZ-RR 89, 110.

[39] *Redeker/von Oertzen*, § 66, Rdn. 5; für die wegen § 36 BauGB beigeladene Gemeinde, vgl. z.B. *BVerwG*, 11. 2. 1993 – 4 C 25/91 – NVwZ 94, 265; zu dem Fall, ob es verfassungsrechtlich geboten sei, dem Dritten, dessen notwendige Beiladung unterblieben ist, das Rechtsmittel der Berufung zu gewähren, vgl. *OVG Münster*, 22. 2. 1991 – 15 A 931/90 – NWVBl. 91, 241.

[40] *BVerwG*, 3. 9. 1991 – 1 C 95.88; auch durch die Ablehnung einer von einem fremden Dritten beantragten Baugenehmigung und durch die Abweisung einer auf die Erteilung einer Baugenehmigung gerichteten Klage des Dritten werden Rechte des beigeladenen Grundstückseigentümers grundsätzlich nicht verletzt, *BVerwG*, 5. 3. 1998 – 4 B 153/97 – NVwZ 98, 842; das gleiche gilt für ein zu einem Verfahren beigeladenen Ministerium, das nur Verwaltungsinteressen vertritt, vgl. *OVG Münster*, 10. 11. 1997 – 19 B 2603/97 – DVBl. 98, 240.

[41] *Redeker/von Oertzen*, § 66, Rdn. 5 a.E.

[42] *Redeker/von Oertzen*, § 66, Rdn. 9.

Beigeladene sind gem. § 121 an das rechtskräftige Urteil insoweit gebunden, als hierdurch über den Streitgegenstand entschieden wurde.

16 Unterbleibt die einfache Beiladung, so tritt die Bindungswirkung des § 121 nicht ein.

Die Rechtsfolgen der unterbliebenen notwendigen Beiladung sind strittig;[43] ergeht unter Außerachtlassung der notwendigen Beiladung ein Urteil, so kann das Urteil keine Gestaltungswirkung entfalten.[35]

c) Der Vertreter des öffentlichen Interesses

17 Die VwGO sieht in den §§ 35–37 die Mitwirkung eines Vertreters des öffentlichen Interesses im Verwaltungsprozess vor; wegen der näheren Einzelheiten vgl. B 25ff.

d) Streitgenossen

18 Auch im Verwaltungsprozess ist eine aktive und passive Streitgenossenschaft möglich. Hier gelten die Vorschriften der §§ 59–63 ZPO entsprechend, vgl. § 64. Eine passive Streitgenossenschaft wird nur selten vorkommen (zur Zuständigkeit bei verschiedenen Gerichtsständen der einfachen Streitgenossen, vgl. C 155); die aktive Streitgenossenschaft taucht dagegen häufiger auf. Sie besteht in der Regel in einer Klagehäufung mehrerer Personen, die sich beispielsweise gemeinsam gegen einen sie belastenden Verwaltungsakt wenden (z.B. die Mitglieder einer ungeteilten Erbengemeinschaft) oder in sonstiger Weise gemeinsame Ansprüche verfolgen. Neben der einfachen Streitgenossenschaft gibt es auch die **notwendige Streitgenossenschaft,** die dann vorliegt, wenn das streitige Rechtsverhältnis allen Streitgenossen gegenüber nur einheitlich festgestellt werden kann oder wenn eine vollständige Identität des Streitgegenstandes vorliegt (Mitglieder einer BGB-Gesellschaft).

19 Anders als im Zivilprozess besteht dagegen im Verwaltungsprozess nicht die Möglichkeit, sich als Dritter in einen bereits schwebenden Prozess einzuschalten. Die im Zivilprozess statthafte Nebenintervention ist in der VwGO nicht übernommen worden. Die VwGO sieht vielmehr das Instrumentarium der Beiladung für die Zuziehung sonstiger Personen vor. Die Beiladung erfolgt von Amts wegen durch Beschluss des Gerichts. Der außenstehende Dritte kann seine Beiladung lediglich durch eine Eingabe bei Gericht beantragen.

2. Anwaltszwang, Bevollmächtigte, Beistände

a) Anwaltszwang

20 Im Zuge des 6. VwGOÄndG ist es zu einer bedeutsamen Einschränkung der Postulationsfähigkeit der Prozessbeteiligten gekommen. Diese verfassungsrechtlich nicht zu beanstandenden Änderungen[44] sind die logische Konsequenz der durch die sog. „Reform" bedingten Komplizierung des Rechtsschutzes durch Einführung der Zulassungsberufung (§ 124). Im einzelnen gilt folgende Regelung:

---

[43] *Bier* in *Schoch/Schmidt-Aßmann/Pietzner,* § 65, Rdn. 39; *Redeker/von Oertzen,* § 65, Rdn. 21–26; vgl. ferner *Bosch/Schmidt,* 68.

[44] Vgl. dazu *Schenke,* „Das 6. Gesetz zur Änderung der VwGO und anderer Gesetze (6.VwGOÄndG)", NJW 97, 82ff., 85.

aa) Verwaltungsgerichte

In der I. Instanz besteht vor den Verwaltungsgerichten kein Anwaltszwang. Vor dem Verwaltungsgericht kann sich ein Beteiligter in jeder Lage des Verfahrens durch einen Bevollmächtigten vertreten lassen und sich in der mündlichen Verhandlung eines Beistandes bedienen. Das Gericht hat die Möglichkeit, durch Beschluss anzuordnen, dass ein Bevollmächtigter bestellt oder ein Beistand hinzugezogen werden muss (§ 67 Abs. 2 Satz 2); das muss nicht zwingend ein Rechtsanwalt sein. **21**

bb) Oberverwaltungsgerichte

Vor dem Oberverwaltungsgericht muss sich jeder Beteiligte, soweit er einen Antrag stellt, durch einen Rechtsanwalt[45] oder Rechtslehrer[46] an einer deutschen Hochschule i. S. d. Hochschulrahmengesetzes mit Befähigung zum Richteramt[47] als Bevollmächtigten vertreten lassen (§ 67 Abs. 1 Satz 1 VwGO).[48] Soweit Anwaltszwang besteht, verbietet § 67 Abs. 1 grundsätzlich die Berücksichtigung eigenen Vorbringens eines Beteiligten und anderen Vorbringens von Personen, die vor dem Oberverwaltungsgericht nicht als Prozessvertreter zugelassen sind. § 67 Abs. 1 darf auch nicht dadurch umgangen werden, dass schriftsätzlich seitens des postulationsfähigen Prozessvertreters auf Schriftstücke Bezug genommen wird, die der von ihm vertretene Beteiligte oder ein Dritter verfasst hat.[49] Sinn und Zweck des § 67 Abs. 1 VwGO ist es vor allen Dingen in den Fällen der Zulassungsberufung/Zulassungsbeschwerde, dass das Gericht durch den sachgerechten Vortrag eines sachkundigen Prozessbevollmächtigten in die Lage versetzt wird, sich schnell und einfach über den Streitstoff zu unterrichten, weil gerade dadurch auch ein Entlastungseffekt im Interesse einer Beschleunigung der Rechtsprechung erreicht werden sollte.[50] Der jeweilige Prozessbevollmächtigte muss deshalb in dem von ihm gefertigten **22**

---

[45] Rechtsbeistände sind nicht postulationsfähig, vgl. *VGH Mannheim,* 6. 5. 1997 – 2 S 651/97 – NJW 98, 1330. Der bevollmächtigte Rechtsanwalt muss bei einem deutschen Gericht zugelassen worden sein, Ausnahmen bestehen lediglich für ausländische Rechtsanwälte aus Staaten der europäischen Union, vgl. *BVerwG,* 15. 6. 1998 – 8 B 101/98 – NVwZ 98, 1175.

[46] Rechtslehrer an deutschen Hochschulen dürfen vor allen Gerichten der Verwaltungsgerichtsbarkeit auftreten, vgl. *VGH München,* 23. 2. 1988 – 20 B 81 D.T – NJW 88, 2554. Ein wissenschaftlicher Oberrat (Volljurist) ist kein Rechtslehrer an einer deutschen Hochschule, vgl. *OVG Hamburg,* 4. 10. 1999 – 5 Bf 284/99 – NVwZ-RR 00, 647.

[47] Durch die 7. VwGO-Änderungsnovelle (RmBereinVPG) ist eine Gleichstellung von Professoren der Universitäten und Fachhochschulen erfolgt.

[48] Dies gilt auch für Normenkontrollverfahren, *VGH Mannheim,* – 4 S 695/97 – Justiz 98, 89 f; zur Antragsrücknahme im Beschwerdeverfahren vgl. *OVG Berlin,* 7. 5. 1998 – 3 S 7/98 – NVwZ-RR 98, 597.

[49] *VGH Mannheim,* 22. 1. 1999 – 7 S 2408/98 – DVBl. 99, 474, *VGH Mannheim,* 1. 10. 1998 – 7 S 1819/98 – NVwZ 99, 206; auch eine vom Kläger eigenhändig unterschriebene Rechtsmittelschrift, mit der ein Antrag auf Zulassung der Berufung gestellt und begründet wird, ist wegen fehlender Postulationsfähigkeit selbst dann unzulässig, wenn am Ende des Schriftsatzes der maschinenschriftliche Vermerk „Vertreten durch" von einem Rechtsanwalt unterschrieben und mit dessen Bürostempel markiert wird; *VGH Mannheim,* 14. 4. 1998 – 1 S 620/98 – NVwZ 98, 753.

[50] Vgl. dazu die Begründung des Regierungsentwurfs, BT-Drucks. 13/3993, S. 13 zu Nr. 16 (§ 124 a VwGO).

Schriftsatz unter dem Gesichtspunkt des Vertretungserfordernisses zu erkennen geben, dass der Schriftsatz auf einer eigenen Prüfung, Sichtung und rechtlichen Durchdringung des Streitstoffes beruht.[51]

22a In **Disziplinarangelegenheiten** vor dem Oberverwaltungsgericht gilt § 67 nicht, weil die Verwaltungsgerichtsordnung hier keine Anwendung findet.[52]

22b In Angelegenheiten der **Kriegsopferfürsorge** und des **Schwerbehindertenrechts** sowie der damit im Zusammenhang stehenden Angelegenheiten des **Sozialhilferechts**[53] sind vor dem Oberverwaltungsgericht als Prozessbevollmächtigte auch Mitglieder und Angestellte von Verbänden i.S.d. § 14 Abs. 3 Satz 2 des Sozialgerichtsgesetzes und von Gewerkschaften zugelassen, sofern sie kraft Satzung oder Vollmacht zur Prozessvertretung befugt sind. Die Vertretungsbefugnis in sozialhilferechtlichen Angelegenheiten für Mitglieder und Angestellte von Vereinigungen der Kriegsopfer und der Schwerbehinderten (§ 67 Abs. 1 S. 4) erstreckt sich nur auf Rechtsstreitigkeiten über sozialhilferechtliche Ansprüche, die mit der Eigenschaft eines Verfahrensbeteiligten als Kriegsopfer oder Behinderter im Zusammenhang stehen.[54]

22c In **Abgabenangelegenheiten**[55] sind vor den Oberverwaltungsgerichten als Prozessbevollmächtigte auch Steuerberater und Wirtschaftsprüfer zugelassen. Klarstellend ist allerdings darauf hinzuweisen, dass Steuerberater nur in **Steuersachen** vertretungsberechtigt sind. Der Begriff der „Abgabenangelegenheiten" (§ 67 Abs. 1 Satz 5) umfasst nicht Streitigkeiten um Gebühren oder Beiträge, da diese nicht den Steuersachen zuzurechnen sind, auf die sich die Vertretungsberechtigung der Steuerberater berufsrechtlich beschränkt.[56]

22d In Angelegenheiten, die Rechtsverhältnisse i.S.d. § 52 Nr. 4 (Klagen aus dem Beamten-, Richter-, Wehrpflicht-, Wehrdienst- oder Zivildienstverhältnis, in Personalvertretungsangelegenheiten und in Angelegenheiten, die in einem Zusammenhang mit einem gegenwärtigen oder früheren Arbeitsverhältnis von Arbeitnehmern i.S.d. § 5 ArbGG stehen, einschl. Prüfungsangelegenheiten) sind vor dem OVG als Prozessbevollmächtigte auch Mitglieder und Angestellte von Gewerkschaften zugelassen, soweit sie kraft Satzung oder Vollmacht zur Prozessvertretung befugt sind. Erfasst sind also insbesondere die Angelegenheiten des Arbeitsschutzes für Arbeitnehmerinnen und Arbeitnehmer im Erziehungsurlaub, Angelegenheiten des Arbeitsschutzes für werdende und stillende Mütter, Angelegenheiten, die das Anpassungsgeld von Arbeitnehmern des Steinkohlebergbaus

---

[51] *BVerwG,* 16. 3. 1993 – 4 B 253.92 – *Buchholz,* 310, § 67 VwGO Nr. 80.

[52] Vgl. dazu *OVG Münster,* 30. 9. 1998 – 12 dA 1519/97 – AU S. 13.

[53] Ehrenamtliche Mitarbeiter einer Kirchengemeinde sind nicht zur geschäftsmäßigen Vertretung in Rechtsangelegenheiten von Sozialhilfeempfängern befugt, *OVG Münster,* 22. 9. 1998 – 24 A 4470/96 – NVwZ-RR 99, 585.

[54] Entwurf der Bundesregierung zum 6. VwGO-Änderungsgesetz, *BT-Drucks.* 13/3993, S. 17 zur Art. 1 Nr. 4a sowie Beschlussempfehlung und Bericht des Rechtsausschusses des Deutschen Bundestages zu dem Gesetzentwurf *BT-Drucks.* 13/5098, S. 22f.; ferner *VGH Mannheim,* 21. 9. 1998 – 7 S 2091/98 – NVwZ-RR 99, 115.

[55] Zum Begriff der Steuersachen, vgl. *VGH Mannheim,* 6. 9. 1996 – 9 S 2152/96 – DVBl. 97, 659: IHK-Beitragsangelegenheiten sind keine Steuersachen.

[56] *BT-Drucks.* 13/1339, S. 11, *VGH München,* 8. 4. 1998 – 7 B 97 3556 –, a.A. *Redeker/von Oertzen,* § 67, Rdn. 9g.

betreffen, Prüfungen von Auszubildenden und anderen Arbeitnehmern soweit aufenthaltsrechtliche Streitigkeiten nach dem Ausländergesetz, soweit diese im Zusammenhang mit einem Arbeitsverhältnis stehen.[57]

Der Anwaltszwang gilt auch für Anträge auf Zulassung der Berufung (§ 124). **22e** Trotz der Streichung der Zulassungsbeschwerde bleibt es beim Anwaltszwang/Vertretungszwang in Beschwerdeverfahren, wobei dieser jetzt auch noch auf sonstige Nebenverfahren ausgedehnt wurde, bei denen in der Hauptsache Vertretungszwang besteht (§ 67 Abs. 1 S. 2 VwGO).[58] Die gesetzliche Neuregelung hat in § 67 Abs. 1 S. 2 jetzt im Übrigen ausdrücklich klargestellt, dass Beschwerden gegen Beschlüsse im Verfahren der Prozesskostenhilfe nicht dem Vertretungszwang unterliegen.

Juristische Personen des öffentlichen Rechts und Behörden können sich auch **23** durch Beamte und Angestellte mit Befähigung zum Richteramt sowie auch durch Diplom-Juristen im höheren Dienst vertreten lassen. Behördenvertreter i. S. d. § 67 Abs. 1 können dabei grundsätzlich nur Bedienstete der am Verfahren beteiligten Behörde sein.[59] Durch die Neuregelung des § 67 Abs. 1 S. 3 können sich Gebietskörperschaften künfig auch durch Beamte oder Angestellte der zuständigen Aufsichtsbehörde oder des jeweiligen kommunalen Spitzenverbandes des Landes, dem sie als Mitglied angehören, vertreten lassen, sofern diese die Befähigung zum Richteramt besitzen (§ 67 Abs. 1 S. 3). Nicht ausreichend ist es, wenn ein bei der Behörde tätiger Volljurist den vertretungsgebundenen Schriftsatz ausarbeitet, dieser jedoch von dem Behördenleiter unterzeichnet wird, der kein Volljurist ist.[60] Eine Vertretung durch die behördenintern jeweils zuständigen Bediensteten der Aufsichtsbehörde wird für statthaft erachtet.[61] Dies betrifft den Bereich der Auftragsverwaltung nicht nur im Verhältnis zwischen den Bediensteten von Fachbehörden derselben Stufe mit demselben sachlichen Aufgabenkreis, sondern auch im Verhältnis zwischen den Bediensteten der entscheidungszuständigen Fachbehörde und denjenigen der Aufsichtsbehörde.[62] Voraussetzung bleibt jedoch nach wie vor, dass der der anderen Behörde angehörende Prozessvertreter die gleiche Sachnähe zu den streitigen Rechtsfragen hat.[63] Im übrigen bleibt es bei dem Grundsatz, dass Be-

---

[57] So jedenfalls die Begründung des Gesetzentwurfes der Bundesregierung zum Entwurf der 7. VwGO-Novelle (Gesetz zur Bereinigung des Rechtsmittelrechts im Verwaltungsprozess – RmBereinVpG), BT-Drucks. 14/6393, S. 9, 10.

[58] Zur füheren Streitfrage vgl. F 258 m. w. N., sowie *OVG Hamburg,* 14. 8. 2000 – 3 SO 54/00 – NVwZ-RR 01, 204.

[59] *BVerwG,* 15. 12. 1994 – 4 C 19/93 – NVwZ-RR 95, 548. Kritisch zu betrachten ist eine Entscheidung des OVG Münster v. 17. 4. 1997 – 12 B 595/97 –, wonach Bedienstete der Nachfolgeunternehmen der Deutschen Bundespost, Deutsche Post AG, Deutsche Post und Bank AG, Deutsche Telekom AG mit der Befähigung zum Richteramt in beamtenrechtlichen Streitigkeiten die Prozessvertretung gem. § 67 Abs. 1 Satz 3 übernehmen können; aufgrund der Privatisierung der vorgenannten Nachfolgeunternehmen dürfte es sich hierbei nicht mehr um „juristische Personen des öffentlichen Rechts" und um „Bedienstete der am Verfahren beteiligten Behörde" handeln, VGH München, 1. 4. 1998 – 3 C 97 2597 – NJW 99, 442.

[60] *BVerwG,* 1. 10. 1998 – 8 B 167/98 – NVwZ 99, 762.

[61] *BVerwG,* 16. 7. 1998 – 7 C 36/97 – NJW 99, 513.

[62] *OVG Schleswig,* 22. 9. 1997 – 2 L 84/97 – NVwZ 99, 784.

[63] *BVerwG,* 28. 6. 1995 – 11 C 25/94 – NVwZ-RR 96, 121; zur Vertretung von Verbandsgemeinden durch Beamte oder Angestellte mit der Befähigung zum Richteramt durch

hördenvertreter i. S. d. Vorschrift grundsätzlich nur Bedienstete der im Verfahren beteiligten Behörde sein können.[64]

cc) Bundesverwaltungsgericht

24 Bei Verfahren vor dem BVerwG gelten die gleichen Vertretungsregeln wie bei Verfahren vor dem OVG (vgl. dazu oben E 22 bis E 23).[65]

dd) Notanwalt

25 Gem. § 173 i. V. m. § 78b ZPO hat das Gericht – sofern ein Anwaltszwang besteht – einer Partei auf ihren Antrag hin einen Rechtsanwalt zur Wahrnehmung ihrer Rechte beizuordnen, wenn die Partei einen zu ihrer Vertretung bereiten Rechtsanwalt oder eine sonst postulationsfähige Person nicht findet und die Rechtsverfolgung oder Rechtsverteidigung nicht mutwillig oder aussichtslos erscheint. Die Beiordnung eines Rechtsanwalts in Verfahren mit Anwaltszwang setzt regelmäßig voraus, dass die die Beiordnung des Notanwalts beantragende Prozesspartei sich – auch innerhalb von Rechtsmittelfristen – bei mehr als nur einem Rechtsanwalt vergeblich um eine Prozessvertretung bemüht hat.[66] Der nach § 78b ZPO beizuordnende Rechtsanwalt ist durch den Vorsitzenden des Gerichts auszuwählen.[67]

b) Bevollmächtigte, Beistände

26 Vor dem Verwaltungsgericht kann jede prozessfähige, natürliche Person als Bevollmächtigter und Beistand auftreten, die zum sachgemäßen Vortrag fähig ist (§ 67 Abs. 2 Satz 3). Im Gegensatz zu dem Bevollmächtigten hat der Beistand keine Vertretungsbefugnis. Seine Bestellung dient ausschließlich der Unterstützung des Beteiligten in der mündlichen Verhandlung; außerhalb der mündlichen Verhandlung kann der Beistand für den Beteiligten nicht tätig werden.

27 Als Bevollmächtigte oder Beistand sind Personen ausgeschlossen, deren Tätigkeit gegen das sog. Rechtsberatungsmissbrauchgesetz verstößt. Eine besonders wichtige **Ausnahme** gilt **für Anwälte** aufgrund des **kommunalrechtlichen Vertretungsverbots.** Die Gemeindeordnungen der Länder untersagen in der Regel an-

---

die zuständige Kreisverwaltung, vgl. *OVG Koblenz,* 15. 4. 1997 – 12 B 10557/97 – NVwZ 98, 205.

[64] *BVerwG,* 15. 12. 1994 – 4 C 19/93 – NVwZ-RR 95, 548. Kritisch zu betrachten ist eine Entscheidung des OVG Münster v. 17. 4. 1997 – 12 B 595/97 –, wonach Bedienstete der Nachfolgeunternehmen der Deutschen Bundespost, Deutsche Post AG, Deutsche Post und Bank AG, Deutsche Telekom AG mit der Befähigung zum Richteramt in beamtenrechtlichen Streitigkeiten die Prozessvertretung gem. § 67 Abs. 1 Satz 3 übernehmen können; aufgrund der Privatisierung der vorgenannten Nachfolgeunternehmen dürfte es sich hierbei nicht mehr um „juristische Personen des öffentlichen Rechts" und um „Bedienstete der am Verfahren beteiligten Behörde" handeln, VGH München, 1. 4. 1998 – 3 C 97 2597 – NJW 99, 442.

[65] Zu Verweisungsfällen vgl. *BVerwG,* 11. 11. 1999 – 2 A 8/98 – NVwZ-RR 00, 325. Zu den Fällen des § 99 Abs. 2, § 17a Abs. 4 Satz 4 GVG vgl. *Albers* in *Baumbach/Lauterbach,* Zu § 17a GVG Rdn. 14.

[66] *BVerwG,* 28. 7. 1999 – 9 B 333.99 – DVBl. 99, 1662: Die Prozesspartei muss dabei nicht bei sämtlichen in ihrem Wohnort oder am Sitz des OVG tätigen Anwälten nachfragen, sie muss jedoch glaubhaft machen, dass sie zumindest einige Anwälte vergeblich aufgesucht hat.

[67] *Hartmann* in *Baumbach/Lauterbach,* § 78b, Rdn. 9; ferner § 78c Rdn. 16.

waltlichen Ratsmitgliedern die Vertretung von Mandanten gegenüber der Gemeinde, in der der Anwalt als Ratsmitglied tätig ist.[68] Das kommunalrechtliche Vertretungsverbot gilt allerdings nur für den Anwalt, der persönlich dem Rat angehört. Es gilt nicht für den Sozius eines ratsangehörigen Rechtsanwalts.[69] Ist ein Bevollmächtigter oder Beistand nach den vorstehend dargelegten Grundsätzen ausgeschlossen, so ist er vom Gericht zurückzuweisen. Die Entscheidung erfolgt durch Beschluss, der gem. § 146ff. mit der Beschwerde angefochten werden kann.[70]

c) Gemeinsamer Bevollmächtigter

Sofern an einem Rechtsstreit mehr als 20 Personen im gleichen Interesse beteiligt sind, ohne durch einen Prozessbevollmächtigten vertreten zu sein, kann das Gericht diesen durch Beschluss aufgeben, innerhalb einer angemessenen Frist einen gemeinsamen Bevollmächtigten zu bestellen, wenn sonst die ordnungsgemäße Durchführung des Rechtsstreits beeinträchtigt wäre (§ 67a Abs. 1). Von dieser Befugnis des Gerichts, sollte nicht zuletzt wegen potentieller Interessenskonflikte nur äußerst sparsam Gebrauch gemacht werden. **28**

d) Vollmacht

Anders als im Zivilprozess dient die schriftliche Vollmacht nicht nur dem Beweis der vorhandenen Vertretungsmacht, sondern ist Wirksamkeitsvoraussetzung für die Rechtshandlungen des Bevollmächtigten, § 67 Abs. 3.[71] Zwar ist es gesetzlich nicht vorgeschrieben, dass die Verwaltungsgerichte die Vollmacht von Amts wegen verlangen müssen; es ist freilich in der Praxis vielfach üblich, dass die Vollmacht automatisch von den Gerichten angefordert wird. **29**

Diese Übung begegnet rechtlichen Bedenken, da § 67 Abs. 3 über § 173 durch § 88 Abs. 2 ZPO ergänzt wird, wonach eine Berücksichtigung des Mangels der Vollmacht von Amts wegen nicht stattfindet, wenn als Bevollmächtigter ein Rechtsanwalt auftritt.[72]

Die Bestellung eines Bevollmächtigten hat zur Folge, dass sämtliche Zustellungen und Mitteilungen des Gerichts an diesen zu richten sind, § 67 Abs. 3 Satz 3; aus diesem Grunde empfiehlt es sich, die Vollmacht unverzüglich vorzulegen.[73] **30**

Fehlt die Vollmacht, so kann sie nachgereicht werden, § 57 Abs. 3 Satz 2. Wird die Vollmacht in der erforderlichen Form nachgereicht, und zwar bevor ein Urteil ergangen ist, so wird der Mangel des ursprünglichen Fehlens der Vollmacht auch **31**

---

[68] Vgl. dazu *Redeker/von Oertzen,* § 67, Rdn. 20a.

[69] Vgl. dazu *Redeker/von Oertzen,* § 67, Rdn. 20a; *OVG Münster,* 16. 4. 1981 – 15 B 1158/80 – unveröffentlicht; ferner *BVerfG,* 20. 1. 1981 – 2 BvR 632/78 – BVerfGE 56, 9 für den Fall der Bürogemeinschaft. Als Beispiel zu den kommunalen Vertretungsverboten vgl. z.B. § 30 Abs. 2, § 24 Abs. 1 Satz 2 GO NW.

[70] Vgl. dazu *Meissner* in *Schoch/Schmidt-Aßmann/Pietzner,* § 67, Rdn. 48 unter Hinweis auf § 173 i.V.m. § 157 Abs. 2 S. 1 VwGO.

[71] *Redeker/von Oertzen,* § 67, Rdn. 24. Zu den Anforderungen an eine Prozessvollmacht, vgl. *BFH,* 30. 9. 1998 – X B 99/97 – NVwZ-RR 99, 80.

[72] *BVerwG,* 22. 1. 1985 – 9 C 105.84 – DVBl. 85, 529.

[73] *BVerwG,* 22. 4. 1994 – 8 C 1.94 – BayVBl. 95, 159; anders ist die Lage im Verwaltungsverfahren: hier beginnen Fristen auch mit der Zustellung an den Adressaten, selbst wenn sich für ihn ein Bevollmächtigter bestellt hat, vgl. *BVerwG,* 30. 10. 1997 – 3 C 35/96 – NVwZ 98, 1292.

mit Wirkung für die Vergangenheit geheilt.[74] Für die Nachreichung kann nach § 67 Abs. 3 Satz 2 letzter Halbsatz eine Frist gesetzt werden. Selbst nach Ablauf der gesetzten Frist kann die Vollmacht noch mit Heilungswirkung nachgereicht werden. Die Fristsetzung hat nur die Bedeutung, dass das Gericht nach Fristablauf nicht mehr weiter zu warten braucht, um durch Prozessurteil zu entscheiden.[75]

32 Die VwGO enthält keine Bestimmungen über den Umfang und die Reichweite der Prozessvollmacht; gem. § 173 VwGO gelten hier die Vorschriften der §§ 81 ff. ZPO entsprechend, so dass die Prozessvollmacht zu allen, den Rechtsstreit betreffenden Prozesshandlungen ermächtigt.

33 Im Zweifel erfasst bereits die für das Widerspruchsverfahren erteilte Vollmacht auch ein sich möglicherweise anschließendes verwaltungsgerichtliches Verfahren.[76]

33 a Wird eine fehlende Vollmacht vom Klägervertreter nicht beigebracht, so entscheidet das Gericht durch Prozessurteil. Das Urteil ergeht gegen den vorgeblichen Bevollmächtigten, der auch die Verfahrenskosten zu tragen hat.[77]

II. Gang des Verfahrens in der 1. Instanz

1. Die Klageerhebung

a) Form der Klageschrift

34 Gem. § 81 Abs. 1 Satz 1 ist die Klage **schriftlich** (zu elektronischen Dokumenten vgl. E 40 a ff.) zu erheben. Die Schriftform ist nur dann gewahrt, wenn die Klage vom Kläger oder dessen Prozessbevollmächtigten handschriftlich unterzeichnet ist.[78]

35 **Ausnahmen** werden von der Rechtsprechung dann zugelassen, wenn sich aus der Klageschrift oder den ihr beigefügten Anlagen eindeutig und ohne Beweiserhebung ergibt, dass das Schriftstück vom Kläger herrührt und willentlich an das Gericht gelangt ist.[79] Dem Erfordernis der Schriftlichkeit der Klageerhebung gem. § 81 Abs. 1 Satz 1 kann ausnahmsweise auch ohne eigenhändige Namenszeichnung genügt sein, wenn sich aus anderen Anhaltspunkten eine der Unterschrift vergleichbare Gewähr für die Urheberschaft und den Rechtsverkehrswillen des Absenders ergibt. Dabei ist eine Tendenz in der Rechtsprechung erkennbar, der technischen Entwicklung der Lebensverhältnisse prinzipiell Rechnung zu tra-

---

[74] *Redeker/von Oertzen,* § 67, Rdn. 24; *Jörg Schmidt* in *Eyermann,* § 67, Rdn. 17; *OVG Münster,* 21. 6. 1972 – I B 188/72 – NJW 72, 1910. Die Heilung setzt mit ex tunc-Wirkung ein: *Redeker/von Oertzen,* § 67, Rdn. 24.

[75] *Redeker/von Oertzen,* § 67, Rdn. 6; *Jörg Schmidt* in *Eyermann,* § 67, Rdn. 18; *OVG Münster,* 21. 6. 1972 – I B 188/72 – NJW 72, 1910. Die Heilung setzt mit ex tunc-Wirkung ein: *Redeker/von Oertzen,* § 67, Rdn. 24: Eine rückwirkende Heilung von Prozesshandlungen im Revisionsverfahren ist ausgeschlossen, wenn vorher eine Frist zur Vorlage gesetzt wurde; fehlt es hieran, bleibt die Heilung zulässig.

[76] *Jörg Schmidt* in *Eyermann,* § 67, Rdn. 19; *OVG Münster,* 21. 6. 1972 – I B 188/72 – NJW 72, 1910.

[77] *Redeker/von Oertzen,* § 67, Rdn. 26 m. w. N.

[78] Vgl. dazu *BVerwG,* 30. 4. 1979 – GmS OBG 1/78 – BVerwGE 58, 359, 365; *Redeker/von Oertzen,* § 81, Rdn. 2; ferner *BGH,* 25. 9. 1979 – VI ZR 79/79 – NJW 80, 291.

[79] *Kopp/Schenke,* § 81, Rdn. 5 m. w. N.

gen.[80] Insgesamt hat sich in der Rechtsprechung bei fehlender Unterschrift eine gewisse Großzügigkeit durchgesetzt.[81]

Als **ausreichend** wurden angesehen: **36**

- eine zusammen mit der Klageschrift eingereichte, handschriftlich beglaubigte Abschrift der Klageschrift[82]
- eine Anlage der Klageschrift war handschriftlich unterzeichnet[83]
- Fernübermittlung durch Telegramm,[84] Fernschreiben (Telex)[85] oder Telekopie (Telefax oder Telebrief),[86] BtX-Mitteilung,[87]
- in Prozessen mit Vertretungszwang können bestimmende Schriftsätze formwirksam auch durch elektronische Übertragung einer Textdatei mit eingescannter Unterschrift auf ein Faxgerät des Gerichts übermittelt werden (sog. Computerfax),[88]

Ob die Klageerhebung auch fernmündlich erfolgen kann, ist streitig.[89]

Als **nicht ausreichend** ist es vor allem von der älteren Rechtsprechung dagegen angesehen worden, wenn **37**

- die persönliche Abgabe einer nicht unterzeichneten Klageschrift bei Gericht bei gleichzeitiger Aushändigung einer Empfangsbestätigung[90]

---

[80] *BVerwG,* 6. 12. 1988 – 9 C 40.87 – BVerwGE, 81, 32ff.; ferner *BVerwG,* 19. 12. 1994 – 5 B 79/94 – NJW 95, 2121.

[81] Vgl. dazu auch *Redeker/von Oertzen,* § 81, Rdn. 2; *Ortloff* in *Schoch/Schmidt-Aßmann/Pietzner,* § 81, Rdn. 8.

[82] *BGH,* 3. 5. 1957 – VIII ZB 7/57 – NJW 57, 990.

[83] *BGH,* 24. 5. 1962 – II ZR 173/60 – BGHZ 37, 156.

[84] *BVerwG,* 14. 12. 1955 – V C 138.55 – BVerwGE 3, 56; *Redeker/von Oertzen,* § 81, Rdn. 3.

[85] *BGH,* 28. 10. 1965 – I A ZB 11/65 – NJW 66, 1077.

[86] Vgl. dazu *BVerwG,* 6. 12. 1988 – 9 C 40.87 – BVerwGE 81, 32, 34f.; *BVerwG,* 19. 12. 1994 – 5 B 79/94 – NJW 95, 2121; *Ortloff* in *Schoch/Schmidt-Aßmann/Pietzner,* § 81, Rdn. 8; zu Telefaxschreiben vgl. *Zöller,* § 130, Rdn. 9, 10; zu der Problematik des Telebriefes vgl. *VGH Mannheim,* 21. 11. 1988 – 13 S 2026/88 – VBlBW 89, 208ff.; vgl. im übrigen *BVerwG,* 6. 12. 1988 – 9 C 40/87 – NJW 89, 1175–1176, wo die einzelnen Fallgestaltungen noch einmal sorgfältig zusammengestellt und aufgelistet sind; sendet eine Partei das Originalschriftstück einem Fax-Schreiben nach, so begründet das Original kein neues, selbständiges Antragsverfahren oder Klageverfahren, vgl. *VGH Kassel,* 19. 3. 1992 – 4 T H 967/91 – NVwZ 92, 1212.

[87] *BVerwG,* 19. 12. 1994 – 5 B 79/94 – NJW 95, 2121/2122, sofern durch die BtX-Mitteilung die Verfahrensbeteiligten, der Verfahrensgegenstand und das Prozessziel eindeutig als Klage bezeichnet sind und von dem privaten, mit Codenummer gekennzeichneten Teilnehmeranschluss des Klägers aus unter der vollen Angabe seiner Absenderanschrift gefolgert werden kann, dass die Absendung durch einen Dritten oder die versehentliche Übersendung eines internen Vorgangs durch den Kläger selbst ausgeschlossen ist.

[88] Vgl. dazu *GmSOGB,* 5. 4. 2000 – GmSOGB 1/98 – NJW 00, 2314; ferner *Düwell,* „Computerfax richterrechtlich zugelassen", NJW 00, 3334.

[89] Verneinend, *Redeker/von Oertzen,* § 81, Rdn. 4 sowie *BVerwG,* 22. 11. 1963 – IV C 76.63 – BVerwGE 17, 166; *Kopp/Schenke,* § 81, Rdn. 10, der aber eine fernmündliche Telegrammaufgabe zulassen will (Rdn. 9); ferner *BGH,* 26. 3. 1981 – 15 ZR 206/80 – NJW 81, 1627; bejahend: bei wörtlicher Niederschrift der fernmündlichen Durchsage *BGH,* 20. 12. 1979 – 1 StR 164/79 – NJW 80, 1290; ferner *OLG Düsseldorf* 2. 6. 1969 – 1 Ws 302.69 – NJW 69, 1361; *VG Wiesbaden,* 5. 5. 1987 – IV G 20601/87 – NVwZ 88, 90.

[90] *BGH,* 25. 9. 1979 – VI ZR 79/79 – NJW 80, 291.

– lediglich ein Schriftsatz in Maschinenschrift ohne Unterschrift eingereicht wurde[91]
– die Klageschrift auf dem Kopfbogen eines Anwalts in Maschinenschrift ohne Unterschrift eingereicht wurde[92]
– die Klageschrift einer Prozesspartei, die lediglich mit einer Paraphe unterzeichnet wurde.[93]
– eine nicht unterzeichnete Klage vom Kläger persönlich ohne nähere Anhaltspunkte in den Gerichtslauf gebracht wird.[94]

Zur Art der Unterschrift ist darauf hinzuweisen, dass diese von einer natürlichen Person stammen muss.[95]

38 **Hinweis für den Anwalt:**

Als Unterschriften werden nur solche Schriftzüge anerkannt, die die Identität des Unterzeichnenden ausreichend charakterisieren. Der Schriftzug muss sich als Unterschrift eines Namens darstellen und andeutungsweise auch Buchstaben erkennen lassen.[96]

Fehlt die Unterschrift, kann diese nur innerhalb der Klagefrist (D 119ff.) wirksam nachgeholt werden; nach Ablauf der Klagefrist bleibt die Klage unzulässig.[97]

39 Die Klageschrift ist in deutscher Sprache einzureichen.[98]

40 Eine wirksame Klageerhebung ist ferner möglich durch Erklärung zur Niederschrift des Urkundsbeamten der Geschäftsstelle (§ 81 Abs. 1 Satz 2).[99]

40a Nach § 86a können künftig vorbereitende Schriftsätze und deren Anlagen, Anträge und Erklärungen der Parteien, Auskünfte, Aussagen, Gutachten und Erklärungen Dritter auch als **elektronisches Dokument** aufgezeichnet werden, wenn dies für die Bearbeitung durch das Gericht geeignet ist. Der Absender des Dokumentes hat das Dokument mit einer qualifizierten, elektronischen Signatur nach dem Signatur-

---

[91] *OVG Münster,* 30. 9. 1971 – XA 781/70 – OVGE 27, 115.

[92] *BFH,* 18. 5. 1972 – VR 1/71 – NJW 73, 80.

[93] *BFH,* 16. 3. 1999 – XR 41/96 – NJW 99, 2919, wobei ggfs. die Möglichkeit der Wiedereinsetzung in den vorigen Stand zu eröffnen ist, wenn glaubhaft und unwidersprochen von der Prozesspartei vorgetragen wird, diese Art der Unterzeichnung sei im Geschäftsverkehr, bei Behörden und in Gerichtsverfahren jahrelang unbeanstandet verwendet worden.

[94] *BGH,* 25. 9. 1979 – VI ZR 79/79 – NJW 80, 291.

[95] Die Unterschrift nur mit einem Firmennamen (*BGH,* 3. 3. 1966 – II ZR 18/64 – NJW 66, 1069, 1070) ist ebenso unzulässig wie die bloße Unterzeichnung eines Schriftsatzes mit der Behördenbezeichnung durch eine Behörde *BVerwG,* 14. 12. 1955 – V C 138.55 – BVerwGE, 3, 56; die Unterzeichnung durch eine andere Person als den Kläger oder seines Prozessbevollmächtigten unter fremden Namen ist nicht ausreichend: *VGH Mannheim,* 16. 4. 1996 – 9 S 1013/94 – NJW 96, 3162.

[96] *BGH,* 21. 3. 1974 – VII ZR 2/74 – NJW 74, 1090; *BGH,* 29. 10. 1986 – IV a ZR 13/86 – NJW, 1333; ferner allgemein zu dem gesamten Fragenkomplex *BVerwG,* 6. 12. 1988 – 9 C 40.87 – BVerwGE 81, 32ff.; auch eine Paraphe ist nicht ausreichend: *BAG,* 27. 3. 1996 – 5 AZR 576/94 – NJW 96, 3164.

[97] *Gem. Senat der obersten Gerichtshöfe des Bundes,* 30. 4. 1979 – GmS – OBG 1/78 – NJW 80, 172–174. Eine Frist zur Nachholung der Unterschrift kann nach § 82 Abs. 2 nicht gesetzt werden, vgl. dazu *Kopp/Schenke,* § 82, Rdn. 2; wohl aber kommt unter Umständen eine Wiedereinsetzung in den vorigen Stand in Betracht, vgl. dazu *BVerwG,* 27. 2. 1976 – N C 74/74 – NJW 76, 1332; ferner *Kopp/Schenke,* § 81, Rdn. 8.

[98] *BVerwG,* 5. 2. 1990 – 9 B 506/89 – NJW 90, 3103.

[99] *BVerwG,* 31. 3. 1995 – 4 A 1/93 – NVwZ 95, 901: Vor dem OVG und vor dem BVerwG ist diese Form wegen des Vertretungszwangs nicht möglich.

gesetz zu versehen. Der Zeitpunkt, von dem an elektronische Dokumente bei den Gerichten eingereicht werden können, sowie die für die Bearbeitung der Dokumente geeignete Form wird nach § 86 a Abs. 2 von der Bundesregierung bzw. der jeweiligen Landesregierung durch Rechtsverordnung[100] festgelegt. Die Zulassung der elektronischen Form kann dabei auf einzelne Gerichte oder Verfahren beschränkt werden. Das elektronische Dokument ist eingereicht, so bald die für den Empfang bestimmte Einrichtung des Gerichts es aufgezeichnet hat (§ 86a Abs. 3).

Ebenso wie für das Widerspruchsverfahren (vgl. oben D 88 a) ist die Einreichung von Schriftsätzen als elektronisches Dokument lediglich als Alternative zur Schriftform konzipiert; die bislang übliche Schriftform bleibt deshalb durch § 86 a unberührt.[101] Das elektronische Dokument versteht sich also nur als modifizierte Schriftform und eröffnet den Parteien den am Verfahren beteiligten Dritten die Möglichkeit, ihr Schriftsätze und Erklärungen schriftsätzlich oder als elektronisches Dokument bei Gericht einzureichen. Die neue prozessuale Form stellt für die Parteien und Dritten ein Angebot dar; ein Benutzungszwang ist damit nicht verbunden.[102] § 86 a erfasst dabei alle denkbaren Dokumente, also sowohl die bestimmenden als auch die vorbereitenden Schriftsätze der Parteien (Anträge und Erklärungen, Klageschriften, Rechtsmittelschriften usw.), darüber hinaus schriftliche Auskünfte, Aussagen und Gutachten und alle sonstigen Erklärungen der am Verfahren beteiligten Dritten (z. B. Zeugen, Sachverständiger), die dem Gericht heute schriftlich zugehen. **40 b**

Nach § 86 a Abs. 1 Satz 2 muss der Absender das elektronische Dokument mit seiner qualifizierten elektronischen Signatur versehen, damit dem Dokument insbesondere im Hinblick auf die sonst spurenlos mögliche Manipulierbarkeit eine dem Papierdokument vergleichbare dauerhafte Fassung verliehen wird (sogenannte Perpetuierungsfunktion)[103] eine besondere Verschlüsselung des Dokumentes ist nach dem Gesetz nicht erforderlich.[104] **40 c**

b) Notwendiger Inhalt der Klageschrift

§ 82 regelt den notwendigen Inhalt der Klageschrift. **41**

Die Klage muss
- den Kläger
- den Beklagten
- den Streitgegenstand (das Klagebegehren)

bezeichnen.

Zur **Bezeichnung des Klägers** gehört die Angabe seines Namens und der ladungsfähigen Anschrift.[105] Eine Postfachanschrift ist nicht ausreichend, auch wenn mit ihrer Hilfe Zustellungen möglich sind.[106] **42**

---

100 Die Rechtsverordnungen liegen zur Zeit noch nicht vor.

101 *BT-Drucks* 14/4987, Seite 23.

102 So die amtliche Begründung zu dem neu eingeführten § 130 a ZPO, s. *BT-Drucks* 14/4987, 24.

103 *BT-Drucks* 14/4987, 24 zu § 130 a ZPO.

104 Ob eine derartige Verschlüsselung über die noch zu erwartenden Rechtsverordnungen eingeführt wird, bleibt abzuwarten.

105 *VGH Kassel*, 15. 5. 1995 – 7 UE 2052/94 – NVwZ-RR 96, 179.

106 *BVerwG*, 13. 4. 1999 – 1 C 24.97 – DVBl. 99, 989.

Bei Minderjährigen oder juristischen Personen ist darüber hinaus die Angabe des gesetzlichen Vertreters notwendig.[107]

43 Die **korrekte Bezeichnung des Beklagten** ist gerade im verwaltungsgerichtlichen Verfahren oft schwierig. Bei Anfechtungs- und Verpflichtungsklagen reicht es aus, wenn der Kläger den Namen und die Anschrift der Behörde angibt, die den angefochtenen Verwaltungsakt erlassen hat bzw. die es abgelehnt hat, den begehrten Verwaltungsakt zu erlassen, § 78 Abs. 1 Nr. 2.[108]

44 Sofern das jeweilige Bundesland gem. § 61 Nr. 3 durch Ausführungsgesetz bestimmt hat, dass auch Behörden beteiligungsfähig sind, können alle Klagen direkt gegen die zuständige Behörde gerichtet werden. Das Landesrecht kann auch regeln, dass Anfechtungs- und Verpflichtungsklagen gegen die zuständige Behörde zu richten sind, § 78 Abs. 1 Nr. 2. Wenn ein Widerspruchsbescheid erlassen wird, der erstmalig eine Beschwer enthält (§ 68 Abs. 1 Satz 2 Nr. 2) ist die zu verklagende Behörde die Widerspruchsbehörde (§ 78 Abs. 2).

Die entsprechenden Angaben können nachgeholt, berichtigt oder ergänzt werden.[109]

45 Der Kläger muss ferner den **Gegenstand des Verfahrens** bezeichnen, so dass für das Gericht deutlich wird, welches Anliegen der Kläger mit dem Verfahren verfolgen will.[110]

46 Wenn die vorgenannten 3 Mindestangaben in der Klageschrift fehlen, ist die Klage unzulässig.

47 Fehlen die nach § 82 Abs. 1 Satz 1 zwingenden Angaben, so kann der Vorsitzende oder Berichterstatter dem Kläger die Ergänzung der Angaben innerhalb einer bestimmten, vom Gericht genau festzusetzenden, Frist aufgeben.

48 Sofern der Kläger innerhalb der gesetzten Frist der Aufforderung nicht nachkommt, kann die Klage als unzulässig abgewiesen werden.

49 Der Kläger ist hierüber zu belehren.

50 Die Fristsetzung nach § 82 Satz 2 bezieht sich nur auf die notwendigen Angaben des § 82 Abs. 1 Satz 1; die in § 82 Abs. 2 und 3 genannten Sollangaben werden hiervon nicht berührt.[111]

51 Nach § 82 Abs. 1 Satz 3 soll die Klageschrift enthalten **(Sollangaben):**
- einen Klageantrag
- die Angabe von Tatsachen und Beweismitteln zur Begründung der Klage
- Kopie des angefochtenen Verwaltungsakts sowie des Widerspruchsbescheids.

---

[107] *VGH Kassel,* 21. 12. 1988 – 4 TG 2070/88 – NJW 90, 138.

[108] *Redeker/von Oertzen,* § 82, Rdn. 2; zur Zulässigkeit einer subjektiven Klageänderung bei späterem Auswechseln des Beklagten, vgl. *BVerwG,* 20. 1. 1993 – 7 B 158.92 – DVBl. 93, 562f.

[109] *VGH Kassel,* 30. 5. 1989 – 12 TH 1658/89 – NJW 90, 140ff.; ferner *Redeker/von Oertzen,* § 82, Rdn. 2, 4; notfalls besteht auch die Möglichkeit, nach einem entsprechenden Hinweis des Vorsitzenden gem. § 82 Abs. 2 die Bezeichnung zu berichtigen, unter Umständen sogar im Wege der Klageänderung (§ 91).

[110] *Redeker/von Oertzen,* § 82, Rdn. 3; bei der Auslegung von Prozesserklärungen gelten die für die Auslegung von Willenserklärungen geltenden Grundsätze des BGB; *BVerwG,* 27. 4. 1990 – 8 C 70/88 – NJW 91, 508.

[111] *Redeker/von Oertzen,* § 82, Rdn. 9, 10; *Kopp/Schenke,* § 82, Rdn. 14.

Eine umfassende Begründung kann im übrigen vielfach erst nach Beiziehung und Einsichtnahme in die Verwaltungsvorgänge der beklagten Behörde vorgelegt werden.

c) Klagezustellung

Nach § 85 ist die Klageschrift dem Beklagten zuzustellen. Die Zustellung erfolgt von Amts wegen (§ 56). Anders als im Zivilprozess ist das Verfahren nicht erst nach Zustellung der Klageschrift, sondern bereits bei Eingang der Klageschrift bei Gericht anhängig.[112] **52**

2. Übertragung des Rechtsstreits auf den Einzelrichter

Nach § 6[113] soll in der Regel in Anlehnung an § 348 ZPO der Rechtsstreit von der Kammer einem ihrer Mitglieder als Einzelrichter zur Entscheidung übertragen werden, wenn nicht **53**
- die Sache besondere Schwierigkeiten tatsächlicher oder rechtlicher Art aufweist (§ 6 Abs. 1 Nr. 1),
- die Rechtssache grundsätzliche Bedeutung hat (§ 6 Abs. 1 Nr. 2),[114]
- oder vor der Kammer bereits mündlich verhandelt worden ist (§ 6 Abs. 2).

Die Handhabung des § 6 VwGO ist nach wie vor von Gericht zu Gericht, aber auch von Kammer zu Kammer sehr unterschiedlich. Da durch die Einführung der Zulassungsberufung (§ 124 Abs. 2) die Rechtsmittelmöglichkeiten der Beteiligten beschränkt worden sind, sollte von der Übertragung des Rechtsstreits auf den Einzelrichter im Zweifel zurückhaltender Gebrauch gemacht werden.[115] Der Behandlung als Kammersache wird teilweise Indizwirkung für die Berufungszulassung beigemessen (s. unten F 16f.).[116] **54**

Eine Übertragung ist zulässig, wenn die Sache, d.h. der Einzelfall, keine besonderen Schwierigkeiten aufweist. Dies bedeutet, dass nicht jede Schwierigkeit eine Übertragung auf den Einzelrichter verbietet, sondern nur **besondere** Schwierigkeiten. Hierunter fallen überdurchschnittliche gewichtige Problemstellungen. Ob dies der Fall ist, muss das Kollegium nach seinem pflichtgemäßen Ermessen unter Abwägung aller sachlichen und persönlichen Aspekte prüfen, wobei keiner dieser Aspekte Vorrang genießt: Eine Prüfung ist überhaupt nur möglich, wenn die Klage bereits begründet ist und der Beklagte dem Gericht jedenfalls seine Verwaltungs- **55**

---

[112] Der Grund hierfür liegt darin, dass die Klageerhebung dann nämlich erst mit der Zustellung der Klageschrift vollendet wäre. Die Zustellung müsste also regelmäßig vor Ablauf der Klagefrist erfolgen. Dies kann aber wegen der Unsicherheit über das Fristende dem Sinn und Zweck der Vorschriften über die Rechtsmittelbelehrung nicht entsprechen; vgl. im übrigen C 112 zu § 17 GVG.

[113] Geändert durch das Gesetz zur Entlastung der Rechtspflege; BGBl. I, 15. 1. 1993, 49, Art. 9 zu § 6 VwGO.

[114] Geändert durch das Gesetz zur Entlastung der Rechtspflege; BGBl. I, 15. 1. 1993, 49, Art. 9 zu § 6 VwGO. Siehe Fußn. 80.

[115] Zu den verfassungsrechtlichen Bedenken des Einzelrichterprinzips hinsichtlich der gleichlautenden Vorschrift des § 348 ZPO vgl. *Baumbach/Lauterbach*, § 348, Rdn. 6.

[116] a.A. *OVG Münster,* 26. 1. 1999 – 3 B 2861/97 – NWVBl. 99, 350; zum Meinungsstand vgl. auch *Kuhla/Hüttenbrink*, „Entwicklung des Verwaltungsprozeßrechts in den Jahren 1997 und 1998“, DVBl. 99, 898 (903).

vorgänge vorgelegt hat. Eine Übertragung wegen besonderer Schwierigkeiten ist unzulässig, wenn der Rechtsstreit einen ganz außergewöhnlichen Umfang hat; wenn also die normale Stoffmenge eines üblichen Rechtsstreits deutlich überschritten wird. Dabei kommt es nicht nur auf die Quantität der Stoffmenge an, sondern es ist auch entscheidend, ob der Sachverhalt qualitativ schwierig ist; dies kann beispielsweise dann der Fall sein, wenn ein unübersichtlicher Sachverhalt vorliegt, der darüber hinaus ggfs. auch noch eine Wertung widersprüchlicher Beweisergebnisse erwarten lässt.[117] Da im Verwaltungsprozess darüber hinaus das Amtsermittlungsprinzip gilt, ist bei der Übertragungsentscheidung auch zu berücksichtigen, ob und ggfs. in welchem Umfange eine über das normale Maß hinausgehende Aufklärungsarbeit des Gerichts erforderlich sein wird.

56 Der Begriff der **grundsätzlichen Bedeutung** in § 6 Abs. 1 Ziff. 2 ist identisch mit § 124 Abs. 1 Ziff. 3 u. § 132 Abs. 2 Ziff. 1, so dass insoweit auf die Ausführungen unter F 20ff. und ergänzend F 88–F 112 verwiesen werden kann. Abweichend zum Revisionsrecht ist allerdings auch darauf hinzuweisen, dass sich die grundsätzliche Bedeutung im Verfahren I. Instanz auch auf Fragen von grundsätzlicher Bedeutung des Landesrechts erstrecken kann.

57 Die Übertragung auf den Einzelrichter wird durch die Kammer ohne mündliche Verhandlung entschieden.[118] Ob die Kammer von ihrer Übertragungsmöglichkeit Gebrauch macht, steht grundsätzlich in ihrem Ermessen,[119] auch wenn der Gesetzgeber den verstärkten Einsatz des Einzelrichters bezweckt hat. Die Person des Einzelrichters bestimmt sich nach § 21g Abs. 3 GVG nach dem Geschäftsverteilungsplan der Kammer ausschließlich nach sachlichen Gesichtspunkten. Der Übertragungsbeschluss muss deshalb die Person des Einzelrichters nicht namentlich bezeichnen.[120] Ist ein Rechtsstreit durch ordnungsgemäßen Beschluss auf den Einzelrichter übertragen, so bleibt bei einer durch Änderung des Geschäftsverteilungsplans festgelegten Übertragung der Rechtssache auf eine andere Kammer bei dieser als gesetzlicher Richter ebenfalls der Einzelrichter zuständig.[121] Soweit die Zuständigkeit des Vorsitzenden als Vollstreckungsbehörde gemäß § 169 Abs. 1 Satz 2 VwGO in Rede steht, kann die Angelegenheit – mangels einer Zuständigkeit der Kammer – nicht gemäß § 6 VwGO auf den Einzelrichter übertragen werden.[122]

58 Ein Proberichter darf im ersten Jahr nach seiner Ernennung nicht zum Einzelrichter bestellt werden (§ 6 Abs. 1). Das Fehlen eines Übertragungsbeschlusses begründet für das gesamte Verfahren des Einzelrichters einen unheilbaren Verfahrensmangel.[123] Der Übertragungsbeschluss ist unanfechtbar (§ 6 Abs. 3). Dies gilt

---

[117] Vgl. dazu *Zöller,* § 348 Rdn. 5; *Baumbach/Lauterbach,* § 348, Rdn. 8/9.

[118] Zum Verfahrensablauf vgl. *Zöller,* § 21g GVG, Rdn. 17, 18.

[119] *Zöller,* § 348, Rdn. 3.

[120] *Zöller,* § 348, Rdn. 14.

[121] *BFH,* 28. 4. 1998 – VII R 102/97 – NVwZ 98, 1334; handelt es sich allerdings um ein Wiederaufnahmeverfahren, so entscheidet der Vollsenat auch dann, wenn die Entscheidung, um deren Korrektur es geht, vom Einzelrichter erlassen wurde, vgl. dazu *BFH,* 2. 12. 1998 – X R 15–16/97.

[122] *OVG Weimar,* 28. 2. 1995 – 1 VO 9/95 – NVwZ-RR 95, 401.

[123] *BGH,* 19. 10. 1992 – II ZR 171/91 – NJW 93, 600/601: Eine Heilung der fehlerhaften Besetzung gem. § 295 Abs. 1 ZPO scheidet gem. Abs. 2 aus, weil bei falscher Besetzung die Vorschriften verletzt sind, auf deren Befolgung eine Partei nicht wirksam verzich-

selbst dann, wenn die Kammer den Schwierigkeitsgrad oder die grundsätzliche Bedeutung der Sache offensichtlich verkannt hat.[124]

Wichtiger Hinweis:
Vor der Übertragung des Rechtsstreits auf den Einzelrichter sind die Parteien anzuhören, ob nach ihrer Auffassung einer Übertragung des Rechtsstreits auf den Einzelrichter Gründe entgegenstehen.[125]

Die Anhörung der Parteien vor der Entscheidung der Kammer ist gerade wegen der Unanfechtbarkeit der Übertragung und der eingeschränkten Berufungsmöglichkeiten aufgrund der Zulassungsberufung (§ 124 Abs. 2) von hoher Bedeutung. Die Pflicht zur Anhörung ergibt sich unmittelbar aus Art. 103 Abs. 1 GG.[126] Verletzt die Kammer das Anhörungsrecht der Parteien, so führt dies zu einem Verfahrensmangel, der gem. § 124 Abs. 2 Ziff. 5 bzw. gem. § 132 Abs. 2 Ziff. 3 oder gem. § 146 Abs. 4 die Zulässigkeit der Berufung bzw. der Beschwerde oder der Revision eröffnet.[127] Ein wegen unterbliebener Anhörung festzustellender Gehörsverstoß ist jedoch in der Zeit zwischen Übertragung und Endentscheidung heilbar. So können die Beteiligten durch rügelose Einlassung zu verstehen geben, dass sie gegen die erfolgte Übertragung keine Bedenken haben (vgl. § 295 Abs. 1 ZPO). Eine Heilbarkeit wäre aber 59

---

ten kann. Die Parteien können nämlich nicht wirksam darauf verzichten, dass der gesetzliche Richter zu entscheiden hat.

124 *OVG Hamburg,* 5. 9. 1995 – Bs IV 126/95 – NVwZ-RR 96, 716; *BVerwG,* 10. 11. 1999 – 6 C 30/98 – PersR 00, 1; *Günther,* „Rechtsbehelfe gegen Einzelrichterübertragung“, NVwZ 98, 37.

125 Vgl. dazu *Baumbach/Lauterbach,* § 348, Rdn. 15 m. w. N; *BVerwG,* 10. 11. 1999 – 6 C 30/98 – PersR 00, 1.

126 *OVG Münster,* 2. 5. 1989 – 22 B 2373/87 – NVwZ-RR 1990, 163: … „Die Pflicht zur Anhörung schon bei der Übertragung auf den Einzelrichter ergibt sich (jedoch unmittelbar) aus Art. 103 Abs. 1 GG. Danach hat vor Gericht jedermann Anspruch auf rechtliches Gehör. Das bedeutet, dass die Gerichte ihre Entscheidung grundsätzlich nicht treffen dürfen, ohne den davon betroffenen Verfahrensbeteiligten Gelegenheit zur Stellungnahme zu geben. Das gilt auch für die Einzelrichterbestellung. Sie greift in den Schutzbereich des Art. 101 Abs. 2, Satz 2 GG ein, da die Kammer des Verwaltungsgerichts als dem nach § 5 VwGO grundsätzlich zuständigen gesetzlichen Richter den Einzelrichter einsetzt. Dabei handelt es sich um eine Maßnahme, die den Ausgang des Verfahrens nachhaltig beeinflussen kann.“; *BVerwG,* 10. 11. 1999 – 6 C 30/98 – PersR 00, 1.

127 Wie hier: *OVG Münster,* 2. 5. 1989 – 22 B 2373/87 – NVwZ-RR 1990, 163; ferner *Redeker/von Oertzen,* § 6, Rdn. 8; a. A. *Schoch/Schmidt-Aßmann, Pietzner,* § 6, Rdn. 29 unter Hinweis auf *VGH München,* 21. 9. 90 – 21 CZ 9031768 – NVwZ-RR 91, 221: Diese Entscheidung stellt darauf ab, dass ein Verfahrensfehler bei der Einzelrichterübertragung lediglich eine der Urteilsfindung des Verwaltungsgerichts vorausgehende (nicht anfechtbare) Verfahrenshandlung betreffe, der sich auf den geltend gemachten Anspruch nicht auswirken könne. Das Urteil selbst werde von dem Verfahrensfehler nicht betroffen. Diese Auffassung ist falsch, da durch den Übertragungsbeschluss in die Position des gesetzlichen Richters eingegriffen wird (Art. 101 Abs. 1 Satz 2 GG); die zivilrechtliche Rechtssprechung und Kommentarliteratur vertritt abweichend von der hier vertretenen Auffassung die Ansicht, dass den Prozessparteien bei willkürlichen Gesetzesverstößen ein außerordentliches Beschwerderecht gegen den Übertragungsbeschluss zusteht (vgl. dazu *Zöller,* § 348, Rdn. 15; *Baumbach/Lauterbach,* § 348, Rdn. 17; offengelassen in *BVerwG,* 31. 8. 1995 – 4 B 195/95 – NVwZ-RR 96, 422). Das Rügerecht kann verwirkt sein, wenn sich der Betroffene in der mündlichen Verhandlung vor dem Einzelrichter eingelassen hat, vgl. dazu *OVG Münster,* 4. 12. 1997 – 12 A 3748/97 –; *VGH München,* a. a. O.

auch dann gegeben, wenn einer der am Verfahren Beteiligten der Einzelrichterübertragung nach der Übertragung widerspricht, weil § 6 Abs. 3 Satz 1 VwGO in diesen Fällen die Möglichkeit bietet, den Gehörsverstoß zu korrigieren.[128] Das BVerwG hat hierzu festgestellt, dass die Rückübertragung in den Fällen des Gehörsverstoßes nicht an die nach § 6 Abs. 3 Satz 1 VwGO an sich erforderliche wesentliche Änderung der Prozesslage geknüpft werden dürfe, weil § 6 Abs. 3 Satz 1 in verfassungskonformer Weise dahingehend ausgelegt werden müsse, dass eine zur Zurückübertragung berechtigende Änderung der Prozesslage auch dann anzunehmen sei, wenn der Einzelrichter aufgrund der nachgeholten Anhörung zu dem Ergebnis gelangt sei, dass die Rechtssache entgegen der ursprünglichen Annahme der Kammer doch grundsätzliche Bedeutung habe oder besondere Schwierigkeiten aufweise. Ansonsten zwänge man den Einzelrichter, quasi sehenden Auges eine unter dem Makel der Gehörsverletzung stehende Endentscheidung zu erlassen.[129] Nach einer entsprechenden Rüge eines übergangenen Beteiligten kann der Einzelrichter nach nochmaliger Abwägung des Vorbringens des Betroffenen im Rahmen des ihm zustehenden Ermessens gleichwohl von einer Rückübertragung an die Kammer absehen. In derartigen Fällen ist dann der dem Übertragungsbeschluss anhaftende Gehörsverstoß geheilt. Ein im Rechtsmittelverfahren rügefähiger Verfahrensmangels liegt auch bei sonstigen willkürlichen Gesetzesverstößen vor, wie z.B.

– Übertragung des Rechtsstreits auf einen geschäftsplanmäßig nicht vorgesehenen Einzelrichter (§ 21 g GVG),
– Übertragung des Rechtsstreits auf einen Proberichter im ersten Jahr seiner Ernennung,
– Übertragungsanordnung durch den Vorsitzenden statt Beschluss der Kammer.[130]

60 Der Einzelrichter kann nach Anhörung der Parteien den Rechtsstreit an die Kammer zurückübertragen, wenn sich aus einer wesentlichen Änderung der Prozesslage ergibt, dass die Entscheidung von grundsätzlicher Bedeutung ist oder die Sache besondere Schwierigkeiten in tatsächlicher oder rechtlicher Art aufweist.[131] Eine erneute Übertragung auf den Einzelrichter ist dann ausgeschlossen.[132]

---

[128] *BVerwG*, 10. 11. 1999 – 6 C 30/98 – PersR 00, 1.

[129] *BVerwG*, 10. 11. 1999 – 6 C 30/98 – PersR 00, 1.

[130] Wie hier: *OVG Münster*, 2. 5. 1989 – 22 B 2373/87 – NVwZ-RR 1990, 163; ferner *Redeker/von Oertzen*, § 6, Rdn. 8; a. A. *Schoch/Schmidt-Aßmann, Pietzner*, § 6, Rdn. 29 unter Hinweis auf *VGH München*, 21. 9. 1990 – 21 CZ 9031768 – NVwZ-RR 91, 221: Diese Entscheidung stellt darauf ab, dass ein Verfahrensfehler bei der Einzelrichterübertragung lediglich eine der Urteilsfindung des Verwaltungsgerichts vorausgehende (nicht anfechtbare) Verfahrenshandlung betreffe, der sich auf den geltend gemachten Anspruch nicht auswirken könne. Das Urteil selbst werde von dem Verfahrensfehler nicht betroffen. Diese Auffassung ist falsch, da durch den Übertragungsbeschluss in die Position des gesetzlichen Richters eingegriffen wird (Art. 101 Abs. 1 Satz 2 GG); die zivilrechtliche Rechtssprechung und Kommentarliteratur vertritt abweichend von der hier vertretenen Auffassung die Ansicht, dass den Prozessparteien bei willkürlichen Gesetzesverstößen ein außerordentliches Beschwerderecht gegen den Übertragungsbeschluss zusteht (vgl. dazu *Zöller*, § 348, Rdn. 15; *Baumbach/Lauterbach*, § 348, Rdn. 17; offengelassen in *BVerwG*, 31. 8. 1995 – 4 B 195/95 – NVwZ-RR 96, 422).

[131] *BVerwG*, 26. 3. 1999 – 7 B 38/99 –.

[132] Vgl. zur analogen Regelung in § 348 ZPO; *Baumbach/Lauterbach*, § 348, Anm. 1 ff.; ferner die bereits früher bestehende Regelung zu § 31 Abs. 1 Asylverfahrensgesetz, *Redeker/von Oertzen*, § 6, Rdn. 10.

Entscheidet der Einzelrichter, ohne dass ein Übertragungsbeschluss der Kammer vorgelegen hätte, so verstößt diese Entscheidung auch dann i. S. v. Art. 101 Abs. 1 Satz 2 GG gegen das verfassungsrechtliche Gebot des gesetzlichen Richters, wenn der entscheidende Richter irrig vom Vorliegen des Übertragungsbeschlusses ausging.[133] **60 a**

In **asylrechtlichen** Verfahren **des vorläufigen Rechtsschutzes** bestimmt § 76 Abs. 4 AsylVfG, dass immer ein Mitglied der Kammer als Einzelrichter entscheidet. **61**

3. Vorbereitende Prozessleitung

a) Anordnungen, § 87

Der Vorsitzende, der Berichterstatter oder aber der Einzelrichter haben nach § 87 Abs. 1 schon vor der mündlichen Verhandlung alle Anordnungen zu treffen, die notwendig sind, um den Rechtsstreit möglichst in einer mündlichen Verhandlung zu erledigen.[134] **62**

Der in § 87 Abs. 1 enthaltene Maßnahmenkatalog ist nicht abschließend. Insbesondere können folgende vorbereitende Maßnahmen getroffen werden: **63**

- Die Beteiligten können zur Erörterung des Sach- und Streitstands und zur gütlichen Beilegung des Rechtsstreits geladen werden,
- Entgegennahme eines Vergleichs,
- Aufklärung, Ergänzung und Erläuterung des Sachverhalts,
- Einholung von Auskünften,
- Anordnung der Vorlage von Urkunden,
- Anordnung des persönlichen Erscheinens der Beteiligten,
- Ladung von Zeugen und Sachverständigen zur mündlichen Verhandlung,
- Fristsetzung nach § 92 Abs. 2 (vgl. E 120 ff.).[135]

Die Beteiligten sind von jeder Anordnung zu benachrichtigen (§ 87 Abs. 2). **64**

Der Vorsitzende, der Berichterstatter oder der Einzelrichter können vorab einzelne Beweise erheben, sofern dies zur Vereinfachung der Verhandlung vor der gesamten Kammer sachdienlich ist und wenn von vornherein anzunehmen ist, dass das Gericht das Beweisergebnis auch ohne unmittelbaren Eindruck von dem Verlauf der Beweisaufnahme sachgemäß zu würdigen vermag (§ 87 Abs. 3).[136] **65**

Eine **Beschwerde** gegen die Anordnungen nach § 87 ist nicht zulässig. Verfahrensfehler können allenfalls im Wege der Berufung oder im Rahmen eines Revisionsverfahrens gerügt werden.[137] **66**

b) Entscheidungen im vorbereitenden Verfahren, § 87 a

Gem. § 87 a Abs. 1 ist der Vorsitzende zu einer Reihe von Entscheidungen im vorbereitenden Verfahren befugt; ist ein Berichterstatter bestellt, so entscheidet dieser anstelle des Vorsitzenden, § 87 a Abs. 3. **67**

---

133 *OVG Frankfurt/Oder,* 18. 8. 2000 – 2 A 132/99.A – NVwZ-RR 01, 202.

134 § 87 Abs. 1 Nr. 7 i. d. F. der 6. VwGO-Änderungsnovelle wurde durch das RmBereinVpG gestrichen, vgl. E 177 a ff.

135 *Redeker/von Oertzen,* § 92, Rdn. 9 e.

136 Zulässig ist z. B. die Durchführung einer Ortsbesichtigung als Beweisaufnahme durch den Berichterstatter, vgl. dazu *BVerwG,* 15. 8. 1997 – 4 B 130/97 – NVwZ-RR 98, 524.

137 *Redeker/von Oertzen,* § 87, Rdn. 14.

68 § 87a dient der Beschleunigung des Verwaltungsgerichtsverfahrens, insbesondere sind hiernach folgende Entscheidungen zulässig:
- über die Aussetzung und das Ruhen des Verfahrens,
- bei Zurücknahme der Klage, Verzicht auf den geltend gemachten Anspruch oder Anerkenntnis,
- bei Erledigung des Rechtsstreits in der Hauptsache (vgl. E 363),
- über den Streitwert,
- über Kosten.

69 Die Entscheidungen nach § 87a stehen der Entscheidung der Kammer gleich. Für diese Entscheidungen gelten daher die gleichen Voraussetzungen und Rechtsfolgen, wie wenn die Kammer selbst entschieden hätte. Sie unterliegen daher auch denselben Rechtsmitteln.[138]

70 Die Entscheidung nach § 87a durch den Vorsitzenden oder den Berichterstatter ist zwingend; es kann daher nicht die Kammer oder der Senat anstelle des Vorsitzenden oder des bestellten Berichterstatters entscheiden.[139] Entscheidet im vorbereitenden Verfahren anstelle des Vorsitzenden/Berichterstatters der gesamte Spruchkörper, so liegt hierin ein Verstoß gegen eine Vorschrift gegen die Bestimmung des gesetzlichen Richters, der im Beschwerdeverfahren zur Aufhebung der Entscheidung führt.[140]

71 Nach § 87a Abs. 2 können der Vorsitzende bzw. der Berichterstatter auch sonst anstelle der Kammer oder des Senats im Einvernehmen mit den Beteiligten allein entscheiden.[141] Das Einverständnis der Beteiligten mit einer Entscheidung durch den Vorsitzenden oder Berichterstatter gilt grundsätzlich auch für den Fall einer Änderung der Zuständigkeit des Spruchkörpers durch den Geschäftsverteilungsplan des Gerichts fort;[142] die Einverständniserklärung ist als Prozesshandlung unwiderruflich.[143]

c) Zurückweisung wegen verspäteten Vorbringens, § 87b

72 In Rechtsprechung und Lehre ist in den letzten Jahren immer stärker erkannt worden, dass der Verwaltungsprozess nicht nur vom Untersuchungsgrundsatz, sondern auch von den Mitwirkungsrechten und Mitwirkungspflichten der Beteiligten beherrscht wird (vgl. dazu E 166f.).

Das Gesetz hat durch die Einfügung des § 87b nunmehr eine Sanktionierung der Verletzung von Mitwirkungspflichten ermöglicht. Unter den im Gesetz ge-

---

[138] *Vgl. Redeker/von Oertzen*, § 87a, Rdn. 3.

[139] *VGH Mannheim*, 9. 1. 1991 – 13 S 2327/90 – NVwZ 91, 274; *VGH Mannheim*, 4. 1. 1996 – 1 S 3230/95 – NVwZ-RR 97, 140; a. A. *VGH Mannheim*, 3. 1. 1991 – 1 S 3033/90 – NVwZ 91, 275.

[140] So für die Entscheidung über einen Aussetzungsbeschluss: *VGH München*, 4. 1. 1996 – 1 S 3230/95 – NVwZ-RR 97, 1124.

[141] *BVerwG*, 17. 10. 1997 – 4 B 161/97 – NVwZ-RR 98, 525: Fehlt das Einverständnis, so liegt ein Verfahrensfehler i. S. d. § 138 Nr. 3 vor.

[142] *BVerwG*, 5. 2. 1996 – 9 B 32.96 – DVBl. 96, 634 n. L.; *BVerwG*, 25. 10. 1996 – 11 B 73.96 – DVBl. 97, 658.

[143] *BVerwG*, 5. 2. 1996 – 9 B 32.96 – DVBl. 96, 634 n. L.; *BVerwG*, 25. 10. 1996 – 11 B 73.96 – DVBl. 97, 658.

nannten Voraussetzungen kann der Sachvortrag eines Beteiligten unberücksichtigt bleiben, wenn er verspätet ist.[144]

Hinweis:
Die Zurückweisung wegen verspäteten Vorbringens gem. § 87b ist von der Präklusionswirkung materiell-rechtlicher Bestimmungen (z.B. § 17 Abs. 4 FStrG)[145] zu unterscheiden. Der Kläger kann nämlich bei Versäumnis gesetzlicher Auslegungs- und Einwendungsfristen im Rahmen des verwaltungsgerichtlichen Vorverfahrens/Planfeststellungsverfahrens mit weiteren Einwendungen auch im sich anschließenden Gerichtsverfahren präkludiert werden.

aa) Richterliche Fristen

Nach § 87 b Abs. 1 können der Vorsitzende oder der Berichterstatter **dem Kläger eine Frist** setzen, um ihn zur Angabe der Tatsachen anzuhalten, durch deren Berücksichtigung oder Nichtberücksichtigung im Verwaltungsverfahren er sich beschwert fühlt. Damit sind alle anspruchsbegründenden Tatsachen gemeint; hierzu gehören auch Tatsachen, die erst nach Abschluss des Verwaltungsverfahrens entstanden oder bekanntgeworden sind.[146] Die **Fristsetzung** kann sogleich mit der Fristsetzung nach § 82 Abs. 2 Satz 2 verbunden werden. Richterliche Fristen können auf Antrag verlängert werden, vgl. § 57 Abs. 2, § 224 Abs. 2 ZPO. 73

Ferner kann der Vorsitzende oder Berichterstatter gem. § 87b Abs. 2 **einem der Beteiligten**[147] unter Fristsetzung aufgeben, zu bestimmten Vorgängen Tatsachen anzugeben und/oder Beweismittel zu bezeichnen, sowie Urkunden oder andere bewegliche Sachen vorzulegen, soweit der Beteiligte dazu verpflichtet ist. 74

bb) Gesetzliche Klagebegründungsfristen

Gesetzlich angeordnete Klagebegründungsfristen[148] haben dieselbe Wirkung wie die Fristsetzung durch den Vorsitzenden oder Berichterstatter. Im Interesse der Verfahrensbeschleunigung hat der Gesetzgeber für eine Reihe von Klageverfahren **(kein Anspruch auf Vollständigkeit!)** derartige Fristen bestimmt. 75

Beispiele:

Allgemeines EisenbahnG	§ 20 Abs. 6 Allgemeines EisenbahnG: 6 Wochen bei der Anfechtung von Planfeststellungsbeschlüssen oder Plangenehmigungen für den Bau oder die Änderung von Betriebsanlagen der Eisenbahnen des Bundes;

---

144 Zur Zurückweisung des Vorbringens einer Partei wegen Prozessverschleppung ohne dass die Voraussetzungen des § 87b vorlagen, vgl. *OVG Münster,* 19. 4. 1994 – 11 A 799/94 – NVwZ 95, 396ff.

145 *BVerwG,* 30. 7. 1998 – 4 A 1/98 – NVwZ-RR 99, 162. Die Versäumung der Einwendungsfrist nach § 17 Abs. 4 S. 1 FStrG bewirkt eine materiell-rechtliche Präklusion in dem Sinne, dass die nicht rechtzeitig vorgetragenen Belange eines Klägers auch im späteren Gerichtsverfahren nicht mehr geltend gemacht werden können (*BVerwG,* 6. 11. 1998 – 11 A 28.97 – *BVerwG,* 5. 6. 1998 – 11 B 27.98 – *BVerwG,* 18. 9. 1995 – 11 VR 7.95 – *Buchholz* 316, § 73 VwVfG Nr. 13; ferner *BVerwG,* 24. 5. 1996 – 4 A 38.95 – DVBl. 95, 51).

146 *VGH Kassel,* 18. 7. 1996 – 3 ZU 2626/94 – DVBl. 97, 668.

147 *Geiger* in *Eyermann,* § 87b, Rdn. 6: nicht nur dem Kläger.

148 Die gesetzlichen Klagebegründungsfristen sind verfassungskonform, *BVerwG,* 17. 2. 1997 – 4 VR 17.96 – NVwZ 97, 998.

AsylverfahrensG	§ 74 Abs. 2 AsylverfahrensG: ein Monat; Hinweis: Die einmonatige Klagebegründungsfrist nach § 74 Abs. 2 AsylVfG läuft – unabhängig vom Zeitpunkt der Klageerhebung – bereits einen Monat nach Zustellung der angefochtenen Asylentscheidung ab.
BundesfernstraßenG	§ 17 Abs. 6b BundesfernstraßenG: 6 Wochen bei der Anfechtung von Planfeststellungsbeschlüssen oder Plangenehmigungen für den Bau oder die Änderung von Bundesfernstraßen, für die nach dem FernStrAusbG vordringlicher Bedarf festgestellt ist;[149]
BundeswasserstraßenG	§ 19 Abs. 3 BundeswasserstraßenG: 6 Wochen bei der Anfechtung von Planfeststellungsbeschlüssen oder Plangenehmigungen für den Neubau oder den Ausbau von Bundeswasserstraßen;
EisenbahnneuordnungsG	§ 20 Abs. 6 EisenbahnneuordnungsG: 6 Wochen;
LuftverkehrsG	§ 10 Abs. 7 LuftverkehrsG: 6 Wochen bei der Anfechtung von Planfeststellungsbeschlüssen oder Plangenehmigungen für den Bau oder die Änderung von Verkehrsflughäfen;
MagnetschwebebahnplanungsG	§ 5 Abs. 6 MagnetschwebebahnplanungsG: 6 Wochen;
PersonenbeförderungsG	§ 29 Abs. 7 PersonenbeförderungsG: 6 Wochen bei der Anfechtung von Planfeststellungsbeschlüssen oder Plangenehmigungen für den Bau oder die Änderung von Straßenbahnen;
VerkehrswegeplanungG	§ 5 Abs. 1 VerkehrswegeplanungsbeschleunigungsG: 6 Wochen;

Während in Asylverfahren die einmonatige Klagebegründungsfrist nach § 74 Abs. 2 AsylVfG bereits **einen Monat nach Zustellung der angefochtenen Asylentscheidung** abläuft, beginnen die Klagebegründungsfristen gem. § 5 Abs. 1 VerkPBG, § 20 Abs. 6 EisenbahnneuordnungsG, § 5 Abs. 6 MagnetschwebebahnplanungsG, § 20 Abs. 6 AEG, § 17 Abs. 6a BFernStrG, § 19 Abs. 3 BWasserStrG und § 10 Abs. 7 LuftVG und § 29 Abs. 7 PersBefG mit der Einreichung der Klage bei Gericht; da bei diesen Vorschriften anders als in § 74 Abs. 2 AsylVfG für den Fristbeginn nicht auf die Zustellung der angefochtenen Entscheidung abgestellt wird.[150]

Der Kläger muss innerhalb der Fristen die ihn beschwerenden Tatsachen so konkret angeben, dass der Lebenssachverhalt, aus dem er den mit der Klage verfolgten Anspruch ableitet, unverwechselbar feststeht.[151] Das gleiche gilt für die Bezeich-

---

[149] Die 6-Wochenfrist läuft ab Eingang bei Gericht, *VGH Mannheim,* 17. 11. 1995 – 5 S 334/95 – DVBl. 96, 929 Ls.; darüber hinaus gilt der Einwendungsausschluss des § 17 Abs. 4 Satz 1 FStrG auch für das gerichtliche Verfahren.

[150] Vgl. *Stüer,* DVBl. 93, 1306; *Redeker/von Oertzen,* § 74, Anm. 1b; ferner *BVerwG,* vom 30. 8. 1993 – 7 A 14.93 – zu § 5 Abs. 1 VerkPBG – NVwZ 94, 371ff.; *VGH Mannheim,* 17. 11. 1995 – 5 S 334/95 – DVBl. 96, 929 nur Ls.

[151] Gemeint sind alle anspruchsbegründenden Tatsachen, *VGH Kassel,* 18. 7. 1996 – 3 ZU 2626/94 – DVBl. 97, 668ff. Es reicht aus, wenn der Kläger den geltend gemachten

nung von Beweismitteln.[152] Das dem Kläger nach § 100 Abs. 1 zustehende Akteneinsichtsrecht führt nicht zu einer Verlängerung der Klagebegründungsfrist.[153] Dies schließt späteren vertiefenden Vortrag nicht aus. Gesetzliche Fristen können nur dann verlängert werden, wenn dies im Gesetz besonders bestimmt ist, vgl. § 57 Abs. 2, § 224 Abs. 2 ZPO.

cc) Verfahren bei verspätetem Vorbringen

Nach § 87b Abs. 3 kann das Gericht Erläuterungen und Beweismittel, die erst nach Ablauf der gesetzlich angeordneten Klagebegründungsfristen oder der gem. § 87b Abs. 1, 2 gesetzten richterlichen Fristen (vgl. dazu E 81f) von einem der Beteiligten vorgebracht werden, zurückweisen und ohne weitere Ermittlungen entscheiden, wenn **76**

- ihre Zulassung nach der freien Überzeugung des Gerichts die Erledigung des Gerichts verzögern (vgl. E 89ff) würde[154] und
- der Beteiligte die Verspätung nicht genügend entschuldigt[155] und
- der Beteiligte über die Folgen einer Fristversäumung belehrt worden ist (vgl. E 88).

Der **Entschuldigungsgrund** ist auf Verlangen des Gerichts **glaubhaft** zu machen (§ 294 ZPO).[156] **77**

Die Zurückweisung darf nicht erfolgen, wenn es mit geringem Umfang möglich ist, den Sachverhalt auch ohne Mitwirkung des Beteiligten zu ermitteln (§ 87b Abs. 3 Satz 2). **78**

Zu dem Problemkreis der **Zurückweisung** des verspäteten Vorbringens findet sich noch wenig verwaltungsgerichtliche, wohl aber eine reichhaltige zivilrechtliche Literatur und Judikatur zu den einschlägigen (vergleichbaren) Vorschriften der ZPO (§§ 282, 296, 280).[157] **79**

Voraussetzung für eine **Zurückweisung** ist zunächst der „Ablauf einer gesetzten Frist". **80**

Es muss sich dabei um eine für den Betroffenen erkennbar **vom zuständigen Richter gesetzte exakte Frist** gehandelt haben,[158] wobei darauf hinzuweisen ist, **81**

Anspruch hinreichend umreißt, vgl. *BVerwG,* 17. 2. 1997 – 4 VR 17.96 – NVwZ 97, 998.

[152] Der Beteiligte ist von der Bezeichnung der Beweismittel nicht schon deshalb entbunden, weil er sie bereits im Verwaltungsverfahren vorgebracht hat, *OVG Münster,* 12. 1. 1996 – 25 A 7626/95.A – DVBl. 96, 763 nur Ls.

[153] *BVerwG,* 17. 2. 1997 – 4 A 41.96 – NVwZ 97, 998.

[154] *BVerwG,* 18. 12. 1998 – 11 A 6/97 – NVwZ-RR 98, 592.

[155] *BVerwG,* 20. 2. 1998 – 9 B 101/98.

[156] Vgl. dazu *Baumbach/Lauterbach,* § 294, Anm. 1ff.; *Zöller,* § 294, Rdn. 1ff.; zulässige Mittel der Glaubhaftmachung sind neben der eidesstattlichen Versicherung alle üblichen Beweismittel, sofern sie präsent sind; *Zöller,* § 294, Rdn. 3.

[157] Vgl. dazu *Baumbach/Lauterbach,* § 296, Anm. 1ff.; *Zöller,* § 296, Rdn. 1ff.; Münchener Kommentar ZPO, § 296, Rdn. 1ff; vgl. jetzt aber *Geiger* in *Eyermann,* § 87b, Rdn. 6ff; *Kopp/Schenke,* § 87b, Rdn. 3ff..

[158] *Baumbach/Lauterbach,* § 296, Anm. 10; *Redeker/von Oertzen,* § 87b, Rdn. 5; *Zöller,* § 296, Rdn. 9; *BGH,* 27. 6. 1991 – IX ZR 222/90 – NJW 91, 2774: Das Gericht muss insbesondere bei Erlass seiner Verfügung die gesetzlichen Zuständigkeitsregeln einhalten; *VGH Kassel,* 28. 12. 1997 – 12 ZU 1381/96.A – NVwZ-RR 98, 208.

dass der Vorsitzende/Berichterstatter die Verfügung **mit seinem Namen unterzeichnet** haben muss. Ein bloßes Handzeichen (Paraphe) genügt nicht.[159]

82 Eine **Unterzeichnung auf „Anordnung"** durch einen Justizangestellten reicht also nicht aus.[160]

83 Der Urkundsbeamte der Geschäftsstelle muss die **richterliche Fristverfügung** dem Empfänger in **beglaubigter Abschrift** zustellen.[161]

84 Es muss eine förmliche Zustellung erfolgen (§ 329 Abs. 1 ZPO); eine formlose Übersendung genügt nicht und kann auch keine Heilung bewirken.[162]

85 Die Frist muss für die Prozessbeteiligten eindeutig erkennbar sein.[163]

86 Selbstverständlich ist hierbei, dass es sich bei der gesetzten Frist um eine **angemessene Frist** handeln muss,[164] die in einem vernünftigen Verhältnis zur Bearbeitungsdauer des Prozesses durch das Gericht selbst stehen muss.[165] *Redeker/von Oertzen*[166] schreibt hierzu:

> „Die nicht seltenen Auflagen wenige Wochen vor einer mündlichen Verhandlung nach langer Anhängigkeit des Verfahrens ohne jede richterliche Bearbeitung sind an sich schon oft unzumutbar. Sie scheiden als Anwendungsfall des § 87b aus. Die Bestimmung ist nicht dafür geschaffen, Unzulänglichkeiten in der gerichtlichen Vorbereitung der mündlichen Verhandlung auszugleichen oder zu verdecken ...[167]

87 Die Fristsetzung muss ferner den Grund und das Ziel der vom Gericht gestellten Fragen und erteilten Hinweise unmissverständlich erkennen lassen.[168] Zu dem Katalog der Aufforderungsinhalte gehören neben der Aufforderung zur Klagebegründung gem. § 87b Abs. 1 Satz 1 die Aufforderung zum weiteren Tatsachenvortrag bzw. zum weiteren Beweisantritt oder zur Vorlage von Urkunden, soweit sie sich im Besitz der aufgeforderten Prozesspartei befinden.[169]

88 Wie aus § 87b Abs. 3 Nr. 3 hervorgeht, muss der Betreffende über die Folgen einer Fristversäumnis **belehrt** worden sein, d.h. er muss erkennen können, welche Folgen eine Versäumnis der Frist für ihn hat.[170] In seltenen Ausnahmefällen kann bei einer rechtsmissbräuchlichen Prozessverschleppung verspätetes Vorbringen ggfs.

---

[159] *Zöller*, § 296, Rdn. 9; *BGH*, 13. 3. 1980 – VII ZR 147/79 – BGHZ 76; 236ff.; *BVerwG*, 4. 3. 1993 – 8 B 186/92 – NJW 94, 746.

[160] *Baumbach/Lauterbach*, § 296, Anm. 10; *BGH*, 13. 3. 1980 – VII ZR 147/79 – BGHZ 76, 236ff.

[161] *Baumbach/Lauterbach*, § 296, Anm. 10; *Redeker/von Oertzen*, § 87b, Rdn. 5.

[162] *Zöller*, § 296, Rdn. 9; *BVerfG*, 9. 2. 1982 – 1 BVR 1379/80 – NJW 82, 1453.

[163] *BGH*, 13. 3. 1990 – VII ZR 147/79 – BGHZ 76, 236ff.; *Ortloff* in *Schoch/Schmidt-Aßmann/Pietzner*, § 87, Rdn. 22.

[164] *Kopp/Schenke*, § 87b, Rdn. 7.

[165] Vgl. allgemein zur Frage der Verletzung des rechtlichen Gehörs durch fehlerhafte Anwendung von Präklusionsvorschriften, *BVerfG*, 16. 3. 1989 – 1 BVR 1433/88 – NJW 89, 32121: Zur Angemessenheit *Zöller*, § 275, Rdn. 4 sowie *BVerfG*, 21. 4. 1992 – 2 BVR 873/91 – NJW 82, 1691.

[166] *Redeker/von Oertzen*, § 87b, Rdn. 6.

[167] *Redeker/von Oertzen*, § 87b, Rdn. 6.

[168] *Zöller*, § 273, Rdn. 4 u. § 296, Rdn. 9.

[169] *Ortloff* in *Schoch/Schmidt-Aßmann/Pietzner*, § 87b, Rdn. 27/28.

[170] *Zöller*, § 296, Rdn. 9; *BVerwG*, 13. 12. 1993 – 9 B 501.93 – DVBl. 94, 821; *VGH Kassel*, 18. 7. 1996 – 3 ZU 2626/94 – DVBl. 97, 668.

auch ohne Belehrung über die Folgen einer Fristversäumnis zurückgewiesen werden.[171]

Auch die gesetzlichen Klagebegründungsfristen (vgl. dazu oben E 75) sind wegen der in diesen Vorschriften erfolgten Verweisung auf § 87b Abs. 3 deshalb nur dann relevant, wenn der Betroffene entweder bereits im Rahmen der allgemeinen Rechtsmittelbelehrung von der Verwaltungsbehörde oder bei Klageeingang durch das Gericht belehrt worden ist.

Liegen die formellen Voraussetzungen vor, so ist eine Zurückweisung nur dann statthaft, wenn die Berücksichtigung des verspäteten Vorbringens die Erledigung des Rechtsstreits verzögern würde. Eine **Verzögerung** liegt nur vor, wenn die Zulassung des nach Fristablauf eingegangenen Vortrags das Gericht zu irgendeiner zeitlichen Verschiebung zwingt, die nicht ganz unerheblich ist (sog. absoluter oder realer Verzögerungsbegriff).[172] Für die Feststellung einer Verzögerung des Rechtsstreits kommt es allein darauf an, ob der Prozess bei Zulassung des verspäteten Vorbringens länger dauern würde als bei dessen Zurückweisung.[173] Ob der Rechtsstreit bei rechtzeitigem Vorbringen ebenso lange gedauert hätte, ist unerheblich, es sei denn, dass dies offenkundig wäre.[174] **89**

Eine **Verzögerung** liegt insbesondere dann vor, wenn der geplante oder anberaumte Verhandlungstermin durch die Verzögerung voraussichtlich gefährdet wird, weil die Zulassung des neuen Vortrags voraussichtlich dazu zwingen würde, dem Gegner Gelegenheit zur Stellungnahme einzuräumen; eine Verzögerung tritt freilich nicht ein, wenn der verspätete Sachvortrag unstreitig ist und keine weiteren Erklärungen des Gegners veranlasst.[175] Auch wenn der unstreitige neue Sachvortrag für das Gericht schwierige Rechtsfragen aufwirft, führt dies zu keiner Verzögerung, weil das Gericht für die Bewältigung von Rechtsproblemen verantwortlich ist.[176] **90**

Nicht ausreichend ist es ferner, dass das Gericht infolge des verspäteten Vorbringens sich möglicherweise in die Lage versetzt sieht, im Termin eine Beweisaufnahme durchzuführen, sofern für die Ladung von Zeugen u. ä. hierzu noch ausreichende Zeit besteht oder wenn die Zeugen von einer Partei zum Termin gestellt werden. **91**

---

[171] *OVG Münster,* 19. 4. 1994 – 11 A 799/94 – NVwZ 95, 396.

[172] Vgl. dazu *Baumbach/Lauterbach,* § 296, Anm. 13; *BGH,* 10. 1. 1983 – VIII ZR 244/81 – *BGHZ* 86, 198, 202; *BGH,* 21. 10. 1986 – VI ZR 107/86 – BGHZ 86, 198, 202: der *BGH* hat den sog. hypothetischen Verzögerungsbegriff abgelehnt, wonach eine Verzögerung nur dann vorliegt, wenn die Instanz bei einem rechtzeitigen Vorbringen früher beendet wäre; vgl. ferner *BFH,* 17. 9. 1990 – I R 118/88 – NVwZ-RR 92, 391; *Ortloff* in *Schoch/Schmidt-Aßmann/Pietzner,* § 87b, Rdn. 37ff., insbesondere die Kasuistik Rdn. 39; *Redeker/von Oertzen,* § 87b, Rdn. 10; *Geiger* in *Eyermann,* § 87b, Rdn. 11. In einem konkret entschiedenen Fall hat das BVerwG eine Verzögerung von einer Woche wegen Überschreitung der Klagebegründungsfrist noch nicht als erheblich angesehen, weil zu diesem Zeitpunkt noch keine konkrete Terminsplanung des Senats bestanden habe, die hätte in Frage gestellt werden können, vgl. dazu *BVerwG,* 15. 9. 1999 – 11 A 22/98 – UPR 00, 116.

[173] *BVerwG,* 18. 2. 1998 – 11 A 6/97 – NVwZ-RR 98, 592f.; *VGH Mannheim,* 15. 3. 1999 – 8 S 2886/98 – VGHBW – Ls 99, Beilage 5 B 1.

[174] *BVerwG,* 18. 2. 1998 – 11 A 6/97 – NVwZ-RR 98, 592.

[175] *Zöller,* § 296, Rdn. 13, 14.

[176] *Ortloff* in *Schoch/Schmidt-Aßmann/Pietzner,* § 87b, Rdn. 39; *BVerwG,* 15. 9. 1999 – 11 A 22/98 – UPR 00, 116f.

Der durch eine nicht vorgesehene Beweisaufnahme entstehende Zeitdruck im Termin kann dem Beweisführer grundsätzlich nicht angelastet werden.[177]

92 Keine Verzögerung liegt ferner dann vor, wenn der Rechtsstreit unabhängig von der Verzögerung noch nicht entscheidungsreif ist (z.B. bei aus anderem Grund notwendiger Vertagung oder weil das Gericht die Sachentscheidung nur unzulänglich vorbereitet hatte).[178]

93 Beabsichtigt das Gericht, ein verspätetes Vorbringen einer Partei zurückzuweisen, ist es unter dem Gesichtspunkt des rechtlichen Gehörs verpflichtet, die Partei zunächst auf die Verfristung hinzuweisen, um ihr Gelegenheit zu geben, die Verspätung zu entschuldigen.[179]

94 Bezüglich des Verschuldens des Beteiligten gelten die allgemeinen Grundsätze, wie sie unten bezüglich der Wiedereinsetzung in den vorigen Stand erörtert werden[180] (vgl. dazu E 402ff.). Die Entscheidung über die Zurückweisung verspäteten Vorbringens ergeht zusammen mit der Sachentscheidung.[181]

95 Aus der gesetzlichen Formulierung „kann ... zurückweisen" ergibt sich, dass die Zurückweisung verspäteten Vorbringens eine Ermessensentscheidung des Gerichts ist, deren oberstes Leitziel ein **faires Verfahren** sein sollte.[182] Sofern das Gericht einen Beteiligten nicht präkludiert, obwohl dies an sich geboten gewesen wäre, bleibt die Entscheidung folgenlos, da durch die unterlassene Präkludierung keine fehlerhafte Sachentscheidung zustande kommen kann, die von dem jeweils Betroffenen gerügt werden könnte.[183] Dagegen führt eine fehlerhafte Präklusion zu einem **Verfahrensfehler,** der im Rahmen eines Antrags auf Zulassung der Berufung/Revision gerügt werden könnte.[184]

4. Klageänderung, § 91 VwGO

96 Die Zulässigkeit der Klageänderung richtet sich im Verwaltungsprozess nach § 91 und ergänzend nach § 264 ZPO.[185]

a) Begriff der Klageänderung

97 Eine Klageänderung ist jede Änderung des Streitgegenstandes. Sie liegt vor, wenn der Kläger anstelle des bisher rechtshängigen prozessualen Anspruchs einen anderen Anspruch erhebt. Die Änderung kann dabei die Klageanträge, den Klage-

---

[177] *Zöller,* § 296, Rdn. 13, 14.

[178] *Ortloff* in *Schoch/Schmidt-Aßmann/Pietzner,* § 87b, Rdn. 40.

[179] *Zöller,* § 296, Rdn. 32; *BVerwG,* 6. 4. 2000 – 9 B 50.00 – NWVBl. 01, 57ff.

[180] *BVerwG,* 6. 4. 2000 – 9 B 50.00 – NWVBl. 01, 57ff.

[181] *BFH,* 17. 9. 1990 – I R 118/88 – NVwZ-RR 92, 391.

[182] *Ortloff* in *Schoch/Schmidt-Aßmann/Pietzner,* § 87b, Rdn. 44 schreibt dazu: „Diese Überlegungen und der Beschleunigungszweck der Vorschrift machen deutlich, dass dem Gericht nur ein intendiertes Ermessen im Sinne einer Sollvorschrift eingeräumt wird: Grundsätzlich ist von der Präklusion Gebrauch zu machen, weil diese als Regelsanktion zu verstehen ist. Nur ausnahmsweise ist von einer Zurückweisung abzusehen; eine solche Ausnahmesituation lässt sich allerdings schwer vorstellen, da in einem atypischen Fall bereits die eine oder andere Voraussetzung der Präklusion nicht erfüllt wird."

[183] *Ortloff* in *Schoch/Schmidt-Aßmann/Pietzner,* § 87b, Rdn. 44, Rdn. 48.

[184] *Ortloff* in *Schoch/Schmidt-Aßmann/Pietzner,* § 87b, Rdn. 48.

[185] *Baumbach/Lauterbach,* § 264, Anm. 4.

grund oder aber Person des/der Kläger oder des Beklagten kumulativ oder alternativ betreffen.[186]

Als Klageänderung ist es gem. § 264 ZPO nicht anzusehen, wenn **98**
- die tatsächlichen oder rechtlichen Ausführungen ergänzt oder berichtigt werden (§ 264 Nr. 1 ZPO),
- der Klageantrag in der Hauptsache oder in bezug auf Nebenforderungen erweitert oder beschränkt wird (§ 264 Nr. 2 ZPO),
- statt des ursprünglich geforderten Gegenstandes wegen einer später eingetretenen Veränderung ein anderer Gegenstand oder das Interesse gefordert wird (§ 264 Nr. 3 ZPO).

99 Eine gem. § 264 Nr. 2 oder 3 ZPO zulässigerweise geänderte Klage ist im Verwaltungsprozess allerdings nur dann zulässig, wenn für diese geänderte Klage auch die sonstigen Zulässigkeitsvoraussetzungen gegeben sind.

100 Bei der allgemeinen Leistungsklage oder der Feststellungsklage treten keine Besonderheiten auf.

101 **Problematisch** wird es häufig im **Bereich der Anfechtungs- oder Verpflichtungsklage.** Die geänderte Klage kann vor allem wegen eines erforderlichen (erneuten) Vorverfahrens oder Verwaltungsverfahrens unzulässig sein. Wird bei der Anfechtungs- und Verpflichtungsklage der Klageantrag in der Hauptsache erweitert oder beschränkt, so ist regelmäßig zu prüfen, ob der Kläger nicht in Wahrheit ein Aliud begehrt. Wenn das Klagebegehren in Folge der Erweiterung oder Beschränkung eine so wesentliche Änderung erfährt, dass von einer Identität nicht mehr gesprochen werden kann, liegt ein **Aliud** und ein veränderter Streitgegenstand vor.

Beispiele:

(1) Der Betreiber einer Spielhalle beantragt die Zulassung einer kerngebietstypischen Spielhalle von ca. 120 Quadratmetern. Während eines Ortstermins weist das Gericht darauf hin, dass es sich bei der nach § 34 BauGB zu beurteilenden Umgebungsbebauung um ein Mischgebiet handele. Der Kläger beantragt daraufhin im Wege der Klageänderung die Genehmigung einer mischgebietstypischen Spielhalle von nur 70 qm Fläche.[187]

(2) Oberstudienrat A (A 14) beantragt bei seinem Dienstherrn, ihn auf eine freigewordene Studiendirektorenstelle (A 15) zu befördern. Nach erfolglosem Vorverfahren erhebt er Klage vor dem Verwaltungsgericht.
Während des verwaltungsgerichtlichen Verfahrens wird die fragliche A-15-Stelle anderweitig besetzt. Im Termin zur mündlichen Verhandlung nimmt A seinen Dienstherrn nunmehr im Wege der allgemeinen Leistungsklage auf Schadensersatz (Besoldungsdifferenz zwischen A 15 und A 14) in Anspruch.

102 Obwohl man in beiden Fällen auf den ersten Blick annehmen könnte, dass nur eine Reduktion des klägerischen Begehrens erfolgt sei, handelt es sich in Wahrheit um ein Aliud, also um einen vollständig neuen Antrag.[188]

103 Veränderte Bauabsichten **(Beispiel 1)** sind immer dann durch eine bereits erteilte Baugenehmigung nicht mehr gedeckt, wenn hier durch die Genehmigungsfrage in bauplanungs- und/oder bauordnungsrechtlicher Hinsicht erneut aufgeworfen wird, wenn also infolge der – wenn auch geringfügigen Änderung – eine andere, bauplanungs- oder bauordnungsrechtliche Beurteilung in Betracht kommt,

---

[186] *Redeker/von Oertzen,* § 91, Anm. 1.
[187] Vgl. dazu *Stüer,* Handbuch des öffentlichen Baurechts, B 146.
[188] *Redeker/von Oertzen,* § 91, Rdn. 2.

als diejenige, die bei dem beantragten Vorhaben anzustellen war:[189] Der Kläger muss zunächst einen neuen Bauantrag stellen. Im Beispiel 1 liegt also ein **Aliud** vor, da die Ausgangshalle von 120 qm im Mischgebiet unzulässig war.[190]

104 Auch im **Beispiel 2** liegt eine unzulässige Klageänderung vor, weil in beamtenrechtlichen Streitigkeiten wegen der Besonderheiten des § 126 BRRG stets die Durchführung eines Vorverfahrens notwendig ist und sich die begehrte Leistung (Schadensersatz statt Beförderung) ihrem Wesen nach ändert, also inhaltlich ein anderes Begehr und damit eine Klageänderung angestrebt wird. Eine Klageänderung liegt also immer dann vor, wenn durch die Änderung der Klageziele ein erneutes Vorverfahren notwendig wird.

105 Die Judikatur zur Klageänderung ist reichhaltig; **keine Klageänderung** bzw. eine zulässige Klageänderung i. S. von § 264 ZPO liegt in folgenden Fällen vor:

- Übergang von der Feststellungs- zur Leistungsklage oder umgekehrt,[191]
- Übergang zum Antrag nach § 113 Abs. 2, Änderung eines Verwaltungsakts, der einen Geldbetrag festsetzt oder eine darauf bezogene Feststellung trifft,[192]
- Fortsetzungsfeststellungsantrag gem. § 113 Abs. 1 Satz 4,[193]
- Übergang von der negativen Feststellungsklage zur Anfechtungsklage gegen einen die Feststellungsklage unterlaufenden Verwaltungsakt,[194]
- Rückkehr zum ursprünglichen Klageantrag nach einseitiger Erledigungserklärung,[195]
- wenn der Kläger statt des ursprünglich verfolgten Antrags auf Erteilung einer Baugenehmigung im Verfahren wegen des gleichen Vorhabens lediglich einen planungsrechtlichen Vorbescheid begehrt,
- bloße Berichtigungen der Parteibezeichnungen,
- bei Eintritt des Rechtsnachfolgers des Eigentümers eines Grundstücks,[196]

---

[189] *BVerwG,* 4. 3. 1983 – 4 C 69.79 – BRS 40 Nr. 71; *OVG Münster,* 5. 1. 1992 – 11 B 2025/91 – n. v.

[190] *OVG Lüneburg,* 25. 11. 1991 – 5 L 2451/91 – n. v.

[191] *Baumbach/Lauterbach,* § 264, Anm. 4; *BVerwG,* 13. 10. 1987 – 4 B 211.87 – DÖV 88, 224; anders bei beamtenrechtlichen Streitigkeiten wegen des erforderlichen Vorverfahrens (§ 126 BRRG); vgl. *OVG Lüneburg,* 25. 11. 1991 – 5 L 2451/91 – unveröffentlicht.

[192] *Baumbach/Lauterbach,* § 264, Anm. 4; *BVerwG,* 17. 1. 1962 – VI C 164/59 – DÖV 62, 754.

[193] *BVerwG,* 10. 12. 1958 – V C 144.55 – BVerwGE 8, 59; die abermalige Änderung von der Feststellungs- zur Verpflichtungsklage scheitert dann aber möglicherweise an der fehlenden Einhaltung der Klagefrist, *VG Kassel,* 10. 10. 1994 – 8 E 1251/89 – NVwZ-RR 95, 704.

[194] *BVerwG,* 15. 5. 1968 – V C 181.66 – BVerwGE 30, 1, 5.

[195] *BVerwG,* 13. 10. 1987 – 4 B 211/87 – NVwZ-RR 88, 56.

[196] *VGH München,* 11. 10. 1994 – 8 B 94 476 – NVwZ 96, 419; der Rechtsnachfolger eines Prozessbeteiligten kann auf Antrag der Gegenseite auch ohne Durchführung einer mündlichen Verhandlung durch gerichtliche Verfügung unter Fristsetzung zur Abgabe der Erklärung zur Aufnahme des Verfahrens angehalten werden (§ 239 Abs. 1, Abs. 2 ZPO i. V. m. § 173); vgl. *OVG Münster,* 26. 7. 1995 – 23 A 2402/90 – NVwZ-RR 96, 544; zu den Voraussetzungen der Rechtsnachfolge in einer Abgrabungsgenehmigung, vgl. *OVG Münster,* 7. 11. 1995 – 11 A 5922/94 – NVwZ-RR 97, 17; *OVG Münster,* 30. 7. 1999 – 10 a D 53/97.NE –; ferner *Guckelberger,* „Rechtsnachfolge im Baurecht", Verwaltungsarchiv 99, 409; zur Einzelrechtsnachfolge vgl. *VGH Kassel,* 17. 6. 1997 – 14 TG 2673/95 – NVwZ 98, 1315; ferner *VGH Mannheim,* 23. 1. 1989 – 5 S 2053/97 –.

– bei der Einbeziehung von Änderungsbescheiden statt des ursprünglichen Ausgangsbescheides in das Verfahren.[197]

Eine **Klageänderung** liegt dagegen vor, 106

– bei einer Umstellung der Klageanträge, nachdem der Beklagte den angefochtenen Verwaltungsakt geändert oder ergänzt hat,[198]
– bei Beitritt weiterer Kläger zum Verfahren,[199]
– bei jedem gewillkürten Wechsel in der Person des Klägers oder des Beklagten,[200] es sei denn, es handelt sich um einen Parteiwechsel kraft Gesetzes[201] (z.B. Gesamtrechtsnachfolge bei Tod), bei Umwandlung einer Personengesellschaft in eine Aktiengesellschaft[202] oder bei Rechtsnachfolge durch Eigentumswechsel,[203]
– wenn der Kläger inhaltlich dem Wesen nach einen anderen Verwaltungsakt als ursprünglich beantragt anstrebt,
– wenn anstelle des dem bisherigen Klagebegehren zugrundeliegenden Lebenssachverhalts ein vollständig neuer Sachverhalt der Klage zugrunde gelegt wird.[204]

b) Zulässigkeit der Klageänderung

Die **Klageänderung** ist **zulässig,** wenn alle Beteiligten einschließlich des sich am Verfahren beteiligenden Vertreters des öffentlichen Interesses in die Klageänderung **einwilligen;** dies gilt selbst dann, wenn das Gericht darauf hingewiesen hat, dass das geänderte Klagebegehren ein Aliud darstellt und hierfür zunächst einmal die Durchführung eines neuen Vorverfahrens erforderlich wäre.[205] 107

Wenn sich die Behörde auf den geänderten Klageantrag trotz fehlenden Vorverfahrens in der Sache einlässt und beantragt, auch den geänderten Antrag zurückzuweisen, gibt sie (konkludent) zu erkennen, dass sie sich auf das fehlende Vorverfahren nicht berufen will.[206] 108

Die **Einwilligung** ist eine reine Prozesshandlung; sie bedarf keiner Form, kann sogar auch in schlüssigen Handlungen liegen; lediglich ein bloßes Untätigbleiben des Beklagten ist nicht ausreichend.[207] 109

---

197 Vgl. dazu *Kraft,* „Änderungsbescheide im Widerspruchsverfahren und Verwaltungsprozess", BayVBl. 95, 519ff., 523f.

198 *Redeker/von Oertzen,* § 91, Rdn. 4, der zutreffend darauf hinweist, dass in diesen Fällen die Klageänderung natürlich sachdienlich ist. Vgl. dazu ferner *OVG Münster,* 8. 3. 1988 – II A 295/60 – l DVBl. 67, 116; zur Einhaltung von Klagefristen bei nachträglicher Einbeziehung von Bescheiden, vgl. *BVerwG,* 30. 10. 1997 – 3 C 35/96 – NVwZ 98, 1292.

199 *BVerwG,* 25. 5. 1993 – 11 B 66.92 – n.v.; vgl. ferner *OVG Münster,* 6. 9. 1991 – 23 A 1943/86 – DVBl. 92, 792, zur Frage des Eintritts des Käufers eines Miteigentumsanteils in einem Anfechtungsprozess.

200 Vgl. *BVerwG,* 20. 1. 1993 – 7 B 158.92 – DVBl. 93, 562f.

201 *Redeker/von Oertzen,* § 91, Rdn. 10.

202 *VGH München,* 16. 12. 1993 – 23 B 91 2659 – NVwZ 95, 616.

203 *VGH München,* 11. 10. 1994 – 8 B 94 476 – NVwZ 96, 490.

204 *Redeker/von Oertzen,* § 91, Rdn. 7; zur Einhaltung von Klagefristen bei nachträglicher Einbeziehung von Bescheiden vgl. *BVerwG,* 30. 10. 1997 – 3 C 35/96 – NVwZ 98, 1292.

205 *Redeker/von Oertzen,* § 91, Rdn. 11, § 68, Rdn. 4.

206 *BVerwG,* 18. 12. 1959 – VII C 95.57 – BVerwGE 10, 82; *BVerwG,* 15. 1. 1982 – 4 C 26.78 – BVerwGE 64, 325; *BVerwG,* 2. 9. 1983 – 7 C 97.81 – DVBl. 84, 91; dies gilt auch bei einem Auswechseln des Beklagten, wenn sich dieser rügelos einlässt, *BVerwG,* 20. 1. 1993 – 7 B 158.92 – DVBl. 93, 562f.

207 *Rennert* in *Eyermann,* § 92, Rdn. 28; *Redeker/von Oertzen,* § 91, Rdn. 11.

Nach § 91 Abs. 2 wird die Einwilligung des Beklagten unwiderleglich vermutet, wenn er sich schriftsätzlich oder in der mündlichen Verhandlung zur Sache auf die geänderte Klage eingelassen hat, ohne ihr zu widersprechen.

110 Ohne Einwilligung der übrigen Prozessbeteiligten ist die Klageänderung zulässig, wenn

- eine einseitige Erledigungserklärung des Klägers erfolgt,[208]
- ein Fall der Fortsetzungsfeststellungsklage gem. § 113 Abs. 1 Satz 4 vorliegt[209] oder wenn
- das Gericht die Klageänderung als sachdienlich erachtet.[210]

111 Die Entscheidung über die Frage der **Sachdienlichkeit** liegt im Ermessen des Gerichts der jeweiligen Instanz.[211] Ob eine Klageänderung sachdienlich ist, richtet sich im wesentlichen danach, ob sie aus prozessökonomischen Gründen sinnvoll ist, weil sie z. B. dazu beiträgt, dass der zwischen den Parteien schwebende Streit endgültig geklärt wird, so dass einem weiteren Rechtsstreit vorgebeugt werden kann.[212] Das Gericht hat bei der Frage der Beurteilung der Sachdienlichkeit einen gewissen Ermessensspielraum.[213] Eine Klageänderung ist unter prozessökonomischen Gründen allerdings dann nicht sachdienlich, wenn durch die Klageänderung ein neuer Prozessstoff in das Verfahren eingeführt wird, der erhebliche weitere Ermittlungen, unter Umständen sogar weitere Beweisaufnahmen nötig macht.

112 Wäre der Rechtsstreit ohne die Klageänderung entscheidungsreif, ist die Sachdienlichkeit in der Regel zu verneinen.[214] Die Sachdienlichkeit fehlt im übrigen immer dann, wenn ein erneutes Vorverfahren notwendig wird, weil der geänderte Antrag ohne Vorverfahren unzulässig ist.[215]

Auch der Parteiwechsel kann sachdienlich sein; er darf natürlich nicht zu einer Verzögerung des Rechtsstreits führen; er ist sachdienlich, wenn im Zeitpunkt des Parteiwechsels alle relevanten Tatsachen bereits vorgetragen sind. Der Parteiwechsel ist auch im Berufungs-/Beschwerdeverfahren noch möglich.[216]

Als Klageänderung kann auch der weitere Beitritt von Klägern sachdienlich sein, wenn der neue Lebenssachverhalt mit dem bisherigen Prozessstoff übereinstimmt.[217]

---

[208] *Redeker/von Oertzen,* § 107, Rdn. 21 und § 91, Rdn. 4.

[209] *Kopp/Schenke,* § 91, Rdn. 8ff.

[210] *BVerwG,* 6. 1. 1988 – 8 C 7/87 – NVwZ-RR 88, 35.

[211] *BVerwG,* 6. 1. 1988 – 8 C 7/87 – NVwZ-RR 88, 35.

[212] *BVerwG,* 27. 2. 1970 – IV C 28/67 – NJW 70, 1564; *Kopp/Schenke,* § 91, Rdn. 19; *VGH München,* 16. 9. 1994 – 4 B 941496 – NVwZ 95, 812.

[213] *BVerwG,* 6. 1. 1988 – 8 C 7/87 – NVwZ-RR 88, 35; ferner *Kopp/Schenke,* § 91, Rdn. 18.

[214] *Kopp/Schenke,* § 91, Rdn. 20, differenzierend aber bei Rdn. 19; *Redeker/von Oertzen,* § 91, Rdn. 12, 13.

[215] *BVerwG,* 6. 1. 1988 – 8 C 7/87 – NVwZ-RR 88, 35.

[216] *BVerwG,* 26. 9. 1957 – 1 C B 51/57 – DVBl. 59, 61. Einem Kläger, dem aufgrund eines ohne seine Zustimmung erfolgten gewillkürten Parteiwechsels im verwaltungsgerichtlichen Verfahren die Beteiligtenstellung genommen wird, steht gegen das auf Antrag des an seiner Stelle eingetretenen Klägers ergangene Urteil das Rechtsmittel der Berufung zu, vgl. dazu *OVG Münster,* 9. 3. 1990 – 14 A 2706/89 – NWVBl. 90, 282; *Rennert* in *Eyermann,* § 91, Rdn. 21, 22.

[217] *BVerwG,* 26. 9. 1957 – 1 C B 51/57 – DVBl. 59, 61. Einem Kläger, dem aufgrund eines ohne seine Zustimmung erfolgten gewillkürten Parteiwechsels im verwaltungsgerichtli-

Im übrigen ist anerkannt, dass neben dem Klägerwechsel auch der Beklagtenwechsel im Verwaltungsprozess zumindest dann zulässig ist, wenn der Sachverhalt im wesentlichen feststeht und der neue Beklagte bereits durch seine Prozessstellung in der ersten Instanz Gelegenheit hatte, zur Sache vorzutragen und Einfluss auf den Prozessverlauf zu nehmen.[218]

Beispiel:

Der Beklagte war in der ersten Instanz zunächst beigeladen und wird nun vom Kläger verklagt.[219]

Eine Klageänderung ist auch in der Berufungsinstanz nicht ausgeschlossen, wobei eine Klageänderung nach einem stattgebendem Urteil I. Instanz durch den obsiegenden Kläger nur im Wege der Anschlussberufung durchgeführt werden kann.[220] So ist beispielsweise eine Klageänderung im Rahmen einer Verpflichtungsklage auch dann noch im Berufungsverfahren zulässig und als sachdienlich zu erachten, wenn der Kläger einen Antrag bei der Behörde der zuständigen Körperschaft gestellt hat, dieser Antrag jedoch nach behördeninterner Weiterleitung durch die Behörde von einer unzuständigen Körperschaft beschieden worden ist.[221]

Klageänderungen in der Revisionsinstanz sind unzulässig, § 142 Abs. 2.

c) Verfahren

Die Klageänderung wird entweder schriftsätzlich dem Gericht gegenüber vorgenommen oder während der mündlichen Verhandlung zu Protokoll gegeben. **113**

Gleiches gilt für die Einwilligung der übrigen Prozessbeteiligten. Hält das Gericht die Klageänderung für sachdienlich, so geht das Gericht in der Regel im Rahmen der Endentscheidung (Urteil) auf die Sachdienlichkeit ein. Verneint das Gericht die Sachdienlichkeit, so entscheidet es ebenfalls durch Urteil.

Im Rahmen eines gegen die Endentscheidung eingelegten Rechtsmittels kann **114** dann von dem jeweils Betroffenen die Zulassung/Nichtzulassung der Klageänderung gerügt werden. Das Revisionsgericht kann die angefochtene Entscheidung nur auf Ermessensfehler prüfen. Diese liegen insbesondere bei Verkennung des Begriffs der Klageänderung oder der Sachdienlichkeit vor.[222]

5. Klagerücknahme (§ 92), Klageverzicht

a) Allgemeines

Mit der Klagerücknahme erklärt der Kläger, dass er den im vorliegenden **115** Rechtsstreit anhängigen Anspruch nicht mehr weiter verfolgen will. Die Klage-

---

chen Verfahren die Beteiligtenstellung genommen wird, steht gegen das auf Antrag des an seiner Stelle eingetretenen Klägers ergangene Urteil das Rechtsmittel der Berufung zu, vgl. dazu *OVG Münster,* 9. 3. 1990 – 14 A 2706/89 – NWVBl. 90, 282.

218 *BVerwG,* 25. 5. 1993 – 11 B 66.92 – n. v.; vgl. ferner *OVG Münster,* 6. 9. 1991 – 23 A 1943/86 – DVBl. 92, 792 u. Ls.

219 *BVerwG,* 6. 1. 1988 – 8 C 7/87 – NVwZ-RR 88, 35; vgl. ferner *VGH München,* 25. 10. 1990 – 20 B 87.03406 – NVwZ-RR 91, 277; ferner *VGH Kassel,* 6. 4. 1987 – 2 TG 912/87 – NVwZ 88, 88.

220 *OVG Münster,* 28. 8. 1997 – 15 A 3432/94 – NWVBl. 98, 110.

221 *VGH Kassel,* 28. 10. 1996 – 12 UE 628/96 – DVBl. 97, 913.

222 *Redeker/von Oertzen,* § 91, Rdn. 13a; vgl. ferner *BVerwG* vom 25. 10. 1980 – 5 C 85.77 – BVerwGE 57, 31, 34; *BVerwG,* 11. 12. 1990 – 6 C 33.88 – Buchholz 264 Nr. 3; ferner *BVerwG* vom 25. 5. 1993 – 11 B 66.92 – n. v.

rücknahme kann jederzeit bis zur Rechtskraft des Urteils erfolgen. Die Erklärung der Klagerücknahme kann schriftsätzlich, zur Niederschrift des Urkundsbeamten oder aber in der mündlichen Verhandlung erklärt werden. Erfolgt die Klagerücknahme nach Stellung der Anträge in der mündlichen Verhandlung, ist für die Klagerücknahme die Einwilligung des Beklagten und, wenn ein Vertreter des öffentlichen Interesses an der mündlichen Verhandlung teilgenommen hat, auch dessen Einwilligung erforderlich. In diesen Fällen wird die Rücknahme erst mit dem Eingang der Einwilligungserklärung des Beklagten/des Vertreters des öffentlichen Interesses wirksam.[223]

116 Die Klagerücknahmeerklärung ist eine Prozesserklärung und als solche bedingungsfeindlich,[224] unanfechtbar und unwiderruflich.[225] Ein Widerruf der Rücknahmeerklärung wird ausnahmsweise für zulässig gehalten, wenn ein Wiederaufnahmegrund i. S. d. §§ 579, 580 ZPO gegeben ist.[226]

117 Mit der Klagerücknahme wird das Verfahren unmittelbar beendet, mit der Folge, dass der Rechtsstreit gem. § 173, § 169 Abs. 3 ZPO nicht anhängig geworden ist.[227] Das Gericht hat im Anschluss an die Klagerücknahme das Verfahren durch Beschluss (mit deklaratorischer Wirkung) einzustellen und die sich hieraus ergebenden Rechtsfolgen auszusprechen. Bereits erlassene Urteile werden für unwirksam erklärt. Im übrigen muss das Gericht über die Kosten entscheiden, die in der Regel den Kläger treffen (§ 155 Abs. 2).[228]

118 Früher wurde die Auffassung vertreten, dass die isolierte Kostenentscheidung nach Klagerücknahme mit der Beschwerde anfechtbar sei,[229] nach der Änderung des § 158 Abs. 2 ist eine Anfechtung der isolierten Kostenentscheidung nicht mehr möglich.[230]

119 Entsteht Streit über die Wirksamkeit der Klagerücknahme, so ist zu differenzieren:

---

[223] *BVerwG,* 23. 1. 1969 – VIII C 92/68 – MDR 69, 419.

[224] *Redeker/von Oertzen,* § 92, Rdn. 4.

[225] *Clausing* in *Schoch/Schmidt-Aßmann/Pietzner,* § 92, Rdn. 24; *BVerwG,* 9. 1. 1995 – 6 B 222/84 – NVwZ 85, 196.

[226] Vgl. dazu *BVerwG,* 9. 1. 1995 – 6 B 222/84 – NVwZ 95, 196: Hier wird ein als derartiger Wiederaufnahmegrund u. a. auch der Fall diskutiert, dass ein zulässig eingelegtes Rechtsmittel auf richterliche Empfehlung hin zurückgenommen worden war, weil dieses irrtümlich für unzulässig gehalten wurde; das BVerwG deutet hier allerdings auch die Möglichkeit einer Wiedereinsetzung in den vorigen Stand an mit der Folge, dass der zurückgenommene Rechtsbehelf erneut einzulegen wäre. Im übrigen vgl. *Clausing* in *Schoch/Schmidt-Aßmann/Pietzner,* § 92, Rdn. 25.

[227] *Kopp/Schenke,* § 92, Rdn. 3.

[228] *Redeker/von Oertzen,* § 92, Rdn. 11. Hinweis: Mit der Verkündigung eines Urteils entstehen Gerichtsgebühren, auch wenn bei Erlass des Urteils eine wirksame Klagerücknahme unberücksichtigt geblieben ist, vgl. dazu *OVG Münster,* 30. 10. 1989 – 9 B 1123/89 – NWVBl. 90, 168.

Eine Ausnahme von der Kostentragungslast des Klägers im Falle der Klagerücknahme liegt dann vor, wenn der Beklagte das Verfahren herausgefordert hat, beispielsweise, weil er es verabsäumt hat, den auf Beförderung klagenden Kläger darauf hinzuweisen, dass die Beförderung des Beigeladenen bereits vollzogen war; vgl. dazu *VGH Kassel,* 12. 1. 1988 – 1 TE 382/87 – NVwZ-RR 89, 54.

[229] Vgl. dazu *VGH Kassel,* 12. 1. 1988 – 1 TE 382/87 – NVwZ-RR 89, 54 sowie *OVG Münster,* 24. 4. 1989 – 14 B 1256/89 – NWVBl. 90, 105.

[230] Vgl. dazu *VGH Kassel,* 12. 1. 1988 – 1 TE 382/87 – NVwZ-RR 89, 54 sowie *OVG Münster,* 24. 4. 1989 – 14 B 1256/89 – NWVBl. 90, 105.

Soweit der Streit über die Wirksamkeit der Klagerücknahme vor Erlass des Einstellungsbeschlusses ergeht, hat das Gericht nicht durch Beschluss, sondern durch Endurteil über die Wirksamkeit der Klagerücknahme zu entscheiden.[231] Ist der Einstellungsbeschluss gem. § 92 Abs. 2 bereits ergangen und entsteht nachträglich Streit über die Wirksamkeit der Klagerücknahme, so ist der Einstellungsbeschluss gem. § 92 Abs. 2 Satz 2 zwar unanfechtbar, die Beteiligten können aber die Fortsetzung des Verfahrens beantragen.[232] Das Gericht hat dann durch Endurteil zu entscheiden und ist an seinen Einstellungsbeschluss nicht mehr gebunden.[233] 120

b) Fiktion der Klagerücknahme

§ 92 Abs. 2 Satz 1 i.d.F. des 6. VwGO-ÄndG fingiert in bestimmten Fällen die Klagerücknahme in Anlehnung an § 81 AsylVfG. Nach § 92 Abs. 2 gilt die Klage als zurückgenommen, wenn der Kläger das Verfahren trotz Aufforderung des Gerichts länger als drei Monate nach Zustellung der Aufforderung nicht betreibt. Eine Betreibensaufforderung kommt dann in Betracht, wenn der Gang des Verfahrens dem Gericht Anlass zu der Annahme gibt, dass der Kläger kein Interesse mehr an der Fortführung des Rechtsstreits hat. Anknüpfungspunkt ist dabei der vermutete Wegfall des Rechtsschutzinteresses, wofür allerdings **konkrete Anhaltspunkte** vorliegen müssen.[234] Das BVerwG[235] schreibt: 121

„Denn § 92 Abs. 2 S. 1 VwGO ist kein Hilfsmittel zur bequemen Erledigung lästiger Verfahren oder zur vorsorglichen Sanktionierung prozessleitender Verfügungen."

Dabei ist zu berücksichtigen, dass die VwGO im allgemeinen – anders als § 74 Abs. 2 Satz 1 AsylVfG – keine gesetzliche Pflicht zur Begründung der Klage innerhalb einer bestimmten Frist verlangt.[236]

Derartige Anhaltspunkte können sich aus einer nachhaltigen Verletzung der prozessualen Mitwirkungspflichten nach § 86 Abs. 1 ergeben, so z.B. wenn der Kläger trotz mehrfacher gerichtlicher Aufforderungen seine Klage innerhalb von bestimmten Fristen zu begründen, keinerlei Reaktion zeigt.[237] Die Aufforderung muss

---

[231] *Redeker/von Oertzen,* § 92, Rdn. 13, 14.

[232] Eine gegen den erstinstanzlichen Einstellungsbeschluss gerichtete Rechtsmittelschrift mit dem Antrag, eine Sachentscheidung zu fällen und der Begründung, die Klagerücknahme sei nicht erklärt worden bzw. werde angefochten, ist als an das Verwaltungsgericht gerichteter Antrag auf Fortsetzung des Verfahrens und gleichzeitig als Beschwerde gegen den Einstellungsbeschluss anzusehen. Setzt das Verwaltungsgericht das Verfahren dann nicht fort und legt es die Sache dem OVG zur Entscheidung vor, so ist die Beschwerde zulässig und begründet. In diesem Fall ist der deklaratorische Einstellungsbeschluss aufzuheben, weil er den Kläger formal beschwert; vgl. *OVG Münster,* 7. 11. 1996 – 19 A 5125/96 – NVwZ-RR 98, 271.

[233] *Redeker/von Oertzen,* § 92, Rdn. 13, 14.

[234] Bei Auslegung des § 92 Abs. 2 ist der Ausnahmecharakter der Vorschrift zu beachten, vgl. *BVerfG,* 27. 10. 1998 – 2 BvR 2662/95 – DVBl. 99, 166ff.

[235] *BVerwG,* 5. 7. 2000 – 8 B 119.00 – DVBl. 01, 307.

[236] *BVerwG,* 5. 7. 2000 – 8 B 119.00 – DVBl. 01, 307.

[237] *VGH München,* 24. 11. 1997 – 22 ZB 97 3262 – DVBl. 98, 239; vgl. dazu auch *BVerfG,* 27. 10. 1998 – 2 BvR 2662/95 – DVBl. 99, 166ff.: Ist die genaue Anschrift eines minderjährigen durch einen Vormund vertretenen Asylbewerbers während des anhängigen Gerichtsverfahrens infolge eines Wechsels des Aufenthaltsortes vorübergehend nicht mehr bekannt, so rechtfertigt dies nicht die Annahme, dass er an einer Sachentscheidung über sei-

dem Kläger verdeutlichen, was von ihm verlangt wird; die bloße Wiederholung des Gesetzestextes ist nicht ausreichend.[238]

122 Der Kläger ist in der Aufforderung auf die sich aus § 92 Abs. 2 Satz 1 und aus § 155 Abs. 2 ergebenden Rechtsfolgen hinzuweisen.[239] Nach h. M. handelt es sich bei § 92 Abs. 2 Satz 1 um eine § 87 ergänzende Bestimmung, so dass die Fristsetzung vom Vorsitzenden oder Berichterstatter vorzunehmen ist,[240] wobei darauf hinzuweisen ist, dass der Vorsitzende/Berichterstatter die Verfügung **mit seinem Namen unterzeichnet** haben muss.[241] Ein bloßes Handzeichen (Paraphe) genügt nicht.[242] Eine **Unterzeichnung auf „Anordnung"** durch einen Justizangestellten reicht auch nicht aus.[243] Der Urkundsbeamte der Geschäftsstelle muss die **richterliche Fristverfügung** dem Empfänger in **beglaubigter Abschrift** zustellen.[244] Es muss eine **förmliche Zustellung** erfolgen (§ 329 Abs. 1 ZPO); eine formlose Übersendung genügt nicht.[245] Ein Hinweis auf den Zeitpunkt des Beginns der 3-Monats-Frist – die Frist beginnt mit der Zustellung der Betreibensaufforderung durch das Gericht – ist nicht erforderlich.[246]

123 Die Vorschrift hat Ausnahmecharakter;[247] sie ist bedenklich, weil sie die Bestandskraft des mit der Anfechtungsklage angegriffenen Bescheides bzw. die Unanfechtbarkeit der Ablehnung eines begehrten Verwaltungshandelns im Falle der Verpflichtungsklage bewirkt. Der beabsichtigte Entlastungseffekt dieser Vorschrift ist relativ gering, da nach herrschender Auffassung zu dem im wesentlichen wortgleichen § 81 AsylVfG die Rücknahmefiktion nur dann einsetzt, wenn der Kläger das Verfahren überhaupt nicht betreibt. Unschädlich ist zunächst, das Unterlassen weiteren Schriftverkehrs nach Klageerhebung; schädlich ist allein

---

ne Asylklage nicht interessiert gewesen sei, wenn die Erreichbarkeit des Beschwerdeführers über den Vormund, der als gesetzlicher Vertreter das Verfahren zu betreiben hatte, grundsätzlich gewährleistet war.

[238] *Redeker/von Oertzen,* § 92, Rdn. 9e.

[239] *BVerwG,* 15. 1. 1991 – 9 C 96/89 – NVwZ-RR 91, 443 zu § 33 AsylVfG a. F.

[139] *Redeker/von Oertzen,* § 92, Rdn. 9e

[241] *Baumbach/Lauterbach,* § 96, Anm. 10; *Redeker/von Oertzen,* § 87b, Rdn. 5; *Zöller,* § 296, Rdn. 9; *BGH,* 27. 6. 1991 – IX ZR 222/90 – NJW 91, 2772: Das Gericht muss insbesondere bei Erlass seiner Verfügung die gesetzlichen Zuständigkeitsregeln einhalten; *BVerwG,* 15. 1. 1991 – 9 C 96/89 – NVwZ-RR 91, 443 zu § 33 AsylVfG a. F.; ein förmlicher Gerichtsbeschluss ist nicht erforderlich, *BVerwG,* 23. 4. 1985 – 9 C 48/84 – BVerwGE 71, 213.

[242] *Zöller,* § 296, Rdn. 9; *BGH,* 13. 3. 80 – VII ZR 147/79 – BGHZ 76; 236ff.; *BVerwG,* 4. 3. 1993 – 8 B 186/92 – NJW 94, 746.

[243] *Baumbach/Lauterbach,* § 296, Anm. 10; *BGH,* 13. 3. 1980 – VII ZR 147/79 – BGHZ 76, 236ff.

[244] *Baumbach/Lauterbach,* § 296, Anm. 10; *Redeker/von Oertzen,* § 87b, Rdn. 5.

[245] *Zöller,* § 296, Rdn. 9; *BVerfG,* 9. 2. 1982 – 1 BVR 1379/80 – NJW 82, 1453.

[246] *VGH München,* 24. 11. 1997 – 22 ZB 97 3262 – DVBl. 98, 239.

[247] *Rennert* in *Eyermann,* § 92, Rdn. 15 zu § 33 AsylVfG a. F. *BVerfG,* 19. 5. 1993 – 2 BvR 1972/92 – NVwZ 94, 62f.; *BVerfG,* 27. 10. 1998 – 2 BvR 2662/95 – DVBl. 99, 166ff.; jetzt auch *BVerwG,* 5. 7. 2000 – 8 B 119.00 – DVBl. 01, 307: „Im Anwendungsbereich ... des § 92 Abs. 2 Satz 1 VwGO ist aber zu berücksichtigen, dass die Kl. – anders als den Kl. im Asylverfahren gemäß § 74 Abs. 2 Satz 1 AsylVfG – keine gesetzliche Pflicht zur Begründung der Klage innerhalb einer bestimmten Frist trifft und deshalb die bloße Untätigkeit insoweit keine Verletzung prozessualer Mitwirkungspflichten darstellt."

das Nichtbetreiben nach ergangener Aufforderung. Kommt der Kläger der Aufforderung beispielsweise in der Weise nach, dass er den vom Gericht verlangten weiteren Vortrag zum Teil vornimmt, so betreibt er das Verfahren.[248] Auch der bloße Hinweis des Klägers auf sein früheres Vorbringen kann ggfs. genügen, um von einem „Betreiben" auszugehen. Wegen des Ausnahmecharakters der Vorschrift ist diese eng auszulegen.[249] Infolge der erheblichen, einschneidenden Konsequenzen kann sie nur bei einem Verhalten des Klägers zur Anwendung kommen, das als Ausdruck seines Desinteresses an der Weiterverfolgung seines Rechtsschutzbegehrens gewertet werden muss, so dass deshalb die Annahme des Wegfalls des schutzwürdigen Interesses an einer Sachentscheidung gerechtfertigt ist.[250] Wann im konkreten Fall eine Vernachlässigung prozessualer Mitwirkungspflichten vorliegt, lässt sich naturgemäß nicht abstrakt umschreiben, sondern hängt von den Umständen des Einzelfalles, insbesondere den Gründen für die Betreibensaufforderung und den vom Kläger konkret erbetenen Verfahrenshandlungen ab. Nicht ausreichend ist es in jedem Falle, wenn der Kläger auf die Anforderung substantiierten Vorbringens hin lediglich mitteilt, er wolle das Verfahren weiter betreiben oder wenn er nur Verfahrenshandlungen vornimmt, die lediglich von untergeordneter Bedeutung sind.[251] Als noch ausreichend wurde es dagegen angesehen, wenn der Kläger auf eine Betreibensaufforderung durch seinen Prozessbevollmächtigten mitteilen lässt, eine ladungsfähige Anschrift nicht benennen zu können und in geeigneter Weise substantiiert darlegt, das Verfahren fortführen zu wollen.[252] Insgesamt erscheint es sachgerechter, das Instrumentarium der Fristsetzung nach § 87 b VwGO auszuschöpfen, um das Verfahren so einer raschen Entscheidung zuzuführen.

Da es sich bei § 92 Abs. 2 um eine § 87 ergänzende Bestimmung handelt[253] und Anordnungen nach § 87 nicht rechtsmittelfähig sind, können Verfahrensfehler nur im Rahmen eines Streits über die Wirksamkeit der Klagerücknahme geltend gemacht werden (E 120).

Ebenso wie die nach § 33 Abs. 1 AsylVfG ist die damit vergleichbare Parallelvorschrift des § 92 Abs. 2 als uneigentliche gesetzliche Frist nicht verlängerbar. Ein bloßer Antrag, die Frist zu verlängern, kann auch nicht als Weiterbetreiben des Verfahrens angesehen werden, weil es einer Substantiierung des Betreibenswillens **124**

---

[248] Vgl. dazu *Kuhla/Hüttenbrink,* „Endstation Einzelrichter – kritische Betrachtung der Entwürfe von Bundesrat und Bundesregierung zur 6. VwGO-Novelle", DVBl. 96, 719; ferner *Kanein/Renner,* § 81 AsylVfG, Rdn. 16f.

[249] *BVerwG,* 5. 7. 2000 – 8 B 119.00 – DVBl. 01, 307.

[250] *VGH Kassel,* 1. 3. 1996 – 13 ZU 4039/95 – in NVwZ-Beil 96, 75; ferner *VGH Kassel,* 20. 1. 1994 – 10 UE 2364/93 – in NVwZ-RR 94, 468: Allein der Umstand, dass der Bundesbeauftragte für Asylangelegenheiten auf eine neuere Entscheidung des BVerwG und auf ein neueres von ihm angefochtenes obergerichtliches Urteil, die seiner auf die bis dahin unveränderte Rechtsprechung des BVerwG geschützten Rechtsauffassung (teilweise) entgegenstehen, nicht mit einer Ergänzung seiner Klagebegründung reagiert, rechtfertigt die Annahme des „Desinteresses" nicht.

[251] Vgl. dazu zu § 33 AsylVfG a. F. *BVerwG,* 13. 1. 1987 – 9 C 259/86 – in NVwZ 87, 605, 606.

[252] *OVG Münster,* 1. 3. 2000 – 18 A 5532/99 – n. v.

[253] *Redeker/von Oertzen,* § 92, Rdn. 9e.

innerhalb der gesetzlichen Frist bedarf.[254] Wird die vom Gericht gesetzte Frist vom Kläger versäumt, so kann der Kläger nach Fristablauf allenfalls noch Wiedereinsetzung in den vorigen Stand (vgl. E 402 ff.) beantragen.[255]

125 Gilt die Klage als zurückgenommen, so stellt das Gericht das Verfahren durch Beschluss ein und spricht die sich nach dem Gesetz ergebenden Rechtsfolgen der Zurücknahme aus (§ 92 Abs. 3). Der Einstellungsbeschluss ist nach § 92 Abs. 3 Satz 2 unanfechtbar;[256] er hat allerdings nur deklaratorischen Charakter. Entsteht Streit über die Wirksamkeit der fiktiven Klagerücknahme, so hat der Kläger – wie bei der normalen Klagerücknahme – die Möglichkeit, die Unwirksamkeit der Klagerücknahme geltend zu machen. Es gelten die gleichen Grundsätze wie für die gewillkürte Klagerücknahme (vgl. E 120).[257]

c) Klageverzicht

126 Wenn der Kläger auf sein Klagerecht verzichtet hat, so ist die Klage unzulässig.[258] Unter dem Klageverzicht ist die eindeutige, unmissverständliche und unzweideutige Erklärung des Klägers zu verstehen, nach der er auf eine gerichtliche Geltendmachung seines materiellen Anspruchs verzichtet.[259] Der Klageverzicht ist mithin von dem Verzicht auf das materielle Recht zu unterscheiden, der erst im Rahmen der Begründetheitsprüfung relevant wird. Der Klageverzicht kann als prozessuale Willenserklärung gegenüber dem Gericht erfolgen. Eine solche Erklärung kann wirksam nur im anhängigen Klageverfahren abgegeben werden.[260]

127 Solange das Klageverfahren noch nicht anhängig ist, die anfechtbare Entscheidung aber schon vorliegt, kann der Klagebefugte auch durch eine einseitige, außergerichtliche Erklärung auf die Erhebung der Klage verzichten.[261] Denkbar ist schließlich auch, dass der Klageverzicht Gegenstand einer außergerichtlichen, vertraglichen Vereinbarung der Beteiligten ist; diese kann auch schon wirksam vor Erlass der anfechtbaren Entscheidung getroffen werden.[262]

Beispiel:
Der Bauherr hat einen Bauantrag gestellt. Die Abstandfläche des Vorhabens fällt zum Teil auf das Nachbargrundstück. Der Nachbar hat daher gute Aussichten, dass im Nachbaranfechtungsverfahren die Rechtswidrigkeit der Baugenehmigung festgestellt und die Geneh-

---

[254] *BVerwG,* 25. 3. 1999 – 3 B 147/98 – n. v.; *BVerwG,* 23. 4. 1985 – 9 C 7.85/9 C 48.84 – NJW 86, 207 ff.

[255] *OVG Weimar,* 14. 11. 1995 – 3 ZO 429/95 – in NVwZ 96, 1139; *Clausing* in *Schoch/Schmidt-Aßmann/Pietzner,* § 92, Rdn. 16; a. A. *Rennert* in *Eyermann* § 92, Rdn. 18; *BVerwG,* 23. 4. 1985 – 9 C 7/85 – NJW 86, 207.

[256] *VGH Mannheim,* 2. 4. 1998 – 8 S 356/98 – Justiz 98, 541; *VGH München,* 19. 1. 1998 – 1 C 97 1542 – NVwZ 99, 896: Zulässig ist aber der Antrag auf Fortsetzung des Verfahrens (vgl. E 120).

[257] *Clausing* in *Schoch/Schmidt-Aßmann/Pietzner,* § 92, Rdn. 16; ferner zu § 33 AsylVfG a. F. *BVerwG,* 23. 8. 1984 – 9 CB 48/84 – in NVwZ 85, 218; ferner *Kanein/Renner,* § 81, AsylVfG, Rdn. 21–25; *Rennert* in *Eyermann,* § 92, Rdn. 26; *VGH Mannheim,* 2. 4. 1998 – 8 S 356/98 – Justiz 98, 541; *BVerfG,* 13. 7. 1998 – 1 BvR 666/98 – NVwZ 98, 1173.

[258] *Redeker/von Oertzen,* § 74, Rdn. 6; *Hufen,* § 23 V, Rdn. 9.

[259] *BVerwG,* 28. 4. 1978 – 7 C 50.75 – BVerwGE 55, 355, 357.

[260] *Brenner* in *Sodan/Ziekow,* § 74, Rdn. 52.

[261] *Kopp/Schenke,* § 74, Rdn. 22; zweifelnd *Brenner* in *Sodan/Ziekow,* § 74, Rdn. 53.

[262] Zweifelnd insoweit *Hufen,* § 23 V, Rdn. 9.

migung wegen einer Verletzung nachbarschützender Bestimmungen – vgl. K 46 ff. gehoben wird. Wenn der Nachbar sich in einer solchen Situation – zum Beispiel gegen Zahlung eines Geldbetrages – bereit erklärt, gegen die zu erteilende Baugenehmigung nicht vorzugehen, kann auch schon vor der Verwaltungsentscheidung ein Widerspruchs- und Klageverzicht vereinbart werden.
Bei der Gestaltung des Vertrages sollte der Anwalt allerdings mit besonderer Sorgfalt darauf achten, dass die Reichweite des Klageverzichts eindeutig bestimmt wird. Das kann z. B. dadurch geschehen, dass der Vereinbarung ein Satz der Bauantragsunterlagen beigegeben wird (vgl. auch E 343).

6. Verbindung, Trennung, Musterverfahren, Aussetzung, Unterbrechung

a) Verbindung

Das Gericht kann mehrere, bei ihm anhängige Verfahren über den gleichen Gegenstand zu gemeinsamer Verhandlung und Entscheidung verbinden (§ 93 Satz 1). **128**
Die Verbindung erfolgt durch Beschluss des Gerichts; einer Zustimmung der Beteiligten bedarf der Beschluss nicht. Gegen den entsprechenden Beschluss ist eine Beschwerde gem. § 146 Abs. 2 unzulässig.[263]

b) Trennung

Spiegelbildlich eröffnet das Gesetz in § 93 Satz 2 auch die Möglichkeit der **129**
Trennung; das Gericht kann durch Beschluss anordnen, dass mehrere, in einem Verfahren erhobene Ansprüche in getrennten Verfahren verhandelt und entschieden werden. Die Trennung von Verfahren steht nach § 93 im pflichtgemäßen Ermessen des Gerichts, wobei der Maßstab für dessen Entscheidung darin besteht, eine Ordnung des Prozessstoffes i. S. e. besseren Übersichtlichkeit des Verfahrens zu ermöglichen.[264] Eine Beschwerde gegen den Trennungsbeschluss ist unzulässig.

c) Musterverfahren

§ 93 a dient der erleichterten Bewältigung von Massenverfahren. Ist die Recht- **130**
mäßigkeit einer behördlichen Maßnahme Gegenstand von mehr als zwanzig Verfahren, so kann nach § 93 a Abs. 1 das Gericht nach Anhörung der Beteiligten beschließen, eines oder mehrere geeignete Verfahren vorab als **Musterverfahren** durchzuführen und die übrigen Verfahren auszusetzen.[265]

Ist über die Musterverfahren rechtskräftig entschieden worden, kann das Gericht **131**
nach Anhörung der Beteiligten über die ausgesetzten Verfahren durch Beschluss entscheiden, wenn es einstimmig der Auffassung ist, dass die Sachen gegenüber den rechtskräftig entschiedenen Musterverfahren keine wesentlichen Besonderheiten tatsächlicher oder rechtlicher Art aufweisen, und wenn der Sachverhalt geklärt ist (§ 93 a Abs. 2). Beweisanträge zu Tatsachen, über die bereits im Musterverfahren

---

[263] *Redeker/von Oertzen,* § 93, Rdn. 7.

[264] *BVerwG,* 29. 1. 1998 – 8 B 2/98 – NVwZ-RR 98, 685.

[265] Erklärt der Dienstherr im Rahmen einer öffentlichen Absichtserklärung, das Ergebnis von Musterprozessen – außerhalb von förmlichen Musterverfahren i. S. d. § 93 a – bei der Ermessensausübung zu berücksichtigen, so bewirkt dies aufgrund des Gleichbehandlungsgebots eine Ermessensbindung, und zwar auch gegenüber denjenigen Adressaten, die von der Erklärung keine Kenntnis erlangt haben; eine derartige Gleichbehandlungserklärung bedarf nicht der Form einer Zusicherung i. S. d. VwVfG; *VGH Kassel,* 14. 9. 1994 – 1 UE 3835/88 – NVwZ 95, 394.

Beweis erhoben wurde, kann das Gericht gem. § 93a Abs. 2 Satz 3 ablehnen, wenn ihre Zulassung nach seiner freien Überzeugung nicht zum Nachweis neuer entscheidungserheblicher Tatsachen beitragen und die Erledigung des Rechtsstreits verzögern würde. Die Ablehnung des Beweisantrages kann in dem Beschluss gem. § 93a Abs. 2 Satz 1 erfolgen.

132 Gegen den Beschluss nach § 93a Abs. 2 Satz 1 steht den Beteiligten das Rechtsmittel zu, das ihnen zustünde, wenn das Gericht durch Urteil entschieden hätte, § 93 Abs. 2 Satz 3 (Antrag auf Zulassung der Berufung).

Hinweis:
Auch bei einem Musterverfahren kommt es für das Rechtsschutzinteresse darauf an, ob der Kläger für den konkret zur Entscheidung anstehenden Sachverhalt noch ein Rechtsschutzinteresse hat. Entfällt das Rechtsschutzinteresse für die anhängige Klage, so vermag auch eine Musterprozessvereinbarung zwischen den Beteiligten die Zulässigkeit einer Klage gegen den (erledigten) Bescheid mangels fortbestehender belastender Regelungswirkung im Hinblick auf andere Bescheide weder in Gestalt einer Anfechtungsklage noch im Blick auf § 43 Abs. 2 in Gestalt einer Feststellungsklage zu begründen.[266]

d) Aussetzung

133 Im übrigen besteht nach § 94 die **Möglichkeit,** ein Verfahren **auszusetzen,** wenn die Entscheidung eines Rechtsstreits ganz oder zum Teil von dem Bestehen oder Nichtbestehen eines Rechtsverhältnisses abhängt, das den Gegenstand eines anderen anhängigen Rechtsstreits bildet oder von einer Verwaltungsbehörde festzustellen ist (sog. Aussetzung wegen Vorgreiflichkeit, § 94).[267] Eine Aussetzung des Verfahrens gem. § 94 (analog) findet nicht statt, wenn in einem anderen Verfahren lediglich über dieselbe Rechtsfrage zu entscheiden ist.[268] Die Frage der Gültigkeit einer Rechtsnorm ist nach allgemeiner Meinung jedoch kein vorgreifliches Rechtsverhältnis i.S.d. § 94.[269] Nach überwiegender Auffassung wird § 94 Satz 1 jedoch analog angewandt, wenn die Gültigkeit einer Rechtsnorm mit beachtlichen Gründen angezweifelt und hierüber ein Normenkontrollverfahren anhängig ist.[270] Das Verwaltungsgericht kann z.B. ein Klageverfahren wegen eines beim OVG anhängigen Normenkontrollverfahrens aussetzen, wenn es für das verwaltungsgerichtliche Verfahren auch auf die Gültigkeit der Rechtsnorm ankommt.[271] Die Anhängigkeit eines Normenkontrollverfahrens rechtfertigt aber die Aussetzung nicht ohne weiteres. Die im Ermessen des Gerichts stehende Aussetzungsentscheidung mag etwa dann zu erwägen sein, wenn der Rechtsstreit nicht ohnehin aus anderen Gründen entscheidungsreif ist, wenn die Ungültigkeit des strittigen Bebauungsplans zumindest möglich erscheint und wenn (konkret) eine Entscheidung im Normen-

---

[266] *BVerwG,* 19. 12. 1997 – 8 B 244.97 – DVBl. 98, 711.

[267] Zur Aussetzung im Falle der Aufrechnung mit einer rechtswegfremden Gegenforderung, vgl. *BVerwG,* 7. 10. 1998 – 3 B 68/97 – NJW 99, 160.

[268] *VGH München,* 4. 6. 1991 – 8 C 91 1185 – NVwZ-RR 92, 334; *VGH München,* 8. 1. 1996 – 20 C 95 2962 – DVBl. 96, 1331 n. L.

[269] *BVerwG,* 6. 12. 1999 – 3 B 55/99 – n. v.

[270] Vgl. dazu *Rennert* in *Eyermann,* § 94, Rdn. 5.

[271] Vgl. *VGH Mannheim,* 11. 9. 1992 – 10 S 1450/91 – NVwZ-RR 93, 276; zur Frage der Vorlagepflicht an den EuGH, vgl. *BVerwG,* 30. 1. 1996 – 3 NB 2/94 – NVwZ 97, 178; vgl. im übrigen auch A 19, E 326; *OVG Münster,* 17. 2. 2000 – 7 E 853/99 – n. v.

kontrollverfahren in absehbarer Zeit zu erwarten ist.[272] Mit Rücksicht auf ein beim EuGH anhängiges Vertragsverletzungsverfahren kann ein Revisionsverfahren, das gleiche Fragen des Gemeinschaftsrechts aufwirft, auch ohne gleichzeitige Vorlage (Art. 234 EG) entsprechend § 94 VwGO ausgesetzt werden.[273]

Die frühere Möglichkeit die Verhandlung auf Antrag zur Heilung von Verfahrens- und Formfehlern auszusetzen, wurde durch das RmBereinVpG gestrichen (vgl. E 177 a). **134**

e) Unterbrechung

Gem. § 173 sind die allgemeinen zivilprozessualen Bestimmungen über die Unterbrechung und Aussetzung des Verfahrens nach den §§ 239 ff. ZPO anwendbar: **135**

– § 239 ZPO: Unterbrechung durch den Tod einer Partei,[274]
– § 240 ZPO: Unterbrechung durch Konkurs,[275]
– § 241 ZPO: Unterbrechung durch Prozessunfähigkeit, Tod des gesetzlichen Vertreters einer Partei,[276]
– § 242 ZPO: Unterbrechung durch Nacherbfolge,[277]
– § 244 ZPO: Wegfall des Anwalts (nur in Verfahren vor dem Oberverwaltungsgericht und dem Bundesverwaltungsgericht),[278]
– § 245 ZPO: Unterbrechung durch Stillstand der Rechtspflege,[279]
– § 247 ZPO: Aussetzung infolge Krieg oder Verkehrsstörung.[280]

Die Wirkungen der Unterbrechung werden in den §§ 248 ff. ZPO geregelt; insoweit sei auf die allgemeine zivilrechtliche Kommentarliteratur verwiesen.[281] Im Verwaltungsstreitverfahren kann auf Antrag der Gegenseite der Rechtsnachfolger eines Prozessbeteiligten auch ohne Durchführung einer mündlichen Verhandlung durch gerichtliche Verfügung unter Fristsetzung zur Abgabe der Erklärung zur Aufnahme des Verfahrens (§ 239 Abs. 1 u. 2 ZPO i. V. m. § 173 VwGO) angehal- **136**

---

272 *OVG Münster,* 17. 2. 2000 – 7 E 853/99 – n. v. In allgemeiner Hinsicht gilt, dass die Rüge, das Berufungsgericht habe einen Antrag auf Aussetzung des Verfahrens trotz anhängiger Verfassungsbeschwerden zu derselben Rechtsvorschrift zu Unrecht abgelehnt, grundsätzlich keinen Verfahrensfehler beinhaltet, der in einem Revisionsverfahren durch das Bundesverwaltungsgericht überprüft werden könnte, vgl. dazu *BVerwG,* 22. 12. 1997 – 8 B 255.97 – DVBl. 98, 1239.

273 *BVerwG,* 10. 11. 2000 – 3 C 3/00 – NVwZ 01, 319.

274 Vgl. *Baumbach/Lauterbach,* § 239, Anm. 6; das Prozessgericht hat auf Antrag des Prozessbevollmächtigten einer während des Verfahrens verstorbenen Partei die Aussetzung des Verfahrens auch dann anzuordnen, wenn das streitbefangene Rechtsverhältnis höchst persönlicher Natur war. Die Erben treten als Gesamtrechtsnachfolger in das Prozessrechtsverhältnis unabhängig davon ein, ob die ursprünglich streitbefangene Rechtsposition vererblich war. Den Erben obliegt die Dispositionsbefugnis über den Fortgang des Verfahrens, sie können an ihrem ursprünglichen Klageantrag festhalten, die Klage zurücknehmen oder für erledigt erklären: *OVG Münster,* 29. 10. 1991 – 4 E 640/91 – NVwZ-RR 93, 55.

275 *Baumbach/Lauterbach,* § 240, Anm. 4; anders bei Gewerbeuntersagungen, vgl. dazu *VG Chemnitz,* 12. 8. 1996 – 4 K 1934/95 – NVwZ-RR 98, 305.

276 *Baumbach/Lauterbach,* § 241, Anm. 5.

277 *Baumbach/Lauterbach,* § 242, Anm. 2.

278 *Baumbach/Lauterbach,* § 244, Anm. 3.

279 *Baumbach/Lauterbach,* § 245, Anm. 2.

280 *Baumbach/Lauterbach,* § 247, Anm. 3.

281 *Baumbach/Lauterbach,* § 248, Anm. 1 ff.

ten werden. Nach fruchtlosem Ablauf der Frist kann das Gericht zur Sache (ggf. auch durch Beschluss) entscheiden.[282]

7. Aktenvorlage und Akteneinsicht

a) Aktenvorlage

137 Anders als im Zivilprozess sind die Behörden grundsätzlich zur Vorlage von Urkunden oder Akten und zu Auskünften verpflichtet (§ 99 Abs. 1).

138 Da das vorausgegangene Verwaltungsverfahren vor allem in den Fällen der Anfechtungs- und Verpflichtungsklage Entscheidungsgrundlage für die Gerichtsentscheidung ist, werden die Verwaltungsvorgänge der beklagten Behörde regelmäßig von den Gerichten angefordert und als Beiakten zu den eigentlichen Gerichtsakten geführt.

§ 99 ist vom Gesetzgeber im Interesse der umfassenden Aufklärung des Sachverhaltes erlassen worden; die Beiziehung der Behördenvorgänge drängt sich für das Gericht in jedem Falle auf (Amtsermittlungsgrundsatz § 86 Abs. 1 VwGO). § 99 ist ferner Ausfluss des Rechtsstaatsprinzips und des allgemeinen Grundsatzes der Amtshilfe.[283]

139 Die Vorlagepflicht der Behörde bezieht sich grundsätzlich auf alle **vom Gericht angeforderten** Urkunden und Vorgänge, einschließlich der von der Behörde eingeholten Gutachten, Zeugeneinvernahmen, Aktenvermerke etc., also auf alles, was Inhalt der vom Gericht zu betreibenden umfassenden Sachaufklärung sein kann und was für die Führung des anhängigen Prozesses, auch für die sonstigen Prozessbeteiligten dienlich sein kann.[284]

140 Dabei ist es grundsätzlich nicht Sache der Behörde, darüber zu entscheiden, was aus Sicht des Gerichts oder der übrigen Prozessbeteiligten für die Prozessführung dienlich sein kann. Der Behörde steht also bei der Vorlage der Akten keinerlei Auswahlermessen zu. Bei der Frage, ob Akten usw. zu einem bestimmten Verfahren gehören, kommt es nicht auf den formellen äußeren Zusammenhang (beispielsweise das Abheften von Unterlagen in einem getrennten Vorgang) an, sondern auf den Inhalt, d. h. darauf, ob dieser konkreten Bezug zu der anhängigen Sache hat. Bei der Zusammenheftung eines Aktenvorgangs stellt die Zusammenheftung der Unterlagen in einem Aktenvorgang zugleich ein Indiz dafür dar, dass auch ein inhaltlicher Zusammenhang aller in der Akte befindlichen Teile besteht.[285]

Hinweis:
Bei einer Klage, die auf Auskunft über Daten oder Bekanntgabe eines Akteninhalts läuft, kann die verklagte Behörde die Vorlage der Akten insoweit verweigern, als diese die Daten und Angaben enthalten, deren Bekanntgabe der Kläger mit der Klage verlangt.[286]

---

[282] *OVG Münster,* 26. 7. 1995 – 23 A 2402/90 – NVwZ-RR 96, 544; vgl. ferner *OVG Lüneburg,* 13. 12. 1994 – 3 M 6147/94 – NVwZ-RR 95, 236.

[283] *Kopp/Schenke,* § 99, Anm. 1.

[284] *Kopp/Schenke,* § 99, Anm. 1a; *VGH Kassel,* 21. 7. 1983 – 1 TE 14/83 – NJW 85, 216; *BVerwG,* 9. 11. 1962 – VII 891/62 – NJW 63, 553.

[285] Vgl. dazu *Kopp/Schenke,* § 99, Rdn. 2.

[286] *VGH München,* 12. 2. 1990 – 5 C 89198 – NVwZ 90, 778.

Ausgenommen von der Vorlagepflicht sind lediglich solche Vorgänge, die keinerlei, auch nur entfernten Bezug auf die anhängige Streitsache haben. **141**

Die Behörde kann die Vorlage von Akten ablehnen, die geheimzuhalten sind. Das sind Vorgänge,
- deren Geheimhaltung durch besondere gesetzliche Bestimmungen vorgeschrieben sind,
- bei denen das Bekannt werden ihres Inhalts dem Wohle des Bundes[287] oder eines Landes[288] Nachteile bereiten würde oder
- die in ihrem Wesen nach geheim sind.[289]

Als spezielle Geheimhaltungsvorschriften gelten nicht die allgemeinen Regelungen über die Amtsverschwiegenheit in den Beamtengesetzen oder etwa die Geheimhaltungsvorschriften der Verwaltungsverfahrensgesetze (z.B. § 30 VwVfG).[290]

Sind die Akten einer Behörde aufgrund glaubhaft gemachter Geheimhaltungsbedürftigkeit nicht vorzulegen, dürfen die von ihr behaupteten, aber geheimgehaltenen Vorgänge bei der Sachentscheidung im Rahmen der Sachverhaltswürdigung nur unter strengen Voraussetzungen zu Lasten des Rechtssuchenden berücksichtigt werden. Nicht gerichtsverwertbare Tatsachen müssen als solche naturgemäß unberücksichtigt bleiben. **142**

Welches Gewicht der Weigerungserklärung der obersten Aufsichtsbehörde zukommt, hat das Gericht, ggf. unter Berücksichtigung der Regeln über die Beweislast, bei der Entscheidung über den geltend gemachten Anspruch im Rahmen der Sachverhaltswürdigung zu beurteilen.

Die Befugnis der Behörde, die Vorlage ihrer dem Wesen nach geheimhaltungsbedürftiger Akten in dem Verwaltungsprozess zu verweigern, wird nicht dadurch ausgeschlossen, dass der Kläger erklärt, auf sein Akteneinsichtsrecht nach § 100 VwGO zu verzichten.[291] **143**

Weitere Besonderheiten gelten für die Fälle, in denen es die Gewährung effektiven Rechtsschutzes erfordert, dass der Betroffene die Verwaltungsvorgänge kennt, diese andererseits ihrem Wesen nach geheim sind.

Beispiel:
Der Kläger begehrt die Erteilung von Auskünften über Daten, auf die das negative Ergebnis einer Sicherheitsüberprüfung des zuständigen Landesamtes für Verfassungsschutz gestützt wurde. Das Landesamt für Verfassungsschutz lehnt eine Einsichtnahme in seinen Akten mit der Begründung ab, diese seien ihrem Wesen nach geheim zu halten, jedenfalls soweit sie Rückschlüsse auf die Art und den Umfang der Ermittlungen zuließen und insbesondere, soweit sie Aussagen von befragten Referenz- und Auskunftspersonen enthielten.

---

287 *BVerwG*, 1. 2. 1996 – 1 B 37.95 – DVBl. 96, 814: Die Verweigerung der Aktenvorlage durch die oberste Aufsichtsbehörde nach § 99 I2 VwGO und die Glaubhaftmachung der Geheimhaltungsbedürftigkeit erfordert eine Erklärung des zuständigen Ministeriums, nicht des Ministers persönlich oder seines Stellvertreters.

288 Vgl. ferner auch *VGH Kassel*, 23. 5. 1995 – 11 TE 363/95 – NVwZ-RR 97, 135.

289 Zur Geheimhaltungsbedürftigkeit von Prüfungsunterlagen, *VGH München*, 11. 6. 1996 – 3 C 95 4126 – DVBl. 97, 378.

290 *Kopp/Schenke*, § 99, Rdn. 8.

291 *VGH München*, 12. 2. 1990 – 5 C 89 198 – NVwZ 90, 778.

143 a Das BVerfG[292] hat § 99 Abs. 1 Satz 2 i.V.m. Abs. 2 Satz 1 für diese Fallgestaltung mit Art. 19 Abs. 4 GG für unvereinbar erklärt, soweit die Aktenvorlage auch in den Fällen ausgeschlossen ist, in denen die Gewährung effektiven Rechtsschutzes von der Kenntnis der Verwaltungsvorgänge abhängt; die Rechtsschutzgarantie des Art. 19 Abs. 4 GG schließe es ein, dass die Verwaltungsvorgänge, welche die für das Verwaltungsverfahren und dessen Ergebnis maßgeblichen Sachverhalte und behördlichen Erwägungen dokumentieren, dem Gericht zur Verfügung stehen, soweit sie für die Beurteilung der Rechtmäßigkeit der behördlichen Entscheidung und der geltend gemachten Rechtsverletzung von Bedeutung sein können. Der Zweck der Regelung – Geheimhaltung von Vorgängen und Informationen aus Gemeinwohlgründen – sei verfassungsrechtlich grundsätzlich nicht zu beanstanden.[293]

Die derzeitige gesetzliche Regelung sei jedoch zur Zweckerreichung nicht erforderlich, weil anderweitige Möglichkeiten des Geheimnisschutzes bestünden, ohne dass der Rechtsschutzanspruch aus Art. 19 Abs. 4 GG im selben Maß wie derzeit auf der Grundlage von § 99 verkürzt werde. Das BVerfG hat deshalb die Forderung aufgestellt, dass die Behördenakten dem jeweiligen Gericht vorgelegt werden müssen, das – unter Verpflichtung zur Geheimhaltung – nachprüft, ob die gesetzlichen Voraussetzungen der Auskunftsverweigerung im konkreten Fall erfüllt sind. Den Geheimhaltungsbedürfnissen der Behörde wäre dadurch Rechnung getragen, dass die Kenntnisnahme auf das Gericht beschränkt bliebe („sog. in-camera-Verfahren").[294]

143 b Bis zur gesetzlichen Neuregelung des § 99 VwGO hat das BVerfG angeordnet:

> „Bis zu einer Neuregelung sind in anhängigen Verfahren der vorliegenden Art die Verwaltungsvorgänge zur Überprüfung der Rechtmäßigkeit der Vorlageverweigerung dem Gericht vorzulegen, ohne dass dieses den Beteiligten Akteneinsicht gewähren oder den Akteninhalt in sonstiger Weise etwa in der Entscheidungsbegründung bekannt geben darf. Das Verfahren zur Prüfung und zur Entscheidung über die Berechtigung der Vorlageverweigerung wird dem den Vorsitz führenden Richter als Einzelrichtersache zugewiesen."

Der Gesetzgeber hat den Vorgaben des BVerfG durch eine weitgehende Änderung des § 99 Abs. 2 VwGO Rechnung getragen.

Danach sieht die Regelung jetzt so aus, dass in Verfahren, in denen die Einsichtnahme in Urkunden oder Akten oder die Erteilung von Auskünften Gegenstand des Klagebegehrens ist, bei dem für die Hauptsache zuständigen Gericht ein Antrag eines Beteiligten einzureichen ist, mit dem Ziel, die Rechtmäßigkeit der Vorlageverweigerung oder Auskunftsverweigerung der Urkunden oder Akten zu überprüfen.

Die Entscheidung über den Antrag trifft allerdings nicht das für die Hauptsache zuständige Gericht, sondern ein gesonderter Spruchkörper des zuständigen Oberverwaltungsgerichts (§ 4 letzter Satz, § 189) durch Beschluss. Hat eine oberste

---

[292] *BVerfG,* 27. 10. 1999 – 1 BvR 385/90 – NJW 00, 1175, 1177 entgegen *VGH München,* 12. 2. 1990 – 5 C 89198 – NVwZ 90, 778.

[293] Zur Darlegungspflicht der Weigerungsgründe vgl. auch *BVerwG,* 19. 8. 1986 – 1 C 7/85 – BVerwGE 75, 1 f.

[294] Zur Anwendung des „in-camera-Verfahren" vgl. auch *OVG Münster,* 23. 11. 2000 – 13 E 276/00 – NVwZ 01, 820.

Bundesbehörde die Vorlage der Urkunden oder die Auskunft wegen drohender Nachteile für den Bund verweigert, so entscheidet ein gesonderter Spruchkörper des Bundesverwaltungsgerichts (§ 189).

Auf Aufforderung des gesonderten Spruchkörpers beim Oberverwaltungsgericht hat dann die oberste Aufsichtsbehörde die nach § 99 Abs. 1 S. 2 VwGO verweigerten Urkunden oder Akten diesem vorzulegen, oder die verweigerten Auskünfte diesem Gericht zu erteilen. Sofern die zuständige Aufsichtsbehörde in diesen Fällen die Vorlage der Urkunden/Akten dadurch bewirkt, dass diese dem Spruchkörper des Gerichts zur Verfügung gestellt werden, darf das Gericht den Beteiligten den Inhalt der Urkunden/Akten oder die erteilten Auskünfte nicht mitteilen (§ 100 VwGO ist nicht anwendbar).

Die Aufsichtsbehörde kann bei besonders sensiblen Aktenvorgängen verlangen, dass sich das Gericht die Vorgänge in den Räumen der Behörde ansieht. Gegen die Entscheidung des Oberverwaltungsgerichts ist die Beschwerde an das BVerwG eröffnet.

Die Neuregelung des § 99 Abs. 3 VwGO entspricht (abgesehen von den eingefügten Sätzen 4 und 5) der bisherigen Vorschrift des § 99 Abs. 2. § 99 Abs. 3 S. 4 und 5 ermöglichen nunmehr ein „in-camera-Verfahren" als Zwischenverfahren auch wenn der Kläger keine Auskunfts bzw. Einsichtnahme in Akten/Urkunden begehrt: Es geht um Fälle in denen das Erreichen des Klageziels daran scheitert, weil der Kläger Tatsachen bzw. Erkenntnisse nicht dartun bzw. beweisen kann, die die Behörde weder ihm noch dem Gericht preisgeben will. **143 c**

Die Zuständigkeiten für Klagen, in denen die Einsichtnahme in Urkunden oder Akten oder die Erteilung von Auskünften aus dem Geschäftsbereich des Bundesnachrichtendienstes Gegenstand des Klagebegehrens ist, ist durch die Änderung des § 50 Abs. 1 Nr. 4 VwGO ebenfalls auf das BVerwG übertragen worden.

Grundsätzlich unterliegen zwar Vorgänge, die dem Schutz der Persönlichkeits- und Intimsphäre unterliegen, dem Geheimhaltungsschutz;[295] der Schutz Dritter kann allerdings nicht so weit gehen, dass dadurch der effektive Rechtsschutz der Beteiligten nachhaltig beeinträchtigt wird. **144**

Beispiel:

Ein Nachbar klagt gegen eine zugunsten des Bauherrn erteilte Baugenehmigung. Die Behörde verweigert die Akteneinsicht aus „datenschutzrechtlichen Gründen".[296]

Die Behörde darf im vorliegenden Fall die Aktenvorlage natürlich nicht verweigern, da sonst dem betroffenen Nachbarn jedwede Möglichkeit genommen würde, im Prozess ordnungsgemäß vorzutragen.

Besonders problematisch ist die Beiziehung der Personalakten von Dritten. Da Personalakten ihrem Wesen nach grundsätzlich geheim sind, entsteht gerade in Fällen der sog. „Konkurrentenklage" Streit über die Beiziehung der Personalakten und Streit über die Einsichtnahme der Prozessbeteiligten in diese Akten. **145**

---

[295] *Redeker/von Oertzen,* § 99, Rdn. 7.

[296] Die Behörde ist sogar dann zur Akteneinsicht verpflichtet, wenn der Nachbar lediglich eine zivilrechtliche Klage gegen den Bauherrn vorbereiten will, vgl. *OVG Münster,* 20. 7. 1988 – 20 A 1063/89 – NVwZ 89, 266.

Beispiel:

Oberstudienrat A und Oberstudienrat B bewerben sich jeweils auf die an ihrem Gymnasium freigewordenen Stelle eines stellvertretenden Schulleiters (A 15). Die zuständige Behörde will Oberstudienrat B befördern. Oberstudienrat A beantragt, im Wege der einstweiligen Anordnung der Behörde aufzugeben, die Stelle einstweilen nicht zu besetzen; vgl. unten K 206ff.

Das Gericht fordert die für die Besetzungsentscheidung relevanten Teile der Personalakten an.

In dem vorgenannten Beispielfall sind auch die für die Besetzungsentscheidung relevanten Teile der Personalakten des beteiligten Oberstudienrats B beizuziehen, weil es für die Frage der Rechtmäßigkeit seiner in Aussicht gestellten Beförderung unter Umständen darauf ankommt, ob die Behörde entgegen dem Prinzip „der Bestenauslese" den falschen Bewerber befördern will;[297] vgl. unten K 216ff.

145 a Wer befürchtet, dass durch Vorlage von Akten an das Verwaltungsgericht nach § 99 Abs. 1 1 Betriebs- und Geschäftsgeheimnisse offenbart werden, kann aus Art. 12 Abs. 1 und Art. 14 Abs. 1 GG ein subjektives Verfahrensrecht haben, dass die oberste Aufsichtsbehörde der zur Aktenvorlage bereiten Behörde eine Entscheidung über die Aktenvorlage oder Geheimhaltung nach § 99 I 2 VwGO trifft.[298]

146 Weigert sich die Behörde, die Akten (in dem Beispiel E 145 die relevanten Teile der Personalakten, wie Zeugnisse, dienstliche Beurteilungen etc.) **nach Anforderung durch das Gericht** vorzulegen, so hat das Gericht auf Antrag des Klägers durch Beschluss zu entscheiden, ob glaubhaft gemacht ist, dass die gesetzlichen Voraussetzungen für eine Verweigerung der Aktenvorlage vorliegen (§ 99 Abs. 2).[299] Der Beschluss kann selbständig mit der Beschwerde angefochten werden (vgl. dazu E 143b zu dem dann erforderlichen „in-camera-Verfahren").[300]

147 Die Verpflichtung zur Aktenvorlage bezieht sich freilich nur auf vom Gericht **angeforderte Akten;** beantragt der Kläger die Vorlage weiterer Akten, die das Gericht nicht für erforderlich hält, scheidet ein Verfahren nach § 99 Abs. 2 aus.[301] Der Kläger hat dann lediglich im Rahmen der Berufung oder Revision die Möglichkeit, die fehlende Beiziehung der Akten als Verfahrensfehler (wegen mangelnder Sachaufklärung gem. § 86 Abs. 1) zu rügen.[302]

b) Akteneinsicht

148 In § 100 wird das Recht der Parteien auf Akteneinsicht geregelt.[303] Die Vorschrift ist Ausprägung des Anspruchs der Parteien auf rechtliches Gehör. § 100

---

[297] *BVerwG,* 24. 10. 1977 – II B 46.76 – n.v.; *OVG Münster,* 25. 7. 1985 – 6 B 2009/84 – n.v.; *VGH Kassel,* 7. 10. 1993 – 1 TE 1705/93 –, NVwZ 94, 398; *Wittkowski,* NVwZ 95, 345, 346.

[298] *OVG Münster,* 25. 11. 1999 – 13 B 1812/99 – NVwZ 00, 449f.

[299] *OVG Münster,* 25. 7. 1985 – 6 B 2009/84 – n.v.; *OVG Lüneburg,* 31. 8. 1987 – 2 OVG B 57/87 – n.v.

[300] Vgl. dazu *Kopp/Schenke,* § 99, Rdn. 19; ferner *OVG Münster,* 25. 7. 1985 – 6 B 2009/64 – n.v.

[301] *OVG Lüneburg,* 31. 8. 1987 – 2 OVG B 57/87 – n.v.; *OVG Münster,* 9. 4. 1986 – 6 B 734/86 – n.v.

[302] *OVG Lüneburg,* 31. 8. 1987 – 2 OVG B 57/87 – n.v.; *OVG Münster,* 9. 4. 1986 – 6 B 734/86 – n.v.

[303] Zu dem materiell-rechtlichen Anspruch auf Akteneinsicht zur Vorbereitung eines Schadensersatzprozesses, vgl. *VGH Mannheim,* 31. 10. 1995 – 9 S 1518/94 – NJW 96, 613.

Abs. 1 bestimmt, dass die Beteiligten die Gerichtsakten und die dem Gericht vorgelegten Akten einsehen dürfen; dies bedeutet, dass das Akteneinsichtsrecht grundsätzlich für alle dem Gericht zur Entscheidung vorgelegten Akten gilt. Ausgenommen sind lediglich Entwürfe zu Urteilen, Beschlüssen und Verfügungen, die Arbeiten des Gerichts zu deren Vorbereitung und etwaige in den Akten befindliche Schriftstücke, die die Abstimmung betreffen (§ 100 Abs. 3). Zur Akteneinsicht ist jeder am Prozess Beteiligte (also auch der Beigeladene) berechtigt; Dritte hingegen, anders als in § 299 ZPO, nicht. Die Akteneinsicht in vorgelegte Akten ist nicht von der Zustimmung des Beklagten abhängig.[304]

Die Akteneinsicht ist grundsätzlich auf der Geschäftsstelle des Gerichts durchzuführen (§ 100 Abs. 2).[305] **149**

Die Beteiligten haben darüber hinaus Anspruch auf die Fertigung von Ausfertigungen, Auszügen und Abschriften, die sie sich auf eigene Kosten erteilen lassen können. **150**

Umstritten ist, wie zu verfahren ist, wenn ein auswärtiger Beteiligter oder Prozessbevollmächtigter die Akten einsehen will. Der Anspruch auf rechtliches Gehör gebietet es, in diesen Fällen die Akten an die Geschäftsstelle des dem Wohnsitz des Betreffenden nächstgelegenen Gerichts – ggf. auch eines anderen Gerichtszweiges – zu übersenden.[306] **151**

§ 100 Abs. 2 Satz 3 erhält zugunsten der prozessbevollmächtigten Rechtsanwälte eine Sonderregelung; danach können – nach dem Ermessen des Vorsitzenden – die Akten dem Rechtsanwalt zur Mitnahme in seine Wohnung oder in seine Geschäftsräume übergeben werden.[307] Nach dem eindeutigen Gesetzeswortlaut ist diese Bestimmung nur auf Rechtsanwälte anwendbar, nicht also auf sonstige Beteiligte oder Bevollmächtigte. § 100 Abs. 2 Satz 3 ist allerdings verfassungskonform dahingehend auszulegen, dass neben den Rechtsanwälten die Akten auch einem bevollmächtigten Kammerrechtsbeistand zur Mitnahme in seine Wohnung oder Geschäftsräume übergeben werden; jede andere Betrachtungsweise verstieße gegen Art. 3 I GG, weil die Rechtsstellung der Rechtsbeistände weitgehend der des Rechtsanwalts angeglichen ist.[308] In der Praxis senden die Verwaltungsgerichte dem Rechtsanwalt die Akten zur Akteneinsichtnahme in seine Kanzlei zu, wenn die umgehende und vollständige Rückgabe zugesichert wird.[309] Ausnahmen werden **152**

---

304 *Redeker/von Oertzen,* § 100, Rdn. 1.

305 *Kopp/Schenke,* § 100, Rdn. 6.

306 Ebenso *Redeker/von Oertzen,* § 100, Rdn. 4; *Kopp/Schenke,* § 100, Rdn. 6.

307 Vgl. allgemein *VGH München,* 29. 7. 1997 – 7 C 97 1151 – NVwZ-RR 98, 686.

308 *BVerfG,* 12. 2. 1998 – 1 BvR 272/97 – NVwZ 98, 836.

309 Die Übersendung der Akten zur Akteneinsichtnahme in die Kanzlei ist auch im Regelfall geboten. *BVerfG,* 12. 2. 1998 – 1 BvR 272/97 – NVwZ 98, 836, hat hierzu ausgeführt: ... „Die Aktenüberlassung in die Geschäfts- oder Wohnräume hat in Verwaltungsstreitverfahren vor allem den Zweck, Chancengleichheit zwischen den Prozessbevollmächtigten und der beteiligten staatlichen Stelle – ursprünglich zwischen Verteidiger und Staatsanwaltschaft in der als Vorbild dienenden Regelung von § 147 IV StPO herzustellen. Denn die Durchsicht der Akten auf der Geschäftsstelle kann nur bei sehr einfach gelagerten Sachverhalten zur Vorbereitung weiterer prozessualer Schritte genügen. Weitere Zwecke sind Arbeitserleichterung, Ermöglichung des Einsatzes von Hilfskräften und eigener bürotechnischer Hilfsmittel sowie Zeit- und Kostenersparnis. Das Recht auf ungestörte Akteneinsicht dient

bei der Versendung von Personalakten oder von Originalprüfungsakten gemacht. Wegen der langen Verfahrensdauer empfiehlt sich für den Rechtsanwalt, eine vollständige Ablichtung der Akten zu fertigen, um diese später jederzeit griffbereit zu haben.[310]

153 Die Entscheidung des Vorsitzenden, ob die Akten dem bevollmächtigten Rechtsanwalt zur Mitnahme in die Kanzlei übergeben werden, ist eine bloße prozessleitende Verfügung, die nicht mit der Beschwerde angefochten werden kann.[311]

154 Die unberechtigte Verweigerung der Akteneinsicht stellt einen Verstoß gegen das rechtliche Gehör dar;[312] gegen eine ablehnende Entscheidung des VG ist die Beschwerde zulässig (streitig);[313] gegen ablehnende Entscheidungen des OVG ist keine Beschwerde möglich, die Verweigerung der Akteneinsicht kann aber in Revisionsverfahren als Verfahrensfehler gerügt werden.[314]

8. Untersuchungsgrundsatz, Mitwirkungspflicht

a) Untersuchungsgrundsatz

155 Während für den Zivilprozess grundsätzlich die Verhandlungsmaxime, d.h. der Beibringungsgrundsatz gilt, gilt im Verwaltungsprozess gem. § 86 Abs. 1 die Untersuchungsmaxime, d.h. das Gericht ist verpflichtet, den Sachverhalt von Amts wegen zu erforschen. Die Beteiligten sind dabei heranzuziehen; das Gericht ist freilich an das Vorbringen der Beteiligten und an deren Beweisanträge nicht gebunden.[315]

156 Damit ist klargestellt, dass die Sachverhaltsaufklärung Sache des Gerichts ist; das Gericht darf diese Aufgabe weder der Verwaltungsbehörde überlassen noch darf es eine Angelegenheit zu diesem Zweck an die Behörde unmittelbar oder mittelbar zurückverweisen. Sind also die tatsächlichen Umstände für eine zutreffende Entscheidung nicht hinreichend geklärt, ist die Sachaufklärung durch das Gericht vorzunehmen.[316]

157 Durch die Regelungen des § 113 Abs. 2 u. 3 sind für das Gericht gewisse Erleichterungen geschaffen worden.[317] Das Gericht kann die Ermittlung des festzusetzenden oder festzustellenden Betrags (sofern hierzu ein nicht unerheblicher Aufwand erforderlich ist) der Verwaltungsbehörde aufgeben, wobei gleichzeitig die zu

---

zugleich der Rechtspflege, in deren Interesse eine gute Vorbereitung des Verfahrens durch die Prozessbevollmächtigten liegt …"

[310] Vgl. dazu *Kopp/Schenke,* § 100, Rdn. 7, 8. Zur Kostenerstattung von Kopien aus den Verwaltungsvorgängen vgl. unten G 49, 50.

[311] *OVG Münster,* 25. 5. 1987 – 21 B 624/87 – NJW 88, 221; *Redeker/von Oertzen,* § 100 Rdn. 5; a. A. *VGH München,* 29. 7. 1997 – 7 C 97 1151 – NVwZ-RR 98, 686.

[312] Wie hier: *Redeker/von Oertzen,* § 100, Rdn. 7 m. w. N.; *VGH Mannheim,* 4. 7. 1997 – 13 S 973/98 – NVwZ-RR 98, 687.

[313] Wie hier: *Redeker/von Oertzen,* § 100, Rdn. 7 m. w. N.; *VGH Mannheim,* 4. 7. 1997 – 13 S 973/98 – NVwZ-RR 98, 68; ferner *Geiger* in *Eyermann,* § 100, Rdn. 17.

[314] Wie hier: *Redeker/von Oertzen,* § 100, Rdn. 7 m. w. N.; a. A. *Kopp/Schenke,* § 100, Rdn. 9.

[315] *Kopp/Schenke,* § 86, Rdn. 1–10.

[316] *Kopp/Schenke,* § 86, Rdn. 1 a, 2.

[317] *Kopp/Schenke,* § 113, Rdn. 155.

Unrecht berücksichtigten oder nicht berücksichtigen, tatsächlichen oder rechtlichen Verhältnisse vom Gericht vorzugeben sind.

Nach § 113 Abs. 3 kann das Gericht, wenn eine weitere Sachaufklärung erforderlich ist, den Verwaltungsakt und den Widerspruchsbescheid aufheben, soweit nach Art und Umfang die erforderlichen Ermittlungen erheblich sind und die Aufhebung auch unter Berücksichtigung der Belange der Beteiligten sachdienlich ist. In diesen Fällen kann das Gericht auf Antrag bis zum Erlass eines neuen Verwaltungsakts eine einstweilige Regelung treffen, insbesondere bestimmen, dass Sicherheiten geleistet werden oder ganz oder zum Teil bestehen bleiben und Leistungen zunächst nicht zurückgewährt werden müssen.[318] **158**

Hinweis:
Diese Möglichkeit ist befristet. Eine derartige Entscheidung des Gerichts kann nur binnen sechs Monaten nach Eingang der Behördenakte bei Gericht ergehen, § 113 Abs. 3 Satz 4.

Die **Untersuchungspflicht** des Gerichts besteht nur im Rahmen des anhängigen Verfahrens und wird durch den Streitgegenstand und die sich hieraus ergebenden rechtlichen Aspekte begrenzt. Aus der Untersuchungsmaxime folgt die Verpflichtung, in der vorgelegten Sache die Entscheidungsreife auf der Basis der Rechtsauffassung des Gerichts herbeizuführen.[319] **159**

Im übrigen erfährt der Untersuchungsgrundsatz durch die **Mitwirkungspflicht** der Beteiligten eine gewisse Einschränkung (vgl. E 166f.). Im Rahmen des Untersuchungsgrundsatzes kann das Gericht alle ihm von der Prozessordnung zur Verfügung gestellten Mittel und Quellen ausschöpfen: **160**
- Anforderung von Verwaltungsvorgängen, § 99
- Auskunftsverlangen gegenüber Behörden, § 99
- Aufforderung zur Ergänzung des Klagevorbringens, § 82 Abs. 2 Satz 1
- Auflagen an die Beteiligten gem. § 87b Abs. 2 Tatsachen anzugeben oder Beweismittel zu bezeichnen bzw. Urkunden oder andere bewegliche Sachen vorzulegen
- die Anordnung des persönlichen Erscheinens der Beteiligten, § 95[320]
- die Anordnung und Durchführung von Beweisaufnahmen, § 96, auch z.B. von Ortsbesichtigungen.[321]

Bei der Erforschung des Sachverhalts von Amts wegen darf das Gericht grundsätzlich entscheidungserhebliche Tatsachen auch aus den Inhalt beigezogener Akten ermitteln, die zum Gegenstand der mündlichen Verhandlung gemachter worden sind;[322] auch die Verwaltungsvorgänge, wie z.B. im Widerspruchsverfahren eingeholte Gutachten, dürfen grundsätzlich verwertet werden.[323] **161**

---

318 *Kopp/Schenke,* § 113, Rdn. 163, 165.

319 *BVerwG,* 6. 9. 1988 – 4 C 26/88 – NJW 89, 118, 119.

320 *VGH Kassel,* 15. 1. 1997 – 10 ZU 2985/96.A – NVwZ-RR 98, 404; *VGH Kassel,* 31. 1. 1997 – 13 ZU 3552/96.A – NVwZ-RR 99, 404.

321 *BVerwG,* 14. 11. 1991 – 4 C 1/91 – NVwZ-RR 92, 227: Ob allerdings eine Ortsbesichtigung (z.B. bei Abgrenzungsfragen von §§ 34, 35 BauGB) im Einzelfall erforderlich ist, steht im Ermessen des Tatsachengerichts.

322 *BVerwG,* 13. 9. 1988 – 1 B 22/88 – NVwZ 89, 67.

323 *BVerwG,* 7. 6. 1995 – 5 B 141.94 – Buchholz, 310 § 86 Abs. 1 Nr. 268.

162 Das Gericht kann auch tatsächliche Feststellungen anderer gerichtlicher Entscheidungen einschließlich der ihnen zugrunde liegenden Beweismittel, wie etwaiger Protokolle über Zeugenaussagen, im Wege des Urkundenbeweises unbeschadet dessen verwerten, dass – soweit das Gesetz nichts anderes bestimmt – eine Bindung an derartige Feststellungen nicht besteht.[324]

163 Es ist allerdings darauf hinzuweisen, dass gegen den Widerspruch eines Beteiligten Aussagen aus anderen Verfahren wegen des Grundsatzes der Unmittelbarkeit der Beweisaufnahme nicht als Zeugenbeweis berücksichtigt werden dürfen. Der Widerspruch eines Beteiligten gegen die Verwertung des Inhalts beigezogener Akten allein hindert aber nicht deren Berücksichtigung im Wege des Urkundenbeweises, denn dieser setzt die Zustimmung der Beteiligten nicht voraus.[325] Etwas anderes gilt dann, wenn die Vernehmung eines Zeugen ausdrücklich beantragt oder sich sonst dem Gericht die Vernehmung aufdrängt. Insoweit findet die Verwertung im Wege des Urkundenbeweises bei förmlich beantragter Zeugenvernehmung ihre Grenze.[326]

164 Bei Änderung des Parteivortrags während der einzelnen Verfahrensabschnitte kann im Einzelfall eine bloß informatorische Anhörung der Partei der Sachaufklärungspflicht des Gerichts nicht genügen, wenn – anders als bei einer förmlichen Parteivernehmung – der Partei in diesem Fall die Bedenken, die gegen die Richtigkeit ihrer Behauptungen bestehen können, nicht unter Hinweis auf ihre mögliche Beeidigung vorgehalten worden sind.[327]

165 Die Verletzung des Untersuchungsgrundsatzes kann im Einzelfall einen Verfahrensfehler begründen, der zur Zulässigkeit der Berufung bzw. der Revision führen kann (vgl. E 169ff.). Die Rüge der Verletzung des Untersuchungsgrundsatzes erfordert aber zum einen die substantiierte Darlegung hinsichtlich welcher tatsächlichen Umstände Aufklärungsbedarf bestanden hat, ferner welche für geeignet und erforderlich gehaltenen Aufklärungsmaßnahmen hierfür in Betracht gekommen wären und welche tatsächlichen Feststellungen bei der Durchführung der unterbliebenen Sachverhaltsaufklärung voraussichtlich getroffen worden wären.[328] Zum anderen muss entweder dargelegt werden, dass in der letzten mündlichen Verhandlung auf die Vornahme der Sachverhaltsaufklärung (z.B. durch einen förmlichen Beweisantrag) hingewirkt worden ist oder dass sich die unterlassene Sachverhaltsaufklärung dem Gericht sonst wie hätte aufdrängen müssen. Die Aufklärungsrüge stellt kein Mittel dar, um Versäumnisse eines Verfahrensbeteiligten in der Tatsacheninstanz zu kompensieren.[329]

b) Mitwirkungspflicht

166 Vielfach wird freilich übersehen, dass neben der Untersuchungspflicht des Gerichts auch die **Mitwirkungspflicht** der Beteiligten besteht (§ 86 Abs. 1 Satz 1 2. Halbsatz).[330] Die Mitwirkungspflichten der Beteiligten haben aufgrund der

---

[324] *BVerwG*, 7. 6. 1995 – 5 B 141.94 – Buchholz, 310 § 86 Abs. 1 Nr. 268.

[325] *BVerwG*, 13. 9. 1988 – 1 B 22/88 – NVwZ 89, 67, 68.

[326] *BVerwG*, 13. 9. 1988 – 1 B 22/88 – NVwZ 89, 67, 68.

[327] *BVerwG*, 8. 12. 1988 – 3 C 87/87 – NVwZ 89, 1050.

[328] *BVerwG*, 6. 3. 95 – 6 B 81.94 – Buchholz 310, § 86 Abs. 1 Nr. 265.

[329] *BVerwG*, 6. 3. 1995 – 6 B 81.94 – Buchholz 310, § 86 Abs. 1 Nr. 265.

[330] *Kopp/Schenke*, § 86, Rdn. 11; *BVerwG*, 16. 2. 1995 – 1 B 205.93 – DVBl. 95, 805: Eine Verweigerung der Mitwirkung darf nur dann nicht zu Lasten eines Beteiligten gewer-

Möglichkeiten, die die Vorschriften über die **Klagebegründungsfristen,** sowie die **richterlichen Fristen** der §§ 87b, 92 Abs. 2 u. 3 eröffnen (vgl. E 73, 121), eine Verschärfung erfahren. Allgemein sollen die Beteiligten zur Vorbereitung der mündlichen Verhandlung Schriftsätze einreichen. Dies soll rechtzeitig vor der mündlichen Verhandlung geschehen,[331] wobei die in den Schriftsätzen erwähnten Unterlagen (z.B. Urkunden) beizufügen sind, sofern sie nicht ohnehin gerichtsbekannt sind. Außerdem wird von den Beteiligten erwartet, dass sie Beweis antreten.

Unterlassen die Beteiligten die gebotene Mitwirkung, so kann dies erhebliche Nachteile für sie zur Folge haben. Bereits nach der älteren Rechtssprechung des Bundesverwaltungsgerichts endet die Aufklärungspflicht des Gerichts dort, wo die Mitwirkungslast der Beteiligten einsetzt.[332] Die Parteien dürfen nicht davon ausgehen, dass das Gericht dort mit der Amtsaufklärung einsetzt, wo weitere Anregungen oder Hinweise oder konkreter Vortrag der Beteiligten fehlt.[333] **167**

Die Beiziehung zusätzlicher gutachterlicher Erkenntnisquellen liegt im Ermessen des Gerichts. Eine Verpflichtung zur Beiziehung besteht aber nicht schon dann, wenn ein Verfahrensbeteiligter vorliegende Äußerungen oder Erkenntnisquellen inhaltlich für unzutreffend hält und sich für diese Einschätzung auf bereits vorliegende abweichende Gutachten beruft oder Gutachter bezeichnet, die möglicherweise zu anderen Einsichten gelangen können. Maßgebend ist vielmehr, ob die der Entscheidung zugrunde gelegten Auskünfte in sich widersprüchlich sind, ob sich aus ihnen selbst Zweifel an der Sachkunde und der Unparteilichkeit des Gutachters ergeben oder ob es eines besonderen Fachwissens bedarf, das bei den bisherigen Gutachten nicht oder nur unzureichend vorhanden war, über das andere Gutachter aber verfügen.[334] Sofern das Nachvollziehen von Berechnungen oder technischen Zusammenhängen (z.B. eine Verkehrslärmberechnung) einen mit der Materie nicht vertrauten Laien überfordert, entbindet ihn dies als Kläger im Rahmen der ihm **obliegenden Mitwirkung** nicht davon, sich selbst sachkundig zu machen, und zwar notfalls mit Hilfe eines selbst in Auftrag gegebenen Sachverständigengutachtens, dessen Kosten erstattungsfähig sein können.[335] **168**

c) Einzelfälle

Das Gericht verletzt seine Aufklärungspflicht, wenn es den **Kriegsdienstverweigerer,** dessen Parteivernehmung als Beweismittel in Betracht kommt, nicht **persönlich** zum Verhandlungstermin einlädt[336] und als Partei vernimmt.[337] **169**

---

tet werden, wenn die Mitwirkung unzumutbar ist; *Höfling/Brenstedt* in *Sodan/Ziekow* VwGO, § 86, Rdn. 106ff.

331 *BVerwG,* 14. 7. 1987 – 6 C 60/86 – NVwZ 87, 1071.

332 *BVerwG,* 6. 12. 1963 – 8 B 29/63 – NJW 64, 786.

333 *BVerwG,* 1. 3. 1988 – 7 B 144/87 – NVwZ 89, 1058, 1059: Das Gericht braucht keine weitere Ursachenforschung zu betreiben, wenn sich weder aus den vorgelegten Gutachten noch aus dem Parteivortrag des Betroffenen andere Möglichkeiten des Kausalverlaufs/von Schadensursachen ergeben.

334 *BVerwG,* 21. 11. 1989 – 9 C 53/89 – NVwZ 90, 674.

335 *BVerwG,* 13. 3. 1992 – 4 B 39/92 – NJW 93, 1284.

336 *BVerwG,* 15. 2. 1990 – 6 C 11/88 – NVwZ-RR 90, 423.

337 *BVerwG,* 29. 4. 1991 – 6 B 40/90 – NVwZ-RR 91, 586.

170 Die Sachaufklärungspflicht wird auch verletzt, wenn das Gericht die beantragte **Verwertung einer vorgelegten fremdsprachlichen Urkunde** allein mit der Begründung ablehnt, es fehle eine Übersetzung in die deutsche Sprache.[338]

171 Im **Asylrechtsstreit** ist das Gericht durch das Gebot der vollständigen und objektiven Sachaufklärung und das damit verbundene Verbot der Auswahl und Selektion von Beweismitteln in der Regel auch zur Feststellung genereller Tatsachen verpflichtet. Es hat daher von einem der Beteiligten in seinem Verfahren eingeführte, bisher aber nicht beigezogene Erkenntnisquellen zur Kenntnis zu nehmen und in nachprüfbarer Weise in Erwägung zu ziehen, aus denen ein anderes Obergericht eine grundsätzlich andere Gefahrensprognose für eine Gruppenverfolgung in einem ausländischen Staat hergeleitet hat.[339]

172 **Eigene Kenntnisse des** Tatsachen**gerichts** (gerichtskundige Tatsachen) auf einem bestimmten Fachgebiet, die es rechtfertigen, von der Einholung eines fachwissenschaftlichen Gutachtens abzusehen, können auch daraus resultieren, dass das Gericht bereits vorliegende, anderweitig erstellte Gutachten beigezogen und sich mit ihnen auseinandergesetzt hat.[340] Das Gericht muss unter dem Gesichtspunkt des rechtlichen Gehörs den Prozessparteien freilich den Hinweis auf das beim Gericht vorhandene Fachwissen geben und im Urteil deutlich machen, dass das Gericht dieses Fachwissen besitzt und aus welcher Quelle es schöpft.

173 Das Tatsachengericht kann sich grundsätzlich ohne Verstoß gegen seine Aufklärungspflicht auf eine gutachterliche Stellungnahme stützen, die erst während des gerichtlichen Verfahrens von einer beteiligten Behörde eingeholt und als Parteivortrag in das Verfahren eingeführt wurde.[341]

174 Ohne weiteres darf das Gericht Umstände berücksichtigen und verwerten, die der Richter als Durchschnittsbetrachter oder Durchschnittsverbraucher unter Berücksichtigung allgemein zugänglicher Kenntnisse ohne besondere Sachkunde zu ziehen in der Lage ist.

Beispiel:
Der dem Apothekennamen an der Fassade des Gebäudes, auf Kalendern und Plastiktüten nachgestellte Zusatz „Haus der Gesundheit" erweckt den Eindruck, diese Apotheke biete mehr als andere Apotheken. Diese tatsächliche Feststellung setzt keine besondere Sachkunde voraus; sie kann vom Richter ohne Erhebung eines Sachverständigengutachtens getroffen werden, weil der Maßstab – der Begriff der Apotheke – gesetzlich vorgeprägt ist.[342]

175 In anderen Fällen wiederum ist das Gericht verpflichtet, im Rahmen seiner Aufklärungspflicht Sachverständigengutachten einzuholen.

---

[338] Hierin liegt zugleich eine Verletzung des Anspruchs auf rechtliches Gehör, vgl. dazu *BVerwG*, 9. 2. 1996 – 9 B 418.95 – DVBl. 96, 634 n. L.

[339] *BVerwG*, 20. 3. 1990 – 9 C 91/89 – DVBl. 90, 1060.

[340] *BVerwG*, 28. 6. 1990 – 9 B 15.90 – VBlBW 91, 53.

[341] *BVerwG*, 13. 3. 1992 – 8 C 58/90 – NJW 92, 3185.

[342] *BVerwG*, 2. 4. 1991 – 3 B 133/90 – NJW 92, 588; vgl. ferner *BVerwG*, 3. 9. 1991 – 3 C 11/89 – NJW 92, 589 zur Beurteilung der Verkehrsbezeichnungen „Quellwasser", „natürliches Mineralwasser" und „natürliches Quellwasser".

Beispiel:

(1) Die Zuordnung festgestellter Körperfehler oder Leiden bei Wehrpflichtigen zu den Fehlernummern oder Gradationen der Tauglichkeitsbestimmungen (= ZDV/46/1) ist dann nicht ohne besondere medizinische Sachkunde möglich, wenn die ZDV/46/1 zur Ermittlung der zutreffenden Gradation in Zweifelsfällen eine zusätzliche fachärztliche Untersuchung des Wehrpflichtigen empfiehlt. In solchen Fällen muss das Tatsachengericht in Ermangelung der erforderlichen eigenen besonderen Sachkunde zur hinreichenden Sachaufklärung Sachverständigenbeweis erheben.[343]

(2) Die Kläger wenden sich gegen eine Baugenehmigung für einen Schweinemaststall. Das mit einem Wohnhaus bebaute Grundstück der Kläger liegt in einem im Zusammenhang bebauten Ortsteil. An das Wohngrundstück grenzt das Betriebsgrundstück des beigeladenen Bauherrn (Landwirtes), dem ein Schweinestall mit 120 Schweinemastplätzen genehmigt worden ist. Der Abstand zwischen der Lüftungsanlage des Stalles und dem Wohnhaus der Kläger beträgt rund 60 m. Das Verwaltungsgericht darf sich in diesem Falle nicht ohne weitere Sachaufklärung bei der Beurteilung der Zumutbarkeit von Immissionen auf die Abstandswerte der VDI-Richtlinie 3471 stützen, wenn diese selbst bei Unterschreitung der empfohlenen Mindestabstände und im Nahbereich von unter 100 m für den Regelfall eine Sonderbeurteilung verlangt und wenn weitere Umstände gegen die Anwendbarkeit der Abstandswerte sprechen. In diesen Fällen ist das Gericht von Amts wegen nach § 86 verpflichtet, den Sachverhalt durch Einholung eines Sachverständigengutachtens weiter aufzuklären.[344]

Auch Art und Umfang der Aufklärung zur Bewertung der örtlichen Gegebenheiten bei der Abgrenzung des Innenbereichs vom Außenbereich stehen im pflichtgemäßen Ermessen des Tatsachengerichts. Ob dabei der Verzicht auf die Durchführung einer **Ortsbesichtigung** eine Verletzung von § 86 Abs. 1 Satz 1 darstellt, ist eine Frage des Einzelfalles.[345] Unter Umständen mag es ausreichen, dass sich ein Tatsachengericht zur Abgrenzung von Innenbereich und Außenbereich allein auf aussagekräftiges Kartenmaterial stützt, wenn die geografischen Verhältnisse für sich genommen eindeutig sind. Wenn jedoch von einer Partei hiergegen substantiierte Einwendungen erhoben werden, ist diese Vorgehensweise ohne vorhergehende eigene Ortsbesichtigung bedenklich.[346] 176

9. Heilung von behördlichen Verfahrens- und Formfehlern

Im Zuge des 6.VwGO-ÄndG hatte der Gesetzgeber durch die Einfügungen des § 87 Abs. 1 Satz 2 Nr. 7, § 94 letzter Satz und § 114 letzter Satz weitere prozessuale Voraussetzungen für die Heilung von Verfahrens- und Formfehlern im Gerichtsverfahren geschaffen. Gleichzeitig hat der Gesetzgeber durch das Gesetz zur Beschleunigung von Genehmigungsverfahren[347] § 45 Abs. 2 VwVfG, § 46 letzter 177

---

343 *BVerwG,* 12. 4. 1991 – 8 C 45/90 – NVwZ-RR 92/636.

344 *BVerwG,* 8. 7. 1998 – 4 B 38/98 – NVwZ 99, 63; vgl. aber auch *BVerwG,* 14. 8. 1998 – 4 B 81/98 – NVwZ 99, 64, wonach die bloße fehlerhafte Anwendung einer technischen Richtlinie (hier: landesrechtliche Richtlinie für die Anlage von Straßen, Teilknotenpunkten, RASK) für sich genommen weder ein Verstoß gegen § 86 I noch gegen § 108 I 1 darstellen soll.

345 *BVerwG,* 14. 11. 1991 – 4 C 1/91 – NVwZ 92, 227.

346 *BVerwG,* 14. 11. 1991 – 4 C 1/91 – NVwZ-RR 92, 227.

347 *Redeker,* „Die Heilungsvorschriften der 6. VwGO-Novelle“, NVwZ 97, 625 ff.; vgl. allgm. *Pein,* „Beschleunigung von Planungs- und Genehmigungsverfahren“, BB 96, 1399 ff.; *Stüer,* „Die Beschleunigungsnovellen 1996“, DVBl. 97, 326 ff.; *Tietje,* „Die Heilung von

HS VwVfG geändert und § 75 Abs. 1a VwVfG eingefügt. Hierdurch ist auch das VwVfG nachhaltig geändert worden. Der mit der 6. VwGO-Novelle eingeführte und mit dem RmBereinVpG wieder aufgehobene § 87 Abs. 1 Ziff. 7 gab dem Vorsitzenden/Berichterstatter schon vor der mündlichen Verhandlung die Möglichkeit, der Verwaltungsbehörde Gelegenheit zur Heilung von Verfahrens- und Formfehlern binnen einer Frist von höchstens drei Monaten zu geben, wenn das nach Überszeugung des Gerichts die Erledigung des Rechtsstreits nicht verzögerte. Entsprechend sah der jetzt durch das RmBereinVpG aufgehobene § 94 S. 2 eine Ergänzung des Inhalts vor, dass das Gericht auf Antrag die Verhandlung zur Heilung von Verfahrens- und Formfehlern aussetzen konnte, soweit dies i.S.d. Verfahrenskonzentration sachdienlich war. Diese in Literatur und Rechtsprechung wegen der Gefahr möglicher Eingriffe in die richterliche Neutralität und Unabhängigkeit vielfach kritisierten Vorschriften (vgl. E 196 bis 198) sind vom Gesetzgeber gestrichen worden.[348]

a) Änderungen des Verwaltungsverfahrensgesetzes

178 *aa) Erweiterung der Heilungsmöglichkeiten; § 45 Abs. 2 VwVfG.*

Durch das Gesetz zur Beschleunigung von Genehmigungsverfahren (GENBeschlG) ist auch § 45 Abs. 2 VwVfG neu gefasst worden. Nach § 45 Abs. 2 VwVfG n.F. können Verfahrens- und Formfehler i.S.d. § 45 Abs. 1 VwVfG künftig bis zum **Abschluss eines verwaltungsgerichtlichen Verfahrens** (**Ausnahme:** § 45 Abs. 2 VwVfG NRW: Abschluss des **erstinstanzlichen** verwaltungsgerichtlichen Verfahrens) nachgeholt werden. Die grundsätzliche Heilungsmöglichkeit erstreckt sich dabei auf

178a – **fehlende Antragstellung, (§ 45 Abs. 1 Nr. 1 VwVfG):**
Der für den Erlass eines Verwaltungsaktes erforderliche Antrag kann nun nachträglich gestellt werden. Das Antragserfordernis ergibt sich aus § 22 Satz 2 Nr. 2 VwVfG; danach darf die Behörde in den Fällen, in denen sie aufgrund von Rechtsvorschriften nur auf Antrag tätig werden darf, nichts unternehmen, wenn kein Antrag vorliegt. Schon nach der bisherigen Rechtslage konnte ein Antrag nachträglich oder konkludent gestellt werden. Dies ist nun auch noch während des laufenden verwaltungsgerichtlichen Verfahrens möglich. Der Betroffene hat jetzt ein Wahlrecht, ob er einen etwaig erforderlichen Antrag nachträglich stellt oder gegen den ohne Antrag ergangenen Verwaltungsakt Anfechtungsklage nach § 42 Abs. 1, 1. Alternative erhebt[349] (vgl. dazu aber auch die weiteren Ausführungen unter E 188ff. zu § 46 VwVfG). Eine Heilung dürfte freilich ausgeschlossen bleiben, wenn von den Betroffenen eine besondere Antragsfrist einzuhalten war, die (z.B. bei Subventionen) als Ausschlussfrist zu werten ist.[350]

Begründungsmängeln nach § 80 Abs. 3 S. 1 VwGO im verwaltungsgerichtlichen Verfahren", DVBl. 98, 124ff.; *Bader,* „Die Ergänzung von Ermessenserwägungen im verwaltungsgerichtlichen Verfahren", NVwZ 99, 120ff.; *Sodan,* „Unbeachtlichkeit und Heilung von Verfahrens- und Formfehlern", DVBl. 99, 729ff.

[348] *Kuhla/Hüttenbrink,* „Endstation Einzelrichter", DVB. 96, 717ff.

[349] *Sachs* in *Stelkens/Bonk/Sachs,* § 45, Rdn. 31.

[350] Vgl. dazu *Sodan,* „Unbeachtlichkeit und Heilung von Verfahrens- und Formfehlern", DVBl. 99, 729, 732.

– **fehlende Begründung, (§ 45 Abs. 1 Nr. 2 VwVfG):** 178b
Das grundsätzliche Begründungserfordernis ergibt sich aus § 39 VwVfG. Die Begründung muss dabei die wesentlichen, tatsächlichen und rechtlichen Gründe umfassen, die die Behörde zu ihrer Entscheidung veranlasst haben. Bei Ermessensentscheidungen muss die Begründung zu erkennen geben, von welchen Gesichtspunkten die Behörde bei der Ausübung ihres Ermessens ausgegangen ist (vgl. auch E 199). Die nachgeschobene Begründung muss diesen Mindestanforderungen entsprechen.[351] Die Heilungsmöglichkeit kommt ihrem Wortlaut nach dann zum Tragen, wenn die erforderliche Begründung bislang fehlte, oder eine Begründung gegeben wurde, welche den Anforderungen des § 39 VwVfG nicht entsprach. § 45 Abs. 1 Nr. 2 VwVfG findet allerdings dann keine Anwendung, wenn die Begründung den gesetzlichen Erfordernissen des § 39 VwVfG entsprach, die Begründung jedoch rechtlich unzutreffend war (vgl. auch E 183).[352] Ein Abwechseln der Begründung ist unstatthaft.[353] Klarstellend sei darauf hingewiesen, dass selbstverständlich die Befugnis der Behörde besteht, die erteilte Begründung zu präzisieren und klarzustellen, wobei dies allerdings voraussetzt, dass eine ausreichende Begründung vorlag und sich die nachträglichen Ergänzungen im Rahmen der ursprünglichen Argumentation halten.[354]

– **fehlende oder fehlerhafte Anhörung eines Beteiligten, (§ 45 Abs. 1** 178c **Nr. 3 VwVfG):**
§ 45 Abs. 1 Nr. 3 VwVfG ordnet die Heilung in den Fällen an, in denen vor Erlass eines Verwaltungsaktes (§ 28 Abs. 1 VwVfG) die erforderliche Anhörung eines Beteiligten versäumt, dann aber nachgeholt wurde. Nach dieser Bestimmung konnte schon nach bisherigem Recht die erforderliche Anhörung eines Beteiligten bis zum Abschluss des verwaltungsgerichtlichen Vorverfahrens nachgeholt werden.[355] Dass die Widerspruchsbehörde kann die Heilung nur dann nachholen, wenn und soweit dadurch der gleiche Zweck voll erreicht wird.[356] Der Mangel ausreichender Anhörung kann nicht durch die gerichtliche Anhörung geheilt werden.[357] Die Behörde hat freilich die Möglichkeit, den Anhörungsmangel außerhalb des gerichtlichen Verfahrens im Rahmen des Verwaltungsverfahrens zu heilen, indem sie den rechtswidrigen Ausgangs-VA durch einen neuen VA ersetzt. Der Kläger kann den neuen VA während der Anhängigkeit des Prozesses gegen

---

351 Zum Nachschieben von Gründen vgl. allgemein *Redeker/von Oertzen,* § 108, Rdn. 28ff.; ferner vgl. zum Nachschieben von Gründen in Prüfungsangelegenheiten *BVerwG,* 14. 7. 1999 – 6 C 20.98 – DVBl. 99, 1594ff. Ergänzende Ermessenserwägungen durch die Behörde sind gem. § 114 S. 2 VwGO vom Gericht zu berücksichtigen; dies gilt auch dann, wenn die ergänzende Begründung Umstände einbezieht, die nach dem für die gerichtliche Beurteilung maßgeblichen Zeitpunkt liegen, *VGH Mannheim,* 16. 5. 1997 – 5 S 1842/95 –; *OVG Berlin,* 18. 11. 1998 – 1 B 80.95 – ZUR 99, 164ff.

352 vgl. dazu *Kopp/Ramsauer,* § 45, Rdn. 19; *Sachs* in *Stelkens/Bonk/Sachs,* § 45, Rdn. 45; *Sodan,* „Unbeachtlichkeit und Heilung von Verfahrens- und Formfehlern" in DVBl. 99, 729ff., 733.

353 *Kopp/Raumsauer,* § 45, Rdn. 19 m. w. N.

354 Vgl. dazu *Kopp/Ramsauer,* § 45, Rdn. 19; ferner *BVerwG,* 18. 5. 1990 – 8 C 48.88 – BVerwGE 85, 163ff.

355 *BVerwG,* 18. 10. 1983 – 1 C 13/81 – NVwZ 84, 578.

356 *Kopp/Ramsauer,* § 45, Rdn. 26.

357 *Kopp/Ramsauer,* 7. Aufl., § 45, Rdn. 27.

den ursprünglichen VA ohne neues Vorverfahren durch zulässige Klageänderung in die Klage einbeziehen.[358] § 45 Abs. 1 Nr. 3 VwVfG ist analog anzuwenden auf die Fälle, in denen andere Formen der Verletzung des rechtlichen Gehörs in Rede stehen, wie z.B. die fehlende Zuziehung Betroffener gem. § 13 VwVfG, die Verweigerung von Akteneinsicht gem. § 29 usw.[359]

178 d – **Fehlen erforderlicher Beschlüsse eines Ausschusses oder der erforderlichen Mitwirkung einer anderen Behörde, (§ 45 Abs. 1 Nr. 4 VwVfG):**
In § 45 Abs. 1 Nr. 4 wird die Heilung im Falle einer nachträglichen (notwendigen) Beschlussfassung durch einen Ausschuss geregelt, dessen Mitwirkung für den Erlass des Verwaltungsaktes erforderlich war. Die Regelung greift nicht nur in den Fällen ein, in denen überhaupt kein Beschluss eines Ausschusses vorlag, sondern auch dann, wenn ein Beschluss rechtswidrig war, dieser aber durch einen rechtmäßigen Beschluss ersetzt werden soll.[360]

178 e – **Fehlen der erforderlichen Mitwirkung einer anderen Behörde (§ 45 Abs. 1 Nr. 5 VwVfG):**
Diese Bestimmung bezieht sich ausschließlich auf die Fälle des mehrstufigen Verwaltungsaktes, in denen also die Genehmigungsbehörde vor ihrer Entscheidung andere Behörden zu beteiligen hat. Nicht gemeint sind die Fälle, in denen anstelle der zuständigen Behörde eine unzuständige Behörde entschieden hat.[361]

179 Die Intention dieser Änderungen ist, dass die Gerichte alle „Reparaturmaßnahmen" der Behörden im Rahmen der Tatsacheninstanzen ihren Entscheidungen zugrunde legen müssen. Gegen die Änderung des § 45 Abs. 2 VwVfG bestehen erhebliche – auch verfassungsrechtliche – Bedenken. Es ist nämlich nicht zu verkennen, dass der Anreiz für die Verwaltung weniger sorgfältig zu arbeiten als bisher größer geworden ist. *Bonk*[362] spricht deshalb davon, dass die neuen Heilungsmöglichkeiten die

> „... Behörden zu einem rechtspolitisch bedenklich laxen Umgang mit Verfahrensrecht verleiten, weil notfalls im Prozess – sogar durch Hinweis des Gerichts – ein Fehler geheilt werden kann."

180 In den nachfolgenden Fallgestaltungen bleibt eine Heilung nach Abschluss des Verwaltungsverfahrens ausgeschlossen:

(1) Die gesetzlich unbeschränkte **Nachholbarkeit des rechtlichen Gehörs** nach Abschluss des Verwaltungsverfahrens im Rahmen eines Gerichtsverfahrens ist verfassungswidrig. Eine Heilung der Verletzung des rechtlichen Gehörs (§ 45 Abs. 1 Nr. 3 VwVfG) ist im Wege der verfassungskonformen Interpretation (Art. 103 GG) ausgeschlossen.[363]

---

[358] *Kopp/Ramsauer,* 7. Aufl., § 45, Rdn. 27.

[359] *Kopp/Ramsauer,* 7. Aufl., § 45, Rdn. 24.

[360] *Sodan,* „Unbeachtlichkeit und Heilung von Verfahren- und Formfehlern", DVBl. 99, 729ff.

[361] *Sodan,* „Unbeachtlichkeit und Heilung von Verfahrens- und Formfehlern", DVBl. 99, 729ff., 733.

[362] *Bonk,* „Strukturelle Änderungen des Verwaltungsverfahrens durch das Genehmigungsbeschleunigungsgesetz", NVwZ 97, 320ff., 325.

[363] Vgl. dazu *Bonk,* „Strukturelle Änderungen des Verwaltungsverfahrens aufgrund des Genehmigungsverfahrensbeschleunigungsgesetzes", NVwZ 97, 320; ferner *Bracher,* „Nach-

Die neue Heilungsvorschrift des § 45 Abs. 2 VwVfG i. V. m. § 45 Abs. 1 Nr. 3 VwVfG findet insbesondere auf die **fehlende** oder fehlerhafte **Anhörung** eines **erstmalig im Widerspruchsverfahren** Betroffenen keine Anwendung, da § 45 Abs. 2 VwVfG nur das Verwaltungsverfahren betrifft und sich nicht auf die Sondervorschrift des § 71 erstreckt.[364] Im übrigen könnte ein entsprechender Verfahrensfehler im gerichtlichen Verfahren häufig auch deshalb nicht geheilt werden, weil die Widerspruchsbehörde, die die Anhörung versäumt hat, an dem späteren Gerichtsverfahren nicht immer beteiligt ist und die verklagte Ausgangsbehörde nicht die Befugnis hat, die Versäumnisse der Widerspruchsbehörde nachzuholen.[365] Nur dann, wenn ein Widerspruchsbescheid erlassen ist, der erstmalig eine Beschwer enthält (§ 68 Abs. 1 Satz 2 Nr. 2) ist Behörde i. S. des § 78 Abs. 1 die Widerspruchsbehörde (§ 78 Abs. 2 n. F.); mit dieser Vorschrift ist klargestellt, dass in diesen Fällen nicht die Ausgangsbehörde, sondern die Widerspruchsbehörde Klagegegner ist.[366] **181**

Bonk vertritt darüber hinaus die Auffassung, dass sich auch bei der Unterlassung einer notwendigen Begründung oder der Verletzung von Zuständigkeitsvorschriften durch die Nichtbeteiligung anderer Behörden und Ausschüsse (§ 45 Abs. 1 Nr. 4 u. 5 VwVfG) Grenzen für die Nachholbarkeit von Verfahrenshandlungen jedenfalls dann ergeben, wenn es sich um grundrechtsrelevante Eingriffe handelt.[367] **182**

(2) Eine Nachholung von Verfahrenshandlungen ist ausgeschlossen, wenn es für die Beurteilung der Rechtmäßigkeit eines Verwaltungsaktes durch das Gericht auf die Sach- und Rechtslage **im Zeitpunkt der letzten Behördenentscheidung** maßgeblich ankommt. In diesen Fällen ist die Nachholung von Verfahrenshandlungen prozessrechtlich irrelevant.[368] Zum maßgeblichen Zeitpunkt für die gericht- **183**

---

holung der Anhörung bis zum Abschluss des verwaltungsgerichtlichen Verfahrens? – Zur Verfassungsmäßigkeit von § 45 Abs. 2 VwVfG", DVBl. 97, 534 ff.; der besonders nachhaltig die Gefahren darstellt, die sich für das Verwaltungsverfahren künftig ergeben könnten.

[364] Dieser Fall ist von der Konstellation zu unterscheiden, in der die Widerspruchsbehörde eine fehlende Anhörung der Ausgangsbehörde nachholt (s. oben E 178).

[365] Zu den allgemeinen verfassungsrechtlichen Bedenken bezüglich der Neuregelungen der §§ 45 Abs. 2 VwVfG, §§ 87 Abs. 1 Satz 2 Nr. 7 VwGO, § 94 Abs. 2 VwGO und § 114 Satz 2 VwGO vgl. auch *Schenke*, „Das 6. Gesetz zur Änderung der VwGO u. andere Gesetze", (6. VwGOÄndG); NJW 97, 82 ff., 86. Das *BVerwG*, 19. 5. 1999 – 8 B 61/99 – NVwZ 99, 1218 ff. will allerdings die verfahrensfehlerhaft unterbliebene Anhörung selbst bei einer „reformatio in peius" unbeachtlich lassen, wenn angesichts zwingender rechtlicher Vorschriften keine andere Entscheidung in der Sache möglich gewesen wäre; eine bedenkliche Entscheidung, die den Anspruch auf rechtliches Gehör im Grunde leerlaufen lässt.

[366] Im übrigen ist darauf hinzuweisen, dass nach bisher herrschender Auffassung die Befugnis der Widerspruchsbehörde ihren Widerspruchsbescheid zu ändern nach Beendigung des Widerspruchsverfahrens mit Ausnahme mit Schreibfehlern, Rechenfehlern u. ä. ausgeschlossen ist. Die Widerspruchsbehörde besitzt nach Zustellung des Widerspruchsbescheids keine Befugnis mehr über die Sache weiter zu befinden; sie ist insbesondere nicht mehr in der Lage, den Widerspruch sachlich zu ändern; *BVerwG*, 11. 5. 1979 – 6 C 70.78 – in BVerwGE 58, 100, 105; ferner auch *VGH Mannheim*, 23. 12. 1994 – 9 S 653/93 – NVwZ-RR 95, 476 ff.

[367] *Bonk*, „Strukturelle Änderungen des Verwaltungsverfahrens durch das Genehmigungsbeschleunigungsgesetz", NVwZ 97, 320 ff., 325.

[368] *Bonk*, „Strukturelle Änderungen des Verwaltungsverfahrens durch das Genehmigungsbeschleunigungsgesetz", NVwZ 97, 320 ff., 325.

liche Beurteilung der Sach- und Rechtslage bei Anfechtungsklagen vgl. D 162–D 171, bei Verpflichtungsklagen D 198–D 205.

184 (3) Entgegen dem Wortlaut des Gesetzes sind schließlich auch **Reparaturhandlungen** im Rahmen eines **Revisionsverfahrens** grundsätzlich unbeachtlich, weil dort neuer Tatsachenvortrag und die Berücksichtigung neuer Tatsachen grundsätzlich unzulässig ist (§ 137 Abs. 2).[369]

185 **Hinweis:**

Die Änderung des § 45 Abs. 2 VwVfG ist nicht in allen Bundesländern vollständig übernommen worden: In NRW ist die Nachholung nur bis zum Abschluss des **erstinstanzlichen** verwaltungsgerichtlichen Verfahrens statthaft.

186 **Konsequenz der Änderung des § 45 Abs. 2 VwVfG** ist es, dass heilbare Verfahrensfehler künftig nicht mehr – wie nach bisheriger Rechtslage – nur durch Erteilung eines Zweitbescheides behoben werden können, sondern durch die schlichte Behebung der Mängel im Rahmen eines laufenden Gerichtsverfahrens. Während der Kläger in derartigen Fällen früher nach Erteilung des Zweitbescheides die Hauptsache für erledigt erklären konnte, um dann ein neues Verfahren gegen den Zweitbescheid in Gang setzen zu können, bleibt dem Kläger heute nur die Möglichkeit, das verwaltungsgerichtliche Verfahren in der Hauptsache für erledigt zu erklären[370] oder das Verfahren gegen den „geheilten" Verwaltungsakt fortzusetzen.[371]

187 Die beklagte Behörde wird freilich zumindest die Kostensanktion des § 161 Abs. 2 VwGO treffen, sofern der Kläger im verwaltungsgerichtlichen Verfahren nach Eintritt der Heilung des Form- oder Verfahrensfehlers die Hauptsache für erledigt erklärt. Entsprechende Forderungen nach einer Änderung des § 161 Abs. 2 VwVfG sind im Gesetzgebungsverfahren leider nicht expressis verbis aufgenommen worden.[372]

bb) Einschränkung von Fehlerfolgen, § 46 letzter Halbsatz VwVfG

188 Die alte Fassung des § 46 VwVfG lautete:

„Die Aufhebung eines Verwaltungsakts, der nicht nach § 44 nichtig ist, kann nicht allein deshalb beansprucht werden, weil er unter Verletzung von Vorschriften über das Verfahren, die Form oder die örtliche Zuständigkeit zustande gekommen ist, wenn keine andere Entscheidung in der Sache hätte getroffen werden können."

---

[369] Vgl. dazu *Stüer*, „Die Beschleunigungsnovellen 1996", DVBl. 97, 326, 330; *Odenthal*, „Die Heilung von Verfahrensfehlern gem. § 45 VwVfG nach erhobener Untätigkeitsklage", NVwZ 95; 668 ff., *Bonk*, „Strukturelle Änderungen des Verwaltungsverfahrens", NVwZ 97, 320; *Bracher*, „Nachholung der Anhörung bis zum Abschluss des verwaltungsgerichtlichen Verfahrens", DVBl. 97, 534.

[370] Das Prozessrecht setzt dem Kläger allerdings keine zeitliche Grenze für die Erledigungserklärung, er kann diese in jedem Stadium des Verfahrens abgeben, *BVerwG*, 22. 1. 1993 – 8 C 40/91 – NVwZ 93, 979.

[371] Vgl. dazu *Bracher*, „Nachholung der Anhörung bis zum Abschluss des verwaltungsgerichtlichen Verfahrens? – zur Verfassungsmäßigkeit von § 45 Abs. 2 VwVfG", DVBl. 97, 534 ff., 536.

[372] Vgl. dazu *Kutscheidt*, „Novellierung der Verwaltungsgerichtsordnung", in „Beschleunigung von Planungs- und Genehmigungsverfahren – Deregulierung", Schriften zum deutschen und europäischen Umweltrecht, Bd. 10, 136.

§ 46 VwVfG behandelte die Fallgestaltungen, in denen die Behörde keinen eigenen Entscheidungsspielraum hatte; sie wurde von der wohl herrschenden Meinung allerdings auch in den Fällen angewandt, in denen eine Ermessensreduzierung auf Null vorlag.[373]

Die Neufassung des letzten Halbsatzes lautet dagegen:

„... wenn offensichtlich ist, dass die Verletzung die Entscheidung in der Sache nicht beeinflusst hat."

Die Neuregelung will nicht mehr auf die rechtliche Gebundenheit der Entscheidung als solche abstellen, sondern nur noch auf den Einfluss des Fehlers auf die Sachentscheidung.[374]

§ 46 VwVfG ändert zunächst nichts daran, dass ein wesentlicher Verfahrensfehler die Rechtswidrigkeit des Verwaltungsakt zur Folge hat; § 46 schränkt aber als Ausnahme den Anspruch des Betroffenen auf Aufhebung des Verwaltungsakts ein.[375]

Die Gerichte haben die frühere Fassung des § 46 VwVfG als verfassungsmäßig be- **189**
trachtet, weil das Rechtsstaatsprinzip nicht die Aufhebung einer zwar fehlerhaft zustande gekommenen, aber im Ergebnis richtigen Entscheidung erfordere.[376] In Fortführung dieses Gedankens ging die Rechtsprechung davon aus, dass eine denkbare anderslautende Entscheidung dann anzunehmen sei, wenn die Möglichkeit bestanden habe, dass der Verwaltungsakt ohne den konkret gerügten Fehler anders hätte ausfallen können. Vor allem im **Ermessensbereich** ging man deshalb davon aus, dass in der Regel – abgesehen von den Fällen der Ermessensreduzierung auf Null – von einer alternativen Entscheidungsmöglichkeit ausgegangen werden müsse –.[377]

Die wesentliche Änderung des § 46 VwVfG letzter Halbsatz liegt darin, dass **190**
nunmehr nicht mehr nur auf die fehlender Alternative eines denkbaren Entscheidungsinhalts abgestellt wird, sondern dass neben dem Erfordernis der Offensichtlichkeit auch die Kausalität des Verfahrensfehlers für den konkreten Verwaltungsakt entscheidende Bedeutung erlangt. Daraus wird man ableiten müssen, dass § 46 VwVfG n. F. – abgesehen von den ohnehin schon erfassten Fällen der Ermessensreduzierung auf Null – künftig auch solche Ermessensentscheidungen erfassen will, bei denen die Behörde bei Vermeidung des Verfahrensfehlers dieselbe von mehreren denkbaren rechtmäßigen Entscheidungen getroffen hätte.[378]

Es muss allerdings **offensichtlich** sein, dass der Fehler zu keiner Beeinflussung der behördlichen Entscheidung geführt hat. Ähnlich lautende Formulierungen findet man in § 75 Abs. 1a VwVfG und in § 214 Abs. 3 BauGB. Insbesondere in Anlehnung an die Rechtsprechung des BVerwG zu § 214 Abs. 3 BauGB wird man von einer Offensichtlichkeit der fehlenden Beeinflussung dann sprechen können, wenn jeder vernünftige Zweifel ausgeschlossen ist, dass die Behörde bei Unterlassung des Fehlers in der Sache zu der selben Entscheidung gekommen wäre. Das BVerwG hat zu der Vorläufervorschrift des § 214 Abs. 3 BauGB ausgeführt:

---

373 *Kopp/Ramsauer,* § 46, Rdn. 2.
374 *Kopp/Ramsauer,* § 46, Rdn. 2.
375 Vgl. dazu *Stelkens/Bonk/Sachs,* § 46, Rdn. 1.
376 *BVerwG,* 30. 5. 1984 – 4 C 58/81 – NVwZ 84, 718.
377 *BVerwG,* 15. 1. 1988 – 7 B 182/87 – NVwZ 88, 525.
378 *Bonk,* „Strukturelle Änderungen des Verwaltungsverfahrens durch das Genehmigungsverfahrensbeschleunigungsgesetz," in NVwZ 97, 320, 325.

„Eine auf den Zweck der Vorschrift ausgerichtete Interpretation des § 155b Abs. 2 S. 2 BBauG führt deshalb zu dem Ergebnis, dass ein Mangel im Abwägungsvorgang schon dann auf das Abwägungsergebnis ‚von Einfluss gewesen ist', wenn die Möglichkeit besteht, dass ohne den Mangel anders geplant worden wäre. Freilich lässt sich die abstrakte Möglichkeit, dass bei zutreffender Abwägung anders geplant worden wäre, nie ausschließen. Würde man schon auf diese abstrakte Möglichkeit abheben, so würde sich eine solche Interpretation allzu weit von der Zielrichtung der Vorschrift entfernen. Dem Sinn und Zweck der Vorschrift entspricht es nämlich ..., das Vorliegen des Tatbestandsmerkmals ‚von Einfluss gewesen ist' dann zu bejahen, wenn nach den Umständen des jeweiligen Falls die konkrete Möglichkeit besteht, dass ohne den Mangel im Vorgang die Planung anders ausgefallen wäre. Eine solche konkrete Möglichkeit besteht immer dann, wenn sich anhand der Planunterlagen oder sonst erkennbarer oder naheliegender Umstände die Möglichkeit abzeichnet, dass der Mangel im Abwägungsvorgang von Einfluss auf das Abwägungsergebnis gewesen sein kann."[379]

Diese Maßstäbe wird man bei der Anwendung des § 46 VwVfG übertragen können; im Hinblick auf die Bedeutung des Verfahrensrechts und die Effektivität des Rechtsschutzes ist dabei zugunsten der Betroffenen ein strenger Maßstab anzulegen. Selbst wenn nur geringe Zweifel daran verbleiben, dass die Behörde ohne den Fehler die Entscheidung wiederholt hätte, ist die vom Gesetz geforderte „Offensichtlichkeit" nicht mehr gegeben.[380]

191 Im übrigen ist – wie schon bei § 45 Abs. 2 VwVfG eine verfassungskonforme Auslegung erforderlich.[381] Die stärksten Bedenken bestehen dagegen, dass auch eine unterlassene Anhörung des Betroffenen bei Ermessensentscheidungen oder bei Entscheidungen mit Beurteilungsspielraum im Rahmen eines verwaltungsgerichtlichen Verfahrens nachträglich durch die Behörde geheilt werden könnte. Die vorherige, ernsthafte Anhörung eines Betroffenen ist das Essentiale eines fairen Verfahrens; wird es der Behörde ermöglicht, „eine Anhörung" während des Verfahrens – beispielsweise durch Austauschen von Schriftsätzen – nachzuholen, so ist kaum damit zu rechnen, dass die Behörde jemals zu einen Sinneswandel veranlasst werden kann.[382] Der Bürger gerät deshalb – jedenfalls in den Fällen der fehlerhaften oder fehlenden Anhörung bei Ermessensentscheidungen oder bei Entscheidungen mit Beurteilungsspielraum in die Gefahr, zum Objekt staatlichen Handelns zu werden.

192 Die Neufassung des § 46 wird man daher – verfassungskonform – dahingehend interpretieren müssen, dass bei einer grundrechtsrelevanten Verletzung des rechtlichen Gehörs eine Heilbarkeit von Ermessensentscheidungen undenkbar ist.[383]

cc) Einschränkung von Fehlerfolgen bei Planfeststellungsbeschlüssen, § 75 Abs. 1a VwVfG

193 Für Planfeststellungsverfahren (vgl. auch D 29f.) hat der Gesetzgeber durch die Einführung des § 75 Abs. 1a VwVfG Mängel bei der Abwägung der von dem

[379] *BVerwG,* 21. 8. 1981 – 4 C 57.80 – BVerwGE 64, 33, 39; st. Rspr vgl. auch *Battis* in *Battis/Krautzberger/Löhr,* BauGB, § 214, Rdn. 17 m. w. N.

[380] *Kopp/Ramsauer,* § 46, Rdn. 37.

[381] *Bonk,* „Strukturelle Änderungen des Verwaltungsverfahrens durch das Genehmigungsverfahrensbeschleunigungsgesetz", NVwZ 97, 320, 326.

[382] *Kutscheidt,* „Novellierung der Verwaltungsgerichtsordnung", in „Beschleunigung von Planungs- und Genehmigungsverfahren – Deregulierung", Schriften zum deutschen und europäischen Umweltrecht, Bd. 10, 136.

[383] So auch *Bonk,* „Strukturelle Änderungen des Verwaltungsverfahrens nach dem Genehmigungsverfahrensbeschleunigungsgesetz", NVwZ 97, 320ff., 326.

Vorhaben berührten öffentlichen und privaten Belange nur dann für erheblich erklärt, wenn sie offensichtlich und auf das Abwägungsergebnis von Einfluss gewesen sind. Im übrigen führen nach neuem Recht erhebliche Mängel bei der Abwägung nur dann zur Aufhebung des Planfeststellungsbeschlusses oder der Plangenehmigung, wenn sie nicht durch Planergänzung oder durch ein ergänzendes Verfahren behoben werden können. Diese neue Regelung knüpft an ähnliche Vorschriften an (§ 214 Abs. 3 BauGB).[384] Im übrigen entsprach es beim Fernstraßenrecht (§ 17 Abs. 6c Satz 2 FStrG) schon jetzt geltendem Recht, statt der Aufhebung des Planfeststellungsbeschlusses die Rechtswidrigkeit des angefochtenen Planfeststellungsbeschlusses festzustellen, wenn vorhandene Mängel im Wege der Planergänzung oder durch ein ergänzendes Verfahren behoben werden können.[385]

b) Heilung von behördlichen Verfahrens-, Form- und Ermessensfehlern im gerichtlichen Verfahren

Der Gesetzgeber hatte diese verwaltungsverfahrensrechtlichen Bestimmungen durch zusätzliche verwaltungsgerichtliche Heilungsnormen ergänzt: **194**

- Das Gericht konnte nach dem zwischenzeitlich aufgehobenen § 87 Abs. 1 Satz 2 Nr. 7 der Verwaltungsbehörde die Gelegenheit zur Heilung von Verfahrens- und Formfehlern binnen einer Frist von höchstens 3 Monaten zu geben, wenn das nach seiner Überzeugung die Erledigung des Rechtsstreits nicht verzögerte.
- Nach dem zwischenzeitlich aufgehobenen § 94 letzter Satz konnte das Gericht die Verhandlung auf Antrag zur Heilung von Verfahrens- und Formfehlern aussetzen, soweit dies im Sinne der Verfahrenskonzentration sachdienlich ist und
- in § 114 letzter Satz wird bestimmt, dass die Verwaltungsbehörde auch Ermessungserwägungen hinsichtlich des Verwaltungsaktes noch im verwaltungsgerichtlichen Verfahren ergänzen kann.

Diese Vorschriften werfen eine Reihe – auch verfassungsrechtlicher Fragen – auf: **195**

Zunächst ist darauf hinzuweisen, dass die prozessualen Heilungsnormen den Behörden keine weitergehenden materiell-rechtlichen Möglichkeiten bieten als dies nach der oben bereits geschilderten einschränkenden Interpretation der §§ 45 Abs. 2, 46 letzter Halbsatz VwVfG denkbar ist.

Im einzelnen:

aa) Frist zur Heilung von Verfahrens- und Formfehlern, § 87 Abs. 1 Satz 2 Nr. 7 a. F.

§ 87 Abs. 1 S. 2 Nr. 7 ist vom Gesetzgeber im Zuge des RmBereinVpG wegen der Gefahr möglicher Eingriffe in die richterliche Neutralität und Unabhängigkeit gestrichen worden. **196**

Aufgrund der Streichung des § 87 Abs. 1 S. 2 Nr. 7 kann die Schlussfolgerung gezogen werden, dass es nun nicht mehr statthaft ist, dass das Gericht der Behörde Gelegenheit zur Heilung von Verfahrens- und Formfehlern einräumt. **197**

---

[384] Zur Auslegung vgl. *BVerwG,* 21. 8. 1981 – 4 C 57.80 – BVerwGE 64, 33ff., 39.
[385] *BVerwG,* 21. 3. 1996 – 4 C 19.94 – DVBl. 96, 907ff.

bb) Aussetzung zur Heilung von Verfahrens- und Formfehlern, § 94 Satz 2 a. F.

198 Auch die weitere durch die 6. VwGO-Novelle eingeführte Möglichkeit des Gerichtsverfahrens zur Heilung von Verfahrens- und Formfehlern der Behörde auf Antrag auszusetzen, ist durch das RmBereinVpG gestrichen worden. Eine Aussetzung des Verfahrens zu diesem Zweck ist deshalb unzulässig.

cc) Heilung von Ermessensfehlern, § 114 Satz 2

199 Die folgenschwerste Änderung ergibt sich aus dem Zusammenspiel der Änderung der § 45 Abs. 2, § 46 letzter Halbsatz VwVfG und des § 114 Satz 2.

Während §§ 45 Abs. 2, 46 VwVfG die Heilung von Form- und Verfahrensfehlern zulassen, ermöglicht § 114 Satz 2 der Verwaltungsbehörde zusätzlich ihre Ermessenserwägungen hinsichtlich des Verwaltungsaktes auch noch im verwaltungsgerichtlichen Verfahren zu ergänzen. Neben der oben bereits beklagten Abwertung des Verwaltungsverfahrens,[386] bestehen gegen die neue Vorschrift des § 114 Satz 2 auch deshalb erhebliche Bedenken,[387] weil diese Vorschrift quasi verwaltungsrechtlichen Charakter hat; denn sie trifft eine Aussage über die Heilung von Ermessensverwaltungsakten, die den Anforderungen der §§ 39ff. der Verwaltungsverfahrensgesetze des Bundes und der Länder nicht genügen und deshalb verwaltungsverfahrensfehlerhaft sind. Systematisch wäre deshalb zu fordern gewesen, diese Vorschrift in den Verwaltungsverfahrensgesetzen zu verankern. Der Bundesgesetzgeber hat zwar mit der Neuregelung des § 45 Abs. 2 VwVfG eine Heilungsmöglichkeit bezüglich einer Verletzung des § 39 VwVfG vorgesehen. In den meisten Bundesländern ist diese neue Heilungsmöglichkeit noch nicht übernommen worden, da hier immer noch die alte Fassung des § 45 Abs. 2 und des § 46 VwVfG gilt. Es bestehen deshalb kompetenzrechtliche Bedenken, ob der Bundesgesetzgeber dazu befugt war, diese Regelung in die Verwaltungsgerichtsordnung aufzunehmen. Der Bundesgesetzgeber hat durch diese Neuregelung in die ausschließliche Gesetzgebungskompetenz der Länder gem. Art. 70 Abs. 1 eingegriffen, so dass die Vorschrift verfassungswidrig ist.[388]

200 Im übrigen stellt sich die Frage, wie die Vorschrift auszulegen ist:

Das Gesetz spricht von einer **Ergänzung** der Ermessenserwägung.[389] Von einer Ergänzung kann dann nicht mehr gesprochen werden, wenn der Verwaltungsakt „in seinem Wesen geändert wird". Eine Wesensänderung liegt nicht nur dann vor, wenn der Tenor der Behördenentscheidung geändert wird, sondern auch dann, wenn die Behörde eine materiell unrichtige Begründung durch eine zutreffende **ersetzt,** so z.B. wenn die Behörde ihre Entscheidung zunächst auf zwingendes (gebundenes) Recht stützte und nunmehr die gleiche Entscheidung als

---

386 Vgl. dazu auch *Schenke,* „Das 6. Gesetz zur Änderung der VwGO und anderer Gesetze (6. VwGOÄndG)", NJW 97, 82ff., 87.

387 A. A. *BVerwG,* 5. 5. 1998 – 1 C 17.97 – DVBl. 98, 1023, das die Vorschrift freilich im Lichte seiner bisherigen Rechtsprechung einengend interpretiert.

388 Vgl. dazu *Schenke,* „Das 6. Gesetz zur Änderung der VwGO und anderer Gesetze (6. VwGOÄndG)", NJW 97, 82, 88; *Rennert* in *Eyermann,* § 114, Rdn. 85 verweist darauf, dass eine materiell-rechtliche Befugnis zur Heilung völlig fehlt.

389 Vgl. *VGH Mannheim,* 16. 5. 1997 – 5 S 1842/95 – n. v.; *OVG Berlin,* 18. 11. 1998 – 1 B 80.95–1 B 80.95 – ZUR 99, 164ff.

Ermessensentscheidung aufrecht erhalten will. Die Regelung findet keine Anwendung, wenn **überhaupt keine Ermessenserwägungen** angestellt worden sind.[390] Statthaft ist also nur eine Vertiefung von Ermessenserwägungen, die sich im Ansatz schon in der ursprünglichen Entscheidungsbegründung finden. § 114 Abs. 2 steht im übrigen im Widerspruch zu der bisherigen Rechtsprechung des BVerwG,[391] wonach ein Nachschieben von Ermessensgründen während des verwaltungsgerichtlichen Verfahrens nicht die Heilung eines vorher ermessensfehlerhaften Verwaltungsaktes zur Folge hat, sondern dass hierin der Sache nach der Neuerlass eines Verwaltungsakts (meist mit gleichzeitiger konkludenter Aufhebung des früheren Verwaltungsakts) liegt und dieser damit konsequenterweise nur im Wege der Klageänderung zum Gegenstand einer Klage gemacht werden kann.[392]

Das BVerwG hat zwischenzeitlich in verschiedenen Fällen Gelegenheit gehabt, **200 a** sich mit der neuen Vorschrift des § 114 Satz 2 VwGO auseinander zusetzen.[393] § 114 Satz 2 VwGO ist hiernach im Lichte der bisherigen Rechtsprechung des Bundesverwaltungsgerichts zu interpretieren.[394] Eine Ergänzung von Ermessenserwägungen ist nur dann zulässig, wenn materiell-rechtlich die Voraussetzungen hierfür geschaffen sind. § 114 Satz 2 VwGO hat nur die Bedeutung einer nach materiellem Recht zulässigen Nachholen von Ermessenserwägungen keine prozessualen Hindernisse entgegenzustellen.[395] Das BVerwG hat deutlich gemacht, dass § 114 Satz 2 nur die Ergänzung von Ermessenserwägungen regelt, nicht aber die vollständige Nachholung oder Auswechslung der die Ermessensentscheidung tragenden Gründe rechtfertigt.[396] Eine auf neue Tatsachen gestützte Ergänzung der Ermessenserwägungen ist im Revisionsverfahren unzulässig.[397]

---

[390] *Redeker/von Oertzen,* § 108, Rdn. 28a; *Rennert* in *Eyermann,* § 114, Rdn. 89; *VG München,* 14. 10. 1997 – M 1 K 96 3601 – NVwZ 98, 1325.

[391] *BVerwG,* 18. 5. 1990 – 8 C 48.88 – BVerwGE 85, 163ff.

[392] *Schenke,* „Das 6. Gesetz zur Änderung der VwGO und anderer Gesetze (6. VwGO-ÄndG)" NJW 97, 82ff., 89; *Rennert* in *Eyermann,* § 114, Rdn. 90.

[393] *BVerwG,* 14. 1. 1999 – 6 B 133/98 – NVwZ 99, 1225; *BVerwG,* 9. 12. 1999 – 2 C 40/98 – n. v.

[394] *BVerwG,* 16. 6. 1997 – 3 C 22.96 – DVBl. 98, 145ff. und *BVerwG,* 5. 5. 1998 – 1 C 17.97 – DVBl. 98, 123.

[395] *BVerwG,* 5. 5. 1998 – 1 C 17.97 – DVBl. 98, 123.

[396] Schon nach bisheriger Rechtsprechung des BVerwG war eine Ergänzung – nicht die Nachholung – der Ermessensbegründung zulässig, sofern die nachträglich angegebenen Gründe schon bei Erlass des Verwaltungsakts oder des Widerspruchsbescheides vorlagen, die Heranziehung der zusätzlichen Erwägungen keine Wesensänderung des angefochtenen Bescheides bewirkte und der Betroffene nicht in seiner Rechtsverteidigung beeinträchtigt wurde, vgl. dazu *BVerwG,* 16. 6. 1997 – 3 C 22.96 – DVBl. 98, 145, 146ff. unter Hinweis auf *BVerwG,* 14. 10. 1965 – 2 C 3.63 – BVerwGE 22, 215, 216; *BVerwG,* 19. 8. 1992 – 3 C 47.81 – Buchholz 418.02 Nr. 2 S. 7; wir hier ferner: *OVG Bautzen,* 6. 5. 1998 – 2 S 531/95 – SächsVBl. 98, 218 – 222. Das Nachschieben von sachlich-inhaltlichen Gründen im Verwaltungsstreitverfahren ist nur zulässig, wenn die nachträglich angegebenen Gründe schon bei Erlass des Verwaltungsaktes oder des Widerspruchsbescheids vorlagen, dadurch der Verwaltungsakt nicht in seinem Wesen oder in seinem Ausspruch verändert und der Betroffene nicht in seiner Rechtsverteidigung beeinträchtigt wird; *Kuntze,* in *Bader* u. a., VwGO, § 114, Rdn. 55 a. E.; wohl auch *Kopp/Schenke,* § 114, Rdn. 50.

[397] *BVerwG,* 9. 12. 1999 – 2 C 40/98 – n. v.

200 b Ungeklärt ist noch, ob ein Nachschieben von Ermessenserwägungen im Prozess auch dann noch zulässig ist, wenn der maßgebliche Zeitpunkt für die gerichtliche Beurteilung der Sach- und Rechtslage nicht die letzte mündliche Verhandlung, sondern der Zeitpunkt der letzten Behördenentscheidung darstellt (vgl. dazu oben D 167 ff.; D 198 ff.). Stellt man für die Beurteilung der Sach- und Rechtslage durch das Gericht auf den Zeitpunkt der letzten Behördenentscheidung ab, so wird man folgerichtig – auch zur Wahrung der Waffengleichheit der Beteiligten – keine neuen Gesichtspunkte mehr in das Verfahren einführen können.[398] Aus Gründen der materiellen Rechtslage wird sich die Behörde in vielen Fällen schon wegen der Sonderregelungen der §§ 49, 51 VwVfG, 48 SGB X, nicht ohne weiteres auf neue oder veränderte Umstände berufen dürfen.

200 c Ein Nachschieben von Ermessenserwägungen ist im übrigen immer dann unzulässig, wenn der Verwaltungsakt von einem Ausschuss erlassen worden ist, der nicht nur aus Bediensteten der betreffenden Behörde besteht.[399] In diesen Fällen wäre es nicht sachgerecht, wenn die Behörde im Verwaltungsprozess Gründe nachschieben könnte, die beispielsweise der Widerspruchsausschuss (so z. B. § 41 Abs. 1 SchwbG) bei seiner Entscheidung nicht zugrunde gelegt hat. Würde man in diesen Fällen ein Nachschieben von Ermessenserwägungen zulassen, so könnten die Entscheidungen des gesetzlich vorgesehenen Widerspruchsausschusses durch spätere Maßnahmen der Behördenvertreter einen völlig anderen Inhalt gewinnen und der Widerspruchsausschuss selbst seine vom Gesetzgeber gewollte Bedeutung verlieren.[400]

200 d **Hinweis:**
Sofern nur Gründe nachgeschoben werden, die keinen neuen Bescheid darstellen, bedarf es keinen neuen Vorverfahrens; eine Aussetzung des Verfahrens, um der Behörde Gelegenheit zum Nachschieben von Ermessenserwägungen zu geben, ist vom Gesetz nicht vorgesehen.[401]

200 e Eine Fortsetzungsfeststellungsklage in den Fällen des § 114 Satz 2 scheidet aus, da keine Erledigung der Hauptsache eintritt.

10. Beweisanträge, Beweisaufnahme, Beweislast, Beweissicherungsverfahren

201 Die Beweisaufnahme wird in der VwGO nur unvollständig geregelt. § 86 Abs. 2 bestimmt, dass ein in der mündlichen Verhandlung gestellter Beweisantrag nur durch Gerichtsbeschluss, der zu begründen ist, abgelehnt werden kann, während in den §§ 96–98 einige allgemeine Hinweise über die Art und Weise der Durchführung der Beweisaufnahme enthalten sind.

---

[398] A. A. *Rennert* in *Eyermann,* § 114, Rdn. 88.

[399] Vgl. dazu *OVG Koblenz,* 29. 5. 1998 – 12 A 12950/97 – FEVS 49, 326 ff.

[400] Anders wird der Fall allerdings dann zu beurteilen sein, wenn die nachgeschobene Begründung durch den Widerspruchsausschuss selbst gebilligt wurde, oder sicher davon ausgegangen werden kann, dass der Ausschuss sich die nachgeschobene Begründung zu eigen machen wird bzw. zu eigen gemacht hätte; vgl. dazu *OVG Koblenz,* 29. 5. 1998 – 12 A 12950/97 – FEVS 49, 326 ff.

[401] *Rennert* in *Eyermann,* § 114, Rdn. 92; a. A. *Redeker/von Oertzen,* § 114, Rdn. 10 b, der eine analoge Anwendung des § 87 Abs. 1 Nr. 7 und des § 94 S. 2 in Betracht ziehen will.

a) Beweisanträge

Aus der **Mitwirkungspflicht** der Beteiligten (vgl. E 166ff.) resultiert auch ein **Mitwirkungsrecht** der Beteiligten.[402] 202

Im Rahmen dieses Mitwirkungsrechts kann ein Beteiligter Beweisanträge stellen und so versuchen, die gerichtliche Untersuchung in tatsächlicher Hinsicht in eine bestimmte Richtung zu lenken. 203

Hinweis:
Ein Beweisantrag kann darüber hinaus auch hilfreich sein um die Rechtsauffassung des Gerichts zu einem bestimmten Problem kennenzulernen: Da das Gericht über den Beweisantrag durch Beschluss entscheiden muss und diesen Beschluss auch begründen muss, erfährt die jeweilige Prozesspartei, wie das Gericht zu der mit dem Beweisantrag aufgeworfenen Frage denkt.

aa) Zeitpunkt, Form und Inhalt des Beweisantrags 204

Der **Beweisantrag** ist ausdrücklich **in der mündlichen Verhandlung** zu stellen.

Die **bloße Ankündigung** von Beweisanträgen in vorbereitenden **Schriftsätzen** reicht ebenso wenig aus, wie die Bezugnahme auf frühere oder im Termin eingereichte Schriftsätze. Auch das Stellen von Zeugen zum Termin ist nicht als Beweisantrag zu werten. Das Gericht ist in diesen Fällen nicht verpflichtet, den Beteiligten auf die Möglichkeit von förmlichen Beweisanträgen hinzuweisen.[403]

Der Beweisantrag ist förmlich **zu Protokoll** zu erklären, § 86 Abs. 2.

Wichtiger Hinweis für den Anwalt: 205
Rechtsmittel werden häufig damit begründet, die angefochtene Entscheidung beruhte auf der Verletzung der Aufklärungspflicht. Diese Aufklärungsrüge scheitert, wenn keine Beweisanträge zu Protokoll des Gerichts gestellt worden sind. Fehlt der Antrag im Protokoll, so wird bis zum Beweis des Gegenteils vermutet, dass kein Antrag gestellt wurde.

Ein Beweisantrag hat zwei Kernbestandteile. Er muss:
- konkrete Tatsachen **(Beweisthema)** und
- bezogen auf die Tatsachen **Beweismittel** benennen.

Beispiele:
(jeweils in der Formulierung des gerichtlichen Protokolls):

(1) Der Prozessbevollmächtigte des Klägers beantragt:
Es soll vor der Anhörung der zum Termin geladenen Zeugen Beweis erhoben werden durch Einholung eines Gutachten des psychologischen Sachverständigen Prof. Dr. Arnulf Alt, Unter den Linden 35, 10035 Berlin zu der Frage, welche seelische Wirkung ein polizeilicher Tränengaseinsatz bei Demonstrationen hervorruft.[404]

(2) Der Prozessbevollmächtigte des Klägers beantragt:
Es soll Beweis erhoben werden über die Frage, ob das im Kühlraum der Gaststätte „Zum Alten Bären" am 25. 10. 1997 hängende Rindfleisch bereits grau verfärbt war und faulig roch, durch die Vernehmung der Köchin Rita Maria Riedel, Piusallee 20–22, 48147 Münster.

(3) Der Prozessbevollmächtigte des Beigeladenen beantragt:
Es soll Beweis erhoben werden über die Frage, in welchem Maße im Falle der Errichtung des Bauwerks auf dem Grundstück des Beigeladenen die diesem Grundstück zuge-

---

402 *Redeker/von Oertzen,* § 86, Rdn. 22.
403 *BSG,* 28. 5. 1997 – 9 BV 144/96 – NVwZ-RR 98, 203.
404 Beispiel angelehnt an *Martens,* Rdn. 124.

wandte Front des Gebäudes auf dem Grundstück des Klägers verschattet wird, durch Einholung eines Gutachtens des Architektursachverständigen Dipl.-Ing. Wilfried Will, Hammer Str. 191, 48153 Münster.

206 Die Beweismittel sind konkret zu benennen. So sind z. B. Urkunden nach Datum, Aussteller und wesentlichen Inhalt zu bezeichnen. Bei der Benennung von Zeugen ist neben dem Namen und Vornamen auch die ladungsfähige Anschrift anzugeben.

207 Das Gericht braucht einem **unsubstantiierten Beweisantrag**[405] nicht nachzugehen; unsubstantiiert sind Beweisanträge, die das Beweisthema nicht hinreichend konkretisieren; die bloße Wiederholung der gesetzlichen Tatbestandsmerkmale reicht nicht aus. Unsubstantiiert können auch Beweisanträge sein, die dazu dienen sollen, unsubstantiierte Behauptungen zu stützten, etwa solche, die erkennbar ohne jede tatsächliche Grundlage erhoben worden sind und ohne ein Eingehen auf die sie entkräftenden Gegenbehauptungen aufrecht erhalten werden (vgl. auch E 221).

bb) Form und Zeitpunkt der Entscheidung über den Beweisantritt

208 Wird ein **Beweisantrag** in der mündlichen Verhandlung zu Protokoll des Gerichts[406] gestellt, so muss sofort – vor Schluss der mündlichen Verhandlung – über diesen Antrag durch begründeten, aber nicht notwendig schriftlichen Beschluss entschieden werden; § 86 Abs. 2.[407] Der Beschluss ist von dem jeweiligen Spruchkörper, nicht nur von dem Vorsitzenden, zu fassen und bekanntzugeben. Sinn und Zweck dieser Regelung ist es, den Beteiligten während der Verhandlung durch die **Vorabentscheidung** über den Beweisantrag Klarheit über die Sach- und Rechtsauffassung des Gerichts zu verschaffen, damit sie sich im abschließenden Vortrag hiermit auseinandersetzen und ggfs. Ergänzungen vorbringen können.[408] Der Beschluss darf deshalb nicht zusammen mit dem Urteil verkündet werden, sondern muss wenn auch möglicherweise in derselben mündlichen Verhandlung von diesem so getrennt verkündet werden, dass die Prozessbeteiligten sich hierauf noch einstellen können.

209 Wird der Beweisantrag in der mündlichen Verhandlung nur **hilfsweise** zu Protokoll gestellt, so ist strittig, ob ein Anspruch auf Vorabentscheidung besteht.[409]

Der 5. Senat des BVerwG[410] steht dazu auf dem Standpunkt, dass die Prozesspartei, die lediglich einen Hilfsbeweisantrag stelle, damit auf ihr Recht zur Vorabentscheidung verzichte; das erkennende Gericht müsse lediglich in den Urteilsgründen dazu Stellung nehmen, warum der Beweisantrag übergangen wurde.[411]

---

405 Vgl. *BVerwG*, 20. 7. 1998 – 9 B 10/98 – NVwZ-RR 99, 208 sofern bei in sich widersprüchlichen Tatsachenbehauptungen über Beweis erhoben werden soll oder bei Ausforschungsanträgen.

406 *Geiger* in *Eyermann*, § 86, Rdn. 20: Fehlt der Antrag im Protokoll, so wird bis zum Beweis des Gegenteils vermutet, dass kein Antrag gestellt wurde.

407 *BVerwG*, 13. 1. 1995 – 8 C 36/92 – NVwZ 95, 991; *Geiger* in *Eyermann*, § 86, Rdn. 31.

408 *BVerwG*, 23. 6. 1961 – IV 208.60 – BVerwGE 12, 268, 269.

409 *Redeker/von Oertzen*, § 86, Rdn. 25.

410 *BVerwG*, 26. 6. 1968 – V C 111/67 – MDR 69, 419; so auch *Geiger* in *Eyermann*, § 86, Rdn. 25; im Übrigen *Redeker/von Oertzen*, § 86, Rdn. 25.

411 *BVerwG*, 26. 6. 1968 – V C 111/67 – MDR 69, 419; so auch *Geiger* in *Eyermann*, § 86, Rdn. 25; im Übrigen *Redeker/von Oertzen*, § 86, Rdn. 25.

Der Wortlaut des § 86 Abs. 2 gibt hierfür freilich keinen Anhaltspunkt und auch der Sinn und Zweck der Vorschrift rechtfertigt keine so weitreichende Einschränkung des rechtlichen Gehörs. Der 6. Senat des BVerwG hat es deshalb offen gelassen, ob der Prozessbeteiligte, der einen vorsorglichen **(Hilfsbeweis-)Antrag** stellt, in keinem Falle eine alsbaldige Vorwegbescheidung erwarten dürfe.[412]

Entscheidende Bedeutung sollte den Umständen des Einzelfalls zukommen. Beabsichtigt das Gericht beispielsweise, den Beweisantrag als unzulässig zurückzuweisen, so wird es in der Regel davon ausgehen müssen, dass der Prozessbeteiligte im Zweifel nicht auf eine Vorabentscheidung verzichten wollte. **210**

Wenn das Gericht mit Einverständnis der Beteiligten auf die Durchführung einer mündlichen Verhandlung verzichtet – § 101 Abs. 2, vgl. **E 246** – sind zwei Fallkonstellationen zu unterscheiden. Einer Vorabentscheidung durch das Gericht bedarf es nicht, wenn in demselben Schriftsatz, in dem ein Beweisantrag gestellt wird, das Einverständnis mit der Entscheidung ohne mündliche Verhandlung erklärt wird.[413] **211**

Lediglich dann, wenn ein Beteiligter nach einem Verzicht auf die mündliche Verhandlung schriftsätzlich einen neuen Beweisantrag stellt, ist dieser ebenfalls durch einen gesonderten Beschluss vor der Sachentscheidung zu befinden.[414]

cc) Inhalt der Entscheidung über den Beweisantrag

Abgelehnt[415] werden darf ein Beweisantrag nur dann, **212**

- wenn die Beweistatsache entscheidungsunerheblich ist,[416]
- wenn die Beweistatsache als wahr unterstellt und entsprechend im Urteil behandelt wird,
- wenn der Beweisantrag unzulässig ist, weil er sich nicht auf konkrete Tatsachen bezieht, kein konkretes Beweismittel angibt oder auf Ausforschung gerichtet ist,[417]
- weil das Beweismittel schlechthin untauglich[418] oder ungeeignet ist oder weil das Beweismittel unerreichbar ist (Beispiel: Zeuge im Ausland),
- weil die Beweistatsache erwiesen,[419] offenkundig oder unstreitig ist,
- weil der Beweisantrag auf Indiztatsachen gerichtet ist, wenn die behaupteten Indizien zur Widerlegung der angenommenen Haupttatsache ungeeignet sind,
- weil der Beweisantrag schikanös oder rechtsmissbräuchlich ist,[420]
- weil das Gericht bei einem Sachverständigenbeweisantrag selbst die erforderliche Sachkunde besitzt.[421]

---

412 *BVerwG,* 19. 9. 1969 – VI C 54.65 – Buchholz, § 86, Abs. 2 VwGO, Nr. 11.

413 *BVerwG,* 30. 5. 1989 – 1 C 57/87 – NVwZ 89, 1078.

414 *Redeker/von Oertzen,* § 96, Rdn. 6.

415 *Redeker/von Oertzen,* § 86, Rdn. 29–33; *Zöller,* Vor § 284, Rdn. 8–13 b.

416 *Redeker/von Oertzen,* § 86, Rdn. 30.

417 *BVerwG,* 29. 3. 1995 – 11 B 21.95 – Buchholz 310, § 86 Abs. 1 Nr. 266: unsubstantiierten Beweisanträgen braucht das Gericht nicht nachzugehen; zu der Frage, wann ein Gericht einen Prüfer als Zeugen für seine Befangenheit zu vernehmen hat, vgl. *BVerwG,* 28. 2. 1996 – 6 B 65/95 – NVwZ-RR 96, 505.

418 *BVerwG,* 19. 9. 1986 – 4 C 47–52/84 – NVwZ 87, 405.

419 *BVerwG,* 19. 9. 1996 – 4 C 47–52/84 – NVwZ 87, 405.

420 *Geiger* in *Eyermann,* § 86, Rdn. 33.

421 *Geiger* in *Eyermann,* § 86, Rdn. 44; das Gericht muss allerdings begründen, woher er diese eigene Sachkunde hat, vgl. dazu *BVerwG,* 11. 2. 1999 – 9 B 381.98 – DVBl. 99, 1206.

213 Die Ablehnung eines Beweisantrages ist fehlerhaft, wenn sie auf einer unzulässigen Vorwegnahme der Beweiswürdigung beruht.[422] Ein Gericht darf nur unter engen Voraussetzungen von der Vernehmung eines Zeugen absehen. Dabei ist es in aller Regel nicht zulässig, einer Aussage von vornherein jeden Beweiswert abzusprechen. Insbesondere rechtfertigt die bloße Unwahrscheinlichkeit einer behaupteten Tatsache es nicht, eine Beweisaufnahme zu unterlassen.[423]

214 In der Praxis ist zu beobachten, dass häufig die **Heranziehung offenkundiger** oder **gerichtskundiger Tatsachen** oder allgemeiner Erfahrungssätze Schwierigkeiten bereitet. Es ist allgemein anerkannt, dass über offenkundige Tatsachen, die jedermann zugänglich sind[424] kein Beweis erhoben werden muss.[425]

215 **Gerichtskundige Tatsachen** dürfen zur Sachverhaltsfeststellung freilich nur verwertet werden, wenn sie in der mündlichen Verhandlung erörtert worden sind. Die Beteiligten müssen sich – soll nicht das rechtliche Gehör verletzt werden – zu der „Gerichtskunde" äußern können (vgl. auch F 146f.).[426] Die Verwertung von Erkenntnissen aus anderen Verfahren ist besonders in Asylstreitigkeiten von besonderer Bedeutung. Dies gilt allerdings dann nicht, wenn andere Obergerichte die Verhältnisse anders bewerten/beurteilen (vgl. E 171).[427]

216 Die vorstehenden Grundsätze gehören zu Verfahrensrechten der Beteiligten, die das Gericht nicht übergehen darf. Verletzt das Gericht diese Rechte, liegt ein **Verfahrensfehler** vor, der noch im Revisionsverfahren (§ 132 Abs. 2 Nr. 3) gerügt werden kann.

Einzelfälle:

217 **Ortsbesichtigung**

Ein in Baustreitigkeiten erfahrenes Gericht verletzt seine Aufklärungspflicht nicht, wenn es allein anhand von Karten entscheidet, ob eine Ansammlung von vier Wohnhäusern einen Ortsteil i. S. d. § 34 BauGB darstellt.[428]

218 **Parteivernehmung**

Bei Änderung des Parteivortrags während der einzelnen Verfahrensabschnitte kann im Einzelfall eine bloße informatorische Anhörung der Partei zu Protokoll der Sachaufklärungspflicht des Gerichts nicht genügen, wenn – anders als bei einer förmlichen Parteivernehmung bei der Anhörung der Partei Bedenken aufkommen, die der Partei nicht unter Hinweis auf ihre mögliche Beeidigung vorgehalten worden sind.

Wenn der Kläger seine Anerkennung als Kriegsdienstverweigerer begehrt, gebietet es die Aufklärungspflicht dem Gericht im Regelfall, den Kläger im Wege der Beweisaufnahme als Partei zu vernehmen.

---

[422] *BVerwG,* 11. 12. 81 – 4 C 71/79 – NVwZ 82, 244.

[423] *BVerwG,* 19. 9. 86 – 4 C 47–52/84 – NVwZ 87, 405.

[424] Vgl. dazu beispielhaft *BVerwG,* 2. 4. 1991 – 3 B 133/90 – NJW 92, 588.

[425] *Redeker/von Oertzen,* § 86, Rdn. 35.

[426] Vgl. dazu *BVerwG,* 22. 3. 1983 – 9 C 860/82 – NVwZ 83, 738.

[427] Vgl. dazu *Redeker/von Oertzen,* § 86, Rdn. 36; *BVerwG,* 20. 3. 1990 – 9 C 91.89 – DVBl. 90, 1060; *BVerwG,* 21. 11. 1989 – 9 C 53/89 – NVwZ 90, 674.

[428] *BVerwG,* 19. 4. 1994 – 4 B 77/94 – NVwZ-RR 95, 555.

Sachverständigengutachten 219

Beantragt eine Partei ein Sachverständigengutachten, so muss der Beweisantrag die von dem Gutachten zu beantwortenden Fragen klar hervorheben.[429]

Das Tatsachengericht muss das Erscheinen des gerichtlich bestellten Sachverständigen in der mündlichen Verhandlung gem. § 411 Abs. 3 und 4 ZPO anordnen, damit er sein schriftliches Gutachten erläutere, wenn eine Partei dies schlüssig mit der Begründung beantragt, das Gutachten sei unvollständig, widersprüchlich oder fehlerhaft oder wenn die Partei dem Gutachten weitere zur Entscheidung des Rechtsstreits bedeutsame Fragen vorlegen möchte (vgl. auch E 185).[430] Die beantragende Partei muss die aus ihrer Sicht erläuterungsbedürftigen Punkte allerdings vorab hinreichend konkret bezeichnen.[431]

Lehnt das Gericht den Antrag auf Einholung eines Sachverständigengutachtens mit dem Hinweis auf die eigene Sachkunde ab, so muss es begründen, woher er es diese Sachkunde hat. Die eigene Sachkunde kann sich auch aus der Gerichtspraxis namentlich der Verwertung bereits vorliegender Erkenntnismittel ergeben.[432]

Es ist nicht verfahrensfehlerhaft, wenn das Tatsachengericht im Rechtsstreit um die Rechtmäßigkeit der Bewertung von Prüfungsleistungen im 2. juristischen Staatsexamen ein Sachverständigengutachten mit der Begründung einholt, dass das Gericht mit einzelnen Rechtsgebieten, in denen Prüfungsleistungen erbracht worden sind, nicht hinreichend vertraut sei.[433]

Unsubstantiierter Beweisantrag 220

Unsubstantiiert können auch Beweisanträge sein (vgl. E 207), die dazu dienen sollen, unsubstantiierte Behauptungen zu stützen, etwa solche, die erkennbar ohne jede tatsächliche Grundlage erhoben worden sind und ohne ein Eingehen auf die sie entkräftende Gegenbehauptungen aufrecht erhalten werden.[434]

Zeugenbeweis durch Verwertung von Urkunden 221

Das Gericht kann auch tatsächliche Feststellungen anderer gerichtlicher Entscheidungen einschließlich der ihnen zugrundeliegenden Beweismittel, wie etwaiger Protokolle über Zeugenaussagen im Wege des Urkundenbeweises unbeschadet dessen verwerten, dass eine Bindung an derartige Feststellungen nicht besteht.[435]

Gegen den Widerspruch eines Beteiligten dürfen allerdings Aussagen in anderen Verfahren wegen des Grundsatzes der Unmittelbarkeit der Beweisaufnahme nicht als Zeugenbeweis berücksichtigt werden. Der Widerspruch eines Beteiligten gegen die Verwertung des Inhalts beigezogener Akten allein hindert aber nicht dessen Berücksichtigung im Wege des Urkundenbeweises, denn dieser setzt die Zustimmung der Beteiligten nicht voraus.[436]

---

429 *Redeker/von Oertzen,* § 86, Rdn. 27.

430 *BVerwG,* 1. 12. 1989 – 8 C 44/89 – NVwZ-RR 90, 446, vgl. ferner *Zöller,* § 411, Rdn. 5–5 b.

431 *BVerwG,* 19. 3. 1996 – 11 B 9/96 – NVwZ 96, 1026. Dies gilt auch dann, wenn das Gutachten in einem anderen Gerichtsverfahren erstattet und von dem Gericht in das anhängige Verfahren eingeführt worden ist und zu Beweiszwecken verwertet werden soll, *VGH Kassel,* 26. 2. 1999 – 12 UZ 157/99.A – DVBl. 99, 995.

432 *BVerwG,* 11. 2. 1999 – 9 B 381.98 – DVBl. 99, 1206.

433 *BVerwG,* 21. 7. 1998 – 6 B 44/98 – NVwZ 99, 187.

434 *BVerwG,* 25. 1. 1988 – 7 CB 81/87 – NJW 88, 1746; *BVerwG,* 29. 3. 1995 – 11 B 21.95 – Buchholz 310, § 86 Abs. 1 Nr. 266; zu der Frage, wann ein Gericht einen Prüfer als Zeugen für seine Befangenheit zu vernehmen hat, vgl. *BVerwG,* 28. 2. 96 – 6 B 65/95 – NVwZ-RR 96, 505.

435 Zur Bindung an ein Strafurteil, vgl. *BVerwG,* 3. 9. 1992 – 11 B 22/92 – NVwZ-RR 93, 165.

436 *BVerwG,* 13. 9. 1988 – 1 B 22/88 – NVwZ 89, 67.

Etwas anderes gilt dann, wenn ein Beteiligter die Vernehmung des Zeugen ausdrücklich beantragt oder sonst den Gericht die Vernehmung aufdrängen muss. Insofern findet die Verwertung im Wege des Urkundsbeweises bei förmlich beantragter Zeugenvernehmung ihre Grenze.[275]

221a **Zeuge vom Hörensagen**

Der Antrag auf Vernehmung eines sog. Zeugen vom Hörensagen darf nicht mit der Begründung abgelehnt werden, der Wahrheitsgehalt derartiger Bekundungen sei, ähnlich wie bei Briefen aus dem Herkunftsland, nicht überprüfbar.[437]

222 *dd) Wirkung der Entscheidung über den Beweisantrag*

Der Beschluss nach § 86 Abs. 2 ist **unanfechtbar;** er ist stets zu begründen.[438]

223 Das Gericht ist an die von ihm einmal getroffene Entscheidung nicht gebunden, wenn nachträglich neue Umstände bekannt oder vorgetragen werden, die zu einer neuen Sachlage führen.

224 Auch wenn Beschlüsse über die Beweiserhebung unanfechtbar sind, können die Beteiligten im Rahmen eines Rechtsmittelverfahrens rügen, dass zu Unrecht Beweisanträge übergangen bzw. dass zu Unrecht Beweise erhoben wurden.[439]

b) Durchführung der Beweisaufnahme

225 Nach § 96 Abs. 1 wird der Beweis in der mündlichen Verhandlung durch das Gericht erhoben (zu den Beweismitteln, vgl. E 238).

226 § 96 verpflichtet das Gericht in der Regel dazu, dass alle Mitglieder des Spruchkörpers sich einen persönlichen Eindruck von dem Beweismittel verschaffen (Grundsatz der **Unmittelbarkeit der Beweisaufnahme**) dieser Grundsatz ist allerdings in § 87 Abs. 3 und in § 96 Abs. 2 durchbrochen worden (vgl. auch oben das Beispiel bei E 221). Hiernach kann in geeigneten Fällen auch der Berichterstatter oder der Vorsitzende die Beweisaufnahme durchführen. In der Praxis ist die Durchführung von Beweisaufnahmen durch den Berichterstatter als Einzelrichter der Regelfall.[440]

227 Nach § 97 sind die Beteiligten von allen Beweisaufnahmeterminen zu benachrichtigen (zur Vertagung bei unterbliebener Benachrichtigung, vgl. E 310); selbstverständlich können und sollten sie der Beweisaufnahme beiwohnen. Sie sind berechtigt, an Zeugen und Sachverständige sachdienliche Fragen zu richten.

228 Im übrigen gelten für die Durchführung der Beweisaufnahme nach § 98 die Vorschriften der Zivilprozessordung (§§ 358–444, §§ 450–494) soweit nicht in der VwGO Abweichendes geregelt ist.

c) Beweislast

229 Unter Beweislast (auch Beweisführungslast genannt) wird das Risiko des Prozessverlustes für den Fall der Nichtbeweisbarkeit bestimmter im Verfahren strittiger

---

437 *VGH Kassel,* 8. 7. 1999 – 9 UZ 177/98.A – NVwZ 00, Beilage I 5/2000, 49.

438 *Redeker/von Oertzen,* § 86, Rdn. 26; § 96, Rdn. 6.

439 *Redeker/von Oertzen,* § 86, Rdn. 26, 40; § 96, Rdn. 6.

440 *Redeker/von Oertzen,* § 96, Rdn. 2, 2a, 3; es ist in der Rechtsprechung des BVerwG anerkannt, dass das zur Entscheidung berufene Gericht eine Augenscheinseinnahme nicht selbst vornehmen muss, sondern dies dem Berichterstatter übertragen oder sich auf die Augenscheinseinnahme der Vorinstanz stützen darf; *BVerwG,* 21. 4. 1994 – 1 B 14.94 – in BayVBl. 95, 187f.

Tatsachen verstanden. Die Beweislast regelt also die Frage, wen nach Erschöpfung aller Beweismittel die Folgen der Beweislosigkeit treffen.[441]

Die Beweislast schließt dabei die Darlegungslast bzw. die Behauptungslast ein.[442] Dabei gilt im wesentlichen der Grundsatz, dass jede Partei die Voraussetzungen der ihr günstigen Norm, also derjenigen, deren Rechtswirkung ihr zu Gute kommt, darzulegen und zu beweisen hat.[443] **230**

Im Regelfall ist zunächst zu prüfen, ob das Gesetz die Beweislast ausdrücklich geregelt hat oder ob es eine Tatsachen- oder Rechtsvermutung gibt, die der Richter zu beachten hat. Aufgrund der Besonderheiten des Verwaltungsprozesses ist die Darlegungslast der Parteien freilich aufgrund der Aufklärungspflicht der Gerichte (§ 86 Abs. 1) gemindert.[444] **231**

Beispiele: **232**

(1) § 71 Abs. 2 Satz 2 AuslG begründet für das Verfahren auf Erteilung einer Aufenthaltsgenehmigung die gesetzliche Vermutung, dass der Ausländer, der sich bereits im Inland aufhält, ohne das erforderliche Visum eingereist ist, s. dazu K 280f.

(2) Öffentliche Urkunden (z.B. behördlicher Eingangsstempel) begründen gem. § 98 i.V.m. § 148 Abs. 1 ZPO den vollen Beweis für die Richtigkeit der in der Urkunde bezeugten Tatsachen.[445] Der Beweis der Unrichtigkeit der in der Urkunde bezeugten Tatsachen ist zulässig (§ 418 Abs. 2 ZPO), wobei die die Richtigkeit der Urkunde bestreitende Prozesspartei über ein schlichtes Bestreiten hinaus das Gegenteil substantiiert behaupten und beweisen muss. Durch bloße Zweifel an der Richtigkeit der urkundlichen Feststellungen ist der Gegenbeweis noch nicht erbracht.[446]

(3) Die materielle Beweislast für eine Verletzung der Fürsorgepflicht, z.B. für das Unterbleiben einer allgemein praktizierten Belehrung, trägt der Beamte, der daraus einen Anspruch herleitet. Den Schwierigkeiten eines sog. Negativbeweises ist im Verwaltungsprozess im Rahmen des Untersuchungsgrundsatzes bei der Beweiswürdigung Rechnung zu tragen.[447]

Im allgemeinen gilt für die verschiedenen **Klagearten** (vgl. oben D 1ff.) Folgendes:

Im **Anfechtungsprozess,** bei dem es um einen den Bürger belastenden Verwaltungsakt geht, muss die Behörde die Voraussetzungen für den Erlass des belastenden Verwaltungsaktes beweisen;[448] liegen die Voraussetzungen für den behördlichen Eingriff vor, so muss der Bürger ggfs. Ausnahmetatbestände beweisen, die das Anfechtungsbegehren tragen können (z.B. Verjährung). **233**

---

[441] *Baumbach/Lauterbach,* § 286, Rdn. 1 A; vgl. auch *Calliess,* „Vorsorgeprinzip und Beweislastverteilung im Verwaltungsrecht" DVBl. 01, 1725ff.

[442] *Baumbach/Lauterbach,* § 263, Rdn. 4.

[443] *Baumbach/Lauterbach,* Anh. § 286, Rdn. 1 D; ferner *Redeker/von Oertzen,* § 108, Rdn. 12, vgl. die Ausführungen des *BVerwG* 6. 9. 1988 – 4 C 26/88 – NJW 89, 118, 119, an Beispiel des Einwands der unzulässigen Rechtsausübung; *BVerwG,* 3. 8. 1988 – 9 B 257/88 – NVwZ-RR 90, 105.

[444] *Redeker/von Oertzen,* § 108, Rdn. 11.

[445] *OVG Weimar,* 2. 11. 1994 – 2 EO 42/94 – NVwZ-RR 95, 233, 234.

[446] *OVG Weimar,* 2. 11. 1994 – 2 EO 42/94 – NVwZ-RR 95, 233, 234; ferner *Zöller,* § 418, Rdn. 5 m.w.N.

[447] *BVerwG,* 30. 1. 1997 – 2 C 10/96 – NVwZ 98, 4.

[448] *Redeker/von Oertzen,* § 108, Rdn. 13.

234 Die Beweisregel des § 282 BGB gilt auch im öffentlichen Recht.[449]

235 Handelt es sich um eine **Verpflichtungsklage**,[333] ist die Ausgangslage umgekehrt: Der Antragsteller und Kläger trägt die Beweislast für alle Umstände, die seinen Verpflichtungsanspruch stützen. Umgekehrt muss die Behörde solche Tatsachen nachweisen, aufgrund derer sie ausnahmsweise nicht zu leisten hat.

236 Für die **allgemeine Leistungsklage**[333] oder die **Feststellungsklage** gilt der allgemeine Grundsatz, dass die Unerweislichkeit einer Tatsache zu Lasten desjenigen geht, der aus ihr günstige Rechtsfolgen ableiten möchte.

237 Eine **Beweislastumkehr** kann eintreten, wenn eine Partei eine **Beweisvereitelung** vornimmt.[450] Dies gilt insbesondere dann, wenn eine Partei eine Beweisführung arglistig oder fahrlässig vereitelt oder verzögert,[451] oder wenn auf Seiten der beweispflichtigen Prozesspartei ein unverschuldeter Beweisnotstand eingetreten ist.[452] Eine Beweislastumkehr kann ferner dann eintreten, wenn öffentlich ausgelegte Antragsunterlagen unvollständig sind oder nur einen geringen Aussagewert haben.[453]

237a Die Regeln des **Anscheinsbeweises** gelten auch im Verwaltungsprozess. Das VG muss ggfs. von Amts wegen erforschen, ob ein – zur Anwendung der Regeln des Anscheinsbeweises führender – typischer Geschehensablauf vorliegt. Danach ist von Amts wegen zu ermitteln, ob Tatsachen vorliegen, welche die ernstliche und naheliegende Möglichkeit eines atypischen Verlaufs begründen und damit den Anscheinsbeweis erschüttern.[454]

d) Beweismittel

238 Die zulässigen Beweismittel sind im Verwaltungsprozess dieselben, die in der ZPO geregelt sind, nämlich

- Augenscheinseinnahme durch das erkennende Gericht,
- Zeugenbeweis,
- Sachverständigengutachten,
- Urkundenbeweis,[455]
- Parteivernehmung und
- die vom Gericht einzuholende amtliche Auskunft.

---

[449] *Redeker/von Oertzen,* § 108, Rdn. 13; für die Behauptung, ob ein Prüfung getäuscht hat oder zu täuschen versucht, andere als zugelassene Hilfsmittel in den Prüfungsraum mitgebracht oder sonst erheblich gegen die Ordnung verstoßen hat, ist nach den allgemeinen Beweisregeln die Prüfungsbehörde beweispflichtig, *VG Münster,* 31. 10. 1996 – 1 K 5042/94 –.

[450] Zur Beweisvereitelung, im Asylrecht vgl. *BVerwG,* 29. 6. 1999 – 9 C 36.98 – DVBl. 00, 414; zur Beweisvereitelung durch eigenmächtige Absage von Untersuchungsterminen; *BVerwG,* 31. 3. 1998 – 6 B 18/98 – NVwZ-RR 98, 568.

[451] *Baumbach/Lauterbach,* § 286, Rdn. 3.

[452] So für das Häftlingshilferecht, *BVerwG,* 3. 8. 88 – 9 B 257/88 – NVwZ-RR 90, 165.

[453] *OVG Lüneburg,* 7. 10. 1994 – 7 L 3548/93 – NJW 95, 2053f.

[454] *BVerwG,* 24. 8. 1999 – 8 C 24/98 – NVwZ-RR 00, 256; zu den Beweiserleichterungen bei schwerwiegenden vorsätzlichen Pflichtverletzungen eines Beamten vgl. *BVerwG,* 16. 7. 1998 – 2 C 12/98 – NVwZ 99, 77.

[455] Zur Beweiskraft eines behördlichen Eingangsstempels, vgl. *OVG Weimar,* 2. 11. 1994 – 2 EO 42/94 – NVwZ-RR 1995, 233.

Wegen der näheren Einzelheiten kann auf die zivilrechtliche Kommentarliteratur verwiesen werden.[456]

e) Freie Beweiswürdigung (§ 108 Abs. 1)

Das Gericht entscheidet im übrigen – abgesehen von den Fällen einer gesetzlichen Vermutung oder Beweisregel nach **freier Überzeugung,** ob eine tatsächliche Behauptung wahr oder unwahr ist.[457] Es ist in der Würdigung des Prozessstoffes und dessen Beweiswert frei. Es gehört insbesondere zu den Rechten und Pflichten des Gerichts, die Glaubwürdigkeit von Zeugen grundsätzlich selbst zu beurteilen.[458] **239**

Der Grundsatz der **freien Beweiswürdigung** (§ 108 Abs. 1) bereitet in der Praxis häufig Schwierigkeiten. Vielfach wird dabei angenommen, dass der Tatrichter in seiner Würdigung des Prozessstoffes frei sei und dass dessen Bewertungen einer kritischen Überprüfung durch eine übergeordnete Instanz nicht zugänglich seien. Dies ist in dieser uneingeschränkten Form nicht richtig. Sehr plastisch hat sich der 9. Senat des **BVerwG** zu dem Grundsatz der freien Beweiswürdigung geäußert: **240**

„Das Gebot der freien Beweiswürdigung (§ 108 I 1 VwGO) verlangt, dass das Gericht seiner Überzeugungsbildung das Gesamtergebnis des Verfahrens zugrunde legt. Das Gericht darf also nicht in der Weise verfahren, dass es einzelne erhebliche Tatsachen oder Beweisergebnisse nicht zur Kenntnis nimmt oder nicht in Erwägung zieht. Danach liegt ein Verstoß gegen dieses Gebot vor, wenn ein Gericht von einem unrichtigen oder unvollständigen Sachverhalt ausgeht, es insbesondere Umstände übergeht, deren Entscheidungserheblichkeit sich ihm hätte aufdrängen müssen ... In solchen Fällen fehlt es an einer tragfähigen Grundlage für die innere Überzeugungsbildung des Gerichts und zugleich für die Überprüfung seiner Entscheidung darauf hin, ob die Grenze einer objektiv willkürfreien, die Natur- und Denkgesetze sowie allgemeiner Erfahrungssätze beachtenden Würdigung überschritten ist. Darin liegt eine Verletzung des sachlichen Rechts; ob damit (auch) ein Verfahrensfehler verbunden ist, kann der Senat weiterhin offen lassen .... Außerdem verlangt § 108 I 2 VwGO, dass im Urteil die Gründe anzugeben sind, die für die richterliche Überzeugungsbildung leitend gewesen sind... .Wenn das Gericht in seiner Entscheidung jedoch gewichtige Tatsachen oder Tatsachenkomplexe, deren Entscheidungserheblichkeit sich aufdrängt, unerwähnt lässt, so spricht dies dafür, dass es den entsprechenden Tatsachenstoff entweder nicht zur Kenntnis genommen oder jedenfalls nicht in Erwägung gezogen hat. Der Überzeugungsbildung des Gerichts liegt dann nicht das Gesamtergebnis des Verfahrens i. S. d. § 108 I 1 VwGO zugrunde“.[459]

---

[456] *Baumbach/Lauterbach,* Einf. zu § 284, Rdn. 3.

[457] *Baumbach/Lauterbach,* § 286, Rdn. 2.

[458] *BVerwG,* 26. 6. 1992 – 4 B 1 11/92 – DVBl. 92, 1435 ff.

[459] *BVerwG,* 5. 7. 1994 – 9 C 158/94 – NVwZ 1995, 175 ff; ein Verfahrensmangel i. S. v. § 132 Abs. 2 Nr. 3 ist ein Verstoß gegen eine Vorschrift, die den Verfahrensablauf regelt, „ein Verstoß gegen Verfahrensnormen, der den Weg zu dem Urteil und die Art und Weise des Urteilserlasses, nicht dessen Inhalt betrifft, ein error in procedendo, nicht ein Mangel der sachlichen Entscheidung, ein error in judicando, nicht zum Verfahrensrecht in diesem Sinne gehören demnach die Regeln und Grundsätze, die nicht den äußeren Verfahrensablauf, sondern den inneren Vorgang der richterlichen Rechtsfindung bestimmen.“ Die Abgrenzung von Verfahrensfehlern und inhaltlichen Fehlern, die im Prozessrecht auch außerhalb des Revisionszulassungsverfahrens von erheblicher Bedeutung ist, dient im Revisionszulassungsverfahren der Sonderung der Verwaltungsstreitsachen, in denen die Revisionsinstanz eröffnet werden soll, von denen die durch ihre Entscheidung des Berufungsgericht ihr Ende finden, vgl. dazu *BVerwG,* 2. 11. 1995 – 9 B 710/94 – NVwZ-RR 1996, 359.

241 Zusammenfassend kann also festgestellt werden, dass das Gebot der freien Beweiswürdigung verlangt, dass das Gericht seiner Überzeugungsbildung das Gesamtergebnis des Verfahrens zugrunde legt. Es ist daher verletzt, wenn ein Gericht von einem unrichtigen oder unvollständigen Sachverhalt ausgeht, es insbesondere Umstände übergeht, deren Entscheidungserheblichkeit sich ihm hätte aufdrängen müssen.[460]

242 Gegen den Grundsatz der freien Beweiswürdigung wird insbesondere verstoßen,

– wenn bei der tatsächlichen Bewertung des Sachverhalts ein Verstoß gegen die Denkgesetze vorliegt,[461]
– wenn einer der Verfahrensbeteiligten auf eine weitere Aufklärung des Sachverhalts drängt und hierfür – ohne dass die Voraussetzungen des förmlichen Beweisantrages i. S. v. § 86 Abs. 2 VwGO vorliegen – Beweisanzeichen vorträgt, die an einen anderen Geschehensablauf denken lassen: das Gericht darf sich dann nicht hinsichtlich des konkreten Geschehensablauf unwissend halten, um verbleibende Unsicherheiten mit dem Mittel der freien Überzeugungsbildung zu überwinden,[462]
– wenn das Gericht eine vorweggenommene Beweiswürdigung vornimmt, weil es von der Vernehmung eines Zeugen absieht, weil es der Aussage von vornherein jeden Beweiswert abspricht oder die behauptete Tatsache für unwahrscheinlich hält,[463]
– wenn der Richter hinsichtlich des Eintritts eines bestimmten entscheidungserheblichen Ereignisses oder einer bestimmten Tatsache lediglich Vermutungen anstellt,[464]
– wenn das Gericht die Vernehmung von Zeugen beschließt und durchführt, so verstößt es gegen § 108 Abs. 1 Satz 2, wenn es sich in den Entscheidungsgründen nicht mit den nicht offensichtlich unergiebigen Bekundungen der Zeugen auseinandersetzt,[465]
– wenn das Gericht eine Zeugenaussage allein deshalb für unglaubhaft hält, weil der Zeuge, ohne danach gefragt worden zu sein, zu einer von ihm bekundeten Tatsache keine näheren Einzelheiten angibt, oder Umstände bekundet, die von den Verfahrensbeteiligten bisher nicht behauptet worden sind;[466]
– wenn das Gericht bei der Erörterung als wahr unterstellter Tatsachen ohne nachvollziehbare Begründung seinen rechtlichen Ausgangspunkt wechselt.[467]

243 Im Rahmen der freien Beweiswürdigung darf ein Gericht

– das Ergebnis einer erstinstanzlichen Beweisaufnahme anders würdigen, sofern es dabei die allgemeinen Grundsätze der freien Beweiswürdigung berücksichtigt,[468]

---

460 *BVerwG*, 31. 10. 1994 – 9 C 25/94 – VBlBW 95, 136.

461 *BVerwG*, 19. 1. 90 – 4 C 28/89 -NJW 1990, 1681 f.: ein Verstoß gegen die Denkgesetze stellt einen Verfahrensfehler dar, weil es nicht nur um eine Anwendung des materiellen Rechts geht.

462 *BVerwG*, 18. 7. 1986 – 4 C 40–45/82 – NVwZ 87, 217.

463 *BVerwG*, 19. 9. 1986 – 4 C 47–52/84 – NVwZ 87, 405; vgl. ferner zur Verpflichtung des Tatsachengerichts, eine bei Zweifeln an der Glaubwürdigkeit eines Zeugen eine eigene Beweisaufnahme durchzuführen, *BVerwG*, 15. 1. 1991 – 1 DB 24/90 – NVwZ 91, 376.

464 *BVerwG*, 16. 1. 1992 – 9 B 192/91 – NVwZ-RR 92, 439.

465 *BVerwG*, 20. 6. 1984 – 6 C 110/83 – DVBl. 85, 164.

466 *BVerwG*, 15. 7. 1986 – 9 C 8/86 – NJW 87, 1159.

467 *BVerwG*, 20. 12. 1994 – 7 B 151.94 – Buchholz 310, § 108, Nr. 260.

468 *BVerwG*, 26. 6. 1992 – 4 BL 1–11/92 – NVwZ 93, 572.

– die protokollierte Aussage eines Zeugen auch dann verwerten, wenn der Zeuge nach seiner Vernehmung die Genehmigung einer darüber gefertigten Niederschrift verweigert oder seine ursprünglich erteilte Genehmigung wieder zurückzieht.[469]

Die Verwertung eines gerichtlichen **Sachverständigengutachtens** ist unzuläs- **244**
sig,[470] wenn

– das Gutachten unvollständig, widersprüchlich oder aus anderen Gründen nicht überzeugend ist,[471]
– das Gutachten von unzutreffenden tatsächlichen Voraussetzungen ausgeht,
– der Sachverständige erkennbar nicht über die notwendige Sachkunde verfügt oder Zweifel an seiner Unparteilichkeit bestehen, z. B. weil er der beklagten Behörde angehört,[472]
– sich durch einen neuen entscheidungserheblichen Sachvortrag der Beteiligten oder durch eigene Ermittlungstätigkeit des Gerichts die Bedeutung der vom Sachverständigen zu klärenden Fragen verändert,
– ein anderer Sachverständiger neuere oder überlegenere Forschungsmittel verwendet oder über größere Erfahrung verfügt oder
– das Beweisergebnis durch substantiierten Vortrag eines der Beteiligten oder durch eigene Überlegungen des Gerichts ernsthaft erschüttert wird,[473]
– die Beweiserhebung durch den Sachverständigen gegen den Grundsatz der Beteiligtenöffentlichkeit (§ 97) verstoßen hat.[474]

f) Beweissicherungsverfahren

Neben der Beweisaufnahme im Rahmen eines laufenden Verwaltungsgerichts- **245**
verfahrens kann zur Sicherung des Beweises auch ein selbständiges Beweisverfahren gem. §§ 485 ff. ZPO durchgeführt werden.[475] Voraussetzung ist lediglich, dass es bei dem Verfahren um ein Beweissicherungsgesuch geht, dem ein öffentlich-rechtlicher Anspruch des Antragstellers zugrunde liegt. In derartigen Fällen ist das Beweissicherungsverfahren vor den Verwaltungsgerichten zu betreiben.[476] Die Vorschriften der Zivilprozessordnung (§§ 485 ff.) gelten gem. § 173 entsprechend.

---

469 *BVerwG,* 12. 7. 1985 – 9 CB 104/84 – NJW 86, 3154.

470 Zu den Anforderungen an die Einholung eines weiteren Sachverständigengutachtens, vgl. *VGH Kassel,* 18. 7. 1996 – 3 ZU 2626/94 – DVBl. 97, 668; zur Verwertung von behördlich eingeholten Gutachten im Wege des Urkundsbeweises, vgl. *Geiger* in *Eyermann,* § 86, Rdn. 44.

471 *BVerwG,* 26. 6. 1992 – 4 B 1–11/92 – NVwZ 93, 572; *Geiger* in *Eyermann,* § 86, Rdn. 44.

472 *Geiger* in *Eyermann,* § 86, Rdn. 44, VGH Mannheim, 21. 7. 1997 – 6 S 2561/96 – NVwZ-RR 98, 689. Der Beschluss über die Ablehnung eines Sachverständigen kann mit der Beschwerde angefochten werden.

473 *BVerwG,* 26. 6. 1992 – 4 B 1–11/92 – NVwZ 93, 752; beantragt ein Beteiligter die mündliche Erläuterung eines vom Gericht eingeholten Sachverständigengutachtens, so muss er die aus seiner Sicht erläuterungsbedürftigen Punkte vorab hinreichend konkret bezeichnen (§ 98 VwGO i. V. m. § 411 Abs. 3 u. 4 ZPO; *BVerwG,* 19. 3. 96 – 11 B 9.96 – DVBl. 97, 657.

474 *OVG Koblenz,* 11. 5. 1999 – NVwZ-RR 99, 808.

475 *Baumbach/Lauterbach,* Übersicht vor § 485, Anm. 3.

476 *OVG Schleswig,* 13. 9. 1991 – 2 P 191 – NVwZ-RR 92, 444.

Einer Kostengrundentscheidung für das Beweissicherungsverfahren bedarf es nicht.[477]

11. Der Gang der mündlichen Verhandlung

246 Das Gericht entscheidet, soweit nichts anderes bestimmt ist, aufgrund mündlicher Verhandlung (§ 101 Abs. 1).[478]

Das Gericht kann mit Einverständnis der Beteiligten auch ohne mündliche Verhandlung entscheiden (§ 101 Abs. 2).[479] Der Verzicht auf mündliche Verhandlung ist allerdings dann verbraucht, wenn das Gericht eine Prozesspartei nach Abgabe der Verzichtserklärung zur Beantwortung konkreter, ihr Klagebegehren betreffende Fragen aufgefordert und im Rahmen der Amtsermittlung weitere Sachaufklärung durch Einholung von Auskünften betrieben hat, die dann als Erkenntnismittel in das Verfahren eingeführt werden sollen.[480] Im Beschlussverfahren kann immer ohne mündliche Verhandlung entschieden werden.

a) Terminierung

247 Die Ladungsfrist für den Termin zur mündlichen Verhandlung beträgt mindestens zwei Wochen, bei dem Bundesverwaltungsgericht mindestens vier Wochen. Nur in dringenden Fällen kann der Vorsitzende die Frist abkürzen (§ 102 Abs. 1); er muss allerdings einen genauen Zeitraum benennen, aus dem sich die verkürzte Frist ergibt.[481]

248 Bei der Ladung ist darauf hinzuweisen, dass beim Ausbleiben eines Beteiligten auch ohne ihn verhandelt und entschieden werden kann (§ 102 Abs. 2).[482] Wird das persönliche Erscheinen eines Beteiligten angeordnet, so ist diesem die Ladung zum Termin auch dann persönlich mitzuteilen, wenn er einen Bevollmächtigten bestellt hat.[483] Kann der Beteiligte, dessen persönliches Erscheinen angeordnet wurde, dieser Anordnung nicht nachkommen, weil er ernsthaft erkrankt ist, so muss dieser rechtzeitig einen begründeten Antrag auf Verlegung des Termins bzw. auf Vertagung der mündlichen Verhandlung stellen. Aufgrund der Amtsmaxime darf beim Fernbleiben eines Beteiligten kein **Versäumnisurteil** ergehen.[484]

---

[477] *OVG Schleswig,* 13. 9. 1991 – 2 P 191 – NVwZ-RR 92, 444.

[478] Das Normenkontrollgericht muss immer (Art. 6 Abs. 1 EMRK) aufgrund mündlicher Verhandlung entscheiden, vgl. *BVerwG,* 6. 12. 1999 – 4 C N 9.98 – UPR 00, 246. Eine mündliche Verhandlung ist nach Art. 6 Abs. 1 EMRK im Berufungsverfahren jedenfalls dann nicht zwingend geboten, wenn eine Beweisaufnahme vor der vollbesetzten Richterbank des OVG an Ort und Stelle stattgefunden hat und den Beteiligten hierbei Gelegenheit zur Äußerung gegeben war, *BVerwG,* 12. 3. 1999 – 4 B 112.98 – DVBl. 99, 987.

[479] Vgl. *Dolderer,* „Das schriftliche Verfahren im Verwaltungsprozess", DVBl. 99, 1019.

[480] *OVG Münster,* 9. 11. 1998 – 1 A 2531/98.A – DVBl. 99, 479.

[481] *BVerwG,* 8. 4. 1998 – 8 B 218.97 – DVBl. 99, 93.

[482] Das Fehlen des Hinweises verletzt das rechtliche Gehör, *BVerwG,* 20. 1. 1995 – 6 B 56.94 – DÖV 95, 564.

[483] *VGH Kassel,* 31. 1. 1997 – 13 UZ 3552/96.A – NVwZ-RR 98, 404.

[484] *Redeker/von Oertzen,* § 102, Rdn. 8.

Hinweis:
(vgl. unten E 310 Verlegungs- und Vertagungsanträge) **249**

250 Der Termin kann vom Vorsitzenden gem. § 227 ZPO von Amts wegen oder auf Antrag wieder aufgehoben oder verlegt werden, wenn erhebliche Gründe hierfür vorliegen. Gehen die Gründe nicht vom Gericht aus, so können sie auch in der Person eines Beteiligten liegen:

- Erkrankung eines Beteiligten oder seines Prozessbevollmächtigten
- Urlaubsabwesenheit von Beteiligten[485] oder Prozessbevollmächtigten
- Mandatsniederlegung des Prozessbevollmächtigten/Anwaltswechsel
- Verhinderung des Prozessbevollmächtigten (streitig).[486]

251 Sofern eine anwaltlich vertretene Prozesspartei wegen Erkrankungen um Terminsverlegung bittet, liegt ein erheblicher, die Terminsverlegung rechtfertigender Grund nur dann vor, wenn die Prozesspartei ihre Erkrankung (Verhandlungsunfähigkeit)[487] belegt und hinreichend begründet, warum sie neben ihrem Prozessbevollmächtigten an der mündlichen Verhandlung teilnehmen will.[488]

252 Es ist freilich eine beklagenswerte Tatsache, dass die Verwaltungsgerichte in der Regel anders als die Zivilgerichte nur ungern bereit sind, auf Terminsverlegungsanträge der Beteiligten einzugehen. Häufig wird formelhaft die Begründung vorgeschoben „die Geschäftslage des Senats/der Kammer" lasse eine Terminsverlegung nicht zu.

253 Bei Anwaltssozietäten, die aus mehreren Mitgliedern bestehen, wird teilweise von den Verwaltungsgerichten ein Nachweis darüber verlangt, warum nicht eines der Mitglieder der Sozietät die Terminsvertretung übernehmen könne.[489] Gelegentlich wird von den Prozessbevollmächtigten gefordert, doch für eine Terminsaufhebung in dem kollidierendem Verfahren Sorge zu tragen, oder es wird gar verlangt, dass der Anwalt den Nachweis führt, dass der überschneidende Termin bereits zu einem früheren Zeitpunkt anberaumt worden ist.[490] Zu Recht wird diese wenig kooperative Handhabung in der Praxis beanstandet (vgl. auch E 310).[491]

b) Ablauf der mündlichen Verhandlung

254 Die mündliche Verhandlung ist **öffentlich,**[492] sie wird vom Vorsitzenden eröffnet und geleitet (§ 103 Abs. 1). Zunächst wird festgestellt, wer von den Beteiligten

---

485 *BVerwG*, 3. 8. 1994 – 6 B 31/94 – NVwZ 95, 373.

486 *VGH Mannheim,* 15. 7. 1999 – A 14 S 2413/98 – NVwZ 00, 213: Verhinderung des Prozessbevollmächtigten wegen Teilnahme an einer Gemeinderatssitzung als Ratsmitglied.

487 *BVerwG,* 9. 12. 1994 – 6 B 32.94 – DÖV 95, 563.

488 *OVG Münster,* 29. 8. 1995 – 25 A 4760/95.A – DVBl. 96, 107.

489 Vgl. *BVerwG*, 5. 12. 1994 – 8 B 179.94 – Buchholz 310, § 108 Nr. 259; bei Einzelanwälten ist es nicht erforderlich nachzuweisen, dass eine anderweitige Beauftragung eines Kollegen in Untervollmacht nicht möglich ist, *VGH Mannheim,* 15. 7. 1999 – A 14 S 2413/98 – NVwZ 00, 213.

490 Vgl. dazu das Negativbeispiel bei *BVerwG*, 23. 1. 1995 – 9 B 1/95 – NJW 95, 1231.

491 Vgl. dazu *Redeker/von Oertzen,* § 102, Rdn. 1.

492 Eine Verhandlung ist öffentlich, wenn sie in Räumen stattfindet, die während der Verhandlung jedermann zugänglich sind: *BVerwG*, 21. 3. 1994 – 8 B 33.94 – Buchholz 300, § 169 GVG Nr. 7; die Verlegung der Sitzung in einen anderen Saal muss für die Öffentlichkeit nicht besonders schriftlich angekündigt sein: *BVerwG*, 15. 9. 1994 – 1 B 170.93 –

erschienen ist und ob nicht erschienene Beteiligte ordnungsgemäß geladen worden sind. Bei Verspätungen eines Verfahrensbeteiligten kann es unter dem Gesichtspunkt des rechtlichen Gehörs geboten sein, mit der Eröffnung, Fortsetzung oder Schließung der mündlichen Verhandlung zu warten, soweit dies mit der sonstigen Tagesordnung des erkennenden Gerichts im wesentlichen vereinbar ist.[493]

255 Nach Feststellung der Erschienenen trägt der Vorsitzende/der Berichterstatter den wesentlichen Inhalt der Akten vor (sog. Sachbericht, § 103 Abs. 2). Es handelt sich dabei in der Regel um den späteren Tatbestand eines etwaigen Urteils. Auf das Verlesen des Sachberichts kann im allseitigen Einvernehmen verzichtet werden. Unterbleibt der Aktenvortrag jedoch ohne wirksamen Verzicht der Beteiligten, so liegt ein Verfahrensmangel vor; dieser zieht allerdings nur dann die Aufhebung des Urteils nach sich, wenn deswegen den Beteiligten das rechtliche Gehör versagt wurde oder den mitwirkenden Richtern eine ausreichende Unterrichtung über den Sach- und Streitstand vorenthalten wurde.[494]

256 Im Anschluss an den Sachbericht werden die Sachanträge gestellt.

Hinweis:
Der Anwalt sollte allergrößte Sorgfalt auf die genaue Formulierung der von ihm gestellten Anträge richten, weil hiervon Erfolg oder Misserfolg des Verfahrens abhängt. Häufig erfolgen seitens des Vorsitzenden Hinweise zur Antragstellung; dann ist besondere Aufmerksamkeit geboten. Der Anwalt muss in jedem Falle prüfen, ob der vom Gericht vorgeschlagene Antrag dem Begehren der Partei entspricht; der Anwalt sollte deshalb in Zweifelsfällen mit dem Gericht über die richtige Wahl des Antrags diskutieren; notfalls auch den vom Gericht vorgeschlagenen Antrag als Hilfsantrag übernehmen.

257 Der Vorsitzende hat gem. § 86 Abs. 3 darauf hinzuwirken, dass sachdienliche Anträge gestellt bzw. unklare Anträge erläutert werden. Der Vorsitzende muss dem Kläger den Weg weisen, wie er im Rahmen der jeweils gegebenen Möglichkeiten das erstrebte Ziel am besten und am zweckmäßigsten erreichen kann. Die Hinweispflicht umfasst je nach Lage des Einzelfalles auch den Hinweis auf solche als sachdienlich angesehene Anträge, die nur im Rahmen der Klageänderung in den anhängigen Rechtsstreit eingeführt werden können.[495]

258 Die Unterlassung einer Anregung zur Änderung eines Klageantrages stellt freilich einen Verfahrensmangels nur dann dar, wenn sich eine solche Anregung dem Vorsitzenden nach der eindeutigen Sach- und Rechtslage aufdrängen musste. In der Regel ist es ausreichend, wenn der Vorsitzende den Beteiligten bzw. dessen Prozessbevollmächtigten darauf aufmerksam macht, dass dieser mit dem schriftsätzlich angekündigten Antrag, sein Klageziel nicht erreichen könne. Zu weiteren **Hinweisen** ist der Vorsitzende jedenfalls gegenüber Beteiligten, die anwaltlich vertreten sind, nicht verpflichtet; insbesondere geht die Hinweispflicht nicht soweit, dass das Gericht den Beteiligten die Beantwortung schwieriger Rechtsfragen abzunehmen hat.[496]

Buchholz 300, § 169 GVG Nr. 8; die Voraussetzungen für die Öffentlichkeit sind noch gegeben, wenn ein verschlossenes Tor passiert werden muss, durch das sich der Zuhörer mittels Klingel Einlass verschaffen muss, *BVerwG*, 30. 6. 1998 – 9 C 6.98 – DVBl. 99, 95.

[493] *Kopp/Schenke*, § 103, Rdn. 4 m. w. N.

[494] *BVerwG*, 18. 4. 1983 – 9 B 2337/80 – NJW 84, 251.

[495] *BVerfG*, 8. 5. 1991 – 2 BvR 170/85 – NVwZ 92, 259f.

[496] *BVerfG*, 8. 5. 1991 – 2 BvR 170/85 – NVwZ 92, 259f.

Prozesserklärungen sind Willenserklärungen, auf die die allgemeinen Grundsätze des bürgerlichen Rechts für die Auslegungen von Willenserklärungen anzuwenden sind.[497] Bei der **Auslegung von Prozesserklärungen** kommt es danach nicht auf den inneren Willen der erklärenden Partei, sondern darauf an, wie ihre prozessuale Erklärung aus objektiver Sicht nach der gegebenen Sachlage zu verstehen ist. Hierbei tritt der Wortlaut hinter Sinn und Zweck der Prozesserklärung zurück. Maßgebend ist der geäußerte Parteiwille, wie er aus der Erklärung und den sonstigen Umständen erkennbar wird. Eine isoliert betrachtet möglicherweise missverständliche Erklärung einer rechtsunkundigen Partei darf nicht unter Beharrung auf deren Wortlaut und entgegen deren Sinn und Zweck zu Lasten der Partei ausgelegt werden.[498] **259**

Ebenso wie in den anderen Gerichtszweigen ist auch vor dem Verwaltungsgericht zugunsten eines anwaltlich nicht vertretenen Klägers ein „großzügiger Maßstab" anzulegen. Von einem rechtsunkundigen Kläger, der seinen Verwaltungsrechtsstreit selber führt, kann namentlich nicht erwartet werden, dass er juristische Fachbegriffe beherrscht, insbesondere zwischen Widerspruch und Klage zu unterscheiden vermag und die prozessuale Bedeutung und Tragweite von Prozesserklärungen erkennt.[499] Bei der Ermittlung seines wirklichen Willens ist nach anerkannter Auslegungsregel zugunsten des Bürgers davon auszugehen, dass er denjenigen Rechtsbehelf einlegen will, der nach Lage der Sache seinen Belangen entspricht und eingelegt werden muss, um den erkennbar angestrebten Erfolg zu erreichen.[500] Kann die Rechtsbehelfsschrift eines Nichtjuristen zumindest auch in der Weise ausgelegt werden, dass der vorbehalts- und bedingungslose Wille des Verfassers zur Einlegung des Rechtsbehelfs anzunehmen ist, gebietet Art. 19 Abs. 4 GG, der einen substantiellen Anspruch des Bürgers auf eine möglichst wirksame (vgl. auch § 86 Abs. 2 u. 3) Kontrolle begründet, diese dem Rechtsbehelfsführer günstigere Auslegung.[501] **260**

Hinweis:
Auch für Prozesshandlungen im Verwaltungsprozess gilt: Sie sind unwiderruflich, bedingungsfeindlich und eine Anfechtung der Prozesshandlung wegen Irrtums ist ausgeschlossen[502] (vgl. auch D 84, E 116).

Im weiteren Verlauf der mündlichen Verhandlung erfolgt dann die Erörterung des Sach- und Streitstandes mit den Beteiligten; ggfs. schließt sich eine etwaig erforderliche Beweisaufnahme (vgl. oben E 225 ff.) an. **261**

Abschließend wird den Beteiligten die Möglichkeit gegeben, ihre Anträge im Rahmen eines **Plädoyers** zu begründen. **262**

---

497 *BVerwG,* 27. 4. 1990 – 8 C 70/89 – NJW 91, 508.
498 *OVG Hamburg,* 20. 12. 1996 – Bs VI 258/96 – NVwZ-RR 98, 341.
499 *BVerwG,* 27. 4. 1990 – 8 C 70/89 – NJW 91, 508.
500 *BVerwG,* 27. 4. 1990 – 8 C 70/89 – NJW 91, 508.
501 *BVerwG,* 27. 4. 1990 – 8 C 70/89 – NJW 91, 508.
502 *BVerwG,* 21. 3. 1979 – 6 C 10/78 – NJW 80, 135; *Redeker/von Oertzen,* § 62, Rdn. 1. Die Erledigungserklärung unterliegt ebenso wie die Klage oder Rechtsmittelrücknahme oder sonstige Handlungen, die unmittelbar die Einleitung, Führung oder die Beendigung des Prozesses betreffen, nicht der Anfechtung nach § 119 ff. BGB; vgl. *BVerwG,* 7. 8. 1998 – 4 B 75/98 – NVwZ-RR 99, 407.

c) Verfahrensmängel und Verletzung des rechtlichen Gehörs

263 Die das erstinstanzliche Verfahren beherrschenden Verfahrensregelungen und die Gewährung rechtlichen Gehörs in diesem Verfahren sind unter zwei Aspekten bedeutsam:

Nur wenn diese Regelungen eingehalten werden, ist es den Verfahrensbeteiligten möglich, dem Gericht ihr Begehren wirkungsvoll vorzutragen, nur dann ist also **effektiver Rechtsschutz** gewährleistet. Im Hinblick auf diese originäre Funktion der Verfahrensregelungen muss der Rechtsanwalt während des laufenden Verfahrens auf ihre Einhaltung achten und bestehen.

Die Verfahrensregelungen haben aber auch nach Abschluss des erstinstanzlichen Verfahrens Bedeutung. Aus gutem Grunde eröffnen Verstöße gegen diese Regelungen regelmäßig den Weg in die **Rechtsmittelinstanz.** Diese Sekundarfunktion der Verfahrensregelungen hat durch die Einführung der Zulassungsberufung erheblich an Bedeutung gewonnen: Weil die Berufung der gesonderten Zulassung bedarf, ist die Menge der berufungsfähigen Entscheidungen drastisch eingeschränkt worden. Da die Zulassung der Berufung nach § 124 Abs. 2 Nr. 5 aber auch darauf gestützt werden kann, dass im Rahmen des Verfahrens in erster Instanz Verfahrensmängel aufgetreten sind, auf denen die Entscheidung beruhen kann, kommt dem Verfahrensrecht im Rahmen des Verfahrens in erster Instanz nunmehr auch aus Sicht des Berufungsrechts gesteigerte Bedeutung zu; gleiches gilt für die Verletzung des rechtlichen Gehörs. Zu den Auswirkungen und zur Bedeutung von Verfahrensmängeln im Rahmen der Zulassungsberufung, der Zulassungsbeschwerde und des Revisionsverfahrens (vgl. unten Kap. F).

aa) Verfahrensmängel

264 Verfahrensregelungen sind Bestimmungen, die ausschließlich das gerichtliche Verfahren betreffen. Eine Unterscheidung dieser Regelungen von anderen Vorschriften erfolgt insbesondere im Rahmen des Rechtsmittelverfahrens. Ein **Verfahrensmangel** i. S. v. §§ 124 Abs. 2 Nr. 5, 132 Abs. 2 Nr. 3 ist ein Verstoß gegen eine Regelung, die den Verfahrensablauf regelt, „ein Verstoß gegen Verfahrensnormen, der den Weg zu dem Urteil und die Art und Weise des Urteilserlasses, nicht dessen Inhalt betrifft, ein error in procedendo, nicht ein Mangel der sachlichen Entscheidung, ein error in judicando."[503] Nicht zum Verfahrensrecht in diesem Sinne gehören demnach die Regeln und Grundsätze, die nicht den äußeren Verfahrensablauf, sondern den inneren Vorgang der richterlichen Rechtsfindung bestimmen.[504]

265 Die Verfahrensbeteiligten können allerdings auf die Einhaltung von Verfahrensregelungen verzichten. Gem. § 173 i. V. m. § 295 Abs. 1 ZPO ist die **rügelose Einlassung** in der nächsten mündlichen Verhandlung mit einer solchen Verzichtswirkung ausgestattet.[505]

266 **Beispiel:**

Der Kläger wurde unter Wahrung der Ladungsfrist gem. § 102 Abs. 1 am 3. November 1997 zur mündlichen Verhandlung am 20. November 1997 geladen. Am 17. November

---

[503] *BVerwG,* 2. 11. 1995 – 9 B 710/94 – NVwZ-RR 1996, 359 ff.
[504] *BVerwG,* 31. 10. 1994 – 9 C 25.94 – in Buchholz 310, § 86 Abs. 1 VwGO Nr. 216.
[505] *BVerwG,* 6. 7. 1998 – 9 C 45/97 – NVwZ 99, 65.

1997 erhielt der Prozessbevollmächtigte einen Telefonanruf der Geschäftsstelle, die ihm mitteilte, dass in der Ladung der Verhandlungstag aufgrund eines Schreibfehlers falsch angegeben sei: die Verhandlung finde nicht am 20., sondern bereits am 19. November statt. Eine Verhandlung an diesem Tage verstieß gegen § 102. Der Kläger hat allerdings sein Rügerecht verloren, wenn er diesen Verfahrensverstoß nicht zu Beginn der Verhandlung geltend gemacht hat.[506]

Die rügelose Einlassung bestimmt nicht nur das erstinstanzliche Verfahren, sondern hat auch im Rechtsmittelverfahren Bedeutung: Die Entscheidung eines Verwaltungsgerichts beruht dann nicht auf der Verletzung von Verfahrensvorschriften, auf deren Einhaltung die Verfahrensbeteiligten gem. § 173 i. V. m. den §§ 558, 295 ZPO verzichten können und verzichtet haben.[507] Unter diesem Aspekt scheitern viele Beschwerden, mit denen die Zulassung der Verfahrensberufung oder -revision begehrt wird.[508] **267**

Hinweis:
Werden Verfahrensmängel geltend gemacht, erweist sich aber die angegriffene Entscheidung im Ergebnis aus Gründen als richtig, auf die sich die gerügten Verfahrensmängel nicht ausgewirkt haben können, so ist die Aufhebung des angefochtenen Urteils nicht gerechtfertigt.[509] Zu beachten ist weiterhin, dass die Frage, ob das vorinstanzliche Verfahren an einem Verfahrensmangel leidet, vom materiellen Standpunkt der Tatsacheninstanz auszubeurteilen ist, selbst wenn dieser verfehlt sein sollte.[510]

Die nachfolgende alphabetische Aufstellung will (ohne Anspruch auf Vollständigkeit) eine Reihe von Gefahrenquellen aufzeigen, die in der Praxis von Bedeutung sind und verschiedentlich von der Rechtssprechung aufgegriffen wurden: **268**

Aktenanforderung **269**

Weigert sich das Gericht, auf Antrag einer Prozesspartei weitere Akten anzufordern, so kann die fehlende Beiziehung der Akten als Verfahrensfehler wegen mangelnder Sachaufklärung gem. § 86 Abs. 1 gerügt werden.[511]

Akteneinsicht **270**

Vgl. E 148ff., E 153.

Aktenvortrag **271**

S. Sachbericht.

Aktenwidrigkeit **271 a**

s. Aufklärungsrüge, E 273.

---

506 *BVerwG*, 31. 8. 1988 – 4 B 153/88 – NJW 89, 601 = DVBl. 89, 63; *VGH München*, 21. 9. 1990 – 21 CZ 90 31768 –, BayVBl. 1991, 1989; *OVG Münster*, 4. 12. 97 – 12 A 3748/97 – n. v.; *OVG Bautzen*, 16. 12. 1997 – 1 S 396/97 – NVwZ-RR 98, 693.

507 *BVerwG*, 31. 8. 1964 – VIII C 350.63 – *BVerw*GE 19, 231; *BVerwG*, 6. 7. 1998 – 9 C 45/97 – NVwZ 99, 65; *VGH München*, 21. 9. 1990 – 21 CZ 90 31768 –, BayVBl. 1991, 1989; *OVG Münster*, 4. 12. 97 – 12 A 3748/97 – n. v.

508 Vgl. nur *BVerwG*, 20. 8. 1987 – 6 B 2/87 – NVwZ 88, 579 und *BVerwG*, 31. 8. 1988 – 4 B 153.88 – DVBl. 89, 63; *BVerwG*, 6. 7. 1998 – 9 C 45/97 – NVwZ 99, 65.

509 *BVerwG*, 2. 9. 1999 – 2 C 22.98 – DVBl. 00, 490ff.; dies soll auch dann gelten, wenn es sich um einen Verfahrensfehler handelt, der einen absoluten Revisionsgrund nach § 138 VwGO ausmacht, vgl. *BVerwG*, 16. 3. 1994 – 11 C 48.92 – DVBl. 94, 1191.

510 *BVerwG*, 2. 7. 1998 – 11 B 30/97 – NVwZ 99, 654ff.

511 *OVG Lüneburg*, 31. 8. 1987 – 2 OVG B 57/87 – n. v.; *OVG Münster*, 9. 4. 1986 – 6 B 734/86 – n. v. Die Nichtbeiziehung der Verwaltungsvorgänge verstößt gegen den Untersuchungsgrundsatz, *OVG Münster*, 3. 4. 1997 – 11 B 498/97 – NWVBl. 98, 29.

272 **Asylverfahren**

Im Asylrechtsstreit sind Fehler in der Sachverhalts- und Beweiswürdigung regelmäßig nicht dem Verfahrensrecht, sondern dem sachlichen Recht zuzurechnen. Mit Angriffen gegen die Sachverhalts- und Beweiswürdigung der Tatsacheninstanz kann daher ein Verfahrensfehler grundsätzlich nicht begründet werden.[512]

S. auch Beweiswürdigung.

273 **Aufklärungsrüge**

Ein Verstoß gegen § 86 Abs. 1 und damit ein Verfahrensfehler kann vorliegen, wenn der Beschwerdeführer rügt, dass das Gericht entgegen dem nach § 86 geltenden Amtsermittlungsgrundsatz den entscheidungserheblichen Sachverhalt nicht ausreichend aufgeklärt habe. Zu beachten sind in diesem Zusammenhang die vom BVerwG entwickelten Grundsätze über die Grenzen der richterlichen Aufklärungspflicht[513] (vgl. dazu E 155ff., 259, ferner Kap. F, vgl. ferner fehlende Sachaufklärung,[514] Beweisanträge[515]). In der aktenwidrigen Sachverhaltsfeststellung durch das Gericht kann ein Verfahrensfehler liegen. Der Prozessbeteiligte, der sich auf eine aktenwidrige Sachverhaltsfeststellung berufen will, muss darlegen, dass zwischen den in der angefochtenen Entscheidung getroffenen tatsächlichen Annahmen und dem insoweit unumstrittenen Akteninhalt sei ein Widerspruch gegeben.[516]

274 **Befangenheitsantrag**

Vgl. E 380ff.

275 **Beiladung, fehlende**

Die Rechtsfolgen einer unterbliebenen notwendigen Beiladung sind strittig;[517] ergeht unter Außerachtlassung der notwendigen Beiladung ein Urteil, so kann dieses Urteil keine Gestaltungswirkung für die nicht beigeladene Partei entfalten.[518]

276 **Beweisanträge**

Beweisanträge dürfen nur unter den in E 212 genannten Voraussetzungen abgelehnt werden. Verstößt das Gericht gegen die hier genannten Grundsätze, so liegt ein Verfahrensfehler vor. Verfahrensfehlerhaft ist es auch, wenn über den Beweisantrag nicht sofort – vor Schluss der mündlichen Verhandlung – entschieden worden ist[519] (vgl. dazu auch E 208). Die Ablehnung eines ordnungsgemäß gestellten Beweisantrags durch das Gericht in der mündlichen Verhandlung kann unter dem Gesichtspunkt der Aufklärungsrüge (vgl. E 273) als Verfahrensfehler gerügt werden, wenn das Gericht den entscheidungserheblichen Sachverhalt nicht ausreichend aufgeklärt hat.[520]

Die Aufklärungsrüge das Gericht habe eine Beweiserhebung verabsäumt, scheitert oft daran, dass keine Beweisanträge zu Protokoll des erkennenden Gerichts gestellt worden sind (vgl. E 205).

---

[512] *BVerwG*, 2. 11. 1995 – 9 B 710/94 – NVwZ-RR 96, 395.

[513] *Geiger* in *Eyermann*, § 86, Rdn. 23.

[514] *BVerwG*, 6. 3. 1995 – 6 B 81.94 – Buchholz 310, § 86 Abs. 1 Nr. 265.

[515] *BVerwG*, 6. 2. 1993 – 8 B 143/94 – NJW 94, 2243; *BVerwG*, 13. 3. 1992 – 4 B 39/92 – NVwZ 93, 268.

[516] *BVerwG*, 2. 11. 1999 – 4 BN 41.99 – UPR 00, 226: Dieser Widerspruch muss offensichtlich sein, so dass es einer weiteren Beweiserhebung zur Klärung des richtigen Sachverhalts nicht bedarf; der Widerspruch muss also „zweifelsfrei“ sein. Die Verfahrensrüge der „Aktenwidrigkeit“ verlangt eine genaue Darstellung des Verstoßes zwar durch konkrete Angaben von Textstellen aus dem vorinstanzlichen Verfahren, aus denen sich der Widerspruch ergeben soll. Diese Voraussetzungen sind erforderlich, da eine Kritik an der tatrichterlichen Beweiswürdigung und Überzeugungsbildung als solche nicht als Verfahrensmangel rügefähig ist.

[517] *Redeker/von Oertzen*, § 65, Rdn. 22–26; ferner *Bosch/Schmidt*, 68.

[518] *Redeker/von Oertzen*, § 65, Rdn. 22–26; ferner *Bosch/Schmidt*, 68.

[519] *BVerwG*, 1. 3. 1995 – 8 C 36/92 – NVwZ 95, 991.

[520] *BVerwG*, 14. 5. 1999 – 4 B 21/99 – NVwZ-RR 00, 260.

Die Ablehnung der Einholung eines Sachverständigengutachtens mit dem Hinweis auf eigene Sachkunde ist nur dann zulässig, wenn das Gericht nachvollziehbar darlegt, woher es diese eigene Sachkunde hat.[521]
S. auch Hilfsbeweisanträge.

Beweiswürdigung, freie **277**
Die Grundsätze der Beweiswürdigung (E 240 ff.) rechnet das BVerwG zum materiellen Recht. Ihre Verletzung begründet daher in der Regel keinen Verfahrensmangel.[522] Dasselbe gilt für die Einhaltung der Denkgesetze bei der Anwendung des materiellen Rechts.[523] Ein Verfahrensmangel ist dagegen gegeben, wenn ein Verstoß gegen Denkgesetze sich bei der Beweiswürdigung auf die tatsächliche Würdigung beschränkt und die rechtliche Subsumtion nicht berührt[524] (vgl. ferner E 244 ff.).

Bindung an das Klagebegehren **278**
S. „ne ultra petita".

Bindungswirkung einer zurückverweisenden Entscheidung **278 a**
Ein Verstoß gegen die Bindungswirkung einer zurückverweisenden Entscheidung ist ein Verfahrensmangel.[525]

Einzelrichterübertragung **279**
Die Übertragung des Rechtsstreits auf den Einzelrichter ohne vorherige Anhörung der Parteien ist verfahrensfehlerhaft (vgl. dazu E 59).

Entscheidung ohne Gründe **280**
Der Tatbestand des § 138 Nr. 6, nach dem ein wesentlicher Mangel dann gegeben ist, wenn die Entscheidung nicht mit Gründen versehen ist, wird vom BVerwG bejaht, wenn die schriftlichen Urteilsgründe das Ergebnis der mündlichen Verhandlung und der Beratung nicht mehr authentisch dokumentieren, weil die Tatbestand- und Entscheidungsgründe erst nach mehr als fünf Monaten nach Verkündung schriftlich niedergelegt, von allen mitwirkenden Richtern unterschrieben und der Geschäftsstelle übergeben worden sind.[526] Zu den weiteren Voraussetzungen eines „groben Formmangels"[527] wegen fehlender Entscheidungsgründe i. S. v. § 138 Nr. 6 VwGO vgl. E 389 a. Das rechtliche Gehör wird auch verletzt, wenn das Berufungsgericht im vereinfachten Verfahren nach § 130 a entscheidet, ohne zuvor einen Antrag auf Verlängerung der Anhörungsfrist zu bescheiden.[528]

Fristen **281**
S. Zurückweisung von Parteivorbringen (E 72 ff.).

Geschäftsverteilungsplan **282**
S. vorschriftswidrige Besetzung.

---

521 *BVerwG,* 11. 2. 1999 – 9 B 381.98 – DVBl. 99, 1206.

522 *BVerwG,* 10. 2. 1978 – 1 B 13.78 = Buchholz, § 132 VwGO Nr. 163; offen gelassen in *BVerwG,* 8. 5. 1984 – 9 C 141/83 – NVwZ 85, 36.

523 *BVerwG,* 8. 7. 1988 – 4 B 100/88 – NVwZ-RR 90, 166.

524 *BVerwG,* 19. 1. 1990 – 4 C 28/89 – NJW 1990, 1681 f.: Ein Verstoß gegen die Denkgesetze stellt einen Verfahrensfehler dar, weil es nicht nur um eine Anwendung des materiellen Rechts geht.

525 *BVerwG,* 21. 8. 1997 – 8 B 151.97 – DVBl. 98, 232 f.; *BVerwG,* 30. 5. 1973 – 8 C 159.72 – BVerwGE 42, 243, 245; *BVerwG,* 17. 3. 1994 – 3 B 24.93 – Buchholz 310, 144 VwGO 57, S. 1.

526 Tatbestand und Entscheidungsgründe müssen binnen fünf Monaten nach Verkündung schriftlich niedergelegt und von allem mitwirkenden Richtern unterschrieben und der Geschäftsstelle übergeben worden sein: gemeinsamer Senat der obersten Gerichtshöfe d. Bundes, 27. 4. 1993 – GMS-OGB-1/92 – NJW 93, 2603.

527 *BVerwG,* 5. 6. 1998 – 9 B 412.98 – DVBl. 98, 1085 ff.

528 *BVerwG,* 2. 7. 1998 – 9 B 535/98 – NVwZ-RR 98, 783.

283 **Hilfsbeweisantrag**

Die Prozesspartei, die lediglich einen Hilfsbeweisantrag stellt, verzichtet nach herrschender Auffassung auf ihr Recht zur Vorabentscheidung, so dass das erkennende Gericht lediglich in den Urteilsgründen zu dem Beweisantrag Stellung nehmen muss (E 209).[529]

284 **Hinweispflicht**[530]

S. auch Überraschungsurteile; Hinweise zu Klageanträgen, vgl. E 257/258.

§ 86 Abs. 3 ist eine zwingende Vorschrift; sofern das Gericht hiergegen verstößt, kann darin ein Verfahrensfehler liegen.[531]

285 **Klageanträge, Ne ultra petita**

§ 88 bestimmt, dass das Gericht über das Klagebegehren nicht hinausgehen darf. Sofern das Gericht mehr oder etwas anderes zu- bzw. aberkennt als vom Kläger beantragt wird, liegt hierin ein wesentlicher Verfahrensmangel. Das gleiche gilt dann, wenn das Gericht das Klagebegehren falsch bestimmt hat.[532] Zur Hinweispflicht vgl. E 257/258.

286 **Mitwirkung ausgeschlossener Richter**

Ein wesentlicher Verfahrensmangel kann auch dann vorliegen, wenn bei der Entscheidung ein Richter mitgewirkt hat, der von der Ausübung des Richteramtes kraft Gesetzes ausgeschlossen oder wegen der Besorgnis der Befangenheit mit Erfolg abgelehnt war. Es ist allerdings darauf hinzuweisen, dass nach ständiger Rechtsprechung des BVerwG eine unrichtige Entscheidung über ein Ablehnungsgesuch nicht zur vorschriftswidrigen Besetzung des Gerichts führt.[533]

287 **Öffentlichkeit, mangelnde**

Soweit die Vorschriften über die Öffentlichkeit des Verfahrens verletzt worden sind, liegt hierin ein schwerer Verfahrensfehler.[534]

Dies ist allerdings nicht schon dann zu bejahen, wenn die Tür zum Verhandlungsraum verschlossen war, denn nach der ständigen Rechtsprechung des BVerwG setzt ein Verstoß gegen § 169 GVG (Öffentlichkeit der Verhandlung) zumindest voraus, dass der Vorsitzende bemerkt hat oder aber hätte bemerken können, dass die Tür zum Sitzungssaal abgeschlossen war.[535]

In Verstoß gegen die Vorschriften über die Öffentlichkeit der Verhandlung ist dagegen zu bejahen, wenn die Gründe für den Ausschluss der Öffentlichkeit nicht mit ausreichender Bestimmtheit im Ausschließungsbeschluss selbst mitgeteilt werden.[536] Wird die Öffentlichkeit lediglich bei der Verkündung des Urteils ausgeschlossen, so verstößt dies zwar gegen § 169 Satz 1 GVG, rechtfertigt jedoch nicht die Verfahrensrevision i.S.d. § 138 Nr. 5, da diese nur dann begründet ist, wenn „das Urteil auf eine mündliche Verhandlung ergangen ist, bei der die Vorschriften über die Öffentlichkeit des Verfahrens verletzt worden sind“, d.h. wenn die mündliche Verhandlung unter Verstoß gegen die Öffentlichkeitsvorschriften stattgefunden hat. Diese Einschränkung ist sinnvoll, weil ein Verstoß

---

529 *BVerwG*, 26. 6. 1968 – IV C 111/67 – MDR 69, 419.

530 *Geiger* in *Eyermann*, § 86, Rdn. 47 ff; zur Hinweispflicht auf den Anwaltszwang *BVerwG*, 5. 6. 1988 – 4 BN 20/98 – NVwZ-RR 98, 783.

531 *Geiger* in *Eyermann*, § 86, Rdn. 56.

532 Vgl. *Rennert* in *Eyermann*, § 88, Rdn. 12, 14.

533 *BVerwG*, 8. 11. 1982 – 7 C B 98.81 –, Buchholz § 133 VwGO Nr. 38.

534 Der Grundsatz der Öffentlichkeit des Verfahrens gilt gemäß § 169 GVG i. V. m. § 55 nur für die mündliche Verhandlung vor dem erkennenden Gericht; ein Erörterungstermin sowie eine Beweisaufnahme in einem vorbereitenden Termin sind lediglich parteiöffentlich; ein etwaiger Verstoß gegen die Parteiöffentlichkeit muss von der betroffenen anwaltlich vertretenen Partei spätestens in der nächsten mündlichen Verhandlung gerügt werden (§ 295 Abs. 1 ZPO), *BVerwG*, 21. 9. 2000 – 2 C 5.99 – DVBl. 01,726.

535 *BVerwG*, 26. 3. 1981 – 5 C 89.79 – NBwZ 82, 43.

536 *BVerwG*, 13. 12. 1982 – 9 C 894/80 – NJW 83, 2155.

gegen die Öffentlichkeitsvorschriften bei der Verkündung des Urteils die Entscheidungsfindung nicht beeinflusst haben kann.[537]

Prozessurteil **287 a**

Wird eine Klage als unzulässig abgewiesen (sog. Prozessurteil), so kann der Kläger einen Verfahrensfehler rügen, wenn kein Prozessurteil hätte erlassen werden dürfen.[538]

Sachaufklärung, fehlende[539] **288**

S. Aufklärungsrüge (E 273, E 155 ff).

Sachbericht, nichtverlesen **289**

Auf das Verlesen des Sachberichts kann im allseitigen Einvernehmen verzichtet werden; unterbleibt der Aktenvortrag jedoch ohne entsprechenden Verzicht der Beteiligten, so liegt ein Verfahrensmangel vor. Eine denkbare Aufhebung des Urteils zieht dieser Mangel allerdings nur dann nach sich, wenn den Beteiligten deswegen das rechtliche Gehör versagt wurde oder wenn den mitwirkenden Richtern eine ausreichende Unterrichtung über den Sach- und Streitstand vorenthalten wurde.[540]

Spruchkörper **290**

Vgl. vorschriftswidrige Besetzung E 295.

Überlange Verfahrensdauer **290 a**

Ist die Sachaufklärung Grund von Versäumnissen des Gerichts – hier: überlange Verfahrensdauer – erschwert, so darf dies im Rahmen der Beweiswürdigung dem Kläger nicht angelastet werden.[541]

Untersuchungsgrundsatz **291**

S. Aufklärungsrüge (E 273).

Unzulässigkeit der Klage **291 a**

Siehe Prozessurteil, Rdn. E 287 a.

Verfahren, faires **292**

Ein Verfahrensfehler kann sich auch unter dem Gesichtspunkt der Verletzung eines Anspruchs auf ein faires Verfahren (Art. 2 Abs. 2 i. V. m. Art. 20 Abs. 3 GG) ergeben.[542]

Vereidigung eines Zeugen **292 a**

Die Nichtvereidigung eines Zeugen kann einen Verfahrensmangel begründen.[543]

Vertretung eines Beteiligten, mangelnde **293**

Der Tatbestand des § 138 Nr. 4 ist insbesondere erfüllt, wenn Prozessbeteiligte und ihre Bevollmächtigten aufgrund fehlerhafter Ladungen in der gleichwohl durchgeführten mündlichen Verhandlung nicht zugegen waren. **Beispiele:**

– Der Bevollmächtigte eines Beteiligten erscheint nicht zur mündlichen Verhandlung, weil diese zu einem anderen als dem in der Ladung bestimmten Zeitpunkt durchgeführt wird.[544]

---

537 *BVerwG*, 23. 9. 1989 – 6 C 29.88 – Buchholz, § 133 VwGO Nr. 91.

538 *BVerwG*, 31. 8. 1999 – 3 B 57.99 – DVBl. 00, 560; unter Hinweis auf *BVerwG*, 4. 7. 1968 – 8 B 110.67 – BVerwGE 30, 111, 113. Weist das Tatsachengericht die Klage beispielsweise wegen Verwirkung des Klagerechts als unzulässig ab, so kann der Kläger im Rahmen der Rechtsmittelinstanz einen Mangel des gerichtlichen Verfahrens rügen, wobei er darlegen muss, dass die Voraussetzungen für den Verwirkungstatbestand nicht vorlagen.

539 *BVerwG*, 6. 3. 1995 – 6 B 81.94 – Buchholz 310, § 86 Abs. 2 Nr. 265

540 *BVerwG*, 18. 4. 1983 – 9 B 2337/80 – NJW 84, 251.

541 *BFH*, 23. 2. 1999 – IX R 19/98 – NJW 99, 2614: Die überlange Verfahrensdauer ist als Verfahrensfehler zu bewerten.

542 *BVerwG*, 8. 5. 1991 – 2 B VR 170/85 –, NVwZ 92, 295.

543 *BVerwG*, 6. 7. 1998 – 9 B 562.98 – DVBl. 99, 99.

544 *BVerwG*, 27. 4. 1990 – 8 C 38/88 – BayVBl. 91, 543.

- Der Kläger erscheint nicht, weil er unter einer früheren Anschrift geladen worden ist.[545]
- Die Ladung zur mündlichen Verhandlung wird nur dem vollmachtslosen Vertreter, nicht aber dem vermeintlich vertretenen Kläger zugestellt.[546]

294 **Vorlagepflicht**

Ein Verstoß gegen die Vorlagepflicht an das BVerfG gem. Art. 100 GG eröffnet die Möglichkeit einer Verfassungsbeschwerde (E 317); zu den Voraussetzungen eines Verfahrensfehlers bei der Nichtvorlage an den EUGH vgl. E 326. Zu den Konsequenzen der Nichtvorlage eines Senats des BVerwG an den Großen Senat des BVerwG vgl. E 332, zur Nichtvorlage eines Senats eines OVG an den Großen Senat des OVG vgl. E 333.

295 **Vorschriftswidrige Besetzung**

Gem. § 138 Nr. 1 ist es als wesentlicher Mangel des Verfahrens anzusehen, wenn das erkennende Gericht nicht vorschriftsmäßig besetzt war.[547] (vgl. im übrigen E 378).

296 **Wiedereinsetzung in den vorigen Stand**

Wird ein Antrag einer Prozesspartei auf Wiedereinsetzung in den vorigen Stand zu Unrecht abgelehnt, so stellt dies einen Verfahrensmangel dar[548] (vgl. auch E 402 ff.).

296 a **Wiedereröffnung der mündlichen Verhandlung**

Ein Antrag auf Wiedereröffnung der mündlichen Verhandlung ist ausgeschlossen, wenn die Urteilsformel bereits der Geschäftsstelle übergeben und einzelnen Beteiligten auf Nachfrage hin mündlich eröffnet worden ist.[549]

296 b **Zeuge, Vereidigung**

Die Vereidigung eines Zeugen steht im Ermessen des Tatsachengerichts; ob das Gericht sein Ermessen, einen Zeugen mit Rücksicht auf die Bedeutung seiner Aussage oder zur Herbeiführung einer wahrheitsgemäßen Aussage zu beeidigen, fehlerfrei ausgeübt hat, unterliegt im Revisionsverfahrens nur einer eingeschränkten gerichtlichen Kontrolle dahin, ob es von den Grenzen seines Ermessens eine irrige Auffassung gehabt hat, oder sich der Grenzen überhaupt nicht bewusst gewesen ist. Eine generelle Pflicht zur Begründung der richterlichen Ermessensentscheidung ist nach § 98 VwGO, § 391 ZPO nicht vorgesehen.[550] Das Berufungsgericht kann allenfalls unter dem Gesichtspunkt der Ermöglichung der Verfahrenskontrolle im Revisionsverfahren verpflichtet sein, seine Entscheidung über die Nichtbeeidigung zu begründen. Die Nichtbeeidigung kann allerdings im Revisionsverfahren nur dann gerügt werden, wenn die Beteiligten das Unterlassen einer ihrer Ansicht nach gebotenen Vereidigung spätestens in der auf die Beweisaufnahme folgenden mündlichen Verhandlung gerügt haben.

296 c **Zustellung des Urteils statt Verkündung**

Ein statt der Verkündung zuzustellendes Urteil, das erst nach Ablauf von zwei Wochen nach der mündlichen Verhandlung noch beschlossen wurde, beruht auf einem Verstoß gegen § 16 Abs. 2, da das Urteil nach § 116 Abs. 2 binnen zwei Wochen der Geschäftsstelle zu übergeben ist. Wird diese Frist nicht eingehalten, so beruht auf das Urteil auf einem Verfahrensfehler.[551]

---

545 *BVerwG*, 24. 7. 1989 – 6 C 27.88 – Buchholz, § 133 VwGO Nr. 89.

546 *BFH*, 27. 4. 1994 – XI R 29/93 – NVwZ-RR 82, 43.

547 Sehr anschaulich *BVerwG*, 5. 12. 1986 – 4 CB 4.86 – NJW 87, 2031; *BVerwG*, 18. 10. 1990 – 3 C 19/88 – NJW 91, 1370; *BVerwG*, 8. 2. 1983 – 9 CB 698/82 –, NJW 83, 2154 = BVerwGE 66, 360; *BVerwG*, 29. 6. 1984 – 6 C 35/83 –; NJW 84, 2961; *BVerwG*, 2. 7. 1987 – 8 CB 7.87 –, NJW 88, 1339; „erkennendes Gericht" i. S. v. § 138 Nr. 1 VwGO ist der Spruchkörper, der die anzufechtende Entscheidung erlassen hat, nicht die Richterbank in dem vorausgegangenen Prozessstadium der Beweisaufnahme, vgl. BVerwG, 16. 2. 98 4 B 2.98 – n. v.

548 *BVerwG*, 21. 9. 1992 – 9 B 188.92 – BayVBl. 93, 30.

549 *BVerwG*, 14. 5. 1999 – 4 B 21/99 – NVwZ-RR 00, 260.

550 *BVerwG*, 6. 7. 1998 – 9 B 562.98 – DVBl. 99, 99.

551 *BVerwG*, 6. 5. 1998 – 7 B 437/97 – NVwZ 98, 1176.

bb) Verletzung des rechtlichen Gehörs

Sinn und Zweck der mündlichen Verhandlung ist es insbesondere, den in jedem gerichtlichen Verfahren verfassungsrechtlich gewährleisteten Anspruch auf rechtliches Gehör (Art. 103 Abs. 1 GG) zu erfüllen (vgl. auch § 86 Abs. 2 u. 3). Gem. § 108 Abs. 2 darf das Urteil nur auf Tatsachen und Beweisergebnissen gestützt werden, zu denen die Beteiligten sich äußern könnten.[552] **297**

Der Anspruch auf rechtliches Gehör beinhaltet, dass das Gericht den Beteiligten Gelegenheit geben muss, sich zum Gegenstand des Verfahrens sowie zu diesem Verfahren selbst sachgemäß, zweckentsprechend und erschöpfend zu erklären. Das Gericht muss dabei das Vorbringen der Beteiligten zur Kenntnis nehmen und ernsthaft in Erwägung ziehen.[553] **298**

Die Verletzung des rechtlichen Gehörs führt zwingend zur Zulassung der Berufung und stellt einen absoluten Revisionsgrund dar (§ 138 Nr. 3).[554] Die Versagung des rechtlichen Gehörs begründet die unwiderlegliche Vermutung (kraft gesetzlicher Fiktion), dass der Verstoß für das angefochtene Urteil ursächlich war und führte deshalb zu dessen Aufhebung. Die Rüge der Verletzung des rechtlichen Gehörs erfordert deshalb in der Regel keine Ausführungen darüber, was der Rechtsmittelführer bei ausreichender Gewährung des rechtlichen Gehörs noch vorgetragen hätte und dass dieser Vortrag die Entscheidung des Gerichts hätte beeinflussen können.[555] Anders ist die Frage freilich dann zu beurteilen, wenn das rechtliche Gehör nicht allgemein, sondern nur hinsichtlich einzelner Teilaspekte des Verfahrens verletzt worden ist. Ausnahmsweise führt die Verletzung des rechtlichen Gehörs dann nicht zur Aufhebung des fehlerhaften Urteils, wenn feststeht, wenn es in der übergeordneten Instanz aus anderen Gründen bestätigt werden müsste.[556] **299**

Zur Verletzung des rechtlichen Gehörs hat sich eine reichhaltige Kasuistik entwickelt. In den nachfolgenden Fällen liegt regelmäßig eine Verletzung des rechtlichen Gehörs vor, die die Zulässigkeit der Berufung bzw. der Revision eröffnen, wobei die einzelnen Umstände häufig auch gleichzeitig einen Verfahrensmangel begründen. **299 a**

Auch ein Verstoß gegen das Gebot rechtlichen Gehörs zu gewähren, verliert allerdings im Rechtsmittelverfahren im Falle rügeloser Einlassung gemäß § 173 i. V. m. § 295 ZPO seine Bedeutung (vgl. im einzelnen oben E 265–267).

Hinweis: **299 b**
Auch unanfechtbare Entscheidungen der Gerichte müssen bei Verstößen gegen das Gebot des rechtlichen Gehörs im Wege der Selbstkontrolle durch den Spruchkörper aufgehoben werden.[557]

---

[552] Vgl. zu einem nicht mitgeteilten Schriftsatz, *BVerwG*, 14. 7. 1987 – 6 C 60/86 – NVwZ 87, 1071; ferner 20. 07. 1989 – 6 C 34/89 – NVwZ 90, 69: das rechtliche Gehör wird i. d. R. verletzt, ausreichend ist aber die Verlesung des Schriftsatzes im Termin, *BVerwG*, 11. 11. 1988 – 6 B 57/88 – NVwZ 89, 1154.

[553] *Kopp/Schenke*, § 108, Rdn. 19; *BVerfG*, 17. 11. 1992 – 1 BvR 168, 1509/89 – u. a. BVerfGE 87, 363 m. w. N.

[554] *Jörg Schmidt* in *Eyermann*, § 108, Rdn. 25.

[555] *BFH*, 8. 4. 1998 – VIII R 32/95 – in NVwZ-RR 99, 75 (Vorlagebeschluss an den Großen Senat).

[556] *BFH*, 8. 4. 1998 – VIII R 32/95 – NVwZ-RR 99, 75; *Jörg Schmidt* in *Eyermann*, § 108, Rdn. 26.

[557] *BVerwG*, 22. 11. 1993 – 11 C 24/93 – NJW 94, 674.

Im einzelnen:

300 **Akteneinsicht**

Die unberechtigte Verweigerung von Akteneinsicht durch das Gericht stellt einen Verstoß gegen das rechtliche Gehör dar, der zugleich auch als Verfahrensfehler gerügt werden kann[558] (vgl. E 148, 154). Der Betreffende braucht dabei nicht nachzuweisen, dass oder wie ihn die Versagung der Akteneinsicht in seiner Prozessführung beeinträchtigt hat.[559]

301 **Aufruf der Sache**

Haben der Kläger und sein Prozessbevollmächtigter infolge eines unzureichenden Aufrufs der Sache (zu früh oder zu leise) nicht an der mündlichen Verhandlung teilgenommen, so liegt hierin eine Verletzung des rechtlichen Gehörs.[560]

301 a **Beiladung**

Der Anspruch eines Beigeladenen auf Gewährung rechtlichen Gehörs wird verletzt, wenn das Gericht den Beiladungsbeschluss erst mit der abschließenden Sachentscheidung zustellt und der Beigeladene hierdurch materiell beschwert wird.[561]

302 **Einzelrichterübertragung**

Die Einzelrichterübertragung darf nicht ohne vorherige Anhörung der Parteien stattfinden, vgl. E 59.

303 **Entscheidung des Gerichts ohne vorherige Anhörung**

Das Berufungsgericht darf über die Berufung nur dann durch Beschluss gem. § 130a entscheiden, wenn es die Beteiligten zuvor zu dieser Absicht angehört hat.[562]

304 **Entscheidung vor Ablauf einer Äußerungsfrist**

Entscheidet das Gericht vor Ablauf einer Äußerungsfrist, verletzt es grundsätzlich den Anspruch auf rechtliches Gehör. In dem Unterlassen der Ankündigung eines weiteren Vortrags liegt regelmäßig kein Verzicht auf volle Ausnutzung der Äußerungsfrist.[563]

304 a **Ladung**

Zwingende Zustellungsvorschriften werden verletzt, wenn bei der öffentlichen Zustellung das zuzustellende Schriftstück, das eine Ladung enthält, vor Ablauf des Tages, an dem die Aushangsfrist endet, vom Aushang abgenommen wird.[564] Eine Verfügung des Vorsitzenden, dass die Ladungsfrist abgekürzt wird, ist unwirksam, wenn sie keine neue Bestimmung des Zeitraums enthält, der an die Stelle der gesetzlich vorgesehenen Frist treten soll.[565]

Wird gem. § 95 Abs. 1 Satz 1 das persönliche Erscheinen eines Beteiligten angeordnet, so ist diesem die Ladung zum Termin zur mündlichen Verhandlung auch dann persönlich mitzuteilen, wenn er einen Bevollmächtigten bestellt hat. Unterbleibt die Mitteilung der Ladung an den Beteiligten und versäumt dieser die mündliche Verhandlung, weil der von ihm bestellte Prozessbevollmächtigte auf die Mitteilung der Ladung an das Gericht vertraut und dem Beteiligten deshalb seinerseits von dem Termin nicht in Kenntnis gesetzt hat, so liegt ein Verstoß gegen das rechtliche Gehör vor.[566]

---

558 *Redeker/von Oertzen,* § 100, Rdn. 7 m.w.N.; *VGH Mannheim,* 4. 7. 1997 – 13 S 973/97 – NVwZ-RR 98, 687.

559 *VGH Mannheim,* 4. 7. 1997 – 13 S 973/97 – NVwZ-RR 98, 687; *Hess. VGH,* 25. 5. 1999 – 6 TZ 1326/99 – DVBl. 99, 1668.

560 *BVerwG,* 12. 7. 1985 – 6 C 95/82 –, NJW 86, 204.

561 *VGH Mannheim,* 17. 11. 1999 – 5 S 2488/99 – NVwZ-RR 00, 728.

562 *BVerwG,* 18. 6. 1996 – 9 B 140.96 – BayVBl. 97, 253.

563 *BVerwG,* 15. 8. 1991 – 4 C 11/90 – NVwZ 92, 263; *BVerwG,* 15. 2. 1991 – 1 C 20.90 – DVBl. 91, 943; *Geiger* in *Eyermann,* § 86, Rdn. 16.

564 *BVerwG,* 8. 4. 1998 – 8 B 218.97 – DVBl. 99, 93.

565 *BVerwG,* 8. 4. 1998 – 8 B 218.97 – DVBl. 99, 93.

566 *VGH Kassel,* 31. 1. 1997 – 13 UZ 3552/96.A – NVwZ-RR 98, 404.

Mitteilung des Gerichts, irreführende 304b

Irreführende Anhörungsmitteilungen des Gerichts, die geeignet sind, den betroffenen Beteiligten in seiner Rechtsverteidigung zu beeinträchtigen, verstoßen gegen das Gebot der Gewährung des rechtlichen Gehörs.[567]

Schriftsatznachlass 305

S. Vertagung, E 312.

Schriftsatz, nicht mitgeteilter 306

Die fehlender Übersendung eines Schriftsatzes verletzt das rechtliche Gehör;[568] ausreichend ist aber die Verlesung des Schriftsatzes im Termin.[569]

Tatsachen, gerichtskundige 307

Gerichtskundige Tatsachen dürfen nur verwertet werden, wenn sie in der mündlichen Verhandlung erörtert worden sind.[570]

Übergehen von Parteivorbringen 308

Das Gericht muss das Vorbringen der Beteiligten zur Kenntnis nehmen und ernsthaft in Erwägung ziehen.[571] Umstritten ist in diesem Zusammenhang, inwieweit die Gerichte sich zur Entscheidung auf rechtliche Aspekte stützten dürfen, die in der mündlichen Verhandlung nicht angesprochen worden sind; *Redeker/von Oertzen*[572] fordern zu Recht, dass die rechtlichen Überlegungen der Beteiligten nicht zu einer „quantité négligeable" abgewertet werden dürften. Obwohl in § 104 Abs. 1 vom Gesetz ein Rechtsgespräch[573] gefordert werde,[574] habe sich dies noch nicht allenthalben in der Verwaltungsgerichtsbarkeit durchgesetzt.

Das BVerwG hat in einer neueren Entscheidung darauf hingewiesen, dass nicht jede unterbliebene Auseinandersetzung mit Parteivorbringen als Beleg für eine Verletzung des rechtlichen Gehörs zu werten sei:

„Das Gericht ist nicht verpflichtet, auf sämtliche Tatsachen und Rechtsansichten einzugehen, die im Laufe des Verfahrens von der einen oder anderen Seite zur Sprache gebracht worden sind. Es darf ein Vorbringen außer Betracht lassen, das nach seinem Rechtsstandpunkt unerheblich oder offensichtlich unsubstantiiert ist.[575]

Auch sonst verkürzt es den Anspruch auf rechtliches Gehör nur dann, wenn die Umstände des Falles den eindeutigen Schluss zulassen, dass die Ausführungen eines Beteiligten entweder überhaupt nicht zur Kenntnis genommen oder bei der Entscheidung nicht erwogen hat.[576]

Geht es freilich um den wesentlichen Kern des Tatsachenvortrags einer Partei zu einer Frage, die nach seiner eigenen Entschätzung für den Prozessausgang von zentraler Be-

---

567 *BVerwG,* 22. 4. 1999 – 9 B 1037.98 – DVBl. 99, 1658, zu einer irreführenden Anhörungsmitteilung nach § 130 a.

568 *BVerwG,* 14. 7. 1987 – 6 C 60/86 –, NVwZ 87, 1071; *BVerwG,* 20. 7. 1989 – 6 C 34/89 – NVwZ 90, 69.

569 *BVerwG,* 11. 11. 1988 – 6 B 75/88 –, NVwZ 89, 1154.

570 *Redeker/von Oertzen,* § 86, Rdn. 35.

571 *Kopp/Schenke,* § 108 Rdn. 19; *BVerfG,* 17. 11. 1992 – 1 BvR 168, 1509/89 – u. a. BVerfGE 87, 363 m. w. N.

572 *Redeker/von Oertzen,* § 108, Rdn. 7; *Kopp/Schenke,* § 108, Rdn. 19; *BVerwG,* 9. 7. 1978 – 7 C 79–82/77 –, NJW 79, 828; ferner *BVerwG,* 11. 11. 1970 – VI C 49.68 –, BVerwGE 36, 264ff.; ferner *BVerwG,* 19. 7. 1985 – 4 C 62/82 – NJW 86, 445; *BVerwG,* 18. 12. 1987 – 4 C 9.86 – NVwZ 88, 527.

573 *Ortloff,* „Rechtspsychologie und Verwaltungsgerichtsbarkeit: Das Rechtsgespräch in der mündlichen Verhandlung", NVwZ 95, 28ff.

574 A. A. *BVerfG,* 13. 10. 1994 – 2 BvR 126/92 – DVBl. 95, 35.

575 *BVerfG,* 8. 10. 1985 – 1 BvR 33/83 – BVerfGE 70, 288.

576 *BVerfG,* 1. 2. 1978 – 1 BvR 426/77 – BVerfGE 47, 182; *BVerfG,* 22. 11. 1983 – 2 BvR 399/81 – BVerfGE 65, 293.

deutung ist, in den Entscheidungsgründen nicht ein, so lässt dies darauf schließen, dass es dieses Vorbringen nicht berücksichtigt hat".[577]

Das Gericht verletzt das rechtliche Gehör, wenn der erkennende Spruchkörper einen am Verhandlungstage vor der Terminsstunde eingegangenen Schriftsatz nicht berücksichtigt, weil er nicht sofort vorgelegt wurde.[578]

Dem Anhörungsgebot gem. § 130a Satz 2 i.V.m. § 125 Abs. 2 Satz 3 wird in der Regel nur dann hinreichend genügt, wenn der Beteiligte, der nach der ersten Anhörungsmitteilung Beweisanträge gestellt hat, durch eine erneute Anhörungsmitteilung auf die unverändert unbeabsichtigte Verfahrensweise darauf hingewiesen wird, dass das Gericht seinem Beweisantrag nicht nachgehen werde.[579]

Gemäß der unwiderleglichen Vermutung des § 138 VwGO gilt der gerügte Mangel als ursächlich für die angefochtene Entscheidung. Ausnahmen hiervon kommen nur dann in Betracht, wenn die unberücksichtigt gebliebene Äußerung „neben der Sache" liegt, also in keinem Zusammenhang mit ihr steht und es auf sie daher unter keinem denkbaren Gesichtspunkt ankommen kann.

309 **Überraschungsurteile**

Fest steht jedenfalls, dass Überraschungsurteile[580] gegen § 108 Abs. 2 verstoßen. Es ist grundsätzlich zu fordern, dass das Gericht die Beteiligten auf alle maßgeblichen Aspekte hinzuweisen hat, um ihnen die Möglichkeit zu geben, sich hierzu zu erklären, insbesondere aber auch ggfs. noch weitere tatsächliche Umstände zu den vom Gericht für wesentlich erachteten rechtlichen Aspekten vorzutragen, die bislang von den Parteien infolge einer Verkennung der Rechtslage oder infolge von Unkenntnis nicht dargelegt worden sind.[581] Dies gilt insbesondere dann, wenn das Berufungsgericht von der Rechtsauffassung der ersten Instanz abweichen will.[582]

Das Gericht muss immer dann einen rechtlichen Hinweis geben, wenn es auf einen rechtlichen Gesichtspunkt abstellt, mit dem auch ein gewissenhafter und kundiger Prozessbeteiligter selbst unter Berücksichtigung der Vielfalt vertretbarer Rechtsauffassungen nicht zu rechnen braucht; ansonsten käme das Fehlen des Hinweises einer Verhinderung eines Vortrages zur Rechtslage gleich.[583]

Das Gericht ist jedoch nicht verpflichtet, auf Rechtsfragen und dazu vertretenen Ansichten hinzuweisen, deren Erheblichkeit offensichtlich ist, weil sie in den Schriftsätzen bereits erörtert wurden.[584] Es ist ferner nicht gehalten, seine Rechtsauffassung schon vor der Urteilsberatung im einzelnen festzulegen und zur Diskussion zu stellen.[585]

---

[577] *BVerwG,* 20. 11. 1995 – 4 C 10.95 – ZfBR 96, 113; vgl. ferner *VerfGH München,* 16. 12. 1994 – Vf. 5-VI-94 – in BayVBl. 95, 444, vgl. ferner *BVerfG,* 19. 5. 1992 – 1 BvR 986/91 – BVerfGE 86, 133.

[578] *BVerwG,* 29. 11. 1985 – 9 C 49/85 – NJW 86, 1125.

[579] St. Rspr. *BVerwG,* 19. 4. 1999 – 8 B 150/98 – NVwZ-RR 99, 537.

[580] *BVerwG,* 19. 11. 1982 – 8 C 158/81 – NVwZ 83, 607; *BVerwG,* 8. 6. 1994 – 4 B 34.94 – AU S. 5.

[581] Das Ausbleiben einer Auskunft, die das Gericht erhalten hat, ist keine Tatsache, zu der rechtliches Gehör durch förmliche Mitteilung dieses Umstandes gewährt werden muss, *BVerwG,* 6. 11. 1987 – 9 B 300/87 – NVwZ 88, 1018; das Gericht ist nicht verpflichtet, den Beteiligten reine Rechenoperationen in allen Einzelheiten vorab mitzuteilen, *BVerwG,* 4. 5. 1988 – 4 C 2/85 – NVwZ 89, 151.

[582] *Redeker/von Oertzen,* § 108, Rdn. 7; *Kopp/Schenke,* § 108, Rdn. 19; *BVerwG,* 9. 7. 1978 – 7 C 79–82/77 – NJW 79, 828; ferner *BVerwG,* 11. 11. 1970 – VI C 49.68 – BVerwGE 36, 264ff.; ferner *BVerwG,* 19. 7. 1985 – 4 C 62/82 – NJW 86, 445; *BVerwG,* 18. 12. 1987 – 4 C 9.86 – NVwZ 88, 527.

[583] *BVerwG,* 13. 10. 1994 – 2 BvR 126/94 – DVBl. 95, 34; vgl. ferner *OVG Münster,* 13. 2. 1995 – 1 A 1251/94 – NW VBl 95, 393; zu den Hinweispflichten bezüglich der Zulässigkeit eines Klageantrags vgl. *BVerwG,* 9. 12. 1999 – 6 B 60/99 – NVwZ-RR 00, 397.

[584] *BVerwG,* 7. 1. 1972 – IV C 41/70 –, NJW 72, 1435.

[585] Grundlegend *BVerwG,* 24. 1. 1991 – 8 B 164.90 –, NVwZ 91, 575; *BVerwG,* 22. 2. 1994 – 1 B 168.93 –, GewArch 94, 28.

Wird eine Partei erstmals und für diese überraschend in der mündlichen Verhandlung auf aus seiner Sicht fehlendes Vorbringen hingewiesen, so kann das Gericht von dieser Partei jedenfalls zu länger zurückliegenden Vorgängen keinen sofortigen detaillierten Sachvortrag und Beweisantritt verlangen.[586]

Verlegungs- und Vertagungsanträge **310**

Die Ablehnung einer beantragten Terminsverlegung vor der mündlichen Verhandlung kann den Anspruch der Partei auf Gewährung rechtlichen Gehörs verletzen. Das ist nicht der Fall, wenn für die Terminverlegung kein erheblicher Grund i. S. d. § 227 Abs. 1 ZPO dargelegt wird. Als nicht ausreichend für eine Terminverlegung wird es danach angesehen, wenn der anwaltlich vertretene Kläger infolge einer Erkrankung nicht am Termin teilnehmen kann, der Sachverhalt hinreichend aufgeklärt ist und nicht ersichtlich ist, warum eine persönliche Anhörung des Klägers erforderlich sein könnte.[587] Wenn dem Prozessbevollmächtigten des Klägers in dieser Situation die Gründe für die Ablehnung nicht genügen, muss er zur Vermeidung des Rügeverlustes in der mündlichen Verhandlung vor dem Berufungsgericht einen förmlichen Vertagungsantrag stellen.[588] Auch wenn das Gericht das persönliche Erscheinen eines Beteiligten angeordnet hat, muss dieser, wenn er wegen einer ernsthaften Erkrankung dieser Anordnung nicht nachkommen kann, rechtzeitig einen begründeten Antrag auf Verlegung des Termins bzw. auf Vertagung stellen. Die Anordnung des persönlichen Erscheinens hat allerdings zur Folge, dass der Beteiligte bei Beantragung der Terminsverlegung die Gründe für die Notwendigkeit seiner persönlichen Anwesenheit in der mündlichen Verhandlung nicht darlegen muss.[589] Zur Verlegungs- und Vertagungsproblematik hat sich eine reichhaltige Kasuistik entwickelt:

– Das Gericht lehnt die beantragte Vertagung der mündlichen Verhandlung ab, obwohl die Partei wenige Tage vor dem Termin mitteilt, sie habe ihrem Prozessbevollmächtigten das Mandat entzogen. Das Recht der Verfahrensbeteiligten, sich in jedem Stadium des Verfahrens durch einen rechtskundigen Bevollmächtigten vertreten zu lassen, muss gewahrt bleiben.[590]
– Allerdings ist zu berücksichtigen, dass eine Verlegung des Verhandlungstermins gem. § 227 ZPO nur aus „erheblichen Gründen" in Betracht kommt. Nicht jeder willkürliche Mandatsentzug zwingt das Prozessgericht mithin zur Verlegung. Nur die Entziehung, die auf „erheblichen Gründen" beruht, ist relevant. Im Beschwerdeverfahren muss der Beschwerdeführer daher darlegen, warum es ihm nicht mehr zugemutet werden konnte, sich durch seinen bestellten Bevollmächtigten weiter vertreten zu lassen.[591]
– Das Prozessgericht ist nicht gehalten, in jedem Falle den Termin zur mündlichen Verhandlung zu verlegen, um dem ortsabwesenden Kläger die persönliche Teilnahme zu ermöglichen;[592] begehrt der Kläger dagegen die Anerkennung als Kriegsdienstverweigerer, so ist regelmäßig so zu terminieren, dass der Kläger an der Verhandlung teilnehmen kann.[593]
– Das Gericht verhandelt, obwohl der Prozessbevollmächtigte alles in seinen Kräften stehende und nach Lage der Dinge Erforderliche getan hat, um den Verhandlungstermin rechtzeitig wahrzunehmen, hieran jedoch ohne sein Verschulden gehindert worden ist. Dieser Verfahrensfehler kann allerdings nicht mehr gerügt werden, wenn der Prozess-

---

586 *BGH,* 8. 2. 1999 – 2 ZR 261/97 – NJW 99, 2113.
587 *OVG Münster,* 29. 8. 1995 – 25 A 4760/95 A – DVBl. 96, 107.
588 *BVerwG,* 14. 12. 1992 – 2 B 106/90 – NJW 91, 2097.
589 *VGH Kassel,* 15. 1. 1997 – 10 UZ 2085/96.A – NVwZ-RR 98, 404.
590 *BVerwG,* 28. 8. 1992 – 5 B 159.91 – NJW 93, 80; *BVerwG,* 27. 3. 1985 – 4 C 79/84 – NJW 86, 339.
591 *BVerwG,* 22. 12. 1986 – 7 B 90.86 – Buchholz, § 132 VwGO Nr. 245.
592 *BVerwG,* 16. 9. 1988 – 1 B 107/88 – Buchholz, § 132 VwGO Nr. 266.
593 *BVerwG,* 20. 4. 1995 – 6 B 95/94 – NVwZ-RR 95, 534; *BVerwG,* 17. 3. 1995 – 6 B 65/94 –, NVwZ-RR 95, 533; *BVerwG,* 3. 8. 1994 – 6 B 31/94 –, NVwZ 95, 373.

bevollmächtigte es versäumt, eine Wiedereröffnung der mündlichen Verhandlung zu beantragen.[594]

– Das Gericht ist – mangels Darlegung von „erheblichen Gründen" – im Sinne von § 227 ZPO – nicht verpflichtet zu vertagen, wenn sich erst in der mündlichen Verhandlung herausstellt, dass der Prozessbevollmächtigte aufgrund anderweitiger Termine nicht erscheinen wird.[595]

– Der Anspruch auf rechtliches Gehör kann verletzt sein, wenn das Gericht ohne den verspätet erscheinenden Kläger und seinen Prozessbevollmächtigten verhandelt, die mündliche Verhandlung schließt und anschließend in geheimer Beratung ein Urteil fällt und dieses Urteil exakt 15 Min. nach dem festgesetzten Termin bereits in öffentlicher Verhandlung verkündet, ohne dass zuvor die Sache des Klägers erneut aufgerufen worden ist, weil dem Kläger dadurch die Möglichkeit genommen wird, vor der Verkündung den Wiedereintritt in die mündliche Verhandlung zu beantragen.[596]

– Sichert der Vorsitzende auf einen begründeten Terminsverlegungsantrag einem Parteibevollmächtigten zu, man werde wegen der geltend gemachten Hinderungsgründe mit dem Beginn der mündlichen Verhandlung um eine Stunde über die festgesetzte Terminsstunde hinaus zu warten, eröffnet er aber gleichwohl die mündliche Verhandlung bereits 20 Min. nach der festgesetzten Terminsstunde und schließt die Sitzung 27 Min. danach mit der Verkündung der Entscheidung, ohne dass die Partei oder ihre Bevollmächtigten anwesend sind, die aber noch zeitig vor Ablauf der zugesagten Fristen des Zuwartens an der Gerichtsstelle erscheinen, so verletzt ein solches Verfahren in so eklatanter Weise den verfassungsrechtlich garantierten Anspruch auf Gewährung rechtlichen Gehörs und die damit zusammenhängenden Grundsätze der Möglichkeit der Verhandlung sowie der Öffentlichkeit des Verfahrens, dass die Rüge einer Verletzung des rechtlichen Gehörs nicht etwa deshalb erfolglos bleiben darf, weil keine substantiierten Angaben dazu gemacht worden sind, was über das bisherige Vorbringen hinaus im Falle der Gewährung rechtlichen Gehörs noch vorgetragen worden wäre.[597] – Wenn eine Prozesspartei oder deren Bevollmächtigter einen Vertagungsantrag stellt, weil die mündliche Verhandlung erst 75 Minuten später beginnt, so kann dieser nur dann Erfolg haben, wenn gleichzeitig mit dem Vertagungsantrag von dem jeweiligen Antragsteller „erhebliche Gründe" zur Begründung des Vertagungsantrags vorgetragen werden.[598]

– Erhebliche Gründe für die Stattgabe eines Vertagungs- oder Terminsverlegungsantrags liegen in der Regel vor, wenn ein **anwaltlich nicht vertretener Kläger** am Tag der mündlichen Verhandlung in seiner Sache verhandlungsunfähig ist und dies durch entsprechende ärztliche Bescheinigungen nachgewiesen hat.[599]

311 **Verspätung einer Prozesspartei**

S. auch Verlegungs- bzw. Vertagungsanträge.

312 **Vertagung bei neuem Vorbringen**

S. auch Verlegungs- und Vertagungsanträge.

Werden in einer mündlichen Verhandlung neue Tatsachen offenbart, oder wird ein Prozessbeteiligter erstmals mit neuen Rechtsauffassungen konfrontiert, zu denen er nicht sofort sachgerecht Stellung beziehen kann, so hat er verschiedene Möglichkeiten, um sich rechtliches Gehör zu verschaffen. Er kann beantragen, die Sitzung zu unterbrechen oder die Verhandlung zu vertagen (§ 227 Abs. 1 ZPO i. V. m. § 173 VwGO).[600] Die Verta-

---

594 *BVerwG*, 3. 7. 1992 – 8 C 58.90 – BayVBl. 1993, 412.

595 *BVerwG*, 23. 1. 1995 – 9 B 1/95 – NJW 95, 1231.

596 *VGH München*, 10. 5. 1995 – 19 A 9434820 – in BayVBl. 95, 664.

597 *VGH Kassel*, 3. 8. 1995 – 10 ZU 2185/95 –, NVwZ 96, 817.

598 *BVerwG*, 28. 12. 1998 – 4 B 119/98 – NJW 99, 2131.

599 *BVerwG*, 19. 1. 1999 – 8 B 186/98 – NVwZ-RR 99, 408.

600 *Redeker/von Oertzen*, § 102, Rdn. 1; *BVerwG*, 25. 1. 1974 – VI C 7.73 – BVerwGE 44, 307: Das Bestreben nach Beschleunigung darf niemals zur Versagung des rechtlichen Gehörs führen.

gung wird dabei die Regel sein, weil eine bloße Sitzungsunterbrechung häufig nicht ausreichen wird, um die erforderliche Informationsbeschaffung zu gewährleisten. Die Prozesspartei verliert die Möglichkeit der Verfahrensrüge, wenn kein Unterbrechungs- und/oder Vertagungsantrag gestellt wird.[601] Das gleiche gilt, wenn der Prozessbeteiligte der nicht anwesenden Partei im Termin von der Absicht des Gerichts überrascht wird, eine Beweisaufnahme durchzuführen. Zur Wahrung des Rechtsstandpunkts ist auch insoweit ein Vertagungsantrag erforderlich.[602] Neben der Möglichkeit des Unterbrechungs- oder Vertagungsantrags hat ein Prozessbeteiligter bei neuem Vorbringen des Gegners aber auch das Recht, nach § 283 ZPO i.V.m. § 173 VwGO zu beantragen, ihm einen Schriftsatznachlass zu gewähren.[603] In der Praxis der Verwaltungsgerichte hat sich die Möglichkeit der Gewährung eines Schriftsatznachlasses aber bislang nicht durchgesetzt, weil die Kammer oder der voll besetzte Senat unter Einschluss der ehrenamtlichen Richter dann ggfs. nach fristgerechtem Eingang des Schriftsatzes erneut zusammentreten müssten.

Verwertung von neuem Vorbringen nach Schluss der mündlichen Verhandlung 313

Das Gericht verletzt den Anspruch auf rechtliches Gehör, wenn es nach Abschluss der mündlichen Verhandlung in dem Verkündungstermin die Ablehnung förmlicher Beweisanträge verkündet, den Beteiligten eine Äußerungsfrist setzt, in deren Rahmen neue Tatsachen vorgebracht werden und dann dieses neue Vorbringen ohne weitere mündliche Verhandlung in seinem Urteil zugrunde legt.[604]

Wiedereintritt in die mündliche Verhandlung 314

Erscheint ein Beteiligter bzw. dessen Prozessbevollmächtigter nach Abschluss der mündlichen Verhandlung, jedoch noch vor Verkündung des Urteils, so kann er die Wiedereröffnung der mündlichen Verhandlung (§ 104 Abs. 3 Satz 2) beantragen.[605]

Wird eine Prozesspartei überraschend in der mündlichen Verhandlung auf fehlende Vorbringen hingewiesen, so kann von dieser Partei bei länger zurückliegenden Vorgängen kein sofortiger detaillierter Sachvortrag und/oder Beweisantritt verlangt werden (vgl. auch E 312). Nimmt die insoweit überraschte Partei in einem Schriftsatz nach Schluss der mündlichen Verhandlung zu den gerichtlichen Hinweisen Stellung, so ist unter diesem Gesichtspunkt der Wiedereintritt in die mündliche Verhandlung geboten.[606]

Zustellung, fehlerhaft 315

Zeigt ein Rechtsanwalt an, dass er einen Beteiligten vertritt, ohne zugleich eine schriftliche Vollmacht beizufügen, so wird das rechtliche Gehör des Beteiligten nur dann gewahrt und erfolgt die Zustellung einer Entscheidung nur dann ordnungsgemäß, wenn das Gericht entweder auf die Vorlage der schriftlichen Vollmacht verzichtet und an den Bevollmächtigten zustellt oder eine Frist für die Vorlage der Vollmacht setzt; stellt das Gericht ohne eine derartige Fristsetzung unmittelbar an den Beteiligten zu, wird hierdurch die Rechtsmittelfrist nicht in Lauf gesetzt.[607]

---

601 *BVerwG,* 31. 8. 1964 – VIII C 350.63 – BVerwGE 19, 231; *BVerwG,* 9. 8. 1978 – 7 C 79–82/77 – NJW 79, 828; *BVerwG,* 25. 11. 1991 – 5 B 129/91 – NVwZ 92, 852.

602 *BVerwG,* 31. 8. 1964 – VIII C 350.63 – BVerwGE 19, 231; *BVerwG,* 9. 8. 1978 – 7 C 79–82/77 – NJW 79, 828; *BVerwG,* 25. 11. 1991 – 5 B 129/91 – NVwZ 92, 852.

603 *BVerwG,* 29. 2. 2000 – 4 B 13.00 – n.v.

604 *BVerwG,* 1. 3. 1995 – 8 C 36/92 –, NVwZ 95, 991.

605 *Redeker/von Oertzen,* § 104, Rdn. 4; eine Wiedereröffnung der mündlichen Verhandlung ist allerdings begrifflich ausgeschlossen, wenn die von den mitwirkenden Richtern unterschriebene Urteilsformel im Rahmen des § 116 Abs. 2 der Geschäftsstelle übergeben und dies im Einverständnis mit dem Vorsitzenden den Beteiligten telefonisch mitgeteilt worden ist: *VGH München,* 2. 12. 1996 – 19 B 95629 – DVBl. 97, 662; vgl. ferner *VGH Kassel,* 10. 2. 1999 – 6 ZU 371/98.A – DVBl. 99, 1002 (nur Ls).

606 *BGH,* 8. 2. 1999 – 2 ZR 261/97 – NJW 99, 2123.

607 *VGH Mannheim,* 22. 3. 1995 – 8 S 599/95 – NJW 95, 1918.

316 **Zurückweisung von Vorbringen**

Die fehlerhafte Zurückweisung von Vorbringen (vgl. dazu E 76ff.) begründet einen Verfahrensmangel. Zum Erfordernis der Anhörung einer Partei vor Zurückweisung von Vorbringen, vgl. E 93. Die Zurückweisung von **verspätetem Vorbringen** (vgl. E 76ff.) ist nur zulässig, wenn der Betroffene seine Schuldlosigkeit an der Fristversäumung nicht darlegen konnte.[608]

12. Vorlagepflichten

a) Vorlagepflicht gem. Art. 100 Abs. 1 GG an das BVerfG oder ein LVerfG

317 Art. 100 Abs. 1 GG befasst sich mit vier Fällen:

(1) Vorlagepflicht eines Gerichts an das für Verfassungsstreitigkeiten zuständige Landesverfassungsgerichts bei Unvereinbarkeit eines Landesgesetzes mit der Landesverfassung (Art. 100 Abs. 1 Satz 1, 1. Alt. GG)

(2) Vorlagepflicht an das Bundesverfassungsgericht bei Unvereinbarkeit eines Bundesgesetzes mit dem Grundgesetz (Art. 100 Abs. 1 Satz 1, 2. Alt. GG).

(3) Vorlagepflicht an das Bundesverfassungsgericht bei Unvereinbarkeit eines Landesgesetzes mit dem Grundgesetz (Art. 100 Abs. 1 Satz 1, 1. Alt. GG) und

(4) Vorlagepflicht an das Bundesverfassungsgericht bei Unvereinbarkeit eines Landesgesetzes mit einem Bundesgesetz (Art. 100 Abs. 1 Satz 2, 2. Alt. GG)

318 Hält ein Gericht ein Gesetz, auf dessen Gültigkeit es bei der Entscheidung ankommt, für verfassungswidrig,[609] so ist das Gerichtsverfahren nach Art. 100 Abs. 1 GG auszusetzen und wenn es sich um die Verletzung der Verfassung eines Landes handelt, die Entscheidung des für Verfassungsstreitigkeiten zuständigen Landesverfassungsgerichts einzuholen; handelt es sich um eine Verletzung des Grundgesetzes, so ist die Entscheidung des Bundesverfassungsgerichts einzuholen.

Die Gerichte haben zunächst zu prüfen, ob das Handeln der Verwaltung auf eine ausreichende gesetzliche Grundlage gestützt worden ist; so dann ist weiter zu prüfen, ob die zu Grunde liegenden Gesetze verfassungsgemäß sind; d.h., die Gerichte haben zu klären, ob sich die anzuwendenden Gesetze im Einklang mit dem Grundgesetz bzw. bei Landesrecht mit der jeweiligen Landesverfassung stehen.[610]

319 Will der Richter die Verfassungsmäßigkeit eines Gesetzes verneinen, so muss er unmittelbar das Bundesverfassungsgericht bzw. bei Verstößen gegen die Landesverfassung des Landesverfassungsgericht anrufen; Vorlagen an einen großen Senat oder an ein höheres Gericht zur Entscheidung zur Verfassungsmäßigkeit des Gesetzes sind nicht zu lässig.[611]

320 Vorlageberechtigt sind nach Art. 100 Abs. 1 GG nur die Gerichte, wobei das Bundesverfassungsgericht hierunter alle Spruchstellen versteht, die sachlich unabhängig sind und in einem förmlich gültigen Gesetz mit den Aufgaben eines Gerichts betraut und als Gerichte bezeichnet sind.[612]

---

[608] *BVerwG,* 6. 4. 2000 – 9 B 50.00 – NWVBl. 01, 57ff.

[609] Der Vorlagebeschluss ist unzulässig, wenn das Gericht nicht zugleich die Überzeugung von der Verfassungswidrigkeit des Gesetzes darlegt, vgl. *BVerfG,* 10. 3. 1999 – 1 BvL 27/97 – NVwZ-RR 99, 481.

[610] *Redeker/von Oertzen,* § 1, Rdn. 6; *Ehlers* in *Schoch/Schmidt-Aßmann/Pietzner,* Anh. § 40 Art. 100 Abs. 1 GG, Rdn. 5ff.

[611] *Leibholz/Rinck/Hesselberger,* Art. 100, Rdn. 157.

[612] *Ehlers* in *Schoch/Schmidt-Aßmann/Pietzner,* Anh. § 40 Art. 100 Abs. 1, Rdn. 10.

Gegenstand der Vorlage sind lediglich nationale Gesetze, nicht also ausländische oder völkerrechtliche Vorschriften.[613]

Voraussetzung für die Vorlage ist freilich, dass es auf die für verfassungswidrig erachtete Norm im Rahmen des anhängigen Verfahrens entscheidungserheblich ankommt; die Entscheidung des Gerichts muss also von der Gültigkeit des für verfassungswidrig gehaltenen Gesetzes abhängen.[614] Zweifel an der Verfassungsmäßigkeit der vorgelegten Norm genügen dabei nicht.[615] Für die Beurteilung der Entscheidungserheblichkeit der vorgelegten Rechtsnorm ist dabei grundsätzlich auf den Rechtsstandpunkt des vorlegenden Gerichts abzustellen.[616] **321**

Missachtet ein Gericht seine Vorlageverpflichtung nach Art. 100 Abs. 1 GG, so kann dies nicht gerügt werden, da die Entscheidung des Gerichts, die Rechtsnorm nicht vorzulegen, keinen selbständigen Charakter hat und in der Regel auch nicht nach Außen hervortritt. Ein etwaiges Rechtsmittel des Klägers ist daher nicht auf die Nichtvorlage, sondern darauf zu stützen, dass das Gericht wegen der Verfassungswidrigkeit der dem Verwaltungshandeln zu Grunde liegenden Norm falsch entschieden hat.[617] **322**

Wichtiger Hinweis:
Missachten alle Instanzgerichte ihre Vorlagepflicht, so kommt auch die Erhebung einer Verfassungsbeschwerde in Betracht, die dann auf Art. 101 Abs. 1 Satz 2 GG (Entzug des gesetzlichen Richters) und nicht auf Art. 100 Abs. 1 GG gestützt werden muss.[618] Eine Verfassungsbeschwerde kann nach ständiger Rechtsprechung des Bundesverfassungsgerichts aber letztlich nur darauf gestützt werden, dass das Fehlverhalten des Fachgerichts auf Willkür und nicht lediglich auf einem bloßen „error in prozedendo" beruht.[619] **323**
Die Entscheidung des Instanzgerichts für eine Vorlage an das Bundesverfassungsgericht erfolgt durch Beschluss und ist als solche unanfechtbar.[620]

b) Vorlagepflicht bei Zweifeln über Regeln des Völkerrechts (Art. 100 Abs. 2 GG)

Sofern bei einem Rechtsstreit zweifelhaft ist, ob eine Regel des Völkerrechts Bestandteil des Bundesrechts ist und ob sie unmittelbare Rechte und Pflichten für den Einzelnen erzeugt (Art. 25 GG), muss das zur Entscheidung angerufene Gericht die Entscheidung des Bundesverfassungsgerichts einholen (Art. 100 Abs. 2 GG). Das Verfahren nach Art. 100 Abs. 2 GG dient anders als das Verfahren nach Art. 100 Abs. 1 GG nicht der Normenkontrolle sondern der **Normenverifikation:** Es soll also festgestellt werden, ob eine bestimmte völkerrechtliche Norm auch als innerstaatliches Bundesrecht anzuwenden ist.[621] Im übrigen ist eine Vorlage auch dann zulässig, wenn sich Zweifel ergeben, ob eine bestimmte Völkerrechts- **324**

---

613 *Ehlers* in *Schoch/Schmidt-Aßmann/Pietzner,* Anh. § 40 Art. 100 Abs. 1 GG, Rdn. 15.

614 *Leibholz/Rinck/Hesselberger,* Art. 100, Rdn. 186; *BVerfG,* 2. 12. 1997 – 2 BvL 55 und 56/92 – DVBl. 98, 326.

615 *BVerfG,* 10. 3. 1999 – 1 BvL 27/97 – NVwZ-RR 99, 481.

616 *Leibholz/Rinck/Hesselberger,* Art. 100, Rdn. 271.

617 *Ehlers* in *Schoch/Schmidt-Aßmann/Pietzner,* Anh. § 40 Art. 100 Abs. 1 GG, Rdn. 58; *BVerwG,* 22. 11. 1997 – 8 B 255.97 – DVBl. 98, 795 (nur Ls).

618 *Ehlers* in *Schoch/Schmidt-Aßmann/Pietzner,* Anh. § 40 Art. 100 Abs. 1 GG, Rdn. 58.

619 *BVerfG,* 10. 7. 1990 – 1 BvR 984 –, 985/87 – NJW 91, 217 ff.

620 *Ehlers* in *Schoch/Schmidt-Aßmann/Pietzner,* Anh. § 40 Art. 100 Abs. 1 GG, Rdn. 56.

621 *Leibholz/Rinck/Hesselberger,* Art. 100, Rdn. 333.

norm/Völkerrechtsregel existiert oder nicht.[622] Das gleiche gilt dann, wenn das vorlegende Gericht Zweifel an der Tragweite einer Völkerrechtsregel hat. Die Zweifel des Gerichts müssen von ernst zu nehmender Bedeutung sein und sich im Rahmen des Rechtsstreits stellen.

325 Verabsäumt das Gericht eine Vorlage nach Art. 100 Abs. 2 GG vorzunehmen, so kann hierin eine Verletzung des Gebots aus Art. 101 Abs. 1 Satz 2 GG (Entzug des gesetzlichen Richters) liegen, wenn die Nichtvorlage auf Willkür beruht.[623]

Die Entscheidung für eine Vorlage an das Bundesverfassungsgericht erfolgt durch Beschluss und ist als solche unanfechtbar.[624]

c) Vorlagepflicht an den EuGH zur Vorabentscheidung nach Art. 177 EGV

326 Nach Art. 177 EGV entscheidet der EuGH im Wege der Vorabentscheidung (vgl. dazu auch Kapitel L m. w. N.) über

- die Auslegung des EG-Vertrages die Gültigkeit und die Auslegung der Handlungen der Organe der Gemeinschaft und der EZB,
- die Auslegung der Satzungen der durch den Rat geschaffenen Einrichtungen, soweit diese Satzungen dies vorsehen.

327 Werden die Gerichte eines Mitgliedstaates mit einer derartigen Fragestellung befasst und hält das Gericht eine Entscheidung über die Frage zum Erlass seines Urteils für erforderlich, so **kann** es diese Frage dem Gerichtshof zur Entscheidung vorlegen. Das Gericht des Mitgliedstaates hat also ein Vorlageermessen. Eine Verpflichtung eines einzelstaatlichen Gerichts, eine derartige Frage dem EuGH vorzulegen, besteht nach Art. 177 Abs. 3 EGV jedoch nur dann, wenn die Entscheidung des einzelstaatlichen Gerichts selbst nicht mehr angefochten werden kann.[625]

Ein Rechtsmittel im vorgenannten Sinne stellt dabei neben der Revision nach § 132 Abs. 1 VwGO jedenfalls hinsichtlich des reversiblen Rechts auch die Beschwerde gegen die Nichtzulassung der Revision gem. § 133 Abs. 1 VwGO dar.[626] Mit Rücksicht auf ein beim EuGH anhängiges Vertragsverletzungsverfahren kann ein Revisionsverfahren, das gleiche Fragen des Gemeinschaftsrechts aufwirft, auch ohne gleichzeitige Vorlage (Art. 234 EG) entsprechend § 94 ausgesetzt werden.[627]

Da europäisches Gemeinschaftsrecht als Bundesrecht im Sinne des § 137 Abs. 1 VwGO zu werten und damit reversibel ist besteht grundsätzlich keine Vorlagepflicht eines Instanzgerichts auf Grund des Art. 177 Abs. 3 EGV.

328 Der Ermessensspielraum des mitgliedstaatlichen Gerichts reduziert sich allenfalls dann auf Null, wenn das Gericht die Gültigkeit gemeinschaftsrechtlicher Handlungen nach dem Gemeinschaftsrecht verneinen will, da die mitgliedstaatlichen Ge-

---

[622] *Leibholz/Rinck/Hesselberger,* Art. 100, Rdn. 334.

[623] *Ehlers* in *Schoch/Schmidt-Aßmann/Pietzner,* Anh. § 40 Art. 100 Abs. 2 GG, Rdn. 17.

[624] *Ehlers* in *Schoch/Schmidt-Aßmann/Pietzner,* Anh. § 40 Art. 100 Abs. 1 GG, Rdn. 56.

[625] *Ehlers* in *Schoch/Schmidt-Aßmann/Pietzner,* Anh. § 40 Art. 177 EGV, Rdn. 36 ff.; ferner *BVerwG,* 14. 12. 92 – 5 B 72/92 – NVwZ 93, 770; vgl. auch *EuGH,* 20. 3. 1997 – Rs. C – 24/95 – NVwZ 98, 45.

[626] *BVerwG,* 14. 12. 1992 – 5 B 72/92 – NVwZ 93, 770.

[627] *BVerwG,* 10. 11. 2000 – 3 C 3/00 – NVwZ 01, 319.

richte nicht befugt sind, selbst die Ungültigkeit von Handlungen der Gemeinschaftsorgane festzustellen.[628]

Die Aussetzung des Verfahrens erfolgt durch Beschluss des angerufenen Gerichts; das deutsche Recht eröffnet gegen einen Vorlagebeschluss an den EUGH keine Rechtsschutzmöglichkeiten.[629] **329**

Sofern entgegen Art. 177 EGV die nationalen Gerichte nicht vorlegen, stellt die Nichtbeachtung der Vorlageverpflichtung eine Vertragsverletzung des Mitgliedstaates dar, gegen die Klage vor dem EUGH erhoben werden kann. In Betracht kommt in diesem Zusammenhang eine Aufsichtsklage der Kommission nach Art. 169 EGV.[630] **330**

In nationaler Hinsicht kann der Verstoß gegen die Vorlageverpflichtung mit der Verfassungsbeschwerde gerügt werden wegen Verletzung des verfassungsrechtlichen Anspruchs auf den gesetzlichen Richter gem. Art. 93 Abs. 1 Nr. 4a i.V.m. Art. 101 Abs. 1 Satz 2 GG.[631] **331**

Im Rahmen des verwaltungsgerichtlichen Verfahrens kann die Nichtvorlage an den EUGH als Verfahrensfehler gerügt werden, wenn die Nichtvorlage nach Art. 177 Abs. 2 EGV ermessensfehlerhaft war. Letzteres ist allenfalls dann der Fall, wenn sich das nationale Gericht eine Selbstentscheidungskompetenz bezüglich des europäischen Rechts anmaßt und sich ein vermeintliches Verwerfungsrecht anmaßt.[632]

d) Vorlagepflicht an den großen Senat

aa) Großer Senat des BVerwG

Nach § 11 Abs. 2 muss ein Senat des BVerwG den großen Senat des BVerwG anrufen, wenn ein Senat in einer Rechtsfrage von der Entscheidung eines anderen Senates oder des großen Senates abweichen will. „Abweichung" bedeutet die unterschiedliche Auffassung in einer Rechtsfrage, die sowohl für die ursprüngliche als auch für die neu anstehende Entscheidung tragend ist.[633] **332**

Voraussetzung für eine Vorlage an den großen Senat ist ferner, dass der Senat, von dessen Entscheidung abgewichen werden soll, auf Anfrage des erkennenden Senats erklärt hat, dass er an seiner Rechtsauffassung festhält.

Verstößt der erkennende Senat gegen seine Vorlagepflicht gem. § 11 Abs. 2 so wird dadurch die Wirksamkeit seiner Entscheidung nicht berührt; sofern der erkennende Senat die erforderliche Vorlage willkürlich unterlassen hat, kann dies je-

---

628 *EuGH,* 22. 10. 1987 – Rs 314/85 – NJW 1988, 1451.

629 *Ehlers* in *Schoch/Schmidt-Aßmann/Pietzner,* Anh. § 40 Art. 177 EGV, Rdn. 59.

630 *Ehlers* in *Schoch/Schmidt-Aßmann/Pietzner,* Anh. § 40 Art. 177 EGV, Rdn. 60.

631 *Ehlers* in *Schoch/Schmidt-Aßmann/Pietzner,* Anh. § 40 Art. 177 EGV, Rdn. 61; *BVerfG,* 9. 1. 2001 – 1 BvR 1036/99 – DVBl. 01, 720, das darauf hinweist, dass die nationalen Gerichte sich bei der Beurteilung der Frage, ob ein Kollisionstatbestand vorliegen könnte, auch mit der vorhandenen Rechtsprechung des EuGH auseinandersetzen müssen: „Ein Gericht, das sich hinsichtlich des europäischen Rechts nicht ausreichend kundig macht, verkennt regelmäßig die Bedingungen für die Vorlagepflicht." Eine Verfassungsbeschwerde kann allerdings nicht allgemein darauf gestützt werden, dass das Gemeinschaftsrecht Grundrechte verletze. Das Gemeinschaftsrecht wird grundsätzlich nicht am Maßstab der Grundrechte durch das Bundesverfassungsgericht geprüft.

632 *EuGH,* 22. 10. 1987 – Rs 314/85 – NJW 88, 1451f.

633 *Redeker/von Oertzen,* § 11, Rdn. 2.

doch den verfassungsgerichtlichen Anspruch auf den gesetzlichen Richter gem. Art. 101 Abs. 1 Satz 2 GG verletzen und zum Gegenstand einer Verfassungsbeschwerde werden.

bb) Großer Senat eines OVG/VGH

333 Bei großen Oberverwaltungsgerichten fallen bestimmte Rechtsmaterien (z. B. Bausachen, Beamtensachen) in den Zuständigkeitsbereich mehrerer Senate. Der große Senat des OVG hat die Funktion, die Einheitlichkeit der Rechtsprechung der verschiedenen Spruchkörper des Gerichts auf dem Gebiete des Landesrechts zu bewahren. Der große Senat entscheidet gem. § 12 i. V. m. § 11 Abs. 2, wenn ein Senat von der Entscheidung eines anderen Senates oder des großen Senates in einer landesrechtlichen Frage abweichen will. Der Verstoß gegen die Vorlagepflicht begründet hier die Verfahrensrevision.[634]

III. Vergleich, § 106

334 § 106 bestimmt, dass die Beteiligten, um den Rechtsstreit vollständig oder zum Teil zu erledigen, zur Niederschrift des Gerichts einen Vergleich schließen können, soweit sie über den Gegenstand des Vergleiches Verfügungsgewalt haben. Ein gerichtlicher Vergleich kann nach dem Neuregelungsgesetz auch dadurch geschlossen werden, dass die Beteiligten einen in der Form eines Beschlusses ergangenen Vorschlag des Gerichts (des Vorsitzenden/des Berichterstatters) schriftlich gegenüber dem Gericht annehmen.

1. Rechtsnatur des Vergleiches

335 Wie der im Zivilprozess abgeschlossene Vergleich hat auch der verwaltungsgerichtliche Vergleich eine Doppelnatur:[635]

Er ist einerseits ein normales Rechtsgeschäft, d.h. ein öffentlich-rechtlicher Vertrag i.S.d. § 55 VwVfG.[636] Andererseits ist der Vergleich eine Prozesshandlung.[637]

Der Vergleich soll das anhängige Verfahren ganz oder teilweise erledigen, wobei der Vergleich stets ein wechselseitiges Nachgeben voraussetzt.

2. Zulässigkeit des Vergleiches

336 Der Vergleich ist zulässig, wenn die Parteien über den Gegenstand des Vergleiches verfügen können.[638] In erster Linie geht es um Regelungen, die Gegenstand

---

[634] *Redeker/von Oertzen,* § 12, Rdn. 2. Kein Verfahrensmangel soll nach der Rechtsprechung des *BVerwG,* 11. 3. 1998 – 8 BN 6/97 – NVwZ 98, 952, dann vorliegen, wenn die Vorlagefrage für die Entscheidung eines der beiden Senate des OVG nicht erheblich war.

[635] *BVerwG,* 27. 10. 1997 – 4 B 175/93 – NJW 94, 2306ff.

[636] *Redeker/von Oertzen,* § 106, Rdn. 10.

[637] Zur Rechtsnatur des zivilrechtlichen Vergleichs vgl. *Baumbach/Lauterbach,* Anh. § 307, Rdn. 2; zu § 55 VwVfG, vgl. die Anm. v. *Kopp/Ramsauer,* § 55, Rdn. 1; zur Rechtsnatur des Vergleiches in Verwaltungsprozessen vgl. *Redeker/von Oertzen,* § 106, Rdn. 2.

[638] Zur Rechtsnatur des zivilrechtlichen Vergleichs vgl. *Baumbach/Lauterbach,* Anh. § 307, Rdn. 2; zu § 55 VwVfG, vgl. die Anm. v. *Kopp/Ramsauer,* § 55, Rdn. 1; zur Rechtsnatur des Vergleichs in Verwaltungsprozessen vgl. *Redeker/von Oertzen,* § 106, Rdn. 2.

eines öffentlich-rechtlichen Vertrages sein können, wobei freilich nicht ausgeschlossen ist, dass in dem Vergleich auch zivilrechtliche Ansprüche geregelt werden (z.B. eine Auflassung gem. § 925 Abs. 1 Satz 3 BGB).[639] Der Vergleich muss sich also nicht auf den Streitgegenstand des eigentlichen Gerichtsverfahrens beschränken.[640] Voraussetzung für einen wirksamen Prozessvergleich ist ferner, dass die Behörde, soweit es um öffentlich-rechtliche Regelungen geht, für die beabsichtigte Regelung sachlich und örtlich zuständig ist.[641] Der Vergleich ist als öffentlich-rechtlicher Vertrag auch dann zulässig, wenn es um eine gebundene Verwaltungsentscheidung geht; erforderlich ist lediglich, dass entweder die Auslegung des Gesetzes oder das Vorliegen der tatbestandlichen Voraussetzungen der gesetzlichen Regelung Zweifeln unterliegt.[642]

Im Hinblick auf den – auch – materiell-rechtlichen Charakter des Prozessver- **337**
gleiches ist der Vergleich gem. § 59 Abs. 2 VwVfG nichtig, wenn

- ein Verwaltungsakt mit entsprechendem Inhalt nichtig wäre (§ 59 Abs. 2 Nr. 1 VwVfG) i.V.m. § 44 VwVfG)[643]
- ein Verwaltungsakt mit entsprechendem Inhalt nicht nur wegen eines Verfahrens- oder Formfehlers i.S.d. § 46 VwVfG rechtswidrig wäre und dies den Beteiligten bekannt war (§ 59 Abs. 2 Nr. 2 VwVfG)[644]
- die Voraussetzungen zum Abschluss eines Vergleichsvertrages nicht vorlagen und ein Verwaltungsakt mit entsprechendem Inhalt nicht nur wegen eines Verfahrens- oder Formfehlers i.S.d. § 46 VwVfG – rechtswidrig wäre (§ 59 Abs. 2 Nr. 3 VwVfG)[645]
- sich die Behörde eine nach § 56 VwVfG unzulässige Gegenleistung versprechen lässt (§ 59 Abs. 2 Nr. 4 VwVfG).[646]

Die Nichtigkeit des materiell-rechtlichen Vergleichs zieht die Nichtigkeit des **338**
prozessualen Vergleichs nach sich.[647]

Der Prozessvergleich ist ferner unwirksam, wenn er gegen § 58 VwVfG ver- **339**
stößt, d.h. wenn die erforderliche Zustimmung eines Dritten fehlt.[648] Die Unwirksamkeit des Vergleichs kann sich ferner daraus ergeben, dass einer der Betei-

---

639 *BVerwG,* 13. 3. 95 – 4 A 1.92 – BayVBl. 95, 504f.

640 *Redeker/von Oertzen,* § 106, Rdn. 3; *OLG München,* 19. 12. 1991 – 1 04776/91 – NVwZ 93, 100; *BVerwG,* 28. 3. 1962 – V C 100.61 – BVerwGE 14, 103.

641 *BVerwG,* 28. 3. 1962 – V C 100.61 – BVerwGE 14, 103.

642 *Kopp/Ramsauer,* § 59, Rdn. 24ff.

643 *Kopp/Ramsauer,* § 59, Rdn. 13.

644 *Kopp/Ramsauer,* § 59, Rdn. 19ff.

645 *Kopp/Ramsauer,* § 59, Rdn. 22f.

646 *Kopp/Ramsauer,* § 59, Rdn. 24ff; vgl. *Erfmeyer,* „Die Beseitigung einer Ungewissheit über den Sachverhalt durch Abschluss eines Vergleichsbetrages", DVBl. 98, 753.

647 *Kopp/Schenke,* § 106, Rdn. 7; ferner *Redeker/von Oertzen,* § 106, Rdn. 14; *OVG Hamburg,* 11. 6. 1993 – Bf IV 26/91 – NVwZ-RR 94, 239.

648 *Redeker/von Oertzen,* § 106, Rdn. 14; die erforderliche Zustimmungserklärung (§ 58 VwVfG) kann freilich – bei Vorliegen der materiell-rechtlichen Voraussetzungen – u.U. von der Behörde durch eine Duldungsverfügung ersetzt werden, vgl. *OVG Münster,* 26. 2. 1991 – 11 A 1052/89 – NVwZ-RR 92, 277. *BVerwG,* 4. 11. 1987 – 1 B 112/87 – NJW 88, 662: Verpflichtet sich die Einbürgerungsbehörde in einem gerichtlichen Vergleich unter bestimmten Voraussetzungen, den Kläger einzubürgern, wird der Vergleich nicht wirksam, wenn der Bundesinnenminister nicht zustimmt.

ligten nicht ordnungsgemäß vertreten oder prozessunfähig war oder dass die Vergleichserklärungen an Willensmängeln im Sinne der §§ 116ff. BGB leiden, die auch für den öffentlich-rechtlichen Vertrag Gültigkeit haben (§ 62 VwVfG). Eine Anfechtung des Vergleiches wegen Irrtums, arglistiger Täuschung etc. ist daher grundsätzlich möglich.[649]

339a Die Prozessbeteiligten können sich bei Abschluss des Vergleichs den Widerruf des Prozessvergleichs innerhalb einer im Vergleich näher zu bestimmenden Frist vorbehalten.[650] Der Widerruf des Prozessvergleichs ist eine Prozesshandlung, für die § 222 Abs. 2 ZPO i. V. m. § 57 Abs. 2 entsprechend gilt.[651]

340 Entsteht zwischen den Parteien **Streit über die anfängliche Wirksamkeit des Vergleiches,**[652] so kann jede Partei grundsätzlich in dem bisherigen Prozess die Anberaumung eines neuen Termins zur Fortsetzung des bisherigen Prozesses beantragen und unter Hinweis auf die Unwirksamkeitsgründe die alten Klageanträge weiter verfolgen. Bejaht das Gericht die Beendigung des bisherigen Verfahrens wegen Wirksamkeit des Vergleiches, so fällt es ein Feststellungsurteil dahin, dass der Prozess bereits durch den Vergleich erledigt wurde.[653] Verneint das Gericht die Wirksamkeit des Vergleiches, so hat es in der Sache selbst zu entscheiden.[654]

341 Denkbar ist es auch, dass der Vergleich später seine streitbeendende Wirkung durch eine Kündigungserklärung bei Wegfall der Geschäftsgrundlage[655] (vgl. dazu § 60 VwVfG) oder einen Rücktritt nachträglich verliert. In diesem Fall bleibt das alte Verfahren beendet. Etwaige neue Streitigkeiten sind dann in einem wieteren, neuen Rechtsstreit zu klären und zu regeln. Dies hängt damit zusammen, dass ein Vertragsanpassungsverlangen einer Partei, eine Kündigung nach § 60 Abs. 1 VwVfG oder einen Rücktritt regelmäßig die Wirksamkeit des ursprünglichen Vergleiches unangetastet lässt; hier entsteht vielmehr eine neue Streitigkeit.[656]

---

649 S. auch zur zivilrechtlichen Rechtsprechung *BGH*, 29. 7. 1999 – III ZR 272/98 – NJW 99, 2903; *VGH München*, 21. 12. 1999 – 20 N 962625/20 u. a. – DVBl. 00, 568ff.; *Kopp/Schenke*, § 106, Rdn. 7; ferner *Redeker/von Oertzen*, § 106, Rdn. 14; *OVG Hamburg*, 11. 6. 1993 – Bf IV 26/91 – NVwZ-RR 94, 239; anderer Auffassung *Geiger* in *Eyermann*, § 106, Rdn. 34, der zwar die Anfechtung des materiell-rechtlichen Teils des Prozessvergleichs für möglich hält, die Prozesshandlung selbst jedoch nicht erfasst wissen will. Geiger vertritt die Auffassung, dass die rückwirkende Nichtigkeit des materiell-rechtlichen Vergleichs zu einem Rückabwicklungsverhältnis in materiell-rechtlicher Hinsicht führe, so dass der Streit um die Wirksamkeit einer Vergleichsanfechtung in einem neuen Prozess auszutragen sei.

650 *VGH Kassel*, 24. 3. 2000 – 11 TG 3096/99 – NVwZ-RR 00, 544ff.

651 *VGH Kassel*, 24. 3. 2000 – 11 TG 2096/99 – NVwZ-RR 00, 544ff.

652 *VGH München*, 21. 12. 1999 – 20 N 962625/20 – u. a. DVBl. 00, 568.

653 *Baumbach/Lauterbach*, Anh. § 307, Rdn. 6 B; *BGH*, 29. 7. 1999 – III ZR 272/98 – NJW 99, 2903; *Kopp/Schenke*, § 106, Rdn. 7; *Redeker/von Oertzen*, § 106, Rdn. 14; a. A. für den Fall der bloßen Unwirksamkeit des materiell-rechtlichen Vergleichs *Geiger* in *Eyermann*, § 106, Rdn. 34, der eine Fortsetzung des Verfahrens nur für den Fall eines Streites über die Wirksamkeit der Prozesshandlung zulassen will, die zu dem Vergleichsabschluss geführt hat. Zur Verwirkung des Fortführungsrechts vgl. *Geiger* in *Eyermann*, § 106, Rdn. 31.

654 Vgl. dazu *Redeker/von Oertzen*, § 106, Rdn. 16.

655 *VGH Mannheim*, 28. 2. 1997 – 9 S 1610/96 – NVwZ-RR 98, 465.

656 *Redeker/von Oertzen*, § 106, Rdn. 18, 19.

3. Wirkungen des Vergleiches

Der Vergleich ist materiell-rechtlich ein öffentlich-rechtlicher Vertrag, der in prozessualer Hinsicht das Verfahren beendet. Der Vergleich ist sogleich ein Vollstreckungstitel (vgl. dazu § 168 Abs. 1 Nr. 3).[657] Sofern der Vergleich keine Kostenregelung enthält, gilt § 160: Die Gerichtskosten trägt jeder Teil zur Hälfte, die außergerichtlichen Kosten trägt jeder Beteiligte selbst. Denkbar ist es aber auch, dass die Parteien im Vergleich die Kostenregelung offen lassen, indem sie die Wirkung des Vergleichs ausdrücklich auf die „Hauptsache“ beschränken oder widerstreitende Kostenanträge stellen. In diesem Falle entscheidet das Gericht gem. § 161 Abs. 2. **342**

4. Außergerichtlicher Vergleich

Neben dem gerichtlichen Vergleich können die Beteiligten das Verfahren auch durch einen außergerichtlichen Vergleich erledigen. Dabei handelt es sich um einen schlichten öffentlich-rechtlichen Vertrag, der zur Erledigung der zwischen den Parteien bestehenden Streitigkeiten abgeschlossen wird. Der außergerichtliche Vergleich hat lediglich materiell-rechtliche Wirkung.[658] Zur Zulässigkeit eines derartigen außergerichtlichen Vergleiches kann auf die allgemeinen Ausführungen unter E 336ff. verwiesen werden. Der außergerichtliche Vergleich beendet den Rechtsstreit nicht automatisch; erfüllt eine Partei die ihr auferlegten Verpflichtungen aus dem Vergleich nicht, so muss der Begünstigte im Rahmen des noch anhängigen Verfahrens seine Ansprüche auf den Vergleich stützen.[659] **343**

Der Anwaltsvergleich (§ 1044b ZPO) ist kein Vollstreckungstitel im Sinne der VwGO.[660]

IV. Erledigung der Hauptsache

Nach § 107 wird die Klage durch Urteil entschieden, es sei denn, dass eine Sondersituation eintritt. Neben der Klagerücknahme (§ 92)[661] und dem gerichtlichen Vergleich (§ 106)[662] erübrigt sich eine gerichtliche Entscheidung durch Urteil dann, wenn sich der Rechtsstreit in der Hauptsache erledigt. **344**

1. Begriff der Erledigung

Nach ständiger Rechtssprechung des BVerwG tritt die Erledigung des Rechtsstreits[663] ein, wenn die Klage im Nachhinein aufgrund vom Kläger nicht zu ver- **345**

---

[657] Die bei einem Gerichtstermin von den Parteien zu Protokoll erklärte Vereinbarung der Änderung eines gerichtlichen Vergleichs stellt keinen Vollstreckungstitel dar, wenn die Vereinbarung nicht selbst in der Form eines gerichtlichen Vergleichs ergangen ist, vgl. *OVG Münster,* 27. 10. 1997 – 10 E 634/97 – NVwZ-RR 98, 535.

[658] Vgl. dazu *Günther,* DVBl. 88, 618.

[659] Vgl. dazu *Günther,* DVBl. 88, 618.

[660] *Baumbach-Lauterbach,* § 1044b, Rdn. 3.

[661] Vgl. dazu oben E 115f.

[662] Vgl. dazu oben E 334ff.

[663] *Feser/Kirchmaier,* „Die Erledigung des Rechtsstreits in der Hauptsache im Verwaltungsprozess – Versuch einer systematischen Strukturierung“, BayVBl. 95, 641ff.

tretender Umstände unzulässig oder unbegründet wird, also dann, wenn das Klagebegehren aus Gründen, die nicht in der Einflusssphäre des Klägers liegen, in dem eigentlichen Prozess nicht mehr zu verwirklichen ist. Dabei spielt es keine Rolle, ob der Kläger sein Prozessziel außerhalb des Prozesses erreichte oder überhaupt nicht mehr erreichen kann.[664]

346 **Hinweis:**

Die Klaglosstellung ist nur ein Beispiel für eine Hauptsachenerledigung. Der Rechtsstreit kann sich auch durch eine nachträgliche Änderung der Sach- oder Rechtslage zu Ungunsten des Klägers erledigen, etwa durch das Inkrafttreten eines Gesetzes, das zum rückwirkenden Erlöschen eines Erstattungsanspruchs führt oder durch die Rücknahme eines Bauantrags als Folge des Fortfalls einer privatrechtlichen Befugnis zur Errichtung der beantragten baulichen Anlagen.[665]

347 **Eine Erledigung der Hauptsache wird beispielsweise in folgenden Fällen angenommen:**

(1) Eine auf Beseitigung einer illegalen errichteten baulichen Anlage gerichtete Nachbarklage kann sich durch eine nachfolgende bauaufsichtliche Genehmigung erledigen und zwar auch dann, wenn die Baugenehmigung jetzt von dem Nachbarn angefochten wird, sein Widerspruch jedoch keine aufschiebende Wirkung hat.[666]

(2) Die beklagte Gemeinde zog den Kläger aufgrund ihrer Erschließungsbeitragssatzung aus dem Jahre 1978 zu einem Erschließungsbeitrag heran. Erstinstanzlich erstritt der Kläger ein obsiegendes Urteil mit der Begründung, die zugrunde gelegte Erschließungsbeitragssatzung sei rechtswidrig. In der Berufungsinstanz fasste die beklagte Gemeinde ihre Beitragssatzung neu. Der Kläger erklärte daraufhin den Rechtsstreit in der Hauptsache für erledigt. Die Erledigung des Rechtsstreits war eingetreten, weil der ursprüngliche Streitgegenstand (der Beitragsbescheid auf der Grundlage der rechtswidrigen Erschließungsbeitragssatzung aus dem Jahre 1978) zwischenzeitlich von der Beklagten aufgehoben war.

Dem materiellen Klageanspruch des Klägers wurde durch ein nach Klageerhebung von der Beklagten zu vertretendes Ereignis die Grundlage entzogen.[667]

(3) Wird ein Organisationserlass des zuständigen Ministers über die Errichtung eines Studiengangs in einer staatlichen Universität nachträglich aufgehoben, ist eine gegen diesen Organisationserlass gerichtete Anfechtungsklage in der Hauptsache erledigt.[668]

(4) Der Antrag eines Nachbarn, die aufschiebende Wirkung seiner Klage gegen einen wasserrechtlichen Planfeststellungsbeschluss (Errichtung eines Wasserreservoirs) wiederherzustellen, erledigt sich, wenn das Wasserreservoirs während der Dauer des gerichtlichen Eilverfahrens vollständig hergestellt ist.[669]

---

[664] Vgl. dazu *BVerwG,* 15. 8. 1988 – 4 B 89/88 – NVwZ 89, 48; *BVerwG,* 29. 9. 1988 – 7 B 185/87 – NVwZ 89, 47; *BVerwG,* 21. 4. 1989 – 7 C 84/87 – NVwZ 89, 859.

[665] *BVerwG,* 15. 8. 1988 – 4 B 89/88 – NVwZ 89, 48.

[666] *BVerwG,* 15. 8. 1988 – 4 B 89/88 – NVwZ 89, 48.

[667] *VGH Mannheim,* 11. 2. 1988 – 2 S 657/86 – NVwZ-RR 89, 445.

[668] *BVerwG,* 21. 4. 1989 – 7 C 84/87 – NVwZ 89, 859.

[669] *OVG Münster,* 14. 12. 1992 – 20 B 3345/92 – n. v.; wird ein Bauwerk während des gerichtlichen Eilverfahrens fertiggestellt, so erledigt sich das Verfahren nach § 80 Abs. 5 al-

(5) Eine Erledigung der Hauptsache tritt stets ein, wenn der Beklagte den Kläger nach Klageerhebung klaglos stellt, etwa in den Fällen der Untätigkeitsklage (§ 75), wenn die Behörde nach Klageerhebung den begehrten Verwaltungsakt erlässt.[670]

(6) Die Rücknahme eines Bauantrags stellt im Rechtsstreit um die Erteilung der Baugenehmigung ein erledigendes Ereignis dar.[671]

(7) Eine Erledigung in anderer Weise kann vorliegen, wenn alle Beteiligten übereinstimmend einen früheren Verwaltungsakt für obsolet ansehen und davon ausgehen, dass die Sach- und Rechtslage auf dem Boden einer neuen Geschäftsgrundlage zu beurteilen ist.[672]

Keine Erledigung der Hauptsache wird angenommen:

(1) Der Kläger beantragt die Aufhebung einer dienstlichen Beurteilung vom Juli 1991. Im Juni 1992 ergeht eine weitere Beurteilung der nächst höheren vorgesetzten Dienstbehörde. Eine derartige, weitere Beurteilung ersetzt die ursprüngliche Beurteilung des unteren Dienstvorgesetzten nicht, sondern tritt neben diese Beurteilung. Eine Erledigung der Hauptsache tritt deshalb nicht ein.[673] **348**

(2) Ein gerichtliches Verfahren, das auf Aufhebung einer dienstlichen Beurteilung gerichtet ist, die aus Anlass eines Beförderungsverfahrens erstellt worden ist, erledigt sich nicht mit Abschluss des konkreten Besetzungsverfahrens.[674]

(3) Eine Erledigung der Hauptsache tritt ferner dann nicht ein, wenn der jeweilige Kläger unter der Androhung des Verwaltungszwangs der im angefochtenen Verwaltungsakt auferlegten Verpflichtung (vorläufig) nachkommt: Der Kläger bezahlt nach erfolglosem Widerspruchsverfahren den festgesetzten Erschließungsbeitrag und ficht den Beitragsbescheid im Wege der Anfechtungsklage an.[675]

Ist eine Erledigung der Hauptsache eingetreten, so kann der Kläger das jeweilige Klageverfahren nur dann fortsetzen, wenn bei der Anfechtungs- oder Verpflichtungsklage die besonderen Voraussetzungen der Fortsetzungsfeststellungsklage (vgl. **349**

---

lerdings nur dann, wenn der Nachbar nur durch den Baukörper selbst beschwert wird. Wird der Nachbar auch durch die Nutzung beschwert, kann er das Verfahren nach § 80 Abs. 5 fortsetzen und neben der Wiederherstellung der aufschiebenden Wirkung des Widerspruchs auch die Untersagung der geplanten Nutzung begehren, vgl. dazu *VG Münster,* 25. 6. 1993 – 2 L 593/93 – n. v.

670 *Kopp/Schenke,* § 161, Rdn. 34.

671 *BVerwG,* 19. 5. 1995 – 4 B 247.94 – in Buchholz 310, § 61, Nr. 108.

672 *BVerwG,* 27. 3. 1998 – 4 C 11/97 – NVwZ 98, 729.

673 *VG Münster,* 19. 4. 1993 – 4 K 981/92 – n. v., AU S. 5/6.

674 *VG Münster,* 19. 4. 1993 – 4 K 981/92 – n. v., AU S. 7; ein Rechtsstreit über eine dienstliche Beurteilung kann sich freilich dann erledigen, wenn der streitgegenständlichen Beurteilung zwischenzeitlich mehrere Beurteilungen nachgefolgt sind: vgl. *VG Frankfurt,* 12. 12. 1990 – III/V-E 1222/89 – DÖD 92, 218 oder wenn eine Beförderung des jeweiligen Klägers aus laufbahnrechtlichen Gründen generell unmöglich geworden oder dieser gar zwischenzeitlich in den Ruhestand getreten ist, vgl. *BVerwG,* 11. 2. 1982 – 2 C 33.79 – DÖD 82, 236.

675 Vgl. dazu oben D 186 ff.

D 248 ff.)[676] gegeben sind. Die Umstellung ist allerdings nicht mehr zulässig, wenn die Beteiligten vorher bereits die Hauptsache für erledigt erklärt haben.[677] In Fällen der allgemeinen Leistungsklage kommt im Einzelfall eine Klageänderung (§ 91),[678] von der allgemeinen Leistungsklage zur Feststellungsklage in Betracht, wenn ausnahmsweise ein besonderes Feststellungsinteresse gegeben ist.

2. Erledigungserklärung

350 Mit der Erledigungserklärung trägt der Kläger dem Umstand Rechnung, dass sein Klageanspruch nach Klageerhebung gegenstandslos geworden ist.[679]

351 Es handelt sich bei der Erledigungserklärung um eine kraft Gesetzes zulässige besondere Form der Klageänderung. Sie ermöglicht dem Kläger der sonst zu erwartenden Abweisung der Klage zu entgehen.[397]

352 Wird die Hauptsache für erledigt erklärt, so sind damit grundsätzlich sämtliche Sachanträge erfasst, es sei denn, der Kläger beschränkt die Erledigungserklärung ausdrücklich auf bestimmte Anträge.[680]

353 Da die Erledigungserklärung eine **Prozesshandlung** ist, ist sie bedingungsfeindlich und nach Zustimmung des Gegners nicht mehr widerrufbar oder anfechtbar.[681]

> **Hinweis:**
> Vgl. den Beispielschriftsatz Anhang I Nr. 10 b zur Erledigungserklärung.

Die **Erledigungserklärung** kann in jedem Verfahrensstadium[682] abgegeben werden; die Möglichkeit zur Abgabe der Erledigungserklärung bleibt einer Prozesspartei auch dann erhalten, wenn sie die Erledigung des Klageanspruchs nicht sogleich zu Beginn der mündlichen Verhandlung zum Anlass einer entsprechenden Erklärung genommen, sondern zunächst an ihrem ursprünglichen Begehren festgehalten hat. Ein anfänglicher Irrtum über die geänderte Prozesslage hindert die jeweilige Prozesspartei nämlich nicht, die gebotene Erledigungserklärung aufgrund besserer Einsicht noch rechtzeitig vor der gerichtlichen Entscheidung nachzuholen.[683] Umgekehrt kann eine Erklärung, der Rechtsstreit sei in der Hauptsache erledigt, grundsätzlich bis zu dem Zeitpunkt zurückgenommen werden, zu dem der Prozessgegner noch nicht zugestimmt hat.[684] Die Rücknahme der Erledigungserklärung muss als Prozesshandlung für die Beteiligten erkennbar sein.[685]

---

[676] *Redeker/von Oertzen,* § 113, Rdn. 30.
[677] *Redeker/von Oertzen,* § 113, Rdn. 30.
[678] Vgl. oben E 98.
[679] *BVerwG,* 29. 9. 1988 – 7 B 185/87 – NVwZ 89, 47.
[680] *BVerwG,* 19. 5. 1995 – 4 B 247/94 – Buchholz 310, § 161, Nr. 108.
[681] *Redeker/von Oertzen,* § 107, Rdn. 18; *Jörg Schmidt* in *Eyermann,* § 161, Rdn. 9.
[682] Zur Erledigung „zwischen den Instanzen" *Jörg Schmidt* in *Eyermann,* § 161, Rdn. 12; *OVG Lüneburg,* 27. 10. 1997 – 7 U 4238/97 – NVwZ-RR 98, 337.
[683] *BVerwG,* 29. 9. 1988 – 7 B 185/87 – NVwZ 89, 47.
[684] *BVerwG,* 15. 11. 1991 – 4 C 27/90 – NVwZ-RR 92, 276.
[685] *BVerwG,* 15. 11. 1991 – 4 C 27/90 – NVwZ-RR 92, 276.

Zu unterscheiden ist zwischen der **übereinstimmenden** und der **einseitigen** **Erledigungserklärung:**[686] 355

Sofern die beiden Hauptbeteiligten (Kläger und Beklagter) die Hauptsache **übereinstimmend für erledigt** erklären, ist damit der Rechtsstreit automatisch beendet, ohne dass es einer weiteren Entscheidung des Gerichtes – abgesehen von der Kostenregelung – bedürfte.[687] Einer Zustimmung des Beigeladenen bedarf es deshalb ebenfalls nicht.[688]

Die übereinstimmende Erledigungserklärung ist kein Antrag an das Gericht, son- 356
dern eine Prozesshandlung mit der der Verzicht auf eine Sachentscheidung erklärt wird. Sie zielt nicht auf eine Entscheidung des Gerichts über die Erledigung sondern bewirkt – bei Zustimmung der Gegenseite – die Beendigung des Rechtsstreits in der Hauptsache.[689] Verweigert eine der Prozessparteien ihre Zustimmung, so hat die Partei, die die Erledigungserklärung einseitig abgegeben hat, die **Möglichkeit feststellen** zu lassen, dass die Hauptsache erledigt sei.[690]

Bei einer einseitigen Erledigungserklärung folgt das Interesse des Klägers an der 357
Feststellung der Erledigung daraus, dass es sich für ihn um die einzige Möglichkeit handelt, die Kostenlast zu vermeiden.[691]

Ob eine hilfsweise abgegebene Erledigungserklärung zulässig ist, ist umstritten.[692] 358

Die einseitige Erledigungserklärung ist prozessrechtlich als ein Wechsel vom ur- 359
sprünglichen Klageantrag zum Erledigungsfeststellungsantrag zu qualifizieren. Diese Klageänderung eigener Art ist nicht den Einschränkungen der §§ 91, 142 unterworfen.[693] Der Übergang zum Erledigungsfeststellungsantrag unterliegt keinen anderen Wirksamkeitsvoraussetzungen als sie auch sonst für andere Prozesshandlungen gelten. Die Wirksamkeit des Erledigungsfeststellungsantrags hängt insbesondere nicht davon ab, ob die ursprüngliche Klage zulässig und begründet war. Allein aufgrund der einseitigen Erledigungserklärung des dispositionsbefugten Klägers wird der Erledigungsfeststellungsantrag anstelle des ursprünglichen Klageantrags rechtshängig.[694]

Bei der einseitig gebliebenen Erledigungserklärung ist von den Gerichten in der 360
Regel nur noch zu prüfen, ob eine Erledigung der Hauptsache eingetreten ist oder nicht. Es kommt nicht darauf an, ob die Klage ursprünglich begründet war; dem hat das Gericht – vorbehaltlich eines insoweit bestehenden schutzwürdigen Inte-

---

686 Vgl. *Schmidt/Glaeser,* Rdn. 515.

687 *BVerwG,* 14. 10. 1988 – 9 CB 52/88 – NVwZ-RR 89, 110, 111.

688 *Redeker/von Oertzen,* § 66, Rdn. 6 und 10; ferner *BVerwG,* 14. 10. 1988 – 9 CB 52/88 – NVwZ-RR 89, 110.

689 *BVerwG,* 31. 8. 1990 – 7 B 115/90 – NVwZ 91, 160.

690 *BVerwG,* 31. 8. 1990 – 7 B 115/90 – NVwZ 91, 160; vgl. im übrigen die Nachweise bei *Baumbach/Lauterbach,* § 91 a, Rdn. 5 A und B.

691 *BVerwG,* 19. 5. 1995 – 4 B 247/94 – Buchholz 310, § 161 Nr. 108: Es ist nicht erforderlich, dass das Gericht das Feststellungsinteresse in den Entscheidungsgründen ausdrücklich herausstellt.

692 Vgl. dazu die Nachweise bei *BVerwG,* 31. 8. 1990 – 7 B 115/90 – NVwZ 91, 160; sowie oben Fußnote 258.

693 *BVerwG,* 25. 4. 1989 – 9 C 61/88 – NVwZ 89, 862; *BVerwG,* 27. 4. 1989 – 3 C 4.86 – BVerwGE 82, 41 ff.

694 *Jörg Schmidt* in *Eyermann,* § 161, Rdn. 7; *BVerwG,* 25. 4. 1989 – 9 C 61/88 – NVwZ 89, 862.

resses des Beklagten an der gerichtlichen Feststellung, das der mit der Klage erhobene Anspruch von Anfang an nicht bestanden habe – nicht nachzugehen.[695]

3. Die gerichtliche Entscheidung

Für die Beurteilung, ob sich der Rechtsstreit in der Hauptsache erledigt hat, ist der Zeitpunkt der letzten mündlichen Verhandlung maßgebend.[696]

Folgende Fallkonstruktionen sind denkbar:

361 (1) Der Rechtsstreit ist objektiv in der Hauptsache erledigt, keine der Parteien gibt eine Erledigungserklärung ab: Die Klage wird mangels Rechtsschutzbedürfnis abgewiesen.[697]

(2) Der Kläger erklärt einseitig die Hauptsache für erledigt, es ist jedoch kein erledigendes Ereignis eingetreten: Die Klage in Form des Erledigungsfeststellungsantrags wird abgewiesen; sofern der Kläger hilfsweise seinen ursprünglichen Sachantrag aufrecht erhält, ist über diesen abschließend in der Sache zu entscheiden.[698]

(3) Es ist ein erledigendes Ereignis eingetreten: Der Kläger erklärt die Hauptsache einseitig für erledigt und beantragt festzustellen, dass die Hauptsache erledigt sei: Es ergeht ein Feststellungsurteil.

(4) Der Beklagte erklärt die Hauptsache für erledigt und beantragt hilfsweise Klageabweisung; der Kläger widerspricht: Sofern die Hauptsachenerledigung objektiv eingetreten ist, weist das Gericht die Klage mangels Rechtsschutzbedürfnis als unzulässig ab; sofern eine Erledigung nicht eingetreten ist, hat das Gericht in der Sache selbst zu entscheiden.

4. Kosten

362 Erklären beide Beteiligten die Hauptsache für erledigt, so entscheidet das Gericht gem. § 161 Abs. 2 nur noch durch Beschluss über die Kosten des Verfahrens. Das Gericht hat dabei nach billigem Ermessen unter Berücksichtigung des bisherigen Sach- und Streitstandes über die Kosten zu entscheiden (vgl. unten G 9).[699]

Für die Kostenentscheidung nach einer übereinstimmenden Erledigung des Rechtsstreits in der Hauptsache ist der Vorsitzende bzw. der Berichterstatter gem. § 87a Abs. 1 Nr. 3 auch dann zuständig, wenn zuvor die Kammer oder der Senat in der für Kollegialentscheidungen vorgeschriebenen Besetzung einen Beweisbeschluss erlassen hatte.[700]

---

[695] *BVerwG,* 31. 10. 1990 – 4 C 7.88 – DÖV 91, 291. Anders ist freilich zu entscheiden, wenn die vom Kläger für erledigt erklärte Klage von vornherein unzulässig war: *BVerwG,* 25. 4. 1989 – 9 C 61/88 – NVwZ 90, 862.

[696] *BVerwG,* 3. 11. 1998 – 9 C 51/97 – NVwZ-RR 99, 277.

[697] *Redeker/von Oertzen,* § 107, Rdn. 20.

[698] *BVerwG,* 22. 1. 1998 – 2 C 4/97 – NVwZ 99, 404.

[699] Die Kostenentscheidung ist unanfechtbar; sie kann ggfs. jedoch in Ausnahmefällen mittels einer Verfassungsbeschwerde angefochten werden, wenn die Kostenentscheidung willkürlich ist oder das rechtliche Gehör verletzt wird; vgl. dazu *BayVerfGH,* 10. 5. 94 – Vf. 57 – VI – 93 BayVBl. 95, 765.

[700] *VGH Mannheim,* 8. 11. 1991 – 9 S 1689/90 – NVwZ-RR 92, 443; ferner *VGH Mannheim,* 5. 2. 1991 – 9 S 2930/90 – NVwZ 91, 593.

363 Die Entscheidungszuständigkeit des Berichterstatters gem. § 87a Abs. 1 Nr. 3, Abs. 3 „bei Erledigung der Hauptsache" im vorbereitenden Verfahren betrifft nur die Kostenentscheidung gem. § 161 Abs. 2 nach beiderseitiger Erledigungserklärung und nicht auch die Entscheidung über die Erledigung, wie sie bei bloß einseitiger Erledigungserklärung in Betracht kommt.[701]

364 Betrifft die beiderseitige Erledigungserklärung nur einen Teil des Streitgegenstandes, entfällt die Entscheidungskompetenz des Berichterstatters.[702]

Kommt es nicht zu einer übereinstimmenden Erledigungserklärung, so ist in jedem Falle durch Endurteil zu entscheiden.[703] Dieses Endurteil kann von beiden Parteien mit der Berufung und ggfs. mit der Revision angegriffen werden.

V. Urteil

365 Über die Klage wird, soweit nichts anderes bestimmt ist, durch Urteil entschieden (§ 107).

1. Urteilsarten

a) Endurteil

366 Das Klageverfahren wird regelmäßig durch ein Endurteil abgeschlossen. Nach § 108 entscheidet das Gericht nach seiner freien aus dem Gesamtergebnis des Verfahrens gewonnenen Überzeugung. In dem Urteil sind dabei die tragenden Gründe der Entscheidung anzugeben, wobei das Urteil nur auf Tatsachen und Beweisergebnisse gestützt werden darf, zu denen die Beteiligten sich äußern konnten (E 254ff.). Eine Unterform des Endurteils ist das Prozessurteil, mit dem die Klage als unzulässig abgewiesen wird, weil Sachurteilsvoraussetzungen nicht gegeben sind (vgl. dazu oben D 4).[704]

b) Gerichtsbescheid,[705] § 84

367 Sofern der Rechtsstreit keine besonderen Schwierigkeiten tatsächlicher oder rechtlicher Art aufweist und der Sachverhalt geklärt ist, kann das Gericht ohne mündliche Verhandlung durch Gerichtsbescheid entscheiden (§ 84 Abs. 1 Satz 1).[706] Die Beteiligten sind vor Erlass des Gerichtsbescheids zu hören; der Gerichtsbescheid wirkt als Urteil (§ 84 Abs. 3), die Vorschriften über Urteile gelten entsprechend, § 84 Abs. 1 Satz 2.

---

701 *VGH Mannheim,* 22. 4. 1992 – 6 S 435/92 – NVwZ-RR 92, 442.

702 *VGH Mannheim,* 22. 4. 1992 – 6 S 435/92 – NVwZ-RR 92, 442.

703 *Redeker/von Oertzen,* § 107, Rdn. 22.

704 *Bosch/Schmidt,* S. 237.

705 *Roth,* „Zur Unvereinbarkeit des Gerichtsbescheides (§ 84 VwGO) mit Art. 6 EMRK", NVwZ 97, 656ff.

706 Eine Entscheidung durch Gerichtsbescheid steht nicht im Widerspruch zu der in Art. 6 Abs. 1 der Konvention zum Schutze der Menschenrechte und Grundfreiheiten gewährleisteten Öffentlichkeit des Verfahrens, so jedenfalls *BVerwG,* 18. 9. 95 – 1 B 21.95 – Buchholz 310 § 84 Nr. 3: Wichtig ist nur, dass mindestens eine mündliche Verhandlung gewährleistet bleibt.

368 Sinn und Zweck des Gerichtsbescheids ist es, die Verwaltungsgerichte in einfachen Fällen in die Lage zu versetzen, die durchschnittliche Verfahrensdauer dadurch abzukürzen, dass eine mündliche Verhandlung nicht durchgeführt wird.[707]

369 Da der Gerichtsbescheid wie ein Urteil wirkt, können die Beteiligten innerhalb eines Monats nach Zustellung des Gerichtsbescheids
- Zulassung der Berufung oder mündliche Verhandlung beantragen; wird von beiden Rechtsbehelfen Gebrauch gemacht, findet eine mündliche Verhandlung statt (§ 84 Abs. 2 Nr. 1),
- Revision einlegen, wenn sie zugelassen worden ist (§ 84 Abs. 2 Nr. 2),
- Nichtzulassungsbeschwerde einlegen oder mündliche Verhandlung beantragen, wenn die Revision nicht zugelassen worden ist; wird von beiden Rechtsbehelfen Gebrauch gemacht, findet eine mündliche Verhandlung statt (§ 84 Abs. 2 Ziff. 3),
- mündliche Verhandlung beantragen, wenn ein Rechtsmittel gegeben ist (§ 84 Abs. 2 Nr. 4).[708]

Hinweis für den Anwalt:

370 Bei Erlass eines Gerichtsbescheids tauchen gebührenrechtliche Besonderheiten auf (vgl. G 31).

c) Zwischenurteil, § 109

371 Nach § 109 kann über die Zulässigkeit der Klage vorab durch ein Zwischenurteil entschieden werden.[709] Damit kann über das Vorliegen aller Sachurteilsvoraussetzungen abgesehen von den Rechtsweg- und Zuständigkeitsfragen (vgl. dazu §§ 17ff. GVG; C 111ff.) vorab durch Zwischenurteil entschieden werden.[710] Ein Zwischenurteil darf jedoch nicht über den Grund des Anspruches (§ 111 Satz 1) erlassen werden (z.B. bei einer auf Erlass eines Geldleistungsverwaltungsaktes gerichteten Verpflichtungsklage).[711] Das Zwischenurteil kann mit den üblichen Rechtsmitteln angegriffen werden.

d) Teilurteil, § 110

372 Das Gericht kann ein Teilurteil erlassen, wenn nur ein Teil des Streitgegenstandes zur Entscheidung reif ist (§ 110). Das Teilurteil ist ein Endurteil; es ist zulässig, wenn durch das Urteil über einen selbständigen Teil des Klagegegenstandes entschieden wird. Dies setzt voraus, dass der Streitgegenstand in mehrere selbständige Teile gegliedert ist, die der Kläger jeden für sich auch in verschiedenen gesonderten Verfahren hätte geltend machen können.[712] Anders als in § 301 ZPO enthält

---

[707] Vgl. im allgemeinen zu diesem Thema *Pagenkopf,* DVBl. 91, 285, 287.

[708] Ist der Antrag auf mündliche Verhandlung gegen einen Gerichtsbescheid verspätet, so kann das VG in entsprechender Anwendung von § 125 Abs. 2 VwGO durch Beschluss entscheiden; gegen diesen Beschluss ist entsprechend § 125 Abs. 2 Satz 4 VwGO das Rechmittel des Antrags auf Zulassung der Berufung nach § 124a VwGO gegeben; vgl. *OVG Hamburg,* 1. 12. 1997 – Bs IV 135/97 – DVBl. 98, 487.

[709] *Redeker/von Oertzen,* § 109, Rdn. 3; *Bosch/Schmidt,* 237.

[710] Vgl. dazu die Auflistung bei *Redeker/von Oertzen,* § 109, Rdn. 3.

[711] *BVerwG,* 8. 7. 94 – 8 C 4/93 – NVwZ 96, 175.

[712] Vgl. dazu *Redeker/von Oertzen,* § 110, Rdn. 1; bei einer Verbundentscheidung im Asylrechtsstreit ist ein Teilurteil nur über den Asylanspruch ohne zugleich auch über den

§ 110 eine eigenständige Regelung, die die Entscheidung über den Erlass des Teilurteils vollständig in das Ermessen des Gerichts stellt.[713]

Da das Teilurteil ein Endurteil ist, kann es unter den allgemeinen Voraussetzungen mit dem Antrag auf Zulassung der Berufung bzw. der Revision angefochten werden.[714]

Die Entscheidung über den Rest des Streitgegenstandes erfolgt durch Schlussurteil, das auch die Kostenentscheidung für die Instanz enthält.

e) Grundurteil, § 111

In den Fällen der **Leistungsklage** kann das Gericht durch Zwischenurteil über den Grund vorab entscheiden, wenn der Anspruch nach Grund und Betrag streitig ist.[715] Das Grundurteil kann in anderen Klagearten nicht ergehen.[716] Ein Grundurteil ist unzulässig, wenn entweder nur der Grund oder nur die Höhe des Anspruches zwischen den Parteien umstritten ist oder wenn klar ist, dass ein klägerischer Zahlungsanspruch der Höhe nach überhaupt nicht besteht.[717] Das Gericht entscheidet ebenso wie beim Teilurteil nach pflichtgemäßen Ermessen, ob es ein Grundurteil erlassen will. Das Grundurteil ist wie jedes reguläre Endurteil nach den allgemeinen Voraussetzungen mit der Berufung oder ggfs. der Revision anfechtbar. **373**

f) Anerkenntnisurteil

Das Anerkenntnisurteil ist in der VwGO nicht gesondert geregelt; wie aus § 156 jedoch hervorgeht, ging der Gesetzgeber über die Verweisungsnorm des § 173 davon aus, dass die Vorschriften des § 307 ZPO auf den Verwaltungsgerichtsprozess entsprechend anzuwenden sind, jedenfalls soweit der Beklagte über den Streitgegenstand verfügen kann.[718] **374**

g) Versäumnisurteil

Die Vorschriften über Versäumnisurteile gem. §§ 330ff. ZPO sind im Verwaltungsgerichtsprozess **nicht anwendbar,** weil Versäumnisurteile ohne Sachprüfung gegen die nicht erschienene Partei ergehen; der Erlass eines Versäumnisurteils verstieße zum einen gegen § 102, der die Notwendigkeit einer streitigen Entscheidung bei Ausbleiben einer der Prozesspartei voraussetzt, im übrigen aber auch gegen das Amtsermittlungsprinzip gem. § 86.[719] **375**

Abschiebungsschutzanspruch zu entscheiden unzulässig; bleibt der Abschiebungsschutzanspruch gleichwohl unentschieden, so liegt kein Teilurteil vor, sondern der unbeschieden gebliebene Teil des Streitgegenstands entfällt mit der Rechtskraft des vermeintlichen Teilurteils, vgl. dazu *BVerwG,* 22. 3. 94 – 9 C 529.93 – Buchholz 402.25, § 13 AsylVfG Nr. 1.

[713] *Redeker/von Oertzen,* § 110, Rdn. 3; *Baumbach/Lauterbach,* § 301, Rdn. 4.

[714] *BVerwG,* 8. 7. 94 – 8 C 4/93 – NVwZ 96, 175.

[715] *BVerwG,* 8. 7. 94 – 8 C 4/93 – NVwZ 96, 175.

[716] *OVG Hamburg,* 19. 12. 1989 – Bf VI 8/88 – NVwZ 90, 682; *BVerwG,* 8. 7. 94 – 8 C 4/93 – NVwZ 96, 175.

[717] Vgl. dazu *Redeker/von Oertzen,* § 111, Rdn. 2.

[718] Vgl. dazu *Baumbach/Lauterbach,* § 307, Rdn. 5; ferner *VGH Mannheim,* 12. 9. 1990 – 5 S 2776/89 – NJW 91, 859; *Redeker/von Oertzen,* § 107, Rdn. 6; für die Verpflichtungsklage ausdrücklich: *BVerwG,* 7. 1. 1997 – 4 C 20.95 – DVBl. 97, 659.

[719] *Baumbach/Lauterbach,* Übers, § 330, Rdn. 4.

h) Vorbehaltsurteil

376 Vorbehaltsurteile gem. § 302 ZPO können in den Fällen der Leistungsklage auch im Verwaltungsgerichtsprozess erlassen werden, wenn der Beklagte die Aufrechnung einer Gegenforderung geltend gemacht hat, die mit der in der Klage geltend gemachten Forderung nicht in einem rechtlichen Zusammenhang steht.[720]

2. Mitwirkende Richter

377 Das Urteil kann nur von den Richtern und ehrenamtlichen Richtern gefällt werden, die an der dem Urteil zugrundeliegenden Verhandlung teilgenommen haben.[721] § 112 stellt damit einen unabdingbaren Zusammenhang zwischen der Mitwirkung an der mündlichen Verhandlung und der Beratung her. Ist dieser wegen der Verhinderung eines Richters nicht mehr gegeben, muss die mündliche Verhandlung erneut eröffnet werden.[432]

378 Maßgeblich für die vorschriftsmäßige Besetzung des Gerichts ist allein die Richterbank bei Erlass des angefochtenen Urteils.[722] War die Richterbank bei einem vorausgegangenen Erörterungstermin oder einer früheren Verhandlung, auf die das streitige Urteil nicht ergangen ist, fehlerhaft besetzt, so stellt dies nur einen von § 138 Nr. 1 VwGO nicht erfassten Verstoß gegen prozessrechtliche Vorschriften dar, auf deren Befolgung die Beteiligten verzichten können.[723] Die **vorschriftsmäßige Besetzung der Richterbank**[724] – siehe auch oben B 30ff. – wird nicht dadurch in Frage gestellt, dass bei einem Richterwechsel nach mündlicher Verhandlung im nachfolgenden schriftlichen Verfahren Umstände verwertet werden, die sich nicht aus dem Inhalt der Akten, sondern nur aus der Erinnerung einzelner Richter an die mündliche Verhandlung oder eine Beweisaufnahme ergeben können. In einer solchen Lage kann es allerdings nach § 108 Abs. 1, § 86 Abs. 1 geboten sein, erneut mündlich zu verhandeln oder eine Beweisaufnahme zu wiederholen. Darüber hat das Gericht nach pflichtgemäßen Ermessen zu entscheiden.[725]

379 Ein Richter auf Probe darf im ersten Jahr nach seiner Ernennung nicht Einzelrichter sein (§ 6 Abs. 1); in Asylsachen beträgt diese Frist nur sechs Monate (§ 76 Abs. 5 AsylVfG).[726] Die Kammerentscheidung des Verwaltungsgerichts, den Rechtsstreit dem Einzelrichter zu übertragen, kann im Rahmen eines Rechtsmittels

---

[720] *Baumbach/Lauterbach,* § 302, Rdn. 6; vgl. ferner *BVerwG,* 27. 10. 82 – 3 C 6/82 – NJW 83, 776; ferner Anl. 1 zum Gerichtskostengesetz (KV-Nr. 1203, 1213). Zur allgemeinen Zulässigkeit der Aufrechnung vgl. aber auch oben C 21.

[721] *BVerwG,* 17. 5. 1989 – 4 C B 6.89 – DÖV 89, 906; *Redeker/von Oertzen,* § 112, Rdn. 1.

[722] *BVerwG,* 29. 4. 1982 – 5 C 81.80 – Buchholz 310, § 138 Ziff. 1 VwGO Nr. 21; *BVerwG,* 21. 9. 2000 – 2 C 5.99 – DVBl. 01, 726.

[723] *BVerwG,* 17. 11. 1972 – 4 C 41.68 – BVerwGE 41, 174, 176f.; *BVerwG,* 21. 9. 2000 – 2 C 5.99 – DVBl. 01, 727.

[724] Zur Bestimmung des gesetzlichen Richters bei überbesetztem Spruchkörper, *BVerfG,* 10. 8. 1995 – 1 BvR 1644/94 – NJW 95, 2703 (Vorlagebeschluss), sowie jetzt der Plenumsbeschluss, *BVerwG,* 8. 4. 1997 – 1 PBvU 1/95 – NJW 97, 1497ff.; zur Bestimmung der ehrenamtlichen Richter vgl. *BVerwG,* 27. 5. 1989 – 3 B 24.99 – DVBl. 99, 1670 (nur Ls.), ferner *BVerwG,* 17. 5. 2000 – 8 B 114/00 – NVwZ 00, 646ff.

[725] *BVerwG,* 17. 5. 1989 – 4 C B 6.89 – DÖV 89, 906; *Redeker/von Oertzen,* § 112, Rdn. 1.

[726] *Redeker/von Oertzen,* § 6, Rdn. 2 – NVwZ-RR 89, 519.

gegen die Sachentscheidung des Einzelrichters in der Regel nicht mit Erfolg mit der Begründung angefochten werden, die gesetzlichen Voraussetzungen für eine Übertragung (§ 6 Abs. 1 Nr. 1) hätten nicht vorgelegen.[727]

a) Besorgnis der Befangenheit

Für die Ausschließung und Ablehnung von Richtern – der Vertreter des öffentlichen Interesses gehört nicht zu den Gerichtspersonen[728] – gelten die §§ 41–49 ZPO entsprechend.[729] Ergänzend zu den Ablehnungsgründen der ZPO – insoweit sei auf die einschlägige zivilrechtliche Kommentarliteratur verwiesen – ist im Verwaltungsprozess von der Ausübung des Amtes als Richter oder ehrenamtlicher Richter auch ausgeschlossen, wer bei den vorausgegangenen Verwaltungsverfahren mitgewirkt hat (§ 54 Abs. 2); die Besorgnis der Befangenheit nach § 42 ZPO ist ferner stets dann begründet, wenn der Richter oder ehrenamtliche Richter der Vertretung einer Körperschaft angehört, deren Interessen durch das Verfahren berührt werden.[730] Hinweise des Vorsitzenden zur Beweis- und Rechtslage im „Rechtsgespräch" können ebenso wie Verfahrensverstöße eine Besorgnis der Befangenheit nur dann rechtfertigen, wenn auch Gründe glaubhaft gemacht werden, aus denen bei objektiver Betrachtung auf eine unsachliche Einstellung des Richters gegenüber dem Kläger hinsichtlich des Verfahrensausgangs geschlossen werden kann.[731] **380**

Die Ablehnung eines Richters wegen der Besorgnis der Befangenheit muss unverzüglich nach Kenntnisnahme von dem angeblichen Befangenheitsgrund geltend gemacht werden.[732] **381**

---

727 *OVG Hamburg,* 5. 9. 1995 – Bs IV 126/95 – NVwZ-RR 96, 716.

728 *OVG Münster,* 20. 11. 1990 – 18 B 3214/90 – NVwZ 91, 489. Sachverständige sind keine Gerichtspersonen i. S. v. § 146 Abs. 2, so dass Beschlüsse des VG über die Befangenheit von Sachverständigen mit der Beschwerde angefochten werden können, *VGH Mannheim,* 21. 7. 1997 – 9 S 1580/97 – NVwZ-RR 98, 698.

729 Der rechtsmissbräuchlich abgelehnte Richter darf an der Entscheidung über das Befangenheitsgesuch mitwirken, *BVerwG,* 31. 10. 1994 – 8 B 112.94 – Buchholz 310, § 54 Nr. 51. Zur Frage der Befangenheit eines Richters, der nicht an dem angefochtenen Urteil, wohl aber an der vorinstanzlichen Entscheidung über einen Antrag auf vorläufigen Rechtsschutz nach § 80 Abs. 5 S. 5 mitgewirkt hat, vgl. *BVerwG,* 2. 10. 1997 – 11 B 30/97 – NVwZ-RR 98, 268. Der Ausschließungsgrund des § 41 Nr. 6 ZPO liegt nicht vor, weil er auf die Mitwirkung gerade bei der angefochtenen Entscheidung abstellt, in dem der Richter jedoch nicht beteiligt war. Eine analoge Anwendung dieser Vorschrift auf eine der vorliegenden Art scheidet aus. Das deutsche Verfahrensrecht wird von der Auffassung getragen, dass der Richter auch dann noch voreingenommen an die Beurteilung einer Sache herangeht, wenn er sich schon früher über den selben Sachverhalt ein Urteil gebildet hat. § 41 Nr. 6 ZPO will lediglich verhindern, dass ein Richter im Rechtsmittelzug seine eigene Entscheidung überprüft; *BVerwG,* 2. 10. 1997 – 11 B 30/97 – NVwZ-RR 98, 268.

730 *BVerwG,* 6. 10. 1989 – 4 C B 23/89 – in NVwZ 90, 460, wo zutreffend darauf hingewiesen wird, dass ein ehrenamtlicher Richter, der bei der Entscheidung über das bei der angefochtenen Baugenehmigung erforderliche gemeindliche Einvernehmen nur vorbereitend und beratend, nicht aber als Mitglied des gemeindlichen Beschlussorgans mitgewirkt hat, nicht **automatisch** gem. § 54 Abs. 2 VwGO ausgeschlossen ist.

731 *OVG Berlin,* 21. 2. 96 – 2 L 9/95 – NVwZ-RR 97, 141; auch Mitteilungen nach § 130 a begründen keinen Befangenheitsantrag, vgl. *VGH Mannheim,* 26. 4. 2000 – A 13 S 2896/97 – NVwZ-RR 00, 549.

732 *BVerwG,* 6. 10. 1989 – 4 C B 23/89 – NVwZ 90, 460.

381 a Wird unter Mitwirkung des abgelehnten Richters die mündliche Verhandlung fortgeführt und eine Sachentscheidung getroffen, so ist diese wegen nichtvorschriftsmäßiger Besetzung des Gerichts aufzuheben. Eine Heilung dieses Verfahrensmangels durch eine Sachentscheidung des Berufungsgerichts ist nicht möglich.[733]

Gegen Beschlüsse des Gerichts über Ablehnungsgesuche wegen der Besorgnis der Befangenheit eines Richters, ist nach § 146 Abs. 2 keine Beschwerde möglich.[734]

Hinweis:

Etwas anderes gilt bei der Ablehnung von Sachverständigen, da diese nicht zu den Gerichtspersonen „i. S. d. § 54 Abs. 1" gehören.[735]

Die unrichtige Entscheidung über ein Ablehnungsgesuch führt nicht automatisch zur vorschriftswidrigen Besetzung des Gerichts, sondern nur dann, wenn willkürliche oder manipulative Erwägungen für die Fehlerhaftigkeit des als Mangel gerügten Vorgangs bestimmend gewesen sind.[736]

b) Gerichtliche Entscheidung

382 Weitere Einzelheiten zur Urteilsfindung bei der Anfechtungsklage finden sich bei D 146 ff., zur Verpflichtungsklage bei D 198 ff., zur Leistungsklage bei D 221/222, zur Feststellungsklage bei D 260/261.

c) Urteilstenor

383 Hier sei auf D 129 (Anfechtungsurteil), D 177 (Verpflichtungsurteil), D 181 (Bescheidungsurteil), D 213 (Leistungsurteil) und D 225 (Feststellungsurteil) verwiesen.

3. Verkündung und Zustellung des Urteils, § 116

a) Verkündung

384 Sofern eine mündliche Verhandlung stattgefunden hat, wird das Urteil in der Regel in dem Termin, in dem die mündliche Verhandlung geschlossen wird, verkündet. Das Gericht ist allerdings auch befugt, in besonderen Fällen einen sofort anzuberaumenden Termin zur Verkündung festzulegen, der nicht über zwei Wochen hinaus angesetzt werden soll. Statt der Verkündung ist es auch zulässig, dass das Urteil binnen zwei Wochen nach der mündlichen Verhandlung der Geschäftsstelle übergeben wird (§ 116 Abs. 2).[737] Das Urteil wird mit der Übergabe des Tenors an die Geschäftsstelle wirksam und für das Gericht bindend.[738] Ein statt der

---

733 *VGH Kassel,* 6. 9. 1996 – 1 UE 2387/93 – NVwZ-RR 96, 617 f.

734 *Jörg Schmidt* in *Eyermann,* § 54, Rdn. 22; zu der Frage, ob wegen einer fehlerhaften Ablehnung eines Befangenheitsgesuchs durch das VG oder das OVG möglicherweise ein Verfahrensmangel begründet werden könnte, vgl. *Jörg Schmidt* in *Eyermann,* § 54, Rdn. 23, 24.

735 *Jörg Schmidt* in *Eyermann,* § 54, Rdn. 22.

736 *BVerwG,* 21. 9. 2000 – 2 C 5.99 – DVBl. 01, 726.

737 *VGH Mannheim,* 12. 3. 1989 – A 14 S 1361/97 – DVBl. 99, 1002.

738 *VGH Mannheim,* 12. 3. 1989 – A 14 S 1361/97 – DVBl. 99, 1002.

Verkündung zuzustellendes Urteil, das erst nach Ablauf von zwei Wochen nach der mündlichen Verhandlung beschlossen wurde, beruht auf einem Verstoß gegen § 116 Abs. 2.[739] Die Übergabepflicht ist also keine Soll-Vorschrift, sondern bindend. Ihre Verletzung ist deshalb ein Verfahrensmangel.[740]

Sofern das Gericht ohne mündliche Verhandlung entscheidet (z.B. bei Verzicht **385** der Beteiligten auf mündliche Verhandlung, § 101 Abs. 2; bei Gerichtsbescheiden, § 84 oder bei Entscheidungen durch den Vorsitzenden/des Berichterstatters gem. § 87a Abs. 2), so tritt an die Stelle der Verkündung stets die Zustellung der Entscheidung.

b) Zustellung des Urteils

Zu unterscheiden ist zwischen dem Fällen des Urteils, d.h. dem Zustandekom- **386** men der gerichtlichen Entscheidung bei der Beratung des Spruchskörpers und der Zustellung der Entscheidung. Allen Beteiligten ist eine Ausfertigung des vollständigen Urteils zuzustellen.[741] In den Fällen des § 116 Abs. 2 u. 3 ersetzt die Zustellung die Verkündung.[742] Hier wird das Urteil nicht bereits mit der Unterzeichnung des Urteils durch die Richter (Fällen des Urteils), sondern erst mit der Abgabe zur Post zum Zwecke der Zustellung wirksam.[743]

Hinweis für den Anwalt:
Häufig erfolgt die Mandatierung eines (anderen) Rechtsanwalts unmittelbar nach Verkündung der erstinstanzlichen Entscheidung, aber noch vor deren Zustellung. Zeigt der Rechtsanwalt dann an, dass er einen Beteiligten vertritt, ohne zugleich eine schriftliche Vollmacht beizufügen, so erfolgt die Zustellung der Entscheidung nur dann ordnungsgemäß, wenn das Gericht entweder auf die Vorlage der schriftlichen Vollmacht verzichtet und an den Bevollmächtigten zustellt oder eine Frist für die Vorlage der Vollmacht setzt; stellt das Gericht ohne eine derartige Fristsetzung unmittelbar an den Beteiligten zu, so wird hierdurch die Rechtsmittelfrist nicht in Lauf gesetzt.[744]

---

739 *BVerwG,* 6. 5. 1998 – 7 B 437/97 – NVwZ 98, 1176.

740 *Redeker/von Oertzen,* § 116, Rdn. 3.

741 Zur Heilung von Zustellungen, in denen nur eine Abschrift der Entscheidung übersandt wurde, vgl. *BVerwG,* 9. 10. 1998 – 4 B 98/98 – NVwZ 99, 183.

742 *Redeker/von Oertzen,* § 116, Rdn. 7. Ein statt der Verkündung zuzustellendes Urteil, das erst nach Ablauf von zwei Wochen nach der mündlichen Verhandlung noch beschlossen wurde, beruht auf dem Verstoß gegen § 116 Abs. 2 VwGO. In den Fällen des § 116 Abs. 2 VwGO ist das Urteil binnen zwei Wochen der Geschäftsstelle zu übergeben. Wird diese Frist nicht eingehalten, so beruht das Urteil i.S.d. § 132 Abs. 2 Satz 3 VwGO auf einem Verfahrensfehler, denn infolge der verspäteten Beschlussfassung über die zuzustellende Entscheidung ist nicht mehr gewährleistet, dass sie wirklich „aufgrund" der mündlichen Verhandlung getroffen worden ist (§ 101 Abs. 1 VwGO) und ebenso lautet, wie sie bei der Beschlussfassung innerhalb der durch § 116 Abs. 2 VwGO festgelegten Frist lauten würde; *BVerwG,* 6. 5. 1998 – 7 B 437/97 – NVwZ 98, 1176.

743 Auch die fernmündliche Mitteilung des hinterlegten Tenors an die Beteiligten ist der Abgabe zur Post gleichzustellen und führt zur Wirksamkeit der Entscheidung; das gleiche gilt für Telefax-Übermittlungen, die sogar die Zustellung ersetzen können, vgl. dazu *Redeker/von Oertzen,* § 116, Rdn. 7.

744 *VGH Mannheim,* 22. 3. 95 – 8 S 599/95 – NJW 95, 1980; die Zustellung einer gerichtlichen Entscheidung an den bevollmächtigten Rechtsanwalt per Telefax ist wirksam. Eine nochmalige Zustellung durch die Post macht die erste Zustellung nicht hinfällig und setzt auch keine neue Rechtsmittelfrist in Lauf, *OVG Hamburg,* 20. 9. 1995 – Bs IV 143/95 – NJW 96, 1226; ein von einer Büroangestellten unterzeichnetes Empfangsbekenntnis reicht nicht aus; vgl. *OVG Hamburg,* 24. 9. 1998 – B 5 VI 122/96 – NVwZ 99, 429.

4. Urteilsinhalt, Abfassung, § 117

387 Gem. § 117 ergeht das Urteil im Namen des Volkes; es muss schriftlich abgefasst werden und von den Berufsrichtern, die bei der Entscheidung mitgewirkt haben, unterzeichnet werden. Die Unterschrift der ehrenamtlichen Richter ist entbehrlich (§ 117 Abs. 1 Satz 3).

a) Urteilsinhalt

388 Nach § 117 Abs. 2 muss das Urteil
- die Bezeichnung der Beteiligten (ggfs. mit gesetzlichem Vertreter und Bevollmächtigten), Nachnamen, Beruf, Wohnort und ihrer Stellung im Verfahren,
- die Bezeichnung des Gerichts und die Namen der Mitglieder, die bei der Entscheidung mitgewirkt haben
- die Urteilsformel[745]
- den Tatbestand
- die Entscheidungsgründe
- die Rechtsmittelbelehrung

enthalten.

389 Der Tatbestand hat die Aufgabe, den Sach- und Streitstand unter Hervorhebung der gestellten Anträge seinem wesentlichen Inhalt nach gedrängt darzustellen. Das Gericht darf dabei wegen näherer Einzelheiten auf Schriftsätze, Protokolle und andere Unterlagen verweisen, soweit sich aus ihnen der Sach- und Streitstand ausreichend ergibt.

389a Die Entscheidung des Gerichts ist zu begründen. Ein grober Formmangel (absoluter Revisionsgrund gem. § 138 Nr. 6 VwGO) und zugleich ein Verfahrensmangel i.S.v. § 124 Abs. 2 Nr. 5 VwGO/§ 132 Abs. 2 Nr. 3 VwGO) liegt vor, wenn die Entscheidung „nicht mit Gründen versehen ist". Damit wird der notwendige formelle Inhalt eines Urteils näher bestimmt. Das Gericht muss diejenigen Gründe schriftlich fixieren, die für die richterliche Überzeugungsbildung maßgeblich gewesen sind. Sinn und Zweck des § 108 Abs. 1 Satz 2 ist es zum einen, die Prozessbeteiligten über die der Entscheidung zugrunde liegenden tatsächlichen und rechtlichen Erwägungen zu informieren, zum anderen dem Rechtsmittelgericht die Nachprüfung der Entscheidung auf ihre sachliche/inhaltliche Richtigkeit in prozessrechtlicher und materiell-rechtlicher Hinsicht zu ermöglichen. Ein Urteil ist dann nicht mit Gründen versehen, wenn es so mangelhaft begründet ist, dass die Gründe diese doppelte Funktion nicht mehr erfüllen können. Nach ständiger Rechtsprechung des BVerwG ist dies allerdings nicht nur dann der Fall, wenn dem Tenor der jeweiligen Entscheidung überhaupt keine Gründe beigefügt sind, sondern bereits auch dann, wenn die Entscheidungsgründe völlig unverständlich und verworren sind, so dass sie in Wirklichkeit nicht erkennen lassen, welche Überlegungen für die Entscheidung tatsächlich maßgeblich gewesen sind.[746]

---

[745] Die Heranziehung des § 291 Satz 1 BGB im verwaltungsgerichtlichen Verfahren setzt voraus, dass der Prozess mit dem Zuspruch einer eindeutig bestimmten Geldforderung endet, sei es durch Verurteilung zur Zahlung, sei es durch Verpflichtung zum Erlass eines entsprechenden Leistungsbescheids; *BVerwG,* 28. 6. 1995 – 11 C 22/95 – NJW 95, 3135.

[746] *BVerwG,* 3. 4. 1990 – 9 CB 5.90 – Buchholz 310, § 117 VwGO Nr. 31; *BVerwG,* 5. 6. 1998 – 9 B 412.98 – DVBl. 98, 1085 f.

Ein grober Formmangel ist also dann gegeben, wenn „die Entscheidungsgründe rational nicht nachvollziehbar, sachlich inhaltslos oder aus sonstigen Gründen derart unbrauchbar sind, dass die angeführten Gründe unter keinem Gesichtspunkt geeignet sind, den Urteilstenor zu tragen“.[747] Ein grober Formmangel liegt allerdings nicht schon dann vor, wenn die Begründung des Gerichts lediglich „unklar, unvollständig, oberflächlich oder unrichtig“ ist.[748] Im übrigen kann ein derartiger „grober Formmangel“ auch dann vorliegen, wenn das Gericht zwar eine Begründung abgegeben hat, die Entscheidungsgründe jedoch bezogen auf einzelne Streitgegenstände oder Streitgegenstandsteile unvollständig sind, weil diese vollständig übergangen wurden.[749]

Soweit das Gericht bei seiner Begründung den Ausführungen des angefochtenen Verwaltungsakts oder des Widerspruchsbescheides folgt und dies in seiner Entscheidung feststellt, kann es ausnahmsweise von einer weiteren Darstellung der Entscheidungsgründe absehen (§ 117 Abs. 5). **390**

b) Abfassung des Urteils

Urteile müssen spätestens innerhalb von fünf Monaten nach der letzten mündlichen Verhandlung abgefasst sein und der Geschäftsstelle im vollständigen Wortlaut übergeben worden sein, weil zu besorgen ist, dass das Erinnerungsvermögen der an dem Urteil beteiligten Richter äußersten Falls über einen Zeitraum von fünf Monaten seit der letzten mündlichen Verhandlung reicht.[750] Ein Urteil ist grundsätzlich erst dann i. S. v. § 117 Abs. 4 Satz 1 vollständig abgefasst, wenn es von allen Richtern, die bei der Entscheidung mitgewirkt haben, unterschrieben ist. Ist einer der Richter verhindert, so kann dessen Unterschrift gem. § 117 Abs. 1 Satz 3 ersetzt werden. Vollständig abgefasst ist aber (auch) in diesem Fall das Urteil erst dann, wenn es anstelle der Unterschrift des verhinderten Richters den Verhinderungsvermerk erhalten hat; solange der Vermerk fehlt, können die Gründe – in Abstimmung mit den anderen beteiligten Richtern – noch geändert werden.[751] **391**

---

747 *BVerwG,* 5. 6. 1998 – 9 B 412.98 – DVBl. 98, 1085.

748 *BVerwG,* 5. 6. 1998 – 9 B 412.98 – DVBl. 98, 1085.

749 *BGH,* 21. 12. 1962 – I ZB 27/62 – BGHZ 39, 333 ff.; eine bloße inhaltliche Unvollständigkeit reicht demgegenüber nicht aus, um einen groben Formmangel feststellen zu können.

750 *BVerwG,* 3. 8. 1990 – 7 C 4143/89 – NJW 91, 310; *Großer Senat des BVerwG,* 23. 4. 1992 – Gr.Sen. 1.91 – DVBl. 92, 1227; ferner auch *Redeker/von Oertzen,* § 116, Rdn. 3; verkündet ein Gericht ein erstes Endurteil nach mündlicher Verhandlung und sieht es sich später nicht in der Lage, das Urteil binnen 5 Monaten mit Entscheidungsgründen zu versehen, so darf es nicht erneut mündliche Verhandlung anberaumen und ein zweites Endurteil erlassen. Der entsprechende Fehler ist ein Verstoß gegen die Grundordnung des Verfahrens, der im Rahmen eines Rechtsmittelverfahrens von Amts wegen zu berücksichtigen ist; *BFH,* 30. 8. 1995 – I R 162/94 – NJW 96, 1919. Ein Urteil gilt auch dann als nicht „mit Gründen versehen“, wenn es im Falle der Ersetzung der Verkündung durch Zustellung nicht binnen fünf Monaten nach der mündlichen Verhandlung nach § 116 Abs. 2 vollständig abgefasst und zugestellt wird.

751 *BVerwG,* 15. 9. 1995 – 4 B 173/95 – Buchholz 310, § 117 Nr. 42.

5. Berichtigungen und Ergänzungen

a) Berichtigungen, § 118

392 **Schreibfehler** und Rechenfehler und andere offenbare Unrichtigkeiten im Urteil sind jederzeit vom Gericht zu berichtigen. Über die Berichtigung kann ohne vorherige mündliche Verhandlung entschieden werden. Die Berichtigung und Ablehnung einer beantragten Berichtigung kann nach § 146 durch Beschwerde angefochten werden, wenn nicht das Oberverwaltungsgericht bzw. Bundesverwaltungsgericht entschieden haben. Die Rechtsmittelfristen bezüglich der Ausgangsentscheidung werden durch die Berichtigung nicht berührt.[752]

b) Tatbestandsberichtigungen, § 119

393 Sofern der Tatbestand eines Urteils über Schreib- und Rechenfehler hinausgehende **Unrichtigkeiten** oder Unklarheiten enthält, kann jeder Prozessbeteiligte die Berichtigung innerhalb von zwei Wochen nach Zustellung des Urteils beantragen. Das Gericht entscheidet sodann durch Beschluss; der Beschluss ist **unanfechtbar.** Die Berichtigung kann aber mit dem Urteil selbst angefochten werden, so dass eine fehlerhafte Berichtigung unter Umständen zur Aufhebung des Urteils – noch im Revisionsverfahren – führen kann[753] Sofern die Unrichtigkeit tatsächlicher Feststellungen in dem angefochtenen Urteil gerügt werden, ist dies kein Verfahrensmangel; die Unrichtigkeit kann nach § 119 nur mittels des fristgebunden Tatbestandsberichtigungsantrags geltend gemacht werden.[754]

c) Urteilsergänzung, § 120

394 Übergeht das Gericht einen aus dem Tatbestand des Urteils oder aus dem Sitzungsprotokoll ersichtlichen Antrag eines Beteiligten oder wird versehentlich die Kostenfolge bei einer Entscheidung ganz oder zum Teil nicht geregelt, so ist das Urteil auf Antrag nachträglich zu ergänzen (§ 120 Abs. 1). Der Urteilsergänzungsantrag muss innerhalb von zwei Wochen nach Zustellung des Urteils gestellt werden (§ 120 Abs. 2).

395 Wird die Antragsfrist zur Urteilsergänzung versäumt, so ist eine Urteilsergänzung von Amts wegen nicht mehr möglich.[755] Wird im ersten Rechtszug ein Anfechtungsantrag übergangen, so kann nach Ablauf der Frist ein Urteilsergänzungsantrag nicht im Wege der Klageerweiterung (zulässig) erneut gestellt werden. Mit Ablauf der Antragsfrist entfällt die Rechtshängigkeit des Antrags mit der grundsätzlichen Folge, dass der angefochtene Verwaltungsakt unanfechtbar wird.[756] Über den An-

---

[752] *Redeker/von Oertzen,* § 118, Rdn. 7; das Berufungsgericht kann sowohl eine offenbare Unrichtigkeit im angefochtenen Urteil i. S. d. § 118 Abs. 1 berichtigen als auch dessen (unterlassene) vorläufige Vollstreckbarkeit anordnen; *VGH Mannheim,* 19. 7. 1995 – 5 S 348/94 – NVwZ-RR 96, 543.

[753] Zu den Ausnahmen vgl. *Kopp/Schenke,* § 118, Rdn. 11; ferner *Redeker/von Oertzen,* § 119, Rdn. 7.

[754] *BVerwG,* 21. 9. 2000 – 2 C 5.99 – DVBl. 01, 726.

[755] So für die Beschlussergänzung, *BVerwG,* 28. 6. 1993 – 7 B 143/92 – NVwZ-RR 94, 236.

[756] *BVerwG,* 16. 8. 1995 – 1 B 25.95 – Buchholz 310, § 120 Nr. 9.

trag wird immer durch Urteil entschieden; die dem Ergänzungsurteil vorausgehende mündliche Verhandlung hat nur den nichterledigten Teil des Rechtsstreits zum Gegenstand.

Die Auswirkungen auf die **Rechtsmittelfrist** sind bei einem **Ergänzungsurteil** nicht ganz einfach zu beantworten. Klar ist, dass das Ergänzungsurteil selbständig durch Rechtsmittel anfechtbar ist, es sei denn, dass es lediglich eine Kostenentscheidung enthält, die nicht isoliert angefochten werden kann (§ 158). Wird durch ein Ergänzungsurteil festgestellt, dass in dem ursprünglichen Urteil ein Antrag ganz oder teilweise übergangen worden ist, sind bei nachträglicher Berufungseinlegung gegen das Ausgangsurteil jedenfalls die Voraussetzungen für die Wiedereinsetzung in den vorigen Stand gegeben sind.[757] Sofern der Ergänzungsantrag der Partei allerdings erfolglos ist, ist im allgemeinen davon auszugehen, dass die unterlegene Partei nicht wegen der von ihr behaupteten Unvollständigkeit des ursprünglichen Urteils an der Wahrung der Rechtsmittelfrist bezüglich des Ausgangsurteils gehindert war.[758] **396**

Hinweis:
Vgl. den Beispielsschriftsatz in Anhang I Nr. 10 c.

6. Rechtskraft

Zur Rechtskraft von Entscheidungen wird auf F 280 f. verwiesen. **397**

VI. Beschlüsse

Beschlüsse sind in der Regel gerichtliche Entscheidungen, die ohne selbst bereits ein Urteil zu sein, der Erarbeitung des Urteils dienen. Beschlüsse sind begrifflich von prozessleitenden Verfügungen zu trennen, die lediglich dem Betreiben des Geschäfts dienen. Sonderformen sind vor allem die gerichtlichen Eilentscheidungen nach den §§ 80, 80 a, 123 einerseits (vgl. dazu J) und die verfahrensbeendenden Beschlüsse in der Berufungsinstanz (§§ 124 a Abs. 2, 125 Abs. 2, § 130 a, vgl. dazu F 44 und 65) und in der Revisionsinstanz (§ 144 Abs. 1) (vgl. dazu F 177 ff.) andererseits. **398**

Der Gerichtsbescheid ist kein Beschluss, sondern dem Urteil gleichgestellt (vgl. oben E 367 ff.). **399**

Beschlüsse sind nach § 122 Abs. 2 zu begründen, wenn **400**
– sie durch Rechtsmittel angefochten werden können oder
– über einen Rechtsbehelf entscheiden
– im Normenkontrollverfahren durch Beschluss entschieden wird
– über einen Beweisantrag nach § 86 Abs. 2 entschieden wird.

Das Gericht entscheidet im Beschlussverfahren in der Regel ohne mündliche Verhandlung; die mündliche Verhandlung ist aber fakultativ möglich. Die §§ 88, 108 Abs. 1 Satz 1, 118, 119, 120 gelten nach § 122 Abs. 1 für die Beschlüsse entsprechend. **401**

---

[757] *BVerwG,* 13. 1. 1989 – 4 C B 24/88 – NVwZ-RR 89, 519.
[758] *BVerwG,* 13. 1. 1989 – 4 C B 24/88 – NVwZ-RR 89, 519.

Gegen Beschlüsse des Verwaltungsgerichts ist das Rechtsmittel der Beschwerde zulässig, § 146 Abs. 1 (vgl. F 247ff.), soweit diese nicht nach § 146 Abs. 2 und 3 ausgeschlossen ist.

VII. Wiedereinsetzung in den vorigen Stand bei Fristversäumnis

402 Sofern jemand ohne Verschulden verhindert war, eine **gesetzliche Frist**[759] einzuhalten, ist ihm auf Antrag die Wiedereinsetzung in den vorigen Stand zu gewähren (§ 60 Abs. 1)[760] Die Wiedereinsetzung in den vorigen Stand scheidet bei materiell-rechtlichen Ausschlussfristen (z.B. Antragsfrist) oder gewillkürten Frist (z.B. Widerrufsfrist für einen Vergleich)[761] in der Regel aus, wenn nicht ausdrücklich eine besondere gesetzliche Wiedereinsetzungsmöglichkeit anderweitiges bestimmt (vgl. z.B. § 5 KSchG).[762] Bei allen prozessualen Fristen ist zunächst zu prüfen, ob die Frist auch wirksam in Lauf gesetzt war, da Zustellungsmängel nicht selten festzustellen sind. Das Gericht trifft insoweit eine besondere Dokumentations- und Aufklärungspflicht.[763] Auch eine fehlende oder fehlerhafte Rechtsmittelbelehrung (§ 58 VwGO) kann dazu führen, dass die Rechtsmittelfrist noch nicht zu laufen begonnen hat (vgl. aber § 58 Abs. 2).

1. Unverschuldete Fristversäumnis[764]

403 Wie auch in den sonstigen Prozessordnungen gilt für § 60 VwGO das Verschuldensprinzip. Die Gerichte haben als Voraussetzung der Wiedereinsetzung an die Sorgfaltspflichten der Prozessbeteiligten sehr strenge Anforderungen gestellt, die in der Literatur zu Recht gerügt werden. *Redeker/von Oertzen*[765] schreibt hierzu:

„Die Rechtsprechung stellt dabei an die Sorgfaltspflichten aller Beteiligten strenge Anforderungen, die oft überspannt wirken und in seltsamem Gegensatz zu den Mängeln des Gerichtsbetriebes stehen (etwa die zahllosen „Pannen" mit der Folge der Verletzung des Anspruchs auf rechtliches Gehör, *BVerfG* 42, 243ff.; *Schmidt-Aßmann,* DÖV 1987, 1029ff.) Das *BVerfG* hat zwar durch viele Entscheidungen (BVerfGE 40, 42, 88, 95, 182; 41, 23; 50, 3; 51, 354; 52, 203; 53, 28, 121; 54, 84; 52, 336) Korrekturen dieser Rechtsprechung vorgenommen; sie sind aber ähnlich wie die zur Versagung des rechtlichen Gehörs bisher kaum

---

[759] Keine Wiedereinsetzung bei Versäumung der Widerrufsfrist eines Vergleiches, *OVG Lüneburg,* 27. 5. 1999 – 1 L 6165/95 – UPR 00, 79; *BVerwG,* 24. 8. 1999 – 4 B 72/99 – NVwZ-RR 00, 255.

[760] Zur Wiedereinsetzung im Verwaltungsverfahren, vgl. Kopp/Ramsauer, § 32, Rdn. 1 ff.; ferner Stelkens, Rdn. 293–296; zur erleichterten Wiedereinsetzung im Verwaltungsverfahren, wenn eine erforderliche Anhörung vor Erlass des Verwaltungsaktes unterblieben ist, *BVerfG,* v. 31. 7. 2001 – 1 BvR 106/00 – DVBl. 01, 1747 f.

[761] *BVerwG,* 24. 8. 1999 – 4 B 72/99 – NVwZ-RR 00, 255.

[762] Vgl. zu § 15 BaföG, *BVerwG,* 23. 6. 1993 – 11 C 16/92 – NVwZ 95, 75.

[763] vgl. dazu auch *BVerwG,* 26. 1. 1994 – 6 C 2.92 – BVerwGE 95, 64ff.: Lässt sich der Zustellungspunkt nicht genau nachweisen, so kann sich eine Partei auf den ihr günstigen Zeitpunkt berufen, sofern sie nachweisen kann, dass dieser Zeitpunkt nach Ausschöpfung aller Aufklärungsmöglichkeiten denkbar ist.

[764] Es muss ein Fristversäumnis vorliegen. Sonstige Versäumnisse (z.B. Nichtteilnahme an der mündlichen Verhandlung) werden nicht erfasst, *VGH Kassel,* 5. 3. 1999 – 3 ZU 4704/98.A – NVwZ-RR 99, 539.

[765] *Redeker/von Oertzen,* § 60, Rdn. 2.

hinreichend aufgegriffen worden. Es wäre oftmals wünschenswert, dass der für die Prüfung der Wiedereinsetzungsgründe betriebene Aufwand der Sachentscheidung gewidmet würde, an der alle Beteiligten nicht selten sehr vielmehr interessiert sind. (in der Wiedergabe bei *Baumbach/Lauterbach,* Anm. 4 zu § 233 allein 29 Seiten Kleindruck!)

Dem ist aus der Sicht der Verfasser nichts hinzuzufügen.

Ein Beteiligter verschuldet die Fristversäumnis, wenn er die einem gewissenhaf- **404**
ten, seine Rechte und Pflichten sachgerecht wahrnehmenden Beteiligten gebotene und ihm auch nach den gesamten Umständen des Falles zumutbare Sorgfalt außer Acht lässt.[766]

Dabei ist von einem objektiven Maßstab auszugehen, wobei freilich die beson- **405**
deren Umstände des Einzelfalles, aber auch die persönlichen Verhältnisse des Beteiligten mit zu berücksichtigten sind.[767] Der Anspruch auf Gewährung wirkungsvollen Rechtsschutzes (Art. 2 Abs. 1 GG i. V. m. dem Rechtsstaatsprinzip) darf dabei nicht verletzt werden:[768]

„Dieser Anspruch verbietet es den Gerichten, den Parteien den Zugang zu einer in der Verfahrensordnung eingeräumten Instanz in unzumutbarer, aus Sachgründen nicht mehr zu rechtfertigenden Weise zu erschweren.... Die Gerichte dürfen daher bei der Auslegung der die Wiedereinsetzung in den vorigen Stand regelnden Vorschriften die Anforderungen an das, was der Betroffene veranlasst haben muss, um Wiedereinsetzung zu erlangen, nicht überspannen."

Das Verschulden eines **Bevollmächtigten** ist gem. § 173 i. V. m. § 85 Abs. 2 **406**
ZPO dem jeweiligen Prozessbeteiligten hinzuzurechnen,[769] wobei an die Sorgfalt eines **Rechtsanwalts** grundsätzlich höhere Anforderungen als bei einem Laien gestellt werden. Für **Behörden** gelten die gleichen Maßstäbe wie für einen Rechtsanwalt.[770]

Aus der sehr reichhaltigen Kasuistik der Rechtsprechung seien für den Bereich der Verwaltungsgerichtsbarkeit einige Beispiele ergänzt:

Verschulden verneint **407**

- Versäumnisse der Deutschen Post AG oder eines privaten **Kurierdienstes**[771] oder anormaler Postgang sind den Beteiligten grundsätzlich nicht zuzurechnen.[772]
- Wird ein Brief so frühzeitig abgesandt, dass er trotz Unvollständigkeit der Anschrift und der dann notwendigen Sonderbehandlung bei der Postzustellung üblicherweise rechtzeitig eingehen müsste, ist die Sorgfaltspflicht des Absenders nicht verletzt und Wiedereinsetzung in den vorigen Stand zu gewähren.[773]

---

[766] *Redeker/von Oertzen,* § 60, Rdn. 3.

[767] Vgl. dazu *Eyermann/Fröhler,* § 60, Rdn. 5; *Kopp/Schenke,* § 60, Rdn. 2ff.; *Redeker/von Oertzen* § 60, Rdn. 3; ferner *BVerwG,* 25. 4. 1975 – VI C 231/73 – NJW 75, 1574.

[768] *BVerfG,* 23. 8. 1999 – 1 BvR 1138/97 – NJW 99, 3701.

[769] Vgl. dazu *Kopp/Schenke,* § 60, Rdn. 20ff.; *Redeker/von Oertzen,* § 60, Rdn. 8; *Eyermann/Fröhler,* § 60, Rdn. 8ff.; *VGH Kassel,* 13. 3. 1991 – 1 Ue 3464/88 – NJW 91, 2099.

[770] *Stelkens,* Rdn. 296; *OVG Münster,* 11. 7. 1990 – 24 B 3064/89 – NVwZ 91, 490; *BSG,* 18. 3. 1987 – 9 bRU 8/86 – MDR 87, 786; *BVerwG,* 6. 6. 1995 – 6 C 13.93 – DVBl. 95, 937.

[771] *BVerfG,* 23. 8. 1999 – 1 BvR 1138/97 – NJW 99, 3701.

[772] *BVerwG,* 9. 3. 1960 – VIII B 18/60 – NJW 60, 979.

[773] *BVerwG,* 27. 4. 1990 – 4 C 10/87 – NJW 90, 2639.

– Ein Verschulden liegt regelmäßig dann nicht vor, wenn der Beteiligte infolge **schwerer Erkrankung** weder selbst handeln noch einen Bevollmächtigten beauftragen konnte.[774]
– Die Ehefrau des Klägers nimmt die Zustellungsurkunde in Empfang, vergisst es jedoch diese rechtzeitig an den Kläger weiterzuleiten.[775]
– Wird durch Ergänzungsurteil festgestellt, dass in dem ursprünglichen Urteil ein Antrag ganz oder zum Teil übergangen worden ist, ist bei nachträglicher Berufungseinlegung gegen das Urteil die Voraussetzung für die Wiedereinsetzung in den vorigen Stand in der Regel gegeben.[776]
– Wiedereinsetzung ist zu gewähren, wenn jemand von einer Zustellung deshalb verspätet Kenntnis erhält, weil die Benachrichtigung über die Niederlegung, die der Zusteller in einen von mehreren Bewohnern eines Hauses gemeinsam benutzten Briefkasten eingeworfen hat, versehentlich von einem Mitbewohner an sich genommen worden ist.[777]
– Wird das in der Rechtsmittelfrist ordnungsgemäß eingereichte **Prozesskostenhilfegesuch** abgelehnt, so ist Wiedereinsetzung auf Antrag zu gewähren, wenn das Rechtsmittel binnen eines Monats nach Zustellung der Ablehnung formgerecht eingelegt wird.[778]
– Kein Verschulden ist bei höherer Gewalt gegeben (vgl. § 58 Abs. 2).[779]
– Bei der Einlegung eines Rechtsmittels durch Telefax braucht die bloße Möglichkeit, dass das Empfangsgerät unerkannt funktionsunfähig sein könnte, den Absender nicht veranlassen, andere Formen der Übertragung zu wählen oder sich durch fernmündliche Nachfrage des Eingangs bei Gericht zu versichern, wenn er die Antragsfrist bis zum Schluss ausnutzt.[780]
– Es entspricht nicht der allgemeinen Lebenserfahrung, dass freigestempelte Sammelpost den Adressaten in der Regel erst am vierten Tage nach der Absendung erreicht. Hat das Gericht aufgrund seiner eigenen Erfahrung andere Erkenntnisse, so darf es diese seiner Entscheidung über einen Wiedereinsetzungsantrag nicht zugrunde legen, ohne den Betroffenen Gelegenheit zu geben, sich dazu zu äußern.[781]
– Hinsichtlich der Versäumung der Zweimonatsfrist für die Begründung der Nichtzulassungsbeschwerde ist Wiedereinsetzung zu gewähren, wenn die Begründung am letzten Tag der Frist beim BVerwG eingereicht wird, nach dem

---

[774] *BVerwG,* 28. 6. 1962 – VIII B 18/62 – MDR 62, 931.

[775] *BPatG,* 26. 9. 1962 – 4 W 98/62 – NJW 63, 268; *OVG Münster,* 29. 3. 95 – 13 A 3442/93 – NJW 95, 2508: die Ehefrau ist nicht Bevollmächtigte von Gesetzes wegen.

[776] *BVerwG,* 13. 1. 1989 – 4 CB 24/88 – NVwZ-RR 89, 519. Sofern der Ergänzungsantrag der Partei allerdings erfolglos ist, ist im allgemeinen davon auszugehen, dass die unterlegene Partei nicht wegen der von ihr behaupteten Unvollständigkeit des ursprünglichen Urteils an der Wahrung der Rechtsmittelfrist gehindert war.

[777] *BVerwG,* 28. 8. 1987 – 4 C 14/86 – NJW 88, 578.

[778] *BSG,* 13. 10. 1992 – 4 RA 36/92 NVwZ 93, 509, *BVerwG,* 18. 3. 1992 – 5 B 29.92 – NJW 92, 2307; vgl. F 113.

[779] *Kopp/Schenke,* § 58, Rdn. 16 auch zu den Fällen fehlerhafter Rechtsmittelbelehrungen.

[780] *OVG Bautzen,* 27. 9. 1995 – A 4 S 383/94 – NVwZ 96, 1028.

[781] *BVerfG,* 15. 5. 1995 – 1 BvR 2440/94 – NJW 95, S. 2546.

die Vorinstanz unmittelbar nach Eingang der nichtbegründeten Beschwerde, ohne den Eingang der Beschwerdebegründung abzuwarten, über die Nichtabhilfe entschieden und die Akten dem BVerwG vorgelegt hatte und das BVerwG darauf hin den Beschwerdeführer noch vor Ablauf der Beschwerdebegründungsfrist mitgeteilt hatte, die Sache sei nunmehr bei ihm „anhängig".[782]

- Das **Verschulden eines** Bevollmächtigten **(Rechtsanwalt)** ist in der Regel zu verneinen, wenn die Fristversäumnis nicht von ihm selbst, sondern von seinem geschulten, unterrichteten und überwachten Büropersonal zu vertreten ist,[783] es sei denn, dass ein Mangel in der Organisation des Anwaltsbüros vorliegt.[784]
- Hat der Rechtsanwalt gegenüber seinem Personal die generelle Anweisung erteilt, alle Schriftsätze vor Abgang darauf hin zu überprüfen, ob sie mit einer Unterschrift versehen sind, so kann der Anwalt darauf vertrauen, dass diese Anordnung vor allem bei eilbedürftigen Schriftsätzen strikt beachtet wird. Dies gilt auch bei persönlicher Übergabe eines Schriftstücks durch den Anwalt selbst.[785]
- Der Rechtsanwalt braucht vor dem Hintergrund der Gerichtspraxis nicht zu erwarten, dass sein mit beruflicher Überlastung infolge urlaubsbedingter Rückstände und Vertretung eines erkrankten Kollegen begründeter erstmaliger Antrag auf Verlängerung der Berufungsbegründungsfrist ohne „Vorwarnung" vom Berufungsgericht abgelehnt wird. In diesem Fall verletzen die Versagung der Wiedereinsetzung und die Verwerfung der Berufung das Gebot einer rechtsstaatlichen Verfahrensgestaltung.[786]
- Verwendet ein Rechtsanwalt einen von einer Fachfirma erstellten EDV-gestützten Fristenkalender, ist es nicht erforderlich, dass er als Vorsorge für etwaige Störungen des EDV-gestützten Fristenkalenders zusätzlich einen schriftlichen Fristenkalender führt. Ein Rechtsanwalt genügt den Anforderungen an eine hinreichende Büroorganisation für Störfälle des EDV-gestützten Fristenkalenders nur, wenn gewährleistet ist, dass die Servicefirma die Reparatur im Störfall unverzüglich durchführt oder den Versuch unternimmt, vor einer Reparatur dafür zu sorgen, dass die gespeicherten Fristen ausgegeben werden.[787]

Verschulden bejaht 408

- Die unrichtige Beurteilung der Erfolgsaussicht eines Rechtsmittels wegen nicht erkennbarer Fehlerhaftigkeit des Verwaltungsakts ist kein Wiedereinsetzungsgrund.[788]
- Ein der deutschen Sprache nicht mächtiger Ausländer verschuldet die Fristversäumnis, wenn er bewusst entgegen der von ihm verstandenen Rechtsmittelbe-

---

782 *BVerfG,* 9. 12. 1994 – 6 B 22.94 – Bay VBl. 95, 735.

783 *Redeker/von Oertzen,* § 60, Rdn. 11.

784 *VGH Mannheim,* 8. 8. 1994 – 10 S 1767/94 – NVwZ-RR 95, 174; *BVerwG,* 7. 6. 1995 – 5 B 141.94 – Buchholz 310, § 86 Abs. 1 Nr. 268.

785 *BVerfG,* 27. 9. 1995 – 1 BvR 414/95 – NJW 96, 309.

786 *BVerfG,* 10. 8. 1998 – 1 BvR 10/98 – NJW 98, 3703.

787 *BGH,* 10. 10. 1996 – VII ZB 31/95 – n. v.

788 *BVerwG,* 15. 3. 1989 – 7 B 40/89 – NVwZ-RR 89, 591; *BVerwG,* 14. 9. 1998 – 8 B 154/98 – NVwZ-RR 99, 538.

lehrung, dass die Klage in deutscher Sprache abgefasst werden müsse, bei Gericht eine Klageschrift in einer fremden Sprache einreicht.[789]

– Die Versäumung der Berufungsfrist ist verschuldet, wenn sie im Vertrauen auf die Auskunft des Stationsreferendars eines Rechtsanwalts erfolgte, der Lauf der Berufungsfrist werde durch Gerichtsferien gehemmt.[790]
– Wiedereinsetzung ist nicht zu gewähren, wenn der Beteiligte nicht glaubhaft machen kann, dass er das fristwahrende Schriftstück tatsächlich abgesandt hat.[791]
– Eine Wiedereinsetzung kommt grundsätzlich nicht in Betracht, wenn der Beteiligte im Fall der Zustellung durch Niederlegung bei der Post über den Beginn der Frist irrt und sich hinsichtlich der Wiedereinsetzungsfrist auf Rechtsunkenntnis beruft.[792]
– Die Überwachung von schwierig zu berechnenden Fristen darf der Rechtsanwalt auch dem gut ausgebildeten und sorgfältig überwachten Büropersonal nicht überlassen.[793]
– Ein Irrtum über den Beginn der Rechtsbehelfsfrist im Falle einer Zustellung durch Niederlegung kann nur dann ausnahmsweise unverschuldet i. S. v. § 60 Abs. 1 sein, wenn z. B. der Beteiligte durch ein entsprechendes behördliches Verhalten in seinem Irrtum bestärkt wird.[794]
– Auch dem juristisch nicht Ausgebildeten muss es sich aufdrängen, dass er nach Versäumung einer Rechtsmittelfrist nicht nur die versäumte Rechtshandlung nachzuholen hat, sondern auch dem Gericht unverzüglich darlegen muss, aus welchen Gründen die Frist nicht eingehalten werden konnte.[795]
– Der in einem gerichtskostenfreien Verfahren (§ 188) ohne Anwalts- und Begründungszwang innerhalb der Rechtsmittelfrist gestellter, erst nach ihrem Ablauf beschiedener Prozesskostenhilfeantrag ist kein Grund für eine Wiedereinsetzung in den vorigen Stand gem. § 60 Abs. 1, weil die Partei wegen der

---

[789] *BVerwG,* 5. 2. 1990 – 9 B 506/89 – NJW 90, 3103; ähnlich auch *BVerfG,* 8. 11. 1991 – 2 BvR 1388, 1389, 1390, 1391/91 – NVwZ 92, 262, wo ausdrücklich darauf hingewiesen worden ist, dass unzureichende Sprachkenntnisse einen Ausländer nicht jeglicher Sorgfaltspflicht in der Wahrnehmung seiner Rechte entheben.

[790] *VGH München,* 11. 9. 1990 – 22 B 88 3013 – NJW 91, 125.

[791] *OVG Lüneburg,* 15. 10. 1990 – 10 M 24/90 – NJW 91, 1196.

[792] *VGH Karlsruhe,* 7. 1. 1991 – 1 S 2890/90 – VBlBW 91, 215; vgl. im übrigen *BVerwG,* 1. 3. 1991 – 8 C 31/89 – NJW 91, 1904, wo ausdrücklich darauf hingewiesen wird, dass es für die Wirksamkeit der Ersatzzustellung gemäß § 3 Abs. 3 VwZG i. V. m. § 182 ZPO nur darauf ankommt, dass der Postbote das zuzustellende Schriftstück im Anschluss an den erfolglosen Zustellungsversuch mit Zustellnachricht wieder dem Zustellungspostamt bringt und dort in den Geschäftsgang gibt.

[793] *BVerwG,* 8. 4. 1991 – 2 C 32/90 – NJW 91, 2096; Rechtsmittelbegründungsfristen, vgl. *BVerwG,* 15. 8. 1994 – 11 B 68/94 – in BayVBl. 95, 123 f.; ferner *BVerwG,* 7. 3. 1995 – 9 C 390/94 – BayVBl. 95, 517.

[794] *BVerwG,* 8. 3. 1983 – 1 C 34/80 – NJW 83, 1923 bei gemeinsamer Zustellung von Widerspruchs- und Kostenfestsetzungsbescheid sind die unterschiedlichen Rechtsbehelfsbelehrungen auf beiden Bescheiden in der Regel nicht geeignet, den Rechtsbehelfsberechtigten bezügl. der Fristen zu verwirren, *BVerwG,* 11. 5. 94 – 11 B 66.94 – Buchholz 310, § 58 Nr. 63.

[795] *BVerwG,* 20. 6. 1995 – 1 C 38.93 – Buchholz 310, § 60 Nr. 200.

Gerichtskostenfreiheit die Klage vor dem Verwaltungsgericht ohne Kostenrisiko zunächst selbst erheben konnte.[796]

- Wenn mit der Übermittlung einer 11-Seiten-umfassenden Rechtsmittelschrift per Telefax am letzten Tag der Frist so spät begonnen wird, dass allenfalls eine Zeitreserve von 2 Minuten verbleibt, so ist die Fristversäumnis verschuldet und eine Wiedereinsetzung in den vorigen Stand abzulehnen, wenn die Übertragung bis 24 Uhr deshalb scheitert, weil das Telefaxempfangsgerät des Gerichts durch eine andere eingehende Sendung belegt war.[797]
- Der **Rechtsanwalt** ist verpflichtet, sich bei der Unterzeichnung eines eine Gerichtsentscheidung betreffenden Empfangsbekenntnisses diese Entscheidung im Hinblick auf etwaige durch die Zustellung ausgelöste Fristen vorlegen zu lassen.[798]
- Ein Rechtsanwalt kann sich nicht ohne weiteres darauf verlassen, dass Benachrichtigungen an seinen Mandanten diesen tatsächlich erreicht haben bzw. dass ein Schweigen seines Mandanten einen Klageverzicht bedeutet (sehr bedenklich).[799]
- Dem Prozessbevollmächtigten einer Partei trifft an der Versäumung der Rechtsmittelbegründungsfrist ein Verschulden, wenn er den Ablauf der (Haupt-)Frist nicht im Fristenkalender eintragen, sondern nur Vor- oder Bearbeitungsfristen notieren lässt und deren Einhaltung überwacht.[800]
- Sofern es bei einem Anwaltsbüro üblich ist, für das Postfach bestimmte Einschreibesendungen nicht durch einen Postabholer unmittelbar abholen zu lassen, sondern auf dem in das Postfach gelegten Auslieferungsschein nach Übergabe im Anwaltsbüro blanko den Auslieferungsvermerk durch den Rechtsanwalt zu unterzeichnen, so liegt ein Organisationsmangel vor, wenn es hierdurch zu falschen Eintragungen in den Fristenkalender kommt, weil die Einschreibesendung mit einem Eingangsvermerk versehen wird, der den vom Auslieferungsvermerk abweichenden Tag des Zugangs im Anwaltsbüro bestätigt. Eine Fristversäumnis, die auf einem derartigen falschen Eintrag im Fristenkalender beruht, rechtfertigt keine Wiedereinsetzung.[801]
- Wird einem Rechtsanwalt durch das Gericht der Eingang eines von ihm eingelegten Rechtsmittels oder Rechtsschutzantrags schriftlich unter Angabe des Eingangsdatums bestätigt, hat er anhand der gerichtlichen Eingangsbestätigung die Einhaltung der Rechtsmittel- bzw. Antragsfrist zu überprüfen bzw. durch geeignete organisatorische Maßnahmen sicherzustellen, dass diese Prüfung ordnungsgemäß durch Hilfskräfte vorgenommen wird. Bei dem Zugang der gerichtlichen Eingangsmitteilung im Büro des Rechtsanwalts beginnt regelmäßig die zweiwöchige Frist für die Stellung des Wiedereinsetzungsantrags nebst Darlegung der Wiedereinsetzungsgründe.[802]

---

[796] *OVG Hamburg,* 5. 2. 1998 – Bs IV 171/97 – NJW 98, 2547.
[797] *BVerfG,* 19. 11. 1999 – 2 BvR 565/98 – NJW 00, 574.
[798] *BVerwG,* 9. 1. 1995 – 11 C 24/94 – NJW 95, 1443.
[799] *VGH Kassel,* 13. 3. 1991 – 1 UE 3464/88 – NJW 91, 2099.
[800] *BAG,* 16. 11. 1992 – 3 AzR 393/92 – NJW 93, 1315.
[801] *VGH Kassel,* 24. 7. 1992 – 9 TP 1996/90 – NVwZ 93, 383.
[802] *VGH Kassel,* 19. 5. 1992 – 13 TP 2474/91 – NVwZ 93, 381.

– Ein Rechtsanwalt, der eine Rechtsmittelschrift zum Zeitpunkt (einen Tag vor Fristablauf) zum Postversand gibt, obwohl zu diesem Zeitpunkt durch Mitteilungen in Presse, Rundfunk und Fernsehen bekannt war, dass Streikmaßnahmen im Postzustellungsdienst zu Verzögerungen bei der Zustellung führen können, verletzt seine Sorgfaltspflicht, wenn er die Rechtsmittelschrift nicht vorab mit dem ihm zur Verfügung stehenden Telefaxgerät dem Gericht übermittelt.[803]
– Der ein Rechtsmittel einlegende Rechtsanwalt wird von der Verpflichtung, die Rechtsmittelschrift auf Richtigkeit und Vollständigkeit selbst zu überprüfen, durch die Verwendung eines speziell für die Rechtsmitteleinlegung erarbeiteten Computerprogramms nicht entbunden.[804]
– Die Verwendung der richtigen Telefaxnummer kommt einer richtigen Adressierung eines Anschreibens auf normalen Postwege gleich. Deshalb muss der Rechtsanwalt bei der Übermittlung fristgebundener Schriftstücke mittels Telefax durch organisatorische Maßnahmen sicherstellen, dass der Sendebericht nicht nur auf vollständige und fehlerfreie Übermittlung des Textes, sondern auch auf die richtige Empfängernummer hin abschließend kontrolliert wird.[805]
– Der Adressat einer unterfrankierten Briefsendung ist nicht verpflichtet, diese anzunehmen; der Anwalt muss für derartige Fälle durch geeignete Büroorganisationsmaßnahmen sicherstellen, dass eine ausreichende Frankierung von Briefen erfolgt, um Verspätungen oder Nichtannahme von Schriftstücken zu vermeiden.[806]
– Wenn sich ein Prozessbevollmächtigter bei Ausbleiben der mit einem Dritten verabredeten Mitarbeit erst am Tag des ihm bekannten Fristablaufs der Sache selbst annimmt, so bringt er sich selbst in Zeitnot und handelt bei der Versäumung der Frist grob fahrlässig.[807]
– Rechtsmittelfristen müssen in einer Weise notiert werden, die sich von gewöhnlichen Wiedervorlagen deutlich abheben.[808]

2. Verfahren

409 Die Wiedereinsetzung in den vorigen Stand ist entweder auf Antrag des Betroffenen hin oder von Amts wegen zu bewilligen.[809] Eine Wiedereinsetzung von Amts wegen kommt jedoch nur dann in Betracht, wenn für das Gericht zweifelsfrei erkennbar ist, dass den Betreffenden kein Verschulden an der Fristversäumung trifft und die versäumte Rechtshandlung bereits nachgeholt worden ist.[810] In verwaltungsgerichtlichen Verfahren kann allerdings die Wiedereinsetzung wegen Versäumung, z.B. der Klagefrist, nicht stillschweigend gewährt werden, sondern die Wiedereinsetzung erfordert im Interesse der Beteiligten eine klare und eindeutig

[803] *VGH Kassel,* 17. 7. 1992 – 9 TP 930/92 – NVwZ 93, 382.
[804] *BGH,* 20. 2. 1995 – II ZB 16/94 – AnwBl. 95, 374.
[805] *BAG,* 30. 3. 1995 – 2 AZR 1020/94 – NJW 95, 2742.
[806] Vgl. dazu *OVG Hamburg,* 21. 3. 95 – Bf VI 24/94 – in NJW 95, 3137 ff.
[807] *BVerwG,* 7. 8. 1995 – 4 NB 24.95 – Buchholz 310, § 60 Nr. 201.
[808] *BVerwG,* 24. 8. 1995 – 3 B 37.95 – Buchholz 310; § 60 Nr. 202.
[809] *BVerwG,* 10. 12. 1991 5 B 125/91 NJW 92, 852; *Redeker/von Oertzen,* § 60, Rdn. 12; *BVerwG,* 1. 3. 1991 – 8 C 31/89 – NJW 91, 1904.
[810] *Jörg Schmidt* in *Eyermann,* § 60, Rdn. 22.

verlautbare Entscheidung des Gerichts. Reicht eine konkludente Entscheidung aber nicht aus, so fehlt es an einer Wiedereinsetzung. Wird der Wiedereinsetzungsantrag übergangen, muss ggfs. innerhalb der Fristen des § 120 Abs. 1 ein Antrag auf Urteilsergänzung gestellt werden.[811]

Der Wiedereinsetzungsantrag bzw. die nachzuholende Prozesshandlung sind grundsätzlich an dasjenige Gericht zu richten, bei dem auch die nachzuholende Prozesshandlung vorzunehmen wäre.[812] **409 a**

Beispiele:
- Bei Versäumung der Klagefrist: Verwaltungsgericht
- Bei Versäumung des Antrag auf Zulassung der Berufung: Verwaltungsgericht
- Bei Versäumung der Beschwerde gegen die Nichtzulassung der Revision: Das Oberverwaltungsgericht

In dem Wiedereinsetzungsantrag sind die Umstände vorzutragen und glaubhaft zu machen, die zur unverschuldeten Fristversäumung geführt haben. Der Antrag ist innerhalb von 2 Wochen nach Wegfall des Hindernisses zu stellen.[813] **410**

Einer gesonderten Rechtsbehelfsbelehrung bedarf es nicht, so dass die Frist auch dann läuft, wenn der Betroffene über die Wiedereinsetzungsmöglichkeit nicht belehrt worden ist.[814]

Gleichzeitig mit dem Wiedereinsetzungsantrag ist die **versäumte Rechtshandlung nachzuholen;** ist die versäumte Rechtshandlung bereits vorgenommen worden, ohne das der Betroffene einen Wiedereinsetzungsantrag gestellt hätte, kann das Gericht auch von Amts wegen die Wiedereinsetzung gewähren.[815] **411**

Hinweis:
Vgl. den Beispielschriftsatz für einen Antrag auf Wiedereinsetzung in Anhang I Nr. 10 d.

3. Entscheidung, Rechtsmittel

Über den Wiedereinsetzungsantrag entscheidet das Gericht, das auch über die versäumte Rechtshandlung zu urteilen hat. Strittig ist dabei, ob das Gericht vorab durch Beschluss entscheiden darf,[816] oder ob das Wiedereinsetzungsgesuch zusammen mit der Hauptsache durch Urteil bzw. Gerichtsbescheid behandelt werden muss.[817] **412**

Der Grundsatz der Prozessökonomie gebietet es, die Frage der Wiedereinsetzung schnell, d.h. durch einen Vorabbeschluss zu klären, um den Parteien in dieser Hinsicht Gewissheit zu verschaffen.[818]

---

811 *BVerwG,* 22. 11. 1994 – 6 B 29.94 – BayVBl. 95, 635.

812 *BVerwG,* 11. 5. 1962 – Buchholz 310, § 132 VwGO 32; *Kopp/Schenke,* § 60, Rdn. 34.

813 *Kopp/Schenke,* § 60, Rdn. 26ff., 29; *Redeker/von Oertzen,* § 60, Rdn. 13.

814 *Redeker/von Oertzen,* § 60, Rdn. 13.

815 *BVerwG,* 1. 3. 1991 – 8 C 31/89 – NJW 91, 1904.

816 So *Redeker/von Oertzen,* § 60, Rdn. 20; *Eyermann/Fröhler* § 60, Rdn. 26.

817 Vgl. dazu *Kopp/Schenke,* § 60, Rdn. 30 und *OVG Berlin* 12. 7. 1989 – 3 L 5/88 – NVwZ-RR 89, 388.

818 *Redeker/von Oertzen,* § 60, Rdn. 20 weist zurecht darauf hin, dass die Bedenken gegen das hier vertretene Wahlrecht des Gerichts im Hinblick auf den gesetzlichen Richter (so

413 Wird die Wiedereinsetzung gewährt, ist die Entscheidung endgültig (§ 60 Abs. 5), eine Nachprüfung ist auch den Instanzgerichten versagt;[819] sofern die Wiedereinsetzung versagt wird, ist hiergegen das nach der jeweiligen vom Gericht gewählten Entscheidungsform (Urteil oder Beschluss) zugelassener Rechtsmittel (Berufung bzw. Beschwerde) gegeben, das Rechtsmittelgericht ist dann befugt, die vorinstanzlich versagte Wiedereinsetzung zu gewähren.[820]

OVG Berlin, Fußnote 617) angesichts der ausdrücklichen Zulassung eines solchen Wahlrechts in den Instanzen nicht durchgreifen. Für die Entscheidung im Beschlussverfahren spricht im übrigen auch das Kosteninteresse des Betroffenen; die Kosten des Beschwerdeverfahrens sind regelmäßig erheblich niedriger als die Kosten eines vollständigen Berufungsverfahrens anzusetzen.

[819] *Redeker/von Oertzen,* § 60, Rdn. 22.

[820] *BSG,* 13. 10. 1992 – 4 RA 36/92 – NVwZ 93, 509.

F. Rechtsmittel und Wiederaufnahme des Verfahrens

Übersicht

Die VwGO kennt drei **Rechtsmittel:** Urteile können mit der **Berufung** bzw. der **Revision** angegriffen werden, gerichtliche Beschlüsse unterliegen der **Beschwerde.** Die Rechtsmittel haben **Suspensiveffekt,** d. h. sie hemmen den Eintritt der Rechtskraft der angefochtenen Entscheidung. Daneben sind sie durch den **Devolutiveffekt** gekennzeichnet. Sie bewirken, dass die Rechtssache nunmehr vom nächsthöheren Gericht behandelt wird; bei der Beschwerde gilt dies allerdings im Regelfall nur dann, wenn der Spruchkörper, dessen Entscheidung angegriffen wird, der Beschwerde nicht abhilft. 1

Die Rechtsmittelverfahren nach der VwGO zeichnen sich durch eine Reihe von Gemeinsamkeiten aus: 2

– Mit einem Rechtsmittel wird die angefochtene Entscheidung zur gerichtlichen Überprüfung gestellt. Ein Rechtsmittel ist daher erst zulässig, wenn die angefochtene Entscheidung aufgrund Verkündung oder Zustellung wirksam ist. Ein zuvor eingelegtes Rechtsmittel ist unheilbar unzulässig.[1]
– Die Rechtsmittel können nicht nur durch die Parteien, sondern durch jeden Beteiligten im Sinne des § 63 eingelegt werden, der durch die angefochtene Entscheidung beschwert ist.
– Das Rechtsmittelbegehren, d. h. der Rechtsmittelantrag, begrenzt die Entscheidungskompetenz des Rechtsmittelgerichts (Verbot der reformatio in meius bzw. in peius).

Die Berufung und die Revision bedürfen stets der **Zulassung.** Die Beschwerde ist dagegen zulassungsfrei.[2] 3

Die Berufung und die Revision sind zu **begründen.** Eine entsprechende fristgebundene Pflicht zur Begründung gilt für die Rechtsbehelfe, die die Zulassung der Berufung und Revision zum Gegenstand haben. 4

---

[1] *BVerwG,* 8. 12. 1977 – VII B 76/77 – NJW 78, 1870.

[2] Während der Geltung der 6. VwGO-Novelle von Anfang 1997 bis Ende 2001 bedurfte auch die Beschwerde in den praxisbedeutsamen Verfahren, die die Aussetzung der Vollziehung (§ 80 Abs. 5), einstweilige Anordnungen (§ 123) sowie Beschlüsse im Verfahren der Prozesskostenhilfe betrafen, gem. § 146 Abs. 4 bis Abs. 6 der Zulassung.

I. Berufung

5 Die Berufung gegen Urteile[3] des Verwaltungsgerichts ist nur zulässig, wenn sie vom Verwaltungsgericht oder vom Oberverwaltungsgericht zugelassen wird, vgl. § 124 Abs. 1. Die **allgemeine Zulassungsberufung** ist mit Wirkung vom 1. Januar 1997 durch das Sechste VwGO-Änderungsgesetz eingeführt[4] und durch das „Gesetz zur Bereinigung des Rechtsmittelrechts im Verwaltungsprozess" (RmBereinVpG) mit Wirkung vom 1. Januar 2002 modifiziert worden.

5 a In der **Entwicklung des Berufungszulassungsrechts** können mithin drei Phasen unterschieden werden:

– Bis Ende 1996 war die Berufung im Regelfall zulassungsfrei zulässig.[5]
– Von 1997 bis Ende 2001 war die Berufung nur zulässig, wenn sie aufgrund eines gesonderten Antrags vom Oberverwaltungsgericht zugelassen wurde.[6]
– Seit dem 1. Januar 2002 ist die Berufung zulässig, wenn sie vom Verwaltungsgericht von Amts wegen (sogleich F 5 b ff.) oder aufgrund eines gesonderten Antrags vom Oberverwaltungsgericht (dazu unten F 6 ff.) zugelassen wird.

Der Gesetzgeber bleibt dabei sowohl hinsichtlich des Zulassungsverfahrens als auch der Zulassungsgründe experimentierfreudig und hat auf einen völligen Gleichklang zwischen dem bewährten Revisionszulassungsrecht und dem Berufungszulassungsrecht verzichtet.

1. Zulassung von Amts wegen

5 b Die VwGO regelt in § 124 Abs. 2 fünf Zulassungsgründe, vgl. F 9. In den Fällen der **Grundsatzberufung** gem. § 124 Abs. 2 Nr. 3 (dazu F 20 ff.) und wenn die Berufung gem. § 124 Abs. 2 Nr. aus Gründen der **Divergenz** erforderlich ist (dazu F 25 ff.), lässt das Verwaltungsgericht die Berufung im Urteil zu, § 124 a Abs. 1 Satz 1.

Es handelt sich um eine **gebundene Entscheidung,** das Gericht hat kein Ermessen. Das Verwaltungsgericht muss also von Amts wegen prüfen, ob die gesetzlichen Zulassungsvoraussetzungen vorliegen und – wenn dies der Fall ist – die Berufung zulassen.

5 c Die **Zulassungsentscheidung** wirkt gleichermaßen **zu Gunsten aller Prozessbeteiligten.** Jeder von Ihnen kann nunmehr Berufung einlegen, soweit er durch das erstinstanzliche Urteil beschwert ist, vgl. dazu unten F 6 f.

5 d Das Oberverwaltungsgericht ist an diese Zulassungsentscheidung gebunden, § 124 a Abs. 1 Satz 2.

5 e Das Verwaltungsgericht ist nicht befugt eine Entscheidung zu treffen, mit der die Zulassung versagt wird, § 124 a Abs. 1 Satz 3. Eine gleichwohl beschlossene Entscheidung diesen Inhalts entfaltet keine Wirkung.

---

[3] Zur Rechtsmittelfähigkeit eines Urteils ohne Entscheidungsgründe s. *VGH Kassel,* 7. 12. 2000 – 9 UZ 3323/00 A. – NVwZ-RR 01, 542.

[4] Kritisch zu dieser Gesetzesänderung *Kuhla/Hüttenbrink,* DVBl. 1996, 717, 719; s. a. Änderungsvorschläge des Verwaltungsrechtsausschusses des Deutschen Anwaltvereins, DVBl. 00, 969.

[5] Vgl. *Kuhla/Hüttenbrink,* Der Verwaltungsprozeß, 1995, 1. Auflage, F 5.

[6] Vgl. *Kuhla/Hüttenbrink,* Der Verwaltungsprozeß, 1998, 2. Auflage, F 5 ff.

Wenn das Verwaltungsgericht es versäumt, eine Zulassungsentscheidung im Urteil zu treffen, kann diese nicht nachträglich beschlossen und verkündet werden. Die Regelung über die Urteilsergänzung in § 120 ist nicht anwendbar, da sie nur Fälle regelt, in denen das Gericht einen Sachantrag übergeht. 5f

Hinweis für den Anwalt: 5g
Der Weg in die zweite Instanz ist wesentlich komfortabler, wenn das Verwaltungsgericht die Berufung zulässt, als wenn die Zulassung in einem Zwischenverfahren beim Oberverwaltungsgericht durchgesetzt werden muss. Spätestens in der mündlichen Verhandlung erster Instanz sollte der Anwalt daher auch die Zulassungsfrage ansprechen und – je nach Zweckmäßigkeit – erläutern, warum aus seiner Sicht die Voraussetzungen eines Zulassungstatbestandes gegeben sind.

2. Zulassung auf Antrag

Wenn das Verwaltungsgericht die Berufung nicht zulässt, dann kann der Weg in die zweite Instanz nur durch ein gesondertes Zulassungsverfahren erreicht werden. Wenn das Verwaltungsgericht die Berufung dagegen zugelassen hat, dann ist für ein Zulassungsverfahren kein Raum mehr: die Zulassungsentscheidung des Verwaltungsgerichts wirkt zu Gunsten aller Prozessbeteiligten, vgl. F 5c. Die Zulassung aus einem der gesetzlichen Gründe beschränkt nicht das Prüfungsprogramm des Oberverwaltungsgerichts. 6

a) Zulässigkeit

Die Zulässigkeit des Antrags auf Zulassung der Berufung gem. § 124a Abs. 4 setzt voraus, dass der Antragsteller durch die anzugreifende Entscheidung rechtlich beschwert ist. Ist der Antragsteller **Partei** des Verfahrens, d.h. Kläger bzw. Beklagter, so kommt es auf die **formelle Beschwer** an. Diese ist zu bejahen, wenn die angegriffene Entscheidung dem Antragsteller etwas versagt, was er in dem Verfahren, in dem die angefochtene Entscheidung erging, beantragt hatte.[7] 6a

Bei einem **Bescheidungsurteil** ist anhand der Urteilsgründe zu ermitteln, ob neben dem Beklagten auch der Kläger durch die Entscheidung beschwert wird. Eine solche Beschwer ist insoweit gegeben, als sich die vom Gericht für verbindlich erklärte Rechtsauffassung nicht mit der seinen deckt.[8]

Das Kriterium der formellen Beschwer kann beim Beigeladenen nicht entscheidend sein, denn diesem steht es gem. § 66 frei, ob er im Verfahren Anträge stellt (und damit auch ein Prozesskostenrisiko eingeht, vgl. § 154 Abs. 3). Beim **Beigeladenen** ist daher auf die **materielle Beschwer** abzustellen. Es kommt darauf an, ob der Beigeladene durch die anzufechtende Entscheidung in seinen rechtlichen Interessen bzw. Rechten nachteilig berührt wird. Das ist zu bejahen, wenn in dem Rechtsverhältnis des Beigeladenen zu einem der Hauptbeteiligten eine Präjudizwirkung durch das mit der Berufung anzugreifende Urteil eintritt.[9] 7

Beispiele: 8
– Der zum Anfechtungsverfahren gegen einen Erschließungsbeitragsbescheid beigeladene Grundstücksverkäufer ist durch ein Urteil des Verwaltungsgerichts beschwert, wenn des-

---

[7] Vgl. *Kopp/Schenke,* VwGO, Vorbem. § 124, Rdn. 41.
[8] *BVerwG,* 27. 1. 1995 – 8 C 8/93 – NJW 96, 737.
[9] *OVG Münster,* 9. 12. 1997 – 15 A 974.97 – DVBl. 98, 785.

sen rechtliche Interessen deshalb berührt werden können, weil sich das verwaltungsgerichtliche Urteil auf zivilrechtliche Ansprüche des Klägers gegen den Beigeladenen auswirken kann.[10]
- Die beigeladene Gemeinde, die im Bauvorbescheidsverfahren ihr Einvernehmen gem. § 36 BauGB versagt hat, ist durch ein Urteil beschwert, mit dem der beklagte Landkreis zur Erteilung des Vorbescheids verurteilt wird.[11] Die beigeladene Gemeinde ist auch beschwert, wenn Streitgegenstand eine von der staatlichen Bauaufsichtsbehörde erlassene Beseitigungsverfügung ist; dies gilt unabhängig davon, dass die Gemeinde in einem solchen Verfahren nicht gem. § 36 BauGB zu beteiligen ist.[12]
- Der zum Anfechtungsverfahren gegen ein Vermarktungsverbot von Gemüse beigeladene Pflanzenschutzmittel-Hersteller ist beschwert, wenn dessen rechtliche Interessen deshalb berührt werden können, weil sich das verwaltungsgerichtliche Urteil auf zivilrechtliche Ansprüche des Klägers gegen diesen Hersteller auswirken kann.[13]
- Der zu einem Verpflichtungsverfahren auf Erteilung eines Negativattestes gem. § 23 Abs. 2 BauGB (fehlende Genehmigungsbedürftigkeit einer Grundstücksteilung) beigeladene Regierungspräsident ist nicht materiell beschwert, weil diese Behörde in diesem Verfahren (anders als bei der Teilungsgenehmigung gem. § 19 Abs. 3 Satz 2 BauGB) keine Mitwirkungsrechte hat, die durch ein Negativattest verletzt werden könnten.[14]
- Der zu Unrecht notwendig Beigeladene ist nicht beschwert, sofern seine subjektiven Rechte im Sinne des § 113 Abs. 1 Satz 1 nicht verletzt werden.[15]

8 a § 36 ermöglicht es den Ländern, durch Rechtsverordnung beim Oberverwaltungsgericht und bei den Verwaltungsgerichten einen Vertreter des öffentlichen Interesses zu bestellen, vgl. oben B 37. Der **Vertreter öffentlichen Interesses** ist **unabhängig von einer Beschwer** befugt, ein Rechtsmittel einzulegen.[16]

8 b Der durch einen **Gerichtsbescheid** Beschwerte hat gem. § 84 Abs. 2 Nr. 1 ein Wahlrecht: er kann entweder die Zulassung der Berufung oder die mündliche Verhandlung beantragen. Grundsätzlich ist keine dieser Optionen vorrangig zu nutzen. Für den Antrag auf Zulassung der Berufung fehlt allerdings das Rechtsschutzinteresse, wenn dieser auf die Versagung rechtlichen Gehörs gestützt werden soll und der Beteiligte keinen Antrag auf mündliche Verhandlung stellt.[17]

8 c Erledigt sich der Rechtsstreit nach Erlass des erstinstanzlichen Urteils und vor dem Stellen des Zulassungsantrags, so muss der Antragsteller im Zulassungsantrag auch darlegen, weshalb an der Fortsetzung des Verfahrens ein berechtigtes Interesse besteht.[18]

---

[10] *BVerwG,* 16. 9. 1981 – 8 C 12.81 – NJW 82, 951 = BVerwGE 64, 67.

[11] *VGH Mannheim,* 25. 8. 1997 – 8 S 1861/97 – BauR 98, 313; *VGH Mannheim,* 17. 10. 1995 – 3 S 1.93 – NVwZ 97, 199 = BRS 57 Nr. 201.

[12] *BVerwG,* 14. 4. 2000, 4 C 5.99 – ZfBR, 00, 486 = NuR 00, 635; *VGH München,* 29. 6. 1999 – 1 B 95 4059 – NuR 00, 639; *Hässy,* BauR 01, 1533; **a. A.** *VGH Mannheim,* 17. 1. 1997 – 5 S 2812.96 – NVwZ-RR 98, 388.

[13] *BVerwG,* 12. 3. 1987 – 3 C 2.86 –, Buchholz, § 124 VwGO, Nr. 16; s. a. *BVerwG,* 5. 3. 1998 – 4 B 153.97 – NVwZ 98, 842.

[14] *BVerwG,* 11. 1. 2001 – 7 C 10.00 – BayVBl. 01, 634 = DÖV 01, 655 [Ls.]; BVerwG, 18. 5. 1992 – 4 B 98.92 – ZfBR 92, 241, s. a. *OVG Münster,* 10. 11. 1997 – 19 B 2603.97 – DVBl. 98, 240.

[15] *BVerwG,* 11. 1. 2001 – 7 C 10.00 – BayVBl. 01, 634 = DÖV 01, 655 [Ls.]; *VGH München,* 21. 8. 1997 – 4 ZB 97 1894 – NVwZ 98, 529 = BayVBl. 98, 184; s. a. *BVerwG,* 5. 3. 1998 – 4 B 153.97 – NVwZ 98, 842.

[16] *VGH München,* 15. 10. 1999 – 1 ZE/CE 99 2148 – BayVBl. 00, 597.

[17] *VGH Mannheim,* 15. 3. 2000 – A 6 S 48.00 – NVwZ-RR 01, 409 [Ls.].

[18] *VGH Mannheim,* 7. 1. 1998 – 7 S 3117.97 – NVwZ-RR 98, 371.

b) Zulassungsgründe

9 Die Berufung ist nur zuzulassen, wenn einer der fünf in § 124 Abs. 2 genannten Zulassungsgründe vorliegt. Danach hat eine Zulassung zu erfolgen, wenn

- **ernstliche Zweifel an der Richtigkeit des Urteils** bestehen, § 124 Abs. 2 Nr. 1,
- die **Rechtssache besondere tatsächliche oder rechtliche Schwierigkeiten** aufweist, § 124 Abs. 2 Nr. 2,
- die Rechtssache grundsätzliche Bedeutung hat **(Grundsatzberufung),** § 124 Abs. 2 Nr. 3,
- das Urteil von einer Entscheidung des Oberverwaltungsgerichts, des Bundesverwaltungsgerichts, des Gemeinsamen Senats der obersten Gerichte des Bundes oder des Bundesverfassungsgerichts[19] abweicht und darauf beruht **(Divergenzberufung),** § 124 Abs. 2 Nr. 4 oder
- ein Verfahrensmangel geltend gemacht wird und vorliegt, auf dem die Entscheidung beruhen kann **(Verfahrensberufung),** § 124 Abs. 2 Nr. 5.

> **Hinweis:**
> Beispiel für die Belehrung eines Mandanten über die Voraussetzungen eines Antrags auf Zulassung der Berufung s. Anhang I 15.

10 Die Zulassungsgründe gem. § 124 Abs. 2 Nr. 3 bis 5 entsprechen damit den Revisionszulassungsgründen im Sinne des § 132 Abs. 2 Nr. 1 bis 3. Die Revision bedurfte schon immer der Zulassung, zur Interpretation von § 132 Abs. 2 liegt daher eine reichhaltige Rechtsprechung vor. Zur Auslegung von § 124 Abs. 2 Nr. 3 und Nr. 5 kann aus diesem Grunde ergänzend auf diese Rechtsprechung zu § 132 Abs. 2 zurückgegriffen werden, vgl. im einzelnen unten F 87 ff.

10a Die Zulassungsgründe gem. **§ 124 Abs. 2 Nr. 1** („ernstliche Zweifel") und **Nr. 2** („besondere Schwierigkeiten") sind dagegen als **berufungstypische Zulassungsgründe** erst durch die 6. VwGO-Novelle eingeführt worden. Sie reflektieren die Entscheidung des Gesetzgebers grundsätzlich im Interesse der **Einzelfallgerechtigkeit** den Prozessbeteiligten eine zweite Tatsacheninstanz in der bewährten Form des Berufungsverfahrens zur Verfügung zu stellen.[20] Das ist bei der Interpretation dieser Normen bestimmend zu berücksichtigen: Das verwaltungsgerichtliche Verfahren soll ungeachtet der allgemeinen Einführung der Zulassungsberufung im Einzelfall zu Entscheidungen hoher rechtlicher Güte führen und so einen verlässlichen Individualrechtsschutz bieten.[21]

Der Zulassungsgrund in **§ 124 Abs. 2 Nr. 4** (Divergenzberufung) ist durch das RmBereinVpG nicht angetastet worden, vgl unten F 25 ff.

10b Die **Tatbestände der Zulassungsnormen** werden nach wie vor nicht nur von den Oberverwaltungsgerichten, sondern auch von den einzelnen Senaten in den Obergerichten **unterschiedlich verstanden.**[22] Der Gesetzgeber hat daher durch

---

[19] dazu *VGH Kassel,* 28. 2. 1994 – 12 UZ 2554/93 – DVBl. 94, 1421 [Ls.].

[20] *VGH Münster,* 31. 7. 1998 – 10 A 1329/98 – NVwZ 99, 202.

[21] S. dazu *Roth,* VerwArch 97, 416, 437 f.; *Happ,* BayVBl. 99, 577; *BVerfG, 2. Kammer des Ersten Senats,* 23. 6. 2000 – 1 BvR 830.00 – NVwZ 00, 1163 = DVBl. 00, 1458.

[22] Sehr plastisch *Seibert,* NVwZ 99, 113.

das RmBereinVpG sichergestellt, dass die divergierenden Auffassungen in der obergerichtlichen Rechtsprechung zur Interpretation der Berufungszulassungsgründe zusammengeführt werden: Er hat sich an dem prozessrechtlich bewährten Vorbild des § 47 Abs. 5 a.F. [23] orientiert und durch § 124 b eine Regelung geschaffen, die das Bundesverwaltungsgericht in die Lage versetzt, nunmehr Rechtseinheit zu stiften, vgl. im einzelnen unten F 47 c ff. Damit tritt das oberste Fachgericht an die Stelle des Bundesverfassungsgerichts, das im Rahmen von Verfassungsbeschwerdeverfahren Veranlassung hatte, den Obergerichten eine klare grundrechtliche Orientierung bei der Auslegung der Zulassungsbestimmungen zu geben.[24]

aa) Ernstliche Zweifel an der Richtigkeit des Urteils, § 124 Abs. 2 Nr. 1

11 (1) *Prüfungsmaßstab: ernstliche Zweifel.* Wenn ernstliche Zweifel an der Richtigkeit des Urteils bestehen, ist die Berufung gem. § 124 Abs. 2 Nr. 1 zuzulassen. Das Kriterium der „ernstlichen Zweifel" an der Richtigkeit einer Entscheidung, anhand dessen hier über die Zulassung eines Rechtsmittels zu befinden ist, ist aus einem anderen gesetzlichen Kontext bereits bekannt: Bei der Anforderung von öffentlichen Abgaben und Kosten soll die Verwaltungsbehörde die Vollziehbarkeit des Verwaltungsaktes aussetzen, wenn „ernstliche Zweifel" an der Rechtmäßigkeit des angegriffenen Verwaltungsaktes bestehen, vgl. § 80 Abs. 4 Satz 3. Ernstliche Zweifel sind nach der überwiegenden Meinung nur dann zu bejahen, wenn aufgrund summarischer Prüfung der Sach- und Rechtslage ein **Erfolg** des Widerspruchsführers in der Hauptsache **wahrscheinlicher als ein Unterliegen** ist, vgl. unten J 98.[25] In diesem Sinne soll nach dem **Willen des historischen Gesetzgebers** auch § 124 Abs. 2 Nr. 1 verstanden werden.[26]

12 Die Auslegung, die § 80 Abs. 4 Satz 3 in der obergerichtlichen Rechtsprechung gefunden hat, ist allerdings nicht zwingend.[27] § 361 Abs. 2 Satz 2 AO und § 69 Abs. 2 Satz 2 FGO treffen für den gleichen Sachverhalt im Abgabenrecht Regelungen, deren Wortlaut mit § 80 Abs. 4 Satz 3 identisch ist. Der Tatbestand dieser funktionsgleichen Regelungen ist nach einhelliger Auffassung im Abgabenrecht schon dann zu bejahen, wenn neben den für die Rechtmäßigkeit des Verwaltungsaktes sprechenden Umständen gewichtige, gegen die Rechtmäßigkeit des Bescheids sprechende Gründe zu Tage treten, die Unentschiedenheit oder Unsicherheit in der Beurteilung der Rechtsfragen oder Unklarheit in der Beurteilung der Tatfragen bewirken.[28]

Die rechtssystematische – auf die gesamte Rechtsordnung bezogene – Interpretation führt also zu einem anderen Ergebnis als die gesetzessystematische – auf die VwGO beschränkte – Auslegung. Zwar ist der gesetzessystematischen Auslegung

[23] Vgl. *Kuhla/Hüttenbrink,* Der Verwaltungsprozeß, 1995, 1. Auflage, E 253 ff.

[24] *BVerfG, 2. Kammer des Ersten Senats,* 23. 6. 2000 – 1 BvR 830.00 – NVwZ 00, 1163 = DVBl. 00, 1458; s. dazu *Kuhla,* DVBl. 01, 172.

[25] In diesem Sinne wird auch der „ernstliche Zweifel" in Art. 16a GG verstanden, s. *BVerfG,* 14. 5. 1997 – 2 BvR 1516/93 – NVwZ 96, 678, 680.

[26] Regierungsbegründung in BT-Dr 13/3993, S. 13 zu Nr. 15; s.a. *Schmieszek,* NVwZ 96, 1151; *Seibert* in *Sodan/Ziekow,* § 124, Rdn. 121.

[27] *Schoch* in *Schoch/Schmidt-Aßmann/Pietzner,* § 80, Rdn. 197.

[28] *BFH,* 20. 7. 1990 – III B 144/89 –, NJW 91, 944; *BFH,* 9. 1. 1996 – VII B 225/95 –, EuZW 96, 126.

grundsätzlich erhebliches Gewicht beizumessen. Dies gilt aber nur dann, wenn zwischen den einzelnen Gesetzesbestimmungen eine sachliche Übereinstimmung[29] besteht, d.h. wenn sie an denselben, regelungsbedürftigen Lebenssachverhalt anknüpfen. Anders als in den Fällen des § 80 Abs. 4 Satz 3 bzw. den in AO und FGO geregelten Fällen geht es bei § 124 Abs. 2 Nr. 1 nicht um die Verteilung eines vorläufigen Risikos (wer soll während des Hauptsacheverfahrens das Risiko des Vollzugs oder Nichtvollzugs eines Verwaltungsaktes tragen[30]). § 124 Abs. 2 Nr. 1 soll vielmehr Rechtsschutzdefizite ausgleichen, die dadurch entstehen, dass infolge der Rechtsmittelbeschränkungen des Sechsten VwGO-Änderungsgesetzes die Überprüfung von Verwaltungsentscheidungen regelmäßig nur noch durch das Verwaltungsgericht erfolgt. Die **systematische Auslegung** hat damit **kein eindeutiges Ergebnis.**

Die Antwort auf die Frage, welche der beiden sprachlich und systematisch allein denkbaren Auslegungsvarianten im Hinblick auf § 124 Abs. 2 Nr. 1 zu bevorzugen ist, muss daher am Zweck der Norm orientiert werden.[31] Die beiden berufungstypischen Zulassungsvoraussetzungen in § 124 Abs. 2 Nr. 1 und Nr. 2 sollen im Interesse der **Einzelfallgerechtigkeit** den Weg in die zweite Instanz öffnen, vgl. oben F 10a. Sinn und Zweck der gesetzlichen Regelung verlangen daher, dass wenigstens eine der beiden berufungstypischen Zulassungsalternativen bereits dann den Weg in die Berufungsinstanz ebnet, wenn der **Erfolg** des Rechtsmittels in der Hauptsache mindestens **ebenso wahrscheinlich** ist, wie der **Misserfolg.** Gewichtige Stimmen in der **Rechtsprechung**[32] und **Literatur**[33] meinen aus diesem Grunde, das Oberverwaltungsgericht hege „ernstliche Zweifel", wenn es zu einer solchen prognostischen Wertung gelangt. Das **Bundesverfassungsgericht** hat in diesem Sinne entschieden, dass ernstliche Zweifel an der Richtigkeit der Entscheidung gegeben sind, wenn ein einzelner tragender Rechtssatz oder eine erhebliche Tatsachenfeststellung mit schlüssigen Gegenargumenten in Frage gestellt werden.[34] 13

Die **Auslegung des § 124 Abs. 2 Nr. 1** hat allerdings auch auf das tatbestandliche **Zusammenwirken mit § 124 Abs. 2 Nr. 2** Bedacht zu nehmen, der vom 13a

---

[29] *Larenz,* Methodenlehre der Rechtswissenschaft, 312.

[30] *Schoch* in *Schoch/Schmidt-Aßmann/Pietzner,* § 80, Rdn. 197.

[31] *Schenke,* NJW 97, 81, 91.

[32] *OVG Schleswig,* 14. 5. 1999 – 2 L 244.98 – NVwZ 99, 1354 m.w.N.; *OVG Lüneburg,* 18. 1. 1999 – 12 L 5431/98 – DVBl. 99, 478; *OVG Münster,* 31. 7. 1998 – 10 A 1329/98 – NVwZ 99, 202 = DVBl. 99, 482 [Ls.]; *OVG Lüneburg,* 27. 3. 1997 – 12 M 1731/97 – NVwZ 97, 1225; *VGH Mannheim,* 21. 2. 1997 – 8 S 483/97 – DVBl. 97, 1325 = NVwZ-RR 97, 219 (der diese Auffassung fälschlich mit dem Willen des historischen Gesetzgebers begründet); *OVG Hamburg,* 10. 9. 1997 – Bf. 32/97 – NVwZ-RR 98, 203 = DVBl. 97, 1343 [Ls.] = DÖV 98, 43 [Ls.] (für den Fall, dass das Verwaltungsgericht auf unzutreffender Tatsachengrundlage entschieden hat und in der Berufungsinstanz eine erneute Beweisaufnahme erforderlich ist).

[33] *Kopp/Schenke,* § 124, Rdn. 7; *Schmidt,* NVwZ 98, 692, 697; *Redeker/von Oertzen,* § 124, Rdn. 15; *Schenke,* NJW 97, 81, 91; *Stüer,* DVBl. 97, 326, 336; so auch noch die 2. Auflage dieses Buchs, vgl. F 13; *Roth,* VerwArch 97, 416, 426 will die ernstlichen Zweifel bereits dann bejahen, wenn die Berufung nicht offensichtlich aussichtslos ist.

[34] *BVerfG, 2. Kammer des Ersten Senats,* 23. 6. 2000 – 1 BvR 830.00 – NVwZ 00, 1163 = DVBl. 00, 1458; ähnlich *OVG Münster,* 14. 4. 2000 – 7 B 459.00 – DVBl. 00, 1468 [Ls.]: „Entscheidungsergebnis ernsthaft in Frage gestellt".

Gesetzgeber mit derselben Funktion ausgestattet worden ist, vgl. F 10a. Wenn der Erfolg des Rechtsmittels in der Hauptsache aus Sicht des Oberverwaltungsgerichts mindestens ebenso wahrscheinlich ist, wie der Misserfolg, dann hat es die Berufung gem. § 124 Abs. 2 Nr. 2 zuzulassen, vgl. unten F 18b.[35] Bei diesem Verständnis der Parallelnorm ist eine weitgehend randscharfe Abgrenzung der Zulassungstatbestände möglich, wenn der Begriff der „ernstlichen Zweifel" in § 80 Abs. 4 Satz 3 und § 124 Abs. 2 Nr. 1 identisch verstanden wird.[36] In Fällen, in denen die **Zweifel an der Unrichtigkeit des erstinstanzlichen Urteils überwiegen** oder gar klar auf der Hand liegen, ist der Zulassungsgrund des § 124 Abs. 2 Nr. 1 gegeben; dieses Verständnis der Norm entspricht inzwischen der **h. M.** in **Rechtsprechung**[37] und **Literatur.**[38] Der Tatbestand des § 124 Abs. 2 Nr. 2 ist in diesen Fällen nicht erfüllt. Ist der Ausgang des Berufungsverfahrens dagegen nicht vorherzusagen, so öffnet § 124 Abs. 2 Nr. 2 den Weg zum Oberverwaltungsgericht.

(2) *Prüfungsgegenstand: Richtigkeit des Urteils*

14 (a) *Entscheidungsergebnis.* Bei der Beurteilung, ob ernstliche Zweifel an der Richtigkeit der erstinstanzlichen Entscheidung bestehen, kommt es nicht darauf an, ob gewichtige Bedenken gegen die Gründe dieser Entscheidung gegeben sind.[39] **Maßgeblich** ist vielmehr allein, ob die **Richtigkeit des** vom VG in der Hauptsache[40] gefundenen **Ergebnisses** ernsthaften Zweifeln begegnet.[41] Insoweit können auch

---

[35] Zu Recht sieht daher *Happ* in *Eyermann,* § 124, Rdn. 63 die engagiert geführte Debatte als müßig an.

[36] *VGH Mannheim,* 31. 7. 1998 – 10 A 1329/98 – NVwZ 99, 202; *Seibert* in *Sodan/ Ziekow,* § 124, Rdn. 123.

[37] *OVG Berlin,* 8. 6. 2000–2 SN 15.00 – LKV 00, 458; *OVG Lüneburg,* 11. 1. 2000 – 1 L 4588/99 – DÖV 00, 340; *OVG Münster,* 25. 3. 1999 – 11 A 266/99 – NVwZ 00, 86; *VGH Mannheim,* 10. 6. 1997 – 7 S 662/97 – NVwZ-RR 98, 31; *VGH Kassel,* 17. 2. 1997 – 14 TZ 385/97 – NVwZ-RR 98, 78; *OVG Lüneburg,* 31. 7. 1998 – 1 L 2696/98 – NVwZ 99, 431; *VGH Mannheim,* 27. 2. 1998 – 7 S 216/98 – NVwZ 98, 646; *OVG Koblenz,* 16. 2. 1998 – 2 A 11966/97 – NVwZ 98, 1094; *VGH Mannheim,* 18. 12. 1997 – A 14 S 3451/97 – NVwZ 98, 414 = DVBl. 98, 486; *OVG Münster,* 22. 4. 1998 – 11 B 816/98 – DVBl. 99, 120 [Ls.]; *OVG Münster,* 6. 11. 1997 – 11 B 2005/97 – NVwZ 98, 530 = DVBl. 98, 244; *VGH Mannheim,* 12. 5. 1997 – A 12 S 580/97 – NVwZ 98, 305 = DVBl. 97, 1327; *VGH Kassel,* 4. 4. 1997 – 12 TZ 1079/97 – NVwZ 98, 195; *OVG Münster,* 25. 2. 1997–15 B 265/97 – soweit ersichtlich nicht veröffentlicht.

Offen gelassen von *VGH Mannheim,* 25. 2. 1997 – 5 S 352/97 – NVwZ 98, 865 = DÖV 97, 965; *OVG Greifswald,* 5. 8. 1998 – 1 L 74/97 – NVwZ-RR 99, 476 = DÖV 99, 525 [Ls.].

[38] *Happ* in *Eyermann,* § 124, Rdn. 63; *Meyer-Ladewig* in *Schoch/Schmidt-Aßmann/Pietzner,* § 124, Rdn. 26d; *Seibert* in *Sodan/Ziekow,* § 124, Rdn. 123; *Mampel,* DVBl. 97, 1155, 1158 (mit eigenständiger Begründung).

[39] So aber *VGH Mannheim,* 22. 10. 1997 – NV 9 S 20/97 – NVwZ 98, 196 = DVBl. 98, 237 = DÖV 98, 165; *Quaas,* NVwZ 98, 701, 703.

[40] *OVG Koblenz,* 12. 5. 1998 – 12 A 1250/97 – NVwZ 99, 198, 200 [Zweifel an der Richtigkeit der Kostenentscheidung rechtfertigen die Zulassung nicht].

[41] *OVG Berlin,* 8. 6. 2000 – 2 SN 15.00 – LKV 00, 458; *VGH Mannheim,* 15. 5. 2000 – 14 S 353.00 – NVwZ 00, 1313; *OVG Lüneburg,* 11. 1. 2000 – 1 L 4588/99 – DÖV 00, 340; *OVG Schleswig,* 14. 5. 1999 – 2 L 244.98 – NVwZ 99, 1354; *OVG Berlin,* 18. 9. 1998 – 8 N 45.98 – NVwZ 98, 1318; *OVG Berlin,* 5. 3. 1998 – 8 M 9.98 – NVwZ 98, 650; *OVG Berlin,* 19. 8. 1997 – 8 SN 295.97 - NVwZ 98, 197; *VGH Kassel,* 26. 3. 1998 – 6 Tz 4017/97 – NVwZ-RR 98, 777; *VGH Kassel,* 30. 1. 1998 – 14 TZ 2416/97 – NVwZ 98, 755; *VGH*

Überlegungen aus dem Recht der Revisionszulassung herangezogen werden. Gem. § 144 Abs. 4 weist das Bundesverwaltungsgericht die Revision zurück, wenn die Entscheidungsgründe zwar eine Verletzung des bestehenden Rechts ergeben, sich die Entscheidung selbst aber aus anderen Gründen als richtig darstellt. Das Bundesverwaltungsgericht prüft in ständiger Rechtsprechung bereits das Zulassungsbegehren auch im Hinblick auf § 144 Abs. 4, vgl. unten F 183. Hat das Verwaltungsgericht mithin zwar das Recht verletzt, erweist sich die Entscheidung jedoch aus anderen Gründen als richtig, so wird die Beschwerde zurückgewiesen. Der Grund für diese Intensivierung des Prüfungsprogramms im Verfahren der Nichtzulassungsbeschwerde liegt auf der Hand: es ist weder prozessökonomisch sinnvoll, noch dient es dem Rechtsfrieden, wenn ein Rechtsmittel zugelassen wird, das aus Sicht des Rechtsmittelgerichts keinen Erfolg haben kann. Dieselben Erwägungen sprechen dafür auch im Berufungszulassungsverfahren das Prüfungsprogramm entsprechend auszudehnen.[42]

Die Gründe der anzufechtenden Entscheidung verlieren damit zulassungsrechtlich allerdings nicht jede Bedeutung: wenn Zweifel bestehen, ob diese Gründe das Urteil zu tragen vermögen und wenn sich die Entscheidung auch nicht aus anderen Gründen als richtig erweist, so erfolgt die Zulassung wegen besonderer Schwierigkeiten im Sinne des § 124 Abs. 2 Nr. 2.[43]

(b) *Neue Sachlage.* Umstritten ist, ob sich die ernstlichen Zweifel auch aus tatsächlichen Umständen ergeben können, die dem Verwaltungsgericht nicht unterbreitet worden sind. Es geht zum einen um **neu vorgetragene Tatsachen.** **14 a**

Beispiele:

- Der ausländische Kläger begehrt die Verlängerung seiner Aufenthaltserlaubnis gem. § 19 Abs. 1 AuslG. Nach diesen Normen begründet der Ausländer ein eigenständiges Aufenthaltsrecht, wenn die eheliche Lebensgemeinschaft zwischen ihm und einem Deutschen mindestens zwei Jahre rechtmäßig im Bundesgebiet bestanden hat. Aus dem Tatbestand des Scheidungsurteils gewinnt das Verwaltungsgericht die Erkenntnis, dass diese Voraussetzung nicht gegeben sei. Der Antrag auf Zulassung der Berufung wird auf § 124 Abs. 2 Nr. 1 gestützt. Der ausländische Kläger trägt Tatsachen vor, die darauf schließen lassen, dass die eheliche Lebensgemeinschaft mit der deutschen Staatsangehörigen länger als zwei Jahre gedauert hat.[44]
- Das Verwaltungsgericht legt bei der Beurteilung eines abgabenrechtlichen Sachverhalts den Tatsachenvortrag des Klägers zu Grunde und weist die Klage ab. Im Zulassungsver-

---

Mannheim, 27. 2. 1998 – 7 S 216/98 – NVwZ 98, 646; *VGH Mannheim,* 18. 12. 1997 – A 14 S 3451/97 – NVwZ 98, 414 = DVBl. 98, 486; *OVG Bautzen,* 15. 12. 1997 – 1 S 259/97 – LKV 98, 242 = DÖV 98, 435 [Ls.]; *OVG Münster,* 31. 7. 1998 – 10 A 1329/98 – NVwZ 99, 202; *OVG Münster* 6. 11. 1997 – 11 B 2005/97 – NVwZ 98, 530 = DVBl. 98, 244; *OVG Münster,* 2. 9. 1997–13 B 1612/97 – NVwZ 98, 759; *VGH Mannheim,* 21. 4. 1997 – 8 S 667/97 – DVBl. 97, 1327; *OVG Hamburg,* 20. 2. 1997 – Bs IV 19/97 – NVwZ 97, 1231 = DVBl. 97, 1333; *OVG Lüneburg,* 27. 3. 1997 – 12 M 1731/97 – NVwZ 97, 1225 = DÖV 97, 697 [Ls.]; *Meyer-Ladewig* in *Schoch/Schmidt-Aßmann/Pietzner,* § 124, Rdn. 260 f.; *Happ* in *Eyermann,* § 124, Rdn. 54; *Seibert* in *Sodan/Ziekow,* § 124, Rdn. 143 ff.; *Seibert,* NVwZ 99, 113, 115; differenzierend *OVG Bautzen,* 26. 3. 1999 – 1 S 306/97 – NVwZ-RR 99, 809.

[42] *OVG Münster,* 14. 4. 2000 – 7 B 459.00 – DVBl. 00, 1468 [Ls.]; *VGH Mannheim,* 31. 7. 1998 – 10 A 1329/98 – NVwZ 99, 202; *Happ* in *Eyermann,* § 124, Rdn. 56.

[43] *Happ* in *Eyermann,* § 124, Rdn. 56.

[44] *VGH Mannheim,* 16. 21998 – 11 S 3158/97 – NVwZ 98, 758 (der Entscheidung lag noch § 19 Abs. 1 Satz 1 Nr. 1 AuslG a. F. zu Grunde: Wartezeit vier statt zwei Jahre).

fahren trägt der Kläger einen anderen Sachverhalt vor und erklärt, er habe das Verwaltungsgericht versehentlich falsch informiert.[45]

– Das Verwaltungsgericht ordnet die aufschiebende Wirkung des Nachbarwiderspruchs gegen eine dem Beigeladenen erteilte Baugenehmigung an. Im Zulassungsverfahren stellt sich heraus, dass zu diesem Zeitpunkt bereits eine Nachtragsbaugenehmigung erteilt worden war.[46]

14 b Ferner stellt sich die Frage, ob eine **Änderung der Sachlage** nach Abschluss des erstinstanzlichen Verfahrens im Zulassungsverfahren zu berücksichtigen ist.

Beispiel:

Der Kläger, ein anerkannter Naturschutzverband, begehrt die Verpflichtung der Behörde, dem Beigeladenen Bauarbeiten ohne naturschutzrechtliche Befreiung zu untersagen. Zur Begründung führt er an, auf dem Grundstück seien nach der Bundesartenschutzverordnung geschützte Arten beobachtet worden. Die unterlegende Behörde begehrt die Berufungszulassung gem. § 124 Abs. 2 Nr. 1 und verweist darauf, dass kurz nach Erlass des erstinstanzlichen Urteils ein Sachverständiger Lebensstätten besonders geschützter Arten auf dem Baugrundstück nicht (mehr) feststellen konnte.[47]

14 c Der **Wortlaut der Norm** ist nicht eindeutig. Richtig kann – im engeren Sinne – ein Urteil sein, das nicht auf einer fehlerhaften Rechtsanwendung beruht,[48] weil die Entscheidung von den Gründen getragen wird.[49] Im weiteren Sinne ist ein Urteil „richtig", wenn die getroffene Entscheidung mit dem materiellen Recht übereinstimmt;[50] dabei sind dann auch die Tatsachen in den Blick zu nehmen, die das Verwaltungsgericht nicht berücksichtigt hat.[51]

14 d Auch die an **Sinn und Zweck** orientierte Auslegung ist wenig ergiebig. Der Gesetzgeber wollte durch die Gestaltung der Zulassungsregelung die **Einzelfallgerechtigkeit** verwirklichen und daher die Korrektur grob ungerechter Entscheidungen ermöglichen.[52] Dies spricht für ein möglichst weites Verständnis der Zulassungsbestimmung.[53] Andererseits soll das Zulassungsrecht auch zur **Entlastung der Obergerichte** beitragen. Dies könnte eine restriktive Interpretation rechtfertigen.[54] Dies gilt allerdings nur bei einer auf den Einzelfall bezogenen Betrachtung. Berücksichtigt man, dass eine Verweigerung der Berufungszulassung weitere Verfahren nach sich ziehen kann (neue Klage,[55] Vollstreckungsgegenklage, Restitu-

---

[45] *OVG Lüneburg,* 13. 7. 1999 – 9 M 2465/99 – NVwZ-RR 00, 122.

[46] *OVG Bautzen,* 15. 7. 1999 – 1 S 308.99 – NVwZ-RR 00, 582.

[47] Vgl. *OVG Berlin,* 1. 4. 1998 – 2 SN 10/98 – NVwZ 98, 1093 = DVBl. 98, 1095 [Ls.].

[48] So *OVG Berlin,* 1. 4. 1998 – 2 SN 10/98 – NVwZ 98, 1093 = DVBl. 98, 1087; *OVG Berlin,* 26. 2. 1998 – 8 SN 28/98 – NVwZ-RR 99, 211.

[49] *OVG Lüneburg,* 13. 7. 1999 – 9 M 2465/99 – NVwZ-RR 00, 122; *Rennert,* NVwZ 98, 665, 671.

[50] *OVG Hamburg,* 12. 2. 1998 – Bs VI 105/97 – NVwZ 98, 863 = DVBl. 98, 1087.

[51] *Rennert,* NVwZ 98, 665, 671.

[52] BT-Dr 13/3993 zu Nr. 15 – Einzelbegründung zu § 124.

[53] *OVG Koblenz,* 16. 2. 1998 – 2 A 11966/97 – NVwZ 98, 1094.

[54] So *OVG Lüneburg,* 13. 7. 1999 – 9 M 2465/99 – NVwZ-RR 00, 122, *OVG Bautzen,* 2. 3. 1999 – 2 S 200/98 – NVwZ-RR 00, 124; *OVG Berlin,* 1. 4. 1998 – 2 SN 10/98 – NVwZ 98, 1093 = DVBl. 98, 1087; *Rennert,* NVwZ 98, 665, 671.

[55] *OVG Koblenz,* 15. 9. 1997 – 6 A 12008/97 – NVwZ 98, 302 = DVBl. 98, 241 = DÖV 98, 126.

tionsklage, Wiederaufgreifen des Verfahrens[56] etc.) so ist die Entlastungswirkung eine eng verstandenen Zulassungsbestimmung zweifelhaft.[57]

Im Rahmen der **systematischen Auslegung** fragt sich zunächst, ob aus **§ 128 Satz 2** ein Schluss gezogen werden kann. Nach dieser Norm berücksichtigt das Berufungsgericht in der zweiten Instanz auch neu vorgebrachte Tatsachen und Beweismittel. Aus der Bestimmung kann zwar nicht gefolgert werden, neue Tatsachen müssten dementsprechend auch im Zulassungsverfahren berücksichtigt werden. Der funktionale Unterschied zwischen Zulassungs- und Berufungsverfahren würde so verkannt werden. Aber es erscheint zumindest inkonsequent, dass Tatsachen, die der zugelassenen Berufung zum Erfolg verhelfen würden, bei der Entscheidung über die Zulassung nicht berücksichtigt werden dürfen sollen.[58] **14 e**

Einem anderen Gesichtspunkt ist bei der systematischen Interpretation gewichtige Bedeutung beizumessen: Die Verwaltungsgerichtsordnung sanktioniert den verspäteten oder unvollständigen Vortrag nur im Falle des § 87b mit der Präklusion. Ein **enges Verständnis** von § 124 Abs. 1 Nr. 1 hätte **de facto** eine weitreichende **präkludierende Wirkung;** der Kläger wäre im Regelfall auch in einem neuen Verfahren aufgrund der materiellen Rechtskraft der ersten Entscheidung gehindert, Tatsachen vorzutragen, die er im Erstprozess nicht vorgetragen hatte. Bedenkt man schließlich, dass für das Verfahren erster Instanz nicht das Gebot anwaltlicher Vertretung gilt, so spricht dieser Aspekt entscheidend für ein weites Verständnis von 124 Abs. 2 Nr. 1.[59] **14 f**

Schließlich ist zu bedenken, dass eine nachträgliche Veränderung der Sach- und Rechtslage im Rahmen der Zulassungsregelungen des § 124 Abs. 2 Nr. 2 und Nr. 3 selbstverständlich zu berücksichtigen ist.[60] Im Rahmen des § 124 Abs. 2 Nr. 4 können Entscheidungen zur Begründung der Divergenz herangezogen werden, die erst nach Erlass der angefochtenen Entscheidung des Verwaltungsgerichts ergangen sind,[61] vgl. F 119. Im Interesse einer insoweit **einheitlichen Auslegung der Zulassungsgründe** des § 124 Abs. 2 muss daher eine nachträgliche Veränderung der Sachlage auch im Rahmen von § 124 Abs. 1 Nr. 1 Berücksichtigung finden.[62]

Dieser Argumentation wird entgegengehalten, im Zulassungsverfahren sei eine **Sachverhaltsaufklärung durch Beweiserhebung** nicht möglich,[63] d. h. es könne im Zulassungsverfahren nicht festgestellt werden, ob die vom Antragsteller behaupteten „neuen Tatsachen" vorlägen. Es gibt aber keinen allgemeinen Rechts- **14 g**

---

[56] *Quaas,* NVwZ 98, 701, 704.

[57] *OVG Münster,* 12. 1. 1998 – 10 A 4078/97 – NVwZ 98, 754; *OVG Koblenz,* 15. 9. 1997 – 6 A 12008/97 – NVwZ 98, 302 = DVBl. 98, 241 = DÖV 98, 126.

[58] *OVG Münster,* 12. 1. 1998 – 10 A 4078/97 – NVwZ 98, 754; *OVG Hamburg,* 12. 2. 1998 – Bs VI 105/97 – NVwZ 98, 863 = DVBl. 98, 1087; ähnlich *Happ,* BayVBl. 99, 577, 581.

[59] *OVG Hamburg,* 12. 2. 1998 – Bs VI 105/97 – NVwZ 98, 863 = DVBl. 98, 1087.

[60] *OVG Münster,* 12. 1. 1998 – 10 A 4078/97 – NVwZ 98, 754.

[61] *OVG Münster,* 12. 1. 1998 – 10 A 4078/97 – NVwZ 98, 754

[62] *OVG Lüneburg,* 3. 11. 1998 – 9 L 5136/97 – DVBl. 99, 476.

[63] *VGH Mannheim,* 27. 2. 1998 – 7 S 216/98 – NVwZ 98, 646; *VGH Mannheim,* 16. 2. 1998 – 11 S 3158/97 – NVwZ 98, 758; *VGH Mannheim,* 18. 12. 1997 – A 14 S 3451/97 – NVwZ 98, 414 = DVBl. 98, 486; *OVG Bautzen,* 15. 7. 1999 – 1 S 308.99 – NVwZ-RR 00, 582 will aus diesem Grunde im Zulassungsverfahren nur „alte" Tatsachen berücksichtigen, sofern diese unstreitig sind.

satz, nach dem in einem Zulassungsverfahren eine Beweisaufnahme nicht zulässig sein sollte. Im Gegenteil: sowohl bei der Berufungs- als auch bei Revisionszulassung gibt es eine Konstellation, in der die Zulassung des Rechtsmittels vom Ergebnis einer Beweisaufnahme abhängt. Die Zulassung wegen eines Verfahrensmangels darf nämlich nur erfolgen, wenn dieser tatsächlich vorliegt, vgl. F 158, F 176.[64] Wenn eine solche Beweisaufnahme in Betracht kommt, wird damit auch der gleichzeitig geäußerten Befürchtung der Boden entzogen, der Antragsteller habe es weitgehend in der Hand durch neuen (wahrheitswidrigen?) Tatsachenvortrag die Zulassung des Rechtsmittels zu erzwingen.[65]

In der Rechtsprechung wird auch die Auffassung vertreten, der Zulassungsgrund des § 124 Abs. 2 Nr. 1 sei bereits gegeben, wenn sich die ernstlichen Zweifel aus dem schlüssigen, substantiierten Vortrag des Antragstellers ergeben.[66] Folgt man dieser Argumentation, dann ist eine Beweiserhebung im Zulassungsverfahren selbstverständlich entbehrlich.

14h Bei der Frage nach ernstlichen Zweifeln an der Richtigkeit des Urteils ist also nicht nur die rechtliche Bewertung des in der erstinstanzlichen Entscheidung festgestellten Sachverhalts in den Blick zu nehmen. Nach dem hier entwickelten **Ergebnis der Auslegung** können Zweifel vielmehr auch darauf beruhen, dass das Verwaltungsgericht den entscheidungserheblichen Sachverhalt nicht hinreichend aufgeklärt und festgestellt hat **(Beachtlichkeit „alter", neu vorgetragener Tatsachen).**[67] Der Zulassungsantrag kann auch auf einen Sachverhalt gestützt werden, der dem Verwaltungsgericht bei seiner Entscheidung nicht bekannt sein konnte, weil er sich erst nachträglich ergeben hat **(Beachtlichkeit „neuer" Tatsachen).**[68]

---

[64] So auch *Rennert,* NVwZ 98, 665, 668.

[65] Zu dieser Befürchtung *VGH Mannheim,* 16. 2. 1998 – 11 S 3158/97 – NVwZ 98, 758; wie hier *OVG Hamburg,* 12. 2. 1998 – Bs VI 105/97 – NVwZ 98, 863 = DVBl. 98, 1087; *Quaas,* NVwZ 98, 701, 704.

[66] *OVG Lüneburg,* 9. 2. 1998 – 12 M 5642/98 – DVBl. 98, 492 [Ls.] = DÖV 98, 435 [Ls.].

[67] *OVG Münster,* 14. 4. 2000 – 7 B 459.00 – DVBl. 00, 1468 [Ls.]; *OVG Frankfurt (Oder),* 18. 2. 1999 – 2 A 151.98.A – DÖV 00, 300 [Ls.]; *OVG Hamburg,* 12. 2. 1998 – Bs VI 105/97 – NVwZ 98, 863 = DVBl. 98, 1087; *OVG Hamburg,* 10. 9. 1997 – Bf. 32/97 – NVwZ-RR 98, 203 = DVBl. 97, 1343 [Ls.] = DÖV 98, 43 [Ls.]; *Meyer-Ladewig* in *Schoch/Schmidt-Aßmann/Pietzner,* § 124, Rdn. 26f.; *Seibert* in *Sodan/Ziekow,* § 124, Rdn. 130ff.; *Kopp/Schenke,* § 124, Rdn. 7b; einschränkend *OVG Bautzen,* 15. 7. 1999 – 1 S 308.99 – NVwZ-RR 00, 582 und *OVG Koblenz,* 16. 2. 1998 – 2 A 11966/97 – NVwZ 98, 1094: Tatsachen, die bei der letzten mündlichen Verhandlung vor dem Verwaltungsgericht bereits vorlagen, sind nur zu berücksichtigen, wenn die Partei sie ohne Verschulden nicht geltend gemacht hat, **a. A.** *OVG Bautzen,* 2. 3. 1999 – 2 S 200/98 – NVwZ-RR 00, 124; *VGH Mannheim,* 29. 9. 1999 – 7 S 1871/99 – NVwZ-RR 00, 551; *OVG Berlin,* 1. 4. 1998 – 2 SN 10/98 – NVwZ 98, 1093 = DVBl. 98, 1087; *VGH Mannheim,* 16. 2. 1998 – 11 S 3158/97 – NVwZ 98, 758; *VGH Mannnheim,* 27. 2. 1998 – 7 S 216/98 – NVwZ 98, 646; *OVG Münster,* 9. 6. 1997 – 15 E 444/97 – DVBl. 97, 1337 = BayVBl. 98, 157; *Rennert,* NVwZ 98, 665; *Bader,* § 124, Rdn. 29ff.

[68] *OVG Lüneburg,* 3. 11. 1998 – 9 L 5136/97 – DVBl. 99, 476; *OVG Hamburg,* 12. 2. 1998 – Bs VI 105/97 – NVwZ 98, 863 = DVBl. 98, 1087; *OVG Lüneburg,* 9. 2. 1998 – 12 M 5642/98 – DVBl. 98, 492 [Ls.] = DÖV 98, 435 [Ls.]; *VGH München,* 5. 11. 1997 – 23 ZB 97, 2581 – BayVBl. 98, 154; *Meyer-Ladewig* in *Schoch/Schmidt-Aßmann/Pietzner,* § 124, Rdn. 26i; *Happ* in *Eyermann,* § 124, Rdn. 59; *Seibert* in *Sodan/Ziekow,* § 124, Rdn. 136ff.; *Kopp/Schenke,* § 124, Rdn. 7c; **offen gelassen in** *BVerwG,* 15. 10. 1999 – 9 B 499/99 – NVwZ 00, 315.

14i Bei der **Berücksichtigung** des danach beachtlichen **neuen Tatsachenvortrags** entfaltet **§ 124 Abs. 2 Nr. 5** (Zulassung wegen eines Verfahrensmangels), dazu sogleich F 30ff., gegenüber § 124 Abs. 2 Nr. 1 keinerlei **Sperrwirkung.** Neue Tatsachen können also auch dann eine Zulassung gem. § 124 Abs. 2 Nr. 1 rechtfertigen, wenn ihre fehlende Berücksichtigung im Verfahren erster Instanz Ergebnis eines Aufklärungsmangels war und daher auch die Zulassung gem. § 124 Abs. 2 Nr. 5 erfolgen muss.[69] Neue Tatsachen sind ferner auch dann beachtlich, wenn es nicht auf einem Verfahrensmangel beruht, dass sie im Verfahren erster Instanz nicht berücksichtigt worden sind.[70]

14k Im Rahmen des Zulassungsverfahrens sind selbstverständlich auch bei dem hier vertretenen weiten Verständnis von § 124 Abs. 2 Nr. 1 nur die Tatsachen zu berücksichtigen, die innerhalb der **Frist des § 124a Abs. 1 Satz 1** vorgetragen worden[71] und eingetreten[72] sind.[73]

14l Eine **Änderung der Sachlage** ist zudem nur insoweit **relevant,** als die neuen Tatsachen nach allgemeinen Grundsätzen im Rahmen des konkreten Klageverfahrens beachtlich sind, weil sie **vor dem entscheidungserheblichen Zeitpunkt** liegen;[74] vgl. oben D 164ff. (Anfechtungsklage) und D 198ff. (Verpflichtungsklage), s. auch unten K 194 (Entziehung Gewerbeerlaubnis) und K 487 (Entziehung Fahrerlaubnis).

14m (c) *Neue Rechtslage.* Es ist umstritten, ob eine **Änderung der Rechtslage** von Einfluss auf die Zulassung sein kann.

Beispiele:

- Der Kläger stellte eine Bauvoranfrage für die Errichtung einer Windkraftanlage im Außenbereich, die der Beklagte negativ beschied. Das Verwaltungsgericht gab der Klage statt. Im Zulassungsverfahren macht der Beklagte geltend, die Entscheidung über die Bauvoranfrage sei nunmehr durch einen inzwischen ergangenen Bescheid gem. § 245b BauGB ausgesetzt.[75]
- Der Kläger hat Erfolg mit seiner Anfechtungsklage gegen einen Beitragsbescheid, weil das Verwaltungsgericht die Beitragssatzung für mangelhaft hält. Die Gemeinde heilt den festgestellten Mangel und stellt einen Zulassungsantrag.[76]

---

69 *VGH Mannheim,* 8. 3. 1999 – 1 S 2726.98 – NVwZ 99, 1357 = DVBl. 99, 1670 [Ls.]; *VGH Mannheim,* 19. 6. 1998 – 9 S 1151.98 – NVwZ 98, 1088 = DVBl. 98, 1086 = DÖV 98, 890; *Schmidt,* NVwZ 98, 692, 697; **a. A.** *VGH Mannheim,* 27. 2. 1998 – 7 S 216.98 – NVwZ 98, 646; *VGH Mannheim,* 18. 12. 1997 – A 14 S 3451.97 – NVwZ 98, 414 = DVBl. 98, 486.

70 **A. A.** *Berkemann,* DVBl. 98, 446, 455 m.w.N.

71 *OVG Koblenz,* 16. 2. 1998 – 2 A 11966.97 – NVwZ 98, 1094; *OVG Hamburg,* 12. 2. 1998 – Bs VI 105.97 – NVwZ 98, 863 = DVBl. 98, 1087; *OVG Münster,* 12. 1. 1998 – 10 A 4078.97 – NVwZ 98, 754.

72 *OVG Koblenz,* 15. 9. 1997 – 6 A 12008.97 – NVwZ 98, 302 = DVBl. 98, 241 = DÖV 98, 126.

73 **A. A.** *Redeker/von Oertzen,* § 124, Rdn. 15: Zulassungsgrund muss im Zeitpunkt der Entscheidung über die Zulassung vorliegen.

74 *OVG Koblenz,* 16. 2. 1998 – 2 A 11966.97 – NVwZ 98, 1094; *OVG Lüneburg,* 9. 2. 1998 – 12 M 5642.98 – DVBl. 98, 492 [Ls.] = DÖV 98, 435 [Ls.]; *OVG Münster,* 12. 1. 1998 – 10 A 4078.97 – NVwZ 98, 754.

75 *OVG Münster,* 12. 1. 1998 – 10 A 4078/97 – NVwZ 98, 754.

76 *VGH Kassel,* 10. 11. 1999 – 5 ZU 2876/99 – NVwZ 00, 85; *OVG Münster,* 5. 11. 1999 – 15 A 2923.99 – NVwZ 00, 334; *OVG Koblenz,* 15. 9. 1997 – 6 A 12008/97 – NVwZ 98, 302 = DVBl. 98, 241 = DÖV 98, 126; *OVG Münster,* 5. 11. 1999 – 15 A 2923/99 – NVwZ 00, 334.

14n In der Rechtsprechung[77] wird die Auffassung vertreten, die gesetzgeberische Entscheidung für die Zulassungsberufung gebiete eine klare Unterscheidung von Zulassungs- und Berufungsgründen. Diese Ansicht verweist darauf, dass für das Revisionsrecht diese Unterscheidung allgemein anerkannt ist: nicht jeder Grund, der der zugelassenen Revision zum Erfolg verhelfen würde, rechtfertigt auch deren Zulassung. So kann mit einer nachträglichen Rechtsänderung allein die Zulassung nicht begründet werden, wenn eine Zulassung – aus anderen Gründen – erfolgt ist, dann ist sie jedoch zu beachten.

Eine solche Argumentation verkennt die unterschiedliche Funktion der zu betrachtenden Rechtsmittelzulassungsgründe: Es ist nicht denkbar, dass eine auf „auslaufendem Recht" beruhende Entscheidung des Oberverwaltungsgerichts im Hinblick auf die Funktion des Revisionsverfahrens, die Rechtseinheit zu wahren und die Rechtsfortbildung zu gewährleisten, eine rechtsgrundsätzliche Frage aufwirft oder aber eine Divergenz begründet, vgl. F 107. Der berufungstypische Zulassungsrund des § 124 Abs. 1 Nr. 1 ist dagegen auf die Einzelfallgerechtigkeit bezogen. Er soll gewährleisten, dass die Fälle in die Rechtsmittelinstanz transportiert werden, bei denen die erstinstanzliche Entscheidung mit der Rechtsordnung nicht im Einklang stehen. Das gebietet, eine Änderung der Rechtslage nach der erstinstanzlichen Entscheidung im Zulassungsverfahren zu berücksichtigen.

14o Dieses Verständnis des Zulassungsgrunds steht auch mit dem das Zulassungsrecht tragenden Grundsatz der Beschleunigung im Einklang. Die Frage nach der Beachtlichkeit einer nachträglichen Änderung der Rechtslage wird sich insbesondere im **Beitragsrecht** stellen. Hier ist anerkannt, dass Satzungsmängel grundsätzlich mit Rückwirkung heilbar sind. Würde man nun diese Rechtsänderungen im Zulassungsverfahren außer Betracht lassen, so könnte das Obergericht zwar das anhängige Verfahren zügig und einfach beenden. Eine Beschleunigung wäre damit jedoch bei einer ganzheitlichen Betrachtung nicht erreicht, denn selbstverständlich bestünde das Risiko, dass ein auf der neuen Rechtsgrundlage erlassener Beitragsbescheid ein weiteres Rechtsschutzverfahren provoziert.[78]

14p Die Gründe der **Einzelfallgerechtigkeit** und der **Prozessökonomie,** die dafür sprechen neuen Sachvortrag im Zulassungsverfahren zu berücksichtigen, vgl. soeben F 14a ff., rechtfertigen also gleichermaßen die **Beachtlichkeit einer Änderung der Rechtslage.**

14q Das gilt auch für **Rechtsänderungen,** die erst **nach Ablauf der Begründungsfrist** gem. § 124a Abs. 1 Satz 1 eingetreten bzw. vorgetragen worden sind. Die Rechtslage ist grundsätzlich von Amts wegen zu beachten.[79] Auch hier gilt allerdings, dass eine Änderung der Rechtslage nur insoweit **relevant** ist, als die neue Rechtslage nach allgemeinen Grundsätzen im Rahmen des konkreten Klagever-

---

[77] *OVG Münster,* 5. 11. 1999 – 15 A 2923/99 – NVwZ 00, 334 = DVBl. 00, 578 [Ls.].

[78] *OVG Koblenz,* 15. 9. 1997 – 6 A 12008.97 – NVwZ 98, 302 = DVBl. 98, 241 = DÖV 98, 126.

[79] *Happ* in *Eyermann,* § 124, Rdn. 60, **a. A.** *VGH Kassel,* 30.1. 198 – 14 TZ 2416.97 – NVwZ 98, 755; *VGH Kassel,* 10. 11. 1999 – 5 Zu 2876.99 – NVwZ 00, 85; *OVG Münster,* 12. 1. 1998 – 10 A 4078/97 – NVwZ 98, 754: Rechtsänderungen nach Ablauf der Begründungsfrist dürfen nicht berücksichtigt werden.

fahrens beachtlich sind, weil sie **vor dem entscheidungserheblichen Zeitpunkt** entstanden ist,[80] vgl. soeben F 14 l.

Der Zulassungsantrag kann also grundsätzlich auch mit einer **Veränderung der** 14 r
Rechtslage begründet werden.[81]

(3) *Darlegung der ernstlichen Zweifel in der Antragsschrift.* Der Zulassungsantrag muss 15
sich mit den entscheidungserheblichen tatsächlichen Feststellungen und den tragenden rechtlichen Überlegungen des Urteils differenziert auseinandersetzen. Er muss ausführen, welche Erwägungen er für unzutreffend hält und aus welchen Gesichtspunkten sich für ihn die Unrichtigkeit dieser Erwägungen ergibt.[82] Er muss schließlich aufzeigen, warum diese Erwägungen entscheidungserheblich waren, so dass die Entscheidung im Ergebnis unzutreffend ist.[83] In der Regel soll allein aufgrund der Antragsbegründung einerseits und den Gründen der angefochtenen Entscheidung andererseits eine hinreichend sichere Prognose möglich sein, ob die Berufung voraussichtlich zum Erfolg führen wird.[84]

Hinweis für den Anwalt:
Der Zulassungsantrag gem. § 124 Abs. 2 Nr. 1 wird sich hinsichtlich des Argumentationsgangs nicht von der Berufungsbegründung unterscheiden.[85] Bei letzterer wird allenfalls das eine oder andere Argument intensiver zu erörtern sein.

Eine allgemeine Bezugnahme auf die im verwaltungsgerichtlichen Verfahren eingereichten Schriftsätze genügt diesen Anforderungen nicht.[86] Es ist auch unzureichend, wenn der Antragsteller lediglich eine erneute Beweisaufnahme durch das Oberverwaltungsgericht anregt, ohne substantiiert darzulegen, warum die Beweisaufnahme erster Instanz zu einer unrichtigen Erkenntnis geführt hat.[87]

---

[80] *OVG Koblenz,* 15. 9. 1997 – 6 A 12008.97 – NVwZ 98, 302 = DVBl. 98, 241 = DÖV 98, 126.

[81] *VGH Kassel,* 10. 11. 1999 – 5 Zu 2876.99 – NVwZ 00, 85; *OVG Hamburg,* 17. 2. 1998 – Bs VI 105/97 – NVwZ 98, 863 = DVBl. 98, 1087; *OVG Koblenz,* 15. 9. 1997 – 6 A 12008.97 – NVwZ 98, 302 = DVBl. 98, 241 = DÖV 98, 126; *Meyer-Ladewig* in *Schoch/Schmidt-Aßmann/Pietzner,* § 124, Rdn. 261 ff.; *Happ* in *Eyermann,* § 124, Rdn. 62; *Seibert* in *Sodan/Ziekow,* § 124, Rdn. 136 ff.; *Seibert,* DVBl. 97, 932, 933; *Kopp/Schenke,* § 124, Rdn. 7 c; **a. A.** *VGH Mannheim,* 18. 12. 1997 – A 14 S 3451/97 – NVwZ 98, 414 = DVBl. 98, 586; = DVBl. 98, 241; *VGH Mannheim,* 15. 7. 1997 – 1 S 1640/97 – NVwZ 98, 199; *OVG Lüneburg,* 14. 7. 1997 – 1 M 3349/97 – soweit ersichtlich nicht veröffentlicht; *OVG Münster,* 5. 11. 1999 – 15 A 2923/99 – NVwZ 00, 334 = DVBl. 00, 578 [Ls.]; *Rennert* NVwZ 98, 665; *Quaas,* NVwZ 98, 701, 704; *Berkemann,* DVBl. 98, 446, 455; **offen gelassen** von *BVerfG, 2. Kammer des Ersten Senats,* 23. 6. 2000 – 1 BvR 830.00 – NVwZ 00, 1163 = DVBl. 00, 1458.

[82] *OVG Magdeburg,* 3. 9. 1998 – B 2 S 337/98 – LKV 99, 233; *OVG Münster,* 9. 7. 1997 – 12 A 2047/97 – NVwZ 98, 193; *OVG Münster,* 13. 5. 1997 – 11 B 799/97 – NVwZ 97, 1224 = DVBl. 97, 1344 [Ls.].

[83] *OVG Münster,* 9. 7. 1997 – 12 A 2047/97 – DVBl. 97, 1342; *VGH Mannheim,* 30. 4. 1997 – 8 S 1040/97 – DVBl. 97, 1343 [Ls.].

[84] *VGH Mannheim,* 1. 7. 1997 – 5 S 1079/97 – DVBl. 97, 1329.

[85] *Schmidt,* NVwZ 98, 694, 696; s. a. *Berkemann,* DVBl. 98, 446, 454: der Berufungsgrund wird zum Zulassungsgrund erhoben.

[86] *VGH München,* 21. 4. 1998 – 8 ZB 97 3443 – BayVBl. 99, 221; *VGH Kassel,* 9. 1. 1998 – 8 TZ 4242/97 – NVwZ 98, 1096; *OVG Münster,* 9. 7. 1997 – 12 A 2047/97 – DVBl. 97, 1342.

[87] *VGH Mannheim,* 30. 7. 1997 – 8 S 1548/97 – NVwZ-RR 98, 336 = DVBl. 98, 243 [Ls.].

15 a Das Bundesverwaltungsgericht stellt in ständiger Rechtsprechung sehr hohe Anforderungen an die Darlegung der Gründe für die Zulassung der Revision im Rahmen des entsprechenden Beschwerdeverfahrens, vgl. unten F. 111 f., F 123 ff., F 158 ff. Das Verfahren der (Revisions-)Nichtzulassungsbeschwerde und das (Berufungs-) Zulassungsverfahren sind zwar verwandt und in den entscheidenden Punkten durch das RmBereinVpG auch identisch ausgestaltet.[88] Die Anforderungen an das Zulassungsverfahren sind jedoch im Hinblick auf die Funktionen des jeweiligen Rechtsmittelverfahrens zu sehen. Diese sind unterschiedlich. Während das Berufungsverfahren der Einzelfallgerechtigkeit dient, zielt das Revisionsverfahren auf die Wahrung der Rechtseinheit und die Rechtsfortbildung, vgl. F 88. Vor diesem Hintergrund ist es **nicht gerechtfertigt** die für das **Verfahren der Nichtzulassungsbeschwerde entwickelten Anforderungen** unbesehen auf **das Berufungszulassungsverfahren zu übertragen.**[89]

15 b Auch die Gewährleistung effektiven Rechtsschutzes durch **Art. 19 Abs. 4 GG** verbietet eine Auslegung der Zulassungsbestimmungen, die das Beschreiten des eröffneten (Teil-)Rechtswegs in einer unzumutbaren, aus Sachgründen nicht mehr zu rechtfertigenden Weise erschweren.

Deshalb dürfen die Anforderungen an die Darlegung der Zulassungsgründe nicht so gesteigert werden, dass sie von einem durchschnittlichen, nicht auf das einschlägige Rechtsgebiet spezialisierten Rechtsanwalt nicht mehr erfüllt werden können.[90]

Das wird in der obergerichtlichen Rechtsprechung teilweise verkannt.

15 c **Beispiele:**

- Ein Zulassungsantrag, mit dem ernstliche Zweifel an der erstinstanzlichen Entscheidung geltend gemacht werden, soll nicht in einen Antrag umgedeutet werden können, mit dem aufgrund einer Verfahrensrüge eine Zulassung gem. § 124 Abs. 2 Nr. 5 begehrt wird.[91]
- Es genüge nicht, wenn das Vorbringen einem Zulassungsgrund nicht eindeutig zugeordnet werden kann.[92]
- Die Zulassungsgründe müssen unmissverständlich einzelnen Zulassungstatbeständen zugeordnet werden.[93]
- Umstritten ist, ob das Oberverwaltungsgericht über den Zulassungsantrag nur auf der Grundlage des geltend gemachten Zulassungsgrunds zu entscheiden hat.[94]

15 d Allgemein muss gelten: das Oberverwaltungsgericht hat in die Sachprüfung einzusteigen, wenn in der Antragsbegründung der Sache nach hinreichend klar zum Ausdruck kommt, auf welchen Zulassungsgrund der Antrag bei einer objektiven Betrachtung gestützt werden soll.[95] Dabei wird das Gericht insbesondere zu be-

---

[88] Es stehen zwei Monate für die Begründung zur Verfügung; das Verwaltungsgericht bzw. Oberverwaltungsgericht hat das Recht, das Rechtsmittel zuzulassen.

[89] *Happ,* BayVBl. 1999, 577, 578 f.

[90] *BVerfG, 2. Kammer des Ersten Senats,* 23. 6. 2000 – 1 BvR 830.00 – NVwZ 00, 1163 = DVBl. 00, 1458.

[91] *VGH Mannnheim,* 27. 2. 1998 – 7 S 216/98 – NVwZ 98, 646.

[92] *VGH Kassel,* 6. 4. 1998 – 8 TZ 1241/98 – NVwZ 98, 1320.

[93] *OVG Schleswig,* 14. 5. 1999 – 2 L 244.98 – NVwZ 99, 1354.

[94] In diesem Sinne *OVG Lüneburg,* 11. 1. 2000 – 1 L 4588/99 – DÖV 00, 340; *Rennert,* NVwZ 98, 665, 668 m. w. N.; **a. A.** *Happ,* BayVBl. 99, 577, 579.

[95] *OVG Münster,* 31. 7. 1998 – 10 A 1329/98 – NVwZ 99, 202; 204; *VGH Mannheim,* 25. 2. 1997 – 5 S 353/97 – NVwZ 98, 865; *VGH Kassel,* 8. 8. 1997 – 4 TZ 2338/97 – NVwZ 98, 649; *Seibert,* NVwZ 99, 113, 115.

rücksichtigen haben, dass aufgrund der tendenziellen tatbestandlichen Überschneidung von § 124 Abs. 2 Nr. 1 und Nr. 2, der gesamte Vortrag im Hinblick auf beide Zulassungstatbestände zu prüfen ist; das gilt unabhängig davon, ob der Antragsteller nur einen ausdrücklich benennt.[96]

> **Hinweis:**
> Schriftsatzbeispiel für einen Zulassungsantrag gem. § 124 Abs. 2 Nr. 1 s. Anhang I 17.

bb) Besondere Schwierigkeiten, § 124 Abs. 2 Nr. 2

(1) *Prüfungsmaßstab: besondere tatsächliche oder rechtliche Schwierigkeiten.* Gem. § 124 Abs. 2 Nr. 2 ist die Berufung zuzulassen, wenn die Rechtssache besondere tatsächliche oder rechtliche Schwierigkeiten aufweist. Auch dieser **Tatbestand** ist aus einem anderen gesetzlichen Kontext **bekannt:** Gem. **§ 6 Abs. 1 Satz 1** soll die Kammer des Verwaltungsgerichts in der Regel den Rechtsstreit auf den Einzelrichter übertragen, wenn die Sache keine besonderen Schwierigkeiten tatsächlicher oder rechtlicher Natur aufweist, vgl. E 53ff. Die Prozessgeschichte könnte so praktisch eine gewisse Indizwirkung bei der Prüfung der Zulassungsvoraussetzungen im Sinne des § 124 Abs. 2 Nr. 2 haben: Sofern die Kammer gem. § 6 Abs. 1 Satz 1 Nr. 1 den Rechtsstreit zur Entscheidung auf den Einzelrichter übertragen hat, spräche dies auf den ersten Blick aufgrund der spiegelbildlich-negierenden Ausgestaltung der Zulassungsvoraussetzung des § 124 Abs. 2 Nr. 2 gegen das Vorliegen dieses Tatbestands.[97] Die die Berufungszulassung begehrende Partei müsste in einer solchen Konstellation also argumentieren, die Kammer habe bei ihrer Übertragungsentscheidung die Schwierigkeiten verkannt, die die Rechtssache aufweise. **16**

Hat die Kammer dagegen von einer Übertragungsentscheidung gem. § 6 abgesehen, so könnte daraus nicht zwingend geschlussfolgert werden, das Verwaltungsgericht habe angenommen, dass die Rechtssache besondere tatsächliche oder rechtliche Schwierigkeiten aufweise. Denn auch bei Vorliegen der Übertragungsvoraussetzungen darf sich das Verwaltungsgericht aufgrund der „soll-in-der-Regel-Fassung" des § 6 Abs. 1 Satz 1 in der Folge nicht in der Sache begründeter Erwägungen gegen eine Übertragung auf den Einzelrichter entscheiden.[98]

Die **Folgen eines** so verstandenen **Zusammenwirkens von § 6 Abs. 1 Nr. 1 und § 124 Abs. 2 Nr. 2** wären gewichtig. Die VwGO stellte nach diesem Verständnis je nach „Schwierigkeit der Rechtssache" **zwei Verfahren von gänzlich unterschiedlicher Struktur und Güte** zur Verfügung: In „einfachen Fällen" entschiede der Einzelrichter, dessen Urteil nicht rechtsmittelfähig ist. Nur wenn Schwierigkeiten zu konstatieren sind, bliebe es bei der Beurteilung des Sach- und Streitstoffs durch zwei Kollegialgerichte.[99] **17**

---

[96] *OVG Münster,* 31. 7. 1998 – 10 A 1329/98 – NVwZ 99, 202, 205; **a. A.** *OVG Lüneburg,* 11. 1. 2000 – 1 L 4588/99 – DÖV 00, 340.

[97] So *Redeker/von Oertzen,* § 124, Rdn. 17; *Bader,* DÖV 97, 442, 448f.; ablehnend *OVG Lüneburg,* 27. 3. 1997 – 12 M 1731/97 – NVwZ 97, 1225 = DÖV 97, 697 [Ls.].

[98] Vgl. im einzelnen *Stelkens* in *Schoch/Schmidt-Aßmann/Pietzner,* VwGO, § 6, Rdn. 15.

[99] S. auch *Kuhla/Hüttenbrink,* DVBl. 96, 717, 719 zum Verfahren „1. Klasse" und „2. Klasse".

18 **Gegen die Indizwirkung** der **Entscheidung gem. § 6 Abs. 1 Nr. 1** bei der Prüfung des Zulassungsgrundes gem. § 124 Abs. 2 Nr. 2 spricht dagegen die unterschiedliche Funktion der Normen, die mit dem wortgleichen Tatbestandsmerkmal arbeiten.[100] Die Berufungs-Zulassungsregelung soll im Interesse der Einzelfallgerechtigkeit eine Überprüfung des erstinstanzlichen Urteils gewährleisten. Das spricht dagegen einem Beschluss gem. § 6 Abs. 1 Nr. 1 der Kammer, gegen deren Urteil die Zulassung der Berufung begehrt wird, bei der Entscheidung über diesen Zulassungsantrag indizielle oder gar rechtliche Bedeutung beizumessen.[101]

18 a In der Rechtsprechung wird zum Teil die Auffassung vertreten, die Zulassung nach § 124 Abs. 2 Nr. 2 VwGO habe zu erfolgen, wenn die **Schwierigkeit der Rechtssache** hinsichtlich der aufgeworfenen rechtlichen und tatsächlichen Fragen **signifikant** vom **durchschnittlichen Spektrum** der verwaltungsgerichtlichen Verfahren **abweicht.**[102] Dieser Maßstab ist aus rechtsstaatlicher Sicht aus drei Gründen **nicht akzeptabel:**[103]

- Der Maßstab ist nicht randscharf, d.h. es ist nicht klar zu beantworten, wann sich eine Rechtssache hinsichtlich ihres Schwierigkeitsgrades signifikant von anderen Rechtssachen unterscheidet.
- Der Maßstab ist naturgemäß primär auf den Erfahrungshorizont des zuständigen Senats bezogen und damit nicht bundeseinheitlich:[104] es gibt keine Erfahrung, nach der immissionsschutzrechtliche Streitigkeiten in Schleswig und Greifswald denselben Schwierigkeitsgrad aufweisen wie in Münster.
- Er verlangt vom Rechtsanwalt Unmögliches, da er auch bei intensivster forensischer Tätigkeit über keinen dem Gericht vergleichbares Erfahrungswissen verfügt. Wie soll er darlegen können, dass sich der konkrete Fall hinsichtlich seiner Schwierigkeit gerade noch aus der grauen Masse des alltäglichen heraushebt?[105]

Damit ist auch dieser Interpretationsansatz zu verwerfen.[106]

18 b Abzustellen ist vielmehr ausschließlich auf die Sicht des Rechtsmittelgerichts.[107] Besondere **tatsächliche und rechtliche Schwierigkeiten** sind danach **gegeben,**

---

100 *Quaas,* NVwZ 98, 701, 704.

101 *OVG Münster,* 26. 1. 1999 – 3 B 2861/97 – NVwZ-RR 99, 696 = DÖV 99, 837 [Ls.]; *OVG Münster,* 31. 7. 1998 – 10 A 1329/98 – NVwZ 99, 202, 204; *VGH Mannheim,* 23. 1. 1998 – 5 S 2053/97 – NVwZ 98, 975; *OVG Lüneburg,* 27. 3. 1997 – 12 M 1731/97 – NVwZ 97, 1225 = DÖV 97, 697 [Ls.].

102 *OVG Hamburg,* 26. 7. 1999 – 3 Bf 92/99 – NVwZ-RR 00, 190; *OVG Greifswald,* 25. 11. 1999 – 2 M 99/99 – NVwZ-RR 00, 549; *VGH Mannheim,* 7. 1. 1998 – 7 S 3117/97 – NVwZ-RR 98, 371; *VGH Mannheim,* 22. 4. 1997 – 14 S 913/97 – NVwZ 97, 1230; *OVG Lüneburg,* 27. 3. 1997 – 12 M 1731/97 – NVwZ 97, 1225; so auch *Bader,* NJW 98, 409, 413 unter Verweis auf die nicht veröffentlichte Entscheidung *VGH Kassel,* 15. 7. 1997 – 13 TZ 1947/97; s. schließlich die Nachweise in *OVG Münster,* 25. 3. 1999 – 11 A 266/99 – NVwZ 00, 86.

103 *BVerfG, 2. Kammer des Ersten Senats,* 23. 6. 2000 – 1 BvR 830.00 – NVwZ 00, 1163 = DVBl. 00, 1458.

104 *BVerfG, 2. Kammer des Ersten Senats,* 23. 6. 2000 – 1 BvR 830.00 – NVwZ 00, 1163 = DVBl. 00, 1458.

105 *BVerfG, 2. Kammer des Ersten Senats,* 23. 6. 2000 – 1 BvR 830.00 – NVwZ 00, 1163 = DVBl. 00, 1458; *Berkemann,* DVBl. 98, 446, 455; *Quaas,* NVwZ 98, 701, 704.

106 *OVG Münster,* 31. 7. 1998 – 10 A 1329/98 – NVwZ 99, 202.

107 **A. A.** *OVG Lüneburg,* 7. 7. 1997 – 10 L 2822/97 – soweit ersichtlich nicht veröffentlicht.

wenn das **Oberverwaltungsgericht** aufgrund des Vortrags im Zulassungsantrag **nicht abschließend beurteilen** kann, **welchen Ausgang ein Rechtsmittelverfahren haben wird.**[108] Grundlage bei dieser Prognoseentscheidung sind allein die Erkenntnismöglichkeiten des Oberverwaltungsgerichts. Damit kann die Prüfung des § 124 Abs. 2 Nr. 2 zu drei unterschiedlichen Ergebnissen führen:

- Überwiegende Gründe sprechen für die Richtigkeit des Urteils, die Berufung ist nicht zuzulassen, denn die Einzelfallgerechtigkeit gebietet nicht eine erneute Beurteilung des Sachverhalts im Ergebnis eines regulären Erkenntnisverfahrens.[109]
- Überwiegende Gründe sprechen gegen die Richtigkeit des Urteils, die Berufung ist zuzulassen.
- Der Ausgang des Berufungsverfahrens ist offen, die Berufung ist zuzulassen.[110]

Bei diesem Verständnis des Tatbestandes hängt die Zulassung also nicht davon ab, dass die Rechtssache einen bestimmten abstrakten Schwierigkeitsgrad aufweist.[111] Abzustellen ist vielmehr sehr konkret darauf, ob die entscheidungserheblichen rechtlichen und tatsächlichen Fragen hinreichend geklärt sind. Damit kann eine Zulassung auch in „alltäglichen Fällen" erfolgen.[112] Anders als im Falle der rechtsgrundsätzlichen Bedeutung ist auch nicht erforderlich, dass die noch abschließend zu klärende Rechtsfrage eine über den konkreten Einzelfall hinausgehende Bedeutung hat.[113]

(2) *Prüfungsgegenstand: die Rechtssache.* Im Rahmen des § 124 Abs. 2 Nr. 2 stellt **18 c** sich erneut die Frage, ob sich die besonderen Schwierigkeiten auch daraus ergeben können, dass das Verwaltungsgericht den entscheidungserheblichen Sachverhalt nicht hinreichend aufgeklärt und festgestellt hat. Zu klären ist ferner, ob der Zulassungsantrag auch auf einen Sachverhalt gestützt werden kann, der dem Verwaltungsgericht bei seiner Entscheidung nicht bekannt sein konnte, weil er sich erst nachträglich ergeben hat. Zu prüfen ist schließlich, ob der Zulassungsantrag mit einer Veränderung der Rechtslage begründet werden kann. Hier gilt das zu § 124 Abs. 2 Nr. 1 Gesagte, vgl. oben F 14a ff.

(3) *Darlegung der besonderen Schwierigkeiten in der Antragsschrift.* Dieses Verständnis **19** des Zulassungsgrundes hat Konsequenzen für die Vortragslast im Zulassungsver-

---

108 *OVG Weimar,* 17. 8. 2000 – 4 ZKO 1145.97 – NVwZ 01, 448; *VGH Mannheim,* 15. 5. 2000 – 14 S 353.00 – NVwZ 00, 1313; *OVG Schleswig,* 14. 5. 1999 – 2 L 244.98 – NVwZ 99, 1354; *OVG Weimar,* 10. 12. 1997 – 3 ZEO 1053/97 – DVBl. 98, 489 = DÖV 98, 435 [Ls.]; *Seibert,* DVBl. 97, 932, 935 f.; *Happ* in *Eyermann,* § 124, Rdn. 53; ähnlich *OVG Lüneburg,* 24. 3. 1997 – 1 M 1463/97 – BauR 97, 630.

109 So ausdrücklich *OVG Münster,* 31. 7. 1998 – 10 A 1329/98 – NVwZ 99, 202 = DVBl. 99, 482 [Ls.].

110 So mit vertiefter, überzeugender Begründung *Seibert,* DVBl. 97, 932, 935 f.; ihm folgend *OVG Weimar,* 10. 12. 1997 – 3 ZEO 1053/97 – DVBl. 98, 489; *OVG Münster,* 31. 7. 1998 – 10 A 1329/98 – NVwZ 99, 202 = DVBl. 99, 482 [Ls.]; ähnlich *OVG Lüneburg,* 24. 3. 1997 – 1 M 146/97 – NVwZ 97, 1229; **a. A.** *OVG Münster,* 25. 3. 1999 – 11 A 266/99 – NVwZ 00, 86.

111 So aber *VGH Mannheim,* 22. 4. 1997 – 14 S 913/97 – NVwZ 97, 1230; so auch *Bader,* NJW 98, 409, 413 unter Verweis auf die nicht veröffentlichte Entscheidung *VGH Kassel,* 15. 7. 1997 – 13 TZ 1947/97; wie hier *Quaas,* NVwZ 98, 701, 704.

112 *OVG Lüneburg,* 24. 3. 1997 – 1 M 1463/97 – BauR 97, 630.

113 *Happ* in *Eyermann,* § 124, Rdn. 65.

fahren. Der Antragsteller muss zunächst konkret dartun, hinsichtlich der Beantwortung welcher Fragen und aus welchen Gründen die Rechtssache besondere rechtliche oder tatsächliche Schwierigkeiten aufweist.[114] Der Zulassungsantrag darf sich nicht – völlig losgelöst vom Urteil des Verwaltungsgerichts – auf die Darlegung der tatsächlichen und rechtlichen Schwierigkeiten beschränken. Im Kern muss sich aus dem Zulassungsantrag vielmehr auch ergeben, warum aufgrund dieser Schwierigkeiten im Ergebnis auch eine andere rechtliche Bewertung des Sachverhalts in Betracht kommt.[115]

> **Hinweis:**
> Schriftsatzbeispiel für einen Zulassungsantrag gem. § 124 Abs. 2 Nr. 2 s. Anhang I 18.

cc) Rechtsgrundsätzlichkeit, § 124 Abs. 2 Nr. 3

20 (1) *Zur rechtsgrundsätzlichen Bedeutung im Einzelnen.* Gem. § 124 Abs. 2 Nr. 3 ist die Berufung zuzulassen, wenn die Rechtssache grundsätzliche Bedeutung hat. **Grundsätzliche Bedeutung** hat eine Sache dann, wenn mit ihr eine **bestimmte** grundsätzliche, bisher höchst- oder obergerichtlich nicht beantwortete **Rechtsfrage** oder eine im Bereich der Sachverhaltsfeststellung bisher obergerichtlich nicht geklärte **Tatsachenfrage** von allgemeiner Bedeutung aufgeworfen wird, die für das Verwaltungsgericht entscheidungserheblich war, sich auch im Berufungsverfahren stellen würde und im Interesse der Einheitlichkeit der Rechtsprechung oder der Fortentwicklung des Rechts der Klärung durch das Rechtsmittelgericht bedarf.[116]

Der Zulassungsgrund entspricht hinsichtlich seiner Struktur und Funktion dem Revisionszulassungsgrund der Rechtsgrundsätzlichkeit im Sinne des § 132 Abs. 2 Nr. 1. Die einschlägige Judikatur kann daher zur Interpretation von § 124 Abs. 2 Nr. 3 mit herangezogen werden, vgl. insbesondere F 88ff.

21 Der Zulassungsgrund der **grundsätzlichen Bedeutung** im Sinne des § 124 Abs. 2 Nr. 3 greift allerdings bei der Zulassung von Berufungen viel **weiter als bei** der Zulassung von **Revisionen.** Während im Revisions-Zulassungsrecht die Grundsätzlichkeit einer entscheidungserheblichen Frage nur bejaht werden kann, wenn es um die Auslegung revisiblen Rechts geht, vgl. unten Rdn. F 89ff., gilt diese Einschränkung im Berufungsrecht selbstverständlich nicht. Der Berufungs-Zulassungsgrund der Rechtsgrundsätzlichkeit dient der Wahrung der Rechtseinheit im Jurisdiktionsbezirk des Oberverwaltungsgerichts. Rechtsgrundsätzliche Fragen können sich damit (gerade) auch aus der Anwendung des nicht revisiblen **Landesrechts oder Ortsrechts**[117] ergeben.

21a Im Hinblick auf den Charakter des Berufungsverfahrens ergibt sich eine weitere Ausdehnung des Zulassungsgrundes. Im Berufungsverfahren erfolgt eine erneute Prüfung der Rechtssache auch in tatsächlicher Hinsicht, vgl. § 128. Im Hinblick auf diese spezifische Aufgabe des Rechtsmittelverfahrens umfasst der Zulassungsgrund

---

[114] *OVG Münster,* 27. 6. 1997 – 11 B 1136/97 – NVwZ 98, 306 = DVBl. 98, 244 [Ls.].

[115] *Seibert,* DVBl. 97, 932, 935f.

[116] *VGH Mannheim,* 12. 2. 1997 – 7 S 430/97 – NVwZ 97, 405 = DVBl. 97, 661; *OVG Bautzen,* 4. 4. 1997 – 1 S 149/97 – LKV 97, 374; *BVerwG,* 31. 7. 1984 – 9 C 46.84 – BVerwGE 70, 24; s.a. *Seibert,* DVBl. 97, 932, 936.

[117] *OVG Lüneburg,* 20. 1. 1998 – 1 L 339/98 – NVwZ 98, 644 [Bebauungsplan].

daher auch Fälle, in denen sich die grundsätzliche Bedeutung der Rechtssache allein aus ihrem **tatsächlichen Gewicht** bzw. ihren **verallgemeinerungsfähigen Auswirkungen** ergibt, die die in der Berufungsentscheidung zu erwartende Klärung von Tatsachenfragen (Aufstellung eines „Tatsachensatzes"[118]) haben wird.[119]

Schließlich ist bei der Konkretisierung des Zulassungsgrundes die Einbindung des Oberverwaltungsgerichts in den Instanzenzug zu bedenken. Eine Zulassung kommt daher auch dann in Betracht, wenn das zuständige Oberverwaltungsgericht die entscheidungserhebliche bundesrechtliche Frage schon einmal beantwortet hat, eine Entscheidung des Bundesverwaltungsgerichts aber noch nicht vorliegt.[120] 21 b

Die Rechtsgrundsätzlichkeit liegt vor, wenn die Rechtsfrage sich **verallgemeinerungsfähig** klären lässt. Das ist nur zu bejahen, wenn sich aus dem anhängigen Rechtsstreit (mindestens) eine allgemeine Rechtsfrage ergibt, deren Beantwortung auch in anderen Fällen Bedeutung erlangen kann, vgl. F 102 ff. 22

Beispiel: 22 a
Wenn das Verwaltungsgericht inzident zu der Erkenntnis gelangt, dass ein Bebauungsplan wirksam ist, so wird dies regelmäßig nicht die rechtsgrundsätzliche Bedeutung der Sache begründen. Meint das Verwaltungsgericht dagegen, der Bebauungsplan sei nichtig, so erfüllt das jedenfalls dann den Zulassungsgrund gem. § 124 Abs. 2 Nr. 3, wenn der Bebauungsplan noch nicht oder erst in Ansätzen realisiert ist.[121]

Eine solche Rechtsfrage ist allerdings nur von grundsätzlicher Bedeutung, wenn sie (noch) **klärungsbedürftig** ist. Die Klärungsbedürftigkeit ist gegeben, wenn die Rechtsfrage weder mit Hilfe der Regeln sachgerechter Auslegung,[122] noch anhand der vorliegenden Entscheidungen des zuständigen Oberverwaltungsgerichts und des Bundesverwaltungsgerichts eindeutig beantwortet werden kann, vgl. auch F 108. Wenn ein Antrag auf Zulassung der Berufung nach diesem Maßstab ursprünglich wegen grundsätzlicher Bedeutung zulässig war, dieser Zulassungsgrund aber nachträglich durch eine von der erstinstanzlichen Entscheidung abweichende Entscheidung des Oberverwaltungsgerichts entfällt, ist die Berufung nunmehr wegen Divergenz zuzulassen; einer Umstellung des Antrags bedarf es dazu nicht,[123] vgl. auch F 115. 22 b

Im Hinblick auf die Funktion des Berufungsverfahrens, das wegen der grundsätzlichen Bedeutung zugelassen wird (Rechtsvereinheitlichung), ist es für die Zulassung ohne Bedeutung, ob die entscheidungserhebliche Rechtsfrage im anzufechtenden Urteil aus Sicht der beschwerten Partei richtig beantwortet worden ist.[124] 23

---

[118] *Happ* in *Eyermann,* § 124, Rdn. 82.

[119] *Happ* in *Eyermann,* § 124, Rdn. 76; so auch *BVerwG,* 31. 7. 1984 – 9 C 46.84 – *BVerwG* 70, 24, 26 (zu § 32 Abs. 2 Nr. 1 AsylVfG); **a. A.** *Meyer-Ladewig* in *Schoch/Schmidt-Aßmann/Pietzner,* § 124, Rdn. 31.

[120] *VGH Mannheim,* 26. 5. 2000 – 10 S 451.00 – NVwZ 00, 1315; *Seibert* NVwZ 99, 113, 118; **a. A.** *OVG Lüneburg,* 26. 11. 1998 – 4 L 4363.98 – FEVS 49, 421: keine Zulassung der Berufung, damit der Unterlegene (vielleicht) Revision zum Zwecke der höchstrichterlichen Klärung einlegen kann.

[121] *OVG Lüneburg,* 20. 1. 1998 – 1 L 339/98 – NVwZ 98, 644.

[122] *VGH Mannheim,* 23. 1. 1998 – 5 S 2053/97 – NVwZ 98, 975.

[123] *OVG Weimar,* 30. 7. 1997 – 3 ZO 209/96 – DÖV 98, 84; s.a. *Rennert,* NVwZ 98, 665, 669.

[124] *Rennert,* NVwZ 98, 665, 670.

24 (2) *Darlegung der rechtsgrundsätzlichen Bedeutung in der Antragsschrift.* In der **Begründung des Zulassungsantrags** sollte sich der **Anwalt** auf die Formulierung der Frage konzentrieren, die aus rechtlicher oder tatsächlicher Sicht von grundsätzlicher Bedeutung ist. Zu diesem Zweck ist die Verallgemeinerungsfähigkeit einer zu erwartenden Antwort darzulegen.[125] Ferner hat er vorzutragen, warum er die Frage noch für klärungsbedürftig hält. Eine Auseinandersetzung mit der anzufechtenden Entscheidung ist nicht zweckmäßig, vgl. auch F 112.

> **Hinweis:**
> Schriftsatzbeispiel für einen Zulassungsantrag gem. § 124 Abs. 2 Nr. 3 s. Anhang I 19.

dd) Divergenz, § 124 Abs. 2 Nr. 4

25 (1) *Zur Divergenz im Einzelnen.* Gem. § 124 Abs. 2 Nr. 4 ist die Berufung zuzulassen, wenn das Urteil von einer Entscheidung des Oberverwaltungsgerichts, des Bundesverwaltungsgerichts, des gemeinsamen Senats der Obersten Gerichtshöfe des Bundes oder des Bundesverfassungsgerichts abweicht und auf dieser Abweichung beruht.[126] Eine solche Divergenz ist im Einzelfall gegeben, wenn die anzufechtende Entscheidung von einem (verallgemeinerungsfähigen) Rechtssatz getragen wird, der von dem Rechtssatz abweicht, der für das die Divergenz begründende Urteil entscheidungserheblich war.[127] Eine Divergenz ist allerdings nicht gegeben, wenn das erstinstanzliche Gericht diesen Rechtssatz lediglich falsch angewendet hat: **falsche Erkenntnis begründet keine Divergenz,**[128] s. auch unten F 117.

---

[125] *OVG Schleswig,* 30. 5. 1997 – 5 M 47/97 – NVwZ 97, 808.

[126] Durch das RmBereinVpG sollte ursprünglich ein neuer Zulassungsgrund geschaffen werden, der Zulassungsgrund der Divergenz sollte dafür wegfallen: Gem. § 124 Abs. 2 Nr. 4 i.d.F. d. Regierungsentwurfs (BT/Drucks. 14/6393) sollte die Berufung zugelassen werden, wenn „die Fortbildung des Rechts oder die Sicherung der einheitlichen Rechtsprechung eine Entscheidung des Oberverwaltungsgerichts erfordert". Diese Entwurfsfassung des § 124 Abs. 2 Nr. 4 orientierte sich an Vorbildern in anderen Verfahrensordnungen: In Ordnungswidrigkeitsangelegenheiten lässt das Beschwerdegericht (OLG, vgl. § 121 Abs. 1 Nr. 1a GVG) die Rechtsbeschwerde zu, wenn die genannten Voraussetzungen vorliegen. In Kartellsachen ist dann die Rechtsbeschwerde gegen Entscheidungen des OLG zum BGH zulässig, vgl. § 73 Abs. 3 Nr. 2 GWB (dazu *Karsten Schmidt* in *Immenga/Mestmäcker,* GWB, 3. Auflage 2001, § 74 Rdn. 18). Unter den genannten Voraussetzungen kann schließlich ein Senat eines obersten Bundesgerichts eine Rechtsfrage dem Großen Senat des Gerichts vorlegen; allerdings ist zusätzlich erforderlich, dass die Frage von grundsätzlicher Bedeutung ist, vgl. § 11 Abs. 4 VwGO, vgl. oben B 23, s.a. § 132 Abs. 4 GVG (dazu *Kissel,* GVG, 3. Auflage 2001, § 132 Rdn. 31ff.). Eine sorgfältige Analyse des im Gesetzesentwurf vorgesehenen Tatbestands musste jedoch zu dem Ergebnis führen, dass danach kein Sachverhalt vorstellbar war, bei dessen Vorliegen nunmehr eine Zulassung hätte erfolgen müssen, während sie nach bisherigem Recht gem. § 124 Abs. 2 Nr. 3 oder Nr. 4 nicht erfolgen konnte. Den Prozessbeteiligten wäre also „alter Wein in neuen Schläuchen" geboten worden; das hat der Vermittlungsausschuss verhindert und die klassische Trias der Zulassungsgründe in § 124 Abs. 2 Nr. 3 bis 5 unverändert gelassen.

[127] *OVG Münster,* 27. 6. 1997 – 11 B 1136/97 – NVwZ 98, 306 = DVBl. 98, 244.

[128] *OVG Schleswig,* 14. 5. 1999 – 2 L 244.98 – NVwZ 99, 1354; *OVG Münster,* 27. 6. 1997 – 11 B 1136/97 – NVwZ 98, 306 = DVBl. 98. 244; *VGH Mannheim,* 17. 3. 1997 – 8 S 6,64/97 – DVBl. 97, 1326.

Bei einer Abweichung des angefochtenen Urteils von einer Entscheidung eines Oberverwaltungsgerichts ist die Divergenzberufung allerdings nur zuzulassen, wenn die Entscheidung von einem Urteil des zuständigen Senats[129] des im Instanzenzug übergeordneten Oberverwaltungsgerichts abweicht. 26

Steht die Entscheidung zu dem Urteil eines anderen Senats oder eines anderen Obergerichts in Widerspruch, so wird jedoch regelmäßig die Grundsatzberufung zuzulassen sein.[130] Die Nichtzulassung der Berufung verletzt in einem solchen Fall Art. 19 Abs. 4 GG.[131] 26 a

Hinweis für den Anwalt:
An die Bezeichnung der abweichenden Entscheidung des Oberverwaltungsgerichts eines anderen Bundeslandes im Rahmen eines Antrags auf Zulassung der Grundsatzberufung werden dieselben, strikten Anforderungen gestellt, wie bei der Zulassung der Berufung wegen Divergenz,[132] vgl. dazu unten F 29.

Dasselbe gilt, wenn der die Entscheidung des Verwaltungsgerichts tragende Rechtssatz von dem abweicht, mit dem ein anderes Verwaltungsgericht sein Urteil zu derselben gesetzlichen Regelung begründet hat und ober- und höchstgerichtliche Judikate zu dieser Frage noch nicht vorliegen. 27

Im Hinblick auf die Funktion des Berufungsverfahrens ist auch dieser Zulassungsgrund unter einem wichtigen Aspekt weiter als der parallele Revisionszulassungsrund zu verstehen: Im Berufungsverfahren erfolgt eine erneute Prüfung der Rechtssache auch in tatsächlicher Hinsicht, vgl. § 128. Der Zulassungsgrund umfasst daher auch Fälle, in denen sich eine **Divergenz zu einem** vom zuständigen OVG aufgestellten **Tatsachensatz**[133] ergibt. Eine solche Divergenz besteht bei einem Widerspruch zwischen den tatsächlichen Feststellungen im anzufechtenden Urteil und den vom OVG in ständiger Rechtsprechung getroffenen Tatsachenfeststellungen; dabei ist unbeachtlich, ob diese Tatsachensätze auf unterschiedliche Erkenntnisquellen gestützt werden.[134] 27 a

Die Struktur und die Funktionen der Divergenzzulassung im Berufungsrecht entsprechen im übrigen dem Revisionszulassungsgrund der Divergenz im Sinne des § 132 Abs. 2 Nr. 2, so dass auf die Ausführungen zu diesem Revisionszulassungsgrund verwiesen werden kann, vgl. unten F 113ff. 28

(2) *Darlegung der Divergenz in der Antragsschrift.* Im Zulassungsantrag ist zunächst der in der Vorinstanz aufgestellte, entscheidungserhebliche Rechtssatz anzugeben bzw. aus dieser Entscheidung herauszuarbeiten.[135] Sodann ist die die Divergenz begründende Entscheidung genau zu bezeichnen (**Aktenzeichen und**[136] **Entschei-** 29

---

[129] *Rennert,* NVwZ 1998, 665, 669 Fn. 38.; **a. A.** *OVG Lüneburg,* 19. 1. 1999 – 1 M 242/99 – NVwZ-RR 99, 697: Divergenzberufung gegeben.

[130] *Rennert,* NVwZ 1998, 665, 669 Fn. 38.

[131] *BVerfG, 1. Kammer des 2. Senats,* 26. 1. 1993 – 2 BvR 1058, 1059/92 – NVwZ 93, 465.

[132] *OVG Weimar,* 17. 6. 1997 – 3 ZKO 217/97 – NVwZ 98, 194 = DÖV 98, 84.

[133] *Happ* in *Eyermann,* § 124 Rdn. 82. s. a. *BVerwG,* 23. 4. 2001 – 1 C 33.00 – DVBl. 01, 1529 =NJW 01, 3281 [nur Ls.].

[134] *VGH Kassel,* 8. 5. 1998 – 6 ZU 1614/97.A – DVBl. 98, 1037.

[135] *OVG Schleswig,* 14. 5. 1999 – 2 L 244.98 – NVwZ 99, 1354.

[136] *OVG Weimar,* 17. 6. 1997 – 3 ZKO 217/97 – NVwZ 98. 194 = DÖV 98, 84.

dungsdatum), wobei der behauptete Rechtssatz wiederum kenntlich zu machen ist.[137] Ferner müssen die beiden divergierenden Rechtssätze gegenübergestellt werden. Schließlich ist darzulegen, dass diese Rechtssätze die divergierenden Entscheidungen jeweils tragen.[138]

> **Hinweis:**
> Schriftsatzbeispiel für einen Zulassungsantrag gem. § 124 Abs. 2 Nr. 4 s. Anhang I 20.

29a Wenn dagegen die Zulassung im Hinblick auf die Alternative **Fortbildung des Rechts** begehrt wird, dann gelten Darlegungserfordernisse, die denen vergleichbar sind, die den Antrag auf Zulassung wegen grundsätzlicher Bedeutung beherrschen: es muss eine tatsächliche oder rechtliche Frage herausgearbeitet werden, die nicht nur Einzelfallcharakter hat, sondern Anlass bietet, Leitsätze zu entwickeln, die auch in anderen Fällen angewendet werden können.[139] Auf die Formulierung dieser Frage hat sich der Zulassungsantrag zu beschränken. Die Beantwortung der Frage ist der Berufungsbegründung vorzubehalten.

ee) Verfahrensmangel, § 124 Abs. 2 Nr. 5

30 (1) *Zu den relevanten Verfahrensmängeln.* Die Berufung ist schließlich gem. § 124 Abs. 2 Nr. 5 zuzulassen, wenn ein **Verfahrensmangel** geltend gemacht wird und vorliegt, auf dem die Entscheidung beruhen kann. Diese potentielle Kausalität ist gegeben, wenn die Möglichkeit besteht, dass das Gericht ohne den Verfahrensfehler zu einem für den Antragsteller günstigeren Ergebnis gekommen wäre.

Beispiel:
Fehlerhafte Weigerung des Verwaltungsgerichts den Termin aufgrund des begründeten Antrags des die Zulassung begehrenden Prozessbeteiligten zu verschieben.[140]

Auch dieser Zulassungsgrund ist dem entsprechenden Revisionszulassungsgrund in § 132 Abs. 2 Nr. 3 nachgebildet, so dass grundsätzlich auf die Ausführungen zu dieser Zulassungsregelung verwiesen werden kann, vgl. unten F 124ff.; zu den Fehlern im Verfahren erster Instanz s. ausführlich E 264ff.

31 Im Rahmen des Berufungszulassungsverfahrens wird allerdings – anders als im Revisionszulassungsverfahren – nicht zwischen einfachen und qualifizierten Verfahrensmängeln – vgl. unten F 125 f. – unterschieden. Liegt einer der **qualifizierten Verfahrensmängel** im Sinne des **§ 138** vor, so begründet diese Norm für das Revisions(zulassungs)verfahren die **unwiderlegliche gesetzliche Vermutung,** dass das angefochtene **Urteil auf diesem Fehler beruht.** Die Darlegungslast des Rechtsmittelführers ist entsprechend reduziert. Diese Rege-

---

[137] *OVG Berlin,* 17. 9. 1997 – 8 N 21/97 – NVwZ 98, 200; OVG Weimar, 17. 6. 1997 – 3 ZKO 217/97 – NVwZ 98, 194 = DÖV 98, 84.

[138] *OVG Schleswig,* 14. 5. 1999 – 2 L 244.98 – NVwZ 99, 1354, *OVG Berlin,* 17. 9. 1997–8 N 21/97 – NVwZ 98, 200; *OVG Weimar,* 17. 6. 1997 – 3 ZKO 217/97 – NVwZ 98, 194 = DÖV 98, 84.

[139] *BGH,* 12. 11. 1970 – 1 StR 263.70 – NJW 71, 389 = BGHSt 24, 14; *Lemke,* OrdnungswidrigkeitenG, 1999, § 80 Rdn. 8.

[140] *VGH Mannheim,* 15. 7. 1999 – A 14 S 2413/98 – NVwZ 00, 213.

lung muss erst recht im Berufungszulassungsverfahren gelten. Der die Zulassung begehrende Prozessbeteiligte muss daher lediglich den qualifizierten Verfahrensmangel dartun.[141]

Beispiel:

Die Kammer des Verwaltungsgerichts hat am 2. 10. 1997 ein Urteil in der Besetzung ein Lebenszeitrichter, zwei Proberichter, zwei Laienrichter gefällt. Ungeachtet des weiten Wortlauts von § 29 DRiG (in der Fassung, die bis zum 28. Februar 1998 galt) war von Verfassungs wegen eine solche Besetzung nur zulässig, wenn hierfür eine sachliche Notwendigkeit bestand. Ist dieses zu verneinen, so war das Gericht nicht vorschriftsmäßig besetzt.[142] Diese Erkenntnis führt zwingend zur Aufhebung der angefochtenen Entscheidung.

Gem. § 138 analog wird unwiderleglich vermutet, dass dieser Verfahrensfehler für das Urteil potentiell kausal war,[143] vgl. F 138.

Ein Verfahrensmangel ist allerdings im Rahmen des Zulassungsverfahrens nur 32
beachtlich, wenn er **der Beurteilung des Berufungsgerichts unterliegt.** Durch diese Einschränkung sollte klar gestellt werden, dass die fehlerhafte Übertragung auf den Einzelrichter bzw. die fehlerhaft unterlassene Rückübertragung auf die Kammer gem. § 6 zulassungsrechtlich irrelevant sind.[144] Bedeutung kann ein Verfahrensverstoß insoweit nur dann erlangen, wenn er gleichzeitig eine Verletzung der prozessualen Gewährleistungen der Verfassung darstellt.[145]

Hinweise: 32a

- Vor der Übertragung des Rechtsstreits auf den Einzelrichter gem. § 6 sind die Parteien anzuhören (Art. 103 Abs. 1 GG), vgl. oben E 59. Unterbleibt die Anhörung und gelangt der Einzelrichter aufgrund der ihm vorgetragenen Bedenken gegen die Übertragung zu der Erkenntnis, dass die Voraussetzungen des § 6 Abs. 1 nicht vorlagen, so kann er die Sache gem. § 6 Abs. 3 Satz 1 auf die Kammer zurück übertragen.[146] Werden dagegen keine nachträglichen Bedenken geltend gemacht, so gilt § 295 Abs. ZPO, vgl. sogleich F 32b. Fazit: Der Gehörsverstoß wird regelmäßig im weiteren Verfahren korrigiert.
- Eine rechtswidrige Übertragungsentscheidung bewirkt nur dann einen Verstoß gegen Art. 101 Abs. 1 Satz 2 GG (gesetzlicher Richter), wenn willkürliche oder manipulative Erwägungen für die Entscheidung bestimmend waren.[147] Diese Voraussetzungen liegen regelmäßig nicht vor. Ein relevanter Verstoß gegen Art. 101 Abs. 1 Satz 2 GG ist allerdings gegeben, wenn der Einzelrichter ohne Übertragungsbeschluss entscheidet.[148]

---

141 *VGH Mannheim,* 4. 7. 1997 – 13 S 973/97 – DVBl. 97, 1343; *Meyer-Ladewig* in *Schoch/Schmidt-Aßmann/Pietzner,* § 124, Rdn. 62; **a. A.** *VGH Mannheim,* 27. 9. 1999 – 11 S 214.99 – NVwZ-RR 00, 399; *OVG Schleswig,* 14. 5. 1999 – 2 L 244.98 – NVwZ 99, 1354 [Verletzung des rechtlichen Gehörs]; *VGH Mannheim,* 24. 6. 1997 – S S 1181/97 – VGHBW Rechtsprechungsdienst 1997, Beilage 9, B 2; wohl auch *OVG Berlin,* 19. 8. 1997 – 8 SN 295/97 – NVwZ 98, 197.

142 *BVerwG,* 23. 8. 1996 – 8 C 19.95 – NJW 97, 674 = DÖV 97, 213 = BayVBl. 97, 25.

143 *OVG Münster,* 3. 4. 1997 – 11 B 498/97 – NVwZ-RR 97, 759 hat offen gelassen, ob im Zulassungsverfahren eine analoge Anwendung in Betracht kommt.

144 *VGH Mannheim,* 15. 5. 2000 – 14 S 353.00 – NVwZ 00, 1313; *OVG Saarlouis,* 27. 10. 1997 – 1 Q 12/97 – NVwZ 98, 645; *VGH Kassel,* 25. 2. 1999 – 9 ZU 4167/98.A – DÖV 00, 300; s. a. *Meyer-Ladewig* in *Schoch/Schmidt-Aßmann/Pietzner,* § 124, Rdn. 49.

145 *BVerwG,* 10. 11. 1999 – 6 C 30.98 – NVwZ 00, 1291.

146 *BVerwG,* 10. 11. 1999 – 6 C 30.98 – NVwZ 00, 1291.

147 *BVerwG,* 10. 11. 1999 – 6 C 30.98 – NVwZ 00, 1291.

148 *OVG Frankfurt (Oder),* 18. 8. 2000 – 2 A 132.00.A – NVwZ-RR 01, 202.

32 b Eine auf Verfahrensfehler gestützte Zulassung kommt auch dann nicht in Betracht, soweit § 295 Abs. 1 ZPO die **rügelose Einlassung** in der nächsten mündlichen Verhandlung mit Verzichtswirkung ausstattet, vgl. auch F 137.[149]

33 (2) *Darlegung der Verfahrensmängel in der Antragsschrift.* Die Verfahrensmängel sind in der Antragsschrift in tatsächlicher Hinsicht präzise zu bezeichnen und glaubhaft zu machen.

Beispiele:

- Der beigeladene Bauherr beantragt im Nachbar-Klageverfahren Akteneinsicht gem. § 100. Das Verwaltungsgericht entscheidet in der Sache ohne zuvor diese Einsicht gewährt zu haben.
  In der Antragsschrift ist darzulegen und durch Verweis auf die Gerichtsakte glaubhaft zu machen, dass der Antragsteller einen Einsichtsantrag gestellt hat, den das Gericht (konkludent) durch Sachentscheidung abgelehnt hat.[150]
- Der Antragsteller, der die unzureichende Sachaufklärung durch das Verwaltungsgericht rügt, muss dartun, welche Beweise erfolglos angetreten worden sind bzw. welche weiteren Aufklärungsmaßnahmen sich dem Gericht hätten aufdrängen müssen. Er hat ferner vorzutragen, zu welchen Erkenntnissen diese Aufklärungsmaßnahmen voraussichtlich geführt hätten und inwiefern diese eine für den Antragsteller günstigere Entscheidung zur Konsequenz hätten haben können.[151]

Hinweis:
Schriftsatzbeispiel für einen Zulassungsantrag gem. § 124 Abs. 2 Nr. 5 s. Anhang I 21.

c) Zulassungsverfahren

34 Die Zulassung der Berufung ist bei dem Verwaltungsgericht zu beantragen. Eine Antragstellung unmittelbar beim Oberverwaltungsgericht ist unzulässig.[152] Wird der Antrag dort gleichwohl eingereicht, so ist das Oberverwaltungsgericht gehalten, den Antrag im ordentlichen Geschäftsgang weiterzuleiten.[153] Wenn eindeutig der falsche Rechtsbehelf (Berufung) eingelegt wird, kann dieser nicht in einen Zulassungsantrag umgedeutet werden;[154] die Bezeichnung des Zulassungsantrages als „Nichtzulassungsbeschwerde" ist allerdings unschädlich, denn sie macht deutlich, dass der Antragsteller nicht davon ausgeht, die Entscheidung des Verwaltungsgerichts unmittelbar angreifen zu können.[155]

Der **Antrag** ist darauf gerichtet, die Berufung gegen das Urteil des Verwaltungsgerichts … vom … zuzulassen. Im Antrag ist das angefochtene Urteil genau zu bezeichnen.

---

[149] *OVG Bautzen,* 16. 12. 1997 – 1 S 396/97 – DÖV 98, 435 [Ls.].

[150] *VGH Mannheim,* 4. 7. 1997 – 13 S 973/97 – DVBl. 97, 1343 [Ls.].

[151] *OVG Münster,* 20. 3. 1997 – 8 B 334/97 – NVwZ 97, 1232; *VGH Mannheim,* 25. 2. 1997 – 5 S 352/97 – NVwZ 98, 865 = DÖV 97, 965.

[152] *OVG Münster,* 3. 7. 1997 – 16 A 1968/97 – DVBl. 97, 1339; *OVG Weimar,* 17. 7. 1997 – 8 E 425/97 – DVBl. 97, 1343 [Ls.].

[153] *OVG Hamburg,* 4. 9. 1997 – Bs IV 68/97 – NJW 98, 696; *OVG Münster,* 3. 7. 1997 – 16 A 1968/97 – DVBl. 97, 1339.

[154] *BVerwG,* 25. 3. 1998 – 4 B 30/98 – NVwZ 98, 1297; *BVerwG,* 12. 3. 1998 – 2 B 20/98 – NVwZ 99, 641; *OVG Greifswald,* 1. 10. 1997 – 2 L 170/97 – NVwZ 98, 201 = DÖV 98, 82.

[155] *VGH Mannheim,* 25. 2. 1997 – 5 S 352/97 – NVwZ 98, 865 = DÖV 97, 965; s. a. *BVerwG,* 3. 12. 1998 – 1 B 110/98 – NVwZ 99, 405.

35 **Hinweis für den Anwalt:**
Da der Antrag direkt zu der beim Verwaltungsgericht geführten Prozessakte gelangt, reicht es aus, wenn er nur das kurze Rubrum (d. h. lediglich Kurzangabe der Parteien und Aktenzeichen) trägt. Ein langes Rubrum (vollständige Parteibezeichnung mit Adresse, Angabe der Vertretungsverhältnisse und der Prozessbevollmächtigten) ist selbstverständlich unschädlich.

36 Die Zulassung der Berufung ist **innerhalb eines Monats** nach Zustellung des (begründeten) Urteils zu **beantragen.**

36 a Der Antrag ist innerhalb **von zwei Monaten** nach Zustellung und zu **begründen,** § 124 a Abs. 4 Satz 4. Die Begründung muss innerhalb der Frist erfolgen.[156] Die **Frist** ist **nicht verlängerbar.** Auch der Begründungsschriftsatz ist bei dem Verwaltungsgericht einzureichen, § 124 a Abs. 4 Satz 5.

37 **Hinweise für den Anwalt:**
- Beim Berufungszulassungsverfahren wird also wie bei der Revisions-Nichtzulassungsbeschwerde zwischen einer **Antragsfrist** und **Begründungsfrist unterschieden.**
- In **asylrechtlichen Angelegenheiten** ist der Zulassungsantrag gem. § 78 Abs. 4 AsylverfahrensG binnen **zwei Wochen** zu stellen.
- Bei fehlerhafter Rechtsmittelbelehrung läuft gem. § 58 eine Jahresfrist.[157]

Hinweis:
Schriftsatzbeispiel für einen Antrag auf Zulassung der Berufung gem. § 124 a Abs. 4 (Einlegung ohne Begründung) s. Anhang I 16.

38 In dem Antrag sind die Gründe darzulegen, aus denen die Berufung zuzulassen ist. Die Intensität und Reichweite der Begründung ist von Zulassungsgrund zu Zulassungsgrund verschieden, vgl. insofern oben K 15 ff., K 19, K 24, K 29 und K 33.

39 Der Vortrag kann nach Ablauf der Antragsfrist – z. B. nach Akteneinsicht – noch vertieft werden, es können jedoch keine neuen Zulassungsgründe mehr geltend gemacht werden.[158]

40 Die Berufung gegen ein Urteil, das nebeneinander auf mehreren selbständigen und tragfähigen Begründungen beruht, ist nur dann zuzulassen, wenn in bezug auf jede dieser Begründungen ein durchgreifender Zulassungsgrund geltend gemacht werden kann.[159] Ist das Urteil also in diesem Sinne **„mehrfach begründet",** so verspricht der Nichtzulassungsantrag nur dann Aussichten auf Erfolg, wenn im Hinblick auf jede dieser unterschiedlichen Begründungen ein – oder mehrere – Zulassungsgründe geltend gemacht werden können. Dasselbe gilt für ein Urteil mit **Haupt- und Hilfsbegründung.** Der Antrag kann nur Erfolg haben, wenn er sowohl hinsichtlich der Haupt- als auch der Hilfsbegründung einen Zulassungsgrund darlegt.[160]

---

156 *VGH Kassel,* 10. 12. 1992 – 13 UZ 2020/92 –, NVwZ 93, 803 zum wortgleichen § 78 Abs. 4 AsylverfahrensG a. F.

157 *BVerwG,* 14. 10. 1997 – 1 B 164/97 – NVwZ 98, 170; *OVG Münster,* 23. 4. 1998 – 18 B 437/98 – NJW 98, 2844 = DÖV 98, 1068 [Ls.]; *OVG Münster,* 11. 2. 1998 – 25 E 960/97 – NVwZ-RR 98, 595.

158 Vgl. *BayVerfGH,* 30. 3. 2001 – Vf. 46-VI-99 – NVwZ 01, 1025.

159 *OVG Schleswig,* 14. 5. 1999 – 2 L 244.98 – NVwZ 99, 1354; *OVG Koblenz,* 15. 12. 1998 – 7 A 12091/98 – NVwZ-RR 99, 598; *VGH Mannheim,* 27. 2. 1998 – 7 S 216/98 – NVwZ 98, 646; *OVG Münster,* 2. 9. 1997 – 13 B 1612/97 – NVwZ 98, 759; *Seibert,* DVBl. 97, 932, 934.

160 *BAG,* 27. 10. 1998 – 9 AZN 575/98 – NZA 99, 222.

40 a Beruht das Urteil auf einer **alternativen Begründung** (entweder deshalb oder deshalb, so dass unentschieden bleiben kann, ob …[161]), so genügt ein Zulassungsgrund hinsichtlich einer der beiden Begründungen.[162]

40 b Werden dagegen in den Urteilsgründen im Rahmen eines **obiter dictum** Erwägungen angestellt, die die Entscheidung erklärtermaßen nicht tragen, so müssen diese Überlegungen im Zulassungsantrag nicht behandelt werden.

> **Hinweis:**
> Schriftsatzbeispiel für einen Zulassungsantrag gem. § 124 Abs. 2 Nr. 4 s. Anhang I 20.

41 Das Stellen des Antrags **hemmt die Rechtskraft** des Urteils, § 124 a Abs. 4 Satz 6.

41 a Wenn der Kläger im Verfahren erster Instanz mehrere Klagebegehren **(objektive Klagehäufung)** verfolgt hat, so muss er durch die Fassung des Zulassungsantrags entscheiden, ob er an den ursprünglichen Begehren festhält oder aber im Zulassungsverfahren nicht mehr alle Ziele verfolgt. Das Berufungsgericht ist dann nicht befugt, über den eingeschränkten Zulassungsantrag hinauszugehen.[163]

41 b Der **Zulassungsantrag** ist entsprechend § 85 Satz 2 dem **Rechtsmittelgegner** mit der Aufforderung zur schriftlichen Äußerung **zuzustellen.**[164]

42 Ein unselbständiger **„Anschlusszulassungsantrag"** ist nicht zulässig.[165] Jeder Verfahrensbeteiligte muss also innerhalb der einen Monat währenden Antragsfrist endgültig entscheiden, ob er das Urteil des Verwaltungsgerichts angreifen will. Zur Anschlussberufung s. unten F 75.

43 Für das Berufungszulassungsverfahren gilt gem. § 67 Abs. 1 Satz 2 das **Gebot anwaltlicher Vertretung;** in der Rechtsmittelbelehrung muss hierauf nicht hingewiesen werden.[166] Der anwaltliche Vertreter darf diese Vorschrift nicht umgehen, indem er schriftsätzlich auf Schriftstücke verweist, die die Partei verfasst hat.[167] S. im übrigen oben E 20.

Hinweise für den Anwalt:
Wenn der Antragsteller aus finanziellen Gründen nicht in der Lage ist, innerhalb der gesetzlichen Frist einen dem Vertretungserfordernis gem. § 67 Abs. 1 Satz 2 entsprechenden Antrag zu stellen, so ist der Antrag auf **Prozesskostenhilfe** innerhalb dieser Frist zu stellen.[168] Für den Antrag auf Prozesskostenhilfe gilt das Gebot anwaltlicher Vertretung nicht.[169] Nach

---

[161] *Seibert,* NVwZ 99, 113, 199.
[162] *BVerwG,* 26. 5. 1993 – 4 NB 3/93 – NVwZ 94, 269.
[163] *BVerwG,* 5. 6. 1998 – 9 B 469/98 – NVwZ 99, 642.
[164] *OVG Münster,* 25. 2. 2000 – 14 A 4921.99 – NVwZ 01, 212.
[165] *VGH München,* 18. 1. 1999 – 8 ZB 98.31375 – NVwZ 00, 213 = DVBl. 99, 993 = BayVBl. 99, 604; *Seibert,* DVBl. 97, 932, 940.
[166] *VGH München,* 6. 3. 1998 – 22 A 97 40040 – NVwZ-RR 98, 594; *VGH Mannheim,* 5. 5. 1997 – 9 S 558/97 – NJW 97, 2698 = NVwZ 97, 1223 [nur Ls.]; s. aber auch *BVerwG,* 5. 6. 1998 – 4 BN 20/98 – NVwZ-RR 98, 783; *BVerwG,* 27. 8. 1997 – 1 B 145/97 – NVwZ 97, 1211.
[167] *VGH Mannheim,* 22. 1. 1999 – 7 S 2408/98 – NVwZ 99, 429 = DÖV 99, 391; *VGH Mannheim,* 14. 4. 1998 – 1 S 620/98 – NVwZ 98, 753.
[168] *OVG Koblenz,* 17. 7. 1997 – 12 A 11672/97 – NVwZ-RR 98, 208 = DVBl. 97, 1342; *VGH München,* 12. 6. 1997 – 19 ZS 97 1285 – BayVBl. 97, 637.
[169] *VGH Kassel,* 27. 5. 1997 – 13 ZU 1213/97 – NVwZ 98, 203 0 DVBl. 97, 1334.

Bewilligung der Prozesskostenhilfe muss der beigeordnete Rechtsanwalt[170] den Zulassungsantrag innerhalb der Zwei-Wochen-Frist des § 60 Abs. 2 Satz 1 stellen und abschließend begründen; die Monatsfrist des § 124a Abs. 4 Satz 1 findet also dann keine Anwendung.[171]

Im Berufungszulassungsverfahren findet **keine Beiladung** statt, denn das prozessuale Zwischenverfahren dient ausschließlich der Klärung der Frage, ob der Berufungsrechtszug zu eröffnen ist. Durch die Zulassungsentscheidung können daher die rechtlichen Interessen von Personen, die bisher am Verfahren nicht beteiligt waren, nicht berührt werden.[172] 43 a

d) Entscheidung über den Zulassungsantrag

Der Zulassungsantrag ist zwar beim Verwaltungsgericht einzureichen, die Befugnis zur Entscheidung über diesen Antrag liegt jedoch ausschließlich beim Oberverwaltungsgericht, § 124a Abs. 5 Satz 1. Das Verwaltungsgericht legt den Antrag daher dem Oberverwaltungsgericht zur Entscheidung vor. 44

Das Oberverwaltungsgericht hat die angefochtene Entscheidung lediglich in bezug auf die der Sache nach geltend gemachten – nicht notwendig ausdrücklich benannten – Zulassungsgründe und die zu ihrer Begründung vom Antragsteller vorgetragenen Gesichtspunkte zu prüfen. Eine Zulassung der Berufung aus anderen als den von dem Antragsteller geltend gemachten Gesichtspunkten kommt daher auch dann nicht in Betracht, wenn der nicht geltend gemachte Zulassungsgrund offensichtlich vorliegt[173] oder die angefochtene Entscheidung ein Grundrecht des Antragstellers verletzt.[174] Das Prüfungsprogramm des Oberverwaltungsgerichts ist auch in diesen Fällen durch die Darlegungen des Antragstellers begrenzt und darf nicht von Amts wegen zu Lasten des Antragsgegners ausgedehnt werden. Dies würde einen „illegitimen Aufschub der Rechtssicherheit"[175] bewirken. § 124a Abs. 5 Satz 2 i. d. F. d. RmBereinG stellt dies klar: eine Zulassung darf danach nur erfolgen, soweit der Grund dargelegt ist **und** vorliegt. In Fällen, in denen der Antragsteller einen Zulassungsgrund anführt, den das Oberverwaltungsgericht aber nicht als gegeben ansieht, scheidet eine Zulassung danach auch dann aus, wenn das Oberverwaltungsgericht einen anderen Zulassungsgrund bejaht. 45

Hinweis für den Anwalt: 45 a

Da Gegenstand der Prüfung im Zulassungsverfahren nicht die **Begründung** sondern das **Ergebnis** der erstinstanzlichen Entscheidung ist, vgl. oben F 14, findet allerdings eine Ausdehnung des Prüfungsprogramms zu Lasten des Antragstellers insoweit statt, als das Oberverwaltungsgericht bereits im Zulassungsverfahren prüft, ob sich die Entscheidung als aus anderen Gründen richtig erweist.[176]

---

170 Zu den Voraussetzungen der Beiordnung s. *VGH Mannheim,* 9. 11. 1998 – 1 S 2376/98 – NVwZ-RR 99, 280.

171 *VGH Mannheim,* 1. 10. 1998 – 7 S 1819/98 – DVBl. 99, 109.

172 *VGH Mannheim,* 22. 11. 1999 – 8 S 2599.99 – DÖV 00, 824.

173 *OVG Münster,* 13. 5. 1997 – 11 B 799/97 – NVwZ 97, 1224 = DVBl. 97, 1344 [Ls.], *Seibert,* DVBl. 97, 932, 939; **a. A.** *Berkemann,* DVBl. 98, 446, 457.

174 *Quaas,* NVwZ 98, 701, 703.

175 *OVG Berlin,* 18. 9. 1998 – 8 N 45/98 – NVwZ 98, 1318.

176 *OVG Berlin,* 18. 9. 1998 – 8 N 45/98 – NVwZ 98, 1318 m. w. N.

45 b Das Oberverwaltungsgericht ist dann aber verpflichtet den Antragsteller zu der beabsichtigten Ablehnung des Zulassungsantrages rechtliches Gehör einzuräumen.[177]

Beispiel:

Das Oberverwaltungsgericht hält die Begründung der angefochtenen Entscheidung für falsch, die Entscheidung im Ergebnis aber für richtig. In einem solchen Falle kann ein Zulassungsantrag gem. § 124 Abs. 2 Nr. 1 keinen Erfolg haben, vgl. F 14. Das Oberverwaltungsgericht ist verpflichtet, dem Antragsteller Gelegenheit zur Stellungnahme zu geben, wenn es einen rechtlichen Gesichtspunkt für relevant hält, der im bisherigen Verfahren nicht erörtert worden ist.[178]

46 Das Oberverwaltungsgericht entscheidet über die Zulassung durch einen nicht anfechtbaren Beschluss, der auch für den erkennenden Senat bindend ist.[179] Eine nachfolgende Gegenvorstellung ist grundsätzlich nicht zulässig,[180] zu Ausnahmen s. unten F 278 b.

Hinweise für den Anwalt:

- Hat das Berufungsgericht den Antrag auf Zulassung der Berufung abgelehnt und sodann durch Beschluss nach § 125 Abs. 2 Satz 2 die Berufung als unzulässig verworfen, so ist im anschließenden Beschwerdeverfahren wegen Nichtzulassung der Revision dem Bundesverwaltungsgericht die Prüfung verwehrt, ob der Antrag auf Zulassung der Berufung zu Recht abgelehnt worden ist.[181]
- Hat das Berufungsgericht dem Antrag auf Zulassung der Berufung dagegen stattgegeben und hat es der Berufung sodann zum Erfolg verholfen, so ist im anschließenden Beschwerdeverfahren wegen Nichtzulassung der Revision dem Bundesverwaltungsgericht die Prüfung verwehrt, ob der Antrag auf Zulassung der Berufung zu Recht Erfolg hatte.[182]

Das Gericht soll seinen Beschluss kurz begründen, § 124 a Abs. 5 Satz 3. Mit der Ablehnung des Antrages wird das Urteil rechtskräftig, § 124 a Abs. 5 Satz 4.

47 Lässt das Oberverwaltungsgericht die Berufung zu, wird das Antragsverfahren als Berufungsverfahren fortgesetzt; der Einlegung einer Berufung bedarf es nicht, § 124 a Abs. 5 Satz 5.

47 a Das Oberverwaltungsgericht ist verpflichtet, den Rechtsmittelführer über die Frist zur Begründung der Berufung zu belehren.[183]

47 b Wenn der Antragsteller während des Zulassungsverfahrens den **Zulassungsantrag** für **erledigt** erklärt, so stellt das Oberverwaltungsgericht (nur) das Zulassungsverfahren ein und entscheidet über die Kosten.[184] Die erstinstanzliche Entscheidung wird damit rechtskräftig. Erklärt der Antragsteller die **Hauptsache insgesamt** (Klage- und Zulassungsbegehren) für **erledigt,** so bleibt es dabei, dass das Ober-

---

[177] *OVG Berlin,* 19. 8. 1997 – 8 SN 295//97 – NVwZ 98, 197; *Günther,* NVwZ 98, 472, 473.

[178] *VGH Mannheim,* 21. 4. 1997–8 S 667/97 – DVBl. 97, 1327.

[179] *VGH Mannheim,* 18. 11. 1999 – A 14 S 237.99 – NVwZ 00, 335 = DVBl. 00, 566 = DÖV 00, 254, *VGH München,* 14. 12. 1999 – 2 ZB 97 2044 – BayVBl. 00, 219.

[180] S. zur Gegenvorstellung im Zulassungsverfahren allgemein *OVG Münster,* 19. 5. 1998 – 10 B 852/98 – NVwZ 98, 1319 m. w. N.

[181] *BVerwG,* 22. 4. 1999 – 6 B 8.99 – BayVBl. 99, 700.

[182] *BVerwG.* 23. 4. 1998 – 4 B 40.98 – ZfBR 98, 256.

[183] *BVerwG,* 4. 10. 99 – 6 C 31.98 – NVwZ 00, 190 = DVBl. 00, 562 = DÖV 00, 377: s. a. *Schmidt,* NVwZ 98, 694, 696 m. w. N.

[184] *Geiger,* BayVBl. 00, 395, 397.

verwaltungsgericht nur das Zulassungsverfahren einstellen kann, denn nur dieses ist dort anhängig. Die Einstellung des Hauptsacheverfahrens ist in dieser Situation Sache des Verwaltungsgerichts.[185]

e) Vorlageverfahren, § 124b

Die Zulassungstatbestände des § 124 Abs. 2 werden in der obergerichtlichen Rechtsprechung zum Teil sehr unterschiedlich interpretiert, vgl. oben F 10ff. **47c**

Der Gesetzgeber der 6. VwGO-Novelle hatte es leider versäumt, durch eine Ergänzung des Verfahrensrechts sicher zu stellen, dass die divergierenden Auffassungen in der obergerichtlichen Rechtsprechung zur Interpretation der Berufungs- und Beschwerdezulassungsgründe zusammengeführt werden. Der Große Senat der Obergerichte war insoweit nicht zuständig, da er gem. § 12 nur die Aufgabe hat, die Rechtseinheit im landesrechtlichen Bereich zu wahren, vgl. oben B 20. Eine spezielle Zuständigkeit des Bundesverwaltungsgerichts war gleichermaßen nicht gegeben. Eine Klärung der einschlägigen Rechtsfragen konnte auch nicht im Rahmen von regulären Revisionsverfahren erwartet werden, denn die Frage, ob das Oberverwaltungsgericht die Berufung zu Recht zugelassen hat, war der Prüfung durch das Bundesverwaltungsgericht entzogen. Zwar unterliegen gem. § 173 i. V. m. § 548 ZPO auch diejenigen Entscheidungen der Beurteilung der Revision, die dem Endurteil vorangegangen sind. Davon ausgenommen sind jedoch Entscheidungen, die unanfechtbar ergehen. Um eine solche handelt es sich bei der Entscheidung über die Zulassung der Berufung, vgl. § 152 Abs. 1.

Da die unterschiedliche Interpretation der Zulassungsregelungen durch die Oberverwaltungsgerichte mit dem verfassungsrechtlich verbürgten Anspruch des gleichen Zugangs zum Gericht für jeden Bürger kaum vereinbar war, wurde bereits unmittelbar nach Inkrafttreten eine ergänzende gesetzliche Regelung gefordert.[186] Das Bundesverwaltungsgericht sollte in die Lage versetzt werden, seinem vornehmsten Auftrage entsprechend auch in diesem Rechtsbereich Rechtseinheit zu stiften. Konkret wurde vorgeschlagen, § 124 um eine Regelung ergänzen, die sich an dem prozessrechtlich bewährten Vorbild des § 47 Abs. 5 a. F. orientiert.

Eine solche Bestimmung findet sich nunmehr in § 124b i. d. F. des RmBereinVpG. Auf der Grundlage dieser Bestimmung legt das Oberverwaltungsgericht die Sache dem Bundesverwaltungsgericht vor. **Gegenstand der Vorlage** ist die Auslegung von § 124 Abs. 2 **(Zulassungstatbestände)** oder § 124a Abs. 4 Satz 4 **(Begründungserfordernis für den Zulassungsantrag).** Die Vorlage erfolgt, wenn die Rechtsfrage grundsätzliche Bedeutung für die Auslegung dieser Bestimmung hat, § 124b Satz 1 Nr. 1. Die Vorlage ist ferner geboten, wenn zur Fortbildung des Rechts oder zur Sicherung der Einheitlichkeit der Rechtsprechung eine Entscheidung des Bundesverwaltungsgerichts zur Auslegung dieser Bestimmung erforderlich ist, § 124b Satz 1 Nr. 2. **47d**

Der den Beteiligten bekannt zu machende Vorlagebeschluss ist unanfechtbar, § 124b Satz 2. **47e**

---

[185] *Geiger,* BayVBl. 00, 395, 397; **a. A.** *OVG Münster,* 24. 6. 1999 – 11 B 565/99 – soweit ersichtlich nicht veröffentlicht.

[186] Vgl. *Kuhla* in *Deutsches Anwaltsinstitut,* Dokumentation der 5. Verwaltungsrechtlichen Jahresarbeitstagung 28./29. Januar 1999, Berlin, 15.

47f Das Bundesverwaltungsgericht entscheidet ausschließlich über die ihm vorgelegte Rechtsfrage, § 124b Satz 3. Mit der Beantwortung der Frage nimmt das Zulassungsverfahren bei dem Oberverwaltungsgericht seinen Fortgang. Die Entscheidung des Bundesverwaltungsgerichts ist für das Oberverwaltungsgerichts bei der Entscheidung über das Zulassungsbegehren bindend.

47g Im Bundesrat gab es lange Zeit Bedenken gegen die Einführung des Vorlageverfahrens. Der Vermittlungsausschuss hat dem Rechnung getragen: die Regelung tritt nach drei Jahren am 31. Dezember 2004 wieder außer Kraft, vgl. Art. 6 i.V.m. Art. 7 Abs. 2 RmBereinVpG.

3. Berufungsverfahren

a) Zulässigkeit

aa) Zulassungsentscheidung

48 Infolge der Neuregelungen durch das Sechste VwGO-Änderungsgesetz kennt die VwGO nur noch die Zulassungsberufung. Die Berufung gegen Urteil des Verwaltungsgerichts ist daher gem. §§ 124f. nur zulässig, wenn sie vom Verwaltungsgericht oder vom Oberverwaltungsgericht zugelassen worden ist.

49 **Hinweis für den Anwalt:**
Eine unzulässige Berufung kann nicht in einen Antrag auf Zulassung der Berufung umgedeutet werden.[187]

bb) Ausnahme: Ausschluss der Berufung

50 Der Bundesgesetzgeber kann die Berufung für bestimmte Verfahren vollständig ausschließen.

Beispiele:
- § 23 Abs. 2 InvestitionsvorrangG,
- § 78 Abs. 1 AsylverfahrensG,
- § 34 WehrpflichtG,
- § 75 ZivildienstG.

Sofern der Gesetzgeber in diesen Fällen nicht auch die Revision ausschließt,

Beispiel:
§ 78 Abs. 1 AsylverfahrensG,
– was verfassungsrechtlich unbedenklich ist –, hat der beschwerte Beteiligte gem. § 135 die Möglichkeit, gegen das Urteil des Verwaltungsgerichts **Revision** zum Bundesverwaltungsgericht einzulegen, sofern die Revision zugelassen wird, s. unten auch F 246.[188]

cc) Gebot anwaltlicher Vertretung, § 67 Abs. 1

51 Für das Berufungsverfahren gilt gem. § 67 Abs. 1 Satz 2 das Gebot anwaltlicher Vertretung, vgl. im einzelnen oben E 20.

---

[187] *BVerwG*, 12. 3. 1998 – 2 B 20/98 – NVwZ 99, 641; *OVG Greifswald*, 1. 10. 1997 – 2 L 170/97 – NVwZ 98, 201 = DÖV 98, 92; BVerwG, 13. 6. 1994 – 9 B 374.94 –, DVBl. 95, 1409 = BayVBl. 95, 221.

[188] Vgl. *Kopp/Schenke*, VwGO, § 135, Rdn. 1.

dd) Beschwer des Rechtsmittelführers

Die Zulässigkeit der Berufung setzt voraus, dass der Rechtsmittelführer durch die angegriffene Entscheidung rechtlich beschwert ist, vgl. im einzelnen oben F 6ff. 52

b) Einlegen der Berufung, Frist

Hat das Verwaltungsgericht im Urteil das Rechtsmittel nicht zugelassen und hat der in erster Instanz Unterlegene die **Zulassung der Berufung im Zulassungsverfahren** durchgesetzt, dann muss er seinen Anfechtungswillen nicht noch einmal durch das Einlegen der Berufung gesondert bekunden. Mit der Zustellung des Zulassungsbeschlusses wird das **Antragsverfahren** vielmehr **als Berufungsverfahren fortgesetzt,** § 124a Abs. 5 Satz 5. 52 a

In Fällen dagegen, in denen das **Verwaltungsgericht die Berufung im Urteil zulässt,** vgl. oben F 5b ff., hat der durch das Urteil Beschwerte zu entscheiden, ob er von dieser Möglichkeit Gebrauch machen will. Wenn er sich dafür entscheidet, dann muss er die **Berufung durch einen Schriftsatz einlegen.** 52 b

Die Berufung ist gem. § 124a Abs. 2 Satz 1 beim **judex a quo** einzulegen. Ein Einlegen beim Oberverwaltungsgericht **(judex ad quem)** ist nicht zulässig.

In der Berufungsschrift ist das angefochtene Urteil präzise zu bezeichnen (Aktenzeichen, Tag der Verkündung, nach Möglichkeit auch Tag der Zustellung). Ein Antrag muss in der Berufungsschrift noch nicht enthalten sein. Dieser ist erst Ergebnis der Berufungsbegründung und kann daher dem Begründungsschriftsatz vorbehalten werden. 52 c

Die Berufung ist gem. § 124a Abs. 2 Satz 1 binnen eines Monats nach Zustellung des vollständigen Urteils einzulegen. Das Rechtsmittel ist auch schon vorher zulässig, wenn die angefochtene Entscheidung ergangen ist; die Berufungsfrist und die Begründungsfrist laufen dann noch nicht.[189] Ein zuvor eingelegtes Rechtsmittel ist allerdings unheilbar unzulässig.[190] 52 d

Die Berufungseinlegung (und -begründung) ist auch durch Telefax[191] bzw. durch Computerfax mit gescannter Unterschrift[192] möglich. Das Rechtsmittel kann gem. § 86a[193] auch als elektronisches Dokument mit einer qualifizierten elektronischen Signatur nach dem Signaturgesetz eingereicht werden, sobald die Landesregierung diesen Weg durch eine Rechtsverordnung gem. § 86a Abs. 2 freigegeben hat.

c) Begründung, § 124a Abs. 3

Die Berufung ist zu begründen, vgl. § 124a Abs. 3 Satz 1. Das geschieht in jedem Fall durch die Einreichung eines **gesonderten Schriftsatzes** nach Einlegen 53

---

189 *OVG Münster,* 25. 7. 2000 – 1 A 2904.00.A – NVwZ-RR 01, 409; *Meyer-Ladewig* in *Schoch/Schmidt-Aßmann/Pietzner,* Vorb. § 124, Rdn. 34.

190 *BVerwG,* 8. 12. 1977 – VII B 76/77 – NJW 78, 1870.

191 *BVerwG,* 17. 1. 1989 – 9 C 44/87 –, NVwZ 89, 673.

192 *Gemeinsamer Senat der Obersten Gerichtshöfe des Bundes,* 5. 4. 2000 – GmS-OGB 1.98 – NJW 00, 2340; s. dazu *Düwell,* NJW 00, 3334.

193 Eingefügt durch „Gesetz zur Anpassung der Formvorschriften des Privatrechts und anderer Vorschriften an den modernen Rechtsverkehr", Gesetz vom 13. Juli 2001, BGBl. I, 1542.

bzw. Zulassung der Berufung.[194] Der Begründungsschriftsatz ist **an das Oberverwaltungsgericht** zu richten, vgl. § 124a Abs. 3 Satz 2 bzw. § 124b Abs. 3 Satz 2. Wenn in den Fällen des § 124a (Zulassung der Berufung im Urteil des Verwaltungsgerichts) die Begründung zeitgleich mit der Berufung eingereicht wird, ist sie ausnahmsweise beim Verwaltungsgericht einzureichen, vgl. § 124a Abs. 3 Satz 2.

Wenn die Berufung nicht begründet wird, dann ist sie als unzulässig zu verwerfen.[195]

In der Begründung kann die Bezugnahme auf die Gründe des Zulassungsantrags genügen, wenn der Wille, diese zu Berufungsgründen umzuwidmen, für das Berufungsgericht zweifelsfrei erkennbar ist[196] und die Berufungsgründe damit eindeutig bezeichnet sind.[197]

Hinweise für den Anwalt:

- § 124a Abs. 3 gilt auch für Streitigkeiten nach dem AsylverfahrensG.[198]
- Wird die Berufungsbegründung in der mündlichen Verhandlung, die vor Ablauf der einmonatigen Begründungsfrist stattfindet, zu Protokoll erklärt, so ist dies der Einreichung einer schriftlichen Begründung gleichzusetzen.[199]

aa) Frist

54 Die Berechnung der Berufungsbegründungsfrist hängt davon ab, wie das Berufungsverfahren eingeleitet worden ist.

54a Wenn das **Verwaltungsgericht die Berufung** gem. § 124a Abs. 1 **zugelassen** hat und der Rechtsmittelführer die Berufung gem. § 124 a Abs. 2 eingelegt hat, dann ist die Berufung **innerhalb von zwei Monaten nach Zustellung** des vollständigen Urteils **zu begründen.**

54b Wenn das **Oberverwaltungsgericht die Berufung** gem. § 124a Abs. 5 Satz 5 **zugelassen** hat, dann ist die Begründung der Berufung **innerhalb eines Monats** nach **Zustellung des Zulassungsbeschlusses** einzureichen, § 124b Abs. 3 Satz 1. Das Oberverwaltungsgericht hat mit Zustellung der Zulassungsentscheidung über diese Frist zu belehren. Unterbleibt diese Belehrung, so beginnt die Monatsfrist nicht zu laufen; es gilt dann die Jahresfrist gem. § 58 Abs. 2.[200]

54c Die Frist kann auf einen vor ihrem Ablauf gestellten Antrag von dem Vorsitzenden des erkennenden Senats verlängert werden, § 124a Abs. 3 Satz 3 und Abs. 6 Satz 3.

---

[194] *BVerwG,* 4. 10. 1999 – 6 C 31.98 – NVwZ 00, 190 = DVBl. 00, 562 = DÖV 00, 377; *OVG Münster,* 18. 1. 1999 – 10 A 4712/98 – DVBl. 99, 997; *VGH Mannheim,* 23. 10. 1998 – 9 S 1372/98 – NVwZ 99, 207 = DVBl. 99, 112 = DÖV 99, 347, *VGH München,* 25. 5. 1998 – 10 B 98.480 – NVwZ 98, 864.

[195] *OVG Lüneburg,* 19. 1. 1999 – 4 L 5330.98 – FEVS 99, 545.

[196] *BVerwG,* 30. 6. 1998 – 9 C 6798 – NVwZ 98, 1311 = DVBl. 99, 95; *VGH Mannheim,* 27. 11. 1997 – A 16 S 1931/97 – NVwZ 98, 1089.

[197] *BVerwG,* 23. 4. 2001 – 1 C 33.00 – DVBl. 01, 1529; *BVerwG,* 23. 9. 1999 – 9 B 372/99 – NVwZ 00, 67 = DVBl. 00, 561 = BayVBl. 00, 540, *VGH München,* 25. 5. 1998 – 10 B 98480 – NVwZ 98, 864.

[198] *BVerwG,* 30. 6. 1998 – 9 C 6/98 – NVwZ 98, 1311 = DVBl. 99, 95.

[199] *BVerwG,* 7. 3. 2000 – 4 B 79.99 – NVwZ 00, 912 = DÖV 00, 603.

[200] *BVerwG,* 4. 10. 1999 – 6 C 31.98 – NVwZ 00, 190 = DVBl. 00, 562 = DÖV 00, 377; *BVerwG,* 30. 6. 1998 – 9 C 6/98 – NVwZ 98, 1311.

Hinweis für den Anwalt:

Ein Rechtsanwalt, der einen ersten Verlängerungsantrag stellt und diesen mit seiner aktuellen Arbeitsüberlastung begründet, muss auch dann nicht mit einer Ablehnung des Antrags rechnen, wenn er auf eine ins einzelne gehende Darlegung dieser Überlastungsgründe verzichtet hat.[201]

bb) Antrag

Die Berufungsbegründung muss einen bestimmten Antrag enthalten, § 124a Abs. 3 Satz 4. Der Wortlaut der Regelung entspricht insoweit § 124 Abs. 3 Satz 1 a. F., der bestimmte, dass die Berufungsschrift einen bestimmten Antrag enthalten müsse. Nach ständiger Rechtsprechung war es unter der Geltung dieser Bestimmung jedoch möglich, den Antrag auch noch nach Ablauf der Berufungsfrist zu stellen bzw. zu präzisieren.[202] Die prozessuale Obliegenheit, nach der der Rechtsmittelführer einen Antrag zu stellen hat, steht in § 124a Abs. 3 jedoch in einem anderen Regelungskontext. Die Berufung ist nunmehr zu begründen, der Antrag stellt die Quintessenz der Begründung dar und muss daher innerhalb der Berufungsbegründungsfrist gestellt werden.[203] Dabei enthält die Berufungsbegründung im rechtlichen Sinne auch dann eine Antrag, wenn sich das Ziel der Berufung eindeutig aus der Berufungsschrift ergibt.[204] 55

cc) Auseinandersetzung mit der erstinstanzlichen Entscheidung

In der Berufungsbegründungsschrift muss der Rechtsmittelführer die Gründe der Anfechtung (Berufungsgründe) im einzelnen anführen.[205] Die Anforderungen an die Berufungsbegründung entsprechen damit den Anforderungen, die das Bundesverwaltungsgericht in ständiger Rechtsprechung für die Revisionsbegründung entwickelt hat, vgl. F 201 ff. 56

Hinweis für den Anwalt: 57

Die Berufungsbegründung verlangt besondere Sorgfalt, wenn Gegenstand der angefochtenen Entscheidung ein Verwaltungsakt ist, der mehrere Regelungen enthält, mit denen sich das Verwaltungsgericht im einzelnen auseinandergesetzt hat. Auch die Berufungsbegründung muss dann auf jede dieser einzelnen Regelungen eingehen, sofern der Berufungsführer nicht Gefahr laufen will, dass die Berufung teilweise gem. § 125 Abs. 2 Satz 1 als unzulässig verworfen wird.

c) Umfang der berufungsgerichtlichen Prüfung

Das **Oberverwaltungsgericht prüft** den Streitfall im gleichen Umfang **wie das Verwaltungsgericht;** die Prüfungskompetenz wird lediglich durch den Be- 58

---

201 *BVerfG, 2. Kammer des Ersten Senats,* – 12. 1. 2000 – 1 BvR 1621.99 – NJW 00, 1634; *BVerfG, 1. Kammer des Ersten Senats,* 10. 8. 1998 – 1 BvR 10/98 – NJW 98, 3703.

202 Vgl. nur *Kuhla/Hüttenbrink,* 1. Auflage, F 33 f. m. w. N.

203 Aus der Entscheidung *BVerwG,* 17. 12. 1996 – 9 C 42/96 –, NJW 97, 1250 = DVBl. 97, 905 zu § 78 Abs. 5 AsylverfahrensG kann nichts Gegenteiliges gefolgert werden, denn für Berufungsverfahren in Asylangelegenheiten galt vor dem 1. Januar 1997 zwar bereits der Grundsatz der Zulassungsberufung, die zugelassene Berufung war aber nicht zu begründen.

204 *OVG Berlin,* 29. 2. 2000 – 8 B 14.99 – NVwZ 00, 1203.

205 *VGH München,* 6. 9. 2000 – 11 B 97.32121 – NVwZ-RR 01, 545 (Verweis auf Schriftsätze erster Instanz unzureichend); *VGH Mannheim,* 26. 10. 2000 – A 14 2235/98 – DÖV 01, 790 (Verweis auf Begründung des Zulassungsantrags unzureichend); *BVerwG,* 23. 4. 2001 – 1 C 33.00 – NVwZ 01, 1029 = DVBl. 01, 1529 (Bezugnahme auf Zulassungsantrag im Falle der Zulassung wegen Divergenz zulässig).

rufungsantrag begrenzt (ne ultra petita), § 128 Satz 1. Eine Beschränkung der Prüfungskompetenz durch die Berufungs-Zulassungsentscheidung findet nicht statt. Sollte sich also im Berufungsverfahren ergeben, dass die erstinstanzliche Entscheidung an einem Mangel leidet, der im Zulassungsverfahren keine Rolle gespielt hat, so steht dies dem Erfolg der Berufung nicht entgegen.

59 Das Gericht berücksichtigt auch **neu vorgebrachte Tatsachen und Beweismittel,** § 128 Satz 2. Neue Erklärungen und Beweismittel, die im ersten Rechtszug entgegen einer hierfür gesetzten Frist (§ 87b Abs. 1 und 2) nicht vorgebracht worden sind, sind im Berufungsverfahren nur zuzulassen, wenn nach der freien Überzeugung des Gerichts ihre Zulassung die Erledigung des Rechtsstreits nicht verzögern würde oder wenn der Beteiligte die Verspätung genügend entschuldigt, § 128a Abs. 1 Satz 1. Erklärungen und Beweismittel, die das Verwaltungsgericht bereits gem. § 87b Abs. 1 und 2 zu Recht zurückgewiesen hat – vgl. dazu E 72ff. –, bleiben auch im Berufungsverfahren ausgeschlossen.

60 Das Berufungsgericht hat schließlich gem. § 125 Abs. 1 Satz 1 die Möglichkeit, im Interesse einer Beschleunigung des Verfahrens von den Regelungen des § 87b Abs. 1 und 2 auch dann Gebrauch zu machen, wenn diese im erstinstanzlichen Verfahren noch nicht genutzt worden sind. Wenn das Gericht beabsichtigt, entscheidungserheblichen Vortrag wegen Verspätung zurückzuweisen, so muss es zunächst jedoch dem Betroffenen die Gelegenheit geben, seine Schuldlosigkeit an der Fristversäumnis geltend zu machen.[206]

61 Das Berufungsverfahren orientiert sich an denselben Bestimmungen, die für das Klageverfahren gelten, § 125 Abs. 1 Satz 1. Der Verweis in § 125 erstreckt sich auf die Regelungen im 10. Abschnitt der VwGO über die Urteile. Das Berufungsbegehren ist mithin auch an § 113 zu messen.

Beispiel:

Die Klage des Bauherrn gegen die Rücknahme eines ihm erteilten positiven Bauvorbescheids und auf Erteilung der Baugenehmigung hat vor dem Verwaltungsgericht Erfolg gehabt. Der beigeladene Nachbar legt hiergegen Berufung ein. Das Berufungsgericht gelangt zu der Erkenntnis, dass die Baugenehmigung wegen eines Verstoßes gegen die Festsetzungen über das Maß der baulichen Nutzung rechtswidrig ist.
Die Berufung des beigeladenen Nachbarn kann gleichwohl keinen Erfolg haben, weil die Festsetzungen über das Maß der baulichen Nutzung regelmäßig nicht nachbarschützend sind, vgl. unten K 59, so dass der Nachbar entgegen § 113 Abs. 1 Satz 1 durch den angefochtenen Verwaltungsakt nicht in seinen Rechten verletzt wird.[207]
Die von der Baubehörde eingelegte Berufung hätte in einem solchen Falle dagegen Erfolg.

d) Berufungsverhandlung

62 Der Vorsitzende des Senats bestimmt den Zeitpunkt der Berufungsverhandlung, § 173, § 216 ZPO. Das Gericht ist nicht gehindert – insbesondere bei einfach gelagerten Sachverhalten – alsbald nach Eingang der Berufungsschrift und noch vor Eingang einer schriftlichen Berufungsbegründung Termin zur mündlichen Verhandlung anzuberaumen, um so eine zügige Verfahrensabwicklung zu gewährleisten.[208]

---

206 *BVerwG,* 6. 4. 2000 – 9 B 50.00 – NVwZ 00, 1042 = BayVBl. 00, 599.
207 *BVerwG,* 15. 2. 1990 – 4 C 39.96 –, Buchholz, § 124 VwGO Nr. 18.
208 *BVerwG,* 21. 11. 1989 – 7 B 171/89 –, NJW 90, 1616.

63 Die Berufungsverhandlung beginnt gem. § 125 Abs. 1 i.V.m. § 103 Abs. 2 mit dem Sachbericht. Bei vielen Oberverwaltungsgerichten ist es üblich, dem Prozessbevollmächtigten des Berufungsklägers im Anschluss an den Sachbericht gem. § 125 Abs. 1 i.V.m. § 103 Abs. 3 die Gelegenheit zu geben, das Rechtsmittel im Rahmen eines **Plädoyers** zu begründen.

64 Im Anschluss an die Plädoyers wird die Berufungssache mit den Beteiligten gem. § 125 Abs. 1 i.V.m. § 104 Abs. 1 in tatsächlicher und rechtlicher Hinsicht erörtert. Sofern der Rechtsanwalt des Berufungsklägers der Auffassung ist, der entscheidungserhebliche Sachverhalt sei noch nicht ausreichend ermittelt, muss dies in der Berufungsverhandlung angesprochen werden. Hält das Berufungsgericht die vorgeschlagenen Ermittlungen nicht für erforderlich, bewahrt sich der Rechtsanwalt die revisionsrechtliche Aufklärungsrüge – vgl. dazu im einzelnen unten F 126 – nur dann, wenn er in der Berufungsverhandlung einen förmlichen Beweisantrag zu Protokoll stellt, s. dazu im einzelnen oben E 202.

e) Entscheidung über die Berufung

65 Die **unzulässige Berufung** ist gem. § 125 Abs. 2 Satz 1 zu verwerfen.[209] Sofern die Unzulässigkeit der Berufung bereits vor Anberaumung einer mündlichen Verhandlung deutlich wird (z.B. gem. § 124 Abs. 3 verspätete Begründung) wird diese Entscheidung gem. § 125 Abs. 2 Satz 2 durch Beschluss ergehen. Die Beteiligten sind dann vorher zu hören, § 125 Abs. 2 Satz 3. Gegen einen solchen Beschluss steht den Beteiligten das Rechtsmittel zu, das zulässig wäre, wenn das Gericht durch Urteil entschieden hätte, § 125 Abs. 2 Satz 3. Der beschwerte Beteiligte kann die Revision bzw. Nichtzulassungsbeschwerde einlegen. Das Gericht hat aber auch die Möglichkeit, die Berufung nach mündlicher Verhandlung durch Urteil als unzulässig zu verwerfen.

66 Erweist sich die **zulässige Berufung** als unbegründet, so weist das Oberverwaltungsgericht die Berufung zurück. Ist die Berufung dagegen ganz oder teilweise begründet, so ändert das Oberverwaltungsgericht das Urteil erster Instanz gem. § 129 durch Urteil nach mündlicher Verhandlung ab.

Wenn sich im Falle der Berufung gegen ein **Bescheidungsurteil** die dieses Urteil tragende Rechtsauffassung des Verwaltungsgerichts als unzutreffend erweisen sollte, so ist das Urteil ausdrücklich abzuändern.[210]

67 Das Oberverwaltungsgericht **kann** im bestimmten Fällen durch Urteil die angefochtene Entscheidung des Verwaltungsgerichts aufheben und die Sache an das erstinstanzliche Gericht **zurückverweisen.** Dies ist nur zulässig, wenn

- **entweder** das Verfahren an einem wesentlichen Mangel leidet und deshalb eine umfangreiche oder aufwändige Beweisaufnahme notwendig ist (§ 130 Abs. 2 Nr. 1) **oder**
- das Verwaltungsgericht noch nicht in der Sache selbst entschieden hat (§ 130 Abs. 2 Nr. 2),

und ein Beteiligter die Zurückverweisung beantragt.

---

209 *BVerwG*, 2. 8. 1995 – 9 B 303.95 –, BayVBl. 96, 30: dies gilt auch, wenn das Verwaltungsgericht durch Gerichtsbescheid entschieden hat; zur Funktion des § 125 Abs. 2 nach der 6. VwGO-Novelle s. *Rudisile,* NVwZ 98, 148.

210 *BVerwG,* 27. 1. 1995 – 8 C 8/93 – NJW 96, 737.

Beispiel:

Der Nachbar erhebt eine Anfechtungsklage gegen die für das Vorhaben erteilte Baugenehmigung. Das Verwaltungsgericht lässt die Frage offen, ob die Baugenehmigung des Nachbarn in seinen Rechten verletzt, weil dieser jedenfalls sein Nachbarrecht verwirkt habe. Es weist die Klage zurück. In einem solchen Fall hat das Verwaltungsgericht noch nicht „in der Sache selbst" entschieden, das Oberverwaltungsgericht kann also die Sache gem. § 130 zurückverweisen, wenn es die Verwirkung verneint[211] und einer der Beteiligten die Zurückverweisung beantragt.

68 Das Berufungsgericht hat über die Frage einer Zurückverweisung an das Verwaltungsgericht nach pflichtgemäßem Ermessen zu entscheiden. Eine Verpflichtung zur Zurückverweisung besteht nicht.[212]

69 § 125 Abs. 1 verweist nicht auf § 84, so dass das Berufungsgericht auch bei Sachen, die keine besonderen Schwierigkeiten in tatsächlicher und rechtlicher Hinsicht aufweisen und bei denen der Sachverhalt geklärt ist, nicht ohne mündliche Verhandlung, d. h. **nicht durch Gerichtsbescheid** entscheiden darf. Gem. **§ 130 a** kann das Gericht, das die Berufung einstimmig für begründet oder unbegründet hält, über diese allerdings **ohne mündliche Verhandlung durch Beschluss** entscheiden.[213] Diese Entscheidung darf nur vom Senat als Kollegialorgan getroffen werden; der im Einverständnis der Parteien gem. § 87 a Abs. 2 und Abs. 3 berufene Vorsitzende oder Berichterstatter (sog. konsentierter Einzelrichter) ist hierzu nicht berufen.[214]

§ 130 a hat in der Praxis nur eine geringe praktische Bedeutung erlangen können. Diese ist durch das 6. VwGO-Änderungsgesetz noch weiter reduziert worden: es ist kaum denkbar, dass das Oberverwaltungsgericht zunächst die Berufung zulässt, um sie dann aus den Gründen der angefochtenen Entscheidung zurückzuweisen.[215]

Hinweis:

§ 130 a findet auch im Asylverfahren Anwendung. § 79 Abs. 3 Satz 1 AsylverfahrenG enthält insoweit keine vorrangige, speziellere Regelung.[216]

Die Beteiligten sind zuvor zu der beabsichtigten Entscheidung gem. § 130 a anzuhören, § 130 a Satz 2 i. V. m. § 125 Abs. 2 Satz 3.[217] Die **Anhörungsmitteilung** muss unmissverständlich erkennen lassen, wie das Gericht zu entscheiden beabsichtigt.[218] Ein Verstoß gegen diese Verfahrensregel stellt einen absoluten Revisionsgrund im Sinne des § 138 Nr. 3 dar.[219]

---

211 *OVG Münster,* 7. 8. 1998 – 11 B 1555.98 – NVwZ-RR 99, 540.

212 Vgl. *BVerwG,* 1. 2. 1988 – 7 B 15.88 –, Buchholz, § 130 VwGO, Nr. 11.

213 Zur Vereinbarkeit dieser Regelung mit dem GG und der MRK *BVerwG,* 12. 3. 1999 – 4 B 112/98 – NVwZ 99, 763 = DVBl. 99, 987 = DÖV 99, 735; *BVerwG,* 22. 1. 1998 – 2 C 4.97 – DVBl. 98, 795 [Ls.]; *BVerwG* 10. 4. 1992 – 9 B 142.91 – BayVBl. 92, 537.

214 *BVerwG,* 21. 3. 2000 – 9 C 39.99 – NVwZ 00, 1040 = DVBl. 00, 1529 = DÖV 00, 235.

215 *Schmidt,* NVwZ 98, 694, 695: „bedeutungsloses Auslaufmodell"; *Quaas,* NVwZ 98, 701, 702.

216 *OVG Lüneburg,* 14. 3. 1997–12 L 1594/96 –, DVBl. 97, 667.

217 *BVerwG,* 28. 9. 1998 – 1 B 93.98 – GewArch 99, 31: aus der Anhörungsmitteilung muss sich nicht ergeben, ob das Gericht definitiv so verfahren wird.

218 *BVerwG,* 21. 3. 2000 – 9 C 39.99 – NVwZ 00, 1040 = DÖV 00, 235.

219 *BVerwG,* 22. 4. 1999 – 9 B 1037/98 – NVwZ 99, 1107.

§ 87b – s. dazu oben E 72ff. – findet im Verfahren gem. § 130a entsprechende Anwendung.[220] Gem. § 130a kann auch dann noch verfahren werden, wenn das Gericht zunächst eine Berufungsverhandlung anberaumt, diese aber wieder aufgehoben hat.[221] Das Verfahren gem. § 130a soll auch dann noch zulässig sein, wenn neue Erkenntnismittel durch Urkundsbeweis in das Verfahren eingeführt worden sind.[222]

Beschlüsse gem. § 130a können auch aufgrund schriftlicher Beratung und Abstimmung im sog. Umlaufverfahren ergehen, sofern sämtliche an der Entscheidung beteiligten Richter mit dieser Verfahrensweise einverstanden sind.[223] **70**

Wenn der Berufungsführer Beweisanträge erst nach Erhalt einer Anhörungsmitteilung im Sinne des § 130a Satz 2 stellt, muss das Berufungsgericht grundsätzlich dem Berufungskläger eine erneute Anhörungsmitteilung senden, sofern es unverändert gem. § 130a verfahren will.[224]

Beschlüsse gem. § 130a müssen erkennen lassen, von welchen tatsächlichen Grundlagen das Berufungsgericht bei seiner Entscheidung ausgegangen ist.[225] **70a**

Das Oberverwaltungsgericht kann in seinem Urteil auf den Tatbestand der angefochtenen Entscheidung Bezug nehmen, wenn es sich die Feststellungen des Verwaltungsgerichtes in vollem Umfange zu eigen macht, § 130b Satz 1. Das Gericht kann ferner von einer weiteren Darstellung der Entscheidungsgründe absehen, wenn es die Berufung aus den Gründen der angefochtenen Entscheidung durch Urteil als unbegründet zurückweist, § 130b, Satz 2. Diese **Begründungserleichterung** greift auch dann, wenn das Berufungsgericht der angefochtenen Entscheidung nicht in ihren tragenden Gründen, sondern nur in einer – genau bezeichneten – Hilfserwägung folgt.[226] **71**

f) Zurücknahme der Berufung, § 126

Die Berufung kann bis zur Rechtskraft des Urteils zurückgenommen werden, § 126 Abs. 1 Satz 1. Nach dem Stellen der Anträge in der mündlichen Verhandlung ist die Rücknahme des Rechtsmittels nur noch mit Einwilligung des Beklagten möglich, § 126 Abs. 1 Satz 2; Beklagter in diesem Sinne ist ausschließlich der Berufungsbeklagte.[227] Die Erklärung über die Zurücknahme der Berufung ist grundsätzlich weder anfechtbar noch widerrufbar.[228] **72**

Die Berufung gilt als zurückgenommen, wenn der Berufungskläger das Verfahren trotz Aufforderung des Gerichts länger als drei Monate nicht betreibt, § 126 **73**

---

[220] *BVerwG,* 6. 4. 2000 – 9 B 50.00 – NWVBl. 01, 57.

[221] *BVerwG,* 16. 6. 1999 – 9 B 1084/98 – NVwZ 99, 1108 = DVBl. 99, 1659 = BayVBl. 00, 440; *BVerwG,* 3. 2. 1999 – 4 B 4/99 – NVwZ 99, 1109; *OVG Münster,* 12. 10. 1992 – 8 A 2020/90 – DVBl. 93, 565.

[222] *BVerwG,* 31. 1. 1996 – 9 B 417.95 –, DVBl. 96, 633 [Ls.].

[223] *BVerwG,* 23. 9. 1991 – 2 B 99.91 –, Buchholz, § 130a VwGO, Nr. 2.

[224] *BVerwG,* 10. 4. 1992 – 9 B 142.91 –, BayVBl. 92, 537; *BVerwG,* 3. 9. 1992 – 11 B 22.92 –, NVwZ-RR 93, 165 = DÖV 93, 429.

[225] *BVerwG,* 25. 8. 1999 – 8 C 12.98 – NuR 00, 632.

[226] *BVerwG,* 25. 2. 1992 – 1 B 29.92 –, NVwZ-RR 93, 53 = BayVBl. 92, 538.

[227] *BVerwG,* 21. 3. 1967 – 8 C 73.66 –, BVerwGE, 26, 297, 301; *BVerwG,* 22. 4. 1994 – 9 C 456.93 – NVwZ 95, 372 = DVBl. 94, 1244.

[228] *BVerwG,* 6. 12. 1996 – 8 C 41.95 – NJW 97, 2897 = NVwZ 97, 1211 [Ls.]; *BVerwG,* 6. 12. 1996 – 8 C 33.95 – NVwZ 97, 1210.

Abs. 2 Satz 1. Diese Rechtsfolge tritt allerdings nur ein, wenn der Berufungskläger in der gerichtlichen Aufforderung auf diese Folge und auf die sich daraus ergebende Verpflichtung zur Kostentragung, vgl. § 155 Abs. 2, hingewiesen wird. Tritt die Rechtsfolge ein, so stellt das Oberverwaltungsgericht durch Beschluss fest, dass die Berufung als zurückgenommen gilt, § 126 Abs. 2 Satz 4.

74 Die Zurücknahme der Berufung bewirkt den Verlust des eingelegten Rechtsmittels, § 126 Abs. 3 Satz 1. Mangels ausdrücklicher Erklärung ist in der Rücknahme der Berufung nicht ein Verzicht auf dieses Rechtsmittel enthalten. Solange die Berufungsfrist mithin noch läuft, kann das Rechtsmittel erneut eingelegt werden.

g) Anschlussberufung, § 127

75 Der Berufungsbeklagte und die anderen Beteiligten können sich der Berufung anschließen, § 127 Abs. 1 Satz 1.[229] Die Anschlussberufung ist bei dem Oberverwaltungsgericht einzulegen, § 127 Abs. 1 Satz 2. Die Anschlussberufung ist gegen den Berufungskläger zu richten; sie kann deshalb nicht von einem Streitgenossen des Berufungsklägers oder einem auf dessen Seite stehenden Beigeladenen eingelegt werden.[230]

Beispiel:

Wenn von zwei Nachbarn, die als einfache Streitgenossen eine dem beigeladenen Bauherrn erteilte Baugenehmigung anfechten, der eine obsiegt und der andere unterliegt, kann sich der unterlegene Nachbar der Berufung des beigeladenen Bauherrn, die sich gegen den obsiegenden Nachbarn richtet, nicht im Wege der unselbständigen Anschlussberufung anschließen.[231]

76 Bei Anschlussrechtsmitteln wird herkömmlich zwischen den selbständigen und den unselbständigen Anschlussrechtsmitteln unterschieden: wird das Anschlussrechtsmittel erst nach Ablauf der Rechtsmittelfrist eingelegt, oder hatte der Beteiligte auf das Rechtsmittel verzichtet, so handelt es sich um ein sog. **unselbstständiges Anschlussrechtsmittel,**[232] dessen rechtliches Schicksal von dem Hauptrechtsmittel abhängt. Wird das Hauptrechtsmittel zurückgenommen oder wird dieses als unzulässig verworfen, so hat dies die Unwirksamkeit des Anschlussrechtsmittels zur Folge. Das innerhalb der Rechtsmittelfrist eingelegte Anschlussrechtsmittel ist dagegen ein **selbstständiges Anschlussrechtsmittel,** das als selbstständiges Rechtsmittel zu behandeln ist und über das in der Sache auch nach Rücknahme des Hauptrechtsmittels bzw. dessen Verwerfung zu entscheiden ist.

77 Die Selbstständigkeit der Anschlussberufung wird durch das Einlegen des Rechtsmittels während der Rechtsmittelfrist bestimmt. Eine Berufungsfrist kennt die VwGO nur in den Fällen, in denen das Verwaltungsgericht die Berufung gem. § 124a zulässt. In diesen Berufungsverfahren kann eine **selbstständige Anschluss-**

---

[229] Grundsätzlich zur Anschlussberufung *BVerwG*, 6. 6. 1997 – 4 B 167.96 – UPR 98, 24.

[230] Vgl. *Redeker/von Oertzen*, § 122, Rdn. 2.

[231] *BVerwG*, 6. 6. 1997 – 4 B 167.96 – NVwZ-RR 98, 457 = UPR 98, 24

[232] Im Rechtsmittelschriftsatz darf diese Bezeichnung fehlen, wenn klar zum Ausdruck kommt, dass der Berufungsgegner über die bloße Zurückweisung des Rechtsmittels hinaus die Änderung der erstinstanzlichen Entscheidung zu seinen Gunsten anstrebt, vgl. *BVerwG*, 5. 9. 1994 – 11 B 78/94 –, NVwZ-RR 95, 58.

berufung erfolgen. Diese unterscheidet sich aber praktisch hinsichtlich der Voraussetzungen und Anforderungen nicht von einer eigenständigen Berufung.

Lässt das Oberverwaltungsgericht dagegen die Berufung gem. § 124a Abs. 5 zu, so wird das Antragsverfahren als Berufungsverfahren fortgesetzt; der Einlegung einer Berufung bedarf es nicht, § 124a Abs. 5 Satz 5. Damit hat der Gesetzgeber für diese Rechtsmittelverfahren die **selbständige Anschlussberufung abgeschafft.**[233] **77 a**

Hinweis für den Anwalt: **78**

Gerichtsentscheidungen, die mehrere Prozessbeteiligte beschweren, ergehen häufig (In einem gegen einen Erschließungsbeitragsbescheid gerichteten Anfechtungsverfahren wird der Bescheid teilweise aufgehoben). In einer solchen Situation hat die Option des selbständigen Anschlussrechtsmittels eine erhebliche taktische Bedeutung: sie stärkt die Position des eigenen Mandanten, der sich nur dann mit dem belastenden Teil der Entscheidung abfinden will, wenn der Gegner seinerseits den ihn belastenden – und den Mandanten spiegelbildlich begünstigenden – Teil des Urteils akzeptiert. Das Risiko des Gegners, dass er das, was er in der ersten Instanz gewonnen hat, aufgrund der Anschlussberufung wieder verliert, wird ihn häufig zum Einlenken bewegen.

Mit der Abschaffung der selbständigen Anschlussberufung in den Fällen des § 124b – vgl. F 77a – geht diese taktische Option nicht in jedem Falle verloren: dieselbe Position kann durch einen selbständigen Zulassungsantrag erreicht werden. Ein Anschlusszulassungsantrag ist dagegen unzulässig, vgl. F 42.

§ 127 (i. d. F. d. RmBereinVpG) regelt ausschließlich die **unselbständige Anschlussberufung.** Diese ist zum einen zulässig, wenn das Oberverwaltungsgericht die Berufung gegen das erstinstanzliche Urteil auf Antrag einer Prozesspartei bereits zugelassen hat. Der Anschlussberufungsführer profitiert insofern von der Hauptberufung, als es **keiner selbstständigen Zulassung** der Anschlussberufung gem. § 127 Abs. 4 bedarf. **79**

Zum anderen ist die unselbstständige Anschlussberufung zulässig, wenn das Verwaltungsgericht die Berufung im Urteil zwar zugelassen hatte, der auch beschwerte Anschlussberufungsführer aber in der Rechtsmittelfrist keine eigenständige Berufung eingelegt hat.

Die Anschlussberufung ist nur bis zum Ablauf eines Monats nach Zustellung der Berufungsbegründungsschrift zulässig, § 127 Abs. 2 Satz 2. Sie ist in der Anschlussschrift zu begründen, § 127 Abs. 3. **79 a**

Die Zulassung bewirkt auch eine Beschränkung der Anfechtungsbefugnisse des Anschlussberufungsführers. Die Anschlussberufung ist lediglich im Rahmen der zugelassenen Berufung zulässig.[234] Die Anschlussberufung erledigt sich, wenn die Hauptberufung durch den Rechtsmittelführer zurückgenommen wird. Sie verliert ihre Wirkung, wenn die Hauptberufung zurückgenommen oder als unzulässig verworfen wird, § 127 Abs. 5. **79 b**

---

233 *Happ* in *Eyermann,* § 127, Rdn. 4; **a. A.** *Redeker/von Oertzen,* § 127, Rdn. 5: Die Erwägung eine selbständige Anschlussberufung könne nach neuer Rechtslage noch während der Berufungsbegründungsfrist eingelegt werden, steht allerdings weder mit dem allgemeinen Rechtsmittelrecht noch mit dem Wortlaut des § 127 Satz 2 im Einklang. Die gleichen Bedenken richten sich gegen die Überlegung von *Siems,* NVwZ 00, 160, nach der die selbstständige Anschlussberufung nach Rücknahme der Hauptberufung der gesonderten Zulassung bedarf.

234 *BVerwG,* 18. 3. 1996 – 9 C 64/95 – NVwZ-RR 97, 253; *VGH München,* 20. 5. 1996 – 2 B 94 1513 – BayVBl. 97, 405.

II. Revision

80 **Urteile** bzw. Beschlüsse im Berufungsverfahren gem. § 125 Abs. 2 Satz 2 (vgl. F 65) und § 130a (vgl. F 69) und Urteile bzw. Beschlüsse gem. § 47 Abs. 5 (vgl. D 339ff.) des **Oberverwaltungsgerichts** unterliegen gem. § 132 Abs. 1 der **Revision.** Dasselbe gilt für die Urteile des **Verwaltungsgerichts** in den Fällen der Sprungrevision (F 226) und bei gesetzlichem Ausschluss der Berufung (F 246). Zur Entscheidung über die Revision ist gem. § 49 Nr. 1 das Bundesverwaltungsgericht berufen.[235]

81 Das Rechtsmittel bedarf gem. § 132 Abs. 1 grundsätzlich der Zulassung durch das Oberverwaltungsgericht. Die Revision ist gem. § 132 Abs. 2 nur zuzulassen,[236] wenn

- die Rechtssache **grundsätzliche Bedeutung** hat (§ 132 Abs. 2 Nr. 1),
- das Urteil von einer Entscheidung des Bundesverwaltungsgerichts, des BVerfG oder des Gemeinsamen Senats der obersten Gerichtshöfe des Bundes abweicht und auf dieser Abweichung beruht **(Divergenz)** (§ 132 Abs. 2 Nr. 2) oder
- bei einem geltend gemachten **Verfahrensmangel** die angefochtene Entscheidung auf dem Verfahrensmangel beruhen kann (§ 132 Abs. 2 Nr. 3).

82 Gleiches gilt gem. § 135 für die Fälle, in denen Spezialgesetze die Berufung gegen die Urteile des Verwaltungsgerichts ausschließen.

83 Die **Revisionszulassung** kann auch auf einen rechtlich und tatsächlich selbstständigen Teil des Gesamtstreitstoffs **beschränkt** werden, wenn nur insoweit die Zulassungsvoraussetzungen erfüllt sind.[237]

84 Der Gesetzgeber darf in einzelnen Rechtsbereichen Rechtsmittel gegen verwaltungsgerichtliche Urteile völlig ausschließen.

Beispiel:
Gem. § 78 Abs. 1 AsylVfG ist die Revision gänzlich ausgeschlossen, sofern die Berufung ausgeschlossen oder nicht zugelassen ist.

1. Nichtzulassungsbeschwerde

85 Die Oberverwaltungsgerichte lassen die Revision in den meisten Fällen nicht zu. Die Obergerichte sind nicht verpflichtet, diese Nichtzulassungen zu begründen.[238]

a) Zulässigkeit

86 Der Weg in die dritte Instanz ist damit jedoch nicht endgültig versperrt. Der durch das Berufungsurteil **beschwerte Beteiligte** (§ 63) kann vielmehr mittels der

---

[235] Das Revisionsrecht ist durch die 4. VwGO-Novelle – BGBl. I 90, 2809 – mit Wirkung vom 1. 1. 1991 in Anlehnung in §§ 150ff. VwPO-E in vielen praxisrelevanten Punkten geändert worden; vgl. u. a. *Pagenkopf,* DVBl. 91, 285, 293; *Stelkens,* NVwZ 91, 209, 217; offizielle Begründung in BT-Ds. 11/7030.

[236] Diese Beschränkung auf drei Zulassungsgründe ist verfassungsrechtlich unbedenklich, vgl. *BVerfG, 1. Kammer des Ersten Senats,* 19. 11. 1992 – 1 BvR 974/92 –, NVwZ 93, 358.

[237] *BVerwG,* 25. 8. 1988 – 2 C 65.86 –, Buchholz, § 132 VwGO, Nr. 258; *BVerwG,* 16. 10. 1975 – II C 43.73 –, BVerwGE 49, 294; *BVerwG,* 1. 4. 1976 – II C 39.73 –, BVerwGE 50, 292; *Kopp/Schenke,* VwGO, § 132, Rdn. 32a.

[238] *BVerwG,* 30. 7. 1990 – 7 B 104/90 –, NJW 91, 190.

Nichtzulassungsbeschwerde die Zulassung der Revision gesondert erstreiten. In diesem Verfahren wird die Nichtzulassung der Revision – sofern das Oberverwaltungsgericht der Beschwerde nicht abhilft, vgl. § 133 Abs. 5 Satz 1 – durch das Bundesverwaltungsgericht überprüft.[239]

Hinweis:
Beispiel für die Belehrung eines Mandanten über die Voraussetzungen einer Nichtzulassungsbeschwerde s. Anhang I 22

b) Zulassungsgründe

Die Nichtzulassungsbeschwerde kann auf jeden der drei gesetzlich bestimmten Zulassungsgründe gestützt werden. 87

aa) Rechtsgrundsätzlichkeit, § 132 Abs. 2 Nr. 1

Die Revision ist gem. § 132 Abs. 2 Nr. 1 zuzulassen, wenn die Rechtssache grundsätzliche Bedeutung hat. Dieser Zulassungsgrund legt die eigentliche Funktion des Revisionsverfahrens offen: Die 3. Instanz dient nicht in erster Linie dem Individualrechtsschutz, dieser ist durch zwei Tatsacheninstanzen in einer der Rechtsweggarantie des Art. 19 Abs. 4 GG genügenden Weise gewährleistet. Das Revisionsverfahren dient vielmehr vornehmlich der **Wahrung der Rechtseinheit** und der **Rechtsfortbildung.**[240] Erst wenn das Revisionsverfahren im Hinblick auf diesen Revisionszweck eröffnet ist, gewinnt im konkreten Rechtsmittelverfahren auch das Anliegen der Einzelfallgerechtigkeit Bedeutung.[241] 88

(1) *Zur rechtsgrundsätzlichen Bedeutung im einzelnen.*

(a) *Bereich des revisiblen Rechts.* Die Revision ist nur dann zuzulassen, wenn die rechtsgrundsätzliche Frage dem **revisiblen Recht**[242] entstammt, denn nur dann kann die höchstrichterliche Entscheidung dazu dienen, die Rechtseinheit zu bewahren. Revisibel sind gem. § 137 Abs. 1 Nr. 1 die Bestimmungen des **Bundesrechts.**[243] 89

Das Recht der Europäischen Union, das aufgrund einheitlicher Rechtssetzungsbefugnis im gesamten Bundesgebiet gilt, ist gleichermaßen revisibel.[244] 90

Daneben kann die Revision gem. § 137 Abs. 1 Nr. 2 auch auf die Verletzung einer Vorschrift des **Verwaltungsverfahrensgesetzes eines Landes**[245] gestützt 91

---

[239] Grundlegend *Kummer,* Das Beschwerdeverfahren nach der FGO, der VwGO und dem SGG, 1990, und *Weyreuther,* Revisionszulassung und Nichtzulassungsbeschwerde in der Rechtsprechung der obersten Bundesgerichte, 1971; zur Erfolgsaussicht einer Nichtzulassungsbeschwerde aus statistischer Sicht *Schlichter,* BRAK-Mitt. 94, 2.

[240] *BVerwG,* 2. 10. 1961 – VII B 78.61 –, NJW 62, 218 – BVerwGE 13, 90, 91; diese Beschränkung des Revisionszwecks ist mit dem GG vereinbar, vgl. *BVerfG, 1. Kammer des Ersten Senats,* 19. 11. 1992 – 1 BvR 974/92 –, NVwZ 93, 358.

[241] *BVerfG, Plenum,* 11. 6. 1980 – 1 PBuU 1/79 –, NJW 81, 39 = BVerfGE 54, 277.

[242] Einen umfassenden Überblick über das revisible Recht gibt *Bertrams,* DÖV 92, 97.

[243] Zur Qualifizierung von vorkonstitutionellem Recht *BVerwG,* 26. 9. 91 – 4 C 5.87 –, ZfBR 92, 80.

[244] *BVerfG, 3. Kammer des Zweiten Senats,* 22. 12. 1992 – 2 BvR 557/88 –, NVwZ 93, 883; *BVerfG,* 31. 5. 1990 – 2 BvL 12, 13/88, 2 BvR 1436/87 – NVwZ 91, 53 = BVerfGE 82, 159, 196.

[245] Das Verwaltungsvollstreckungsrecht der Länder ist nicht revisibel, *BVerwG,* 30. 11. 1994 – 4 B 243.94 – DÖV 95, 384.

werden, sofern diese in ihrem Wortlaut mit dem Verwaltungsverfahrensgesetz des Bundes übereinstimmt.[246] Nach den gleichlautenden Bestimmungen der Landesverwaltungsverfahrensgesetze finden diese keine Anwendung, „soweit landesrechtliche Vorschriften inhaltsgleiche oder entgegenstehende Bestimmungen enthalten". Ob diese Subsidiaritätsregelung eingreift, ist revisionsgerichtlich voll überprüfbar. Das Bundesverwaltungsgericht klärt insoweit auch die Reichweite des Regelungsanspruchs der landesgesetzlichen Bestimmung.[247]

92 Ferner – dies ist von enormer praktischer Bedeutung – erklärt § 127 Nr. 2 BRRG auch sämtliche **landesbeamtenrechtlichen Normen** für revisibel. Eine analoge Anwendung von § 127 Nr. 2 BRRG auf andere öffentlich-rechtliche Dienstverhältnisse findet aber nicht statt.[248]

§ 127 Nr. 2 BRRG erfasst auch nicht landesrechtliche Bestimmungen der Gemeindeordnung, welche die Willensbildung der gemeindlichen Organe bei Personalentscheidungen regeln.[249]

93 Schließlich können die Länder auch andere **landesrechtliche Regelungen gem. Art. 99 GG** für **revisibel** erklären. Von dieser Befugnis wurde bislang sehr zurückhaltend Gebrauch gemacht.[250] Praxisbedeutsam ist die Regelung in **§ 48 Rundfunkstaatsvertrag** (RStV),[251] die die Regelungen dieses von den Bundesländern geschlossenen Vertrags für revisibel erklärt.

94 **Rechtsgrundsätze des allgemeinen Verwaltungsrechts** sind nach der ständigen Rechtsprechung des Bundesverwaltungsgerichts nur dann revisibel, wenn sie zur Ergänzung revisiblen Rechts herangezogen werden.[252]

Beispiele:

- Ein Grundstückseigentümer verlangt von der Bauaufsichtsbehörde, dass diese den Abriss eines Schuppens verfügt, der vor acht Jahren unter Verletzung der (landesrechtlichen) Abstandflächenvorschriften ohne Baugenehmigung auf dem Nachbargrundstück errichtet worden ist. Das Oberverwaltungsgericht versagt der Klage den Erfolg, da der Anspruch materiell-rechtlich verwirkt sei.[253]
- Der Grundsatz der Verwirkung ist nicht im VwVfG geregelt – eine Zulassung im Hinblick auf § 137 Abs. 1 Nr. 2 kommt damit nicht in Betracht. Die Verwirkung wird im Beispielsfalle als Rechtsgrundsatz des allgemeinen Verwaltungsrechts zur Ergänzung des einschlägigen Landesrechts herangezogen, das die Tiefe der Abstandfläche regelt. Auch unter diesem Gesichtspunkt scheidet mithin eine Zulassung der Revision aus.

---

246 Nicht jedoch bei Abweichungen im Wortlaut: *BVerwG,* 12. 8. 1981 – 8 B 81.81 –, Buchholz, § 137 VwGO, Nr. 103; nicht jedoch, wenn dem VwVfG lediglich ein Rechtsgedanken zur Interpretation irreversiblen Landesrechts entnommen wird: *BVerwG,* 28. 9. 1993 – 7 B 149.93 – DVBl. 94, 211.

247 *BVerwG,* 8. 8. 1986 – 4 C 16.84 –, NVwZ 87, 488; a. A. *BVerwG,* 25. 8. 1992 – 6 B 31/91 –, NVwZ 92, 1201.

248 *BVerwG,* 1. 9. 1992 – 2 NB 1.92 –, Buchholz, § 137 VwGO Nr. 172.

249 *BVerwG,* 4. 2. 1993 – 7 B 93/92 –, NVwZ 93, 378.

250 S. z. B. die Nachweise bei *Kopp/Schenke,* VwGO, § 137, Rdn. 17.

251 RStV i. d. F. des Dritten Rundfunkänderungsstaatsvertrags, GVBl. Berlin 96, 525.

252 *BVerwG,* 16. 5. 1991 – 4 C 4.89 –, BayVBl. 91, 726; *BVerwG,* 3. 1. 1992 – 6 B 20.91 –, BayVBl. 92, 442.

253 Zur Verwirkung von Nachbarrechten gegenüber ungenehmigten Bauvorhaben s. *BVerwG,* 13. 8. 1996 – 4 B 135.96 – BauR 97, 281.

– Etwas anderes würde gelten, wenn sich der Eigentümer gegen das Vorhaben auf dem Nachbargrundstück gestützt auf planungsrechtliche Bestimmungen wendet, die Nachbarschutz vermitteln und die Verwirkung dieser Rechte eingewendet wird.[254]
– Aufgrund einer Nachbarklage wird eine Baugenehmigung aufgehoben. Der Nachbar verlangt von der Baubehörde den Erlass einer Abrissverfügung. Diese steht nach dem Landesrecht im Ermessen der Behörde. Fragen der Ermessensausübung, die sich auf diese landesrechtliche Ermächtigungsgrundlage beziehen, sind nicht revisibel.[255]

Nach demselben Kriterium ordnet das Bundesverwaltungsgericht allgemeine **Auslegungsgrundsätze** dem revisiblen bzw. irrevisiblen Recht zu.[256] Gleichermaßen finden Vorschriften des BGB über die Abtretung von Forderungen auf öffentlich-rechtliche Forderungen landesrechtlichen Ursprungs als irreversibles Landesrecht Anwendung.[257] 95

Bei der **Auslegung von Landesrecht** kann es zu einer Verletzung von Bundesrecht kommen.[258] 96

Beispiele:

– Die Begründung der obergerichtlichen Entscheidung, die auf der Anwendung irreversiblen Landesrechts beruht, entfernt sich so weit von der gesetzlichen Regelung, dass sie keinen Zusammenhang mit dem Gesetz mehr erkennen lässt. Ein solches Urteil verstößt gegen Art. 20 Abs. 3 i. V. m. Art. 3 Abs. 1 GG.[259]
– Die Interpretation irreversiblen Landesrechts widerspricht dem (bundesrechtlichen) Gebot der verfassungskonformen Auslegung.[260]

Eine Verletzung revisiblen Rechts ist auch gegeben, wenn sich das vorinstanzliche Gericht bei seiner Anwendung von Landesrecht durch einen revisiblen Rechtssatz gebunden fühlt, den es nicht gibt.

Beispiel:

Auf dem Baugrundstück wurde im Jahre 1957 ein Ledigenheim errichtet. Da das Bauwerk die erforderlichen Abstandflächen nicht einhielt, wurde hierfür eine Befreiung erteilt. 1993 erhielt der Eigentümer die Baugenehmigung für den Umbau des Gebäudes in ein Mehrfamilienhaus. Die äußere Gestalt der Baulichkeit blieb erhalten. Der Nachbar klagt gegen die Erteilung der Baugenehmigung und macht u. a. geltend, das Gebäude halte die erforderlichen Abstandflächen nicht ein. Das Oberverwaltungsgericht weist die Klage mit der Begründung ab, der aus Art. 14 Abs. 1 GG folgende Bestandsschutz sichere dem Eigentümer das durch die Eigentumsausübung Geschaffene.
Art. 14 Abs. 1 Satz 1 GG verschafft dem Eigentümer keine eigenständige, bundesrechtliche Anspruchsposition. Es ist vielmehr Sache des Landesgesetzgebers in der Bauordnung im Rahmen der Inhalts- und Schrankenbestimmung zu entscheiden, inwieweit der genehmigte bauliche Bestand im Falle einer Nutzungsänderung Gegenstand eines erneuten Genehmigungsverfahrens wird; s. dazu auch unten K 30f. Das Grundrecht des Art 14 Abs. 1 GG fungiert gegenüber dem Landesrecht dabei nur als Prüfungsmaßstab.[261]

---

[254] Vgl. *BVerwG,* 16. 5. 1991 – 4 C 4.89 –, BayVBl. 91, 726.
[255] *BVerwG,* 9. 2. 2000 – 4 B 11.00 – ZfBR 00, 490.
[256] *BVerwG,* a. a. O.
[257] *BVerwG,* 30. 10. 1992 – 7 C 24.92 – DVBl. 93, 256 = BayVBl. 93, 376.
[258] *BVerwG,* 19. 3. 1997 – 6 C 8.95 – DVBl. 97, 1231.
[259] *BVerwG,* 14. 9. 1994 – 6 C 11.93 – NJW 95, 344 = DVBl. 95, 430.
[260] *BVerwG,* 18. 12. 1987 – 4 C 9.86 – NVwZ 88, 527 = DVBl. 88, 492; *Kopp/Schenke,* VwGO, § 137, Rdn. 31 m. w. N.
[261] *BVerwG,* 7. 11. 1997 – 4 C 7.97 – NVwZ 98, 735 = BauR 98, 533.

97 Wird mit der Klage ein **Erstattungsanspruch** verfolgt, so ist keine Revisibilität gegeben, wenn sich der korrespondierende Leistungsanspruch nach Landesrecht beurteilt.[262]

98 Enthält das maßgebende **Landesrecht Verweisungen** oder Bezugnahmen **auf Rechtssätze des Bundesrechts,** so wird damit nicht die Revisibilität der Normen begründet, auf die verwiesen wird; revisibel sind nur die Rechtsnormen, die kraft eines „Gesetzesbefehls des Bundesgesetzgebers" gelten.[263]

99 Ebensowenig enthalten **Landesrechtsverordnungen,** die aufgrund bundesrechtlicher Ermächtigung erlassen worden sind, revisibles Recht.[264] Eine wichtige Ausnahme gilt aufgrund des Typenzwangs für bauplanrechtliche Festsetzungen für die Festsetzungen eines Bebauungsplans nach BauGB und BauNVO. Da im Regelfall davon auszugehen ist, dass die Gemeinde keine von den Begriffen der BauNVO abweichenden Festsetzungen treffen will – in diesem Falle wären die Festsetzungen nichtig – liegt nach der Auffassung des Bundesverwaltungsgerichts in der Auslegung von Bebauungsplan-Festsetzungen eine Auslegung der Ermächtigungsnorm, mit der die ortsrechtliche Regelung nach dem Willen der Gemeinde regelmäßig übereinstimmt.[265]

100 Die für die Rechtsfindung bedeutsamen **prozessrechtlichen Bestimmungen** – z. B. der Grundsatz der freien Beweiswürdigung, § 108 Abs. 1 – gehören aufgrund ihrer bundesrechtlichen Natur zum revisiblen Recht, vgl. § 137 Abs. 1 Nr. 1. Auf den ersten Blick schwierig zu beantworten ist jedoch die Frage, ob Verstöße gegen solche Regelungen die Verfahrensrevision oder die Grundsatzrevision (bzw. Divergenzrevision) eröffnen.

Sinn der Verfahrensrevision ist allein die Kontrolle des Verfahrensgangs, nicht der Rechtsfindung.[266] Die Verfahrensrevision ist daher nicht eröffnet, wenn es um **Fehler bei der Beweiswürdigung** oder einen **Verstoß gegen Denkgesetze** geht.[267] In Betracht kommt nur die Grundsatzrevision (bzw. die Divergenzrevision).

Die Entscheidungen der Obergerichte werden in derartigen Fällen jedoch regelmäßig weder auf einer bewussten Weiterentwicklung der in der höchstrichterlichen Rechtsprechung aufgestellten Grundsätze beruhen, noch auf eine ausdrückliche Abweichung von diesen Grundsätzen gestützt werden. Es geht vielmehr darum, dass diese auch vom Obergericht anerkannten Grundsätze im Einzelfall lediglich falsch angewandt worden sind. Diese (rechtsfehlerhaften) Entscheidungen werfen daher weder rechtsgrundsätzliche Fragen auf – dazu sogleich F 101 ff. – noch beruhen sie auf einer Divergenz – s. insbesondere F 117. Eine Revision ist daher nicht zuzulassen.

In einer Entscheidung des 9. Senats des Bundesverwaltungsgerichts heißt es insoweit prägnant:

---

[262] *BVerwG,* 24. 1. 1991 – 8 B 164.90 – NVwZ 91, 574.

[263] *BVerwG,* 24. 9. 1992 – 3 C 64.89 – NVwZ 93, 977, *BVerwG,* 22. 3. 1991 – 7 B 30.91 – NVwZ 91, 681; revisibel ist dagegen die Frage, ob bundesrechtliche Statusentscheidungen Wirkung auch für nachfolgende landesrechtliche Verfahren beanspruchen, z. B. § 3 SchwbG, s. *BVerwG,* 27. 2. 1992 – 5 C 48.88 – NVwZ 93, 586.

[264] *BVerwG,* 15. 4. 1988 – 7 C 125.86 – NVwZ 89, 246.

[265] BVerwG, 16. 9. 1993 – 4 C 28.91 – DVBl. 94, 284 = DÖV 94, 263.

[266] *BVerwG,* 2. 11. 1995 – 9 B 710/94 – NVwZ-RR 96, 359.

[267] *BVerwG,* 19. 8. 1997 – 7 B 261/97 – NJW 97, 3328.

„Ein Fehler, der sich nicht im Verfahrensablauf, sondern ohne Auswirkung auf den Verfahrensgang lediglich im Kopf des Richters ereignet, etwa ein Verstoß gegen allgemeine Erfahrungsgrundsätze oder die Denkgesetze, ist deshalb kein Verfahrensfehler i. S. des § 132 Abs. 2 Nr. 3 VwGO, sondern ein Fehler, der die inhaltliche Richtigkeit der Entscheidung betrifft und infolgedessen nur unter den Voraussetzungen des § 132 Abs. 2 Nrn. 1 oder 2 VwGO zur Zulassung der Revision führen kann. Dasselbe gilt für Fehler bei der Sachverhalts- und Beweiswürdigung. Mit Angriffen gegen die Sachverhalts- und Beweiswürdigung der Tatsacheninstanzen lässt sich die Zulassung der Revision deshalb jedenfalls in aller Regel nicht erreichen."[268]

(b) *Kriterien der Rechtsgrundsätzlichkeit.* Nicht jeder Frage, die dem Bereich des revisiblen Rechts entstammt, ist automatisch grundsätzliche Bedeutung i. S. d. § 132 Abs. 1 Nr. 1 beizumessen. Im Hinblick auf die Funktion des Revisionsverfahrens – Wahrung der Rechtseinheit, Fortbildung des Rechts –, drängen sich die in der Rechtsprechung des Bundesverwaltungsgerichts entwickelten negativen und positiven Kriterien zur Bestimmung des Begriffs der Rechtsgrundsätzlichkeit geradezu auf.[269] **101**

Eine Revisionsentscheidung kann nur dann der Wahrung der Rechtseinheit dienen, wenn sie eine Rechtsfrage betrifft, die sich **verallgemeinerungsfähig** klären lässt.[270] **102**

Daran fehlt es stets dann, wenn die Beurteilung einer Sache ausschlaggebend von der Würdigung der Umstände des konkreten Falles abhängt. Gerade in diesem Punkt ist der **Rechtsanwalt** im Verfahren der Nichtzulassungsbeschwerde gefordert: es muss ihm gelingen, aus einem häufig sehr speziell gelagerten Sachverhalt eine oder mehrere allgemeine Rechtsfragen herauszufiltern, deren Beantwortung für den Rechtsstreit entscheidungserheblich ist, deren Bedeutung aber über den Fall hinausweist.

Die Verallgemeinerungsfähigkeit der Antwort auf die streitentscheidende Rechtsfrage ist nicht schon dann zu bejahen, wenn bei den Instanzgerichten eine Vielzahl identisch gelagerter Verfahren anhängig ist.[271] Etwas anderes gilt nur, wenn die Entscheidung in den Rechtsstreitigkeiten von der Antwort auf eine Rechtsfrage abhängt, die auch bei der Beurteilung von anderen Sachverhalten auftreten kann.

Wenn der Rechtsstreit zwar keine Frage von rechtsgrundsätzlicher Tragweite aufwirft, jedoch in wirtschaftlicher, politischer oder aber sozialer Hinsicht weit über den Einzelfall hinaus von Bedeutung ist, ist die Grundsatzrevision nicht gegeben.[272] **103**

Die Rechtsgrundsätzlichkeit einer Frage ist regelmäßig zu bejahen, wenn die Vorinstanz von der Entscheidung eines **anderen obersten Bundesgerichts** abgewichen ist.[273] Auch in einem solchen Verfahren dient die Revision der Wahrung der Rechtseinheit, denn gem. §§ 2, 4 des Gesetzes zur Wahrung der Einheitlichkeit der Rechtsprechung der obersten Gerichtshöfe des Bundes kann der entschei- **104**

---

268 *BVerwG,* 2. 11. 1995 – 9 B 710/94 – NVwZ-RR 96, 359.

269 S. auch *Büchner,* DÖV 84, 578.

270 *BVerwG,* 4. 1. 1991 – 6 B 20/90 –, NVwZ-RR 91, 488.

271 *BVerwG,* 1. 10. 1981 – 5 B 66/81 –, Buchholz, § 132 Nr. 205.

272 Vgl. *BVerwG,* 2. 10. 1961 – VII B 78/61 –, NJW 62, 218 = BVerwGE 13, 90, 91; s. auch *Kopp/Schenke,* VwGO, § 132, Rdn. 12.

273 Vgl. *BVerwG,* 20. 9. 1982 – 7 B 223/81 –, Buchholz, § 132 VwGO Nr. 214.

dende Senat des Bundesverwaltungsgerichts die entscheidungserhebliche Rechtsfrage dem gemeinsamen Senat der obersten Gerichtshöfe vorlegen.

105 Auch das Interesse an der europäischen Rechtseinheit kann die Rechtsgrundsätzlichkeit einer Frage begründen. Gem. **Art. 234 Abs. 3 EG** sind die **letztinstanzlichen Gerichte** der Einzelstaaten der EG **verpflichtet** den Europäischen Gerichtshof (EuGH) anrufen, wenn im Verfahren die Auslegung oder Gültigkeit von Gemeinschaftsrecht entscheidungserheblich ist,[274] vgl. unten L 89ff., L 101ff. Die Vorlage einer entscheidungserheblichen Rechtsfrage an den EuGH ist nur dann entbehrlich, wenn diese Frage bereits Gegenstand einer Auslegung durch den EuGH war oder die richtige Anwendung des Gemeinschaftsrechts so offenkundig ist, dass für einen vernünftigen Zweifel keinerlei Raum bleibt, s. unten L 103. Wenn im Rahmen des Revisionsverfahrens eine solche Vorlage voraussichtlich erfolgen muss, so ist die Revision wegen grundsätzlicher Bedeutung zuzulassen,[275] s. unten L 102. Das nicht „vorlagewillige" Oberverwaltungsgericht ist also nicht in der Lage, den Weg zum vorlageverpflichteten Bundesverwaltungsgericht zu verbauen.[276]

106 Davon zu unterscheiden ist der Verstoß gegen die Vorlageregelung des **Art. 234 Abs. 2 EG.** Nach dieser Norm **kann** jedes Gericht eines Mitgliedsstaates eine gemeinschaftsrechtliche Frage dem EuGH zur Entscheidung vorlegen, wenn es eine Entscheidung darüber zum Erlass seines Urteils für erforderlich hält; es besteht also ein Vorlageermessen, vgl. ausführlich unten L 89ff. und L 96ff. Der Verstoß gegen diese Bestimmung kann die Verfahrensrevision begründen, vgl. unten F 132.

107 Bei **„auslaufendem Recht"**, d.h. bei der Anwendung von gesetzlichen Bestimmungen, die nur noch für Altfälle gelten, bzw. bei **Übergangsregelungen,** ist die Grundsätzlichkeit regelmäßig zu verneinen, da die Beantwortung der entscheidungserheblichen Rechtsfragen keine in die Zukunft weisende Bedeutung hat.[277]

Beispiel:

Der Beschwerdeführer rügt die gleichheitswidrige (Art. 3 Abs. 1 GG) Vergabe von Subventionen und misst dieser Frage rechtsgrundsätzliche Bedeutung bei. Nach Einlegung der Nichtzulassungsbeschwerde werden die Förderrichtlinien mit Wirkung für die Zukunft im Sinne des Beschwerdeführers geändert. Dieser kommt allerdings nicht in den Genuss dieser Änderungsregelung, da sie nicht zurückwirkt und daher auf seinen Fall nicht zur Anwendung gelangt. Aufgrund der Änderung hat aber die vom Beschwerdeführer aufgeworfene Rechtsfrage ihre rechtsgrundsätzliche Bedeutung verloren, so dass die Revision nicht zuzulassen ist.[278]

---

[274] Beispiel für eine solche Vorlage s. *BVerwG*, 29. 9. 1995 – 1 C 1795 – NVwZ 96, 1117.

[275] *BVerwG*, 30. 1. 1996–3 NB 2/94 –, NVwZ 97, 178 [zum insoweit funktionsgleichen § 47 Abs. 7 a.F. (Nichtvorlagebeschwerde wegen rechtsgrundsätzlicher Bedeutung)]; *BVerfG*, 31. 5. 1990 – 2 BvL 12, 13/88, 2 BvR 1436/87 – NVwZ 91, 53 = BVerfGE 82, 159, 196 [für das verwaltungsgerichtliche Verfahren]; *BVerwG*, 22. 10. 1986 – 3 B 43.86 –, NVwZ 88, 664; *BVerfG, 3. Kammer des Zweiten Senats*, 22. 12. 1992 – 2 BvR 557/88 –, NVwZ 93, 883 [für das sozialgerichtliche Verfahren].

[276] *Burgi*, 72f.

[277] *BVerwG*, 20. 12.1995 – 6 B 35/95 –, NVwZ-RR 96, 712; *BVerwG*, 24. 10. 1994 – 9 B 83.94 –, DVBl. 95, 568; *BVerwG*, 10. 5. 1991 – 2 B 50.91 –, Buchholz, § 132 VwGO, Nr. 297.

[278] Vgl. *BVerwG*, 18. 8. 1992 – 3 B 76.92 –, Buchholz, § 132 VwGO Nr. 310.

Die rechtsgrundsätzliche Bedeutung einer Rechtsfrage aus auslaufendem Recht ist allerdings zu bejahen, wenn ihre Klärung noch für einen nicht überschaubaren Personenkreis in nicht absehbarer Zukunft von Bedeutung ist.[279]

Eine Rechtsfrage ist nur rechtsgrundsätzlicher Natur, wenn sie im Interesse der Einheit des Rechts (noch) **klärungsbedürftig** ist. So ist die Frage nicht rechtsgrundsätzlich, wenn sie sich auf der Grundlage der Gesetze mit Hilfe der üblichen Regeln sachgerechter Interpretation ohne weiteres beantworten lässt.[280] Auch Rechtsfragen, die durch Entscheidungen des Bundesverwaltungsgerichts schon eindeutig beantwortet worden sind, rechtfertigen die Zulassung der Revision nicht.[281] Selbst wenn die Rechtsfrage noch nicht höchstrichterlich entschieden worden ist, kommt eine Grundsatzrevision nicht in Betracht, wenn die vorhandene Rechtsprechung des Bundesverwaltungsgerichts hinreichend Anhaltspunkte für ihre Beantwortung gibt.[282] **108**

Etwas anderes gilt nur dann, wenn **erhebliche neue Gründe** gegen die überkommene Rechtsprechung vorgetragen werden, die die bisherige höchstrichterliche Rechtsprechung noch nicht berücksichtigt hat.[283]

Beispiel:

Nach dem Volkszählungsurteil des BVerfG[284] hat der Einzelne gem. Art. 2 Abs. 1 i. V. m. Art. 1 Abs. 1 GG grundsätzlich die Befugnis, selbst über die Preisgabe und Verwendung seiner persönlichen Daten zu bestimmen (sog. Recht auf informationelle Selbstbestimmung). Datenverarbeitungsvorgänge in den unterschiedlichsten Rechtsbereichen werden seither unter diesem datenschutzrechtlichen Blickwinkel einer erneuten Überprüfung unterzogen. Es ist durchaus möglich, dass sich Rechtsfragen, die in der bisherigen Rechtsprechung des Bundesverwaltungsgerichts als geklärt angesehen wurden, unter diesem Aspekt neu stellen.

Eine Rechtsfrage kann nur dann grundsätzlicher Natur sein, wenn dem Bundesverwaltungsgericht eine abschließende Sachentscheidung aufgrund der im angegriffenen Urteil enthaltenen Feststellungen möglich ist und nicht erst eine weitere Sachaufklärung nach Aufhebung und Zurückverweisung der Sache erforderlich ist.[285] In diesen Fällen ist (zunächst) die Verfahrensrevision gem. § 132 Abs. 2 Nr. 3 einzulegen. **109**

Eine rechtsgrundsätzliche Bedeutung ist auch zu verneinen, wenn die zu entscheidende Rechtsfrage zwar revisibles Bundesrecht betrifft, aber die Verwaltungsgerichte in Rechtsstreitigkeiten dieser Art gar nicht zuständig sind und nur aufgrund einer rechtswidrigen, gleichwohl aber bindenden Verweisung (§ 17 a Abs. 2 Satz 3 GVG) zur Entscheidung in der Sache berufen sind.[286] In einem solchen Falle **110**

---

279 *BVerwG,* 29. 12. 1995 – 6 B 35/95 –, NVwZ-RR 96, 712; zu einem weiteren Ausnahmefall s. *BVerwG,* 29. 1. 1975 – IV B 60.75 –, Buchholz, § 132 VwGO Nr. 129: Fortgeltung von Satzungen, die auf der Grundlage des auslaufenden Rechts erlassen wurden.

280 *BVerwG,* 9. 2. 2000 – 4 B 11.00 – ZfBR 00, 490; *BVerwG,* 10. 11. 1992 – 4 B 216.92 – NVwZ-RR 94, 9.

281 Vgl. *BVerwG,* 22. 5. 1996 – 4 B 30/95 –, NVwZ-RR 97, 217.

282 So *BSG,* 31. 3. 1993 – 13 BJ 215/92 – NJW 94, 150 zu § 160 Abs. 2 SGG.

283 *BVerwG,* 2. 8. 1960 – VII B 54.60 –, DVBl. 60, 854.

284 *BVerfG* 15. 12. 1983 – 1 BvR 209/83 u. a. –, NJW 84, 419 = BVerfGE 65, 1.

285 *BVerwG,* 5. 9. 1996 – 9 B 387.96 –, DVBl. 97, 678 [nur Ls.]; *BVerwG,* 30. 6. 1992 – 5 B 99.92 –, Buchholz, § 132 VwGO, Nr. 309; *BVerwG,* 29. 3. 1961 – III B 343.60 –, NJW 61, 1229.

286 *BVerwG,* 21. 6. 1996 – 2 B 82.96 – DVBl. 96, 1153 [nur Ls.]; *BVerwG,* 2. 7. 1982 – 3 B 30.82 –, Buchholz, § 132 VwGO, Nr. 213.

könnte die Entscheidung des Bundesverwaltungsgerichts zur Rechtsvereinheitlichung nicht beitragen, da Streitigkeiten dieser Art künftig vor einem anderen höchsten Gericht verhandelt werden würden.

111 (2) *Darlegung der rechtsgrundsätzlichen Bedeutung in der Beschwerdeschrift.* Gem. § 133 Abs. 3 Satz 3 ist die grundsätzliche Bedeutung der Rechtssache in der Beschwerdeschrift darzulegen. Die Nichtzulassungsbeschwerde ist erfolgreich, wenn dargelegt werden kann, dass der Rechtsstreit eine **Frage** von grundsätzlicher Bedeutung aufwirft. Auf die Formulierung dieser konkreten, entscheidungserheblichen Frage sowie die Begründung, warum die rechtliche Bedeutung über den zur Entscheidung stehenden Fall hinausreicht, sollte sich die Beschwerdeschrift konzentrieren, aber auch beschränken.[287]

Es ist nicht ausreichend, ein komplexes rechtliches Problemfeld (z.B. „Regelung des Zugangs zum Medizinstudium") zu bezeichnen, das der höchstrichterlichen Klärung bedarf;[288] aus diesem Komplex sind vielmehr konkrete Fragen zu entwickeln. Die Anforderungen des § 133 Abs. 3 Satz 3 werden ferner nicht erfüllt, wenn der Beschwerdeführer die Rechtsausführungen des angefochtenen Urteils lediglich in Frageform kleidet, ohne die **grundsätzliche Bedeutung** dieser Fragen aufzuzeigen.[289]

Der Beschwerdeführer muss zudem darlegen, dass die Rechtsfrage sowohl **für die anzufechtende Entscheidung erheblich** war als auch für die Entscheidung in dem angestrebten Revisionsverfahren entscheidungserheblich wäre.[290]

112 In der Beschwerdeschrift sollte die Begründung der Revision nicht vorweggenommen werden, dies würde – so die ständige Formulierung des Bundesverwaltungsgerichts – den rechtssystematischen Unterschied zwischen Nichtzulassungsbeschwerde und Revisionsbegründung vernachlässigen.[291]

> **Hinweis:**
> Schriftsatzbeispiel für die Begründung einer Nichtzulassungsbeschwerde gem. § 132 Abs. 2 Nr. 1 s. Anhang I 24.

bb) Divergenz, § 132 Abs. 2 Nr. 2

113 Gem. § 132 Abs. 2 Nr. 2 ist die Revision zuzulassen, wenn das Urteil der Vorinstanz von einer Entscheidung des Bundesverwaltungsgerichts, des BVerfG[292] oder

---

[287] *BVerwG,* 19. 8. 1997 – 7 B 261/97 – NJW 97, 3328; *BVerwG,* 12. 8. 1993 – 7 B 86/92 – NJW 94, 144, *BVerwG,* 9. 3. 1993 – 3 B 105/92 –, NJW 93, 2825; *BVerwG,* 12. 2. 1993 – 9 B 25/93 –, NJW 93, 2824; *BVerwG,* 10. 11. 1992 – 2 B 137/92 –, NVwZ-RR 93, 276.

[288] *BVerwG,* 9. 3. 1993 – 3 B 105/92 –, NJW 93, 2825.

[289] *BVerwG,* 19. 8. 1997 – 7 B 261/97 – NJW 97, 3328; *BVerwG,* 10. 11. 1992 – 2 B 137/92 –, NVwZ-RR 93, 276.

[290] *BVerwG,* 19. 8. 1997 – 7 B 261/97 – NJW 97, 3328; *BVerwG,* 22. 5. 1996 – 4 B 30/95 – NVwZ-RR 97, 217; *BVerwG,* 2. 10. 1961 – VIII B 78/61 – NJW 62, 218 = BVerwGE 13, 90.

[291] *BVerwG,* 20. 1. 1978 – 6 B 2.78 –, Buchholz, § 132 VwGO, Nr. 162.

[292] Fraglich ist, ob die Divergenz auch durch die Abweichung von einer Entscheidung einer Kammer des BVerfG begründet wird, vgl. *VGH Kassel,* 28. 2. 1994 – 12 UZ 2554/93 –, NVwZ-RR 95, 56.

des Gemeinsamen Senats der obersten Gerichtshöfe abweicht und auf dieser Abweichung beruht.

Die Divergenzrevision ist daneben in einem wichtigen spezialgesetzlich geregelten Fall (§ 127 Nr. 1 BRRG) zuzulassen, wenn das Berufungsurteil in einer **beamtenrechtlichen** Frage von der Entscheidung eines anderen Oberverwaltungsgerichts abweicht und auf dieser Abweichung beruht; diese Form der Divergenzrevision ist jedoch nur zulässig, solange eine Entscheidung des Bundesverwaltungsgerichts in der speziellen Rechtsfrage noch nicht ergangen ist. Ergeht diese Entscheidung während des Verfahrens der Nichtzulassungsbeschwerde, so wird diese unzulässig.[293] **114**

Alle Formen der Divergenzrevision sind Spezialfälle der Grundsatzrevision.[294] Auch die Divergenzrevision ist daher nur zuzulassen, wenn die entscheidungserhebliche Rechtsfrage dem **revisiblen Recht** – s. dazu oben F 89ff. – entstammt. Dieses Verhältnis der Revisionszulassungsgründe hat ferner eine wichtige praktische Konsequenz: begehrt der Beschwerdeführer eine Zulassung im Hinblick auf die vermeintlich rechtsgrundsätzliche Bedeutung der Sache, so kann das Bundesverwaltungsgericht gleichwohl die Divergenzrevision zulassen, wenn die Rechtsfrage in der höchstrichterlichen Rechtsprechung schon geklärt ist oder nach Beschwerdeeinlegung geklärt wird und die zweitinstanzliche Entscheidung davon abweicht.[295] **115**

(1) *Zur Divergenz im Einzelnen.* Die Zulassung der Divergenzrevision setzt voraus, dass die Antwort auf die in Rede stehende Rechtsfrage nicht nur im anhängigen Verfahren von streitentscheidender Bedeutung ist, sondern auch in dem bereits abgeschlossenen Revisionsverfahren entscheidungserheblich war.[296] Die Divergenzrevision kann also nicht auf ein **obiter dictum** in einer Entscheidung des Bundesverwaltungsgerichts gestützt werden.[297] Auch die Entscheidung in einem Verfahren der Nichtzulassungsbeschwerde[298] oder der Berufungszulassung[299] kann aus diesem Grunde keine Divergenz begründen. Dasselbe gilt für einen gerichtlichen Vergleichsvorschlag gem. § 106 Satz 2,[300] die Pressemitteilung über eine Entscheidung des Bundesverwaltungsgerichts,[301] die mündliche Urteilsbegrün- **116**

---

[293] *BVerwG,* 5. 7. 1996 – 2 B 15.96 – BayVBl. 97, 573.

[294] Vgl. *BVerwG,* 24. 5. 1965 – III B 10.65 –, Buchholz, § 132 VwGO, Nr. 49.

[295] Vgl. *BVerwG* 30. 1. 1985 – 9 B 10679.83 –, Buchholz, § 132 VwGO, Nr. 230; BVerwG, 11. 2. 1986 – 8 B 7.85 –, Buchholz, § 132 VwGO, Nr. 240.

[296] *BVerwG,* 14. 5. 1999 – 4 B 21/99 – NVwZ-RR 00, 260; *BVerwG,* 10. 8. 1981 – 7 B 28.80 –, NJW 82, 840; zur Frage, ob eine revisionsrechtlich erhebliche Divergenz auch dann gegeben ist, wenn die obergerichtliche Entscheidung von einer später verkündeten höchstrichterlichen Entscheidung abweicht, s. *BAG,* 15. 11. 1994 – 5 AZN 617/94 –, NZA 95, 286.

[297] *BVerwG,* 25. 10. 1995 – 4 B 216.95 –, DÖV 96, 172 = ZfBR 96, 55; *BVerwG,* 20. 9. 1982 – 7 B 223/81 –, Buchholz, § 132 VwGO, Nr. 214; **a. A.** *OVG Hamburg,* 16. 11. 1998 – 6 Bf 526/98.A – NVwZ 99, 430, wenn der nicht tragende Rechtssatz durch die Aufnahme in den Leitsatz besonders herausgestellt worden ist; dagegen wiederum *VGH Mannheim,* 5. 9. 1997 – A 16 S 2354/97 – soweit ersichtlich nicht veröffentlicht.

[298] *BVerwG,* 22. 6. 1988 – 9 B 186.88.- Buchholz 310 § 132 VwGO Nr. 262.

[299] *BVerwG,* 28. 8. 1998 – 2 B 70/98 – NVwZ 99, 406 = BayVBl. 99, 219.

[300] *OVG Bautzen,* 11. 6. 1998 – 2 S 669/97 – NVwZ-RR 99, 478.

[301] *VGH Kassel,* 14. 1. 1998 – 13 ZU 4132/97.A – NVwZ 98, 303.

dung[302] oder revisionsgerichtliche Hinweise an das Berufungsgericht für die weitere Behandlung der Rechtssache nach Zurückverweisung („Segelhinweise").[303]

117 Die Divergenzrevision ist ferner nur dann zuzulassen, wenn das Oberverwaltungsgericht in seiner Entscheidung von der Rechtsansicht des Bundesverwaltungsgerichts wirklich abweicht; es reicht nicht aus, wenn das Obergericht die Grundsätze der höchstrichterlichen Rechtsprechung im Einzelfall falsch anwendet.

Beispiel:

Der 4. Senat des Bundesverwaltungsgerichts vertritt in ständiger Rechtsprechung die Auffassung, dass dem grundsätzlich nur objektiv-rechtlichen Gebot der Rücksichtnahme im Einzelfall bei der Anwendung bestimmter einfach-gesetzlicher Regelungen auch eine nachbarschützende Funktion beizumessen ist.[304] Dies setzt u. a. voraus, dass der Nachbar „handgreiflich betroffen" ist. Wenn nun ein Oberverwaltungsgericht das einschlägige Argumentationsreservoir des Bundesverwaltungsgerichts vorbehaltlos übernimmt, im Einzelfall aber gleichwohl zu einer falschen Rechtserkenntnis gelangt, weil ein bestimmter Kläger im Sinne der Rechtsprechung des Bundesverwaltungsgerichts gar nicht „handgreiflich betroffen" ist, so rechtfertigt dies nicht die Divergenzrevision. Das Oberverwaltungsgericht will nämlich von der Judikatur des Bundesverwaltungsgerichts gar nicht abweichen, so dass die Rechtseinheit nicht bedroht ist; kurz: **falsche Erkenntnis begründet keine Divergenz.**[305]

118 Ebenso wie Rechtsfragen aus dem Bereich des auslaufenden Rechts nicht zur Grundsatzrevision führen, können auch Abweichungen von einer mittlerweile **aufgegebenen Rechtsprechung des Bundesverwaltungsgerichts** nicht zur Zulassung der Divergenzrevision führen.[306]

119 Dagegen steht der Divergenzrevision nicht entgegen, dass dem Berufungsgericht die Entscheidung des Bundesverwaltungsgerichts, von der sein Urteil abweicht, gar nicht bekannt sein konnte, weil sie später als das Berufungsurteil ergangen ist.[307]

120 Das Bundesverwaltungsgericht vertritt in ständiger Rechtsprechung die Auffassung, die Divergenzrevision sei dann nicht gerechtfertigt, wenn die voneinander abweichenden Entscheidungen des Bundesverwaltungsgerichts Rechtsfragen betreffen, die **in verschiedenen Gesetzen** identisch bzw. mit dem wesentlichen gleichen Wortlaut geregelt sind.[308] Das restriktive Divergenzverständnis hat in der Praxis eine geringe Bedeutung, da in diesen Fällen regelmäßig die Grundsatzrevision zulässig ist.

---

[302] *VGH Mannheim,* 2. 11. 1998 – A 12 S 644/98 – NVwZ 99, 669.

[303] *OVG Münster,* 15. 5. 2000 – 21 A 3523.88. A – DÖV 00, 922.

[304] Vgl. nur *BVerwG,* 5. 8. 1983 – 4 C 96.79 –, NJW 84, 138.

[305] *BVerwG,* 5. 1. 2001 – 4 B 57.00 – NVwZ-RR 01, 422: Für eine Divergenzzulassung „ist nur dann Raum, wenn der Tatrichter dem *BVerwG* dadurch die Gefolgschaft verweigert, dass er einem höchstrichterlichen abstrakten Rechtssatz mit einem anders lautenden Rechtssatz entgegentritt. Daran fehlt es im Falle bloß unzutreffender Rechtsanwendung ..."; *BVerwG,* 19. 8. 1997 – 7 B 261/97 – NJW 97, 3328; *BVerwG,* 10. 7. 1995 – 9 B 18.95 –, NVwZ-RR 97, 191 = BayVBl. 96, 93; *BVerwG,* 12. 11. 1991 – 5 B 68.91 –, Buchholz, § 132 VwGO, Nr. 302; s. a. *BSG,* 27. 1. 1999 – B 4 RA 131/98 – NZS 99, 571; *VGH Kassel,* 28. 2. 1994 – 12 UZ 2554/93 –, NVwZ-RR 95, 56; BAG, 22. 2. 1983 – 1 ABN 33/82 –, NJW 83, 1510.

[306] *BVerwG,* 18. 12. 1990 – 5 ER 625/90 –, Buchholz, § 132 VwGO, Nr. 294.

[307] *BVerwG,* 7. 6. 1991 – 3 B 31.91 –, Buchholz, § 132 VwGO, Nr. 299.

[308] *BVerwG* 16. 10. 1979 – 2 B 61.79 –, Buchholz, § 132 VwGO, Nr. 184; in der Literatur wird diese Rechtsprechung als zu formal kritisiert: *Kopp/Schenke,* VwGO, § 132, Rdn. 15 m. w. N.; s. a. *Büchner,* DÖV 84, 578, 580.

121 **Hinweis:**
Nach der ständigen Rechtsprechung des Gemeinsamen Senats der obersten Gerichtshöfe des Bundes handelt es sich dagegen auch dann um dieselbe Rechtsfrage im Sinne des § 2 Abs. 1 RsprEinhG, wenn diese Rechtsfrage in verschiedenen Gesetzen geregelt ist.[309]

122 Die **Abweichung von Entscheidungen anderer Bundesgerichte** bzw. Spruchkörper als der, die in § 132 Abs. 2 Nr. 2 genannt sind oder aber den Entscheidungen anderer Oberverwaltungsgerichte – abgesehen vom Fall des § 127 Nr. 1 BRRG – rechtfertigt die Divergenzrevision nicht; sie kann allenfalls zu einer Grundsatzrevision gem. § 132 Abs. 2 Nr. 1 führen, vgl. oben F 104.[310]

123 (2) *Darlegung der Divergenz in der Beschwerdeschrift.* Gem. § 133 Abs. 3 Satz 3 ist in der Beschwerdeschrift anzugeben, von welcher Entscheidung des Bundesverwaltungsgerichts das Urteil des Oberverwaltungsgerichts abweicht. Das Bundesverwaltungsgericht stellt an diese Darlegung hohe Anforderungen: die Entscheidung des Bundesverwaltungsgerichts, die mit der angefochtenen Entscheidung in Widerspruch steht, ist präzise nach Entscheidungstag, Aktenzeichen und Fundstelle zu bezeichnen.[311] Die alleinige Angabe des Datums der Entscheidung genügt nicht, da „dem Bundesverwaltungsgericht nicht zugemutet werden kann, die an einem bestimmten Tage ergangenen Entscheidungen des Hauses darauf zu überprüfen, ob eine von ihnen vom Beschwerdeführer gemeint sein könnte".[312]

Ferner ist in der Beschwerdeschrift im einzelnen darzulegen, inwiefern das Berufungsurteil von der zitierten Entscheidung des Bundesverwaltungsgerichts abweicht. Es ist ein das Berufungsurteil tragender Rechtssatz zu bezeichnen, der dem widerspricht, der die genannte Entscheidung des Bundesverwaltungsgerichts trägt,[313] die divergierenden Rechtssätze sind gegenüber zu stellen.[314]

Schließlich muss der Beschwerdeführer dartun, dass das ihm nachteilige Ergebnis der angefochtenen Entscheidung in der Divergenz seine Ursache findet.[315]

cc) Verfahrensmangel, § 132 Abs. 2 Nr. 3

124 Die Verfahrensrevision gem. § 132 Abs. 2 Nr. 2 dient der Kontrolle des Bundesverwaltungsgerichts über die Einhaltung des Verfahrensrechts durch die Instanzgerichte.[316] Verfahrensregelungen sind Bestimmungen, die ausschließlich das gericht-

---

309 Vgl. *Gemeinsamer Senat der obersten Gerichtshöfe des Bundes,* 27. 4. 1993 – GmS-OGB 1/92 – NJW 93, 2603; *Gemeinsamer Senat der obersten Gerichtshöfe des Bundes,* 30. 4. 1979 – GmS-OGB 1/78 –, NJW 80, 172; *Gemeinsamer Senat der obersten Gerichtshöfe des Bundes,* 6. 2. 1973 – GmS-OGB 1/72 –, NJW 73, 1273.

310 *BVerwG,* 13. 8. 1990 – 9 B 49.90 – NVwZ 90, 1163 = DÖV 90, 1026 = DVBl. 91, 269 = BVerwGE 85, 295.

311 *BVerwG,* 26. 2. 1997 – 1 B 34.97 – GewArch 97, 242, 243.

312 *BVerwG,* 20. 5. 1964 – IV CB 10.64 –, Buchholz, § 132 VwGO, Nr. 48.

313 Instruktiv *BVerwG,* 11. 3. 1994 – 4 B 53/94 –, NVwZ 94, 1008; *BVerwG,* 11. 8. 1998 – 2 B 74/98 – NVwZ 99, 406 = BayVBl. 99, 59; *BVerwG,* 22. 21994 – 1 B 168.93 –, GewArch 94, 284 und *BVerwG,* 3. 12. 1990 – 4 B 145/90 –, NVwZ-RR 91, 231.

314 *BVerwG,* 19. 8. 1997 – 7 B 261/97 – NJW 97, 3328; *BVerwG,* 20. 12. 1995 – 6 B 35/95 –, NVwZ-RR 96, 712.

315 Diese strenge Anforderungen an die Darlegung der Divergenz sind von Verfassungswegen nicht zu beanstanden: *BVerfG,* 3. 10. 1989 – 1 BvR 1245/88 – NVwZ 90, 551.

316 Neben der zulassungsgebundenen Verfahrensrevision gab es vor Inkrafttreten der 4. VwGO-Novelle im Falle eines vom Katalog des § 138 erfaßten gravierenden Verfahrensverstoßes die zulassungsfreie Verfahrensrevision gem. § 133 a. F.

liche Verfahren betreffen. Ein **Verfahrensmangel** i. S. v. § 132 Abs. 2 Nr. 3 ist ein Verstoß gegen eine Regelung, die den Verfahrensablauf regelt, „ein Verstoß gegen Verfahrensnormen, der den Weg zu dem Urteil und die Art und Weise des Urteilserlasses, nicht dessen Inhalt betrifft, ein error in procedendo, nicht ein Mangel der sachlichen Entscheidung, ein error in judicando."[317] Nicht zum Verfahrensrecht in diesem Sinne gehören demnach die Regeln und Grundsätze, die nicht den äußeren Verfahrensablauf, sondern den inneren Vorgang der richterlichen Rechtsfindung bestimmen;[318] zu den Verfahrensmängeln im allgemeinen vgl. E 263ff.

Die Revision ist zuzulassen, wenn ein solcher Verfahrensmangel geltend gemacht wird **und vorliegt.**[319]

125 Bei den Verfahrensmängeln sind unter dem revisionsrechtlichen Blickwinkel zwei Kategorien zu unterscheiden:

einfache Verfahrensmängel, vgl. F 126ff.

Die Revision ist zuzulassen und erfolgreich, wenn

- ein solcher Verfahrensmangel vorliegt,
- der Beschwerde- bzw. Revisionsführer insoweit nicht zulässigerweise auf die Einhaltung des Verfahrensrechts verzichtet hat, vgl. F 139f. und
- der Verfahrensfehler für die angefochtene Entscheidung potentiell kausal ist, vgl. F 138.

qualifizierte Verfahrensmängel im Sinne absoluter Revisionsgründe gem. § 138, vgl. F 138ff.

Die Revision ist zuzulassen und erfolgreich, wenn ein derartiger Verfahrensmangel vorliegt. Die Beteiligten können auf die Einhaltung der in § 138 genannten Verfahrensregelungen nicht verzichten. Ein Verstoß gegen diese Regelungen begründet unwiderleglich die Vermutung, dass die daraufhin ergangene Entscheidung auf diesem Verstoß beruht.

126 (1) *Einfache Verfahrensmängel.* In einer großen Zahl der Nichtzulassungsbeschwerden, die auf § 132 Abs. 2 Nr. 3 gestützt werden, wird die sog. **Aufklärungsrüge** erhoben: der Beschwerdeführer legt dar, dass das Oberverwaltungsgericht trotz des im Verwaltungsprozessrecht gem. § 86 geltenden Amtsermittlungsgrundsatzes den entscheidungserheblichen Sachverhalt nicht ausreichend aufgeklärt habe. Zu beachten sind in diesem Zusammenhang die vom Bundesverwaltungsgericht entwickelten Grundsätze über die Grenzen der richterlichen Aufklärungspflicht, vgl. dazu E 155ff. Danach verletzt ein Gericht diese Pflicht insbesondere dann nicht, wenn es von einer Beweiserhebung absieht, die eine anwaltlich vertretene Partei nicht ausdrücklich beantragt hat, vgl. E 166ff., E 202ff.[320]

126a Die Aufklärungsrüge wird unter diesem Aspekt daher nur dann erfolgreich sein, wenn das Oberverwaltungsgericht einen in der mündlichen Verhandlung zu Protokoll erklärten Beweisantrag zu Unrecht abgelehnt hat.[321]

---

[317] *BVerwG,* 2. 11. 1995 – 9 B 710/94 – NVwZ-RR 1996, 359ff.

[318] *BVerwG,* 31. 10. 1994 – 9 C 25.94 – in Buchholz 310, § 86 Abs. 1 VwGO Nr. 216.

[319] *Pagenkopf,* DVBl. 91, 285, 293.

[320] *BVerwG,* 2. 3. 1978 – 6 B 24.78 –, Buchholz, § 132 VwGO, Nr. 164.

[321] *BVerwG,* 19. 8. 1997 – 7 B 261.97 – NJW 97, 3328; *BSG,* 20. 1. 1998 – B 13 RJ 207.97 B – NZS 99, 55; vgl. auch *Redeker/von Oertzen,* § 86, Anm. 13ff.

Beispiel:

Im Rahmen eines Asyl-Anerkennungsverfahrens lehnt das Gericht den in der mündlichen Verhandlung gestellten Beweisantrag ab, der die Verfolgungssituation im Heimatstaat des Klägers zum Gegenstand hat. Das Gericht begründet diese Entscheidung damit, es sei aus eigener Sachkunde in der Lage die erheblichen Fragen zu beantworten. Es legt weder im Ablehnungsbeschluss noch in der Sachentscheidung dar, woher es diese Sachkunde hat. Das verletzt die Aufklärungspflicht.[322]

Hinweis an den Anwalt: 126 b

Schriftsätzlich angekündigte „Beweisanträge" sind prozessrechtlich lediglich als **Beweisanregungen** zu qualifizieren. Ein der Prozessordnung entsprechender **Beweisantrag** muss in der mündlichen Verhandlung zu Protokoll gestellt werden und das Beweisthema und das Beweismittel ausdrücklich bezeichnen,[323] vgl. oben E 204 ff.

Etwas anderes gilt nur dann, wenn sich eine weitergehende Sachaufklärung dem 126 c
Gericht auch ohne Beweisantrag hätte **„aufdrängen müssen"**.[324]

Beispiele: 127

- Ein Verwaltungsgericht darf sich nicht ohne weitere Sachaufklärung bei der Beurteilung der Zumutbarkeit von Immissionen eines Schweinestalls auf Abstandswerte in einer VDI-Richtlinie stützen, wenn nach diesem Regelwerk bei der Unterschreitung der empfohlenen Mindestabstände eine Sonderbeurteilung verlangt wird.[325] Die lediglich fehlerhafte Anwendung einer technischen Richtlinie stellt allerdings – für sich genommen – noch keinen Aufklärungsmangel dar. Andernfalls wäre der Weg in die Revisionsinstanz eher eröffnet, als wenn die Richtlinie Normcharakter hätte.[326]
- Wenn der Kläger seine Anerkennung als Kriegsdienstverweigerer begehrt, gebietet es die Aufklärungspflicht dem Gericht im Regelfall, den Kläger im Wege der Beweisaufnahme als Partei zu vernehmen.[327]
- Das Gericht kann im Musterungsrechtsstreit geltend gemachte gesundheitliche Beeinträchtigungen seiner Entscheidung regelmäßig nur im Ergebnis einer Beweisaufnahme zu Grunde legen.[328]
- Ein in Baustreitigkeiten erfahrenes Gericht verletzt seine Aufklärungspflicht nicht, wenn es allein anhand von Karten entscheidet, ob eine Ansammlung von vier Wohnhäusern einen Ortsteil i. S. d. § 34 BauGB darstellt.[329]
- Vom Kläger geäußerte allgemeine Zweifel an der Rechtswirksamkeit eines vor mehr als einhundert Jahren erlassenen Fluchtlinienplans, der während acht Jahrzehnten von der Baubehörde angewandt worden ist, verpflichten das Gericht nicht in eine Fehlersuche einzusteigen.[330]

Das Gericht verstößt grundsätzlich nicht gegen die Aufklärungspflicht, wenn es 128
seine Entscheidung auf eine gutachterliche Stellungnahme stützt, die von einer Behörde im Verwaltungsverfahren eingeholt worden ist, vgl. E 161. Auch in diesen Fällen ist die Aufklärungspflicht nur dann verletzt, wenn sich dem Gericht die

---

[322] *BVerwG,* 11. 2. 1999 – 9 B 381.98 – BayVBl. 00, 94.
[323] Instruktiv *BSG,* B 13 RJ 207.97 B – NZS 99, 55.
[324] *BVerwG,* 19. 8. 1997 – 7 B 261.97 – NJW 97, 3328; *BVerwG,* 6. 12. 1993 – 8 B 143.93 – NJW 94, 2243.
[325] *BVerwG,* 8. 7. 1998 – 4 B 38.98 – NVwZ 99, 63.
[326] *BVerwG,* 14. 8. 1998 – 4 B 81.98 – UPR 99, 26.
[327] *BVerwG,* 29. 4. 1991 – 6 B 40.90 – NVwZ-RR 91, 568 = BayVBl. 92, 317.
[328] *BVerwG,* 31. 3. 1998 – 6 B 18.98 – NVwZ-RR 98, 568 = DÖV 98, 936 [Ls.].
[329] *BVerwG,* 19. 4. 1994 – 4 B 77.94 – NVwZ-RR 95, 555.
[330] *BVerwG,* 6. 3. 1996 – 4 B 184.95 – NVwZ-RR, 97, 82.

Notwendigkeit weiterer Sachverhaltsermittlung – ggf. durch weitere Sachverständigengutachten – hätte aufdrängen müssen.[331]

129 Die Nichtzulassungsbeschwerde kann darauf gestützt werden, dass das Obergericht unter Verstoß gegen § 86 Abs. 3 i. V. m. § 104 Abs. 1 eine **Überraschungsentscheidung** getroffen hat, vgl. dazu im einzelnen unten F 147.

130 Gem. § 116 Abs. 2 kann sich das Gericht entscheiden, das Urteil zuzustellen[332] statt es zu verkünden, vgl. oben E 386. Nach dem Gesetz ist das Urteil dann innerhalb von zwei Wochen der Geschäftsstelle zu übergeben. Die Regelung soll sicherstellen, dass die Entscheidung wirklich aufgrund der mündlichen Verhandlung gefasst wird. Die deutliche Überschreitung der Zweiwochenfrist des § 116 Abs. 2 begründet daher die Verfahrensrevision;[333] etwas anderes mag gelten, wenn die Frist des § 116 Abs. 2 nur um wenige Tage überschritten wird.[334] Eine massive Fristüberschreitung kann gleichzeitig einen Gehörsverstoß gem. § 138 Nr. 3 begründen.[335]

130 a **Beispiel:**

In der mündlichen Verhandlung am 16. Mai 2000 beschließt das Oberverwaltungsgericht, dass eine Entscheidung zugestellt werde. Unter Verstoß gegen § 116 Abs. 2 wird das Urteil erst am 28. August 2000 beschlossen und der Geschäftsstelle übergeben. Das Urteil beruht i. S. v. § 132 Abs. 2 Nr. 3 potentiell auf diesem Verfahrensfehler.[336] S. aber F 219.

130 b Innerhalb der Frist genügt die Übergabe der von den Richtern unterschriebenen Urteilsformel, § 117 Abs. 2 Satz 2 analog. Tatbestand, Entscheidungsgründe und Rechtsmittelbelehrung können nachträglich niedergelegt werden.[337]

130 c Aber auch diese Möglichkeit, die getroffene Entscheidung nach Ablauf der Zwei-Wochen-Frist zu vervollständigen, ist zeitlich nicht unbegrenzt. Sobald der Urteilstenor der Geschäftsstelle übergeben worden ist, beginnt die Fünfmonatsfrist zu laufen.[338] Wird diese Frist nicht eingehalten, dann ist ein absoluter Revisionsgrund gem. § 138 Nr. 6 gegeben, vgl. im einzelnen unten F 155 a.

131 Bei großen Oberverwaltungsgerichten fallen bestimmte Rechtsmaterien (z. B. Bausachen, Beamtensachen) in den Zuständigkeitsbereich mehrerer Senate. Der Große Senat des OVG hat die Funktion, die Einheitlichkeit der Rechtsprechung der verschiedenen Spruchkörper des Gerichts auf dem Gebiete des Landesrechts zu wahren. Der Große Senat entscheidet gem. § 12 i. V. m. § 11 Abs. 2 wenn ein Senat von der Entscheidung eines anderen Senats oder des Großen Senats in einer landesrechtlichen Frage abweichen will. Der **Verstoß gegen Vorlagepflicht** – vgl. dazu E 333 – begründet die Verfahrensrevision.[339] Dasselbe gilt für die will-

---

[331] *BVerwG*, 13. 3. 1992 – 4 B 39.92 – NVwZ 93, 268.

[332] Zu der Frage, ob diese Option mit Art. 6 Abs. 1 Satz 2 EMRK vereinbar ist und ob ein möglicher Verstoß gegen diese Norm Konsequenzen für die Rechtsmittelzulassung hat, s. *Jörg Schmidt* in *Eyermann*, § 116, Rdn. 10.

[333] *BVerwG*, 10. 11. 1999 – 6 C 30.98 – NVwZ 00, 1290; *BVerwG*, 6. 5. 1998 – 7 B 437.97 – NVwZ 98, 1176; BVerwG, 11. 11. 1971 – I C 64/67 – NJW 72, 271 = BVerwGE 39, 51.

[334] *BVerwG*, 6. 5. 1998 – 7 B 437.97 – NVwZ 98, 1176.

[335] *BVerwG*, 10. 11. 1999 – 6 C 30.98 – NVwZ 00, 1290.

[336] *BVerwG*, 6. 5. 1998 – 7 B 437.97 – NVwZ 98, 1176.

[337] *BVerwG*, 11. 11. 1971 – I C 64/67 – NJW 72, 271 = BVerwGE 39, 51.

[338] *BVerwG*, 10. 11. 1999 – 6 C 30.98 – NVwZ 00, 1290.

[339] *Redeker/von Oertzen*, § 12, Rdn. 2.

kürliche (dazu sogleich F 132) Nichtvorlage gem. § 12 i. V. m. § 11 Abs. 4 bei landesrechtlichen Fragen von grundsätzlicher Bedeutung.

Gem. **Art. 234 Abs. 2 EG** kann jedes Gericht eines Mitgliedsstaates eine gemeinschaftsrechtliche Frage dem EuGH zur Entscheidung vorlegen, wenn es eine Entscheidung darüber zum Erlass seines Urteils für erforderlich hält, vgl. L 95 ff. Anders als in Art. 234 Abs. 3 EG – s. dazu F 105 und insbesondere unten L 101 ff. – wird hier also zunächst keine Vorlagepflicht, sondern lediglich ein Vorlagerecht normiert. Die Vorlageberechtigung kann sich aber auch im Falle des Art. 234 Abs. 2 EG zur Vorlagepflicht verdichten, wenn das nationale Gericht Zweifel an der Gültigkeit einer Norm des Gemeinschaftsrechts hat. Weil die Kompetenz zur Verwerfung europarechtlicher Normen beim EuGH monopolisiert ist, muss in derartigen Fällen eine Vorlage erfolgen, s. unten L 101. Die willkürliche Nichtvorlage gem. Art. 234 Abs. 2 EG, s. dazu unten L 107, verletzt die unterlegene Partei in ihrem Recht aus Art. 101 Abs. 1 Satz 2 GG (gesetzlicher Richter) und begründet die Verfahrensrevision gem. § 132 Abs. 2 Nr. 3[340] bzw. die Verfassungsbeschwerde, sofern kein ordentliches Rechtsmittel gegen die Entscheidung gegeben ist.[341] 132

Wenn das Berufungsgericht den Antrag des Klägers auf **Wiedereinsetzung in den vorigen Stand** zu Unrecht ablehnt, so stellt dies einen Verfahrensmangel i. S. d. § 132 Abs. 2 Nr. 3 dar.[342] 133

Die Grundsätze der **Beweiswürdigung** rechnet das Bundesverwaltungsgericht zum materiellen Recht, vgl. oben, E 277, F 100. Ihre Verletzung begründet daher **keinen Verfahrensmangel** i. S. d. § 132 Abs. 2 Nr. 3.[343] Dasselbe gilt für die **Einhaltung der Denkgesetze** bei der Anwendung materiellen Rechts.[344] 134

Die Verfahrensrevision ist dagegen wegen einer Verletzung von § 108 Abs. 1 Satz 1 gegeben, wenn ein Verstoß gegen Denkgesetze sich bei der Beweiswürdigung auf die tatsächliche Würdigung beschränkt und die rechtliche Subsumtion nicht berührt.[345] 135

Wenn das Berufungsgericht statt eine Sachentscheidung zu treffen, ein **Prozessurteil** erlässt, so stellt dies einen Verfahrensfehler dar.[346] 135 a

Die Entscheidung des Oberverwaltungsgerichts kann nicht auf der Verletzung von Verfahrensvorschriften beruhen, auf deren Einhaltung die Verfahrensbeteiligten gem. § 173 VwGO i. V. m. den §§ 558, 295 ZPO **verzichten** können und verzichtet haben, vgl. E 265 ff.[347] 136

---

340 *BVerwG,* 14. 12. 1992 – 5 B 72.92 – NVwZ 93, 770.

341 *BVerfG, 3. Kammer des Zweiten Senats,* 22. 12. 1992 – 2 BvR 557/88 – NVwZ 93, 883; *BVerfG, 1. Kammer des Zweiten Senats,* 9. 11. 1987 – 2 BvR 808/82 – NJW 88, 1456.

342 *BVerwG,* 21. 9. 1992 – 9 B 188.92 – BayVBl. 93, 30.

343 *BVerwG,* 19. 8. 1997 – 7 B 261.97 – NJW 97, 3328; *BVerwG,* 2. 11. 1995 – 9 B 710.94 – NVwZ-RR 96, 359; *BVerwG,* 10. 2. 1978 – 1 B 13.78 = Buchholz, § 132 VwGO, Nr. 163; ausdrücklich noch offen gelassen durch *BVerwG,* 8. 5. 1984 – 9 C 141.83 – NVwZ 85, 36 = Buchholz, § 108, Nr. 147.

344 *BVerwG,* 19. 8. 1997 – 7 B 261/97 – NJW 97, 3328; *BVerwG,* 8. 7. 1988 – 4 B 100.88 – NVwZ-RR 90, 166.

345 *BVerwG,* 17. 4. 1998 – 4 B 144.97 – UPR 98, 355; 19. 1. 1990 – 4 C 28/89 – NJW 90, 1681.

346 *BVerwG,* 31. 8. 1999 – 3 B 57.99 – NVwZ-RR 00, 259 = DVBl. 00, 560.

347 *BVerwG,* 31. 8. 1964 – VIII C 350.63 – BVerwGE 19, 231.

137 Von besonderer praktischer Bedeutung ist in diesem Zusammenhang, dass § 295 Abs. 1 ZPO auch die **rügelose Einlassung** in der nächsten mündlichen Verhandlung mit einer solchen Verzichtswirkung ausstattet. Unter diesem Aspekt scheitern viele Beschwerden, mit denen die Zulassung der Verfahrensrevision begehrt wird.[348]

137 a **Beispiele:**

- Der Kläger macht geltend, der gerichtlich bestellte Dolmetscher (§ 195 Abs. 1 Satz 1 GVG i. V. m. § 55 VwGO) habe in der Berufungsverhandlung wesentliche Beiträge falsch übersetzt. Nach ständiger Rechtsprechung muss ein solcher Mangel gem. § 295 Abs. 1 ZPO i. V. m. § 173 spätestens in der nächsten mündlichen Verhandlung gerügt werden. Hierunter ist auch der Teil der Verhandlung zu verstehen, der sich unmittelbar an den Verfahrensabschnitt anschließt, in dem der Verfahrensverstoß geschehen sein soll. Der damit mangels Rüge eingetretene Verlust des Rechts diesen Fehler geltend zu machen, gilt auch für die Revisionsinstanz, vgl. § 173 i. V. m. § 558 ZPO.[349]
- Das Berufungsgericht bewertet die Aussage eines Zeugen als unglaubhaft. Der Kläger sieht einen Verfahrensfehler darin, dass das Gericht über die Beeidigung dieses Zeugen weder ausdrücklich entschieden hat, noch im Berufungsurteil die Nichtbeeidigung begründet hat. Der ungerügt gebliebene Verfahrensmangel kann in der Revisionsinstanz gem. § 173 i. V. m. § 558 ZPO nicht mehr geltend gemacht werden.[350]

138 Verfahrensmängel rechtfertigen die Revisionszulassung nur dann, wenn das Verfahren bei Beachtung der Vorschriften möglicherweise zu einem anderen Ergebnis geführt hätte, der Mangel also **potentiell kausal** war. Dabei sind Verfahrensfehler, die auf die Sachentscheidung „durchschlagen", auch dann revisionsrechtlich relevant, wenn die Einhaltung der einschlägigen Verfahrensbestimmung isoliert nicht der revisionsrechtlichen Prüfung unterliegt.[351]

138 a **Beispiel:**

Der Kläger beantragt die Aussetzung des Berufungsverfahrens gem. § 94. Er begründet dies im Hinblick auf anhängige Verfassungsbeschwerden, die die Gültigkeit der im Berufungsverfahren erheblichen Rechtsnorm zum Gegenstand haben. Das Berufungsgericht setzt nicht aus. Dieser Beschluss ist gem. § 152 nicht anfechtbar. Damit unterliegt er gem. § 173 i. V. m. § 548 ZPO als ein dem Endurteil vorhergehender, unanfechtbarer Beschluss nicht der revisionsgerichtlichen Prüfung.[352]
Eine Verfahrensrüge, die im Zusammenhang mit einer solchen Vorentscheidung erhoben wird, ist deshalb nur dann zulässig, wenn sie sich nicht unmittelbar gegen diese Vorentscheidung als solche wendet, sondern einen Mangel geltend macht, der als Folge dieser Vorentscheidung weiterwirkend der Sachentscheidung anhaftet.[353]

138 b Bei der Prüfung der möglichen Kausalität ist von der Rechtsauffassung des Berufungsgerichts auszugehen, mag diese im konkreten Fall auch bedenklich erscheinen.[354]

(2) *Qualifizierte Verfahrensmängel im Sinne absoluter Revisionsgründe gem. § 138.*

139 (a) *Vorschriftswidrige Besetzung.* Gem. § 138 Nr. 1 ist es als wesentlicher Mangel des Verfahrens anzusehen, wenn das erkennende **Gericht nicht vorschriftsmä-**

---

348 Vgl. nur *BVerwG*, 20. 8. 1987 – 6 B 2.87 – NVwZ 88, 579 und *BVerwG*, 31. 8. 1988 – 4 B 153.88 – DVBl. 89, 63.

349 *BVerwG*, 6. 7. 1998 – 9 C 45.97 – NVwZ 99, 65 = BayVBl. 99, 122.

350 *BVerwG*, 6. 7. 1998 – 9 B 562.98 – BayVBl. 99, 476.

351 *BVerwG*, 4. 12. 1998 – 8 B 187/98 – NVwZ-RR 00, 257.

352 *BVerwG*, 14. 5. 1999 – 4 B 21/99 – NVwZ-RR 00, 260.

353 *BVerwG*, 22. 12. 1997 – 8 B 255/97 – NJW 98, 2301 = DVBl. 98, 795 [Ls.].

354 *BVerwG*, 22. 7. 1992 – 6 B 43.92 –, DVBl. 93, 51; *BVerwG*, 15. 8. 1991 – 4 C 11.90 –, BayVBl. 92, 187; *BVerwG*, 25. 3. 1987 – 6 C 10.84 –, Buchholz, § 108 VwGO, Nr. 183.

ßig besetzt war. Eine große Zahl der Verfahrensrevisionen wird auf diese Regelung gestützt.[355] Maßgeblich ist insoweit allein die Besetzung der Richterbank bei Erlass des angefochtenen Urteils. Eine fehlerhafte Besetzung in vorausgegangenen Verhandlungsterminen fällt dagegen nicht unter § 138 Nr. 1.[356]

Der Tatbestand dieser Bestimmung kann insbesondere dann erfüllt sein, wenn der gerichtliche **Geschäftsverteilungsplan** – zu dessen Zustandekommen s. oben B 30 – Regelungen trifft, die das **„Abstraktionsprinzip"** missachten, nach dem die Streitsachen grundsätzlich nur nach allgemeinen und jederzeit ohne weiteres nachprüfbaren Merkmalen den einzelnen Spruchkörpern zugeordnet werden dürfen.[357] Ein solcher Mangel kann ferner dann gegeben sein, wenn der Geschäftsverteilungsplan lückenhaft ist, weil er z.B. grundsätzlich die Zuteilung der Sachen an unterschiedliche Spruchkörper nach der zeitlichen Reihenfolge der Eingänge vorsieht, für gleichzeitig eingehende Sachen jedoch keine zusätzlichen, kontrollierbaren Zuteilungskriterien bestimmt.[358] Schließlich kann auch die Geschäftsverteilung innerhalb eines überbesetzten Spruchkörpers – s. dazu oben B 33 – an Hand von Regelungen erfolgen, die subjektive Wertungen ermöglichen und daher mit Art. 101 Abs. 1 Satz 2 GG nicht vereinbar sind.[359]

Allerdings hat die Verfahrensrüge nur dann Erfolg, wenn der dem Geschäftsver- **140**
teilungsplan anhaftende Fehler eine Verletzung des Art. 101 Abs. 1 Satz 2 GG darstellt.[360] Einen solchen „qualifizierten" Fehler hat das Bundesverwaltungsgericht bei einem Geschäftsverteilungsplan verneint, der – wohl unter Verstoß unter § 21g GVG – vorsah, dass ein Mitglied des fraglichen OVG-Senats nur an Rechtsstreitigkeiten aus einigen von diesem Senat zu bearbeitenden Sachgebieten mitwirkt.[361] Auch die **unrichtige Anwendung** des an sich fehlerfreien **Geschäftsverteilungsplans** stellt nur dann einen Revisionsgrund dar, wenn das Gericht seine Zuständigkeit willkürlich angenommen hat.[362]

Nicht jeder Fehler bei der Auswahl der ehrenamtlichen Richter begründet die **141**
Nichtzulassungsbeschwerde und damit auch die Revision gem. § 138 Nr. 1. Ein Revisionsgrund ist vielmehr nur dann zu bejahen, wenn der Verfahrensfehler besonders schwer ist. Dann ist die Wahl nichtig mit der Folge, dass der Partei der gesetzliche Richter gem. Art. 101 Abs. 1 Nr. 2 entzogen wird und die Revision gem. § 138 Nr. 1 begründet ist.[363]

---

355 Zur Verletzung des Rechts auf den gesetzlichen Richter wegen der Nichtbesetzung der vakanten Stelle eines vorsitzenden Richters s. *BDiszG*, 26. 4. 2001 – XIV VL 21/00 – ZBR 01, 336.

356 *BVerwG*, 21. 9. 2000 – 2 C 5.99 – DVBl. 01, 726.

357 Sehr anschaulich *BVerwG*, 5. 12. 1986 – 4 CB 4.86 –, NJW 87, 2031; *BVerwG*, 18. 10. 1990 – 3 C 19/88 –, NJW 91, 1370.

358 *BVerwG*, 8. 2. 1983 – 9 CB 698/82 –, NJW 83, 2154 = BVerwGE, 66, 360.

359 *BVerfG*, Beschluss des Plenums, 8. 4. 1997 – PBvU 1/95 – DVBl. 97, 765.

360 *BVerwG*, 29. 6. 1984 – 6 C 35/83 –, NJW 84, 2961; *BVerwG*, 5. 12. 1986 – 4 CB 4/86 –, NJW 87, 2031.

361 *BVerwG*, 2. 7. 1987 – 8 CB 7.87 –, NJW 88, 1339.

362 *BVerwG*, 5. 12. 1986 – 4 CB 4.86 –, NJW 87, 2031; *BVerwG*, 14. 9. 1989 – 2 CB 54.86 –, Buchholz, § 133 VwGO, Nr. 90; *BFH*, 21. 9. 1994 – VIII R 80–82/93 –, NVwZ 96, 102.

363 *BVerwG*, 9. 6. 1987 – 9 CB 36/87 –, NVwZ 88, 219; s.a. *BVerwG*, 9. 2. 1988 – 9 C 256/86 –, NVwZ 88, 724 und zur Wahl der ehrenamtlichen Verwaltungsrichter *Schnellenbach*, NVwZ 88, 703.

142 Bei sog. Großverfahren kann es vorkommen, dass die Richterbank an den Verhandlungstagen unterschiedlich besetzt ist, zumal wenn ehrenamtliche Richter verhindert sind. Dies ist grundsätzlich zulässig; ein Verfahrensfehler kann allenfalls darin liegen, dass eine Beweisaufnahme, bei er es entscheidend auf den persönlichen Eindruck ankam, nicht wiederholt wurde.[364]

143 § 130a ermöglicht es dem OVG, eine Berufung vor Anberaumung der mündlichen Verhandlung durch Beschluss zurückzuweisen, wenn der Spruchkörper das Rechtsmittel einstimmig für unbegründet hält, vgl. dazu oben Rdn. F 69f. An dieser Entscheidung wirken die ehrenamtlichen Richter nicht mit, vgl. § 19. Die den Berufsrichtern damit eröffnete „Wahlmöglichkeit", über die Berufung entweder in einer Dreier- oder Fünferbesetzung zu entscheiden, verstößt nicht gegen Art. 101 Abs. 1 Satz 2 GG und § 133 Ziff. 1. Diese Wahlmöglichkeit ist sachlich gerechtfertigt und dient der angemessenen Verfahrensgestaltung; so bietet z.B. die mündliche Verhandlung eine bessere Chance, im Gespräch mit den Beteiligten eine einvernehmliche Regelung zu erreichen.[365]

144 Die lediglich unrichtige Entscheidung über einen Ablehnungsantrag führt nach ständiger Rechtsprechung des Bundesverwaltungsgerichts noch nicht zu einer vorschriftswidrigen Besetzung.[366]

145 (b) *Mitwirkung ausgeschlossener Richter.* § 138 Nr. 2, nach dem ein wesentlicher Mangel des Verfahrens auch daran liegen kann, dass bei der Entscheidung ein **Richter mitgewirkt** hat, der von der Ausübung des Richteramtes kraft Gesetzes **ausgeschlossen** oder wegen Besorgnis der Befangenheit mit Erfolg abgelehnt war, hat in der Praxis keine große Bedeutung. Nach der ständigen Rechtsprechung des Bundesverwaltungsgerichts führt eine unrichtige Entscheidung über ein Ablehnungsgesuch auch nicht zur vorschriftswidrigen Besetzung des Gerichts.[367]

146 (c) *Versagung rechtlichen Gehörs.* Gem. § 138 Nr. 3 ist ein absoluter Revisionsgrund gegeben, wenn einem Beteiligten das **rechtliche Gehör** versagt war. Aus diesem grundgesetzlich gewährleisteten Prozessrecht (Art. 103 Abs. 1 GG) ergibt sich, dass das Gericht

– sein Urteil nur auf Feststellungen stützen darf, zu denen sich die Beteiligten äußern konnten (sogleich F 147),
– die Verfahrensrechte der Beteiligten achten muss, die diesen eine sachgerechte Erklärung zu diesen Feststellungen ermöglichen sollen (dazu F 149).

147 Nach der ständigen Rechtsprechung des BVerfG gebietet der Anspruch auf rechtliches Gehör nach Art. 103 Abs. 1 GG den Gerichten nur solche **Tatsachen und Beweisergebnisse** einschließlich Presseberichte und Behördenauskünfte zu

---

[364] *BVerwG,* 12. 7. 1985 – 9 CB 104.84 –, NJW 86, 3154 [nur Ls.] = NVwZ 87, 47; sehr instruktiv *BGH,* 12. 3. 1992 – III ZR 133/90 –, BayVBl. 92, 541: Ergebnisse des Augenscheins sind nur soweit zu berücksichtigen, als sie sich aus dem Protokoll der Beweisaufnahme ergeben.

[365] *BVerwG,* 28. 2. 1985 – 2 C 14.84 –, DVBl. 86, 285 – die Entscheidung erging noch zur gleichlautenden Vorschrift § 5 EntlG.

[366] *BVerwG,* 21. 9. 2000 – 2 C 5.99 – DVBl. 01, 726; *BVerwG,* 13. 6. 1991 – 5 ER 614/90 –, Buchholz, § 138 Nr. 1 VwGO, Nr. 28.

[367] *BVerwG,* 8. 11. 1982 – 7 CB 98.81 –, Buchholz, § 133 VwGO, Nr. 38.

verwerten, die von Verfahrensbeteiligten oder vom Gericht – präzise bezeichnet – zum Gegenstand der Verhandlung gemacht worden sind und zu denen sich die Beteiligten äußern konnten.[368]

Beispiel: 147 a

Das Gericht gibt den Beteiligten nur das Sachverständigengutachten zur Kenntnis, nicht aber den Begleitbrief des Sachverständigen. Aus diesem ergeben sich Zweifel an der Unbefangenheit des Sachverständigen.[369]

In einfachgesetzlicher Konkretisierung dieses Verfassungsgebots vom rechtlichen Gehör, Art. 103 Abs. 1 GG, bestimmt § 108 Abs. 2, dass das Urteil nur auf **Tatsachen** gestützt werden darf, **zu denen die Beteiligten sich erklären konnten.** Das kann voraussetzen, dass das Gericht die Beteiligten nicht erst in der mündlichen Verhandlung mit den u. U. überraschenden Ergebnissen gerichtlicher Ermittlungen konfrontiert.[370] Auch offenkundige Tatsachen werden von § 108 Abs. 2 erfasst. Sie brauchen nur dann nicht zum Gegenstand der mündlichen Verhandlung gemacht werden, wenn sie allen Beteiligten unzweifelhaft gegenwärtig und als entscheidungserheblich bewusst sind.[371] 147 b

Aus dem Prozessgrundrecht des Art. 103 Abs. 1 GG folgt grundsätzlich keine Aufklärungspflicht in Bezug auf die Rechtsansicht des Gerichts.[372]

Dies gilt allerdings nur dann, wenn der Prozessbeteiligte bei Anwendung der von ihm zu verlangenden Sorgfalt zu erkennen vermag, auf welche Gesichtspunkte es für die Entscheidung ankommen kann. Sofern das Gericht auf einen Aspekt abstellen will, mit dem auch ein gewissenhafter und kundiger Prozessbeteiligter nicht zu rechnen brauchte, muss es diesen darauf hinweisen, um ihm einen sachgerechten Vortrag zu ermöglichen.[373] Nur in diesem Ausnahmefall ergibt sich diese Hinweispflicht aus Art. 103 Abs. 1 GG, im übrigen resultiert sie aus dem einfachen Prozessrecht.

Auf § 86 Abs. 3 i. V. m. § 104 Abs. 1 wird das **Verbot der Überraschungsentscheidungen** gestützt.[374] Eine Überraschungsentscheidung liegt vor, wenn das Gericht seiner Entscheidung tragend eine Rechtsauffassung zu Grunde legt, die weder im Verwaltungs- noch im verwaltungsgerichtlichen Verfahren erörtert wurde und die als eher fernliegend anzusehen ist.[375] Das Gericht ist andererseits nicht verpflichtet, auf Rechtsfragen und dazu vertretene Ansichten hinzuweisen, deren Erheblichkeit offensichtlich ist, weil sie in den Schriftsätzen bereits erörtert wur- 148

---

368 *BVerfG, 1. Kammer des Zweiten Senats,* 2. 5. 1995 – 2 BvR 611/95 –, DVBl. 95, 847.

369 *BSG,* 3. 2. 1999 – B 9 VJ 1/98 – NZS 99, 573.

370 *VGH Mannheim,* 25. 2. 1993, 8 S 287/92 –, NVwZ 94, 701: ein solcher Verfahrensfehler ist allerdings unbeachtlich, wenn der Beteiligte in der mündlichen Verhandlung keine Vertagung beantragt.

371 *BVerwG,* 11. 1. 1985 – 7 C 74.82 –, BVerwGE 70, 365, 370.

372 *BVerfG,* 25. 1. 1984, 1 BvR 272/81 –, BVerfGE 66, 116, 147; *BVerfG,* 15. 5. 1984 – 1 BvR 967/83 –, BVerfGE 67, 90, 96; *BVerfG,* 5. 11. 1986 – 1 BvR 706/85 –, DVBl. 87, 237.

373 *BVerfG, 2. Kammer des Ersten Senats,* 15. 8. 1996–2 BvR 2600/95 –, NJW 96, 3202; *BVerfG,* 19. 5. 1992–1 BvR 986/91 –, DtZ 92, 327 = NJW 92, 2877 [nur Ls.].

374 *BVerwG,* 11. 11. 1970 – VI C 49.68 –, *BVerwG* 36, 264, 267; *BVerwG,* 18. 12. 1987 – 4 C 9.86 –, NVwZ 88, 527.

375 *BVerwG,* 9. 12. 1999 – 6 B 60.99 – NVwZ-RR 00, 396.

den.[376] Es ist ferner nicht gehalten, seine Rechtsauffassung schon vor der Urteilsberatung im einzelnen festzulegen und zur Diskussion zu stellen.[377]

149 Der Anspruch auf rechtliches Gehör ist auch verletzt, wenn **gegen Verfahrensrechte verstoßen** wird, die es dem Beteiligten **ermöglichen sollen, sich** im Prozess **sachgerecht** zu den gerichtlichen Feststellungen **zu äußern.**

Beispiele:

- Nach Klageänderung in der mündlichen Verhandlung entscheidet das Gericht über den neuen Antrag, obwohl ein Prozessbeteiligter nicht anwesend ist.[378]
- Entscheidung ohne mündliche Verhandlung, ohne dass die Parteien ihr Einverständnis gem. § 101 Abs. 2 erklärt haben.[379]
- Gem. § 130a kann das Gericht, das die Berufung einstimmig für begründet oder unbegründet hält, über diese ohne mündliche Verhandlung durch Beschluss entscheiden. Die Beteiligten sind zuvor zu der beabsichtigten Entscheidung gem. § 130a anzuhören, § 130a Satz 2 i. V. m. § 125 Abs. 2 Satz 3. Ein Verstoß gegen diese Verfahrensregel stellt einen absoluten Revisionsgrund im Sinne des § 138 Nr. 3 dar.[380]
- Eine Entscheidung gem. § 130a verletzt das rechtliche Gehör des Beteiligten, wenn nicht zuvor sein begründeter Antrag auf Verlängerung der Anhörungsfrist entschieden worden ist.[381]
- Siehe dazu ferner oben E 300ff.

149a Gem. § 173 i. V. m. § 227 ZPO kann das Gericht aus erheblichen Gründen einen Verhandlungstermin verlegen. Wenn das Gericht einem entsprechenden Parteiantrag nicht entspricht, dann kann dies eine Verletzung rechtlichen Gehörs zur Folge haben.[382]

Beispiele:

149b – Der Beginn der mündlichen Verhandlung verzögert sich um 75 Minuten. Verärgert beantragt der Prozessbevollmächtigte des Klägers die Verlegung und verlässt das Gerichtsgebäude. Weil er keine „erheblichen Gründe" i. S. d. § 227 ZPO (z. B. anderweitige Terminverpflichtungen) geltend gemacht hat, stellt es keine Verletzung des rechtlichen Gehörs dar, wenn das Gericht diesen Antrag zurückweist und in der Sache in Abwesenheit des Prozessbevollmächtigten verhandelt.[383]

- Der Kläger beauftragt zwei Wochen vor der bereits anberaumten mündlichen Verhandlung einen Rechtsanwalt und muss sogleich feststellen, dass dieser aufgrund eines anderen, vorrangigen Termins verhindert sein wird, an der Verhandlung teilzunehmen. Das Oberverwaltungsgericht ist in dieser Situation nicht verpflichtet, dem Verlegungsantrag zu entsprechen, das rechtliche Gehör wird dadurch nicht verletzt.[384]

150 (d) *Mangelnde Vertretung eines Beteiligten.* Der Tatbestand des § 138 Nr. 4 dürfte in der Praxis außerordentlich selten gegeben sein. Nach dieser Bestimmung ist ein wesentlicher Verfahrensmangel nur dann zu bejahen, wenn ein **Beteiligter nicht**

---

376 *BVerwG,* 7. 1. 1972 – IV C 41.70 –, NJW 72, 1435.

377 Grundlegend *BVerwG,* 24. 1. 1991 – 8 B 164.90 –, NVwZ 91, 575; *BVerwG,* 22. 2. 1994 – 1 B 168.93 –, GewArch 94, 284.

378 *BVerwG,* 20. 12. 2000 – 8 B 238.00 – NJW 01, 1151.

379 *BVerwG,* 17. 10. 1997 – 4 B 161.97 – NVwZ-RR 98, 525.

380 *BVerwG,* 22. 4. 1999 – 9 B 1037.98 – NVwZ 99, 1107 = BayVBl. 99, 602.

381 *BVerwG,* 2. 7. 1998 – 9 B 535.98 – NVwZ-RR 98, 783 = DVBl. 99, 97 = BayVBl. 99, 29.

382 *BVerwG,* 12. 3. 1999 – A 14 S 1361.97 – NVwZ-RR 00, 125; *BVerwG,* 19. 1. 1999 – 8 B 186.98 – NVwZ-RR 99, 408.

383 *BVerwG,* 28. 12. 1998 – 4 B 119.98 – NJW 99, 2131.

384 *BVerwG,* 31. 3. 1998 – 6 B 18.98 – NVwZ-RR 98, 568 = DÖV 98, 936 [Ls.].

nach Vorschrift des Gesetzes vertreten war. Dieser Tatbestand ist insbesondere erfüllt, wenn Prozessbeteiligte und ihre Bevollmächtigten aufgrund fehlerhafter Ladungen in der gleichwohl durchgeführten mündlichen Verhandlung nicht zugegen waren.

Beispiele: 151

- Der Bevollmächtigte eines Beteiligten erscheint nicht zur mündlichen Verhandlung, weil diese zu einem anderen als dem in der Ladung bestimmten Zeitpunkt durchgeführt wird.[385]
- Der Kläger erscheint nicht, weil er unter einer früheren Anschrift geladen worden ist.[386]
- Die Ladung zur mündlichen Verhandlung wird nur dem vollmachtslosen Vertreter, nicht aber dem vermeintlich vertretenen Kläger zugestellt.[387]

(e) *Mangelnde Öffentlichkeit.* Einen größeren Raum in der Revisionsrechtsprechung nimmt § 138 Nr. 5 ein. Danach ist ein wesentlicher Mangel des Verfahrens gegeben, wenn das Urteil auf eine mündliche Verhandlung ergangen ist, bei der die Vorschriften über die **Öffentlichkeit des Verfahrens** verletzt worden sind.[388] Dies ist allerdings nicht schon dann zu bejahen, wenn die Tür zum Verhandlungsraum verschlossen war. Denn nach der ständigen Rechtsprechung des Bundesverwaltungsgerichts setzt ein Verstoß gegen § 169 GVG (Öffentlichkeit der Verhandlung) zumindest voraus, dass der Vorsitzende bemerkt hat oder aber hätte bemerken können, dass die Tür zum Sitzungssaal abgeschlossen war.[389] 152

Ein Verstoß gegen die Vorschriften über die Öffentlichkeit der Verhandlung ist dagegen zu bejahen, wenn die Gründe für den Ausschluss der Öffentlichkeit nicht mit ausreichender Bestimmtheit im Ausschließungsbeschluss selbst mitgeteilt werden.[390] 153

Wird die Öffentlichkeit lediglich bei der Verkündung des Urteils ausgeschlossen, so verstößt dies zwar gegen § 169 Satz 1 GVG, rechtfertigt jedoch nicht die Verfahrensrevision i. S. d. § 138 Nr. 5, da diese nur dann begründet ist, wenn „das Urteil auf eine mündliche Verhandlung ergangen ist, bei der die Vorschriften über die Öffentlichkeit des Verfahrens verletzt worden sind", d. h. wenn die mündliche Verhandlung unter Verstoß gegen die Öffentlichkeitsvorschriften stattgefunden hat. Diese Einschränkung ist sinnvoll, weil ein Verstoß gegen die Öffentlichkeitsvorschriften bei der Verkündung des Urteils die Entscheidungsfindung nicht beeinflusst haben kann.[391] 154

(f) *Unbegründete Entscheidung.*[392] Der Tatbestand des § 138 Nr. 6, nach dem ein wesentlicher Mangel dann gegeben ist, wenn die **Entscheidung nicht mit Grün-** 155

---

[385] *BVerwG,* 27. 4. 1990 – 8 C 38/88 –, BayVBl. 91, 543.

[386] *BVerwG,* 24. 7. 1989 – 6 C 27.88 –, Buchholz, § 133 VwGO, Nr. 89.

[387] *BFH,* 27. 4. 1994 – XI R 29/93 – NVwZ-RR 94, 623.

[388] Zusammenfassend *BVerwG,* 17. 3. 2000 – 8 B 287.99 – NVwZ 00, 1298; *BVerwG,* 25. 6. 1998 – 7 B 120.98 – BayVBl. 99, 187; kritisch zur Rechtsprechung zum Öffentlichkeitsgebot *Kramer,* BRAK-Mitt. 95, 52.

[389] *BVerwG,* 17. 3. 2000 – 8 B 287.99 – BayVBl. 00, 600; *BVerwG,* 26. 3. 1981 – 5 C 89.79 – NVwZ 82, 43.

[390] *BVerwG,* 13. 12. 1982 – 9 C 894/80 –, NJW 83, 2155.

[391] *BVerwG,* 23. 9. 1989 – 6 C 29.88 –, Buchholz, § 133 Nr. 91.

[392] Zu den sich aus Art. 6 EMRK ergebenden Anforderungen an die Begründung gerichtlicher Entscheidungen s. *EGMR (Große Kammer),* 21. 1. 1999 – 30544.96 – NJW 99, 2429.

den versehen ist, ist dann zu bejahen, wenn die schriftlichen Urteilsgründe das Ergebnis der mündlichen Verhandlung und der Beratung nicht mehr authentisch dokumentieren, weil die Gründe erst nach längerer Zeit vorliegen. Der Gemeinsame Senat der obersten Bundesgerichte hat sich die strenge Rechtsauffassung des 5. und des 7. Senats des Bundesverwaltungsgerichts[393] zu eigen gemacht: ein bei Verkündung noch nicht vollständig abgefasstes Urteil ist im Sinne des § 138 Nr. 6 nicht mit Gründen versehen, wenn Tatbestand und Entscheidungsgründe nicht binnen fünf Monaten[394] nach Verkündung schriftlich niedergelegt, von allen mitwirkenden Richtern unterschrieben[395] und der Geschäftsstelle übergeben worden sind.[396]

Hinweis für den Anwalt:

In der Beschwerdebegründung ist taggenau anzugeben, wann das unterschriebene Urteil auf der Geschäftsstelle niedergelegt wurde.[397]

155 a Anhand desselben zeitlichen Maßstabes ist auch zu entscheiden, ob ein Urteil, dessen Verkündung durch eine Zustellung gem. § 116 Abs. 2 ersetzt wird, vgl. F 130, an einem Mangel gem. § 138 Nr. 6 leidet.[398] Die Fünfmonatsfrist schließt in diesen Fällen nicht an die Zwei-Wochen-Frist des § 116 Abs. 2 an, sondern beginnt mit der mit dem Ende der mündlichen Verhandlung zu laufen[399] und endet mit der Übergabe des vollständigen Urteils an die Geschäftsstelle.[400]

156 Ein Mangel gem. § 138 Nr. 6 ist auch gegeben, wenn das Urteil offensichtlich widersprüchlich begründet ist.[401] Dieser Fehler ist allerdings nicht erheblich, wenn er sich nur auf einen von mehreren das Urteil jeweils selbständig tragenden Gründen bezieht, s. a. F 174.[402]

157 Grundsätzlich kann zur Begründung eines Urteils auch auf eine andere gerichtliche Entscheidung verwiesen werden. Dies setzt aber voraus, dass diese Entscheidung den am Prozess Beteiligten zum Zeitpunkt der Zustellung der so begründeten Entscheidung bekannt ist.[403]

158 (3) *Darlegung der Verfahrensmängel in der Beschwerdeschrift.* Gem. § 133 Abs. 3 Satz 3 ist in der Beschwerdeschrift der Verfahrensmangel zu bezeichnen. Es sind also Tatsachen vorzutragen, die – ihre Richtigkeit unterstellt – den behaupteten Verfahrensmangel belegen.

---

[393] *BVerwG,* 3 8. 1990 – 7 C 41. bis 43.89 – NJW 91, 310 = DVBl. 91, 157 = BVerwGE 85, 273; *BVerwG,* 7. 11. 1990 – 7 B 130.90 – NVwZ 91, 672; *BVerwG,* 5. 10. 1990 – 4 CB 18.90 –, Buchholz, § 138 Nr. 6 VwGO, Nr. 21.

[394] *BFH,* 18. 4. 1996 – V R 25.95 – NJW 97, 416: wenn die Frist nicht taggenau eingehalten wird, ist der Revisionsgrund gegeben; **a. A.** *BFH,* 1. 10. 1993 – III R 78.92 – ZIP 94, 229 = NJW 95, 1048 [nur Ls.] und *BSG,* 14. 9. 1994 – 3/1 RK 36/93 –, NVwZ-RR 96, 61.

[395] *BVerwG,* 15. 9. 1995 – 4 B 173.95 – NVwZ-RR 96, 299 = BayVBl. 96, 543.

[396] *Gemeinsamer Senat der Obersten Gerichtshöfe des Bundes,* 27. 4. 1993 – GmS-OGB – 1/92 – NJW 93, 2603.

[397] *BSG,* 14. 9. 1994 – 5 RJ 62.93 – DÖV 95, 738.

[398] *BVerwG,* 18. 8. 1999 – 8 B 124.99 – NVwZ 99, 1334; *BVerwG,* 20. 9. 1993 – 6 B 18/93 – NJW 94, 273.

[399] *BVerwG,* 10. 11. 1999 – 6 C 30.98 – NVwZ 00, 1290 lässt dies ausdrücklich offen.

[400] *BVerwG* 11. 6. 2001 – 8 B 10.01 – NVwZ 01, 1150.

[401] *BVerwG,* 5. 6. 1998 – 9 B 412.98 – DVBl. 98, 1085.

[402] *BVerwG,* 20. 8. 1993 – 9 B 512.93 – DVBl. 94, 210 = BayVBl. 94, 670 = NVwZ 94, 264 [nur Ls.].

[403] *BVerwG,* 30. 11. 1995 – 4 B 248.95. – Buchholz, 319 § 138 Nr. 6 VwGO Nr. 30.

Hinweis für den Anwalt:
Diesen Anforderungen kann ein Vortrag auch dann entsprechen, wenn er einen Verfahrensmangel zwar schlüssig belegt, aus Sicht des Beschwerdeführers aber an einen anderen Revisionszulassungsgrund belegen soll.[404] **158 a**

Diese Tatsachenbehauptungen müssen unter **Beweis** gestellt werden, sofern sie sich nicht klar aus den Prozessakten ergeben; zum Zeitpunkt der eventuell erforderlichen Beweisaufnahme über die behaupteten Verfahrensmängel siehe unten F 176. **158 b**

Unsubstantiierte und pauschale Darlegungen genügen diesen Anforderungen nicht. Der Beschwerdeführer kann sich also z.B. nicht darauf zurückziehen, das Berufungsgericht habe den in § 86 statuierten Amtsermittlungsgrundsatz verletzt, weil es nicht weitere Ermittlungen angestellt habe. In der Beschwerdeschrift ist vielmehr anzugeben, in welcher Richtung, mit Hilfe welcher Beweismittel das Berufungsgericht hätte weiter ermitteln müssen bzw. welche Beweisanträge es zu Unrecht abgelehnt hat. Ferner muss ausgeführt werden, zu welchem Ergebnis diese Ermittlung bzw. Beweisaufnahme geführt hätte. Schließlich ist zu erläutern, dass das Berufungsgericht bei einem solchen Beweisergebnis unter Zugrundelegung seiner Rechtsauffassung **möglicherweise** zu einer anderen Entscheidung gelangt wäre.[405] **159**

Rügt der Beschwerdeführer die Verletzung des rechtlichen Gehörs, so muss er substantiiert darlegen, was er vorgetragen hätte, wenn er angehört worden wäre.[406] Dieser Grundsatz gilt allerdings nicht ohne Ausnahme: Wenn die Rüge des mangelnden Gehörs aufgrund der versagten Teilnahme an der mündlichen Verhandlung den gesamten Streitstoff erfasst, sind Ausführungen über den Inhalt des potentiellen Vortrags nicht erforderlich.[407] **160**

Darüber hinaus muss der Beschwerdeführer **nicht** darlegen, dass die mangelnde Anhörung zu entscheidungserheblichen Tatsachen möglicherweise entscheidungsrelevant war, das wird gem. § 138 Nr. 3 unwiderleglich vermutet.

Fälle in der Rechtsprechung, in denen das Bundesverwaltungsgericht meinte, der Vortrag des Beschwerdeführers bzw. Revisionsklägers genüge den Anforderungen an die akribische Darlegung des Verfahrensmangels nicht, sind zahlreich und illustrativ: **161**

Beispiele:
- Die allgemeine Rüge, ein bestimmter Richter hätte nicht am Verfahren mitwirken dürfen,[408] oder die Richterbank sei fehlerhaft besetzt gewesen, weil der ordentliche Senats- **162**

---

404 *BVerwG,* 31. 8. 1999 – 3 B 57/99 – DVBl. 00, 560.

405 *BVerwG,* 19. 8. 1997 – 7 B 261/97 – NJW 97, 3328; instruktiv auch *BVerwG,* 22. 7. 1992 – 6 B 43.92 –, DVBl. 93, 49 in einem prüfungsrechtlichen Fall.

406 *BVerwG,* 16. 2. 1998 – 4 B 2/98 – NVwZ 98, 1066; *BVerwG,* 31. 7. 1985 – 9 B 71.85 –, Buchholz, § 98 VwGO, Nr. 28; dieser Vortrag ist ausnahmsweise entbehrlich, wenn sich der Beschwerdeführer in der mündlichen Verhandlung überhaupt nicht äußern konnte (z.B. weil das Gericht rechtswidrig nicht vertagt hat), vgl. *BVerwG,* 29. 9. 1994 – 3 C 28.92 –, NJW 95, 1441 = BayVBl. 95, 252.

407 *BVerwG,* 29. 9. 1994 – 3 C 28/92 – NJW 95, 1441; s.a. *BFH,* 8. 4. 1998 – VIII R 32/95 – NVwZ-RR 99, 75 [Vorlagebschluß an den Großen Senat].

408 *BVerwG,* 25. 9. 1981 – 9 C 217.80 –, Buchholz, § 133 VwGO, Nr. 33; *BVerwG,* 25. 6. 1982 – 8 C 95.81 –, DÖV 83, 247.

vorsitzende nicht mitgewirkt habe,[409] erfüllt nicht die Anforderungen an einen schlüssigen Vortrag von rechtlich bedeutsamen Verfahrensmängeln.
- Der Revisionskläger behauptete, einer der Beisitzer des Gerichts sei während der mündlichen Verhandlung über weite Strecken der Verhandlung eingeschlafen und habe deshalb der Verhandlung nicht mehr folgen können. Der Kläger benannte seinen Prozessbevollmächtigten als Zeugen für diese Behauptung und vertrat die Ansicht, dass das vorinstanzliche Verfahren an einem Mangel im Sinne des § 138 Nr. 1 (fehlerhafte Besetzung) leide. Das Bundesverwaltungsgericht wies die Revision zurück, da der Revisionskläger die Verfahrensmängel nicht schlüssig dargelegt habe. Wörtlich heißt es in der Entscheidung: „Jedoch sind selbst Zeichen einer großen Ermüdung, Neigung zum Schlaf und das Kämpfen mit dem Schlaf noch kein hinreichendes Anzeichen dafür, dass der betreffende Richter die Vorgänge in der mündlichen Verhandlung nicht mehr wahrnehmen kann. Auch das Schließen der Augen allein, selbst wenn es sich nicht nur auf wenige Minuten beschränkt, beweist noch nicht, dass der Richter schläft; diese Haltung kann vielmehr auch zur geistigen Entspannung oder zwecks besonderer Konzentration eingenommen werden. Unter diesen Umständen kann erst dann davon ausgegangen werden, dass ein Richter schläft oder in anderer Weise „abwesend" ist, wenn andere, sichere Anzeichen hinzukommen, wie etwa tiefes, hörbares und gleichmäßiger Atmen oder gar Schnarchen, ruckartiges Aufrichten mit Anzeichen von fehlender Orientierung u. ä."[410]

b) Verfahren der Nichtzulassungsbeschwerde

163 Die Nichtzulassungsbeschwerde ist statthaft, sofern das Berufungsgericht die Revision nicht zugelassen hat. Beschwerdeberechtigt ist jeder Beteiligte (§ 63), der durch das angefochtene Urteil beschwert ist, also die Parteien, der Beigeladene[411] und der Vertreter des öffentlichen Interesses.

164 Die Beschwerde ist durch einen **Rechtsanwalt oder Hochschullehrer,**[412] vgl. § 67 Abs. 1 Satz 2, binnen Monatsfrist, vgl. § 132 Abs. 3, Satz 1, einzulegen.[413] Juristische Personen des öffentlichen Rechts und Behörde können sich auch durch Beamte oder Angestellte mit Befähigung zum Richteramt vertreten lassen, vgl. § 67 Abs. 1 Satz 4, sog. **Behördenprivileg.** Behördenvertreter in diesem Sinne können grundsätzlich nur Bedienstete der am Verfahren beteiligten Behörde sein.[414] Die Bevollmächtigung des Bediensteten muss nicht ausdrücklich erfolgen, der Vorlage einer Vollmacht bedarf es nicht.[415]

Zur Vertretung im Verfahren vor dem Bundesverwaltungsgericht s. im Übrigen oben E 24.

---

[409] *BVerwG,* 12. 7. 1982 – 5 CB 117/81 –, Buchholz, § 133 VwGO, Nr. 37.

[410] *BVerwG,* 13. 6. 2001 – 5 B 105/00 – NJW 01, 2998; *BVerwG,* 24. 1. 1986 – 6141.82–, NJW 86, 2721.

[411] *BVerwG,* 21. 10. 1987 – 7 B 64.87 –, Buchholz, § 132 VwGO, Nr. 253.

[412] *BVerwG,* 25. 4. 1997 – 5 C 34/95 – NJW 97, 2399 = DÖV 97, 696 [Ls.]: Professoren an Fachhochschulen zählen nicht zur Gruppe der Vertretungsbefugten.

[413] Das für das Verfahren vor dem BVerwG grundsätzlich geltende Vertretungsgebot [„Anwaltszwang"] verstößt nicht gegen höherrangiges Recht, vgl. *BVerwG,* 5. 1. 1993 – 11 B 51.92 –, BayVBl. 94, 31.

[414] *BVerwG,* 15. 12. 1994 – 4 C 19.93 –, NVwZ-RR 95, 548 = DVBl. 95, 948 = DÖV 95, 607; **a. A.** *BVerwG,* 28. 6. 1995 – 11 C 25/94 –, NVwZ-RR 96, 121.

[415] *BVerwG,* 17. 11. 1995 – 8 C 5.94 –, DÖV 97, 172 [Ls.]; *BVerwG,* 16. 3. 1993 – 4 B 253/92 – NVwZ 94, 266; *BVerwG* 26. 3. 1993 – 4 NB 45.92 –, BayVBl. 93, 601; a. A. noch *BVerwG,* 28. 4. 1992 – 8 B 63.92 –, BayVBl. 92, 667.

Dem Gebot anwaltlicher Vertretung wird nicht entsprochen, wenn die vom Kläger persönlich verfasse Beschwerdebegründungsschrift die Unterschrift des Rechtsanwalts trägt, ohne von diesem erarbeitet worden zu sein.[416]

Der Rechtsbehelf sollte im Schriftsatz ausdrücklich als „Nichtzulassungsbeschwerde“ bezeichnet werden, Unklarheiten können sich leicht zu Lasten des Beschwerdeführers auswirken, denn die Revision kann nicht in eine Nichtzulassungsbeschwerde umgedeutet werden.[417] Die Beschwerdeschrift muss ferner den **Antrag** enthalten, „die Entscheidung des Oberverwaltungsgerichts über die Nichtzulassung der Revision gegen sein Urteil vom … aufzuheben und die Revision zuzulassen“. 165

Die Beschwerde ist **zwingend beim Oberverwaltungsgericht einzulegen,** sie ist also an den judex a quo zu richten, § 133 Abs. 2 Satz 1. Im Gegensatz zum Revisionsverfahren, vgl. § 139 Abs. 1 Satz 2, ist daneben keine Einlegung beim judex ad quem zulässig. Das Bundesverwaltungsgericht verlangt von den **Rechtsanwälten,** dass ihnen diese Bestimmungen vertraut sind. Einem Beschwerdeführer, dessen Prozessbevollmächtigter die Nichtzulassungsbeschwerde im Widerspruch zu den gesetzlichen Bestimmungen bei dem Bundesverwaltungsgericht eingelegt hat, kann daher keine Widereinsetzung in den vorigen Stand gem. § 60 gewährt werden, wenn die Beschwerdeschrift das zuständige Oberverwaltungsgericht nicht rechtzeitig erreicht.[418] 166

Hinweis:
Schriftsatzbeispiel für das Einlegen einer Nichtzulassungsbeschwerde gem. § 133 s. Anhang I 23.

Beantragt der Beschwerdeführer zunächst beim Bundesverwaltungsgericht[419] die Gewährung von **Prozesskostenhilfe** und wird diese erst nach Ablauf der Beschwerdefrist bewilligt,[420] so ist dem Beschwerdeführer für die Beschwerde auf Antrag Wiedereinsetzung in den vorigen Stand gem. § 60 zu gewähren.[421] 167

Wie im allgemeinen Rechtsmittelrecht wird auch bei der Nichtzulassungsbeschwerde zwischen einer Einlegungs- und einer Begründungsfrist unterschieden. Gem. § 133 Abs. 2 Satz 1 VwGO ist die Nichtzulassungsbeschwerde binnen eines Monats nach Zustellung des Urteils einzulegen und innerhalb von zwei Monaten seit Zustellung des Urteils zu begründen; diese **Frist** ist – mangels einer entsprechenden Ermächtigung des Gerichts – **nicht verlängerbar.**[422] 168

---

416 *BVerwG,* 5. 8. 1998 – 4 B 74/98 – NVwZ 99, 643; *BVerwG,* 16. 12. 1996 – 4 B 218/96 – NJW 97, 1865.

417 *BVerwG,* 25. 5. 1973 – V C 69.72 –, Buchholz, § 144 VwGO, Nr. 24.

418 *BVerwG,* 2. 7. 1982 – 1 CB 14/82 –, Buchholz, § 132 VwGO, Nr. 212.

419 Dieses ist als „Prozeßgericht“ i. S. d. § 166 i. V. m. § 117 ZPO allein zuständig, vgl. *BVerwG,* 13. 5. 1965 – IV B 213/65 –, NJW 65, 2317.

420 Diese Bewilligung erstreckt sich für den Fall der Zulassung der Revision auch auf das Revisionsverfahren: *BVerwG,* 29. 11. 1994 – 11 Kst. 1/94 –, NVwZ-RR 95, 545 = DÖV 95, 384.

421 *BVerwG,* 18. 3. 1992 – 5 B 29.92 –, NJW 92, 2307.

422 *BVerwG,* 28. 3. 2001 – 8 B 52.01 – NVwZ 01, 799; *BVerwG,* 26. 5. 1975 – III B 117.74 –, Buchholz, § 132 VwGO, Nr. 131; *BVerwG* 10. 10. 1989 – 9 B 268.89 –, BayVBl. 90, 317.

169 Die zweimonatige Beschwerdebegründungsfrist ist von der Einlegungsfrist unabhängig. Sie ist also grundsätzlich auch zu wahren, wenn die Einlegung nicht fristgerecht erfolgte und deshalb ein Wiedereinsetzungsantrag gestellt worden ist.[423]

Beispiel:

Das Berufungsurteil, das die Revision nicht zulässt, wird am 14. 4. zugestellt. Durch ein entschuldbares Büroversehen wird die Frist zur Einlegung der Nichtzulassungsbeschwerde falsch notiert. Das wird von dem prozessbevollmächtigten Rechtsanwalt am 20. 6. entdeckt. In dieser Situation ist gem. § 60 binnen zwei Wochen Wiedereinsetzung in die Beschwerdefrist und in die Begründungsfrist zu beantragen. Gem. § 60 Abs. 2 Satz 3 ist innerhalb dieser Frist die Beschwerde einzulegen und zu begründen.

170 Etwas anderes soll nur dann gelten, wenn die Einlegungs- und Begründungsfrist versäumt worden sind, weil der Beschwerdeführer zunächst ein Prozesskostenhilfeverfahren durchführen musste, vgl. unten F 196.

171 Der Beschwerdebegründungsschriftsatz ist dem Oberverwaltungsgericht zu übermitteln, § 133 Abs. 3 Satz 2.[424] Sofern der Beschwerdeführer während der Begründungsfrist noch weitere Revisionszulassungsgründe geltend machen will, die er in seiner ursprünglichen Beschwerdebegründung noch nicht angesprochen hat, muss er auch den Schriftsatz mit diesem neuen Vortrag bei dem Oberverwaltungsgericht einreichen. Das gilt selbst dann, wenn die Sache aufgrund eines Nichtabhilfe-Beschlusses des Oberverwaltungsgerichts bereits dem Bundesverwaltungsgericht vorgelegt worden ist.[425]

172 In der Beschwerdebegründung muss deutlich werden, unter welchem Aspekt der Beschwerdeführer die Zulassung der Revision begehrt.[426] Dies geschieht zunächst durch Angabe der jeweiligen Tatbestandsvoraussetzungen im Sinne des § 132 Abs. 2 VwGO. Allgemein stellt das Bundesverwaltungsgericht an die Darlegung der Zulassungsgründe hohe Anforderungen. In der Beschwerdeschrift sind die Gründe für die Zulassung der Revision klar darzulegen. Werden sie „in einer kaum auflösbaren Weise mit Einlassungen zu irrevisiblen Fragen vermengt", so kann die Zulassung scheitern: § 133 mutet dem Beschwerdegericht nicht zu, einer umfangreichen unklaren Beschwerdeschrift im Wege wohlwollender Interpretation das zu entnehmen, was zur Begründung der Beschwerde geeignet sein könnte.[427] Legt ein Kläger gegen die Nichtzulassung der Revision Beschwerde ein, nachdem sich der angefochtene Verwaltungsakt erledigt hat, muss er in der Beschwerdebegründung auch darlegen, aus welchen Gründen noch ein schutzwürdiges Interesse an der Durchführung des Beschwerdeverfahrens mit dem Ziel einer Revisionsentscheidung gem. § 113 Abs. 1 Satz 4 besteht.[428]

---

[423] *BVerwG*, 2. 3. 1992 – 9 B 256/91 –, NJW 92, 2780 = BayVBl. 92, 380.

[424] *BVerwG*, 9. 12. 1994 – 6 B 22.94 –, BayVBl. 95, 735.

[425] *BVerwG*, 24. 7. 1997 – 9 B 552/97 – NVwZ 97, 1209 = DVBl. 98, 231 = BayVBl. 98, 187 = DÖV 98, 435 [Ls.].

[426] *BVerwG*, 19. 8. 1997 – 7 B 261. 97 – DÖV 98, 117 = BayVBl. 98, 507; *BVerwG*, 24. 8. 1983 – 3 B 14.83 –, Buchholz, § 132 VwGO, Nr. 219.

[427] *BVerwG*, 23. 11. 1995 – 9 B 362.95 –, BayVBl. 96, 413 = DVBl. 96, 216 [Ls.]; *BVerwG*, 12. 12. 1972 – IV B 122.72 –, Buchholz, § 132 VwGO, Nr. 99.

[428] *BVerwG*, 21. 8. 1995 – 8 B 43/95 –, NVwZ-RR 96, 122.

Zur Begründung der Beschwerde reicht eine pauschale Bezugnahme auf vorinstanzliche Schriftsätze regelmäßig nicht aus.[429] **173**

Der Verweis auf die Begründung der Nichtzulassungsbeschwerde eines gleichermaßen beschwerten Prozessbeteiligten ist dagegen zulässig.[430]

Nach ständiger Rechtsprechung des Bundesverwaltungsgerichts ist die Revision gegen ein Urteil, das nebeneinander auf mehrere selbständige und tragfähige Begründungen gestützt ist, nur dann zuzulassen, wenn in bezug auf jede dieser Begründungen ein durchgreifender Zulassungsgrund geltend gemacht werden kann.[431] Ist das Berufungsurteil also in diesem Sinne **„mehrfach begründet"**, so verspricht das Verfahren der Nichtzulassungsbeschwerde nur dann Aussichten auf Erfolg, wenn im Hinblick auf jede dieser unterschiedlichen Begründungen ein – oder mehrere – Zulassungsgründe geltend gemacht werden können. **174**

Soll die Revision dagegen ein Urteil zum Gegenstand haben, das auf einer **alternativen Begründung** beruht (entweder deshalb oder deshalb, so dass unentschieden bleiben kann, ob …[432]), so genügt ein Zulassungsgrund hinsichtlich einer der beiden Begründungen.[433] **174 a**

Geht es schließlich um ein Urteil mit **Haupt- und Hilfsbegründung,** dann kann eine Divergenzbeschwerde nur Erfolg haben, wenn sie sowohl die Haupt- als auch die Hilfsbegründung zum Gegenstand hat.[434] **174 b**

Der Beschwerdeführer kann zwar seinen Vortrag nach Ablauf der Beschwerdebegründungsfrist – z. B. nach Akteneinsicht – noch vertiefen, er kann jedoch keine neuen Zulassungsgründe mehr geltend machen.[435] **175**

Gem. § 132 Abs. 2 Nr. 3 ist die Revision wegen eines Verfahrensmangels nur dann zuzulassen, wenn ein Verfahrensmangel geltend gemacht wird **und dieser vorliegt.** Wird der insoweit schlüssige Tatsachenvortrag des Beschwerdeführers also in erheblicher Weise bestritten, so erfolgt die Beweisaufnahme zu den behaupteten Verfahrensmängeln aufgrund entsprechender Beweisanträge – vgl. oben Rdn. F 158 – noch im Rahmen des Beschwerdeverfahrens.[436] **176**

Eine notwendige Beiladung kommt in entsprechender Anwendung des § 142 Abs. 1 Satz 2 nicht in Betracht.[437] **176 a**

---

[429] *BVerwG,* 19. 8. 1997 – 7 B 261/97 – NJW 97, 3328; *BVerwG,* 7. 7. 1980 – 8 B 54/80 –, Buchholz, § 132 VwGO, Nr. 187.

[430] Offen gelassen von *BVerwG,* 2. 2. 2000 – 4 B. 87.99 – NVwZ 00, 679 = ZfBR 00, 421.

[431] *BVerwG,* 10. 8. 1981 – 7 B 28.80 –, NJW 1982, 840; *BVerwG,* 28. 9. 1990 – 9 B 107/90 –, NVwZ 1991, 376; *BVerwG,* 9. 10. 1991 – 4 B 176.91 –, ZfBR 92, 45; *BVerwG,* 20. 8. 1993 – 9 B 512/93 – DVBl. 94, 210 = NVwZ 94, 264 [nur Ls.]; *BVerwG,* 19. 8. 1997 – 7 B 261/97 – NJW 97, 3328.

[432] *Seibert,* NVwZ 99, 113, 199.

[433] *BVerwG,* 26. 5. 1993 – 4 NB 3/93 – NVwZ 94, 269.

[434] *BAG,* 27. 10. 1998 – 9 AZN 575/98 – NZA 99, 222.

[435] *BVerwG,* 21. 6. 1969 – III BV 61/69 –, Buchholz, § 132 VwGO, Nr. 65.

[436] So auch *Rennert,* NVwZ 98, 665, 668.

[437] *BVerwG,* 20. 10. 2000 – 7 B 58.00 – NVwZ 01, 202 = DVBl. 01, 914 = DÖV 01, 518.

c) Entscheidung über die Nichtzulassungsbeschwerde

177 Das Berufungsgericht kann gem. § 133 Abs. 5 Satz 1 der Beschwerde abhelfen. Hilft das Gericht der Beschwerde ab, so lässt es die Revision durch – nicht anfechtbaren – Beschluss zu. Dieser bindet das Bundesverwaltungsgericht, § 132 Abs. 3. Das gilt auch in Fällen, in denen das Oberverwaltungsgericht die Revision zulässt, obwohl die entscheidungserhebliche Rechtsfrage nicht revisibel ist.[438]

178 Sieht sich das Berufungsgericht zur Abhilfe nicht in der Lage, so legt es die Akten – ohne förmlichen Beschluss – dem Bundesverwaltungsgericht vor.

179 Für den Fall, dass das Bundesverwaltungsgericht die Beschwerde als unzulässig verwirft oder als unbegründet zurückweist, wird das angefochtene Urteil mit der Herausgabe des ablehnenden Beschlusses aus dem Gericht an die Post rechtskräftig,[439] vgl. § 133 Abs. 4 i.V.m. § 133 Abs. 5 Satz 3. Der Nichtabhilfe-Beschluss ist nur kurz zu begründen. Das Bundesverwaltungsgericht kann auf eine Begründung verzichten, sofern diese nicht zur Klärung der Voraussetzungen beitragen würde, unter denen eine Revision zuzulassen ist, § 133 Abs. 5 Satz 2.

180 Gegen den die Nichtzulassungsbeschwerde zurückweisenden Beschluss ist kein ordentliches Rechtsmittel gegeben. Dieser Beschluss kann grundsätzlich auch nicht aufgrund einer Gegenvorstellung vom erkennenden Senat des Bundesverwaltungsgerichts aufgehoben werden. Diese Möglichkeit ist schon im Hinblick auf die durch die Zustellung des Ablehnungsbeschlusses eintretende Rechtskraft regelmäßig ausgeschlossen.[440] Allerdings kann das Bundesverwaltungsgericht den Beschluss im Wege der Selbstkontrolle aufheben, wenn nur so grobes prozessuales Unrecht beseitigt werden kann.[441]

180 a **Beispiel:**

Die Verwerfung der Beschwerde erfolgte in der irrigen Annahme, die Beschwerde sei nicht begründet worden.[442]

181 Der die Nichtzulassungsbeschwerde zurückweisende Beschluss kann mit der Verfassungsbeschwerde angegriffen werden. Diese ist begründet, wenn die Nichtzulassung auf einer Interpretation des § 132 Abs. 2 beruht, die die Beschreitung des weiteren Rechtswegs in einer unzumutbaren, aus Sachgründen nicht mehr zu rechtfertigenden Weise erschwert; in einem solchen Falle wird Art. 19 Abs. 4 GG verletzt.[443] Mit der Zustellung des die Beschwerde zurückweisenden Beschlusses beginnt die Monatsfrist zur Einlegung und Begründung der Verfassungsbeschwerde gem. § 93 BVerfGG zu laufen.[444]

182 Lässt das Bundesverwaltungsgericht – bzw. das Oberverwaltungsgericht – die Revision zu, so wird das Beschwerdeverfahren als Revisionsverfahren fortgesetzt,

---

[438] *BVerwG,* 9. 10. 1996 – 6 C 11.94 – DÖV 97, 600.

[439] *BVerwG,* 26. 1. 1994 – 6 C 2/92 –, NVwZ 94, 1206.

[440] *BVerwG,* 12. 9. 1989 – 5 B 57.88 –, Buchholz, § 132 VwGO, Nr. 273.

[441] *BSG,* 10. 3. 1998 – B 8 KN 4/98 B – NZS 98, 590.

[442] *BVerwG,* 22. 11. 1993 – 11 C 24/93 – NJW 94, 674.

[443] *BVerfG, 1. Kammer des Zweiten Senats,* 26. 1. 1993 – 2 BvR 1058 und 1059/92 –, DVBl. 93, 315 in einem Fall der Zulassungsberufung.

[444] *BayVerfGH,* 21. 7. 1989 – Vf. 26-VI-88 –, BayVBl. 90, 61, zum Bayerischen Verfassungsprozeßrecht.

§ 139 Abs. 2 Satz 1; der Einlegung der Revision durch den Beschwerdeführer bedarf es nicht. Gegen die Entscheidung des Oberverwaltungsgerichts kann jetzt aber auch jeder andere Beteiligte, der durch das Urteil beschwert worden ist, Revision einlegen.[445] Die Revision kann auch auf Gründe gestützt werden, die im Verfahren der Nichtzulassungsbeschwerde nicht geltend gemacht worden sind.[446]

Die Entscheidung des Bundesverwaltungsgerichts hängt nicht davon ab, ob die angestrebte Revision für den Beschwerdeführer Aussicht auf Erfolg birgt, das Nichtzulassungsbeschwerdeverfahren ist **kein Vorprüfungsverfahren.** Das Bundesverwaltungsgericht prüft das Zulassungsbegehren allerdings in ständiger Rechtsprechung auch im Hinblick auf § 144 Abs. 4. Hat das Berufungsgericht mithin zwar das Recht verletzt, erweist sich die Entscheidung jedoch aus anderen Gründen als richtig, so wird die Beschwerde zurückgewiesen.[447] **183**

Seit der 4. VwGO-Novelle kann das Bundesverwaltungsgericht bei erfolgreichen Verfahrensrügen „kurzen Prozess machen", und das angefochtene Urteil durch **Beschluss** aufheben und zur anderweitigen Verhandlung und Entscheidung an das OVG zurückverweisen,[448] § 133 Abs. 6.[449] Diese Regelung zwingt das Bundesverwaltungsgericht allerdings nicht, die Voraussetzungen des § 132 Abs. 2 Nr. 3 vorrangig zu prüfen.[450] **184**

Hinweis für den Anwalt: **184 a**

Das Bundesverwaltungsgericht dehnt § 133 Abs. 6 über seinen Wortlaut hinaus auf der Rechtsfolgenseite aus: Wenn ein dem Obergericht unterlaufener Verfahrensfehler im Verfahren der Nichtzulassungsbeschwerde durch die Aufhebung des angegriffenen Urteils beseitigt werden kann, dann kann die abschließende Entscheidung des Bundesverwaltungsgerichts durch Beschluss ergehen.[451]

Die Möglichkeit der Zurückverweisung ist auch in den Fällen gegeben, in denen die Divergenzrüge ausschließlich Verfahrensrecht betrifft,[452] bzw. wenn die Beschwerde zugleich auf eine grundsätzliche Bedeutung der Rechtssache gestützt ist.[453] **185**

2. Revision gegen obergerichtliche Urteile

a) Zulässigkeit der Revision

Die Revision ist nur zulässig, wenn sie zugelassen worden ist, vgl. F 81 ff. Spezialgesetzlich kann die Revision allgemein ausgeschlossen werden. **186**

---

445 *Pietzner* in *Schoch-Schmidt-Aßmann/Pietzner,* § 133, Rdn. 84; **a. A.** *BVerwG,* 3. 11. 2000 – 7 B 116.00 – NVwZ 01, 201 = DVBl. 01, 915 = DÖV. 01, 518.

446 *BVerwG,* 23. 1. 1976 – VII C 79.74 –, Buchholz, § 132 VwGO, Nr. 141 [zur Rechtslage vor der 4. VwGO-Novelle].

447 *BVerwG,* 22. 7. 1992 – 6 B 43.92 –, DVBl. 93, 49; *Schmidt* in *Eyermann,* § 133, Rdn. 22; ausführlich zu den Grenzen einer analogen Anwendung des § 144 Abs. 4 *Sendler,* DVBl. 92, 240; kritisch zur Rechtsprechungspraxis des BVerwG *Fromm,* DVBl. 92, 709.

448 Zum Entscheidungsspielraum nach Zurückverweisung s. *BVerwG,* 21. 8. 1997 – 8 B 151.97 – NJW 97, 3456 = DVBl. 98, 232 = BayVBl. 98, 252.

449 Kritisch zur Anwendung von § 133 Abs. 6 bei Großverfahren *Schmidt,* NVwZ 93, 754.

450 *Pagenkopf,* DVBl. 91, 285, 293.

451 *BVerwG,* 25. 2. 1999 – 7 B 281.98 – BayVBl. 99, 768 = VIZ 99, 409.

452 *BVerwG,* 3. 11. 1992 – 11 B 40.92 –, Buchholz, § 132 VwGO, Nr. 313.

453 *BVerwG,* 3. 2. 1993 – 11 B 12/92 –, NVwZ-RR 94, 120.

Beispiel:
§ 78 Abs. 1 AsylverfahrensG.

187 Die Zulässigkeit der Revision setzt voraus, dass der Rechtsmittelführer durch die angegriffene Entscheidung rechtlich beschwert ist, s. im einzelnen F 6 ff.

188 Der Oberbundesanwalt, vgl. B 35 f, hat nicht die Befugnis, Revision[454] oder Anschlussrevision[455] einzulegen.

b) Einlegen der Revision, Frist

190 Die Revision ist gem. § 139 Abs. 1 Satz 1 beim **judex a quo** einzulegen. Ein Einlegen beim Bundesverwaltungsgericht **(judex ad quem)** ist auch zulässig und fristwahrend, § 139 Abs. 1 Satz 2.

191 In der Revisionsschrift ist das angefochtene Urteil präzise zu bezeichnen (Aktenzeichen, Tag der Verkündung, nach Möglichkeit auch Tag der Zustellung). Ein Antrag muss in der Revisionsschrift noch nicht enthalten sein. Dieser ist erst Ergebnis der Revisionsbegründung und kann daher dem Begründungsschriftsatz vorbehalten werden.

Hinweis:
Schriftsatzbeispiel für das Einlegen einer Revision gem. § 139 Abs. 1 s. Anhang I 25.

192 Die Revision ist gem. § 139 Abs. 1 Satz 1 binnen eines Monats nach Zustellung des angefochtenen Urteils einzulegen.

Hinweis für den Anwalt:
Feiertage bewirken eine Verlängerung dieser Frist nur dann, wenn der betreffende Tag am Sitz des Bundesverwaltungsgerichts in Berlin ein Feiertag ist![456]

Die Revisionseinlegung (und -begründung) ist auch durch Telefax[457] bzw. durch Computerfax mit gescannter Unterschrift[458] möglich. Die Gerichte hatten inzwischen verschiedentlich Gelegenheit, sich mit den prozessrechtlichen Folgen von Übermittlungsfehlern im Telefaxverkehr zu beschäftigen:

– Hat eine sonst zuverlässige Büroangestellte bei der Versendung eines Telefax versehentlich die falsche Telefaxnummer angegeben, so beruht die hierdurch verursachte Fristversäumnis regelmäßig nicht auf einem Verschulden des Rechtsanwalts.[459]
– Das Rechtsmittel ist unzulässig, wenn die Rechtsmittelschrift unvollständig übermittelt worden ist.[460]
– Dies gilt nicht, wenn die unvollständige Übermittlung ihren Grund in einem Fehler des Empfangsgeräts im Gericht hat.[461] Von einem Rechtsanwalt kann in

454 *BVerwG*, 24. 10. 1966 – Gr.Sen. 3.65 –, BVerwGE 25, 170, 174 f.
455 *BVerwG*, 9. 8. 1994 – 7 C 44.93 –, DVBl. 94, 1252.
456 So *BSG*, 8. 11. 1994 – 2 BU 184/94 –, DÖV 95, 739 für das sozialgerichtliche Revisionsverfahren; s. a. *VGH München*, 9. 8. 1996 – 23 AA 95 30922 –, BayVBl. 97, 151.
457 *BVerwG*, 17. 1. 1989 – 9 C 44/87 –, NVwZ 89, 673.
458 *Gemeinsamer Senat der Obersten Gerichtshöfe des Bundes*, 5. 4. 2000 – GmS-OGB 1.98 – NJW 00, 2340; s. dazu *Düwell*, NJW 00, 3334.
459 *BVerwG*, 26. 4. 1988 – 9 C 271/86 –, BayVBl. 89, 59.
460 *BVerwG*, 13. 6. 1990 – 9 B 122.90 –, NJW 91, 1193 = DÖV 91, 116.
461 *BVerfG, 2. Kammer des Ersten Senats*, 1. 8. 1996 – 1 BvR 121/95 – NJW 96, 2857; s. a. *BGH*, 23. 6. 1988 – X ZB 3/87 –, NJW 88, 2788.

diesen Fällen nicht verlangt werden, dass er innerhalb kürzester Zeit sicherstellt, dass das Rechtsmittel noch fristgerecht auf anderem Wege übermittelt wird.[462]

- Wird im Telefaxgerät des Gerichts ein Rechtsmittel zwar innerhalb der Frist elektronisch gespeichert, aber erst nach deren Ablauf ausgedruckt, so ist von Amts wegen Wiedereinsetzung in den vorigen Stand zu gewähren.[463]
- Das Bundessozialgericht hat die Einlegung einer Berufung durch Computer-Fax (also ohne Unterschrift) als zulässig angesehen.[464]

Das Rechtsmittel kann gem. § 86 a[465] auch als **elektronisches Dokument** mit einer qualifizierten elektronischen Signatur nach dem Signaturgesetz eingereicht werden, sobald die Bundesregierung diesen Weg durch eine Rechtsverordnung gem. § 86 a Abs. 2 freigegeben hat. **192 a**

Im Einzelfall kann die Einhaltung der Revisionsfrist auf Schwierigkeiten stoßen, wenn für den Revisionskläger zunächst ein Antrag auf Gewährung von **Prozesskostenhilfe** für das Verfahren dritter Instanz zu stellen ist. Die Prozesskostenhilfe wird gem. § 119 Abs. 1 ZPO grundsätzlich nur für den jeweiligen Rechtszug bewilligt. Sie ist also für das Revisionsverfahren gesondert beim Bundesverwaltungsgericht als dem Prozessgericht im Sinne des § 117 Abs. 1 Satz 1 ZPO zu beantragen. Wird nun die Prozesskostenhilfe erst nach Ablauf der Revisionsfrist gewährt, so ist dem Revisionskläger auf sein binnen zwei Wochen zu stellenden Antrag Wiedereinsetzung in die Revisionsfrist gem. § 60 zu gewähren.[466] **193**

Zu beachten ist, dass – wie stets – der Antrag auf Wiedereinsetzung mit der nachzuholenden Verfahrenshandlung zu verbinden ist, d.h. im Wiedereinsetzungsgesuch ist die Revision gegen das anzufechtende Urteil einzulegen. Eine Wiedereinsetzung scheidet nur dann aus, wenn der Revisionskläger inzwischen eine erhebliche Einkommenserhöhung verzeichnen konnte und ihm daher erkennbar war, dass der Antrag auf Gewährung der Prozesskostenhilfe keinen Erfolg haben werde.[467]

Die Revision ist durch einen **Rechtsanwalt oder Hochschullehrer,**[468] vgl. § 67 Abs. 1 Satz 2, einzulegen. Juristische Personen des öffentlichen Rechts und Behörde können sich auch durch Beamte oder Angestellte mit Befähigung zum Richteramt vertreten lassen, vgl. § 67 Abs. 1 Satz 4, sog. **Behördenprivileg;** s.a. oben F 164. **193 a**

---

[462] *BVerfG, 2. Kammer des Ersten Senats,* 1. 8. 1996 – 1 BvR 121/95 –, NJW 96, 2857; aA. noch *OLG München,* 7. 6. 1990 – 12 UF 805/90 –, NJW 91, 303 = Versicherungsrecht 1991, 831 m. abl. Anm. *Jaeger.*

[463] *VGH Mannheim,* 2. 12. 1993 – A 16 S 2083/93 – NJW 94, 538.

[464] *BSG,* 15. 10. 1996 – 14 Beg 9/96 – BDVR-Rundschreiben 97, 57; zur Übermittlung von Willenserklärungen im Internet s.a. *Ernst,* NJW-CoR 97, 165.

[465] Eingefügt durch „Gesetz zur Anpassung der Formvorschriften des Privatrechts und anderer Vorschriften an den modernen Rechtsverkehr, Gesetz vom 13. Juli 2001, BGBl. I, 1542.

[466] Für den Fall, dass inzwischen auch die Revisionsbegründungsfrist verstrichen ist, s. unten F 156.

[467] Vgl. *BGH,* 15. 10. 1974 – VI ZB 9/74 –, MDR 75, 129; *BGH,* 18. 10. 1980 – XIII ZB 31/80 –, Versicherungsrecht 81, 61.

[468] *OVG Hamburg,* 4. 10. 1999 – 5 Bf 284.99 – NVwZ-RR 00, 647: Wissenschaftlicher Oberrat an einem rechtswissenschaftlichen Institut ist kein Hochschullehrer.

c) Begründung, § 139 Abs. 3

aa) Frist

194 Die Begründungsfrist beginnt nicht wie bei der zivilrechtlichen Revision mit der Einlegung des Rechtsmittels zu laufen; die zweimonatige Frist beginnt vielmehr mit der Zustellung der vollständigen Berufungsentscheidung, § 139 Abs. 3 Satz 1, so dass der Rechtsanwalt nicht gezwungen ist, zum Zwecke des Zeitgewinns die Einlegungsfrist bis zum letzten Tage auszuschöpfen. Wird die Revision durch Beschluss zugelassen, so beginnt die **ein**monatige Begründungsfrist mit Zustellung dieses Beschlusses, vgl. § 139 Abs. 3 Satz 1.

195 Die **Revisionsbegründungsfrist** kann auf Antrag des Prozessbevollmächtigten **verlängert** werden. Eine erste, auch geräumige (z. B. zwei Monate) Verlängerung der Frist wird von den Senaten des Bundesverwaltungsgerichts auch ohne gesonderte Begründung regelmäßig gewährt. Der Antrag auf Fristverlängerung muss beim Gericht vor Fristablauf eingehen.[469]

Das Begehren nach einer weiteren Fristverlängerung sollte begründet werden, auch diese stößt jedoch in den meisten Fällen im Hinblick auf den Terminstand der Senate[470] nicht auf Schwierigkeiten.

196 Kompliziert ist die Fristensituation, wenn der Kläger zunächst ein Prozesskostenhilfeverfahren durchführen muss und dadurch sowohl die Frist für die Einlegung als auch die (davon unabhängige) Frist für die Begründung der Revision versäumt. Nach dem Wortlaut von § 60 muss der Revisionskläger in diesen Fällen die Revision innerhalb der zweiwöchigen Wiedereinsetzungsfrist einlegen **und begründen.**[471] Der 5. Senat des Bundesverwaltungsgerichts meint dagegen, mit der Zustellung des die Wiedereinsetzung gewährenden Beschlusses beginne eine **einmonatige** Begründungsfrist zu laufen, weil nur so das Rechtsschutzinteresse der „armen Partei" voll gewahrt werde.[472]

Beispiel:

Das die Revision zulassende OVG-Urteil wird am 10. 3. zugestellt. Der Kläger beantragt am 20. 3. beim Bundesverwaltungsgericht die Gewährung der Prozesskostenhilfe. Das Bundesverwaltungsgericht gewährt die Prozesskostenhilfe mit einem am 15. 6. zugestellten Beschluss.

Nach der Rechtsprechung des 5. Senats des Bundesverwaltungsgerichts muss der Kläger jetzt binnen zwei Wochen beim OVG oder Bundesverwaltungsgericht[473] (nur) die Wiedereinsetzung in die Revisionsfrist beantragen und dies mit der Revision verbinden, vgl. oben Rdn. F 193. Stellt er diesen Antrag am 25. 6. und gewährt das Bundesverwaltungsgericht die Wiedereinsetzung mit einem am 31. 7. zugestellten Beschluss, so läuft die Revisionsbegrün-

---

[469] *BVerwG*, 31. 5. 1990 – 3 C 20.88 –, BayVBl. 91, 93.

[470] Die durchschnittliche Dauer der durch Urteil erledigten Revisionsverfahren betrug 1994 noch gut 17 Monate, DVBl. 95, 339, im Jahre 1995 14 Monate, NVwZ 96, 355 und ist im Jahre 2000 auf 10 Monate gesunken, DVBl. 01, 522.

[471] So allgemein *BVerwG*, 25. 6. 1996 – 9 C 7.96 –, NJW 96, 2808 = BayVBl. 97, 57; *BVerwG*, 24. 5. 1993 – 8 C S. 93 – BayVBl. 94, 188 für die Wiedereinsetzung in die Revisionsbegründungsfrist.

[472] *BVerwG*, 2. 4. 1992 – 5 C 24.91 –, Buchholz, § 139 VwGO, Nr. 84; ebenso für den Fall der Wiedereinsetzung in die Begründungsfrist für die Nichtzulassungsbeschwerde *BVerwG* 18. 3. 1992 – 5 B 29.92 –, NJW 92, 2307.

[473] Vgl. *Redeker/von Oertzen*, § 60, Rdn. 17; *BVerwG*, 3. 1. 1961 – VI ER 414/60 –, NJW 61, 573.

dungsfrist nach dieser Rechtsauffassung am 31. 8. ab. Streng nach dem Wortlaut des § 139 Abs. 3 Satz 1 handelt es sich dagegen bei der Revisionsbegründungsfrist um eine von er Revisionsfrist unabhängige Frist. Geht man davon aus, muss der Kläger binnen zwei Wochen Wiedereinsetzung in die Einlegungs- und die Begründungsfrist beantragen und das Rechtsmittel innerhalb dieser Frist einlegen und begründen.

bb) Antrag

In der Revisionsbegründung ist ein bestimmter **Antrag** zu stellen, sofern dieser nicht bereits in der Revisionsschrift enthalten ist.[474] **197**

Sofern der Revisionskläger sein ursprüngliches, in den Vorinstanzen verfolgtes Begehren durch seinen Revisionsantrag einschränkt, stellt dies keine teilweise Rücknahme der Revision dar. Das Revisionsbegehren wird vielmehr durch den Revisionsantrag erstmalig konkretisiert.[475] Dasselbe gilt für die Fälle, in denen das Revisionsverfahren nach erfolgreichem Abschluss des Verfahrens der Nichtzulassungsbeschwerde gem. § 139 Abs. 2 Satz 1 als eingeleitet gilt.[476] **198**

Mit der Revisionsbegründung und dem Antrag ist das Revisionsbegehren bestimmt. Eine Klageänderung in der Revisionsinstanz ist nicht zulässig, § 142.[477] Bei einer Änderung der Rechtslage zum Nachteil des Klägers während der Anhängigkeit seiner Verpflichtungsklage können die dazu gestellten Anträge allerdings in entsprechender Anwendung des § 113 Abs. 1 Satz 4 auf einen Fortsetzungsfeststellungsantrag, vgl. D 243ff., umgestellt werden.[478] **199**

cc) Bezeichnung der verletzten Rechtsnorm, Auseinandersetzung mit der Berufungsentscheidung

In der Revisionsbegründung muss gem. § 139 Abs. 3 Satz 4 die **verletzte Rechtsnorm** bezeichnet werden, es reicht nicht aus, wenn in der Begründung lediglich formelhaft die Verletzung materiellen Rechts gerügt wird.[479] **200**

Bei einem Verstoß gegen diese auf den ersten Blick formell anmutende Vorschrift verwirft das Bundesverwaltungsgericht die Revision gem. § 144 Abs. 2 als unzulässig. Dabei versteht das Gericht unter der Bezeichnung der verletzten Rechtsnorm nicht nur die Angabe einer konkreten gesetzlichen Bestimmung. Das Bundesverwaltungsgericht leitet aus § 139 Abs. 3 Satz 4 vielmehr die Pflicht des Revisionsklägers ab, den Streitstoff in tatsächlicher und rechtlicher Hinsicht durchzuarbeiten, zu sichten und gliedern; die Revisionsbegründung erfordert, dass sich der Rechtsmittelführer mit den **Gründen des angefochtenen Urteils auseinandersetzt** und deutlich erkennbar macht, als welchen **konkreten Revisionsgründen** er mit dem angefochtenen Urteil nicht einverstanden ist.[480]

---

[474] *BVerwG,* 10. 12. 1981 – 3 C 27.80 –, Buchholz, § 139 VwGO, Nr. 59.

[475] *BVerwG,* 20. 6. 1991 – 3 C 6.89 –, NJW 92, 703.

[476] *BVerwG,* 23. 9. 1992 – 6 C 2.91 –, Buchholz, § 139 Abs. 2 VwGO, Nr. 1.

[477] *BVerwG,* 26. 11. 1987 –2 C 41.87 –, ZBR 88, 222.

[478] *BVerwG,* 20. 4. 1994 – 11 C 60.92 –, NVwZ-RR 95, 173.

[479] *BVerwG,* 2. 4. 1982 – 5 C 3.81 –, Buchholz, § 139 VwGO, Nr. 61; nur ausnahmsweise ist die Bezeichnung der verletzten Rechtsnorm entbehrlich, wenn sich aus dem Revisionsvorbringen eindeutig entnehmen läßt, um welche Bestimmung es geht, vgl. *BVerwG,* 12. 4. 1991 – 7 C 36.90 –, DVBl. 91, 756.

[480] *BVerwG,* 3. 3. 1998 – 9 C 20/97 – NVwZ 98, 735; *BVerwG,* 2. 4. 1982 – 5 C 3.81 –, Buchholz, § 139 VwGO, Nr. 61; s. a. *BAG,* 29. 10. 1997 – 5 AZR 624/96 – NZA 98, 336.

201 Vor diesem Hintergrund wird erklärlich, dass sich die Senate des Bundesverwaltungsgerichts immer wieder mit der Frage auseinandersetzen müssen, inwiefern der Rechtsmittelführer seine Pflicht zur Revisionsbegründung erfüllt, wenn er „vollinhaltlich" auf in den Vorinstanzen oder aber im Verfahren der Nichtzulassungsbeschwerde eingereichte Schriftsätze Bezug nimmt. Grundsätzlich muss die Revisionsbegründung aus sich selbst heraus und ohne Verweisung auf andere Schriftsätze verständlich sein. Deshalb kann die Bezugnahme auf Schriftsätze, die im Verfahren über die Nichtzulassung der Revision eingereicht worden sind, regelmäßig nicht ausreichen, um den Vorschriften über die Revisionsbegründung zu genügen.[481]

Der Prozessbevollmächtigte des Revisionsklägers hat vielmehr – für das Revisionsgericht objektiv erkennbar – eine Sichtung und Durchdringung des Streitstoffs vorzunehmen, der im Revisionsverfahren mangels Identität von Revisionszulassungs- und Revisionsgründen ein anderer ist als im Verfahren über die Nichtzulassungsbeschwerde. Er muss deshalb eine eigenständige Revisionsbegründung vorlegen, die das Revisionsgericht durch die Aufbereitung der entscheidungserheblichen Gesichtspunkte entlastet und insbesondere das Ausmaß der revisionsgerichtlichen Prüfung bestimmt.[482]

202 Dabei ist die bloße Bezugnahme auf das Rechtsgutachten eines juristischen Hochschullehrers regelmäßig nicht ausreichend.[483]

203 **Beispiel:**

Das Oberverwaltungsgericht hatte die Revision nicht zugelassen. Im Verfahren der Nichtzulassungsbeschwerde hatte der Kläger verschiedene Verfahrensmängel gerügt, und die aus seiner Sicht rechtsgrundsätzliche Bedeutung der Sache dargelegt. Das Bundesverwaltungsgericht ließ die Revision allein im Hinblick auf den in der Nichtzulassungsbeschwerde aufgeführten Aufklärungsmangel zu. Der Kläger verwies daraufhin zur Begründung der Revision „vollinhaltlich" auf die Begründung der Nichtzulassungsbeschwerde und ergänzte, dass „auch und gerade unter Berücksichtigung des Zulassungsbeschlusses" die Revision Erfolg haben müsse.

Das Bundesverwaltungsgericht vertrat die Auffassung, diese Revisionsbegründung entspreche nicht den in § 139 Abs. 3 Satz 4 statuierten Anforderungen an die Revisionsbegründung; der Senat hat die Revision gem. § 144 Abs. 1 durch Beschluss als unzulässig verworfen und führte zur Begründung aus:

Die Verweisung auf den Beschluss – mit dem die Revision aufgrund eines Aufklärungsmangels zugelassen worden war – könne nahelegen, dass das angefochtene Urteil nur unter diesem Aspekt zur Überprüfung gestellt wird. Das Gericht wäre dann gem. § 137 Abs. 3 Satz 1 gehindert, das angefochtene Urteil auch in materiell-rechtlicher Hinsicht zu überprüfen. Die Bezugnahme auf die Beschwerdeschrift lasse dagegen vermuten, der Revisionskläger wolle alle dort angeführten Zulassungsgründe nunmehr als Revisionsgründe geltend machen. Diese Widersprüche hätte der Revisionskläger in der Begründung des Rechtsmittels vermeiden bzw. auflösen müssen.[484]

204 Zur Begründung der Revision sollte daher nur dann auf Schriftsätze im Zulassungsverfahren bzw. den entsprechenden Zulassungsbeschluss verwiesen wer-

---

[481] *BVerwG*, 30. 8. 1988 – 9 C 20.88 –, BayVBl. 90, 124; *BVerwG*, 25. 10. 1988 – 9 C 37.88 –, NVwZ 89, 477; *BVerwG*, 2. 12. 1988 – 4 C 14/88 –, NVwZ 89, 557; s. a. *BSG*, 26. 9. 1996 – 2 RU 14/96 – DÖV 98, 42 [Ls.].

[482] *BVerwG*, 6. 12. 1984 – 9 C 41.84 –, NJW 85, 1235; *BVerwG*, 27. 10. 1987–1 C 10.85 –, BayVBl. 88, 379.

[483] *BVerwG*, 13. 7. 1989 – 4 B 140/88 –, NVwZ 90, 459.

[484] *BVerwG*, 6. 12. 1984 – 9 C 41.84 –, NJW 85, 1235.

den, wenn der Revisionskläger allein einen Verfahrensmangel geltend machen will und das Vorliegen dieses Mangels im Zulassungsbeschluss bereits bejaht worden ist.[485]

In allen anderen Fällen sollte nicht auf Schriftsätze im Nichtzulassungsverfahren verwiesen werden. Dies gilt natürlich erst recht für Schriftsätze, die vor Erlass des angefochtenen Urteils in erster oder zweiter Instanz eingereicht worden sind, da diese selbstverständlich die Gründe der angefochtenen gerichtlichen Entscheidung noch nicht verarbeiten können.[486]

Auch bei der Revisionsbegründung ist zu beachten, dass „mehrfach begründete" **205** Entscheidungen nur dann erfolgreich angegriffen werden können, wenn hinsichtlich jeder dieser Begründungen dargelegt wird, warum sie nach Auffassung des Rechtsmittelführers das vom Berufungsgericht gefundene Ergebnis nicht tragen; wird eine der Begründungen im Berufungsurteil mit der Revision nicht ausdrücklich angegriffen, so ist diese als unzulässig zu verwerfen.[487]

d) Umfang der revisionsgerichtlichen Prüfung

aa) Zulässige Revisionsgründe, § 137

Bei der Revisionsbegründung sind der revisionsgerichtliche Prüfungsrahmen und **206** die Prüfungskriterien zu berücksichtigen. Im Rahmen des Revisionsverfahrens ist es dem Bundesverwaltungsgericht verwehrt, das angefochtene Urteil in jeder Hinsicht zu überprüfen, die Grenzen ergeben sich aus § 137. Sie bestehen in dreifacher Hinsicht:
- die angefochtene Entscheidung ist nur auf ihre Vereinbarkeit mit revisiblem Recht zu prüfen, § 137 Abs. 1, vgl. dazu oben F 89ff.,
- die tatsächlichen Feststellungen in der angefochtenen Entscheidung sind grundsätzlich bindend, § 137 Abs. 2,
- in bestimmten Fällen darf nur geprüft werden, ob die geltend gemachten Revisionsgründe gegeben sind, § 137 Abs. 3.

An die in dem angefochtenen Urteil getroffenen **tatsächlichen Feststellungen** **207** ist das Bundesverwaltungsgericht **gebunden,**[488] es sei denn, in Bezug auf diese Feststellungen sind zulässige und begründete Revisionsgründe vorgebracht worden, vgl. § 137 Abs. 2.[489] In einem solchen Fall stellt das Bundesverwaltungsgericht allerdings als Revisionsgericht keine eigenen Tatsachenermittlungen an, sondern hebt die angefochtene Entscheidung durch Urteil auf und verweist die Sache an das Berufungsgericht zurück (§ 144 Abs. 2 Nr. 2).

Insbesondere bei der Auslegung von Willenserklärungen kann es zweifelhaft **208** sein, ob die entsprechenden Ausführungen in den Gründen der angefochtenen Entscheidung für das Bundesverwaltungsgericht als tatsächliche Feststellungen bin-

485 *BVerwG,* 31. 5. 1983 – 4 C 20.83 –, NJW 84, 140.

486 *BVerwG,* 30. 1. 1981 – 5 C 57.80 –, Buchholz, § 139 VwGO, Nr. 56.

487 *BVerwG,* 30. 4. 1980 – 7 C 88.79 –, NJW 80, 2268.

488 Dies gilt ohne verfassungsrechtliche Modifizierung auch für das asylrechtliche Revisionsverfahren, vgl. *BVerwG,* 26. 7. 1988 – 9 C 51/87 –, NVwZ 89, 69; s. aber *BVerwG,* 20. 10. 1992 – 9 C 77/91 –, NVwZ 93, 275 = DVBl. 93, 319.

489 Zu weiteren speziellen Ausnahmen s. *BVerwG,* 20. 10. 1992 – 9 C 77/91 –, DVBl. 93, 319.

dend sind oder aber als Rechtserkenntnis der Revision unterliegen. Die Auslegung von Willenserklärungen ist nach Auffassung des Bundesverwaltungsgerichts nur insofern revisionsgerichtlich überprüfbar, als zu klären ist, ob allgemeine Erfahrungssätze, Denkgesetze oder Auslegungsregeln verletzt worden sind.[490]

209 Im übrigen ist die Auslegung von Willenserklärungen den tatsächlichen Feststellungen zuzurechnen. Nur der den Gegenstand des Rechtsstreits bildende Verwaltungsakt unterliegt in vollem Umfange der selbständigen Auslegung durch das Revisionsgericht.[491]

210 Das Bundesverwaltungsgericht ist grundsätzlich nicht an die geltend gemachten Revisionsgründe gebunden, vgl. § 137 Abs. 3 Satz 2. Wenn der Revisionskläger die Revision allerdings ausdrücklich ausschließlich auf Verfahrensmängel stützt, so dürfen nur die innerhalb der Revisionsbegründungsfrist geltend gemachten Verfahrensmängel geprüft werden. In materiell-rechtlicher Hinsicht darf das Revisionsgericht die angefochtene Entscheidung in diesen Fällen nur dann überprüfen, wenn gleichzeitig die Voraussetzungen des § 132 Abs. 2 Nrn. 1 und 2 (Rechtsgrundsätzlichkeit oder Divergenz) vorliegen, vgl. § 137 Abs. 3 Satz 1.[492]

bb) Absolute Revisionsgründe, § 138

211 Liegt ein vom Revisionskläger geltend gemachter Verfahrensmangel, der unter § 138 fällt (vgl. F 139 ff.), tatsächlich vor, so begründet dies die nicht widerlegbare Vermutung, dass das angefochtene Urteil auf diesem Mangel beruht. Es bedarf also für den Erfolg der Revision – im Gegensatz zur „einfachen" Verfahrensrevision (vgl. F 138) – keines gesonderten Kausalitätsnachweises. In den Fällen des § 138 ist daher auch keine Zurückweisung der Revision gem. § 144 Abs. 4 möglich. Das Bundesverwaltungsgericht kann die Revision mithin nicht mit der Begründung zurückweisen, dass das Verfahren, das zu dem angefochtenen Urteil geführt hat, zwar an einem Mangel im Sinne des § 138 leide, aber die getroffene Entscheidung im Ergebnis aus einem anderen rechtlichen Grunde zutreffend sei.[493]

e) Revisionserwiderung

212 Für die Vorlage einer **Revisionserwiderungsschrift** (auch Revisionsbeantwortung) nennt die VwGO keine Fristen. Einzelne Senate des Bundesverwaltungsgerichts fordern den Revisionsgegner gleichwohl auf, die Erwiderung innerhalb einer bestimmten Frist einzureichen. Die Überschreitung dieser Frist ist zwar nicht sanktioniert, die Frist sollte aber eingehalten werden, denn nur so ist gewährleistet, dass der Senat die schriftsätzlichen Ausführungen im Rahmen der Vorberatung zur Kenntnis nehmen kann.

213 In erster Linie wird der Revisionsbeklagte versuchen, in der Revisionserwiderung die Angriffe gegen die ihm günstige obergerichtliche Entscheidung zu entkräften.

---

490 *BVerwG,* 27. 5. 1981 – 8 C 6.81 –, NVwZ 82, 196.

491 *BVerwG,* 23. 5. 1984 – 2 C 41.81 –, NVwZ 85, 181; *BVerwG,* 9. 5. 1985 – 2 C 16.83 –, Buchholz, § 137 VwGO, Nr. 128.

492 *BVerwG,* 31. 7. 1984 – 9 C 46.84 –, NVwZ 85, 199 = BVerwGE 70, 24.

493 *BVerwG,* 20. 2. 1981 – 7 C 78.80 –, NJW 81, 1852 = BVerwGE 62, 6.

Der Revisionsbeklagte muss aber auch die prozessuale Situation bedenken, die sich ergibt, wenn das Bundesverwaltungsgericht der rechtlichen Argumentation des Revisionsklägers folgt. Es mag sein, dass der Revisionsbeklagte im Ergebnis auch dann das ihm günstige zweitinstanzliche Urteil verteidigen kann, dies aber in der Revisionsinstanz noch nicht möglich ist, weil das Berufungsgericht – nach seiner Rechtsauffassung zutreffend – die relevanten tatsächlichen Feststellungen noch nicht getroffen hat. Der Revisionsbeklagte muss das Bundesverwaltungsgericht – vorsorglich – in entsprechender Anwendung des § 137 Abs. 2 darauf hinweisen, dass diese Feststellungen noch ausstehen. Diese sog. **Gegenrüge** ist beachtlich, obwohl der Revisionsgegner durch die angefochtene Entscheidung nicht beschwert ist.[494] 214

f) Revisionsverhandlung

Die Revision ist gem. §§ 141, 125 Abs. 1, 101 Abs. 1 Gegenstand einer mündlichen Verhandlung vor dem erkennenden Senat. Die Verhandlung beginnt gem. § 123 Abs. 2 mit dem Vortrag des Berichterstatters; hieran schließen sich gem. § 103 Abs. 3 die Plädoyers des Revisionsklägers, des Revisionsbeklagten und gegebenenfalls des Oberbundesanwalts – vgl. B 35 f. – an. Schließlich wird die Sache in einem zumeist sehr ausführlichen Rechtsgespräch erörtert. 215

Mit Einverständnis der Beteiligten kann das Bundesverwaltungsgericht gem. §§ 141, 125 Abs. 1, 101 Abs. 2 ohne mündliche Verhandlung entscheiden. Dies hat gem. § 35 BRAGO für die **Rechtsanwälte** keine nachteilige Kostenfolge, da die Verhandlungsgebühr gleichwohl entsteht. 216

g) Entscheidung über die Revision

aa) Verwerfung durch Beschluss

Das Bundesverwaltungsgericht verwirft die Revision ohne mündliche Verhandlung gem. § 144 Abs. 1 durch Beschluss, wenn die Revision unzulässig ist, weil der Revisionskläger die Einlegungs- bzw. Begründungsfrist überschritten hat und eine Wiedereinsetzung nicht gewährt worden ist. Die Revision wird ferner verworfen, wenn sie nicht in der gesetzlich bestimmten Weise begründet worden ist, vgl. F 194ff. 217

bb) Entscheidung durch Urteil

Ist die Revision zulässig, aber unbegründet, so weist das Bundesverwaltungsgericht die Revision durch Urteil gem. § 144 Abs. 2 zurück. Diese Entscheidung beruht häufig auf § 144 Abs. 4, nach dem das Revisionsgericht die Revision auch dann zurückweisen kann, wenn die Gründe der angefochtenen Entscheidung zwar eine Verletzung des bestehenden Rechts erkennen lassen, die Entscheidung aber aus anderen Gründen richtig ist. 218

Beispiele: 219

- Das OVG weist die Klage zu Unrecht als unzulässig ab, das Bundesverwaltungsgericht sieht die Klage auf der Grundlage der vom OVG getroffenen tatsächlichen Feststellung als unbegründet an.[495]

---

[494] *BVerwG,* 26. 3. 1985 – 9 C 107/84 –, NVwZ 85, 913 = BVerwGE 71, 75; ausführlich zur Gegenrüge *Rudisile,* DVBl. 88, 1135.

[495] *BVerwG,* 12. 2. 1981 – 2 C 42.78 –, NVwZ 82, 103; *BVerwG,* 18. 12. 1987 – 4 C 9.86 –, NVwZ 88, 527 = DVBl. 88, 492.

– Fall oben F 130a. Die auf dem Verfahrensverstoß beruhende Entscheidung erweist sich aus materiellrechtlichen Gründen als zutreffend.[496] Eine Entscheidung gem. § 144 Abs. 4 kommt allerdings nicht in Betracht, wenn zugleich ein absoluter Revisionsgrund vorliegt;[497] das könnte hier ein Gehörsverstoß gem. § 138 Nr. 3 sein, vgl. F 130.
– Eine tatsächliche Feststellung des Berufungsgerichts, die möglicherweise darauf beruht, dass einem Beweisantrag unter Verletzung des rechtlichen Gehörs nicht nachgegangen wurde, kann hinweggedacht werden, ohne dass im Ergebnis die Richtigkeit der Entscheidung des Berufungsgerichts in Frage gestellt wäre.[498]

220 Ist die Revision begründet, so kann das Bundesverwaltungsgericht gem. § 144 Abs. 3 Nr. 4 in der Sache selbst entscheiden, wenn der Sachverhalt keiner weiteren Aufklärung durch das Tatsachengericht bedarf.[499]

221 In diesem Zusammenhang ist von Bedeutung, dass das Bundesverwaltungsgericht seine Beurteilung auf alle Tatsachen stützen kann, die aus den Urteilen aus den Tatsacheninstanzen unmittelbar oder mittelbar ersichtlich sind. Das gilt unabhängig davon, ob sie in den Tatsacheninstanzen verwertet worden sind.[500] Auch Tatsachen, die zwar in den Tatsacheninstanzen nicht festgestellt worden sind, über die zwischen den Parteien aber kein Streit besteht, können berücksichtigt werden.[501] Allerdings ist den Prozessbeteiligten zur Wahrung des rechtlichen Gehörs die Möglichkeit einzuräumen, gegen diese tatsächlichen Feststellungen Rügen zu erheben.[502]

222 Ist die Revision schließlich begründet, aber die Sache noch nicht spruchreif, so hebt das Bundesverwaltungsgericht gem. § 144 Abs. 3 Nr. 2 das angefochtene Urteil auf und verweist die Sache zur anderweitigen Verhandlung und Entscheidung zurück. Gem. § 173 i.V.m. § 565 Abs. 1 Satz 1 ZPO kann die Zurückverweisung auch an einen anderen Senat des Obergerichts erfolgen.[503]

Nach der Rechtsprechung des Bundesverwaltungsgerichts ist die Zurückweisung nicht geboten, wenn die tatsächlichen Feststellungen zwar getroffen sind, die Entscheidung aber von der Gültigkeit (z.B. B-Plan!) bzw. Auslegung einer landesrechtlichen Norm abhängt. Das Bundesverwaltungsgericht nimmt in diesen Fällen die Kompetenz in Anspruch, selbst das anwendbare Landesrecht festzustellen.[504]

223 Das Oberverwaltungsgericht ist nach einer Zurückverweisung gem. § 144 Abs. 6 bei der anderweitigen Verhandlung an die rechtliche Beurteilung des Revisionsgerichtes gebunden. Die Bindungswirkung erstreckt sich auf alle Punkte der rechtlichen Beurteilung, die für Aufhebung des angefochtenen Urteils tragend

---

[496] *BVerwG,* 10. 11. 1999 – 6 C 30.98 – NVwZ 00, 1290.

[497] *Kopp/Schenke,* § 144, Rdn. 6.

[498] *BVerwG,* 16. 3. 1994 – 11 C 48.92 –, DVBl. 94, 1191.

[499] Dies kann im Einzelfall problematisch sein: vgl. die kritische Anmerkung von *Egon Schneider* MDR 87, 989 zu *BVerwG,* 17. 7. 1987 – 7 C 118.86 –, soweit ersichtlich nicht veröffentlicht.

[500] *BVerwG,* 8. 3. 1984 – 6 C 6.83 –, Buchholz, § 145 VwGO, Nr. 40.

[501] *BVerwG,* 14. 2. 1968 – VI C 53.65 –, BVerwGE 29, 127.

[502] *BVerwG,* 15. 12. 1983 – 5 C 26.83 –, NJW 84, 2235 [nur Ls.] = BVerwGE 68, 290.

[503] S. dazu *Zeihe,* DVBl. 99, 1322.

[504] *BVerwG,* 17. 10. 1986 – 7 C 79.85 –, BVerwGE 75, 67, 72; *BVerwG,* 18. 12. 1987 – 4 C 9.86 –, NVwZ 88, 527 = DVBl. 88, 494 = DÖV 88, 560; kritisch: *Kopp/Schenke,* VwGO, § 137, Rdn. 32.

gewesen sind.[505] Ein Verstoß gegen die Bindungswirkung begründet die Verfahrensrevision.[506]

Dies gilt allerdings nur für **dieselbe Sache.** In einem neuen Rechtsstreit ist das Tatsachengericht an die rechtliche Beurteilung des in einem früheren Verfahren ergangenen zurückweisenden Urteils auch dann nicht gebunden, wenn der neue Rechtsstreit dieselben Rechtsfragen betrifft und von denselben Beteiligten geführt wird.[507] Der beschwerte Beteiligte muss dann erneut das Bundesverwaltungsgericht anrufen, die Revision bzw. Nichtzulassungsbeschwerde dürfte unter dem Gesichtspunkt der Divergenz regelmäßig begründet sein.

h) Zurücknahme der Revision, § 140

Für die Zurücknahme der Revision trifft § 140 Regelungen, die inhaltlich denen über die Zurücknahme der Berufung in § 126 entsprechen, s. dazu oben F 72. **224**

Von der Zurücknahme der Revision ist die Rücknahme der Klage in der Revisionsinstanz zu unterscheiden. Hier wirkt sich das Gebot anwaltlicher Vertretung im Revisionsverfahren – dazu oben F 193 a – aus. Der anwaltlich vertretene Revisionskläger kann seine Klage persönlich nicht wirksam zurücknehmen.[508] Dagegen soll § 67 Abs. 1 für die Klagerücknahme in der Revisionsinstanz nicht anwendbar sein, wenn der (noch) nicht anwaltlich vertretene Kläger die Stellung des Revisionsbeklagten hat.[509]

i) Anschlussrevision, § 141 i. V. m. § 127

Für die Zulässigkeit der Anschlussrevision gelten gem. § 141 Regelungen über die Anschlussberufung in § 127 entsprechend, vgl. oben F 75. Der Vertreter des öffentlichen Interesses, vgl. zu diesem B 35, der sich während des Berufungsverfahrens nicht beteiligt hat, ist nicht zur unselbständigen Anschlussrevision befugt.[510] **225**

3. Sprungrevision, § 134

§ 134 ermöglicht es den Beteiligten in Fällen, die in tatsächlicher Hinsicht eindeutig liegen, schneller eine letztinstanzliche Entscheidung durch das Bundesverwaltungsgericht herbeizuführen. Die Beteiligten können gegen das erstinstanzliche Urteil unter Übergehung der Berufungsinstanz direkt die Revision zum Bundesverwaltungsgericht einlegen, wenn die Voraussetzungen des § 134 vorliegen. **226**

Hinweis: **227**
In asylrechtlichen Angelegenheiten ist die Sprungrevision gem. § 78 Abs. 2 Satz 2 AsylverfahrensG nicht statthaft.

---

505 *BVerwG,* 11. 7. 2000 – 8 B 154.00 – NVwZ 00, 1299; *BVerwG,* 21. 8. 1997 – 8 B 151/97 – NJW 97, 3456.

506 *BVerwG,* 21. 8. 1997 – 8 B 151/97 – NJW 97, 3456.

507 *BVerwG,* 11. 7. 2000 – 8 B 154.00 – NVwZ 00, 1299; *BVerwG,* 15. 9. 1981 – 8 B 108.81 – NVwZ 82, 120.

508 *BVerwG,* 10. 5. 1961 – VIII C 150760 – NJW 61, 1641; s.a. *OVG Berlin,* 3 S 7/98 – NVwZ-RR 98, 597 m.w.N.

509 *BVerwG,* 12. 2. 1970 – 8 C 29/69 – NJW 70, 1205; s.a. *OVG Berlin,* 3 S 7/98 – NVwZ-RR 98, 597 m.w.N.

510 *BVerwG,* 25. 8. 1992 – 1 C 38.90 –, DVBl. 93, 41.

a) Besondere Zulässigkeitsvoraussetzungen der Sprungrevision

aa) Zustimmung von Kläger und Beklagtem

229 Dem Rechtsmittelgegner wird durch die Sprungrevision eine (Tatsachen-)Instanz genommen. § 134 macht daher die Zulässigkeit der Sprungrevision von der Zustimmung des Klägers und des Beklagten abhängig. Diese Zustimmungserklärung ist konkludent in dem Revisionsantrag der unterlegenen Partei enthalten. Die andere Partei muss ihre Zustimmung ausdrücklich erklären. Die Zulässigkeit der Sprungrevision hängt nach dem klaren Wortlaut des § 134 Abs. 1 Satz 1 nicht von der Zustimmung des **Beigeladenen** ab.[511] Die gleichwohl abgegebene Zustimmungserklärung des Beigeladenen kann daher allenfalls als Verzicht auf die Einlegung der Berufung interpretiert werden.

bb) Zulassung durch das Verwaltungsgericht

230 Die Sprungrevision ist ferner nur dann zulässig, wenn sie gem. § 134 Abs. 1 Satz 1 vom Verwaltungsgericht zugelassen worden ist. Die Sprungrevision ist statthaft, wenn an sich die Berufung zulässig wäre. Sie ist gem. § 134 Abs. 2 Satz 1 zuzulassen, wenn die Voraussetzungen des § 132 Abs. 2 Nr. 1 (Rechtsgrundsätzlichkeit) oder Nr. 2 (Divergenz) vorliegen. Die in § 127 BRRG geregelte Zugangs-Erleichterung (Divergenzrevision im Beamtenrecht auch bei der Abweichung von der Entscheidung eines Oberverwaltungsgerichts) gilt für die Sprungrevision nicht. Hier muss zunächst die Entscheidung des mit dem jeweiligen Landesbeamtenrecht ständig befassten Oberverwaltungsgerichts herbeigeführt werden.[512]

231 Die Zulassung der Sprungrevision setzt nicht die ausdrückliche Zulassung der Berufung – vgl. oben Rdn. F 5 ff. – voraus.[513]

b) Verfahren

aa) Prüfung von Amts wegen und auf Antrag

232 Das Verwaltungsgericht hat über die Zulassung der Sprungrevision von Amts wegen zu entscheiden und sie zuzulassen, wenn die Voraussetzungen des § 132 Abs. 2 Nr. 1 oder 2 VwGO vorliegen. Das Verwaltungsgericht trifft allerdings von Amts wegen lediglich die revisionszulassende Entscheidung; eine Entscheidung, nach der die Sprungrevision nicht zugelassen wird, ergeht nur, wenn die Zulassung von einem der Verfahrensbeteiligten beantragt worden ist, die Voraussetzungen der Zulassung aber nach Auffassung des Verwaltungsgerichts nicht vorliegen.

bb) Form und Zeitpunkt des Antrages

233 Der Antrag kann nicht nur in der mündlichen Verhandlung vor Verkündung des erstinstanzlichen Urteils zu Protokoll gegeben werden, sondern auch noch nach Verkündung bzw. Zustellung des erstinstanzlichen Urteils gesondert beim Verwaltungsgericht gestellt werden. Er ist innerhalb der Rechtsmittelfrist zu stellen, dem

---

[511] *BVerwG,* 26. 9. 1991 – 4 C 35.87 –, Buchholz, § 134 VwGO, Nr. 39; ebenso zur alten Fassung des § 134, der die Zustimmung des „Rechtsmittelgegners" verlangte, *Gemeinsamer Senat der obersten Gerichtshöfe des Bundes,* 16. 3. 1976 – GmSOGB 1.75 –, NJW 76, 1682 = BVerwGE 50, 369.

[512] *BVerwG,* 8. 6. 1966 – VIII C 153.63 –, BVerwGE 24, 186.

[513] *BVerwG,* 25. 3. 1993 – 5 C 45.91 –, DVBl. 93, 798.

Antrag ist gem. § 134 Satz 1 Satz 3 die schriftliche Zustimmungserklärung des Rechtsmittelgegners – soweit diese nicht schon in der mündlichen Verhandlung zu Protokoll erklärt wurde – beizugeben. Die Revisionseinlegung ersetzt den Antrag auf Revisionszulassung nicht.[514]

cc) Form und Zeitpunkt der Zustimmungserklärung

Die Zustimmungserklärung des Rechtsmittelgegners kann bereits wirksam **vor** Verkündung der anzufechtenden Entscheidung in der erstinstanzlichen Verhandlung zu Protokoll erklärt werden.[515] **234**

Die Erklärung kann auch von beiden Parteien für den Fall des jeweiligen Obsiegens abgegeben werden. Sie muss eindeutig ergeben, dass der Rechtsmittelgegner mit der Einlegung der Sprungrevision einverstanden ist. Es reicht daher z. B. nicht aus, wenn die obsiegende Partei lediglich dem Antrag auf Zulassung der Revision zustimmt, sie muss erklärtermaßen auch mit deren Einlegung einverstanden sein.[516] Gibt die zustimmende Partei ihre Erklärung nach Vorliegen und in Kenntnis der Urteilsgründe ab, so kann in der Zustimmungserklärung zur Zulassung der Revsion allerdings auch die Zustimmung zu deren Einlegung gesehen werden.[517] **235**

Der **Rechtsanwalt,** der für seine Partei die Sprungrevision einlegen will, sollte im Hinblick auf diese Rechtsprechung sichergehen und in jedem Falle nach Vorliegen und Zustellung des vollständigen Urteils erster Instanz nochmals eine ausdrückliche schriftliche Zustimmung des Rechtsmittelgegners einholen und diese der Revisionsschrift beifügen. **236**

Im eigenen Antrag auf Zulassung der Sprungrevision liegt keine Zustimmung zur Einlegung dieses Rechtsmittels durch die Gegenseite.[518] **237**

Wird die Zustimmungserklärung zu Protokoll des Gerichts erklärt, so ersetzt dies die gem. § 134 Abs. 1 Satz 3 erforderliche Schriftform, vgl. § 127 a BGB.[519] **238**

Hinweise für den Anwalt:

– Das Formerfordernis ist nicht gewahrt, wenn der Revisionsschrift lediglich eine vom Rechtsanwalt beglaubigte Abschrift des Protokolls beigegeben wird; nur die formgerechte beglaubigte Abschrift des Protokolls ist beachtlich.[520]
– In der Rechtsprechung wird die Auffassung vertreten, die Schriftform sei auch gewahrt, wenn der Revisionskläger die ihm per Telefax zugegangene Zustimmungserklärung des Gegners seinerseits per Telefax an das Gericht weiterleitet.[521]

Die Zustimmungserklärung unterliegt nicht dem Anwaltszwang.[522]

---

514 *BVerwG,* 25. 8. 1977 – VII C 65/76 –, NJW 78, 772.
515 *BVerwG,* 18. 6. 1962 – V C 92.61 –, BVerwGE 14, 259, 260.
516 *BVerwG,* 25. 11. 1992 – 4 C 16.92 –, NVWZ-RR 93, 219 = DÖV 93, 205; *BVerwG,* 17. 5. 1983 – 1 C 33.82 –, NVwZ 84, 302; *BVerwG,* 28. 3. 1985 – 3 C 62.84 –, NVwZ 86, 119.
517 *BVerwG,* 3. 11. 1992 – 9 C 32.92 –, Buchholz, § 134 VwGO, Nr. 41.
518 *BVerwG,* 29. 2. 1984 – 4 C 108/83 –, Buchholz, § 134 VwGO, Nr. 24.
519 S. a. *BVerwG,* 18. 6. 1962 – V C 92.61 –, BVerwGE 14, 259, 260.
520 *BSG,* 4. 5. 1994 – 6 Rka 20/92 – NVwZ 96, 104.
521 *BSG,* 22. 4. 1998 – B 9 SB 7/97 R – NVwZ-RR 99, 75.
522 *BVerwG,* 27. 3. 1990 – 6 P 34.87 –, Buchholz, § 234 VwGO, Nr. 37.

dd) Entscheidung des Verwaltungsgerichts

239 Das Verwaltungsgericht entscheidet im Urteil über die Zulassung der Revision von Amts wegen bzw. über einen von einem der Beteiligten in der mündlichen Verhandlung gestellten entsprechenden Antrag. Sofern das Verwaltungsgericht die Revision zulässt, muss es gem. § 58 darüber belehren, dass gegen das Urteil Berufung bzw. bei Nichtzulässigkeit der Berufung Nichtzulassungsbeschwerde gegen die Nichtzulassung der Berufung **oder** – bei Vorliegen der Zustimmung der anderen Partei – Sprungrevision eingelegt werden kann.[523]

Wird der Antrag auf Zulassung der Sprungrevision erst nach der erstinstanzlichen Entscheidung gestellt, so wird über die Zulassung durch Beschluss entschieden. Gibt das Verwaltungsgericht dem Antrag statt, so beginnt die Revisionsfrist mit der Zustellung dieses Beschlusses, vgl. § 134 Abs. 3 Satz 2. Lehnt das Verwaltungsgericht die Zulassung der Revision in diesem Beschluss ab, so beginnt mit Zustellung dieser Entscheidung die Frist für den Antrag auf Zulassung der Berufung erneut zu laufen, § 134 Abs. 3 Satz 1.

240 Die ablehnende Zulassungsentscheidung des Verwaltungsgerichts ist unanfechtbar, § 134 Abs. 2 Satz 3. Die positive Entscheidung ist – wie die Zulassungsentscheidung des Oberverwaltungsgerichts – für die Revisionsinstanz bindend, § 134 Abs. 2 Satz 2.

c) Rechtsmittelkonkurrenzen

241 Ist an dem Verfahren neben den Prozessparteien auch noch ein Beigeladener beteiligt, so ist durch die Zustimmungserklärung des Rechtsmittelgegners nicht sichergestellt, dass alle Beteiligten über das weitere Verfahren einig sind.[524]

242 **Beispiel:**

Das Verwaltungsgericht hat in einem Verfahren der Nachbaranfechtungsklage über die dem Beigeladenen erteilte Baugenehmigung zu entscheiden. Die Baubehörde beantragt in der mündlichen Verhandlung die Zulassung der Sprungrevision, der Nachbar stimmt diesem Antrag zu.

Der beigeladene Bauherr wird in derartigen Fällen häufig kein Interesse an einem Verzicht auf die zweite Tatsacheninstanz haben. Er sollte daher zunächst dem Verwaltungsgericht im Rahmen einer „Revisionsgegenrüge" die Gründe darlegen, die gegen die Zulassung der Revision sprechen. Lässt das Verwaltungsgericht die Sprungrevision gleichwohl zu, so kann es zu einer Konkurrenz zwischen der Berufung und der Revision kommen. Nach der ständigen Rechtsprechung des Bundesverwaltungsgerichts vor Einführung der Zulassungsberufung galt in diesen Fällen das Prioritätsprinzip: das zuerst eingelegte Rechtsmittel genoss den Vorrang.[525]

Dieser Grundsatz ist zu modifizieren; die Sperrwirkung ist nunmehr systemgerecht dem Berufungszulassungsantrag beizumessen. Der Bauherr, der auf die zweite Instanz nicht verzichten möchte, sollte mithin alsbald diesen Antrag stellen. Wird dagegen zuerst die Sprungrevision eingelegt, so steht damit die Zuständigkeit der Revisionsinstanz für alle Prozessbeteiligten endgültig fest, § 134 Abs. 5.[526]

243 Selbstverständlich kann der Beigeladene, der den Zulassungsantrag weder gestellt noch diesem Antrag zugestimmt hat, im Falle der positiven Zulassungsentscheidung

[523] *BVerwG*, 3. 11. 1992 – 9 C 6.92 –, DVBl. 93, 321.

[524] *Peter Schmidt* in *Eyermann*, § 134, Rdn. 16 verlangt daher, dass der Gesetzgeber die Zulässigkeit der Sprungrevision von der Zustimmung aller Prozeßbeteiligter abhängig macht.

[525] *BVerwG*, 26. 9. 1991 – 4 C 35.87 –, Buchholz, § 134 VwGO, Nr. 39.

[526] *BVerwG*, 4. 2. 1982 – 4 C 58.81 –, NVwZ 82, 372 = BVerwGE 65, 27.

auch selbst die Sprungrevision zum Bundesverwaltungsgericht einlegen, da die Zulassungsentscheidung für alle Prozessbeteiligten gilt.

d) Weiteres Revisionsverfahren

Wenn die Zulassungsentscheidung des Verwaltungsgerichts durch Beschluss erfolgt, beginnt die Einlegungs- und Begründungsfrist mit dieser Zustellung zu laufen, § 134 Abs. 3 Satz 2. Im Übrigen gelten für das weitere Revisionsverfahren die allgemeinen Grundsätze, vgl. oben F 190 ff. **244**

Ein Unterschied ergibt sich allerdings aus § 134 Abs. 4. Nach dieser Norm kann die Sprungrevision nicht auf Mängel des Verfahrens gestützt werden. **244 a**

Beispiel:

Das Verwaltungsgericht hat die Klage des Klägers gegen die dem Bauherrn erteilte Baugenehmigung als unzulässig abgewiesen, weil dem Kläger die Klagebefugnis gem. § 42 Abs. 2 fehle. Diese Norm gehört zwar zum Prozessrecht. Ihre Anwendung setzt jedoch die Beurteilung materiellrechtlicher Fragen voraus. Die Fragen – und mit ihnen die Klärung der Klagebefugnis – unterliegen der revisionsrechtlichen Prüfung.[527] **244 b**

Hebt das Bundesverwaltungsgericht im Verfahren der Sprungrevision die erstinstanzliche Entscheidung auf, so ist es gem. § 144 Abs. 5 in das Ermessen des Senats gestellt, ob er die Sache an das Verwaltungsgericht oder aber das zuständige Oberverwaltungsgericht zurückverweist. Sinnvoll ist die Rückverweisung an das Verwaltungsgericht, da es mit der Materie bereits vertraut ist. Bei sehr komplizierten Rechtsfragen und verwickelten Sachverhalten kommt auch eine Zurückverweisung an das Oberverwaltungsgericht in Betracht. **245**

4. Revision bei Ausschluss der Berufung, § 135

In den Fällen, in denen die Berufung durch Bundesgesetz ausgeschlossen ist, eröffnet § 135 die zulassungsgebundene Revision an das Bundesverwaltungsgericht. **246**

Beispiele:

§ 34 WehrpflichtG, § 339 LastenausgleichsG.

III. Beschwerde, § 146

Entscheidungen des Verwaltungsgerichts, die nicht als Urteile oder Gerichtsbescheide ergehen, sind grundsätzlich rechtsmittelfähig. Gem. § 146 Abs. 1 steht den Beteiligten die Beschwerde an das OVG zu. **247**

Konkret sind im Hinblick auf dieses Rechtsmittel zwei Fallgruppen zu unterscheiden: **248**
- Die in **§ 146 Abs. 2 genannten Entscheidungen** sind **nicht rechtsmittelfähig** (Ausnahme von der Regel des § 146 Abs. 1), s. sogleich F 249,
- In **allen anderen Fällen** unterliegen die Beschlüsse des Verwaltungsgerichts der **zulassungsfreien Beschwerde,** s. sogleich F 250.

---

527 *BVerwG,* 12. 3. 1998 – 4 C 3. 97 – DVBl. 98, 893 = ZfBR 98, 254.

249 **Beispiele für Entscheidungen, die nicht mit der Beschwerde angegriffen werden können:** [528]

- Rechtswegverweisungsbeschluss gem. § 17a Abs. 2 GVG in einem Verfahren gem. § 123, vgl. § 17a Abs. 4 Satz 3 GVG.[529]
- „Hängebeschlüsse" – s. dazu oben J 147 – im einstweiligen Rechtsschutzverfahren,[530]
- Rubrumsberichtigung in einem Rechtsstreit nach dem AsylverfahrensG,[531]
- Beschlüsse gem. § 92 Abs. 3 (Folgen der Klagerücknahme gem. § 92 Abs. 2),[532]

250 **Beispiele für Entscheidungen, die mit der Beschwerde angegriffen werden können:**

- Beschlüsse über gem. § 17a Abs. 3 GVG (Feststellung der Zulässigkeit des Verwaltungsrechtsweges, vgl. C 117ff.), bzw. gem. § 17a Abs. 2 GVG (Verweisung an ein anderes Gericht wegen Unzulässigkeit des Verwaltungsrechtsweges, vgl. C 127ff.),
- Beschlüsse über die Ablehnung der Beiladung gem. § 65,[533]
- Beschlüsse über die Zurückweisung eines bevollmächtigten Rechtsanwalts, der aufgrund des kommunalrechtlichen Vertretungsverbots von der Vertretung ausgeschlossen ist, vgl. oben E 27,
- Beschlüsse gem. § 92 Abs. 2 (Einstellung wegen Klagerücknahme),[534]
- Beschlüsse gem. § 94 (Aussetzung des Verfahrens wegen Vorgreiflichkeit eines anderen Rechtsstreits),[535]
- Streitwertbeschlüsse,[536] zur Streitwertbeschwerde s. auch unten H 52ff.
- Beschlüsse darüber, ob glaubhaft gemacht ist, dass gesetzlich anerkannte Gründe vorliegen, die die Verweigerung der Aktenvorlage rechtfertigen, § 99 Abs. 2, vgl. oben E 146,
- Beschlüsse über die Berichtigung des Urteils gem. § 118, vgl. E 392,
- Beschlüsse über die Berichtigung des Protokolls,[537]
- Beschlüsse über die Notwendigkeit der Zuziehung eines Bevollmächtigten im Vorverfahren gem. § 162 Abs. 2 Satz 2,[538]
- Beschlüsse des Gerichts im Kostenfestsetzungsverfahren nach entsprechendem Antrag gem. § 165 i. V. m. § 151,[539] vgl. G 77f.,
- Beschlüsse des Gerichts, mit denen ein Antrag auf Protokollberichtigung abgelehnt wird,[540]
- Beschlüsse des Gerichts im Rahmen der Vollstreckung,[541]
- Entscheidungen des Vorsitzenden im Rahmen der Vollstreckung gem. § 169.[542]

---

[528] Vgl. im einzelnen *Redeker/von Oertzen,* § 146, Rdn. 5ff.

[529] *OVG Hamburg,* 28. 2. 2000 – 4 So 5.00 – DVBl. 00, 1467.

[530] Str., wie hier: *OVG Berlin,* 3. 2. 1998 – 8 S 184/97 – NVwZ-RR 99, 212; **a. A.** *VGH München,* 21. 1. 2000 – 3 ZE 99 3632 – BayVBl. 00, 347 [auch zu der Frage, ob das OVG dann „durchentscheiden" kann]; *BerlVerfGH,* 6. 10. 1998 – 26 A.98, 26.98 – NVwZ 99, 1332, *MacLean,* LKV 01, 107.

[531] *VGH München,* 9. 9. 1998 – 19 C 98 32153 – BayVBl. 99, 87.

[532] *VGH München,* 19. 1. 1999 – 1 C 97 1542 – DVBl. 99, 993.

[533] *VGH Mannheim,* 8. 11. 1976 – X 1537/76 –, NJW 77, 1308.

[534] *VGH Kassel,* 12. 3. 1991 – 1 TE 247/92 –, NVwZ-RR 92, 55; **a. A.** *VGH München,* 19. 1. 1999 – 1 C 97 1542 – DVBl. 99, 993.

[535] *OVG Bautzen,* 13. 8. 1997 – 1 S 93/97 – NVwZ-RR 98, 339; *VGH Mannheim,* 22. 7. 1997 – 1 S 1647/97 – DVBl. 97, 1329; *VGH München,* 27. 10. 1992 – 12 C 92 1994 –, BayVBl. 93, 60; *VGH München,* 24. 3. 1992 – 14 C 92 477 –, BayVBl. 92, 697; *VGH München,* 4. 6. 1991 – 8 C 91 1185 –, BayVBl. 92, 215.

[536] *VGH München,* 20. 5. 1996 – 2 C 96 526 –, NVwZ-RR 97, 195.

[537] *VGH München,* 9. 2. 2000 – 12 C 99 1576 – NVwZ-RR 00, 843.

[538] *OVG Weimar,* 19. 10. 2000 – 4 VO 117/00 – NVwZ-RR 01, 487.

[539] *VGH München,* 20. 4. 1999 – 7 C 99 846 – BayVBl. 99, 543.

[540] *VGH München,* 21. 9. 1998 – 24 C 98 1989 – BayVBl. 99, 86 = DVBl. 99, 119 [Ls.].

[541] *OVG Lüneburg,* 16. 6. 1999 – 1 M 2042.99 – NVwZ-RR 00, 62 = UPR 00, 156 [Ls.].

[542] *VGH Kassel,* 19. 6. 1997 – 5 TM 1890/97 – NVwZ-RR 98, 77 = DVBl. 97, 1355.

Hinweis:
Beispiel für eine (Streitwert-)Beschwerde s. im Anhang I 33.

Der Beschwerde unterliegen grundsätzlich nur Entscheidungen des Verwaltungsgerichts. Sofern das Oberverwaltungsgericht als Gericht der Hauptsache (vgl. z.B. J 103) eine Entscheidung gem. § 80 Abs. 5 trifft, ist eine Beschwerde hiergegen nicht statthaft, § 152 Abs. 1.[543] 251

Nur noch von rechtshistorischem Interesse ist die durch die 6. VwGO-Novelle geschaffene Rechtslage: in den Verfahren gem. § 80 Abs. 5 bzw. gem. § 123 und bei der Prozesskostenhilfe bedurfte die Beschwerde der gesonderten Zulassung.[544] 252

1. Zulässigkeit der Beschwerde

a) Gesetzlicher Regelfall: Zulassungsfreie Beschwerde gem. § 146 Abs. 1

Die Beschwerde gegen die anzufechtende gerichtliche Entscheidung ist an das Verwaltungsgericht (judex a quo) zu richten, § 147 Abs. 1 Satz 1. 253

§ 147 Abs. 2 erklärt auch die an das Beschwerdegericht (judex ad quem) gerichtete Beschwerde für zulässig und fristwahrend. Die Einlegung beim Beschwerdegericht ist allerdings nicht ratsam, da sie das Abhilfeverfahren (dazu F 273) verzögern kann.

Verzögert das Verwaltungsgericht das **Hauptsacheverfahren** in einer nicht zu rechtfertigenden Weise, so kann der Kläger keine Untätigkeitsbeschwerde erheben. Ein solcher Rechtsbehelf, der nicht fristgebunden sein kann, ist mit der das Beschwerdeverfahren beherrschenden Grundregel der Fristgebundenheit nicht vereinbar.[545] In Betracht kommt allerdings eine **außerordentliche Beschwerde,** vgl. unten F 278i f. 254

Wenn ein Gericht ohne sachlichen Grund nach Ablauf geraumer Zeit über ein **Prozesskostenhilfegesuch** nicht entscheidet, ist die **Untätigkeitsbeschwerde** statthaft.[546] Nur so ist eine gegen das GG verstoßende Benachteiligung der unbemittelten Partei zu verhindern. Eine Beschwerdefrist ist nicht einzuhalten,[547] s. auch unten G 85. 255

Die **Beschwerdefrist** beträgt **zwei Wochen** ab Bekanntgabe der anzufechtenden Entscheidung. 256

---

543 Zur Zulässigkeit der „außerordentlichen Beschwerde“: *BVerwG*, 31. 8. 1995 – 4 B 195/95 –, NVwZ-RR 96, 422.

544 Vgl. *Kuhla/Hüttenbrink,* Der Verwaltungsprozeß, 2. Auflage 1998, F 252ff.

545 *OVG Frankfurt (Oder),* 16. 6. 2000 – 4 E 61.00.A – DVBl. 01, 314; *OVG Münster,* 3. 12. 1997 – 24 E 921/97 – NVwZ-RR 98, 340; wohl **a. A.** *Happ* in *Eyermann,* § 124, Rdn. 14; *Meyer-Ladewig* in *Schoch/Schmidt-Aßmann/Pietzner,* Vorb § 124, Rdn. 36 m.w.N. und *Olbertz* in *Schoch/Schmidt-Aßmann/Pietzner,* § 166, Rdn. 85 m.w.N.; zur Verletzung des landesrechtlichen Grundrechts auf ein zügiges Verfahren s. *VerfG Bbg,* 28. 3. 2001 – VfGBbg 2.01 – DVBl. 01, 912.

546 *VGH München,* 27. 1. 2000 – 10 C 993695 – NVwZ 00, 693: keine Entscheidung über **Prozesskostenhilfe**antrag nach Ablauf eines Jahres.

547 *VGH München,* 27. 1. 2000 – 10 C 993695 – NVwZ 00, 693.

257 **Hinweis für den Anwalt:**

Die Frist für die **Streitwertbeschwerde** beträgt gem. § 25 Abs. 3 Satz 3 GKG **sechs Monate.** Die Frist beginnt mit der Rechtskraft der Hauptsachenentscheidung.[548]

258 Für die Beschwerde besteht **kein Gebot anwaltlicher Vertretung** gem. § 67 Abs. 1,[549] denn es handelt sich nicht um „ein Verfahren vor dem Oberverwaltungsgericht"; das Verfahren ist vielmehr vor dem Verwaltungsgericht einzuleiten, vgl. § 147 Abs. 1.[550]

259 **Hinweis:**

Für die **Streitwertbeschwerde** wird dies durch § 25 Abs. 3 Satz 1, 2. Halbsatz i. V. m. § 5 Abs. 5 GKG klargestellt.[551]

260 Die Zulässigkeit der Beschwerde hat grundsätzlich nicht zur Voraussetzung, dass das Rechtsmittel bei Einlegung oder zu einem späteren Zeitpunkt begründet wird. § 146 Abs. 4 i. d. F. d. RmBereinVpG normiert eine differenzierte **Begründungspflicht für Beschwerden,** die Beschlüsse des Verwaltungsgerichts zum Gegenstand haben, die **in einstweiligen Rechtsschutzverfahren** ergehen (§§ 80, 80a und § 123). Die Begründungsfrist beträgt einen Monat ab Bekanntgabe der Entscheidung; die Frist ist nicht verlängerbar. Für die Begründung bestimmt das Gesetz, dass sie kumulativ) „die Gründe darlegen (muss), aus denen die Entscheidung abzuändern oder aufzuheben ist und sich mit der angefochtenen Entscheidung auseinandersetzen (muss)." Der konkrete Inhalt dieser Pflicht ist schwer zu bestimmen, denn es ist schwer vorstellbar, dass das eine ohne das andere möglich ist. Diese Unschärfe des Tatbestand ist nicht ungefährlich, denn bei einer nicht gesetzeskonformen Begründung ist die Beschwerde als unzulässig zu verwerfen, § 146 Abs. 4 Satz 4 VwGO. Der Beschwerdeführer begrenzt im übrigen mit der Beschwerdebegründung in verbindlicher Weise den Kontrollumfang des Rechtsmittelverfahrens. Das Oberverwaltungsgericht prüft gem. § 146 Abs. 4 Satz 6 VwGO nur die dargelegten Gründe.

261 Eine lediglich hilfsweise erhobene Beschwerde ist unzulässig.[552]

262 In Streitigkeiten über Kosten Gebühren und Auslagen ist die Beschwerde nicht gegeben, wenn der Streitwert 200 Euro nicht übersteigt. Die unzulässige Be-

---

[548] Das ist in einstweiligen Rechtsschutzverfahren der dort ergangene Beschluss, nicht abzustellen ist auf das Urteil, das auf die Hauptsachenklage ergeht, vgl. *OVG Münster,* 29. 8. 1995 – 6 E 748/95 –, NVwZ-RR 96, 548.

[549] *VGH München,* 20. 4. 1999 – 7 C 99846 – NVwZ-RR 00, 127 = BayVBl. 99, 543; *VGH München,* 23. 3. 1998 – 3 C 972767 – NJW 99, 378 = DÖV 99, 167 = BayVBl. 99, 125; *VGH Mannheim,* 22. 7. 19987 – 1 S 1647/97 – NVwZ 98, 753 = DÖV 98, 255 = DVBl. 97, 1329; *VGH Kassel,* 19. 6. 1997 – 5 TM 1890/97 – NVwZ-RR 98, 77 = DVBl. 97, 1335; *OVG Bautzen,* 8. 4. 1999 – 1 S 186/99 – DÖV 99, 698 = DVBl. 99, 1003 [L.] (unter Aufgabe der bisherigen Rechtsprechung);

a. A. *OVG Münster,* 1. 7. 1997 – 22 E 539/97 – DVBl. 97, 1338; *OVG Münster,* 1. 7. 1997 – 22 E 539/97 – NVwZ 98, 204 = DÖV 97, 1055 = DVBl. 97, 1338; *OVG Münster,* 29. 8. 1997 – 5 E 252/98 – soweit ersichtlich nicht veröffentlicht; *OVG Münster,* 22. 11. 1998 – 25 E 960/97 – NVwZ-RR 98, 595.

[550] *OVG Münster,* 24. 6. 1998 – 10 E 413/98 – NVwZ-RR 99, 474 gibt den Diskussionsstand ausführlich wieder.

[551] *OVG Bautzen,* 25. 3. 1997 – 2 S 95/977 – DÖV 97, 603 [Ls.].

[552] *OVG Bautzen,* 14. 6. 1995 – 1 S 138/95 – NVwZ-RR 96, 423 = DÖV 95, 1055 [Ls.].

schwerde wird vom Oberverwaltungsgericht gem. § 150 als unzulässig verworfen.[553]

Hinweis für den Anwalt: 263

Im Rahmen des Beschwerdeverfahrens besteht eine **Konkurrenz zum Verfahren gem. § 80 Abs. 7** – s. dazu unten J 165 – bzw. gem. § 929 ZPO analog. Während des Laufs der Frist für das Einlegen der Beschwerde fehlt für den Antrag gem. § 80 Abs. 7 regelmäßig das Rechtsschutzbedürfnis,[554] vgl. unten J 168; nach Ablauf dieser Frist stehen dann ausschließlich die Rechtsbehelfe gem. § 80 Abs. 7 bzw. gem. § 929 ZPO analog zur Verfügung.[555]

b) Ausnahme: Ausschluss der Beschwerde

Verschiedene Bundesgesetze schließen die Beschwerde gegen Entscheidungen des Verwaltungsgerichts im Verfahren gem. § 80 Abs. 5 aus, z.B.: 264

- § 80 AsylVfG Entscheidungen in Rechtsstreitigkeiten nach dem AsylverfahrensG[556] können nicht mit der Beschwerde angegriffen werden,[557]
- § 23 Abs. 2 InvestitionsvorrangG,
- § 8 Abs. 1 VermögenszuordnungsG.

c) Beschwer des Beschwerdeführers

Die Beschwerde ist nur zulässig, wenn der Beschwerdeführer durch die angefochtene Entscheidung beschwert ist, vgl. im einzelnen oben F 6. 265

Beispiel: 266

Auf Antrag des Nachbarn stellt das Verwaltungsgericht die aufschiebende Wirkung des Widerspruchs gegen die Baugenehmigung her und droht unmittelbar gegenüber dem beigeladenen Bauherrn nach § 80a Abs. 3 i.V.m. Abs. 1 Nr. 2 ein Zwangsgeld an. Durch diese Androhung eines Zwangsgeldes wird die Bauaufsichtsbehörde nicht beschwert.[558]

Hinweis für den Anwalt: 267

Die auf die **Erhöhung des Streitwerts** gerichtete Beschwerde des Beteiligten, der in erster Instanz obsiegt hat, ist im Regelfall unzulässig.[559] Das Oberverwaltungsgericht ist jedoch

---

553 *Redeker/von Oertzen,* § 150, Rdn. 3.

554 **A. A.** *Guckelberger,* DVBl. 99, 937, 940 (zum Zulassungsverfahren auf der Grundlage der 6.VwGO-Novelle).

555 **A. A.** *VGH Mannheim,* 29. 9. 1999 – 7 S 1871.99 – NVwZ-RR 00, 551: Beschwerde unzulässig.

556 Entscheidend ist, auf welche Rechtsgrundlage die Behörde ihre Maßnahme tatsächlich stützt, vgl. *VGH Mannheim,* 10. 3. 1995 – A 13 S 571/95 –, NVwZ-RR 96, 535.

557 § 80 AsylverfahrensG gilt auch für Streitigkeiten über die Aussetzung der Abschiebung, vgl. *VGH Mannheim,* 19. 7. 1995 – A 13 S 415/95 –, NVwZ-RR 96, 536 (unter ausdrücklicher Aufgabe der bisherigen Rechtsprechung vgl. *VGH Mannheim,* 22. 3. 1994 – 11 S 2720/93 –, NVwZ 94, 1235); *OVG Münster,* 11. 2. 1991 – 19 B 287/91 –, NVwZ-RR 91, 587: die Regelung gilt auch bei Beschwerden gegen Beschlüsse gem. § 80 Abs. 7; *OVG Münster,* 11. 5. 1995 – 25 E 506/95.A –, NVwZ-RR 96, 128: die Regelung gilt für Entscheidungen gem. § 19 BRAGO; *VGH Mannheim,* 27. 7. 1995 – 13 S 3358/94 –, NVwZ-RR 1996, 533: § 80 AsylverfahrensG gilt nicht, wenn der Ausländer nach bestandskräftigem Abschluß des Asylverfahrens eine ausländerrechtliche Auseinandersetzung führt; bedenklich *VGH München,* 28. 10. 1993 – 24 CE 9331582, 9331631, 9331632 – DVBl. 94, 61: der Rechtsmittelausschluß gelte nicht, wenn sich der angefochtene Beschluss „außerhalb des AsylVfG" stelle.

558 *OVG Lüneburg,* 16. 6. 1999 – 1 M 2042.99 – NVwZ-RR 00, 62 = UPR 00, 156 [Ls.].

559 *VGH Mannheim,* 13. 9. 1994 – 5 S 1754/94 – NVwZ-RR 95, 126; *OVG Frankfurt (Oder),* 11. 11. 1996 – 2 L 125/96 – nicht veröffentlicht.

nicht gehindert nach Anhängigkeit der Streitwertsache aufgrund der unzulässigen Beschwerde den Streitwert von Amts wegen gem. § 25 Abs. 2 Satz 2 GKG neu zu bestimmen.[560]
Die Beschwerde des obsiegenden Beteiligten ist im Ausnahmefall zulässig, wenn dieser mit seinem anwaltlichen Bevollmächtigten eine Gebührenvereinbarung getroffen hat, die von einem höheren als dem festgesetzten Streitwert ausgegangen ist.[561]
Sinnvoller dürfte es in diesen Fällen allerdings sein, wenn der Rechtsanwalt aus eigenem Recht gem. § 9 Abs. 2 BRAGO die auf die Erhöhung des Streitwerts gerichtete Beschwerde erhebt, vgl. unten H 55.

2. Aufschiebende Wirkung der Beschwerde

268 Die Beschwerde hat im Regelfall **keine** aufschiebende Wirkung, § 149 Abs. 1 Satz 1. Allerdings eröffnet § 149 Abs. 1 Satz 2 dem Verwaltungsgericht – bzw. dem Vorsitzenden in den Fällen des § 80 Abs. 8 – die Möglichkeit, die Vollziehung der angefochtenen Entscheidung einstweilen auszusetzen. Nach der Nichtabhilfeentscheidung und Abgabe an das Oberverwaltungsgericht ist dieses gem. § 173 i. V. m. § 572 Abs. 3 ZPO für eine suspendierende Entscheidung zuständig.

3. Verfahren

269 Das erstinstanzliche Gericht hat nach Einlegung der Beschwerde gem. § 148 die Möglichkeit, dem Rechtsmittel abzuhelfen. Eine Abhilfeentscheidung i. S. d. Beschwerdeführers kann von dem hierdurch beschwerten Beteiligten seinerseits durch die Beschwerde angegriffen werden. Hilft das Verwaltungsgericht – bzw. der Vorsitzende – der Beschwerde nicht ab, so ist sie unverzüglich dem Oberverwaltungsgericht vorzulegen, § 148 Abs. 1.

4. Begründetheit, Entscheidung über die Beschwerde

270 Das Oberverwaltungsgericht prüft die Beschwerde innerhalb des Beschwerdeantrags in dem gleichen Umfange wie das Verwaltungsgericht den Ausgangsantrag; § 128 findet entsprechende Anwendung, dazu oben F 58. Soweit es um Beschwerden **in einstweiligen Rechtsschutzverfahren** geht, begrenzt die Beschwerdebegründung den Kontrollumfang des Rechtsmittelverfahrens: Das Oberverwaltungsgericht prüft gem. § 146 Abs. 4 Satz 6 VwGO nur die dargelegten Gründe. Für das Oberverwaltungsgericht sind die tatsächlichen und rechtlichen Verhältnisse im Zeitpunkt der Beschwerdeentscheidung maßgeblich.[562]

271 Das Oberverwaltungsgericht gibt der Beschwerde statt und ändert die erstinstanzliche Entscheidung ab, wenn es die Beschwerde als begründet ansieht. Es weist die Beschwerde zurück, wenn sie – im Ergebnis – unbegründet ist, § 144 Abs. 4 findet entsprechende Anwendung;[563] s. dazu oben F 218f.

---

[560] *OVG Frankfurt (Oder),* 11. 11. 1996 – 2 L 125/96 – nicht veröffentlicht.
[561] *VGH München,* 20. 5. 1996 – 2 C 96526 –, NVwZ-RR 97, 195 = BayVBl. 97, 188; **a. A.** *Hartmann,* § 25 GKG, Rdn. 60.
[562] Zu den Ausnahmen *Finkelnburg/Jank,* Rdn. 354ff.
[563] *OVG Münster,* 14. 8. 1997 – 10 B 1869.97 – BauR 98, 93.

Das Gericht hat auch die Möglichkeit die Sache unter Aufhebung der erstinstanzlichen Entscheidung entsprechend § 130 zurückzuverweisen.[564]

5. Anschlussbeschwerde

Nach Einlegung einer zulässigen Beschwerde kann der Beschwerdegegner in entsprechender Anwendung von § 127 eine **Anschlussbeschwerde** erheben.[565] Die Anschlussbeschwerde ist gegen den Beschwerdeführer zu richten, soweit dieser eine Abänderung der verwaltungsgerichtlichen Entscheidung begehrt; sie kann deshalb nicht von einem Seite stehenden Beigeladenen eingelegt werden;[566] s. auch oben F 75ff. **272**

6. Beschwerde zum Bundesverwaltungsgericht

Nur in drei Fällen können Entscheidungen des Oberverwaltungsgerichts mit der Beschwerde zum Bundesverwaltungsgericht angegriffen werden. Sofern das Oberverwaltungsgericht die Revision nicht zulässt, kann die Nichtzulassungsbeschwerde erhoben werden, dazu oben F 85ff. **273**

Das Bundesverwaltungsgericht entscheidet unter bestimmten Voraussetzungen gem. § 99 Abs. 3 durch Beschluss darüber, ob eine Behörde die Gründe ausreichend glaubhaft gemacht hat, die eine Verweigerung der Auskunft oder Aktenvorlage im Prozess rechtfertigen, vgl. E 142ff.

Schließlich entscheidet das Bundesverwaltungsgericht über die Beschwerde in den Fällen des § 17a Abs. 4 Satz 4 GVG (Streitigkeit in Rechtswegsachen), dazu C 126.

IV. Gegenvorstellung, außerordentliche Beschwerde

Gerichtliche Entscheidungen, die nach den Bestimmungen der Prozessordnung unanfechtbar sind, können mit der Verfassungsbeschwerde angegriffen werden. Eine solche Verfassungsbeschwerde kann z. B. auf die Verletzung des rechtlichen Gehörs gestützt werden und dann auch Erfolg haben. **278a**

Im Interesse der Subsidiarität der Verfassungsbeschwerde liegt es nahe, dem Verfahrensbeteiligten, der sich durch eine unanfechtbare gerichtliche Entscheidung spezifisch in seinen Grundrechten verletzt sieht, ein atypisches verfahrensrechtliches Ventil vor dem Fachgericht zu bieten. Unter diesem Gesichtspunkt wird insbesondere in der Literatur die Zulässigkeit der **Gegenvorstellung** und der **außerordentlichen Beschwerde** diskutiert.

1. Gegenvorstellung

Die Gegenvorstellung ist eine schriftliche Erklärung gegenüber einem Gericht, die eine nach der VwGO unanfechtbare Entscheidung zum Gegenstand hat. Die Gegenvorstellung verfolgt das Ziel das Gericht – ungeachtet der nach der Prozessordnung bestehenden Bindung – zu einer Änderung dieser Entscheidung zu bewegen. **Grundsätzlich** ist das Gericht allerdings gehindert, dieser **Gegenvorstellung** **278b**

---

564 *OVG Weimar,* 17. 12. 1998 – 4 EO 1214.98 – DVBl. 99, 480 = DÖV 99, 346; *OVG Münster,* 7. 8. 1998 – 11 B 1555.98 – UPR 99, 237 [Ls.]; *OVG Münster,* 3. 4. 1997 – 11 B 498.97 – NVwZ-RR 97, 759.

565 *Schenke,* Verwaltungsprozeßrecht, § 28 II 5.

566 *VGH Mannheim,* 11. 5. 1998 – 5 S 465/98 – NVwZ 99, 442.

zu entsprechen. Aufgrund der Bestimmungen über die Unanfechtbarkeit ist dieser Rechtsbehelf **nicht statthaft.**[567]

278 c Eine **Ausnahme** kommt nur dann in Betracht, wenn dem Beteiligten ein „anders nicht zu beseitigendes **grobes prozessuales Unrecht**"[568] droht. Das ist z. B. zu bejahen bei einer offenkundigen Verletzung des rechtlichen Gehörs[569] oder wenn die getroffene Entscheidung mit der Rechtsordnung „schlechthin nicht vereinbar" ist.[570] Es geht also um Fälle, in denen es nicht nur zu „einfachen Verstößen gegen prozessuale Grundsätze mit Verfassungsrang" gekommen ist.[571] Der Beteiligte könnte im Hinblick auf eine in dieser Art qualifiziert rechtswidrige[572] Entscheidung verfassungsgerichtlichen Rechtsschutz mit besonderer Erfolgsaussicht in Anspruch nehmen, wenn ihm durch diese Entscheidung eine behauptete Rechtsposition auf Dauer entzogen wird.

278 d Dieser verfassungsrechtliche Rechtsschutz ist nur bei Entscheidungen gegeben, die nach der VwGO unanfechtbar sind (Subsidiarität der Verfassungsbeschwerde). Bei Erfolg führt die Verfassungsbeschwerde im Interesse der materiellen Gerechtigkeit zu einer Durchbrechung der Rechtskraft. In einem solchen Falle gebietet es die Prozessökonomie, das sachnähere Fachgericht in die Lage zu versetzen, aufgrund einer Gegenvorstellung eine korrigierende Entscheidung zu treffen.[573] Allerdings hemmt das Einlegen eines in der Prozessordnung nicht vorgesehenen Rechtsbehelfs nicht den Lauf der Verfassungsbeschwerdefrist;[574] praktisch müssen daher beide Verfahren parallel betreiben werden.

278 e **Beispiele:**

– Ein Beschluss, mit dem das Bundesverwaltungsgericht eine Revision in der irrigen Annahme verwirft, diese sei nicht begründet worden, kann aufgrund einer Gegenvorstellung aufgehoben werden.[575]
– Es ist ausgeschlossen, dass ein Kläger grobes prozessuales Unrecht erleidet, wenn das Oberverwaltungsgericht die Berufung gegen ein Urteil zulässt, mit dem der Kläger in erster Instanz Erfolg hatte.[576]
– Die Statthaftigkeit der Gegenvorstellung kann dagegen unter diesem Gesichtspunkt gegeben sein, wenn der Kläger unterlegen ist und die Zulassung abgelehnt wird.
– Gegenvorstellung gegen Kostenentscheidung.[577]

---

567 *BVerwG,* 14. 2. 2000 – 1 WB 77/99 – NVwZ-RR 00, 442.

568 *BVerfG,* 8. 7. 1986 – 2 BvR 152/83 – NJW 87, 1319; *OVG Frankfurt (Oder),* 8. 9. 2000 – 2 D 34/97. NE-DÖV 01, 790 [Ls.).

569 *BVerwG,* 22. 11. 1993 – 11 C 24/93 – NJW 94, 674.

570 So *BGH,* 12. 10. 1989 – VII ZB 4/89 – NJW 90, 840.

571 *BGH,* 28. 10. 1998 – VIII ZR 190/98 – NJW 99, 290.

572 Nicht bei „einfacher Rechtswidrigkeit" *OVG Münster,* 30. 7. 1998 – 10 A 4574/94 – NVwZ-RR 99, 479.

573 *BVerfG,* 8. 7. 1986 – 2 BvR 152/83 – NJW 87, 1319; offen gelassen von *BVerwG,* 20. 11. 2000 – 5 B 65.00 – NJW 01, 1294; kritisch *OVG Frankfurt (Oder),* 5. 10. 2000 – 4 A 168.00.A – NVwZ 01, 451 = DVBl. 01, 315 m. w. N.; *OVG Weimar* (Schreiben des Vorsitzenden des 3.Senats), 6. 3. 1998 – 3 ZO 894/96 – NVwZ 98, 1087; offen gelassen von VGH München, 14. 12. 1998 – 2 ZB 97 2044 – BayVBl. 00, 219.

574 *BVerfG, 4. Kammer des Zeiten Senats,* 2. 10. 2000 – 2 BvR 310.00 – NJW 01, 746.

575 *BVerwG,* 22. 11. 1993 – 11 C 24.93 – NJW 94, 674.

576 *VGH Mannheim,* 18. 11. 1999 – A 14 S 237.99 – NVwZ 00, 335.

577 *OVG Lüneburg,* 27. 10. 1995 – 12 L 3549.95 – NJW 98, 1331; s. dazu auch *Sendler,* NJW 98, 1282, 1283.

Gegenvorstellungen sind allerdings nur gegen **andere Entscheidungen als Urteile** zulässig.[578] 278 f

Hinweis für den Anwalt: 278 g

Für das Erheben der Gegenvorstellung als „Beschwerdeersatz" gelten die **Fristregelungen,** die anzuwenden wären, wenn es sich um eine (noch) rechtsmittelfähige gerichtliche Entscheidung handelte: der Partei sollen keine größeren prozessualen Möglichkeiten eingeräumt werden als die, über die sie verfügen könnte, wenn die Rechtsmittelfähigkeit (noch) gegeben wäre.[579]

2. Außerordentliche Beschwerde

Gegen eine unanfechtbare Entscheidung, bei der es sich **nicht um ein Urteil** handelt,[580] kann ausnahmsweise auch eine **außerordentliche Beschwerde** in Betracht kommen, wenn diese Entscheidung „jeder gesetzlichen Grundlage entbehrt und inhaltlich dem Gesetz fremd ist".[581] 278 h

Eine außerordentliche Beschwerde ist nur statthaft, wenn der Spruchkörper, dessen Entscheidung angegriffen werden soll, es abgelehnt hat, diese im Wege der Gegenvorstellung abzuändern.[582] 278 i

Eine außerordentliche Beschwerde kann ferner als **Untätigkeitsbeschwerde** statthaft und zulässig sein. Eine solche Beschwerde zielt auf eine Anordnung an das erstinstanzliche Gericht, dem Verfahren – ggf. mit Fristsetzung – Fortgang zu geben. Die Beschwerde ist begründet, wenn die zeitliche Gestaltung des Verfahrens mit Art. 19 Abs. 4 GG nicht vereinbar ist.[583] 278 k

V. Wiederaufnahme des Verfahrens, § 153

Ein rechtskräftig abgeschlossenes Verfahren kann gem. § 153 Abs. 1 nach den Bestimmungen der ZPO (§§ 578 ff. ZPO) wieder aufgenommen werden. Das Rechtsstaatsprinzip gebietet im übrigen keine analoge Anwendung von § 79 Abs. 1 BVerfGG auf das einfache Prozessrecht.[584] 279

---

578 *Meyer-Ladewig* in *Schoch/Schmidt-Aßmann/Pietzner,* Vorb § 124, Rdn. 14; *Happ* in *Eyermann,* § 124, Rdn. 13; *Blanke* in *Sodan/Ziekow,* Vorb § 124, Rdn. 10.

579 *BVerwG,* 20. 11. 2000 – 5 B 65.00 – NJW 01, 1294 = DVBl. 01, 917; *OVG Münster,* 30. 7. 1998 – 10 A 4574.94 – NVwZ-RR 99, 479.

580 *Meyer-Ladewig* in *Schoch/Schmidt-Aßmann/Pietzner,* Vorb § 124, Rdn. 11; *Happ* in *Eyermann,* § 124, Rdn. 13; s.a. *BGH,* 28. 10. 1998 – VIII ZR 190.98 – NJW 99, 290.

581 *BVerwG,* 29. 1. 1998 – 8 B 2.98 – NVwZ-RR 98, 685; *OVG Hamburg,* 14. 12. 2000 – 4 So 90.00 – NVwZ-RR 01, 612 = DVBl. 01, 1225; *OVG Greifswald,* 5. 10. 2000 – 2 L 118.00 – NVwZ 01, 211 m.w.N.; s.a. *BFH,* 20. 10. 1997 – VI B 244.95 – NJW 98, 335; s.a. *BGH,* 4. 11. 1999 – VII ZB 19.99 – NJW 00, 960; *BGH,* 14. 11. 1991 – I ZB 15.91 – NJW 92, 983.

582 *Meyer-Ladewig* in *Schoch/Schmidt-Aßmann/Pietzner,* Vorb § 124, Rdn. 12.

583 *BVerfG (2. Kammer des Ersten Senats),* 4. 7. 2001 – 1 BvR 165/01 – NVwZ-RR 01, 694; *LSG München,* 20. 12. 2000 – L 12 B 339/00 KA – NVwZ-RR 01, 695; *Lansnicker/Schwirtzek,* NJW 01, 1969.

584 *BVerfG, 2. Kammer des Ersten Senats,* 18. 8. 1999 – 1 BvR 2102.98 – NVwZ 99, 1331.

1. Rechtskraft

280 Ein Urteil bzw. eine sonstige gerichtliche Entscheidung ist **formell rechtskräftig,** wenn sie nach den prozessrechtlichen Bestimmungen durch ein ordentliches Rechtsmittel – vgl. F 1 ff. – nicht mehr angegriffen werden kann, weil
- die Entscheidung nicht rechtsmittelfähig ist oder
- die Rechtsmittelfrist abgelaufen ist oder
- der beschwerte Beteiligte auf das zulässige Rechtsmittel verzichtet bzw. dieses zurückgenommen hat.

281 Die formelle Rechtskraft ist Voraussetzung für die **materielle Rechtskraft** einer Entscheidung. Diese bindet die Beteiligten, vgl. § 121, und das Gericht an die Entscheidung über den konkreten Streitgegenstand.[585]

Beispiel:
Aufgrund einer Baunachbarklage wird eine Baugenehmigung gem. § 113 Abs. 1 Satz 1 rechtskräftig aufgehoben. Die materielle Rechtskraft hindert die Behörde, dieselbe Baugenehmigung bei unveränderter Sach- und Rechtslage erneut zu erteilen.[586]

Dabei ergibt sich die Bindungswirkung eines **Bescheidungsurteils** aus den Entscheidungsgründen, die die nach der Urteilsformel zu beachtende Rechtsauffassung des Gerichts im einzelnen darlegen.[587]

Bei unterschiedlichen Streitgegenständen tritt eine Bindung in den Fällen ein, in denen die rechtskräftige Zuerkennung oder Aberkennung eines prozessualen Anspruchs für einen anderen prozessualen Anspruch, der zwischen den Parteien streitig ist, vorgreiflich ist.[588]

282 **Beispiele:**
- Im Jahre 1977 untersagte die beklagte Behörde dem Kläger die Durchführung eines Automarkts für private Anbieter an Sonntagen. Die Anfechtungsklage war vor dem OVG erfolgreich, weil der Automarkt die äußere Ruhe des Feiertags nicht störe und daher mit dem Feiertagsrecht vereinbar sei. 1988 entschied das Bundesverwaltungsgericht, dass ein Automarkt ohne Rücksicht auf eine konkrete Störung der Feiertagsruhe gegen das Feiertagsrecht verstoße.[589] Unter Hinweis auf dieses Urteil untersagte die beklagte Behörde dem Kläger erneut die Durchführung des Automarkts am Sonntag.
  Der beklagten Behörde war es aufgrund der Rechtskraft des OVG-Urteils gem. § 121 verwehrt, in derselben Sache eine neue Untersagungsverfügung zu erlassen.[590]
- In einem Klageverfahren auf Erteilung einer Baugenehmigung wird die Gültigkeit des einschlägigen B-Plans inzident bejaht. § 121 steht einer Nichtigerklärung des B-Plans im Verfahren gem. § 47 nicht entgegen, weil der Streitgegenstand der beiden Verfahren nicht identisch ist.[591]

---

[585] *BVerwG,* 27. 1. 1995 – 8 C 8/93 – NJW 96, 737; *BVerwG,* 10. 5. 1994 –, 9 C 501.93 –, BayVBl. 94, 668; zur Frage, ob Beschlüsse in **Prozesskostenhilfe**sachen materiell rechtskräftig werden s. *OVG Bremen,* 10. 1. 1991 – 2 B 330/90 –, DVBl. 91, 1318.

[586] *BVerwG,* 9. 2. 2000 – 4 B 11.00 – ZfBR 00, 490.

[587] *BVerwG,* 9. 2. 2000 – 4 B 11.00 – ZfBR 00, 490; *BVerwG,* 27. 1. 1995 – 8 C 8/93 – NJW 96, 737 m. w. N.

[588] *BVerwG,* 10. 5. 1994 – 9 C 501.93 –, NVwZ 94, 1115; *OLG München,* 28. 4. 1994 – 1 U 1775/94 –, NVwZ 95, 198.

[589] Vgl. *BVerwG,* 15. 3. 1988 – 1 C 25.84 –, BayVBl. 88, 437 = BVerwGE 79, 118.

[590] *BVerwG,* 8. 12. 1992 – 1 C 12.92 –, DVBl. 93, 258 = BayVBl. 93, 250.

[591] *BVerwG,* 29. 1. 1992 – 4 NB 22.90 –, ZfBR 92, 139.

– Die Rechtskraft eines Urteils, mit dem ein Anspruch auf Anerkennung als Asylberechtigter verneint wird, hat für die Entscheidung über die Gewährung von Abschiebungsschutz gem. § 51 AuslG keine vorgreifliche Bedeutung und ist daher insoweit ohne Bindungswirkung gem. § 121.[592]

Die **materielle Rechtskraft** von **Beschlüssen,** die im **Verfahren des vorläufigen Rechtsschutzes** ergehen, wird zum Teil mit der Begründung abgelehnt, es entstehe lediglich eine zeitlich begrenzte Bindungswirkung.[593] Hierbei ist jedoch in Betracht zu ziehen, dass Beschlüsse gemäß § 123 ein im Verhältnis zur Hauptsache selbständiges Verfahren beenden, welches auf die Abwehr unmittelbar drohender schwerwiegender Nachteile gerichtet ist. Da dem Antragsteller bei gleichem Sachverhalt und mit gleichen Mitteln ein erneuter Antrag auf Erlass einer einstweiligen Anordnung verwehrt ist, haben **Beschlüsse gem. § 123** eine **materielle Rechtskraftwirkung.**[594] 282 a

Beschlüsse nach **§ 80 Abs. 5** hingegen können jederzeit nach § 80 Abs. 7 geändert werden, vgl. unten J 165 ff. Diese Entscheidungen haben daher insoweit **keine materielle Rechtskraft.**[595]

2. Nichtigkeits- und Restitutionsklage

Die Wiederaufnahme eines durch rechtskräftiges Endurteil oder rechtskräftigen Beschluss[596] abgeschlossenen Verfahrens kann durch eine **Nichtigkeitsklage** oder eine **Restitutionsklage** erfolgen, § 578 Abs. 1 ZPO. 283

a) Zulässigkeit

aa) Zuständigkeit

Das zuständige Gericht für Klagen, die auf die Wiederaufnahme des Verfahrens gerichtet sind, ist gem. § 584 ZPO zu bestimmen. Danach ist grundsätzlich das Gericht zur Entscheidung berufen, das zuletzt in der Sache selbst erkannt hat. § 584 ZPO wird allerdings in ständiger Rechtsprechung im Rahmen richterlicher Rechtsfortbildung zweckorientiert – teilweise gegen den Wortlaut – ausgelegt und angewendet.[597] 284

bb) Statthaftigkeit

Die Frage, ob eine Wiederaufnahmeklage gem. § 153 i. V. m. § 578 ZPO statthaft auch gegen einen Beschluss gem. § 123 gerichtet werden kann, ist umstritten.[598] 284 a

Hinsichtlich der Beschlüsse gem. § 80 Abs. 5 besteht angesichts der umfassenden Wiederaufnahmefunktion des § 80 Abs. 7 kein Bedürfnis für die Wiederaufnahmeklage.[599]

---

592 *BVerwG*, 10. 5. 1994 – 9 C 501.93 –, NVwZ 94, 1115.

593 *VGH München*, 14. 6. 1984 – 8 S 84 A.1113 – DÖV 84, 895.

594 OVG Lüneburg DVBl. 82, 902; *VGH Kassel,* 4. 10. 1982 – IV S 46/82 – NJW 84, 378; *Drettmann*, DVBl. 85, 884, 887 m. w. N.; offen gelassen von *Schoch* in *Schoch/Schmidt-Aßmann/Pietzner,* § 123, Rdn. 168.

595 *Schoch* in *Schoch/Schmidt-Aßmann/Pietzner,* § 80, Rdn. 358 m. w. N.

596 *VGH Mannheim*, 22. 4. 1994 – 8 S 187/94 –, NJW 95, 210.

597 *VGH Mannheim*, 7. 6. 1994 – 10 S 1538/93 –, NVwZ 95, 1006 = DVBl. 94, 1258.

598 **Bejahend** *VGH Kassel*, 4. 10. 1982 – IV S 46/82 – NJW 84, 378; *Drettmann*, DVBl. 85, 884, 889; **verneinend** *VGH München,* 14. 6. 1984 – 8 S 84 A.1113 – DÖV 84, 895; *Meyer-Ladewig* in *Schoch/Schmidt-Aßmann/Pietzner,* § 153, Rdn. 6.

599 *Redeker/v. Oertzen,* § 80, Rdn. 72; *Kopp/Schenke,* § 80, Rdn. 229.

284 b Die Klage ist nur statthaft, wenn das angegriffene Urteil gegenüber dem Kläger gem. § 121 Rechtskraftwirkung entfaltet.

Beispiel:

Der Kläger ist – möglicherweise zu Unrecht – zu einem Verfahren nicht beigeladen worden, in dem der Restitutionsanspruch des dortigen Klägers im Rahmen eines Verpflichtungsurteils bejaht worden ist. Hier ist mangels Rechtskrafterstreckung keine Nichtigkeitsklage gegeben; der Kläger muss vielmehr den aufgrund des Verpflichtungsurteils ergehenden Bescheid angreifen.[600]

cc) Klagebefugnis

285 Alle am rechtskräftig abgeschlossenen Verfahren Beteiligten, vgl. § 63, sind zur Klage befugt. § 153 Abs. 2 verleiht hinsichtlich der Urteile des Bundesverwaltungsgerichts auch dem Oberbundesanwalt, vgl. B 35f., die Klagebefugnis; im Übrigen ist der Vertreter des öffentlichen Interesses, vgl. B 37, zur Klage befugt.

dd) Klagefrist

286 Die Klage ist innerhalb eines Monats zu erheben, § 586 Abs. 1 ZPO. Die Frist beginnt mit dem Tage, an dem die Partei vom Anfechtungsgrund Kenntnis erlangt hat, § 586 Abs. 2 Satz 1 ZPO. Nach Ablauf von fünf Jahren nach Rechtskraft des anzufechtenden Urteils, ist die Klage unstatthaft, § 586 Abs. 2 Satz 2 ZPO.[601]

ee) Vertretungsgebot

286 a Soweit das Verfahren vor dem Oberverwaltungsgericht oder dem Bundesverwaltungsgericht zu führen ist, gilt das Gebot anwaltlicher Vertretung gem. § 67.[602]

ff) Entscheidungsform bei Unzulässigkeit

287 Die unzulässige Klage ist zu verwerfen, § 589 ZPO.[603] Das Oberverwaltungsgericht entscheidet in entsprechender Anwendung des § 125 Abs. 2 Satz 2 durch Beschluss.[604]

b) Begründetheit

aa) Nichtigkeitsklage

288 Die Nichtigkeitsklage gem. § 579 ZPO findet statt bei der Verletzung gravierender Verfahrensvorschriften.

bb) Restitutionsklage

289 Die Restitutionsklage findet gem. § 580 ZPO in Fällen statt, in denen das Urteil auf einer offensichtlich unvollständigen oder unrichtigen Entscheidungsgrundlage beruht.[605]

---

[600] *BVerwG,* 20. 3. 1997 – 7 A 1.96 – BayVBl. 98, 122.

[601] Vgl. z.B. *BVerwG,* 26. 1. 1994 – 6 C 2/92 –, NVwZ 94, 1206; grundlegend *Jauernig,* NVwZ 96, 31.

[602] *VGH München,* 27. 6. 1997 – 19CE 97 1490 – BayVBl. 99, 445.

[603] *OVG Münster,* 13. 6. 1994 – 25 A 2856/91 – NVwZ 95, 95 = DÖV 94, 1014 [nur Ls.]: Verwerfung § 125 Abs. 2 analog durch Beschluss zulässig.

[604] *VGH Mannheim,* 1. 10. 1996 – 9 S 1560/96 –, NJW 97, 145.

[605] Zur prüfungsrechtlichen Restitutionsklage gegen ein Berufungsurteil, die auf die Rechtsprechung des BVerfG zum Bewertungsspielraum – dazu unten K 185 – gestützt

c) Neue Verhandlung und Entscheidung in der Sache

Sofern die Wiederaufnahmeklage zulässig und begründet ist, findet in der Sache eine neue Verhandlung und Entscheidung statt. **290**

---

wird, s. *VGH München,* 25. 3. 1992 – 3 B 91 2846 –, NVwZ 93, 92 = DVBl. 93, 55 = BayVBl. 92, 405.

G. Kosten, Gebühren und Honorarvereinbarung

Übersicht

I. Die Kostentragungslast

1 Die Verwaltungsgerichtsordnung hat die Kostentragungslast in den §§ 154 bis 162 geregelt. Trotz gewisser Unterschiede sind die Kostentragungsregeln des Verwaltungsgerichtsprozesses den Regeln des Zivilprozesses angenähert.[1]

---

[1] *Hüttenbrink*, „Kosten und Anwaltsgebühren in verwaltungsgerichtlichen Verfahren", in ZAP 96, 785 (Fach 24 S. 347); zur sinngemäßen Anwendung des III. Abschnitts der BRAGO vgl. *Madert/Hellstab*, 97.

1. Die Kostentragungslast im allgemeinen

§ 154 bestimmt, dass der unterliegende Teil die Kosten des Verfahrens trägt; die Kosten eines ohne Erfolg eingelegten Rechtsmittels fallen demjenigen zur Last, der das Rechtsmittel eingelegt hat (§ 154 Abs. 2).[2] Durch die Einfügung des § 165a VwGO mit einem Verweis auf § 110 ZPO ist jetzt ausdrücklich klargestellt, dass Kläger, die ihren gewöhnlichen Aufenthalt nicht in einem Mitgliedsstaat der Europäischen Union oder einem Vertragsstaat des Abkommens über den Europäischen Wirtschaftsraum haben, auf Verlangen des Beklagten wegen der Prozesskosten Sicherheit leisten müssen. 2

Nach § 155 Abs. 1 sind bei einem Teilobsiegen/Teilunterliegen die Kosten gegeneinander aufzuheben oder verhältnismäßig zu teilen.[3] Sind die Kosten gegeneinander aufgehoben, so fallen die Gerichtskosten jedem Teil zur Hälfte zur Last. 3

Wer als Prozessbeteiligter einen Antrag, eine Klage, ein Rechtsmittel oder einen anderen Rechtsbehelf zurücknimmt, hat automatisch die Kosten zu tragen (§ 155 Abs. 2).[4] 4

Wird der Rechtsstreit durch Vergleich erledigt und haben die Beteiligten keine Bestimmung über die Kosten getroffen, so fallen die Gerichtskosten jedem zur Hälfte zur Last (§ 160). Die außergerichtlichen Kosten trägt jede beteiligte Partei selbst. 5

Die Kosten der Verweisung, die durch eine falsche Rechtsmittelbelehrung veranlasst wurden, fallen der Behörde zur Last, die die falsche Rechtsmittelbelehrung erteilt hat.[5] In sonstigen Fällen sind die Kosten dem Kläger/Antragsteller aufzuerlegen, der das unzuständige Gericht angerufen hat, s.a. G 19. 6

Besteht der kostenpflichtige Teil aus mehreren Personen, so gilt § 100 ZPO entsprechend (§ 159).[6] 7

Eine alleinige **Anfechtung der Kostenentscheidung,** die zusammen mit einer Sachentscheidung ergeht, ist nach § 158 Abs. 1 unzulässig; diese kann immer nur im Zusammenhang mit der Entscheidung in der Hauptsache angegriffen werden. Die **isolierte Kostenentscheidung** nach § 158 Abs. 2 ist nicht anfechtbar.[7] 8

Ergeht eine isolierte Kostenentscheidung nach Klagerücknahme und streiten die Beteiligten über die Wirksamkeit dieser Rücknahme, so kann die Fortsetzung des Verfahrens beantragt werden. Das Verfahren wird dann durch Endurteil abgeschlossen, das auch eine neue Kostenentscheidung enthält, vgl. unten E 366ff.

---

[2] *Kopp/Schenke,* § 154, Rdn. 1ff.; zur Ausgleichspflicht vgl. *Kopp/Schenke,* Vor § 154, Rdn. 1.

[3] *Redeker/von Oertzen,* § 155, Rdn. 1ff.; *Rennert* in *Eyermann,* § 155, Rdn. 2.

[4] Vgl. dazu *Redeker/von Oertzen,* § 155, Rdn. 8ff., § 92, Rdn. 12.

[5] *BVerwG,* 29. 11. 1988 – 1 WB 115/88 – NVwZ-RR 89, 391.

[6] *Baumbach/Lauterbach,* § 100, Rdn. 69.

[7] *Kopp/Schenke,* § 158, Rdn. 5; die Unanfechtbarkeit einer Kostenentscheidung nach Hauptsachenerledigung umfasst auch die Kosten des Beigeladenen; vgl. *VGH Kassel,* 12. 4. 1991 – 14 TH 572/91 – NVwZ-RR 92, 222; vgl. zur Klagerücknahme *Redeker/von Oertzen,* § 92, Rdn. 12; der frühere Streit über Anfechtbarkeit der Kostenentscheidung bei Klagerücknahme durch die 4. Änderungsnovelle der VwGO erledigt; vgl. noch *OVG Münster,* 24. 4. 1989 – 14 B 1256/89 – NWVBl. 90; 105, a.A. *OVG Münster,* 23. 9. 1987 – 19 B 1256/89.

2. Erledigung der Hauptsache

9 Erklären die Parteien den Rechtsstreit übereinstimmend in der Hauptsache für erledigt (E 345 ff.), entscheidet das Gericht nach billigem Ermessen über die Kosten des Verfahrens durch Beschluss, wobei es den bisherigen Sach- und Streitstand zu berücksichtigen hat.[8] Tritt das erledigende Ereignis dadurch ein, dass der angefochtene Bescheid aufgehoben oder der begehrte Bescheid vom Beklagten erteilt wird, hat sich also der Beklagte freiwillig in die Rolle des Unterlegenen begeben, sind die Kosten des Verfahrens ihm allein aufzuerlegen.[9]

10 Das gilt auch in den Fällen der Untätigkeitsklage, wo nach § 161 Abs. 3 die Kosten des Verfahrens dem Beklagten aufzuerlegen sind, wenn der Kläger mit seiner Bescheidung vor Klageerhebung rechnen durfte.[10]

11 Im Übrigen hat das Gericht nach billigem Ermessen über die Kosten des Verfahrens zu entscheiden. Dabei ist im Prinzip vom mutmaßlichen Prozessausgang auszugehen; d.h. das Gericht hat unter Berücksichtigung des **bisherigen** Sach- und Streitstandes eine Kostenentscheidung zu treffen.[11] Nach der Rechtsprechung des Bundesverwaltungsgerichts braucht das Gericht freilich **schwierige** tatsächliche oder rechtliche Fragen nicht zu klären; eine Beweisaufnahme kommt grundsätzlich nicht mehr in Betracht.[12] Diese Rechtsprechung verleitet die Verwaltungsgerichte häufig dazu, die Kosten des Verfahrens gegeneinander aufzuheben. Diese Handhabung belastet die anwaltlich vertretene Prozesspartei besonders, so dass es in diesen Fällen gerechter ist, beiden Parteien – also auch der Behörde – die Kosten des Verfahrens je zur Hälfte aufzulegen.[13]

3. Die Kostentragungslast des Beigeladenen

12 Dem Beigeladenen können Kosten nur **auferlegt** werden, wenn er Anträge gestellt oder Rechtsmittel eingelegt hat (§ 154 Abs. 3); ihm können also keine Verfahrenskosten auferlegt werden, wenn er lediglich Sach- und Rechtsausführungen ohne eigene Antragsstellung tätigt.[14] Stellt der Beigeladene dagegen Anträge oder legt er Rechtsmittel ein, so sind ihm die Kosten aufzuerlegen, soweit er unterliegt.[15]

Der Beigeladene kann mit den Kosten des Vorverfahrens, an dem er nicht beteiligt war, nicht belastet werden; in derartigen Fällen muss dann eine differenzierte Kostenentscheidung ergehen.[16]

---

[8] *BVerwG,* 19. 5. 1994 – 6 C 36/92 – NVwZ-RR 95, 701.

[9] *Redeker/von Oertzen,* § 161, Rdn. 5; *BVerwG,* 14. 1. 1965 – I C 68.61 – BVerwGE 20, 146.

[10] *Kopp/Schenke,* § 161, Rdn. 34 ff.

[11] *BVerwG,* 21. 8. 1995 – 3 B 24.95 – Buchholz, 310 § 161 Nr. 109: Kostenlast beim Kläger, wenn sich eine unzulässige Klage durch Verzicht des Beigeladenen auf die angefochtene Genehmigung erledigt.

[12] *BVerwG,* 7. 1. 1974 – I W B 30.72 – BVerwGE 48, 215 – 218; *BVerwG,* 12. 10. 1994 – 8 C 10.94 – Buchholz 310 § 161, Nr. 107; ferner *Redeker/von Oertzen,* § 161, Rdn. 5.

[13] *BVerwG,* 7. 1. 1974 – I W B 30.72 – BVerwGE 48, 215–218; *BVerwG,* 12. 10. 1994 – 8 C 10.94 – Buchholz 310 § 161 Nr. 107; ferner *Redeker/von Oertzen,* § 161, Rdn. 5.

[14] *Redeker/von Oertzen,* § 154, Rdn. 5; *Kopp/Schenke,* § 154, Rdn. 8.

[15] *Kopp/Schenke,* § 154, Rdn. 8.

[16] *BVerwG,* 14. 8. 1986 – 5 C 130/83 – NVwZ 88, 53.

Soweit sich der Beigeladene bei der Antragstellung den Anträgen einer Prozesspartei (z.B. der an dem Verfahren beteiligten Behörde) anschließt, sind die Kosten des Verfahrens im Unterliegensfalle gem. § 159 i.V.m. § 100 ZPO der Behörde und dem Beigeladenen je zur Hälfte aufzuerlegen.

Hinweise: 13
– Da die Behörde regelmäßig anwaltlich nicht vertreten ist, wird dadurch das Kostenrisiko des anwaltlich vertretenen Beigeladenen teilweise reduziert.
– Andererseits kann der Beigeladene die ihm entstehenden Anwaltskosten i.d.R. nur dann auf den Gegner abwälzen, wenn er sich mit Anträgen am Verfahren beteiligt hat (§ 162 Abs. 3) und das Gericht in der Entscheidung über die Kosten auch über die Kosten des Beigeladenen mitentschieden hat.[17] Stellt der Beigeladene keinen Antrag, trägt er seine eigenen Kosten des Verfahrens unabhängig von dessen Ausgang selbst.[18]

Der Vertreter des öffentlichen Interesses nimmt wegen des mit seinem Amt verfolgten prozessübergreifenden Zwecks im verwaltungsgerichtlichen Verfahren eine Sonderstellung ein. Seine Verfahrenskosten sind deshalb nicht erstattungsfähig.[19]

II. Umfang der Kostenpflicht

Der Umfang der Kostenpflicht ist in § 162 geregelt. Danach sind Kosten die Gerichtskosten und die zur zweckentsprechenden Rechtsverfolgung notwendigen Aufwendungen der Beteiligten einschließlich der Kosten des Vorverfahrens (vgl. G 57ff.).[20] Die erstattungsfähigen Anwaltskosten richten sich gem. § 114 Abs. 1 BRAGO i.V.m. §§ 31–67 BRAGO. Abweichend vom Zivilprozess ergeben sich auch hier einige Besonderheiten. 14

1. Begriff der Angelegenheit im Verwaltungsprozess

Nach § 13 Abs. 2 BRAGO können die Gebühren in derselben Angelegenheit nur einmal gefordert werden, in gerichtlichen Verfahren jedoch in jedem Rechtszug.[21] Jeder Rechtszug ist also auch im Verwaltungsprozess eine eigene Angelegenheit (§ 13 Abs. 2 Satz 2 BRAGO), wobei darauf hinzuweisen ist, dass Vorbereitungshandlungen (wie z.B. die Abfassung der Klageschrift) zu dem Rechtszug dazu gehören. 15

Eine einheitliche Angelegenheit liegt vor, wenn der Anwalt für mehrere Personen in ähnlich gelagerten Fällen gleichartige Ansprüche in einem Verfahren klageweise geltend macht. Unter einer Angelegenheit ist das gesamte Geschäft zu 16

---

[17] *Kopp/Schenke,* § 162, Rdn. 21. Fehlt die Kostengrundentscheidung, so ist diese nach § 120 Abs. 1 auf Antrag zu ergänzen (Frist: 2 Wochen, § 120 Abs. 2).

[18] *Redeker/von Oertzen,* § 162, Rdn. 15; vgl. ferner *Kopp/Schenke,* § 162, Rdn. 23; *Madert/Hellstab,* 218; i.A. für den Fall der notwendigen Beiladung *BayVGH,* 8. 11. 1999 – 27 ZB 99 32056 – DVBl. 00, 433.

[19] *VG Sigmaringen,* 25. 2. 1998 – 5 K 671/92 – NVwZ-RR 98, 696.

[20] Vgl. *VGH Mannheim,* 29. 8. 1989 – NC 9 S 69/89 – VBlBW 90, 136; eine Kostenerstattung soll ausgeschlossen werden, wenn die anwaltliche Vertretung offensichtlich nutzlos war.

[21] Vgl. dazu *Gerold/Schmidt/Madert,* § 13 A 5.

verstehen, das der Anwalt für den Auftraggeber besorgen soll. Gegenstand der Angelegenheit ist das Recht oder Rechtsverhältnis, auf das sich die Tätigkeit des Rechtsanwalts aufgrund des Auftrags bezieht. Eine Angelegenheit kann auch mehrere Gegenstände umfassen. Ob mehrere Gegenstände dieselbe oder mehrere Angelegenheiten darstellen, hängt davon ab, ob sie von einem einheitlichen Auftrag umfasst werden, zwischen ihnen ein innerer Zusammenhang besteht und der Rechtsanwalt einen einheitlichen Tätigkeitsrahmen wahrt.[22]

17 **Beispiel 1:**

Ficht der Rechtsanwalt im Normenkontrollverfahren einen Bebauungsplan im Auftrage mehrerer Eigentümer selbständiger Grundstücke an, so erhält er eine Prozessgebühr von $^{13}/_{10}$ (§ 114 Abs. 2 BRAGO i.V.m. § 11 Abs. 1 Satz 4 BRAGO) bei gleichzeitiger Erhöhung des Streitwertes für jedes einzelne, weitere Grundstück. Erfolgt die Anfechtung hingegen im Auftrage mehrerer Eigentümer desselben Grundstücks (z.B. bei Wohnungseigentümern), erhöht sich die Prozessgebühr für jeden weiteren vertretenen um je $^{3}/_{10}$ (bei gleichbleibendem Streitwert).[23]

Beispiel 2:

Mehrere Anlieger einer Straße wenden sich in einem gemeinsamen Verfahren gegen Kommunalabgabenbescheide, die den einzelnen Grundstückseigentümer wegen des Ausbaues der Straße zur verkehrsberuhigten Zone zugestellt worden sind.
Hier erhält der Anwalt nur eine Prozessgebühr, wobei allerdings die Werte aus den einzelnen Beitragsbescheiden zusammenzurechnen sind.

18 Anders wäre zu verfahren, wenn der Anwalt für jeden Anlieger gesonderte Klage erhoben hätte. In diesen Fällen kann allerdings das Gericht die Verfahren gem. § 93 VwGO zu gemeinsamer Verhandlung und Entscheidung verbinden; geschieht dieses, so entsteht von der Zustellung des Beschlusses an eine Angelegenheit i.S. von § 7 BRAGO mit der Folge, dass § 7 Abs. 2 BRAGO anzuwenden ist; danach sind die Werte mehrerer Gegenstände in derselben Angelegenheit zusammen zu rechnen.

Beispiel:

Der Anwalt vertritt fünf verschiedene Nachbarn, die sich gegen ein nachbarliches Bauvorhaben wenden; er reicht für jeden Nachbarn gesondert eine Anfechtungsklage gegen die nachbarliche Baugenehmigung bei Gericht ein. Nach Klageerhebung ergeht ein Verbindungsbeschluss gem. § 93 VwGO.
In diesem Falle entsteht für den Anwalt für jedes der verschiedenen Verfahren eine gesondert abzurechnende Prozessgebühr nach dem Ausgangsstreitwert des einzelnen Verfahrens; nach der Verbindung entsteht für den Anwalt eine Verhandlungsgebühr nach dem höheren Wert der miteinander verbundenen Verfahren.[24]

Denkbar ist es aber auch, dass mehrere Verfahren nur zum Zwecke der gemeinsamen Verhandlung nach § 93 Satz 1 VwGO (nicht auch zur gemeinsamen Entscheidung!) zusammengeführt werden. Die bloße Verbindung der im übrigen rechtlich getrennt bleibenden Verfahren zur gemeinsamer Verhandlung führt nicht zu einer Zusammenrechnung der Streitwerte der einzelnen Verfahren nach § 5 ZPO.[25]

---

[22] *BVerwG*, 9. 5. 2000 – 11 C 1.99 – DVBl. 00, 1462.
[23] *OVG NW*, 21. 12. 1998 – 10 a D 53/95.NE – NVwZ-RR 99, 616.
[24] *Riedel/Sußbauer*, § 13, Rdn. 5ff.
[25] *OVG Hamburg*, 23. 10. 1998 – 6 Bf 448/98 – NVwZ 99, 789.

Legen beide Prozessparteien bei einem teilweise obsiegenden/teilweise abweisenden Urteil Nichtzulassungsbeschwerde ein, über die das Bundesverwaltungsgericht in getrennten Beschlüssen entscheidet, so handelt es sich nicht um dieselbe Angelegenheit i. S. d. § 13 Abs. 2 BRAGO.[26]

Zur Einheit von Verwaltungsverfahren und Widerspruchsverfahren, vgl. D 53. 19
Zur gebührenrechtlichen Einheit von Verfahren nach § 80 Abs. 5 und § 80 Abs. 7 VwGO, vgl. D 69.

Wird ein Rechtsstreit an ein anderes Gericht des gleichen Rechtszuges verwiesen, so entstehen die Gebühren nur einmal (§ 14 Satz 1 BRAGO i. V. m. § 13 Abs. 2 BRAGO).[27]

Anders ist bei einer **Zurückverweisung** an ein untergeordnetes Gericht zu 20
verfahren; in diesem Falle ist das weitere Verfahren vor diesem Gericht ein neuer Rechtszug. Die Prozessgebühr nach § 15 Abs. 1 Satz 2 BRAGO entsteht allerdings nur dann, wenn die Sache an ein Gericht zurückverwiesen worden ist, das bislang mit dem Rechtsstreit noch nicht befasst war.[28]

Hinweis: 21

Keine Zurückverweisung im eigentlichen Sinne liegt vor, wenn ein Bescheidungsurteil ergeht, in dem das Gericht die Behörde zur erneuten Bescheidung verpflichtet; hier beginnt ein neues Verwaltungsverfahren, also eine neue Angelegenheit, so dass der Rechtsanwalt zunächst die Gebühren der §§ 118 ff. BRAGO und ggfs. anschließend noch einmal die im verwaltungsgerichtlichen Verfahren anfallenden Gebühren erhalten kann.[29]

2. Klageverfahren vor dem Verwaltungsgericht

a) Prozessgebühr, § 31 Abs. 1 Nr. 1 BRAGO

Hinsichtlich der **Prozessgebühr** gelten die allgemeinen zivilprozessualen 22
Grundsätze; sie ist entstanden, wenn der Mandant den Anwalt beauftragt hat, in einem gerichtlichen Verfahren tätig zu werden und der Anwalt aufgrund dieses Auftrages irgendeine Tätigkeit vornimmt, auch wenn diese nach außen hin nicht in Erscheinung tritt.[30]

Wird allerdings der Klageauftrag vor Klageerhebung von der Partei zurückge- 23
nommen, so entsteht nach § 32 Abs. 1 BRAGO nur die halbe Prozessgebühr.

Nach allgemeinen Grundsätzen erhöht sich die Prozessgebühr des Anwalts gem. 24
§ 6 Abs. 1 Satz 2 BRAGO dann, wenn der Anwalt mehrere Auftraggeber hinsichtlich desselben Gegenstandes gleichzeitig vertritt.

Hinweis: 25

Dass dem Verwaltungsprozess vorausgegangene Verwaltungsverfahren stellt als behördliches Verfahren eine gesonderte Angelegenheit dar, die nicht zum eigentlichen Rechtszug gehört (vgl. G 53 ff.). Die im Rahmen des Verwaltungsverfahrens entstandenen Gebühren sind daher nicht auf die Prozessgebühr und die sonstigen prozessualen Gebühren anzurechnen (§ 37 Nr. 1 BRAGO).[31]

---

26 *VGH Mannheim,* 18. 10. 1996 – 5 S 998/93 – NVwZ-RR 98, 403.
27 *Madert/Hellstab,* 104.
28 Vgl. dazu *Madert/Hellstab,* 104, 105.
29 *Madert/Hellstab,* 104.
30 *VGH Mannheim,* 2. 12. 1994 – 8 S 3281/94 – NVwZ-RR 95, 304.
31 *Riedel/Sußbauer,* § 37, Rdn. 13.

b) Verhandlungsgebühr, § 31 Abs. 1 Nr. 2 BRAGO

26 Mit dem Eintritt in die mündliche Verhandlung entsteht für den Rechtsanwalt eine weitere volle Gebühr **(Verhandlungsgebühr).** Unter mündlicher Verhandlung versteht das Gesetz die Verhandlung vor dem erkennenden Gericht (§ 101 Abs. 1), in der nach der Verlesung des Sachberichts die Anträge gestellt und begründet werden und die Angelegenheit erörtert wird. Nach § 103 Abs. 2 beginnt die Verhandlung mit dem Sachbericht, so dass ohne den Sachbericht keine mündliche Verhandlung vorliegt und auch keine Verhandlungsgebühr entstehen kann.[32]

27 Damit die Verhandlungsgebühr entsteht, muss der Anwalt allerdings in der mündlichen Verhandlung tätig werden.[33] Seine bloße Anwesenheit während der mündlichen Verhandlung reicht nicht aus; die Verhandlungsgebühr fällt daher erst an, wenn Anträge gestellt worden sind, (§ 103 Abs. 3).

28 Sofern Anträge nicht gestellt werden, die Angelegenheit rechtlich jedoch erörtert wird, entsteht die **Erörterungsgebühr** (G 32).

29 Da im Verwaltungsgerichtsprozess die Amtsmaxime herrscht, entsteht die volle Verhandlungsgebühr auch bei **einseitiger Verhandlung,** wenn beispielsweise die gegnerische Prozesspartei an der Verhandlung nicht teilnimmt.[34]

30 Aufgrund der Besonderheiten des Verwaltungsgerichtsverfahrens entsteht die volle Verhandlungsgebühr auch in den Fällen, in denen das Gericht im normalen Klageverfahren ohne mündliche Verhandlung im schriftlichen Verfahren entscheidet (vgl. dazu § 35 BRAGO). Voraussetzung ist allerdings, dass das Gericht eine Entscheidung fällt; die Verhandlungsgebühr entsteht dann mit der gerichtlichen Entscheidung. Der Verweisungsbeschluss (§ 17a GVG) löst eine Verhandlungsgebühr aus, wenn er aufgrund mündlicher Verhandlung ergeht.[35]

31 Ergeht eine Entscheidung ohne mündliche Verhandlung durch **Gerichtsbescheid,** so erhält der Anwalt neben der Prozessgebühr lediglich eine **halbe Verhandlungsgebühr** (§ 114 Abs. 3 BRAGO i. V. m. § 84 Abs. 1); rückt das Gericht später von seiner ursprünglich angekündigten Absicht durch Gerichtsbescheid zu entscheiden, ab und dann aufgrund mündlicher Verhandlung durch Urteil, so entsteht lediglich eine volle Verhandlungsgebühr.[36]

Hat freilich vor Erlass des Gerichtsbescheids ein Erörterungstermin stattgefunden oder ist es zu einer förmlichen Beweisaufnahme gekommen, so fallen die üblichen Gebühren an.[37]

---

[32] *Redeker/von Oertzen,* § 103, Rdn. 5 m. w. N.: Ein Verzicht der Parteien auf das Vorlesen des Sachberichts ist jedoch statthaft.

[33] *VGH Mannheim,* 11. 5. 1988 – 5 S 2475/87 – VBlBW 89, 56; darüber hinaus nach § 4 BRAGO nur dann, wenn er sich durch einen anderen Rechtsanwalt, seinen allgemeinen Vertreter oder einen Stationsreferendar vertreten lässt. Die Kosten sonstiger Vertreter sind allenfalls nach § 162 I i. V. m. § 3 ZSEG erstattungsfähig.

[34] Vgl. dazu *Madert/Hellstab,* 110.

[35] Vgl. dazu *Madert/Hellstab,* 112, vgl. § 17a Abs. 4 GVG.

[36] *Madert/Hellstab,* 113.

[37] *Redeker/von Oertzen,* § 84, Rdn. 22.

c) *Erörterungsgebühr, § 31 Abs. 1 Nr. 4 BRAGO*

Hinsichtlich der Erörterungsgebühr kann auf die gleichen Grundsätze des zivilrechtlichen Verfahrens verwiesen werden. Die Erörterungsgebühr wird vor allem in Erörterungsterminen vor dem Berichterstatter[38] oder im Anschluss an eine Beweisaufnahme anfallen, wenn im Ortstermin die Sach- und Rechtslage erörtert wird. Die Erörterungsgebühr entsteht nur, wenn es zu einem Meinungsaustausch über streitige Fragen kommt, d.h. zu einem mindestens zweiseitigen Sachgespräch zwischen den Beteiligten bzw. zwischen einem Beteiligten und dem Gericht, in welchem unterschiedliche Standpunkte dargelegt werden.[39] Das Entstehen der Erörterungsgebühr setzt ferner voraus, dass die Erörterung in einem gerichtlich anberaumten Termin stattfindet; das Gericht muss anwesend sein.[40] Die Erörterungsgebühr nach § 31 Abs. 1 Nr. 4 BRAGO ist nicht dadurch ausgeschlossen, dass zu einem Erörterungstermin gem. § 87 Abs. 1 Nr. 1 unter dem Aktenzeichen eines Verfahrens geladen worden ist, die durchgeführte Erörterung sich aber – im vorherigen Einverständnis der Parteien – auch noch auf ein weiteres rechtshängiges Verfahren erstreckt hat;[41] die Erörterungsgebühr kann deshalb auch dann entstehen, wenn eine Streitsache in einem vor Gericht anhängigen Musterverfahren miterörtert wird.[42] Eine fernmündliche Erörterung mit dem Berichterstatter ist nicht ausreichend.[43] 32

d) *Beweisgebühr, § 31 Abs. 1 Nr. 3 BRAGO*

Die Beweisgebühr entsteht, wenn das Gericht die Beweisaufnahme durch förmlichen **Beweisbeschluss** angeordnet hat, die Beweisaufnahme stattgefunden hat und wenn der Rechtsanwalt den Mandanten im Beweisaufnahmeverfahren vertreten hat.[44] Freilich kann auch ohne förmlichen Beweisbeschluss eine Beweisaufnahme stattfinden, wenn sich das Gericht durch eigene Wahrnehmung ein Urteil über die Richtigkeit einer bisher nicht bekannten oder klärungsbedürftigen Tatsache bilden wollte und die Untersuchung oder Maßnahme erkennbar zu Beweiszwecken erfolgt ist. 33

Beispiel: 34
Das Gericht beraumt in einer Bausache einen Erörterungstermin an Ort und Stelle an. Nach Erörterung der Sach- und Rechtslage nimmt der Berichterstatter die Örtlichkeiten in Augenschein und fertigt hierzu einen Protokollvermerk, ohne vorher einen förmlichen Beweisbeschluss erlassen zu haben.[45]

---

[38] *OVG Berlin,* 9. 7. 1998 – 7 K 67.96 – AnwBl. 99, 615.
[39] *OVG Greifswald,* 20. 11. 1995 – 3 O 87/94 – NVwZ-RR 96, 718.
[40] *Gerold/Schmidt/v. Eicken/Madert,* § 31, Rdn. 148.
[41] *OVG Berlin,* 9. 7. 1998 – 7 K 67.96 – AnwBl. 99, 615.
[42] *OVG Berlin,* 8. 12. 1998 – 7 K 53.98 – AnwBl. 99, 615.
[43] *Gerold/Schmidt/v. Eicken/Madert,* § 31, Rdn. 148.
[44] *OVG Greifswald,* 18. 10. 1995 – 3 O 75/95 – NVwZ-RR 96, 717; die bloße Zustellung des Beweisbeschlusses löst die Beweisgebühr noch nicht aus: *Gerold/Schmidt/v. Eicken/Madert,* § 31, Rdn. 125.
[45] Ein vor Ort stattfindender Erörterungstermin kann aber auch zur bloßen Veranschaulichung des Streitgegenstandes dienen: *VGH Kassel,* 17. 3. 1995 – 4 TG 487/95 – NVwZ-RR 95, 423.

35 Es ist für die Entstehung der Beweisgebühr ausreichend, wenn ein Mitglied des Kollegialgerichts die Beweiserhebung durchführt, § 87 Abs. 3 Satz 1.

36 Die bloße **Anhörung von Beteiligten**[46] lässt eine Beweisgebühr noch nicht entstehen, wenn das Gericht die Angaben lediglich zur Verdeutlichung des Sach- und Streitstandes entgegennimmt; für die Entstehung der Beweisgebühr ist vielmehr ein förmlicher Beweisbeschluss erforderlich.[47] Anders dagegen ist zu entscheiden, wenn die Anhörung der Partei durchgeführt wird, weil es auf die Glaubwürdigkeit der Partei ankommt.

37 **Beispiele:**

- Anhörung von Asylbewerbern über den Verfolgungsgrund oder die Glaubhaftigkeit der politischen Verfolgung,
- Anhörung von Kriegsdienstverweigerern.

38 Problematisch ist in vielen Fällen, ob die **Verwertung von Akten und Unterlagen,** die von einer Partei beigebracht werden, eine Beweisaufnahme darstellen, die eine Beweisgebühr des Anwalts auslösen.

39 Zu diesem Problemkreis existiert eine reichhaltige Rechtssprechung.[48] Prinzipiell stellt die bloße Vorlegung von Urkunden des Beweisführers noch keine Beweisaufnahme dar (§ 34 Abs. 1 BRAGO). Aus der Vorlage von Behördenakten folgt daher regelmäßig keine Beweisaufnahme.[49] Wenn es sich um die Beibringung von Urkunden Dritter handelt, die vom Gericht beigezogen werden,[50] findet freilich eine Beweisaufnahme statt (§ 34 Abs. 2 BRAGO).[51] Keine Beweisgebühr entsteht bei der Verwertung von Auskunftsmaterial, das (z. B. bei Asylverfahren) bei Gericht vorhanden und nicht verfahrensbezogen erhoben wird.[52]

40 Die **Einsichtnahme in Pläne, Karten und Lichtbilder** kann im Einzelfall eine Augenscheinsbeweisaufnahme sein.[53] Die Verwaltungsgerichte vertreten in vielen Fällen den Standpunkt, es habe sich hierbei lediglich um Anschauungsmaterial gehandelt, das dem Gericht ein besseres Verständnis des Parteivortrages bzw. eine bessere Anschauung über bestimmte Tatsachen verschaffen könne.[54]

41 Erhebliche Tatsachenfeststellungen in den Entscheidungsgründen, bei denen auf Lichtbilder oder sonstige Dokumente, die keine Urkunden sind, Bezug ge-

---

[46] Die informatorische Anhörung ist keine Beweisaufnahme, *VGH München,* 22. 2. 1995 – 6 G 95/399 – NVwZ-RR 96, 480.

[47] *VGH München,* 11. 2. 1992 – 6 C 92 130 – BayVBl. 93, 23.

[48] Vgl. dazu beispielhaft *Madert/Hellstab,* 121 ff.

[49] *Madert/Hellstab,* 121, 122; die Berücksichtigung eines Sachverständigengutachten in den Verwaltungsvorgängen löst keine Beweisgebühr aus, *VGH Kassel,* 27. 8. 1992 – 14 S 1518/92 – NVwZ-RR 93, 222.

[50] Vgl. dazu *Madert/Hellstab,* 122.

[51] *Madert/Hellstab,* 127 f.

[52] *VGH München,* 22. 6. 1992 – 24 C 91 30114 –.

[53] *Madert/Hellstab,* 125; a. A. *VGH Kassel,* 17. 3. 1995 – 4 TG 487/95 – NVwZ-RR 95, 423: Die Einsichtnahme in einen Bebauungsplan ist keine Beweisaufnahme; *VGH München,* 22. 2. 1995 – 6 C 95/399 – NVwZ-RR 96, 480 zu Lichtbildern.

[54] *VGH Kassel,* 17. 3. 1995 – 4 TG 487/95 – NVwZ-RR 95, 423: Die Einsichtnahme in einen Bebauungsplan ist keine Beweisaufnahme; *VGH München,* 22. 2. 1995 – 6 C 95/399 – NVwZ-RR 96, 480 zu Lichtbildern.

nommen wird, sind ein Indiz dafür, dass eine gerichtliche Augenscheinseinnahme stattgefunden hat, mit der diese Unterlagen zu Beweiszwecken verwertet worden sind.[55]

Die Vorlage von Privatgutachten oder auch die Vorlage von Behördengutachten[56] stellt im Regelfall ebenfalls keine Beweisaufnahme dar, sondern ist lediglich ein „vertiefender" Parteivortrag (§ 34 Abs. 1 BRAGO).[57] Sofern das Gericht Auskünfte (gerichtliche oder behördliche Auskünfte) einholt, kann dies unter den Voraussetzungen des § 34 Abs. 2 BRAGO eine Beweisgebühr auslösen.[58] 42

e) *Vergleichsgebühr, § 23 BRAGO*

Sofern im verwaltungsgerichtlichen Verfahren ein Vergleich geschlossen wird, entsteht für den Anwalt eine Vergleichsgebühr. Hier gelten die allgemeinen zivilprozessualen Grundsätze, so dass sich weitere Ausführungen erübrigen, vgl. auch G 70 a. E.[59] 43

f) *Erledigungsgebühr, § 24 BRAGO*

Erledigt sich das Gerichtsverfahren ganz oder teilweise durch Aufhebung oder Änderung eines angefochtenen Verwaltungsaktes bzw. durch Erlass des begehrten Verwaltungsakts, so entsteht für den Rechtsanwalt eine Erledigungsgebühr nach § 24 BRAGO, wenn der Anwalt bei der Aufhebung/Änderung/dem Erlass mitgewirkt hat.[60] 44

Es müssen allerdings folgende Mindestvoraussetzungen erfüllt sein: 45
– die Behörde muss ursprünglich eine dem Auftraggeber ungünstige Auffassung vertreten haben,
– der Bescheid muss zugunsten des Mandanten ganz oder teilweise zurückgenommen oder geändert worden sein,
– es muss ferner eine besondere auf die Erledigung ohne streitige Sachentscheidung gerichtete Tätigkeit des Anwalts vorliegen, die über die Widerspruchs- und Klagebegründung hinausgeht und die zur Erledigung des Rechtsstreits nicht nur unwesentlich beiträgt;[61] die bloße Abgabe einer Erledigungserklärung reicht nicht aus.[62]

Beispiel: 46
In einem Klageverfahren, bei dem es um die Erteilung einer Baugenehmigung geht, erreicht es der Anwalt außerhalb des laufenden Prozessverfahrens, die Baugenehmigungsbehörde in verschiedenen Gesprächen davon zu überzeugen, von der ablehnenden Haltung Abstand zu nehmen und die Baugenehmigung zu erteilen.

---

[55] *Madert/Hellstab,* 125.
[56] *VGH Kassel,* 27. 7. 1992 – 14 S 1581/92 – NVwZ-RR 93, 222.
[57] *Madert/Hellstab,* 126 f.
[58] *Madert/Hellstab,* 131 f.
[59] *Madert/Hellstab,* 132, 133.
[60] *OVG Münster,* 11. 1. 1999 – 3 E 808/98 – AnwBl. 99, 612.
[61] *Madert/Hellstab,* 133.
[62] *OVG Münster,* 25. 5. 1992 – 19 E 510/92 – NVwZ-RR 93, 111; *OVG Münster,* 28. 1. 1999 – 3 E 809/99 – AnwBl. 99, 612; zur Mitwirkung im Widerspruchsverfahren vgl. *BVerwG,* 21. 8. 1981 – 4 C 60/87 – NVwZ 82, 36.

g) Auslagen, §§ 25–29 BRAGO

47 Für die Erstattung von Auslagen (Porto, Telefon, Reisekosten) gelten die §§ 25–29 BRAGO.[63] Durch die Einfügung eines neuen Absatzes 2 in § 162 VwGO sind juristische Personen des öffentlichen Rechts und Behörden nunmehr auch befugt, anstelle ihrer tatsächlichen notwendigen Aufwendungen für Post- und Telekommunikationsdienstleistungen den in § 26 S. 2 BRAGO bestimmten Pauschsatz (z. Z. 40,00 DM) zu fordern.

48 Beauftragt ein Beteiligter einen Anwalt außerhalb des Gerichtssitzes, aber an oder in der Nähe seines Wohnsitzes, so sind die durch die Terminwahrnehmung entstehenden Reisekosten als Auslagen des Rechtsanwalts erstattungsfähig.[64] Ist die Beiziehung eines auswärtigen Rechtsanwalts wegen besonderer Fachkenntnisse gerechtfertigt, sind auch dessen Reisekosten in Höhe einer fiktiven Informationsreise dem Grunde nach erstattungsfähig.[65] Besitzt ein Prozessbevollmächtigter keine Bahncard, so kann dieser Umstand bei der Festsetzung der Fahrtkosten nicht berücksichtigt werden, da es an einer gesetzlichen Verpflichtung des Prozessbevollmächtigten, eine Bahncard zu benutzen, fehlt.[66]

49 Häufiger Streitpunkt ist die Erstattungsfähigkeit von Fotokopiekosten, die dem Anwalt regelmäßig aufgrund der Auswertung und Beiziehung von Verwaltungsvorgängen im verwaltungsgerichtlichen Verfahren entstehen werden. Leider hat sich bei den Verwaltungsgerichten die Übung herausgebildet, dem Rechtsanwalt Schreibauslagen für Ablichtungen aus Behördenakten nur dann zuzugestehen, wenn deren Anfertigung zur sachgerechten Bearbeitung der Rechtssache geboten war.[67] Häufig muss der Anwalt die gefertigten Kopien vorlegen; die Kopien werden dann einzeln geprüft.

50 Dabei stehen die Gerichte auf dem Standpunkt, dass die Erforderlichkeit solcher Ablichtungen regelmäßig nur dann zu bejahen sei, wenn die fotokopierten Schriftstücke dem Rechtsanwalt zur sachgemäßen Bearbeitung der Rechtssache **ständig** zur Verfügung stehen müssen und er sich die notwendige Kenntnis nicht allein durch – notfalls mehrmalige – Akteneinsicht verschaffen kann.[68] Die ständige Prä-

---

[63] Vgl. *Madert/Hellstab,* 193 ff.

[64] Vgl. die weiteren Beispiele bei *Madert/Hellstab,* 204 ff.; vgl. auch *VGH Baden-Württemberg,* 20. 7. 1989 – 2 S 1497/89 – VBlBW 90, 15; *Redeker/von Oertzen,* § 162, Rdn. 10; Parkgebühren werden nicht von der Kilometerpauschale abgegolten; *OVG Münster,* 15. 3. 1991 – 16 B 23603/90 – NVwZ-RR 92, 54.

[65] *VGH Mannheim,* 13. 8. 1992 – 19 E 510/92 – NVwZ-RR 93, 111.

[66] *VG Freiburg,* 4. 6. 1996 – 1 K 1846/93 – AnwBl. 96, 589; auch der Zuschlag für das Nachlösen im Zug soll erstattungsfähig sein, wenn der Prozessbevollmächtigte den Fahrschein wegen Verspätung der Straßenbahn auf dem Weg zum Bahnhof erst im Zug lösen konnte.

[67] *Redeker/von Oertzen,* § 162, Rdn. 8. Eine Grenze der Erstattungsfähigkeit für die Auslagen eines Rechtsanwalts ergibt sich im verwaltungsgerichtlichen Verfahren nur aus dem Grundsatz, dass im Rahmen des Verständigen die Kosten nach Möglichkeit niedrig zu halten sind; § 91 Abs. 2 S. 1 ZPO ist nicht entsprechend anwendbar, *OVG Greifswald,* 10. 1. 1995 – 3089/94 – NVwZ-RR 96, 238; vgl. ferner *Madert/Hellstab,* 201 ff. mit vielen weiteren Beispielen.

[68] Vgl. dazu *OVG Münster,* 17. 2. 1984 – 7 a NE 30/80 – KostRspr. BRAGO § 27 Nr. 68; *VGH Mannheim,* 22. 12. 1983 – 2 S 2782/83 – KostRspr. BRAGO § 27 Nr. 69; *VGH Mannheim,* 15. 2. 1989 – 5 S 2167/88 – VBlBW 89, 257: dem Rechtsanwalt steht kein Ermessens- oder Beurteilungsspielraum zu.

senz der vollständig fotokopierten Verwaltungsvorgänge sei grundsätzlich nicht geboten. Im übrigen verweisen die Gerichte darauf, dass für solche Teile aus den Verwaltungsvorgängen der Behörden, die dem eigenen Mandanten zur Verfügung stehen, grundsätzlich keine Kopiekosten erstattet werden können. Es bedarf keiner weiteren Begründung, dass eine derartige anwaltsunfreundliche Handhabung letztlich zu Lasten des rechtsschutzsuchenden Bürgers geht.[69]

Die Kosten eines Privatgutachten, das während eines Gerichtsverfahrens erstellt und vorgelegt worden ist, sind erstattungsfähig, wenn dessen Einholung die Chancengleichheit der Parteien (sog. Waffengleichheit) sicherstellt.[70] 51

Sonstige Parteikosten (z.B. Entschädigung von Zeitversäumnissen,[71] Personalkosten für Prozessbearbeitung) sind in der Regel nicht erstattungsfähig.[72] Eine Erstattung für die Zeitversäumnis von Behördenbediensteten wegen der Teilnahme an einer Gerichtsverhandlung findet grundsätzlich nicht statt.[73] 52

3. Kosten des Vorverfahrens

Die Kosten des Vorverfahrens bilden eine vom nachfolgenden gerichtlichen Verfahren zu trennende gesonderte Angelegenheit.[74] Da das Vorverfahren gem. § 69 erst mit der Einlegung des Widerspruchs beginnt, fallen Vorverfahrenskosten nicht an, wenn dem gerichtlichen Verfahren kein Widerspruchsverfahren vorausgegangen ist (z.B. in den Fällen der Untätigkeitsklage gem. § 75).[75] Aus § 119 Abs. 1 BRAGO ergibt sich, dass das Verwaltungsverfahren, welches dem Rechtsstreit vorausgeht und der Nachprüfung des Verwaltungsakts dient, zugleich mit dem vorangegangenen Verwaltungsverfahren eine Angelegenheit bildet. Daraus folgt, dass der Rechtsanwalt im Verwaltungsverfahren die Gebühren des § 118 BRAGO nur einmal in Ansatz bringen kann. 53

Nach § 162 Abs. 2 Satz 2 sind die Gebühren und Auslagen eines förmlich bevollmächtigten Anwalts[76] im Zuge eines verwaltungsgerichtlichen Vorverfahrens erstattungsfähig, wenn das Gericht die Zuziehung eines Bevollmächtigten für das 54

---

[69] Vgl. dazu *OVG Münster,* 17. 2. 1984 – 7 a NE 30/80 – KostRspr. BRAGO § 27 Nr. 68; *VGH Mannheim,* 22. 12. 1983 – 2 S 2782/83 – KostRspr. BRAGO § 27 Nr. 69; *VGH Mannheim,* 15. 2. 1989 – 5 S 2167/88 – VBlBW 89, 257: dem Rechtsanwalt steht kein Ermessens- oder Beurteilungsspielraum zu.

[70] *Göttlich/Mümmler,* 1011; vgl. auch *BVerwG,* 14. 1. 1999 – 6 B 118/98 – NVwZ-RR 99, 612: zu § 80 VwVfG; anders wenn das Gutachten schon im Vorverfahren vorgelegt wurde, *VGH Mannheim,* 5. 6. 1991 – 5 S 923/91 – NVwZ 92, 53; *VGH München,* 23. 11. 1998 – 20 A 93.40082–40085 – NVwZ-RR 99, 614; grds. a.A. *VGH Mannheim,* 28. 6. 1996 – 8 S 1715/96 – VBlBW 96, 375 96.

[71] *VGH Kassel,* 7. 1. 1998 – 1 TJ 3449/97 – NVwZ-RR 99, 213.

[72] *OVG Münster,* 16. 9. 1991 – 11 B 1323/90 – NVwZ 92, 447.

[73] *OVG Lüneburg,* 22. 6. 1996 – 7 K 3827/91 – NVwZ-RR 97, 143.

[74] *Madert/Hellstab,* 21 f.

[75] Rechtsanwaltsgebühren, die im reinen Verwaltungsverfahren – ohne nachfolgendes Vorverfahren – entstanden sind, können zwar nicht im Rahmen des verwaltungsgerichtlichen Kostenfestsetzungsverfahrens berücksichtigt werden; derartige Gebühren können aber aufgrund eines materiell-rechtlichen Erstattungsanspruches (z.B. Art. 34 GG, § 839 BGB) vor den Zivilgerichten eingeklagt werden.

[76] *OVG Münster,* 29. 11. 1995 – 8 E 400/95 – NVwZ-RR 96, 620.

Vorverfahren für notwendig erklärt hat.[77] In aller Regel ist die Notwendigkeit der Hinzuziehung eines Anwalts im Vorverfahren, und damit die Erstattungsfähigkeit der Gebühren und Auslagen, zu bejahen, da der Bürger ohne rechtskundigen Rat nur in Ausnahmefällen materiell und verfahrensrechtlich in der Lage ist, seine Rechte gegenüber der Behörde in angemessenem Umfange zu wahren.[78] Die Behörde verfügt in der Regel über technisch und juristisch hoch qualifizierte Fachkräfte, so dass die Beauftragung eines Anwalts aus Sicht des Bürgers zur Herstellung der Waffengleichheit unerlässlich ist.[79]

55 **Hinweis:**

Auch die Kosten eines **Rechtsanwaltes,** der sich im Vorverfahren selbst vertritt, sind in der Regel erstattungsfähig.[80]

Die Zuziehung eines Anwalts durch die Behörde ist im Widerspruchsverfahren dagegen regelmäßig nicht notwendig.[81]

56 Die Entscheidung über die Notwendigkeit der Zuziehung eines Bevollmächtigten kann das Gericht im Urteilstenor, aber auch durch nachträglichen Beschluss treffen.[82] Die Erstattungsfähigkeit setzt jedoch immer einen konkreten Antrag des Beteiligten voraus. Die Antragstellung kann auch noch nach Abschluss eines Vergleichs mit Kostenregelung erfolgen; es sei denn, dass durch die Kostenregelung des Vergleichs die Erstattungsfähigkeit der Vorverfahrensgebühren ausdrücklich oder konkludent ausgeschlossen ist.[83]

57 Der Ausschluss der Beschwerde nach § 158 Abs. 2 VwGO erfasst nicht die im Zusammenhang mit einem Kostenfestsetzungsverfahren nachträglich ergangene Entscheidung des Gerichts über die Notwendigkeit der Hinzuziehung eines Bevollmächtigten für das Vorverfahren nach § 162 Abs. 2 Satz 2.[84] Die Frist des § 120

[77] Das Gericht kann eine Entscheidung, die Zuziehung eines Bevollmächtigten für das Vorverfahren für notwendig zu erklären (§ 162 Abs. 2 Satz 2) nur in einem Hauptsacheverfahren treffen, das dem Widerspruchsverfahren nachfolgt, nicht jedoch in einem Aussetzungsverfahren gem. § 80 Abs. 5, *OVG Weimar,* 15. 9. 2000 – 4 ZEO 167/98 – NVwZ-RR 01, 205.

[78] *BVerwG,* 6. 12. 1963 – VII C 14.63 – BVerwGE 17, 245; modifizierend für das Vorverfahren in Musterungsangelegenheiten, *BVerwG,* 14. 1. 1999 – 6 B 118/98 – NVwZ-RR 99, 612.

[79] Vgl. dazu *Redeker/von Oertzen,* § 162, Rdn. 13 a; *OVG Koblenz* 26. 8. 1987 – 1 E 14/87 – NVwZ 88, 842; *VGH Mannheim,* 21. 8. 1991 – 11 S 177/91 – NVwZ-RR 92, 388.

[80] *OVG Münster,* 21. 6. 1989 – 3 B 521/87 – NWVBl. 90, 283; *VG Oldenburg,* 18. 7. 1994 – 5 A 726/91 – NVwZ-RR 95, 62.

[81] Zur Zuziehung eines Rechtsanwalts im Vorverfahren durch eine Gemeinde, vgl. *VGH Mannheim,* 17. 8. 1992 – 5 S 1665/92 – VBlBW 92, 470 = NVwZ-RR 93, 111.

[82] Die Entscheidung des Gerichts über die Notwendigkeit der Hinzuziehung eines Bevollmächtigten für das Vorverfahren gehört nicht zur Grundentscheidung über die Kostenfolge, sondern gilt lediglich der dem Kostenfestsetzungsverfahren vorbehaltenen Frage, ob die durch eine solche Hinzuziehung entstandenen Kosten zur zweckentsprechenden Zweckverfolgung notwendig war, vgl. dazu *OVG Koblenz,* 30. 11. 1995 – 10 E 13019/95 – NVwZ-RR 96, 717; § 120 VwGO findet keine Anwendung.

[83] Zum Fall der Klagerücknahme, vgl. *VGH Mannheim,* 3. 4. 1989 – 11 S 3133/88 – NVwZ-RR 89, 587.

[84] *VGH Kassel,* 8. 9. 1995 – 14 TE 788/95 – NVwZ-RR 1996, 616; a. A. *VGH München,* 16. 7. 1992 – 3 C 92284 – NVwZ-RR 1993, 221; *OVG Saarlouis,* 18. 3. 1998 – 2 Y 1/98 – NVwZ-RR 99, 213.

Abs. 2 ist unbeachtlich, weil sie sich nach dem Gesetzeswortlaut nur auf die „Kostenfolge" (§ 120 Abs. 1) bezieht, zu der die Entscheidung über die Notwendigkeit der Hinzuziehung eines Bevollmächtigten für das Vorverfahren nicht gehört.[85]

Sofern lediglich ein gerichtliches Eilverfahren nach § 80 Abs. 5, § 123 stattgefunden hat, sind die im isolierten Vorverfahren[86] entstandenen Gebühren und Auslagen des Rechtsanwalts nicht erstattungsfähig (strittig).[87] **58**

Sind die Vorverfahrenskosten erstattungsfähig, so können folgende Gebührentatbestände anfallen **59**
- $^{5}/_{10}$ bis $^{10}/_{10}$ Geschäftsgebühr gem. § 118 Abs. 1 Satz 1 BRAGO
- $^{5}/_{10}$ bis $^{10}/_{10}$ Besprechungsgebühr gem. § 118 Abs. 1 Satz 2 BRAGO[88]
- $^{5}/_{10}$ bis $^{10}/_{10}$ Beweisgebühr, wenn die Beweisaufnahme von einer Behörde angeordnet worden ist, § 118 Abs. 1 Satz 3 BRAGO[89]
- eine Vergleichsgebühr (§ 23 BRAGO) und eine Erledigungsgebühr (§ 24 BRAGO) sind nur im isolierten Vorverfahren denkbar.

Hinweis:

Sofern kein gerichtliches Verfahren anhängig ist, erhöht sich die Vergleichsgebühr auf eine $^{15}/_{10}$-Gebühr.

Bei den Gebührentatbeständen des § 118 Abs. 1 BRAGO handelt es sich um Rahmengebühren, deren Höhe der **Rechtsanwalt** im Einzelfall unter Berücksichtigung aller Umstände, insbesondere unter Berücksichtigung **60**
- der Bedeutung der Angelegenheit für den Auftraggeber
- des Umfangs und der Schwierigkeit der anwaltlichen Tätigkeit und
- der Einkommens- und Vermögensverhältnisse des Auftraggebers

nach billigem Ermessen zu bestimmen hat (§ 12 Abs. 1 BRAGO). Bei den genannten Bewertungsfaktoren handelt es sich lediglich um beispielhaft im Gesetz aufgezählte Bewertungskriterien, die nach Lage des Einzelfalls durch weitere Bewertungskriterien ergänzt werden können.[90] Zwar sind die Bewertungsfaktoren in der Regel gleichrangig, sie können aber fallbezogen je nach Relevanz stärker oder schwächer gewichtet werden.[91] In durchschnittlichen Fällen ist die Mittelgebühr anzusetzen.[92]

---

85 *BVerwG,* 28. 4. 1967 – 7 C 128.66 – BVerwGE 27, 39; ferner *Clausing in Schoch/Schmidt-Aßmann/Pietzner,* § 120, Rdn. 3.

86 Zur Kostenentscheidung der Behörde bei isoliertem Vorverfahren vgl. *BVerwG,* 18. 4. 1996 – 4 C 6.95 – DVBl. 96, 1315.

87 Vgl. dazu *Redeker/von Oertzen,* § 162, Rdn. 13b; *BVerwG,* 6. 12. 1963 – VII C 14.63 – BVerwGE, 17, 245; zur Erstattungsfähigkeit der Anwaltsgebühren im isolierten Vorverfahren vgl. *Redeker/von Oertzen,* § 162, Rdn. 13b ablehnend *OVG Koblenz,* 2. 5. 1989 – 13 B 27/89 – DVBl. 89, 892.

88 Vgl. dazu *VGH Kassel,* 27. 11. 1989 – 9 TP 1877/88 – NVwZ-RR 90, 389: Eine Besprechungsgebühr fällt bei einer einfachen telefonischen Anfrage des Anwalts nicht an; erforderlich ist vielmehr, dass eine Erörterung der Sach- und/oder Rechtslage stattfindet.

89 Vgl. dazu *Riedel/Sußbauer,* § 118, Rdn. 41 m. w. N.; ärztliche Tauglichkeitsprüfungen von Wehrpflichtigen stellen eine behördlich angeordnete Beweisaufnahme dar, vgl. *BVerwG,* 22. 3. 1996 – 8 C 11/95 – NVwZ-RR 96, 711.

90 Vgl. dazu *Göttlich/Mümmler,* Stichwort „Rahmengebühren", dort Ziff. 2.

91 Vgl. dazu *Göttlich/Mümmler,* Stichwort „Rahmengebühren", dort Ziff. 2.

92 Vgl. dazu *Göttlich/Mümmler,* Stichwort „Rahmengebühren", dort Ziff. 2.

4. Verfahren vor dem OVG/BVerwG

61 In Berufungsverfahren vor dem Oberverwaltungsgericht, in Revisionsverfahren vor dem Bundesverwaltungsgericht oder in erstinstanzlichen Verfahren vor dem Oberverwaltungsgericht/Bundesverwaltungsgericht berechnen sich die Gebühren des Rechtsanwalts nach § 114 Abs. 2 BRAGO i.V.m. § 11 Abs. 1 Satz 4 BRAGO. Dies bedeutet, dass der Anwalt die gleichen Gebühren wie im erstinstanzlichen Klageverfahren vor dem Verwaltungsgericht erhält; jedoch erhöhen sich alle Gebühren um $^{3}/_{10}$. Sofern für einzelne anwaltliche Tätigkeiten lediglich eine halbe Gebühr entstanden ist, erhöht sich der Betrag der halben Gebühr ebenfalls um $^{3}/_{10}$.

62 **Beispiel:**

Nach § 130a VwGO kann das Oberverwaltungsgericht die Berufung durch Beschluss zurückweisen, wenn es sie einstimmig für unbegründet und eine mündliche Verhandlung nicht für erforderlich hält. Die anfallende halbe Verhandlungsgebühr erhöht sich auf eine $^{13}/_{20}$ Gebühr (§ 114 Abs. 3 BRAGO).

63 **In Verfahren auf Zulassung der Berufung** entsteht nach § 114 Abs. 1, § 31 Abs. 1 Nr. 1, § 11 Abs. 1 Satz 4 BRAGO schon für den Antrag auf Zulassung der Berufung die volle $^{13}/_{10}$ Prozessgebühr,[93] da es sich nicht um ein Beschwerdeverfahren i.S.d. § 61 Abs. 1 Nr. 1 BRAGO handelt (anders im Falle der Nichtzulassungsbeschwerde, vgl. G 65). Die Prozessgebühr entsteht jedoch nicht erneut, wenn das Rechtsmittelverfahren durchgeführt wird.[94]

In Eilverfahren aus dem Bereich der erstinstanzlichen Zuständigkeit des OVG nach § 48 VwGO sind lediglich $^{10}/_{10}$ Gebühren gem. § 114 Abs. 5, § 40 Abs. 3 BRAGO und nicht die auf $^{13}/_{10}$ erhöhten Gebühren nach § 114 Abs. 2, § 11 Abs. 1 S. 4 BRAGO in Ansatz zu bringen.[95]

64 Eine Besonderheit gilt für das **Normenkontrollverfahren:** Entscheidet das OVG über einen Normenkontrollantrag ohne mündliche Verhandlung durch Beschluss, wird hierdurch keine Verhandlungsgebühr ausgelöst.[96]

5. Nichtzulassungsbeschwerde

65 Ist die Revision gegen ein verwaltungsgerichtliches oder gegen ein oberverwaltungsgerichtliches Urteil nicht zugelassen worden, so kann gegen die Nichtzulassung der Revision Nichtzulassungsbeschwerde erhoben werden (vgl. F 19ff., F 57ff.).

Der Rechtsanwalt erhält in diesen Fällen gem. § 11 Abs. 1 Satz 6 BRAGO eine halbe Gebühr gem. § 61 BRAGO nach den Sätzen des § 11 Abs. 1 Satz 4 BRAGO, es fällt also eine $^{13}/_{20}$ Gebühr an. Die Streichung des § 114 Abs. 5 BRAGO durch das Kostenrechtsänderungsgesetz (BGBl. I v. 24. 6. 1994, 1325ff.) wurde durch die Einfügung des neuen § 11 Abs. 1 Satz 6 BRAGO kompensiert.

---

[93] Vgl. dazu auch *Brieske,* in Beck'sches Rechtsanwaltshandbuch 1997/98 1353; *Göttlich/Mümmler,* Stichwort „Verwaltungsgericht", Ziffer 1.22.

[94] *VGH Kassel,* NVwZ-RR 00, 119.

[95] *OVG Hamburg,* 13. 7. 1995 – Bs II 54/94 – NVwZ-RR 96, 546.

[96] *OVG Münster,* 3. 1. 1996 – 10a D 32/94.NE – NVwZ-RR 87, 137.

Hinweis: 66
Die Gebühr für die Nichtzulassungsbeschwerde gem. § 14 Abs. 2 BRAGO wird nicht auf die im anschließend folgenden Revisionsverfahren entstehenden Gebühren angerechnet. Rät der Rechtsanwalt nach Erteilung des Auftrages, Nichtzulassungsbeschwerde einzulegen, nach Prüfung der Angelegenheit von der Durchführung des Beschwerdeverfahrens ab, so bleibt es bei der $^{13}/_{20}$ Gebühr des § 14 Abs. 2 BRAGO. § 61 Abs. 3 BRAGO bestimmt, dass § 32 BRAGO im Beschwerdeverfahren nicht gilt.[97]

6. Eilverfahren gem. § 80 Abs. 5, § 123

Die Verfahren nach § 80 Abs. 5 (vgl. J 6ff.) und nach § 123 (vgl. J 124ff.) gelten 67
gebührenrechtlich als gesonderte Angelegenheit (§ 114 Abs. 4 BRAGO i.V.m. § 40 BRAGO). Im erstinstanzlichen Eilverfahren erhält der Anwalt daher die vollen Gebühren des § 31 Abs. 1 BRAGO.

Beispiel: 68
Der Anwalt wird von einem Grundstückseigentümer beauftragt, gegen den Bau eines Mehrfamilienwohnhauses auf dem Nachbargrundstück Widerspruch einzulegen und gleichzeitig beim Verwaltungsgericht die Wiederherstellung der aufschiebenden Wirkung des Widerspruchs zu beantragen. Der Berichterstatter führt eine Ortsbesichtigung durch; im Anschluss an den Ortstermin wird die Sach- und Rechtslage erörtert. Es entstehen je eine $^{10}/_{10}$ Prozessgebühr (§ 31 Abs. 1 Nr. 1 BRAGO), eine $^{10}/_{10}$ Beweisgebühr (§ 31 Abs. 1 Nr. 3 BRAGO) und eine $^{10}/_{10}$ Erörterungsgebühr (§ 31 Abs. 1 Nr. 4 BRAGO).

Entscheidet das OVG im Rahmen eines Eilverfahrens in erster Instanz, so steht dem Prozessbevollmächtigten eine $^{13}/_{10}$ Gebühr zu (§ 114 Abs. 2 i.V.m. § 11 Abs. 1 Satz 4 BRAGO).[98]

Nach herrschender Auffassung stellt das Verfahren nach § 80 Abs. 7 ein neues, 69
selbständiges, vom vorangegangenen Verfahren nach § 80 Abs. 5 losgelöstes Verfahren dar.[99] Trotzdem wird überwiegend die Auffassung vertreten, dass das Abänderungsverfahren mit dem vorausgegangenen Verfahren nach § 80 Abs. 5 in kostenrechtlicher Hinsicht eine Angelegenheit bildet mit der Folge, dass keine zusätzlichen Kosten des Anwalts für das Abänderungsverfahren berechnet werden können. Teilweise wird dahingehend argumentiert, dass der bereits im Ausgangsverfahren tätig gewordene Rechtsanwalt für das weitere Verfahren nach § 80 Abs. 7 deshalb keine Gebühren verlangen könne, weil sich dies aus § 40 Abs. 2 BRAGO i.V.m. § 114 Abs. 5 Satz 1 BRAGO ergebe, wonach das Aussetzungsverfahren nach § 80 Abs. 5 mit dem Abänderungsverfahren nach § 80 Abs. 7 als **eine gebührenrechtliche Angelegenheit** anzusehen sei, für die der Rechtsanwalt nach § 13 Abs. 2 Satz 1 BRAGO die Gebühren nur einmal fordern könne.[100] **Gegen die gebührenrechtliche Einheit** beider Verfahren spricht, dass der Abänderungsantrag nur dann statt-

---

[97] *Madert/Hellstab,* 135.

[98] *OVG Münster,* 29. 5. 1990 – 21 D 66/89 – NVwZ-RR 90, 667; a.A. *VGH München,* 12. 9. 1988 – 8 AS 87 40038 – NVwZ-RR 89, 335 sowie *OVG Hamburg,* 13. 7. 1995 – Bs II 54/94 – NVwZ-RR 96, 546.

[99] Vgl. *VGH Mannheim,* 12. 10. 1994 – 5 S 2609/94 – UPR 95, 117; *OVG Münster,* 24. 8. 1987 – 3 B 980/86 – DVBl. 88, 114; *OVG Lüneburg,* 26. 3. 1999 – 1 O 867/99 –; ferner *Schmidt* in *Eyermann,* § 80, Rdn. 101; *Kopp/Schenke,* § 80, Rdn. 216; *Redeker/von Oertzen,* § 80, Rdn. 68.

[100] *OVG Münster,* 26. 6. 2000 – 18 E 325/98 – n. v.; ferner *OVG Münster,* 10. 4. 2001 – 7 E 215/01 – n. v.; *Madert/Hellstab,* 136, 137.

haft ist, wenn das Verfahren nach § 80 Abs. 5 rechtskräftig abgeschlossen ist und wenn der Antragsteller veränderte oder im vorangegangenen Verfahren ohne Verschulden nicht geltend gemachte Umstände vorträgt, die ein Abweichen von der ursprünglichen Entscheidung rechtfertigen können.[101] Das Verfahren nach § 80 Abs. 7 VwGO erhält daher in der Gerichtspraxis auch ein gesondertes, neues gerichtliches Aktenzeichen; die Bezeichnung der Beteiligten ist selbständig und unabhängig von der Beteiligtenstellung im vorangegangenen Verfahren oder im Hauptsacheverfahren vorzunehmen.[102] Es handelt sich also bei dem Abänderungsverfahren um ein Instrumentarium, das der Wiederaufnahme des Verfahrens i. S. d. § 153 VwGO ähnelt. Auch hier ist allgemein anerkannt, dass es sich bei diesem Verfahren um ein kostenrechtlich selbständiges Verfahren handelt, für das der in beiden Verfahren tätige Anwalt gesonderte Gebühren berechnen kann.[103] Für die hier vertretene Rechtsauffassung spricht auch der Wortlaut des § 114 Abs. 5 Satz 1 BRAGO. Dieser verweist nämlich nur bzgl. des Verfahrens auf Aussetzung oder Aufhebung der Vollziehung eines Verwaltungsakts bzw. auf Anordnung der Wiederherstellung der aufschiebenden Wirkung auf § 40 BRAGO. Die Abänderung oder Aufhebung eines Beschlusses nach § 80 Abs. 5 im Rahmen eines Verfahrens nach § 80 Abs. 7 wird hingegen nicht der sinngemäßen Anwendung des § 40 BRAGO unterstellt.[104]

7. Beschwerdeverfahren

70 Anders als bei den Verfahren über die Nichtzulassung der Berufung/Revision gilt für die sonstigen Beschwerdeverfahren (§§ 146 ff., vgl. F 205 ff.) die Regelung des § 61 BRAGO entsprechend (vgl. dazu § 114 Abs. 1 BRAGO).[105] Dies gilt auch für die **Verfahren, die auf Zulassung der Beschwerde gerichtet** sind (§ 146 Abs. 4 u. 5).[106] Der Rechtsanwalt erhält daher im Beschwerdeverfahren lediglich $^{5}/_{10}$ der in § 31 Abs. 1 Nr. 1–4 BRAGO bestimmten Gebühren; dies gilt selbst dann, wenn im Beschwerdeverfahren verhandelt oder erörtert wird oder gar eine Beweisaufnahme durchgeführt wird. Lediglich die Vergleichsgebühr (§ 23 BRAGO) und die Erledigungsgebühr (§ 24 BRAGO) fallen als $^{10}/_{10}$ Gebühren im Beschwerdeverfahren an.[107]

8. Gerichtliche Zwangsvollstreckungsverfahren

71 Nach § 114 Abs. 5 BRAGO werden in verwaltungsgerichtlichen Verfahren über einen Akt der Zwangsvollstreckung lediglich $^{3}/_{10}$ der in § 31 BRAGO bestimmten Gebühren gezahlt. Diese Vorschrift entspricht dem § 119 Abs. 2 BRAGO, wonach im Verwaltungszwangsverfahren der Anwalt je $^{3}/_{10}$ der vollen Gebühr als Ge-

---

[101] *Schmidt* in *Eyermann,* § 80, Rdn. 103.

[102] *VGH Mannheim,* 12. 10. 1994 – 5 S 2609/94 – UPR 95, 117.

[103] Vgl. auch *VG Darmstadt,* 5. 3. 1975 – III J 135/74 – NJW 75, 1716.

[104] A. A. *OVG Münster,* 26. 6. 2000 – 18 E 325/98 –; *OVG Lüneburg,* 11. 4. 1988 – 3 B 53/88 – JUR Büro 89, 1268 ff.

[105] *Madert/Hellstab,* 135.

[106] Vgl. oben zur Zulassung der Berufung, *Brieske,* in Beck'sches Rechtsanwaltshandbuch 1997/98, 1353; *Göttlich/Mümmler,* Stichwort „Verwaltungsgericht", Ziffer 1.23; *VGH Mannheim,* 20. 1. 2000 – 13 S 62/00 – DVBl. 00, 567.

[107] Vgl. dazu *Riedel/Sußbauer,* § 61, Rdn. 9; *Madert/Hellstab,* 138, 139.

schäftsgebühr, Besprechungsgebühr und Beweisaufnahmegebühr erhält.[108] Die Vergleichs- und Erledigungsgebühr entstehen als volle Gebühren.[109]

9. Disziplinarverfahren

Für Disziplinarverfahren gelten nach § 109 Abs. 1 BRAGO die Vorschriften des. 6. Absatzes der BRAGO sinngemäß, soweit nicht in den Absätzen 2–8 BRAGO etwas anderes bestimmt ist.[110] **72**

10. Gerichtskosten

Die Gerichtskosten berechnen sich auch in der Verwaltungsgerichtsbarkeit ausschließlich nach dem GKG.[111] Deshalb ist für die Berechnung der Gerichtskosten allein der festgesetzte Streitwert maßgebend.[112] Gegen die Streitwertfestsetzung kann gem. § 25 Abs. 2 GKG innerhalb einer Frist von sechs Monaten, nach dem die Entscheidung in der Hauptsache rechtskräftig geworden ist oder sich das Verfahren anderweitig erledigt hat, Beschwerde eingelegt werden. **73**

Gerichtskostenvorschüsse werden von den Verwaltungsgerichten nicht erhoben. Für die Sachgebiete **Sozialhilfe, Jugendhilfe, Kriegsopferfürsorge, Schwerbehindertenfürsorge** und **Ausbildungsförderung,** werden nach § 188 Satz 2 keine Gerichtskosten erhoben. Das gleiche gilt für personalvertretungsrechtliche Verfahren (§ 12 Abs. 5 ArbGG i. V. m. § 82 Abs. 2 BPersVG oder z. B. § 79 Abs. 2 (PersVG) sowie für Verfahren nach dem Vermögenszuordnungsgesetz, die ebenfalls gerichtskostenfrei sind (§ 6 Abs. 3 VZOG).[113] Durch eine Änderung des § 188 S. 2 VwGO ist die Gerichtskostenfreiheit für Erstattungsstreitigkeiten zwischen Sozialleistungsträgern aufgehoben worden. **74**

III. Kostenfestsetzungsverfahren

Nach § 164 werden die zu erstattenden Kosten vom Urkundsbeamten des Gerichts des ersten Rechtszuges auf Antrag festgesetzt. Die Kostenfestsetzung ist der allein zulässige Weg, um den Kostenerstattungsanspruch durchzusetzen; für eine gesonderte Klage fehlt das Rechtsschutzinteresse. Bei der Kostenfestsetzung ist von dem vom Gericht festzusetzenden Streitwert (vgl. H 2 ff.) auszugehen.[114] **75**

---

108 Vgl. dazu *Riedel/Sußbauer,* § 61, Rdn. 9; *Madert/Hellstab,* 138, 139.

109 *Madert/Hellstab,* 139.

110 Vgl. dazu die einschlägigen Kommentierungen bei *Gerold/Schmidt/v. Eiken/Madert,* § 109, Rdn. 1 ff.; *Göttlich/Mümmler* 369 ff. „Stichwort Disziplinarverfahren".

111 Zur Nichterhebung von Kosten wegen unrichtiger Sachbehandlung vgl. *OVG Berlin,* 28. 2. 1997 – 2 S 4/97 – NVwZ-RR 98, 405.

112 Zum Streitwertkatalog, Fassung 1996, vgl. NVwZ 96, 653 ff. = AnwBl. 96, 393 ff. = DVBl. 96, 605 ff.; ferner *Hüttenbrink,* „Kosten und Gebühren im verwaltungsgerichtlichen Verfahren", ZAP 96, 785 ff., 786 (Fach 24 S. 348).

113 Verfahren bezügl. der Befreiung von Rundfunkgebühren für Rundfunkgeräte in Krankenhäusern sind nach § 188 VwGO nicht gerichtskostenfrei, vgl. dazu *VGH München,* 29. 5. 1996 – 7 B 94 894 – NVwZ 97, 96.

114 Vgl. dazu *Redeker/von Oertzen,* § 162, Rdn. 13, der den Meinungsstand darstellt und darauf hinweist, dass jedenfalls in den Fällen des § 80 Abs. 5 VwGO immer ein Vorverfahren notwendige Voraussetzung des Gerichtsverfahrens sei.

76 Eine gerichtliche Festsetzung der Anwaltsgebühren für das gesamte Vorverfahren scheidet bei einer Teilabhilfe im Vorverfahren aus. Das Kostenfestsetzungsverfahren bezieht sich nur auf den Teil des Widerspruchsverfahrens, dem sich ein Klageverfahren angeschlossen hat. Über die übrigen Kosten hat die Behörde gem. § 80 VwVfG zu entscheiden.[115]

77 § 165 bestimmt abweichend von § 104 Abs. 3 ZPO, dass gegen den die Kostenerstattung festsetzenden Beschluss nicht die Erinnerung, sondern der Antrag auf gerichtliche Entscheidung nach § 151 binnen zwei Wochen als Rechtsbehelf zu stellen ist.

78 Die Entscheidung des Gerichts ist dann durch die Beschwerde nach § 146 innerhalb von zwei Wochen angreifbar. Der Beschwerdewert muss allerdings 400,– DM übersteigen, § 146 Abs. 3. Es besteht kein Anwaltszwang.[116]

79 Materiell-rechtliche Fragen sind im Kostenfestsetzungsverfahren nicht zu klären; eine Kostenfestsetzung ist abzulehnen, soweit der Antragsgegner Einwendungen oder Einreden erhebt, die nicht im Gebührenrecht ihren Grund haben (§ 19 Abs. 4, Satz 1 BRAGO); ihre Geltendmachung bleibt darüber hinaus ggfs. einer Vollstreckungsgegenklage vorbehalten.[117]

IV. Prozesskostenhilfe

80 Nach § 166 gelten die Vorschriften der Zivilprozessordnung über die Prozesskostenhilfe entsprechend. Es kann daher auf die allgemeinen Grundsätze gem. §§ 114ff. ZPO verwiesen werden.

81 Die Verwaltungsgerichte neigen vereinzelt dazu, ihre Prüfungspflichten im Prozesskostenhilfeverfahren überzustrapazieren. Deshalb sei betont, dass Prozesskostenhilfe zu bewilligen ist, wenn **hinreichende Aussichten auf Erfolg** bestehen.

82 Die Gewissheit des Erfolges ist nicht erforderlich; nötig ist lediglich eine gewisse Wahrscheinlichkeit.[118] Insbesondere sind schwierige Rechtsfragen nicht im Verfahren über die Prozesskostenhilfe zu entscheiden. Gerade in derartigen Fällen ist es Sinn und Zweck, die Prozesskostenhilfe zu bewilligen, um dem jeweiligen Kläger effektiven Rechtsschutz zu gewährleisten.[119] Die Prüfung der Erfolgsaussichten eines Verfahrens darf nämlich nicht dazu dienen, die Rechtsverfolgung oder Rechtsverteidigung selbst in das Nebenverfahren der Prozesskostenhilfe vorzuverlagern und dieses an die Stelle des Hauptsacheverfahrens treten zu lassen. Das Prozesskostenhilfeverfahren will den Rechtsschutz, den der Rechtsstaatgrundsatz erfordert, nicht selbst bieten, sondern erst zugänglich machen. Die Rechtsverfolgung oder Rechtsverteidigung einer wirtschaftlich schlecht situierten Partei darf im Vergleich zu gut situierten Prozessparteien nicht unverhältnismäßig erschwert werden. Es ist

---

115 *VGH Mannheim,* 13. 3. 1991 – 8 S 625/91 – NVwZ-RR 92, 54.

116 *VGH München,* 20. 4. 1999 – 7 C 99846 – NVwZ-RR 00, 127.

117 *VGH Mannheim,* 25. 8. 1989 – NC 9 S 91/89 – VBlBW 90, 15.

118 Zur tlw. Erfolgsaussicht vgl. *OVG Lüneburg,* 6. 6. 1997 – 4 O 6513/96 – NVwZ-RR 98, 144; zu den verfassungsrechtlichen Anforderungen die Gewährung von Prozesskostenhilfe, vgl. BVerfG 10. 8. 2001 – 2 BvR 569/01 – DVBl. 01, 1748ff. m. w. N.

119 Vgl. dazu *Redeker/von Oertzen,* § 166, Rdn. 3.

deshalb für die Gewährung von Prozesskostenhilfe nicht erforderlich, dass der Prozesserfolg schon gewiss ist; lediglich dann, wenn die Erfolgschance nur eine Entfernte ist, darf Prozesskostenhilfe verweigert werden.[120]

Das Grundrecht des Prozesskostenhilfeempfängers auf Gewährung des rechtlichen Gehörs (§ 103 Abs. 1 GG) ist auch im Bewilligungsverfahren peinlich genau zu beachten. Bei Ablehnung eines PKH-Antrags muss dem Antragsteller vom Gericht deshalb hinreichende Gelegenheit gegeben werden, sich auf die durch die Ablehnung entstandene neue Prozesslage einzustellen. Dies bedeutet, dass das Gericht in jedem Falle **rechtzeitig vor der mündlichen Verhandlung** über den PKH-Antrag entscheiden muss,[121] damit der Antragsteller vor Eintritt in die mündliche Verhandlung ggfs. zur Vermeidung weiterer Kosten entweder die Klage zurücknehmen oder Beschwerde gegen den ablehnenden PKH-Beschluss beim zuständigen OVG einlegen kann (kein Anwaltszwang § 67 Abs. 1 S. 2).[122] Dem Antragsteller wird eine hinreichende Überlegungsfrist genommen, wenn über das PKH-Gesuch in der mündlichen Verhandlung entschieden und dann womöglich noch durch Beweisbeschluss oder Endurteil das Hauptverfahren fortgeführt oder abgeschlossen wird.[123] **83**

Hinweis: **84**

Der Antragsteller hat in einer derartigen Situation ein unbedingtes Recht auf Vertagung. Lehnt das Gericht den Vertagungsantrag ab, so liegt hierin zugleich eine Verletzung des rechtlichen Gehörs des Antragstellers.[124]

Zur Vermeidung von Weiterungen ist der **Anwalt** daher gut beraten, rechtzeitig vor der Hauptverhandlung auf eine Entscheidung über das PKH-Gesuch zu dringen. Wird trotz Erinnerung über das PKH-Gesuch nicht entschieden, steht die Untätigkeit des Gerichts der Ablehnung gleich.[125] Der Antragsteller sollte dann rechtzeitig vor der mündlichen Verhandlung wegen Untätigkeit des Gerichts Beschwerde einlegen.[126] **85**

---

[120] *BVerwG,* 5. 1. 1994 – 1 A 14.92 – Buchholz, 310 zu § 166 Nr. 33.

[121] *OVG Hamburg,* 12. 3. 1996 – Bs IV 313/94 – DVBl. 96, 1318 f.; etwas anders gilt für Eilverfahren.

[122] Vgl. dazu sehr ausführlich und sehr instruktiv *Schneider,* „Die Abwehr von Gehörsverletzungen durch verspätete Versagung von Gerichtskostenhilfe", AnwBl. 87, 466 ff.

[123] Vgl. dazu sehr ausführlich und sehr instruktiv *Schneider,* „Die Abwehr von Gehörsverletzungen durch verspätete Versagung von Gerichtskostenhilfe", AnwBl. 87, 466 ff.

[124] Vgl. dazu sehr ausführlich und sehr instruktiv *Schneider,* „Die Abwehr von Gehörsverletzungen durch verspätete Versagung von Gerichtskostenhilfe", AnwBl. 87, 466 ff.

[125] Vgl. dazu *Schneider,* „Die Abwehr von Gehörsverletzungen durch verspätete Versagung von Prozesskostenhilfe", AnwBl. 87, 466, 467; ferner *Zöller,* ZPO, 16. Aufl., § 119, Rdn. 20; ferner *OLG Karlsruhe,* 29. 9. 1989 – 15 W 56/83 – NJW 84, 985; a. A. *OVG Bremen,* 10. 10. 1983 – 2 B 96/83 – NJW 84, 992 mit der Begründung, stillschweigende gerichtliche Entscheidungen widersprächen dem Wesen gerichtlicher Entscheidungen, weil sie mit den Anforderungen der Rechtsklarheit und Rechtssicherheit die gerichtliche Entscheidungen bewirken sollen schlechterdings unvereinbar wären. Eine Beschwerde gegen eine bloße Untätigkeit des Verwaltungsgerichts sei deshalb nicht statthaft.

[126] Siehe Fußn. 125; ferner *Zöller,* ZPO, 16. Aufl., § 119, Rdn. 20; ferner *OLG Karlsruhe,* 29. 9. 1989 – 15 W 56/83 – NJW 84, 985; a. A. *OVG Bremen,* 10. 10. 1983 – 2 B 96/83 – NJW 84, 992 mit der Begründung, stillschweigende gerichtliche Entscheidungen widersprächen dem Wesen gerichtlicher Entscheidungen, weil sie mit den Anforderungen der Rechtsklarheit und Rechtssicherheit die gerichtliche Entscheidungen bewirken sollen schlechterdings unvereinbar wären. Eine Beschwerde gegen eine bloße Untätigkeit des Verwaltungsgerichts sei deshalb nicht statthaft.

86 Entscheidet das Gericht erst nach durchgeführter Beweisaufnahme über das Prozesskostenhilfegesuch, so verstößt auch dies gegen das prozesskostenhilferechtliche Beschleunigungsgebot, mit der Folge, dass das Beschwerdegericht die ablehnende PKH-Entscheidung der 1. Instanz aufzuheben und PKH bezogen auf den Zeitpunkt der Entscheidungsreife (also vor Eintritt in die Beweisaufnahme) zu bewilligen hat.[127] Versäumt das Gericht eine rechtzeitige Entscheidung über den PKH-Antrag und hat sich das Verfahren zwischenzeitlich erledigt, so ist dennoch Prozesskostenhilfe zu bewilligen, wenn die Voraussetzungen bereits zu einem früheren Zeitpunkt vorgelegen haben; durch die Säumnis des Gerichts dürfen der bedürftigen Partei keine Nachteile entstehen.[128]

87 **Hinweis für den Anwalt:**

Soll nach der Bewilligung von Prozesskostenhilfe ein Vergleich geschlossen werden, dessen Regelungsgehalt über den Streitgegenstand hinaus geht, sollte eigens für den Vergleichsabschluss noch einmal Prozesskostenhilfe beantragt werden, weil anderenfalls die Mehrkosten nicht erstattet werden.[129]

88 Nach formell rechtskräftiger Ablehnung eines PKH-Antrags mangels hinreichender Erfolgsaussicht der Klage ist ein neuer PKH-Antrag nicht ohne weiteres zulässig.[130] Nach unanfechtbar gewordener Ablehnung eines Antrags auf Gewährung von Prozesskostenhilfe kann ein weiterer Antrag auf erneute Entscheidung in gleicher Sache nach den entsprechend anwendbaren Grundsätzen über das Wiederaufgreifen bestandskräftig abgeschlossener Verwaltungsverfahren Erfolg haben.[131] Ablehnende Prozesskostenhilfebeschlüsse erwachsen nicht in materielle Rechtskraft. Scheitert ein PKH-Gesuch an der mangelnden Glaubhaftmachung der Angaben über die persönlichen und wirtschaftlichen Verhältnisse des Rechtssuchenden und reicht dieser die erforderlichen Unterlagen nach Eintritt der Unanfechtbarkeit des ablehnenden PKH-Beschlusses nach, sprechen weder Sinn und Zweck des Prozesskostenhilfeverfahrens, noch prozessökonomische Gründe dafür, einen Rechtssuchenden von der Bewilligung der Prozesskostenhilfe auszuschließen. Für die der Beschwerde gegen die Versagung von Prozesskostenhilfe besteht kein Anwaltszwang; dies ist jetzt eindeutig durch die gesetzliche Neuregelung in § 67 Abs. 1 S. 2 geklärt. Die Beschwerde gegen einen ablehnenden PKH-Beschluss kann auch

---

[127] *OVG Koblenz,* 13. 12. 1990 – 2 E 12010/90 – NVwZ 91, 595; *OVG Greifswald,* 7. 11. 1995 – 3 O 5/95 – DVBl. 96, 114.

[128] *VGH Kassel,* 28. 6. 1991 – 6 TP 1065/91 – DÖV 92, 124; *OVG Greifswald,* 7. 11. 1995 – 3 O 5/95 – DVBl. 96, 114.

[129] *OVG Münster,* 8. 12. 1992 – 24 B 4619/92 – n. v.; es ist allerdings darauf hinzuweisen, dass Unklarheiten in der Tragweite des Bewilligungsbeschlusses sich nicht zuungunsten des beigeordneten Anwalts auswirken dürfen, sondern in die Risikosphäre der Staatskasse fallen: vgl. *Zöller,* ZPO, 16. Aufl., § 119, Rdn. 25; im übrigen sei auf die Ausführungen von *Schneider,* MDR 85, 814 verwiesen, wonach die Umstände des Einzelfalles die Annahme stillschweigender Antrags- und Bewilligungserweiterungen rechtfertigen, insbesondere dann, wenn das Gericht selbst einen Vergleich angeregt hat, der nicht rechtshängige Ansprüche einbezieht.

[130] *OVG Bremen,* 10. 1. 1991 – 2 B 330/90 – NVwZ-RR 92, 219.

[131] *OVG Bremen,* 4. 10. 1982 – 17 B 506/82 – DVBl. 83, 952ff.; *VGH Kassel,* 24. 7. 1991 – 12 TB 379/91 – NVwZ-RR 92, 220.

durch Erklärung zu Protokoll der Geschäftsstelle eingelegt werden (§ 166 i. V. m. § 569 Abs. 3 Nr. 2 ZPO).[132] Der Antrag auf Bewilligung von PKH und Beiordnung eines Rechtsanwalts ist innerhalb der Antragsfrist des § 124 a Abs. 1 Satz 1 VwGO zu stellen, wenn der Antragsteller aus finanziellen Gründen nicht in der Lage ist, innerhalb dieser Frist einen dem Vertretungserfordernis des § 67 Abs. 1 Satz 2 entsprechenden Zulassungsantrag zu stellen.

Nach § 60 Abs. 1 VwGO kann **Wiedereinsetzung in den vorigen Stand** nur **88 a**
gewährt werden, wenn jemand ohne Verschulden gehindert war, eine gesetzliche Frist einzuhalten. Soweit es sich wie hier um eine gesetzliche Frist zur Einlegung eines Rechtsbehelfs handelt, geht der Gesetzgeber davon aus, dass der von einer Entscheidung Betroffene, der hiergegen einen Rechtsbehelf einlegen will, innerhalb der dafür vorgeschriebenen Frist das ihm Mögliche und Zumutbare zu tun hat, um den Eintritt der Rechtskraft der Entscheidung nach Ablauf der Rechtsmittelfrist zu hindern.

Kann – wie hier – ein Rechtsmittel wirksam nur dann durch einen Rechtsanwalt eingelegt werden, muss die betreffende Partei innerhalb der Rechtsmittelfrist entweder einen Rechtsanwalt damit beauftragen, oder wenn sie aus finanziellen Gründen dazu nicht in der Lage ist, bei Gericht die Gewährung von PKH und gem. § 121 Abs. 1 ZPO die Beiordnung eines Rechtsanwalts beantragen.

Dies hat sich einem in der Rechtsmittelbelehrung für das Vertretungserfordernis für den Zulassungsantrag (§ 67 Abs. 1 VwGO) belehrten Antragsteller aufzudrängen. Die Beantragung von PKH und Beiordnung eines RA erst nach Ablauf der Rechtsmittelfrist stellt somit regelmäßig eine schuldhafte Obliegenheitsverletzung der Partei dar, die der Gewährung von Wiedereinsetzung in den vorigen Stand bei späterer Stellung des Zulassungsantrags durch einen Rechtsanwalt nach § 60 Abs. 1 VwGO entgegensteht.[133]

Das OVG hat dabei den Antrag der anwaltlich nicht vertretenen Partei, ihr für einen beabsichtigten Antrag auf Zulassung der Berufung Prozesskostenhilfe zu bewilligen und einen Rechtsanwalt beizuordnen; die Erfolgsaussicht der beabsichtigten Rechtsverfolgung ist dabei von Amts wegen zu prüfen. Die Bewilligung von PKH hängt nicht davon ab, dass die anwaltlich nicht vertretene Partei zumindest in laienhafter Weise einen Zulassungsgrund darlegt.[134]

---

[132] *VGH Mannheim,* 30. 3. 1998 – 7 S 376/98 – NVwZ 98, 647; a. A. zur alten Rechtslage vor Inkrafttreten der 7. VwGO-Novelle (RmBereinVpG): *VGH München,* 13. 4. 1999 – 7 ZC 998.63 – NVwZ-RR 00, 127; *VGH Mannheim,* 20. 10. 1998 – 9 S 2359/98 – NVwZ-RR 99, 149; *OVG Saarlouis,* 6. 8. 1997 – 8 Y 10/97 – NVwZ 98, 413; Die Gesetzesbegründung der Bundesregierung zur 7. VwGO-Novelle (RmBereinVpG) führt hierzu aus (BT-Drucks. 14/6393, S. 14): „Die in § 166 VwGO eingefügte Bezugnahme auf die 2. Alternative des § 569 Abs. 2 Satz 2 ZPO (§ 569 Abs. 3 Nr. 2 ZPO i. d. F. Gesetzentwurfs der Bundesregierung Entwurf eines Gesetzes zur Reform des Zivilprozesses) sieht vor, dass die Beschwerde gegen die Zurückweisung eines Antrags auf Prozesskostenhilfe durch das Verwaltungsgericht auch zu Protokoll der Geschäftsstelle eingelegt werden kann, so dass gemäß § 78 Abs. 3 ZPO in Beschwerdeverfahren dieser Art keine anwaltliche Vertretung erforderlich ist."

[133] *OVG Koblenz,* 17. 7. 1997 – 12 A 11672/97 – NVwZ-RR 98, 208.

[134] *OVG Lüneburg,* 20. 1. 1998 – 4 L 5475/97 – NVwZ 98, 533; a. A. *VGH Kassel,* 4. 4. 1997–12 TZ 1079/97 – NVwZ 98, 195; *OVG Lüneburg,* 6. 8. 1997 – 12 L 3035/97 – NVwZ-RR 97, 761.

89 Die Prozesskostenhilfe umfasst im Übrigen nicht die Vergütung des Rechtsanwalts im verwaltungsgerichtlichen Vorverfahren;[135] hier muss ggfs. seitens des Mandanten ein Berechtigungsschein für Beratungshilfe beantragt werden.

V. Honorarvereinbarungen

1. Allgemeines

a) Notwendigkeit für Honorarvereinbarungen

90 Die Bestimmungen der Bundesrechtsanwaltsgebührenordnung (BRAGO) stehen insoweit zur Disposition der Parteien des Mandatsvertrages, als diese eine höhere als die gesetzliche Vergütung vereinbaren dürfen. Eine derartige Vereinbarung ist sowohl in Verfahren vor den Verwaltungsbehörden[136] als auch in verwaltungsgerichtlichen Verfahren aus anwaltlicher Sicht vielfach geboten.[137] Auch wenn durch den neuen Streitwertkatalog[138] die Streitwerte in der Verwaltungsgerichtsbarkeit in den letzten Jahren deutlich höher festgesetzt worden sind, als dies in früherer Zeit der Fall war, ist es bei nicht vermögensrechtlichen Streitigkeiten bei dem gesetzlichen Regelstreitwert (zZt. 8000 DM) geblieben (vgl. H 2). Im Übrigen ergibt sich aus dem Umfang zahlreicher verwaltungsgerichtlicher Verfahren, dass der gesetzliche Gebührentatbestand in keinem angemessenen Verhältnis zu dem tatsächlichen Aufwand des Anwalts steht.

91 **Beispiele:**

(1) Der Rechtsanwalt vertritt seinen Mandanten im Rahmen eines Verfahrens, das gegen den Bescheid einer Gemeinde gerichtet ist, mit dem diese ihr gesetzliches Vorkaufsrecht ausübt. Der verwaltungsgerichtliche Streitwert wird in diesen Fällen auf DM 8000,– festgesetzt. Würde der Rechtsanwalt seinen Mandanten in einem zivilgerichtlichen Verfahren vertreten, in dem es um ein vertraglich vereinbartes Vorkaufsrecht seines Mandanten mit einem Nachbarn ginge, würde das Zivilgericht regelmäßig den Verkehrswert des Grundstücks als Streitwert festsetzen.[139]

92 (2) In behördlichen Genehmigungsverfahren ergibt es sich häufig, dass der Anwalt seine Tätigkeit nicht nur auf die Stellung eines Antrages und den üblichen Schriftwechsel beschränken kann; erforderlich ist es vielfach, dass der Anwalt an zahlreichen Besprechungsterminen mit Behördenvertretern, insbesondere auch mit Fachvertretern anderer Fachbehörden teilnimmt. Häufig ziehen sich derartige Genehmigungsverfahren über einen langen Zeitraum von 12–24 Monaten oder mehr hin. Der gesetzliche Gebührenanspruch des Anwalts ist in derartigen Fällen über den gesetzlichen Gebührentatbestand nicht ausreichend abgegolten.

93 (3) Der Rechtsanwalt vertritt eine Bürgerinitiative im Rahmen eine straßenrechtlichen Planfeststellungsverfahrens. Neben der Erstellung der schriftlichen Einwendungen für die verschiedenen Mitglieder der Bürgerinitiative ist der Rechtsanwalt darüber hinaus ver-

---

[135] *OVG Münster,* 26. 6. 1987 – 8 B 946/87 – NWVBl. 88, 26: Die Prozesskostenhilfe ist nur für das gerichtliche Verfahren da; vgl. dazu auch *OVG Münster,* 14. 4. 1988 – 3 B 708/86 – NVwZ-RR 89, 53; *VGH Mannheim,* 20. 7. 1994 – 6 S 1441/94 – NVwZ-RR 95, 303; anderer Auffassung *OVG Münster,* 11. 3. 1988 – 16 B 3338/87 – NVwZ-RR 88, 128.

[136] *Gerold/Schmidt/v. Eicken/Madert,* § 3, Rdn. 1; § 119, Rdn. 4; *Brieske,* 41 f.

[137] *Hellwig,* „Die Rechnungen und Vereinbarungen der ‚Großen'", AnwBl. 98, 623; *Zuck,* „Es geht alles: Drunter und Drüber", NJW 98, 355 ff.

[138] DVBl. 96, 7605 ff. = NVwZ 96, 563 ff.

[139] *Baumbach/Lauterbach,* § 6, Rdn. 4.

pflichtet, an 10 verschiedenen Verhandlungstagen die Erörterungstermine vor der Planfeststellungsbehörde wahrzunehmen.

(4) Der Rechtsanwalt vertritt einen Beamten im Rahmen einer Beförderungsangelegenheit (von A 13 nach A 14). Er beantragt beim zuständigen Verwaltungsgericht den Erlass einer einstweiligen Anordnung, die darauf gerichtet ist, eine vorläufige Besetzung der Beförderungsstelle zu verhindern. Im Zuge des verwaltungsgerichtlichen Eilverfahrens sind neben den Personalakten des eigenen Mandanten die Besetzungsakten und evtl. auch Personalakten der einzelnen Konkurrenten auszuwerten. Der Streitwert wird vom Gericht gem. § 13 Abs. 4 GKG auf die Hälfte des Differenzbetrages für drei Jahre zwischen der Besoldung des innegehaltenen Amtes und des angestrebten Amtes festgesetzt (bei dem Beispiel von A 13 nach A 14 und einer unterstellten Dienstaltersstufe 7 würde der Streitwert für das Eilverfahren auf 7020 DM festgesetzt). Der Anwalt erhielte eine $^{10}/_{10}$ Prozessgebühr von zzt. 485 DM zzgl. Auslagen und Mehrwertsteuer. 94

(5) In einem nachbarrechtlichen Verfahren legt ein Nachbar gegen die geplante massive Wohnbebauung auf einem angrenzenden Grundstück Widerspruch ein; gleichzeitig beantragt er ohne anwaltliche Hilfe die Wiederherstellung der aufschiebenden Wirkung nach § 80 VwGO. Der Antrag wird abgelehnt. Eine Woche nach Zustellung des gerichtlichen Beschlusses beauftragt er einen Anwalt damit, die Zulassung der Beschwerde zu beantragen. Das Gericht hatte den Streitwert in erster Instanz auf 10 000 DM festgesetzt: Der gesetzliche Gebührensatz für den Anwalt beträgt damit eine $^{5}/_{10}$ Beschwerdegebühr nach einem Wert von 10 000 DM, also 297,50 DM zzgl. Auslagen und Mehrwertsteuer. Angesichts der Tatsache, dass der Anwalt bei einer Zulassungsbeschwerde ohnehin unter hohem Zeitdruck steht, die Verwaltungsvorgänge oft nur mit großer Mühe in kürzester Zeit beschaffen kann, möglicherweise auch noch eine Ortsbesichtigung durchführen muss, um sich ein Bild von dem geplanten Bauvorhaben an Ort und Stelle zu verschaffen, stehen diese gesetzlichen Gebühren in keinem auch nur annähernd angemessenem Verhältnis zu dem Aufwand, der von dem Anwalt betrieben werden muss. Hinzu kommt, dass Zulassungsbeschwerden und Zulassungsberufungen zur schwierigsten Materie im Verwaltungsprozessrecht gehören. 95

(6) Auch in Vollstreckungsverfahren stehen die Anwaltsgebühren häufig in keinem Verhältnis zu dem zu betreibenden Aufwand. Geht es beispielsweise um die Zwangsgeldfestsetzung gegen eine Behörde (Zwangsgeldobergrenze nach § 172 VwGO: 2000 DM), so erhält der Anwalt für dieses zumeist sehr aufwendige, schriftliche Gerichtsverfahren eine $^{3}/_{10}$ Prozessgebühr (§ 114 Abs. 5 BRAGO i. V. m. § 31 BRAGO) in Höhe von 51 DM zzgl. Auslagen und Mehrwertsteuer. 96

Die vorstehenden Beispiele ließen sich beliebig vermehren. Sie zeigen, dass es gerade im verwaltungsgerichtlichen Verfahren wegen des besonderen Umfanges der anwaltlichen Tätigkeit unausweichlich ist in vielen Fällen über den gesetzlichen Gebührenrahmen hinauszugehen. 97

b) Gesetzliche Grenzen für Honorarvereinbarungen

aa) § 8 Abs. 2 BerHG

Im Bereich der Beratungshilfe sind Honorarvereinbarungen nach § 8 Abs. 2 BerHG nichtig.[140] Die Verbotsnorm gilt allerdings nur für die Beratungshilfe selbst und nicht für die sich etwaig anschließenden verwaltungsgerichtlichen Verfahren. 98

Sofern der Mandant keinen Beratungshilfeantrag gestellt hat, obwohl er möglicherweise zum Kreis der Berechtigten gehört, so erhält er keine Beratungshilfe, so dass der Rechtsanwalt in diesen Fällen nach wie vor berechtigt ist, eine Honorarvereinbarung zu treffen.[141] 99

---

140 *Madert,* Kap. A, Rdn. 28.

141 *Brieske*, 47, 48.

Sofern der Mandant nachträglich einen Berechtigungsschein vorlegt, wird man dieses Verlangen des Mandanten dahin auslegen müssen, dass er den bestehenden Anwaltsvertrag aufkündigen möchte und künftig Beratungshilfe in Anspruch nehmen möchte. Für diese Fälle kann aus der Honorarvereinbarung für den Zeitpunkt ab Vorlage des Berechtigungsscheins kein Anspruch mehr abgeleitet werden. Die bis zu diesem Zeitpunkt bereits entstandenen Ansprüche bleiben dem Anwalt erhalten.

Hinweis:
Stellt sich bei der ersten Beratung des Mandanten allerdings heraus, dass dieser berechtigt sein könnte, Beratungshilfe in Anspruch zu nehmen, ist der Anwalt dazu verpflichtet, ihn auf die Möglichkeit der Inanspruchnahme von Beratungshilfe hinzuweisen. Unterlässt der Anwalt die Belehrung entstünde ein Schadensersatzanspruch, den der Mandant einer etwaig getroffenen Honorarvereinbarung entgegenhalten könnte.[142]

bb) § 3 Abs. 4 BRAGO, § 122 ZPO

101 Sofern der Anwalt gerichtlicherseits im Wege der Prozesskostenhilfe beigeordnet wird, gelten die gleichen Grundsätze wie bei der Beratungshilfe. Wird dagegen keine Prozesskostenhilfe bewilligt, ist der Anwalt nach wie vor berechtigt, mit dem Mandanten eine Honorarvereinbarung zu treffen.[143] Hat der Mandant dagegen freiwillig und ohne Vorbehalt geleistet, so kann er das Geleistete nicht deshalb zurückfordern, weil die Honorarvereinbarung unwirksam war (§ 3 Abs. 4 Satz 2 BRAGO).[144]

cc) § 3 Abs. 3 BRAGO

102 Nach § 3 Abs. 3 BRAGO ist in inhaltlicher Hinsicht zu berücksichtigen, dass ein vereinbartes Honorar unter Berücksichtigung aller Umstände nicht unangemessen sein darf. Ist letzteres der Fall, so kann die Honorarvereinbarung herabgesetzt werden.[145]

103 Eine Herabsetzung kommt nur dann in Betracht, wenn es unter Berücksichtigung aller Umstände des Einzelfalles unerträglich wäre, den Mandanten an seine Honorarversprechen festzuhalten.[146] Bei der Frage der Angemessenheit der Vergütung sind insbesondere Umfang und Schwierigkeit der anwaltlichen Tätigkeit, die Bedeutung der Sache für den Mandanten und dessen Einkommens- und Vermögensverhältnisse zu berücksichtigen.[147] Ein vereinbartes Honorar ist deshalb nicht schon allein deswegen unangemessen, weil es die gesetzlichen Gebühren um ein vielfaches übersteigt.[148]

104 Im Rahmen der Angemessenheitsprüfung des § 3 Abs. 3 BRAGO sind dabei nicht nur solche Umstände zu berücksichtigen, die bei Abschluss der Honorarvereinbarung maßgeblich waren, es sind vielmehr alle Umstände in die Betrachtung

---

[142] *Brieske*, 49; *Göttlich/Mümmler*, Stichwort „Vereinbarung", Ziff. 6.
[143] *Brieske*, 51; *Göttlich/Mümmler*, Stichwort „Vereinbarung", Ziff. 6.
[144] *Madert*, Kap. A, Rdn. 27.
[145] *Madert*, Kap. A, Rdn. 47.
[146] *Fraunholz* in *Riedel/Sußbauer*, § 3, Rdn. 37.
[147] *Gerold/Schmidt/v. Eicken/Madert*, § 3, Rdn. 25; *Fraunholz* in *Riedel/Sußbauer*, § 3, Rdn. 37.
[148] *Madert*, Kap. A, Rdn. 47.

miteinzubeziehen, die nachträglich entstanden sind.[149] Daraus kann sich im Einzelfall ergeben, dass ein ursprünglich zu hoch bemessenes Honorar sich nachträglich als angemessen herausstellt. Aber auch der umgekehrte Fall ist denkbar, dann beispielsweise, wenn sich der ursprünglich prognostizierte Arbeitsaufwand des Rechtsanwalts nachträglich als wesentlich weniger umfangreich herausstellt. Andererseits kann aus einer schnellen Erledigung der Angelegenheit nicht immer eine unangemessen hohe Honorarvereinbarung abgeleitet werden, weil häufig eine schnelle Erledigung auch im Interesse des Mandanten ist. Anders verhält es sich ggfs. bei einer vorzeitigen Beendigung des Auftrags durch den Mandanten; in diesem Falle kann der Mandant nach § 628 BGB die Zahlung des nichtverdienten Teils der Vergütung verweigern.[150]

Ist das vereinbarte Honorar unangemessen, so ist dies im Rahmen eines gerichtlichen Verfahrens zu klären; in diesem Zusammenhang wird in der Regel der Stellungnahme der zuständigen Rechtsanwaltskammer, die zu diesem Thema gutachterlich gehört wird, entscheidende Bedeutung zukommen. **105**

Die Darlegungs- und Beweislast liegt in diesen Fällen beim Mandanten.[151] **106**
Zur näheren Ausgestaltung der Vereinbarung vgl. unten G 120ff.

dd) Honorarvereinbarung und §§ 305–310 BGB i. d. F. d. SchuldrechtsreformG, früher AGBG

Sofern der Rechtsanwalt bestimmte Vereinbarungstypen **formularmäßig** verwendet, unterliegen diese Vereinbarungen dem §§ 305–310 BGB i.d.F. d. SchuldrechtsreformG.[152] Im übrigen sind nach § 310 Abs, 3 BGB i.d.F. d. SchuldrechtsreformG möglicherweise die §§ 305c Abs. 2, 306–309 BGB i.d.F. d. SchuldrechtsreformG auch dann zu berücksichtigen, wenn die Honorarvereinbarung nur für den Einzelfall bestimmt war, der Mandant aber auf die Formulierung keinen Einfluss hatte und die Vereinbarung damit als Verbrauchervertrag anzusehen ist.[153] In diesem Zusammenhang gilt es im einzelnen folgendes zu beachten: **107**

– § 305c Abs. 1 BGB i.d.F. d. SchuldrechtsreformG

Die Überraschungsklausel des § 305 Abs. 1 BGB i.d.F. d. SchuldrechtsreformG ist auch bei der Honorarvereinbarung zu beachten. **108**

– § 305c Abs. 2 BGB i.d.F. d. SchuldrechtsreformG

Die Unklarheitenregelung des § 305c Abs. 2 BGB i.d.F. d. SchuldrechtsreformG führt dazu, dass der nicht hinreichend bestimmte Tätigkeitsabschnitt möglicherweise umfassender auszulegen ist, als dies der Vorstellung des Rechtsanwalts **109**

---

149 *Madert,* Kap. A, Rdn. 47.

150 *Fraunholz* in *Riedel/Sußbauer,* § 3, Rdn. 37 m.w.N.; *Göttlich/Mümmler,* Stichwort „Vereinbarung", Ziff. 5.

151 *Brieske,* 174.

152 Vorgedruckte Honorarvereinbarungen (Honorarscheine) unterliegen dabei unzweifelhaft der Anwendung des AGBG, vgl. *Madert,* Kap. A, Rdn. 15.

153 Auch Freiberufler sind Unternehmer i.S.v. § 24a AGBG (= § 310 Abs. 3 BGB i.d.F. d. SchuldrechtsreformG), vgl. *Palandt,* § 24a AGBG, Rdn. 1ff. Die Beweislast dafür, dass eine Individualvereinbarung vorliegt, trägt der Rechtsanwalt als Verwender, vgl. *Madert,* Kap. A, Rdn. 15 a.E.

entspricht. Es können also über die Unklarheitenregelung evtl. Gegenstände in die Honorarvereinbarung einbezogen werden, die der Rechtsanwalt nicht in die Honorarvereinbarung einbezogen wissen wollte (vgl. dazu unten G 118 ff.).

– § 307 c Abs. 2 BGB i. d. F. d. SchuldrechtsreformG

110 Eine Inhaltskontrolle gem. § 307 Abs. 2 BGB i. d. F. d. SchuldrechtsreformG kommt im Einzelfall neben der Überprüfung der Angemessenheit des vereinbarten Honorars in Betracht, wenn der Mandant durch sonstige Teile der Honorarvereinbarung unangemessen benachteiligt worden ist (z. B. Fälligkeitsbestimmungen).

– § 308 BGB i. d. F. d. SchuldrechtsreformG

111 Nach § 308 Nr. 5 BGB i. d. F. d. SchuldrechtsreformG dürfen keine fiktiven Erklärungen des Mandanten durch Honorarvereinbarung als abgegeben gelten. Derartige Klauseln sind nur unter den besonderen Voraussetzungen des § 308 Nr. 5 BGB i. d. F. d. SchuldrechtsreformG zulässig. Das gleiche gilt auch für Preisanpassungsklauseln, die auf dem Schweigen des Mandanten basieren. Preisanpassungsklauseln, die für den Fall der vorzeitigen Beendigung des Anwaltsvertrages vereinbart werden, sind gem. § 309 Nr. 1 BGB i. d. F. d. SchuldrechtsreformG auszulegen.

– § 309 BGB i. d. F. d. SchuldrechtsreformG

112 Die Vereinbarung eines pauschalierten Schadensersatzes wird nach § 309 Nr. 5 BGB i. d. F. d. SchuldrechtsreformG unzulässig sein; das gleiche gilt für ein Vertragsstrafenversprechen gem. § 309 Nr. 6 BGB i. d. F. d. SchuldrechtsreformG, wenn in einem Formular Vertragsstrafen für den Fall vereinbart werden, dass sich der Mandant vom Anwaltsvertrag lösen möchte.

113 In § 309 Nr. 9 BGB i. d. F. d. SchuldrechtsreformG für Dauerberatungsverträge eine Höchstdauer geregelt, die nicht überschritten werden darf.

114 Beweislastklauseln nach § 309 Nr. 12 Abs. 3 BGB i. d. F. d. SchuldrechtsreformG sind in der Regel unzulässig.

ee) § 49 b BRAO

115 Es ist unzulässig, geringere Gebühren und Auslagen zu vereinbaren oder zu fordern, als dies von der BRAGO vorgesehen ist (§ 49 b Abs. 1 Satz 1 BRAO). Das Gebührenunterschreitungsverbot gilt allerdings nicht für außergerichtliche Angelegenheiten. Hier kann der Rechtsanwalt Pauschalvergütungen und Zeitvergütungen vereinbaren, die niedriger sind als die gesetzlichen Gebühren (§ 3 Abs. 5 BRAGO).

Nach § 49 b Abs. 2 BRAO ist ein Erfolgshonorar oder ein Honorar unzulässig, nachdem der Rechtsanwalt einen Teil des erstrittenen Betrages als Honorar erhält. Unzulässig ist es auch, je nach Ausgang des Verfahrens eine unterschiedliche Honorarhöhe zu vereinbaren.[154]

c) Schriftform

116 § 3 Abs. 1 BRAGO bestimmt, dass der Rechtsanwalt eine höhere als die gesetzliche Vergütung nur dann verlangen kann, wenn er mit seinem Mandanten eine **schriftliche** Honorarvereinbarung abgeschlossen hat.

---

[154] Zur Frage der Zulässigkeit von Erfolgshonoraren in Fällen mit Auslandsbezug vgl. *Bendref*, „Erfolgshonorar und internationale Mandate" in AnwBl. 98, 309 ff.

Hinweis: 117

Es ist ausreichend, dass die Erklärung des Mandanten, ein bestimmtes Honorar zahlen zu wollen, schriftlich vorliegt. Die entsprechende Erklärung des Rechtsanwalts kann mündlich abgegeben werden.[155] Ausreichend ist es ferner, wenn der Mandant einen mündlichen Vorschlag des Anwalts schriftlich bestätigt, oder dass der Anwalt einen schriftlichen Vorschlag des Mandanten mündlich annimmt. Gleichwohl ist es aus Beweisgründen ratsam, alle Vereinbarungen zur Honorarhöhe in einer gemeinsam zu unterzeichnenden Urkunde niederzulegen.

Die Erleichterungen von Parteihandlungen im Prozess (E 34ff.) gelten nicht für die Schriftform im bürgerlichen Recht (§ 126 Abs. 1 BGB).[156] Nach wohl herrschender Auffassung ist der Schriftform nicht genügt, wenn der Mandant seine Erklärung mittels Telegramm oder per Fernschreiben übermittelt, weil dann kein eigenhändiges, vom Mandanten unterzeichnetes Original vorliegt.[157] Auch ein Telefaxschreiben ist nach überwiegender Auffassung nicht ausreichend.[158] Der Abschluss einer Honorarvereinbarung durch einen Vertreter ist aber zulässig, sofern dessen Erklärung schriftlich erfolgt.[159] 118

Die Erklärung des Mandanten darf nicht Teil der Vollmachtserklärung oder in einem anderen Formular versteckt enthalten sein. Die Honorarvereinbarung muss in einer gesonderten Urkunde niedergelegt sein (§ 3 Abs. 1 Satz 1 BRAGO).[160] 119

Ist die Honorarvereinbarung Bestandteil eines Vordrucks, der auch andere Erklärungen umfasst, so ist die Honorarvereinbarung nichtig.[161] Eine generelle Gerichtsstandvereinbarung für sämtliche Ansprüche aus dem Anwaltsvertrag in der Honorarvereinbarung ist unzulässig; allgemeine Nebenabreden hinsichtlich des vereinbarten Honorars sind aber statthaft (z.B. Stundungsvereinbarung, Fälligkeitsvereinbarungen, Gerichtsstandvereinbarungen für Honorarstreitigkeiten aus der Vereinbarung, ggfs. Absprachen über die Absicherung der Honorarforderungen durch Abtretung von Kostenerstattungsansprüchen).[162] Unzulässig ist nach Auffassung des OLG Düsseldorf auch eine im Vordruck enthaltene Vereinbarung, wonach der Mandant erklärt, er habe ein Exemplar der Vereinbarung erhalten.[163]

---

155 *Madert,* Kap. A, Rdn. 3: Nur der Auftraggeber soll durch das Formerfordernis vor Übereilung geschützt werden.

156 *Gerold/Schmidt/v. Eicken/Madert,* § 3, Rdn. 5; *Göttlich/Mümmler,* Stichwort „Vereinbarung", Ziff. 1.2.

157 *LG Kempen,* NJW 54, 725.

158 *BGH,* 28. 1. 1993 – IX ZR 259/91 –, BGHZ 121, 224 für Bürgschaftsversprechen: a.A. *Brieske,* 70, der darauf hinweist, dass es ausreichend sein muss, dass dem Mandanten nach wie vor das Original vorliegt.

159 Die Vollmacht kann gem. § 167 Abs. 2 BGB mündlich erteilt werden, *Madert,* Kap. A, Rdn. 10.

160 Gefährlich für den Anwalt sind bloße Bestätigungsschreiben des Mandanten, wenn hieraus die bestätigte Vereinbarung nicht klar hervorgeht, vgl. *Madert,* Kap. A, Rdn. 6.

161 Vgl. dazu *Gerold/Schmidt/v. Eicken/Madert,* § 3 Rdn. 5, der als weitere schädliche Vereinbarung eine Aufbewahrungsregelung für Akten oder eine Haftungsbeschränkung des Rechtsanwalts aufzählt; vgl. aber auch *OLG Düsseldorf,* 21. 10. 1997 – 24 U 171/96 – NJW-RR 98, 855.

162 *OLG Düsseldorf,* 21. 10. 1997 – 24 U 171/96 – NJW-RR 98, 855; *Madert,* Kap. A, Rdn. 14.

163 *OLG Düsseldorf,* 7. 12. 1999 – 24 U 222/98 – MDR 00, 420.

d) Leistungsbeschreibung

120 In der Honorarvereinbarung ist die zu honorierende Leistung des Rechtsanwalts präzise zu beschreiben. Um in späteren Fällen Streit darüber zu vermeiden, was von der Honorarvereinbarung abgedeckt ist, sollte der Umfang der anwaltlichen Tätigkeit in der Honorarvereinbarung **so exakt wie möglich** beschrieben werden:

121 **Beispiel:**

Wer etwa wie folgt formuliert: „Vertretung in der nachbarrechtlichen Angelegenheit Taubenstraße" umfasst damit praktisch alles, was an nachbarrechtlichen Streitigkeiten denkbar ist (zivilgerichtliche Verfahren (z.B. Grenzstreitigkeiten, Pflanzabstände etc.), Nachbarwiderspruch und Klage gegen eine Baugenehmigung, Antrag beim zuständigen Verwaltungsgericht auf Erlass eines Baustopps usw.).

122 Präziser sollte deshalb beispielsweise wie folgt formuliert werden:

Beispiele:

„Begutachtung der Erfolgsaussichten eines Nachbarwiderspruchs gegen die für das Grundstück Taubenstraße 5 erteilte Baugenehmigung (Errichtung eines siebengeschossigen Bürogebäudes nebst Tiefgarage)."

Oder

„Vertretung in dem einstweiligen Rechtsschutzverfahren vor dem OVG (Beschwerdeverfahren) bezügl. der Baugenehmigung für das Grundstück Taubenstraße 5 (Errichtung eines Bürogebäudes nebst Tiefgarage):"

123 Der Anwalt muss ein möglichst ausführliches Leistungsverzeichnis zum Gegenstand seiner Honorarvereinbarung machen; etwas anderes gilt nur dann, wenn der Anwalt mit seinem Mandanten für alle zu leistenden Tätigkeiten ein Zeithonorar vereinbart (vgl. dazu unten G 138).

124 Es empfiehlt sich in jedem Fall etwa folgende Formulierung in die Honorarvereinbarung aufzunehmen:

„Für alle weiteren Verfahren, insbesondere bei Einleitung von Gerichtsverfahren oder bei Eintritt in eine neue Instanz oder bei Einbeziehung zusätzlicher Streitgegenstände in die anwaltliche Tätigkeit ist eine neue Honorarvereinbarung zu treffen; mindestens sind in diesen Fällen die gesetzlichen Gebühren zusätzlich zu zahlen."

Sofern die Umsatzsteuer nicht Bestandteil des vereinbarten Honorars werden soll, muss die Honorarvereinbarung in jedem Falle eine gesonderte Regelung zur Umsatzsteuer enthalten.

e) Hinreichende Bestimmtheit des vereinbarten Honorars

125 Das vereinbarte Honorar ist nur dann wirksam, wenn ein Gebührenmaßstab gewählt wird, der ohne jede Schwierigkeiten und Unsicherheiten die ziffernmäßige Berechnung der Vergütung ermöglicht.[164] Dabei ist es nicht erforderlich, dass das vereinbarte Honorar betragsmäßig exakt aus der Gebührenvereinbarung hervorgeht; erforderlich ist nur die Wahl eines Maßstabes, der ohne jede Schwierigkeit

---

[164] *Göttlich/Mümmler*, Stichwort „Vereinbarung", Ziffer 3.1.

und Unsicherheit die ziffernmäßige Berechnung der Vergütung ermöglicht. Der Mandant muss aufgrund der Vereinbarung die ihn treffenden finanziellen Belastungen erkennen können[165] (wegen der möglichen Gestaltungsformen vgl. unten G 128 ff.).

Unwirksam ist deshalb die Vereinbarung einer Vergütung, die es dem Ermessen des Auftraggebers oder des Rechtsanwalts anheim stellt, die Vergütung zu bestimmen. Die §§ 315, 316 BGB sind deshalb auf Honorarvereinbarungen grundsätzlich nicht anwendbar.[166] Zulässig sind dagegen Streitwertvereinbarungen, feststehende Pauschalbeträge oder prozentuale Aufschläge auf den Gebührenbetrag.[167] **126**

f) Belehrungspflichten des Anwalts

Der Rechtsanwalt ist verpflichtet, den Auftraggeber bei Abschluss einer Honorarvereinbarung darauf hinzuweisen, dass die geforderte Vergütung von den gesetzlichen Bestimmungen der BRAGO abweicht.[168] Es ist allerdings nicht Aufgabe des Anwalts dem Mandanten **ungefragt** den Unterschied zwischen den gesetzlichen und den vereinbarten Gebühren auszurechnen.[169] Aus diesem Grunde empfiehlt sich folgender Hinweis in der Honorarvereinbarung: **127**

Beispiel: **128**

„Der Ausgang des Verfahrens ist ohne Einfluss auf die Höhe des Honorars; der Rechtsanwalt hat insbesondere darauf hingewiesen, dass die vorstehende Vereinbarung von der gesetzlichen Regelung abweicht und dass durch die Vereinbarung entstehende etwaige Mehrkosten auch im Falle des Obsiegens weder vom Gegner noch von einer Rechtsschutzversicherung erstattungsfähig sind. Eine Erstattungsfähigkeit ist allenfalls im Rahmen der gesetzlichen Gebühren gegeben.

g) Fälligkeit

In der Honorarvereinbarung muss eine klare Regelung enthalten sein, wann der Gesamtbetrag des Honorars fällig ist. Es ist regelmäßig sinnvoll, die Fälligkeit für einen größeren Teilbetrag in der ersten Mandatsphase vorzusehen; bei Zeithonoraren sollte sich der Anwalt vorbehalten, jederzeit oder in periodischen Abständen Zwischenrechnungen erteilen zu dürfen. **129**

2. Typen der Honorarvereinbarung

a) Pauschalvereinbarung

Häufig werden in Honorarvereinbarungen Pauschalen vereinbart. Pauschalen sind allgemein zulässig; soweit sie unangemessen hoch sind, ist die festgesetzte Vergütung im Rahmen eines Rechtsstreits auf den angemessenen Betrag herabzusetzen. **130**

---

165 *OLG Hamm,* 28. 1. 1986 – 28 U 201/85 – AnwBl. 86, 452.

166 *Fraunholz* in *Riedel/Sußbauer,* § 3, Rdn. 27; a. A. *Madert,* Kap. A, Rdn. 20. Zulässig sind aber Vergütungsvereinbarungen, wonach die Höhe in das Ermessen des Vorstandes der Rechtsanwaltskammer gestellt wird (§ 3 Abs. 2 S. 1 BRAGO).

167 *OLG Hamm,* 28. 1. 1986 – 28 U 201/85 – AnwBl. 86, 452.

168 *Göttlich/Mümmler,* Stichwort „Vereinbarung", Ziff. 1.5.

169 *OLG Hamm,* 28. 1. 1986 – 28 U 201/85 – AnwBl. 86, 452.

Vorteil:

131 Der Honoraraufwand ist für den Mandanten bei Mandatierung bekannt. Der spezialisiert tätige Rechtsanwalt kann bei dieser „Maßnahme orientierten" Bemessung des Honorars evtl. eine höhere Vergütung erreichen.

Nachteil:

132 Die Bindung an einen festen Honorarbetrag kann sich für den Rechtsanwalt wirtschaftlich nachteilig auswirken, wenn das Mandat einen anderen Verlauf nimmt, als ursprünglich angenommen (das Klageverfahren zieht sich hin, es finden mehrere Verhandlungen statt usw.). Dieses Risiko kann ausgeschlossen werden, in dem die Parteien vereinbaren, dass nach Ablauf eines entsprechend lang zu bemessenen Zeitraums über eine angemessene Anpassung des Pauschalhonorars zu verhandeln ist.

> **Hinweis:**
> Vgl. das Muster für eine Pauschalhonorarvereinbarung im Anhang II 2.

b) Vereinbarung eines Zusatzhonorars

133 Gelegentlich vereinbaren die Parteien auch die Zahlung eines pauschalen Zusatzhonorars. Hierfür gelten die gleichen Vor- und Nachteile wie bei der Pauschalvereinbarung (s. o. G 128).

> **Hinweis:**
> Vgl. das Muster im Anhang II 1.

134 In Betracht kommt auch eine konkrete Vereinbarung über die Höhe der Rahmengebühren des § 118 Abs. I BRAGO. Bisweilen wird auch vorgeschlagen, eine Vereinbarung des Inhalts zu treffen, zwischen Verwaltungsverfahren einerseits und Widerspruchsverfahren andererseits zu trennen und mit dem Mandanten zu vereinbaren, dass der Rechtsanwalt nach Einlegung des Widerspruchs im Rahmen des Widerspruchsverfahrens die Gebühren nach § 118 BRAGO erneut abrechnen kann. Das behördliche Verfahren und das Widerspruchsverfahren stellen damit aufgrund einer Vereinbarung für sich genommen je eine eigene Angelegenheit dar.[170]

c) Streitwertvereinbarung

135 In vielen Fällen berücksichtigt die Streitwertrechtsprechung der Verwaltungsgerichte bzw. der Streitwertkatalog (vg. dazu unten H) das wirtschaftliche Interesse des Mandanten am Ausgang des Rechtsstreits nicht in ausreichender Weise. Dann kommt auch die ausschließliche Vereinbarung eines Gegenstandswerts (Streitwerts) mit der Maßgabe in Betracht, dass die Gebührenansprüche des Rechtsanwalts im übrigen auf der Grundlage der gesetzlichen Gebühren (also §§ 20, 31, 118 etc. BRAGO) zu ermitteln sind. Derartige Streitwertvereinbarungen sind zulässig.[171]

---

[170] *Gerold/Schmidt/v. Eicken/Madert*, § 119, Rdn. 4.
[171] *OLG Hamm*, 28. 1. 1986 – 28 U 201/85 – AnwBl. 86, 452.

Vorteil:

Die Mandanten akzeptieren regelmäßig, dass sich die Höhe des Honorars an ihrem wirtschaftlichen Interesse orientieren sollte. Sie sind daher im Einzelfall bereit, auch relativ hohe Gegenstandswerte zu vereinbaren. **136**

Nachteil:

Die Gebührentatbestände der BRAGO sind durch das zivilrechtliche Mandat geprägt. Bei den Beispielen (2 und 3) oben G 90 u. 91) sind die theoretisch denkbaren mehrstündigen Verhandlungen mit Behördenvertretern im Rahmen eines Genehmigungsverfahrens durch eine $^{10}/_{10}$ Gebühr gem. § 118 I Nr. 2 BRAGO abgedeckt. **137**

> **Hinweis:**
> Vgl. das Muster für eine Streitwertvereinbarung (Anhang II 3).

d) Zeithonorar

Die BRAGO kannte früher keine Zeitgebühr als gesetzliche Gebühr. Nach der Änderung des § 3 Abs. 5 BRAGO werden jetzt erstmals auch Zeitvergütungen im Gesetz erwähnt. Dabei sind für den außergerichtlichen Bereich auch Zeitvergütungen zulässig, die niedriger sind als die gesetzlichen Gebühren.[172] **138**

Zeitgebühren sind insbesondere dann ratsam, wenn Schwierigkeiten bei der Feststellung des Gegenstandswerts auftreten, der Umfang der Tätigkeit nicht übersehbar ist, die gesetzlichen Gebühren dem Umfang und der Bedeutung der Sache nicht entsprechen oder weil der Klient im Ausland ansässig ist oder weil sich der Fall in weiter räumlicher Entfernung vom Sitz der Anwaltskanzlei abspielt. **139**

Vorteil:

Nur diese Regelung gewährleistet grundsätzlich, dass der Anwalt entsprechend der aufgewandten Arbeitszeit honoriert wird. Das Zeithonorar ist für den Mandanten dann vorteilhaft, wenn ein hoher Gegenstandswert zugrunde liegt und der notwendige Aufwand des Anwalts unterdurchschnittlich ist. Von Vorteil für den Mandanten ist es ferner, dass er die Arbeitstätigkeit seines Anwalts spätestens im Rahmen der Abrechnung überprüfen und kontrollieren kann. **140**

Nachteil:

Eine Stundensatzvereinbarung ist insbesondere bei Mandanten, die über eine geringe Erfahrung im Umgang mit Rechtsanwälten verfügen, schwer durchsetzbar, da die Honorarhöhe für den Mandanten kaum kalkulierbar ist. Dieses Bedenken der Mandanten kann im Einzelfall dadurch ausgeräumt werden, dass das nach Maßgabe der Stundensatzvereinbarung entstehende Honorar in einen Festbetrag limitiert wird bzw. dadurch, dass der Anwalt sich verpflichtet, bei Überschreiten einer bestimmten Honorarsumme dem Mandanten dies mitzuteilen. Im letzteren Falle hat der Mandant dann die Möglichkeit, den Auftrag evtl. zu beenden. **141**

---

[172] Zur Zulässigkeit von Zeitvereinbarungen bei Abrechnung über Telefongebühren vgl. *OLG Frankfurt,* 5. 11. 1998 – 6 U 130/98 –; *Madert,* Kap. A, Rdn. 33.

142 Für den Fall der Abrechnung nach einer Zeitgebühr ist der Anwalt verpflichtet, dem Mandanten anhand einer konkreten Abrechnung eine exakte Zeiterfassung nebst Tätigkeitsübersicht zu liefern, damit der in Rechnung gestellte Stundenbetrag nachvollziehbar ist.[173]

Beispiel:

143	5. 6. 2001	Telefonat mit RA Dr. K.	15 Min.
	10. 6. 2001	Gespräch mit Mandanten	45 Min.
	15. 6. 2001	An- u. Abfahrt zum Ortstermin in D	2 Std. 10 Min.
		Terminswahrnehmung (OT in D)	1 Std. 30 Min.
	12. 7. 2001	Schriftsatz an das VG	50 Min.
	...	...	...

144 Es ist zu empfehlen, die kleinste Abrechnungseinheit (Zeiteinheit) in der Honorarvereinbarung festzuhalten, so dass pro angefangene Zeiteinheit ein bestimmtes Zeithonorar zu zahlen ist (z. B. 5 Min., 10 Min.). Wird als Zeiteinheit 1 Std. angesetzt und für jede angefangene Std. der volle Zeiteinheitssatz abgerechnet, so können im Einzelfall sehr unbillige Ergebnisse für den Mandanten entstehen. Die Mindestzeiteinheit sollte deshalb nicht zu großzügig bemessen sein. Andererseits ist eine sekundengenaue Abrechnung für den Anwalt ebenfalls nicht zumutbar.

145 Die Mindestzeiteinheit berücksichtigt, dass der Anwalt – beispielsweise bei der Entgegennahme eines kurzen Telefonats – aus seinem Arbeitsrhythmus und Gedankenfluss herausgerissen wird; zumal selbst bei einminütiger Gesprächsdauer häufig vom Anwalt noch irgendetwas zu veranlassen ist.

146 Hinsichtlich des Zeiteinheitssatzes gibt es ebenfalls keine feststehenden Regeln. Gelegentlich wird unterschieden, ob es sich um einen Spezialisten handelt (z. B. Fachanwalt), um den bekanntesten oder den Seniorpartner der Kanzlei oder aber um einen jüngeren bzw. um einen angestellten Anwalt. Der jeweils in Rechnung zu stellende Stundensatz könnte auf diese Weise differenziert berechnet werden. Im Einzelfall wird auch vorgeschlagen, den Stundensatz an die Tageszeit anzupassen (so z. B. bei Tätigkeiten außerhalb der normalen Geschäftszeiten) oder an den Umstand, dass die anwaltliche Tätigkeit unter hohen Zeitdruck (z. B. bei Zulassungsbeschwerden) vollzogen werden muss.[174]

Mit der Stundensatzvereinbarung ist in der Regel die gesamte Tätigkeit des Rechtsanwalts einschl. seiner Mitarbeiter abgegolten. Sofern der Rechtsanwalt die Stunden einzelner Mitarbeiter (z. B. Rechtsanwaltsgehilfinnen, Sekretärinnen, Auszubildende etc.) gesondert berechnen will, muss dies in der Honorarvereinbarung ausdrücklich erwähnt werden.[175] Auch die Abrechnung der Auslagen sollte in der Honorarvereinbarung gesondert ausgeworfen werden. Aus Erfahrung empfiehlt es sich, in der Honorarvereinbarung klarzustellen, dass beispielsweise auch Fahrtzeiten oder die bloße Teilnahme an Terminen im Rahmen der Zeithonorarvereinbarung gebührenpflichtig sind.

147 Für die Höhe des Stundensatzes gibt es keine einheitliche Regelung. Gängige Zeiteinheitssätze liegen zwischen 150 Euro und 250 Euro. In Einzelfällen wer-

173 *Brieske,* 149.
174 Vgl. dazu *Brieske,* 149.
175 Vgl. das Muster bei *Madert,* Kap. C, Nr. 5.

den aber auch Gebühren in Höhe von 400 Euro und mehr für angemessen erachtet.[176]

Hinweis:
Vgl. das Muster für eine Stundenhonorarvereinbarung im Anhang II 4.

---

[176] Vgl. dazu die sehr detaillierten Berechnungen von *Traulsen u. Fölster,* AnwBl. 82, 46; ferner die zahlreichen Nachweise bei *Gerold/Schmidt/v. Eicken/Madert*, § 3, Rdn. 9; ferner *OLG Schleswig-Holstein*, 1. 8. 1994 – 2 W 118/93 – Juristisches Büro 95, 156, das einen Stundensatz von z. Zt. 300 DM für einen zum Betreuer bestellten Rechtsanwalt für angemessen hält; ferner die Beispiele und Nachweise bei *Brieske*, 168, 169; *Göttlich/Mümmler,* Stichwort „Vereinbarung", Ziff. 4, hält sogar einen Stundensatz von bis zu 1500 DM für versierte Wirtschaftsanwälte für angemessen.

H. Streitwert

Übersicht

I. Gegenstandswert und Streitwert

1 Die Gebühren für die gerichtliche Tätigkeit richten sich gem. § 11 Abs. 2 GKG nach dem Wert des Streitgegenstandes, dem sog. **Streitwert.** § 13 GKG trifft spezielle Regelungen für die Wertberechnung in den Verfahren vor den Verwaltungsgerichten.

2 Die Gebühren des Rechtsanwalts werden im Regelfall nach dem Wert berechnet, den der Gegenstand der anwaltlichen Tätigkeit hat, sog. **Gegenstandswert,** vgl. § 7 Abs. 1 BRAGO. Für die anwaltliche Tätigkeit **im gerichtlichen Verfahren** bestimmt § 8 Abs. 1 Satz 1 BRAGO, dass der Gegenstandswert grundsätzlich dem **Streitwert** entspricht. Damit sind die für die Gerichtsgebühren geltenden, spezifischen Wertvorschriften maßgeblich, die sich in §§ 13 ff. GKG finden. Die Festsetzung des Streitwerts auf der Grundlage dieser Regelungen ist gem. § 9 BRAGO auch für die Bemessung (und ggf. Festsetzung) der Gebühren des Rechtsanwalts maßgebend.

Hinweis:
Erklären die Beteiligten den Rechtsstreit aufgrund eines außergerichtlichen Vergleichs für erledigt und übersteigt der Wert dieses Vergleichs den Streitwert, so kommt die Festsetzung eines Gegenstandsmehrwerts gem. § 10 Abs. 1 BRAGO in Betracht.[1]

Für die Tätigkeit des Rechtsanwalts **außerhalb eines gerichtlichen Verfahrens** gelten die Wertvorschriften des GKG insofern sinngemäß, als der Gegenstand dieser Tätigkeit auch Gegenstand eines gerichtlichen Verfahrens sein könnte, § 8 Abs. 1 Satz 2 BRAGO. 3

II. Höhe des Streitwerts im erstinstanzlichen Verfahren

Die von den Verwaltungsgerichten auf der Grundlage der §§ 13ff. GKG festgesetzten Streitwerte gewährleisten häufig nicht, dass der Rechtsanwalt einen Gebührenanspruch begründet, der seinem Arbeitsaufwand und der Bedeutung der Sache für den Mandanten angemessen Rechnung trägt. Bei Annahme eines verwaltungsrechtlichen Mandats sollte der Rechtsanwalt daher stets prüfen, ob eine Honorarvereinbarung abzuschließen ist, vgl. zur Honorarvereinbarung im einzelnen G 90ff. 4

Es ist allerdings nicht immer leicht, den Mandanten dafür zu gewinnen, eine Honorarregelung zu akzeptieren, die von den gesetzlichen Bestimmungen abweicht. Der Rechtsanwalt wird daher zunächst bedenken, mit welchem Aufwand das ihm angetragene Mandat voraussichtlich verbunden ist und dann prüfen, ob er dies zu den gesetzlichen Gebühren (zu den einzelnen Gebührentatbeständen s.o. G 221ff.) führen kann. Entscheidende Bedeutung hat dabei die Bestimmung des Streitwerts. 5

Der Streitwert ist anhand der §§ 13ff. GKG zu ermitteln.[2] Dabei ist vorrangig zu prüfen, ob eine der speziellen gesetzlichen Regelungen anwendbar ist, die eine **Berechnung** des Streitwerts ermöglichen, dazu H 7ff. Wenn diese Regelungen nicht einschlägig sind, dann ist der Streitwert anhand von § 13 Abs. 1 GKG zu **bestimmen**, vgl. H 25. 6

1. Regelungen zur Berechnung des Streitwerts

a) Streitwert bei bezifferter Geldleistung, § 13 Abs. 2 GKG

Wenn der Antrag des Klägers eine **bezifferte Geldleistung** oder einen hierauf gerichteten Verwaltungsakt betrifft, so ist deren Höhe maßgebend, vgl. § 13 Abs. 2 GKG. 7

Beispiele: 8
- Leistungsklage auf Erfüllung eines Zahlungsanspruchs aus einem öffentlich-rechtlichen Vertrag,

---

[1] *VGH Mannheim,* 25. 5. 1999 – 1 S 1593.97 – NVwZ-RR 00, 329.

[2] Vgl. die systematischen Darstellungen von *Madert/Hellstab,* Anwaltsgebühren in Verwaltungs-, Steuer- und Sozialsachen, 2. Auflage, 1998, und *Zimmer/Schmidt,* Der Streitwert im Verwaltungs- und Finanzprozeß, 1991; *Noll,* Zur Streitwertfestsetzung im öffentlichen Baurecht, Festschrift für Konrad Gelzer, 1991, 311f.

- Klage auf Verpflichtung der Behörde zum Erlass eines Subventionsbescheids in einer bestimmten Höhe,
- Anfechtungsklage gegen Erschließungsbeitragbescheid,[3]
- Anfechtungsklage gegen die Rücknahme eines Bescheid, mit dem eine Zuwendung gewährt wurde.[4]
- Nicht dagegen: Negative Feststellungsklage auf Nichtbestehen einer Schuld.[5]

Hinweis:
Wird die Anfechtungsklage gegen einen Gebührenbescheid mit der Leistungsklage auf Rückzahlung der bereits bezahlten Gebühr verbunden, so ist dieses Rückzahlungsverlangen nicht streitwerterhöhend zu berücksichtigen.[6]

9 § 13 Abs. 2 GKG ist nur einschlägig, wenn die Geldleistung im unmittelbaren Ergebnis des Prozesses oder zu einem bestimmbaren späteren Zeitpunkt in das Vermögen des Empfängers übergeht.[7] Nicht erforderlich ist dagegen, dass der Geldbetrag dem Empfänger endgültig verbleibt; bei der Geldleistung kann es sich also auch um ein Darlehn handeln.[8]

b) Streitwert in Beamtensachen und anderen Verfahren, die öffentlich-rechtliche Dienst- oder Amtsverhältnisse betreffen, § 13 Abs. 4 und 5 GKG

10 § 13 Abs. 4 GKG regelt den Streitwert von Verfahren, in denen es um den (Gesamt-)**Status des Beamten** geht. Die Regelung findet gleichermaßen Anwendungen auf andere öffentlich-rechtliche Dienst- oder Amtsverhältnisse.

11 **Beispiele:**
- Lehrbeauftragte an Hochschulen, diese stehen regelmäßig in einem öffentlich-rechtlichen Beschäftigungsverhältnis sui generis;
- Soldaten.

12 Wenn es um den Bestand eines **Dienstverhältnisses auf Lebenszeit** geht, entspricht der Streitwert dem 13fachen Betrag des Endgrundgehalts (vgl. § 27 Abs. 1 Satz 1 BBesG) zuzüglich der ruhegehaltsfähigen Zulagen (vgl. § 42 BBesG i. V. m. § 5 Abs. 1 Satz 1 Nr. 3 BeamtVG).

13 In allen anderen Status-Streitigkeiten ist gem. § 13 Abs. 4 Satz 1 lit. b) GKG die Hälfte dieses Betrages maßgebend.

14 **Beispiele:**
- Streit um die Berufung in das Referendarverhältnis, vgl. unten K 205,
- Streit um Schadensersatz wegen unterbliebener Beförderung, s. a. H 86,
- Streit um den Status eines Soldaten auf Zeit.[9]

15 Sofern es in dem Streit um die Verleihung eines anderen Amtes oder die Versetzung in den Ruhestand geht, entspricht der Streitwert gem. § 13 Abs. 4 Satz 2 GKG der Hälfte des nach § 13 Abs. 4 Satz 1 GKG ermittelten Betrages.

---

[3] Erbrachte Vorausleistungen wirken sich regelmäßig nicht mindernd auf den Streitwert aus, vgl. *VGH München,* 19. 6. 1997 – 6 C 97 1351 – BayVBl. 98, 60.
[4] *OVG Magdeburg,* 16. 10. 2000 – F 1 S 215.99 – DÖV 01, 177.
[5] *VGH München,* 23. 3. 2000 – 19 C 98 3722 – NVwZ-RR 01, 277.
[6] *VGH München,* 18. 2. 1998 – 6 C 98 150 – BayVBl. 98, 444.
[7] *Hartmann,* § 13 GKG, Rdn. 20.
[8] *VGH Kassel,* 18. 5. 1995 – 4 TE 3473/94 – MDR 96, 321.
[9] Weitere Beispiele bei *Hartmann,* § 13 GKG, Rdn. 23.

Die Norm kommt dagegen nicht zur Anwendung, wenn es um den sogenannten **Teilstatus** geht. Das sind die Fälle, in denen nicht der Gesamtstatus, sondern nur ein Teilsaspekt des Beamtenstatus im Streit ist; der Streitwert wird dann gem. § 13 Abs. 1 Satz 1 GKG bestimmt und entspricht danach der Höhe des zweifachen Jahresbetrages der Differenz. **15a**

Beispiel:
Streit, ob der Beamte ein normales Ruhegehalt oder ein Unfallruhegehalt gem. § 37 BeamtVG verlangen kann.[10]

c) Streitwert bei wiederkehrenden Leistungen aus einem Beamtenverhältnis oder einem öffentlich-rechtlichen Dienst- oder Amtsverhältnis, § 17 Abs. 3 GKG

Bei Ansprüchen auf wiederkehrende Leistungen aus einem Beamtenverhältnis oder einem sonstigen öffentlich-rechtlichen Dienst- oder Amtsverhältnis ist der dreifache Jahresbetrag der wiederkehrenden Leistung maßgebend, wenn nicht der Gesamtbetrag der geforderten Leistungen geringer ist. **16**

Beispiele: **17**
- Der Kläger verlangt dem Grunde nach die Gewährung einer Amtszulage (§ 42 BBesG);
- Wenn der Kläger die Gewährung einer Stellenzulage (§ 42 BBesG) lediglich für die Dauer von 8 Monaten verlangt, ist nur auf diesen Gesamtbetrag abzustellen.

§ 17 Abs. 3 GKG gelangt allerdings nur zur Anwendung, wenn es um eine **konkrete Geldleistung** oder einen Verwaltungsakt geht, der unmittelbar eine Zahlung auslöst. Geht es dagegen um die Klärung einzelner Rechtsfragen, ohne dass abschließend der konkrete Zahlungsbetrag ermittelt und von der Rechtskraft des Urteils erfasst wird, dann erfolgt die Streitwertbestimmung gem. § 13 Abs. 1 Satz 1 GKG,[11] vgl. H 25 ff.

d) Streitwert gem. §§ 15 GKG ff.

Im Einzelfall kann auch eine Streitwerberechnung anhand der §§ 15 ff. GKG in Betracht kommen. **18**

Bei Streitigkeiten aus öffentlich-rechtlichen Nutzungsverhältnissen gelangt **§ 16 GKG** zur Anwendung.[12] **19**

Beispiel:
Streitigkeit über die Wirksamkeit der Kündigung eines Vertrages, mit der die Gebietskörperschaft einem Unternehmen die Nutzung der Werbeanlagen auf städtischen Grund stücken gestattet hat.[13]

Bei Klagen auf die Gewährung öffentlich-rechtlicher Leistungen, die Unterhaltsklagen vergleichbar sind, kommt **§ 17 Abs. 3 und Abs. 4 GKG** zur Anwendung. **20**

Beispiel:
Klagen auf Leistungen nach dem BAFöG.[14]

---

[10] *BVerwG,* 13. 9. 1999 – 2 B 53.99 – NVwZ-RR 00, 188.
[11] *BVerwG,* 13. 9. 1999 – 2 B 53.99 – NVwZ-RR 00, 188.
[12] *Hartmann,* § 13 GKG, Rdn. 5.
[13] *BVerwG,* 14. 10. 1993 – 11 B 72/92 – NVwZ-RR 94, 420.
[14] *VGH München,* 19. 6. 1991 – 12 C 91 1681 – NVwZ-RR 91, 1198.

e) § 83b Abs. 2 AsylVfG

21 § 83b Abs. 2 AsylVfG trifft differenzierte Regelungen über den Gegenstandswert von Verfahren in Aysl-Angelegenheiten.[15]

f) § 6 Abs. 3 Vermögenszuordnungsgesetz

22 Der Gegenstandswert in Verfahren nach dem VermögenszuordnungsG beträgt unabhängig von der Zahl und dem Wert der jeweils betroffenen Vermögensgegenstände 5000 Euro, § 6 Abs. 3 Satz 2 VermögenszuordnungsG.

g) Limitierung in vermögensrechtlichen Streitigkeiten, § 13 Abs. 3 GKG

23 In vermögensrechtlichen Streitigkeiten gilt gem. § 13 Abs. 3 GKG eine starre Obergrenze in Höhe von 500000 Euro. Aus der Stellung der Regelung im Gesetz folgt klar, dass diese Grenze auch in den Fällen des § 13 Abs. 2 GKG gilt. In Streitigkeiten nach dem InvestitionsvorrangG kommt § 13 Abs. 3 GKG gleichermaßen zur Anwendung.[16]

2. Regelungen zur Bestimmung des Streitwerts

24 Wenn eine präzise Berechnung des Streitwerts nach den speziellen, gesetzlichen Regelungen nicht möglich ist, dann ist der Streitwert gem. § 13 Abs. 1 GKG zu bestimmen. Vorrangig ist dabei die Bestimmung des § 13 Abs. 1 Satz 1 GKG,[17] vgl. H 25ff. Sofern diese Regelung nicht eingreift, kommt die Auffangregelung gem. § 13 Abs. 1 Satz 2 GKG zum Tragen, vgl. H 37ff.

a) Bedeutung der Sache für den Kläger, § 13 Abs. 1 Satz 1 i. V. m. § 23 Abs. 1 GKG

25 Das Gericht bestimmt den Streitwert nach der sich aus dem **Antrag des Klägers** für ihn ergebenden **Bedeutung der Sache.** Diese Bestimmung des Streitwerts steht im **Ermessen des Gerichts;** das begegnet keinen verfassungsrechtlichen Bedenken.[18]

26 Maßgeblich ist danach allein der Antrag des Klägers. Die wirtschaftlichen Auswirkungen des Rechtsstreits auf andere Prozessbeteiligte sind bei der Bestimmung des Streitwerts ohne Bedeutung.[19]

Beispiel:
Der Nachbareigentümer greift die dem Bauherrn erteilte Baugenehmigung für die Errichtung eines Einkaufszentrums an, weil er sich durch die Lage der Tiefgaragenzufahrt an der Grundstücksgrenze gestört fühlt. Für die Bestimmung des Streitwerts maßgeblich ist die zu erwartende Minderung des Grundstückswerts für den Fall der Realisierung des genehmigten Vorhabens. Die wirtschaftlichen Interessen des Bauherrn bleiben außer Betracht.

27 Das Interesse des Klägers wird regelmäßig durch die **wirtschaftliche Auswirkungen** der begehrten gerichtlichen Entscheidung bestimmt.[20] Streitwertrelevant

[15] S. dazu *Zimmer,* NVwZ 95, 138, 139f.
[16] *BVerwG,* 23. 11. 1998 – 8 B 226.98 – VIZ 99, 214.
[17] *Geiger,* BayVBl. 97, 106, 107.
[18] *BVerfG, 1. Kammer des Ersten Senats,* 26. 3. 1999 – 1 BvR 1431.90 – NVwZ 99, 1104.
[19] *Redeker/von Oertzen,* § 165, Rdn. 6; *Hartmann,* § 13 GKG, Rdn. 8 m. w. N.
[20] *BVerwG,* 22. 5. 1995 – 11 A 1/95 – NVwZ-RR 96, 237.

ist, was der Kläger aufgrund dieser Entscheidung unmittelbar[21] hinzu gewinnt oder verliert.

Beispiele:

- Der Streitwert einer Klage einzelner Mitglieder einer Erbengemeinschaft auf Rückerstattung eines Grundstücks an die Erbengemeinschaft ist nach dem jeweiligen Erbanteil entsprechenden Teil des Verkehrswerts zu bemessen.[22]
- Der Streitwert einer Klage gegen eine ordnungsbehördliche Verfügung ist an Hand der Gewinneinbuße, nicht nach Maßgabe des Umsatzrückgangs zu bestimmen.[23]
- Der Streitwert einer Klage, mit der der Kläger eine unbefristete, zinslose Stundung eines Beitrags erreichen will, ist in entsprechender Anwendung von § 9 ZPO mit dem dreieinhalbfachen Jahresbetrag der sonst aufzuwendenden Stundungszinsen zu bemessen.[24]
- Bezieht sich die Beiladung nur auf eine Teil des Klageanspruchs, so ist der Streitwert gespalten festzusetzen: für den Beigeladenen ist nur der Wert maßgeblich, den der ihn betreffende Teil des Klageanspruchs des Klägers hat.[25]

Hinweis:
Schriftsatzbeispiel für eine Bemessung des Streitwerts gem. § 13 Abs. 1 s. im Anhang I 32.

Der **zeitliche Aspekt** kann eine Rolle spielen. **27 a**

Beispiel:
Die Erteilung einer (unbefristeten) Gewerbeerlaubnis hat ein anderes wirtschaftliches Gewicht als die einer (befristeten) Sondernutzungserlaubnis.

Bei der Bemessung des Streitwerts eines gerichtlichen Vergleichs ist der Wert über den sich die Parteien geeinigt haben; unbeachtlich ist der Betrag auf den sie sich verständigt haben.[26] **27 b**

Beispiel:
Die Kommune verlangt Euro 50 000 Erschließungsbeitrag, die Parteien verständigen sich auf Euro 40 000, der Streitwert beläuft sich auf Euro 50 000.

§ 13 Abs. 1 Satz 1 GKG erlaubt aber im Rahmen der Streitwertbemessung auch die Berücksichtigung **ideeller Interessen.** **28**

Beispiele: **29**

- Ein anerkannter Naturschutzverband klagt gegen die Genehmigung für eine Wasserstraße, die durch einen Naturpark führen soll. Im Hinblick auf das (ideelle) Gewicht, das der Verband dieser Klage beimisst ist die Festsetzung eines Streitwerts in Höhe von 40 000 DM gerechtfertigt.[27]
- Ein anerkannter Naturschutzverband klagt gegen die Genehmigung für die Berliner „Love-Parade", die durch den Tiergarten führen soll. Die Festsetzung eines Streitwerts in Höhe von 20 000 DM ist gerechtfertigt.[28]

---

[21] *BVerwG,* 16. 2. 1995 – 1 B 205.93 – Buchholz 360 § 13 GKG Nr. 84.
[22] *BVerwG,* 2. 8. 1999 – 8 KSt 12.99 – VIZ 99, 733.
[23] *OVG Münster,* 26. 4. 1999 – 13 E 258.99 – GewArch 99, 349.
[24] *VGH München,* 18. 3. 1998 – 6 C 97 3792 – NVwZ-RR 98, 788.
[25] *OVG Lüneburg,* 4. 9. 2000 – 1 O 2717.00 – NVwZ-RR 01, 278.
[26] *OVG Münster,* 21. 10. 1999 – 3 E 745.99 – NVwZ-RR 00, 332.
[27] *BVerwG,* 22. 5. 1995 – 11 A 1/95 – NVwZ-RR 96, 237.
[28] *OVG Berlin,* 4. 7. 1997 – 1 SN 154.97 – soweit ersichtlich nicht veröffentlicht.

30 Abzustellen ist allerdings nur auf das **objektive Interesse** des Klägers, ein mögliches Affektionsinteresse ist irrelevant.[29]

Beispiel:

Fall soeben H 26. Der Nachbar gibt an, der Wert seines Grundstücks werde für ihn im wesentlichen durch den Sitzplatz unter der großen Buche bestimmt, den er zukünftig aufgrund der dort herrschenden Geräuschbelästigung nicht mehr werde nutzen können; das Grundstück habe damit für ihn fast jeden Wert verloren. Diesen Hinweis auf das bestehende Affektionsinteresse hat das Gericht bei der Wertbestimmung außer Betracht zu lassen.

31 Bei der Gewichtung des Interesses des Klägers ist danach zu fragen, wie nahe der Kläger mit der Klage seinem eigentliche Ziel kommt.

32 **Beispiele:**

– Der Streitwert einer Bescheidungsklage ist geringer als der der entsprechenden Verpflichtungsklage;
– Der Streitwert einer Klage gegen die Verpflichtung zur Erteilung einer Auskunft bestimmt sich an dem Wert der für die Auskunftserteilung erforderlichen Zeitaufwands;[30]
– Der Streitwert einer Klage auf Tätigwerden (Einwirken auf eine Dritten, seine vertragliche Pflichten zu erfüllen) ist im Hinblick auf den tatsächlich ungewissen Erfolg mit einem Viertel des Werts der begehrten Leistung zu bestimmen.[31]
– Der Wert einer Anfechtungsklage, die sich gegen den Gebührenbescheid richtet, ist höher als der der Klage, die lediglich den Gebührenanspruch dem Grunde nach zu Gegen stand hat.

33 Die wirtschaftlichen oder sozialen Verhältnisse des Klägers sind für die Bestimmung des Streitwerts ohne Bedeutung.[32]

34 Es ist im wesentlichen Sache des Klägers das Gericht mit den Informationen zu versorgen, die eine Festsetzung des Streitwerts gem. § 13 Abs. 1 Satz 1 GKG erlauben. In diesem Zusammenhang ist von Bedeutung, dass der Kläger gem. § 23 GKG gehalten ist, in der Klageschrift den Wert anzugeben, den er der Sache beimisst. Es liegt insbesondere im wohl verstandenen Interesse des Rechtsanwalts in der Klageschrift oder aber in einem nachfolgenden Begründungsschriftsatz das wirtschaftliche Interesse des Klägers am Verfahren anhand präziser, nachvollziehbarer Kriterien darzutun.[33]

Hinweis:
Beispiel für eine Streitwertangabe s. im Anhang I 27.

Sofern dem Gericht hinreichende Informationen über die Bedeutung der Angelegenheit für den Kläger vorliegen, hat es den Streitwert zu schätzen.[34] Eine Beweiserhebung zum Zwecke der Streitwertbestimmung ist nicht zulässig.[35] Wenn der Streitwert auf der Grundlage des bisherigen Sach- und Streitstands gem. § 13

[29] *Hartmann,* § 13 GKG, Rdn. 9 m. w. N.
[30] *OVG Greifswald,* 21. 9. 2000 – 2 O 31.00 – NVwZ-RR 01, 279.
[31] *OVG Münster,* 26. 11. 1998 – 3 E 991.97 – NVwZ-RR 99, 700.
[32] *Geiger,* BayVBl. 97, 106, 107 m. w. N.
[33] S. auch *BVerwG,* 25. 4. 1995 – 4 B 76.95 – Buchholz 360 § 13 GKG Nr. 86.
[34] *BVerwG,* 25. 4. 1995 – 4 B 76.95 – Buchholz 360 § 13 GKG Nr. 86.
[35] *Geiger,* BayVBl. 97, 106, 107.

Abs. 1 Satz 1 GKG nicht bestimmt werden kann, dann greift § 13 Abs. 1 Satz 2 GKG ein.[36]

35 Das Gericht bestimmt den Streitwert auf der Grundlage dieses Tatsachen nach seinem **Ermessen.** Das Gericht darf im Rahmen des ihm so eröffneten Spielraums den Wert schätzen.

Es liegt im Interesse der Rechtssuchenden, wenn die Kosten einer gerichtlichen Auseinandersetzung kalkulierbar sind. Das bedingt eine Streitwertbestimmung anhand transparenter Kriterien. Unter diesem Gesichtspunkt ist es richtig, wenn das Gericht bei typisch gelagerten Fällen die Streitwertbemessung anhand pauschalierender Kriterien vornimmt. Hier gewinnt der **Streitwertkatalog** – zu diesem s. unten H 59 – besondere Bedeutung.

36 In **vermögensrechtlichen Streitigkeiten** ist im Rahmen des § 13 Abs. 1 Satz 1 GKG der Streitwert grundsätzlich nach Maßgabe des Verkehrswerts des Vermögensobjekts zu bestimmen, dessen Rückgabe verlangt wird.[37] Die starre Obergrenze gem. § 13 Abs. 3 GKG ist allerdings auch im Rahmen des § 13 Abs. 1 Satz 1 GKG zu beachten. Selbst wenn also das wirtschaftliche Interesse des Klägers im Einzelfall im Hinblick auf den Verkehrswert des Streitgegenstands höher zu bemessen ist, so beträgt der Streitwert gleichwohl höchstens 0,5 Mio. Euro.

b) Auffangstreitwert, § 13 Abs. 1 Satz 2 GKG

37 Wenn weder eine Berechnung des Streitwerts noch eine Bestimmung gem. § 13 Abs. 1 Satz 1 GKG möglich ist, dann ist gem. § 13 Abs. 1 Satz 2 GKG der Auffangstreitwert anzunehmen. Dieser betrug bis zum 31. Dezember 2001 8000 DM, seither beträgt er 4000 Euro. § 13 Abs. 1 Satz 2 GKG eröffnet dem Gericht kein Ermessen. Wenn der Tatbestand dieser Norm gegeben ist, dann ist die Rechtsfolge für die Bestimmung des Streitwerts zwingend.[38]

III. Höhe des Streitwerts im Rechtsmittelverfahren, § 14 GKG

38 Im Berufungs- und Revisionsverfahren bestimmt sich der Streitwert nach den Anträgen des Rechtsmittelklägers, vgl. § 14 Abs. 1 Satz 1 GKG. Der Streitwert ist dabei durch den Wert des Streitgegenstandes in erster Instanz begrenzt.

Beispiel:

Der Nachbar greift im erstinstanzlichen Verfahren erfolgreich die Baugenehmigung an. Das Gericht setzt den Streitwert dieses Klageverfahrens auf 20 000 DM fest. Die Festsetzung erfolgt im Hinblick auf den vom Kläger befürchteten Wertverlust seines Grundstücks für den Fall der Realisierung des Bauvorhabens. Der beigeladene Bauherr führt – nach Zulassung – das Berufungsverfahren. Das den Streitwert bestimmende objektive Interesse des Berufungsführers – s. oben H 30 beträgt weit mehr als 20 000 DM; für die Bestimmung des Streitwerts in der Rechtsmittelinstanz ist dies gem. § 14 Abs. 2 Satz 1 GKG ohne Bedeutung.[39]

Diese Begrenzung greift allerdings nicht ein, wenn in der Rechtsmittelinstanz eine Klageerweiterung stattfindet.

---

[36] *BVerwG*, 16. 2. 1995 – 1 B 205.93 – Buchholz 360 § 13 GKG Nr. 84.

[37] *BVerwG*, 20. 10. 1994 – 7 KSt 5.94 – NJW 95, 609 = Buchholz 360 § 13 GKG Nr. 82.

[38] *Hartmann*, § 13 GKG, Rdn. 18 m. w. N.

[39] *BVerwG*, 9. 11. 1988 – 4 B 185/88 – NVwZ-RR 89, 280.

39 Endet das Verfahren bevor Anträge gestellt worden sind, so ist die Beschwer des Rechtsmittelführers maßgeblich, § 14 Abs. 1 Satz 2 GKG.

IV. Höhe des Streitwerts im einstweiligen Rechtsschutzverfahren

1. Einstweiliges Anordnungsverfahren gem. § 123

40 In den einstweiligen Rechtsschutzverfahren § 123 ist der Streitwert gem. § 20 Abs. 3 GKG nach der Regelung des § 13 Abs. 1 GKG zu bestimmen. Maßgeblich ist daher das Interesse des Antragstellers. Regelmäßig ist diese Interesse mit der Hälfte des Werts der Hauptsache zu bemessen.[40]

Wenn mit der einstweiligen Anordnung die Hauptsache ganz oder teilweise vorweg genommen wird, ist die Festsetzung eines höheren Bruchteils des Werts der Hauptsache geboten.[41]

41 Es ist umstritten, wie der Streitwert in einem einstweiligen Anordnungsverfahren zu bestimmen ist, das ein **beamtenrechtliches Stellen-Besetzungsverbot** zum Gegenstand hat, vgl. dazu unten K 206ff. In diesen einstweiligen Rechtsschutzverfahren ist der Streitwert gem. § 20 Abs. 3 GKG grundsätzlich gem. § 13 Abs. 1 GKG zu bestimmen. Im Rahmen der Bestimmung gem. § 13 Abs. 1 Satz 1 GKG ist auf das erkennbare Interesse des Antragstellers abzustellen.[42] Dieses Interesse hat der Gesetzgeber in § 13 Abs. 4 GKG für die Hauptsache pauschalierend bestimmt, vgl. oben H 10. Es ist daher grundsätzlich interessengerecht einen Bruchteil dieses Werts als Streitwert für das einstweilige Rechtsschutzverfahren festzusetzen.[43]

42 Dagegen könnte eingewandt werden, in einem solchen Verfahren gehe es gar nicht um die Verleihung des Amtes, sondern nur darum, eine solche Verleihung einstweilen durch Freihalten der zu besetzenden Stelle zu verhindern.[44]

Diese Argumentation ist jedoch nicht überzeugend: Das Beamtenrecht kennt grundsätzlich keinen Anspruch auf Beförderung, vgl. unten K 230. Die Regelung des § 13 Abs. 4 Satz 2 GKG liefe damit praktisch ins Leere, wenn man sie ausschließlich auf Verpflichtungsverfahren anwenden wollte, die ein Beförderungsbegehren zum Gegenstand haben. Bei sachgerechter Interpretation ist daher davon auszugehen, dass der Gesetzgeber durch § 13 Abs. 4 Satz 2 GKG auch einen Maßstab für die Bestimmung des Streitwerts gem. § 20 Abs. 3 GKG i.V.m. § 13 Abs. 1

---

[40] *Hartmann,* § 20 GKG, Rdn. 25ff. m.w.N.; *BVerfG,* 24. 8. 1993 – 2 BvR 1858/92 – NVwZ-RR 94, 105 = BayVBl. 94, 47; s.a. Vorbemerkung Nr. 7 zum Streitwertkatalog 1996, unten H 73.

[41] *Redeker/von Oertzen,* § 165, Rdn. 13; *Hartmann,* § 20 GKG, Rdn. 25.

[42] *Hartmann,* § 20 GKG, Rdn. 23.

[43] Im Ergebnis daher zutreffend: *OVG Frankfurt (Oder),* 25. 7. 1996 – 2 B 91/96 – soweit ersichtlich nicht veröffentlicht, das als Streitwert die Hälfte des sich aus § 13 Abs. 4 Satz 2 GKG ergebenden Betrages annimmt.

[44] *VGH München;* 21. 7. 1999 – 3 C 98 3288 – NVwZ-RR 00, 332 m.w.N; *OVG Berlin,* 14. 12. 1994 – 4 S 361.94 – soweit ersichtlich nicht veröffentlicht: Hälfte des Auffangstreitwerts, *OVG Frankfurt (Oder),* 25. 7. 1996 – 2 B 91/96 – soweit ersichtlich nicht veröffentlicht, nimmt aus diesem Grunde als Streitwert nur die Hälfte des sich aus § 13 Abs. 4 Satz 2 GKG ergebenden Betrages an und verkennt dabei, dass die klare gesetzliche Berechnungsregelung keinen Raum für richterliches Ermessen lässt.

GKG in den besonders praxisrelevanten Verfahren regeln wollte, die die Verhinderung der Beförderung eines konkurrierenden Bewerbers zum Gegenstand haben.

In den Fällen der sog. **Dienstpostenkonkurrenz** geht es darum eine Umsetzung des Konkurrenten zu verhindern, die der Vorbereitung seiner Beförderung dient, vgl. K 255ff. Die Verleihung eines höheren Amtes ist nicht im Streit. Eine Bestimmung des Streitwerts unter Berücksichtigung des Maßstabs in § 13 Abs. 4 Satz 2 GKG scheidet in diesen Fällen daher aus.[45] **43**

2. Verfahren gem. § 80 Abs. 5

Auch in den einstweiligen Rechtsschutzverfahren gem. § 80 Abs. 5 ist der Streitwert gem. § 20 Abs. 3 GKG nach der Regelung des § 13 Abs. 1 GKG zu bestimmen. Maßgeblich ist daher eine wirtschaftliche Gewichtung des spezifischen Antragsinteresses. Regelmäßig wird danach die Festsetzung eines Werts in Höhe von 50 Prozent des Hauptsachenwerts angemessen sein. **44**

Im Einzelfall kann das Interesse des Antragstellers allerdings eine andere Festsetzung gebieten. Wenn eine Aussetzung der aufschiebenden Wirkung z.B. vollendete Tatsachen schafft, ist der Wert der Hauptsache maßgebend. **45**

Beispiel:
Verbot einer für den Folgetag geplanten Demonstration.

In den Fällen des § 80 Abs. 2 Nr. 1 (öffentliche Abgaben und Kosten) ist der Wert lediglich mit 10 bis 25 Prozent der Hauptsache zu veranschlagen.[46] **46**

3. Verfahren gem. § 80 Abs. 7

Für das **Abänderungsverfahren gem. § 80 Abs. 7** ist ein gesonderter Streitwert festzusetzen,[47] § 14 Abs. 2 Satz 1 GKG, der den Streitwert des Rechtsmittelverfahrens auf den der ersten Instanz begrenzt, findet keine Anwendung.[48] **47**

Beispiel:
Das Verwaltungsgericht ordnet auf Antrag des Nachbarn gem. § 80 Abs. 5 die aufschiebende Wirkung des Widerspruchs gegen die Baugenehmigung an. Der Streitwert dieses Verfahrens orientiert sich an dem Interesse des Nachbarn.
Der Bauherr strengt das Abänderungsverfahren an; der Wert dieses Verfahrens ist im Hinblick auf das Interesse des Bauherrn zu bestimmen, die Baugenehmigung unverzüglich nutzen zu können.[49]

V. Festsetzungsverfahren und Streitwertbeschwerde

Das Gericht setzt den **Streitwert** mit oder nach Abschluss des erstinstanzlichen Verfahrens durch **Beschluss** fest, § 25 Abs. 2 Satz 1 GKG. Vor der Festsetzung **48**

---

[45] Zutreffend *OVG Frankfurt (Oder),* 30. 4. 1997 – 2 E 29/97 – soweit ersichtlich nicht veröffentlicht.

[46] *Hartmann,* § 25 GKG, Rdn. 33 m.w.N.; s.a. Vorbemerkung Nr. 7 zum Streitwertkatalog 1996, unten H 73: 25 Prozent.

[47] *OVG Münster,* 30. 3. 1971 – 8 B 114.71 – OVGE 26, 240.

[48] *VGH Mannheim,* 29. 7. 1997 – 8 S 1611.97 – NVwZ-RR 98, 787.

[49] *OVG Lüneburg,* 26. 3. 1999 – 1 O 867.99 – NVwZ-RR 99, 813.

sind die Beteiligten anzuhören.[50] Auch wenn die Festsetzung unmittelbar im Urteil erfolgt, ist sie für das weitere Verfahren als Beschluss zu behandeln.[51] Eine Festsetzung des Streitwerts zu einem früheren Zeitpunkt gem. § 25 Abs. 1 GKG findet – anders als im zivilgerichtlichen Verfahren – regelmäßig nicht statt.

49 Der Beschluss ist so zu begründen, dass eine Überprüfung im Beschwerdeverfahren – dazu sogleich H 52 – möglich ist.[52]

50 Eine förmliche Zustellung des Beschlusses ist nicht erforderlich, eine formlose Mitteilung ist ausreichend.[53]

51 Das Gericht kann die Festsetzung des Streitwerts innerhalb von sechs Monaten **von Amts wegen ändern,** § 25 Abs. 2 Satz 2 GKG. Die Frist beginnt in dem Zeitpunkt zu laufen, in dem die Entscheidung in der Hauptsache Rechtskraft erlangt hat oder sich diesen Verfahren anderweitig erledigt.

Wenn das Verfahren – in der Hauptsache oder im Kostenpunkt – bei dem **Rechtsmittelgericht** anhängig ist, liegt die Änderungsbefugnis bei diesem Gericht.

52 Die Streitwertentscheidung des Gerichts unterliegt gem. § 25 Abs. 3 GKG der **Beschwerde,** sofern der Beschwerdewert 50 Euro übersteigt. Die Streitwertbeschwerde bedarf nicht der Zulassung.[54]

Streitwertentscheidungen des Bundesverwaltungsgerichts sind nicht beschwerdefähig; der an einer Streitwertänderung interessierte Prozessbeteiligte kann jedoch eine Streitwertänderung von Amts wegen durch eine **Gegenvorstellung** anregen.[55]

53 Die Beschwerde ist nur zulässig, sofern der Beschwerdeführer beschwert ist. Der unterliegende **Prozessbeteiligte,** der zur Kostentragung verpflichtet ist, kann sich daher grundsätzlich nur gegen eine zu hohe Wertfestsetzung zur Wehr setzen.

Hinweis:
Beispiel für eine (Streitwert-)Beschwerde s. im Anhang I 33.

54 Das Oberverwaltungsgericht ist jedoch nicht gehindert nach Anhängigkeit der Streitwertsache aufgrund einer mangels Beschwer unzulässigen Beschwerde den Streitwert von Amts wegen gem. § 25 Abs. 2 Satz 2 GKG höher zu bestimmen.[56]

Umstritten ist, ob die auf eine Streitwerterhöhung gerichtete Beschwerde des obsiegenden Beteiligten im Ausnahmefall zulässig ist, wenn dieser mit seinem anwaltlichen Bevollmächtigten eine Gebührenvereinbarung getroffen hat, die von einem höheren als dem festgesetzten Streitwert ausgegangen ist.[57]

---

[50] *Hartmann,* § 25 GKG, Rdn. 24.
[51] *Hartmann,* § 25 GKG, Rdn. 26.
[52] *Baumbach/Lauterbach/Albers/Hartmann,* § 329, Rdn. 2.
[53] *Hartmann,* § 25 GKG, Rdn. 32.
[54] *VGH Mannheim,* 9. 5. 1997 – 9 S 999/97 – NVwZ-RR 97, 766 [Ls.].
[55] *BVerwG,* 22. 3. 1995 – 4 C 28.91 (4 KSt 1.95) – Buchholz 360 § 13 GKG Nr. 85.
[56] *OVG Frankfurt (Oder),* 11. 11. 1996 – 2 L 125/96 – nicht veröffentlicht.
[57] *VGH München,* 20. 5. 1996 – 2 C 96526 – NVwZ-RR 97, 195 = BayVBl. 97, 188 hält eine solche Beschwerde für zulässig; *Hartmann,* § 25, Rdn. 60 m. w. N. verneint die Zulässigkeit.

Der **Rechtsanwalt** hat stets gem. § 9 Abs. 2 BRAGO die Möglichkeit, **aus eigenem Recht** eine aus seiner Sicht zu geringe Wertfestsetzung im Beschwerdeverfahren gem. § 25 Abs. 3 GkG überprüfen zu lassen. **55**

Die Frist für die **Streitwertbeschwerde** beträgt gem. § 25 Abs. 3 Satz 3 GKG **sechs Monate.** Die Frist beginnt mit der Rechtskraft der Hauptsachenentscheidung.[58] **56**

Das in § 67 Abs. 1 Satz 2 normierte **Gebot anwaltlicher Vertretung gilt** gem. § 25 Abs. 3 Satz 1, 2. Halbsatz i. V. m. § 5 Abs. 5 GKG **nicht für die Streitwertbeschwerde.**[59] **57**

Eine **weitere Beschwerde** gegen die Entscheidung des Beschwerdegerichts ist **unzulässig,** vgl. § 25 Abs. 3 Satz 1, Halbsatz 2 GKG i. V. m. § 5 Abs. 2 Satz 3 GKG. **58**

VI. Streitwertkatalog

1. Entwicklung

Der damalige Präsident des BVerwG, *Prof. Dr. Sendler,* veröffentlichte 1989 erstmalig den Entwurf eines Streitwertkatalogs.[60] Dieser Entwurf ist durch eine Gruppe von Verwaltungsrichtern unter Vorsitz des Präsidenten des OVG Lüneburg, *Dr. Schinkel,* erheblich überarbeitet und Ende 1991 als „Streitwertkatalog für die Verwaltungsgerichtsbarkeit" publiziert worden.[61] **59**

Die Änderung des Streitwertrechts durch das KostenrechtsänderungsG 1994[62] machte eine Überarbeitung des Streitwertkatalogs erforderlich. So wurde es auch möglich die Gerichtsentscheidungen zu berücksichtigen, die sich mit dem Streitwertkatalog 1991 auseinandergesetzt haben.[63] Eine aus Richtern der Verwaltungsgerichtsbarkeit zusammengesetzte Arbeitsgruppe unter Vorsitz des Richters am OVG Koblenz *Zimmer* legte im Januar 1996 den „Streitwertkatalog für die Verwaltungsgerichtsbarkeit 1996" vor.[64] **60**

2. Funktion

Die Streitwertrechtsprechung ist aufgrund dieser Streitwertkataloge transparenter geworden und hat an Differenziertheit gewonnen. Die seit Veröffentlichung der Kataloge ergangenen Entscheidungen zeigen, dass sich der Rechtsanwalt in der Praxis an den Katalogwerten im Regelfall orientieren kann; in vielen Fällen haben **61**

[58] Das ist in einstweiligen Rechtsschutzverfahren der dort ergangene Beschluss, nicht abzustellen ist auf das Urteil, das auf die Hauptsachenklage ergeht, vgl. *VGH München,* 20. 8. 1999 – 14 C 992123 – BayVBl. 00, 286; *OVG Münster,* 29. 8. 1995 – 6 E 748/95 – NVwZ-RR 96, 548; *VGH Mannheim,* 13. 5. 1996 – 10 S 18/96 – NVwZ-RR 97, 196.

[59] *VGH Mannheim,* 9. 5. 1997 – 9 S 999/97 – NVwZ-RR 97, 766 [Ls.]; *OVG Bautzen,* 25. 3. 1997 – 2 S 95/977 – DÖV 97, 603 [Ls.].

[60] *Sendler,* NVwZ 89, 1041.

[61] NVwZ 91, 1156; DVBl. 91, 1239; DÖV 92, 257.

[62] *Zimmer,* NVwZ 95, 138.

[63] S. ausführlich *Zimmer,* NVwZ 95, 138.

[64] Teilweise kritisch zu diesen Empfehlungen *Hartmann,* Anh I B § 13 GKG, Rdn. 3f.

Gerichte ihre bisherige Streitwertrechtsprechung geändert und halten sich an die Katalogwerte.

62 Der Rechtsanwalt kann die im Katalog aufgeführten Werte im Einzelfall jedoch nur zur Geltung bringen bzw. sich kritisch mit diesen Werten auseinandersetzen, wenn er sich die **Rechtsnatur** und (beschränkte) **Funktion** dieses Streitwertkatalogs vergegenwärtigt.

Die Bestimmungen des GKG liefern in vielen Fällen präzise Kriterien zur Berechnung des Streitwerts, vgl. oben H 7ff. Diese gesetzlichen Regelungen sind bindend; dem Gericht ist in diesen Fällen kein Ermessensspielraum eingeräumt, so dass für einen Streitwertkatalog hier kein Raum ist.[65]

63 Sofern eine Berechnung des Streitwerts nicht möglich ist, muss dieser gem. § 13 Abs. 1 Satz 1 GKG bestimmt werden. Bei dieser Bestimmung ist dem Gericht ein Ermessen eingeräumt. Bei der Ausübung dieses Ermessen können die Werte im Streitwertkatalog im Sinne von Empfehlungen für den Regelfall Orientierung bieten;[66] eine Bindung an die Katalogwerte ist nicht gegeben.[67] Wenn das Interesse des Klägers im konkreten Falle im Hinblick auf konkrete Konsequenzen des Rechtsstreits anders zu bestimmen ist, so darf das Gericht nicht den Katalogwert festsetzen.

64 Wenn weder eine Berechnung des Streitwerts noch eine Bestimmung gem. § 13 Abs. 1 Satz 1 GKG möglich ist, dann ist gem. § 13 Abs. 1 Satz 2 GKG der Auffangstreitwert anzunehmen. Im Hinblick auf den bindenden Charakter dieser Entscheidung kann ein Streitwertkatalog hier keine Empfehlungen geben.

65 Unter diesem Gesichtspunkt sind einige Empfehlungen im Streitwertkataolog 1996 jedenfalls auf den ersten Blick problematisch. Unter dem Gliederungspunkt „15. Hochschulrecht, Recht der Führung akademischer Grade“ findet sich z.B. die Position „15.4. Leistungsnachweis“ deren Streitwert mit „$^1/_2$ Auffangwert“ angegeben wird. Im Rahmen des § 13 Abs. 1 Satz 2 ist eine solche Differenzierung jedoch nicht möglich. Die Empfehlung kann sich nur auf eine Bestimmung gem. § 13 Abs. 1 Satz 1 GKG beziehen. Diese kann jedoch nur stattfinden, wenn das Gericht konkrete Tatsachen kennt, anhand derer das Antragsinteresse unter Berücksichtigung der Empfehlung des Streitwertkatalogs bestimmt werden kann.

3. Streitwertkatalog 1996

a) Vorbemerkungen zum Streitwertkatalog 1996

66 Wertangaben aufgrund von Gerichtsentscheidungen, die von den im Streitwertskatalog 1996 vorgesehenen Werten abweichen[68] sowie Literaturstimmen, die sich kritisch mit den Empfehlungen des Katalogs auseinandersetzen oder die diese

---

[65] Zutreffend *Geiger,* BayVBl. 97, 106, 108.

[66] *BVerfG,* 24. 8. 1993 – 2 BvR 1858/92 – NVwZ-RR 94, 105 = BayVBl. 94, 47; *BVerwG,* 21. 7. 1994 – 4 VR 1.94 – BayVBl. 94, 727; *VGH München,* 14. 4. 1993 – 2 B 90 2749 – BayVBl. 94, 508; s.a. *Hartmann,* Anh I B § 13 GKG, Rdn. 2.

[67] *VGH Mannheim,* 12. 7. 2000 – 13 S 352.00 – NVwZ-RR 01, 72; *VGH München,* 27. 7. 1995 – 19 C 95 1760 – NVwZ-RR 96, 543; problematisch dagegen *VGH München,* 21. 2. 1994 – 11 B 120.93 – BayVBl. 94, 476, der eine solche Bindung suggeriert.

[68] Ausführlicher Nachweis der den Empfehlungen des Streitwerkatalogs zustimmenden und von diesen abweichenden Entscheidungen bei *Hartmann,* Anh I B § 13 GKG, Rdn. 1ff.; s.a *Redeker/von Oertzen,* § 165, Rdn. 14b.

ergänzen, sind hier eingearbeitet und durch *Kursivdruck* gekennzeichnet. Die Gliederung des Katalogs ist im übrigen beibehalten worden, damit eine einheitliche Zitierweise gewährleistet ist. Um Hinweise auf einzelne Teile des Katalogs in diesem Buch zu erleichtern, ist er in das Randnummern-System einbezogen.

b) Streitwertkatalog für die Verwaltungsgerichtsbarkeit 1996 (mit ergänzenden Hinweisen)

I. Allgemeines

1. Die unter II genannten bezifferten Werte sind Richtwerte, die für die Mehrheit der Fälle eine nach § 13 GKG angemessene Bewertung darstellen. Soweit Investitionssummen, Gewinne etc. erwähnt sind, ist ein mittlerer Wert zu schätzen. Die Richtwerte können unter- oder überschritten werden, wenn der Einzelfall dazu Anlass gibt. Der Auffangwert wird dort genannt, wo im Regelfall eine Wertbestimmung nach anderen Maßstäben nicht möglich erscheint. **67**

2. In Streitsachen, für die unter II kein Vorschlag gemacht wird, bestimmt das Gericht den Streitwert unter Berücksichtigung der Umstände des Einzelfalles und der unter II getroffenen Bewertungen. **68**

3. Werden mehrere Anträge mit selbständiger Bedeutung gestellt, so werden in der Regel die Werte addiert (entsprechend § 5 ZPO). Für Hilfsanträge gilt § 19 Abs. 4 GKG. **69**

Mit der angefochtenen Grundverfügung angegriffene Zwangsmittelandrohungen sind nicht streitwerterhöhend zu berücksichtigen.[69]

4. Klagen mehrere Kläger gemeinschaftlich, sind die Werte der einzelnen Sache zu addieren, es sei denn, die Kläger begehren oder bekämpfen eine Maßnahme als Rechtsgemeinschaft. Bei Verbandsklagen beträgt der Streitwert mindestens 20000 DM. **70**

5. Feststellungsklagen und Fortsetzungsfeststellungsklagen sind ebenso zu bewerten wie eine auf das vergleichbare Ziel gerichtete Anfechtungs- bzw. Verpflichtungsklage. **71**

6. Wird lediglich Bescheidung beantragt, so kann der Streitwert einen Bruchteil, mindestens jedoch $^1/_2$ des Wertes der entsprechenden Verpflichtungsklage betragen. **72**

6 a. *Bei einem Grundurteil ist ein Abschlag vom eingeklagten Forderungsbetrag vorzunehmen.*[70] **72 a**

7. In Verfahren des vorläufigen Rechtsschutzes beträgt der Streitwert in der Regel $^1/_2$, in den Fällen des § 80 Abs. 2 Nr. 1 VwGO und bei allen anderen auf bezifferte Geldleistungen gerichteten Verwaltungsakten $^1/_4$ des für das Hauptsacheverfahren anzunehmenden Streitwerts. In Verfahren des vorläufigen Rechtsschutzes, die Entscheidung in der Sache ganz oder zum Teil vorwegnehmen, kann der Streitwert bis zur Höhe des für das Hauptsacheverfahren anzunehmenden Streitwerts angehoben werden.[71] **73**

---

[69] *OVG Berlin,* 20. 11. 2000 – 2 L 25.00 – NVwZ-RR 01, 276; **a. A.** *VGH Kassel,* 23. 9. 1999 – 8 TE 1435.96 – NVwZ-RR 00, 330 m. w. N.

[70] *VGH München,* 18. 12. 2000 – 4 ZB 99.1302 – BayVBl. 01, 572.

[71] *BVerwG,* 31. 10. 1997 – 4 VR 11.97 – NVwZ-RR 98, 541.

73 a *7a. Im selbständigen Beweisverfahren entspricht der Streitwert 1/2 des Streitwertes der Hauptsache.*[72]

74 **8.** In selbständigen Vollstreckungsverfahren entspricht der Streitwert der festgesetzten Höhe des Zwangsgeldes oder der geschätzten Kosten der Ersatzvornahme; im übrigen beträgt er 1/4 des Streitwertes der Hauptsache.[73] Bei der Androhung von Zwangsmitteln ist die Hälfte des sich nach Satz 1 ergebenden Betrages festzusetzen.

75 **9.** Der Streitwert für Beschwerden gegen die Entscheidung über die Ablehnung eines Richters beträgt 20 v.H. des Wertes der Hauptsache, höchstens 10000 DM. Gleiches gilt für Beschwerden in Rechtswegfragen.

76 **10.** Der Wert einer Nichtzulassungsbeschwerde entspricht dem Streitwert im Hauptsacheverfahren.

77 **11.** Der Wert der Prozesskostenhilfe entspricht der Summe der Gerichts- und Anwaltskosten für die Instanz nach dem Wert der Hauptsache.

II. Einzelgebiete

		Sachgebiet	Streitwert
78	1.	**Abfallentsorgung**	
	1.1	Klage des Errichters/Betreibers	
	1.1.1	auf Zulassung einer Anlage oder Anlagenänderung	2,5% der Investitionssumme
	1.1.2	gegen belastende Nebenbestimmung	Betrag der Mehrkosten
	1.1.3	gegen Untersagung des Betriebs (Stillegungsanordnung)	1% der Investitionssumme
	1.1.4	gegen sonstige Ordnungsverfügung	Betrag der Aufwendungen
	1.1.5	gegen Mitbenutzungsanordnung	Anteil der Betriebskosten (einschl. Abschreibung) für Dauer der Mitbenutzung
	1.2	Klage eines drittbetroffenen Privaten	
	1.2.1	wegen Eigentumsbeeinträchtigung	Betrag der Wertminderung des Grundstücks *30 bis 50 Prozent der in Anspruch genommenen Fläche, soweit Planfeststellungsbeschluss enteignende Vorwirkung hat*[74]

[72] *VGH München,* 22. 9. 2000 – 22 C 002503 – NVwZ-RR 01, 278; **a. A.** *VGH Mannheim,* 30. 12. 1997 – 5 S 2863.97 – NVwZ-RR 98, 526: ein Drittel.

[73] A. A. *VGH Mannheim,* 12. 7. 2000 – 13 S 352.00 – NVwZ-RR 01, 72: entspricht dem Wert des Erkenntnisverfahrens.

[74] *BVerwG,* 31. 10. 1997 – 4 VR 11.97 – NVwZ-RR 98, 541; *BVerwG,* 1. 3. 1993 – 4 B 188/92 – NVwZ-RR 93, 331 = DÖV 94, 486 [Ls.].

Sachgebiet		Streitwert	
		voller Verkehrswert der in Anspruch genommenen Fläche[75]	
1.2.2	wegen sonstiger Beeinträchtigungen (ggf. zusätzlich zum Betrag der Eigentumsbeeinträchtigung)	20000 DM	
1.2.3	gegen Vorbereitungsarbeiten	10000 DM	
1.3	Klage einer drittbetroffenen Gemeinde	100000 DM	
1.4	Klage des Abfallbesitzers		
1.4.1	Beseitigungsanordnung	30 DM je cbm Abfall	
1.4.2	Untersagungsverfügung	30000 DM	
2.	**Abgabenrecht**		**79**
2.1	Abgabe	Betrag der streitigen Abgabe; bei wiederkehrenden Leistungen: 5facher Jahresbetrag, sofern nicht die voraussichtliche Belastungsdauer geringer ist	
2.2	Stundung	6 v. H. des Hauptsachewertes je Jahr (§ 238 AO)	
2a.	***Altlastenrecht***		**80**
2a.1.	*Klage des Adressaten einer Anordnung zur Altlastensanierung, Feststellung einer Altlast*	*Auffangstreitwert*[76]	
2a.2.	*Feststellung der Sanierungsverantwortlichkeit*	*Auffangstreitwert*[77]	
2a.3.	*Verlangen nach Erstellen eines Sanierungsplans*	*Betrag der voraussichtlichen Sanierungsaufwendungen*[78]	
2a.4.	*Verlangen nach Freistellung von der Verantwortlichkeit von Altlasten*	*Betrag der voraussichtlichen Sanierungsaufwendungen*[79]	
3.	**Asylrecht**	s. Asylverfahrensgesetz	**81**

[75] *OVG Saarlouis,* 9. 9. 1992 – 1 W 52/92 – NVwZ-RR 93, 166.
[76] *VGH Kassel,* 3. 3. 1992 – 14 TH 2158/91 – NVwZ 92, 1102.
[77] *VGH Kassel,* 3. 3. 1992 – 14 TH 2158/91 – NVwZ 92, 1102.
[78] *VGH Kassel,* 3. 3. 1992 – 14 TH 2158/91 – NVwZ 92, 1102.
[79] *OVG Berlin,* 21. 11. 2000 – 2 L 11.99 – NVwZ-RR 01, 277.

	Sachgebiet	Streitwert
82 **4.**	**Atomrecht**	
4.1	Klage des Errichters/Betreibers	
4.1.1	auf Genehmigung oder Teilgenehmigung oder Planfeststellung einer Anlage, §§ 7, 9, 9b AtG	2,5% der mit der Genehmigung oder Teilgenehmigung ermöglichten Investitionssumme
4.1.2	auf Aufbewahrungsgenehmigung, § 6 AG	1% der für die Aufbewahrung(-sanlage) getätigten Investitionssumme
4.1.3	gegen belastende Nebenbestimmung	Betrag der Mehrkosten
4.1.4	Vorbescheid nach § 7a AtG	1% der Investitionssumme für die beantragten Maßnahmen
4.1.5	Standortvorbescheid	1% der Gesamtinvestitionssumme
4.1.6	Einstellung des Betriebes	wirtschaftlicher Verlust infolge der Betriebseinstellung
4.2	Klage eines drittbetroffenen Privaten	wie Abfallentsorgung Nr. 1.2
4.3	Klage einer drittbetroffenen Gemeinde	100 000 DM
4.4.	*Klage des Betriebsrats wegen Verletzung der Mitbestimmungsrechte*	*60 000 DM*[80]
83 **5.**	**Ausbildungsförderung**[81]	
5.1	Klage auf bezifferte Leistung	geforderter Betrag[82]
5.2	Klage auf Erhöhung der Förderung	Differenzbetrag im Bewilligungszeitraum
5.3	Klage auf Verpflichtung zur Leistung in gesetzlicher Höhe	gesetzlicher Bedarfssatz für den streitigen Bewilligungszeitraum
5.4	Klage auf Änderung der Leistungsform	$^1/_2$ des bewilligten Förderbetrages
5.5	Klage auf Vorabentscheidung	gesetzlicher Bedarfssatz im ersten Bewilligungszeitraum
84 **6.**	**Ausländerrecht**	
6.1	Aufenthaltserlaubnis, Aufenthaltsberechtigung, Aufenthaltsbewilligung, Aufenthaltsbefugnis	Auffangwert

[80] *BVerwG*, 3. 12. 1991 – 7 B 10/91 – NVwZ-RR 91, 447.

[81] S. auch die differenzierte Darstellung bei *Hartmann*, Anh I B § 13 GKG, Rdn. 16.

[82] S. auch *OVG Münster*, 22. 9. 2000 – 16 A 5716.97 – NVwZ-RR 01, 412: Klage auf Umwandlung eines verzinslichen Darlehens in Zuschuss und unverzinsliches Darlehen.

	Sachgebiet	Streitwert
6.2	Ausweisung	Auffangwert
6.3	Duldung/Abschiebung	$^1/_2$ Auffangwert
7.	**Bau- und Bodenrecht**	**85**
7.1	Klage auf Erteilung einer Baugenehmigung bei	
	Anlagen aller Art	*Rohbauwert*[83]
7.1.1	Einfamilienhaus	30 000 DM
7.1.2	Mehrfamilienhaus	15 000 DM je Wohnung
7.1.3	Einzelhandelsbetrieb	200 DM/m² Verkaufsfläche
7.1.4	Spielhalle	1000 DM/m² Nutzfläche (ohne Nebenräume)
7.1.5	Großflächige Werbetafel, Euroformat (3,80 × 2,70)	5000 DM
7.1.6	Imbissstand	10 000 DM
7.1.7	Sonstige Anlagen regelmäßig	je nach Einzelfall: Bruchteil der Rohbaukosten, Bodenwertsteigerung oder wirtschaftliches Interesse (Jahresnutzwert)
	jedoch bei allen Fällen, bei denen das wirtschaftliche Interesse des Klägers an der Baugenehmigung durch die oben genannten Beträge nicht angemessen erfasst werden kann, z. B. – bei Nutzungsänderung – bei der Anlage von Plätzen – bei der Aufstellung von Buden, Imbisswagen	das wirtschaftliche Interesse, der Jahresnutzwert[84]
7.1 a.	*Verlängerung einer Baugenehmigung*	*Streitwert der Baugenehmigung*[85]
7.2	Erteilung eines Bauvorbescheids, einer Teilungsgenehmigung	mindestens $^1/_2$ des Ansatzes für die Baugenehmigung *drei Viertel des Ansatzes für die Baugenehmigung*[86]

[83] *BVerwG,* 25. 4. 1995 – 4 B 76.95 – Buchholz 360 § 13 GKG Nr. 86.
[84] *BVerwG,* 6. 11. 1996 – 4 B 213.96 – UPR 97, 105.
[85] *VGH Mannheim,* 22. 4. 1999 – 5 S 622.99 – NVwZ-RR 00, 331.
[86] *VGH München,* 11. 1. 1999 – 15 C 98 2053 – NVwZ-RR 99, 413 = BayVBl. 00, 29; s. a. *BVerwG,* 12. 4 2001 – 4 KSt 2.01 – BauR 01, 1565.

	Sachgebiet	Streitwert
		zu erwartende Bodenwertsteigerung,[87] *wenn Bebaubarkeit abschließend geklärt wird*[88]
7.3	Bauverbot, Stillegung, Nutzungsverbot, Räumungsgebot	Höhe des Schadens, des Ertragsverlustes oder der Aufwendungen
7.3 a.	*Anfechtungsklage gegen Baugebot*	*Einjähriger Zinsaufwand für Baukosten*[89]
7.4	Beseitigungsanordnung	Zeitwert der zu beseitigenden Substanz plus Abrisskosten
7.5	Vorkaufsrecht	
7.5.1	Anfechtungsklage des Käufers	25% des Kaufpreises *5% des Kaufpreises*[90] *Jahresmiet- oder pachtwert des auf dem Grundstück geplanten Vorhabens*[91]
7.5.2	Anfechtungsklage des Verkäufers	Preisdifferenz, mindestens Auffangwert
7.5.3	*Anfechtungsklage der Gemeinde*	*5% des Kaufpreises*[92]
7.5 a.	*Entwicklungsrechtliche Auflassungsgenehmigung*	*10% des vereinbarten Kaufpreises*[93]
7.5 b.	*Grundstücksverkehrsgenehmigung*	*25% des Grundstückswerts*[94]
7.6	Klage eines Drittbetroffenen	
7.6.1.	Nachbar	10000 DM, mindestens Betrag einer Grundstückswertminderung *3000 DM bis 30000 DM*[95] *mindestens 15000 DM bis 20000 DM*[96]
7.6.2	Nachbargemeinde	50000 DM
7.7	Normenkontrolle gegen Bebauungsplan	10000 DM bis 100 000 DM

[87] *VGH Mannheim,* 16. 2. 1998 – 8 S 3233.97 – UPR 98, 320 [Ls.].

[88] *VGH Mannheim,* 1. 9. 1997 – 5 S 1379.97 – NVwZ-RR 98, 459; a. A. *VGH München,* 20. 2. 2001 – 1 C 00.1287 – NVwZ-RR 01, 614: 10% der Wertsteigerung; dagegen *VGH München,* 2. 3. 2001 – 15 ZB 99.643 – BauR 01, 1402: Bodenwertsteigerung bleibt außer Betracht.

[89] *OVG Münster,* 13. 6. 1997 – 10 E 439.97 – NVwZ-RR 98, 787.

[90] *OVG Bautzen,* 9. 12. 1994 – 1 S 168/94 – NVwZ-RR 95, 237.

[91] *OVG Münster,* 16. 3. 1995 – 11 E 1236. 94 – NVwZ-RR 95, 622.

[92] *VGH München,* 20. 7. 1998 – 1 B 95117 – BayVBl. 99, 669.

[93] *OVG Berlin,* 7. 5. 1996 – 2 B 5/95 – NVwZ-RR 97, 754.

[94] *OVG Bautzen,* 30. 7. 1997 – 1 S 231.97 – NVwZ-RR 98, 460.

[95] *BVerwG,* 22. 3. 1995 – 4 C 28.91 (4 KSt 1.95) – Buchholz 360 § 13 GKG Nr. 85; *BVerwG,* 26. 9. 1994 – 4 B 199.94 – Buchholz 360 § 13 GKG Nr. 81.

[96] *OVG Greifswald,* 15. 6. 1998 – 3 O 350.98 – NVwZ-RR 99, 279; *OVG Greifswald,* 10. 7. 1997 – 3 M 82/97 – NVwZ-RR 97, 681.

	Sachgebiet	Streitwert	
8.	**Beamtenrecht**		86
8.1	Gesamtstatus, gesamter Besoldungs- und Unterhaltsanspruch	s. GKG	
8.2	Laufbahnprüfung	Auffangwert	
8.3	Versetzung, Abordnung, Umsetzung, Beurlaubung, dienstliche Beurteilung und ähnliche Einzelfragen	Auffangwert	
8.4	Genehmigung einer Nebentätigkeit	Gesamtbetrag der Einkünfte aus der Nebentätigkeit, höchstens Jahresbetrag	
8.5	Gewährung von Trennungsgeld	Gesamtbetrag des Trennungsgeldes, höchstens Jahresbetrag	
8.6	Besoldungsdienstsalter (Anerkennung bestimmter Zeiten)	einfacher Jahresbetrag der Differenz zwischen den Dienstaltersstufen	
8.7.	*Teilstatus*	*Zweifacher Jahresbetrag des Teilstatus,*[97] *s. a. H 15 a*	
8.8	*Laufbahnprüfung*	*20 000 DM*[98]	
8.9	*Schadensersatz wegen Nichtbeförderung*	*Hälfte der sich nach § 123 Abs. 4 Satz 1 GKG ergebenden Betrages*[99]	
8.10.	*Gewährung von Erholungsurlaub*	*100 DM pro Urlaubstag*[100]	
9.	**Bergrecht**		87
9.1	Klage des Unternehmers		
9.1.1	auf Planfeststellung eines Rahmenbetriebsplans	2,5% der Investitionssumme	
9.1.2	Zulassung eines Rahmenbetriebsplans	1% der Investitionssumme	
9.1.3	Zulassung eines Sonder- oder Hauptbetriebsplans	2,5% der Investitionssumme	
9.1.4	gegen belastende Nebenbestimmung	Betrag der Mehrkosten	
9.2	Klage eines drittbetroffenen Privaten	wie Abfallentsorgung Nr. 1.2	
9.3	Klage einer drittbetroffenen Gemeinde	100 000 DM	

[97] *BVerwG,* 13. 9. 1999 – 2 B 53.99 – NVwZ-RR 00, 188.
[98] *BVerwG,* 11. 3. 1997 – 2 B 23/97 – NVw-RR 98,75.
[99] *BVerwG,* 12. 3. 1997 – 2 B 122/96 – NVwZ-RR 98, 75.
[100] *OVG Koblenz,* 20. 10. 2000 – 2 E 11605.00 – NVwZ-RR 01, 279.

		Sachgebiet	Streitwert
87a	*9a.*	***Energierecht***	
		Genehmigung von Stromtarifen	*70% des erwarteten jährlichen Mehrerlöses*[101]
88	**10.**	**Flurbereinigung**	
	10.1	Anordnung der Regelflurbereinigung	2500 DM/ha einbezogene Fläche
	10.2	Entscheidung im Flurbereinigungsverfahren	streitiger Betrag oder wirtschaftliches Interesse des Klägers
89	**11.**	**Freie Berufe, Recht der –**	
	11.1	Berufsberechtigung, Eintragung, Löschung	Jahresbetrag des erzielten oder erwarteten Gewinns, mindestens 20 000 DM
	11.2	Mitgliedschaft in einem berufsständischen Versorgungswerk, Befreiung	einfacher Jahresbetrag des Beitrages
	11.2a.	*Freistellung von der Beitragspflicht im Versorgungswerk*	*Dreifacher Jahresbeitrag*[102]
	11.3	Rentenanspruch	dreifacher Jahresbetrag der Rente
90	**12.**	**Friedhofsrecht**	
	12.1	Grabnutzungsrechte	Auffangwert
	12.2	Umbettung	$^1/_2$ Auffangwert
	12.3	Grabmalgestaltung	$^1/_2$ Auffangwert
	12.4	Gewerbliche Betätigung auf Friedhöfen	Betrag des erzielten oder erwarteten Jahresgewinns, mindestens 20 000 DM
91	**13.**	**Gesundheitsverwaltungsrecht**	
	13.1	Approbation	Jahresbetrag des erzielten oder erwarteten Verdienstes, mindestens 40 000 DM *erwartete Brutto-Einnahmen abzüglich Praxiskosten für die Dauer von 3 Jahren*[103]

[101] *OVG Bautzen,* 14. 8. 1997 – 1 S 244.97 – NVwZ-RR 98, 459.
[102] *OVG Münster,* 20. 2. 1998 – 4 A 3973.97 – NVwZ-RR 98, 527.
[103] *Hartmann,* Anh I B § 13 GKG, Rdn. 22.

	Sachgebiet	Streitwert	
13.2	Zusatzbezeichnung eines Arztes	20000 DM	
13.3	Erlaubnis nach § 10 BÄO	30000 DM	
14.	**Gewerberecht**		92
14.1	Gewerbeerlaubnis, Gaststättenkonzession	Jahresbetrag des erzielten oder erwarteten Gewinns, mindestens 20000 DM	
14.1a	*Konkurrentenklage*	*50 Prozent des Streitwerts der Erlaubnis*[104]	
14.1b	*Nachbarklage*	*10 000 DM*[105]	
14.2	Gewerbeuntersagung		
14.2.1	ausgeübtes Gewerbe	Jahresbetrag des erzielten oder erwarteten Gewinns, mindestens 20000 DM	
14.2.2	erweiterte Gewerbeuntersagung	Erhöhung um 10000 DM	
14.2.3.	*selbständige Schließungsandrohung nach § 15 Abs. 2 oder § 35 Abs. 5 GewO*	*Mindestens 20 000 DM*[106]	
14.2.4.	*Klage der Handwerkskammer auf Untersagung des Handwerks durch die Gewerbebehörde*	*Auffangstreitwert*[107] *75000 DM unter Berücksichtigung der konkreten Interessen der Kammer*[108]	
14.3	Eintragung/Löschung in der Handwerksrolle	Jahresbetrag des erzielten oder erwarteten Gewinns, mindestens 20000 DM	
14.4	Meisterprüfung	20000 DM	
14.5	Gesellenprüfung	10000 DM	
14.6	Sperrzeitregelung	Jahresbetrag des erzielten oder erwarteten zusätzlichen Gewinns, mindestens 10000 DM	
14.7	Zulassung zu einem Markt	Erwarteter Gewinn, mindestens 500 DM pro Tag	
15.	**Hochschulrecht, Recht der Führung akademischer Grade**		93
15.1	Anerkennung der Hochschulreife, Zulassung zum Studium, Immatrikulation, Exmatrikulation	Auffangwert	

104 *OVG Koblenz,* 4. 10. 1993 – 11 B 12228/92 – GewArch 94, 173.
105 *OVG Koblenz,* 12. 2. 1999 – 11 E 12862.98 – GewArch 99, 212.
106 *OVG Münster,* 4. 7. 1996 – 4 B 812/96 – NVwZ-RR 97, 196 = GewArch 96, 474.
107 *VGH Mannheim,* 8. 11. 1996 – 9 S 2903/96 – GewArch 97, 256.
108 *BVerwG,* 30. 3. 1993 – 1 C 26.91 – GewArch 93, 329, 331.

	Sachgebiet	Streitwert
15.2	Zwischenprüfung	Auffangwert
15.3	Diplomprüfung, Graduierung, Nachgraduierung	20000 DM
15.4	Leistungsnachweis	1/2 Auffangwert
15.5	Promotion, Entziehung des Doktorgrades	20000 DM
15.6	Nostrifikation	20000 DM
15.7	Habilitation	30000 DM
15.8	Lehrauftrag	Auffangwert
15.9	Ausstattung eines Instituts/Lehrstuhls	10% der streitigen Mehrausstattung, mindestens 10000 DM
15.10	Hochschulwahlen	Auffangwert
94 16.	**Immissionsschutzrecht**	
16.1	Klage des Errichters/Betreibers	
16.1.1	auf Genehmigung oder Teilgenehmigung oder Planfeststellung einer Anlage	2,5% der mit der Genehmigung oder Teilgenehmigung ermöglichten Investitionssumme, mindestens aber Auffangwert
16.1.2	gegen belastende Nebenbestimmung, nachträgliche Anordnung	Betrag der Mehrkosten
16.1.3	Vorbescheid (soweit nicht 16.1.4 einschlägig)	1% der Investitionssumme für die beantragten Maßnahmen, mindestens Auffangwert
16.1.4	Standortvorbescheid	1% der Gesamtinvestitionssumme, mindestens Auffangwert
16.1.5	Stillegung, Betriebsuntersagung	1% der Investitionssumme, soweit nicht feststellbar entgangener Gewinn, mindestens Auffangwert
16.1.6	sonstige Anordnungen im Einzelfall	Betrag der Aufwendungen
16.2	Klage eines drittbetroffenen Privaten	s. Abfallentsorgung Nr. 1.2
16.3	Klage einer drittbetroffenen Gemeinde	100000 DM
95 17.	**Jagdrecht**	
17.1	Bestand und Abgrenzung von Jagdbezirken	15000 DM
17.2	Verpachtung von Jagdbezirken	Jahresjagdpacht

	Sachgebiet	Streitwert	
17.3	Erteilung/Entzug des Jagdscheins	12 000 DM	
17.4	Jägerprüfung	Auffangwert	
18.	**Kinder- und Jugendhilferecht**		96
18.1	Laufende Leistungen	Wert der streitigen Leistung, höchstens Jahresbetrag	
18.2	Einmalige Leistungen, Kostenerstattung, Aufwendungsersatz, Kostenersatz	Wert der streitigen Leistung	
18.3	Überleitung von Ansprüchen	1/2 des Wertes der Leistungen in dem Zeitraum, für den die Überleitung ausgesprochen wurde, höchstens 1/2 des Jahresbetrags	
18.4	Heranziehung zur Kostentragung	streitiger Betrag	
18.5	Erteilung der Erlaubnis nach Art. 1 § 45 KJHG (SGB VIII)	Jahresgewinn aus dem Betrieb, mindestens 20 000 DM	
18.6	Pflegeerlaubnis nach Art. 1 § 44 KJHG	Auffangwert	
19.	**Kommunalrecht**		97
19.1	Kommunalwahl		
19.1.1	Anfechtung durch Bürger	Auffangwert	
19.1.2	Anfechtung durch Partei, Wählergemeinschaft	mindestens 25 000 DM	
19.1.3	Anfechtung durch Wahlbewerber	mindestens 12 000 DM	
19.2	Sitzungs- und Ordnungsmaßnahmen	4000 DM	
19.3	Benutzung/Schließung einer Gemeindeeinrichtung	wirtschaftliches Interesse, mindestens 1/2 Auffangwert	
19.4	Anschluss- und Benutzungszwang	ersparte Anschlusskosten	
19.5	Kommunalaufsicht	20 000 DM	
20.	**Krankenhausrecht**		98
20.1	Aufnahme in den Krankenhausbedarfsplan	Jahresbetrag der Investitionspauschale je Planbett	
20.2	Festsetzung von Pflegesätzen	streitiger Anteil des Pflegesatzes × Bettenzahl × Belegungsgrad	
21.	**Kriegsdienstverweigerung**		99
21.1	Klage auf Anerkennung	Auffangwert	

		Sachgebiet	Streitwert
100	**22.**	**Kriegsopferfürsorge**	
	22.1	Streit um Leistungen	wie Sozialhilfe
101	**23.**	**Land- und Forstwirtschaft, Recht der –**	
	23.1	Festsetzung einer Referenzmenge	streitige Referenzmenge × 0,20 DM/kg
	23.2	Sortenzulassung	20000 DM
102	**24.**	**Lastenausgleichsrecht**	
	24.1	Hauptentschädigung	Grundbetrag des § 246 LAG unter Berücksichtigung des § 245 LAG, sofern kein bezifferter Betrag streitig
	24.2	Hausratentschädigung	Sockelbetrag des § 295 I LAG, sofern kein bezifferter Betrag streitig
	24.3	Feststellungsverfahren	1/2 des Grundbetrages der Hauptentschädigung, sofern kein bezifferter Betrag streitig
	24.4	Reparationsschäden	1/2 des Grundbetrages der Tabelle zu § 33 RepG, sofern kein bezifferter Betrag streitig
103	**25.**	**Lebensmittelrecht**	
	25.1	Einfuhr-, Verkaufsverbot, Vernichtungsauflage	Verkaufswert der betroffenen Waren
	25.2	Sonstige Maßnahmen	Jahresbetrag der erwarteten wirtschaftlichen Auswirkung
104	**26.**	**Erlaubnisse für Luftfahrtpersonal**	
	26.1	Privatflugzeugführer	10000 DM
	26.2	Berufsflugzeugführer	20000 DM
	26.3	Verkehrsflugzeugführer	30000 DM
	26.4	sonstige Erlaubnisse für Luftfahrtpersonal	10000 DM
105	**27.**	**Mutterschutzrecht**	
	27.1	Streit um Zustimmung zur Kündigung	Auffangwert

	Sachgebiet	Streitwert	
28.	**Namensrecht**		**106**
28.1	Änderung des Familiennamens oder Vornamens	Auffangwert	
28.2	Namensfeststellung	Auffangwert	
29.	**Passrecht**		**107**
29.1	Personalausweis, Reisepass	Auffangwert	
30.	**Personalvertretungsrecht**	Auffangwert	**108**
	bei Anfechtung der Wahl nach Zahl der Personratsmitglieder zu differenzieren:		
	1 Mitglied	*Auffangstreitwert*	
	3 bis 5 Mitglieder	*1,5 facher Auffangstreitwert*	
	7 bis 9 Mitglieder	*2 facher Auffangstreitwert*	
	11 bis 13 Mitglieder	*2,5 facher Auffangstreitwert*	
	15 bis 17 Mitglieder	*3 facher Auffangstreitwert*	
	19 bis 21 Mitglieder	*3,5 facher Auffangstreitwert*	
	23 bis 25 Mitglieder	*4 facher Auffangstreitwert*	
	27 bis 29 Mitglieder	*4,5 facher Auffangstreitwert*	
	31 Mitglieder	*5 facher Auffangstreitwert*[109]	
31.	**Personenbeförderungsrecht**	vgl. Verkehrswirtschaftsrecht	**109**
32.	**Pflegegeld**	Wert der streitigen Leistung, höchstens Jahresbetrag	**110**
33.	**Planfeststellungsrecht**		**111**
33.1	Klage des Errichters/Betreibers		
33.1.1	auf Planfeststellung einer Anlage oder Änderung des Planfeststellungsbeschlusses	2,5% der Investitionssumme	
33.1.2	gegen belastende Nebenbestimmung	Betrag der Mehrkosten	
33.2	Klage eines drittbetroffenen Privaten	wie Abfallentsorgung Nr. 1.2	
	bei fehlender enteignungsrechtlicher Vorwirkung	*Auffangstreitwert*[110]	

109 *VGH Kassel,* 23. 12. 1993 – TK 1734/93 – NVwZ-RR 94, 477.
110 *OVG Schleswig,* 16. 8. 1999 – 4 L 32.99 – NVwZ-RR 00, 332.

	Sachgebiet	Streitwert
33.3	Klage einer drittbetroffenen Gemeinde	100 000 DM
33.4	*Klage eines Naturschutzverbandes*	*mindestens 40 000 DM*[111]
112 **34.**	**Polizei- und Ordnungsrecht**	
34.1	Anordnung gegen Tierhalter	Auffangwert
34.2	Obdachloseneinweisung	Auffangwert
34.3	Streit um erkennungsdienstliche Maßnahmen und kriminalpolizeiliche Unterlagen	Auffangwert
113 **35.**	**Prüfungsrecht**	
35.1	Das Studium abschließende Staatsprüfung: ärztliche oder pharmazeutische Prüfung (mit Ausnahme des dritten Abschnitts dieser Prüfungen)	10 000 DM
35.2	Den Vorbereitungsdienst abschließende Staatsprüfung, dritter Abschnitt der ärztlichen oder pharmazeutischen Prüfung	20 000 DM
35.3	Sonstige berufseröffnende Prüfungen	20 000 DM
35.4	Sonstige Prüfungen	Auffangwert
114 **36.**	**Rundfunkrecht**	
36.1	Hörfunkkonzession	300 000 DM
36.2	Fernsehkonzession	500 000 DM *bei nicht kommerzieller Veranstaltung: Auffangstreitwert*[112]
36.3	Kanalbelegung	wie Hörfunk-/Fernsehkonzession
36.4	Einräumung von Sendezeit	20 000 DM
115 **37.**	**Schulrecht**	
37.1	Errichtung, Zusammenlegung, Schließung einer Schule (Klage der Eltern bzw. Schüler)	Auffangwert
37.2	Genehmigung zum Betrieb einer Ersatzschule	50 000 DM

[111] *BVerwG,* 22. 5. 1995 – 11 A 1/95 – NVwZ-RR 96, 237.
[112] *OVG Greifswald,* 28. 2. 2000 – 2 O 31.99 – NVwZ-RR 00, 732.

	Sachgebiet	Streitwert	
37.3	Schulpflicht, Einweisung in eine Sonderschule, Entlassung aus der Schule	Auffangwert	
37.4	Aufnahme in eine bestimmte Schule oder Schulform	Auffangwert	
37.5	Versetzung, Zeugnis	Auffangwert	
37.6	Reifeprüfung	Auffangwert	
38.	**Schwerbehindertenrecht**		**116**
38.1	Zustimmung der Hauptfürsorgestelle	Auffangwert	
39.	**Soldatenrecht**		**117**
39.1	Berufssoldaten	wie Beamte auf Lebenszeit	
39.2	Soldaten auf Zeit	wie Beamte auf Probe	
40.	**Sozialhilfe**		**118**
40.1	Laufende Leistungen	Wert der streitigen Leistung, höchstens Jahresbetrag	
40.2	Einmalige Leistung	streitiger Betrag	
40.3	Überleitung von Ansprüchen	Auffangwert *Höhe der übergeleiteten Forderung*[113]	
40.4	Auskunft nach § 116 BSHG	1/2 Auffangwert	
40.5	Streitigkeiten um Aufwendungsersatz (§ 11 II 1 Halbs. 1, § 29 S. 2 BSHG)	streitiger Betrag	
40.6	Streitigkeiten um Kostenersatz (§§ 92 ff. BSHG)	streitiger Betrag	
40.7	*Anspruchsüberleitung*	*Höhe der übergeleiteten Forderung, bei wiederkehrenden Leistungen höchstens deren Jahresbetrag*[114]	
41.	**Staatsangehörigkeitsrecht**		**119**
41.1	Einbürgerung	doppelter Auffangwert	
41.2.	Feststellung der Staatsangehörigkeit	doppelter Auffangwert *Auffangwert*[115]	

[113] *BVerwG,* 11. 8. 1997 – 5 B 158.96 – NVwZ-RR 98. 142; *VGH München,* 20. 12. 1999 – 12 C 993410 – BayVBl. 00, 443.
[114] *BVerwG,* 11. 8. 1997 – 5 B 158.96 – DVBl. 97, 1448 = BayVBl. 98, 159.
[115] *VGH Mannheim,* 14. 4. 1994 – 13 S 970/94 – NVwZ-RR 94, 479.

		Sachgebiet	Streitwert
120	**42.**	**Straßen- und Wegerecht (ohne Planfeststellung)**	
	42.1	Sondernutzung	zu erwartender Gewinn bis zur Grenze des Jahresbetrags, mindestens 1000 DM
	42.2	Sondernutzungsgebühr	streitiger Betrag, höchstens fünffacher Jahresbetrag der streitigen Gebühr
	42.3	Widmung, Einziehung	wirtschaftliches Interesse, mindestens 10000 DM
	42.4.	*Abstufung Bundes- in Landesstraße*	*Dreieinhalbfacher Wert (§ 9 ZPO) der Aufwendungen im Rahmen der Straßenbaulast*[116]
121	**43.**	**Subventionsrecht**	
	43.1	Vergabe einer Subvention	
	43.1.1	Leistungsklage	streitiger Betrag
	43.1.2	Konkurrentenklage	50% des Subventionsbetrages
	43.2	Bescheinigung als Voraussetzung für eine Subvention	75% der zu erwartenden Subvention
	43.3	Zinsloses oder zinsermäßigendes Darlehen	Zinsersparnis, im Zweifel pauschaliert: zinsloses Darlehen 25%, zinsermäßigtes Darlehen 10% des Darlehensbetrages
122	**44.**	**Vereins- und Versammlungsrecht**	
	44.1	Vereinsverbot	
	44.1.1	durch oberste Landesbehörde	20000 DM
	44.1.2	durch oberste Bundesbehörde	50000 DM
	44.2	Auskunftsverlangen	Auffangwert
	44.3	Versammlungsverbot	Auffangwert
123	**45.**	**Verkehrsrecht**	
	45.1	Fahrerlaubnis Klassen 1b, 4 und 5	1/2 Auffangwert
	45.2	Fahrerlaubnis Klasse 1, Fahrerlaubnis Klasse 3	Auffangwert

[116] *BVerwG,* 25. 8. 1997 – 4 KSt 4.97 – NVwZ-RR 98, 458.

	Sachgebiet	Streitwert	
45.3	Fahrerlaubnis Klasse 2	$1\frac{1}{2}$ Auffangwert	
45.4	bei beruflicher Nutzung	Zuschlag von ½ Auffangwert	
45.5	Fahrerlaubnis zur Fahrgastbeförderung	2facher Auffangwert	
45.6	Fahrtenbuchauflage	500 DM je Monat	
45.7	Verkehrsregelnde Anordnung	Auffangwert	
45.8	Sicherstellung, Stillegung eines Kraftfahrzeugs	$1/2$ Auffangwert	
45.9	Nachschulung, erneute Ablegung der Befähigungsprüfung	$1/2$ Auffangwert	
46.	**Verkehrswirtschaftsrecht**		**124**
46.1	Güterfernverkehrsgenehmigung	40 000 DM	
46.2	Bezirksverkehrsgenehmigung	30 000 DM	
46.3	Nahverkehrsgenehmigung	20 000 DM	
46.4	Taxigenehmigung	20 000 DM	
46.5	Mietwagengenehmigung	10 000 DM	
46.6	Linienverkehr mit Omnibussen	30 000 DM je Linie	
46.7	Gelegenheitsverkehr mit Omnibussen	30 000 DM	
46.8	Konkurrentenklage	50% des Streitwerts für die jeweilige Genehmigung	
47.	**Vermögensrecht**		**125**
47.1	Rückübertragung		
47.1.1	Grundstück	aktueller Verkehrswert	
47.1.2	Unternehmen	aktueller Verkehrswert	
47.1.3	sonstige Vermögensgegenstände	wirtschaftlicher Wert	
47.2	Besitzeinweisung	30% des aktuellen Verkehrswerts	
47.3	Investitionsbescheinigung	(Grundstückskaufpreis + Investition) × 30%	
47.4	Investitionsvorrangbescheid	30% des aktuellen Verkehrswerts	
48.	**Vertriebenen- und Flüchtlingsrecht**		**126**
48.1	Erteilung oder Entziehung eines Vertriebenenausweises	Auffangwert	

		Sachgebiet	Streitwert
	48.2	Erteilung oder Rücknahme eines Aufnahmebescheides/einer Bescheinigung nach § 15 BVFG	Auffangwert
127	49.	**Waffenrecht**	
	49.1	Waffenschein	10000 DM
	49.2	Waffenbesitzkarte	Auffangwert zuzüglich 1000 DM je Waffe
	49.3	Munitionserwerbsberechtigung	2000 DM
	49.4	Waffenhandelserlaubnis	s. Gewerbeerlaubnis
128	50.	**Wasserrecht (ohne Planfeststellung)**	
	50.1	Erlaubnis, Bewilligung	wirtschaftlicher Wert
	50.2	Anlagen an oder in Gewässern	
	50.2.1	gewerbliche Nutzung	Jahresgewinn
	50.2.2	nichtgewerbliche Nutzung	Auffangwert
	50.2.3	Steganlagen incl. ein Bootsliegeplatz	Auffangwert zuzüglich 1000 DM für jeden weiteren Liegeplatz
129	51.	**Weinrecht**	
	51.1	Veränderung der Rebfläche	2 DM/qm Rebfläche
	51.2	Genehmigung zur Vermarktung oder Verarbeitung von nicht verkehrsfähigem Wein	3 DM/Liter
130	52.	**Wohngeldrecht**	
	52.1	Miet- oder Lastenzuschuss	streitiger Zuschuss, höchstens Jahresbetrag
131	53.	**Wohnraumrecht**	
	53.1	Anerkennung als steuerbegünstigte Wohnung	Gesamtbetrag der Steuerersparnis
	53.2	Bewilligung öffentlicher Mittel	Zuschussbetrag zuzüglich 10% der Darlehenssumme
	53.3	Erteilung einer Wohnberechtigungsbescheinigung	Auffangwert
	53.4	Fehlbelegungsabgabe	streitiger Betrag, höchstens Jahresbetrag

	Sachgebiet	Streitwert
53.5	Freistellung von der Wohnungsbindung	Auffangwert je Wohnung
53.6	Zweckentfremdung	
53.6.1	Erlaubnis mit Ausgleichszahlung	Betrag der Ausgleichszahlung; bei laufender Zahlung: Jahresbetrag
53.6.2	Erlaubnis ohne Ausgleichszahlung	Auffangwert
53.6.3	Aufforderung, Wohnräume wieder Wohnzwecken zuzuführen	falls eine wirtschaftlich günstigere Nutzung stattfindet: Jahresbetrag des Interesses, sonst Auffangwert je Wohnung *Auffangwert*[117]
53.7	Wohnungsaufsichtliche Anordnung	veranschlagte Kosten der geforderten Maßnahmen

[117] *OVG Münster,* 12. 6. 1997 – 14 E 97/97 – NVwZ-RR 98, 79.

I. Vollstreckung

Übersicht

I. Allgemeine Voraussetzungen der Zwangsvollstreckung

1 Die VwGO regelt die Vollstreckung in den §§ 167–172; soweit sich aus diesen Bestimmungen nichts anderes ergibt, gilt für die Vollstreckung das 8. Buch der Zivilprozessordnung entsprechend.[1] Die VwGO bestimmt lediglich

- das Vollstreckungsgericht, § 167
- die Vollstreckungstitel, § 168
- die Vollstreckung zugunsten der öffentlichen Hand, § 169
- die Vollstreckung gegen die öffentliche Hand, § 170, § 172 und
- den Verzicht auf das Klauselerfordernis in bestimmen Fällen, § 171.

2 **Hinweis:**

(1) Die Vollstreckung von unanfechtbar gewordenen Verwaltungsakten von Bundes- oder Landesbehörden richtet sich nicht nach den §§ 167 ff., sondern nach den Verwaltungsvollstreckungsgesetzen des Bundes bzw. dem des jeweiligen Landes.[2]

---

[1] Die Verweisung kann freilich nur mit der Einschränkung gelten, dass der 5. Abschn. der ZPO (Arrest und einstweilige Verfügung, §§ 916 ff. ZPO) wegen der Besonderheiten des verwaltungsgerichtlichen Verfahrens (§§ 80, 123 VwGO) von der Verweisung ausgenommen wird. Vgl. dazu auch *Redeker/von Oertzen,* § 167, Rdn. 3.

[2] Vgl. dazu allgemein *App,* Verwaltungsvollstreckungsrecht, Köln 1989.

(2) Die Vollstreckung aus öffentlich-rechtlichen Verträgen erfolgt gem. § 61 Abs. 2 VwVfG in analoger Anwendung des Verwaltungsvollstreckungsgesetzes des Bundes, wenn einer der Vertragsschließenden eine Behörde ist; sofern eine natürliche oder juristische Person des Privatrechts die Zwangsvollstreckung wegen einer Geldforderung betreiben will, gilt § 170 Abs. 1–3; in anderen Fällen gilt § 172 entsprechend.[3]

(3) Sofern es sich bei dem Vertrag um eine notarielle Urkunde (z.B. bei Erschließungsverträgen) handelt, erfolgt die Vollstreckung jedoch nach der ZPO, selbst dann, wenn ein öffentlich-rechtlicher Anspruch begründet wurde[4] (vgl. oben C 73/74).

Gegen die Vollstreckungshandlungen der Behörden auf der Grundlage der Verwaltungsvollstreckungsgesetze sind die allgemeinen Rechtsbehelfe der VwGO (Widerspruch, Anfechtungsklage sowie die Verfahren nach §§ 80 Abs. 5 u. 123) gegeben.[5] 3

1. Vollstreckungstitel

§ 168 zählt die Vollstreckungstitel der VwGO[6] abschließend auf: 4

- rechtskräftige und vorläufig vollstreckbare gerichtliche Entscheidungen,[7] § 168 Abs. 1 Nr. 1
- einstweilige Anordnungen, § 168 Abs. 1 Nr. 2
- gerichtliche Vergleiche, § 168 Abs. 1 Nr. 3
- Kostenfestsetzungsbeschlüsse, § 168 Abs. 1 Nr. 4
- für vollstreckbar erklärte Schiedssprüche öffentlich-rechtlicher Schiedsgerichte und schiedsrichterlichen Vergleiche, sofern die Entscheidung über die Vollstreckbarkeit rechtskräftig oder für vorläufig vollstreckbar erklärt ist, § 168 Abs. 1 Nr. 5.

---

[3] Vgl. dazu *Bonk* in *Stelkens/Bonk/Sachs,* § 61, Rdn. 24ff.

[4] *Baumbach/Lauterbach,* § 794, Rdn. 61; *OVG Münster,* 28. 4. 1993 – 25 E 275/93 – NJW 93, 2766; *BVerwG,* 24. 8. 1994 – 11 C 14/93 – NJW 95, 1104ff., 1106: Das BVerwG weist darauf hin, dass es zulässig ist, sich wegen öffentlich-rechtlicher Verpflichtungen aus einem Vertrag der sofortigen Zwangsvollstreckung in der Form des § 794 Abs. 1 Nr. 5 ZPO zu unterwerfen; eine derartige Verfahrensweise verstoße insbesondere nicht gegen § 61 Abs. 1 Satz 1 VwVfG; der Schutz der gegen Vollstreckungsmaßnahmen aus einer notariellen Urkunde nach den Regeln der ZPO gewährt werde, bleibe hinter dem Schutz aus § 61 VwVfG nicht zurück.

[5] Vgl. *Redeker/von Oertzen,* § 167, Rdn. 6; vgl. auch *VGH München,* 4. 12. 1992 – 4 C 922561 – n. v.

[6] Vgl. *Kopp/Schenke,* § 168, Rdn. 12.

[7] Verwaltungsgerichtliche Titel (§ 168) sind i.V.m. § 704 Abs. 1 ZPO nur vollstreckbar, wenn sie entweder rechtskräftig oder vom Gericht ausdrücklich vor vorläufig vollstreckbar erklärt worden sind. Anfechtungs- und Verpflichtungsurteile können nach § 167 Abs. 2 nur wegen der Kosten für vorläufig vollstreckbar erklärt werden; Feststellungsurkunden sind ihrem Wesen nach nicht vollstreckungsfähig; Leistungsurteile können i.V.m. § 708 Nr. 10 ZPO für vorläufig vollstreckbar erklärt werden (a.A.: *VGH Mannheim,* 24. 3. 1999 – 9 S 3012/98 – DVBl. 99, 992ff., der in derartigen Fällen den betroffenen Kläger lediglich die Möglichkeit einer Beantragung einer einstweiligen Anordnung nach § 123 VwGO einräumen möchte.). Im übrigen gelten die Vorschriften der ZPO für die vorläufige Vollstreckbarkeit ohne Sicherheitsleistung sinngemäß; das gleiche gilt für die Verwendungsbefugnis gem. § 711, 719 ZPO, vgl. dazu *Brandt* in *Brandt/Sachs,* Kap. X, Rdn. 12ff. Aussprüche zur vorläufigen Vollstreckbarkeit von Urteilen sind auch im Berufungsverfahren nach Maßgabe von § 167 Abs. 1 Satz 1 i.V.m. § 718 Abs. 1 ZPO grundsätzlich einer Vorabentscheidung zugänglich; vgl. dazu *OVG Lüneburg,* 18. 1. 2000 – 11 L 7/00 – NVwZ 00, 578.

– öffentlich-rechtliche Verträge, auch wenn sie nicht zu den in § 168 enumerativ aufgeführten Vollstreckungstiteln zählen,[8]

5 Strittig ist teilweise, was unter **„gerichtliche Entscheidungen"** im Sinne von § 168 Abs. 1 Nr. 1 zu verstehen ist. Unzweifelhaft fallen hierunter Urteile und Gerichtsbescheide. Ob hierzu auch Beschlüsse nach § 80 Abs. 5 VwGO gehören, ist umstritten (I 42 ff.).

6 Bei **gerichtlichen Vergleichen** (E 334 ff.) ist strittig, ob zur Vollstreckung alle im Prozessverkehr geregelten Ansprüche der Vollstreckung nach dem 17. Abschn. der VwGO unterliegen oder ob beispielsweise die in einem verwaltungsgerichtlichen Vergleich geregelten zivilrechtlichen Ansprüche in die Vollstreckungszuständigkeit der Zivilgerichte fallen. Nach herrschender Ansicht richtet sich das Vollstreckungsverfahren nach der Herkunft des Titels und nicht nach dem materiellrechtlichen Charakter der titulierten Forderung.[9]

7 Daher ist auch bei der Vollstreckung aus Kostenfestsetzungsbeschlüssen nach § 19 BRAGO (Vergütungsfestsetzungsbeschluss zugunsten des bevollmächtigten Rechtsanwalts gegen die eigene Partei) die Verwaltungsgerichtsbarkeit als Vollstreckungsgericht zum Erlass eines Pfändungs- und Überweisungsbeschlusses oder die Abnahme der eidesstattlichen Versicherung gem. §§ 807, 900 ZPO zuständig.[10]

Der herrschenden Auffassung ist zuzustimmen, weil sie sowohl dem Gesetzeswortlaut als auch der Intention des Gesetzgebers entspricht, wonach für die Vollstreckung der in § 168 Abs. 1 genannten Titel gem. § 167 Abs. 1 Satz 2 das Gericht des ersten Rechtszuges das Vollstreckungsgericht ist. § 40 steht dem nicht entgegen, weil Gegenstand des Vollstreckungsverfahrens nicht die Entscheidung über einen Anspruch ist, dessen materiellrechtlicher Charakter den Rechtsweg für das Erkenntnisverfahren bestimmen kann, sondern dessen Befriedigung mit den von der Prozessordnung vorgesehenen Mitteln.[11]

8 Der **Anwaltsvergleich** (§ 1044 b ZPO) ist kein Vollstreckungstitel i. S. der VwGO.[12]

---

[8] *BVerwG,* 24. 8. 1994 – 11 C 14/93 – NJW 95, 1104 ff.: Dabei ist es gleichgültig, ob sich eine Vertragspartei in Bezug auf ihre öffentlich-rechtliche Verpflichtung aus dem Vertrag der sofortigen Zwangsvollstreckung in der Form des § 794 Abs. 1 Nr. 5 ZPO (notarielle Urkunde) unterworfen hat, oder ob die Unterwerfung unter die sofortige Zwangsvollstreckung nach § 61 Abs. 1 Satz 1 VwVfG erfolgt ist. Beide Gestaltungsformen sind nebeneinander denkbar; a. A. offenbar *Kopp/Schenke,* § 168, Rdn. 8, siehe aber auch Rdn. 5.

[9] Vgl. dazu *OVG Münster,* 20. 2. 1984 – 18 B 21544/83 – NJW 84, 2484; ebenso *Redeker/von Oertzen,* § 168, Rdn. 11; *Kopp/Schenke,* § 168, Rdn. 9; a. A.; *OVG Koblenz,* 18. 3. 1980 – 9 E 1/80 – NJW 80, 1541 [nur Ls.]; *OVG Lüneburg,* 26. 9. 1967 – VI OVG B 60/67 – NJW 69, 205; ferner *OVG Münster,* 20. 3. 1985 – 17 B 1171/83 – NJW 87, 396 (für die Vollstreckung der Kostenfestsetzungsbeschlüsse der Verwaltungsgerichte nach § 19 BRAGO sind die ordentlichen Gerichte zuständig).

[10] Strittig, vgl. dazu nur Nachweise bei *Redeker/von Oertzen,* § 168, Rdn. 12; ferner *OVG Münster,* 20. 4. 1984, – 18 B 21544/83 – NJW 84, 2484; a. A. *OVG Münster,* 20. 3. 1985 – 17 B 1171/83 – NJW 87, 396.

[11] Strittig, vgl. dazu nur Nachweise bei *Redeker/von Oertzen,* § 168, Rdn. 12; ferner *OVG Münster,* 20. 4. 1984, – 18 B 21544/83 – NJW 84, 2484; a. A. *OVG Münster,* 20. 3. 1985 – 17 B 1171/83 – NJW 87, 396.

[12] *Baumbach/Lauterbach,* § 1044 b, Rdn. 3.

2. Vollstreckungsklausel

Nach § 167 Abs. 1 i. V. m. § 724 ZPO ist zur Durchführung der Zwangsvollstreckung grundsätzlich eine Vollstreckungsklausel erforderlich. Bei Vollstreckungen zugunsten der öffentlichen Hand oder bei einer Vollstreckung von Geldforderungen gegen die öffentliche Hand (§ 171) bedarf es keiner Vollstreckungsklausel.[13] **9**

3. Zustellung

Das Erfordernis der **Zustellung** ergibt sich aus § 167 Abs. 1 i. V. m. § 750 Abs. 1, 759 ZPO. Da beim Verwaltungsprozess alle Zustellungen von Amts wegen erfolgen, wird sich der Zustellungsnachweis regelmäßig bei den Gerichtsakten befinden. Nach § 168 Abs. 2 können die Beteiligten für die Vollstreckung auf ihren Antrag hin Ausfertigungen des Urteils ohne Tatbestand und ohne Entscheidungsgründe verlangen, deren Zustellung in den Wirkungen der Zustellung eines vollständigen Urteils gleichsteht. In den Fällen des § 750 Abs. 2 ZPO, § 795 ZPO ist auch die **Zustellung der Vollstreckungsklausel** notwendig.[14] **10**

II. Zwangsvollstreckung zugunsten der öffentlichen Hand

Soll aus einem verwaltungsgerichtlichen Vollstreckungstitel zugunsten der öffentlichen Hand vollstreckt werden, so richtet sich die Vollstreckung nach dem Verwaltungsvollstreckungsgesetz (§ 169 Abs. 1 Satz 1).[15] **11**

Vollstreckungsbehörde im Sinne des Verwaltungsvollstreckungsgesetzes ist der Vorsitzende des Gerichts des ersten Rechtszuges (§ 169 Abs. 1 Satz 2); der Vorsitzende kann dabei für die Ausführung der Vollstreckung eine andere Vollstreckungsbehörde oder einen Gerichtsvollzieher in Anspruch nehmen. Der Vorsitzende des ersten Rechtszuges hat alle Funktionen, Befugnisse und Verpflichtungen, die sonst der Vollstreckungsbehörde zukommen. **12**

Die Zuständigkeit des Vorsitzenden als Vollstreckungsbehörde kann mangels Kammerzuständigkeit nicht gem. § 6 auf den Einzelrichter übertragen werden.[16]

Darauf hinzuweisen ist, dass § 169 nicht den Fall regelt, dass aus einem bestandskräftigen Verwaltungsakt, sondern dass aus einem **verwaltungsgerichtlichen Titel (§ 168 I) vollstreckt werden soll** (vgl. J 9).[17]

---

[13] *Baumbach/Lauterbach,* § 724, Rdn. 4; zu den Arten der Vollstreckungsklauseln, vgl. *Brox/Walker,* Rdn. 109 ff.

[14] Vgl. dazu *Redeker/von Oertzen,* § 168, Rdn. 1; vgl. im übrigen zur Vollziehungsfrist bei einstweiligen Anordnungen J 225.

[15] *App,* Verwaltungsvollstreckungsrecht, Köln 1989; die Vollstreckung eines verwaltungsgerichtlichen Kostenfestsetzungsbeschlusses zugunsten der öffentlichen Hand setzt keinen behördlichen Leistungsbescheid nach § 3 VwVfG voraus, vgl. dazu *VG Bremen,* 13. 2. 1998 – 2 KE 179/98 – NJW 98, 2378 f.

[16] *OVG Weimar,* 28. 2. 1995 – 1 VO 2/95 – NVwZ-RR 95, 480; a. A. *VG Darmstadt,* 18. 11. 1999 – 2 M 1436/99 – NVwZ-RR 00, 734.

[17] Vgl. *Redeker/von Oertzen,* § 169, Rdn. 1.

Beispiele:

- Der Kläger klagt gegen einen Verwaltungsakt, mit dem ein Erschließungsbeitrag festgesetzt wird. Die Anfechtungsklage wird rechtskräftig abgewiesen. Die Vollstreckung aus dem bestandskräftigen Beitragsbescheid wird allein durch das Verwaltungsvollstreckungsgesetz bestimmt.
- Die auf einen öffentlich-rechtlichen Vertrag gestützte Leistungsklage der Behörde auf Zahlung eines Geldbetrages – s. dazu D 206 ff. – hat Erfolg. Die Vollstreckung aus dem gerichtlichen Leistungstitel erfolgt gem. § 167 ff.

13 Als Rechtsmittel gegen die getroffenen Maßnahmen ist daher nicht die Anfechtungsklage, sondern – da es sich der Sache nach um Einwendungen gegen die Art und Weise der Vollstreckung handelt – die **Erinnerung** gem. § 167 Abs. 1 i. V. m. § 766 Abs. 1 ZPO gegeben (vgl. auch I 63).[18] Dabei tritt die Beschwerde gem. § 146 an die Stelle der in der ZPO vorgesehenen sofortigen Beschwerde, die gem. § 147 Abs. 1 zur Niederschrift des Urkundsbeamten der Geschäftsstelle eingelegt werden kann. Sie unterliegt nicht dem Vertretungszwang des § 67 Abs. 1 VwGO.[19]

14 Für die **Vollstreckung von Geldforderungen** ist nach dem VwVG zunächst eine **Vollstreckungsanordnung** erforderlich. Die Vollstreckungsanordnung ist der Auftrag der Anordnungsbehörde an die Vollstreckungsbehörde, die Vollstreckung durchzuführen. Anordnungsbehörde ist die Behörde, die den Anspruch geltend machen darf; die Vollstreckungsanordnung selbst ist also kein Verwaltungsakt; mangels Beschwer ist gegen sie auch kein Rechtsbehelf gegeben.[20] Der Vorsitzende des Gerichtes des ersten Rechtszuges kann nach Erhalt der Vollstreckungsanordnung dann die weiteren Vollstreckungsmaßnahmen bestimmen und die Vollstreckung selbst durchführen.[21] Der Vorsitzende kann sich dabei für die Ausführung der Vollstreckung einer anderen Vollstreckungsbehörde oder eines Gerichtsvollziehers bedienen. Er darf lediglich die Vollstreckung selbst nicht völlig aus der Hand geben, sondern muss die weitere Durchführung und Ausführung der Zwangsvollstreckung überwachen.[22]

15 Für die Erzwingung der **Herausgabe von Sachen** sowie die Erzwingung von **Handlungen, Duldungen** und **Unterlassen** richtet sich das Verfahren nach den §§ 9 ff. VwVG. Dies bedeutet, dass die Vollstreckung des Vorsitzenden durch die in § 9 VwVG aufgeführten Zwangsmittel erfolgen muss:

- Ersatzvornahme (§ 10 VwVG)
- Zwangsgeld (§ 11 VwVG)
- durch unmittelbaren Zwang (§ 12 VwVG).[23]

16 Nach § 13 VwVG setzt die Zwangsvollstreckung die vorherige **Androhung des** jeweiligen **Zwangsmittels** voraus (§ 13 VwVG). Die Androhung muss schriftlich

---

[18] *Kopp/Schenke,* § 169, Rdn. 2; *VGH Kassel,* 19. 6. 1997 – 5 TM 8090/97 – NVwZ-RR 98, 77 ff.

[19] *VGH Kassel,* 19. 6. 1997 – 5 TM 8090/97 – NVwZ-RR 98, 77 ff.

[20] *App,* Rdn. 383 ff.

[21] *OVG Münster,* 30. 9. 1983 – 8 B 1724/83 – NVwZ 84, 111 f.

[22] Vgl. dazu *Redeker/von Oertzen,* § 169, Rdn. 6; *OVG Münster,* 30. 9. 1983 – 8 B 1724/83 –: Ist Vollstreckungsgläubiger eine Gemeinde, kann sich der Vorsitzende sogar des Vollziehungsbeamten der Gemeindekasse der Vollstreckungsgläubigerin bedienen.

[23] *Redeker/von Oertzen,* § 169, Rdn. 8.

erfolgen und eine Frist zur Erfüllung durch den Schuldner bestimmen. Wird die Verpflichtung nicht erfüllt, kann das Zwangsmittel festgesetzt werden (§ 14 VwVG).[24]

17 Soweit in das **unbewegliche Vermögen** vollstreckt werden soll, ist als Vollstreckungsorgan über § 5 VwVG i.V.m. § 322 AO i.V.m. den einschlägigen Vorschriften der ZPO das Amtsgericht (Grundbuchamt) zuständig.[25]

18 Gegen die den Vollstreckungsantrag **zurückweisende Vollstreckungsentscheidung** des Vorsitzenden kann gem. § 146 Beschwerde (nicht Erinnerung) eingelegt werden.[26]

III. Zwangsvollstreckung gegen die öffentliche Hand

1. Vollstreckung aus einem Anfechtungsurteil

19 Eine Vollstreckung aus einem Urteil, dem eine Anfechtungsklage zugrunde liegt, ist bereits begrifflich ausgeschlossen, da die der Klage stattgebenden Anfechtungsurteile hinsichtlich des angefochtenen Verwaltungsaktes lediglich kassatorische Wirkung haben.

20 Gestaltungstitel sind ihrem Wesen nach nicht vorläufig vollstreckbar. Folgerichtig bestimmt § 167 Abs. 2 daher, dass Urteile aus Anfechtungsklagen nur wegen der Kosten für vorläufig vollstreckbar erklärt werden können.[27] Für Urteile aus Anfechtungsklagen besteht im übrigen auch überhaupt kein Bedürfnis für eine vorläufige Vollstreckbarkeit des gerichtlichen Urteils in der Hauptsache. § 80 bietet hinreichende Möglichkeiten, um durch den Suspensiveffekt vor Rechtskraft des verwaltungsgerichtlichen Urteils Nachteile für den Anfechtungskläger zu vermeiden.

Soweit hinsichtlich der Kosten eine Anfechtungsklage im Einzelfalle gegen die öffentliche Hand vollstreckt werden muss, richtet sich die Vollstreckung nach § 170 (vgl. I 28ff.).

21 Eine Ausnahme gilt dann, wenn gleichzeitig mit dem Anfechtungsurteil ein Folgenbeseitigungsanspruch gem. § 113 Abs. 1 Satz 2 geltend gemacht und vom Gericht zugesprochen wurde; dann erfolgt die Vollstreckung entsprechend den Regelungen bei der Leistungsklage (vgl. I 29ff.).

2. Vollstreckung aus einem Verpflichtungsurteil

22 Auch bei Verpflichtungsklagen sind die Urteile nach § 167 Abs. 2 nur wegen der Kosten vorläufig vollstreckbar. Während die Anfechtungsklage ihrem Wesen nach

---

[24] *Redeker/von Oertzen,* § 169, Rdn. 9.

[25] *Redeker/von Oertzen,* § 169, Rdn. 7.

[26] *VGH Mannheim,* 20. 12. 1991 – 9 S 2886/91 – NVwZ 93, 73; dabei kann nicht eingewandt werden, die in einem für vorläufig vollstreckbar erklärten Urteil enthaltene Sicherheitsleistung sei zu niedrig, *VGH Mannheim,* 25. 11. 1992 – 5 S 2726/92 – NVwZ-RR 279; vgl. auch *Redeker/von Oertzen,* § 169, Rdn. 11, der danach differenziert, ob der Schuldner zuvor angehört wurde (dann: Beschwerde) oder nicht (dann: Erinnerung).

[27] *Kopp/Schenke,* § 167, Rdn. 11.

einer Vollstreckung überhaupt nicht zugänglich ist, ist dies bei Verpflichtungsurteilen anders. Trotzdem hat sich der Gesetzgeber dazu entschlossen, eine vorläufige Vollstreckbarkeit in der Hauptsache nicht zuzulassen, weil durch die Verpflichtungsklage ein bestimmtes hoheitliches Tätigwerden erstritten werden soll.[28] Da das erstinstanzliche Urteil unter der auflösenden Bedingung einer anderslautenden obergerichtlichen Entscheidung steht, die hoheitliche Tätigkeit jedoch weitgehend bedingungsfeindlich ist, wäre es unzweckmäßig, einem Verpflichtungskläger nach einer positiven erstinstanzlichen Entscheidung einen im Wege der Zwangsvollstreckung durchsetzbaren vorläufigen Anspruch auf Erteilung der begehrten Genehmigung zuzubilligen.

Soweit erforderlich hat der Verpflichtungskläger die Möglichkeit vorläufigen Rechtsschutz im Wege einer einstweiligen Anordnung nach § 123 zu suchen (vgl. J 178 ff.).

23 Soll aus einem **rechtskräftigen** Verpflichtungsurteil vollstreckt werden, richtet sich die Vollstreckung nach § 172.

24 Der Umfang der einer Behörde in einem Urteil auferlegten Verpflichtung (§ 113 Abs. 5) ergibt sich aus der Reichweite der Rechtswirkung des Urteils. Diese ist bei einem **Bescheidungsurteil** in der Regel aus der Urteilsformel unter Heranziehung der tragenden Entscheidungsgründe zu bestimmen.[29] Erlässt der Vollstreckungsschuldner in Verfolgung eines solchen Urteils eine bauaufsichtliche Verfügung mit dem Ziel, durch eine Herbeiführung bestimmter tatsächlicher Verhältnisse einen Verstoß gegen Nachbarrechte zu beseitigen (z. B. eine Abbruchverfügung), so erstreckt sich die Verpflichtung aus dem Urteil auch darauf, die Abbruchverfügung notfalls mit den Mitteln des Verwaltungszwangs durchzusetzen. Kommt der Vollstreckungsschuldner dieser Verpflichtung nicht nach, kann der Vollstreckungsgläubiger gem. § 172 die Vollstreckung des Urteils beantragen.[30]

25 Kommt die Behörde der ihr nach § 113 Abs. 5 auferlegten Verpflichtung zum Erlass des beantragten Verwaltungsakts nicht nach, so kann das Gericht des ersten Rechtszuges auf Antrag unter Fristsetzung gegen die Behörde ein **Zwangsgeld** bis zu 10 000,– Euro durch Beschluss androhen, § 172. Nach fruchtlosem Fristablauf wird das **Zwangsgeld** durch weiteren Beschluss auf Antrag des Gläubigers festgesetzt und von Amts wegen vollstreckt.[31] Das Zwangsgeld kann wiederholt angedroht, festgesetzt und vollstreckt werden.[32]

Beispiel:
Auf Antrag des Klägers wird die Bauaufsichtsbehörde dazu verurteilt, bezüglich eines nachbarlichen Bauvorhabens eine Abbruchsverfügung zu erlassen. Die Behörde erlässt die im Urteil beschiedene Abbruchsverfügung; der Bauherr kommt der Abbruchsverfügung jedoch nicht nach.

---

[28] Vgl. auch *OVG Bremen*, 1. 12. 1989 – 1 B 91/89 – n. v.

[29] Bescheidungsurteile sind ebenfalls nach § 172 vollstreckungsfähig, vgl. *VGH Kassel*, 26. 3. 1999 – 11 TM 3406/98 – NVwZ-RR 99, 805; vgl. ferner *VGH München*, 10. 11. 1998 – 3 C 98 2361 – NVwZ-RR 99, 410.

[30] *OVG Münster*, 20. 2. 1992 – 10 E 1357/91 – NVwZ-RR 92, 518.

[31] *Redeker/von Oertzen*, § 172, Rdn. 7.

[32] *Redeker/von Oertzen*, § 172, Rdn. 5 ff.

> **Hinweis:**
> Vgl. den Beispielsschriftsatz für einen Antrag auf Androhung eines Zwangsgelds, Anhang I Nr. 14.

In diesen Fällen ist die Behörde auch dazu verpflichtet – ohne dass dies im Urteil ausdrücklich festgestellt worden ist – die der Behörde mit Urteil aufgegebene Verfügung im Wege des Verwaltungszwangs durchzusetzen. Unterlässt es die Behörde, den Verwaltungszwang durchzuführen, so kann der Kläger (Gläubiger) nach § 172 VwGO die Zwangsgeldfestsetzung betreiben,[33] ohne ein neues Erkenntnisverfahren betreiben zu müssen.

Die Obergrenze des in § 172 festgesetzten Zwangsgeldes wird in der Praxis häufig als zu niedrig empfunden. Nach bisheriger Auffassung wurde die Vorschrift des § 172 als abschließende Regelung angesehen.[34] Aufgrund der neueren Rechtsprechung des BVerfG ist diese Auffassung nicht mehr haltbar.[35] Ist aufgrund vorangegangener Erfahrungen, aufgrund eindeutiger Bekundungen oder aufgrund mehrfacher erfolgloser Zwangsgeldandrohungen klar erkennbar, dass die Behörde unter dem Druck des Zwangsgeldes nicht einlenkt, dann erfordert es das **Gebot effektiven Rechtsschutzes,** von der nach § 167 möglichen „entsprechenden" Anwendung zivilprozessualer Vorschriften Gebrauch zu machen und einschneidendere Zwangsmaßnahmen zu ergreifen, um die Behörde zu rechtmäßigem Handeln anzuhalten.[36] **26**

Die Androhung, Festsetzung und Vollstreckung eines Zwangsgeldes ist nur zulässig, wenn der Behörde billigerweise zugemutet werden konnte, in der seit Rechtskraft des Urteils verstrichenen Zeit die ihr obliegende Verpflichtung zu erfüllen.[37] Man wird freilich hohe Anforderungen an die Behörde stellen müssen, da die Behörde dafür einzustehen hat, dass sie die ihr aus dem Urteil obliegenden Verpflichtungen erfüllt. **27**

Die Vollstreckung eines etwaig festgesetzten Zwangsgeldes erfolgt von Amts wegen nach § 170 zugunsten der Staatskasse. Gegen die Beschlüsse über die Androhung und die Festsetzung des Zwangsgeldes bzw. über die Ablehnung der Androhung und Festsetzung können die Beteiligten Beschwerde nach § 146 einlegen. Das Zwangsgeld ist ein Beugemittel, das nicht mehr festgesetzt werden darf, wenn der Vollstreckungsgläubiger infolge Zeitablaufs kein Interesse mehr an der Durchsetzung des titulierten Anspruchs hat.[38] Die Beitreibung des Zwangsgeldes erfolgt nach Androhung und Festsetzung von Amts wegen.[39] **28**

---

[33] *OVG Münster,* 20. 2. 1992 – 10 E 1357/91 – NWVBl. 92, 299.
[34] *Baumbach/Lauterbach,* § 888, Rdn. 5; *Kuhla/Hüttenbrink,* 2. Auflage, I Rdn. 26.
[35] *BVerfG,* 9. 8. 1999 – 1 BvR 2245/98 – NVwZ 99, 1330 ff.
[36] *BVerfG,* 9. 8. 1999 – 1 BvR 2245/98 – NVwZ 99, 1330 ff.
[37] Vgl. dazu allgemein *BVerwG,* 16. 9. 1975 – V C 76.74 – BVerwGE 49, 169 ff., 172; vgl. *Redeker/von Oertzen,* § 172, Rdn. 5.
[38] *OVG Berlin,* 4. 11. 1998 – 3 S 15/98 – NVwZ-RR 99, 411.
[39] *OVG Berlin,* 4. 11. 1998 – 3 S 15/98 – NVwZ-RR 99, 411.

3. Vollstreckung aus Leistungsurteilen

a) *Vollstreckung wegen Geldforderungen*

29 Die Vollstreckung wegen Geldforderungen richtet sich nach § 170. Die Vollstreckung wird auf Antrag des Gläubigers durch das Gericht des ersten Rechtszuges verfügt. § 170 enthält ebenso wie § 169 keinerlei Bestimmungen über die Art und Weise der Vollstreckung. Die Besonderheit des § 170 besteht darin, dass das Gesetz der Vollstreckung ein gesondertes Verfahren vorausschickt, dessen Zweck darin besteht, eine dem Ansehen der öffentlichen Hand abträgliche Vollstreckung soweit wie möglich zu vermeiden.[40]

30 Nach Eingang des Antrags des Gläubigers, die Vollstreckung aus dem bei den Akten des Gerichts befindlichen und dem Schuldner zugestellten Titel zu betreiben, prüft das Gericht, ob die Voraussetzungen für die Vollstreckung vorliegen. Neben dem Vorliegen des Vollstreckungstitels und der Zustellung ist zu prüfen, ob möglicherweise eine zu erbringende Sicherheitsleistung des Vollstreckungsgläubigers erbracht worden ist. Eine Vollstreckungsklausel ist wegen § 171 nicht erforderlich.[41]

31 Wenn der Titel gegen eine Behörde erstritten worden ist, kann in analoger Anwendung zu § 929 Abs. 1 ZPO die Erteilung einer Vollstreckungsklausel notwendig werden, falls die Behörde als solche kein Vermögen hat und gerichtlich geklärt werden muss, in welches Vermögen welcher Körperschaft vollstreckt werden soll.[42]

32 Stellt das Gericht fest, dass die Vollstreckungsvoraussetzungen vorliegen, so ist das Gericht verpflichtet, zunächst den Vollstreckungsschuldner zu benachrichtigen; die Benachrichtigung ist mit der Aufforderung zu verbinden, innerhalb einer vom Gericht festzusetzenden Frist die Vollstreckung abzuwenden. Die Frist darf längstens einen Monat betragen.[43]

33 Kommt der Schuldner innerhalb der gesetzten Frist der Aufforderung des Gerichts nicht nach, bestimmt das Gericht durch Beschluss, wie und auf welche Weise vollstreckt werden soll. Gleichzeitig wird die zuständige Stelle ersucht, die Vollstreckungsmaßnahme vorzunehmen. Sofern in das bewegliche Vermögen der Behörde gepfändet werden soll, ist dies Aufgabe des Gerichtsvollziehers (§ 753 Abs. 1 ZPO).[44] Bei einer etwaigen Vollstreckung in das **unbewegliche Vermögen** ist das Amtsgericht zuständig.[45] Sofern ein Pfändungs- und Überweisungsbeschluss zur Vorbereitung einer Forderungspfändung notwendig ist, wird dieser vom Vollstreckungsgericht selbst erlassen (§ 828 Abs. 1 ZPO).[46]

34 Die Vollstreckung ist unzulässig in Sachen, die für die Erfüllung öffentlicher Aufgaben unentbehrlich sind oder deren Veräußerung ein öffentliches Interesse

---

[40] Vgl. dazu *Redeker/von Oertzen,* § 170, Rdn. 3

[41] *Kopp/Schenke,* § 171, Rdn. 1.

[42] Vgl. dazu *Redeker/von Oertzen,* § 170, Rdn. 5.

[43] Vgl. *Redeker/von Oertzen,* § 170, Rdn. 6.

[44] Der Gerichtsvollzieher bedarf für die Durchsuchung zum Zwecke der Vollstreckung i.S. des § 758 ZPO keiner richterlichen Durchsuchungsanordnung nach Art. 13 Abs. 2 GG, wenn gegen eine juristische Person des öffentlichen Rechts vollstreckt wird, vgl. dazu *VG Frankfurt,* 18. 8. 1997 – 7 M 2082/97 – NVwZ 98, 545 ff.

[45] *Redeker/von Oertzen,* § 170, Rdn. 8.

[46] Vgl. dazu *Redeker/von Oertzen,* § 170, Rdn. 8.

entgegensteht.[47] Die Beschlüsse des Vollstreckungsgerichts können vom Vollstreckungsschuldner und vom Vollstreckungsgläubiger mit der Beschwerde nach § 146 angefochten werden.

b) Vollstreckung einer unvertretbaren Handlung

Wird die öffentliche Hand zu einer **unvertretbaren Handlung** (abgesehen von 35
den Fällen des § 113 A7bs. 1 Satz 2, § 113 Abs. 5) verurteilt, so findet die Zwangsvollstreckung gem. § 167 Abs. 1 i. V. m. § 888 ZPO statt.

Beispiel:
Der Dienstherr wird dazu verurteilt, dem klagenden Beamten Einsicht in seine Personalakten zu gewähren. Die Erfüllung der der Behörde auferlegten Verpflichtung hängt ausschließlich vom Willen des Schuldners ab, so dass eine unvertretbare Handlung im Sinne des § 888 ZPO vorliegt.[48]

Hinweis: 36
Wird die Behörde zum Erlass eines Verwaltungsakts verurteilt (§ 113 Abs. 5), liegt zwar ebenfalls eine unvertretbare Handlung vor, hier findet die Vollstreckung wegen der gesetzlichen Spezialregelung in § 172 jedoch nach den dort festgesetzten Regeln statt (vgl. I 22 ff.).

c) Vollstreckung wegen einer vertretbaren Handlung

Bei einer Verurteilung des Schuldners zu einer **vertretbaren Handlung** findet 37
die Vollstreckung über § 167 Abs. 1 i. V. m. § 887 ZPO statt.[49]

Beispiel:
Die Behörde wird in einem Nachbarrechtsstreit verurteilt, ein auf ihrem Grundstück stehendes Bauwerk zu beseitigen.

d) Vollstreckung aus Unterlassungsurteilen

Bei einer Zwangsvollstreckung aus **Unterlassungsurteilen** richtet sich die 38
Vollstreckung nicht nach § 172 VwGO, sondern nach § 167 Abs. 1 i. V. m. § 890 ZPO.[50]

Beispiel:
Die Studentenschaft einer Universität wird dazu verurteilt, die Abgabe allgemein politischer Erklärungen und Meinungsäußerungen zu unterlassen.

Unterlassungsurteile werden von § 172 VwGO nicht erfasst; dies liegt in der 39
Besonderheit des § 890 ZPO, wonach eine Geldstrafe erst festgesetzt werden kann, wenn ein Verstoß gegen das Unterlassungsgebot vorliegt. Würde bei Unterlassungsverpflichtungen nach § 172 zu vollstrecken sein, würde dies zu dem eigenartigen Ergebnis führen, dass mit der Vollstreckung, nämlich der Androhung eines

---

[47] Vgl. dazu *Redeker/von Oertzen,* § 170, Rdn. 10.

[48] Vgl. dazu *OVG Koblenz,* 4. 7. 1986 – 1 E 11/86 – NJW 87, 1120/1121; ferner *Baumbach/Lauterbach,* § 888, Rdn. 5.

[49] Vgl. dazu *VGH München,* 20. 1. 1981 – 99 I 76 – NVwZ 82, 563 f.; *OVG Koblenz,* 1. 7. 1985 – 1 E 16/85 – DVBl. 86, 288 f.; ferner *OVG Lüneburg,* 26. 9. 1967 – VI OVG B 60/76 – NJW 69, 205 f.; ferner *Baumbach/Lauterbach,* § 887, Rdn. 7.

[50] Vgl. dazu *Baumbach/Lauterbach,* § 890, Rdn. 9 m. w. N.; ferner *OVG Münster,* 12. 12. 1973 – V B 871/73 – NJW 74, 917/918; vgl. allgemein *Brox/Walker,* Rdn. 1092 ff.; *VG Gießen,* 18. 9. 1997 – 3 M 1279/97 – NVwZ-RR 98, 241.

Zwangsgeldes, erst begonnen werden könnte, wenn die Behörde ihrer Verpflichtung nicht nachgekommen ist und ein Verstoß gegen die Unterlassungspflicht vorliegt. Die Behörde könnte in derartigen Fällen das erste Mal völlig sanktionsfrei gegen das Unterlassungsverbot verstoßen. Im übrigen ergibt sich aus dem klaren gesetzlichen Wortlaut des § 172 VwGO, dass dieser nur in den dort bestimmten Fällen des § 113 Abs. 1 Satz 2 und des § 113 Abs. 5 einschlägig ist.[51]

4. Vollstreckung aus Prozessvergleichen

40 Bei der Vollstreckung aus Prozessvergleichen[52] ist nach dem jeweiligen vollstreckungsfähigen Inhalt des Vergleichs zu differenzieren:

41 Richtet sich die Verpflichtung des Vergleichs auf Erlass eines Verwaltungsaktes, so wird man in analoger Anwendung des § 172 die Zwangsvollstreckung vornehmen müssen.[53]

42 In den Fällen freilich, in denen der Vergleich nicht zum Erlass eines Verwaltungsakts verpflichtet, richtet sich die Vollstreckung, soweit es um Geldzahlungen geht, nach § 170 (vgl. I 30ff.). Bei vertretbaren Handlungen ohne Verwaltungsaktcharakter ist nach § 887 ZPO zu vollstrecken;[54] bei unvertretbaren Handlungen ohne Verwaltungscharakter richtet sich die Vollstreckung nach § 888 ZPO.[55] Soll ein vergleichsweise festgelegter Unterlassungsanspruch zwangsweise durchgesetzt werden, richtet sich die Vollstreckung nach § 167 i.V.m. § 890 ZPO.[56]

Schwierig gestaltet sich die Zwangsvollstreckung aus einem verwaltungsgerichtlichen Vergleich, wenn in dem Vergleich privatrechtliche Ansprüche geregelt werden, siehe dazu unten I 54.

5. Vollstreckung aus einstweiligen Anordnungen

43 Bei einer Vollstreckung aus einstweiligen Anordnungen ist in jedem Fall die **Vollziehungsfrist des § 929 Abs. 2 ZPO** (vgl. J 153) einzuhalten; im übrigen ist nach dem vollstreckungsfähigen Inhalt (Tenor) der einstweiligen Anordnung zu differenzieren. Ist die einstweilige Anordnung – ausnahmsweise, vgl. J 149ff. – auf **Erlass eines Verwaltungsakts** gerichtet, findet die Vollstreckung nach § 172 statt.[57]

44 **In den Fällen, in denen der Gegenstand der einstweiligen Anordnung kein Verwaltungsakt ist, ist wie folgt zu verfahren:**

---

[51] Vgl. dazu *Redeker/von Oertzen*, § 172, Rdn. 2

[52] Die bei einem Gerichtstermin von den Parteien zu Protokoll erklärte Vereinbarung der Änderung eines gerichtlichen Vergleichs stellt keinen Vollstreckungstitel dar, wenn die Vereinbarung nicht selbst in der Form eines gerichtlichen Vergleichs ergangen ist, vgl. *OVG Münster,* 27. 10. 1997 – 10 E 634/97 – NVwZ-RR 98, 535.

[53] *Redeker/von Oertzen,* § 172, Rdn. 3; *OVG Münster,* 13. 2. 1997 – 10 E 45/97 – NVwZ 98, 534.

[54] *VGH Mannheim,* 25. 11. 1997 – 8 S 2714/97 – NVwZ-RR 98, 785. Wendet der Vollstreckungsschuldner Erfüllung ein, so lässt dies das Rechtsschutzbedürfnis entfallen.

[55] *OVG Münster,* 24. 1. 1992 – 13 E 1010/91 – NVwZ 92, 897.

[56] *OVG Münster,* 12. 12. 1973 – V B 871/73 – NJW 74, 917, 918.

[57] *OVG Münster,* 12. 12. 1973 – V B 871/73 – NJW 74, 917, 918.

Wird die Behörde im Wege der einstweiligen Anordnung zu einer Geldzahlung verpflichtet, ohne dass diese den Erlass eines Verwaltungsaktes voraussetzt, richtet sich die Vollstreckung nach § 170 (vgl. I 30ff.). Bei vertretbaren Handlungen ohne Verwaltungsaktscharakter ist nach § 887 ZPO zu vollstrecken (vgl. I 38ff.), bei unvertretbaren Handlungen ohne Verwaltungsaktscharakter richtet sich die Vollstreckung nach § 888 ZPO (vgl. I 36ff.).

Bei Zwangsvollstreckungen, die zur Durchsetzung eines Unterlassungsanspruches erfolgen (vgl. I 39), richtet sich die Vollstreckung nach § 167 i.V.m. § 890 ZPO.[58]

6. Vollstreckung aus Entscheidungen nach § 80 Abs. 5, § 80a Abs. 1 Nr. 2, Abs. 3

In Literatur und Rechtsprechung ist umstritten, ob Beschlüsse nach § 80 Abs. 5 überhaupt Vollstreckungstitel darstellen. Vielfach wird hierzu die Auffassung vertreten, Beschlüsse nach § 80 Abs. 5 VwGO seien ausschließlich rechtsgestaltender Natur, deren Inhalt nicht vollstreckbar sei.[59] Missachte die Verwaltung die gerichtliche Anordnung oder Wiederherstellung der aufschiebenden Wirkung, so handele sie rechtswidrig und verletze zugleich den Anspruch des Bürgers auf Freiheit vor rechtswidrigen Maßnahmen der öffentlichen Gewalt. Der Bürger müsse diesbezügliche Ansprüche notfalls im Wege der einstweiligen Anordnung durchsetzen.[60] Nach anderer Ansicht stellt der Aussetzungsbeschluss eine rechtskräftige richterliche Entscheidung im Sinne des § 168 Abs. 1 Nr. 1 dar, soweit er einen vollstreckungsfähigen Inhalt (z.B. Anordnungen nach § 80 Abs. 5 Satz 3) enthalte.[61] Es sind **drei Fallgestaltungen** zu unterscheiden: 45

(1) Die faktische Vollziehung, d.h. die Vollziehung eines zwar erlassenen, aber angefochtenen und nicht für sofort vollziehbar erklärten Verwaltungsaktes. 46

Beispiel:
Der Bauherr baut trotz Widerspruch seines Nachbarn weiter.

(2) Die Durchsetzung der Wiederherstellung der aufschiebenden Wirkung, wenn unter Verstoß gegen eine gerichtliche Entscheidung weitere Vollziehungshandlungen vorgenommen werden. 47

Beispiel:
Der Dienstherr erlässt wegen angeblich zuviel gezahlten Gehaltes gegenüber seinem Beamten einen für sofort vollziehbar erklärten Rückforderungsbescheid und verrechnet den festgesetzten Betrag trotz zwischenzeitlich erfolgter Wiederherstellung der aufschiebenden Wirkung mit den laufenden Gehaltsansprüchen des Beamten.

(3) Die Rückgängigmachung von Vollziehungshandlungen, die unter der Geltung einer später aufgehobenen sofortigen Vollziehbarkeit des Verwaltungsaktes vorgenommen wurden. 48

---

[58] Unter Hinweis auf *OVG Münster,* 12. 12. 1973 – V B 871/73 – NJW 74, 917, 918.
[59] Vgl. dazu *Finkenburg/Jank,* 3. Aufl., Rdn. 675 m.w.N.
[60] Vgl. dazu *Finkenburg/Jank,* 3. Aufl., Rdn. 675 m.w.N.
[61] Vgl. dazu *Redeker/von Oertzen,* § 80, Rdn. 63; *Kopp/Schenke,* § 80, Rdn. 230–232.

Beispiel:

Die sofortige Vollziehbarkeit eines Planfeststellungsbeschlusses bezüglich eines Flughafens wurde aufgehoben und die aufschiebende Wirkung der hiergegen gerichteten Klagen wieder hergestellt. Seit diesem Zeitpunkt ruhen die Bauarbeiten am Flughafen. Der Bauherr hatte vor Wiederherstellung der aufschiebenden Wirkung jedoch bereits Entwässerungsgräben angelegt; durch die Entwässerungsmaßnahmen drohen Grundstücke des Klägers ihre bisherige Eigenschaft als Dauergrünland zu verlieren.

49 Die vorstehenden Fallgestaltungen[62] sind systemgerecht einheitlich über die Vorschriften des § 80a Abs. 3 i. V. m. Abs. 1 Nr. 2 oder über § 80 Abs. 5 Satz 3 zu regeln, vgl. J 100ff.

Bei der **ersten Fallgruppe,** vgl. I 46 missachtet die Behörde bzw. der durch den angefochtenen, aufschiebend bedingten Verwaltungsakt Begünstigte die Wiederherstellung der aufschiebenden Wirkung. Da der Anordnung der aufschiebenden Wirkung nur rechtsgestaltender Charakter – ohne vollstreckungsfähigen Inhalt – zukommt,[63] sind weitere (Sicherungs-)Anordnungen des Gerichts zugunsten des Drittbetroffenen nach § 80a Abs. 3 i. V. m. Abs. 1 Nr. 2 zu treffen; das Gesetz bestimmt ausdrücklich, dass das Gericht im Zusammenhang mit der Aussetzungsentscheidung auch einstweilige Maßnahmen zur Sicherung der Rechte des Dritten treffen kann, vgl. J 106. Bei der Vollstreckung sog. Sicherungsanordnungen ist § 172 VwGO entsprechend anwendbar (vgl. I 24ff.).[64]

Gleiches gilt auch für die **dritte Fallgruppe** (I 48): Die Sicherungsmaßnahmen des Gerichts dürfen sich nicht nur auf künftige Vollziehungshandlungen beschränken; es ist vielmehr auch geboten, dass das Gericht als Sicherungsmaßnahme die Rückgängigmachung von Vollziehungshandlungen anordnet.

Wird der Vollzug des Verwaltungsaktes durch die Behörde selbst vorgenommen (**zweite Fallgruppe,** I 47), so hat das Gericht die Aufhebung der Vollziehung nach § 80 Abs. 5 Satz 2 anzuordnen, J 106. Eine darüber hinausgehende Anwendung des § 123 in den Fällen des §§ 80, 80a ist dagegen überflüssig und entspricht nicht der Systematik des Gesetzes.

50 Es wäre zwar denkbar, dass das Gesetz nach § 80 Abs. 5 lediglich einen rechtsgestaltenden Ausspruch über die Wiederherstellung der aufschiebenden Wirkung eines Rechtsmittels trifft, während alle verpflichtenden Aussprüche im Verfahren nach § 123 zu treffen wären. § 80 Abs. 5 Satz 3 belegt jedoch, dass der Gesetzgeber diesen Weg nicht gehen wollte und daher auch im Rahmen des § 80 Abs. 5 Satz 3 verpflichtende Anordnungen vorgesehen hat. Gleiches ergibt sich auch aus § 123 Abs. 5. Danach gelten die Vorschriften des § 123 Abs. 1–4 nicht für die Vollziehung angefochtener Verwaltungsakte oder die Beseitigung ihrer aufschiebenden Wirkung. Der Gesetzgeber hat also eine klare Abgrenzung getroffen, so dass in allen vorgenannten drei Fallgruppen so zu verfahren ist, dass dann, wenn der bloße rechtsgestaltende Ausspruch über die Wiederherstellung der aufschiebenden Wirkung nicht ausreicht, die Behörde durch das Gericht notfalls im **Wege eines er-**

---

[62] *VGH München,* 28. 7. 1982 – 20 AS 82 D.34 – DVBl. 82, 1012ff., m. w. N.; *Kopp/Schenke,* § 80, Rdn. 230–232.

[63] *VGH Kassel,* 22. 6. 1998 – 4 TM 2325/98 – NVwZ-RR 99, 158.

[64] *VGH Kassel,* 22. 6. 1998 – 4 TM 2325/98 – NVwZ-RR 99, 158.

gänzenden Beschlusses dazu angehalten werden kann, zusätzliche Maßnahmen zu treffen.[65]

Hinweis für den Anwalt: 51

Der Anwalt sollte vorsorglich alle diesbezüglichen Anträge hilfsweise auch auf § 123 stützen.

Je nach Inhalt der Entscheidung des § 80 Abs. 5 Satz 3 (bzw. § 80a Abs. 3 **52**
i. V. m. Abs. 1 Nr. 2) ist dann auch über den Vollstreckungsweg zu entscheiden.[66]

Sofern die der Behörde auferlegte Verpflichtung auf den Erlass eines Verwaltungsakts gerichtet ist,

Beispiel:

Im baurechtlichen Nachbarstreit wird die aufschiebende Wirkung des Nachbarwiderspruchs gegen ein Mehrfamilienhaus hergestellt und der Behörde nach § 80a Abs. 3 i. V. m. Abs. 1 Nr. 2 auferlegt, die Baustelle stillzulegen. Die Behörde weigert sich eine Stillegungsverfügung zu erlassen,

ist nach § 172 zu vollstrecken.[67] In anderen Fällen richtet sich die Vollstreckung nach den allg. Grundsätzen der Vollstreckung von Leistungsansprüchen (vgl. oben I 29ff.).

IV. Zwangsvollstreckung zugunsten Privater gegen Private

Unter bestimmten Umständen kann es auf der Grundlage der Regelungen der **53**
VwGO auch zu einer Vollstreckung von Privaten gegen Private kommen.

Bei verwaltungsgerichtlichen Vergleichen (E 334ff.) richtet sich das Vollstre- **54**
ckungsverfahren nach der Herkunft des Titels und nicht nach dem materiellrechtlichen Charakter der titulierten Forderung, vgl. I 6. Dabei kann sich die Zwangsvollstreckung im Einzelfall schwierig gestalten:

Beispiel:

Der Nachbar N und der Bauherr B schließen zur Beilegung eines Rechtsstreits über die Wirksamkeit einer Baugenehmigung einen verwaltungsgerichtlichen Vergleich ab, in dem folgende Klausel aufgenommen wird: „... In dem Bereich der Wohnanlage, in dem statt der zulässigen Dreigeschossigkeit eine Viergeschossigkeit genehmigt worden ist, dürfen im 4. Geschoss in Richtung auf das Grundstück des N keine Fenster ausgeführt werden. ...“

Wenn sich die Baugenehmigungsbehörde im Rahmen des verwaltungsgerichtlichen Vergleichs ihrerseits nicht verpflichtet hat, mit bauordnungsrechtlichen Mitteln gegen den Bauherrn vorzugehen, so muss der Nachbar unmittelbar aus dem Vergleich vollstrecken können. Nach § 167 Abs. 1 Satz 1 gelten für die Vollstreckung in derartigen Fällen die Vorschriften des 8. Buchs der ZPO entsprechend. Weigert sich der Bauherr die im Dachgeschoss ursprünglich genehmigten Fenster

---

[65] Vgl. dazu *OVG Münster,* 21. 4. 1970 – VB 385/69 – NJW 70, 1812.

[66] *Redeker/von Oertzen,* § 80, Rdn. 63; vgl. allgemein *VGH München,* 28. 7. 1982 – 20 AS 82 D 34. – DVBl. 82, 1012ff.; ferner *Redeker/von Oertzen,* § 80, Rdn. 63, der ebenfalls für eine differenzierte Betrachtung eintritt, je nachdem welcher Art der Tenor des Beschlusses nach § 80 Abs. 5 Satz 3 VwGO ist.

[67] *OVG Münster,* 8. 3. 1992 – 11 B 3495/92 – NVwZ 93, 383; *OVG Saarlouis,* 24. 2. 1992 – 2 W 37/91 – DVBl. 92, 110.

zu schließen, so handelt es sich bei der zu vollstreckenden Handlung um eine vertretbare Handlung i. S. d. § 877 ZPO, so dass im Rahmen der Zwangsvollstreckung wie folgt zu tenorieren ist:

Beispiel:
„Der Antragsteller (Nachbar N) wird ermächtigt, in dem Bereich der Wohnanlage … auf Kosten des Vollstreckungsschuldners (Bauherr B) sämtliche im 4. Geschoss des Gebäudes vorhandenen Fenster zu mauern zu lassen."

Aufgrund dieser Handlungsermächtigung kann dann Nachbar B die erforderlichen Maßnahmen ergreifen und ggfs. in einem weiteren Verfahren die entstandenen Kosten geltend machen.[68]

55 Auch bei der Vollstreckung aus Kostenfestsetzungsbeschlüssen nach § 19 BRAGO (Vergütungsfestsetzungsbeschluss zugunsten des bevollmächtigten Rechtsanwalts gegen die eigene Partei) ist die Verwaltungsgerichtsbarkeit als Vollstreckungsgericht zum Erlass eines Pfändungs- und Überweisungsbeschlusses oder die Abnahme der eidesstattlichen Versicherung gem. §§ 807, 900 ZPO zuständig.

V. Schadensersatz

56 Nach § 717 Abs. 2 ZPO ist der Kläger zum Ersatz des Schadens verpflichtet, wenn ein für vorläufig vollstreckbar erklärtes Urteil aufgehoben oder abgeändert wird und dem Beklagten durch die Vollstreckung des vorläufigen Urteils ein Schaden entstanden ist.[69]

57 Bei Verfahren nach § 80 Abs. 5 bestehen keine Schadensersatzansprüche gegen den Antragsteller, wenn zunächst die Aussetzung der Vollziehung vom Gericht angeordnet, später aber die Klage abgewiesen wird. § 945 ZPO ist auf die Fälle des § 80 Abs. 5 nicht entsprechend anwendbar.[70]

Die früher erörterte und nach h. M. abgelehnte Möglichkeit einer Anwendung des § 945 ZPO auf die Fälle der Verwaltungsakte mit Doppelwirkung hat sich durch die Neuregelung des § 80 a erledigt (vgl. auch J 152 f.).[71]

Die Unanwendbarkeit der §§ 717 Abs. 2, § 945 ZPO in den Fällen des § 80 Abs. 5 lässt den Betroffenen freilich nicht etwa schutzlos; ihm stehen gegenüber der Behörde, die einen noch nicht bestandskräftigen Verwaltungsakt vollzogen hat, der

---

[68] Vgl. dazu *VG Münster,* 19. 6. 1996 – 2 M 13/96 – *OVG Münster,* 29. 7. 1996 – 11 E 724/96 – beide n. v.; vgl. aber auch die zum Teil abweichenden Zitate bei *Baumbach/Lauterbach,* § 794, Rdn. 61, 35 sowie *OVG Hamburg,* 13. 7. 1995 – Bs II 54/94 – NVwZ-RR 96, 546.

[69] Vgl. dazu *Redeker/von Oertzen,* § 168, Rdn. 9; *Baumbach/Lauterbach,* § 717, Anm. 6 m. w. N.; der Anspruch ist zivilrechtlicher Natur, *BGH,* 23. 9. 80 – VI ZR 165/78 – NJW 81, 349.

[70] *BVerwG,* 9. 8. 1990 – 1 B 94/90 –, NVwZ 91, 270.

[71] Vgl. dazu *Redeker/von Oertzen,* § 80, Rdn. 71; *Baumbach/Lauterbach,* § 945, Rdn. 5 m. w. N.; ferner *BVerwG,* 9. 8. 1990 – 1 B 94/90 – NVwZ 91, 270, wo zutreffend darauf hingewiesen wird, dass der Rechtsgedanke des § 945 ZPO in den Fällen des § 80 Abs. 5 VwGO schon deshalb keine Anwendung finden könne, weil es bei der Behörde auch an der für die Aufbürdung der Schadensersatzpflicht entscheidenden Freiheit „des Gläubigers", sich mit Risiko für oder ohne Risiko gegen die vorzeitige Durchsetzung einer Rechtsposition zu entscheiden, fehle; Drittschäden unterliegen nicht der Schadensersatzverpflichtung aus § 945 ZPO: *BGH,* 23. 9. 1990 – VI ZR 165/78 – NJW 81, 349 ff.

sich im Hauptsacheverfahren als rechtswidrig erweist, der Folgenbeseitigungsanspruch gem. § 113 Abs. 1 Satz 2 und unter Umständen auch der Amtshaftungsanspruch aus Art. 34 GG, § 839 BGB zu (vgl. dazu D 208ff.).

In den Fällen der einstweiligen Anordnung hat der Antragsteller, sofern sich 58
dieselbe später als von Anfang an unbegründet erweist, den durch die Vollziehung der Anordnung entstandenen Schaden zu ersetzen (§ 945 ZPO). Der Schadensersatzanspruch ist im Verwaltungsprozess freilich ohne nennenswerte Bedeutung, da Antragsgegner regelmäßig eine Körperschaft oder Behörde ist; hier tritt in der Regel kein Schaden durch eine entsprechende einstweilige Anordnung ein.

Zu Schadensersatzansprüchen bei Vollstreckungen aus einstweiligen Anordnun- 59
gen gem. § 47 Abs. 6, vgl. oben D 380ff.

VI. Rechtsschutz bei Vollstreckungsmaßnahmen

Nach § 167 Abs. 1 Satz 1 sind bei Zwangsvollstreckungsmaßnahmen aus Voll- 60
streckungstiteln i.S.d. § 168 (vgl. dazu oben I 4ff.), soweit nicht die Beschwerde nach § 146 gegeben ist, die Rechtsbehelfe der ZPO einschlägig.

Hinweis: 61
Soweit die Behörde die Zwangsvollstreckung aus Verwaltungsakten betreibt, muss der Betroffene Widerspruch einlegen und ggfs. die Herstellung/Wiederherstellung der aufschiebenden Wirkung seines Widerspruchs nach den §§ 80, 80a betreiben. Sofern der zugrunde liegende, vollstreckungsfähige Verwaltungsakt bereits bestandskräftig ist, muss der Betroffene im Rahmen eines neuen Verwaltungs- und/oder Gerichtsverfahrens versuchen, den bestandskräftigen Verwaltungsakt zu beseitigen (z.B. § 51 VwVfG).[72]

1. Einstweilige Einstellung der Zwangsvollstreckung (§ 719 Abs. 2 ZPO)

Sofern es das erstinstanzliche Urteil unterlassen hat, die Abwendungsbefugnis 62
gem. § 711 ZPO zugunsten des Schuldners auszusprechen und auch ein Antrag auf Ergänzung des Urteils (§ 716 ZPO i.V.m. § 120) erfolglos geblieben ist, so kann die Rechtsmittelinstanz auf Antrag des Betroffenen hin anordnen, dass die Zwangsvollstreckung einstweilen eingestellt wird (§ 719 Abs. 2 ZPO). Im Revisionsverfahren ordnet das Revisionsgericht bei einem vorläufig vollstreckbaren Urteil die einstweilige Einstellung der Zwangsvollstreckung an, wenn die Zwangsvollstreckung dem Schuldner einen nicht zu ersetzenden Nachteil bringen würde und überwiegende Interessen des Gläubigers nicht entgegenstehen (§ 719 Abs. 2 ZPO). Der Antrag auf einstweilige Einstellung der Zwangsvollstreckung nach § 719 Abs. 2 ZPO ist bereits im Verfahren über die Beschwerde gegen die Nichtzulassung der Revision zulässig.[73]

---

72 Zur Abwehr der Vollstreckung aus einem unanfechtbaren Leistungsbescheid ist eine Feststellungsklage gem. § 43 statthaft; dabei gelten die Grundsätze, die die zivilgerichtliche Rechtsprechung aus § 826 BGB zur Durchbrechung der Rechtskraft von Urteilen entwickelt hat, für die Durchbrechung der Bestandskraft von Verwaltungsakten entsprechend, *VGH Mannheim,* 24. 2. 1992 – 5 S 2520/91 – NVwZ 93, 72.

73 *BVerwG,* 19. 6. 1998 – 6 AV 2.98 – DVBl. 98, 1004, wobei in dieser Entscheidung darauf hingewiesen wird, dass ein unersetzlicher Nachteil in der Regel dann nicht gegeben sei, wenn es der Vollstreckungsschuldner unterlassen habe, in der Vorinstanz einen Antrag auf Abwendung der Zwangsvollstreckung nach § 712 ZPO zustellen.

2. Erinnerung (§ 167 Abs. 1 i. V. m. § 766 ZPO)

63 In analoger Anwendung des § 766 ZPO ist die Erinnerung in Bezug auf die Art und Weise der Zwangsvollstreckung und des bei der Vollstreckung zu beachtenden Verfahrens zulässig. Sie ist nach § 151 grundsätzlich nicht befristet.[74] Die Erinnerung ist zulässig gegen Vollstreckungsmaßnahmen, die **keine Entscheidungen i. S. d. § 793 ZPO** sind (z. B. bei Vollstreckungsmaßnahmen des Gerichtsvollziehers, die nach § 761 ZPO zur Unzeit vorgenommen werden). Über die Erinnerung hat der Vorsitzende des 1. Rechtszugs als Vollstreckungsgericht zu entscheiden.[75]

Zu den Rechtsschutzmöglichkeiten gegen eine Entscheidung des Gerichts vgl. Rdn. I 64.

3. Beschwerde (§ 146)

64 In den Fällen, in denen die Zwangsvollstreckungsmaßnahme durch eine **Entscheidung des Gerichts** getroffen wurde (z. B. Entscheidung über eine Erinnerung gem. § 766 ZPO) findet die Beschwerde nach § 146 ff. statt. Maßnahmen des Gerichts sind im Vollstreckungsverfahren nach der VwGO i. d. R. Entscheidungen und deshalb regelmäßig beschwerdefähig.[76]

4. Vollstreckungsgegenklage (Vollstreckungsabwehrklage), § 167 Abs. 1 i. V. m. § 767 ZPO

65 Bei der Vollstreckungsgegenklage, oder auch Vollstreckungsabwehrklage genannt, handelt es sich um eine prozessuale Gestaltungsklage des Schuldners des Vorprozesses.[77] Mit der Vollstreckungsgegenklage kann der Schuldner Einwendungen geltend machen, die den durch das Urteil festgestellten Anspruch selbst betreffen. Diese Einwendungen kann er nicht im Vollstreckungsverfahren erheben, sondern nur mit der Vollstreckungsgegenklage, die das Ziel verfolgt, das Nichtbestehen des ursprünglich rechtskräftig ausgeurteilten Anspruchs festzustellen.

> **Hinweis:**
> Vgl. den Beispielsschriftsatz Anhang I Nr. 13 zur Vollstreckungsgegenklage.

66 Im Rahmen der Vollstreckungsgegenklage können nur Einwendungen geltend gemacht werden, die nach Erlass des erstinstanzlichen Urteils entstanden sind.[78]

---

[74] *Peter Schmidt* in *Eyermann,* § 167, Rdn. 4.

[75] *Peter Schmidt* in *Eyermann,* § 169, Rdn. 15.

[76] *Peter Schmidt* in *Eyermann,* § 766, Rdn. 15.

[77] *BVerwG,* 26. 10. 1984 – 4 C 53.80 – BVerwGE 70, 227 ff.; vgl. dazu *Redeker/von Oertzen,* § 172, Rdn. 9; ferner *Baumbach/Lauterbach,* § 767, Rdn. 6; vgl. allgemein m. w. N. *BVerwG,* 6. 9. 1988 – 4 C 26/88 – NJW 89, 118, 119 zur Vollstreckungsgegenklage bei gerichtlichen Vergleichen, vgl. *BVerwG,* 19. 6. 1991 – 4 C 58/89 – NJW 92, 191; zur Vollstreckungsgegenklage gegen einen Kostenfestsetzungsbeschluss vgl. *VGH Mannheim,* 25. 8. 1989 – NC 9 S 91/89 – VBlBW 90, 15; ferner *OVG Münster,* 27. 5. 1992 – 10 B 1866/92 – NVwZ 93, 74; a. A. *VGH Mannheim,* 24. 2. 1992 – 5 S 2520/91 – NVwZ 92, 72, der lediglich eine vorbeugende Feststellungsklage für statthaft hält; vgl. im übrigen allgemein zur Vollstreckungsgegenklage *Brox/Walker,* Rdn. 1312 ff.

[78] *Peter Schmidt* in *Eyermann,* § 167, Rdn. 16 ff.; *BVerwG,* 6. 9. 1988 – 4 C 26.88 – BVerwGE 80, 176 ff., 180, 181 m. w. N.

Dies folgt aus dem Grundsatz, dass das Gericht bei der Ausgangsentscheidung die Sach- und Rechtslage zugrunde zu legen hat, die sich ihm im Zeitpunkt der letzten mündlichen Verhandlung bietet. Das Gericht darf seine Entscheidung nämlich nicht auf eine künftige, tatsächlich oder rechtlich nur mögliche Entwicklungen stützen, sondern das Gericht darf grundsätzlich immer nur die gegenwärtig gegebene Sach- und Rechtslage zugrunde legen.[79] Entwicklungen, die nach dem Zeitpunkt der mündlichen Verhandlung auftreten und dem geltend gemachten Anspruch materiell-rechtlich entgegen stehen können, hat das Gericht grundsätzlich nicht zu beachten. Treten derartige Umstände nachträglich ein, sind sie vielmehr gem. § 167 Abs. 1 S. 1 i. V. m. § 767 Abs. 1 Satz 2 ZPO im Wege der Vollstreckungsgegenklage geltend zu machen.

Beispiele: 67

(1) Der Kläger beantragt einen planungsrechtlichen Vorbescheid. Das Gericht verpflichtet die Baugenehmigungsbehörde zur Erteilung des Bescheids auf der Basis des § 34 BauGB. Nach Rechtskraft des Urteils und vor Erteilung der Baugenehmigung tritt ein Bebauungsplan in Kraft, dessen Festsetzungen dem beantragten Vorhaben entgegenstehen. Die Gemeinde könnte jetzt vor Erlass des Vorbescheids Vollstreckungsgegenklage unter Hinweis auf den zwischenzeitlich ergangenen Bebauungsplan erheben. Ist der Vorbescheid bereits erlassen, scheidet die Möglichkeit einer Vollstreckungsgegenklage aus, weil das dem Vorbescheid zugrunde liegende Urteil bereits erfüllt ist.[80]

(2) Nach rechtskräftigem Urteil erwirbt der Beklagte eine unbestrittene Gegenforderung, die er zur Aufrechnung stellt.

(3) Bei einem gerichtlichen Vergleich beruft sich eine Prozesspartei auf einen Wegfall der Geschäftsgrundlage des Vergleichs; dieser Einwand kann nur im Rahmen der Vollstreckungsgegenklage geltend gemacht werden.[81]

Nur das Gericht kann die Vollstreckbarkeit des Titels im Wege der Vollstreckungsgegenklage beseitigen.[82] 68

---

[79] *BVerwG,* 6. 9. 1988 – 4 C 26.88 – BVerwGE 80, 176 ff., 180, 181 m. w. N.

[80] vgl. dazu auch *BVerwG,* 3. 2. 1984 – 4 C 39.82 – BVerwGE 69, 1 ff., 3: „Es gibt keinen allgemeinen Grundsatz des Verwaltungsrechts demzufolge ein bindend erlassener Verwaltungsakt gegenstandslos wird, wenn sich die bei seinem Erlass maßgebliche Rechtslage ändert. Im Gegenteil, das – hier freilich nicht anzuwendende – Verwaltungsverfahrensrecht des Bundes (§ 49 Abs. 2 Nr. 4 VwVfG) geht – wie auch das Verwaltungsverfahrensrecht der Länder – davon aus, dass der Bestand eines rechtmäßigen begünstigenden Verwaltungsaktes nicht durch spätere Änderungen der bei seinem Erlass maßgeblichen Rechtslage berührt wird, sondern allenfalls unter bestimmten, weiteren Voraussetzungen und mit einer möglichen Entschädigungsfolge (§ 49 Abs. 5 VwVfG) widerrufen werden kann." Danach könnte der Vorbescheid als rechtmäßig begünstigende Verwaltungsakt, auch nachdem er unanfechtbar geworden ist, nur noch dann widerrufen werden, wenn der Begünstigte von der Begünstigung noch keinen Gebrauch gemacht hätte und wenn ohne den Widerruf das öffentliche Interesse (vgl. dazu *Stelkens/Bonk/Sachs,* VwVfG, § 49, Rdn. 63) gefährdet würde. War die Vollstreckung aus einem die Verpflichtung zur Erteilung einer Baugenehmigung aussprechenden Urteil wegen des Erlasses einer Veränderungssperre gehemmt, so kann die Vollstreckung nach deren Ablauf fortgesetzt werden. Es bedarf auch dann keines neuen Vollstreckungstitels, wenn der Vollstreckungsschuldner zwischenzeitlich mit einer auf die Veränderungssperre gestützten Vollstreckungsgegenklage Erfolg gehabt hat (*VGH Mannheim,* 13. 3. 1993 – 8 S 486/93 – VBlBW 93, 376 ff.).

[81] Vgl. dazu *Brandt/Sachs,* Kap. X Rdn. 133.

[82] *Baumbach/Lauterbach,* ZPO, § 767, Rdn. 1, Rdn. 59; ferner *BVerwG,* 26. 10. 1984 – 4 C 5.80 – BVerwGE 70, 227 ff.

69 Wie aus dem Wortlaut des § 767 ZPO hervorgeht, ist die Klage von dem Schuldner des Ausgangsurteils geltend zu machen/einzureichen, d.h. der jeweilige Schuldner hat es in der Hand, ob er von dieser prozessualen Möglichkeit – ähnlich wie bei der Einlegung von Rechtsmitteln – Gebrauch machen will oder nicht. Der Schuldner – beispielsweise eine Behörde – kann auch auf die Erhebung der Vollstreckungsgegenklage verzichten und sich stattdessen dem Ausgangsurteil beugen und dieses vollziehen. Eine gesetzliche Verpflichtung seitens einer Behörde bei Änderung der Sach- und Rechtslage zur Erhebung der Vollstreckungsgegenklage besteht nicht.

70 Die Erhebung einer Vollstreckungsgegenklage führt nicht zur Unzulässigkeit der Vollstreckung aus einem rechtskräftigen Urteil. Unzulässig wird die Vollstreckung vielmehr erst dann, wenn das Prozessgericht der Klage stattgegeben hat und die Entscheidung rechtskräftig ist, oder vorläufig vollstreckbar ist.[83]

71 Wird eine Vollstreckungsgegenklage erhoben, so ist einstweiliger Rechtsschutz nach § 769 ZPO zu gewähren.[84] Das Gericht kann danach auf Antrag hin anordnen, dass bis zur Entscheidung über die nach § 767 ZPO zu erhebenden Einwendungen die Zwangsvollstreckung mit oder ohne Sicherheitsleistung eingestellt oder in sonstiger Weise eingeschränkt wird, sofern die geltend gemachten Einwendungen glaubhaft gemacht sind.

72 Bei der Entscheidung über den Antrag auf einstweilige Einstellung der Zwangsvollstreckung nach § 167 i.V.m. § 769 ZPO hat das Gericht nach pflichtgemäßem Ermessen zu entscheiden und dabei die Erfolgsaussichten der Vollstreckungsgegenklage zu berücksichtigen.[85]

5. Drittwiderspruchsklage (§ 167 Abs. 1 i.V.m. § 771 ZPO)

73 Behauptet ein Dritter, dass ihm an den Gegenstand der Zwangsvollstreckung ein die Veräußerung hinderndes Recht zustehe, so ist der Widerspruch gegen die Zwangsvollstreckung im Wege der Klage bei dem Gericht geltend zu machen, in dessen Bezirk die Zwangsvollstreckung erfolgt. Beispiele für derartige „die Veräußerung hindernde Rechte Dritter" sind das Eigentum, Miteigentum, der Nießbrauch oder ein Pfandrecht oder Grundpfandrecht.[86]

74 Die Drittwiderspruchsklage ist auch für Vollstreckungsmaßnahmen aus öffentlich-rechtlichen Titeln uneingeschränkt anerkannt.[87] Strittig ist allerdings, welcher Gerichtszweig für die Drittwiderspruchsklage zuständig ist.[88] Während § 262 AO für die Fälle der Drittwiderspruchsklage ausdrücklich eine Rechtswegzuweisung an die ordentliche Gerichte statuiert (§ 262 Abs. 1 AO), Fehlt für den Bereich der

---

[83] *VGH Mannheim,* 15. 5. 1992 – 8 S 158/92 – NVwZ-RR 93, 447.

[84] *OVG Münster,* 8. 6. 2000 – 14 B 2135/99 – n. v.

[85] Vgl. *OVG Schleswig,* 17. 10. 1996 – 1 O 35/96 –.

[86] Zu weiteren Beispielen vgl. *Hartmann* in *Baumbach/Lauterbach,* § 771, Rdn. 14.

[87] Vgl. dazu *Peter Schmidt* in *Eyermann,* § 167, Rdn. 20; *Redeker/von Oertzen,* § 169, Rdn. 11; *Hartmann* in *Baumbach/Lauterbach,* § 771, Rdn. 29.

[88] Vgl. dazu *Redeker/von Oertzen,* § 169, Rdn. 11: Das Verwaltungsgericht, in dessen Bezirk die Vollstreckungshandlung vorgenommen wurde. In diesem Sinne wohl auch *Pietzner* in *Schoch/Schmidt-Aßmann/Pietzner,* VwGO, § 169, Rdn. 156; a.A. *Hartmann* in *Baumbach/Lauterbach,* § 771, Rdn. 29.

Verwaltungsgerichtsbarkeit ein entsprechender klarstellender Hinweis. Da es Sinn und Zweck des § 771 ZPO ist, dass Gegenstand der Vollstreckung nur das Vermögen sein soll, das dem Vollstreckungsschuldner gehört,[89] ist es folgerichtig, die Frage, ob der Gegenstand zum Vermögen des Vollstreckungsschuldners gehört, nach § 13 GVG den ordentlichen Gerichten zuzuweisen, weil diese Frage i. d. R. privatrechtlicher Natur sein dürfte.[90] Eine Rechtswegzuweisung zu den Zivilgerichten erscheint auch wegen der größeren Sachnähe und den in der Regel zivilrechtlichen Vorfragen unter Prozessökonomischen Gesichtspunkten sinnvoll.

---

[89] Vgl. dazu *Klein,* AO, § 262, Rdn. 3.

[90] A. A. *Pietzner* in *Schoch/Schmidt-Aßmann/Pietzner,* § 167, Rdn. 4 und 5 unter Hinweis darauf, dass Streitgegenstand der Interventionsklage nicht das „die Veräußerung hindernde Recht" sei, sondern die Frage, ob der Vollstreckungsgläubiger aus dem öffentlich-rechtlichen Vollstreckungstitel in den strittigen Vermögensgegenstand vollstrecken dürfe, da zur Durchsetzung öffentlich-rechtlicher Rechtspositionen vollstreckt werde, müsse das entsprechende Verfahren nach § 771 ZPO auch vor den Verwaltungsgerichten ausgetragen werden; wie hier: *Hartmann* in *Baumbach/Lauterbach,* § 771, Rdn. 29; ferner *AG Rheine,* 29. 2. 1996 – 10 C 78/96 – *LG Münster,* 7. 3. 1996 – 1 S 141/96 – n. v.

J. Vorläufiger Rechtsschutz

Übersicht

Die durch gesetzliche Bestimmungen eröffnete Möglichkeit der einseitigen Regelung von Rechtsverhältnissen ist materielles Wesensmerkmal des öffentlichen Rechts.[1] Träger hoheitlicher Gewalt haben auf der Grundlage – bzw. im Rahmen – von (formellen) Gesetzen die Möglichkeit, ihr Rechtsverhältnis zum Bürger durch einseitige Erklärung – Verwaltungsakte gem. § 35 VwVfG – verbindlich zu regeln oder durch faktisches Handeln die Position des Bürgers zu stärken bzw. zu schmälern. Die Behörden sind zwar an Recht und Gesetz gebunden, ob ihr Handeln dieser Bindung aber entspricht, ergibt sich unter Umständen erst nach einem mehrjährigen VerwaltungsgerichtsProzess. Art. 19 Abs. 4 GG gebietet es, die während dieser Phase bestehende Rechtsschutzlücke zu schließen. Dies geschieht durch die Bestimmungen über den vorläufigen Rechtsschutz. 1

Das Rechtsschutzbedürfnis ist evident, wenn eine Behörde durch Verwaltungsakt das Rechtsverhältnis zum Bürger in einer Weise regelt, die ihm einen rechtlichen Nachteil bringt **(belastender Verwaltungsakt).** Die VwGO eröffnet dem Bürger für diesen Fall eine besonders effektive und einfache Rechtsschutzmöglichkeit. Aufgrund der Erhebung des Widerspruchs bzw. der Anfechtungsklage darf der Verwaltungsakt nicht vollzogen werden **(aufschiebende Wirkung),** vgl. § 80 Abs. 1. Die Regelung ist eine einfach-rechtliche Ausprägung der grundrechtlichen Garantie effektiven Rechtsschutzes.[2] 2

Sofern der Rechtsbehelf im Einzelfall aufgrund Gesetzes keine aufschiebende Wirkung entfaltet, J 45 ff., bzw. die Behörde diese aufschiebende Wirkung kraft gesonderter Anordnung ausschaltet, § 80 Abs. 2 **(sofortige Vollziehbarkeit),** J 68 ff., kann der Bürger durch einen Antrag an die Behörde, § 80 Abs. 4, bzw. an 3

[1] *Renck,* BayVBl. 94, 161, 163: „Selbsttitulierung und Selbstvollstreckung sind die kennzeichnenden Momente des Verwaltungsverfahrens".

[2] *BVerfG,* 13. 6. 1979 – 1 BvR 699/77 – BVerfGE 51, 268 = NJW 80, 35; *BVerfG, 3. Kammer des Ersten Senats,* 19. 2. 1991 – 1 BvR 1548/90 – NVwZ-RR 91, 365.

das Verwaltungsgericht, § 80 Abs. 5, die (Wieder-)Herstellung der aufschiebenden Wirkung seines Rechtsbehelfs erreichen, J 101 ff.

4 In allen anderen Fällen, wenn also der Bürger eine Erweiterung seines Rechtskreises durch einen **begünstigenden Verwaltungsakt** anstrebt oder **Realakte** der Verwaltung erreichen oder abwehren will, kann er vorläufigen Rechtsschutz nur durch unmittelbare Anrufung des Verwaltungsgerichts erlangen: er muss den Erlass einer **einstweiligen Anordnung** gem. § 123 beantragen (J 178 ff.).

5 Das prozessuale und taktische Vorgehen des **Anwalts** im einstweiligen Rechtsschutzverfahren wird nicht nur vom Verfahrensrecht, sondern in starkem Maße auch vom materiellen Recht bestimmt. Das Rechtsschutzziel und die Reichweite der Darlegungslast können nur im Kontext der den Sachverhalt materiell-rechtlich beherrschenden Normen bestimmt werden. Der einstweilige Rechtsschutz in den einzelnen Bereichen des besonderen Verwaltungsrechts hat daher eine auf richterlicher Rechtsfortbildung bzw. Spruchpraxis beruhende spezifische Prägung erfahren (zum einstweiligen Rechtsschutz in einzelnen Gebieten des besonderen Verwaltungsrechts s. Abschnitt K).[3]

I. Vorläufiger Rechtsschutz gem. §§ 80, 80 a

1. Grundsatz: Aufschiebende Wirkung des Rechtsbehelfs, § 80 Abs. 1

6 Vor Erhebung der Anfechtungsklage gegen einen belastenden Verwaltungsakt sind dessen Recht- und Zweckmäßigkeit in einem Vorverfahren nachzuprüfen, § 68 Abs. 1. Das Vorverfahren wird durch den Widerspruch eingeleitet, § 69, s. a. D 81 ff. (D 83 ff.). Ein vor Wirksamwerden des Verwaltungsaktes eingelegter „Widerspruch" geht ins Leere; eine solche Erklärung ist auch dann nicht rückwirkend als Widerspruch zu qualifizieren, wenn nachträglich ein Verwaltungsakt erlassen wird.[4]

In Ausnahmefällen ist **kein Vorverfahren** durchzuführen.

7 **Beispiele:**
- Entscheidungen nach dem AsylVfG, vgl. § 11 AsylVfG;
- Planfeststellungsbeschlüsse bzw. Plangenehmigungen für Verkehrswege, vgl. § 20 Abs. 5 Allgemeines EisenbahnG, § 17 Abs. 1 a BundesfernstraßenG, § 14 Abs. 1 a BundeswasserstraßenG, § 8 Abs. 2 LuftverkehrsG, § 28 Abs. 1 a PersonenbeförderungsG.
- Entscheidungen der Regulierungsbehörde nach dem TelekommunikationsG, vgl. auch D 82.

In diesen Fällen kann sogleich die Anfechtungsklage erhoben werden, § 68 Abs. 1 Satz 2.

8 Widerspruch und Anfechtungsklage haben gem. § 80 Abs. 1 **aufschiebende Wirkung,** d. h. der Verwaltungsakt darf nicht vollzogen werden; daneben wird durch den Rechtsbehelf der Eintritt der Bestandskraft verhindert **(Suspensiveffekt).**[5]

---

[3] Vgl. auch *Redeker/von Oertzen,* § 80, Rdn. 1.

[4] *OVG Münster,* 5. 5. 1995 – 10 B 894/95 – NVwZ-RR 96, 184; *BVerwG,* 8. 12. 1977 – 7 B 76.77 – NJW 78, 1870.

[5] Im Sinne dieser Differenzierung *Renck,* BayVBl. 94, 161, 162 und BayVBl. 91, 743, 744; in der Praxis wird zwischen „aufschiebender Wirkung" und „Suspensiveffekt" kaum differenziert.

a) Folge der aufschiebenden Wirkung

In der Vergangenheit war umstritten, ob die aufschiebende Wirkung in einer **Wirksamkeits- oder** einer bloßen **Vollziehungshemmung** besteht.[6] Dieser Meinungsstreit ist seit langem im Sinne der Vollzugstheorie entschieden: die aufschiebende Wirkung verhindert danach die Vollziehung des wirksamen Verwaltungsaktes. „Vollziehung" klingt nach Zwang – im Sinne des § 80 Abs. 1 wird dieser Begriff jedoch denkbar weit verstanden: die aufschiebende Wirkung untersagt jedermann, aus dem angegriffenen Verwaltungsakt unmittelbare oder mittelbare, tatsächliche oder rechtliche Folgerungen gleich welcher Art zu ziehen.[7] 9

Beispiele: 10

- Dem Grundstückseigentümer wird von der Bauaufsichtsbehörde untersagt, die Garage neben dem Einfamilienhaus weiter als Werkstatt zu nutzen. „Die rechtswidrige Nutzung ist spätestens zwei Wochen nach Erhalt dieser Verfügung einzustellen."
- Der Widerspruch hemmt die Frist.[8]
- Die Stadt (Antragsgegnerin) genehmigt dem Beigeladenen die Errichtung eines Wohnhauses. Der Eigentümer des Nachbargrundstücks erhebt dagegen Widerspruch, der gem. § 212 a Abs. 1 BauGB keine aufschiebende Wirkung hat, vgl. J 59, K 18 ff. Auf Antrag des Nachbarn ordnet das Verwaltungsgericht die aufschiebende Wirkung des Widerspruchs an. Die Widerspruchsbehörde hebt die Baugenehmigung auf und lehnt den Bauantrag ab. Das Verwaltungsgericht gibt der dagegen gerichteten Anfechtungsklage des Beigeladenen statt; die Berufung ist anhängig. Der Beigeladene nimmt die Bauarbeiten wieder auf. 11

  Die Klage des Beigeladenen hat zwar gem. § 80 Abs. 1 aufschiebende Wirkung. Das hat aber nicht zur Folge, dass der die Baugenehmigung kassierende Widerspruchsbescheid nicht mehr **wirksam** ist und deshalb die Baugenehmigung vollzogen werden kann. Die Behörde darf nur keine Maßnahmen ergreifen, die rechtlich als Vollziehung des nach wie vor wirksamen Widerspruchsbescheides zu qualifizieren sind. Der Beigeladene darf daher nicht so behandelt werden, als ob ihm die Begünstigung zustehe. Sofern der Beigeladene erreichen will, dass er weiterbauen darf, muss er einen Antrag gem. § 80 Abs. 7 auf Änderung des Beschlusses gem. § 80 Abs. 5 stellen, s. dazu unten J 165 ff.[9]

  Nimmt der Nachbar in diesem Fall während des verwaltungsgerichtlichen Anfechtungsverfahrens seinen Widerspruch zurück, wird der Widerspruchsbescheid wirkungslos, d. h. die Baugenehmigung kann wieder ausgenutzt werden.[10]
- Ein Fleischgroßhändler kauft von der Staatlichen Interventionsbehörde Rinderfleisch und verpflichtet sich, dies zu exportieren. Zur Gewährleistung der Ausfuhrverpflichtung hat er eine Sicherheit zu stellen. Eine Bank übernimmt für die zu stellende Sicherheit die selbstschuldnerische Bürgschaft, verzichtet auf die Einrede der Anfechtung, der Aufrechnung und der Vorausklage (§§ 770, 771 BGB) und verpflichtet sich zur Zahlung auf erstes Anfordern. Wegen nicht fristgerechter Ausfuhr erklärt die Behörde die Sicherheit durch Verwaltungsakt für verfallen und verlangt Zahlung von der Bank. Der Fleischgroßhändler begehrt die gerichtliche Feststellung, dass sein Widerspruch aufschiebende Wirkung hat und die Bürgschaft daher nicht in Anspruch genommen werden darf. 12

  Die Verpflichtung zur „Zahlung auf erstes Anfordern" wird zivilrechtlich dahin verstanden, dass der Bürge sich zu sofortiger Zahlung bei Aufforderung verpflichtet hat und Einwendungen aus dem Hauptschuldverhältnis nur durch Rückforderung der geleisteten

---

6 Zum Meinungsstand *Finkelnburg/Jank,* Rdn. 639 m. w. N.

7 So ausdrücklich *Finkelnburg/Jank,* Rdn. 641; s. a. *VGH München,* 19. 4. 1993 – 14 AS 93790 – BayVBl. 93, 565.

8 *OVG Schleswig,* 4. 6. 1991 – 4 L 62/91 – NVwZ-RR 92, 444.

9 *VGH München,* 19. 4. 1993 – 14 S 93790 – BayVBl. 93, 565; s. a. *VGH München,* 30. 6. 1995 – 26 CS 95906 – BayVBl. 95, 763; *VG Augsburg,* 10. 2. 1995 – 4 S 941754 – NVwZ-RR 95, 382.

10 *OVG Lüneburg,* 14. 4. 1993 – 1 L 34/91 – NVwZ 93, 1214 – UPR 93, 399 [Ls.].

Zahlung geltend gemacht werden darf.[11] Aufgrund dieser besonderen zivilrechtlichen Ausgestaltung der Bürgschaftserklärung kann der Antrag keinen Erfolg haben.[12]
Solange die aufschiebende Wirkung anhält, hat der Bürge allerdings einen Rückzahlungsanspruch.

13 – Die Subventionsbehörde verlangt durch Verwaltungsakt die Rückzahlung von 800 000,– Euro überzahlter Subvention. Der Adressat legt Widerspruch ein. Kurze Zeit später erläßt die Behörde antragsgemäß einen neuen Subventionsbescheid über 300 000,– Euro und „verrechnet" diese Subventionsleistung mit der Rückzahlungsforderung.
Aufgrund der aufschiebenden Wirkung des Widerspruchs darf der Rückforderungsbescheid nicht vollzogen werden. Unter Vollziehung sind alle Maßnahmen zu verstehen, die der Verwirklichung der im Rückforderungsbescheid getroffenen Regelung dienen. Auf die Rechtsnatur derartiger Maßnahmen kommt es nicht an. Hielte man die Aufrechnung für wirksam, so stünde der Adressat so, als hätte die Behörde ihre Forderung beigetrieben. Eben dieser Rechtserfolg darf während der aufschiebenden Wirkung des Rechtsbehelfs gegen den Willen des Adressaten nicht eintreten. Die Aufrechnung ist daher unwirksam, weil die Rückzahlungsforderung der Behörde aufgrund der aufschiebenden Wirkung des Rechtsbehelfs nicht durchsetzbar ist.[13]
Das Bundesverwaltungsgerichts hat eine entgegenstehende Auffassung vertreten. Bei der Aufrechnung handele es sich um die Erfüllung der eigenen Verbindlichkeit nicht um eine Vollziehung des Verwaltungsaktes, durch den die zur Aufrechnung gestellte Forderung konkretisiert wird.[14] Diese Erkenntnis ist mit im Anwendungsbereich des § 80 Abs. 1 geltenden weiten Vollziehungsbegriff nicht zu vereinbaren.

b) Dauer der aufschiebenden Wirkung, § 80b

aa) gesetzliche Befristung

14 Die aufschiebende Wirkung tritt mit Einlegung des Widerspruchs bzw. Erhebung der Klage ein. Sie hat ex tunc Wirkung, d. h. sie wirkt auf den Zeitpunkt des Erlasses des Verwaltungsaktes zurück.[15] Bereits erfolgten Vollzugsmaßnahmen wird die Rechtsgrundlage genommen.[16]

15 Die **aufschiebende Wirkung entfällt** mit der **Unanfechtbarkeit** des ablehnenden Widerspruchsbescheids bzw. der Rechtskraft des klageabweisenden Urteils, vgl. § 80b Abs. 1 Satz 1, 1. Alt.

16 Wenn die Anfechtungsklage im ersten Rechtszug abgewiesen worden ist, endet die aufschiebende Wirkung **drei Monate nach Ablauf** der gesetzlichen **Begründungsfrist** des gegen die abweisende Entscheidung gegebenen **Rechtsmittels**, § 80b Abs. 1 Satz 1, 2. Alt. Das OVG kann allerdings auf Antrag anordnen, dass die aufschiebende Wirkung andauert, vgl. unten J 26.

17 Die durch das 6. VwGO-Änderungsgesetz eingeführte Befristung der aufschiebenden Wirkung ist rechtspolitisch völlig verfehlt.[17]

Sie wirft zudem eine Reihe von **Auslegungsfragen** auf. Die Befristung der aufschiebenden Wirkung ist an den Ablauf der Begründungsfrist für das „gegen die

---

[11] *BGH,* 2. 5. 1979 – VIII ZR 157/78 – NJW 79, 1500 = BGHZ 74, 244, 247.

[12] *VGH Kassel,* 30. 8. 1991 – 8 TH 1849/91 – NVwZ 92, 798.

[13] So zutreffend *Detterbeck,* DÖV 96, 889, 892; allgemein zur Rechtsnatur der Aufrechnung im öffentlichen Recht (öffentlich-rechtliche Willenserklärung, kein Verwaltungsakt) s. *VGH München,* 13. 1. 1997 – 12 CE 96 505 – BayVBl. 97, 310.

[14] *BVerwG,* 27. 10. 1982 – 3 C 6/82 – BVerwGE 66, 218, 222 = NJW 83, 776.

[15] *Kopp/Schenke,* VwGO, § 80, Rdn. 54.

[16] *Finkelnburg/Jank,* Rdn. 670.

[17] *Kuhla/Hüttenbrink,* DVBl. 96, 717; s. a. *Redeker/von Oertzen,* § 80b Rdn. 1; *Ruffert,* NVwZ 97, 654, 656.

abweisende Entscheidung gegebene Rechtsmittel" geknüpft. Mit der Einführung der Zulassungsberufung, die gleichermaßen durch das 6. VwGO-Änderungsgesetz erfolgte, ist gegen Entscheidungen des Verwaltungsgerichts ein Rechtsmittel nur noch kraft besonderer Zulassung gegeben. Diese kann allerdings aufgrund der Regelungen im RmBereinVpG entweder vom Verwaltungsgericht im erstinstanzlichen Urteil oder im Ergebnis des Zulassungsverfahrens durch gesonderten Beschluss des Oberverwaltungsgerichts erklärt werden, vgl. im einzelnen oben F 5 ff. Damit sind folgende Fallkonstellationen zu unterscheiden:

1. Fallkonstellation: 18

Die Anfechtungsklage wird vom VG abgewiesen. Die Berufung wird nicht zugelassen. Der Kläger verzichtet darauf die Zulassung der Berufung zu beantragen.

Die aufschiebende Wirkung des Rechtsbehelfs endet gem. § 80 b Abs. 1 Satz 1, 1. Alt. mit der Rechtskraft des Urteils, die mit Ablauf der Monatsfrist gem. § 124 b Abs. 1 eintritt.

2. Fallkonstellation: 18 a

Die Anfechtungsklage wird vom VG abgewiesen. Die Berufung wird zwar zugelassen. Der Kläger verzichtet aber darauf Berufung einzulegen.

Es gelten die Ausführungen soeben J 18 entsprechend.

3. Fallkonstellation: 19

Die Anfechtungsklage wird vom VG abgewiesen. Die Berufung wird nicht zugelassen. Der Kläger stellt einen Antrag auf Zulassung der Berufung und begründet diesen Antrag. Über den Antrag wird einstweilen vom OVG nicht entschieden.

In der Rechtsprechung[18] und Literatur[19] wird die Auffassung vertreten, in einer solchen Fallkonstellation ende die aufschiebende Wirkung drei Monate nach Ablauf der Begründungsfrist für den Zulassungsantrag. Dieses Verständnis von § 80 b Abs. 1 Satz 1, 2. Alt. ist durch den Wortlaut der Norm („Rechtsmittel") nicht gedeckt. Es führt auch nicht zu der angestrebten Entlastung des OVG. Vielmehr wird die Einleitung eines weiteren prozessualen Parallelverfahrens provoziert: sofern das OVG binnen drei Monaten nach Ablauf der Frist für die Begründung des Zulassungsantrag über diesen noch nicht entschieden hat, verlöre der Rechtsbehelf nach dieser Sichtweise seine aufschiebende Wirkung. Der Kläger müßte daher vorsorglich beim OVG einen Antrag gem. § 80 b Abs. 3 i. V. m. § 80 Abs. 5 auf Wiederherstellung der aufschiebenden Wirkung seiner Klage stellen. Das OVG wäre aufgrund dieses Antrags gehalten, sich mit Sache abweichend von der bisherigen Arbeitsplanung zu befassen.

Es ist zwar nicht zu verkennen, dass der Gesetzgeber mit der Neuregelung auch die schnellere Vollziehbarkeit eines erstinstanzlich bestätigten Verwaltungsakts er-

---

[18] *OVG Münster,* 29. 5. 2001 – 13 B 434/01 – DVBl. 01, 1227; *OVG Bremen,* 13. 12. 1999 – 1 B 422.99 – NVwZ 00, 942; *OVG Greifswald,* 16. 12. 1998 – 2 M 132/98 – NVwZ-RR 99, 591; *OVG Koblenz,* 13. 11. 1998 – 7 B 12224/98 – NVwZ 99, 896.

[19] *Schoch* in *Schoch/Schmidt-Aßmann/Pietzner,* § 80 b, Rdn. 22; *Kopp/Schenke,* § 80 b, Rdn. 7; *Jörg Schmidt* in *Eyermann,* § 80 b, Rdn. 4; *Redeker/von Oertzen,* § 80 b, Rdn. 5; *Beckmann,* NVwZ 98, 373, 374; *Schenke,* DVBl. 97, 1330, 1331; *Lotz,* BayVBl. 97, 262; *Ruffert,* NVwZ 97, 654, 655.

reichen wollte. Dieses Interesse ist jedoch durch § 80 Abs. 2 Nr. 4 ausreichend gewahrt. Die zuständige Behörde hat danach (auch und erst recht) im Falle einer erstinstanzlichen Bestätigung des angegriffenen Verwaltungsaktes die Möglichkeit, die sofortige Vollziehbarkeit anzuordnen.

20 Bei der Anwendung von § 80b Abs. 1 Satz, 2. Alt. ist daher in wortgetreuer Auslegung auf den Ablauf der **Berufungsbegründungsfrist** abzustellen.[20] Solange das Zulassungsverfahren also beim OVG hängt, dauert die aufschiebende Wirkung der Anfechtungsklage fort.

Hinweis für den Anwalt:

Ungeachtet der hier vertretenen Rechtsauffassung sollte der Anwalt zusammen mit dem Antrag auf Zulassung der Berufung einen Antrag gem. § 80b Abs. 2 stellen, um im Hinblick auf die von verschiedenen Oberverwaltungsgerichten eingenommene Rechtsposition (soeben Rdn. 19) auf der sicheren Seite zu sein: der Mandant läuft ansonsten Gefahr aus Sicht des Oberverwaltungsgerichts und der Behörde nach Ablauf von vier Monaten nach Zustellung der erstinstanzlichen Entscheidung ohne weitere Warnung den Schutz der aufschiebenden Wirkung der Klage zu verlieren und der Vollstreckung aus dem angefochtenen Verwaltungsakt ausgesetzt zu sein.

> **Hinweis:**
>
> Schriftsatzbeispiel für einen Antrag gem. § 80b Abs. 2 s. Anhang I 28a.

20a Lehnt das OVG den Zulassungsantrag ab, so wird das erstinstanzliche Urteil rechtskräftig, § 124b Abs. 2 Satz 4. Die aufschiebende Wirkung der Anfechtungsklage endet dann gem. § 80b Abs. 1 Satz 1, 1. Alt.

Gibt das OVG dem Zulassungsantrag statt, so ist die damit anhängige Berufung binnen Monatsfrist nach Zustellung des Beschlusses über die Zulassung der Berufung zu begründen, § 124b Abs. 3. Die aufschiebende Wirkung der Anfechtungsklage endet in diesem Falle gem. § 80b Abs. 1 Satz 1, 2. Alt. gleichwohl fünf Monate nach Zustellung des erstinstanzlichen Urteils.

20b **4. Fallkonstellation:**

Die Anfechtungsklage wird vom VG abgewiesen. Das VG lässt die Berufung gem. § 124a Abs. 1 zu.

Die aufschiebende Wirkung endet gem. § 80b Abs. 1 Satz 1, 2. Alt. fünf Monate (zwei Monate gesetzliche Begründungsfrist gem. § 124a Abs. 3, drei Monate gem. § 80b Abs. 1 Satz 1, 2. Alt) nach Zustellung des erstinstanzlichen Urteils.

21 **5. Fallkonstellation:**

Die Anfechtungsklage wird vom VG abgewiesen. Die Berufung ist von Gesetzes wegen ausgeschlossen; vgl. oben F 50. Der Kläger stellt einen Antrag auf Zulassung der Revision und begründet diesen Antrag. Über den Antrag wird während eines längeren Zeitraums vom Bundesverwaltungsgericht nicht entschieden.

Es gelten die Ausführungen soeben J 20 entsprechend.

---

[20] *VGH München,* 25. 2. 1997 – 25 AS 97319 – NVwZ 97, 694 = DVBl. 97, 663, 664 = DÖV 97, 510 [incidenter]; *Beckmann,* NVwZ 98, 373; *Meissner,* VBlBW 97, 83; *Numberger/Schönfeld,* UPR 97, 89; **a. A.** *Fliegauf/Blüm,* AnwBl 98, 127, 132.

6. Fallkonstellation: 22

Die Anfechtungsklage wird vom VG abgewiesen, die Sprungrevision wird vom VG zugelassen.

Die aufschiebende Wirkung endet gem. § 80b Abs. 1 Satz 1, 2. Alt. fünf Monate (zwei Monate gesetzliche Begründungsfrist gem. § 137 Abs. 3, drei Monate gem. § 80b Abs. 1 Satz 1, 2. Alt) nach Zustellung des erstinstanzlichen Urteils bzw. des die Revision zulassenden Beschlusses, vgl. F 239.

7. Fallkonstellation: 23

Die Anfechtungsklage wird vom VG durch Gerichtsbescheid abgewiesen, der Kläger beantragt die Zulassung der Berufung.

Es gelten die Ausführungen oben J 20.

8. Fallkonstellation: 24

Die Anfechtungsklage wird vom VG durch Gerichtsbescheid abgewiesen, der Kläger stellt keinen Antrag auf Zulassung der Berufung, sondern beantragt gem. § 84 Abs. 2 Nr. 4 die Anberaumung einer mündlichen Verhandlung.

§ 80b gelangt nicht zur Anwendung. Die aufschiebende Wirkung des Rechtsbehelfs dauert daher fort.[21]

9. Fallkonstellation: 25

Die Anfechtungsklage wird vom erstinstanzlich zuständigen OVG (§ 48) abgewiesen, das die Revision nicht zuläßt.

Es gelten die Ausführungen oben J 20 entsprechend.

bb) Gerichtliche Wiederherstellung

26 Wenn die aufschiebende Wirkung des Rechtsbehelfs gem. § 80b Abs. 1 Satz 1, 2. Alt. endet, kann der Kläger gem. § 80b Abs. 2 in entsprechender Anwendung von § 80 Abs. 5 bis 8 und § 80a bei Gericht die Wiederherstellung der aufschiebenden Wirkung seines Rechtsbehelfs beantragen. Für diese Entscheidung ist stets das **Gericht der Hauptsache** zuständig. In den Fällen der Sprungrevision (oben J 22) bzw. der Revision gegen erstinstanzliche Urteil des OVG (oben J 25) ist also – entgegen dem Wortlaut des § 80b Abs. 2 – das Bundesverwaltungsgericht zur Entscheidung berufen.[22]

Der Antrag kann bereits gemeinsam mit dem Antrag auf Zulassung der Berufung gestellt werden, auch wenn zu diesem Zeitpunkt die aufschiebende Wirkung der Klage gem. § 80 Abs. 1 noch gegeben ist; wegen der Automatik der vorzeitigen Beendigung der aufschiebenden Wirkung durch Fristablauf kann dem Kläger ein längeres Abwarten nicht zugemutet werden.[23] Der Antrag bleibt zulässig, wenn die aufschiebende Wirkung des Rechtsbehelfs aufgrund der gesetzlichen Regelung bereits entfallen ist.[24]

---

[21] Wie hier *Redeker/von Oertzen,* § 80b, Rdn. 6.

[22] Wie hier *Redeker/von Oertzen,* § 80b, Rdn. 4; *Beckmann,* NVwZ 98, 373, 375.

[23] *Beckmann,* NVwZ 98, 373, 374.

[24] *OVG Bremen,* 13. 12. 1999 – 1 B 422.99 – NVwZ 00, 942; *Beckmann,* NVwZ 98, 373, 374.

Hinweise für den Anwalt:

- Für den Antrag gem. § 80b Abs. 2 gilt gem. § 67 Abs. 1 das Gebot anwaltlicher Vertretung.[25]
- In Abgaben- und Kostenangelegenheiten gem. § 80 Abs. 2 Nr. 1 ist der Antrag gem. § 80b Abs. 3 i. V. m. § 80 Abs. 6 nur zulässig, wenn die Behörde zuvor einen Aussetzungsantrag ganz oder teilweise abgelehnt hat.[26]
- In allen anderen Angelegenheiten ist ein solches – erfolgloses – behördliches Aussetzungsverfahren nicht Zulässigkeitsvoraussetzung.[27]

27 Die Entscheidung über die Wiederherstellung der aufschiebenden Wirkung ist grundsätzlich anhand derselben Kriterien zu treffen, die im eigentlichen Verfahren gem. § 80 Abs. 5 gelten,[28] vgl. dazu insbesondere J 129ff. Hat das Oberverwaltungsgericht die Berufung bereits zugelassen, ist die Fortdauer der aufschiebenden Wirkung regelmäßig anzuordnen;[29] lehnt das Oberverwaltungsgericht die Zulassung ab, ist der Antrag zurückzuweisen.[30]

c) Geltung des § 80 Abs. 1 für verschiedene Typen von Verwaltungsakten

28 Die aufschiebende Wirkung bietet den gewünschten Rechtsschutz in erster Linie bei Verwaltungsakten, die eine den Bürger **belastende** Regelung enthalten. § 80 Abs. 1 Satz 2 stellt klar, dass die aufschiebende Wirkung auch bei einem Widerspruch gegen **rechtsgestaltende** und **feststellende Verwaltungsakte** eingreift.

Beispiel:

Die Ausländerbehörde stellt gegenüber einem Ausländer durch Verwaltungsakt fest, dass die diesem erteilte Aufenthaltsgenehmigung kraft Gesetzes erloschen sei.

Widerspruch und Klage haben gem. § 80 Abs. 1 Satz 2 aufschiebende Wirkung.[31]

29 Früher war umstritten, ob dies auch für **Verwaltungsakte mit Doppelwirkung** gilt, d. h. bei Verwaltungsakten, die den Adressaten begünstigen und einen Dritten belasten bzw. den Adressaten belasten und einen Dritten begünstigen.[32] Der durch die 4. VwGO-Novelle eingefügte § 80 Abs. 1 Satz 2 stellt klar, dass der Grundsatz des § 80 Abs. 1 Satz 1 auch für diese Verwaltungsakte mit Doppelwirkung gilt.[33]

30 **Beispiele:**

- Der Widerspruch des Nachbarn gegen die dem Gastwirt erteilte Gaststättengenehmigung hat im Verhältnis zwischen Gastwirt und Gewerbebehörde aufschiebende Wirkung, d. h. der Gastwirt darf die Genehmigung nicht ausnutzen, vgl. K 169f.[34]

---

[25] Wie hier *Redeker/von Oertzen,* § 80b, Rdn. 9.

[26] *Quaas,* NVwZ 98, 701, 705.

[27] *Beckmann,* NVwZ 98, 373, 375.

[28] *OVG Greifswald,* 16. 12. 1998 – 2 M 132/98 – NVwZ-RR 99, 591.

[29] *OVG Bremen,* 13. 12. 1999 – 1 B 422.99 – NVwZ 00, 942; *OVG Koblenz,* 13. 11. 1998 – 7 B 12224.98 – NVwZ 99, 896.

[30] *OVG Münster,* 29. 5. 2001 – 13 B 434.01 – DVBl. 01, 1227.

[31] *VGH Mannheim,* 13. 3. 1990 – 1 S 3361/89 – NVwZ-RR 90, 513.

[32] Zum Verwaltungsakt mit Doppelwirkung *Stelkens,* Rdn. 330ff. und 594ff.; zur Vollziehungshemmung beim Verwaltungsakt mit Doppelwirkung vor Inkrafttreten der 4. VwGO-Novelle *BVerfG,* 13. 6. 1979 – 1 BvR 699/77 – BVerfGE 51, 268 = NJW 80, 35.

[33] *Stelkens,* NVwZ 91, 209, 218.

[34] *VGH Kassel,* 30. 1. 1991 – 4 TG 3243/90 – NVwZ 1991, 592.

– Der Widerspruch eines Verkäufers gegen eine aufgrund von § 23 LadSchlG erlassene Allgemeinverfügung, die es den Gewerbetreibenden in einem bestimmten Bezirk erlaubt, ihre Geschäfte während der üblichen Ladenschlusszeiten geöffnet zu halten, hat aufschiebende Wirkung.[35]
– S. die in J 37 und J 190 behandelten Fälle.

Ein Verwaltungsakt, der eine **Genehmigung** bzw. sonstige Begünstigung nach §§ 48, 49 VwVfG **widerruft bzw. zurücknimmt,** ist belastender Natur.[36] Der gegen einen solchen Verwaltungsakt gerichtete Rechtsbehelf hat aufschiebende Wirkung, d.h. die Genehmigung kann weiter genutzt werden.[37] **31**

Der eine beantragte **Begünstigung versagende Verwaltungsakt** belastet zwar den Bürger, der bloße Widerspruch bietet in diesen Fällen jedoch keinen vorläufigen Rechtsschutz, denn er bringt den Bürger seinem Rechtsschutzziel nicht näher.[38] In diesen Fällen kommt lediglich der Antrag auf Erlass einer einstweiligen Anordnung gem. § 123 in Betracht. Im Einzelfall kann die Abgrenzung zwischen einer belastenden Maßnahme und der Versagung einer Begünstigung schwierig sein. **32**

Beispiel:
Die Erhebung von Einwänden nach Art. 7 VO (EWG) 259/93 – Abfallverbringungsverordnung – in einem Notifizierungsverfahren, das Abfälle zur Verwertung betrifft, wirkt für die notifizierende Person nur belastend und enthält nicht zugleich die Versagung einer Begünstigung. Der Widerspruch gegen die Einwandserhebung hat daher aufschiebende Wirkung, so dass die Einwandserhebung der Verbringung der Abfälle nicht entgegensteht.[39]

Wenn in der Entscheidung, mit der eine Begünstigung abgelehnt wird, allerdings auch eine **Gebührenregelung** enthalten ist, dann hat der dagegen eingelegte isolierte Widerspruch aufschiebende Wirkung.[40] **32 a**

Soweit **Nebenbestimmungen** zum Verwaltungsakt (vgl. § 36 VwVfG) isoliert anfechtbar sind – s. dazu oben Rdn. D 133 ff. –, entfaltet der Rechtsbehelf hinsichtlich der angefochtenen Teilregelung aufschiebende Wirkung. **33**

d) Aufschiebende Wirkung des unzulässigen Rechtsbehelfs?

Umstritten ist, ob auch ein **unzulässiger Rechtsbehelf** aufschiebende Wirkung hat.[41] **34**

In Rechtsprechung und Literatur bildet sich eine vermittelnde Auffassung heraus. Danach tritt nur im Falle **evidenter** Unzulässigkeit keine aufschiebende Wirkung ein.[42] **35**

---

[35] *VG Leipzig,* 9. 8. 1999 – 5 K 1436.99 – GewArch 99, 491; *VG Dresden,* 7. 9. 1999 – 1 K 2575.99 – GewArch 99, 492.

[36] *VGH München,* 14. 9. 1998 – 4 ZE 98 2561 – NVwZ-RR 99, 575.

[37] *Redeker/von Oertzen,* § 80, Rdn. 9.

[38] *VGH München,* 26. 9. 1996 – 22 CE 96 2688 – BayVBl. 97, 728.

[39] *VGH Mannheim,* 23. 3. 1999 – 10 S 3242.98 – UPR 99, 276.

[40] *OVG Hamburg,* 3. 7. 1984 – Bs VI 41/84 – NVwZ 86, 141; a. A. *OVG Koblenz,* 10. 4. 1991 – 6 B 10419/91 – NVwZ-RR 92, 221.

[41] Ausführlich zum Meinungsstand *Redeker/von Oertzen,* § 80, Rdn. 11; *Schoch,* BayVBl. 83, 358; *ders.,* Vorläufiger Rechtsschutz, 1150 ff.; *Postier,* NVwZ 85, 95; *OVG Münster,* 18. 7. 1974 – XII B 422/74 – NJW 75, 794.

[42] *VGH Kassel,* 25. 10. 2000 – 4 TZ 3199.00 – NVwZ-RR 01, 374.

36 **Beispiele:**
- Der Widerspruch richtet sich gegen eine Maßnahme, die nicht als Verwaltungsakt zu qualifizieren ist. Der Rechtsbehelf gegen eine beamtenrechtliche Umsetzung ist offensichtlich unzulässig, da es sich bei dieser nicht um einen Verwaltungsakt handelt.[43]
- Der Widerspruch wird eindeutig zu spät eingelegt.[44]

37 In Fällen der **Drittanfechtung** ist der Widerspruch evident unzulässig, sofern der angefochtene Verwaltungsakt den Anfechtenden eindeutig nicht rechtlich, sondern nur faktisch beeinträchtigt.[45]

Beispiel:

Ein Grundstückseigentümer ist nicht befugt, gegen eine Gaststättenerlaubnis für eine Diskothek in einem anderen Stadtteil vorzugehen, deren Betrieb unter keinem denkbaren Gesichtspunkt für ihn mit rechtlichen Beeinträchtigungen verbunden sein kann.

38 Aus diesem Grunde ist der **Konkurrentenrechtsschutz** in vielen Fällen unzulässig, weil dem Widerspruchsführer die Widerspruchsbefugnis fehlt; zu den Ausnahmen s. J 189ff., K 160f.

39 **Beispiele:**
- Offensichtlich fehlende Befugnis des Bewerbers um einen Studienplatz, gegen die Vergabe eines Platzes an einen anderen Bewerber zu klagen;[46]
- offensichtlich fehlende Befugnis eines Versandhandelsunternehmens, gegen die einem konkurrierenden Unternehmen erteilte Ausnahmegenehmigung vorzugehen, nach der dieses gem. § 28 AZO einen 24-Stunden-Service (Telefondienst) in seinem Bestellcenter einrichten darf, s. a. K 163;[47]
- offensichtlich fehlende Befugnis des übergangenen Bewerbers um eine Beamtenstelle gegen die erfolgte Ernennung des Konkurrenten zu klagen,[48] s. im übrigen unten K 208;
- offensichtlich fehlende Befugnis eines Schaustellers gegen die Zulassung eines Konkurrenten zum Volksfest zu klagen;[49] im Regelfall ist der Rechtsschutz in diesen Fällen nur gem. § 123 zu erlangen, s. unten J 213.[50] Das gilt allerdings nicht, wenn keine geeignete Stellfläche mehr zur Verfügung steht, weil die Zulassungskapazität erschöpft ist, vgl. J 191f.

40 In anderen Fällen können möglicherweise unzulässige Rechtsbehelfe die aufschiebende Wirkung auslösen. Das kommt insbesondere in Betracht, wenn die Zulässigkeit des Widerspruchs von der rechtlichen Bewertung eines noch nicht abschließend aufgeklärten Sachverhalts abhängt.

---

[43] *OVG Münster,* 18. 7. 1974 – XII B 422/74 – NJW 75, 794.

[44] *OVG Weimar,* 25. 5. 1994 – 1 EO 178/93 – LKV 94, 408.

[45] *BVerwG,* 30. 10. 1992 – 7 C 24.92 – DVBl. 93, 256 = BayVBl. 93, 376.

[46] *BVerwG,* 8. 2. 1980 – 7 C 93.77 – DVBl. 80, 922, 923.

[47] A. A. *VG Mainz,* 16. 10. 1992 – 3 L 59/92 – GewArch 93, 69, das fehlerhaft nur auf die faktische Beeinträchtigung abstellt.

[48] *VGH Kassel,* 6. 10. 1981 – I TG 28/81 – NVwZ 82, 638; *VGH Mannheim,* 14. 6. 1982 – 4 S 796/83 – NVwZ 83, 41.

[49] *VGH Mannheim,* 20. 9. 1983 – 6 S 2246/83 – NVwZ 84, 254.

[50] Vgl. *BezG Dresden,* 3. 12. 1991 – 1 BDR 148/91 – LKV 92, 336; *OVG Hamburg,* 26. 10. 1992 – Bs VI 81/92 – GewArch 93, 72.

Beispiele: 41

- Eventuell fehlende Prozessfähigkeit oder Vertretungsbefugnis, Versäumung der Rechtsmittelfrist,[51]
- zwar verspätete Klage, aber aussichtsreicher Wiedereinsetzungsantrag.[52]

Der Evidenz-Maßstab ist zwar praktikabel, aber dogmatisch nicht überzeugend. 42
Die aufschiebende Wirkung des Rechtsbehelfs soll verhindern, dass vollendete Tatsachen geschaffen sind, bevor in der Hauptsache aufgrund des Rechtsbehelfs darüber entschieden ist, ob der angefochtene Verwaltungsakt Bestand hat. Ein unzulässiger Rechtsbehelf kann nicht zu einer solchen Hauptsachen-Entscheidung führen. Dementsprechend gibt es keinen Grund, ihm aufschiebende Wirkung beizumessen.[53]

Zu überbrücken ist allerdings eine Phase der Unsicherheit, in der noch nicht ge- 43
klärt ist, ob der Rechtsbehelf zulässig ist. Sofern alle Beteiligten die aufschiebende Wirkung annehmen, bestehen keine Rechtsschutzprobleme. Es kann aber sein, dass einer der Beteiligten die aufschiebende Wirkung des Rechtsbehelfs in Abrede stellt und dementsprechend handelt, z. B. die ihm erteilte Genehmigung vollzieht, s. J 164. In einer solchen Situation hilft der Grundsatz nicht weiter, nur der evident unzulässige Rechtsbehelf habe keine aufschiebende Wirkung, weil regelmäßig diese Evidenz zwischen den Beteiligten auch strittig sein wird. Der Anfechtende muss daher in jedem Falle das Verwaltungsgericht anrufen, um einstweiligen Rechtsschutz zu erhalten. Aus seiner Sicht handelt es sich um einen Fall des (drohenden) faktischen Vollzugs, vgl. J 156 ff. Das Feststellungsverfahren gem. § 80 Abs. 5 analog bietet dann differenzierte Entscheidungskriterien und -varianten, um das Problem „aufschiebende Wirkung des unzulässigen Rechtsbehelfs" zu bewältigen, vgl. im einzelnen J 162. Das Problem der aufschiebenden Wirkung des möglicherweise unzulässigen Rechtsbehelfs ist also nicht im Rahmen des § 80 Abs. 1, sondern sachgerecht ausschließlich im Verfahren gem. § 80 Abs. 5 analog zu lösen.

Sofern die aufschiebende Wirkung des Rechtsbehelfs im Hinblick auf eine mög- 44
liche Unzulässigkeit problematisch ist, sollte der **Anwalt** prüfen, ob er einen Antrag gem. § 80 Abs. 5 analog mit dem Ziel stellt, die aufschiebende Wirkung des Rechtsbehelfs zumindest so lange festzustellen, bis über seine Zulässigkeit entschieden ist, vgl. J 162.

2. Sofortige Vollziehbarkeit kraft Gesetzes, § 80 Abs. 2 Nr. 1 bis 3

§ 80 Abs. 2 Nr. 1 bis 3 sehen vor, dass Rechtsbehelfe im Sinne des § 80 Abs. 1 45
Satz 1 in bestimmten Fällen von Gesetzes wegen keine aufschiebende Wirkung haben. Sofern der Bürger sich in diesen Fällen (einstweilen) von der aus dem Verwaltungsakt resultierenden Verpflichtung befreien will, muss er gem. § 80 Abs. 5 beim Verwaltungsgericht beantragen, die aufschiebende Wirkung seines Rechtsbehelfs herzustellen.

---

[51] *Redeker/von Oertzen,* § 80, Rdn. 11.

[52] *OVG Koblenz,* 28. 2. 1972 – 2 B 11/72 – NJW 72, 1213; *VGH Mannheim,* 15. 12. 1977 – X 2806/77 – NJW 78, 719, 720; *OVG Münster,* 6. 7. 1989 – 7 B 1861/89 – NVwZ-RR 90, 378.

[53] So *OVG Münster,* 18. 7. 1974 – XII B 422/74 – NJW 75, 794.

a) Öffentliche Abgaben und Kosten, § 80 Abs. 2 Nr. 1

46 Gem. § 80 Abs. 2 Nr. 1 entfällt die aufschiebende Wirkung bei der Anforderung von öffentlichen Abgaben und Kosten. Im Fiskal-Interesse muss sichergestellt werden, dass der in Haushalten vorgesehene Finanzbedarf zeitgerecht gedeckt wird.[54] § 80 Abs. 2 Nr. 1 verhindert, dass Rechtsbehelfe – ungeachtet der Erfolgsaussichten – nur eingelegt werden, um einen Zahlungsaufschub zu erreichen und gewährleistet so, dass Geldzahlungspflichten regelmäßig alsbald nach Festsetzung erfüllt werden.

Öffentliche **Abgaben** umfassen zunächst nach der klassischen abgabenrechtlichen Definition **Steuern, Beiträge** und **Gebühren,** vgl. z.B. § 1 Abs. 1 KAG Nordrhein-Westfalen.

47 **Steuern** sind öffentlich-rechtliche Geldleistungen, die keine Gegenleistung für eine besondere Leistung darstellen und von einem öffentlich-rechtlichen Gemeinwesen zur Erzielung von Einnahmen auferlegt werden, vgl. § 3 Abs. 1 AO.

§ 80 Abs. 2 Nr. 1 erfasst im wesentlichen Steuerbescheide, die die örtlichen Verbrauch- und Aufwandsteuern gem. Art. 105 Abs. 2a GG („Gemeindesteuern") zum Gegenstand haben. Für entsprechende Rechtsstreitigkeiten ist nach der enumerativen Regelung des § 33 FGO der Finanzgerichtsweg nicht gegeben; es sind vielmehr die Verwaltungsgerichte gem. § 40 zuständig. Im einzelnen geht es um die Gewerbesteuer, Getränkesteuer, Vergnügungssteuer, Jagdsteuer, Hundesteuer und Zweitwohnungssteuer usw.[55]

48 **Gebühren** sind öffentlich-rechtliche Geldleistungen, die für eine besondere Inanspruchnahme der Verwaltung von demjenigen erhoben werden, auf dessen Veranlassung oder in dessen Interesse die Inanspruchnahme erfolgte, vgl. § 4 Abs. 2 KAG Nordrhein-Westfalen. Die besondere Inanspruchnahme der öffentlichen Verwaltung kann in der Vornahme von Amtshandlungen (Verwaltungsgebühren) oder in Benutzung einer Anstalt oder anderen öffentlichen Einrichtung (Benutzungsgebühr) liegen.

49 **Beispiele:**
- Gebühr für die Versagung einer Genehmigung;[56]
- Gebühr für die Nutzung des gemeindlichen Versammlungssaals (bei öffentlich-rechtlicher Ausgestaltung des Nutzungsverhältnisses);
- Fluggesellschaften auferlegte „Sicherheitsgebühr" für die Durchsuchung von Fluggästen;[57]
- Zweitstudiengebühr;[58]
- Beerdigungskosten, die vom Bestattungspflichtigen verlangt werden, fallen als Kostenersatzforderungen nicht unter den Begriff der Gebühren.[59]

50 **Beiträge** schließlich sind öffentlich-rechtliche Geldleistungen, die zur vollen oder teilweisen Deckung des Aufwands einer öffentlichen Einrichtung von demjenigen erhoben werden, dem die Herstellung oder der Bestand der Einrichtung besondere Vorteile gewährt, wobei die Zahlungsverpflichtung unabhängig davon

---

54 *VGH München,* 3. 6. 1991 – 7 CS 91 1104 – BayVBl. 92, 54.
55 Vgl. *Birk* in *Driehaus,* Kommunalabgabenrecht, § 3 KAG NRW, Rdn. 61 ff.
56 *OVG Berlin,* 13.12 1994 – 2 S 6/94 – NVwZ-RR 95, 433 = DÖV 95, 432 [Ls.].
57 *OVG Saarlouis,* 22. 1. 1992 – 1 W 113/91 – NVwZ 92, 699.
58 *VGH München,* 2. 12. 1999 – 7 CS 99 2013 – BayVBl. 00, 724.
59 *VGH Mannheim,* 9. 9. 1999 – 1 S 1306.99 – NVwZ-RR 00, 189.

besteht, ob dieser die fraglichen Vorteile in Anspruch nimmt, vgl. § 8 Abs. 2 KAG Nordrhein-Westfalen.

Beispiele: 51

- Beiträge zu berufsständischen Kammern,
- Erschließungsbeiträge,
- Ausbaubeiträge,
- Straßenreinigungsbeiträge etc,
- nicht: Beiträge gem. § 4 Abs. 2 Nr. 3 WHG,[60]
- nicht: Kostenerstattungsanspruch (für Haus- und Grundstücksanschlüsse).[61]

Die Regelung des § 80 Abs. 2 Nr. 1 kann nicht dadurch umgangen werden, dass im Wege vorbeugenden Rechtsschutzes gem. § 123 die Realisierung des Vorhabens verhindert wird, das die Beitragspflicht auslösen wird.[62] 52

Der Abgabenbegriff im Sinne des § 80 Abs. 2 Nr. 1 umfasst jedoch nicht nur die Abgaben im Sinne des § 1 AO. Vielmehr fallen unter diesen Begriff auch alle sonstigen öffentlich-rechtlichen Zahlungsverpflichtungen, sofern sie (auch) auf die planmäßige Finanzierung notwendiger staatlicher Aufgaben abzielen.[63] Die Judikatur zur Qualifizierung einzelner öffentlich-rechtlicher Geldleistungspflichten ist reichhaltig und kontrovers.[64] 53

Beispiele: 54

- Heranziehung der Gemeinde zur Kreisumlage,[65]
- Fehlbelegungsabgabe,[66]
- Säumniszuschlag,[67]
- Sanierungs-Ausgleichsbetrag,[68] § 212a Abs. 2 BauGB regelt nunmehr ausdrücklich, dass Rechtsbehelfe keine aufschiebende Wirkung haben.

Kosten sind die Kosten des Verwaltungsverfahrens, des Widerspruchsverfahrens und des Vollstreckungsverfahrens.[69] Dabei erfasst § 80 Abs. 2 Nr. 1 ausschließlich 55

---

[60] *VGH Kassel,* 9. 10. 1996 – 7 TG 1496/96 – DVBl. 97, 509.

[61] *OVG Münster,* 1. 2. 2001 – 1 M 80/00 – DÖV 01, 610 [Ls.].

[62] *OVG Lüneburg,* 17. 1. 1994 – 9 M 4459/93 – NVwZ-RR 95, 364.

[63] *BVerwG,* 17. 12. 1992 – 4 C 30.90 – NVwZ 93, 1112 = BayVBl. 93, 311 = ZfBR 93, 145 = UPR 93, 218; *VGH München,* 3. 6. 1991 – 7 CS 91 1104 –, BayVBl. 92, 54; *VGH Kassel,* 14. 1. 1991 – 6 TH 3410/90 – NVwZ-RR 92, 378; s.a. *Pietzner/Ronellenfitsch,* § 54, Rdn. 4.

[64] Ausführliche Nachweise bei *Redeker/von Oertzen,* § 80, Rdn. 16; *Pietzner/Ronellenfitsch,* § 54, Rdn. 4.

[65] *VGH Kassel,* 14. 1. 1991 – 6 TH 3410/90 – NVwZ-RR 92, 378.

[66] *OVG Koblenz,* 21. 5. 1992 – 7 B 10444/92 – NVwZ-RR 92, 1426; *VGH München,* 3. 6. 1991 – 7 CS 91 1104 – BayVBl. 92, 54 = DVBl. 91, 1325 (Ls.); *OVG Hamburg,* 23. 4. 1991 – Bs II. 16/91 – NVwZ-RR 92, 318; *OVG Berlin,* 8. 4. 1986 – 2 S 65/86 – NVwZ 87, 61; *OVG Münster,* 3. 9. 1992 – 14 B 684/92 – NVwZ-RR 93, 269 = DVBl. 93, 564 (ausdrückliche Aufgabe der bislang entgegenstehenden Rechtsprechung).

[67] *VGH Kassel,* 27. 9. 1994 – 5 TH 1485/93 – NVwZ-RR 95, 158.

[68] Zur Rechtslage vor Inkrafttreten von § 212a Abs. 2 BauGB: *BVerwG,* 17. 12. 1992 – 4 C 30.90 – NVwZ 93, 1112 = BayVBl. 93, 311 = ZfBR 93, 145.

[69] Nicht dagegen Geldleistungen im Rahmen einer Zwangsvollstreckung, z.B. Kosten der Ersatzvornahme, vgl. *OVG Berlin,* 13. 4. 1995 – 2 S 3/95 – NVwZ-RR 95, 575; *VGH Mannheim,* 16. 1. 1991 – 8 S 34/912 – NVwZ-RR 91, 512; **a. A.** *VGH München,* 27. 6.

die isolierte, selbständige Kostenanforderung, nicht dagegen Kostenentscheidungen, die neben oder in Zusammenhang mit einer Sachentscheidung ergehen.[70]

Hinweise:

- Der Widerspruch gegen einen Verwaltungsakt, der nicht die Anforderung öffentlicher Abgaben und Kosten i. S. d. § 80 Abs. 2 Nr. 1, sondern den **Vollzug** eines solchen Verwaltungsakts betrifft (z. B. Pfändungs- und Überweisungsbeschluss), hat aufschiebende Wirkung.[71]
- Der Widerspruch gegen einen Verwaltungsakt, der die **Kosten der Ersatzvornahme** im Vollstreckungsverfahren zum Gegenstand hat, fällt nicht unter § 80 Abs. 2 Nr. 1 und hat daher aufschiebende Wirkung.[72]

b) Polizeivollzugsmaßnahmen, § 80 Abs. 2 Nr. 2

57 Die aufschiebende Wirkung von Rechtsbehelfen entfällt gem. § 80 Abs. 2 Nr. 2 bei unaufschiebbaren Anordnungen und Maßnahmen von Polizeivollzugsbeamten. Diese Vorschrift erfaßt nur die Verwaltungsakte, die von Angehörigen der Vollzugspolizei erlassen werden, nicht dagegen Entscheidungen, die von sonstigen Ordnungsbehörden getroffen werden. § 80 Abs. 2 Nr. 2 gilt gleichermaßen für die durch Verkehrszeichen getroffenen Allgemeinverfügungen.[73]

c) Spezielle gesetzliche Regelungen, § 80 Abs. 2 Nr. 3

58 Der Bundes- und der Landesgesetzgeber (nicht der Bundesverordnungsgeber, nicht der Landes-Verordnungsgeber) kann Rechtsbehelfen durch spezialgesetzliche Regelungen die aufschiebende Wirkung nehmen.

aa) Bundesgesetzliche Regelungen

59 Die VwGO verlieh dem Bundesgesetzgeber seit jeher die Befugnis durch eine gesetzliche Vorschrift den Rechtsbehelfen gegen bestimmte Verwaltungsakte die aufschiebende Wirkung zu nehmen. Dies ist in großen Zahl von Fällen geschehen.[74]

Beispiele:

AbwasserabgabenG	§ 12a AbwasserabgabenG: **Abgabenbescheide** nach dem AbwasserabgabenG;
Allgemeines EisenbahnG	§ 20 Abs. 5 bzw. § 21 Abs. 7 Allgemeines EisenbahnG: **Planfeststellungsbeschlüsse** und **Plangenehmigungen** für Schienenwege des Bundes (sofern gesetzlich vordringlicher Bedarf festgestellt worden ist) bzw. Beschlüsse über die **vorzeitige Besitzeinweisung;**

1994 – 20 CS 94 1270 – NVwZ-RR 94, 618 = DÖV 94, 1013 = DVBl. 94, 1260 [Ls.]; *VGH München,* 15. 11. 1993 – 22 CS 93 1481 – NVwZ-RR 94, 471 = BayVBl. 94, 371.

[70] Strittig, wie hier: *Redeker/von Oertzen,* § 80, Rdn. 15a; *Pietzner/Ronellenfitsch,* § 54, Rdn. 10; *OVG Lüneburg,* 19. 5. 1992 – 3 M 1398/92 – NVwZ-RR 93, 279; **a. A.** *VGH Kassel,* 13. 3. 1997 – 14 TG 4045.96 – NVwZ-RR 98, 463; *VG Göttingen,* 16. 9. 1999 – 33 B 386.99 – NVwZ-RR 00, 650; *VG Saarlouis,* 14. 12. 1994 – 11 F 119/94 – NVwZ-RR 95, 365.

[71] *VGH München,* 4. 12. 1992 – 4 Cs 92 2561 – NJW 93, 953.

[72] *OVG Berlin,* 3. 3. 1997 – 2 S 24.96 – NVwZ-RR 99, 156.

[73] *BVerwG,* 7. 11. 1977 – VII B 135/77 – NJW 78, 656; *VGH München,* 18. 9. 1991 – 11 CS 91 2202 – BayVBl. 92, 177 und 27. 11. 1986 – 11 CS 86 02244 – BayVBl. 87, 372.

[74] Vgl. auch Nachweise bei *Redeker/von Oertzen,* § 80, Rdn. 18 und *Pietzner/Ronellenfitsch,* § 54, Rdn. 17.

AsylverfahrensG	§ 75 AsylverfahrensG: Entscheidungen nach diesem Gesetz;
AusländerG	§ 72 Abs. 1 AusländerG: **Versagung** des Antrages auf Erteilung oder Verlängerung einer **Aufenthaltsgenehmigung;**
BauGB	§ 212a Abs. 1 BauGB: **Baugenehmigung** oder sonstige Bescheide über die bauaufsichtliche Zulassung eines Vorhabens, bei Rechtsbehelf eines Dritten, vgl. auch unten K 18ff. und K 105;
	§ 212a Abs. 2 BauGB: **Kostenerstattungsbescheid** für Ausgleichsmaßnahmen gem. § 135a Abs. 3 BauGB;[75]
	§ 212a Abs. 2 BauGB: **Sanierungsausgleichsbetrag** gem. § 154 Abs. 1 BauGB;[76]
Beamtenrechtsrahmen G	§ 126 Abs. 3 Nr. 3 BeamtenrechtsrahmenG: **Abordnung** und **Versetzung** von Beamten;[77]
BundesbesoldungsG	§ 27 Abs. 4 Satz 4 BundesbesoldungsG: Entscheidungen über die Gewährung einer (höheren) Leistungsstufe bzw. die Hemmung des Aufstiegs im Besoldungsrecht der Beamten;[78]
BundesfernstraßenG	§ 17 Abs. 6a Satz 1 bzw. § 18f Abs. 6a BundesfernstraßenG: **Planfeststellungsbeschlüsse** und **Plangenehmigungen** für Bundesfernstraßen (sofern gesetzlich vordringlicher Bedarf festgestellt worden ist) bzw. Beschlüsse über die **vorzeitige Besitzeinweisung;**
BundessozialhilfeG	§ 90 Abs. 3 BundessozialhilfeG: **Überleitungsanzeige** (Verwaltungsakt, mit dem Unterhaltsansprüche des Sozialhilfeempfängers auf den Sozialhilfeträger übergeleitet werden, soweit dieser Sozialhilfe geleistet hat), s. a. K 526;
BundesstatistikG	§ 15 Abs. 6 BundesstatistikG: Aufforderung zur Auskunftserteilung, s. auch unten J 67.
BundeswasserstraßenG	§ 20 Abs. 7 BundeswasserstraßenG: Beschlüsse über die **vorzeitige Besitzeinweisung;**
InvestitionsvorrangG	§ 12 Abs. 1 InvestitionsvorrangG: **Investitionsvorrangbescheid** zur Überwindung der Verfügungssperre bei restitutionsbefangenen Vermögenswerten im Beitrittsgebiet (§ 3 Abs. 3 bis Abs. 5 Vermögensgesetz), wenn der Begünstigte einen besonderen Investitionszweck verfolgt (bei Rechtsbehelf des Restitutionsgläubigers);
KreditwesenG	§ 49 KreditwesenG: Entscheidungen, die die Kreditinstituten erteilte **Erlaubnis aufheben** oder einschränken bzw. die Geschäftsführungs- oder Gesellschafterbefugnisse im Gläubigerinteresse einschränken;
LuftverkehrsG	§ 27e Abs. 7 LuftverkehrsG: Beschlüsse über die **vorzeitige Besitzeinweisung;**
Personenbeförderungs G	§ 29 Abs. 6 bzw. Abs. 7 PersonenbeförderungsG: **Planfeststellungsbeschlüsse** oder **Plangenehmigungen** für den Bau oder die Änderung von Betriebsanlagen für die Straßenbahn bzw. Beschlüsse über die **vorzeitige Besitzeinweisung;**
RaumordnungsG	§ 7 Abs. 2 RaumordnungsG: Verfügung der Raumordnungsbehörde **raumbedeutsame Planungen** und Maßnahmen einstweilen **zu unterlassen;**
Rechtsmittelbeschränkungs G	Gesetz zur Beschränkung von Rechtsmitteln in der Verwaltungsgerichtsbarkeit (Artikel 13 des Investitionserleichterungs- und WohnbaulandG):

[75] Dazu *Mainczyk/Bonnmann,* ZfBR 97, 281.
[76] Dazu *Mainczyk/Bonnmann,* ZfBR 97, 281.
[77] Dazu *Schnellenbach,* NVwZ 97, 521, 523.
[78] Dazu *Schnellenbach,* NVwZ 97, 521, 524.

	Alle Arten von **Vorhabengenehmigungen** und **Planfeststellungsbescheiden** in den **neuen Bundesländern** (bei Rechtsbehelf eines Dritten); diese Sonderregelung ist befristet gewesen bis zum 31. Dezember 2001;[79]
StraßenverkehrsG	§ 4 Abs. 7 StVG: **Entziehung der Fahrerlaubnis** gem. § 4 Abs. 3 Nr. 3 StVG wegen 18 oder mehr Punkten, vgl. K 498 a ff.
TelekommunikationsG	§ 80 Abs. 2 TelekommunikationsG: Entscheidungen der Regulierungsbehörde;
TierseuchenG	§ 80 Nr. 3 TierseuchenG: Maßnahmen nach diesem Gesetz oder nach auf der Grundlage dieses Gesetzes erlassenen Rechtsverordnungen, z. B. BSE-SchutzVO.[80]
Verkehrswege-planungG	§ 5 Abs. 2 Satz 1 VerkehrswegeplanungsbeschleunigungsG: **Planfeststellungsbeschlüsse** für Verkehrswege in den neuen Bundesländern;
WehrpflichtG	§ 33 Abs. 4 Satz 2, § 35 Satz 1 WehrpflichtG: **Einberufungsbescheid** im Falle des Widerspruchs sowie Einberufungsbescheid bzw. Musterungsbescheid im Falle der Anfechtungsklage; **Hinweis:** Der Einberufungsbescheid ergeht in Ausführung eines vollziehbaren Musterungsbescheids. Die aufschiebende Wirkung eines Widerspruchs gegen den Musterungsbescheid hat die Rechtswidrigkeit eines gleichwohl erlassenen Einberufungsbescheids zur Folge, vgl. § 21 Abs. 1 WehrpflichtG, § 13 Abs. 1 MustVO.
ZivildienstG	§ 74 ZivildienstG: **Einberufungsbescheid** bzw. Umwandlungsbescheid gem. § 19 Abs. 2 ZivildienstG;

60 Der Gesetzgeber versucht in den letzten Jahren immer wieder die Beschleunigung von Verfahren durch die Verkürzung von Rechtsschutz zu erreichen. Inzwischen gehören Regelungen gem. § 80 Abs. 2 Nr. 3 zum „gesetzgeberischen Standardprogramm" für Gesetzes-Novellen. Das ist **verfassungsrechtlich bedenklich.**

Die nach § 80 Abs. 1 für den Regelfall vorgeschriebene aufschiebende Wirkung von Widerspruch und verwaltungsgerichtlicher Klage ist eine adäquate Ausprägung der verfassungsrechtlichen Rechtsschutzgarantie und „ein fundamentaler Grundsatz des öffentlich-rechtlichen Prozesses". § 80 Abs. 1 und § 80 Abs. 2 stehen daher in einem grundgesetzlich bestimmten Regel-Ausnahmeverhältnis, vgl. sogleich J 71. Die extensive Nutzung der Ermächtigungsgrundlage in § 80 Abs. 2 Nr. 3 wird zu einer „schleichenden" Umkehr dieses Verhältnisses führen; legt man einen rein quantitativen Maßstab (Fallhäufigkeit) an, so hat § 212 a BauGB diese Umkehr bereits bewirkt.

---

[79] *OVG Bautzen,* 15. 3. 1994 – 1 S 633/93 – DÖV 94, 614; die Bestimmung erfaßt nicht Verwaltungsakte, die unter der Geltung früheren Rechts erlassen worden sind; *Gaßner/Groth,* LKV 93, 189 halten die Regelung wegen Verstoßes gegen Art. 3 Abs. 1 GG für verfassungswidrig.

[80] Zur sofortigen Vollziehbarkeit von Tötungsanordnungen nach der BSE-SchutzVO s. *OVG Frankfurt (Oder),* 5. 6. 1997 – 4 B 65/97 – NVwZ 97, 811; *OVG Münster,* 21. 5. 1997 – 13 B 561/97 – NVwZ 97, 809; *OVG Koblenz,* 3. 2. 1997 – 6 B 11871/96 – NVwZ 97, 408; *OVG Lüneburg,* 10. 2. 1997 – 3 M 856/97 – NVwZ 97, 407; *VGH Mannheim,* 10. 6. 1997 – 7 S 662/97 – NVwZ-RR 98, 31; *VGH Mannheim,* 12. 2. 1997 – 7 S 430/97 – NVwZ 97, 405 = DVBl. 97, 661.

bb) Landesgesetzliche Regelungen

Der Landesgesetzgeber ist befugt durch eine gesetzliche Regelung Rechtsbehelfen die gegen Verwaltungsakte gerichtet sind, die auf der Grundlage von Landesrecht erlassen werden, die aufschiebende Wirkung zu nehmen. Diese Kompetenz hat ihm das 6. VwGO-Änderungsgesetz mit Wirkung vom 1. Januar 1997 verschafft. **61**

Gegen die Regelung bestehen **rechtspolitische Bedenken:** In einem wichtigen verwaltungsprozessualen Bereich wird der Rechtszersplitterung der Weg bereitet.[81] **62**

Schwerer wiegen die **verfassungsrechtlichen Bedenken:** Die in § 80 Abs. 1 statuierte aufschiebende Wirkung von Widerspruch und verwaltungsgerichtlicher Klage ist eine adäquate Ausprägung der verfassungsrechtlichen Rechtsschutzgarantie und „ein fundamentaler Grundsatz des öffentlich-rechtlichen Prozesses", s. J 71. Wenn die Landesgesetzgeber von der ihnen durch § 80 Abs. Nr. 3 eingeräumten Kompetenz extensiven Gebrauch machen, droht eine endgültige Umkehrung dieses verfassungsrechtlich gebotenen Regel-Ausnahmeverhältnisses. Die rechtsetzende Tätigkeit der Landesgesetzgeber wird unter diesem Gesichtspunkt besonders kritisch zu begleiten sein. Die Realisierung eines gesetzgeberischen Programms, das praktisch einen weitgehenden Funktionsverlust von § 80 Abs. 1 zur Folge hat, ist jedenfalls bei verfassungskonformen Verständnis der Ermächtigungsgrundlage nicht gedeckt. Dies gilt insbesondere dann, wenn gestützt auf § 80 Abs. 2 Nr. 3 vermehrt auch in Fällen ausschließlich zweipoliger Rechtsverhältnisse die sofortige Vollziehbarkeit gesetzlich begründet wird. Nach der Vorgabe des Gesetzgebers soll von der legislativen Kompetenz insbesondere in Fällen Gebrauch gemacht werden, in denen es um Verwaltungsakte mit Doppelwirkung geht, die Investitionen oder die Schaffung von Arbeitsplätzen betreffen.[82] Diese Fälle werden eher durch die Konkurrenz privater Interessen geprägt, vgl. J 85 ff. Das Ausschalten der aufschiebenden Wirkung ist hier daher mit dem System eines vorläufigen Rechtsschutzes eher vereinbar, der primär auf die Eingriffe der öffentlichen Gewalt ausgerichtet ist. **63**

Die Landesgesetzgeber haben bislang – soweit ersichtlich – von der ihnen durch § 80 Abs. 2 Nr. 3 eingeräumten Kompetenz nur in geringem Umfang Gebrauch gemacht. **64**

Beispiel:

§ 69 Abs. 6 Satz 3 BauO Bbg.: Widerspruch des Bauherrn gegen eine Verfügung, mit der ihm die Realisierung eines genehmigungsfreien Vorhabens untersagt wird.
§ 90 Abs. 3 Satz 3 BauO Bbg.: Widerspruch der Gemeinde gegen die Ersetzung des gemeindlichen Einvernehmens im Baugenehmigungsverfahren.

§ 80 Abs. 2 Satz 2 ermächtigt die Länder ferner zu der Bestimmung, dass Rechtsbehelfe keine aufschiebende Wirkung haben, soweit sie sich gegen Maßnahmen richten, die in der Verwaltungsvollstreckung getroffen werden. Die Länder haben von dieser Ermächtigung[83] Gebrauch gemacht: **65**

---

[81] *Kuhla/Hüttenbrink,* DVBl. 96, 717.
[82] Kritisch zu dieser gesetzgeberischen Vorgabe *Ruffert,* NVwZ 97, 654, 655.
[83] Diese Ermächtigung ergab sich bis zum 31. Dezember 1996 aus § 187 Abs. 3 a. F.

Land	Gesetz
Baden-Württemberg	§ 12 VwVG
Bayern	Art. 38 Abs. 4 VwZVG
Berlin	§ 4 AGVwGO
Brandenburg	§ 39 VwVG
Bremen	Art. 11 AGVwGO
Hamburg	§ 8 AGVwGO
Hessen	§ 12 AGVwGO
Mecklenburg-Vorpommern	§ 99 SOG
Niedersachsen	§ 42 Abs. 4 SOG und § 66 VwVG
Nordrhein-Westfalen	§ 8 AGVwGO
Rheinland-Pfalz	§ 16 Abs. 5 VwVG
Saarland	§ 18 AGVwGO
Sachsen	§ 11 VwVG
Sachsen-Anhalt	§ 9 AGVwGO
Schleswig-Holstein	§ 223 Abs. 1 LVwG
Thüringen	§ 8 AGVwGO

66 § 80 Abs. 2 Satz 2 nimmt Rechtsbehelfen nur dann die aufschiebende Wirkung, wenn sie sich gegen Maßnahmen „in der Zwangsvollstreckung" richten.

Beispiel:
Pfändungs- und Einziehungsverfügung[84]

Damit beschränkt sich die Geltung dieser Regelung auf die eigentlichen Vollstreckungsmaßnahmen. Maßnahmen, die der Vollstreckung nachfolgen, werden nicht erfasst.

Beispiel:
Anforderung von Kosten, die durch eine Ersatzvornahme entstehen werden[85] oder entstanden sind;[86] s. auch J 56.

67 Schon vor der Ergänzung des § 80 Abs. 2 Nr. 3 hat der Bundesgesetzgeber in **§ 25 BundesstatistikG**[87] geregelt, das Landesgesetz könne bestimmen, dass Rechtsbehelfe gegen die Aufforderung zur Auskunftserteilung zur Durchführung von Landes- und Kommunalstatistiken keine aufschiebende Wirkung haben. Die Landesgesetzgeber haben von dieser Ermächtigung Gebrauch gemacht, vgl. z.B. § 15 Abs. 6 LandesstatistikG Berlin.[88]

[84] *VG Chemnitz,* 1. 9. 1998 – 1 K 1546.98 – LKV 99, 517.
[85] *VG Hannover,* 27. 5. 1997 – 11 B 2526.97 – NVwZ-RR 98, 311.
[86] *VGH Mannheim,* 5. 2. 1996 – 5 S 334.96 – NVwZ-RR 97, 74 m. w. N.; **a. A.** *OVG Berlin,* 3. 3. 1997 – 2 S 24/96 – NVwZ-RR 99, 156 m. w. N.
[87] BGBl. I 87, 462.
[88] GVBl. Berlin 92, 365.

3. Behördliche Anordnung der sofortigen Vollziehbarkeit, § 80 Abs. 2 Nr. 4 und Abs. 3

Gem. § 80 Abs. 2 Nr. 4 kann die Ausgangsbehörde bzw. die Widerspruchsbehörde dem Rechtsbehelf durch gesonderte, ausdrückliche[89] Anordnung die aufschiebende Wirkung nehmen, sofern die sofortige Vollziehung des Verwaltungsaktes im öffentlichen Interesse oder im überwiegenden Interesse eines Beteiligten liegt.[90] 68

a) *Materielle Anordnungsvoraussetzungen im Normalfall*

Nach der klaren gesetzlichen Systematik stellt die **aufschiebende Wirkung** des Rechtsbehelfs gem. § 80 Abs. 1 den **Regelfall** dar, während es sich bei der **Anordnung** der **sofortigen Vollziehbarkeit** gem. § 80 Abs. 2 Nr. 4 um den **Ausnahmefall** handelt. Dieses vom Gesetz vorgegebene Regel-Ausnahmeverhältnis muss von Verfassungs wegen auch in der Verwaltungspraxis Geltung behalten. Art. 19 Abs. 4 GG verbietet die Umkehrung dieses Regel-Ausnahmeverhältnisses durch eine „großzügige" Anordnungspraxis.[91] 69

Ein bestimmtes öffentliches Interesse kann die Anordnung der sofortigen Vollziehbarkeit rechtfertigen, wenn es zwei Anforderungen genügt: 70

- Die gesetzliche Ermächtigung zum Erlass eines belastenden Verwaltungsaktes ist im Rechtsstaat nur wirksam, wenn sie im öffentlichen Interesse liegt. Dieses allgemeine öffentliche Interesse allein kann daher schon aus systematischen Gründen eine Sofortvollzugsanordnung nicht rechtfertigen. Es muss sich vielmehr um ein **spezifisches öffentliches Interesse** handeln, das über jenes Interesse hinausgeht, das den Erlass des Verwaltungsaktes rechtfertigt.[92]
- Dieses spezifische öffentliche Interesse muss zudem gewichtiger sein als das **Interesse des Adressaten** an der aufschiebenden Wirkung (auch: **Suspensivinteresse**[93]), das im Regelfall (§ 80 Abs. 1) von Verfassungs wegen (Art. 19 Abs. 4 GG) Vorrang hat.

Das BVerfG hat zu dieser Interessenabwägung und ihren verfassungsrechtlichen Grundlagen sehr plastisch folgendes ausgeführt: 71

„Die nach § 80 Abs. 1 VwGO für den Regelfall vorgeschriebene aufschiebende Wirkung von Widerspruch und verwaltungsgerichtlicher Klage ist eine adäquate Ausprägung der verfassungsrechtlichen Rechtsschutzgarantie und ‚ein fundamentaler Grundsatz des öffentlich-rechtlichen Prozesses' (*BVerfGE* 35, 263 [272]). An-

---

[89] *VGH Mannheim,* 30. 4. 94 – 1 S 1144/94 – DVBl. 95, 302: eine konkludente Anordnung kommt nicht in Betracht.

[90] Zu der Frage, unter welchen Voraussetzungen die einem begünstigenden Verwaltungsakt beigegebenen belastenden Nebenbestimmungen für sofortig vollziehbar erklärt werden können s. *OVG Lüneburg,* 18. 11. 1991 – 12 M 7489/91 – NVwZ-RR 92, 387.

[91] *BVerfG,* 18. 7. 1973 – 1 BvR 23 und 155/73 – NJW 74, 227 = BVerfGE 35, 382, 402; *BVerfG, 3. Kammer des Ersten Senats,* 19. 2. 1991 – 1 BvR 1548/90 – NVwZ-RR 91, 365; *Redeker/von Oertzen,* § 80, Rdn. 20 m. w. N.

[92] *BVerfG,* 18. 7. 1973 – 1 BvR 23 und 155/73 – BVerfGE 35, 382, 402 = NJW 74, 227; *OVG Münster,* 12. 1. 1998 – 10 B 3025.97 – NVwZ 98, 977 = BauR 98, 537; *OVG Hamburg,* 15. 12. 1983 – BS I 112/83 – NVwZ 84, 256; *Redeker/von Oertzen,* § 80, Rdn. 20.

[93] Zur Unschärfe dieses Begriffs s. oben J 8.

dererseits gewährleistet Art. 19 Abs. 4 GG die aufschiebende Wirkung der Rechtsbehelfe im VerwaltungsProzess nicht schlechthin (vgl. *BVerfGE* 11, 232 [233]; 35, 263 [274]). Überwiegende öffentliche Belange können es rechtfertigen, den Rechtsschutzanspruch des Grundrechtsträgers einstweilen zurückzustellen, um unaufschiebbare Maßnahmen im Interesse des allgemeinen Wohls rechtzeitig in die Wege zu leiten. Dies muss jedoch die Ausnahme bleiben. Eine Verwaltungspraxis, die dieses Regel-Ausnahmeverhältnis umkehrte, indem z.B. Verwaltungsakte der vorliegenden Art generell für sofort vollziehbar erklärt werden, und eine Rechtsprechung, die eine solche Praxis billigt, wären mit der Verfassung nicht vereinbar.

Für die sofortige Vollziehung eines Verwaltungsaktes ist daher ein besonderes öffentliches Interesse erforderlich, das über jenes Interesse hinausgeht, das den Verwaltungsakt selbst rechtfertigt. Zwar läßt sich nicht allgemein, sondern nur im Einzelfall bestimmen, wann der Rechtsschutzanspruch des Einzelnen ausnahmsweise hinter die öffentlichen Belange zurücktreten muss und wann es der Exekutive durch Art. 19 Abs. 4 GG verwehrt ist, der gerichtlichen Prüfung ihrer Maßnahmen vorzugreifen. Aus dem Zweck der Rechtsschutzgarantie und dem Verfassungsgrundsatz der Verhältnismäßigkeit ergibt sich aber wenigstens soviel: der Rechtsschutzanspruch des Bürgers ist um so stärker und darf um so weniger zurückstehen, je schwerwiegender die ihm auferlegte Belastung ist und je mehr die Maßnahmen der Verwaltung Unabänderliches bewirken."[94]

72 Die Interessengewichtung entzieht sich einer weiteren abstrakten Systematisierung. In jedem Einzelfall muss vielmehr unter erschöpfender Würdigung des Sachverhalts geprüft werden, ob ein im soeben skizzierten Sinne doppelt qualifiziertes öffentliches Interesse vorliegt. Allerdings gewinnen bei dieser Prüfung bestimmte Aspekte häufig rechtliche Bedeutung:

73 Die Anordnung der sofortigen Vollziehbarkeit muss dem Gebot der **Verhältnismäßigkeit** entsprechen.

Beispiel:

A baut ohne behördliche Genehmigung seine in einer Wochenendhaus-Siedlung befindliche Laube in ein mehrgeschossiges Einfamilienhaus um. Die Bauaufsichtsbehörde verfügt mangels Genehmigungsfähigkeit den Abriß des Gebäudes und erklärt diese Entscheidung für sofortig vollziehbar, da unverzüglich dem durch das Gebäude vermittelten Eindruck der Legalität entgegengetreten werden müsse, um Nachahmer abzuschrecken.
Ein besonderes öffentlich-rechtliches Interesse, das über das allgemeine veröffentlichte Interesse hinausgeht, das der Abrißverfügung zugrunde liegt, kann im Hinblick auf die von der Behörde beschriebene „negative Vorbildwirkung" des Vorhabens bejaht werden. Auch dieses spezifische öffentliche Interesse wird jedoch regelmäßig das Suspensivinteresse des Adressaten nicht überwiegen, solange nicht rechtskräftig geklärt ist, dass das formell illegal errichtete Bauwerk nicht genehmigungsfähig ist; zu den Ausnahmen s. K 33.
Die Anordnung der sofortigen Vollziehbarkeit einer Nutzungsuntersagung wäre dagegen verhältnismäßig.[95]

73 a Das besondere öffentliche Interesse am Vollzug einer Ordnungsverfügung ist regelmäßig zu verneinen, wenn eine Behörde einen aus ihrer Sicht rechtswidrigen Zustand lange Zeit wissentlich geduldet hat.

---

[94] *BVerfG,* 18. 7. 1973 – 1 BvR 23 und 155/93 – BVerfGE 35, 382, 402 = NJW 74, 227.
[95] *VGH Kassel,* 18. 10. 1990 – 4 TH 206/89 – NVwZ-RR 91, 592.

Beispiel:
R betreibt seit den 70er Jahren mit Wissen der Wohnungsbehörde in einer dem Zweckentfremdungsrecht unterliegenden Wohnung seine Anwaltspraxis. Es besteht kein besonderes öffentliches Interesse am Sofortvollzug eines Bescheids, mit dem R verpflichtet wird, diese Wohnung dem Wohnungsmarkt wieder zuzuführen.[96]

Das besondere öffentliche Interesse an der Sofortvollzugsanordnung kann in der wirksamen Durchsetzung des **europäischen Gemeinschaftsrechts** liegen. Gemeinschaftsrechtlich kann sich dieses Interesse bis zur Verpflichtung der Behörde verdichten, den Sofortvollzug anzuordnen, vgl. unten L 64 ff. 73 b

Das Suspensivinteresse hat besonderes Gewicht, wenn die angefochtene Verfügung dem Adressaten die weitere Ausübung seiner derzeitigen **Berufstätigkeit untersagt** („öffentlich-rechtlicher Konkurs"). 74

Beispiele:
– Tierarzt E wird wegen Betruges zum Nachteil der Krankentagegeldversicherung zu einer Freiheitsstrafe von einem Jahr und sechs Monaten verurteilt; die Vollstreckung der Strafe wird zur Bewährung ausgesetzt. Ein Strafverfahren wegen Verstoßes gegen das Arzneimittelgesetz und das Lebensmittel- und Bedarfsgegenständegesetz wird gegen Zahlung einer Geldbuße in Höhe von 50 000,– Euro gem. § 153 a Abs. 2 StPO eingestellt. Die zuständige Behörde widerruft daraufhin die Approbation von F als Tierarzt und erklärt diesen Bescheid für sofortig vollziehbar.
Nach der ständigen Rechtsprechung des BVerfG läßt Art. 12 Abs. 1 GG einen Eingriff in die Freiheit der Berufswahl schon vor Rechtskraft des Hauptverfahrens als Präventivmaßnahme zur Abwendung konkreter Gefahren für wichtige Gemeinschaftsgüter zu. Überwiegende öffentliche Belange können es ausnahmsweise rechtfertigen, den Rechtsschutzanspruch des Grundrechtsträgers einstweilen zurückzustellen, um unaufschiebbare Maßnahmen im Interesse des Allgemeinwohls rechtzeitig in die Wege zu leiten.[97]
Die Anordnung der sofortigen Vollziehbarkeit im konkreten Fall ist daher gerechtfertigt, sofern die von der Behörde angestellte Gefahrenprognose auf sorgfältig ermittelten tatsächlichen Feststellungen beruht.[98]
– Untersagung gem. § 35 GewO, unten K 174 ff.;
– Widerruf und Rücknahme von gewerberechtlichen Erlaubnissen, unten K 198;
– Tätigkeit nach Zurruhesetzung als Beamter, unten K 265 ff.

Hat der Verwaltungsakt die **Abwehr konkreter Gefahren** zum Ziel, so verstärkt dies das öffentliche Interesse an seiner sofortigen Vollziehbarkeit. 75

Beispiele:
– Die Arbeitsschutzbehörde verbietet einem Tankstellenbetreiber, eine schwangere Kassiererin weiter zu beschäftigen, weil die Benzolbelastung ein Krebsrisiko begründe.[99]
– D betreibt ein Transport- und Lagerunternehmen. Er hat den Erdaushub einer Baustelle abgefahren und damit einen Steinbruch verfüllt, der im Geltungsbereich einer Verordnung zum Schutze von Landschaftsteilen lag. Die zuständige Ordnungsbehörde gab D auf, die eingebrachte Erde zu beseitigen und erklärte diese Verfügung für sofortig vollziehbar.

---

[96] *OVG Berlin,* 27. 6. 2000 – 5 S 7.00 – Das Grundeigentum 00, 1035.
[97] *BVerfG,* 2. 3. 1977 – 1 BvR 124/76 – BVerfGE 44, 105, 120.
[98] *BVerfG, 2. Kammer des Ersten Senats,* 16. 1. 1991 – 1 BvR 1326/90 – DVBl. 91, 482; s. a. *VGH Mannheim,* 22. 11. 1991 – 9 S 2743/91 – NVwZ-RR 93, 19 [sofort vollziehbarer Widerruf der Apothekenbetriebserlaubnis].
[99] *OVG Berlin,* 13. 7. 1992 – 6 S 72/92 – NVwZ 93, 198.

- Das spezifische öffentliche Interesse an einer solchen Anordnung kann gegeben sein, wenn der Steinbruch aus ökologischen Gründen baldmöglichst wiederherzustellen ist, um weitergehenden Schaden abzuwenden. Das besondere Vollziehbarkeitsinteresse ergibt sich ferner aus der Vorbildwirkung der illegalen Ablagerung.[100]
- Die Gesundheitsbehörde verbietet einem „Geistheiler", der weder eine Approbation noch eine Erlaubnis nach dem HeilpraktikerG besitzt, die weitere Berufstätigkeit.[101]

76 Zur Wahrung der Rechtsordnung hat das öffentliche Interesse besonderes Gewicht, wenn es um die Untersagung einer Tätigkeit geht, die der Adressat ohne die erforderliche Erlaubnis aufgenommen hat **(formelle Illegalität).**[102]

77 Das wirtschaftliche Unvermögen, der angefochtenen, sofort vollziehbaren behördlichen Anordnung zu entsprechen, begründet kein beachtliches Suspensivinteresse.[103]

78 Im Einzelfall kann sich aus dem Wortlaut der Ermächtigungsgrundlage ergeben, dass die Vollziehung des Verwaltungsaktes erst nach Bestandskraft zulässig ist.

Beispiel:

Die zuständige Bezirksregierung in Rheinland-Pfalz erklärt die Wahl zum Kreistag des Kreises F für das gesamte Gebiet für ungültig und ordnet – unter Anordnung der sofortigen Vollziehung – eine Wiederholungswahl an.
Gem. § 52 Abs. 1 Rheinland-Pfälzisches Kommunalwahlgesetz muss die Wiederholungswahl innerhalb von drei Monaten nach Rechtskraft der Entscheidung über die Ungültigkeit der Wahl stattfinden. Vor Bestandskraft dieser Entscheidung kann also nach dem eindeutigen Wortlaut der gesetzlichen Bestimmungen eine Wiederholungswahl nicht verlangt werden.[104]

79 Die Anordnung der sofortigen Vollziehbarkeit ist ausgeschlossen, sofern das Verwaltungsgericht die aufschiebende Wirkung des eingelegten Rechtsbehelfs gem. § 80 Abs. 5 im Hinblick auf eine vorhergehende Anordnung wieder hergestellt hat. Vor einer erneuten Anordnung muss die Behörde zunächst die Abänderung dieses Beschlusses gem. § 80 Abs. 7 herbeiführen.[105]

b) Anordnungsvoraussetzungen bei Verwaltungsakten mit Doppelwirkung

80 Gem. § 80 Abs. 2 Nr. 4 kann die Behörde die sofortige Vollziehbarkeit ferner anordnen, wenn sie im überwiegenden Interesse eines Beteiligten liegt. Damit ist der Verwaltungsakt mit Doppelwirkung angesprochen, dessen belastende Wirkung bei dem einen eine begünstigende Wirkung bei einem anderen korrespondiert.

---

[100] *VGH Kassel,* 28. 1. 1992 – 4 TH 2283/91 – NVwZ-RR 93, 13.
[101] *OVG Schleswig,* 15. 9. 1995 – 3 M 70/95 – NVwZ-RR 96, 148.
[102] *VGH Kassel,* 30. 11. 1998 – 2 TG 2652.96 – GewArch 99, 174 = UPR 99, 279 [Ls.]; *VGH Kassel,* 29. 6. 1995 – 6 TG 1560/95 – NVwZ-RR 96, 205 = DVBl. 95, 1374 [nur Ls.]; s.a. *Pietzner/Ronellenfitsch,* § 55, Rdn. 26 ff. m. w. N.
[103] *VGH Mannheim,* 3. 12. 1991 – 8 S 2850/91 – NVwZ-RR 92, 467.
[104] *OVG Koblenz,* 14. 3. 1991 – 7 B 10325/91 – NVwZ-RR 91, 502 = DÖV 91, 804; *OVG Münster,* 3. 5. 1990 – 15 B 1165/90 – NWVBl. 90, 340; *VGH München,* 12. 7. 1984 – 4 CS 84 A 1341 – NVwZ 85, 848.
[105] *OVG Bremen,* 21. 6. 1985 – 1 B 25/85 – NVwZ 86, 933; *OVG Lüneburg,* 14. 4. 1978 – VII B 98/77 – OVGE 34, 386.

§ 80 a Abs. 1 und Abs. 2 regelt erschöpfend die denkbaren Anordnungssituationen:

Beispiele: 81

– A wird aufgrund eines entsprechenden Antrages die atomrechtliche Genehmigung zur Errichtung einer zentralen Lagerstelle für radioaktive Abfälle erteilt. Grundstücksnachbarn legen gegen die Genehmigung Widerspruch ein. A beantragt die Anordnung des Sofortvollzugs.
Diese Konstellation wird durch § 80 a Abs. 1 Nr. 1 erfasst.

– Fall wie soeben. Die Behörde ordnet den Sofortvollzug an. Im Widerspruchsverfahren werden Unterlagen vorgelegt, nach denen aufgrund neuerer Erkenntnisse zu befürchten ist, dass die in der zentralen Lagerstelle für radioaktive Abfälle auftretende Strahlung durch die vorgesehene Betonummantelung nicht in ausreichendem Maße abgeschirmt wird. Die Widerspruchsführer drängen auf eine Aufhebung der Sofortvollzugsentscheidung. 82
Diese Konstellation wird durch § 80 a Abs. 1 Nr. 2 erfaßt.

– A betreibt in einem allgemeinen Wohngebiet von seinem Einfamilienhaus aus ein Speditionsunternehmen. Die Kleinlaster nutzen jeden freien Parkplatz in der näheren und weiteren Umgebung. Es findet ein 24-Stunden-Betrieb statt. Die Bauaufsichtsbehörde untersagt, veranlasst von Nachbarprotesten, A die Nutzung seines Grundstücks für die Zwecke dieses Gewerbebetriebes. A legt gegen die Nutzungsuntersagungsverfügung Widerspruch ein. Der Nachbareigentümer beantragt die Verfügung für sofortig vollziehbar zu erklären, vgl. K 137. 83
Das ist die von § 80 a Abs. 2 erfasste Konstellation.

Die Behörde darf die sofortige Vollziehbarkeit in diesen Fällen nur aufgrund eines entsprechenden **Antrags** anordnen.[106] 83 a

Die Anforderungen an die materielle Rechtmäßigkeit einer Entscheidung über die sofortige Vollziehbarkeit sind im übrigen in den Fällen des § 80 a Abs. 1 und Abs. 2 unterschiedlich. § 80 a Abs. 2 regelt den Fall des den Adressaten belastenden Verwaltungsaktes, der Dritte begünstigt. In dieser Situation ist das oben dargestellte Prüfungsschema (vgl. J 70 ff.) mit der Modifizierung anwendbar, dass das Suspensivinteresse des Adressaten nicht nur durch ein besonderes öffentliches Interesse, sondern auch durch das private Interesse des beteiligten Dritten überwunden werden kann. 84

Beispiel:
Im Fall soeben J 83 leidet der Grundstücksnachbar an in starkem Maße gesundheitsbeeinträchtigenden Schlafstörungen, die ihren Grund in den allnächtlichen Lärmbeeinträchtigungen haben.[107]

Viel schwieriger sind dagegen die Voraussetzungen für eine Anordnung der sofortigen Vollziehbarkeit in den Fällen des § 80 a Abs. 1 zu bestimmen. Hier geht es um Verwaltungsakte, die den Adressaten begünstigen und nur deshalb vom Regelungssystem der §§ 80, 80 a erfasst werden, weil sie einen Dritten belasten. Daher bedarf die Grundaussage, nach der das Suspensivinteresse des durch einen Verwaltungsakt Belasteten regelmäßig Vorrang genießt (so § 80 Abs. 1) zwingend 85

---

[106] *VG Frankfurt a. M.,* 29. 6. 2000 – 5 G 2374.00 (3) – NVwZ-RR 00, 844 m. w. N.; **a. A.** *Puttler* in *Sodan/Ziekow,* § 80 a, Rdn. 9 m. w. N.
[107] Vgl. *OVG Berlin,* 7. 9. 1990 – 2 S 14.90 – BRS 50 Nr. 206.

der Korrektur, weil ansonsten die durch einen Genehmigungsbescheid geschaffene – und eventuell grundrechtlich geschützte – Rechtsposition des Adressaten negiert würde.[108]

86 Bei der Interessenabwägung hat daher zunächst Bedeutung, ob die subjektiven Rechte des Dritten, um dessen Schutz es geht, erst mit der Realisierung einer künftig noch zu erteilenden Genehmigung oder desjenigen Teils der angegriffenen Genehmigung, der nicht für sofortig vollziehbar erklärt worden ist, verletzt werden können.[109]

87 Das private Interesse des durch Verwaltungsakt Begünstigten, die Regelung sofort auszunutzen, muss zudem nicht in einer besonderen Weise qualifiziert sein. Das ist gerechtfertigt, weil die Entscheidung über die sofortige Vollziehbarkeit eher schiedsrichterlichen Charakter hat, die dem Ausgleich widerstreitender Individualinteressen dient.[110]

88 **Beispiel:**

Der Nachbar legt gegen die erteilte immissionsschutzrechtliche Genehmigung Widerspruch ein und begründet dies mit einer vermeintlichen Verletzung von nachbarschützenden Bestimmungen über die Abstandflächen. Der Unternehmer beantragt daraufhin gem. § 80a Abs. 1 Nr. 1 die sofortige Vollziehung der Genehmigung anzuordnen. Er verweist darauf, dass er mit dem von ihm beauftragten Bauunternehmen eine Festpreisabsprache getroffen habe, die in wenigen Tagen ablaufe, sofern er nicht mit dem Bau beginne. Bei neuen Verhandlungen müsse er mit erheblichen Kostensteigerungen rechnen.
Dieses allgemeine wirtschaftliche Interesse des Unternehmers an der sofortigen Ausnutzbarkeit der immissionsschutzrechtlichen Genehmigung rechtfertigt die Anordnung der sofortigen Vollziehbarkeit gem. § 80a Abs. 1 Nr. 1.[111]

89 In der Literatur[112] und Rechtsprechung[113] wird dagegen vereinzelt vorgeschlagen, die Anordnung des Sofortvollzugs in diesen Fällen primär von einer Prüfung der Erfolgsaussichten des Rechtsbehelfs abhängig zu machen. Dieses Entscheidungskriterium allein hilft jedenfalls der Ausgangsbehörde nicht weiter, denn diese wird regelmäßig zu ihrer Entscheidung stehen und daher dem Rechtsbehelf keine Erfolgsaussichten beimessen und könnte daher stets den Sofortvollzug anordnen. Dieser pragmatische Ansatz findet auch im Gesetz, das in § 80 Abs. 2 Nr. 4 nun einmal auf eine Interessengewichtung abstellt, keine Stütze.

89a Die Entscheidung über den Sofortvollzug steht im **Ermessen** der Behörde. Die Behörde ist daher regelmäßig befugt, die Wirksamkeit der Sofortvollzugsanordnung, die eine Genehmigung zum Gegenstand hat, von einer sachgerechten **Be-**

---

[108] *VGH Kassel,* 31. 5. 1990 – 8 R 3118/89 – NVwZ 91, 88; *OVG Lüneburg,* 16. 9. 1986 – 10 B 2076/86 – DVBl. 86, 1112; *BVerfG,* 13. 6. 1979 – 1 BvR 699/77 – BVerfGE 51, 268 = NJW 80, 35; *BVerfG,* 1. 10. 1984 – 1 BvR 231/84 – GewArch 85, 16.

[109] *VGH Kassel,* 31. 5. 1990 – 8 R 3118/89 – NVwZ 91, 88.

[110] *VG Schleswig,* 24. 8. 1999 – 1 B 61.99 – NuR 00, 653, 654; *Pietzner/Ronellenfitsch,* § 55, Rdn. 29.

[111] *OVG Berlin,* 20. 12. 1991 – 2 S 21/91 – LKV 92, 201 = OVGE 19, 231; *VGH Kassel,* 31. 5. 1990 – 8 R 3118/89 – NVwZ 91, 88; s. a. *OVG Berlin,* 2. 6. 1998 – 2 S 4.98 – Das Grundeigentum 99, 389.

[112] *Redeker/von Oertzen,* § 80a, Rdn. 10.

[113] *OVG Berlin,* 20. 12. 1991 – 2 S 21/91 – LKV 92, 201 = OVGE 19, 231.

dingung abhängig zu machen. In Betracht kommt insbesondere eine Bedingung, nach der die Anordnung erst wirken soll, wenn der Genehmigungsempfänger eine sog. **Risiko- und Verpflichtungserklärung** abgegeben hat, mit der er auf Schadensersatzansprüche gegen die Behörde für den Fall verzichtet, dass ein Dritter die Genehmigung erfolgreich angreift.[114]

In den Fällen des § 80a Abs. 1 Nr. 2 ist die Behörde nicht auf eine Entscheidung über die aufschiebende Wirkung beschränkt. Sie kann vielmehr darüber hinaus einstweilige Maßnahmen zur Sicherung der Rechte Dritter treffen, sog. **Sicherungsanordnung.**[115] **89 b**

Beispiel:
unten K 103 a

c) Anordnungsverfahren

aa) Zuständige Behörde

Die Anordnung der sofortigen Vollziehbarkeit wird gem. § 80 Abs. 2 Nr. 4 von der Ausgangsbehörde oder der Widerspruchsbehörde getroffen. Die Anordnung ist häufig bereits im belastenden Verwaltungsakt enthalten.[116] Die Zuständigkeit der Ausgangsbehörde steht dann außer Zweifel. Die Ausgangsbehörde verliert die Zuständigkeit zur Anordnung weder durch die Einlegung des Rechtsbehelfs noch durch die Abgabe der Sache nach Nichtabhilfe an die Widerspruchsbehörde. Der mit dem Widerspruch verbundene Devolutiveffekt und die damit auf die Widerspruchsbehörde übergehende Sachherrschaft bezieht sich nur auf die im Verwaltungsakt enthaltene Regelung, nicht auf die diesem beigegebene Sofortvollzugsanordnung. **90**

Dieser Grundsatz wird allerdings in einer bestimmten Fallkonstellation eingeschränkt:

Beispiel:
Die Gewerbebehörde erteilt dem Gastwirt die Gaststättengenehmigung. Auf den Widerspruch des Nachbarn hebt die Widerspruchsbehörde die Genehmigung auf, vgl. unten K 169 ff. Um zu verhindern, dass auf der Behördenebene die Entscheidungen in entgegengesetzte Richtungen laufen, endet damit die Befugnis der Ausgangsbehörde zur Sofortvollzugsanordnung.[117] Der Gastwirt kann aber die Anordnung der sofortigen Vollziehbarkeit der ihm erteilten Genehmigung im gerichtlichen Verfahren erreichen.[118]

Die Widerspruchsbehörde ist **daneben** – also auch vor Eingang des Rechtsbehelfsvorgangs – für die Anordnung zuständig.[119] Sie verliert die Zuständigkeit mit Klageerhebung. **91**

---

114 *VG Frankfurt a. M.,* 19. 7. 2000 – 15 G 2623.00 – NVwZ 00, 1324.

115 *VGH Kassel,* 22. 6. 1998 – 4 TM 2325.98 – NVwZ-RR 99, 158.

116 Die Anordnung ist nach allgemeiner Ansicht vor Einlegung eines Rechtsbehelfs zulässig, vgl. *Renck,* BayVBl. 91, 743.

117 *VGH München,* 17. 7. 1990 – 14 AS 90 1387 – BayVBl. 91, 19.

118 *VGH München,* 30. 6. 1995 – 26 CS. 95906 – BayVBl. 95, 763.

119 *VGH Mannheim,* 24. 1. 1991 – 8 S 112/91 – NVwZ-RR 92, 348; *Kaltenborn,* DVBl. 99, 828, 829; *Pietzner/Ronellenfitsch,* § 55, Rdn. 2 m. w. N.

bb) Anhörung des Betroffenen

92 Der Adressat eines belastenden Verwaltungsaktes, der für sofort vollziehbar erklärt werden soll, ist auch hinsichtlich dieser vorgesehenen Anordnung gesondert anzuhören,[120] es sei denn dies kommt wegen besonderer Eilbedürftigkeit nicht in Betracht.[121]

cc) Formelle Begründung der Anordnung

93 In den Fällen des § 80 Abs. 2 Nr. 4 ist das besondere Interesse an der sofortigen Vollziehung des Verwaltungsaktes gem. § 80 Abs. 3 Satz 1 schriftlich zu begründen. Die Begründungspflicht soll der Behörde den Ausnahmecharakter der Vollziehbarkeitsanordnung bewußt machen.[122] Formelhafte Erklärungen genügen diesem besonderen Begründungszwang daher nicht.[123] Aus der Begründung muss sich vielmehr ergeben, womit die Behörde das besondere öffentliche Interesse rechtfertigt und warum dieses Interesse das Suspensivinteresse des Betroffenen überwindet.[124] Wenn die Behörde mit der Anordnung der sofortigen Vollziehbarkeit eines Verwaltungsaktes mit Doppelwirkung die aufschiebende Wirkung gegenüber mehreren Dritten (z.B. Nachbarn) ausschließen will, muss sie in Bezug auf jeden dieser (möglichen) Rechtsbehelfe eine den Anforderungen des § 80 Abs. 3 Satz 1 genügende Begründung geben.[125]

Die Begründung der sofortigen Vollziehbarkeit ist nicht isoliert zu betrachten, sondern im Zusammenhang mit den Gründen des angefochtenen Verwaltungsakts.[126]

---

[120] *OVG Bremen,* 25. 3. 1999 – 1 B 65/99 – NVwZ-RR 99, 682 [nur Ls.]; *OVG Bremen,* 1 11. 1979 – I B 41/79 – DÖV 80, 180; *VG Berlin,* 3 4. 1992 – 1 A 70/92 – NVwZ-RR 92, 527; *Redeker/von Oertzen,* § 80, Rdn. 27; *Grigoleit,* Die Anordnung der sofortigen Vollziehbarkeit gemäß § 80 Abs. 2 Nr. VwGO, 1997, 122ff.; **a. A.** *VGH Mannheim,* 9. 9. 1994 – 10 S 1767/94 – NVwZ-RR 95, 174; *VGH Mannheim,* 24. 3. 1994 – 14 S 2628/93 – NVwZ 95, 1220; *VGH Mannheim,* 7. 1. 1994 – 10 S 1942/93 – NVwZ-RR 95, 17; *OVG Schleswig,* 2. 9. 1992 – 3 M 34/92 – NVwZ-RR 93, 587 = DÖV 93, 169; *OVG Lüneburg,* 28. 4. 1989 – 1 B 114/88 – DVBl. 89, 887 = BRS 49 Nr. 226; *OVG Koblenz,* 25 11. 1987 – 12 B 112/87 – NVwZ 88, 748; *VGH Mannheim,* 24 2. 1992 – 3 S 3026/91 – BauR 92, 494; *Kaltenborn,* DVBl. 99, 828, 830 [mit differenzierter, beachtlicher Begründung]; **differenzierend:** *OVG Bautzen,* 26 8. 1992 – I S 150/92 – UPR 93, 120 [Ls.]: Anhörung Drittbetroffener nicht erforderlich; *OVG Berlin,* 13 7. 1992 – 6 S 72/92 – NVwZ 93, 198: Anhörung jedenfalls dann nicht erforderlich, wenn die Anordnung gleichzeitig mit dem Verwaltungsakt ergeht; *OVG Lüneburg,* 10 6. 1992 – 7 M 3839/91 – NVwZ-RR 93, 585: Anhörung geboten, wenn die sofortige Vollziehbarkeit des inzwischen angefochtenen Verwaltungsakts angeordnet werden soll; *Redeker,* NVwZ 91, 526, 530: Anhörung jedenfalls vor Anordnung des Sofortvollzugs eines Verwaltungsaktes mit Doppelwirkung geboten.

[121] *BVerwG,* 6. 7. 1994 – 1 VR 10/93 – NVwZ 95, 587.

[122] *VGH München,* 16. 2. 2000 – 10 CS 99 3290 – BayVBl. 00, 692; *VGH München,* 24. 3. 1999 – 10 CS 99.27 – BayVBl. 99, 465.

[123] Abzulehnen daher *OVG Koblenz,* 26. 10. 1990 – 2 B 12027/90 – NVwZ-RR 91, 307.

[124] *VGH München,* 16. 2. 2000 – 10 CS 99 3290 – BayVBl. 00, 692; *OVG Schleswig,* 15. 9. 1995 – 3 M 70/95 – NVwZ-RR 96, 148; *OVG Schleswig,* 19. 6. 1991 – 4 M 43/91 – NVwZ 92, 688; *VGH Kassel,* 31. 5. 1990 – 8 R 3118/89 – NVwZ 91, 88; *VGH München,* 17. 9. 1982 – 21 Cs 82 A. 1047 – BayVBl. 83, 182; *Redeker/von Oertzen,* § 80, Rdn. 26; *Kaltenborn,* DVBl. 99, 828, 831.

[125] *VGH München,* 23. 12 1996 – 26 CS 96 2760 – BayVBl. 97, 409.

[126] *VGH Mannheim,* 23. 11. 1992 – 14 S 2179/92 – GewArch 93, 81.

Dieselben Gründe, die kausal Anknüpfungspunkt für den belastenden Verwaltungsakt waren, können nämlich final das besondere Vollzugsinteresse rechtfertigen.[127]

Beispiele: 94

- Die Gaststättenerlaubnis wird widerrufen, weil der Gastwirt den Drogenmißbrauch in der Gaststätte nicht unterbunden hat. Die sofortige Vollziehbarkeit wird angeordnet, damit den bestehenden Gefahren sofort begegnet wird.[128]
- Die Arbeitsschutzbehörde verfügt, dass eine schwangere Arbeitnehmerin gem. § 4 MuSchG nicht mehr als Kassiererin in einer Tankstelle beschäftigt werden darf, weil die Benzolbelastung zu groß ist. Die sofortige Vollziehbarkeit wird angeordnet, damit diese Gefährdung sofort ausgeräumt wird.[129]
- Dem Hundehalter wird das Halten eines Pitbull-Rüden untersagt, weil er nicht verhindert hat, dass dieser einen anderen Menschen angefallen hat; die sofortige Vollziehbarkeit wird angeordnet, damit eine vergleichbare Gefahrensituation nicht erneut entstehen kann.[130]

Ob die Gründe für die Anordnung der sofortigen Vollziehbarkeit im Ergebnis stichhaltig sind und einer (materiellen) Überprüfung standhalten, ist für die Frage, ob die (formelle) Begründungspflicht erfüllt ist, ohne Bedeutung.[131] 95

Eine Nachholung der ursprünglich fehlenden schriftlichen Begründung ist nicht zulässig.[132] Keine Bedenken bestehen dagegen, wenn eine Begründung für die sofortige Vollziehbarkeit zunächst mündlich gegeben wird und diese Begründung dann unverzüglich schriftlich gefaßt wird.[133]

4. Aussetzung der sofortigen Vollziehbarkeit durch die Behörde, § 80 Abs. 4 und Abs. 6

Gem. § 80 Abs. 4 können die Ausgangsbehörde bzw. die Widerspruchsbehörde die Vollziehung des Verwaltungsaktes in den Fällen des § 80 Abs. 2 aussetzen.[134] 96

Diese Regelung hat in der Praxis bislang kaum Bedeutung erlangt. Dies hat verschiedene Gründe:

- Der Betroffene und sein Anwalt haben regelmäßig nicht die Hoffnung, dass die Behörden zu einer anderen Erkenntnis gelangen und die Vollziehbarkeits-Anordnung aufheben.
- Dagegen ist die Erwartung hoch, dass das Verwaltungsgericht die Anordnung unbefangen überprüfen wird.

---

127 *OVG Schleswig,* 15. 9. 1995 – 3 M 70/95 – NVwZ-RR 96, 148.

128 *VGH Kassel,* 22. 3. 1991 – 14 TH 491/91 – NVwZ 92, 193.

129 *OVG Berlin,* 13. 7. 1992 – 6 S 72/92 – NVwZ 93, 198.

130 *OVG Bremen,* 28. 2. 1000 – 1 B 227.00 – NordÖR 00, 386.

131 *OVG Münster,* 27. 2. 1987 – 21 B 181/86 – NVwZ 88, 551; *VGH Kassel,* 31. 5. 1990 – 8 R 3118/89 – NVwZ 91, 88.

132 *VGH München,* 24. 3. 1999 – 10 CS 99.27 – BayVBl. 99, 465; *VGH Mannheim,* 25. 8. 1976 – X 1318/76 – NJW 77, 165; einschränkend *OVG Koblenz,* 30. 1. 1985 – 11 B 201/84 – DVBl. 85, 1077 = NVwZ 85, 919; **a. A.** *OVG Bremen,* 25. 3. 1999–1 B 65/99 – NVwZ-RR 99, 682 [nur Ls.], *OVG Münster,* 26. 6. 1985 – 19 B 1061/85 – NJW 86, 1894.

133 *OVG Koblenz,* 1. 3. 1995 – 11 B 10640/95 – NVwZ-RR 95, 572.

134 Zu möglichen Zuständigkeitskonkurrenzen im Rahmen von § 80 Abs. 4 s. *Schoch* NVwZ 91, 1121; zur Rechtsschutzmöglichkeit der zu einer Selbstverwaltungskörperschaft gehörenden Ausgangsbehörde wenn die Widerspruchsbehörde die sofortige Vollziehbarkeit des Abgabenbescheids auf Antrag des Abgabenschuldners aufhebt s. unten J 78.

– Ein Antrag gem. § 80 Abs. 4 ist nicht Voraussetzung für die Einleitung des gerichtlichen Verfahrens gem. § 80 Abs. 5; zur Ausnahme s. sogleich J 97.
– Die Verwaltungsgerichte dringen trotz einer an sich nur „summarischen Prüfung" im Verfahren gem. § 80 Abs. 5 weit in den Sach- und Streitstoff ein, der Betroffene hofft so „auf der prozessualen Überholspur" innerhalb kurzer Zeit Aufschluß über die Position des Gerichts zu erhalten.

96 a Die Aussetzung der sofortigen Vollziehung durch die Widerspruchsbehörde steht einer erneuten Anordnung der sofortigen Vollziehung durch die Ausgangsbehörde nach Abschluß des Widerspruchsverfahrens nicht entgegen; einer Änderung der Sach- und Rechtslage bedarf es nicht.[135]

97 Bei der Anforderung von öffentlichen Abgaben und Kosten (§ 80 Abs. 2 Nr. 1) ist allerdings das Verfahren gem. § 80 Abs. 5 nur zulässig, wenn zuvor die Aussetzung bei der Behörde beantragt **und abgelehnt (Zugangsvoraussetzung, keine Sachentscheidungsvoraussetzung)** worden ist, vgl. § 80 Abs. 6.[136] Der an die Behörde gerichtete Antrag bedarf nicht der Schriftform.[137] Im Verfahren gem. § 80 Abs. 5 trägt der Antragsteller allerdings die Darlegungslast für das Vorliegen dieser Zugangsvoraussetzung.[138] Die Ablehnung des Aussetzungsantrags hat schriftlich zu erfolgen.[139] Gem. § 80 Abs. 6 Satz 2 Nr. 1 wird der Aussetzungsantrag zulässig, wenn die Behörde über den dort gestellten Antrag ohne Mitteilung eines zureichenden Grundes in angemessener Frist nicht sachlich entschieden hat. Schließlich ist das behördliche Aussetzungsverfahren gem. § 80 Abs. 6 Satz 2 Nr. 2 entbehrlich, wenn eine Vollstreckung droht.[140]

98 Die Aussetzungsentscheidung der Behörde ist zudem – wiederum im Fiskalinteresse – gebunden: Sie soll nur erfolgen, wenn ernstliche Zweifel an der Rechtmäßigkeit des Abgabenbescheides bestehen. Das ist der Fall, wenn aufgrund summarischer Prüfung der Sach- und Rechtslage ein Erfolg des Rechtsmittelführers in der Hauptsache wahrscheinlicher als ein Unterliegen ist.[141]

---

[135] *OVG Bremen,* 25. 3. 1999 – 1 B 65/99 – NVwZ-RR 99, 682.

[136] *OVG Hamburg,* 25. 2. 1993 – Bs VI/93 – DVBl. 93, 566 (nur Ls.); *OVG Bautzen,* 18. 2. 1993 – 2 S 25/93 – NVwZ-RR 94, 240 [Ls.]; *OVG Koblenz,* 15. 4. 1992 – 6 B 10344.92 – DÖV 92, 976 = DVBl. 92, 1296 und 29. 4. 1992 – 12 B 10465/92 – NVwZ-RR 92, 589; *VGH München,* 25. 11. 1991 – 6 CS 91 2214 – BayVBl. 92, 148 und 26. 11. 1991 – 6 CS 91 3277 – NVwZ 92, 990 sowie 6. 10. 1992 – 23 CS 92 2203 – NVwZ-RR 93, 212 = BayVBl. 93, 214; *OVG Saarlouis,* 22. 6. 1992 – 1 W 29/92 – NVwZ-RR 93, 490; **a. A.** *Jörg Schmidt* in *Eyermann,* § 80, Rdn. 60; *Kopp/Schenke,* § 80, Rdn. 185: Ablehnung des Aussetzungsantrags nach Anhängigkeit begründet Zulässigkeit.

[137] *OVG Münster,* 18. 4. 1996 – 15 B 3499.95 – NVwZ 97, 87 = DVBl. 97, 672 = DÖV 96, 1009.

[138] *OVG Münster,* 18. 4. 1996 – 15 B 3499.95 – NVwZ 97, 87 = DVBl. 97, 672 = DÖV 96, 1009.

[139] *Redeker/von Oertzen,* § 80, Rdn. 41; *OVG Koblenz,* 26. 2. 1999 – 6 B 10198.99 – NVwZ-RR 99, 810 = DVBl. 99, 1001; **a. A.** *OVG Münster,* 18. 4. 1996 – 15 B 3499/95 – NVwZ 97, 87 = DVBl. 97, 672 = DÖV 96, 1009.

[140] S. dazu *VGH München,* 2. 12. 1999 – 7 CS 99 2013 – BayVBl. 00, 724.

[141] *OVG Münster,* 17. 3. 1994 – 15 B 3022.93 – NVwZ-RR 94, 617 m. w. N.; *OVG Saarlouis,* 22. 1. 1992 – 1 W 113.91 – NVwZ 92, 699; *OVG Münster,* 25. 8. 1988 – 3 B 2564/85 – NVwZ-RR 90, 54; a. A. *OVG Schleswig,* 19. 4. 1991 – 2 M 2/91 – NVwZ-RR 92, 106: ernstliche Zweifel sind schon zu bejahen, wenn die summarische Prüfung zu einem

Liegen keine ernstlichen Zweifel vor, darf die Aussetzung der sofortigen Vollziehbarkeit nur erfolgen, wenn diese eine unbillige, nicht durch überwiegende öffentliche Interessen gebotene Härte zur Folge hätte, § 80 Abs. 4 Satz 3.

Gem. § 80a Abs. 1 Nr. 2 kann die Vollziehungsaussetzung bei **Verwaltungsakten mit Doppelwirkung** auch zugunsten des durch den Verwaltungsakt belasteten Dritten erfolgen.[142] Die Genehmigungsbehörde ist auch ohne Antrag des Dritten berechtigt, **von Amts wegen** im Rahmen der durch § 80 Abs. 4 eingeräumten Befugnis die Vollziehung der Genehmigung im überwiegenden Drittinteresse auszusetzen.[143] **99**

Der statthafte Rechtsbehelf gegen eine solche Entscheidung ist der Antrag auf verwaltungsgerichtliche Abänderung gem. § 80a Abs. 3 Satz 1.[144]

Hinweis:
Beispielsschreiben für einen Nachbarwiderspruch nebst Antrag gem. § 80 Abs. 4 s. Anhang I 2.

Sofern die Behörde den Aussetzungsantrag ablehnt, steht dem vom Sofortvollzug der angefochtenen Verfügung Betroffenen das Verfahren gem. § 80 Abs. 5 zur Verfügung; das Aussetzungsbegehren kann dagegen nicht im Wege der Anfechtungs- bzw. Verpflichtungsklage verfolgt werden.[145] **100**

5. Gerichtliche Entscheidung über die sofortige Vollziehbarkeit, § 80 Abs. 5

Gem. § 80 Abs. 5 kann das Gericht in der Hauptsache die aufschiebende Wirkung in den Fällen des Abs. 2 Nr. 1 bis 3 ganz oder teilweise **anordnen**, im Falle des Abs. 2 Nr. 4 ganz oder teilweise **wiederherstellen**.[146] **101**

Hinweis:
Schriftsatzbeispiele für einen Antrag gem. § 80 Abs. 5 s. Anhang I 26 und 27.

---

offenen Ergebnis gelangt; s. aber auch *OVG Koblenz,* 2. 2. 1984 – 6 D 2/83 – NJW 86, 1004 = DVBl. 84, 1134, das sich ausführlich – und im Ergebnis ablehnend – mit dieser früher mehrheitlich vertretenen Auffassung auseinandersetzt; s. ferner *Renck,* NVwZ 92, 338.

142 *OVG Koblenz,* 13. 5. 1996 – 8 B 11048.96 – NVwZ-RR 97, 666 = BauR 96, 692.

143 *OVG Münster,* 30. 7. 1999 – 10 B 961.99 – DVBl. 00, 216 [Ls.] = BauR 00, 80.

144 *OVG Koblenz,* 13. 5. 1996 – 8 B 11048/96 – NVwZ-RR 97, 666 = BauR 96, 692.

145 *VGH München,* 29. 11. 1995 – 4 B 94 2089 – NVwZ-RR 97, 136; s. a. *BVerwG,* 30. 11. 1994 – 4 B 243.94 – DÖV 95, 384; **a. A.** für das finanzgerichtliche Verfahren BFH, 12. 10. 1982 – VII R 84/92 – NVwZ 83, 244.

146 Die behördliche Vollzugsanordnung kann nicht durch eine Anfechtungsklage angegriffen werden *BVerwG,* 30. 11. 1994 – 4 B 243.94 – DÖV 95, 384.

a) *Zulässigkeit des Verfahrens*

aa) *Verwaltungsrechtsweg und gerichtliche Zuständigkeit*

102 Der Verwaltungsgerichtsweg gem. § 40 muss eröffnet sein.[147]

103 Zuständig ist das Gericht der Hauptsache. Ist dieses Gericht allerdings zur Entscheidung der Hauptsache **eindeutig** oder **offensichtlich unzuständig,** so kann sich aus deren Anhängigkeit nicht die Zuständigkeit für das Verfahren gem. § 80 Abs. 5 ergeben.[148]

Befindet sich die Hauptsache zum Zeitpunkt der Einreichung des Antrages gem. § 80 Abs. 5 bereits in der Rechtsmittelinstanz, so ist das jeweilige Rechtsmittelgericht zuständig.[149] Diese Zuständigkeit wird mit dem Antrag auf Zulassung der Berufung begründet.[150] Das Obergericht bleibt auch nach dem Urteil, in dem die Revision nicht zugelassen worden ist, zuständig, bis das Bundesverwaltungsgericht über die Annahme der Revision aufgrund der Nichtzulassungsbeschwerde entschieden hat.[151]

Sofern die Hauptsache noch nicht anhängig ist, ist das Gericht zuständig, bei dem die Hauptsache anhängig zu machen wäre.

bb) *Sofortig vollziehbarer Verwaltungsakt*

104 Der Rechtsschutz gem. § 80 Abs. 5 ist auf den Anfechtungswiderspruch bzw. die Anfechtungsklage bezogen und daher nur zulässig, wenn ein Verwaltungsakt bereits erlassen wurde,[152] der gem. § 80 Abs. 2 sofortig vollziehbar ist.[153]

105 Soll der **Erlass** eines Verwaltungsaktes **verhindert** werden, so geht es um **vorbeugenden Rechtsschutz** im Verfahren gem. § 123, vgl. unten J 218.

106 Soll dagegen eine bereits angedrohte **Anordnung der sofortigen Vollziehbarkeit verhindert** werden, so kann im Interesse effektiven Rechtsschutzes im Ausnahmefall ein **vorbeugender** Antrag analog § 80 Abs. 5 zulässig sein.[154]

cc) *Hauptsacherechtsbehelf (Widerspruch bzw. Anfechtungsklage)*

107 Das Verfahren gem. § 80 Abs. 5 zielt darauf ab, einen Rechtsbehelf kraft gerichtlicher Entscheidung mit der aufschiebenden Wirkung auszustatten, die ihm im

---

[147] Ausnahme: Dienstgerichtshof für Richter bei dem *BezG Rostock,* 24. 6. 1992 – DGH 1/92 – DtZ 92, 387 meint, das Gericht könne auch entscheiden, wenn der zu ihm beschrittene Rechtsweg nicht gegeben sei, aber sonst kein ausreichender vorläufiger Rechtsschutz gewährt würde. Zum Stand des Streits, ob auch im einstweiligen Rechtsschutzverfahren eine Verweisung gem. § 17 a Abs. 2 GVG erfolgen kann, s. *OVG Münster,* 7. 7. 1993 – 22 B 1409/93 – DVBl. 94, 215.

[148] *OVG Berlin,* 5. 9. 1991 – 8 S 99/91 – LKV 92, 204.

[149] *VGH München,* 19. 4. 1993 – 14 AS 93790 – BayVBl. 93, 565; *Redeker/von Oertzen,* § 80, Rdn. 57.

[150] *VGH Mannheim,* 17. 12. 1999 – 7 S 2505/99 – NVwZ 00, 691 m. w. N. = DÖV 00, 476 [Ls.]; *OVG Weimar,* 16. 7. 1999 – 3 EO 510.99 – DVBl. 00, 434; *VGH München,* 9. 7. 1999 – 25 ZE 99 1581 – NVwZ 00, 210 = DVBl. 99, 1665 m. w. N.

[151] Str., s. *VGH München,* 2. 12. 1992 – 12 AE 92 3127 – NVwZ-RR 1993, 220 = BayVBl. 93, 477.

[152] Ausnahme: Wird eine Maßnahme, die keinen Verwaltungsakt darstellt, von der Behörde für „sofortig vollziehbar" erklärt, ist zur Beseitigung dieses Rechtsscheins das Verfahren analog § 80 Abs. 5 zulässig, vgl. *VGH München,* 7. 10. 1991 – 12 CS 91 2264 – BayVBl. 92, 114.

[153] *VGH Mannheim,* 30. 9. 1991 – 1 S 1324/91 – NVwZ 92, 293.

[154] *BezG Erfurt,* 3. 10. 1991 – 1 B 17/91 – DVBl. 92, 778.

Regelfall gem. § 80 Abs. 1 von Gesetzes wegen beizumessen ist. Zulässigkeitsvoraussetzung für das Verfahren gem. § 80 Abs. 5 ist daher, dass ein solcher Rechtsbehelf auch eingelegt worden ist.[155] Vor Einlegung des Widerspruchs ist der Antrag gem. § 80 Abs. 5 unzulässig. Wenn das Vorverfahren nicht durchzuführen ist, vgl. D 82, gilt dasselbe vor dem Erheben der Anfechtungsklage.[156]

Gem. § 80 Abs. 5 Satz 2 ist der Antrag auch nach Zurückweisung des Widerspruchs zulässig, wenn er vor Ablauf der Klagefrist gestellt wird; er wird dann allerdings unbegründet, wenn die Anfechtungsklage nicht fristgerecht erhoben wird, vgl. auch J 130.

dd) Antragsbefugnis, Verwirkung, Rechtsschutzbedürfnis

Antragsbefugt ist nur, wer im parallelen Hauptsacheverfahren klagebefugt wäre, § 42 Abs. 2 (dazu s. o. D 56 ff.). **108**

Beispiel:
Das beigeladene Eisenbahnunternehmen beantragt beim Eisenbahn-Bundesamt die Genehmigung gem. § 11 Abs. 2 Allgemeines Eisenbahngesetzt (AEG) für die dauernde Einstellung des Betriebs einer Strecke. Die Genehmigung wird erteilt und für sofort vollziehbar erklärt. Das antragstellende Eisenbahnunternehmen beabsichtigt diese Strecke künftig zu betreiben. Es befürchtet, dass die Kosten für die Wiederinbetriebnahme hoch sein werden, wenn der Betrieb jetzt sofort eingestellt wird.
Der Antrag gem. § 80 Abs. 5 ist unzulässig. § 11 AEG dient nur dem öffentlichen Interesse, nicht auch dem privaten Interesse des nachfolgenden Unternehmers.[157]

Gem. § 42 Abs. 2 ist auch zu entscheiden, wann die Ausgangsbehörde eine ihre Entscheidung über die sofortige Vollziehbarkeit korrigierende Regelung der Widerspruchsbehörde (§ 80 Abs. 4) gerichtlich überprüfen lassen kann. Dies kommt von vornherein nur in Betracht, wenn beide Behörden zu unterschiedlichen Körperschaften gehören (Verbot des Insich-Prozesses, s. dazu oben Rdn. D 78). Auch dann ist jedoch eine Verletzung der Rechte der Körperschaft, zu der die Ausgangsbehörde gehört, nur möglich, soweit es um die Wahrnehmung eigener Aufgaben geht. Die Selbstverwaltungskörperschaft kann eine die Anordnung der sofortigen Vollziehbarkeit aufhebende Entscheidung der Widerspruchsbehörde daher nur angreifen, wenn es nicht um Regelungen im übertragenen Wirkungskreis, sondern um Entscheidungen in Selbstverwaltungsangelegenheiten geht.[158] **109**

Sofern eine Körperschaft durch den Verwaltungsakt einer anderen Körperschaft belastet wird, ist das Rechtsschutzbedürfnis für einen Antrag gem. § 80 Abs. 5 nicht gegeben, wenn die belastete Körperschaft die Aufhebung der fraglichen Regelung fachaufsichtlich verfügen kann. **110**

---

[155] *Schoch* in *Schoch/Schmidt-Aßmann/Pietzner,* § 80, Rdn. 314; *Redeker/von Oertzen,* § 80, Rdn. 55

[156] *VG Greifswald,* 10. 12. 1992 – 3 B 1037/92 – VIZ 93, 123.

[157] *VGH Kassel,* 18. 9. 2000 – 2 TG 2572.00 – NVwZ 01, 105; s. a. *OVG Lüneburg,* 20. 12. 2000 – 7 L 1941.00 – DÖV 01, 524 [kein Drittschutz einer eisenbahnrechtlichen Entwidmung].

[158] *OVG Koblenz* 27. 6. 1991 – 12 B 11054/91 – NVwZ-RR 92, 206 (gemeindlicher Abwasserbeseitigungsbeitrag); *VGH München,* 23. 10. 1991 – 25 CE 91 2385 – BayVBl. 92, 178 (Verkehrszeichen).

Beispiel:
Eine Gemeinde beschlagnahmt eine im Eigentum des Landes stehende Turnhalle als Asylbewerberunterkunft. Diese polizeiliche Maßnahme unterliegt der Fachaufsicht des Landes.[159]

111 Die aufschiebende Wirkung des Rechtsbehelfs ist eine Ausprägung der verfassungsrechtlichen Rechtsschutzgarantie und daher ein fundamentaler Grundsatz des öffentlich-rechtlichen Prozesses, vgl. Rdn. J 69. Eine **Verwirkung** des Rechts, einen Antrag gem. § 80 Abs. 5 zu stellen, kommt daher grundsätzlich nicht in Betracht.[160]

112 Wenn es um die (Wieder-)Herstellung der aufschiebenden Wirkung eines Rechtsbehelfs gegen einen Verwaltungsakt mit Doppelwirkung geht, ist eine Verwirkung des Antragsrechts im Hinblick auf die Position des Dritten dagegen denkbar.[161] Zu prüfen ist allerdings, ob der Antragsteller das Rechtsschutzbedürfnis verliert, wenn der durch den Verwaltungsakt Begünstigte die ihm durch den Bescheid eingeräumte Befugnis bereits ausgeübt hat.

Beispiel:
Die Hauptfürsorgestelle stimmt der beabsichtigten Kündigung des Arbeitsverhältnisses mit einem schwerbehinderten Arbeitnehmer zu. Der Arbeitnehmer legt sogleich Widerspruch gegen diesen Bescheid ein, der allerdings gem. § 18 Abs. 4 SchwerbehindertenG keine aufschiebende Wirkung hat. Der Arbeitgeber spricht die Kündigung aus. Der Arbeitnehmer stellt einen Antrag gem. § 80 Abs. 5 auf Herstellung der aufschiebenden Wirkung.[162]

113 Die Verwirkung des Antragsrechts ist im übrigen zu unterscheiden von der Verwirkung des Rechtsbehelfs – dazu J 130 – und der Verwirkung des materiellen Rechts, das mit dem Rechtsbehelf geltend gemacht wird, dazu K 95.

ee) behördliches Aussetzungsverfahren

114 Das behördliche Aussetzungsverfahren gem. § 80 Abs. 4 ist – abgesehen von den Fällen des § 80 Abs. 2 Nr. 1, Abs. 6, Abs. 4 Satz 2 (dazu oben J 97 ff.) – nicht Verfahrensvoraussetzung, s. aber unten J 152.

ff) Frist

115 Das Verfahren gem. § 80 Abs. 5 wird durch einen **nicht fristgebundenen Antrag** eingeleitet.

gg) spezialgesetzliche Voraussetzungen

116 (1) *Antragsfristen.* Von dem Grundsatz, nach dem der Antrag gem. § 80 Abs. 5 nicht fristgebunden ist, gibt es inzwischen eine große Zahl von **Ausnahmen.** Bedauerlicherweise hat der Gesetzgeber die Zulässigkeitsvoraussetzungen in diesen Ausnahmefällen nicht einheitlich gestaltet. Die Regelungen unterscheiden sich zum einen hinsichtlich der Dauer der **Antragsfrist.** Zum anderen wird nur teilweise

---

[159] *VGH Mannheim,* 13. 10. 1992 – 1 S 2223/92 – NVwZ 93, 393.
[160] *Finkelnburg/Jank,* Rdn. 956.
[161] *Pietzner/Ronellenfitsch,* § 57, Rdn. 18.
[162] *OVG Hamburg,* 11. 2. 1997 – Bs IV 312.96 – DVBl. 97, 1446 bejaht in diesem Falle das Rechtsschutzbedürfnis.

der Lauf der Frist von einer entsprechenden **Belehrung** des vom Verwaltungsakt Betroffen abhängig gemacht.

In drei Fällen werden für die Zulässigkeit des Antrags gem. § 80 Abs. 5 **kurze** 117
Fristen normiert.

– § 18 a Abs. 4 Satz 1 **AsylVerfG:** drei Tage nach Zustellung der Ablehnung des Antrags auf Asylgewährung bei Ausländern, die auf dem Luftwege einrei sen;
– § 36 Abs. 3 Satz 1 **AsylVerfG:** eine Woche ab Bekanntgabe der Abschiebungsandrohung bei Unbeachtlichkeit oder offensichtlichen Unbegründetheit des Asylantrages;[163]
– § 12 Abs. 2 Satz 1 **InVorG:** zwei Wochen ab Bekanntgabe des Investitionsvorrangbescheides;

In einer Reihe anderer Fälle gilt eine **Monatsfrist.** 118

Allgemeines EisenbahnG	§ 20 Abs. 5 Satz 2 Allgemeines EisenbahnG: einen Monat nach Zustellung des **Planfeststellungsbeschlusses** oder der **Plangenehmigung** für einen Schienenweg; § 21 Abs. 7 Allgemeines EisenbahnG: einen Monat nach Zustellung des Beschlusses über die **vorzeitige Besitzeinweisung;**
BundesfernstraßenG	§ 17 Abs. 6 a BundesfernstraßenG: einen Monat nach Zustellung des **Planfeststellungsbeschlusses** oder der **Plangenehmigung** für eine Bundesfernstraße; § 18 f Abs. 6 a **BundesfernstraßenG:** einen Monat nach Zustellung des Beschlusses über die vorzeitige Besitzeinweisung;
BundeswasserstraßenG	§ 19 Abs. 2 BundeswasserstraßenG: einen Monat nach Zustellung des **Planfeststellungsbeschlusses** oder der **Plangenehmigung** für eine Bundeswasserstraße, sofern der Verwaltungsakt gem. § 80 Abs. 2 Nr. 4 für sofortig vollziehbar erklärt worden ist; § 20 Abs. 7 BundeswasserstraßenG: einen Monat nach Zustellung des Beschlusses über die vorzeitige Besitzeinweisung;
LuftverkehrsG	§ 10 Abs. 6 LuftverkehrsG: einen Monat nach Zustellung des **Planfeststellungsbeschlusses** oder der **Plangenehmigung** für den Bau oder die Änderung eines Verkehrsflughafens, sofern der Verwaltungsakt gem. § 80 Abs. 2 Nr. 4 für sofortig vollziehbar erklärt worden ist; § 27 Abs. 7 LuftverkehrsG: einen Monat nach Zustellung des Beschlusses über die **vorzeitige Besitzeinweisung;**
MagnetbahnschwebeplanungsG	§ 5 Abs. 5 Sätze 2 und 4 MagnetbahnschwebeplanungsG: einen Monat nach Zustellung des **Planfeststellungsbeschlusses** oder der **Plangenehmigung** für den Bau oder die Änderung einer Betriebsanlage für eine Magnetschwebebahn;

[163] Ausführlich zur Entscheidung gem. § 36 Abs. 3 AsylVerfG *Leiner,* NVwZ 94, 239.

PersonenbeförderungsG	§ 29 Abs. 6 PersonenbeförderungsG: einen Monat nach Zustellung des **Planfeststellungsbeschlusses** oder der **Plangenehmigung** für den Bau oder die Änderung einer Betriebsanlage für Straßenbahnen, d.h. nur soweit es um Regelungen geht, die gem. § 29 Abs. 6 Satz 2 PersonenbeförderungsG sofortig vollziehbar sind; § 29a Abs. 7 PersonenbeförderungsG: einen Monat nach Zustellung des Beschlusses über die **vorzeitige Besitzeinweisung;**
VerkehrswegeplanungG	§ 5 Abs. 2 Satz 1 Verkehrswegeplanungs-BeschleunigungsG:[164] einen Monat nach Bekanntgabe des **Planfeststellungsbeschlusses.**

119 **Hinweis für den Anwalt:**

Sofern der Zeitpunkt der Zustellung der anzufechtenden Regelung als Fristanfang bestimmt wird, beginnt die Frist im Falle eines Zustellungsmangels nicht zu laufen.[165]

120 In den Fällen, in denen der Antrag fristgebunden ist, wird der Lauf der Frist teilweise davon abhängig gemacht, dass der Betroffene **entsprechend § 58 Abs. 1 belehrt** worden ist. Derartige Bestimmungen finden sich in

- § 20 Abs. 5 Satz 5 **Allgemeines EisenbahnG** (allerdings nur für die Fälle, in denen die sofortige Vollziehbarkeit sich nicht aus § 20 Abs. 5 Satz 1 Allgemeines EisenbahnG ergibt, sondern gem. § 80 Abs. 2 Nr. 4 angeordnet worden ist)
- § 36 Abs. 3 Satz 3 **AsylVerfG,**
- § 17 Abs. 6a Satz 5 **BundesfernstraßenG** (allerdings nur für die Fälle, in denen die sofortige Vollziehbarkeit sich nicht aus § 17 Abs. 6a Satz 1 BundesfernstraßenG ergibt, sondern gem. § 80 Abs. 2 Nr. 4 angeordnet worden ist),
- § 8 Abs. 2 **InVorG,**
- § 10 Abs. 6 Satz 2 **LuftverkehrsG.**

121 Ein Teil der durch das PlanungsvereinfachungsG[166] eingeführten Regelungen macht den Lauf der Antragsfrist dagegen **nicht** davon abhängig, dass der Antragsteller über die Frist belehrt worden ist. § 58 wird nicht für anwendbar erklärt. Im einzelnen geht es um die folgenden Bestimmungen:

- § 20 Abs. 5 Satz 5 **Allgemeines EisenbahnG** (in den Fällen, in denen sich die sofortige Vollziehbarkeit kraft Gesetzes aus § 20 Abs. 5 Satz 1 Allgemeines EisenbahnG ergibt),
- § 17 Abs. 6a **BundesfernstraßenG** (in den Fällen, in denen sich die sofortige Vollziehbarkeit kraft Gesetzes aus § 17 Abs. 6a Satz 1 BundesfernstraßenG ergibt),
- § 19 Abs. 2 **BundeswasserstraßenG**; die Nichtanwendbarkeit von § 58 ist systemwidrig, denn es geht hier um Fälle, in denen die sofortige Vollziehbarkeit durch die Behörde gem. § 80 Abs. 2 Nr. 3 angeordnet wird – in diesen Fällen

---

164 BGBl. I 91, 2174.

165 *VGH Mannheim,* 7. 5. 1995 – 3 S 174/95 – NVwZ-RR 95, 488 = DÖV 95, 830 (zu § 10 Abs. 2 Satz 2 BauGB-MaßnahmenG a. F.).

166 BGBl. I 93, 2123; umfassend zu diesem Gesetz s. *Ronellenfitsch,* DVBl. 94, 441; *Steiner,* NVwZ 94, 313.

hat das PlanungsvereinfachungsG in den anderen Verkehrswege betreffenden Gesetzen die entsprechende Geltung von § 58 angeordnet,[167] vgl. soeben J 120;
- § 29 Abs. 6 Satz 3 **PersonenbeförderungsG** (nur soweit es um Regelungen geht, die gem. § 29 Abs. 6 Satz 2 PersonenbeförderungsG kraft Gesetzes sofortig vollziehbar sind).

Diese Regelungen sind **verfassungsrechtlich bedenklich.**[168] Überwiegende öffentliche Belange können es zwar rechtfertigen, den Rechtsschutzanspruch des Grundrechtsträgers einstweilen zurückzustellen, indem unaufschiebbare Maßnahmen für sofortig vollziehbar erklärt werden. Mit Art. 19 Abs. 4 GG ist es aber nicht vereinbar, dass der Bürger in diesen Fällen nicht darüber informiert werden soll, innerhalb welcher Frist er das für seinen Rechtsschutz unverzichtbare Verfahren gem. § 80 Abs. 5 einleiten muss. Die genannten Bestimmungen sind daher verfassungskonform dahingehend zu verstehen, dass der Lauf der Frist von einer entsprechenden Belehrung abhängt; § 58 gilt analog.[169] 122

(2) *befristete Begründungspflicht.* In einigen Gesetzen sind durch das PlanungsvereinfachungsG zudem Regelungen eingefügt worden, die bestimmen, dass der Antrag innerhalb eines Monats gestellt und **begründet** werden muss: 123
- § 20 Abs. 5 Satz 2 und 3 **Allgemeines EisenbahnG**,
- § 17 Abs. 6a Satz 2 und 3 **BundesfernstraßenG**,
- § 29 Abs. 6 Satz 3 **PersonenbeförderungsG**.

Die Frist dient der beschleunigten Abwicklung der im Anschluß an eine Planfeststellung bei Gericht anhängig werdenden Aussetzungsverfahren.[170] Der Antragsteller entspricht dieser Anforderung, wenn er entsprechend § 82 Abs. 1 Satz 1 den Antragsgegner und den Antragsgegenstand bezeichnet sowie die Tatsachen angibt, die den Antrag rechtfertigen. Der Antrag muss so gefaßt sein, dass der Lebenssachverhalt, auf den er sich stützt, innerhalb der Frist unverwechselbar feststeht.[171] Es geht durchweg um Verfahren, die entweder gem. § 48 Abs. 1 Nr. 7, Nr. 8 bzw. Nr. 9 vor dem OVG oder gem. § 5 Abs. 1 Verkehrswegeplanungs-BeschleunigungsG vor dem Bundesverwaltungsgericht geführt werden. Damit besteht gem. § 67 Abs. 1 das Gebot anwaltlicher Vertretung. Das Begründungserfordernis bewirkt unter diesem Gesichtspunkt keine relevante Erschwerung der Rechtsverfolgung.

hh) Antragsgegner, Passivlegitimation

Im Verfahren gem. § 80 Abs. 5 ist grundsätzlich allein der Rechtsträger der **Ausgangsbehörde** passiv legitimiert.[172] Das gilt auch dann, wenn die sofortige Vollziehbarkeit des Verwaltungsakts erst von der Widerspruchsbehörde angeordnet worden ist. 124

---

167 Das verkennt das *OVG Lüneburg,* 4. 10. 1994 – 3 M 5711/94 – NVwZ-RR 95, 177.

168 *Schoch* in *Schoch/Schmidt-Aßmann/Pietzner,* § 80, Rdn. 327; **a. A.** *OVG Lüneburg,* 4. 10. 1994 – 3 M 5711/94 – NVwZ-RR 95, 177.

169 Der Bundesrat hatte im Gesetzgebungsverfahren auf eine entsprechende Klarstellung gedrungen, vgl. BR-Ds. 756/92, 32; der Verkehrsausschuss des Bundestages hatte sich für eine Regelung ausgesprochen, nach der § 58 entsprechend anwendbar ist, BT-Ds. 12/5284, 8 u. 35.

170 *BVerwG,* 18. 11. 1996 – 11 VR 2.96 – NVwZ 97, 993 = UPR 97, 108.

171 So *BVerwG,* 30. 8. 1993 – 7 A 14.93 – ZfBR 94, 43 = UPR 94, 32 = DVBl. 94, 354 [nur Ls.] zu § 5 Abs. 3 VerkehrswegeplanungsbeschleunigungsG.

172 *VGH Mannheim,* 24. 3. 1994 – 14 S 2628/93 – NVwZ 95, 1220.

Ausnahmsweise ist der Antrag gegen den Rechtsträger der **Widerspruchsbehörde** zu richten, wenn diese im Rahmen des Widerspruchsverfahrens dem Antragsteller eine durch den von der Ausgangsbehörde erlassenen Verwaltungsakt gewährte Begünstigung wieder genommen hat.

Beispiel:
Die Ausgangsbehörde erteilt eine Gaststättenerlaubnis mit Nebenbestimmungen. Der Gastwirt greift im Widerspruchsverfahren die Nebenbestimmungen an. Die Widerspruchsbehörde hebt die erteilte Erlaubnis auf.[173]

125 Strittig ist, gegen wen der Antrag zu richten ist, wenn die Widerspruchsbehörde im Rahmen des Widerspruchsverfahrens (erstmalig) die sofortige Vollziehbarkeit anordnet.[174]

b) Begründetheit des Antrags

aa) Formalien der Anordnung gem. § 80 Abs. 2 Nr. 4

126 Das Verwaltungsgericht prüft in den Fällen des § 80 Abs. 2 Nr. 4 zunächst die Formalien der Vollziehbarkeits-Anordnung:

– Anhörung des Betroffenen vor Anordnung der sofortigen Vollziehbarkeit (vgl. oben J 92),[175]
– Begründung der Entscheidung über die sofortige Vollziehbarkeit gem. § 80 Abs. 3 (vgl. oben J 93). Ein Begründungsmangel kann im Verfahren gem. § 80 Abs. 5 nicht mehr geheilt werden.[176]

Sind diese formalen Voraussetzungen nicht erfüllt, hebt das Verwaltungsgericht die Anordnung der sofortigen Vollziehbarkeit auf.[177]

Hinweis für den Anwalt:
Wenn der Antragsteller die Wiederherstellung der aufschiebenden Wirkung beantragt hat, dann bleibt die gerichtliche Entscheidung insoweit hinter dem Antrag zurück; dieser ist daher im übrigen abzuweisen. Eine relevante Beschwer ist allerdings für den Antragsteller mit

---

173 *VGH Mannheim,* 24. 3. 1994 – 14 S 2628/93 – NVwZ 95, 1220.

174 *VGH Mannheim,* 9. 8. 1994 – 10 S 1767/94 – NVwZ-RR 95, 174 m.w.N. der Rechtsprechung.

175 *OVG Lüneburg,* 10. 6. 1992 – 7 M 3839/91 – NVwZ-RR 93, 585: die fehlende Anhörung führt nur zur Aufhebung, wenn der Antragsteller vorträgt, welche Einwendungen er erhoben hätte und warum nicht auszuschließen ist, dass die Behörde aufgrund dieser Einwendungen die Anordnung unterlassen hätte.

176 *Kaltenborn,* DVBl. 99, 828, 832f. m.w.N.; **a. A.** *OVG Greifswald,* 20. 11. 1998 – 3 M 67.98 – NVwZ-RR 99, 409; **differenzierend** *VGH München,* 6. 3. 1997 – 1 CS 96 3175 – BayVBl. 98, 373: erneute Anordnung bzw. Ergänzung der streitgegenständlichen ist im Beschwerdeverfahren beachtlich.

177 *OVG Schleswig,* 15. 9. 1995 – 3 M 70/95 – NVwZ-RR 96, 148; *OVG Weimar,* 1. 3. 1994 – 1 EO 40/94 – DÖV 94, 1014 [nur Ls.]; *VGH Kassel,* 7. 7. 1992 – 12 TH 990/92 – NVwZ 93, 204; *OVG Schleswig,* 21. 5. 1992 – 4 M 44/92 – NVwZ-RR 92, 590; **a. A.** *OVG Magdeburg,* 2. 12. 1993 – 4 M 10/93 – DÖV 94, 352 = DVBl. 94, 808 = LKV 94, 295; *VGH Kassel,* 31. 10. 1988 – 4 TH 2937/86 – NVwZ-RR 89, 627; *Redeker/von Oertzen,* § 80, Rdn. 27a: auch im Falle eines Begründungsmangels ist die aufschiebende Wirkung wiederherzustellen; zur Möglichkeit der Heilung von Begründungsmängeln *Tietje,* DVBl. 98, 124.

dieser teilweisen Zurückweisung nicht verbunden. Eine Beschwerde mit dem Ziel die Wiederherstellung der aufschiebenden Wirkung zu erreichen, wäre daher mangels Rechtsschutzbedürfnis unzulässig.[178]

Durch diese rein kassatorische Entscheidung des Verwaltungsgerichts ist die Behörde nicht gehindert, nunmehr eine erneute Anordnung der sofortigen Vollziehbarkeit mit ausreichender Begründung bzw. nach gehöriger Anhörung zu erlassen.[179] **127**

bb) Interessenabwägung

Das Gericht **kann** gem. § 80 Abs. 5 die aufschiebende Wirkung des Rechtsbehelfs ganz oder teilweise wieder herstellen bzw. anordnen. Das Gericht trifft damit eine eigene **Ermessensentscheidung**[180] die in einem zweistufigen Verfahren[181] gefunden wird: **128**

(1) *Erste Stufe: „Summarische Prüfung".* Zunächst werden summarisch die Aussichten des Rechtsbehelfs bewertet. Ist der Rechtsbehelf offenbar aussichtslos, so wird die Aussetzung regelmäßig abgelehnt, weil das Suspensivinteresse des Betroffenen dann hinter dem öffentlichen Interesse an der sofortigen Vollziehbarkeit des Verwaltungsaktes zurücktritt;[182] etwas anders gilt nur dann, wenn kein besonderes Interesse an der alsbaldigen Vollziehung besteht, vgl. unten J 134a. **129**

Ist der Rechtsbehelf dagegen aussichtsreich, weil der Verwaltungsakt offenbar fehlerhaft ist, so wird die Vollziehung ausgesetzt, weil an der Vollziehung eines fehlerhaften Verwaltungsaktes kein öffentliches Interesse besteht.[183]

Hinweis:
Gegenstand des Verfahrens ist also **nicht** die **Rechtmäßigkeit der Vollzugsanordnung** gem. § 80 Abs. 2 Nr. 4.[184]

Die **„summarische Prüfung"** des Rechtsbehelfs erfolgt anhand der für das Hauptverfahren geltenden Entscheidungskriterien. Zuerst muss also untersucht werden, ob der das Hauptsacheverfahren einleitende Rechtsbehelf zulässig ist.[185] **130**

Beispiel:
Die Gewerbeaufsichtsbehörde untersagt dem Handelsvertreter H gem. § 35 GewO die weitere Tätigkeit wegen Unzuverlässigkeit. H lässt durch seinen Rechtsanwalt R Wider-

---

178 *VGH München,* 12. 3. 1996 – 14 CS 95 3873 – NVwZ-RR 97, 445 = BayVBl. 96, 633.

179 *VGH Mannheim,* 30. 4. 1996 – 1 S 776/96 – DÖV 96, 839; *VGH Mannheim,* 23. 11. 1992 – 14 S 2179/92 – GewArch 93, 81; *OVG Schleswig,* 21. 5. 1992 – 4 M 44/92 – NVwZ-RR 92, 590; a. A. *OVG Bremen,* 1. 11. 1979 – I B 41/79 – DVBl. 80, 420; s. a. *Redeker/von Oertzen,* § 80, Rdn. 27 a m. w. N.

180 A. A. *Renck,* NwVZ 92, 338, 339.

181 *BVerwG,* 5. 10. 1993 – 4 A 9.93 – DVBl. 94, 341; *VGH Kassel,* 8. 7. 1992 – 13 TH 467/92 – NVwZ 93, 293.

182 *BVerwG,* 6. 7. 1994 – 1 VR 10/93 – NVwZ 95, 587; *OVG Lüneburg,* 10. 2. 1997 – 3 M 856/97 – NVwZ 97, 407; *OVG Saarlouis,* 23. 7. 1992 – 1 W 30/92 – NVwZ 93, 201.

183 *OVG Lüneburg,* 10. 2. 1997 – 3 M 856/97 – NVwZ 97, 407; *VGH Kassel,* 10. 6. 1992 – 7 TH 3585/89 – NVwZ 93, 1009.

184 *OVG Berlin,* 5. 6. 2001 – 1 SN 38/01 – NVwZ-RR 01, 611.

185 *OVG Hamburg,* 25. 7. 1990 – Bs IV 180/90 – FEVS 41, 331.

spruch einlegen, dem Widerspruchsschreiben ist eine Vollmacht beigefügt. Die Widerspruchsbehörde weist den Widerspruch zurück und stellt H den Bescheid am 11. Oktober 1994 zu. Gegenüber einer Vollstreckungsmaßnahme im Jahre 1997 wendet H ein, die Grundverfügung sei noch nicht bestandskräftig.
Widerspruchsbescheide sind zuzustellen, § 73 Abs. 3 Satz 1. Die Zustellung ist an den Verfahrensbevollmächtigten zu bewirken, sofern dieser eine schriftliche Vollmacht vorgelegt hat, vgl. nur § 8 Abs. 1 Satz 2 BVwZG. Die Zustellung war daher zwar unwirksam. Das Klagerecht ist aber verwirkt, weil der Kläger in einer Situation für einen langen Zeitraum untätig geblieben ist, in der vernünftigerweise etwas zur Wahrung des Rechts unternommen zu werden pflegt.[186]
Von der Verwirkung des Rechtsbehelfs ist die Verwirkung des Antragsrechts gem. § 80 Abs. 5 – dazu oben J 111 – und die Verwirkung des materiellen Abwehrrechts – dazu unten K 95 – zu unterscheiden.

131 Dann ist gem. § 113 Abs. 1 zu klären, ob der angefochtene Bescheid rechtswidrig ist und den Kläger in seinen Rechten verletzt; vgl. oben D 146 ff.

Die Prüfung der Rechtmäßigkeit des angefochtenen Bescheids wird sich regelmäßig auf materiell-rechtliche Fragen konzentrieren. Verfahrensrechtliche Fehler sind für die Erfolgsprognose jedoch auch von Bedeutung.

132 **Beispiele:**
- fehlende Anhörung gem. § 28 VwVfG vor Erlass des Verwaltungsaktes,[187]
- fehlerhafte Zustellung, sofern im Rechtsbehelf der Zustellungsfehler gerügt wird,[188] Unzuständigkeit der Behörde,[189] vgl. auch unten K 448,
- fehlende Durchführung des förmlichen Verwaltungsverfahrens gem. § 68 VwVfG, vgl. unten K 183.

133 Die gebotene **Intensität der summarischen Prüfung** hängt von den möglichen Vollzugsfolgen ab. Grundsätzlich ist dabei den Gegebenheiten des vorläufigen Rechtsschutzverfahrens Rechnung zu tragen, die Aufklärungspflicht des Gerichts gem. § 86 ist daher eingeschränkt.[190] Deshalb sind zunächst solche Einwände zu berücksichtigen, die der Antragsteller in tatsächlicher oder rechtlicher Hinsicht gegen die Rechtmäßigkeit des angegriffenen Bescheids in das Feld geführt hat.[191] Wegen des summarischen Charakters des Eilverfahrens und seiner begrenzten Erkenntnismöglichkeiten können grundsätzlich weder schwierige Rechtsfragen vertieft noch komplizierte Tatsachenfeststellungen getroffen werden.[192] Im Regelfall dürfen nur

---

[186] *OVG Hamburg,* 17. 12. 1991 – Bf VI 35/91 – NVwZ-RR 93, 110; s. a. *BVerwG,* 31. 8. 1999 – 3 B 57/99 – DVBl. 00, 560 m. w. N.; *BVerwG,* 10. 2. 1994 – 4 B 26.94 – UPR 94, 229 m. w. N.; *OVG Weimar,* 28. 7. 1993 – 1 EO 1/93 – LKV 94, 110; *VGH München,* 31. 3. 1993 – 20 B 92 1859 u. a. – NVwZ-RR 94, 241; *BVerwG,* 4. 6. 1991 – 6 ER 400.91 – Buchholz, § 132 VwGO Nr. 132; a. A. *Hufen,* Fehler in Verwaltungsverfahren, 2. Aufl., 1991, Rdn. 290 m. w. N.

[187] *OVG Münster,* 26. 5. 1981 – 18 A 383/81 – NVwZ 82, 326.

[188] *VGH München,* 12. 5. 1997 – 23 CS 96 2922 – BayVBl. 97, 570.

[189] *VGH München,* 13. 8. 1996 – 20 CS 96 2369 – BayVBl. 97, 51; *VGH Mannheim,* 12. 2. 1996 – 1 S 2580/95 – NVwZ-RR 96, 331 = DVBl. 96, 568.

[190] *VGH Mannheim,* 22. 11. 1999 – 1 S 1557.99 – NVwZ-RR 00, 397.

[191] *OVG Münster,* 26. 1. 1999 – 3 B 2861.97 – NVwZ-RR 99, 696; *OVG Münster,* 17. 3. 1994 – 15 B 3022/93 – NVwZ-RR 94, 617.

[192] *OVG Münster,* 26. 1. 1999 – 3 B 2861.97 – NVwZ-RR 99, 696.

solche Tatsachen zur Grundlage der Entscheidung gemacht werden, zu denen sich die Beteiligten äußern konnten.[193]

Da der Rechtsschutzanspruch des Bürgers jedoch um so stärker ist, je schwerer die ihm auferlegte Belastung wiegt und je mehr diese Unabänderliches bewirkt, verstärkt sich dementsprechend auch die Aufklärungs- und Prüfungspflicht des Gerichts in tatsächlicher und rechtlicher Hinsicht.[194] Dieser differenzierte Prüfungsmaßstab ist verfassungsrechtlich vorgegeben.[195] Er ist nicht erst im Rahmen der Interessenabwägung, sondern bereits bei der Prüfung der Erfolgsaussichten zu berücksichtigen.

Das Ergebnis der summarischen Prüfung kann davon bestimmt sein, dass das Verwaltungsgericht eine für die Entscheidung maßgebliche **bundes- bzw. gemeinschaftsrechtliche Norm als verfassungswidrig bzw. ungültig** ansieht. Im Hauptsacheverfahren muss das Gericht dann das grundgesetzlich begründete **Verwerfungsmonopol des BVerfG** gem. Art. 100 GG bzw. die richterrechtlich reklamierte monopolisierte **Verwerfungskompetenz des EuGH**[196] beachten, vgl. unten L 111. **133 a**

Im Interesse des effektiven Rechtsschutzes sind diese Bindungen im einstweiligen Rechtsschutzverfahren gelockert. Hält das Verwaltungsgericht eine für seine Entscheidung maßgebliche Gesetzesnorm für verfassungswidrig, so ist es durch Art. 100 Abs. 1 GG nicht gehindert, vor der im Hauptsacheverfahren einzuholenden Entscheidung des BVerfG vorläufigen Rechtsschutz zu gewähren.[197] Das Verwaltungsgericht ist auch befugt, die aufschiebende Wirkung des Rechtsbehelfs gegen einen Verwaltungsakt wieder herzustellen, der auf einer aus Sicht des Verwaltungsgerichts ungültigen Gemeinschaftsnorm beruht. Voraussetzung ist allerdings, dass das gleichzeitig das Vorlageverfahren eingeleitet wird, dem Antragsteller ohne die Eilentscheidung ein schwerer, irreparabler Schaden drohen würde und die Interessen der Gemeinschaft angemessen berücksichtigt werden,[198] vgl. unten L 69ff.

Die summarische Prüfung dient der Beantwortung der Frage, wie das entsprechende Hauptsacheverfahren voraussichtlich ausgehen wird. Konsequenterweise ist daher bei der Prüfung der Rechtmäßigkeit des angefochtenen Bescheids grundsätzlich derselbe Zeitpunkt maßgeblich wie im Hauptsacheverfahren,[199] vgl. oben D 162. **134**

Wenn diese summarische, „materiell-akzessorische" Prüfung zu dem Ergebnis gelangt, dass der Antragsteller in der Hauptsache voraussichtlich keinen Erfolg haben wird, weil der angefochtene Verwaltungsakt rechtmäßig ist, dann dringt der **134 a**

---

[193] *VGH Mannheim,* 1. 3. 1999 – 13 S 819.98 – DVBl. 99, 1002 [Ls.].

[194] *BVerwG,* 19. 6. 2000 – 8 B 354.99 – VIZ 00, 666.

[195] *BVerfG, 2. Kammer des Ersten Senats,* 25. 7. 1996 – 1 BvR 638/96 – NVwZ 97, 480 = DVBl. 96, 1367 = BayVBl. 97, 629.

[196] *EuGH,* 22. 10. 1987 – Rs 314.85 – NJW 88, 1451.

[197] *BVerfG,* 24. 6. 1992 – 1 BvR 1028.91 – NJW 92, 2479; s.a. *Urban,* NVwZ 89, 433.

[198] *EuGH,* 21. 2. 1991 – Rs C 143.88 u. C 92.89 [Zuckerfabriken Süderdithmarschen AG u. Soest GmbH/Hauptzollämter Itzehoe u. Paderborn] – NVwZ 91, 460 = NJW 91, 2207 [Ls.].

[199] *Schoch* in *Schoch/Schmidt-Aßmann/Pietzner,* § 80, Rdn. 287, 290.

Antrag gem. § 80 Abs. 5 gleichwohl durch, wenn ein **besonderes Interesse** an der **baldigen Vollziehbarkeit nicht besteht,**[200] vgl. oben J 69 ff.

135 (2) *Zweite Stufe: „Abwägung der beteiligten Interessen“.* Führt die summarische Prüfung der Erfolgsaussichten des Rechtsbehelfs auf der ersten Stufe zu keinem eindeutigen Ergebnis oder ist diese Prüfung – etwa wegen der Kürze der Zeit – in der gebotenen Intensität – vgl. soeben K 133 – nicht möglich[201] bzw. zweckmäßig[202], so hat das **Gericht** eine **eigene Interessenabwägung**[203] vorzunehmen, bei der es die Nachteile, die aus einer verspäteten Verwirklichung des Verwaltungsaktes erwachsen, sofern sich dieser als rechtmäßig erweist, mit den Nachteilen zu vergleichen hat, die dem Betroffenen durch den sofortigen Vollzug eines – unterstellt rechtswidrigen – Verwaltungsaktes entstehen (sog. Interessenvergleich aufgrund einer Doppelhypothese in bezug auf den Ausgang des Hauptsacheverfahrens).[204]

136 Dabei ist zu berücksichtigen, dass der Gesetzgeber in den Fällen des § 80 Abs. 2 Nr. 1 bis Nr. 3 dem Vollziehungsinteresse besonderes Gewicht beimißt.[205] Dagegen überwiegt in den Fällen des § 80 Abs. 2 Nr. 4 im Zweifel das Suspensivinteresse.[206]

137 Bei der Bewertung des Suspensivinteresses kommt es auf die Schwere des Eingriffs an;[207] bedeutsam ist ferner, ob der Eingriff unabänderlich ist.[208]

138 In der Antragsschrift hat der **Anwalt** deshalb vor allem auf die dem Antragsteller im Falle des Sofortvollzugs drohenden **irreparablen Nachteile** hinzuweisen. Diese sind **glaubhaft** zu machen, § 173 i. V. m. § 294 ZPO.

cc) Anhörung des Gegners

138 a Das Verwaltungsgericht entscheidet grundsätzlich nicht zu Gunsten des Antragstellers ohne Anhörung der Beteiligten.[209] Anders als im zivilprozessualen Verfahren bedarf es daher nicht der Hinterlegung einer Schutzschrift.

---

[200] *VG Chemnitz,* 4. 11. 1998 – 1 K 2525.96 – NVwZ 99, 1374; *Schoch* in *Schoch/Schmidt-Aßmann/Pietzner,* § 80, Rdn. 265.

[201] Zu einer solchen Konstellation s. *BVerfG, 2. Kammer des Ersten Senats,* 25. 7. 1996 – 1 BvR 638/96 – NVwZ 97, 480 = DVBl. 96, 1367.

[202] *BVerfG (2. Kammer des Ersten Senats),* 4. 7. 2001 – 1 BvR 165/01 – NVwZ-RR 01, 694.

[203] *VGH Mannheim,* 7. 1. 1994 – 10 S 1942/93 – NVwZ-RR 95, 17, 19.

[204] *VGH Mannheim,* 7. 1. 1994 – 10 S 1942/93 – NVwZ-RR 95, 17, 20 [sehr umfassende Interessenabwägung hinsichtlich eines abfallrechtlichen Planfeststellungsbeschlusses für eine Sonderabfallanlage]; *OVG Weimar,* 24. 2. 1994 – 2 B 90/92 – ZBR 94, 319 [Abwägung des Alimentationsinteresses eines Beamten mit dem fiskalischen Interesse im Hinblick auf die möglicherweise gefährdete Durchsetzbarkeit des Rückzahlungsanspruchs nicht vorausleisten zu müssen]; *OVG Schleswig,* 28. 1. 1992 – 3 M 2/92 – GewArch 92, 232; *VGH Kassel,* 22. 3. 1991 – 14 TH 369/91 – NVwZ 92, 192; *OVG Münster,* 12. 7. 1991 – 4 B 3581/90 – GewArch 92, 246; *OVG Münster,* 12. 6. 1991 – 5 B 280/91 – DVBl. 91, 1320.

[205] *VGH Kassel,* 12. 4. 1995 – 3 TH 2470/94 – NVwZ-RR 96, 361; *Schoch* in *Schoch/Schmidt-Aßmann/Pietzner,* § 80, Rdn. 107; s. aber auch *OVG Hamburg,* 11. 2. 1997 – Bs IV 312, 96 – DVBl. 97, 1446 zu § 18 Abs. 4 SchwerbehindertenG.

[206] *VGH Kassel,* 28. 1. 1992 – 4 TH 2283/91 – NVwZ-RR 93, 13; *OVG Schleswig,* 28. 1. 1992 – 3 M 2/92 – GewArch 92, 232.

[207] *OVG Münster,* 12. 7. 1991 – 4 B 3581/90 – GewArch 92, 246; *OVG Hamburg,* 15. 12. 1983 – Bs I 112/83 – NVwZ 84, 256.

[208] *VGH Mannheim,* 22. 2. 1991 – 14 S 2966/90 – NVwZ-RR 91, 409.

[209] *OVG Münster,* 3. 4. 1997 – 11 B 498.97 – NVwZ-RR 97, 759.

dd) Gerichtliche Entscheidungsvarianten

Das Verwaltungsgericht entscheidet durch Beschluss, der zu begründen ist, vgl. § 122 Abs. 2 Satz 2. Soweit sich der Sach- und Streitstoff aus den Verfahrensakten ergibt, ergeht die Entscheidung regelmäßig gem. § 101 Abs. 3 ohne mündliche Verhandlung. Das gilt auch dann, wenn der Ausgang des Verfahrens für den Antragsteller von existenzieller Bedeutung ist.[210] **139**

In baurechtlichen Angelegenheiten dagegen finden häufig Ortsbesichtigungen und Erörterungstermine statt.

Der konkrete Inhalt eines stattgebenden Beschlusses hängt davon ab, welche Regelung im Interesse des Antragstellers geboten ist. Es kommen daher eine Reihe von Entscheidungsvarianten in Betracht.

Hat der Antrag Erfolg, weil die **Anordnung** gem. § 80 Abs. 2 Nr. 4 **formell fehlerhaft** ist, hebt das Verwaltungsgericht diese Anordnung lediglich auf.[211] Die Behörde hat dann die Möglichkeit – ohne zuvor ein Verfahren gem. § 80 Abs. 7 durchzuführen –, eine erneute Anordnung zu treffen, der dieser gerichtlich festgestellte Mangel nicht anhaftet, vgl. J 126 f. **140**

Ist der **Antrag** nach der Ermessensentscheidung des Gerichts **begründet,** so stellt das Gericht die aufschiebende Wirkung des Rechtsbehelfs (wieder) her. Das ist der Regelfall. **141**

Die Verwaltung ist durch diesen Beschluss gehindert, in derselben Sache – z. B. aufgrund eines erneuten Entscheidungsprozesses – ein weiteres Mal die sofortige Vollziehbarkeit einer Regelung identischen Inhalts anzuordnen; zuvor muss vielmehr die Bindungswirkung des gerichtlichen Beschlusses in einem Verfahren gem. § 80 Abs. 7 beseitigt werden,[212] vgl. J 165 f.

Hat sich der Rechtsstreit gem. § 80 Abs. 5 in der Hauptsache erledigt, so fehlt dem Antragsteller das Rechtsschutzbedürfnis für einen Fortsetzungsfeststellungsantrag in analoger Anwendung von § 113 Abs. 1 Satz 4.[213]

Gem. § 80 Abs. 5 Satz 3 ist das Gericht in der Lage, schon im Rahmen des Eilverfahrens über die Aussetzung der sofortigen Vollziehung hinaus eingetretene **Vollzugsfolgen zu beseitigen.** **142**

Beispiele: **143**

- Der Antragsteller begehrt die Herstellung der aufschiebenden Wirkung seines Widerspruchs gegen eine Zwangsgeldfestsetzung. Das Zwangsgeld ist zur Vermeidung der Zwangsvollstreckung bereits gezahlt. Im Falle der Herstellung der aufschiebenden Wirkung kann die gerichtliche Verpflichtung zur Rückzahlung des Betrages auf § 80 Abs. 5 Satz 3 gestützt werden.[214]
- Der Antragsteller begehrt die Herstellung der aufschiebenden Wirkung seines Widerspruchs gegen die Festsetzung eines Erschließungsbeitrags, den er zur Vermeidung der Zwangsvollstreckung (§ 80 Abs. 2 Nr. 2) bereits gezahlt hat. Im Falle der Herstellung der

---

[210] *VGH Mannheim,* 22. 11. 1991 – 9 S 2743/91 – NVwZ-RR 93, 19 [Entzug der Apothekenbetriebserlaubnis].

[211] **A. A.**: *VGH München,* 24. 3. 1999 – 10 CS 99.27 – BayVBl. 99, 465 (Wiederherstellung der aufschiebenden Wirkung auch in diesem Falle).

[212] *VGH Mannheim,* 9. 8. 1994 – 10 S 1767/94 – NVwZ-RR 95, 174.

[213] *VGH München,* 26. 5. 1997 – 4 CS 96 3551 – BayVBl. 98, 185.

[214] *VGH Kassel,* 12. 4. 1995 – 3 TH 2470/94 – NVwZ-RR 96, 361.

aufschiebenden Wirkung kann die gerichtliche Verpflichtung zur Rückzahlung des Beitrags auf § 80 Abs. 5 Satz 3 gestützt werden; das Gericht kann allerdings die Rückzahlung von einer Sicherheitsleistung gem. § 80 Abs. 5 Satz 4 abhängig machen.[215]

144 Das Gericht kann die (Wieder-) Herstellung der aufschiebenden Wirkung aber auch **befristen.** Eine solche Entscheidung kommt in Betracht, wenn das Gericht zwar aufgrund der summarischen Prüfung erhebliche rechtliche Bedenken gegen die angefochtene Entscheidung hat, es aber nicht auszuschließen ist, dass diesen Bedenken im Widerspruchsverfahren noch Rechnung getragen werden kann (§§ 39 Abs. 1, 45 Abs. 1 Nr. 2 VwVfG). Die aufschiebende Wirkung des Rechtsbehelfs wird dann gem. § 80 Abs. 5 Satz 5 bis zum Erlass des Widerspruchsbescheids (wieder-)hergestellt.[216]

Um das Entstehen einer Rechtsschutzlücke zu vermeiden, kann die aufschiebende Wirkung bis zum Ablauf einer kurzen Frist (z.B. zwei Wochen) nach Zustellung des Widerspruchsbescheides (wieder-)hergestellt werden. Der Adressat kann dann ohne aktuellen Vollstreckungsdruck klären, ob er ein neues Verfahren gem. § 80 Abs. 5 einleitet.[217]

145 Das Gericht kann die Wirksamkeit seines Beschlusses auch unter eine **aufschiebende oder auflösende Bedingung** stellen.

Beispiele:
- Wenn der festgestellte Mangel der vom Nachbarn angegriffenen Baugenehmigung leicht behebbar ist und so die Nachbarrechtsverletzung beseitigt werden kann, kann das Verwaltungsgericht entscheiden, dass die aufschiebende Wirkung des Rechtsbehelfs erst ab einem in der Zukunft liegenden Zeitpunkt eintritt, um so dem Bauherrn und der Aufsichtsbehörde die „Chance zur Nachbesserung“ zu geben.[218]
- Die Ausgangsbehörde hat dem Antragsteller wegen einer erneuten Geschwindigkeitsübertretung die Fahrerlaubnis entzogen und diese Verfügung gem. § 80 Abs. 2 Nr. 4 für sofortig vollziehbar erklärt. Das Verwaltungsgericht stellt die aufschiebende Wirkung des Widerspruchs wieder her, da der Antragsteller vor Erlass der Verfügung unter Verstoß gegen § 28 VwVfG nicht angehört worden ist. Das VG stellt seinen Beschluss unter die auflösende Bedingung, dass die Behörde im Rahmen der nachzuholenden Anhörung zu der Erkenntnis gelangen sollte, der Antragsteller sei nicht in der Lage sein Verhalten im Straßenverkehr dauerhaft zu ändern, wenn ihm die Fahrerlaubnis belassen wird.[219]

146 Im Rahmen der eigenständigen Ermessensentscheidung gem. § 80 Abs. 5 kann das Gericht **Sicherheitsleistungen** anordnen und **Auflagen**[220] erteilen. Hält sich der Antragsteller nicht an diese Nebenentscheidungen, von deren Erfüllung das

---

215 *OVG Lüneburg,* 20. 2. 1996 – 9 M 7867/95 – NVwZ-RR 97, 79.

216 *VGH Kassel,* 7. 7. 1992 – 12 TH 990/92 – NVwZ 93, 204; *OVG Hamburg,* 19. 6. 1992 – Bs VII 20/92 – NVwZ-RR 93, 27; *VGH Kassel,* 2. 7. 1991 – 14 TH 3563/90 – NVwZ-RR 92, 615; *VGH Mannheim,* 7. 3. 1991 – 10 S 440/91 – NZV 91, 287; *VG Greifswald,* 20. 8. 1992 – 2 B 681/92 – VIZ 93, 25; kritisch zur Befristung in diesen Fällen: *Pietzner/Ronellenfitsch,* § 55, Rdn. 18.

217 *OVG Hamburg,* 21. 10. 1992 – Bs V 1757/92 – NVwZ-RR 93, 163.

218 Instruktiv *OVG Münster,* 28. 8. 1998 – 10 B 1353.98 – BauR 99, 1012.

219 *VGH Mannheim,* 9. 8. 1994 – 10 S 1767/94 – NVwZ-RR 95, 174.

220 *VGH Mannheim,* 12. 2. 1996 – 1 S 2580/95 – NVwZ-RR 96, 331 = DVBl. 96, 568; *VG Frankfurt a. M.,* 19. 7. 2000 – 15 G 2623.00 – NVwZ 00, 1324.

Gericht den Bestand seiner Entscheidung abhängig gemacht hat, so kann der Beschluss gem. § 80 Abs. 7 – auch von Amts wegen – geändert werden. Die Nebenbestimmungen sind nicht selbständig durchsetzbar.[221]

Das Gericht kann im Verfahren gem. § 80 Abs. 5 auch zunächst eine **Zwischenregelung** („Hängebeschluss", „Schiebeverfügung"[222]) treffen, wenn jedenfalls auf den ersten Blick eine offensichtliche Aussichtslosigkeit des Antrags nicht feststellbar ist und außerdem befürchtet werden muss, dass bis zur gerichtlichen Entscheidung über den Antrag vollendete Tatsachen geschaffen worden sind. In der VwGO ist diese Möglichkeit der Zwischenregelung zwar nicht vorgesehen, sie ergibt sich aber unmittelbar aus dem Gebot effektiven Rechtsschutzes, der durch Art. 19 Abs. 4 GG gewährleistet wird.[223] 147

Beispiel:

Ein Einfamilienhaus-Vorhaben soll in Fertigbauweise realisiert werden. Die Kellerdecke ist gegossen, die Fertighausteile werden angeliefert. Der Grundstücksnachbar stellt einen Antrag gem. § 80 Abs. 5.[224]
Diese Zwischenregelung darf allerdings nur für die Zeit aufrechterhalten werden, die erforderlich ist, um das eigentliche einstweilige Rechtsschutzbegehren zu prüfen.

Hinweis:
Schriftsatzbeispiel für einen Antrag auf Erlass einer Zwischenregelung s. Anhang I 26.

Wenn der Erlass einer Zwischenregelung in Betracht kommt, sollte der **Anwalt** engen **Kontakt zum Gericht** halten, um Aufschluß über die gerichtliche Terminplanung zu erhalten. Aufgrund des auch das Verfahren gem. § 80 Abs. 5 beherrschenden Amtsermittlungsgrundsatzes ist ein solcher informeller Kontakt zwischen den Parteivertretern und dem Berichterstatter bzw. dem Vorsitzenden der erkennenden Kammer offen und üblich. Durch Telefonate mit den Richtern kann der Anwalt bekräftigen, wie dringlich die beantragte Entscheidung ist. Er kann eine Zwischenregelung anregen, wenn nach Auskunft des Gerichts bis zur Entscheidung gem. § 80 Abs. 5 geraume Zeit vergehen wird. Der konstruktiven Kooperation mit dem Gericht kann es aber auch dienen, wenn der Anwalt klar macht, dass einstweiliger Rechtsschutz zwar erforderlich sei, die Kammer dem Antrag aber nicht höchste zeitliche Priorität beimessen müsse. 148

Beispiel:

Der Grundstücksnachbar greift die dem Bauherrn erteilte Baugenehmigung mit dem Argument an, diese verstoße im Hinblick auf die atypische Gestaltung des Daches gegen die einschlägige Abstandflächenvorschrift und verletze ihn daher in seinen Nachbarrechten. Wenn auf dem Baugrundstück erst bauvorbereitende Arbeiten stattfinden (Abriß des Altbaus), besteht keine Veranlassung, auf eine gerichtliche Ortsbesichtigung und Entscheidung in den nächsten Tagen hinzuwirken.

---

221 *VGH München,* 6. 9. 1990 – 22 B 90500 – BayVBl. 91, 87.

222 *VGH München,* 21. 1. 2000 – 3 ZE 99 3632 – BayVBl. 00, 347.

223 *OVG Berlin,* 3. 2. 1998 – 8 S 184/97 – NVwZ-RR 99, 212 m. w. N.; *MacLean,* LKV 01, 107 m. w. N.; *Guckelberger,* NVwZ 01, 275.

224 Vgl. *OVG Saarlouis,* 15. 12. 1992 – 2 W 36/92 – NVwZ-RR 93, 391 = BauR 93, 212 m. w. N.

149 Eine Zwischenregelung ist in der Praxis häufig entbehrlich, weil die Gerichte – soweit erforderlich – **Zusicherungen der Verwaltungsbehörde** einzuholen pflegen, nach denen der angegriffene Verwaltungsakt einstweilen bis zur Entscheidung der zuständigen Kammer über den Antrag gem. § 80 Abs. 5 nicht vollzogen wird.

150 Die Zwischenregelung (soeben J 147) ist von der Vorsitzenden-Entscheidung gem. § 80 Abs. 8 (dazu J 175) zu unterscheiden.

151 In Fällen des sog. faktischen Vollzugs kann das Verwaltungsgericht in einem Verfahren gem. § 80 Abs. 5 analog auch **feststellende Entscheidungen** treffen, vgl. J 156ff.

c) Gerichtliche Entscheidung über die Vollziehbarkeit beim Verwaltungsakt mit Doppelwirkung, § 80a Abs. 3 i. V. m. § 80 Abs. 5

152 In der Rechtsprechung und Literatur wird gestützt auf § 80a Abs. 3 Satz 2 vereinzelt die Auffassung vertreten, die Entscheidung über die sofortige Vollziehbarkeit eines Verwaltungsaktes mit Doppelwirkung dürfte gerichtlich erst angegriffen werden (§ 80 Abs. 5), wenn ein Aussetzungsantrag bei der Behörde erfolglos geblieben ist.[225] Dies entspricht weder der Intention des Gesetzgebers, der das behördliche Aussetzungsverfahren in diesen Fällen nicht zur allgemeinen gerichtlichen Zugangsvoraussetzung machen wollte,[226] noch dem Wortlaut der Verweisungsregelung.[227] Auch beim Verwaltungsakt mit Doppelwirkung ist das **behördliche Aussetzungsverfahren** mithin **nicht Voraussetzung für das Verfahren** gem. § 80 Abs. 5.[228]

153 Die Regelungen des § 80 Abs. 5 gelten aufgrund der Verweisung in § 80a Abs. 3 gleichermaßen für die gerichtliche Überprüfung von Vollziehbarkeitsanordnungen für Verwaltungsakte mit Doppelwirkung. Konkret gelten die folgenden Entscheidungskriterien: ein überwiegendes Interesse eines Beteiligten an der Sofortvollzugsanordnung ist dann zu bejahen, wenn der von dem belasteten Beteiligten **eingelegte Rechtsbehelf** mit erheblicher Wahrscheinlichkeit **erfolglos** blei-

---

[225] *OVG Lüneburg,* 31. 1. 1994 – 1 M 5091/93 – NVwZ 94, 698 = UPR 94, 158; *OVG Koblenz,* 14. 6. 1993 – 8 B 11088/93 – NVwZ 94, 1015 = BauR 93, 718 = DVBl. 94, 224 [nur Ls.] (diese Rechtsprechung ist durch *OVG Koblenz,* 21. 5. 1996 – 8 B 11166/96 – NVwZ-RR 97, 668 = BauR 96, 838 = DÖV 97 [Ls.] ausdrücklich aufgegeben worden); *VGH München,* 23. 8. 1991 – 14 CS 91 2254 – BayVBl. 91, 723; *VG Meiningen,* 25. 1. 1996 – 5 E 735/95 – NVwZ-RR 97, 376; *VG Gelsenkirchen,* 6. 8. 1991 – 5 L 1485/91 – NVwZ 91, 1209; *Heberlein,* BayVBl. 91, 396, 397 und BayVBl. 93, 743; *Heydemann,* NVwZ 93, 419.

[226] BR-Drs 135/90, S. 73f.

[227] Insoweit a. A. *Schoch,* NVwZ 91, 1121, 1126: teleologische Reduktion erforderlich.

[228] *OVG Koblenz,* 21. 5. 1996 – 8 B 11166/96 – NVwZ-RR 97, 668 = BauR 96, 838 = DÖV 97, 259 [Ls.] (unter ausdrücklicher Aufgabe der bislang entgegenstehenden Rechtsprechung); *OVG Hamburg,* 19. 9. 1994 – Bs II 35/94 – NVwZ-RR 95, 551 = DVBl. 95, 476 = BauR 95, 379; *VGH Mannheim,* 23. 9. 1994 – 8 S 2380/94 – NVwZ 95, 1004; *VG Mannheim,* 29. 6. 1994 – 10 S 2510/93 – NVwZ 95, 292; *OVG Bremen,* 24. 1. 1992 – 1 B 1/92 – BauR 92, 608 = NVwZ 93, 592; *VGH Kassel,* 1. 8. 1991 – 4 TH 1244/91 – DVBl. 92, 45 = NVwZ 93, 491; *OVG Lüneburg,* 26. 2. 1993 – 1 M 290/93 – UPR 93, 233: Aussetzungsantrag an die Behörde ist in den Fällen nicht erforderlich, in denen die Vollziehbarkeit auf einer konkreten Behördenentscheidung gem. § 80 Abs. 2 Nr. 4 beruht und nicht aus § 80 Abs. 2 Nr. 1 bis Nr. 3 resultiert; offen gelassen von *OVG Koblenz,* 4. 6. 1992 – 1 B 10880/92 – BauR 92, 607 = NVwZ 93, 591.

ben wird[229] und eine Fortdauer der grundsätzlich aufschiebenden Wirkung des Rechtsbehelfs dem begünstigten Beteiligten gegenüber unbillig wäre.[230] Bei **offenem Ausgang** des Hauptsacheverfahrens kommt es für die Entscheidung grundsätzlich auf eine Interessenabwägung an. Dabei streitet für das Interesse des Adressaten des belastenden Verwaltungsakts die grundsätzliche Wertung, nach der ein Rechtsbehelf aufschiebende Wirkung haben soll; dieses Interesse verliert an Gewicht, soweit auf Seiten des Begünstigten ein erhebliches, unabweisbares **Interesse an der vorzeitigen Ausnutzung** der Begünstigung festzustellen ist.[231]

Die Entscheidungsmacht des Verwaltungsgerichts wird durch § 80a insofern erweitert, als das Verwaltungsgericht Entscheidungen über die sofortige Vollziehbarkeit nicht nur überprüfen, sondern auch selbständig treffen kann.[232] **154**

Beispiel:
Ein Rettungsweg für das Grundstück A führt durch die Brandwand des Gebäudes auf dem Grundstück B. Dessen Eigentümer verschließt die Öffnung in der Brandwand. Das Nachbargebäude darf daraufhin wegen des Fehlens des zweiten Rettungsweges nicht mehr genutzt werden. Die Baubehörde ordnet gegenüber dem Eigentümer an, dass er den durch die Brandwand seines Gebäudes führenden Rettungsweg wiederherstellt. Das Interesse des Nachbarn, nicht weiter an der Nutzung seines Grundstücks gehindert zu sein, rechtfertigt die Anordnung des Sofortvollzugs.[233]

Einem solchen Antrag auf gerichtliche Anordnung der sofortigen Vollziehbarkeit fehlt allerdings das Rechtsschutzbedürfnis, wenn der Antragsteller bei der Behörde noch keinen auf dasselbe Ziel gerichteten Antrag gestellt hat.[234] **155**

Beispiel:
Fall oben J 84.

d) Gerichtliche Entscheidung im Falle des faktischen Vollzuges

In der Praxis kommt es vor, dass die Behörde Anstalten macht, einen belastenden Verwaltungsakt zu vollziehen, obwohl der Adressat einen Rechtsbehelf eingelegt hat, der gem. § 80 Abs. 1 aufschiebende Wirkung hat. **156**

Beispiel:
Der Dienstherr erläßt wegen angeblich zuviel gezahlten Gehaltes gegenüber seinem Beamten einen für sofort vollziehbar erklärten Rückforderungsbescheid und verrechnet den festgesetzten Betrag trotz zwischenzeitlich erfolgter Wiederherstellung der aufschiebenden Wirkung mit den laufenden Gehaltsansprüchen des Beamten, vgl. oben I 47.

---

229 *OVG Schleswig,* 7. 8. 2000 – 4 M 58.00 – NordÖR 00, 380.

230 *BVerwG,* 22. 11. 1965 – 4 CB 224.65 – DVBl. 66, 273; *VG Schleswig,* 24. 8. 1999 – 1 B 61.99 – NuR 00, 653, 654.

231 *VG Schleswig,* 24. 8. 1999 – 1 B 61.99 – NuR 00, 653, 655.

232 Durch § 80 Abs. 3 i. V. m. Abs. 1 Nr. 1 und Abs. 2 ist nun auch geklärt, dass das Gericht diese Anordnung selbst treffen darf und nicht auf eine entsprechende Verpflichtung der Behörde beschränkt ist, vgl. *VGH München,* 7. 2. 1991 – 14 CS 90 3361 – BayVBl. 91, 438.

233 *OVG Berlin,* 18. 9. 1998 – 2 S 5.98 – LKV 99, 196 = DÖV 99, 169 [Ls.].

234 *OVG Koblenz,* 14. 6. 1993 – 8 B 11088/93 – BauR 93, 718; *OVG Lüneburg,* 21. 5. 1992 – 6 M 1995/92 – BauR 92, 603 = NVwZ 93, 592; *VGH München,* 23. 8. 1991 – 14 CS 91 2254 – BayVBl. 91, 723; *VGH München,* 6. 7. 1990 – Nr. 14 CS 90 1659 – BayVBl. 90, 755; *VGH Mannheim,* 9. 4. 1990 – 8 S 543/90 – NVwZ-RR 90, 534, **a. A.** *VGH Mannheim,* 23. 9. 1994 – 8 S 2380/94 – NVwZ 95, 1004.

157 Häufiger sind Fälle, in denen der vom Verwaltungsgericht Begünstigte trotz Drittwiderspruch von der ihm erteilten Genehmigung Gebrauch machen will.

Beispiel:

Der Grundstückseigentümer erhält die Baugenehmigung für einen Gewerbebau. Der Nachbar legt gegen diese Genehmigung Widerspruch ein, der gem. § 212a BauGB keine aufschiebende Wirkung entfaltet, vgl. J 59, K 18. Der Nachbar beantragt die gerichtliche Herstellung der aufschiebenden Wirkung gem. § 80 Abs. 5; der Antrag hat Erfolg. Der Bauherr trifft Anstalten, gleichwohl mit den Bauarbeiten zu beginnen.

158 In diesen Fällen spricht man vom drohenden **faktischen Vollzug.**[235]

159 Der faktische Vollzug muss nicht auf einer bewußten Mißachtung der aufschiebenden Wirkung des eingelegten Rechtsbehelfs beruhen. Er kann seinen Grund auch darin haben, dass die Beteiligten im Streit darüber sind, ob der Rechtsbehelf aufschiebende Wirkung hat.

160 **Beispiele:**

- Die Behörde vertritt die Auffassung, der Rechtsbehelf sei unzulässig und entfalte daher keine aufschiebende Wirkung, vgl. J 34 ff.
- Die Ordnungsbehörde geht im Wege der unmittelbaren Ausführung (auch sofortiger Vollzug genannt, vgl. § 6 Abs. 2 VvVG) durch Ersatzvornahme gegen den Störer vor und verlangt durch Bescheid die Erstattung der Kosten dieser Maßnahme. Die Behörde vertritt die Auffassung, der Widerspruch gegen den Kostenerstattungsbescheid habe gem. § 80 Abs. 2 Nr. 1 keine aufschiebende Wirkung.[236]
- Die Baubehörde verkennt die aufschiebende Wirkung des Rechtsbehelfs gegen eine Zurückstellungsverfügung gem. § 15 BauGB und sieht daher von einer weiteren Bearbeitung des Bauantrags ab, vgl. K 10.

161 Das Bedürfnis an einstweiligem Rechtsschutz in diesen Fällen des faktischen Vollzuges ist evident. Grundsätzlich ist die Verwaltungsbehörde aufgrund eines entsprechenden Antrags des vom Vollzug Betroffenen befugt, den Begünstigten durch geeignete Maßnamen zur Sicherung der Rechte des Betroffenen anzuhalten.[237] Der durch den Verwaltungsakt Belastete muss jedoch im Regelfall davon ausgehen, dass sich nur durch eine gerichtliche Entscheidung Vollzugsmaßnahmen verhindern lassen. Die VwGO stellt allerdings keinen speziellen gerichtlichen Rechtsbehelf zur Verfügung. Ein Antrag auf Erlass einer einstweiligen Anordnung ist gem. § 123 Abs. 5 unzulässig, weil es in der Sache um den Rechtsschutz gem. § 80 geht. Das Verfahren gem. § 80 Abs. 5 ist nicht einschlägig, weil das Rechtsschutzziel nicht die Anordnung oder Wiederherstellung der aufschiebenden Wirkung des Rechtsbehelfs ist, sondern deren Beachtung.

Art. 19 Abs. 4 GG gebietet auch in der dieser Situation die Gewährung effektiven gerichtlichen Rechtsschutzes. Die einfachgesetzliche Rechtsschutzlücke wird durch ein Verfahren gem. § 80 Abs. 5 analog geschlossen: Das Verwaltungsgericht trifft die **Feststellung,** dass der Rechtsbehelf aufschiebende Wirkung

---

[235] *OVG Bautzen,* 12. 9. 1996 – 1 S 407/96 – LKV 97, 376; *OVG Koblenz,* 7. 2. 1994 – 7 B 10153/94 – NVwZ 95, 124 = DÖV 94, 1012.
[236] *OVG Berlin,* 13. 4. 1995 – 2 S 3/95 – NVwZ-RR 95, 575.
[237] *OVG Koblenz,* 7. 2. 1994 – 7 B 10153/94 – NVwZ 95, 124 = DÖV 94, 1012.

hat.[238] Eine Prüfung der Erfolgsaussichten des Rechtsbehelfs bzw. eine Interessenabwägung findet **nicht** statt, denn die aufschiebende Wirkung des zulässigen Rechtsbehelfs hängt nicht von seiner Begründetheit ab.

Wenn das Verfahren allerdings ausgelöst wurde, weil zwischen den Beteiligten **162**
die **Zulässigkeit des Rechtsbehelfs** umstritten ist, so gelten die Entscheidungskriterien des Verfahrens gem. § 80 Abs. 5:
- Die Zulässigkeit des Rechtsbehelfs ist summarisch zu prüfen, vgl. J 130.
- Führt diese Prüfung zu keinem eindeutigen Ergebnis – weil z. B. noch tatsächliche Fragen zu klären sind –, erfolgt eine Interessenabwägung, vgl. J 135.
- In besonders dringenden Fällen kann das Verwaltungsgericht eine einstweilige Regelung treffen, bevor es über den Antrag gem. § 80 Abs. 5 analog entscheidet, vgl. J 147.

Das Gericht kann in diesen Fällen die Wirkung seiner **Feststellung** auch **befristen,** bis über die Zulässigkeit des Widerspruchs entschieden ist.[239]

Verstößt die Behörde – oder der begünstigte Dritte – gegen den gerichtlichen **163**
Beschluss, der die aufschiebende Wirkung des Rechtsbehelfs feststellt, hat das Gericht auf Antrag die Möglichkeit, durch einen weiteren, vollstreckungsfähigen Beschluss gem. § 80 Abs. 5 Satz 3 – bzw. durch eine Ergänzung des ursprünglichen Beschlusses gem. § 80 Abs. 7 vgl. J 165 – die weitere Vollziehung zu unterbinden. Auf der selben Rechtsgrundlage kann auch angeordnet werden, dass Vollziehungsmaßnahmen rückgängig zu machen sind, vgl. im einzelnen I 45 ff.[240]

Missachtet der durch den Verwaltungsakt Begünstigte die aufschiebende Wir- **164**
kung des Rechtsbehelfs, so kann das Gericht gem. § 80 a Abs. 3 i. V. m. Abs. 1 Nr. 2 die geeigneten Maßnahmen treffen bzw. die Behörde so solchen Maßnahmen verpflichten, die die Vollziehung verhindern;[241] auch in diesem Falle bedarf es also nicht eines Rückgriffs auf § 123, vgl. ausführlich I 45 ff.[242]

Beispiel:
Das Gericht stellt die aufschiebende Wirkung des Nachbarwiderspruchs gegen die dem Bauherrn erteilte, gem. § 212 a Abs. 1 BauGB sofortig vollziehbare Baugenehmigung für ei-

---

238 *VGH Mannheim,* 9. 9. 1999 – 1 S 1306.99 – NVwZ-RR 00, 189; *OVG Schleswig,* 2. 7. 1996 – 3 M 24/96 – NVwZ-RR 97, 626; *OVG Berlin,* 13. 4. 1995 – 2 S 3/95 – NVwZ-RR 95, 575; *Redeker* NVwZ 91, 526, 529.

239 Ähnlich *OVG Münster,* 6. 7. 1989 – 7 B 1861/89 – NVwZ-RR 90, 378: befristete Anordnung der aufschiebenden Wirkung; **a. A.** *Postier,* NVwZ 85, 95, 97: Rechtsschutz nur über einen Antrag gem. § 123 möglich.

240 *Pietzner/Ronellenfitsch,* § 58, Rdn. 34 ff.

241 *OVG Weimar,* 28. 7. 1993 – 1 EO 1/93 – LKV 94, 110 = UPR 93, 460 [Ls.] meint, die Entscheidung sei von einer Abwägung der öffentlichen und privaten Interessen und den Erfolgsaussichten des Rechtsbehelfs abhängig zu machen; im Falle des eindeutig zulässigen Rechtsbehelfs führt dies zu einer nicht akzeptablen Verkürzung des Rechtsschutzes, vgl. J 104.

242 *OVG Weimar,* 28. 7. 1993 – 1 EO 1/93 – LKV 94, 110 = UPR 93, 460 [Ls.]; *VGH München,* 19. 4. 1993 – 14 AS 93790 – BayVBl. 93, 565; *OVG Koblenz,* 8. 2. 1993 – 11 B 12228/92 – GewArch 93, 242; *Redeker,* NVwZ 91, 526, 529; *Schoch,* NVwZ 91, 1121, 1125; *Jäde,* BayVBl. 93, 86; **a. A.** *VGH Mannheim,* 14. 1. 1991 – 3 S 3127/90 – VBlBW 91, 219; *VGH München,* 23. 10. 1991 – 25 CE 912385 – DVBl. 92, 452 = BayVBl. 92, 178: Verfahren gem. § 123, s. a. unten K 217 [Medienrecht].

nen Lkw-Abstellplatz her und verpflichtet die Behörde, ein sofort vollziehbares Nutzungsverbot bis zum rechtskräftigen Abschluß des Hauptsacheverfahrens zu erlassen.[243]

6. Änderungs- und Aufhebungsentscheidung, § 80 Abs. 7

165 Die Entscheidung im Verfahren gem. § 80 Abs. 5 wird aufgrund summarischer Prüfung und möglicherweise im Ergebnis einer Interessenabwägung getroffen. Die Grundlagen eines solchen Beschlusses können sich in dem häufig längeren Zeitraum bis zur Entscheidung in der Hauptsachen ändern. Der Gesetzgeber trägt durch die dem Gericht in § 80 Abs. 7 eingeräumte Änderungsbefugnis diesem Umstand Rechnung. **Beschlüsse gem. § 80 Abs. 5** werden **nicht materiell rechtskräftig** – s. dazu F 281. Das Gericht kann Beschlüsse über Anträge nach § 80 Abs. 5 jederzeit ändern oder aufheben.

166 **Zuständig** ist das **Gericht der Hauptsache,** vgl. oben J 103. Das ist während eines Beschwerdeverfahrens, das einen Beschluss gem. § 80 Abs. 5 zum Gegenstand hat, das Beschwerdegericht; ist das Beschwerdeverfahren abgeschlossen und (nur noch) die Anfechtungsklage vor dem Verwaltungsgericht anhängig, so entscheidet das Verwaltungsgericht.[244] Das gilt auch solange die Hauptsache noch nicht anhängig ist.[245] Während der Anhängigkeit des Berufungszulassungsverfahrens bleibt das Verwaltungsgericht zuständig.[246] Mit der Zulassung der Berufung wird dann die Zuständigkeit des Oberverwaltungsgerichts begründet.[247] Dieselbe Zuständigkeitsverteilung gilt für das Revisions(zulassungs-)verfahren.

167 Das Gericht ist „jederzeit" zur Änderung bzw. Aufhebung befugt, die **Kompetenz** zur Modifizierung der eigenen Entscheidung ist also grundsätzlich zeitlich **nicht befristet.** Etwas anderes gilt, wenn für den Antrag gem. § 80 Abs. 5 spezialgesetzliche Fristen gelten, vgl. oben J 116ff. Diese Fristen sind gleichermaßen im Abänderungsverfahren zu berücksichtigen.

Beispiel:
Das Gericht erlässt einen Beschluss gem. § 80 Abs. 5, mit dem es die aufschiebende Wirkung der Anfechtungsklage gegen einen eisenbahnrechtlichen Planfeststellungsbeschluss teilweise anordnet. Der Anfechtungskläger und Antragsteller stellt einen Antrag gem. § 80 Abs. 7 und begründet dies damit, dass die Bauarbeiten weitergehende Auswirkungen auf sein Grundstück haben werden, als dies das Gericht ursprünglich angenommen hatte. Der Antrag ist gem. § 20 Abs. 5 Satz 6 AEG unzulässig, wenn der Antragsteller den Antrag nicht innerhalb eines Monats stellt, nachdem er von diesen Tatsachen erfahren hat.[248]

167a Die Entscheidungskompetenz entfällt, sobald der gerichtliche Beschluss gem. § 80 Abs. 5 über die aufschiebende Wirkung der Klage gem. § 80b Abs. 1 – dazu oben J 14 – seine Wirkung verliert.

---

243 *VGH Kassel,* 21. 12. 1992 – 3 TH 1677/92 – GewArch 93, 391.
244 *VGH Mannheim,* 12. 5. 1995 – 1 S 1310/95 – DVBl. 95, 929.
245 *VGH München,* 3. 5. 1993 – 14 Cs 93 1223 – BauR 93, 584 = BayVBl. 93, 533.
246 *VGH München,* 2. 12. 1992 – 12 AE 92 3127 – NVwZ-RR 1993, 220 = BayVBl. 93, 477 [Entscheidung betrifft Zuständigkeit für die Entscheidung gem. § 123 während der Anhängigkeit eines Revisionszulassungsverfahrens].
247 *VGH München,* 5. 6. 1996 – 23 AS 95 3503 – BayVBl. 97, 50.
248 *BVerwG,* 21. 1. 1999 – 11 VR 8.98 – NVwZ 99, 650.

Solange über den **Antrag gem. § 80 Abs. 5 noch nicht unanfechtbar entschieden** worden ist, d.h. das Beschwerdeverfahren noch anhängig ist und damit noch keine formelle Rechtskraft besteht, ist ein **Änderungsantrag** mangels Rechtsschutzbedürfnis **unzulässig,**[249] vgl. auch oben F 263. 168

§ 80 Abs. 7 Satz 2 normiert einen **Anspruch** des antragstellenden Beteiligten **auf eine Abänderungsentscheidung.**[250] Ein solcher Anspruch ist gegeben, wenn veränderte Umstände vorliegen. Damit ist eine Veränderung der Sach- und Rechtslage angesprochen. 169

Beispiele: 170

- Das Gericht erläßt einen Beschluss gem. § 80 Abs. 5 unter Auflagen, vgl. J 146. Der Antragsteller hält diese Auflagen nicht ein. Der Antragsgegner kann verlangen, dass das Gericht über eine Abänderung gem. § 80 Abs. 7 entscheidet.[251]
- Das Gericht ordnet an, dass die aufschiebende Wirkung des vom Nachbarn gegen die Baugenehmigung eingelegten Widerspruchs erst zu einem späteren Zeitpunkt eintritt. Die Baubehörde erteilt dem Bauherrn auf seinen Antrag vor diesem Zeitpunkt eine Nachtragsbaugenehmigung, die den nachbarlichen Bedenken Rechnung tragen soll. Der Bauherr hat einen Anspruch auf eine Entscheidung gem. § 80 Abs. 7.[252]
- Eine Gesetzesänderung hat möglicherweise Einfluß auf die Beurteilung des Streitgegenstands.[253]
- Eine Änderung der höchstrichterlichen Rechtsprechung kann Anlass für eine Entscheidung gem. § 80 Abs. 7 Satz 2 sein.[254]
- Die Prozesslage ändert sich dadurch, dass in der Hauptsache eine Entscheidung ergeht.[255]
- Es ergeben sich neue entscheidungserhebliche Umstände: Ein Schweinemäster erhebt Widerspruch gegen die Baugenehmigung für ein benachbartes Wohnbauvorhaben. In dem von ihm eingeleiteten Verfahren gem. § 80 Abs. 5 wird die aufschiebende Wirkung des Widerspruchs hergestellt. Maßgeblich hierfür war, dass eine Sonderbeurteilung der zu erwartenden Geruchsbelastung nicht erfolgt war. Der Tatbestand des § 80 Abs. 7 Satz 2 ist erfüllt, wenn diese Sonderbeurteilung nunmehr vorliegt.[256]
- Die zuständige Behörde erteilt gem. § 9 AtomG eine Teilgenehmigung zur Errichtung einer Atomanlage. In dieser Teilgenehmigung fehlt das sog. positive Gesamturteil, d.h. die Feststellung aufgrund einer vorläufigen Prüfung, dass die Genehmigungsvoraussetzungen im Hinblick auf die Errichtung und den Betrieb der gesamten Anlage vorliegen werden (§ 18 AtVfV). Die Genehmigung wird gem. § 80a Abs. 1 Nr. 1 für sofortig vollziehbar erklärt. Das Oberverwaltungsgericht hebt die Sofortvollzugsanordnung im Verfahren gem. § 80a Abs. 3 i.V.m. § 80 Abs. 5 auf, weil der zugrundeliegende Verwaltungsakt sich bei summarischer Prüfung im Hinblick auf das fehlende positive Gesamturteil als rechtswidrig erweist.

---

249 *VGH Mannheim,* 4. 6. 1997 – 5 S 985.97 – NVwZ 98, 202; *OVG Bautzen,* 14. 6. 1995 – 1 S 138/95 – NVwZ-RR 96, 423 = DVBl. 96, 118; *OVG Weimar,* 3. 5. 1994 – 1 EO 156/93 – NVwZ-RR 95, 179; *VGH München,* 12. 5. 1987 – 26 Cs 85 A. 3154 – BayVBl. 88, 306; offen gelassen von *VGH Mannheim,* 4. 6. 1997 – 5 S 985/97 – DVBl. 97, 1329; **a. A.** *Schoch* in *Schoch/Schmidt-Aßmann/Pietzner,* § 80, Rdn. 376.

250 *OVG Hamburg,* 3. 2. 1995 – Bs VII 2/95 – NVwZ 95, 1004 = DVBl. 95, 930 = DÖV 95, 1055 [Ls.].

251 *Schoch* in *Schoch/Schmidt-Aßmann/Pietzner,* § 80, Rdn. 388.

252 *OVG Münster,* 28. 8. 1998 – 10 B 1353.98 – BauR 99, 1012, 1015.

253 *BVerwG,* 21. 7. 1994 – 4 VR 1/94 – NVwZ 95, 383.

254 *VGH Mannheim,* 12. 6. 1998 – 10 S 1178.98 – NVwZ 99, 785 [Relevanz einer Entscheidung des EuGH bejaht]; *VGH Mannheim,* 29. 1. 1992 – 11 S 1995/91 – NVwZ-RR 92, 657.

255 *BVerwG,* 21. 7. 1994 – 4 VR 1/94 – NVwZ 95, 383.

256 *VGH Mannheim,* 12. 10. 1994 – 5 S 2609/94 – UPR 95, 117.

Die Verwaltungsbehörde ergänzt daraufhin die Teilgenehmigung um das positive Gesamturteil und heilt damit den vom Gericht konstatierten materiell-rechtlichen Fehler. Die Teilgenehmigung wird erneut für sofortig vollziehbar erklärt, allerdings unter der Bedingung, dass das Oberverwaltungsgericht im Verfahren gem. § 80 Abs. 7 den ursprünglichen Beschluss gem. § 80 Abs. 5 aufhebt.[257]

- Anders aber folgender Fall: Aufgrund eines Antrags gem. § 80 Abs. 5 wird die aufschiebende Wirkung des Nachbar-Widerspruchs gegen eine Baugenehmigung hergestellt. Eine Nachtragsgenehmigung soll die Nachbarrechtsverletzung ausräumen und hat ein entsprechend **geändertes Vorhaben** zum Gegenstand. Der Antrag gem. § 80 Abs. 7 Satz 2 ist nicht zulässig. Der Nachbar muss gem. § 80 Abs. 5 gegen die Nachtragsgenehmigung vorgehen.[258]
- Bei Mißachtung der gem. § 80 Abs. 5 angeordneten aufschiebenden Wirkung eines Rechtsbehelfs kann eine Maßnahme gem. § 80a Abs. 3 i.V.m. Abs. 1 Nr. 2, vgl. J 163, Gegenstand eines Beschlusses gem. § 80 Abs. 7 sein. Das Rechtsschutzbedürfnis für diesen Änderungsantrag ist allerdings regelmäßig nur dann gegeben, wenn ein entsprechender Antrag an die Behörde auf Durchsetzung der aufschiebenden Wirkung erfolglos geblieben ist.[259]

171 Der Tatbestand ist ferner erfüllt, wenn ein Verfahrensbeteiligter ohne sein Verschulden im Verfahren gem. § 80 Abs. 5 bestimmte Tatsachen nicht dargelegt hat oder erst jetzt in der Lage ist, sie glaubhaft zu machen.

Beispiel:

Dem Asyl begehrenden Antragsteller ist es bislang nicht gelungen im einstweiligen Rechtsschutzverfahren glaubhaft zu machen, dass er die – politisch verfolgte – Person ist, für die er sich ausgibt. Mit Hilfe von Urkunden, die er jetzt vorlegen kann, ist diese Glaubhaftmachung nunmehr möglich.[260]

171 a In den Fällen des § 80 Abs. 7 Satz 2, in denen das Verfahren auf Antrag betrieben wird, bestimmt sich die **Parteirolle der Beteiligten** nach ihrer Position in diesem Verfahren.

Beispiel:

Der Nachbar erwirkt in einem gegen die Baubehörde gerichteten Verfahren einen Beschluss gem. § 80 Abs. 5, mit dem die aufschiebende Wirkung des Widerspruchs gegen die dem beigeladenen Grundstückseigentümer erteilte Baugenehmigung hergestellt wird.
Dem Grundstückseigentümer wird sodann eine Nachtragsgenehmigung erteilt und er stellt daraufhin eine Antrag gem. § 80 Abs. 7. In diesem Verfahren hat er die Position des Antragstellers, der Nachbar ist Antragsgegner, die Behörde Beizuladene.[261]

Hinweis:
Schriftsatzbeispiel für Antrag gem. § 80 Abs. 7 s. Anhang I 28.

172 In allen anderen Fällen kommt gem. **§ 80 Abs. 7 Satz 1** nur eine **Abänderung von Amts wegen**[262] in Betracht. Dies sind also Situationen, in denen das Gericht

---

[257] S. *OVG Münster,* 21. 8. 1998 – 3 B 2621.95 – NVwZ-RR 99, 477; *VGH Mannheim,* 16. 1. 1995 – 8 S 3520/94 – BauR 95, 676 jeweils zu ähnlichen baurechtlichen Konstellationen.

[258] *OVG Münster,* 3. 6. 1996 – 11 B 1276/96 – NVwZ-RR 97, 447 = BauR 97, 96.

[259] *VGH München,* 19. 4. 1993 – 14 AS 93790 – BayVBl. 93, 565.

[260] So der Sachverhalt in *BVerfG, 1. Kammer des Zweiten Senats,* 11. 11. 1993 – 2 BvR 2451/93 – NVwZ-Beilage 94, 2.

[261] *VGH Mannheim,* 6. 2. 1997 – 8 S 29.97 – NVwZ-RR 98, 611.

[262] *OVG Hamburg,* 3. 2. 1995 – Bs VII 2/95 – NVwZ 95, 1004 = DVBl. 95, 930 = DÖV 95, 1055 [Ls.].

bei gleichbleibenden Umständen die Rechtslage jetzt anders beurteilt[263] oder die Interessenabwägung korrigieren will.[264]

In der Rechtsprechung[265] und Literatur[266] wird vereinzelt die Auffassung vertreten, der „schlichte" Meinungswandel rechtfertige die Entscheidung nach § 80 Abs. 7 Satz 1 nicht; eine Abänderung kommt danach nur in Betracht, wenn gewichtige Gründe dafür sprechen, den Belangen der materiellen Einzelfallgerechtigkeit und inhaltlichen Richtigkeit den Vorrang vor der Rechtssicherheit einzuräumen.

Der **Streitgegenstand** des Verfahrens gem. § 80 Abs. 7 ist derselbe wie im **172 a** Ausgangsverfahren; es ist also eine **erneute Entscheidung** über den Antrag **gem. § 80 Abs. 5** zu treffen.[267] Ein Beschluss gem. § 80 Abs. 7 kann sich daher nicht in einer bloßen Aufhebung der Entscheidung gem. § 80 Abs. 5 erschöpfen. Hinzutreten muss vielmehr eine Entscheidung über den ursprünglichen Antrag.[268]

Für die **Begründetheit des Antrags** gem. § 80 Abs. 7 ist der Stand des paral- **173** lelen Hauptsacheverfahrens von zentraler Bedeutung: Wenn zwischen dem ursprünglichen Beschluss gemäß § 80 Abs. 5 VwGO und der zu treffenden Abänderungsentscheidung gemäß § 80 Abs. 7 VwGO ein langer Zeitraum liegt, kann es zu einer erheblichen Veränderung der Entscheidungsgrundlagen kommen. Die summarische Prüfung hat dann selbstverständlich auf der Basis dieser besseren Kenntnis des entscheidungserheblichen Sachverhalts zu erfolgen.

In besonderem Maße gilt dies, wenn die Abänderungsentscheidung zu treffen ist, nachdem die **Klage in der Hauptsache Erfolg** gehabt hat. Bei der summarischen Prüfung der Erfolgsaussichten des Rechtsbehelfs sind die Feststellungen im parallelen Hauptsacheverfahren von bestimmender Bedeutung. Sofern aufgrund dieser Feststellung der angegriffene Verwaltungsakt als rechtswidrig anzusehen ist, muss dies regelmäßig auf die Entscheidung gemäß § 80 Abs. 7 VwGO durchschlagen.

Der Beschluss gemäß § 80 Abs. 5 VwGO kann in einer solchen Situation daher nur in zwei denkbaren Fallkonstellationen Bestand haben:

- Das Obergericht trifft seine Entscheidung anhand eines anderen rechtlichen Maßstabs; die tatsächlichen Feststellungen im erstinstanzlichen Hauptsacheverfahren sind aus diesem Grunde (teilweise) unvollständig bzw. irrelevant; aufgrund der aus Sicht des Rechtsmittelgerichts relevanten Sachlage kommt dieses

---

[263] *BVerfG, 1. Kammer des Ersten Senats,* 19. 4. 1994 – 1 BvR 87/94 – LKV 94, 333; *OVG Weimar,* 3. 12. 1998 – 3 EO 896.96 – DVBl. 99, 480; *VGH Mannheim,* 8. 11. 1995 – 13 S 494/95 – DÖV 96, 177; *Schoch* in *Schoch/Schmidt-Aßmann/Pietzner,* § 80, Rdn. 385.

[264] *OVG Weimar,* 3. 12. 1998 – 3 EO 896.96 – DVBl. 99, 480; *VGH Kassel,* 12. 6. 1996 – 10 Q 1293.95 – DVBl. 96, 1320; *Redeker/von Oertzen,* § 80, Rdn. 67.

[265] *OVG Münster,* 4. 2. 1999 – 11 B 74.99 – NVwZ 99, 894 = DVBl. 99, 998 (mit sehr ausführlicher Begründung).

[266] *Finkelnburg/Jank,* Rdn. 1030.

[267] *BVerwG,* 21. 7. 1994 – 4 VR 1/94 – NVwZ 95, 383; *OVG Münster,* 3. 6. 1996 – 11 B 1276/96 – NVwZ –RR 97, 447 = BauR 97, 96; *VGH Mannheim,* 30. 4. 1996 – 1 S 776/96 – DÖV 96, 839; *VGH Mannheim,* 19. 9. 1995 – 8 S 2485/95 – NVwZ-RR 96, 714; *VGH München,* 5. 61996 – 23 AS 95 3503 – BayVBl. 97, 50 *OVG Hamburg,* 3. 2. 1995 – Bs VII 2/95 – NVwZ 95, 1004 = DVBl. 95, 930 = DÖV 95, 1055 [Ls.].

[268] *VGH Mannheim,* 19. 9. 1995 – 8 S 2485/95 – NVwZ-RR 96, 714.

zu der Erkenntnis, dass der Hauptsacherechtsbehelf im Ergebnis keinen Erfolg haben wird.

- Das erstinstanzliche Gericht und das Rechtsmittelgericht gehen von demselben rechtlichen Entscheidungsmaßstab aus; das Rechtsmittelgericht vermag jedoch den in erster Instanz getroffenen tatsächlichen Feststellungen – z.B. aufgrund einer offenkundig fehlerhaften Beweiswürdigung im Einzelfall nicht zu folgen.

Besteht also zwischen dem Verwaltungsgericht und dem Oberverwaltungsgericht weitgehende Einigkeit über die materiell-rechtlichen Entscheidungsgrundlagen und hängt damit der Ausgang des Rechtsstreits vornehmlich von tatsächlichen Feststellungen ab, so wird das Rechtsmittelgericht regelmäßig dem Abänderungsantrag zu entsprechen haben. Eine Versagung der Abänderungsentscheidung kann nur in seltenen Ausnahmefällen in Betracht kommen.

174 Ein Beteiligter, dessen Aufhebungs- oder Änderungsbegehren gem. § 80 Abs. 7 vom Verwaltungsgericht als dem Gericht der Hauptsache abgelehnt worden ist, kann hiergegen **Beschwerde** einlegen, die allerdings nur zulässig ist, wenn sie zugelassen wird, § 146 Abs. 4, vgl. F 251.

Die zugelassene Beschwerde kann nur darauf gestützt werden, die Voraussetzungen des § 80 Abs. 7 Satz 2 lägen vor.[269] Die Versagung einer auf der Grundlage von § 80 Abs. 7 Satz 1 zu treffenden Entscheidung ist nicht beschwerdefähig.[270]

Hinweis für den Anwalt:

Eine auf Art. 101 Abs. 1 Satz 2 GG oder auf Art 103 Abs. 1 GG gestützte **Verfassungsbeschwerde** ist erst nach Ausschöpfung des Rechtswegs zulässig. Eine Verfassungsbeschwerde gegen einen Beschluss gem. § 80 Abs. 5 scheitert daher am **Grundsatz der Subsidiarität**, wenn der Beschwerdeführer nicht zuvor – vergeblich – ein Verfahren gem. **§ 80 Abs. 7** beantragt bzw. angeregt hat.[271] Der an sich nicht fristgebundene Antrag gem. § 80 Abs. 7 muss in diesen Fällen innerhalb der für die Einleitung des Verfassungsbeschwerdeverfahrens geltenden Monatsfrist gestellt werden.[272]

7. Vorsitzenden-Entscheidung, § 80 Abs. 8

175 Gem. § 80 Abs. 8 kann in dringenden Fällen über einen Antrag gem. § 80 Abs. 5 auch der Vorsitzende entscheiden. Ein solch dringender Fall ist gegeben, wenn im Interesse effektiven Rechtsschutzes aus Zeitgründen auf die Beteiligung der Beisitzer an der Entscheidungsfindung zu verzichten ist. Der Vorsitzende hat bei der Entscheidung gem. § 80 Abs. 8 dieselbe Regelungsgewalt wie die Kammer, vgl. im einzelnen J 139ff. Grundlage dieser Entscheidung wird aus Zeitgründen

---

269 *OVG Hamburg,* 3. 2. 1995 – Bs VII 2/95 – NVwZ 95, 1004 = DVBl. 95, 930 = DÖV 95, 1055 [Ls.].

270 *OVG Hamburg,* 3. 2. 1995 – Bs VII 2/95 – NVwZ 95, 1004 = DVBl. 95, 930 = DÖV 95, 1055 [Ls.].

271 *BVerfG,* 18. 6. 1985 – 2 BvR 414/84 – NJW 86, 371 = BVerfGE 70, 180, 185; s.a. *Roeser/Hänlein,* NVwZ 95, 1082.

272 *BVerfG, 1. Kammer des Zweiten Senats,* 4. 10. 1994 – 2 BvR 2838/93 – NVwZ-Beilage 95, 2; s.a. *Roeser/Hänlein,* NVwZ 95, 1082; kritisch. *Schoch* in *Schoch/Schmidt-Aßmann/Pietzner,* § 80, Rdn. 386.

weniger eine summarische Prüfung der Hauptsache sein; der Vorsitzende wird seine Entscheidung eher im Wege einer reinen Interessenabwägung finden.[273]

Trifft der Vorsitzende lediglich eine Zwischenregelung (vgl. oben J 147), so hat die Kammer alsbald einen die Instanz abschließenden Beschluss gem. § 80 Abs. 5 zu fassen.

Gegen die Entscheidung des Vorsitzenden ist die Beschwerde nur zulässig, wenn sie zugelassen wird,[274] s. oben F 251 ff. Die Kammer hat die Möglichkeit der Abänderung dieser Entscheidung gem. § 80 Abs. 7, s. oben J 165.

8. Beschwerde, § 146

Gegen die Entscheidungen des Verwaltungsgerichts gem. § 80 Abs. 5 – bzw. des Vorsitzenden gem. § 80 Abs. 8 (vgl. soeben J 175) – können die Beteiligten gem. § 146 Beschwerde zum OVG einlegen; vgl. im einzelnen oben F 247 ff. **176**

9. Schadensersatzanspruch

Aus Verfahren nach § 80 Abs. 5 ergeben sich keine Schadensersatzansprüche gegen den Antragsteller, wenn zunächst die Aussetzung der Vollziehung vom Gericht angeordnet, später aber die Klage abgewiesen wird. § 945 ZPO ist auf die Fälle des § 80 Abs. 5 nicht entsprechend anwendbar.[275] Dies gilt auch für Verwaltungsakte mit Doppelwirkung, vgl. im einzelnen oben I 52 ff. **177**

II. Einstweilige Anordnung, § 123

Das Verfahren gem. § 123 bietet neben § 80 die zweite einstweilige Rechtsschutzmöglichkeit. § 123 Abs. 5 stellt klar, dass der Antrag auf Erlass einer einstweiligen Anordnung gegenüber den Rechtsschutzmöglichkeiten aus §§ 80, 80 a nachrangig ist. § 123 kommt zur Anwendung, wenn es nicht um den vorläufigen Rechtsschutz gegen einen belastenden Verwaltungsakt geht, sondern wenn in der Hauptsache der Erlass eines Verwaltungsaktes begehrt wird, oder wenn ein faktisches Verwaltungshandeln angestrebt oder abgewehrt werden soll. **178**

1. Zulässigkeit des Antrags

a) Allgemeine Zulässigkeitsvoraussetzungen

Für den Antrag auf Erlass einer einstweiligen Anordnung gelten die allgemeinen Zulässigkeitskriterien. Der Antrag ist insbesondere nur zulässig, sofern für die Hauptsache der **Verwaltungsgerichtsweg** eröffnet ist, vgl. C 1 ff. **179**

Für das Verfahren ist das sachlich (= instanziell) und örtlich zuständige Gericht anzurufen, vgl. C 128 ff.; C 138 ff. Nach Anhängigkeit der Hauptsache ist nur noch das **Gericht der Hauptsache** zuständig, vgl. im einzelnen J 103. Während eines Revisionsverfahrens fällt die Zuständigkeit an das Verwaltungsgericht zurück, § 123 Abs. 2. **180**

---

273 *OVG Münster,* 9. 6. 2000 – 13 B 836.00 – NVwZ-RR 00, 726.
274 *OVG Münster,* 9. 6. 2000 – 13 B 836.00 – NVwZ-RR 00, 726.
275 *BVerwG,* 9. 8. 1990 – 1 B 94/90 – NVwZ 91, 270.

181 Die **entgegenstehende Rechtskraft** eines den Antrag auf Erlass einer einstweiligen Anordnung ablehnenden Beschlusses hat grundsätzlich die Unzulässigkeit eines erneuten Antrags zur Folge, der der Verfolgung desselben Begehrens dient. Ein solcher Antrag ist nur dann ausnahmsweise zulässig, wenn inzwischen höchstrichterliche Entscheidungen ergangen sind, deren Beachtung zu einem Obsiegen im Hauptsacheverfahren führen kann.[276] Für einen derartigen Antrag ist das Gericht der Hauptsache zuständig, vgl. J 166.

182 Der Antrag gem. § 123 kann im Ausnahmefall aufgrund **Verwirkung** unzulässig werden.

Beispiel:

Der erfolglose Bewerber um eine Beamten-Beförderungsposition stellt den Antrag gem. § 123 zur Wahrung seines Bewerberverfahrensanspruchs, s. dazu unten K 215, erst sechs Monate nachdem er die Mitteilung über seine erfolglose Bewerbung erhalten hat.[277]

b) Statthaftigkeit des Antrags (Problemfälle bei der Abgrenzung zu § 80)

183 Da ein Antrag gem. § 123 nicht statthaft ist, wenn der Antragsteller im Verfahren gem. §§ 80, 80a einstweiligen Rechtsschutz erlangen kann (vgl. § 123 Abs. 5), sind die beiden Verfahrensarten voneinander abzugrenzen.

184 **Abgrenzungsprobleme** können aus verschiedenen Gründen entstehen. Manchmal ist nicht klar, ob es sich bei einer bestimmten belastenden Maßnahme um einen Verwaltungsakt handelt

Beispiele:

185 – Der Bürgermeister der Stadt S erlässt eine Dienstanweisung, in der es heißt: „Die Beschäftigten sind gegenüber dem Bürgermeister weisungsgebunden, auch wenn Vorgesetzte andere Anordnungen oder Anweisungen etc. erteilt haben". Diese Dienstanweisung ergeht auch an den Ersten Beigeordneten, der zugleich Dezernatsleiter ist. Dieser begehrt einstweiligen Rechtsschutz.
Bei der Dienstanweisung handelt es sich nicht um einen Verwaltungsakt, weil sie nur verwaltungsinterne Wirkung zeigt. Ähnlich wie bei Organisationsakten wird durch die Verneinung der Verwaltungsakteigenschaft der Rechtsschutz allerdings nicht verkürzt. Vorläufiger Rechtsschutz kann in derartigen Fällen gem. § 123 Abs. 1 Satz 2 VwGO gewährt werden.[278]

185 a – Die oberste Dienstbehörde hebt die den Beamten B betreffende dienstliche Beurteilung auf. B möchte erreichen, dass auf der Grundlage dieser dienstlichen Beurteilung eine bevorstehende Personalentscheidung getroffen wird.
Die Aufhebung einer dienstlichen Beurteilung im Wege der Dienstaufsicht stellt dann einen belastenden Verwaltungsakt dar, wenn sie gegen den Willen des Beurteilten erfolgt. Rechtsschutz ist daher im Verfahren gem. § 80 zu suchen.[279]

– Siehe die Beispiele unten K 248 und K 332.

186 Abgrenzungsprobleme kann es auch geben, wenn zwar ein Verwaltungsakt erlassen wurde, aber fraglich ist, ob die durch einen hiergegen gerichteten Rechtsbehelf ausgelöste aufschiebende Wirkung als Rechtsschutz ausreicht.

---

[276] *VGH Kassel,* 9. 11. 1995 – 6 TG 2992/95 – NVwZ-RR 96, 713 = DVBl. 96, 1319; *VGH München,* 8. 8. 1995 – 7 CE 95 2148 – BayVBl. 96, 215; *OVG Hamburg,* 20. 6. 1994 – Bs IV 122/94 – NVwZ-RR 95, 180.

[277] *VGH Kassel,* 4. 8. 1993 – 1 TG 1460/93 – NVwZ 94, 398.

[278] *VGH Kassel,* 20. 5. 1992 – 1 TH 633/92 – NVwZ-RR 92, 498.

[279] *BVerwG,* 17. 2. 2000 – 1WB 10/00 – NVwZ-RR 00, 441.

Beispiele:

– Dem Bauherrn B ist eine Baugenehmigung für die Errichtung eines 12geschossigen Gebäudes erteilt worden. Als der Nachbar N feststellt, dass nunmehr Arbeiten am 13. und 14. Stockwerk stattfinden, fragt er den Anwalt, welches einstweilige Rechtsschutzverfahren eingeleitet werden muss. **186 a**

Der Einspruch gegen die Baugenehmigung und die damit ausgelöste aufschiebende Wirkung hilft nicht weiter, da die Errichtung des 13. und 14. Stockwerks durch die Baugenehmigung nicht gedeckt sind („Schwarzbau"). Es ist ein Antrag auf Erlass einer einstweiligen Anordnung zu stellen; vgl. K 138.

– S wird zu einem Sielbaubeitrag durch Bescheid herangezogen. Der beantragte Billigkeits-Erlass wird nicht gewährt. **187**

Beitragsrechtlich ist zwischen dem Festsetzungsbescheid und dem Erlassbescheid[280] zu unterscheiden. Dabei handelt es sich um zwei Verwaltungsakte. Der vorläufige Rechtsschutz wegen der Versagung des Erlasses ist daher im Verfahren gem. § 123 zu suchen.[281]

Schließlich gibt es Abgrenzungsprobleme, wenn die Belastung des Antragstellers aus Realakten resultiert, denen behördliche Genehmigungen zu Grund liegen. **187 a**

Beispiel:

Der antragstellende Eigentümer sieht sein Grundstück durch die Folgen von Küstenschutzmaßnahmen belastet. Das zuständige Landesamt und die untere Naturschutzbehörde hatten die Maßnahmen genehmigt.
Rechtsschutz ist im Verfahren gem. § 80 Abs. 5, nicht gem. § 123 zu suchen.[282]

Der von einem **Planfeststellungsbeschluss** rechtswidrig Betroffene hat vorrangig einen Anspruch auf Ergänzung des Plans (z.B. Schutzauflagen); nur wenn so die Rechtswahrung nicht erreicht werden kann, besteht ein Anspruch auf Planaufhebung, vgl. im einzelnen D 29 ff. Dementsprechend muss der Planbetroffene entscheiden, ob er eine Anfechtungs- oder (nur) eine Verpflichtungsklage erhebt[283] und ob er ein Verfahren gem. § 80 Abs. 5 oder § 123 einleitet.[284] Für den danach statthaften Antrag gem. § 123 fehlt der Anordnungsgrund, wenn die Schutzauflage ohne technische Probleme auch nach Abschluß der Bauarbeiten realisiert werden kann.[285] **188**

Kompliziert ist die Bestimmung des richtigen Rechtsschutzverfahrens in Fällen, in denen der Antragsteller eine Begünstigung begehrt, die die Behörde an Stelle des Antragstellers einem Dritten gewähren will.[286] **189**

Beispiele: **190**

– S bewirbt sich nach Ausschreibung beim zuständigen Regierungspräsidenten um eine Genehmigung für den Bezirksgüterfernverkehr. Der Antrag wird zurückgewiesen, weil das verfügbare Kontingent (§ 9 Abs. 1 GüKG) nur zur Berücksichtigung solcher Bewer-

---

280 Zu den grundsätzlichen materiell-rechtlichen Voraussetzungen eines abgabenrechtlichen Billigkeitserlasses s. *OVG Münster,* 13. 1. 1993 – 22 A 828/91 – NVwZ-RR 93, 521.

281 *OVG Hamburg,* 3. 3. 1992 – Bs VI 10/92 – NVwZ-RR 93, 53; *BVerwG,* 1. 8. 1986 – 8 C 54/85 – NVwZ 87, 601 [zum Erlass von Erschließungsbeiträgen nach § 135 Abs. 5 BauGB].

282 *OVG Schleswig,* 8. 8. 2000 – 2 M 25.00 – NordÖR 00, 370.

283 *Gerhardt* in *Schoch/Schmidt-Aßmann/Pietzner,* § 113, Rdn. 26; *Hufen,* § 14, Rdn. 15.

284 *VGH München,* 4. 2. 1994 – 8 AS 94/40007, 40008 – DVBl. 94, 764; *OVG Bremen* 5. 11. 1993 – 1 (G) T 2/93 – DVBl. 94, 767.

285 *BVerwG,* 10. 1. 1996 – 11 VR 19.95 – UPR 96, 227.

286 Ausführlich zu diesem Problemkreis *Erichsen,* Jura 94, 385.

ber ausreicht, die nach einem dem Auswahlverfahren zugrunde gelegten Kriterienkatalog mindestens 170 Punkte erreichen, während S nur auf 140 Punkte kommt.
- Die Apotheker A und B beantragen jeweils die Ausnahmeerlaubnis zum Betrieb einer Rezeptsammelstelle im Dorf Z. Nach der Apothekenbetriebsordnung darf eine Sammelstelle nur zugelassen werden, sofern dies zur sicheren Arzneimittelversorgung erforderlich ist.

191 – A begehrt mit einem Fahrgeschäft („Geisterbahn") die Zulassung zu einem Jahrmarkt. Die Marktfläche bietet lediglich Platz für zwanzig Fahrgeschäfte, nur eine davon ist für eine „Geisterbahn" geeignet. Die Behörde läßt B zu, weil dessen Geschäft attraktiver ist.
- Für die städtische Eishalle ist im Belegungsplan ein Kontingent von 28,5 Stunden für die Nutzung durch Vereine vorgesehen. Die Nutzungsbegrenzung hat Haushaltsgründe. Der Verein V wird nicht berücksichtigt.

192 In Fällen, in denen aus rechtlichen (J 190) oder tatsächlichen Gründen (J 191) die Zahl der Zulassungen (Begünstigungen) **starr** begrenzt ist, muss der Bewerber durch die Anfechtung einer Drittbegünstigung den Weg für die eigene Begünstigung frei machen, die er durch einen Verpflichtungsantrag durchsetzt.[287] Daher kann der vorläufige Rechtsschutz nur gem. § 80 Abs. 1/Abs. 5 **und** § 123 erreicht werden,[288] s. auch unten K 164ff.

Zur Gewährleistung effektiven Rechtsschutzes ist die Behörde verpflichtet, den unterlegenen Konkurrenten **vor Erteilung der Genehmigung** über den Inhalt der für ihn negativen Auswahlentscheidung zu **informieren.**[289]

193 Dieses Vorgehen scheidet aus, wenn die Drittbegünstigung materiell-rechtlich nicht als Verwaltungsakt mit Doppelwirkung qualifiziert wird.

194 **Beispiel:**

Im Innenministerium des Landes ist die Position des Leiters der Abteilung I ausgeschrieben. Zehn Kandidaten haben sich beworben, unter ihnen A. A erfährt, dass der Konkurrent B ernannt werden soll.

Die beamtenrechtliche Ernennung ist kein Verwaltungsakt mit Doppelwirkung. Ein gegen die Ernennung gerichteter Rechtsbehelf des A wäre unzulässig und hätte keine aufschiebende Wirkung. Rechtsschutz ist daher nur im Vorfeld der Ernennungsmaßnahme im Verfahren gem. § 123 möglich. A muss beantragen, die Stelle einstweilen mit B nicht zu besetzen, bis über den Bewerbungsantrag von A ordnungsgemäß entschieden worden ist; vgl. im einzelnen unten K 208ff.

---

[287] *BVerwG,* 23. 8. 1994 – 1 C 19.91 – DVBl. 95, 47 [Konkurrenz um Spielbank-Erlaubnis]; s.a. *BSG,* 5. 7. 2000 – B 3 KR 20/99 R – NVwZ-RR 01, 450 = NZS 01, 361 [Konkurrenz um Zulassung als Versorgungskrankenhaus].

[288] *OVG Koblenz,* 5. 6. 1996 – 7 B 13530/95 – DVBl. 97, 962; *OVG Magdeburg,* 22. 2. 1995 – 4 L 382/94 – DVBl. 96, 162; nebst Anm. von *Schenke,* DVBl. 96, S. 388ff. [Konzessionen nach der GüterkraftverkehrsG]; *OVG Münster,* 11. 6. 1990 – 13 B 1283/90 – NVwZ-RR 91, 147 [Vergabe von Taxikonzessionen]; *VGH München,* 15. 12. 1981 – 22 CE/AS 81 A.1940 – NJW 82, 2134 [Erlaubnis zum Betrieb einer Rezeptsammelstelle]; *VGH Kassel,* 27. 11. 1992 – 8 TG 2430/92 – GewArch 93, 248 [Vergabe eines Marktplatzes, Anfechtung der Drittbegünstigung wird nicht erörtert]; *OVG Münster,* 18. 12. 1992 – 15 B 4474/92 – NVwZ-RR 93, 318 [Benutzung städtischer Sporthalle]; *OVG Koblenz,* 25. 6. 1990 – 2 B 11182/90 – DVBl. 91, 332 – LS. – und *OVG Berlin,* 16. 8. 1991 – 8 S 136.91 – DVBl. 91, 1265 [jeweils zur Vergabe terrestrischer Frequenzen, s.a. unten K 207] *Kopp,* VwGO, § 113, Rdn. 89; **a. A.** *BVerwG,* 7. 10. 1988 – 7 C 65/87 – NJW 89, 1749 = DVBl. 89, 557m. Anm. *Kalz:* isolierte Bescheidungsklage in der Hauptsache zulässig; kritisch zur h. M. *Schenke,* NVwZ 93, 718: Rechtsschutz allein durch Verpflichtungsklage; sofern das Kontingent nicht absolut starr ist, ist in der Hauptsache (allein) eine Verpflichtungsklage zu erheben, der vorläufige Rechtsschutz ist dann im Verfahren gem. § 123 zu suchen.

[289] *OVG Koblenz,* 5. 6. 1996 – 7 B 13530/95 – DVBl. 97, 962.

Wenn es um den einstweiligen Rechtsschutz gegen staatliche **Regulierungsmaßnahmen** zur **Beseitigung von Monopolstellungen** geht, 195

Beispiele:
§ 37 TelekommunikationsG, § 14 Allgemeines EisenbahnG, vgl. oben D 149.

So ist die richtige Verfahrensart im Hinblick auf das in der Hauptsache zu verfolgende Begehren zu bestimmen, vgl. D 149.

Eine atypische gesetzliche Regelung ist bei der Bestimmung des richtigen Verfahrens im **Ausländerrecht** zu berücksichtigen, wenn es um die Erlangung der Aufenthaltsgenehmigung geht. 196

Beispiel:
Der marokkanische Staatsangehörige M reist in die Bundesrepublik Deutschland ein und stellt einen Antrag auf Erteilung einer Aufenthaltsgenehmigung. Diese wird abgelehnt. M strebt den Erlass eines begünstigenden Verwaltungsaktes (Aufenthaltsgenehmigung) an. Nach klassischen Abgrenzungskriterien müßte M also einen Antrag auf Erlass einer einstweiligen Anordnung gem. § 123 stellen. § 69 Abs. 2 Satz 1 AuslG bestimmt jedoch, dass der Aufenthalt des Ausländers, der einen Antrag auf Erteilung einer Aufenthaltsgenehmigung gestellt hat, bis zur Entscheidung über diesen Antrag geduldet wird. Im Hinblick auf diese atypische Gesetzeslage muss M lediglich gem. § 80 die aufschiebende Wirkung seines Rechtsbehelfs gegen die Versagung der Aufenthaltsgenehmigung erreichen; vgl. im einzelnen unten K 281.

Die Frage nach der richtigen Verfahrensart kann sich ferner in Fällen des sog. **faktischen Vollzuges** stellen, vgl. J 156 ff. 197

Vorläufiger **vorbeugender** Rechtsschutz mit dem Ziel, den Erlass eines Verwaltungsakts zu verhindern, ist nur im Rahmen eines Verfahrens gem. § 123 möglich, vgl. unten J 218. 198

Ist sich der **Anwalt** nicht abschließend sicher, welchen prozessualen Weg er zu wählen hat, so sollte er einen Antrag gem. § 80 Abs. 5 stellen und hilfsweise den Erlass einer einstweiligen Anordnung beantragen.[290] Das Gericht muss in jedem Fall nicht auf den Wortlaut des Antrags, sondern auf das Begehren des Antragstellers abstellen. Ein Antrag gem. § 123 kann daher nach § 80 Abs. 5 behandelt werden,[291] bzw. aufgrund eines Antrag gem. § 80 Abs. 5 kann eine einstweilige Anordnung gem. § 123 ergehen.[292] 199

c) Antrag

Die einstweilige Anordnung wird nur auf Antrag erlassen. Der Antrag ist schriftlich oder zur Niederschrift des Urkundsbeamten der Geschäftsstelle zu stellen, vgl. §§ 123 Abs. 3 i. V. m. 920 Abs. 3 ZPO. 200

Der Antrag muss den Antragsteller, den Antragsgegner und den Streitgegenstand bezeichnen, vgl. § 82 Abs. 1 Satz 1.[293] 201

---

[290] Vgl. zu einer solchen Konstellation *OVG Saarlouis,* 20. 6. 1985 – 3 W 1284/85 – NVwZ 86, 769.

[291] *VGH München,* 27. 8. 1987 – 25 CE 87 01911 – DVBl. 88, 590 = BayVBl. 88, 17.

[292] *OVG Weimar,* 16. 7. 1999 – 3 EO 510.99 – DVBl. 00, 434; *VGH Mannheim,* 15. 2. 1995 – 11 S 2954/94 – NVwZ-RR 96, 115.

[293] Die Bezeichnung des Antragstellers setzt die Angabe einer sogenannten „ladungsfähigen" Anschrift nicht stets voraus [Angabe eines Postfachs kann ausreichen], so *VGH München,* 1. 6. 1992 – 12 CE 92 1201 u. a. – BayVBl. 92, 594.

202 Die Antragsschrift sollte in entsprechender Anwendung von § 82 Abs. 1 Nr. 2 die zur Begründung des Antrags dienenden Tatsachen enthalten. Diese Tatsachen sind im Verfahren gem. § 123 glaubhaft zu machen, § 123 Abs. 3 i. V. m. § 920 Abs. 2 und § 294 ZPO. Der **Anwalt** sollte darauf achten, dass die Glaubhaftmachung bereits mit Antragstellung erfolgt, um dem Gericht so schnell wie möglich eine gesicherte Entscheidungsbasis zu verschaffen.

2. Begründetheit des Antrags

a) Arten der einstweiligen Anordnung

203 § 123 Abs. 1 regelt zwei Fälle der einstweiligen Anordnung:

- Anordnung, wenn die Gefahr besteht, dass durch eine Veränderung des bestehenden Zustandes die Verwirklichung eines Rechts des Antragstellers vereitelt oder wesentlich erschwert werden könnte (**Sicherungsanordnung,** § 123 Abs. 1 Satz 1),
- Anordnung zur Regelung eines vorläufigen Zustands in Bezug auf ein streitiges Rechtsverhältnis, wenn diese Regelung, vor allem bei dauernden Rechtsverhältnissen, um wesentliche Nachteile abzuwenden oder drohende Gewalt zu verhindern oder aus anderen Gründen nötig erscheint (**Regelungsanordnung,** § 123 Abs. 1 Satz 2).

204 In der verwaltungsgerichtlichen Praxis werden die beiden Anordnungsformen kaum unterschieden. Zum großen Teil lassen die Gerichte sogar offen, welche konkrete Regelungsnatur die einstweilige Anordnung hat.[294] Dies mag seinen Grund darin haben, dass die Tatbestände nicht scharf voneinander zu trennen sind und sich jedenfalls teilweise überlappen. So kann eine Sicherungsanordnung nach den tatbestandlichen Voraussetzungen regelmäßig auch als Regelungsanordnung ergehen.[295]

In der Praxis steht die Regelungsanordnung im Vordergrund, die Sicherungsanordnung hat eine geringe Bedeutung.

b) Anordnungsanspruch und Anordnungsgrund bei der Sicherungsanordnung, § 123 Abs. 1 Satz 1

205 Der Erlass einer **Sicherungsanordnung** setzt zunächst voraus, dass der Antragsteller Inhaber des Rechts ist, das ist der zu sichernde Anspruch. Diesem Recht muss eine Gefahr im Sinne einer Rechtsvereitelung oder einer wesentlichen Rechtserschwerung drohen, so dass ein Grund für die Inanspruchnahme einstweiligen Rechtsschutzes gegeben ist, weil dem Antragsteller ein Abwarten der Entscheidung in der Hauptsache nicht zugemutet werden kann.

206 **Beispiele:**

- A hat als Technischer Amtsrat im Bauamt ständig gegen Entgelt Handwerksbetriebe über den Inhalt der im Rahmen von Submissionen von konkurrierenden Betrieben eingereichten Angebote informiert. Gegen A sind ein straf- und ein disziplinarrechtliches Ermittlungsverfahren anhängig. Der Dienstherr verlangt von A Zahlung in Höhe des „Schmiergeld"-Betrages. Er beantragt gegen A die Anordnung eines dinglichen Arrestes in das gesamte Vermögen durch die Eintragung von Arresthypotheken.

---

[294] S. aber z. B. *VGH Kassel,* 5. 2. 1993 – 7 TG 2479/92 – NVwZ-RR 93, 387.
[295] *Finkelnburg/Jank,* Rdn. 200.

Der Anspruch ist analog § 667 BGB (Herausgabe des Erlangten) und gem. Art. 85 Abs. 1 BayBG (Schadensersatz) gerechtfertigt. Der Anordnungsgrund ist gegeben, weil aufgrund des Vorverhaltens von A die begründete Befürchtung besteht, dass er durch das Beiseiteschaffen von Vermögensgegenständen die Erfüllung des Anspruchs vereitelt.[296]

– B begehrt im Wege eines Antrages auf Erlass einer einstweiligen Anordnung alle personenbezogenen Daten zu sperren, die in der Mitteilung des Bundesbeauftragten für die Unterlagen des Staatssicherheitsdienstes an seinen (öffentlichen) Arbeitgeber enthalten sind. **207**

Der Antrag ist mangels Anordnungsanspruch unbegründet, weil das Stasi-Unterlagen-Gesetz diesen Anspruch nicht vorsieht.[297]

C ist Abgeordneter ist in der Stadtverordnetenversammlung. Er begehrt im Wege eines Antrages auf Erlass einer einstweiligen Anordnung die Verpflichtung des Oberbürgermeisters bestimmte Baugenehmigungen außer Vollzug zu setzen, weil diese ohne die erforderlichen Beschlüsse der Stadtverordnetenversammlung erteilt worden sind.

Der Antrag ist mangels Anordnungsanspruchs unbegründet, denn sofern der Oberbürgermeister kompetenzwidrig gehandelt hat, sind dadurch nur die Rechte der Stadtverordnetenversammlung nicht aber die einzelner Abgeordneter verletzt worden;[298] zum Organstreitverfahren im einzelnen s. D 262.

c) Anordnungsanspruch und Anordnungsgrund bei der Regelungsanordnung, § 123 Abs. 1 Satz 2

Bei der **Regelungsanordnung** ist die Ausgangssituation offener. Zwischen den Parteien ist ein Rechtsverhältnis streitig. Dem Antragsteller drohen wesentliche Nachteile, sofern dieses streitige Rechtsverhältnis nicht bis zur künftigen gerichtlichen Klärung wenigstens eine vorläufige Regelung erfährt. Die Frage, ob in solchen Situationen eine einstweilige (Regelungs-)Anordnung zu erlassen ist, prüfen die Verwaltungsgerichte regelmäßig in zwei Schritten: **208**

In einem **ersten Schritt** ist die Frage zu beantworten, wie das Begehren des Antragstellers im Hauptsacheverfahren voraussichtlich zu beurteilen sein wird. **209**

Das Gericht klärt zunächst, ob der Antragsteller alle Tatsachen glaubhaft gemacht hat, die den geltend gemachten Anspruch rechtfertigen. Nach allgemeinen Beweislastregeln ist es Sache des Antragsgegners – d. h. regelmäßig der Behörde – die Tatsachen darzulegen und glaubhaft zu machen, die den Anspruch zu Fall bringen. Eine non-liquet-Situation geht zu Lasten des Beteiligten, der die Tatsache darzulegen und glaubhaft zu machen hat.

Beispiel:

Zu einer anspruchsbegründenden Tatsache liegen zwei einander widersprechende eidesstattliche Versicherungen vor. Das Gericht sieht sich nicht in der Lage, nach Kriterien der Glaubwürdigkeit bzw. Glaubhaftigkeit die Bekundungen einer der beiden Versicherungen zur Basis seiner Entscheidung zu machen.

Auf dieser Tatsachengrundlage prüft das Gericht summarisch, ob der geltend gemachte Anspruch von Rechts wegen besteht. Steht die Gewährung der begehrten Begünstigung im Ermessen der Behörde, so ist dies nur im Falle einer Ermessensreduzierung auf Null zu bejahen. In den anderen Fällen kann allenfalls eine Neubescheidung verlangt werden, vgl. K 160.

---

[296] Vgl. *VGH München,* 16. 7. 1992 – 3 CE 92 1143 – ZBR 93, 29.

[297] *OVG Berlin,* 27. 5. 1992 – 8 S 71/92 – LKV 92, 417.

[298] *OVG Bautzen,* 31. 7. 1996 – 3 S 274/96 – NVwZ-RR 97, 665 = DVBl. 97, 1293 [Ls.].

Ist eine Hauptsachenklage nach dieser Prüfung aussichtslos, so ist eine einstweilige Regelung im Sinne des § 123 Abs. 1 Satz 2 nicht nötig.[299]

Gelangt diese summarische Prüfung der materiellen Rechtslage zu dem Ergebnis, dass der Antragsteller in der Hauptsache voraussichtlich erfolgreich wäre, dann ist der **Anordnungsanspruch** gegeben.[300]

Beispiele:
Fälle unten K 329.

209a Auch in Verfahren gem. § 123 kann das Gericht zu der Erkenntnis gelangen, dass eine für die Entscheidung maßgebliche **bundes- bzw. gemeinschaftsrechtliche Norm als verfassungswidrig bzw. ungültig** ist. Im Hauptsacheverfahren muss das Gericht dann das grundgesetzliche **Verwerfungsmonopol des BVerfG** gem. Art. 100 GG bzw. die richterrechtlich begründete exklusive **Verwerfungskompetenz des EuGH**[301] beachten, unten L 111ff.

209b Diese strikten Vorgaben gelten nicht für das einstweilige Anordnungsverfahren. Im Interesse des effektiven Rechtsschutzes ist der Entscheidungsspielraum des Gerichts hier größer, vgl. bereits oben J 133a. Hält das Verwaltungsgericht eine für seine Entscheidung maßgebliche **Gesetzesnorm** für **verfassungswidrig,** so ist es durch Art. 100 Abs. 1 GG nicht gehindert, diese Bewertung seiner Entscheidung zu Grunde zu legen und bereits vor der im Hauptsacheverfahren einzuholenden Entscheidung des BVerfG vorläufigen Rechtsschutz zu gewähren.[302]

209c Das Verwaltungsgericht ist auch befugt, eine einstweilige Anordnung zu erlassen, wenn es ernste **Zweifel an der Rechtmäßigkeit** der einschlägigen Vorschrift **des EG-Rechts** hat. Das gilt selbst dann, wenn dies zur teilweisen Nichtbeachtung der fraglichen Vorschrift führt und der Antragsteller nicht nur die Erhaltung des bestehenden Zustands anstrebt, sondern eine Maßnahme der Verwaltung verlangt. Eine solche Entscheidung darf jedoch nur unter bestimmten Voraussetzungen ergehen: Das Verwaltungsgericht muss erhebliche Zweifel an der Gültigkeit der Norm haben und diese Frage dem EuGH unverzüglich vorlegen. Der Erlass der einstweiligen Anordnung muss erforderlich sein, um schweren, irreparablen Schaden vom Antragsteller abzuwenden. Das Interesse der Gemeinschaft muss angemessen berücksichtigt sein, insbesondere sind gleichartige einstweilige Anordnungen auf Gemeinschaftsebene zu beachten,[303] vgl. im einzelnen unten L 75ff.

210 In einem **zweiten Schritt** wird eine Interessenabwägung vorgenommen, um das Vorliegen eines **Anordnungsgrundes** zu prüfen. Das Gericht prüft, welche nachteiligen Folgen der Antragsteller zu befürchten hat, wenn der Antrag auf

---

[299] *VGH München,* 18. 10. 1988 – 7 CE 88 2150 – BayVBl. 89, 114; *VGH München,* 5. 8. 1992 – 7 CE 92 1896 u.a. – BayVBl. 92, 659.

[300] *VGH München,* 8. 3. 1995 – 4 CE 94 3940 – BayVBl. 95, 470; *OVG Schleswig,* 30. 7. 1991 – 4 M 116/91 – NVwZ-RR 92, 387; *OVG Schleswig,* 20. 8. 1992 – 3 M 36/92 – DVBl. 93, 66.

[301] *EuGH,* 22. 10. 1987 – Rs 314.85 – NJW 88, 1451.

[302] *BVerfG,* 24. 6. 1992 – 1 BvR 1028.91 – NJW 92, 2479; VG Berlin, 23. 8. 2000 – 3 A 715/00 – NVwZ 01, 948 m. w. N. s. a. *Urban,* NVwZ 89, 433.

[303] *EuGH,* 9. 11. 1995 – Rs C 465.93 (Atlanta Fruchthandelsgesellschaft mbH u. a. /Bundesamt für Ernährung und Forstwirtschaft) – NJW 96, 1333.

Erlass einer einstweiligen Anordnung abgelehnt wird und sich im Hauptsacheverfahren herausstellt, dass der geltend gemachte Anspruch besteht. Bei der Gewichtung dieser Folgen kann eine Rolle spielen, ob der Antragsteller ohne Zeitverzug alles in seiner Möglichkeit Stehende veranlasst hat, um sein Interesse zu realisieren.

Beispiel:
Einem Studienbewerber steht grundsätzlich kein Anordnungsgrund zur Seite, wenn der Antrag auf Erlass einer einstweiligen Anordnung nicht spätestens am ersten Vorlesungstag bei dem Verwaltungsgericht vorliegt.[304]

Das Gericht untersucht ferner, welche Nachteile auf Seiten des Trägers öffentlicher Gewalt zu befürchten sind, sofern die einstweilige Anordnung erlassen wird und sich in einem späteren Hauptsacheverfahren herausstellt, dass der Antragsteller den geltend gemachten Anspruch nicht durchsetzen kann.[305]

Umstritten ist, ob auch das Vorliegen eines Anordnungsanspruches bei offener **211**
oder nicht eindeutiger materieller Rechtslage (ähnlich § 32 BVerfGG) von einer Interessenabwägung abhängig zu machen ist.[306]

d) Inhalt der einstweiligen Anordnung

aa) gerichtliches Ermessen bei der Tenorierung

Für die gerichtliche Entscheidung im einstweiligen Anordnungsverfahren, die **212**
durch Beschluss ergeht, gelten eine Reihe von Besonderheiten. Gem. § 173 VwGO i. V. m. § 938 Abs. 1 ZPO steht es im freien Ermessen des Gerichts, welche Anordnungen zur Erreichung des mit Antrag verfolgten Zwecks erforderlich sind; in Betracht kommt auch eine bloße Feststellung.[307] Das Gericht ist also an den verfahrenseinleitenden Antrag des Antragstellers nicht wörtlich gebunden. Es kann den Tenor in seiner Entscheidung anders fassen, wenn sich aus dem Vortrag des Antragstellers ergibt, dass eine andere Fassung des Tenors dem Rechtsschutzbegehren besser entspricht.

bb) Vorwegnahme der Hauptsache

Das Gericht darf durch seine Entscheidung **„die Hauptsache nicht vorweg- 213**
nehmen“. Der **Anwalt** wird seinem Mandanten immer wieder klar machen müssen, dass der Antragsteller, der sich auf die „prozessuale Überholspur“ begibt, dort im Regelfall nicht genauso weit gelangt wie im Hauptverfahren. Die abschließende gerichtliche Klärung des Rechtsstreits ist dem ordentlichen Erkenntnisverfahren vorbehalten.[308]

Allerdings gilt diese Einschränkung nicht immer. Im Interesse effektiven Rechts- **214**
schutzes (Art. 19 Abs. 4 GG) kann es geboten sein, die **Hauptsache** (wenigstens

304 *OVG Hamburg,* 6. 1. 1997 – Bs III 157/96 – NVwZ-RR 98, 314 = DÖV 97, 693.

305 *OVG Schleswig,* 30. 7. 1991 – 4 M 116/91 – NVwZ-RR 92, 387.

306 *OVG Saarlouis,* 22. 11. 2000 – 3 V 26/00, 3 W 6/00 – NVwZ 01, 942; *Pietzner/Ronellenfitsch,* § 59, Rdn. 19; *Finkelnburg/Jank,* Rdn. 158 ff.

307 *VG Gießen,* 3. 11. 2000 – 1 G 3096.00 – NVwZ-RR 01, 431.

308 *VGH Kassel,* 18. 4. 2001 – 2 Q 1064/01 – NVwZ 01, 826; *OVG Münster,* 28. 2. 1995 – 25 B 3185/94 – DVBl. 95, 934; *VGH Mannheim,* 2. 8. 1990 – 5 C 1659/90 – UPR 91, 112; *Finkelnburg/Jank,* Rdn. 202 ff.

teilweise) **vorwegzunehmen,** sofern eine Versagung vorläufigen Rechtsschutzes den Antragsteller schwer und unzumutbar oder irreparabel belasten würde.[309]

215 **Beispiele:**

- Eine öffentlich-rechtliche Rundfunkanstalt veranstaltet im Vorfeld der Landtagswahl ein „Wahlhearing", zu dem sie eine im Landesparlament vertretene Partei nicht einlädt;[310]
- Zulassung zur Ersten Staatsprüfung für das Lehramt;[311]
- Fall unten K 152.

216 Die Gerichte verlangen teilweise als Voraussetzung für die Vorwegnahme der Hauptsache nicht nur einen solchen Anordnungsgrund von besonderem Gewicht. Sie machen vielmehr den Erlass der Anordnung ferner davon abhängig, dass der Antragsteller hinsichtlich des **Anordnungsanspruchs** eine sehr hohe Wahrscheinlichkeit eines Obsiegens in der Hauptsache glaubhaft macht.[312]

Beispiele:

- A begehrt vergeblich gem. §§ 68, 70 Abs. 3 GewO die Zulassung seines Schaugeschäfts zu einem zwei Wochen währenden Jahrmarkt. Der Antrag gem. § 123 ist begründet, wenn der Zulassungsanspruch mit hoher Wahrscheinlichkeit besteht.[313]
- Zulassung eines Bürgerbegehrens.[314]

Sofern dem Antragsteller allerdings schwere, grundrechtsrelevante, irreparable Nachteile drohen, ist eine reine Folgenabwägung vorzunehmen, wenn das Vorliegen des Anordnungsanspruchs aufgrund der Kürze der Zeit nicht sorgfältig geprüft werden kann.

Beispiel:

Fall unten K 354.

217 Wenn der Antragsteller eine Begünstigung begehrt, deren Gewährung im **Ermessen** der Behörde steht oder wenn der anspruchsbegründende Tatbestand der Behörde einen Beurteilungsspielraum gibt, kann die einstweilige Anordnung bei Vorliegen eines Anordnungsgrundes nur auf eine **Neubescheidung** gerichtet sein, s. u. K 326.

cc) Vorläufiger, vorbeugender Rechtsschutz

218 Aufgrund des verfassungsrechtlichen Grundsatzes der Gewaltenteilung (Art. 20 Abs. 2 GG) gewährt die VwGO grundsätzlich nur nachträglichen Rechtsschutz:

---

[309] *VGH Mannheim,* 22. 11. 1999 – 1 S 1557.99 – NVwZ-RR 00, 397; *VGH Mannheim,* 20. 9. 1994 – 9 S 687/94 – DVBl. 95, 160; *VGH Kassel,* 7. 12. 1993 – 3 TG 2347/93 – NJW 94, 1750; *OVG Münster,* 20. 7. 1992 – 15 B 1643/92 – DVBl. 93, 213; *OVG Münster,* 4. 3. 1992 – 9 B 3839/91 – DVBl. 92, 1316; *OVG Schleswig,* 30. 7. 1991 – 4 M 116/91 – NVwZ-RR 92, 387; *OVG Hamburg,* 24. 6. 1991 – Bs III 193/91 – NVwZ-RR 92, 22; *VGH Kassel,* 3. 5. 1990 – 11 TG 611/90 – NVwZ-RR 91, 356; s. a. *BVerfG,* 19. 10. 1977 – 2 BvR 42/76 – BVerfGE 46, 166, 179; *Finkelnburg/Jank,* Rdn. 211 ff.

[310] *OVG Bremen,* 18. 9. 1991 – 1 B 53/91 – DVBl. 91, 1269.

[311] *BVerfG, 2. Kammer des Ersten Senats,* 25. 7. 1996 – 1 BvR 638/96 – NVwZ 97, 480 = DVBl. 96, 1367.

[312] *VGH Kassel,* 8. 11. 1995 – 14 TG 3375/95 – NVwZ-RR 96, 325; *VGH Mannheim,* 20. 9. 1994 – 9 S 687/94 – DVBl. 95, 160.

[313] *OVG Hamburg,* 26. 10. 1992 – Bs VI 81/92 – GewArch 93, 72; *OVG Schleswig,* 20. 8. 1992 – 3 M 36/92 – DVBl. 93, 66.

[314] *VGH München,* 6. 11. 2000 – 4 ZE 00.3018 – BayVBl. 01, 500.

Der Bürger muss den Erlass einer ihn betreffenden Verwaltungsmaßnahme abwarten und kann das Verwaltungsgericht erst anrufen, wenn diese Maßnahme getroffen worden ist.[315] Die Bestimmungen der VwGO bieten mithin grundsätzlich keinen **vorbeugenden Rechtsschutz,** der das Ziel hätte, die Entscheidungsfreiheit der Verwaltung durch richterliche Anordnungen einzuengen.

Sofern es allerdings um die Abwehr von Maßnahmen der öffentlichen Gewalt geht, mit denen vollendete Tatsachen und irreparable Folgen herbeigeführt werden, kann im Interesse umfassenden Rechtsschutzes auch eine vorbeugende Unterlassungsklage zulässig sein, vgl. D 215.

In Ausnahmefällen ist gem. § 123 **vorläufiger, vorbeugender Rechtsschutz** zu gewähren.[316] **219**

Dieser kommt in Betracht, wenn die beabsichtigte Maßnahme offensichtlich rechtswidrig ist, so dass der Betroffene einen Abwehranspruch hat **(Anordnungsanspruch).** **220**

Beispiel:
Ein Beamter kann im Hinblick auf künftige Auswahlverfahren für eine Beförderungsposition ausnahmsweise **vorläufigen, vorbeugenden Rechtsschutz** in Anspruch nehmen. Dies kommt in Betracht, wenn der Dienstherr in der Vergangenheit Beförderungsverfahren in einer Weise durchgeführt hat, die dem Beamten die Wahrung seines Bewerberverfahrensanspruchs nicht ermöglichte. Das Begehren des Beamten ist in diesen Fällen darauf gerichtet, einstweilen künftig frei werdende Beförderungsstellen nicht zu besetzen,[317] vgl. unten K 209b und K 211.

Sofern es im Ermessen der Behörde steht, wie sie den Antragsteller vor einer drohenden rechtswidrigen Maßnahme schützt, darf nur eine einstweilige Feststellung[318] erfolgen.

Beispiel:
Unmittelbar vor der Wohnung des Geschäftsführers einer Konkurs gegangenen Gesellschaft finden in kurzen Abständen Demonstrationen statt. Mit diesen Kundgebungen wollen entlassene Arbeitnehmer erreichen, dass der Geschäftsführer Sozialplanansprüche aus seinem Privatvermögen bedient. Diese Demonstrationen sind gem. § 15 VersG unzulässig, da sie gegen die öffentliche Sicherheit (Art. 2 Abs. 1 i. V. m. Art. 1 GG, allgemeines Persönlichkeitsrecht) verstoßen. Allerdings muss die Ordnungsbehörde nicht zwingend mit einem Verbot reagieren; nach dem Grundsatz der Verhältnismäßigkeit wäre vielmehr auch an eine Auflage (an anderer Stelle zu demonstrieren) zu denken. Daher kommt nur eine einstweilige Feststellung in Betracht.[319]

Ein **Anordnungsgrund** ist nur gegeben, wenn die durch die Maßnahme drohenden Nachteile schwer und irreparabel sind, so dass im Interesse effektiven Rechtsschutzes die Entscheidung in der Hauptsache nicht abgewartet werden muss.[320] Sofern es darum geht, den Erlass eines belastenden Verwaltungsakts abzuwehren, ist der Anordnungsgrund nur zu bejahen, wenn dem Antragsteller irreparable Nachteile gerade **221**

---

315 *OVG Schleswig,* 14. 12. 1993 – 4 M 133/93 – NVwZ 94, 918.

316 *OVG Münster,* 2. 3. 2001 – 5 B 273/01 – NVwZ 2001, 1385.

317 *VGH München,* 16. 12. 1998 – 7 ZE 98 3115 – NVwZ-RR 99, 641.

318 § 113 Abs. 1 Satz 4 (Fortsetzungsfestellungsantrag) findet allerdings im Rahmen des Verfahrens gem. § 123 keine entsprechende Anwendung, vgl. *BVerwG,* 27. 1. 1995 – 7 VR 16.94 – NVwZ 95, 586 = DVBl. 95, 520 = DÖV 95, 515 = BayVBl. 95, 350.

319 *VGH Kassel,* 7. 12. 1993 – 3 TG 2347/93 – NJW 94, 1750.

320 *VGH Mannheim,* 20. 9. 1994 – 9 S 687/94 – DVBl. 95, 160.

dadurch drohen, dass er auf das Verfahren gem. § 80 Abs. 5 verwiesen wird, das erst nach Erlass des Verwaltungsaktes durchgeführt werden kann.[321]

Hinweis:
Schriftsatzbeispiel für Anträge gem. § 123 s. Anhang I 29, 30, 31.

3. Verfahren auf Erlass der einstweiligen Anordnung

222 Die Ausgangslage eines Verfahrens gem. § 123 unterscheidet sich wesentlich von der eines Verfahrens gem. § 80 Abs. 5: soweit der Bürger Rechtsschutz gegen die Regelung eines Verwaltungsaktes begehrt, existiert auf Behördenseite immer ein teilweise umfänglicher Verwaltungsvorgang, anhand dessen sich das Gericht im einzelnen über die Sachlage instruieren kann. Bei Einleitung eines Verfahrens gem. § 123 ist es denkbar, dass auf Behördenseite keinerlei Unterlagen existieren bzw. diese noch nicht zu einem eigentlichen Vorgang zusammengefasst sind.

In dieser Situation muss der **Anwalt** des Antragstellers besonders sorgfältig darauf achten, das erkennende Gericht umfassend über den entscheidungserheblichen Sachverhalt und seine Hintergründe zu informieren, um dem Gericht sogleich eine sichere Entscheidungsgrundlage zu verschaffen. Alsbald nach Einreichen der Antragsschrift sollte der Anwalt im Kontakt mit dem Vorsitzenden der erkennenden Kammer bzw. dem Berichterstatter klären, ob aus deren Sicht ergänzender Sachvortrag noch zweckmäßig ist.

223 Die Anberaumung einer **mündlichen Verhandlung** über den Antrag steht gem. § 123 Abs. 3 i. V. m. § 921 ZPO im Ermessen des Gerichts.

224 Das Gericht entscheidet durch **Beschluss,** § 123 Abs. 4. Der Beschluss ist zu begründen, § 122 Abs. 2 Satz 2.

4. Aufhebung der einstweiligen Anordnung

225 Die zivilprozessualen Vorschriften über die Aufhebung eines Arrestes bzw. einer einstweiligen Verfügung finden gem. § 123 Abs. 3 auf die einstweilige Anordnung entsprechende Anwendung. Der **Anwalt** muss darauf achten, dass sein Prozesserfolg im Verfahren gem. § 123 nicht durch Versäumung der Vollziehungsfrist gem. § 929 Abs. 2 ZPO vernichtet wird.

Beispiel:

Der Antragsgegner wurde durch einstweilige Anordnung verpflichtet, dem Beigeladenen durch Erlass einer sofort vollziehbaren Ordnungsverfügung die Reparatur von Wohnwagen auf dem Verkaufsgelände zu untersagen. Der Beschluss wurde den Beteiligten am 12. 11. 1997 zugestellt, die Ordnungsverfügung datiert vom 4. 1. 1998. Die einstweilige Anordnung muss gem. § 123 Abs. 3 i. V. m. § 929 Abs. 2 ZPO aufgehoben werden.[322]

---

[321] *VGH Mannheim,* 6. 7. 1993 – 5 S 1112/93 – NVwZ 94, 801; *VGH München,* 28. 4. 1992 – 21 CE 92 949 – BayVBl. 92, 439 = NVwZ-RR 93, 54; *OVG Berlin,* 2. 5. 1977 – II B 2/77 – NJW 77, 2283.

[322] *OVG Münster,* 8. 7. 1991 – 11 B 773/91 – NVwZ-RR 92, 388 = DVBl. 91, 1321; *OVG Koblenz,* 19. 12. 1990 – 1 D 12325/90 – DVBl. 91, 1324: Aufhebung einer einstweiligen Anordnung wegen veränderter Umstände.

Obwohl § 123 Abs. 3 nicht auf § 927 ZPO verweist, kann die einstweilige Anordnung nach ganz herrschender Meinung wegen nachträglich veränderter Umstände aufgehoben werden.[323] **226**

In der obergerichtlichen Rechtsprechung ist umstritten, welches Gericht instanziell für die Aufhebung einer einstweiligen Anordnung zuständig ist, die vom Rechtsmittelgericht erlassen worden ist.[324] **227**

5. Änderung der einstweiligen Anordnung

§ 80 Abs. 7 ist im Verfahren gem. § 123 entsprechend anwendbar.[325] Die Voraussetzungen, unter denen die Abänderung der Anordnung von Amts wegen oder auf Antrag in Betracht kommt, sind dieselben wie im Verfahren gem. § 80 Abs. 7, vgl. dazu oben J 165. **227 a**

6. Schadensersatzanspruch

§ 123 Abs. 3 erklärt auch § 945 ZPO für entsprechend anwendbar. Bei Vorliegen der tatbestandlichen Voraussetzungen ist daher der Antragsteller verpflichtet, dem Verfahrensgegner im Wege der Gefährdungshaftung den Schaden zu ersetzen, der diesen durch die **Vollziehung** der schließlich aufgehobenen einstweiligen Anordnung entstanden ist.[326] **228**

Der **Anwalt** wird insbesondere in Fällen, in denen eine einstweilige Anordnung begehrt wird, die die Behörde zum Erlass eines Verwaltungsaktes mit Doppelwirkung verpflichtet (vgl. oben J 225) vom Mandanten befragt werden, ob denn Schadensersatzansprüche drohen, sofern diese einstweilige Anordnung später einmal aufgehoben werden sollte. Der BGH vertritt in ständiger Rechtsprechung die Auffassung, dass der Anspruch gem. § 945 ZPO nur vom Antragsgegner (hier also der Behörde), nicht aber vom Beigeladenen geltend gemacht werden könne.[327] Die Befürchtung des Antragstellers, er müsse im Falle einer Aufhebung der einstweiligen Anordnung den dem Beigeladenen entstandenen Schaden (häufig ein gewichtiger Verzögerungsschaden) ersetzen, ist also unbegründet. **229**

7. Beschwerde, § 146

Gegen Entscheidungen des Verwaltungsgerichts gem. § 123 steht den Beteiligten die Beschwerde zu, vgl. § 146, s. im einzelnen F 247 ff. **230**

---

323 *VGH Mannheim,* 12. 5. 1995 – 1 S 1310/95 – DVBl. 95, 929; *VG Kassel,* 24. 10. 1996 – 5 G 3479/95 (3) – NVwZ-RR 98, 80; *Redeker/von Oertzen,* § 123, Rdn. 29.

324 Vgl. *OVG Koblenz,* 19. 12. 1990 – 1 D 12325/90 – NVwZ-RR 91, 390 m. w. N.

325 *OVG Berlin,* 1. 4. 1998 – 2 SN 10/08 – NVwZ 98, 1093, 1094; *VGH Mannheim,* 4. 6. 1997 – 5 S 985.97 – NVwZ 1998, 202*;* *Schoch* in *Schoch/Schmidt-Aßmann/Pietzner,* § 123, Rdn. 17.

326 Strittig ist, ob § 945 ZPO auch dann einen Schadensersatzanspruch begründet, wenn die durch Amtszustellung wirksam gewordene einstweilige Anordnung ohne Vollzug befolgt, später aber aufgehoben wird; s. dazu *BGH,* 22. 10. 1992 – IX ZR 36/92 – DVBl. 93, 252 m. w. N.

327 *BGH,* 23. 9. 1980 – VI ZR 165/78 – NJW 81, 349.

K. Vorläufiger Rechtsschutz in typischen Fallkonstellationen des besonderen Verwaltungsrechts

Übersicht

1 Die Darstellung des vorläufigen Rechtsschutzes in typischen Fallkonstellationen des besonderen Verwaltungsrechts orientiert sich am konkreten Rechtsschutzziel. Materiell-rechtliche Fragen werden prozeßbezogen erörtert, d.h. sie werden dort angesprochen, wo sie im Verfahren gem. § 80 Abs. 5 oder gem. § 123 Bedeutung gewinnen.

Ein detailliertes Inhaltsverzeichnis der Darstellungen findet sich vor dem jeweiligen Abschnitt.

I. Baurecht

Übersicht

2 Im Baurecht geht es um den vorläufigen Rechtsschutz für **Bauherren, Nachbarn** und **Gemeinden.** Fragen des vorläufigen Rechtsschutzes können sich dabei in sehr unterschiedlichen Fallkonstellationen ergeben:

Der **Bauherr** begehrt gerichtliche Hilfe,

- weil über seinen Bauantrag noch nicht entschieden ist und er aus drängenden wirtschaftlichen Gründen mit dem Bau sofort beginnen will, K 7 ff.,
- weil er sich gegen eine Verfügung der Bauaufsichtsbehörde, die ihm Bauarbeiten untersagt oder die ihn dazu verpflichtet, ein Gebäude zu beseitigen bzw. dessen Nutzung zu unterlassen zur Wehr setzen will, K 115 ff.,

Der **Nachbar**

- will verhindern, dass der Eigentümer des angrenzenden benachbarten Grundstücks die ihm erteilte Baugenehmigung ausnutzt, weil er befürchtet, dass mit der Realisierung des Vorhabens Beeinträchtigungen verbunden sein werden, K 17 ff.,
- will erreichen, dass dem Eigentümer des angrenzenden benachbarten Grundstücks eine Baumaßnahme oder eine bestimmte Grundstücksnutzung, die jeweils ohne Genehmigung erfolgen, untersagt wird, K 138 f.,
- will erreichen, dass eine bereits erlassene Nutzungsuntersagung für sofortig vollziehbar erklärt wird, um so aktuelle Beeinträchtigungen abzustellen, K 137,
- will erreichen, dass ein Hoheitsträger eine Baumaßnahme oder eine bestimmte Grundstücksnutzung auf einem benachbarten Grundstück unterläßt, K 142 d.

Eine **Gemeinde**

- will die Realisierung eines genehmigten Vorhabens verhindern, weil im Genehmigungsverfahren die Rechte der Gemeinde nicht gewahrt worden sind, K 105 ff.,
- will erreichen, dass dem Eigentümer eines Grundstücks im Gemeindegebiet oder in einem angrenzenden Gebiet eine Baumaßnahme oder eine bestimmte Grundstücksnutzung, die jeweils ohne Genehmigung erfolgen, untersagt wird, K 143 f.,
- will erreichen, dass eine bereits erlassene Nutzungsuntersagung für sofortig vollziehbar erklärt wird, um so aktuelle Beeinträchtigungen abzustellen, K 143.

1. Baugenehmigung, vorläufiger Rechtsschutz für den Bauherrn

a) Kein Rechtsschutzbedürfnis bei genehmigungsfreien und von der Genehmigung freigestellten Vorhaben

3 Der Bauherr bedarf zur Realisierung seiner Ziele nicht der gerichtlichen Hilfe, wenn es sich um untergeordnete Vorhaben handelt, die geringe städtebauliche Auswirkungen haben und an die wenige bauordnungsrechtliche Anforderungen zu richten sind. Die Landesbauordnungen enthalten jeweils Katalog-Regelungen, die derartige Vorhaben für **nicht genehmigungsbedürftig** erklären, vgl. z.B. § 50 BauO BW („Verfahrensfreie Vorhaben"), Art. 63 Bay BauO, §§ 64, 65 BauO NRW, § 56 BauO Bln, § 67 BauOBbg.[1]

4 Die Landesbauordnungen stellen darüber hinaus bestimmte Bauvorhaben genehmigungsfrei (Baufreistellung), z.B. § 51 BauO BW („Kenntnisgabeverfahren"), Art. 64 Bay BauO, § 67 BauO NRW, § 56 a BauO Bln, § 69 BauOBbg. („Bauan-

[1] Nachweise weiterer Landesregelungen bei *Martini,* DVBl 01, 1488; *Stüer,* Handbuch des Bau- und Fachplanungsrechts, 2. Auflage 1998, Rdn. 1245 ff.

zeigeverfahren").[2] Der Bauherr darf auch aufgrund solcher Regelungen ohne Baugenehmigung bauen. Mit dem Bau darf allerdings erst eine bestimmte Frist nach dem Einreichen von Bauvorlagen (daher auch **Anzeigeverfahren**) begonnen werden; das unterscheidet die freigestellten von den nicht genehmigungsbedürftigen Vorhaben. Die Baufreistellung setzt regelmäßig voraus, dass das Vorhaben im Geltungsbereich eines qualifizierten Bebauungsplanes[3] – siehe dazu unten K 52 – bzw. eines Vorhaben- und Erschließungsplanes realisiert werden soll oder aber für das Vorhaben ein städtebaurechtlicher Vorbescheid („Bebauungsgenehmigung", vgl. K 26) erteilt worden ist. Die Baufreistellung kann – je nach Landesrecht – auch für mehrgeschossige Bauten gelten. Sofern das Bauen genehmigungsfrei zulässig ist, stellen sich einstweilen für den Bauherrn keine Rechtsschutzprobleme, er benötigt keine gerichtliche Hilfe um sein Bauvorhaben realisieren zu können.

Die **materielle Ordnungspflichtigkeit** wird allerdings durch diese verfahrensrechtlichen Regelungen **nicht berührt.**[4] Sofern die Bauaufsichtsbehörde ein solches Vorhaben für unzulässig erachtet, erläßt sie eine Baueinstellungs- bzw. eine Nutzungsuntersagungsverfügung. Der Rechtsschutz des Bauherrn folgt dann aus § 80 Abs. 1, vgl. unten K 115 ff.

Hinweis für den Anwalt:

Die „Deregulierung" des Baugenehmigungsverfahrens birgt für den Berater des Bauherrn (Architekt, Rechtsanwalt) erhebliche Haftungsrisiken, soweit er Aussagen zur materiellen Legalität des Vorhabens gemacht hat, die sich beispielsweise im Rahmen des Streits über eine Stillegungsverfügung als unrichtig erweisen.[5]

Um dieses erhebliche Risiko auszuschalten, wäre es sinnvoll, wenn der Bauherr die Möglichkeit hätte, nach seiner Wahl ein reguläres Baugenehmigungsverfahrens durchzuführen. Leider wird dem Bauherrn vom Bauordnungsrecht in den einzelnen Ländern diese Option regelmäßig nicht gegeben, s. aber § 69 Abs. 1 Satz 1 BauOBbg und entsprechende Regelungen in Nordrhein-Westfalen und Schleswig-Holstein.[6]

Der Bauherr setzt sich im übrigen dem Risiko eines Ordnungswidrigkeitsverfahrens aus, wenn er sich über die Voraussetzungen der Genehmigungspflicht irrt.[7]

In vielen Bundesländern kann die Bauordnungsbehörde oder die Gemeinde vom **5**
Bauherrn eines an sich freigestellten Vorhabens die Durchführung eines regulären Baugenehmigungsverfahrens verlangen, vgl. z. B. Art. 64 Bay BauO,[8] § 67 BauO NRW, § 56 a Abs. 2 Nr. 3 BauO Bln, § 65 a BauO Rheinland-Pfalz, § 66 Abs. 4

---

[2] Nachweise weiterer Landesregelungen bei *Stüer,* Handbuch des Bau- und Fachplanungsrechts, 2. Auflage 1998, Rdn. 1245 ff.; s. a. *Ortloff/Rapp,* NJW 96, 2346 f.; Nachweise der Literatur zu den im einzelnen unterschiedlichen Landesregelungen bei *Ortloff,* NVwZ 97, 333, 337; *Jäde,* ZfBR 97, 171 und bei *Ortloff,* NVwZ 96, 647, 650; *Jäde,* ZfBR 96, 241, 243.

[3] Eine Abrundungssatzung erfüllt diese Voraussetzung nicht, vgl. *VG Gera,* 12. 3. 1998 – 4 K 974/97 – LKV 99, 199.

[4] Trotz zum Teil unterschiedlicher Begründungen im Ergebnis allgemeine Ansicht: *Ortloff,* NVwZ 95, 112; *Jäde,* NVwZ 95, 672, 673; s. aber *Stüer/Ehebrecht-Stüer,* DVBl. 96, 482, 485 f.

[5] *OVG Münster,* 11. 3. 1999 – 11 A 301/99 – BauR 99, 626; *Preschel,* DÖV 98, 45; *Ortloff/Rapp,* NJW 96, 2346.

[6] Zu letzteren s. *Ortloff,* NVwZ 00, 750, 752.

[7] Dazu *Rathjen,* ZfBR 00, 389.

[8] *VGH München,* 13. 1. 2000 – 26 CS 99.2149 – NVwZ-RR 01, 649.

BauO Bremen. Eine solche Forderung ist insbesondere gerechtfertigt, wenn die Festsetzung einer Veränderungssperre gem. § 14 BauGB bzw. die Zurückstellung des Baugesuchs gem. § 15 BauGB[9] beabsichtigt ist oder die Überprüfung des Vorhabens in einem Genehmigungsverfahren aus anderen Gründen erforderlich erscheint. Die Erklärung der Baubehörde, mit der der Bauherr verpflichtet wird ein Genehmigungsverfahren durchzuführen, ist als Verfahrenshandlung nicht gesondert justiziabel, § 44a.[10] Vorläufigen Rechtsschutz kann der Bauherr daher nur im Rahmen des Baugenehmigungsverfahrens suchen.

b) Einstweilige Anordnung auf Erlass einer Baugenehmigung

6 Für die Realisierung von Bauvorhaben gilt nach den Landesbauordnungen grundsätzlich – Ausnahmen soeben K 3f. – nach wie vor ein präventives gesetzliches Verbot mit Erlaubnisvorbehalt. Soweit dieses Verbot gilt, vermittelt nur die **Baugenehmigung** dem Grundstückseigentümer die grundrechtlich geschützte Baufreiheit.[11]

7 Die Landesbauordnungen haben teilweise auch **vereinfachte Genehmigungsverfahren** eingeführt, vgl. z.B. Art. 73 Bay BauO, § 60a BauO Bln,[12] § 68 BauO NRW.[13] Im vereinfachten Verfahren wird nicht die umfassende Vereinbarkeit des Vorhabens mit öffentlich-rechtlichen Bestimmungen geprüft. Die Kontrolle beschränkt sich auf die städtebaurechtliche Zulässigkeit des Vorhabens und teilweise zentrale bauordnungsrechtliche Anforderungen.[14] Sofern die Rechtswidrigkeit des konkreten Vorhabens aus Sicht der Behörde aus einer Regelung resultiert, deren Einhaltung in diesem Verfahren nicht geprüft wird, muss sie grundsätzlich repressiv handeln, d.h. eine Baueinstellungs- oder Nutzungsuntersagungsverfügung erlassen. Der Bauherr erreicht Rechtsschutz dann gem. § 80 Abs. 1, siehe unten K 115ff.

Nur in Ausnahmefällen wird der Baubehörde während des vereinfachten Genehmigungsverfahrens deutlich werden, dass die Realisierung des Vorhabens an anderen, in diesem Genehmigungsverfahren allerdings nicht zu prüfenden, rechtlichen Voraussetzungen scheitern wird. Die Behörde kann in einem solchen Ausnahmefall den Antrag im vereinfachten Genehmigungsverfahren mangels Sachbescheidungsinteresse zurückweisen.[15]

---

[9] *VGH Mannheim,* 4. 12. 2000 – 8 S 2633/00 – NVwZ-RR 01, 574.

[10] Umstritten, vgl. *Knuth* in *Wilke/Dageförde/Knuth/Meyer,* Bauordnung für Berlin, 5. Auflage, 1999, § 56a, Rdn. 18.

[11] Das Landesrecht entscheidet, ob die Baugenehmigung erst ergehen darf, wenn die Rechtmäßigkeit des Vorhabens erschöpfend geklärt ist (sogenannte Schlußpunkttheorie) oder die Genehmigung auch schon vorher erteilt werden darf, s. *BVerwG,* 25. 10. 1995 – 4 B 21. 6. 95 –, DÖV 96, 172 und *VGH Mannheim,* 4. 3. 1996 – 8 S 48/96 – DÖV 96, 751 sowie *OVG Berlin,* 26. 8. 1998 – 2 B 15/94 – NVwZ-RR 99, 231 (Verhältnis Baugenehmigung/sanierungsrechtliche Genehmigung); *BVerwG,* 6. 11. 1996 – 4 B 213.96 –, UPR 97, 105 = ZfBR 97, 98 (Verhältnis Baugenehmigung/Zweckentfremdungsgenehmigung); *VGH Mannheim,* 17. 12. 1999 – 5 S 50.97 – NVwZ 01, 1068 (Verhältnis Baugenehmigung/Gaststättengenehmigung); s.a. *Ortloff,* NVwZ 99, 955, 957.

[12] GVBl. 97, 421.

[13] Nachweise weiterer Landesregelungen bei *Stüer,* Handbuch des Bau- und Fachplanungsrechts, 2. Auflage 1998, Rdn. 1245ff.

[14] *Winkler,* BayVBl. 97, 744, 745f. zu Art. 80 BayBauO a.F. (= Art. 73 BayBO n.F.).

[15] *BVerwG,* 23. 3. 1973 – 4 C 49.71 – BVerwGE 42, 115, 117; *Winkler,* BayVBl. 97, 744.

Soweit die formelle Zulässigkeit des Vorhabens von einer präventiven Prüfung im vereinfachten Genehmigungsverfahren abhängig gemacht wird, kommt dem Bauherrn zu Gute, dass diese **Genehmigung** teilweise nach Verstreichen bestimmter Fristen seit Antragstellung **fingiert** wird.[16]

Hinweis für den Anwalt:
Die Frist, nach deren Ablauf die Baugenehmigung im vereinfachten Genehmigungsverfahren als erteilt gilt, beginnt nicht mit der schriftlichen Eingangsbestätigung zu laufen, sondern mit dem Eingang des **vollständigen Antrags,**[17] zu dem u. a. die erforderlichen Baugenehmigungsunterlagen gehören.

Im übrigen gelten für die Genehmigungen, die im vereinfachten Verfahren ergehen, die nachfolgenden Ausführungen K 8 ff.

Wenn für die Realisierung des Bauvorhabens die Erteilung einer Baugenehmi- **8**
gung erforderlich ist, ist **vorläufiger Rechtsschutz gem. § 123** regelmäßig nicht zu erreichen.[18] Eine vorläufige Anordnung würde zwingend zu einer Vorwegnahme der Hauptsache führen. Dies ist nur unter engen Voraussetzungen möglich, vgl. Rdn. J 213 ff. Dem Antragsteller mag es zwar gelingen, hinsichtlich des Anordnungsanspruchs mit sehr hoher Wahrscheinlichkeit glaubhaft zu machen, dass seine Verpflichtungsklage auf Erteilung der Baugenehmigung erfolgreich sein wird. Es ist jedoch kaum denkbar, dass er auch den erforderlichen Anordnungsgrund vortragen kann, d. h. darlegen kann, die Verweisung auf die Hauptsache vereitle rechtlich das Vorhaben, so dass es zur Gewährung effektiven Rechtsschutzes unabdingbar sei, jetzt die beantragte Baugenehmigung zu erhalten.[19]

Einstweiliger Rechtsschutz kommt allerdings in Betracht, wenn die Baubehörde **9**
und der Bauherr über das Vorliegen eines konkreten Versagungsgrundes streiten.

Beispiel:
Die Baubehörde vertritt beharrlich die Auffassung, das nicht an öffentliches Straßenland grenzende Baugrundstück sei nicht öffentlich-rechtlich gesichert erschlossen, obwohl der Eigentümer des zwischen der Straße und dem Baugrundstück liegenden Grundstücks eine Wege- und Leitungsbaulasterklärung abgegeben hat.

Wenn in der Hauptsache Rechtsschutz nicht rechtzeitig erlangt werden kann und der Eigentumsschutz die Vorwegnahme der Hauptsache rechtfertigt, kann der Bauherr den Erlass einer Regelungsanordnung gem. § 123 Abs. 1 Satz 2 verlangen, mit der die Baubehörde verpflichtet wird, binnen einer bestimmten Frist über den Bauantrag unter Beachtung der Rechtsauffassung des Gerichts zu entscheiden;[20] zur parallelen Problematik im Gewerberecht s. K 150 ff.

---

16 Siehe z. B. § 67 BauO Hessen (GVBl. 93, 665), § 63 BauO Mecklenburg-Vorpommern (GVOBl. 93, 518).

17 *VGH Kassel,* 8. 11 1996 – 4 TG 3776/96 – NVwZ-RR 97, 402 [Ls.].

18 *OVG Münster,* 26. 1. 2000 – 7 B 2023.99 – NVwZ-RR 01, 17.

19 *OVG Lüneburg,* 8. 9. 1993 – 6 M 3885.93 – NVwZ 94, 80; *OVG Bautzen,* 6. 5. 1993 – 1 S 104.93 – NVwZ 94, 81; *OVG Berlin,* 11. 3. 1991 – 2 S 1.91 –, NVwZ 91, 1198; *OVG Lüneburg,* 12. 9. 1991 – 1 M 257.91 – BRS 52 Nr. 169; *VGH Mannheim,* 13. 12. 1991 – 3 S 2931.91 – VBlBW 92, 179; s. a. *Stüer/Rude,* DVBl. 00, 390, 396.

20 Vgl. *Ortloff,* NVwZ 96, 647, 651; *VG Berlin,* 13. 11. 1995 – 13 A 496/95 –, Das Grundeigentum 1995, 1489.

c) Einstweiliger Rechtsschutz gegen Zurückstellungsverfügung gem. § 15 BauGB

10 Insbesondere der Bauantrag für ein größeres Bauvorhaben kann zur Folge haben, dass die zuständige Gemeinde ein Planungsbedürfnis erkennt und den Beschluss fasst, einen Bebauungsplan aufzustellen, § 2 Abs. 1 BauGB. Mit dem Aufstellungsbeschluss sind die Voraussetzungen für die Zurückstellung des Baugesuchs gem. § 15 Abs. 1 i. V. m. § 14 Abs. 1 BauGB gegeben. Die Zurückstellung ist keine zeitlich begrenzte Ablehnung des Antrags auf Erteilung der Baugenehmigung,[21] sondern ein den Bauherrn belastender Verwaltungsakt, aufgrund dessen die Baugenehmigungsbehörde während des Zurückstellungszeitraums von der Pflicht zur Bescheidung freigestellt ist.[22] **Widerspruch** und Anfechtungsklage **gegen eine Zurückstellungsverfügung** haben gem. § 80 Abs. 1 **aufschiebende Wirkung,**[23] d.h. die Baubehörde ist verpflichtet, den Bauantrag weiter zu bearbeiten.[24] Mißachtet die Baubehörde die aufschiebende Wirkung, so ist auf Antrag des Bauherrn in entsprechender Anwendung des § 80 Abs. 5 die aufschiebende Wirkung des Widerspruchs festzustellen,[25] vgl. auch J 156ff.

11 Die Baubehörde kann die aufschiebende Wirkung des Rechtsbehelfs gegen die Zurückstellungsverfügung ausschalten, indem sie die **sofortige Vollziehbarkeit** gem. § 80 Abs. 2 Nr. 4 anordnet. Der Bauherr kann dann einstweiligen Rechtsschutz nur im Verfahren gem. § 80 Abs. 5 erlangen. Über die Begründetheit des Antrags gem. § 80 Abs. 5 ist anhand der allgemeinen Kriterien zu befinden. Die Sofortvollzugsanordnung ist aufzuheben, wenn das spezifische öffentliche Interesse an der sofortigen Vollziehbarkeit zu verneinen ist, vgl. J 70 ff., J 140. Der Antrag hat ferner Erfolg, wenn sich die Zurückstellungsverfügung bei summarischer Prüfung als materiell rechtswidrig erweist, vgl. J 128ff.

12 **Beispiele:**

– Die von der Gemeinde zu beantragende, vgl. § 15 Abs. 1 BauGB, Zurückstellung des Bauantrags dient der Sicherung der Bauleitplanung. Die Zurückstellung darf nicht regelwidrig dazu eingesetzt werden, ein bestimmtes Vorhaben zu verhindern. Von einer aus diesem Grunde rechtswidrigen Zurückstellung ist auszugehen, sofern die Gemeinde bezüglich der zu betrachtenden Grundstücksflächen keine positiven Vorstellungen über den Planinhalt entwickelt hat.[26]

---

[21] So *Lemmel* noch in *Schlichter/Stich,* Berliner Kommentar zum BauGB, 1. Auflage 1988, § 15 Rdn. 6.

[22] *OVG Berlin,* 21. 11. 1994 – 2 S 28/94 –, NVwZ 95, 399 = DÖV 95, 252; *OVG Lüneburg,* 7. 2. 1989 – 145.88 und 161.88 –, BRS 49, Nr. 156; so jetzt auch *Lemmel* in *Schlichter/Stich,* Berliner Kommentar zum Baugesetzbuch, 2. Aufl., 1995, § 15 Rn. 18.

[23] *OVG Berlin,* 21. 11. 1994 – 2 S 28.94 – NVwZ 95, 399 = DÖV 95, 252; **a. A.** *VGH Mannheim,* 10. 9. 1998 – 8 S 2137.98 – VBlBW 99, 26: in der Hauptsache ist Verpflichtungsklage zu erheben.

[24] *OVG Münster,* 26. 1. 2000 – 7 B 2023.99 – NVwZ-RR 01, 17; *OVG Berlin,* 26. 8. 1998 – 2 B 15.94 – NVwZ-RR 99, 231; der Anspruch kann gem. § 123 durchgesetzt werden, vgl. *Ortloff,* NVwZ 01, 997, 1000 m. w. N.

[25] *OVG Berlin,* 26. 8. 1998 – 2 B 15.94 – NVwZ-RR 99, 231; *OVG Berlin,* 21. 11. 1994 – 2 S 28.94 – NVwZ 95, 399 = DÖV 95, 252.

[26] *BVerwG,* 5. 2. 1990 – 4 B 191/89 –, NVwZ 1990, 558 = BRS 50, Nr. 103; s. a. *Ernst/Zinkahn/Bielenberg,* BauGB, Stand März 2001, § 15, Rdn. 3, 29 f.; *Kuhla,* NVwZ 1988, 1084, 1085f.

– Die Zurückstellung darf nicht zur Sicherung von Planungen nach anderen Gesetzen eingesetzt werden.[27]
– Ein Sicherungsbedürfnis ist zu verneinen, wenn das Bebauungsplanverfahren den Stand der Planreife erreicht hat und anzunehmen ist, dass das Vorhaben den künftigen Festsetzungen des Bebauungsplans nicht entgegensteht, so dass der Bauherr gem. § 33 Abs. 1 BauGB bereits vor der Festsetzung des Bebauungsplans einen Anspruch auf Erteilung der Baugenehmigung hat.[28]
– Ist die Sicherung der Planung auf andere Weise möglich, so kann die Zurückstellung gegen das Übermaßverbot verstoßen.[29]

Hinweise für den Anwalt:
– Eine Baubehörde, die in Verkennung der aufschiebenden Wirkung des Widerspruchs gegen die Zurückstellungsverfügung den Bauantrag nicht weiterbearbeitet und das Genehmigungsverfahren so verzögert, setzt sich erheblichen Amtshaftungsrisiken aus.[30]
– Solange der Widerspruch gegen die Zurückstellung aufschiebende Wirkung entfaltet, kann der Bauherr nach Ablauf der Frist des § 75 Untätigkeitsklage erheben,[31] vgl. D 184ff.

Sofern es sich um ein anzeigepflichtiges, von der Genehmigungspflicht freigestelltes Vorhaben handelt, eröffnen die Bauordnungen den Bauaufsichtsbehörden bzw. Gemeinden gem. § 36 Abs. 1 Satz 2 BauGB spezielle Untersagungsmöglichkeiten bei Vorliegen der Voraussetzungen gem. § 15 Abs. 1 Satz 2 BauGB, vgl. z.B. § 65 Abs. 2 Satz 2 BauOBbg. 13

d) Sofortige Vollziehbarkeit der Baugenehmigung

Der Widerspruch des Nachbarn gegen die Baugenehmigung hat gem. § 212a Abs. 1 BauGB keine aufschiebende Wirkung, vgl. sogleich K 17ff. Der Bauherr hat unter diesem Gesichtspunkt kein besonderes Rechtsschutzbedürfnis. Er muss allenfalls auf einen Antrag des Nachbarn gem. § 80 Abs. 5 reagieren, vgl. unten K 35ff. 14

e) Alternativstrategien zur Beschleunigung des Baugenehmigungsverfahrens

Der **Anwalt** muss prüfen, ob dem Beschleunigungsinteresse des Bauherrn durch die Wahl des **gestuften Genehmigungsverfahrens** entsprochen werden kann. Der Aufwand für die Prüfung eines Antrags auf Erteilung einer Teilbaugenehmigung (z.B. Bodenarbeiten, Aushub, Baugrube) ist jedenfalls in bauordnungsrechtlicher Hinsicht geringer als der, der im Rahmen eines einheitlichen Genehmigungsverfahrens zu leisten ist. Die Teilbaugenehmigung ist im Verhältnis zum Nachbarn gem. § 212a Abs. 1 BauGB sofortig vollziehbar, vgl. sogleich K 18ff. Sie kann daher ungeachtet eines Nachbarwiderspruchs sofort ausgenutzt werden.[32] 15

Die Erhebung einer **Untätigkeitsklage** gem. § 75, vgl. D 184ff., kann ebenfalls – insbesondere im Hinblick auf die damit der Behörde offenbar werdenden Amtshaftungsrisiken – eine Beschleunigung des Genehmigungsverfahrens bewirken. 16

---

27 *VGH Kassel,* 5. 10. 1971 – IV TH 49/71 –, BRS 24, Nr. 141, s.a. *Ernst/Zinkahn/Bielenberg,* BauGB, Stand März 2001, § 15, Rdn. 24, 28.

28 *Finkelnburg/Ortloff,* Öffentliches Baurecht, Band I, 5. Aufl., 1998, 216.

29 *VGH Mannheim,* 29. 6. 1982 – 3 S 732/82 – VBlBW 83, 24.

30 Vgl. nur *BGH,* 23. 9. 1993 – III ZR 54/92 – NVwZ 94, 405; *OVG Münster,* 26. 1. 2000 – 7 B 2023.99 – NVwZ-RR 01, 17.

31 *OVG Münster,* 26. 1. 2000 – 7 B 2023.99 – NVwZ-RR 01, 17.

32 Zur sofortigen Vollziehbarkeit einer Teilbaugenehmigung vor Inkrafttreten von § 212a Abs. 1 BauGB siehe *OVG Berlin,* 30. 4. 1992 – OVG 2 S 7.92 – ZfBR 92, 242.

f) Einstweiliger Rechtsschutz gegen Rücknahme der Baugenehmigung

16 a Es ist auch denkbar, dass der Bauherr im Interesse der Realisierung seines Vorhabens nicht eine Genehmigung erlangen, sondern die Rücknahme einer bereits erteilten Genehmigung abwehren muss. Die Befugnis zur Rücknahme einer Baugenehmigung kann sich aus § 48 Abs. 1 i. V. m. Abs. 3 VwVfG ergeben.[33] Der Widerspruch gegen die Rücknahme hat gem. § 80 Abs. 1 aufschiebende Wirkung.

Wenn die Baubehörde die sofortige Vollziehbarkeit der Rücknahmeentscheidung anordnet, dann muss der Bauherr ein Verfahren gem. § 80 Abs. 5 BauGB einleiten. Im Rahmen dieses Verfahrens ist zunächst zu prüfen, ob das erforderliche besondere öffentliche Interesse an der Sofortvollzugsentscheidung gegeben ist.[31] Ferner ist zu klären, ob die Behörde ihr Rücknahmeermessen ordnungsgemäß ausgeübt hat; in diesem Zusammenhang sind aus Sicht des Bauherrn insbesondere Gesichtspunkte des Vertrauensschutzes geltend zu machen.[31]

2. Baugenehmigung, vorläufiger Rechtsschutz für den Nachbarn

a) Nachbarwiderspruch

17 Die größte praktische Bedeutung hat der vorläufige Rechtsschutz im Baurecht in den Fällen, in denen der Nachbareigentümer (Nachbar) die Realisierung eines Vorhabens des Bauherrn auf dem Baugrundstück verhindern will.

Um zu entscheiden, welche konkreten Maßnahmen zur Wahrung des Rechtsschutzes geboten sind, muss der Nachbar zunächst klären, ob für das Vorhaben eine Genehmigung erteilt worden ist. Dabei kann es sich um eine „klassische Baugenehmigung“ handeln, die in Folge der Feststellung ergeht, dass das Vorhaben mit den öffentlichen Vorschriften in Einklang steht, vgl. oben K 7. Bedeutsam ist auch eine Genehmigung, die im vereinfachten Verfahren ergeht und nur die Konformität des Vorhabens mit einzelnen öffentlich-rechtlichen Anforderungen bestätigt,[34] vgl. oben K 7.

Soweit für das Vorhaben eine **Genehmigung** erteilt worden ist,[35] muss der Nachbar mit dem Ziel vorläufigen Rechtsschutzes zunächst **Widerspruch** gegen die Baugenehmigung einlegen;[36] das gilt auch, wenn die Genehmigung in Folge eines Fristablaufs im vereinfachten Verfahren nur fingiert wird.[37]

Hinweis für den Anwalt:
Für das prozessuale Vorgehen ist von Bedeutung, ob sich der Bauherr mit seinen Baumaßnahmen noch im Rahmen der Baugenehmigung bewegt (dann Vorgehen gem. § 80) oder aber diese nicht durch die Baugenehmigung gedeckt sind (dann Vorgehen gem. § 123). Um

---

[33] *OVG Berlin,* 8. 6. 2000 – 2 SN 15.00 – LKV 00, 458.

[34] *OVG Bautzen,* 25. 2. 1998 – 1 S 38.98 – DÖV 98, 928 = LKV 99, 236 = BauR 98, 1006.

[35] Soweit das Vorhaben genehmigungsfrei oder im „Schwarzbau“ errichtet worden ist, bietet dem Nachbarn nur ein Verfahren gem. § 123 Rechtsschutz, s. dazu K 104 a ff. und K 136 ff.; interessante Abgrenzung in *OVG Lüneburg,* 29. 8. 1997 – 6 M 3892.97 – DVBl. 98, 129 [Ls.]; fraglich ist, ob die Genehmigungsbehörde in der Baugenehmigung die konkrete Nutzung des Gebäudes (weitgehend) offen lassen darf, s. dazu *VGH Mannheim,* 27. 10. 2000 – 8 S 445/00 – NVwZ-RR 01, 576.

[36] *Winkler,* BayVBl. 97, 744, 749.

[37] *Uechtritz,* NVwZ 96, 640, 647.

diese Abgrenzung vornehmen zu können, ist nicht nur auf den Inhalt der von der Bauaufsichtsbehörde ausgefertigten Baugenehmigung abzustellen. Die Baugenehmigung nimmt vielmehr regelmäßig Bezug auf Pläne sowie Bau- und Betriebsbeschreibungen, die damit zum Gegenstand der Genehmigung werden;[38] dies wird durch den Genehmigungsvermerk (Zugehörigkeitsvermerk) auf den Unterlagen („Grünstempel") zum Ausdruck gebracht;[39] Unterlagen, die diesen Vermerk nicht tragen, haben keinen Einfluß auf den Inhalt der Genehmigung.[40] Bei einem Widerspruch zwischen Baugenehmigung und Bauvorlagen ist die in der Genehmigung getroffene Regelung maßgeblich.[41]

Nach dem Landes-Bauordnungsrecht bedürfen **Bauvorhaben von Hoheitsträgern** in einigen Bundesländern nicht der Baugenehmigung, sondern lediglich einer **Zustimmung,** vgl. z. B. § 67 BauO Bln. Bei dieser Zustimmung handelt es sich um einen Verwaltungsakt,[42] gegen den der Nachbar zur Wahrung seiner Rechte Widerspruch erheben muss.[43] 17 a

Hinweis für den Anwalt:

Das gilt allerdings nicht, soweit es um faktische Beeinträchtigungen (schlicht hoheitliches Handeln) geht, die z. B. aus bestimmten Grundstücksnutzungen resultieren. In der Hauptsache ist dann die Leistungs- bzw. Unterlassungsklage gegeben,[44] vgl. oben C 26, C 46 c, C 57, C 58. Einstweiliger Rechtsschutz ist nur im Verfahren gem. § 123 zu erreichen; s. a. unten K 142 b.[45]

aa) Keine aufschiebende Wirkung des Nachbarwiderspruchs, § 212 a Abs. 1 BauGB

Der **Nachbarwiderspruch** hat allerdings gem. **§ 212 a Abs. 1 BauGB keine aufschiebende Wirkung.** 18

§ 212 a Abs. 1 BauGB ist mit Wirkung vom 1. Januar 1998 durch das BauROG 98[46] eingeführt worden. Diese Bestimmung hat eine fundamentale Veränderung des baurechtlichen Nachbarschutzes bewirkt. Vor Inkrafttreten des § 212 a Abs. 1 BauGB entfaltete der rechtzeitig eingelegte Nachbarwiderspruch gem. § 80 Abs. 1 Satz 2 i. V. m. § 80 a hinsichtlich der Baugenehmigung aufschiebende Wirkung[47] wenn der Nachbar geltend machen konnte, durch die Genehmigung in seinen Rechten verletzt worden zu sein. 19

---

[38] *OVG Greifswald,* 23. 6. 1998 – 3 L 209.96 – LKV 99, 66.

[39] *OVG Münster,* 12. 1. 2001 – 10 B 1827.00 – NVwZ-RR 01, 430; *OVG Münster,* 27. 1. 2000 – 10 B 100.00 – NVwZ 00, 1319 = BauR 00, 1469; *OVG Berlin,* 7. 5. 1999 – 2 B 2.96 – LKV 00, 123; *OVG Berlin,* 26. 1. 1995 – 2 S 35.94 – NVwZ 95, 1009 = UPR 96, 39 [Ls.]; *Knuth* in *Wilke/Dageförde/Knuth/Meyer,* Bauordnung für Berlin, 5. Auflage, 1999, § 62, Rdn. 31 f.

[40] *OVG Münster,* 10. 12. 1996 – 10 A 4248.92 – NVwZ-RR 98, 159.

[41] *OVG Berlin,* 26. 1. 1995 – 2 S 35.94 – NVwZ 95, 1009.

[42] *OVG Lüneburg,* 21. 1. 2000 – 1 L 4202.99 – ZfBR 00, 349.

[43] *VG Osnabrück,* 14. 1. 1999 – 2 B 88.98 – NVwZ-RR 00, 141.

[44] *VGH München,* 19. 3. 1997 – 22 B 96951 – NVwZ 99, 87 = BayVBl. 98, 310.

[45] *Ortloff,* NVwZ 99, 955, 959 m. w. N. in Fn. 143.

[46] BGBl. 97, 2081.

[47] Das war nach Inkrafttreten der 4. VwGO-Novelle vom 17. Dezember 1990 einheitliche Auffassung aller Obergerichte: *OVG Lüneburg,* 21. 5. 1991 – 1 M 23/91 – BauR 91, 443; *VGH Kassel* 30. 1. 1991 – 4 TG 3243/90 –, NVwZ 91, 592 = BauR 91, 185; *VGH Kassel,* 1. 8. 1991 – 4 TH 1244/91 –, DVBl. 92, 45; *VGH Mannheim,* 22. 10. 1991 – 5 S 2348/91 – NVwZ 92, 277; *OVG Münster,* 29. 7. 1991 – 10 B 1128/91 –, DVBl. 92, 46; *OVG Schleswig,* 21. 5. 1991 – 1 M 23/91 – NVwZ 91, 898 = BRS 52 Nr. 199; *OVG Weimar,* 29. 6. 1993 – 1 B 114/92 – LKV 94, 114; *OVG Bremen,* 24. 1. 1992 – 1 B 1/92 –, BauR 92, 608; *OVG Berlin,* 6. 3. 1991 – 2 S 29.90 – UPR 91, 239.

20 Der Nachbar kann einstweiligen Rechtsschutz gegen eine Baugenehmigung daher nur erreichen, wenn er unverzüglich nach Einlegen des Widerspruchs – vor Einlegen des Widerspruchs ist der Antrag gem. § 80 Abs. 5 unzulässig, vgl. oben J 107 – bei dem zuständigen Verwaltungsgericht einen **Antrag gem. § 80 Abs. 5** stellt, dazu unten K 35ff.; zumindest muss er erwägen, einen Antrag gem. § 80 Abs. 4 bei der Behörde zu stellen, dazu allgemein oben J 96ff.

> **Hinweis:**
> Beispielschreiben für einen Nachbarwiderspruch nebst Antrag gem. § 80 Abs. 4 s. Anhang I 2.

21 **§ 212a Abs. 1 BauGB** ist als **Ausnahmevorschrift** grundsätzlich **eng auszulegen.** Das spricht dafür, dass der Widerspruch des Dritten nur dann keine aufschiebende Wirkung hat, wenn er sich gegen eine an den Bauherrn adressierte, begünstigende Entscheidung richtet.

Beispiel:
Die Bauaufsichtsbehörde verpflichtet A durch Bescheid einen Dachgeschossausbau auf dem Nachbargrundstück des B zu dulden. Der hiergegen eingelegte Widerspruch hat aufschiebende Wirkung.[48]

22 Anderseits gebieten Wortlaut sowie Sinn und Zweck der gesetzlichen Regelung, die auf eine umfassende Verfahrensbeschleunigung angelegt ist, dass § 212a Abs. 1 BauGB allgemein auf Verwaltungsakte mit Doppelwirkung angewandt wird, die unmittelbar der Baufreigabe dienen.

23 **Beispiele:**
- Planungsrechtliche Fragen betreffender Befreiungsbescheid gem. § 6 BaufreistVO BW für ein an sich genehmigungsfreies Bauvorhaben.[49]
- Fingierte Genehmigung im vereinfachten Genehmigungsverfahren – vgl. oben K 7 – gem. § 67 Abs. 5 Satz 4 BauO Hessen[50] oder gem. § 63 Abs. 7 BauO Mecklenburg-Vorpommern.[51]
- Nach dem einschlägigen Landes-Bauordnungsrecht bedürfen Bauvorhaben von Hoheitsträgern nicht der Baugenehmigung, sondern lediglich einer Zustimmung. Die Bauaufsichtsbehörde erteilt ihre Zustimmung zu der Errichtung eines Asylbewerberheims durch einen öffentlichen Bauherrn. Der gegen die Zustimmung eingelegte Widerspruch hat keine aufschiebende Wirkung.[52]

---

[48] *VGH Mannheim,* 8. 7. 1991 – 8 S 1469/91 – ZfBR 92, 39 (noch zu § 10 Abs. 2 BauGB-MaßnahmenG).

[49] *VGH Mannheim,* 9. 3. 1995 – 3 S 3321/94 – NVwZ-RR 95, 489 = DÖV 95, 828 (noch zu § 10 Abs. 2 BauGB-MaßnahmenG).

[50] GVBl. 93, 665.

[51] GVOBl. 94, 518.

[52] *VG Osnabrück,* 14. 1. 1999 – 2 B 88.98 – NVwZ-RR 00, 141; vor Inkrafttreten von § 212a Abs. 1 BauGB bestand in der obergerichtlichen Rechtsprechung Einvernehmen, dass derartige Zustimmungen im Hinblick auf den einstweiligen Rechtsschutz wie Baugenehmigungen zu behandeln sind: *VGH Kassel,* 30. 12. 1994 – 3 TH 525/94 – UPR 95 [nur Ls.]; *VGH Kassel,* 11. 3. 1993 – 3 TH 768/92 – BauR 93, 329; zur Wirkung der Zustimmung zugunsten des privaten Rechtsnachfolgers [Post AG] s. *VGH Kassel,* 17. 8. 1995 – 3 TH 798/94 – NVwZ 96, 924; zur Wirkung eines Widerspruchs, der sich gegen die einem öffentlichen Bauherrn erteilte Baugenehmigung richtet, der zugleich Träger der Bauaufsichtsbehörde ist, s. *VG Dessau,* 27. 10. 1995 – 1 B 44/95 – LKV 96, 342; **a. A.** noch

– Teilbaugenehmigung.[53]
– Befreiungsbescheid.[54]

24 Wenn der Bescheid dagegen die Zulassung des Vorhabens lediglich vorbereitet, selbst aber noch keine Baufreigabe bewirkt, so greift § 212a Abs. 1 BauGB nicht ein.

Beispiel:
Bauvorbescheid[55]

bb) Spezifische Anfechtungsprobleme bei den einzelnen Baugenehmigungsarten

25 Der Nachbar kann einstweiligen Rechtsschutz gem. § 80 Abs. 5 nur erreichen, wenn er Widerspruch einlegt. Im Einzelfall kann allerdings fraglich sein, ob eine bestimmte baurechtliche Regelung gegenüber dem Nachbarn bereits Wirkungen entfaltet.

26 Die Baugenehmigungsbehörde kann vor Einreichung des Bauantrags aufgrund eines schriftlichen Antrags des Bauherrn zu einzelnen Fragen des Bauvorhabens einen schriftlichen Bescheid **(Bauvorbescheid)** erteilen; sofern der Bauvorbescheid städtebaurechtliche Regelungen trifft, wird er auch als **Bebauungsgenehmigung** bezeichnet. Der Vorbescheid ist ein Ausschnitt des dem feststellenden Teil der Baugenehmigung.[56]

Auch der positive Bauvorbescheid[57] hat Doppelwirkung im Sinne des § 80a, so dass der Nachbar zur Wahrung seiner Rechte hiergegen Widerspruch erheben muss. Dieser Widerspruch hat aufschiebende Wirkung, denn § 212a Abs. 1 BauGB greift nicht ein, vgl. soeben K 24.

Das Bundesverwaltungsgericht hatte verschiedentlich Gelegenheit, sich mit der Frage auseinanderzusetzen, ob der Nachbar bei Erlass eines Bauvorbescheids und einer anschließenden Baugenehmigung beide Bescheide anfechten müsse, oder ob

---

OVG Hamburg, 19. 11. 1992 – Bs II 109/92 – NVwZ-RR 93, 401 = DÖV 93, 534 = DVBl. 93, 674 [Ls.] auf der Grundlage von § 10 Abs. 2 BauGB-MaßnahmenG.

[53] So zu Art. 2 Satz 1 Buchst. a des Gesetzes zur Beschränkung von Rechtsmitteln in der Verwaltungsgerichtsbarkeit *OVG Frankfurt (Oder),* 19. 2. 1997 – 3 B 137/96 – LKV 97, 378 [Ls.].

[54] *OVG Schleswig,* 30. 10. 1997 – 1 M 52/97 – BauR 98, 1223, **a. A.** *Ortloff,* NVwZ 99, 955, 960.

[55] *VGH München,* 1. 4. 1999 – 2 CS 98 2646 – NVwZ 99, 1363 = BayVBl. 99, 467 mit ausführlichem Nachweis des Streitstands; *VG Dessau,* 26. 5. 2000 – 1 A 157.00 DE – BauR 00, 1733; *VGH Mannheim,* 24. 10. 1996 – 5 S 1959/96 – BauR 97, 285 [zu § 10 Abs. 2 BauGB-MaßnahmenG]; *Helmut Redeker,* NVwZ 98, 589; **a. A.** *OVG Münster,* 1. 12. 1998 – 10 B 2304.98 – DVBl. 99, 788; *OVG Lüneburg,* 30. 3. 1999 – 1 M 897/99 – NVwZ-RR 99, 716 = BauR 99, 1163 = BauR 99, 1163 = UPR 99, 360; *Mainczyk/Bonnmann,* ZfBR 97, 281,285 (ohne Begründung); s. a. *BVerwG,* 2. 5. 1997 – 4 B 77.97 – DÖV 97, 784 [Art. 2 Satz 1 Buchst. a des Gesetzes zur Beschränkung von Rechtsmitteln in der Verwaltungsgerichtsbarkeit erfaßt auch die Teilungsgenehmigung gem. § 19 a. F. BauGB]; s. a. *OVG Frankfurt (Oder),* 19. 2. 1997 – 3 B 137/96 – NVwZ-RR 98, 484 [auch Bauvorbescheid wird vom Gesetz zur Beschränkung von Rechtsmitteln in der Verwaltungsgerichtsbarkeit erfaßt].

[56] *BVerwG,* 3. 2. 1984 – 4 C 39/82 –, NJW 1984, 1473 = BVerwGE 69, 1.

[57] Der negative, ablehnende Vorbescheid bewirkt dagegen keine zu Gunsten des Nachbarn in die Zukunft fortwirkende Feststellung der Unzulässigkeit des Vorhabens, vgl. *OVG Bautzen,* 4. 4. 1997 – 1 S 149/97 – LKV 97, 374.

sich der Nachbar mit der Anfechtung eines Bescheids begnügen könne. Die höchstrichterlichen Entscheidungen sind widersprüchlich. Das Bundesverwaltungsgericht hat zunächst entschieden, dass ein unanfechtbarer Vorbescheid in die nachfolgende Baugenehmigung „redaktionell übernommen" wird, während die Regelungen eines nicht bestandskräftigen Bauvorbescheids gleichermaßen Bestandteil der nachfolgenden Baugenehmigung sein sollen.[58] Diese Differenzierung hat das Gericht später dogmatisch noch vertieft. Es hat entschieden, dass der Inhalt einer noch nicht bestandskräftigen Bebauungsgenehmigung in der Baugenehmigung erneut geregelt werden muss und im Hinblick auf die Bebauungsgenehmigung einen Zweitbescheid darstelle.[59] Dogmatisch ist diese Konstruktion nicht überzeugend, denn nach allgemeiner Ansicht kann ein Zweitbescheid nur nach bestandskräftig abgeschlossenem Verwaltungsverfahren ergehen.[60]

In der obergerichtlichen Rechtssprechung ist aus diesen Judikaten des Bundesverwaltungsgerichts – insoweit konsequent – geschlossen worden, dass sich das Nachbaranfechtungsverfahren gegen den Bauvorbescheid nach Anfechtung der nachfolgend erteilten Baugenehmigung erledige.[61]

Das Bundesverwaltungsgericht hat allerdings inzwischen seine Rechtsposition wieder aufgegeben, weil es wohl erkannt hat, dass es hier um Fragen geht, die nur anhand des das Genehmigungsverfahren regelnden Landesbauordnungsrechts beantwortet werden können. Das Bundesverwaltungsgericht hat sich daher mit der Feststellung begnügt, dass es keine bundesrechtliche Regelung gebe, nach der die Bebauungsgenehmigung von der später erteilten Baugenehmigung konsumiert werde.[62]

27 Auf der Grundlage der Landesbauordnungen kann das Verhältnis von Bauvorbescheid und nachfolgender Baugenehmigung – abweichend von der Rechtsprechung des Bundesverwaltungsgerichts – dogmatisch widerspruchsfrei wie folgt bestimmt werden: Der Bauvorbescheid und die nachfolgende Baugenehmigung haben unterschiedliche, einander allerdings ergänzende Regelungsinhalte. Der Nachbar muss bei dieser klaren Abgrenzung der Regelungsbereiche aus rechtlicher Sicht jeweils nur den Bescheid angreifen, durch dessen Regelung er sich beeinträchtigt sieht.

Wenn der Nachbar gegen den Bauvorbescheid Widerspruch eingelegt hat, dann darf die Baugenehmigung nicht erteilt werden, weil ein vorweggenommener, feststellender Teil der Baugenehmigung noch nicht vollziehbar ist. Es fehlt an einer hinreichenden Grundlage für den die Baufreigabe verfügenden Teil der Baugenehmigung.[63] Die Baugenehmigungsbehörde ist allerdings nicht gehindert, die

---

[58] *BVerwG,* 9. 12. 1983 – 4 C 44/80 –, NJW 84, 1474 = BVerwGE 68, 241.

[59] *BVerwG,* 17. 3. 1989 – 4 C 14.85 –, NVwZ 89, 863 = DVBl. 89, 673 = BauR 89, 455 = NJW 89, 3031 [nur Ls.].

[60] Vgl. nur *Wolff/Bachhof/Stober,* Verwaltungsrecht, Band 2, 6. Aufl., 2000, § 50, Rdn. 11 ff.

[61] *VGH Mannheim,* 8. 3. 1994 – 5 S 99/94 –, NVwZ 95, 716.

[62] So *BVerwG,* 9. 2. 1995 – 4 C 23.94 – NVwZ 95, 894 = UPR 95, 306 = ZfBR 95, 217; s. a. *BVerwG,* 6. 11. 1996 – 4 B 213.96 – BauR 97, 282 zum Verhältnis von Baugenehmigung und Zweckentfremdungsgenehmigung.

[63] Wie hier *OVG Bautzen,* 2. 10. 1997 – 1 S 639.96 – LKV 98, 202; *OVG Lüneburg,* 10. 2. 1994 – 2 B 59/93 –, nicht veröffentlicht; *Schoch* in *Schoch/Schmidt-Aßmann/Pietzner,*

Baugenehmigung unter der aufschiebenden Wirkung der Bestandskraft oder der Vollziehbarkeit des vorhergehenden Bauvorbescheids zu erteilen. Die Bindungswirkung des Bauvorbescheids ist ab seiner sofortigen Vollziehbarkeit im nachfolgenden Baugenehmigungsverfahren zu beachten.[64]

Hinweise für den Anwalt: 28

- Im Hinblick auf die widersprüchliche Rechtsprechung des Bundesverwaltungsgerichts ist es aus Gründen anwaltlicher Vorsicht geboten, sowohl das Anfechtungsverfahren hinsichtlich des Bauvorbescheids als auch der Baugenehmigung durchzuführen.
- Die Bindungswirkung eines Vorbescheids ist kritisch zu prüfen. Sie erstreckt sich nur auf ein Bauvorhaben, das in jeder Hinsicht identisch mit dem Vorhaben ist, das den Gegenstand des Bauvorbescheids bildet.[65]

Die **Teilbaugenehmigung** stellt – zumindest konkludent – die grundsätzliche 29 Zulässigkeit des Vorhabens in bauplanungsrechtlicher und bauordnungsrechtlicher Hinsicht fest[66] und gibt verfügend den Bau teilweise (z.B. Baugrube) frei. Zur Wahrung seiner Rechte muss der Nachbar die Teilbaugenehmigung daher anfechten. Sie erledigt sich nicht mit dem Erlass weiterer Teilbaugenehmigungen,[67] da diese den Inhalt der vorhergehenden Genehmigung nicht mit aufnehmen. Weitere Teilbaugenehmigungen dürfen nur erlassen werden, sofern der Rechtsbehelf gegen die vorhergehende Teilbaugenehmigung keine aufschiebende Wirkung hat.[68]

Soweit die Realisierung eines Bauvorhabens genehmigungspflichtig ist, gilt dies 30 auch für Änderungen bzw. Nutzungsänderungen. Der Nachbar kann seine Rechte daher nur wahren, wenn er die **Änderungsgenehmigung** anficht. Im Einzelfall kann die Abgrenzung der bestandskräftigen Bestimmungen der ursprünglichen Baugenehmigung und der anfechtbaren Regelungen der Änderungsgenehmigung schwierig sein. Diese Regelungen reichen grundsätzlich so weit, wie durch die Modifizierung des Vorhabens die Genehmigungsfrage erneut aufgeworfen wird.[69]

---

§ 80, Rdn. 97 (auf der Basis der Wirksamkeitstheorie); **a. A.** *OVG Münster,* 9. 12. 1996 – 1 a B 1710/96. NE – NVwZ 97, 1006; *Ortloff,* NVwZ 99, 955, 958.

[64] *OVG Frankfurt (Oder),* 19. 2. 1997 – 3 B 137/96 – LKV 97, 378 [Ls.].

[65] *VGH München,* 4. 11. 1996 – 1 B 94 2923 – BayVBl. 97, 341.

[66] *OVG Münster,* 3. 4. 1996 – 11 B 523/96 – NVwZ-RR 97, 401 (differenzierend: die Reichweite des „positiven Gesamturteils" ist abhängig vom Gegenstand der jeweils gestatteten Rohbauarbeiten); *OVG Frankfurt (Oder),* 19. 2. 1997 – 3 B 137/96 – NVwZ-RR 98, 484 = LKV 97, 378 [Ls.]; *VGH Kassel,* 11. 12. 1995 – 4 TG 1337/95 –, NVwZ-RR 97, 10; *OVG Berlin,* 20. 12. 1991 – 2 S 21/91 –, LKV 92, 201 = OVGE 19, 231 m. w. N. [auch der Rechtsprechung des BGH]; *Finkelnburg/Ortloff,* Öffentliches Baurecht, Band II, 4. Aufl., 1998, 142f.

[67] **A. A.** *Boeddinghaus/Hahn/Schulte,* BauO Nordrhein-Westfalen, Stand März 1994, § 71 Rdn. 11f.

[68] *OVG Frankfurt (Oder),* 19. 2. 1997 – 3 B 137/96 – NVwZ-RR 98, 484 = LKV 97, 378 [Ls.]; *OVG Lüneburg,* 10. 2. 1994 – 2 B 59/93 –, nicht veröffentlicht.

[69] *BVerwG,* 14. 4. 2000 – 4 B 28.99 – NVwZ-RR 00, 758; *BVerwG,* 4. 2. 2000 – 4 B 106.99 – ZfBR 00, 488; *OVG Weimar,* 25. 6. 1999 – 1 EO 197.99 – LKV 00, 119; *OVG Greifswald,* 27. 8. 1998 – 3 M 65.98 – LKV 99, 197 = BauR 99, 624; *VG Gießen,* 3. 11. 2000 – 1 G 3096.00 – NVwZ-RR 01, 431; s. a. *Gaentzsch,* NVwZ 00, 993, 997; *Ortloff,* NVwZ 99, 955, 957 m. w. N. in Fn. 73; *Ortloff,* NVwZ 98, 581, 583 m. w. N. in Fn. 62.

31 **Beispiele:**

- Eine bloße Nutzungsänderung wird in der Regel die Frage nach den Abstandflächen des bestandsgeschützten Gebäudes nicht neu aufwerfen;[70] etwas anderes kann gelten, wenn der Altbestand weitgehend umgebaut wird.[71]
- Der Baugenehmigung für die Errichtung und Nutzung von Baulichkeiten, die für eine Spedition genutzt werden sollen, ist eine Auflage beigegeben, nach der durch den An- und Abfahrtsverkehr bestimmte Lärmpegel nicht überschritten werden dürfen. Eine Änderung des Betriebsumfangs wird die Genehmigungsfrage auch insoweit neu aufwerfen.[72]
- Der Tausch der von benachbarten Gewerbebetrieben genutzten Flächen bedarf jedenfalls dann einer Änderungsgenehmigung, wenn die Betriebe bislang baurechtlich nicht als einheitliches Vorhaben behandelt worden sind.[73]
- Die Umnutzung einer Kaserne in ein Asylbewerberheim stellt eine genehmigungspflichtige Nutzungsänderung dar, weil durch die Verwirklichung des Vorhabens die jeder Nutzung eigene Variationsbreite[74] verlassen wird und durch die Aufnahme der veränderten Nutzung bodenrechtliche Belange berührt werden können.[75]

31a **Hinweis für den Anwalt:**

Von der Frage, wie weit die Regelung der Änderungsgenehmigung reicht, ist die Frage zu trennen, welche Gesichtspunkte bei der Entscheidung über die Änderungsgenehmigung zu berücksichtigen sind: Wenn bei einem Gebäude in einem Gebiet gem. § 34 Abs. 1 BauGB die Dachform geändert werden soll, dann stellt sich die Frage nach dem Einfügen dieser Dachform nicht isoliert, sondern im Hinblick auf das gesamte Gebäude. Gleichwohl ist Regelungsgegenstand nur die Dachgestaltung, nicht die Zulässigkeit des gesamten Vorhabens.[76]

32 Besonderheiten sind beim Nachbarschutz gegen **fliegende Bauten** zu berücksichtigen. Unter fliegenden Bauten verstehen die Bauordnungen bauliche Anlagen, die geeignet und bestimmt sind (an verschiedenen Orten) wiederholt aufgestellt und zerlegt zu werden. Derartige Bauten bedürfen vor ihrer erstmaligen Aufstellung der Herstellungsgenehmigung. Der Bauaufsichtsbehörde des Aufstellungsortes müssen sie angezeigt werden, sie dürfen erst nach einer Gebrauchsabnahme durch diese Behörde benutzt werden.[77] Voraussetzung der Gebrauchsabnahme ist lediglich, dass der Inbetriebnahme des Baus keine technischen Mängel entgegenstehen.[78]

---

[70] *OVG Weimar,* 14. 2. 2000 – 1 EO 76.00 – LKV 00, 462 = UPR 00, 320 [Ls.]; *OVG Weimar,* 25. 6. 1999 – 1 EO 197.99 – LKV 00, 119; *VGH Mannheim,* 10. 9. 1998 – 8 S 2137/98 – BauR 99, 1282 = UPR 99, 197; *OVG Greifswald,* 27. 8. 1998 – 3 M 65.98 – LKV 99, 197 = BauR 99, 624; *VGH München,* 1. 7. 1993 – 2 CS 931437 –, BayVBl. 94, 666; *OVG Münster,* 13. 7. 1995 – 11 B 1543/95 –, BauR 96, 240; *OVG Koblenz,* 13. 5. 1996 – 8 B 11048/96 –, BauR 96, 692; s.a. *BVerwG,* 7. 11. 1997 – 4 C 7.97 – NVwZ 98, 735 = BauR 98, 533.

[71] *OVG Weimar,* 14. 2. 2000 – 1 EO 76.00 – BauR 00, 1465; *OVG Münster,* 8. 12. 1998 – 10 B 2255.98 – BauR 99, 628.

[72] *VGH München,* 20. 5. 1996 – 2 B 941513 – BayVBl. 97, 405.

[73] *OVG Münster,* 29. 1. 1997 – 11 A 2980/94 – GewArch 97, 385.

[74] *BVerwG,* 14. 4. 2000 – 4 B 28.99 – NVwZ-RR 00, 758; *BVerwG,* 27. 8. 1998 – 4 C 5.98 – BauR 99, 152 = ZfBR 99, 49 = DVBl. 99, 254 [Ls.] = DÖV 99, 701; *OVG Münster,* 14. 3. 1997 – 7 A 5179/95 – BauR 97, 811.

[75] *OVG Greifswald,* 12. 12. 1996 – 3 M 103.96 – LKV 97, 376 [Ls.] = UPR 97, 473 [Ls.].

[76] *BVerwG,* 4. 2. 2000 – 4 B 106.99 – ZfBR 00, 488.

[77] Vgl. zu dieser spezifischen Kontrolle *Finkelnburg/Ortloff,* Öffentliches Baurecht, Band II, 4. Aufl., 1998, 144f.

[78] *OVG Lüneburg,* 10. 5. 1996 – 1 L 1455.95 – NVwZ-RR 97, 13 = BauR 96, 696 = GewArch 96, 348 = UPR 96, 395.

Nachbarrechtliche Belange können dagegen lediglich im Rahmen des der Bauaufsichtsbehörde für fliegende Bauten eingeräumten Eingriffsermessens berücksichtigt werden. Der Nachbar muss daher ein Verfahren gem. § 123 einleiten.

Beispiel:

Vor dem Grundstück des Nachbarn wird auf öffentlichem Straßenland der Tribünenbau für die jährlichen Domfestspiele errichtet. Die Tribüne reicht bis in die Höhe der Fenster des ersten Obergeschosses, der Abstand zwischen Tribüne und dem Fenster zum Wohnzimmer beträgt etwa zwei Meter. Der Nachbar, der die Errichtung bzw. die Inbetriebnahme der Tribüne verhindern will, hat einen Antrag gem. § 123 mit dem Ziel zu stellen, dass das Verwaltungsgericht die Baubehörde verpflichtet, dem Veranstalter die Aufstellung bzw. den Gebrauch des fliegenden Baus zu untersagen.[79]

cc) Widerspruchsfrist

Sofern die Bauaufsichtsbehörde dem Nachbarn die Baugenehmigung mit Rechtsbehelfsbelehrung bekannt gibt, ist der Widerspruch nur innerhalb der Monatsfrist gem. § 70 Abs. 1 zulässig. Sieht die Baugenehmigungsbehörde von der Bekanntgabe der Genehmigung mit Rechtsbehelfsbelehrung ab, so beträgt die Rechtsbehelfsfrist in entsprechender Anwendung des § 70 Abs. 2 i. V. m. § 58 Abs. 2 ein Jahr ab Erlangung der Kenntnis vom Inhalt der Baugenehmigung.[80] **33**

Hinweise für den Anwalt:

- Wenn dem Nachbarn die Baugenehmigung zwar nicht bekanntgegeben worden ist, er jedoch sichere Kenntnis von ihr hätte erlangen müssen, dann ist ihm nach **Treu und Glauben** ihm die Berufung darauf verwehrt, eine Bekanntgabe sei nicht erfolgt: Die **Jahresfrist** des § 70 i. V. m. § 58 Abs. 2 läuft vielmehr ab dem Zeitpunkt, ab dem er von der Baugenehmigung hätte Kenntnis erlangen müssen.[81]
- Auch schon vor Ablauf der Jahrefrist kann das Widerspruchsrecht **verfahrensrechtlich verwirkt** werden.[82]

S. im übrigen D 90 ff.

Der Widerspruch kann aber auch schon vor Ablauf dieser Frist unzulässig werden, wenn der Nachbar sein Anfechtungsrecht verfahrensrechtlich verwirkt hat, vgl. oben J 130. **34**

b) § 80 Abs. 4: Entscheidung der Behörde über die Aussetzung der Vollziehung

Die Behörde kann gem. § 80 Abs. 4 die Vollziehung eines Verwaltungsaktes aussetzen, der kraft bundesrechtlicher Bestimmung gem. § 80 Abs. 2 Nr. 3 sofort vollziehbar ist. Gem. § 80 a Abs. 1 Nr. 2 kann die Behörde auf Antrag des Dritten, d. h. **des Nachbarn,** die Vollziehung aussetzen.[83] In der Praxis haben allerdings die an die Behörde gerichteten Aussetzungsanträge selten Erfolg, s. oben J 96. **34 a**

Wenn der Nachbar Widerspruch gegen die Baugenehmigung einlegt, ist die Bauaufsichtsbehörde allerdings auch ohne Antrag des Nachbarn berechtigt, **von** **34 b**

---

[79] *OVG Lüneburg,* 10. 5. 1996 – 1 L 1455.95 – NVwZ-RR 97, 13 = BauR 96, 696 = GewArch 96, 348 = UPR 96, 395.

[80] *OVG Weimar,* 25. 5. 1994 – 1 EO 178.93 – LKV 94, 408.

[81] *BVerwG,* 25. 1. 1974 – 4 C 2.72 – BVerwGE 44, 294 = NJW 74, 1884 [Ls.]; *OVG Lüneburg,* 17. 1. 1997 – 1 L 6347.95 – BauR 97, 452 m. w. N.

[82] *OVG Frankfurt (Oder),* 28. 1. 2000 – 3 B 67/99 – LKV 01, 466; *G Potsdam,* 7. 5. 1999 – 5 L 950.98 – LKV 99, 377 = BauR 99, 1146.

[83] Vgl. *Nils Gronemeyer,* BauR 98, 413, 416.

Amts wegen im Rahmen der durch § 80 Abs. 4 eingeräumten Befugnis die Vollziehung der Baugenehmigung im überwiegenden Drittinteresse auszusetzen.[84]

c) § 80 Abs. 5: Gerichtliche Entscheidung über die sofortige Vollziehbarkeit der Baugenehmigung

35 Der Rechtsbehelf des Nachbarn gegen die Baugenehmigung hat von Gesetzes wegen keine aufschiebende Wirkung, vgl. oben K 18. Nach Einlegung des Widerspruchs muss der Nachbar den vorläufigen Rechtsschutz im Verfahren gem. § 80 Abs. 5 suchen.

Hinweis:
Beispiels-Schriftsatz für einen solchen Nachbar-Antrag gem. § 80 Abs. 5 s. Anhang I 21.

aa) Zulässigkeit des Antrags

36 Für die **Zulässigkeit** des Antrags gelten die allgemeinen Voraussetzungen, vgl. oben J 102ff. und J 152.

37 (1) *Antragsbefugnis: Möglichkeit der Verletzung einer nachbarschützenden Norm.* Der Antrag des Nachbarn gem. § 80 Abs. 1 kann nur dann Erfolg haben, wenn der Nachbar **antragsbefugt** ist, vgl. J 108. Das ist in entsprechender Anwendung des § 42 Abs. 2[85] zu bejahen, wenn der Nachbar geltend macht, durch die angefochtene Genehmigung in einem Nachbarrecht verletzt worden zu sein und eine solche **Rechtsverletzung** nach seinen Behauptungen zumindest **möglich** ist.[86] Der Antrag ist dagegen unzulässig, wenn unter Zugrundelegen des Vorbringens des Antragstellers offensichtlich und eindeutig nach keiner Betrachtungsweise seine subjektiven Rechte verletzt sein bzw. die von ihm behaupteten Rechte bestehen oder ihm zustehen können.[87] Die Antwort auf die Frage, ob dieses Nachbarrecht durch die angefochtene Entscheidung verletzt ist, ist ausschließlich für die Begründetheit des Antrags von Bedeutung.

38 Der Antrag gem. § 80 Abs. 5 bietet daher nicht immer vorläufigen Rechtsschutz, wenn die Baugenehmigung im sogenannten **vereinfachten Genehmigungsverfahren** – s. oben K 7 – erteilt worden ist. Sieht der Nachbar sich nämlich durch das Vorhaben in Rechten verletzt, deren Einhaltung im vereinfachten Genehmigungsverfahren nicht zu prüfen ist, erlangt er vorläufigen Rechtsschutz nur im Verfahren gem. § 123,[88] vgl. dazu K 104a ff. und K 136ff. Dasselbe gilt, sofern das Vorhaben **nur anzeigepflichtig** – s. oben K 4 – ist oder die erteilte **Baugenehmigung nichtig** und damit unwirksam ist.[89] Ein Antrag gem. § 80 Abs. 5 ist in diesen Fällen mangels Antragsbefugnis unzulässig.[90]

---

[84] *OVG Münster,* 30. 7. 1999 – 10 B 961.99 – DVBl. 00, 216 [Ls.] = BauR 00, 80.
[85] *BVerwG,* 2. 8. 1994 – 7 VR 3.94 – NVwZ 94, 1000, 1001.
[86] *Schmaltz,* DVBl. 92, 230, 231.
[87] So *BVerwG,* 17. 10. 1986 – 7 C 29.85 – BVerwGE 75, 285 (291); *BVerwG,* 16. 3. 1989 – 4 C 36.85 – NVwZ 89, 1157 = BVerwGE 81, 329 (330); *BVerwG,* 22. 2. 1994 – 1 C 24.92 – BVerwGE 95, 133, 134.
[88] *BVerwG,* 16. 1. 1997 – 4 B 244.96 – NVwZ 98, 58; *OVG Koblenz,* 18. 11. 1991 – 8 B 11955/91 –, NVwZ-RR 92, 289 = BRS 52 Nr. 203; *Martini,* DVBl. 01, 1488, 1497.
[89] *OVG Münster,* 27. 7. 1992 – 7 B 2686/92 –, NVwZ-RR 93, 234.
[90] *Winkler,* BayVBl. 97, 744, 749.

39 Ob eine bestimmte gesetzliche Bestimmung nachbarschützend ist, ist nach der **Schutznormtheorie** durch die Auslegung des einfachen Rechts festzustellen.[91] Dabei ist zu klären, ob eine baurechtliche Vorschrift ausschließlich objektivrechtlichen Charakter hat oder ob sie (auch) dem Schutz individueller Interessen dient, ob sie also Rücksichtnahme auf Interessen Dritter gebietet.

Hinweis für den Anwalt:
Der historische Wille des Normgebers ist anhand der üblichen Materialien zu erforschen. Sofern der Drittschutz auf Festsetzungen eines Bebauungsplans gestützt werden soll, haben regelmäßig der Erläuterungsbericht § 3 Abs. 2 BauGB bzw. die Planbegründung gem. § 9 Abs. 8 BauGB herausragende Bedeutung für die Interpretation.

Konkret kommt es darauf an, dass sich aus individualisierenden Tatbestandsmerkmalen der Norm ein Personenkreis entnehmen läßt, der sich von der Allgemeinheit unterscheidet.[92]

40 Die (im Regelfall durch Auslegung ermittelten) gesetzlichen Nachbarrechte lassen sich unter verschiedenen Gesichtspunkten kategorisieren:

Nach der **Schutzrichtung der Nachbarrechte** sind solche zu unterscheiden, die im Rahmen des Art. 14 Abs. 1 Satz 2 GG der einfachgesetzlichen Ausgestaltung des Eigentums dienen oder aber den Schutz von Leben und körperlicher Unversehrtheit gem. Art. 2 Satz 2 GG bezwecken.

41 Nach der **Reichweite des Schutzanspruchs** können generell und partiell nachbarschützende Normen[93] unterschieden werden. Generell nachbarschützende Normen entfalten ihre Schutzwirkung unabhängig von den besonderen Umständen des Einzelfalls. Partiell nachbarschützende Normen lösen nicht in jedem Fall Nachbarschutz aus, sondern begründen Nachbarrechte nur dann, wenn das objektiv-rechtliche Gebot der Rücksichtnahme im konkreten Einzelfall verlangt, dass auf eine besonders schützenswerte Rechtsposition eines Nachbarn Bedacht genommen wird.[94] Schützenswert ist in diesem Sinne nur die bauaufsichtlich genehmigte und tatsächlich ausgeübte Nutzung,[95] sofern diese nach der gesetzgeberischen Wertung, die im materiellen Recht ihren Niederschlag gefunden hat, wehrfähig ist.[96]

42 Im Rahmen der Interpretation der generell nachbarschützenden Normen ist zu klären, ob eine Rechtsverletzung nur dann stattfindet, wenn eine **tatsächliche**

---

91 *BVerwG,* 28. 10. 1993 – 4 C 5.93 – DVBl. 94, 697; *BVerwG,* 16. 9. 1993 – 4 C 28.91 – DVBl. 94, 284 = DÖV 94, 263; *BVerwG,* 9. 3. 1993 – 4 B 38.93 –, NVwZ 1993, 1100 = ZfBR 93, 202; *OVG Münster,* 18. 4. 1991 – 11 A 696/87 –, BRS 52 Nr. 180; ausführlich *Pietzner/Ronellenfitsch,* § 15, Rdn. 6ff.; *Finkelnburg/Ortloff,* Öffentliches Baurecht, Band II, 4. Aufl., 1998, 217ff.; speziell zu nachbarschützenden Regelungen des Bauordnungsrechts *Sarnighausen,* NVwZ 93, 1054; zu der Frage, welche Konsequenzen die Entscheidung des *BVerfG,* 26. 5. 1993 – 1 BvR 208/93 –, UPR 93, 339 über den eigentumsrechtlichen Schutz des Mieter-Besitzrechts hat, s. *Jäde,* UPR 93, 330.

92 *BVerwG,* 19. 9. 1986 – 4 C 8/84 –, NVwZ 87, 409 = BRS 46 Nr. 173.

93 Zu dieser plastischen begrifflichen Differenzierung s. *Finkelnburg/Ortloff,* Öffentliches Baurecht, Band II, 4. Aufl., 1998, 220ff.; s.a. *Mampel,* Nachbarschutz im Öffentlichen Baurecht, Rdn. 236ff.

94 *BVerwG,* 28. 10. 1993 – 4 C 5/93 –, NVwZ 94, 686.

95 *VGH Mannheim,* 21. 4. 1995 – 3 S 2514/94 –, GewArch 96, 258.

96 *OVG Münster,* 15. 4. 1994 – 10 B 1443/93 –, BauR 95, 80.

Beeinträchtigung des Nachbarn festzustellen ist;[97] eine Verletzung partiell nachbarschützender Normen kommt nur in Betracht, wenn eine solche tatsächliche Beeinträchtigung stattfindet.[98]

43 **Beispiele:**

- Auf eine Bewahrung der festgesetzten Gebietsart – s. dazu sogleich K 53ff. – hat der Nachbar auch dann einen Anspruch, wenn das baugebietswidrige Vorhaben noch nicht zu einer tatsächlich spürbaren und nachweisbaren Beeinträchtigung des Nachbarn führt.[99]
- Sofern Festsetzungen über das Maß der baulichen Nutzung im Einzelfall nachbarschützend sind – s. dazu K 59 –, kommt eine Verletzung von Nachbarrechten nur bei tatsächlicher Beeinträchtigung in Betracht, die ihren Grund in der Maßüberschreitung hat.[100]

44 Schließlich können die Nachbarrechte nach ihrer **„Herkunft"** unterschieden werden: sie wurzeln im Städtebaurecht (dort konkret im BauGB, in der BauNVO oder im Bebauungsplan), sie können sich aus den Bestimmungen der Landesbauordnung oder aus umweltrechtlichen Regelungen (insbesondere BImSchG) ergeben.

45 Die Rechtsprechung[101] zur nachbarschützenden Wirkung gesetzlicher Regelungen und planungsrechtlicher Festsetzungen ist reichhaltig und differenziert. Der **Anwalt** muss im konkreten Fall die die Rechtsgrundlage der Baugenehmigung bildenden Regelungen der Baugenehmigung daraufhin durchmustern, welche von ihnen dem Nachbarn ein subjektives Recht vermittelt. Dabei ist zweckmäßigerweise **in drei Schritten** zu prüfen, ob sich subjektive Rechte aus dem **Städtebaurecht** (dazu sogleich K 46ff.), dem **Bauordnungsrecht** (dazu K 80) und **sonstigen gesetzlichen Bestimmungen,** insbesondere dem Immissionsschutzrecht (K 86) ergeben. Rechtsänderungen zugunsten des Bauherrn im laufenden Verfahren können dem Nachbarn eine Rechtsposition nehmen, die er ehedem innehatte.[102]

46 (2) *Exkurs: Nachbarschützende Normen des materiellen Rechts.* (a) *Nachbarschützende Normen im Städtebaurecht.* Das **Städtebaurecht** dient u.a. dem Ausgleich der privaten Interessen der Grundstückseigentümer,[103] d.h. die Bestimmungen sind nicht personen-, sondern grundstücksbezogen.[104] Die Bestimmungen des Städtebaurechts begründen daher grundsätzlich Nachbarrechte ausschließlich zugunsten **dinglich Berechtigter.**

---

97 *OVG Weimar,* 25. 6. 1999 – 1 EO 197.99 – LKV 00, 119; *Mampel,* BauR 93, 144.

98 *Finkelnburg/Ortloff,* Öffentliches Baurecht, Band II, 4. Aufl. 1998, 221f.

99 *BVerwG,* 11. 4. 1996 – 4 B 51.96 –, ZfBR 97, 51; *BVerwG,* 13. 12. 1995 – 4 B 245.95 –, UPR 96, 113; *BVerwG,* 16. 9. 1993 – 4 C 28/91 –, NJW 94, 1546, 1548.

100 *BVerwG,* 23. 6. 1995 – 4 B 52.95 –, BauR 95, 823; *VGH Kassel,* 25. 11. 2000 – 4 UE 2222.92 – BauR 00, 873.

101 Aus der monographischen Literatur sind hervorzuheben: *Mampel,* Nachbarschutz im öffentlichen Baurecht, 1994; *Kleinlein,* Das System des Nachbarrechts, 1987; s.a. *Dolderer,* DVBl. 98, 19.

102 *BVerwG,* 22. 4. 1996 – 4 B 54/96 –, NVwZ-RR 96, 628.

103 *BVerwG,* 16. 9. 1993 – 4 C 28/91 –, NJW 94, 1546; *OVG Weimar,* 18. 10. 1996 – 1 EO 262/96 – DÖV 97, 471; *BVerwG,* 11. 5. 1989 – 4 C 1/88 –, NVwZ 89, 1163 = DVBl. 89, 1055 = BVerwGE 82, 61.

104 *OVG Lüneburg,* 22. 3. 1996 – 1 L 1201/95 –, NVwZ 96, 918.

Beispiele: 47

- In diesem Sinne dinglich Berechtigter ist auch der Grundstückserwerber, dessen Erwerbsanspruch durch eine im Grundbuch eingetragene Vormerkung gem. § 883 BGB gesichert ist und der Besitzer des Kaufgrundstücks ist.[105]
- Der Schenkungsempfänger, dessen Anspruch noch nicht dinglich gesichert ist, zählt nicht zu den dinglich Berechtigten.[106]
- Dinglich Berechtigter ist auch der kraft DDR-Recht Nutzungsberechtigte, der als Gebäudeeigentümer im Gebäudegrundbuch eingetragen ist.[107]
- Die Nachbareigenschaft wird nicht durch die Position des Bauherrn auf dem Nachbargrundstück begründet.[108]
- Dinglich Berechtigter ist auch der Wohnungseigentümer,[109] soweit es um ein Vorhaben geht, das nicht auf einer zum Wohnungseigentum (§ 1 Abs. 2 WEG) gehörenden Fläche realisiert werden soll.

Der **nur obligatorisch** zur Nutzung eines Grundstücks **Berechtigte** kann dagegen **keinen Nachbarschutz** aus den Vorschriften des Städtebaurechts geltend machen.[110] 48

Hinweise für den Anwalt:

- Der lediglich obligatorisch Berechtigte muss prüfen, ob er im Hinblick auf die mit dem Nachbarbauvorhaben verbundene Nutzungsbeeinträchtigung „seinen" Eigentümer zivilrechtlich in Anspruch nehmen kann. Dies wird den Eigentümer gegebenenfalls veranlassen seinerseits öffentlich-rechtliche Abwehransprüche geltend zu machen.
- Aufgrund der enteignungsrechtlichen Vorwirkung kann der lediglich obligatorisch Berechtigte im Fachplanungsrecht klagebefugt sein,[111] vgl. auch unten K 147 ff.
- Der lediglich obligatorisch Berechtigte ist auch regelmäßig befugt, ein Normenkontrolverfahreneinzuleiten, das die Gültigkeit eines B-Plans zum Gegenstand hat, vgl. oben D 307.

Das öffentliche Baurecht dient aber nicht dem privaten Interessenausgleich der an einem Grundstück Berechtigten (Eigentümergemeinschaft gem. §§ 741 ff. BGB bzw. Wohnungseigentümergemeinschaft).[112] **Wohnungseigentümer** sind daher nicht befugt, Baugenehmigungen anzugreifen, die für Vorhaben erteilt werden, die auf einer zum Wohneigentum gehörenden Fläche verwirklicht werden sollen.[113] 49

Beispiele: 50

- Nachbarklage eines Wohnungseigentümers gegen die dem Mieter einer Wohnung in derselben Anlage erteilten Genehmigung.[114]
- Nachbarklage eines Wohnungseigentümers gegen die einem Dritten erteilte Baugenehmigung für eine im gemeinschaftlichen Eigentum der Wohnungseigentümer stehende

---

105 *BVerwG,* 29. 10. 1982 – 4 C 51/79 –, NJW 1983, 1626.

106 *OVG Lüneburg,* 22. 3. 1996 – 1 L 1201/95 –, NVwZ 96, 918.

107 *OVG Bautzen,* 11. 8. 1994 – 1 S 261/94 – BRS 56 NR. 153; *VG Cottbus,* 8. 12. 1994 – 1 L 290/94 – LKV 95, 376.

108 *VG Magdeburg,* 6. 6. 1996 – B 4 K 649/96 –, NVwZ 97, 97.

109 *OVG Berlin,* 25. 2. 1994 – 2 B 11.91 –, UPR 95, 73.

110 *BVerwG,* 20. 4. 1998 – 4 B 22/98 – NVwZ 98, 956 = DVBl. 98, 899 = ZfBR 98, 256 = BauR 98, 994 = UPR 98, 355.

111 *BVerwG,* 1. 9. 1997 – 4 A 36/96 – NVwZ 98, 504 = DVBl. 98, 44 = ZfBR 98, 46.

112 *BVerwG,* 12. 3. 1998 – 4 C 3.97 – NVwZ 98, 954 = BauR 98, 997 = UPR 98, 349; *BVerwG,* 14. 10. 1988 – 4 C 1.86 – NVwZ 89, 250.

113 *BVerwG,* 12. 3. 1998 – 4 C 3.97 – NVwZ 98, 954 = BauR 98, 997 = UPR 98, 349; zur Verfolgung der Interessen des Wohnungseigentümers im FGG-Verfahren s. z. B. *BayObLG,* 23. 11. 1995 – 2 ZBR 116.95 – BayVBl. 96, 252.

114 *VGH Mannheim,* 12. 9. 1995 – 5 S 2334.95 – DÖV 96, 426.

Fläche, für deren Abschreibung eine Teilungsgenehmigung vorliegt und deren Erwerb durch den Dritten vormerkungsgesichert ist.[115]

51 Im konkreten Fall ist danach zu unterscheiden, ob das Vorhaben, gegen das der Nachbar sich wenden will, im Geltungsbereich eines Bebauungsplanes (§ 30 BauGB) bzw. im Geltungsbereich eines künftigen Bebauungsplans (§ 33 BauGB), im unbeplanten Innenbereich (§ 34 BauGB) oder aber im Außenbereich (§ 35 BauGB) realisiert werden soll.

52 (aa) *Nachbarschutz im beplanten Gebiet, § 30 BauGB.* 52. Im Geltungsbereich eines **qualifizierten Bebauungsplanes** bilden die Festsetzungen dieses Planes gem. § 30 Abs. 1 BauGB städtebaurechtlich die alleinige Grundlage für die Baugenehmigung. Ein qualifizierter Bebauungsplan liegt nur dann vor, wenn der Bebauungsplan dem Mindestfestsetzungsprogramm des § 30 Abs. 1 BauGB entspricht. Das ist zu bejahen, wenn der Bebauungsplan das Baugeschehen im Plangebiet unter vier Aspekten determiniert: er muss Festsetzungen über
– die **Art** der baulichen Nutzung
– das **Maß** der baulichen Nutzung sowie
– die **überbaubaren Grundstücksflächen** und
– die örtlichen **Verkehrsflächen**

enthalten.[116]

52a Für die Festsetzungen, die die Art der baulichen Nutzung betreffen, ist dabei eine Besonderheit zu beachten. Mit der Festsetzung eines Baugebiets i. S. d. §§ 2 bis 11 BauNVO werden die Vorschriften der §§ 2 bis 14 BauNVO Bestandteil des B-Plans. Die dadurch bewirkte Verbindung zwischen einem B-Plan und der BauNVO ist statisch. Es werden mithin die Regelungen der BauNVO in den B-Plan inkorporiert, die zum Zeitpunkt des Satzungsbeschlusses galten. Spätere Änderungen der BauNVO wirken sich dann auf den Planinhalt nicht mehr aus.[117]

53 Die Festsetzungen über die **Art der baulichen Nutzung,** d. h. die Festsetzung eines der Baugebiete gem. §§ 2 bis 10 BauNVO – und die sie ergänzenden §§ 12 bis 14 BauNVO –, sind **kraft Bundesrecht**[118] stets **nachbarschützend,** sie begründen einen **„Gebietsgewährleistungsanspruch“.**[119] Eine entgegenstehende Festsetzung im Plan wäre nichtig.[120] Der Gebietsgewährleistungsanspruch besteht **unabhängig davon, ob** die dagegen verstoßende Nutzung für den Nachbarn mit **tatsächlichen Beeinträchtigungen** verbunden ist.[121]

54 **Beispiele:**

– Die Festsetzung eines **allgemeinen Wohngebiets** gem. § 4 BauNVO ist nachbarschützend. Die Baugenehmigung für ein Filmtheater-Zentrum mit 2000 Plätzen ist rechtswid-

---

[115] *OVG Berlin,* 30. 12. 1993 – 2 S 22.93 – NJW 94, 2717.

[116] *Löhr* in *Battis/Krautzberger/Löhr,* § 30, Rdn. 3 ff.

[117] *OVG Münster,* 23. 7. 1998 – 10 B 1319.98 – BauR 99, 141.

[118] *BVerwG,* 16. 9. 1993 – 4 C 28.91 – NJW 94, 1546 = BVerwGE 94, 151.

[119] *BVerwG,* 24. 2. 2000 – 4 C 23.98 – UPR 00, 455; *OVG Münster,* 18. 5. 2000 – 7 A 1155.99 – BauR 00, 1447; *Steffen,* BayVBl. 99, 161.

[120] *BVerwG,* 16. 9. 1993 – 4 C 28.91 – NJW 94, 1546 = BVerwGE 94, 151; *VGH München,* 13. 2. 1996 – 14 CS 95 3591 – BayVBl. 97, 595; *Steffen,* BayVBl. 99, 161.

[121] *BVerwG,* 2. 2. 2000 – 4 B 87.99 – NVwZ 00, 679 = ZfBR 00, 421.

rig, weil es als Vergnügungsstätte zu qualifizieren ist. Ein Grundstückseigentümer im Plangebiet kann die Aufhebung der Genehmigung verlangen.[122]

– Die Festsetzung eines **Dorfgebiets** gem. § 5 BauNVO ist nachbarschützend. Ein Landwirt im Plangebiet daher die Aufhebung einer Baugenehmigung für ein Mehrfamilienhaus mit 20 Wohneinheiten verlangen, das der schleichenden Umwandlung in ein allgemeines Wohngebiet den Weg bereitet.[123]
– Die Festsetzung eines **Gewerbegebiets** gem. § 8 BauNVO ist nachbarschützend. Ein Gewerbetreibender im Plangebiet kann sich gegen die Ansiedlung einer Anlage, deren Betrieb mit erheblichen Belästigungen verbunden ist, auch dann wehren, wenn sie ihn konkret nicht unzumutbar beeinträchtigt.[124]
– Die Festsetzung eines **Industriegebiets** gem. § 9 BauNVO ist nachbarschützend. Ein Grundstückseigentümer im Plangebiet kann sich gegen die Ansiedlung einer kerngebietstypischen Vergnügungsstätte (Diskothek) wehren.[125]
– Eine Festsetzung gem. § 12 Abs. 2 i. V. m. § 1 Abs. 3 Satz 2 BauNVO über die höchst zulässige **Zahl von Stellplätzen** ist nachbarschützend.[126]
– Eine Festsetzung gem. § 13 i. V. m. § 1 Abs. 3 Satz 2 BauNVO über die eingeschränkt zulässige **Nutzung von Gebäuden für freiberuflich Tätige** ist nachbarschützend.[127]
– Die Regelung über die Zulässigkeit von **Nebenanlagen** gem. § 14 BauNVO ist nachbarschützend. Der Nachbar kann daher verlangen, dass die Baugenehmigung für eine Anlage aufgehoben wird, die nicht ausschließlich dem im Baugebiet belegenen Grundstück dient (Beispiel: überdimensionierte Windkraftanlage).[128]
– Die Festsetzung über den **Zweck einer Gemeinbedarfsfläche** soll nur **ausnahmsweise nachbarschützend** sein, wenn dies von der Gemeinde ausdrücklich beabsichtigt war.[129]
– Der **Nachbarschutz** einer Festsetzung kann allerdings **im Einzelfall zu verneinen** sein, wenn zwar das Vorhaben mit der Festsetzung über die Baugebietsart nicht zu vereinbaren ist, die Nutzungsmöglichkeiten der Nachbargrundstücke bei Zulassung des Vorhabens sich mangels Verfremdung des Gebiets aber nicht verschlechtern werden. Unter diesem Gesichtspunkt bietet die Festsetzung eines Gewerbegebiets (GE) i. S. d. § 8 BauNVO keinen Schutz gegen die Ansiedlung eines großflächigen Einzelhandelsbetriebs.[130]
– **Problematisch** bleibt der **Nachbarschutz gegenüber Pflegeheimen,** Jugendwohnheimen u. ä.: § 3 Abs. 4 BauNVO 1990 bestimmt, dass zu den Wohngebäuden auch solche gehören, die der Betreuung und Pflege ihrer Bewohner dienen. Der Gesetzgeber hat diese Regelung nur zum Zwecke der Klarstellung aufgenommen, hat ihr also keine gestaltende Bedeutung beigemessen. Tatsächlich hat er jedoch eine Rechtsänderung bewirkt. § 3 Abs. 4 BauNVO gilt also nicht im Rahmen von Plänen, die auf der Grundlage vorangegangener Fassungen der BauNVO erlassen wurden.[131]

---

122 *OVG Koblenz,* 1. 6. 1999 – 8 A 10447.99 – BauR 99, 1010.

123 *OVG Schleswig,* 22. 9. 1994 – 1 M 16.94 – NVwZR-RR 95, 252.

124 *BVerwG,* 2. 2. 2000 – 4 B 87.99 – NVwZ 00, 679 = BauR 00, 1019 = ZfBR 00, 421; s. a. *Diehr/Geßner,* NVwZ 01, 985.

125 *BVerwG,* 24. 2. 2000 – 4 C 23.98 – DVBl. 00, 1340 = BauR 00, 1306 = ZfBR 00, 423.

126 *BVerwG,* 16. 9. 1993 – 4 C 28.91 – NJW 94, 1546, 1547 = BVerwGE 94, 151; *OVG Münster,* 18. 5. 2000 – 7 A 1155.99 – BauR 00, 1447; kritisch *Dürr,* BauR 97, 7.

127 *BVerwG,* 13. 12. 1995 – 4 B 245.95 – UPR 96, 113 = GE 96, 331 = DVBl. 96, 270 [Ls.].

128 *Lühle,* NVwZ 98, 897, 899.

129 *VGH Mannheim,* 14. 10. 1999 – 8 S 2396.99 – ZfBR 00, 131.

130 *OVG Lüneburg,* 29. 3. 1996 – 1 M 6354.95 – NVwZ 97, 1012 = DÖV 96,749 = UPR 96, 451; dazu kritisch *Ortloff,* NVwZ 97,333, 339; Entscheidung ist mit *BVerwG,* 24. 2. 2000 – 4 C 23.98 – DVBl. 00, 1340 = BauR 00, 1306 = ZfBR 00, 423 wohl nicht zu vereinbaren.

131 *OVG Münster,* 15. 8. 1995 – 11 A 850.92 – BauR 96, 237; s. aber auch *OVG Münster,* 23. 7. 1998 – 10 B 1319.98 – BauR 99, 141.

55 Sofern der Plangeber von auf die Gebietsart bezogenen differenzierten Festsetzungsmöglichkeiten Gebrauch macht, muss im Einzelfall geprüft werden, ob nach dem Willen des Plangebers dadurch **kraft Satzungsrecht**[132] auch Nachbarschutz begründet werden soll.

56 **Beispiele:**

- Festsetzung von Gebietsgliederungen gem. § 1 Abs. 4 BauNVO;[133]
- Festsetzung eines „eingeschränkten Gewerbegebiets" (zulässig sind nur Gewerbebetriebe, die das Wohnen nicht wesentlich stören);[134]
- Festsetzung „nicht störende Anlagen und Einrichtungen" in einem Sondergebiet „Hochschule" gem. § 11 BauNVO zum Schutze des angrenzenden Wohngebiets;[135]
- Festsetzung gem. § 4 a Abs. 4 Nr. 2 BauNVO (oder § 7 Abs. 4 BauNVO), nach der ein bestimmter Anteil der zulässigen Geschoßfläche für Wohnungen zu verwenden ist.[136]

57 In Bereichen, in denen **Gebiete unterschiedlicher Baugebietsart und Schutzwürdigkeit** zusammentreffen, ist die Grundstücksnutzung mit einer spezifischen gegenseitigen Pflicht zur Rücksichtnahme belastet. Diese Pflicht trifft nicht nur den emittierenden Vorhabenträger, sondern auch den, der sich in der Nähe solcher legalen Emissionsquellen ansiedelt. Im Rahmen des Baugenehmigungsverfahrens hat gem. § 15 Abs. 1 BauNVO eine Feinabstimmung stattzufinden, vgl. im einzelnen unten K 67 a.

58 Festsetzungen über die Art der baulichen Nutzung i. S. v. § 30 BauGB können sich auch aus **planungsrechtlichen Regelungen** ergeben, die gem. § 173 Abs. 3 Satz 1 BBauG **übergeleitet** worden sind.[137]

Beispiele:

- Baustufenplan in Hamburg,[138]
- Ortsbausatzungen in Württemberg,[139]
- Baunutzungsplan in Berlin.[140]

Eine Interpretation dieser Regelungen mit Hilfe der Schutznormtheorie wird aufgrund der allgemeinen Rechtsvorstellungen zum Zeitpunkt der Festsetzung regelmäßig zu dem Ergebnis führen, dass den Regelungen nach dem Willen des Normgebers kein Nachbarschutz beizumessen ist. Nach der Rechtsprechung des Bundesverwaltungsgerichts sind derartige Festsetzungen allerdings grundrechtskonform und grundrechtsfreundlich auszulegen. Das auch übergeleiteten Plänen

---

132 *VGH Mannheim,* 11. 3. 1997 – 10 S 2815.96 – VBlBW 97, 384 = BRS 59 Nr. 26; *OVG Koblenz,* 14. 1. 2000 – 1 A 11751.99 – BauR 00, 527 = ZfBR 00, 268 0 UPR 00, 319 [Ls.].

133 *VGH Mannheim,* 5. 3. 1996 – 10 S 2830.95 – NVwZ 97, 401 = UPR 96, 448.

134 *OVG Koblenz,* 14. 1. 2000 – 1 A 11751.99 – BauR 00, 527 = ZfBR 00, 268 = UPR 00, 319 [Ls.]; *VGH Mannheim,* 19. 3. 1998 – 10 S 1765.97 – UPR 98, 358.

135 *BVerwG,* 16. 9. 1998 – 4 B 60.98 – DÖV 99, 701 [Ls.].

136 *VGH Mannheim,* 13. 10. 1993 – 8 S 1634.93 – NVwZ-RR 94, 640.

137 *BVerwG,* 23. 8. 1996 – 4 C 13.94 – DVBl. 97, 61 = BauR 97, 72.

138 *BVerwG,* 17. 12. 1998 – 4 C 16.97 – NVwZ 99, 981 = DÖV 99, 559 = BauR 99, 603 = ZfBR 99, 161.

139 *VGH Mannheim,* 9. 8. 1996 – 8 S 2012.96 – NVwZ-RR 97, 598.

140 *OVG Berlin,* 16. 5. 2000 – 2 S 1/00 – LKV 01, 372; *Dürr/Korbmacher,* Baurecht für Berlin, 1996, 174 ff.; *v. Feldmann,* Berliner Planungsrecht, 3. Auflage, 1998, 19 ff.

zugrunde liegende Austauschverhältnis der planbetroffenen Grundstückseigentümer kann danach unabhängig von der historischen Auslegung dazu führen, dass auch solche Festsetzungen Nachbarschutz bewirken.[141]

Die Festsetzungen über das **Maß der baulichen Nutzung** dienen regelmäßig allein den im Allgemeininteresse liegenden städtebaulichen Belangen.[142] Im Einzelfall kann sich allerdings aus der Funktion der Festsetzung im Zusammenhang mit der örtlichen Situation ergeben, dass der Plangeber die Festsetzungen auch im Interesse eines individualisierbaren Kreises von Grundstückseigentümern getroffen hat,[143] dann hat die Norm insoweit eine generell nachbarschützende Funktion. **59**

Beispiel:
Festsetzung der Zahl der Vollgeschosse, um dadurch die bessere Belichtung und Belüftung zu gewährleisten.[144]

Die Festsetzungen über das Maß der baulichen Nutzung sind zudem partiell nachbarschützend, d. h. sie können Nachbarschutz auslösen, wenn sich ein Verstoß gegen diese Festsetzungen objektiv-rechtlich als rücksichtslos erweist und damit eine besonders schützenswerte Rechtsposition eines Grundstücksnachbarn beeinträchtigt wird.[145]

Die Festsetzungen über die **überbaubare Grundstücksfläche** erfolgen durch Baugrenzen und Baulinien im Sinne von § 23 BauNVO. Unter dem Gesichtspunkt der nachbarschützenden Funktion dieser Festsetzungen lassen sich gewisse Gruppen bilden.[146] Den Festsetzungen über seitliche Baugrenzen wird zum Teil generell nachbarschützende Bedeutung beigemessen,[147] teilweise wird dieser Nachbarschutz generell verneint,[148] bzw. nur im Einzelfall bejaht.[149] Der Nachbarschutz ist bei vorderen Baugrenzen[150] bzw. Baulinien[151] grundsätzlich zu verneinen. Die Festsetzung über hintere Baugrenzen bewirkt Nachbarschutz insoweit, als im Inte- **60**

[141] Grundlegend *BVerwG*, 23. 8. 1996 – 4 C 13.94 – NVwZ 97, 384 = DVBl. 97, 61 = BauR 97, 72 = ZfBR 96, 328 (zum Hamburger Baustufenplan).

[142] *BVerwG*, 23. 6. 1995 – 4 B 52/95 – NVwZ 96, 170; *BVerwG*, 20. 9. 1984 – 4 B 202/94 –, NVwZ 85, 748; *BVerwG*, 13. 3. 1981 – 4 C 1.78 –, Buchholz 406.19, Nachbarschutz Nr. 44 = DVBl. 81, 928; *VGH Kassel*, 25. 11. 2000 – 4 UE 2222.92 – BauR 00, 873.

[143] *BVerwG*, 23. 6. 1995 – 4 B 52.95 – NVwZ 96, 170 = b BauR 95, 823.

[144] *BVerwG*, 20. 9. 1984 – 4 B 202/84 – NVwZ 85, 748.

[145] *BVerwG*, 5. 8. 1983 – 4 C 96.79 – NJW 84, 138 = BVerwGE 67, 334; *VGH Kassel*, 25. 11. 2000 – 4 UE 2222.92 – BauR 00, 873.

[146] Grundlegend *VGH Mannheim*, 9. 3. 1995 – 3 S 3321/94 –, NVwZ-RR 95, 489 = DÖV 95, 828 m. w. N.; insoweit kritisch OVG Münster, 24. 5. 1996 – 11 B 970/96 –, BauR 97, 82.

[147] *VGH Mannheim*, 23. 7. 1991 – 8 S 1606/91 –, NJW 92, 1060; *VGH Mannheim*, 10. 11. 1992 – 5 S 1475/92 –, NVwZ-RR 93, 347; *VGH Mannheim*, 9. 3. 1994 – 5 S 158/94 –, BRS 56 Nr. 45.

[148] *OVG Münster*, 21. 7. 1994 – 10 B 10/94 –, BRS 56 Nr. 44.

[149] *BVerwG*, 19. 10. 1995 – 4 B 215.95 –, BauR 96, 82 = UPR 96, 73; *BVerwG*, 23. 6. 1995 – 4 B 52.95 –, BauR 95, 823; *OVG Münster*, 6. 2. 1996 – 11 B 3046/95 – BauR 96, 684.

[150] *VGH Mannheim*, 9. 3. 1995 – 3 S 3321/94 –, NVwZ-RR 95, 489 = DÖV 95, 828; *VGH Mannheim*, 17. 12. 1987 – 8 S 2705/87 –, BRS 48, Nr. 168.

[151] *VGH Mannheim*, 1. 10. 1999 – 5 S 21014.99 – NVwZ-RR 00, 348.

resse der Bewohner des Baugebiets ein durchgrünter Blockinnenbereich geschaffen und erhalten werden soll.[152]

60a Im Bebauungsplan wird die Bauweise gem. § 22 BauNVO als offene oder geschlossene Bauweise festgesetzt. In der offenen Bauweise werden die Gebäude mit einem seitlichen Grenzabstand, in der geschlossenen Bauweise ohne seitlichen Grenzabstand errichtet. Ob die **Festsetzungen über die Bauweise** grundsätzlich nachbarschützend, soweit danach die Gebäude mit seitlichem Grenzabstand zu errichten sind, ist umstritten.[153]

61 Die **Festsetzung der örtlichen Verkehrsflächen** dient ausschließlich dem öffentlichen Erschließungsinteresse und ist daher regelmäßig nicht nachbarschützend.[154]

62 Auch **sonstige Festsetzungen gem. § 9 Abs. 1 BauGB,** die nicht zum Mindestfestsetzungsprogramm des § 30 BauGB rechnen, können – generell oder partiell – nachbarschützend sein.

63 **Beispiele:**

- Festsetzung gem. § 9 Abs. 1 Nr. 2 BauGB i. V. m. § 22 Abs. 2 Satz 3 BauNVO, nach der nur Doppelhäuser[155] zulässig sind, ist regelmäßig nachbarschützend;[156] gleiches kann für die Festsetzung „Einzelhäuser“ gelten.[157]
- Festsetzung der höchst zulässigen Zahl von Wohnungen in Wohngebäuden gem. § 9 Abs. 1 Nr. 6 BauGB[158] kann nachbarschützend sein;[159] sie ist unzulässig, wenn sie sich auf die Parzelle und nicht auf das Gebäude bezieht.[160]
- Festsetzung einer öffentlichen Grünfläche i. S. d. § 9 Abs. 1 Nr. 15 BauGB ist nachbarschützend, wenn so ein „Wohngebiet mit Park“ entstehen soll.[161]
- Festsetzungen von Anlagen und Vorkehrungen zum Schutz vor schädlichen Umwelteinwirkungen gem. § 9 Abs. 1 Nr. 24 BauGB sind stets nachbarschützend.[162]

---

[152] *OVG Lüneburg,* 20. 6. 2000 – 1 M 2011.00 – BauR 00, 1844; *OVG Hamburg,* 3. 5. 1994 – Bs II 18/94 – BauR 95, 213.

[153] **Bejahend:** *VGH Mannheim,* 1. 3. 1999 – 5 S 49.99 – NVwZ-RR 99, 492; **verneinend:** *VGH Mannheim,* 29. 1. 1999 – 3 S 2662.98 – ESVGH 49, 161.

[154] *OVG Lüneburg,* 2. 4. 1996 – 1 N 1636 –, UPR 96, 452; *VGH München,* 27. 11. 1995 – 20 B 95246 – BayVBl. 96, 243; zu Ausnahmen, in denen Nachbarschutz zu bejahen ist, s. *Dürr* in *Kohlhammer,* BauGB, Komm., Band 2, Stand Juli 2000, § 30, Rdn. 97.

[155] Zum Begriff des Doppelhauses s. *VGH München,* 21. 7. 2000 – 26 CS 00 1348 – NVwZ-RR 01, 228.

[156] *BVerwG,* 24. 2. 2000 – 4 C 12.98 – NVwZ 00, 1055 = DVBl. 00, 1338 = BauR 00, 1168 = ZfBR 00, 415 = UPR 00, 454; **a. A.** *OVG Münster,* 6. 2. 1996 – 11 B 3046.95 – NVwZ-RR 97, 277 = BauR 96, 684.

[157] *VGH Kassel,* 25. 11. 2000 – 4 UE 2222.92 – BauR 00, 873.

[158] Die Festsetzung der höchstzulässigen Zahl der Wohnungen in Abhängigkeit von der Grundstücksgröße ist zulässig, vgl. *BVerwG,* 8. 10. 1998 – 4 C 1.97 – NVwZ 99, 415 = DVBl. 99, 238 = DÖV 99, 206 = UPR 99, 29 = BauR 99, 148 unter Aufhebung von *OVG Lüneburg,* 3. 2. 1997 – 1 L 4724/96 – DÖV 97, 555 = BauR 97, 438.

[159] *VGH Mannheim,* 9. 8. 1996 – 8 S 2012/96 – NVwZ-RR 97, 598; *OVG Weimar,* 26. 7. 1996 – 1 EO 662/95 – NVwZ-RR 97, 596 = UPR 97, 80 [Ls.]; *OVG Lüneburg,* 2. 11. 1994 – 1 M 6032/94 – NVwZ-RR 95, 497; grundlegend *BVerwG,* 9. 10. 1991 – 4 B 137.91 – Buchholz 406.19, Nachbarschutz Nr. 104; *BVerwG,* 9. 3. 1993 – 4 B 38/93 – NVwZ 93, 1100; zur Anwendbarkeit auf eine Reihenhausbebauung *OVG Münster,* 12. 3. 2001 – 7 B 290.01 – BauR 01, 1238.

[160] *VGH München,* 12. 9. 2000 – 1 N 98 3549 – DÖV 01, 565 = UPR 01, 40 [Ls.].

[161] *VG Berlin,* 14. 7. 1994 – 13 A 87.94 – GE 94, 1327; s. a. *OVG Berlin,* 15. 9. 1994 – 2 S 24.94 – DÖV 95, 390 [nur Ls.].

[162] *BVerwG,* 7. 9. 1988 – 4 N 1/87 –, NJW 89, 467, 468.

– Festsetzungen von Flächen mit einem Pflanzgebot gem. § 9 Abs. 1 Nr. 25 BauGB sind regelmäßig nicht nachbarschützend.[163]
– Festsetzung der Dachform gem. § 9 Abs. 4 BauGB in Verbindung mit Landesbauordnungsrechts.[164]

Festsetzungen eines Bebauungsplans, die nachbarschützende Funktion haben, können nach dem – ggf. durch Auslegung zu ermittelnden – Willen des Plangebers auch Schutzwirkungen über den Geltungsbereich des Plans hinaus entfalten **(planbereichsüberschreitender Nachbarschutz).**[165] Die Gemeinde kann bestimmte Festsetzungen auch ausschließlich im Interesse der Eigentümer von Grundstücken treffen, die außerhalb des Geltungsbereichs des Bebauungsplans liegen. **64**

Beispiel:

Festsetzung gem. § 1 Abs. 4 BauNVO, nach der in einem bestimmten, einem Wohngebiet benachbarten Bereich eines Gewerbegebiets nur Anlagen zulässig sind, deren Betrieb einen eingeschränkten Dauerschallpegel nicht überschreitet.[166]

Ein Vorhaben, das „an sich" nach den Festsetzungen des Bebauungsplans zulässig ist, kann sich im Einzelfall gem. **§ 15 Abs. 1 Satz 2, 1. Alternative BauNVO** als unzulässig erweisen, weil es im Hinblick auf seine konkreten Eigenschaften oder aufgrund der durch das Vorhaben zu erwartenden Belästigungen und Störungen nicht in das Gebiet paßt oder diese Auswirkungen in der Umgebung – innerhalb oder außerhalb des Plangebiets[167] – unzumutbar sind. § 15 Abs. 1 BauGB ist partiell nachbarschützend. **65**

Beispiele:

– Ein Drogennotdienst ist im Kerngebiet gem. § 7 BauNVO zulässig.[168]
– Ein Wertstoffcontainer ist eine grundsätzlich in einem allgemeinen Wohngebiet zulässige Nebenanlage gem. § 14 BauNVO.[169] Er kann gleichwohl aufgrund der durch ihn verursachten Immissionen am konkreten Standort unzulässig sein. Wenn diese Immissionen zumutbar sind, dann ergibt sich keine Unzulässigkeit daraus, dass ein anderer Standort aus Sicht der Nachbarschaft mit geringeren Beeinträchtigungen verbunden wäre.[170]
– Der Bauherr will in einem Industriegebiet i. S. v. § 9 BauNVO eine Windenergieanlage errichten. Die dafür erteilte Baugenehmigung ist rechtswidrig, wenn der durch den Anlagenbetrieb verursachte Lärm auf den in 200 m Entfernung in einem reinen Wohngebiet i. S. v. § 3 BauNVO liegenden Grundstücken unzumutbar ist. Die Grundstücksnachbarn können gestützt auf § 15 BauNVO die Aufhebung der Baugenehmigung verlangen.[171]

---

163 *VGH München,* 25. 8. 1997 – 2 ZB 97 00681 – NVwZ-RR 99, 226 = UPR 98, 359 [Ls.].

164 *VGH Mannheim,* 13. 9. 1996 – 8 S 2213/96 –, UPR 97, 80 [Ls.] = DÖV 97, 472 [Ls.].

165 *BVerwG,* 28. 10. 1993 – 4 C 5.93 – NVwZ 94, 686; *VGH München,* 25. 8. 1997 – 2 ZB 97 00681 – NVwZ-RR 99, 226 = UPR 98, 359 [Ls.].

166 *VGH Mannheim,* 5. 3. 1996 – 10 S 2930.95 – NVwZ 97, 401.

167 *VGH München,* 25. 8. 1997 – 2 ZB 97 00681 – NVwZ-RR 99, 226.

168 *VGH Kassel,* 7. 9. 1999 – 4 UE 3469.98 – GewArch 00, 350.

169 *VGH Kassel,* 24. 8. 1999 – 2 UE 2287.96 – NVwZ-RR 00, 668; *VG Düsseldorf,* 9. 5. 2000 – 3 K 4329.99 – NVwZ-RR 01, 23.

170 *BVerwG,* 13. 10. 1998 – 4 B 93.98 – BauR 99, 145; s. a. *VGH Kassel,* 24. 8. 1999 – 2 UE 2287.96 – DVBl. 00, 207 = UPR 00, 359.

171 *OVG Münster,* 22. 10. 1996 – 10 B 2385.96 – BauR 97, 279; *OVG Lüneburg,* 18. 12. 1998 – 1 M 4727.98 – NVwZ 99, 444 = BauR 99, 621 = UPR 99, 239 [Ls.]; allgemein zum Nachbarschutz gegen Windenergieanlagen s. *Lühle,* NVwZ 98, 897.

– Die rückwärtige Erweiterung eines Reihenhauses in den Gartenbereich kann gegen § 15 Abs. 1 Satz 2, 1. Alternative BauNVO verstoßen.[172]

66 Unzumutbar sind allerdings nur die Immissionen, die das nach § 5 Abs. 1 Nr. 1 BImSchG in dem jeweiligen Baugebiet zulässige Maß überschreiten; für die Bestimmung der Zumutbarkeitsgrenze ist mithin auf die materiellrechtlichen Maßstäbe des Immissionsschutzrechts zurückzugreifen.[173] Dabei sind die immissionsschutzrechtlichen Pflichten danach zu konkretisieren, was in der Nachbarschaft des Vorhabens allgemein zulässig ist:[174] **Immissionsschutzrecht und Bebauungsrecht** stehen in einer **Wechselwirkung** zueinander. Einerseits konkretisiert das Immissionsschutzrecht die gebotene Rücksichtnahme auf die Nachbarschaft im allgemeinen und folglich auch mit Wirkung für das Bebauungsrecht; andereseits bemißt sich die Schutzwürdigkeit eines Gebiets nach dem, was dort planungsrechtlich zulässig ist.[175]

Beispiele:

– Der Nachbar betreibt in einem Gewerbegebiet gem. § 8 BauNVO eine Produktionsanlage für optische Geräte. Diese ist sehr staubempfindlich. Der Bauherr will eine Reinigungs- und Trocknungsanlage für Mais errichten, die stark staubemittierend arbeiten wird. Entscheidend für die Beurteilung der Zulässigkeit dieses Vorhabens ist die Antwort auf die Frage, ob die einschlägigen Richtwerte **(TA Luft)** eingehalten werden. Die vorangegangene Ansiedlung des besonders störanfälligen Betriebs im Gewerbegebiet hat keine Absenkung des zulässigen Störungsgrads bewirkt.[176]
– Lärmimmissionen können mit Hilfe der Richtwerte in der **TA Lärm** bewertet werden.[177]
– Lärmimmissionen, die durch einen Kinderspielplatz verursacht werden, können mit Hilfe der **LAI-Freizeitlärm-Richtlinie**[178] beurteilt werden.[179]
– Rauchemissionen sind an Hand der **1. BImschV** zu qualifizieren. Bei Einhaltung der Emissionsgrenzwerte ist grundsätzlich ein Verstoß gegen das baurechtliche Rücksichtnahmeverbot zu verneinen. Da die Zumutbarkeit für den Nachbarn letztlich jedoch von der Intensität der Immissionen abhängt, sind Fallgestaltungen denkbar, in denen es trotz Einhaltung dieser Grenzwerte zu schädlichen Umwelteinwirkungen i. S. von § 3 Abs. 1 BImSchG kommen kann.[180]
– Die Frage, ob die von einer Sportanlage in einem allgemeinen Wohngebiet ausgehenden Immissionen zumutbar sind, ist zunächst an Hand der in der **18. BImSchV** niedergelegten Grenzwerte zu geben.[181] Zur abschließenden Beantwortung dieser Frage ist aber im Rahmen der „Feinabstimmung" auch die konkrete Situation der benachbarten Grundstücke zu betrachten. Wenn die Wohnbebauung beispielsweise später an die Sportanlage

---

172 *VGH Mannheim,* 14. 8. 1997 – 5 S 1252.96 – BauR 98, 517.

173 *BVerwG,* 23. 9. 1999 – 4 C 6.98 – UPR 00, 183; *BVerwG,* 22. 9. 1999 – 4 B 88.98 – NVwZ-RR 99, 431 = BauR 99, 732.

174 *BVerwG,* 18. 5. 1995 – 4 C 20.94 – NVwZ 96, 379 = ZfBR 95, 316 = DVBl. 96, 40 m. Anm. *Fickert,* DVBl. 96, 251.

175 *BVerwG,* 2. 2. 2000 – 4 B 87.99 – NVwZ 00, 679 = BauR 00, 1019 = ZfBR 00, 421.

176 *VGH München,* 21. 10. 1996 – 20 CS 96. 1561 u. a. – NVwZ-RR 97, 464.

177 *BVerwG,* 22. 9. 1998 – 4 B 88.98 – NVwZ-RR 99, 431 = BauR 99, 732; *OVG Greifswald,* 23. 6. 1998 – 3 L 209.96 – LKV 99, 66.

178 Wortlaut s. NVwZ 97, 469.

179 *VGH Mannheim,* 22. 7. 1997 – 5 S 917.96 – BauR 98, 756.

180 *BVerwG,* 28. 7. 1999 – 4 B 38.99 – NVwZ 00, 552 = DÖV 00, 81 = BauR 99, 1439 = UPR 99, 351.

181 *VGH Mannheim,* 14. 10. 1999 – 8 S 2396.99 – ZfBR 00, 131.

herangerückt ist, dann bewirkt dies eine Vorbelastung der Wohngrundstücke. Diese hat zur Folge, dass Beeinträchtigungen in einem weitergehenden Maße zumutbar sind, als dies in den Grenzwerten seinen Ausdruck findet.[182]

– Die Frage, ob Sendeanlagen für den Mobilfunk[183] oder Hochspannungskabel[184] schädliche Umwelteinwirkungen („Elektrosmog") haben, ist an Hand der **26. BImSchV** (Verordnung über elektromagnetische Felder) zu entscheiden.

Bei der durch § 15 Abs. 1 BauNVO gebotenen Beurteilung der von einem Gewerbebetrieb ausgehenden Störungen spielt der **Zu- und Abgangsverkehr** eine herausragende Rolle. Die Zurechenbarkeit der entsprechenden Emissionen ist dabei solange gegeben, wie dieser Verkehr sich noch innerhalb eines räumlich überschaubaren Bereichs der Anlage bewegt und er noch nicht im allgemeinen Straßenverkehr aufgegangen ist.[185] Zu Gunsten des Bauherrn fällt bei der Lärmbewertung die **Immissions-Vorbelastung** des Baugebiets ins Gewicht. Je höher allerdings diese Vorbelastung ist, desto strenger ist jeglicher wahrnehmbare Lärmzuwachs zu bewerten.[186] 67

Beispiele:

– Zulässigkeit eines Pizza-Heimservice in einem Mischgebiet unter dem Aspekt des An- und Abfahrtsverkehrs.[187]

– Zulässigkeit eines Einkaufszentrums im Kerngebiet im Hinblick auf den Lieferverkehr.[188]

Hinweise für den Anwalt: 67a

– Die Berechnung der verkehrsbedingten Lärmimmissionen ist Sache von Sachverständigen. Hilfreich ist allerdings eine in der Lärmforschung anerkannte Faustformel: ein bemerkbarer Anstieg der Verkehrslärmimmissionen ist erst bei einer Erhöhung von 3 dB(A) anzunehmen; dies setzt eine Verdoppelung der Verkehrsstärke voraus.[189]

– Die technischen Regelwerke zur Feststellung und Bewertung von Verkehrslärm gehen regelmäßig von einer gleichmäßigen Verteilung der Emissionen über einen längeren Zeitraum aus. Die Regelwerke könne daher nicht zur Lärmberechnung und -bewertung herangezogen werden, wenn die Lästigkeit der zu erwartenden Immissionen im wesentlichen durch Verkehrsspitzen bestimmt wird.[190]

Der **Mangel an Stellplätzen** kann sich gegenüber den Eigentümern der vom parkenden Verkehr und **Parksuchverkehr** betroffenen Grundstücke im Einzelfall 67b

---

182 *BVerwG,* 23. 9. 2000 – 4 C 6.98 – UPR, 00, 184 = BayVBl. 00, 632.

183 *OVG Lüneburg,* 19. 1. 2001 – 1 O 2761.00 – NVwZ-RR 01, 456; *VGH Kassel,* 29. 7. 1999 – 4 TG 2118.99 – BauR 00, 1162 = UPR 00, 316 [Ls.]; *OVG Weimar,* 17. 12. 1997 – 1 S 746.96 – UPR 98, 360 [Ls.]; *VGH München,* 8. 7. 1997 – 14 B 93 3102 – NVwZ 98, 419.

184 *VGH Mannheim,* 15. 4. 1997 – 10 S 4.96 – NVwZ 98, 416; *VG Schleswig,* 19. 1. 1998 – 1 A 104.94 – UPR 98, 360 [Ls.].

185 *BVerwG,* 27. 8. 1998 – 4 C 5.98 – BauR 99, 152 = ZfBR 99, 49 = DVBl. 99, 254 [Ls.] = DÖV 99, 701; *BVerwG,* 9. 10. 1990 – 4 B 121.90 – NVwZ 91, 267; *OVG Berlin,* 17. 3. 1999 – 2 S 6.98 – LKV 99, 367, 369 = DDÖV 99, 883 [Ls.]; *VGH Mannheim,* 21. 4. 1995 – 3 S 2514.94 –, GewArch 96, 258; s.a. *BVerwG,* 7. 5. 1996 – 1 C 10.95 – *BVerwGE* 101, 157 = DVBl. 96, 1192 = DÖV 97, 253 = BayVBl. 96, 732 [gaststättenrechtlicher Fall].

186 *OVG Münster,* 28. 8. 1998 – 10 B 1353.98 – BauR 99, 1012, 1014.

187 *VGH Mannheim,* 21. 6. 1994 – 5 S 1198.93 – BauR 95, 216.

188 *VGH Kassel,* 17. 11. 2000 – 4 TG 3518/00 – VPR 01, 358 [Ls.].

189 *BVerwG,* 21. 3. 1996 – 4 A 11.95 – NVwZ 96, 1008, 1010; *OVG Berlin,* 17. 3. 1999 – 2 S 6.98 – LKV 99, 367, 369.

190 *OVG Münster,* 28. 8. 1998 – 10 B 1353.98 – BauR 99, 1012.

als rücksichtslos erweisen.[191] Stellplätze, deren **Zahl** dem durch die zugelassene Nutzung verursachten Bedarf entsprechen, können dagegen unter diesem Gesichtspunkt grundsätzlich keine unzumutbaren Störungen bewirken.[192] Die **Anordnung der Stellplätze auf dem Baugrundstück** kann aber gegen § 15 Abs. 1 Satz 2 BauNVO verstoßen und so Nachbarschutz auslösen;[193] diese städtebaurechtliche Zulässigkeitsnorm wird insoweit durch die bauordnungsrechtlichen Bestimmungen über die Anlage von Stellplätzen, vgl. unten K 84, nicht verdrängt.[190]

67 c Bei der Beurteilung, was dem Nachbarn zumutbar ist, sind die Besonderheiten in den Blick zu nehmen, die sich aus spezifischen Eigenart oder Umgebung des Baugebiets ergeben. Ein **Nebeneinander von verschiedenen Baugebieten** schlägt sich so im „Grenzbereich" bei der Frage nach den zumutbaren Immissionen in der **Bildung von Mittelwerten** nieder.[194] Die gegenseitige Pflicht zur Rücknahme führt also nicht nur zur Pflichtigkeit dessen, der Lärmemissionen zu verantworten hat. Sie begründet vielmehr auch eine die vorhandene Nutzung respektierende Duldungspflicht dessen, der sich in der Nähe einer Emissionsquelle ansiedelt.[195]

Beispiele:

- Eine Fast-Food-Restaurant mit Autoschalter (Drive-In) soll in einem Mischgebiet an der Grenze zum allgemeinen Wohngebiet gebaut werden. Bei der Bestimmung des zumutbaren Immissionswertes auf dem benachbarten Wohngrundstück im allgemeinen Wohngebiet ist von einem Mittelwert zwischen den für ein Mischgebiet und den für ein allgemeines Wohngebiet geltenden Werten auszugehen.[196]
- Ein Windpark soll im Außenbereich in einer Entfernung von ca. 500 m von einem allgemeinen Wohngebiet errichtet werden. Entlang der Gebietsgrenze ist eine gewisse Überschreitung der im Wohngebiet zulässigen Immissionswerte hinzunehmen, da situationsbedingt diese Grundstücke nicht denselben Schutz verlangen können, wie die, die von einer zusammenhängenden Wohnnutzung umgeben sind.[197]

68 Ein „an sich" zulässiges **Vorhaben** kann auch unzulässig sein, wenn es unzumutbaren Belästigungen oder **Störungen ausgesetzt** wird. Insoweit kann **§ 15 Abs. 1 Satz 2, 2. Alternative BauNVO** auch Nachbarschutz zugunsten des die Immissionsvorbelastung verursachenden Betriebs bewirken.

Beispiele:

- Bestandsgeschützte Autolackiererei in einem allgemeinen Wohngebiet wehrt heranrückende Wohnbebauung ab.[198]

---

[191] *OVG Münster,* 10. 7. 1998 – 11 A 7238.95 – NVwZ-RR 99, 365 = BauR 99, 237 m. w. N.

[192] *VGH Mannheim,* 6. 2. 1997 – 8 S 29/97 – NVwZ-RR 98, 611.

[193] *BVerwG,* 7. 12. 2000 – 4 C 3.00 – DVBl. 01, 645 = DÖV 01, 471.

[194] *BVerwG,* 18. 5. 1995 – 4 C 20.94 – NVwZ 96, 379 = ZfBR 95, 316 = DVBl. 96, 40 m. Anm. *Fickert,* DVBl. 96, 251; *BVerwG,* 5. 3. 1984 – 4 B 171.83 – BauR 85, 172; *OVG Berlin,* 16. 5. 2000 – 2 S 1.00 – NJW 01, 3068 [Ls.] = LKV 01, 372; *VGH München,* 25. 8. 1997 – 2 ZB 97 00681 – NVwZ-RR 99, 226 = UPR 98, 359 [Ls.]; *VGH Mannheim,* 22. 7. 1997 – 5 S 917.96 – BauR 98, 756; *VGH Mannheim,* 21. 4. 1995 – 3 S 2514.94 – GewArch 96, 258.

[195] *OVG Münster,* 28. 8. 1998 – 10 B 1353.98 – BauR 99, 1012.

[196] *VGH München,* 25. 8. 1997 – 2 ZB 97 00681 – NVwZ-RR 99, 226 = UPR 98, 359 [Ls.].

[197] *OVG Münster,* 13. 7. 1998 – 7 B 956.98 – NVwZ 98, 980 = BauR 98, 1212; *OVG Greifswald,* 23. 6. 1998 – 3 L 209.96 – LKV 99, 66.

[198] *BVerwG,* 18. 5. 1995 – 4 C 20.94 – NVwZ 96, 379 = ZfBR 95, 316 = DVBl. 96, 40 m. Anm. *Fickert,* DVBl. 96, 251.

- In einem allgemeinen Wohngebiet ist eine Wohnanlage in unmittelbarer Nachbarschaft einer bestandsgeschützten Sportanlage unzulässig, wenn sie sich unzulässigen Sportlärmimmissionen aussetzt.[199]
- Bestandsgeschützter landwirtschaftlicher Betrieb mit Rinderhaltung in einem Dorfgebiet gem. § 5 BauNVO wehrt heranrückende Wohnbebauung ab.[200]
- Kirchengemeinde wehrt heranrückende Wohnbebauung ab, weil unzumutbare Beeinträchtigung der Wohnnutzung durch liturgisches Glockengeläut befürchtet wird.[201]

Voraussetzung für die Erteilung einer Baugenehmigung auf der Grundlage des 69
§ 30 BauBG ist neben der Plankonformität des Vorhabens auch die **Erschließung des Baugrundstücks.** Diese Genehmigungsregelung ist **grundsätzlich nicht generell nachbarschützend.**[202] Im Ausnahmefall kann allerdings der Nachbar die Baugenehmigung mit Erfolg anfechten, wenn zur wegemäßigen Erschließung des Baugrundstücks sein Grundstück im Wege des Notwegrechts gem. § 917 BGB in Anspruch genommen werden muss.[203]

(bb) *Nachbarschutz gegenüber Ausnahmen und Befreiungen, § 31 BauGB.* Von den 69a
Festsetzungen eines Bebauungsplans können solche Ausnahmen zugelassen werden, die in dem Bebauungsplan nach Art und Umfang ausdrücklich vorgesehen sind, § 31 Abs. 1 BauGB. Diese Norm gewährt nur **Nachbarschutz,** soweit es um **Ausnahmen von nachbarschützenden Festsetzungen** geht.[204]

Beispiel:
Der Bebauungsplan enthält eine Festsetzung, nach der Baugrundstücke im Bereich der offenen Bauweise eine Mindestgröße von 1000 qm haben müssen; er regelt ferner, dass im Wege der Ausnahme eine Mindestgröße von 700 qm gestattet werden kann. Die Bauaufsichtsbehörde erteilt Genehmigungen für Vorhaben auf Grundstücken, die einen Flächeninhalt von weniger als 700 qm haben.
Die rechtswidrig erteilten Ausnahmen bewirken keine Verletzung von Nachbarrechten, weil die einschlägige Bebauungsplanfestsetzung ihrerseits nicht nachbarschützend ist.[205]

Gem. § 31 Abs. 2 BauGB kann unter bestimmten tatbestandlichen Voraussetzungen im Hinblick auf ein konkretes Vorhaben von den Festsetzungen eines Bebauungsplans eine **Befreiung** erteilt werden. Soweit es um **nachbarschützende Festsetzungen** geht (vgl. soeben K 52ff.) gestaltet die Befreiungsentscheidung die Nachbarrechte. Sie darf daher nur ergehen, wenn eine der Voraussetzungen im Sinne des § 31 Abs. 2 BauGB erfüllt ist[206] und die Behörde bei der durch § 31 Abs. 2 BauGB eröffneten Ermessensentscheidung gem. § 31 Abs. 2, letzter Halbsatz, die gebotene Rücksicht auf die Interessen des Nachbarn genommen hat; dabei verschiebt sich das Gewicht der nachbarlichen Interessen bei einer Befreiung von einer nachbarschützenden Norm deutlich zu Gunsten des Nachbarn.[207] 70

---

[199] *BVerwG,* 23. 9. 2000 – 4 C 6.98 – NVwZ 00, 1050 = DVBl. 00, 192 = DÖV 00, 463 = BauR 00, 234 = ZfBR 00, 128 = UPR, 00, 184.
[200] *VGH München,* 3. 1. 1995 – 2 B 91 2878 – BayVBl. 95, 347.
[201] *VG Freiburg,* 12. 2. 1998 – 4 K 1975.97 – NVwZ 99, 798.
[202] *VGH München,* 22. 3. 1999 – 15 B 98 207 – BayVBl. 99, 662.
[203] *VGH München,* 24. 10. 1996 – 2 B 94 3416 – BayVBl. 97, 758 m. w. N. aus der Rspr.
[204] *VGH Mannheim,* 14. 8. 1997 – 5 S 1252.96 – BRS 59 Nr. 189 = BauR 98, 517.
[205] *BVerwG,* 10. 12. 1982 – 4 C 49.79 – NJW 83, 1574.
[206] *BVerwG,* 19. 9. 1986 – 4 C 8.84 – NVwZ 87, 409 = DVBl. 87, 476 = DÖV 87, 296 = BauR 87, 70.
[207] *OVG Lüneburg,* 20. 6. 2000 – 1 M 2011.00 – BauR 00, 1844.

70a Die Befreiung von **nicht nachbarschützenden Festsetzungen** kann der Nachbar nicht mit dem Argument angreifen, die Tatbestandsvoraussetzungen des § 31 Abs. 2 BauGB seien nicht gegeben. Nachbarschutz kann hier im Einzelfall nur aus § 31 Abs. 2 BauGB folgen. Danach setzt eine Befreiung eine „Würdigung nachbarlicher Interessen" voraus. Eine solche Befreiung verletzt den Nachbarn in seinen Rechten, wenn sie mit dem **Gebot der Rücksichtnahme** – s. dazu K 41 – nicht zu vereinbaren ist.[208] Dabei haben die nachbarlichen Interessen in dieser Situation, in der es um ein „an sich" unzulässiges Vorhaben geht, ein eher größeres Gewicht, als wenn es – im Rahmen es § 15 BauNVO – um ein „an sich" zulässiges Vorhaben geht, vgl. dazu oben K 65ff. Bloße Lästigkeiten führen aber noch nicht zu einem Überschreiten der Zumutbarkeitsschwelle; erforderlich ist eine **qualifizierte, planungsrechtlich relevante Störung.**[209]

Beispiele:

– Die Bauaufsichtsbehörde erteilt die Befreiung für der Errichtung einer Botschaft in einem allgemeinen Wohngebiet. Die Nachbarn greifen die Baugenehmigung und die Befreiung an. Sie äußern die nicht von der Hand zu weisende Befürchtung, es werde im Umfeld dieser Vertretung zu Demonstrationen oder gar zu Terroranschlägen kommen. Diese Belange sind baurechtlich irrelevant. Zu betrachten sind nur solche potentiellen Störungen, die typischerweise bei der bestimmungsgemäßen Nutzung der baulichen Anlage auftreten und von bodenrechtlicher Relevanz sind.[210]
– Die Bauaufsichtsbehörde erteilt die Befreiung für die Überschreitung der Baugrenze, um eine „Doppelduplexgarage" (vier Stellplätze) auf einem mit einem Zwei-Familienhaus bebauten Grundstück in einem allgemeinen Wohngebiet genehmigen zu können. Die Nachbarn greifen die Befreiung unter Hinweis auf die durch die Zu- und Abfahrten verursachten Lärmimmissionen an.
– Gem. § 12 Abs. 2 BauNVO sind im allgemeinen Wohngebiet auf den Baugrundstücken Stellplätze für den durch zugelassene Nutzung verursachten Bedarf zulässig. Für die durch die Nutzung der Garage während des Tags und der Nacht verursachten Immissionen begründet § 12 Abs. 2 BauNVO so eine Duldungspflicht.[211]

70b Darüber hinaus hat der Nachbar **keinen Anspruch auf ermessensfehlerfreie Entscheidung** der Baubehörde über die dem Bauherrn erteilte Befreiung.[212]

70c **Ausnahmen** gem. § 31 Abs. 1 BauGB **und Befreiungen** gem. § 31 Abs. 2 BauGB **sind zu begründen,** § 39 Abs. 1 Satz 2 VwVfG. Wenn die Behörde die Gründe erst im verwaltungsgerichtlichen Verfahren vorträgt, dann handelt es sich nicht mehr um eine von § 114 Satz 2 gedeckte Ergänzung der Ermessenserwägungen, sondern um eine davon nicht gedeckte Nachholung der Ermessensausübung, s.a. oben E 194ff.

70d In der Praxis kommt es immer wieder vor, dass eine Baugenehmigung objektiv gegen planungsrechtliche Festsetzungen verstößt, die **erforderliche Ausnahme**

---

[208] *BVerwG,* 19. 9. 1986 – 4 C 8.84 – NVwZ 87, 409 = DVBl. 87, 476 = DÖV 87, 296 = BauR 87, 70; *BVerwG,* 6. 10. 1989 – 4 C 14.87 – NJW 90, 1192 = BVerwGE 82, 343; *VGH Kassel,* 13. 7. 1999 – 4 TG 1322.99 – BauR 00, 1845.

[209] *BVerwG,* 6. 10. 1989 – 4 C 14.87 – NJW 90, 1192 = BVerwGE 82, 343.

[210] *VG Berlin,* 20. 5. 1999 – 13 A 245.98 – LKV 99, 412; s.a. *OVG Berlin,* 17. 3. 1999 – 2 S 6/98 – LKV 99, 367, 369.

[211] *VGH München,* 11. 6. 1999 – 20 ZB 99 1359 – BauR 99, 1450.

[212] *BVerwG,* 8. 7. 1998 – 4 B 64.98 – NVwZ-RR 99, 8 = DVBl. 98, 1301 [Ls.] = UPR 98, 455 = BayVBl. 99, 26 = BauR 98, 1206.

oder Befreiung jedoch **nicht erteilt** worden ist. In diesen Fällen ergibt sich der Nachbarschutz aus einer entsprechenden Anwendung von § 15 BauNVO, wobei die Interessenbewertung an Hand des § 31 BauGB vorzunehmen ist. So wird gewährleistet, dass der Schutz des Nachbarn inhaltlich dem entspricht, den er reklamieren könnte, wenn die erforderliche Ausnahme oder Befreiung erteilt wird.[213]

(cc) *Nachbarschutz gegenüber Vorhaben während der Planaufstellung, § 33 BauGB.* **71**
Der Nachbarrechtschutz ist problematisch, wenn die Baugenehmigung städtebaurechtlich auf **§ 33 BauGB** gestützt wird. Diese Norm erlaubt es, die städtebaurechtliche Zulässigkeit eines Vorhabens unter bestimmten Voraussetzungen – insbesondere: „Planreife"[214] – anhand der künftigen Festsetzungen eines noch nicht wirksamen Bebauungsplanes zu beurteilen. Fraglich ist, ob sich die Nachbarrechte in einer solchen Situation aus den noch geltenden planungsrechtlichen Bestimmungen und Festsetzungen oder aber den künftigen Regelungen ergeben. Allgemein gilt: Ist die Prognose der Behörde zur Planreife nicht gerechtfertigt, ergibt sich der Nachbarschutz aus den geltenden Festsetzungen, ist Planreife gegeben, aus den künftigen Festsetzungen.[215] Dabei kann die Planreife im Einzelfall auch angenommen werden, wenn der Planentwurf zwar noch an einem Mangel leidet, aber zu erwarten ist, dass dieser im weiteren Planverfahren behoben werden wird.[216]

Für den lediglich obligatorisch Berechtigten, insbesondere also für den Mieter **72**
kann die Genehmigung eines Vorhabens gem. § 33 BauGB eine kaum zu akzeptierende Rechtsschutzlücke zur Folge haben: Auch ein Mieter kann geltend machen, durch die Festsetzungen eines Bebauungsplanes im Sinne des § 47 Abs. 2 einen Nachteil erlitten zu haben, vgl. D 295. Gelangt das Oberverwaltungsgericht im Rahmen des danach zulässigen Normenkontrollverfahrens zu der Erkenntnis, dass der Bebauungsplan rechtsfehlerhaft ist, so stellt es seine Nichtigkeit fest. Die Möglichkeit der gerichtlichen Überprüfung und des einstweiligen Rechtsschutzes gem. § 47 Abs. 7 bietet sich dem Mieter allerdings regelmäßig[217] erst nach Festsetzung des Bebauungsplanes, vgl. D 368. Der Antrag gem. § 47 wird zudem unzulässig, sobald die durch die Festsetzung des Bebauungsplanes ermöglichten Vorhaben realisiert sind, vgl. oben D 320.[218]

---

213 *VGH Kassel,* 25. 11. 2000 – 4 UE 2222.92 – BauR 00, 873.

214 S. dazu *OVG Münsterr,* 16. 3. 2001, – 7 A 1072.96 – BauR 01, 1234; *OVG Münster,* 14. 3. 2001 – 7 B 355.01 – NVwZ-RR 01, 568 = BauR 01, 1394; *Krautzberger* in *Battis/Krautzberger/Löhr,* BauGB, 7. Aufl., 1999, § 33, Rdn. 4 ff.; s. auch *OVG Berlin,* 8. 4. 1998 – 2 S 3.98 – LKV 98, 358.

215 *OVG Berlin,* 19. 4. 1991 – 2 B 11.88 – BRS 52 Nr. 170; *OVG Münster,* 15. 2. 1991 – 11 B 2659/90 – BRS 52 Nr. 196; *OVG Lüneburg,* 14. 4. 1993 – 1 L 33.91 – BauR 93, 711; *VGH Mannheim,* 24. 2. 1992 – 3 S 3026.91 – BauR 92, 494.

216 *OVG Berlin,* 15. 5. 1998 – 2 S 1.98 – UPR 99, 119 [Ls.]; *OVG Berlin,* 20. 12. 1991 – 2 S 21.91 – LKV 92, 201 = OVGE 19, 231.

217 Zu einer denkbaren Ausnahme bei der hier betrachteten Fallkonstellation *OVG Schleswig,* 29. 3. 1994 – 1 M 14.94 – NVwZ 94, 916; *Uechtritz,* BauR 99, 572, 587; *Jäde,* BayVBl. 85, 225; s. aber auch *VGH München,* 30. 7. 1999 – 26 NE 99 2007 – NVwZ-RR 00, 469 = ZfBR 99, 347 = UPR 99, 398 = BayVBl. 99, 760 m. w. N. der entgegenstehenden h. M.

218 *OVG Münster,* 22. 2. 1994 – 10 a B 3422.93. NE – UPR 94, 320 [Ls.]; *VGH Mannheim,* 29. 8. 1986 – 3 S 2276.85 – BauR 87, 285.

Eine Baugenehmigung kann aus städtebaurechtlichen Gründen nur von dem an einem benachbarten Grundstück dinglich Berechtigten angefochten werden, vgl. K 46ff. Lediglich obligatorisch Berechtigte sind dagegen nicht anfechtungsbefugt.[219] Das gilt auch für die Baugenehmigung gem. § 33 BauGB. Der Nachbarmieter genießt mithin im Hinblick auf ein Vorhaben, das der Realisierung von Festsetzungen eines künftigen Bebauungsplanes dient, keinen einstweiligen Rechtsschutz, obwohl er diesem Vorhaben nach Festsetzung des Bebauungsplanes durch ein Verfahren gem. § 47 die planungsrechtliche Grundlage entziehen könnte.[220]

73 (dd) *Nachbarschutz im unbeplanten Innenbereich, § 34 BauGB.* Im **unbeplanten Innenbereich** ist gem. **§ 34 Abs. 1 BauGB** ein Vorhaben zulässig, wenn es sich nach Art und Maß der baulichen Nutzung, der Bauweise und der Grundstücksfläche, die überbaut werden soll, in die Eigenart der näheren Umgebung einfügt. Die maßgebliche **nähere Umgebung** reicht so weit, wie sich das Vorhaben im Falle seiner Realisierung auswirken kann und wie die Umgebung ihrerseits den bodenrechtlichen Charakter des Baugrundstücks prägt.[221] Ein Vorhaben fügt sich in die Eigenart dieser näheren Umgebung ein, wenn es dem **objektiv-rechtlichen Gebot der Rücksichtnahme** entspricht. Dieses gebietet nicht, dass sich das Vorhaben in jeder Hinsicht innerhalb des Rahmens hält, der sich durch die Bebauung der Umgebung gebildet hat. Insofern ist der Zulässigkeitsmaßstab des § 34 Abs. 1 BauGB weniger scharf als der, der im Plangebiet gem. § 30 BauGB gilt;[222] es gilt kein unbedingter „Gebietsgewährleistungsanspruch", der Rahmen des § 34 Abs. 1 BauGB ermöglicht vielmehr über die Zeit eine Veränderung der Eigenart des Baugebiets.[223] Ein **Verstoß gegen das Rücksichtnahmegebot,** ist daher erst dann zu bejahen, wenn das Vorhaben im Verhältnis zu seiner Umgebung **bewältigungsbedürftige Spannungen** erzeugt, die potentiell ein **Planungsbedürfnis** nach sich ziehen.[220]

Das objektiv-rechtlichen Gebot der Rücksichtnahme kann **im Einzelfall** auch **Nachbarschutz** vermitteln, § 34 BauGB hat also eine partiell nachbarschützende Funktion.[224] Nachbarschutz besteht, wenn das Vorhaben die gebotene Rücksicht speziell auf die in seiner unmittelbaren Nähe vorhandene Bebauung vermissen lässt.[220] Die **Wertminderung des Nachbargrundstücks,** die in Folge der Ausnutzung der dem Bauherrn erteilten Baugenehmigung eintritt, ist für sich genommen kein Beleg für eine unzumutbare Beeinträchtigung.[220]

73 a **Beispiele:**

– Rücksichtslosigkeit eines Vorhabens, das aufgrund erheblicher Bebauungstiefe dem nördlich gelegenen Grundstück Sonne und Licht in den Aufenthaltsräumen nimmt und so die

---

[219] *BVerwG,* 20. 4. 1998 – 4 B 22/98 – NVwZ 98, 956 = DVBl. 98, 899 = ZfBR 98, 256 = BauR 98, 994 = UPR 98, 355.

[220] Diese Minderung des Rechtsschutzes rechtfertigt es nach Auffassung des BVerwG nicht, für die Anfechtung einer Genehmigung nach § 33 BauGB Grundsätze des Normenkontrollverfahrens zu übernehmen: *BVerwG,* 28. 7. 1994 – 4 B 94.94 – UPR 95, 107 = ZfBR 95, 53.

[221] *BVerwG,* 19. 9. 1986 – 4 C 15.84 – NVwZ 87, 406 = *BVerwGE* 75, 34, 41 f.

[222] *BVerwG,* 19. 10. 1995 – 4 B 215.95 – NVwZ 96, 888.

[223] *BVerwG,* 13. 11. 1997 – 4 B 195.97 – NVwZ-RR 98, 540.

[224] *OVG Berlin,* 29. 3. 1997 – 2 S 2.96 – NVwZ-RR 97, 601.

Rechte des Nachbareigentümers verletzt, der sein Grundstück mit einer geringen Bebauungstiefe bebaut hat.[225]

– Ein Vorhaben muss sich auch hinsichtlich der überbaubaren Grundstücksfläche in die Umgebung einfügen. Der städtebaurechtliche Maßstab wird insoweit nicht durch die landesrechtlichen Abstandflächenbestimmungen verdrängt. Allerdings dürfte das Rücksichtnahmegebot regelmäßig nicht verletzt sein, wenn diese Bestimmungen eingehalten werden.[226]

Die gebotene Rücksicht kann im konkreten Falle auch Nachbarschutz gegen **73 b** **Immissionen** begründen. Insoweit gilt: bei der Ermittlung der zumutbaren Lärmbelastung ist von der durch die vorhandenen Situation geforderte gegenseitigen Pflicht zur Rücksichtnahme auszugehen. Dabei ist wertend zu berücksichtigen, welche der miteinander im Konflikt stehenden Nutzungen zuerst verwirklicht wurde (Prioritätsprinzip).[227]

Beispiele: **73 c**

– Rücksichtslosigkeit des Umbaus eines Kurhauses, weil in Folge der Nutzungsänderung und -intensivierung – über eine Vorbelastung hinaus – erheblich mehr Zu- und Abfahrtsverkehr verursacht wird.[228]

– Rücksichtslosigkeit eines Groß-Kinos, weil – über eine Vorbelastung hinaus – durch den Zu- und Abfahrtsverkehr unzumutbare Verkehrslärmimmissionen verursacht werden.[229]

Sofern die Eigenart der näheren Umgebung einem der Baugebiete im Sinne der **74** §§ 2ff. BauNVO entspricht, beurteilt sich die Zulässigkeit des Vorhabens gem. **§ 34 Abs. 2 BauGB** nach seiner Art danach, ob es nach den Bestimmungen der BauNVO zulässig wäre. Für diese **„faktischen Baugebiete"** gilt in demselben Umfange Nachbarschutz wie für die geplanten Baugebiete,[230] s. auch oben K 52ff.

Im faktischen Baugebiet besteht mithin auch ein **Anspruch auf Gebietserhaltung,** vgl. K 53. Während im Plangebiet die lokale Reichweite dieses Anspruchs primär durch die Grenzen des räumlichen Geltungsbereichs des Plans bestimmt werden, besteht der Nachbarschutz im faktischen Baugebiet nur soweit, wie die „nähere Umgebung" reicht. Der danach maßgebliche Bereich ist an Hand zweier Kriterien zu bestimmen: Es geht zum einen um die Grundstücke, auf die sich die Ausführung des Vorhabens auswirken könnte. Zum anderen geht es um die Grundstücke, die ihrerseits den Charakter des Baugrundstücks prägen oder beeinflussen. Wieweit diese wechselseitige Prägung reicht, ist eine Frage des Einzelfalles. Dabei können auch die topographischen Gegebenheiten eine Rolle spielen.[231]

---

225 *OVG Münster,* 24. 4. 1995 – 10 B 3161.94 – BauR 96, 88.

226 *BVerwG,* 11. 1. 1999 – 4 B 128.98 – BauR 99, 615 = ZfBR 99, 170 = UPR 99, 191.

227 *BVerwG,* 23. 10. 2000 – 7 B 71.00 – DVBl. 01, 642.

228 *BVerwG,* 27. 8. 1998 – 4 C 5.98 – BauR 99, 152 = ZfBR 99, 49 = DVBl. 99, 254 [Ls.] = DÖV 99, 701.

229 *OVG Münster,* 28. 8. 1998 – 10 B 1353.98 – BauR 99, 1012; *OVG Berlin,* 17. 3. 1999 – 2 S 6.98 – LKV 99, 367 = DÖV 99, 883 [Ls.].

230 *BVerwG,* 11. 4. 1996 – 4 B 51.96 – ZfBR 97, 51; *BVerwG,* 16. 9. 1993 – 4 C 28.91 – NJW 94, 1546, 1547 = *BVerwGE* 94, 151; *OVG Lüneburg,* 9. 10. 1995 – 1 M 5017.95 – ZfBR 96, 171; *Steffen,* BayVBl. 99, 161, 163.

231 *BVerwG,* 20. 8. 1998 – 4 B 79.98 – NVwZ-RR 99, 105 = BauR 99, 32 = UPR 99, 26.

75 Vorhaben im unbeplanten Innenbereich sind gem. § 34 Abs. 1 Satz 1 BauGB nur zulässig, wenn die Erschließung gesichert ist. Diese Zulässigkeitsregelung ist nicht nachbarschützend.[232]

76 (ee) *Nachbarschutz im Außenbereich, § 35 BauGB.* Im **Außenbereich** gem. § 35 BauGB gibt es keinen generellen Nachbarschutz.[233] § 35 Abs. 1 BauGB vermittelt aber insbesondere den Inhabern **privilegierter Vorhaben** im Einzelfall Nachbarschutz, sofern durch die Zulassung des Vorhabens auf dem Nachbargrundstück diese Privilegierung gefährdet wird,[234] sog. störungspräventive Nachbarklage.[235]

77 **Beispiele:**

- Der Landwirt wehrt sich gegen die heranrückende Wohnbebauung.[236]
- Der Abwehranspruch des Eigentümers einer Hofhaltung gegen landwirtschaftliche Immissionen aus einem Nachbargrundstück ist allerdings beschränkt durch die eigene Vorbelastung des landwirtschaftlich genutzten Grundstückes.[237]

Im Einzelnen ist umstritten, ob und in welchem Umfange der Landwirt im Hinblick auf die heranrückende Wohnbebauung auch verlangen kann, dass auf seine **Erweiterungsinteressen** Rücksicht genommen wird.[238]

77a Ein privilegierter Betrieb hat keinen allgemeinen Abwehranspruch gegen im Außenbereich unzulässige Nachbarvorhaben. Es besteht kein Anspruch auf Bewahrung der Außenbereichsqualität für privilegierte Betriebe.[239] Der Außenbereich ist grundsätzlich kein Baugebiet; wegen der unterschiedlichen Privilegierungstatbestände fehlt dem Außenbereich zudem – soweit er baulich genutzt wird – ein bestimmter Gebietscharakter. Es ist damit **keine Grundlage für** einen nachbarschützenden **Gebietserhaltungsanspruch** gegeben, wie er im Plangebiet – vgl. K 53 – und im faktischen Baugebiet gem. § 34 Abs. 2 BauGB – vgl. K 74 – besteht.

77b Privilegierte Vorhaben sind gem. § 35 Abs. 1 BauGB nur zulässig, wenn öffentliche Belange i. S. d. § 35 Abs. 3 BauGB nicht entgegenstehen. Eine Beeinträchtigung dieser Belange findet u. a. statt, wenn das Vorhaben gegen das Gebot der Rücksichtnahme verstößt, weil es schädliche Umwelteinwirkungen[240] hervorrufen kann. Unter diesem Aspekt können Nachbarn aus dem Außenbereich oder dem angrenzenden Innenbereich[241] gegen ein privilegiertes Vorhaben Abwehransprüche geltend machen.

---

232 *OVG Greifswald,* 3. 6. 1994 – 3 M 94.93 – DÖV 95, 432 [Ls.].

233 *BVerwG,* 28. 10. 1993 – 4 C 5.93 – NVwZ 94, 686, 687; *OVG Greifswald,* 23. 6. 1998 – 3 L 209.96 – LKV 99, 66.

234 *OVG Münster,* 21. 10. 1987 – 11 A 1090.84 – NVwZ 88, 377.

235 *Finkelnburg/Jank,* Rdn. 1127.

236 *BVerwG,* 5. 9. 2000 – 4 B 56.00 – NuR 01, 153; *VGH München,* 31. 10. 1989 – 20 B 85 A.2535 – NVwZ-RR 90, 529; ausführlich *Diehr/Geßner,* NVwZ 01, 985.

237 *VGH München,* 22. 11. 1994 – 20 CS 94 2535 – NVwZ-RR 95, 430 = DÖV 95, 432 [Ls.].

238 *BVerwG,* 5. 9. 2000 – 4 B 56.00 – NVwZ-RR 01, 82 = UPR 01, 76 mit ausführlichen Nachweisen der obergerichtlichen Rechtsprechung.

239 *BVerwG,* 28. 7. 1999 – 4 B 38.99 – NVwZ 00, 552 = DÖV 00, 81 = BauR 99, 1439 = UPR 99, 351.

240 Dazu instruktiv *VG München,* 19. 5. 1998 – M 1 K 96 2081 – NVwZ-RR 99, 235 = BauR 98, 1209.

241 *OVG Greifswald,* 23. 6. 1998 – 3 L 209.96 – LKV 99, 66.

Beispiele:
- Eine Windkraftanlage mit einer Leistung von 500 kW, die mit einem Abstand von weniger als 500 m von einem Wohngebäude im Außenbereich errichtet werden soll, kann unzumutbare Lärmimmissionen bewirken.[242]
- Ein Schweinestall soll im Außenbereich in 250 m Entfernung von einem Wohngebäude im Innenbereich errichtet werden. Bei der Beurteilung der Zumutbarkeit bietet die VDI-Richtlinie 3471 Orientierung.[243]

Der **Schutzmaßstab** des **der Wohnnutzung** vermittelten Nachbarschutzes im Außenbereich ist allerdings **geringer** als in einem allgemeinen Wohngebiet. Wer im Außenbereich wohnt, hat keinen Anspruch darauf, dass die Umgebung von baulichen Anlagen freigehalten wird. Im Gegenteil: § 35 Abs. 1 BauGB zeigt, dass der Eigentümer eines Wohngrundstücks im Außenbereich grundsätzlich mit der Nähe emittierender Nutzungen rechnen muss. Er kann daher nur die Einhaltung der Grenzwerte verlangen, die für Mischgebiete gelten.[244] **77 c**

Die Anforderungen an das Rücksichtnahmegebot werden ferner durch die tatsächlich vorhandenen Belastungen gemindert. Im Umfange der **Vorbelastung** sind Immissionen zumutbar, auch wenn sie sonst in einem vergleichbaren Gebiet nicht hinnehmbar wären; das gilt auch im Falle des Neubaus.[245] Was von einem genehmigten Betrieb an Belastungen für benachbarte Grundstücke verursacht wird, **mindert die Schutzwürdigkeit** dieser Grundstücke, es sei denn, die vorhandenen Immissionen überschreiten die Grenze dessen, was unter Berücksichtigung des Gesundheitsschutzes erträglich ist.[246]

§ 35 Abs. 2 BauGB regelt die Zulässigkeit von nicht privilegierten, **„sonstigen" Vorhaben** im Außenbereich. Diese sind zulässig, soweit öffentliche Belange nicht beeinträchtigt werden. Die wichtigsten öffentlichen Belange nennt § 35 Abs. 3 BauGB. Das Gebot, allgemein auf schutzwürdige Individualinteressen Rücksicht zu nehmen, wird zwar in § 35 Abs. 3 BauGB nicht ausdrücklich genannt, seine Qualität als öffentlicher Belang ist aber in der Rechtsprechung anerkannt.[247] § 35 Abs. 2 i. V. m. Abs. 3 BauGB vermittelt so partiellen Nachbarschutz.[248] **78**

Beispiele:
- Der Bauherr will im Außenbereich in einer Flußniederung eine Produktionshalle errichten. Der Grundstücksnachbar muss begründet befürchten, dass sich dieses Bauwerk im Falle von Überschwemmungen als Abflußhindernis erweist und so eine Überflutung seines Grundstücks verursacht, die in der Vergangenheit nicht stattfand. Aufgrund des im Verbot schädlicher Umwelteinwirkungen i. S. d. § 35 Abs. 3 Satz 1, 2. Spiegelstrich BauGB wurzelnden Gebots der Rücksichtnahme würde den Nachbarn eine Baugenehmigung in seinen Rechten verletzen.[249]

---

242 *OVG Münster,* 23. 1. 1998 – 7 B 2984.97 – NVwZ 98, 759 = BauR 98, 523 = UPR 98, 237 = DVBl. 98, 603 [Ls]; s. a. *OVG Greifswald,* 8. 3. 1999 – 3 M 85.98 – NVwZ 99, 1238; *OVG Lüneburg,* 18. 12. 1998 – 1 M 4727.98 – NVwZ 99, 445; allgemein zum Nachbarschutz gegen Windenergieanlagen s. *Lühle,* NVwZ 98, 897.

243 *OVG Lüneburg,* 4. 8. 1999 – 1 M 2974.99 – UPR 00, 399.

244 *OVG Münster,* 3. 9. 1999 – 10 B 1283.99 – NVwZ 99, 1360.

245 *OVG Lüneburg,* 30. 7. 1999 – 1 M 2870.99 – UPR 00, 399.

246 *OVG Lüneburg,* 30. 7. 1999 – 1 M 2870.99 – BauR 00, 362.

247 *BVerwG,* 28. 10. 1993 – 4 C 5.93 – NVwZ 94, 686.

248 *VGH München,* 29. 5. 1998 – 1 B 93 3369 – NVwZ-RR 99, 232.

249 *VGH München,* 30. 4. 1997 – 27 ZS 97 984 – BayVBl. 97, 569.

- Der Bauherr will im Außenbereich eine KFZ-Werkstatt betreiben. Die zu erwartenden Immissionen sind für das benachbarte, ebenfalls im Außenbereich belegene Wohngrundstück nicht zumutbar.[250]
- Der Bauherr betreibt eine Gaststätte im Außenbereich am Seeufer. Die zu erwartenden Immissionen sind für die benachbarten, in einem faktischen allgemeinen Wohngebiet liegenden Grundstücke unter Berücksichtigung des Nebeneinanders von Gebieten unterschiedlicher Nutzungsarten und einer Vorbelastung zumutbar.[251]

Das in § 1 Abs. 6 BauGB statuierte Abwägungsgebot ist an die planende Gemeinde adressiert. Es verleiht daher dem Grundstücksnachbarn im Baugenehmigungsverfahren für ein Außenbereichsvorhaben kein Abwehrrecht.[252]

79 (ff) *Nachbarschutz aufgrund besonderen Städtebaurechts im Sanierungsgebiet.* Die Gemeinde kann ein Gebiet, in dem eine städtebauliche Sanierungsmaßnahme durchgeführt werden soll, durch Satzungsbeschluss förmlich als Sanierungsgebiet festlegen. Die Zulässigkeit von Vorhaben in einem solchen Sanierungsgebiet unterliegt einem besonderen Genehmigungsvorbehalt. Dieser **sanierungsrechtliche Genehmigungsvorbehalt** begründet **keine Nachbarrechte.**[253] Dasselbe gilt für Erhaltungssatzungen.[254]

80 (b) *Nachbarschützende Normen im Landesbauordnungsrecht.* Die **Landesbauordnungen** enthalten eine Reihe von generell nachbarschützenden Regelungen.[255]

81 In erster Linie sind hier die **Abstandflächenvorschriften** zu nennen. Ein Verstoß gegen Abstandflächenbestimmungen[256] verletzt grundsätzlich die Nachbarrechte des Eigentümers des betroffenen Grundstücks;[257] es kommt nicht darauf an, ob der Nachbar in spürbarer Weise tatsächlich beeinträchtigt wird.[258]

82 **Hinweise für den Anwalt:**

- Wenn in den Bauvorlagen Angaben zur Höhenlage fehlen, kann nicht geprüft werden, ob die Baugenehmigung im Einklang mit den Abstandflächenbestimmungen steht. Eine solche Baugenehmigung ist rechtswidrig und verletzt den Nachbarn in seinen Rechten.[259]

---

[250] *VGH München,* 8. 9. 1998 – 27 B 96 1407 – BauR 99, 617.

[251] *VGH München,* 29. 5. 1998 – 1 B 93 3369 – NVwZ-RR 99, 232.

[252] *BVerwG,* 24. 4. 1997 – 4 B 65.97 – NVwZ-RR 97, 682 = BauR 97, 810 = UPR 97, 462 = GewArch 97, 432.

[253] *BVerwG,* 7. 5. 1997 - 4 B 73.97 – NVwZ 97, 991 = BauR 97, 810 = UPR 97, 463.

[254] *OVG Greifswald,* 14. 12. 2000 – 3 K 25.99 – NVwZ-RR 01, 719 = DVBl. 01, 940 [Ls.].

[255] S. die Übersicht bei *Dürr,* DÖV 94, 841, 849; *Ortloff* NVwZ 01, 997, 1002; *Finkelnburg/Ortloff,* Öffentliches Baurecht, Band II, 4. Aufl., 1998, S. 236 ff.

[256] Grundsätzlich zur Befreiung von Bestimmungen über die Abstandfläche: *OVG Weimar,* 25. 6. 1999 – 1 EO 197.99 – LKV 00, 119; *OVG Koblenz,* 13. 5. 1996 – 8 B 11048.96 – BauR 96, 692.

[257] Zu der Frage, inwieweit eine bloße Nutzungsänderung genehmigungsrechtlich die Frage nach den Abstandflächen des bestandsgeschützten Gebäudes neu aufwirft, s. *OVG Weimar,* 25. 6. 1999 – 1 EO 197.99 – LKV 00, 119; *VGH München,* 1. 7. 1993 – 2 CS 93 437, BayVBl. 94, 666; *OVG Münster,* 13. 7. 1995 – 11 B 1543.95 – BauR 96, 240; *OVG Koblenz,* 13. 5. 1996 – 8 B 11048/96 –, BauR 96, 692.

[258] *OVG Münster,* 13. 10. 1999 – 7 A 998.99 – NVwZ-RR 00, 205; *OVG Weimar,* 25. 6. 1999 – 1 EO 197.99 – LKV 00, 119 m. w. N. der obergerichtlichen Rspr. aus den anderen Bundesländern.

[259] *OVG Münster,* 2. 10. 1998 – 11 B 645.98 – NVwZ-RR 99, 427; *OVG Münster,* 13. 5. 1994 – 10 A 1025.90 – BauR 94, 750.

– Die Höhenlage darf nicht künstlich mit dem Ziel verändert werden, die Abstandflächenbestimmungen zu umgehen.[260] Sie darf allerdings gestaltend festgelegt werden, wenn der ursprüngliche natürliche Geländeverlauf nicht mehr feststellbar ist.[261] Eine solche Festlegung hat nachbarschützende Bedeutung.[262]
– Die Vorschrift, nach der benachbarte Verkehrsflächen für die Berechnung des Grenzabstandes bis zu ihrer Mittellinie dem Baugrundstück zugerechnet werden dürfen, löst Nachbarschutz aus.[263]
– Von Windenergieanlagen[264] bzw. Sendemasten[265] gehen Wirkungen wie von einem Gebäude aus; die abstandflächenrechtlichen Normen finden daher Anwendung.
– Eine Bestimmung, nach der in einem Gebiet der geschlossenen Bauweise ausnahmsweise die Freihaltung einer Abstandfläche verlangt werden kann, wenn auf dem Nachbargrundstück ein seitlicher Grenzabstand eingehalten wird, ist (nur) partiell nachbarschützend.[266]
– Wenn der Bauherr für mehr als zwei Außenwände eines Gebäudes das sog. Schmalseitenprivileg in Anspruch nimmt, kann jeder der davon betroffenen Nachbarn sich auf die Verletzung dieser Vorschrift berufen;[267] dasselbe gilt für den Nachbarn, dessen Grundstück an eine halbe Abstandfläche auf dem Baugrundstück angrenzt, wenn vor einer anderen Gebäudeseite des Vorhabens die dort erforderliche halbe Abstandflächentiefe nicht eingehalten wird.[268]
– Die Frage, ob das Bauvorhaben die erforderlichen Abstandflächen einhält, ist nach objektiven Kriterien – auch unter Berücksichtigung des Schmalseitenprivilegs – zu beantworten. Es kommt nicht darauf an, für welche Außenwände der Bauherr dieses Privileg anwenden wollte.[269]
– In NRW kann die Unterschreitung der Abstandfläche im Fall der Nutzungsänderung gem. § 6 Abs. 15 BauO zugelassen werden, wenn Länge und Höhe der Außenwand nicht verändert werden.[270]

Hinweis:
Schriftsatzbeispiel für einen Antrag des Nachbarn gem. § 80 Abs. 5 auf Herstellung der aufschiebenden Wirkung des Widerspruchs gegen eine Baugenehmigung, der auf eine Verletzung der Bestimmungen über die Abstandflächen gestützt wird, s. Anhang I 28.

---

260 *OVG Saarlouis,* 28. 11. 2000 – 2 R 2.00 – BauR 01, 1245; *VGH München,* 4. 3. 1996 – 2 CS 95 2580 – BayVBl. 97, 373.

261 *OVG Saarlouis,* 30. 9. 1997 – 2 R 30/96 – BauR 98, 314.

262 *OVG Greifswald,* 23. 6. 1998 – 3 L 227.97 – DÖV 99, 170 [Ls.].

263 *OVG Lüneburg,* 30. 3. 1999 – 1 M 897.99 – NVwZ-RR 99, 716 = BauR 99, 1163 = UPR 99, 360.

264 *OVG Greifswald,* 30. 5. 2000 – 3 M 128.99 – NVwZ 01, 454 = DÖV 01, 133 = UPR 01, 79; *VGH München,* 12. 3. 1999 – 2 ZB 98 3014 – BayVBl. 00, 639; *OVG Münster,* 29. 8. 1997 – 7 A 629.95 – NVwZ 98, 978 = BauR 98, 110 = UPR 98, 232; allgemein zum Nachbarschutz gegen Windenergieanlagen s. *Lühle,* NVwZ 98, 897.

265 *OVG Münster,* 28. 2. 2001 – 7 B 214.01 – BauR 01, 1089; *OVG Münster,* 10. 2. 1999 – 7 B 974.98 – NVwZ-RR 99, 714 = UPR 99, 359 [Ls.]; s. a. *OVG Weimar,* 17. 12. 1997 – 1 S 746/96 – UPR 98, 360 [Ls.]; s. aber auch *OVG Münster,* 27. 7. 2000 – 7 A 3558.96 – NVwZ-RR 01, 505.

266 *OVG Berlin,* 9. 1. 1998 – 2 S 14.97 – LKV 98, 240.

267 *VGH München,* 17. 4. 2000 – Gr. Senat 1/1999 – DÖV 00, 830 = BauR 00, 1728; *OVG Weimar,* 5. 10. 1999 – 1 EO 698.99 – NVwZ-RR 00, 350 = DVBl. 00, 831 = DÖV 00, 433 [Ls.] = BauR 00, 869.

268 *VGH München,* 25. 5. 1998 – 2 B 94 2682 – BayVBl. 99, 246; s. aber auch *VGH München, Großer Senat,* 17. 4. 2000 – Gr. Senat 1/1999 – BayVBl. 00, 562; s. a. *Hauth,* BayVBl. 00, 545.

269 *OVG Greifswald,* 16. 1. 1998 – 3 M 169.97 – LKV 98, 364.

270 *OVG Münster,* 24. 4. 2001 – 7 B 1473.00 – BauR 01, 1407; *OVG Münster,* 1. 2. 2000 – 10 B 2092.99 – NVwZ 01, 340 = BauR 00, 1463.

83 Einige Landesbauordnungen regeln,[271] dass den Abstandflächen nur zur Hälfte ihres objektiv-rechtlich gebotenen Maßes, mindestens jedoch zu 3m, nachbarschützende Wirkung zukommt. Der Gesetzgeber hat damit zulässigerweise insoweit den generellen Nachbarschutz ausgeschlossen. Im Einzelfall bleibt jedoch zu prüfen, ob ein Verstoß gegen abstandflächenrechtliche Bestimmungen sich nicht gleichwohl gegenüber einem bestimmten Nachbarn als rücksichtslos erweist, die Norm also ungeachtet der gesetzlichen Regelung wenigstens partiell Nachbarschutz bewirken kann.[272]

84 Ein Verstoß gegen die bauordnungsrechtliche **Stellplatzpflicht** (das „Ob") ist grundsätzlich nicht geeignet, Nachbarn in ihren Rechten zu verletzen.[273] Von nachbarrechtlicher Relevanz sind dagegen die Regelungen über die Anlage von Stellplätzen (das „Wie"). Soweit darin bestimmt ist, dass von Stellplätzen keine erhebliche Beeinträchtigung für die Nachbarschaft ausgehen darf, wird dadurch grundsätzlich unverzichtbarer[274] Nachbarschutz begründet;[275] im Einzelfall können die Lokalisation[276] oder die Anzahl der Stellplätze[277] eine Nachbarrechtsverletzung bewirken. Der bauordnungsrechtliche Nachbarschutz kann entfallen, wenn das Bau- und das Nachbargrundstück durch eine Vereinigungsbaulast zusammengeschlossen sind.[278]

84a Die bauordnungsrechtlichen Regelungen über die **Standsicherheit von Gebäuden** begründen Nachbarschutz.[279] Das gilt auch für Regelungen, nach denen der Bauherr darauf achten muss, dass durch die Realisierung des Bauvorhabens keine Veränderungen der Standsicherheitsbedingungen für benachbarte Gebäude bewirkt werden, mit denen der Nachbareigentümer nicht rechnen musste.

84b Die bauordnungsrechtlichen Regelungen über die **Erschließung** des Grundstücks lösen dagegen keinen Nachbarschutz aus;[280] dies soll nur dann nicht gelten, wenn eine ordnungsgemäße Erschließung zwingend die Inanspruchnahme des Grundstücks des Nachbarn erforderlich macht (Notwegrecht, Notleitungsrecht).[281]

85 Die bauordnungsrechtlichen Regelungen über **Befreiungen** bzw. **Abweichungen** können im Einzelfall auch Nachbarschutz entfalten; es gelten insoweit die Ausführungen zur städtebaurechtlichen Befreiung,[282] vgl. oben K 71.

---

271 § 6 Abs. 5 Satz 4 BauO Berlin, § 6 Abs. 5 Satz 5 BauO Bremen, § 5 Abs. 7 Satz 3 BauO Baden-Württemberg.

272 S. *Ortloff,* Das Grundeigentum 1996, 26.

273 *OVG Münster,* 10. 7. 1998 – 11 A 7238.95 – NVwZ-RR 99, 365 = BauR 99, 237 = UPR 99, 120 [Ls.]; *OVG Frankfurt (Oder),* 13. 9. 1996 – 3 B 111.96 – LKV 98, 72.

274 *OVG Lüneburg,* 12. 3. 2001 – 1 L 3697.00 – NVwZ-RR 01, 503 = UPR 01, 318.

275 *OVG Weimar,* 25. 6. 1999 – 1 EO 197.99 – LKV 00, 119, *Dürr,* DÖV 94, 841, 849.

276 *OVG Bautzen,* 24. 6. 1996 – 1 S 248.96 – LKV 97, 103; *OVG Schleswig,* 9. 12. 1991 – 1 L 28.91 – BRS 54 Nr. 101; *OVG Lüneburg,* 23. 9. 1991 – 6 L 131.89 – BauR 1992, 55.

277 *VGH Mannheim,* 19. 5. 1992 – 8 S 551.92 – NVwZ 93, 595.

278 *BVerwG,* 7. 12. 2000 – 4 C 3.00 – NVwZ 01, 813 = DVBl. 01, 645 = DÖV 01, 471.

279 *OVG Saarlouis,* 22. 10. 1996 – 2 W 34.96 – BRS 58 Nr. 181; *OVG Berlin,* 2. 6. 1998 – 2 S 4.98 – BRS 60 Nr. 118 = Das Grundeigentum 99, 389.

280 *VGH München,* 22. 3. 1999 – 15 B 98207 – BayVBl. 99, 662; *OVG Lüneburg,* 12. 3. 1997 – 1 M 1023.97 – BRS 59 Nr. 108.

281 *VGH München,* 17. 11. 1999 – 26 B 961268 – BauR 00, 855 = BayVBl. 00, 472 = NuR 00, 642.

282 *VGH München,* 16. 7. 1999 – 2 B 961048 – BayVBl. 00, 532.

Befreiungen und Abweichungen sind zu **begründen.** Wenn die Behörde die Gründe erst im verwaltungsgerichtlichen Verfahren vorträgt, dann handelt es sich nicht mehr um eine von § 114 Satz 2 gedeckte Ergänzung der Ermessenserwägungen, sondern um eine davon nicht gedeckte Nachholung der Ermessensausübung,[283] s.a. oben E 194ff.

Eine Baugenehmigung, die hinsichtlich **nachbarrelevanter Baumaßnahmen** **85 a**
unbestimmt ist, so dass eine Verletzung von Nachbarrechten bei der Realisierung des Vorhabens nicht auszuschließen ist, verstößt gegen Nachbarrechte und ist daher aufzuheben.[284]

(c) *Sonstige nachbarschützende Normen.* Eine Baugenehmigung darf nur erteilt wer- **86**
den, wenn das Bauvorhaben auch mit den sonstigen öffentlich-rechtlichen Vorschriften vereinbar ist, sofern die Einhaltung dieser Vorschriften nicht in einem gesonderten Genehmigungsverfahren zu prüfen ist.[285]

Damit geraten insbesondere immissionsschutzrechtliche Bestimmungen in das Blickfeld. Gem. **§ 22 BImSchG** sind vermeidbare schädliche Umwelteinwirkungen zu vermeiden und unvermeidbare auf Mindestmaß zu reduzieren. Diese Bestimmung ist auch im Baugenehmigungsverfahren zu berücksichtigen.[286] Die rechtliche Beurteilung der Immissionsbelastungen hat primär anhand der einschlägigen Rechtsverordnungen zum BImSchG (insbesondere 16. BImSchVO – **VerkehrslärmVO**[287] – und 18. BImSchVO – **SportlärmschutzVO**[288] –) zu erfolgen. Soweit solche Regelungen fehlen, können Richtlinien von Sachverständigen-Organisationen herangezogen werden.

Beispiel:

Bewertung der thermischen Effekte elektromagnetischer Felder, die durch Mobilfunkanlagen verursacht werden, an Hand der Grenzwertempfehlungen der Internationalen Strahlenschutzassoziation.[289]

Nachbarschutz kann sich auch aus dem **Wasserrecht** ergeben.[290] **87**

(d) *Nachbarschutz aus Art. 14 GG.* Das Bundesverwaltungsgericht hat früher an- **87 a**
genommen, dass ein Nachbar unter bestimmten Voraussetzungen direkt aus Art. 14 Abs. 1 GG ein gegen ein Bauvorhaben gerichtetes Abwehrrecht herleiten könne.

---

283 *VG Leipzig,* 22. 9. 1997 – 5 K 1318.97 – LKV 98, 248; s.a. *VGH München,* 25. 5. 1998 – 2 B 94 2682 – BayVBl. 99, 246.

284 *OVG Münster,* 2. 10. 1998 – 11 B 645.98 – NVwZ-RR 99, 427.

285 *VGH Mannheim,* 15. 2. 1996 – 3 S 1914/95 – NVwZ-RR 97, 614 (Verhältnis der Baugenehmigung zur wasserrechtlichen Genehmigung).

286 *BVerwG,* 16. 5. 2001 – 7 C 16.00 – NVwZ 01, 1167; *VGH Mannheim,* 2. 1. 1997 – 8 S 3396.96 – BauR 97, 626; *VGH München,* 19. 3. 1997 – 22 B 96 951 – NVwZ 99, 87 = BayVBl. 98, 310 = GewArch 97, 389; *OVG Bremen,* 16. 7. 1985 – 1 BA 13.85 – BRS 44 Nr. 111 [Stellplatzimmissionen]; *BVerwG,* 3. 4. 1987 – 4 C 41.84 – NVwZ 87, 884; *BVerwG,* 20. 1. 1989 .4 B 116.88 – NVwZ 89, 666.

287 S. z.B. *OVG Münster,* 28. 8. 1998 – 10 B 1353.98 – BauR 99, 1012.

288 S.z.B. *BVerwG,* 16. 5. 2001 – 7 C 16.00 – NVwZ 01, 1167; *BVerwG,* 23. 9. 1999 – 4 C 6.98 – UPR 00, 183; *BVerwG,* 8. 11. 1994 – 7 B 73.94 – BauR 95, 377; *VGH Mannheim,* 27. 10. 1995 – 5 S 268.95 – UPR 96, 318 [nur Ls.]; *OVG Münster,* 29. 11. 1993 – 11 A 773.90 – BauR 94, 744.

289 *VGH Mannheim,* 2. 1. 1997 – 8 S 3396.96 – BauR 97, 626.

290 *VGH Mannheim,* 15. 2. 1996 – 3 S 1914.95 – NVwZ-RR 97, 614.

Ein solches Recht sollte gegeben sein, wenn die Ausnutzung der dem Bauherrn erteilten Genehmigung die vorgegebene Grundstückssituation nachhaltig verändert und der Nachbar dadurch schwer und unerträglich getroffen wird.[291]

Das Bundesverwaltungsgericht hat diese Rechtsprechung aufgegeben. Ein **Rückgriff auf Art. 14 Abs. 1 GG kommt** nach der neueren Rechtsprechung **nicht in Betracht.** Es ist Sache des Gesetzgebers auf der Ebene des einfachen Rechts im Rahmen der Inhalts- und Schrankenbestimmung des Art. 14 Abs. 1 Satz 2 GG nachbarschützende Regelungen zu treffen. Im Hinblick auf die nachbarschützenden Normen der §§ 30, 31, 33, 34 und 35 BauGB bleibt damit für selbstständige Ansprüche aus Art 14 Abs. 1 GG kein Raum.[292]

Selbst wenn man sich auf den Standpunkt stellt, dass einzelne dieser Regelungen vor dem Hintergrund der Anforderungen des Art. 14 Abs. 1 Satz 1 GG ein Defizit aufweisen, so kann dieses nicht durch ausgeglichen werden, dass ein Anspruch direkt auf Art. 14 GG gestützt wird. Es wäre dann vielmehr Sache des Fachgerichts bei Vorliegen der Voraussetzungen des Art. 100 GG das Verfahren auszusetzen und eine Entscheidung des Bundesverfassungsgerichts einzuholen.[293]

87b (e) *Nachbarschutz aus privaten Rechten.* Die Landesbauordnungen regeln übereinstimmend, dass Baugenehmigungen „unbeschadet der privaten Rechte Dritter" ergehen. Die Baugenehmigung gestaltet mithin keine privaten Rechtsbeziehungen. Sie kann daher insoweit auch keine Rechte verletzen; öffentlich-rechtlicher Nachbarschutz kann sich daher nicht aus privaten Rechten ergeben.[294]

88 (3) *Rechtschutzbedürfnis.* Dem Antrag gem. § 80 Abs. 5 fehlt regelmäßig das **Rechtsschutzbedürfnis** – bzw. geht verloren –, sofern das Vorhaben auf der Grundlage der Baugenehmigung nahezu fertiggestellt[295] bzw. bezugsfertig ist.[296]

Das gilt jedoch nur, wenn die geltend gemachte Nachbarbeeinträchtigung gerade vom Bauwerk selbst ausgeht. Wird die Beeinträchtigung dagegen primär durch die Nutzung ausgelöst, so bleibt das Rechtsschutzbedürfnis auch nach Fertigstellung erhalten, denn die aufschiebende Wirkung des Rechtsbehelfs hindert den Bauherrn an dieser Nutzung.[297]

---

[291] *BVerwG,* 13. 6. 1969 – 4 C 234.65 – NJW 69, 1787.

[292] *BVerwG,* 19. 10. 1995 – 4 B 215.95 – NVwZ 96, 888; *BVerwG,* 26. 9. 1991 – 4 C 5.87 – NVwZ 92, 977 = BVerwGE 89, 69.

[293] *BVerwG,* 12. 3. 1998 – 4 C 10.97 – BauR 98, 760.

[294] *BVerwG,* 10. 11. 1998 – 4 B 107.98 – NVwZ 99, 413 = BauR 99, 378 [Beeinträchtigung Erbbaurecht]; *VGH Mannheim,* 23. 1. 1998 – 5 S 2053.97 – NVwZ 98, 975 [Beeinträchtigung Grunddienstbarkeit].

[295] *OVG Saarlouis,* 21. 8. 1997 – 2 W 2.97 – NVwZ-RR 98, 636 = BauR 98, 320; *VGH Mannheim,* 7. 3. 1995 – 3 S 174.95 – NVwZ-RR 95, 488; *VGH Kassel,* 20. 6. 1991 – 4 TH 1094.91 – BRS 52, Nr. 194; ähnlich *VGH Mannheim,* 17. 9. 1993 – 8 S 1589.92 – UPR 94, 120 [Ls.]: Für eine Klage gegen die Baugenehmigung für ein Gebäude, mit der sich der Kläger nicht gegen dessen Nutzung wendet, fehlt das erforderliche Rechtsschutzbedürfnis, wenn das Gebäude bereits fertiggestellt ist und die zuständige Baurechtsbehörde auch im Falle des Obsiegens des Klägers durch den Grundsatz der Verhältnismäßigkeit daran gehindert ist, den Abbruch des Gebäudes anzuordnen.

[296] *OVG Bautzen,* 9. 9. 1994 – 1 S 259.94 – DÖV 95, 251.

[297] *OVG Münster,* 13. 7. 1995 – 11 B 1543.95 – BauR 96, 240; *OVG Greifswald,* 31. 5. 1994 – 3 M 11.94 – NVwZ 95, 400 = DÖV 95, 432 [Ls.]; *OVG Lüneburg,* 2. 12. 1992 – 1 M 3997.92 – NVwZ 93, 1117.

bb) Begründetheit des Antrags 89

Über die **Begründetheit** des Antrages gem. § 80 Abs. 5 ist anhand der allgemeinen Kriterien zu befinden, vgl. oben **J 84** ff. und **J 128.** Die Entscheidungsfindung erfolgt mithin in einem zweistufigen Verfahren:

- Zunächst sind die **Erfolgsaussichten** des Rechtsbehelfs zu bewerten. Dem Antrag des Nachbarn ist stattzugeben wenn die Baugenehmigung rechtswidrig ist und offensichtlich seine Rechte verletzt.[298] Umgekehrt ist der Nachbarantrag abzulehnen, wenn der Rechtsbehelf unzulässig oder die Baugenehmigung offensichtlich rechtmäßig ist bzw. den Nachbarn nicht in seinen Rechten verletzt,[299] im einzelnen K 90 ff.
- Ist der Ausgang des Hauptsacheverfahrens offen, so erfolgt eine **Interessenabwägung.** Im Rahmen dieser Interessenabwägung ist auch von Bedeutung, ob dem Rechtsbehelf des Nachbarn die aufschiebende Wirkung kraft Gesetzes genommen wurde oder ob diese aufgrund einer besonderen behördlichen Anordnung nicht greift; im einzelnen unten K 100.[300]

Im Rahmen der summarischen Prüfung der **Erfolgsaussichten** ist zunächst zu klären, ob die angefochtene Baugenehmigung voraussichtlich als rechtswidrig zu beurteilen sein wird.[301] Für die Prüfung der Rechtmäßigkeit ist auf den Zeitpunkt der Erteilung der Baugenehmigung abzustellen.[302] Nachträgliche Rechtsänderungen sind zugunsten des Bauherrn, nicht aber zugunsten des Nachbarn, zu berücksichtigen.[303] 90

Die Rechtswidrigkeit der Genehmigung hat allerdings nicht automatisch zur Folge, dass die Anfechtungsklage des Nachbarn voraussichtlich erfolgreich sein wird. Hinzutreten muss vielmehr gem. § 113 Abs. 1 Satz 1, dass diese objektive Rechtswidrigkeit auch eine **Verletzung der Nachbarrechte** des Antragstellers bewirkt.[304] Im Einzelfall muss also geklärt werden, ob die Norm, gegen die die Baugenehmigung verstößt, nachbarschützenden Charakter hat. Dies ist mit Hilfe der Schutznormtheorie zu entscheiden, vgl. oben K 39. 90 a

Beispiel:

A wendet sich mit seinem Antrag gem. § 80 Abs. 5 gegen die sofortige Vollziehung einer dem B erteilten Teilbaugenehmigung für die Durchführung von Erd- und Fundamentierungsarbeiten zwecks Errichtung einer Lagerhalle. Er rügt in erster Linie die Verletzung von Vorschriften über die Abstandflächen.

---

298 *VGH München,* 1. 7. 1993 – 2 CS 93 437 – GewArch 94, 82.

299 *OVG Hamburg,* 7. 1. 2000 – 2 Bs 344.99 – BauR 00, 1840.

300 Sehr plastisch zu diesem baurechtlichen Entscheidungsmuster *OVG Weimar,* 29. 6. 1993 – 1 B 114/92 – LKV 94, 114; *VGH Kassel,* 1. 8. 1991 – 4 TG 1244/91 – NVwZ 93, 491 = DVBl. 92, 45.

301 In diesem Zusammenhang ist es ohne rechtliche Bedeutung, ob sich der Bauherr gegenüber dem antragstellenden Nachbarn verpflichtet hat, ein Vorhaben der Art, wie es genehmigt wurde, nicht auszuführen. Dies folgt aus der Regelung in den Landesbauordnungen, nach der die Baugenehmigung unbeschadet der privaten Rechte Dritter erteilt wird; vgl. *VGH Mannheim,* 26. 5. 1993 – 8 S 1023/93 – NJW 94, 211; *BVerwG,* 24. 2. 1994 – 4 B 40.94 – UPR 94, 232.

302 *BVerwG,* 23. 4. 1998 – 4 B 40.98 – NVwZ 98, 1179 = BauR 98, 995 = ZfBR 98, 256; *BVerwG,* 18. 5. 1982 – 7 C 42.80 – NVwZ 83, 32 = BVerwGE 65, 313.

303 *BVerwG,* 23. 4. 1998 – 4 B 40.98 – NVwZ 98, 1179 = BauR 98, 995 = ZfBR 98, 256.

304 *VGH Kassel,* 1. 8. 1991 – 4 TG 1244/91 – DVBl. 92, 45.

Eine Teilbaugenehmigung, die sich nur auf unterirdische Bauteile bezieht, entfaltet in der Regel keine Bindungswirkung in bezug auf die für das Gesamtbauvorhaben geltenden Abstandflächen. Die summarische Prüfung im Rahmen des Verfahrens gem. § 80 Abs. 5 gelangt zu dem Ergebnis, dass der Rechtsbehelf des A, der gegen diese Teilbaugenehmigung gerichtet ist, in der Hauptsache voraussichtlich mangels Rechtsverletzung erfolglos bleiben wird. Der Antrag gem. § 80 Abs. 5 ist daher zurückzuweisen.[305]

91 Wenn die **Nachbarrechtsverletzung** nur im Hinblick auf einen **abgrenzbaren Bauteil** zu bejahen ist und die Baugenehmigung insofern sinnvoll teilbar ist, kommt auch eine lediglich teilweise Herstellung der aufschiebenden Wirkung in Betracht.[306]

Auf das Erfordernis der Nachbarrechts-Verletzung darf auch dann nicht verzichtet werden, wenn die angefochtene Baugenehmigung „konkret und rechtmäßigerweise rücknahmebedroht ist".[307]

92 Eine Rechtsverletzung kommt nur in Betracht, wenn der Nachbar das fragliche Nachbarrecht noch geltend machen kann.

Die Antragsbefugnis ist zu verneinen, wenn der Nachbar durch eine Absprache mit dem Bauherrn auf seine materiell-rechtlichen Nachbarabwehrrechte **verzichtet** hat.

Beispiele:
- A veräußert B ein Grundstück. Im notariellen Kaufvertrag heißt es, dies geschehe „zum Zwecke der Schaffung von Wohnräumen". Im Hinblick auf diese nachbarrechtliche Absprache ist der Widerspruch des A gegen die dem B erteilte Baugenehmigung insoweit unbegründet, als er argumentiert, das fragliche Grundstück sei nach Planungsrecht überhaupt nicht bebaubar.[308]
- Der Nachbar stimmt dem Bauvorhaben durch ausdrückliche Erklärung zu.[309]

92 a **Hinweise für den Anwalt:**
Eine **Vereinbarung** über den **Verzicht auf ein Nachbaranfechtungsrecht** ist formlos wirksam.[310] Bei der Prüfung, ob eine solche Vereinbarung im Hinblick auf das Mißverhältnis der vereinbarten Leistungen sittenwidrig ist, darf nicht auf das Verhältnis des Wertes der beiderseits übernommenen Verpflichtungen abgestellt werden; maßgebend ist vielmehr das beiderseitige Nachgeben.[311]

93 Je größer ein Bauvorhaben ist, desto häufiger kommt es im Zuge der Realisierung zu Änderungen, die Gegenstand von Nachtragsgenehmigungen sind. Die Reichweite einer im Hinblick auf die ursprüngliche Baugenehmigung abgegebenen Verzichtserklärung ist dann sorgfältig zu untersuchen. Einfach liegt der Fall, wenn das geänderte Vorhaben evident eine intensivere Beeinträchtigung von Nachbarrechten zur Konsequenz hat; die ursprüngliche Verzichtserklärung bindet den Nachbarn dann nicht mehr.

---

305 OVG Koblenz, 7. 12. 1990 – 1 B 12509/90 – NVwZ-RR 91, 286.

306 *VGH Kassel,* 13. 7. 1999 – 4 TG 1322.99 – BauR 00, 1845; *OVG Berlin,* 25. 3. 1993 – 2 S 4.93 – UPR 93, 360 [Ls.]; s. a. *OVG Berlin,* 16. 1. 1998 – 2 S 15.97 – NVwZ-RR 99, 9 zur Teilbarkeit einer Baugenehmigung; kritisch zu dieser Rechtsprechung *Mampel,* BauR 00, 1817.

307 So aber *OVG Bautzen,* 26. 8. 1992 – I S 150/92 – DVBl. 92, 1449 [nur Ls.].

308 *VGH Kassel,* 8. 5. 1990 – 3 TG 1291/90 – NVwZ-RR 91, 171; s. a. *OVG Bautzen,* 10. 6. 1996 – 1 S 134/96 – BRS 58 Nr. 107 = SächsVBl. 97, 119 = NVwZ-RR 97, 694 [Ls.].

309 *OVG Münster,* NVwZ-RR 98, 614.

310 *OVG Münster,* 20. 1. 2000 – 7 B 2103.99 – BauR 00, 866.

311 *BGH,* 2. 7. 1999 – V ZR 135.98 – BauR 00, 252.

In Fällen, in denen das geänderte Vorhaben aus nachbarrechtlicher Sicht im Vergleich zum ursprünglichen Vorhaben nicht zu einer weiterreichenden Rechtsbeeinträchtigung führt, ist die Reichweite der ursprünglichen Verzichtserklärung im Wege sorgfältiger Interpretation zu bestimmen. Sofern die Verzichtserklärung nur ein konkretes Vorhaben betraf, so entfaltet die nachbarliche Erklärung gegenüber einem geänderten Vorhaben keine Verzichtswirkung.[312] Wenn dagegen der Nachbar einem Vorhaben mit der allgemeinen Maßgabe zustimmt, seine Erklärung gelte solange, wie das Vorhaben lediglich in Bereichen geändert werde, die nicht nachbarrelevant sind, so erfasst die Erklärung auch geänderte Vorhaben.[313]

Die Verzichtserklärung wird im Verhältnis zur Baubehörde erst mit Zugang der entsprechenden Willenserklärung wirksam;[314] bis zum Zugang bei der Behörde ist sie frei widerruflich.[315] Sie bindet mit Zugang bei der Baubehörde auch den Rechtsnachfolger, der in eine insoweit geschmälerte Rechtsposition eintritt.[316] **94**

Dasselbe gilt im Falle der **Verwirkung** des **materiellen Abwehrrechts.** Eine solche Verwirkung setzt voraus, dass der Nachbar während eines längeren Zeitraums das ihm zustehende Recht nicht geltend macht, obwohl er hierfür Anlass hat, dadurch beim Bauherrn der Eindruck erweckt wird, der Nachbar werde sein Recht nicht mehr ausüben und der Bauherr sich darauf bei seinen Dispositionen einstellt.[317] Ein „längerer Zeitraum" in diesem Sinne ist erst verstrichen, wenn sich der Zeitraum von den regulären Rechtsbehelfsfristen deutlich abhebt.[318] **95**

Anlass für die Geltendmachung von Nachbarrechten ist gegeben, wenn der Nachbar zuverlässig über das Bauvorhaben informiert ist und die mögliche Rechtsverletzung erkannt hat oder hätte erkennen müssen.[319]

Beispiele:
- Der Architekt des Bauherrn informiert den Nachbarn über das Bauvorhaben. Dabei geht er rechtsirrtümlich davon aus, das Bauwerk müsse zur seitlichen Grundstücksgrenze nur eine Abstandfläche von ½ H einhalten. In dieser Situation fehlt dem Nachbarn die für den Eintritt der Verwirkung erforderliche Kenntnis.[320]
- Der Bauherr erklärt dem Nachbarn unmißverständlich, dass er dessen Änderungswünschen nicht nachkommen, sondern das Bauvorhaben in jedem Falle so wie geplant durchführen werde. Auch wenn der Nachbar bis zur Erhebung des Widerspruchs einen längeren Zeitraum verstreichen läßt, ist das materielle Abwehrrecht noch nicht verwirkt.[321]

---

312 *OVG Münster,* 22. 6. 1990 – 7 B 740/90 – NVWZ-RR 91, 169; **a. A.** *VGH Kassel,* 22. 7. 1988 – 4 TG 2231/88 – BRS 48 Nr. 178.

313 *OVG Münster,* 22. 6. 1990 – 7 B 740/90 – NVWZ-RR 91, 169.

314 *VGH Kassel,* 7. 12. 1994 – 4 TH 3032/94 – NVwZ-RR 95, 495 = DVBl. 95, 525 = DÖV 95, 390 [nur Ls.].

315 *OVG Münster,* 20. 1. 2000 – 7 B 2103.99 – BauR 00, 866.

316 *VGH Kassel,* 15. 12. 1988 – IV OE 2318/86 – NVwZ-RR 90, 6; *OVG Münster,* 15. 6. 1984 – 7 B 1233/84 – BauR 84, 622.

317 *OVG Münster,* 2. 3. 1999 – 10 A 2343.97 – BauR 00, 381.

318 *BVerwG,* 16. 5. 1991 – 4 C 4.89 – BayVBl. 91, 726 = BRS 52 Nr. 218; siehe auch *OVG Weimar,* 28. 7. 1993 – 1 EO 1/93 – LKV 94, 110; *OVG Münster,* 9. 4. 1992 – 7 A 1521/90 – NVwZ-RR 1993, 397 = BauR 92, 753.

319 *BVerwG,* 18. 1. 1988 – 4 B 25/87 – NVwZ 88, 532; *OVG Lüneburg,* 17. 5. 1995 – 1 L 4212/93 –, NVwZ-RR 96, 378.

320 *OVG Lüneburg,* 17. 5. 1995 – 1 L 4212/93 – NVwZ-RR 1996, 378.

321 *OVG Münster,* 7. 8. 1998 – 11 B 1555.98 – NVwZ-RR 98, 540 = UPR 99, 237 [Ls.].

– Der Bauherr realisiert das Vorhaben binnen kurzer Frist ohne Genehmigung und ohne vorherige Information des Nachbarn. Mehrere Monate später wird das Vorhaben durch eine Baugenehmigung legalisiert. Der Nachbar hat sein Anfechtungsrecht nicht verwirkt, denn es fehlt an der kausalen Verknüpfung des Verhaltens des Nachbarn und des Bauherrn.[317]

Das Kennen oder Kennenmüssen ist nicht erst mit Erteilung der Baugenehmigung gegeben. Materielle Abwehrrechte können daher zu einem früheren Zeitpunkt verwirkt sein als entsprechende Verfahrensrechte.[322]

96 Von der Verwirkung des materiellen Abwehrrechts ist die **Verwirkung des verfahrensrechtlichen Anfechtungsrechts** zu unterscheiden. Diese kann zwar erst nach Erteilung der Baugenehmigung, aber – je nach Lage der Dinge – auch schon vor Ablauf der Jahresfrist i.S.d. § 58 Abs. 2 eintreten.[323] Sie bewirkt die Unzulässigkeit des Rechtsbehelfs, vgl. oben Rdn. K 33 und J 130.

97 Die Wahrnehmung von Nachbarrechten kann auch **treuwidrig** (§ 242 BGB) sein.[324]

98 **Beispiele:**

– Der Nachbar gestattet in Kenntnis des Vorhabens des Bauherrn diesem sein Grundstück für eine Rohrleitung in Anspruch zu nehmen, mit der Fertigbeton auf das Baugrundstück gepumpt wird. Ein gegen dieses Vorhabens eingelegter Widerspruch ist treuwidrig (venire contra factum proprium).[325]
– Der Nachbar ist aufgrund einer entsprechenden Grunddienstbarkeit verpflichtet, das unter Verstoß gegen nachbarschützende baurechtliche Normen errichtete Grenzbauvorhaben auf dem angrenzenden Grundstück zu dulden. Nach Treu und Glauben ist er dann gehindert einen öffentlich-rechtlichen Abwehranspruch geltend zu machen, der gegen dieses Vorhaben gerichtet ist.[326]
– Der Nachbar unterhält in einem allgemeinen Wohngebiet gem. § 4 BauNVO einen großflächigen Einzelhandelsbetrieb im Sinne des § 11 Abs. 3 BauNVO. Er kann sich nicht mit der Begründung gegen ein vergleichbares Vorhaben des Bauherrn richtet, dieses sei im Baugebiet nicht zulässig; [327]
– Im Abstandflächenrecht hat das **„Glaskasten-Argument"** besonderes Gewicht: Wer selbst die Regelungen über die Abstandfläche nicht einhält, kann dies auch nicht von seinem Nachbarn verlangen.[328]

Hinweis für den Anwalt:

Die Wahrnehmung des Nachbarrechts kann nach Treu und Glauben auch bereits verfahrensrechtlich ausgeschlossen sein. Der Widerspruch – und mit ihm der Antrag nach § 80 Abs. 5 – ist dann unzulässig, vgl. oben K 33.

---

322 *BVerwG,* 16. 5. 1991 – 4 C 4.89 – BRS 52 Nr. 218; *BVerwG,* 9. 8. 1990 – 4 B 95.90 – BRS 50 Nr. 196; *BVerwG,* 18. 3. 1988 – 4 B 50/88 – NVwZ 88, 730; *OVG Münster,* 2. 3. 1999 – 10 A 2343.97 – BauR 00, 381.

323 *VG Potsdam,* 7. 5. 1999 – 5 L 950.98 – LKV 99, 377 = BauR 99, 1146.

324 *VGH Kassel,* 12. 10. 1995 – 3 UE 2906/93 – BauR 96, 520; *OVG Münster,* 22. 6. 1990 – 7 B 740/90 – BRS 50 Nr. 180.

325 *OVG Münster,* 9. 4. 1992 – 7 A 1521.90 – BauR 92, 753; s.a. *VGH München,* 25. 1. 1993 – 20 Cs 923111 – NVwZ 94, 85 = BayVBl. 94, 473 = UPR 93, 280 [Ls.].

326 *OVG Saarlouis,* 30. 9. 1998 – 2 W 8.98 – NJW 99, 1348.

327 *OVG Weimar,* 18. 10. 1996 – 1 EO 262.96 – UPR 97, 156 = DÖV 97, 471 [dort nur Ls.].

328 *OVG Weimar,* 5. 10. 1999 – 1 EO 698.99 – NVwZ-RR 00, 350 = DVBl. 00, 831 = DÖV 00, 433 [Ls.] = BauR 00, 869; *OVG Lüneburg,* 30. 3. 1999 – 1 M 897.99 – NVwZ-RR 99, 716 = BauR 99, 1163 = UPR 99, 360; *OVG Münster,* 8. 12. 1998 – 10 B 2255.98 – BauR 99, 628; *OVG Berlin,* 6. 9. 1994 – 2 S 14.94 – soweit ersichtlich nicht veröffentlicht; *VG Halle,* 20. 7. 1995 – 2 A 62.93 – LKV 96, 337 m.w.N.

Gem. **§ 55 Abs. 2 Satz 2 BauO BW** werden die von dem Bauantrag durch Zustellung **benachrichtigten Angrenzer** mit allen Einwendungen ausgeschlossen, die sie nicht innerhalb von zwei Wochen nach Zustellung der Benachrichtigung bei der Gemeinde schriftlich oder zur Niederschrift vorgebracht haben, für die Berechnung der Frist gelten gem. § 31 BW VwVfG die Bestimmungen der §§ 185ff. BGB.[329] Das Gesetz bezeichnet diese Wirkung als **materielle Präklusion.** Damit wird klargestellt, dass der Rechtsverlust des Angrenzers sich nicht darauf beschränkt, dass das verspätete Vorbringen im Genehmigungsverfahren nicht behandelt wird. Der Angrenzer ist vielmehr mit diesem Vorbringen auch für das nachfolgende Rechtsbehelfs- und Klageverfahren ausgeschlossen.[330] Die Regelung ist verfassungsgemäß.[330] **98a**

Die Präklusion wirkt nur, wenn der Angrenzer in der Benachrichtigung über die Folgen einer Fristversäumnis informiert worden ist, § 55 Abs. 2 Satz 3 BauO BW. Im Hinblick auf die weitreichenden Konsequenzen der Präklusion muss diese Information deutlich und unmissverständlich sein.[331]

Die Präklusionswirkung wird durch einen schlichten Einspruch gegen das Bauvorhaben nicht ausgeschlossen. Der Angrenzer muss vielmehr deutlich machen, welche konkreten Bedenken aus einer Sicht bestehen. Das erfordert eine Bezeichnung des verletzten Rechtsguts und eine zumindest grobe Darlegung der im einzelnen befürchteten Beeinträchtigungen.[330]

Gegenstand der Einwendungen ist das Bauvorhaben, so wie es im Bauantrag beschrieben ist. Eine nachträgliche Änderung oder Konkretisierung des Bauantrags läßt die Einwendungsfrist nur dann erneut laufen, wenn und soweit die Änderung des Bauantrags zu einer zusätzlichen Beeinträchtigung des Angrenzers führt.[330]

Die **Anforderungen an ein Bauvorhaben** sind grundsätzlich **auf das Buchgrundstück bezogen.** Es kann sich herausstellen, dass in bauordnungsrechtlicher Hinsicht bestimmte Genehmigungsvoraussetzungen nicht auf dem zu bebauenden Buchgrundstück selbst sondern nur auf einem benachbarten Grundstück erfüllt werden können (z.B. Stellplätze, Lage der Abstandflächen). In einem solchen Fall ermöglichen es die Bauordnungen in einer Reihe von Bundesländern den Eigentümern der betroffenen Grundstücke diese durch die Erklärung einer **Vereinigungsbaulast** zu einem Baugrundstück im bauordnungsrechtlichen Sinne zusammenzufassen. Die Vereinigungsbaulast nimmt dem Eigentümer des belasteten Grundstücks nach Maßgabe ihrer konkreten Regelung das Recht Bedenken gegen ein Nachbarvorhaben geltend zu machen. Im Regelfall ist der Nachbar daher mit seinen bauordnungsrechtlichen nicht aber mit seinen städtebaurechtlichen Abwehransprüchen ausgeschlossen.[332] **99**

Ist der Ausgang des Hauptsacheverfahrens über den Rechtsbehelf über den Nachbarn offen, hat das Gericht auf der zweiten Stufe seines Entscheidungsprozesses eine **Abwägung der beteiligten Interessen** vorzunehmen,[333] vgl. oben J 135. **100**

---

329 *VGH Mannheim,* 1. 10. 1999 – 5 S 21014.99 – NVwZ-RR 00, 348.

330 *VGH Mannheim,* 1. 4. 1998 – 8 S 722.98 – NVwZ 98, 986 = UPR 99, 235 [Ls.].

331 *VG Karlsruhe,* 9. 1. 1997 – 11 K 3769.96 – NVwZ 97, 929.

332 *OVG Lüneburg,* 2. 7. 1999 – 1 L 5277.96 – BauR 00, 376; *OVG Lüneburg,* 1. 8. 1996 – 1 M 3898.96 – NVwZ-RR 98, 12 = DÖV 97, 471.

333 Instruktiv *OVG Berlin,* 17. 3. 1999 – 2 S 6.98 – LKV 99, 367, 370 = DÖV 99, 883 [Ls.].

101 Bei der Gewichtung der Interessen ist zu berücksichtigen, dass der Gesetzgeber durch die Regelung des § 212a Abs. 1 BauGB dem Vollziehungsinteresse des Bauherrn[334] eine besondere Bedeutung verschafft hat;[335] diese gesetzgeberische Entscheidung ist auch Ausdruck des „Gesetzgebungsprogramms" in § 80 Abs. 2 Nr. 3, 2. Halbsatz.

Im Rahmen der Interessenabwägung könnte daher an eine entsprechende Anwendung von § 80 Abs. 4 Satz 3 gedacht werden. Die Herstellung der aufschiebenden Wirkung dürfte dann nur erfolgen, wenn ernstliche Zweifel an der Rechtmäßigkeit der angegriffenen Genehmigung bestehen[336] oder wenn die Vollziehung der Genehmigung für den Nachbarn eine unbillige Härte zur Folge hätte.[337]

Demgegenüber könnte argumentiert werden, die Gerichte hätten im Hinblick auf die möglicherweise unabänderlichen Folgen einer Vollziehung der Baugenehmigung die Pflicht, die Erfolgsaussichten des Rechtsbehelfs nicht lediglich summarisch, sondern intensiver zu prüfen.[338] Gelange auch diese Prüfung zu einem „non liquet", so müsse zur Vermeidung vollendeter Tatsachen regelmäßig die aufschiebende Wirkung des Rechtsbehelfs angeordnet werden.[339]

Dies kann allerdings nicht gelten, wenn der festgestellte Mangel der Baugenehmigung leicht behebbar ist und so die Nachbarrechtsverletzung beseitigt werden kann.[340] In einem solchen Fall kann das Verwaltungsgericht auch entscheiden, dass die aufschiebende Wirkung des Rechtsbehelfs erst ab einem in der Zukunft liegenden Zeitpunkt eintritt, um so dem Bauherrn und der Aufsichtsbehörde die „Chance zur Nachbesserung" zu geben.[341]

102 Mißachtet der Bauherr die aufschiebende Wirkung des vom Nachbarn eingelegten Rechtsbehelfs, so hat das Gericht die Möglichkeit gem. § 80a Abs. 3 i.V.m. Abs. 1 Nr. 2 selbst geeignete Maßnahmen zu treffen, vgl. oben J 164.[342]

---

334 S. dazu plastisch *OVG Berlin,* 2. 6. 1998 – 2 S 4.98 – Das Grundeigentum 99, 389.

335 *OVG Frankfurt (Oder),* 16. 12. 1998 – 3 B 116.98 – NVwZ 99, 434 = BauR 99, 613 = GewArch 99, 437; *VG Koblenz,* 24. 7. 2000 – 1 L 1756.00 KO – BauR 00, 1714; **a. A.** *OVG Münster,* 13. 7. 1998 – 7 B 956.98 – NVwZ 98, 980 = BauR 98, 1212; *Ortloff,* NVwZ 99, 955, 960.

336 *OVG Frankfurt (Oder),* 8. 5. 1998 – 3 B 84.97 – LKV 98, 359.

337 So die Rechtsprechung einiger Obergerichte zu § 10 Abs. 2 BauGB-MaßnahmenG: *OVG Saarlouis,* 3. 2. 1992 – 2 W 35.91 – BauR 92, 489; *VGH Mannheim,* 23. 10. 1990 – 8 S 2237.90 – NVwZ-RR 91, 287; *VGH München,* 12. 4. 1991 – 1 CS 91 439 – BauR 91, 588 = BayVBl. 91, 720; **a. A.** *OVG Münster,* 13. 7. 1998 – 7 B 956.98 – NVwZ 98, 980 = BauR 98, 1212 [zu § 212a BauGB].

338 So *OVG Greifswald,* 12. 7. 1997 – 3 M 36/96 – VwRR 97, 84; *VGH München,* 17. 6. 1994 – 20 CS 94 1555 – NVwZ-RR 95, 382 = BayVBl. 95, 246 zu § 10 Abs. 2 BauGB-MaßnahmenG.

339 *VGH München,* 14. 1. 1991 – 14 CS 90/3166 – BayVBl. 91, 275; *VGH Mannheim,* 3. 6. 1991 – 8 S 1170.91 – NVwZ 91, 1004 = DVBl. 91, 1160 [nur Ls.]; siehe im Übrigen *Uechtritz,* BauR 92, 1.

340 *VGH München,* 17. 6. 1994 – 20 CS 94 1555 – NVwZ-RR 95, 382 = BayVBl. 95, 246.

341 Instruktiv *OVG Münster,* 28. 8. 1998 – 10 B 1353.98 – BauR 99, 1012.

342 Dem ausdrücklichen Rat von *Kraft,* BayVBl. 92, 450, in einem solchen Fall eine zivilgerichtliche einstweilige Verfügung gem. § 935 ZPO gegen den Bauherrn zu beantragen, sollte der Rechtsanwalt des Nachbarn im Hinblick auf das damit verbundene erhebliche Schadensersatzrisiko (Gefährdungshaftung gem. § 945 ZPO!) nicht folgen.

Eine solche Regelung kann auch in einem Verfahren gem. § 80 Abs. 7 ergehen, vgl. oben J 165.

Beispiel: 103

Die Antragstellerin wendet sich gegen das Vorhaben des Beigeladenen, der seine Gaststätte umbauen und erweitern will. Der Antrag gem. § 80 Abs. 5 hat beim OVG Erfolg. Der Beigeladene setzt die Bauarbeiten gleichwohl fort.

Die Antragstellerin kann gem. § 80a Abs. 3 Satz 1 i.V.m. Abs. 1 Nr. 2 die Verpflichtung der Behörde zum Erlass einer Baueinstellungs-Verfügung verlangen.[343] Für den Antrag gem. § 80 Abs. 7, mit dem auch eine Ergänzung des Beschlusses gem. § 80 Abs. 5 um eine solche Annexregelung begehrt werden kann, ist nach Abschluß des Beschwerdeverfahrens das Verwaltungsgericht zuständig, vgl. oben J 166.

Der Nachbar kann seinen Antrag gem. § 80 Abs. 5 Satz 1 i.V.m. § 80a Abs. 1 Nr. 2, 1. Alt. (Aussetzung der Vollziehung) mit einem Antrag nach § 80 Abs. 5 i.V.m. § 80a Abs. 1 Nr. 2, 2. Alt. (sog. **Sicherungsanordnung**[344]) verbinden. Das Gericht kann aufgrund eines solchen Antrags die genehmigte **Nutzung vorläufig untersagen,**[345] bzw. die **Einstellung der Bauarbeiten anordnen**[346] oder gegenüber dem Bauherrn ein Zwangsgeld androhen.[347] Die Sicherungsanordnung ist – im Gegensatz zur Anordnung der aufschiebenden Wirkung – **vollstreckungsfähig,**[348] vgl. oben I 45ff. 103a

Wenn nach der gerichtlichen Herstellung der aufschiebenden Wirkung des Widerspruch und gerichtlicher Anordnung der Einstellung der Bauarbeiten eine **Nachtragsbaugenehmigung** für das Vorhaben erteilt wird, dann erledigt sich der Beschluss gem. § 80 Abs. 5 nicht. Das Zusammenwirken von ursprünglicher Baugenehmigung und dazu erteilter Nachtragsgenehmigung hat vielmehr zur Folge, dass die Realisierung des Vorhabens nur dann möglich ist, wenn (auch) von der ursprünglich erteilten Genehmigung Gebrauch gemacht werden darf. Das verhindert der Beschluss gem. § 80 Abs. 5. Der Bauherr ist daher darauf angewiesen, ein Verfahren gem. § 80 Abs. 7 durchzuführen, um sich von bindenden Wirkung des Beschlusses im Hinblick auf die Nachtragsbaugenehmigung zu befreien.[349] 104

Etwas anderes gilt allenfalls, wenn für das Vorhaben eine komplett neue Baugenehmigung ohne Bezug auf die alte Genehmigung erteilt wird. Der Nachbar ist dann darauf angewiesen, zur Wahrung seines Rechtsschutzes erneut ein Verfahren gem. § 80 Abs. 5 einzuleiten.

---

343 Zur Frage, ob sich das ordnungsbehördliche Ermessen in einem solchen Fall zu einer Pflicht zum Einschreiten verdichtet *OVG Münster,* 22. 7. 1991 – 7 B 1126/91 – NVwZ 91, 1003; *OVG Münster,* 14. 5. 1991 – 11 B 246/91 – NVwZ 91, 1001.

344 *VGH Kassel,* 22. 6. 1998 – 4 TM 2325.98 – NVwZ-RR 99, 158.

345 *OVG Saarlouis,* 21. 8. 1997 – 2 W 2.97 – BauR 98, 320; *OVG Münster,* 13. 7. 1995 – 11 B 1543/95 – BauR 96, 240.

346 *OVG Münster,* 11. 1. 2000 – 10 B 2060.99 – ZfBR 00, 429 = DVBl. 00, 1468 [Ls.]; *OVG Bautzen,* 11. 8. 1994 – 1 S 261/94 – BRS 56 Nr. 153; *Dürr,* DÖV 94, 841, 852 m.w.N. in Fn. 172; **a.A.** *VGH Kassel,* 30. 1. 1991 – 4 TG 3243/90 – NVwZ 91, 592; *Ortloff,* NVwZ 96, 647, 653.

347 *OVG Lüneburg,* 16. 6. 1999 – 1 M 2042.99 – UPR 00, 156 [Ls.].

348 *VGH Kassel,* 22. 6. 1998 – 4 TM 2325.98 – NVwZ-RR 99, 158.

349 Sehr umstritten, wie hier *OVG Bautzen,* 15. 7. 1999 – 1 S 308.99 – NVwZ-RR 00, 583; **a.A.** *OVG Münster,* 11. 1. 2000 – 10 B 2060.99 – ZfBR 00, 429 = DVBl. 00, 1468 m.w.N. d. Rspr.

d) Exkurs: Nachbarrechtsschutz gegen von der Genehmigung freigestellte Vorhaben bzw. einfache Baugenehmigungen

104 a Die Landesgesetzgeber haben das Baugenehmigungsverfahren dereguliert.[350] Früher gab es nur zwei Möglichkeiten: entweder ein Vorhaben war von Gesetzes wegen **nicht genehmigungsbedürftig** oder aber es bedurfte einer **Baugenehmigung**, die umfassend die materielle Legalität des Vorhabens regelte.

Die modernen Bauordnungen haben verschiedene Zwischenmodelle geschaffen: die **einfache Baugenehmigung** regelt die Zulässigkeit des Vorhabens nur unter bestimmten Aspekten, andere bleiben ungeregelt, vgl. oben K 7.

Bestimmte Vorhaben sind **von der Genehmigungspflicht freigestellt** und können daher ohne Baugenehmigung realisiert werden. Das gilt allerdings nur dann, wenn die Baugenehmigungsbehörde von der ihr gesetzlich eingeräumten Befugnis keinen Gebrauch macht und vom Bauherrn nicht die Durchführung eines regulären Genehmigungsverfahren verlangt. Ein Teil der Landesbauordnungen räumt auch dem Bauherrn das Recht ein, ein reguläres Bauordnungsverfahren durchzuführen, vgl. oben K 4f.

104 b Die Antwort auf die Frage, in welchem **einstweiligen Rechtsschutzverfahren** der Nachbar seine Interessen verfolgen muss, ist grundsätzlich einfach zu geben:[351] soweit das Baugeschehen durch eine behördliche Entscheidung formell legalisiert wird, wickelt sich der Rechtsschutz nach § 80 ab, vgl. oben K 17ff. Soweit der Nachbarrechtsbehelf aufschiebende Wirkung entfaltet, ist der Bauherr rechtlich gehindert, seine Baugenehmigung auszunutzen.

Soweit eine entsprechende behördliche Regelung fehlt, kann sie auch nicht Anknüpfungspunkt für den Rechtsschutz sein. Das Rechtsschutzbegehren hat dann das Vorhaben selbst zum Gegenstand.[352] In dieser Situation bietet primär § 123 Rechtsschutz, vgl. unten K 141a ff. Der Antrag ist auf eine einstweilige Anordnung gerichtet, die die Behörde zum bauaufsichtsrechtlichen Einschreiten verpflichtet. Daneben kommt u. U. ein Antrag auf Erlass einer einstweiligen Anordnung gem. § 47 Abs. 6 in Betracht, der auf ein vorläufige Außervollzugsetzung des Bebauungsplans gerichtet ist,[353] vgl. oben D 430ff. Im Hinblick auf diese klare dogmatische Struktur werden die Rechtsschutzprobleme dort jeweils im soeben bezeichneten Kontext erörtert.

104 c **Prozessuale Besonderheiten** – im Vergleich zur alten Rechtslage – ergeben sich nur unter zwei Gesichtspunkten. Der Nachbar ist gegebenenfalls gezwungen, sein Begehren in **zwei parallelen einstweiligen Rechtsschutzverfahren** zu verfolgen.

Beispiel:

Für das Nachbarbauvorhaben ist eine einfache Baugenehmigung erteilt worden, die aus Sicht des Nachbarn nachbarrechtswidrig ist. Er muss insoweit gem. § 80 vorgehen. Darüber hinaus verstößt das Vorhaben seiner Auffassung nach in Punkten, die nicht Gegenstand der

---

[350] *Oeter,* DVBl. 99, 189 m. w. N.; *Ortloff* in *Finkelnburg/Ortloff,* Öffentliches Baurecht II, 4. Auflage, 1998, 86ff.

[351] Grundlegend *Kruhl,* Nachbarschutz und Rechtssicherheit im baurechtlichen Anzeigeverfahren, 1999.

[352] *BVerwG,* 16. 1. 1997 – 4 B 244.96 – NVwZ 98, 58.

[353] *VGH München,* 28. 7. 1999 – 1 NE 99813 – BayVBl. 00, 628.

Baugenehmigung sind, ebenfalls gegen Nachbarrechte. Insoweit muss der Nachbar ein Verfahren gem. § 123 anstrengen.[354]

Die Baubehörde – teilweise auch der Bauherr – entscheidet darüber, ob ein Vorhaben genehmigungsfrei bleibt oder ein Genehmigungsverfahren durchzuführen ist. Auf Seiten der Behörde wird diese Entscheidung ausschließlich unter Würdigung öffentlicher Interessen getroffen. Wenn man der Auffassung ist, dass die Entscheidung im Ergebnis ohne Konsequenzen für die Effektivität des Nachbarrechtsschutzes bleiben muss, so hat dies prozessrechtliche Konsequenzen, vgl. im einzelnen unten K 142 a.

3. Baugenehmigung, vorläufiger Rechtsschutz für Gemeinden

a) § 80 Abs. 1

Die Gemeinde kann gegen eine Baugenehmigung,[355] die ein Vorhaben im eigenen Gebiet oder im Gebiet einer benachbarten Gemeinde betrifft, Widerspruch einlegen und Anfechtungsklage erheben. Auch die **Rechtsbehelfe der Gemeinde** haben **gem. § 212 a Abs. 1 BauGB keine aufschiebende Wirkung.**[356] Diese Norm bewirkt allgemein die sofortige Vollziehbarkeit der Baugenehmigung gegenüber Dritten, d. h. gegenüber den Personen, die nicht begünstigte Adressaten der Genehmigung sind.[357] **105**

Die Gemeinde muss daher nach Einlegen des Widerspruchs bei dem Verwaltungsgericht einen Antrag gem. § 80 Abs. 5 stellen, um vorläufigen Rechtsschutz zu erlangen.

Hinweis:
In einer besonderen Fallkonstellation kann die Gemeinde Rechtsschutz nicht durch Widerspruch gegen die Baugenehmigung erreichen:
Die Baugenehmigungsbehörde lehnt die Erteilung der Baugenehmigung wegen der Versagung des Einvernehmens der Gemeinde ab. Der Bauherr legt dagegen Widerspruch ein. Auf diesen Widerspruch hebt die Widerspruchsbehörde den Bescheid auf und verpflichtet die Baugenehmigungsbehörde zur Erteilung der Baugenehmigung. Sie begründet diese Entscheidung damit, dass das gemeindliche Einvernehmen wegen Fristablaufs als erteilt gelte.
In dieser Situation ist der Widerspruch gegen die Baugenehmigung nicht statthaft, weil diese neben dem Widerspruchsbescheid keinen eigenen Regelungsgehalt hat. Die Gemeinde muss **Anfechtungsklage gegen den Widerspruchsbescheid** erheben, vgl. § 79 Abs. 1 Nr. 2, 2. Alternative.[358]

---

354 *Knuth* in *Wilke/Dageförde/Knuth/Meyer,* Bauordnung für Berlin, 5. Auflage, 1999, § 56 a, Rdn 30.

355 Zum Rechtsschutz gegen Entscheidungen gem. § 37 Abs. 2 Satz 3 BauGB s. *BVerwG,* 3. 12. 1992 – 4 C 29/90 – NVwZ 93, 892; *VGH Kassel,* 7. 12. 2000 – 4 TG 3044.99 und 4 ZU 3402.99 – NVwZ 01, 823; *VGH Mannheim,* 19. 12. 1997 – 5 S 2735.95 – UPR 98, 460.

356 *OVG Lüneburg,* 9. 3. 1999 – 1 M 405.99 – NVwZ 99, 1005 = UPR 99, 231 = BauR 99, 884 = ZfBR 99, 226 = DÖV 99, 882 [Ls.]; *OVG Frankfurt (Oder),* 16. 12. 1998 – 3 B 116.98 – NVwZ 99, 434 = BauR 99, 613 = GewArch 99, 437; *VGH Mannheim,* 11. 5. 1998 – 5 S 465/98 – NVwZ 99, 442.

357 So *VGH München,* 18. 7. 1995 – 2 CS 95/1918 – BayVBl. 95, 762 = NVwZ-RR 96, 74 [Ls.] zur Geltung von § 10 Abs. 2 BauGB-MaßnahmenG im Verhältnis zur Gemeinde; **a. A.** *OVG Frankfurt (Oder),* 25. 41997 – 3 B 168/96 – VwRR 97, 56; *OVG Bautzen,* 12. 9. 1996 – 1 S 407/96 – LKV 97, 376 m. w. N.

358 *OVG Lüneburg,* 12. 11. 1998 – 1 M 4423.98 – NVwZ-RR 99, 367 = BauR 99, 483.

b) § 80 Abs. 5: Gerichtliche Entscheidung über die sofortige Vollziehbarkeit der Baugenehmigung

106 Für die Zulässigkeit des Antrags gelten die allgemeinen Kriterien, vgl. oben J 102ff. und J 152. Auch für die Begründetheit gilt der allgemeine Maßstab, vgl. oben J 126f. und J 128ff.

aa) Baugenehmigung für Vorhaben im eigenen Gemeindegebiet

107 Im Rahmen der summarischen Prüfung der Erfolgsaussichten des Rechtsbehelfs ist zu bedenken, dass auch im Falle der Gemeinde die Rechtswidrigkeit der Baugenehmigung nicht zwingend die Verletzung gemeindlicher Rechte zur Folge hat. Es ist vielmehr in jedem Einzelfall zu klären, ob die rechtswidrige Baugenehmigung die verfassungsrechtlich gewährleistete **Planungshoheit**[359] der Gemeinde beeinträchtigt.[360]

107 a Wenn die Baugenehmigung ein **Vorhaben in einem Plangebiet** betrifft, dann ist die Planungshoheit der Gemeinde verletzt, wenn das Vorhaben nach § 30 BauGB bzw. nach den für den Plan maßgeblichen Regelungen[361] unzulässig ist.

Beispiel:
- Die gemeindliche Planungshoheit ist verletzt, wenn auf der Grundlage von § 30 BauGB eine Baugenehmigung für ein Vorhaben erteilt wird, das mit den Festsetzungen des B-Plans nicht vereinbar ist[362] oder dessen Erschließung nicht gesichert ist.[363]
- Die gemeindliche Planungshoheit ist verletzt, wenn unter Verstoß gegen einer auf dem Landesbauordnungsrecht beruhenden Stellplatzsatzung eine Baugenehmigung für ein Vorhaben erteilt wird.[357]

107 b Baugenehmigungen für **Vorhaben im unbeplanten Bereich** (§§ 33, 34, 35 BauGB) bzw. Ausnahmen und Befreiungen (§ 31 BauGB), berühren grundsätzlich die Planungshoheit der Gemeinde, die von ihrer Satzungsbefugnis insoweit noch keinen Gebrauch gemacht hat. Zur Sicherung der Planungshoheit begründet **§ 36 BauGB** daher eine Mitwirkungsbefugnis der Gemeinde im Baugenehmigungsverfahren. Über die Baugenehmigung darf nur im **Einvernehmen** mit **der Gemeinde,** d.h. mit ihrer Zustimmung entschieden werden.

107 c Die Zustimmung gilt als erteilt, wenn sie nicht binnen zweier Monate nach Eingang des Ersuchens bei der Gemeinde (bzw. nach Einreichen des Bauantrages bei der Gemeinde aufgrund Landesbauordnungsrecht) verweigert wurde, vgl. § 36 Abs. 2 Satz 2 BauGB.[364] Wenn es streitig ist, ob das Einvernehmen versagt wurde, trägt die Gemeinde die Darlegungs- und Beweislast für den Zugang der Erklärung bei der Bauaufsichtsbehörde.[365] An das erklärte bzw. gesetzlich fingierte Einver-

---

[359] Diese kann durch eine Zulassung nach dem GentechnikG nicht beeinträchtigt werden, vgl. *OVG Berlin,* 10. 8. 1998 – 2 S 8.97 – DÖV 98, 1018.

[360] *VGH Mannheim,* 14. 10. 1991 – 8 S 979/91 – BRS 52 Nr. 219, vgl. auch *Ortloff,* NVwZ 93, 326, 330 mit zahlreichen Nachweisen aus der Rechtsprechung.

[361] *VGH Kassel,* 10. 4. 2000 – 9 UE 2459.96 – DÖV 01, 253 = UPR 01, 158 [Ls.].

[362] *OVG Münster,* 14. 8. 1997 – 10 B 1869.97 – BauR 98, 93 = ZfBR 98, 104.

[363] *VGH München,* 18. 7. 1995 – 2 CS 95 1918 – BayVBl. 95, 762.

[364] Die Frist ist nicht verlängerbar: *BVerwG,* 12. 12. 1996 – 4 C 24.95 – DVBl. 97, 827 = DÖV 97, 550 = BauR 97, 444.

[365] *VGH München,* 27. 10. 2000 – 1 ZS/CS 00 2727 – NVwZ-RR 01, 364 = DÖV 01, 257 = UPR 01, 38.

nehmen ist die Gemeinde gebunden, eine Rücknahme oder ein Widerruf des Einvernehmens ist nicht zulässig.[366] Eine Anfechtung der Baugenehmigung kommt nicht mehr in Betracht.[367]

Eine **Baugenehmigung** die **ohne** das gem. § 36 BauGB erforderliche gemeindliche **Einvernehmen** erteilt wird, ist **rechtswidrig und verletzt die Gemeinde** in jedem Falle **in ihren Rechten.**[368]

Hinweis:

Das gemeindliche Einvernehmen ist auch dann nicht entbehrlich, wenn sämtliche bauplanungsrechtlichen Fragen im Rahmen eines Vorbescheids verbindlich geklärt worden sind.[369]

§ 36 Abs. 2 Satz 3 BauGB bestimmt, dass die nach Landesrecht zuständige Be- **108**
hörde das **rechtswidrig versagte Einvernehmen** der Gemeinde ersetzen kann.[370] Diese Ersetzungsentscheidung ist in den Bundesländern durch das Landesrecht unterschiedlich ausgestaltet.

Teilweise bestimmen die Bauordnungen, dass das gemeindliche Einvernehmen **durch die Erteilung der Baugenehmigung ersetzt** wird, vgl. z.B. Art. 74 Abs. 3 Satz 1 BayBauO, § 71a LBO MV. In diesen Fällen erstreckt sich der in § 212a Abs. 1 BauGB angeordnete Ausschluß der aufschiebenden Wirkung des Widerspruchs der Gemeinde gegen die Baugenehmigung auch auf die darin enthaltende Ersetzungsentscheidung.[371]

In anderen Ländern liegen die Entscheidung über die Baugenehmigung und die Ersetzung des gemeindlichen Einvernehmens dagegen nicht bei derselben Behörde. Bei der **Ersetzungsentscheidung** handelt es sich dann um einen **eigenständigen, gebundenen**[372] **Verwaltungsakt,** gegen den die Gemeinde Widerspruch einlegen kann. Dieser Widerspruch hat aufschiebende Wirkung, § 212a BauGB gilt nicht.[373] Die Ersetzungsentscheidung kann allerdings nach den allgemeinen Regeln für sofortig vollziehbar erklärt werden. In einem solchen Fall ist es dem Verwaltungsgericht in dem gegen die Vollziehbarkeit der Baugenehmigung gerichteten Verfahren gem. § 80 Abs. 5 aber verwehrt, incidenter die Rechtmäßigkeit der Ersetzungsentscheidung zu überprüfen. Erst wenn die Gemeinde insoweit

---

366 *VGH München,* 26. 3. 1999 – 26 ZS 99507 – BauR 99, 1015.

367 *VGH München,* 26. 3. 1999 – 26 ZS 99507 – BauR 99, 1015; *OVG Lüneburg,* 18. 3. 1999 – 1 L 6696.96 – BauR 99, 1150 = ZfBR 99, 285 = UPR 99, 358; *OVG Magdeburg,* 12. 6. 1997 – B 2 K 297/96 – VwRR 97, 82.

368 *VGH Mannheim,* 11. 5. 1998 – 5 S 465.98 – NVwZ 99, 442; *VGH Mannheim,* 23. 5. 1995 – 8 S 3600/94 –, NVwZ-RR 96, 74 [Ls.]; *BVerwG,* 10. 8. 1988 – 4 C 20.84 – BauR 88, 694 = UPR 89, 39; *VGH Kassel,* 19. 8. 1988 – 4 TG 438/88 – BauR 89, 450; **a. A.** *Hüttenbrink,* DVBl. 90, 129, 135.

369 Offen gelassen von *VGH Mannheim,* 11. 5. 1998 – 5 S 465.98 – NVwZ 99, 442 m. w. N.

370 Ausführlich zum Rechtsschutz der Gemeinden gegen derartige Verfügungen *Hüttenbrink,* Festschrift für Konrad Gelzer zum 75. Geburtstag, 215 ff.

371 Dazu *OVG Frankfurt (Oder),* 4. 11. 1996 – 3 B 134/96 – LKV 97, 377 = BauR 97, 90.

372 *OVG Lüneburg,* 15. 10. 1999 – 1 M 3614.99 – DVBl. 00, 212 = BauR 00, 73 = ZfBR 00, 141 m. w. N. = UPR 00, 159 [Ls.] läßt offen, ob der Behörde hierbei ein Ermessen zusteht.

373 *OVG Lüneburg,* 9. 3. 1999 – 1 M 405.99 – NVwZ 99, 1005 = UPR 99, 232 = BauR 99, 884 = ZfBR 99, 226 = DÖV 99, 882 [Ls.].

mit einem gesonderten Antrag nach § 80 Abs. 5 Erfolg gehabt hat, kann sie gem. § 80 Abs. 7 eine Abänderung des die Vollziehbarkeit der Baugenehmigung bestätigenden Beschlusses verlangen.[374]

Ein Teil der Landesbauordnungen hatte zuvor schon derartige Regelungen über die staatliche Ersetzung gemeindlichen Einvernehmens getroffen, vgl. z.B. § 90 Abs. 1 BauOBbg.[375]

109 Sofern die Erklärung des Einvernehmens im Ermessen der Gemeinde steht (in den Fällen des § 31 Abs. 2 BauGB[376]) scheidet die staatliche Ersetzung gemeindlichen Einvernehmens grundsätzlich aus.[377]

109a Eine nach Erteilung der Baugenehmigung erlassene **Veränderungssperre** gem. § 14 BauGB führt nicht zur Rechtswidrigkeit der Baugenehmigung. Denn für die Prüfung der Rechtmäßigkeit ist auf den Zeitpunkt der Erteilung der Baugenehmigung abzustellen. Nachträgliche Rechtsänderungen sind zugunsten des Bauherrn, nicht aber zugunsten der Gemeinde, zu berücksichtigen,[378] vgl. oben K 90. Der Gemeinde stehen die Instrumente der §§ 14ff. BauGB also nur in der Zeit des § 36 Abs. 2 Satz 2 BauGB zur Verfügung.[379]

110 Das Bauordnungsrecht enthält in einzelnen Ländern Bestimmungen über den Ablauf des Baugenehmigungsverfahrens, die ebenfalls der Sicherung der gemeindlichen Planungshoheit dienen. So bestimmt § 71 Abs. 1 BauO Niedersachsen, dass Baugenehmigungsanträge grundsätzlich – auch in den nicht von § 36 BauGB erfaßten Fällen – bei der Gemeinde einzureichen sind. Die Gemeinde wird so in die Lage versetzt, anläßlich konkreter Genehmigungsanträge auch bereits getroffene planerische Entscheidungen zu überprüfen. Wird eine Baugenehmigung ohne diese Beteiligung dieser Gemeinde erteilt, ist sie rechtswidrig und verletzt die Gemeinde in ihren Rechten.[380]

bb) Baugenehmigung für Vorhaben im benachbarten Gemeindegebiet

111 Eine Gemeinde kann auch gegen eine Baugenehmigung vorgehen, die ein Vorhaben in einem benachbarten Gemeindegebiet betrifft. Für den vorläufigen Rechtsschutz gem. § 80 Abs. 1 und Abs. 5 gelten die soeben dargestellten Überlegungen, vgl. Rdn. K 105.

Der Erfolg der Anfechtung hängt davon ab, ob die Baugenehmigung rechtswidrig ist, weil sie gegen das Gebot der **interkommunalen Rücksichtnahme,** vgl.

---

[374] *OVG Lüneburg,* 9. 3. 1999 – 1 M 405.99 – UPR 99, 232 = BauR 99, 884 = ZfBR 99, 226 = DÖV 99, 882 [Ls.].

[375] S. dazu *OVG Frankfurt (Oder),* 4. 11. 1996 – 3 B 134/96 – LKV 97, 377 = BauR 97, 90; s. auch *OVG Bautzen,* 12. 91996 – 1 S 407.96 – LKV 97, 376 = BRS 58 Nr. 114.

[376] *VGH München,* 24. 1. 1992 – 1 CS 913190 – BayVBl. 92, 434 = BRS 54 Nr. 155; s.a. *VGH München,* 10. 10. 1995 – 1 CS 952360 – NVwZ 96, 919 = DVBl. 96, 267 = BauR 96, 220 = BRS 57 Nr. 88 m.w.N.

[377] *VGH München,* 10. 10. 1995 – 1 CS 952360 – NVwZ, 96, 919 = DVBl. 96, 267 = BauR 96, 220 = BRS 57 Nr. 88.

[378] *OVG Lüneburg,* 9. 3. 1999 – 1 M 405.99 – UPR 99, 232 = BauR 99, 884 = ZfBR 99, 226 = DÖV 99, 882 [Ls.], *OVG Weimar,* 17. 6. 1998 – 1 KO 1040.97 – LKV 99, 194.

[379] *BVerwG,* 5. 3. 1999 – 4 B 62.98 – BauR 99, 1281.

[380] *OVG Lüneburg,* 25. 2. 1994 – 1 L 5673/92 – NVwZ-RR 95, 498 [Ls.] = BRS 56 Nr. 150.

§ 2 Abs. 2 BauGB, verstößt.[381] Dieses gemeindenachbarliche Abstimmungsgebot verbietet eine Bauleitplanung, die **unmittelbare Auswirkungen gewichtiger Art** auf die städtebauliche Ordnung und Entwicklung der Nachbargemeinde hat;[382] es hat damit auch unmittelbare Bedeutung für das Baugenehmigungsverfahren, vgl. K 111 b. Die Abwägung der widerstreitenden gemeindenachbarlichen Belange im konkreten Falle ergibt, was unter zu vermeidenden, unmittelbaren Auswirkungen gewichtiger Art zu verstehen ist.[383]

Beispiele:

– Derartige Auswirkungen sind zu bejahen, wenn die Realisierung eines Vorhabens in der Nachbargemeinde zu verkehrlichen Auswirkungen eines Gewichts führt, die eine planerische Folgenbewältigung erfordern und etwa zum Ausbau von Straßen zwingen. Das Erfordernis verkehrsregelnder Maßnahmen hat dagegen nicht das Gewicht, das ein Abstimmungserfordernis begründet.[384]
– Windpark von 22 Windkraftanlagen mit 67 m Nabenhöhe, die bis auf 400 m an die Grenze der Nachbargemeinde heranreichen.[385]

Bei der Gewichtung der Belange kommt den landesplanerischen Funktionszuweisungen und sonstigen Zielen eine bedeutsame Rolle zu. Dabei ist u. a. die Regelvermutung des § 11 Abs. 3 BauNVO zu berücksichtigen;[386] die Vermutungsregel als solche kann allerdings den Nachweis einer Verletzung des Abstimmungsgebots nicht ersetzen.[387]

Rein wirtschaftliche Belange sind nicht abstimmungspflichtig, denn das Bauplanungsrecht vermittelt keinen Konkurrenzschutz und ist prinzipiell wettbewerbsneutral.[388] Wirtschaftliche Belange werden aber abwägungsrelevant, wenn sie z. B. die mittelständische Wirtschaftsstruktur beeinflussen oder städtebauliche Konsequenzen für die Entwicklung der zentralen Versorgungsbereiche haben.[389]

---

381 *BVerwG*, 9. 5. 1994 – 4 NB 18.94 – UPR 94, 307; *BVerwG*, 15. 12. 1989 – 4 C 36/86 –, BRS 50 Nr. 153; *OVG Weimar*, 17. 6. 1998 – 1 KO 1040.97 – LKV 99, 194; *VGH Kassel*, 20. 6. 1991 – 4 TH 1094/91 – BRS 52 Nr. 154; s. a. *Pietzner/Ronellenfitsch*, § 15, Rdn. 30 m. w. N. aus der Literatur.

382 *OVG Lüneburg*, 14. 9. 2000 – 1 K 5414.98 – NVwZ 01, 452 = DVBl. 01, 406 [Ls.]; *OVG Münster*, 31. 1. 00 – 10 B 959.99 – DVBl. 00, 644 m. w. N.

383 *BVerwG*, 15. 12. 1989 – 4 C 36/86 – NVwZ 90, 464 = BVerwGE 84, 209; *VGH München*, 3. 5. 1999 – 1 N 98 1021 – NVwZ 00, 822 = BayVBl. 00, 273; *OVG Koblenz*, 8. 1. 1999 – 8 B 12650.98 – NVwZ 99, 435 = BauR 99, 367 = UPR 99, 154 = GewArch 99, 213; *OVG Frankfurt (Oder)*, 8. 5. 1998 – 3 B 84.97 – LKV 98, 359.

384 *OVG Münster*, 31. 1. 2000 – 10 959.99 – DÖV 00, 644.

385 *OVG Lüneburg*, 14. 9. 2000 – 1 K 5414.98 – NVwZ 01, 452 = DVBl. 01, 406 [Ls.].

386 *VGH München*, 3. 5. 1999 – 1 N 98 1021 – NVwZ 00, 822 = BayVBl. 00, 273; *OVG Koblenz*, 8. 1. 1999 – 8 B 12650.98 – NVwZ 99, 435 = BauR 99, 367 = UPR 99, 154 = GewArch 99, 213; *OVG Münster*, 22. 6. 1998 – 7 a D 108.96 NE – NVwZ 99, 79, 82; *OVG Weimar*, 17. 6. 1998 – 1 KO 1040.97 – LKV 99, 194; *VG Potsdam*, 7. 5. 1999 – 5 L 950.98 – LKV 99, 377 = BauR 99, 1146; *VG Koblenz*, 24. 7. 2000 – 1 L 1756.00 KO – BauR 00, 1714.

387 *VGH Mannheim*, 9. 5. 2000 – 10 S 1141.99 – UPR 01, 280 [Ls.].

388 *OVG Greifswald*, 15. 4. 1999 – 3 K 36.97 – NVwZ 00, 826 = UPR 00, 382.

389 *OVG Frankfurt (Oder)*, 8. 5. 1998 – 3 B 84.97 – LKV 98, 359; *VG Potsdam*, 7. 5. 1999 – 5 L 950.98 – LKV 99, 377 = BauR 99, 1146; *VG Magdeburg*, 9. 8. 1995 – 4 B 61.95 – LKV 96, 340.

Die relevanten Belange sind in den Planungsprozeß unabhängig davon einzustellen, ob sie von der betroffenen Gemeinde im Rahmen des Verfahren der formellen Abstimmung geltend gemacht werden.[390]

111a Das materiellrechtliche Abstimmungsgebot wird durch ein **formelles Abstimmungsgebot** flankiert. Die planende Gemeinde hat die benachbarte Gemeinde bei der Ausarbeitung des B-Plans zu beteiligen. Die Nachbargemeinde zählt zu den Trägern öffentlicher Belange i. S. d. § 4 Abs. 1 BauGB.[391]

Hinweis:

Ein Verstoß allein gegen das formelle Abstimmungsgebot kann allerdings einen Abwehranspruch der Nachbargemeinde nicht begründen.[392]

111b Das Abstimmungsgebot reklamiert im Verhältnis der Nachbargemeinden Geltung, soweit diese jeweils auf den städtebaurechtlichen Zulässigkeitsrahmen eines Vorhabens Einfluss nehmen können, d. h. bei Genehmigungen, die nach § 30 BauGB (inzidente Planprüfung[387]), § 33 BauGB (Planreife[393]) oder § 35 BauGB (öffentlicher Belang[390]) erteilt werden und im Rahmen von Befreiungsentscheidungen gem. § 31 Abs. 2 BauGB (öffentlicher Belang). Es geht also um die Fälle, in denen die Gemeinde die „Weichen in Richtung Zulassungsentscheidung" stellen kann.[394]

Dabei kommt es im konkreten Fall nicht darauf an, ob die Gemeinde, in deren Gebiet das Vorhaben realisiert wird, in das Entscheidungsverfahren in der gebotenen Weise einbezogen worden ist.[395]

111c In der Rechtsprechung[396] und Literatur[397] wird das gemeindenachbarliche Abstimmungsgebot insbesondere im Hinblick auf **großflächige Einkaufszentren** und **Factory Outlet Center (FOC)** behandelt. Konkret wird jeweils die Umsatzverteilung mit ihren Folgen für die städtebauliche Situation untersucht und geprüft,

---

390 *VGH München,* 3. 5. 1999 – 1 N 98 1021 – NVwZ 00, 822 = BayVBl. 00, 273; *OVG Münster,* 22. 6. 1998 – 7a D 108.96 NE – NVwZ 99, 79, 83; *OVG Weimar,* 17. 6. 1998 – 1 KO 1040.97 – LKV 99, 194.

391 *OVG Weimar,* 17. 6. 1998 – 1 KO 1040.97 – LKV 99, 194, *OVG Frankfurt (Oder),* 8. 5. 1998 – 3 B 84.97 – LKV 98, 359.

392 *VG Potsdam,* 7. 5. 1999 – 5 L 950.98 – LKV 99, 377 = BauR 99, 1146 m. w. N.; offen gelassen von *OVG Frankfurt (Oder),* 8. 5. 1998 – 3 B 84.97 – LKV 98, 359.

393 *OVG Koblenz,* 8. 1. 1999 – 8 B 12650.98 – NVwZ 99, 435 = BauR 99, 367 = UPR 99, 154 = GewArch 99, 213.

394 *BVerwG,* 11. 2. 1993 – 4 C 15.92 – NVwZ 94, 285 = DVBl. 93, 658 = UPR 93, 263 = GewArch 93, 430.

395 *VGH München,* 25. 10. 1999 – 26 CS 99 2222 – BauR 00, 365 = GewArch 00, 174 = BayVBl. 00, 152.

396 *OVG Koblenz,* 25. 4. 2001 – 8 A 11441.00 – NVwZ-RR 01, 638; *VGH München,* 7. 6. 2000 – 26 N 99 2961 – UPR 01, 80 [Ls.]; *OVG Frankfurt (Oder),* 28. 1. 2000 – 3 B 67/99 – LKV 01, 466; *OVG Frankfurt (Oder),* 26. 3. 2001 – 3 B 113.00.Z – DVBl. 01, 1298; *OVG Greifswald,* 30. 6. 1999 – 3 M 144.98 – DÖV 01, 134; *VGH München,* 3. 5. 1999 – 1 N 98 1021 – NVwZ 00, 822 = BayVBl. 00, 273; *OVG Koblenz,* 8. 1. 1999 – 8 B 12650.98 – NVwZ 99, 435 = BauR 99, 367 = UPR 99, 154 = GewArch 99, 213; *OVG Frankfurt (Oder),* 16. 12. 1998 – 3 B 116.98 – NVwZ 99, 434 = BauR 99, 613 = GewArch 99, 437; *OVG Weimar,* 17. 6. 1998 – 1 KO 1040.97 – LKV 99, 194; *VG Potsdam,* 7. 5. 1999 – 5 L 950.98 – LKV 99, 377 = BauR 99, 1146.

397 *Jahn,* BayVBl. 00, 267; *Wagner,* ZfBR 00, 21; *Schmitz,* BauR 99, 1100; *Battis,* LKV 99, 347; *Bönker,* BauR 99, 328; *Moench/Sandner,* NVwZ 99, 337; *Reidt,* NVwZ 99, 45; *Otting,* DVBl. 99, 595.

wie diese Folgen durch zumutbare Anpassungsmaßnahmen ausgeglichen oder gemindert werden können.[398]

Beispiel: 112

Eine Umsatzverteilung von mehr als 10 Prozent zu Lasten des innenstadtrelevanten Einzelhandels führt zu unmittelbaren Auswirkungen gewichtiger Art auf die städtebauliche Ordnung und Entwicklung der Nachbargemeinde, die mit dem Gebot der gemeindenachbarlichen Abstimmung nicht vereinbar sind.[399]

Das gemeindenachbarliche Abstimmungsgebot ist allerdings auch in anderen Fällen von Bedeutung: 112 a

Beispiel:

Errichtung eines Multiplex-Kinos an einem dezentralen Standort.[400]

Voraussetzung für eine Verletzung des Abstimmungsgebots ist – anders als bei einer rechtlichen Betroffenheit der Gemeinde durch die Fachplanung[401] – nicht, dass eine hinreichend bestimmte Planung der Nachbargemeinde nachhaltig gestört wird oder dass wesentliche Teile von deren Gebiet einer durchsetzbaren Planung entzogen werden.[402] 112 b

Das Gebot der interkommunalen Rücksichtnahme gilt nicht nur im Hinblick auf angrenzende Gemeinden, sondern erstreckt sich auf alle Gemeinden, in deren Gebiet das konkrete Vorhaben planungsrelevante Auswirkungen haben kann.[403] Gem. § 4 a BauGB begründet ein Abstimmungsgebot im Hinblick auf Kommunen ergeben, die außerhalb der Bundesrepublik Deutschland liegen.[404] 112 c

Eine Verletzung von Rechten benachbarter Gemeinden kann dagegen nicht aus einem Verstoß gegen die **Ziele der Raumordnung und Landesplanung** resultieren, vgl. § 1 Abs. 4 BauGB. Diese Ziele dienen nicht den Interessen einzelner Gemeinden und begründen für diese daher auch keine Abwehrposition.[405] 113

---

398 *OVG Frankfurt (Oder),* 28. 1. 2000 – 3 B 67/99 – LKV 01, 466; *OVG Koblenz,* 8. 1. 1999 – 8 B 12650.98 – NVwZ 99, 435 = BauR 99, 367 = UPR 99, 154 = GewArch 99, 213.

399 *OVG Greifswald,* 30. 6. 1999 – 3 M 144.98 – DÖV 01, 134; *OVG Koblenz,* 8. 1. 1999 – 8 B 12650.98 – NVwZ 99, 435 = BauR 99, 367 = UPR 99, 154 = GewArch 99, 213; *OVG Münster,* 5. 9. 1997 – 7 A 2902.93 – NVwZ-RR 98, 717 [Ls.] = BauR 98, 309; s.a *OVG Frankfurt (Oder),* 16. 12. 1998 – 3 B 116.98 – NVwZ 99, 434 = BauR 99, 613 = GewArch 99, 437; *VG Potsdam,* 7. 5. 1999 – 5 L 950.98 – LKV 99, 377 = BauR 99, 1146.

400 *VGH München,* 25. 10. 1999 – 26 CS 99 2222 – BauR 00, 365 = GewArch 00, 174 = BayVBl. 00, 152; *OVG Frankfurt (Oder),* 8. 5. 1998 – 3 B 84.97 – LKV 98, 359; s.a. *Schmitz,* LKV 97, 345.

401 S. dazu *Erlenkämper,* NVwZ 95, 534, 536; Zur Verteidigung der gemeindlichen Belange des Städtebaus in einem Verfahren gem. § 38 BauGB; *OVG Mannheim;* 7. 4. 1997 – 8 S 2550/96 – UPR 97, 479 [Ls.]; *OVG Koblenz,* 13. 9. 1994 – 7 B 11901/94 – UPR 95, 115.

402 *BVerwG,* 12. 12. 1996 – 4 C 14.95 – BayVBl. 97, 571; *BVerwG,* 9. 1. 1995 – 4 NB 42.94 – NVwZ 95, 694 = DÖV 95, 820 = BauR 95, 354 = BayVBl. 95, 440; *OVG Frankfurt (Oder),* 8. 5. 1998 – 3 B 84.97 – LKV 98, 359.

403 *VGH München,* 3. 5. 1999 – 1 N 98 1021 – NVwZ 00, 823; *OVG Weimar,* 23. 4. 1997 – 1 EO 241/97 – DÖV 97, 791 = LKV 97, 372; *BVerwG,* 9. 1. 1995 – 4 NB 42.94 –, NVwZ 95, 694 = DÖV 95, 820 = BauR 95, 354 = BayVBl. 95, 440.

404 Zur Neufassung des § 4 BauGB im Rahmen der Umsetzung des UVP-Rechts s. *Battis/Krautzberger/Löhr,* NVwZ 01, 961.

405 *VGH München,* 25. 10. 1999 – 26 CS 99 2222 – BauR 00, 365 = GewArch 00, 174 = BayVBl. 00, 152; *OVG Koblenz,* 8. 1. 1999 – 8 B 12650.98 – NVwZ 99, 435 = BauR 99,

114 Sofern die Zulässigkeitskriterien für ein Vorhaben nicht der Disposition der Gemeinde unterliegen (z.B. Genehmigung gem. § 34 Abs. 1 BauGB) scheidet eine Verletzung der Rechte der benachbarten Gemeinde aus.[406]

4. Ordnungsverfügung (Baueinstellung, Nutzungsuntersagung, Beseitigungsverfügung), vorläufiger Rechtsschutz für den Bauherrn

115 Die Baugenehmigungsbehörde verfügt die **Einstellung von Bauarbeiten,** soweit diese trotz Genehmigungserfordernis nicht genehmigt sind (formelle Illegalität, sog. Schwarzbau)[407] oder nachdem eine Baugenehmigung unter Anordnung der sofortigen Vollziehbarkeit zurückgenommen worden ist.[408]

Für Vorhaben, die „an sich" nicht genehmigungsbedürftig sind, kann ein spezieller städtebaurechtlicher Genehmigungsvorbehalt bestehen, wenn sie im Geltungsbereich einer Veränderungssperre – vgl. § 14 Abs. 2 BauGB – einer Sanierungssatzung – vgl. § 144 BauGB – einer Entwicklungssatzung – vgl. § 169 Abs. 1 Nr. 1 BauGB – oder einer Erhaltungssatzung – vgl. § 172 BauGB – realisiert werden sollen. Die Ausführung eines solchen Vorhabens ohne Genehmigung verstößt gegen baurechtliche Vorschriften, so dass eine bauordnungsrechtliche Einstellungsverfügung ergehen kann.[409]

116 **Hinweise für den Anwalt:**

- Fraglich ist, ob die spezielle städtebaurechtliche Genehmigungspflicht auch Vorhaben ergreift, mit deren Realisierung bei Inkrafttreten der Satzung schon begonnen wurde. Das ist grundsätzlich zu verneinen, wobei alle Maßnahmen genehmigungsfrei bleiben, die aus technisch-konstruktiver Sicht oder unter wirtschaftlichen Aspekten der Verwirklichung eines einheitlichen Vorhabens dienen.
- Fraglich ist, auf welchen Zeitpunkt bei der Beurteilung der städtebaurechtlichen Zulässigkeit von Vorhaben abzustellen ist, soweit es um nicht genehmigungsbedürftige (vgl. oben K 3) bzw. genehmigungsfrei gestellte, anzeigepflichtige (vgl. oben K 4) Vorhaben geht. Aus Gründen des Vertrauensschutzes ist der Zeitpunkt des Baubeginns bzw. des Eingangs der Bauanzeige maßgebend. Plansicherungsinstrumente (§§ 14, 15 BauGB), die danach zum Einsatz kommen, können den Zulässigkeitsmaßstab zum Nachteil des Bauherrn nicht mehr verändern,[410] § 14 Abs. 3 BauGB stellt dies ausdrücklich klar.

117 Die Behörde **untersagt** die **Nutzung** eines Gebäudes, sofern diese nicht genehmigt ist. Eine **Beseitigungsverfügung** ergeht, wenn ein Vorhaben ohne Baugenehmigung unter Verstoß gegen materielles Baurecht (formell und materiell illegal) realisiert worden ist.

---

367 = UPR 99, 154 = GewArch 99, 213; *OVG Weimar,* 23. 4. 1997 – 1 EO 241/97 – DÖV 97, 791 = LKV 97, 372.

[406] *BVerwG,* 11. 2. 1993 – 4 C 15.92 – NVwZ 94, 285 = DVBl. 93, 658 = UPR 93, 263 = GewArch 93, 430; offen gelassen von *VGH München,* 25. 10. 1999 – 26 CS 99 2222 – BauR 00, 365 = GewArch 00, 174 = BayVBl. 00, 152.

[407] *OVG Münster,* 27. 12. 1999 – 7 B 2016.99 – BauR 00, 1859.

[408] *OVG Berlin,* 18. 2. 1999 – 2 SN 1.99 – LKV 99, 372.

[409] *OVG Berlin,* 23. 12. 1994 – 2 S 29.94 – DÖV 95, 424 = GE 95, 503.

[410] *VGH München,* 13. 1. 2000 – 26 CS 99.2149 – NVwZ-RR 2001, 650; s.a. *Stüer,* Handbuch des Bau- und Fachplanungsrechts, 2. Auflage 1998, Rn. 1230, der zutreffend darauf hinweist, dass die Gemeinde nach Landesbauordnungsrecht teilweise aufgrund der Anzeige des Bauvorhabens verlangen kann, dass ein förmliches Baugenehmigungsverfahren durchgeführt wird; dann ist auch ein Rahmen für den Einsatz der Plansicherungsinstrumente gegeben.

Hinweis für den Anwalt:

Wenn die formelle Illegalität im Streit ist, d.h. die Frage, ob für das Vorhaben tatsächlich eine Baugenehmigung erteilt worden ist, dann trifft den Eigentümer die Darlegungs- und Beweislast.[411]

a) § 80 Abs. 1

Rechtsbehelfe des Bauherrn gegen derartige Ordnungsverfügungen haben gem. § 80 Abs. 1 aufschiebende Wirkung. **118**

§ 80 Abs. 1 bietet allerdings keinen vorläufige Rechtsschutz, wenn die Behörde im Wege des **Sofortvollzugs,** d.h. durch Verwaltungszwang ohne vorherigen Verwaltungsakt vorgeht, vgl. § 6 Abs. 2 VwVG. Rechtsbehelfe, die sich gegen Vollstreckungsmaßnahmen richten, haben nach den landesrechtlichen Bestimmungen keine aufschiebende Wirkung, vgl. J 65. Rechtsschutz ist daher nur im Verfahren gem. § 80 Abs. 5 zu erreichen. **119**

Beispiel:

Bauaufsichtsbehörde versiegelt ein Gebäude, um dessen Nutzung zu unterbinden.[412]

Dasselbe gilt, wenn die Bauaufsichtsbehörde im sogenannten **gestreckten Vollzug,** vgl. § 6 Abs. 1 VwVG, vorgeht, d.h. Vollstreckungsmaßnahmen zur Durchsetzung eines bestandskräftigen oder sofortig vollziehbaren Verwaltungsakt trifft.

Hinweis für den Anwalt:

Die Befugnis der Bauaufsichtsbehörde eine Ordnungsverfügung zu vollstrecken, kann nicht verwirkt werden.[413]

Die Baugenehmigungsbehörde kann die sofortige Vollziehbarkeit von Ordnungsverfügungen (K 115) gem. § 80 Abs. 2 Nr. 4 anordnen. **120**

b) § 80 Abs. 5: Gerichtliche Entscheidung über die sofortige Vollziehbarkeit der Ordnungsverfügung

Für die Zulässigkeit und Begründetheit des Antrags gem. § 80 Abs. 5 gelten die allgemeinen Kriterien, vgl. J 102 und J 126ff. **121**

aa) Formalien der Anordnung gem. § 80 Abs. 2 Nr. 4

Das Gericht prüft zunächst, ob die Anordnung der sofortigen Vollziehbarkeit durch ein **besonderes öffentliches Interesse** gedeckt ist, vgl. J 93. **122**

Die sofortige Vollziehbarkeit der **Nutzungsuntersagung** für eine formell illegale Anlage ist jedenfalls dann gerechtfertigt, wenn die ungenehmigte Nutzung konfliktauslösend (z.B. Lärm) in Erscheinung tritt.[414] Sie kommt ferner in Betracht, wenn im Hinblick auf einen Beschluss zur Aufstellung eines Bebauungsplans, der Nutzungen der fraglichen Art verhindern soll, eine rechtmäßige Versagung wahrscheinlich ist.[415] Sie ist schließlich gerechtfertigt, wenn die Nutzung eine negative

---

[411] *OVG Münster,* 18. 1. 2001 – 10 B 1898.00 – DVBl. 01, 672 [Ls.]

[412] Dazu umfassend und instruktiv: *OVG Münster,* 25. 11. 1993 – 10 B 360/93 – NVwZ-RR 94, 549 = BauR 94, 233.

[413] *VGH München,* 21. 11. 1995 – 2 CS 95 3597 – BayVBl. 96, 634; *OVG Berlin,* 28. 2. 1997 – 2 S 28/96 – LKV 97, 368 schließt dies allerdings nicht grundsätzlich aus.

[414] *OVG Bautzen,* 15. 2. 1993 – 1 S 321/92 – LKV 93, 428.

[415] *OVG Berlin,* 9. 4. 1997 – 2 S 5.97 – DÖV 97, 968 = BauR 97, 1006 = NVwZ-RR 98, 21 [nur Ls.].

Vorbildwirkung entfalten kann; das gilt aber nur, wenn der baurechtswidrige Zustand für Dritte überhaupt erkennbar ist.[416]

Die sofortige Vollziehbarkeit einer **Beseitigungsverfügung** ist dagegen regelmäßig unverhältnismäßig,[417] vgl. oben J 93.

123 **Ausnahmen:**

- Die sofortige Vollziehbarkeit des Beseitigungsgebots kann ausnahmsweise allein auf formelle Illegalität gestützt werden, wenn die Beseitigung der baulichen Anlage einem Nutzungsverbot gleichgestellt werden kann. Dies ist dann der Fall, wenn die bauliche Anlage ohne Substanzverlust und andere – absolute und im Verhältnis zum Wert der baulichen Anlage gesehen – hohe Kosten für Entfernung und Lagerung beseitigt werden kann.[418]
- Die Beseitigungsverfügung kann für sofortig vollziehbar erklärt werden, wenn es um zersiedlungstypische oder aus anderen Gründen offensichtlich unzulässige Außenbereichsbauten geht, die eine negative Vorbildwirkung haben.[419]
- Die Beseitigungsverfügung darf auch dann für sofortig vollziehbar erklärt werden, wenn es um ein verfallenes Haus mit erheblichen Bauschäden geht, von dem Gefahren für das Nachbarhaus ausgehen.[420]
- Die Anordnung der sofortigen Vollziehbarkeit derartiger Verfügungen kommt bei „notorischen Schwarzbauern" in Betracht.[421]
- Die Anordnung der sofortigen Vollziehbarkeit ausschließlich um den Nachahmungseffekt zu verhindern, ist regelmäßig nicht gerechtfertigt[422] und kommt ausnahmsweise nur dann in Betracht, wenn die Bausubstanz gering ist.[423]

124 *bb) Summarische Prüfung der Ordnungsverfügung*

In einem zweiten Schritt klärt das Gericht, ob der Rechtsbehelf in der Hauptsache bei **summarischer Prüfung** voraussichtlich erfolgreich sein wird.[424] Dabei können zunächst verfahrensrechtliche Aspekte Bedeutung haben:

125 **Beispiele:**

- Die Bauaufsichtsbehörde erläßt eine Baueinstellungsverfügung ohne den Bauherrn zuvor zu dieser beabsichtigten Entscheidung anzuhören. Sofern nicht einer der Ausnahmetatbestände i. S. d. § 28 Abs. 2 VwVfG erfüllt ist (z. B. Gefahr im Verzug), führt dies zur Rechtswidrigkeit der Verfügung.[425]
- Die Bauaufsichtsbehörde erläßt eine Baueinstellungsverfügung nur gegen ein Mitglied einer Wohnungseigentümergemeinschaft. Auf die Beurteilung der Rechtmäßigkeit der

---

[416] *OVG Berlin,* 15. 3. 2000 – 2 S 2.00 – NVwZ-RR 01, 229 = UPR 00, 320 [Ls.].

[417] *OVG Münster,* 12. 1. 1998 – 10 B 3025.97 – NVwZ 98, 977 = BauR 98, 537; *OVG Weimar,* 13. 5. 1997 – 1 EO 609.96 – UPR 98, 318 [Ls.]; *OVG Münster,* 28. 8. 1995 – 11 B 1957/95 – DÖV 96, 382 = BauR 96, 236; *VG Meiningen,* 7. 8. 1995 – 5 E 340/95 Me. – LKV 96, 423.

[418] *OVG Berlin,* 8. 6. 2000 – 2 SN 15.00 – LKV 00, 458 [Werbetafeln]; *VGH Kassel,* 20. 6. 1991 – 4 TH 2607/90 – BauR 92, 66 = BRS 52 Nr. 239 [Fertiggaragen]; *OVG Bautzen,* 16. 2. 1993 – 1 S 606/92 – LKV 93, 428 [Werbetafeln].

[419] *OVG Münster,* 28. 8. 1995 – 11 B 1957/95 – DÖV 96, 382; *OVG Greifswald,* 2. 11. 1993 – 3 M 89/93 – NVwZ 95, 608; *OVG Lüneburg,* 31. 8. 1993 – 6 M 3482/93 – NVwZ-RR 94, 12; *VGH Kassel,* 29. 5. 1985 – 3 TH 815/85 – NVwZ 85, 664.

[420] *VGH Kasel,* 22. 3. 2000 – 4 TG 4287.99 – DÖV 01, 565.

[421] *VGH Kassel,* 19. 7. 1984 – 4 TH 73/83 – BauR 85, 309.

[422] *OVG Münster,* 12. 1. 1998 – 10 B 3025.97 – NVwZ 98, 977 = BauR 98, 537.

[423] *OVG Berlin,* 8. 6. 2000 – 2 SN 15.00 – LKV 00, 458; *OVG Berlin,* 21. 5. 1999 – 2 S 3.99 – Das Grundeigentum 99, 843.

[424] *VGH München,* 13. 1. 2000 – 26 CS 99.2149 – NVwZ-RR 01, 649.

[425] *OVG Weimar,* 14. 6. 1994 – 1 EO 125/94 – LKV 95, 296 – NVwZ 95, 1009 [nur Ls.].

Verfügung hat das keinen Einfluß; das bestehende Vollstreckungshindernis kann durch eine an die anderen Wohnungseigentümer gerichtete Duldungsverfügung beseitigt werden.[426]

– Die Landesbauordnungen haben die präventiven Kontrollbefugnisse der Bauaufsichtsbehörde erheblich eingeschränkt, vgl. K 4f. Dies hat keine Konsequenz für ihre repressiven Befugnisse: Die Bauaufsichtsbehörde ist auch dann für den Erlass einer Beseitigungsverfügung gegen ein bauplanungswidriges Vorhaben zuständig, wenn das Bauplanungsrecht aufgrund der Baugenehmigungsfreiheit der baulichen Anlage in einem Verfahren auf Erteilung der naturschutzrechtlichen Eingriffsgenehmigung oder einer landschaftsschutzrechtlichen Genehmigung zu prüfen ist.[427]

Daneben ist auf die für Ordnungsverfügungen spezifischen Rechtmäßigkeitsanforderungen abzustellen. 126

Beispiel:

Eine Ordnungsverfügung, die so unbestimmt ist, dass sie nicht ohne weiteres Grundlage der Zwangsvollstreckung sein kann, ist rechtswidrig.[428]

Kommt eine **Mehrheit von Personen als Störer** in Betracht, so muss die 127 Ordnungsbehörde nach ihrem Ermessen entscheiden, welchen Störer sie in Anspruch nimmt.[429]

Beispiele: 128

– Als Verhaltensstörer darf die Ordnungsbehörde denjenigen in Anspruch nehmen, der im Außenverhältnis als wirtschaftlich Verantwortlicher in Erscheinung tritt (Bauantragsteller, „Investor").[430]

– Die Behörde adressiert die Ordnungsverfügung an den Grundstückseigentümer. Sofern das Eigentum noch während des Vorverfahrens auf einen Dritten übergeht,[431] wird die Verfügung damit rechtswidrig, weil der Adressat nicht mehr Zustandsstörer ist.[432] Sobald die Ordnungsverfügung durch den Widerspruchsbescheid ihre endgültige Gestalt gefunden hat, vgl. § 79 Abs. 1 Nr. 1, entfaltet sie dingliche Wirkung und gilt dann gegenüber einem Rechtsnachfolger;[433] s. auch die ausdrückliche Regelung in § 64 Abs. 5 BauOBbg.

Die gegen einen Störer ergangene Ordnungsverfügung wirkt auch gegen seinen 128a **Rechtsnachfolger.**[434]

Obligatorische Rechte Dritter an dem Grundstück stehen dem Erlass einer 129 Ordnungsverfügung nicht entgegen.[435] Diese darf aber erst vollstreckt, wenn der Widerstand der obligatorisch Berechtigten durch Duldungsverfügungen überwun-

---

426 *BVerwG,* 24. 7. 1998 – 4 B 69/98 – NVwZ-RR 99, 147.

427 *VGH Kassel,* 5. 12. 1994 – 4 TH 2165/94 – DVBl. 95, 524 = DÖV 95, 390 [Ls.].

428 *OVG Weimar,* 27. 2. 1997 – 1 EO 233/96 – LKV 97, 369; *OVG Münster,* 22. 11. 1994 – 11 A 4214/92 –, BauR 95, 376.

429 *VGH Mannheim,* 24. 11. 1997 – 5 S 3409.95 – NVwZ-RR 98, 553.

430 *OVG Weimar,* 27. 2. 1997 – 1 EO 235/96 – DÖV 97, 555 = UPR 97, 479 [Ls.]; *OVG Weimar,* 27. 2. 1997 – 1 EO 233/96 – LKV 97, 369.

431 *VGH Mannheim,* 30. 4. 1996 – 10 S 2163/95 – UPR 96, 394: abzustellen ist auf die Umschreibung im Grundbuch.

432 *OVG Münster,* 23. 4. 1996 – 10 A 3565/92 – NVwZ-RR 97, 12 = UPR 96, 393.

433 Grundlegend *BVerwG,* 22. 1. 1971 – N C 62.66 – NJW 71, 1624; differenzierend *OVG Hamburg,* 14. 12. 1995 – Bf II 16/94 – NVwZ-RR 97, 11 = BauR 97, 104: Rechtsnachfolge findet nur bei Beseitigungsanordnungen, nicht bei Nutzungsuntersagungen statt.

434 *OVG Lüneburg,* 21. 1. 2000 – 1 L 4202.99 – ZfBR 00, 349; *VGH Kassel,* 17. 6. 1997 – 14 TG 2673.95 – NVwZ 98, 1315; *OVG Münster,* 10. 12. 1996 – 10 A 4248.92 – NVwZ – RR 98, 159.

435 *OVG Lüneburg,* 26. 9. 1985 – 6 B 85/85 – OVGE 39, 333.

den worden ist.[436] Diese Duldungsverfügungen dürfen nur ergehen, wenn die mit Hilfe dieser Duldungsverfügung durchzusetzende Ordnungsverfügung offensichtlich rechtmäßig ist.[437] Rechtsgrundlage einer solchen Duldungsverfügung ist die allgemeine Eingriffsbefugnis der Bauaufsichtsbehörde, die sich aus der jeweiligen Landesbauordnung ergibt.[438]

130 Die Bauaufsichtsbehörde ist bei dem Erlass von Ordnungsverfügungen, die in ihrem Ermessen stehen, an Art. 3 Abs. 1 GG gebunden.[439]

131 **Beispiele:**

- In Kleingartengebieten findet sich regelmäßig eine beeindruckend große Zahl von Schwarzbauten. Manche dieser Gebiete mutieren faktisch zum Wochenendhaus- bzw. Wohngebiet. Stellt die Bauaufsichtsbehörde in einer solchen Situation ein „Bereinigungskonzept" auf, setzt es jedoch nur zögerlich bzw. punktuell um, so kann eine im Einzelfall ergangene Anordnung gegen den Grundsatz der Gleichbehandlung verstoßen.[440]
- Es verstößt allerdings nicht gegen Art. 3 Abs. 1 GG, wenn die Baurechtsbehörde vor dem Erlass einer Abbruchanordnung nicht von sich aus der Frage nachgeht, ob in dem betreffenden Gebiet weitere ungenehmigte bauliche Anlagen errichtet oder an vorhandenen genehmigten oder bestandsgeschützten Anlagen ungenehmigte bauliche Änderungen vorgenommen worden sind, wenn sie dafür keine konkreten Hinweise hat.[441]
- Die Erteilung der Baugenehmigung für einen vergleichbaren „Berufungsfall" kann zur Folge haben, dass eine Beseitigungsverfügung für ein in der Nähe gelegenes Vorhaben gegen den Gleichheitssatz verstößt.[442]

132 Bei der **Nutzungsuntersagung** spielt die materielle Legalität des Vorhabens regelmäßig keine Rolle. Um zu vermeiden, dass die präventive Kontrolle der Bauaufsicht unterlaufen wird und das Verwaltungsgericht so in die Position der Genehmigungsbehörde gedrängt wird, ist das Nutzungsverbot einstweilen[443] allein durch die **formelle Illegalität** gerechtfertigt.[444]

---

436 *BVerwG,* 24. 7. 1998 – 4 B 69.98 – UPR 98, 458; *VGH München,* 6. 12. 2000 – 25 ZS/CS 00.279 – NVwZ-RR 01, 577; *OVG Weimar,* 11. 3. 1997 – 1 EO 232/96 – LKV 97, 368; *OVG Münster,* 10. 10. 1996 – 11 B 2310/96 – DVBl. 97, 675; *VGH München,* 13. 8. 1992 – 2 Cs 92 1618 – NJW 93, 82; **a. A.** *VGH München,* 5. 8. 1996 – 14 AS 96 1624 – NJW 97, 961 = BayVBl. 97, 248: Duldungsanordnung entbehrlich, wenn die Anordnung vor Einräumung des Besitzes ergangen ist.

437 *OVG Weimar,* 11. 3. 1997 – 1 EO 232/96 – LKV 97, 368; *OVG Weimar,* 27. 2. 1997 – 1 EO 235/96 – DÖV 97, 555; **a. A.** *OVG Berlin,* 28. 2. 1997 – 2 S 28/96 – LKV 97, 368 = UPR 98, 75: dem obligatorisch Berechtigten ist es verwehrt, sich auf die Rechtswidrigkeit der gegenüber dem Eigentümer ergangenen Ordnungsverfügung zu berufen.

438 *OVG Weimar,* 11. 3. 1997 – 1 EO 232/96 – DÖV 97, 967.

439 *BVerwG,* 23. 11. 1998 – 4 B 99.98 – BauR 99, 734; *OVG Berlin,* 8. 6. 2000 – 2 SN 15.00 – LKV 00, 458.

440 *OVG Bremen,* 6. 9. 1994 – 1 BA 24/93 – ZfBR 95, 108; s. a. *BVerwG,* 19. 2. 1992 – 7 B 106.91 –, NVwZ-RR 92, 360.

441 *VGH Mannheim,* 29. 2. 1996 – 83371/95 – NVwZ-RR 97, 465 = BauR 96, 699 = DÖV 97, 259 [Ls]; *VGH Mannheim,* 17. 10. 1996 – 8 S 2299/96 – NVwZ-RR 97, 466 [Ls.].

442 *OVG Lüneburg,* 31. 3. 1995 – 1 L 4223/93 – NVwZ-RR 96, 6 = UPR 96, 39 [nur Ls.].

443 *VGH Mannheim,* 22. 1. 1996 – 8 S 2964/95 Rücksicht auf Art. 14 GG nicht mit der formellen Illegalität begründet werden.

444 *OVG Weimar,* 27. 6. 1996 – 1 EO 425/95 – LKV 97, 370; *OVG Koblenz,* 22. 5. 1996 – 8 A 11880/95 – BauR 97, 103; *VGH Kassel,* 30. 10. 1995 – 3 Tg 3115/95 – NVwZ-RR 96, 487; *Mampel,* BauR 00, 996, 1000 m. w. N.

In diesem Zusammenhang dürfen an die Ausübung des der Ordnungsbehörde eingeräumten **Eingriffsermessens** keine überzogenen Anforderungen gestellt werden. Das öffentliche Interesse gebietet grundsätzlich das Einschreiten gegen baurechtswidrige Zustände. Die Behörde macht daher im Regelfall von ihrem Ermessen in einer dem Zweck des Gesetzes entsprechenden Weise Gebrauch, wenn sie die Nutzung unzulässig errichteter Baulichkeiten untersagt.[445]

Der Umstand, dass für das Vorhaben bereits eine Schlussabnahme durchgeführt **133**
wurde – bei der Verstöße gegen die Baugenehmigung übersehen wurden –, steht einer Nutzungsuntersagung nicht entgegen, denn die Schlussabnahme legalisiert diese Verstöße nicht.[446]

Auch die Rechtmäßigkeit der **Baueinstellungsverfügung** wird allein durch **134**
die formelle Illegalität des Vorhabens begründet;[447] eine solche Verfügung setzt aber voraus, dass die Frage der **Genehmigungsbedürftigkeit geklärt** ist.[448]

Eine formelle Illegalität ist bei einem „an sich genehmigten" Vorhaben jedenfalls dann gegeben, wenn die veränderte Ausführung des Vorhabens von den genehmigten Bauvorlagen so erheblich abweicht, dass die Genehmigungsfrage erneut aufgeworfen wird.[449]

Hinweis für den Anwalt:
Um festzustellen, ob die Baumaßnahmen noch von der Baugenehmigung gedeckt sind, ist nicht nur auf den Inhalt der von der Bauaufsichtsbehörde ausgefertigten Baugenehmigung abzustellen. Die Baugenehmigung nimmt vielmehr regelmäßig Bezug auf Pläne sowie Bau- und Betriebsbeschreibungen, die damit zum Gegenstand der Genehmigung werden;[450] diese Rechtsnatur des Regelungsbestandteils wird durch den Genehmigungsvermerk auf den Unterlagen („Grünstempel") zum Ausdruck gebracht.[451] Bei einem Widerspruch zwischen Baugenehmigung und Bauvorlagen ist die in der Genehmigung getroffene Regelung maßgeblich.[452]

Tatbestandliche Voraussetzung für die Rechtmäßigkeit einer **Beseitigungsver-** **135**
fügung ist dagegen die **formelle und materielle Illegalität** des Vorhabens[453] oder eine vom Gebäude ausgehende unmittelbare Gefahr.[454] Fraglich ist, ob sich aus der Ablehnung des Bauantrags, d.h. aus der formellen Illegalität, Rückschlüsse auf die materielle Illegalität ergeben.[455]

---

445 *OVG Weimar,* 27. 6. 1996 – 1 EO 425/95 – LKV 97, 370 = DÖV 97, 471 [Ls.]: „Dem Ermessen ... ist ... die Tendenz eigen, die der Natur der Sache nach gebotene Pflicht zum Einschreiten zu verwirklichen."

446 *OVG Weimar,* 27. 2. 1997 – 1 EO 233/96 – LKV 97, 369.

447 *VG Berlin,* 19. 11. 1996 – 2 S 23.96 –, LKV 97, 366 = BauR 97, 822 = DÖV 97, 259 [Ls.]; *Mampel,* BauR 00, 996, 998 m. w. N.

448 *VGH Kassel,* 19. 12. 2000 – 4 TG 3639.00 – NVwZ-RR 01, 429; *OVG Weimar,* 29. 11. 1999 – 1 EO 658.99 – DVBl. 00, 826 = DÖV 00, 433 [Ls.].

449 *OVG Berlin,* 26. 1. 1995 – 2 S 35.94 – NVwZ 95, 1009 = UPR 96, 39 [Ls.].

450 *OVG Greifswald,* 23. 6. 1998 – 3 L 209/96 – LKV 99, 66; s. a. *Ortloff,* NVwZ 98, 581, 583 m. w. N. in Fn. 78 f.

451 *OVG Berlin,* 26. 1. 1995 – 2 S 35.94 – NVwZ 95, 1009 = UPR 96, 39 [Ls.]; *Knuth* in *Wilke/Dageförde/Knuth/Meyer,* Bauordnung für Berlin, 5. Auflage, 1999, § 62, Rdn. 31 f.

452 *OVG Berlin,* 26. 1. 1995 – 2 S 35.94 – NVwZ 95, 1009.

453 *OVG Schleswig,* 25. 11. 1991 – 1 L 115/91 –, BRS 54 Nr. 206; *VGH Mannheim,* 9. 11. 1990 – 8 S 1013/90 –, BRS 52 Nr. 228; **a. A.** *Mampel,* BauR 00, 996, 1001 m. w. N.

454 *VGH Kassel,* 22. 3. 2000 – 4 TG 4287/99 – DÖV 01, 565.

455 Verneinend *Mampel,* BauR 96, 13 (mit ausführlichem Nachweis von Rspr. und Lit.).

5. Ordnungsverfügung (Baueinstellung, Nutzungsuntersagung), vorläufiger Rechtsschutz zugunsten des Nachbarn

136 Das Interesse des Nachbarn, der sich durch die Realisierung eines Bauvorhabens auf dem Grundstück des Bauherrn beeinträchtigt sieht, ist auf den Erlass einer sofort vollziehbaren Stillegungs- oder Nutzungsuntersagungsverfügung gerichtet. Dabei sind drei typische Konstellationen zu unterscheiden:

- Für das Vorhaben ist eine Genehmigung erteilt worden. In diesen Fällen muss der Nachbar zunächst gegen die Baugenehmigung vorgehen, vgl. K 17ff. Eine Baueinstellung bzw. Nutzungsuntersagung kann im gerichtlichen Verfahren gem. § 80 Abs. 5 Satz 3 erreicht werden, vgl. K 103a.
- Die Bauaufsichtsbehörde hat bereits eine Baueinstellung bzw. Nutzungsuntersagung verfügt, diese aber (noch) nicht gem. § 80 Abs. 2 Nr. 4 für sofortig vollziehbar erklärt. Der Nachbar muss dann gem. § 80a Abs. 2 bzw. § 80a Abs. 3 vorgehen, dazu sogleich K 137.
- Das Vorhaben wird ohne Genehmigung realisiert. Dies geschieht, weil der Bauherr baurechtswidrig keine Genehmigung eingeholt hat („Schwarzbau"), eine erteilte Genehmigung aufgehoben worden ist oder das Vorhaben in Folge Baufreistellung – dazu oben K 4 – (insoweit[456]) keiner präventiven Kontrolle unterliegt. Der Nachbar macht in diesen Fällen einen Anspruch auf behördliches Einschreiten geltend, den er nur im Verfahren gem. § 123 durchsetzen kann,[457] siehe dazu K 138ff.

a) Anordnung der sofortigen Vollziehbarkeit einer bereits erlassenen Ordnungsverfügung gemäß § 80a Abs. 1 Nr. 1 bzw. § 80a Abs. 3

137 Eine **Ordnungsverfügung** der Bauaufsichtsbehörde, nach der Bauarbeiten einzustellen sind oder ein Gebäude bzw. ein Grundstück in einer bestimmten Weise nicht genutzt werden darf, kann (auch) dem Interesse des Nachbarn dienen. Die Bauaufsichtsbehörde kann die sofortige Vollziehbarkeit einer solchen Verfügung gem. § 80a Abs. 2 i.V.m. § 80 Abs. 2 Nr. 4 anordnen, vgl. oben J 83f.[458]

Sieht die Bauaufsichtsbehörde von einer solchen Anordnung ab, kann der Nachbar beim Gericht gem. § 80a Abs. 3 i.V.m. § 80 Abs. 5 einen **Antrag** stellen, die **sofortige Vollziehbarkeit** gerichtlich anzuordnen. Ein solcher Antrag ist allerdings erst zulässig, wenn die Verwaltungsbehörde einen entsprechenden Antrag negativ oder nicht beschieden hat; vgl. J 154. Das Gericht kann dem Antrag entsprechen, wenn die Verfügung mit überwiegender Wahrscheinlichkeit rechtmäßig ist und dem dadurch Begünstigten ein Abwehrrecht gegen den Adressaten der begehrten Verfügung zusteht.[459]

---

[456] Sofern im vereinfachten Verfahren eine Genehmigung erteilt wird, ist das Verfahren gem. § 80 unzulässig, wenn im Genehmigungsverfahren die in Rede stehende Anforderung des öffentlichen Baurechts nicht geprüft wird, vgl. *OVG Lüneburg,* 17. 12. 1996 – 1 M 5481/96 –, UPR 97, 159.

[457] *OVG Münster,* 2. 10. 1998 – 11 B 845/98 – NVwZ-RR 99, 427 = DVBl. 99, 801 [Ls.]; *VG Meinigen,* 29. 8. 1996 – 5 E 636/96.Me –, BauR 97,99, *Knuth* in *Wilke/Dageförde/Knuth/Meyer,* Bauordnung für Berlin, 5. Auflage, 1999, § 56a, Rdn. 30.

[458] *OVG Münster,* 25. 8. 1993 – 11 B 4293/92 –, UPR 94, 38.

[459] *OVG Münster,* 25. 8. 1993 – 11 B 4293.92 – DÖV 94, 310 [Ls.]; s.a. *OVG Berlin,* 18. 9. 1998 – 2 S 5.98 – LKV 99, 196 = NJ 99, 277 [Ls.] m. Anm. *Otto.*

b) Einstweilige Anordnung auf Erlass einer Ordnungsverfügung (Anspruch auf Einschreiten)

aa) Anspruch auf Einschreiten beim „Schwarzbau" und nach Aufhebung der Baugenehmigung

Der Anspruch des Nachbarn auf **ordnungsbehördliches Einschreiten** gegen den Bauherrn ist bisher in Rechtsprechung und Literatur hinsichtlich zweier „klassischer Fallkonstellationen" behandelt worden: **138**
- Der Bauherr realisiert ein genehmigungspflichtiges Vorhaben ohne die erforderliche Genehmigung einzuholen **(„Schwarzbau")**. Der Nachbar will dies verhindern.
- Die dem Bauherrn erteilte Baugenehmigung ist aufgrund einer Nachbaranfechtung zurückgenommen worden, vgl. § 50 VwVfG. Die tatsächliche Beeinträchtigung des Nachbarn ist damit noch nicht ausgeräumt, dieser will daher die Stillegung der Bauarbeiten bzw. eine Untersagung der Nutzung des Gebäudes erreichen.

Die Antwort auf die Frage, ob eine bestimmte Nutzung durch eine vorhandene Baugenehmigung gedeckt ist oder aber eine **„Schwarznutzung"** vorliegt, ist nicht leicht zu geben, wenn es um die Abgrenzung zwischen der unproblematischen Nutzungsintensivierung und der genehmigungsbedürftigen Nutzungsänderung[460] geht. **138a**

Beispiele:
- Das Baugrundstück liegt im allgemeinen Baugebiet (WA) gem. § 4 BauNVO. Dem Gastwirt wird 1965 eine Baugenehmigung für eine im Anbau zur Gastwirtschaft betriebene einläufige Kegelbahn erteilt. Aufgrund von Werbemaßnahmen des Gastwirts werden Gaststätte und Kegelbahn jetzt auch von auswärtigen Gästen aufgesucht, die mit PKW und Bussen anreisen. Abzustellen ist allein auf die objektiven baulichen Gegebenheiten. Danach liegt immer noch eine der „Versorgung des Gebietes"[461] dienende Anlage vor.[462]
- Eine Bäckerei, die auch nach Vergrößerung der Backstube nicht mehr als 30% des Umsatzes mit der Auslieferung von Backwaren erzielt, dient noch der Versorgung des Gebiets.[463]

Ein **Anordnungsanspruch** setzt zunächst voraus, dass der Nachbar seine Rechte überhaupt noch geltend machen kann. Das ist zu verneinen, wenn er auf sie verzichtet hat, vgl. oben K 92, oder wenn das Abwehrrecht verwirkt ist. Materielle Rechte des Nachbarn können auch gegenüber ungenehmigten Bauvorhaben („Schwarzbau") verwirken.[464] **139**

---

460 Sehr instruktiv: *BVerwG,* 27. 8. 1998 – 4 C 5.98 – BauR 99, 152 = ZfBR 99, 49 = DVBl. 99, 254 [Ls.] = DÖV 99, 701 und *VG Gießen,* 3. 11. 2000 – 1 G 3096.00 – NVwZ-RR 01, 431.

461 Zum Begriff des Versorgungsgebiets s. *BVerwG,* 3. 9. 1998 – 4 B 85.98 – NJW 98, 3793 = UPR 99, 72 = ZfBR 99, 168 = BayVBl. 99, 442.

462 *BVerwG,* 29. 10. 1998 – 4 C 9.97 – NVwZ 99, 417 = DVBl. 99, 244 mit abl. Anm. *Schmaltz* = BayVBl. 99, 440 = BauR 99,228 = ZfBR 99, 166.

463 *VGH Mannheim,* 19. 10. 1999 – 5 S 1824.99 – NVwZ-RR 00, 413 = DÖV 00, 342.

464 *BVerwG,* 11. 2. 1997 – 4 B 10.97 – NJW 98, 329; *BVerwG,* 13. 8. 1996 – 4 B 135.96 – BauR 97, 281.

140 Die Bauaufsichtsbehörde entscheidet in diesen Fällen nach pflichtgemäßem Ermessen darüber, ob sie einschreitet.[465] Die wirtschaftlichen Interessen des Bauherrn am Erhalt des rechtswidrig errichteten Bauwerks haben dabei kein Gewicht und sind daher nicht in die Ermessensentscheidung einzustellen.[466] Verletzt das Vorhaben Nachbarrechte, so kann sich dieses **Ermessen auf Null** reduzieren, so dass der Nachbar einen Anspruch auf behördliches Einschreiten hat.[467] Die Antwort auf die Frage, wann eine solche Ermessensreduzierung auf Null zu bejahen ist, ist landesrechtlicher Natur.[468] Sie wird nicht einheitlich gegeben.[469] Die meisten Obergerichte vertreten die Auffassung, dies sei nur der Fall, wenn eine unmittelbare auf andere Weise nicht zu beseitigende Gefahr für hochrangige Rechtsgüter, wie Leben und Gesundheit, drohe oder sonstige unzumutbare Belästigung abzuwehren seien.[470] Andere bejahen in diesen Fällen grundsätzlich eine Ermessensreduzierung auf Null.[471]

141 Sieht die Behörde trotz Nachbarantrag von der Stillegungsverfügung ab, so muss der Nachbar ein Verfahren gem. § 123 einleiten, vgl. oben Rdn. J 186. Der **Anordnungsanspruch** ist gegeben, wenn die Behörde zum Einschreiten verpflichtet ist. Sofern nur ein funktionell und technisch abgrenzbarer Teil des Vorhabens eine Nachbarrechtsverletzung bewirkt, kann nur eine **teilweise Baueinstellung** verlangt werden.

Beispiel:

Das geplante Vorhaben hat Dachaufbauten, die nicht genehmigt sind. Diese wirken sich vergrößernd auf die Tiefe der Abstandflächen aus. Eine Einstellung der Arbeiten am gesamten Bau wäre unverhältnismäßig; nur die Arbeiten an den Dachaufbauten sind einzustellen.[472]

141 a Der **Anordnungsgrund** besteht, weil die Fortsetzung der Bauarbeiten den rechtswidrigen Zustand (im wahren Sinne des Wortes) weiter zementiert.

bb) Anspruch auf Einschreiten gegen rechtswidrige, genehmigungsfreie Vorhaben

141 b Ein materiellrechtlicher Anspruch auf ein Einschreiten der Behörde setzt zunächst voraus, dass das genehmigungsfreie Vorhaben materiell rechtswidrig ist. Die

---

465 Instruktiv: *OVG Münster,* 15. 8. 1995 – 11 A 850/92 – BauR 96, 237; *VG Meiningen,* 22. 12. 1993 – 5 E 332/93, Me – LKV 94, 191.

466 *OVG Münster,* 13. 10. 1999 – 7 A 998.99 – NVwZ-RR 00, 205.

467 *BVerwG,* 4. 6. 1996 – 4 C 15/95 – NVwZ-RR 97, 271 = BauR 96, 841 = UPR 96, 390 = BayVBl. 97, 23; ausführliche Nachweise der Rechtsprechung und Literatur in *BayVerfGH,* 3. 12. 1993 – Vf. 108-VI-92-, BayVBl. 94, 110.

468 *BVerwG,* 9. 2. 2000 – 4 B 11.00 – BauR 00, 1318 = ZfBR 00, 490.
BVerwG, 10. 12. 1997 – 4 B 204/97 – NVwZ 98, 395 = BayVBl. 98, 219.

469 Vgl. *Dürr,* DÖV 94, 841, 853; *Finkelnburg/Ortloff,* Öffentliches Baurecht, Band II, 4. Auflage, 1998, 257 ff.

470 Vgl. *BVerwG,* 4. 6. 1996 – 4 C 15/95 – NVwZ-RR 97, 271 mit zahlreichen Nachweisen aus der obergerichtlichen Rechtsprechung; s. ferner *OVG Lüneburg,* 29. 10. 1993 – 6 L 3295/91 – BauR 94, 86; *OVG Berlin,* 7. 9. 1990 – 2 S 14/90 – LKV 91, 108.

471 *VGH Kassel,* 25. 11. 2000 – 4 UE 2222.92 – BauR 00, 873, 877; *OVG Münster,* 13. 10. 1999 – 7 A 998.99 – NVwZ-RR 00, 205; *OVG Münster,* 17. 5. 1983 – 7 A 330.81 – NJW 84, 883; *OVG Saarlouis,* 10. 8. 1994 – 2 W 24/94 – NVwZ-RR 95, 493; *Finkelnburg/Ortloff,* Öffentliches Baurecht, Band II, 4. Auflage, 1998, 258 ff.

472 *OVG Bautzen,* 24. 9. 1997 – 1 S 443.97 – NVwZ 98, 308.

materielle Ordnungspflichtigkeit wird durch die verfahrensrechtlichen Regelungen über die Genehmigungsfreistellung **nicht berührt.**[473] Der Rechtsverstoß kann sich daher aus all den Normen ergeben, an Hand derer auch die Rechtmäßigkeit einer Baugenehmigung zu prüfen wäre.

Beispiel:

Die im Freistellungsverfahren eingereichten Bauvorlagen sind hinsichtlich der nachbarrelevanten Baumaßnahmen unbestimmt, so dass eine Verletzung von Nachbarrechten nicht auszuschließen ist. Das Vorhaben ist insoweit rechtswidrig,[474] s. auch oben K 85a.

Hinweis für den Anwalt: 142

Das Landesbauordnungsrecht begründet regelmäßig einen Anspruch des Nachbarn gegen den Bauherrn auf Einsichtnahme in die Bauunterlagen;[475] der Nachbar muss dann mit Hilfe der so gewonnenen Erkenntnisse entscheiden, ob er das Vorhaben „angreifen" will.

Fraglich ist auch in diesen Fällen, ob aus einem Verstoß gegen eine nachbarschützende Norm ein **unbedingter Anspruch des Nachbarn auf Einschreiten** resultiert.[476]

Die Regelungen über das vereinfachte Genehmigungsverfahren, das Anzeigeverfahren und die Baufreistellung in den Landesbauordnungen – siehe dazu oben K 4f. – schränken die präventive Kontrolle durch die Bauaufsichtsbehörde ein. Aus Sicht des Drittschutzes gewinnt der Anspruch des Nachbarn auf Einschreiten entsprechendes Gewicht. Unter Rechtsschutzgesichtspunkten tritt er funktional an die Stelle des Verfahrens gem. § 80 Abs. 1 bzw. § 80 Abs. 5. Sofern man die Auffassung vertritt, dass der Nachbar hinsichtlich eines formell und materiell illegalen Vorhabens, das seine Rechte verletzt, aufgrund einer entsprechenden Ermessensreduzierung grundsätzlich eine ordnungsbehördliches Einschreiten verlangen kann, gilt dies selbstverständlich auch in den Fällen, in denen sich ein formell genehmigungsfreies Vorhaben als materiell illegal erweist.

Fraglich ist, ob die Vertreter der herrschenden Ansicht, nach der eine Ermessensreduzierung auf Null nur im Ausnahmefall stattfinde – s. soeben K 140 –, im Interesse der Systemgerechtigkeit in den hier behandelten Fällen nicht geringere Anforderungen an eine Ermessenseinschränkung stellen müssen: Die Neuregelungen der Landesbauordnungen dienen ausschließlich der Verfahrensbeschleunigung und Vereinfachung. Sie bezwecken weder eine allgemeine Reduzierung des materiell-rechtlichen Nachbarschutzes[477] noch eine Beschränkung der prozessualen Durchsetzbarkeit dieser Position. Entsprechende Absichten hätten die Landesgesetzgeber bereits aus kompetenzrechtlichen Gründen nicht realisieren können. Das spricht dafür, eine **Ermessensreduzierung auf Null** – und damit einen Anspruch

---

473 Trotz zum Teil unterschiedlicher Begründungen im Ergebnis allgemeine Ansicht: *Ortloff,* NVwZ 95, 112; *Jäde,* NVwZ 95, 672, 673; s. aber *Stüer/Ehebrecht-Stüer,* DVBl. 96, 482, 485f.

474 *OVG Münster,* 2. 10. 1998 – 11 B 845.98 – NVwZ-RR 99, 427 = DVBl. 99, 801.

475 S. dazu *Gröpl/Schleyer,* BayVBl. 98, 97.

476 Ausführlich zu dieser Frage *Martini,* DVBl. 01, 1488; *Mampel,* BayVBl. 01, 417; *Uechtritz,* BauR 98, 719, 723ff.

477 In Einzelfällen wird allerdings durch ausdrückliche gesetzliche Regelungen versucht eine konkrete Einschränkung des Drittschutzes zu erreichen: Vgl. § 6 Abs. 5 Satz 4 BauO Bln, nach der Abstandflächen nur zur Hälfte ihres objektiv rechtlich gebotenen Maßes nachbarschützend sind.

auf Einschreiten – in den Fällen der freigestellten Vorhaben allgemein schon dann zu bejahen, wenn ein Vorhaben gegen öffentlich-rechtliche nachbarschützende Vorschriften verstößt und hierdurch geschützte Belange des Nachbarn mehr als nur geringfügig berührt werden.[478] Die Frage, ob eine solche Ermessensschrumpfung stattfindet, ist landesrechtlicher Natur.[479]

Das Bundesverwaltungsgericht mag die Rechtsprechung der Obergerichte gleichwohl mit zwei gegenläufigen Hinweisen beeinflussen: Einerseits soll die Möglichkeit des Nachbarn, seine Rechte unmittelbar auf dem Zivilrechtsweg gegen den Bauherrn geltend zu machen (§§ 1004, 906, 823 Abs. 2 BGB), ein beachtlicher Ermessensgesichtspunkt zum Nachteil des Nachbarn sein.[473] Andererseits stehe die Beachtung und Durchsetzung des materiellen Bauplanungsrechts nicht zur Disposition des Landesgesetzgebers.[480]

Hinweis für den Anwalt:
Derselbe ordnungsrechtliche Anspruch des Nachbarn ist gegeben, wenn die Bauaufsichtsbehörde **rechtswidrig von der Genehmigungsfreistellung** des Vorhabens ausgeht.[481]

142 a Wenn der festgestellte Mangel einer Baugenehmigung leicht behebbar ist und so die Nachbarrechtsverletzung beseitigt werden kann, hat der Antrag gem. § 80 Abs. 5 keinen Erfolg, vgl. oben K 101. Entsprechendes gilt im Verfahren gem. § 123: Eine Baueinstellung kommt nicht in Betracht, wenn die durch das Vorhaben bewirkte Rechtsverletzung durch eine rechtmäßige Befreiung oder Abweichung auszuräumen ist.[474]

142 b Neben der materiellrechtlichen Frage der Ermessensreduzierung auf Null werfen Verfahren dieser Art häufig auch ein **prozessrechtliches Problem** auf. Im einstweiligen Rechtsschutzverfahren gelingt es aufgrund der eingeschränkten Erkenntnismöglichkeiten nicht immer, die entscheidungserheblichen Rechtsfragen abschließend zu klären. Sowohl für das Verfahren gem. § 80 Abs. 5 als auch für das gem. § 123 gibt es daher ein Entscheidungsprogramm für den **Fall der „offenen Rechtslage"**, vgl. oben J 135f. und J 209ff. Diese Entscheidungsprogramme sind unterschiedlich: während der Antrag gem. § 80 Abs. 5 bei offener Rechtslage aufgrund einer Interessenabwägung Erfolg haben kann, wird ein Antrag gem. § 123 regelmäßig zurückzuweisen sein. Umstritten ist, ob eine materiell-rechtlich motivierte Harmonisierung des Nachbarrechtsschutzes gebietet, die Voraussetzungen für

---

478 *OVG Münster,* 2. 10. 1998 – 11 B 845/98 – NVwZ-RR 99, 427; *VGH Mannheim,* 26. 10. 1994 – 8 S 2763/94 – NVwZ-RR 95, 490 = BauR 95, 219 = ZfBR 95, 105; *VGH München,* 26. 7. 1996 – 1 CE 962081 – NVwZ 97, 923; *OVG Bautzen,* 22. 8. 1996 – 1 S 473/96 – NVwZ 97, 922; *VG Meiningen,* 13. 12. 1996 – 5 E 1006/96.Me – NVwZ 97, 926, 928; *VG München,* 24. 5. 1996 – M 1 E 96..2516 – NVwZ 97, 928 = BayVBl. 97, 54; So auch *Bamberger,* NVwZ 00, 983; *Mampel,* DVBl. 99, 1403; *ders.* UPR 97, 267, 271f.; *Uechtritz,* NVwZ 1996, 640, 643f., *Degenhart,* NJW 1996, 1433, 1438; *Ortloff,* NVwZ 98, 581, 586; *Sarninghausen,* UPR 98, 329; wohl auch *Preschel,* DÖV 98, 45, 53; **a. A.** *Borges,* DÖV 97, 900; **offen gelassen** von *VGH Kassel,* 29. 7. 1999 – 4 TG 2118.99 – BauR 00, 1162 = UPR 00, 316 [Ls.].

479 *BVerwG,* 10. 12. 1997 – 4 B 204.97 – NVwZ 98, 395 = BauR 98, 319 = ZfBR 98, 106 = UPR 98, 117.

480 *BVerwG,* 9. 2. 2000 – 4 B 11.00 – BauR 00, 1318 = ZfBR 00, 490; *BVerwG,* 17. 4. 1998 – 4 B 144.97 – BauR 99, 735 = UPR 98, 355.

481 *OVG Münster,* 8. 12. 1998 – 10 B 2255.98 – BauR 99, 628.

den Erfolg eines Antrags gem. § 123 zu reduzieren.[482] Konkret geht es um die Frage, ob einem solchen Antrag schon dann zu entsprechen ist, wenn gewichtige und ernst zu nehmende Bedenken gegen die Rechtmäßigkeit des Vorhabens in nachbarrechtlicher Hinsicht in einer Weise glaubhaft gemacht sind, dass der Ausgang des Hauptsacheverfahrens zumindest als offen angesehen werden muss und das Vorhaben – seine Rechtswidrigkeit unterstellt – nachbarliche Belange mehr als nur geringfügig berührt.[483]

Hinweis für den Anwalt:
Soweit materiell-rechtlich ein Anspruch auf Einschreiten bejaht wird, ist dieser auf ein effektives Tätigwerden der Behörde gerichtet. Der Nachbar kann daher im Verfahren gem. § 123 verlangen, dass die Bauaufsichtsbehörde zum Erlass einer sofortig vollziehbaren Ordnungsverfügung verpflichtet wird.[484]

Wenn das Verwaltungsgericht auf Antrag des Nachbarn die Behörde verpflichtet hat, die Bauarbeiten einzustellen, dann hat das Gericht auf Antrag des Bauherrn den Nachbarn zu verpflichten, innerhalb einer zu bestimmenden Frist bei der Behörde einen Antrag auf den Erlass einer Baueinstellungsverfügung zu stellen, vgl. § 123 Abs. 3 i. V. m. § 926 Abs. 1 ZPO.[485] **142 c**

c) Exkurs: Einstweilige Anordnung gegen Hoheitsträger auf Nutzungsunterlassung

Hoheitsträger sind zwar materiell, nicht aber formell ordnungspflichtig, d. h. sie sind an die materiellen Bestimmungen des Baurechts gebunden, ohne der Eingriffsbefugnis der Bauaufsichtsbehörde zu unterliegen. **142 d**

Ein Nachbar, der gegen eine baurechtlich unzulässige Nutzung des Grundstücks eines Hoheitsträgers vorgehen will, muss diesen daher direkt in Anspruch nehmen. In der Hauptsache ist dann die Leistungs- bzw. Unterlassungsklage gegeben.[486] Einstweiliger Rechtsschutz ist nur im Verfahren gem. § 123 zu erreichen.[487]

Beispiele:
- Der Antragsteller will erreichen, dass in der von der Gemeinde betriebenen Mehrzweckhalle keine Veranstaltungen stattfinden, die nach 22 Uhr zu Abfahrtverkehr führen.
- Der Antragssteller verlangt, dass die Emissionen reduziert werden, die von der auf einem Gemeindegrundstück betriebenen Wertstoffsammelanlage ausgehen.[488]
- Der Antragsteller wendet sich gegen sog. liturgisches Glockenläuten einer Kirchengemeinde,[489] zum nichtsakralen Glockengeläut s. oben C 58 und unten K 159 f.

---

[482] *Schoch* in *Schoch/Schmidt-Aßmann/Pietzner,* Vorbem. § 80, Rdn. 45 ff.; kritisch *Oeter,* DVBl. 99, 189, 192.

[483] In diesem Sinne *OVG Münster,* 23. 9. 1996 – 11 B 2017/96 – zitiert in *OVG Münster,* 31. 1. 1997 – 10 B 3207.96 – NVwZ-RR 98, 218; *VGH Mannheim,* 26. 10. 1994 – 8 S 2763/94 – NVwZ-RR 95, 490 = BauR 95, 219 = ZfBR 95, 105; *Schoch* in *Schoch/Schmidt-Aßmann/Pietzner,* § 123 Rdn. 38; *Uechtritz,* BauR 98, 719, 729 f.; kritisch *OVG Münster,* 31. 1. 1997 – 10 B 3207/96 – NVwZ-RR 98, 218.

[484] Vgl. *OVG Saarlouis,* 10. 8. 1994 – 2 W 24/94 – NVwZ-RR 95, 493.

[485] *VGH München,* 27. 6. 1997 – 1 CE 97 392 – BayVBl. 98, 153.

[486] *VGH München,* 19. 3. 1997 – 22 B 96 951 – NVwZ 99, 87 = BayVBl. 98, 310.

[487] *Ortloff,* NVwZ 00, 750, 754 m. w. N. in Fn. 121 und 122; *ders.,* NVwZ 99, 955, 959 m. w. N. in Fn. 143.

[488] *VGH Kassel,* 24. 8. 1999 – 2 UE 2287.96 – DVBl. 00, 207 = UPR 00, 359 [Ls.].

[489] *VG Würzburg,* 14. 10. 1997 – W 6 E 97 1217 – NVwZ 99, 799; grundlegend zum Abwehranspruch gegen liturgisches Glockengeläut s. *BVerwG,* 7. 10. 1983 – 7 C 44 881 – NJW 84, 898 = BVerwGE 68, 62; konkretisierend *BVerwG,* 2. 9. 1996 – BauR 96, 819.

6. Ordnungsverfügung (Baueinstellung, Nutzungsuntersagung), vorläufiger Rechtsschutz zugunsten der Gemeinde

143 Das Interesse der Gemeinde, die sich durch die Realisierung eines Bauvorhabens auf einem Grundstück im Gemeindegebiet oder einem angrenzenden Gebiet beeinträchtigt sieht, ist auf den Erlass einer sofort vollziehbaren Stillegungs- oder Nutzungsuntersagungsverfügung gerichtet. Dabei sind drei typische Konstellationen zu unterscheiden:

- Für das Vorhaben ist eine Genehmigung erteilt worden. In diesen Fällen muss die Gemeinde zunächst gegen die Baugenehmigung vorgehen, vgl. K 105 ff. Eine Baueinstellung bzw. Nutzungsuntersagung kann im gerichtlichen Verfahren gem. § 80 Abs. 5 Satz 3 erreicht werden, vgl. K 103 a.
- Die Bauaufsichtsbehörde hat bereits eine Baueinstellung bzw. Nutzungsuntersagung verfügt, diese aber (noch) nicht gem. § 80 Abs. 2 Nr. 4 für sofortig vollziehbar erklärt.[490] Die Gemeinde muss dann gem. § 80a Abs. 2 bzw. § 80a Abs. 3 vorgehen.
- Das Vorhaben wird ohne Genehmigung realisiert. Dies geschieht, weil der Bauherr baurechtswidrig keine Genehmigung eingeholt hat („Schwarzbau"), eine erteilte Genehmigung aufgehoben worden ist oder das Vorhaben in Folge Baufreistellung – dazu oben K 4 – (insoweit[491]) keiner präventiven Kontrolle unterliegt bzw. die Baurechtsbehörde rechtsirrig angenommen hat, dass das Vorhaben von der Genehmigungspflicht frei gestellt sei.[492] Die Gemeinde macht in diesen Fällen einen Anspruch auf behördliches Einschreiten geltend,[493] den sie nur im Verfahren gem. § 123 durchsetzen kann.

143 a Aus prozessrechtlicher Sicht entsprechen die Rechtsschutzoptionen der Gemeinde in den hier beschriebenen Konstellationen denen des Nachbarn, der sich in einer vergleichbaren Situation befindet; insoweit kann daher grundsätzlich auf die Ausführungen in K 136 ff. verwiesen werden.

143 b Die Gemeinde verfügt über den erforderlichen **Anordnungsanspruch,** wenn sie in ihrer gemeindlichen Planungshoheit verletzt wird und wenn die Bauaufsichtsbehörde zum Einschreiten gegenüber dem Bauherrn befugt ist.[494]

Beispiel:
Ein Vorhaben wird im förmlich festgelegten Sanierungsgebiet ohne die gem. § 144 Abs. 1 Nr. 1 BauGB erforderliche sanierungsrechtliche Genehmigung realisiert. Die Gemeinde hat zur Wahrung ihrer Planungshoheit einen Anspruch darauf, dass die Bauaufsichtsbehörde den Bau stillegt.[495]

Der Antrag kann also keinen Erfolg haben, wenn das Vorhaben sich als materiell legal erweist.[486]

---

490 *BVerwG,* 14. 4. 2000, 4 C 5.99 – ZfBR, 00, 486 = NuR 00, 635.

491 Sofern im vereinfachten Verfahren eine Genehmigung erteilt wird, ist das Verfahren gem. § 80 unzulässig, wenn im Genehmigungsverfahren die in Rede stehende Anforderung des öffentlichen Baurechts nicht geprüft wird, vgl. *OVG Lüneburg,* 17. 12. 1996 – 1 M 5481/96 – UPR 97, 159.

492 *VGH Mannheim,* 28. 4. 1998 – 8 S 2713.97 – BauR 99, 1447.

493 *VGH München,* 30. 7. 1997 – 14 B 95 3645 – BayVBl. 98, 81.

494 *Martini,* DVBl. 01, 1488, 1494.

495 *OVG Weimar,* 22. 10. 1998 – 1 EO 1056.98 – NVwZ-RR 99, 279 = BauR 99, 164 = LKV 99, 279.

Der **Anordnungsgrund** ist regelmäßig gegeben, wenn die einstweilige Anordnung zur Abwendung wesentlicher Nachteile notwendig ist. Das ist dann der Fall, wenn ohne die gerichtliche Verpflichtung zum Erlass eines Baustops die Schaffung vollendeter Tatsachen droht.[489] **143 c**

II. Fachplanungsrecht

Übersicht

Für bestimmte, raumbedeutsame Bau- und Infrastrukturvorhaben sehen spezielle Bundes- oder Landesgesetze die Zulassung aufgrund eines **Planfeststellungsbeschlusses** vor.[497] Dieser regelt die Zulässigkeit des Vorhabens einschließlich der notwendigen Folgemaßnahmen an anderen Anlagen im Hinblick auf alle von ihm berührten öffentliche Belange, § 75 Abs. 1 VwVfG. Aufgrund der Konzentrationswirkung sind neben der Planfeststellung andere behördliche Entscheidungen, insbesondere öffentlich rechtliche Genehmigungen, Verleihungen, Erlaubnisse, Bewilligungen, Zustimmungen nicht erforderlich. Der Planfeststellungsbeschluss regelt alle öffentlich rechtlichen Beziehungen zwischen dem Vorhabenträger und den durch den Plan Betroffenen, § 75 Abs. 1 Satz 2 VwVfG. Ist der Planfeststel- **144**

496 *OVG Weimar,* 22. 10. 1998 – 1 EO 1056.98 – LKV 99, 279.
497 Zur Entwicklung des Fachplanungsrechts s. *Wahl/Dreier,* NVwZ 99, 606.

lungsbeschluss unanfechtbar geworden, so sind weitere Ansprüche (auch zivilrechtlicher Natur[498]) auf Unterlassung des Vorhabens, auf Beseitigung oder Änderung der Anlagen oder auf Unterlassung ihrer Benutzung ausgeschlossen, § 72 Abs. 2 Satz 1 VwVfG. Der Planfeststellungsbeschluss ist ein Verwaltungsakt, vgl. D 29.

Entsprechend dem umfangreichen Regelungsanspruch genießen Planfeststellungsentscheidungen gem. § 38 BauGB Vorrang gegenüber den städtebaurechtlichen Zulässigkeitsregelungen der §§ 29ff. BauGB.[499] Das aufwendig strukturierte, zum Planfeststellungsbeschluss führende Verwaltungsverfahren soll gewährleisten, dass nach diesem ausgedehnten Regelungsprogramm Entscheidungen hoher rechtlicher Güte produziert werden. Diese Qualität macht sich im vorläufigen Rechtsschutzverfahren bemerkbar. Viele Anträge bleiben ohne Erfolg, weil das Gericht im Rahmen der summarischen Prüfung zur Erkenntnis gelangt, dass die in der Hauptsache gegen den Planfeststellungsbeschluss gerichtete Anfechtungsklage nicht durchdringen werde.[500]

144 a Die spezialgesetzlichen Regelungen sehen vor, dass an Stelle eines Planfeststellungsbeschlusses eine **Plangenehmigung** insbesondere dann erteilt werden kann, wenn Rechte anderer nicht oder nur unwesentlich beeinträchtigt werden,[501] vgl. z.B. § 17 Abs. 1a BFStrG, § 28 Abs. 1a PBefG, § 74 Abs. 6 VwVfG. Diese Voraussetzung ist nicht erfüllt, wenn mit der Planung ein direkter Zugriff auf fremde Rechte verbunden ist; dagegen stellt die bei jeder raumbedeutsamen Planung gebotene wertende Einbeziehung der privaten Belange Dritter in den Abwägungsvorgang keinen direkten Zugriff auf fremde Rechte dar.[502] Die Plangenehmigung hat zwar die Rechtswirkungen eines Planfeststellungsbeschlusses, die Vorschriften über das Planfeststellungsverfahren finden jedoch keine Anwendung.

144 b Planfeststellung und Plangenehmigung entfallen in Fällen unwesentlicher Bedeutung,[503] vgl. z.B. § 17 Abs. 2 BFStrG bzw. § 18 Abs. 3 AEG. Die Erklärung der Behörde, dass ein solcher Fall gegeben sei, **„Unwesentlichkeitsfeststellung"**, ist als Verwaltungsakt mit Drittwirkung zu qualifizieren.[504]

144 c Im Planfeststellungsrecht spielt der einstweilige Rechtsschutz eine Rolle, wenn es um die Realisierung eines planfeststellungsbedürftigen Vorhabens bzw. um dessen Verhinderung geht. Im einzelnen kommen die folgenden typischen Rechtsschutzziele in Betracht:

---

498 Vgl. *Kopp/Ramsauer,* § 72, Rdnr. 10.

499 Zur Konkurrenz von Fachplanung und Bauleitplanung s. *VGH München,* 24. 5. 2000 – 26 N 99969 – BauR 00, 1718 = UPR 01, 35 = BayVBl. 00, 722; s.a. *Josef-Walter Kirchberg,* UPR 01, 12.

500 *Vallendar,* UPR 97, 129 berichtet, dass in den 1996 vom Bundesverwaltungsgericht entschiedenen 26 Klageverfahren nach dem VerkehrswegebeschleunigungsG sämtlichst Urteile gegen die Kläger ergingen.

501 Zur unwesentlichen Beeinträchtigung s. *BVerwG,* 27. 10. 2000 – 4 A 18.99 – DVBl. 01, 386; *BVerwG,* 24. 2. 1998 – 4 VR 13.97 – NVwZ 98, 1178; *VGH Mannheim,* 21. 10. 1999 – 5 S 2575.98 – NVwZ-RR 00, 420; *VGH Mannheim,* 7. 5. 1998 – 5 S 1060.98 – NVwZ 99, 550.

502 *VGH Mannheim,* 21. 10. 1999 – 5 S 2575.98 – NVwZ-RR 00, 420.

503 *VGH Mannheim,* 13. 4. 2000 – 5 S 1136.98 – NVwZ 01, 101 = DÖV 00, 1014 [Ls.]; UPR 00, 400 [Ls.].

504 *VGH Mannheim,* 13. 4. 2000 – 5 S 1136.98 – NVwZ 01, 101 = DÖV 00, 1014 [Ls.]; = UPR 00, 400 [Ls.]; *VGH München,* 2. 2. 1999 – 8 CS 98 2868 – BayVBl. 00, 499.

Der **Vorhabenträger** will das planfeststellungsbedürftige Vorhaben baldmöglichst realisieren, K 145;

Der **Nachbar,** der sich durch das Vorhaben beeinträchtigt sieht,
- will das planfestgestellte Vorhaben verhindern oder jedenfalls erreichen, dass es nur in einer modifizierten, weniger belastenden Weise verwirklicht werden darf, K 145c;
- will verhindern, dass ein planfeststellungsbedürftiges Vorhaben ohne Planfeststellungsbeschluss verwirklicht wird, K 150c;
- will verhindern, dass ein planfeststellungsbedürftiges Vorhaben ohne die gebotenen Schutzmaßnahmen verwirklicht wird, K 150g;

Der **Grundstückseigentümer** (oder Pächter), dessen Grundstück für das Vorhaben (teilweise) in Anspruch genommen werden soll,
- will das Vorhaben verhindern, K 147;
- will verhindern, dass sein Grundstück für ein planfeststellungsbedürftiges Vorhaben ohne Planfeststellungsbeschlußbeschluss in Anspruch genommen wird, K 150b;

Die **Gemeinde** will ihre Planungshoheit verteidigen und aus diesem Grunde das Vorhaben verhindern oder durchsetzen, dass es nur in einer anderen Weise verwirklicht werden darf, K 148;

Ein **Naturschutzverband** will zur Wahrung seiner satzungsmäßigen Ziele das Vorhaben verhindern oder durchsetzen, dass es nur in einer anderen Weise verwirklicht werden darf, K 149;

Die **Planbetroffenen** wollen
- verhindern, dass ein planfeststellungsbedürftiges Vorhaben ohne Planfeststellungsbeschluss verwirklicht wird, K 150;
- erreichen, dass die Planfeststellungsbehörde zu bestimmten Verfahrenshandlungen gezwungen wird, K 151.

1. Planfeststellung, vorläufiger Rechtsschutz für den Vorhabenträger

Vor Erlass des Planfeststellungsbeschlusses darf der Vorhabenträger keine Baumaßnahmen zur Realisierung des Vorhabens durchführen. Werden solche Baumaßnahmen gleichwohl durchgeführt und von der Ordnungsbehörde geduldet, dann resultieren daraus keine rechtlichen Vorwirkungen für das Planfeststellungsverfahren.[505] **145**

Ein Antrag gem. § 123 auf vorläufige Zulassung des Vorhabens hätte wegen des Verbots der Vorwegnahme der Hauptsache keinen Erfolg, vgl. J 213ff.

Nach Erlass des Planfeststellungsbeschlusses befindet sich der Vorhabenträger regelmäßig in einer günstigen Rechtsschutzposition. Die einschlägigen bundesgesetzlichen Fachplanungsregelungen ordnen durchweg gem. § 80 Abs. 2 Nr. 3 an, dass der **Planfeststellungsbeschluss sofort vollziehbar** ist, vgl. oben J 59. Der Vorhabenträger kann also den Planfeststellungsbeschluss ungeachtet prozessualer Angriffe zunächst nutzen. **145 a**

---

[505] *BVerwG,* 26. 2. 2000 – 11 VR 8.00 – NVwZ 01, 89; *BVerwG,* 21. 1. 1994 – 7 VR 12.93 – NVwZ 94, 370.

Bis zur Bestandskraft des Planfeststellungsbeschlusses handelt der Vorhabenträger allerdings **auf eigenes Risiko:** Hat die Anfechtungsklage in der Hauptsache Erfolg, so besteht kein Schadensersatzanspruch. Die in Realisierung des rechtswidrigen Planfeststellungsbeschlusses getätigten Aufwendungen stellen im Rahmen einer erneuten Abwägung auch keinen relevanten Belang dar. Der Vorhabenträger kann sich schließlich gegenüber einem Nachbaranspruch auf Schutzauflagen nicht darauf berufen, dass durch die bereits erfolgte Realisierung des Vorhabens diese Schutzauflagen nur mit Mehrkosten realisiert werden können.[506]

145 b Der Weg zum Planfeststellungsbeschluss kann im Einzelfall durch eine **Unwesentlichkeitsfeststellung** verbaut sein. Eine solche Feststellung trifft die Behörde, wenn sie im Hinblick auf die angenommene, unwesentliche Bedeutung des Vorhabens meint, es bedürfe keiner Planfeststellung bzw. Plangenehmigung, vgl. K 144b. Diese Entscheidung ist gegenüber dem Vorhabenträger ein belastender Verwaltungsakt.[507]

Hinweis für den Anwalt:

Statthafter Rechtsbehelf in diesen Fällen ist der Widerspruch, der auch aufschiebende Wirkung hat.[508]

2. Planfeststellung, vorläufiger Rechtsschutz für Nachbarn

145 c Die spezifischen Rechtsschutzmöglichkeiten des Nachbarn hängen davon ab, wie er durch den Planfeststellungsbeschluss beeinträchtigt wird: wird sein Grundeigentum unmittelbar für das Vorhaben in Anspruch genommen, so genießt er eine gesteigerten Rechtsschutz als Grundstückseigentümer bzw. obligatorisch Berechtigter, vgl. unten K 147ff.

Aber auch wenn sein Eigentum zwar verschont bleibt, er sich aber nachteiligen Auswirkungen des Vorhabens ausgesetzt sieht, kann er den Planfeststellungsbeschluss angreifen. Der insoweit von einem Planfeststellungsbeschluss rechtswidrig betroffene Nachbar hat vorrangig lediglich einen Anspruch auf Ergänzung des Plans (z.B. Schutzauflagen); nur wenn so die Rechtswahrung nicht erreicht werden kann, besteht ein Anspruch auf Planaufhebung,[509] vgl. im einzelnen D 29ff. und J 188. Wenn der Nachbar **in der Hauptsache** danach die Aufhebung des Planfeststellungsbeschlusses nicht erreichen kann (oder will), sondern lediglich die **Ergänzung des Planfeststellungsbeschlusses um Schutzauflagen** zu seinen Gunsten begehrt, so muss er eine Verpflichtungsklage erheben.[510] Daraus ergibt sich dann auch die Weichenstellung für das einstweilige Rechtsschutzverfahren.[511] Die **Verpflichtungsklage** hat bereits gem. § 80 Abs. 1 **keine aufschiebende**

---

[506] *BVerwG,* 21. 1. 1999 – 11 VR 8.98 – NVwZ 99, 650 = DVBl. 99, 870 [Ls.] = UPR 99, 235 [Ls.].

[507] *VGH Mannheim,* 13. 4. 2000 – 5 S 1136.98 – NVwZ 01, 101 = DÖV 00, 1014 [Ls.]; = UPR 00, 400 [Ls.].

[508] *VGH München,* 2. 2. 1999 – 8 CS 98 2868 – BayVBl. 00, 499.

[509] *BVerwG,* 18. 4. 1996 – 11 A 86.95 – DÖV 96, 998.

[510] *Gerhardt* in *Schoch/Schmidt-Aßmann/Pietzner,* § 113, Rdn. 26; *Hufen,* § 14, Rdn. 15.

[511] *BVerwG,* 10. 1. 1996 – 11 VR 19.95 – NVwZ 97, 274 = UPR 96, 227; *VGH München,* 4. 2. 1994 – 8 AS 94. 40007, 40008 – DVBl. 94, 764; *OVG Bremen* 5. 11. 1993 – 1 (G) T 2/93 – DVBl. 94, 767.

Wirkung.[512] In einem solchen Fall muss der Antragsteller also prüfen, ob er gem. § 123 vorgehen kann,[513] dazu unten K 150.

Wenn der von einem Planfeststellungsbeschluss Betroffene dagegen **in der Hauptsache** die **Aufhebung des Planfeststellungsbeschlusses** erreichen will, dann hat er eine Anfechtungsklage zu erheben.[514] Der einstweilige Rechtsschutz wird dann auf der Grundlage von §§ 80, 80a gewährt. Vor Erhebung der **Anfechtungsklage** gegen den Planfeststellungsbeschluss ist **kein Widerspruchsverfahren** durchzuführen, vgl. § 74 Abs. 1 Satz 2 i. V. m. § 70 VwVfG. Die **Anfechtungsklage** hat aufgrund der spezialgesetzlichen Regelungen **keine aufschiebende Wirkung,** vgl. J 59. Der Nachbar muss also zu seinem Rechtsschutz ein Verfahren gem. § 80 Abs. 5 anstrengen.[515] **145 d**

Hinweis für den Anwalt: **145 e**

Diese Bestimmungen finden auf **„Unwesentlichkeitsfeststellungen"**, vgl. oben K 144b, keine Anwendung: Statthafter Rechtsbehelf in diesen Fällen ist der Widerspruch, der auch aufschiebende Wirkung hat.[516]

a) Zulässigkeit des Antrags gem. § 80 Abs. 5

Der Antrag ist beim **Gericht der Hauptsache** einzureichen. Das ist gem. § 48 in den meisten wichtigen Planfeststellungssachen das Oberverwaltungsgericht, vgl. C 132. In den Angelegenheiten, die unter das VerkehrswegebeschleunigungsG[517] fallen, ist ausschließlich das Bundesverwaltungsgericht zuständig. **145 f**

Der Antrag gem. § 80 Abs. 5 ist zwar grundsätzlich nicht fristgebunden, vgl. J 115; das Bundesrecht normiert jedoch für die spezialgesetzlich geregelten Planfeststellungsverfahren eine **Antragsfrist von einem Monat,** vgl. im Einzelnen J 118 ff. **145 g**

Nicht jeder, der im vorausgegangenen Planfeststellungsverfahren Einwendungen erhoben hat, kann die Verletzung subjektiver öffentlicher Rechte geltend machen. Die **Antragsbefugnis** setzt voraus, dass eine **rechtlich geschützte Position** durch den Planfeststellungsbeschluss tangiert wird. **145 h**

Soweit es um die Beeinträchtigung eines Grundstücks durch den Planfeststellungsbeschluss geht, ist grundsätzlich nur der **Grundstückseigentümer** antragsbefugt.[518] Seine Antragsbefugnis ist gegeben, wenn er geltend macht, bei der gebotenen Abwägungsentscheidung seien seine rechtlich geschützten Belange zu

---

[512] *BVerwG,* 26. 2. 1996 – 11 VR 33.95 – LKV 96, 246.

[513] *BVerwG,* 1. 4. 1998 – 11 VR 13.97 – NVwZ 98, 1070.

[514] Ausführlich dazu *Sauthoff,* BauR 00, 195.

[515] In atypisch gelegenen Fällen kommt auch ein Antrag gem. § 80 Abs. 4 in Betracht, vgl. *BVerwG,* 17. 9. 2001 – 4 VR 19.01 – DVBl. 01, 1861.

[516] *VGH* München, 2. 2. 1999 – 8 CS 98 2868 – BayVBl. 00, 499.

[517] Gem. § 1 Abs. 1 VerkehrswegebeschleunigungsG (VPlBeSchlG) ist das Gesetz am 31. Dezember 1999 außer Kraft getreten; es gilt aber noch für alle Verfahren, die vor diesem Zeitpunkt bei der Anhörungsbehörde durch einen Antrag auf Planfeststellung eingeleitet worden sind, vgl. § 11 Abs. 2 VPlBeSchlG.

[518] *BVerwG,* 16. 9. 1993 – 4 C 9.91 – NJW 94, 1233; *OVG Hamburg,* 17. 6. 1997 – Bs III 69.96 – DVBl. 98, 602 [Ls.]; s. a. *BVerwG,* 28. 11. 1995 – 11 VR 38.95 – NVwZ 96, 389; allgemein zur Antragsbefugnis bei der Anfechtung von Fachplanungen *Sauthoff,* BauR 00, 195.

kurz gekommen.[519] Dagegen ist es ihm verwehrt, seine Antragsbefugnis aus der möglichen Rechtsverletzung öffentlicher oder fremder privater Belange herzuleiten.[511]

Soweit es um die Beeinträchtigung Grundstücksnutzung durch den Planfeststellungsbeschluss geht, haben **Mieter und Pächter** als solche keine Antragbefugnis. Nach der Rechtsprechung des Bundesverwaltungsgerichts zum allgemeinen fachplanungs-rechtlichen Abwägungsgebot sind ihre Interessen in die planerische Abwägung nicht einzustellen. Das Bundesverwaltungsgericht hat aus der Grundstücksbezogenheit des Bebauungsrechts wie des Straßenplanungsrechts gefolgert, dass beim Nutzungskonflikt die benachbarten Grundstücke nur durch ihre Grundstückseigentümer oder sonstig dinglichen Berechtigten repräsentiert werden. Mieter und Pächter können deshalb die Planfeststellung nicht wegen eines Eingriffs in das Eigentumsrecht anfechten.[520]

Die Antragsbefugnis von Mietern und Pächtern kann sich aber aus anderen Rechtspositionen des einfachen Rechte ergeben. So gilt beispielsweise die immissionsschutzrechtliche Regelung des § 41 BImSchG auch für Mieter und Pächter, denn dort enthaltene Nachbarschutz umfasst auch Anwohner, die keine Eigentümer sind.[521]

145 i Das Recht verwaltungsgerichtlichen Schutz in Anspruch zu nehmen, unterliegt der **Verwirkung.** Diese greift ein, wenn der Antragsteller einen längeren Zeitraum verstreichen lässt, in dem er gerichtlichen Schutz hätte in Anspruch nehmen können und so durch sein Unterlassen eine Lage geschaffen hat, auf die sich die Behörde einrichten durfte.[522]

b) Begründetheit des Antrags gem. § 80 Abs. 5

146 Über die **Begründetheit** des Antrages gem. § 80 Abs. 5 ist anhand der allgemeinen Kriterien zu befinden, vgl. oben J 84 ff. und J 128. Die Entscheidungsfindung erfolgt in einem zweistufigen Verfahren:

– Zunächst sind die **Erfolgsaussichten** des Rechtsbehelfs zu bewerten.[523] Dem Antrag des Nachbarn ist stattzugeben, wenn der Planfeststellungsbeschluss rechtswidrig ist und seine Rechte verletzt. Umgekehrt ist der Antrag abzulehnen, wenn die Klage in der Hauptsache unzulässig oder der Planfeststellungsbeschluss offensichtlich rechtmäßig ist bzw. den Nachbarn nicht in seinen Rechten verletzt. In dieser Situation würde es dem gesetzlich verfolgten Beschleunigungszweck zuwiderlaufen, die sofortige Vollziehung allein deshalb auszuschalten, weil der Antragsteller sich im Klagewege gegen den Planfeststellungsbeschluss zur Wehr setzen will.[524]

– Ist der Ausgang des Hauptsacheverfahrens offen, so erfolgt eine **Interessenabwägung.**

---

[519] *BVerwG,* 26. 2. 1999 – 4 A 47.96 – NuR 00, 627.

[520] *BVerwG,* 28. 11. 1995 – 11 VR 38.95 – NVwZ 96, 389.

[521] *BVerwG,* 4. 3. 1983 – 4 C 74.80 – DÖV 83, 678.

[522] *BVerwG,* 10. 8. 2000 – 4 A 11.99 – NVwZ 01, 206 = UPR 01, 69.

[523] Zu den Besonderheiten der Nachbarklage in den verschiedenen Planfeststellungsverfahren s. *Pietzner-Ronellenfitsch,* § 15, Rdn. 19 ff.

[524] *BVerwG,* 15. 4. 1999 – 4 VR 18.98 (4 A 45.98) – NVwZ-RR 99, 554; *BVerwG,* 24. 2. 1998 – 4 VR 13.97 (4 A 39.97) – NVwZ 98, 1178.

Im Rahmen der summarischen Prüfung der **Erfolgsaussichten** ist zunächst zu klären, ob der angefochtene Planfeststellungsbeschluss aus verfahrensrechtlichen Gründen – vgl. K 146c f. – oder materiellrechtlichen Gründen – dazu K 146e ff. – voraussichtlich als rechtswidrig zu beurteilen sein wird. Für die Prüfung der Rechtmäßigkeit des Planfeststellungsbeschlusses ist auf den Zeitpunkt seines Erlasses abzustellen; nachträgliche tatsächliche Entwicklungen sind damit grundsätzlich unerheblich.[525] **146 a**

Die Rechtswidrigkeit des Planfeststellungsbeschlusses hat allerdings nicht zwingend zur Folge, dass eine dagegen gerichtete Anfechtungsklage voraussichtlich erfolgreich sein wird: Das Prüfungsprogramm einer Normenkontrollklage gegen einen Bebauungsplan und einer Anfechtungsklage gegen einen Planfeststellungsbeschluss sind unterschiedlich. Die Anfechtungsklage hat gem. gem. § 113 Abs. 1 Satz 1 nur Erfolg, wenn die festgestellte objektive Rechtswidrigkeit auch eine **Verletzung der Rechte** des klagenden Antragstellers bewirkt, dazu K 146 q. **146 b**

aa) Verfahrensfehler

Die **Wahl des falschen Verfahrens,** d. h. Plangenehmigung an Stelle des Planfeststellungsbeschlusses, führt für sich genommen noch nicht zum Erfolg der Klage in der Hauptsache und damit auch nicht zur Herstellung der aufschiebenden Wirkung dieser Klage.[526] Der Verfahrensfehler ist vielmehr nur dann beachtlich, wenn er potentiell einen materiellrechtlichen Mangel zur Folge hat, d. h. wenn bei Beachtung der Verfahrensregelungen eine andere Sachentscheidung in Betracht gekommen wäre. **146 c**

Fehler im Anhörungsverfahren[527] sind nur insoweit beachtlich, als sie sich potentiell nachteilig auf die materiellrechtlichen Positionen des Antragstellers ausgewirkt haben können.[528] **146 d**

Im Verwaltungsprozess wird regelmäßig darum gestritten, ob die Planfeststellungsbehörde den regelungsbedürftigen Sachverhalt ausreichend aufgeklärt hat. In diesem Zusammenhang ergibt sich die Frage, ob die Behörde gehalten ist, ein vom Vorhabenträger vorgelegtes **Gutachten** einer Prüfung durch selbst bestellte Gutachter zu unterziehen. Das ist zu verneinen. Die Behörde muss den Sachverhalt mit eigenen Erkenntnismitteln nur dann weiter aufklären bzw. die vorliegenden Feststellungen überprüfen, wenn das vorgelegte Gutachten unvollständig, widersprüchlich oder aus sonstigen Gründen nicht überzeugend ist.[529]

bb) Materielle Fehler

§ 73 Abs. 4 VwVfG ordnet die **materielle Präklusion** für gegen das Vorhaben gerichtete Einwendungen an, die im Anhörungsverfahren zu spät erhoben worden sind.[530] Damit ist zum Grundsatz erhoben worden, was vor dem Genehmi- **146 e**

[525] *BVerwG,* 18. 4. 1996 – 11 A 86.95 – NVwZ 96, 901.

[526] *VGH Mannheim,* 7. 5. 1998 – 5 S 1060.98 – NVwZ 99, 550.

[527] Zur Gestaltung von Anhörungsverfahren s. *Stüer,* DÖV 00, 17.

[528] *BVerwG,* 26. 8. 1998 – 11 VR 4.98 – NVwZ 99, 535; *BVerwG,* 27. 8. 2996 – 11 VR 10.96 – NVwZ-RR 97, 208; zu den verfassungsrechtlichen Anforderungen an die „Anstoßwirkung" der öffentlichen Bekanntmachung s. *BVerfG, 3. Kammer des Ersten Senats,* 27. 12. 1999 – 1 BvR 1746.97 – UPR 00, 266 = BayVBl. 00, 341.

[529] *BVerwG,* 26. 2. 1999 – 4 A 47.96 – NuR 00, 627.

[530] Zur verfassungsrechtlichen Zulässigkeit s. *Thiel,* DÖV 01, 814.

gungsverfahrensbeschleunigungsG[531] schon spezialgesetzlich galt, vgl. z.B. § 17 Abs. 4 Satz 1 BFStrG bzw. § 20 Abs. 2 Satz 1 AEG.[532] Entsprechende Einwendungen sind dann auch im einstweiligen Rechtsschutzverfahren unbeachtlich, wenn sie zur Begründung des Antrags gem. § 80 Abs. 5 herangezogen werden.[533]

146f In materiellrechtlicher Hinsicht haben **Abwägungsfehler** das größte Gewicht. Im einzelnen geht es um folgendes:

Das Abwägungsgebot ist verletzt, wenn eine sachgerechte Abwägung überhaupt nicht stattfindet oder in die Abwägung an Belangen nicht eingestellt wird, was nach Lage der Dinge einzustellen war **(Abwägungsdefizit).** Ein zentraler Abwägungsposten ist regelmäßig der **Verkehrsbedarf,** der der Planrechtrechtfertigung dient.[534] Die Nichtberücksichtigung eines **privaten Belangs,** auf den der Betroffene im Einwendungsverfahren nicht hingewiesen hat und der sich der Behörde auch nicht aufdrängen musste, ist rechtlich nicht erheblich.[535]

Hinweis:
Gegenstand der Abwägung ist das Integritätsinteresse von Natur und Landschaft (Unterlassen vermeidbarer Eingriffe) gem. § 8 Abs. 2 Satz 1 BNatG. Die Frage, ob und in welchem Umfang planungsbedingte Eingriffe in Natur und Landschaft zu kompensieren sind **(naturschutzrechtliche Ausgleichs- und Ersatzmaßnahmen),** ist dagegen **nicht Gegenstand der Abwägung.**[535] Sie ist in einem gesonderten Verfahrensschritt an Hand eines naturschutzrechtlichen Maßstabs zu beantworten, vgl. dazu unten K 149i.

Das Abwägungsgebot ist auch verletzt, wenn die Bedeutung der eingestellten Belange verkannt worden ist **(Bewertungsfehler).**[536]

Die Abwägung ist schließlich fehlerhaft, wenn sie Ausdruck einer unzulässigen Vorabbindung ist bzw. die Planregelung das Abwägungsergebnis nicht wiederspiegelt oder das Abwägungsergebnis als solches dem Gebot gerechter Abwägung widerspricht **(Mangel des Abwägungsergebnisses).**[537] Ein solcher Mangel ist nicht bereits dann gegeben, wenn bei einer anderen, vertretbaren Gewichtung der Belange das Ergebnis hätte anders ausfallen können. Von einer Abwägungsdisproportionalität kann vielmehr nur gesprochen werden, wenn das Vorhaben mit Opfern erkauft werden muss, die außer Verhältnis zu dem erstrebten Planungserfolg stehen.[535]

146g Abwägungsfehler sind allerdings nur erheblich, wenn sie **offensichtlich** sind und **auf das Abwägungsergebnis von Einfluss** gewesen sind, vgl. § 75 Abs. 1a Satz 1 VwVfG, § 17 Abs. 6c BFStrG, § 20 Abs. 7 AEG; s.a. zur parallelen Rechtslage im Bauplanungsrecht D 614ff., 618ff.

---

[531] Gesetz vom 12. 9. 1996, BGBl. I 1354; dazu *Sparwasser,* AnwBl 00, 658.

[532] Diese Präklusionsregelung kommt für alle Eisenbahnen (bundeseigene und nicht bundeseigene) zur Anwendung, vgl. *OVG Koblenz,* 2. 3. 2001 – 1 A 1447.00 – DVBl. 01, 1301 = UPR 01, 359 [Ls.].

[533] *BVerwG,* 5. 12. 1996 – 11 VR 8.96 – NVwZ-RR 97, 339; *BVerwG,* 12. 2. 1996 – 4 A 38.95 – NVwZ 97, 171 = DVBl. 96, 684.

[534] *BVerwG,* 27. 10. 2000 – 4 A 18.99 – DVBl. 01, 386.

[535] *BVerwG,* 13. 9. 1985 – 4 C 64.80 – NVwZ 86, 740.

[536] Zur Bedeutung der Gemeinnützigkeit des Vorhabens (und den Voraussetzungen dieser Gemeinnützigkeit) bei der Abwägung s. *OVG Hamburg,* 19. 2. 2001 – 2 BS 370.000 – NVwZ 01, 1173.

[537] Grundlegend *BVerwG,* 12. 12. 1969 – 4 C 105.66 – BVerwGE 34, 301 und *BVerwG,* 14. 2 1975 – 4 C 21.74 – NJW 75, 1373 = BVerwGE 48, 56.

Als „offensichtlich" anzusehen ist alles, was zur **„äußeren" Seite des Abwägungsvorgangs** derart gehört, dass es auf objektiv erkennbaren Sachumständen beruht. Dabei kann es sich z.B. um Fehler und Irrtümer bei der Zusammenstellung und Aufbereitung des Abwägungsmaterials handeln. Ein in diesem Sinne offensichtlicher Mangel des Abwägungsvorgangs ist auf das Abwägungsergebnis „von Einfluss" gewesen, wenn nach den Umständen des zu betrachtenden Falles die konkrete Möglichkeit besteht, dass ohne den Mangel die Planung anders ausgefallen wäre. Diese konkrete Möglichkeit ist zu bejahen, wenn sich anhand der Planunterlagen oder sonst erkennbarer Umstände bei realistischer Betrachtungsweise ergibt, dass sich ohne den Mangel im maßgeblichen Zeitpunkt des Planfeststellungsbeschlusses ein **anderes Abwägungsergebnis** abgezeichnet hätte.[538]

Beispiel: **146h**
Der antragstellende Nachbareigentümer greift den Planfeststellungsbeschluss für eine Bahnstrecke an. Er macht einen Abwägungsfehler geltend, weil die vorgesehene Weichenanlage auf der Höhe seines Grundstücks die Unfallgefahr signifikant steigere. Im Abwägungsverfahren setzt sich die Planfeststellungsbehörde mit diesem Aspekt nicht auseinander. Es ist nicht ausgeschlossen, dass sich ohne diesen Mangel im Abwägungsverfahren ein anderes Abwägungsergebnis ergeben hätte.[539]

Erhebliche Abwägungsmängel führen allerdings im Hauptsacheverfahren nur dann zur Aufhebung des Planfeststellungsbeschlusses, wenn sie nicht durch eine **Planergänzung** oder ein **ergänzendes Verfahren** behoben werden können, vgl. z.B. § 20 Abs. 7 Satz 2 AEG, § 29 Abs. 8 Satz 2 PBefG, § 17 Abs. 6c Satz 2 BFStrG. Sofern eine solche Heilungsmöglichkeit gegeben ist, hat das Gericht in der Hauptsache die Rechtswidrigkeit des angefochtenen Beschlusses und seine Nichtvollziehbarkeit festzustellen.[540] Im parallelen Verfahren gem. § 80 Abs. 5 ist aber auch dann die aufschiebende Wirkung der Hauptsachenklage herzustellen.[541] **146i**

Bei der Überprüfung der Abwägungsentscheidung hat der **Lärmschutz** ein besonderes Gewicht.[542] **§ 41 BImSchG** bestimmt, dass bei dem Bau oder der wesentlichen Änderung öffentlicher Straßen sowie von Eisenbahnen sicherzustellen ist, dass keine schädlichen Umwelteinwirkungen durch Verkehrsgeräusche hervorgerufen werden können, die nach dem Stand der Technik vermeidbar sind (Vorrang des **aktiven Schallschutzes**). Die Bewertung von Verkehrslärm ist anhand der Bestimmungen der 16. BImSchV vorzunehmen.[543] Die dort normier- **146j**

---

538 *BVerwG,* 26. 8. 1998 – 11 VR 4.98 – NVwZ 99, 535; *VGH Mannheim,* 7. 5. 1998 – 5 S 060.98 – NVwZ 99, 550.

539 *BVerwG,* 26. 8. 1998 – 11 VR 4.98 – NVwZ 99, 535.

540 Grundlegend *BVerwG,* 21. 3. 1996 – 4 C 19.94 – NVwZ 96, 1016; *OVG Koblenz,* 5. 4. 2000 – 8 C 11634.98 – NVwZ 01, 104.

541 *BVerwG,* 1. 4. 1998 – 11 VR 13.97 – NVwZ 98, 1070 = DVBl. 98, 1191 [Ls.] = UPR 98, 311; *OVG Lüneburg,* 4. 12. 1997 – 7 M 1367.97 – NVwZ-RR 98, 719; *VGH Mannheim,* 7. 5. 1998 – 5 S 1060.98 – NVwZ 99, 550; insoweit **a. A.** *BVerwG,* 26. 8. 1998 – 11 VR 4.98 – NVwZ 99, 535: Im Verfahren gem. § 80 Abs. 5 kann nur ein solches anderes Abwägungsergebnis relevant sein, das nicht schon im Wege der Planergänzung erreicht werden kann.

542 *BVerwG,* 27. 10. 1998 11 A 1.97 – NVwZ 99, 644 [Flughafen Erfurt]; *BVerwG,* 28. 10. 1998 – 11 A 3.98 – NVwZ 99, 539 [Eisenbahn Stendal-Uelzen];

543 *BVerwG,* 19. 11. 1999 – 11 A 4.98 – DVBl. 00, 796 = UPR 00, 275; *BVerwG,* 22. 9. 1999 – 4 B 68.98 – NVwZ 00, 565; *BVerwG,* 5. 3. 1999 – 4 A 7.98 – NVwZ-RR 99, 556.

ten Grenzwerte sind im Wege der Abwägung grundsätzlich nicht überwindbar.[544] § 41 Abs. 2 BImSchG regelt jedoch, dass dies nicht gilt, wenn die Kosten der Schutzmaßnahme außer Verhältnis zu dem angestrebten Schutzzweck stehen würden.[545] Das kann sich in einem Missverhältnis zwischen dem Aufwand für den aktiven Schallschutz und die dadurch erreichten Kosteneinsparungen beim passiven Schallschutz ausdrücken.[546] Im Rahmen der Verhältnismäßigkeitsprüfung ist die Vorbelastung – sogleich K 146l – zu berücksichtigen.[547] Ferner sind sämtliche öffentlichen und privaten Belange zu betrachten, die einer Ausschöpfung der technischen Möglichkeiten aktiven Schallschutzes entgegenstünden.[548]

146k Wenn Bedenken bleiben, ob bei der Realisierung des Planfeststellungsbeschlusses bestimmte Grenzwerte wirklich eingehalten werden, so darf die Behörde die abschließende Klärung dieser Frage durch einen ausdrücklichen[549] **Auflagenvorbehalt**[550] gem. § 74 Abs. 3 VwVfG in ein **Nachprüfungsverfahren** nach Inbetriebnahme verlagern. Dies setzt allerdings voraus, dass nach Lage der Dinge die Grenzwerte voraussichtlich eingehalten werden, dies aktuell nicht sicher geprüft werden kann und schnelle technische Abhilfe möglich ist, sofern es doch zu Grenzwertüberschreitungen kommen sollte.[551]

146l Auch unterhalb der Erheblichkeitsschwelle, die sich aus den Normen der 16. BImSchVO ergeben, ist Lärmschutzgesichtspunkten im Rahmen der Abwägung Rechnung zu tragen.[552] Dabei ist – wie im Baurecht, vgl. K 67 und K 77b – der Gesichtspunkt der **Vorbelastung** von Bedeutung: im engen Raum der Bundesrepublik Deutschland spielt der Ausbau von planfeststellungsbedürftigen Vorhaben eine größere Rolle als der Neubau. Grundsätzlich gilt, dass die Schutzbedürftigkeit der von Vorbelastungen betroffenen Belangen geringer ist als bei nicht vorbelasteten Belangen.[553] Das rechtfertigt es allerdings nicht, die aktiven Schallschutzmaßnahmen generell so zu bemessen, dass sie nur den Lärmzuwachs kompensieren, der durch das planfestgestellte Vorhaben verursacht wird.[535] Die Grenze der schutzmindernden Vorbelastung in jedem Falle erreicht, wenn diese Einwirkungen schon vor Ausführung des planfestsetzungsbedürftigen Änderungsvorhabens Eigentums- und/oder Gesundheitsbeschränkungen bewirkten.[554]

146m Bei der Überprüfung der Abwägungsentscheidung hat ferner Bedeutung, wie die Feststellungsbehörde mit **Planungsalternativen** umgegangen ist. Grundsätzlich

---

544 *BVerwG,* 5. 3. 1999 – 4 A 7.98 (4 AR 3.98) – NVwZ-RR 99, 556.

545 *BVerwG,* 15. 3. 2000 – 11 A 46.97 – NVwZ 01, 81; *BVerwG,* 21. 4. 1999 – 11 A 50.97 – UPR 99, 451; *OVG Münster,* 5. 10. 2000 – 7a D 56.97. NE – DVBl. 01, 671 [Ls.].

546 *BVerwG,* 15. 3. 2000 – 11 A 42.97 – DÖV 00, 1013 [Ls.].

547 *BVerwG,* 10. 10. 1995 – 11 B 100.95 – NVwZ-RR 97, 336.

548 *BVerwG,* 15. 3. 2000 – 11 A 42.97 – DVBl. 00, 1342; **a. A.** *BVerwG,* 28. 1. 1999 – 4 CN 5.98 – ZfBR 99, 219 = BVerwGE 108, 248 und *BVerwG,* 22. 9. 1999 – 4 B 68.98 – NVwZ 00, 565: ausschließlich Kostengesichtspunkte sind von Bedeutung.

549 *OVG Lüneburg,* 3. 5. 2001 – 7 K 4341/99 – DVBl. 01, 1307 [Ls.].

550 *BVerwG,* 22. 11. 2000 – 11 C 2.00 – NVwZ 01, 429 = DÖV 01, 691.

551 *VGH Kassel,* 4. 4. 2000 – 2 A 4587 und 4815.96 – UPR 01, 357.

552 *BVerwG,* 5. 3. 1999 – 4 A 7.98 (4 AR 3.98) – NVwZ-RR 99, 556.

553 *BVerwG,* 28. 10. 1998 – 11 A 3.98 – DVBl. 99, 861; *BVerwG,* 26. 8. 1998 – 11 VR 4.98 – NVwZ 99, 535.

554 *BVerwG,* 26. 8. 1998 – 11 VR 4.98 – NVwZ 99, 535; *VGH Kassel,* 4. 4. 2000 – 2 A 4587 u. 4815.96 – UPR 01, 157 [Ls.].

sind ernsthaft in Betracht kommende Alternativlösungen in den Abwägungsprozess einzubeziehen. Der Prozess muss aber insofern nicht bis zuletzt offengehalten werden. Die Behörde ist vielmehr befugt, eine Planungsalternative, die ihr aufgrund einer Grobanalyse als weniger geeignet erscheint, schon in einem früheren Verfahrensstadium auszuscheiden und dann nicht weiter zu betrachten.[555] Dies ist nur dann abwägungsfehlerhaft, wenn sich gerade diese Alternative als die vorzugswürdigere hätte aufdrängen müssen.[556]

Bei größeren Vorhaben erfolgen die Planfeststellungen häufig für einzelne **Teilabschnitte.**[557] Zwischen den Einzelregelungen gibt es dann verschiedene materiellrechtliche Wechselwirkungen, die prozessuale Konsequenzen haben, vgl. auch oben D 64a. **146 n**

Zum einen ist bei der Prüfung des jeweiligen Planfeststellungsbeschlusses auch die grundsätzliche Genehmigungsfähigkeit der **anschließenden Abschnitte** in den Blick zu nehmen. Konkret geht es um die Frage, ob insoweit ein **„vorläufiges positives Gesamturteil"** gebildet werden kann, d. h. keine grundsätzlichen Bedenken gegen die Planfeststellung der angrenzenden Abschnitte bestehen.[558] Nur wenn dieses vorläufige positive Gesamturteil besteht, ist die erforderliche Planrechtfertigung für den Abschnitt gegeben, der Hauptregelungsgegenstand ist.

Zum anderen ist zu bedenken, dass bei einer solchen Abschnittsbildung **Zwangspunkte** entstehen können, die faktisch und rechtlich das Abwägungsergebnis im benachbarten Abschnitt beeinflussen. In einem solchen Fall ist Rechtsschutz gegenüber dem vorherigen Teilabschnitt auch für denjenigen gegeben, der in seinen Rechten unmittelbar durch den weiteren Ausbau des ihn erst dann berührenden Teilabschnitts betroffen sein kann.[559] Dabei ist es unerheblich, ob dieser Zwangspunkt durch einen Planfeststellungsbeschluss oder eine Plangenehmigung gesetzt wird.[560]

Schließlich ist eine Aufteilung nur dann zulässig, wenn jeder Streckenabschnitt, der einer eigenständigen Planung unterworfen wird, eine **eigenständige Verkehrsfunktion** hat: Es muss gewährleistet sein, dass die Teilplanung auch nicht dann sinnlos wird, wenn sich das Gesamtkonzept im Nachhinein als nicht realisierbar erweist.[561]

Eine **Aufteilung** der Regelungsgegenstände ist aber nicht nur durch eine räumliche Abgrenzung zulässig. Sie kann auch **nach anderen sachlichen Kriterien** **146 o**

555 Zum Kostenargument bei der Alternativenprüfung s. *VGH Mannheim,* 14. 12. 2000 – 5 S 2716/99 – DVBl. 01, 1306 [Ls.] = UPR 01, 358 [Ls.].

556 *BVerwG,* 26. 2. 1999 – 4 A 47.96 – NuR 00, 627; *OVG Münster,* 11. 9. 2000 – 11 D 1.98.AK – UPR 01, 159 [Ls.]; zu den speziellen Anforderungen an die Prüfung von Alternativlösungen für Vorhaben in faktischen Schutzgebieten nach der FFH-Richtlinie s. *BVerwG,* 27. 1. 2000 – 4 C 2.99 – DVBl. 00, 814.

557 *BVerwG,* 29. 11. 1995 – 11 VR 15.95 – NVwZ 97, 165.

558 *BVerwG,* 27. 10. 2000 – 4 A 18.99 – DVBl. 01, 386; *BVerwG,* 30. 12. 1996 – 11 VR 24.95 – UPR 97, 153.

559 *BVerwG,* 10. 11. 2000 – 4 B 47.00 – NVwZ 01, 800; *BVerwG,* 24. 2. 1998 – 4 VR 13.97 – NVwZ 98, 1178; *BVerwG,* 24. 5. 1996 – 4 A 16.95 – NVwZ 97, 491; *BVerwG,* 21. 3. 1996 – 4 C 1.95 – NVwZ 97, 493; *BVerwG,* 21. 1. 1994 – 7 VR 12.93 – NVwZ 94, 370.

560 *BVerwG,* 24. 2. 1998 – 4 VR 13.97 – NVwZ 98, 1178.

561 *BVerwG,* 27. 10. 2000 – 4 A 18.99 – NVwZ 01, 673 = DVBl. 01, 386.

hinsichtlich derselben Grundstücksfläche erfolgen, wenn dies mit dem planerischen Gebot der Konfliktbewältigung zu vereinbaren ist: Sachfragen, die sachgerecht nur einheitlich gelöst werden können, müssen auch verfahrensrechtlich einheitlich geplant und entschieden werden.[562]

Beispiel:

Gegenstand des Planfeststellungsverfahrens ist der Ausbau einer Eisenbahnstrecke. In diesem Rahmen ist auch eine teilweise Veränderung der Trassenlage geplant. Das Planfeststellungsverfahren zieht sich hin. In einer solchen Situation ist es zulässig, die Elektrifizierung der vorhandenen, nicht ausgebauten Strecke zum Gegenstand einer Plangenehmigung zu machen.[563]

146p Anderseits kann sich aber aus dem Gesetz auch die Pflicht zur **Konzentration von Planungsentscheidungen** in einem Verfahren ergeben. Das ist der Fall, wenn mehrere selbständige Vorhaben, für deren Zulassung jeweils ein Planfeststellungsverfahren vorgeschrieben ist,[564] derart zusammentreffen, dass – jedenfalls für einzelne Abschnitte – nur eine einheitliche Entscheidung möglich ist. Gem. § 78 Abs. 2 VwVfG findet das einheitliche Planfeststellungsverfahren dann nach Maßgabe der Regelungen statt, die für das Vorhaben vorgesehen sind, das einen größeren Kreis öffentlich-rechtlicher Beziehungen berührt.[565]

cc) Verletzung eines subjektiven Rechts

146q Wenn der Planfeststellungsbeschluss nach objektiven Recht an einem erheblichen Abwägungsmangel leidet, dann ist damit nur eine Voraussetzung für den Erfolg der Hauptsachenklage gegeben. Der Antragsteller wird mit dieser Klage nur durchdringen, wenn der rechtswidrige Planfeststellungsbeschluss ihn auch in seinen Rechten verletzt. Das ist zu bejahen, wenn der Abwägungsfehler auf einer **fehlenden oder fehlerhaften Berücksichtigung seiner eigenen privaten Belange** beruht.[566]

146s Dabei ist zu beachten, dass im Planfeststellungsrecht die „Grundstücke ihre Eigentümer repräsentiert werden".[567] **Mieter** haben somit nicht an dem Drittschutz teil, der sich aus dem fachplanungsrechtlichen Abwägungsgebot für **grundstücksbezogene Belange** ergibt.[568] Unberührt bleibt allerdings die Möglichkeit der lediglich obligatorisch Berechtigten geltend zu machen, dass sie in Folge des Planfeststellungsbeschlusses von **schädlichen Umwelteinwirkungen** betroffen sein werden. Dieser immissionsschutzrechtliche Begriff – s. dazu unten K 154g – verweist allgemein auf die Nachbarschaft; diese wiederum umfasst auch die Anwohner, die keine Eigentümer sind.[568]

---

[562] *BVerwG*, 27. 8. 1996 – 11 VR 10.96 – NVwZ-RR 97, 208.

[563] *BVerwG*, 27. 8. 1996 – 11 VR 10.96 – NVwZ-RR 97, 208.

[564] S. a. *VGH Mannheim*, 14. 2. 2000 – 8 S 2852.99 – NVwZ 00, 1188 = NuR 00, 638: Norm ist auch anwenbar, wenn für eines der beiden Vorhaben ein nur fakultatives Planfeststellungsverfahren durchgeführt wird.

[565] *BVerwG*, 28. 11. 1995 – 11 VR 38.95 – NVwZ 96, 389 [Zusammentreffen von Vorhaben nach AEG, BFStrG und PBefG].

[566] *BVerwG*, 9. 2. 1996 – 11 VR 46.95 – BayVBl. 96, 540; *BVerwG*, 14. 2. 1975 – 4 C 21.74 – NJW 75, 1373 = BVerwGE 48, 56.

[567] *BVerwG*, 28. 11. 1995 – 11 VR 38.95 – NVwZ 96, 389 = BayVBl. 96, 345.

[568] *BVerwG*, 16. 9. 1993 – 4 C 9.91 – NJW 94, 1233.

Die **UVP-Richtlinie**[569] verlangt vom nationalen Gesetzgeber nicht, dass dieser so umrissene Rechtsschutz aufgeweitet und der Erfolg der Anfechtungsklage – und des parallelen Antrags im einstweiligen Rechtsschutzverfahren – nicht davon abhängig gemacht wird, dass sich der gerügte Verfahrensfehler auf die materiellrechtliche Position des Antragstellers ausgewirkt haben könnte.[570] **146 t**

dd) Gerichtliche Entscheidungsvarianten

Gelangt das Gericht im Rahmen der summarischen Prüfung zu der Erkenntnis, dass die Anfechtungsklage in der Hauptsache wohl erfolgreich sein wird, so muss es abschließend entscheiden, ob die aufschiebende Wirkung dieser Klage in vollem Umfange oder nur hinsichtlich einzelner, trennbarer Teilregelungen des Planfeststellungsbeschlusses hergestellt wird.[571] **146 u**

Beispiel:
Sachverhalt in Beispiel oben K 146 h. Eine Herstellung der aufschiebenden Wirkung der Klage im vollen Umfange wäre nicht angemessen.[572]

3. Planfeststellung, vorläufiger Rechtsschutz für enteignungsbetroffene Grundstückseigentümer und obligatorisch Berechtigte

Der Planfeststellungsbeschluss regelt die Zulässigkeit des Vorhabens im Ergebnis unabhängig von der dinglichen und schuldrechtlichen Rechtslage der Grundstücke, die für die Realisierung des Vorhabens – vorübergehend oder dauerhaft – in Anspruch genommen werden müssen. Der Planfeststellungsbeschluss hat allerdings für die Eigentümer der planbetroffenen Grundstücke eine **enteignende Vorwirkung,** d. h. er ist im Enteignungsverfahren zugrunde zu legen.[573] Der enteignungsbetroffene Grundstückseigentümer muss daher primär Rechtsschutz im Hinblick auf den Planfeststellungsbeschluss in Anspruch nehmen. **147**

Auch der enteignungsbetroffene Grundstückseigentümer erhält vorläufigen Rechtsschutz auf der Grundlage von §§ 80, 80 a. Vor Erhebung der **Anfechtungsklage** gegen den Planfeststellungsbeschluss ist **kein Widerspruchsverfahren** durchzuführen, vgl. § 74 Abs. 1 Satz 2 i. V. m. § 70 VwVfG. Die **Anfechtungsklage** hat aufgrund der spezialgesetzlichen Regelungen **keine aufschiebende Wirkung,** vgl. J 59. Der Eigentümer muss also zu seinem Rechtsschutz ein Verfahren gem. § 80 Abs. 5 anstrengen.

a) Zulässigkeit des Antrags gem. § 80 Abs. 5

Für die Zulässigkeit des Antrags gilt das in K 145 ff. Gesagte. **147 a**

Die **Antragsbefugnis** des **Grundstückseigentümers** ergibt sich aus der enteignenden Vorwirkung der angefochtenen Entscheidung.[574]

---

569 Zum Einfluss der UVP-Richtlinie auf das Planfeststellungsverfahren s. *Stüer,* Handbuch des Bau- und Fachplanungsrechts, 2. Auflage 1998, Rdn. 2012 ff.

570 *BVerwG,* 8. 6. 1995 – 4 C 4.94 – NVwZ 96, 381.

571 *VGH Mannheim,* 7. 5. 1998 – 5 S 1060.98 – NVwZ 99, 550.

572 *BVerwG,* 26. 8. 1998 – 11 VR 4.98 – NVwZ 99, 535.

573 *BVerwG,* 27. 3. 1992 – 7 C 18.91 – NVwZ 93, 364.

574 *BVerwG,* 26. 2. 1999 – 4 C 47.96 – NuR 00, 627.

Die Antragsbefugnis kann allerdings im Ausnahmefall fehlen, wenn die **Eigentümerstellung rechtsmissbräuchlich** erlangt worden ist. Das ist anzunehmen, wenn das Eigentum nicht erworben worden ist, um die damit verbundene Gebrauchsmöglichkeit zu nutzen, sondern als Mittel dafür dient, die formalen Voraussetzungen für ein Klageverfahren zu schaffen, das Grundstückseigentümern vorbehalten ist.[575]

Beispiel:
Ein Naturschutzverband erwirbt von einem Landwirt unentgeltlich das Eigentum an einem Wiesengrundstück, das im Trassenbereich des Planfeststellungsbeschlusses für eine Fernstraße liegt. Der Verband räumt dem Landwirt ein lebenslanges, unentgeltliches Nießbrauchsrecht ein.[576]

Der Planfeststellungsbeschluss entfaltet aber nicht nur im Hinblick auf den Grundstückseigentümer enteignungsrechtliche Vorwirkungen. Auch die obligatorischen Rechte am Grundstück können in der Folge eines Planfeststellungsbeschlusses Gegenstand der Enteignung sein. Unter diesem Blickwinkel ist auch der **Pächter** des Grundstücks, das für das planfestgestellte Vorhaben in Anspruch genommen werden soll, **antragsbefugt.**[577]

b) Begründetheit des Antrags gem. § 80 Abs. 5

147b Über die **Begründetheit** des Antrages gem. § 80 Abs. 5 ist anhand der allgemeinen Kriterien zu befinden, vgl. oben J 84ff., J 128 und K 146.

Der Eigentümer, dem das Grundeigentum zum Zwecke der Vorhabenrealisierung notfalls im Wege der Enteignung entzogen werden soll, hat eine besonders starke Position: er ist gem. Art. 14 GG vor jedem Eigentumsentzug geschützt, der nicht zum Wohle der Allgemeinheit erforderlich oder nicht gesetzmäßig ist. Der Rechtsschutz ist also nicht nur in Fällen gegeben, in denen die Rechtswidrigkeit des Abwägungsergebnisses auf einer fehlenden oder fehlerhaften Berücksichtigung der privaten Belange des Antragstellers beruhen.[578]

147c **Beispiel:**
Der Planfeststellungsbeschluss sieht den Ausbau einer Straße vor. Für diese Zwecke soll ein Teil des Grundstücks des Antragstellers in Anspruch genommen werden. Dieser rügt eine Verletzung der Belange des Natur- und Landschaftsschutzes. Auch wenn die damit angesprochene Norm nicht dem Schutz eines privaten Belangs dient – dazu oben K 39 –, wäre eine Verletzung dieser objektivrechtlichen Bestimmung relevant, weil der Antragsteller gestützt auf Art. 14 GG jede sein Grundstück betreffende Maßnahme abwehren kann, die mit einfachem Recht nicht vereinbar ist.[579]

147d Das Prüfungsprogramm ist dementsprechend weit: es umfaßt alle verfahrensrechtlichen und materiellrechtlichen Anforderungen an das Planfeststellungsverfahren;[580] damit ist insbesondere auch das Naturschutzrecht angesprochen, vgl. unten K 149h ff.

---

575 *BVerwG,* 27. 10. 2000 – 4 A 10.99 – NJW 01, 2489 [Ls.] = NVwZ 01, 427 = DVBl. 01, 385 = UPR 01, 143.

576 *BVerwG,* 27. 10. 2000 – 4 A 10.99 – DVBl. 01, 385 = UPR 01, 143.

577 *BVerwG,* 1. 9. 1997 – 4 A 36.96 – NVwZ 98, 504; *BVerwG,* 26. 2. 1999 – 4 C 47.96 – NuR 00, 627.

578 *BVerwG,* 27. 10. 2000 – 4 A 18.99 – NVwZ 01, 673 = DVBl. 01, 386; *BVerwG,* 26. 2. 1999 – 4 A 47.96 – NuR 00, 627.

579 *BVerwG,* 18. 3. 1983 – 4 C 80.79 – NJW 83, 2459 = BVerwGE 67, 74.

580 *BVerwG,* 27. 10. 2000 – 4 A 18.99 – NVwZ 01, 673 = DVBl. 01, 386; s. a. *Sauthoff* in *Johlen,* J III 1., Anm. 14.

Der Eigentümer kann sich allerdings nur dann auf eine Beeinträchtigung eines öffentlichen Belangs berufen, wenn die Beachtung dieses Belangs potentiell zu einer Veränderung der Planung im Bereich seines Grundstücks führen würde.[581] Dasselbe gilt bei der Verletzung von Verfahrensvorschriften. Diese vermitteln regelmäßig keine selbständig durchsetzbaren Rechtspositionen. Eine Verletzung der Vorschriften ist daher nur beachtlich, wenn sie sich auf die angefochtene Entscheidung ausgewirkt haben könnte.[582] **147 e**

Gem. § 75 Abs. 1 Satz 1 VwVfG erstreckt sich die Planfeststellung auch auf die „**notwendigen Folgemaßnahmen** an anderen Anlagen". Dazu gehören alle Regelungen außerhalb der Zulassung des eigentlichen Vorhabens, die erforderlich sind, um die mit der Baumaßnahme verbundenen Konflikte zu lösen,[583] soweit die originäre Planungskompetenz für die andere Anlage nicht angetastet wird.[584] Die Regelung ist ferner nur insoweit rechtmäßig, als sie vom Enteignungszweck umfasst wird. **147 f**

Beispiel:

Der Planfeststellungsbeschluss regelt den Bau einer Eisenbahnstrecke. Ein Teil des Grundstücks des Antragstellers soll in Anspruch genommen werden, um dort Bodenaushub abzulagern. Der Aushub soll zu einem Erdwall aufgeschüttet werden und so zugleich als Schallschutz gegen die Emissionen der parallel verlaufenden Bundesautobahn dienen. Der Antragsteller rügt, dass dadurch die Sichtbeziehung zwischen seinem Grundstück und der Autobahn verloren geht.
Der Planfeststellungsbeschluss ist rechtswidrig, weil er zwar die Folgemaßnahmen regeln darf; die konkrete Regelung (Wall statt gleichmäßige Verteilung) wird aber vom Enteignungszweck des § 22 Abs. 1 Satzung 1 AEG nicht gedeckt.[584]

Der weitreichende Rechtsschutz des Grundstückseigentümers beruht ausschließlich auf der grundrechtlich vermittelten Position: **öffentlich-rechtliche Körperschaften,** die nicht grundrechtsfähig sind, können mithin auch in ihrer Eigenschaft als Grundstückseigentümer den so begründeten Rechtsschutz nicht in Anspruch nehmen.[585] Die Gemeinde ist also bei einem bloßen Eingriff in ihr Eigentum (§ 903 BGB) zwar klagebefugt,[586] aber sie genießt anders als ein Privateigentümer im Rahmen der Begründetheitsprüfung nicht das Privileg einer umfassenden Rechtskontrolle, da sie nicht Grundrechtsträgerin ist. Im Rahmen der Begründetheitsprüfung der gemeindlichen Klage ist vielmehr nur zu prüfen, ob durch einen Normverstoß gleichzeitig auch gemeindliche Belange tangiert sind, die Ausfluss ihres Selbstverwaltungsrechts (wie zum Beispiel der Planungshoheit) sind.[587] **147 g**

Beispiel:

Der Planfeststellungsbeschluss sieht den Ausbau einer Straße vor. Für diese Zwecke soll ein Teil des Grundstücks der antragstellenden Gemeinde in Anspruch genommen werden.

---

581 *BVerwG,* 26. 2. 1999 – 4 A 47.96 – NuR 00, 627; *BVerwG,* 28. 2. 1996 – 4 A 27.95 – NVwZ 96, 1011.

582 *BVerwG,* 23. 2. 1994 – 4 B 35.94 – NVwZ 94, 688 = DVBl. 94, 763 = UPR 94, 264.

583 *OVG Koblenz,* 5. 4. 2000 – 8 C 11634.98 – NVwZ 01, 104.

584 *OVG Schleswig,* 15. 6. 1999 – 4 K 1.98 – NordÖR 00, 383.

585 *BVerwG,* 26. 2. 1999 – 4 A 47.96 – NuR 00, 627; *BVerwG,* 30. 12. 1996 – 11 VR 24.95 – UPR 97, 153; *BVerwG,* 21. 3. 1996 – 4 C 26.94 – DVBl. 96, 914.

586 *VGH Mannheim,* 7. 7. 1997 – 8 S 2550/96 – NVwZ – RR 98, 219.

587 *BVerwG,* 15. 1999 – 4 VR 18.98 (4 A 45.98) – NVwZ-RR 99, 554 = ZfBR 00, 66.

Diese rügt einen Fehler bei der Trassierungsentscheidung. Einen Verstoß gegen die zu Grunde liegenden Bestimmungen kann die Gemeinde nur abwehren, wenn die Norm auch dem Schutz gemeindlicher Interessen zu dienen bestimmt ist.[588]

147 h Materielle Einwendungen gegen den Planfeststellungsbeschluss sind nur dann beachtlich, wenn der Eigentümer nicht **präkludiert** ist. Der Eigentümer, der nur eine formularmäßige „Jedermann-Einwendung" unterzeichnet, die sich ausschließlich auf die Belange von Natur und Umweltschutz stützt, erhält sich damit nicht die individuelle Einwendung, die mit der Eigentumsbetroffenheit begründet wird.[589] Er ist dann wegen der prozessualen Sperrwirkung der Präklusion gehindert, im einstweiligen Rechtsschutzverfahren eine Beeinträchtigung seines Eigentums zu rügen;[590] vgl. auch oben K 146 e.

4. Planfeststellung und Plangenehmigung, vorläufiger Rechtsschutz für Gemeinden

148 Der vorläufige Rechtsschutz wird auf der Grundlage von §§ 80, 80 a gewährt. Vor Erhebung der Anfechtungsklage gegen den Planfeststellungsbeschluss ist **kein Widerspruchsverfahren** durchzuführen, vgl. § 74 Abs. 1 Satz 2 i. V. m. § 70 VwVfG. Die **Anfechtungsklage** hat aufgrund der spezialgesetzlichen Regelungen **keine aufschiebende Wirkung,** vgl. J 59. Die Gemeinde, die sich gegen ein Vorhaben wehren will, muss ein Verfahren gem. § 80 Abs. 5 einleiten.

a) Zulässigkeit des Antrags gem. § 80 Abs. 5

148 a Für die Zulässigkeit des Antrags gilt zunächst das in K 145 f f. Gesagte.

Die Antragsbefugnis der Gemeinde ergibt sich primär aus einer möglichen Verletzung der Planungshoheit. Die Gemeinde kann darüber hinaus gegebenenfalls geltend machen, dass ihre Interessen als Eigentümerin von in Anspruch genommenen Grundstücken nicht oder nicht angemessen in die Abwägung eingestellt worden sind.[591] Die Gemeinde kann ihre Antragsbefugnis dagegen nicht damit begründen, öffentliche Belange, die keinen Bezug zur Planungshoheit haben, seien nicht oder nicht mit dem ihnen zukommenden Gewicht in die Planung eingestellt worden.[577]

b) Begründetheit des Antrags gem. § 80 Abs. 5

aa) Planfeststellung

148 b Die **Begründetheit** des Antrages gem. § 80 Abs. 5 ist mit Hilfe der allgemeinen Kriterien zu beurteilen, vgl. oben J 84 ff. und J 128. Der Antrag der Gemeinde hat also Erfolg, wenn der Planfeststellungsbeschluss rechtswidrig ist und die Gemeinde in ihren Rechten verletzt.

148 c Ein Planfeststellungsbeschluss ist objektiv rechtswidrig und verletzt die Gemeinde nur in ihrer gemeindlichen Planungshoheit, wenn das Vorhaben eine **hinrei-**

---

588 *BVerwG*, 15. 4. 1999 – 4 VR 18.98 (4 A 45.98) – NVwZ-RR 99, 554 = ZfBR 00, 66.
589 *VGH Mannheim*, 9. 10. 2000 – 5 S 1883.99 – UPR 01, 159.
590 *BVerwG*, 13. 3. 1995 – 11 VR 5.95 – NVwZ 95, 904.
591 *BVerwG*, 26. 2. 1999 – 4 A 47.96 – NuR 00, 627.

chend bestimmte gemeindliche Planung nachhaltig stört oder gemeindliche Einrichtungen erheblich beeinträchtigt oder wesentliche Gebiete des Gemeindegebiets einer durchsetzbaren gemeindlichen Planung entzieht.[592]

Beispiele:
- Das planfestgestellte Vorhaben prägt das Ortsbild entscheidend und wirkt damit nachhaltig auf das Gemeindegebiet und die Entwicklung der Gemeinde ein.[593] Der Schutz eines durch keinerlei hervorstechende Merkmale gekennzeichneten Ortsbildes rechtfertigt allerdings nicht jeden Preis.[594]
- Die planfestgestellte Straße führt durch einen Bereich, in dem die Gemeinde allgemein Siedlungsabsichten verfolgt. Die Planfeststellungsbehörde muss auf solche konkreten, wenn auch noch nicht verfestigten Planungsabsichten so weit wie möglich abwägend Rücksicht nehmen. Im Ergebnis dürfen von der Fachplanung die konkret in Betracht gezogenen städtebaulichen Planungsmöglichkeiten nicht „verbaut" werden.[595]

Unabhängig von einer Beeinträchtigung der Planungshoheit sind Gemeinden auch vor solchen Planungen überörtlicher Verwaltungsträger geschützt, die das Gemeindegebiet oder Teile davon bzw. Teile des Gemeindegebiets nachhaltig betreffen und so die Entwicklung der Gemeinde beeinflussen.[596]

Die **Anhörungsbehörde** muss die beteiligten Behörden, zu denen die Gemeinden gehören, soweit **über das Vorhaben unterrichten,** dass diese erkennen können, ob ihre Zuständigkeit berührt ist und ob es angezeigt ist, sich aus diesem Grunde näher um den Inhalt des Plans zu kümmern. Die Anhörungsbehörde ist aber nicht verpflichtet, von sich aus sämtliche Planunterlagen zu übersenden, die für die Gemeinde von Bedeutung sein könnten.[597] Die **Gemeinde** trifft im Rahmen des Planfeststellungsverfahrens vielmehr eine gewichtige **Mitwirkungslast.** Sie muss sich zunächst – durch die Anhörung angestoßen – über den beabsichtigen Planinhalt informieren. Sie hat sodann auf der Grundlage dieser Erkenntnisse darzulegen, welche ihrer Pläne berührt sind, welchen Inhalt diese Pläne haben und in welchem Planungsstadium sie sich befinden. Wenn die Gemeinde es versäumt, ihre Interessen in dieser Weise wahrzunehmen, dann handelt die Planfeststellungsbehörde nicht fehlerhaft, wenn sie keine eigenen Ermittlungen anstellt.[598] **148 d**

Die fehlende oder fehlerhafte Berücksichtigung **anderer öffentlicher Belange,** die nicht die Planungshoheit der Gemeinde betreffen, kann dagegen keine Rechtsverletzung der Gemeinde bewirken.[599] Die Gemeinde kann daher den Planfeststellungsbeschluss nicht erfolgreich mit der Begründung angreifen, solche Belange, wie **148 e**

---

592 *BVerwG,* 15. 4. 1999 – 4 VR 18.98 (4 A 45.98) – NVwZ-RR 99, 554 = ZfBR 00, 66; *BVerwG,* 30. 12. 1996 – 11 VR 24.95 – UPR 97, 153; *BVerwG,* 27. 3. 1992 – 7 C 18.91 – NVwZ 93, 364; *VGH Mannheim,* 7. 4. 1997 – 8 S 2550.96 – NVwZ-RR 98, 219; ausführlich zur kommunalen „Verhinderungsplanung" *Kraft,* UPR 01, 294.

593 *BVerwG,* 5. 12. 1996 – 11 VR 8.96 – NVwZ-RR 97, 339.

594 *BVerwG,* 15. 4. 1999 – 4 VR 18.98 (4 A 45.98) – NVwZ-RR 99, 554 = ZfBR 00, 66.

595 *BVerwG,* 26. 2. 1999 – 4 A 47.96 – NuR 00, 627; *BVerwG,* 21. 3. 1996 – 4 C 26.94 – NVwZ 97, 169 = DVBl. 96, 914 = UPR 96, 337.

596 *VerwG,* 26. 2. 1995 – 11 VR 35.95 – LKV 96, 246.

597 *BVerwG,* 11. 4. 1995 – 4 B 61.95 – NVwZ – RR 97, 212.

598 *BVerwG,* 30. 8. 1993 – 7 A 14.93 – NVwZ 94, 371.

599 *BVerwG,* 12. 4. 2000 – 11 A 18.98 – NVwZ 01, 82.

z. B. der Umweltschutz, seien nicht oder nicht mit dem ihnen zukommenden Gewicht in die Abwägung eingestellt worden.[600]

148f Wenn fremdes Eigentum durch die hoheitliche Planung betroffen wird, so ist dieser Umstand grundsätzlich als privater Belang in die planerische Abwägung einzubeziehen. Insoweit ist es auch von Bedeutung, wenn **Grundeigentum der Gemeinde** planbetroffen ist.[601] Wenn die Eigentümerbelange im Planfeststellungsbeschluss aber angemessen berücksichtigt worden sind, dann ist es im übrigen ohne Einfluß auf die Rechtsschutzposition der Gemeinde, dass sie auch als Grundstückseigentümerin von der Planung betroffen ist.

148g **Beispiele:**

- Ein Planfeststellungsbeschluss, der wegen eines Verstoßes gegen Bestimmungen der Verkehrssicherheit oder des Wasserschutzes rechtswidrig ist, kann von der Gemeinde nicht mit Erfolg angegriffen werden. [602]
- S. oben K 147f.

148h Materielle Einwendungen, die die Gemeinde im Rahmen der Betroffenenanhörung gem. § 73 Abs. 4 VwVfG aufgrund eigener Rechte gegen den Planfeststellungsbeschluss geltend macht, sind fristgerecht zu erheben. In dem von der Gemeinde angestrengten einstweiligen Rechtsschutzverfahren sind diese Einwendungen nur dann beachtlich, wenn die Gemeinde nicht **präkludiert** ist,[603] vgl. oben K 146e.

148i Wenn das **Vorhaben keine überörtliche Bedeutung** hat, dann greift die Vorrangregelung des **§ 38 BauGB nicht** ein.

Hinweis:

Die überörtliche Bedeutung ist bereits dann zu bejahen, wenn „überörtliche Bezüge" gegeben sind; das ist z. B. bei dem Bau von Betriebsanlagen der Eisenbahn regelmäßig zu bejahen.[604]

Eine Planfeststellung darf dann nur mit Einvernehmen der Gemeinde erfolgen. Fehlt das Einvernehmen, so hat die Klage der Gemeinde in der Hauptsache Erfolg;[605] dementsprechend ist der Gemeinde dann auch einstweiliger Rechtsschutz gegen den Planfeststellungsbeschluss im Verfahren gem. § 80 Abs. 5 zu gewähren.

bb) Plangenehmigung

148k Die Zuständigkeit der Planfeststellungsbehörde erstreckt sich auch auf Vorhaben auf den von der Planfeststellung erfassten Flächen, die dem Hauptvorhaben nicht unmittelbar dienen, sofern diese Nutzungen dem Hauptvorhaben untergeordnet sind.

---

600 *BVerwG,* 11. 1. 2001 – 4 A 12.99 – NVwZ 01, 1160 = DÖV 01, 692 = DVBl. 01, 669 [Ls.]; *BVerwG,* 17. 4. 2000 – 11 B 19.00 – NVwZ 01, 88 = DÖV 00, 1013 [Ls.]; *BVerwG,* 26. 2. 1999 – 4 A 47.96 – NuR 00, 627; *BVerwG,* 5. 12. 1996 – 11 VR 8.96 – NVwZ-RR 97, 339.

601 *BVerwG,* 26. 2. 1999 – 4 A 47.96 – NuR 00, 627; *BVerwG,* 27. 3. 1992 – 7 C 18.91 – NVwZ 93, 364.

602 *BVerwG,* 15. 4. 1999 – 4 VR 18.98 (4 A 45.98) – NVwZ-RR 99, 554 = ZfBR 00, 66.

603 *BVerwG,* 27. 12. 1995 – 11 A 24.95 – UPR 96, 226.

604 *BVerwG,* 31. 10. 2000 – 11 VR 12.00 – NVwZ 01, 90; *BVerwG,* 31. 7. 2000 – 11 VR 5.00 – UPR 01, 33.

605 *VGH München,* 20. 10. 1998 – 20 A 98 40022 – BayVBl. 99, 147.

Beispiel:
Geschäftslokal auf dem Bahnhofsgelände.[606]

Auch hier gilt: Wenn das Vorhaben keine überörtliche Bedeutung hat, dann verdrängt § 38 BauGB nicht die §§ 29ff. BauGB. Eine Plangenehmigung bedarf des gemeindlichen Einvernehmens. Fehlt es, so wird die Gemeinde in der Hauptsache Erfolg haben;[607] daher ist ihr auch einstweiliger Rechtsschutz gegen die Plangenehmigung im Verfahren gem. § 80 Abs. 5 zu gewähren.

5. Planfeststellung, vorläufiger Rechtsschutz für Naturschutzverbände

Auch für das Vorgehen von Naturschutzverbänden gilt: Der vorläufige Rechtsschutz wird auf der Grundlage von §§ 80, 80a gewährt. Vor Erhebung der Anfechtungsklage gegen den Planfeststellungsbeschluss ist **kein Widerspruchsverfahren** durchzuführen, vgl. § 74 Abs. 1 Satz 2 i.V.m. § 70 VwVfG. Die **Anfechtungsklage** hat aufgrund der spezialgesetzlichen Regelungen **keine aufschiebende Wirkung,** vgl. J 59. Der Naturschutzverband, der sich gegen ein Vorhaben wehren will, muss ein Verfahren gem. § 80 Abs. 5 einleiten. **149**

a) Zulässigkeit des Antrags gem. § 80 Abs. 5

§ 29 Abs. 1 Nr. 4 BNatSchG bestimmt, dass anerkannte Naturschutzverbände in Planfeststellungsverfahren zu beteiligen sind, die Vorhaben zum Gegenstand haben, die mit Eingriffen in Natur und Landschaft verbunden sind.[608] **Bundesrechtlich** sind die Verbände nach allgemeinen prozessrechtlichen Regelungen darauf beschränkt, mit prozessualen Mitteln eine Wahrung dieser **Beteiligungsrechte** zu verteidigen.[609] Sie sind also klage- und antragsbefugt, soweit sie geltend machen, im Planfeststellungsverfahren nicht oder nicht in der gebotenen Weise[610] beteiligt worden zu sein. **149a**

Beispiel:
Ein Verband kann danach als Verletzung seines Beteiligungsrechts nicht mit Erfolg geltend machen, die behördliche Ermittlungstätigkeit sei unzureichend gewesen und darauf beruhe eine nicht sachgerecht vorgenommene Abwägung.[611]

§ 46 VwVfG findet im Hinblick auf das Beteiligungsrecht des Naturschutzverbandes **keine Anwendung.** § 29 BNatSchG begründet ein „qualifiziertes Anhörungsrecht", das keine dienende Funktion in Bezug auf ein dem Naturschutzverband eingeräumtes materielles Recht hat. Der Gesetzgeber hat vielmehr das Verfahrensrecht „subjektiviert". Diese Rechtsposition würde entwertet, wenn **149b**

---

606 *VGH München,* 20. 10. 1998 – 20 A 98 40022 – NVwZ 99, 446 [Ls.] = UPR 99, 76 = BayVBl. 99, 147; s. auch *v. Heyl/Steinfort,* DVBl. 99, 1311; *Kuschnereus,* ZfBR 00, 300; *Grigoleit/Otto,* DÖV 00, 182.

607 *VGH München,* 20. 10. 1998 – 20 A 98 40022 – BayVBl. 99, 147.

608 S. zu dieser Beteiligungsbefugnis *Stüer,* Handbuch des Bau- und Fachplanungsrechts, 2. Auflage 1998, Rdn. 2347.

609 *BVerwG,* 18. 4. 1996 – 11 A 86.95 – NVwZ 96, 901; *OVG Lüneburg,* 12. 10. 2000 – 7 M 3440.00 – NVwZ-RR 01, 435.

610 *BVerwG,* 12. 12. 1996 – 4 C 19.95 – NVwZ 97, 905 = BVerwGE 102, 358.

611 *BVerwG,* 24. 5. 1996 – 4 A 16.95 – NVwZ 97, 491.

ein Verstoß gegen das Beteiligungsrecht nach § 46 VwVfG sanktionslos bliebe.[612]

149 c Das Naturschutzrecht begründet ein **Beteiligungsrecht nur für Planfeststellungsverfahren.** Unter bestimmten Voraussetzungen kann sich die Feststellungsbehörde entscheiden, statt eines Planfeststellungsverfahrens durchzuführen eine Plangenehmigung zu erteilen, vgl. oben K 144 a. Wenn diese Verfahrensoption rechtmäßig gewählt wird, dann entfallen die bundesrechtlichen Beteiligungsrechte der Verbände.[613] Die Rechtmäßigkeit der Entscheidung gegen das Planfeststellungsverfahren und für das zur Plangenehmigung führende Verfahren hängt nicht von einer Zustimmung des Verbandes ab.[614]

149 d Das **Bundesrecht** sieht darüber hinaus zu Gunsten von Verbänden **keine Verbandsklagebefugnis** vor.[615] Diese sind also bundesrechtlich nicht befugt, Naturschutzbelange geltend zu machen, ohne in eigenen subjektiven Rechten betroffen zu sein.

149 e Ein Teil der Länder hat den Verbänden allerdings durch **Landesgesetz** eine solche **umfassende Klagebefugnis** eingeräumt, vgl. oben D 79 ff.[616] Aus kompetenzrechtlichen Gründen können die Länder diese Klagebefugnis aber nur hinsichtlich der Verwaltungsakte von Landesbehörden begründen.[617] In Fällen, in denen die Entscheidung von einer Bundesbehörde getroffen wird, ist mithin keine allgemeine Verbandsklagebefugnis gegeben; dies ist verfassungsrechtlich unbedenklich.[618]

Beispiel:

Aus dem Gesetz kann sich die Pflicht zur Konzentration von Planungsentscheidungen in einem Verfahren ergeben, vgl. K 146 p. Das ist der Fall, wenn mehrere selbständige Vorhaben, für deren Zulassung jeweils ein Planfeststellungsverfahren vorgeschrieben ist, derart zusammentreffen, dass – jedenfalls für einzelne Abschnitte – nur eine einheitliche Entscheidung möglich ist. Gem. § 78 Abs. 2 VwVfG findet das einheitliche Planfeststellungsverfahren dann nach Maßgabe der Regelungen statt, die für das Vorhaben vorgesehen sind, das einen größeren Kreis öffentlich-rechtlicher Beziehungen berührt.

---

612 *BVerwG,* 12. 11. 1997 – 11 A 49.96 – NVwZ 98, 395 = BVerwGE 105, 348; s. a. *Johlen,* WiVerw 00, 36, 61 m. w. N.

613 *BVerwG,* 27. 10. 2000 – 4 A 18.99 – NVwZ 01, 673 = DVBl. 01, 386; *BVerwG,* 14. 5. 1997 – 11 A 43.96 – NVwZ 98, 279 = BVerwGE 104, 367; *BVerwG,* 22. 3. 1995 – 11 A 1.95 – NVwZ 96, 392 = DVBl. 96, 1006 = DÖV 95, 955 = BVerwGE 98, 100; *OVG Lüneburg,* 12. 10. 2000 – 7 M 3440.00 – NVwZ-RR 01, 435 = DÖV 01, 523.

614 *BVerwG,* 14. 5. 1997 – 11 A 43.96 – NVwZ 98, 279 = BVerwGE 104, 367; *BVerwG,* 22. 3. 1995 – 11 A 1.95 – NVwZ 96, 392 = DVBl. 96, 1006 = DÖV 95, 955 = BVerwGE 98, 100.

615 *BVerwG,* 18. 12. 1987 – 4 C 9.86 – NVwZ 98, 527; *OVG Lüneburg,* 12. 10. 2000 – 7 M 3440.00 – NVwZ-RR 2001, 435.

616 Nachweise bei *Happ* in *Eyermann,* § 42, Rdn. 119; S. a. *Johlen,* WiVerw 00, 36, 61 m. w. N.; zu § 60 c NdsNaturschutzG s. *BVerwG,* 27. 1. 2000 – 4 C 2.99 – DVBl. 00, 814; zu § 39 b NatSchGBln *OVG Berlin,* 18. 2. 1999 – 2 SN 30.98 – NVwZ-RR 99, 368; zu § 52 Abs. 2 SächsAnhNatSchG s. *OVG Magdeburg,* 25. 9. 1998 – C 1/4 S 260.97 – NVwZ-RR 99, 168 [Ls.].

617 *OVG Magdeburg,* 25. 9. 1998 – C 1/4 S 260.97 – NVwZ-RR 99, 168 [Ls.], das allerdings in Sachen, in denen die Landesbehörde für die Planfeststellung zuständig ist, die Zulässigkeit einer direkten Klage auf Unterlassung gegen eine Bundesbehörde als Aufgabenträger bejaht.

618 *BVerfG (1. Kammer des Ersten Senats),* 10. 5. 2001 – 1 BvR 481/01 und 518/01 – NVwZ 01, 1148 = NuR 01, 581; *BVerwG,* 18. 4. 1996 – 11 A 86.95 – NVwZ 96, 901.

Diese Kompetenzregelung entscheidet damit auch über die Reichweite der Klagebefugnis eines Naturschutzverbandes in einem solchen Fall: wenn die Planfeststellungsaufgaben bei einer Bundesbehörde konzentriert werden, dann bleibt es bei der eingeschränkten Klagebefugnis auch hinsichtlich der Regelungsbestandteile, über die „an sich" eine Landesbehörde zu entscheiden hätte und die dann vom Naturschutzverband zur vollen gerichtlichen Überprüfung gestellt werden könnten. Umgekehrt gilt selbstverständlich auch: wenn die Kompetenz bei einer Landesbehörde konzentriert wird, dann kann der Naturschutzverband die volle gerichtliche Überprüfung auch hinsichtlich der Regelungsbestandteile verlangen, über die „an sich" eine Bundesbehörde mit der Folge zu entscheiden hätte, dass der Verband insoweit keine volle Klagebefugnis gehabt hätte.[619]

Für die Zulässigkeit des Antrags gilt im Übrigen das in K 145 f f. Gesagte. **149 f**

b) Begründetheit des Antrags gem. § 80 Abs. 5

Die **Begründetheit** des Antrages gem. § 80 Abs. 5 ist mit Hilfe der allgemeinen **149 g** Kriterien zu beurteilen, vgl. oben J 84 ff. und J 128. Der Antrag des Verbandes hat also Erfolg, wenn der Planfeststellungsbeschluss rechtswidrig ist und den Verband in seinen Rechten verletzt. Nach **Bundesrecht** liegen diese Voraussetzungen nur bei einer **Verletzung von Beteiligungsrechten** vor. Es geht also um Fälle, in denen der Verband im Planfeststellungsverfahren nicht oder nicht in der gebotenen Weise beteiligt worden ist und dies potentiell von Einfluss auf das Abwägungsergebnis war.[620]

Der Antrag des Naturschutzverbandes kann aber auch bei fehlender Rechtsver- **149 h** letzung Erfolg haben, wenn das Landesrecht den Verband mit einer **Verbandsklagebefugnis** ausstattet. In der Hauptsache dringt die Klage dann durch, wenn der Planfeststellungsbeschluss rechtswidrig ist und diese Rechtswidrigkeit ihren Grund in einer **Beeinträchtigung von Belangen der Natur und Landschaft** hat. Die Rechtswidrigkeit des Planfeststellungsbeschlusses kann sich auch aus den Vorwirkungen der **Fauna-Flora-Habitat(FFH)-Richtlinie**[621] ergeben;[622] gleiches gilt für die **Vogelschutz-Richtlinie.**[623] Diese Richtlinien sind inzwischen zwar in Deutschland durch die §§ 19 a bis 19 f BNatSchG in innerstaatliches Recht umgesetzt. Solange Schutzgebiete aber noch nicht ausgewiesen sind, findet einstweilen eine Vorwirkung in den faktischen (auch: potenziellen[624]) Schutzgebieten statt. Das sind die Gebiete, die tatsächlich den Kriterien entsprechen, die für die Ausweisung eines Schutzgebiets gelten.[625]

---

619 *BVerwG,* 28. 11. 1995 – 11 VR 38.95 – NVwZ 96, 389 = BayVBl. 96, 345.

620 *VGH Mannheim,* 23. 3. 2001 – 5 S 134/00 – NuR 01, 461; *OVG Lüneburg,* 6. 7. 2000 – 3 M 561.00 – NVwZ-RR 01, 362.

621 Dazu *Stüer,* Handbuch des Bau- und Fachplanungsrechts, 2. Auflage 1998, Rdn. 2332 ff.

622 *BVerwG,* 27. 10. 2000 – 4 A 18.99 – NVwZ 01, 673 = DVBl. 01, 386 = DÖV 01, 687; *BVerwG,* 27. 1. 2000 – 4 C 2.99 – DVBl. 00, 814 = BayVBl. 00, 501.

623 *BVerwG,* 19. 5. 1998 – 4 C 11.96 – NVwZ 99, 528 = DVBl. 98, 900 = BVerwGE 107, 1; allgemein zur Vogelschutz-Richtlinie s. *Stüer,* Handbuch des Bau- und Fachplanungsrechts, 2. Auflage 1998, Rdn. 2039 ff.

624 *BVerwG,* 27. 10. 2000 – 4 A 18.99 – NVwZ 01, 673 = DVBl. 01, 386 = DÖV 01, 687.

625 *BVerwG,* 27. 10. 2000 – 4 A 18.99 – NVwZ 01, 673 = DVBl. 01, 386 = DÖV 01, 687; *BVerwG,* 27. 1. 2000 – 4 C 2.99 – DVBl. 00, 814; *BVerwG,* 19. 5. 1998 – 4 C 11.96 – NVwZ 99, 528 = DVBl. 98, 900 = BVerwGE 107, 1; s. a. *Stüer,* DÖV 00, 701, 708.

149i Der zum Planfeststellungsbeschluss führende Abwägungsprozess muss gewährleisten, dass bei Realisierung des Vorhabens vermeidbare Eingriffe in die Natur und Landschaft unterbleiben, vgl. § 8 Abs. 2 Satz 1 BNatG. Die Frage, ob und in welchem Umfang planungsbedingte Eingriffe in Natur und Landschaft zu kompensieren sind **(naturschutzrechtliche Ausgleichs- und Ersatzmaßnahmen),** ist dagegen **nicht Gegenstand der Abwägung.**[610] Wenn das Vorhaben aus Sicht des jeweiligen Fachplanungsrechts zulässig ist, dann ist vielmehr in einer eigenen, mehrstufigen, naturschutzrechtlichen Prüfung zu klären, ob das Vorhaben auch den Anforderungen des Naturschutzrechts entspricht.[626]

149j Zunächst ist zu ermitteln, ob die Eingriffe in Natur- und Landschaft durch geeignete **Ausgleichmaßnahmen** kompensiert werden können, oder ob ein **Ausgleichsdefizit** zu erwarten ist, vgl. § 8 Abs. 2 Satz 4 BNatG.

Nur im Falle eines solchen Ausgleichsdefizits ist gem. § 8 Abs. 3 BNatG eine gesonderte, **naturschutzrechtliche Abwägungsentscheidung** zu treffen. Es muss dann entschieden werden, ob dem Vorhaben Vorrang vor den Belangen der Natur und Landschaftspflege einzuräumen ist. Je größer das Ausgleichsdefizit in Relation zu der Schwere des Eingriffs ist, desto mehr spricht dafür, dass die Belange des Naturschutzes und der Landschaftspflege im Range vorgehen.[627]

Ist dem Vorhaben im Ergebnis dieser Abwägung Vorrang einzuräumen, dann kann das Landesrecht bestimmen, dass **Ersatzmaßnahmen** durchzuführen sind, vgl. § 8 Abs. 9 BNatG, s. z.B. Art. 6a Abs. 3 Satz 1 BayNatSchG.

149k Diese **Stufenfolge** ist **strikt einzuhalten.** Die Missachtung hat die Rechtswidrigkeit des Planfeststellungsbeschlusses zur Folge.

Beispiel:

Wenn die Behörde im Rahmen der Vorrang-Abwägung gem. § 8 Abs. 3 BNatG nicht nur Ausgleichs- sondern auch Ersatzmaßnahmen berücksichtigt, gelangt sie zu einem fehlerhaften Ergebnis.[613]

149l Abwägungsmängel des fachplanungsrechtlichen Planfeststellungsbeschlusses führen nur dann zur Aufhebung dieser Entscheidung, wenn sie nicht durch eine **Planergänzung** oder ein **ergänzendes Verfahren** behoben werden können, vgl. oben K 146i. Dasselbe gilt für Mängel der naturschutzrechtlichen Abwägung gem. § 8 Abs. 3 BNatG.[613]

Sofern eine solche Heilungsmöglichkeit gegeben ist, hat das Gericht in der Hauptsache die Rechtswidrigkeit des angefochtenen Beschlusses und seine Nichtvollziehbarkeit festzustellen.[628] Im parallelen Verfahren gem. § 80 Abs. 5 ist die aufschiebende Wirkung der Hauptsachenklage herzustellen.[629]

---

[626] *Hoppe/Schlarmann/Buchner,* Rechtsschutz bei der Planung von Straßen und anderen Verkehrsanlagen, 3. Auflage, 2001, Rdn. 760ff.

[627] *BVerwG,* 27. 10. 2000 – 4 A 18.99 – NVwZ 01, 673 = DVBl. 01, 386.

[628] Grundlegend *BVerwG,* 21. 3. 1996 – 4 C 19.94 – NVwZ 96, 1016; *OVG Koblenz,* 5. 4. 2000 – 8 C 11634.98 – NVwZ 01, 104.

[629] *BVerwG,* 1. 4. 1998 – 11 VR 13.97 – NVwZ 98, 1070 = DVBl. 98, 1191 [Ls.] = UPR 98, 311; *OVG Lüneburg,* 4. 12. 1997 – 7 M 1367.97 – NVwZ-RR 98, 719; *VGH Mannheim,* 7. 5. 1998 – 5 S 1060.98 – NVwZ 99, 550; insoweit **a. A.** *BVerwG,* 26. 8. 1998 – 11 VR 4.98 – NVwZ 99, 535: Im Verfahren gem. § 80 Abs. 5 kann nur ein solches anderes Abwägungsergebnis relevant sein, das nicht schon im Wege der Planergänzung erreicht werden kann.

6. Antrag auf Verpflichtung zum Erlass einer Ordnungsverfügung gem. § 123 (Baueinstellung) zugunsten der Planbetroffenen

Ein Planbetroffener kann in unterschiedlichen Situationen erwägen, seine Interessen in einem Verfahren gem. § 123 durchzusetzen: **150**

- Der Vorhabenträger führt Baumaßnahmen ohne Planfeststellungsbeschluss durch, der Eigentümer will die Inanspruchnahme seines Grundstücks für Baumaßnahmen verhindern, dazu sogleich K 150 b.
- Der Vorhabenträger führt Baumaßnahmen ohne Planfeststellungsbeschluss durch, der Planbetroffene befürchtet dadurch eine Vorwirkung auf das spätere Planfeststellungsverfahren oder erfährt bereits durch die Baumaßnahmen selbst eine tatsächliche Beeinträchtigung, dazu sogleich K 150 c.
- Der Planbetroffene strebt in der Hauptsache keine Planaufhebung an, sondern will im Wege der Ergänzung des Plans durch Schutzauflagen zu seinen Gunsten erreichen, dazu K 150 g.

Zuständig für derartige Anträge ist stets das **Gericht der Hauptsache.** Das ist das Gericht, das über die Klage gegen einen Planfeststellungsbeschluss zu entscheiden hätte.[630] **150 a**

a) Vorgehen gegen formell illegale Vorhaben durch den Grundstückseigentümer

Ein Eigentümer hat die Inanspruchnahme seines Grundstücks für die Realisierung eines planfeststellungsbedürftigen Vorhabens nur auf der Grundlage eines vollziehbaren Planfeststellungsbeschlusses zu dulden. Wenn also der Vorhabenträger das Grundstück eines solchen dritten Eigentümers tatsächlich in Anspruch nimmt, ohne dass ein Planfeststellungsbeschluss erlassen wurde, dann verletzt dieses rechtswidrige Vorgehen den Eigentümer in seinen Rechten. Er hat einen Anspruch gegen die Planfeststellungsbehörde auf Erlass einer Ordnungsverfügung, mit der dem Vorhabenträger dieses Bauarbeiten untersagt werden; das grundsätzlich gegebene ordnungsbehördliche Eingriffsermessen ist in einem solchen Fall auf Null reduziert. **150 b**

Im Verfahren gem. § 123 kann der Eigentümer diesen Anspruch auf ordnungsbehördliches Einschreiten durchsetzen.

b) Vorgehen gegen formell illegale Vorhaben durch andere Planbetroffene

Die Realisierung eines planfeststellungsbedürftigen Vorhabens ohne dass ein Planfestsstellungsbeschluss erlassen wurde, kann auch andere Planbetroffene (Nachbarn der für das Vorhaben in Anspruch zu nehmenden Flächen, Gemeinden, Naturschutzverbände[631]) in ihren Rechten verletzen. **150 c**

Im Einzelfall kann die **Entscheidung schwierig** sein, **ob bestimmte Baumaßnahmen planfeststellungsbedürftig** sind. Dies gilt insbesondere, wenn es um die Reaktivierung alter, geraume Zeit gar nicht oder nur teilweise genutzter Verkehrswege oder um die **Modernisierung von Verkehrsanlagen** geht.[632] Im Einzelnen gilt: Eine Verkehrsanlage verliert ihre planungsrechtliche Zweckbestim- **150 d**

---

[630] *BVerwG,* 7. 7. 1995 – 11 VR 11.95 – NVwZ 96, 393 = DÖV 96, 617; *VG Freiburg,* 3 K 1655.96 – NVwZ-RR 97, 144.

[631] *OVG Magdeburg,* 25. 9. 1998 – C 1/4 S 260.97 – NVwZ-RR 99, 168 [Ls.].

[632] *BVerwG,* 12. 4. 2000 – 11 A 19.98 – DVBl. 00, 1344; *BVerwG,* 17. 11. 1999 – 11 A 4.98 – DVBl. 00, 796 = UPR 00, 275; *BVerwG,* 26. 2. 1995 – 11 VR 35.95 – LKV 96, 246.

mung – ungeachtet der tatsächlichen Nutzung – grundsätzlich nur durch einen eindeutigen Hoheitsakt, der für jedermann klare Verhältnisse darüber schafft, dass die Fläche künftig wieder anderen Nutzungen offen steht.[633] Denkbar ist ferner, dass die für eine Fläche bestehende Fachplanung infolge der tatsächlichen Entwicklung funktionslos und damit rechtlich obsolet wird.[634]

Der Austausch alter Anlagenteile wird nicht zur über die Instandsetzung hinausgehenden planfeststellungsbedürftigen Änderungsmaßnahme, weil die neuen Bauteile den aktuellen Sicherheits- und Verkehrsbedürfnissen Rechnung tragen.[635]

Die Grenze ist allerdings erreicht, wenn über die tatsächliche Vorbelastung hinausgehende Einwirkungen zu erwarten sind, die Eigentums- oder Gesundheitsbeeinträchtigungen darstellen können.[636]

150e Wenn die Planfeststellungsbedürftigkeit eines bestimmtes Vorhabens zu bejahen ist und dieses ohne Planfeststellungsbeschluss realisiert wird, dann können die Planbetroffenen im Verfahren gem. § 123 einen **Anspruch auf ordnungsbehördliches Einschreiten** durchsetzen.[637] Ein solcher Antrag hat allerdings nur Erfolg, wenn der **planbetroffene Nachbar** oder die **planbetroffene Gemeinde** nicht erst durch die Regelungen des künftigen Planfeststellungsbeschlusses betroffen wird sondern **die Baumaßnahmen selbst** bereits unmittelbar **eine Verletzung subjektiver Rechte bewirkt.**[638]

Wenn die weit entfernt stattfindenden Baumaßnahmen dagegen keine tatsächlichen – bzw. keine unzumutbaren – Auswirkungen auf das Nachbargrundstück oder im Gemeindegebiet haben, dann ist eine Rechtsverletzung zu verneinen. Die ohne Planfeststellung durchgeführten Maßnahmen haben keine rechtliche Vorwirkung für die Planfeststellung in diesem Abschnitt.[639] Sie können daher auch nicht unter dem Gesichtspunkt des Setzens von Zwangspunkten – s. dazu K 146n – angegriffen werden.

150f Nach denselben Kriterien ist ein entsprechender Antrag eines **Naturschutzverbandes** zu beurteilen, der eine Verletzung seiner Beteiligungsrechte geltend macht. Er muss nicht nur darlegen und glaubhaft machen, dass die Nichtbeteiligung rechtwidrig war, z.B. aufgrund einer unzulässigen Entscheidung für die Plangenehmigung.[640] Voraussetzung des Anordnungsgrundes ist auch, dass die gebotene

---

[633] *BVerwG,* 12. 4. 2000 – 11 A 18.98 – NVwZ 01, 82; *BVerwG,* 16. 12. 1988 – 4 C 48.86 – NVwZ 89, 655 = BVerwGE 81, 111, 118; *OVG Schleswig,* 7. 8. 2000 – 4 M 58.00 – NordÖR 00, 380.

[634] *BVerwG,* 12. 4. 2000 – 11 A 18.98 – NVwZ 01, 82; *BVerwG,* 16. 12. 1988 – 4 C 48.86 – NVwZ 89, 655 = BVerwGE 81, 111, 118.

[635] *BVerwG,* 27. 10. 2000 – 11 VR 14.00 – NVwZ-RR 01, 88; *BVerwG,* 27. 1. 1995 – 7 VR 16.94 – NVwZ 95, 586.

[636] *BVerwG,* 11. 1. 2001 – 4 A 13.99 – DVBl. 01, 669 [Ls.]; *BVerwG,* 12. 4. 2000 – 11 A 18.98 – DÖV 00, 878 [Ls.].

[637] *BVerwG,* 27. 1. 1995 – 7 VR 16.94 – NVwZ 95, 586; *VGH Mannheim,* 1. 10. 1999 – 5 S 1921.99 – NVwZ – RR 00, 470; *OVG Magdeburg,* 25. 9. 1998 – C 1/4 S 260.97 – NVwZ-RR 99, 168 [Ls.].

[638] *BVerwG,* 26. 2. 2000 – 11 VR 8.00 – NVwZ 01, 89; *BVerwG,* 21. 1. 1994 – 7 VR 12.93 – NVwZ 94, 370.

[639] *BVerwG,* 15. 3. 2000 – 11 A 46.97 – NVwZ 01, 81; *BVerwG,* 26. 2. 2000 – 11 VR 8.00 – NVwZ 01, 89; *BVerwG,* 21. 1. 1994 – 7 VR 12.93 – NVwZ 94, 370.

[640] *BVerwG,* 14. 5. 1997 – 11 A 43.96 – NVwZ 98, 279 = BVerwGE 104, 367; *BVerwG,* 7. 7. 1995 – 11 VR 11.95 – NVwZ 96, 393 = DÖV 96, 617.

Beteiligung aus technischen Gründen keinen Einfluss mehr auf die Planfeststellungsentscheidung haben kann; unter diesem Gesichtspunkt wird ein Antrag regelmäßig scheitern.

Der Naturschutzverband, der über eine landesrechtliche Klagebefugnis verfügt, kann dagegen häufig einen Anordnungsgrund geltend machen: Baumaßnahmen sind regelmäßig mit Eingriffen in Natur und Landschaft verbunden. Die Effektivität der dem Verband in der Hauptsache eingeräumten Klagebefugnis würde in Frage gestellt, wenn nicht durch einen flankierenden einstweiligen Rechtsschutz gewährleistet wird, dass diese Baumaßnahmen nicht durchgeführt werden, so lange eine Planfeststellungsbeschluss nicht existiert.

c) Vorgehen gegen Baumaßnahme, die Schutzmaßnahmen vereitelt

Der von einem Planfeststellungsbeschluss rechtswidrig betroffene Nachbar hat vorrangig lediglich einen Anspruch auf Ergänzung des Plans (z.B. Schutzauflagen), vgl. im einzelnen D 29ff., J 188 und K 145c f. Zur Durchsetzung dieses Anspruchs erhebt der Nachbar in der Hauptsache eine Verpflichtungsklage, die auf eine Ergänzung des Planfeststellungsbeschlusses um Schutzauflagen zu seinen Gunsten gerichtet ist. In dieser Situation kann ein Bedürfnis für einstweiligen Rechtsschutz insbesondere entstehen, weil der Nachbar befürchtet, dass bei weiterem Fortschritt der Baumaßnahmen sein Verlangen nach der Anordnung von Schutzauflagen aus rechtlichen oder tatsächlichen Gründen nicht mehr anerkannt werden kann. **150g**

Der Stand der Bauarbeiten im Zeitpunkt der Entscheidung über eine auf die Anordnung von Schutzauflagen gerichtete Verpflichtungsklage des Nachbarn ist ohne rechtlichen Einfluss auf die gerichtliche Entscheidung. Der Vorhabenträger kann sich insbesondere gegenüber dem klagenden Nachbarn nicht darauf berufen, dass durch die bereits erfolgte Realisierung des Vorhabens die begehrten Schutzauflagen nur mit Mehrkosten realisiert werden können.[641] Für den Antrag gem. § 123 fehlt also der Anordnungsgrund, wenn die Schutzauflage **ohne technische Probleme** auch nach Abschluss der Bauarbeiten realisiert werden kann.[642] **150h**

Der erforderliche Anordnungsgrund für einen solchen Antrag ist also nur gegeben, wenn die begehrten Schutzmaßnahmen aufgrund „technischer Zwangspunkte“ zu einem späteren Zeitpunkt nicht mehr verwirklicht werden können.[643] **150i**

7. Antrag gem. § 123 auf Verpflichtung der Feststellungsbehörde zu Verfahrenhandlungen

Gem. **§ 44a VwGO** können Rechtsbehelfe gegen behördliche Verfahrenshandlungen, sofern diese nicht selbständig vollstreckt werden können oder gegen einen Nichtbeteiligten ergehen, nur gleichzeitig mit der Sachentscheidung angegriffen werden. Diese Norm gilt auch für das vorläufige Rechtsschutzverfahren. Anträge gem. § 123, die auf die Gewährung von Akteneinsicht abzielen oder mit **151**

---

641 *BVerwG,* 21. 1. 1999 – 11 VR 8.98 – NVwZ 99, 650 = DVBl. 99, 870 [Ls.] = UPR 99, 235 [Ls.].

642 *BVerwG,* 10. 1. 1996 – 11 VR 19.95 – NVwZ 97, 275 = UPR 96, 227.

643 *Stüer,* Handbuch des Bau- und Fachplanungsrechts, 2. Auflage 1998, Rdn. 2356.

denen erreicht werden soll, dass es zu bestimmten Verfahrenshandlungen kommt, sind daher unzulässig.[644]

151a § 44a VwGO steht dem begehrten Rechtsschutz allerdings dann nicht entgegen, wenn der Rechtsschutz gegen den Planfeststellungsbeschluss nicht hinreichend wäre, um die geltend gemachte Rechtsverletzung durch eine bestimmte Verfahrenshandlung zu verhindern.

Beispiel:

Der Antragsteller will verhindern, dass die von ihm erhobenen Einwendungen von der Anhörungsbehörde dem Vorhabenträger in nicht anonymisierter Form zur Stellungnahme überlassen werden. Der darauf gerichtete Antrag gem. § 123 ist statthaft und auch im übrigen zulässig. Er ist aber unbegründet, weil datenschutzrechtliche Gründe dieser Übermittlung nicht entgegenstehen.[645]

III. Immissionsschutzrecht

Übersicht

---

[644] *BVerwG,* 21. 3. 1997 – 11 VR 2.97 – NVwZ-RR 97, 663 = DVBl. 97, 1127 [nur Ls.]; *Stüer/Hermanns,* DVBl. 99, 513, 515 m. w. N.; *Finkelnburg/Jank,* Rdn. 1118 m. w. N.

[645] *BVerwG,* 14. 8. 2000 – 11 VR 10.00 – NVwZ-RR 00, 760.

Das Bundes-Immissionsschutzgesetzes (BImSchG) bezweckt den Schutz vor **schädlichen Umwelteinwirkungen** und soll dem Entstehen solcher Einwirkungen vorbeugen. Die Vorschriften des Gesetzes gelten u. a. für die **Errichtung und den Betrieb von Anlagen,** § 2 Abs. 1 Nr. 1 BImSchG. Anlagen sind insbesondere Betriebsstätten und sonstige ortsfeste Einrichtungen, § 3 Abs. 5 Nr. 1 BImSchG. **152**

Die Errichtung und der Betrieb von Anlagen, die geeignet sind, schädliche Umwelteinwirkungen hervorzurufen, bedürfen gem. § 4 Abs. 1 BImSchG der Genehmigung. Der Bundesgesetzgeber hat die Bundesregierung in § 4 Abs. 1 Satz 3 BImSchG ermächtigt, durch Rechtsverordnung die genehmigungsbedürftigen Anlagen zu bestimmen. Auf dieser Grundlage ist die Verordnung über genehmigungsbedürftige Anlagen **(4. BImSchV)** erlassen worden. Die Anlagen werden – nach Funktionen gegliedert – im Anhang zur 4. BImSchV in zwei Spalten aufgeführt. In der **Spalte 1** sind jeweils die Anlagen genannt, für die das **reguläre Genehmigungsverfahren gem. § 10 BImSchG** durchzuführen ist. In der **Spalte 2** findet sich dagegen die Aufzählung der Anlagen, die im **vereinfachten Verfahren gem. § 19 BImSchG** zugelassen werden.

Die immissionsschutzrechtliche Genehmigung gem. § 10 BImSchG verschafft dem Anlagenbetreiber – im Vergleich zur klassischen Baugenehmigung – unter verschiedenen Gesichtspunkten eine verfestigte Rechtsposition. Der Genehmigungsantrag ist gem. § 10 Abs. 3 BImSchG für einen Monat öffentlich auszulegen; während der Auslegungsfrist und der anschließenden zwei Wochen können schriftlich Einwendungen gegen das Vorhaben erhoben werden. Mit Ablauf dieser Frist sind alle anderen Einwendungen ausgeschlossen **(Präklusion),** § 10 Abs. 3 Satz 3 BImSchG. Die Genehmigung schließt gem. § 13 BImSchG die wesentlichen anderen die Anlage betreffenden Genehmigungen ein, sie hat die sog. **Konzentrationswirkung.** Die Genehmigung **schließt** im übrigen gem. § 14 BImSchG allgemeine **privatrechtliche Abwehransprüche** gegen die Errichtung und den Betrieb der Anlage **aus**; sie hat insoweit also auch privatrechtsgestaltende Wirkung. **152 a**

Der im vereinfachten Verfahren gem. § 19 BImSchG erteilten Genehmigung fehlt die Präklusions- und die privatrechtsgestaltende Wirkung, § 19 Abs. 2 BImSchG. **152 b**

Das BImSchG gilt aber auch für die nach diesem Gesetz **nicht genehmigungsbedürftigen Anlagen.** Diese Anlagen sind gleichermaßen so zu errichten und zu betreiben, dass schädliche Umwelteinwirkungen vermieden werden, die nach dem Stand der Technik vermeidbar sind, vgl. § 22 BImSchG. Die zuständige Behörde kann diese materielle Verpflichtung durch **Anordnungen im Einzelfall** gem. § 24 BImSchG umsetzen. Sie soll den Anlagenbetrieb untersagen, wenn schädliche Umwelteinwirkungen das Leben oder die Gesundheit von Menschen gefährden, § 25 Abs. 2 BImSchG. **152 c**

152 d In diesem materiell-rechtlichen Kontext sind die potentiellen Rechtsschutzziele zu bestimmen:

Der **Anlagenbetreiber** begehrt gerichtliche Hilfe,

- weil eine beantragte immissionsschutzrechtliche Genehmigung noch nicht erteilt worden ist und er mit der Realisierung des Vorhabens sofort beginnen will, K 153c ff.,
- weil er eine erteilte immissionschutzrechtlicheimmissionsschutzrechtliche Genehmigung ungeachtet dagegen gerichteter Rechtsbehelfe Dritter sofort nutzen will, K 153ff.,
- weil er sich gegen eine Verfügung der Aufsichtsbehörde zur Wehr setzen will, die die erteilte Genehmigung um belastende Auflagen ergänzt, K 153g,
- weil er sich gegen den Widerruf oder die Rücknahme einer ihm erteilten Genehmigung wehren will, K 153h,
- weil er gegen eine Verfügung der Aufsichtsbehörde vorgehen will, die auf eine Stillegung oder Beseitigung der Anlage gerichtet ist, K 158.

Der **Nachbar**

- will verhindern, dass der Eigentümer eines benachbarten Grundstücks die ihm erteilte immissionschutzrechtlicheimmissionsschutzrechtliche Genehmigung nutzt, weil er befürchtet, dass mit der Realisierung des Vorhabens Beeinträchtigungen verbunden sein werden, K 154,
- will erreichen, dass der Anlagenbetreiber die Anlage nicht ohne Genehmigung betreibt, K 159,
- will erreichen, dass ein Hoheitsträger eine emittierende Grundstücksnutzung unterlässt, K 159h.

Eine **Gemeinde**

- will die Realisierung eines immissionsschutzrechtlich genehmigten Vorhabens verhindern, weil die Genehmigung die Rechte der Gemeinde nicht wahrt, K 156,
- will erreichen, dass dem Betreiber einer emittierenden Anlage auf einem Grundstück im Gemeindegebiet oder in einem angrenzenden Gebiet die Nutzung untersagt wird, die ohne Genehmigung erfolgt, K 160.

Ein **Naturschutzverband**

- will die Realisierung eines immissionsschutzrechtlich genehmigten Vorhabens verhindern, weil die Genehmigung mit Naturschutzbelangen nicht im Einklang steht, K 157,
- will erreichen, dass dem Anlagenbetreiber eine emittierende Grundstücksnutzung untersagt wird, die ohne Genehmigung erfolgt, K 161.

1. Anlagengenehmigung, vorläufiger Rechtsschutz für den Betreiber

a) Sofortige Vollziehbarkeit der Genehmigung

153 Die immissionsschutzrechtliche Genehmigung gem. § 10 BImSchG bzw. § 19 BImSchG ist ein Verwaltungsakt mit Drittwirkung, der den Anlagenbetreiber begünstigt und Dritte potentiell belastet. Der zulässige Drittwiderspruch gegen die Genehmigung hat gem. §§ 80a, 80 Abs. 1 aufschiebende Wirkung. Die Genehmigungsbehörde wird im Hinblick auf das gewichtige private Interesse des Anlagen-

betreibers aufgrund eines entsprechenden Antrages oder von Amts wegen gem. § 80 Abs. 2 Nr. 4 regelmäßig die **sofortige Vollziehbarkeit** der Genehmigung **anordnen,** vgl. J 80ff.

b) Einstweilige Anordnung auf Erteilung der immissionsschutzrechtlichen Genehmigung

Ein Antrag des Anlagenbetreibers, die Aufsichtsbehörde durch eine **einstweilige Anordnung** zur **Erteilung der Genehmigung** zu verpflichten, kann wegen des Verbots der Vorwegnahme der Hauptsache – dazu oben J 213ff. – regelmäßig **keinen Erfolg** haben.[646] Etwas anderes gilt ausnahmsweise, wenn die Behörde die Genehmigungsentscheidung schon getroffen hat, die Genehmigungsurkunde ausgefertigt ist, dem Anlagenbetreiber aber nicht ausgehändigt wird.[647] **153 a**

Der Anlagenbetreiber muss also seinen Genehmigungsanspruch im Hauptsacheverfahren durchsetzen. Der Zugang zum Verwaltungsgericht wird zwar durch das Beschleunigungsgebot in § 10 Abs. 6a BImSchG und die reduzierte Voraussetzung für die Untätigkeitsklage in § 14a BImSchG erleichtert. Auch dieser Weg ist aber für den Anlagenbetreiber im Hinblick auf die bekannt lange Dauer derartiger Verfahren wenig effektiv. Der Anlagenbetreiber kann sein Interesse auf beschleunigte Realisierung des Vorhabens eher im Verfahren gem. § 8a BImSchG verfolgen und erforderlichenfalls im einstweiligen Rechtsschutz durchsetzen, s. dazu sogleich K 153c. **153 b**

c) Sonderfall: Vorzeitiger Beginn gem. § 8a BImSchG

Der Anlagenbetreiber interessiert sich im Zuge der Errichtung einer Anlage für den vorläufigen Rechtsschutz, um zu klären, ob er so die Dauer des Genehmigungsverfahrens beeinflussen kann. In dieser Lage ist die **„Zulassung des vorzeitigen Beginns"** gem. **§ 8a BImSchG** von Bedeutung: Wenn im anhängigen Genehmigungsverfahren mit einer Entscheidung zu Gunsten des Anlagenbetreibers gerechnet werden kann, dann können Errichtungsmaßnahmen zugelassen werden. Das kommt allerdings nur in Betracht, wenn ein öffentliches Interesse oder ein berechtigtes Interesse des Anlagenbetreibers am vorzeitigen Beginn besteht – dazu s. J 85ff. – und dieser verbindlich erklärt, das wirtschaftliche Risiko des vorzeitigen Beginns allein zu übernehmen. **153 c**

Der besonderen verwaltungsverfahrensrechtlichen Position ist verwaltungsprozessual Rechnung zu tragen: wenn die Voraussetzungen des § 8a Abs. 1 BImSchG evident erfüllt sind und keine Gründe erkennbar sind, die die Behörde im Rahmen des ihr eingeräumten Ermessens veranlassen könnten, gleichwohl die vorläufige Zulassung nicht zu erklären, dann hat der Anlagenbetreiber einen Anspruch auf vorläufige Zulassung. Diesen Anspruch kann er im Verfahren gem. § 123 durchsetzen. Die erforderliche Interessenabwägung – dazu J 210f. – wird regelmäßig das Vorliegen eines Anordnungsgrundes ergeben. Eine Vorwegnahme der Hauptsache findet nicht statt, denn die eigentliche Regelung erfolgt erst durch die noch ausstehende immissionsschutzrechtliche Genehmigung. Nachteilige wirtschaftliche Kon- **153 d**

---

646 *VGH Mannheim,* 26. 9. 1996 – 22 CE 96 2688 – NVwZ-RR 97, 167.
647 *Finkelnburg/Jank,* Rdn. 1126.

sequenzen einer Versagung hat aufgrund der obligatorischen Risikoübernahme allein der Anlagenbetreiber zu tragen.

d) Sonderfall: Anzeige gem. § 15 BImSchG, Durchführungsgestattung

153 e Bei Änderung der Lage, der Beschaffenheit oder des Betriebs einer genehmigungsbedürftigen Anlage ist der Anlagenbetreiber nicht in jedem Falle verpflichtet, ein Genehmigungsverfahren durchzuführen. Ein solches Verfahren ist vielmehr entbehrlich, wenn keine nachteiligen Auswirkungen hervorgerufen werden können, die für die Genehmigungsprüfung gem. § 6 Abs. 1 Nr. 1 BImSchG erheblich sein können **(nicht wesentliche Änderung).** In einem solchen Fall kann sich der Anlagenbetreiber darauf beschränken, die beabsichtigte Änderung der Anlage der Behörde anzuzeigen und ihr die Unterlagen zu übermitteln, die erforderlich sind, um das Änderungsvorhaben zu beurteilen, § 15 Abs. 1 BImSchG. Wenn die Behörde dem Anlagenbetreiber binnen Monatsfrist mitteilt, dass eine Genehmigung nicht erforderlich sei, dann darf die Änderung realisiert werden, § 15 Abs. 2 BImSchG. Bei dieser behördlichen **Freistellungserklärung**[648] handelt es sich um einen feststellenden Verwaltungsakt; rechtliche Grundlage der Änderung ist dann eine **gesetzliche Durchführungsgestattung.** Lässt die Behörde die Monatsfrist des § 15 Abs. 2 BImSchG verstreichen, so tritt dieselbe Rechtswirkung aufgrund einer fiktiven Freistellung ein.[649]

153 f Wenn die Immissionsschutzbehörde fristgerecht die Durchführung eines Genehmigungsverfahrens verlangt, so handelt es sich bei dieser Aufforderung um einen belastenden Verwaltungsakt.[650] Der Widerspruch des Anlagenbetreibers gegen diese Entscheidung hat aufschiebende Wirkung. Solange nicht die sofortige Vollziehbarkeit der Entscheidung angeordnet worden ist, darf die Änderung realisiert werden, wenn das Vorhaben nicht gem. § 16 Abs. 1 BImSchG als wesentliche Änderung genehmigungsbedürftig ist:[651] die Freistellungserklärung hat keine gestattende, sondern nur eine feststellende Wirkung;[652] auch ohne Freistellungserklärung kommt der Anlagenbetreiber daher in den Genuss der gesetzlichen Durchführungsgestattung, wenn er im übrigen die verfahrensrechtlichen Voraussetzungen des § 15 BImSchG erfüllt hat. Er handelt allerdings auf eigenes Risiko, d.h. er hat allein die Nachteile zu tragen, die sich ergeben, wenn er die Qualität der Änderung falsch bewertet.

e) Einstweiliger Rechtsschutz gegen nachträgliche Auflagen gem. § 17 BImSchG

153 g Unter bestimmten Voraussetzungen erlaubt § 17 BImSchG nach Erteilung der Genehmigung den Erlass nachträglicher Anordnungen. Dies kommt insbesondere in Betracht, wenn nach der bisherigen Genehmigungslage die Allgemeinheit oder die Nachbarschaft nicht ausreichend vor schädlichen Umwelteinwirkungen geschützt ist.[653] Die nachträgliche Anordnung ist ein selbständig anfechtbarer, belas-

---

[648] *Jarras,* BundesimmissionschutzG, 4. Aufl. 1999, § 15, Rdn. 27.
[649] *Jarras,* BundesimmissionschutzG, 4. Aufl. 1999, § 15, Rdn. 33f.
[650] *Zöttl,* NVwZ 98, 234, 236 m.w.N.
[651] *Jarras,* BundesimmissionschutzG, 4. Aufl. 1999, § 15, Rdn. 26.
[652] *Hansmann* in *Landmann/Rohmer,* Umweltrecht, § 15 BImSchG (Stand März 1997), Rdn. 45.
[653] S. z.B. *BVerwG,* 10. 1. 1995 – 7 B 112.94 – NVwZ 95, 994.

tender Verwaltungsakt. Widerspruch und Anfechtungsklage haben gem. § 80 Abs. 1 aufschiebende Wirkung. Wenn die Immissionsschutzbehörde gem. § 80 Abs. 2 Nr. 4 die sofortige Vollziehbarkeit der Anordnung bestimmt, dann muss der Anlagenbetreiber ein Verfahren gem. § 80 Abs. 5 einleiten, um Rechtsschutz zu erlangen. Bei der summarischen Prüfung der Rechtmäßigkeit der nachträglichen Anordnung wird insbesondere deren Verhältnismäßigkeit geprüft werden: Eine Anordnung die z. B. der Vorsorge dient, muss nach Umfang und Maß dem Risikopotential der Immissionen, die sie verhindern soll, proportional sein.[654]

f) Einstweiliger Rechtsschutz gegen Widerruf bzw. Rücknahme der Anlagengenehmigung

Der Widerruf einer (ursprünglich rechtmäßig erteilten) bzw. die Rücknahme einer (rechtswidrig erteilten) Genehmigung ist ein **belastender Verwaltungsakt,** vgl. oben J 31. Der gegen einen solchen Verwaltungsakt eingelegte Rechtsbehelf hat gem. § 80 Abs. 1 aufschiebende Wirkung. Wenn die Behörde die sofortige Vollziehbarkeit der Entscheidung anordnet, mit der die Genehmigung kassiert wird, dann muss der Anlagenbetreiber das Verfahren gem. § 80 Abs. 5 einleiten, um Rechtsschutz zu erhalten. **153 h**

Die **Rücknahme** einer immissionsschutzrechtlichen Genehmigung erfolgt nach der allgemeinen Regelung des **§ 48 VwVfG.** **153 i**

Für den **Widerruf** trifft **§ 21 BImSchG** dagegen eine spezielle immissionsschutzrechtliche Regelung. Ein Widerruf kommt insbesondere in Betracht, wenn die Aufsichtsbehörde das angestrebte immissionsschutzrechtliche Ziel durch eine der erteilten Genehmigung beizugebende, nachträgliche Auflage nicht erreichen kann.[655] Nachträgliche Anordnungen in Form von Auflagen können z. B. getroffen werden, wenn sich die „Sicherheitsphilosophie" ändert.[656] Wenn eine nachträgliche Auflage aus Gründen der Verhältnismäßigkeit ausscheidet, dann soll die Behörde die Genehmigung gem. § 17 Abs. 2 Satz 2 i. V. m. § 21 Abs. 1 Nr. 3 bis 5 BImSchG widerrufen. Der Widerruf darf in einem solchen Fall allerdings nur erfolgen, wenn ohne ihn „öffentliche Interessen gefährdet würden"; dieses Tatbestandsmerkmal ist eher weit zu verstehen, um es von dem wesentlich engeren Kriterium des „schweren Nachteils" in § 21 Abs. 1 Nr. 5 BImSchG abzugrenzen.[656] Offen ist, ob diese Widerrufsmöglichkeit gem. § 21 Abs. 2 BImSchG zeitlich limitiert ist.[656] **153 j**

Beispiel: **153 k**

Die Umweltbehörde genehmigt den Betrieb einer Flüssiggasversorgungsanlage. Diese hält nur einen Abstand von 3 m zum benachbarten Sportplatz ein. Nach vielen Jahren verwirft die Behörde ein Sicherungskonzept, das primär auf ein hohes sicherheitstechnisches Schutzniveau setzt und verfolgt sodann primär das Ziel Gefahrenpotenziale räumlich zu trennen. Unter diesem Aspekt kommt der Widerruf der Genehmigung § 17 Abs. 2 Satz 2 i. V. m. § 21 Abs. 1 Nr. 3 BImSchG in Betracht. Fraglich ist, ob der Widerruf noch mehr als ein Jahr nach dem entscheidenden „Richtungswechsel" zulässig ist; dafür spricht, dass § 17 Abs. 2 Satz 2 BImSchG nicht auf § 21 Abs. 2 BImSchG verweist.[656]

---

[654] *VG Schleswig,* 23. 7. 1998 – 12 A 70.96 – GewArch 99, 350.

[655] *VGH Mannheim,* 10. 3. 2000 – 10 S 2762.99 – NVwZ-RR 00, 674 = DÖV 00, 606 = UPR 00, 278.

[656] *Jarras,* BundesimmissionschutzG, 4. Aufl. 1999, § 21, Rdn. 12.

2. Anlagengenehmigung, vorläufiger Rechtsschutz für Nachbarn

a) § 80 Abs. 1

154 Der vorläufige Rechtsschutz gegen eine immissionsschutzrechtliche Genehmigung gem. § 10 BImSchG bzw. § 19 BImSchG wird auf der Grundlage von §§ 80, 80a gewährt.

Hinweis:

Ein Antrag auf Erlass einer einstweiligen Anordnung gem. § 123, mit der vorbeugend der Behörde die Erteilung einer immissionsschutzrechtlichen Genehmigung untersagt werden soll, ist nicht zulässig.[657]

Der **Nachbarwiderspruch** hat grundsätzlich **aufschiebende Wirkung.** Die Aufsichtsbehörde kann dem Nachbarwiderspruch allerdings diese gesetzliche Wirkung durch die Anordnung der sofortigen Vollziehbarkeit gem. § 80 Abs. 2 Nr. 4 nehmen, vgl. dazu oben J 68ff.

154a Für die **neuen Bundesländern** bestimmte das bis zum 31. Dezember 2001 gültige Gesetz zur Beschränkung von Rechtsmitteln in der Verwaltungsgerichtsbarkeit, dass Widerspruch und Anfechtungsklage gegen immissionsschutzrechtliche Genehmigungen **keine aufschiebende Wirkung** haben.

b) Zulässigkeit des Antrags gem. § 80 Abs. 5

154b Wenn der Rechtsbehelf des Nachbarn in den alten Bundesländern aufgrund der behördlichen Anordnung der sofortigen Vollziehbarkeit, vgl. K 154, keine aufschiebende Wirkung entfaltet, dann muss er den vorläufigen Rechtsschutz im Verfahren gem. § 80 Abs. 5 suchen. In den neuen Bundesländern ist dieses Verfahren zur Wahrung des Rechtsschutzes immer einzuleiten, denn dem Nachbarrechtsbehelf fehlt kraft Gesetzes die aufschiebende Wirkung, vgl. K 154a.

aa) Zuständiges Gericht

154c Zuständig ist das Gericht der Hauptsache, vgl. oben J 103. In den Fällen des § 48 ist dies das Oberverwaltungsgericht.

Beispiel:

Antrag gem. § 80 Abs. 5, der eine Abfallverwertungsanlage mit einer jährlichen Durchsatzleistung von mehr als einhunderttausend Tonnen zum Gegenstand hat, vgl. § 48 Abs. 1 Nr. 5.[658]

bb) Antragsbefugnis: Möglichkeit der Verletzung einer nachbarschützenden Norm

154d Der Nachbar ist in entsprechender Anwendung von § 42 Abs. 2 befugt, ein Verfahren gem. §§ 80a, 80 Abs. 5 anzustrengen, wenn es möglich ist, dass die angefochtene Anlagengenehmigung eine auch seinem Schutz als Nachbarn dienende Norm verletzt. Ob eine bestimmte gesetzliche Regelung Nachbarschutz auslöst, ist an Hand der **Schutznormtheorie** festzustellen, vgl. dazu ausführlich oben K 39ff.

154e Aufgrund der Konzentrationswirkung immissionsschutzrechtlicher Genehmigungen, vgl. K 152a regeln diese auch die baurechtliche Zulässigkeit der Anlage.

---

[657] *VGH München,* 29. 8. 2000 – 22 AE 00 40055 – DVBl. 01, 670.
[658] *OVG Saarlouis,* 25. 3. 1994 – 8 Q 4.93 – NVwZ 95, 97.

Nachbarschutz kann sich daher zunächst **aus baurechtlichen Bestimmungen** ergeben,[659] dazu ausführlich oben K 46 ff.

Beispiel: 154 f

Die Aufsichtsbehörde erteilt dem Anlagenbetreiber eine immissionsschutzrechtliche Genehmigung für die Erweiterung und den Betrieb einer der bestehenden Fleischerei angeschlossenen Räucheranlage, die eine erreichbare Räucherleistung von 1800 kg Fleisch je Woche haben wird. Die Anlage liegt in einem Gebiet gem. § 34 Abs. 2 BauGB, das den Charakter eines allgemeinen Wohngebiets gem. § 4 BauNVO hat.

Bei der Räucheranlage handelt sich um eine Anlage, die gem. Nr. 7.5, Spalte 2 des Anhangs zur 4. BImschV im vereinfachten Verfahren gem. § 19 BImSchG zu genehmigen ist. Anlagen, die die in der Spalte 2 der 4. BImSchV genannten Leistungsgrenzen überschreiten, haben kein „handwerkliches" Gepräge mehr. Sie sind daher in einem allgemeinen Wohngebiet nicht zulässig. In Gebieten gem. § 34 Abs. 2 BauGB besteht ein nachbarschützender Anspruch auf Gebietserhaltung, vgl. K 74. Nachbarn können die Genehmigung gem. § 19 BImSchG unter diesem Aspekt wegen einer Verletzung ihrer Nachbarrechte mit Erfolg eingreifen.[660]

Daneben tritt der spezifisch **immissionsschutzrechtliche Nachbarschutz.**[661] 154 g
Zentrale Schutznorm des Immissionsschutzrechts ist § 5 Abs. Nr. 1 BImSchG. Danach sind Anlagen so zu errichten und zu betreiben, dass sie **schädliche Umwelteinwirkungen für** die Allgemeinheit und **die Nachbarschaft** nicht hervorrufen können. Schädliche Umwelteinwirkungen sind Immissionen, die nach Art, Ausmaß oder Dauer geeignet sind, Gefahren (d. h. die Möglichkeit eines Schadens[662]), erhebliche Nachteile oder erhebliche Belästigungen für die Allgemeinheit oder die Nachbarschaft herbeizuführen, § 3 Abs. 1 BImSchG.

Unter **Schaden** wird dabei jede erhebliche Beeinträchtigung eines der Schutzgüter des § 1 BImSchG verstanden.[663] Bei der Bestimmung der Erheblichkeitsschwelle ist auf die Gesamtbelastung durch die jeweilige Immissionsart abzustellen, Vorbelastungen sind also zu berücksichtigen.[664]

Eine **Belästigung** ist dagegen bereits gegeben, wenn das Wohlbefinden eine Menschen beeinträchtigt wird, ohne dass darin eine erhebliche Beeinträchtigung der Gesundheit liegt.[665] Nachteile schließlich sind alle sonstigen negativen Auswirkungen, z. B. Vermögenseinbußen in Form erhöhter Aufwendungen.[666]

Diese **Schutz- und Abwehrpflicht**[667] gem. § 5 Abs. 1 Nr. 1 BImSchG begründet **Drittschutz.**[668] Sie ist zum einen darauf gerichtet, dass im Rahmen des **Normalbetriebs** der Anlage schädliche Umwelteinwirkungen nicht eintreten

---

659 *OVG Münster,* 29. 9. 1986 – 7 D 4.86 – NVwZ 87, 342.

660 *VGH München,* 23. 10. 1998 – 22 B 97565 – BayVBl. 98, 113.

661 Die Vogelschutzrichtlinie (79/409/EWG) und die FFH-Richtlinie (92/34/EWG) begründen keine Verpflichtung der Mitgliedsstaaten, einzelnen Marktbürgern klagbare Rechte auf Einhaltung dieser Normen einzuräumen, vgl. *OVG Hamburg,* 19. 2. 2001 – 2 BS 370.00 – NVwZ 01, 1173.

662 *Jarras,* BundesimmissionschutzG, 4. Aufl. 1999, § 3, Rdn. 9.

663 *OVG Münster,* 7. 6. 1990 – 20 AK 25.87 – NVwZ 91, 1200.

664 *Kutscheidt* in *Landmann/Rohmer,* Umweltrecht, § 5, BImSchG (Stand Oktober 1997) Rdn. 51.

665 *Jarras,* BundesimmissionschutzG, 4. Aufl. 1999, § 3, Rdn. 12.

666 *Jarras,* BundesimmissionschutzG, 4. Aufl. 1999, § 3, Rdn. 13.

667 *Jarras,* BundesimmissionschutzG, 4. Aufl. 1999, § 5, Rdn. 5.

668 *Roßnagel* in *Koch/Scheuing,* GK-BImSchG, § 5 Rdn. 837 (Stand Juni 1994); *Jarras,* BundesimmissionschutzG, 4. Aufl. 1999, § 5, Rdn. 120.

könne. Sie soll ferner gewährleisten, dass es auch bei Störungen des bestimmungsgemäßen Betriebs (im **Störfall**) nicht zu solchen Konsequenzen kommt.[669]

154 h Der baurechtliche und der immissionsschutzrechtliche Drittschutz sind widerspruchsfrei auf einander abgestimmt: Immissionen, die das nach § 5 Abs. 1 Nr. 1 BImSchG zulässige Maß nicht überschreiten, verletzen auch nicht das baurechtliche Rücksichtnahmegebot.[670]

154 i § 5 Abs. 1 Nr. 2 BImSchG bestimmt, dass die Anlagen so zu errichten und betreiben sind, dass auch **Vorsorge gegen schädliche Umwelteinwirkungen** getroffen wird.[671] Der Anlagenbetreiber ist danach verpflichtet, dem Entstehen solcher Umwelteinwirkungen vorzubeugen. Die Vorsorgepflicht richtet sich gegen potentiell schädliche Umwelteinwirkungen und ist hauptsächlich emissionsbezogen.[672] Dabei sind zwei Zielrichtungen zu unterscheiden: Es gibt Emissionen, deren potentielle Wirkung auf eine der Schutzgüter des § 1 BImSchG noch nicht abschließend naturwissenschaftlich geklärt ist. In diesen Fällen sollen Emissionen so begrenzt werden, dass der Eintritt schädlicher Umwelteinwirkungen hinreichend sicher vermieden wird.[673] Dabei ist es allerdings naturwissenschaftlich nicht immer möglich, eine bestimmte Schwellendosis anzugeben, bei deren Unterschreiten Gesundheitsrisiken ausgeschlossen sind. In einer solchen Situation ist der Gesetz- und Verordnungsgeber befugt, aufgrund einer nach dem Gesichtspunkt der Verhältnismäßigkeit getroffenen Risikoabwägung bestimmte Konzentrationswerte festzulegen, bei deren Überschreiten zu prüfen ist, ob Maßnahmen zu ergreifen sind.[674]

Beispiel:
Konzentrationswerte gem. § 2 23. BImSchV i. V. m. § 40 Abs. 2 Satz 1 BImSchG.[675]

154 k Die Vorsorge dient aber auch der Erreichung eines anderen Ziels: sie knüpft an ein gegebenes Wirkungspotential von Stoffen an, demgegenüber ein angemessener Abstand eingehalten werden soll;[657] sie schafft eine „Sicherheitszone vor der Gefahrenschwelle".[676]

154 l Es ist allgemein anerkannt, dass die **Vorsorgepflicht** gem. § 5 Abs. 1 Nr. 2 BImSchG ausschließlich objektivrechtliche Bedeutung hat und **keinen Drittschutz** auslöst.[677]

154 m Diese Unterscheidung zwischen den drittschützenden Anforderungen der Gefahrenabwehr und dem nicht drittschützenden Vorsorgegebot gilt im Immissionsschutzrecht für verschiedene Immissionsarten.

---

[669] *VGH Mannheim,* 16. 6. 1998 – 10 S 909.97 – NVwZ-RR 99, 298, 303.
[670] *BVerwG,* 24. 9. 1992 – 7 C 7.92 – DVBl. 93, 111.
[671] Zum europarechtlichen Vorsorgeprinzip *Werner,* UPR 01, 335.
[672] *Jarras,* BundesimmissionschutzG, 4. Aufl. 1999, § 5, Rdn. 46.
[673] *BVerwG,* 10. 1. 1995 – 7 B 112.94 – NVwZ 95, 994.
[674] *BVerwG,* 26. 2. 1999 – 4 C 47.96 – NuR 00, 627.
[675] *BVerwG,* 26. 2. 1999 – 4 C 47.96 – NuR 00, 627; s. a. *VG Berlin,* 8. 10. 1998 – 27 A 313.94 – UPR 98, 160 [Ls.].
[676] *Jarras,* BundesimmissionschutzG, 4. Aufl. 1999, § 5, Rdn. 121.
[677] *BVerwG,* 18. 5. 1982 – 7 C 42.80 – NVwZ 83, 32 = NJW 83, 242 [Ls.] = BVerwGE 65, 313; *VGH Mannheim,* 28. 6. 1995 – 10 S 2509.93 – NVwZ 96, 297, 303; *OVG Münster,* 29. 9. 1986 – 7 D 4.86 – NVwZ 87, 342; *Jarras,* BundesimmissionschutzG, 4. Aufl. 1999, § 5, Rdn. 47; *Roßnagel* in *Koch/Scheuing,* GK-BImSchG, § 5, Rdn. 847 (Stand Juni 1994); kritisch *Schoch,* NVwZ 99, 457, 464 [Fn. 160], 466 [Fn. 188] jeweils m. w. N.

Beispiel:
Nr. 2.2.1.1. und 2.2.1.2. sowie 2.2.1.5. TA Luft regeln die Nachbarschutz begründende Abwehr von Gefahren, Nachteilen und Belästigungen, Nr. 2.2.1.4. TA Luft regelt die (nicht drittschützende) Vorsorge.[678]

Die Differenzierung zwischen Gefahrenabwehr und Vorsorge findet auch in vielen **anderen umweltrechtlichen Bereichen** statt.[679] In der Praxis spielt diese Unterscheidung eine Rolle, wenn über die Genehmigungsfähigkeit einer Anlage mit Hilfe von Grenzwerten entschieden werden soll, die in Rechtsverordnungen oder Verwaltungsvorschriften niedergelegt sind und zwischen Gefahrenabwehr- und Vorsorgewerten unterscheiden.[680] **154 n**

Hinweis für den Anwalt: **154 o**
Im **Atomrecht** reicht der Drittschutz weiter, s. unten K 154 r ff.

Die Verletzung drittschützender Normen des Immissionsschutzrechts kann erfolgreich rügen, wer zum Kreis der **Nachbarn** gehört.[681] Es entspricht dem Zweck des Immissionsschutzes den Kreis der geschützten Nachbarn weiter als z.B. im Baurecht zu ziehen. Nachbarschaft setzt eine engere räumliche und zeitliche Beziehung des Bürgers zum Genehmigungsgegenstand voraus. Die **engere räumliche Beziehung** zur Anlage hängt von deren potentiellen Einwirkungsbereich ab. Der Einwirkungsbereich ist das Gebiet, in dem die von der Anlage herrührenden Immissionen u. U. erst nach längerer Zeit schädliche Wirkungen erzeugen. Die enge **zeitliche Beziehung** ist gegeben, wenn der Antragsteller sich den Emissionen der Anlage für eine gewisse Dauer aussetzt, weil er z. B. in deren Einwirkungsbereich **wohnt oder arbeitet.** **154 p**

Das völkerrechtliche Territorialitätsprinzip begrenzt zwar grundsätzlich die Wirkung von Genehmigungen auf das Inland. Dieser Grundsatz steht indessen der Anerkennung einer **Antrags- und Klagebefugnis von Ausländern** nicht grundsätzlich entgegen.[682] Die Reichweite des Drittschutzes ist vielmehr ausschließlich eine Frage des innerstaatlichen materiellen Rechts. Im Immissionsschutzrecht genießen Ausländer denselben Drittschutz wie Inländer, wenn die gesetzlichen Voraussetzungen gegeben sind.[683] **154 q**

cc) Exkurs: Antragsbefugnis im Atomrecht

Im **Atomrecht** werden die Regelungen über die **Vorsorgewerte** als **drittschützend** angesehen. Die in § 45 StrahlenschutzVO (StrlSchV) bestimmten (Vorsorge-)Dosisgrenzwerte für den Normalbetrieb (sog. 30 Millirem-Kon- **154 r**

---

[678] *VGH München,* 31. 1. 2000 – 22 A 99 40009 und 40012 – NVwZ-RR 00, 661, 663 = DVBl. 00, 822; *VGH Mannheim,* 16. 6. 1998 – 10 S 909.97 – NVwZ-RR 99, 298, 302.

[679] *Kloepfer,* Umweltrecht, 2. Auflage 1998, § 8, Rdn. 21; *Roßnagel* in *Koch/Scheuing,* GK-BImSchG, § 5, Rdn. 178 (Stand Juni 1994).

[680] Zu der Frage, unter welchen Voraussetzungen die Grenzwertbildung angegriffen werden kann s. *VGH München,* 31. 1. 2000 – 22 A 99 40009 und 40012 – NVwZ-RR 00, 661, 663 = DVBl. 00, 822, 824 [Luftverschmutzung].

[681] *Kloepfer,* Umweltrecht, 2. Auflage 1998, § 8, Rdn. 24 ff.

[682] *BVerwG,* 17. 12. 1986 – 7 C 29.85 – NJW 87, 1154 = BVerwGE 75, 285 [zum Atomrecht].

[683] *OVG Saarlouis,* 25. 3. 1994 – 8 Q 4.93 – NVwZ 95, 97.

zept)[684] und die in § 28 Abs. 3 StrlSchV festgelegten (Vorsorge-)Dosisgrenzwerte für den Störfall sind daher jeweils nachbarschützend.[685]

154 s Lediglich Normen, die der **Reduzierung des Restrisikos** dienen, sind **nicht drittschützend.** Unter Restrisiko werden Geschehenverläufe verstanden, die nach dem Stand von Wissenschaft und Technik praktisch ausgeschlossen sind. Ungewissheiten jenseits dieser Schwelle praktischer Vernunft haben ihre Ursache in der Grenze des menschlichen Erkenntnisvermögens. Sie sind unentrinnbar und insofern als sozialadäquate Lasten von allen Bürgern zu tragen.[686] Aus diesem Grunde ist auch das Strahlenminimierungsgebot gem. § 28 Abs. 1 Nr. 2 und § 46 Abs. 1 Nr. 2 StrlSchV nicht drittschützend.[687]

154 t Der Genehmigungsbehörde wird hinsichtlich der Risikoermittlung und -bewertung eine **Einschätzungsprärogative** (Entscheidungsvorrecht) eingeräumt, weil sie von Gesetzes wegen für die Verwirklichung der bestmöglichen Gefahrenabwehr und Risikovorsorge besser als Parlament und Gerichte ausgerüstet ist.[688] Es ist daher nicht die Aufgabe der Verwaltungsgerichte, die der Genehmigungsbehörde zugewiesene Wertung wissenschaftlicher Streitfragen einschließlich der daraus folgenden Risikoabschätzung durch eine eigene Bewertung zu ersetzen.[689] Die Schwelle zum Bereich des **Restrisikos** nach dem Maßstab der praktischen Vernunft zu bestimmen, liegt aus diesem Grund auch in der Verantwortung der Genehmigungsbehörde.[690]

154 u Auch im Atomrecht kommt es regelmäßig zu **gestuften Genehmigungsverfahren,** d.h. Errichtung und Betrieb der Anlage sind Gegenstand verschiedener Teilerrichtungs- bzw. Teilbetriebsgenehmigungen. Die auf den Rechtsschutz ausstrahlende Verknüpfung dieser Genehmigungen findet über das **„vorläufige positive Gesamturteil“** statt. Danach darf eine Teilgenehmigung nur erteilt werden, wenn die Genehmigungsbehörde zur der Erkenntnis gelangt ist, dass die Anlage von ihrer baulich-technischen Auslegung her für einen sicheren (Dauer-)Betrieb geeignet sei.[691] Diese Feststellung, die Teil der Regelung in der Teilgenehmigung ist, unterliegt der Anfechtung durch Dritte, soweit sie auf drittschützenden Nor-

---

684 Zu der Frage, wie die Einhaltung dieser Grenzwerte nach Maßgabe der Genehmigungsunterlagen zu prüfen ist, s. *VGH München,* 10. 8. 1999 – 22 A 9640055 – NVwZ-RR 99, 729.

685 *BVerwG,* 5. 8. 1993 – 7 B 112.93 – NVwZ 94, 1097; *VGH Mannheim,* 28. 6. 1995 – 10 S 2509/93 – NVwZ 96, 297, 303 m. w. N.; zu den Gründen dieses weiterreichenden Dritttschutzes s. *Jarras,* BundesimmissionsschutzG, 4. Aufl. 1999, § 5, Rdn. 122; zu der Frage, ob die Einhaltung dieser Grenzwerte vor dem Hintergrund neuerer wissenschaftlicher Erkenntnisse noch die gebotene Schadensvorsorge gewährleistet, s. *VGH München,* 10. 8. 1999 – 22 A 96 40055 – NVwZ-RR 99, 729.

686 Grundlegend *BVerfG,* 8. 8. 1978 – 2 BvL 8.77 – NJW 79, 359 = BverfGE 49, 89.

687 *BVerwG,* 22. 12. 1980 – 7 C 84.78 – NJW 81, 1393.

688 *BVerwG,* 15. 4. 1999 – 7 B 278.98 – DÖV 00, 37 = UPR 99, 449 = BayVBl. 00, 91 [zum Gentechnikrecht].

689 *VGH München,* 10. 8. 1999 – 22 A 96 40055 – NVwZ-RR 99, 729; ebenso zum Gentechnikrecht *BVerwG,* 15. 4. 1999 – 7 B 278.98 – DÖV 00, 37 = UPR 99, 449 = BayVBl. 00, 91; *OVG Berlin,* 9. 7. 1998 – 2 S 9.97 – GewArch 99, 292 = UPR 99, 31; s. auch *Kroh,* DVBl. 00, 102.

690 *BVerwG,* 22. 1. 1997 – 11 C 7.95 – NVwZ 98, 623 = UPR 98, 153.

691 *BVerwG,* 24. 7. 1998 – 11 B 46.97 – NVwZ-RR 99, 15; *BVerwG,* 7. 6. 1991 – 7 C 43.90 – NVwZ 93, 177 = BVerwGE 88, 286; *BVerwG,* 19. 12. 1985 – 7 C 65.82 – NVwZ 86, 208 = BVerwGE 72, 300.

men beruht. Im Rahmen des weiteren Genehmigungsverfahrens ist eine erneute Prüfung nur geboten, wenn Bedenken auftauchen, aufgrund derer nachträgliche Auflagen oder die Rücknahme bzw. der Widerruf erteilter Genehmigungen in Betracht kommen.[692]

dd) Präklusion

Der Genehmigungsantrag ist gem. § 10 Abs. 3 BImSchG für einen Monat öffentlich auszulegen; während der Auslegungsfrist und der anschließenden zwei Wochen können schriftlich Einwendungen gegen das Vorhaben erhoben werden. Mit Ablauf dieser Frist sind alle anderen Einwendungen ausgeschlossen **(Präklusion),** § 10 Abs. 3 Satz 3 BImSchG. Die Präklusion berührt die Zulässigkeit des gegen die Genehmigung gerichteten Rechtsbehelfs nicht;[693] sie kann allerdings seine Unbegründetheit zur Folge haben, vgl. sogleich K 155 b. **154 v**

c) Begründetheit des Antrags gem. § 80 Abs. 5

aa) Formalien der Anordnung gem. § 80 Abs. 2 Nr. 4

Die Genehmigungsbehörde wird im Hinblick auf das gewichtige private Interesse des Anlagenbetreibers aufgrund eines entsprechenden Antrages oder von Amts wegen regelmäßig die sofortige Vollziehbarkeit der Genehmigung anordnen, vgl. soeben K 153 und J 80 ff. Sofern diese Anordnung sachlich begründet ist, bietet der Antrag gem. § 80 Abs. 5 unter diesem Gesichtspunkt keine Erfolgsaussichten. **155**

bb) Interessenabwägung

Wenn gegen die Anordnung der sofortigen Vollziehbarkeit keine rechtlichen Bedenken bestehen, dann sind die Erfolgsaussichten des gegen die Anlagengenehmigung in der Hauptsache gerichteten Rechtsbehelfs zu prüfen. **155 a**

Dabei sind nur Einwendungen des Antragstellers gegen die Genehmigung zu prüfen, die nicht gem. § 10 Abs. 3 Satz 3 BImSchG **materiell präkludiert** sind. Eine solche Präklusion findet hinsichtlich der Einwendungen statt, die Dritte aufgrund der ausgelegten Unterlagen hätten vorbringen können.[694] Dabei verhindert eine im Verfahren rechtzeitig erhobene Einwendung den Eintritt der Präklusion, wenn sie erkennen lässt, welches Rechtsgut der Einwender durch die beantragte Genehmigung betroffen sieht.[695] Einwendungen werden allerdings nur insoweit präkludiert, als die getroffene Entscheidung mit den ausgelegten Unterlagen übereinstimmt.[696] Eine Präklusion von Einwendungen findet nicht statt, wenn es um Tatsachen geht, die erst nach Ende der Einwendungsfrist eintreten.[697] Wenn und soweit es zur Präklusion kommt, wirkt diese auch gegenüber dem Rechtsnachfolger, dieser erwirbt dann eine **„präklusionsbelastete Rechtsposition".**[698] **155 b**

---

692 *BVerwG,* 7. 6. 1991 – 7 C 43.90 – NVwZ 93, 177 = BVerwGE 88, 286.
693 **A. A.** *Jarras,* BundesimmissionschutzG, 4. Aufl. 1999, § 10, Rdn. 98 m. w. N.
694 *Jarras,* BundesimmissionschutzG, 4. Aufl. 1999, § 10, Rdn. 94 m. w. N.
695 *VGH München,* 31. 1. 2000 – 22 A 99.40009 und 40012 – NVwZ-RR 00, 661 = DVBl. 00, 822.
696 *Jarras,* BundesimmissionschutzG, 4. Aufl. 1999, § 10, Rdn. 95.
697 *Papier,* NJW 80, 317.
698 *BVerwG,* 27. 10. 1997 – 11 VR 4.97 – DÖV 98, 342.

155 c Wenn die angefochtene Genehmigung im Ergebnis eines **fehlerhaften Verfahrens** erlassen worden ist, so rechtfertigt dies für sich genommen noch nicht die Prognose, dass der Rechtsbehelf in der Hauptsache erfolgreich sein wird. Verfahrensrecht vermittelt Drittschutz nur im Hinblick auf eine bestmögliche Verwirklichung materiellrechtlicher Rechtspositionen. Auf Verfahrensfehler gestützte Rechtsschutz-begehren können deshalb nur Erfolg haben, wenn sich die Nichtbeachtung der Ver-fahrensvorschriften auch auf eine solche Rechtsposition ausgewirkt haben kann.[699]

155 d Bei der immissionsschutzrechtlichen Genehmigung handelt es sich um eine gebundene Verwaltungsentscheidung. Das hat Konsequenzen für das prozessuale Prüfungsprogramm. Die Genehmigung leidet z.B. nicht deshalb an einem Rechtsmangel, weil die Anlage an einem anderen Standort oder mit einer anderen technischen Betriebsweise mit geringeren Umweltauswirkungen realisiert werden könnte. Die Aufsichtsbehörde ist insoweit – anders als z.B. im Fachplanungsrecht, s. K 146 m – nicht zur **Alternativenprüfung** befugt. Eine entsprechende Berechtigung bzw. Verpflichtung ergibt sich auch nicht aus Europarechtlichen Umweltbestimmungen.[700]

155 e Der Antrag gem. § 80 Abs. 5 hat Erfolg, wenn die angefochtene Entscheidung rechtwidrig ist und dadurch den Antragsteller in seinen Rechten – vgl. soeben K 154 d verletzt.

3. Anlagengenehmigung, vorläufiger Rechtsschutz für Gemeinden

156 Die Genehmigung schließt gem. § 13 BImSchG durch ihre Konzentrationswirkung die wesentlichen anderen die Anlage betreffenden Genehmigungen ein. Sie regelt also auch die baurechtliche Zulässigkeit der Errichtung und des Betriebs der Anlage. Insofern hat die Gemeinde dieselbe materielle Position inne, die sie im Hinblick auf eine Baugenehmigung hat. § 36 Abs. 1 Satz 1 BauGB stellt klar, dass das Erfordernis des gemeindlichen Einvernehmens – dazu oben K 107 b f. – in demselben Umfange auch für die immissionsschutzrechtliche Genehmigung gilt.[701] Zur Verteidigung dieser materiellrechtlichen Position kann die Gemeinde denselben Rechtsschutz gem. § 80 Abs. 1 bzw. § 80 Abs. 5 in Anspruch nehmen, den sie im Hinblick auf Baugenehmigungen genießt, vgl. K 105 ff.

156 a Die Gemeinde kann die Antragsbefugnis für den gegen die immissionsschutzrechtliche Genehmigung gerichteten Widerspruch aber nicht damit begründen, diese verstoße gegen immissionsschutzrechtliche oder andere umweltrechtliche Nor-men, denn diese vermitteln der Gemeinde keine subjektivrechtliche Position.[702]

---

[699] *BVerwG,* 27. 10. 1997 – 11 VR 4.97 – DÖV 98, 341; *BVerwG,* 22. 1. 1997 – 11 C 7.95 – DVBl. 97, 719, 724; *VGH Mannheim,* 16. 6. 1998 – 10 S 909.97 – NVwZ-RR 99, 298, 303; *OVG Berlin,* 9. 7. 1998 – 2 S 9.97 – GewArch 99, 292 = UPR 99, 31 [zum Gentechnikrecht].

[700] *VGH München,* 31. 1. 2000 – 22 A 99 40009 und 40012 – NVwZ-RR 00, 661.

[701] *VGH Kassel,* 16. 3. 1994 – 14 UE 1702.88 – NVwZ-RR 95, 60; s.a. *Bohl,* NVwZ 94, 647 m.w.N.

[702] *Kloepfer,* Umweltrecht, 2. Auflage 1998, § 8, Rdn. 28; *Jarras,* BundesimmissionsschutzG, 4. Aufl. 1999, § 6, Rdn. 49.

4. Anlagengenehmigung, vorläufiger Rechtsschutz für Naturschutzverbände

§ 29 Abs. 1 Nr. 3 BNatSchG regelt, dass anerkannte Naturschutzverbände zu beteiligen sind, soweit es um die Erteilung von Befreiungen von Verboten oder Geboten geht, die zum Schutz von Naturschutzgebieten und Nationalparken erlassen sind. Diese **Befreiungsentscheidungen** werden **von der Konzentrationswirkung** des § 13 BImSchG – dazu oben K 152a – **nicht erfasst.** Diese Wirkung erstreckt sich nur auf Entscheidungen, bei deren Erteilung es auf die Art und Weise der Beschaffenheit und des Betriebs der Anlage ankommt.[703] Die Befreiungsentscheidung ergeht aus diesem Grunde in einem gesonderten Verfahren; in diesem kann der Naturschutzverband sein Beteiligungsrecht geltend machen und erforderlichenfalls auch im einstweiligen Rechtsschutzverfahren durchsetzen. Der Verband ist klage- und antragsbefugt, soweit er geltend macht, in dem zur Befreiung führenden Verfahren nicht oder nicht in der gebotenen Weise[704] beteiligt worden zu sein; s. a. oben K 149a ff. **157**

§ 29 Abs. 1 Nr. 4 BNatSchG bestimmt, dass anerkannte Naturschutzverbände in Planfeststellungsverfahren zu beteiligen sind, die Vorhaben zum Gegenstand haben, die mit Eingriffen in Natur und Landschaft verbunden sind, vgl. oben K 149a; diese Norm begründet **keine Beteiligungsbefugnis** in **immissionsschutzrechtlichen Genehmigungsverfahren.**[705] **157a**

Naturschutzverbände genießen als Organisationen den Schutz von Art. 9 GG. Diese grundrechtliche Position berechtigt sie indes nicht zur Anfechtung immissionsschutzrechtlicher Genehmigungen. Materielle Rechte im Sinne des Bundesimmissionsschutzgesetzes sind nur solche, die vom Schutzzweck des Gesetzes gem. § 1 BImSchG erfasst werden. Dazu gehört weder das Recht auf Vereinigungsfreiheit noch das Recht auf freie Meinungsäußerung.[706] Verbände sind auch nicht befugt, die Rechte der im Verein zusammengeschlossenen Mitglieder, soweit sie vom Schutzzweck des BImSchG erfasst werden, im eigenen Namen geltend zu machen.[706] **157b**

Das **Bundesrecht** sieht darüber hinaus zu Gunsten von Verbänden **keine Verbandsklagebefugnis** vor.[707] Diese sind also bundesrechtlich nicht befugt, Naturschutzbelange geltend zu machen, ohne in eigenen subjektiven Rechten betroffen zu sein. Europarechtlich besteht keine Verpflichtung eine solche Befugnis zu begründen.[708] **157c**

Ein Teil der Länder hat den Verbänden allerdings durch **Landesgesetz** eine solche **umfassende Klagebefugnis** eingeräumt, vgl. oben D 79, K 149e.[709] Aus **157d**

---

703 *Jarras,* BundesimmissionschutzG, 4. Aufl. 1999, § 13, Rdn. 4, 8.

704 *BVerwG,* 12. 12. 1996 – 4 C 19.95 – NVwZ 97, 905 = BVerwGE 102, 358.

705 *VGH Mannheim,* 28. 9. 1998 – 10 S 1600.98 – NVwZ-RR 99, 241 = DÖV 99, 165 = UPR 99, 114.

706 *VGH Mannheim,* 28. 3. 1995 – 10 S 1052.93 – NVwZ-RR 95, 639 = DÖV 95, 1049.

707 *BVerwG,* 18. 12. 1987 – 4 C 9.86 – NVwZ 98, 527.

708 *OVG Hamburg,* 19. 2. 2001 – 2 Bs 370.000 – NVwZ 01, 1173.

709 Nachweise bei *Happ* in *Eyermann,* § 42, Rdn. 119; S. a. *Johlen,* WiVerw 00, 36, 61 m. w. N.; zu § 60c NdsNaturschutzG s. *BVerwG,* 27. 1. 2000 – 4 C 2.99 – DVBl. 00, 814;

kompetenzrechtlichen Gründen können die Länder diese Klagebefugnis aber nur hinsichtlich der Verwaltungsakte von Landesbehörden begründen.[710] In Fällen, in denen die Entscheidung von einer Bundesbehörde getroffen wird, ist mithin keine allgemeine Verbandsklagebefugnis gegeben; dies ist verfassungsrechtlich unbedenklich.[711]

157 e Soweit Naturschutzverbänden landesrechtlich eine Klagebefugnis eingeräumt ist, können sie im Hinblick auf immissionsschutzrechtliche Genehmigungen einstweiligen Rechtsschutz gem. § 80 Abs. 1 bzw. § 80 Abs. 4 in Anspruch nehmen; insofern gilt das in K 155ff. Gesagte.

5. Ordnungsverfügungen (Untersagung, Stilllegung, Beseitigung), vorläufiger Rechtsschutz für den Anlagenbetreiber

158 § 20 BImSchG enthält differenzierte Ermächtigungsgrundlagen für immissionsschutzrechtliche Ordnungsverfügungen:

- Die Behörde **kann** den **Betrieb untersagen,** wenn der Anlagenbetreiber eine Auflage, eine nachträgliche Anordnung oder eine Pflicht aus einer Rechtsverordnung gem. § 7 BImSchG nicht erfüllt, § 20 Abs. 1 BImSchG, oder wenn Tatsachen vorliegen, welche die **Unzuverlässigkeit** der für den Anlagenbetrieb verantwortlichen Personen dartun, § 20 Abs. 3 BImSchG.
- Die Behörde **soll** die **Stillegung** (d.h. Untersagung[712]) oder **Beseitigung anordnen,** wenn die Anlage ohne Genehmigung betrieben wird, § 20 Abs. 2 Satz 1 BImSchG.
- Die Behörde **hat die Beseitigung anzuordnen,** wenn die Allgemeinheit oder die Nachbarschaft nicht auf andere Weise ausreichend geschützt werden kann, § 20 Abs. 2 Satz 2 BImSchG.

a) § 80 Abs. 1

158 a Rechtsbehelfe des Anlagenbetreibers gegen derartige Ordnungsverfügungen haben gem. § 80 Abs. 1 aufschiebende Wirkung. Die Immissionsschutzbehörde kann die sofortige Vollziehbarkeit von Ordnungsverfügungen gem. § 80 Abs. 2 Nr. 4 anordnen.

b) Gerichtliche Entscheidung über die sofortige Vollziehbarkeit der Ordnungsverfügung, § 80 Abs. 5

158 b Für die Zulässigkeit und Begründetheit des Antrags gem. § 80 Abs. 5 gelten die allgemeinen Kriterien, vgl. J 102 und J 126ff.

---

zu § 39b NatSchGBln *OVG Berlin,* 18. 2. 1999 – 2 SN 30.98 – NVwZ-RR 99, 368; zu § 52 Abs. 2 SächsAnhNatSchG s. *OVG Magdeburg,* 25. 9. 1998 – C 1/4 S 260.97 – NVwZ-RR 99, 168 [Ls.].

[710] *OVG Magdeburg,* 25. 9. 1998 – C 1/4 S 260.97 – NVwZ-RR 99, 168 [Ls.], das allerdings in Sachen, in denen die Landesbehörde für die Planfeststellung zuständig ist, die Zulässigkeit einer direkten Klage auf Unterlassung gegen eine Bundesbehörde als Aufgabenträger bejaht.

[711] *BVerwG,* 18. 4. 1996 – 11 A 86.95 – NVwZ 96, 901 [zum Planfeststellungsrecht].

[712] *Jarras,* BundesimmissionschutzG, 4. Aufl. 1999, § 20, Rdn. 26.

aa) Formalien der Anordnung gem. § 80 Abs. 2 Nr. 4

Das Gericht prüft zunächst, ob die Anordnung der sofortigen Vollziehbarkeit durch ein **besonderes öffentliches Interesse** gedeckt ist, vgl. J 93. **158 c**

Die sofortige Vollziehbarkeit der **Stillegung** für eine formell illegale Anlage ist jedenfalls dann gerechtfertigt, wenn die ungenehmigte Nutzung konfliktauslösend (z. B. Lärm) in Erscheinung tritt und es dadurch zu Beeinträchtigungen der Nachbarn oder der Allgemeinheit kommt. Die sofortige Vollziehbarkeit einer **Beseitigungsverfügung** ist dagegen regelmäßig unverhältnismäßig,[713] vgl. oben J 93.

An die **Begründung des Sofortvollzugs** der Ordnungsverfügung gem. § 80 Abs. 3 sind in den Fällen der formellen Illegalität (§ 20 Abs. 2 BImSchG) keine hohen Anforderungen zu stellen.[714]

bb) Summarische Prüfung der Ordnungsverfügung

In einem zweiten Schritt klärt das Gericht, ob der Rechtsbehelf in der Hauptsache bei **summarischer Prüfung** voraussichtlich erfolgreich sein wird. **158 d**

Maßgeblicher Zeitpunkt für die gerichtliche Beurteilung der Rechtmäßigkeit der angefochtenen Verfügung ist die letzte behördliche Entscheidung; allerdings sind Rechtsänderungen während des Verfahrens zu berücksichtigen, wenn sie sich zu Gunsten des Anlagenbetreibers auswirken, vgl. oben D 162 ff.

Die **Stillegung** bzw. die **Untersagung** stellen das Verbot dar, eine Anlage weiter zu betreiben. Der Erlass einer solchen Verfügung steht ordnungsrechtlich regelmäßig im Ermessen der Behörde, vgl. z. B. oben K 132. § 20 BImSchG schränkt diesen der Behörde üblicherweise eingeräumten Entscheidungsspielraum erheblich ein: nur im Falle des § 20 Abs. 1 BImSchG, also wenn der Anlagenbetreiber eine Auflage, eine nachträgliche Anordnung oder eine Pflicht aus einer Rechtsverordnung gem. § 7 BImSchG nicht erfüllt, wird der Behörde der volle Ermessensspielraum eröffnet. Im Falle des § 20 Abs. 2 Satz 1 BImSchG ist das Ermessen intendiert, die Behörde soll einschreiten, wenn die Anlage ohne Genehmigung betrieben wird. Diese unterschiedlichen Formen der Ermessensbindung sind bei der summarischen Prüfung der immissionsschutzrechtlichen Untersagungsverfügung zu berücksichtigen. **158 e**

Eine Untersagungserfügung ist hinsichtlich einer ungenehmigt betriebenen Anlage regelmäßig rechtmäßig; eine Ausnahme gilt nur dann, wenn die Behörde begründeten Anlass zu der Annahme hat, dass die Anlage so, wie sie formell illegal betrieben wird, materiell den immissionsschutzrechtlichen und sonstigen rechtlichen Anforderungen entspricht.[715]

Die Anordnung der **Beseitigung** einer Anlage verpflichtet den Adressaten zum Abbau bzw. Abbruch der Anlage und zu deren Entfernung vom Betriebsgrundstück. Wenn die Anlage ohne Genehmigung betrieben wird, dann darf die Behör- **158 f**

---

[713] *OVG Münster,* 12. 1. 1998 – 10 B 3025.97 – NVwZ 98, 977 = BauR 98, 537; *OVG Weimar,* 13. 5. 1997 – 1 EO 609.96 – UPR 98, 318 [Ls.]; *OVG Münster,* 28. 8. 1995 – 11 B 1957/95 –, DÖV 96, 382 = BauR 96, 236; *VG Meiningen,* 7. 8. 1995 – 5 E 340/95 Me. – LKV 96, 423.

[714] *Jarras,* BundesimmissionschutzG, 4. Aufl. 1999, § 20, Rdn. 35.

[715] *VGH Kassel,* 17. 6. 1997 – 14 TG 2673.95 – NVwZ 98, 1315; zu einer möglichen weiteren Ausnahmekonstellation s. *Müller/Süß,* LKV 00, 230.

de im Rahmen ihres intendierten Ermessens („soll") zwischen der Stilllegung, vgl. soeben K 158f und der Beseitigung wählen. Nach dem Grundsatz der Verhältnismäßigkeit wird sie sich mit der Stillegung begnügen müssen, wenn so sämtliche Gefahren sicher ausgeschlossen werden können. Die Beseitigungsverfügung kann allerdings auch in diesen Fällen durch die negative Vorbildwirkung gerechtfertigt sein, vgl. dazu K 123.

Gem. § 20 Abs. 2 Satz 2 BImSchG ist die Behörde schließlich zum Erlass der Beseitigungsverfügung verpflichtet, wenn die Allgemeinheit oder die Nachbarschaft nicht auf andere Weise ausreichend geschützt werden kann.

158g Daneben ist bei der summarischen Prüfung auf die für Ordnungsverfügungen spezifischen Rechtmäßigkeitsanforderungen abzustellen: Die Verfügung ist an den Störer zu richten, das ist der Betreiber der Anlage, nicht der Eigentümer.[716] Die gegen einen Störer ergangene Ordnungsverfügung wirkt auch gegen seinen **Rechtsnachfolger.**[717] **Obligatorische Rechte Dritter** an dem Grundstück stehen dem Erlass einer Ordnungsverfügung nicht entgegen.[718] Diese darf aber erst vollstreckt, wenn der Widerstand der obligatorisch Berechtigten durch Duldungsverfügungen überwunden worden ist.[719] Diese Duldungsverfügungen dürfen nur ergehen, wenn die mit Hilfe dieser Duldungsverfügung durchzusetzende Ordnungsverfügung offensichtlich rechtmäßig ist.[720]

6. Ordnungsverfügung (Untersagung, Stillegung, Beseitigung, Auflagen), vorläufiger Rechtsschutz für den Nachbarn

a) Einstweilige Anordnung auf Erlass einer Ordnungsverfügung (Anspruch auf Einschreiten)

159 Der Nachbar, der sich durch die von einer Anlage ausgehenden Immissionen beeinträchtigt sieht, strebt eine behördliche Anordnung gegenüber dem Anlagenbetreiber an, die bewirkt, dass diese Immissionen nicht mehr stattfinden oder jedenfalls reduziert werden. Wenn der Antrag auf Erlass einer solchen Ordnungsverfügung nicht den angestrebten Erfolg hat, dann muss der Nachbar versuchen, den vorläufigen Rechtsschutz im Verfahren gem. § 123 zu erreichen.

159a Der Inhalt des **Anordnungsanspruchs** hängt davon ab, ob es um die Emissionen einer nach dem BImSchG genehmigungsbedürftigen oder einer nicht genehmigungsbedürftigen Anlage geht.

---

[716] *Stüer,* DVBl. 1325, 1333 unter Hinweis auf *BVerwG,* 13. 2. 1998 – 7 B 37.98 –.

[717] *VGH Kassel,* 17. 6. 1997 – 14 TG 2673.95 – NVwZ 98, 1315.

[718] *OVG Lüneburg,* 26. 9. 1985 – 6 B 85/85 – OVGE 39, 333.

[719] *BVerwG,* 24. 7. 1998 – 4 B 69.98 – UPR 98, 458; *OVG Weimar,* 11. 3. 1997 – 1 EO 232/96 – LKV 97, 368; *OVG Münster,* 10. 10. 1996 – 11 B 2310/96 – DVBl. 97, 675; *VGH München,* 13. 8. 1992 – 2 Cs 92 1618 – NJW 93, 82; **a. A.** *VGH München,* 5. 8. 1996 – 14 AS 96 1624 – NJW 97, 961 = BayVBl. 97, 248: Duldungsanordnung entbehrlich, wenn die Anordnung vor Einräumung des Besitzes ergangen ist.

[720] *OVG Weimar,* 11. 3. 1997 – 1 EO 232/96 – LKV 97, 368; *OVG Weimar,* 27. 2. 1997 – 1 EO 235/96 – DÖV 97, 555; **a. A.** *OVG Berlin,* 28. 2. 1997 – 2 S 28/96 – LKV 97, 368 = UPR 98, 75: dem obligatorisch Berechtigten ist es verwehrt, sich auf die Rechtswidrigkeit der gegenüber dem Eigentümer ergangenen Ordnungsverfügung zu berufen.

§ 20 BImSchG regelt differenziert die Eingriffsbefugnisse der Behörde im Hinblick auf **genehmigungsbedürftige Anlagen,** vgl. oben K 158. Ordnungsverfügungen sind danach nur zulässig, soweit und solange der Betrieb durch vorhandene Genehmigungen nicht legalisiert wird. Soweit der den Nachbarn beeinträchtigende Betrieb der Anlage durch die Genehmigung gedeckt ist, kommt der direkte Erlass einer Ordnungsverfügung nicht in Betracht. Der Nachbar muss dann zunächst versuchen, den Erlass einer nachträglichen Anordnung gem. § 17 BImSchG durchzusetzen, vgl. oben K 153 g. Erst wenn diese erlassen ist und der Anlagenbetreiber sich nicht daran hält, bietet § 20 Abs. BImSchG eine Rechtsgrundlage für den Erlass einer Ordnungsverfügung. **159 b**

Die Rechtsgrundlagen für Ordnungsverfügungen, die **nicht genehmigungsbedürftige Anlagen** betreffen, finden sich in **§§ 24, 25 BImSchG:** **159 c**

- Die Behörde **kann** die **erforderlichen Anordnungen** treffen, um sicher zu stellen, dass die nicht genehmigungsbedürftige Anlage im Einklang mit § 22 BImSchG betrieben wird, insbesondere schädliche Umwelteinwirkungen verhindert werden, § 24 BImSchG.
- Die Behörde **kann** den **Betrieb der Anlage** ganz oder teilweise **untersagen**, wenn der Anlagenbetreiber eine Anordnung gem. § 24 BImSchG nicht erfüllt, § 25 Abs. 1 BImSchG.
- Wenn die von einer Anlage hervorgerufenen schädlichen Umwelteinwirkungen das Leben oder die Gesundheit von Menschen oder bedeutende Sachwerte gefährden, dann **soll** die Behörde den **Betrieb untersagen,** soweit die Allgemeinheit oder die Nachbarschaft nicht auf andere Weise ausreichend geschützt werden kann, § 25 Abs. 2 BImSchG.

Anordnungen gem. § 24 BImSchG sind zulässig zur Verhinderung schädlicher Umwelteinwirkungen gem. § 22 BImSchG. Für die Bestimmung schädlicher Umwelteinwirkungen gilt der **Maßstab der Zumutbarkeit.**[721] Der Begriff der Zumutbarkeit bezeichnet als Ausdruck des das nachbarschaftliche Verhältnis prägenden Gebots der Rücksichtnahme die aufgrund einer Güterabwägung markierte Grenze, jenseits derer nachteilige Einwirkungen von betroffenen Nachbarn bereits unterhalb der Schwelle des Grundrechtsschutzes nicht mehr hingenommen werden müssen. Diese Bewertung ist situationsbezogen im Einzelfall zu treffen.[722] Dabei ist im Rahmen des § 24 BImSchG nicht auf den rechtlich zulässigen, sondern auf den tatsächlich ausgeübten Betrieb abzustellen.[723] **159 d**

Die durch § 20 BImSchG einerseits und §§ 24, 25 BImSchG andererseits begründeten Eingriffsbefugnisse dienen auch dem **Drittschutz.**[724] Es steht allerdings grundsätzlich im ordnungsbehördlichen Eingriffsermessen der Behörde, ob sie von diesen Befugnissen Gebrauch macht; lediglich im Falle des § 20 Abs. 2 Satz 2 BImSchG ist die Behörde zum Eingreifen verpflichtet. Nach allgemeinen Grundsätzen kann der nachbarliche Schutzanspruch im Einzelfall eine Ermessensre- **159 e**

---

[721] *BVerwG,* 27. 8. 1998 – 4 C 5.98 – BauR 99, 152 = UPR 99, 68; *VGH Mannheim,* 8. 6. 1998 – 10 S 3300.96 – NVwZ-RR 99, 569.

[722] *BVerwG,* 30. 4. 1992 – 7 C 25.91 – NJW 92, 2779 = DVBl. 92, 1234 = BVerwGE 90, 163; s. a. *OVG Berlin,* 27. 3. 1996 – 2 S 5.96 – DÖV 96, 1010.

[723] *VGH Mannheim,* 8. 6. 1998 – 10 S 3300.96 – NVwZ-RR 99, 569.

[724] S. a. *Stüer,* Handbuch des Bau- und Fachplanungsrechts, 2. Auflage 1998, Rdn. 1984.

duzierung auf Null bewirken, so dass dann ein **Anspruch auf Einschreiten** gegeben ist.[725] Das wird in den Fällen des intendierten Ermessens (die Behörde „soll" eingreifen) eher zu bejahen sein.

159f **Beispiele:**

– Der Beigeladene betreibt eine immissionsschutzrechtlich nicht genehmigungsbedürftige – vgl. oben K 152 Mühle. Die Mühle ist an 10 Tagen im Jahr in der Erntezeit auch zwischen 22h und 24h im Betrieb. Das will der Antragsteller verhindern.
Die nächtliche Belastung kann im Hinblick auf die geringe Zahl der Vorfälle nicht zu einer Gesundheitsgefährdung führen, so dass ein Anspruch gem. § 25 Abs. 2 BImSchG nicht gegeben ist. In Betracht käme eine Anordnung über die Reduzierung der Betriebszeit gem. § 24 BImSchG. Eine solche wäre zulässig zur Verhinderung schädlicher Umwelteinwirkungen gem. § 22 BImSchG. Ob die konkreten Umwelteinwirkungen als schädlich zu qualifizieren sind, hängt davon ab, ob sie unzumutbar sind, vgl. soeben K 159d. Bei einer situationsbezogen Bewertung ist dies im Hinblick auf den tatsächlich ausgeübten Betrieb aufgrund der geringen Zahl der Vorfälle zu verneinen.[725]
– Der Beigeladene wendet sich gegen das nächtliche, viertelstündliche Schlagen der Kirchturmuhr (**nicht sakrales Glockengeläut,** zum Vorgehen gegen das sakrale Glockengeläut s. K 142d). Bei der Beurteilung der Zumutbarkeit sind die Gebietsart, die tatsächlichen Verhältnisse, die Herkömmlichkeit und soziale Adäquanz mitbestimmend. Die Grenzwerte der TA Lärm können dabei Ausgangspunkt der Betrachtung sein, obwohl sie für genehmigungsbedürftige Anlage festgesetzt worden sind. Wenn eine Einhaltung dieser Grenzwerte nicht möglich ist, können die Nachbarn den Erlass einer Verfügung verlangen, nach der das Glockengeläut zeitweise abzustellen ist.[726]

159g Der **Anordnungsgrund** ist zu bejahen, wenn im Hinblick auf die Intensität der Immissionen dem Nachbarn ein Abwarten des Hauptverfahrens nicht zugemutet werden kann.

b) Einstweilige Anordnung gegen Hoheitsträger auf Nutzungsuntersagung

159h Die Immissionen hoheitlich betriebener Anlagen sind nach dem Maßstäben des BImSchG zu beurteilen.[727] Soweit Immissionen danach unzumutbar sind, begründet zwar § 22 BImSchG keinen Abwehranspruch des gestörten Nachbarn gegen den Hoheitsträger. In diesem Verhältnis besteht jedoch ein eigenständiger öffentlich-rechtlicher Immissionsabwehranspruch.[728]

Beispiele:

– Kommunale Feuerwehrsirene,[729]
– Kommunal betriebenes Blockheizkraftwerk,[729]
– Liturgisches Glockengeläut, s. oben K 142d.

159i Wenn danach ein Abwehranspruch gegeben ist, dann ist der **Anordnungsanspruch** zu bejahen.

159k Der **Anordnungsgrund** ist jedoch auch in diesen Fällen nur gegeben, wenn im Hinblick auf die Intensität der Immissionen dem Nachbarn ein Abwarten des Hauptverfahrens nicht zugemutet werden kann.

---

[725] S. a. *Stüer,* Handbuch des Bau- und Fachplanungsrechts, 2. Auflage 1998, Rdn. 1984.
[726] *BVerwG,* 30. 4. 1992 – 7 C 25.91 – NJW 92, 2779 = BVerwGE 90, 163.
[727] *BVerwG,* 29. 4. 1988 – 7 C 33.87 – NJW 88, 2396 = BVerwGE 79, 254, *VGH Mannheim,* 28. 7. 1998 – 10 S 3242.96 – NVwZ 99, 85 = DÖV 99, 163.
[728] *BVerwG,* 29. 4. 1988 – 7 C 33.87 – NJW 88, 2396 = BVerwGE 79, 254.
[729] *VGH Mannheim,* 28. 7. 1998 – 10 S 3242.96 – NVwZ 99, 85 = DÖV 99, 163.

7. Ordnungsverfügung (Untersagung), vorläufiger Rechtsschutz für Gemeinden

Wenn die Anlage ohne die erforderliche Genehmigung betrieben wird, dann kann das die Gemeinde in ihrer Planungshoheit verletzen. Ein Anordnungsanspruch ist dann gegeben. Ein Anordnungsrund wäre jedoch nur zu bejahen, wenn ohne die gerichtliche Verpflichtung zum Erlass einer Untersagungsverpflichtung die Schaffung vollendeter Tatsachen droht, vgl. oben K 143. Das ist regelmäßig nicht denkbar. 160

8. Ordnungsverfügung (Untersagung), vorläufiger Rechtsschutz für Naturschutzverbände

Naturschutzverbände sind bundesrechtlich nicht befugt, immissionsschutzrechtliche Genehmigungen anzugreifen, vgl. oben K 157 ff. Aus diesem Grunde haben Verbände auch keinen Anspruch auf Erlass einer Ordnungsverfügung, wenn eine Anlage ohne die erforderliche Genehmigung betrieben wird. 161

Etwas anderes gilt nur dann, wenn das Landesrecht dem Naturschutzverband eine umfassende **Verbandsklagebefugnis** einräumt, vgl. oben D 79 und K 149 e. Diese ist u. a. dann gegeben, wenn der Verband geltend macht, die Unterlassung eines Verwaltungsakts widerspreche naturschutzrechtlichen Normen, vgl. z. B. § 39 b Abs. 1 NatSchGBln.

IV. Gewerberecht

Übersicht

162 Im Bereich des Gewerberechts spielt der einstweilige Rechtsschutz eine Rolle, wenn es um die Aufnahme oder Fortführung der gewerblichen Tätigkeit bzw. um deren Verhinderung geht. Im einzelnen kommen die folgenden typischen Rechtsschutzziele in Betracht:

Der **Gewerbetreibende** will
- die vorläufige Zulassung zu einer genehmigungspflichtigen gewerblichen Tätigkeit erreichen, K 163,
- die durch eine Auflage bewirkte Einschränkung der gewerblichen Tätigkeit beseitigen, K 173,
- die genehmigungsfrei zulässige gewerbliche Tätigkeit trotz Untersagung ausüben, K 174,
- einzelne Maßnahmen, die der Vollstreckung einer Untersagungsverfügung dienen, abwenden, K 196,
- die genehmigungspflichtige gewerbliche Tätigkeit trotz Rücknahme oder Widerruf der erteilten Erlaubnis ausüben, K 198,
- die genehmigungspflichtige gewerbliche Tätigkeit trotz vorläufiger Ordnungsmaßnahmen im Vorfeld einer Rücknahme oder eines Widerruf der erteilten Erlaubnis ausüben, K 201 b,
- die genehmigungspflichtige gewerbliche Tätigkeit trotz bzw. Betriebsstilllegung ausüben, K 202.

Der **Konkurrent des Gewerbebetreibenden** will
- den Beginn oder
- die Fortsetzung einer gewerblichen Tätigkeit des Gewerbetreibenden verhindern, K 164 ff.

Der **Nachbar** will
- den Beginn oder
- die Fortsetzung einer gewerblichen Tätigkeit des Gewerbetreibenden verhindern, K 167 ff.

1. Vorläufige Zulassung zu einer genehmigungspflichtigen gewerblichen Tätigkeit

a) Regelfall: kein einstweiliger Rechtsschutz

163 Die Ausübung einer großen Zahl von gewerblichen Tätigkeiten ist genehmigungspflichtig (vgl. §§ 30 ff. GewO, § 2 Abs. 1 GastG, §§ 1, 7 HandwO, § 2 PBefG, § 8 GüKG, etc.). Die Aufnahme einer gewerblichen Tätigkeit ist regelmäßig mit erheblichen Investitionen verbunden, die sich so schnell wie möglich amortisieren sollen. Das setzt voraus, dass die öffentlich-rechtlichen Voraussetzungen für den Beginn der gewerblichen Tätigkeit zu einem bestimmten Zeitpunkt erfüllt sind.

Verzögert sich die Erlaubniserteilung, so darf der Gewerbetreibende entgegen seiner unternehmerischen Planung die Tätigkeit noch nicht aufnehmen; er wird dies auch regelmäßig nicht tun, weil die formell illegale Betätigung seine Unzuverlässigkeit begründen kann und so der begehrten Erteilung der Gewerbeerlaubnis im Wege steht. Die hier dargestellte Situation verschärft sich noch in den Fällen der Betriebsübernahme. Der Gewerbetreibende möchte in einer solchen Situation vom **Anwalt** wissen, ob seine vorläufige Zulassung bis zur Entscheidung über den Erlaubnisantrag erreicht werden kann.

Hinweis für den Anwalt: **163 a**
Im Geltungsbereich des PBefG wird die Genehmigung gem. § 15 Abs. 1 Satz 5 PBefG drei Monate nach vollständiger[730] Antragstellung fingiert.

Eine vorläufige Zulassung scheidet im Regelfall aus: Sinn und Zweck des **präventiven Verbots mit Erlaubnisvorbehalt**[731] gebieten es, dass ein Antragsteller vor Beginn der Gewerbeausübung den Ausgang des Erlaubnisverfahrens abwarten muss. **163 b**

Für einen Antrag auf Erlass einer einstweiligen Anordnung, mit der die Genehmigungsbehörde verpflichtet wird, die gewerbliche Tätigkeit des Antragstellers einstweilen zuzulassen, fehlt regelmäßig der Anordnungsgrund. Mit § 123, der nur vorläufigen Rechtsschutz gewähren will, ist es im übrigen grundsätzlich nicht vereinbar, wenn die Anordnung die Hauptsache (teilweise) vorwegnimmt (vgl. oben J 213). **163 c**

b) Ausnahmefall: einstweilige Anordnung

Im Interesse effektiven Rechtsschutzes (Art. 19 Abs. 4 GG) kann es allerdings geboten sein, dem Antragsteller die begehrte gewerbliche Tätigkeit einstweilen zu ermöglichen. Sowohl hinsichtlich des Anordnungsanspruchs als auch des Anordnungsgrundes sind dann jedoch besondere Anforderungen zu stellen. **163 d**

Eine (teilweise) Vorwegnahme der Hauptsache kommt nur in Betracht, wenn der Antragsteller hinsichtlich des **Anordnungsanspruchs** eine sehr hohe Wahrscheinlichkeit seines Obsiegens in der Hauptsache glaubhaft macht,[732] vgl. auch J 214. **163 e**

Beispiel:
A ist Taxiunternehmer. Sein Antrag, die Konzession nach dem PBefG zu verlängern, wurde unter Hinweis auf eine „private Trunkenheitsfahrt" abgelehnt.
Eine einmalige Verurteilung wegen vorsätzlicher Trunkenheit am Steuer bei einer Privatfahrt lässt noch nicht zwingend auf die Unzuverlässigkeit des Unternehmers schließen. Der Antragsteller kann daher eine vorläufige Wiedererteilung der Genehmigung verlangen.[733]

Der Erlass der einstweiligen Anordnung setzt ferner voraus, dass auch der **Anordnungsgrund** von besonderem Gewicht ist. Das ist zu bejahen, wenn ohne die begehrte vorläufige Erlaubnis die Existenz des Antragstellers gefährdet wäre.[734] **163 f**

---

730 *OVG Magdeburg,* 28. 2. 1996 – 4 L 40/95 –, DVBl. 97, 964 = GewArch 97, 118.

731 Zum präventiven Verbot mit Erlaubnisvorbehalt s. *Maurer,* Allgemeines Verwaltungsrecht, 11. Aufl., 1997, § 9, Rdn. 51.

732 *VGH Kassel,* 8. 11. 1995 – 14 TG 3375/95 –, NVwZ-RR 96, 325 = GewArch 96, 252.

733 *VGH Kassel,* 19. 2. 1982 – II TG 6/82 –, NJW 82, 2459; *OVG Bremen,* 6. 1. 1981 – 1 B 4/81 –, GewArch 81, 175.

734 *OVG Bremen,* 1. 12. 1989 – 1 B 91/89 – GewArch 90, 96.

Beispiel:

B hat eine Diskothek übernommen und eine vorläufige Erlaubnis nach § 11 GastG – s. dazu sogleich K 163i – erhalten, die mehrmals verlängert wurde. Das Gewerbeamt lehnt schließlich die Erteilung einer Konzession gem. § 2 Abs. 1 GastG ab. Sofern die wirtschaftliche Existenz durch die (vorläufige) Schließung des Betriebs gefährdet wird, ist eine Anordnungsgrund zu bejahen.[735]

163g Der einstweilige Rechtsschutz hat aufgrund des regelmäßig hohen Zeitdrucks besondere praktische Bedeutung, wenn es um die Zulassung von Gewerbetreibenden zu **Märkten** (z. B. Weihnachtsmarkt) gem. § 68 GewO und **Volksfesten** gem. § 60b GewO geht.[736]

Hinweis für den Anwalt:

Derartige Veranstaltungen werden zum Teil auch als **gemeindliche öffentliche Einrichtungen** qualifiziert. Das Münchener Oktoberfest wird z. B. in diesem Sinne gem. Art. 21 BayGO eingeordnet.[737] In diesem Falle ist dann auch der **materielle Zulassungsanspruch kommunalrechtlich** zu entwickeln.[738] Denkbar ist auch eine **straßenrechtliche** Gestaltung.[739]

Der **Anordnungsanspruch** kann sich in diesen Fällen aus § 70 GewO ergeben. § 70 Abs. 1 GewO bestimmt, dass jedermann, der dem Teilnehmerkreis der festgesetzten Veranstaltung angehört, nach Maßgabe der für alle Veranstaltungsteilnehmer geltenden Bestimmungen zur Teilnahme an der Veranstaltung berechtigt ist. Die Entscheidung der veranstaltenden Gemeinde über das „Ob" der Zulassung ist öffentlich-rechtlicher Natur.[740] Das gilt unabhängig davon, ob die Gemeinde die Durchführung der Veranstaltung einer von ihr beherrschten Gesellschaft übertragen hat.[741] Ohne Einfluß auf die Qualifikation des Zulassungsanspruches ist ferner, ob das Nutzungsverhältnis (das „Wie") öffentlich-rechtlich oder privatrechtlich ausgestaltet wird.

§ 70 Abs. 2 GewO räumt der veranstaltenden Gemeinde eine Ausgestaltungsbefugnis ein, d. h. sie kann – bis zur Grenze der Willkür – unter sachlichen Kriterien bestimmte Anbietergruppen von der Teilnahme ausschließen.[742]

Sofern der für die Veranstaltung bestimmte Platz nicht ausreicht, um alle Anbieter unterzubringen, hat die Gemeinde eine Auswahl anhand sachlich gerechtfertigter Gründe[743] zu treffen, vgl. § 70 Abs. 3 GewO. Wenn der Gewerbetreibende aus

---

[735] VGH Kassel, 8. 11. 1995 – 14 TG 3375/95 – NVwZ-RR 96, 325 = GewArch 96, 252 = DVBl. 96, 819 [nur Ls.].

[736] S. dazu umfassend *Hösch*, GewArch 96, 402.

[737] *VGH München*, 10. 7. 2000 – 4 ZE 00 1736 – NVwZ-RR 00, 779 = GewArch 00, 439.

[738] *VGH München*, 17. 2. 1999 – 4 B 96 1710 – NVwZ 99, 1122 = BayVBl. 99, 657; *VGH München*, 10. 9. 1998 – 4 ZE 98 2525 – NVwZ-RR 99, 574; *VG Augsburg*, 24. 2. 2000 – Au 8 K 99 1187 – GewArch 00, 200.

[739] *VGH Mannheim*, 17. 3. 2000 – 5 S 369.99 – GewArch 01, 293.

[740] *VGH München*, 23. 3. 1988 – 4 B 86 02336 – GewArch 88, 245.

[741] *VGH Kassel*, 29. 11. 1993 – 8 TG 2735/93 – NVwZ-RR 94, 650.

[742] *VGH München*, 29. 5. 1995 – 22 CE 95 1756 – GewArch 96, 477; *VG Ansbach*, 11. 1. 1996 – 4 K 95/00513 – NVwZ-RR 97, 98 = GewArch 96, 477.

[743] Zu der Frage, ob die Festlegung der Auswahlkriterien ein Geschäft der laufenden Verwaltung ist, vgl. *VG Stuttgart*, 29. 9. 2000 – 4 K 1878.00 – GewArch 01, 87; *VG Chemnitz*, 28. 6. 1995 – 4 K 2345/94 – DÖV 96, 216 = LKV 96, 301 = GewArch 96, 158.

Kapazitätsgründen ausgeschlossen wird, bleibt ihm der Nachweis, dass – entgegen der Annahme der Gemeinde – noch ausreichend Raum vorhanden ist.[744] Ist dieser Nachweis nicht möglich, dann kann der Anbieter seine Zulassung nur zu erreichen versuchen, indem er geltend macht, die beschränkte Zahl von Plätzen sei nicht nach fachlichen Kriterien verteilt worden.

Beispiel:
Plätze werden bevorzugt an „bekannte und bewährte" Anbieter vergeben. Dies kann den Zugang von neuen Anbietern unzulässig erschweren.[745]

In einem solchen Fall kann ein Anordnungsanspruch allerdings nur bejaht werden, wenn der Anbieter durch die Anfechtung der zugunsten mindestens eines konkurrierenden Anbieters ergangenen Zulassungsentscheidung den Weg für die eigene Begünstigung frei macht,[746] vgl. oben J 189ff.

Ein **Anordnungsgrund** ist in diesen Fällen grundsätzlich zu bejahen, weil das Hauptsacheverfahren aufgrund Zeitablaufs keinen Rechtsschutz mehr bieten kann. 163h

Beispiel:
Die Zulassung des Antragstellers als Schausteller zu einem zwei Wochen währenden Jahrmarkt ist gem. § 70 Abs. 3 GewO abgelehnt worden.[747]

c) Sonderfall: Vorläufige Erlaubnis (z. B. § 11 GastG, § 20 PBefG etc.)

Das **Gaststättengesetz** macht eine Ausnahme von dem Grundsatz, dass ein Antragsteller vor Beginn der Gewerbeausübung den Ausgang des Erlaubnisverfahrens abwarten muss, vgl. soeben K 148. Gem. § 11 Abs. 1 GastG kann dem **Betriebsübernehmer** bis zur Erteilung der beantragten **Erlaubnis** der Betrieb der Gaststätte **vorläufig auf Widerruf** gestattet werden.[748] Die gesetzliche Sonderregelung hat ihren Grund in der besonderen Situation bei der Übernahme eines vorhandenen, erlaubten Gaststätten-Betriebs: Eine gewisse Wahrscheinlichkeit spricht dafür, dass raumbezogene Versagungsgründe der Erteilung einer Erlaubnis nicht im Wege stehen. Deshalb kann die unmittelbare Weiterführung durch den Nachfolger von einer Abwägung des Interesses an der so gewährleisteten Kontinuität und des öffentlichen Interesses an der Klärung etwaiger personenbezogener Versagungsgründe abhängig gemacht werden.[749] 163i

Versagt die Genehmigungsbehörde die Erteilung einer vorläufigen Erlaubnis gem. § 11 GastG, so bereitet die Darlegung des **Anordnungsanspruchs** im Verfahren gem. § 123 besondere Schwierigkeiten, da es sich bei § 11 Abs. 1 GastG um 163k

[744] *Hösch,* GewArch 96, 402, 407.

[745] *VG Stuttgart,* 27. 10. 2000 – 4 K 4149.00 – GewArch 01, 122; *VG Schleswig,* 15. 10. 1998 – 12 A 193.95 – GewArch 99, 163; *VG Chemnitz* 28. 6. 1995 – 4 K 2345.94 – DÖV 96, 216 = LKV 96, 301 = GewArch 96, 158; s. a. *VGH München,* 14. 5. 1997 – 4 B 96 1451 – BayVBl. 97, 694 sowie *VGH Kassel,* 29. 11. 1993 – 8 TG 2735.93 – NVwZ-RR 94, 650.

[746] *OVG Bautzen,* 16. 3. 1999 – 3 S 757.98 – GewArch 99, 249.

[747] *OVG Hamburg,* 26. 10. 1992 – Bs VI 81/92 –, NVwZ-RR 93, 248 = GewArch 93, 72; *BezG Dresden,* 3. 12. 1991 – 1 BDR 148/91 –, LKV 92, 336; *OVG Münster,* 10. 7. 1991 – 4 B 1635/91 –, NVwZ-RR 92, 477; *OVG Saarlouis,* 26. 9. 1991 – 1 W 103/91 –, GewArch 92, 236.

[748] Zur vorläufigen Erlaubnis gem. § 11 GastG vgl. *Koch,* GewArch 1992, 374.

[749] *VGH Mannheim,* 27. 4. 1990 – 14 S 80/90 –, NVwZ-RR 91, 64.

eine Ermessensentscheidung handelt. Der Anordnungsanspruch ist mithin nur gegeben, wenn im konkreten Fall eine Ermessensschrumpfung stattgefunden hat, nach der die Genehmigungsbehörde bei rechtmäßiger Ausübung ihres Ermessens die vorläufige Genehmigung hätte erteilen müssen.

Der **Anordnungsgrund** ist in derartigen Fällen dagegen im Hinblick auf das wirtschaftlich gewichtige Interesse an einer ununterbrochenen Betriebsfortführung regelmäßig zu bejahen.

163 l Das **Gaststättengesetz** begründet einen weiteren Zulassungsanspruch, der typischerweise im Verfahren gem. § 123 durchgesetzt werden kann. Gem. § 12 GastG kann aus besonderem Anlaß der Betrieb eines erlaubnispflichtigen Gaststättengewerbes unter erleichterten Voraussetzungen vorübergehend unter Widerruf gestattet werden.

Beispiel:
Kirchweihfest.[750]

163 m **§ 20 PBefG** ermöglicht es der Behörde, einem Unternehmer eine einstweilige Erlaubnis für den Linienverkehr zu erteilen, wenn dies im öffentlichen Verkehrsinteresse geboten ist. Wird diese Erlaubnis versagt, so ist einstweiliger Rechtsschutz gem. § 123 im Regelfall nicht denkbar, da weder Anordnungsanspruch noch Anordnungsgrund dargelegt werden können.[751]

163 n Die Möglichkeit zur Erteilung vorläufiger Erlaubnisse wird in weiteren Spezialgesetzen eröffnet.[752]

163 o Sofern eine vorläufige Erlaubnis vom Dritten angefochten wird – s. K 164ff. – kann sie nur ausgenutzt werden, wenn sie gem. § 80 Abs. 2 Nr. 4 für sofortig vollziehbar erklärt wird, vgl. J 80ff.

2. Zulassung eines Gewerbebetriebes, einstweiliger Rechtsschutz für Konkurrenten

164 Konkurrenzunternehmen können ein Interesse daran haben, die Zulassung eines Gewerbebetriebs zu verhindern, weil sie sich durch diesen Betrieb beeinträchtigt sehen,[753] zum Rechtsschutz in der Hauptsache s. D 68ff.

Der einstweilige Rechtsschutz wird in diesen Fällen durch die Erhebung des Widerspruchs und die damit verbundene aufschiebende Wirkung gem. § 80 Abs. 1 erreicht, sofern die Erlaubnisentscheidung als Verwaltungsakt mit Doppelwirkung zu qualifizieren ist.

164 a Die Erlaubnis unterliegt der zulässigen Anfechtung durch den **Konkurrenten,** wenn aus tatsächlichen oder rechtlichen Gründen die Zahl der Zulassungen starr begrenzt ist. Der Bewerber um eine Zulassung muss sich in diesen Fällen bei einer Erschöpfung des Kontingents durch eine Anfechtung der Drittbegünstigung den Weg für die Erlangung der selbst beantragten Erlaubnis freimachen,[754] s. oben

[750] *VGH München,* 22. 10. 1998 – 22 B 98602 – GewArch 99, 81.
[751] *OVG Greifswald,* 23. 1. 1996 – 1 M 1/96 – NVwZ-RR 97, 139.
[752] Nachweise bei *Pietzner/Ronellenfitsch,* § 54, Rdn. 18.
[753] Grundlegend zu diesem Problemkreis: *Huber,* Konkurrenzschutz im Verwaltungsrecht, 1991; *Erichsen,* Jura 94, 385.
[754] *BVerwG,* 6. 4. 2000 – 3 C 6.99 – NVwZ 01, 322.

J 189f. zum einstweiligen Rechtsschutz in den „Konkurrentenverdrängungsfällen“.[755]

Hinweis für den Anwalt: 164b

Bei der Erteilung der einstweiligen Erlaubnis im Sinne des § 20 PBefG ist nur auf die Interessen der vorhandenen Unternehmer (§ 13 Abs. 2 PBefG) Bedacht zu nehmen, die damit anfechtungsbefugt sind. Konkurrenten um die Erteilung der einstweiligen Erlaubnis, die noch keine Rechtsposition inne haben, sind dagegen nicht anfechtungsbefugt.[756]

Die isolierte Anfechtung der Zulassung durch den Konkurrenten ist zulässig, wenn von Rechts wegen bei der Zulassungsentscheidung auch auf die Interessen der Konkurrenten Bedacht zu nehmen ist, sog. „Konkurrentenabwehrfall“.[757] 164c

Beispiele: 164d

– Die Zulassungsregelung in § 13 Abs. 2 PBefG dient auch dem Interesse der vorhandenen Verkehrsunternehmer, ihre Unternehmen leistungsfähig zu erhalten;[758] dasselbe gilt für die einstweilige Erlaubnis gem. § 20 PBefG.[759]
– Die Landesrettungsdienstgesetze räumen bestimmten Organisationen (z. B. Deutsches Rotes Kreuz) bei der Durchführung des öffentlichen Rettungsdienstes eine Vorrangstellung ein, die diesen die Befugnis vermittelt, Genehmigungen anzufechten, die anderen privaten Unternehmen für die Wahrnehmung von Rettungsdienstaufgaben erteilt worden sind.[760]

Die rein **faktische Beeinträchtigung** durch die einem Dritten erteilten Erlaubnis – z. B. erhöhter Konkurrenzdruck – begründet dagegen noch keine rechtlich relevante Doppelwirkung.[761] Ein gleichwohl eingelegter Widerspruch gegen die Erlaubnis ist evident unzulässig und hat keine aufschiebende Wirkung. 164e

Beispiele: 165

– A beantragt die Erteilung einer Taxikonzession gem. § 2 Abs. 1 Nr. 4, § 46 Abs. 2 Nr. 1, § 47 PBefG. Die Behörde erteilt B, der seinen Konzessionsantrag später als A gestellt hat, eine Konzession. Der Antrag von A wird mit dem Argument abgelehnt, die Zahl der zur Verfügung stehenden Konzessionen sei erschöpft (§ 13 Abs. 4 PBefG).
  Der Widerspruch des A gegen die dem B erteilte Konzession ist zulässig, weil es sich um einen Verwaltungsakt mit Doppelwirkung im Sinne des § 80a VwGO handelt. Der rechtlichen Begünstigung des B entspricht eine Belastung des A: sein Konzessionsantrag

---

755 Zu diesem Begriff s. *Huber* in Stober (Hrsg.), Rechtsschutz im Wirtschafts- und Umweltrecht, 1993, 54; *Erichsen,* Jura 94, 385 spricht von der „ausschließenden Konkurrentenklage“.

756 Nachweise bei *Pietzner/Ronellenfitsch,* § 54, Rdn. 18.

757 Zu diesem Begriff s. *Huber* in Stober (Hrsg.), Rechtsschutz im Wirtschafts- und Umweltrecht, 1993, 53; *Erichsen,* Jura 94, 385 spricht von der „negativen Konkurrentenklage“; zum Spezialfall der Fiskusabwehrklage (Abwehr privatwirtschaftlicher Betätigung öffentlich-rechtlicher Körperschaften) *BVerwG,* 21. 3. 1995 – 1 B 211.94 –, DVBl. 96, 152 = DÖV 96, 250 = BayVBl. 96, 698; *VGH Kassel,* 17. 1. 1996 – 6 TG 4316/95 –, NVwZ 96, 816.

758 *BVerwG,* 25. 10. 1968 – VII C 90/66 – NJW 1969, 708; s. a. *VGH Mannheim,* 20. 5. 1992 – 14 S 649/90 –, NVwZ-RR 93, 291; *VGH Mannheim,* 20. 5. 1992 – 14 S 650/90 –, NVwZ-RR 93, 292; *VGH Mannheim,* 11. 6. 1992 – 14 S 2912/90 –, NVwZ-RR 93, 445 = GewArch 93, 215; s. schließlich *Pietzner/Ronellenfitsch,* § 16, Rdnr. 6ff. zur Zulässigkeit der „defensiven Konkurrentenklage“ bzw. „negativen Konkurrentenklage“.

759 *OVG Greifswald,* 23. 1. 1996 – 1 M 1/96 –, NVwZ-RR 97, 139.

760 *Ruthig,* BayVBl. 94, 393.

761 *Erichsen,* Jura 94, 385, 386f.

kann nur Erfolg haben, wenn B keine Konzession erhält. Der Widerspruch gegen die Konzessionserteilung an B hat mithin aufschiebende Wirkung gem. § 80 Abs. 1; vgl. auch oben J 189 ff.[762]

– Dem Versandhandelsunternehmen C wird gem. § 28 Arbeitszeitordnung (AZO) eine Ausnahme von den Bestimmungen der AZO erteilt. Aufgrund dieser Ausnahme ist das Unternehmen in der Lage, in seinem Bestellcenter den Kunden einen 24-Stunden-Telefon-Service anzubieten. Das konkurrierende Versandhandelsunternehmen D legt gegen diese Ausnahmeerteilung Widerspruch ein. Die Ausnahme bewirkt lediglich eine faktische Beeinträchtigung der geschäftlichen Tätigkeit des Unternehmens D. Die Ausnahmeentscheidung hat keine rechtliche Doppelwirkung im Sinne des § 80 a. Der Widerspruch ist daher evident unzulässig und hat keine aufschiebende Wirkung, vgl. oben J 38.[763]

166 Für die Anordnung der sofortigen Vollziehbarkeit gem. § 80 Abs. 2 Nr. 4 und die gerichtliche Überprüfung dieser Anordnung gelten die dargestellten allgemeinen Grundsätze (vgl. J 85 ff. und J 152 ff.).

3. Zulassung eines Gewerbebetriebs, einstweiliger Rechtsschutz für Nachbarn

167 Eine gewerberechtliche Erlaubnisentscheidung hat gegenüber den **Nachbarn** des Betriebes rechtliche Doppelwirkung im Sinne des § 80 a VwGO, sofern die Wahrung der Nachbarinteressen zu den Genehmigungsvoraussetzungen zählt.

168 **Beispiele:**

– Gem. § 4 Abs. 1 Nr. 3 GastG ist die Gaststättenerlaubnis zu versagen, wenn der Gewerbebetrieb im Hinblick auf seine örtliche Lage schädliche Umwelteinwirkungen befürchten läßt. Nach der Legaldefinition des Begriffs der „schädlichen Umwelteinwirkungen" in § 3 Abs. 1 BImSchG vermittelt diese Bestimmung Nachbarschutz.[764] § 4 Abs. 1 Nr. 1 GastG (Genehmigungsvoraussetzung der Zuverlässigkeit des Gastwirts) begründet dagegen keinen Drittschutz.[765]

– Die auf § 13 PBefG gestützte verkehrswirtschaftliche Genehmigung eines Linienverkehrs regelt nicht, ob die durch diesen Verkehr verursachten Lärm- und Abgasimmissionen von den Anwohnern zu dulden sind. Diese können die Genehmigung daher nicht anfechten.[766]

Der gegen die gewerberechtliche Genehmigung gerichtete Rechtsbehelf des Nachbarn hat in diesen Fällen gem. § 80 Abs. 1 aufschiebende Wirkung.

169 Besondere Bedeutung hat der Nachbarschutz im **Gaststättenrecht.** Allerdings ist die Zulässigkeit des Gaststättenbetriebs aus immissionsschutzrechtlicher Sicht in erster Linie im Baugenehmigungsverfahren zu regeln. Durch die Baugenehmigung wird zugleich bindend entschieden, dass sich die von der bestimmungsgemäßen Nutzung der Gaststätte typischerweise ausgehenden Immissionen im Rahmen des

---

[762] *OVG Münster,* 11. 6. 1990 – 13 B 1283/90 –, NVwZ-RR 91, 147.

[763] *OVG Koblenz,* 8. 2. 1993 – 11 B 12228/92 –, NVwZ 93, 699 = GewArch 93, 242; unzutreffend *VG Mainz,* 16. 10. 1992 – 3 L 59/92 –, GewArch 93, 69, das fehlerhaft nur auf die faktische Beeinträchtigung abstellt.

[764] *OVG Koblenz,* 4. 2. 1998 – 11 A 11942.96 – NVwZ-RR 98, 556; *VGH Kassel,* 8. 10. 1996 – 14 TG 3852/96 –, GewArch 97, 162 = NVwZ-RR 97, 159 [Ls.]; *OVG Bremen,* 15. 4. 1993 – 1 B 94/92 –, UPR 93, 354; *OVG Münster,* 9. 12. 1992 – 4 A 2033/90 –, GewArch 93, 255; ausführlich zum Nachbarschutz im Gaststättenrecht *Mörtel/Metzner,* Gaststättengesetz, 4. Aufl., 1988, § 4 GastG, Rdn. 121 ff.

[765] *BVerwG,* 18. 3. 1998 – 1 B 33.98 – GewArch 98, 254.

[766] *BVerwG,* 20. 12. 1989 – 7 B 188.89 –, DÖV 90, 839.

§ 4 Abs. 1 Nr. 3 GastG halten.[767] Der Nachbar muss daher primär gegen die Baugenehmigung vorgehen. Lediglich die immissionsschutzrechtliche „Feinsteuerung" erfolgt im Rahmen der Gaststättengenehmigung.

Beispiele: 170

- Der Ausschank von Getränken zum Verzehr auf der Straße ist – unter Berücksichtigung der Nachbarinteressen – in der Gaststättengenehmigung zu regeln.[768]
- Besondere Probleme der durch den An- und Abfahrtsverkehr von Gaststättenbesuchern hervorgerufenen Verkehrsemissionen können in der Gaststättengenehmigung geregelt werden.[769]
- Der nachbarliche Einwand, eine Gaststätte dieser Art seien im Baugebiet nicht zulässig, ist ausschließlich im Baugenehmigungsverfahren, nicht im Gaststättengenehmigungsverfahren zu berücksichtigen.[770]
- Die Verlängerung der Gaststätten-Öffnungszeit durch eine Sperrzeitverkürzung gem. § 18 GastG i. V. m. Landesrecht ist nur zulässig, wenn keine schädlichen Umwelteinwirkungen – z. B. bedingt durch den gaststättenbezogenen Verkehrslärm – zu erwarten sind. § 18 GastG hat insoweit nachbarschützende Wirkung.[771]

Die **Gaststättengenehmigung** darf **ausnahmsweise baurechtliche Fragen regeln,** wenn eine bindende baurechtliche Entscheidung zum Zeitpunkt der Genehmigungserteilung noch nicht vorliegt.[772] 170a

> **Hinweis:**
> Beispielschreiben für einen Nachbarwiderspruch gegen eine Sperrzeitverkürzung s. Anhang I 3.

Ferner kommt der gaststättenrechtliche Nachbarschutz in besonderem Umfange zum Tragen, wenn der Betrieb der Gaststätte ausnahmsweise nicht baugenehmigungspflichtig ist. 171

Beispiele:

- Festzelt auf dem Jahrmarkt,[773]
- Gaststättenbetrieb aus besonderem Anlaß.[774]

In derartigen Fällen eines lediglich vorübergehenden Gaststättenbetriebs ist die Zumutbarkeitsschwelle zu Lasten des Nachbarn reduziert.[775] Das folgt schon da-

[767] *VGH Kassel,* 8. 11. 1995 – 14 TG 3375/95 –, NVwZ-RR 96, 325 = GewArch 96, 252; s. a. *BVerwG,* 4. 10. 1988 – 1 C 72/86 –, NVwZ 89, 258 = GewArch 89, 100 und *BVerwG,* 17. 10. 1989 – 1 C 18/87 –, NVwZ 90, 559 = GewArch 90, 29 sowie *Diefenbach,* GewArch 92, 249, 250.

[768] *OVG Lüneburg,* 16. 12. 1993 – 1 L 91/90 –, NVwZ-RR 94, 558.

[769] *BVerwG,* 7. 5. 1996 – 1 C 10.95 – BVerwGE 101, 157 = DVBl. 96, 1192 = DÖV 97, 253 = GewArch 96, 426 = BayVBl. 96, 732.

[770] *OVG Koblenz,* 4. 2. 1998 – 11 A 11942.96 – NVwZ-RR 98, 556.

[771] *BVerwG,* 7. 5. 1996 – 1 C 10.95 – BVerwGE 101, 157 = DVBl. 96, 1192 = DÖV 97, 253 = GewArch 96, 426 = BayVBl. 96, 732.

[772] *BVerwG,* 18. 3. 1998 – 1 B 33.98 – GewArch 98, 254.

[773] *VGH Kassel* 8. 10. 1996 – 14 TG 3852/96 –, GewArch 97, 162 = DVBl. 97, 966 [nur Ls.] = UPR 97, 258 [nur Ls.].

[774] *VGH München,* 13. 5. 1997 – 22 B 96 3327 – NJW 98, 401 = GewArch 97, 382.

[775] *VGH München,* 22. 10. 1998 – 22 B 98 602 – NVwZ 99, 555 = GewArch 99, 81; *VGH München,* 13. 5. 1997 – 22 B 96 3327 – NJW 98, 401 = GewArch 97, 382.

raus, dass diese Gaststättenbetriebe gem. § 12 GastG „unter erleichterten Voraussetzungen" zugelassen werden, vgl. auch oben K 163e.

172 Für die Anordnung der sofortigen Vollziehbarkeit gem. § 80 Abs. 2 Nr. 4 und die gerichtliche Überprüfung dieser Anordnung gelten die dargestellten allgemeinen Grundsätze (vgl. J 85ff. und J 152ff.).

4. Auflagen an den Gewerbetreibenden

173 Die spezialgesetzlichen gewerberechtlichen Erlaubnisregeln sehen vor, dass dem Gewerbetreibenden mit der Erlaubniserteilung bzw. im Nachhinein Auflagen erteilt werden können, vgl. z.B. § 5 GastG. Einstweiligen Rechtsschutz gegen eine solche Nebenbestimmung gewährleistet die aufschiebende Wirkung des Rechtsbehelfs im Sinne von § 80 Abs. 1, sofern die Nebenbestimmung isoliert anfechtbar ist. Das beurteilt sich nach allgemeinen Kriterien, vgl. dazu oben D 144ff.

Beispiele:
- Einer Spielhallenerlaubnis wird eine Auflage beigegeben, nach der die zulässigen Geldspielgeräte gleichmäßig räumlich verteilt in der Halle zu installieren sind. Diese Auflage soll der Gefahr der übermäßigen Ausnutzung des Spieltriebs vorbeugen, vgl. § 33i Abs. 2 Nr. 3 GewO. Eine solche Auflage ist isoliert anfechtbar,[776] der Widerspruch hat daher aufschiebende Wirkung.
- Einer Gaststättenerlaubnis wird eine Auflage beigegeben, nach der die in der Erlaubnis genannte Anzahl der im Höchstfall einzulassenden Gäste „kontrollfähig zu gestalten" ist. Eine solche Auflage ist nur zulässig, wenn es in Folge der bisherigen Nutzung objektivierbar zu schädlichen Umwelteinwirkungen gekommen ist. Bedenken bestehen zudem gegen die Bestimmtheit der Regelung.[777]

5. Untersagung der nicht erlaubnispflichtigen gewerblichen Tätigkeit wegen Unzuverlässigkeit gem. § 35 GewO

a) § 80 Abs. 1: vorläufiger Rechtsschutz durch Rechtsbehelf gegen Untersagungsverfügung

174 Die Gewerbeaufsichtsbehörde untersagt dem Gewerbetreibenden seine nicht erlaubnispflichtige gewerbliche Tätigkeit,[778] wenn Tatsachen vorliegen, die seine Unzuverlässigkeit belegen, vgl. § 35 Abs. 1 GewO.[779] § 35 Abs. 1 GewO bietet auch die Rechtsgrundlage für spezialgesetzlich erlaubnispflichtige Tätigkeiten, sofern die Erlaubnistatbestände den Gesichtspunkt der Zuverlässigkeit nicht abdecken.[780]

Die Untersagung betrifft grundsätzlich das tatsächlich ausgeübte Gewerbe. Sie kann nach Lage des Falles auch auf andere oder alle Gewerbe und auf die Tätigkeit

---

[776] *BVerwG,* 17. 7. 1995 – 1 B 23.95 –, BayVBl. 96, 183; s.a. *OVG Münster,* 13. 2. 1997 – 4 A 762/96 – DÖV 97, 1055.

[777] *OVG Bautzen,* 30. 5. 1997 – 3 S 713/96 – GewArch 98, 37.

[778] Das ist jede selbständige Tätigkeit, die nicht der Kontrolle nach gesetzlichen Spezialregelungen unterliegt, vgl. *VGH Kassel,* 17. 2. 1994 – 8 TH 311/94 – GewArch. 94, 238 [„Unternehmensberater"].

[779] *BVerwG,* 11. 5. 1993 – 1 B 68/93 –, NVwZ 94, 374: die Norm verstößt weder gegen Art. 7 EWGV noch gegen Art. 3 Abs. 1 GG.

[780] *VGH Kassel,* 28. 6. 2000 – 8 TZ 439.00 – GewArch 00, 424.

als (unselbständiger) Vertretungsberechtigter oder Leiter eines Gewerbebetriebs[781] ausgedehnt werden, sog. **erweiterte Gewerbeuntersagung.**

Beispiel:
Ein Wohnungsverwalter veruntreut Gelder der Eigentümergemeinschaft. Die Gewerbebehörde untersagt ihm darauf hin die Verwalter – und eine parallel ausgeübte Maklertätigkeit.[782]

Das Landesorganisationsrecht entscheidet darüber, ob eine solche Erweiterung der Gewerbeuntersagung auch noch im Widerspruchsverfahren erfolgen darf.[783]

Der Widerspruch des Gewerbetreibenden gegen eine Untersagungsverfügung hat gem. § 80 Abs. 1 aufschiebende Wirkung. Während der Dauer der aufschiebenden Wirkung kann der Gewerbetreibende seine Tätigkeit mithin fortsetzen, ohne Sanktionen befürchten zu müssen. 175

b) Alternativstrategien zur Vermeidung einer Untersagungsverfügung bzw. der Anordnung der sofortigen Vollziehbarkeit

Untersagungsverfügungen gem. § 35 GewO werden häufig für sofortig vollziehbar erklärt. Die Verfügungen sind „ihrer Natur nach" auf Vollziehbarkeit angelegt, weil sie nur so den ihnen zugedachten Zweck der Gefahrenabwehr erfüllen können.[784] 176

Der **Anwalt** des Gewerbetreibenden sollte in einem solchen Fall nicht nur prüfen, inwiefern er seinem Mandanten die weitere gewerbliche Tätigkeit durch die Einleitung eines Verfahrens gem. § 80 Abs. 5 ermöglichen kann (dazu sogleich K 180). Der Anwalt muss vielmehr insbesondere klären, welche Möglichkeiten es gibt, den Sachverhalt zu gestalten, auf den die Gewerbeaufsichtsbehörde ihre Untersagungsverfügung gestützt hat. 177

Beispiele: 178
- Verfügungen gem. § 35 GewO werden häufig mit Steuerrückständen (dazu K 185) bzw. der Nichtzahlung von Sozialversicherungsbeiträgen (K 186) gerechtfertigt. Der Anwalt muss in solchen Fällen mit dem Mandanten – und gegebenenfalls dessen Steuerberater – zunächst klären, wie hoch diese Rückstände sind. Er muss seinen Mandanten ferner zu einer realistischen Einschätzung anhalten, ob – und in welchen Raten – diese Rückstände sukzessiv getilgt werden können. Es sollten dann Verhandlungen mit der Finanzbehörde und der zuständigen Krankenkasse, die für die Sozialversicherungsträger als Einziehungsstelle fungiert, geführt werden. Ziel dieser Verhandlungen ist der Abschluß von Tilgungsvereinbarungen. Tilgungsvereinbarungen ermöglichen dem Gewerbetreibenden die Fortsetzung seiner Tätigkeit ohne ständigen Vollstreckungsdruck. Liegen Tilgungsvereinbarungen vor, so wird die Gewerbeaufsichtsbehörde regelmäßig von der Anordnung der sofortigen Vollziehbarkeit der Untersagungsverfügung absehen bzw. – sofern diese bereits verfügt worden ist – den weiteren Betrieb dulden und – bei beständiger Einhaltung der Tilgungsvereinbarungen – die Anordnung später aufheben.[785]

---

781 *OVG Münster,* 31. 10. 1996 – 4 A 1819/95 –, DÖV 97, 513 = GewArch 97, 209 = DVBl. 97, 966 [Ls.]; s. insoweit auch *Heß,* GewArch 94, 360.

782 *BVerwG,* 6. 12. 1994 – 1 B 234.94 –, NVwZ-RR 95, 197 = DÖV 95, 643.

783 *BVerwG,* 17. 6. 1996 – 1 B 100.96 –, NVwZ-RR 97, 26 = GewArch 96, 411 = DÖV 97, 429 [Ls.].

784 Vgl. *VGH Mannheim,* 22. 11. 1991 – 9 S 2743/91 –, NVwZ-RR 93, 19.

785 Zur Relevanz von realistischen Tilgungsvereinbarungen, die vor Erlass des Widerspruchsbescheids abgeschlossen wurden, bei der Beurteilung einer Verfügung gem. § 35

– Gestaltungsmöglichkeiten gibt es auch, wenn die Gewerbeaufsichtsbehörde die Unzuverlässigkeit des Gewerbetreibenden darin begründet sieht, dass dieser Ordnungswidrigkeiten bzw. Straftaten begangen hat (s. dazu unten K 188). Im Interesse des Fortbestands eines Unternehmens muss dann geprüft werden, ob die Funktionen des Gewerbetreibenden im Unternehmen zuverlässig so beschränkt werden können, dass er keinen bestimmenden Einfluß mehr auf die Geschäftstätigkeit ausüben kann (Veräußerung von Geschäftsanteilen, Aufgabe von Geschäftsleitungsfunktionen).[786] Dabei ist auf die „Seriosität" der Regelungen zu achten, denn die Einflussmöglichkeiten eines Gewerbetreibenden auf ein bestimmtes Unternehmen werden nicht nur nach rechtlichen, sondern auch nach tatsächlichen Kriterien beurteilt (vgl. dazu unten K 190).

179 Die Prüfung dieser Gestaltungsmöglichkeiten sollte erfolgen, sobald die Gewerbeaufsichtsbehörde den Gewerbetreibenden zur beabsichtigten Untersagung der gewerblichen Tätigkeit und der Anordnung der sofortigen Vollziehbarkeit dieser Entscheidung anhört, vgl. § 28 VwVfG. Ergeben sich realistische Gestaltungsmöglichkeiten, sollten diese im Anhörungsverfahren vorgetragen werden: eine Besserung der wirtschaftlichen Situation aufgrund eines erfolgversprechenden Sanierungskonzepts spricht gegen die Unzuverlässigkeit des Gewerbetreibenden.[787] Darüber hinaus ist es sinnvoll, wenn der Anwalt den zuständigen Sachbearbeiter in der Gewerbeaufsichtsbehörde über den Verlauf der Gestaltungsbemühungen im persönlichen oder telefonischen Kontakt auf dem laufenden hält.

c) § 80 Abs. 5: gerichtliche Entscheidung über die sofortige Vollziehbarkeit

180 Sofern die Gewerbeaufsichtsbehörde die sofortige Vollziehbarkeit der Untersagungsverfügung gem. § 35 GewO anordnet, kann der Gewerbetreibende einstweiligen Rechtsschutz nur in dem gerichtlichen Verfahren gem. § 80 Abs. 5 erreichen.

180 a Die Zulässigkeit des Antrages gem. § 80 Abs. 5 beurteilt sich nach den allgemeinen Kriterien, vgl. J 70 ff.

Die Eröffnung des Insolvenzverfahrens bewirkt weder eine Unterbrechung des Verfahrens, noch läßt sie das Rechtsschutzbedürfnis für den Antrag gem. § 80 Abs. 5 entfallen.[788]

aa) Formalien der Anordnung gem. § 80 Abs. 2 Nr. 4

181 Das Gericht hebt die Anordnung der sofortigen Vollziehbarkeit auf, sofern diese in formeller Hinsicht fehlerhaft ist, vgl. J 126. Ein solcher Formfehler kann insbesondere in der unzureichenden Begründung der Entscheidung über die sofortige Vollziehbarkeit liegen, vgl. J 93 ff. (mit Beispielen aus dem gewerberechtlichen Bereich).

Gelangt die summarische Prüfung der Untersagungsverfügung – dazu sogleich K 182 ff. – zu dem Ergebnis, dass diese im Hauptverfahren voraussichtlich als recht-

---

GewO in der Hauptsache *VGH Kassel,* 26. 11. 1996 – 8 UE 2858/96 –, GewArch 97, 151; *VGH Kassel,* 26. 5. 1993 – 8 UE 2644/91 –, DÖV 94, 224 [Ls.] = GewArch 93, 376; *OVG Schleswig,* 19. 11. 1993 – 3 L 91/92 –, GewArch. 94, 167.

[786] S. a. *Marcks* in *Landmann/Rohmer,* Gewerbeordnung, Stand August 1996, § 35, Rdn. 65.

[787] *BVerwG,* 11. 11. 1996 – 1 B 226.96 –, GewArch 97, 68.

[788] *VG Chemnitz,* 12. 8. 1996 – 4 K 1934.95 – NVwZ-RR 98, 309.

mäßig zu beurteilen sein wird, so ist die Anordnung der sofortigen Vollziehbarkeit dieser Verfügung gem. § 80 Abs. 2 Nr. 4 regelmäßig gerechtfertigt, weil eine Betriebsuntersagung „auf sofortigen Vollzug angelegt" ist.[789] Das Verwaltungsgericht muss jedoch gleichwohl eine eigenständige Prognose anstellen, ob ein Zuwarten bis zur Rechtskraft der Hauptsacheentscheidung ausgeschlossen ist, weil eine konkrete Drittgefährdung zu befürchten ist.[790] Im Einzelfall kann das Verhalten des Gewerbetreibenden nach Erlass der Untersagungsverfügung das besondere Vollzugsinteresse gem. § 80 Abs. 2 Nr. 4 trotz voraussichtlicher Rechtmäßigkeit der angefochtenen Verfügung entfallen lassen.

Beispiel:
Die Gewerbeaufsichtsbehörde untersagt A die Ausübung seines Gewerbes wegen Unzuverlässigkeit, weil Steuerrückstände in Höhe von 26000,– Euro bestehen. A führt die Rückstände auf 4500,– Euro zurück und führt die laufend fälligen Steuern ordnungsgemäß ab.[791]

bb) Summarische Prüfung der Untersagungsverfügung

Für die vom Gericht vorzunehmende Interessenabwägung gelten die allgemeinen Kriterien, vgl. J 128ff. Das Gericht prüft zunächst summarisch, ob der Rechtsbehelf gegen die Untersagungsverfügung in der Hauptsache erfolgversprechend erscheint. Im Hinblick auf die möglicherweise existenziellen Folgen für den Betroffenen ist diese Prüfung mit besonderer Sorgfalt vorzunehmen, vgl. J 133. 182

(1) *Verfahrensfehler.* Im Rahmen dieser Prüfung ist zunächst auf **verfahrensrechtliche Fehler** der Untersagungsverfügung zu achten. 183

Beispiel:
Die Landes-Verwaltungsverfahrensgesetze und die sie ergänzenden Bestimmungen legen zum Teil fest, dass Entscheidungen gem. § 35 GewO im förmlichen Verwaltungsverfahren zu treffen sind, vgl. §§ 63ff. VwVfG. Eine unter Verstoß gegen diese speziellen Verfahrensbestimmungen erlassene Untersagungsverfügung ist rechtswidrig.

(2) *Unzuverlässigkeit des Gewerbetreibenden.* Im Rahmen der materiell-rechtlichen Prüfung der Untersagungsverfügung steht regelmäßig die Frage im Vordergrund, ob der Gewerbetreibende im gewerberechtlichen Sinne unzuverlässig ist. Bei der **Unzuverlässigkeit** handelt es sich um einen unbestimmten Rechtsbegriff. Dieser eröffnet der Gewerbeaufsichtsbehörde weder einen Beurteilungs- noch einen Ermessensspielraum. Die Entscheidung ob Unzuverlässigkeit vorliegt, ist daher in vollem Umfange verwaltungsgerichtlich überprüfbar.[792] Aufgrund der konkretisierungsbedürftigen Weite dieses Begriffs gibt es in den Ländern seit jeher sehr differenzierte Ausführungsvorschriften zu § 35 GewO.[793] Gewerberechtlich unzuver- 184

[789] *VGH Mannheim,* 22. 11. 1991 – 9 S 2743/91 –, NVwZ-RR 93, 19; **a. A.** *VGH Kassel,* 29. 7. 1993 – 8 TG 1656/93 – GewArch 93, 415 = NVwZ-RR 94, 82 [Ls.].

[790] *VGH Kassel,* 17. 2. 1994 – 8 TH 311/84 –, GewArch 94, 238; *VGH Mannheim,* 22. 11. 1991 – 9 S 2743/91 –, NVwZ-RR 93, 19.

[791] *VGH Kassel,* 29. 7. 1993 – 8 TG 1656/93 –, NVwZ-RR 94, 82 [Ls.]; *VGH Mannheim,* 17. 3. 1993 – 14 S 3049/92 –, GewArch 93, 291.

[792] Vgl. nur *Marcks* in *Landmann/Rohmer,* Gewerbeordnung, Stand August 1996, § 35, Rdn. 29.

[793] Vgl. nur Ausführungsvorschriften zu § 35 GewO der Senatsverwaltung für Wirtschaft und Betriebe, Berlin, vom 23. Juni 1997, Amtsblatt für Berlin 1997, 2723.

lässig ist nach ständiger Rechtsprechung und Literatur, wer keine Gewähr dafür bietet, dass er sein Gewerbe in Zukunft ordnungsgemäß ausüben wird.[794] Nicht ordnungsgemäß ist die Gewerbeausübung durch eine Person, die nicht willens oder nicht in der Lage ist, die im öffentlichen Interesse zu fordernde einwandfreie Führung ihres Gewerbes zu gewährleisten.[795] Im Rahmen der Zuverlässigkeitsprüfung ist aufgrund der vorhandenen tatsächlichen Umstände auf das wahrscheinliche zukünftige Verhalten des Gewerbetreibenden zu schließen.[796]

185 In der Praxis wird die Unzuverlässigkeit des Gewerbetreibenden häufig damit begründet, dass dieser mit **Zahlung von Steuern** im Rückstand ist. Ob Steuerrückstände zur gewerberechtlichen Unzulässigkeit führen, hängt davon ab, um welchen absoluten Steuerbetrag[797] es geht und in welchem Verhältnis dieser zur steuerlichen Gesamtbelastung des Gewerbetreibenden steht.[798] Ferner ist von Bedeutung, seit wann der Gewerbetreibende seine steuerlichen Pflichten nicht erfüllt.[799] Die Art der Steuerschuld spielt dagegen grundsätzlich keine Rolle.[800] Die gewerberechtliche Unzuverlässigkeit kann sich auch aus Steuerrückständen ergeben, die mit dem Gewerbebetrieb nicht in unmittelbarem Zusammenhang stehen.[801] Die Frage, ob die Steuern zu Recht festgesetzt worden sind, ist im Verfahren gem. § 35 GewO nicht zu prüfen;[802] maßgeblich ist hier allein, ob die Schuld nach Maßgabe der steuerrechtlichen Bestimmungen fällig ist.[803] Auch wenn es dem Gewerbetreibenden gelingt, Zwangsvollstreckungsaufträge immer wieder durch Zahlungen abzuwenden, kann aus diesen wiederkehrenden Zahlungsproblemen auf ungeordnete wirtschaftliche Verhältnisse geschlossen werden, die die Unzuverlässigkeit begründen.[804]

In Rechtsprechung und Literatur war lange Zeit umstritten, ob § 30 Abs. 4 Nr. 5 AO die Übermittlung der einschlägigen Daten von der Finanzbehörde an die Gewerbeaufsichtsbehörde rechtfertigt. Dies wurde zum Teil mit der Folgerung verneint, die Gewerbeaufsichtsbehörde sei gehindert, diese rechtswidrig erlangten Informationen zu verwerten.[805] Der Bundesfinanzhof hat entschieden, dass das Finanzamt unter bestimmten Voraussetzungen zur Mitteilung über Steuerrückstän-

---

794 *BVerwG,* 2. 2. 1982 – 1 C 146.80 – BVerwGE 65, 1; vgl. auch *Kempen,* NVwZ 00, 1115, 1117 m. w. N. aus der Rspr.

795 *Marcks* in *Landmann/Rohmer,* Gewerbeordnung, Stand August 1996, § 35, Rdn. 29.

796 *BVerwG,* 26. 2. 1997 – 1 B 34.97 – GewArch 97, 243.

797 *Hahn,* GewArch 97, 41, 42 stellt (aus Sicht des Revisionsrichters) fest, dass die Gewerbeaufsichtsbehörden schon vergleichsweise geringe Steuerrückstände zum Anlass für Untersagungsverfügungen nehmen und mahnt zur Zurückhaltung.

798 *BVerwG,* 11. 12. 1996 – 1 B 250.96 – GewArch 99, 72.

799 Vgl. *BVerwG,* 23. 9. 1991 – 1 B 96.91 –, DÖV 92, 218 = GewArch 92, 22 = BayVBl. 92, 281; *BVerwG,* 29. 1. 1988 – 1 B 164/87 –, NVwZ 88, 432; *VGH Mannheim,* 25. 2. 1993 – 14 S 2577/92 – NVwZ-RR 94, 21; *VGH Kassel,* 4. 6. 1993 – 8 TH 978/93 – DÖV 94, 224 [Ls.].

800 *VGH Mannheim,* 1. 8. 1995 – 9 S 1513/95 –, NVwZ-RR 96, 23; *VGH Kassel,* 8. 6. 1994 – 8 UE 2277/89 –, GewArch 94, 473.

801 *BVerwG,* 27. 6. 1990 – 7 B 92/90 –, NVwZ-RR 91, 64.

802 *BVerwG,* 9. 4. 1997 – 1 B 81.97 – GewArch 99, 72.

803 *BVerwG,* 30. 9. 1998 – 1 B 100.98 – GewArch 99, 31.

804 *VGH Mannheim,* 1. 8. 1995 – 9 S 1513/95 –, NVwZ-RR 96, 23.

805 *Arndt,* GewArch 88, 281.

de befugt sei.[806] Auf der Grundlage dieser Entscheidung hat der Bundesminister der Finanzen in einem Mustererlass nähere Kriterien für die Auskunftserteilung niedergelegt.[807] Das BVerwG hat diese Datenübermittlungen als gerechtfertigt und verwertbar angesehen. [808] Die gewerberechtliche Zulässigkeit dieser Datenerhebung ist inzwischen in § 11 GewO geregelt.[809]

Die Unzuverlässigkeit des Gewerbetreibenden kann darauf beruhen, dass dieser die **Sozialversicherungsbeiträge** (teilweise) **nicht entrichtet.** Der Pflichtenverstoß wiegt besonders schwer, wenn der Gewerbetreibende nicht nur Arbeitgeberanteile nicht abführt, sondern auch Arbeitnehmeranteil einbehält. Dies ist gem. § 266 a StGB strafbar. **186**

Die Frage, ob § 35 Abs. 2 SGB-AT i. V. m. den §§ 67 ff. SGB X die Krankenkasse als Einzugsstelle der Sozialversicherungsträger zur Auskunftserteilung an die Gewerbeaufsichtsbehörde ermächtigt, ist weder höchstrichterlich noch obergerichtlich geklärt.[810] Sofern diese Datenübermittlung als unzulässig angesehen wird, folgt daraus nach allgemeinen datenschutzrechtlichen Grundsätzen ein **Verwertungsverbot;** die Gewerbeaufsichtsbehörde darf mithin die zu Unrecht erhaltenen Informationen für ein Untersagungsverfahren gem. § 35 nicht verwerten.

Steuerrückstände und die Nichtentrichtung von Sozialversicherungsbeiträgen sind regelmäßig Indizien für die **mangelnde wirtschaftliche Leistungsfähigkeit** des Gewerbetreibenden, die gleichermaßen seine Unzuverlässigkeit begründet. Zwingender Beleg für diese mangelnde wirtschaftliche Leistungsfähigkeit war die Eröffnung des Konkursverfahrens[811] bzw. ist die Eröffnung des Insolvenzverfahrens[812] oder der Erlass mehrerer Haftbefehle zur Erzwingung der eidesstattlichen Versicherung innerhalb eines kürzeren Zeitraums.[813] **187**

Der **Untersagungstatbestand des §§ 35 GewO** wird allerdings **im Hinblick auf** den Sinn und den Zweck des **Insolvenzverfahrens eingeschränkt:** Vorschriften, die die Untersagung eines Gewerbes wegen Unzuverlässigkeit ermöglichen, die auf ungeordnete Vermögensverhältnisse zurückzuführen sind, finden gem. **§ 12 GewO** in der Zeit keine Anwendung, in der gem. § 21 Insolvenzordnung Sicherungsmaßnahmen angeordnet sind. So soll gewährleistet werden, dass gewerbeaufsichtsrechtliche Maßnahmen nicht die geplante Sanierung eines Gewerbebetriebes verhindern.[814] **187 a**

---

806 *BFH,* 10. 2. 1987 – VII R 77/84 –, NVwZ 88, 474 = GewArch 87, 335; zu der Frage, ob der Gewerbetreibende gegen die Auskunft der Finanzbehörde im Wege der Leistungsklage auf Rücknahme der Auskunft vorgehen kann, s. *BFH,* 23. 11. 1993 – VII R 56/13 – NVwZ-RR 94, 622.

807 BStBl. I 1988, 2 und BStBl. I 1989, 390.

808 *BVerwG,* 19. 1. 1994 – 1 B 5.94 –, GewArch 95, 115; *BVerwG,* 23. 9. 1991 – 1 B 96.91 –, DÖV 92, 218 = BayVBl. 92, 281 = GewArch 92, 22.

809 Gesetz zur Änderung der Gewerbeordnung und sonstiger gewerberechtlicher Vorschriften vom 23. November 1994, BGBl. I, 3475, s. dazu *Frotscher,* NVwZ 96, 33.

810 *Marcks* in *Landmann/Rohmer,* Gewerbeordnung, Stand August 1996, § 35, Rn. 55 hält dies für zulässig. *VGH Mannheim,* 30. 8. 1990 – 14 S 937/88 –, NVwZ-RR 92, 15, hat diese Frage ausdrücklich offengelassen.

811 *OVG Münster,* 6. 11. 1995 – 4 A 557/93, GewArch 97, 31; *VGH Kassel,* 28. 9. 1992 – 8 UE 916/90 –, GewArch 93, 159.

812 *OVG Lüneburg,* 16. 12. 1999 – 7 L 5209.97 – GewArch 00, 420.

813 *VGH Mannheim,* 4. 11. 1993 – 14 S 2322/93 –, GewArch 94, 30.

814 *Hahn,* GewArch 99, 355, 357.

188 Die Unzuverlässigkeit des Gewerbetreibenden kann sich ferner daraus ergeben, dass er **Straftaten** oder **Ordnungswidrigkeiten** begangen hat. Dies gilt jedenfalls dann, wenn die Straftaten oder Ordnungswidrigkeiten bei der Ausübung des untersagten Gewerbes[815] oder eines anderen Gewerbes[816] begangen worden sind.

188a Das Urteil der Unzuverlässigkeit kann schließlich darauf gestützt werden, dass der Gewerbetreibende der **Unsittlichkeit Vorschub leistet.** Das ist nur denkbar, soweit das fragliche Verhalten nach außen in Erscheinung tritt und das Allgemeinwohl beeinträchtigen kann.[817]

Beispiel:

Bereithalten eines Dunkelraums in einem Sex-Shop für einvernehmliche sexuelle Handlungen.

189 Die Untersagung wegen Unzuverlässigkeit des Gewerbetreibenden setzt gem. § 35 Abs. 1 Satz 1 letzter Teilsatz voraus, dass diese Maßnahme zum Schutze der Allgemeinheit oder der im Betrieb Beschäftigten **erforderlich** ist. Die Untersagung ist mithin ultima ratio zur Abwehr der aus der Unzuverlässigkeit des Gewerbetreibenden sich ergebenden Gefährdungen. Die Gewerbeaufsichtsbehörde muss daher prüfen, ob diese Gefährdung nicht durch andere Mittel abgewendet werden kann, z.B. durch Abmahnung, Auflagen, Kontrollen, Teiluntersagung etc.[818] Gem. § 21 GastG kann die Gewerbeaufsichtsbehörde dem Gewerbetreibenden die Beschäftigung einer bestimmten Person im Gaststättenbetrieb untersagen, wenn die Annahme gerechtfertigt ist, dass diese Person die für ihre Tätigkeit erforderliche Zuverlässigkeit nicht besitzt. Die Regelung ist Ausdruck des Gebots der Verhältnismäßigkeit im weiteren Sinne. Unter diesem Aspekt kommt auch eine Verfügung in Betracht, nach der sich der Gewerbetreibende künftig nicht mehr eines bestimmten Beraters bedienen darf.[819]

190 (3) *Adressat der Untersagungsverfügung.* Sofern eine **Personengesellschaft** (BGB-Gesellschaft, OHG, KG) Trägerin des Gewerbebetriebs ist, ist die Untersagungsverfügung an die einzelnen unzuverlässigen Gesellschafter zu richten.

191 Wird der Gewerbebetrieb von einer **juristischen Person** geführt, so ist diese Adressat der Maßnahme.[820] Eine Gesellschaft mit beschränkter Haftung kann auch dann noch Adressat einer Untersagungsverfügung sein, wenn sie infolge der Ablehnung eines Antrags auf Eröffnung des Konkursverfahrens mangels Masse aufgelöst ist, denn ihr Liquidator ist gem. § 70 GmbHG zur geschäftlichen Tätigkeit befugt.[821] Die Vorgesellschaft einer GmbH ist als solche nicht Gewerbetreibende im Sinne des § 35 GewO. Als Gewerbetreibende kommen lediglich der oder die unternehmerisch tätigen Gründer in Betracht.[822]

---

[815] Vgl. *Marcks* in *Landmann/Rohmer,* Gewerbeordnung, Stand August 1996, § 35, Rdn. 38; s.a. *VGH Kassel,* 9. 11. 1992 – 8 TH 2651/91 –, GewArch 93, 157.

[816] *OVG Magdeburg,* 6. 7. 1999 – B 1 S 63.99 – GewArch 99, 482.

[817] *VG Stuttgart,* 6. 4. 1998 – 4 K 1496.98 – GewArch 98, 291.

[818] *Marcks* in *Landmann/Rohmer,* Gewerbeordnung, Stand August 1996, § 35, Rdn. 76.

[819] *OVG Hamburg,* 25. 6. 1991 – Bs VI 47/91 –, NVwZ-RR 92, 245.

[820] *Marcks* in *Landmann/Rohmer,* Gewerbeordnung, Stand August 1996, § 35, Rdn. 64f.

[821] *BVerwG,* 19. 12. 1995 – 1 C 3.93 –, GewArch 96, 241 = BVerwGE 100, 187.

[822] *VGH Mannheim,* 3. 5. 1994 – 14 S 754/94 –, NJW 95, 346 = GewArch 95, 30; s.a. *BVerwG,* 16. 12. 1992 – 1 B 162.92 –, GewArch 93, 156.

Die Unzuverlässigkeit eines Gewerbetreibenden, gegen dessen gewerberechtliche Zuverlässigkeit an sich keine Bedenken bestehen, kann auch darin begründet sein, dass er einem Dritten, der gewerberechtlich unzuverlässig ist, maßgeblichen Einfluß auf die Führung des Gewerbebetriebs einräumt[823] (sog. **Strohmann-Verhältnis**). In diesen Fällen wird die Untersagungsverfügung sowohl an den nach außen als Gewerbetreibenden Hervortretenden gerichtet (sog. Strohmann) als auch an den die Geschicke des Betriebs eigentlich bestimmenden sog. Hintermann.[824] Ein dem Strohmann-Verhältnis zwischen natürlichen Personen vergleichbarer Umgehungstatbestand wird geschaffen, wenn eine juristische Person oder eine Handelsgesellschaft primär dazu dient, einem geschäftsführenden Gesellschafter oder „Drahtzieher" in anderer rechtlicher Stellung den selbständigen Betrieb des Gewerbes außerhalb des gewerberechtlichen Ordnungsrahmens zu ermöglichen.[825] **192**

Gem. § 35 Abs. 7a GewO kann die Untersagung **auch** gegen **Vertretungsberechtigte**[826] oder mit der Leitung des Gewerbebetriebs beauftragte Personen ausgesprochen werden. Diese Regelung soll einer etwaigen künftigen Tätigkeit des Vertretungsberechtigten bzw. Betriebsleiters als selbständiger Gewerbetreibender in dem bisher unselbständig ausgeübten Gewerbe entgegenwirken. Die Entscheidung steht im Ermessen der Behörde. Die Ermessensentscheidung ist insbesondere nach dem Grad der Wahrscheinlichkeit des Ausweichens in die selbständige Gewerbeausübung zu treffen.[827] Die Untersagungsmöglichkeit ist zudem streng akzessorisch, von ihr kann nur neben der Untersagung der selbständigen Gewerbeausübung Gebrauch gemacht werden,[828] diese Untersagung ist mithin nicht mehr zulässig, sobald der Gewerbetreibende sein Gewerbe aufgegeben hat.[829] § 35 Abs. 7a GewO ermächtigt nicht zur isolierten Untersagung der unselbständigen Tätigkeit.[830] **193**

(4) *Entscheidungserheblicher Zeitpunkt.* Nach der ständigen Rechtsprechung des BVerwG ist für die verwaltungsgerichtliche Beurteilung einer Gewerbeuntersagungsverfügung die Sachlage im **Zeitpunkt der letzten Verwaltungsentscheidung** maßgebend.[831] Umstände, die erst nach der letzten Verwaltungsentscheidung **194**

---

823 *BVerwG,* 10. 1. 1996 – 1 B 202.95 –, NVwZ-RR 96, 250 = GewArch 96, 650; *VG Meiningen,* 21. 1. 1998 – 8 E 1344.97.Me – GewArch 98, 209.

824 *BVerwG,* 2. 2. 1982 – 1 C 20.78 –, GewArch 82, 200.

825 *OVG Schleswig,* 28. 1. 1992 – 3 M 2/92 –, GewArch 92, 232.

826 Bei einer natürlichen Person derjenige, der aufgrund Vertretungsvollmacht gem. § 164 BGB handelt, vgl. *VGH Kassel,* 27. 10. 1993 – 8 UE 1160/92 –, GewArch 94, 64.

827 *BVerwG,* 19. 12. 1996 – 1 C 3.93 –, NVwZ 97, 278 = DVBl. 96, 808 = DÖV 96, 960 = GewArch 96, 241 = BayVBl. 96, 537.

828 *OVG Münster,* 1. 10. 1997 – 4 A 771.97 – GewArch 98, 113; *VGH Mannheim,* 25. 2. 1993 – 14 S 2577/92 –, NVwZ-RR 94, 21; *VGH Kassel,* 27. 10. 1993 – 8 UE 1160/92 –, GewArch 94, 64; *VGH Kassel,* 28. 9. 1992 – 8 UE 2976/90 –, GewArch 93, 159; *OVG Münster,* 14. 10. 1992 – 4 A 938/91 –, GewArch 93, 161.

829 *OVG Lüneburg,* 18. 6. 1997 – 7 L 6029/97 – GewArch 98, 30.

830 *VGH Mannheim,* 9. 8. 1994 – 14 S 1954/94 –, NVwZ-RR 95, 26.

831 *BVerwG,* 11. 12. 1996 – 1 B 250.96 – GewArch 99, 72; *BVerwG,* 14. 5. 1997 – 1 B 93/97 – NVwZ-RR 97, 621; *BVerwG,* 30. 10. 1996 – 1 B 197.96 –, GewArch 97, 72; *BVerwG,* 23. 11. 1990 – 1 B 155.90 –, DVBl. 91, 388; *OVG Münster,* 3. 6. 1996 – 25 A 6898/95 –, GewArch 97, 29; *VGH Mannheim,* 21. 12. 1992 – 9 S 1870/92 –, NVwZ-RR 93, 183; diese Rechtsprechung ist mit Art. 12 GG vereinbar, vgl. *BVerfG, 2. Kammer des Ersten Senats* – 1 BvR 1639.91 – NVwZ 95, 1096 = GewArch 95, 242.

eingetreten sind, können daher bei der Beurteilung der Untersagungsverfügung nicht zugunsten[832] des Gewerbetreibenden berücksichtigt werden.

Beispiele:

– Die Gewerbeaufsichtsbehörde untersagt A die Ausübung seines Gewerbes wegen Unzuverlässigkeit, weil sich Steuerrückstände und rückständige Sozialversicherungsbeiträge auf insgesamt 0,5 Mio. Euro summieren. A macht eine große Erbschaft und begleicht diese Schulden.
– Die Schuldentilgung ist ohne Einfluß auf die materiell-rechtliche Beurteilung der Untersagungsverfügung. Sofern die Untersagungsverfügung für sofortig vollziehbar erklärt worden ist, muss die Tilgung jedoch bei der Ermessensentscheidung des Gerichts im Rahmen des Verfahrens gem. § 80 Abs. 5 berücksichtigt werden, vgl. oben K 181.
– Die Finanzbehörde oder das Finanzgericht statten eine dem Gewerbetreibenden günstige steuerrechtliche Regelung mit Rückwirkung aus. Im Untersagungsverfahren ist dies zu berücksichtigen, wenn der Zeitpunkt, auf den die steuerrechtliche Regelung zurückwirkt, vor dem gewerberechtlich erheblichen Zeitpunkt liegt.[833]

195 Nimmt allerdings die Gewerbebehörde ein die Gewerbeuntersagung betreffendes ruhendes Anfechtungsverfahren über längere Zeit nicht auf, so kann dies einen besonderen Anlaß für die Prüfung geben, ob im maßgeblichen Beurteilungszeitpunkt die Voraussetzungen der Gewerbeuntersagung vorlagen.[834]

195 a Eine Gewerbeuntersagung kann gem. § 35 Abs. 1 Satz 3 GewO auch dann noch stattfinden, wenn der Gewerbetreibende seine **Tätigkeit** im entscheidungserheblichen Zeitpunkt **bereits aufgegeben** hat. Diese gesetzliche Regelung gewährleistet, dass gegen einen solchen Gewerbetreibenden nicht sogleich wieder ein Untersagungsverfahren eingeleitet werden muss, wenn er seine Tätigkeit erneut aufnimmt.[835]

6. Schließung der Betriebsräume und andere Maßnahmen zur Durchsetzung der Untersagungsverfügung, § 35 Abs. 5 GewO

196 Gem. § 35 Abs. 5 GewO kann die Gewerbeaufsichtsbehörde die Ausübung des untersagten Gewerbes durch den Gewerbetreibenden durch **Schließung der Betriebs- oder Geschäftsräume** oder durch **andere geeignete Maßnahmen** verhindern.

Beispiel:

Eine andere geeignete Maßnahme kann die Sicherstellung von Konten des Gewerbetreibenden sein.[836]

In der obergerichtlichen Rechtsprechung ist umstritten, ob § 35 Abs. 5 die bundesrechtliche Regelung einer spezifisch gewerberechtlichen Vollstreckungsmaßnahme darstellt,[837] oder ob es sich nur um die Regelung einer eigenständigen

[832] Nach der Rechtsprechung des *OVG Lüneburg,* 15. 9. 1993 – 7 L 5832/92 –, NVwZ 95, 185 wohl aber zu seinen Lasten.

[833] *VGH Kassel,* 16. 7. 1997 – 8 UE 424.96 – GewArch 98, 289 = DÖV 98, 394 [Ls.].

[834] *BVerwG,* 14. 5. 1997 – 1 B 93/97 – NVwZ-RR 97, 621 = DÖV 98, 343 = GewArch 97, 478.

[835] *OVG Münster,* 7. 12. 1999 – 4 A 4559.99 – GewArch 00, 387.

[836] *VGH Kassel,* 29. 7. 1999 – 8 UE 1826.95 – GewArch 99, 481.

[837] So *OVG Schleswig,* 23. 10. 1995 – 3 M 82/95 –, GewArch 96, 24; *OVG Schleswig,* 28. 1. 1992 – 3 M 2/92 –, GewArch 92, 232 = NVwZ-RR 93, 408; *VGH Mannheim,* 22. 2. 1991 – 14 S 2966/90 –, NVwZ-RR 91, 409.

Untersagungsmaßnahme handelt, die noch der vollstreckungsrechtlichen Durchsetzung nach Maßgabe der landesrechtlichen Vollstreckungsgesetze bedarf.[838] Die Qualifizierung der Maßnahme gem. § 35 Abs. 5 GewO ist für den einstweiligen Rechtsschutz von entscheidender Bedeutung: handelt es sich um eine Vollstreckungsmaßnahme, so hat der dagegen eingelegte Widerspruch gem. §§ 80 Abs. 2 Nr. 3 i.V.m. § 187 Abs. 3 und den Bestimmungen des Landes-Vollstreckungsgesetze (vgl. oben J 65) keine aufschiebende Wirkung.

Maßnahmen gem. § 35 Abs. 5 GewO sind – unabhängig von ihrer Rechtsnatur – **197**
insbesondere unter dem Aspekt der Verhältnismäßigkeit zu prüfen.

Beispiel:
Die Aufforderung, gewerblich genutzte Kraftfahrzeuge abzumelden, ist im Regelfall unverhältnismäßig.[839]

7. Rücknahme bzw. Widerruf der erteilten Erlaubnis

Die Rücknahme bzw. der Widerruf einer gewerberechtlichen bzw. berufsrecht- **198**
lichen Erlaubnis ist ein belastender Verwaltungsakt, vgl. J 31. Der gegen einen solchen Verwaltungsakt gerichtete Rechtsbehelf hat gem. § 80 Abs. 1 aufschiebende Wirkung, d.h. die Genehmigung kann weiter genutzt werden. Sofern die Rücknahme bzw. der Widerruf gem. § 80 Abs. 2 Nr. 4 für sofortig vollziehbar erklärt worden sind, sollte der **Anwalt** des Gewerbetreibenden zunächst prüfen, ob der Untersagung durch außergerichtliche Maßnahmen begegnet werden kann, vgl. oben K 177.

Die aufschiebende Wirkung des Rechtsbehelfs gegen die für sofortig vollziehbar erklärte Aufhebung der Gewerbeerlaubnis kann nur im Verfahren gem. § 80 Abs. 5 erreicht werden. Die Zulässigkeit dieses Antrags ist nach Maßgabe der allgemeinen Kriterien zu beurteilen, vgl. oben J 102ff. Im Rahmen der Begründetheitsprüfung ist auf dieselben Gesichtspunkte abzustellen, die auch bei der Überprüfung der Entscheidung über die sofortige Vollziehbarkeit einer Gewerbeuntersagung gem. § 35 GewO Bedeutung haben, vgl. oben K 181ff.

Hinweis:
Schriftsatzbeispiel für einen Antrag gem. § 80 Abs. 5, der die sofortige Vollziehbarkeit des Widerrufs einer gewerberechtlichen Genehmigung zum Gegenstand hat s. Anhang I 27.

Die Rücknahme bzw. der Widerruf von Erlaubnissen ist zum Teil durch gewer- **199**
berechtliche bzw. berufsrechtliche Spezialgesetze geregelt, vgl. z.B.

§ 15 GastG,[840]

---

[838] *OVG Münster,* 15. 2. 1982 – 4 B 1778/81 –, GewArch 82, 155; s.a. *Fischer,* NVwZ 87, 1050.

[839] *OVG Münster,* 23. 7. 1992 – 4 B 898/92 –, NVwZ-RR 93, 138 = GewArch 93, 70.

[840] Vgl. z.B. *VGH Kassel,* 22. 3. 1991 – 14 TH 369/91 – NVwZ 92, 192: sofortige Vollziehbarkeit des Erlaubniswiderrufs wegen Drogenmißbrauchs in der Gaststätte auch dann, wenn der Gastwirt von diesem Sachverhalt keine Kenntnis hatte; *VGH München,* 23. 1. 2001 – 22 ZS 00 3666 – GewArch 01, 172 und *OVG Hamburg,* 18. 11. 1993 – Bs VI 99/93 – GewArch 94, 295 sowie *VGH Kassel,* 22. 3. 1991 – 14 TH 491/91 –, NVwZ 92, 193 sowie *VGH Mannheim,* 27. 5. 1993 – 14 S 1003/92 –, NVwZ-RR 93, 478 = GewArch 93,

§ 25 Abs. 1 Satz 1 PBefG,[841]
§ 4 Abs. 2 Apothekengesetz,[842]
§ 7 Abs. 2 i. V. m. § 6 Abs. 2 Nr. 1 Architektengesetz,[843]
§ 3 Bundesärzteordnung,[844]
§ 14 Abs. 1 RechtsberatungsVO i. V. m. Art. 1 § 1 RechtsberatungsmißbrauchsG,[845]
§ 11 SchornsteinfegerG,[846]
§ 21 Abs. 2 Satz 1 FahrlehrerG,[847] etc.

200 Fehlen spezialgesetzliche Widerrufs- und Rücknahmeregelungen, so kann die Aufhebung der Erlaubnis nur auf die §§ 48, 49 VwVfG gestützt werden.

201 Die summarische Prüfung der Rücknahmeentscheidung betrifft zunächst die Verhältnismäßigkeit der Maßnahme: Sofern weniger schwerwiegende Maßnahmen in Betracht kommen (Auflagen, Abmahnungen etc.) ist die Rücknahme nicht verhältnismäßig.[848] Hat sich der Gewerbetreibende allerdings als unzuverlässig erwiesen, so kommt regelmäßig ein milderes Mittel als der Widerruf nicht in Betracht.[849]

Vorschriften, die die Rücknahme oder den Widerruf der Zulassung wegen Unzuverlässigkeit ermöglichen, die auf ungeordnete Vermögensverhältnisse zurückzuführen sind, sind gem. **§ 12 GewO** in Zeit nicht anzuwenden, in der gem. § 21 Insolvenzordnung Sicherungsmaßnahmen angeordnet sind. So soll gewährleistet werden, dass gewerbeaufsichtsrechtliche Maßnahmen nicht die geplante Sanierung eines Gewerbebetriebes verhindern.[850]

201 a Häufig ist zu klären, ob die **Jahresausschlussfrist** gem. § 48 Abs. 4 VwVfG eingreift.

335, jeweils sofortige Vollziehbarkeit eines Erlaubniswiderrufs wegen Drogenkonsums in der Gaststätte; *VG Berlin,* 1. 12. 2000 – 35 A 570.99 – NJW 01, 983: kein Widerruf der Gaststättenerlaubnis wegen Anbahnung der Prostitution.

[841] *VG Hannover,* 5. 3. 1999 – 7 B 493.99 – GewArch 99, 198.

[842] *VGH Mannheim* 24. 9. 1993 – 9 S 1742/93 –, DVBl. 94, 485: Unzuverlässigkeit aufgrund eines beharrlichen Verstoßes gegen das Gebot, die Apotheke in eigener Verantwortung zu leiten; *VGH Mannheim* 22. 11. 1991 – 9 S 2743/91 –, NVwZ-RR 93, 19: Unzuverlässigkeit eines Apothekers, der wegen Abrechnungsbetrugs zum Nachteil der gesetzlichen Krankenkasse bestraft worden ist und verschreibungspflichtige Arzneimittel ohne ärztliche Verschreibung an Verbraucher abgegeben hat.

[843] *VGH Mannheim,* 21. 12. 1992 – 9 S 1870/92 –, NVwZ-RR 93, 183: Löschung eines Architekten aus der Architektenliste wegen Vermögensverfalls.

[844] *BVerwG,* 2. 11. 1992 – 3 B 87/92 –, NJW 93, 806: zur Ausübung des ärztlichen Berufs „unwürdig" ist, wer durch sein Verhalten nicht mehr das Ansehen und Vertrauen besitzt, das für die Ausübung des Berufs unabdingbar nötig ist. Die „Unwürdigkeit" unterscheidet sich also von der „Unzuverlässigkeit", die durch die Prognose gekennzeichnet ist, dass der Betroffene künftig seine beruflichen Pflichten nicht erfüllen wird.

[845] *OVG Münster,* 6. 11. 1995 – 4 A 557/93 –, GewArch 97, 31; *VGH Mannheim,* 1. 8. 1995 – 9 S 1513/95 –, NVwZ-RR 96, 23.

[846] *VG Meiningen* 28. 1. 1997 – 8 E 9/97 Me. –, GewArch 97, 161.

[847] *BVerwG,* 30. 10. 1996 – 1 B 197/96 – NVwZ-RR 97, 284.

[848] *OVG Hamburg,* 18. 3. 1996 – Bs V 27/96 –, GewArch 96, 425; grundlegend *BVerwG,* 16. 9. 1975 – 1 C 44/74 –, NJW 76, 986; vgl. auch *BVerwG,* 7. 5. 1996 – 1 B 79/96 –, NVwZ-RR 97, 222 = GewArch 96, 425.

[849] *VGH Mannheim,* 29. 1. 1996 – 14 S 46/96 –, NVwZ-RR 96, 327 = DÖV 96, 382 = GewArch 96, 209.

[850] *Hahn,* GewArch 99, 355, 357.

Hinweis für den Anwalt:
Spezialgesetzliche Rücknahmeregelungen können abschließend zu verstehen sein und schließen dann z. B. eine entsprechende Anwendung von § 48 Abs. 4 VwVfG aus.[851]

Diese Regelung findet Anwendung, wenn die Behörde nachträglich erkennt, dass sie den beim Erlass eines begünstigenden Verwaltungsaktes vollständig bekannten Sachverhalt unzureichend berücksichtigt oder unrichtig gewürdigt und deshalb rechtswidrig entschieden hat. Die Frist beginnt zu laufen, wenn die Behörde die Rechtswidrigkeit des Verwaltungsakts erkannt hat und ihr die für die Rücknahmeentscheidung außerdem erheblichen Tatsachen vollständig bekannt sind.[852] Nach der Rechtsprechung des BVerwG handelt es sich also um eine nach Kenntnis aller Tatsachen beginnende **Entscheidungsfrist.**

8. Maßnahmen zur vorläufigen Verhinderung der gewerblichen Tätigkeit bis zur Entscheidung über Rücknahme oder Widerruf

Die Gewerbeaufsichtsbehörde wird häufig umfangreiche Ermittlungen anstellen **201 b**
müssen, bevor sie aufgrund einer festgestellten Unzuverlässigkeit die Rücknahme oder den Widerruf einer gewerberechtlichen Genehmigung verfügt. In diesem Zeitraum können vorläufige Maßnahmen auf der Grundlage des allgemeinen Polizei und Ordnungsrechts getroffen werden, die auf eine vorläufige Einstellung der gewerblichen Tätigkeit abzielen.[853]

Bei diesen Maßnahmen handelt es sich um belastende Verwaltungsakte. Der Rechtsschutz folgt aus § 80 Abs. 1 und – für den Fall der Anordnung des Sofortvollzugs – aus § 80 Abs. 5.

9. Schließung der Betriebsräume und andere Maßnahmen zur Verhinderung der ungenehmigten gewerblichen Tätigkeit, § 15 Abs. 2 GewO

Die Rücknahme und der Widerruf sind rechtsgestaltende Verwaltungsakte, die **202**
nicht vollstreckungsfähig sind.[854] Zur Vermeidung der unberechtigten Weiterführung des Betriebs kann die Behörde den Widerruf bzw. die Rücknahme der Erlaubnis mit Regelungen verbinden, die die **Fortsetzung des Betriebes verhindern,** § 15 Abs. 2 GewO. Die Bestimmung findet aufgrund der subsidiären Geltung der GewO auch im Geltungsbereich anderer gewerberechtlicher Gesetze (vgl. z. B. § 31 GastG) Anwendung. Bei einer Verfügung gem. § 15 Abs. 2 GewO handelt es sich nicht um eine Vollstreckungsmaßnahme, der dagegen gerichtete Widerspruch hat also aufschiebende Wirkung, § 80 Abs. 1.[855]

Die Zulässigkeit des Antrags gem. § 80 Abs. 5 beurteilt sich nach den allgemei- **203**
nen Kriterien, vgl. J 102 ff.

---

851 *BVerwG,* 16. 9. 1997 – 3 C 12.95 – NJW 98, 2756 = DÖV 98, 293 [Bundesärzteordnung – BOÄ –]; *BVerwG,* 18. 3. 1998 – 1 B 33.98 – GewArch 98, 254 [§ 15 GastG].

852 *BVerwG, Großer Senat,* – 19. 12. 1984 – Großer Senat 1, 2.84 – NJW 85, 819.

853 *OVG Koblenz,* 28. 10. 1998 – 11 B 12339.98 – NVwZ-RR 99, 244 = DVBl. 99, 338 = DÖV 99, 168 = GewArch 99, 30.

854 *OVG Koblenz,* 27. 8. 1996 – 11 B 12401.96 – NVwZ-RR 97, 223 = GewArch 1996, 489.

855 *VGH Kassel,* 13. 10. 1993 – 14 TH 84/93 –, GewArch 94, 116.

204 Für die im Rahmen der Begründetheitsprüfung vom Gericht vorzunehmende Interessenabwägung – vgl. dazu grundsätzlich J 128ff. – gilt ein modifizierter Maßstab: Das Suspensivinteresse des Gewerbetreibenden tritt gegenüber dem öffentlichen Vollzugsinteresse regelmäßig dann zurück, wenn die Schließungsverfügung offensichtlich rechtmäßig ist oder wenn erhebliche Anhaltspunkte für die Unzuverlässigkeit des Gewerbetreibenden gegeben sind und deshalb keine ausreichende Wahrscheinlichkeit für die Erteilung der Erlaubnis besteht. Die Entscheidung gem. § 15 Abs. 2 GewO steht zwar im **Ermessen** der Behörde. Da es sich jedoch um einen Fall des intendierten Ermessens[856] handelt, stellt jedenfalls im Falle des Widerrufs der Erlaubnis die Anordnung der Betriebseinstellung grundsätzlich die einzig sachliche Entscheidung dar. Zur Begründung dieser Entscheidung ist ein Hinweis auf die einschlägigen rechtlichen Bestimmungen regelmäßig ausreichend.[857]

Die Einstellungsverfügung ist allerdings ermessenwidrig, wenn die materielle Genehmigungsfähigkeit des Betriebs für die Behörde ohne weiteres offensichtlich und eindeutig erkennbar ist, so dass eine beantragte Erlaubnis in Kürze zu erteilen ist oder eine weitergehende materielle Prüfung wegen der ansonsten drohenden Existenzgefährdung geboten ist.[858]

Beispiel:
Hat der Gewerbetreibende einen Gaststättenbetrieb aufgrund einer vorläufigen Erlaubnis nach § 11 GastG befugt eröffnet, so überwiegt sein privates Interesse an der einstweiligen Betriebsfortführung gegenüber dem öffentlichen Interesse ausnahmsweise dann, wenn seine nach Erlöschen der vorläufigen Erlaubnis und nach Ablehnung des Antrags auf Erteilung der Gaststättenerlaubnis erhobene Klage gegen die Versagung nicht offensichtlich unbegründet ist und die Art der Betriebsführung keinen Anlass zu besonderen Beanstandungen gibt.[859]

V. Beamtenrecht

Übersicht

856 Zum intendierten Ermessen s. *Kopp*, VwVfG, § 40, Rdn. 19ff.

857 *VGH Kassel*, 20. 2. 1996 – 14 TG 430/95 –, NVwZ-RR 97, 222 = GewArch 96, 291 = DÖV 95, 973 [Ls.], die Rechtsprechung, nach der Schließungsverfügung rechtswidrig ist, sofern die Ordnungsbehörde keine reguläre Ermessenentscheidung trifft, so *VGH Kassel*, 13. 10. 1993 – 14 TH 84/93 – GewArch 94, 116, wurde aufgegeben; **a. A.** VG Meiningen, 29. 8. 1996 – 8 E 656/96 Me. –, GewArch 97, 34; differenzierte Ermessensausübung erforderlich.

858 *VGH Kassel*, 23. 9. 1996 – TG 4192/95 – DÖV 97, 430.

859 So zutreffend *VG Göttingen*, 13. 12. 1995 – 1 B 1225/95 – GewArch 96, 289.

Fragen des einstweiligen Rechtsschutzes ergeben sich im Beamtenrecht, wenn 205
- es um die Ernennung der Beförderung – insb. **Konkurrentenrechtsschutz** – (K 206 ff.) oder entsprechende Vorbereitungsmaßnahmen geht (K 255 ff.),
- der Beamte sich gegen eine Veränderung des ihm übertragenen Aufgabenkreises **(Versetzung, Abordnung, Umsetzung, Organisationsverfügung)** zur Wehr setzen will (K 245 f.),
- der Beamte neben der Beamtentätigkeit oder nach deren Beendigung einer beruflichen Tätigkeit nachgehen will oder soll (K 263 f.),
- der Beamte während der Probezeit entlassen wird (K 268 ff.).[860]

1. Ernennung bzw. Beförderung, vorläufiger Rechtsschutz für Konkurrenten

a) Rechtsschutz-Ziel

Der Beamte[861] sucht den **Anwalt** typischerweise auf, sobald er den Eindruck gewonnen hat, dass das laufende Auswahlverfahren für einen zu besetzenden 206

[860] Zum vorläufigen Rechtsschutz gegen die sofortige Vollziehbarkeit der Versetzung in den Ruhestand eines „politischen Beamten" s. *OVG Münster,* 8. 6. 1993 – 1 B 828/93 – NVwZ-RR 94, 223.

[861] Zum vorläufigen Rechtsschutz bei der **Konkurrenz um eine Angestelltenposition** s. *BAG,* 22. 6. 1999 – 9 AZR 521/98 – soweit ersichtlich nicht veröffentlicht; *LAG Düsseldorf,* 25. 10. 1994 – 3 Sa 1585/94 – ZTR 95, 184; *LAG Hannover,* 27. 5. 1994 – 3 Sa 2118/93 –, NVwZ-RR 95, 584; grundsätzlich zur **arbeitsrechtlichen Konkurrentenklage** *BAG,* 2. 12 1997 – 9 AZR 445/96 – NVwZ 98, 1110 [nur Ls.] = NZA 98, 884 = ZTR 98, 417; *BAG,* 2. 12 1997 – 9 AZR 668/96 – NZA 98, 882; *Zimmerling,* ZTR 00, 489; zur **Konkurrenz von Angestellten und Beamten** um einen Dienstposten s. *BAG,* 11. 8. 1998 – 9 AZR 155/97 – NZA 99, 767; *OVG Lüneburg,* 17. 11. 1994 – 2 M 5371/94 –, NVwZ 96, 501; s. ferner K 217 m. w. N. und K 256 m. w. N.; der **Rechtsweg** beim Konkurrentenstreit Beamter/Angestellter hängt vom Status dessen ab, der Rechtsschutz begehrt, s. *OVG Koblenz,* 10. 12. 1997 – 2 E 12965/97 – NVwZ-RR 99, 51 = DVBl. 98, 648; *OVG Weimar,* 30. 1. 1996 – 2 EO 497/95 – DÖV 96, 423 = NVwZ-RR 97, 138; *BAG,* 11. 8. 1998 – 9 AZR 155/97 – NZA 99, 767; s. ferner oben C 29; zum vorläufigen

Dienstposten nicht zu seinen Gunsten ausgehen wird.[862] Welches einstweilige Rechtsschutzverfahren einzuleiten ist, hängt davon ab, wie die bevorstehende Ernennungs- bzw. Beförderungsmaßnahme materiell-rechtlich zu qualifizieren ist.

207 In der Literatur ist die Auffassung vertreten worden, die Ernennung bzw. Beförderung sei ein Verwaltungsakt mit Doppelwirkung, die den nicht berücksichtigten Kandidaten belaste.[863] Für den einstweiligen Rechtsschutz stand nach Auffassung dieser Autoren das Verfahren nach § 80 offen.

208 Die Rechtsprechung ist diesem dogmatischen Ansatz nicht gefolgt. Die Gerichte gehen davon aus, dass derartige Verwaltungsakte im Interesse der Ämterstabilität nicht der Drittanfechtung unterliegen, so dass einstweiliger Rechtsschutz nur im Vorfeld einer solchen Maßnahme (also vorbeugend) in einem Verfahren gemäß § 123 gesucht werden kann.[864]

209 Mit der einstweiligen Anordnung kann der Kandidat nicht seine eigene Ernennung bzw. Beförderung durchsetzen. Unabhängig davon, dass es keinen materiellrechtlichen Ernennungs- bzw. Beförderungsanspruch gibt (vgl. unten K 230), wäre eine gerichtliche Anordnung dieses Inhalts auch deshalb nicht zulässig, weil nach allgemeinen Grundsätzen durch das einstweilige Rechtsschutzverfahren das mögliche Ergebnis des Hauptsacheverfahrens nicht vorweggenommen werden darf, vgl. oben J 213.

Das Begehren des Antragstellers ist daher auf eine gerichtliche Anordnung gerichtet, mit der dem Dienstherrn vorläufig untersagt wird, die Beförderungsplanstelle mit einem anderen Bewerber zu besetzen **(„Besetzungsverbot“).**[865] Erstreckt sich das Auswahlverfahren auf mehrere Stellen, so dürfen diese sämtlichst nicht besetzt werden.[866]

Rechtsschutz bei der Konkurrenz um eine **Richterposition** *OVG Schleswig,* 15. 10. 2001 – 3 M 34/01 – NJW 01, 3495; *OVG Schleswig,* 17. 8. 2001 – 3 M 22.01 – NJW 01, 3210; *OVG Bautzen,* 11. 4. 2001 – 3 BS 84/01 – ZBR 01, 368; *OVG Greifswald,* 16. 2. 2001 – 2 M 4.01 – NVwZ-RR 01, 454; *VGH Mannheim,* 19. 5. 1999 – 4 S 1138/99 – DVBl. 00, 502 [nur Ls.]; *OVG Schleswig,* 15. 1. 1999 – 3 M 61/98 – NVwZ-RR 99, 417; *OVG Schleswig,* 16. 11. 1998 – 3 M 50/98 – DÖV 99, 389; *OVG Koblenz,* 19. 12. 1996 – 10 B 13120/96 – NVwZ-RR 97, 369; *VGH Mannheim,* 7. 8. 1996 – 4 S 1929/96 –, NJW 96, 2525; *OVG Schleswig,* 1. 2. 1996 – 3 M 89/85 –, NVwZ 96, 806 = DVBl. 96, 521; *VGH Kassel,* 16. 2. 1995 – 1 TG 2664/94 –, NVwZ-RR 95, 457 [Ls.].

[862] Atypische Fallkonstellation: der ausgewählte Bewerber will eine ohne sachlichen Grund veranlaßte neue Ausschreibung verhindern, dazu *OVG Lüneburg,* 8. 7. 1994 – 2 M 3143/94 – ZBR 95, 180.

[863] *Finkelnburg,* DVBl. 80, 809; *von Mutius,* VerwArch 78, 103; *Schmitt-Kammler,* DÖV 80, 285; *Solte,* NJW 80, 1027; *Wilke,* JZ 80, 440; *Lecheler,* DÖV 83, 953.

[864] *BVerwG,* 25. 8. 1988 – 2 C 62.85 – BVerwGE 80, 127; *BVerfG,* 3. Kammer des Zweiten Senats, 19. 9. 1989 – 2 BvR 1576.88 –, NJW 90, 501 = BayVBl. 90, 110; *VGH Mannheim,* 14. 6. 1982 – 4 S 796/82 –, NVwZ 83, 41; *VGH Kassel,* 18. 2. 1985 – 1 TG 252/85 –, NJW 85, 1103 und 13. 6. 1988 – 1 TG 2054/88 –, DVBl. 88, 1071, jeweils m. w. N. aus der Rechtsprechung; *VGH München,* 11. 1. 1983 – 3 B 82 A 612 –, ZBR 83, 123; *OVG Koblenz,* 27. 11. 1987 – 2 B 28/87 –, ZBR 88, 390 [mit Anmerkung *Schnellenbach*]; vgl. im übrigen die sehr ausführlichen Darstellungen von *Wittkowski,* NJW 93, 817; *Ronellenfitsch,* VerwArch 91, 121 und die Überblicke von *Schnellenbach,* DÖD 90, 153; *Peter,* JuS 92, 1042 und *Martens,* ZBR 92, 129.

[865] *OVG Schleswig,* 15. 1. 1999 – 3 M 61/98 – NVwZ-RR 99, 417; *OVG Berlin,* 16. 4. 1992 – 4 S 39/91 –, NVwZ 92, 1227; *OVG Hamburg,* 16. 10. 1991 – Bs I 64/91 –, NVwZ-RR 92, 669; *Wittkowski,* NJW 93, 817.

[866] *VGH Kassel,* 19. 4. 1995 – 1 TG 2801/94 – NVwZ-RR 96, 49 = DÖV 96, 259 [Ls.].

Hinweise an den Anwalt:

- Gegenüber dem unterlegenen Mandanten ergeht häufig eine **negative Auswahlentscheidung,** die teilweise nicht begründet[867] und häufig mit keiner Rechtsbehelfsbelehrung versehen ist und daher „ungefährlich" wirkt. Gegen diesen belastenden Verwaltungsakt muss **Widerspruch** eingelegt werden, um diese Entscheidung nicht bestandskräftig werden zu lassen.[868] **209 a**
- Das Bundesbeamtenrecht und – im Rahmen der §§ 12 a f. BRRG – teilweise die Landesbeamtengesetze[869] sehen vor, dass **Führungspositionen** zunächst befristet **auf Probe** bzw. Zeit übertragen werden. Für den Rechtsschutz ist dies ohne Konsequenz.

Ausnahmsweise kann der Beamte im Hinblick auf **künftige Auswahlverfahren** auch weitergehenden **vorbeugenden Rechtsschutz** in Anspruch nehmen. Dies kommt in Betracht, wenn der Dienstherr in der Vergangenheit Beförderungsverfahren in einer Weise durchgeführt hat, die dem Beamten die Wahrung seines Bewerberverfahrensanspruchs nicht ermöglichte. Das Begehren des Beamten ist in diesen Fällen darauf gerichtet, einstweilen künftig frei werdende Beförderungsstellen nicht zu besetzen.[870] **209 b**

b) Rechtsschutzwahrende Ausgestaltung des Verwaltungsverfahrens

Der unterlegene Bewerber kann ein Verfahren gem. § 123 nur einleiten, wenn er von der bevorstehenden Ernennung des Konkurrenten erfährt. Der **Dienstherr** ist daher **verpflichtet,** den **unterlegenen Bewerber** innerhalb einer für seine Rechtsschutzentscheidung ausreichenden Zeitspanne vor der Ernennung des Mitbewerbers, der zu benennen ist,[871] über den Ausgang des Auswahlverfahrens **zu informieren.** Diese Pflicht des Dienstherrn folgt unmittelbar aus Art. 33 Abs. 2 i. V. m. Art. 19 Abs. 4 GG; denn das dem gerichtlichen Rechtsschutzverfahren vorgelagerte Verwaltungsverfahren darf nicht so ausgestaltet sein, dass es den gerichtlichen Rechtsschutz vereitelt oder unzumutbar erschwert.[872] Unterlässt es der Dienstherr, den unterlegenen Bewerber zu informieren, und erfährt dieser von der bevorstehenden Ernennung auf anderem Wege, so ist seinem Antrag, dem Dienstherrn die Aushändigung der Ernennungsurkunde an den Konkurrenten im Wege der einstweiligen Anordnung vorläufig zu untersagen, schon wegen dieses Mangels stattzugeben; der übergangene Bewerber muss so in die Lage versetzt werden zu prüfen, ob er die Auswahlentscheidung in der Sache angreifen will.[873] **210**

Hinweis:
Schriftsatzbeispiel für einen Antrag auf Erlass einer einstweiligen Anordnung gem. § 123 (Stellenbesetzungsverbot) vor Kenntnis des Auswahlvorgangs s. Anhang I 30.

---

867 *VG Gelsenkirchen,* 19. 9. 95 – 1 L 2001/95 –, NVwZ-RR 97, 109.

868 *VGH Kassel,* 17. 1. 1995 – 1 TG 1483/94 –, NVwZ-RR 95, 535, *Wittkowski,* NJW 93, 817; *Günther,* ZBR 90, 284, 288.

869 *Diers,* LKV 00, 225.

870 *VGH München,* 16. 12. 1998 – 7 ZE 98 3115 – NVwZ-RR 99, 641 = BayVBl. 99, 659 = DVBl. 99, 802 [Ls.].

871 *BGH,* 6. 4. 1995 – III ZR 183/94 – NJW 95, 2344; *VG Frankfurt,* 17. 7. 1991 – III/1 G 838/91 –, NVwZ 91, 1210.

872 *BVerfG,* 3. Kammer des Zweiten Senats, 19. 9. 1989 – 2 BvR 1576/88 –, NJW 90, 501 = BayVBl. 90, 110; *VGH Kassel,* 31. 3. 1994 – 1 TG 479/94 –, ZBR 95, 310.

873 *Schnellenbach,* NVwZ 90, 637, 638; a. A. *Wittkowski,* NJW 93, 817, 819.

Der erfolglos gebliebene Bewerber hat zwei Wochen Zeit, um zu entscheiden, ob er ein einstweiliges Rechtsschutzverfahren einleiten will.[874]

211 **Hinweise für den Anwalt:**

- Im Falle einer das Rechtsschutzinteresse des nicht ausgewählten Bewerbers missachtenden vorzeitigen Ernennung des Mitbewerbers[875] kommt es im nachfolgenden **Amtshaftungsprozess** zu einer **Umkehr der Darlegungs- und Beweislast:** nicht der übergangene Bewerber muss darlegen, dass seine Bewerbung hätte Erfolg haben müssen, sondern der Dienstherr muss substanziiert vortragen, wie sich die Dinge bei pflichtgemäßem Verhalten entwickelt hätten. Ergibt dieser Vortrag nicht, dass der Mitbewerber auch bei ordnungsgemäß gestaltetem Verfahren in zulässiger Weise ausgewählt worden wäre, so ist davon auszugehen, dass dem Bewerber durch die fehlerhafte Auswahlentscheidung ein Schaden entstanden ist.[876]
- Im Falle einer solchen das Rechtsschutzinteresse des nicht ausgewählten Bewerbers missachtenden, vorzeitigen Ernennung des Mitbewerbers findet im übrigen eine **Ausdehnung des Primärrechtsschutzes** statt: Der Beamte kann im Hinblick auf künftige Auswahlverfahren im Rahmen **vorbeugenden Rechtsschutz** den Erlass einer einstweiligen Anordnung verlangen, nach der einstweilen künftig frei werdende Beförderungsstellen nicht besetzt werden dürfen,[877] vgl. soeben K 209 b.
- Der unterlegene Bewerber muss zur Wahrung eines eventuellen Sekundäranspruchs zunächst versuchen, mit Hilfe des auf ein Stellenbesetzungsverbot gerichteten Verfahrens das Entstehen eines Schadens zu verhindern. Strengt er ein solches Verfahren nicht an, so kann das entsprechend § 839 Abs. 3 BGB das Entstehen eines Schadensersatzanspruchs aus Amtshaftung oder Fürsorgepflichtverletzung verhindern.[878]

212 Der unterlegene Bewerber sollte unverzüglich nach einer entsprechenden Mitteilung das einstweilige Rechtsschutzverfahren einleiten. Er ist dann einstweilen gesichert, denn vor dem unanfechtbaren Abschluss dieses Verfahrens darf der Dienstherr keine endgültigen Maßnahmen treffen, das heißt den Konkurrenten nicht befördern; das gilt auch dann, wenn der Bewerber sich um mehrere Stellen beworben hat.[879]

Hinweis für den Anwalt:
Wenn mehrere Stellen zu besetzen sind, kann die Dienstbehörde dem nicht berücksichtigten Bewerber auch zusagen, dass sie ihm eine besetzbare Stelle freihält, auf die er im Falle des Obsiegens im Hauptsacheverfahren befördert wird.[880]

213 Häufig erlassen die Gerichte eine entsprechende **Zwischenverfügung**[881] bzw. holen eine Zusage dieses Inhalts bei der Dienstbehörde ein, vgl. oben J 214. Der **Anwalt** sollte sofort nach Einleitung des Anordnungsverfahrens gegenüber dem

[874] *OVG Schleswig,* 18. 12. 1995 – 3 M 1995 – 3 M 91/95 –, NVwZ-RR 96, 266; *Schnellenbach,* NVwZ 90, 637, 638; **a. A.** *Busch,* DVBl. 90, 106, 108: einen Monat.

[875] S. den krassen Fall, der der Entscheidung des *BVerfG, 4. Kammer des Zweiten Senats,* 22. 3. 2000 – 2 BvR 15.00 – NVwZ 00, 1035 zu Grunde liegt.

[876] *BGH,* 6. 4. 1995 – III ZR 183/94 –, NJW 1995, 2344 = DVBl. 95, 922 = DÖV 95, 693; s. a. Vorinstanz *OLG Celle,* 9. 8. 1994 – 16 U 93/93 –, NVwZ 95, 413.

[877] *VGH München,* 16. 12. 1998 – 7 ZE 98 3115 – NVwZ-RR 99, 641 = BayVBl. 99, 659 = DVBl. 99, 802 [Ls.].

[878] *BVerwG,* 9. 12. 1999 – 2 C 38.98 – DÖV 00, 602 = ZTR 00, 285 [Ls.].

[879] *VGH Kassel,* 18. 2. 1992 – 1 TH 85/91 –, NVwZ-RR 92, 34; **a. A.** *VG Trier,* 13. 2. 1997 – 1 L 2424/96 – NVwZ-RR 98, 449.

[880] *BVerwG,* 22. 1. 1998 – 2 C 8. 97 – NVwZ 98, 1082 = DVBl. 98, 640.

[881] Vgl. *VGH Kassel,* 23. 8. 1994 – 1 TG 2086/94 –, ZBR 95, 90.

Gericht (auch telefonisch) darauf dringen, dass die Rechte seines Mandanten zunächst für die Dauer des einstweiligen Rechtsschutzverfahrens in dieser Weise gesichert werden.

c) Anordnungsanspruch

Der **Anordnungsanspruch** ist gegeben, wenn der Antragsteller glaubhaft macht, dass die **Auswahlentscheidung fehlerhaft** ist oder das Auswahlverfahren nicht ordnungsgemäß durchgeführt wurde **und** er bei einem rechtmäßigen Verfahren oder einer solchen Entscheidung **möglicherweise befördert** worden wäre.[882] **214**

Art. 33 Abs. 2 GG gewährt jedem Deutschen nach seiner Eignung, Befähigung und fachlichen Leistung den gleichen Zugang zu jedem öffentlichen Amt.[883] Die Verfassungsnorm statuiert damit bestimmte Auswahlgrundsätze. Diese binden den Dienstherrn unmittelbar und bedürfen keiner einfachgesetzlichen Umsetzung.[884] Der Bewerber um ein öffentliches Amt hat einen subjektiv-rechtlichen Anspruch auf die Berücksichtigung dieser Auswahlkriterien, sog. **Bewerbungsverfahrensanspruch.**[885] **215**

aa) Materiell-rechtliche Anforderungen an die Auswahlentscheidung

(1) *Kriterien der „Bestenauslese".* Die Auswahlentscheidung ist darauf zu prüfen, ob die von der Dienstbehörde bei der Besetzung einer bestimmten Stelle zugrunde gelegten Auswahlkriterien in jeder Hinsicht diesem **Grundsatz der Bestenauslese** Geltung verschaffen.[886] **216**

Die **Auswahlentscheidung** ist **rechtswidrig,** wenn im Auswahlverfahren unter Verstoß gegen diesen Grundsatz der **Kreis der** – ggf. von Amts wegen in das Auswahlverfahren einzubeziehenden[887] – **Bewerber eingeengt** oder **ausgedehnt** worden ist. **216 a**

---

[882] *OVG Saarlouis,* 29. 8. 1994 – 1 W 30/94 –, ZBR 95, 88 [nur Ls.]; *Wittkowski,* NJW 93, 817, 819; *Bracher,* ZBR 89, 139, 140; obergerichtlich noch nicht geklärt ist die Frage, ob die hier skizzierten Grundsätze auch dann zur Anwendung gelangen, wenn der ausgewählte Bewerber zunächst nur auf den höherwertigen Dienstposten **umgesetzt** wird, eine **Beförderung** aber – z. B. aus laufbahnrechtlichen oder haushaltsrechtlichen Gründen – **noch nicht** erfolgt, vgl. dazu unten K 112ff.

[883] Die Grundsätze, die in der Rechtsprechung zur beamtenrechtlichen Beförderung und Einstellung entwickelt worden sind, gelten daher gleichermaßen für die **Beförderung und Einstellung von Richtern**, vgl. *VGH Mannheim,* 19. 5. 1999 – 4 S 1138/99 – DVBl. 00, 502 [nur Ls.]; *OVG Schleswig,* 15. 1. 1999 – 3 M 61/98 – NVwZ-RR 99, 417; *OVG Schleswig,* 16. 11. 1998 – 3 M 50/98 – DÖV 99, 389; *OVG Koblenz,* 19. 12. 1996 – 10 B 13120/96 – NVwZ-RR 97, 369; *VGH Mannheim,* 7. 8. 1996 – 4 S 1929/96 –, NJW 96, 2525; *VGH Kassel,* 16. 2. 1995 – 1 TG 2664/94 –, NVwZ-RR 95, 457 [Ls.]; bzw. **von Angestellten** *BAG,* 2. 12. 1997 – 9 AZR 445/96 – NVwZ 98, 1110 [nur Ls.] = NZA 98, 884 = ZTR 98, 417; *BAG,* 2. 12.. 1997 – 9 AZR 668/96 – NZA 98, 882.

[884] *BVerwG,* 29. 8. 1996 – 2 C 23.95 –, NJW 97, 1321 = DÖV 1997, 168 = DVBl. 97, 363 = BayVBl. 97, 52; HessStGH, 13. 5. 1992 – P.St. 1126 –, NVwZ-RR 93, 201.

[885] *OVG Bautzen,* 17. 2. 1993 – 2 S 1/93 –, LKV 94, 147; *VGH Kassel,* 13. 6. 1988 – 1 TG 2054/88 –, DVBl. 88, 1071.

[886] Zur Frage der Beweislast in Beförderungsprozessen s. *Günther,* DÖD 94, 14.

[887] *OVG Schleswig,* 20. 1. 1994 – 3 M 4/94 –, NVwZ-RR 94, 527; *VGH Kassel,* 23. 8. 1994 – 1 TG 1794/94 – ZBR 95, 107.

217 **Beispiele:**

– Der Bewerberverfahrensanspruch ist verletzt, wenn entgegen dem Leistungsprinzip Bewerber zugelassen werden, die schon laufbahnmäßig dem Anforderungsprofil der ausgeschriebenen Stelle – s. K 221 – nicht entsprechen.[888]
– Der Bewerberverfahrensanspruch ist verletzt, wenn unter Verstoß gegen den Funktionsvorbehalt (Art. 33 Abs. 4 GG) Angestellte als Bewerber zugelassen werden.[889]
– Der Bewerberverfahrensanspruch ist verletzt, wenn bei der Auswahl von vornherein ein Beamter nicht berücksichtigt wird, der sich in einem Aufstiegslehrgang befindet, obwohl nach der tatsächlichen Verwaltungsübung der Behörde die Beförderungsämter ohne Rücksicht darauf besetzt werden, ob dem Beamten dann tatsächlich höherwertige Funktionen übertragen werden.[890]
– Der Bewerberverfahrensanspruch ist verletzt, wenn ein Bewerber von voneherein nicht berücksichtigt wird, der bislang keinen Dienstposten in der Behörde inne hat, bei der der Beförderungsdienstposten zu besetzen ist.[891]
– Der Bewerberverfahrensanspruch ist bereits verletzt, wenn in einem mehrstufigen Auswahlverfahren im Vorfeld der eigentlichen Entscheidung ein Bewerber ausscheidet, der offensichtlich besser geeignet ist als Mitbewerber, die im Verfahren bleiben.[892]
– Es ist mit dem Bewerberverfahrensanspruch vereinbar, wenn Kandidaten nicht in die Auswahlentscheidung einbezogen werden, die eine Mindestwartezeit noch nicht zurückgelegt haben.[893]
– Bei der Auswahlentscheidung über die Besetzung der Stelle für einen Juristen ist das Beurteilungsermessen weder zugunsten noch zuungunsten von ehemaligen DDR-Juristen gebunden.[894]
– Das Landeshochschulrecht sieht regelmäßig vor, dass die staatliche Kultusverwaltung nur Bewerber um eine Professur berücksichtigen (diesen einen „Ruf"[895] erteilen) darf, die in der Vorschlagsliste des zuständigen Universitätsgremiums genannt werden (vgl. z.B. § 96 Abs. 4 SchlHHochschulG). Gleichwohl ist die staatliche Seite verpflichtet zu prüfen, ob die Vorschlagsliste gesetzlichen Voraussetzungen entspricht. Dem nicht vorgeschlagenen Bewerber ist Mitteilung über den Ausgang des Bewerbungsverfahrens zu machen, das Verfahren engt sich nicht auf die von der Universität vorgeschlagenen Bewerber ein.[896] Bei den von der Hochschule auf die Vorschlagsliste gesetzten Bewerber besteht keine Bindung an die vorgenommene Reihung;[897] die Gründe für die Abweichung sind allerdings zu dokumentieren.[898]

---

888 *VGH München,* 29. 7. 1993 – 3 CE 93 1964 – ZBR 94, 350.

889 *VGH München,* 29. 7. 1993 – 3 CE 93 1964 – ZBR 94, 350; s.a. *VGH Kassel,* 27. 1. 1994 – 1 TG 2485/93 – NVwZ-RR 94, 525; *BAG,* 11. 8. 1998 – 9 AZR 155/97 – NZA 99, 767; s.a. *LAG Hannover,* 27. 5. 1995 – 3 Sa 211/93 – NVwZ-RR 95, 584: fehlerhafte Nicht-Berücksichtigung von angestellten Bewerbern aufgrund einer Verkennung der Reichweite des Funktionsvorbehalts.

890 *VGH Kassel,* 7. 81997 – 1 TG 1527/97 – NVwZ-RR 98, 448 [Ls.].

891 *OVG Koblenz,* 8. 9. 2000 – 2 B 11405.00 – DÖV 01, 41.

892 *OVG Schleswig,* 14. 12. 1993 – 3 M 65/93 –, NVwZ-RR 95, 46.

893 *VGH Mannheim,* 13. 12. 1999 – 4 S 2518.97 – NVwZ-RR 00, 801.

894 *OVG Bautzen,* 17. 2. 1993 – 2 S 1/93 – LKV 94, 147; s.a. *VG Potsdam,* 29. 4. 1996 – 2 K 264/96 – ZBR 97, 197.

895 Zur Rechtsnatur des „Rufs" s. *BVerwG,* 19. 2. 1998 – 2 C 14. 97 – NVwZ 98, 971 = DVBl. 98, 643 = DÖV 98, 740 = ZTR 98, 380, s.a. *BAG,* 9. 7. 1997 – 7 AZR 424//96 – NZA 98, 752.

896 *OVG Schleswig,* 18. 4. 1996 – 3 M 22/96 –, NVwZ-RR 96 –, 660; *OVG Schleswig,* 1. 2. 1996 – 3 M 89/95 – DVBl. 96, 521; *VG Gießen,* 31. 3. 1995 – 5 G 1412/94 (2)-, NVwZ-RR 96, 661.

897 *BVerwG,* 19. 2. 1998 – 2 C 14.97 – DVBl. 98, 643; *VGH München,* 27. 5. 1998 – 7 ZE 98714 – NVwZ-RR 99, 119 = DVBl. 98, 1354 = BayVBl. 99, 218 = BayVBl. 99, 218.

898 *VGH München,* 27. 5. 1998 – 7 ZE 98714 – NVwZ-RR 99, 119 = DVBl. 98, 1354 = BayVBl. 99, 218.

– Dasselbe gilt bei der Besetzung von Richter-Beförderungsstellen für die Bewerber, die nicht vom Richter-Wahlausschuss gewählt wurden.[899] Wird der Richter dagegen unmittelbar durch das Parlament gewählt, so hat die Dienstbehörde keine materiellrechtliche Prüfungsbefugnis bzw. -pflicht.[900]
– Die Ablehnung der Einstellung einer Bewerberin, die nach der Einstellung nicht Dienst leisten, sondern Urlaub zur Kinderbetreuung in Anspruch nehmen will, bedeutet keine unzulässige Benachteiligung wegen des Geschlechts und stellt damit eine zulässige Einengung des Kreises der Bewerber dar.[901]
– Die Nichtberücksichtigung von teilzeitbeschäftigten Beamten bei der Besetzung eines Beförderungsdienstpostens kann im Hinblick auf die konkreten mit dieser Position verbundenen Anforderungen gerechtfertigt sein.[902]

Bei der Auswahlentscheidung unter Bewerbern, die sich um eine **Einstellung** in den öffentlichen Dienst bewerben, haben die **Examensnoten** für den Leistungsvergleich herausragende Bedeutung. Gleichlautende Examensnoten, die in verschiedenen Bundesländern erzielt wurden, deuten – selbst bei identischer Definition der jeweiligen Leistungsanforderungen – nicht zwingend auf ein identisches Leistungsniveau hin. Der Dienstherr darf bei der Auswahlentscheidung im Rahmen seines Beurteilungsspielraums berücksichtigen, dass sich Prüfungsanforderungen unterscheiden, soweit dies z. B. durch entsprechende Statistiken zu belegen ist.[903] **218**

Hinweis für den Anwalt: **218 a**
Für die Zulassung zum Vorbereitungsdienst **(Referendariat)** gelten besondere Regeln: Eine von den Verwaltungsgerichten zu beachtende Beschränkung der Referendarstellen kann nur durch gesetzliche Regelung erfolgen.[904] Fehlt eine solche ausdrückliche gesetzliche Beschränkung der Stellenzahl, so darf eine Zulassung nur dann versagt werden, wenn entweder die erforderlichen Haushaltsmittel nicht zur Verfügung stehen oder die personelle und sachliche Kapazität der Ausbildungsstellen eine sachgerechte Ausbildung nicht gewährleistet.[905]
Im Hinblick auf die Eigenart des juristischen Vorbereitungsdienstes begegnet es keinen Bedenken, dass die Auswahl nach Berücksichtigung von Härtefällen durch Losverfahren und nicht nach Leistungskriterien erfolgt.[906] Ein Bewerber, der sich parallel um mehrere Stellen beworben hat und der dann den Vorbereitungsdienst in einem anderen Bundesland angetreten hat, begehrt ab diesem Zeitpunkt nicht mehr die Einstellung zur Ausbildung; zu seinem Nachteil ist davon auszugehen, dass sein Begehren nunmehr auf einen Wechsel der Ausbildungsstelle gerichtet ist.[907]
Eine vorrangige Berücksichtigung von Bewerbern, die den Wehr- oder Ersatzdienst absolviert haben, ist im Rahmen einer Härteregelung trotz der damit verbundenen mittelba-

---

899 *OVG Schleswig,* 1. 2. 1996 – 3 M 89/95 – DVBl. 96, 521; s. a. *BVerwG,* 25. 4. 1996 – 2 C 18.95 –, DtZ 97, 39 = NVwZ 97, 286 [nur Ls.] = DVBl. 96, 1153 [nur Ls.].
900 *OVG Schleswig,* 16. 11. 1998 – 3 M 50/98 – DVBl. 99, 937 = DÖV 99, 389.
901 *BVerwG,* 20. 10. 1995 – 2 B 115.95 –, ZTR 96, 137.
902 *OVG Lüneburg,* 21. 11. 1995 – 5 M 6322/95 –, NVwZ-RR 96, 677.
903 *BVerwG,* 20. 10. 1983 – 2 C 11/82 – NJW 84, 1248 = E 68, 109; *OVG Lüneburg,* 28. 2. 1995 – 5 M 5913/94 – NVwZ 95, 803 = DÖV 95, 779.
904 *VGH Kassel,* 27. 2. 1998 – 1 TG 744/98 – NVwZ-RR 99, 180; zur Beurteilung der differenzierten Anrechnungszeiten in der RefZulVO HH s. *OVG Hamburg,* 2. 6. 1998 – 1 Bs 173/98 – NJW 99, 1048; zur Hessischen VO über die Ausbildungskapazität s. *VG Darmstadt,* 30. 10. 1997 – 1 G 1949/97 (1) – NVwZ-RR 99, 760.
905 *VGH Kassel,* 28. 2. 1997 – 1 TG 684/97 – NVwZ-RR 97, 415 = DVBl. 97, 1008; *VG Frankfurt a. M.,* 19. 12. 1996 – 9 G 332/96 (2)- NVwZ-RR 97, 299; *OVG Schleswig,* 30. 9. 1994 – 3 M 49/94 – NVwZ-RR 95, 279 = DVBl. 95, 208 = DÖV 95, 202.
906 *VGH Kassel,* 27. 2. 1998 – 1 TG 744/98 – NVwZ-RR 99, 180.
907 *VG Neustadt a. d. W.,* 12. 11. 1999 – 6 L 2695.99 – NVwZ-RR 00, 696.

ren Diskriminierung europarechtlich zulässig.[908] EU-Bürger und Bürger aus der EU assoziierten Staaten sind nach Maßgabe derselben Kriterien zum Vorbereitungsdienst zuzulassen.[909]

219 Die Auswahlentscheidung unter mehreren Bewerbern um ein **Beförderungsamt** ist durch einen **aktuellen Eignungs- und Leistungsvergleich** zu treffen, der vornehmlich auf der Grundlage der dienstlichen Beurteilungen zu erfolgen hat,[910] vgl. unten K 237.

220 Dieselben Rechtsgrundsätze gelangen zur Anwendung, wenn nach der Zuordnung eines Dienstpostens zu einer höherwertigen Planstelle nunmehr zu entscheiden ist, welchem Beamten diese Stelle übertragen werden soll.[911]

221 Auswahlentscheidungen sind rechtswidrig, wenn sie darauf beruhen, dass **nicht eignungsrelevanten Auswahlkriterien** bereits im **Eignungsvergleich** der Bewerber entscheidende Bedeutung beigemessen wurde.

222 **Beispiele:**
- Das Geschlecht ist kein zulässiges Auswahlkriterium.[912]
- Die vorrangige Auswahl eines Schwerbehinderten ist unzulässig.[913]
- Die Frage, welcher der Bewerber eine bestimmte Fachprüfung zeitlich als Erster abgelegt hat, darf nicht auswahl-bestimmend sein.[914]
- Das höhere Dienst- bzw. Lebensalter rechtfertigt nicht die Beförderung eines Beamten, der eine volle Notenstufe schlechter als der Konkurrent beurteilt worden ist.[915]

223 (2) *Zulässige Hilfskriterien bei der Auswahl gleich geeigneter Bewerber.* Keinen Bedenken unterliegt es dagegen, wenn nicht direkt eignungsrelevante **Hilfskriterien** bei der Auswahl zwischen im wesentlichen gleich beurteilten Bewerbern herangezogen werden.[916]

224 **Beispiele:**
- Das **Dienstalter** ist aufgrund des **Laufbahnprinzips** ein zulässiges Hilfskriterium bei der Auswahl zwischen Beförderungsbewerbern:[917] „Danach vollzieht sich die berufliche Entwicklung eines Beamten im Rahmen der Laufbahn, für die er die Befähigung erworben

---

[908] *EuGH,* 7. 12. 2000 – C 79.99 – DVBl. 01, 116 [Schnorbus/Land Hessen].

[909] *VG Frankfurt a. M.,* 19. 12. 1996 – 9 G 332/96 (2) – NVwZ-RR 97, 299.

[910] *OVG Schleswig,* 15. 1. 1999 – 3 M 61/98 – NVwZ-RR 99, 417; *OVG Schleswig,* 1. 2. 1996 – 3 M 89/85 – DVBl. 96, 522; *VGH Kassel,* 20. 4. 1993 – 1 TG 709/93 – ZBR 94, 82, 83.

[911] *VGH Kassel,* 25. 2. 1997 – 1 TG 4061/96 – NVwZ-RR 98, 446.

[912] *VG Göttingen,* 23. 5. 1996 – 3 B 3106/96 – NVwZ 98, 100 m. w. N.; *OVG Münster,* 15. 6. 1989 – 6 B 1318/89 –, DVBl. 89, 1162, erachtet das Geschlecht nicht als sachliches Auswahlkriterium und hält eine so begründete Entscheidung für rechtswidrig; *HessStGH,* 26. 6. 1988 – P.St. 1071 –, DVBl. 89, 215, verneint einen auf den Gleichberechtigungsgrundsatz gestützten Beförderungsanspruch einer weiblichen Bewerberin, der damit begründet wird, bisher seien männliche Bewerber bei der Stellenbesetzung vorgezogen worden.

[913] *BVerwG,* 15. 2. 1990 – 1 WB 36.88 – NVwZ-RR 90, 489; s. a. *OVG Schleswig,* 8. 2. 1994 – 3 M 8.94 – ZBR 94, 132 [Ls.].

[914] *VGH Kassel,* 19. 4. 1995 – 1 TG 2801.94 – NVwZ-RR 96, 49 = DÖV 96, 259 [Ls.].

[915] *BVerwG,* 10. 11. 1993, – ZER 30. 1. 93 – DÖV 94, 616 [Ls.]; s. a. *VGH Kassel,* 9. 7. 1997 – 1 UE 3581.95 – ZTR 98, 381.

[916] *OVG Bautzen,* 11. 4. 2001 – 3 BS 84/01 – ZBR 01, 368; *OVG Münster,* 4. 1. 1999 – 6 B 2096.98 – NVwZ-RR 99, 593.

[917] *VGH Mannheim,* 7. 8. 1996 – 4 S 1923.96 – NJW 96, 2525, 2528.

hat, wobei sich die verschiedenen Ämter einer Laufbahn (Aufgaben) und die sich daraus ergebenden Anforderungen an den Amtsinhaber (Schwierigkeit, Bedeutung und Verantwortung) unterscheiden. Für die Vergabe höherwertiger Dienstposten folgt daraus, dass Beamte, die bereits eine längere Berufserfahrung in ihrer Laufbahn aufzuweisen haben, für höherwertige Aufgaben regelmäßig besser geeignet sind als Bewerber, die keine bzw. keine vergleichbare (Beamten-)Berufserfahrung aufzuweisen haben. Das führt dazu, …, dass der Dienstherr – wenn keine besonderen Umstände des Einzelfalles vorliegen – unter mehreren Bewerbern denjenigen auszuwählen hat, der in der Laufbahn am weitesten vorangeschritten ist."[918]

– Das **Lebensalter** kann ein zulässiges Hilfskriterium sein.[919]
– Die vorangehende **Leistungsentwicklung** kann ein zulässiges Hilfskriterium sein.[920]
– Die **Schwerbehinderung** ist ein zulässiges, aber kein zwingendes Hilfskriterium, d.h. bei der Auswahl zwischen im wesentlich gleich geeigneten Bewerbern darf sie, muss aber nicht den Ausschlag geben.[921]
– Das **Geschlecht** ist wegen Art. 3 Abs. 3 GG[922] und wegen Art. 2 der Richtlinie 76/207/EWG[923] lange Zeit nicht als zulässiges Hilfskriterium angesehen worden. Durch Gesetz vom 27. 10. 1994 ist zwar Art. 3 Abs. 2 GG ein Satz 2 angefügt worden: „Der Staat fördert die tatsächliche Durchsetzung der Gleichberechtigung von Frauen und Männern und wirkt auf die Beseitigung bestehender Nachteile hin." Auch diese Staatszielbestimmung soll eine Differenzierung nach dem Geschlecht wegen Verstoßes gegen Art. 3 Abs. 3 GG nicht rechtfertigen.[924] Die Rechtsprechung des EuGH hat jedoch insoweit eine Wende eingeleitet.[925] Die Frauenförderung kann jetzt als EG-rechtlich gebotenes und damit national zulässiges Hilfskriterium angesehen werden.[926]
  Die Vorgaben des Frauenförderplans können dazu führen, dass die Auswahl zwischen gleich geeigneten Bewerbern an Hand des Geschlechts erfolgen muss und die Berücksichtigung anderer Hilfskriterien unzulässig wird.[927]
– Ein gespanntes Verhältnis zwischen dem Bewerber und der Dienstbehörde kann ein zulässiges Hilfskriterium bei der Entscheidung für einen anderen Kandidaten sein.[928]

---

918 *VGH Kassel,* 28. 6. 1988 – 1 TG 1627/88 – DVBl. 88, 1072 = ZBR 88, 392; so auch *BVerwG,* 25. 8. 1988 – 2 C 51.86 – NJW 89, 538 = DVBl. 89, 199; *OVG Bautzen,* 9. 4. 2001 – 2 BS 97/01 – DVBl. 01, 1219; *VGH Mannheim,* 13. 12. 1999 – 4 S 2518.97 – NVwZ-RR 00, 801; s. aber auch *VGH Kassel,* 5. 7. 1994 – 1 TG – 1659/94 – ZBR 95, 109 = NVwZ-RR 95, 49 [nur Ls.].

919 *BVerwG,* 14. 5. 1996 – 2 B 73/96 –, NVwZ-RR 97, 41; *BVerwG,* 25. 8. 1988 – 2 C 51/86 –, NJW 1989, 538; *VGH Kassel,* 16. 5. 1995 – 1 TG 772/95 –, ZTR 96, 90 = NVwZ-RR 96, 279.

920 *OVG Saarlouis,* 30. 7. 1998 – 1 W 3/98 – NVwZ-RR 99, 260.

921 *OVG Münster,* 21. 9. 1994 – 12 B 1760/94 –, DVBl. 95, 207; *OVG Lüneburg,* 29. 5.1995 – 5 M 1525/95 –, NVwZ-RR 96, 281.

922 *VGH Kassel,* 7. 4. 1994 – 1 TG 470/94 – NVwZ-RR 94, 1229 = ZBR 95, 122 [nur Ls.]; *OVG Schleswig,* 13. 4. 1994 – 3 M 20/94 –, NVwZ 94, 1229.

923 ABl. L 39, S. 40, s. dazu *EuGH,* 17. 10. 1995 – Rs. C – 450/93 –, NJW 95, 3109 = DVBl. 95, 1231 = ZTR 95, 562 [betrifft das Landesgleichstellungsgesetz des Landes Bremen – LGG –, Fall Kalanke], dazu s. *Schmidt,* NJW 96, 1724; *Biletzki,* BayVBl. 96, 688.

924 *OVG Lüneburg,* 11. 8. 1995 – 5 M 7720/94 –, DVBl. 95, 1254 = DÖV 95, 962 = NVwZ 96, 497; *VG Arnsberg,* 18. 1. 1995 – 2 K 4275/92 –, NVwZ 95, 725; *VG Schleswig,* 16. 3. 1995 – 11 B 32/95 –, NVwZ 95, 724.

925 *EuGH,* 6. 7. 2000 – Rs. C-407.98 – NJW 00, 2653 [Fall Katarina Abrahamsson, Leif Anderson/Elisabet Fogelquist]; *EuGH,* 28. 3. 2000 – Rs. C-158.97 – NJW 00, 1549 [Fall Georg Badeck]; *EuGH,* 11. 11. 1997 – Rs. C 405/95 – NJW 97, 3429 = DVBl. 98, 183 [Fall Marschall].

926 *OVG Münster,* 22. 2. 1999 – 6 B 439798 – NVwZ-RR 00, 176.

927 *VG Frankfurt,* 29. 8. 2000 – 9 G 2391.00 (2) – NVwZ-RR 01, 45.

928 *VGH Münster,* 4. 1. 1999 – 6 B 2096/98 – NVwZ-RR 99, 593.

Der Grundsatz der parlamentarischen Verantwortlichkeit der Exekutive verbietet es, das Gewicht von Hilfskriterien in einer Vereinbarung zwischen Dienstherrn und Personalvertretung festzulegen.[929]

225 (3) *Auswahlkriterien in Verwaltungsvorschriften.* Die im Einzelfall das Auswahlverfahren beherrschenden **Verwaltungsvorschriften** sind auf ihre Vereinbarkeit mit dem Grundsatz der Bestenauslese zu überprüfen, vgl. soeben K 216f.

226 **Beispiele:**

- Erlass des Kultusministeriums, der bestimmt, dass bei der Besetzung freier Schulleiterstellen Bewerber aus dem Kollegium der betreffenden Schule nicht zu berücksichtigen sind. Eine solche ausnahmslose Regelung ist mit dem Grundsatz der Bestenauslese nicht vereinbar.[930]
- Verwaltungsvorschrift bestimmt, dass nur Lehramtsbewerber eingestellt werden, die bereit sind, für fünf Jahre eine Teilzeitbeschäftigung im Umfang von drei Vierteln der Regelstundenzahl auszuüben (Zweck: Reduzierung der Lehrer-Arbeitslosigkeit). Die Einstellung darf nicht von Kriterien abhängig gemacht werden, die über die Eignung des Bewerbers nichts aussagen.[931]
- Beförderungsrichtlinien, die bestimmen, dass Frauen bei der Bewerberauswahl um ein Beförderungsamt, die die gleiche Gesamtnote wie konkurrierende Männer erhalten habe, stets den Vorrang vor diesen Männern haben und leistungsbezogene Hilfskriterien außer Betracht bleiben müssen, sind mit Art. 3 Abs. 3 GG nicht vereinbar.[932]
- Beförderungsrichtlinien, die den Gedanken der beruflichen Bewährung durch die Vergabe von „Beförderungspunkten" bereits berücksichtigen, schränken durch kumulativ wirkende Mindestbewährungszeiten den Leistungsgrundsatz unverhältnismäßig und systemwidrig ein.[933]
- Beförderungsrichtlinien, die bestimmen, dass eine Beförderung zum Polizeihauptmeister generellerst bei Erreichen eines Mindestalters zulässig ist, unterliegen keinen Bedenken.[934]
- Beurteilungsrichtlinien müssen ausreichend breite Differenzierungsmöglichkeiten – z.B. eine genügend große Zahl möglicher Gesamturteile – zulassen. Kommt Hilfskriterien (Beförderungsdienstalter, Lebensalter) durch die Ausgestaltung der Beurteilungsrichtlinien in der Praxis die entscheidende Bedeutung zu, so verstößt dies gegen den Grundsatz der Bestenauslese.[935]
- Verwaltungsvorschriften regeln, dass u.a. je ein Vertreter des Personalrats und der Gleichstellungsstelle an Auswahlgesprächen teilnehmen. Alle Teilnehmer haben Stimmrecht, wobei im Auswahlgremium Konsens anzustreben ist. Damit wird Personen eine Einflußmöglichkeit eingeräumt, die von ihrer Funktion her die Interessen der von ihnen Vertretenen geltend machen, nicht aber das Interesse des Dienstherrn an einer bestmöglichen Stellenbesetzung verfolgen. Ein solches Auswahlverfahren ist daher unzulässig.[936]

---

929 *VGH Kassel,* 19. 11. 1993 – 1 TG 1465/93 –, ZBR 94, 344.

930 *VGH Kassel,* Beschluss vom 13. 6. 1988 – 1 TG 2054/88 –, DVBl. 88, 1071 –.

931 *BVerwG,* 2. 3. 2000 – 2 C 1.99 – ZTR 00, 334; *BVerwG,* 6. 7. 1989 – 2 C 52/87 –, NVwZ 89, 969 = DVBl. 89, 1157; a.A. Vorinstanz *OVG Lüneburg,* 15. 12. 1987 – 5 A 124/87 – NVwZ-RR 88, 37; s.a. *OVG Koblenz,* 19. 12. 1996 – 10 B 13120/96 – NVwZ-RR 97, 369, 372; *VG Frankfurt a.M.,* 9. 11. 1998 – 9 E 1570/98(V) – NVwZ-RR 99, 325; *BVerwG,* 22. 2. 1990 – 2 C 13.87 –, NVwZ-RR 90, 619 erachtet es dagegen für zulässig, dass Ernennungen von Lehrern nach Maßgabe einer Warteliste erfolgen.

932 *OVG Lüneburg,* 11. 8. 1995 – 5 M 7720/94 –, DÖV 95, 962 = DVBl. 95, 1254 = NVwZ 96, 597.

933 *OVG Koblenz,* 19. 2. 1997 – 2 B 10139/97 – NVwZ-RR 98, 246 = DÖV 97, 880.

934 *OVG Koblenz,* 15. 7. 1999 – 2 B 11402/99 – NVwZ-RR 99, 774 = DVBl. 99, 1446.

935 *OVG Koblenz,* 6. 7. 1995 – 10 B 11538/95 –, NVwZ-RR 96, 456; *VGH Kassel,* 19. 11. 1993 – 1 TG 1465/93 –, ZBR 94, 345.

936 *OVG Münster,* 27. 6. 1994 – 12 B 1084/94 –, NVwZ-RR 95, 100 = DVBl. 95, 205.

Die Regelung von Auswahlkriterien in Verwaltungsvorschriften ist allerdings nicht uneingeschränkt zulässig: Die **Laufbahnprüfung** von Beamtenanwärtern schafft eignungsbezogene Voraussetzungen für den Zugang zu einem öffentlichen Amt. In diesem Bereich hat der Gesetzgeber aufgrund des Rechtsstaats- und Demokratieprinzips (Art. 20 GG) die wesentlichen Entscheidungen selbst zu treffen **(Gesetzesvorbehalt)** und darf sie nicht der Verwaltung überlassen.[937] Die gesetzlichen Regelungen haben sich an den vom BVerwG zum Prüfungsrecht[938] entwickelten Grundsätzen zu orientieren.[939] **227**

(4) *Auswahlkriterien in Gesetzen.* Da der Grundsatz der Bestenauslese Verfassungsrang hat und durch Bundesrahmengesetz konkretisiert wird (§ 7 BRRG), sind auch die Landesgesetzgeber gehindert, entgegenstehende Auswahlkriterien zu normieren.[940] **228**

Derartige Regelungen haben dagegen Bestand, wenn sie durch Öffnungs- oder Härteklauseln gelockert sind.[941] **229**

Beispiele:

- § 25 Abs. 5 Satz 2 Halbsatz 1 LBG NW,[942] § 8 Abs. 2 Berliner LandesgleichstellungsG, § 5 Abs. 3 Gleichstellungsgesetz MV und § 13 LandesgleichstellungsG (LGG) Saarl.[943] bestimmen, dass Frauen bei der Beförderung Männern mit gleicher Eignung, Befähigung und fachlicher Leistung bis zum Erreichen einer hälftigen Frauenquote vorzuziehen sind, „sofern nicht in der Person eines Mitbewerbers liegende Gründe überwiegen."
- § 5 Abs. 1 Satz 1 SHGleichstellungsG räumt Frauen bei gleicher Eignung, Befähigung und Leistung grundsätzlich den Vorrang ein. Dieser entfällt gem. § 6 SHGleichstellungsG, wenn die Nichtberücksichtigung des männlichen Bewerbers auch unter Beachtung des Gebotes zur Gleichstellung der Frauen eine unzumutbare Härte bedeuten würde.[944]

---

937 *BVerwG,* 1. 6. 1995 – 2 C 16/94 –, NVwZ 97, 73.

938 S. unten K 356ff.

939 *BVerwG,* 1. 6. 1995 – 2 C 16/94 –, NVwZ 97, 73; s. aber auch *VGH München,* 11. 6. 1996 – 3 C 95 4126 – DVBl. 97, 378.

940 §§ 5, 6 Niedersächsisches GleichstellungsG, die vorbehaltlos bestimmten, dass Frauen bei gleicher Eignung bevorzugt zu ernennen bzw. zu befördern sind, verstießen mithin gegen höherrangiges Recht: *OVG Lüneburg,* 8. 3. 1996 – 5 M 2835/95 –, NVwZ-RR 97, 611 = DVBl. 96, 1154 [Ls.]; *OVG Lüneburg,* 7. 2. 1996 – 2 M 7760/95 – NVwZ 97, 609; zu Quotenregelungen s. *Fuchsloh,* NVwZ 91, 442; *Sachs,* NVwZ 91, 437; *Schmidt,* NJW 96, 1724; zur Geltung von Gleichstellungsbestimmungen bei der Besetzung von Ausbildungsplätzen im öffentlichen Dienst *BVerwG,* 20. 3. 1996 – 6 P 7.94 –, ZTR 96, 596 [zu § 7 Abs. 1 Berliner LandesgleichstellungsG].

941 *EuGH,* 28. 3. 2000 – Rs. C-158.97 – NJW 00, 1549 [Fall Georg Badeck, betrifft Hess.GleichberechtigungsG]; *EuGH,* 11. 11. 1997 – Rs. C 405/95 – NJW 97, 3429 = DVBl. 98, 183 [Fall Marschall, betrifft § 25 Abs. 5 LBG NW] ergangen aufgrund Vorlage *VG Gelsenkirchen,* 21. 12. 1995 – 1 K 6303/94 – NVwZ 96, 511; dem *EuGH* folgend *BAG,* 2. 12. 1997 – 9 AZR 668/96 – NZA 98, 882 = ZTR 98, 419; wie *EuGH* bereits *Hess StGH,* 16. 4. 1997 – P.St. 1202 – NVwZ 97, 784 [nur Ls.]; **a. A.** noch *OVG Münster,* 20. 9. 1995 – 6 B 1826/95 – NVwZ 96, 495; *OVG Münster,* 19. 12. 1995 – 6 B 2688/95 – NVwZ 96, 494 = ZBR 96, 95 = DVBl. 96, 525 [Ls.]; *OVG Saarlouis,* 14. 7. 1997 – 1 W 18/97 – soweit ersichtlich nicht veröffentlicht.

942 Dazu *OVG Münster,* 22. 2. 1999 – 6 B 439798 – NVwZ-RR 00, 176.

943 Dazu *OVG Saarlouis,* 18. 5. 1999 – 1 W 16/98 – NVwZ-RR 00, 31.

944 *OVG Schleswig,* 6. 3. 1998 – 3 M 34/97 –, NVwZ-RR 99, 261 = DÖV 98, 554.

– § 10 Hess.GleichberechtigungsG regelt im einzelnen, dass bestimmte Hilfskriterien – die regelmäßig die Auswahl Männer begünstigen – bei der Auswahlentscheidung nicht berücksichtigt werden dürfen.[945]

230 (5) *Beurteilungsspielraum des Dienstherrn bei der Auswahl.* Grundsätzlich hat der Dienstherr einen weiten **Beurteilungsspielraum,** welches Gewicht er den einzelnen Auswahlkriterien – insbesondere unter Berücksichtigung des sich aus der Ausschreibung ergebenden **Anforderungsprofils,** vgl. dazu sogleich K 234, – beimißt.[946] Die Ergebnisse der dienstlichen Beurteilungen sind dabei in der Regel entscheidend, sofern die Beurteilungen vom Dienstherrn aus Anlaß der Beförderung erstellt worden sind. In den übrigen Fällen haben die Beurteilungen zwar erhebliches,[947] jedoch nicht zwingend das ausschlaggebende Gewicht,[948] vgl. im Einzelnen unten K 237 ff.

Der Dienstherr muss alle Kriterien in seine Entscheidung einbeziehen. Die Auswahlgrundsätze begründen mithin regelmäßig keinen unmittelbaren Anspruch auf die Ernennung eines bestimmten Kandidaten bzw. Beförderung eines bestimmten Beamten.[949]

231 Der Beurteilungsspielraum kann sich allerdings unter bestimmten Umständen so einengen, dass nur die Ernennung bzw. Beförderung eines bestimmten Bewerbers rechtmäßig ist.[950] Unterbleibt die Beförderung in einem solchen Fall, so entsteht ein Schadensersatzanspruch aus der schuldhaften Verletzung des öffentlich-rechtlichen Dienstverhältnisses.[951]

Hinweise für den Anwalt:

– Die Verletzung des Bewerberverfahrensanspruchs allein rechtfertigt also keinen Anspruch auf Schadensersatz wegen unterlassener Beförderung.[952]

– Die verwaltungsgerichtliche Klage auf Schadensersatz ist nur zulässig, wenn der Beamte zuvor erfolglos einen entsprechenden Antrag an seinen Dienstherrn gestellt hat.[953]

945 *EuGH,* 28. 3. 2000 – Rs. C-158.97 – NJW 00, 1549 [Fall Georg Badeck].

946 *OVG Schleswig,* 15. 1. 1999 – 3 M 61/98 – NVwZ-RR 99, 417; *OVG Schleswig,* 14. 12. 1993 – 3 M 65/93 –, NVwZ-RR 95, 1; *VGH Kassel,* 26. 10. 1993 – 1 TG 1585/93 – DVBl. 94, 593; *VGH Kassel,* 26. 11. 1992 – 1 TG 1792/92 –, NVwZ 93, 282 und *VGH Kassel,* 18. 2. 1985 – 1 TG 252/85 –, NJW 85, 1103, 1104.

947 *VGH Kassel,* 5. 7. 1994 – 1 TG 1659/94 –, ZBR 95, 109 = NVwZ-RR 95, 49 [nur Ls.].

948 *BVerwG,* 13. 4. 1994 – 1 WB 51.93 –, ZBR 94, 278; s. aber auch *OVG Münster,* 27. 6. 1994 – 12 1084/94, DVBl. 95, 205.

949 *BVerwG,* 31. 5. 1990 – 2 C 16/89 –, NVwZ 91, 375; *BVerwG,* 29. 4. 1992 – 2 B 68.92 –, ZBR 92, 243; *VGH München,* 16. 10. 1989 – 3 CE 8902833 –, NVwZ 90, 285; *Schnellenbach,* Beamtenrecht in der Praxis, 4. Aufl. 1998, Rdn. 56.

950 *VGH Mannheim,* 23. 5. 1994 –, 4 S 1933/93 –, DVBl. 95, 1253; vgl. zu den einschlägigen Kriterien *Schnellenbach,* Beamtenrecht in der Praxis, 4. Aufl. 1998, Rdn. 56 f.; ein Ernennungsanspruch kann insbesondere gestützt auf Art. 12 Abs. 1 GG bei Bewerbern für den Vorbereitungsdienst gegeben sein, vgl. *OVG Münster,* 10. 6. 1983 – 6 B 1094/83 –, DVBl. 83, 1115.

951 *BVerwG,* 28. 5. 1998 – 2 C 29.97 – DÖV 98, 884 = DVBl. 98, 1083 = NVwZ 98, 1304 [nur Ls.] = ZTR 99, 93 [nur Ls.]; *BVerwG,* 29. 8. 1996 – 2 C 23.95 – NJW 97, 1321 = DVBl. 97, 363 = DÖV 97, 168 = BayVBl. 97, 52; *BVerwG,* 14. 5. 1996 – 2 B 73/96 –, NVwZ-RR 97, 41 [zum Verschulden des Dienstherrn bei der rechtsfehlerhaften Beförderungsauswahl], *BVerwG,* 16. 10. 1991 – 2 B 115.91 –, NJW 92, 927 = ZBR 92, 106; *OVG Bremen,* 29. 5. 1992 – 2 BA 76/91 –, ZBR 93, 189.

952 *VGH Kassel,* 9. 7. 1997 – 1 UE 3581/95 – ZTR 98, 381.

953 *BVerwG,* 10. 4. 1997 – 2 C 38.95 – BayVBl. 97, 696.

– Der Schadensersatzanspruch setzt ein Verschulden bei der Auswahlentscheidung voraus.[954] Die rechtsfehlerhaft unterbliebene Beförderung eines Beamten kann dem Dienstherrn regelmäßig dann nicht als schuldhaft vorgeworfen werden, wenn die zugrundeliegende Rechtsauffassung der Behörde sich zwar letztlich als unrichtig erwiesen hat, aber zuvor von einem mit mehreren rechtskundigen Richtern besetzten Kollegialgericht als objektiv rechtmäßig bestätigt worden ist.[955]
– Für den Schadensersatzanspruch aus der schuldhaften Verletzung des öffentlich-rechtlichen Dienstverhältnisses gilt der Rechtsgedanke des § 839 Abs. 3 BGB entsprechend, nach der eine Ersatzpflicht nicht eintritt, wenn der Verletzte mögliche Rechtsbehelfe gegen die ihn belastende Beförderungsentscheidung nicht in Anspruch genommen hat.[956]
– Ein inhaltsgleicher Schadensersatzanspruch kann sich aus § 839 Abs. 1 BGB ergeben.[957]

Das dem Dienstherrn gesetzlich zustehende Ermessen, ob er einem Versetzungsgesuch entspricht, wird nicht durch diese zur Frage der sachgerechten Auswahl zwischen mehreren Bewerbern um eine Beförderungsstelle entwickelten rechtlichen Grundsätze eingeschränkt. Der Beamte, der das der ausgeschriebenen Stelle zugeschriebene Amt im statusrechtlichen Sinne bereits innehat **(Versetzungsbewerber)**, ist gegenüber dem noch zu befördernden Konkurrenten also nicht zwingend vorzuziehen.[958] Er kann seine Einbeziehung in das Auswahlverfahren nicht verlangen, wenn sein Dienstherr seine Versetzung ermessensfehlerfrei ablehnt.[959] Entscheidet sich der Dienstherr für einen „Versetzungsbewerber" und gegen einen „Beförderungsbewerber", so ist die Auswahlentscheidung für diesen jedenfalls unter dem Eignungsaspekt nicht angreifbar.[960] Rechtsschutz kann allenfalls unter dem Gesichtspunkt der beamtenrechtlichen Fürsorge in Anspruch genommen werden,[961] im Hinblick auf den wenig griffigen materiellrechtlichen Prüfungsmaßstab bietet ein solches Vorgehen jedoch kaum Aussichten auf Erfolg. **232**

Im Einzelfall kann sich eine stärkere Position des Beförderungsbewerbers ergeben, wenn die zu besetzende Stelle ausgeschrieben worden ist. Hieraus kann – ausdrücklich oder mittelbar – eine Selbstbindung des Dienstherrn folgen, den freien Dienstposten ausschließlich nach den Grundsätzen der Bestenauslese zu beset-

954 *BVerwG,* 14. 8. 1998 – 2 B 34.98 – NVwZ 99, 424 = DVBl. 99, 320.

955 *BVerwG,* 14. 3. 1997 – 2 B 93.96 – DÖV 97, 1056 [Ls.]; *OVG Koblenz,* 15. 1. 1999 – 2 A 12143/98 – DVBl. 99, 941 [Ls.].

956 *BVerwG,* 9. 12. 1999 – 2 C 38.98 – DÖV 00, 602 = ZTR 00, 285 [Ls.]; *BVerwG,* 3. 12. 1998 – 2 C 22.97 – DVBl. 99, 940 [Ls.]; *BVerwG,* 28. 5. 1998 – 2 C 29.97 – DÖV 98, 884 = DVBl. 98, 1083 = NVwZ 98, 1304 [nur Ls.] = ZTR 99, 93 [nur Ls.].

957 *BGH,* 6. 4. 1995 – III ZR 183/94 – NJW 95, 2344; *OLG Hamm,* 7. 2. 1997 – 11 U 160/96 – NVwZ-RR 98, 535.

958 *VGH München,* 26. 2. 1996, – 3 CE 96.64 – NVwZ-RR 97, 368 = BayVBl. 96, 758; *OVG Münster,* 26. 4. 1991 – 6 B 744/91 –, NVwZ-RR 92, 369 = ZBR 92, 212.

959 *VG Braunschweig,* 16. 12. 1998 – 7 B 7616/98 – NVwZ-RR 99, 594.

960 *OVG Koblenz,* 19. 12. 1996 – 10 B 13120/96 – NVwZ-RR 97, 369; *VGH München,* 26. 2. 1996 – 3 CE 96.64 –, NVwZ-RR 97, 368 = BayVBl. 96, 758; *VGH Mannheim,* 23. 5. 1994 – 4 S 1933/93 2-, DVBl. 95, 1253; *VGH Mannheim,* 29. 11. 1991 – 4 S 2678/91 –, NVwZ-RR 93, 93; *OVG Münster,* 26. 4. 1991 – 6 B 744/91, DVBl. 91, 1212 = NVwZ-RR 92, 369 = ZBR 92, 212.

961 *OVG Koblenz,* 19. 12. 1996 – 10 B 13120/96 – NVwZ-RR 97, 369; *VGH München,* 26. 2. 1996 – 3 CE 96.64 –, NVwZ-RR 97, 368 = BayVBl. 96, 758.

zen.[962] Eine Ermessensbindung in diesem Sinne findet ferner statt, wenn der Dienstherr zu erkennen gibt, dass er ein Konkurrenzverhältnis zwischen Beförderungs- und Versetzungsbewerber allein nach diesen Kriterien lösen will.[963]

bb) Verfahrensrechtliche Anforderungen an die Auswahlentscheidung

233 Im Konkurrentenrechtsstreit spielen allerdings nicht nur die materiell-rechtlichen Kriterien der Bestenauslese eine Rolle. Auch das Verfahren der Auswahl ist vielfältig rechtlich strukturiert. Da auch diese Verfahrensregelungen – mittelbar – der Bestenauslese dienen, können Rechtsverletzungen in diesem Bereich gleichermaßen den Anordnungsanspruch begründen.

234 (1) *Anforderungsprofil.* Die Einordnung der Eignung und Leistung eines Bewerbers auf einer Skala, die abstrakt von den verfassungsrechtlich relevanten Auswahlkriterien bestimmt wird, ist kaum möglich und sinnvoll. Das gilt auch für den Eignungs-vergleich mehrerer Bewerber an Hand eines solchen abstrakten Maßstabes. Jedenfalls wenn es um die Besetzung höherwertiger Dienstposten geht, hat der Dienstherr daher ein spezifisches, dienstpostenbezogenes **Anforderungsprofil** festzulegen.[964] Die Festlegung des Anforderungsprofils nimmt die Auswahlentscheidung teilweise vorweg und ist grundsätzlich gerichtlich überprüfbar. Dabei ist allerdings die Organisationsgewalt des Dienstherrn zu respektieren: bei der Bestimmung der Funktion eines Dienstpostens nach Art und Umfang sowie der an den Amtsinhaber zu stellenden Anforderungen hat der Dienstherr ein weites Ermessen.[965] Der Vergleich der Bewerber im Hinblick auf das Anforderungsprofil hat primär auf der Grundlage der vorliegenden Beurteilungen zu erfolgen. Dabei ist insbesondere zu prüfen, inwieweit das individuelle Befähigungsprofil dem Anforderungsprofil entspricht; ein Vergleich der Bewerber mit Hilfe der (Noten-) Ergebnisse der dienstlichen Beurteilung ist dagegen in einem solchen Falle nicht maßgeblich.[966] Nur wenn die vorliegenden Beurteilungen nicht hinsichtlich aller nach dem Anforderungsprofil maßgeblichen Eigenschaften Aussagen enthalten, kann auch auf sonstige Umstände abgestellt werden.[967]

Ein Anforderungsprofil kann für einen „fliegenden Dienstposten" nicht entwickelt werden, ein auf die Besetzung eines solchen Postens ausgerichtetes Auswahlverfahren ist daher unzulässig:

---

[962] *OVG Schleswig,* 2. 12. 1996 – 3 M 94/96 – NVwZ-RR 97, 373; *OVG Koblenz,* 9. 10. 1998 – 10 A 11390/98 – NVwZ-RR 99, 592; *VGH Kassel,* 23. 4. 1996 – 1 TG 298/96 – NVwZ-RR 98, 121; *VGH Kassel,* 26. 11. 1992 – 1 TG 1792/92 – NVwZ 93, 282; *VGH Kassel,* 6. 7. 1989 – 1 TG 1870/89 – ZBR 90, 24; s.a. *OVG Koblenz,* 19. 12. 1996 – 10 B 13120/96 – NVwZ-RR 97, 369 m. w. N. aus der Rechtsprechung.

[963] *OVG Koblenz,* 19. 12. 1996 – 10 B 13120/96 – NVwZ-RR 97, 369.

[964] *VGH Kassel,* 19. 9. 2000 – 1 TG 2902.00 – NVwZ-RR 01, 255 [Ls.]; *OVG Schleswig,* 15. 1. 1999 – 3 M 61/98 – NVwZ-RR 99, 417; *OVG Koblenz,* 30. 6. 1997 – 2 B 11653/97 – NVwZ-RR 99, 49; *OVG Koblenz,* 19. 12. 1996 – 10 B 13120/96 – NVwZ-RR 97, 369; *OVG Schleswig,* 2. 12. 1996 – 3 M 94/96 – NVwZ-RR 97, 373; *VGH München,* 11. 7. 1996 – 3 CE 961035 – BayVBl. 97, 380; *VGH Kassel,* 26. 10. 1993 – 1 TG 1585/93 – NVwZ-RR 94, 601 = ZBR 94, 347.

[965] *OVG Koblenz,* 30. 6. 1997 – 2 B 11653/97 – NVwZ-RR 99, 49; *OVG Lüneburg,* 21. 11. 1995 – 5 M 6322/95 – NVwZ-RR 96, 677.

[966] *OVG Koblenz,* 30. 6. 1997 – 2 B 11653/97 – NVwZ-RR 99, 49.

[967] *OVG Schleswig,* 2. 12. 1996 – 3 M 94/96 – NVwZ-RR 97, 373.

„Grundsätzlich (ist) … für einen höherwertigen, herausgehobenen Dienstposten ein geeigneter Beamter zu suchen, nicht jedoch ein geeigneter Bewerber zu befördern und dann der Dienstposten zu schaffen.“ [968]

Orientiert sich die Auswahlentscheidung nicht an dem leistungsgerecht bestimmten Anforderungsprofil, spricht dies für einen Auswahlfehler.[969]

Aufgrund desselben Rechtsgedankens muss zunächst eine Dienstpostenbewertung nach dem Grundsatz der funktionsgerechten Besoldung, § 18 BBesG, durchgeführt werden, bevor freie, höherwertige Planstellen einzelnen Dienstposten zugeordnet werden. Unterbleibt diese Bewertung, so kann ein Stelleninhaber, dessen Position nicht angehoben werden soll, diese Neubewertung einer anderen Position zunächst verhindern.[970] **234 a**

(2) *Spezialgesetzliche Verfahrensbestimmungen für die Auswahl.* Eine Besetzungsentscheidung ist rechtswidrig, wenn sie Ergebnis eines Auswahlprozesses ist, bei dem spezielle Verfahrensbestimmungen mißachtet worden sind, die die Bestenauslese gewährleisten sollen. **235**

Beispiele: **236**

- § 88 HessSchulG bestimmt, dass zur Vorbereitung der Auswahl eines Schulleiters ein Findungsausschuss aus Eltern- und Lehrervertretern gebildet wird. Folgt die Schulaufsichtsbehörde dem Vorschlag dieses Ausschusses nicht, so muss sie dem Gremium Gelegenheit geben, einen neuen Vorschlag vorzulegen.[971]
- Verwaltungsvorschriften können bestimmen, dass offene Stellen grundsätzlich ausgeschrieben werden, um so eine größere Zahl von potentiellen Bewerbern zu erreichen. Eine Ernennung ohne vorherige Ausschreibung ist dann rechtswidrig.[972] Im Vorfeld der Ausschreibung ist für die zu besetzende Stelle ein an den spezifischen Anforderungen des zu vergebenden Amtes orientiertes Anforderungsprofil zu erstellen.[973]
- Hochschullehrerstellen sind gem. Art 56 BayHochschulG auszuschreiben. Der von der Berufungskommission zu erstellende Vorschlag muss mindestens drei Namen aufführen. Die Gründe für die vom Fachbereichsrat zu treffende Auswahlentscheidung müssen aus der Sitzungsniederschrift ersichtlich sein.[974]

(3) *Grundlage und Dokumentation der Auswahlentscheidung.* Grundlage der Auswahlentscheidung zwischen mehreren Bewerbern sind die in den Personalakten dokumentierten Erkenntnisse, insbesondere **dienstliche Beurteilungen.**[975] **237**

---

968 *OVG Münster,* 21. 9. 1994 – 12 B 1760/94 –, DVBl. 95, 207 = ZBR 95, 80.

969 *OVG Bautzen,* 9. 4. 2001 – 2 BS 97/00 – DVBl. 01, 1219; *VGH Kassel,* 26. 10. 1993 – 1 TG 1585/93 – ZBR 94, 347.

970 *VGH Kassel,* 18. 1. 2000 – 1 TZ 3149.99 – NVwZ-RR 00, 622 = ZTR 00, 285.

971 *VGH Kassel,* 27. 6. 1995 – 1 TG 610/95 – NVwZ-RR 96, 152.

972 *VGH Kassel,* 18. 2. 1991 – 1 TH 85/91 –, NVwZ-RR 92, 34; zu der Frage, ob von Gesetzes wegen auch in anderen Fällen auszuschreiben ist, s. *OVG Bautzen,* 11. 4. 2001 – 3 BS 84/01 – ZBR 01, 368; *Wittkowski,* NJW 93, 817, 820; *Laubinger,* VerwArch 92, 246, 270; *Schnellenbach,* NVwZ 90, 637, 638.

973 *VG Frankfurt,* 11. 11. 1997 – 9 G 1587/97 (1) – NVwZ-RR 99, 134.

974 *VGH München,* 16. 12. 1998 – 7 ZE 98 3115 – NVwZ-RR 99, 641 = BayVBl. 99, 659 = DVBl. 99, 802 [Ls.].

975 *OVG Saarlouis,* 30. 7. 1998 – 1 W 3/98 – NVwZ-RR 99, 260; *VGH München,* 11. 7. 1996 – 3 CE 96 1035 –, BayVBl. 97, 380; *OVG Schleswig,* 1. 2. 1996 – 3 M 89/95 – DVBl. 96, 52; *OVG Koblenz,* 6. 7. 1995 – 10 B 11538/95 – NVwZ-RR 96, 456; *VGH Kassel* 26. 10. 1993 – 1 TG 1585/93 – DVBl. 94, 593 = ZBR 94, 347; zur Vergleichbarkeit der dienstlichen Beurteilungen von Angestellten und Beamten im öffentlichen Dienst *OVG Lüneburg,* 17. 11. 1994 – 2 M 5371/94 – NVwZ 96, 501.

Hinweis für den Anwalt:

Im Rahmen des Verfahrens gem. § 123 können die Verfahrensbeteiligten grundsätzlich in alle gem. § 99 vorgelegten bzw. vorzulegenden Personalakten gem. § 100 Einsicht nehmen,[976] vgl. auch E 148.

237 a Im Hinblick auf die gebotene **Aktualität des Leistungsvergleichs** den letzten dienstlichen Beurteilungen[977] vorrangige Bedeutung zu.[978] Wenn aktuelle Beurteilungen nicht zur Verfügung stehen, sind sie zu erstellen.[979] Dabei besteht keine strikte Bindung an die als Gesamturteil in den Beurteilungen vergebenen Prädikate.[980] Insbesondere wenn die konkurrierenden Bewerber in unterschiedlichen Verwaltungsbereichen oder Funktionen beurteilt worden sind, ist der Dienstherr verpflichtet, die Beurteilungen wertend zu vergleichen.[981] Dabei ist zu prüfen, ob die Beurteiler erkennbar von demselben Beurteilungsniveau ausgegangen sind.[982] Ist dies nicht der Fall, so ist der Dienstherr im Rahmen seiner Auswahlentscheidung verpflichtet, auf die sich aus den Beurteilungen ergebenden Einzelleistungs- und Befähigungsmerkmale zurückzugreifen, um so dem Prinzip der Bestenauslese Geltung zu verschaffen.[983] Geringfügige Unterschiede in einzelnen Leistungsmerkmalen rechtfertigen allerdings nicht die Annahme eines für die Auswahl relevanten Eignungsvorsprungs.[984]

Der Rückgriff auf länger zurückliegende Beurteilungen kann geboten sein, wenn erst so Leistungsunterschiede zwischen aktuell im Wesentlichen gleich beurteilten Bewerbern deutlich werden: die bessere Eignung eines Kandidaten kann daraus resultieren, dass er kontinuierlich und über einen langen Zeitraum gut beurteilt wurde.[985] Im Rahmen der Auswahlentscheidung ist auch der dienstliche Werdegang der konkurrierenden Bewerber zu betrachten:

---

976 *VGH Kassel,* 7. 10. 1993 – 1 TJ 1705/93 – NVwZ 94, 398; *Wittkowski,* NVwZ 95, 345, 346.

977 *VGH Kassel,* 19. 9. 2000 – 1 TG 2902.00 – NVwZ-RR 01, 255 [Ls.]; *OVG Schleswig,* 7. 6. 1999 – 3 M 18/99 – NVwZ-RR 99, 652: eine Beurteilung, die mehr als ein Jahr alt ist, ist nicht hinreichend aktuell; *VG Gießen,* 23. 5. 2000 – 5 G 461.00 – NVwZ-RR 00, 807: eine fünf Jahre alte Beurteilung kann nicht Entscheidungsgrundlage sein.

978 *OVG Koblenz,* 17. 12. 1999 – 10 B 12176.99 – NVwZ-RR 00, 803; *OVG Schleswig,* 15. 1. 1999 – 3 M 61/98 – NVwZ-RR 99, 417; *VGH Kassel,* 25. 2. 1997 – 1 TG 4061/96 – NVwZ-RR98,446; *OVG Koblenz,* 19. 12. 1996 – 10 B 13120/96 – NVwZ-RR 97, 369.

979 *OVG Münster,* 26. 10. 2000 – 6 B 1281.00 – NVwZ-RR 01, 254.

980 *VG Gießen,* 23. 5. 2000 – 5 G 461.00 – NVwZ-RR 00, 807.

981 *OVG Koblenz,* 20. 6. 2000 – 10 B 11025.00 – DVBl. 01, 756 [Ls.]; *VGH Mannheim,* 27. 4. 1999 – 1 TZ 4569.98 – ZBR 01, 145; *OVG Schleswig,* 15. 1. 1999 – 3 M 61/98 – NVwZ-RR 99, 417; *VGH Kassel,* 2. 7. 1996 – 1 TG 1445/96 –, NVwZ-RR 97, 615 = ZTR 97, 47.

982 *VGH Kassel,* 30. 4. 1998 – 1 TG 4383/97 – ZTR 99, 191.

983 *OVG Koblenz,* 17. 12. 1999 – 10 B 12176.99 – NVwZ-RR 00, 803; *OVG Schleswig,* 15. 1. 1999 – 3 M 61/98 – NVwZ-RR 99, 417.

984 *BVerwG,* 25. 8. 1988 – 2 C 51/86 – NJW 89, 538 = BVerwGE 80, 123; *VGH Kassel,* 16. 5. 1995 – 1 TG 772/95 – ZTR 96, 90.

985 *OVG Saarlouis,* 30. 7. 1998 – 1 W 3/98 – NVwZ-RR 99, 260; *OVG Münster,* 17. 12. 1998 – 12 B 2041/98 – DVBl. 99, 934; *VGH München,* 11. 7. 1996 – 3 CE 961035 –, BayVBl. 97, 380; *OVG Koblenz,* 19. 12. 1996 – 10 B 13120/96 – NVwZ-RR 97, 369.

Beispiel: 237b

Ein Bewerber hat die einschlägige Laufbahnprüfung abgelegt, der andere Bewerber gehört der Laufbahn aufgrund einer Überleitungsentscheidung des Landesgesetzgebers an.[986]

Ein Leistungsvergleich der Bewerber auf der Grundlage dienstlicher Beurteilungen nur möglich, wenn die Beurteilungen auf das Amt bezogen sind, das der Beamte statusrechtlich innehat. Es ist danach nicht zulässig, einen Beamten nur deshalb als besser qualifiziert zu beurteilen, weil er im Beurteilungszeitraum höherwertige Aufgaben wahrgenommen hat.[987] 237c

Der **Anwalt** sollte bei der Beratung bedenken, dass die **Korrektur dienstlicher Beurteilungen des Mandanten** nur im normalen Erkenntnisverfahren durchgesetzt werden kann,[988] wobei die gerichtlichen Überprüfungsmöglichkeiten eingeschränkt sind, weil der für den Dienstherrn handelnde Vorgesetzte im Rahmen seines Beurteilungsspielraums ein persönlichkeitsbedingtes Werturteil trifft.[989] Ein Bewerber hat keinen Anspruch darauf, dass die Besetzung eines ausgeschriebenen Dienstpostens so lange unterbleibt, bis über seinen Beurteilungsrechtsstreit entschieden ist.[990] Eine Überprüfung von dienstlichen Beurteilungen in einem einstweiligen Rechtsschutzverfahren ist grundsätzlich nicht möglich. Sie kommt nur in Ausnahmefällen in Betracht, wenn die Beurteilung evident fehlerhaft ist.[991] 237d

Die dienstlichen **Beurteilungen des obsiegenden Bewerbers** betreffen ausschließlich das Rechtsverhältnis zwischen diesem Beamten und seinem Dienstherrn. Im Konkurrentenrechtsstreit haben daher der unterlegene Bewerber und das Gericht diese Beurteilung als Faktum hinzunehmen.[992] Bei der Überprüfung der Auswahlentscheidung können die dienstlichen Beurteilungen aller Beteiligten also nur in den vorliegenden Fassungen berücksichtigt werden. Sind allerdings die vorliegenden dienstlichen Beurteilungen der einzelnen Bewerber von sehr unterschiedlicher (bzw. gänzlich fehlender) Aktualität, so muss der Dienstherr neue (Anlass-)Beurteilungen vornehmen und solange mit der Auswahlentscheidung warten, bis diese vorliegen.[993] 237e

Neben den dienstlichen Beurteilungen haben **Besetzungsberichte** des unmittelbaren Dienstvorgesetzten maßgebliche Bedeutung für die Auswahlentscheidung. Im Besetzungsbericht wird die Eignung der einzelnen Bewerber im Hinblick auf die konkret zu besetzende Stelle vergleichend bewertet.[994] 238

---

986 *VGH Kassel,* 29. 10. 1996 – 1 TG 2729/96 – ZTR 97, 95.

987 *OVG Koblenz,* 25. 2. 1997 – 2 B 10392 – NVwZ-RR 98, 245 = DÖV 97, 881.

988 *Battis,* NJW 93, 1040, 1041 mit zahlreichen Nachw. aus der Rspr.

989 *BVerwG,* 26. 8. 1993 – C 37.91 – DVBl. 94, 112; *BVerwG* 17. 3. 1993 – 2 B 25.93 –, BayVBl. 93, 473 = ZBR 93, 245; *VGH Kassel,* 16. 11. 1999 – 1 TZ 2496/99 – DÖV 00, 605.

990 *VGH Mannheim,* 19. 12. 1997 – 4 S 2593/97 – NVwZ-RR 00, 37; *OVG Münster,* 3. 7. 1992 – 1 B 2453/92 –, NVwZ-RR 93, 278.

991 *VGH Mannheim,* 19. 12. 1997 – 4 S 2593/97 – NVwZ-RR 00, 37.

992 *VGH München,* 10. 1. 1995 – 3 CE 94 3316 –, ZBR 95, 204; offener formuliert *OVG Münster,* 3. 7. 1992 – 1 B 2453/92 – NVwZ-RR 93, 278: Anordnungsanspruch ist gegeben, wenn der Antragsteller die überwiegende Wahrscheinlichkeit einer nachträglichen Verbesserung einer für die Auswahlentscheidung bedeutsamen Beurteilung sowie eines Einflusses dieser Verbesserung auf die Auswahlentscheidung darlegt.

993 *OVG Koblenz,* 23. 8. 1993 – 2 B 11694/93 –, NVwZ-RR 94, 225.

994 *OVG Schleswig,* 1. 2. 1996 – 3 M 89/95 –, DVBl. 96, 521.

Die Auswahlentscheidung darf nicht auf Erkenntnisse gestützt werden, die zum Inhalt der Personalakte des Beamten (insbesondere dienstliche Beurteilung) in einem unauflösbaren Widerspruch stehen. Derartige Erkenntnisse können allenfalls dann bei der Auswahlentscheidung berücksichtigt werden, wenn der Beamte hierzu zuvor angehört wird, vgl. § 90 BBG.[995] Das gilt auch, wenn diese Erkenntnisse, die zur Rechtfertigung einer bereits getroffenen Auswahlentscheidung geführt haben, im einstweiligen Rechtsschutzverfahren erstmalig dem Gericht offenbart werden.[996]

239 Der im Rahmen eines **Auswahlgesprächs** gewonnene Eindruck kann das Bild vom Bewerber abrunden, darf aber als „Momentaufnahme" die Auswahlentscheidung nicht wesentlich bestimmen.[997] Dasselbe gilt für die ergebnisses eines Assessment-Centers.[998]

240 Die **Auswahlerwägungen** sind in der Regel schriftlich niederzulegen, um entsprechend dem Gebot der Gewährleistung effektiven Rechtsschutzes eine gerichtliche Überprüfung zu ermöglichen.[999] Das **Nachschieben von Auswahlerwägungen** – z. B. im Rahmen des einstweiligen Rechtsschutzverfahrens – ist zulässig,[1000] sofern der Beamte Gelegenheit hatte, zu den zugrundeliegenden tatsächlichen Erkenntnissen Stellung zu nehmen.[1001]

241 (4) *Gremienvorbehalt für die Auswahlentscheidung.* Das Landesbeamtenrecht bestimmt zum Teil, dass für die Ernennung von Beamten höherer Besoldungsgruppen die Landesregierung als Kollegialorgan zuständig ist, vgl. z. B. Art. 13 Abs. 1 Satz 1 BayBG, § 11 Abs. 1 Satz 1 LBG Berlin, § 12 Abs. 1 Satz 1 HessBG, Art. 29 Abs. 2 Vorläufige Verfassung von Niedersachsen, Art. 92 Saarländische Verfassung. In einem solchen Falle hat die Regierung ihre Ernennungskompetenz uneingeschränkt wahrzunehmen, das heißt, sie muss die **Ernennungsentscheidung in den wesentlichen Punkten selbst treffen.** Dies ist nur gewährleistet, wenn sie aufgrund der Entscheidungsvorlagen die dafür maßgeblichen materiellen Voraussetzungen eigenverantwortlich prüfen und in ihrem Willen aufnehmen kann. Überlässt die Regierung die erforderliche Auswahlentscheidung dem betroffenen Ressort, so handelt sie rechtswidrig und verletzt den Bewerbungsverfahrensan-

995 *OVG Hamburg,* 16. 10. 1991 – Bs I 64/91 –, NVwZ-RR 92, 669.

996 *VGH Kassel,* 28. 3. 1995 – 1 TG 293/95 –, NVwZ-RR 96, 161.

997 *OVG Koblenz,* 30. 6. 1997 – 2 B 11653/97 – NVwZ-RR 99, 49; *OVG Münster,* 27. 6. 1994 – 12 B 1084/94 –, NVwZ-RR 95, 100 = DVBl. 95, 205; *VG Gießen,* 23. 5. 2000 – 5 G 461.00 – NVwZ-RR 00, 807.

998 *OVG Berlin,* 8. 12. 2000 – 4 SN 60.00 – NVwZ-RR 01, 395.

999 *VGH Kassel,* 25. 2. 1997 – 1 TG 4061/96 – NVwZ-RR 98, 446; *OVG Schleswig,* 2. 12. 1996 – 3 M 94/96 – NVwZ-RR 97, 373; *VGH Kassel,* 26. 10. 1993 – 1 TG 1585/93 –, ZBR 94, 347; *VGH Kassel,* 7. 1. 1993 – 1 TG 1777/92 –, ZTR 93, 263; *VGH Kassel,* 10. 10. 1989 – 1 TG 2751/89 –, NVwZ 90, 284 = ZBR 90, 185; *Wittkowski,* NVwZ 95, 346; teilweise verlangen die Auswahlbestimmungen ausdrücklich die Dokumentation der Auswahlkriterien, vgl. *OVG Berlin,* 16. 4. 1992 – 4 S 39/91 –, NVwZ 92, 1227; a. A. VGH Mannheim, 7. 8. 1996 – 4 S 1929/96 –, NJW 1996, 2525, 2527.

1000 *VGH Kassel,* 25. 2. 1997 – 1 TG 4061/96 – NVwZ-RR 98, 446; *OVG Schleswig,* 2. 12. 1996 – 3 M 94/96 – NVwZ-RR 97, 373; *VGH Kassel,* 27. 1. 1994 – 1 TG 2485.93 –, NVwZ-RR 94, 525; *VGH Kassel,* 23. 8. 1994 – 1 TG 1794/94 – ZBR 95, 107; *VGH Kassel,* 18. 8. 1992 – 1 TG 1074/92 –, NVwZ 93, 284; *Wittkowski,* NJW 93, 817, 821.

1001 *VGH Kassel,* 28. 3. 1995 – 1 TG 293/95, NVwZ-RR 96, 161.

spruch.[1002] Dasselbe gilt, wenn das Landesrecht[1003] oder das Bundesrecht[1004] bestimmt, dass ein bestimmtes Gremium bzw. ein bestimmter Funktionsträger die Auswahlentscheidung zu treffen hat.[1005]

Beispiele:
- Wenn das Landes-Richterrecht vorsieht, dass neben dem Justizminister auch der Richterwahlausschuss eine eigenständige Auswahlentscheidung zu treffen hat,[1006] dann kann diese nur verfahrensfehlerfrei erfolgen, wenn dem Ausschuss die vollständigen Besetzungsberichte vorliegen.[1007]
- Das muss auch dann gelten, wenn der Richter unmittelbar durch das Parlament gewählt wird, auch wenn die Dienstbehörde in einem solchen Fall keine materiell-rechtliche Prüfungsbefugnis bzw. -pflicht hat.[1008]

(5) *Abbrechen des Auswahlverfahrens.* Der Dienstherr darf ein **Auswahlverfahren** **242**
grundsätzlich jederzeit **abbrechen,** der Bewerberverfahrensanspruch geht dann unter. Der Anspruch besteht nur, wenn eine Ernennung vorgenommen werden soll.[1009] Ein Abbruch kommt z.B. in Betracht, wenn der Dienstherr zu der Erkenntnis gelangt, im Verfahren seien Rechte von Mitbewerbern verletzt worden.[1010] Der Dienstherr kann das Stellenbesetzungsverfahren auch abbrechen, wenn durch eine erneute Ausschreibung gezielt ein weiterer Bewerberkreis angesprochen werden soll, um eine Besetzung der Stelle mit einem besser geeigneten Bewerber zu erreichen.[1011] Der Abbruch kann ferner Ergebnis einer Entscheidung des

---

1002 *VGH Kassel,* 28. 8. 1995 – 1 TG 1608/95 –, NVwZ-RR 96, 339; *VGH München,* 16. 10. 1989 – 3 CE 8902833 –, NVwZ 90, 285; *OVG Berlin,* 7. 11. 1996 – 4 S 4/96 –, soweit ersichtlich noch nicht veröffentlicht; *OVG Berlin,* 11. 12. 1996 – 4 S 462/96 –, soweit ersichtlich noch nicht veröffentlicht; s. auch *Christl/Kathke,* BayVBl. 92, 103 mit zahlreichen Nachweisen zum Teil unveröffentlichter Rechtsprechung aus verschiedenen Bundesländern.

1003 *VGH Kassel,* 11. 4. 1995 – 1 TG 2665/94 –, ZTR 95, 381 und *VGH Kassel,* 1381992 – 1 TG 924/92 –, NVwZ-RR 93, 320 = ZBR 93, 338 [jeweils zu einer entsprechenden Regelung in der Gemeindeordnung]; *OVG Schleswig,* 14. 5. 1992 – 3 M 17/92 –, NVwZ 93, 1222 zu einer solchen Regelung im SchlHRiG]; s.a. *OVG Schleswig,* 20. 1. 1994 – 3 M 4/94 –, NVwZ-RR 94, 527; *OVG Bremen,* 29. 5. 1992 – 2 BA 76/93 –, ZBR 93, 189; *VG Gießen,* 23. 5. 2000 – 5 G 461.00 – NVwZ-RR 00, 807.

1004 *VGH Mannheim,* 7. 8. 1996 – 4 S 1929/96 –, NJW 96, 2525; *VGH Kassel,* 12. 9. 1995 –, 1 TG 2200/95 –, ZTR 96, 45 (Ls.].

1005 Siehe aber *VGH Mannheim,* 7. 8. 1996 – 4 S 1929/96 –, NJW 96, 2525 für die Besetzung einer Vorsitzendenstelle am BGH: die Auswahlentscheidung liegt beim zuständigen Bundesminister, der Bundespräsident hat bei der Ernennung gem. Art. 60 Abs. 1 GG lediglich zu prüfen, ob der Vorgeschlagene die rechtlichen Voraussetzungen der Ernennung erfüllt; a.A. *VGH Kassel,* 28. 8. 1995 – 1 TG 1608/95 –, NVwZ-RR 96, 339 zum HessBG: Auswahl- und Ernennungskompetenz fallen nicht auseinander.

1006 *OVG Schleswig,* 15. 1. 1999 – 3 M 61/98 – NVwZ-RR 99, 417.

1007 *OVG Schleswig,* 1. 2. 1996 – 3 M 89/95 –, DÖV 97, 130.

1008 *OVG Schleswig,* 16. 11. 1998 – 3 M 50/98 – DVBl. 99, 937 = DÖV 99, 389.

1009 *BVerwG,* 22. 7. 1999 – 2 C 14.98 – NVwZ-RR 00, 172 = DVBl. 00, 485 = ZTR 99, 576; *OVG Koblenz* 6. 11. 1997 – 10 B 12387/97 – NVwZ-RR 98, 448 [Ls.]; *VGH Mannheim,* 23. 5. 1994 – 4 S 1933/93 –, DVBl. 95, 1253 m. w. N.

1010 *OVG Koblenz,* 6. 11. 1997 – 10 B 12387/97 – NVwZ-RR 98, 448 [Ls.]; *VGH Kassel,* 27. 1. 1994 – 1 TG 2485.93 –, NVwZ-RR 94, 525; *VGH Kassel,* 17. 6. 1992 – 1 TG 37/92 –, NVwZ-RR 93, 94 [nur Ls.].

1011 *BVerwG,* 22. 7. 1999 – 2 C 14.98 – NVwZ-RR 00, 172 = DVBl. 00, 485 = ZTR 99, 576; *BVerwG,* 25. 4. 1996 – 2 C 21.95 –, DVBl. 96, 1146 = DÖV 96, 920 = NVwZ 97, 283;

Dienstherrn sein, die im Haushaltsplan bewilligte Stelle nach Maßgabe des Haushaltsrecht unterzubesetzen, d.h. die Aufgabe einem Beamten einer niedrigeren Besoldungsgruppe zu übertragen.[1012]

Der Abbruch eines Auswahlverfahrens kann im Ausnahmefall gegenüber einem Bewerber dann rechtswidrig sein, wenn die Maßnahme des Dienstherrn nur darauf abzielt, diesen Bewerber willkürlich auszuschalten.[1013]

d) Anordnungsgrund

243 Der für den Erlass einer einstweiligen Anordnung erforderliche **Anordnungsgrund** ist gegeben, wenn die den Bewerber benachteiligende Maßnahme bevorsteht, denn die Beförderung des Konkurrenten kann nicht mehr rückgängig gemacht werden.[1014] Sofern im Einzelfall Rechtsschutz im Verhältnis Beförderungsbewerber/Versetzungsbewerber nach den Grundsätzen über den Bewerberverfahrensanspruch zu gewähren ist – vgl. oben K 232 – ist der Anordnungsgrund sorgfältig zu prüfen, denn die Umsetzung des Versetzungsbewerbers kann aus rechtlicher Sicht noch rückgängig gemacht werden. Ein Anordnungsgrund ist daher im Einzelfall nur dann zu bejahen, wenn die Umsetzung aus erkennbaren organisatorischen Gründen auf Schwierigkeiten stoßen wird.[1015]

Ist der Anspruch des Antragstellers auf Teilnahme an einem seiner Person gegenüber fehlerfreien Auswahlverfahren dagegen (noch) nicht gefährdet, so fehlt es am **Anordnungsgrund,** so dass eine einstweilige Anordnung nicht ergehen kann.[1016]

244 **Beispiele:**

– Der Dienstherr erteilt die Zusage, im Falle einer stattgebenden gerichtlichen Entscheidung in der Hauptsache die Beförderung vorzunehmen und dafür eine Stelle freizuhalten.[1017]

– In einem Verfahren zur Besetzung einer Professorenstelle besteht für ein Stellenbesetzungsverbot erst ein Anordnungsgrund, wenn der ausgewählte Bewerber den an ihn ergangenen Ruf angenommen hat.[1018]

2. Versetzung, Abordnung, Umsetzung und Organisationsverfügung (Fälle ohne Drittbezug)

245 Die personalrechtlichen Maßnahmen der Versetzung und Abordnung sind legal definiert. Gemäß § 26 Bundesbeamtengesetz (BBG) ist die **Versetzung** die (dauernde) Übertragung eines anderen Aufgabenkreises (eines Amtes im konkret

OVG Bautzen, 19. 1. 1998 – 2 S 648/96 – NVwZ-RR 99, 209; *OVG Koblenz,* 6. 11. 1997 – 10 B 12387/97 – NVwZ-RR 98, 448 [Ls.]; *OVG Koblenz,* 30. 6. 1997 – 2 B 11653/97 – NVwZ-RR 99, 49; *VGH Mannheim,* 23. 5. 1994 – 4 S 1933/93 –, DVBl. 95, 1253.

1012 *BVerwG,* 22. 7. 1999 – 2 C 14.98 – NVwZ-RR 00, 172 = DVBl. 00, 485 = ZTR 99, 576.

1013 *VGH Mannheim,* 23. 5. 1994 – 4 S 1933/93 –, DVBl. 95, 1253.

1014 *OVG Schleswig,* 18. 4. 1996 – 3 M 22/96 –, NVwZ-RR 96, 660; *OVG Schleswig,* 1. 2. 1996 – 3 M 89/95 –, DVBl. 96, 521; *Wittkowski,* NJW 93, 817, 819.

1015 *OVG Schleswig,* 2. 12. 1996 – 3 M 94/96 – NVwZ-RR 97, 373.

1016 *OVG Greifswald,* 25. 6. 1993 – 2 M 53/92 –, LKV 94, 65; *VGH Mannheim,* 17. 12. 1986 – 4 S 2772/86 –, ZBR 87, 181.

1017 *OVG Schleswig,* 27. 9. 1995 – 3 M 67/95 –, NVwZ-RR 96, 240 [Ls.].

1018 *VG Gießen,* 31. 3. 1995 – 5 G 1412/94 (2) –, NVwZ-RR 96, 661.

funktionellen Sinne) an einer anderen Dienststelle innerhalb oder außerhalb des Dienstbereiches des Dienstherrn,[1019] im Ausnahmefall unter Veränderung des Amtes im statusrechtlichen Sinne.[1020] Die **Abordnung** ist gemäß § 27 BBG die vorübergehende Übertragung einer dem Amt des Beamten entsprechenden Tätigkeit an einer anderen Dienststelle.[1021] Sowohl die Versetzung – die in bestimmten Fällen zu ihrer Wirksamkeit ohnehin der Zustimmung des Beamten bedarf, vgl. § 26 BBG – als auch die Abordnung werden als Verwaltungsakt im Sinne des § 35 VwVfG qualifiziert. Der gegen diese personellen Maßnahmen gerichtete Widerspruch hat gemäß § 126 Abs. 3 Nr. 3 BRRG in der Fassung der Dienstrechtsreformgesetzes[1022] keine aufschiebende Wirkung.

Der Beamte muss daher in jedem Falle den gerichtlichen Rechtsschutz in einem Verfahren gemäß § 80 Abs. 5 suchen. Für diesen Antrag ist gem. § 52 Nr. 4 das Verwaltungsgericht zuständig, in dessen Bezirk der Beamte seinen dienstlichen Wohnsitz hat. Das ist – unabhängig vom Sitz der Behörde, der der Beamte angehört – der Ort, in dem die Dienststelle liegt,[1023] in der er seine dienstliche Tätigkeit verrichtet. Die sofortige Vollziehbarkeit einer Versetzung oder Abordnung läßt diesen dienstlichen Wohnsitz bis zur gerichtlichen Klärung der Rechtmäßigkeit dieser Maßnahme unberührt.[1024] **246**

Der Antrag gem. § 80 Abs. 5 ist begründet, wenn nach summarischer Prüfung die angefochtene Verfügung im Hauptsacheverfahren aufzuheben sein wird. Die Abordnung des Beamten erfolgt „zu einer seinem Amt entsprechenden Tätigkeit" in einer anderen Dienststelle. Bei der Festlegung der künftig wahrzunehmenden Tätigkeit handelt es sich um eine tatbestandsmäßige Voraussetzung der Abordnungsverfügung; fehlt diese, so ist die Abordnungsverfügung rechtswidrig.[1025] **246 a**

Im Mittelpunkt des Verfahrens gem. § 80 Abs. 5 wird regelmäßig die Frage stehen, ob der Dienstherr für die personelle Maßnahme ein **besonderes öffentliches Interesse** darlegen kann.[1026] Im Rahmen der summarischen Prüfung der Abordnungsverfügung ist zu klären, ob der Dienstherr dienstliche und persönliche Belange des Beamten ermessensfehlerfrei abgewogen hat.[1027] Dabei ist zu berücksichtigen, dass die Versetzungs- und Abordnungsbereitschaft grundsätzlich zu den **246 b**

1019 Zur Versetzung von Soldaten s. *BVerwG,* 19. 7. 1995 – 1 WB 120/94 –, NVwZ 96, 474.

1020 *BVerwG,* 2. 9. 1999 – 2 C 36.98 – NVwZ-RR 00, 232 = DVBl. 00, 493 = DÖV 00, 200.

1021 Vgl. zur Definition der Versetzung, Abordnung und Umsetzung *VGH München,* 20. 3. 1991 – 3 B 9001985 –, ZBR 92, 111 und *BVerwG,* 7. 6. 1984 – 2 C 84/81 –, BVerwGE 69, 303, 307.

1022 BGBl. I, 1997, S. 322; zu diesem Gesetz s. *Schnellenbach,* NVwZ 97, 521.

1023 *OVG Koblenz,* 9. 10. 1998 – 10 A 11390/98 – NVwZ-RR 99, 592.

1024 *VG Darmstadt,* 14. 7. 1995 – 5 G 1063/95 (3) –, NVwZ-RR 96, 162; s. a. *VG Göttingen,* 4. 7. 1996 – 3 B 3196/96 –, NVwZ-RR 96, 678.

1025 *VG Frankfurt a. M.,* 6. 12. 2000 – 9 G 5763.00(V) – NVwZ-RR 01, 397 m. w. N.

1026 *VG Berlin,* 15. 2. 1995 – 5 A 438/94 –, LKV 96, 171 (zur Rechtslage vor Inkrafttreten von § 126 Abs. 3 Nr. 3 BRRG); vgl. *Finkelnburg/Jank,* Rdn. 1160 ff. mit zahlreichen Nachweisen aus der Rechtsprechung.

1027 *BVerwG,* 2. 9. 1999 – 2 C 36.98 – NVwZ-RR 00, 232 = DVBl. 00, 493 = DÖV 00, 200; *VGH München,* 4. 8. 1993 – 3 B 93237 –, ZBR 94, 158, *VG Göttingen,* 27. 8. 1997 – 3 B 3333/97 – NVwZ-RR 99, 52.

Dienstpflichten des Beamten zählt. Nur wenn die Versetzungsentscheidung offensichtlich rechtswidrig ist oder für den Beamten unzumutbar harte Konsequenzen hat, geht die summarische Prüfung daher zu Gunsten des Beamten aus.[1028]

247 Die **Umsetzung** ist gesetzlich nicht definiert. Die Rechtsprechung versteht unter der Umsetzung die Zuweisung eines anderen Dienstpostens (eines anderen funktionellen Amtes im konkreten Sinne) innerhalb derselben Behörde (die verschiedene Dienststellen haben kann[1029]), bei der das statusrechtliche Amt und das funktionelle Amt im abstrakten Sinne des Beamten unberührt gelassen werden.[1030]

Beispiel:

Der Leiter der Abteilung III im Ministerium für Landesplanung und Raumordnung, der eine Planstelle der Besoldungsgruppe B 7 innehat, wird mit der Leitung der Abteilung IV betraut, für die ebenfalls eine Planstelle nach der Besoldungsgruppe B 7 vorgesehen ist.

Das Bundesverwaltungsgericht sieht in einer solchen Umsetzung eine **„innerbehördliche Maßnahme ohne Verwaltungsaktsqualität".**[1031]

248 Auch die Änderung des Aufgabenbereichs eines Beamten durch eine **Organisationsverfügung** wird nicht als Verwaltungsakt qualifiziert.[1032]

Beispiel:

Der Beamte ist als Oberarzt (Besoldungsgruppe A 14) in der Frauenklinik des Klinikums eingesetzt. Der Ärztliche Direktor schließt den Beamten mit sofortiger Wirkung vom Nacht- und Wochenenddienst aus.[1033]

Hinweis:

Die das Fach, das ein Professor in Forschung und Lehre zu vertreten hat, betreffende Änderung ist dagegen als Verwaltungsakt qualifiziert worden.[1034]

249 Der Beamte, der sich gegen eine Umsetzung zur Wehr setzen will, muss zwar gemäß § 126 BRRG gegen diese personelle Maßnahme Widerspruch einlegen, dieser Widerspruch kann jedoch die Wirkung der Umsetzung nicht gemäß § 80 Abs. 1 aufschieben. Der **gegen die Umsetzung gerichtete einstweilige Rechtsschutz** erfolgt im Verfahren gemäß **§ 123.**[1035] Die einstweilige Anordnung ist in diesen Fällen darauf gerichtet, den Dienstherrn zu verpflichten, den Antragsteller auf seinem Dienstposten zu belassen bzw. – nach der Umsetzung – den bisherigen Dienstposten einstweilen nicht neu zu besetzen[1036] oder – nach Umsetzung und Besetzung des bis-

---

[1028] *Schnellenbach,* NVwZ 97, 521, 523.

[1029] *OVG Koblenz,* 9. 10. 1998 – 10 A 11390/98 – NVwZ-RR 99, 592; *OVG Bautzen,* 8. 3. 1999 – 2 S 753/96 – LKV 99, 329.

[1030] *BVerwG,* 7. 6. 1984 – 2 C 84.81 –, BVerwGE 69, 303, 307, *OVG Bautzen,* 8. 3. 1999 – 2 S 753/96 – LKV 99, 329.

[1031] *BVerwG,* 22. 5. 1980 – 2 C 30.78 –, BVerwGE 60, 144, 146f.

[1032] *BVerwG,* 12. 2. 1981 – 2 C 42.78 –, DVBl. 81, 495.

[1033] *BVerwG,* 1. 6. 1995 – 2 C 20.94 –, DVBl. 95, 1245 = ZBR 95, 374 = ZTR 95, 571 = NVwZ 97, 72.

[1034] *OVG Lüneburg,* 14. 2. 2000 – 5 M 4574.99 – NVwZ 00, 954.

[1035] *OVG Münster,* 5. 1. 1994 – 6 B 2944/93 –, ZBR 94, 132 [Ls.]; *VGH Mannheim,* 24. 11. 1980 – 4 S 2054/80 –, ZBR 81, 204; *OVG Münster,* 11. 4. 1984 – 1 B 371/84 –, ZBR 84, 282; *OVG Saarlouis,* 20. 6. 1985 – 3 W 1284/85 –, ZBR 85, 315.

[1036] Vgl. *Finkelnburg/Jank,* Rdn. 1167.

herigen Dienstpostens – über die Verwendung des Beamten neu zu entscheiden.[1037] In Ausnahmefällen kann eine Rückumsetzung verlangt werden, K 251.

Ein diese Anordnung tragender **Anordnungsanspruch** dürfte selten gegeben sein, denn der Dienstherr hat bei der Umsetzungsentscheidung ein sehr weites Ermessen. Der Beamte muss eine Änderung seines dienstlichen Aufgabenbereichs im Rahmen seines Amtes im statusrechtlichen und abstrakt-funktionellen Sinne hinnehmen.[1038] Das gilt auch, wenn in Folge der Umsetzung Beförderungschancen verloren gehen oder mit der neuen Position ein geringeres gesellschaftliches Ansehen verbunden ist.[1039] Zu prüfen ist allerdings stets, ob die von dem Beamten nach Umsetzung wahrzunehmende Aufgabe (noch) amtsangemessen ist.[1040] **250**

Beispiel:
Der Beamte ist Leiter der Abteilung II in der Senatsverwaltung für Bauen, Wohnen und Verkehr. Die Senatsverwaltung verfügt über sechs Abteilungen, die jeweils mindestens fünf Referate haben. Durch Organisationsverfügung wird eine neue Abteilung VII geschaffen. Dieser Abteilung werden zwei Referate zugeordnet, die durch Aufteilung eines, bislang der Abteilung VI zugeordneten Referats entstanden sind. Der Leiter der Abteilung II wird umgesetzt und soll künftig die Aufgaben des Leiters der Abteilung VII wahrnehmen.
Auch wenn der Beamte grundsätzlich keinen Anspruch darauf hat, dass die Zahl der ihm nachgeordneten Mitarbeiter nicht reduziert wird, dürfte diese Umsetzung rechtswidrig sein, weil die Position des Leiters der Abteilung VII nicht amtsangemessen ist. Der Erfolg in einem Verfahren gemäß § 123 kann sich jedoch schnell als Pyrrhussieg herausstellen: der Dienstherr akzeptiert die verwaltungsgerichtliche Entscheidung und ordnet der Abteilung VII zwei weitere Referate von geringerer Bedeutung zu, damit ist die Aufgabe (gerade) amtsangemessen.

Die Umsetzung umfaßt zwei Maßnahmen: die Entbindung vom bisherigen Dienstposten, auch **Wegsetzung,** und die Übertragung eines neuen Dienstpostens, auch **Hinsetzung.** Erweist sich die Wegsetzung als rechtsfehlerhaft, so ist regelmäßig ein Anspruch auf **Rückumsetzung** – Entbindung vom neuen Dienstposten, Übertragung des alten Dienstpostens – gegeben.[1041] Regelmäßig ist jedoch allenfalls die **Hinsetzung** als rechtswidrig zu qualifizieren. Dann besteht kein Anspruch auf eine **„Rückumsetzung"** auf den alten Dienstposten, weil es in das Ermessen des Dienstherrn fällt, wie auf die als fehlerhaft erkannte Umsetzung zu reagieren ist.[1042] **251**

Der **Anordnungsgrund** ist jedenfalls dann gegeben, wenn der Beamte in Folge der Umsetzung nicht mehr amtsangemessen eingesetzt wird; er liegt auch vor, wenn die Umsetzung eklatant rechtswidrig ist.[1043] **252**

[1037] *OVG Saarlouis,* 23. 12. 93 – 1 W 104/93 –, ZBR 95, 47.
[1038] *OVG Bautzen,* 8. 3. 1999 – 2 S 753/96 – LKV 99, 329.
[1039] *OVG Saarlouis,* 23. 12. 1993 – 1 W 104/93 –, ZBR 95, 47.
[1040] Grundlegend *BVerwG,* 22. 5. 1980 – 2 C 30.78 – BVerwGE 60, 144; *BVerwG,* 27. 2. 1992 – 2 C 45.89 –, DVBl. 92, 912; siehe auch *OVG Greifswald,* 21. 12. 2000 – 2 M 82.00 – NVwZ-RR 01, 457; *VGH München,* 8. 7. 1992 – 3 B 92282 –, NVwZ-RR 93, 314; zur Amtsangemessenheit der Beschäftigung von Beamten, die bei der DB AG tätig sind s. *OVG Koblenz,* 14. 3. 1997 – 10 B 13183/96 – NVwZ 98, 538.
[1041] *BVerwG,* 21. 11. 1986 – 4 C 22.83 – NVwZ 87, 502 = BVerwGE 75, 138, 140, *OVG Saarlouis,* 23. 12. 1993 – 1 W 104/93 – ZBR 95, 47.
[1042] *BVerwG,* 1. 6. 1995 – 2 C 20.94 –, DVBl. 95, 1245, 1247; OVG *Münster,* 7. 7. 1987 – 1 B 907.86 – NVwZ-RR 88, 102 = ZBR 88, 96.
[1043] *OVG Saarlouis,* 23. 12. 1993 – 1 W 104/93 –, ZBR 95, 47.

253 Berücksichtigt man die grundsätzlich schlechten Erfolgsaussichten derartiger Rechtsschutzverfahren, so kann es im Einzelfall sinnvoll sein zu klären, ob der neue Dienstposten, der dem Beamten übertragen werden soll, wirklich bei der bisherigen Dienststelle angesiedelt ist bzw. tatsächlich das statusrechtliche Amt und abstrakt funktionelle Amt unberührt läßt. Ist dies zu verneinen, so sind dem Beamten die wesentlich effektiveren Rechtsschutzmöglichkeiten über § 80 eröffnet, da sich die „Umsetzung" als verschleierte Abordnung bzw. Versetzung herausstellt.

Beispiel:
Ein Studienrat, der bislang am Gymnasium tätig war, wird nunmehr an einer Realschule eingesetzt. Dies berührt das abstrakt-funktionelle Amt. Die „versetzungsähnliche Entscheidung" hat Verwaltungsaktqualität, der Rechtsschutz richtet sich nach § 80.[1044]

Die Frage, ob der neue Dienstposten bei derselben oder einer anderen Dienststelle angesiedelt ist, muss anhand organisationsrechtlicher[1045] und haushaltsrechtlicher Kriterien beantwortet werden; unerheblich ist es, ob die fragliche Organisationseinheit personalvertretungsrechtlich als Dienststelle anzusehen ist.[1046]

254 Dieselben Rechtsgrundsätze wie für die Umsetzung gelten für eine **Organisationsverfügung,** mit der einem Beamten bei Wahrung seines Dienstpostens (Amt im konkret-funktionellen Sinne) einzelne Aufgaben genommen werden.[1047] Auch diese Maßnahme ist zulässig, solange dem Beamten ein amtsangemessener Aufgabenbereich verbleibt; dies ist unter Umständen trotz Entzugs der Leitungsfunktion zu bejahen.[1048] Jeder sachliche Grund rechtfertigt eine solche Organisationsverfügung. Die Überprüfung dieser Entscheidung ist darauf beschränkt, ob dieser Grund der tatsächlichen Einschätzung des Dienstherrn entsprach und nicht nur vorgeschoben war.[1049]

3. Versetzung, Abordnung, Umsetzung und Organisationsverfügung (Fälle mit Drittbezug – Dienstpostenkonkurrenz –)

255 Besondere Rechtsschutzprobleme mit Drittbezug können entstehen, wenn einem Beamten ein anderer, höher bewerteter Dienstposten zur Vorbereitung auf eine Beförderung übertragen wird, ohne dass diese statusrechtliche Maßnahme sogleich erfolgt, sogenannte **Dienstpostenkonkurrenz.**[1050] Im Gegensatz dazu steht die **Statuskonkurrenz,** eine Situation, in der ein Bewerber von mehreren auf einen höherbewerteten Dienstposten umgesetzt und gleichzeitig in eine höhere Planstelle befördert wird, vgl. dazu oben K 206 ff. Die Dienstpostenkonkurrenz hat aufgrund der Regelungen des Dienstrechtsreformgesetzes[1051] erheblich an Bedeutung ge-

---

[1044] So *OVG Berlin,* 18. 12. 1986 – 4 S 135.86 –, ZBR 87, 375.

[1045] *OVG Hamburg,* 30. 7. 1996 – Bs I 188/96 – NVwZ-RR 98, 54 [Zuweisung eines Lehrers an eine andere Schule].

[1046] *BVerwG,* 3. 7. 1990 – 6 P 10.87 –, ZBR 91, 52.

[1047] Zum Rechtsschutz eines Hochschullehrers gegen eine Organisationsverfügung, die den Fachbereich zum Gegenstand hat, in dem er tätig ist, s. *VGH Mannheim,* 21. 4. 1999 – 9 S 2653/98 – NVwZ-RR 99, 636.

[1048] *BVerwG,* 28. 11. 1991 – 2 C 41.89 –, NVwZ 92, 572, 573; *BVerwG,* 28. 11. 1991 – 2 C 7.89 –, NVwZ 92, 573, 574.

[1049] *BVerwG,* 28. 11. 1991 – 2 C 41.89 –, NVwZ 92, 572, 573.

[1050] Vgl. *Günther,* NVwZ 86, 697 und ZBR 90, 284.

[1051] BGBl. 1997 I, S. 322.

wonnen. § 12 Abs. 2 Nr. 4 BRRG bestimmt seither, dass der Beamte erst befördert werden darf, wenn seine Eignung für den höherbewerteten Dienstposten in einer Erprobungszeit festgestellt worden ist.[1052]

Die sich aus dieser Dienstpostenkonkurrenz ergebenden verfahrensrechtlichen Fragen werden von der obergerichtlichen Rechtsprechung[1053] noch kontrovers beantwortet.[1054] Ein Teil der Obergerichte[1055] vertritt die Auffassung, die Umsetzung des konkurrierenden Bewerbers könne im Wege der einstweiligen Anordnung nicht verhindert werden, da der Unterlassungsanspruch (nur) darauf gerichtet ist, dessen Beförderung (vorerst) zu verhindern, hinsichtlich der Umsetzung fehle dagegen der **Anordnungsanspruch**[1056] bzw. der **Anordnungsgrund.**[1057] 256

Einstweiliger Rechtsschutz kommt aus dieser Sicht ausnahmsweise dann in Betracht, wenn der antragstellende Beamte mit einem **Angestellten** um den Dienstposten konkurriert: aufgrund der Tarifautomatik i. S. d. § 22 Abs. 2 BAT kann der Angestellte nämlich eine Höhergruppierung verlangen, wenn die auf dem zu besetzenden Dienstposten wahrzunehmenden Aufgaben nach der Vergütungsordnung höher bewertet sind. Diese Höhergruppierung kann nur schwer durch eine Änderungskündigung wieder rückgängig gemacht werden. Wegen dieser den Grundsatz der Ämterstabilität in gewisser Weise angenäherten rechtlichen Verfestigung der Dienstpostenübertragung besteht die konkrete Gefahr, dass der bei der Dienstpostenvergabe übergangene Bewerber keinen effektiven Rechtsschutz mehr erlangen kann. Ein Anordnungsgrund ist daher ausnahmsweise zu bejahen.[1058]

Andere Spruchkörper meinen demgegenüber, Rechtsschutz sei allgemein auch schon gegen Entscheidungen zu gewähren, die die Beförderung lediglich vorbereiten, also die Umsetzung auf einen höherwertigen Dienstposten. Nur so könne verhindert werden, dass sich die Beförderungschancen des Antragstellers durch den Bewährungsvorsprung[1059] des Konkurrenten schmä- 257

1052 Zur Überprüfung einer entsprechenden Entscheidung *BVerwG,* 10. 2. 2000 – 2 A 10.98 – NVwZ-RR 00, 620; zur Erprobung von Richtern auf Dienstposten in der Ministerialverwaltung s. *OVG Koblenz,* 19. 12. 1996 – 10 B 13120/96 – NVwZ-RR 97, 369.

1053 Zum Soldatenrecht s. *BVerwG,* 21. 9. 2000 – 1 WB 93.00 – NVwZ 01, 329.

1054 Zusammenfassend *Wörz,* ZBR 88, 16.

1055 Zum vorläufigen Rechtsschutz bei einem Konkurrentenstreit um die Übertragung des Dienstpostens eines Schulleiters im Verfassungsbeschwerdeverfahren s. *HessStGH,* 22. 4. 1998 – P.ST. 1307 e. A. – NVwZ-RR 99, 386 [Rechtsschutz im Ergebnis der Folgenabwägung verweigert].

1056 *OVG Bremen,* 20. 5. 1987 – 2 B 66/87 –, ZBR 88, 65; *OVG Saarlouis,* 10. 4. 1989 – 1 W 7/89 –, NVwZ 90, 687 = ZBR 90, 27; *VGH Kassel,* 9. 12. 1996 – 1 TG 5123/96 – DVBl. 97, 1013 [Ls.]: Anordnungsanpruch fehlt, wenn in absehbarer Zeit keine Beförderung beabsichtigt, Rechtsschutz findet nur in Form einer Ermessensüberprüfung statt.

1057 *OVG Weimar,* 5. 2. 1998 – 2 EO 594/96 – DÖV 98, 607; *OVG Koblenz,* 4. 5. 1995 – 2 B 11102/95 –, NVwZ-RR 96, 51; s. a. *OVG Frankfurt (Oder),* 30. 1. 1997 – 2 B 149/96 –, soweit ersichtlich noch nicht veröffentlicht.

1058 *OVG Koblenz,* 4. 5. 1995 – 2 B 11102/95 –, NVwZ-RR 96, 51.

1059 *VGH Kassel,* 19. 9. 2000 – 1 TG 2902.00 – NVwZ-RR 01, 255 [Ls.];*OVG Saarlouis,* 29. 8. 1994 – 1 W 30/94 –, ZBR 95, 88 [nur Ls.]: ein solcher Bewährungsvorsprung kann nur entstehen, wenn die Besetzung des Beförderungsdienstpostens Ergebnis einer leistungsbezogenen Auswahl war; *OVG Koblenz,* 4. 5. 1995 – 2 B 11102/95 – NVwZ-RR 96, 51: die Folgenbeseitigungslast verbietet die Berücksichtigung des Bewährungsvorsprunges solanlern.[1060] Fraglich ist allerdings, ob dies auch im Verhältnis eines Beförderungsbewerbers (der das angestrebte Amt im statusrechtlichen Sinne noch nicht inne hat) zu einem bloßen Umsetzungsbewerber (dem dieses Amt im statusrechtlichen Sinne bereits verliehen worden ist) gilt.[1061]

258 Allerdings ist der Dienstherr nicht gehalten, die nicht berücksichtigten Mitbewerber bereits vor der Vergabe des Dienstpostens zu informieren, um ihnen die Möglichkeit zu geben, vorläufigen Rechtsschutz in Anspruch zu nehmen.[1062]

259 Unterschiedlich wird in der Rechtsprechung auch die Frage beantwortet, ob einstweiliger Rechtsschutz noch zulässig ist, wenn die Umsetzung – nicht aber die Beförderung – bereits erfolgt ist. Einige Obergerichte bejahen dies, weil durch die Umsetzung als einer Maßnahme ohne Verwaltungscharakter die Beförderungsentscheidung noch nicht präjudiziert ist.[1063]

260 In anderen Judikaten wird die Auffassung vertreten, einstweiliger Rechtsschutz sei dann nicht mehr zulässig, weil die Übertragung des Dienstpostens beamtenrechtlich nicht rückgängig gemacht werden kann und der zu besetzende Dienstposten nicht mehr frei ist. Nach dieser Meinung ist vorläufiger Rechtsschutz grundsätzlich nur im Vorfeld der **ersten** Auswahlentscheidung zulässig, wenn sich eine Beförderungsentscheidung in mehrere Entscheidungsstufen gliedert.[1064]

261 Ebenfalls noch nicht geklärt ist, ob es verfahrensrechtliche Auswirkungen hat, wenn dem auf einen höherwertigen Dienstposten umgesetzten Beamten hinsichtlich einer späteren Beförderung eine **Zusage** (§ 38 VwVfG) erteilt worden ist.[1065]

4. Nebentätigkeiten und Tätigkeiten nach Beendigung des Beamtenverhältnisses

a) Anordnung der Nebentätigkeit

262 Der Beamte ist auf Verlangen seines Dienstherrn verpflichtet, eine Nebentätigkeit im öffentlichen Dienst zu übernehmen, vgl. § 64 BBG.

---

ge wie die Dienstpostenvergabe Gegenstand eines Rechtsstreits ist; **a. A.** *OVG Schleswig,* 16. 5. 1994 – 3 M 31/94 –, NVwZ-RR 95, 583.

[1060] *OVG Bautzen,* 9. 4. 2001 – 2 BS 97.00 – DVBl. 01, 1219; *OVG Lüneburg,* 21. 11. 1995 – 5 M 6322/95 –, NVwZ-RR 96, 677; *VGH Kassel,* 6. 10. 1981 – 1 TG 23/81 –, NVwZ 82, 638; *VGH Kassel,* 12. 1. 1988 – 1 TG 2675/87 –, ZBR 88, 291; *OVG Münster,* 30. 8. 1985 – 1 B 319/85 – NVwZ 86, 773; so ist wohl auch *BVerwG,* 9. 3. 1989 – 2 C 4.87 –, DVBl. 89, 1150 = ZBR 90, 79 zu verstehen; offen gelassen durch *OVG Schleswig,* 18. 5. 1994 – 3 M 17/94 –, NVwZ-RR 95, 45.

[1061] *OVG Koblenz,* 9. 10. 1998 – 10 A 11390/98 – NVwZ-RR 99, 592.

[1062] *VGH Kassel,* 27. 11. 1990 – 1 TG 2527/90 –, NVwZ 92, 195.

[1063] *OVG Koblenz,* 9. 10. 1998 – 10 A 11390/98 – NVwZ-RR 99, 592; *OVG Schleswig,* 18. 5. 1994 – 3 M 17/94 –, NVwZ-RR 95, 45; *OVG Bremen,* 16. 4. 1984 – 2 BA 23/84 –, in *Schütz,* Beamtenrecht, ES/F II 1 Nr. 3; *VGH Kassel,* 12. 1. 1988 – 1 TG 2675/87 –, ZBR 88, 291; in diesem Sinne wohl auch *Günther,* NVwZ 86, 697 und ZBR 88, 181, sowie *BVerwG,* 9. 3. 1989 – 2 C 62.85 –, DBVl. 89, 1150 = ZBR 90, 79.

[1064] *VGH München,* 11. 1. 1983 – 3 B 82 A.612 –, ZBR 83, 123, zustimmend *Wörz,* ZBR 88, 16.

[1065] Mit differenzierter Begründung verneinend *Günther,* ZBR 1988, 181, 184, weil das Prinzip der Ämterstabilität in diesem Stadium noch irrelevant sei: die restriktiven Sonderregelungen über die Korrektur von Ernennungen [§§ 11, 12 BBG], die dieses Prinzip zum Ausdruck bringen, ergreifen nicht die Zusicherung.

Beispiel:
Die Stadt verlangt vom Kämmerer, dass dieser die kaufmännische Leitung eines Eigenbetriebs übernimmt.[1066]

Eine solche Entscheidung des Dienstherrn ist als Verwaltungsakt zu qualifizieren, der Widerspruch hat aufschiebende Wirkung.[1067] Im Rahmen des Rechtsbehelfsverfahrens kann der Beamte die Einhaltung der Regelungen über die gebotene Versagung von Nebentätigkeiten nicht als eigenes Recht geltend machen, weil diese Bestimmungen nur dem dienstlichen Interesse dienen.[1068]

b) Nebentätigkeitsgenehmigung

Der Dienstherr entscheidet kraft seiner Organisationsgewalt, ob eine bestimmte Aufgabe zum Hauptamt des Beamten gehört oder als Nebenamt[1069] oder Nebentätigkeit ausgestaltet wird.[1070] Der Beamte, der eine nicht zu seinem Hauptamt gehörende Aufgabe wahrnehmen will, hat einen Rechtsanspruch auf Erteilung der Nebentätigkeitsgenehmigung, sofern ein gesetzlicher Versagungsgrund nicht gegeben ist.[1071] Wird die vom Beamten beantragte Nebentätigkeitsgenehmigung dagegen von vornherein abgelehnt, gibt es keine Möglichkeit des einstweiligen Rechtsschutzes, da dieser zwingend eine Vorwegnahme der Hauptsache bewirken würde, vgl. oben J 213. **263**

Im Einzelfall kann zwischen dem Dienstherren und dem Beamten die Frage umstritten sein, ob eine bestimmte Tätigkeit nach den einschlägigen beamtenrechtlichen Bestimmungen genehmigungsfrei ausgeübt werden darf. Beginnt der Beamte in diesen Fällen seine Tätigkeit ohne Genehmigung, so kann der Dienstvorgesetzte gegen ihn disziplinarrechtlich vorgehen. Im Rahmen des Disziplinarverfahrens wird dann letztlich das Disziplinargericht entscheiden, ob die fragliche Tätigkeit der Genehmigungspflicht unterliegt. Will sich der Beamte dieser disziplinaren Verfolgung nicht aussetzen, so kann er beim Verwaltungsgericht eine Feststellungsklage (§ 43) mit dem Ziel erheben, die Genehmigungsfreiheit der Tätigkeit gerichtlich feststellen zu lassen. Eine solche Feststellung ist im einstweiligen Rechtsschutzverfahren ausnahmsweise möglich, obwohl die einstweilige Anordnung grundsätzlich darauf gerichtet ist, den Antragsgegner zu einem bestimmten Handeln oder Unterlassen zu verpflichten.[1072] Hält man dagegen eine feststellende Anordnung für un-

---

1066 *VGH Kassel,* 19. 9. 1995 – 1 TG 2628/95 –, NVwZ-RR 96, 338 = ZTR 96, 138.

1067 *VGH Kassel,* 19. 9. 1995 – 1 TG 2628/95 –, ZTR 96, 138.

1068 *BVerwG,* 29. 6. 1995 – 2 C 32.94 –, ZBR 95, 378.

1069 S. *BVerwG,* 29. 8. 1996 – 2 C 16/95 – NVwZ 97, 582 zur Übertragung der Behandlung von Privatpatienten mit Liquidationsberechtigung im Nebenamt.

1070 *BVerwG,* 31. 10. 1995 – 2 NB 1/95 –, NVwZ-RR 95, 337.

1071 Vgl. *Schnellenbach,* Beamtenrecht in der Praxis, 4. Aufl., 1998, Rdn. 254 m. w. N.; zur Versagung der Genehmigung aus arbeitsmarktpolitischen Gründen *OVG Münster,* 30. 8. 1990 – 6 A 1598/87 –, NVwZ-RR 93, 316; zur Versagung der Genehmigung, wenn der Beamte durch die beabsichtigte Tätigkeit zu seinem Dienstherrn in Konkurrenz treten würde *BVerwG,* 29. 10. 1992 – 2 C 35.91 –, ZBR 93, 149; zur Frage, ob bestimmte Nebentätigkeiten dem Ansehen der öffentlichen Verwaltung abträglich sind, s. *BVerwG,* 29. 10. 1987 – 2 C 57.86 –, ZBR 88, 167 [verneint bei Tätigkeit eines Richters in einem juristischen Repetitorium]; *VG Hannover,* 23. 6. 1987 – 2 A 141/86 –, NJW 88, 1162 [bejaht bei Tätigkeit eines Strafvollzugsbeamten in einer Videothek]; weitere Nachweise aus der Rspr. bei *Battis,* NJW 93, 1040, 1042.

1072 *Finkelnburg/Jank,* Rdn. 251 m. w. N.

zulässig, dann kann in dieser Situation allenfalls noch erwogen werden, ob derantragstellende Beamte im Wege der einstweiligen Anordnung vom Gericht verlangen kann, dass dieses den Dienstherrn verpflichtet, seine Disziplinarbefugnisse wegen dieser Nebentätigkeit einstweilen nicht auszuüben, bis über den Feststellungsantrag rechtskräftig entschieden worden ist.

c) Widerruf oder Rücknahme der Nebentätigkeitsgenehmigung

264 Widerruf und Rücknahme der Nebentätigkeitsgenehmigung unterliegen als Verwaltungsakt der Anfechtung. Der gegen diese Verfügungen gerichtete Widerspruch hat gemäß § 80 Abs. 1 aufschiebende Wirkung, vgl. oben J 31. Solange der Widerruf bzw. die Rücknahme also nicht gemäß § 80 Abs. 2 Nr. 4 für sofortig vollziehbar erklärt werden, darf der Beamte seine Nebentätigkeit weiterhin ausüben, ohne disziplinarrechtliche Konsequenzen befürchten zu müssen.[1073]

Ordnet die Dienstbehörde die sofortige Vollziehbarkeit des Widerrufs der Nebentätigkeitsgenehmigung an, so kann der Beamte Rechtsschutz nur im Verfahren gem. § 80 Abs. 5 erlangen.

Beispiel:

Den an den Bundeswehrkrankenhäusern tätigen Ärzten wird die Nebentätigkeitserlaubnis für zur Privatliquidation berechtigende wahlärztliche Leistungen nur widerruflich eingeräumt. Die sofortige Vollziehung eines solchen Widerrufs ist gerechtfertigt, wenn dieser mit dem Ziel erfolgt, die der neuen Nebentätigkeitsgenehmigung beigefügte Auflage zur modifizierten Kostenerstattungspflicht sofort wirksam werden zu lassen.[1074]

d) Verbot der beruflichen Tätigkeit nach Beendigung des Beamtenverhältnisses

265 Auch die berufliche Tätigkeit des Beamten nach Beendigung des Beamtenverhältnisses unterliegt aufgrund einer die nachwirkende Treuepflicht konkretisierenden gesetzlichen Bestimmung der Einschränkung, vgl. § 69a BBG (wortgleich: § 20a SoldG). Danach kann die **Tätigkeit** eines Beamten nach Beendigung des Beamtenverhältnisses verboten werden, sofern zu besorgen ist, dass durch seine Beschäftigung oder Erwerbstätigkeit **dienstliche Interessen beeinträchtigt** werden. Konkret geht es regelmäßig um Umstände, die befürchten lassen, dass der Dienstherr den negativen Folgen eines Mißbrauchs von Amtswissen des ehemaligen Beamten ausgesetzt wird oder dass die Integrität der Amtserfüllung und das in den öffentlichen Dienst gesetzte Vertrauen in der Öffentlichkeit Schaden nimmt.[1075]

Ungeschriebene Tatbestandsvoraussetzung des § 69a Abs. 2 BBG ist, dass es sich um eine **Tätigkeit des Ruhestandsbeamten** handelt, die im Sinne des § 69a Abs. 1 BBG „mit seiner **dienstlichen Tätigkeit in den letzten fünf Jahren vor Beendigung des Beamtenverhältnisses im Zusammenhang steht**". Nur derartige Tätigkeiten muss der Ruhestandsbeamte gem. § 69a Abs. 1 BBG an-

[1073] Vgl. nur *Schnellenbach,* Beamtenrecht in der Praxis, 3. Aufl., 1988, Rdn. 236.

[1074] *OVG Koblenz,* 24. 9. 1996 – 10 B 11298/96 – NVwZ-RR 98, 249.

[1075] *BVerwG,* 24. 9. 1992 – 2 A 6.91 –, NVwZ 93, 1107 [Ls.] = ZBR 93, 88; *BVerwG,* 6. 12. 1989 – 6 C 52/87 –, NVwZ-RR 90, 365 = DVBl. 90, 638 = DÖV 90, 565 = BVerwGE, 84, 194; *BVerwG,* 14. 2. 1990 – 6 C 54/88 –, NVwZ-RR 90, 430; zur uneingeschränkten Geltung dieser Grundsätze für Soldaten, die die Bundeswehr auf Grund Personalstrukturgesetzes vom 30. 7. 1985 verlassen haben, vgl. *BVerwG,* 29. 7. 1992 – 2 B 129.92 –, ZBR 93, 27.

zeigen. Diese Information soll dem Dienstherrn die Prüfung ermöglichen, ob eine Untersagung gem. § 69a Abs. 2 BBG geboten ist. Die Untersagungsmöglichkeit des § 69a Abs. 2 BBG kann sich daher nur auf anzeigepflichtige Tätigkeiten im Sinne des § 69a Abs. 1 BBG beziehen.[1076]

Der gegen ein Tätigkeitsverbot eingelegte Widerspruch hat aufschiebende Wirkung, § 80 Abs. 1. Regelmäßig wird die Dienstbehörde allerdings die sofortige Vollziehbarkeit des Tätigkeitsverbotes gem. § 80 Abs. 2 Nr. 4 anordnen, so dass der Beamte bzw. der Soldat auf das Verfahren gem. § 80 Abs. 5 verwiesen ist. **266**

Beispiel: **267**
C war sachbearbeitender Offizier im Bundesamt für Wehrtechnik und Beschaffung und dort insbesondere mit der Beschaffung von Funkortungs- und Schallortungsanlagen beschäftigt. Nach seinem Eintritt in den Ruhestand wird er Arbeitnehmer eines Elektronik-Unternehmens, mit dem er früher einmal dienstlichen Kontakt hatte. Er ist dort als Projektmanager für die Entwicklung von Alarmanlagen für Einfamilienhäuser zuständig. Die Dienstbehörde untersagt C diese Tätigkeit, weil die Beeinträchtigung dienstlicher Interessen zu besorgen ist und erklärt die Untersagungsverfügung für sofortig vollziehbar.

§ 20a Abs. 2 SoldG (ebenso § 69a Abs. 2 BBG für Beamte) wahren die Funktionsfähigkeit des Dienstes in den Streitkräften. Es soll verhindert werden, dass ein früherer Soldat Amtswissen mißbräuchlich für private Zwecke nutzt. Die Unbefangenheit und Unparteilichkeit des Soldaten – insbesondere in den letzten Jahren vor der Zurruhesetzung – soll erhalten und das unverzichtbare Vertrauen in die Integrität der Streitkräfte bewahrt werden.[1077] Indiz für eine Beeinträchtigung dienstlicher Interessen im Sinn des § 20a Abs. 2 SoldG wird es regelmäßig sein, wenn der Soldat bei einem Unternehmen beschäftigt wird, mit dem er zuvor – direkt oder mittelbar[1078] – dienstlichen Kontakt hatte. Das **spezifische** öffentliche Interesse gem. § 80 Abs. 2 Nr. 4 an einem Tätigkeitsverbot ist dagegen nur zu bejahen, wenn aufgrund des konkreten Inhalts der jetzt vom ehemaligen Soldaten wahrzunehmenden Aufgabe der Mißbrauch von Amtswissen zu befürchten ist. Nur dieses besondere öffentliche Interesse ist geeignet, das Suspensivinteresse des ehemaligen Soldaten (das auch grundrechtlichen Rang hat, Art. 2 bzw. Art. 12 GG) zurückzudrängen.[1079]

5. Entlassung während der Probezeit

Das Beamtenverhältnis mit Beamten auf Probe und Widerruf kann durch die Entlassung beendet werden, vgl. § 31 BBG.[1080] Die Entlassung unterliegt als belas- **268**

1076 *BVerwG,* 6. 12. 1989 – 6 C 52.87 – NVwZ-RR 90, 365 = DVBl. 90, 638 = DÖV 90, 565 = BVerwGE 84, 194, 196f.

1077 *BVerwG,* 6. 12. 1989 – 6 C 52/87 –, NVwZ-RR 90, 365 = DVBl. 90, 638 = DÖV 90, 565 = BVerwGE 84, 194; *BVerwG,* 14. 2. 1990 – 6 C 54/88 –, NVwZ-RR 90, 430.

1078 *BVerwG,* 12. 12. 1996 – 2 C 37.95 – DÖV 97, 689.

1079 *OVG Schleswig,* 21. 4. 1994 – 3 M 15/94 –, ZBR 94, 232 [Ls.]; a. A. *OVG Koblenz,* 26. 10. 1990 – 2 B 12027/90 –, NVwZ-RR 91, 307; *OVG Münster,* 8. 2. 1991 – 1 B 3117/90 –, NVwZ-RR 91, 380: Liegen die tatbestandlichen Voraussetzungen des § 20a Abs. 2 SoldG vor, so ist die sofortige Vollziehung des Tätigkeitsverbots anzuordnen, hiervon ist lediglich in besonders gelagerten Ausnahmefällen abzusehen.

1080 Zu den Entlassungsvoraussetzungen *VGH München,* 3. 12. 1987 – 3 B 8700505 –, NVwZ 89, 83; *OVG Koblenz,* 23. 3. 1988 – 2 B 5/88 –, NVwZ 89, 82 = ZBR 88, 264;

tender Verwaltungsakt der Anfechtung durch den Beamten. Der Widerspruch gegen die Entlassung hat gem. § 80 Abs. 1 aufschiebende Wirkung. Dies wiederum hat zur Folge, dass der Beamte bis zur bestandskräftigen Entscheidung über die Entlassung grundsätzlich in den Genuß der an den Status anknüpfenden Leistungen kommt, d.h. er ist weiterhin zu alimentieren. Ordnet der Dienstherr in dieser Situation die sofortige Vollziehbarkeit der Entlassungsverfügung gem. § 80 Abs. 2 Nr. 4 an, so kann der Beamte seinen Anspruch auf Gewährung (zumindest eines Teils) seiner Besoldung nur im Verfahren gem. § 80 Abs. 5 verteidigen, indem er die Wiederherstellung der aufschiebenden Wirkung des von ihm eingelegten Widerspruchs gegen die Entlassungsverfügung beantragt. Dieser hat nach allgemeinen Grundsätzen Erfolg, wenn die Rechtsverfolgung in der Hauptsache bei summarischer Prüfung erfolgreich sein wird. Die Entlassungsverfügung unterliegt allerdings nur einer eingeschränkten gerichtlichen Überprüfung: es ist zu klären, ob die Dienstbehörde den gesetzlichen Begriff der Bewährung oder die gesetzlichen Grenzen der Beurteilungsermächtigung verkannt hat. Zu prüfen ist ferner, ob ein unrichtiger Sachverhalt zugrunde gelegt, allgemeine Wertmaßstäbe nicht beachtet oder sachfremde Erwägungen angestellt worden sind.[1081]

269 **Beispiele:**

- Die Entlassung erfolgt beurteilungsfehlerhaft, weil der Dienstherrn nicht den gesamten entscheidungserheblichen Sachverhalt bei seiner Entscheidung berücksichtigt hat. [1082]
- Die Anordnung über die sofortige Vollziehbarkeit der Entlassung eines Proberichters ist jedenfalls dann gerechtfertigt, wenn die offenbarten Mängel und Fehlleistungen so gravierend sind, dass im Interesse einer geordneten Rechtspflege die sofortige und vollständige Entbindung vom Sitzungsdienst geboten ist.[1083]

270 Der Dienstherr ist aufgrund der Fürsorgepflicht grundsätzlich verpflichtet, bis zur Rechtskraft einer im Streit befindlichen Entlassungsverfügung dem Beamten zumindest den notwendigen Unterhalt zu belassen, wenn die Entlassung nicht offensichtlich rechtmäßig ist.[1084] Der Hinweis auf die Möglichkeit, Arbeitslosen- und Sozialhilfe zu beantragen, ist nicht zulässig.[1085]

Hinweise:

- Wird die Entlassung aus dem Beamtenverhältnis rechtskräftig bestätigt, so ist bei der Rückforderung der überzahlten Dienstbezüge im Rahmen der Billigkeitsentscheidung gem. § 12 Abs. 2 Satz 3 BBesG zu berücksichtigen, dass die überzahlten Beträge teilweise zur Sicherung des Lebensunterhalts verwendet werden mussten.[1086]

VGH Kassel, 20. 6. 1989 – 1 R 1300/89 –, NvWZ 90, 387 = ZBR 90, 57; *BayDGH,* 10. 11. 1989 – DGH 15/89 –, NVwZ-RR 91, 154 [Entlassung eines Proberichters]; *Battis,* NJW 93, 1040, 1042 m. w. N.

1081 *BVerwG,* 19. 3. 1998 – 2 C 5.97 – NVwZ 99, 75 = DVBl. 98, 1073.

1082 *OVG Greifswald,* 17. 8. 1995 – 2 M 51/95 –, LKV 96, 212.

1083 *BayDGH,* 10. 11. 1989 – DGH 15/89 –, NVwZ-RR 91, 154.

1084 *BVerfG,* 15. 12. 1989 – 2 BvR 1574/89 – NVwZ 90, 853; *VGH Kassel,* 2. 12. 1981 – I TH 30/81 – NVwZ 83, 354; *OVG Koblenz,* 23. 3. 1988 – 2 B 5/88 –, NvWZ 89, 82 = ZBR 88, 264; *OVG Münster,* 24. 1. 1992 – 6 A 938/90 –, RiA 92, 210; vgl. auch *Finkelnburg/Jank,* Rdn. 1177.

1085 *BVerfG,* 15. 12. 1989 – 2 BvR 1574/89 –, NVwZ 90, 853; a.A. noch *VGH München,* 11. 9. 1989 – 3 CS 8902316 –, BayVBl. 90, 22.

1086 *VGH Kassel,* 23. 8. 1995 – 1 UE 2433/91 – NVwZ-RR 96, 340.

– Hinsichtlich Rückforderung der überzahlten Dienstbezüge unterliegt der Beamte im übrigen der verschärften Haftung gem. § 820 Abs. 1 Satz 2 BGB.[1087]

VI. Ausländerrecht

Übersicht

Der einstweilige Rechtsschutz ist im Ausländerrecht[1088] von Bedeutung, wenn **271**

– der Ausländer nach Versagung der beantragten Aufenthaltsgenehmigung in Deutschland bleiben will, weil er meint, ihm sei von Rechts wegen eine **Aufenthaltsgenehmigung** zu erteilen (dazu K 272 ff.),
– zwar die beantragte Aufenthaltsgenehmigung versagt worden ist und der Ausländer sich mit dieser Versagung abfindet, er aber meint, ihm könne das Verlassen des Landes gleichwohl nicht zugemutet werden, so dass seine Anwesenheit zu **dulden** sei (dazu K 295 ff.),
– der Ausländer nicht bereit ist, **Auflagen** zu akzeptieren, die einer Aufenthaltsgenehmigung bzw. Duldung beigegeben worden sind (dazu K 301 a),
– der Ausländer **ausgewiesen** worden ist (dazu K 302 ff.) bzw.
– der Ausländer **abgeschoben** werden soll (dazu K 319 ff.).

1. Bleiberecht bis zum rechtskräftigen Abschluss des Verfahrens auf Erteilung der Aufenthaltsgenehmigung

Ausländer bedürfen gem. § 3 Abs. 1 AuslG für die Einreise und den Aufenthalt im Bundesgebiet einer Aufenthaltsgenehmigung.[1089] Gem. § 5 AuslG werden vier Genehmigungstypen unterschieden, zwei weitere ergeben sich aus dem AufenthaltsG/EWG und dem AsylVfG: **272**

– Die **Aufenthaltserlaubnis** gem. § 15 AuslG wird erteilt, wenn einem Ausländer der Aufenthalt ohne Bindung an einen bestimmten Aufenthaltszweck erlaubt

---

1087 *BVerwG,* 20. 3. 1998 – 2 B 128.97 – DÖV 98, 736 = BayVBl. 99, 89.

1088 Zur Entwicklung des materiellen Ausländerrechts in der Rechtsprechung des BVerwG s. *Richter,* NVwZ 99, 726; *Richter,* NVwZ 98, 128.

1089 Zum aufenthaltsrechtlichen Status von Aussiedlern *Welte,* NVwZ 93, 151.

werden soll. Die Aufenthaltserlaubnis ist der allgemeine Aufenthaltstitel, der dem Ausländer – soweit dies nicht durch Auflagen ausgeschlossen ist – jedwede Betätigung im Inland erlaubt.

- Die **Aufenthaltsberechtigung** gem. § 27 AuslG ist der verfestigte Aufenthaltstitel, denn sie ist zeitlich sowie räumlich unbeschränkt und kann nicht mit Bedingungen und Auflagen verbunden werden.
- Die **Aufenthaltsbewilligung** ist die gem. § 28 Abs. 1 AuslG streng zweckgebundene Form der Aufenthaltsgenehmigung und ist daher Grundlage für einen seiner Natur nach nur vorübergehenden Aufenthalt im Inland.[1090] Sie wird Ausländern z. B. erteilt, um ihnen das Studium im Inland zu ermöglichen.
- Die **Aufenthaltsbefugnis** gem. § 30 AuslG wird erteilt, wenn einem Ausländer aus völkerrechtlichen oder dringenden humanitären Gründen oder zur Wahrung politischer Interessen der Bundesrepublik Deutschland die Einreise und der Aufenthalt im Bundesgebiet erlaubt werden soll.[1071]
- Die **Aufenthaltserlaubnis-EG** erhalten gem. § 1 Abs. 4 i. V. m. §§ 3ff. AufenthaltsG/EWG Ausländer, die nach diesem Gesetz im Bundesgebiet Freizügigkeit genießen.[1091]
- Die **Aufenthaltsgestattung** schließlich verleiht gem. § 55 AsylVfG den Ausländern, die um Asyl nachsuchen, zur Durchführung des Asylverfahren ein Aufenthaltsrecht.

a) *Rechtsschutz-Ziel: aufschiebende Wirkung gem. § 80 Abs. 1*

273 Gem. § 42 Abs. 1 AuslG ist ein Ausländer zur Ausreise verpflichtet, wenn er eine erforderliche Aufenthaltsgenehmigung nicht oder nicht mehr besitzt. Nach allgemeinen prozessrechtlichen Kriterien müßte der Ausländer, dessen Antrag auf Ertei-lung einer Aufenthaltsgenehmigung abgelehnt worden ist, daher zum Zwecke des einstweiligen Rechtsschutzes ein Verfahren auf Erlass einer einstweiligen Anordnung gem. § 123 einleiten, um dieser gesetzlichen Ausreisepflicht zu begegnen. Einer solchen gerichtlichen Anordnung bedarf es jedoch nicht, weil der Aufenthalt des Ausländers für die Dauer des Verfahrens auf Erteilung der Aufenthaltsgenehmigung bei Vorliegen der gesetzlichen Voraussetzungen als geduldet (§ 69 Abs. 2 AuslG) bzw. als erlaubt (§ 69 Abs. 3 AuslG), **Duldungs- bzw. Erlaubnisfiktion,** gilt.

274 Lehnt die Behörde die Erteilung der Aufenthaltsgenehmigung ab, so erschöpft sich die Wirkung dieser Entscheidung also nicht in der Versagung. Die Ablehnung bringt auch die kraft Gesetzes bestehende Befugnis zum Verbleiben im Inland zum Erlöschen und bewirkt damit eine Belastung.[1092]

Der Ausländer erreicht **einstweiligen Rechtsschutz** daher bereits **durch die aufschiebende Wirkung des gegen die Versagung eingelegten Rechtsbehelfs.** Dabei ist die konkrete Rechtsfolge der aufschiebenden Wirkung um-

---

[1090] *Heidelmann,* DVBl. 01, 685, 692.

[1091] Zu den Voraussetzungen dieses Aufenthaltstitels s. im einzelnen *Heidelmann,* DVBl. 01, 685, 689; *BVerwG,* 29. 7. 1993 – 1 C 25.93 –, BayVBl. 94, 24; *OVG Münster,* 3. 11. 1995 – 18 B 815/94 – NVwZ-RR 96, 708.

[1092] *VGH Mannheim,* 12. 12. 1991 – 13 S 1800/90 –, NVwZ-RR 92, 509; *VGH Kassel,* 14. 2. 1991 – 12 TH 1568/90 –, NVwZ-RR 91, 426.

stritten. Zum einen wird vertreten, die gesetzliche Befugnis zum Verbleib gem. § 69 Abs. 2 bzw. Abs. 3 gelte wieder.[1093] Zum anderen wird gestützt auf § 72 Abs. 2 Satz 1 AuslG argumentiert, in Folge der aufschiebenden Wirkung erlange der Ausländer nicht erneut die Verweilbefugnis gem. § 69 Abs. 2 bzw. Abs. 3 AuslG, lediglich die Ausreisepflicht werde gem. § 42 Abs. 1 Satz 2 AuslG suspendiert.[1094]

Konsequenzen hat dieser Meinungsstreit nur, wenn der Ausländer während des anhängigen Verfahrens ausreist: Nach der ersten Meinung ist die Ausreise für das Verfahren gem. § 80 Abs. 5 ohne Bedeutung. Ergeht im Verfahren gem. § 80 Abs. 5 ein Beschluss zu seinen Gunsten, so darf der Ausländer aufgrund des (gesetzlich fingierten) Aufenthaltstitels auch wieder einreisen. Nach der zweiten Meinung erfüllt der Ausländer dagegen mit der Ausreise die gem. § 42 Abs. 1 AuslG bestehende Pflicht. Das Verfahren gem. § 80 Abs. 5, das mittelbar (§ 42 Abs. 1 Satz 2, 1. Alternative AuslG) die Vollziehbarkeit der Ausreisepflicht zum Gegenstand hat, erledigt sich damit;[1095] einstweiliger Rechtsschutz kann dann nur noch im Verfahren gem. § 123 gesucht werden,[1096] vgl. auch unten K 293. **275**

Widerspruch und Klage gegen die Ablehnung eines Antrages auf Erteilung oder Verlängerung der Aufenthaltsgenehmigung haben allerdings gem. § 72 Abs. 1 AuslG keine aufschiebende Wirkung (Regelung im Sinne des § 80 Abs. 2 Nr. 3). **276**

Um einstweiligen Rechtsschutz zu erlangen, muss der Ausländer daher ein Verfahren gem. § 80 Abs. 5 mit dem Ziel einleiten, die aufschiebende Wirkung seines Widerspruchs gegen die Versagungsentscheidung herzustellen, um in den Genuss der Fiktionen des § 69 Abs. 2 oder 3 AuslG bzw. der Regelung des § 42 Abs. 1 Satz 2 AuslG zu kommen.

Die **Rechtsschutzposition von EG-Ausländern** ist dagegen wesentlich **günstiger:** § 72 Abs. 1 AuslG findet im Verhältnis zu EG-Ausländern keine Anwendung, vgl. § 12 Abs. 9 AufenthaltsG/EWG.[1097] EG-Ausländer erlangen also allein aufgrund des Widerspruchs gegen die Versagung der Aufenthaltserlaubnis-EG gem. § 80 Abs. 1 den vorläufigen gesetzlichen Aufenthaltstitel gem. § 69 AuslG (Duldungs- bzw. Genehmigungsfiktion). Der EG-Ausländer muss also ein Verfahren gem. § 80 Abs. 5 nur dann anstrengen, wenn die Versagung der Aufenthaltsgenehmigung-EG für sofortig vollziehbar erklärt wird. Im Rahmen dieses Verfahrens werden sich dann regelmäßig die weiteren materiellrechtlichen Privilegien der EG-Ausländer auswirken, vgl. K 287a. **276a**

[1093] So *Renner,* Ausländerrecht, 11. Auflage, 1993, § 69 AuslG, Rdn. 16; **a. A.** *Renner,* § 69 AuslG, Rdn. 16.

[1094] *VGH Kassel,* 23. 6. 1998 – 6 TZ 4017.97 – NVwZ-RR 98, 777; *OVG Hamburg,* 12. 1. 1996 – Bs V 4.96 – NVwZ-RR 96, 709; so wohl auch *VGH Mannheim,* 15. 2. 1995 – 11 S 2954.94 – NVwZ-RR 96, 115 und *OVG Weimar,* 31. 1. 1996 – 3 EO 11/96 – NVwZ-RR 96, 710; **a. A.** *VG Stuttgart,* 20. 4. 1999 – 6 K 4846.98 – NVwZ-RR 00, 250, das auch diese Rechtsfolge verneint.

[1095] *OVG Hamburg,* 12. 1. 1996 – Bs V 4/96 – NVwZ-RR 96, 709.

[1096] *VGH Mannheim,* 15. 2. 1995 – 11 S 2954/94 – NVwZ-RR 96, 115.

[1097] *OVG Koblenz,* 17. 6. 1996 – 11 B 11155/96 – NVwZ-RR 97, 443.

b) Antrag gem. § 80 Abs. 5 im Falle der Versagung der Aufenthaltsgenehmigung

aa) Zulässigkeit

277 Die Zulässigkeit des Antrags gem. § 80 Abs. 5 beurteilt sich nach den allgemeinen Kriterien, vgl. Rdn. J 102ff.

278 Der Antrag kann auch von dem **Ehepartner des Ausländers** gestellt werden, dessen Antragsbefugnis gem. § 42 Abs. 2 aus Art. 6 Abs. 1 GG folgt.[1098]

279 Die Duldungs- bzw. Erlaubnisfiktion des § 69 Abs. 2 und 3 AuslG hängt von bestimmten Voraussetzungen ab. Das **Verfahren gem. § 80 Abs. 5** ist daher **nicht statthaft,** wenn der Ausländer aufgrund besonderer gesetzlicher Regelungen ausnahmsweise **kein fiktives Verweilrecht** hat. Dies ist z. B. der Fall, wenn

- der Ausländer unerlaubt eingereist ist (vgl. dazu K 280),
- Asylantragsteller nicht als Asylberechtigte anerkannt werden (vgl. dazu K 282f.) oder
- der Ausländer ausgewiesen oder abgeschoben worden ist (vgl. dazu K 287).[1099]

280 Die **Duldungsfiktion** gem. § 69 Abs. 2 Satz 1 AuslG greift ein, wenn der Ausländer nach der Einreise die Erteilung einer Aufenthaltsgenehmigung oder die Verlängerung eines ihm ohne Zustimmung der Ausländerbehörde erteilen Visums beantragt. Dieser Tatbestand wird nur durch den jeweils **ersten Antrag** dieser Art erfüllt.[1100]

Zur **Duldungsfiktion** gem. § 69 Abs. 2 Satz 1 AuslG kommt es **nicht**, wenn der Ausländer gem. § 69 Abs. 2 Satz 2 Nr. 1 AuslG **„unerlaubt eingereist"** ist. Dieser Tatbestand ist gem. § 58 Abs. 1 Nr. 1 AuslG erfüllt, wenn der Ausländer bei der Einreise in das Bundesgebiet eine erforderliche Aufenthaltsgenehmigung nicht besitzt.[1101] Fraglich ist, ob dieser Tatbestand auch dann gegeben ist, wenn der Ausländer zwar mit einem Visum der deutschen Auslandsvertretung eingereist ist, sich aber im Nachhinein herausstellt, dass dieses Visum aufgrund des vom Ausländer von vornherein verfolgten Aufenthaltszwecks nicht ohne die Zustimmung der Ausländerbehörde hätte erteilt werden dürfen. Beantragt der Ausländer in einem solchen Fall im Inland die Erteilung einer (neuen) Aufenthaltsgenehmigung, so ist diese gem. § 8 Abs. 1 Nr. 2 AuslG zu versagen. Gem. § 71 Abs. 2 AuslG kann ein Rechtsbehelf gegen die Versagung der Aufenthaltsgenehmigung vor der Ausreise des Ausländers nur darauf gestützt werden, dass dieser spezielle Versagungsgrund des § 8 AuslG nicht vorliegt. Gem. § 71 Abs. 2 Satz 2 AuslG wird in den Fällen des § 8 Abs. 1 Nr. 2 sogar vermutet, dass das Visum zum Zeitpunkt der Einreise des Ausländers bereits zustimmungsbedürftig war. Diese Vermutung gilt jedoch nur im Genehmigungsverfahren. Bei der

---

[1098] *BVerwG,* 27. 8. 1996 – 1 C 8.94 – DVBl. 97, 186 = BayVBl. 97, 282; *OVG Münster,* 7. 8. 1996 – 17 A 1093/95 – NVwZ 97, 512 bejaht Antragsbefugnis auch für den Partner in einer gleichgeschlechtlichen Lebensgemeinschaft.

[1099] *OVG Weimar,* 11. 3. 1996 – 3 EO 891/95 – DÖV 96, 1059; *VGH Kassel,* 30. 9. 1992 – 12 TG 947/92 –, NVwZ-RR 93, 213; *OVG Münster,* 16. 10. 1991 – 18 B 2828/91 –, NVwZ 92, 599; *VGH Mannheim,* 12. 12. 1991 – 13 S 1800/90 –, NVwZ-RR 92, 509.

[1100] *VGH Mannheim,* 18. 5. 1999 – 13 S 3241/97 – NVwZ-RR 99, 610; s. a. *OVG Münster,* 20. 2. 2001 – 18 B 2025.99 – NVwZ-RR 01, 538: Verlängerung eines Besuchsvisums steht der Erteilung einer Aufenthaltsgenehmigung nicht entgegen.

[1101] *OVG Münster,* 16. 10. 1991 – 18 B 2828/91 – NVwZ 92, 599: Art. 16 Abs. 2 Satz 2 GG gebietet eine Einschränkung dieser Regelung für den Fall, dass der Asylbewerber direkt aus dem Verfolgerstaat einreist; **a. A.** *VGH Kassel,* 2. 10. 1995 – 12 UE 352/95 – DVBl. 96, 216 [Ls.].

Prüfung, ob die **Duldungsfiktion** des § 69 Abs. 2 AuslG eingreift, bleibt diese **Vermutungsregel des § 71 Abs. 2 Satz 2 AuslG** außer Betracht.

Beispiele: 281

– Der marokkanische Staatsangehörige M reist mit einem von der deutschen Auslandsvertretung ausgestellten Touristenvisum ein und beantragt nach sechswöchigem Aufenthalt im Inland – aufgrund eines angeblichen Sinneswandels – die Erteilung einer Aufenthaltserlaubnis zum Zwecke der unselbständigen Erwerbstätigkeit. Die Erlaubnis wird versagt, M stellt einen Antrag gem. § 80 Abs. 5.
Der Antrag ist nur statthaft, sofern bei einer Herstellung der aufschiebenden Wirkung des Rechtsbehelfs (§ 72 Abs. 1 AuslG) die Duldungsfiktion gem. § 69 Abs. 2 Satz 1 AuslG gilt. Das scheidet aus, wenn M gem. § 69 Abs. 2 Satz 2 Nr. 1 AuslG unerlaubt eingereist ist. Dies ist gem. § 58 Abs. 1 Nr. 1 AuslG der Fall wenn M ohne die **erforderliche** Aufenthaltsgenehmigung eingereist ist. Bei der Prüfung der Frage, ob die Aufenthaltsgenehmigung des M (Touristenvisum) dem bei der Einreise möglicherweise verfolgten Zweck des Aufenthalts (Erwerbstätigkeit?) entsprach, ist die Vermutungsregelung des § 71 Abs. 2 Satz 2 AuslG nicht anzuwenden;[1102] sofern sie plausibel sind, ist vielmehr von den Angaben des M auszugehen[1103] (touristischer Aufenthalt). M ist mithin nicht unerlaubt eingereist, er kommt für den Fall der Herstellung der aufschiebenden Wirkung seines Rechtsbehelfs gegen die Versagung der Aufenthaltsgenehmigung in den Genuss der Duldungsfiktion des § 69 Abs. 2 AuslG, so dass der Antrag statthaft ist.[1104]
– Der australische Staatsangehörige A reist mit Paß in die Bundesrepublik Deutschland ein und beantragt nach sechswöchigem Aufenthalt im Inland die Erteilung einer Aufenthaltserlaubnis zum Zwecke der unselbstständigen Erwerbstätigkeit. Die Erlaubnis wird versagt, A stellt einen Antrag gem. § 80 Abs. 5.
Der Antrag ist statthaft, wenn bei Herstellung der aufschiebenden Wirkung des Rechtsbehelfs die Duldungsfiktion gem. § 69 Abs. 2 AuslG gilt. Dies ist nicht der Fall, wenn A unerlaubt eingereist ist. Australische Staatsangehörige benötigen gem. § 1 Abs. 1 DVAuslG i. V. m. Anlage 1 zur DVAuslG für Aufenthalte bis zu drei Monaten keine Aufenthaltsgenehmigung (sog. Positivstaater). Durch die (beabsichtigte) Aufnahme einer Erwerbstätigkeit wird die Einreise nicht nachträglich unerlaubt. Die Voraussetzungen der Duldungsfiktion gem. § 69 Abs. 2 AuslG sind gegeben.[1105]
– Der US-amerikanische Staatsangehörige U reist mit Paß in die Bundesrepublik Deutschland ein und beantragt sofort nach der Einreise im Inland die Erteilung einer Aufenthaltserlaubnis zum Zwecke der unselbstständigen Erwerbstätigkeit. Die Erlaubnis wird versagt, U stellt einen Antrag gem. § 80 Abs. 5.
Der Antrag ist statthaft, wenn bei Herstellung der aufschiebenden Wirkung des Rechtsbehelfs die Duldungsfiktion gem. § 69 Abs. 2 AuslG gilt. Dies ist nicht der Fall, wenn U unerlaubt eingereist ist. Auch US-Amerikanische Staatsangehörige benötigen zwar gem. § 1 Abs. 1 DVAuslG i. V. m. Anlage 1 zur DVAuslG für Aufenthalte bis zu drei Monaten keine Aufenthaltsgenehmigung (sog. Positivstaater). Das gilt jedoch nur, soweit nicht die Aufnahme einer Erwerbstätigkeit beabsichtigt ist. Aufgrund der von vornherein beabsichtigten Erwerbstätigkeit findet daher eine Befreiung vom Erfordernis einer Aufenthaltsgenehmigung nicht statt. US-Amerikaner kommen jedoch in den Genuss von § 9 Abs. 1 DVAuslG.[1106] Sie können eine erforderliche Aufenthaltsgenehmigung nach der Einreise

---

1102 Offen gelassen von *OVG Münster,* 20. 2. 2001 – 18 B 2025.99 – DVBl. 01, 1007.

1103 *OVG Münster,* 20. 2. 2001 – 18 B 2025.99 – NVwZ-RR 01, 538 = DVBl. 01, 1007: Darlegungslast liegt insoweit beim Ausländer.

1104 Vgl. *VGH Mannheim,* 6. 2. 1992 – 1 S 15/92 –, NVwZ 93, 291.

1105 *VGH Kassel,* 30. 9. 1992 – 12 TG 947/92 –, NVwZ-RR 93, 213 erörtert diesen und andere Fälle der „unerlaubten Einreise" im Sinne des § 69 Abs. 2 Satz 2 Nr. 1 AuslG; s. a. *VGH Kassel,* 2. 5. 1994 – 13 UE 1629/92 – NVwZ-RR 94, 615; *VGH Kassel,* 12. 3. 1993 – 13 TH 2742/92 –, NVwZ-RR 94, 114.

1106 S. dazu *VGH Mannheim,* 8. 6. 1999 – 11 S 655.99 – NVwZ 00, 345.

einholen. U ist also nicht unerlaubt eingereist. Die Voraussetzungen der Duldungsfiktion gem. § 69 Abs. 2 AuslG sind gegeben.

281 a Die **Genehmigungsfiktion** gem. § 69 Abs. 3 Satz 1 Nr. 1 AuslG greift Platz, wenn der Ausländer mit einem mit Zustimmung der Ausländerbehörde als Visum erteilten Aufenthaltsgenehmigung eingereist ist und im Inland die Erteilung einer Verlängerung beantragt hat. Der Tatbestand ist nur erfüllt, wenn es um die Verlängerung eben dieser durch Visum erteilten Aufenthaltsgenehmigung geht.[1107]

Die **Genehmigungsfiktion** gem. § 69 Abs. 3 Satz 1 Nr. 1 AuslG ist gegeben, wenn sich der Ausländer, der die Erteilung oder Verlängerung einer Aufenthaltsgenehmigung beantragt hat, **zu diesem Zeitpunkt** mehr als sechs Monate rechtmäßig im Bundesgebiet aufhält.[1088]

Beispiel:

Die Antragstellerin ist Inhaberin einer Aufenthaltserlaubnis, deren Wirksamkeit am 6. November 2000 endet. Sie beantragt am 7. November 2000 die Verlängerung der Aufenthaltserlaubnis.
Die Genehmigungsfiktion des § 69 Abs. 3 Nr. 2 AuslG kommt nicht zum Tragen, denn zum entscheidenden Zeitpunkt der Antragstellung hielt sich die Antragstellerin nicht (mehr) rechtmäßig in der Bundesrepublik Deutschland auf. Der Antrag nach § 80 Abs. 5 ist nicht statthaft.[1108]

282 Bei **Asyl-Antragstellern,** die nicht als Asylberechtigte anerkannt werden und dann einen Antrag auf Erteilung einer Aufenthaltsgenehmigung stellen, gelten die Fiktionen des § 69 Abs. 2 und 3 AuslG nicht, vgl. § 43 Abs. 2 Satz 2 AsylVfG. Das Verfahren gem. § 80 Abs. 5 ist daher nicht statthaft.[1109]

283 **Hinweis für den Anwalt:**

- In den Fällen, in denen das Verfahren gem. § 80 Abs. 5 nicht statthaft ist, weil die Fiktionen des § 69 Abs. 2 bzw. Abs. 3 AuslG mangels der dort geregelten Voraussetzungen nicht zum Tragen kommen, bieten sich dem Ausländer noch zwei prozessuale Optionen:
- Der Ausländer stellt einen Antrag gem. § 123, mit dem er eine vorläufige gerichtliche Regelung begehrt, die ihm im Hinblick auf einen Anspruch auf Erteilung einer Aufenthaltsgenehmigung den Aufenthalt in der Bundesrepublik ermöglicht, s. dazu unten K 293.
- Der Ausländer stellt einen Antrag gem. § 123, mit dem er einen Anspruch auf Duldung gem. § 55 AuslG zur Geltung bringt, s. dazu unten K 295.

b) Begründetheit

284 Der Antrag gem. § 80 Abs. 5 auf Herstellung der aufschiebenden Wirkung des Rechtsbehelfs gegen die Versagung der Aufenthaltsgenehmigung ist erfolgreich, wenn der eingelegte Rechtsbehelf nicht offensichtlich unbegründet ist, sondern eine gewisse Aussicht auf Erfolg verspricht, vgl. J 129.

285 Bei der Prüfung der Erfolgsaussichten haben häufig die **besonderen Versagungsgründe gem. § 8 AuslG** Gewicht. Gem. § 8 Abs. 1 AuslG wird auch bei Vorliegen der Voraussetzungen eines Anspruchs auf eine Aufenthaltsgenehmigung

[1107] *BVerwG,* 3. 6. 1997 – 1 C 7/96 – NVwZ 98, 185.
[1108] *OVG Münster,* 1. 10. 1999 – 18 B 1381.99 – NVwZ 00, 346.
[1109] *VGH Mannheim,* 3. 12. 1992 – A 13 S 3108/92 –, NVwZ 93, 295.

diese Genehmigung versagt, wenn der Ausländer unter Verstoß gegen die Bestimmungen in der DVAuslG das Genehmigungsverfahren nicht aus dem Ausland, sondern aus dem Inland betrieben hat.

Beispiele: 286

– Im ersten Beispielsfall oben K 281 ist der Antrag gem. § 80 Abs. 5 zwar zulässig, aber wohl unbegründet, denn der Erteilung der Aufenthaltsgenehmigung steht der besondere Versagungsgrund des § 8 Abs. 1 Nr. 2 AuslG entgegen. Gem. § 71 Abs. 2 Satz 2 AuslG ist nämlich zu vermuten, dass M mit einem Visum eingereist ist, das schon im Zeitpunkt seiner Einreise zustimmungsbedürftig war, jedoch aufgrund seiner Angaben im Visumsantrag ohne die dann nach § 11 Abs. 1 Nr. 2 DVAuslG erforderliche Zustimmung der Ausländerbehörde erteilt worden ist.[1110] Wenn es M allerdings gelingt, die gesetzliche Vermutung zu erschüttern, dann ist der Ausgang des Hauptsacherechtsstreits (in dem der volle Gegenbeweis zu führen ist)[1111] damit zumindest offen,[1092] so dass im Verfahren gem. § 80 Abs. 5 eine Interessenabwägung vgl. oben J 135 – zu seinen Gunsten in Betracht kommt.
– Im zweiten Beispielsfall, oben K 281, ist der Antrag gem. § 80 Abs. 5 zulässig, aber wohl ebenfalls unbegründet. Der Erteilung der Aufenthaltsgenehmigung steht hier der besondere Versagungsgrund des § 8 Abs. 1 Nr. 1 AuslG entgegen. Gem. § 71 Abs. 2 Satz 2 AuslG ist nämlich zu vermuten, dass A bei der Einreise bereits visumpflichtig war.[1112] A kann allerdings versuchen diese gesetzliche Vermutung zu erschüttern, indem er einen Sinneswandel nach der Einreise glaubhaft macht. Kommt dies nicht in Betracht, so bleibt zu klären, ob die Voraussetzungen für die Erteilung einer Aufenthaltsgenehmigung offensichtlich gegeben sind, vgl. § 9 Abs. 1 Nr. 1 AuslG.[1113] Wenn der Ausgang des Hauptsacherechtsstreits damit zumindest offen ist, so kommt im Verfahren gem. § 80 Abs. 5 eine Interessenabwägung vgl. oben J 135 – zugunsten von A in Betracht.
– Im dritten Beispielsfall, oben K 281, ist der Antrag gem. § 80 Abs. 5 zulässig und eventuell auch begründet. Der Erteilung der Aufenthaltsgenehmigung steht jedenfalls der besondere Versagungsgrund des § 8 Abs. 1 Nr. 1 AuslG nicht entgegen, weil US-Amerikaner die erforderliche Aufenthaltsgenehmigung im Inland nach der Einreise einholen können.
– Der Ausländer ist ausgewiesen worden, gleichzeitig wurde die beantragte Erteilung einer Aufenthaltsgenehmigung gem. § 8 Abs. 2 AuslG im Hinblick auf die Ausweisung versagt. Die Ausweisungsverfügung ist nicht für sofortig vollziehbar erklärt worden. Der Ausländer stellt den Antrag gem. § 80 Abs. 5, um in den Genuß der Duldungsfiktion des § 69 Abs. 2 AuslG zu kommen.
  Die Versagung der Aufenthaltsgenehmigung ist offensichtlich rechtmäßig, denn die Ausweisung hindert trotz Widerspruch (§ 72 Abs. 2 Satz 1 AuslG) die Erteilung der Aufenthaltsgenehmigung, vgl. § 8 Abs. 2 AuslG. Art 19 Abs. 4 GG gebietet in diesen Fällen auch zu prüfen, ob ernstliche Zweifel an der Rechtmäßigkeit der diese Mechanik auslösenden Ausweisung bestehen.[1114]

[1110] Vgl. *VGH Mannheim,* 6. 2. 1992 – 1 S 15/92 –, NVwZ 92, 291; *VGH Kassel,* 29. 6. 1994 – 12 TH 1290/94 – DVBl. 94, 1422 [Ls.] = NVwZ-RR 94, 616 [Ls.].

[1111] *Renner,* § 71, Rdn. 9 m. w. N. aus der obergerichtlichen Rechtsprechung.

[1112] *BVerwG,* 18. 6. 1997 – 1 C 17/95 – NVwZ 97, 192 = DVBl. 97, 174; *VGH Mannheim,* 12. 12. 1995 – 13 S 3327/94 – DVBl. 96, 626; *OVG Lüneburg,* 6. 2. 1996 – 13 M 460/96 – NVwZ-RR 97, 68 (incidenter); **a. A.** *OVG Saarlouis,* 6. 8. 1991 – 3 W 56/91 –, NJW 92, 646; *OVG Münster,* 16. 10. 1991 – 18 B 2828/91 –, NVwZ 92, 599; *BVerwG,* 27. 2. 1996 – 1 C 41/93 – NVwZ 97, 189 hatte diese Frage noch offen gelassen.

[1113] Zu einem solchen Fall s. *OVG Lüneburg,* 6. 2. 1996 – 13 M 460/96 – DVBl. 96, 631.

[1114] *VGH Mannheim,* 18. 12. 1991 – 11 S 1275/91 –, NVwZ 92, 700; *VGH Mannheim,* 12. 12. 1991 – 13 S 1800/90 –, NVwZ-RR 92, 509; **a. A.** *OVG Schleswig,* 9. 2. 1993 – 4 M 146/92 – NVwZ-RR 93, 437: § 8 Abs. 2 AuslG ist nicht anzuwenden.

287 Gem. **§ 8 Abs. 2 AuslG** darf ein Ausländer, der **ausgewiesen oder abgeschoben** worden ist, nicht in das Bundesgebiet einreisen. Er hat daher unabhängig vom Vorliegen der Erlaubnisvoraussetzungen keinen Anspruch auf Erteilung einer Aufenthaltsgenehmigung. Der Rechtsbehelf gegen die Ausweisungsverfügung nimmt dieser gem. § 72 Abs. 2 Satz 1 AuslG nicht die Wirksamkeit. Die sich daraus ergebenden Rechtsschutzprobleme werden in der obergerichtlichen Rechtsprechung unterschiedlich gelöst: entweder es findet in dem die Versagung der Aufenthaltsgenehmigung betreffenden Verfahren gem. § 80 Abs. 5 eine inzidente Kontrolle der Ausweisungsverfügung statt[1115] oder § 72 Abs. 2 Satz 1 AuslG wird verfassungskonform dahin ausgelegt, dass das Verwaltungsgericht im Verfahren gem. § 80 Abs. 5, das die Vollziehbarkeit der Ausweisungsverfügung zum Gegenstand hat, auch im Hinblick auf die Sperrwirkung gem. § 8 Abs. AuslG die aufschiebende Wirkung des Rechtsbehelfs anordnen darf,[1116] vgl. auch K 318.

287 a **§ 8 Abs. 1 AuslG** findet im Verhältnis zu **EG-Ausländern keine Anwendung,** vgl. § 12 Abs. 1 AufenthG/EWG.

Beispiel:

Heiratet ein ohne das erforderliche Visum eingereister Angehöriger eines Drittstaats eine freizügigkeitsberechtigte EG-Angehörige, so kann von ihm nicht verlangt werden, dass er das Bundesgebiet zur Durchführung des Visumsverfahrens verläßt.[1117]

§ 8 Abs. 2 AuslG findet dagegen auch im Verhältnis zu **EG-Ausländern Anwendung.** Ein EG-Ausländer hat mithin keinen Anspruch auf eine Aufenthaltsgenehmigung-EG, solange die Wirkungen einer Ausweisungsverfügung noch andauern.[1118]

288 Im Rahmen der summarischen Prüfung bewirken die durch **Art. 6 Abs. 1 GG** geschützten Interessen des Ausländers am Zusammenleben mit seinen deutschen Familienangehörigen oder mit seinen ausländischen Familienangehörigen, die über einen Aufenthaltstitel verfügen, häufig eine günstige Erfolgsprognose.[1119] Allerdings begründen diese grundrechtlich geschützten Interessen keinen direkten Anspruch auf Aufenthalt. Es ist vielmehr Sache des Gesetzgebers darüber zu befinden, unter welchen konkreten Voraussetzungen er im Hinblick auf diese Grundrechtspositionen Aufenthaltstitel schaffen will.[1120]

289 **Beispiele:**[1121]

- Die Aufenthaltsgenehmigung zum Zwecke der Eheschließung mit einem Deutschen kann allerdings erst verlangt werden, wenn die Eheschließung unmittelbar bevorsteht.[1122]
- Der Ausländer A war mit der Deutschen Z verheiratet gewesen. Während der Ehezeit war ihm eine befristete Aufenthaltserlaubnis erteilt worden. A lebt jetzt mit der deutschen Staatsangehörigen B zusammen, die er auch heiraten will. B bekommt ein Kind, für das A

1115 *VGH Kassel,* 17. 8. 1995 – 13 TH 3304/94 – DVBl. 96, 216 [Ls.].

1116 *OVG Bautzen,* 2. 6. 1995 – 3 S 390/94 – NVwZ-RR 96, 174 = DVBl. 97, 194 [Ls.].

1117 *OVG Hamburg,* 5. 8. 1999 – 3 Bs 113.99 – NVwZ-RR 00, 187 = DÖV 00, 610 [Ls.].

1118 *BVerwG,* 7. 12. 1999 – 1 C 13.99 – NVwZ 00, 689.

1119 Einen Überblick geben *Heidelmann,* DVBl. 01, 685, 686 und *Schöbener,* BayVBl. 99, 129.

1120 *BVerwG,* 3. 6. 1997 – 1 C 7/96 – NVwZ 98, 185.

1121 Zum Kindernachzug gem. § 20 AuslG s. *BVerwG,* 18. 11. 1997 – 1 C 22.96 – DÖV 98, 608 [Ls.].

1122 *OVG Weimar,* 31. 1. 1996 – 3 EO 11/96 – NVwZ-RR 96, 710.

die Vaterschaft und die Verpflichtung zur monatlichen Unterhaltszahlung anerkennt. Die Behörde lehnt die Erteilung der noch während der Geltung der alten Erlaubnis beantragten neuen Aufenthaltserlaubnis ab.
Der Antrag gem. § 80 Abs. 5 hat Erfolg, denn A hat gem. § 23 Abs. 1 Nr. 3 i.V.m. § 17 Abs. 1 AuslG einen Anspruch auf Erteilung der Erlaubnis: § 23 Abs. 1 Nr. 3 AuslG setzt nicht voraus, dass der ausländische Eltern-Teil rechtlich Inhaber der Personensorge ist. Es reicht aus, dass er nach den Lebensumständen an der Personensorge maßgebend beteiligt ist.[1123]
- Die von Deutschen adoptierte erwachsene Ausländerin hat gem. § 23 Abs. 4 i.V.m. § 22 AuslG einen Anspruch auf Erteilung einer Aufenthaltserlaubnis, wenn deren Versagung eine außergewöhnliche Härte darstellen würde.[1124]
- Die mit einem Besuchsvisum eingereiste Ausländerin begehrt eine Aufenthaltserlaubnis, um bei ihrem Ehemann in der Bundesrepublik bleiben zu können. Dieser ist nach dem BundesvertriebenenG (BVFG) anerkannter Vertriebener. Die Ehefrau hat daher gem. § 94 Abs. 2 Satz 1 BVFG einen Rechtsanspruch i.S.d. § 6 AuslG auf Erteilung der Aufenthaltserlaubnis. § 8 Abs. 1 Nr. 2 AuslG steht dem gem. § 9 Abs. 1 Nr. 2 AuslG nicht entgegen.[1125]
- Die Versagung der Aufenthaltserlaubnis für die pflegebedürftige Mutter einer mit einem Deutschen verheirateten Ausländerin stellt eine außergewöhnliche Härte i.S.d. § 22 Satz 1 AuslG dar, wenn der Lebensunterhalt der Mutter gem. § 17 Abs. 3 AuslG gesichert ist. Selbst wenn diese Voraussetzung nicht erfüllt ist, kommt die Erteilung einer Aufenthaltsbefugnis gem. § 30 AuslG in Betracht.[1126]
- Die Ausländerin begehrt eine Aufenthaltserlaubnis, um bei ihrem Ehemann im Bundesgebiet bleiben zu können. Dieser erfüllt die Voraussetzungen gem. § 18 Abs. 1 Nr. 4 AuslG, ist allerdings nicht volljährig. Die Ausländerin hat keinen Anspruch auf ermessensfehlerfreie Bescheidung ihres Antrags gem. § 17 AuslG, denn dieser regelt nicht einen eigenständigen, im Ermessen der Behörde stehenden Aufenthaltstitel, sondern enthält nur Rahmenbestimmungen für die §§ 18ff. AuslG.[1127]
- Der Ausländer B ist im Besitz einer Aufenthaltsbewilligung gem. § 28 AuslG, die ihm für die Zwecke eines Studiums erteilt worden ist. Der Ehefrau des Ausländers ist für denselben Zweck eine Aufenthaltsbewilligung erteilt worden, sie wird ihr Studium allerdings später abschließen. Der Ausländer beantragt daher gem. § 29 Abs. 1 AuslG die Verlängerung der Aufenthaltsbewilligung, um mit seiner Ehefrau im Inland leben zu können. Die Genehmigung wird versagt. Der Antrag gem. § 80 Abs. 5 ist unbegründet. Die Erteilung der Aufenthaltsbewilligung scheitert an dem Regelversagungsgrund gem. § 28 Abs. 3 Satz 1 AuslG. Danach kann einem Ausländer vor seiner Ausreise in der Regel eine Aufenthaltsbewilligung für einen anderen Aufenthaltszweck (hier: Studium/Familiennachzug) nicht erteilt werden.[1128]
- Der Erteilung einer Aufenthaltserlaubnis steht es nicht zwingend entgegen, wenn die Eheleute ihre höchstpersönliche Beziehung so ausgestalten, dass sie aus plausiblen Gründen nicht in einer gemeinsamen Wohnung leben.[1129]

Nach **Ablauf einer bestimmten Zeit** erwirbt der Ausländer, dessen Aufent- **289 a**
haltstitel zunächst von dem seines Ehepartners abgeleitet war, ein **eigenständiges Aufenthaltsrecht.** § 19 Abs. 1 AuslG unterscheidet drei Tatbestände: das eigen-

[1123] *VGH München,* 31. 1. 1994 – 10 CS 93 2882 – BayVBl. 94, 373; s.a. *VG Göttingen,* 3. 9. 1999 – 3 B 3239.99 – NVwZ 00, 348.
[1124] *VGH Mannheim,* 15. 2. 1995 – 11 S 2954/94 – NVwZ-RR 96, 115.
[1125] *VG Meiningen,* 10. 8. 1993 – 2 E 276/93 Me –, NVwZ 93, 308.
[1126] *OVG Münster,* 24. 2. 1999 – 17 A 139/97 – DVBl. 99, 1232.
[1127] *VGH Mannheim,* 16. 3. 1993 – 12 TH 2542/92 –, NVwZ 93, 799; s. aber *VGH München,* 30. 9. 1992 – 10 CE 92 2657 –, NVwZ 93, 802.
[1128] *OVG Münster,* 29. 9 .1994 – 18 B 2261/93 – NVwZ-RR 95, 163; *OVG Bautzen,* 27. 1. 1997 – 3 S 437/96 – DÖV 97, 380; **a. A.** *VGH Mannheim,* 11. 10. 1996 – 13 S 1614/96 – DVBl. 97, 193 [Ls.]: § 29 Abs. 1 AuslG stellt eine gesetzlich zugelassene Ausnahme von der Regel des § 28 Abs. 3 Satz 1 AuslG dar.
[1129] *OVG Greifswald,* 22. 6. 2000 – 3 M 35.00 – NVwZ-RR 01, 192.

ständige Aufenthaltsrecht entsteht nach zwei Jahren ehelicher Lebensgemeinschaft im Inland oder vor Ablauf dieser Zeit, wenn dies zur Vermeidung einer besonderen Härte erforderlich ist[1130] oder bei Tod des Lebenspartners während des Bestandes der ehelichen Lebensgemeinschaft im Bundesgebiet.

289 b Die auf Familienangehörige bezogenen Vorschriften werden bislang auf **gleichgeschlechtliche Lebensgemeinschaften** nicht entsprechend angewandt;[1131] dies mag sich ändern, sobald diese Verbindung eine gesetzliche Anerkennung gefunden hat (Lebenspartnerschaft).

290 Bei der summarischen Prüfung können schließlich **zwischenstaatliche Vereinbarungen** mit dem Herkunftsland des Ausländers eine entscheidende Rolle spielen.[1132]

Beispiele:

- Die Frage, ob ein türkischer Spezialitätenkoch, dem zunächst eine Aufenthaltserlaubnis gem. § 10 AuslG i. V. m. § 4 Abs. 4 Arbeitsaufenthaltsverordnung (AAV)[1133] erteilt worden ist, gestützt auf Art. 6 Abs. 1 des Assoziationsratsbeschlusses EWG-Türkei[1134] eine Verlängerung der Aufenthaltserlaubnis verlangen kann, war zwischen den Obergerichten umstritten,[1135] der EuGH hat diese Frage im Sinne der die Aufenthaltserlaubnis begehrenden türkischen Staatsangehörigen entschieden.[1136]
- Gem. Art. 6 Abs. 1 des Assoziationsratsbeschlusses EWG-Türkei[1137] hat der Ausländer nach einem Jahr ordnungsgemäßer Beschäftigung bei ein und demselben Arbeitsgeber Anspruch auf Erneuerung seiner Arbeitserlaubnis und damit auch seiner Aufenthaltserlaubnis.
- Die Länder der Bundesrepublik sind danach nicht gehindert, durch ermessensbindende Verwaltungsvorschriften eine bestimmte Anwendung des nationalen Aufenthaltsrechts sicherzustellen, so dass ein Aufenthaltsanspruch nach Art. 6 Abs. 1 des Assoziationsratsbeschlusses EWG-Türkei nicht entstehen kann (Aufenthaltsrecht für türkische Spezialitätenköche nur für höchstens 11 Monate).[1138]
- Der Anspruch gem. Art. 6 Abs. 1 des Assoziationsratsbeschlusses EWG-Türkei entfällt, wenn er zu einem Zeitpunkt geltend gemacht wird, in dem diese Voraussetzung nicht mehr vorliegt.[1139]

1130 *Heidelmann,* DVBl. 01, 685, 688; *OVG Koblenz,* 3. 2. 1999 – 11 B 101000/99 – NVwZ-RR 99, 470 [noch zur älteren, strengeren Fassung „außergewöhnliche Härte"].

1131 *BVerwG,* 19. 9. 2000 – 1 C 14.00 – NVwZ-RR 01, 132 = DVBl. 01, 223.

1132 S. z. B. *BVerwG,* 19. 9. 2000 – 1 C 13.00 – DVBl. 01, 220; *EuGH,* 16. 3. 2000 – Rs. C-329.97 (Sezgin Ergat/Stadt Ulm) – NVwZ 00, 1277; *BVerwG,* 27. 2. 1997 – 1 B 36/97 – NVwZ-RR 97, 497 zum Assoziationsratsbeschlusses EWG-Türkei; s. dazu auch *Heidelmann,* DVBl. 01, 685, 690; *BVerwG,* 24. 9. 1996 – 1 C 9.94 – DVBl. 97, 189 zu den Konsequenzen der aufenthaltsrechtlichen Vereinbarungen zwischen der DDR und der Republik Vietnam.

1133 Abgedruckt in *Renner,* Texte 1.2.

1134 Abgedruckt in *Renner,* Texte, 7. 3.; s. dazu ausführlich *Mallmann,* NVwZ 98, 1025; s. ferner *EuGH,* 5. 6. 1997 – Rs. C 285/95 – NVwZ 98, 50; *EuGH,* 30. 9. 1997 – Rs. 36/96 – NVwZ 98, 283.

1135 *OVG Lüneburg,* 25. 9. 1996 – 11 M 4388/96 – NVwZ-RR 97, 131; *VGH Kassel,* 22. 5. 1996 – 12 TG 657/96 – NVwZ-RR 97, 128; *OVG Münster,* 18. 12. 1995 – 18 B 1691/95 – NVwZ-RR 97, 127.

1136 *EuGH,* 30. 9. 1997 – C 98/96 – NVwZ 99, 286 = DVBl. 97, 1377 [Fall Ertanir]; s. a. *VG Darmstadt,* 29. 2. 1996 – 5 G 2008/95 (3) – NVwZ-RR 97, 132 [nur Ls., VorlageBeschluss an EuGH].

1137 Abgedruckt in *Renner,* Texte, 7. 3.; s. dazu auch *EuGH,* 5. 6. 1997 – Rs. C 285/95 – NVwZ 98, 50.

1138 *VGH München,* 14. 11. 1997 – 10 CS 97 559 – NVwZ-RR 98, 332.

1139 *BVerwG,* 29. 4. 1997 – 1 C 3.95 – DÖV 98, 518.

Gelangt die summarische Prüfung zu keinem eindeutigen Ergebnis, ist eine **Interessenabwägung** vorzunehmen, vgl. 135.[1140] 291

Hinweis für den Anwalt: 292
Die DVAuslG unterscheidet „Positivstaater" und „Negativstaater". **Positivstaater** sind die Angehörigen der in der Anlage I zur DVAuslG aufgeführten Staaten, die für Aufenthalte von bis zu drei Monaten gem. § 1 Abs. 1 DVAuslG grundsätzlich keiner Aufenthaltsgenehmigung bedürfen. **Negativstaater** sind dagegen die Ausländer, die zur Einreise grundsätzlich einer Aufenthaltsgenehmigung bedürfen.
Das Regelwerk des Ausländergesetzes will sicherstellen, dass die Ausländer aus den „Negativstaaten" generell und die Ausländer aus den „Positivstaaten" jedenfalls in den praktisch wichtigen Fällen des § 11 DVAuslG (z.B. beabsichtigte Erwerbstätigkeit!) das Verfahren zur Erlangung einer Aufenthaltsgenehmigung aus dem Ausland betreiben, vgl. nur § 8 Abs. 1 AuslG. Diese rechtliche Situation wird Ausländern in der Praxis häufig erst deutlich, nachdem sie – aus einem Positiv-Staat kommend – mit dem Paß oder – aus einem Negativ-Staat kommend – mit einem Touristen-Visum eingereist sind. Der Ausländer ist dann gezwungen auszureisen, um aus dem Ausland das ordnungsgemäße Genehmigungsverfahren durchzuführen. Für die Durchführung ist aber nicht etwa jede deutsche Auslandvertretung zuständig. Die sachliche Zuständigkeit der jeweiligen Vertretung beschränkt sich vielmehr auf die ausländerrechtlichen Angelegenheiten der Bürger des Staates, in dem die Vertretung ihren Sitz hat. Der „kurze Weg" in die der Grenze nächst gelegene Auslandsvertretung ist daher rechtlich verwehrt.

c) Antrag gem. § 123 auf Regelung über den vorläufigen Aufenthalt

Sofern das – vorrangige – Verfahren gem. § 80 Abs. 5 nicht statthaft ist – vgl. K 279ff. –, ist zu prüfen, ob der Ausländer im Hinblick auf einen Anspruch auf Erteilung einer Aufenthaltserlaubnis eine einstweilige gerichtliche Regelung über sein Aufenthaltsrecht im Verfahren gem. § 123 erreichen kann. Gegenstand eines solchen Verfahrens kann auch das sog. **Betretensrecht i. S. d. § 9 Abs. 3 AuslG** sein.[1141] 293

Bei der Prüfung des **Anordnungsanspruchs** gelten die allgemeinen Regeln für die Regelungsanordnung gem. § 123 Abs. 1 Satz 2, s. oben 209.

Für ein solches aus dem Inland betriebenes Verfahren[1142] fehlt dem Ausländer allerdings regelmäßig der **Anordnungsgrund,** da nach dem Willen des Gesetzgebers jeder Ausländer, der kein vorläufiges Verweilrecht gem. § 69 Abs. 2 bzw. Abs. 3 AuslG besitzt, das auf die Erteilung einer Aufenthaltsgenehmigung gerichtete Verfahren vom Ausland aus zu betreiben hat.[1143] Nur im Ausnahmefall kann es für den Ausländer einen unzumutbaren Nachteil bedeuten, wenn er gezwungen wird, das Genehmigungsverfahren aus dem Ausland zu betreiben. Insbesondere in Fällen des Nachzugs zum deutschen Ehepartner ist zu prüfen, ob den Eheleuten zugemutet werden kann während dieser Zeit getrennt zu leben.[1144]

Bietet ein Antrag gem. § 123 auf vorläufige gerichtliche Regelung des Aufenthaltsrechts keine Aussicht auf Erfolg, so bleibt zu prüfen, ob der Ausländer in diesem Verfahren einen Anspruch auf Duldung durchsetzen kann, vgl. unten K 295. 294

[1140] *OVG Saarlouis,* 6. 8. 1991 – 3 W 56/91 –, NJW 92, 646; *VGH Mannheim,* 13. 1. 1991 – 1 S 2660/91 –, NVwZ 92, 808.

[1141] S. dazu *VGH München,* 26. 1. 2000 – 10 CE 99. 3428 – BayVBl. 00, 349.

[1142] Zu einem aus dem Ausland betriebenen Verfahren gem. § 123 s. *VGH Mannheim,* 15. 2. 1995 – 11 S 2954/94 – NVwZ-RR 96, 115.

[1143] *OVG Weimar,* 11. 3. 1996 – 3 EO 891/95 – DÖV 96, 1059.

[1144] *OVG Greifswald,* 20. 9. 1996 – 2 M 11/96 – NVwZ-RR 97, 256.

2. Duldung

295 Gem. § 42 AuslG ist ein Ausländer zur Ausreise verpflichtet, wenn er eine erforderliche Aufenthaltsgenehmigung nicht oder nicht mehr besitzt. § 49 AuslG bestimmt, dass der ausreisepflichtige Ausländer abzuschieben ist, wenn die Ausreisepflicht vollziehbar ist und ihre freiwillige Erfüllung nicht gesichert ist. § 55 Abs. 1 regelt schließlich, dass die Abschiebung eines Ausländers zeitweise ausgesetzt werden kann, sog. **Duldung.** Mit einer solchen Duldung verzichtet die Behörde durch Verwaltungsakt rechtsverbindlich und zeitlich befristet auf die zwangsweise Durchsetzung der vollziehbaren Ausreisepflicht eines Ausländers.[1145] Die Duldung bewirkt, dass der nicht gesetzesgemäße Aufenthalt des Ausländers ohne strafrechtliche Sanktion bleibt, vgl. § 92 Abs. 1 Nr. 1 AuslG.

Der Ausländer, dessen Antrag auf Erteilung einer Aufenthaltsgenehmigung versagt worden ist und der trotz Rechtsbehelf gegen diese Versagung nicht in den Genuß der Fiktionen des § 69 Abs. 2 oder 3 AuslG kommt, weil die tatbestandlichen Voraussetzungen nicht gegeben sind (vgl. soeben K 279ff.), muss prüfen, ob er seinen Verbleib im Inland mit einem auf seine Duldung gerichteten Antrag gem. § 123 sichern kann.[1146] Dasselbe gilt für den Ausländer, der sich mit der Ablehnung seines Antrages auf Erteilung einer Aufenthaltsgenehmigung abgefunden hat, gleichwohl aber im Inland verbleiben möchte.

296 Für die Zulässigkeit dieses Antrages gem. § 123 gelten die allgemeinen Kriterien, vgl. J 179ff.

297 Das erforderliche Rechtsschutzbedürfnis für den Antrag ist nur gegeben, sofern der Ausländer zuvor vergeblich einen Antrag bei der zuständigen Ausländerbehörde auf Duldung gestellt hat.[1147]

298 Der **Anordnungsanspruch** i.S.d. § 123 ist zu bejahen, sofern der Ausländer über einen Anspruch auf Erteilung einer Duldung verfügt.[1148] Ein **unbedingter Anspruch** kann sich insbesondere aus **§ 55 Abs. 2 AuslG** ergeben.

299 **Beispiele:**

– Dem abzuschiebenden Ausländer droht im Ziel-Staat erhebliche, konkrete Gefahr für Leib und Leben, vgl. § 53 Abs. 6 AuslG.
– Die vom Ausländer behauptete tatsächliche Unmöglichkeit der Abschiebung rechtfertigt grundsätzlich nur dann den auf vorläufigen Duldung gerichteten Erlass einer einstweiligen Anordnung, wenn er dies durch einen fehlgeschlagenen Abschiebungsversuch glaubhaft

---

1145 *BVerwG,* 25. 9. 1997 – 1 C 3.97 – NVwZ 98, 297 = DVBl. 98, 278 = BayVBl. 98, 217; *VGH Mannheim,* 3. 11. 1995 – 13 S 2185/95 – NVwZ-RR 96, 356 = DVBl. 96, 209; *Heidelmann,* DVBl. 01, 685, 699.

1146 *VGH Mannheim,* 22. 12. 2000 – 13 S 2540.99 – DVBl. 01, 494 [Ls.]; *VGH Kassel,* 30. 9. 1992 – 12 TG 947/92 – NVwZ-RR 93, 213; *VGH Mannheim,* 6. 2. 1992 – 1 S 15/92 – NVwZ 93, 291; *Heidelmann,* DVBl. 01, 685, 701; *Renner,* § 69, Rdn. 17ff.

1147 *Renner,* § 56, Rdn. 13.

1148 *VGH Mannheim,* 3. 11. 1995 – 13 S 2185/95 – NVwZ-RR 96, 356 = DVBl. 96, 209; *VGH Kassel,* 30. 9. 1992 – 12 TG 947/92 –, NVwZ-RR 93, 213; *VGH Mannheim,* 19. 5. 1992 – 11 S 2748/91 – VBlBW 93, 29; s. aber auch *VGH Kassel,* 18. 2. 1993 – 13 TG 2743/92 –, NVwZ-RR 93, 666: die im AuslG als Rechtstitel ausgestaltete Duldung kann im Verfahren gem. § 123 nicht zuerkannt werden, weil sie die Hauptsache vorwegnehmen würde – in Betracht kommt nur die Verpflichtung des Antragsgegners, von der Abschiebung einstweilen abzusehen.

macht.[1149] Etwas anderes gilt allerdings, wenn feststeht, dass ein solcher Abschiebungsversuch mit Sicherheit zum Scheitern verurteilt wäre.[1150]

In den Fällen des **§ 55 Abs. 3 AuslG** und in den gesetzlich nicht geregelten Sachverhalten ist die Ausländerbehörde befugt, nach pflichtgemäßem Ermessen eine Duldung zu erteilen. Ein Anordnungsanspruch ist dann nur gegeben, wenn dieses Ermessen der Behörde im konkreten Fall nur im Sinne der Duldung **(„Ermessensreduzierung auf Null")** ausgeübt werden kann.[1151] **300**

Beispiele: **300 a**
- Die beabsichtigte Eheschließung steht unmittelbar bevor.[1152]
- Eine Ermessensreduzierung findet statt, wenn ein ausländischer Vater, der in familiärer Lebensgemeinschaft mit einem Kind deutscher Staatsangehörigkeit lebt, sich ernsthaft um die Anerkennung als Vater und die Erlangung des gemeinsamen Sorgerechts bemüht und nicht gewährleistet ist, dass eine nach deutschem recht wirksame Anerkennung und eine Regelung des Sorgerechts vom Herkunftsland effektiv betrieben werden können.[1153]

Der **Anordnungsgrund** ist regelmäßig gegeben, denn der Ausländer ist vor den drohenden Beeinträchtigungen nur geschützt, wenn die Abschiebung ausgesetzt wird. **301**

3. Auflagen zur Aufenthaltsgenehmigung oder Duldung

Eine Aufenthaltsgenehmigung oder eine **Duldung** kann auch **unter Auflagen** erteilt werden. Diese Auflagen sind selbständig anfechtbar, vgl. auch § 44 Abs. 6 AuslG. Rechtsschutz ist gem. § 80 Abs. 1 und Abs. 5 zu erlangen. **301 a**

Beispiel:
Das mit der Duldung ausgesprochene Verbot der Gewerbeausübung und Arbeitsaufnahme ist eine selbständig anfechtbare Auflage.[1154]

4. Ausweisung

Ein Ausländer kann gem. § 45 AuslG ausgewiesen werden, wenn sein Aufenthalt die öffentliche Sicherheit und Ordnung oder sonstige erhebliche Interessen der Bundesrepublik Deutschland beeinträchtigt. Im Falle der Ausweisung erlischt gem. § 44 Abs. 1 AuslG die Aufenthaltsgenehmigung. **302**

1149 *VGH Mannheim,* 3. 11. 1995 – 13 S 2185/95 – NVwZ-RR 96, 356 = DVBl. 96, 209; s. a. *VGH Mannheim,* 3. 12. 1992 – A 13 S 3108/92 –, NVwZ 93, 295, der in diesem Zusammenhang terminologisch unsauber von einem „Rechtsreflex" spricht.

1150 *VGH Mannheim,* 3. 11. 1995 – 13 S 2185/95 – NVwZ-RR 96, 356 = DVBl. 96, 209.

1151 Zu den Voraussetzungen eines Duldungsanspruchs im Hinblick auf eine bevorstehende Eheschließung s. *OVG Hamburg,* 4. 4. 1990 – Bs IV 110/90 – NVwZ-RR 91, 107 und *VGH München,* 25. 9. 1989 – 21 CS 89 31386 –, BayVBl. 90, 54.

1152 *OVG Bautzen,* 14. 10. 1998 – 3 S 526/98 – DÖV 99, 610.

1153 *OVG Münster,* 19. 5. 1999 – 17 B 1737.98 – DVBl. 00, 437 [Ls.].

1154 *VGH München,* 9. 9. 1999 – 10 ZE 99 2606 – BayVBl. 00, 154 m. w. N.

Hinweis:

Auch ein im Ausland lebender Ausländer darf – um die Rechtsfolgen des § 8 Abs. 2 Satz 1 AuslG zu erreichen (ausweisungsbedingtes Einreiseverbot) – ausgewiesen werden.[1155]

303 *a) Aufschiebende Wirkung des Widerspruchs, § 80 Abs. 1*

Der Widerspruch gegen eine Ausweisungsverfügung hat gem. § 80 Abs. 1 aufschiebende Wirkung. Dem Rechtsbehelf wird diese Wirkung gem. § 72 Abs. 2 AuslG nur teilweise insofern genommen, als die an die Ausweisungsverfügung anknüpfende rechtsgestaltende Wirkung gem. § 44 Abs. 1 AuslG, nach der die Aufenthaltsgenehmigung des Ausländers erlischt, bestehen bleibt. Der Ausländer ist damit trotz des Rechtsbehelfs gegen die Ausweisungsverfügung gem. § 42 Abs. 1 AuslG zur Ausreise verpflichtet, weil die erforderliche Aufenthaltsgenehmigung erloschen ist. Diese Ausreisepflicht ist allerdings aufgrund der aufschiebenden Wirkung des Widerspruchs gegen die Ausweisungsverfügung gem. § 42 Abs. 2 Satz 2 AuslG noch nicht vollziehbar.[1156]

304 *b) Anordnung der sofortigen Vollziehbarkeit, § 80 Abs. 2 Nr. 4*

Die Ausländerbehörde kann gem. § 80 Abs. 2 Nr. 4 die sofortige Vollziehbarkeit der Ausweisungsverfügung anordnen. Diese Anordnung ist nur durch ein **besonderes öffentliches Interesse** zu rechtfertigen. Dieses Interesse muss zwei unterschiedlichen Anforderungen genügen: es muss zum einen über das Interesse hinausgehen, das der Verfügung der Ausweisung zu Grunde lag; zum anderen muss es gewichtiger sein als das Interesse des Ausländers an der aufschiebenden Wirkung seines Rechtsbehelfs gegen diese Verfügung,[1157] vgl. auch oben K 299ff.

Bezeichnenderweise haben die Grundsatzentscheidungen des Bundesverfassungsgerichts zu den verfassungsrechtlichen Anforderungen an Sofortvollzugsentscheidungen gem. § 80 Abs. 2 Nr. 4 wiederholt Ausweisungsverfügungen zum Gegenstand gehabt.[1158] In diesen Entscheidungen sind die spezifischen (verfassungsrechtlichen) Maßstäbe für die Rechtmäßigkeit der Anordnung der sofortigen Vollziehbarkeit einer Ausweisungsverfügung konkretisiert worden. Danach darf eine der **Spezialprävention** dienende Ausweisungsverfügung nur dann für sofortig vollziehbar erklärt werden, wenn die begründete Besorgnis besteht, dass die von dem Ausländer ausgehende und mit der Ausweisung bekämpfte Gefahr sich schon vor Ablauf des Hauptsacheverfahrens realisieren wird.[1159] Eine solche Besorgnis ist regelmäßig nicht begrün-

---

[1155] *BVerwG,* 31. 3. 1998 – 1 C 28.97 – DVBl. 98, 1019 = DÖV 98, 736 = BayVBL. 98, 538; a. A. noch *VGH München,* 22. 4. 1997 – 10 B 96 2033 – BayVBl. 97, 469; *VGH München,* 4. 81995 – 10 CS 95 1937 – NVwZ-RR 96, 171.

[1156] *OVG Bremen,* 17. 11. 1992 – 1 B 100/92 –, NVwZ-RR 93, 216; *VGH Mannheim,* 18. 12. 1991 – 11 S 1275/91 –, NVwZ 92, 700.

[1157] Dazu *Hamann* in *Finkelnburg/Jank,* Rdn. 1069.

[1158] *BVerfG, 2. Kammer des Zweiten Senats,* 1. 3. 2000 – 2 BvR 2120.99 – BayVBl. 00, 528; *BVerfG,* 18. 7. 1973 – 1 BvR 23 und 155/93 – BVerfGE 35, 382, 402 = NJW 74, 227; *BVerfG,* 16. 7. 1974 – 1 BvR 75/74 –, BVerfGE 38, 52, 57ff. = NJW 74, 1809; *BVerfG,* 21. 3. 1985 – 2 BvR 1642/83 – BVerfGE 69, 220, 227ff. = NVwZ 85, 409; *BVerfG,* 3. Kammer des Zweiten Senats, 12. 9. 1995 – 2 BvR 1179/95 – DVBl. 95, 1297 = BayVBl. 96, 47.

[1159] *BVerfG, 3. Kammer des Zweiten Senats,* 12. 9. 1995 – 2 BvR 1179/95 – DVBl. 95, 1297 = BayVBl. 96, 47.

det, wenn die Ausländerbehörde das Verfahren verzögerlich behandelt[1140] oder der Ausländer inzwischen längere Zeit straffrei gelebt hat.[1160] Die in Gefahren, die in der Zeitspanne bis zum Abschluß des Hauptsacheverfahrens drohen, müssen von einem solchen Gewicht sein, dass sie die schutzwürdigen Interessen des Ausländers an der Erhaltung des Suspensiveffekts überwiegen.

Auch Erwägungen der **Generalprävention** können grundsätzlich das besondere Vollziehungsinteresse rechtfertigen.[1161] Das gilt allerdings **nicht bei EG-Ausländern;** für diese stellt § 12 Abs. 3 Satz 1 AufenthG/EWG klar, dass bei der Ausweisung – und damit auch bei der sofortigen Vollziehung dieser Entscheidung – nur auf das „persönliche Verhalten" des Ausländers abgestellt werden darf.

c) Verfahren gem. § 80 Abs. 5 **305**

Zum Zwecke des einstweiligen Rechtsschutzes ist dann ein Verfahren gem. § 80 Abs. 5 einzuleiten.

aa) Zulässigkeit

Die Zulässigkeit dieses Antrags beurteilt sich nach den allgemein gültigen Kriterien, vgl. J 102ff.[1162] Der **Ehegatte und die Kinder** des betroffenen Ausländerrechts haben ein **eigenes Antragsrecht,** das aus Art. 6 Abs. 1 GG folgt. Ein Fall der notwendigen Beiladung ergibt sich daraus aber nicht.[1163] **305 a**

Der **Antrag gem. § 80 Abs. 5 ist unzulässig,** wenn der Ausländer wegen der vollziehbaren Versagung einer Aufenthaltsgenehmigung ausreisepflichtig ist.[1164] Der Antrag **wird unzulässig,** sofern der ausgewiesene Ausländer es versäumt, nach Ablauf der Geltungsdauer seiner Aufenthaltsgenehmigung deren Verlängerung zu beantragen. Ihn trifft dann gem. § 42 Abs. 2 Nr. 2 AuslG eine vollziehbare Ausreisepflicht, so dass für das Verfahren gem. § 80 Abs. 5 das Rechtsschutzbedürfnis fehlt bzw. entfällt.[1165] **306**

Der Antrag wird ferner auch dann unzulässig, wenn der ausgewiesene Ausländer aus dem Bundesgebiet ausreist. Das Rechtsschutzbedürfnis an der Aussetzung der Vollziehung entfällt damit.[1166]

Wenn der Ausländer auch noch gegen die Versagung der Aufenthaltserlaubnis vorgehen muss, so besteht für eine parallele Verfolgung beider Interessen in zwei einstweiligen Rechtsschutzverfahren das erforderliche Rechtsschutzinteresse; zuerst hat das Verwaltungsgericht über den Antrag zu entscheiden, der die Vollziehbarkeit der Ausweisungsverfügung zum Gegenstand hat.[1167] **306 a**

1160 *BVerfG,* 25. 2. 1999 – 2 BvR 1554.98 – juris.

1161 *VGH München,* 23. 3. 1999 – 10 B 98 2378 – BayVBl. 99, 627; *Hamann* in *Finkelnburg/Jank,* Rdn. 1068.

1162 Vgl. *VGH Kassel,* 8. 7. 1992 – 13 TH 467/92 –, NVwZ 93, 293.

1163 *VGH Kassel,* 7. 7. 1992 – 12 TH 990/92 – NVwZ 93, 204.

1164 *OVG Bremen,* 19. 3. 1998 – 1 BB 68/98 – NVwZ-RR 99, 204.

1165 *VGH Mannheim,* 5. 11. 1991 – 11 S 1157/91 –, NVwZ 92, 702; **a. A.** *VGH Kassel,* 20. 2. 1995 – 12 TH 2253/94 – NVwZ-RR 95, 541 und *OVG Hamburg,* 21. 10. 1992 – Bs V 1757/92 –, NVwZ-RR 93, 163.

1166 *OVG Weimar,* 15. 12. 1998 – 3 ZEO 538/98 – DÖV 99, 614.

1167 *Hamann* in *Finkelnburg/Jank,* Rdn. 1077.

307 *bb) Begründetheit*

Die **Begründetheit** des Antrags hängt zunächst davon ab, ob die Anordnung der sofortigen Vollziehbarkeit den gesetzlichen Anforderungen entspricht, vgl. soeben K 304.

307 a Im übrigen ist darauf abzustellen, ob sich die Ausweisungsverfügung bei der im einstweiligen Rechtsschutzverfahren gebotenen Prüfung als rechtmäßig erweist. Da der Rechtsschutzanspruch des Antragstellers um so stärker ist, je schwerer die ihm auferlegte Belastung wiegt und je mehr diese Unabänderliches bewirkt, verstärkt sich dementsprechend auch die Aufklärungs- und Prüfungspflicht des Gerichts in tatsächlicher und rechtlicher Hinsicht. Dieser differenzierte Prüfungsmaßstab ist verfassungsrechtlich vorgegeben.[1168] Im Hinblick auf die weitreichenden Konsequenzen der zu treffenden Entscheidung für den Ausländer ist das **Programm der summarischen Prüfung** also angemessen **zu intensivieren.** Das kann zum Beispiel bedeuten, dass das Gericht zur Aufklärung des Sachverhalts eine Beweisaufnahme durchführt oder den Antragsteller umfassend anhört.[1169]

308 Das Ausländergesetz enthält differenzierte Regelungen der **Ausweisungsvoraussetzungen:**[1170]

§ 45 Abs. 1 bestimmt allgemein, dass die Ausländerbehörde nach ihrem Ermessen den Ausländer ausweisen kann, wenn sein Aufenthalt die öffentliche Sicherheit und Ordnung oder sonstige erhebliche Interessen der Bundesrepublik Deutschland beeinträchtigt. Gem. § 45 Abs. 2 AuslG ist die Ausländerbehörde bei dieser Ermessensentscheidung in einfach-gesetzlicher Konkretisierung verfassungsrechtlicher Vorgaben gehalten, die bisherige Dauer des Aufenthalts im Bundesgebiet, die Folgen der Ausweisung für Familienangehörige und humanitäre Aspekte in Betracht zu ziehen.

309 **§ 46 AuslG** enthält eine Aufzählung von Sachverhalten, bei deren Vorliegen eine **Beeinträchtigung der öffentlichen Sicherheit und Ordnung** anzunehmen ist. § 46 Nr. 1 AuslG kommt insbesondere zum Tragen, wenn sich der Ausländer an politisch motivierten Gewalttaten beteiligt.

Gem. § 46 Nr. 2 AuslG kann der Ausländer ausgewiesen werden, der nicht nur vereinzelt und geringfügig gegen Rechtsvorschriften verstoßen hat. In der Praxis spielen Verstöße gegen das Arbeitserlaubnis- und Aufenthaltsrecht eine erhebliche Rolle. Eine auf diesen Tatbestand gestützte Ausweisung setzt nicht voraus, dass der Ausländer wegen des Gesetzesverstoßes, der eine Straftat darstellt, verurteilt worden ist.[1171]

Beispiel:

Bauhandwerker aus Polen (Positivstaat i. S. d. Anlage I zu § 1 DVAuslG) werden bei einer Kontrolle des Arbeitsamtes auf einer Baustelle angetroffen. Sie haben keine Arbeitserlaubnis gem. § 19 AFG i. V. m. § 1 AEVO. Sie geben an, geschäftsführende Gesellschafter einer

---

[1168] *BVerfG, 2. Kammer des Ersten Senats,* 25. 7. 1996 – 1 BvR 638/96 – NVwZ 97, 480 = DVBl. 96, 1367 = BayVBl. 97, 629.

[1169] *Hamann* in *Finkelnburg/Jank,* Rdn. 1065.

[1170] Diese gesetzlichen Regelungen stehen mit dem im Rechtsstaatsprinzip wurzelnden Grundsatz der Verhältnismäßigkeit im Einklang, vgl. *BVerwG,* 10. 12. 1993 – 1 B 160.93 – DÖV 94, 522 = BayVBl. 94, 219; *BVerwG,* 30. 12. 1993 – 1 B 185.93 – DVBl. 94, 527.

[1171] *BVerwG,* 17. 6. 1998 – 1 C 27.96 – DVBl. 98, 1028.

OHG zu sein und argumentieren: Gem. § 9 Nr. 1 AEVO bedürfen die Personen i.S.d. § 5 Abs. 2 BetrVG keiner Arbeitserlaubnis. Als zur Geschäftsführung berufene Gesellschafter der OHG zählten sie zu diesem Personenkreis. Gem. § 12 Abs. 1 DVAuslG sei ihre Tätigkeit daher mangels Arbeitserlaubnispflicht nicht als Erwerbstätigkeit zu qualifizieren. Ihnen komme vielmehr die ungeschmälerte Privilegierung der Positivstaater gem. § 1 Abs. 1 DVAuslG zu Gute.
Die verwaltungsgerichtliche Rechtsprechung meint, die Gründung solcher **„Arbeitnehmer-Gesellschaften"** diene ausschließlich der Umgehung der Arbeitserlaubnispflicht. Sie knüpft die aufenthaltsrechtliche Beurteilung daher an die ausgeübte Tätigkeit und nicht an die Rechtsstellung als geschäftsführender Gesellschafter,[1172] bzw. sieht den Gesellschaftsvertrag gem. § 134 BGB als nichtig an und versagt den Gesellschaften – unabhängig von ihrer Eintragung im Handelsregister – die Anerkennung.[1173]

Bei der Entscheidung über die Ausweisung in den Fällen des § 46 AuslG sind allerdings die das Ermessen bindenden Kriterien gem. § 45 Abs. 2 AuslG zu berücksichtigen.[1174]

§ 47 AuslG sieht die **„Ist-Ausweisung"** und **„Regelausweisung"** vor: Bei Vorliegen der gesetzlichen Tatbestände muss der Ausländer ausgewiesen werden bzw. ist er in der Regel auszuweisen.[1175] **310**

Beispiele: **311**

- Gem. § 47 Abs. 1 Nr. 1 AuslG wird ein Ausländer ausgewiesen („Ist-Ausweisung"), wenn er wegen einer oder mehrerer vorsätzlichen Straftaten zu einer Freiheitsstrafe von mindestens drei Jahren verurteilt worden ist. Wenn dieser Tatbestand erfüllt ist, muss die Ausweisung erfolgen, die Ausländerbehörde darf ein wie auch immer geartetes Interesse des Ausländers an einem Verbleib in Deutschland nicht berücksichtigen.[1176] Art. 8 Abs. 2 der Konvention zum Schutze der Menschenrechte und Grundfreiheiten (EMRK) bewirkt keine Einschränkung des Tatbestandes.[1177]
- Gem. § 47 Abs. 1 Nr. 2 AuslG wird ein Ausländer ausgewiesen („Ist-Ausweisung"), wenn er wegen einer vorsätzlichen Straftat nach dem BetäubungsmittelG zu einer Freiheitsstrafe verurteilt worden ist, die nicht zur Bewährung ausgesetzt worden ist. Dieser Tatbestand ist nicht erfüllt, wenn die Bewährung zunächst ausgesetzt und dann widerrufen worden ist.[1178]
- Gem. § 47 Abs. 2 Nr. 1 AuslG wird ein Ausländer in der Regel ausgewiesen, wenn er rechtskräftig wegen Straftaten zu einer Freiheitsstrafe verurteilt ist, die nicht zur Bewährung ausgesetzt worden ist. Die Verurteilung zu einer Jugendstrafe erfüllt diese Voraussetzungen nur dann, wenn der Strafausspruch mindestens zwei Jahre umfasst.

§ 48 AuslG schließlich stattet bestimmte Ausländergruppen mit einem **besonderen Ausweisungsschutz** aus.[1179] **312**

1172 *OVG Hamburg,* 23. 10. 1998 – 6 Bf 448/98 – NVwZ 99, 789.

1173 *OVG Bautzen,* 2. 6. 1995 – 3 S 390/94 – NVwZ-RR 96, 174 = DVBl. 97, 194 [Ls.].

1174 *VG Düsseldorf,* 4. 3. 1991 – 8 L 2072/90 – NVwZ-RR 91, 436.

1175 *Heidelmann,* DVBl. 01, 685, 694; Zur Verschärfung des Ausweisungsrechts durch die Novellierung vom 29. Oktober 1997 s. *Holtschneider,* DVBl. 98, 508.

1176 *OVG Münster,* 20. 9. 1994 – 18 A 2945/92 – NVwZ-RR 95, 353.

1177 *OVG Koblenz,* 22. 9. 1998 – 10 B 11661/98 – NVwZ-RR 99, 205; *VGH Kassel,* 23. 9. 1996 – 13 TG 1316796 – NVwZ-RR 97, 126; **a. A.** *VGH Mannheim,* 14. 2. 2001 – 13 S 2501.00 – DBVBl. 01, 1011 [Ls.].

1178 *BVerwG,* 16. 11. 1999 – 1 C 11.99 – NVwZ-RR 00, 320 = DVBl. 00, 425 = DÖV 00, 425.

1179 *BVerfG, 1. Kammer des Zweiten Senats,* 1. 3. 2000 – 2 BvR 2120.99 – NVwZ 01, 67; *Heidelmann,* DVBl. 01, 685, 695.

313 **Beispiele:**

- Eine Ausländerin, die einen Deutschen in der Zeit gleichzeitiger Strafhaft geheiratet hat und noch während der Haftzeit ausgewiesen wird, genießt keinen Ausweisungsschutz gem. § 48 Abs. 1 Nr. 4 AuslG, da zu keinem Zeitpunkt eine faktische Lebensgemeinschaft zwischen den Ehepartnern bestand.[1180]
- Das Eingreifen des Ausweisungsschutzes für Minderjährige und Heranwachsende gem. § 48 Abs. 2 AuslG hängt vom Lebensalter des Ausländers zum Zeitpunkt der Ausweisungsverfügung ab.[1181]

Ausländer, die besonderen Ausweisungsschutz genießen, können nur aus schwerwiegenden Gründen der öffentlichen Sicherheit und Ordnung ausgewiesen werden. Dieser besondere Ausweisungsschutz bewirkt gem. § 47 Abs. 3 AuslG die Abschwächung der „Ist-Ausweisung" gem. § 47 Abs. 1 AuslG zur „Regelausweisung" und die Abschwächung der „Regelausweisung" gem. § 47 Abs. 2 AuslG zur reinen Ermessensausweisung. Dabei ist das konkret vom Ausländer ausgehende Gefährdungspotential maßgeblich.[1182]

314 Ein besonderer **Ausweisungsschutz für EG-Ausländer** folgt aus § 12 AufenthaltsG/EWG.[1183]

315 Ausländer, die gem. § 48 Abs. 1 AuslG in den Genuß des besonderen Ausweisungsschutzes kommen, können nur bei Vorliegen zweier Voraussetzungen ausgewiesen werden. Zunächst einmal muss ein Ausweisungsanlass von besonderem Gewicht vorliegen, dieser ist in den Fällen des § 47 Abs. 1 und 2 AuslG zu bejahen. Darüber hinaus muss es aber entweder Anhaltspunkte dafür geben, dass in Zukunft neue Verfehlungen des strafrechtlich verurteilten Ausländers ernsthaft drohen (Spezialprävention)[1184] oder es muss ein dringendes Bedürfnis bestehen durch die Ausweisung andere Ausländer von ähnlichen Straftaten abzuhalten (Generalprävention).[1185]

315a Ein besonderer **Ausweisungsschutz** kann sich auch aus **zwischenstaatlichen Abkommen** ergeben, z.B. Assoziationsratsbeschlusses EWG-Türkei (ARB 1/80).[1186]

1180 *VGH Kassel,* 29. 5. 1995 – 13 TH 310/95 – NVwZ-RR 96, 294.

1181 *BVerwG,* 19. 11. 1996 – 1 C 25.94 – DVBl. 97, 899; *VGH Kassel,* 18. 2. 2000 – 12 TG 2846.99 – DVBl. 00, 1542; ausführlich zu der Frage, wann ein Heranwachsender „im Bundesgebiet aufgewachsen ist" *VGH Mannheim,* 12. 5. 2000 – 13 S 1242.99 – NVwZ-RR 01, 62; *VGH Mannheim,* 22. 2. 1999 – 11 S 2312/98 – NVwZ 99, 790.

1182 *OVG Münster,* 17. 2. 2000 – 18 B 101.00 – NVwZ-RR 00, 721.

1183 S. z.B. *VGH Mannheim,* 7. 8. 1995 – 1 S 173/95 – NVwZ-RR 96, 172.

1184 *BVerwG,* 28. 1. 1997 – 1 C 17.94 – DVBl. 97, 1397 [Ls.]; *VGH Kassel,* 9. 11. 1995 – 12 TG 2783/95 – NVwZ-RR 96, 358 [Ls.] = DVBl. 96, 216 [Ls.]; *VGH Kassel,* 7. 7. 1992 – 12 TH 990/92 –, NVwZ 93, 204. s. a. *OVG Koblenz,* 16. 1. 1991 – 13 B 10915/90 –, NVwZ-RR 91, 434: ein schwerwiegender Grund i.S. des § 48 Abs. 1 AuslG ist in den Fällen des § 47 Abs. 1 und 2 AuslG stets gegeben, weiterer Feststellungen im Hinblick auf die persönlichen Verhältnisse des Ausländers bedarf es nicht; s. a. *BVerwG,* 17. 1. 1989 – 1 C 46/86 –, NVwZ 89, 770.

1185 *BVerwG,* 11. 6. 1996 – 1 C 24.94 – DVBl. 97, 170 = DÖV 97, 163; *BVerwG,* 8. 5. 1996 – 1 B 136.95 – DVBl. 96, 1263 = DÖV 96, 1058 [Ls.]; *BVerwG,* 10. 1. 1995 – 1 B 153.94 – DVBl. 95, 581 [Ls.); *OVG Münster,* 25. 4. 1995 – 18 B 3183/93 – NVwZ-RR 96, 173.

1186 *VGH Mannheim,* 17. 8. 2000 – 13 S 950.00 – NVwZ-RR 01, 134.

316 Bei **Asylbewerbern** findet gem. § 48 Abs. 3 ein besonderer Ausweisungsschutz nur in zeitlicher Hinsicht statt, im Übrigen bleibt es bei den allgemeinen Ausweisungsvoraussetzungen.[1187]

317 Bei der summarischen Prüfung der Ausweisungsentscheidung ist auch zu klären, ob die Ausländerbehörde ein ihr von Gesetzes wegen zustehendes **Ermessen** ausgeübt und insbesondere alle relevanten Umstände ihrer Entscheidung zugrundegelegt hat.[1188]

Hinweis für den Anwalt:

Tatsächliche und rechtliche Gesichtspunkte, von denen sich die Behörde bei ihrer Entscheidung nicht hat leiten lassen, haben dabei außer Betracht zu bleiben; die Ermessensausübung der Behörde darf nicht „nachgebessert" werden. Hat die Behörde beispielsweise die Ausweisung ursprünglich ausschließlich auf spezialpräventive Gründe gestützt, so darf sie im gerichtlichen Verfahren nicht generalpräventive Gründe „nachschieben".[1189]

Dabei sind nicht nur in den Fällen des § 46 AuslG, sondern auch im Falle des § 47 Abs. 2 AuslG („Regelausweisung"), des § 47 Abs. 3 AuslG und des § 48 Abs. 1 AuslG die die Ermessensausübung konkretisierenden Vorschriften des § 45 Abs. 2 AuslG anzuwenden.[1190] Die Behörde muss sich daher mit den individuellen Interessen des Ausländers an einem weiteren Aufenthalt auseinandersetzen und diese Gesichtspunkte in ihrer Entscheidung nachvollziehbar niederlegen.[1191] Gelangt das Gericht zu der Erkenntnis, dass die Ausweisungsverfügung an einem **Ermessensfehler** leidet, so kann die aus diesem Grunde wiederherzustellende aufschiebende Wirkung des Widerspruchs gem. § 80 Abs. 5 Satz 5 bis zum Erlass des Widerspruchsbescheides befristet werden, sofern nicht auszuschließen ist, dass der festgestellte Mangel im Widerspruchsverfahren behoben werden kann, vgl. auch oben J 144. Eine solche Befristung der aufschiebenden Wirkung gem. § 80 Abs. 5 Satz 5 kommt auch in Betracht, wenn sich die tatsächlichen Verhältnisse nach Erlass der Ausweisungsverfügung geändert haben.

Beispiel:

Der Ausländer kommt in den Genuß des besonderen Ausweisungsschutzes gem. § 48 Abs. 1 Nr. 4 AuslG, weil er nach Erlass der Ausweisungsverfügung eine Deutsche geheiratet hat und mit dieser in ehelicher Lebensgemeinschaft lebt.[1192]

318 § 72 Abs. 2 Satz 1 AuslG bestimmt, dass Rechtsbehelfe gegen die Ausweisung unbeschadet ihrer aufschiebenden Wirkung die Wirksamkeit der Ausweisung unberührt lassen. Diese Regelung hat weitreichende Konsequenzen. Wenn der Ausländer in Erfüllung seiner durch die vollziehbare Ausweisungsverfügung begründeten Ausreisepflicht die Bundesrepublik Deutschland verlässt, dann erledigt sich damit grundsätzlich das Rechtsschutzbedürfnis für das Verfahren gem. § 80 Abs. 5. Ungeachtet des anhängigen Hauptsacheverfahrens könnte damit allein im Hinblick

---

1187 *OVG Bremen,* 5. 8. 1992 – 1 B 33/92 –, NVwZ-RR 93, 51.

1188 *VGH Kassel,* 7. 7. 1992 – 12 TH 990/92 –, NVwZ 93, 204; *VG Düsseldorf,* 4. 3. 1991 – 8 L 2072/90 –, NVwZ-RR 91, 436.

1189 *VGH München,* 23. 3. 1999 – 10 B 98 3278 – BayVBl. 99, 627.

1190 *VGH Kassel,* 31. 10. 1994 – 13 TH 2434/94 – NVwZ-RR 95, 228.

1191 *BVerwG,* 24. 9. 1996 – 1 C 9.94 – DVBl. 97, 189.

1192 *VGH Kassel,* 8. 7. 1992 – 13 TH 467/92 –, NVwZ 93, 293.

auf die Ausweisung die Erteilung einer neuen Aufenthaltsgenehmigung gem. § 8 Abs. 2 AuslG versagt werden.

§ 72 Abs. 2 Satz 1 AuslG bewirkt so eine verfassungsrechtlich bedenkliche Begrenzung des vorläufigen Rechtsschutzes, indem er die **Sperrwirkung gem. § 8 Abs. 2 AuslG**[1193] von der aufschiebenden Wirkung ausnimmt. Der verfassungsrechtlich gebotene effektive Rechtsschutz ist damit nur unzureichend gewährleistet. § 72 Abs. 2 Satz 1 AuslG ist aus diesem Grunde verfassungskonform dahin auszulegen, dass jedenfalls das Verwaltungsgericht im Beschluss gem. § 80 Abs. 5 auch insoweit die Wiederherstellung der aufschiebenden Wirkung anordnen darf und so die Sperrwirkung des § 8 Abs. 2 AuslG vorläufig beseitigen kann.[1194]

5. Abschiebung

319 Ein ausreisepflichtiger Ausländer ist gem. § 49 AuslG abzuschieben, wenn die Ausreisepflicht vollziehbar ist und ihre freiwillige Erfüllung nicht gesichert ist.

Die **Abschiebung** ist als **Akt der Verwaltungsvollstreckung** zu qualifizieren.[1195] Sofern landesrechtliche Bestimmungen in Ausfüllung der gesetzlichen Ermächtigung des § 187 Abs. 3 Rechtsbehelfen gegen Vollstreckungsmaßnahmen keine aufschiebende Wirkung beimessen (vgl. dazu oben J 65), muss der Ausländer daher zum Zwecke einstweiligen Rechtsschutzes ein Verfahren gem. § 80 Abs. 5 einleiten.[1196]

320 Für die **Zulässigkeit** gelten die allgemeinen Kriterien, vgl. J 102 ff.

320 a Einem Ausländer, der untergetaucht ist und sich verborgen hält, fehlt wegen rechtsmissbräuchlichen Verhaltens das Rechtsschutzinteresse, so dass der Antrag unzulässig ist.[1197]

321 Auch die **Begründetheit** des Antrags ist an Hand des allgemeingültigen Maßstabs zu prüfen, vgl. J 126 ff.

Bei der summarischen Prüfung der Rechtmäßigkeit der Abschiebungsverfügung ist insbesondere zu prüfen, ob die **Ausreisepflicht** i. S. d. § 49 Abs. 1 AuslG **vollziehbar** ist. Diese Frage ist anhand von § 42 Abs. 2 AuslG zu beantworten. Gem. § 42 Abs. 2 Satz 1 Nr. 1 ist die Ausreisepflicht von Gesetzes wegen insbesondere dann vollziehbar, wenn der Ausländer gem. § 58 Abs. 1 AuslG unerlaubt eingereist ist, vgl. K 280, K 281.

Die Pflicht ist ferner gem. § 42 Abs. 2 Satz 1 Nr. 2 vollziehbar, wenn der Ausländer nach Ablauf der Geltungsdauer einer Aufenthaltsgenehmigung noch keine Verlängerung dieser Genehmigung bzw. keine Erteilung einer neuen Genehmigung beantragt hat.

1193 Dazu *BVerwG,* 11. 8. 2000 – 1 C 5.00 – DVBl. 01, 212.

1194 *OVG Bautzen,* 2. 6. 1995 – 3 S 390/94 – NVwZ-RR 96, 174 = DVBl. 97, 194 [Ls.]; **a. A.** *VGH Kassel,* 17. 8. 1995 – 13 TH 3304/94 – DVBl. 96, 216 [Ls.]: die Rechtmäßigkeit der Ausweisungsverfügung ist incidenter im Verfahren um das vorläufige Aufenthaltsrecht gem. § 80 Abs. 5 bzw. § 123 zu prüfen.

1195 *VGH Mannheim,* 6. 2. 1992 – 1 S 15/92 –, NVwZ 93, 291; *VGH Kassel,* 7. 7. 1992 – 12 TH 990/92 –, NVwZ 93, 204.

1196 *OVG Frankfurt (Oder),* 4. 6. 1998 – 4 B 140/97 – NVwZ-RR 99, 146.

1197 *OVG Weimar,* 2. 7. 1999 – 3 ZEO 1154.98 – DVBl. 00, 437 [Ls.] = DÖV 00, 610 [Ls.].

Hinweis für den Anwalt:

Dieser Tatbestand ist nicht erfüllt, wenn eine Aufenthaltsgenehmigung kraft Eintritts einer auflösenden Bedingung ihre Wirksamkeit verliert: der Tatbestand des § 44 Abs. 1 AuslG zeigt, dass der Gesetzgeber zwischen Verlust der Wirksamkeit aufgrund Fristablaufs einerseits und Eintritts einer aufschiebenden Bedingung andererseits, unterschieden hat. Die Abschiebung setzt mithin voraus, dass die Behörde die bestehende Ausreiseverpflichtung durch einen Verwaltungsakt feststellt, der dann den Tatbestand des § 42 Abs. 2 Satz 2 AuslG erfüllt.[1177]

Im Übrigen ist die Ausreisepflicht gem. § 42 Abs. 2 Satz 1 Nr. 3 AuslG vollziehbar, wenn der Ausländer keine Aufenthaltserlaubnis beantragt hat und die Antragsfrist abgelaufen ist.

Schließlich besteht eine vollziehbare Ausreisepflicht gem. § 42 Abs. 2 Satz 2 AuslG, wenn die Versagung der Aufenthaltsgenehmigung, die Ausweisungsverfügung oder der sonstige Verwaltungsakt, durch den der Ausländer ausreisepflichtig wird, vollziehbar ist.[1198]

Zu prüfen ist ferner, ob der Abschiebung eine **wirksame Abschiebungsandrohung** i. S. d. § 50 Abs. 1 Satz 1 AuslG zu Grunde liegt.[1199] Die Festsetzung einer kürzeren Ausreisefrist als der, die in den allgemeinen Verwaltungsvorschriften vorgesehen ist, verletzt den Ausländer nicht in seinen Rechten.[1200] 321 a

Die summarische Prüfung der Abschiebungsregelung beschränkt sich aber nicht auf die Frage, ob den Ausländer eine vollziehbare Ausreisepflicht trifft. Geprüft werden muss ferner, ob die Ausländerbehörde verkannt hat, dass der Ausländer in den Genuß von Bestimmungen über den **Abschiebungsschutz** kommt, vgl. insbesondere § 51 AuslG,[1201] bzw. der Abschiebung ein Hindernis entgegensteht, vgl. § 53 AuslG.[1202] 322

Beispiel:

§ 53 Abs. 4 AuslG verbietet die Abschiebung, wenn die Abschiebung nach der Konvention zum Schutze der Menschenrechte und Grundfreiheiten (EMRK) unzulässig ist.[1203] Die EMRK schützt vor einer Bedrohung im Zielland durch den Staat oder staatsähnliche Organisationen. Sie bietet dagegen keinen Schutz vor den Bedrohungen durch einen Bürgerkrieg.[1204]

Gegen den Beschluss gem. § 80 Abs. 5 ist die Beschwerde gem. § 146 statthaft, wenn sie vom OVG gem. § 146 Abs. 4 zugelassen wird, vgl. F 251, J 230. 323

Die Entscheidung des OVG kann mit der Verfassungsbeschwerde angegriffen werden. Im Rahmen des Verfassungsbeschwerdeverfahrens kann eine einstweilige Anordnung gem. § 32 BVerfG ergehen.[1205]

1198 Zu diesen Voraussetzungen vgl. im einzelnen *OVG Bremen,* 5. 8. 1992 – 1 B 33/92 – NVwZ-RR 93, 51.

1199 *VGH Mannheim,* 10. 6. 1998 – 13 S 173/98 – DVBl. 98, 1036.

1200 *VGH Mannheim,* 21. 1. 1999 – 11 S 3238/98 – NVwZ-RR 99, 401.

1201 *BVerwG,* 16. 11. 2000 – 9 C 6.00 – NVwZ 01, 442 = DVBl. 01, 483; *VGH Kassel,* 7. 7. 1992 – 12 TH 990/92 –, NVwZ 93, 204.

1202 *BVerwG,* 27. 4. 1998 – 9 C 13.97 – DÖV 99, 118; *OVG Hamburg,* 17. 2. 1993 – Bs VII 7/93 –, NVwZ-RR 93, 441.

1203 *OVG Lüneburg,* 6. 4. 1998 – 12 L 1076/98 – DÖV 98, 609.

1204 *BVerwG,* 17. 10. 1995 – 9 C 15/95 – NVwZ 96, 476.

1205 *BVerfG,* 20. 4. 1993 – 2 BvR 14/93 – NVwZ 93, 767.

VII. Schulrecht

Übersicht

324 Im Schulrecht[1206] hat der einstweilige Rechtsschutz vornehmlich in fünf Problembereichen eine besondere Bedeutung:
- Nicht-Versetzung, Wiederholungsanordnung (K 325 ff.),
- Zulassung zur Schule einer bestimmten Schulform nach der Grundschulzeit (K 333 ff.),
- Ordnungsmaßnahmen (K 342 ff.),
- Schulorganisationsakte (K 344 ff.),
- Entlassung aus der Schule (K 348).[1207]

1. Nicht-Versetzung, Wiederholungsanordnung

325 Die Landesschulgesetze regeln differenziert die Voraussetzungen, bei deren Vorliegen ein Schüler in die nächsthöhere Klassenstufe zu versetzen ist. In der obergerichtlichen Rechtsprechung besteht Einigkeit darüber, dass der Schüler mit der **Versetzung** eine Erweiterung seines Rechtskreises durch einen **begünstigenden Verwaltungsakt** begehrt. Wenn der Schüler im Falle der Nicht-Versetzung um einstweiligen Rechtsschutz nachsucht, ist das gerichtliche Verfahren daher auf den Erlass einer einstweiligen (Regelungs-)Anordnung im Sinne des § 123 Abs. 1 Satz 2 zu richten,[1208] s. sogleich K 325 b ff.

[1206] Zum materiellen Schulrecht s. *Rennert,* DVBl. 01, 504; *Theuersbacher,* NVwZ 1988, 886; NVwZ 91, 125, NVwZ 93, 631, NVwZ 95, 1178, NVwZ 97, 744 und NVwZ 99, 838; *Niehues,* NVwZ 01, 872.

[1207] Zum einstweiligen Rechtsschutz gegen eine **Überweisung in die Sonderschule** s. *BVerfG,* 8. 10. 1997 – 1 BvR 9/97 – NJW 98, 131; *BVerfG,* 1. Kammer des Ersten Senats, 30. 7. 1996 - 1 BvR 1308/96 – NJW 97, 1062 = DVBl. 96, 1389; *OVG Lüneburg,* 29. 11. 1996 – 13 M 4593/96 – NJW 97, 1087; *VGH Mannheim,* 11. 12. 1990 – 9 S 850/89 – NVwZ-RR 91, 479; *OVG Münster,* 4. 11. 1988 – 19 A 881/88 – NVwZ-RR 89, 303, *VGH Kassel,* 30. 9. 1988 – 6 R 3482/88 – NVwZ-RR 89, 302.

Zum einstweiligen Rechtsschutz gegen die **Erteilung einzelner Schulnoten** s. *OVG Münster,* 22. 1. 2001 – 19 A 1901.00 – NVwZ-RR 01, 384.

[1208] Vgl. *VGH Mannheim,* 28. 9. 1992 – 9 S 2187/92 –, DVBl. 93, 53; *VGH Kassel,* 5. 2. 1993 – 7 TG 2479/92 – NVwZ-RR 93, 387; *VGH Mannheim,* 13. 6. 1985 – 9 S 758/85 –, NVwZ 85, 593; *VGH Mannheim,* 16. 10. 1975 – IX 402/75 –, NJW 76, 869; *VG Darmstadt,* 11. 9. 1998 – 7 G 1591/98 (3) – NVwZ-RR 99, 380; s. ferner *Niehues,* Schul- und Prüfungsrecht, 2. Aufl. 1983, Rdn. 497; *Finkelnburg/Jank,* Rdn. 1189 ff.

325 a Alle landesgesetzlichen Regelungen unterscheiden inzwischen allerdings zwischen der Versetzung und dem **Aufrücken.** Während bei der Versetzung der Wechsel in die nächsthöherere Klassenstufe auf einer Verwaltungsentscheidung beruht, ergibt sich dieser Wechsel in den Fällen des Aufrückens als Rechtsfolge unmittelbar aus dem Gesetz.

Beispiel:

§ 27 Abs. 3 SchulG Bln regelt, dass die Versetzungen in die Klassen 8 bis 10 der Realschule und des Gymnasiums jeweils am Ende des Schuljahrs mit Wirkung vom Beginn des folgenden Schuljahres vorgenommen werden. § 27 Abs. 4 SchulG Bln bestimmt, welche Voraussetzungen der Schüler hinsichtlich seiner Noten erfüllen muss, um einen Versetzungsanspruch zu haben.
Dagegen heißt es in § 28 Abs. 5 SchulG Bln: „Die Schüler der Grundschule rücken jeweils mit Beginn eines Schuljahres in die nächsthöhere Klassenstufe auf. In Ausnahmefällen … kann eine Wiederholung der bisherigen Klassenstufe angeordnet werden."

325 b Eine derartige **Wiederholungsanordnung** ist als **belastender Verwaltungsakt** zu qualifizieren. Der Rechtsschutz des Schülers folgt mithin aus § 80; s. im Einzelnen K 332 a ff.

325 c Für die Wahl des richtigen einstweiligen Rechtsschutzverfahrens ist also im Einzelfall festzustellen, welche Rechtsgrundlage das jeweilige Landesschulrecht für den angestrebten Wechsel in die höhere Klasse vorsieht: geht es um das gesetzlich vorgesehene Aufrücken, das im Einzelfall durch eine Wiederholungsanordnung blockiert wird oder wird dem Schüler die Versetzung verweigert.

Die Landesschulgesetze treffen differenzierte und von Land zu Land sehr unterschiedliche Regelungen, wie der folgende Überblick zeigt:[1209]

325 d

Land	**Gesetzliches Aufrücken**	**Wiederholungs-anordnung zulässig**
Baden Württemberg	von Klasse 1 in 2, § 1 GrundschulversetzungO	Nein
Bayern	von Klasse 1 in 2, § 27 VolksschulO	Ja, Entscheidung des Klassenleiters, § 27 VolksschulO
Berlin	von Klasse 1 bis 6, § 28 Abs. 5 SchulG	Ja, Entscheidung Klassenkonferenz, § 28 Abs. 5 SchulG
Brandenburg	von Klasse 1 bis 5, § 12 GrundschulVO	Ja § 12 GrundschulVO
Bremen	von Klasse 1 in 2, § 2 GrundschulVO	Nein

[1209] Zu den landesschulrechtlichen Regelungen s. *Camphausen/Lerche,* Deutsches Schulrecht, Stand 146. Ergänzungslieferung, 2000.

Land	Gesetzliches Aufrücken	Wiederholungs-anordnung zulässig
Hamburg	von Klasse 1 bis 3, 5 in 6 und 6 in 7, §§ 15, 22, 19 Zeugnis- und VersetzungsO	Nein
Hessen	von Klasse 1 in 2, § 17 SchulG	Ja § 17 SchulG
Mecklenburg-Vorpommern	von Klasse 1 in 2 und 5 in 6, §§ 13, 15 SchulG MV	Nein
Niedersachsen	von Klasse 1 in 2 und 3 bis 7, 7 in 8, in der Hauptschule § 2 VersetungsVO	Teilweise, je nach Klassenstufe
Nordrhein-Westfalen	von Klasse 1 in 2, § 11 AusbildungsO GS	Nein
Rheinland-Pfalz	von Klasse 1 bis 3, § 47 Schulordnung GS	Ja § 47 Schulordnung GS
Saarland	von Klasse 1 in 2, § 13 a GrundschulO	Nein
Sachsen	von Klasse 1 in 2, § 25 Schulordnung Grundschulen	Nein
Sachsen-Anhalt	von Klasse 1 in 2, 5 in 6, §§ 9, 11 VersetzungsVO	Nein
Schleswig-Holstein	von Klasse 1 in 2 und 4 bis 6, § 6 GrundschulO, § 9 OrientierungsstufenO	Ja im Hinblick auf das Aufrücken von Klasse 1 in 2, § 6 GrundschulO
Thüringen	von Klasse 1 in 2, § 5 SchulG	nein

a) Antrag gem. § 123 im Falle der Nicht-Versetzung

325 e Der Antrag gem. § 123 hat das Ziel, die Schulbehörde im Wege der einstweiligen Anordnung zu verpflichten, den Schüler einstweilen wie jeden anderen Schüler am Unterricht der höheren Klasse teilnehmen zu lassen.[1210]

326 Da es regelmäßig um die Sicherung eines an sich im Hauptverfahren geltend zu machenden Anspruch auf Neubescheidung geht, kann auch der Antrag auf Erlass einer einstweiligen Anordnung auf die Neubescheidung gerichtet werden, sofern

[1210] *VGH Mannheim,* 28. 9. 1992 – 9 S 2187/92 –, DVBl. 93, 53; *Finkelnburg/Jank,* Rdn. 1190.

für die neue Verwaltungsentscheidung ausreichend Zeit zur Verfügung steht (z. B. große Ferien).[1211]

Antragsbefugt ist in diesen Fällen regelmäßig der betroffene Schüler, der im Falle der Minderjährigkeit durch seine gesetzlichen Vertreter, d. h. seine Eltern im Verfahren vertreten wird. Daneben kommt in vielen Fällen eine aus dem Erziehungsgrundrecht der Eltern, Art. 6 Abs. 2 GG, resultierende eigenständige Antragsbefugnis der Eltern in Betracht.[1212] Das Elternrecht kann eine Antragsbefugnis jedoch nur während der Minderjährigkeit des Kindes begründen.[1213] 327

Der **Anordnungsanspruch** ist gegeben, wenn der Antragsteller Tatsachen darlegen und glaubhaft machen kann, aus denen sich ergibt, dass die Entscheidung über seine Nicht-Versetzung rechtswidrig ist und er bei rechtmäßiger Beurteilung seines Rechtsbegehrens mit überwiegender Wahrscheinlichkeit damit rechnen darf, versetzt zu werden.[1214] 328

Beispiele: 329

- Der Schüler wird nicht versetzt, weil seine Leistungen in drei Fächern mangelhaft bewertet worden sind. Zur Begründung führt der Lehrer an, die mündlichen Leistungen des Schülers in einem dieser Fächer seien durchweg mangelhaft gewesen, die drei schriftlichen Arbeiten hätten alle mit „4-" bewertet werden müssen. Die nicht ausreichenden schriftlichen Leistungen hätten daher zum Ausgleich für die mangelhaften mündlichen Leistungen nicht herangezogen werden können. Die Bewertung ist fehlerhaft, weil Bewertungstendenzen (4-) bei der Ausgleichsprüfung außer Betracht bleiben müssen.
- Die Mathematik-Note „Ungenügend" ist entgegen der einschlägigen Rechtsverordnung nur auf der Grundlage der Leistungen im 2. Halbjahr ermittelt worden.[1215]
- Kompetenzüberschreitende Kontrolle der Entscheidung der Klassenkonferenz durch die Schulaufsichtsbehörde.[1216]

Hinweis:

Der Schulgesetzgeber ist nicht verpflichtet, die Ermittlung der Zeugnisnote aus schriftlichen und mündlichen Leistungsnachweisen in einem versetzungsrelevanten Fach selbst zu regeln.[1217]

Wenn sich allerdings bei einer unübersichtlichen Sach- und Rechtslage eine hinreichend gesicherte Vorausbeurteilung nicht vornehmen lässt, dann kann aus-

---

1211 Vgl. *OVG Münster,* 19. 12. 1986 – 1 B 1160/86 –, NJW 88, 89 das sich grundsätzlich mit der Frage auseinandersetzt, ob eine einstweilige Anordnung auf Neubescheidung im Hinblick auf das Verbot von der Vorwegnahme der Hauptsache zulässig ist.

1212 *OVG Lüneburg,* 26. 4. 1991 – 13 M 7618/91 –, DVBl. 91, 772; *VGH Mannheim,* 9. 8. 1990 – 9 S 1716/90 –, NVwZ-RR 91, 731; zur Antragsbefugnis des nichtehelichen Vaters, der mit der Mutter und dem Kind in häuslicher Gemeinschaft lebt, *VGH Mannheim,* 17. 8. 1992 – 92345/90 –, NVwZ-RR 93, 481 und *VG Berlin,* 2. 3. 1989 – 31210/87 –, NJW 89, 2413.

1213 *OVG Münster,* 12. 10. 1994 – 19 B 2255/94 – NJW 96, 1769.

1214 *OVG Lüneburg,* 23. 11. 1999 – 13 M 3944.99 und 13 M 4473.99 – NVwZ-RR 01, 241; *VGH Kassel,* 5. 2. 1993 – 7 TG 2479/92 –, NVwZ-RR 93, 386; *VGH Mannheim,* 28. 9. 1992 – 9 S 2187/92 – NVwZ-RR 93, 358; *Finkelnburg/Jank,* Rdn. 1192.

1215 Vgl. *VGH Mannheim,* 10. 10. 1991 – 9 S 2336/91 –, NVwZ – RR 92, 189.

1216 *VGH Mannheim,* 28. 9. 1992 – 9 S 2187/92 –, NVwZ-RR 93, 358 = DVBl. 93, 53.

1217 *BVerwG,* 6. 3. 1998 – 6 B 9/98 – NVwZ 98, 859 = DVBl. 98, 969 = BayVBl. 99, 87 = DÖV 99, 309 [Ls.].

nahmsweise der Anordnungsanspruch auch im Ergebnis einer reinen Interessenabwägung bejaht werden.[1218]

330 Der **Anordnungsgrund** ergibt sich regelmäßig aus dem Interesse des Schülers an einer altersgemäßen, verzögerungsfreien Ausbildung. Allerdings ist auch zu prüfen, ob eventuell die Gesamtheit der Mitschüler in der nächsthöheren Klasse durch die Unterrichtsteilnahme des nicht versetzten Schülers unerträglich belastet und dieser vielleicht dadurch in seiner Ausbildung gehemmt wird.[1219]

330 a Im Interesse effektiven Rechtsschutzes steht die **teilweise Vorwegnahme der Hauptsache** einer solchen Anordnung nicht entgegen.[1220]

331 Die skizzierten Rechtsgrundsätze gelten auch für den einstweiligen Rechtsschutz im Falle der abgelehnten **„Rückversetzung“** eines Schülers.[1221]

332 Die Überweisung eines Schülers in eine Parallelklasse **(„Schrägversetzung“)** ist ein gemäß § 80 angreifbarer Verwaltungsakt, sofern sie aus disziplinarischen Gründen erfolgt.[1222] Findet die Überweisung dagegen aus organisatorischen Gründen statt.

Beispiel:
Angleichung der Klassenfrequenzen zu Beginn des Schuljahres,

so ist diese Maßnahme nicht als Verwaltungsakt anzusehen, weil sie den einzelnen Schüler nicht zielgerichtet, sondern nur als Teilnehmer am allgemeinen schulischen Geschehen berührt.[1223] In diesen Fällen ist ein Verfahren gem. § 123 einzuleiten.[1224] Das gilt auch, wenn der Schüler eine Schrägversetzung anstrebt.[1225]

b) Antrag gem. § 80 Abs. 5 im Falle der Wiederholungsanordnung

332 a Der Widerspruch gegen eine Wiederholungsanordnung hat gem. § 80 Abs. 1 aufschiebende Wirkung: der Schüler rückt nach Maßgabe der schulgesetzlichen Bestimmung auf und nimmt an Unterricht in der nächsten Klassenstufe teil.

332 b Wenn die Schulbehörde die sofortige Vollziehbarkeit der Wiederholungsanordnung gem. § 80 Abs. 2 Nr. 4 bestimmt, dann muss der Schüler – bzw. müssen seine Eltern – Rechtsschutz im Verfahren gem. § 80 Abs. 5 suchen. Die Zulässigkeit dieses Antrags ist nach Maßgabe der allgemeinen Kriterien zu beurteilen, vgl. oben J 102 ff.

Im Rahmen der Begründetheitsprüfung ist zunächst zu klären, ob die Wiederholungsanordnung verfahrensrechtlichen Bedenken begegnet. Die Landesschulgesetze treffen für das zu einer Wiederholungsanordnung führende Verfahren zum Teil differenzierte Regelungen.

1218 *OVG Lüneburg,* 23. 11. 1999 – 13 M 3944.99 und 13 M 4473.99 – NVwZ-RR 01, 241.

1219 *VGH Kassel,* 5. 2. 1993 – 7 TG 2479/92 –, NVwZ-RR 93, 386.

1220 *VG Darmstadt,* 11. 9. 1998 – 7 G 1591/98 (3) – NVwZ-RR 99, 380.

1221 *OVG Lüneburg,* 29. 6. 1981 – 13 B 27/81 –, NVwZ 82, 321.

1222 *OVG Koblenz,* 4. 3. 1993 – 2 B 10416/93 –, NVwZ-RR 93, 480 = DÖV 94, 396 [Ls.]; *VGH München,* 30. 12. 1992 – 7 CS 92 3507 –, BayVBl. 93, 599; *VGH München,* 23. 5. 1990 – 7 Cs 90 838 –, NVwZ-RR 90, 608.

1223 *OVG Koblenz,* 4. 3. 1993 – 2 B 10416/93 –, NVwZ-RR 93, 480.

1224 *VGH München,* 7. 12. 1992 – 7 CE 92 3287 –, Bay VBl. 93, 185.

1225 *OVG Münster,* 26. 4. 1995 – 19 B 765/95 –, DVBl. 95, 1370.

Beispiel:

§ 28 Abs. 5 Satz 3 SchulG Bln: „Die Wiederholung wird von der Klassenkonferenz vorgeschlagen; der Klassenleiter hat die Erziehungsberechtigten hierüber zu informieren und ihnen Gelegenheit zur Stellungnahme zu geben. Über die Anordnung der Wiederholung entscheidet die Klassenkonferenz."

In materieller Hinsicht ist zu prüfen, ob die Gründe für die Wiederholungsanordnung den materiellrechtlichen Voraussetzungen entsprechen. 332 c

Beispiel:

§ 28 Abs. 5 Satz 2 SchulG Bln: „In Ausnahmefällen kann für Schüler, die wegen längeren Unterrichtsversäumnisses oder aus anderen Gründen nicht hinreichend gefördert werden konnten, eine Wiederholung der bisherigen Klassenstufe angeordnet werden."

2. Schulaufnahme in die weiterführende Schule

Wird der Antrag eines Schülers bzw. seiner Eltern auf Zulassung zur Schule eines bestimmten weiterführenden Schultyps[1226] abgelehnt, so ist dieses Begehren gerichtlich mit einem Antrag auf Erlass einer einstweiligen Anordnung gem. § 123 Abs. 1 Satz 2 zu verfolgen.[1227] 333

Der **Anordnungsanspruch** ist gegeben, wenn dargelegt werden kann, dass die Versagung der Aufnahme in eine bestimmte Schule bzw. die Feststellung einer Eignung, die den Besuch Schulen einer bestimmten Art ausschließt, rechtswidrig ist und bei rechtmäßiger Entscheidung dem Begehren der Eltern entsprochen werden müsste. 334

Grundsätzlich können die Eltern im Rahmen ihres verfassungsrechtlich geschützten Erziehungsrechts (Art. 6 Abs. 2 Satz 1 GG) bestimmen, welchen Schultyp[1228] ihr Kind nach der Beendigung der Ausbildung in der Grundschule aufsuchen soll: „Die Entscheidung über den weiteren Bildungsweg des Kindes hat das Grundgesetz den Eltern als den natürlichen Sachverwaltern für die Erziehung des Kindes belassen".[1229] 335

Dieses Wahlrecht der Eltern erstreckt sich aber nicht auf die Aufnahme in eine ganz **bestimmte Schule dieser Schulform.** Wenn ein Antrag auf Aufnahme in eine bestimmte Schule gestellt wird, dann begründet dies allerdings einen Anspruch auf ermessensfehlerfreie Entscheidung.[1230] Dem Antrag ist zu entsprechen, sofern 336

1226 Zur vorzeitigen Einschulung in die Grundschule s. *VG Potsdam,* 13. 8. 1998 – 2 L 834/98 – LKV 99, 479.

1227 *VGH Kassel,* 5. 11. 1991 – 7 TG 2074/91 –, NVwZ-RR 92, 361.

1228 *VGH Kassel,* 1. 2. 1990 – 6 UE 2180/88 –, NVwZ 91, 189 und *OVG Bremen,* 22. 10. 1992 – 1 B 86/92 –, NVwZ-RR 93, 144 sind der Auffassung, dass die schulformunabhängige („integrierte") Gesamtschule im Verhältnis zu den traditionellen Bildungswegen der Hauptschule, der Realschule und des Gymnasiums einen eigenständigen Bildungsweg darstellt; kritisch: *Richter,* NVwZ 91, 138; das gilt nicht im Verhältnis Gymnasium/„additive" Gesamtschule, vgl. *VGH Kassel,* 5. 11. 1991 – 7 TG 2074/91 –, NVwZ-RR 92, 361; das Gymnasium stellt gegenüber der Gesamtschule einen anderen Schultyp dar, obwohl beide Schulformen es den Schülern ermöglichen die allgemeine Hochschulreife zu erlangen, vgl. *VG Potsdam,* 10. 7. 1996 – 2 L 436/96 – LKV 97, 138.

1229 *BVerfG,* 6. 12. 1972 – 1 BvR 230/70 u. 95/71 –, BVerfGE 34, 165, 184 = NJW 73, 133, 134.

1230 *OVG Hamburg,* 14. 12. 1999 – 4 Bs 401.99 – NVwZ-RR 00, 679 = DVBl. 00, 723 [Ls.]; *VGH Mannheim,* 15. 9. 1999 – 9 S 2178/99 – NVwZ-RR 00, 162.

der Besuch einer anderen Schule nicht möglich oder nicht zumutbar ist.[1231] Das Landesschulrecht gibt diese Ermessenstendenz teilweise ausdrücklich vor.

Beispiel:

Gem. § 46 Abs. 3 MVSchulG kann der Träger der örtlich zuständigen Schule aus wichtigem Grund den Besuch einer anderen Schule gestatten. Dieser Begriff ist weit zu verstehen. Er ist z.B. erfüllt, wenn das vom Schüler geplante Schwimmtraining erheblich erleichtert wird. Das Vorliegen eines wichtigen Grundes hat zur Folge, dass als Ermessensentscheidung nur noch die Gestattung in Betracht kommt, es sei denn wichtige andere Gründe rechtfertigen eine Versagung.[1232]

Das Wahlrecht der Eltern begründet keinen Anspruch auf die Aufnahme in ein bestimmtes Schulgebäude oder eine bestimmte Klasse.[1233]

337 Der Staat darf der Wahrnehmung dieses Elternrechts nicht dadurch vorgreifen, dass er eine rechtlich verbindliche Eignungsfeststellung trifft, bevor die Eltern ihre Wahl getroffen haben.[1234]

338 Dagegen ist es zulässig, die Aufnahme in das Gymnasium vom Bestehen einer Aufnahmeprüfung abhängig zu machen, wenn diese Aufnahme entgegen der Grundschulempfehlung erfolgen soll.[1235] Wenn die Aufnahme in das Gymnasium grundsätzlich von dem Erfolg einer Aufnahmeprüfung abhängig gemacht werden soll, bedarf dies einer Entscheidung des parlamentarischen Gesetzgebers.[1236]

339 Zulässig – und wohl sogar geboten – ist es ferner, die Aufnahmekapazitäten nach materiell-gesetzlichen Kriterien so zu bestimmen, dass der Bildungsauftrag der Schule erfüllt werden kann.[1237]

339a **Beispiel:**

§ 29 Abs. 4 SchulG Berlin:[1238]

„Überschreitet die Zahl der Anmeldungen für eine Oberschule deren Aufnahmekapazität, so richtet sich die Aufnahme der Schüler in die Schule nach folgenden Kriterien mit abgestufter Rangfolge:

1. Sprachenfolge (erste und zweite Fremdsprache),
2. Fortsetzung einer bereits in der Grundschule begonnenen Ausbildung an einer Schule mit musik- oder sportbetonten Zügen,
3. Grundschulgutachten,
4. Erreichbarkeit der Schule von der Hauptwohnung unter Berücksichtigung der Lage der Schule zu anderen Oberschulen und der Anbindung an den öffentlichen Personennahverkehr.

1231 *VGH Mannheim,* 24. 11. 1995 – 9 S 3100/95 –, NVwZ-RR 96, 262; *VG Meiningen,* 18. 8. 1994 – 8 E 446/94 Me – LKV 95, 300.

1232 *OVG Greifswald,* 3. 11. 1998 – 2 M 105/98 – LKV 99, 466; *VG Schwerin,* 28. 8. 1998 – 6 A 1901/97 – LKV 99, 475.

1233 *Theuersbacher,* NVwZ 88, 886, 888 m.w.N. aus der Rechtsprechung in der Fußnote 17; s.a. *BbgVerfG,* 25. 2. 1999 – VfGBbg 41/98 – NVwZ 01, 912.

1234 *VGH Kassel,* 20. 6. 1988 – 6 N 1364/88 –, NVwZ 88, 949.

1235 *OVG Bautzen,* 9. 11. 1993 – 2 S 315/93 –, LKV 94, 450; *OVG Koblenz,* 28. 9. 1992 – 2 B 11813/92 –, NVwZ-RR 93, 143; *VGH Mannheim,* 8. 12. 1989 – 9 S 2707/89 –, NVwZ-RR 90, 246.

1236 *VG Gera,* 5. 8. 1996 – 2 E 755/96 Ge – LKV 97, 293 = NVwZ 97, 1144 [Ls.].

1237 *OVG Bremen,* 22. 10. 1992 – 1 B 86/92 – NVwZ-RR 93, 144; *OVG Schleswig,* 10. 9. 1991 – 3 M 98/91 – NVwZ 92, 81.

1238 GVBl. 2000, S. 274; s. dazu *VG Berlin,* 23. 8. 2000 – 3 A 715/00 – NVwZ 01, 948: (Kriterium zu 3. ist verfassungswidrig).

Die Rangfolge nach den Nummern 2 bis 4 ist erst anzuwenden, nachdem das Kriterium der sozialen Härte (begrenzt auf Fälle im Umfang von höchstens 10 vom Hundert der vorhandenen Schulplätze) berücksichtigt worden ist. Im Übrigen entscheidet das Los."

Bei der danach eventuell erforderlichen Auswahl zwischen mehreren Bewerbern sind auch besondere soziale Umstände zu berücksichtigen (z. B. „Geschwisterprivileg").[1239] Sofern gesetzliche Aufnahmeregelungen fehlen, darf die Aufnahme nur versagt werden, wenn die Kapazität der Schule konkret nachweisbar erschöpft ist.[1240]

Kraft der aus Art. 7 Abs. 1 GG resultierenden Gestaltungsbefugnis regelt der Staat die Voraussetzungen für den Zugang zur Schule[1241] und für den Übergang von einem Bildungsweg zu einem anderen.[1242] Im Hinblick auf die Grundrechtsrelevanz der Zugangsregelungen sind diese im Kern dem parlamentarischen Gesetzgeber vorbehalten.[1243] Wenn der parlamentarische Gesetzgeber dem Verordnungsgeber in zulässiger Weise[1244] die nähere Ausgestaltung überträgt, darf dieser nicht seinerseits die Befugnis wieder auf Verwaltungsträger (z. B. Schulämter) delegieren.[1245] **340**

Die Regelung dieser Zugangsvoraussetzungen muss selbstverständlich dem rechtsstaatlichen Gebot der Normenklarheit entsprechen, d. h. muss widerspruchsfrei sein.[1246] Die Regelung muss ferner gewährleisten, dass die Zugangsentscheidung an der Befähigung und Leistung des Schülers orientiert wird.[1247] Dabei darf der Zugang aber nicht von einer bestimmten Begabungshöhe und Begabungsrichtung im Sinne einer „Bestenauslese" abhängig gemacht werden (sog. positive Auslese). Das Bestimmungsrecht der Eltern wird vielmehr nur dann ausreichend gewahrt, wenn die staatlichen Regelungen lediglich darauf abzielen erkennbar ungeeigneten Kindern den Zugang zum gewünschten Schultyp zu versagen (sog. negative Auslese).[1226]

Ein **Anordnungsgrund** ist in diesen Fällen regelmäßig gegeben, denn Schulerziehung muss altersgemäß gewährt und kann nicht gleichwertig nachgeholt werden.[1248] **341**

1239 *VGH Kassel,* 5. 11. 1991 – 7 TG 2074/91 –, NVwZ-RR 92, 361; s. aber auch *VG Potsdam,* 25. 8. 2000 – 2 L 1074.00 – LKV 01, 431.

1240 *OVG Bremen,* 22. 10. 1992 – 1 B 86/92 –, NVwZ-RR 93, 144; *VG Berlin,* 23. 8. 2000 – 3 A 715/00 – NVwZ 01, 948; *VG Potsdam,* 10. 7. 1996 – 2 L 436/96 – LKV 97, 138.

1241 *BVerwG,* 21. 9. 1993 – 6 B 53.93 – DVBl. 94, 169 = BayVBl. 94, 187: Regelung des Mindestalters für vorzeitige Einschulung; s. a. *VGH München,* 18. 10. 1993 – 7 CE 93 2949 –, DÖV 94, 396 [Ls.]: Rückwirkende Herabsetzung des Eintrittsalters, die mittelbar Wiederholungsmöglichkeiten einschränkt.

1242 *BVerfG,* 6. 12. 1972 – 1 BvR 230/70 u. 95/71 –, BVerfGE 34, 165, 182 = NJW 73, 133.

1243 *OVG Weimar,* 22. 10. 1996 – 1 EO 539/96 – LKV 97, 291 = NVwZ 97, 1140 [Ls.]; *OVG Bautzen,* 9. 11. 1993 – 2 S 315/93 –, LKV 94, 450.

1244 Zur Intensität der Regelungspflicht des parlamentarischen Gesetzgebers s. *OVG Weimar,* 22. 10. 1996 – 1 EO 539/96 – LKV 97, 291.

1245 *VG Gera,* 5. 8. 1996 – 2 E 755/96 GE – LKV 97, 293.

1246 *KreisG Gera-Stadt,* 16. 7. 1991 – 1 D 153/91 –, NVwZ 92, 92 = LKV 91, 348.

1247 *VG Weimar,* 21. 7. 1995 – 2 EG 76/95 – We – LKV 96, 220; *VG Meiningen,* 31. 7. 1996 – 8 E 576/96 Me – LKV 97, 294.

1248 *OVG Bremen,* 22. 10. 1992 – 1 B 86/92 –, NVwZ-RR 93, 144; *VG Chemnitz,* 27. 8. 1992 – C 4 E 1067/92 –, LKV 93, 206; *VG Weimar,* 21.7.95 – 2 E 676/95 We – LKV 96, 220; *VG Potsdam,* 10. 7. 1996 – 2 L 436/96 – LKV 97, 138; *VG Meiningen,* 31. 7. 1996 – 8 E 576/96.Me – LKV 97, 294.

3. Ordnungsmaßnahmen

342 Ordnungsmaßnahmen, die der Disziplinierung von Schülern dienen und in rechts-relevanter Weise in die Freiheitssphäre des Schülers eingreifen, sind Verwaltungsakte.

Beispiele:
- Ausschluß von einer Klassenfahrt,[1249]
- Schulausschluß wegen des Angriffs auf einen Lehrer[1250] oder wegen Haschischkonsums[1251] oder wegen Straftaten,[1252] s. a. K 350
- Unterrichtsauschluss wegen Fehlverhaltens,[1253] z. B. „Hitlergruß"[1254]
- „Schrägversetzung",[1255] s. auch oben K 332.

Der Widerspruch gegen derartige Maßnahmen hat gem. § 80 Abs. 1 aufschiebende Wirkung.

343 Wenn die Schulbehörde die sofortige Vollziehbarkeit der Maßnahme gem. § 80 Abs. 2 Nr. 4 anordnet, dann muss der Schüler – bzw. müssen seine Eltern – Rechtsschutz im Verfahren gem. § 80 Abs. 5 suchen. Die Zulässigkeit dieses Antrags ist nach Maßgabe der allgemeinen Kriterien zu beurteilen, vgl. oben J 102 ff.

Im Rahmen der Begründetheitsprüfung ist zunächst zu klären, ob die Ordnungsmaßnahme verfahrensrechtlichen Bedenken begegnet. Zu klären ist z. B., ob das nach dem Landesschulrecht für Ordnungsmaßnahmen zuständige Gremium der Schule die Sachentscheidung getroffen hat.[1256] Die Landesschulgesetze machen die Wirksamkeit derartiger Verfügungen ferner zum Teil davon abhängig, dass er vorher angedroht wird[1257] bzw. der Verwaltungsakt den Eltern des minderjährigen Schülers zugestellt wird.[1258]

In materieller Hinsicht ist zu prüfen, ob die Verfügung auf eine klare gesetzliche Grundlage gestützt werden kann.[1259]

Beispiel:
Ein Fehlverhalten des Schülers außerhalb des Schulgeländes kann eine schulische Ordnungsmaßnahme rechtfertigen, wenn das Fehlverhalten unmittelbar in den schulischen Bereich hineinwirkt.[1260]

1249 *VGH München,* 20. 10. 1998 – 7 ZB 98 2535 – NVwZ-RR 99, 378 = BayVBl. 99, 406 = DVBl. 99, 561 [Ls.]; *OVG Greifswald,* 21. 9. 1996 – 2 M 94/96 – NJW 97, 1721 = NVwZ 97, 815 [Ls.].

1250 *VG Mainz,* 6. 4. 1998 – 7 L 613/98 – NJW 98, 2923.

1251 *VGH München,* 10. 6. 1997 – 7 ZS 97 1403 – NVwZ-RR 98, 239; *OVG Koblenz,* 7. 2. 1996 – 2 B 10106/96 – NJW 96, 1690; *VG Berlin,* 13. 1. 1997 – 3 A 1/97 – NVwZ 97, 714 [Ls.].

1252 *OVG Münster,* 26. 1. 2000 – 19 B 2087.99 – NVwZ-RR 01, 163.

1253 *VGH Mannheim,* 21. 3. 1996 – 9 S 637/96 – NVwZ-RR 96, 441.

1254 *VG Braunschweig,* 9. 7. 1998 – 6 B 6190/98 – NVwZ-RR 98, 754; *VG Meiningen,* 14. 11. 1997 – 8 E 1278/97.Me – LKV 98, 463.

1255 *VGH München,* 30. 12. 1992 – 7 CS 92 3507 –, BayVBl. 93, 599.

1256 *VG Meiningen,* 14. 11. 1997 – 8 E 1278/97.Me – LKV 98, 463.

1257 *OVG Münster,* 26. 1. 2000 – 19 B 2087.99 – NVwZ-RR 01, 163.

1258 *OVG Koblenz,* 7. 2. 1996 – 2 B 10106/96 – NJW 96, 1690.

1259 Vgl. *Theuersbacher,* NVwZ 95, 1178, 1181 m. w. N.

1260 *OVG Münster,* 21. 7. 1998 – 19 E 391/98 – NVwZ-RR 99, 29.

Die summarische Prüfung der Ordnungsverfügung betrifft sodann deren Verhältnismäßigkeit:[1254] Sofern pädagogische Maßnahmen oder weniger schwerwiegende Ordnungsverfügungen in Betracht kommen (Auflagen, Abmahnungen etc.) ist die Verfügung nicht verhältnismäßig.[1261]

4. Schulorganisationsakte

Soweit bei Entscheidungen über schulorganisatorische Maßnahmen auch das Individualinteresse der Schüler und Eltern zu berücksichtigen ist, handelt es sich um Verwaltungsakte.[1262] **344**

Beispiel:

- Auflösung einer Schule[1263]
- Erhebliche Ausdehnung der täglichen Schulzeit[1264]

Derartige Organisationsakte unterliegen der Anfechtung durch Schüler und Eltern,[1265] nicht jedoch durch die Elternvertretung.[1266] Soweit im Rahmen von Organisationsakten auch die Interessen anderer Gebietskörperschaften zu berücksichtigen sind, sind auch diese anfechtungsbefugt.

Beispiel:

Die von der staatlichen Schulaufsichtsbehörde erteilte Genehmigung zur Errichtung einer Schule kann die Nachbargemeinde in ihren Selbstverwaltungsrechten verletzen.[1267]

Der gegen eine derartige Organisationsmaßnahme gerichtete Widerspruch hat gem. § 80 Abs. 1 aufschiebende Wirkung.[1268] Ordnet die Schulbehörde die sofortige Vollziehbarkeit einer solchen Maßnahme an, so steht dem Anfechtungsbefugten das Verfahren gem. § 80 Abs. 5 offen.[1269] In diesem Verfahren ist dann nach allgemeinen Grundsätzen zu prüfen, ob die Schulbehörde ein besonderes Vollziehungsinteresse am angefochtenen Bescheid dargetan hat[1270] und – sofern dies der Fall ist – sich dieser Bescheid nach summarischer Prüfung als rechtmäßig oder aber rechtswidrig erweist.[1271] Ist das Ergebnis der summarischen Prüfung offen, so hat **345**

[1261] *OVG Greifswald,* 21. 9. 1996 – 2 M 94/96 – NJW 97, 1721 = NVwZ 97, 815 [Ls.].

[1262] Zur Überprüfung von schulorganisatorischen Regelungen in einer Rechtsverordnung im Verfahren gem. § 47 s. *VGH München,* 27. 7. 1994 – 7 N 93 2294 –, NVwZ-RR 95, 36.

[1263] *OVG Münster,* 31. 3. 1995 – 15 A 900/90 – DVBl. 95, 1366 = NVwZ-RR 96, 90.

[1264] *Rennert,* DVBl. 01, 504, 505 m. w. N.

[1265] *BVerfG,* 13. 6. 1979 – 1 BvR 699/77 –, BVerfGE 51, 268; *BVerwG,* 24. 4. 1978 – 7 B 111/77 –, NJW 78, 2211; *VGH Kassel,* 24. 8. 1994 – 7 TG 2135/94 –, NVwZ-RR 95, 33 m. w. N.; *OVG Hamburg,* 7. 9. 1979 – Bs. IV 10/79 –, NJW 80, 2146; *Niehues,* Schul- und Prüfungsrecht, 2. Aufl. 1983, Rdn. 163.

[1266] *VGH Mannheim,* 6. 9. 1995 – 9 S 2352/95 –, NVwZ-RR 96, 89.

[1267] *VG Potsdam,* 19. 9. 1995 – 2 L 1584/95 –, NVwZ-RR 96, 332 =DVBl. 95, 1375; s. a. *Theuersbacher,* NVwZ 95, 1178, 1179 f. m. w. N.

[1268] *OVG Koblenz,* 13. 2. 1986 – 7 B 15/86 –, NVwZ 86, 1036; *VGH Mannheim,* 9. 8. 1990 – 9 S 1716/90 –, NVwZ-RR 91, 73 (Schulaufhebung); Sonderfall: *VG Frankfurt,* 21. 11. 1989 – V/1 G 2840/89 –, NVwZ-RR 90, 607, nach dem Schüler im Wege der Regelungsanordnung gemäß § 123 (Rück-)Umsetzung einer Lehrerin erreichen können.

[1269] *OVG Koblenz,* 13. 2. 1986 – 7 B 15/86 –, NVwZ 86, 1036.

[1270] *VG Gera,* 7. 8. 1996 – 2 E 577/96. GE – LKV 97, 138.

[1271] In diesem Zusammenhang ist u. a. zu prüfen, ob die Ermächtigungsgrundlage, auf die der Organisationsakt gestützt wird, dem Parlamentsvorbehalt entspricht: Aufgrund des Rechtsstaats- und des Demokratieprinzips (Art. 20 GG) ist der Gesetzgeber verpflichtet, alle eine Interessenabwägung zu erfolgen, allgemein zum Prüfungsmaßstab, s. oben J 128.

346 Schulorganisatorische Maßnahmen, die den Bestand der Schule und die Zugehörigkeit des Schülers zu dieser Schule sowie die Zuordnung zu einer bestimmten Jahrgangsstufe unberührt lassen, fehlt die Außenwirkung, sie sind nicht als Verwaltungsakte zu qualifizieren.

Beispiele:
- Stundenplangestaltung,[1272]
- Zusammenlegung von Klassen derselben Jahrgangsstufe,[1273]
- Verlegung einer Schule,[1274]
- Umbenennung einer Schule.[1275]

347 Der vorläufige Rechtsschutz muss daher im Verfahren gem. § 123 gesucht werden. Regelmäßig wird der Anordnungsanspruch fehlen, weil die organisatorische Gliederung der Schule der elterlichen Bestimmung entzogen ist und zum staatlichen Gestaltungsbereich gehört.[1276] Auch der Anordnungsgrund wird zu verneinen sein, weil die drohenden Nachteile von so geringem Gewicht sind, dass die stets angestrebte (teilweise) Vorwegnahme der Hauptsache nicht gerechtfertigt ist, vgl. unten J 213.

5. Entlassung aus der Schule

348 Zwischen den Obergerichten ist umstritten, in welchem Verfahren der einstweilige Rechtsschutz zu suchen ist, wenn der Schüler aufgrund (mehrmaliger) **Nicht-Versetzung** aus der Schule entlassen wird. Der VGH Mannheim qualifiziert die Entlassung als eine die freie Berufswahl und freie Wahl der Ausbildungsstätte einschränkende Maßnahme und gewährt einstweiligen Rechtsschutz daher im Verfahren gem. § 80 Abs. 5.[1277] Der VGH München hebt dagegen hervor, dass ein Verbleiben an der Schule in derartigen Fällen regelmäßig nur dann möglich ist, wenn von der landesrechtlichen Regelung über die Folgen der Überschreitung der Höchstaltersgrenze eine Befreiung erteilt wird. Nach Auffassung des Gerichts begehrt der Schüler daher im Hinblick auf diese Befreiung eine Erweiterung seines Rechtskreises, so dass der Rechtsschutz im Verfahren nach § 123 stattfindet.[1278]

---

für die Grundrechtsausübung von Eltern und Schülern und die gemeindliche Selbstvertretung bedeutsamen Entscheidungen selbst zu treffen, vgl. *VerfG Nordrhein-Westfalen,* 24. 8. 1993 – VerfGH 13/92 – NVwZ-RR 94, 158 m. w. N.; s. a. *VG Gera,* 7. 8 .1996 – 2 E 577/96. GE – LKV 97, 138.

1272 *BVerwG,* 8. 4. 1993 – 6 B 82/92 –, NVwZ-RR 93, 355.

1273 *VGH München,* 7. 12. 1992 – 7 CE 923287 –, NVwZ-RR 93, 355 = BayVBl. 93, 185.

1274 *VGH Mannheim,* 6. 9. 1995 – 9 S 2352/95 –, NVwZ-RR 96, 89.

1275 *VG Frankfurt a. M.,* 7. 10. 1998 – 5 G 2638/98 (3) – NVwZ-RR 99, 379.

1276 *VGH München,* 7. 12. 1992 – 7 CE 92 3287 –, NVwZ-RR 93, 355.

1277 *VGH Mannheim,* 28. 9. 1992 – 9 S 2187/92 –, DVBl. 93, 53 und *VGH Mannheim,* 13. 6. 1985 – 9 S 758/85 –, NVwZ 85, 593.

1278 *VGH München,* 18. 10. 1993 – 7 CE 93 2949 – NVwZ-RR 94, 160 = DVBl. 94, 172 [nur Ls.]; *VGH München,* 20. 12. 1985 – 7 CE 85 A 2936 –, NVwZ 86, 398; ebenso *OVG Koblenz,* 19. 1. 1983 – 2 B 4/83 –, DÖV 83, 866.

349 Antragsbefugt sind – unabhängig von der Verfahrensart – sowohl der Schüler als auch seine Eltern, vgl. oben K 327.

350 Die Entlassung des Schülers aus **disziplinarischen Gründen** erfolgt durch einen anfechtbaren Verwaltungsakt. Der Widerspruch gegen eine solche Entlassung hat gem. § 80 Abs. 1 aufschiebende Wirkung.[1279] Sofern die Schulbehörde gem. § 80 Abs. 2 Nr. 4 die sofortige Vollziehbarkeit anordnet,[1280] muss der Rechtsschutz im Verfahren gem. § 80 Abs. 5 gesucht werden, für das die allgemeinen Grundsätze gelten, vgl. oben J 101 ff.[1281]

VIII. Prüfungsrecht

Übersicht

351 Im Wege einstweiligen Rechtsschutzes versuchen Prüfungskandidaten entweder die Zulassung zu einer Prüfung bzw. zur weiteren Ausbildung zu erreichen. In diesen einstweiligen Rechtsschutzverfahren sind die in der verwaltungsgerichtlichen Rechtsprechung entwickelten allgemeinen Rechtsgrundsätze zu beachten,[1282] die gleichermaßen auf die unterschiedlichsten Prüfungsverfahren zur Anwendung gelangen.

1. Zulassung zur Prüfung

a) Rechtsschutz-Ziel

352 Ein Prüfungskandidat sucht den **Anwalt** auf, wenn er zu einer bestimmten Prüfung – bzw. einem Prüfungsabschnitt – nicht zugelassen worden ist. Diese Nichtzulassung wird in den meisten Fällen damit begründet, der Kandidat habe sich bereits erfolglos der Prüfung unterzogen – bzw. einem vorangegangenen

---

1279 *VGH München,* 2. 9. 1993 – 7 CS 93 1736 –, BayVBl. 94, 346.

1280 *VGH München,* 10. 6. 1997 – 7 ZS 97 1403 – BayVBl. 98, 54 [Entlassung wegen Weitergabe von Marihuana].

1281 Zu den amtshaftungsrechtlichen Konsequenzen eine rechtswidrigen Entlassung aus disziplinarischen Gründen s. *OLG Hamm,* 29. 1. 1997 – 11 U 37/96 – DVBl. 97, 617.

1282 S. im einzelnen *Zimmerling/Brehm,* DVBl. 01, 27; *Zimmerling/Brehm,* Prüfungsrecht, 1998; *Zimmerling/Brehm,* NVwZ 00, 875; *Zimmerling/Brehm,* NVwZ 97, 451; *Niehues*, Prüfungsrecht, 3. Aufl., 1994; zum Akteneinsichtsrecht in derartigen Verfahren s. *Steike,* NVwZ 01, 868.

Prüfungsabschnitt[1283] – und eine Wiederholung sei von Gesetzes wegen ausgeschlossen oder erst nach Ablauf einer bestimmten Frist möglich.

Seltener wird die Nichtzulassung damit gerechtfertigt, der Kandidat habe noch nicht alle Zulassungsvoraussetzungen nachgewiesen.[1284]

Beispiel:
Fall in K 355.

353 Über den Antrag auf eine vorläufige Zulassung zur Prüfung ist im Verfahren gem. § 123 zu entscheiden. Der Antrag ist gerichtet auf die vorläufige Zulassung zur Prüfung bzw. auf Erlass eines Zulassungsbescheides unter Beachtung der Rechtsauffassung des Gerichts.[1285]

Ist bereits eine negative Prüfungsentscheidung ergangen, die von Gesetzes wegen der Zulassung entgegensteht, muss außerdem gegen diese Entscheidung Widerspruch gem. § 80 Abs. 1 eingelegt werden bzw. ein Verfahren gem. § 80 Abs. 5 eingeleitet werden.

b) Zulässigkeit des Antrags gem. § 123

353 a **Antragsbefugt** ist der Prüfungskandidat, der im Falle der Minderjährigkeit durch seine gesetzlichen Vertreter, d. h. seine Eltern im Verfahren vertreten wird. Daneben kommt in vielen Fällen eine aus dem Erziehungsgrundrecht der Eltern, Art. 6 Abs. 2 GG, resultierende eigenständige Antragsbefugnis der Eltern in Betracht.[1286] Das Elternrecht kann eine Antragsbefugnis jedoch nur während der Minderjährigkeit des Kindes begründen.[1287]

353 b Durch zwei Grundsatzentscheidungen vom 17. April 1991 hat das BVerfG[1288] die verfahrensrechtliche Position von Prüfungskandidaten in verschiedener Hinsicht erheblich ausgebaut: Prüfungsbestimmungen greifen in die Freiheit der Berufswahl gem. Art 12 Abs. 1 GG ein. Grundrechtsschutz ist auch durch die Gestaltung des Prüfungsverfahrens zu bewirken. Unter diesem Gesichtspunkt ist es grundrechtlich unverzichtbar, dass der Prüfungskandidat gegenüber der Prüfungsbehörde Kritik an der Prüfungsentscheidung äußern kann und die Behörde diese Einwände sachlich prüft und würdigt (**Remonstration** auch **Überdenkungsverfahren**).[1289]

[1283] *OVG Saarlouis,* 22. 11. 2000 – 3 V 26/00, 3 W 6/00 – NVwZ 01, 242.

[1284] *OVG Hamburg,* 3. 2. 1991 – Bf VI 113/90 –, NVwZ-RR 93, 31.

[1285] *OVG Bremen,* 4. 7. 1991 – 1 B 35/91 –, DVBl. 92, 1056 [Ls.]; *VGH Mannheim,* 19. 10. 1984 – 9 S 2423/84 –, DÖV 85, 491; *OVG Münster,* 19. 12. 1986 – 1 B 1160/86 –, NJW 88, 89; *OVG Münster,* 23. 3. 1987 – 21 B 590/87 –, NJW 88, 1539; *Finkelnburg/Jank,* Rdn. 1206.

[1286] *OVG Lüneburg,* 26. 4. 1991 – 13 M 7618/91 –, DVBl. 91, 772; *VGH Mannheim,* 9. 8. 1990 – 9 S 1716/90 –, NVwZ-RR 91, 731; zur Antragsbefugnis des nichtehelichen Vaters, der mit der Mutter und dem Kind in häuslicher Gemeinschaft lebt, *VGH Mannheim,* 17. 8. 1992 – 92345/90 –, NVwZ-RR 93, 481 und *VG Berlin,* 2. 3. 1989 – 31210/87 –, NJW 89, 2413.

[1287] *OVG Münster,* 12. 10. 1994 – 19 B 2255/94 – NJW 96, 1769.

[1288] *BVerfG,* 17. 4. 1991 – 1 BvR 419/81, 213/93 –, NJW 91, 2005; 17. 4. 1991 – 1529/84, 138/87 –, NJW 91, 2008.

[1289] *OVG Bremen,* 24. 11. 1999 – 1 A 254/99 – NVwZ 00, 944; *BFH,* 20. 7. 1999 – VII R 111/98 – NVwZ-RR 00, 300.

Hinweise für den Anwalt: 353 c

- Eine vollständige Neubewertung der Prüfungsleistung aufgrund der so vorgebrachten Kritik kann nicht verlangt werden;[1290] etwas anderes gilt, wenn das jeweilige Prüfungsrecht ein Widerspruchsverfahren gem. § 68 zur Klagevoraussetzung macht.[1291]
- Die Verfahrensvorschriften, die für die originäre Bewertung einer Prüfungsarbeit gelten, sind nicht zwingend auch im Remonstrationsverfahren anzuwenden. Wenn also für das ursprüngliche Prüfungsverfahren gilt, dass die beiden Prüfer „unabhängig voneinander und abschließend" zu bewerten haben, so unterliegt es keinen Bedenken, wenn diese Prüfer beim Überdenken ihrer Bewertung nunmehr jeweils Kenntnis von der Bewertung des anderen Prüfers haben.[1292]
- Der Grundsatz der Chancengleichheit – s. dazu sogleich K 365 – gebietet es, dass der Prüfer, der im Rahmen des Überdenkungsverfahrens auf einen Bewertungsfehler stößt und daher eine Neubewertung vornehmen muss, das ursprüngliche Bewertungssystem anwendet.[1292]
- Der Grundsatz der Chancengleichheit – s. dazu sogleich K 365 – lässt es nicht zu, dass anlässlich des Überdenkungsverfahrens die Bewertung älterer, angerechneter Prüfungsbestandteile aus bestandskräftig abgeschlossenen Verfahrensabschnitten nachgebessert wird.[1293]

Ist dem Prüfling eine solche Remonstration bislang nicht ermöglicht worden, so ist das verwaltungsgerichtliche Hauptsache-Verfahren auszusetzen, um der Prüfungsbehörde die Möglichkeit zu geben, die Entscheidung zu „überdenken".[1294] Solange der Prüfling die **Remonstrationsmöglichkeit** noch **nicht genutzt** hat, **fehlt** ihm für ein Verfahren gem. § 123 das **Rechtsschutzbedürfnis.** Hat die Prüfungsbehörde über die Remonstration des Kandidaten noch nicht entschieden, dann ist ein Anordnungsanspruch jedenfalls dann zu bejahen, wenn der Antragsteller glaubhaft macht, dass aufgrund der unzureichenden Dokumentation des Prüfungsverfahrens oder der fehlenden Begründung der Prüfungsentscheidung eine verlässliche Grundlage für die Beurteilung der Prüfungsentscheidung – vgl. unten K 379 – nicht mehr gewonnen werden kann.[1295] 353 d

Kommt es während des Klageverfahrens zu einer **Neubescheidung,** so kann dieser Verwaltungsakt im Wege der sachdienlichen Klageänderung im anhängigen Verfahren angefochten werden.[1296] Im parallelen Verfahren gem. § 123 ist dann im Hinblick auf diese neue Prüfungsentscheidung zu klären, ob ein Rechtsschutzbedürfnis (noch) gegeben ist. 353 e

c) Anordnungsanspruch

Der Anordnungsanspruch besteht **grundsätzlich** nur, sofern der Antragsteller glaubhaft macht, dass die negative Entscheidung über die **vorangegangene** 354

1290 *BVerfG,* 17. 4. 1991 – 1 BvR 419/81, 213/93 –, NJW 91, 2005, 2006.

1291 *OVG Bremen,* 24. 11. 1999 – 1 A 254/99 – NVwZ 00, 944.

1292 *BVerwG,* 14. 7. 1999 – 6 C 20.98 – NJW 00, 1055 = DVBl. 99, 1594 = DÖV 00, 78.

1293 *OVG Lüneburg,* 16. 3. 1999 – 10 L 377/97 – NVwZ-RR 00, 225.

1294 *BVerwG,* 14. 7. 1999 – 6 C 20.98 – NJW 00, 1055; *BVerwG,* 24. 2. 1993 – 6 C 35.92 – DVBl. 93, 842 = NVwZ 93, 682 = BayVBl. 93; *BFH,* 31. 5. 1994 – VII B 42.94 – NVwZ-RR 95, 577 [Steuerberaterprüfung]; *OVG Münster,* 17. 9. 1993 – 22 A 1931.91 – DVBl. 94, 644 = DÖV 94, 392 unter ausdrücklicher Aufgabe der bisherigen Rechtsprechung *OVG Münster,* 16. 7. 1992 – 22 A 2549.91 – NVwZ 93, 95: Prüfungsentscheidung ist unheilbar fehlerhaft.

1295 *OVG Münster,* 27. 2. 1997 – 22 A 7462/95 – DVBl. 97, 1195 [Ls.].

1296 *BVerwG,* 30. 1. 1995 – 6 C 1/92 –, NVwZ 95, 788.

Prüfung fehlerhaft ist;[1297] die Rechtswidrigkeit der Prüfungsentscheidung kann dabei ihren Grund in **Bewertungsfehlern** – dazu sogleich K 356ff. und **Verfahrensfehlern** – dazu K 361ff. – haben.

355 Wenn es um berufsbezogene Prüfungen[1298] geht und wegen der Kürze der zur Verfügung stehenden Zeit die einschlägigen Rechtsfragen nicht mit der grundrechtlich gebotenen Intensität – vgl. J 133 – geprüft werden können, so ist **im Ausnahmefall** über den Anordnungsanspruch auf der Grundlage einer **Folgenabwägung** ohne Berücksichtigung der Erfolgsaussichten in der Hauptsache zu entscheiden.[1299]

Beispiel:

Der Antragsteller begehrt die Zulassung zu einer ein Hochschulstudium abschließenden Staatsprüfung. Diese wird ihm verweigert, weil ihm die Hochschulreife fehle. Es stellt sich die schwierige Rechtsfrage, ob es dem Land aufgrund der zu Studienbeginn gleichwohl erfolgten Immatrikulation verwehrt ist, sich auf dieses Zulassungshindernis zu berufen. Über den Anordnungsanspruch ist im Wege einer Folgenabwägung zu entscheiden, wenn keine ausreichende Zeit zur Verfügung steht, die Rechtsfrage sicher zu beantworten.[1300]

Stellt sich im Hauptsacheverfahren dann heraus, dass eine Prüfungszulassung nicht hätte erfolgen dürfen, so entfällt allerdings rückwirkend die durch einstweilige Anordnung vermittelte Rechtsposition.[1301]

aa) Bewertungsfehler

356 Es ist Sache des Gesetz- und Verordnungsgebers die **materiellen Prüfungsanforderungen** festzulegen. Er hat dabei einen weiten Gestaltungsspielraum. Dieser ist gewahrt, wenn die Anforderungen der Prüfung zu ihrem Zweck nicht außer Verhältnis stehen.[1302] In der gerichtlichen Praxis spielt die Rechtfertigung der materiellen Prüfungsanforderungen eine geringe Rolle.

356a Forensisch steht die Anwendung dieser Prüfungsanforderungen im konkreten Einzelfall im Vordergrund. Nach der früher gefestigten Rechtsprechung des BVerwG waren Prüfungsentscheidungen grundsätzlich der Nachprüfung durch Gerichte entzogen.[1303] Aus diesem Grunde konnten vermeintliche Bewertungsfehler wegen des Beurteilungsspielraums des Prüfers auch regelmäßig durch ein Sachverständigengutachten nicht aufgedeckt werden.[1304] Die Prüfungsentscheidung konnte nur auf Beurteilungsfehler untersucht werden: ist der Prüfer von falschen

---

1297 *OVG Schleswig,* 20. 8. 1992 – 3 M 36/92 –, NVwZ-RR 93, 30 = DVBl. 93, 66.

1298 S. aber *VHG München,* 11. 6. 1996 – 3 95 4126 – DVBl. 97, 378: für beamtenrechtliche Laufbahnprüfungen gelten eigene Regelungen.

1299 *BVerfG, 2. Kammer des Ersten Senats,* 25. 7. 1996 – 1 BvR 638/96 – NVwZ 97, 480 = DVBl. 96, 1367; *OVG Saarlouis,* 22. 11. 2000 – 3 V 26/00, 3 W 6/00 – NVwZ 01, 942.

1300 *BVerfG, 2. Kammer des Ersten Senats,* 25. 7. 1996 – 1 BvR 638/96 – NVwZ 97, 480 = DVBl. 96, 1367; s.a. *VG Meiningen,* 30. 10. 1998 – 8 K 68.97.Me – LKV 99, 470.

1301 *BVerwG,* 15. 12. 1993 – 6 C 20/92 – NJW 93, 1601.

1302 *BVerwG,* 11. 5. 1983 – 7 B 85.82 – Buchholz 421.0 Prüfungswesen Nr. 174; *VGH Mannheim,* 16. 5. 2000 – 9 S 2537.99 – DVBl. 00, 1791.

1303 Vgl. *BVerwG,* 20. 11. 1987 – 7 C 3.87 –, BVerwGE 78, 280; *BVerwG* 9. 12. 1983 – 7 C 99/82 –, NJW 84, 2650 m. w. N.

1304 *BVerwG,* 31. 7. 1989 – 7 B 104.89 –, BayVBl. 90, 440; *BVerwG,* 15. 10. 1990 – 7 B 88/90 –, NVwZ 91, 271.

Tatsachen ausgegangen, hat er allgemein gültige Bewertungsgrundsätze nicht beachtet oder sich von sachfremden Erwägungen leiten lassen?[1305]

Durch die zwei Grundsatzentscheidungen vom 17. April 1991 hat das BVerfG diese ständige Rechtsprechung des BVerwG korrigiert und aus grundrechtlichen Erwägungen (Art. 12 GG) die gerichtlichen Kontrollbefugnisse erweitert.[1306] Das BVerfG geht mit der verwaltungsgerichtlichen Rechtsprechung davon aus, dass Prüfungsentscheidungen nicht voll justiziabel sind. Der Prüfer hat einen gerichtsfreien **Bewertungsspielraum** (es wird nicht vom Beurteilungsspielraum gesprochen), der nur auf Bewertungsfehler überprüft werden kann. In diesen Bewertungsspielraum fallen die **prüfungsspezifischen Bewertungen.** Kennzeichnend für diese Bewertungen ist, dass verschiedene Prüfer ohne Rechtsverletzung dieselbe Prüfungsleistung unterschiedlich bewerten können.[1307] 357

Beispiele:[1308]

– Die Gewichtung verschiedener Aufgaben untereinander,
– die Einordnung des Schwierigkeitsgrades der Aufgabenstellung,[1309]
– die Würdigung der Qualität der Darstellung,
– die Überzeugungskraft der Argumentation,[1310]
– die Schnelligkeit, in der bestimmte Antworten gegeben werden.

Ein Ausgleich dieser unterschiedlichen Bewertungstendenzen findet regelmäßig in den Prüfungskommissionen statt.

Hinweis für den Anwalt:

Der Bewertungsspielraum wird in rechtswidriger Weise überschritten, wenn der Prüfer im Remonstrationsverfahren, s. soeben K 353b, erklärt, er könne nicht ausschließen, dass seine Bewertung „zu streng" war.[1311]

Nicht in diesen Bewertungsspielraum fallen isolierte **fachliche Beurteilungen,** soweit diese nicht untrennbar mit prüfungsspezifischen Wertungen verbunden sind;[1312] dabei sind die Verwaltungsgerichte gehalten, die mit der prüfungsspezifischen Bewertung verflochtene fachwissenschaftliche Beurteilung herauszufiltern.[1309] Kennzeichnend für die fachliche Beurteilung ist es, dass für diese ein Vergleich mit den Leistungen anderer Prüflinge weder erforderlich noch überhaupt zulässig ist.[1288] Diese fachlichen Beurteilungen sind voll überprüfbar.[1313]

1305 *BVerwG,* 24. 4. 1959 – VII C 104.58 –, BVerwGE 8, 272 = NJW 59, 1842.

1306 *BVerfG,* 17. 4. 1991 – 1 BvR 419/81, 213/93 –, NJW 91, 2005; 17. 4. 1991 – 1529/84, 138/87 –, NJW 91, 2008.

1307 *BVerwG,* 11. 8. 1998 – 6 B 49.98 – BayVBl. 99, 505.

1308 *BVerwG,* 17. 12. 1997 – 6 B 55 7 97- NVwZ 98, 738 = DVBl. 98, 404 = NJW 98, 2920 [Ls.].

1309 *BFH,* 21. 5. 1999 – VII R 34/98 – NVwZ-RR 00, 292 [Steuerberaterprüfung].

1310 *BVerwG,* 14. 7. 1999 – 6 C 20.98 – NJW 00, 1055.

1311 *OVG Bremen,* 24. 11. 1999 – 1 A 254/99 – NVwZ 00, 944.

1312 Sehr anschaulich zur Abgrenzung von fachwissenschaftlicher und prüfungsspezifischer Bewertung *OVG Münster,* 18. 3. 1992 – 22 A 370/91 –, NVwZ 93, 94.

1313 *BVerwG,* 29. 3. 1997 – 6 C 7.96 – DVBl. 97, 1234; zum neuen materiellen Prüfungsrecht nach den Entscheidungen des BVerfG vom 17. April 1991 s. *Theuersbacher,* BayVBl. 91, 649; *Scherzberg,* NVwZ 92, 31; *Rozek,* NVwZ 92, 33; *Redeker,* NVwZ 92, 305; *Würkner,* NVwZ 92, 309; *Seebass,* NVwZ 92, 609; *Becker,* NVwZ 93, 1129; speziell zur Bewertung der Prüfungsleistungen in juristischen Staatsprüfungen und deren gerichtlicher

358 **Beispiele:**

- Die Entscheidung, ob die in einem Multiple-Choice-Verfahren gegebene Antwort falsch oder richtig ist, unterliegt der vollen gerichtlichen Prüfung. Eine Antwort darf nicht als falsch gewertet werden, wenn sie gesicherten wissenschaftlichen Erkenntnissen entspricht. Das ist zu bejahen, wenn diese Erkenntnis im Fachschrifttum bereits publiziert ist. Der Prüfling trägt allerdings eine erhebliche Darlegungslast: er muss z. B. an Hand konkreter Nachweise aus der wissenschaftlichen Literatur dartun, dass die von ihm gegebene Antwort vertretbar ist.[1314]
- Fachliche Meinungsverschiedenheiten zwischen Prüfer und Prüfling sind der gerichtlichen Kontrolle nicht entzogen. Vielmehr hat das Gericht aufgrund hinreichend substanziierter Einwendungen des Prüflings notfalls mit sachverständiger Hilfe darüber zu befinden, ob die von dem Prüfer als falsch bewertete Lösung im Gegenteil richtig oder jedenfalls vertretbar ist;[1315] dann hat der Prüfling einen „Antwortspielraum".[1316]
- Die Frage, ob und in welchem Umfange unproblematische Zulässigkeitsfragen in der Prozeßstation einer juristischen Klausur zu erörtern sind, ist eine reine, voll justiziable Fachfrage.[1317]
- Die Auslegung und Anwendung der unbestimmten Rechtsbegriffe, durch die in einer Prüfungsordnung die zulässigen Prüfungsgebiete festgelegt werden, unterliegen der fachlichen Beurteilung und sind voll gerichtlich überprüfbar.[1318] So hat das Gericht zu entscheiden, ob eine Prüfungsfrage den von der Prüfungsordnung vorgegeben Rahmen verläßt und daher unzulässig ist.[1319] Gerichtlich nicht kontrollierbar ist die Entscheidung des Prüfers, welchen konkreten Stoff aus diesem Gebiet er prüft.[1319]
- Die Frage, ob die Prüfungsaufgabe geeignet oder fehlerhaft ist, unterliegt der vollen gerichtlichen Überprüfung.[1320]
- Die Auslegung und Anwendung der gesetzlichen Prüfungsmaßstäbe ist voll überprüfbar.[1321]

358 a Es gibt keinen allgemeingültigen Bewertungsgrundsatz, dass auch ohne entsprechende ausdrückliche Regelung in der jeweiligen Prüfungsordnung die Endnote nur nach dem arithmetischen Mittel der Einzelergebnisse gebildet werden darf. Insofern dürfen die Prüfer die Entscheidung vielmehr aufgrund einer umfassenden Wertung und Gewichtung der Einzelleistungen im Rahmen ihres Bewertungsspielraums nach dem Gesamteindruck treffen.[1322]

358 b Bei der Bewertung von schriftlichen Prüfungsarbeiten dürfen gehäufte sprachliche und orthographische Mängel[1323] bzw. die äußere Form der Arbeit berücksichtigt werden.[1324]

Kontrolle *von Golitschek,* BayVBl. 94, 257 und 300; speziell zum „Antwort-Wahl-Ver-fahren" der ärztlichen Prüfungen *OVG Münster,* 21. 5. 1992 – 22 A 1650/87 –, DVBl. 93, 58.

[1314] *BVerwG,* 26. 3. 1997 – 6 C 7.96 – DVBl. 97, 1234 = DÖV 98, 169 [Ls.].

[1315] *BVerwG,* 21. 10.1993 – 6 C 12.92 – Buchholz 421.0 Prüfungswesen Nr. 320, S. 307.

[1316] *OVG Saarlouis,* 22. 11. 2000 – 3 V 26/00, 3 W 6/00 – NVwZ 01, 942 m. w. N.

[1317] *BVerwG,* 4. 5. 1999 – 6 C 13/98 – NVwZ 00, 915.

[1318] *VGH Mannheim,* 9. 5. 1995 – 9 S 2341/93 –, DVBl. 95, 1356.

[1319] *BVerwG,* 16. 4. 1997 – 6 C 9.95 – NJW 98, 323 = DÖV 98, 170 [Ls.].

[1320] *BVerwG,* 16. 4. 1997 – 6 C 9.95 – NJW 98, 323 = DVBl. 97, 1235 = DÖV 98, 170 [Ls.]; *BVerwG,* 9. 8. 1996 – 6 C 3/95 – NVwZ-RR 98, 176; *VGH Mannheim,* 24. 7. 1997 – 10 S 1159/97 – DVBl. 97, 1245 [Ls.].

[1321] *OVG Saarlouis,* 22. 11. 2000 – 3 V 26/00, 3 W 6/00 – NVwZ 01, 942.

[1322] *VGH Mannheim,* 24. 7. 1997 – 10 S 1159/97 – NVwZ-RR 98, 106 = DVBl. 97, 1245 [jeweils Ls.].

[1323] *VGH Mannheim,* 27. 1. 1988 – 9 S 3018/87 –, NJW 88, 2633.

[1324] *VGH München,* 25. 11. 1987 – 7 C 8703235 –, NJW 88, 2632.

Den Prüfungskandidaten trifft **keine Obliegenheit** einen Bewertungsfehler **zeitnah zu rügen;**[1325] eine solche Obliegenheit trifft ihn nur, wenn es um Verfahrensfehler geht, vgl. unten K 380. **358 c**

Wenn es zu einem **Bewertungsfehler** gekommen ist, dann ist dieser regelmäßig **kausal für** das **Prüfungsergebnis.** Die Gerichte haben zu prüfen, ob dies (ausnahmsweise) zu verneinen ist. Dabei haben sie die Grenzen zu beachten, die ihnen durch den Bewertungsspielraum gezogen sind. In diesen Bewertungsspielraum dürfen sie weder zu Gunsten noch zu Lasten des Kandidaten eindringen. Sie müssen sich vielmehr einer wertenden Einschätzung und einer eigenen Gewichtung positiver und negativer Leistungsaspekte enthalten. **358 d**

Beispiel:
Der Prüfer hat eine bestimmte Antwort in der Arbeit als „falsch" bewertet, diesem vermeintlichen Fehler aber erklärtermaßen bei der Gesamtbewertung der Arbeit keine erhebliche Bedeutung beigemessen. Die Annahme, der Prüfer wäre auch in Kenntnis dieses Korrekturfehlers zu demselben Gesamturteil gelangt, ist gleichwohl nicht gerechtfertigt: die Bereinigung des Korrekturfehlers muss sich nicht auf eine Eliminierung der negativen Bewertungsgesichtspunkte beschränken, sondern kann auch positive Leistungsaspekte zutage fördern, die dann auf das Gesamturteil durchschlagen.[1326]

Um die gerichtliche Überprüfung zu gewährleisten, müssen die Bewertungen schriftlicher Arbeiten schriftlich erfolgen;[1327] bei mündlichen Prüfungen sind Vorkehrungen zu treffen, um das Prüfungsgeschehen nachträglich aufklären zu können;[1328] s.a. unten K 374ff. Beruht die Prüfungsentscheidung auf einem Bewertungsfehler, so hat eine Neubewertung der Prüfungsleistung stattzufinden. Sofern dies im konkreten Fall aufgrund des Zeitablaufs nicht möglich ist, ist die Prüfung zu wiederholen.[1329] **359**

Diese für berufsbezogene Prüfungen entwickelten Grundsätze gelten auch bei nicht **berufsbezogenen Prüfungen.**[1330] **359 a**

Im einstweiligen Rechtsschutzverfahren ist die Kontrolldichte allerdings geringer, weil das Gericht regelmäßig nicht die erforderliche sachverständige Hilfe[1331] in Anspruch nehmen kann. Fachwissenschaftliche Fragen sind daher typischerweise erst im Hauptverfahren zu klären.[1332] **360**

Hinweis für den Anwalt: **360 a**
Eine materiell-rechtlich fehlerhafte Gestaltung des Prüfungsverfahrens kann Schadensersatzansprüche des Kandidaten gegen die Prüfungsbehörde begründen.[1333]

1325 *BVerwG,* 27. 4. 1999 – 2 C 30.98 – NVwZ 00, 921 = BayVBl. 00, 120.

1326 *BVerwG,* 4. 5. 1999 – 6 C 13/98 – NVwZ 00, 915, 919.

1327 *BVerwG,* 9. 12. 1992 – 6 C 3.92 –, NVwZ 93, 677 = DVBl. 93, 503; *BVerwG,* 16. 3. 1994 – 6 C 5/93 –, NVwZ-RR 94, 582.

1328 *BVerwG,* 31. 3. 1994 – 6 B 65.93 – NVwZ 95, 494 = DVBl. 94, 641.

1329 *BVerwG,* 11. 4. 1996 – 6 B 13/96 – NVwZ 97,502 = DVBl. 97, 997.

1330 *VGH Kassel,* 25. 2. 1993 – 6 UE 1211/91 –, NVwZ-RR 93, 628.

1331 *BVerwG,* 21. 7. 1998 – 6 B 44.98 – NVwZ 99, 187 = DVBl. 98, 1350 = DÖV 99, 310 [Ls.], instruktiv *VGH Mannheim,* 12. 10. 1999 – 9 S 2867/97 – DÖV 00, 162.

1332 *VGH Mannheim,* 28. 12. 1992 – 9 S 2520/92 –, DVBl. 93, 508; zu einem Ausnahmefall s. *VG Dresden,* 22. 7. 1998 – 5 K 1705/98 – LKV 99, 383.

1333 *BGH,* 9. 7. 1998, III ZR 87/97 – MedR 99, 73.

bb) Verfahrensfehler

361 In der **anwaltlichen Praxis** wird es auch in Zukunft aufgrund der besonderen Darlegungslast (vgl. K 360) weniger darum gehen, ob die Prüfungsentscheidung inhaltlich richtig ist. Im Vordergrund steht vielmehr die Frage, ob das **Prüfungsverfahren** ordnungsgemäß abgewickelt wurde.

362 (1) *Spezielle Prüfungsbestimmungen.* Das Prüfungsverfahren hat sich zunächst an den einschlägigen **gesetzlichen Bestimmungen** zu orientieren.

Beispiele:
- Die Ordnung für die Abiturprüfung bestimmt, dass die Prüfungsleistung von einem Fachausschuss bewertet wird, dem der eigentliche Prüfer (das ist der Fachlehrer) und drei weitere Lehrer angehören. Vor Beginn der Beratung hat der Prüfer einen Notenvorschlag zu unterbreiten. Wird die Beratung vorher begonnen, so leidet die Entscheidung an einem Verfahrensfehler.[1334]
- Die Prüfungsordnung schreibt für eine Fachprüfung im Vordiplom zwei Prüfer vor. Ein Beschluss des Prüfungsausschusses, wegen der hohen Arbeitsbelastung bis auf weiteres generell nur einen Prüfer zu bestellen, ist rechtswidrig.[1335]
- Die Prüfungsordnung schreibt eine Bestellung des Prüfers für die individuelle Prüfung durch den Prüfungsausschuss vor. Es ist unzulässig, wenn der Prüfer seine Aufgabe ohne förmliche Bestellung wahrnimmt.[1336]
- Die Prüfungsordnung schreibt vor, dass sich jedes Mitglied der Kommission ein Urteil über Erfolg oder Misserfolg des Kandidaten bilden muss und die Mehrheit der Prüfervoten entscheidet. Mit dieser Regelung ist es nicht vereinbar, wenn jeder Prüfer eine bestimmte Anzahl von Punkten vergibt ohne sich ein eigenes Gesamturteil zu bilden und über den Prüfungserfolg dann nach Maßgabe des rechnerischen Mittelwerts entschieden wird.[1336]
- Die Meldefrist für die Prüfung wird unter Verstoß gegen verwaltungsverfahrensrechtliche Regelungen nicht verlängert.[1337]

Die gesetzlichen Prüfungsbestimmungen sind allerdings nur anwendbar, wenn sie ihrerseits mit höherrangigem Recht vereinbar sind, vgl. K 370.

363 Der parlamentarische Gesetzgeber ist verfassungsrechtlich verpflichtet, berufsbezogene Prüfungsverfahren im wesentlichen selbst zu regeln (**Parlamentsvorbehalt** aufgrund Wesentlichkeitstheorie).[1338]

Beispiel:
Der Ausschluss vom weiteren Prüfungsverfahren aufgrund eines Täuschungsversuchs darf nur auf der Grundlage eines (parlamentarischen) Gesetzes erfolgen.[1339]

Solange entsprechende parlamentarische Regelungen noch fehlen, obliegt es allerdings den Gerichten vom vorhandenen Normenmaterial ausgehend Maßstäbe zu entwickeln, die einerseits dem mutmaßlichen Willen des Gesetzgebers Rechnung tragen und andererseits mit Art. 12 GG vereinbar sind.[1340]

[1334] *OVG Schleswig,* 20. 8. 1992 – 3 M 36/92 – NVwZ-RR 93, 30 = DVBl. 93, 66.

[1335] *OVG Münster,* 6. 7. 1998 – 22 A 194/98 – NJW 99, 305.

[1336] *OVG Münster,* 14. 12. 1999 – 14 A 2251/99 – DVBl. 00, 724.

[1337] *OVG Münster,* 10. 7. 1998 – 22 B 1452/98 – NVwZ-RR 99, 30 = DVBl. 98, 1359 [jeweils Ls.].

[1338] *BVerfG,* 17. 4. 1991 – 1 BvR 419/81, 213/83 – NJW 91, 2005 = BVerfGE 84, 34; *BVerwG,* 18. 9. 1996 – 6 C 10.95 – NVwZ-RR 97, 355 = DVBl. 97, 610; *BFH,* 21. 5. 1999 – VII R 34/98 – NVwZ-RR 00, 292 [Steuerberaterprüfung].

[1339] *VGH Kassel,* 27. 9. 1995 – 27. 9. 1995 – 1 UE 3026/94 – NVwZ-RR 96, 654 = DVBl. 96, 1002 [nur Ls.].

[1340] *OVG Schleswig,* 9. 2. 1996 – 3 L 79/95 – NVwZ-RR 96, 443 = DVBl. 97, 627 [nur Ls.].

364 (2) *Allgemeine Prüfungsgrundsätze.* Im Prüfungsverfahren sind **allgemeine prüfungsrechtliche Grundsätze** zu beachten.

Beispiel:

Der einzelne Prüfer in einer Prüfungskommission darf sich nicht der Stimme enthalten.[1340]

365 Das Prüfungsverfahren ist ferner an dem aus Art. 3 Abs. 1 GG resultierenden **Grundsatz der Chancengleichheit** auszurichten, der besagt, dass für vergleichbare Kandidaten so weit wie möglich vergleichbare Prüfungsbedingungen und Bewertungskriterien gegeben sein müssen.[1341]

366 **Beispiele:**

Verfahrensverstöße bejaht:

- Die Prüfungsbehörde erklärt dem Bewerber ohne zwingenden Grund vor Erbringen der letzten Prüfungsleistung, es bestünde der Verdacht, dass er im bisherigen Prüfungsverfahren einen Täuschungsversuch unternommen hat.[1342]
- Das Prüfungsverfahren wird durch äußere Einwirkungen nachhaltig gestört.[1343]
- Das Prüfungsverfahren findet in einem anderen Raum statt, als in der Ladung zur Prüfung[1344] angegeben, ohne dass in dem Raum, in den geladen wurde, ein Hinweis auf die Verlegung angebracht worden ist.[1345]
- Im Prüfungsraum herrscht anhaltende Kälte (12 Grad Celsius).[1346]
- Prüfungsbeeinträchtigungen werden nicht ausreichend kompensiert (z. B. Verlängerung der Schreibzeit). Die Gerichte unterliegen bei der Prüfung der Frage, ob die Kompensation ausreichend war, keiner Einschränkung.[1347]
- Ein Prüfer überschreitet die höchst zulässige Dauer der Prüfung um 60%, weil er meint, sich nur so ein Leistungsbild machen zu können.[1348]
- Die Prüfungsbehörde berechnet die einem Behinderten gewährte Schreibzeitverlängerung fehlerhaft.[1349]
- Eine schriftliche Prüfungsfragestellung suggeriert nur eine Lösungsmöglichkeit, obwohl mehrere Lösungsmöglichkeiten zumindest vertretbar sind.[1350]
- Die Neubewertung einer rechtsfehlerhaft bewerteten Arbeit erfolgt, obwohl keine geeigneten Bewertungsunterlagen zur Verfügung stehen.[1351]

1341 *BVerwG,* 9. 8. 1996 – 6 C 3.95 – NVwZ-RR 98, 176 = DVBl. 96, 1381; *VGH Kassel,* 18. 7. 1996 – 6 UE 694/96 – DVBl. 97, 619.

1342 *OVG Münster,* 27. 11. 1987 – 22 B 3064/87 –, NVwZ 88, 455.

1343 *BVerwG,* 29. 8. 1990 – 7 C 9/90 –, NVwZ 91, 272 (an der in dieser Entscheidung vertretenen Rechtsauffassung, den Kandidaten träfe in einem solchen Fall nicht die Obliegenheit seinen ausdrücklichen Rücktritt von der Prüfung erklären, hält der jetzt für das Prüfungsrecht zuständige Senat des BVerwG nicht fest, vgl. unten K 196); *OVG Koblenz,* 26. 2. 1986 – 2 A 71/85 –, NVwZ 88, 457.

1344 Ausführlich zu den Konsequenzen fehlerhafter Ladungen s. *Zimmerling/Brehm,* NVwZ 97, 451.

1345 *OVG Münster,* 26. 9. 1995 – 22 B 2176/95 – NVwZ-RR 96, 207.

1346 *BVerwG,* 6. 9. 1995 – 6 C 16.93 – NJW 96, 2439 = DÖV 96, 795 [nur Ls.] = BayVBl. 96, 669.

1347 *BVerfG, 2. Kammer des Ersten Senats,* 21. 12. 1992 – 1 BvR 1295/90 –, NJW 93, 917 = BayVBl. 93, 495; *BVerwG,* 11. 8. 1993 – 6 C 2.93 – NVwZ 94, 486 = DVBl. 94, 158 [in derselben Sache].

1348 *VGH Mannheim,* 12. 7. 1991 – 9 S 1538/91 –, NVwZ 92, 83.

1349 *OVG Münster* – 26. 2. 1992 – 22 B 650/92 –, NVwZ 93, 93.

1350 *BVerwG,* 9. 8. 1996 – 6 C 3.95 – NVwZ-RR 98, 176 = DVBl. 96, 1381.

1351 *VGH Kassel,* 14. 10. 1996 – 6 UE 2777/93 – DVBl. 97, 621.

- Die Neubewertung einer rechtsfehlerhaft bewerteten Arbeit erfolgt nicht durch dieselben Prüfer.[1352]
- Die Neubewertung einer rechtsfehlerhaft bewerteten Arbeit erfolgt nach anderen Bewertungskriterien.[1353]
- Die Prüfungsbehörde geht nicht der Frage nach, wie eine ungewöhnlich hohen Misserfolgsquote zu erklären ist; die Behörde ist einem solchen Fall grundsätzlich gehalten, sorgfältig die Geeignetheit der Prüfungsaufgaben zu prüfen.[1354]
- Die Prüfungsfragen sind unverständlich und in sich widersprüchlich.[1356] Es ist ein ungeschriebener Grundsatz des Prüfungsrechts, dass **Prüfungsaufgaben verständlich und klar** gestellt werden müssen, so dass der Prüfling ohne weiteres erkennen kann, was von ihm verlangt wird.[1355]
- Die mündliche Ergänzungsprüfung, die – nach Klausurversagen des Prüflings – vor der endgültigen Festsetzung der Fachnote als „nicht ausreichend" durchzuführen ist, wird nicht in einem engen zeitlichen Zusammenhang mit der Klausurprüfung abgenommen.[1356]

367 **Verfahrensverstöße verneint:**

- Die Prüfungsordnung verpflichtet die Kandidaten bei der Anmeldung zur Prüfung Leistungsnachweise im Original vorzulegen, um z.B. Doppelmeldungen bei verschiedenen Prüfungsämtern zu verhindern.[1357]
- Die Prüfungsbehörde stellt eine Klausuraufgabe, die kurze Zeit zuvor in einem privaten Repetitorium behandelt worden ist.[1358]
- Die zeitliche Gestaltung des Verfahrens für eine Wiederholungsprüfung weicht von der Erstprüfung ab.[1359]
- Die Prüfungsdauer schöpft die gesetzlich geregelte Höchstdauer der Prüfung nicht annähernd aus (32 Minuten bei einer Höchstdauer von 90 Minuten).[1360]
- Das Prüfungsamt gibt Rauchern keine Gelegenheit, die Aufsichtsarbeiten in einem besonderen Raum (ohne Rauchverbot) zu schreiben, obwohl die Bereitstellung eines solchen Raumes organisatorisch möglich ist.[1361]
- Die Prüfungsordnung normiert strenge Anforderungen an die Wirksamkeit des **Rücktritts wegen krankheitsbedingter Prüfungsunfähigkeit** sowohl hinsichtlich des zeitlichen Rahmens (binnen einer Monatsfrist[1362] bzw. unverzüglich)[1363] als auch hinsichtlich der Formalisierung des Nachweises (amtsärztliches Zeugnis).[1364] Dasselbe gilt, wenn ein

---

[1352] *BVerwG,* 11. 7. 1996 – 6 B 22/96 – NVwZ-RR 97, 102 = DVBl. 96, 1374; *BVerwG,* 30. 6. 1994 – 6 C 4.93 – DÖV 95, 114 = NVwZ 95, 168 [nur Ls.]; *BVerwG,* 24. 2. 93 – 6 C 38/92 –, NVwZ 93, 686; Ausnahme: *OVG Saarlouis,* 22. 11. 2000 – 3 V 26/00, 3 W 6/00 – NVwZ 01, 942 (beim Erstprüfer ist ein Wertungskonflikt zu erwarten).

[1353] *BVerwG,* 14. 7. 1999 – 6 C 20.98 – NJW 00, 1055.

[1354] *BVerwG,* 9. 8. 1996 – 6 C 3.95 – NVwZ-RR 98, 176 = DVBl. 96, 1381 = DÖV 97, 649 [nur Ls.].

[1355] *BFH,* 21. 5. 1999 – VII R 34/98 – NVwZ-RR 00, 292 [Steuerberaterprüfung].

[1356] *OVG Münster,* 6. 7. 1998 – 22 A 194/98 – NJW 99, 305.

[1357] *VG Potsdam,* 17. 7. 1995 – 2 K 1513/94 – NVwZ-RR 97, 104.

[1358] *BFH,* 20. 7. 1999 – VII R 111/98 – NVwZ-RR 00, 300 [Steuerberaterprüfung]; *BVerwG,* 23. 3. 1994 – 6 B 72/93 –, NVwZ-RR 94, 585.

[1359] *BVerwG,* 22. 7. 1992 – 6 B 43.92 –, DVBl. 93, 49.

[1360] *BFH,* 11. 11. 1997 – VII R 66/97 – NVwZ-RR 98, 376 [Steuerberaterprüfung].

[1361] *BVerwG,* 6. 5. 1988 – 7 B 71/88 –, DÖV 88, 1026.

[1362] *BVerwG,* 6. 8. 1996 – 6 B 17.96 – DVBl. 96, 1359 = BayVBl. 97, 411 = NVwZ-RR 97, 103 [nur Ls.].

[1363] *BVerwG,* 13. 5. 1998 – 6 C 12.98 – NVwZ 99, 188 = DVBl. 98, 1341 = DÖV 99, 310 [Ls.]; *BVerwG,* 10. 4. 1990 – 7 B 48.90 – BayVBl. 90, 411 = NVwZ-RR 90, 481.

[1364] *BVerwG,* 10. 4. 1990 – 7 B 48.90 – BayVBl. 90, 411 = NVwZ-RR 90, 481; *BVerwG,* 27. 8. 1992 – 6 B 33.92 – DVBl. 93, 51; *BVerwG,* 27. 1. 1994 – 6 B 12.93 –

solcher formaler Nachweis im Einzelfall von der Prüfungsbehörde verlangt wird, ohne dass dies auf eine ausdrückliche Regelung in der Prüfungsordnung gestützt werden kann.[1365] Die generelle Festlegung, eine Erkrankung könne nur durch das Zeugnis einer Universitätsklinik – also nicht durch den Amtsarzt – nachgewiesen werden, ist dagegen unzulässig.[1366]
– Der Prüfer zieht für „Vorkorrekturen" Hilfspersonen heran,[1367] bzw. delegiert die Bewertung von schriftlichen Arbeiten an Fachkundige.[1368]
– Der Prüfer gleicht Lärmbeeinträchtigungen während der schriftlichen Prüfung durch entsprechende Verlängerung der Bearbeitungszeit aus.[1369]
– Der Klausurtisch hat lediglich die Maße 78 cm × 78 cm.[1370]
– Zur Gruppe der Prüfer gehören auch Arbeitsgemeinschaftsleiter, die einzelne Kandidaten ausgebildet haben.[1371]

Der Prüfungskandidat hat keinen Anspruch auf Beachtung des Grundsatzes der Chancengleichheit als objektiv-rechtliches Gebot. Seine Rüge **andere** Prüflinge hätte rechtswidrige Vorteile genossen, die ihm nicht gewährt worden seien, ist also rechtlich irrelevant.[1372] **367 a**

Auf dem Grundsatz der Chancengleichheit beruht das **Fairnessgebot.** **368**

Beispiel:
Dieser Grundsatz wird durch die Erklärung des Vorsitzenden der Prüfungskommission verletzt, die Kandidaten würden nach der Prüfung „auf dem Zahnfleisch wieder herausgehen".[1373]

Neben dem Grundsatz der Chancengleichheit steht der **Grundsatz der Verhältnismäßigkeit,** der im Rechtsstaatprinzip wurzelt (Art. 20 Abs. 3 GG). **369**

Beispiele: **370**
– Dieser Grundsatz ist verletzt, wenn ein mehrfach strafrechtlich Verurteilter von der Teilnahme an der staatlichen Prüfung in der Krankenpflege mangels Zuverlässigkeit ausgeschlossen wird, obwohl diese Zuverlässigkeit – nach erfolgreicher Prüfung – nochmals gesondert vor der Erteilung der Erlaubnis zur Führung der Berufsbezeichnung „Krankenpfleger" zu prüfen ist.[1374]
– Dieser Grundsatz ist verletzt, wenn fast zwei Jahre nach Bestehen des Zweiten Juristischen Staatsexamens diese Prüfung für nicht bestanden erklärt wird, weil sich ergeben hat, dass der Kandidat wenige Tage vor Abgabe der Hausarbeit ein Gespräch mit einem Vorbearbeiter geführt hat.[1375]

DVBl. 94, 640; sehr anschaulich auch *VGH München,* 23. 10. 1989 – 3 B 88.O 1445 –, ZBR 91, 379; ausführlich zum krankheitsbedingenten Rücktritt von der Prüfung *Zimmerling/Brehm,* NVwZ 97, 451.

1365 *OVG Münster,* 3. 7. 1998 – 22 A 2973/98 – DVBl. 98, 1359 = DÖV 99, 310 [jeweils Ls.].

1366 *VGH München,* 1. 4. 1992 – 7 B 913037 –, NVwZ-RR 92, 555 = BayVBl. 93, 149.

1367 *BVerwG,* 31. 7. 1989 – 7 B 104/89 – BayVBl. 90, 440; s. aber auch *OVG Münster,* 6. 7. 1998 – 22 A 194/98 – NJW 99, 305 (Vorkorrektur durch Studenten).

1368 *VGH München,* 6. 8. 1990 – 22 B 892424 –, NVwZ-RR 91, 198; **a. A.** *OVG Münster,* 6. 7. 1998 – 22 A 194/98 – NJW 99, 305.

1369 *BVerwG,* 11. 8. 1993 – 6 C 2.93 – NVwZ 94, 486 = DVBl. 94, 158; *BFH,* 10. 3. 1992 – VII R 87/90 –, BayVBl. 93, 315 [Steuerberaterprüfung] mit Anm. *Rozek,* BayVBl. 93, 505.

1370 *VG Koblenz,* 29. 10. 1998 – 7 K 859/98.KO – NVwZ-RR 99, 747.

1371 *VGH Kassel,* 19. 12. 1997 – 8 UE 3603/97 – DVBl. 98, 975 [Ls.].

1372 *BFH,* 20. 7. 1999 – VII R 111/98 – NVwZ-RR 00, 300 [Steuerberaterprüfung].

1373 *OVG Münster,* 5. 12. 1986 – 22 A 780/85 –, NVwZ 88, 458.

1374 *OVG Münster,* 23. 3. 1987 – 21 B 590/87 –, NJW 88, 1539.

1375 *OVG Münster,* 13. 10. 1987 – 22 A 699/87 –, NVwZ 88, 462.

- Dieser Grundsatz ist verletzt, wenn die Wartezeit zwischen der Zulassung zur Prüfung und deren Durchführung den Kandidaten unzumutbar belastet.[1376]
- Dieser Grundsatz ist verletzt, wenn Anforderungen gestellt werden, die zum Zweck der Prüfung außer Verhältnis stehen: das Versagen in einer 20 Minuten währenden Prüfung kann die Entscheidung nicht rechtfertigen, dem Prüfling sei die Hochschulreife nicht zuzuerkennen.[1377]
- Eine Verordnungsregelung, nach der die Abiturprüfung nicht bestanden ist, wenn die Leistungen in einer mündlichen Prüfung mit 0 Punkten bewertet werden, ist mit diesem Grundsatz nicht vereinbar.[1378]
- Dieser Grundsatz gebietet es, dass ein Ausschluss von einer berufsbezogenen Prüfung nur bei einem schweren Täuschungsversuch erfolgt.[1379]
- Eine kurze stichwortartige Bewertung, die über die eigentliche Benotung hinausgeht, ist mit dem Rechtsstaatprinzip vereinbar.[1380]

371 Es gibt keinen bundesrechtlichen Grundsatz, nach dem bei schriftlichen Prüfungen die **Anonymität des Kandidaten** zu gewährleisten ist.[1381]

372 Ist der Prüfungsausschuß gesetzwidrig besetzt, ist die Prüfungsentscheidung aufzuheben,[1382] es gibt allerdings keinen Anspruch auf den „gesetzlichen Prüfer".[1383]

373 Im Prüfungsverfahren gilt ein **Mitwirkungsverbot** für **befangene Prüfer,** § 21 VwVfG.[1384] Der Prüfling muss eine Befangenheit des Prüfers unverzüglich rügen.[1385] Die Befangenheit kann sich aus dem Verhalten des Prüfers im Nachprüfungsverfahren ergeben.[1386]

374 (3) *Begründungspflicht.* In den genannten Entscheidungen vom 17. April 1991 (s.o. K 357) hat das BVerfG unter einem weiteren Aspekt die verfahrensrechtliche Position des Kandidaten gestärkt, um von Verfassungs wegen (Art. 12, Art. 19 Abs. 4 GG) effektiven Rechtsschutz im Hinblick auf Prüfungsleistungen zu gewähren. Der Kandidat kann zwar nicht verlangen, dass über eine mündliche Prüfung ein Wortprotokoll angefertigt wird.[1387] Der Prüfling muss jedoch die Möglichkeit haben, die Leistungsbewertungen im einzelnen zur Kenntnis zu nehmen,[1388] d.h. jedenfalls berufsbezogene **Prüfungsentscheidungen sind** grundsätzlich **zu begründen.**[1389]

1376 *BVerfG, 2. Kammer des Ersten Senats,* 3. 5. 1999 – 1 BvR 1315/97 – NVwZ 99, 1102: hier Wartezeit von mehr als vier Jahren.

1377 *VG Dresden,* 22. 7. 1998 – 5 K 1705/98 – LKV 99, 383.

1378 *VG Potsdam,* 19. 7. 2000 – 5 L 967/00 – LKV 01, 572.

1379 *VGH Kassel,* 27. 9. 1995 – 27. 9. 1995 – 1 UE 3026/94 – NVwZ-RR 96, 654 = DVBl. 96, 1002 [nur Ls.].

1380 *VGH Mannheim,* 5. 3. 1990 – 9 S 433/90 –, NVwZ-RR 90, 419.

1381 *BVerwG,* 26. 5. 1999 – 6 B 65/98 – NVwZ-RR 00, 745.

1382 *VG Münster,* 23. 11. 1990 – 1 K 1773/89 –, NVwZ-RR 92, 77.

1383 *OVG Münster,* 14. 3. 1994 – 22 A 201/93 –, DVBl. 94, 1374 [nur Ls.].

1384 *BVerwG,* 11. 11. 1998 – 6 C 8.97 – NVwZ-RR 99, 438 = DVBl. 99, 790 = DÖV 99, 790 [Ls.].

1385 *OVG Koblenz,* 15. 1. 1999 – 2 A 10946/98 – DVBl. 99, 1597.

1386 *BVerwG,* 4. 5. 1999 – 6 C 13.98 – NVwZ 00, 915.

1387 *BVerfG, 2. Kammer des Ersten Senats,* 14. 2. 1996 – 1 BvR 961/94 –, DVBl. 96, 433; *VGH Kassel,* 14. 10. 1996 – 6 UE 2777/93 – DVBl. 97, 621; *VGH Kassel,* 8. 8. 1995 – 6 TG 830/95 –, DVBl. 95, 1364.

1388 *BVerwG,* 16. 3. 1994 – 6 C 1.93 – DÖV 95, 108.

1389 Grundsätzlich *BVerwG,* 6. 9. 1995 – 6 C 18.93 –, NJW 96, 2670 = DVBl. 96, 436 = DÖV 96, 510 = BayVBl. 96, 441; *OVG Münster,* 10. 5. 1995 – 22 A 3876/93 –, DVBl. 1995, 1370.

Bei **schriftlichen Prüfungen** hat die Begründung schriftlich zu erfolgen.[1390] Die Grundlagen der Bewertung können nachträglich klargestellt werden.[1391] **375**

Die Begründung der Entscheidung über **mündliche Prüfungen** darf – sofern sie im unmittelbaren Anschluss an die Prüfung erfolgt – mündlich geschehen, sofern die Gestaltung des Prüfungsverfahrens eine spätere Aufklärung des Prüfungsgeschehens gewährleistet (z. B. Zulassung von Zuhörern).[1392] Der konkrete Inhalt der Begründungspflicht ergibt sich allerdings erst aus dem entsprechenden Begründungsverlangen des Prüflings.[1393] Die Prüfungsbehörde ist verpflichtet, den Kandidaten darauf hinzuweisen, dass eine Begründung der Entscheidung nur in Folge eines solchen spezifizierten Verlangens stattfindet;[1394] eine solche Hinweispflicht setzt allerdings voraus, dass die Absicht des Prüflings, um Rechtschutz nachzusuchen, erkennbar wird und dieser deutlich macht, worin er einen konkreten Prüfungsfehler sieht.[1395] Wird die Entscheidung über eine mündliche Prüfung erst später verkündet, so ist sie schriftlich zu begründen.[1396] **376**

Der Schwerpunkt der **Begründungspflicht** liegt bei den fachspezifischen Inhalten der Leistung und deren Bewertung. Soweit es um prüfungsspezifische Wertungen und Einschätzungen (z. B. um den Schwierigkeitsgrad einer Aufgabe oder die Überzeugungskraft der Argumente) geht, sind lediglich die Grundlagen und wesentlichen Kriterien des Bewertungsvorgangs offenzulegen.[1397] **377**

Der Kandidat hat die Befugnis, in Kenntnis der Bewertungsbegründung Einwände vorzutragen. Diese sind zu bescheiden.[1398] Das gilt auch dann, wenn ein eigentliches Widerspruchsverfahren einfachgesetzlich nicht vorgesehen ist.[1399] Eine Neubewertung aufgrund begründeter Beanstandungen hat regelmäßig durch die bisherigen Prüfer zu erfolgen.[1400] Die Neubewertung darf nicht zur Verschlechterung der Prüfungsnote führen;[1401] vgl. zum sog. Überdenkungsverfahren im einzelnen oben K 353b ff. **378**

1390 *BVerwG,* 9. 12. 1992 – 6 C 3.92 –, BVerwGE 91, 262, 264 = DVBl. 93, 503.

1391 *BVerwG,* 1. 3. 2001 – 6 B 6/01 – NVwZ 01, 922; s. a. *Brehm,* NVwZ 01, 880.

1392 *BVerfG, 2. Kammer des Ersten Senats,* 14. 2. 1996 – 1 BvR 961/94 – NVwZ 97, 263; *BVerwG,* 31. 3. 1994 – 6 B 65.93 – NVwZ 95, 494 = DVBl. 94, 641; *VGH Kassel,* 14. 10. 1996 – 6 UE 2777/93 – DVBl. 97, 621.

1393 *BVerwG,* 6. 9. 1995 – 6 C 18.93 – NJW 96, 2670 = DVBl. 96, 436 = DÖV 96, 510; *BFH,* 21. 1. 1999 – VII R 335/98 – NVwZ-RR 00, 295 [Steuerberaterprüfung].

1394 *BVerwG,* 16. 4. 1997 – 6 C 9.95 – NJW 98, 323 = DVBl. 97, 1235 = DÖV 98, 170 [Ls.]; *BVerwG,* 6. 9. 1995 – 6 C 18.93 –, NJW 96, 2670 = DVBl. 96, 436 = DÖV 96, 510.

1395 *BVerwG,* 16. 4. 1997 – 6 C 9.95 – NJW 98, 323 = DÖV 98, 170 [Ls.]; *BFH,* 11. 11. 1997 – VII R 66/97 – NVwZ-RR 98, 376 [Steuerberaterprüfung].

1396 *OVG Münster,* 10. 5. 1995 – 22 A 3876/93 –, DVBl. 1995, 1370.

1397 *BVerwG,* 6. 9. 1995 – 6 C 18.93 –, NJW 96, 2670 = DVBl. 96, 436 = DÖV 96, 510.

1398 *BVerwG,* 20. 5. 1998 – 6 B 50.97 – NJW 98, 3657 = DVBl. 98, 971; *OVG Münster,* 6. 9. 1995 – 22 A 1844/94 –, DVBl. 96, 446.

1399 *BVerfG, 2. Kammer des Ersten Senats,* 10. 10. 1991 – 1 BvR 991/91 –, NVwZ 92, 657; *BVerwG,* 30. 6. 1994 – 6 C 4.93 –, DÖV 95, 114; *OVG Schleswig,* 21. 12. 1993 – 10 K 1043/92 – DÖV 94, 394; *OVG Münster,* 17. 9. 1993 – 22 A 1931/91 –, DVBl. 94, 644; *OVG Münster,* 18. 9. 1991 – 22 A 1239/89 –, NVwZ 92, 397; *OVG Koblenz,* 13. 11. 1991 – 2 A 10800/91 –, NVwZ 92, 399.

1400 *BVerwG,* 11. 7. 1996 – 6 B 22/96 – NVwZ-RR 97, 102 = DVBl. 96, 1374; *BVerwG,* 30. 6. 1994 – 6 C 4.93 – DÖV 95, 114 = NVwZ 95, 168 [nur Ls.].

1401 *BVerwG,* 24. 2. 1993 – 6 C 38/92 –, NVwZ 93, 686.

379 Diese verfassungsrechtlich gewährleisteten Verfahrensregelungen haben für das Bestehen eines **Anordnungsanspruchs** eine mittelbare Bedeutung. Eine Verletzung dieser Regelungen kann zur Folge haben, dass eine verlässliche Entscheidungsgrundlage für die Beurteilung der Frage, ob die an eine erfolgreiche Prüfung zu stellenden Mindestanforderungen erfüllt sind, nicht oder nicht mehr vorhanden ist. Die materielle Beweislast dafür, dass eine Prüfung verfahrensfehlerfrei durchgeführt worden ist, trägt die Prüfungsbehörde.[1402] Ist das Prüfungsgeschehen mangels ordnungsgemäßer Begründung der Prüfungsentscheidung oder Dokumentation des Verfahrensablaufs nicht mehr aufzuklären, so ist der materiellrechtliche Anspruch auf Zulassung zur (Wiederholungs-)Prüfung[1403] und damit auch ein Anordnungsanspruch gegeben.[1404]

380 (4) *Rügeobliegenheit.* Kommt es bei der Prüfung zu **äußeren Beeinträchtigungen** oder zu **sonstigen Verfahrensfehlern,** die die Leistungsfähigkeit des Kandidaten beeinflussen so sind diese regelmäßig nur dann beachtlich, wenn sie **offensichtlich** sind[1405] oder der Prüfling sie **unverzüglich rügt**[1406] um so der Prüfungsbehörde die Möglichkeit zur Abhilfe zu geben.

Beispiele:

– Das Prüfungsverfahren wird durch äußere Einwirkungen nachhaltig gestört, vgl. oben K 366;
– An der Prüfung wirkt ein befangener Prüfer mit.[1407]
– Im Prüfungsraum herrscht anhaltende Kälte (12 Grad Celsius), vgl. oben K 366.

Sofern Abhilfe gleichwohl nicht (ausreichend) geschaffen wird oder nicht möglich ist, muss der Kandidat sich entscheiden, ob er aus diesem Grunde seinen **Rückritt von der Prüfung**[1408] erklärt oder die Leistung trotz der Beeinträchtigung gelten lassen will.[1409] Der Rücktritt hat grundsätzlich **unverzüglich** zu erfolgen.[1410] Damit gelten die für den Rücktritt wegen sog. innerer Prüfungsbeeinträchtigung durch Krankheit entwickelten Rechtsgrundsätze gleichermaßen für die äußeren Prüfungsbeeinträchtigungen.[1411]

[1402] *OVG Münster,* 27. 2. 1997 – 22 A 7462/95 – NVwZ-RR 97, 714.

[1403] *BVerwG,* 11. 4. 1996 – 6 B 13.96 – DVBl. 96, 997.

[1404] *BFH,* 11. 11. 1997 – VII R 66/97 – NVwZ-RR 98, 376 [Steuerberaterprüfung].

[1405] *BVerwG,* 6. 9. 1995 – 6 C 16.93 – NJW 96, 2439 = DÖV 96, 795 [nur Ls.] = BayVBl. 96, 669 [nur Ls.].

[1406] *BVerwG,* 27. 4. 1999 – 2 C 30.98 – NVwZ 00, 921 = BayVBl. 00, 120; *BVerwG,* 22. 6. 1994 – 6 C 37.92 –, DVBl. 94, 1373 [nur Ls.], *OVG Münster,* 14. 3. 1994 – 22 A 201/93 –, DVBl. 94, 1374 [nur Ls.], s. a. *Brehm/Zimmerling,* NVwZ 00, 875, 876 f.

[1407] *VGH Kassel,* 8. 2. 2000 – 8 UZ 4400/99 – DÖV 01, 833 [Ls.]; *OVG Koblenz,* 15. 1. 1999 – 2 A 10946/98 – DVBl. 99, 1597.

[1408] Zur Frage wie weit ein solcher Rücktritt reicht s. *VGH Mannheim,* 28. 4. 1998 – 9 S 385/98 – NVwZ-RR 99, 121.

[1409] *BVerwG,* 6. 9. 1995 – 6 C 16.93 – NJW 96, 2439 = DÖV 96, 795 [nur Ls.] = BayVBl. 96, 669 [nur Ls.]; s. a. *Zimmerling/Brehm,* NVwZ 97, 451, 455 f.

[1410] *BVerwG,* 6. 9. 1995 – 6 C 16.93 – NJW 96, 2439 = DÖV 96, 795 [nur Ls.] = BayVBl. 96, 669 [nur Ls.]; *OVG Greifswald,* 27. 10. 1997 – 12 M 127 u. 128/97 – DVBl. 98, 972; s. a. *Zimmerling/Brehm,* NVwZ 97, 451, 455 f.

[1411] *BVerwG,* 6. 9. 1995 – 6 C 16.93 – NJW 96, 2439, 2442.

Hinsichtlich **materieller Bewertungsfehler** trifft den Kandidaten **keine Rügeobliegenheit.** Diese können bis zum Abschluss der letzten mündlichen Verhandlung in der Tatsacheninstanz gerügt werden.[1412] 380a

(5) *Kausalität des Fehlers.* Der Verfahrensfehler kann nur dann die Aufhebung der Prüfungsentscheidung zur Folge haben, wenn ein Einfluss auf das Prüfungsergebnis nicht ausgeschlossen werden kann.[1413] 381

Beispiel:
Verneint beim Verlust eines Blattes der Prüfungsarbeit nach Abschluss des Bewertungsvorgangs.[1414]

Hinweis für den Anwalt: 381a
Eine formell-rechtlich fehlerhafte Gestaltung des Prüfungsverfahrens kann Schadensersatzansprüche des Kandidaten gegen die Prüfungsbehörde begründen.[1415]

d) Anordnungsgrund

Der **Anordnungsgrund** liegt regelmäßig vor, da es dem Antragsteller nicht zumutbar ist, den erreichten Leistungsstand bis zur letztinstanzlichen Entscheidung in der Hauptsache zu bewahren.[1416] Ein Anordnungsgrund fehlt dagegen, solange das verwaltungsinterne Überprüfungsverfahren – vgl. soeben K 378 – noch nicht abgeschlossen ist und davon auszugehen ist, dass die Prüfungsbehörde die vorgebrachten Bedenken zeitnah bescheiden wird. 382

Für eine einstweilige Anordnung auf Erteilung eines (vorläufigen) Prüfungszeugnisses fehlt in der Regel der Anordnungsgrund, solange der Antragsteller die Möglichkeit hat, an einer Wiederholungsprüfung teilzunehmen und keine unzumutbare Verzögerung der Berufsausbildung eintritt[1417] Im Einzelnen ist dabei umstritten, für welchen Zeitraum dem Kandidaten ein Abwarten zugemutet werden kann;[1418] jedenfalls wenn der Grund für die erneute Zulassung zur Prüfung in der Sphäre der Prüfungsbehörde liegt, ist ein Zeitraum von sechs Monaten zu lang. 383

2. Zulassung zur weiteren Ausbildung nach negativer Prüfungsentscheidung

Ausbildungsordnungen können bestimmen, dass bestimmte Ausbildungsabschnitte (z.B. Teilnahme an Lehrveranstaltungen) erst nach einer erfolgreichen (Zwischen-)Prüfung durchlaufen werden dürfen. Der (vorerst) gescheiterte Prüfling, der ohne Verzug seine Ausbildung fortsetzen will, muss einen Antrag gem. § 123 stellen. Dieser ist darauf gerichtet, den Ausbildungsträger zu verpflichten, 384

1412 *BVerwG,* 27. 4. 1999 – 2 C 30.98 – NVwZ 00, 921.

1413 *BVerwG,* 12. 11. 1997 – 6 C 11.96 – NVwZ 98, 636 = DVBl. 98, 474 = DÖV 98, 422; *BVerwG,* 20. 11. 1987 – 7 C 3/87 –, NVwZ 88, 433; *BVerwG,* 13. 6. 1969 – VII C 27/68 – BVerwGE 32, 179, 182 = NJW 69, 1592; *VGH München,* 8. 9. 1999 – 7 B 99. 292 – BayVBl. 00, 529.

1414 *VGH München,* 8. 9. 1999 – 7 B 99. 292 – BayVBl. 00, 529.

1415 *BGH,* 9. 7. 1998, III ZR 87/97 – MedR 99, 73.

1416 *OVG Saarlouis,* 22. 11. 2000 – 3 V 26/00, 3 W 6/00 – NVwZ 01, 942; *OVG Schleswig,* 20. 8. 1992 – 3 M 36/92 –, NVwZ-RR 93, 30 = DVBl. 93, 66.

1417 *VGH Kassel,* 29. 9. 1992 – 6 TG 1517/92 –, DVBl. 93, 57.

1418 *Zimmerling/Brehm,* DVBl. 01, 27, 31 m. w. N.

ihm die ausbildungserhebliche Teilnahme an den weiteren Lehrveranstaltungen (nicht als Gasthörer) zu erlauben.[1419]

385 Der **Anordnungsanspruch** besteht, sofern die soeben in K 354ff. dargestellten Voraussetzungen gegeben sind.

386 Der **Anordnungsgrund** ist regelmäßig im Hinblick auf das Interesse an einem ausbildungsgangkonformen Fortschreiten zu bejahen; s. aber K 383.

3. Ordnungsmaßnahmen

387 Die prüfungsrechtlichen Bestimmungen ermächtigen die Prüfungsbehörden unter bestimmten Umständen zu Ordnungsmaßnahmen. So kann die Prüfungsbehörde entscheiden, dass eine einzelne Examensleistung aufgrund einer Ordnungswidrigkeit annulliert wird und den Kandidat auffordern, die Prüfungsleistung erneut zu erbringen. Die Behörde kann auch die Prüfung für nicht bestanden erklären, weil der Kandidat einen Prüfungstermin nicht wahrgenommen hat.

Beispiele:

- Das Landesjustizprüfungsamt erfährt von einer kommerziell geführten Kartei, in der für die mehrfach ausgegebenen Hausaufgaben im Staatsexamen die Vorbearbeiter aufgeführt werden. Aus den Angaben in dieser Kartei ergibt sich, dass auch der Kandidat versucht hat, Kontakt mit einem Vorbearbeiter aufzunehmen. Inzwischen war die Hausarbeit bereits mit einer Bestehensnote bewertet worden, der Kandidat hatte die mündliche Prüfung erfolgreich absolviert, das Abschlusszeugnis war ihm allerdings noch nicht ausgehändigt worden. Das Prüfungsamt ordnet die Wiederholung der Hausarbeit an und erklärt die Regelung für sofort vollziehbar.[1420]
- Die Prüfungsbehörde erklärt die Prüfung für nicht bestanden, weil der Kandidat unentschuldigt zum Prüfungstermin nicht erschienen sei und ordnet gleichzeitig die sofortige Vollziehung dieser Entscheidung an.[1421]

388 Dem Kandidaten steht in diesen Fällen das Verfahren gem. § 80 Abs. 5 offen. Das Gericht muss im Rahmen der summarischen Prüfung klären, ob nach dem bisherigen Sach- und Streitstand eine überwiegende Wahrscheinlichkeit dafür spricht, dass der Kandidat im Hauptsacheverfahren mit dem gegen den Bescheid gerichteten Anfechtungsantrag obsiegen wird.

Die Zulässigkeit eines solchen Antrages scheitert nicht an § 44a VwGO, denn die Entscheidung der Prüfungsbehörde stellt einen selbständigen, für sich vollziehbaren und Belastungen bewirkenden Eingriff in das Prüfungsverfahren dar.[1422]

Der Antrag ist begründet, wenn die Ordnungsmaßnahme im Hauptsacheverfahren voraussichtlich keinen Bestand haben wird, weil sie mit den einschlägigen Prüfungsregelungen nicht im Einklang steht. Insbesondere bei Sanktionen, die eine Reaktion auf eine Störung des Prüfungsablaufs darstellen, ist sorgfältig zu klären, ob die Maßnahme gegen allgemeine prüfungsrechtliche Grundsätze verstößt. Zu denken ist vor allem an den Grundsatz der Verhältnismäßigkeit, zu diesem oben K 369ff.[1423]

[1419] *VGH Mannheim,* 28. 12. 1992 – 9 S 2520/92 –, DVBl. 93, 508.

[1420] *OVG Münster,* 12. 7. 1983 – 15 B 1097/83 – NJW 83, 2278; s.a. *VG Köln,* 4. 12. 1987 – 6 L 2072/87 – NJW 88, 2634.

[1421] *OVG Münster,* 27. 11. 1987 – 22 B 3064/87 – NVwZ 88, 455.

[1422] *VG Köln,* 4. 12. 1987 – 6 L 2072/87 – NJW 88, 2634.

[1423] S. a. *Zimmerling/Brehm,* NVwZ 97, 451, 454.

Hat der Antrag Erfolg, ist das Prüfungsverfahren so fortzusetzen, als ob die Ordnungsmaßnahme nicht ergangen wäre.[1397]

IX. Medienrecht

Übersicht

Für die Verbreitung von Rundfunksignalen für den Empfang von Radio- und **389**
Fernsehsendungen stehen aus technischer Sicht drei Wege zur Verfügung:

- Die Signale werden von Funksendeeinrichtungen auf der Erde ausgesandt und erreichen auf direktem Wege über eine Antenne das Rundfunkempfangsgerät (konventioneller Weg, Verbreitung über **terrestrische Frequenzen**).
- Die Signale werden in Kabelanlagen eingespeist und erreichen das Empfangsgerät über den Kabelanschluss **(Kabelfernsehen).**
- Die Signale werden von direktstrahlenden Rundfunk-Satelliten im Weltraum verbreitet und erreichen direkt das Empfangsgerät, sofern dies durch eine spezielle Satelliten-Empfangsantenne entsprechend vorbereitet ist **(Satelliten-Fernsehen).**

Die Veranstaltung von privaten Rundfunk- und Fernsehprogrammen auf diesen Wegen unterliegt der jeweils landesgesetzlich geregelten Aufsicht der Landesmedienanstalten. Diese können gegen Programmveranstalter vorgehen, die die für sie geltenden rundfunkrechtlichen Regelungen nicht einhalten.

Eine wichtige Funktion dieser öffentlich-rechtlichen Bestimmungen ist es aller- **390**
dings auch, eine chancengerechte Verteilung der technisch bedingt knappen Verbreitungsmöglichkeiten durch klare Auswahl- und Vorrangkriterien sicher zu stellen.

Es ist zwar heute technisch möglich auf ein und derselben Frequenz bzw. über ein und dasselbe Kabel mehrere Radio- oder Fernsehprogramme digital zu übertragen. Diese technische Steigerung der Übertragungsmöglichkeiten hat jedoch aus zwei Gründen nicht zur Folge, dass die Knappheit der Verbreitungsmöglichkeiten damit überwunden wäre. Zum einen sind viele der durchweg auch digital nutzbaren Verbreitungswege durch entsprechende Entscheidungen der zuständigen Landesbehörden noch für einen langen Zeitraum für analoge Übertragungen belegt. Ein sofortiger „Umstieg" auf die digitale Übertragung – die der analogen in jeder Hinsicht überlegen ist – verbietet sich jedoch für die „Frequenzinhaber", weil die meisten Empfangsgeräte für diese Übertragung noch nicht vorbereitet sind. Zum anderen bewirkt die Ausdehnung der Übertragungsmöglichkeiten eine erhebliche Steigerung des Veranstaltungsangebots. Die Knappheit wird mithin andauern, Zugangsregelungen bleiben damit erforderlich.

391 Die größte praktische Bedeutung hat der **vorläufige Rechtsschutz** im Medienrecht beim Konkurrentenstreit, vgl. K 392 ff. Daneben kann der einstweilige Rechtsschutz bei der Auseinandersetzung zwischen Landesmedienanstalten über die bundesweit bindende Zulassung eines Anbieters eine Rolle spielen, vgl. K 412 ff. Schließlich wird der vorläufige Rechtsschutz gegenüber Aufsichtsmaßnahmen an Bedeutung gewinnen, vgl. K 418 ff.

1. Erteilung der Zulassung

a) Zulassung, vorläufiger Rechtsschutz für Konkurrenten, § 80 Abs. 1

aa) Aufschiebende Wirkung des Widerspruchs, § 80 Abs. 1

392 Terrestrische Sendefrequenzen werden regelmäßig durch Einzelentscheidungen vergeben; dasselbe gilt für Satellitenkanäle.[1424] Die Nutzung der Programmplätze in Kabelanlagen wird in den meisten Fällen durch gebündelte Entscheidungen geregelt, sog. Kanalbelegungspläne.[1425] Für die materiell-rechtliche Qualifizierung dieser Entscheidungen und die sich darin anknüpfenden Rechtsschutzmöglichkeiten sind diese Differenzierungen jedoch ohne Bedeutung.

Hinweis:
Die Landesmediengesetze bestimmen teilweise, dass **Kabelbelegungspläne** durch die Medienanstalt in der Form von **Satzungen** erlassen werden, vgl. z. B. Art. 36 Absatz 1 Bayerisches MedienG.[1426] Der einstweilige Rechtsschutz muss dann in einem einstweiligen Anordnungsverfahren gem. § 47 Abs. 8 gesucht werden,[1427] s. dazu oben D 365 ff.

Die Zulassungsentscheidung durch die Landesmedienanstalt ist ein rechtlich einheitlich zu bewertender **Verwaltungsakt,** der den Zulassungsempfänger begüns-

---

[1424] Streitigkeiten um die Zuteilung von Satellitenkanälen hat es aus gutem Grunde – soweit ersichtlich – bislang erst in einem Fall (*VGH Kassel,* 27. 8. 1996 – 6 UE 872/96 – NJW 97, 1179) gegeben: Zwar treffen der Rundfunkstaatsvertrag (§ 51 bzw. § 53, zum Rundfunkstaatsvertrag s. unten K 400) und die Landesmediengesetze auch insoweit Vergaberegelungen. Diese gelten aber nur für Satelliten mit deutscher Staatszugehörigkeit. Das sind die Satelliten, die von Deutschland aus betrieben werden, vgl. *Hartstein/Ring/Kreile/Dörr/Stettner,* Rundfunkstaatsvertrag, Stand Januar 2001, § 51, Rdn. 2 ff. Die marktbeherrschenden Satellitensysteme haben jedoch keine deutsche Staatszugehörigkeit (Astra: Luxemburg; Eutelsat: Frankreich). Zur Aufsicht über die von diesen Satelliten direkt abgestrahlten Programmen (s. unten K 419).

[1425] *OVG Schleswig,* 2. 7. 1996 – 3 M 24/96 – NVwZ-RR 97, 626; s. a. *Schippan,* BayVBl. 98, 40.

[1426] GVBl. Bayern 99, 9 i. d. F. des Gesetzes vom 25. 10. 2000, GVBl. Bayern 00, S. 752.

[1427] *VGH München,* 20. 12. 1996 – 7 NE 96 2409 – NJW 97, 1358 = NVwZ 97, 815.

tigt und den bei der Frequenzvergabe nicht antragsgemäß berücksichtigten Bewerber belastet.[1428] Dieser Grundsatz der **„einheitlichen Gesamtentscheidung“** gilt unabhängig davon, wie die Landesmedienanstalt das Genehmigungsverfahren im Einzelnen strukturiert.[1429]

Hinweis:
Im Einzelfall darf nicht übersehen werden, dass die Zulassungsentscheidung auch noch andere Rechtsträger binden kann: Grundsätzlich sind die anderen Landesmedienanstalten gebunden, sofern ihr Zuständigkeitsbereich berührt wird, vgl. unten K 412ff.; gebunden ist ferner der von einer Zulassungsentscheidung betroffene Betreiber einer Kabelanlage.[1430]

Der einstweilige Rechtsschutz des bei der Vergabe nicht berücksichtigten Be- **393**
werbers erfolgt demnach gem. § 80.[1431] Der Rechtsbehelf gegen die Zulassung des Konkurrenten hat gem. § 80 Abs. 1 aufschiebende Wirkung.[1432]

Hinweis:
Im Einzelfall kann die Reichweite der aufschiebenden Wirkung problematisch sein. Die Fortschreibung von Kabelbelegungsplänen erfolgt häufig in der Weise, dass der alte Plan vollständig aufgehoben und durch einen neuen ersetzt wird. Ein Veranstalter, der im alten Plan berücksichtigt war und dessen Antrag für den neuen Plan nicht (vollständig) berücksichtigt worden ist, steht vor schwierigen Rechtsschutzfragen: Der Widerspruch gegen die im neuen Plan liegende partielle Versagung seines Antrags hat nach allgemeinen Grundsätzen keine aufschiebende Wirkung, vgl. oben J 32. Damit wäre die Voraussetzung für das Außerkrafttreten des alten Plans (wirksamer neuer Plan) gegeben, vorläufiger Rechtsschutz gem. § 80 wäre nicht zu erreichen.
Richtigerweise wird man aber auch hier die Aufhebung des alten Plans und das Festsetzen des neuen Plans als einheitliche Entscheidung ansehen müssen, so dass die aufschiebende Wirkung des Rechtsbehelfs die gesamte Entscheidung ergreift.[1433]

bb) Anordnung der sofortigen Vollziehbarkeit der Zulassung, § 80 Abs. 2 Nr. 4

Die Landesmedienanstalten erklären die Zulassungsentscheidungen in der Praxis **394**
– mit Ausnahme von Bayern – regelmäßig gem. § 80 Abs. 2 Nr. 4 für sofortig vollziehbar.

1428 *OVG Schleswig,* 2. 7. 1996 – 3 M 24/96 – NVwZ-RR 97, 626; *VGH München,* 14. 8. 1996 – 7 CS 96 1589 – BayVBl. 97, 146.

1429 *VGH München,* 14. 8. 1996 – 7 CS 96 1589 – BayVBl. 97, 146; *OVG Schleswig,* 2. 7. 1996 – 3 M 24/96 – NVwZ-RR 97, 626; *VGH München,* 10. 9. 1992 – 25 CS 92 1180 – BayVBl. 93, 20; *VGH München,* 29. 11. 1989 – 25 CS 89 3171, BayVBl. 90, 170; *VG Halle,* 10. 2. 1993 – 2 VG B 153/92 –, soweit ersichtlich nicht veröffentlicht – BA S. 14.

1430 *OVG Schleswig,* 2. 7. 1996 – 3 M 24/96 – NVwZ-RR 97, 626 und *VG Berlin,* 12. 8. 1997 – 27 A 532.97 – nicht veröffentlicht, lassen die Frage offen, ob die Regelung gegenüber dem Betreiber begünstigend oder belastend wirkt; die Entscheidung dieser Frage ist für den Betreiber wichtig: nur wenn die Regelung als belastend qualifiziert wird, ist Rechtsschutz im Verfahren gem. § 80 gegeben.

1431 *OVG Magdeburg,* 22. 9. 1993 – 2 M 8/93 – LKV 94, 60; *OVG Bautzen,* 24. 11. 1992 – 3 S 347/92 – LKV 93, 388; *VGH Mannheim,* 14. 12. 1988 – 10 S 2426/88 –, VBlBW 89, 211; *VGH München,* 27. 8. 1987 – 25 CE 87 01911 – DVBl. 88, 590 = BayVBl. 88, 17; *OVG Lüneburg,* 19. 9. 1986 – 10 B 2076/86 – DVBl. 86, 1112; s. a. oben J 189 ff. zum Konkurrentenrechtsschutz in „Kontingent-Fällen“.

1432 *OVG Schleswig,* 2. 7. 1996 – 3 M 24/96 – NVwZ-RR 97, 626; *OVG Lüneburg,* 18. 4. 1996 – 10 M 1162/96 u. a. – DÖV 96, 923 m. w. N.; *OVG Berlin,* 16. 8. 1991 – 8 S 136.91 –, DVBl. 91, 1265, *VGH München,* 23. 10. 1991 – 25 CE 91 2385 – DVBl. 92, 452.

1433 *OVG Schleswig,* 2. 7. 1996 – 3 M 24/96 – NVwZ-RR 97, 626.

Es ist umstritten, ob das für eine solche Entscheidung erforderliche spezifische **öffentliche Interesse** (vgl. oben J 69ff.) gegeben ist. In der Rechtsprechung ist dies teilweise verneint worden, weil die Grundversorgung der Bevölkerung durch die öffentlich-rechtlichen Rundfunkveranstalter[1434] gewährleistet sei.[1435] Diese Argumentation verkennt jedoch, dass die Landesgesetzgeber durch die rundfunkrechtlichen Bestimmungen auch eine Vielfalt des Programmangebots und die kontinuierliche Nutzung der vorhandenen Übertragungsmöglichkeiten durch die Beteiligung privater Veranstalter gewährleisten wollen. § 29 Abs. 2 Medienstaatsvertrag Berlin/Brandenburg[1436] verpflichtet in diesem Sinne den Veranstalter im „öffentlichen Interesse an der Ausnutzung der Kapazitäten und der Erweiterung des Programmangebots ... die Sendetätigkeit nach Erhalt der Erlaubnis unverzüglich aufzunehmen." Ein öffentliches Interesse am Sofortvollzug einer Zulassungsentscheidung ist unter diesem Gesichtspunkt regelmäßig zu bejahen.[1437]

395 Die Anordnung der sofortigen Vollziehbarkeit kommt daneben im **privaten Interesse** des Zulassungsempfängers in Betracht.[1438]

cc) § 80 Abs. 5

396 Die Anordnung der sofortigen Vollziehbarkeit der Zulassungsentscheidung gem. § 80 Abs. 2 Nr. 4 unterliegt auf Antrag des nicht zum Zuge gekommenen Bewerbers der gerichtlichen Überprüfung im Verfahren gem. § 80a Abs. 3 i.V.m. § 80 Abs. 5.

397 Der Antrag ist grundsätzlich **zulässig.** Der nicht berücksichtigte Bewerber verfügt insbesondere über das für das Verfahren gem. § 80 Abs. 5 erforderliche **Rechtsschutzbedürfnis.** Dafür reicht es aus, dass seine Rechtsposition dadurch verbessert wird, dass der Konkurrent seine fortdauernde Sendetätigkeit im Hauptsacheverfahren nicht zu seinen Gunsten einbringen kann.[1439]

398 (1) *Summarische Prüfung der Zulassungsentscheidung.* Die **Begründetheit des Antrags** hängt in erster Linie davon ab, ob der Rechtsbehelf des nicht berücksichtig-

---

[1434] Zur Funktion der öffentlich-rechtlichen Veranstalter die Grundversorgung sicher zu stellen s. *BVerfG,* 4. 11. 1986 – 1 BvF 1/84 – *BVerfGE* 73, 118, 158.

[1435] *VGH München,* 29. 11. 1989 – 25 CS 893171 – BayVBl. 90, 179; *VGH München,* 27. 8. 1987 – 25 CE 8701911 – DVBl. 88, 590 = BayVBl. 88, 17; *OVG Lüneburg,* 16. 9. 1986 – 10 B 2076/86, DVBl. 86, 1112.

[1436] Staatsvertrag über die Zusammenarbeit zwischen Berlin und Brandenburg im Bereich des Rundfunks vom 29. 2. 1992, GVBl. Berlin, 150, i.d.F. vom 3. 11. 1998, GVBl. Berlin, 406.

[1437] *OVG Lüneburg,* 18. 4. 1996 – 10 M 1162/96 u.a. – DÖV 96, 923 m.w.N.; *OVG Berlin,* 16. 8. 1991 – 8 S 136.91 – DVBl. 91, 1265.

[1438] *OVG Lüneburg,* 18. 4. 1996 – 10 M 1162/96 u.a. – DÖV 96, 923 m.w.N.; *VGH Mannheim,* 14. 12. 1988 – 10 S 2426/88 –, VBlBW 89, 211; *OVG Lüneburg,* 16. 9. 1986 – 10 B 2076/86 –, DVBl. 86, 1112; allgemein zur Interessenbewertung in dieser Konstellation s.o. J 80ff.; *VGH München,* 30. 2. 1992 – 25 CS 92584 –, NVwZ-RR 93, 557 [Ls.] meint, dass aufgrund der medienrechtlichen Sondersituation in Bayern – dazu K 402 – der Zulassungsempfänger kein schutzwürdiges Interesse an der sofortigen Vollziehbarkeit habe, wenn die Landesmedienanstalt tatsächlich keine Programmherrschaft ausüben könne.

[1439] *VGH München,* 14. 8. 1996 – 7 CS 961589 – BayVBl. 97, 146 mit kritischer Anmerkung *Bornemann,* BayVBl. 97, 148; s.a. *OVG Schleswig,* 2. 7. 1996 – 3 M 24/96 – NVwZ-RR 97, 626.

ten Bewerbers in der Hauptsache voraussichtlich erfolgreich sein oder erfolglos bleiben wird. Der Antrag gem. § 80 Abs. 5 ist zurückzuweisen, sofern die Zulassungsentscheidung offensichtlich rechtmäßig ist,[1440] s. oben J 129. Er wird dagegen Erfolg haben, wenn die Zulassungsentscheidung rechtswidrig ist, dazu K 399ff. und den Antragsteller in seinen Rechten verletzt, vgl. K 407.

(a) *Rechtmäßigkeitsmaßstab.* Die Zulassungskriterien ergeben sich aus verschiedenen Regelwerken. 399

Die Regelung der Zulassung privaten Rundfunks ist Sache der Länder. Alle Bundesländer haben **Landesgesetze** erlassen, die die Vergabe terrestrischer Frequenzen bzw. den Zugang zu Kabelnetzen an private Betreiber regeln.[1441] Im **Rundfunkstaatsvertrag (RStV)**[1442] haben sich die Länder über einheitliche Zulassungsvoraussetzungen für den privaten Rundfunk verständigt und die Verbindlichkeit der Zulassungsentscheidung einer Landesmedienanstalt in den anderen Bundesländern geregelt. 400

Die Landesmediengesetze und der Rundfunkstaatsvertrag bilden die Rechtsgrundlage für das **duale Rundfunksystem,** d.h. das Nebeneinander zwischen dem Rundfunk privater Veranstalter und dem öffentlich-rechtlichen Rundfunk. Dabei hat der öffentlich-rechtliche Rundfunk die **„Grundversorgung"** zu gewährleisten, d.h. den klassischen Auftrag des Rundfunks zu erfüllen; dieser umfasst die Meinungs- und politische Willensbildung, die Unterhaltung, die laufende Berichterstattung und die darüber hinausgehende Information sowie die Wahrnehmung kultureller Verantwortung.[1443] 401

Dieses duale System gilt aufgrund Art. 111a Bayerische Verfassung nicht im **Freistaat Bayern,** der verfassungsrechtlich die öffentlich-rechtliche Trägerschaft für jede Art der Rundfunkanstalt gebietet. Dies hat zur Folge, dass die potentielle und aktuelle Programmherrschaft für die Veranstaltungen privater Anbieter bei der Bayerischen Landeszentrale für neue Medien liegen muss.[1444] 402

Das Landesrecht regelt den Zugang zum privaten Rundfunk. Dabei werden die Zulassungsvoraussetzungen und die Vergabekriterien unterschieden. 403

Eine Zulassung kann nur erhalten, wer die **persönlichen Zulassungsvoraussetzungen** erfüllt, z.B.

1440 *VGH München,* 14. 8. 1996 – 7 CS 96 1589 – BayVBl. 97, 146; *VGH München,* 29. 11. 1989 – 25 CS 89 3171 –, BayVBl. 90, 179; *VGH München,* 27. 8. 1987 – 25 CE 87 01911 –, DVBl. 88, 590 = BayVBl. 88, 17.

1441 Wortlaut der gesetzlichen Regelungen s. *Ring,* Medienrecht [Loseblattsammlung], Stand Februar 2001.

1442 Ursprünglich „Staatsvertrag über den Rundfunk im vereinten Deutschland" – RundfunkstaatsV '91 – GVBl. Berlin 91, 309, jetzt aufgrund der Bestimmungen des Dritten Rundfunkänderungsstaatsvertrag, GVBl. Berlin 96, 526, „Rundfunkstaatsvertrag", nunmehr in der Fassung des Fünften Rundfunkänderungsstaatsvertrages, GVBl. Berlin, 00, 447.

1443 Vgl. Präambel zum Rundfunkstaatsvertrag 1991 sowie *BVerfG,* 22. 2. 1994 – 1 BvL 30/88 – NJW 94, 1942 = BVerfGE 90, 60; *BVerfG,* 4. 11. 1986 – 1 BvF 1/84 –, *BVerfGE* 73, 118, 157f.; *BVerwG,* 19. 7. 1995 – 6 NB 1/95 – NVwZ 97, 61, 63; *Hesse,* Rundfunkrecht, 1990, S. 162ff.

1444 *VGH München,* 14. 8. 1996 – 7 CS 96 1589 – BayVBl. 97, 146; *BayVerfGH,* 16. 7. 1993 – Vf. 55-VI-92 –, NVwZ-RR 94, 211; *VGH München,* 16. 9. 1992 – 25 CS 92 2815 –, NJW 92, 3315 = BayVBl. 93, 20; *BayVerfGH,* 23. 11. 1990 – Vf. 116-VI-89 –, NVwZ-RR 91, 366 = DVBl. 91, 329 = BayVBl. 91, 143.

– den speziellen gesetzliche Anforderungen an die Organisationsform genügt; vgl. z. B. § 28 Abs. 1 Satz 2 Medienstaatsvertrag Berlin/Brandenburg, der die Zulassung von Aktiengesellschaften nur erlaubt, wenn die Aktien als Namensaktien ausgestellt sind;
– nicht aufgrund von Tatsachen zu der Erwartung Anlass gibt, er werde als Veranstalter Programme verbreiten, die gegen das geltende Recht verstoßen (persönliche Zuverlässigkeit), vgl. § 6 Abs. 1 Satz 1 Nr. 3 Hessisches PrivatrundfunkG, § 28 Abs. 4 Satz 1 Nr. 4 Medienstaatsvertrag Berlin/Brandenburg;
– nicht im öffentlichen Dienst beschäftigt ist, wenn die Zulassung von einer natürlichen Person begehrt wird, vgl. § 5 Abs. 2 Nr. 6 MedienG LSA.

Ferner müssen die **sächlichen Zulassungsvoraussetzungen** gegeben sein. Der Veranstalter muss insbesondere darlegen, dass er technisch und wirtschaftlich in der Lage ist, das geplante Programm durchzuführen, vgl. § 14 LandesmedienG BW, § 6 Abs. 1 MedienG LSA, § 28 Abs. 4 Satz 1 Nr. 3 Medienstaatsvertrag Berlin/Brandenburg.

404 Unter den Veranstaltern, die diese Zulassungsvoraussetzungen erfüllen, ist regelmäßig aufgrund der knappen Übertragungsmöglichkeiten eine Auswahlentscheidung zu treffen. Zu den im Landesmedienrecht normierten **Auswahl-** bzw. **Vergabekriterien** zählen z. B.:[1445]
– Wahrung der Meinungsvielfalt, vgl. insbesondere §§ 25 f. Rundfunkstaatsvertrag,[1446]
– die gebotene Berücksichtigung lokaler Zeitungsverleger,[1447]
– die bisherige Berücksichtigung bei der Vergabe von Frequenzen,[1448]
– die Programmvielfalt, z. B. § 21 LMedienG BW,[1449]
– das geplante lokale medienwirtschaftliche Engagement.[1450]

Die Landesmedienanstalten haben hinsichtlich der Frage, welcher der konkurrierenden Anbieter mit seinem Programmangebot die Meinungsvielfalt am Besten zum Ausdruck bringt, einen **Beurteilungsspielraum.**[1451]

1445 *Beucher/Leydendecker/v. Rosenberg,* Mediengesetze, 1999, § 20 RStV, Rdn. 16 f. m. w. N.

1446 S. dazu *VGH München,* 24. 3. 1993 – 25 CS 93 483 und 93 756 –, BayVBl. 93, 340; *VG Halle,* 10. 2. 1993 – 2 VG B 153/92 –, soweit ersichtlich nicht veröffentlicht, BA S. 20 f.

1447 *OVG Münster,* 12. 6. 1991 – 5 B 280/91 –, DVBl. 91, 1320.

1448 *BVerwG,* 16. 6. 1999 – 6 C 19.98 – DVBl. 00, 120; *OVG Berlin,* 16. 8. 1991 – 8 S 136.91 –, DVBl. 91, 1265; s. a. *OVG Lüneburg,* 18. 4. 1996 – 10 M 1162/96 u. a. – DÖV 96, 923.

1449 *VGH Mannheim,* 20. 5. 1997 – 10 S 880/97 – DÖV 97, 788.

1450 *OVG Schleswig,* 2. 7. 1996 – 3 M 24/96 – NVwZ-RR 97, 626, 629; *OVG Lüneburg,* 18. 4. 1996 – 10 M 1162/96 u. a. – DÖV 96, 923 m. w. N.; *OVG Berlin,* 16. 8. 1991 – 8 S 136.91 –, DVBl. 91, 1265.

1451 *VGH München,* 20. 12. 1996 – 7 NE 96 2409 – NJW 97, 1358 = NVwZ 97, 815; *OVG Bautzen,* 24. 9. 1996 – 3 S 228/94 – LKV 97, 466 [Ls.]; *OVG Lüneburg,* 18. 4. 1996 – 10 M 1162/96 u. a. – DÖV 96, 923 m. w. N.; *OVG Bautzen,* 24. 11. 1992 – 3 S 347/92 –, LKV 93, 388; *OVG Berlin,* 16. 8. 1991 – 8 S 136.91 –, DVBl. 91, 1265; *OVG Koblenz,* 25. 6. 1990 – 2 B 11182/90 –, DVBl. 91, 332 [Ls.]; *VGH Mannheim,* 14. 12. 1989 – 10 S 2426/88 –, VBlBW 89, 211; *OVG Lüneburg,* 16. 9. 1986 – 10 B 2076/86 – DVBl. 86, 1112; *VG Halle,* 10. 2. 1993 – 2 VG B 153/92 –, soweit ersichtlich nicht veröffentlicht, BA,

Erweisen sich die Angebote aus medienrechtlicher Sicht als gleichwertig, so kann im Einzelfall auch eine Teilung der Sendezeiten in Betracht kommen.[1450]

Hinweis für den Anwalt:

Ein bei der Zuteilung eines Sendeplatzes rechtswidrig nicht berücksichtigter Anbieter hat nur dann einen **Amtshaftungsanspruch,** wenn sich dieser Entscheidungsspielraum auf Null reduziert hatte und er dementsprechend Inhaber eines Zulassungsanspruchs war.[1452]

Maßgeblicher Zeitpunkt für die gerichtliche Beurteilung der Frequenzvergabe ist die letzte Behördenentscheidung.[1453] **405**

Für das **Zulassungsverfahren** gelten die Bestimmungen des Rundfunkstaatsvertrages, des jeweiligen Landesmediengesetzes und – subsidiär – des Landes-Verwaltungsverfahrensgesetzes.[1454] Dies hat insbesondere zur Folge, dass der Bewerber, der nicht berücksichtigt werden soll, vor der ihn belastenden Entscheidung anzuhören ist[1455] und die Zulassungsentscheidung im einzelnen zu begründen ist.[1456] **406**

(b) *Rechtsverletzung.* Erweist sich der Zulassungsbescheid als rechtswidrig, so kann der Antrag gem. § 80 Abs. 5 gleichwohl nur Erfolg haben, wenn der Antragsteller durch die angefochtene Entscheidung in seinen Rechten verletzt wird § 113 Abs. 1, vgl. oben J 131 und D 146ff.[1457] Das ist immer dann zu bejahen, wenn bei ordnungsgemäßer Anwendung der materiellen und verfahrensrechtlichen Bestimmungen eine Zulassung des Antragstellers im Rahmen des Beurteilungsspielraums der Landesmedienanstalt in Betracht gekommen wäre. **407**

(2) *Interessenabwägung.* Ist der Ausgang der Hauptsache offen, so kann eine Abwägung der Interessen ergeben, dass die dem Zulassungsempfänger drohenden irreparablen Beeinträchtigungen in seiner Grundrechtsausübung die sofortige Vollziehbarkeit der Zulassungsentscheidung rechtfertigen;[1458] die Interessenabwägung wird insbesondere dann zugunsten des Zulassungsempfängers ausgehen, wenn es um die Verlängerung von Senderechten geht.[1459] **408**

S. 17; **a. A.** *VGH München,* 29. 11. 1989 – 25 CS 893171 – BayVBl. 90, 179: Ermessensentscheidung.

1452 *LG Berlin,* 27. 6. 1995 – 9 O 722/94 – NVwZ-RR 97, 35.

1453 *OVG Bautzen,* 24. 9. 1996 – 3 S 228/94 – LKV 97, 466 [Ls.].

1454 *VGH München,* 19. 6. 1995 – 25 B 9403762 – DVBl. 95, 1374 [Ls.]; vgl. im einzelnen *OVG Bautzen,* 24. 11. 1992 – 3 S 347/92 –, LKV 93, 388.

1455 *VGH München,* 14. 8. 1996 – 7 CS 961589 – BayVBl. 97, 146; *VGH München,* 27. 8. 1987 – 25 CE 8701911 –, DVBl. 88, 590 = BayVBl. 88, 17.

1456 *BVerwG,* 19. 3. 1997 – 6 C 8.95 – NJW 97, 3040 = DVBl. 97, 1231; *OVG Magdeburg,* 22. 9. 1993 – 2 M 8/93 – LKV 94, 60; *OVG Berlin,* 16. 8. 1991 – 8 S 136.91 –, DVBl. 91, 1265; *VGH München,* 27. 8. 1987 – 25 CE 8701911 –, DVBl. 88, 590 = BayVBl. 88, 17.

1457 *VGH Kassel,* 27. 8. 1996 – 6 UE 872/96 – NJW 97, 1179.

1458 *OVG Lüneburg,* 16. 9. 1986 – 10 B 2076/86 –, DVBl. 86, 1112; *VGH Mannheim,* 14. 12. 1988 – 10 S 2426/88 –, VBlBW 89, 211; *OVG Münster,* 12. 6. 1991 – 5 B 280/91 –, DVBl. 91, 1320; enger *VGH München,* 29. 11. 1989 – 25 CS 893171 –, BayVBl. 90, 179: Anordnung der sofortigen Vollziehbarkeit ist nur gerechtfertigt, wenn die Zulassungsentscheidung voraussichtlich rechtmäßig ist; noch enger *BayVerfGH,* 23. 11. 1990 – Vf. 116-VI-189 –, NVwZ-RR 91, 366 = DVBl. 91, 329 = BayVBl. 91, 143: der Antrag gem. § 80 Abs. 5 kann nur Erfolg haben, wenn die Auswahlentscheidung offensichtlich rechtswidrig ist **und** der Antragsteller offensichtlich einen eigenen Zulassungsanspruch hat.

1459 *VGH München,* 14. 8. 1996 – 7 CS 961589 – BayVBl. 97, 146.

dd) Faktischer Vollzug

409 Sofern der Widerspruch gem. § 80 Abs. 1 aufschiebende Wirkung entfaltet bzw. der Antrag gem. § 80 Abs. 5 Erfolg hat, die Landesmedienanstalt bzw. der begünstigte Betreiber die damit eingetretene aufschiebende Wirkung jedoch nicht beachtet, muss der nicht berücksichtigte Konkurrent Rechtsschutz in einem Verfahren gem. § 80 Abs. 5 analog suchen;[1460] strittig, vgl. oben J 156.

ee) Vorbeugender Rechtsschutz mit dem Ziel neue Frequenzvergaben zu verhindern, § 123

410 Ein Veranstalter kann grundsätzlich keinen vorläufigen, **vorbeugenden Rechtsschutz** gem. § 123 verlangen, mit dem die Zulassung Dritter verhindert wird. Dem Veranstalter ist es vielmehr zuzumuten, diese Zulassungsentscheidungen abzuwarten und dann vorläufigen Rechtsschutz gem. § 80 in Anspruch zu nehmen.[1461]

b) Zulassung, vorläufiger Rechtsschutz für den Veranstalter gem. § 123

411 Soweit der nicht berücksichtigte Bewerber die Erteilung einer (vorläufigen) Zulassung für das von ihm geplante Programm erreichen möchte, muss er einen Antrag gem. § 123 stellen.[1462] Ein solcher Antrag wäre allerdings regelmäßig nicht zulässig, da die Bewerber keinen Anspruch auf Beteiligung als Anbieter haben und damit das Rechtsschutzbedürfnis fehlt.[1463] Unabhängig davon wären im Regelfall weder der Anordnungsanspruch noch ein Anordnungsgrund gegeben.[1464]

c) Zulassung, vorläufiger Rechtsschutz für die nichtentscheidenden Landesmedienanstalten

aa) Aufschiebende Wirkung des Widerspruchs, § 80 Abs. 1

412 Die Landesmedienanstalten sind im Rahmen ihrer Zuständigkeiten für das duale Rundfunksystem Träger eigenständiger Selbstverwaltungsrechte, die sich aus § 9 RStV (entspricht § 8 RStV 91) ergeben.[1465] Aufgrund dieser Rechte sind die Medienanstalten – nach Maßgabe der Landesmediengesetze – dafür zuständig bei Wahrung der gebotenen Staatsferne[1466] die Vielfalt im privaten Rundfunk und die Einhaltung der übrigen medienrechtlichen Bestimmungen zu gewährleisten.

In der Literatur wird mehrheitlich die Auffassung vertreten, die Landesmedienanstalten seien darüber hinaus auch Grundrechtsträger.[1467] Das Bundesverwaltungsgericht ist dieser Auffassung nicht gefolgt, weil es hier nicht um Art. 5 Abs. 1 GG

1460 *OVG Schleswig*, 2. 7. 1996 – 3 M 24/96 – NVwZ-RR 97, 626.

1461 *VGH Mannheim*, 24. 5. 1994 – 10 S 451/94 – DVBl. 94, 1250 = UPR 95, 40 [Ls.].

1462 *OVG Berlin*, 16. 8. 1991 – 8 S 136.91 – DVBl. 91, 1265.

1463 *VGH München*, 27. 8. 1987 – 25 CE 8701911 – DVBl. 88, 590 = BayVBl. 88, 17.

1464 *VGH München*, 14. 8. 1996 – 7 CS 961589 – BayVBl. 97, 146; *OVG Bautzen*, 24. 11. 1992 – 3 S 347/92 – LKV 93, 388.

1465 *VGH München*, 19. 6. 1995 – 25 B 9403762 – DVBl. 95, 1374 [Ls., s. aber die Wiedergabe der Entscheidungsgründe in *BVerwG*, 19. 3. 1997 – 6 C 8.95 – NJW 97, 3040 = DVBl. 97, 1231].

1466 *SächsVerfGH*, 10. 7. 1997 – Vf. 13-II-96 – DVBl. 97, 1245 [Ls.].

1467 *Wagner*, Die Landesmedienanstalten, 1990, S. 38 f.; *Bumke*, Die öffentliche Aufgabe der Landesmedienanstalten, 1995, 225 ff.; *Beucher/Leydendecker/v. Rosenberg*, Mediengesetze, 1999, § 20 RStV, Rdn. 42 m. w. N.; **a. A.** *Bethge* NJW 95, 557.

als Abwehrrecht gehe, sondern um die durch Art. 5 Abs. 1 GG begründeten staatlichen Schutzpflichten.[1468]

Die bindende Frequenzvergabe für bundesweit sendende Anbieter durch eine Landesmedienanstalt stellt für die anderen Anstalten einen Verwaltungsakt mit Doppelwirkung dar.[1469] Der Widerspruch einer Landesmedienanstalt gegen die Zulassungsentscheidung einer anderen Landesanstalt hat gem. § 80 Abs. 1 aufschiebende Wirkung. **413**

Hinweis:

Aufgrund von § 35 Rundfunkstaatsvertrag ist die Kommission zur Ermittlung von Konzentration im Medienbereich (KEK) gebildet worden. Diese beurteilt mit Bindung für die Landesmedienanstalten die im Zulassungsverfahren auftretenden Fragen, die die Sicherung der Meinungsvielfalt betreffen. Dieses spezielle Verfahren wird die Zahl der Streitigkeiten zwischen den Landesmedienanstalten verringern.

bb) § 80 Abs. 5

Wenn die Zulassungsregelung durch die entscheidende Landesmedienanstalt für sofortig vollziehbar erklärt wird, vgl. oben K 394, kann jede andere Anstalt, in deren Zuständigkeitsbereich das zugelassene Programm verbreitet werden soll, gem. § 80 Abs. 5 die Wiederherstellung der aufschiebenden Wirkung des Widerspruchs beantragen. **414**

Die **Antragsbefugnis** ergibt sich aus der der Anstalt durch den RStV i. V. m. mit dem Landesmedienrecht eingeräumten Selbstverwaltungsbefugnis, vgl. oben K 412. **415**

Wird die zuständige Landesmedienanstalt nicht oder nicht angemessen tätig, hat jede andere Anstalt gem. § 38 Abs. 3 RStV ein **Beanstandungsrecht** gegenüber dieser Anstalt. Diese Landesmedienanstalt ist verpflichtet, sich mit dieser Beanstandung zu befassen und die beanstandende Anstalt von der Überprüfung und den eingeleiteten Schritten zu unterrichten. Nach der Systematik der Regelungen sprechen gute Gründe dafür, dass diese Beanstandungsbefugnis nur im Aufsichtsbereich gegeben ist, d. h. sich auf Programmangelegenheiten beschränkt und nicht die Fragen der Zulassung erfasst. **416**

Selbst wenn man unterstellte, dass das Beanstandungsverfahren auch in Zulassungsfragen eingeleitet werden kann, ist es jedoch nicht Zugangsvoraussetzung für das Hauptsacheverfahren oder das Verfahren des vorläufigen Rechtsschutzes. Das **Rechtsschutzbedürfnis** ist grundsätzlich auch dann gegeben, wenn die beanstandende Anstalt von dieser Möglichkeit (noch) keinen Gebrauch gemacht hat.[1470]

Für das Verfahren gem. § 80 Abs. 5 gilt im übrigen das in K 398 ff. Gesagte. **417**

1468 *BVerwG,* 19. 3. 1997 – 6 C 8.95 – NJW 97, 3040 = DVBl. 97, 1231; *SächsVerfGH,* 10. 5. 1996 – Vf. 11-IV-96 u. a. – LKV 97, 61.

1469 *VGH München,* 19. 6. 1995 – 25 B 9403762 – DVBl. 95, 1374 [Ls., s. aber die Wiedergabe der Entscheidungsgründe in *BVerwG,* 19. 3. 1997 – 6 C 8.95 – NJW 97, 3040 = DVBl. 97, 1231].

1470 *VGH München,* 19. 6. 1995 – 25 B 9403762 – DVBl. 95, 1374 [Ls.]; *BVerwG,* 19. 3. 1997 – 6 C 8.95 – NJW 97, 3040 = DVBl. 97, 1231, 1233; *VGH München,* 19. 4. 1995 – 25 CS 95850 – NVwZ-RR 95, 529; **a. A.** *BayVerfGH,* 10. 2. 1995 – Vf.45-VI-93 u. VF-VI-93 – NVwZ-RR 95, 671.

2. Anspruch auf Einschreiten gegen öffentlich-rechtlichen Rundfunk

417a Die Einrichtung und der Aufgabenbereich der öffentlich-rechtlichen Rundfunkanstalten wird durch Staatsverträge der beteiligten Länder bzw. durch Landesgesetze geregelt. Hinsichtlich der Einhaltung dieser Bestimmungen unterliegen die Rundfunkanstalten der staatlichen Rechtsaufsicht.

Die Regelungen über den Programmumfang und -charakter begründen keinen marktgestaltenden Schutz vor Konkurrenz zu Gunsten privater Anbieter.[1471] Wenn eine öffentlich-rechtliche Anstalt die gesetzlichen oder staatsvertraglichen Bindungen missachtet, haben daher private Anbieter gegen die Rechtsaufsichtsbehörde keinen Anspruch auf Einschreiten.

417b **Beispiel:**

Der Staatsvertrag über den die öffentlich-rechtliche Rundfunkanstalt „Südwestrundfunk" (SWR) bestimmt, dass die Anstalt eine konkrete Zahl von Hörfunkprogrammen zu veranstalten hat. Der antragstellende Privatanbieter meint, der SWR biete ein weiteres Programm an, das durch den Vertrag nicht gedeckt sei.

Der Antrag gem. § 123 ist mangels Anordnungsanspruchs unbegründet, weil die fragliche Norm des Staatsvertrages keinen Drittschutz begründet.[1472]

3. Aufsichtsmaßnahmen

418 § 3 Rundfunkstaatsvertrag und die Landesmediengesetze statuieren rechtliche Bindungen für den Inhalt von Sendungen, die dem Jugendschutz,[1473] dem Schutz vor Rassenhass, Kriegsverherrlichung, Pornographie etc. dienen.[1474] Sie verbieten ferner unzulässige Werbung, vgl. § 7 Rundfunkstaatsvertrag.[1475]

419 Diese Bestimmungen gelten für Programme von Veranstaltern, die von einer Landesbehörde in der Bundesrepublik Deutschland für die Verbreitung dieser Programme eine Zulassung erhalten haben. Sofern die für die Verbreitung des Programms erforderliche Lizenz im EG-Ausland erteilt worden ist, wird damit die Zuständigkeit der Behörden des lizenzierenden Landes begründet, vgl. Art. 2ff. EG – Richtlinie 97/36 (EG-Fernsehrichtlinie).[1476] Daneben ist grundsätzlich keine Zuständigkeit deutscher Behörden gegeben.

420 Für den Fall eines Verstoßes gegen die Bestimmungen des Rundfunkstaatsvertrages und der Landesmediengesetze, sehen die Gesetze differenzierte Reaktions- und Sanktionsmöglichkeiten der Landesmedienanstalten vor. Diese reichen von der

---

[1471] *VGH Mannheim,* 27. 4. 1999 – 1 S 165.99 – NVwZ-RR 99, 581 = DÖV 99, 880 = GewArch 99, 330; s. a. *BVerwG,* 21. 10. 1998 – 6 A 1.97 – LKV 99, 405.

[1472] *VGH Mannheim,* 27. 4. 1999 – 1 S 165.99 – NVwZ-RR 99, 581 = DÖV 99, 880 = GewArch 99, 330.

[1473] S. dazu die „Gemeinsamen Richtlinien der Landesmedienanstalten zur Gewährung des Jugendschutzes vom 13. 12. 1994", abgedruckt in *Beucher/Leydendecker/v.Rosenberg,* Mediengesetze, 1999, 737ff.

[1474] *Hartstein/Ring/Kreile/Dörr/Stettner,* Rundfunkstaatsvertrag, Stand Januar 2001, § 3, Rdn. 1ff.

[1475] S. dazu die „Gemeinsamen Richtlinien der Landesmedienanstalten für die Werbung, zur Durchführung der Trennung von Werbung und Programm und für das Sponsoring im Hörfunk/im Fernsehen in der Fassung vom 16. 12. 1997", abgedruckt in *Beucher/Leydendecker/v. Rosenberg,* Mediengesetze, 1999, 720ff.

[1476] EG-ABl. Nr. L 202/60; s. dazu *Rüggeberg,* WiVerw 99, 204.

bloßen Beanstandung über das Verbot einzelner Sendungen und das befristete Ruhen der Zulassung bis zu deren Widerruf.[1477]

Beispiele: 421
- Anweisung an den Veranstalter gem. § 10 Abs. 1 LandesrundfunkG Rheinland-Pfalz bei der Berechnung von Werbezeiten das sog. Nettoprinzip[1478] zu Grunde zu legen.[1479]
- Untersagung gem. § 40 Abs. 1 Buchst. a RundfunkG NRW gegenüber einem ausländischen Veranstalter, der nach seinem Heimatrecht[1480] die Sendelizenz verloren hat.
- Programmbeeinflussende Anordnungen der Medienanstalt gem. Art. 15 Bayerisches Mediengesetz.[1481]
- Beanstandung von Sendungen, die mit dem Jugendschutz nicht vereinbar sind, vgl. z. B. § 61 Medienstaatsvertrag Berlin/Brandenburg.
- Untersagung unzulässiger Werbung gem. § 7 Rundfunkstaatsvertrag, wobei die Art der Werbung hinreichend bestimmt zu beschreiben ist.[1482]
- Eine der Zulassung beigegebene Auflage, nach der der Anbieter gegen seinen Willen zur Übernahme eines von Dritten gestalteten Zulieferungsprogramms verpflichtet wird.[1483]

Diese Maßnahmen sind durchweg als Verwaltungsakte zu qualifizieren. Der betroffene Veranstalter erreicht daher vorläufigen Rechtsschutz gem. § 80.[1484] 422

X. Vermögensrecht

Der einstweilige Rechtsschutz im Vermögensrecht spielte in den 90er Jahren eine große Rolle; inzwischen hat er kaum noch praktische Bedeutung. Es wird daher hier auf die Darstellung in der 2. Auflage und die aktuellen Aufsätze[1485] verwiesen. 423–474

XI. Fahrerlaubnisrecht

Übersicht

1477 *Hartstein/Ring/Kreile/Dörr/Stettner,* Rundfunkstaatsvertrag, Stand Januar 2001, § 38, Rdn. 8 ff; *Wagner,* Die Landesmedienanstalten, 1990, 230 ff.

1478 Zum Netto- bzw. Bruttoberechnungsmaßstab s. *Hartstein/Ring/Kreile/Dörr/Stettner,* Rundfunkstaatsvertrag, Stand Januar 2001, § 14, Rdn. 14 ff.

1479 *OVG Koblenz,* 18. 2. 1994 – 2 B 10185/94 – ZUM 94, 306; s. ferner *Dörr* NJW 97, 1341, 1346 m. w. N.

1480 Zum maßgeblichen Heimatrecht s. *EuGH,* 10. 9. 1996 – Rs. C-222/94 – [British Broadcasting-Act], EuZW 96, 725 = ZUM 96, 880; *Dörr,* NJW 97, 1341, 1343.

1481 *Bornemann,* BayVBl. 91, 123.

1482 *VGH München,* 18. 12. 1998 – 7 ZS 98 1660 und 7 ZS 98 2969 – BayVBl. 99, 761.

1483 *VGH München,* 7. 6. 1993 – 25 CS 93 1200 – BayVBl. 94, 183.

1484 *Hartstein/Ring/Kreile/Dörr/Stettner,* Rundfunkstaatsvertrag, Stand Januar 2001, Einf. zu § 38, Rdn. 19.

1485 *Kuhla/Hüttenbrink,* 2. Aufl. 1998, S. 599 ff.; *Messerschmidt,* NJW 01, 3014; *ders.,* NJW 99, 3302.

474 Das Fahrerlaubnisrecht ist mit Wirkung vom 1. Januar 1999 umfassend neu geregelt worden.[1486] Im Fahrerlaubnisrecht hat der einstweilige Rechtsschutz gegen die sofortige Vollziehbarkeit einer **Entziehung der Fahrerlaubnis** (dazu K 475 bzw. K 498 a) bzw. der Fahrerlaubnis auf Probe (dazu K 499) die größte praktische Bedeutung.

Im Rahmen des Verwaltungsverfahrens, das auf die Entziehung der Fahrerlaubnis gerichtet ist, kann sich die Frage stellen, ob die im Vorfeld einer möglichen Entziehung getroffenen **behördlichen Anordnungen** isoliert angefochten werden können (K 505).

In besonders gelagerten Fällen kann die Erteilung einer Fahrerlaubnis im Wege des einstweiligen Rechtsschutzes erreicht werden (K 506 ff.).

Eine gewisse praktische Bedeutung hat schließlich der einstweilige Rechtsschutz gegen **Fahrtenbuchauflagen** (K 509).

1. Entziehung der Fahrerlaubnis gem. § 3 Abs. 1 StVG

475 Die Verwaltungsbehörde muss gem. § 3 Abs. 1 StVG die Fahrerlaubnis entziehen, wenn sich jemand als ungeeignet zum Führen von Kraftfahrzeugen erweist.

a) Aufschiebende Wirkung des Widerspruchs, § 80 Abs. 1

476 Der Widerspruch gegen die Entziehung der Fahrerlaubnis hat gem. § 80 Abs. 1 aufschiebende Wirkung.[1487]

b) Wiederherstellung der aufschiebenden Wirkung des Widerspruchs im Falle des Sofortvollzugs, § 80 Abs. 5

477 Sofern die Verwaltungsbehörde die sofortige Vollziehbarkeit der Entziehung anordnet, muss der Betroffene ein Verfahren gem. § 80 Abs. 5 einleiten, um einstweiligen Rechtsschutz zu erlangen.

aa) Zulässigkeit des Antrags

478 Für die **Zulässigkeit** dieses Antrages gelten die allgemeinen Kriterien, vgl. J 102 ff.

[1486] *Gehrmann,* NJW 99, 455; *Weibrecht,* NZV 00, 244.
[1487] *Henn,* NJW 93, 3169, 3171.

bb) Begründetheit des Antrags

(1) *Besonderes öffentliches Interesse am sofortigen Vollzug.* Im Rahmen der **Begründetheit** des Antrags ist zunächst zu klären, ob die Anordnung der sofortigen Vollziehbarkeit in formeller Hinsicht den sich aus den § 80 Abs. 2 Nr. 4 i. V. m. Abs. 3 ergebenden Anforderungen genügt,[1488] vgl. J 126. Die Begründung der sofortigen Vollziehbarkeit ist nur dann mit § 80 Abs. 3 vereinbar, wenn sie bezogen auf den zu entscheidenden Sachverhalt konkrete Gründe aufführt, aus denen das Suspensivinteresse des Erlaubnisinhabers hinter dem öffentlichen Interesse an der sofortigen Vollziehbarkeit zurücktritt.[1488] Das ist regelmäßig nur dann zu bejahen, wenn in Folge der festgestellten Eignungsmängel eine **konkrete Gefährdung** anderer Verkehrsteilnehmer für den Fall befürchtet werden muss,[1489] dass der Fahrerlaubnisinhaber in der Zeitspanne bis zum rechtskräftigen Abschluss des Hauptsacheverfahrens[1490] weiterhin Fahrzeuge im Verkehr führt.[1491] Das besondere Interesse an der sofortigen Vollziehbarkeit kann sich damit – wie häufig im Bereich des Rechts der öffentlichen Sicherheit, vgl. oben J 93f. – aus denselben Umständen ergeben, die für den Erlass des Verwaltungsakts maßgebend waren.[1492] 479

(2) *Summarische Prüfung.* In materieller Hinsicht ist die Anordnung der sofortigen Vollziehbarkeit in dem üblichen zweistufigen Verfahren zu prüfen (vgl. J 128ff.). Zunächst werden summarisch die Aussichten des Rechtsbehelfs bewertet. Das Gericht gibt dem Antrag statt, wenn sich ergibt, dass die Entziehung der Fahrerlaubnis offensichtlich rechtswidrig ist.[1493] Das Gericht lehnt dagegen die Wiederherstellung der aufschiebenden Wirkung des Widerspruchs gem. § 80 Abs. 5 ab, wenn sich aufgrund dieser **summarischen Prüfung** ergibt, dass der Rechtsbehelf in der Hauptsache offensichtlich keinen Erfolg haben wird.[1494] Die Entscheidung der Verwaltungsbehörde ist mithin auf der Grundlage des § 3 Abs. 1 StVG i. V. m. den konkretisierenden Regelungen der StVZO zu überprüfen, dabei geht es insbesondere um drei Aspekte: 480

- Ist aufgrund bestimmter Tatsachen erwiesen, dass der Erlaubnisinhaber nicht zur Führung von Fahrzeugen geeignet ist, dazu K 481ff.
- Ist die mangelnde Eignung zu vermuten, weil der Erlaubnisinhaber bestimmte Untersuchungsanordnungen nicht befolgt hat, dazu K 488.
- Ist die Entziehung der Fahrerlaubnis im Hinblick auf die erwiesenen bzw. vermuteten Tatsachen unverhältnismäßig, dazu K 496.

1488 Vgl. *Hentschel,* § 3 StVG, Rdn. 13 m. w. N. aus der Rspr.; *OVG Bautzen,* 23. 2. 1993 – 3 S 2/93 –, LKV 94, 224: die Entziehungsverfügung ist in aller Regel für sofortig vollziehbar zu erklären, um den ungeeigneten Erlaubnisinhaber unverzüglich von der weiteren Teilnahme am Straßenverkehr auszuschliessen.

1489 Zu diesem Maßstab bei der Überprüfung von Sofortvollzugsanordnungen s. *BVerfG,* 2. Kammer des Ersten Senats, 16. 1. 1991 – 1 BvR 1326/90 – NJW 91, 1530.

1490 *OVG Hamburg,* 6. 12. 1996 – Bs VI 104/96 – DÖV 97, 386; *VGH Mannheim,* 9. 8. 1994 – 10 S 1767/94 – NVwZ-RR 95, 174.

1491 S. a. *Henn,* NJW 93, 3169, 3172.

1492 *OVG Münster,* 22. 1. 2001 – 19 B 1757/00 – NZV 01, 396; *OVG Hamburg,* 3. 4. 2000 – 3 Bs 398.99 – NZV 00, 349; *VGH München,* 14. 12. 1994 – 11 AS 943847 – NZV 95, 167.

1493 *VGH München,* 24. 10. 1996 – 11 CS 96 3256 – BayVBl. 97, 373; *VG Freiburg,* 9. 3. 2000 – 4 K 419.00 – NZV 00, 388.

1494 *OVG Lüneburg,* 27. 10. 2000 – 12 M 3738.00 – NJW 01, 459.

481 (a) *Mangelnde Eignung.* Gemäß § 3 Abs. 1 StVG muss die Verwaltungsbehörde einem Erlaubnisinhaber, der sich zum Führen von Fahrzeugen als **ungeeignet** erweist, die Fahrerlaubnis entziehen. Diese gesetzliche Bestimmung wird in §§ 11 ff. FeV dahingehend konkretisiert, dass insbesondere ungeeignet ist, wer wegen körperlicher oder geistiger Mängel ein Kraftfahrzeug nicht sicher führen kann bzw. wer alkohol- oder betäubungsmittelabhängig ist oder gegen verkehrsrechtliche Vorschriften oder Strafgesetze erheblich verstoßen hat, § 2 Abs. 4 StVG.[1495] Die Frage der Eignung ist auf der Grundlage einer umfassenden Würdigung der Gesamtpersönlichkeit des Erlaubnisinhabers zu beurteilen.[1496] Der unbestimmte Rechtsbegriff der Ungeeignetheit eröffnet der Verwaltungsbehörde nach allgemeinen Grundsätzen **keinen Beurteilungsspielraum,** die Entscheidung der Behörde ist vielmehr auch insofern in vollem Umfange verwaltungsgerichtlich nachprüfbar.[1497]

Beispiel

Das Gericht kann im vollen Umfange überprüfen, ob eine einmalige erhebliche Geschwindigkeitsüberschreitung die Ungeeignetheit eines Kraftfahrers begründet, der seit 30 Jahren im Besitze der Fahrerlaubnis ist.[1498]

482 Die in § 3 StVG vorausgesetzte Ungeeignetheit kann nur angenommen werden, wenn **erwiesene Tatsachen** vorliegen, die mit ausreichender Sicherheit zu dieser Schlussfolgerung führen; bloße Zweifel an der Eignung rechtfertigen die Entziehung der Fahrerlaubnis nicht. In dem Ausmaß, in dem die Behörde eine Ermittlungspflicht hat, geht ein etwaiges non-liquet zu ihren Lasten.[1499]

483 Die Ermittlungspflicht der Behörde ist insofern eingeschränkt, als der Erlaubnisinhaber gem. § 3 Abs. 1 Satz 3 StVG i. V. m. § 2 Abs. 8 StVG i. V. m. §§ 11 ff. FeV verpflichtet ist, aufgrund einer entsprechenden Anordnung der Behörde Gutachten zur Vorbereitung der Eignungs-Beurteilung beizubringen, s. im einzelnen unten K 488.

484 Gem. § 14 Abs. 1 FeV hat die Behörde die Beibringung eines ärztlichen **Gutachtens** anzuordnen, wenn der Erlaubnisinhaber „Betäubungsmittel im Sinne des Betäubungsmittelgesetzes" genommen hat. Danach zwingt bereits die **einmalige Einnahme von Haschisch** zur Anforderung eines ärztlichen Gutachtens.[1500] Ein medizinisch-psychologisches Gutachten – das einen wesentlich intensiveren Eingriff darstellt[1501] – darf dagegen nur angefordert werden, wenn es zu

---

1495 *Hentschel,* § 11 FeV, Rdn. 8 m. w. N.

1496 *BVerwG,* 20. 2. 1987 – 7 C 87/84 – NJW 87, 2246.

1497 *VG Gießen,* 16. 6. 1995 – 6 G 765/95 – NJW 95, 2804; vgl. *Hentschel,* § 3 StVG Rdn. 11.

1498 *OVG Lüneburg,* 2. 12. 1999 – 12 M 4307.99 und 4601.99 – NJW 00, 685 (verneint).

1499 *VGH Kassel,* 26. 11. 1993 – 2 TH 2033/93 – DVBl. 94, 1206; *VGH Mannheim,* 24. 9. 1991 – 10 S 2323/91 – DAR 92, 74; *VGH Mannheim* 7. 3. 1991 – 10 S 440/91 –, NZV 91, 287; s. a. *Hentschel,* § 3 StVG, Rdn. 3, m. w. N. aus der Rspr.

1500 *VG Berlin,* 21. 3. 2000 – 27 A 33.00 – NJW 00, 2440; nach altem Recht wurde eine Gutachtenanforderung in einem solchen Fall nicht als gerechtfertigt angesehen: *VGH München,* 29. 6. 1999 – 11 B 98 1093 – NJW 00, 304.

1501 *VG Freiburg,* 9. 3. 2000 – 4 K 419.00 – NZV 00, 388.

einem gelegentlichen (d.h. mehrmaligen, deutlich weniger als täglichem[1502]) Konsum gekommen ist und weitere Tatsachen Zweifel an der Eignung begründen.[1503]

Die Frage, ob sich aus den Feststellungen des Gutachters ein **Eignungsmangel** ergibt, ist gem. § 11 Abs. 1 Satz 2 FeV an Hand der Maßstäbe zu beantworten, die in der Anlage 4 zur FeV „Eignung und bedingte Eignung zum Führen von Kraftfahrzeugen" niedergelegt sind.[1504] Danach lässt der **regelmäßige Haschischkonsum** die Eignung entfallen, Nr. 9.2.1. der Anlage 4 zur FeV.[1505] 485

Beispiel:

Regelmäßiger Haschischkonsum ist bei einem Erlaubnisinhaber nicht gegeben, der in drei Jahren zehnmal Haschisch zu sich genommen hat.[1506]

Bei **gelegentlichem Haschischkonsum** (d.h. mehrmaligen, deutlich weniger als täglichem[1507]) ist die fehlende Kraftfahreignung nur dann anzunehmen, wenn besondere Umstände hinzukommen, insbesondere von einem fehlenden Trennungsvermögen zwischen Konsum und Teilnahme am Straßenverkehr auszugehen ist, Nr. 9.2.2. der Anlage 4 zur FeV.

Sachverhalte, die Zweifel an der Eignung des Erlaubnisinhabers zur Führung von Kraftfahrzeugen begründen, können auch Gegenstand **strafgerichtlicher Verfahren** sein. Um widersprüchliche Entscheidungen zu vermeiden, bestimmt § 3 Abs. 3 StVG, dass die Verwaltungsbehörde derartige Sachverhalte im Entziehungsverfahren nicht berücksichtigen darf, solange sie Gegenstand eines Strafverfahrens sind. Die Verwaltungsbehörde ist allerdings nicht gehindert parallel zu einem strafgerichtlichen Verfahren, in dem eine Entziehung gem. § 69 Abs. 1 StGB in Betracht kommt, ein Verfahren gem. § 3 Abs. 1 StVG zu betreiben, sofern die den Gegenstand des Strafverfahrens bildenden Sachverhalte außer Betracht bleiben.[1508] 486

Sobald das Strafverfahren rechtskräftig abgeschlossen ist, begründet § 3 Abs. 4 StVG eine weitgehende Bindung der Verwaltungsbehörde an die Erkenntnisse in diesem Strafverfahren.

Maßgeblicher Zeitpunkt für die Beurteilung der Rechtmäßigkeit der Entziehung der Fahrerlaubnis ist der Zeitpunkt der letzten Behördenentscheidung, vgl. oben D 162ff. Abzustellen ist also auf den Zeitpunkt, in dem der Widerspruchsbescheid erlassen wurde.[1509] 487

1502 *VGH München,* 29. 6. 1999 – 11 B 98 1093 – NJW 00, 304; *Gehrmann,* NJW 99, 455, 459.

1503 *OVG Bremen,* 8. 3. 2000 – 1 B 61.00 – NJW 00, 2483.

1504 Dazu *Gehrmann,* NJW 99, 455, 458.

1505 Aus psychologischer Sicht ausführlich *Kannheiser,* NZV 00, 57.

1506 *VG Berlin,* 15. 3. 1996 – 11 A 662.95 – NZV 96, 423 (noch auf der Grundlage alten Rechts).

1507 *OVG Saarlouis,* 22. 11. 2000 – 9 W 6/00 – NVwZ-RR 01, 606; *VGH München,* 29. 6. 1999 – 11 B 98 1093 – NJW 00, 304; *Gehrmann,* NJW 99, 455, 459.

1508 *OVG Lüneburg,* 23. 3. 1995 – 12 L 6110/94 – DÖV 96, 568.

1509 *VGH München,* 29. 7. 1996 – 11 B 96 285 – NZV 96, 509 = DAR 96, 509 [Ls.]; *VGH München,* 14. 12. 1994 – 11 AS 97 3847 – BayVBl. 95, 248 = NZV 95, 167.

Hinweis:

Im Falle der Untätigkeit der Widerspruchsbehörde ist auf Zeitpunkt der letzten gerichtlichen Entscheidung in der Tatsacheninstanz abzustellen.[1510]

Nach Abschluss des Verwaltungsverfahrens eintretende Umstände können nicht mehr in dem gegen den Entziehungsbescheid gerichteten (Anfechtungs-)Verfahren geltend gemacht werden. Diese Umstände können daher auch nicht in dem auf den Anfechtungsprozess bezogenen Verfahren gem. § 80 Abs. 5 berücksichtigt werden. Sie sind ausschließlich im Rahmen des (Verpflichtungs-)Verfahrens erheblich, das auf eine mögliche Wiedererteilung der Fahrerlaubnis gerichtet ist;[1511] s. a. unten K 506 ff.

488 (b) *Vermutung mangelnder Eignung bei Nichtbefolgung rechtmäßiger Gutachtenanordnung.* Sofern die Verwaltungsbehörde aufgrund konkreter Tatsachen Zweifel an der Eignung des Erlaubnisinhabers zum Führen von Kraftfahrzeugen hat, kann sie den Erlaubnisinhaber durch eine Anordnung verpflichten, eines der in § 11 Abs. 2 FeV genannten Gutachten vorzulegen.

489 Allerdings darf die Behörde nur die Vorlage solcher Gutachten verlangen, die aufgrund der festgestellten Tatsachen einen Erkenntnisgewinn im Hinblick auf die Eignung des Erlaubnisinhabers versprechen.

Die Gutachtenanordnung kann noch im Rahmen des Widerspruchsverfahren erfolgen, das die Entziehung der Fahrerlaubnis zum Gegenstand hat.[1512]

490 Entspricht der Erlaubnisinhaber einer Gutachtensanordnung nicht, so darf die Behörde gem. § 11 Abs. 8 FeV aus diesem Verhalten den Schluss ziehen, der Erlaubnisinhaber wolle bestimmte Eignungsmängel verbergen, die die Eignung ausschließen. Der aufgrund bestimmter Tatsachen zunächst bestehende Zweifel an der Geeignetheit verdichtet sich so wegen der Nichtbeibringung des geforderten Gutachtens bei der Behörde zur Gewissheit der Ungeeignetheit; dies gilt allerdings nur, wenn die Gutachtenanordnung zu recht erfolgte,[1513] s. dazu ausführlich unten K 493.

Hinweise:

- Ein Erlaubnisinhaber, der aus wirtschaftlichen Gründen nicht in der Lage ist, die Mittel für die angeordnete Untersuchung aufzubringen, muss gegenüber der Ordnungsbehörde zumindest seine Untersuchungsbereitschaft bekunden und der Untersuchungsstelle angemessene Ratenzahlungsvorschläge unterbreiten.[1514]
- Wenn ein Erlaubnisinhaber trotz einer entsprechenden Aufforderung der Behörde sich mit einer Untersuchung nicht einverstanden erklärt, so begründet dies nicht die Vermutung, er sei ungeeignet.[1515]

491 Die Begutachtung kann zu Zufallsfunden führen. Diese sind bei der Eignungsbeurteilung verwertbar.[1516]

1510 *OVG Hamburg,* 6. 12. 1996 – Bs VI 104/96 – DÖV 97, 386.

1511 *VGH München,* 14. 12. 1994 – 11 AS 943847 – NZV 95, 167.

1512 *OVG Hamburg,* 22. 11. 1996 – Bs VI 214/96 – DAR 97, 162 [Ls.].

1513 *VG Freiburg,* 9. 3. 2000 – 4 K 419.00 – NZV 00, 388; *Hentschel,* § 12 FeV, Rdn. 24 m. w. N.

1514 *OVG Münster,* 22. 1. 2001 – 19 B 1757/00 – NZV 01, 396; *OVG Lüneburg,* 8. 3. 1995 – 1201359/95 – NZV 95, 294 mit Anmerkung *Gehrmann.*

1515 *OVG Hamburg,* 30. 3. 2000 – 3 Bs 62.00 – NJW 01, 1812 = NZV 00, 348.

1516 *Hentschel,* § 12 FeV, Rdn. 25 m. w. N.

Beispiel:
Die Verwaltungsbehörde ordnet an, dass der Erlaubnisinhaber ein medizinisch-psychologisches Gutachten vorzulegen habe, um den Verdacht der Heroinabhängigkeit auszuräumen. Das Gutachten verneint die Heroinabhängigkeit, offenbart aber aufgrund einer Verkehrswissensprobe erhebliche Leistungsmängel.[1517]

Erkenntnisse, die aufgrund von Gutachten gewonnen worden sind, die zu Unrecht angeordnet worden waren – dazu sogleich K 493 –, unterliegen keinem Verwertungsverbot.[1518] Das gilt selbst in den Fällen, in denen diese Erkenntnisse in anderen Verfahren (z. B. Strafermittlung) einem spezifischen Verwertungsverbot unterliegen.[1519] **492**

Aus der Nichtbefolgung der Gutachten-Anordnung darf auf eine mangelnde Eignung nur geschlossen werden, wenn die Anordnung rechtmäßig war.[1520] Das ist der Fall, wenn aufgrund konkreter tatsächlicher Anhaltspunkte berechtigte naheliegende[1521] Zweifel an der Kraftfahreignung bestehen und die angeordnete Überprüfung ein geeignetes und verhältnismäßiges[1522] Mittel ist, die konkret entstandenen Eignungszweifel aufzuklären.[1523] **493**

Beispiele:
- Hat der Erlaubnisinhaber als Radfahrer mit einem Blutalkoholgehalt von 2,3 Promille am Straßenverkehr teilgenommen, so bestehen in der Regel berechtigte Zweifel an seiner Eignung.[1524]
- Wenn der Betroffene Haschisch besessen hat, ist die Anordnung eines ärztlichen Gutachtens gem. § 14 Abs. 1 Satz 2 FeV unverhältnismäßig, das über ein Drogenscreening hinausgeht.[1523]

Eine Gutachtenanforderung ist nur rechtmäßig, wenn sie deutlich macht, welche konkreten Fragen im Hinblick auf die entstandenen Eignungszweifel gutachtlich geklärt werden sollen, § 11 Abs. 6 Satz 1 FeV.[1523] Die Fachrichtung des Arztes, bei dem die Untersuchung durchgeführt werden soll, ist anzugeben;[1525] die Behörde darf aber nicht bestimmen, dass die Untersuchung von einem bestimmten Arzt durchzuführen ist.[1526] Der Erlaubnisinhaber muss aufgrund des Aufforderungsschreibens in die Lage versetzt werden, die an ihn gerichtete Aufforderung und ihre Berechtigung nachvollziehen zu können. Genügt das Aufforderungsschreiben **494**

1517 *OVG Saarlois,* 28. 4. 1993 – 1 W 32/92 – DAR 93, 403.

1518 *BVerwG,* 19. 3. 1996 – 11 B 14.94 – DÖV 96, 879 = BayVBl. 97, 54 = NZV 96, 332 mit Anmerkung *Gehrmann; VGH München,* 14. 7. 1998 – 11 B 96 2862 – BayVBl. 99, 116.

1519 *OVG Lüneburg,* 27. 10. 2000 – 12 M 3738.00 – NJW 01, 459.

1520 *VGH Mannheim,* 17. 1. 2000 – 10 S 1979.99 – DÖV 00, 432; *VG Freiburg,* 9. 3. 2000 – 4 K 419.00 – NZV 00, 388; s. a. *BVerwG,* 13. 11. 1997 – 3 C 1.97 – BayVBl. 98, 634 und *VGH München,* 29. 7. 1996 – 11 B 96 285 – NZV 96, 509 = DAR 96, 509 [Ls.], beide Entscheidungen noch zum alten Recht.

1521 *OVG Saarlouis,* 6. 6. 1995 – 9 W 25/95 – DAR 96, 291.

1522 *VG Freiburg,* 9. 3. 2000 – 4 K 419.00 – NZV 00, 388.

1523 *BVerwG,* 23. 8. 1996 – 11 B 48.96 – NJW 97, 269 = NZV 96, 467; *VGH München,* 24. 10. 1996 – 11 CS 96 3256 – BayVBl. 97, 373.

1524 *BVerwG,* 27. 9. 1995 – 11 C 34.94 – NZV 96, 84 = DAR 96, 70 = BVerwGE 99, 249.

1525 *OVG Münster,* 4. 9. 2000 – 19 B 1134.00 – NZV 01, 95 = NJW 01, 700 [nur Ls.].

1526 *OVG Hamburg,* 30. 3. 2000 – 3 Bs 62.00 – NZV 00, 348 = NJW 01, 1812.

diesen Anforderungen nicht, so ergeht die Aufforderung nicht zu Recht, den Erlaubnisinhaber trifft dann keine Mitwirkungslast.[1527]

495 Die behördliche Anhörung des Erlaubnisinhabers vor der Anordnung zur Beibringung eines Gutachtens gem. § 11 Abs. 2 FeV ist jedoch nicht Rechtmäßigkeitsvoraussetzung dieser Verfahrenshandlung.[1528]

496 (c) *Unverhältnismäßigkeit der Entziehung der Fahrerlaubnis.* Wenn aufgrund gutachterlicher Untersuchungen ein Eignungsdefizit festgestellt wird – oder wegen Nichtbefolgung der Gutachtenanordnung zu vermuten ist –, so muss unter dem Gesichtspunkt der Verhältnismäßigkeit geprüft werden, ob darauf statt mit einer Entziehung nicht auch dadurch reagiert werden kann, dass der Fahrerlaubnis gem. § 46 Abs. 2 FeV eine Auflage beigegeben wird.[1529] Die Entziehung der Fahrerlaubnis ist dann unverhältnismäßig und damit rechtswidrig.

497 (3) *Interessenabwägung.* Sofern die summarische Prüfung der Fahrerlaubnisentziehung im Verfahren gem. § 80 Abs. 5 nicht zu einem eindeutigen Ergebnis führt, ist die Entscheidung von einer **Interessenabwägung** abhängig zu machen. Das private Suspensivinteresse kann sich insbesondere aus der beruflichen Tätigkeit des Erlaubnisinhabers ergeben.[1530] Das öffentliche Interesse an der sofortigen Vollziehbarkeit hat gegenüber diesem Suspensivinteresse immer Vorrang, wenn aufgrund des bisherigen Verhaltens des Erlaubnisinhabers die konkrete, ernstliche Befürchtung besteht, dass er bis zur Entscheidung in der Hauptsache erneut den Straßenverkehr gefährden wird.[1531] Bei der Abwägung der Sicherheitsinteressen mit dem Suspensivinteresse dürfen – wie allgemein im Ordnungsrecht – Billigkeitserwägungen oder der Umstand, dass der Erlaubnisinhaber den Eignungsverlust nicht verschuldet hat, nicht berücksichtigt werden.[1532]

cc) Entscheidungsvarianten

498 Im Einzelfall kann sich aus dem Grundsatz der Verhältnismäßigkeit ergeben, dass die aufschiebende Wirkung des Rechtsbehelfs lediglich teilweise oder nur befristet wieder herzustellen ist,[1533] vgl. auch oben J 144 ff. Eine Wiederherstellung der aufschiebenden Wirkung nur für berufliche, nicht für private Fahrten ist dagegen regelmäßig nicht gerechtfertigt.[1534]

2. Entziehung der Fahrerlaubnis gem. § 4 Abs. 1 i. V. m. Abs. 3 Nr. 3 StVG

498 a Das Punktesystem („Flensburger Punkte"), das seit 1974 durch eine Verwaltungsvorschrift geregelt war, hat eine gesetzliche Grundlage in § 4 StVG und eine

---

[1527] *OVG Koblenz,* 16. 3. 1994 – 7 B 10161/94 – DVBl. 94, 1207 = NZV 95, 42.

[1528] *BVerwG,* 15. 12. 1989 – 7 C 52/88 –, NJW 90, 2637.

[1529] S. *VG Gießen,* 16. 6. 1995 – 6 G 765/95 – NJW 95, 2804 noch zu § 12 Abs. 2 StVZO.

[1530] *VGH Mannheim,* 15. 6. 1990 – 10 S 730/90 – DAR 91, 72: Ein Suspensivinteresse von beachtlichem Gewicht versteht sich bei einem Rechtsanwalt von selbst und bedarf keiner weiteren Begründung.

[1531] *VGH München,* 14. 12. 1994 – 11 AS 94 3847 – NZV 95, 167; *OVG Saarlouis,* 28. 5. 1993 – 1 W 32/92 –, DAR 93, 403.

[1532] *VGH München,* 27. 11. 1990 – 11 Cs 90 3250 – NZV 91, 247.

[1533] *Henn,* NJW 93, 3169, 3172.

[1534] *VGH München,* 7. 12. 1990 – 11 Cs 90 2458 – NZV 91, 287.

differenzierende Ausformung in §§ 49 FeV erhalten. Ein Fahrerlaubnisinhaber gilt als ungeeignet, wenn im Zentralregister für ihn 18 und mehr Punkte erfasst sind. Die Verwaltungsbehörde muss dann gem. § 4 Abs. 3 Nr. 3 StVG die Fahrerlaubnis entziehen.

Die Entziehungsregelung des § 4 StVG kommt neben der des § 3 StVG zur Anwendung, vgl. § 4 Abs. Satz 2 StVG.

a) Keine aufschiebende Wirkung des Widerspruchs, § 80 Abs. 1

Der Widerspruch gegen die Entziehung der Fahrerlaubnis gem. § 4 Abs. 3 Nr. 3 StVG hat gem. § 4 Abs. 7 StVG **keine aufschiebende Wirkung.** **498 b**

b) Herstellung der aufschiebenden Wirkung des Widerspruchs, § 80 Abs. 5

Der Betroffene muss also ein Verfahren gem. § 80 Abs. 5 einleiten, um einstweiligen Rechtsschutz zu erlangen. **498 c**

aa) Zulässigkeit des Antrags

Für die **Zulässigkeit** dieses Antrages gelten die allgemeinen Kriterien, vgl. J 102 ff. **498 d**

bb) Begründetheit des Antrags

Der Antrag hat Erfolg, wenn sich bei einer summarischen Prüfung der Hauptsache ergibt, dass diese wahrscheinlich zu Gunsten des Antragstellers ausgehen wird,[1535] vgl. J 128 ff. **498 e**

Im Regelfall ist eine solche Prognose kaum denkbar: das Gesetz knüpft an das Erreichen der 18 Punkte die unwiderlegliche Vermutung der Ungeeignetheit,[1536] für eine bewertende Berücksichtigung der Umstände des Einzelfalls bleibt kein Raum.[1537] Die Behörde ist bei ihrer Entscheidung zudem an die rechtskräftigen Entscheidungen über Straftaten und Ordnungswidrigkeiten gebunden, mit denen Punkte festgesetzt worden sind, vgl. § 4 Abs. 3 Satz 2 StVG. Sie darf diese Sachverhalte also im Rahmen der Entziehungsentscheidung nicht neu bewerten.

§ 65 StVG trifft eine differenzierte **Übergangsregelung:**[1538] Maßnahmen **498 f**
(darunter die Entziehung der Fahrerlaubnis), die auf ein bestimmtes „Punktekonto" gestützt werden, richten sich nach altem Recht, wenn die Straftaten bzw. Ordnungswidrigkeiten vor dem 1. Januar 1999 begangen worden sind. Treten Straftaten und Ordnungswidrigkeiten nach diesem Zeitpunkt hinzu, so kommt ausschließlich das neue Punktesystem gem. § 4 StVG zur Anwendung. Das gilt insbesondere auch für die in der Neuregelung enthaltene Möglichkeit des **Punkteabzugs.**[1539]

1535 *VG Braunschweig,* 6. 10. 1999 – 6 B 239.99 – NZV 00, 101.

1536 *OVG Hamburg,* 25. 11. 1999 – 3 Bs 393.99 – DÖV 00, 430 = NZV 00, 267.

1537 Für atypische Fälle, die diese unwiderlegliche, gesetzliche Vermutung nicht rechtfertigen, ermächtigt § 6 Abs. 1 Nr. 1 Buchst. w StVG das Bundesverkehrsministerium den Landesbehörden durch Rechtsverordnung die Befugnis für die Zulassung von Ausnahmen einzuräumen; vgl. *Hentschel,* § 4 StVG, Rdn. 15.

1538 S. dazu auch *OVG Hamburg,* 3. 4. 2000 – 3 Bs 398.99 – NZV 00, 349; *OVG Hamburg,* 25. 11. 1999 – 3 Bs 393.99 – DÖV 00, 430; *VG Chemnitz,* 8. 2. 2001 – 2 K 2356/00 – NVwZ-RR 01, 607.

1539 *OVG Münster,* 2. 2. 2000 – 19 B 1886.99 – NZV 00, 219; *OVG Hamburg,* 25. 11. 1999 – 3 Bs 393.99 – DÖV 00, 430 = NZV 00, 267; *VG Braunschweig,* 6. 10. 1999 – 6 B

Beispiel:

Der Antragsteller hatte nach altem Recht (Allgemeine Verwaltungsvorschrift zu § 15b StVZO) 16 Punkte erreicht. Die Verwaltungsbehörde entzog ihm die Fahrerlaubnis, nachdem er durch eine im Jahre 1999 begangene, mit 3 Punkten bewertete Ordnungswidrigkeit insgesamt 19 Punkte erreicht hatte.
Die Entziehung war nicht rechtmäßig: Gem. § 4 Abs. 5 Satz 2 StVG ist der Antragsteller so zu stellen, als ob er nur 14 Punkte erreicht hätte, weil er noch nicht gem. § 4 Abs. 3 Nr. 2 StVG verpflichtet worden war, an einem Aufbauseminar teilzunehmen.[1540]

3. Entziehung der Fahrerlaubnis gem. § 2a Abs. 3 StVG (Fahrerlaubnis auf Probe)

499 Beim erstmaligen Erwerb einer Fahrerlaubnis wird diese auf Probe erteilt; die Probezeit dauert zwei Jahre vom Zeitpunkt der Erteilung an, vgl. § 2a StVG. In dieser Zeit kann die Erlaubnis unter erleichterten Bedingungen entzogen werden: § 2a Abs. 3 StVG bestimmt, dass die Fahrerlaubnis auf Probe zu entziehen ist, wenn der Inhaber einer behördlichen Anordnung zur Teilnahme an einem Aufbauseminar nicht fristgerecht nachkommt, die aus Anlass von Verkehrsverstößen in der Probezeit ergangen ist. § 2a Abs. 2 Nr. 3 StVG regelt, dass die Fahrerlaubnis auch dann zu entziehen ist, wenn der Inhaber trotz der Teilnahme an einem Aufbauseminar in der Probezeit weitere Zuwiderhandlungen begangen hat.

500 Der **Widerspruch** gegen die Entziehung der Fahrerlaubnis hat gem. § 2a Abs. 6 StVG **keine aufschiebende Wirkung.**

501 Um einstweiligen Rechtsschutz zu erlangen, muss der Betroffene ein Verfahren gem. § 80 Abs. 5 einleiten. Für die **Zulässigkeit** dieses Antrages gelten die allgemeinen Kriterien, vgl. J 102ff.

502 Der Antrag ist begründet, wenn die Hauptsache Aussichten auf Erfolg hat.

503 Die Sanktion der Entziehung wird an den Verstoß gegen die vollziehbare Anordnung geknüpft. Da ein Rechtsbehelf gegen diese Anordnung keine Suspensivwirkung hat (vgl. dazu unten K 505), muss sich die Prüfung einer Entziehung der Fahrerlaubnis im Rahmen des Verfahrens gem. § 80 Abs. 5 darauf beschränken, ob die Anordnung offensichtlich willkürlich und damit nichtig war.[1541]

Die Entziehung ist im übrigen nur rechtmäßig, wenn die Auflage nicht erfüllt worden ist.

Hinweis:

Eine Nachschulungsanordnung wird nicht dadurch erfüllt, dass der Erlaubnisinhaber die Erlaubnis einer weiteren Klasse erwirbt.[1542]

Die Fahrerlaubnis ist auch dann zu entziehen, wenn nach Ablauf der Frist der Erlaubnisinhaber der Anordnung während des Verfahrens gem. § 80 Abs. 5 entspricht.[1543]

239.99 – NZV 00, 101; **a. A.** *VG Ansbach,* 21. 12. 1999 – AN 10 S 9901611 – NZV 00, 184.

[1540] *OVG Hamburg,* 25. 11. 1999 – 3 Bs 393.99 – DÖV 00, 430 = NZV 00, 267.

[1541] *OVG Saarlouis,* 21. 9. 1989 – 1 W 144.89 –, NZV 90, 87.

[1542] *BVerwG,* 18. 5. 1994 – 11 C 49.92 – NJW 95, 69 = DVBl. 94, 1196, s.a. *BVerwG,* 22. 3. 1995 – 11 C 3.94 – NVwZ-RR 95, 610.

[1543] *VGH Kassel,* 26. 8. 1992 – 2 Th 760.92 – NZV 1993, 87.

Hinweis:
Mit der Entziehung der Erlaubnis nach § 2a Abs. 3 StVG erlischt die Befugnis zum Führen von Fahrzeugen insgesamt, nicht nur die Fahrerlaubnis derjenigen Klasse, in der ein Verkehrsverstoß begangen wurde.[1544]

Die Entziehung der Fahrerlaubnis kann neben § 2a Abs. 3 StVG auch auf § 3 Abs. 1 StVG gestützt werden. **504**

4. Anordnung der Vorlage von Gutachten oder der Teilnahme an Aufbauseminaren

Wenn die Verwaltungsbehörde Anlass zur Annahme hat, dass der Inhaber einer Fahrerlaubnis zum Führen eines Kraftfahrzeuges ungeeignet geworden ist, kann sie gem. § 3 Abs. 1 Satz 3 StVG i. V. m. § 2 Abs. 8 StVG i. V. m. §§ 11 Abs. 2 FeV oder gem. § 2a Abs. 4 StVG anordnen, dass der Erlaubnisinhaber ein **Gutachten** vorzulegen hat, damit seine Eignung beurteilt werden kann. Bei dieser Anordnung handelt es sich um eine bloße Verfahrenshandlung zum Zwecke der Sachverhaltsaufklärung, die gem. § 44a nicht isoliert anfechtbar ist.[1545] **505**

Ihre Zulässigkeit ist inzidenter im Rahmen der Überprüfung der Entziehungsentscheidung zu klären, vgl. K 475 ff., K 498 a ff., K 499 ff.[1546]

Gegenüber dem Inhaber einer Fahrerlaubnis auf Probe kann die Behörde die **Teilnahme an einem Aufbauseminar** anordnen, vgl. § 2a Abs. 2 StVG. Dasselbe gilt im Rahmen des Punktesystems gem. § 4 Abs. 3 Nr. 2 StVG. Diese Anordnungen werden als Verwaltungsakte qualifiziert, die gem. § 2a Abs. 6 StVG bzw. § 4 Abs. 7 Satz 2 StVG sofort vollziehbar sind. Rechtsschutz ist daher in einem Verfahren gem. § 80 Abs. 5 durchzusetzen. **505 a**

5. Erteilung der Fahrerlaubnis, § 2 StVG

§ 2 Abs. 1 StVG normiert für das Führen von Kraftfahrzeugen ein Verbot mit Erlaubnisvorbehalt: Wer auf öffentlichen Wegen oder Plätzen ein Kraftfahrzeug führen will, bedarf der Erlaubnis der Behörde. Bei dieser gesetzlichen Ausgangslage kann ein Antragsteller, dem die beantragte Erlaubnis versagt bzw. noch nicht erteilt ist, einstweiligen Rechtsschutz nur in einem Verfahren gem. § 123 suchen. **506**

Der Antragsteller muss in diesem Verfahren zunächst den **Anordnungsanspruch** glaubhaft machen, d. h. seine Eignung zum Führen von Kraftfahrzeugen im Sinne des § 2 Abs. 1 StVG.[1547] Die Glaubhaftmachung des Anspruchs wird insbesondere in Fällen der Wiedererteilung in Betracht kommen.[1548] **507**

Der **Anordnungsgrund** ist allerdings regelmäßig nicht gegeben, weil die Entscheidung gem. § 123 die Hauptsache nicht vorwegnehmen darf, vgl. J 213 ff. Der **508**

[1544] *BVerwG,* 18. 5. 1994 – 11 C 49.92 – NJW 95, 69 = DVBl. 94, 1196.

[1545] *BVerwG,* 27. 9. 1995 – 11 C 34.94 – NZV 96, 84 = DAR 96, 70 = BVerwGE 99, 249; *OVG Münster,* 22. 1. 2001 – 19 B 1757/00 – NZV 01, 396; *Hentschel,* § 11 FeV, Rdn. 26.

[1546] *Geiger,* BayVBl. 01, 586.

[1547] Vgl. die sorgfältige Prüfung der Eignung des die Neuerteilung der Fahrerlaubnis begehrenden Antragstellers im Falle alkoholbedingter Verkehrszuwiderhandlungen in: *OVG Münster,* 11. 9. 1991 – 19 B 2309/91 – NVZ 92, 206.

[1548] *VGH München,* 14. 12. 1994 – 11 AS 94 3847 – NZV 95, 167, 168.

Anordnungsgrund ist daher aus Gründen des effektiven Rechtsschutzes, Art. 19 Abs. 4 GG nur dann zu bejahen, wenn es darum geht, den Antragsteller vor schweren und unzumutbaren, anders nicht abwendbaren Nachteilen zu bewahren.[1549] Das kann zu bejahen sein, wenn der Antragsteller z. B. aus beruflichen Gründen existentiell auf die Fahrerlaubnis angewiesen ist.[1550]

6. Anordnung einer Fahrtenbuchauflage gem. § 31 a StVZO

509 Die Verwaltungsbehörde kann gegenüber einem Fahrzeughalter die Führung eines Fahrtenbuchs anordnen, wenn die Feststellung eines Fahrzeugführers nach einer Zuwiderhandlung gegen Verkehrsvorschriften nicht möglich war, vgl. § 31 a Abs. 1 StVZO.[1551]

510 Der Widerspruch gegen die Anordnung hat gem. § 80 Abs. 1 aufschiebende Wirkung.

511 Sofern die Verwaltungsbehörde die sofortige Vollziehbarkeit der Fahrtenbuch-Anordnung verfügt, muss der Betroffene ein Verfahren gem. § 80 Abs. 5 einleiten, um einstweiligen Rechtsschutz zu erlangen. Für die **Zulässigkeit** dieses Antrages gelten die allgemeinen Kriterien, vgl. J 102 ff.

512 Der Antrag ist begründet, wenn sich die Anordnung bei summarischer Prüfung als rechtswidrig erweist.

Die Anordnung ist rechtswidrig, wenn der Verwaltungsbehörde eine **Ermittlungsdefizit** vorzuwerfen ist. Ein solches ist im Regelfall zu bejahen, wenn der betroffene Fahrzeughalter nicht innerhalb von 14 Tagen nach dem Verstoß zu dem Vorfall angehört wird.[1552] Dieser Zeitrahmen beruht auf dem Erfahrungssatz, dass eine Person Vorgänge aus dem persönlichen Lebensbereich aus den letzten 14 Tagen im Regelfall wird erinnern oder jedenfalls rekonstruieren können.

513 Die Rechtswidrigkeit der Anordnung kann sich ferner aus einem Verstoß gegen den **Grundsatz der Verhältnismäßigkeit** ergeben; nicht jede Zuwiderhandlung gegen Verkehrsvorschriften rechtfertigt eine Fahrtenbuchanordnung. Praktikabel ist eine Orientierung an dem Punktesystem gem. § 40 FeV i. V. m. Anlage 13 zur FeV: Bei Anwendung dieses Maßstabs rechtfertigen Ordnungswidrigkeiten, die nicht im Verkehrszentralregister einzutragen sind, noch keine Anordnung gem. § 31 a StVZO. Bei Ordnungswidrigkeiten, die im Register mit ein oder zwei Punkten zu berücksichtigen sind, kommt eine Fahrtenbuchauflage beim ersten Verstoß nur dann in Betracht, wenn besondere Umstände, z. B. die verkehrsgefährdenden Auswirkungen des Verstoßes, diese im Einzelfall geboten erscheinen lassen.[1553] Ordnungswidrigkeiten, die mit drei oder vier Punkten zu erfassen sind,

---

1549 *VGH Mannheim,* 17. 1. 2000 – 10 S 1979.99 – NZV 00, 269.

1550 Vgl. *Finkelnburg/Jank,* Rdn. 1286 m. w. N.; restriktiv *VGH Mannheim,* 21. 2. 1991 – 10 S 308/91 – DAR 91, 274; *Hentschel,* § 2 StVG, Rdn. 31.

1551 Zur Verfassungsmäßigkeit der Norm s. *BVerfG (Vorprüfungsausschuß),* 7. 12. 1981 – 2 BvR 1172/81 – NJW 82, 568; zur Vereinbarkeit der Norm mit dem Zeugnisverweigerungsrecht s. *BVerwG,* 22. 6. 1995 – 11 B 7.95 – BayVBl. 96, 156.

1552 *VGH München,* 6. 10. 1997 – 11 B 96 4036 – BayVBl. 98, 152; *OVG Münster,* 31. 3. 1995 – 25 A 2798/93 – NJW 95, 3335.

1553 *BVerwG,* 9. 9. 1999 – 3 B 94.99 – NZV 00, 386 (Auflage „kann" in einem solchen Falle gerechtfertigt sein); strenger *BVerwG,* 17. 5. 1995 – 11 C 12.94 – NJW 95, 2866:

rechtfertigen ungeachtet der konkreten Umstände bereits beim ersten Verstoß eine Fahrtenbuchauflage.[1554]

XII. Sozialhilferecht

Übersicht

Der einstweilige Rechtsschutz im Sozialhilferecht ist in erster Linie auf die **Gewährung** der begehrten Sozialhilfeleistung gerichtet;[1555] dabei kann es sich um eine Erstgewährung (K 515) bzw. eine Weitergewährung (K 523) handeln. Einstweiliger Rechtsschutz kann auch erforderlich sein, um die Forderung auf **Rückzahlung** gewährter Sozialhilfe (K 524) oder die Folgen einer **Überleitungsanzeige** abzuwehren (K 526). 514

1. Erstgewährung

Der Anspruch auf Gewährung auf Sozialhilfe ist im verwaltungsgerichtlichen Hauptverfahren im Wege der Verpflichtungsklage durchzusetzen; im einstweiligen Rechtsschutzverfahren ist daher ein Antrag gem. § 123 zu stellen. 515

a) Anordnungsanspruch

Ein Anordnungsanspruch besteht, wenn die Hauptsachenklage voraussichtlich erfolgreich wäre,[1556] vgl. J 142. 516

Das Bundessozialhilfegesetz (BSHG) vermittelt Ansprüche auf **Hilfe zum Lebensunterhalt** (§§ 11ff. BSHG) sowie auf **Hilfe in besonderen Lebenslagen** (§§ 27ff. BSHG).

Die **Hilfe zum Lebensunterhalt** kann durch laufende oder einmalige Leistungen gewährt werden, § 21 Abs. 1 BSHG. **Laufende Leistungen** zum Lebensunterhalt werden nach Regelsätzen gewährt, § 22 BSHG. Diese werden gem. § 22 Abs. 2 BSHG von den Landesregierungen durch Rechtsverordnungen festgesetzt. 516 a

---

Fahrtenbuchauflage auch bei erstmaligem Begehen einer Ordnungswidrigkeit gerechtfertigt, die zur Eintragung eines Punkts im Register führt, ungeachtet der besonderen Umstände des Einzelfalls; ebenso *OVG Münster,* 29. 4. 1999 – 8 A 699.97 – DÖV 99, 1012.

1554 *OVG Lüneburg,* 6. 11. 1996 – 12 L 2664/96 – DAR 97, 121 (erstmaliger Rotlichtverstoß); *VGH München,* 6. 10. 1997 – 11 B 96 4036 – BayVBl. 98, 152 (Überschreitung der höchstzulässigen Geschwindigkeit außerhalb einer Ortschaft um 78 km/h).

1555 Einen differenzierten Überblick über die jüngere Rechtsprechung der Verwaltungsgerichte zum Sozialhilferecht gibt *Atzler,* DVBl. 01, 703.

1556 *OVG Weimar,* 18. 2. 1999 – 2 EO 816.98 – ZFSH/SGB 99, 415; *Finkelnburg/Jank,* Rdn. 1235 m. w. N.

§ 21 Abs. 1a BSHG stellt klar, dass die Beschaffung der dort aufgeführten Bedarfsgegenstände nicht durch die (laufenden) Regelsatzleistungen ermöglicht wird, sondern als **einmalige Leistungen** zu bewilligen sind.

Beispiele:

– Anschaffung einer Waschmaschine im Ein-Personen-Haushalt;[1557]
– Anschaffung eines Wäschetrockners;[1558]
– Anschaffung eines Kinderfahrradhelms;[1559]
– Anschaffung einer TV-Zimmerantenne, nicht Kosten eines Kabelanschlusses;[1560]
– Weihnachtsbeihilfe.[1561]

516b Die **Hilfe in besonderen Lebenslagen** umfasst insbesondere die Krankenhilfe, d.h. die Krankenversorgung, vgl. § 27 Abs. 1 Nr. 4 BSHG.

516c Sofern der geltend gemachte **Anspruch** nicht auf Bestimmungen des BSHG gestützt werden kann, aber **nach anderen sozialrechtlichen Regelungen** (z.B. BundesausbildungsförderungsG, Kinder- und JugendhilfeG) besteht, ist dies auch in einem gegen den Sozialhilfeträger als Antragsgegner gerichteten einstweiligen Rechtsschutzverfahren unter Umständen von Bedeutung: besteht ein Anspruch auf Sozialleistung und ist zwischen mehreren Leistungsträgern streitig, wer zur Leistung verpflichtet ist, hat der zuerst angegangene Leistungsträger auf Antrag des Berechtigten vorläufige Leistungen zu erbringen, vgl. § 43 SGB I.[1562] Im Falle der Obdachlosigkeit kann sich ein Anspruch auf Unterkunftsgewährung auch aus dem Landesordnungsrecht ergeben.[1563]

517 Wenn ein **Antrag** auf Gewährung von Sozialhilfe **in der Vergangenheit** einmal **abgelehnt** worden ist, muss sich der (erneut) Hilfesuchende die Bestandskraft dieses versagenden Bescheids nicht zeitlich unbegrenzt entgegenhalten lassen. Grundsätzlich erstreckt sich die versagende Wirkung des Bescheids vielmehr nur bis zu dem Zeitpunkt, in dem er erlassen wird.[1564]

In der Praxis kommt es vor, dass Sozialhilfeträger durch unbefristete Verwaltungsakte für die Zukunft dem Grunde nach über die **Kürzung der Sozialhilfe** entscheiden.[1565] Der Bejahung eines Anspruchs im Rahmen des Verfahrens gem. § 123 steht prozessual in einem solchen Fall nichts entgegen, solange über diese Kürzung nicht bestandskräftig entschieden worden ist.

517a **Sozialversicherungsrechtliche Ansprüche** schließen gleichgerichtete Sozialhilfeansprüche nicht grundsätzlich aus. Im Einzelfall ist zu entscheiden, ob der konkrete sozialversicherungsrechtliche Anspruch Raum für eine ergänzende Hilfe lässt.

1557 *BVerwG,* 1. 10. 1998 – 5 C 19.97 – NJW 99, 664 = DVBl. 99, 457 = BVerwGE 107, 234.

1558 *OVG Lüneburg,* 20. 7. 1999 – 4 L 1650/99 – FEVS 51, 380.

1559 *OVG Lüneburg,* 11. 10. 2000 – 4 L 1963.00 – NJW 01, 1515.

1560 *OVG Lüneburg,* 26. 11. 1997 – 4 L 7031.96 – NVwZ-RR 99, 174.

1561 *OVG Lüneburg,* 30. 11. 1999 – 4 L 2201.99 – FEVS 51, 461.

1562 Vgl. *BVerwG,* 19. 11. 1992 – 65 C 32.90 – ZfSH/SGB 93, 304; *VGH Kassel,* 9. 6. 1992 – 9 TG 2795/91 – NVwZ-RR 93, 145.

1563 *OVG Münster,* 4. 3. 1992 – 9 B 3839/91 – NVwZ 93, 202.

1564 *VGH München,* 2. 9. 1996 – 12 B 954198 – BayVBl. 97, 695; s.a. *BVerwG,* 6. 8. 1995 – 5 C 30.93 – DVBl. 96, 304.

1565 *BVerwG,* 14. 7. 1998 – 5 C 2.97 – NVwZ-RR 99, 34.

Beispiele:
- Bejaht im Verhältnis zur Pflegeversicherung;[1566]
- Verneint im Verhältnis zur Krankenversicherung.[1567]

Der **Sozialhilfeanspruch ist ausgeschlossen,** wenn der Anspruchsteller sich weigert, seinen Lebensunterhalt durch die Aufnahme einer ihm **möglichen Erwerbstätigkeit** zu decken, § 2 Abs. 1 BSHG (Prinzip der Selbsthilfe).[1568] **517b**

Wenn der Antragsteller sich entgegen einer Anordnung gem. § 19 Abs. 2 BSHG weigert, **gemeinnützige Arbeiten** zu leisten, so hat dies gem. § 25 Abs. 1 BSHG eine Kürzung bzw. eine Einstellung der Hilfe zum Lebensunterhalt zur Folge. Im Verfahren gem. § 123 ist in diesen Fällen zwar nicht zu prüfen, ob der gegen eine Aufforderung gem. § 19 Abs. 2 BSHG eingelegte Widerspruch voraussichtlich erfolgreich sein wird.[1569] Da es sich bei dieser Aufforderung allerdings um einen Verwaltungsakt handelt,[1570] hat der Widerspruch des Sozialhilfeempfängers gem. § 80 Abs. 1 aufschiebende Wirkung.[1571] Während deren Dauer darf der Träger der Sozialhilfe den Sozialhilfeempfänger nicht so behandeln, als habe er gegen das Gebot verstoßen. Eine Kürzung der Sozialhilfe gem. § 25 BSHG scheidet mithin in diesem Zeitraum aus.[1572] **518**

Der **Sozialhilfeanspruch ist ausgeschlossen,** wenn der Anspruchsteller sich weigert, seinen Lebensunterhalt durch die **Verwertung von Vermögen** zu decken, das nicht zum sog. Schonvermögen gem. § 88 Abs. 2 BSHG gehört. In einem solchen Fall kann allenfalls die Gewährung eines Darlehens verlangt werden, wenn die sofortige Verwertung des Vermögens nicht möglich ist oder eine Härte bedeuten würde, § 89 Satz 1 BSHG. Die Gewährung des Darlehens kann von der Bestellung einer Sicherheit abhängig gemacht werden, § 89 Satz 2 BSHG.[1573] **518a**

Deutschen, die **im Ausland** leben und dort der Hilfe bedürfen, kann in besonderen Notfällen Sozialhilfe gewährt werden. Der unbestimmte Rechtsbegriff „besonderer Notfall" eröffnet der Verwaltung keinen Beurteilungsspielraum. Die Anwendung dieses Tatbestandsmerkmals unterliegt vielmehr der vollen gerichtlichen Überprüfung. [1574] Bei Vorliegen des Tatbestands steht es im pflichtgemäßen Ermessen der Behörde, ob sie Hilfe leistet. Ein Anordnungsanspruch ist nur zu bejahen, wenn allein eine Ermessensausübung im Sinne des Antragstellers in Betracht kommt.[1575] **519**

1566 *BVerwG,* 15. 6. 2000 – 5 C 34.99 – DVBl. 00, 1693.

1567 *OVG Hamburg,* 14. 1. 2000 – 4 Bs 14.00 – FEVS 51, 478.

1568 *OVG Hamburg,* 14. 4. 1998 – 4 Bs 131.98 – ZFSH/SGB 99, 224.

1569 *VGH Kassel,* 24. 2. 1987 – 9 TG 2667/85 –, FEVS 37, 18.

1570 *VGH München,* 24. 9. 1998 – 12 B 96400 – FEVS 49, 467 m.w.N.

1571 So *VGH München,* 24. 9. 1998 – 12 B 96400 – FEVS 49, 467 m.w.N.; verneinend *VGH München,* 12. 3. 1999 – 24 B 1378.98 – FEVS 51, 86 (Heranziehung zur gemeinnützigen Arbeit ist begünstigende Hilfemaßnahme).

1572 *VGH Kassel,* 24. 2. 1987 – 9 TG 2667/85 – FEVS 37, 18.

1573 *VG Braunschweig,* 30. 6. 1997 – 3 B 3279/97 – NVwZ-RR 98, 243.

1574 Grundlegend *BVerwG,* 5. 6. 1997 – 5 C 4. 96 – NVwZ 98, 638 = DVBl. 97, 1441 = DÖV 98, 34; s.a. *VGH München,* 16. 12. 1996 – 12 CE 952728 – BayVBl. 97, 470 m.w.N. zu der kontroversen Rechtsprechung, wie dieses Tatbestandsmerkmal zu interpretieren ist.

1575 *VGH München,* 16. 12. 1996 – 12 CE 95. 2728 – BayVBl. 97, 470.

519a **Ausländer,** die sich **in Deutschland** aufhalten und der Hilfe bedürfen, haben gem. § 120 Abs. 1 BSHG grundsätzlich einen Anspruch auf Hilfe zum Lebensunterhalt. Das gilt allerdings nicht für die Ausländer, die gem. § 1 AsylbLG anspruchsberechtigt sind. Das sind die Ausländer, die sich zwar in Deutschland aufhalten, aber vollziehbar ausreisepflichtig sind.

Beispiel:

Ehemaliges Mitglied einer diplomatischen Mission nach Beendigung der persönlichen Mission, sofern es keinen Antrag auf Erteilung einer Aufenthaltsgenehmigung gestellt hat.[1576]

b) Anordnungsgrund

520 In Fällen, in denen ein Anordnungsanspruch zu bejahen ist, weil der Antragsteller materiell berechtigt ist, Sozialhilfe zu verlangen, liegt in der Regel auch ein Anordnungsgrund vor.[1577] Dies versteht sich von selbst, wenn es um die Befriedigung existenzieller Bedürfnisse des Hilfeempfängers geht. Gleiches gilt, wenn die beanspruchte Hilfe sinnvoll nur bis zu einem bestimmten Zeitpunkt gewährt werden kann.

Beispiele:

- Der Antragsteller verlangt Zahlung der Fahrtkosten für die Fahrt zum 75. Geburtstag seiner Mutter;[1578]
- der Antragsteller begehrt die Gewährung einer Weihnachtsbeihilfe;[1579]
- die schwangere Antragstellerin fordert eine Säuglingserstausstattung;[1580]
- der Antragsteller begehrt eine einmalige Leistung der Sozialhilfe zur Beschaffung von Gegenständen, die ein Schulanfänger benötigt;[1581] dabei kann verlangt werden, dass die Mittel für die Beschaffung eines Markenschulranzens bereitgestellt werden, damit sich das Kind nicht der Gefahr der Diskriminierung von Schulkameraden ausgesetzt sieht.[1582]

520a **§ 15 a BSHG** begründet einen besonderen Anspruch auf Sozialhilfe, soweit diese erforderlich ist, um dem Hilfeempfänger seine Unterkunft zu sichern **(Mietzuschüsse).** Der Anordnungsgrund ist in diesen Fällen bereits dann zu bejahen, wenn ein Mietrückstand gegeben ist, der den Vermieter gem. § 554 BGB im nachfolgenden Monat zur Kündigung des Mietverhältnisses berechtigen würde; das gilt nur dann nicht, wenn aufgrund der besonderen Beziehung zwischen Mieter und Vermieter mit einem solchen Vorgehen nicht zu rechnen ist.[1583]

521 Der **Anordnungsgrund** ist **zu verneinen,** wenn sich der Antragsteller vorübergehend anders helfen kann, weil er z.B. in der Lage ist, die begehrten Mittel einstweilen selbst aufzubringen.[1584] Der Anordnungsgrund entfällt allerdings nicht

---

[1576] *OVG Münster,* 27. 1. 1998 – 8 B 2164.97 – NVwZ-RR 99, 252 = DÖV 98, 741 [Ls.].

[1577] *OVG Weimar,* 18. 2. 1999 – 2 EO 816.98 – ZFSH/SGB 99, 415; *Finkelnburg/Jank,* Rdn. 1238.

[1578] *VG Wiesbaden,* 23. 10. 1992 – II/1 G 853/92 – info also 93, 28.

[1579] *VG Sigmaringen,* 5. 12. 1991 – 6 K 887/91 – info also 93, 31.

[1580] *OVG Koblenz,* 30. 3. 2000 – 12 A 11660.99 – NJW 01, 1514.

[1581] *BVerwG,* 28. 3. 1996 – 5 C 33.95 – NJW 96, 3023 = BayVBl. 97, 507.

[1582] *OVG Lüneburg,* 6. 1. 2000, FEVS 51, 476.

[1583] *OVG Münster,* 16. 3. 2000 – 16 B 308.00 – FEVS 52, 24 = ZFSH/SGB 00, 558.

[1584] *VGH München,* 9. 5, 1991 – 12 CE 91695 – FEVS 41, 426, 428; *OVG Bremen,* 16. 10. 1989 – 2 B 110/89 – FEVS 39, 235.

bereits dann, wenn der Antragsteller einen ihm eingeräumten Dispositionskredit noch nicht ausgeschöpft hat.[1585]

c) Inhalt der einstweiligen Anordnung

Eine einstweilige Anordnung, mit der der Sozialhilfeträger verpflichtet wird, dem Antragsteller Sozialhilfeleistungen zu gewähren, nimmt die Hauptsache stets (teilweise) vorweg. Dies ist zur Wahrung effektiven Rechtsschutzes zulässig, wenn die erstrebte Leistung existenzsichernden Charakter hat.[1586] Um dem Hauptverfahren nur soweit vorzugreifen, wie dies erforderlich ist, ist es allerdings geboten, die Verpflichtung des Antragsgegners zur Leistung zeitlich zu befristen.[1587] **522**

Beispiel:
Verpflichtung zur Leistung der Sozialhilfe für die Dauer eines Monats ab Antragstellung/ab gerichtlicher Entscheidung[1588] in Höhe des Regelsatzes.

Eine Kürzung unter das Maß der Regelsätze, um die Hauptsache nicht vorweg zu nehmen, ist dagegen nicht zulässig.[1589]

Mit der einstweiligen Anordnung kann der Sozialhilfeträger nur zu Leistungen für die Zukunft, nicht aber für die Vergangenheit verpflichtet werden.[1590] **522 a**

Hinweis:
In der Hauptsache kann der Anspruch ab Antragstellung bei der Behörde durchgesetzt werden, sofern der Sozialhilfeberechtigte die fragliche Leistung bereits in Anspruch genommen hat.[1591] Das gilt unabhängig davon, ob der Antrag bei einer unzuständigen Behörde gestellt worden ist, vgl. § 5 Abs. 2 BSHG.[1592]

2. Weitergewährung

Nach der ständigen Rechtsprechung des BVerwG ist die Sozialhilfe keine rentengleiche wirtschaftliche Dauerleistung mit Versorgungscharakter.[1593] Sie wird dem Sozialhilfeempfänger daher nur Zeitabschnittsweise (in der Regel für einen Monat) gewährt. Dies kommt im Bescheid regelmäßig deutlich zum Ausdruck. **523**

Beispiele:
- **Regelfall:** „Ihnen wird ab dem 1. Januar 2002 bis auf weiteres laufend Hilfe zum Lebensunterhalt in Höhe von monatlich … Euro gewährt. Die Hilfe ist keine rentengleiche Dauerleistung; die Bewilligungen ab dem 1. Februar 2002 erfolgen durch die

---

1585 *OVG Münster,* 10. 4. 2000 – 22 B 282.00 – FEVS 52, 77 = ZFSH/SGB 00, 408.

1586 *VGH Kassel,* 9. 6. 1992 – 9 TG 2795/91 –, NVwZ-RR 93, 145; *BVerwG,* 14. 1. 1982 – 5 C 70.80 – *BVerwGE* 64, 318, 322.

1587 *OVG Münster,* 4. 3. 1992 – 9 B 3839/91 – NVwZ 93, 202.

1588 Zum Zeitpunkt s. *Finkelnburg/Jank,* Rdn. 1245 m. w. N.

1589 *VGH München,* 26. 11. 1993 – 12 CE 93 3058 – NVwZ-RR 94, 398; s. a. *Finkelnburg/Jank,* Rdn. 1242 m. w. N.

1590 *OVG Münster,* 6. 9. 1999 – 22 A 387.97 – ZFSH/SGB 00, 162 [auch zu den Ausnahmen]; *VGH München,* 16. 12. 1996 – 12 CE 95 2728 – BayVBl. 97, 470.

1591 *OVG Lüneburg,* 12. 4. 2000 – 4 L 3902/99 – DÖV 01, 391 [Ls.].

1592 Vgl. dazu *Atzler,* DVBl. 01, 703, 704 f.

1593 *BVerwG,* 6. 8. 1995 – 5 C 30.93 – DVBl. 96, 304; *BVerwG,* 16. 1. 1986 – 5 C 36/84 – NVwZ 87, 412.

Auszahlungen für den jeweiligen Monat."[1594] Mit dieser Formulierung wird klargestellt, dass die Leistungen ab Februar phasenweise durch die jeweiligen Auszahlungen[1595] bewilligt werden.

– **Ausnahme:** „Ihnen wird ab dem 1. Januar 2002 bis zum 30. Juni 2002 laufend Hilfe zum Lebensunterhalt in Höhe von monatlich ... Euro gewährt."[1596] Mit dieser Regelung wird ein Anspruch für das erste Halbjahr begründet; bei einer Änderung der dem Bescheid zu Grunde liegenden Verhältnisse muss dieser daher (teilweise) gem. § 48 Abs. 1 Nr. 1 SGB X aufgehoben werden. Der Widerspruch gegen diesen Verwaltungsakt hat aufschiebende Wirkung, § 80 Abs. 1, es sei denn der Sozialhilfeträger ordnet die sofortige Vollziehbarkeit gem. § 80 Abs. 2 Nr. 4 an.[1597]

523 a Sofern der Sozialhilfeträger für die Zukunft eine Kürzung der Sozialhilfe verfügt, ist dies mithin im Regelfall als (teilweise) Versagung eines begünstigenden Verwaltungsaktes zu qualifizieren. Der einstweilige Rechtsschutz kann aus diesem Grunde in diesen Fällen nur in einem Verfahren gem. § 123 erreicht werden.[1598] Die Weitergewährung von Sozialhilfeleistungen kann also im Wege des einstweiligen Rechtsschutzes nur unter denselben Voraussetzungen erreicht werden, die für die Erstgewährung gelten (vgl. K 517, K 515).

3. Rückforderung

524 In bestimmten Fällen kann der Sozialhilfeträger für geleistete Sozialhilfe entweder

– Kostenersatz von dem Hilfeempfänger oder dessen Erben verlangen (§§ 92a, 92c BSHG)[1599] oder
– Aufwendungsersatz (§ 11 Abs. 2 Satz 2, § 29 Satz 2 BSHG) bzw.
– einen Kostenbeitrag (§ 43 Abs. 1 Satz 2, Abs. 3 Satz 2 BSHG) geltend machen oder
– zu Unrecht geleistete Sozialhilfeleistungen gem. §§ 45 ff. SGB X zurückfordern.[1600]

Hinweis für den Anwalt:
Wenn die Sozialhilfe im Wege des **Darlehens** gewährt wurde, ist es dem Sozialhilfeträger mangels Ermächtigungsgrundlage nicht möglich, diese Leistungen im Wege des Leistungsbescheids zurück zu verlangen. Er muss seinen Anspruch daher im Wege der **Leistungsklage** durchsetzen.

525 In all diesen Fällen hat der Widerspruch gegen den belastenden Bescheid des Sozialhilfeträgers gem. § 80 Abs. 1 aufschiebende Wirkung.

[1594] Vgl. *Paul,* ZFSH/SGB 99, 78.

[1595] *OVG Münster,* 24. 3. 1993 – 24 A 1093.90 – FEVS 44, 330, 332.

[1596] Vgl. *Paul,* ZFSH/SGB 99, 78.

[1597] *VGH München,* 22. 5. 1998 – 12 CE 97 3042 – BayVBl. 99, 50.

[1598] Grundlegend *BVerwG,* 30. 11. 1966 – 5 C 29.66 – BVerwGE 25, 307; *OVG Hamburg,* 3. 9. 1998 – 4 Bs 193.98 – FEVS 49, 458; *VGH München,* 9. 5. 1991 – 12 CE 91 695 –, FEVS 41, 426, 427; *VGH München,* 18. 3. 1988 – 12 CE 88 00409 –, FEVS 39, 177, 180; zu einem Ausnahmefall s. *OVG Hamburg,* 5. 12. 1996 – 4 Bs 322.96 – FEVS 47, 538.

[1599] Ein Ersatzanspruch ist nur gegeben, wenn die Hilfegewährung rechtmäßig war, vgl. *BVerwG,* 21. 10. 1987 – 5 C 39/85 – NJW 88, 2551; *VGH München,* 26. 7. 1993 – 12 B 90 3525 – NJW 94, 275.

[1600] Die Vorschriften der §§ 44 ff. SGB X enthalten ein geschlossenes System der Rücknahme und des Widerrufs von Verwaltungsakten und der Erstattung zu Unrecht erbrachter Leistungen neben denen wegen desselben Sachverhalts keine anderen Ersatzansprüche gegeben sind, vgl. *BVerwG,* 3. 12. 1992 – 5 C 40.90 – ZfSH/SGB 93, 436.

4. Überleitung

526 Hat ein Sozialhilfeempfänger für die Zeit, für die ihm Hilfe gewährt wird, einen Anspruch gegen einen anderen, so kann der Träger der Sozialhilfe durch schriftliche Anzeige an diesen anderen bewirken, dass der Anspruch bis zur Höhe seiner Aufwendungen auf ihn übergeht (vgl. § 90 BSHG).

Beispiele:
- Ansprüche auf Arbeitsentgelt,
- Schadensersatzansprüche,
- Ansprüche gem. § 528 BGB (Rückforderung von Schenkungen).

Die Überleitung setzt dabei nicht die „Identität der Verrechnungszeiträume" voraus. Die Überleitung darf vielmehr auch dann erfolgen, wenn der Anspruch zwar für einen anderen Zeitraum begründet worden ist, in dem Zeitraum, für den Sozialhilfe geleistet worden ist, aber noch nicht erfüllt war.[1601]

526a Die **Überleitungs-Anzeige** ist als **Verwaltungsakt** zu qualifizieren. Wenn der Adressat dieser Anzeige den gegen ihn gerichteten Anspruch – dessen Inhaber infolge der Anzeige nunmehr der Sozialhilfeträger ist – nicht erfüllt, muss der Sozialhilfeträger einen gerichtlichen Titel erwirken. Für das Verfahren ist das Gericht zuständig, dessen Beurteilung der übergeleitete Anspruch unterliegt.

a) Keine aufschiebende Wirkung des Widerspruchs, § 90 Abs. 3 BSHG

527 **Widerspruch und Anfechtungsklage** gegen die Anzeige haben gem. § 90 Abs. 3 BSHG **keine aufschiebende Wirkung.**[1602]

b) Verfahren gem. § 80 Abs. 5

528 Einstweiliger Rechtsschutz ist daher nur gem. § 80 Abs. 5 durch einen Antrag auf die Herstellung der aufschiebenden Wirkung des Rechtsbehelfs zu erreichen.

529 Für die **Zulässigkeit** dieses Antrages gelten die allgemeinen Kriterien, vgl. J 102ff.

530 Die **Begründetheitsprüfung** vollzieht sich in dem üblichen zweistufigen Verfahren, vgl. J 128ff. Zunächst werden summarisch die Aussichten des Rechtsbehelfs bewertet. Das Gericht gibt dem Antrag statt, wenn sich ergibt, dass die Anzeige offensichtlich rechtswidrig ist. Das Gericht lehnt dagegen die Wiederherstellung der aufschiebenden Wirkung des Widerspruchs gem. § 80 Abs. 5 ab, wenn sich aufgrund dieser **summarischen Prüfung** ergibt, dass der Rechtsbehelf in der Hauptsache offensichtlich keinen Erfolg haben wird. Die Entscheidung des Sozialhilfeträgers ist mithin auf der Grundlage des § 90 BSHG zu überprüfen.

531 Das tatsächliche Bestehen des übergeleiteten Anspruchs ist nicht Voraussetzung für die Überleitung. Für deren Wirksamkeit ist es vielmehr ausreichend, dass nach materiellem Recht ein Anspruch des Sozialhilfeempfängers gegeben gewesen sein könnte. Ob dieser Anspruch gegeben ist und welche Einreden gegen ihn geltend

---

[1601] *BVerwG,* 28. 10. 1999 – 5 C 28.98 – FEVS 51, 164 = ZFSH/SGB 00, 105.

[1602] *Mergler/Zink,* BSHG, 4. Aufl. 1997, § 90, Rdn. 67; *Schellhorn/Jirasek/Seipp,* BSHG, 15. Aufl. 1997, § 90, Rdn. 61.

gemacht werden können, ist dann gegebenenfalls in einem nachfolgenden gerichtlichen Verfahren zu klären.

Etwas anderes gilt nur dann, wenn der übergeleitete Anspruch nach materiellem Recht offensichtlich ausgeschlossen ist und es sich deshalb um eine erkennbar sinnlose Überleitungsanzeige handelt.[1603]

532 In der Praxis haben **Schenkungsfälle** eine besondere Bedeutung. Hier wird die sozialhilferechtliche Beurteilung des Sachverhalts erheblich durch die Antwort auf zivilrechtliche Vorfragen geprägt.

Beispiel:

Der Sozialhilfeempfänger hat acht Jahre vor seinem Tod seinem Sohn ein unbebautes Grundstück in einem Einfamilien-Hausgebiet geschenkt. Der Sozialhilfeträger richtet eine Überleitungsanzeige an den Sohn, in der es heißt: „Unsere Sozialhilfeleistungen in Höhe von Euro ... wurden in Unkenntnis der Tatsache erbracht, dass der Verstorbene Eigentümer eines bebaubaren Grundstücks gewesen ist, das er Ihnen im Wege der Schenkung übertragen hat. Gem. § 528 BGB kann der Schenker, sofern er nach Vollziehung der Schenkung außerstande ist, seinen angemessenen Unterhalt zu bestreiten, die Herausgabe des Geschenks fordern. Diesen Rückforderungsanspruch leiten wir auf die Gemeinde über."

533 In der Rechtsprechung war lange Zeit umstritten, ob der Rückforderungsanspruch des Schenkers gem. § 528 BGB mit dessen Tode erlischt. Der Bundesgerichtshof hat diese Streitfrage dahin entschieden, dass der Rückforderungsanspruch auch nach dem Tode des Schenkers fortbesteht, soweit der Schenker Sozialhilfe erhalten hat.[1604]

Häufig ist der Beschenkte auch Erbe des Hilfeempfängers. In einer solchen Konstellation wäre daran zu denken, dass der Rückforderungsanspruch gemäß § 528 BGB durch Konfusion erlischt, weil mit dem Tode des Hilfeempfängers dessen Erbe zugleich Inhaber des Rückforderungsanspruchs wird. Der Bundesgerichtshof hat entschieden, dass eine Konfusion nicht in Betracht kommt, soweit nach dem Tod des Schenkers Rechte des Trägers der Sozialhilfe an dem verschenkten Vermögen fortbestehen. Von dem Fortbestehen einer Forderung sei dann auszugehen, wenn dies nach der Interessenlage mit Rücksicht auf Rechte Dritter an der Forderung geboten erscheine. Dann fingiere das BGB das Bestehen einer solchen Forderung auch in anderen Fällen. Gegenüber dem Träger der Sozialhilfe könne daher die Erbfolge in den Anspruch aus § 528 BGB nicht schaden.[1605]

Ein Rückforderungsanspruch gem. § 528 BGB ist damit grundsätzlich überleitungsfähig; ob und in welcher Höhe er besteht und ob beispielsweise die Einrede des § 529 Abs. 2 BGB geltend gemacht werden kann,[1606] ist im Verfahren vor dem Zivilgericht zu klären.

[1603] *BVerwG,* 27. 5. 1993 – 5 C 7.91 – BVerwGE 92, 281; *Schellhorn/Jirasek/Seipp,* BSHG, 15. Aufl. 1997, § 90, Rdn. 61.

[1604] *BGH,* 14. 6. 1995 – 14. 6. 1995 – IV ZR 212/94 – NJW 95, 2287, 2288; s.a. *BVerwG,* 10. 5. 1990 – 5 C 63.88 – NDV 90, 317: § 90 BSHG dient der Durchsetzung des Grundsatzes vom Nachrang der Sozialhilfe (§ 2 Abs. 1 BSHG), entscheidend ist daher, ob der Hilfeempfänger im Leistungszeitraum Inhaber eines Anspruchs war.

[1605] *BGH,* 14. 6. 1995 – 14. 6. 1995 – IV ZR 212/94 – NJW 95, 2287, 2288.

[1606] Die Einrede wird durch die wirksame Überleitung nicht ausgeschlossen, vgl. nur *Kollhosser* in: Münchener Kommentar, 3. Aufl., 1995, § 528, Rdn. 18.

Hinweis:
Nach der Rechtsprechung des Bundesverwaltungsgerichts ist der Rückforderungsanspruch gemäß § 528 BGB kein Unterhaltsanspruch, so dass die Vorschrift des § 91 BSHG – dazu unten K 537 – keine Anwendung findet.[1607]

Bei der Überprüfung der Überleitungsregelung ist nicht zu klären, ob die Sozialhilfe rechtmäßig gewährt wurde.[1608] **534**

§ 90 BSHG eröffnet dem Sozialhilfeträger **Ermessen,** ob und in welcher Höhe er den Anspruch überleitet. Es ist zunächst zu prüfen, ob die Behörde den ihr eröffneten Ermessensspielraum erkannt hat. Ist dies zu verneinen, dann ist die Verfügung bereits aus diesem Grund rechtswidrig, so dass der Antrag Erfolg haben muss. **535**

Sofern die Behörde ihr Ermessen betätigt hat, ist die Entscheidung im Hinblick auf Ermessensfehler zu untersuchen.[1609]

Hinweise für den Anwalt:
- Das Ermessen der Sozialhilfebehörde wird regelmäßig durch detaillierte Verwaltungsvorschriften gebunden und strukturiert.[1610]
- Im Rahmen der Ermessensausübung haben Billigkeitsgesichtpunkte ein besonderes Gewicht. Es ist insbesondere Sache des anwaltlichen Verfahrensbevollmächtigten die Behörde und das Gericht über die dafür relevanten Tatsachen zu informieren. In der Antragsschrift sind diese Tatsachen **glaubhaft** zu machen, § 173 i. V. m. § 294 ZPO.

Führt die summarische Prüfung der Erfolgsaussichten des Rechtsbehelfs zu keinem eindeutigen Ergebnis, so hat das **Gericht** eine **eigene Interessenabwägung**[1611] vorzunehmen, bei der es die Nachteile, die aus einer verspäteten Verwirklichung des Verwaltungsaktes erwachsen, sofern sich dieser als rechtmäßig erweist, mit den Nachteilen zu vergleichen hat, die dem Betroffenen durch den sofortigen Vollzug eines – unterstellt rechtswidrigen – Verwaltungsaktes entstehen, vgl. oben J 135 ff. Dabei fällt ins Gewicht, dass der Gesetzgeber durch die Regelung in § 90 Abs. 3 BSHG dem Vollziehungsinteresse im Zweifel den Vorrang einräumen will, vgl. auch oben J 136. **536**

Hinweise für den Anwalt: **537**
- Die **Überleitung von Unterhaltsansprüchen** erfolgt **nicht** (mehr)[1612] gem. § 90 BSHG **durch Verwaltungsakt.** Gem. § 91 Abs. 1 Satz 1 BSHG findet vielmehr ein **gesetzlicher Forderungsübergang** statt (cessio legis). Streitigkeiten darüber, ob und in welcher Höhe der Forderungsübergang stattgefunden hat, sind ausschließlich den Zivilgerichten zugewiesen, vgl. § 91 Abs. 4 Satz 3 BSHG.[1613]

1607 *BVerwG,* 16. 6. 1987 – 5 B 38.87 – Buchholz 436.0, § 91 BSHG Nr. 13.

1608 *BVerwG,* 4. 6. 1992 – 5 C 57.88 – ZfSH/SGB 93, 28.

1609 *Schellhorn/Jirasek/Seipp,* BSHG, 15. Aufl. 1997, § 90, Rdn. 15 ff.

1610 Vgl. z. B. Ausführungsvorschriften über die Inanspruchnahme von Drittverpflichteten durch den Träger der Sozialhilfe Berlin vom 30. Mai 1995 (SenSoZ VII A 13).

1611 *VGH Mannheim,* 7. 1. 1994 – 10 S 1942/93 – NVwZ-RR 95, 17, 19.

1612 Zur Gesetzesentwicklung s. *Schellhorn/Jirasek/Seipp,* BSHG, 15. Aufl. 1997, § 91, Rdn. 5 ff.

1613 *Schellhorn/Jirasek/Seipp,* BSHG, 15. Aufl. 1997, § 91, Rdn. 134.

– Der Forderungsübergang wird durch § 91 BSHG dem Grunde und der Höhe nach **beschränkt.** Er findet nicht statt, sofern der Unterhaltsverpflichtete selbst Sozialhilfeempfänger ist. Er ist im übrigen insoweit beschränkt als der Unterhaltspflichtige gem. §§ 76ff. BSHG sein Einkommen und Vermögen einsetzen müsste, wenn er selbst Hilfeempfänger wäre.[1614]

[1614] S. dazu im einzelnen die „Empfehlungen des Deutschen Vereins für die Heranziehung Unterhaltspflichtiger in der Sozialhilfe", abgedruckt in NDV 95, 1ff.

L. Verwaltungsprozess und Europarecht

Übersicht

1 Das deutsche Verwaltungsrecht wird in weiten Teilen durch das Gemeinschaftsrecht beeinflusst. Nach einem geflügelten Wort von Jacques Delors überlagert es zwischenzeitlich mehr als 80% des Wirtschaftsrechts der Mitgliedstaaten der Europäischen Union. In der Regel wird das Gemeinschaftsrecht durch die deutschen Behörden vollzogen. Dabei müssen sie stets die Effektivität des Gemeinschaftsrechts gewährleisten, was Modifikationen des deutschen Verwaltungsverfahrens erforderlich macht. Auch der deutsche Verwaltungsprozess steht unter dem Einfluss des Europarechts. Denn die Verwaltungsgerichte haben zusammen mit den Gemeinschaftsgerichten unter Einhaltung gemeinschaftsrechtlicher Rechtsschutzstandards für einen effizienten Schutz der Rechte zu sorgen, die das Gemeinschaftsrecht den Bürgern der Mitgliedstaaten verleiht.

2 Für den Anwalt ist es daher erforderlich, sich mit den Rechtsgrundlagen des Gemeinschaftsrechts und den veränderten Rechtsschutzmöglichkeiten vertraut zu machen. Dafür fasst der erste Teil die gemeinschaftsrechtlichen Grundlagen zusammen, die für das Verständnis des Rechtsschutzsystems notwendig sind (L 4ff.). Der anschließende Abschnitt befasst sich dann mit dem Einfluss des Gemeinschaftsrechts auf den deutschen Verwaltungsprozess. Die stärksten Einwirkungen finden sich dort im vorläufigen Rechtsschutz (L 63ff.) und der Einbindung des EuGH in das verwaltungsgerichtliche Verfahren im Wege einer Vorabentscheidung (L 84ff.).

3 Das Gemeinschaftsrecht kann vor allem durch verbindliche Entscheidungen auch unmittelbar in den Rechtskreis natürlicher oder juristischer Personen eingreifen. Wollen diese sich dagegen zur Wehr setzen, müssen sie gegen die sie betreffenden

Rechtshandlungen unmittelbar vor den Gemeinschaftsgerichten klagen. Daher stellt der abschließende Teil (L 16ff.) das gemeinschaftsrechtliche Rechtsschutzsystem und die für den Individualrechtschutz maßgeblichen Klagearten und Rechtsbehelfe vor.

I. Europarechtliche Grundlagen

1. Rechtsquellen des Gemeinschaftsrechts

Ähnlich wie das deutsche Recht kennt auch das Gemeinschaftsrecht eine **Normenhierarchie.** An seiner Spitze steht das primäre Gemeinschaftsrecht, das sind insbesondere die Gründungsverträge. Sie bilden die Grundlage und damit zugleich den Maßstab für die Rechtmäßigkeit des von den Gemeinschaftsorganen erlassenen sekundären Gemeinschaftsrechts. Bestandteil der Gemeinschaftsrechtsordnung sind schließlich die von ihr geschlossenen völkerrechtlichen Verträge, die im Rang hinter dem primären, aber vor dem sekundären Gemeinschaftsrecht einzuordnen sind. **4**

a) Primäres Gemeinschaftsrecht

Neben den Gemeinschaftsverträgen gehören zum primären Gemeinschaftsrecht die durch die Rechtsprechung des EuGH entwickelten, „ungeschriebenen" allgemeinen Rechtsgrundsätze. **5**

aa) Gründungsverträge

Die wichtigsten Rechtsquellen des primären Gemeinschaftsrechts sind die Gründungsverträge der Europäischen Gemeinschaften, die gleichberechtigt nebeneinander stehen.[1] Dies sind **6**

- der **Vertrag über die Gründung der Europäischen Gemeinschaft für Kohle und Stahl** (EGKS – Montanunion) vom 18. April 1951.[2] Die Geltungsdauer des Vertrages endet gem. Art. 97 EGKS am 23. Juli 2002. Er wird nicht verlängert. Die Aufgaben der Montanunion werden durch die Europäische Gemeinschaft übernommen.
- der **Vertrag über die Gründung der Europäischen Atomgemeinschaft** (Euratom – EAG) vom 25. März 1957[3] und
- der Vertrag über die Gründung der Europäischen Wirtschaftsgemeinschaft vom 25. März 1957 (EWG).[4] Die Europäische Wirtschaftsgemeinschaft wurde durch den Maastrichter Vertrag in Europäische Gemeinschaft (EG), der Vertrag in **„Vertrag zur Gründung der Europäischen Gemeinschaft"** (EG-Vertrag) umbenannt.

Von den drei Gründungsverträgen hat in der Rechtspraxis der EG-Vertrag die mit Abstand größte Bedeutung. Er enthält wichtige gemeinschaftsrechtliche Grundsätze wie das Subsidiaritätsprinzip (Art. 5 EG), die Verpflichtung zur Gemeinschafts- **7**

---

[1] Vgl. Art. 305 EG.
[2] Abgedruckt im Sartorius II Nr. 195.
[3] Abgedruckt im Sartorius II Nr. 200.
[4] Abgedruckt im Sartorius II Nr. 150.

treue (Art. 10 EG) und das Diskriminierungsverbot (Art. 13 EG). Der Vertrag beschreibt in insgesamt 22 Titeln die Bereiche, in denen die Gemeinschaft tätig werden darf. Zu ihnen zählen die vier Grundfreiheiten, die Warenverkehrsfreiheit (Art. 28ff. EG), die Personenfreiheit – zu der die Arbeitnehmerfreizügigkeit (Art. 39ff. EG) und die Niederlassungsfreiheit (Art. 43ff. EG) gehören – die Dienstleistungsfreiheit (Art. 49ff. EG), sowie die Freiheit des Kapital- und Zahlungsverkehrs (Art. 56ff.). Rechtlich verdient daneben die gemeinsame Wettbewerbspolitik einschließlich der Beihilfenaufsicht (Art. 81ff. EG), ökonomisch die Währungs- und Geldpolitik (Art. 105ff. EG) besondere Erwähnung. Der Vertrag regelt schließlich die Zusammensetzung und Befugnisse der Organe der Gemeinschaft, das Rechtssetzungsverfahren für das sekundäre Gemeinschaftsrecht sowie den Rechtsschutz vor den europäischen Gerichten (s. L 84ff., 116ff.).

8 **Hinweis:**

Durch den Amsterdamer Vertrag sind die Normen des EG-Vertrages umnummeriert worden. Um die Fassungen der Verträge besser unterscheiden zu können, bezeichnet der EuGH die Artikel in der nach dem 1. Mai 1999 geltenden Zählweise als „EG", die der Maastrichter Fassung als „EG-Vertrag". Ältere Artikel werden als Artikel des „EWG-Vertrag" bezeichnet. So entspricht etwa im Beihilfenrecht Art. 92 EG-Vertrag dem Art. 87 EG in der neuen Fassung.

9 Zum primären Gemeinschaftsrecht zählen im übrigen die Anhänge der Gemeinschaftsverträge und die ihnen beigefügten Protokolle (Art. 311 EG), beispielsweise das Protokoll über die Satzung des Gerichtshofs der Europäischen Gemeinschaft. Schließlich sind alle Verträge zur Änderung und Ergänzung des EG-Vertrags selbst, sowie die Verträge über den Beitritt neuer Mitglieder Bestandteil des primären Gemeinschaftsrechts.[5]

10 Demgegenüber gehört der am 1. November 1993 in Kraft getretene Maastrichter **Vertrag über die Europäische Union**[6] (EU-Vertrag) nicht zum Gemeinschaftsrecht. Er begründet einen Staatenverbund ohne eigene Rechtspersönlichkeit,[7] der durch die Einführung gemeinsamer Regeln quasi als Dach über dem System der Gemeinschaften steht und neue Bereiche einer politischen Zusammenarbeit erschließt. Er schafft den institutionellen Rahmen für eine intergouvernementale Zusammenarbeit auf den Gebieten der Gemeinsamen Außen- und Sicherheitspolitik (GASP, Art. 11ff. EU) und der polizeilichen und justitiellen Zusammenarbeit in Strafsachen (Art. 29ff. EU). Die dabei gefassten Beschlüsse haben keine unmittelbare Wirkung in den Mitgliedstaaten, sondern müssen durch diese erst in ihr nationales Recht umgesetzt werden. Die Europäische Union verklammert im Übrigen diese neuen Politiken mit den Europäischen Gemeinschaften (Art. 1 Abs. 3 EU), schafft einen einheitlichen institutionellen Rahmen (Art. 3 EU) verpflichtet die Organe zur Beachtung der Grundrechte (Art. 6 Abs. 2 EU) und legt die Regeln der Vertragsänderung fest (Art. 48 EU). Vor dem EuGH sind nur

---

[5] Überblick bei *Schwarze* in *Schwarze*, Art. 220 EGV, Rdn. 12.

[6] Abgedruckt im Sartorius II Nr. 145.

[7] *BVerfG*, 12. 10. 1993 – 2 BvR 2134, 2159/92 (Maastricht-Urteil) –, BVerfGE 89, 157, 191ff. = NJW 93, 3047; im Einzelnen str., vgl. nur *Herdegen*, Rdn. 82ff. mit zahlreichen Nachweisen.

die Akte der Gemeinschaftsorgane justiziabel, nicht aber die im EU-Vertrag angelegten Handlungen der intergouvernementalen Zusammenarbeit.

bb) Allgemeine Rechtsgrundsätze

Die Gemeinschaftsverträge enthalten weder einen Grundrechtskatalog noch Vorschriften über das allgemeine Verwaltungsverfahren. Der EuGH hat diese Lücken durch allgemeine Rechtsgrundsätze geschlossen, die er in richterlicher Rechtsfortbildung aus den Gemeinsamkeiten der Rechtsordnungen der Mitgliedstaaten entwickelt hat (zum Verwaltungsverfahrensrecht L 44). Auch diese gemeinschaftsrechtlichen Grundsätze gehören zum primären Gemeinschaftsrecht. 11

Von herausragender Bedeutung ist die **Entwicklung eines ungeschriebenen Grundrechtskatalogs** unter Rückgriff auf die Verfassungstraditionen der Mitgliedstaaten und die Gewährleistungen der Europäischen Menschenrechtskonvention (EMRK) durch den EuGH.[8] Art. 6 Abs. 2 EUV bestätigt nunmehr diese Rechtsprechung ausdrücklich: Die Union achtet die Grundrechte, wie sie in der EMRK gewährleistet sind und wie sie sich aus den gemeinsamen Verfassungsüberlieferungen der Mitgliedstaaten als allgemeine Grundsätze des Gemeinschaftsrechts ergeben. Der gemeinschaftsrechtliche Standard der Grundrechte entspricht nach Art und Umfang weitgehend dem deutschen Grundrechtsschutz.[9] Sämtliche Handlungen der Gemeinschaftsorgane und alle auf Gemeinschaftsrecht beruhenden staatlichen Akte der Mitgliedstaaten müssen den Anforderungen des gemeinschaftsrechtlichen Grundrechtsstandards genügen. 12

Hinweis: 13

Die **Europäische Menschenrechtskonvention** (EMRK)[10] ist ein eigenständiger völkerrechtlicher Vertrag, der die Vertragsstaaten, alle 41 Mitgliedstaaten des Europarates, verpflichtet, den in der Konvention und den Zusatzprotokollen enthaltenen Grundrechtsstandard zu gewährleisten. Seit 1998 kann sich jede natürliche Person mit einer Individualbeschwerde unmittelbar an den Europäischen Gerichtshof für Menschenrechte (EGMR) in Straßburg wenden und dort die Verletzung von eigenen, von der Konvention geschützten Rechten durch einen Vertragsstaat rügen. Der Gerichtshof kann die Verletzung durch Urteil feststellen und der verletzten Partei nach Art. 41 EMRK eine gerechte Entschädigung zusprechen. Die Vertragsstaaten sind verpflichtet, das Urteil zu befolgen.
Vor dem EuGH kann sich hingegen niemand unmittelbar auf die Gewährleistungen der EMRK berufen. Denn die Grundrechte der EMRK binden die Gemeinschaft nicht, weil sie selbst keine Vertragspartei der Konvention ist.[11] Aufgrund der erheblichen Auswirkungen auf das gemeinschaftliche Rechtsschutzsystem wäre ihr Beitritt nur bei einer vorherigen Änderung des EG-Vertrages möglich.[12] Umgekehrt können vor dem Europäischen Gerichtshof für Menschenrechte zwar keine Rechtsakte der Gemeinschaft, wohl aber deutsche Rechtshandlungen angegriffen werden, durch die das Gemeinschaftsrecht vollzogen wird. Der

---

[8] Seit *EuGH,* 17. 12. 1970 – Rs 11/70 (Internationale Handelsgesellschaft mbH) –, E 1970, 1125 = RiW 1971, 181, 182; EuGH, 28. 31996 – Gutachten 2/94 zum Beitritt der Gemeinschaft zur EMRK –, E 1996, I-1759, Rdn. 33.

[9] *BVerfG,* 22. 10. 1986 – 2 BvR 197/83 („Solange II") –, BVerfGE 73, 339 = NJW 87, 577, 580ff. Übersicht über die Gemeinschaftsgrundrechte bei *Stumpf* in *Schwarze,* Art. 6 EUV, Rdn. 1ff.

[10] Abgedruckt im Sartorius II Nr. 130ff.

[11] *EuG,* 14. 5. 1998 – Rs. T-347/94 (Mayr-Melnhof/Kommission) –, E 1998, II-1751, Rdn. 311; *EuG,* 20. 2. 2001 – Rs. T-112/98 (Mannesmann Röhrenwerke/Kommission), Rdn. 59.

[12] *EuGH,* Gutachten 2/94, E 1996, I-1759, Rdn. 35.

EGMR urteilt jedoch sehr zurückhaltend, weil er den vom EuGH gewährleisteten Grundrechtsschutz auf Gemeinschaftsebene für ausreichend hält, auch den materiellen Anforderungen der EMRK zu entsprechen.[13] Das ist wenig verwunderlich, weil der EuGH bei der Auslegung der Gemeinschaftsgrundrechte immer wieder auf die EMRK zurückgegriffen hat.[14]

14 Die Präsidenten des Ministerrats, des Europäischen Parlaments und der Kommission haben am 7. Dezember 2000 in Nizza die **Charta der Grundrechte der Europäischen Union** unterzeichnet. Die Grundrechte sind damit in der Europäischen Union zum erstenmal umfassend kodifiziert. Die Charta enthält über den Katalog der Grundrechte des Grundgesetzes hinaus eine Reihe weiterer, vorwiegend sozialer Grundrechte. Unter den in Kapitel V zusammengefassten Bürgerrechten findet sich das Recht auf eine gute Verwaltung (Art. 41, insbes. Anhörungs- und Begründungspflicht sowie Akteneinsichtsrecht) und ein Zugangsrecht zu den Rats- und Kommissionsdokumenten (Art. 42). An die Grundrechtscharta sind die Europäischen Gemeinschaften und damit ihre Organe allerdings bislang nicht formell gebunden.[15] Kompetenzen und Grenzen der gemeinschaftsrechtlichen Handlungen können sich nur aus dem EG-Vertrag selbst ergeben. In ihn aber ist die Charta nicht einbezogen. Dafür wäre ein Vertragsänderungsverfahren nach Art. 48 EU einschließlich einer Ratifikation durch die Mitgliedstaaten notwendig, das von der Mehrheit der Mitgliedstaaten und der Gemeinschaft angestrebt wird. Dennoch wird sich der EuGH in der Zukunft bei der Auslegung der Gemeinschaftsgrundrechte auch vor einer formellen Vertragsänderung bereits an der Charta orientieren.[16]

b) Sekundäres Gemeinschaftsrecht

15 Das sekundäre Gemeinschaftsrecht umfasst das von den Organen der Gemeinschaft auf der Grundlage des EG-Vertrages geschaffene Recht. Nach Art. 249 EG kann die Gemeinschaft zur Erfüllung ihrer Aufgaben Verordnungen, Richtlinien, und Entscheidungen erlassen sowie Empfehlungen oder Stellungnahmen abgeben. Dabei gilt gem. Art. 5 Abs. 1 EG das **Prinzip der begrenzten Einzelermächtigung.** Die Gemeinschaft darf nur tätig werden, wenn ihr dafür durch die Mitgliedstaaten im EG-Vertrag die entsprechenden Kompetenzen eingeräumt worden sind.[17] Die Gemeinschaftsorgane haben diese Kompetenzen häufig extensiv ausgelegt.

Der EG-Vertrag sieht ein komplexes **Rechtsetzungsverfahren** vor.[18] Rechtsetzungsakte ergehen im Allgemeinen auf Vorschlag der Kommission. Verabschiedet werden müssen sie durch den Rat, in dem die Mitgliedstaaten durch ihre zuständigen Fachminister vertreten sind. Dem Europäischen Parlament räumt der EG-Vertrag nach Aufgabengebieten abgestufte Mitwirkungsrechte ein. In vielen Bereichen gilt das in Art. 251 EG geregelte Mitentscheidungsverfahren, bei dem der Rat im Ergebnis einen Rechtsakt nicht ohne die Zustimmung des Parlaments verabschieden kann.

---

[13] *EGMR,* 9. 2. 1990, DR 64, 138 – Melchers = ZaÖRV 90, 836 f.

[14] Vgl. *EuGH,* 13. 12. 1979 – Rs. 44/79 (Hauer) –, E 1979, 3727, Rdn. 17 ff.; *EuGH,* 15. 5. 1986 – Rs. 222/84 (Johnston) –, E 1986, 1651, Rdn. 18.

[15] Vgl. *Knöll,* NVwZ 01, 392 f.; *Calliess,* EuZW 01, 261, 266 f.

[16] Vgl. *Grabenwarter,* DVBl. 01, 1, 11; *Calliess,* EuZW 01, 261, 267.

[17] Vgl. *Lienbacher* in *Schwarze,* Art. 5 EGV, Rdn. 7 ff.

[18] Überblick bei *Herdegen,* Rdn. 194 ff.; *Streinz,* Rdn. 436 ff.

Hinweis für den Anwalt: 16

Um einen Überblick über den zur Bearbeitung eines Falles einschlägigen Bestand des sekundären Gemeinschaftsrechts zu erhalten, ermöglicht der Internet-Server der Europäischen Gemeinschaft einen überwiegend kostenlosen Zugriff auf das geltende Gemeinschaftsrecht sowie auf die Rechtsprechung des EuGH und enthält darüber hinaus viele nützliche Informationen. Einen sehr übersichtlichen Zugang ermöglicht das EUR-Lex-Portal: http://europa.eu.int/eur-lex.

Die sekundären Rechtsakte der Gemeinschaft werden im Amtsblatt der Europäischen Gemeinschaften veröffentlicht. Durch den Vertrag von Nizza wird es in Amtsblatt der Europäischen Union umbenannt. Das Amtsblatt erscheint täglich in elf Sprachen in gedruckter Form und ist 45 Tage lang auch im Internet kostenlos zugänglich. Es besteht aus zwei Reihen, der Reihe L (Rechtsvorschriften) und der Reihe C (Mitteilungen, Bekanntmachungen und vorbereitende EU-Rechtsakte). Sie werden durch das elektronische Amtsblatt C E ergänzt. Das Amtsblatt C enthält die Beilage S, in welcher die gemeinschaftsweit ausschreibungspflichtigen Aufträge veröffentlicht werden. Diese Aufträge werden auch in der Datenbank TED veröffentlicht: http://ted.eur-op.eu.int/ojs/de/eurlex.htm.

aa) Verordnungen

Gem. Art. 249 Abs. 2 EG haben Verordnungen des Rates und der Kommission allgemeine Geltung und sind in allen ihren Teilen verbindlich. Sie gelten unmittelbar in jedem Mitgliedstaat, also auch ohne Transformation in das deutsche Recht oder Bekanntgabe im Bundesgesetzblatt. Die Veröffentlichung erfolgt nach Art. 254 EG vielmehr im Amtsblatt der Europäischen Gemeinschaften. Die Verordnungen treten entweder zu dem in ihnen festgelegten Zeitpunkt, anderenfalls am zwanzigsten Tag nach ihrer Veröffentlichung in Kraft. 17

Verordnungen treffen im Unterschied zu Entscheidungen generell abstrakte Regelungen. Wie im deutschen Verwaltungsrecht bei Rechtsverordnung und Verwaltungsakt kann es dabei Abgrenzungsschwierigkeiten geben, wenn Verordnungen trotz abstrakter Formulierung ersichtlich nur konkrete Einzelfälle regeln wollen. In diesen Fällen ermöglicht Art. 230 Abs. 4 EG den betroffenen natürlichen oder juristischen Personen, auch gegen die Verordnung Nichtigkeitsklage unmittelbar vor den Gemeinschaftsgerichten zu erheben (vgl. näher L 125ff., L 133). 18

Die Kommission kann durch eine Grundverordnung vom Rat ermächtigt werden, in einzelnen Bereichen eigenständig Durchführungsverordnungen zu erlassen. 19

Beispiele:

Wichtige Verordnungen sind beispielsweise:

- im Wettbewerbsrecht die zur Durchführung der Art. 81 und 82 EG erlassene Kartellverordnung 17/62/EWG oder die Fusionskontrollverordnung 4064/89/EWG,[19]
- im Beihilfenrecht die Verordnung 659/1999/EG, die die Beihilfenaufsicht durch die Kommission regelt (s. L 46ff.),[20]
- im Außenwirtschaftsrecht die Dual-use-Verordnung 1334/2000/EG zur Kontrolle der Ausfuhr von Gütern und Technologien mit doppeltem Verwendungszweck,[21]
- im Agrarrecht die Verordnung 404/93/EWG über die Gemeinsame Marktorganisation für Bananen.[22]

---

19 Abgedruckt im Sartorius II Nr. 165 und 170.
20 ABl. EG L 83 vom 27. 4. 1999, S. 1.
21 ABl. EG L 159 vom 30. 6. 2000, S. 1.
22 ABl. EG L 47 vom 25. 2. 1993, S. 1.

bb) Richtlinien

20 Im Unterschied zur Verordnung ist die Richtlinie nach Art. 249 Abs. 3 EG nur für die Mitgliedstaaten selbst und nur hinsichtlich des zu erreichenden Zieles verbindlich, überlässt jedoch den innerstaatlichen Stellen die Wahl der Form und der Mittel, wie das Ziel erreicht werden soll. Die Bundesrepublik muss daher, wie die anderen Mitgliedstaaten auch, Richtlinien in deutsches Recht umsetzen. Dafür sehen die Richtlinien regelmäßig bestimmte Umsetzungsfristen vor. Für die Umsetzung verlangt der EuGH, dass sie hinreichend klar und bestimmt ist, damit der Einzelne, dem durch die Richtlinie Rechte zugesprochen werden, davon Kenntnis erlangt und er diese gegebenenfalls vor den deutschen Gerichten durchsetzen kann.[23] Im deutschen Recht führt dies faktisch zu einem Gesetzesvorbehalt. Die Umsetzung einer Richtlinie durch eine Verwaltungsvorschrift reicht wegen ihrer eingeschränkten Außenwirkung nicht aus, den rechtsstaatlichen Anforderungen des EuGH zu genügen.[24]

21 Die die Richtlinie umsetzenden deutschen Gesetze sind von den Gerichten und Verwaltungsbehörden anhand ihrer Ziele und ihrem Wortlaut **richtlinienkonform auszulegen.**[25] Das gilt auch dann, wenn eine gesonderte Umsetzung der Richtlinie nicht erforderlich ist, weil das deutsche Recht ihren Vorgaben bereits entspricht.[26] Richtlinien können die Auslegung des nationalen Rechts unter bestimmten Voraussetzungen auch dann schon beeinflussen, wenn die Umsetzungsfrist noch nicht abgelaufen ist.[27] Auch bei fehlerhafter Umsetzung der Richtlinie (dazu L 30ff.) ist zunächst eine Lösung mit Hilfe einer richtlinienkonformen Auslegung zu suchen.

22 **Hinweis:**

Zur Auslegung der Richtlinie muss der Anwalt die anderen sprachlichen Fassungen der Richtlinie heranziehen, denn jede sprachliche Version ist für alle Mitgliedstaaten verbindlich. Zu prüfen ist immer, ob der EuGH die Auslegungsfrage bereits im Wege eines Vorabentscheidungsverfahrens nach Art. 234 EG beantwortet hat. Als Auslegungshilfe kann auch auf Protokollerklärungen des Rates und der Kommission zu den angenommenen Rechtsakten zurückgegriffen werden. Sie finden sich in der monatlichen Aufstellung der Rechtsakte des Rates auf dessen Homepage: http://ue.eu.int/de/summ.htm. Auch weitere Erklärungen oder Mitteilungen der Kommission können für die Auslegung hilfreich sein.
Die richtlinienkonforme Auslegung ist nur ein Unterfall der **gemeinschaftskonformen Auslegung.** Daher sind auch das primäre Gemeinschaftsrecht sowie Verordnungen und Entscheidungen für die Auslegung des deutschen Rechtes, insbesondere zur Ausfüllung unbestimmter Rechtsbegriffe und die Ausübung von Ermessensspielräumen heranzuziehen.

---

[23] *EuGH,* 11. 8. 1995, Rs. C-433/93 (Kommission/Deutschland) –, E 1995, I-2303 Rdn. 18ff.: Die Vergaberichtlinien gewähren den Bietern subjektive Rechte, die in der Umsetzung des HGrG nicht vorgesehen waren. Erst die Neuregelung des Vergaberechts half dem ab (s. § 97 Abs. 7 GWB); *EuGH,* 30. 5. 1991 – Rs. C-361/88 (Kommission/Deutschland – „TA Luft") –, E 1991, I-2567, Rdn. 24.

[24] *EuGH,* 30. 5. 1991 – Rs. C-361/88 (Kommission/Deutschland – „TA Luft") –, E 1991, I-2567, Rdn. 7ff.

[25] *EuGH,* 10. 4. 1984 – Rs. 14/83 (Von Colson und Kamann) –, E 1984, 1891, Rdn. 26ff.

[26] *EuGH,* 13. 11. 1990 – Rs. C-106/89 (Marleasing SA/LA Comercial Internacional de Alimentación SA) –, E 1990, I 4135, Rdn. 13.

[27] *BGH,* 5. 2. 1998 – I ZR 211/95 – BGHZ 138, 55, 59f. = EuZW 98, 474; vgl. auch *EuGH,* Rs. C-129/96 (Inter-Environnement Wallonie ASBL) –, E 1997, I-7411.

Beispiele:
Es dienen beispielsweise
- das Kreislaufwirtschafts- und Abfallgesetz der Umsetzung der Richtlinie 91/156/EWG,
- das Energiewirtschaftsgesetz der Umsetzung der Richtlinien 96/92/EG und 98/30/EG,
- das Recht der öffentlichen Aufträge in den §§ 97 ff. GWB, der Vergabeverordnung vom 9. 1. 2001 und den Verdingungsordnungen VOB/A, VOL/A und VOF der Umsetzung der Baukoordinierungsrichtlinie 93/37/EWG, der Lieferkoordinierungsrichtlinie 93/36/EWG, der Sektorenrichtlinie 90/531/EWG und der Dienstleistungsrichtlinie 92/50/EWG,
- die §§ 19a ff. BNatSchG der Umsetzung der Fauna-Flora-Habitat-Richtlinie 92/43/EWG.

Im November 2000 waren 1459 Richtlinien in Kraft, von denen Deutschland nach Angaben der Kommission ca. 97% in nationales Recht umgesetzt hatte.

cc) Entscheidungen

Die Entscheidung trifft gem. Art. 249 Abs. 4 EG eine verbindliche Regelung im Einzelfall. Sie entspricht damit dem deutschen Verwaltungsakt. Üblicherweise werden Entscheidungen durch die Kommission erlassen. Adressaten einer Entscheidung können Mitgliedstaaten und Einzelne sein. Sie wird nach Art. 254 Abs. 3 EG durch Bekanntgabe an den Adressaten wirksam und muss begründet werden, Art. 253 EG. 23

dd) Empfehlungen und Stellungnahmen

Alle anderen einseitigen Handlungsformen der Gemeinschaft sind nicht rechtsverbindlich. Dazu gehören Empfehlungen, Stellungnahmen, Mitteilungen und Leitlinien der Kommission. Für die Praxis haben sie große Bedeutung, weil sie die Verfahrensweise der Kommission maßgeblich konkretisieren. Rechtlich sind sie als Auslegungshilfe heranzuziehen und können für die Verwaltungspraxis der Kommission ähnlich wie deutsche Verwaltungsvorschriften Bindungswirkung entfalten. 24

Beispiel:
Wichtige Stellungnahmen der Kommission sind beispielsweise
- im Beihilfenrecht der Gemeinschaftsrahmen für staatliche Umweltschutzbeihilfen vom 3. Februar 2001[28] sowie zahlreiche weitere Stellungnahmen und Leitlinien, die die Beihilfenaufsicht und Wettbewerbspolitik der Kommission konkretisieren. Die Internet Seite der Generaldirektion gibt hier einen umfassenden Überblick: http://europa.eu.int/comm/competition/index_de.html.
- im Vergaberecht die Mitteilung der Kommission zu Auslegungsfragen im Bereich Konzessionen im Gemeinschaftsrecht oder die interpretierende Mitteilung über das auf das Öffentliche Auftragswesen anwendbare Gemeinschaftsrecht und die Möglichkeiten zur Berücksichtigung von Umweltbelangen bei der Vergabe öffentlicher Aufträge.[29]

c) Völkerrechtliche Verträge

Schließlich gehören zu den Rechtsquellen des Gemeinschaftsrechts die von der Gemeinschaft abgeschlossenen völkerrechtlichen Verträge mit Drittstaaten und Internationalen Organisationen. Diese Verträge bilden einen integrierenden Bestandteil der Gemeinschaftsrechtsordnung und sind gem. Art. 300 Abs. 7 EG für die Organe der Gemeinschaft und für die Mitgliedstaaten verbindlich. Das sekun- 25

---

28 ABl. EG C 37 vom 3. 2. 2000, S. 3.

29 ABl. EG C 121 vom 29. 4. 2000, S. 2; abgedruckt als Anlage III zu NVwZ 00, Heft 7 sowie KOM (2001) 274 endg. vom 4. 7. 2001.

däre Gemeinschaftsrecht muss daher mit diesen Abkommen vereinbar sein und steht ihnen im Rang nach.[30]

2. Verhältnis des Gemeinschaftsrechts zum nationalen Recht

26 Das Gemeinschaftsrecht kann in Deutschland unmittelbar anwendbar sein. Gegenüber entgegenstehendem deutschem Recht hat es dann Vorrang.

a) Unmittelbare Wirkung des Gemeinschaftsrechts

27 Das Gemeinschaftsrecht verpflichtet nicht nur die Mitgliedstaaten, sondern kann auch unmittelbar gegenüber den Bürgern Anwendung finden, ohne dass es dafür zuvor in deutsches Recht umgesetzt werden müsste.[31] Der Einzelne kann sich vor den deutschen Verwaltungsbehörden und Gerichten direkt auf eine unmittelbar wirkende Norm berufen. Sie kann ihn auch unmittelbar verpflichten, wenn er Adressat der Norm ist. Das Gemeinschaftsrecht bildet damit eine eigene Rechtsordnung, in der neben den Mitgliedstaaten und den Gemeinschaftsorganen auch die Bürger selbst Rechtssubjekte und damit Träger subjektiver Rechte und Pflichten sind. Unmittelbar wirkende Regelungen finden sich in allen Rechtsquellen des Gemeinschaftsrechts:

aa) Unmittelbare Wirkung des primären Gemeinschaftsrechts

28 Vorschriften des EG-Vertrages, auch wenn sie sich nach ihrem Wortlaut nur an die einzelnen Mitgliedstaaten richten, haben nach ständiger Rechtsprechung des EuGH unmittelbare Wirkung, wenn sie unbedingt und inhaltlich so bestimmt sind, dass sie ohne weitere Konkretisierung anwendbar sind.[32] Der EuGH hat die meisten wichtigen Normen des EG-Vertrages für unmittelbar anwendbar erklärt.

Beispiele:
Unmittelbar anwendbar sind
- die Marktfreiheiten (Warenverkehrsfreiheit, Art. 28ff. EG; Personenverkehrsfreiheiten, Art. 39ff., 43ff. EG; Dienstleistungsfreiheit, Art. 49ff. EG und Kapitalverkehrsfreiheit, Art. 56ff. EG),
- das Durchführungsverbot für nicht genehmigte Beihilfen, Art. 88 Abs. 3 EG,
- die Wettbewerbsvorschriften der Art. 81 Abs. 1 und 2 EG und Art. 82 EG,
- das Nichtdiskriminierungsgebot des Art. 141 EG zwischen Mann und Frau;

Von diesen Normen hat der EuGH Art. 39,[33] Art. 81 Abs. 1 und 2 sowie Art. 141 auch gegenüber anderen Bürgern für unmittelbar anwendbar erklärt (unmittelbare horizontale Wirkung).

bb) Unmittelbare Wirkung des sekundären Gemeinschaftsrechts

29 Die unmittelbare Wirkung von **Verordnungen** (s. L 17ff.) ist in Art. 249 Abs. 2 EG ausdrücklich angeordnet.[34]

---

[30] *EuGH,* 12. 12. 1972 – Rs. 21–24/72 (International Fruit Company NV u.a.) –, E 1972, 1219 = RiW 73, 280.

[31] Std. Rspr. seit *EuGH,* 5. 2. 1963 – Rs. 26/62 (Van Gend & Loos) –, E. 1963, 1 = NJW 63, 974.

[32] Seit *EuGH,* 5. 2. 1963 – Rs. 26/62 (Van Gend & Loos) –, E. 1963, 1, Rdn. 10ff. = NJW 63, 974.

[33] *EuGH,* 6. 6. 2000 – Rs. C-281/98 (Angonese) –, E 2000, I-4/39 = EuZW 00, 468.

[34] Nur soweit einzelne Bestimmungen einer Verordnung ausnahmsweise einer Durchführungsvorschrift bedürfen, kann ihre unmittelbare Wirkung in Frage stehen, vgl. *EuGH,*

Richtlinien (s. L 20ff.) haben in Ausnahmefällen unmittelbare Wirkung, obwohl sie nach Art. 249 Abs. 3 EG durch den Mitgliedstaat eigentlich erst in nationales Recht umgesetzt werden müssen. Jedoch kann sich der Einzelne nach der Rechtsprechung des EuGH gegenüber dem Staat auf eine ihn **begünstigende Vorschrift** der Richtlinie berufen, wenn[35] 30

- die Richtlinie trotz **Fristablaufes** nicht oder nur unzulänglich in deutsches Recht umgesetzt wurde,
- die Richtlinienbestimmung **inhaltlich unbedingt** ist, also eine Verpflichtung begründet, die weder an eine Bedingung geknüpft ist, noch zu ihrer Erfüllung oder Wirksamkeit einer Maßnahme der Gemeinschaftsorgane oder der Mitgliedstaaten bedarf.[36] Ein weiter Gestaltungsspielraum der Mitgliedstaaten spricht grundsätzlich gegen eine Unbedingtheit der Bestimmung,
- die Regelung der Richtlinie **hinreichend genau** ist. Durch Auslegung muss dabei der begünstigte und verpflichtete Personenkreis sowie der Inhalt des Rechtes eindeutig ermittelt werden können.

Weil die Richtlinie nach Art. 249 Abs. 3 EG ausdrücklich nur für den Staat verbindlich ist, hat es der EuGH stets abgelehnt, dass sich der Staat[37] selbst oder eine Privatperson[38] gegenüber einer anderen Privatperson auf die unmittelbare Wirkung einer Richtlinienbestimmung berufen darf. Allerdings kann eine Richtlinie zwischen den Bürgern mittelbare horizontale Wirkung entfalten, weil die Behörden und Gerichte das deutsche Recht bei fehlerhafter Richtlinienumsetzung auch zu Lasten eines Privaten richtlinienkonform auszulegen haben.[39] Den Begriff des durch die Richtlinie verpflichteten „Staates" hat der EuGH weit ausgedehnt. So kann die unmittelbare Wirkung der Richtlinie den Staat auch dann verpflichten, wenn er seine Aufgaben in Form einer Gesellschaft des Privatrechts erfüllt.[40] 31

Entscheidungen (s. L 24) haben nach Art. 249 Abs. 4 EG für ihren Adressaten ausdrücklich unmittelbare Wirkung. Soweit eine Entscheidung an den Mitglied- 32

---

11. 1. 2001 – Rs. C-403/98 (Azienda Agricola Monte Arcosu Srl) –, Rdn. 26 ff. = EWS 01, 84.

35 Seit *EuGH,* 4. 12. 1974 – Rs. 41/74 (Van Duyn) –, E 1974, 1337 = DVBl. 75, 780 –; *EuGH,* 5. 4. 1979 – Rs 148/78 (Strafverfahren gegen Ratti) –, E 1979, 1629; *EuGH,* 19. 1. 1982 – Rs 8/81 (Becker) –, E 1982, 53 = NJW 82, 499; in Deutschland lange Zeit sehr str.; die ablehnende Rechtsprechung des BFH wurde vom *BVerfG* durch B. v. 8. 4. 1987 – 2 BvR 687/85 („Kloppenburg") –, E 75, 223 = NJW 88, 1459 aufgehoben.

36 *EuGH,* 23. 2. 1994 – Rs. C-236/92 (Comitato di coordinamento per la difesa della Cava/Regione Lombardia u. a.) –, E 1994, I-483 = EuZW 1994, 282.

37 *EuGH,* 11. 6. 1987 – Rs. 14/86 (Pretore di Salô/X) –, E 1987, 2545; *EuGH,* 8. 10. 1987 – Rs. 80/86 (Strafverfahren gegen Kolpinghuis Nijmegen BV) –, E 1987, 3969.

38 *EuGH,* 26. 2. 1986 – Rs. 152/84 (Marshall „I") –, E 1986, 723; *EuGH,* 14. 7. 1994, – Rs 91/92 (Facini Dori/Recreb Srl) –, E 1994, I-3325 = NJW 94, 2473; *EuGH,* 7. 3. 1996 – Rs C-192/94 (El Cortes Inglés) –, E 1996, I-1281; sog. „horizontale Wirkung der Richtlinie".

39 Vgl. *EuGH,* 14. 7. 1994 – Rs 91/92 (Facini Dori/Recreb Srl) –, E 1994, I-3325 = NJW 94, 2473.

40 *EuGH,* 26. 2. 1986 – Rs. 152/84 (Marshall „I") –, E 1986, 723 88; *EuGH,* 12. 7. 1990 – Rs. 188/89 (Foster) –, E 1990, I-3313, Rdn. 20.

staat gerichtet ist, kann sie für den Einzelnen unter denselben Voraussetzungen wie Richtlinien unmittelbare Wirkung entfalten.[41]

cc) Unmittelbare Wirkung von völkerrechtlichen Verträgen

33 **Völkerrechtliche Verträge** (s. L 25) der Gemeinschaft sind unmittelbar anwendbar, wenn die betreffende Bestimmung eine hinreichend klare, präzise und unbedingte Verpflichtung enthält.[42] Wegen ihrer unzureichenden Bestimmtheit hat der EuGH die unmittelbare Wirkung der Bestimmungen des GATT[43] und der WTO[44] verneint.

b) Vorrang des Gemeinschaftsrechts

34 Aufgrund seiner unmittelbaren Wirkung kann Gemeinschaftsrecht mit dem deutschen Recht kollidieren. Nach der ständigen Rechtsprechung des EuGH hat in solchen Fällen das Gemeinschaftsrecht Vorrang vor dem gesamten nationalen Recht[45], auch vor dem Verfassungsrecht.[46] Der EuGH begründet dies mit der Notwendigkeit seiner einheitlichen Geltung des Gemeinschaftsrechts in allen Mitgliedstaaten.

35 Der Vorrang des Gemeinschaftsrechts verpflichtet Verwaltungsgerichte und Verwaltungsbehörden,[47] das Gemeinschaftsrecht einschließlich der Kommissionsentscheidungen[48] von Amts wegen[49] vollumfänglich zu beachten. Der Anwendung des Gemeinschaftsrechts darf kein Gesetz und keine deutsche Verwaltungspraxis entgegengehalten werden.[50] Der Vorrang des Gemeinschaftsrechtes begründet aber nur

---

[41] *EuGH,* 6. 10. 1970 – Rs. 9/70 (Grad) –, E 1970, 825, Rdn. 9; *EuGH,* 10. 11. 1992 – Rs. C-156/91 (Hansa Fleisch Ernst Mundt GmbH & Co KG) –, E 1992, I-5589 = NJW 93, 315 = EuZW 93, 37.

[42] *EuGH,* 30. 9. 1987 – Rs. 12/86 (Demirel) –, E 1987, 3719 = NVwZ 88, 235; *EuGH,* 12. 12. 1972 – Rs. 21–24/72 International Fruit Company N. V. u. a.) –, E 1972, 1219 = RiW 73, 280; *EuGH,* 15. 1. 1998 – Rs. C-113/97 (Babahenini) –, E 1998, I-183 zur unmittelbaren Wirkung einer Norm eines Freihandelsabkommens; *EuGH,* 12. 12. 1995 – Rs. 469/93 (Administrazione delle finanze dello Stato/Chiquita Italien) –, E 1995, I-4533 zur unmittelbaren Wirkung einer Norm des AKP Abkommens.

[43] Seit *EuGH,* 12. 12. 1972 – Rs. 21–24/72 (International Fruit Company NV u. a.) –, E 1972, 1219, Rdn. 21 ff. = RiW 73, 280.

[44] *EuGH,* 23. 11. 1999 – Rs. C-149/96 (Portugal/Rat), E 1999, I-8395, Rdn. 42–46; für das TRIPS Abkommen: *EuGH,* 14. 12. 2000 – Rs. C-300, 392/98 (Christian Dior SA/ Tuk Consultancy BV und Assco Gerüste GmbH u. a./Assco Gerüste GmbH u. a.) –, Rdn. 44 = EWS 01, 187; anders Generalanwalt Tesauro in seinen Schlussfolgerungen zu dem Urteil *EuGH,* 16. 5. 1998 – Rs. 53/96 (Hermès International/FHT Marketing Choice BV) –, E 1998, I-3603 = EuZW 98, 572.

[45] St. Rspr. seit *EuGH,* 15. 7. 1964 – Rs. 6/64 (Costa/ENEL) –, E 1964, 1251, Rdn. 9 ff. = NJW 64, 2371.

[46] *EuGH,* 11. 1. 2000 – Rs. 285/98 (Kreil) –, EuZW 00, 346.

[47] *EuGH,* 13. 7. 1972 – Rs 48/71 (Kommission/Italien) –, E 1972, 529; *EuGH,* 19. 1. 1993 – Rs 101/91(Kommission/Italien) –, E 1993, I-191.

[48] Vgl. *EuGH,* 14. 12. 2000 – Rs. C-344/98 (Masterfoods Ltd./HB Ice Cream Ltd u. a.) –, Rdn. 52 = EuZW 01, 113.

[49] Vgl. *EuGH,* 14. 12. 1995 – verb. Rs 430, 431/93 (Van Schijndel u. a.) –, E 1995, I-4705; vgl. auch *EuGH* vom 14. 12. 1995 – Rs 312/93 (Peterbroeck, Van Campenhout & Cie SCS) –, E 1995, I-4599 = RiW 96, 346.

[50] *EuGH,* 17. 5. 1972 – Rs. 93/71 (Leonesio) –, E 1972, 287.

einen **Anwendungsvorrang,** keinen Geltungsvorrang.[51] Daher bleibt das gemeinschaftswidrige deutsche Recht nur für den konkreten Fall ohne Anwendung. In diesem Umfang schränkt der Vorrang des Gemeinschaftsrechts auch das Normverwerfungsmonopol des Bundesverfassungsgerichtes nach Art 100 Abs. 1 GG ein. In einem konkreten Rechtsstreit entscheidet das Verwaltungsgericht selbst über die Unanwendbarkeit der gemeinschaftswidrigen Rechtsnorm, ohne die Frage deshalb dem Bundesverfassungsgericht vorlegen zu müssen.

Bevor Verwaltungsgerichte oder Verwaltungsbehörden das deutsche Recht nicht anwenden, haben sie stets zu prüfen, ob die Rechtsvorschriften nicht **gemeinschaftsrechtskonform ausgelegt** werden können (s. L 21 f.).[52] Im Einzelfall kann der Mitgliedstaat zur Änderung seines entgegenstehenden Rechts verpflichtet sein, um Rechtsklarheit zu schaffen.[53]

Die **Rechtsprechung des BVerfG** stellt den Vorrang des Gemeinschaftsrechtes **36**
grundsätzlich nicht in Abrede,[54] begründet diesen aber aus der Übertragung der Hoheitsrechte auf die Gemeinschaft gem. Art. 23 Abs. 1 GG.[55] Das Gemeinschaftsrecht gelte in der Bundesrepublik aufgrund des Rechtsanwendungsbefehls der Zustimmungsgesetze zu den Verträgen.[56] Daraus folgt zweierlei:
- Die „Ewigkeitsgarantie" des Art. 79 Abs. 3 GG ist für das Bundesverfassungsgericht die Grenze der zulässigen Übertragung von Hoheitsrechten. Gemeinschaftsrechtsakte können daher nur insoweit Vorrang vor dem nationalen Recht haben, als in ihnen keine Verletzung von Art. 79 Abs. 3 GG liegt.
- Rechtsakte der Gemeinschaftsorgane können nur dann im deutschen Recht Anerkennung und Vorrang beanspruchen, wenn sie die an die Gemeinschaft durch das Zustimmungsgesetz übertragenen Kompetenzen nicht überschreiten.[57]

Die Kontrolle über die Einhaltung dieser Grenzen, insbesondere über die Ge- **37**
währleistung eines unabdingbaren Grundrechtsstandards, behält sich das BVerfG grundsätzlich vor. Gleichwohl hat es in seiner Solange II-Entscheidung festgestellt,[58] es werde seine Gerichtsbarkeit über die Anwendbarkeit von abgeleitetem Gemeinschaftsrecht, das als Rechtsgrundlage für ein Verhalten deutscher Gerichte und Behörden im Hoheitsbereich der Bundesrepublik Deutschland in Anspruch genommen werde, nicht mehr ausüben und dieses Recht auch nicht mehr am Maßstab der Grundrechte des Grundgesetzes überprüfen, solange die Gemeinschaft

---

[51] *EuGH,* 22. 10. 1998 – verb. Rs. 10–22/97 (Ministero delle Finanze/IN.CO.GE. '90 Srl u. a.) –, E 1998, I-6307.

[52] *EuGH,* 10. 4. 1984 – Rs. 14/83 (Von Colson und Kamann) –, E 1984, 1891 = DB 1984, 1042; *EuGH,* 4. 2. 88 – Rs. 157/86 (Murphy u. a.) –, E 1988, 673.

[53] *EuGH,* 4. 4. 1974 – Rs. 167/73 (Kommission/Frankreich) –, E 1974, 359; *EuGH* – Rs. 225/86 (Kommission/Italien) –, E 1988, 2271.

[54] Seit BVerfG, 18. 10. 1967 – 1 BvR 248/63, 216/67 –, BVerfGE 22, 293.

[55] Art. 24 Abs. 1 GG, vgl. BVerfG, 29. 5. 1974 – 2 BvL 52/71 („Solange I") –, BVerfGE 37, 271 = NJW 74, 1697.

[56] *BVerfG,* 12. 10. 1993 – 2 BvR 2134, 2159/92 („Maastricht") –, BVerfGE 89, 155 = NJW 93, 3047.

[57] *BVerfG,* 12. 10. 1993 – 2 BvR 2134, 2159/92 („Maastricht") –, BVerfGE 89, 155 (188, 210) = NJW 93, 3047.

[58] *BVerfG,* B. v. 22. 10. 1986 – 2 BvR 197/83 („Solange II") –, BVerfGE 73, 339 = NJW 1987, 577.

und die Rechtsprechung des EuGH einen wirksamen Schutz der Grundrechte gegenüber der Hoheitsgewalt der Gemeinschaften generell gewährleiste, der dem vom Grundgesetz unabdingbar gebotenen Grundrechtsschutz im Wesentlichen gleich zu achten ist.[59] Das BVerfG will dabei den Grundrechtsschutz in einem „Kooperationsverhältnis" gewährleisten.[60] Nur unter dieser Einschränkung akzeptiert es den grundsätzlichen Vorrang des Gemeinschaftsrechts.

38 **Hinweis:**

Das BVerfG verlangt grundsätzlich, zunächst den EuGH im Wege der Vorabentscheidung nach Art. 234 EG (s. L 84ff.) mit der Grundrechtswidrigkeit der Gemeinschaftsrechtshandlung oder deren Kompetenzwidrigkeit zu befassen. Erst wenn diese in der Auslegung des EuGH für verfassungswidrig gehalten wird, kommt überhaupt eine Verfassungsbeschwerde oder eine Vorlage durch ein Gericht in Betracht.

Die Anforderungen an eine Verfassungsbeschwerde und die Vorlage von Gerichten, die eine Verletzung von Grundrechten des Grundgesetzes durch sekundäres Gemeinschaftsrecht geltend machen, hat das BVerfG zwischenzeitlich so hoch gelegt, dass diese kaum mehr erfolgreich sein können. Sie sind von vornherein unzulässig, wenn ihre Begründung nicht durch eine Gegenüberstellung des Grundrechtsschutzes auf nationaler und auf Gemeinschaftsebene darlegt, dass die europäische Rechtsentwicklung einschließlich der Rechtsprechung des EuGH unter den Grundrechtsstandard abgesunken ist, den das BVerfG in seiner Solange II – Entscheidung für ausreichend erachtet hat.[61]

Für eine Verletzung des Grundgesetzes durch einen kompetenzwidrigen, „ausbrechenden" Rechtsakt gibt es nach der Maastricht-Entscheidung bislang keine weiteren aussagekräftigen Anwendungsfälle. Aber auch in diesem Fall dürften die Anforderungen, die das BVerfG an die Zulässigkeit einer Verfassungsbeschwerde oder die Vorlage eines Gerichts stellen wird, sehr hoch sein.

3. Gemeinschaftsrechtlicher Staatshaftungsanspruch

39 Die Mitgliedstaaten sind nach der Judikatur des EuGH verpflichtet, dem einzelnen die Schäden zu ersetzen, die ihm daraus entstehen, dass der Mitgliedstaat eine gemeinschaftsrechtliche Norm verletzt. Nur so hält der EuGH die volle Wirksamkeit des Gemeinschaftsrechts für gewährleistet.[62] Der Staatshaftungsanspruch hat drei Voraussetzungen:[63]

– Die durch den Mitgliedstaat verletzte gemeinschaftsrechtliche Rechtsnorm muss die **Verleihung von Rechten an Einzelne** beinhalten.[64] Der Inhalt dieser

[59] Vgl. auch *BVerfG,* B. v. 7. 6. 2000 – 2 BvL 1/97 –, Rdn. 62 = EuZW 2000, 702.

[60] *BVerfG,* 12. 10. 1993 – 2 BvR 2134, 2159/92 („Maastricht") –, BVerfGE 89, 155, (175) = NJW 93, 3047.

[61] *BVerfG,* B. v. 7. 6. 2000 – 2 BvL 1/97 –, Rdn. 62 = EuZW 2000, 702 unter Hinweis auf *BVerfG,* B. v. 22. 10. 1986 – 2 BvR 197/83 („Solange II") –, BVerfGE 73, 339 = NJW 1987, 577.

[62] *EuGH,* 19. 11. 1991 – Rs. C-6, 9/90 (Francovich und Bonifaci) –, E. 1991, I-5357, Rdn. 33 = NJW 92, 165.

[63] Der EuGH überträgt dabei methodisch die für die Haftung der Gemeinschaft gewonnen Grundsätze auf die mitgliedstaatliche Haftung, vgl. *EuGH,* 5. 3. 1996 – Rs. C-46, 48/93 (Brasserie du Pêcheur SA/Deutschland und The Queen/Secretary of State for Transport, ex parte: Factortame Ltd u. a.) –, E. 1996, I-1029, Rdn. 39ff. = EuZW 96, 205.

[64] *EuGH,* 19. 11. 1991 – Rs. C-6, 9/90 (Francovich und Bonifaci) –, E. 1991, I-5357, Rdn. 40 = NJW 92, 165; *EuGH,* 5. 3. 1996 – Rs. C-46, 48/93 (Brasserie du Pêcheur SA/ Deutschland and The Queen/Secretary of State for Transport, ex parte: Factortame Ltd u. a.) –, E. 1996, I-1029, Rdn. 51 = EuZW 96, 205. *EuGH,* 26. 3. 1996 – Rs. C-392/93

Rechte muss aus der Norm selbst bestimmbar sein. Die unmittelbare Anwendbarkeit der Rechtsnorm ist dafür hinreichende, nicht aber notwendige Bedingung.
- Der Rechtsverstoß des Staates muss **hinreichend qualifiziert** sein. Das ist der Fall, wenn der Mitgliedstaat bei der Rechtsetzung die Grenzen, die der Ausübung seiner Befugnisse gesetzt sind, offenkundig und erheblich überschritten hat,[65] z.B. wenn er eine Richtlinie innerhalb der dafür vorgesehenen Frist nicht umsetzt.[66] Haben die Mitgliedstaaten bei der Umsetzung der Richtlinie einen Ermessensspielraum, liegt ein hinreichend qualifizierter Verstoß nur bei einem erheblich verringerten oder sogar auf Null reduzierten Gestaltungsraum vor.[67]
- Zwischen dem Verstoß gegen das Gemeinschaftsrecht und dem Schaden muss ein **unmittelbarer Kausalzusammenhang** bestehen.[68]

Im Übrigen überlässt der EuGH den Mitgliedstaaten die Ausgestaltung des Staatshaftungsanspruchs.[69] Sie haben dabei jedoch das Effektivitätsprinzip und das Nichtdiskriminierungsgebot zu beachten (vgl. L 53). Im Einzelnen gilt: **40**
- Auch ein **Bundesland** kann passivlegitimiert sein.[70]
- Ein **Verschulden** des Staates gehört nicht zum Tatbestand, ist jedoch im Rahmen des „hinreichend qualifizierten Verstoßes" zu berücksichtigen.[71]
- Ein **Mitverschulden** des Geschädigten kann berücksichtigt werden.
- Vorrangig ist **Primärrechtsschutz** zu suchen.
- Als **Schaden** kommt jeder Nachteil des Geschädigten an seinen Vermögens- und sonstigen Rechtsgütern einschließlich des entgangenen Gewinns in Betracht.
- Die **Verjährung** richtet sich im deutschen Recht entsprechend §§ 195 ff., 852 BGB.

(The Queen/H.M. Treasury ex parte: British Telecommunications plc) –, E 1996, I-1631, Rdn. 40 = EuZW 1996, 274; *EuGH,* 8. 10. 1996 – Rs. 178, 179, 188–190/94 (Dillenkofer u.a.) –, E 1996, I-4845, Rdn. 33 = EuZW 96, 654.

[65] *EuGH,* 5. 3. 1996 – Rs. C-46, 48/93 (Brasserie du Pêcheur SA/Deutschland und The Queen/Secretary of State for Transport, ex parte: Factortame Ltd u. a.) –, E. 1996, I-1029, Rdn. 55 = EuZW 96, 205; *EuGH,* 26. 3. 1996 – Rs. C-392/93 (The Queen/H. M. Treasury ex parte: British Telecommunications plc) –, E 1996, I-1631, Rdn. 42 = EuZW 1996, 274.

[66] *EuGH,* 8. 10. 1996 – Rs. 178, 179, 188–190/94 (Dillenkofer u.a.) –, E 1996, I-4845, Rdn. 26 = EuZW 96, 654.

[67] *EuGH,* 23. 5. 1996 – Rs. C-5/94 (The Queen/Ministry of Agriculture ex parte: Hedley Lomas Ltd) –, E 1996, I-2553, Rdn. 28.

[68] *EuGH,* 5. 3. 1996 – Rs. C-46, 48/93 (Brasserie du Pêcheur SA/Deutschland und The Queen/Secretary of State for Transport, ex parte: Factortame Ltd u.a.) –, E 1996, I-1029, Rdn. 65 = EuZW 96, 205.

[69] *EuGH,* 5. 3. 1996 – Rs. C-46, 48/93 (Brasserie du Pêcheur SA/Deutschland und The Queen/Secretary of State for Transport, ex parte: Factortame Ltd u.a.) –, E 1996, I-1029 = EuZW 96, 205; vgl. i.e. *Berg* in *Schwarze,* Art. 281 EG, Rdn. 90 ff.

[70] EuGH, 1. 6. 1999 – Rs. 302/97 (Konle) –, E 1999, I-3099, Rdn. 64; vgl. auch *Gundel,* DVBl. 01, 95, 99 f.

[71] *EuGH,* 5. 3. 1996 – Rs. C-46, 48/93 (Brasserie du Pêcheur SA/Deutschland und The Queen/Secretary of State for Transport, ex parte: Factortame Ltd u.a.) –, E 1996, I-1029, Rdn. 75 ff. = EuZW 96, 205. Dies hat der BGH auch umfangreich getan, vgl. *BGH,* 24. 10. 1996 – III ZR 127/91 –, EuZW 96, 761 (763 f.).

41 Der BGH sieht in der gemeinschaftsrechtlichen Staatshaftung einen eigenen unabhängigen Staatshaftungsanspruch sui generis.[72]

4. Verwaltungsvollzug des Gemeinschaftsrechts

42 Nur in wenigen Bereichen ist die Kommission für den Vollzug des Gemeinschaftsrechts selbst zuständig (L 43ff.). In den meisten Fällen liegt er in der Verantwortung der Mitgliedstaaten (L 50ff.). Aufgrund der ihnen nach Art. 10 EG gegenüber der Gemeinschaft obliegenden Treue- und Loyalitätspflicht haben sie dafür zu sorgen, dass das Gemeinschaftsrecht in ihrem Hoheitsgebiet effektiv durchgesetzt wird.[73] Dabei unterscheiden sich die Rechtsschutzmöglichkeiten gegen die jeweiligen Vollzugsakte jeweils danach, ob das Gemeinschaftsrecht direkt durch die Kommission oder aber indirekt durch die nationalen Behörden vollzogen wird.

a) Direkter Vollzug des Gemeinschaftsrechts

43 Das Gemeinschaftsrecht wird von der Kommission zwar nur in Ausnahmefällen direkt vollzogen, dies aber bei der Wettbewerbs- und Beihilfenaufsicht in zwei wichtigen Rechtsbereichen. Weitere Vollzugskompetenzen hat die Kommission für den Haushalt, in Personalangelegenheiten sowie im Agrar- und Verkehrsrecht. Das Verwaltungsverfahren beruht auf zahlreichen allgemeinen Rechtsgrundsätzen (s. L 11). Für die Wettbewerbs- und Beihilfenaufsicht ist das Verfahrensrecht durch Verordnungen hingegen konkreter geregelt.

aa) Allgemeine Verwaltungsrechtsgrundsätze

44 Die allgemeinen Verwaltungsrechtsgrundsätze sind überwiegend durch den EuGH entwickelt worden. Einige sind im EG-Vertrag kodifiziert. Neben den auch beim Verwaltungsvollzug zu beachtenden Gemeinschaftsgrundrechten (s. L 12ff.) gehören dazu jeweils die folgenden Prinzipien[74]

- Grundsatz der Einzelermächtigung und der Subsidiarität (Art. 5 Abs. 1 und 2 EG);
- Verhältnismäßigkeitsprinzip (Art. 5 Abs. 3 EG);[75]
- Pflicht zur Begründung von Verordnungen, Richtlinien und Entscheidungen (Art. 253 EG);[76]
- Pflicht zur Bekanntmachung von Rechtsakten der Gemeinschaft (Art. 254 EG);
- Transparenzgebot und Akteneinsichtsrecht (Art. 255 EG);[77]

---

[72] *BGH,* 24. 10. 1996 – III ZR 127/91 –, EuZW 96, 761; *BGH,* 14. 12. 2000 – III ZR 151/99 –, JZ 01, 456; vgl. die Kritik bei *Gundel,* DVBl 01, 95 (100f.).

[73] *EuGH,* 21. 9. 1983 – Rs. 205–215/82 (Deutsche Milchkontor GmbH u. a.) –, E 1983, 2633 = DVBl. 84, 29.

[74] Vgl. *Kunze,* VBlBW 01, 5, 9ff.; *Gaßner,* DVBl. 95, 16ff.; *Haibach,* NVwZ 98, 456ff.

[75] Vgl. auch *EuGH,* 11. 7. 1989 – Rs. 265/87 (Hermann Schräder Kraftfutter GmbH & Co KG) –, E 1989, 2237, Rdn. 20ff.

[76] Auch nationale Entscheidungen, die auf Grundlage des Gemeinschaftsrechts getroffen wurden, müssen begründet werden, vgl. *EuGH,* 15. 10. 1986 – Rs. 222/86 (UNECTEF/ Heylens) –, E 1987, 4097.

[77] Vgl. auch *EuGH,* 21. 9. 1989 – Rs. 46/87 u. 227/88 (Hoechst AG/Kommission) –, E 1989, = NJW 89, 3080.

– Pflicht zur Sachverhaltsaufklärung (vgl. Art. 284 EG);
– Datenschutz (Art. 286 EG);
– Gesetzmäßigkeit der Verwaltung (vgl. Art. 220 und 230 EG);
– Bestimmtheitsgrundsatz;
– Grundsatz der Rechtssicherheit;[78]
– Grundsatz des Vertrauensschutzes;[79]
– Gleichheitsgrundsatz;[80]
– Anspruch auf rechtliches Gehör;[81]
– Fairnessgebot und der Grundsatz der Waffengleichheit;
– Recht auf Vertretung und Beratung;[82]
– Beschleunigungs- und Effizienzgrundsatz.[83]

bb) Besonderes Verwaltungsverfahrensrecht

Für einzelne Aufgabenbereiche konkretisiert das sekundäre Gemeinschaftsrecht das Verwaltungsverfahren. Praktisch bedeutsam sind die beihilfen- und kartellrechtlichen Verfahrensverordnungen. **45**

Gem. Art. 88 Abs. 3 Satz 2 EG darf kein Mitgliedstaat eine Beihilfe gewähren, ohne zuvor eine Entscheidung der Kommission über deren Vereinbarkeit mit dem Gemeinsamen Markt herbeigeführt zu haben. Dafür muss er die Maßnahme bei der Kommission zunächst anmelden. In Deutschland ist dafür das Bundesministerium für Finanzen zuständig. Das sich daran anschließende **beihilfenrechtliche Prüfverfahren** wird durch die Verfahrensverordnung Nr. 659/99/EG näher geregelt.[84] Es ist zweistufig aufgebaut: In der vorläufigen Prüfung der Anmeldung hat die Kommission innerhalb von zwei Monaten nach vollständiger Anmeldung[85] zu entscheiden, ob sie die Beihilfe für genehmigungsfähig hält. Hat sie Bedenken, so eröffnet sie ein förmliches Prüfverfahren, das sehr viel länger dauert. Beendet sie das Verfahren mit einer an den Mitgliedstaat adressierten Negativentscheidung gem. Art. 7 Abs. 5, darf die Beihilfe nicht gewährt werden. Die Verfahrensverordnung enthält zahlreiche Auskunfts- und Mitwirkungsrechte und -pflichten. Sie erlaubt der Kommission in Art. 22, die Einhaltung der Entscheidungen vor Ort nachprüfen zu dürfen. **46**

---

[78] *EuGH,* 27. 3. 1980 – verb. Rs.66, 127, 128/79 –, E 1980, 1237, Rdn. 7 ff.

[79] *EuGH,* 15. 2. 1996 – Rs. C-63/93 (Fintan Duff, u. a.) –, E 1996, I-569 = EuZW 1996, 309.

[80] *EuGH,* 30. 4. 1996 – Rs. C-13/94 (P/S u. Cornwall County Council) –, E 1996, I-2143 = NJW 96, 2421.

[81] *EuGH,* 21. 11. 1991 – Rs. C-269/90 (TU München) –, E 1991, I-5469 = NVwZ 92, 358.

[82] Jedenfalls bei Verwaltungsverfahren, die auf die Verhängung von Bußgeldern oder anderen Sanktionen gerichtet sind, vgl. *Gaßner,* DVBl. 1995, 16, 22; *EuGH,* 20. 6. 1985 – Rs. 141/84 (De Compte/Europäisches Parlament) –, E 1985, 1951, Rdn. 17.

[83] Vgl. *Stelkens* in *Stelkens/Bonk/Sachs,* Einleitung, Rdn. 134.

[84] ABl. EG Nr. L 83 vom 27. 3. 1999, S. 1, kommentiert von *Mederer* in *Groeben/Thiesing/Ehlermann,* Art. 93 EGV, Rdn. 1 ff.

[85] Ausreichend sind die Informationen, wenn die Kommission ohne vertiefte Prüfung in der Lage ist, festzustellen, ob die Vereinbarkeit der Maßnahme mit dem Vertrag zweifelhaft ist oder nicht. Die Kommission kann die Frist nicht beliebig verlängern, indem sie immer neue Informationen verlangt, vgl. *EuGH,* 15. 2. 2001 – Rs. C-99/98 (Österreich/Kommission) –, Rdn. 52 ff. = EuZW 01, 174.

47 Wird eine Beihilfe bei der Kommission nicht notifiziert, kann sie nach den Verfahrensregeln für rechtswidrige Beihilfen die **Rückforderung der Beihilfe** anordnen, wenn sie diese für nicht genehmigungsfähig hält (Art. 14 Abs. 1). Unter engen Voraussetzungen kann auch eine vorläufige Rückzahlung verlangt werden (Art. 11 Abs. 2), bevor das Prüfverfahren überhaupt abgeschlossen ist. Die Rückforderung ist dann von den deutschen Verwaltungsbehörden durchzusetzen (s. sogleich L 54).

48 **Hinweis für den Anwalt:**

Obwohl das Prüfverfahren grundsätzlich zwischen Kommission und Mitgliedstaat geführt wird, haben die betroffenen Unternehmen in dem Verfahren als Beteiligte auch eigene Rechte. Nach Art. 20 Abs. 1 können sie im förmlichen Prüfverfahren eine eigene Stellungnahme abgeben. Die Eröffnung des förmlichen Prüfverfahrens mit der Zusammenfassung der wesentlichen Sach- und Rechtsfragen wird von der Kommission im Amtsblatt Nr. C bekannt gemacht. Regelmäßig wird in den Entscheidungen für die Stellungnahmen eine Frist von einem Monat gesetzt, die nur in begründeten Ausnahmefällen verlängert wird. Ein Anspruch auf eine individuelle Benachrichtigung besteht nicht.

Beteiligte des Verfahrens und damit zur Stellungnahme berechtigt sind nicht nur Beihilfeempfänger, sondern alle Personen, Unternehmen oder Unternehmensvereinigungen, deren Interessen aufgrund der Gewährung einer Beihilfe beeinträchtigt sein können, insbesondere Wettbewerber und Berufsverbände, Art. 1 lit. h Verfahrensverordnung.

Jeder Empfänger einer Einzelbeihilfe und jeder, der in dem Verfahren eine Stellungnahme abgegeben hat, erhält von der Kommission eine Kopie der das Verfahren abschließenden Entscheidung, Art. 20 Abs. 1 Satz 2 Verfahrensverordnung.

49 Die Kartellverordnung 17/62/EWG[86] regelt das Verfahren für die Anmeldung von Kartellen und die dabei bestehenden Kompetenzen der Kommission. Gleiches gilt für die Fusionskontrolle durch die Verordnung 4064/89/EWG.

b) Indirekter Vollzug des Gemeinschaftsrechts

50 In den meisten Fällen wird das Gemeinschaftsrecht hingegen durch die Mitgliedstaaten vollzogen.

aa) Grundsatz: Verwaltungsverfahrensautonomie der Mitgliedstaaten

51 In ständiger Rechtsprechung erkennt der EuGH an, dass sich mangels einer Kompetenz der Gemeinschaft der indirekte Vollzug des Gemeinschaftsrechtes grundsätzlich nach den formellen und materiellen Bestimmungen des nationalen Rechts zu richten hat.[87] Damit gilt der Grundsatz der Verfahrensautonomie. In Deutschland richtet sich mithin der Vollzug des Gemeinschaftsrechtes grundsätzlich nach den Verwaltungsverfahrensgesetzen des Bundes und der Länder. Die Vollzugskompetenzen richten sich nach den Art. 83ff. GG.[88] Am Vollzug des Gemeinschaftsrechts sind selbständige Bundesoberbehörden wie die Bundesanstalt für Landwirtschaft und Ernährung[89] beteiligt, die auf der Grundlage von Art. 87

---

[86] Die Verordnung soll umfangreich reformiert werden; vgl. dazu Reformvorschlag der Kommission vom 27. 9. 2000, KOM (2000) 582 endg. Die Form und der Inhalt sowie weitere Einzelheiten der Anträge und Anmeldungen richten sich nach der Verordnung Nr. 3385/94. Die Rechte Dritter regelt die Verordnung 2842/98.

[87] *EuGH,* 21. 9. 1983 – verb. Rs. 205–215/82 (Deutsche Milchkontor GmbH u. a.) –, E 1983, 2633 = DVBl. 84, 29.

[88] Vgl. *Streinz,* Rdn. 471f.

[89] Vgl. BGBl. 1994, I S. 2018.

Abs. 3 GG errichtet wurden. Im Übrigen sind nach den allgemeinen Grundsätzen die Länder für den Vollzug des Gemeinschaftsrechtes zuständig. Gegenüber dem Bund sind sie verfassungsrechtlich durch den Grundsatz der Bundestreue zur ordnungsgemäßen Ausführung des Gemeinschaftsrechts verpflichtet.

Das zu vollziehende Gemeinschaftsrecht enthält zunehmend selber Verwaltungs- **52**
verfahrensregelungen, die dann dem deutschen Verwaltungsrecht vorgehen.[90]

Beispiele:
Verwaltungsverfahrensregelungen finden sich bspw.
- für das Zollrecht in den Art. 217ff. der Verordnung 2913/92/EG zur Festlegung des Zollkodex der Gemeinschaften,
- zunehmend auch in Richtlinien und Verordnungen, etwa in der Richtlinie 98/30/EG betreffend gemeinsame Vorschriften für den Erdgasbinnenmarkt, die zahlreiche Anforderungen für das Genehmigungssystem für den Bau oder Betrieb von Erdgasanlagen vorsieht.

bb) Schranken der Verwaltungsverfahrensautonomie

Der EuGH hat der Verfahrensautonomie der Mitgliedstaaten Schranken gesetzt, **53**
um eine einheitliche Anwendung des Gemeinschaftsrechts zu gewährleisten und eine Ungleichbehandlung der Wirtschaftsteilnehmer vermeiden zu können.[91]
- Das deutsche Recht muss das Gemeinschaftsrecht nach den gleichen Regelungen vollziehen, wie diese für gleichartige, rein nationale Fälle gelten **(Diskriminierungsverbot).**
- Die Anwendung des deutschen Verwaltungsverfahrensrechtes darf nicht darauf hinauslaufen, dass die Verwirklichung des Gemeinschaftsrechts praktisch unmöglich oder aber unverhältnismäßig beeinträchtigt wird **(Effizienzgebot).**[92]

Die allgemeinen Rechtsgrundsätze des Gemeinschaftsrechts (s. L 44) sind dabei maßstabbildend.[93]

Beispiele: **54**
Das Effizienzgebot verlangt bei der **Rückforderung zu Unrecht gezahlter und nicht notifizierter Beihilfen** eine weitgehende Einschränkung der dem Vertrauensschutz dienenden Tatbestandsmerkmale der §§ 48, 49a VwVfG. Weil Art. 88 EG ein Genehmigungsverfahren für staatliche Beihilfen durch die Kommission zwingend vorschreibt (s. L 46f.), ist das Vertrauen des Begünstigten in den Fortbestand des leistungsgewährenden Verwaltungsaktes grundsätzlich dann nicht schutzwürdig, wenn die Beihilfe unter Verstoß gegen das Prüfverfahren bewilligt wurde.[94] Denn dem Unternehmen ist es regelmäßig möglich, sich zu vergewissern, ob dieses Verfahren beachtet wurde.[95] Daher hat die Behörde bei der Rücknahme kein Ermessen gemäß § 48 Abs. 1 VwVfG.[96] Das Vertrauen des Unternehmens in den Bestand des Verwaltungsaktes tritt bei der Abwägung gem. § 48 Abs. 2 Satz 1 VwVfG grundsätzlich gegenüber dem öffentlichen Rücknahmeinteresse zurück, wenn das

---

[90] Vgl. *Tonne,* Effektiver Rechtsschutz durch staatliche Gerichte als Forderung des europäischen Gemeinschaftsrechts, 1997, S. 367ff.; *Pernice/Kadelbach,* DVBl. 96, 1100, 1103f.

[91] *EuGH,* 21. 9. 1983, verb. Rs. 205–215/82, E 1983, 2633 (Milchkontor) –, Rdn. 17ff. = DVBl. 84, 29, *EuGH,* 2. 2. 1989 – Rs. 94/87 (Kommission/Deutschland – „Alcan I") –, E 1989, 175, Rdn. 12 = EuZW 90, 387.

[92] *Rengeling/Middeke/Gellermann,* Rdn. 974.

[93] *EuGH,* 21. 9. 1983, verb. Rs. 205–215/82, E 1983, 2633 (Milchkontor) –, Rdn. 30 = DVBl. 84, 29.

[94] *BVerwG,* 17. 2. 1993 – 11 C 47.92 –, BVerwGE 92, 81.

[95] *EuGH,* 20. 9. 1990 – Rs. C-5/89 (Kommission/Deutschland – „BUG-Alutechnik") –, E 1990, I-3437, Rdn. 14.

[96] *BVerwG,* 17. 2. 1993 – 11 C 47.92 –, BVerwGE 92, 81, 87.

Prüfverfahren nicht durchgeführt wurde.[97] Das Effizienzgebot verbietet es auch, dass sich das betroffene Unternehmen mit dem Ablauf der Jahresfrist des § 48 Abs. 4 VwVfG verteidigen kann.[98] BVerwG und BVerfG halten dies für mit dem Grundgesetz vereinbar, weil der Vorrang des Gemeinschaftsrechts die Nichtanwendung der Fristenregelung verlange.[99] Ähnliches gilt für die Rückerstattung der Subventionen nach § 49 a VwVfG. Der nach § 49 a Abs. 2 VwVfG zulässige Einwand, die Bereicherung sei zwischenzeitlich weggefallen, steht der Rückerstattung der Beihilfe regelmäßig nicht entgegen,[100] und zwar selbst dann nicht, wenn dies zur Insolvenz des Unternehmens führt.[101]

55 Der wirksame Vollzug des Gemeinschaftsrechts kann auch die **Anordnung der sofortigen Vollziehung** des zu seiner Durchführung erlassenen deutschen Verwaltungsaktes erfordern (im Einzelnen L 64 ff.).

56 Die Gemeinschaftsrechtswidrigkeit eines Bescheides hemmt nicht den Eintritt seiner Bestandskraft[102] (vgl. L 82).

57 **Wichtiger Hinweis:**

Die Rechtsprechung des EuGH und des BVerwG zur Rückforderung rechtswidriger Beihilfen zeigt besonders deutlich, wie wichtig die Kenntnis des Gemeinschaftsrechtes für den Anwalt ist. Bei der Beratung eines Unternehmens, das staatliche Beihilfen erhält, darf er sich nicht darauf verlassen, dass die Behörden das Gemeinschaftsrecht einhalten und die Beihilfen von der Kommission genehmigen lassen, sondern muss selbst prüfen, inwieweit ein gemeinschaftsrechtlicher Beihilfentatbestand vorliegt und ob eine Anmeldung bei der Kommission geboten ist. Verlangt das Unternehmen Rechtssicherheit vor möglichen Rückforderungen, lässt sich diese nicht durch Zusicherungen der Behörde, sondern nur durch eine Anmeldung und anschließende Entscheidung der Kommission erlangen.

II. Rechtsschutz durch die Verwaltungsgerichte

1. Gemeinschaftsrecht vor den Verwaltungsgerichten

58 In den meisten Fällen wird das Gemeinschaftsrecht von den deutschen Behörden in den Handlungsformen vollzogen, die ihnen die Verwaltungsverfahrensgesetze des Bundes und der Länder zur Verfügung stellen. Ihre Vollzugsakte sind klassische Gegenstände verwaltungsprozessualer Klagen. Bei der Überprüfung ihrer Rechtmäßigkeit kommt den Verwaltungsgerichten eine wichtige Rolle für den Schutz des Gemeinschaftsrechtes zu. Sie haben dabei das Gemeinschaftsrecht grundsätzlich in eigener Verantwortung anzuwenden und auszulegen. Aber auch ohne Vollzugsakte der Verwaltung sind die Verwaltungsgerichte, wie die anderen deutschen Ge-

[97] *BVerwG,* 17. 2. 1993 – 11 C 47.92 –, BVerwGE 92, 81; s. auch *BVerwG,* 10. 3. 1994 – 3 C 32.92 – BVerwGE 95, 213.

[98] *EuGH,* 20. 3. 1997 – Rs. C-24/95 (Rheinland-Pfalz/Alcan – „Alcan II") –, E 1997, I-1591, Rdn. 27 ff = NVwZ 98, 45; *EuGH,* 2. 2. 1989 – Rs. 94/87 (Kommission/Deutschland – „Alcan I") –, E 1989, 175 = EuZW 90, 387.

[99] *BVerwG,* 23. 4. 1998 – 3 C 15/97 –, NJW 98, 3728 = EuZW 98, 730, sowie Nichtannahmebeschluss des *BVerfG,* 17. 2. 2000 – 2 BvR 1210/98 –, NJW 00, 2015 = EuZW 00, 445.

[100] *EuGH,* 20. 3. 1997 – Rs. C-24/95 (Rheinland-Pfalz/Alcan – „Alcan II") –, E 1997, I-1591, Rdn. 25, 43, 54, = NVwZ 98, 45.

[101] *EuGH,* 27. 6. 2000 – Rs. C-404/97(Kommission/Portugal) –, Rdn. 53 = EuZW 01, 22.

[102] *BVerwG,* B. v. 4. 10. 1999 – 1 B 55/99 –, NVwZ 00, 193; vgl. auch: *OVG Koblenz,* B. v. 12. 5. 1998 – 12 A 12501/97 –, NVwZ 99, 198; *VGH Kassel,* U. v. 18. 8. 1999 – 5 UE 2660/98 –, UPR 2000, 198.

richte auch, dafür verantwortlich, den Rechten der Bürger, die sich aus der unmittelbaren Wirkung des Gemeinschaftsrechts ergeben, zur Anwendung und gegebenenfalls zu ihrem Vorrang gegenüber entgegenstehendem deutschen Recht zu verhelfen. Diese Verantwortung folgt nach der ständigen Rechtsprechung des EuGH aus dem Gebot der Gemeinschaftstreue in Art. 10 EG.[103] Der Verwaltungsrichter wird damit zum „Europäischen Richter".[104]

Die nationalen Gerichte der Mitgliedstaaten haben somit in erheblichem Umfang für die Wahrung des Gemeinschaftsrechtes zu sorgen. Die unterschiedlichen nationalen Rechtstraditionen bergen jedoch die Gefahr, dass das Gemeinschaftsrecht in den Mitgliedstaaten unterschiedlich ausgelegt und angewendet wird. Mit dem einer Rechtsgemeinschaft immanenten Anspruch einer einheitlichen, nicht diskriminierenden Anwendung des Gemeinschaftsrecht wäre das nicht zu vereinbaren. Der EG-Vertrag sieht daher in Art. 234 EG ein **Vorabentscheidungsverfahren** vor. Im Rahmen dieses Verfahrens entscheidet der EuGH auf Vorlage der einzelstaatlichen Gerichte verbindlich über Fragen der Auslegung und Gültigkeit des Gemeinschaftsrechts (vgl. L 84ff.). Demgegenüber hat der Bürger selbst keinen Rechtsbehelf, die Vereinbarkeit eines nationalen Vollzugsaktes mit dem Gemeinschaftsrecht durch den Gerichtshof überprüfen zu lassen. Er ist insofern darauf angewiesen, dass das angerufene Gericht den EuGH tatsächlich im Wege des Vorabentscheidungsverfahren über die Auslegung oder die Gültigkeit des Gemeinschaftsrechts befinden lässt. Beachtet ein deutsches Gericht seine Vorlagepflichten nicht, kann darin eine Verletzung des gesetzlichen Richters i. S. d. Art. 101 Abs. 1 GG liegen[105] (s. L 107f.; vgl. auch E 326ff., F 132). 59

Mit Ausnahme dieser Möglichkeit, den Gerichtshof im Rahmen der Vorabentscheidung zur Klärung gemeinschaftsrechtlicher Fragen in das Streitverfahren einzubeziehen, richtet sich der Rechtsstreit vor den Verwaltungsgerichten im Regelfall nach denselben verwaltungsprozessualen Regeln, die auch für andere Verwaltungsstreitsachen gelten. Wie beim indirekten Vollzug des Gemeinschaftsrechts für das Verfahrensrecht (vgl. L 53) gilt auch für die Verwaltungsgerichtsbarkeit der Grundsatz der **Verfahrensautonomie der Mitgliedstaaten.** In ständiger Rechtsprechung anerkennt der EuGH insofern, die Bestimmung der zuständigen Gerichte und die Ausgestaltung von gerichtlichen Verfahren, die den Schutz der dem Bürger aus dem Gemeinschaftsrecht erwachsenen Rechte gewährleisten sollen, seien mangels einer gemeinschaftsrechtlichen Regelung dieses Bereiches Sache der innerstaatlichen Rechtsordnung der einzelnen **Mitgliedstaaten.**[106] Jedoch gilt auch bei der Ausgestaltung der gerichtlichen Verfahren diese Autonomie nicht unbegrenzt. Der EuGH schränkt sie vielmehr in zweierlei Hinsicht ein:[107] 60

---

[103] Vgl. *EuGH,* 19. 6. 1990 – Rs. C-231/89 (The Queen/Secretary of State for Transport ex parte: Factortame Ltd u. a. – „Factortame") –, E 1990, I-2433, Rdn. 19 – DVBl. 91, 861.

[104] So *Borchardt* in *Lenz,* Art. 234 EGV, Rdn. 1.

[105] *BVerfG* 22. 10. 1986 – 2 BvR 197/83 –, BVerfGE 73, 339, 366; *BVerfG,* 16. 12. 1993 – 2 BvR 1725/88 –, NJW 94, 2017; *BVerfG,* 9. 1. 2001 – 1 BvR 1063/99 –, EuZW 01, 255.

[106] *EuGH,* 19. 12. 1968 – Rs. 13/68 (Salgoil) –, E 1968, 661; zuletzt etwa *EuGH,* 21. 1. 1999 – Rs. C-120/97 (Upjohn Ltd) –, E 1999, I-223, Rdn. 32 = EuZW 99, 503.

[107] Zuletzt etwa *EuGH,* 21. 1. 1999 – Rs. C-120/97 (Upjohn Ltd) –, E 1999, I-223, Rdn. 32 = EuZW 99, 503; *EuGH,* 14. 12. 1995 – Rs 312/93 (Peterbroeck, Van

- **Grundsatz der Gleichwertigkeit:** Die Verfahren dürfen nicht ungünstiger gestaltet sein als bei entsprechenden Klagen, die das innerstaatliche Recht betreffen.
- **Grundsatz der Effektivität:** Die Verfahren dürfen die Ausübung der durch die Gemeinschaftsrechtsordnung verliehenen Rechte nicht praktisch unmöglich machen oder übermäßig erschweren.

61 In einigen Bereichen der Verwaltungsgerichtsbarkeit haben diese Gebote ähnlich wie beim Verwaltungsverfahrensrecht zu bedeutsamen Einschränkungen des Grundsatzes der Verwaltungsautonomie der Mitgliedstaaten geführt.

Beispiel:

Mit der Entscheidung *Factortame*[108] griff der EuGH 1990 in die britische Verfassungs- und Verfahrensordnung ein. Die Kläger des Ausgangsrechtsstreits begehrten dort Rechtsschutz gegen eine Änderung der Merchant Shipping Act, durch die ihre ursprünglich in Spanien registrierten Fischereifahrzeuge nicht mehr in das britische Schiffsregister eingetragen werden konnten und ihnen damit auch der Fischfang nicht mehr gestattet war. Sie machten geltend, die Neuregelung sei diskriminierend und verstoße gegen das Gemeinschaftsrecht und beantragten den Erlass einstweiliger Anordnungen, ihnen bis zur Entscheidung in der Hauptsache den Fischfang weiterhin zu erlauben. Das mit dem Rechtsstreit schließlich befasste House of Lords befragte den EuGH, ob die englischen Gerichte nach dem Gemeinschaftsrecht zum Erlass einstweiliger Anordnungen berechtigt seien, obwohl es einen alten Grundsatz des *Common Law* gäbe, wonach eine einstweilige Anordnung gegen die Krone, also gegen die Regierung, nicht ergehen dürfe. Der EuGH bejahte dies in apodiktischer Kürze ohne jede Bezugnahme auf die nationale Verfahrensautonomie. Die volle Wirksamkeit des Gemeinschaftsrechtes werde abgeschwächt, wenn ein Gericht, das einen Rechtsstreit nach Gemeinschaftsrecht zu beurteilen habe, durch eine Vorschrift des nationalen Rechts daran gehindert werde, einstweilige Anordnungen zu erlassen, um die volle Wirksamkeit der späteren Gerichtsentscheidung über das Bestehen der aus dem Gemeinschaftsrecht hergeleiteten Rechte sicherzustellen. Aufgrund des Vorrangs des Gemeinschaftsrechts dürfe daher eine derartige nationale Vorschrift nicht angewendet werden. Damit hatte der EuGH in Großbritannien die Möglichkeit eines vorläufigen Rechtsschutzes gegen die Krone durchgesetzt, die wenig später durch das House of Lords auch auf das nationale Recht ausgedehnt wurde.

62 Auch im deutschen Verwaltungsprozess finden sich gemeinschaftsrechtliche Modifikationen des vorläufigen Rechtsschutzes (s. L 63ff.). Sie sind aber auch in anderen Bereichen nachweisbar (s. L 82f.). Insbesondere im Zusammenhang mit dem vorläufigen Rechtsschutz haben sie zu einer umfangreichen Diskussion darüber geführt, ob der Gerichtshof mit seinen Vorgaben die ihm durch den EG-Vertrag eingeräumten Kompetenzen überschritten hat.[109]

Campenhout & Cie SCS) –, E 1995, I-4599, Rdn. 12 = EuZW 96, 636; *EuGH,* 1. 12. 1998 – Rs. C-326/96 (Levez/T. H. Jenningsd [Harlow Pools] Ltd) –, E 1998, I-7835, Rdn. 18 = EuZW 99, 248.

[108] *EuGH,* 19. 6. 1990 – Rs. C-231/89 (The Queen/Secretary of State for Transport ex parte: Factortame Ltd u.a. – „Factortame") –, E 1990, I-2433 = NJW 91, 2271 = DVBl. 91, 861.

[109] Vgl. auf der einen Seite *Rodríguez Iglesias,* EuGRZ 97, 289ff., auf der anderen *Schoch* in *Schoch/Schmidt-Aßmann/Pietzner,* § 80 Rdn. 270: Der EuGH betreibt unzulässige Rechtspolitik; sehr str., vgl. nur *Schwarze* NVwZ 00, 241 [244ff.]; *Hauser,* VBlBW 00, 377 (382f.); *ders.* DVBl. 97, 289 (293ff.); *Tonne,* Effektiver Rechtsschutz durch staatliche Gerichte als Forderung des europäischen Gemeinschaftsrechts, 1997, S. 215ff., 321ff.; *Schmidt-Aßmann* DVBl. 93, 924 (933f.).

2. Auswirkungen des Gemeinschaftsrechts auf den deutschen Verwaltungsprozess

a) Vorläufiger Rechtsschutz

Die intensivsten Einwirkungen des Gemeinschaftsrechts auf den deutschen Verwaltungsprozess finden sich im Bereich des vorläufigen Rechtsschutzes.[110] Jedenfalls in den folgenden Fallgruppen ändert der Einfluss des Gemeinschaftsrechts die Entscheidungsmaßstäbe des vorläufigen Rechtsschutzes: 63

aa) Pflicht zur behördlichen Anordnung der sofortigen Vollziehbarkeit beim Vollzug von Gemeinschaftsrecht

Beim indirekten Vollzug von Gemeinschaftsrecht (vgl. L 50ff.) haben Widerspruch und Anfechtungsklage gegen einen Verwaltungsakt, durch den Gemeinschaftsrecht vollzogen werden soll, nach § 80 Abs. 1 aufschiebende Wirkung, das Gemeinschaftsrecht kann also zunächst nicht vollzogen werden. Um dennoch einen wirksamen Vollzug des Gemeinschaftsrechts zu sichern, hält der EuGH die deutschen Behörden für verpflichtet, die sofortige Vollziehbarkeit solcher Verwaltungsakte anzuordnen (s. dazu J 68ff.). Das Gemeinschaftsinteresse ist dabei in gemeinschaftsrechtskonformer Auslegung öffentliches Interesse im Sinne von § 80 Abs. 2 Nr. 4 VwGO.[111] Dieser Sofortvollzug entspricht dem Recht anderer Mitgliedstaaten wie auch dem Gemeinschaftsrecht selbst.[112] 64

Beispiel: 65

Leitentscheidung ist das *Tafelwein*-Urteil des EuGH vom 10. Juni 1990.[113] Zur Regulierung des Weinangebotes hatte die Kommission für die in Deutschland ansässigen Winzer die Destillation von 68322 hl angeordnet. Gegen die Heranziehungsbescheide legten die meisten Winzer Widerspruch ein, eine sofortige Vollziehung wurde nicht angeordnet. In der Folge wurden von den vorgesehenen Mengen nur etwas mehr als 9000 hl tatsächlich destilliert. Die Kommission leitete daraufhin ein Vertragsverletzungsverfahren gegen die Bundesrepublik Deutschland ein. Der EuGH entschied, die Bundesrepublik Deutschland habe gegen ihre Verpflichtungen aus Art. 5 EWG (jetzt Art. 10 EG) und gegen die Regelungen über die Gemeinsame Marktorganisation für Wein verstoßen, weil sie die sofortige Vollziehung der Bescheide nicht angeordnet und gegenüber den Erzeugern, die sich geweigert hatten, Tafelwein zur Destillation zu liefern, keine Zwangsmittel eingesetzt hätten. Die mit der Destillation verfolgten Ziele hätten nur verwirklicht werden können, wenn die Maßnahmen innerhalb einer bestimmten Frist durchgeführt worden wären. Daher habe die aufschiebende Wirkung durch die Anordnung der sofortigen Vollziehung der Heranziehungsbescheide beseitigt werden müssen. Den Einwand der Bundesrepublik, nach deutschem Recht seien die für den Erlass einer solchen Anordnung bestehenden Voraussetzungen nicht erfüllt gewesen, wies der Gerichtshof zurück.[114] Selbst wenn dies zuträfe, rechtfertige dies

---

110 Aus der Literatur nur *Schoch,* DVBl. 97, 289; *Jannasch,* NVwZ 99, 495ff.; *Hauser,* VBlBW 00, 377ff.; *Wimmer* in *Finkelnburg/Jank,* Rdn. 1300ff; *Brinker,* NJW 96, 2851; *Haibach,* DÖV 96, 60; *Sandner* DVBl. 98, 262.

111 Bspw. *Schoch* in *Schoch/Schmidt-Aßmann/Pietzner,* § 80, Rdn. 157; *Eyermann,* § 80 Rdn. 2; *Jannasch,* NVwZ 99, 495 (496); *Hauser,* VBlBW 00, 377 (381f.); a.A. *Vedder,* EWS 91, 10 (13ff.).

112 *Schoch* in: *Schoch/Schmidt-Aßmann/Pietzner,* Vorb. § 80, Rdn. 24 m.w.N.

113 *EuGH,* 10. 7. 1990 – Rs. C-217/88 (Kommission/Deutschland) –, E 1990 I, 2879 = EuZW 90, 384.

114 *EuGH,* 10. 7. 1990 – Rs. C-217/88 (Kommission/Deutschland) –, E 1990 I, 2879, Rdn. 26 = EuZW 90, 384.

nicht, gemeinschaftsrechtliche Verpflichtungen nicht zu erfüllen. Nach ständiger Rechtsprechung des Gerichtshofes könne sich ein Mitgliedstaat nicht auf Bestimmungen, Übungen oder Umstände seiner internen Rechtsordnung berufen, um die Nichtbeachtung von Verpflichtungen aus dem Gemeinschaftsrecht zu rechtfertigen.

66 Entfällt die aufschiebende Wirkung beim Vollzug von Gemeinschaftsrecht ausnahmsweise bereits nach § 80 Abs. 2 Nr. 1 bis Nr. 3, weil beispielsweise Abgabenbescheide im Rahmen der Gemeinsamen Marktordnung vollzogen werden sollen, sind die Verwaltungsbehörden nach den gleichen Grundsätzen daran gehindert, die sofortige Vollziehbarkeit der Verwaltungsakte gem. § 80 Abs. 4 und 6 auszusetzen.

67 Die Pflicht zur Anordnung des Sofortvollzugs gilt auch dann, wenn die Behörde Zweifel an der Rechtmäßigkeit des Gemeinschaftsrechts hat. Nach dem Rechtsschutzsystem des EG-Vertrages darf nur der EuGH die Ungültigkeit von Gemeinschaftsakten feststellen.[115] Die Verwaltungsgerichte können dafür im Wege des Vorabentscheidungsverfahrens nach Art. 234 EG den Gerichtshof über die Gültigkeit einer gemeinschaftsrechtlichen Vorschrift befragen (s. L 84ff.). Die Verwaltungsbehörden haben diese Möglichkeit nicht, sie können eine Vorlage beim Verwaltungsgericht nur anregen.[116] Im Sekundärrecht finden sich Normen, die von den Behörden ausdrücklich verlangen, alle erforderlichen Schritte für einen Sofortvollzug zu ergreifen.

68 **Beispiel:**

Nach Art. 14 Abs. 3 Verordnung Nr. 659/1999 haben die Mitgliedstaaten bei einer Rückforderung von Beihilfen durch die Kommission diese nach ihrem nationalen Verfahrensrecht unverzüglich zurückzufordern und dabei zu gewährleisten, dass die sofortige und tatsächliche Vollstreckung der Kommissionsentscheidung ermöglicht wird. Dafür haben die Mitgliedstaaten im Fall eines Verfahrens vor nationalen Gerichten unbeschadet des Gemeinschaftsrechts alle in ihren jeweiligen Rechtsordnungen verfügbaren erforderlichen Schritte einschließlich vorläufiger Maßnahmen zu unternehmen.

bb) Gerichtliche Aussetzung der sofortigen Vollziehbarkeit bei erheblichen Zweifeln an der Gültigkeit des Gemeinschaftsrechts

69 Die Verwaltungsgerichte haben jedoch unter bestimmten Voraussetzungen die Befugnis, nach § 80 Abs. 5 die Vollziehung eines auf Gemeinschaftsrecht beruhenden Verwaltungsakts auszusetzen, wenn sie erhebliche Zweifel an dessen Rechtmäßigkeit haben. Der EuGH begründet dies mit der Effektivität und Kohärenz des europäischen Rechtsschutzsystems.[117] Soweit die verwaltungsmäßige Durchführung von Gemeinschaftsrecht nationalen Behörden obliege, sei es das Recht der Bürger, die Rechtmäßigkeit des Gemeinschaftsrechts vor dem nationalen Gericht **inzident** zu bestreiten und dies zu veranlassen, den Gerichtshof zur Gültigkeit des Rechtsakts zu befragen. Dieses Recht sei jedoch gefährdet, wenn der Bürger dem Gemeinschaftsrecht nicht durch die Aussetzung seiner Vollziehung bis zu einem Urteil des EuGH vorläufig die Wirksamkeit nehmen könne. Das verlange auch die Ko-

---

[115] *EuGH,* 22. 10. 1987, Rs. 314/85 (Foto-Frost) –, E 1987, 4199, Rdn. 11ff. = NJW 88, 1451.

[116] *EuGH,* 10. 7. 1990 – Rs. C-217/88 (Kommission/Deutschland) –, E 1990, I-2879, Rdn. 28 = EuZW 1990, 384.

[117] *EuGH,* 21. 2. 1991 – verb. Rs. C-143/88 und C- 92/89 (Zuckerfabrik Süderdithmarschen AG) –, E 1991, I-415, Rdn. 16ff. = EuZW 91, 313.

härenz des Systems des vorläufigen Rechtsschutzes, weil der EuGH bei Klagen gegen Rechtsakte der Gemeinschaft nach Art. 242 EG die Durchführung der angefochtenen Handlung aussetzen könne.

Jedoch setzt der EuGH für den vorläufigen Rechtsschutz einheitliche gemeinschaftsrechtliche Standards, die sich an den zu Art. 242 EG entwickelten Kriterien orientieren: 70

- An der Gültigkeit der Gemeinschaftsverordnung oder der Entscheidung, auf der der angefochtene Verwaltungsakt beruht, müssen **erhebliche Zweifel** bestehen.
- Die **Gültigkeitsfrage** muss dem EuGH, soweit er mit der Frage noch nicht befasst ist, **vorgelegt werden.** Dies sichert seine ausschließliche Kompetenz gem. Art. 234 lit. b EG über die Gültigkeit von Gemeinschaftsrecht zu entscheiden[118] (vgl. L 90). Das Verwaltungsgericht darf eigenständig keine Gemeinschaftsnorm verwerfen.
- Die Eilentscheidung muss **dringlich** sein. Dazu gibt es eine umfangreiche Rechtsprechung des EuGH zu Art. 242, 243 EG.[119] Danach hat der Antragsteller glaubhaft zu machen, dass ihm ohne vorläufigen Rechtsschutz ein schwerer und nicht wieder gutzumachender Schaden droht und er deshalb eine Entscheidung im Verfahren zur Hauptsache nicht abwarten kann.[120] Als Schaden kommen alle materiellen und immateriellen Nachteile in Betracht, die der Antragsteller an seinen rechtlich geschützten Gütern und Vermögenswerten erleiden kann.[121] Der Schaden muss jedoch schwerwiegend sein, darf den Antragsteller also nicht nur unwesentlich beeinträchtigen. Bei der gebotenen Abwägung ist ein mitwirkendes Verschulden des Antragstellers am drohenden Schadenseintritt nachteilig zu berücksichtigen.[122] Ein nicht wieder gutzumachender Schaden liegt in der Regel dann vor, wenn er im Falle eines Obsiegens im Hauptsacheverfahren nicht vollständig ersetzt werden kann. Ein finanzieller Schaden ist dies nur dann, wenn darin eine konkrete Bedrohung für die Existenz des Antragstellers liegt.[123]
- Das Verwaltungsgericht hat das **Interesse der Gemeinschaft angemessen zu berücksichtigen.** Insbesondere ist zu prüfen, ob der fraglichen Gemeinschaftsregelung nicht jede praktische Wirksamkeit genommen wird, wenn sie nicht sofort angewandt wird.[124]

---

[118] *EuGH,* 22. 10. 1987, Rs. 314/85 (Foto-Frost) –, E 1987, 4199, Rdn. 20 = NJW 88, 1451.

[119] Übersicht bei *Borchardt* in *Lenz,* Art. 243 Rdn. 17ff.; *Schwarze* in *Schwarze,* Art. 242 EG, Rdn. 16ff.

[120] *EuGH,* 26. 5. 1990 – Rs. 152/88 (Sofrimport SARL/Kommission) –, E 1988, 2931, Rdn. 26; *EuG,* 2. 4. 1998, T-86/96 R (Arbeitsgemeinschaft Deutscher Luftfahrtunternehmen und Hapag-Lloyd Fluggesellschaft mbH/Kommission) –, E 1998, II-641, Rdn. 58; *EuG,* B.v. 7. 11. 1995 – T-168/95 R (Eridania Zuccherifici Nazionali SpA, u. a. /Rat) –, E 1995, II-2817, Rdn. 33.

[121] *EuGH,* B.v. 2. 7. 1980 – Rs. 129/80 R (Turner/Kommission) –, E 1980, 2135, Rdn. 3 f.; *EuGH,* B.v. 19. 7. 1983 – Rs. 120/83 R (Raznoimport/Kommission) –, E 1983, 2573, Rdn. 14f.

[122] *EuGH,* 25. 4. 1996 – C-87/94 R (Kommission/Belgien) –, E 1996, I-2043.

[123] *EuG,* B.v. 7. 11. 1995 – T 168/95 R (Eridania Zuccherifici Nazionali SpA u. a./ Rat) –, E 1995, II-2817.

[124] *EuGH,* 21. 2. 1991 – verb. Rs. C-143/88 und C-92/89 (Zuckerfabriken Süderdithmarschen AG) –, E 1991, I-415, Rdn. 31= EuZW 91, 313.

Nur unter Einhaltung dieser Grundsätze ist das Gericht berechtigt, die aufschiebende Wirkung des Rechtsbehelfs ganz oder teilweise wiederherzustellen bzw. anzuordnen. Sie steuern die nach § 80 Abs. 5 gebotene Interessenabwägung (dazu J 128ff.). Ein davon abweichendes Entscheidungsprogramm wird durch sie verdrängt. Im Ergebnis führt dies zu einer Einschränkung des vorläufigen Rechtsschutzes, weil die Anforderungen des EuGH strenger als die Abwägungskriterien nach deutschem Verwaltungsprozessrecht sind.[125]

71 Die Entscheidungsmaßstäbe im vorläufigen Rechtsschutz können daher auseinanderfallen. Denn wenn das Gericht keine Zweifel an der Gültigkeit des vollzogenen Gemeinschaftsrechts hat, weil etwa nur die Rechtmäßigkeit des Verwaltungsaktes nach deutschem Verfahrensrecht in Frage steht, bleibt es bei der auch sonst üblichen Interessenabwägung. Allerdings muss auch dann das Interesse der Gemeinschaft an einem wirksamen Vollzug des Gemeinschaftsrechtes angemessen berücksichtigt werden.[126]

72 Das Gericht kann einen Ausgleich zwischen den Interessen der Gemeinschaft und denen des Antragstellers auch durch **Sicherheitsleistungen oder Auflagen** nach § 80 Abs. 5 Satz 4 und 5 suchen. Von dem Antragsteller sind Sicherheiten insbesondere dann zu verlangen, wenn in der Aussetzung der Vollziehung ein finanzielles Risiko für die Gemeinschaft liegt.[127] Um die Interessen der Gemeinschaft angemessen zu wahren, kommt auch ihre Beiladung nach § 65 Abs. 1 in Betracht.[128]

73 Die Aussetzung der Vollziehung darf nur bestehen bleiben, bis der EuGH über die Gültigkeitsfrage entschieden hat.[129] Das Verwaltungsgericht kann dem durch eine **Änderungs- und Aufhebungsentscheidung gem. § 80 Abs. 7** genügen (s. J 165ff.). Bejaht der EuGH im Vorabentscheidungsverfahren die Gültigkeit des Gemeinschaftsrechts, zu dessen Vollzug der Verwaltungsakt erlassen worden war, so hat das Gericht seinen zunächst stattgebenden Beschluss aufzuheben und den Antrag abzuweisen. Verneint der EuGH die Gültigkeit, war der vorläufige Rechtsschutz aber dennoch zunächst verweigert worden, kann der ablehnende Beschluss gleichfalls nach § 80 Abs. 7 geändert werden.

74 Gegen den Aussetzungsbeschluss des Verwaltungsgerichts nach § 80 Abs. 5 steht den Beteiligten gem. §§ 146 Abs. 4 i.V.m. 124 Abs. 2 die **Beschwerde an das Oberverwaltungsgericht** zu (s. F 247ff.). Bei der Entscheidung über die Beschwerde ist das Oberverwaltungsgericht an die gleichen Entscheidungsparameter wie das Verwaltungsgericht gebunden. Hat das Oberverwaltungsgericht keine ernsthaften Zweifel an der Gültigkeit des Gemeinschaftsrechtes, das dem Verwaltungsakt zugrunde liegt, hat es der Beschwerde abzuhelfen und den vorläufigen

---

[125] *Schoch,* DVBl. 97, 289, 295 m.w.N.

[126] Im Einzelnen ungeklärt, vgl. *Hauser,* VBlBW 00, 377, 383, *Schoch,* DVBl. 97, 289, 296.

[127] *EuGH,* 21. 2. 1991 – verb. Rs. C-143/88 und C-92/89 (Zuckerfabriken Süderdithmarschen AG) –, E 1991, I-415, Rdn. 32 = EuZW 91, 313.

[128] Vgl. *Hauser,* VBlBW 00, 377, 384f., die Gemeinschaft wird dann durch die Kommission vertreten, Art. 282 EG.

[129] *EuGH,* 21. 2. 1991 – verb. Rs. C-143/88 und C- 92/89 (Zuckerfabrik Süderdithmarschen AG) –, E 1991, I-415, Rdn. 24 = EuZW 91, 313.

Rechtsschutz aufzuheben. Das Verwaltungsgericht kann diesen Beschluss zum Anlass nehmen, seine Vorlagefrage wieder zurückzunehmen. Das ist zulässig, die Rechtssache wird dann aus dem Register des EuGH gestrichen.[130]

cc) Erlass einstweiliger Anordnungen bei Zweifeln an der Gültigkeit des Gemeinschaftsrechts

Die Verwaltungsgerichte sind nach den gleichen Grundsätzen auch befugt, durch einstweilige Anordnungen nach § 123 vorläufige Maßnahmen zu treffen, wenn sie an der Gültigkeit des sekundären Gemeinschaftsrechtes ernsthaft zweifeln. Der EuGH betont, dass der vorläufige Rechtsschutz, den die nationalen Gerichte den Bürgern aufgrund des Gemeinschaftsrechts gewähren müssen, nicht davon abhängen darf, ob sie die Aussetzung der Vollziehung eines auf einer Gemeinschaftsverordnung beruhenden nationalen Verwaltungsakts oder den Erlass einstweiliger Anordnungen zur vorläufigen Gestaltung oder Regelung der streitigen Rechtsverhältnisse zu ihren Gunsten beantragen.[131] **75**

Das Verwaltungsgericht darf einstweilige Anordnungen daher erlassen, **76**
- wenn es erhebliche Zweifel an der Gültigkeit der Handlungen der Gemeinschaft hat und diese Gültigkeitsfrage, sofern der EuGH mit ihr noch nicht befasst ist, diesem vorlegt,
- wenn die Entscheidung dringlich in dem Sinne ist, dass die einstweiligen Anordnungen erforderlich sind, um zu vermeiden, dass der Antragsteller einen schweren und nicht wieder gutzumachenden Schaden erleidet,
- wenn das Gericht das Interesse der Gemeinschaft angemessen berücksichtigt und
- wenn es bei der Prüfung all dieser Voraussetzungen die Entscheidungen des Gerichtshofs oder des EuG über die Rechtmäßigkeit der Verordnung oder beachtet.

Damit setzt der EuGH auch für die einstweilige Anordnung beim Vollzug von EG-Recht einheitliche europarechtliche Standards, die sich an den Grundsätzen orientieren, die für einstweilige Anordnungen des Gerichtshofs nach Art. 243 EG gelten[132] (vgl. L 160ff.). Sie sind gemeinschaftsrechtskonform bei der für den Erlass einer Regelungs- und Sicherungsanordnung gebotenen Interessenabwägung zu berücksichtigen (siehe J 203ff.).[133] **77**

Beispiel: **78**

Die Atlanta Fruchthandelsgesellschaft importierte südamerikanische Bananen nach Deutschland. Durch die Einführung einer Gemeinsamen Marktorganisation für Bananen im Jahre 1993 wurden die Einfuhrmöglichkeiten für diese Drittlandbananen begrenzt. Die Gesellschaft beantragte darauf beim Verwaltungsgericht Frankfurt, das Bundesamt für Ernährung und Forstwirtschaft im Wege der einstweiligen Anordnung zu verpflichten, ihr über die gewährten Einfuhrkontingente und damit über die gemeinschaftsrechtlichen Regelungen hinaus zusätzliche Einfuhrlizenzen für Drittlandbananen zu erteilen, bis der EuGH über die Gültigkeit der Bananenmarktverordnung entschieden habe. Gegen die Bananenmarktordnung hatte sowohl die Bundesrepublik Deutschland Nichtigkeitsklage erhoben als auch das Verwaltungsgericht Frankfurt selbst den EuGH zur Gültigkeit der Verordnung befragt. Mit Urteil vom 5. 10. 1994 wies der EuGH die Nichtigkeitsklage der Bundesrepublik gegen die

---

130 *Borchardt* in *Lenz,* Art. 234, Rdn. 34; *Hauser,* VBlBW 00, 377 (386); *EuGH,* 12. 2. 1974 – Rs. 146/73 (Rheinmühlen Düsseldorf) –, E 1974, 139 = RiW 74, 220.

131 *EuGH,* 12. 2. 1974 – Rs. 146/73 (Rheinmühlen Düsseldorf) –, E 1974, 139, Rdn. 28 = RiW 74, 220.

132 Vgl. bspw. *Schwarze* in *Schwarze,* Art. 243 EG, Rdn. 13ff.

133 Vgl. insbesondere *Hauser,* VBlBW 00, 377 (385).

Bananenmarktordnung als unbegründet zurück.[134] Mit dieser Entscheidung waren die Voraussetzungen des einstweiligen Rechtsschutzes entfallen, das Verwaltungsgericht hätte also die einstweilige Anordnung in analoger Anwendung zu § 80 Abs. 7 von Amts wegen aufheben müssen.[135]

79 Die Verwaltungsgerichte sind für den Erlass einer einstweiligen Anordnung nicht zuständig, wenn nach dem Gemeinschaftsrecht die Kommission selbst zum Erlass von Härtefallregelungen verpflichtet ist, solch eine Regelung aber nicht trifft.[136] Denn durch das Vorlageverfahren nach Art. 234 EG kann der EuGH keine Untätigkeit eines Organs der Gemeinschaft feststellen. Daher können die Verwaltungsgerichte auch keine vorläufigen Maßnahmen treffen, bis der EuGH das Gemeinschaftsorgan im Wege der Vorabentscheidung verpflichtete, tätig zu werden. Für die Überprüfung der Untätigkeit von Gemeinschaftsorganen bleiben damit ausnahmslos die Gemeinschaftsgerichte zuständig. Nur sie selbst können auch vorläufigen Rechtsschutz gewähren (vgl. L 159ff.).

dd) Erlass einer einstweiligen Anordnung zur Durchsetzung von Gemeinschaftsrecht

80 Wird ein Anordnungsanspruch unmittelbar auf das Gemeinschaftsrecht gestützt, verlangt der Effektivitätsgrundsatz nicht, stets auch den Anordnungsgrund zu bejahen (vgl. dazu J 205ff.). Denn der EuGH fordert nur die grundsätzliche Möglichkeit des einstweiligen Rechtsschutzes,[137] ohne aber dessen Voraussetzungen über die gemeinschaftsrechtlichen Standards hinaus im Einzelnen festzulegen.[138] Das Verfahren richtet sich daher grundsätzlich auch bei der Sicherung oder Regelung eines gemeinschaftsrechtlichen Anspruchs nach den allgemeinen verwaltungsprozessualen Regeln, wobei die Verwaltungsgerichte bei der Abwägung im Rahmen des § 123 die praktische Wirksamkeit des Gemeinschaftsrecht in vollem Umfang zu berücksichtigen haben.

b) Weitere Auswirkungen auf den Verwaltungsprozess

aa) Klagebefugnis

81 Auch das Erfordernis der Verletzung in einem subjektiven Recht gem. § 42 Abs. 2 als Voraussetzung für eine Klagebefugnis im deutschen Verwaltungsprozess

---

134 *EuGH,* 5. 10. 1994 – Rs. C-280/93 (Deutschland/Rat) –, E 1994, I-4973 = EuZW 94, 688 = NJW 95, 945.

135 Entscheidung über die Vorlage des VG Frankfurt: *EuGH,* 9. 11. 1995 – Rs. C-466/93 (Atlanta Fruchthandelsgesellschaft mbH – „Atlanta II") –, E 1995, I-3799 = EuZW 95, 836; zur Befragung des EuGH zum vorläufigen Rechtsschutz: *EuGH,* 9. 11. 1995 – Rs. C-465/93 (Atlanta Fruchthandelsgesellschaft mbH – „Atlanta I") –, E 1995 I, 3781 = EuZW 95, 837 = NJW 96, 1333. Die Vorlage des VG Frankfurt an das BVerfG wegen behaupteter Nichtvereinbarkeit der EG-Bananenmarktordnung mit den Grundrechten der deutschen Importunternehmen wurde nicht angenommen, *BVerfG,* B. v. 7. 6. 2000 – 2 BvL 1/97 –, EuZW 00, 702.

136 *EuGH,* 26. 11. 1996 – Rs. C-68/95 (T. Port GmbH & Co KG) –, E 1996, I-6065 = NJW 97, 1225 = EuZW 97, 61.

137 *EuGH,* 19. 6. 1990 – Rs. C-231/89 (The Queen/Secretary of State for Transport ex parte: Factortame Ltd u. a. – „Factortame") –, E 1990, I-2433, Rdn. 20f. = NJW 91, 2271 = DVBl. 91, 861.

138 Vgl. Schlussantrag des Generalanwalts Tesauro vom 17. 5. 1990 – Rs. C-213/89 (The Queen/Secretary of State for Transport, ex parte: Factortame Ltd u. a.) –, E 1990, 2434, Rdn. 25f., 33.

wird durch den gemeinschaftsrechtlichen Grundsatz der Effektivität überlagert. Denn das Gemeinschaftsrecht verlangt, dass die deutschen Gerichte die dem Bürger durch das Gemeinschaftsrecht unmittelbar verliehenen Rechte schützen.[139] Diese Rechte müssen aber nicht immer zwangsläufig subjektive Rechte im Sinne der deutschen Schutznormtheorie sein.[140] Rechtsschutz ist bereits dann zu gewähren, wenn die verletzte Norm den Einzelnen begünstigt. Das beurteilt sich nach dem Gemeinschaftsrecht.[141] Der EuGH zieht dafür unterschiedliche Kriterien heran. Entscheidend sind das Schutzziel der Norm, die Berührung wirtschaftlicher Interessenssphären und die Betroffenheit des Bürgers.[142] In den gemeinschaftsrechtlichen Anforderungen liegt ein Mittelweg zwischen verwaltungsgerichtlicher Schutznormtheorie (s. D 62 ff.) und der Gewährung von Rechtsschutz bei reiner Interessenberührung. Ausgeschlossen ist eine Popularklage. So kann ein Unternehmen seine Klagebefugnis für eine Anfechtungsklage gegen die einem Konkurrenten gewährte, nicht notifizierte Beihilfe ohne Rückgriff auf Grundrechte direkt aus dem unmittelbar wirkenden und drittschützenden Art. 88 Abs. 3 Satz 3 EG herleiten, der den Mitgliedstaaten untersagt, eine Beihilfe durchzuführen, bevor die Kommission eine abschließende Entscheidung erlassen hat. [143]

bb) Klagefrist

Die Klagefrist des § 74 gilt auch hinsichtlich eines Verwaltungsaktes, der im Widerspruch zum Gemeinschaftsrecht steht. Das gilt auch wenn sich der Kläger auf Rechte aus einer nicht fristgerecht umgesetzten Richlinie beruft. Seine gegenteilige Auffassung aus dem Urteil Emmott[144] hat der EuGH mit seiner Fantask-Entscheidung[145] aufgegeben.[146] Das Gemeinschftsrecht verlangt danach nur dann eine Fristenhemmung, wenn die bestehende Fristenregelung die Ausübung der Rechte aus dem Gemeinschaftsrecht praktisch unmöglich macht oder übermäßig erschwert. Die deutschen Verwaltungsgerichte wenden diese Rechtsprechung **82**

139 *EuGH,* 15. 10. 1987 – Rs. 222/86 (Unectef/Heylens, u. a.) –, E 1987, 4097, Rdn. 17; *EuGH,* 3. 12. 1992 – Rs. C-97/91 (Borelli/Kommission) –, E 1992, I-6313.

140 A. A. *Kopp/Schenke,* § 42, Rdn. 152 ff.; vgl. auch *Wahl* in *Schoch/Schmidt-Aßmann/Pietzner,* Vorb. § 42 Abs. 2, Rdn. 127 f., der durch das Gemeinschaftsrecht Initiativrechte i. S. eines sonstigen Rechts nach § 42 Abs. 2 begründet sieht, sowie *Huber,* BayVBl. 01, 577, 584 ff.

141 *Stern,* JuS 98, 769, 771; *Rengeling/Middeke/Gellermann,* Rdn. 1085, m. w. N.

142 *EuGH,* 30. 5. 1991, Rs. C-361/98 (Kommission/Deutschland – „TA-Luft") –, E 1991, 2567, Rdn. 16; *EuGH,* 17. 10. 1991 – Rs. C-58/89 (Kommission/Deutschland) –, E 1991, 4983, Rdn. 14; *EuGH,* 28. 2. 1991 – Rs. C-131/88 (Kommission/Deutschland) –, E 1991, 825, Rdn. 6 f.; *EuGH,* 11. 7. 1991 – verb. Rs. C-87, 88, 89/90 (Verholen u. a. /Sociale Verzekeringsbank) –, E 1991, 3757, Rdn. 22 ff.; *EuGH,* 11. 8. 1995 – Rs. C-433/93 (Kommission/Deutschland) –, E 1995, I-2303 = EuZW 95, 636; vgl. auch *Stern,* JuS 98, 769, 771.

143 Vgl. *Soltész,* EuZW 01, 202, 204.

144 *EuGH,* 25. 9. 1991, Rs. C-208/90 (Emmott) – E 1991, I-4369 = HFR 93, 137.

145 *EuGH,* 2. 12. 97, Rs. C-188/95 (Fantask u. a.) – E 1997, I-6783 = EuZW 98, 172; aus neuerer Zeit: *EuGH,* 28. 11. 2000 – Rs. C-88/99 (Roquette Frères SA) = EuZw 01, 318.

146 Vgl. *Gundel,* NVwZ 98, 910.

an.[147] Die Gemeinschaftsrechtswidrigkeit eines Bescheides hemmt also im Regelfall seine Bestandskraft nicht. Tritt eine Richtlinie nach Erlass eines Verwaltungsaktes in Kraft, ist jedoch immer an ein **Wiederaufgreifen des Verfahrens** nach § 51 Abs. 1 VwVfG zu denken.

cc) Kontrolldichte der deutschen Verwaltungsgerichte

83 Die Kontrolldichte der deutschen Verwaltungsgerichtsbarkeit wird durch das Gemeinschaftsrecht nicht berührt,[148] auch wenn der EuGH in Anlehnung an das französische Rechtssystem in seiner Rechtsprechung der Verwaltung der Gemeinschaft einen weiterreichenden Beurteilungsspielraum einräumt.[149] Insoweit gilt aber das Prinzip der Verfahrensautonomie der Mitgliedstaaten.

3. Vorabentscheidungsverfahren vor dem EuGH

a) Funktion und Bedeutung

84 Mit dem Vorabentscheidungsverfahren begegnet der EG-Vertrag der Gefahr, dass die Anwendung des Gemeinschaftsrechtes durch die Gerichte und Behörden der Mitgliedstaaten ohne eine zentrale Zuständigkeit des EuGH zu erheblichen nationalen Unterschieden bei der Auslegung und Gültigkeit des Gemeinschaftsrechts führte. Das Verfahren berechtigt oder verpflichtet die nationalen Gerichte, dem EuGH in einem gerichtlichen Zwischenverfahren Fragen zur Auslegung und zur Gültigkeit des Gemeinschaftsrechts zur Vorabentscheidung vorzulegen. Damit wird es zu einem unerlässlichen **Instrument zur Wahrung der Einheitlichkeit und Kohärenz der Gemeinschaftsrechtsordnung.**[150]

85 Das Vorabentscheidungsverfahren hat aber noch eine weitere Bedeutung: Indem es den nationalen Gerichten ermöglicht, durch eine Vorlage die Rechtmäßigkeit von Handlungen der Gemeinschaftsorgane überprüfen zu lassen, schafft es einen Ausgleich für die begrenzten Möglichkeiten der Bürger, sich vor den Gemeinschaftsgerichten unmittelbar gegen diese Rechtsakte wehren zu können. Mit einer Nichtigkeitsklage kann er diese dort nur dann angreifen, wenn ihn Entscheidungen oder Verordnungen selbst unmittelbar und individuell betreffen (vgl. L 133f.). Allerdings kann mit dem Vorabentscheidungsverfahren nicht die Bestandskraft von Entscheidungen unterlaufen werden, gegen die eine Nichtigkeitsklage hätte erhoben werden können, bei denen jedoch die zweimonatige Klagefrist nach Art. 230 Abs. 5 EG versäumt wurde.[151]

86 **Beispiel:**

Der Textilwerke Deggendorf GmbH waren von der Bundesrepublik und Bayern Subventionen nach dem InvZulG gewährt werden, ohne dass dies der Kommission notifiziert wor-

---

[147] *BVerwG,* B. v. 4. 10. 1999 – 1 B 55/99 = NVwZ 00, 193; vgl. auch *OVG Koblenz,* B. v. 12. 5. 1998 – 12 A 12501/97 = NVwZ 99, 198; *VGH Kassel,* 18. 8. 1999 – 5 UE 2660/98 = UPR 00, 198.

[148] Zweifelnd *Gerhardt* in *Schoch/Schmidt-Aßmann/Pietzner,* vor § 113, Rdn. 34.

[149] Vgl. hierzu *Herdegen,* Rdn. 226f.

[150] So zutreffend *Ehlers* in *Schoch/Schmidt-Aßmann/Pietzner,* Anh. § 40, Rdn. 4.

[151] *EuGH,* 9. 3. 1994 – Rs. C-188/92 (TWD Textilwerke Deggendorf) –, E 1994, I-833 = EuZW 1994, 250; *EuGH,* 20. 1. 1997 – C-178/95 (Willjo NV) –, E 1997, I-585 Rdn. 19ff.; vgl. auch *EuGH,* 27. 9. 1983, Rs. 216/82 (Universität Hamburg) –, E 1983, 2771.

den war. Die Kommission entschied in dem später eingeleiteten Prüfverfahren, dass die Bundesrepublik die Beihilfen zurückzufordern habe. Gegen die Entscheidung erhob weder die Bundesrepublik noch das Unternehmen Nichtigkeitsklage. Die Textilwerke klagten vielmehr erst gegen die Rücknahme der Bewilligungsbescheide vor dem Verwaltungsgericht und beriefen sich dort auf die Rechtswidrigkeit der Entscheidung der Kommission. Das Verwaltungsgericht ist in dem Rechtsstreit an die bestandskräftige Entscheidung der Kommission gebunden. Eine Vorlage kommt auch dann nicht mehr in Betracht, wenn das Gericht Zweifel an ihrer Rechtmäßigkeit hat.[152] Eine Rückforderungsentscheidung nach Art. 14 Abs. 1 oder eine Rückforderungsanordnung nach Art. 11 Abs. 2 der Verfahrensverordnung Nr. 659/1999 muss der Begünstigte also grundsätzlich vor den Gemeinschaftsgerichten mit der Nichtigkeitsklage (s. L 125 ff.) angreifen, wenn er sie für rechtswidrig hält.

In anderen Fällen, etwa weil der Rechtsakte aufgrund besonders schwerer und offenkundiger Rechtsfehler inexistent ist, bleibt die Vorlage zulässig.[153] 87

Hinweis: 88

Das Vorabentscheidungsverfahren hat in Deutschland große Bedeutung. Der EuGH hat auf diesem Weg zahlreiche Grundsatzentscheidungen getroffen. 1999 waren 253 von 523 beim EuGH neu anhängig gewordenen Verfahren Vorabentscheidungsverfahren. 49 von ihnen wurden durch deutsche Gerichte vorgelegt. Das Bundesverwaltungsgericht hat seit 1961 den EuGH 46mal befragt. Unterinstanzliche deutsche Gerichte haben im gleichen Zeitraum 811 Vorabentscheidungsfragen vorgelegt.

b) Gegenstand der Vorabentscheidung

Gem. Art. 234 Abs. 1 EG können Verwaltungsgerichte Fragen nach der Auslegung und nach der Gültigkeit von Gemeinschaftsrecht stellen:

Auslegungsfragen können sämtliche Rechtsquellen des Gemeinschaftsrechts betreffen (vgl. L 4 ff.).[154] Das Gericht kann den EuGH also zur Auslegung des EG-Vertrages einschließlich seiner Anhänge und Protokolle oder auch zu den allgemeinen Rechtsgrundsätzen befragen. Sekundärrechtlich kann gem. Art. 234 Abs. 1 lit. b EG nach der Auslegung der Handlungen der Gemeinschaftsorgane und der Europäischen Zentralbank (EZB) gefragt werden. Dazu gehören die Verordnungen, Richtlinien und Entscheidungen, aber auch unverbindliche Empfehlungen und Stellungnahmen,[155] wenn diese für die Auslegung von nationalen oder gemeinschaftsrechtlichen Bestimmungen herangezogen werden sollen. Für eine Vorlage ist es unerheblich, ob die gemeinschaftsrechtlichen Bestimmungen im deutschen Recht unmittelbar anwendbar sind. Für ein Gericht kann die Auslegung einer Richtlinie unabhängig von ihren Wirkungen wichtig sein, um das deutsche Transformationsgesetz richtlinienkonform auslegen zu können (vgl. L 20 f.). Schließlich sind auch die völkerrechtlichen Abkommen, die die Gemeinschaft mit Drittstaaten und internationalen Organisationen abgeschlossen hat, vorlagefähige 89

---

[152] *EuGH,* 9. 3. 1994 – Rs. C-188/92 (TWD Textilwerke Deggendorf) –, E 1994, I-833, Rdn. 11 ff. = EuZW 94, 250.

[153] Vgl. *Ehlers* in *Schoch/Schmidt-Aßmann/Pietzner,* Anh. § 40, Rdn. 8, str.; zur Nichtigkeit einer Entscheidung der Kommission: *EuGH,* 15. 6. 1994 – Rs. C-137/92 P – (BASF AG u. a./Kommission) –, E 1994, I-2555 = EuZW 94, 436.

[154] Vgl. im Einzelnen *Borchardt* in *Lenz,* Art. 234, Rdn. 5 ff.; *Schwarze* in *Schwarze,* Art. 234 EG, Rdn. 7 ff.; *Rengeling/Middeke/Gellermann,* Rdn. 368.

[155] *EuGH,* 21. 1. 1993 – Rs. C-188/91 (Deutsche Shell AG) –, E 1993, I-363 Rdn. 18, std. Rspr.

Handlungen der Gemeinschaftsorgane. Bedeutung hat dies vor allem für die Assoziierungsabkommen, das GATT und das WTO Abkommen.

Beispiel:

Mit Beschluss vom 29. 9. 1995 hat das BVerwG dem EuGH die Frage zur Vorabentscheidung gemäß Art. 177 EG vorgelegt, ob ein türkischer Arbeitnehmer die Voraussetzungen des Art. 6 Abs. 1 des Beschlusses Nr. 1/80 des Assoziationsrates EWG/Türkei auch dann erfüllt, wenn er während der Beschäftigung mit Zustimmung der nationalen Behörden zwar ununterbrochen, aber bei verschiedenen Arbeitgebern tätig war und die Beschäftigung bei seinem letzten Arbeitgeber fortsetzen will.[156] Der EuGH legte die Vorschrift so aus, dass sie eine Verlängerung der Aufenthaltserlaubnis davon abhängig macht, ob der Arbeitnehmer eine ordnungsgemäße Tätigkeit ein Jahr lang ununterbrochen bei demselben Arbeitgeber ausgeübt hat (s. K 290).[157]

90 Fragen nach der **Gültigkeit des Gemeinschaftsrechts** können sich nur auf sekundäres Gemeinschaftsrecht beziehen. Das Vorabentscheidungsverfahren ermöglicht insofern eine umfassende Rechtmäßigkeitskontrolle der Handlungen der Gemeinschaftsorgane.[158] Prüfungsmaßstab ist das primäre Gemeinschaftsrecht, also der EG-Vertrag und die allgemeinen Rechtsgrundsätze.

91 Der EuGH ist im Vorabentscheidungsverfahren weder befugt, die Vereinbarkeit von nationalem Recht mit Gemeinschaftsrecht zu beurteilen, noch darf er nationales Recht auslegen.[159] Das wird bei der Formulierung zahlreicher Vorlagefragen übersehen, wenn dort beispielsweise gefragt wird, wie das Gemeinschaftsrecht in dem konkret zu entscheidenden Rechtsstreit anzuwenden ist. Der EuGH formuliert solche unzulässigen Fragen großzügig um. Dabei ist er auf eine sorgfältige Begründung der Vorlageentscheidung angewiesen, um den maßgeblichen Gemeinschaftsrechtsbezug in eine zulässige Frage kleiden zu können. Nur auf diese abstrakte Vorlagefrage antwortet der EuGH. Für die konkrete Anwendung des Gemeinschaftsrechts in dem Rechtsstreit bleibt hingegen ausnahmslos das vorlegende Gericht verantwortlich.

92 **Beispiel:**

Kommt es in einem Rechtsstreit darauf an, ob die Bundesrepublik gegen das Unternehmen X einen Anspruch auf Rückzahlung einer möglicherweise gemeinschaftsrechtswidrig gezahlten Beihilfe hat, obwohl dies zur Insolvenz des Unternehmens führen würde, lautete eine **zulässige Frage:**

1. Ist Art. 87 EG so auszulegen, dass Maßnahmen in Form von Zahlungserleichterungen, die von einer öffentlichen Einrichtung gewährt werden und die dazu führen, dass eine Handelsgesellschaft, die nicht in der Lage ist, sich unter marktüblichen Bedingungen Mittel zu beschaffen oder ihr Kapital zu erhöhen, seit mindestens acht Jahren einen Teil der vom Personal erhobenen Beträge behalten und zur Aufrechterhaltung einer Geschäftstätigkeit verwenden kann, als staatliche Beihilfen im Sinne dieser Bestimmung anzusehen sind?
2. Sofern die erste Frage bejaht wird:
   Ist Art. 87 EG so auszulegen, dass eine Handelsgesellschaft, die eine derartige Beihilfe erlangt hat, auch dann zur Rückzahlung verpflichtet ist, wenn die Rückzahlung zur Insolvenz der Firma führte?

---

[156] *BVerwG*, 29. 9. 1995, 1-1 C 1/95 – NVwZ 1117.
[157] *EuGH*, 29. 5. 1997 – Rs. C-386/95 (Eher) –, E 1997, I-2697 = DVBl. 1997, 1376.
[158] Vgl. *EuGH*, 22. 10. 1987 – Rs. 314/85 (Foto-Frost) –, E 1987, 4199, Rdn. 16.
[159] Vgl. *EuGH*, 15. 12. 1993 – C-292/92 (Hünermund) –, E 1993, I-6787; *EuGH*, 13. 3. 1984 – Rs. 16/83 (Strafverfahren gegen Prantl) –, E 1984, 1299, 1324.

Eine **unzulässige Frage** wäre:

Hat die Bundesrepublik Deutschland gegen die Handelsgesellschaft X einen gemeinschaftsrechtlichen Anspruch auf Rückzahlung der zwischen 1990 und 1999 gezahlten Zuwendung?

Seit dem 1. Mai 1999 können die deutschen Gerichte den EuGH auch im Zusammenhang mit den Bestimmungen über die polizeiliche und justitielle Zusammenarbeit in Strafsachen gem. Art. 35 EU im Wege der Vorabentscheidung befassen.[160] Die Zuständigkeiten des EuGH im Anwendungsbereich des EU-Vertrages sind im Übrigen gem. Art. 46 EU begrenzt.[161] **93**

Art. 68 EG schränkt das Vorabentscheidungsverfahren auch im Bereich Visa, Asyl, Einwanderung und anderen Kompetenzbereichen, die den freien Personenverkehr betreffen, ein. **94**

c) Vorlageberechtigung und Vorlagepflicht der Verwaltungsgerichte

Wird einem Verwaltungsgericht eine Frage über die Auslegung oder Gültigkeit von Gemeinschaftsrecht gestellt und hält es die Entscheidung darüber zum Erlass seines Urteils für erforderlich, so **kann** es diese Frage gem. Art. 234 EG dem Gerichtshof zur Entscheidung vorlegen. Nach Art. 234 Abs. 3 EG wandelt sich die Vorlageberechtigung zu einer Vorlagepflicht, wenn die Entscheidung des Verwaltungsgerichts nicht mehr mit Rechtsmitteln des innerstaatlichen Rechts angefochten werden kann. **95**

aa) Vorlageberechtigung

Zur Vorlage berechtigt ist nach Art. 234 Abs. 2 GG jedes **Gericht eines Mitgliedstaates.** Als Begriff des EG-Vertrages ist der Kreis der vorlageberechtigten „Gerichte" gemeinschaftsrechtlich zu bestimmen. Der EuGH hat dafür einen Kriterienkatalog aufgestellt, der die Unabhängigkeit der Einrichtung, ihr Tätigwerden aufgrund einer gesetzlichen Grundlage, die Existenz transparenter Verfahrensvorschriften sowie die Anwendung von Rechtsnormen statt einer Entscheidung nach Billigkeit umfasst.[162] Alle deutschen Verwaltungs- und Verfassungsgerichte wie auch die übrigen deutschen Gerichte genügen diesen Anforderungen. Hingegen schließen sie eine Vorlageberechtigung durch deutsche Verwaltungsbehörden regelmäßig aus. **96**

Der EuGH hat allerdings den **Vergabeüberwachungsausschuss** des Bundes, der vor der Neuregelung des Vergaberechts gem. § 57c a.F. HGrG die Rechtmäßigkeit der Entscheidungen der Vergabeprüfstelle zu überprüfen hatte, aufgrund seiner umfassenden Unabhängigkeit als Gericht i.S.v. Art. 234 GG anerkannt.[163] Das gilt nunmehr auch für die Vergabekammern des Bundes und der Länder.

---

160 Vgl. § 1 EuGH-Gesetz vom 6. August 1998, BGBl. 1998 I S. 235, sowie Bekanntmachung vom 19. April 1999, BGBl. 1999 I S. 728.

161 Vgl. *Herrnfeld* in *Schwarze,* Art. 46 EUV, Rdn. 5ff.

162 Vgl. bspw. *EuGH,* 30. 6. 1966 – Rs. 61/65 (Vaassen – Göbbels) –, E 1966, 377; *EuGH,* 17. 10. 1989 – Rs. 109/88 (Handels – og Kontorfunktionsaerernes Forbund I Danmark/Dansk Arbejdsgiverforening für Danfoss – „Danfoss") –, E 1989, 3199, Rdn. 17 = EuZW 90, 317; *EuGH,* 19. 10. 1995 – Rs. 111/94 (Job Centre Coop ARL) –, E 1995, I-3361, Rdn. 9 = EuZW 96, 47.

163 *EuGH,* 17. 9. 1997 – Rs. C-54/96 (Dorsch Consult Ingenieurgesellschaft mbH) –, E 1997, I-4961, Rdn. 22ff = EuZW 97, 625; vgl. auch *EuGH,* 4. 2. 1999 – Rs. C-103/97

Private Schiedsgerichte, die nach Maßgabe der §§ 1025ff. ZPO tätig werden, sind keine vorlageberechtigten Gerichte.[164]

97 Die vorgelegte Frage muss nach Auffassung des vorlegenden Gerichtes für den Ausgangsrechtsstreit **entscheidungserheblich** sein. Die Erforderlichkeit der Vorlage wird vom EuGH grundsätzlich nicht überprüft.[165] In eindeutigen Fällen erklärt sich der EuGH jedoch für unzuständig, wenn die Vorlagenfragen nicht entscheidungserheblich sind. Das ist der Fall, wenn offensichtlich ist, dass

- kein Zusammenhang zwischen der vom Gericht erbetenen Auslegung oder Überprüfung der Gültigkeit einer Vorschrift des Gemeinschaftsrechts und den Gegebenheiten des Ausgangsverfahrens besteht,[166]
- dem Ausgangsverfahren kein „echter Rechtsstreit" zugrunde liegt, sondern das Verfahren fiktiv aufgrund von Parteiabsprachen zustande gekommen ist, um damit ein Gutachten für hypothetische Fragestellungen zu erwirken,[167] oder
- der EuGH nicht über die tatsächlichen und rechtlichen Angaben verfügt, die für eine zweckdienliche Beantwortung der ihm vorgelegten Fragen erforderlich sind.

98 Die Instanzgerichte, deren Entscheidungen mit Rechtsmitteln angefochten werden können und die nicht die Gültigkeit gemeinschaftsrechtlicher Handlungen in Zweifel ziehen wollen (dazu sogleich L 101ff.), haben nach Art. 234 Abs. 2 EG ein **Ermessen,** ob sie den EuGH anrufen wollen. Das Verwaltungsgericht hat davon pflichtgemäßen Gebrauch zu machen und dabei prozessökonomische Gesichtspunkte, aber auch die Intensität seiner Zweifel über die Auslegung des Gemeinschaftsrechtes, zu berücksichtigen.[168] Die Vorlageberechtigung des untergeordneten Verwaltungsgerichtes bleibt trotz der Bindungswirkung einer zurückverweisenden Revisionsentscheidung des Bundesverwaltungsgerichts nach § 144 Abs. 6 (s. F 223) erhalten, wenn nicht das Bundesverwaltungsgericht dem EuGH selbst bereits identische Fragen vorgelegt hat.[169] Kommt neben einer Vorlage nach Art. 234 EG auch eine konkrete Normenkontrolle nach Art. 100 Abs. 1 GG in Betracht (s. E 317ff.),

---

(Josef Köllensperger u. a.) –, E 199, I-551, Rdn. 17ff.; zur Gerichtsqualität des Tiroler Landesvergabeamts.

[164] *EuGH,* 23. 3. 1982 – Rs. 102/81 (Nordsee) –, E 1982, 1095, Rdn. 13, sowie im Einzelnen *Ehlers* in *Schoch/Schmidt-Aßmann/Pietzner,* Anh. § 40 Rdn. 14 m. w. N.

[165] *EuGH,* 17. 7. 1997 – Rs. C-130/95 (Giloy) –, E 1997, I-4291, Rdn. 20; *EuGH,* 30. 4. 1986 – Rs. 209–213/84 (Ministère public/Asjes u. a.) –, E 1986, 1425, 1460 Rdn. 53, 79.

[166] *EuGH,* 16. 7. 1992 – Rs. C-67/91 (Dirección General de Defensa de la Competencia/Asòciation Espagñola de Banca Privada u. a.) –, E 1992, I-4785, Rdn. 25 und 26 = EuZW 1992, 671; *EuGH,* 3. 3. 1994 – verb. Rs. C-302, 333, 335/92 (Eurico Italia Srl. u. a.) –, E 1994, I-711, Rdn. 17 = EuZW 94, 477.

[167] *EuGH,* 13. 3. 2001 – Rs. C-379/98 (PreussenElektra AG/Schleswag AG) –, EuZW 2001, 242, Rdn. 38ff.; *EuGH,* 11. 2. 1980 – Rs. 104/79 (Foglia/Novello („I") –, E 1980, 745 und *EuGH,* 16. 12. 1981 – Rs. 244/80 (Foglia/Novello („II") –, E 1980, 1981; EuGH, 16. 7. 1992 – Rs. C-83/91 (Meilicke/ADV/ORG F. A. Meyer) –, E 1992, I-4919.

[168] *Ehlers* in *Schoch/Schmidt-Aßmann/Pietzner,* Anh. § 40, Rdn. 33; *BVerwG,* 14. 12. 1992 – 5 B 72/92 –, EuZW 93, 263.

[169] Vgl. *EuGH,* 12. 2. 1974 – Rs. 146/73 (Rheinmühlen Düsseldorf – „Rheinmühlen I") –, E 1974, 139; *EuGH,* 16. 1. 1974 – Rs. 166/73 (Rheinmühlen II) –, E 1974, 33 = NJW 74, 440; im Einzelnen str., vgl. *Reiche,* EuZW 95, 569; *Ehlers* in *Schoch/Schmidt-Aßmann/Pietzner,* Anh. § 40 Rdn. 34.

liegt es grundsätzlich im Ermessen des Verwaltungsgerichts, ob es zunächst an den EuGH oder an das Bundesverfassungsgericht vorlegt.[170]

Beim Einholen einer Vorabentscheidung hat das Verwaltungsgericht das Verfahren nach § 94 bis zur Entscheidung des EuGH auszusetzen. Eine Aussetzung kommt in entsprechender Anwendung von § 94 auch ohne Vorlage an den EuGH in Betracht, wenn die gleiche Frage bereits Gegenstand eines anderen Vorabentscheidungsersuchens ist und der anhängige Rechtsstreit keine weiteren Probleme aufwirft.[171] Gegen die Aussetzung des Verfahrens und die Vorlage an den EuGH ist eine Beschwerde nach § 146 nicht zulässig.[172] **99**

Hinweis für den Anwalt: **100**

Auch wenn über die Vorlage und die Entscheidungserheblichkeit nicht die Beteiligten des Rechtsstreits, sondern das Gericht selbst zu befinden hat, steht es den Beteiligten frei, beim Gericht die Aussetzung des Rechtsstreites und eine Vorabentscheidung anzuregen. Dabei ist nicht nur auf die Begründung, sondern auch auf die sorgfältige Formulierung der vorgeschlagenen Fragen Wert zu legen, um damit zu gewährleisten, dass der EuGH sich auch wirklich mit allen maßgeblichen Auslegungs- und Gültigkeitsfragen beschäftigt.

bb) Vorlagepflicht

In zwei Fällen verdichtet sich die Vorlageberechtigung zu einer Vorlagepflicht: **101**

Alle Gerichte sind verpflichtet, den EuGH anzurufen, wenn das Gericht **einen Gemeinschaftsrechtsakt für ungültig** hält und ihn deshalb nicht anwenden will. Der EuGH begründet dies mit seiner ausschließlichen Zuständigkeit, Handlungen eines Gemeinschaftsorgans für nichtig zu erklären, und der Notwendigkeit, nur so die einheitliche Anwendung des Gemeinschaftsrecht in allen Mitgliedstaaten gewährleisten zu können.[173] Das eigentlich nach Art. 234 Abs. 2 EG bestehende Vorlageermessen der Verwaltungsgerichte reduziert sich in diesen Fällen auf Null. Sie bleiben jedoch berechtigt, vorläufigen Rechtsschutz zu gewähren und dabei das in Zweifel gezogene Gemeinschaftsrecht nicht anzuwenden, soweit dafür die durch den EuGH herausgearbeiteten Voraussetzungen vorliegen (vgl. L 69ff.). Trägt ein Beteiligter vor, eine Gemeinschaftsrechtshandlung sei nichtig, können die Gerichte die Gültigkeit des Rechtsaktes selbst prüfen und ihn dann anwenden, wenn sie das Vorbringen für unzutreffend halten.[174] Eine Pflicht zur Vorlage besteht in diesem Fall nicht.

Vorlagepflichtig ist nach Art. 234 Abs. 3 EG des weiteren ein **letztinstanzliches Gericht,** dessen Entscheidung mit Rechtsmitteln nicht mehr angefochten werden **102**

---

[170] Vgl. *BVerfG,* 26. 2. 1985 – 2 BvL 14/84 – BVerfGE 69, 174, 182f.; vgl. auch *EuGH,* 27. 6. 1991 – Rs. C-348/89 (Mecanarte) –, E 1991, I-Rdn. 41ff. = EuZW 92, 770.

[171] *BVerwG,* B.v. 10. 11. 2000 – 3 C 3/00, NVwZ 2001, 319; vgl. auch *LG Bonn,* B.v. 31. 10. 1994 – 1 O 265/94 –, EuZW 96, 159; *OLG Düsseldorf,* B.v. 2. 12. 1992 – 18 W 58/92 –, NJW 93, 1661; *Pfeiffer,* NJW 94, 1996, 1998.

[172] *Kopp/Schenke,* § 146 Rdn. 10; *Meyer-Ladewig* in *Schoch/Schmidt-Aßmann/Pietzner,* § 146, Rdn. 9; *Ehlers* in *Schoch/Schmidt-Aßmann/Pietzner,* Anh. § 40 Rdn. 59; näher *Pfeiffer,* NJW 94, 1996ff.

[173] Grundlegend *EuGH,* 22. 10. 1987 – Rs. 314/85 (Foto-Frost) –, E 1987, 4199, Rdn. 15ff. = NJW 88, 1451.

[174] So *EuGH,* 22. 10. 1987 – Rs. 314/85 (Foto-Frost) –, E 1987, 4199, Rdn. 14 = NJW 88, 1451.

kann. Dies ist jeweils im konkreten Einzelfall zu entscheiden.[175] Rechtsmittel i. S. v. Art. 234 EG sind alle Rechtsbehelfe, mit denen die angefochtene Entscheidung zumindest rechtlich noch überprüft werden kann. Im Verwaltungsprozess gehören dazu neben der Beschwerde, der Zulassung zur Berufung, der Berufung und der Beschwerde gegen die Nichtzulassung der Berufung auch die Revision und die Beschwerde gegen die Nichtzulassung der Revision. Denn nach der Rechtsprechung des Bundesverwaltungsgerichts ist das Europäische Gemeinschaftsrecht Bundesrecht im Sinne des § 137 Abs. 1 und damit revisibel.[176] Der in § 137 Abs. 1 verwendete Begriff des Bundesrechts umfasst als Gegensatz zum Landesrecht das gesamte aufgrund einheitlicher Kompetenz im ganzen Bundesgebiet geltende Recht. Dazu gehört nicht nur das unmittelbar geltende Gemeinschaftsrecht, sondern auch alle Richtlinien, wenn sie zu einer richtlinienkonformen Auslegung des deutschen Rechts heranzuziehen sind.[177] Eine Revision wegen grundsätzlicher Bedeutung nach § 132 Abs. 2 Nr. 1 lässt das Bundesverwaltungsgerichts dann zu, wenn dargelegt wird, dass im Revisionsverfahren voraussichtlich der EuGH mit einer Vorabentscheidung zu befassen sein wird.[178] Außerordentliche Rechtsbehelfe wie die Wiederaufnahme des Verfahrens oder die Verfassungsbeschwerde sind keine Rechtsmittel im Sinne von Art. 234 Abs. 3 EG.[179]

103 Die **Vorlagepflicht** nach Art. 234 Abs. 3 EG eines letztinstanzlich urteilenden Gerichts **kann entfallen,** wenn

- sich eine **gesicherte Rechtsprechung des EuGH** gebildet hat, durch die die betreffende Rechtsfrage gelöst ist. Das gilt auch dann, wenn die strittigen Fragen nicht vollkommen identisch sind.[180]
- die richtige Anwendung des Gemeinschaftsrechts derart offenkundig ist, dass an der Entscheidung der gestellten Frage kein Zweifel besteht **(„acte clair"-Doktrin).** Das Verwaltungsgericht muss dann jedoch davon überzeugt sein, dass darüber auch bei den Gerichten der anderen Mitgliedstaaten und dem EuGH die gleiche Gewissheit bestände. Dabei müssen die Eigenheiten und besonderen Auslegungsschwierigkeiten des Gemeinschaftsrechts berücksichtigt und der be-

---

[175] Sog. konkrete Betrachtungsweise, vgl. *BayVGH,* 8. 2. 1985 – Vf. 57-VI-84 –, NJW 85, 2894; *Rengeling/Middeke/Gellermann,* Rdn. 383 ff.; *Ehlers* in *Schoch/Schmidt-Aßmann/Pietzner,* Anh. § 40 Rdn. 36, beide m. w. N., h. M., a. A. die abstrakte Betrachtungsweise, nach der die nur die obersten Gerichte, im Verwaltungsprozess also das Bundesverwaltungsgericht, vorlagepflichtig sein sollen, bspw. *Pescatore,* BayVBl 87, 33, 38.

[176] Vgl. *BVerwG,* 12. 6. 1970 – VII C 35.69 – BVerwGE 35, 277 f.; *BVerwG,* 20. 2. 1992 – 3 C 51.88 –, BverwGE 90, 19, *BVerfG,* B. v. 22. 12. 1992 – 2 BvR 557/88 = NVwZ 93, 883.

[177] *Kopp/Schenke,* § 137 Rdn. 5; *Ehlers* in *Schoch/Schmidt-Aßmann/Pietzner,* Anh. § 40, Rdn. 38.

[178] *BVerwG,* 20. 3. 1986 – 3 B 3/86 = NJW 87, 601 = NVwZ 87, 317 L; *BVerwG,* B. v. 22. 10. 1986 – 3 B 43.86 = NJW 1988, 664 = BayVBl. 88, 122; vgl. auch *Kopp/Schenke,* § 132 Rdn. 10, 13.

[179] *EuGH,* 27. 6. 1991 – Rs. C-348/89 (Mecanarte-Metalúrgica da Lagon Ltd.) –, E 1991, I-3277 = NVwZ 93, 461; *Rengeling/Middeke/Gellermann,* Rdn. 385; *Borchardt* in *Lenz,* Art. 234 Rdn. 37; *Schwarze* in *Schwarze,* Art. 234 EG Rdn. 42.

[180] *EuGH,* 6. 10. 1982 – Rs. 283/81 (SrL CILFIT u. a.) –, E 1982, 3415, Rdn. 14; vgl. dazu *HessVGH,* B. v. 18. 4. 1988 – V/V G 2424/86 T = NVwZ 89, 387; *BGH,* 18. 9. 1985 – VIII ZR 244/84 –, NJW 86, 659.

sonderen gemeinschaftsspezifischen Terminologie und dem Umstand Rechnung getragen werden, dass die Vorschriften des Gemeinschaftsrechts in mehreren Sprachen gleichermaßen verbindlich sind.[181]

Hinweis: 104

Bei der Vorlagepflicht kommt es nicht darauf an, ob das Gericht an der Gültigkeit oder Auslegung des Gemeinschaftsrechts zweifelt. Es genügt, wenn von einem Beteiligten des Verfahrens solche Zweifel geltend gemacht werden. An ihnen darf das Gericht nur unter den genannten Ausnahmen vorbeigehen.

Die **Verletzung der Vorlagepflicht** ist gemeinschafts- und verfassungsrechtlich sanktioniert: 105

Die Kommission kann gegen Deutschland ein **Vertragsverletzungsverfahren** 106 einleiten, da ihm das Verhalten der Verwaltungsgerichte zuzurechnen ist. Auf die Einleitung eines solchen Verfahrens haben die Beteiligten keinen Anspruch. Die Kommission hat darauf bislang stets verzichtet, weil ein der Klage stattgebendes Urteil des EuGH die Rechtskraft der Entscheidung unberührt ließe und der Mitgliedstaat auch im Übrigen die Gerichtsentscheidung aufgrund der Unabhängigkeit der Gerichte kaum korrigieren kann.[182] Gemeinschaftsrechtlich ist die Vorlagepflicht damit nur ungenügend sanktioniert.

Ein Verstoß gegen die Vorlagepflicht verletzt das **Recht auf den gesetzlichen** 107 **Richter** gem. Art. 101 Abs. 1 Satz 2 GG und eröffnet damit die Verfassungsbeschwerde. Wie bei anderen fehlerhaften gerichtlichen Entscheidungen verlangt das Bundesverfassungsgericht jedoch auch für die Vorlagepflicht nach Art. 234 EG, dass das Gericht seine Verpflichtung willkürlich verletzt haben muss.[183] Das ist der Fall, wenn

- das Gericht die Vorlage trotz der seiner Auffassung nach bestehenden Entscheidungserheblichkeit einer zweifelhaften gemeinschaftsrechtlichen Frage nicht in Erwägung gezogen hat,[184]
- das Gericht bewusst von der Rechtsprechung des EuGH abgewichen ist[185] oder
- es bislang keine Rechtsprechung des EuGH gibt, das Gericht sich jedoch in unvertretbarer Weise einer Mindermeinung angeschlossen hat, obwohl die in Betracht kommenden Gegenauffassungen deutlich überzeugender waren.[186]

Der „Willkürmaßstab" des Bundesverfassungsgerichts ist zurecht kritisiert worden.[187] Gemeinschaftsrechtlich ist das Bundesverfassungsgericht verpflichtet, Verletzungen der Vorlagepflichten grundsätzlich zu beanstanden. 108

---

[181] *EuGH,* 6. 10. 1982 – Rs. 283/81 (SrL CILFIT u. a.) –, E 1982, 3415, Rdn. 16 ff., vgl. im deutschen Recht bspw. *BVerwG,* 24. 6. 1982 – 1 C 136.80 –, BVerwGE 66, 29, 38, *BVerfG,* 26. 1. 1989 – 2 BvR 1056/84 –, RiW 1989, 823.

[182] Vgl. dazu näher *Borchardt* in *Lenz,* Art. 234 Rdn. 44, 47; *Schwarze* in *Schwarze,* Art. 234, Rdn. 50 f.; *Ehlers* in *Schoch/Schmidt-Aßmann/Pietzner,* Anh. § 40 Rdn. 60; *Meier,* EuZW 91, 11, 14 will das Urteil durch eine Restitutionsklage analog § 580 Nr. 6 ZPO beseitigen lassen.

[183] Std. Rspr., insbes. *BVerfG,* 31. 5. 1990 – 2 BvL 12, 13/88, 2 BvR 1436/87 –, BVerfGE 82, 159, 195 f.; im Übrigen *BVerfG,* 22. 10. 1986 – 2 BvR 197/83 –, BVerfGE 73, 339, 365 f.

[184] *BVerfG,* B. v. 31. 5. 1990 – 2 Bvl 12, 13/88, 1436/87 –, NVwZ 91, 53; *BVerfG,* 9. 1. 2001 – 1 BvR 1063/99 –, EuZW 2001, 255; dazu *Füßer,* DVBl. 01, 1574.

[185] *BVerfG,* 8. 4. 1987 – 2 BvR 687/85 –, BVerfGE 75, 223, 245 = NJW 88, 1459.

[186] *BVerfG,* 8. 4. 1987 – 2 BvR 687/85 –, BVerfGE 75, 223, 245 = NJW 88, 1459.

[187] Näher *Ehlers* in *Schoch/Schmidt-Aßmann/Pietzner,* Anh. § 40 Rdn. 62 m. w. N.

109 Nach den Grundsätzen der Haftung der Mitgliedstaaten für Verletzungen des Gemeinschaftsrechts (vgl. L 39ff.) kann ein Bürger von der Bundesrepublik den Ersatz des Schadens verlangen, der ihm durch die Verletzung einer Vorlagepflicht durch die Gerichte entsteht.[188]

d) Verfahren vor dem EuGH

110 Für das Vorabentscheidungsverfahren ist grundsätzlich der EuGH zuständig.[189] Der vom deutschen Gericht übersandte Vorlagebeschluss wird vom Gerichtshof gemäß Art. 20 EuGH-Satzung[190] den beteiligten Parteien, den Mitgliedstaaten und der Kommission zugestellt, die dann zwei Monate Zeit haben, beim Gerichtshof Schriftsätze einzureichen oder schriftliche Erklärungen abzugeben. Alle Beteiligten des verwaltungsgerichtlichen Ausgangsverfahrens können insoweit am schriftlichen Verfahren wie auch an der mündlichen Verhandlung mitwirken. Der grundsätzlich vor dem EuGH bestehende Anwaltszwang ist für die Beteiligten gem. Art. 104 § 2 VerfO-EuGH modifiziert, als im Vorabentscheidungsverfahren grundsätzlich die gleichen Vertretungsregeln wie im Verfahren vor den Verwaltungsgerichten gelten (s. E 20ff.) Im Übrigen gelten auch für das Vorabentscheidungsverfahren die allgemeinen Grundsätze für das Verfahren vor dem Gerichtshof (dazu näher L 123ff.).[191]

e) Bindungswirkung der Entscheidungen des EuGH

111 Das Urteil des EuGH entscheidet mit Rechtskraft über die Auslegung oder Gültigkeit des Gemeinschaftsrechtes. Die Vorabentscheidung bindet daher nicht nur das vorlegende Gericht, sondern auch sämtliche anderen Gerichte, die in demselben Rechtsstreit zu entscheiden haben. Das gilt auch für das BVerfG.[192]

112 Die Bindungswirkung schließt jedoch nicht aus, dass die an dem Rechtsstreit beteiligten Gerichte den EuGH erneut anrufen können. Zulässig ist dies, wenn sie beim Verständnis oder der Anwendung des Urteils Schwierigkeiten haben, wenn sie dem EuGH eine neue Rechtsfrage stellen oder wenn sie ihm neue Gesichtspunkte unterbreiten, die den Gerichtshof dazu veranlassen könnten, eine bereits gestellte Frage abweichend zu beantworten.[193]

113 Bei der Beurteilung der Bindungswirkungen eines Vorabentscheidungsurteils außerhalb des Ausgangsverfahrens ist zu unterscheiden:

Wird durch den EuGH ein Gemeinschaftsrechtsakt für ungültig erklärt, bildet diese Entscheidung auch für jedes andere Gericht eine ausreichende Grundlage,

---

[188] *Schwarze* in *Schwarze,* Art. 234 Rdn. 51; *Borchardt* in *Lenz,* Art. 234 Rdn. 48, a.A. *Calliess/Ruffert/Wegener,* Art. 234 Rdn. 28 unter Hinweis auf das Richterprivileg.

[189] S. aber Art. 225 Abs. 3 EG-Nizza, wonach auch dem Gericht erster Instanz besondere Sachgebiete zur Vorabentscheidung übertragen werden können.

[190] Art. 23 EuGH-Satzung Nizza.

[191] Hilfreich sind die Hinweise des EuGH zur Vorlage von Vorabentscheidungsersuchen durch die innerstaatlichen Gerichte, http://curia.eu.int/de/txts/others/index.htm.

[192] *BVerfG,* 29. 5. 1974 – 2 BvL 52/71 („Solange I") –, BVerfGE 37, 271, 282; *BVerfG,* 25. 7. 1979 – 2 BvL 6/77 –, BVerfGE 52, 187, 201.

[193] Grundlegend *EuGH,* B. v. 5. 3. 1986 – Rs. 69/85 (Wünsche Handelsesellschaft mbH) –, E 1986, 847, 953, Rdn. 15; *EuGH,* 2. 5. 1995 – C-206/94 (Brennet AG/Vittorio Paletta – „Paletta II") –, E 1996 I 2357 –; *EuGH,* 3. 5. 1992 – C-45/90 (Paletta u.a./ Brennet AG – „Paletta I") –, E 1992, I-3423.

diesen Rechtsakt in dem von ihm zu entscheidenden Rechtsstreit gleichfalls nicht anzuwenden.[194] Bei Zweifeln am Umfang oder den Folgen der festgestellten Nichtigkeit kann das Gericht erneut vorlegen. Erklärt der EuGH eine Gemeinschaftsregelung für gültig, kann ein Verwaltungsgericht den EuGH erneut befragen, wenn in dem bei ihm anhängigen Verfahren Gesichtspunkt eine abweichende Würdigung möglich erscheinen lassen.[195]

An Auslegungsurteile des EuGH sind die letztinstanzlich entscheidenden Gerichte auch in anderen Rechtsstreitigkeiten faktisch gebunden, weil sie zur Vorlage verpflichtet sind, wenn sie von der Auslegung des EuGH abweichen wollen (s. L 102f.).[196] Für die anderen Gerichte gilt diese Bindung nicht.[197] Jedoch werden auch sie faktisch die Auslegungsurteile des EuGH beachten, weil sie ansonsten damit rechnen müssen, dass ihre Urteile in der Rechtsmittelinstanz aufgehoben werden. **114**

Die Vorabentscheidungsurteile gelten nach ständiger Rechtsprechung des EuGH *ex tunc.*[198] Sie bestimmen also rückwirkend mit Wirkung vom Zeitpunkt seines Inkrafttretens die Auslegung oder Gültigkeit eines Gemeinschaftsrechtsaktes. Nur in Ausnahmefällen begrenzt der Gerichtshof die zeitliche Wirkung dann unmittelbar in seinem Urteil, wenn der Vertrauensschutz oder die Rechtssicherheit dies gebieten[199] oder aber die Rückwirkung die Gefahr erheblicher finanzieller Auswirkungen in sich trägt.[200] **115**

III. Rechtsschutz vor den Gerichten der Gemeinschaft

1. Überblick über das Rechtsschutzsystem

a) Zuständigkeiten der Gemeinschaftsgerichte

Das Gemeinschaftsrecht kennt keine Generalklausel, die wie § 40 Abs. 1 den Rechtsweg zu den Gemeinschaftsgerichten öffnet. Statt dessen findet sich im EG-Vertrag ein Katalog von Einzelzuständigkeiten: **116**

- Art. 226 EG: Vertragsverletzungsverfahren der Kommission gegen Mitgliedstaaten,
- Art. 227 EG: Vertragsverletzungsklage eines Mitgliedstaates,
- Art. 230 EG: Nichtigkeitsklage gegen Rechtsakte der Gemeinschaft,

---

[194] *EuGH,* 13. 5. 1981 – Rs. 66/80 (SpA International Chemical Corporation) –, E 1981, 1191, Rdn. 13; dazu *Schwarze* in *Schwarze,* Art. 234, Rdn. 64; *Borchardt* in *Lenz,* Art. 234, Rdn. 53.

[195] Vgl. *Schwarze* in *Schwarze,* Art. 234, Rdn. 65; *Borchardt* in *Lenz,* Art. 234, Rdn. 54.

[196] *EuGH,* 6. 10. 1982 – Rs. 283/81 (SrL CILFIT u. a.) –, E 1982, 3415, Rdn. 21.

[197] *Schwarze* in *Schwarze,* Art. 234, Rdn. 66; *Borchardt* in *Lenz,* Art. 234, Rdn. 55; a. A. *Rengeling/Middeke/Gellermann,* Rdn. 401.

[198] Vgl. nur *EuGH,* 2. 2. 1986 – Rs. 309/85 (Barra) –, E 1988, 371, 375 –; *Rengeling/Middeke/Gellermann,* Rdn. 403; *Borchardt* in *Lenz,* Art. 234, Rdn. 56; *EuGH,* 2. 2. 1986 – Rs. 24/86 (Blaizot/Université de Liège u. a.) –, E 1988, 379, Rdn. 27.

[199] *EuGH,* 31. 3. 1992 – Rs. C-200/90 (Dansk Denkavit/P. Poulsen Trading ApS) –, E 1992, I-2217, Rdn. 21.

[200] *EuGH,* Rs. C-224/89 (Legros), E 1992, I-4625, Rdn. 29; *EuGH,* 17. 5. 1990 – Rs. 262/88 (Barber/Guardian Royal Exchange Assurance Group) –, E 1990, I-1889 Rdn. 41 ff.

– Art- 232 EG: Untätigkeitsklage,
– Art. 234 EG: Vorabentscheidungsverfahren,
– Art. 235 EG: Schadensersatzklage im Zusammenhang mit der außervertraglichen Haftung der Gemeinschaft nach Art. 288 Abs. 2 EG,
– Art. 236 EG: Streitsachen zwischen der Gemeinschaft und ihren Bediensteten,
– Art. 237 EG: Streitigkeiten, die die Europäische Investitionsbank (EIB) und die Europäische Zentralbank (EZB) betreffen,
– Art. 238 EG: Zuständigkeit aufgrund von Schiedsklauseln,
– Art. 238 EG: Zuständigkeit aufgrund eines zwischenstaatlichen Schiedsvertrages,
– Art. 241 EG: Inzidente Normenkontrolle gegen Rechtsverordnungen,
– Art. 242 und 243 EG: Vorläufiger Rechtsschutz,
– Art. 256 Abs. 4 EG: Aussetzung der Zwangsvollstreckung aus gemeinschaftsrechtlichen Vollstreckungstiteln,
– Art. 229a EG – Nizza: Zuständigkeit für Rechtsstreitigkeiten über gemeinschaftsrechtliche Titel für den gewerblichen Rechtsschutz.

117 Natürliche und juristische Personen können unmittelbaren Rechtsschutz vor dem EuGH durch die Nichtigkeitsklage (s. L 125ff.) und die Untätigkeitsklage (s. L 145ff.) erlangen. Zusammen mit den Streitigkeiten zwischen der Gemeinschaft und ihren Bediensteten liegen darin typische „verwaltungsrechtliche" Streitigkeiten. Die verfassungsrechtlichen Klagen, die vor allem zwischen Organen der Gemeinschaft und den Mitgliedstaaten geführt werden, sind ihnen hingegen verschlossen. Abstrakte Rechtsverordnungen können von natürlichen und juristischen Personen nur indirekt durch eine inzidente Normenkontrolle nach Art. 241 EG angefochten werden (vgl. L 143ff.). Dem Individualrechtsschutz dienen schließlich die Schadensersatzklagen nach Art. 235 EG (vgl. L 150ff.).

b) Organisation und Verfahren vor den Gemeinschaftsgerichten

Hinweis:
Die Zusammensetzung und Organisation der Gemeinschaftsgerichte wurden durch die Änderung des EG-Vertrages durch den **Vertrag von Nizza**[201] geringfügig geändert. Nach dem ablehnenden Referendum in Irland ist gegenwärtig noch unklar, wann die Vertragsänderungen in Kraft treten werden. Sie sind hier dennoch bereits berücksichtigt worden. Die Bestimmungen werden als EG-Nizza zitiert. Dem Änderungsvertrag ist zugleich das Protokoll einer überarbeiteten Satzung des EuGH beigefügt. Die folgenden Ausführungen berücksichtigen noch die alte Fassung der Satzung, nehmen aber auf die geänderten Artikel in den Fußnoten jeweils als „EuGH-Satzung Nizza" Bezug. Die Verfahrensordnungen des EuG und des EuGH sind gegenwärtig noch unverändert und müssen den geänderten Vertrags- und Satzungsbestimmungen nach Inkrafttreten des Änderungsvertrages noch angepasst werden.

118 Der **Europäische Gerichtshof (EuGH)** besteht aus einem Richter je Mitgliedstaat (Art. 221 Abs. 1 EG-Nizza). Er wird von 8 Generalanwälten unterstützt, die unabhängige Schlussanträge zu den verhandelten Rechtssachen stellen (Art. 222 EG-Nizza).

119 Teil des Organs „Gerichtshof" ist seit 1988 das **Gericht erster Instanz (EuG).** Gemäß Art. 224 EG-Nizza besteht es aus mindestens einem Richter je Mitglied-

[201] Vertrag von Nizza, ABl. EG C 80 vom 10. 3. 2001, S. 1.

staat. Gegenwärtig haben beide Gerichte 15 Richter. Das EuG kennt keine eigenständigen Generalanwälte, kann jedoch einzelne Mitglieder dazu bestellen, die Tätigkeit eines Generalanwalts auszuüben. Es ist gemäß Art. 225 Abs. 1 EG-Nizza für alle erstinstanzlichen Entscheidungen über Klagen nach den Art. 230, 232, 235, 236 und 238 zuständig, es sei denn es handelt sich um Klagen der Mitgliedstaaten, der Gemeinschaftsorgane oder der EZB.[202] Für diese wie auch für die Vertragsverletzungs- und Vorabentscheidungsverfahren[203] bleibt allein der EuGH verantwortlich. Gegen die Entscheidungen des EuG kann beim EuGH ein auf Rechtsfragen begrenztes Rechtsmittel eingelegt werden (s. näher L 172ff.).

Der durch den Vertrag von Nizza eingefügte Art. 225a EG-Nizza erlaubt nun- **120**
mehr, durch einstimmigen Beschluss des Rates **gerichtliche Kammern** zu bilden, die für Entscheidungen im ersten Rechtszug über bestimmte Kategorien von Klagen zuständig sind, die in besonderen Sachgebieten erhoben werden. Gegen die Entscheidungen der Kammern kann ein Rechtsmittel beim EuG eingelegt werden, das vom Rat – anders als bei der sonst üblichen Beschränkung der Rechtsmittel auf Rechtsfragen – auch auf die Klärung tatsächlicher Fragen erweitert werden kann, Art. 225a Abs. 3 EG-Nizza. Wenn die Einheit oder Kohärenz des Gemeinschaftsrechts berührt wird, ist gegen dessen Entscheidung wiederum ein Rechtsmittel an den EuGH zulässig, Art. 225 Abs. 2 EG-Nizza.[204]

Hinweis: **121**
Die Rechtssachen des EuGH werden mit dem Buchstaben C (Cour), die des EuG mit T (Tribunal) gekennzeichnet. Die Entscheidungssammlung des Gerichtshofs umfasst in ihrem Teil I die Entscheidungen des EuGH, in ihrem Teil II die des EuG. Sie enthält die Entscheidungen zu allen Rechtsbereichen mit Ausnahme des Rechts des öffentlichen Dienstes, die in einer gesonderten Sammlung veröffentlicht werden. Die Entscheidungen des Gerichtshofs sind auf seiner Internetseite systematisch aufgearbeitet. Urteile und Beschlüsse ab Mitte 1997 finden sich dort im Volltext: http://curia.eu.int. Einen Zugang auch zu älteren Entscheidungen bietet das EUR-Lex-Portal http://europa.eu.int/eur-lex.

Der EuGH tagt in Kammern, die sich aus 3 oder 5 Richtern zusammensetzen **122**
oder als Große Kammer, die mit 11 Richtern besetzt ist und nur dann zusammentritt, wenn ein am Verfahren beteiligter Mitgliedstaat oder Gemeinschaftsorgan dies beantragt; in wenigen Ausnahmefällen tritt der Gerichtshof als Plenum zusammen.[205] Auch das EuG bildet grundsätzlich Kammern mit drei oder fünf Richtern.[206]

Die **Verfahrensregeln** finden sich in der gleichfalls durch den Vertrag von Niz- **123**
za überarbeiteten Satzung des Gerichtshofs (EuGH-Satzung),[207] die als Protokoll zu den Gründungsverträgen zum Primärrecht gehört, und den Verfahrensordnungen des EuGH (VerfO-EuGH)[208] und des EuG (VerfO-EuG).[209] Das Verfahren unterteilt sich in ein schriftliches und mündliches Verfahren. Alle Zivilparteien

[202] Art. 51 EuGH-Satzung Nizza.
[203] S. aber Art. 225 Abs. 3 EG-Nizza.
[204] Vgl. zur künftigen europäischen Gerichtsbarkeit *Sack*, EuZW 01, 77.
[205] Vgl. Art. 16 EuGH-Satzung Nizza.
[206] Vgl. Art. 50 EuGH-Satzung Nizza.
[207] ABl. EG C 80 vom 10. 3. 2001, S. 53ff.; abgedruckt im Sartorius II Nr. 245.
[208] Abgedruckt im Sartorius II Nr. 250.
[209] Abgedruckt im Sartorius II Nr. 252.

müssen sich in ihm gemäß Art. 17 EuGH-Satzung[210] durch einen Rechtsanwalt vertreten lassen. Vor dem EuG und EuGH können alle in einem Mitgliedstaat zugelassenen Rechtsanwälte auftreten. Gem. Art. 35 § 2 VerfO-EuG, Art. 29 § 2 VerfO-EuGH wählt in der Regel der Kläger die Verfahrenssprache aus. Verfahrenssprache können alle Amtssprachen der Mitgliedstaaten sein, also auch deutsch. Die unterliegende Partei hat gem. Art. 87 VerfO-EuG, Art. 69 VerfO-EuGH die Kosten des Rechtsstreits zu tragen, wobei grundsätzlich keine Gerichtskosten entstehen. Beide Verfahrensordnungen regeln die Voraussetzungen einer Prozesskostenhilfe.

124 **Hinweis für den Anwalt:**

Der EuGH hat mehrere Mitteilungen veröffentlicht, die Anwälten zahlreiche praktische Hinweise geben, wenn sie an einem Verfahren vor dem Gerichtshof beteiligt sind. Dazu gehören die „Hinweise für die Prozessvertreter vor dem EuGH", „Ratschläge für die Anwälte und Bevollmächtigte in Bezug auf das schriftliche Verfahren" und „Hinweise an die Prozessvertreter für die mündliche Verhandlung". Alle Dokumente finden sich unter http://curia.eu.int/de/txts/others/index.htm.

2. Individualrechtsschutz

a) Nichtigkeitsklage, Art. 230 EG

125 Die Nichtigkeitsklage richtet sich auf die Überprüfung der Rechtmäßigkeit von Rechtsakten der Gemeinschaftsorgane. Ist die Klage begründet, wird die angefochtene Handlung durch den Gerichtshof für nichtig erklärt.

aa) Zulässigkeit

126 (1) *Zuständigkeit.* Für Nichtigkeitsklagen von natürlichen oder juristischen Personen ist gem. Art. 225 Abs. 1 EG-Nizza das EuG zuständig. Die Nichtigkeitsklagen von Mitgliedstaaten und von Gemeinschaftsorgane bleiben in der Verantwortung des EuGH, Art. 51 EuGH-Satzung Nizza.

127 (2) *Parteifähigkeit.* Privilegiert **aktiv parteifähig** sind die Mitgliedstaaten als Gesamtstaat,[211] der Rat, die Kommission, das Europäische Parlament, der Rechnungshof und die EZB. Natürliche und juristische Personen sind gem. Art. 230 Abs. 4 EG ebenfalls aktiv parteifähig, allerdings unter erschwerten Voraussetzungen (s. L 131 ff.). Zu ihnen zählen auch Gebietskörperschaften wie Bundesländer und Gemeinden.[212]

128 **Passiv parteifähig** sind das Europäische Parlament, der Rat, die Kommission und die EZB. Die Klage ist jeweils gegen das Organ zu richten, dem der streitgegenständlichen Rechtsakt zuzurechnen ist.[213] Wenn beim Vollzug des Gemeinschaftsrechts Gemeinschaftsorgane und deutsche Behörden zusammenwirken, ist die Maßnahme nur dann dem Gemeinschaftsorgan zuzurechnen, wenn die deut-

---

[210] Art. 19 EuGH-Satzung Nizza.

[211] *EuGH,* 21. 3. 1997 – Rs. C-95/97 (Wallonische Region/Kommission) –, E 1997, I-1787; *EuG,* 23. 10. 1998 – Rs. T-609/07 (Regione Puglia/Kommission) –, E 1998, II-4051.

[212] *EuGH,* 11. 7. 1984 – Rs. 222/83 (Differdange u. a./Kommission) –, E 1984, I-2889; *EuGH,* – Rs C-180/97 (Regione Toscana) –, E 1997, I-5245.

[213] *Rengeling/Middeke/Gellermann,* Rdn. 135.

sche Verwaltung bei ihrem Vollzug keinen Entscheidungsspielraum hatte.[214] Ansonsten muss gegen den Vollzugsakt vor deutschen Gerichten geklagt werden, die den EuGH dann im Wege der Vorabentscheidung zur Rechtmäßigkeit des Gemeinschaftsrechtsaktes befragen können (Art. 234 EG).

(3) *Klagegegenstand.* Die privilegiert parteifähigen Mitgliedstaaten und Organe können jede rechtsverbindliche Handlung[215] mit der Nichtigkeitsklage anfechten, sie sind also ipso iure klagebefugt. **129**

Demgegenüber können nach Art. 230 Abs. 4 EG natürliche und juristische Personen **nur Entscheidungen** mit der Nichtigkeitsklage angreifen, die gegenüber ihnen oder einem Dritten ergangen sind. Maßgeblich ist dabei nicht die Bezeichnung des Rechtsaktes als Entscheidung, sondern die Frage, ob in ihm materiell eine Einzelfallregelung liegt. Anfechtbare Entscheidungen i.S.v. Art. 230 Abs. 4 EG können daher auch in Verordnungen[216] oder in Richtlinien zu finden sein.[217] **130**

(4) *Klagebefugnis.* Eine Individualklage ist nur zulässig, wenn der Kläger durch die Entscheidung unmittelbar und individuell betroffen ist. **131**

Betroffen ist er bereits dann, wenn seine Interessen durch eine beschwerende Maßnahme gegenwärtig beeinträchtigt werden.[218] Auf eine Verletzung des Klägers in subjektiven Rechten kommt es nicht an. **132**

Der Adressat einer Entscheidung ist durch diese immer **individuell betroffen.**[219] Von einer an einen Dritten adressierten Entscheidung ist der Kläger dann individuell betroffen, wenn ihn die Entscheidung durch bestimmte persönliche Eigenschaften oder besondere ihn aus dem Kreis aller übrigen Personen heraushebende Umstände berührt und ihn daher in ähnlicher Weise individualisiert, wie den Adressaten.[220] Gegen Entscheidungen, die an einen Konkurrenten des Klägers ergehen, kann unter diesen Voraussetzungen vor dem EuG eine Konkurrentenklage erhoben werden.[221] Aber auch Entscheidungen, die an den Mitgliedstaat adressiert sind, können den Kläger individuell betreffen. Praktische Bedeutung hat dies im Zoll- und Außenhandels- sowie im Beihilfenrecht. In letzterem ist anerkannt, dass eine an den Mitgliedstaat adressierte Entscheidung der Kommission, durch die die Unvereinbarkeit einer Beihilfe mit dem Gemeinsamen Markt festgestellt wird, von dem begünstigten Unternehmen mit der Nichtigkeitsklage angegriffen werden kann.[222] Unter den gleichen Voraussetzungen kann auch Klage gegen eine als Ver- **133**

---

214 Vgl. *Schwarze* in *Schwarze,* Art. 230 EG, Rdn. 14.

215 *EuGH,* 31. 3. 1971 – Rs. 22/70 (Kommission/Rat – „AETR") –, E 1971, 263.

216 So ausdrücklich Art. 230 Abs. 4 EG.

217 *EuGH,* 20. 10. 1994 – Rs. T-99/94 (Asocarne/Rat) –, E 1994, II-871 sowie *EuGH,* 23. 11. 1995 – Rs. C-10/95 P (Asocarne/Rat) –, E 1995, 4149.

218 *EuGH,* 11. 11. 1981 – Rs. 60/81(International Busines Machines Corporation/Kommission) –, E 1981, 2639; *EuG,* 17. 9. 1992 – Rs. T-138/89 (Nederlandse Bankiersvereniging u. a./Kommission) –, E 1992, II-2181.

219 Vgl. *Rengeling/Middeke/Gellermann,* Rdn. 157; *Borchardt* in *Lenz,* Art. 230 Rdn. 31 ff.

220 Std. Rsp. seit *EuGH,* 15. 7. 1963 – Rs. 25/62 (Plaumann/Kommission) –, E 1963, 199 = RiW 1963, 243.

221 Überblick bei *Borchardt* in *Lenz,* Art. 230, Rdn. 39 ff. mit Nachweisen zur Rspr.

222 *EuGH,* 24, 11, 1987 – Rs. 223/85 (RSV/Kommission) –, E 1987, 4617; EuGH, 12. 7. 1990 – Rs. 169/84 (Cofaz/Kommission) –, E 1986, 391.

ordnung ergangene Entscheidung erhoben werden (vgl. L 18). Der EuGH hat dies jedoch nur in wenigen Ausnahmefällen anerkannt.[223]

134 Der Kläger ist **unmittelbar** betroffen, wenn sich die beanstandete Maßnahme unmittelbar auf seine Rechtsstellung auswirkt. Das ist dann der Fall, wenn die Entscheidung entweder im deutschen Recht nicht mehr umgesetzt werden muss, wenn die deutschen Behörden beim Vollzug keinen Ermessensspielraum mehr besitzen oder sie bereits vor der Entscheidung zweifelsfrei erklärt haben, dass sie ihr nachkommen werden.[224] Durch die Entscheidung der Kommission, eine Beihilfe zurückzufordern, ist das begünstigte Unternehmen daher stets unmittelbar betroffen, weil der Mitgliedstaat bei ihrem Vollzug kein Ermessen mehr besitzt (vgl. L 54).

135 (5) *Formalia der Klageschrift.* Die Klageerhebung erfolgt nach Art. 19 EuGH-Satzung[225] durch Einreichung einer an den Kanzler zu richtenden Klageschrift. Die vom Bevollmächtigten oder vom Anwalt der Partei zu unterschreibende Klageschrift muss jedenfalls enthalten:

- den Namen und Wohnsitz des Klägers,
- bei juristischen Personen ein Nachweis ihrer Rechtspersönlichkeit (Handelsregisterauszug etc.) sowie ein Nachweis, dass die Prozessvollmacht des Anwalts durch einen Berechtigten ordnungsgemäß ausgestellt wurde, Art. 44 § 5 VerfO-EuG,
- die Bezeichnung des Beklagten,
- die Stellung des Unterzeichnenden,
- den Streitgegenstand und eine kurze Darstellung der Klagegründe,
- die Anträge des Klägers,
- gegebenenfalls die Bezeichnung der Beweismittel.

136 Nach Art. 44 § 2 VerfO-EuG, Art. 38 § 2 VerfO-EuGH muss eine Zustellungsanschrift in Luxemburg angegeben werden. Sie ist dann nicht erforderlich, wenn sich der Anwalt oder Bevollmächtigte in der Klageschrift damit einverstanden erklärt, dass die Zustellung per Telefax oder e-mail erfolgen kann.

137 **Hinweis:**

Die Klage wird dem Beklagten dann durch das Gericht zugestellt. Dieser hat gem. Art. 46 § 1 VerfO-EuG innerhalb von einem Monat auf die Klage zu erwidern. Stellt er innerhalb dieser Frist keinen schriftlichen Antrag, kann gegen ihn gem. Art. 38 EuGH-Satzung[226] ein Versäumnisurteil ergehen.[227] Innerhalb einer durch den Präsidenten bestimmten Frist können die Parteien durch Erwiderung und Gegenerwiderung ihre Schriftsätze ergänzen. Das Gericht kann jedoch beschließen, auf einen zweiten Schriftsatzwechsel zu verzichten, wenn es die Unterlagen für vollständig hält. Dann sind Nachträge nur noch auf begründeten Antrag hin zulässig (vgl. Art. 47 VerfO-EuG). Werden in der Erwiderung oder Gegenerwiderung noch Beweismittel benannt, ist deren Verspätung zu begründen, Art. 48 VerfO-EuG. Im Übrigen dürften **neue Angriffs- und Verteidigungsmittel** im Laufe des Verfahrens **nicht mehr vorgebracht** werden, es sei denn, dass sie auf rechtliche oder tatsächliche

---

[223] Übersicht zur Rspr. bei *Borchardt* in *Lenz,* Art. 230, Rdn. 38.

[224] Vgl. *Booß* in *Grabitz/Hilf,* Art. 230 EG, Rdn. 51; EuGH, 17. 1. 1985 – Rs. 11/82 (Piraiki-Patraiki u. a./Kommission) –, E 1985, 207.

[225] Art. 21 EuGH-Satzung Nizza.

[226] Art. 41 EuGH-Satzung Nizza.

[227] S. im Übrigen Art. 94 VerfO-EuGH, Art. 122 VerfO-EuG.

Gründe gestützt werden, die erst während des Verfahrens zutage getreten sind. Das Gericht entscheidet nach mündlicher Verhandlung. In dieser tragen die Parteien ihre Ausführungen vor. Sie können nur durch ihre Anwälte oder Bevollmächtigte verhandeln. Das Gericht kann ihnen in der Verhandlung Fragen stellen, Art. 58, 59 VerfO-EuG.

(6) *Fristen.* Gem. Art. 230 Abs. 5 EG muss die Nichtigkeitsklage durch Eingang der Klageschrift bei der Kanzlei des EuG binnen einer **Klagefrist** von zwei Monaten erhoben werden. Nach Art. 42 EuGH-Satzung,[228] Art. 102 § 2 VerfO-EuG bzw. Art. 81 § 2 VerfO-EuGH wird diese Frist um eine **pauschale Entfernungsfrist von 10 Tagen** verlängert. Die Fristberechnung der Verfahrensordnungen entsprechen im wesentlichen den §§ 187, 188, 193 BGB. Die Frist beginnt mit der Bekanntgabe der angegriffenen Maßnahme, ihrer Mitteilung an den Kläger oder in Ermangelung dessen zu dem Zeitpunkt, an dem der Kläger von ihr Kenntnis erlangt hat. Soweit die Maßnahme gemäß Art. 254 EG im Amtsblatt veröffentlicht wird, läuft die Frist gem. Art. 102 § 1 VerfO-EuG, Art 81 § 1 VerfO-EuGH erst mit Ablauf des vierzehnten Tages nach Veröffentlichung des Rechtsakts im Amtsblatt. 138

Hinweis für den Anwalt: 139

Nach Art. 43 § 6 VerfO-EuG wird die Frist auch durch Einreichung der Klageschrift mittels Telefax oder e-mail gewahrt, sofern das Fax unterschrieben ist oder die Unterschrift sich gescannt im Anhang der e-mail befindet. Die pauschale Entfernungsfrist von 10 Tagen gilt auch in diesen Fällen. Jedoch muss die unterzeichnete Urschrift spätestens 10 Tage danach bei der Kanzlei eingehen. Die Fristen der Nichtigkeitsklage sind Ausschlussfristen, die nicht verlängert werden können. Nur unter engen Voraussetzungen ist eine Wiedereinsetzung in den vorigen Stand möglich.[229]

Schriftsätze sind an die folgende Anschrift zu richten:

Gerichtshof der Europäischen Gemeinschaften
– Kanzlei –
L-2925 Luxemburg

Telefon (Zentrale): (352) 43 03–1
Telefax (Kanzlei): (352) 43 37 66
E-Mail: ecj.registry@curia.eu.int

(7) Das *Rechtsschutzbedürfnis* wird vom EuGH bei Nichtigkeitsklagen von natürlichen und juristischen Personen nur auf Rüge oder bei erheblichen Zweifeln geprüft. Jede Beeinträchtigung eines eigenen wirtschaftlichen oder sozialen Interesses reicht dazu aus. 140

bb) Begründetheit

Die Nichtigkeitsklage ist begründet, wenn einer der in Art. 230 Abs. 2 EG genannten **Klagegründe** vorliegt: Unzuständigkeit, Verletzung wesentlicher Formvorschriften, Verletzung des Vertrages oder einer bei seiner Durchführung anzuwendenden Rechtsnormen sowie Ermessensmissbrauch. Mit ihnen kann der EuGH umfassend die Rechtmäßigkeit der Handlungen der Gemeinschaft überprüfen. Maßgeblicher Beurteilungszeitpunkt ist die Sach- und Rechtslage zum Zeitpunkt der Klageerhebung. Die spätere Heilung des Mangels ist für die Begründetheit der Klage unerheblich. 141

---

[228] Art. 45 EuGH-Satzung Nizza.

[229] Vgl. dazu *Rengeling/Middeke/Gellermann,* Rdn. 175, Art. 42 EuGH-Satzung (Art. 45 EuGH-Satzung Nizza).

142 Ist die Klage begründet, erklärt der Gerichtshof die angefochtene Handlung gem. Art. 231 EG für nichtig. Die **Nichtigkeitserklärung** wirkt erga omnes und ex tunc.[230] Der Gerichtshof kann sie jedoch inhaltlich und zeitlich beschränken. Ein angefochtener Rechtsakt kann auch für teilnichtig erklärt werden, wenn er sich aus verschiedenen, teilbaren Bestandteilen zusammensetzt und nur einer von ihnen nichtig ist.

b) Inzidente Normenkontrolle, Art. 241 EG

143 Die in Art. 241 EG geregelte inzidente Normenkontrolle ist keine eigene Klageart, sondern setzt einen anhängigen Rechtsstreit voraus. Sie ermöglicht es jeder Partei, sowohl **vor dem Gerichtshof** als auch in entsprechender Anwendung **vor deutschen Gerichten** einen Rechtsakt mit dem Argument anzugreifen, er beruhe auf einer rechtswidrigen Gemeinschaftshandlung, insbesondere einer rechtswidrigen Verordnung. Die **Einrede der Unanwendbarkeit** ist nur dann zulässig, wenn die Partei zuvor nicht selbst die Möglichkeit hatte, durch eine Nichtigkeitsklage unmittelbar gegen den gerügten Rechtsakt vorzugehen.[231] Ein deutsches Verwaltungsgericht kann der Einrede nur stattgeben, nachdem es den EuGH mit der Frage der Gültigkeit des in Frage stehenden Gemeinschaftsrechts im Wege der Vorabentscheidung befasst hat (vgl. L 84 ff., 101).

144 Die Einrede der Unanwendbarkeit kann auf alle in Art. 230 Abs. 2 EG genannten Klagegründe der Nichtigkeitsklage gestützt werden. Wird ihr stattgegeben, verhindert sie inter partes die Anwendung des inzident gerügten Rechtsaktes.

c) Untätigkeitsklage, Art. 232 EG

145 Mit der Untätigkeitsklage wendet sich der Kläger gegen die rechtswidrige Untätigkeit eines Gemeinschaftsorgans. Mit ihr kann nur die Feststellung der Vertragsverletzung verlangt werden.

aa) Zulässigkeit

146 Die Zulässigkeitsvoraussetzungen der Untätigkeitsklage sind weitgehend mit denen der Nichtigkeitsklage kongruent. Für Klagen von natürlichen und juristischen Personen ist auch hier das EuG zuständig. Sie kann sich gegen das Europäische Parlament, den Rat, die Kommission oder die Europäische Zentralbank richten. Natürliche und juristische Personen sind gemäß Art. 232 Abs. 3 EG neben den Mitgliedstaaten und Organen der Gemeinschaft aktiv parteifähig. Mit der Klage können sie geltend machen, dass ein Organ der Gemeinschaft es vertragswidrig unterlassen hat, einen verbindlichen Rechtsakt[232] an sie zu richten. Soweit der Kläger nicht selbst der Adressat des potentiellen Rechtsaktes ist, ist er nur klagebefugt, soweit er auch durch den Erlass des Rechtsaktes gegenüber einer dritten Person unmittelbar und individuell betroffen wäre.[233]

---

[230] *Bochardt* in *Lenz,* Art. 232, Rdn. 3.

[231] *EuGH,* 27. 9. 1983 – Rs. 216/82 (Universität Hamburg/HZA Hamburg-Kehrwieder) –, E 1983, 2771; EuGH, 9. 3. 1994 – Rs. C-188/92 (TWD Textilwerke Deggendorf/Deutschland) –, E 1994, I-833 = EuZW 1994, 250.

[232] *EuGH,* 28. 10. 1970 – Rs 15/70 (Chevalley/Kommission) –, E 1970, 975.

[233] *EuGH,* 26. 11. 1996 – Rs. C-68/95 (T. Port GmbH & Co KG) –, E 1996, I-6065 = EuZW 97, 61; *EuG,* 27. 10. 1994 – T-32/93 (Ladbroke/Kommission) –, E 1994, II-1015.

Vor Erhebung einer Untätigkeitsklage ist ein **Vorverfahren** durchzuführen. Dafür muss das betroffene Gemeinschaftsorgan nach Art. 232 Abs. 2 EG zum Tätigwerden aufgefordert werden und Gelegenheit erhalten, die Klage durch eine entsprechende Stellungnahme abzuwenden. Das Vorverfahren gilt als erfolglos, wenn das Organ innerhalb einer Frist von zwei Monaten keine befriedigende oder angreifbare Stellungnahme abgibt.[234] Innerhalb einer weiteren Frist von zwei Monaten kann dann Klage erhoben werden. Lehnt es das Gemeinschaftsorgan hingegen ab, tätig zu werden, ist diese Ablehnung mit der Nichtigkeitsklage anzugreifen. Gegenüber ihr ist die Untätigkeitsklage subsidiär. **147**

Das **Rechtsschutzinteresse** wird unterstellt, soweit ein Klagegrund vorliegt. Wird das beklagte Organ nach Klageerhebung, aber noch vor Urteilsverkündung tätig, wird der Rechtsstreit in der Hauptsache für erledigt erklärt. Über die Kosten wird gemäß Art. 87 § 6 VerfO-EuG dann nach freiem Ermessen entschieden. **148**

bb) Begründetheit

Die Untätigkeitsklage ist begründet, wenn das beklagte Organ nach dem Gemeinschaftsrecht verpflichtet gewesen wäre, die begehrte Maßnahme zu treffen. Dafür muss sich entweder im Primär- oder Sekundärrecht eine hinreichend konkrete Handlungspflicht finden. Lässt diese dem Gemeinschaftsorgan Ermessensspielräume, kann eine Untätigkeit nur festgestellt werden, wenn jedenfalls das zu erreichende Ergebnis hinreichend präzise vorgeschrieben ist.[235] **149**

d) Amtshaftungsklage, Art. 235, 288 EG

Die gemeinschaftsrechtliche Amtshaftungsklage ist mit dem Amtshaftungsanspruch nach § 839 BGB, Art. 34 GG vergleichbar. Sie richtet sich auf Schadensersatz für Schäden, die die Organe und Bediensteten der Gemeinschaft in Ausübung ihrer Amtstätigkeit rechtswidrig verursacht haben. Für Klagen gegen die Gemeinschaft aufgrund von außervertraglichen, also deliktischen Schadensersatzansprüchen ist ausschließlich das EuG zuständig. Vertragliche Schadensersatzansprüche sind hingegen gem. Art. 240 EG vor den nationalen Gerichten geltend zu machen, soweit nicht die Zuständigkeit des Gerichtshofs gem. Art. 238 EG vereinbart wurde. **150**

aa) Zulässigkeit

Aktiv parteifähig sind alle Rechtssubjekte, die durch ein Gemeinschaftsorgan oder einen Bediensteten der Gemeinschaft einen Schaden erlitten haben. Dazu gehören alle natürlichen und juristischen Personen des privaten Rechtes, aber auch Berufsverbände, Gemeinden und Bundesländer und die Bundesrepublik selbst.[236] **151**

Passiv parteifähig ist die Gemeinschaft als solche. Sie wird vertreten durch das oder die Organe, denen der Kläger das rechtswidrige Verhalten zuordnet. **152**

Klagegegenstand ist ein Schadensersatzanspruch aufgrund eines rechtswidrigen Handelns oder Unterlassens eines Gemeinschaftsorgans. Ist ein Schaden bereits eingetreten und dessen Höhe bereits zu ermitteln, richtet sich die Klage auf die Zahlung eines bestimmten Geldbetrages. Als Feststellungklage ist die Klage aber auch **153**

---

[234] Vgl. *Rengeling/Middeke/Gellermann,* Rdn. 228 ; *Borchardt* in *Lenz,* Art. 232, Rdn. 14.

[235] *EuGH,* 22. 5. 1985 – Rs. 13/83 (Parlament/Rat – Verkehrspolitik) –, E 1985, 1513, Rdn. 42ff.; *Borchardt* in *Lenz,* Art. 232 Rdn. 20.

[236] S. im Einzelnen *Borchardt* in *Lenz,* Art. 235 Rdn. 4.

bereits dann zulässig, wenn die Schadenshöhe noch nicht feststeht oder dessen Eintritt erst unmittelbar bevorsteht. Durch Zwischenurteil wird dann zunächst über die Haftung der Gemeinschaft dem Grunde nach entschieden. Bis zum Erlass des Zwischenurteils ist die Umstellung des Feststellungs- auf einen Leistungsantrag zulässig, wenn sich der Schaden bis zu diesem Zeitpunkt näher konkretisiert hat.[237]

154 Gem. Art. 43 EuGH-Satzung[238] **verjähren** die Amtshaftungsansprüche in 5 Jahren nach Eintritt des Ereignisses, das ihnen zugrunde liegt. Die Verjährung wird durch Einreichung der Klageschrift beim Gerichtshof oder dadurch unterbrochen, dass der Geschädigte seinen Anspruch vorher gegenüber dem zuständigen Gemeinschaftsorgan geltend macht. In letzterem Fall muss die Klage innerhalb der in Art. 230 EG vorgesehenen Frist von zwei Monaten erhoben werden.

155 Das **Rechtsschutzbedürfnis** fehlt, wenn dem Kläger andere, vorrangig in Anspruch zu nehmende Rechtsschutzmöglichkeiten zur Verfügung stehen. Wird das Gemeinschaftsrecht durch die deutschen Behörden vollzogen, ist die Klage nur dann gegen die Gemeinschaft zu richten, wenn das Verhalten ihrer Organe unmittelbar schadensauslösend war.[239] Das ist dann nicht der Fall, wenn die deutschen Behörden rechtmäßiges Gemeinschaftsrecht fehlerhaft angewandt haben[240] oder sie die richtigen Adressaten für die Gewährung bestimmter Leistungen gewesen wären.[241]

156 Die Amtshaftungsklage ist gegenüber der Nichtigkeits- und Untätigkeitsklage **nicht subsidiär.** Allerdings nimmt der EuGH einen die Unzulässigkeit begründenden Verfahrensmissbrauch an, wenn eine rechtzeitig erhobene Nichtigkeits- oder Untätigkeitsklage den Schadenseintritt verhindert hätte.[242]

bb) Begründetheit

157 Die Amtshaftungsklage ist begründet, wenn der Kläger einem Gemeinschaftsorgan oder dessen Bediensteten nachweist, dass sie sich in Ausübung ihrer Amtstätigkeit rechtswidrig verhalten und ihm dadurch einen materiellen oder immateriellen Schaden verursacht haben.[243] Ähnlich wie die Amtspflicht im deutschen Staatshaftungsrecht muss auch bei der außervertraglichen Haftung durch das Gemeinschaftsorgan eine Norm verletzt worden sein, die jedenfalls auch die Interessen des Geschädigten schützt. Auch **legislatives Unrecht** löst bei einer hinreichend qualifizierten Verletzung einer höherrangigen, dem Schutz des Einzelnen dienenden Rechtsnorm einen Amtshaftungsanspruch aus.[244] Ein hinreichend qualifizierter

---

[237] Näher *Rengeling/Middeke/Gellermann,* § 9 Rdn. 253; *Borchardt* in *Lenz,* Art. 235 Rdn. 7.

[238] Art. 46 EuGH-Satzung Nizza.

[239] *EuGH,* 6. 12. 1984 – Rs. 59/83 (Biovilac) –, E 1984, 4057.

[240] *EuGH,* 13. 2. 1979 – Rs. 101/78 (Granaria BV) –, E 1979, 623.

[241] *EuGH,* 13. 3. 1992 – Rs. C-182/90 (Industrie- en Handelsonderneming Vreugdenhil BV/Kommission) –, E 1992, I-1937.

[242] *EuGH,* 26. 2. 1986 – Rs. 175/84 (Krohn & Co. Import-Export GmbH & Co. KG/Kommission) –, E 1986, 753.

[243] Zu den Anspruchsvoraussetzungen im Einzelnen bspw. *Lageard* in *Lenz,* Art. 288, Rdn. 10ff.; *Berg* in *Schwarze,* Art. 288, Rdn. 30ff.

[244] *EuGH,* 2. 12. 1971 – Rs. 5/71 (Aktien-Zuckerfabrik Schöppenstedt/Rat) –, E 1971, 975; *EuGH,* 19. 5. 1992 – verb. Rs. C-104/89, 37/90 (Mulder u. a. und Heinemann/Kommission und Rat) –, E 92, I-3061 = NVwZ 92, 1077.

Verstoß liegt vor, wenn das handelnde Organ die Grenzen seiner Befugnisse offenkundig und erheblich überschritten hat.[245] Schuldhaftes Handeln verlangt der EuGH nicht.[246]

e) Beamtenstreitigkeit, Art. 236 EG

Das EuG ist schließlich für Streitigkeiten zwischen der Gemeinschaft und ihren Bediensteten gem. Art. 225, 236 EG, zuständig.[247] Inhalt und Grenzen der Zuständigkeit des Gerichtshofs regelt im Einzelnen das Statut der Beamten (BSt.) und die Beschäftigungsbedingungen für die sonstigen Bediensteten (BSB). Klagegegenstand kann danach jede Maßnahme sein, die den Beamten oder Bediensteten unmittelbar und individuell in seiner Rechtsstellung beeinträchtigt. Die Klage kann gem. Art. 236 EG i. V. m. Art. 91 BSt. auf Feststellung der Rechtmäßigkeit, auf Anfechtung der Maßnahme oder auf Schadensersatz gerichtet werden. Klagebefugt sind alle Personen, auf die das Beamtenstatut und die Beschäftigungsbedingungen Anwendung finden. Klagegegner ist die Anstellungsbehörde, der das beanstandete Verhalten zuzurechnen ist. Vor Klageerhebung verlangt Art. 91 Abs. 2 BSt. die Durchführung eines Vorverfahrens, das eine einverständliche Streitbeilegung ermöglichen soll. Wird diese Verwaltungsbeschwerde zurückgewiesen, muss innerhalb von 3 Monaten Klage erhoben werden. **158**

3. Einstweiliger Rechtsschutz

Klagen beim Gerichtshof haben keine aufschiebende Wirkung. Er kann jedoch gem. Art. 242 EG die Durchführung der angefochtenen Handlung auf Antrag aussetzen und nach Art. 243 EG einstweilige Anordnungen treffen. Nach Art. 256 EG kann der Gerichtshof die Zwangsvollstreckung aus Urteilen des Gerichtshofs oder Zahlungstiteln der Kommission aussetzen. **159**

a) Vorläufige Vollzugsaussetzung und einstweilige Anordnung

Die Aussetzung des Vollzugs einer Maßnahme bzw. der Erlass einer einstweiligen Anordnung richten sich im Gemeinschaftsrecht nach einheitlichen verfahrensrechtlichen Regelungen, die sich in den Art. 104 ff. VerfO-EuG, Art. 83 ff. VerfO-EuGH finden. Auch in der Rechtsprechung der Gemeinschaftsgerichte sind ihre Zulässigkeits- und Begründetheitsanforderungen annähernd gleich ausgeformt worden. **160**

Sowohl die Aussetzung des Vollzugs einer Maßnahme als auch der Erlass einer einstweiligen Anordnung sind streng akzessorisch zum Hauptsacheverfahren. Voraussetzung für ihre Gewähr ist ein zulässiger und begründeter Antrag, der beim Gericht der Hauptsache frühestens zeitgleich und im Zusammenhang mit der Einreichung einer nicht offensichtlich unzulässigen Klage gestellt werden darf. Die Voraussetzungen der Antragsbefugnis entsprechen denen der Klagebefugnis im Hauptsacheverfahren. Ein Rechtsschutzbedürfnis hat der Kläger nur dann, wenn die Aussetzung des Vollzugs oder die begehrte Maßnahme geeignet und notwendig sind, um seine Rechte bis zu einer Entscheidung in der Hauptsache zu wahren.

---

245 *EuGH,* 25. 5. 1978 – verb. Rs. 83, 94/76, 4, 15, 40/77 (Bayerische HNL Vermehrungsbetriebe u. a./Rat und Kommission) –, E 1978, 1209 = NJW 78, 1742.
246 S. *Gilsdorf/Oliver* in *Groeben/Thiesing/Ehlermann,* Art. 215 EG, Rdn. 44–49.
247 Vgl. im Einzelnen *Borchardt* in *Lenz,* Art. 236.

Die begehrte Maßnahme darf jedoch weder über die Hauptsache hinausgehen, noch darf sie diese präjudizieren.[248] Die Antragsvoraussetzungen sind im Übrigen in den Verfahrensverordnungen näher geregelt.

161 Zur **Begründetheit des Antrages** hat der Antragsteller die Umstände darzulegen, aus denen sich die Dringlichkeit der Aussetzung des Vollzuges bzw. des Erlasses der einstweiligen Anordnung ergeben, sowie in rechtlicher und tatsächlicher Hinsicht die Notwendigkeit der Aussetzung bzw. der Anordnung glaubhaft zu machen.[249]

– Die Aussetzung des Vollzugs bzw. die einstweilige Anordnung ist nach der Rechtsprechung des EuGH **dringlich,** wenn sie unter Berücksichtigung der Schwierigkeiten und Nachteile, die sich aus ihr für die Gemeinschaftsorgane, die Mitgliedstaaten oder Dritte ergeben können, zur Abwendung eines schweren und nicht wiedergutzumachenden Schadens auf Seiten des Antragstellers erforderlich ist.[250]
– Die **Notwendigkeit** der Maßnahme wird aufgrund einer summarischen Prüfung der Erfolgsaussichten in der Hauptsache anhand der vom Antragsteller dargelegten Umstände beurteilt.[251]
– Für die **Glaubhaftmachung** kommt es nicht auf gesicherte Erkenntnisse, sondern auf die überwiegende Wahrscheinlichkeit der behaupteten Tatsachen an.[252] Dafür stehen dem Antragsteller sämtliche zulässigen Beweismittel zur Verfügung. Praktische Relevanz haben dabei aufgrund der gebotenen Dringlichkeit insbesondere eidesstattliche Versicherungen und Urkunden.

162 Die **Entscheidung** des Gerichtshofs ergeht gem. Art. 86 § 1 VerfO-EuGH, Art. 107 § 1 VerfO-EuG als Beschluss, der mit Gründen zu versehen und den Parteien unverzüglich zuzustellen ist. Er kann auch befristet oder nur teilweise oder mit Bedingungen und Auflagen erlassen werden, darf aber keinesfalls die Hauptsache vorwegnehmen.[253] Regelmäßig wird die Vollstreckung des Beschlusses entsprechend Art. 107 § 2 VerfO-EuG bzw. Art. 86 § 2 VerfO-EuGH von der Leistung einer Sicherheit abhängig gemacht.[254]

163 Auf Antrag der Parteien kann die Anordnung wegen veränderter Umstände gemäß Art. 87 VerfO-EuGH bzw. Art. 108 VerfO-EuG jederzeit abgeändert oder aufgehoben werden. Die Beschlüsse des EuGH sind unanfechtbar. Gegen die Beschlüsse des EuG kann hingegen nach Art. 49ff. EuGH-Satzung[255] binnen zwei Monaten nach Zustellung ein auf Rechtsfragen beschränktes Rechtsmittel beim EuGH eingelegt werden.[256]

---

[248] *Schwarze* in *Schwarze,* Art. 242 EG, Rdn. 11.
[249] S. Art. 104 § 2 VerfO-EuG, Art. 83 § 2 VerfO-EuGH.
[250] *EuGH,* 26. 3. 1987 – Rs. 46/87 R (Hoechst AG/Kommission) –, E 1987, 1549; *EuGH,* 12.7. 1996 – 180/96 R (Großbritannien und Irland/Kommission – „BSE") –, E 1996, I-3903 sowie im Einzelnen *Borchardt* in *Lenz,* Art. 243 Rdn. 17ff.
[251] Vgl. bspw. EuGH, 31. 1. 1991 – Rs. C-345/90 R (Hanning) –, E 1991, I-231; EuGH, 26. 6. 1990 – Rs. C-195/90 (Kommission/Deutschland) E 1990, I-2715.
[252] *Rengeling/Middeke/Gellermann,* Rdn. 550f.
[253] *EuG,* 3. 3. 1998 – T-610/97 (Karlsen u. a./Rath) –, E 1998, II-485, Rdn. 55.
[254] Vgl. auch *EuGH,* – Rs. 86/82R (Hasselblad/Kommission) –, E 1982, 1555 (1558).
[255] Art. 57ff. EuGH-Satzung Nizza.
[256] *EuGH,* 19. 7. 1995 – Rs. C-149/95R (Kommission/Atlantic Container Line u. a.) –, E 1995, I-2165.

b) Aussetzung der Zwangsvollstreckung, Art. 256 EG

Gem. Art. 256 Abs. 4 Satz 1 EG entscheidet der Gerichtshof über die Aussetzung der Zwangsvollstreckung.[257] Darin liegt ein spezieller Fall der vorläufigen Vollzugsaussetzung nach Art. 242 EG. Vollstreckbare Titel sind neben den Entscheidungen des Rates und der Kommission, die Zahlungen auferlegen, insbesondere die Urteile des EuG und des EuGH. Der Gerichtshof überprüft, inwieweit der vollstreckbare Titel mit dem Gemeinschaftsrecht in Einklang steht. Rechtsschutz gegen die ordnungswidrige Durchführung der Vollstreckung wird demgegenüber gemäß Art. 256 Abs. 4 Satz 2 EG durch die einzelstaatlichen Rechtsprechungsorgane gewährt. In Deutschland kommen insofern Erinnerung gem. § 766 ZPO und Drittwiderspruchsklage nach § 771 ZPO in Betracht, die über § 167 Abs. 1 auch Anwendung im Verwaltungsprozess finden.[258] Eine Vollstreckungsgegenklage gemäß § 767 ZPO ist unzulässig, weil über gegen den gemeinschaftsrechtlichen Titel erhobene Einwendungen nach Art. 256 EG die Gemeinschaftsgerichte zu entscheiden haben.[259] **164**

c) Beschleunigtes Verfahren, Art. 62a VerfO-EuGH

Nach Art. 62a VerfO-EuGH, 76a VerfO-EuG können die Gemeinschaftsgerichte auf Antrag des Klägers oder des Beklagten im beschleunigten Verfahren entscheiden, wenn dies die besondere Dringlichkeit der Rechtssache erforderlich macht. Das schriftliche Verfahren ist dann auf Klageschrift und Klagebeantwortung beschränkt. Das spätere Vorbringen von Beweismitteln und Ergänzungen ist nur insoweit möglich, als dies auf Umständen beruht, die erst im Laufe des Verfahrens eingetreten sind. Der Termin für die mündliche Verhandlung wird unmittelbar nach Eingang der Klageerwiderung bestimmt. Über die Rechtssache entscheidet das Gericht mit Vorrang, also nicht nach der sonst üblichen Reihenfolge, die sich nach dem Abschluss der Beweisaufnahme richtet.[260] **165**

4. Streithilfe

Ähnlich wie die verwaltungsgerichtliche Beiladung (s. E 1ff.) kennt auch das Gemeinschaftsrecht mit der Streithilfe ein Instrument, durch das sich ein Dritter an einem fremden Rechtsstreit beteiligen kann, um eigene Rechtspositionen zu sichern. Sie hat keine gesetzliche „Interventionswirkung", so dass der Streithelfer auch später die Unrichtigkeit des gegenüber der von ihm unterstützten Hauptpartei ergangenen Urteils rügen kann. Wegen der faktischen Bindungswirkung der Entscheidung ist es jedoch stets geboten, einem Verfahren als Streithelfer beizutreten, wenn das zu erwartende Urteil eigene Interessen tangiert. Das Streithilfeverfahren ist in Art. 37 EuGH-Satzung[261] sowie Art. 115f. VerfO-EuG, Art. 93 VerfO-EuGH geregelt. **166**

---

[257] Vgl. zum Verfahren Art. 89, 83ff. VerfO-EuGH bzw. Art. 110, 104ff. VerfO-EuG.
[258] Vgl. nur *Kopp/Schenke,* § 167 Rdn. 2.
[259] Im Einzelnen str., vgl. *Hetmeier* in *Lenz,* Art. 256 Rdn. 8ff.; *Rengeling/Middeke/Gellermann,* Rdn. 867.
[260] Vgl. Art. 55 VerfO-EuG bzw. Art. 55 VerfO-EuGH.
[261] Art. 40 EuGH-Satzung Nizza.

a) Zulassungsvoraussetzungen

167 Die Mitgliedstaaten und Gemeinschaftsorgane können als privilegierte Streithelfer einem beim Gerichtshof anhängigen Rechtsstreit jederzeit ohne Angabe von Gründen beitreten. Die Streithilfe durch „alle anderen Personen" im Sinne von Art. 37 Abs. 2 EuGH-Satzung[262] kommt nur bei Rechtsstreitigkeiten in Betracht, an denen nicht ausnahmslos allein die Mitgliedstaaten und Gemeinschaftsorgane beteiligt sind.[263] Streithelfer können alle natürlichen und juristischen Personen, Bundesländer und Gemeinden, Gewerkschaften[264] und andere nicht rechtsfähige Vereine wie auch Unternehmen und Unternehmensverbände sein.[265] Die Streithilfe setzt einen **Interventionsgrund,** also ein gegenwärtiges und unmittelbares berechtigtes Interesse am Ausgang des Rechtsstreits voraus. Dieses Interesse kann rechtlicher, wirtschaftlicher oder politischer Art sein.[266] Ein rein ideelles Interesse reicht für einen Beitritt nicht aus.

168

Hinweis für den Anwalt:

Eine Streithilfe im Vorabentscheidungsverfahren ist nach Art. 234 EG wegen der nichtstreitigen Natur dieses Verfahrens nach Auffassung des EuGH unzulässig.[267] Ein an dem Verfahren interessierter Dritter kann jedoch in dem verwaltungsgerichtlichen Ausgangsverfahren seine Beiladung beantragen (s. E Rdn. 9). Gibt das Verwaltungsgericht dem Antrag statt, wird der Beigeladene wie auch Kläger und Beklagter eo ipso Verfahrensbeteiligter im Vorabentscheidungsverfahren und ist damit berechtigt, sich an dem Verfahren zu beteiligen.

169 Der Antrag auf Zulassung als Streithelfer muss innerhalb einer **Frist von sechs Wochen** nach Veröffentlichung der Klage im Amtsblatt der Europäischen Gemeinschaften gestellt werden.[268] Bei der Durchführung eines beschleunigten Verfahrens oder bei Antragstellung nach Fristablauf, aber vor dem Beschluss zur Eröffnung der mündlichen Verhandlung, kann der Streithelfer seine Auffassungen in der mündlichen Verhandlung darlegen. In dem Antrag muss klargestellt werden, welche Anträge der Antragsteller unterstützen will.[269] Gegen einen ablehnenden Beschluss des EuG kann der Antragsteller gemäß Art. 50 Abs. 1 EuGH-Satzung[270] binnen zwei Wochen nach Zustellung der ablehnenden Entscheidung ein Rechtsmittel beim EuGH einlegen.

---

262 Art. 40 Abs. 2 EuGH-Satzung Nizza.

263 *Rengeling/Middeke/Gellermann,* Rdn. 675, vgl. *EuG,* 26. 9. 1990 – Rs. T-122/89 (Frankreich/Kommission) –, E 1990, II-517 (522); im Vorabentscheidungsverfahren nach Art. 234 EG sind Kläger und Beklagter des Ausgangsverfahrens hingegen Beteiligte.

264 *EuGH,* 8. 10. 1974 – Rs. 175/73 (Gewerkschaftsbund Europäischer Öffentlicher Dienst u. a. /Rat) –, E 1974, 917; *EuGH,* 17. 12. 1981 – Rs. 197/80 (Ludwigshafener Walzmühle u. a./Kommission) –, E 1981, 1041.

265 *EuGH,* 8. 12. 1993 – Rs. T 87/92 (BVBA Kroidvat/Kommission) –, E 1993, II-1383.

266 *Rengeling/Middeke/Gellermann,* Rdn. 677, *Dauses/Henkel,* EuZW 00, 582 f.

267 *EuGH,* 26. 2. 1996 – Rs. 181/95 (BIOGEN/Smithkline Beecham Biologicals) –, E 1996, I-717.

268 Art. 115 § 1 VerfO-EuG; Art. 93 § 1 VerfO-EuGH.

269 Vgl. im Einzelnen dazu Art. 115 § 2 VerfO-EuGH sowie Art. 93 § 1 VerfO-EuGH, s. auch *Dauses/Henkel,* EuZW 2000, 583 f.

270 Art. 57 Abs. 1 EuGH-Satzung Nizza.

b) Verfahren nach Zulassung der Streithilfe

Nach seiner Zulassung muss der Streithelfer den Rechtsstreit in der Lage annehmen, in der sich dieser zur Zeit des Beitritts befindet. Ihm sind dann alle den Parteien zugestellten Schriftstücke zu übermitteln, sofern sie nicht geheime oder vertrauliche Informationen beinhalten.[271] Der Streithelfer kann sich am schriftlichen Verfahren mit einem eigenen Streithilfeschriftsatz beteiligen und darf in der mündlichen Verhandlung plädieren. Sein Vorbringen darf nicht im Widerspruch zu der unterstützten Hauptpartei stehen. Der Streithelfer kann jedoch zusätzliche Angriffs- und Verteidigungsmitteln vortragen, soweit sie geeignet sind, den Antrag zu stützen. Er hat gemäß Art. 50 Abs. 1 EuGH-Satzung[272] die Möglichkeit, gegen eine Entscheidung des EuG selbständig ein Rechtsmittel an den EuGH einzulegen, wenn die Entscheidung des Gerichts ihn unmittelbar berührt.[273] **170**

5. Rechtsmittel und Rechtsbehelfe

Die Entscheidungen des EuGH sind endgültig. Sie werden gem. Art. 65 VerfO-EuGH mit dem Tag ihrer Verkündung rechtskräftig. Die Entscheidungen des EuG sind hingegen gemäß Art. 225 Abs. 1 EG-Nizza grundsätzlich durch ein auf Rechtsfragen beschränktes Rechtsmittel angreifbar. Gegen Entscheidungen der nach dem Vertrag von Nizza möglichen gerichtlichen Kammern, die für Klagen in besonderen Sachgebieten zuständig sein können, ist nach Art. 225 a EG-Nizza ein beschränktes Rechtsmittel an das EuG zulässig. In Ausnahmefällen können auch diese Entscheidungen wiederum vom EuGH überprüft werden, wenn ernste Gefahr besteht, dass durch sie die Kohärenz des Gemeinschaftsrechts berührt wird, Art. 225 Abs. 2 EG-Nizza. Im Übrigen kann die Rechtskraftwirkung durch außerordentliche Rechtsbehelfe wie der Drittwiderspruchsklage und das Wiederaufnahmeverfahren durchbrochen werden (s. L 176f.). **171**

a) Rechtsmittel zum EuGH

Rechtsmittelfähig sind gem. Art. 49, 50 EuGH-Satzung[274] Endentscheidungen des EuG, Entscheidungen, die über einen Teil des Streitgegenstandes ergangen sind oder die einen Zwischenstreit beenden oder im einstweiligen Rechtsschutz erlassen wurden, sowie die Ablehnung des Antrags auf Zulassung als Streithelfer. Die **Rechtsmittelfrist** beträgt zwei Monate ab der Zustellung der Entscheidung. Bei Ablehnung der Streithilfe ist sie auf zwei Wochen begrenzt. **172**

Rechtsmittelführer kann gem. Art. 49 Abs. 2 EuGH-Satzung[275] jede Partei sein, die mit ihren Anträgen ganz oder teilweise unterlegen ist. Das gilt auch für Streithelfer (vgl. L 166ff., 169). Mitgliedstaaten oder Gemeinschaftsorgane können ein Rechtsmittel selbst dann einlegen, wenn sie an dem Rechtsstreit im ersten Rechtszug noch gar nicht beteiligt waren, Art. 49 Abs. 3 EuGH-Satzung.[276] **173**

---

[271] Art. 116 § 2 VerfO-EuGH, Art. 93 § 3 VerfO-EuGH.
[272] Art. 56 Abs. 2 EuGH-Satzung Nizza.
[273] S. *Dauses/Henkel,* EuZW 00, 585.
[274] Art. 56, 57 EuGH-Satzung Nizza.
[275] Art. 56 Abs. 2 EuGH-Satzung Nizza.
[276] Art. 56 Abs. 3 EuGH-Satzung Nizza.

174 Gem. Art. 225 Abs. 1 EG-Nizza und Art. 51 EuGH-Satzung[277] sind die beim EuGH eingelegten Rechtsmittel **auf Rechtsfragen beschränkt.** Das Rechtsmittel kann nur auf die Unzuständigkeit des Gerichts, auf einen die Interessen des Rechtsmittelführers beeinträchtigenden Verfahrensfehler sowie auf eine Verletzung des Gemeinschaftsrechts durch das Gericht gestützt werden. Damit nähert es sich dem deutschen Revisionsrecht an.

175 Die Einlegung des Rechtsmittels hat gem. Art. 53 Abs. 1 EuGH-Satzung[278] grundsätzlich keine aufschiebende Wirkung (s. aber L 159ff.). Hält der EuGH das Rechtsmittel für begründet, so hebt er die Entscheidung des EuG durch Urteil auf. Der EuGH kann den Rechtsstreit selbst endgültig entscheiden, wenn dieser zur Entscheidung reif ist oder die Sache zur Entscheidung an das EuG zurückverweisen. Das EuG ist dann an die rechtliche Beurteilung der Entscheidung durch den EuGH gebunden, Art. 54 Abs. 2 EuGH-Satzung.[279]

b) Außerordentliche Rechtsbehelfe

176 Gem. Art. 39 EuGH-Satzung[280] können Mitgliedstaaten, Gemeinschaftsorgane und alle anderen natürlichen und juristischen Personen **Drittwiderspruchsklage** gegen ein Urteil erheben, wenn dieses Urteil ihre Rechte beeinträchtigt und in einem Rechtsstreit erlassen wurde, an dem sie aus rechtlichen oder tatsächlichen Gründen nicht teilgenommen haben, obwohl sie rechtlich die Möglichkeit dazu gehabt hätten.[281] Die Drittwiderspruchsklage ist begründet, wenn das Urteil mit einem Fehler behaftet ist, der den Kläger in seinen Rechten oder in seinem geschützten Interesse unmittelbar verletzt.

177 Gem. Art. 41 EuGH-Satzung[282] kann bei den Gerichten eine **Wiederaufnahme des Verfahrens** beantragt werden, wenn Tatsachen von entscheidender Bedeutung bekannt werden, die vor Verkündung des Urteils dem Gerichtshof und der die Wiederaufnahme beantragenden Partei unbekannt waren.[283] Gem. Art. 98 VerfO-EuGH, Art. 125 VerfO-EuG ist die Wiederaufnahme des Verfahrens binnen einer Frist von drei Monaten nach dem Tag zu beantragen, an dem der Antragsteller Kenntnis von der Tatsache erhalten hat, auf die er seinen Antrag stützt. Nach Ablauf von zehn Jahren nach Erlass des Urteils kann ein Wiederaufnahmeantrag nicht mehr gestellt werden, Art. 41 Abs. 3 EuGH-Satzung.[284]

---

277 Art. 58 EuGH-Satzung Nizza.
278 Art. 60 Abs. 1 EuGH-Satzung Nizza.
279 Art. 60 Abs. 2 EuGH-Satzung Nizza.
280 Art. 42 EuGH-Satzung Nizza.
281 Vgl. Art. 123f. VerfO-EuG, Art. 97 VerfO-EuGH, näher *Rengeling/Middeke/Gellermann,* Rdn. 760ff.
282 Art. 44 EuGH-Satzung Nizza.
283 S. im Einzelnen *Rengeling/Middeke/Gellermann,* Rdn. 772ff.
284 Art. 44 Abs. 3 EuGH-Satzung Nizza.

Anhang

Übersicht

I. Beispielschreiben und -schriftsätze

II. Muster für Honorarvereinbarungen

III. Gesetzestexte

I. Beispielschreiben und -schriftsätze

1. Beispiel: (Fristwahrender) Widerspruch

Bezirksregierung . . . . . .
Dienstgeb. . . . .
. . . .

Datum:

. . . . ./. Bezirksregierung . . . .
Ihr Zeichen: 40.1.22/8
Gewährung von Beihilfe, Ihr Schreiben vom . . . .

Sehr geehrte Damen und Herren,

zunächst zeigen wir Ihnen an, dass wir Herrn . . . . anwaltlich vertreten. Ihr Bescheid vom . . . . – ohne Rechtsbehelfsbelehrung – liegt uns vor. Namens und kraft Vollmacht unseres Mandanten (siehe Anlage) legen wir gegen diesen Bescheid

Widerspruch

ein, verbunden mit dem Antrage, uns die Beihilfevorgänge zum Zwecke der Akteneinsichtnahme in unseren Büroräumen kurzfristig zur Verfügung zu stellen. Nach erfolgter Akteneinsichtnahme werden wir zur Sache selbst ergänzend vortragen.

Mit freundlichen Grüßen
Rechtsanwalt

Anmerkungen: Vgl. allgemein zum Widerspruchsverfahren D 81 – D 118; zur Widerspruchsschrift D 90; eine Vollmacht sollte bei anwaltlicher Vertretung beigefügt werden, vgl. D 87, D 116, J 130; zu den Wirkungen des Widerspruchs J 6 ff.

2. Beispiel: Nachbarwiderspruch ohne aufschiebende Wirkung, Antrag gem. § 80 Abs. 4 (Teilbaugenehmigung)

Landrat des
Kreises . . . .
– Bauordnungsamt –
. . . .
. . . .

Datum:

Errichtung eines Lebensmittelmarktes mit 7 Wohneinheiten und einer Garage auf dem Grundstück Gemarkung . . . ., Flur . . . ., Flur-Flurstück . . . ., (Straße)
. . . .
(Widerspruch gegen BK-Nr.: . . . .)

Sehr geehrte Damen und Herren,

in obiger Angelegenheit zeigen wir Ihnen zunächst an, dass wir Frau . . . . anwaltlich vertreten. Frau . . . . ist Erbbauberechtigte des Grundstücks „. . . . . . .".

Namens und kraft anliegend beigefügter Vollmacht legen wir gegen die am . . . . Herrn . . . . erteilte Teilbaugenehmigung zur Durchführung von Erd- und Entwässerungsarbeiten

Widerspruch

ein. Das gleiche gilt für etwaig von Ihrem Hause erteilte planungsrechtliche Vorbescheide, die vorliegender Teilbaugenehmigung zugrunde liegen.

– Der Widerspruch hat gem. § 212 a BauGB keine aufschiebende Wirkung, vgl. K 18 –.

Wir beantragen,

die Vollziehung der Genehmigung auszusetzen und die aufschiebende Wirkung des Widerspruchs anzuordnen.

Wir bitten Sie außerdem dafür Sorge zu tragen, dass die z. Zt. bereits anlaufenden Bauarbeiten auf dem Grundstück unverzüglich stillgelegt werden. Sollte uns von Ihrem Hause keine entsprechende Nachricht bis spätestens
. . . ., den . . . ., 10.00 Uhr
vorliegen, werden wir ohne jede weitere Abmahnung gerichtliche Schritte ergreifen.

Wir beantragen,

uns die in Ihrem Hause geführten Verwaltungsvorgänge zum Zwecke der Akteneinsichtnahme in unseren Büroräumen zur Verfügung zu stellen.

Nach erfolgter Akteneinsichtnahme werden wir ergänzend und ausführlich in der Sache selbst vortragen.

Zur vorläufigen Begründung führen wir folgendes aus:

1. Dem Vernehmen nach soll im Zuge der Baumaßnahme neben 7 Wohneinheiten und einer Garage ein Lebensmittelmarkt mit ca. 800 qm Verkaufsfläche errichtet werden. Darüber hinaus sollen für das Gesamtobjekt 55 Stellplätze errichtet werden.

Dem Vernehmen nach soll der Markt künftig die Funktion haben, den gesamten Ort .... mit 3000 Einwohnern zu versorgen. Damit geht der geplante Markt deutlich über das hinaus, was noch als Nachbarschaftsladen im Sinne des § 4 BauNVO zulässig ist. Nach allgemeiner Auffassung können als Nachbarschaftsläden allenfalls Läden in einer Größe um 400 qm Verkaufsfläche bezeichnet werden (vgl. dazu VGH Kassel, BRS 23 Nr. 38; VGH Mannheim, BRS 35, Nr. 33). Jedenfalls ist nach der Rechtssprechung des BVerwG (BRS 47 Nr. 56) anerkannt, dass Läden mit mehr als 700 qm Verkaufsfläche großflächig sind und danach nur noch in Kerngebieten (§ 7 BauNVO) oder eigens zugelassenen Sondergebieten zulässig sind (§ 11 Abs. 3 BauNVO). Der Laden sprengt damit den Rahmen dessen, was noch in einem – hier vorliegenden – allgemeinen Wohngebiet zulässig ist.

2. Selbst wenn man entgegen der vorstehend vertretenen Rechtsauffassung noch von einem „Nachbarschaftsladen" auszugehen hätte, wäre das Bauvorhaben in der vorgesehenen Form nach § 15 BauNVO im Einzelfall unzulässig, weil es aufgrund seiner Lage und seines Umfanges der Eigenart des Baugebietes widerspräche. Es ist insbesondere deshalb unzulässig, weil von ihm Belästigungen und Störungen ausgehen, die nach der Eigenart des Baugebietes im Baugebiet selbst und in dessen Umgebung unzumutbar sind.

Hierzu weisen wir daraufhin, dass der Lebensmittelmarkt künftig nach den unserer Mandantin bekannt gewordenen Bauzeichnung von drei Seiten erschlossen werden soll. Diese Rundumerschließung ist völlig ungewöhnlich und auch im vorliegenden Falle als überflüssig zu bezeichnen. Insbesondere die Erschließungsmöglichkeit über die im Bebauungsplan als GFL-Fläche ausgewiesene öffentliche Verkehrsfläche widerspricht den Festsetzungen des Bebauungsplans, wonach lediglich Anliegerverkehr, nicht aber der hier stattfindende Besucherverkehr einer gewerblichen Einrichtung stattfinden darf.
Hinzu kommt die geplante Andienung von der Straße ...., die dazu führen wird, dass die in der Nachbarschaft gelegenen Wohnhäuser mehr als üblich beeinträchtigt werden.

3. Die geplante Ansiedlung der 55 Stellplätze stößt auf erhebliche Bedenken, weil die Stellplätze nach Anzahl und Anordnung nicht mit § 51 BauONW zu vereinbaren sind.

Es wird sich erweisen, dass zu den Betriebszeiten des Marktes mit erheblichem Quellverkehr, Parksuchverkehr und sonstigen einhergehenden Belästigungen der Anwohner zu rechnen ist. Bei 55 Stellplätzen, einem halbstündlichen Wechsel und bei 10-stündiger Öffnungszeit sind 220 Fahrzeugbewegungen pro Stunde und 2200 Bewegungen pro Tag zu veranschlagen. Hinzu kommt, dass von dem Parkplatz als solchem erhebliche Lärmbelästigungen ausgehen, die geeignet sind, die Wohnruhe im rückwärtig gelegenen Bereich der Straßen „......." und „......." zu beeinträchtigen. Stellplätze sind in der Regel so anzuordnen, dass sie entlang der öffentlichen Verkehrsflächen, nicht aber im rückwärtigen Bereich von Grundstücken zu suchen sind.

Die Anordnung und Zahl der Stellplätze ist als grob rücksichtslos zu bezeichnen und beeinträchtigt unsere Mandantin deshalb derart, dass sie mit Erfolg gegen das Gesamtvorhaben vorgehen kann. Im übrigen ist die Anlieferung so gestaltet, dass ein Rangieren der Anlieferungsfahrzeuge zu erheblichen weiteren Belästigungen führt, insbesondere ist zu besorgen, dass nach An- und Ablieferungen die Fahrzeuge durch das allgemeine Wohngebiet fahren müssen.

Unsere Mandantin fordert deshalb, dass die gemeinsame Grenze zwischen dem Baugrundstück und der im Bebauungsplan als GFL-Fläche ausgewiesenen Fläche durch eine mindestens 2,50 m hohe Lärmschutzwand durchgehend abgedichtet wird, um auf diese Weise einem kreisförmigen Park-Such-Verkehr entgegen zu wirken und die vom Parkplatz ausgehenden Lärmbelästigungen (beim Be- und Entladen, Flaschenklappern, Schlagen von Kofferraumdeckeln, An- und Abfahrgeräusche etc.) auf ein Mindestmaß zu reduzieren. Ferner ist es aus unserer Sicht dringend erforderlich, dass die Anlieferung zur Dorfstraße hin verlegt wird.

Rechtsanwalt

Anmerkungen: Zum Widerspruchsverfahren vgl. D 81–118; zum Antrag gem. § 80 Abs. 4 vgl. J; allgemein zum vorläufigen Rechtsschutz im Baurecht J 3 ff; zur Beschränkung des baurechtlichen Nachbarschutzes auf dinglich Berechtigte s. K 46 ff.; speziell zum Nachbarschutz aufgrund der Festsetzung der Baugebietsart s. K 53 ff., zum Nachbarschutz gem. § 15 BauNVO s. K 65 ff., zum Nachbarschutz von Regelungen über die Anlage von Stellplätzen in den Landes-Bauordnungen s. K 84.

Da der Widerspruch gem. § 212 a BauGB keine aufschiebende Wirkung hat, vgl. K 18 sollte die Nachbarin – je nach Baufortschritt – ggf. sofort einen Antrag nach § 80 Abs. 5 VwGO stellen, dazu K 35 ff.

3. Beispiel: Nachbarwiderspruch mit aufschiebender Wirkung (Sperrzeitverkürzung im Gaststättenrecht)

An den
Bürgermeister der
Gemeinde . . . . . .
– Ordnungsamt –
. . . .

. . . .

Erlaubnis zur Verkürzung der Sperrzeit für die Diskothek „Grüne Eule" in . . . vom 2.5.19. . . (Az.: . . .)
hier: U ./. den Bürgermeister der Gemeinde . . .

Sehr geehrte Damen und Herren,

in obiger Angelegenheit zeigen wir Ihnen zunächst an, dass wir die Eheleute Karla und Norbert U., Goetheallee 25, . . ., anwaltlich vertreten.

Namens und kraft beigefügter Vollmacht legen wir gegen die am 2.5.20. . . dem Gaststättenbetreiber, Herrn . . . erteilte Erlaubnis, den Beginn der allgemeinen Sperrzeit für die Nächte von Samstag auf Sonntag und vor Feiertagen (mit Ausnahme der gesetzlich geschützten Feiertagen auf 5 Uhr hinauszuschieben (Verkürzung)

Widerspruch

ein. Wir beantragen,

uns die in Ihrem Hause geführten Verwaltungsvorgänge zum Zwecke der Akteneinsichtnahme in unseren Büroräumen zur Verfügung zu stellen.

Begründung

1. Wir dürfen Sie zunächst bitten, den Gaststättenbetreiber darauf hinzuweisen, dass der Widerspruch gegen die Erlaubnis zur Sperrzeitverkürzung aufschiebende Wirkung hat (§ 80 Abs. 1 VwGO) hat. Die Diskothek darf deshalb nur im Rahmen der allgemeinen Gaststättenerlaubnis vom 28. 10. 20. . . bis 1 Uhr geöffnet sein.

Wir bitten Sie außerdem dafür Sorge zu tragen, dass der Gaststättenbetreiber die Sperrzeit von 1 Uhr einhält. Sollte uns bis zum

Montag, den . . . . . .

keine entsprechende Bestätigung Ihres Hauses vorliegen, werden wir ohne jede weitere Abmahnung gerichtliche Schritte ergreifen.

2. Nach erfolgter Akteneinsichtnahme werden wir ergänzend und ausführlich in der Sache selbst vortragen. Vorläufig sei auf folgendes hingewiesen:

Unsere Mandanten sind Eigentümer des unmittelbar an das Diskothekengrundstück angrenzenden Grundstücks, das mit einem Zweifamilienhaus bebaut ist. Dieses Haus wird von unseren Mandanten und von einer weiteren Familie als Mieter bewohnt.

Sperrzeitverkürzungen dürfen nach § 18 Abs. 1 GastG i. V. m. § 19 Satz 2 GastVNW nur bei Vorliegen eines öffentlichen Bedürfnisses oder besonderer Verhältnisse befristet und widerruflich gestattet werden. Da die Sperrzeitbestimmungen auch dem Interesse der Nachbarn zu dienen bestimmt sind, haben diese grundsätzlich einen Anspruch darauf, dass Sperrzeitverkürzungen nicht entgegen diesen Vorschriften erteilt werden. Aus der angefochtenen Erlaubnis lässt sich nicht entnehmen, woraus sich das angebliche öffentliche Bedürfnis für eine weitere Sperrzeitverkürzung ergeben soll. Selbst wenn ein öffentliches Bedürfnis vorläge, dürfen der Befriedigung des Bedarfs keine sonstigen öffentlichen Belange entgegenstehen. Insbesondere darf der mit der Sperrzeitregelung bezwecke Schutz der Nachtruhe nicht ausgehöhlt werden (*BVerwG*, 7. 5. 1996–1 C 10.95 –, DVBl. 96, 1192 = GewArch 96, 426; *BVerwG*, 23. 9. 1976–1 C 7.75 – GewArch 1977, 24).

Im vorliegenden Falle ist zu beklagen, dass die Diskothek durch überlaute Musikgeräusche sowie der Zu- und Abgangsverkehr gerade auch in der Nachtzeit nach 1 Uhr die Nachtruhe stört. Die in einem Mischgebiet zulässigen Grenzwerte der TA-Lärm/VDI 2058 werden deutlich überschritten. Hinzu kommen der übliche Besucherlärm bei Schließung der Diskothek (lautes Lachen, Johlen, Türenschlagen, Fahrzeuggeräusche aller Art).

Mit freundlichen Grüßen
Rechtsanwalt

Anmerkungen: Zum Widerspruchsverfahren vgl. D 81–118; ferner K 167 ff. zum vorläufigen Rechtsschutz des Nachbarn im Gaststättenrecht.

3 a. Beispiel: Antrag auf Ergänzung des Widerspruchsbescheids um eine Kostenentscheidung

⌈ ⌉

An den
Oberbürgermeister der Stadt …
…
…

⌊ ⌋

Betr.: Widerspruch gegen den Sozialhilfebescheid des Oberbürgermeisters der Stadt … vom 18. 3. 2001;
hier: Ergänzung des Widerspruchsbescheids vom 14. 6. 2001 um eine Kostenentscheidung

Sehr geehrte Damen und Herren,

in obiger Angelegenheit hatten wir mit Schreiben vom 25. 3. 2001 gegen den Sozialhilfebescheid des Oberbürgermeisters der Stadt … Widerspruch eingelegt. Durch Bescheid Ihrer Behörde vom 14. 6. 2001 wurde dem Widerspruch stattgegeben. In dem Bescheid fehlt jedoch eine Kostenentscheidung. Wir beantragen daher, den Widerspruchsbescheid wie folgt zu ergänzen:

1. Der Oberbürgermeister der Stadt … hat dem Widerspruchsführer zur zweckentsprechenden Rechtsverfolgung oder Rechtsverteidigung notwendigen Aufwendungen zu erstatten.
2. Die Zuziehung eines Bevollmächtigten für das Vorverfahren wird für notwendig erklärt.

Begründung:

Die Verpflichtung zu einer ergänzenden Kostenentscheidung ergibt sich aus § 80 Abs. 1 VwVfG. Da es sich bei der vorliegenden Fallgestaltung um eine schwierige baurechtliche Angelegenheit handelte, war die Zuziehung eines Rechtsanwalts durch den Widerspruchsführer entsprechend der Rechtsprechung zu § 162 Abs. 2 S. 2 VwGO notwendig, weil sie vom Standpunkt eines verständigen, nicht rechtskundigen Bürgers für erforderlich gehalten werden durfte. Wir weisen darauf hin, dass die Zuziehung eines Bevollmächtigten nicht nur in schwierigen und umfangreichen Verfahren zu bejahen ist, sondern in der Regel schon deshalb, weil der Bürger nur in Ausnahmefällen in der Lage ist, seine Rechte im Widerspruchsverfahren ausreichend zu wahren.

Mit freundlichen Grüßen,
Rechtsanwalt

Anmerkungen: Der vorstehende Antrag ist dann erforderlich, wenn im Abhilfebescheid oder Widerspruchsbescheid keine Kostenentscheidung und/oder keine Entscheidung über die Zuziehung eines Bevollmächtigten im Vorverfahren getroffen worden ist. Der Ergänzungsantrag ist ein gesonderter VA, der notfalls im Wege der Verpflichtungsklage gesondert eingeklagt werden kann. Wegen des Kostenerstattungsantrags vgl. das **Beispiel 3 b.** Zu den Kosten des Vorverfahrens, vgl. G 53 ff.

3b. Beispiel: Antrag auf Kostenerstattung der Verfahrenskosten im isolierten Verfahren

An den
Oberbürgermeister der Stadt . . .
Bauordnungsamt

. . .. . .

Betr.: Bescheid vom 18. 3. 2001, Az.: . . . i. d. F. des Widerspruchsbescheids der Bezirksregierung . . . vom 14. 6. 2001

Sehr geehrte Damen und Herren,

in obiger Angelegenheit nehmen wir Bezug auf Ihren Bescheid vom 18. 3. 2001 i. d. F. des Widerspruchsbescheids der Bezirksregierung vom 14. 6. 2001. Die Bezirksregierung hat auf unseren Antrag vom . . . die Widerspruchsentscheidung um einen Kostenausspruch ergänzt. Auf die ergänzende Kostenentscheidung nehmen wir Bezug; zugleich wurde die Zuziehung eines Bevollmächtigten für das Vorverfahren für notwendig erklärt.

Wir haben deshalb die bei uns entstandenen Kosten für das Widerspruchsverfahren ermittelt und nehmen auf die in der Anlage beigefügte Kostenrechnung Bezug. Wir haben dabei einen Streitwert von . . . DM zugrunde gelegt und im Rahmen des § 118 I 1 BRAGO die Höchstgebühr in Ansatz gebracht, weil das Verfahren für den Kläger eine erhebliche wirtschaftliche Bedeutung hatte und zudem schwierige Rechtsfragen zu klären waren.

Wir beantragen daher,

die zu erstattenden Kosten des Vorverfahrens auf . . . DM gem. anliegend beigefügter Kostenrechnung festzusetzen.

Mit freundlichen Grüßen
Rechtsanwalt

Anmerkungen: Vgl. das vorausgegangene Beispielschreiben 3a. Voraussetzung für den Kostenerstattungsanspruch ist zunächst eine positive Kostenregelung zugunsten des Widerspruchsführers und die Feststellung, dass die Zuziehung eines Bevollmächtigten für das Vorverfahren für notwendig erklärt wurde (vgl. ferner G 53 ff.). Falls der Antrag abgelehnt wird, ist nach einem weiteren Vorverfahren im Wege der Verpflichtungsklage vorzugehen.

3 c. Beispiel: Antrag auf Akteneinsicht

An den
Oberbürgermeister der Stadt . . .
– Ordnungsamt –

. . .

Betr.: Ihr Anhörungsschreiben vom 20.03.01, Az.: . . .
Unser Mandant Wilfried Müller, Erphostraße 19, . . .

Sehr geehrte Damen und Herren,

zunächst zeigen wir Ihnen an, dass wir Herrn Wilfried Müller, Erphostraße 19, . . ., anwaltlich vertreten. Eine auf unseren Namen lautende Vollmacht fügen wir in der Anlage bei.

Unser Mandant hat uns Ihr Anhörungsschreiben gem. § 28 VwVfG vorgelegt, aus dem hervorgeht, dass ggfs. beabsichtigt ist, unserem Mandanten die Gaststättenkonzession für die im Hause Erphostraße 19 betriebene Gaststätte „Starker Tobak" wegen angeblicher, mehrfacher Sperrzeitverletzungen zu entziehen. Da unserem Mandanten die gegen ihn erhobenen Vorwürfe im einzelnen nicht näher bekannt sind, können wir erst dann zu den gegenüber unserem Mandanten erhobenen Vorwürfen Stellung beziehen, wenn wir Gelegenheit hatten, die Verwaltungsvorgänge Ihres Hauses einzusehen. Wir beantragen daher,

uns die Verwaltungsvorgänge Ihres Hauses zum Zwecke der Akteneinsichtnahme in unseren Büroräumen zur Verfügung zu stellen, hilfsweise uns einen vollständigen Aktenauszug in Fotokopie zur Verfügung zu stellen; für etwaig anfallende Kopiekosten stehen wir ein.

Der Anspruch auf Akteneinsicht ergibt sich aus § 29 VwVfG.

Mit freundlichen Grüßen
Rechtsanwalt

Anmerkung: Nach § 29 VwVfG hat die Behörde Einsicht in die das Verfahren betreffenden Akten zu gestatten, soweit deren Kenntnis zur Geltendmachung oder Verteidigung von rechtlichen Interessen erforderlich ist. Nach § 29 Abs. 3 erfolgt die Akteneinsicht bei der Behörde, die die Akten führt. Die Behörde hat aber nach § 29 Abs. 3 S. 2 VwVfG die Möglichkeit, die Akteneinsicht auch außerhalb des Verwaltungsgebäudes zu gestatten, so dass auch eine Übersendung in die Kanzleiräume des Anwaltes möglich ist. Leider machen die Behörden erfahrungsgemäß nur ungern von dieser Möglichkeit Gebrauch. Man sollte deshalb hilfsweise einen Aktenauszug verlangen, da man in der Regel auch bei einer Akteneinsichtnahme ohne Aktenauszug keine ordnungsgemäße Wahrnehmung der Interessen des Mandanten gewährleisten kann. Im äußersten Notfall sollte man die Behörde bitten, die Akten an eine andere Behörde oder ein Gericht im Wege der Amtshilfe zu übersenden, falls die Behörde sich strikt weigert, die Akten in die Büroräume zu schicken.
Zum Recht auf Akteneinsicht in den Kanzleiräumen s. a. *OVG Hamburg,* 31. 8. 2000–3 Bf 264.00 – NVwZ-RR 01, 408 m. w. N.[generelles Recht verneint].

4. Beispiel: (Fristwahrende) Anfechtungsklage (Rückforderung von Dienstbezügen)

Verwaltungsgericht
. . . .
. . . .

Datum:

Klage

Frau . . . ., ... Str., ...

– Klägerin –

Prozessbevollmächtigte: RAe . . . .

gegen

das Land . . . ., vertreten durch das Landesamt für Besoldung und Versorgung, ... Str. . . . ., ...

– Beklagter –

wegen Rückforderung von Dienstbezügen

Namens und kraft Vollmacht der Klägerin erheben wir gegen den vorbezeichneten Beklagten Klage mit den Anträgen:

1. Der Bescheid des Beklagten vom . . . . . . (Az.: . . . .) in der Fassung des Widerspruchsbescheides vom . . . . (Az.: . . . .) wird aufgehoben, soweit die Klägerin zur Rückzahlung von Ortszuschlag und Sonderzuwendungen in Höhe von DM . . . . verpflichtet wurde.
2. Die Verwaltungsvorgänge beizuziehen und dem Unterzeichner zum Zwecke der Akteneinsichtnahme in unseren Büroräumen zur Verfügung zu stellen.

Begründung:

Mit Bescheid vom . . . . . forderte der Beklagte die Klägerin zur Rückzahlung von angeblich zuviel gezahlten Bezügen in Form von Ortszuschlägen und einer Sonderzuwendung auf.

Beweis: Bescheid vom . . . . (Anlage 1)

Gegen diesen Bescheid legte die Klägerin mit Schreiben vom . . . . . . Widerspruch ein, der durch weitere Schreiben des Unterzeichners vom . . . . . . ergänzend begründet wurde.

Beweis: Widerspruchsschreiben vom . . . . (Anlage 2), Schreiben vom . . . . (Anlage 3).

Mit Bescheid vom . . . . hat der Beklagte den Widerspruch zurückgewiesen.

Beweis: Bescheid vom . . . . (Anlage 4).

Zur Begründung wird vorab vollinhaltlich auf das Vorbringen der Klägerin in ihrem Widerspruchsschreiben vom . . . ., sowie den ergänzenden Vortrag im Schreiben vom . . . . Bezug genommen.

Weiterer Sachvortrag bleibt nach Einsicht in die Verwaltungsakten vorbehalten.

Rechtsanwalt

Anmerkungen: Zur Klagefrist D 119 ff., zum Klageantrag D 129 ff., zur Klageerhebung und zum Inhalt der Klageschrift E 28 ff., zu den gesetzlichen Klagebegründungsfristen E 62; zum Anspruch des Rechtsanwalts auf Überlassung der Verwaltungsvorgänge s. E 152.

5. Beispiel: (Fristwahrende) Nachbaranfechtungsklage (Bauvorbescheid)

Verwaltungsgericht
.... Str.
....

Datum:

Klage

der Fa. .... GmbH & Co. KG, ... Str. 6, ..., diese vertreten durch ihre Komplementär GmbH, die Fa. .... GmbH, ebenda, diese ihrerseits vertreten durch ihren Geschäftsführer, den Kaufmann ...., ebenda

– Klägerin –

Prozessbevollmächtigte: Rechtsanwälte ......

gegen

(die Behörde, die den Bescheid erlassen hat, bzw. deren Träger/in, vgl. D 127)

– Beklagter –

Namens und kraft Vollmacht der Klägerin erheben wir vor dem Verwaltungsgericht .... Klage, verbunden mit den Anträgen:

1. Den positiven Bauvorbescheid des .... in .... vom .... (Az.: ....) bezüglich des Grundstücks Gemarkung ......, Flur ...., Flurstück .... in der Fassung des Widerspruchsbescheids der Bezirksregierung .... vom .... aufzuheben.
2. Die Verwaltungsvorgänge des Beklagten beizuziehen und diese dem Unterzeichner zum Zwecke der Akteneinsichtnahme in seinen Büroräumen zur Verfügung zu stellen.

Begründung:

1. Der Beklagte erteilte dem Bauherrn .... am .... einen positiven Bauvorbescheid (Az.: ....) zur Errichtung eines Ersatzwohnhauses mit Altenteilerwohnung auf dem Grundstück Gemarkung ......, Flur ......, Flurstück ....

Beweis: Vorbescheid vom .... (Anlage 1)

Die Klägerin betreibt auf dem Nachbargelände einen metallverarbeitenden Betrieb. Wegen der störenden Wechselwirkungen zwischen Wohnen und Gewerbe legte die Klägerin deshalb mit Schreiben vom .... gegen den Vorbescheid Widerspruch ein.

Beweis: Widerspruchsschreiben der Klägerin vom .... (Anlage 2)

Die Klägerin befürchtet aufgrund der heranrückenden Wohnbebauung künftig Einschränkungen ihres Gewerbebetriebes hinnehmen zu müssen.

2. Der Widerspruch der Klägerin wurde durch Bescheid der Bezirksregierung ...... vom .... zurückgewiesen.

Beweis: Widerspruchsbescheid vom . . . . . . (Anlage 3)

Die Klägerin nimmt zur vorläufigen Klagebegründung auf ihr gesamtes bisheriges Vorbringen im verwaltungsgerichtlichen Vorverfahren Bezug.

Eine ausführliche Klagebegründung bleibt vorbehalten, sobald Gelegenheit bestanden hat, die Verwaltungsvorgänge des Beklagten einzusehen.

Rechtsanwalt

Anmerkung: Vgl. Anmerkungen zum 4. Beispiel; zum Nachbarrechtsschutz gegen einen Vorbescheid K 26 ff.

6. Beispiel: (Fristwahrende) Anfechtungsklage gegen den Widerspruchsbescheid als erstmalig belastenden Bescheid (Aufhebung der Baugenehmigung aufgrund Nachbarwiderspruchs)

Verwaltungsgericht
Minden
Königswall 8

32423 Minden

Klage

der Fa. . . . GmbH, . . ., . . ., diese vertreten durch ihre Geschäftsführer . . . und . . ., ebenda

– Klägerin –

Prozessbevollmächtigte: Rechtsanwälte . . .

gegen

den Landrat des Kreises . . ., . . .,. . .,

– Beklagter –

wegen Baurecht

Namens und kraft Vollmacht der Klägerin erheben wir gegen den vorbezeichneten Beklagten Klage vor dem Verwaltungsgericht in . . . verbunden mit den Anträgen:

1. Den Widerspruchsbescheid des Beklagten vom 20. 7. 20.. aufzuheben.
2. Die Verwaltungsvorgänge des Beklagten und des Bürgermeisters der Stadt . . . bzgl. der Baugenehmigung vom 8. 6. 20.. (Az.: . . .) der Klägerin beizuziehen und diese den Unterzeichnern zum Zwecke der Akteneinsichtnahme in ihren Büroräumen zur Verfügung zu stellen.

Begründung:

1. Der Bürgermeister der Stadt . . . erteilte der Klägerin am 8. 6. 20.. unter dem Az.: . . als Untere Bauaufsichtsbehörde eine Baugenehmigung für ein 4-Familien Wohnhaus auf dem Grundstück der Gemarkung . . ., Flur . . ., Flurstück . . .(. . . Str. in . . .).

Gegen diese Baugenehmigung wurde seitens des Nachbarn W. N., . . . Str. . . ., . . ., Widerspruch eingelegt.

2. Im Rahmen eines gerichtlichen Eilverfahrens wurde vom Verwaltungsgericht . . . unter dem Az.: . . . die aufschiebende Wirkung des Widerspruchs des Widerspruchsführers wieder hergestellt.

Beweis: Beziehung der Akten W. N./. Bürgermeister Stadt . . ., Az.: . . .

Der Beklagte hat dem Nachbarwiderspruch durch Widerspruchsbescheid vom 20. 7. 19. . . stattgegeben.

Beweis: Widerspruchsbescheid vom 20. 7. 20. . . (Anlage 1)

Gegen diesen Widerspruchsbescheid richtet sich die Klage der Klägerin.
Eine ausführliche Klagebegründung werden wir vorlegen, sobald Gelegenheit bestanden hat, die Verwaltungsvorgänge des Beklagten und des Bürgermeisters der Stadt . . . einzusehen.

Rechtsanwalt

Anmerkungen: Vgl. dazu D 114; die Klage ist in diesen Fällen nur als Anfechtungsklage – gerichtet auf die Aufhebung des Widerspruchsbescheids – zulässig[1]. Erlässt bei einem Drittwiderspruch die Ausgangsbehörde stattdessen einen Abhilfebescheid, so ist dieser Klagegegenstand. Der Abhilfebescheid ersetzt den Ausgangsbescheid, so dass der durch den Abhilfebescheid beschwerte Genehmigungsinhaber beantragen muss, die Behörde zu verpflichten unter Aufhebung des Abhilfebescheids den Ausgangsverwaltungsakt erneut zu erlassen.[2]

---

[1] *Redeker/von Oertzen* § 79, Rdn. 6; *Pietzcker* in *Schoch/Schmidt-Aßmann/Pietzner* § 79, Rdn. 6.
[2] *Redeker/von Oertzen* § 79, Rdn. 4f.

7. Beispiel: (Fristwahrende) Verpflichtungsklage nebst PKH-Antrag (Sozialhilfeanspruch)

Verwaltungsgericht
. . . .
. . . .

Datum:

Klage

des Herrn . . . ., c/o . . . .-Heim, Straße, ...

– Kläger –

Prozessbevollmächtigte: Rechtsanwälte . . . .

gegen

(die Behörde, die den Bescheid erlassen soll, bzw. deren Träger/in, vgl. D 176, D 127)

– Beklagter –

Namens und kraft Vollmacht des Klägers erheben wir gegen den vorbezeichneten Beklagten Klage vor dem Verwaltungsgericht in Münster, verbunden mit den Anträgen:

1. Den Beklagten zu verpflichten, dem Kläger unter Aufhebung seines Ablehnungsbescheids vom . . . . in der Fassung des Widerspruchsbescheids vom . . . . Sozialhilfe (Übernahme der Heimkosten für das . . . .-Heim und des Barbetrages) in Höhe von monatl. . . . . ab dem . . . . bis zum . . . . zu gewähren.
2. Dem Kläger Prozesskostenhilfe zu bewilligen und ihm den Unterzeichner als Anwalt seines Vertrauens im Wege der Prozesskostenhilfe beizuordnen.

Begründung:

I.

Der Kläger beantragte gem. § 72 BSHG am . . . . die Übernahme der Heimkosten für das . . . .-Heim in Z., wo er seit Jahren mit einer einwöchigen Unterbrechung im November 1999 lebt und die Auszahlung des üblichen Barbetrages.

Beweis: Beiziehung der Verwaltungsvorgänge des Beklagten

Der Antrag wurde durch Bescheid des Sozialamtes vom . . . . abgelehnt.

Beweis: Ablehnungsbescheid (Anlage 1)

Gegen diesen Bescheid legte der Kläger mit Schreiben vom . . . . Widerspruch ein.

Beweis: Widerspruchsschreiben des Klägers vom . . . . (Anlage 2)

Der Widerspruch wurde durch die Heimleitung des . . . . . .-Heimes vom . . . . näher begründet.

Beweis: Schreiben vom . . . . (Anlage 3)

Der Widerspruch wurde durch Widerspruchsbescheid vom . . . . . . zurückgewiesen.

Beweis: Widerspruchsbescheid vom . . . . (Anlage 4)

Der Beklagte meint, er sei örtlich unzuständig, zuständig sei die Stadt R., wo sich der Kläger Anfang November 1999 für eine Woche aufgehalten hat. Der Kläger hat parallel zu dem hier anhängigen Verfahren bei der Stadt R. für die gleichen Leistungen Sozialhilfe beantragt. Die Stadt R. steht auf dem Standpunkt, dass sie nicht örtlich zuständiger Träger für die Sozialhilfeleistungen sei und hat den Antrag abgelehnt; das Heim liege schließlich in Z.

Beweis: Ablehnungsbescheid der Stadt R. vom . . . . (Anlage 5)

Auch gegen diesen Bescheid hat der Kläger vorsorglich Widerspruch eingelegt.

Beweis: Anschreiben an die Stadt R. vom . . . . (Anlage 6)

Der Widerspruch gegen den Bescheid der Stadt R. ist bislang noch nicht entschieden worden.

Der Kläger nimmt vorläufig zur Begründung seiner Klage Bezug auf seine gesamten bisherigen Darlegungen im Rahmen des Widerspruchsverfahrens und auf den nach seiner Auffassung zutreffenden Bescheid der Stadt R. vom . . . . . .

Weiterer Sachvortrag bleibt vorbehalten, sobald Gelegenheit bestanden hat, die Verwaltungsvorgänge des Beklagten einzusehen. Wir beantragen

die Verwaltungsvorgänge des Beklagten beizuziehen und diese den Unterzeichnern zum Zwecke der Akteneinsichtnahme in unseren Büroräumen zur Verfügung zu stellen.

Nach Akteneinsichtnahme werden wir ergänzend vortragen.

Wir regen im übrigen an, den Stadtdirektor der Stadt R. zu dem jetzt anhängigen Verfahren beizuladen.

II.

Wir überreichen dem Gericht eine Erklärung des Klägers über seine persönlichen und wirtschaftlichen Verhältnisse zum Zwecke der Erlangung von Prozesskostenhilfe, PKH-Formular als Anlage 7.

Rechtsanwalt

Anmerkungen: Vgl. zur Verpflichtungsklage D 195, Klagefrist D 119 ff., Klageerhebung und Inhalt der Klageschrift E 28–44, gesetzliche Klagebegründungsfrist E 62, zum PKH-Verfahren G 68 ff., zum einstweiligen Rechtsschutz in Sozialhilfesachen K 515 ff.

7a. Beispiel: Bescheidungsklage

An das
Verwaltungsgericht Münster
Piusallee 38

48147 Münster

Klage

der ...

– Klägerin –

Prozessbevollmächtigte: ...

gegen

den Oberbürgermeister der Stadt ..., – Sozialamt –, ...

– Beklagter –

wegen: Sozialhilfe.

Namens und kraft Vollmacht der Klägerin erheben wir gegen den vorbezeichneten Beklagten Klage vor dem Verwaltungsgericht in Münster verbunden mit den Anträgen:

1. Den Bescheid des Beklagten vom 20.03.01 i. d. F. des Widerspruchsbescheids vom 15.05.01 aufzuheben und den Beklagten zu verpflichten, die Klägerin unter Beachtung der Rechtsauffassung des Gerichts erneut zu bescheiden.
2. Die Zuziehung eines Bevollmächtigten für das Vorverfahren für notwendig zu erklären.
3. Die Verwaltungsvorgänge des Beklagten beizuziehen und diese dem Unterzeichner zum Zwecke der Akteneinsichtnahme in seinen Büroräumen zur Verfügung zu stellen.

Begründung:

1. Die Klägerin ist Rollstuhlfahrerin und aufgrund ihrer Behinderung von der für sie zuständigen Pflegekasse in Pflegestufe II gem. § 15 SGB XI eingestuft.

Beweis: Bescheid der Pflegekasse vom ... **(Anlage 1)**

Die Klägerin bezieht von der Pflegekasse Sachleistungen in voller Höhe.

Beweis: Bescheid der Pflegekasse vom ... **(Anlage 2)**

Der Höchstbetrag der von der Pflegekasse gezahlten Sachleistung beträgt 1800,00 DM. Von diesem Betrag kann die Klägerin ihren ambulanten Pflegedienst monatlich mit 60 Stunden à 30,00 DM finanzieren.

Beweis: Abrechnung des Pflegedienstes vom ... **(Anlage 3)**

Die Klägerin wird von ihrem Ehemann und ihrer Tochter über die vorgenannten 60 Einsatzstunden des ambulanten Pflegedienstes hinaus in erheblichem Umfange betreut. Der zusätzliche Betreuungsaufwand der ehrenamtlichen Helfer liegt täglich bei 5 – 6 Stunden.

Beweis: 1. Pflegetagebuch der Klägerin für den Zeitraum von ... bis ... **(Anlage 4)**
2. Zeugnis des Ehemannes der Klägerin ...
3. Zeugnis der Tochter der Klägerin ...

2. Mit Schreiben der Klägerin vom ... wandte sich die Klägerin an den Beklagten und beantragte ihr über die von der Pflegekasse gewährten Sachleistungen hinaus ein sozialhilferechtliches Pflegegeld nach § 69a Abs. 2 BSHG i.H.v. monatlich 800,00 DM zu bewilligen.

Der Beklagte bewilligte der Klägerin mit Bescheid vom 20.03.01 ein monatliches Pflegegeld von 266,00 DM ab Antragstellung. Zur Begründung führte er aus, dass das Pflegegeld nach § 69a Abs. 2 gem. § 69c Abs. 2 S. 2 um 2/3 auf 266,66 DM gekürzt werden müsse.

Beweis: Bescheid des Beklagten vom 20.03.01 **(Anlage 5)**

Die Klägerin legte gegen diesen Bescheid Widerspruch ein.

Beweis: Widerspruchsschreiben der Klägerin vom 30.03.01 **(Anlage 6)**

Mit Widerspruchsbescheid des Beklagten vom 15.05.01 wurde der Widerspruch zurückgewiesen.

Beweis: Widerspruchsschreiben des Beklagten vom 15.05.01 **(Anlage 7)**

3. Der Bescheid des Beklagten vom 20.03.01 i.d.F. des Widerspruchsbescheids vom 15.05.01 ist rechtswidrig, weil er die Vorschrift des § 69c Abs. 2 S. 2 verkannt hat. Nach dieser Vorschrift kann das Pflegegeld um bis zu 2/3 gekürzt werden, wenn andere Leistungen (hier: Sachleistungen der Pflegekasse) gewährt werden.

Der Beklagte hat in dem angefochtenen Bescheid verkannt, dass es sich bei dieser Kürzungsmöglichkeit um eine Ermessensentscheidung handelt. Sowohl in dem angefochtenen Bescheid wie auch im Widerspruchsbescheid fehlen jegliche Erwägungen darüber, weshalb im vorliegenden Falle von der Maximalkürzung um 2/3 des gesetzlichen Pflegegeldes Gebrauch gemacht worden ist. Der Beklagte hätte sich vielmehr mit dem erheblichen Betreuungsaufwand der ehrenamtlichen Pflegekräfte der Klägerin auseinandersetzen müssen und im Rahmen seiner Ermessensentscheidung prüfen müssen, ob im vorliegenden Falle von einer Kürzung des Pflegegeldes nicht sogar hätte abgesehen werden müssen.

Letztlich kann diese Frage offen bleiben, da der Beklagte jedenfalls verkannt hat, dass ihm überhaupt ein Ermessen zusteht. Er hat die Vorschrift vielmehr dahingehend ausgelegt, dass eine Regelkürzung um 2/3 in den Fällen der hier vorliegenden Art zu erfolgen hat.

Rechtsanwalt

Anmerkung: Eine Bescheidungsklage gem. § 113 Abs. 1 S. 4 sollte dann erhoben werden, wenn es bei der Behördenentscheidung um eine Ermessensentscheidung geht und der Kläger eine Ermessensreduzierung auf Null nicht hinreichend darlegen kann; in solchen Fällen sollte aus Kostengründen dann kein konkreter Antrag, sondern – wie hier formuliert – ein Bescheidungsantrag gestellt werden.

Zum einstweiligen Rechtsschutz in Sozialhilfesachen K 515ff.

8. Beispiel: Untätigkeitsklage gem. § 75 VwGO (Bauvorbescheid)

┌ ┐

Verwaltungsgericht
. . . .
. . . .

└ ┘ Datum:

Untätigkeitsklage

der Fa. . . . . GmbH & Co. KG, Str. . . . ., ..., diese vertreten durch ihre persönlich haftende Gesellschafterin, die . . . . . . GmbH, ebenda, diese wiederum vertreten durch ihren Geschäftsführer N. N., ebenda

– Klägerin –

Prozessbevollmächtigte: Rechtsanwälte . . . .

gegen

(die Behörde, die den Bescheid erlassen soll, bzw. deren Träger/in, vgl. D 176, D 127)

– Beklagten –

wegen Baurecht

Namens und kraft Vollmacht der Klägerin erheben wir Klage und beantragen:

1. Den Beklagten unter Aufhebung seines Aufhebungs- und Zurückstellungsbescheides vom . . . . . . zu verpflichten, der Klägerin nach Maßgabe ihres Antrages vom 20. Mai 20. . einen positiven Bauvorbescheid, hilfsweise einen positiven planungsrechtlichen Bauvorbescheid betreffend das Grundstück . . . . . . Straße . . . . – in . . . . zu erteilen:
2. Die Zuziehung eines Bevollmächtigten für das Vorverfahren für notwendig zu erklären.
3. Die Verwaltungsvorgänge des Beklagten beizuziehen und diese dem Unterzeichner zum Zwecke der Akteneinsichtnahme in seinen Büroräumen zur Verfügung zu stellen.

Begründung:

I.

1. Die Klägerin beantragte am 20. Mai 20. . die Erteilung eines Vorbescheides für einen Lebensmittelmarkt auf dem Grundstück Aachener Straße Nr. 39–45 in . . . . . .

Der Markt soll eine Geschossfläche von 1065 qm umfassen und eine Verkaufsfläche von 650 qm aufweisen. Es handelt sich bei dem Baugrundstück um die Flurstücke Gemarkung . . . ., Flur . . . ., Flurstücke . . . . . .

Bis zum . . . . . . wurden auf dem Grundstück Achener Straße 39 ein eisenverarbeitender Industriebetrieb nebst Betriebsleiterwohnhaus, auf dem Nachbargrundstück Aachener Straße Nr. 45 ebenfalls ein eisenverarbeitender Gewerbebetrieb unterhalten. Auf den Nachbargrundstücken bis zur Bahnlinie Aachener Straße Nr. 35 befinden sich drei Wohnhäuser, in denen zum Teil Einzelhandel (Antiquitäten) betrieben wird. Im unmittelbaren Anschluss an die Aachener Straße Nr. 35 verläuft die Bahnlinie . . . . . . Im rückwärtigen Gelände des Baugrundstücks befindet sich ausschließlich Wohnbebauung. Auf der gegenüberliegenden Straßenseite südlich der Aachener Straße befindet sich das sehr geräumige Areal der Firma O . . . . . . (ca. 20 000 qm). Diese Firma O . . . . . . betreibt einen Textil-Entsorgungsbetrieb (es werden Reststoffe etc. zu neuen Geweben verarbeitet). Ferner befindet sich an der Aachener Straße das Grundstück einer früheren Tankstelle, auf der heute ein Gebrauchtwagenhändler seinen Betrieb hat. Ein Bebauungsplan besteht für die fragliche nähere Umgebungsbebauung nicht. Das erkennende Gericht hat die örtlich vorgefundene Umgebungsbebauung bereits in anderem Zusammenhang rechtlich gewürdigt und als diffus geprägtes Baugebiet eingestuft.

Beweis: Urteil des erkennenden Gerichts vom . . . . (. . . . . . .)

2. Mit Bescheid vom . . . . lehnte der Beklagte es zunächst ab, die nach seiner Auffassung erforderliche Genehmigung für die Wohnzweckentfremdung des vorgenannten Wohnhauses zu erteilen.

Beweis: Bescheid des Beklagten vom . . . . (Anlage 1)

Hiergegen legte der Unterzeichner mit Schreiben vom . . . . . . Widerspruch ein.

Beweis: Widerspruchsschreiben des Unterzeichners vom . . . . (Anlage 2)

Auf den Widerspruch hin erteilte der Beklagte mit Schreiben vom . . . . eine Abbruchgenehmigung für den gesamten, derzeit auf dem Baugrundstück aufstehenden Komplex.

Beweis: Abbruchgenehmigung vom . . . . (Anlage 3)

Der Abbruch ist allerdings bislang angesichts der fehlenden Baugenehmigung noch zurückgestellt worden.

3. Am . . . . erteilte der Beklagte der Klägerin einen Ablehnungsbescheid bezüglich des Bauvorhabens.

Beweis: Bescheid des Beklagten vom . . . . . . (Anlage 4)

Gegen diesen Bescheid wurde mit Schreiben des Unterzeichners vom . . . . Widerspruch eingelegt.

Beweis: Schreiben des Unterzeichners vom . . . . (Anlage 5)

4. Am . . . . fasste die Stadt . . . den Beschluss über die Aufstellung eines Bebauungsplans, dessen Geltungsbereich sich auf das Grundstück Aachener Straße 39–45 erstrecken soll.

5. Mit Aufhebungs- und Versagungsbescheid vom . . . . hob der Beklagte daraufhin seinen Ablehnungsbescheid vom . . . . auf und stellte das Vorhaben der Klägerin für ein Jahr bis zum . . . . . . .gem. § 15 BauGB zurück.

Beweis: Bescheid des Beklagten vom . . . . . . (Anlage 6)

Gegen den Bescheid vom . . . . wurde Widerspruch eingelegt.

Beweis: Schreiben des Unterzeichners vom . . . . (Anlage 7)

Der Beklagte hat die Bauvoranfrage der Klägerin bis zum heutigen Tage nicht positiv beschieden und auch seit dem . . . . nicht mehr weiter bearbeitet. Eine Veränderungssperre wurde nicht erlassen.

Die Klage ist unter dem Gesichtspunkt des § 75 VwGO als Untätigkeitsklage zulässig, weil der Beklagte seit mehr als 3 Monaten nicht über den Widerspruch entschieden hat und ein sachlicher Grund hierfür nicht vorliegt.

II.

Die Klage ist auch begründet:

1. Die Zurückstellung der Bauvoranfrage gem. § 15 BauGB steht dem Klageanspruch nicht entgegen. Der Widerspruch gegen die Zurückstellungsverfügung entfaltete aufschiebende Wirkung, d. h. der Beklagte war und ist verpflichtet, den Vorbescheidsantrag weiter zu bearbeiten (*OVG Berlin,* 21. 11. 1994–2 S 28/94 – NVwZ 95, 399).

2. Die planungsrechtliche Beurteilung des Vorhabens der Klägerin richtet sich nach den §§ 29, 34 BauGB, weil es innerhalb eines zusammenhängend bebauten Ortsteils, nämlich des Ortsteils ...., verwirklicht werden soll. Es ist bauplanungsrechtlich zulässig, weil es sich nach der Art seiner baulichen Nutzung gem. § 34 Abs. 1 BauGB in die Eigenart der näheren Umgebung einfügt. Zunächst ist noch einmal darauf hinzuweisen, dass nach der Entscheidung des erkennenden Gerichts vom .... (.......) die örtlich vorgefundene Umgebungsbebauung als diffus geprägtes Baugebiet einzustufen ist. Die örtlich vorgefundene Umgebungsbebauung ist durch Wohnbebauung einerseits, Gewerbe- und Industriebetriebe andererseits geprägt, so dass sich eine eindeutige Zuordnung der örtlich vorgefundenen Umgebung zu einem in der Baunutzungsverordnung genannten Baugebiete nicht treffen lässt. Insbesondere hat das erkennende Gericht zurecht ausgeführt, dass eine Einordnung als Mischgebiet i. S. d. § 6 BauNVO daran scheitert, dass hier Gewerbebetriebe angesiedelt sind, die wegen ihrer Größenordnung und nach dem Grad der von ihnen typischerweise ausgehenden Störwirkungen ersichtlich nicht mischgebietsverträglich sind. Das Baugrundstück der Klägerin selbst war durch zwei industriell geprägte Gewerbe/Industriebetriebe genutzt worden. Das Vorhaben der Klägerin fügt sich nach der Art seiner baulichen Nutzung in die Eigenart der näheren Umgebung ein, weil es keinen großflächigen Einzelhandelsbetrieb i. S. d. § 11 Abs. 3 Nr. 2 BauNVO darstellt und deshalb den durch die vorhandenen Gewerbebetriebe aller Art vorgegebenen Rahmen einhält. Es liegt sowohl hinsichtlich der Geschossfläche als auch hinsichtlich der vorgesehenen Verkaufsfläche unterhalb der Schwelle, welche die Annahme einer Großflächigkeit i. S. v. § 11 Abs. 3 Nr. 2 BauNVO rechtfertigen könnte (BVerwG, BRS 47 Nr. 56 ca. 700 qm Verkaufsfläche).

Wie das erkennende Gericht zurecht ausgeführt hat, steht der Einhaltung des Rahmens auch nicht entgegen, dass hier überwiegend Betriebe des produzierenden Gewerbes anzutreffen sind und dass die Klägerin einen Einzelhandelsbetrieb errichten will. Denn abgesehen davon, dass unweit des klägerischen Grundstücks bereits ein Möbelmarkt existiert, ein Antiquitätengeschäft auf dem Nachbargrundstück betrieben wird und in der Nähe ein Gebrauchtwagenhändler tätig ist, zählen die sonstigen nicht großflächigen Einzelhandelsbetriebe zu den Gewerbebetrieben aller Art i. S. v. § 8 Abs. 2 Nr. 1 BauNVO und sind deshalb in einem Gewerbebetrieb allgemein zulässig. Gleiches gilt für die Gemengelage der hier vorliegenden Art, weil sich bezogen auf nur die gewerblichen Nutzungen ein städtebaulich relevanter Unterschied zwischen den Gewerbebetrieben aller Art auf der einen Seite und Einzelhandelsbetrieben auf der anderen Seite nicht rechtfertigen lässt.

Auch wenn die örtlich vorgefundene Umgebungsbebauung als Mischgebiet einzustufen wäre, wäre das klägerische Vorhaben ohne weiteres zulässig, weil es sich bei dem Vorhaben der Klägerin um einen nicht störenden Gewerbebetrieb handelt.

Im übrigen verstößt das Vorhaben gegenüber der vorhandenen Wohnbebauung nicht gegen das Merkmal des Sicheinfügens da ein „Nachbarschaftsladen" grundsätzlich mit der in der Nähe gelegenen Wohnnutzung verträglich ist.

3. Soweit der Beklagte sich in seinem Ausgangsbescheid vom .... darauf berufen hat, dass die geplante Bebauung sich deshalb nicht in die vorhandene Bebauung einfüge, weil die Bebauungstiefe überschritten werde, ist dieses Argument nicht stichhaltig. Wie eine Ortsbesichtigung durch das erkennende Gericht ergeben wird, ist das gesamte klägerische Grundstück bis in den letzten Winkel hinein mit einer Halle bebaut. Es kann deshalb nicht davon die Rede sein, dass die hintere Bebauungstiefe des Grundstücks um 57 m überschritten werde. Der Beklagte bezieht sich dabei offenbar nur auf das Flurstück A und auf die Flurstücke B und C, lässt aber die Bebauung auf dem Flurstück X ebenso wie die rückwärtige Bebauung im Bereich des Flurstücks Y völlig außer Betracht. Es kann aber nach diesseitigem Dafürhalten kein Zweifel daran bestehen, dass das Flurstück B auch im rückwärtigen Bereich bebaubar ist.

Rechtsanwalt

Anmerkungen: Vgl. die Anmerkungen zum 7. Beispiel, ferner D 184 ff.; zur aufschiebenden Wirkung des Widerspruchs gegen einen Zurückstellungsbescheid gem. § 15 BauGB s. K 10 ff.

9. Beispiel: Feststellungsklage (Unwirksamkeit einer Schutzgebietsanordnung)

Verwaltungsgericht
. . . .
. . . .
. . . .

Datum:

Klage

des Landwirts . . . .

– Kläger –

Prozessbevollmächtigter: Rechtsanwalt . . . . .

gegen

den Landrat des Kreises . . . . . .

– Beklagten –

Namens und gemäß anliegend beigefügter Vollmacht des Klägers erhebe ich Klage verbunden mit den Anträgen:

1. Festzustellen, dass der Kläger berechtigt ist, auf dem Grundstück . . . . . ., Gemarkung . . . . . ., Flur. . . . . . ., Flurstück, jegliche fischereiliche und forstwirtschaftliche Nutzung auszuüben.
2. Hilfsweise festzustellen, dass die in der ordnungsbehördlichen Verordnung der Beklagten vom 5. 12. 97 in der Fassung der Verordnung 27. 2. 1998 zur Ausweisung des Naturschutzgebietes „Am Brink" getroffenen Maßnahmen nur dann eine rechtmäßige Inhalts- und Schrankenbestimmung im Sinne von Artikel 14 Abs. 1 Satz 2 GG darstellen, wenn dem Kläger zugleich ein finanzieller Ausgleich gewährt wird.
3. Die Verwaltungsvorgänge des Beklagten beizuziehen und diese dem Unterzeichner zum Zwecke der Akteneinsichtnahme in seinen Büroräumen zur Verfügung zu stellen.

Begründung:

I.

1. Der Kläger ist Eigentümer eines land- und forstwirtschaftlichen Betriebes in . . . .

2. Durch ordnungsbehördliche Verordnung der Bezirksregierung . . . vom 5. 12. 1997 wurde eine insgesamt ca. . . . . ha große Teilfläche des Grundeigentums des Klägers als Naturschutzgebiet „Am Brink" ausgewiesen.

Der Beklagte ist als untere Landschaftsbehörde mit der Überwachung und Durchsetzung der VO betraut.

3. In das Naturschutzgebiet sind drei im Eigentum des Klägers stehende Gewässer einbezogen worden, bei denen es sich um ehemalige Baggerseen handelt. Die Seen sind an den Angelsportverein N. verpachtet.

Mit Rücksicht auf die vom Angelsportverein . . . . . . erbrachten Eigenleistungen, wie z. B. das Austiefen der Baggerseen, wurde der Pachtzins in dem Pachtvertrag, der eine Laufzeit bis zum . . . . . . hat, auf . . . . . .,– DM jährlich festgesetzt.

Durch § 3 der ordnungsbehördlichen Verordnung vom 5. 12. 97 ist die Fischerei in den beiden westlichen Gewässern gänzlich ausgeschlossen. Aufgrund der ersten Verordnung zur Änderung der ordnungsbehördlichen Verordnung vom 27. 2. 98 ist die Fischerei dem Grunde nach zugelassen worden, § 3 der Verordnung vom 27. 2. 98 enthält aber vielerlei Auflagen, die eine Nutzung des Gewässers in erheblichem Umfang einschränkt.

Durch die mit der Ausweisung des Gebietes als Naturschutzgebiet verbundenen Nutzungsbeschränkungen ist eine Wertminderung der drei in diesem Gebiet liegenden Seen in Höhe von . . . . . .,– DM.

Beweis: 1. Gutachten des öffentlich bestellten und vereidigten Sachverständigen Dr. . . . . aus . . . . . . (Anlage 1)
2. Sachverständiges Zeugnis Dr. . . . . . .

festgestellt worden.

4. Ferner wird durch § 3 der Verordnung vom 5. 12. 97 die bislang uneingeschränkt zulässige forstwirtschaftliche Nutzung des Gebietes in erheblichem Umfang eingeschränkt.

Gemäß § 3 Ziffer 28 der Verordnung ist die Aufforstung mit anderen als bodenständigen Gehölzen in Zukunft untersagt. Gemäß § 3 Ziffer 29 sind forstliche Endnutzungen in Zukunft nur noch in Abstimmung mit dem Beklagten und dem Forstamt zulässig.

Gespräche des Klägers mit diesen Behörden haben zu dem Ergebnis geführt, dass die zuständigen Behörden eine forstwirtschaftliche Nutzung des Gebietes aufgrund § 3 Ziffer 29 der Verordnung in Zukunft weitgehend untersagen wollen.

Diese aufgrund der Schutzgebietsverordnung angeordneten Nutzungsbeschränkungen ziehen einen Minderwert der landschaftlich genutzten Flächen in Höhe von . . . . . .,– DM nach sich.

Beweis: 1. Gutachten des von der Landwirtschaftskammer . . . . . . öffentlich bestellten und vereidigten Sachverständigen . . . . . .
2. Sachverständiges Zeugnis Dr. . . . . . .

II.

1. Der Kläger sieht in den durch die Verordnung vom 5. 12. 1997 in der Fassung der Verordnung vom 27. 2. 1998 angeordneten Nutzungsbeschränkungen einen rechtswidrigen Eingriff in Eigentumspositionen, die ihm durch Art. 14 Abs. 1 Satz 1 GG garantiert werden.

Er begehrt mit dem Klageantrag zu 1) festzustellen, dass er entgegen der Verordnung vom 5. 12. 97 wieder über sein Grundstück im vollen Umfange verfügen darf.

2. Die unmittelbar auf Feststellung der Zulässigkeit der fischereilichen und forstwirtschaftlichen Nutzungen gerichtete Feststellungsklage ist ausnahmsweise auch zulässig, wenn die Voraussetzung der Rechtsnorm in einem konkreten Lebenssachverhalt derart erfüllt sind, dass im Falle der Gültigkeit der Norm eine konkrete Rechtsfolge entstanden ist, oder wenn die Rechtsnorm selbst so konkret formuliert ist, dass sie aus sich heraus bereits ein Rechtsverhältnis begründet (BVerwG DÖV 1983, Seite 548 ff.).

Die Voraussetzungen sind bei der angegriffenen Rechtsverordnung erfüllt. Insbesondere in § 3 werden dem Kläger unmittelbar durch die Verordnung Verpflichtungen im Hinblick auf das Grundstück auferlegt, die keines weiteren Vollzugsaktes bedürfen, sondern aus sich heraus Beachtung beanspruchen. Zugleich wird der Beklagte berechtigt und verpflichtet, auf die Einhaltung der Vorschrift zu achten bzw. für ihre Durchsetzung zu sorgen (z. B. Bußgelder).

Demzufolge liegt ein der gerichtlichen Feststellung fähiges konkretes Rechtsverhältnis vor, weil der Kläger gegenüber dem Verordnungsgeber das konkrete Recht in Anspruch nimmt und die Anwendung der angegriffenen Rechtsverordnung auf einen bestimmten und bereis überschaubaren Sachverhalt streitig ist (vgl. OVG Münster, OVGE 22, Seite 284).

3. Der Kläger hat auch ein berechtigtes Interesse an der alsbaldigen Feststellung der Wirksamkeit der Rechtsverordnung im Sinne von § 43 Abs. 1 VwGO.

Es ist dem Kläger unter dem Gesichtspunkt des effektiven Rechtsschutzes nicht zumutbar, zunächst bei Zuwiderhandlungen gegen die Gebote und Verbote der Verordnung die in § 6 der Verordnung gesehenen Maßnahmen gegen sich ergehen zu lassen, um dann im Bußgeldverfahren oder im Strafverfahren die strittigen Rechtsfragen klären zu lassen (vgl. OVG Münster, OVGE 22, Seite 284 (291) mit weiteren Nachweisen). Darüber hinaus ergibt sich ein berechtigtes Interesse an der begehrten Feststellung bereits daraus, dass der Kläger aufgrund der Rechtsprechung des Bundesverfassungsgerichts (vgl. BVerfGE 58, 300 (324)) gehalten ist, zunächst die Aufhebung der behördlichen Maßnahmen zu betreiben, bevor er eine Entschädigung wegen enteignenden Eingriffs vor den Zivilgerichten einklagen kann.

III.

Die in der Verordnung vom 5. 12. 97 enthaltenen Verbote stellen nach Auffassung des Klägers eine Enteignung im Sinne von Art. 14 Abs. 3 GG dar, die aufgrund eines Gesetzes erfolgt. Eine Enteignung erfordert nach der Rechtsprechung des Bundesverfassungsgerichts (BVerfGE 58, 300 (331); 66, 248 (257); 74, 264 (280) einen hoheitlichen Eingriff in Form eines Rechtsaktes, der inhaltlich auf eine vollständige oder jedenfalls teilweise Entziehung konkreter subjektiver Rechtspositionen, die durch Art. 14 Abs. 1 GG gewährleistet und geschützt werden, gerichtet ist.

Durch die Verbote fischereilicher und forstwirtschaftlicher Nutzung werden dem Kläger nicht nur potentielle Nutzungsmöglichkeiten entzogen, sondern vielmehr solche Nutzungen untersagt, die schon seit Jahren ausgeübt wurden und auf deren Fortbestand vertraut werden durfte. Hinsichtlich der Fischteiche wird dies bereits daran deutlich, dass diese seit dem 3. 5. 97 an den Angelsportverein N. verpachtet sind, und der Pachtvertrag eine Laufzeit bis zum 30. 6. 2007 hat. Der Kläger kann aufgrund der Unterschutzstellung die Teiche nicht mehr in wirtschaftlich sinnvoller Weise nutzen.

Beweis: Sachverständigengutachten des von der Landwirtschaftskammer .... öffentlich bestellten und vereidigten Sachverständigen für fischereibiologische Fragen Dr. ....

Auch die bislang ausgeübte forstwirtschaftliche Nutzung der betroffenen Grundstücke ist in Zukunft nicht mehr in wirtschaftlicher Weise möglich. Insbesondere durch das Verbot forstwirtschaftlicher Endnutzung werden langjährige Investitionen und Pflegearbeiten entwertet.

Beweis: Sachverständigengutachten des von der Landwirtschaftskammer .... öffentlich bestellten und vereidigten Sachverständigen ....

Die aufgrund § 42 a Abs. 1 des Landschaftsgesetzes Nordrhein-Westfalen erfolgte Unterschutzstellung der Grundstücke des Klägers lässt zwar formal die Privatnützigkeit des Eigentums bestehen, angesichts der Lage und Beschaffenheit der Grundstücke sowie der bislang ausgeübten Nutzungen kommen die angeordneten Verbote aber einer teilweisen Entziehung des Eigentums gleich.

Die ordnungsbehördliche Verordnung zur Ausweisung des Gebietes „Am Brink" stellt daher einen Eingriff in die durch Art. 14 Abs. 1 Satz 1 GG geschützte Rechtsposition des Klägers dar.

Gemäß Art. 14 Abs. 3 GG darf eine Enteignung durchgesetzt oder aufgrund eines Gesetzes nur erfolgen, wenn das Gesetz Art und Ausmaß der Entschädigung regelt.

Nach § 7 Satz 1 Landschaftsgesetz Nordrhein-Westfalen kann ein Betroffener eine angemessene Entschädigung an Geld verlangen, wenn eine Maßnahme nach dem Landschaftsgesetz enteignende Wirkung hat. Diese Bestimmung genügt nicht den Anforderungen, die in Art. 14 Abs. 3 Satz 2 GG statuiert sind.

Der Gesetzgeber muss festlegen, wann eine Enteignung vorliegt, die eine Entscheidungspflicht im Sinne des Art. 14 Abs. 3 Satz 2 und 3 GG auslöst. Der Gesetzgeber darf dies nicht unentschieden lassen. Er muss den Tatbestand der rechtlich zulässigen Enteignung bestimmen (vgl. BVerfG in BVerfGE 74, 264 (286). Das Bundesverwaltungsgericht hat in seiner Entscheidung vom 15. 2. 1990 (NJW 1990, 2572 ff.) ausgesprochen, dass dieser verfassungsrechtlichen Anforderung nicht entsprochen wird, wenn der Gesetzgeber bewusst unentschieden lässt, unter welchen Voraussetzungen er eine Enteignungsentschädigung gewähren will. Der Gesetzgeber entzieht sich seiner verfassungsrechtlichen Verantwortung vor allem dann, wenn er späteren Rechtsanwendungen die Frage überlässt, ob eine hoheitliche Maßnahme „enteignende Wirkung hat". § 7 Satz 1 Landschaftsgesetz enthält weder eine genaue Bestimmung der Enteignungstatbestände, noch wird die Höhe der zu zahlenden Entschädigung gesetzgeberisch festgelegt. Das Bundesverwaltungsgericht hat in seiner Entscheidung vom 15. 2. 90 daher entschieden, dass die in § 7 Satz 1 Landschaftsgesetz enthaltene salvatorische Klausel zu unbestimmt ist, um den Anforderungen der in Art. 14, Abs. 3 Satz 2 enthaltenen Entscheidungsklausel zu genügen. § 7 Satz 1 Landschaftsgesetz ist daher verfassungswidrig und bietet keine gesetzliche Grundlage für die in der Verordnung vom 5. 12. 1988 enthaltenen enteignenden Maßnahmen.

IV.

Sollte das Gericht dennoch zu der Auffassung gelangen, bei den in der Verordnung getroffenen Verboten handele es sich lediglich um Inhaltsbestimmungen im Sinne von Art. 14, Abs. 1 Satz 2 GG, so ist der Kläger der Auffassung, dass die öffentlichen Interessen es keinesfalls rechtfertigen, derart einschneidende und schwerwiegende Maßnahmen zu Lasten Einzelner ohne finanziellen Ausgleich anzuordnen.

Jedenfalls ohne die Gewährung eines finanziellen Ausgleichs führen die angeordneten Verbote zu einer übermäßigen Belastung, die dem Verhältnismäßigkeitsgrundsatz widerspricht. Das Bundesverwaltungsgericht hat in seiner Entscheidung vom 15. 2. 1990 (NJW 90, 2572) klar gestellt, dass der verfassungskonforme Restbestand des § 7 Satz 1 Landschaftsgesetz die Grundlage für einen angemessenen Ausgleich in Geld sein kann. Ein solcher Ausgleich in Geld soll nach dem Bundesverwaltungsgericht dann gewährt werden müssen, wenn die getroffenen Eigentumsbeschränkungen rechtfertigen, im Einzelfall aber zu einer unverhältnismäßigen und übermäßigen Einschränkung der Eigentümerrechte führen.

Ein solcher Ausgleichsanspruch im Rahmen einer Inhaltsbestimmung gem. Art. 14 Abs. 1 Satz 2 GG ist vom Bundesverfassungsgericht in der sog. Pflichtexemplarentscheidung (BVerfGE 58, 137 (150)) anerkannt worden. Das Bundesverwaltungsgericht hat in der oben genannten Entscheidung ausdrücklich darauf hingewiesen, dass es den Verwaltungsgerichten jedenfalls dem Grunde nach obliegt darüber zu entscheiden, ob es der Grundsatz der Verhältnismäßigkeit erfordert, ausnahmsweise im Rahmen der

Inhalts- und Schrankenbestimmungen des Art. 14 Abs. 1 Satz 2 GG auf der Grundlage § 7 Satz 1 Landschaftsgesetz einen Ausgleichsanspruch zu gewähren.

Rechtsanwalt

Anmerkungen: Vgl. allgemein zu Feststellungsklage D 224 ff.; zum konkreten Fall *BVerwG*, 15. 2. 1990–4 C. 47.89 – NJW 90, 2572 ff.

9a. Beispiel: Fortsetzungsfeststellungsklage (Klageänderung in einem Schriftsatz)

An das
Verwaltungsgericht Münster
Piusallee 38

48147 Münster

In Sachen
.... (Kläger) ./. ... (Beklagter)
Az.: ...

kündigen wir für die mündliche Verhandlung nunmehr den folgenden Antrag an:

festzustellen, dass der Ablehnungsbescheid des Beklagten vom 20.03.01 i.d.F. des Widerspruchsbescheids der Bezirksregierung Münster vom 15.05.01 rechtswidrig war.

Begründung:

1. Der Beklagte hatte seinen ursprünglichen Ablehnungsbescheid vom 20.03.01 darauf gestützt, dass das klägerische Bauvorhaben nicht genehmigungsfähig sei, weil es sich nach § 34 BauGB in die örtlich vorgefundene Umgebungsbebauung nicht einfüge.

Wir hatten bereits in unserer Klageschrift vom ... ausführlich dargelegt, dass sich das klägerische Vorhaben nach Art, Umfang und Zweckbestimmung in die örtliche Umgebungsbebauung einfügte, so dass unserem ursprünglichen Verpflichtungsantrag hätte stattgegeben werden müssen.

2. Der Beklagte hat zwischenzeitlich für die örtlich vorgefundene Umgebung einen Bebauungsplan verabschiedet und in Kraft gesetzt, der nach seinen Festsetzungen dem klägerischen Vorhaben entgegen steht ... (wird ausgeführt).

Diesem Bebauungsplan zufolge wird der Kläger deshalb mit seinem ursprünglichen Klagebegehren heute keinen Erfolg mehr haben können. Er hat aber ein berechtigtes Interesse an der Feststellung der Rechtswidrigkeit des Ablehnungsbescheids vom 20.03.01, weil er den Beklagten unter dem Gesichtspunkt der Amtshaftung auf Schadensersatz in Anspruch nehmen möchte ... (wird ausgeführt).

Rechtsanwalt

Anmerkung: Zur Fortsetzungsfeststellungsklage vgl. die Ausführungen unter D 243 ff.

10. Beispiel: Begründung einer Leistungsklage (Besoldungsleistungen)

Verwaltungsgericht
. . . .
. . . .

Datum:

In dem Verwaltungsrechtsstreit

N. N. Az.: . . . .
./.

(Die Behörde deren Tätigwerden begehrt wird bzw. deren Träger/in)
beantragen wir:

1. Den Bescheid des Landrats . . . . vom . . . . in der Fassung des Widerspruchsbescheids vom . . . . aufzuheben und das beklagte Land zu verpflichten, der Klägerin ab dem . . . . den monatlichen Differenzbetrag zwischen den Besoldungsgruppen A 9 mit Amtszulage und A 10 g. D. (Stufe 13) als Schadensersatz zu zahlen.
2. Hilfsweise, das Verfahren auszusetzen und dem Bundesverfassungsgericht zur Feststellung der Verfassungswidrigkeit des Gesetzes zur Überleitung vom mittleren in den gehobenen Polizeivollzugsdienst (Art. III des 2. Nachtragshaushaltsgesetz vom 6. 10. 1992 GV NW S. 372) vorzulegen.

wird zu der mit Schriftsatz vom . . . . . . erhobenen Klage die nachfolgende

Klagebegründung

abgegeben:

A.

Die am 8. 8. 1941 geborene Klägerin steht als Polizeihauptmeisterin mit der Besoldungsstufe A9 mit Amtszulage im Dienste des Beklagten, und zwar beim Landrat als Kreispolizeibehörde in . . . .

Von diesem wurden die Dienstleistungen der Klägerin bisher fortlaufend als „erheblich über dem Durchschnitt" beurteilt.

Beweis: Dienstliche Beurteilungen der Klägerin vom . . . ., ..., ... und . . . . . .

Aufgrund des Gesetzes zur Überleitung vom mittleren in den gehobenen Polizeivollzugsdienst (Art. III des Zweiten Nachtragshaushaltsgesetzes vom 16. 10. 1992 GVNW S. 372), das am 1. 11. 1992 in Kraft trat, wurden bei der Kreispolizeibehörde . . . . folgende Beamte in eine Planstelle der Besoldungsgruppe A10 eingewiesen:

1. (am . . . .),
2. (am . . . .),
3. (am . . . .),

. . . .

17. (am . . . .),

18. (am . . . .),
19. (am . . . .).

Obwohl alle diese Beamten schlechter als die Klägerin beurteilt worden waren und die Beamten . . . . auch dienstjünger als die Klägerin sind, wurde die Klägerin nicht in eine Planstelle der Besoldungsgruppe A10 eingewiesen.

Mit Schreiben vom . . . . machte die Klägerin deshalb bei der Kreispolizeibehörde . . . . Schadensersatzansprüche wegen pflichtwidriger Nichtanwendung des Leistungsgrundsatzes bei der Überleitung von Beamten vom mittleren in den gehobenen Polizeivollzugsdienst geltend, da ihr infolge ihrer unterbliebenen Überleitung seit dem . . . . der Differenzbetrag zwischen den Besoldungsgruppen A9 mit Amtszulage und A10 g. D., Stufe 13, zustehe.

Beweis: Schreiben der Klägerin vom . . . . an den Landrat als Kreispolizeibehörde in . . . .

Der Landrat als Kreispolizeibehörde in X wies mit Bescheid vom . . . . ohne Beifügung einer Rechtsbehelfsbelehrung den Schadensersatzanspruch der Klägerin zurück, weil die Klägerin nicht das für eine gesetzliche Überleitung erforderliche Lebensalter habe und es an der für einen Schadensersatzanspruch notwendigen Ursächlichkeit zwischen einer Pflichtverletzung und einem Schaden fehle.

Beweis: Schreiben des Landrats als Kreispolizeibehörde in . . . . vom . . . . – V I /157 –

Der hiergegen erhobene Widerspruch der Klägerin wurde mit Widerspruchsbescheid der Bezirksregierung . . . . vom . . . ., der der Klägerin am . . . . zuging, als unbegründet zurückgewiesen.

Beweis: Widerspruchsbescheid der Bezirksregierung . . . . vom . . . .

B.

Der Klägerin steht wegen schuldhafter Verletzung einer eigenen, in einem öffentlich-rechtlichen Dienstverhältnis wurzelnden Verbindlichkeit des Beklagten ein Schadenersatzanspruch in Höhe des jeweiligen monatlichen Differenzbetrages zwischen den Besoldungsgruppen A9 mit Amtszulage und A10 g. D., Stufe 13, zu.

Der Beamte hat einen Anspruch darauf, dass sein Dienstherr, wenn es um die Übertragung eines höherwertigen Dienstpostens geht, nicht zum Nachteil des Beamten vom Grundsatz der Auswahl nach Eignung, Befähigung und fachlicher Leistung abweicht (Art. 33 Abs. 2 GG, § 7 LBG NW). Es bleibt indes der Entscheidung des Dienstherrn überlassen, welche der zur Eignung, Befähigung und fachlichen Leistung zu rechnenden Umstände er das größere Gewicht beimisst. Erst wenn der Dienstherr zu dem Ergebnis gelangt, dass mehrere Beamte nach Eignung, Befähigung und fachlicher Leistung im wesentlichen gleich geeignet sind, kann er bei der weiteren Auswahl auf Kriterien, wie das Lebensalter oder das Dienstalter, zurückgreifen, BVerwG, 14. 5. 1996–2 B 73/96 –, NVwZ-RR 97, 41 VGH Mannheim, 7. 8. 1996–4 S 1923/96 –, NJW 96, 2525, 2528.

Gegen dieses Gebot der Bestenauslese hat der Landesgesetzgeber verstoßen, als er durch das Zweite Nachtragshaushaltsgesetz 1992 die Überleitung von Beamten vom mittleren in den gehobenen Polizeivollzugsdienst allein vom Erreichen eines bestimmten Lebensalters abhängig gemacht hat.

Nach der Gesetzesbegründung sollte die Überleitung in den gehobenen Dienst dazu dienen, im Polizeivollzugsdienst den gestiegenen Anforderungen gerecht zu werden und die Leistungsfähigkeit der Polizei zu verbessern. Dieses sollte durch eine ausgewogene Beteiligung aller Altersgruppen an den durch die Stellenanhebung zu erzielenden Strukturverbesserungen erreicht werden, Landtag Nordrhein-Westfalen, Drucksache 11/4370 vom 15. 9. 1992, Ergänzung der Landesregierung, Anlage 2.

Der Landesgesetzgeber hat mit seinem Gesetz zur Überleitung vom mittleren in den gehobenen Polizeivollzugsdienst jedoch nicht auf die Leistungsfähigkeit des einzelnen Beamten abgestellt, sondern lediglich auf das Hilfskriterium „Lebensalter". Dieses erweist sich im Hinblick auf das Gebot der Bestenauslese und dem beabsichtigten Zweck der Regelung als rechtswidrig und ungeeignet.

Die alleinige Berücksichtigung des Lebensalters ist eben keine Konkretisierung des Leistungsgrundsatzes und damit des Gebots der Bestenauslese, sondern bedeutete vielmehr dessen Aufgabe, BVerwG 10. 11. 1993–2 ER 301.93, DÖD 1994, S. 31 (32).

Stattdessen ist auch der Landesgesetzgeber als Organ des beklagten Dienstherrn verpflichtet, bei einer Stellenanhebung die Auswahlentscheidung anhand der Kriterien Eignung, Befähigung und fachlicher Leistung vorzunehmen. Das ergibt sich schon daraus, dass zu den hergebrachten Strukturprinzipien des Berufsbeamtentums (Art. 33 Abs. 5 GG) auch der Leistungsgrundsatz zählt, der nicht nur bei Einstellungen (Art. 33 Abs. 2 GG), sondern auch bei jedem Auswahlverfahren von Beamten von ausschlaggebender Bedeutung ist, BVerfG, 4. 2. 1981, BVerfGE 56, 146, (163 f.); BVerfG, 7. 7. 1982, BVerfGE 61, 43 (57).

Die Verletzung des Leistungsgrundsatzes durch den Landesgesetzgeber als Organ des beklagten Dienstherrn hat beim Kläger zum Eintritt eines kausalen Schadens geführt.

Unter den 19 zwischen November 1992 bis Juli 1993 in den gehobenen Dienst übergeleiteten Beamten im Bereich der Kreispolizeibehörde . . . . haben sich, da allein das Lebensalter berücksichtigt wurde, auch nur solche befunden, deren Beurteilungen durchschnittliche oder unterdurchschnittliche Leistungen aufweisen und damit schlechter als die der Klägerin sind. Insofern wäre die Klägerin bei Berücksichtigung des Leistungsgrundsatzes vor den der o. g. Beamten in den gehobenen Dienst überzuleiten gewesen. Hingegen hat es der Beklagte nicht vermocht, wozu er aufgrund seiner Fürsorgepflicht gegenüber der Klägerin verpflichtet gewesen wäre, genügend Beamte zu benennen, die unter Zugrundelegung des Leistungsgrundsatzes vor der Klägerin in den gehobenen Dienst überzuleiten gewesen wären.

Durch die zumindest fahrlässige Nichtberücksichtigung des Leistungsgrundsatzes bei der Überleitung nach dem Gesetz zur Überleitung vom mittleren in den gehobenen Polizeivollzugsdienst durch den Beklagten hat dieser in adäquat kausaler Weise bei der Klägerin einen Vermögensschaden in Höhe des jeweiligen monatlichen Differenzbetrages zwischen den Besoldungsgruppen A9 mit Amtszulage und A10 g. D., Stufe 13, herbeigeführt, was einem monatlichen Bruttobetrag von 158,76 DM entspricht.

Bei einer schuldhaften Verletzung des Leistungsgrundsatzes steht jedoch dem Beamten unmittelbar aus dem Beamtenverhältnis ein Schadenersatzanspruch gegen den Dienstherrn zu, BVerwG, 16. 10. 1991 – B 115.91, DÖD 1994, S. 30; BVerwG, 25. 8. 1988–2 C 51.86, BVerwGE 80, 123, (124 f.).

Der Beklagte hat damit der Klägerin deren durch die unterbliebene Überleitung in den gehobenen Polizeivollzugsdienst entstandenen und entstehenden Schaden zu ersetzen.

Rechtsanwalt

Anmerkungen: Der vorliegende Fall hat die Besonderheit, dass ein Schadensersatzanspruch eines Beamten zugrunde liegt, über den der Dienstherr wegen des beamtenrechtlich ausnahmsweise erforderlichen Vorverfahrens (vgl. § 129 Abs. 3 BRRG) durch ablehnenden Verwaltungsakt und Widerspruch entschieden hatte. Allgemein zur Leistungsklage vgl. D 206 ff.

10 a. Beispiel: Leistungsklage aufgrund eines öffentlich-rechtlichen Vertrages

An das
Verwaltungsgericht Münster
Piusallee 38

48147 Münster

Klage

der Stadt ..., diese vertreten durch ihren Oberbürgermeister ...,

– Klägerin –

gegen

die XY-Projekt GmbH und Co. KG, diese vertreten durch die XY-GmbH, diese wiederum vertreten durch ihren Geschäftsführer ...,

– Beklagte –

wegen: Erfüllung eines öffentlich-rechtlichen Vertrages.

Hiermit erhebe ich Klage vor dem Verwaltungsgericht in Münster verbunden mit dem Antrag,

1. die Beklagte zu verurteilen, an die Klägerin 85 394,50 DM nebst 4% Zinsen seit Klageerhebung zu zahlen.

2. Das Urteil für vorläufig vollstreckbar zu erklären und der Klägerin nachzulassen, für jedweden Fall der Zwangsvollstreckung Sicherheit auch durch die Beibringung der unbedingten, unbefristeten und selbstschuldnerischen Bürgschaft eines öffentlich-rechtlichen Kreditinstituts und/oder einer deutlichen Großbank erbringen zu können.

Begründung:

1. Die Klägerin verabschiedete am ... den vorhabenbezogenen Bebauungsplan Nr. ..., der am ... durch Veröffentlichung im amtlichen Bekanntmachungsorgan der Klägerin in Kraft trat.

Die Parteien schlossen am ... einen Durchführungsvertrag, in dem sich die Beklagte verpflichtete, sämtliche für das neue Baugebiet anfallenden Erschließungskosten zu übernehmen.

Beweis: Durchführungsvertrag (Anlage 1)

Die Erschließungsarbeiten wurden von der Klägerin durchgeführt. Die Klägerin hat hierüber eine Abrechnung unter dem ... erteilt. Die Parteien streiten über die Positionen ... der Abrechnung. Die von der Klägerin geltend gemachten Abrechnungspositionen werden zu Recht von der Beklagten verlangt ... (wird ausgeführt).

2. Da es sich bei dem Durchführungsvertrag um einen öffentlich-rechtlichen Vertrag i. S. d. § 54 VwVfG handelt, handelt es sich um eine öffentlich-rechtliche Streitigkeit, die nach § 40 VwGO vor den Verwaltungsgerichten auszutragen ist.

Es wird ausdrücklich darauf hingewiesen, dass für die vorstehend erhobene Leistungsklage auch ein Rechtsschutzinteresse der Klägerin besteht, da sie nicht in der Lage ist, ihre vertraglichen Ansprüche gegenüber der Beklagten durch Verwaltungsakt gegenüber der Beklagten durchzusetzen. . .. (wird ausgeführt).

Die Abrechnungsunterlagen, der Durchführungsvertrag sowie alle angefallenen Verwaltungsvorgänge werden beigefügt.

Beweis: Verwaltungsvorgänge Heft 1–5

Rechtsanwalt

Anmerkung: Eine allgemeine Leistungsklage eines öffentlich-rechtlichen Rechtsträgers, wenn er seinen geltend gemachten Anspruch nicht hoheitlich durchsetzen kann, vgl. dazu *OVG Münster*, 16. 3. 1995–3 A 246/92 – NJW 95, 3003 und *BVerwG*, 13. 21976 – IV C 44/74 – NJW 76, 1516.

10b. Beispiel: Erledigungserklärung

An das
Verwaltungsgericht Münster
Piusallee 38

48147 Münster

In Sachen . . . ./. . . .
Az.:

erklären wir die Hauptsache für erledigt und beantragen,
dem Beklagten die Kosten des Verfahrens aufzuerlegen.

Begründung:

Der Beklagte hat auf die diesseits erhobene Verpflichtungsklage hin die beantragte Baugenehmigung zwischenzeitlich durch Bescheid vom . . . erteilt. Damit hat sich der Rechtsstreit in der Hauptsache erledigt. Die Kosten des Verfahrens sind dem Beklagten aufzuerlegen, weil er sich mit der Erteilung des begehrten Bescheides freiwillig in die Rolle des Unterlegenen begeben hat. Im übrigen hätte die Klage – wie bereits in der Klageschrift ausführlich dargestellt – Erfolg gehabt.

Rechtsanwalt

Anmerkung: vgl. E 344 ff.

10c. Beispiel: Antrag auf Urteilsergänzung

An das
Verwaltungsgericht Münster
Piusallee 38

48147 Münster

In Sachen . . . ./. . . .
Az.:

nehmen wir Bezug auf das gerichtliche Urteil vom 20. 3. 2001 – zugestellt am 30.03.01 –. Wie dem Urteilstenor zu entnehmen ist, hat es das Gericht verabsäumt, eine Kostenentscheidung zu fällen. Wir beantragen daher,

das Urteil vom 20.03.01 dahingehend zu ergänzen, dass die Kosten des Verfahrens dem Beklagten aufzuerlegen sind.

Zur Begründung weisen wir darauf hin, dass das Gericht mit dem Urteil vom 20.03.01 der Klage stattgegeben hat. Folgerichtig sind deshalb die Kosten des Verfahrens dem Beklagten aufzuerlegen.

Rechtsanwalt

Anmerkung: Der Antrag auf Urteilsergänzung muss innerhalb von 2 Wochen nach Zustellung des Urteils beantragt werden (vgl. E 394).

10 d. Beispiel: Antrag auf Wiedereinsetzung in den vorigen Stand und Anfechtungsklage (Versäumung der Klagefrist)

Oberverwaltungsgericht
. . . .
. . . .

Datum:

Antrag auf Wiedereinsetzung in den vorigen Stand und Anfechtungsklage (Versäumung der Klagefrist)

In dem Rechtsstreit
der Hausfrau . . . ., ...,

– Klägerin –

Prozessbevollmächtigte: Rechtsanwälte

gegen

(die Behörde, die den Bescheid erlassen hat, bzw. deren Träger/in)

– Beklagte –

erheben wir im Namen und im Auftrage der Klägerin Klage und beantragen

die Beseitigungsverfügung des Landratsamts . . . vom . . . (Az. des Landratsamts. . . .) in der Fassung des Widerspruchsbescheids des Regierungspräsidenten. . . . . . . vom . . . (Az. des Regierungspräsidiums) aufzuheben,

wir beantragen ferner

der Klägerin wegen der Versäumung der Klagefrist die Wiedereinsetzung in den vorherigen Stand zu gewähren.

Begründung:

I. Antrag auf Wiedereinsetzung

1. In dem vorliegenden Rechtsstreit wurde den Unterzeichnern der Widerspruchsbescheid der Bezirksregierung . . . . am 6. 5. 20. . . . . . . förmlich zugestellt. Die Klagefrist lief damit am Montag, den 6. 6. 20. . . . . ab. Die Klägerin erteilte die Weisung Klage einzureichen und bat gleichzeitig darum, die Klage erst Ende der 22. Kalenderwoche einzulegen.

2. Der Unterzeichner diktierte die Klage auf Band und gab dabei der bearbeitenden Mitarbeiterin den Auftrag, die Klage erst am 3. 6. 20. . . . . . . zum Verwaltungsgericht in . . . . zu bringen. Das Diktatband wurde von . . . ., ...am 30. 5. 20. . . . . . . bearbeitet. Die Klageschrift wurde am 30. 5. 20. . . . . . . erstellt. Der Unterzeichner unterschrieb die Klageschrift am gleichen Tage. Das Original, die beglaubigte und die einfache Abschrift wurden sodann vorne in die Akte eingelegt. Frau . . . . notierte noch einmal im Fristenkalender, dass am 3. 6. 20. . . . . . . die Klageschrift beim Verwaltungsgericht . . . . abzugeben sei.

Beweis: 1. Kopie der ursprünglichen Klageschrift vom 30. 5.
2. Eidesstattliche Versicherung der Mitarbeiterin . . . .

3. Am Freitag, den 10. 6. 20. . . . . . . erteilte der Unterzeichner einer Mitarbeiterin routinemäßig den Auftrag, das Aktenzeichen und den Eingang der Klageschrift abzufragen. Eine Rückfrage bei der zuständigen Geschäftstelle des Verwaltungsgerichts ergab, dass die Klageschrift nicht zu den Akten gelangt war.

4. Nachforschungen in unserem Büro haben ergeben, dass die zur Einreichung beim Verwaltungsgericht . . . . bestimmte Klageschrift nicht mehr bei unseren Handakten war (die jetzt beigefügte Klageschrift ist eine Kopie der in unseren Akten befindlichen Ablichtung).

Die Mitarbeiterin . . . . hatte am Freitag, den 3. 6. 20. . . . . . . den Auftrag, die Gerichtspost zu erledigen; sie meint sich erinnern zu können, die Klageschrift mit der normalen Gerichtspost beim Verwaltungsgericht . . . . eingereicht zu haben, kann dies aber nicht mehr mit Sicherheit behaupten.

Beweis: Eidesstattliche Versicherung . . . .

5. Alle Mitarbeiter unseres Büros werden darüber hinaus regelmäßig über die Handhabung und das Bearbeiten von Fristen belehrt. Die letzte allgemeine Belehrung erfolgte am 10. 2. 20. . . . . . .

6. Aufgrund des vorstehenden Sachverhalts ist der Klägerin Wiedereinsetzung in den vorherigen Stand zu gewähren, da es zum einen nicht ausgeschlossen ist, dass der Schriftsatz im allg. Geschäftsbetrieb des VG . . . . abhanden gekommen ist. Sofern die Ursache für den Nichteingang darin liegen sollte, dass unser Büro den Schriftsatz nicht beim VG . . . . eingereicht hat, läge ein Verschulden der Klägerin oder ein Anwaltsverschulden nicht vor. Der Unterzeichner hat durch exakte konkrete Anweisung an eine Mitarbeiterin den Auftrag erteilt, die Klageschrift am 3. 6. 20. . . . . . . beim VG . . . . einzureichen. Wenn dies infolge eines Versehens der Mitarbeiterin nicht geschehen sein sollte, wäre dies dem Unterzeichner nicht zuzurechnen. Der Anwalt ist insbesondere nicht verpflichtet, den Eingang eines Schriftstücks bei Gericht persönlich zu überwachen (vgl. dazu Baumbach/Lauterbach, ZPO, § 233, Rdn. 155).

II. Klage

In der Sache selbst nehmen wir auf die bereits überreichte Kopie der Klageschrift vom 30. 5. . . . und die dortigen Ausführungen bezug.

Rechtsanwalt

Anmerkung: Zur Wiedereinsetzung in den vorigen Stand E 402–413.

11. Beispiel: Normenkontrollantrag (Bebauungsplan)

Oberverwaltungsgericht
. . . .
. . . .
. . . .

Datum:

Antrag nach § 47 VwGO
auf Einleitung eines Normenkontrollverfahrens

1. der Frau . . . . . ., ... Str., ...

– Antragstellerin zu 1) –

2. des Herrn . . . . . ., ... Str., ...

– Antragsteller zu 2) –

Prozessbevollmächtigte: Rechtsanwälte . . . .
. . . .

gegen

die Stadt . . . . . ., vertreten durch den Bürgermeister . . . . . .

– Antragsgegnerin –

Namens und kraft Vollmacht der Antragsteller beantragen wir beim Oberverwaltungsgericht für das Land . . . . . . die Einleitung des Normenkontrollverfahrens gegen die vorbezeichnete Antragsgegnerin verbunden mit den Anträgen:

1. Den Bebauungsplan der Antragsgegnerin Nr. 285 „. . . . . . ." für nichtig zu erklären.
2. Die Verwaltungsvorgänge (Planaufstellungsakten) der Antragsgegnerin beizuziehen und diese dem Unterzeichner zum Zwecke der Akteneinsichtnahme in seinen Büroräumen zur Verfügung zu stellen.

Begründung:

A. Sachverhalt

I.

Die Antragsteller sind Eigentümer der Grundstücke Schillerstr. 28 bzw. Schillerstr. 33.

Die Grundstücke der Antragsteller liegen in einem „WR-Gebiet" (amtl. Bebauungsplan der Antragsgegnerin Nr. 284 „Y. . . . . . . Str."). Beide Grundstücke sind zu den geplanten Sportanlagen in „Goethestr." benachbart. Die geplanten Sportanlagen liegen im Geltungsbereich des Bebauungsplans der Stadt . . . . . . Nr. 285 „Goethestr.". Das Gelände der künftigen Sportanlagen (ca. 50 000 Quadratmeter) ist zur Zeit nicht bebaut. Ungeachtet des angegriffenen Bebauungsplans wäre es als Außenbereich gemäß § 35 BauGB zu betrachten. Der Bebauungsplan, dessen Satzungsbeschluss vom Rat der Stadt . . . . am . . . . gefasst wurde, ist zwischenzeitlich am . . . . in Kraft getreten.

II.

Der Plan hat für das gesamte Plangebiet ein Sondergebiet „Sportanlagen" ausgewiesen. Konkrete Festsetzungen zu den Sportanlagen enthält der Plan nicht.
In den textlichen Festsetzungen heißt es hierzu u. a.:
„Stellplätze sind nur auf der dafür festgesetzten Fläche zulässig.
Soweit der Stellplatzbedarf auf einer geringeren Fläche als im Plan festgesetzt untergebracht werden kann, kann die nicht erforderliche Fläche mit einer anderen Nutzung der Zweckbestimmung „Sportanlage" überplant werden (§ 9 (1) 4 BauGB).
Die Zu- und Abfahrt der Sportanlage ist ausschließlich in dem im Plan festgesetzten Bereich zulässig (§ 9 (1) 11 BauGB). Die festgesetzte Lärmschutzanlage ist bis zu einer Höhe von max. 5,0 m als Erdwall auszubilden.
Da wo aus lärmschutztechnischen Gründen eine höhere Lärmschutzanlage erforderlich ist, ist die Erhöhung durch eine geschlossene Wand auf dem Erdwall bis zu einer Höhe von max. 1,5 m vorzunehmen. Bezugspunkt ist die Oberkante der angrenzenden Verkehrsflächen.
Der Erdwall ist mit standortgerechten, heimischen Sträuchern zu bepflanzen. Die Wand ist zu begrünen (§ 9 (1) 24 und 25 a BauGB).
Zugehörige Nebeneinrichtungen wie Flutlichtmasten, Zuschaueranlagen, Ballfanggitter und Kinderspielplätze sind auch auf der nicht überbaubaren Fläche zulässig."

Der vorliegende Bebauungsplan begegnet erheblichen rechtlichen Bedenken, wie im einzelnen noch darzustellen sein wird.

III.

Bei einer Akteneinsicht beim Bauordnungsamt der Antragsgegnerin Anfang April . . . . konnte festgestellt werden, dass für das gesamte Gelände 2 Bauanträge bei der Antragsgegnerin vorliegen. Der erste (noch nicht genehmigte) Bauantrag mit dem Az.: . . . . bezieht sich auf eine Ballsporthalle nebst seitlich (außen) angebrachter Zuschauertribüne mit den (vorläufigen) Ausmaßen: . . . . x . . . . m = ... qm Grundfläche.

Innerhalb dieser Ballsporthalle sollen . . . . Stehplätze, ferner an der Außenseite zum Rasenhauptplatz hin weitere . . . . Sitzplätze (Tribünenplätze) errichtet werden.

Diese Bauantragsunterlagen für die Halle konnten bislang noch nicht eingesehen werden; dem Vernehmen nach liegt noch keine Baugenehmigung vor.

Ein zweiter Bauantrag ist zwischenzeitlich für die gesamten Freiflächen genehmigt worden. Dieser Bauantrag beinhaltet

– wird ausgeführt –

Bestandteil dieses Bauantrages sind ferner . . . . KfZ-Einstellplätze. Weitere KfZ-Einstellplätze werden für die oben bereits erwähnte Ballsporthalle benötigt (nach den Berechnungen des Bauordnungsamtes . . . . Stellplätze).

Die Antragsteller haben gegen die Baugenehmigung bezüglich der Freiflächen Widerspruch erhoben und ein verwaltungsgerichtliches Eilverfahren nach §§ 80 a, 80 Abs. 5 VwGO eingeleitet.

Beweis: Beiziehung der Akten . . . ./. den Bürgermeister der Stadt . . . . VG . . . .

Eine Übersicht über die genehmigten Freiflächen ergibt der Lageplan zur Baugenehmigung, den wir zu Demonstrationszwecken beifügen.

Beweis: Lageplan (Anlage 1)

B. Zur Zulässigkeit des Antrags

Obwohl die Antragsteller mit ihren Grundstücken nicht im Plangebiet liegen, sind sie antragsbefugt, weil der Plan gegen ihr Recht auf fehlerfreie Abwägung verstößt (vgl. dazu unten C IV und C V, ferner VGH München, 4. 6. 1997–26 N 96 2963 –, Hüttenbrink, „Das Recht auf fehlerfreie Abwägung", DVBl. 97, 1253 ff.).

Im übrigen sind die Antragsteller auch deshalb antragsbefugt, weil sie als Planangrenzer geltend machen können, der Bebauungsplan verstoße gegen das Gebot der Rücksichtnahme (vgl. dazu Stüer, „Die Beschleunigungsnovelle" 1996, DVBl. 97, 326 ff.).

C. Zur materiellen Rechtslage

I. Unbestimmtheit des B-Plans:

1. Die Antragsteller rügen in erster Linie, dass der Bebauungsplan nicht das erforderliche Maß der Konkretisierung von Festsetzungen ausweist.

Der Bebauungsplan hat lediglich das Plangebiet, den Standort der Ballsporthalle und den Standort des Lärmschutzwalles festgelegt. Weitere Festsetzungen, abgesehen von den oben erwähnten Festsetzungen, enthält der Bebauungsplan nicht.

Nach den Umständen des Einzelfalls (insbesondere unter Berücksichtigung der Planungsziele und der örtlichen Verhältnisse) wäre es für die städtebauliche Entwicklung und Ordnung erforderlich gewesen und hätte es dem Gebot gerechter Abwägung der konkret berührten privaten und öffentlichen Belange entsprochen, wenn das Plangebiet stärker planerisch gegliedert worden wäre. Insbesondere fehlen Angaben über
- die Zahl, Art und Umfang der Sportanlagen,
- die Lage und Anzahl der Stellplätze,
- Festsetzungen für den Standort der Flutlicht- und Lautsprecheranlagen,
- Festsetzungen für den Standort der Zuschaueranlagen.

Es fehlt also an einer ausreichenden hinlänglichen Konkretisierung der Festsetzung der Gemeinbedarfsfläche. Diese fehlende Konkretisierung macht den Bebauungsplan fehlerhaft, weil das Gebot der planerischen Konfliktbewältigung nicht hinreichend berücksichtigt wurde. Die Festsetzungen sind auch unter Berücksichtigung der Entscheidung des BVerwG (U. v. 11. 3. 1988–4 C 56.84 – DVBl. 88, 845 ff.), das den Gemeinden einen weiten Gestaltungsraum lässt, nicht haltbar.

Die mangelnde Konkretisierung führt beispielsweise dazu, dass das Bauordnungsamt glaubt, riesige Flächen von 17000–18000 qm als Mehrzweckrasenspielfeld (??!) genehmigen zu können *(. . . . . . wird ausgeführt).*

2. Die textlichen Festsetzungen bzgl. der Stellplätze gehen ins Leere. Es heißt hier: „Stellplätze sind nur auf der dafür festgesetzten Fläche zulässig."

Im B-Planentwurf ist eine derartige Fläche nicht ausgewiesen. Im Plan findet sich zwar das Zeichen **„ST"**, es bleibt jedoch unklar, wo die Parkplätze zulässig sind. Der B-Plan ist daher in sich widersprüchlich. Das Gebot der planerischen Konfliktbewältigung hätte es im übrigen geboten, die Stellplätze an der Außenbereichsseite des Plangebiets anzusiedeln und nicht etwa, wie dies jetzt im Rahmen der streitigen Baugenehmigung der Fall ist, in der Nähe des Wohngebiets, in dem auch die Antragsteller leben.

II. Ungeeignetheit von Festsetzungen:

Die festgesetzte Lärmschutzanlage ist ebenfalls ungeeignet, um den nachbarlichen Belangen ausreichend Rechnung zu tragen.

Nach den textlichen Festsetzungen ist eine Lärmschutzanlage bis zu einer Höhe von max. 5 m als Lärmerdwall auszubilden. Nach den textlichen Festsetzungen heißt es dann weiter, dass da, wo aus lärmschutztechnischen Gründen eine höhere Lärmschutzanlage erforderlich ist, die Erhöhung durch eine geschlossene Wand auf dem Erdwall bis zu einer Höhe **von max. 1,5 m** vorgenommen werden darf.

Dies bedeutet, dass – sofern dies aus Lärmschutzgründen erforderlich wäre – eine 7 m hohe Lärmschutzanlage nicht errichtet werden dürfte; allenfalls wäre dies im Wege einer Ausnahme und Befreiung zulässig. Eine etwaig erforderliche Verlängerung des Walls ist ebenfalls nicht vorgesehen.

Eine derartige Festsetzung, die ihren eigenen Zweck selbst konterkariert, ist offensichtlich ungeeignet, dem Gebot einer gerechten Abwägung unter dem Gesichtspunkt privater Belange Rechnung zu tragen.

III. Fehlerhafte Zusammenstellung des Abwägungsmaterials:

Die Antragsteller rügen ferner eine fehlerhafte Zusammenstellung des Abwägungsmaterials. Die Antragsteller betonen, dass ihre diesbezüglichen Ausführungen nur vorläufigen Charakter haben, da sie bislang noch keine ausreichende Gelegenheit hatten, die Planaufstellungsvorgänge des Antragsgegners einzusehen.

Im einzelnen:

1. Fehlende Untersuchungen über Stellplatzerfordernisse und Besucherzahlen:

Die Antragsteller rügen, dass im Zuge des Planaufstellungsverfahrens keine bzw. keine ausreichenden Untersuchungen bezüglich der zu erwartenden Benutzer der Anlage einerseits und der mit den sportlichen Veranstaltungen verbundenen Besucher andererseits erfolgt sind. Fehlende Stellplätze können einen Verstoß gegen das planungsrechtliche Gebot der Rücksichtnahme indizieren (vgl. dazu OVG Lüneburg, 14. 3. 1997–1 M 6589/96).

2. Fehlerhafte bzw. unklare Vorgaben für das Lärmgutachten:

Im Zuge der Planaufstellung wurde ein Lärmgutachten eingeholt. Dieses Lärmgutachten fußt angesichts fehlender Erhebungen über die Benutzer und Besucherzahlen auf falschen Voraussetzungen und legt im übrigen fehlerhafte Vorgaben zugrunde; es ist deshalb ungeeignet, eine tragfähige Grundlage für den Abwägungsvorgang zu bilden.

Im einzelnen:

– wird ausgeführt –

Entscheidend ist in diesem Zusammenhang, dass auch die Vorgaben bezüglich des Stellplatzbedarfes falsch gewesen sind. Dies ergibt sich aus den zwischenzeitlich bekannt gewordenen Genehmigungsunterlagen des Bauordnungsamtes der Antragsgegnerin, die aufgrund der dort aktenkundigen Stellplatzberechnungen Rückschlüsse auf die Vorstellungen der Antragsgegnerin im Rahmen des Planaufstellungsverfahrens zulassen.

– wird ausgeführt –

Für die Gesamtanlage müssen deshalb mindestens

Spielflächen	. . . . Stellplätze
Besucher	. . . . Stellplätze
	. . . . Stellplätze

erforderlich sein. Es sind also bei vorsichtiger Betrachtungsweise (ohne dass die sog. Ballspielhalle genehmigt wäre) schon mehr als doppelt so viel Stellplätze erforderlich, als sie vom Antragsgegner für die Freiflächen ermittelt worden sind. Für die demnächst noch zu genehmigende Halle hat der Antragsgegner bereits weitere . . . . . . Stellplätze als erforderlich ermittelt, so dass also insgesamt dreimal so viel Stellplätze statt der vorgesehenen Stellplätze erforderlich werden.

Es bedarf keiner näheren Begründung, dass der von der Anlage ausgehende Fahrzeugverkehr, Parkplatzsuchverkehr, Parkplatzlärm, Lautsprecherdurchsagen, Gejohle und Gesänge von Zuschauern, Anfeuerungsrufe, Beifallskundgebungen und sonstige Sportlärm zu einem erheblichen Lärmpegel führen wird, der die für ein reines Wohngebiet/allgemeines Wohngebiet zulässigen Höchstwerte bei weitem übersteigen wird.

Wenn und soweit für die Gesamtanlage nur die vom Gutachter zugrunde gelegten .... Stellplätze genehmigt werden, um so den Vorgaben des Gutachtens gerecht zu werden, führt dies dazu, dass die Anlage nicht über die nach der BauO erforderlichen Stellplätze verfügen wird. Dies würde in noch stärkerem Maße zu einem unerträglichen Parkplatzsuchverkehr auf der Goethestraße und der unmittelbar angrenzenden Schillerstr. führen. Es bedarf keiner näheren Erläuterung, dass eine Anlage dieses Ausmaßes zwingend auch dem erforderlichen Stellplatzbedarf gerecht werden muss. Die Antragsgegnerin kann sich also nicht damit herausreden, dass sie notfalls weniger Stellplätze genehmigt, um so die Vorgaben des Gutachtens einhalten zu können.

Insgesamt bleibt festzuhalten, dass das Gutachten von falschen Voraussetzungen und fehlerhaften Vorgaben ausgeht, die es für das gesamte Verfahren insgesamt unverwertbar machen. Die Antragsteller werden zum Beweise dafür, dass die Richtwerte der TA-Lärm für reine Wohngebiete nicht eingehalten werden können, Beweis antreten durch

Beweis: Gutachten eines vom Gericht zu bestellenden vereidigten Sachverständigen

3. Keine Untersuchung der Vorbelastungen:

Lediglich äußerst vorsorglich und höchst hilfsweise wird für den Fall, dass die Anlage die Höchstwerte der TA-Lärm einhalten könnte, noch auf folgenden Gesichtspunkt hingewiesen:

Selbst wenn die Höchstwerte der TA-Lärm durch die Anlage eingehalten werden könnten, steht zweifelsfrei fest, dass infolge der Anlage mit einem erheblichen zusätzlichen Verkehrslärm und anlagenbedingten Lärm zu rechnen ist, der zu einer deutlich wahrnehmbaren Erhöhung des zur Zeit vorhandenen Geräuschpegels führen wird. Die Antragsteller behaupten, dass im Zuge des Planaufstellungsverfahrens keine Überlegungen seitens der Stadt Z. dazu angestellt worden sind, ob mit einer planungsbedingten Zunahme des Geräuschpegels zu rechnen ist und inwieweit die Anlieger von einer planbedingten Zunahme des allgemeinen Geräuschpegels zu schützen sind. Das Bundesverwaltungsgericht hat in seiner Entscheidung vom 19. 2. 1992 (4 NB 11.91 – Natur und Recht 1993 S. 269) darauf hingewiesen, dass die planbedingte Zunahme des Verkehrslärms u. a. zum notwendigen Abwägungsmaterial gehört und dass deren Vernachlässigung durch den Plangeber den Plan rechtswidrig macht.

4. Kein Verkehrsgutachten:

Angesichts der Größe der Anlage hätte mittels eines Verkehrsgutachtens geklärt werden müssen, ob

- eine Parkplatzzufahrt ausreichend ist,
- das öffentliche Verkehrsnetz ausreichend ist und ob
- begleitende verkehrssichernde Maßnahmen notwendig werden.

Ein derartiges Gutachten wurde nicht eingeholt.

IV. Fehler im Abwägungsergebnis:

Die Antragsteller rügen ferner Fehler im Abwägungsergebnis, da seitens der Antragsgegnerin offensichtlich eine gerechte Abwägung der öffentlichen und privaten Belange untereinander und gegeneinander nicht stattgefunden hat (§ 1 Abs. 6 BauGB).

Im einzelnen:

1. Lärmschutzwall:
Das Gebot gerechter Abwägung hätte erfordert, den Abstand zwischen dem Lärmschutzwall einerseits und der Wohnbebauung an der Schillerstr. andererseits zu vergrößern. Zum einen hätte eine Entzerrung zwischen dem Wohngebiet auf der einen Seite, der Sportanlage auf der anderen Seite ein größeres Maß an Nachbarschutz gewährleistet; zum anderen wirkt der Lärmschutzwall als bauliche Anlage für sich genommen bereits so erdrückend, dass er als wuchtiges Bauwerk den an der Schillerstr. gelegenen Hausgrundstücken die gesamte Besonnung und Belichtung nimmt.

Der Antragsteller zu 2) weist ausdrücklich darauf hin, dass der erdrückende Baukörper des Lärmschutzwalles aufgrund seiner Länge und Höhe und seines Standortes unmittelbar an der Schillerstr. dazu führt, dass sein Grundstück künftig de facto „eingedeicht" wirkt. Der Antragsteller zu 2) rügt damit zugleich einen wesentlichen Mangel des zugrundeliegenden Bebauungsplans; der gemeindliche Satzungsgeber hätte im Zuge der Abwägung Wert darauf legen müssen, dass die gesamte Anlage um 50–100 m in östlicher Richtung verschoben wird. Der Lärmschutzwall hätte dann in ausreichendem Abstand zum Grundstück des Antragstellers zu 2) errichtet werden können; es wäre sogar hinreichender Platz dafür vorhanden gewesen, eine etwaig fehlende Höhe des Lärmschutzwalles auszugleichen. Der Lärmschutzwall ist jetzt nach den vorliegenden Schnitten so konzipiert, dass eine Erhöhung – obwohl dies aus Lärmschutzgründen notwendig sein wird – bautechnisch ausgeschlossen ist.

Der gemeindliche Satzungsgeber hat hierzu – pauschal und ohne nähere Begründung – im Rahmen der Abwägung beschlossen, eine Verschiebung des Plangebiets in östlicher Richtung nicht vorzunehmen, weil sich die Antragsgegnerin die weitere Trassenführung für eine Umgehungsstraße offen halten wolle, obwohl das Konzept für diese Umgehungsstraße durch Beschluss der gemeindlichen Gremien der Antragsgegnerin zwischenzeitlich verworfen worden ist. Angesichts der aufgegebenen Straßenplanung ist hier ein öffentlicher Belang in den Abwägungsprozess eingebracht worden, der nicht in den Abwägungsprozess hätte einbezogen werden dürfen. Darüber hinaus hat der gemeindliche Satzungsgeber im Zuge des Abwägungsvorgangs ausgeführt, dass sich eine Verschiebung des Plangebietes in östlicher Richtung auch aus landschaftspflegerischen Gesichtspunkten verbiete. Abgesehen davon, dass es sich hierbei um eine bloße pauschale Feststellung handelt, widerspricht diese Feststellung der Erwägung, an gleicher Stelle eine Umgehungsstraße bauen zu können. Jedenfalls bleibt festzustellen, dass nach den bisherigen Erkenntnissen der Antragsteller seitens des gemeindlichen Satzungsgebers nicht ernstlich in Erwägung gezogen worden ist, das Plangebiet zugunsten eines 50 Meter breiten Schutzstreifens zwischen der Wohnbebauung einerseits und dem Plangebiet andererseits zu verkleinern. Auch dies wäre eine mögliche Planungsvariante gewesen, die vom gemeindlichen Satzungsgeber ernsthaft hätte in Erwägung gezogen werden müssen. Diese Möglichkeit ist jedoch vom gemeindlichen Satzungsgeber nicht bedacht worden, so dass der Abwägungsvorgang schon aus diesem Grunde an einem offensichtlichen Mangel leidet.

Es ist darüber hinaus geboten, dass der Bebauungsplan
- Festsetzungen über die Zahl und Anordnung der Stellplätze im Plangebiet
- bezüglich der Flutlichtanlage
- bezüglich der Lautsprecheranlage
- Festsetzungen über Lage, Art, Umfang und Anzahl der Sportanlagen

enthält.

Die geplante Flutlichtanlage lässt die Antragsteller besorgen, dass ihre Grundstücke in den Abendstunden künftig in gleißendes Licht getaucht werden. Auch dies stellt eine für die Antragsteller nicht hinnehmbare Beeinträchtigung ihrer Eigentumsrechte aus Art. 14 GG dar.

Gleiches gilt für die Lautsprecheranlage, über deren Art und Umfang im Plan ebenfalls keine Aussage getroffen worden ist.

Aus dem Vorstehenden ergibt sich, dass das Gebot der gerechten Abwägung verletzt ist, weil der gemeindliche Satzungsgeber die privaten Belange der Antragsteller zu Unrecht hintangesetzt hat.

V.

Weiterer Sachvortrag nach Einsicht in die Planaufstellungsvorgänge bleibt vorbehalten.

Rechtsanwalt

Anmerkungen: Zur Antragsbefugnis, vgl. D 295 ff.; vgl. auch den dazugehörigen Eilantrag nach § 47 Abs. 6 VwGO (12. Beispiel); im übrigen siehe D 452 ff.; siehe die Sportanlagenentscheidung des *BVerwG*, 11. 3. 1988–4 C 56.84 – DVBl. 88, 845 ff.

12. Beispiel: Einstweilige Anordnung im Normenkontrollverfahren

Oberverwaltungsgericht
. . . .
. . . .
. . . .

Datum:

Antrag nach § 47 Abs. 6 VwGO
auf Erlass einer einstweiligen Anordnung

1. der Frau . . . . . ., ... Str., ... – Antragstellerin zu 1) –
2. des Herrn . . . . . ., ... Str., ...

– Antragsteller zu 2) –

Prozessbevollmächtigte: Rechtsanwälte

gegen

die Stadt . . . ., vertreten durch den Bürgermeister

– Antragsgegnerin –

Namens und kraft Vollmacht der Antragsteller beantragen wir beim Oberverwaltungsgericht für das Land . . . . . . gem. § 47 Abs. 6 VwGO – notfalls durch Eilentscheidung des Vorsitzenden – wie folgt zu beschließen:

Der Vollzug des amtlichen Bebauungsplans der Antragsgegnerin Nr. 285 „Goethestr." wird bis zur Entscheidung über den Normenkontrollantrag der Antragsteller ausgesetzt.

Begründung:

I. Anordnungsanspruch

Wir verweisen in der Sache selbst zunächst auf unseren Normenkontrollantrag an den erkennenden Senat vom heutigen Tage; eine Ablichtung für dieses Eilverfahren fügen wir in der Anlage bei.

Beweis: Normenkontrollantrag (Anlage 1)

Zur Vermeidung von Wiederholungen nehmen wir auf diesen Antrag auch für das Eilverfahren vollinhaltlich Bezug.

II. Zum Anordnungsgrund

Nach § 48 Abs. 6 VwGO kann das Gericht eine einstweilige Anordnung erlassen, wenn diese zur Abwehr schwerer Nachteile oder aus anderen wichtigen Gründen dringend geboten ist. Nach der Rechtsprechung des OVG Münster (17. 9. 1979 – Xa ND 8/79 – NJW 80, 1013) liegt ein sonstiger wichtiger Grund dann vor, wenn die Außervollzugsetzung des Bebauungsplans zur Verhinderung der Schaffung vollendeter Tatsachen geboten ist. Der vorläufige verwaltungsgerichtliche Rechtsschutz ist für die Antragsteller im vorliegenden Falle nicht ausreichend. Es ist allgemein anerkannt, dass es für den Antragsteller im Rahmen des Normenkontrollverfahrens unzumutbar ist, vorläufigen verwaltungsgerichtlichen Rechtsschutz zu suchen, wenn der Antragsteller zur Schadensbegrenzung mehrere verwaltungsgerichtliche Anfechtungsklagen und Eilverfahren führen müsste (vgl. dazu auch OVG Saarlouis, 22. 5. 1984–2 Q 2/84 – DÖV 85, 74, 75).

Dies gilt insbesondere für Großvorhaben im Außenbereich. Die planungsrechtliche Situation vor Inkrafttreten des Bebauungsplans Nr. 285 war die, dass es sich bei der Gesamtfläche um eine Außenbereichslage handelte. Durch die Erteilung von Baugenehmigungen auf dem Gelände des Plangebiets wird die Planungssituation zu Lasten der Antragsteller verfestigt. Es ist zu besorgen, dass durch die Erteilung von Baugenehmigungen eine faktische Innenbereichslage entsteht.

Die Antragsgegnerin hat bereits für die Freiflächen eine Baugenehmigung erteilt (vgl. dazu oben I.).

Weitere Baugenehmigungen für Sporthallen, Zuschauertribünen stehen noch aus.

Wegen der Baugenehmigung bezüglich der Freiflächen, haben die Antragsteller ein verwaltungsgerichtliches Eilverfahren (VG . . . . ., dortiges Az. . . .) eingeleitet. Die Antragsteller befürchten, dass der Antragsgegner weitere, „nachgebesserte" Baugenehmigungen auch hinsichtlich der Freiflächen erteilt, so dass mit einer Vielzahl weiterer Genehmigungen gerechnet werden kann.

Wie im Normenkontrollverfahren selbst bereits im einzelnen dargelegt, ist der Bebauungsplan zu unspezifisch und zu unbestimmt. Die Antragsteller rechnen damit, dass auf einem Teil der Freianlagen, die von der Antragsgegnerin als Mehrzweckrasenfeld genehmigt worden ist, Sportfeste, Volksbelustigungen und sonstige Freizeitveranstaltungen stattfinden können, die zu einem erheblichen Publikumsmehrverkehr führen können. Bei derartigen Sonderveranstaltungen, die ebenfalls jeweils einer Genehmigung bedürfen, wäre mit zusätzlichen, weiteren Klageverfahren und Eilverfahren zu rechnen. Es kann den Antragstellern des vorliegenden Verfahrens nicht zugemutet werden, immer wieder in diverse verwaltungsgerichtliche Hauptsacheverfahren/Eilverfahren verwickelt zu werden.

Aus allen diesen Gründen liegt im vorliegenden Falle ein sonstiger wichtiger Grund vor, der es rechtfertigt, eine einstweilige Anordnung zu erlassen.

Rechtsanwalt

Anmerkungen: Der vorstehende Antrag korreliert mit dem 11. Beispiel „Normenkontrollverfahren", Anh I 11. Vgl. im übrigen D 430 ff.

13. Beispiel: Vollstreckungsgegenklage

An das
Verwaltungsgericht Münster
Piusallee 38

48147 Münster

Vollstreckungsgegenklage

des Oberbürgermeisters der Stadt ...

– Klägers –

Prozessbevollmächtigte: ...

gegen

die XY-Bau GmbH, diese vertreten durch ihren Geschäftsführer ...,

– Beklagte –

wegen: Baurecht.

Namens und kraft Vollmacht des Klägers erheben wir gegen die vorbezeichnete Beklagte Klage vor dem Verwaltungsgericht in Münster verbunden mit dem Antrage,

festzustellen, dass die Zwangsvollstreckung aus dem Urteil des Verwaltungsgerichts Münster vom 20. 3. 2001 (Az.: ....) unzulässig ist.

Begründung

1.

Das Verwaltungsgericht Münster hat den Kläger auf die gegnerische Klage vom . . . hin mit Urteil vom 20.03.01 (Az.: ....) dazu verurteilt, zugunsten der Beklagten einen positiven Vorbescheid gem. dem Antrag der Beklagten vom ...... zu erteilen.

Das Urteil des Verwaltungsgerichts Münster ging dabei davon aus, dass der Vorbescheid zu erteilen war, weil das Bauvorhaben der Beklagten in einem nicht beplanten Innenbereich gelegen sei und mit der örtlich vorgefundenen Umgebungsbebauung in Einklang stehe.

Beweis: Beiziehung der Akten ...., VG Münster, Az.: ....

Die Stadt .... hat zwischenzeitlich für das fragliche Baugebiet einen neuen Bebauungsplan verabschiedet und durch Bekanntmachung im Amtsblatt der Stadt ..... in Kraft gesetzt. ... (wird ausgeführt).

Beweis: Vorlage der Planaufstellungsvorgänge

Aufgrund des jetzt verabschiedeten Bebauungsplans ist das Vorhaben der Beklagten unzulässig ... (wird ausgeführt); nach Rechtskraft des Urteils des VG Münster ist also eine Änderung der Sach- und Rechtslage zugunsten des Klägers eingetreten, die im Zeitpunkt der Urteilsfindung zugunsten des Klägers noch nicht berücksichtigt werden konnte.

Die vorliegende Klage ist damit nach § 167 Abs. 1 S. 1 i. V. m. § 767 Abs. 1 S. 2 ZPO als Vollstreckungsgegenklage zulässig.

Rechtsanwalt

Anmerkung: Vgl. oben I 65 ff.

14. Beispiel: Antrag auf Androhung eines Zwangsgelds gegen eine Behörde (Durchsetzung eines Verpflichtungsanspruchs)

⌈ ⌉

Verwaltungsgericht
. . . .
. . . .
. . . .

⌊ ⌋ Datum:

In der Zwangsvollstreckungssache

der . . . .

Gläubigerin zu 1) –

des . . . .

Gläubiger zu 2) –

Verfahrensbevollmächtigte: Rechtsanwälte

gegen

(die Behörde, die den Bescheid erlassen hat bzw. deren Träger/in), ...

Schuldner –

beantragen wir namens und kraft Vollmacht der Gläubiger
dem Schuldner zum Erlass einer sofort vollziehbaren Abbruchsverfügung mit Zwangsmittelandrohung gegenüber dem Bauherrn . . . . bzgl. des Gebäudes auf dem Grundstück gem. dem rechtskräftigen Urteil des erkennenden Gerichts vom . . . . (Az.: . . . .) eine Frist von 3 Wochen zu setzen und dem Schuldner für den Fall, dass die Abbruchverfügung nicht innerhalb der gesetzten Frist erlassen wird, die Festsetzung eines Zwangsgelds in Höhe von Euro 1000,– anzudrohen.

Begründung:

Durch das im vorstehenden Antrag näher bezeichnete Urteil ist der Schuldner verpflichtet worden, gegenüber dem Bauherrn . . . . bzgl. des von ihm auf dem Grundstück . . . . in . . . . errichteten Gebäudes eine Abbruchsverfügung zu erlassen. Angesichts des rechtskräftigen Ausgangsurteils ist die sofortige Vollziehung der Abbruchverfügung anzuordnen und dem Bauherrn für den Fall, dass er der Abbruchverfügung nicht innerhalb angemessener Frist nachkommt die gesetzlichen Zwangsmittel anzudrohen.

Das rechtskräftige Urteil des erkennenden Gerichts ist dem Schuldner nebst Vollstreckungsklausel am . . . . zugestellt worden.

Beweis: Original der vollstreckbaren Ausfertigung nebst Rechtskraftvermerk, Zustellvermerk und Vollstreckungsklausel

Trotz zweimaliger Aufforderung durch den Unterzeichner ist der Schuldner seinen Verpflichtungen aus dem Urteil bis zum heutigen Tage nicht nachgekommen.

Beweis: Schreiben vom . . . .

Dem Schuldner ist daher nach § 172 VwGO eine Frist von längstens 3 Wochen bis zur Erteilung der Abbruchverfügung zu setzen und ein Zwangsgeld anzudrohen.

Rechtsanwalt

Anmerkungen: Zur Zwangsvollstreckung im allgemeinen, vgl. Kapitel I; zur Vollstreckung aus einem Verpflichtungsurteil I 22–28.

15. Beispiel: Belehrung eines Mandanten über die Voraussetzungen eines Antrags auf Zulassung der Berufung

Frau
M. M.
. . . . .

. . . . .

Datum:

Betr.: M ./. Land . . .

Sehr geehrte Frau M.,

wir übersenden Ihnen das Urteil des Verwaltungsgerichts . . ., das nunmehr entschieden hat. Leider ist Ihre Klage abgewiesen worden. Das Urteil wurde uns am 17. 7. 2001 förmlich zugestellt. Nach den Bestimmungen der Verwaltungsgerichtsordnung ist die Berufung gegen dieses Urteil nicht ohne weiteres zulässig. Da das Verwaltungsgericht die Berufung nicht zugelassen hat, kann das Berufungsverfahren vielmehr nur dann durchgeführt werden, wenn die Berufung durch eine gesonderte gerichtliche Entscheidung des Oberverwaltungsgerichts zugelassen wird.

Wir können lediglich innerhalb eines Monats nach Zustellung des Urteils die Zulassung der Berufung bei dem Oberverwaltungsgericht in . . . beantragen. Der Antrag ist schriftlich zu stellen und beim Verwaltungsgericht einzureichen. Sie können sich in diesem Verfahren – und in einem sich möglicherweise anschließenden Berufungsverfahren – nicht selbst vertreten, sondern nur durch einen Anwalt vertreten lassen. In dem Antrag muss auch die Begründung für den Zulassungsantrag enthalten sein.

Die Berufung ist nach den Regelungen in der Verwaltungsgerichtsordnung nur zuzulassen, wenn

1. ernstliche Zweifel an der Richtigkeit des Urteils bestehen,
2. die Rechtssache besondere tatsächliche oder rechtlich Schwierigkeiten aufweist,
3. die Rechtssache grundsätzliche Bedeutung hat,
4. wenn die Fortbildung des Rechts oder die Sicherung einer einheitlichen Rechtsprechung eine Entscheidung des Oberverwaltungsgerichts erfordert oder
5. wenn ein der Beurteilung des Berufungsgerichts unterliegender Verfahrensmangel geltend gemacht wird und vorliegt, auf dem die Entscheidung beruhen kann.

Nach unserem Dafürhalten wird man den Zulassungsantrag im vorliegenden Falle allenfalls darauf stützen können, dass ernstliche Zweifel an der Richtigkeit des Urteils bestehen und dass die Rechtssache besondere Schwierigkeiten aufweist.

– wird ausgeführt –

Grundsätzliche Bedeutung hat die vorliegende Entscheidung nicht, da sie einen absoluten Einzelfall betrifft. Unter dem Gesichtspunkt der Rechtsfortbildung bzw. der Einheitlichkeit der Rechtsprechung wird eine Zulassung nicht zu erreichen sein. Insbesondere ist uns kein abweichendes Urteil eines anderen Oberverwaltungsgerichts oder des Bundesverwaltungsgerichts bekannt, dem das vorliegende Urteil widerspricht.

Auch sind nach unserer Auffassung keine Verfahrensmängel aufgetreten, die wir rügen könnten.

Wir bitten abschließend um Mitteilung, ob Sie das Urteil rechtskräftig werden lassen wollen oder nicht. Im Hinblick auf die kurze Frist – der Antrag auf Zulassung der Berufung muss bis zum

17. 08. 01

eingereicht und begründet sein – bitten wir um baldige Rückäußerung.

– ggf. Vorschlag einer Honorarvereinbarung für das Zulassungsverfahren –

Sollten wir bis zum

10. 08. 01

von Ihnen keine Weisung erhalten haben, gehen wir davon aus, dass Sie das Urteil nicht anfechten wollen, so dass das Urteil dann rechtskräftig werden wird.

Mit freundlichen Grüßen
Rechtsanwalt

Anmerkung: S. im einzelnen F 5 ff.

16. Beispiel: Antrag auf Zulassung der Berufung gem. § 124a Abs. 4 (Einlegung ohne Begründung)

⌈ ⌉

Verwaltungsgericht
. . . .
. . . .

⌊ ⌋ Datum:

In der Verwaltungsstreitsache
. . . .

gegen

. . . .
Az.: . . . .,
bestellen wir uns

als Prozessbevollmächtigte des Klägers

beantragen wir namens und im Auftrag des Klägers

die Zulassung der Berufung

gegen das Urteil des Verwaltungsgerichts . . . . . . vom . . . ., zugestellt am . . . . . . Im Hinblick auf die am . . . . . . ablaufende Antragsfrist, innerhalb derer der Antrag noch begründet werden muss, beantragen wir,

uns die Gerichtsakten und Verwaltungsvorgänge zum Zwecke der Akteneinsichtnahme in unseren Büroräumen schnellstmöglich zur Verfügung zu stellen.

Die Begründung des Zulassungsantrags behalten wir einem gesonderten Schriftsatz vor.
Abschrift anbei

Rechtsanwalt

Anmerkungen: Zu den Formalien des Antrags s. F 34 ff. Der Antrag muss innerhalb von zwei Monaten nach Zustellung des erstinstanzlichen Urteils begründet werden, vgl. § 124a Abs. 4 S. 4.

17. Beispiel: Berufungszulassungsantrag gem. § 124 Abs. 2 Nr. 1 (ernstliche Zweifel an der Richtigkeit des Urteils), Einlegung und Begründung

Verwaltungsgericht
. . . .
. . . .

Datum:

In der Verwaltungsstreitsache
. . . .

gegen

. . . .
Beigeladener: . . . .
Az.: . . . .,
beantragen wir namens und im Auftrag des Beklagten

die Zulassung der Berufung

gegen das Urteil des Verwaltungsgerichts . . . . vom . . . ., zugestellt am . . . . . .
Zur Begründung des Zulassungsantrags führen wir aus:

1. Das Verwaltungsgericht hat mit seinem Urteil die Anfechtungsklage des Klägers gegen die vom Beklagten dem Beigeladenen erteilte Baugenehmigung abgewiesen. Es hat diese Entscheidung im Kern wie folgt begründet:

Der Beigeladene wolle aufgrund der Baugenehmigung ein Bürogebäude errichten, das über sechs Vollgeschosse verfüge. Das Baugrundstück liege in einem Gewerbegebiet i. S. v. § 8 BauNVO. Die Wandhöhe (H) des Bauwerks i. S. v. § 6 Abs. 4 BauO Berlin liege bei 18,24 m. Die Tiefe der erforderlichen Abstandfläche entspreche gem. § 6 Abs. 5 BauO 0,25 H, sie betrage daher 4,56 m. Der sich aus dem amtlichen Lageplan ergebende Abstand zur westlichen, seitlichen Grenze des Grundstücks des Klägers betrage zwar nur 3 m, so dass das Gebäude auf dem Grundstück des Beigeladenen die materiell-rechtlich gebotene Abstandfläche nicht einhalte. Die insoweit rechtswidrige Baugenehmigung verletze den Kläger jedoch nicht in seinen Rechten (§ 113 Abs. 1). Denn nach der klaren Regelung des § 6 Abs. 5 Satz 4 BauO komme den gebotenen Abstandflächen nur zur Hälfte ihres Maßes, mindestens aber 3 m, nachbarschützende Wirkung zu.

2. Im Hinblick auf diese Begründung bestehen ernstliche Zweifel an der Richtigkeit des Urteils. Die Berufung gegen dieses Urteil ist daher gem. § 124 Abs. 2 Nr. 1 zuzulassen.

Der Gesetzgeber hat mit der Regelung, nach der den Abstandflächen nur zur Hälfte ihres objektiv-rechtlich gebotenen Maßes, mindestens jedoch zu 3 m, nachbarschützende Wirkung zukomme, zulässigerweise in diesem Umfange den generellen Nachbarschutz ausgeschlossen. Insoweit ist dem Verwaltungsgericht zu folgen.

Im Einzelfall bleibt jedoch zu prüfen, ob ein Verstoß gegen abstandflächenrechtliche Bestimmungen sich nicht gleichwohl gegenüber einem bestimmten Nachbarn als rücksichtslos erweist, die Norm also ungeachtet der gesetzlichen Regelung wenigstens partiell Nachbarschutz bewirkt. Diese Frage hat das Verwaltungsgericht nicht untersucht, weil es sich insoweit durch die Regelung in § 6 Abs. 5 Satz 4 BauO als gebunden ansah.

Betrachtet man den entscheidungserheblichen Sachverhalt, so ergibt sich, dass hier der objektiv-rechtlichen Regelung über die Tiefe der Abstandfläche in vollem Umfange nachbarschützende Funktion beizumessen ist. Wenn diese Abstandfläche nicht eingehalten wird, dann würde von dem zu errichtenden Bauwerk auf das zweigeschossige Wohnhaus auf dem Grundstück des Klägers eine erdrückende Wirkung ausgehen.

– *wird ausgeführt* –

Das Verwaltungsgericht hätte bei Beachtung dieses rechtlichen Maßstabs zwingend zu einer anderen Erkenntnis gelangen müssen.
Abschrift anbei

Rechtsanwalt

Anmerkungen: Zur Begründung des Antrags gem. § 124 Abs. 2 Nr. 1 s. F 15; zur Begründungsfrist s. F 36; zum Gebot anwaltlicher Vertretung s. E 20, F 43; zur hier angesprochenen materiell-rechtlichen Problematik s. K 83.

18. Beispiel: Berufungszulassungsantrag gem. § 124 Abs. 2 Nr. 2 (tatsächliche oder rechtliche Schwierigkeiten), Begründung

Verwaltungsgericht
. . . .
. . . .

Datum:

In der Verwaltungsstreitsache
. . . .

gegen

. . . .
Az.: . . . . .,
führen wir zur Begründung des Zulassungsantrags aus:

I.

1. Die beklagte Gebietskörperschaft verlangt von der Klägerin, dem örtlichen Gasversorger, dass diese im Vorfeld von Straßenbaumaßnahmen in der F.straße in K. Gasrohrleitungen aus dem Untergrund dieser Straße entfernt, die von der Klägerin nicht mehr benutzt werden.

Der entscheidungserhebliche Sachverhalt ist zwar zwischen den Parteien im wesentlichen unstreitig, er ergibt sich aber nur zum Teil aus dem Tatbestand des verwaltungsgerichtlichen Urteils. Daher ist hier zusammenfassend festzuhalten:

a) Die Beklagte beabsichtigt, die F.straße zwischen der B. Allee und der P. Straße neu zu bauen.
Im Untergrund dieser Straße – ca. 1,20 m unter Straßenniveau – verlaufen zwei zum Versorgungsnetz der Klägerin gehörende Gasleitungen, die allerdings nicht mehr benutzt werden. Die Tiefenlagen und der Verlauf dieser Leitung ist zwischen den Beteiligten unstreitig. Im Zuge der geplanten Straßenbauarbeiten soll die vorhandene Straße nach den in der Ausschreibung für die Bauleistungen enthaltenen Angaben in einer Tiefe von bis zu 30 cm aufgebrochen werden; im Verfahren erster Instanz hat die Beklagte vorgetragen, dass die Maßnahmen zur Bodenverfestigung sich teilweise auf die Tiefenlage bis zu 1,50 m auswirkten.

b) Mit Bescheid vom 14. Januar 2001 verpflichtete die Beklagte die Klägerin, diese stillgelegten Gasrohrleitungen aus dem Straßengrund zu entfernen (vgl. Anlage K 1 zur Klageschrift). Die Klägerin legte gegen diesen Bescheid unter dem 29. Januar 2001 Widerspruch ein, der am 15. März 2001 zurückgewiesen wurde (Anlage K 2 zur Klageschrift). Die Klägerin hat daraufhin Anfechtungsklage erhoben.

c) Zwischen der Klägerin und dem Beklagter gilt der Konzessionsvertrag vom 14. September 1991 (Anlage K 3 zur Klageschrift). Dort heißt es in § 2, der die Benutzungsrechte der Klägerin regelt:
„(6) Anlagen, die zur Versorgung der Gebietskörperschaft nicht mehr benötigt werden, sind technisch sicher stillzulegen und auf Verlangen der zuständigen Stelle der Gebietskörperschaft zu entfernen, wenn dies zwingend erforderlich ist."

2. Das Verwaltungsgericht hat die Klage der Klägerin abgewiesen. Zur Begründung hat es im wesentlichen ausgeführt:

Die angefochtene Verfügung der Beklagten sei gem. § 12 Abs. 8 Straßengesetz (StrG) i. d. F. vom 11. 12. 1996 gerechtfertigt. Nach dieser Regelung kann die Gebietskörperschaft vom jeweiligen Versorgungsunternehmen verlangen, dass dieses stillgelegte Versorgungsanlagen entfernt. Diese klare gesetzliche Regelung habe Vorrang vor den älteren Bestimmungen des zwischen den Parteien bestehenden Konzessionsvertrages.

II.

Die Berufung gegen das so begründete Urteil des Verwaltungsgerichts ist zuzulassen, denn die Rechtssache weist besondere tatsächliche (dazu 1.) und rechtliche Schwierigkeiten (dazu 2.) i. S. d. § 124 Abs. 2 Nr. 2 auf.

1. In tatsächlicher Hinsicht wird im einzelnen zu klären sein, ob die beabsichtigten Bauarbeiten in der Tiefenlage, in der sich die Versorgungsleitung befindet, Auswirkungen haben wird.

2. In rechtlicher Hinsicht wirft die Rechtssache eine Reihe schwieriger Fragen auf:

a) § 12 Abs. 8 StrG enthält eine Ermächtigungsgrundlage für behördliche Verfügungen, sofern eine Sondernutzung in Rede steht. Der Begriff der Sondernutzung ist in § 11 Abs. 1 StrG legal definiert: zur Sondernutzung gehört jeder Gebrauch der öffentlichen Straße, der über den Gemeingebrauch, über den Anliegergebrauch und über das baurechtlich ohne Ausnahme oder Befreiung zulässige Maß hinausgeht. Es stellt sich daher die Frage, ob zur Sondernutzung nur Nutzungsarten zählen, die sich auf die Oberfläche der Fahr- und Gehbahnen, der Nebenanlagen und den Luftraum über der Straße erstrecken. Bejaht man diese Frage, so beeinträchtigt die Verlegung von Versorgungsleitungen im Untergrund der Straße den Gemeingebrauch der Straße nicht. Es würde sich dann dabei nur um eine Benutzung des Straßeneigentums handeln, die ausschließlich anhand zivilrechtlicher Kriterien zu beurteilen ist.

b) Wenn man davon ausgeht, dass das Straßengesetz nicht zwischen dem Gemeingebrauch, der den Gemeingebrauch berührenden Sondernutzung und dem den Gemeingebrauch nicht berührenden (und daher ausschließlich zivilrechtlich zu beurteilenden) Sondergebrauch unterscheidet, stellen sich weitere schwierige Rechtsfragen: In § 12 Abs. 11 Satz 2 StrG hat der Gesetzgeber ausdrücklich bestimmt, dass in den Konzessionsverträgen zwischen der Gebietskörperschaft und Versorgungsunternehmen Regelungen getroffen werden dürfen, die von denen des § 12 Abs. 2 bis Abs. 10 StrG abweichen. Ergibt sich daraus, dass die (jüngere) gesetzliche Bestimmung des § 12 Abs. 8 StrG gegenüber den (älteren) Regelungen des Konzessionsvertrages dispositiv ist?

c) Schließlich ergibt sich die Frage, ob die Beklagte, die nach materieller Betrachtung einen Anspruch aus dem öffentlich-rechtlichen Konzessionsvertrag geltend macht, diesen durch den Erlass eines Verwaltungsaktes durchsetzen darf (verneinend BVerwG, Urteil vom 13. Februar 1976 – IV C 44.74 –, BVerwGE 50, 171 ff.)

Die Berufung ist nach alledem zuzulassen.
Abschrift anbei.

Rechtsanwalt

Anmerkung: Zur Begründung des Antrags gem. § 124 Abs. 2 Nr. 2 s. F 19; zur Begründungsfrist s. F 36 a; zum Gebot anwaltlicher Vertretung s. E 20, F 43.

19. Beispiel: Berufungszulassungsantrag gem. § 124 Abs. 2 Nr. 3 (grundsätzliche Bedeutung), Begründung

Verwaltungsgericht
. . . .
. . . . . .

Datum:

In der Verwaltungsstreitsache
. . . .

gegen

Bundesrepublik Deutschland
Az.: . . . .
führe ich zur

Begründung des Antrags auf Zulassung der Berufung

folgendes aus:

I.

Die Klägerin wandte sich mit ihrer Klage gegen die Rückforderung einer Reisebeihilfe in Höhe von 185,60 DM, die ihr anlässlich einer Berlin-Besuchsreise ihrer Tochter vom 24. bis 27. Februar 2000 gewährt worden war. Die Rückforderung wurde auf den Umstand gestützt, dass die Klägerin ihrerseits eine Dienstreise von Berlin nach Frankfurt vom 23. bis zum 27. Februar 2000 unternommen hatte.

Die hiergegen gerichtete Anfechtungsklage wies das Verwaltungsgericht mit der Begründung ab, die Reise der Tochter vom 24. bis zum 27. Februar 2000 nach Berlin sei nicht berücksichtigungsfähig gewesen, weil sich die Klägerin im fraglichen Zeitraum, von wenigen Stunden abgesehen, nicht am Dienstort aufgehalten habe. Aus Sinn und Zweck der Reisebeihilfe ergebe sich, dass der gleichzeitige Aufenthalt von besuchendem Familienmitglied und besuchtem Beamten Voraussetzung für die Beihilfefähigkeit sei. Der Zweck der Förderung des Kontaktes des Beamten zu seinen Familienangehörigen könne nicht erreicht werden, die Absicht des Verordnungsgebers werde geradezu konterkariert, weil mit der Reisebeihilfe die Trennung von den Familienangehörigen unterstützt würde. Die Klägerin könne sich nicht auf den Wegfall der Bereicherung gem. § 818 Abs. 3 BGB berufen, weil sie aufgrund ihres Amtes und ihrer Vorbildung „einfache Überlegungen an Hand des Gesetzes“ hätte anstellen können, die dazu hätten führen müssen, dass die Klägerin den Mangel des rechtlichen Grundes für die Gewährung der Reisebeihilfe erkannt hätte.

II.

Die Entscheidung des Verwaltungsgerichts beruht auf der Beurteilung von zwei Fragen mit rechtsgrundsätzlicher Bedeutung, so dass die Berufung gem. § 124 Abs. 2 Nr. 3 zuzulassen ist. Im einzelnen:

1. Die Frage, ob die Gewährung einer Reisebeihilfe für eine sogenannte Angehörigenbesuchsfahrt nach § 5 Abs. 2 der Trennungsgeldverordnung – TGV – voraussetzt, dass es zu einem tatsächlichen Kontakt zwischen dem Beamten und seinen Familienan-

gehörigen kommt, ist in der Rechtsprechung nicht geklärt. Diese Frage hat rechtsgrundsätzliche Bedeutung:

a) Dies ergibt sich zunächst aus dem Verwaltungsvorgang der Beklagten. Die Vorprüfungsstelle des Ministeriums, die die Rückforderung veranlasst hat, bezeichnet in ihrem Vermerk vom .... die streitgegenständliche Frage als – so wörtlich – „grundsätzlich klärungsbedürftig". Wie sich aus den Verwaltungsvorgängen weiter ergibt, misst das Referat Z 5 a des Ministeriums der von der Beklagten vertretenen Auffassung zur Anwendung von § 5 Abs. 2 TGV eine derart grundsätzliche Bedeutung bei, dass das Referat beabsichtigte, diese Auffassung im nachgeordneten Bereich per Erlass bekannt zu machen.

b) Die zu entscheidende Rechtsfrage zieht weitere Fragen nach sich. Sieht man mit dem Verwaltungsgericht den persönlichen Kontakt zwischen dem Beamten und seinen Angehörigen als Voraussetzung der Gewährung einer Reisebeihilfe nach § 5 Abs. 2 TGV an, so stellt sich sogleich die weitere Frage, ob dieser Kontakt auch Voraussetzung einer Familienheimfahrt des Beamten selbst ist, ob also die Gewährung von Reisebeihilfe für eine Reise des Beamten ausgeschlossen ist, wenn er bei der Heimfahrt seine Angehörigen nicht antrifft. Ferner ist dann klärungsbedürftig, welches zeitliche oder gar soziale Ausmaß der nach Auffassung des Verwaltungsgerichts erforderliche persönliche Kontakt annehmen muss; immerhin war die Klägerin im vorliegenden Fall unstreitig mit ihrer Tochter für mehrere Stunden zusammengetroffen. Ist die Gewährung einer Reisebeihilfe für eine Angehörigenbesuchsfahrt ausgeschlossen, wenn es bei einer viertägigen Besuchsfahrt zu einem persönlichen Kontakt für einen Tag, einen halben Tag oder – wie hier – mehrere Stunden kommt?

c) Die zu entscheidende Rechtsfrage betrifft eine Vielzahl von Fällen gleicher Art. Die Zahl der Anträge auf Gewährung von Reisebeihilfen ist hoch, weil viele Bundesbeamte ihren Wohnsitz nicht in Berlin haben.

2. Die Entscheidung des Verwaltungsgerichts hängt darüber hinaus von der Antwort auf die Frage ab, ob der Einwand der Entreicherung wegen der verschärften Haftung nach § 819 Abs. 1 BGB auch dann ausgeschlossen ist, wenn

– beim Dienstherren selbst unterschiedliche Auffassungen zu derjenigen Rechtslage vertreten werden, deren Prüfung dem Beamten nach § 819 Abs. 1 BGB obliegt,
– die tatbestandlichen Voraussetzungen einer Vorschrift nichts dafür hergeben, dass die dem Beamten obliegende Prüfung der Rechtslage mit dem vom Verwaltungsgericht zugrunde gelegten Ergebnis hätte enden müssen und
– keine einschlägige Rechtsprechung existiert, die die Auffassung stützen könnte, die dem Beamten obliegende Prüfung der Rechtslage hätte zu einem bestimmten Ergebnis führen müssen.

Dem Beamten mit Befähigung zum Richteramt wird nach ständiger Rechtsprechung des Bundesverwaltungsgerichts (BVerwGE 71, 77, 79 ff.) angesonnen, in der Lage zu sein, rechtliche Fehler zu erkennen. Ob unter diesen Begriff des rechtlichen Fehlers auch solche Verfahrensweisen subsumiert werden können, die in der Vergangenheit weder Gegenstand einer Verwaltungsvorschrift noch Gegenstand einer verwaltungsgerichtlichen Entscheidung und auch nicht in der einschlägigen Kommentierung behandelt werden, ist zweifelhaft und – worauf es vorliegend allein ankommt – grundsätzlich klärungsbedürftig.
Abschrift anbei

Rechtsanwalt

Anmerkung: Zum Berufungs-Zulassungsgrund der Rechtsgrundsätzlichkeit F 20; zur Begründungsfrist s. F 36 a; zum Gebot anwaltlicher Vertretung s. E 20, F 43.

20. Beispiel: Berufungszulassungsantrag gem. § 124 Abs. 2 Nr. 4 (Divergenz), Begründung

Verwaltungsgericht
. . . .
. . . .

Datum:

In der Verwaltungsstreitsache
. . . .

gegen

. . . .
Az.: . . . .,

führen wir für den beklagten Dienstherrn zur Begründung des Zulassungsantrags aus:

Die Berufung ist gem. § 124 Abs. 2 Nr. 4 zuzulassen, weil die Entscheidung des Verwaltungsgerichts von einer Entscheidung des Bundesverwaltungsgerichts abweicht.

Im anhängigen Rechtsstreit geht es um die Frage, ob die von der Klägerin im Schuldienst verbrachten Teilzeit-Beschäftigungszeiten zwischen dem 1. September 1991 und dem 31. August 1995 als ruhegehaltsfähige Dienstzeiten gem. § 10 Abs. 1 Nr. 1 BeamtVG anzuerkennen sind.

1. Das Verwaltungsgericht hat diese Frage im Sinne der Klägerin beantwortet und seine Erkenntnis auf den folgenden Rechtssatz gestützt:

Tätigkeiten nach § 10 Satz 1 Nr. 1 BeamtVG können dann als für die Laufbahn des Beamten förderlich angesehen werden, wenn es sich um eine hauptberufliche Beschäftigung handelte. Eine solche hauptberufliche Beschäftigung kann auch dann gegeben sein, wenn diese die Arbeitskraft des Beschäftigten mit weniger als der Hälfte der regelmäßigen Arbeitszeit beansprucht hat.

2. Der vom Verwaltungsgericht seiner Entscheidung zu Grunde gelegte Rechtssatz steht im Widerspruch zu dem tragenden Rechtssatz der sich aus dem Urteil des Bundesverwaltungsgerichts vom 18. September 1997–2 C 38.96 – ergibt. Der Leitsatz dieser Entscheidung lautet:

Eine Beschäftigung mit einer geringeren Arbeitszeit als der Hälfte einer Vollbeschäftigung wird nicht hauptberuflich i. S. d. § 10 Satz 1 Nr. 1 BeamtVG ausgeübt.

3. Die Entscheidung des Verwaltungsgerichts beruht evident auf dieser Divergenz. Die Einheitlichkeit der Rechtsprechung gebietet die Überprüfung dieser Entscheidung.

4. Vorsorglich weisen wir auf folgendes hin: Das Verwaltungsgericht neigte dazu, dass sich die Anerkennungsfähigkeit der fraglichen Vordienstzeiten auch aus anderen rechtlichen Erwägungen ergeben könnte.

– wird ausgeführt –

Das Verwaltungsgericht hat diese Rechtsauffassung jedoch erklärtermaßen nicht zur Begründung seiner Entscheidung herangezogen, sondern die Frage ausdrücklich offen gelassen (Urteilsausfertigung S. 8, 2. Abs.). Es handelt sich mithin nicht um eine im

Sinne der Rechtsprechung des Bundesverwaltungsgerichts „mehrfach begründete" Entscheidung (vgl. nur BVerwG, NVwZ 94, 264).
Abschrift anbei

Rechtsanwalt

Anmerkungen: Zur Begründung des Antrags gem. § 124 Abs. 2 Nr. 4 s. F 29; zur Problematik der „doppelt begründeten Entscheidungen" s. F 40; zur Begründungsfrist s. F 36 a; zum Gebot anwaltlicher Vertretung s. E 20, F 43.

21. Beispiel: Berufungszulassungsantrag gem. § 124 Abs. 2 Nr. 5 (Verfahrensmangel), Begründung

Verwaltungsgericht
. . . .
. . . .

Datum:

In der Verwaltungsstreitsache
. . . .

gegen

. . . .
Beigeladener: . . . .
Az.: . . . .,
führen wir für den Kläger zur Begründung des Zulassungsantrags aus:

Die Berufung ist gem. § 124 Abs. 2 Nr. 5 zuzulassen, weil die Entscheidung des Verwaltungsgerichts in einem Verfahren ergangen ist, das an einem Mangel litt und die Entscheidung auf diesem Verfahrensmangel beruhen kann.

1. Der Kläger, Nachbareigentümer des beigeladenen Bauherrn, hat mit Schriftsatz vom 12. April 1997 gem. § 100 beantragt, ihm Einsicht in die Akten zu gewähren. Das Verwaltungsgericht hat diesen Antrag offenbar nicht zur Kenntnis genommen. Das Gericht hat vielmehr – nach Anhörung – die Klage des Klägers durch Gerichtsbescheid abgewiesen.

2. Eine Einsichtnahme in die Gerichtsakte und die Verwaltungsvorgänge hätte dem Kläger eine sorgfältige Prüfung der streitgegenständlichen Baugenehmigung ermöglicht. Der Kläger hätte dabei feststellen können, dass die Baugenehmigung gegen (u. U. nur partiell) nachbarschützende Vorschriften verstößt und daher ihn in seinen Rechten verletzt. Es ist möglich, das das Verwaltungsgericht einem solchen Vortrag gefolgt wäre und der Klage zum Erfolg verholfen hätte.

Die Berufung ist nach alledem zuzulassen.
Abschrift anbei

Rechtsanwalt

Anmerkungen: Zur Begründung des Antrags gem. § 124 Abs. 2 Nr. 5 s. F 33; zur Begründungsfrist s. F 36; zum Gebot anwaltlicher Vertretung s. E 20, F 43; zur konkreten Konstellation s. *VGH Mannheim,* 4. 7. 1997–13 S 973/97 – DVBl. 97, 1343 [Ls.] und *OVG Hamburg,* 31. 8. 2000 – 3 Bf 264.00 – NVwZ-RR 01, 408 [auch zum Recht auf Akteneinsicht in den Kanzleiräumen]; zur Problematik der „partiell nachbarschützenden Normen" s. K 41.

22. Beispiel: Belehrung eines Mandanten über die Voraussetzungen einer Nichtzulassungsbeschwerde wegen Nichtzulassung der Revision

Herrn
X. L.
. ..

. ..

Betr.: L. ./. den Bürgermeister der Stadt . . .

Sehr geehrter Herr L,

wir übersenden Ihnen anliegend die Entscheidung des Oberverwaltungsgerichts . . . vom 12. 11. 2001, die uns am 22. 12. 2001 förmlich zugestellt wurde. Das Gericht hat durch diese Entscheidung leider die Berufung zurückgewiesen. Wegen der näheren Einzelheiten der Begründung dürfen wir auf das in der Anlage beigefügte Schriftstück verweisen. Das Oberverwaltungsgericht hat die Revision gegen seine Entscheidung zum Bundesverwaltungsgericht nicht zugelassen.

Die Nichtzulassung der Revision kann durch Beschwerde angefochten werden (§ 133 Abs. 1 VwGO). Die Beschwerde ist bei dem Oberverwaltungsgericht . . . innerhalb eines Monats nach Zustellung der vollständigen Entscheidung einzulegen. Da uns die Entscheidung am 21. 12. 2001 förmlich zugestellt wurde, läuft die Frist zur Einlegung der Nichtzulassungsbeschwerde am

22. 1. 2002

ab.

Die Beschwerde kann nur durch einen Anwalt eingelegt werden.

Die Beschwerde ist innerhalb von 2 Monaten nach Zustellung zu begründen; die Begründungsfrist läuft also am

22. 2. 2002

ab.

Die Begründung ist beim Oberverwaltungsgericht einzureichen.

Die Nichtzulassungsbeschwerde dürfte nach unserer Auffassung allerdings keine Aussichten auf Erfolg haben. Die Revision ist nämlich nur dann zuzulassen, wenn

1. die Rechtssache grundsätzliche Bedeutung hat,
2. die anzufechtende Entscheidung von einer Entscheidung des Bundesverwaltungsgerichts oder des gemeinsamen Senats der obersten Gerichtshöfe des Bundes abweichen und auf dieser Abweichung beruht oder
3. ein Verfahrensmangel geltend gemacht werden kann und vorliegt, auf dem die Entscheidung beruhen kann.

Im vorliegenden Falle ist keiner der drei Zulassungsgründe gegeben. Zum einen handelt es sich bei dem Rechtstreit um einen klassischen Einzelfall, so dass die Angelegenheit in keinem Falle grundsätzliche Bedeutung haben kann. Ein Urteil des Bundesverwaltungsgerichts von dem die Entscheidung des Oberverwaltungsgericht abweichen könnte, ist uns ebenfalls nicht bekannt; auch liegt ersichtlich kein Verfahrensmangel vor, der geltend gemacht werden könnte. Wir empfehlen Ihnen daher, keine Beschwerde gegen die Nichtzulassung der Revision einzulegen. Wir werden das Rechtsmittel nur dann einlegen, wenn wir von Ihnen hierzu rechtzeitig durch eine schriftliche Weisung beauftragt werden. Sollten wir bis zum 10. 1. 2002 von Ihnen eine derartige Weisung nicht erhalten haben, dann gehen wir davon aus, dass Sie das Rechtsmittel nicht einlegen wollen, mit der Folge, dass die Entscheidung endgültig rechtskräftig werden wird.

Mit freundlichen Grüßen
Rechtsanwalt

Anmerkung: S. im einzelnen F 85 ff.

23. Beispiel: (Revisions-) Nichtzulassungsbeschwerde gem. § 133, Einlegung

⌜ ⌝

Oberverwaltungsgericht
. . . .
. . . .

⌞ ⌟ Datum:

In der Verwaltungsstreitsache
. . . .

gegen

. . . .
Az.: . . . .,
legen wir gegen das Urteil des Oberverwaltungsgerichts . . . . vom . . . ., zugestellt am . . . .,

Nichtzulassungsbeschwerde

ein. Die Begründung behalten wir einem gesonderten Schriftsatz vor.
Abschrift anbei

Rechtsanwalt

Anmerkung: Zur Einlegung der Nichtzulassungsbeschwerde, Frist und Antrag s. F 163 ff; zur Begründungsfrist, vgl. F 168 f.

24. Beispiel: Begründung einer (Revisions-) Nichtzulassungsbeschwerde gem. § 132 Abs. 2 Nr. 1 (grundsätzliche Bedeutung)

Oberverwaltungsgericht
. . . .
. . . .

Datum:

In der Verwaltungsstreitsache
. . . .

gegen

. . . .
Az.: . . . .,
beantragen wir,
unter Abänderung des Urteils des erkennenden Senats vom . . . . die Revision zuzulassen.

Begründung

Die Revision ist zuzulassen, weil die Rechtssache gem. § 132 Abs. 2 Nr. 1 rechtsgrundsätzliche Bedeutung hat.

Der anhängige Rechtsstreit hängt von der Entscheidung der folgenden Frage ab:

Ist es mit Art. 12 Abs. 1 GG vereinbar, dass der Gesetzgeber des Berliner Hochschulgesetzes zwar die Verleihung der Lehrbefugnis davon abhängig macht, dass von der Lehrtätigkeit des Bewerbers eine sinnvolle Ergänzung des Lehrangebots zu erwarten ist, den Privatdozenten dann aber zu unentgeltlicher Titellehre verpflichtet?

1. Die Antwort auf diese Frage ist im anhängigen Rechtsstreit evident entscheidungserheblich. Bejaht man die Frage – wie dies der erkennende Senat in seinem Urteil vom . . . . getan hat –, so kann die Klage keinen Erfolg haben. Wird die Frage dagegen verneint, so ist der Klage Erfolg beschieden.

2. Die Frage ist auch von rechtsgrundsätzlicher Natur.

a) Die aufgeworfene Frage ist anhand revisiblen Rechts zu beantworten, denn letztlich sind die einfachgesetzlichen, landesrechtlichen Bestimmungen des Berliner Hochschulgesetzes am Berufsgrundrecht gem. Art. 12 GG zu messen.

b) Die Antwort auf diese Frage ist für den Status der Privatdozenten zudem von zentraler Bedeutung, der Status ist in den einzelnen Bundesländern vergleichbar einfachgesetzlich geregelt.

c) Die Klärung der Frage hat aber nicht nur für die Privatdozenten Bedeutung, die höchstrichterliche Befassung mit diesem Problem verspricht auch eine weitere Konkretisierung der grundrechtlichen Anforderungen an einfachgesetzliche Berufsausübungsregelungen.

3. Die eingangs formulierte Frage ist weder durch das Bundesverwaltungsgericht noch durch das Bundesverfassungsgericht geklärt. Insbesondere das im Rahmen des Berufungsverfahrens schon vielfach erörterte Urteil des Bundesverfassungsgerichts zu den durch Rechtsanwälte geführten Vormundschaften (BVerfGE 54, 251) bewirkt diese Klärung nicht. Die Entscheidung kann lediglich Ausgangspunkt für rechtliche

Überlegungen zur Fortentwicklung der sog. Dreistufentheorie sowie der konkreten grundrechtlichen Anforderungen an Berufsausübungsregelungen sein. Insbesondere geht es um die Frage, ob sich der Kläger nicht auf die Erkenntnis des Bundesverfassungsgerichts in dem angeführten Urteil stützen kann, nach der es sich als übermäßige, durch keine Gründe des Gemeinwohls gerechtfertigte Einschränkung der freien Berufsausübung erweist, wenn der Staat für Aufgaben, deren ordentliche Wahrnehmung im öffentlichen Interesse liegt, Staatsbürger beruflich in Anspruch nimmt, ohne den derart Belasteten eine angemessene Entschädigung für ihre Inanspruchnahme zu gewähren.
Abschrift anbei

Rechtsanwalt

Anmerkungen: Zum Begriff der Rechtsgrundsätzlichkeit s. F 89 ff., zur Darlegung der rechtsgrundsätzlichen Bedeutung s. F 111 ff.; zum konkreten Fall s. *BVerwG,* 22. 6. 1994–6 C 40/92 – NVwZ 95, 481 = BVerwGE 96, 136; s. a. *Köstlin* DVBl. 87, 123.

25. Beispiel: Revision gem. § 132 VwGO, Einlegung

⌜ ⌝

Oberverwaltungsgericht
. . . .
. . . .

⌞ ⌟ Datum:

In der Verwaltungsstreitsache
. . . .

gegen

. . . .
Az.: . . . .,
legen wir gegen das Urteil des Oberverwaltungsgerichts . . . . vom . . . ., zugestellt am . . . .,

Revision

ein. Das Stellen des Antrags und dessen Begründung behalten wir einem gesonderten Schriftsatz vor.
Abschrift anbei

Rechtsanwalt

Anmerkung: Zur Einlegung der Revision und zur Einlegungsfrist s. F 190 ff.

26. Beispiel: Antrag gem. § 80 Abs. 5 auf Wiederherstellung der aufschiebenden Wirkung eines Widerspruchs gegen einen belastenden Verwaltungsakt verbunden mit einem Antrag auf Erlass einer Zwischenregelung

⌈ ⌉

Verwaltungsgericht
. . . .
. . . .

⌊ ⌋ Datum:

Antrag gem. § 80 Abs. 5 VwGO

der . . . . GmbH, diese vertreten durch ihren alleinvertretungsberechtigten Geschäftsführer, ...

Antragstellerin,

– Verfahrensbevollmächtigte:
Rechtsanwältin . . . .
. . . .

gegen

die Bundesrepublik Deutschland, diese vertreten durch . . . .

Antragsgegner

Namens und im Auftrage der Antragstellerin beantrage ich,

die aufschiebende Wirkung des Widerspruchs der Antragstellerin vom . . . . gegen den Widerruf vom . . . . der Freistellungsverfügung vom . . . . gem. § 2 Kreditwesengesetz wiederherzustellen.

Ich beantrage ferner im Wege einer gerichtlichen Zwischenregelung,

die aufschiebende Wirkung des Widerspruchs der Antragstellerin gegen die Verfügung der Antragsgegnerin im Bescheid vom . . . . bis zur Entscheidung des Gerichts über diesen Antrag einstweilen wiederherzustellen.

Begründung

Die Antragstellerin betreibt eine Autovermietung mit Stationen in der gesamten Bundesrepublik Deutschland. Sie hat sich auf die Vermietung von Fahrzeugen an Personen spezialisiert, deren eigenes Kraftfahrzeug bei einem Unfall beschädigt worden ist. Die Antragstellerin kreditiert ihren Mietern nicht nur die Mietkosten, sondern sie gibt auch gegenüber den Reparaturwerkstätten, in denen die Mieter ihre eigenen Fahrzeuge reparieren lassen, Garantieerklärungen für die Reparaturkosten ab. Der Antragsgegner hat der Antragstellerin für diese Bankgeschäfte im Sinne des § 1 Kreditwesengesetz am . . . . eine Freistellungsverfügung gem. § 2 Kreditwesengesetz erteilt (Kopie als Anlage), so dass die Antragstellerin nur eingeschränkt der Bankenaufsicht unterliegt. Der Antragsgegner hat diese Freistellungsverfügung am . . . . widerrufen und diesen Widerruf für sofortig vollziehbar erklärt (Kopie als Anlage). Mit dem Antrag will die Antragstellerin erreichen, dass die aufschiebende Wirkung ihres Widerspruchs gegen diese Widerrufsentscheidung wiederhergestellt wird.

Im einzelnen:

I. Sachverhalt

1. Die Antragstellerin befasst sich seit den 60er Jahren mit der Vermietung von Kraftfahrzeugen, insbesondere im Bereich des Unfallersatzwagengeschäfts. Die Antragstellerin unterhält 14 Außenstellen (Agenturen). Für sie sind in dem Geschäftsbereich Unfallersatzwagen z. Zt. 32 Arbeitnehmer tätig.

Ein wesentlicher Teil des Geschäfts im Unfallersatzwagenbereich besteht darin, dem unfallgeschädigten Kunden die Abwicklung seines Unfallschadens vorzufinanzieren, welcher häufig mehrere tausend bis mehrere zehntausend DM betragen kann. Gerade bei Verkehrsunfällen sind vielfach die Geschädigten nicht in der Lage, bis zur Leistung des gegnerischen Haftpflichtversicherers die notwendigen Mittel für die Reparatur ihres Fahrzeuges, die Anmietung eines Ersatzwagens, die Abschleppkosten, Sachverständigengutachten und die Einschaltung eines Rechtsanwalts bereitzustellen.

2. Auf dem Markt besteht eine erhebliche Nachfrage von Geschädigten eines ganz oder überwiegend unverschuldeten Verkehrsunfalls, die sich die zu erwartenden Schadensersatzleistungen vorfinanzieren lassen wollen. So konnte die Antragstellerin im Jahr 19 . . . . ca. 2000 und im Jahr 20 . . . . ca. 2400 mit Kreditverträgen verbundene Mietverträge abschließen. Die durchschnittliche Finanzierungssumme für Fremdleistungen betrug je Mietvertrag in diesen beiden Jahren ca. 3000,– DM.

Glaubhaftmachung: Eidesstattliche Versicherung des Herrn . . . . als Anlage

3. Die Antragstellerin hat im Rahmen ihrer geschäftlichen Tätigkeit bei der Schutzgemeinschaft allgemeine Kreditsicherung (SCHUFA) aufgrund entsprechender vertraglicher Vereinbarungen mit der SCHUFA Auskünfte über potentielle Vertragspartner eingeholt, sofern bei der Kreditantragstellung bestimmte risikoerhöhende Faktoren zu Tage getreten waren. In diesen Fällen teilte die Antragstellerin der SCHUFA den Namen, den Vornamen, das Geburtsdatum und die Adresse des potentiellen Vertragspartners mit und bat um eine Kreditauskunft. Vertragsdaten (d. h. Kreditvolumen, Laufzeit, Sicherheiten, Ratenbeginn etc.) wurden nicht mitgeteilt. Die Antragstellerin hat zu keinem Zeitpunkt andere als die zur Identifizierung ihrer Kunden dienenden Daten an die SCHUFA weitergeleitet oder in sonstiger Weise übermittelt.

Glaubhaftmachung: Wie vor

4. Mit dem angefochtenen Bescheid hat der Antragsgegner die der Antragstellerin erteilte Freistellungsverfügung widerrufen ohne die Antragstellerin zuvor zu der beabsichtigten Maßnahme und der Anordnung der sofortigen Vollziehbarkeit zu hören. Zur Begründung des Widerrufs hat der Antragsgegner ausgeführt: die praktizierte Einholung von Auskünften bei der SCHUFA ohne Einwilligung der Kreditnehmer verstoße gegen datenschutzrechtliche Belange der Kreditnehmer, dadurch sei die Zuverlässigkeit der Geschäftsleitung in Frage gestellt.

Der Antragsgegner hat diese Entscheidung für sofortig vollziehbar erklärt und in diesem Zusammenhang ausgeführt, dass der Schutzzweck des Kreditwesengesetzes ein möglichst schnelles Handeln der Aufsichtsbehörde erfordere. Er würde vereitelt oder zumindest beeinträchtigt werden, wenn die Antragstellerin durch die Ausnutzung der Rechtsmittelfrist erreichen könnte, dass sie trotz fehlender Zuverlässigkeit Bankgeschäfte betreibt.

5. Aufgrund dieser Entscheidung des Antragsgegners ist die Geschäftsfähigkeit der Antragstellerin praktisch zum Erliegen gekommen.

Glaubhaftmachung: Wie vor

II. Zur rechtlichen Würdigung

Der zulässige Antrag ist begründet, denn die Anordnung der sofortigen Vollziehbarkeit gem. § 80 Abs. 2 Nr. 4 VwGO beruht auf einem fehlerhaften Verfahren und ist bereits aus diesem Grunde aufzuheben (dazu 1).); im übrigen ergibt eine summarische Prüfung des angefochtenen Verwaltungsaktes auch in materiell-rechtlicher Hinsicht, dass der Rechtsbehelf in der Hauptsache Erfolg haben wird und daher die Anordnung gem. § 80 Abs. 2 Nr. 4 VwGO keinen Bestand haben kann (dazu 2.). Im Hinblick auf die existenzbedrohenden Auswirkungen der Anordnung der sofortigen Vollziehbarkeit ist der Erlass einer gerichtlichen Zwischenregelung geboten (3.).

1. Die Anordnung der sofortigen Vollziehbarkeit ist aufzuheben, weil die Antragstellerin vor der Entscheidung gem. § 80 Abs. 2 Nr. 4 VwGO nicht angehört worden ist. § 28 VwVfG findet zwar in dem auf Erlass einer Anordnung gem. § 80 Abs. 2 Nr. 4 VwGO gerichteten Verfahren keine direkte Anwendung, da es sich bei dieser Anordnung nicht um einen Verwaltungsakt handelt. Aus rechtsstaatlichen Gründen ist jedoch in entsprechender Anwendung dieser Bestimmung dem Adressaten eines belastenden Verwaltungsaktes regelmäßig vor der beabsichtigten Sofortvollzugsanordnung Gelegenheit zu geben, sich zu den entscheidungserheblichen Tatsachen zu äußern.

– wird ausgeführt, vgl. zur Anhörung *vor Anordnung der sofortigen Vollziehbarkeit J 92, zu den Folgen fehlender Anhörung J 126 –*

Die Anordnung der sofortigen Vollziehbarkeit der angefochtenen Regelung kann aber auch deshalb keinen Bestand haben, weil die materiell-rechtlichen Voraussetzungen gem. § 80 Abs. 2 Nr. 4 i. V. m. Abs. 3 VwGO nicht vorliegen. Nach der klaren gesetzlichen Systematik stellt die aufschiebende Wirkung des Rechtsmittels gem. § 80 Abs. 1 den Regelfall dar, während es sich bei der Anordnung der sofortigen Vollziehbarkeit i. S. d. § 80 Abs. 2 Nr. 4 VwGO um den Ausnahmefall handelt. Dieses vom Gesetz vorgegebene Regel-Ausnahmeverhältnis muss von Verfassungs wegen auch in der Verwaltungspraxis Geltung behalten. Art. 19 Abs. 4 GG verbietet die Umkehrung dieses Regel-Ausnahmeverhältnisses durch eine „großzügigere" Anordnungspraxis (vgl. nur BVerfG, NJW 1974, 227). Die Antragsgegnerin ist dagegen offensichtlich der Auffassung, dass Verfügungen der hier zu beurteilenden Art regelmäßig für sofortig vollziehbar erklärt werden können. Dies ist nicht der Fall, die Anordnung der sofortigen Vollziehbarkeit ist vielmehr aufzuheben, da es an einem spezifischen öffentlichen Interesse, das diese Anordnung rechtfertigen könnte, fehlt.

– wird ausgeführt, vgl. zur formellen Begründung der Anordnung J 93; zu den Folgen einer mangelnden Begründung der Anordnung J 126 –

2. Eine summarische Prüfung des angefochtenen Bescheids ergibt im übrigen, dass dieser rechtswidrig ist:

Die Antragstellerin ist vor Erlass des Verwaltungsaktes nicht ordnungsgemäß gem. § 28 VwVfG angehört worden.

Der Widerruf der Freistellungsverfügung erweist sich im übrigen gem. § 49 Abs. 2 Nr. 1, 2. Alternative VwVfG als rechtswidrig, denn er darf nicht willkürlich erfolgen. Die Antragstellerin ist entgegen der Einschätzung des Antragsgegners nicht unzuverlässig. Die Informationspraxis der Antragstellerin verstößt nicht gegen die Regelungen des Bundesdatenschutzgesetzes (BDSG).

– wird ausgeführt –

3. Die beantragte Zwischenregelung ist gem. Art. 19 Abs. 4 GG geboten, weil sonst befürchtet werden muss, dass durch die Umsatzeinbußen und den Ansehensverlust der

Antragstellerin zum Zeitpunkt einer gerichtlichen Entscheidung gem. § 80 Abs. 5 VwGO bereits irreparable, existenzbedrohende Schäden entstanden sind.

– *vgl.* insbesondere *J 147* –

Zwei Abschriften anbei

Rechtsanwältin

Anmerkungen: Zu den Kriterien einer Entscheidung gem. § 80 Abs. 5 s. J 128 ff.; zum Widerruf einer gewerberechtlichen Genehmigung wegen Unzuverlässigkeit s. K 198 ff.

27. Beispiel: Antrag gem. § 80 Abs. 5 auf Herstellung der aufschiebenden Wirkung eines Nachbarwiderspruchs gegen eine Baugenehmigung (Baustopp)

Verwaltungsgericht
. . . .
. . . .

Datum:

Antrag gem. § 80 Abs. 5 VwGO

der Frau . . . .,

Antragstellerin,

– Verfahrensbevollmächtigter:
Rechtsanwalt . . . .,

gegen

Landratsamt . . . .,

Antragsgegner,

beizuladen:
. . . .

Gegenstandswert: 20 000 DM

Namens und in Vollmacht der Antragstellerin beantrage ich,

die aufschiebende Wirkung des Widerspruchs der Antragstellerin vom . . . . . . gegen die der Beizuladenden am . . . . . . erteilte Baugenehmigung für das Grundstück Eichenallee 21 in . . . . anzuordnen.

Begründung

I. Zum Sachverhalt

1. Die Antragstellerin ist Eigentümerin des Grundstücks Eichenallee 22. Das 3100 m^2 große Grundstück ist mit einem eingeschossigen Einfamilienhaus (Nutzfläche ca. 160 m^2) bebaut, dessen dem Grundstück der Beigeladenen zugewandte Außenwand einen Abstand zur seitlichen Grundstücksgrenze von knapp 20 m einhält.

2. Das Grundstück der Beigeladenen war mit einem Wochenendhaus (Datscha) bebaut. Dieses Gebäude ist abgerissen worden. Das ca. 5000 m^2 große Grundstück soll bebaut werden. Der Antragsgegner hat der Beizuladenden am 15. Juni 20.. antragsgemäß eine Baugenehmigung zur Errichtung von drei Wohngebäuden auf dem Grundstück erteilt.

Alle drei nach den genehmigten Plänen vorgesehenen Gebäude haben einen T-förmigen Grundriss, zwei Vollgeschosse (Erdgeschoss und 1. OG) sowie ein Kellergeschoss und ein ca. vier Meter hohes Satteldach. In jedem der Gebäude sollen acht Wohneinheiten untergebracht werden, und zwar zwei im Kellergeschoss, das somit teilweise zu Wohnzwecken ausgebaut werden soll, sowie jeweils drei Wohneinheiten im Erdgeschoss und im 1. OG.

Das entlang der Grenze zum Grundstück der Antragstellerin zu errichtende Gebäude verfügt über eine Außenwand von 24,36 m. Zur Nachbargrenze ist ein Abstand von ca. 6 m vorgesehen. Eine genaue Eintragung fehlt im Lageplan. Der Abstand zwischen dem Fußboden des Erdgeschosses und der Oberkante der Decke im 1. OG beträgt 5,60 m. Der Dachraum hat eine Höhe von 4 m, wobei das Dach eine Neigung von 60° aufweisen soll.

Das Baugrundstück ist nicht eben, es fällt vielmehr in östlicher Richtung stark, und zwar um mehr als 2 m, ab.

Glaubhaftmachung: Eidesstattliche Versicherung der Antragstellerin vom ......, Anlage

Das Grundstück ist offensichtlich nicht eingemessen worden; der genehmigte Lageplan enthält keine Höhenmesspunkte. Der Antragsgegner hat im Rahmen des Baugenehmigungsverfahren die Geländeoberfläche nicht förmlich festgelegt.

3. Die Antragstellerin hat gegen die ihr zugestellte Baugenehmigung beim Antragsgegner Widerspruch eingelegt, Kopie als Anlage.

Die Bauarbeiten auf dem Grundstück Eichenallee 21 haben begonnen, z. Zt. wird die Baugrube ausgeschachtet.

II. Zur rechtlichen Würdigung

Dem von der Antragstellerin eingelegten Widerspruch kommt gem. § 212 a BauGB keine aufschiebende Wirkung zu. Die aufschiebende Wirkung muss daher durch die gerichtliche Entscheidung gem. §§ 80 a Abs. 3 i. V. m. § 80 Abs. 5 VwGO angeordnet werden, da schon bei nur summarischer Prüfung erkennbar wird, dass der angefochtene Verwaltungsakt rechtswidrig ist und die Antragstellerin in ihren Rechten verletzt.

1. Der vorgesehene Bau hält die gem. § 6 BauO erforderliche Abstandfläche zum Nachbargrundstück der Antragstellerin nicht ein.

a) Die im vorliegenden Fall einzuhaltende Abstandfläche beträgt gem. § 6 Abs. 5 BauO 1 H. Gem. § 6 Abs. 4 BauO bemisst sich die Tiefe der Abstandfläche nach der Wandhöhe. Als Wandhöhe gilt der Abstand zwischen der festgelegten Geländeoberfläche und der Schnittfläche der Außenfläche der Wand mit der Dachhaut bzw. dem oberen Abschluss der Wand. Eine Anwendung dieser Regel auf den vorliegenden Fall ist allerdings mit letzter Genauigkeit nicht möglich, da es an der Festlegung der Geländeroberfläche mangelt. Schon aus diesem Grunde hätte die angefochtene Baugenehmigung nicht erteilt werden dürfen. In jedem Fall, in dem die rechnerische Festlegung der Geländeoberfläche für die Baugenehmigung von Bedeutung ist, muss die Behörde hierüber eine Entscheidung treffen (vgl. nur *OVG Münster,* BauR 94, 750). Unterlässt die Behörde wie hier eine solche Entscheidung, dann führt bereits dieser Nichtgebrauch des der Behörde insoweit zustehenden Ermessens zur Rechtswidrigkeit der Baugenehmigung und zu einer Verletzung der Nachbarrechte.

b) Aus den gesamten Umständen des hier zu beurteilenden Falles lässt sich jedoch die Schlussfolgerung ziehen, dass die einzuhaltende Abstandfläche hier mindestens 8,80 m betragen muss. Dies ergibt sich aus folgender Überlegung:

– *wird ausgeführt* –

2. Die Antragstellerin wird durch die angefochtene Baugenehmigung in ihren Rechten als Nachbareigentümerin verletzt. Zu den nachbarschützenden Vorschriften im Baurecht gehören anerkanntermaßen insbesondere auch die Vorschriften über die einzuhaltenden Abstandflächen (vgl. nur OVG Münster, BauR 1985, 553).

Zwei Abschriften anbei

3. Die Antragstellerin veranschlagt die im Falle der Bestandskraft und Ausnutzung der angefochtenen Baugenehmigung eintretende Wertminderung ihres Grundstücks auf mindestens 25 000 Euro. Der Streitwert beträgt mithin gem. § 20 Abs. 3 GKG i. V. m. § 13 Abs. 1 Satz 1 GKG 25 000 Euro (vgl. auch Streitwertkatalog 1996, Vorbemerkung 7 und Einzelgebiet 7.6.1.).

Rechtsanwalt

Anmerkungen: Zu den Kriterien einer Entscheidung gem. § 80 Abs. 5 s. J 101 ff.; zum vorläufigen Rechtsschutz des Nachbarn s. K 17 ff.; konkret zu der hiesigen Fallkonstellation s. K 81 ff.; zum Streitwert s. H 44 f., H 73 und H 85.

28. Beispiel: Abänderungsantrag gem. § 80 Abs. 7 (Aufhebung Baustopp)

Verwaltungsgericht
. . . .
. . . .

Datum:

In der Verwaltungsstreitsache
. . . .

gegen

. . . .
Beigeladener: . . . .
Az.: . . . .,
beantragen wir für die Beigeladene

> den Beschluss der erkennenden Kammer vom . . . . zu ändern und die Entscheidung über die Herstellung der sofortigen Vollziehbarkeit des Widerspruchs der Antragsteller gegen die dem Beigeladenen erteilten Baugenehmigung des Antragsgegners vom . . . . aufzuheben.

Begründung

Die erkennende Kammer hat zunächst dem Antrag des Antragstellers entsprochen und gem. § 80 Abs. 5 die aufschiebende Wirkung seines Widerspruchs gegen die dem Beigeladenen erteilte Baugenehmigung hergestellt.

In der Hauptsache hat die Kammer sodann die Anfechtungsklage des hiesigen Antragstellers gegen die dem Beigeladenen erteilte Baugenehmigung abgewiesen. In dieser Situation muss der Antrag gem. § 80 Abs. 7 Erfolg haben. Im einzelnen:

1. Anspruch auf eine Abänderungsentscheidung gem. § 80 Abs. 7

Die Entscheidung im Verfahren gem. § 80 Abs. 5 wird aufgrund summarischer Prüfung und möglicherweise im Ergebnis einer Interessenabwägung getroffen. Die Grundlagen eines solchen Beschlusses können sich in dem häufig längeren Zeitraum bis zur Entscheidung in der Hauptsache ändern. Der Gesetzgeber trägt durch die dem Gericht in § 80 Abs. 7 eingeräumte Änderungsbefugnis diesem Umstand Rechnung. Beschlüsse gem. § 80 Abs. 5 werden nicht materiell rechtskräftig. Das Gericht kann Beschlüsse über Anträge nach § 80 Abs. 5 jederzeit ändern oder aufheben.

Regelmäßig kommt gem. § 80 Abs. 7 Satz 1 nur eine Abänderung von Amts wegen in Betracht. Zu denken ist insbesondere an Situationen, in denen das Gericht bei gleichbleibenden Umständen die Rechtslage jetzt anders beurteilt oder die Interessenabwägung korrigieren will.

§ 80 Abs. 7 Satz 2 normiert dagegen einen Anspruch des antragstellenden Beteiligten auf eine Abänderungsentscheidung. (OVG Hamburg, 3. 2. 1995 – Bs VII 2/95 – NVwZ 95, 1004 = DVBl. 95, 930 = DÖV 95, 1055 [Ls.]). Ein solcher Anspruch ist gegeben, wenn veränderte Umstände vorliegen. Damit ist eine Veränderung der Prozess-, Sach- und Rechtslage angesprochen. Die Prozesslage ändert sich in diesem Sinne in jedem Falle dadurch, dass der Hauptsache eine Entscheidung ergeht. (BVerwG, 21. 7. 1994–4 VR 1/94 – NVwZ 95, 383).

Geht man von den soeben dargestellten Grundsätzen aus, so kann die Beigeladene eine Abänderungsentscheidung verlangen. Dieser Anspruch ergibt sich aus der Veränderung der Prozesslage. Besonderes Gewicht hat hier gerade die vorliegende Konstellation, in der nach der ursprünglichen Entscheidung über den Antrag gem. § 80 Abs. 5 VwGO eine auf einer abweichenden Beurteilung beruhende Entscheidung in der Hauptsache ergangen ist.

2. Entscheidungsmaßstab der Entscheidung gem. § 80 Abs. 7

Der Streitgegenstand des Verfahrens gem. § 80 Abs. 7 ist derselbe wie im Ausgangsverfahren; es ist also eine erneute Entscheidung über den Antrag gem. § 80 Abs. 5 zu treffen. Dabei gilt derselbe Entscheidungsmaßstab wie im ursprünglichen Verfahren:

Zunächst werden summarisch die Aussichten des Rechtsbehelfs bewertet. Ist der Rechtsbehelf offenbar aussichtslos, so wird die Aussetzung (erneut) abgelehnt, weil das Suspensivinteresse des Betroffenen dann hinter dem öffentlichen Interesse an der sofortigen Vollziehbarkeit des Verwaltungsaktes zurücktritt.

Ist der Rechtsbehelf dagegen aussichtsreich, weil der Verwaltungsakt fehlerhaft ist, so wird die Vollziehung ausgesetzt, weil an der Vollziehung eines fehlerhaften Verwaltungsaktes kein öffentliches Interesse besteht.

Wenn zwischen dem ursprünglichen Beschluss gemäß § 80 Abs. 5 VwGO und der zu treffenden Abänderungsentscheidung gemäß § 80 Abs. 7 VwGO ein langer Zeitraum liegt, wird es regelmäßig zu einer erheblichen Veränderung der Entscheidungsgrundlagen kommen. Die summarische Prüfung hat dann selbstverständlich auf der Basis dieser besseren Kenntnis des entscheidungserheblichen Sachverhalts zu erfolgen. In besonderem Maße gilt dies, wenn die Abänderungsentscheidung zu treffen ist, nachdem die Klage in der Hauptsache Erfolg gehabt hat. Bei der summarischen Prüfung der Erfolgsaussichten des Rechtsbehelfs sind die Feststellungen im parallelen Hauptsacheverfahren von bestimmender Bedeutung. Sofern aufgrund dieser Feststellung der angegriffene Verwaltungsakt als rechtswidrig anzusehen ist, muss dies regelmäßig auf die Entscheidung gemäß § 80 Abs. 7 durchschlagen.

Der Antrag gem. § 80 Abs. 7 muss nach alledem Erfolg haben.

Abschrift anbei

Rechtsanwalt

Anmerkung: Allgemein zu den Kriterien einer Entscheidung gem. § 80 Abs. 7 s. J 165.

28 a. Beispiel: Antrag gem. § 80 b Abs. 2 auf Anordnung der fortdauernden aufschiebenden Wirkung der Anfechtungsklage

Oberverwaltungsgericht
. . . .
. . . .

Datum:

In der Verwaltungsstreitsache

A. B./Kreis ...
Az. des Berufungsverfahrens

beantrage ich,

anzuordnen, dass die aufschiebende Wirkung der Anfechtungsklage gegen die Beseitigungsverfügung des Beklagten vom 20. Mai 1999 andauert.

Begründung

I.

Der Beklagte hat mit Verfügung vom die Beseitigung der Jagdhütte auf dem Grundstück – *Grundbuchbezeichnung* – verfügt, das im Eigentum des Klägers steht. Der Widerspruch gegen diese Verfügung hatte keinen Erfolg. Das Verwaltungsgericht hat die Anfechtungsklage des Klägers mit Urteil vom 27. August 2001 abgewiesen. Das vollständige Urteil ist am 19. September 2001 zugestellt worden.

Das Verwaltungsgericht hatte die Berufung nicht zugelassen. Der Kläger hat daher beim erkennenden Senat mit Schriftsatz vom 14. Oktober 2001 die Zulassung der Berufung beantragt und diesen Antrag zugleich begründet.

II.

Bei wortgetreuer Anwendung von § 80 b Abs. 1 Satz, 2. Alt. ist davon auszugehen, dass die fortdauernde Wirkung der Anfechtungsklage bis zum Ablauf der Berufungsbegründungsfrist andauert. Solange das Zulassungsverfahren beim erkennenden Senat noch nicht entschieden ist, dauert die aufschiebende Wirkung der Anfechtungsklage also fort.

Wir verkennen allerdings nicht, dass in der Rechtsprechung insoweit auch auf das Ende der Begründungsfrist für den Zulassungsantrag abgestellt wird. Danach entfiele hier die aufschiebende Wirkung der Klage am 19. Februar 2002.

Die Gewährleistung effektiven Rechtsschutzes gebietet die gerichtliche Anordnung der aufschiebenden Wirkung: die Beseitigung der Jagdhütte würde zu einem irreparablen Schaden führen. Vorsorglich weisen wir darauf hin, dass die Anordnung ohnehin zu erfolgen hat, wenn der Senat die Berufung zulässt (*OVG Bremen,* 13. 12. 1999–1 B 422.99 – NVwZ 00, 942; *OVG Koblenz,* 13. 11. 1998–7 B 12224.98 – NVwZ 99, 896.)

Abschrift anbei

Rechtsanwalt

Anmerkungen: s. oben J 16ff.; zum Antrag gem. § 80b Abs. 2 s. F 26.

29. Beispiel: Antrag auf Erlass einer einstweiligen Anordnung gem. § 123 (Stellenbesetzungsverbot im Beamtenrecht, vor Kenntnis des Auswahlvorgangs)

Verwaltungsgericht
. . . .
. . . .

Datum:

Antrag auf Gewährung vorläufigen Rechtsschutzes gem. § 123 VwGO

des . . . . , ...

Antragstellers,

– Verfahrensbevollmächtigte:
Rechtsanwältin . . . . , ... –

gegen

Land Berlin, vertreten durch . . . .

Antragsgegner

Namens und im Auftrage des Antragstellers beantrage ich,

> dem Antragsgegner im Wege der einstweiligen Anordnung vorläufig zu untersagen, die unter der Kennziffer 64/01 im Amtsblatt für . . . . 52. Jahrgang, Nr. 3, vom . . . ., ausgeschriebene Stelle einer Schulrätin/eines Schulrats mit dem ausgewählten Mitbewerber zu besetzen, bis über den Widerspruch des Antragstellers gegen den Bescheid vom . . . . rechtskräftig entschieden worden ist.

Begründung

Der Antragsteller begehrt vorläufigen Rechtsschutz gegen die bevorstehende Besetzung der im Antrag bezeichneten Stelle mit dem ausgewählten Mitbewerber. Im einzelnen:

I.

1. Der Antragsteller bewarb sich mit dem als Anlage AS 1 beigefügten Schreiben vom . . . . um die im Amtsblatt für Berlin vom . . . . unter der Kennzahl 64/01 ausgeschriebene Stelle einer Schulrätin/eines Schulrates beim Bezirksamt . . . . von Berlin. Eine Ablichtung der Ausschreibung fügen wir als Anlage AS 2 bei.

2. Zu einem Bewerbergespräch am . . . . waren insgesamt fünf Mitbewerber um die ausgeschriebene Stelle geladen; die Befragung erfolgte durch den Leitenden Schulrat, die amtierende Schulrätin (Gymnasium), den Schulrat (Realschule), die bezirkliche Gleichstellungsbeauftragte sowie den Amtsleiter der Abteilung Volksbildung. Dem Antragsteller wurden ca. 50 Minuten Fragen zu den folgenden Themen gestellt:
– Bewerbermotivation und Ziele;
– innere Schulangelegenheiten/Schulaufsicht,

– äußere Schulangelegenheiten,
– organisatorische Fragen gymnasiale Oberstufe,
– aktuelle Fragen der Schulpolitik.

Auf telefonische Nachfrage teilte der Leitende Schulrat dem Antragsteller am .... mit, dass der Antragsteller bei dieser Bewerberrunde mit weitem Abstand vorne gelegen habe; dies sei von allen fünf Mitgliedern der Bewerbungskommission so gesehen worden. Allerdings wolle der Stadtrat, der an dem Bewerbergespräch nicht teilgenommen hatte, sich noch ein persönliches Bild machen.

3. Zur Überraschung des Antragstellers passierte in der Folgezeit nichts. Der Stadtrat bat den Antragsteller nicht zu einem Gespräch, auch das Schulamt meldete sich nicht; auf telefonische Nachfrage am .... verhielt sich der Leitende Schulrat eher reserviert und teilte nur mit, dass die Bezirksamtsvorlage noch nicht fertiggestellt sei.

4. Nachdem der Antragsteller auch in der Folgezeit keine Nachricht über den Ausgang des Bewerberverfahrens erhielt, entschloss er sich, den Stadtrat am .... in dessen Sprechstunde aufzusuchen. Der Stadtrat teilte dem Antragsteller mit, dass die Bezirksamtsvorlage drei Namen in Rangfolge nennen werde, darunter auch den des Antragstellers. Der Antragsteller hatte nach diesem Gespräch den Eindruck, dass eine weibliche Mitbewerberin den Vorzug erhalten sollte.

Um sicherzustellen, dass seine Bewerbung rechtzeitig beschieden werde, wandte sich der Antragsteller mit dem als Anlage AS 3 beigefügten Schreiben vom .... an den Stadtrat. Mit dem als Anlage AS 4 beigefügten Schreiben vom .... wurde der Antragsteller dahingehend beschieden, dass seine Bewerbung keine Berücksichtigung gefunden habe.

Durch seine Bevollmächtigte ließ der Antragsteller gegen den Bescheid vom .... mit dem als Anlage AS 5 beigefügten Schreiben vom .... Widerspruch einlegen, über den noch nicht entschieden ist.

II.

Der Antragsteller hat aus dem bisherigen Gang des Bewerbungsverfahrens den deutlichen Eindruck gewonnen, dass entgegen der klaren Würdigung des Bewerbergespräches durch die Teilnehmer an diesem Gespräch ein Mitbewerber oder eine Mitbewerberin den Vorzug erhalten soll, obwohl dem Antragsteller mitgeteilt worden war, dass er sich in dem Bewerbergespräch als der geeigneteste Bewerber erwiesen habe. Weiterer Vortrag zum Auswahlverfahren und zur Qualifikation des Antragstellers sowie des ausgewählten Mitbewerbers soll erfolgen, sobald ich Gelegenheit hatte, den Stellenbesetzungsvorgang und die beizuziehenden Verwaltungsvorgänge einzusehen. Ich beantrage bereits jetzt,

mir gemäß § 100 VwGO Akteneinsicht in sämtliche beizuziehenden Verwaltungsvorgänge zu gewähren. Ich verbinde dies mit der Bitte, es mir nachzulassen, die Akten für ein bis zwei Tage mit in die Kanzlei nehmen zu dürfen.

III.

Ich bitte das Gericht, eine Zusicherung des Antragsgegners einzuholen, wonach die Stelle bis zur Entscheidung über den vorliegenden Antrag auf Gewährung vorläufigen Rechtsschutzes nicht besetzt wird. Hilfsweise beantrage ich,

dem Antragsgegner im Wege einer Zwischenregelung zu untersagen, die streitbefangene Stelle mit dem ausgewählten Mitbewerber zu besetzen.

Abschrift anbei

Rechtsanwältin

Anmerkungen: Zum Antrag gem. § 123 s. J 178 ff.; zum vorläufigen Rechtsschutz bei der Beförderungskonkurrenz s. K 206 ff.; speziell zur Reichweite des Akteneinsichtsrechts in derartigen Fällen s. K 237.

30. Beispiel: Antrag auf Erlass einer einstweiligen Anordnung gem. § 123 (Stellenbesetzungsverbot im Beamtenrecht, nach Kenntnis des Auswahlvorganges)

Verwaltungsgericht
. . . .
. . . .

Datum:

Antrag auf Gewährung vorläufigen Rechtsschutzes gem. § 123 VwGO

des . . . .
. . . .

Antragsteller,

– Verfahrensbevollmächtigte:
Rechtsanwalt . . . .
. . . .

gegen

das Land . . . ., dieses vertreten durch . . . .

Antragsgegner.

Namens und im Auftrage des Antragstellers beantrage ich,

den Antragsgegner im Wege der einstweiligen Anordnung zu verpflichten, den für eine Hauptabteilungsleiterstelle in der Staatsanwaltschaft bei dem Landgericht . . . . ausgewählten Bewerber . . . . nicht zu ernennen, bis über den Widerspruch des Antragstellers gegen die Auswahlentscheidung rechtskräftig entschieden worden ist.

Begründung

Der Antragsteller ist Oberstaatsanwalt und leitet eine Abteilung in der Staatsanwaltschaft bei dem Landgericht . . . .

Bei der Staatsanwaltschaft bei dem Landgericht . . . . ist eine Hauptabteilungsleiterstelle ausgeschrieben worden. Der Antragsteller hat sich um diese Stelle beworben. Der Antragsgegner hat dem Antragsteller mitgeteilt, dass die Ernennung von Herrn Oberstaatsanwalt . . . . zum Hauptabteilungsleiter bevorstehe, vgl. Schreiben des Antragsgegners vom . . . . – Eingang am selben Tage –, Anlage AS 1. Gegen diese Entscheidung, die er für beamtenrechtlich fehlerhaft hält, wendet sich der Antragsteller mit dem vorliegenden Antrag.

I. Zum Sachverhalt

Der entscheidungserhebliche Sachverhalt ergibt sich vollständig aus den Personalakten des Antragsstellers und des Beizuladenden . . . . sowie aus dem Auswahlvorgang. Die erkennende Kammer wird diese Vorgänge beiziehen. Zur Verdeutlichung der rechtlichen Argumentation des Antragstellers ist im nachfolgenden auf den beruflichen Werdegang der konkurrierenden Bewerber und den Ablauf des Auswahlverfahrens einzugehen.

1. Zunächst zum beruflichen Werdegang des Antragstellers und des Beizuladenden:
a) Der im Jahre . . . . . . geborene Antragsteller trat im . . . . . . – zunächst in . . . . . . – in den Justizdienst ein, wo er folgende berufliche Entwicklung nahm:

– wird ausgeführt –

Der Antragsteller wurde im Rahmen der Regelbeurteilungen seit . . . . . . stets mit „hervorragend" beurteilt, letztmalig . . . . . .
b) Der . . . . . . geborene Beizuladende . . . . . . trat im Jahre . . . . . . in den Justizdienst des Landes . . . . . . ein und nahm folgende berufliche Entwicklung:

– wird ausgeführt –

Der Beizuladende ist erstmals . . . . . . in einer Regelbeurteilung mit „hervorragend" beurteilt worden.

2. Die Stelle des Hauptabteilungsleiters in der Staatsanwaltschaft bei dem Landgericht . . . . . . wurde ausgeschrieben. Neben dem Antragsteller haben sich weitere sechs Staatsanwälte um die Stelle beworben. Im Rahmen des Auswahlverfahrens erstattete zunächst der Generalstaatsanwalt bei dem Landgericht . . . . . . einen Bericht *(vgl. Auswahlvorgang)*. In diesem Bericht stellte der Generalstaatsanwalt hinsichtlich des Antragstellers eingangs fest:

„Für Oberstaatsanwalt . . . . . . muss ich einen neuen Personal- und Befähigungsnachweis nachreichen, weil sein früherer Hauptabteilungsleiter, Herr Leitender Oberstaatsanwalt . . . . . ., bis zum . . . . . . Urlaub hat, und ich seine vorbereitende Äußerung zur dienstlichen Beurteilung einholen möchte."

Der Beizuladende . . . . . . ist vom Generalstaatsanwalt als für die Leitung der in Rede stehenden Hauptabteilung besonders geeignet beurteilt worden.

Die Ernennung des Beizuladenden . . . . . . ist in der Personalkommission (PK) der Landesregierung behandelt worden. In diesem Gremium werden von der Landesregierung zu treffende Personalentscheidungen von Vertretern der beteiligten Ressorts vorberaten. Das Ministerium der Justiz fügte seiner Entscheidungs-Vorlage an die PK in dieser Sache eine Anlage bei, in der es über den Beizuladenden . . . . . . resümierend heißt:

„Nach alledem ist ihm der Vorzug gegenüber den nichtberücksichtigten Mitbewerbern zu geben, da diese leistungsmäßig und hinsichtlich ihrer Erfahrung deutlich hinter Herrn . . . . . . zurücktreten."

Der Antragsteller muss davon ausgehen, dass sich die Landesregierung in ihrer Sitzung am . . . . . . den Vorschlag der Personalkommission im Ergebnis und in deren Begründung zu eigen gemacht hat.

Den Unterlagen, die dem Antragsteller vor dem Verfahren zugänglich gemacht worden sind, ist nicht zu entnehmen, ob und wenn ja in welcher Form der jüngste Personalbefähigungsnachweis des Antragstellers in das Auswahlverfahren eingeführt worden ist; in diesem Nachweis vom . . . . . . ist der Antragsteller wiederum mit „hervorragend" beurteilt worden, ferner wurden seine Führungsqualitäten als „ausgezeichnet" bewertet.

II. Zur rechtlichen Würdigung

Der Antrag auf Erlass der einstweiligen Anordnung gem. § 123 Abs. 1 VwGO ist begründet. Die vom Antragsteller begehrte vorläufige Untersagung der vom Antragsgegner beabsichtigten Stellenbesetzung mit dem Beizuladenden ist geboten, weil der Antragsteller nach summarischer Prüfung glaubhaft machen kann, dass sein aus Art. 33

Abs. 2 GG abzuleitendes, subjektives, öffentliches Recht auf fehlerfreie Entscheidung über seine Bewerbung durch die getroffene Auswahlentscheidung verletzt wird.

Der Antragsteller verkennt nicht, dass der Dienstherr bei der Auswahl unter den Bewerbern für eine Beförderungsstelle einen weiten Ermessensspielraum hat, der eine Vielzahl möglicher sachlicher Erwägungen umfasst. Bei der anhand des Leistungsgrundsatzes vorzunehmenden Bewertung der Bewerber steht ihm eine Beurteilungsermächtigung zu, weshalb der Dienstherr insbesondere die Bestimmung und Gewichtung der verschiedenen in Betracht kommenden Auswahlkriterien vornehmen kann. Die Beurteilung der Bewerber für einen ausgeschriebenen Dienstposten ist deshalb gerichtlich nur daraufhin nachprüfbar, ob der Dienstherr den gesetzlichen Rahmen seiner Beurteilungsermächtigung verkannt hat, von einem in wesentlichen Punkten falschen Sachverhalt ausgegangen ist, allgemein gültige Wertmaßstäbe nicht berücksichtigt oder sachwidrige Erwägungen angestellt hat oder verfahrensfehlerhaft vorgegangen ist.

Legt man diesen Maßstab zugrunde, so erweist sich die getroffene Auswahlentscheidung aus verschiedenen Gründen als rechtswidrig:

1. Die Auswahlentscheidung beruht nicht auf einer hinreichenden Beurteilungsgrundlage, denn zu dem Zeitpunkt, als der Generalstaatsanwalt bei dem Landgericht seinen Besetzungsvorschlag unterbreitete, lag eine aktuelle dienstliche Beurteilung des Antragstellers nicht vor.

– wird ausgeführt, vgl. zur Bedeutung dienstlicher Beurteilungen bei der Auswahlentscheidung K 237 –

2. Die Auswahlentscheidung ist aber auch deshalb fehlerhaft, weil sie gegen allgemein gültige beamtenrechtliche Wertmaßstäbe verstößt. Nach dem von Verfassungs wegen geltenden Grundsatz der Bestenauslese hat die Auswahl zwischen mehreren Bewerbern nach Maßgabe der fachlichen Leistung zu erfolgen. Es mag hier dahinstehen, ob dem Antragsteller in dieser Situation schon deshalb der Vorrang einzuräumen ist, weil er bereits seit . . . . – und damit mehr als vier Jahre länger als der Beizuladende . . . . – mit „hervorragend“ beurteilt worden ist. Ausschlaggebend ist jedenfalls, dass bei gleicher fachlicher Eignung und Leistung die Auswahlentscheidung unter Beachtung des Laufbahnprinzips erfolgen muss.

– wird ausgeführt, vgl. zum Laufbahnprinzip K 224 –

3. Nach den landesrechtlichen Bestimmungen ernennt die Landesregierung die Beamten der Landesverwaltung. Zur Landesverwaltung zählen die Ministerien und die ihnen nachgeordneten Behörden. Dazu gehört von Verfassungs wegen auch die Staatsanwaltschaft. Der gesetzlichen Ernennungskompetenz der Landesregierung korrespondiert die Auswahlkompetenz. Dem Antragsteller ist der Inhalt dieser Auswahlüberlegungen auf Regierungsebene bislang nicht bekannt gegeben worden. Der geschilderte Ablauf des Auswahlverfahrens spricht vielmehr dafür, dass jedenfalls zum Zeitpunkt der negativen Entscheidung eine eigene Auswahlentscheidung der Landesregierung nicht gefasst war.

– vgl. zum Gremienvorbehalt bei Personalentscheidungen K 241 –

Zwei Abschriften anbei

Rechtsanwalt

Anmerkungen: Zum Antrag gem. § 123 s. J 178 ff.; zum vorläufigen Rechtsschutz bei der Beförderungskonkurrenz s. K 206 ff.

31. Beispiel: Antrag auf Erlass einer einstweiligen (Sicherungs-) Anordnung gem. § 123 (Einhaltung der einer Berufung beigegebenen Ausstattungszusage an einen Hochschullehrer)

⌈ ⌉

Verwaltungsgericht

. . . .

. . . .

⌊ ⌋ Datum:

Antrag auf Erlass einer einstweiligen Anordnung gem. § 123 VwGO

des . . . .

. . . .

Antragstellers,

– Verfahrensbevollmächtigter: RA . . . .

gegen

. . . . Universität, diese vertreten durch . . . . . .

Antragsgegnerin

Namens und im Auftrag des Antragstellers beantragen wir,

der Antragsgegnerin im Wege der einstweiligen Anordnung aufzugeben, die zum . . . . beendeten Arbeitsverträge von zwei studentischen Hilfskräften am Lehrstuhl des Antragstellers mit einem Umfang von je 40 Stunden pro Monat ab dem . . . . vorläufig zu verlängern.

Begründung

Der Antragsteller begehrt vorläufigen Rechtsschutz gegen den Bruch einer Berufungszusage durch die Antragsgegnerin. Im einzelnen ist folgendes auszuführen:

I.

1. Der Antragsteller trat zum . . . . eine Professur für bürgerliches Recht – Lehrstuhl für Familienrecht bei der Antragsgegnerin an. Grundlage der Annahme des dem Antragsteller erteilten Rufs waren die Berufungszusagen, die der Kanzler der Antragsgegnerin dem Antragsteller mit Schreiben vom . . . . – in Kopie als Anlage – erteilte. In diesem Schreiben heißt es u. a.:

„Die Universität kann Ihnen folgende personelle Ausstattung zusagen:
– Mittel für studentische Hilfskräfte in einer Größenordnung von 80 h/Monat."

Diese Zusage war weder befristet, noch an Bedingungen geknüpft. Da studentische Hilfskräfte mit einer Beschäftigungsdauer von je 40 Stunden im Monat angestellt werden, konnten mit den zugesagten Mitteln zwei studentische Hilfskräfte beschäftigt werden.

2. Die Stellen für studentische Hilfskräfte am Lehrstuhl des Antragstellers waren bis zum 28. Februar 20 . . . . wie folgt besetzt:

– wird ausgeführt –

Die Arbeitsverträge waren bis zum 28. Februar 20. . .. befristet; dies geschah aus – so die Antragsgegnerin „verwaltungstechnischen Gründen".

3. Der Antragsteller erhielt am 2. Februar 20 . . . . das als Anlage beigefügte Rundschreiben „Haushaltswirtschaft 20 . . . ." der Antragsgegnerin. Mit diesem Rundschreiben wird der Antragsteller darüber informiert, dass bis zur Beschlussfassung über einen ersten Nachtragshaushalt des Landes analog zur vorläufigen Haushaltswirtschaft zu verfahren sei. Dazu gehöre auch die Nichtbesetzung freier Stellen; das Ministerium für Finanzen habe die Antragsgegnerin darauf hingewiesen, dass

„nur unbedingt notwendige Ausgaben zur Erhaltung bestehender Einrichtungen, zur Erfüllung gesetzlicher Aufgaben und rechtlicher Verpflichtungen . . . . . . geleistet werden dürfen."

Aus dieser Sachlage zieht die Antragsgegnerin die Konsequenz, das Verbot, freie Stellen zu besetzen, gelte grundsätzlich für alle Einrichtungen der Universität mit folgender Ausnahme:

„Erstmalige Einstellung auf Stellen, die im Rahmen von Berufungsverhandlungen als frei besetzbare Stellen zugesagt worden sind. (Dagegen werden frei werdende Stellen, die im Rahmen von Berufungsverhandlungen zugesagt waren, vom Einstellungsstopp erfasst.)"

Dies wird hinsichtlich der studentischen Hilfskräfte weiter wie folgt konkretisiert:

„Die Einstellung von studentischen Hilfskräften, die im Rahmen von Berufungsverhandlungen zugesagt worden sind, ist wegen der entsprechenden rechtlichen Verpflichtung zulässig. Mittel für studentische Hilfskräfte, die wegen Beendigung der Tätigkeit der studentischen Hilfskräfte frei werden, können dagegen nicht in Anspruch genommen werden, dies gilt auch für die Mittel der studentischen Hilfskräfte, die den Fachbereichen global zur Verfügung gestellt werden."

Mit anderen Worten: Die erstmalige Einstellung von studentischen Hilfskräften im Rahmen von Berufungszusagen soll zur Erfüllung rechtlicher Verpflichtungen zulässig sein, die Verlängerung von Arbeitsverhältnissen bereits eingestellter studentischer Hilfskräfte soll dagegen unzulässig sein, selbst wenn diese studentischen Hilfskräfte ebenfalls zur Erfüllung von Berufungszusagen eingestellt worden waren. In der Praxis läuft dies darauf hinaus, dass die Berufungszusagen gegenüber denjenigen Hochschullehrern, die ihre Professur bereits angetreten haben, gebrochen werden, während die Berufungszusagen gegenüber denjenigen Hochschullehrern, die vor Antritt ihrer Professur stehen, eingehalten werden.

4. Mit Schreiben vom 7. Februar 20 . . . . – in Kopie als Anlage AS 4 – beantragte der Antragsteller beim Verwaltungsleiter der juristischen Fakultät die Verlängerung der Beschäftigung der an seinem Lehrstuhl beschäftigten Hilfskräfte.

5. Die Verlängerung der zum 28. Februar 20 . . . . ausgelaufenen Beschäftigungsverhältnisse mit zumindest zwei der studentischen Mitarbeiter ist für die Lehr- und Forschungstätigkeit des Antragstellers von herausragender Bedeutung:

Die studentischen Mitarbeiter betreuen am Lehrstuhl des Antragstellers die gemeinsame Datenbank für die Handapparate des Instituts bzw. für die Literatur des Forschungszentrums Familienrecht.

Die Mitarbeiter haben ferner gemeinsam etwa zu Beginn des Jahres ein Projekt zur Erfassung von Literatur und Rechtsprechung für die zweite Auflage des Handbuchs „Familienrecht" übernommen. Die Arbeiten, die zuvor an der Universität . . . . . . betreut wurden, sind dort inzwischen ausgelaufen. Beide studentischen Mitarbeiter haben inzwischen soviel Routine im Umgang mit den Details der Handbuchstruktur gewonnen, dass von einer zuverlässigen Erfassung aller relevanten Literatur ausgegangen werden kann. Insbesondere das Erfordernis eines nahtlosen Anschlusses der Recherchen bei der Übernahme dieser Arbeit von der Universität . . . . . . nach . . . . . . macht eine kontinuierliche Beschäftigung der Mitarbeiter unabdingbar.

Die herausgehobene Bedeutung einer kontinuierlichen Literaturerfassung für die Fortentwicklung wissenschaftlicher Werke bedarf gegenüber der beschließenden Kammer keiner weiteren Kommentierung. Die Bedeutung dieser Arbeiten ist deutlich daran abzulesen, dass an der Universität . . . . . . 4 Hilfskräfte damit beschäftigt waren, wöchentlich bis zu 30 Seiten (!) Fundstellen in die Datenverarbeitung einzugeben und sie der Struktur des Handbuchs zuzuordnen. Ein Stillstand dieser Arbeiten von nur wenigen Wochen wäre nicht mehr aufzuarbeiten, mit der Folge, dass das Konzept der lückenlosen Erfassung von Rechtsprechung, Literatur und Gesetzgebung nicht mehr realisierbar wäre.

II.

Vor diesem Hintergrund ist die Antragsgegnerin antragsgemäß zu verpflichten, die Beschäftigungsverhältnisse von zwei studentischen Mitarbeitern vorläufig zu verlängern. Im einzelnen ist folgendes auszuführen:

1. Der Anordnungsanspruch des Antragstellers für die begehrte Anordnung ergibt sich aus der Berufungszusage vom 22. April 20 . . . . . . in Verbindung mit § 38 VwVfG.

a) Diese Berufungszusage ist in ihrem Wortlaut und in ihrem Regelungsgehalt eindeutig. Sie wurde darüber hinaus durch das nachfolgende Schreiben des Leiters der juristischen Fakultät vom 2. September 20 . . . . . . ausdrücklich bestätigt, wenn in diesem Schreiben ausgeführt wird, die aus verwaltungstechnischen Gründen befristeten Verträge würden dann „automatisch verlängert".

b) Der Wirksamkeit und der Verbindlichkeit der Zusage können nicht die im Rundschreiben „Haushaltswirtschaft 19 . . . . . ." angeführten Einsparungsgesichtspunkte entgegengehalten werden.

Mit der Frage – so der Leitsatz –,

„ob frühere Vereinbarungen mit Hochschullehrern über Zusagen über finanzielle Mittel gebrochen werden dürfen, wenn neue Vereinbarungen mit anderen Hochschullehrern abgeschlossen werden",

hatte sich das Bundesverwaltungsgericht in der grundlegenden Entscheidung vom 29. April 1982 (NVwZ 1983, S. 546) zu befassen. In der Entscheidung hatte das Bundesverwaltungsgericht zunächst die Vereinbarkeit einer Bestimmung des Hessischen Universitätsgesetzes mit dem Verfassungs- und Bundesrecht zu überprüfen, wonach bei der Verteilung von personellen und sächlichen Mitteln von früheren Vereinbarungen mit Lehrstuhlinhabern abgewichen werden kann, sofern sich die Verhältnisse ändern oder geändert haben. Eine derartige Regelung existiert im hier einschlägigen Hochschulrecht nicht. Aber selbst unter Geltung einer derartigen spezial-gesetzlichen Ermächtigung zum „Bruch" von Berufungszusagen hat das Bundesverwaltungsgericht ausgeführt, dass nur grundlegende Veränderungen, etwa in Gestalt einer grundlegenden Reform des Hochschulrechts, es zulassen könnten, die durch die Berufungszusage gewährte Rechtsposition aufzuheben. Wörtlich führt das Bundesverwaltungsgericht in der Entscheidung aus:

„Zwar würde es das Bundesrecht nicht gestatten, jede mehr oder weniger unerhebliche Änderung der Verhältnisse, wie sie auch unter gleichsam normalen Umständen erfahrungsgemäß immer wieder eintritt . . . . . . zum Anlass zu nehmen, von Berufungsvereinbarungen abzuweichen".

Entscheidender Gesichtspunkt für die Zulässigkeit der Nichterfüllung einer Berufungsvereinbarung oder -zusage ist für das Bundesverwaltungsgericht, dass „auf Berufungsvereinbarungen gegründete Reservate" eine gesetzliche Universitätsreform nicht blockieren dürfen.

Derart grundlegende Veränderungen sind seit Erteilung der Berufungszusage im Jahre 19. . . . . – also vor weniger als zwei Jahren! – nicht eingetreten.

– wird ausgeführt –

c) Die Praxis der Antragsgegnerin, nur solche Berufungszusagen zu erfüllen, die denjenigen Hochschullehrern erteilt wurden, die vor Antritt ihrer Professur stehen, ist ersichtlich rechtswidrig. Auch hierzu gibt das bezeichnete Urteil des Bundesverwaltungsgerichts hinreichenden Aufschluss.

– wird ausgeführt –

2. Dass dem Antragsteller ein Anordnungsgrund zur Seite steht, bedarf keiner weiteren Ausführungen. Eine auch noch mehrwöchige Lücke in der kontinuierlichen Aufarbeitung der Literatur würde zu erheblichen Rückschlägen bei der Arbeit an denjenigen wissenschaftlichen Werken führen, derentwegen der Antragsteller sicherlich auch den Ruf an die . . . . Universität erhalten hat. Diese Aufgaben lassen sich auch nicht mit den übrigen wissenschaftlichen Mitarbeitern – auch nicht übergangsweise – abdecken, weil diese mit Aufgaben in Forschung und Lehre bereits mehr als ausgelastet sind.

III.

Vor diesem Hintergrund bitten wir die beschließende Kammer um eine möglichst rasche Entscheidung. Sollte die Kammer weiteren Vortrag für erforderlich halten, bitten wir zum Zwecke der Beschleunigung um einen entsprechenden telefonischen Hinweis.
Abschrift anbei

Rechtsanwalt

Anmerkungen: S. zu den Voraussetzungen für den Erlass einer Sicherungsanordnung gem. § 123 J 205 ff.; zur konkreten Fallkonstellation s. *OVG Berlin,* 24. 6. 1997 – 4 S 406/96 – NVwZ-RR 97, 712.

32. Beispiel: Antrag auf Festsetzung des Streitwerts

Verwaltungsgericht
....
....

Datum:

In der Verwaltungsstreitsache
AV ./. Land Berlin
– VG . . .-

hatte der Beklagte mit dem streitgegenständlichen Bescheid gem. § 8 Abs. 1 KHG festgestellt, dass das vom Kläger getragene Krankenhaus nicht mehr in den Krankenhausplan des Landes aufgenommen ist. Nachdem der Beklagte diesen Bescheid zurückgenommen hat, hat sich der Rechtsstreit in der Hauptsache erledigt.

Wir erklären den Rechtsstreit für erledigt und beantragen,
dem Beklagten die Kosten des Rechtsstreit aufzuerlegen.

Wir beantragen ferner,
den Streitwert festzusetzen.

Der Beklagte hat sich ohne Änderung der Sach- und Rechtslage in die Rolle der unterlegenen Partei begeben und hat daher die Kosten des Rechtsstreits zu tragen.

Bei der Bemessung des Streitwerts bitten wir zu berücksichtigen:

Nach dem Streitwertkatalog 1996, dort Nr. 20.1., sollen Streitigkeiten über die Aufnahme bzw. Krankenhausbedarfsplanung mit dem Jahresbetrag der Investitionspauschale je Planbett bemessen werden. Wir meinen, dass diese Streitwertbemessung gem. § 13 Abs. 1 GKG die wirtschaftliche Bedeutung der Sache für den Kläger nicht angemessen berücksichtigt. Das Interesse des Klägers wird regelmäßig durch die wirtschaftlichen Auswirkungen der begehrten gerichtlichen Entscheidung bestimmt (BVerwG, NVwZ-RR 96, 237). Streitwertrelevant ist, was der Kläger aufgrund dieser Entscheidung unmittelbar hinzugewinnt oder verliert (BVerwG, Buchholz 360, § 13 GKG Nr. 84).

Die Aufnahme in den Krankenhausplan bzw. das Ausscheiden aus diesem Plan hat unmittelbar zwei Konsequenzen von wirtschaftlicher Bedeutung:

Zum einen begründet die Aufnahme in den Krankenhausplan einen Anspruch des begünstigten Krankenhausträgers auf Investitionsförderung nach Maßgabe der §§ 8 ff. KHG und den diese konkretisierenden Bestimmungen des LKG: Allein diese rechtliche und wirtschaftliche Folge hatten offensichtlich die Verfasser des Streitwertkatalogs im Blick.

Zum anderen lässt die Aufnahme in den Krankenhausplan jedoch gem. § 109 Abs. 1 Satz 2 SGB V kraft Gesetzes einen Versorgungsvertrag zwischen den Landesverbänden der Krankenkassen und den Verbänden der Ersatzkassen einerseits und dem Krankenhausträger andererseits entstehen. Kraft dieses Versorgungsvertrages darf das Krankenhaus Leistungen gegenüber den gesetzlichen Krankenversicherten erbringen. Bei der Bestimmung des Streitwerts ist mithin nicht nur der Jahresbetrag der pauschalen Investitionsförderung, sondern auch der Jahresbetrag des mit den Krankenkassen vereinbarten Budgets zu berücksichtigen.

Auf dieser gesetzlichen Grundlage ist von den folgenden Zahlen auszugehen:

Hinsichtlich der 350 Betten im K.-Krankenhaus belief sich der Jahresanspruch auf Gewährung der pauschalen Investitionsmittel im Jahre 2000 auf . . . DM.

Der Kläger hat ferner mit der Arbeitsgemeinschaft der Krankenkassen für das Jahr 2000 ein Budget in Höhe von . . . Mio. DM vereinbart.

Die Summe dieser beiden Beträge, d. h. . . . DM, entspricht dem Streitwert gem. § 13 Abs. 1 Satz 1 GKG.

Abschrift anbei

Rechtsanwalt

Anmerkungen: Zur Streitwertbemessung s. Kapitel H; zur materiellrechtlichen Problematik s. *Kuhla/Voß,* NZS 00, 216.

33. Beispiel: (Streitwert-)Beschwerde gem. § 146

┌ ┐

Verwaltungsgericht

. . . .

. . . .

└ ┘ Datum:

In der Verwaltungsstreitsache

. . . .

gegen

. . . .

Beigeladener:

Az.: . . . .,

legen wir gegen die Festsetzung des Streitwerts im Beschluss vom 22. Dezember 2001, mit dem der Streitwert für das Verfahren gem. § 80 Abs. 5 auf 30 000 DM festgesetzt worden ist, im Namen des Antragstellers

Beschwerde

ein. Nach dem aktuellen Streitwertkatalog für die Verwaltungsgerichtsbarkeit beträgt der Streitwert einer Nachbaranfechtungsklage regelmäßig 10 000 DM (Streitwertkatalog II 7.6.1., NVwZ 1996, 563). In Verfahren des vorläufigen Rechtsschutzes beträgt der Streitwert in der Regel die Hälfte, vgl. Streitwertkatalog, I. 7.; im vorliegenden Falle entspricht der Streitwert danach also 5000 DM.

Die Wertangaben im Streitwertkatalog enthalten für die Gerichte zwar keine normativen Festsetzungen, sondern stellen lediglich Richtwerte da, an die die Gerichte nicht gebunden sind (OVG Berlin, 2 L 3.97–18. 7. 1997). Danach kommen allerdings Abweichungen nur in Betracht, wenn es sich um eine besondere Fallgestaltung handelt, die hier evident nicht vorliegt.

Abschrift

Rechtsanwalt

Anmerkung: Zum Verfahren der Streitwertbeschwerde im einzelnen H 52 ff.; zum Beschwerdeverfahren im allgemeinen s. F 247.

II. Muster für Honorarvereinbarungen

1. Muster: Vereinbarung eines Zusatzhonorars

Honorarvereinbarung

zwischen Rechtsanwälte . . . .

einerseits

(nachstehend „der Rechtsanwalt")
und . . . .

andererseits
(nachstehend „der Auftraggeber")

wird folgende Zusatzhonorarvereinbarung getroffen:

1. Für die anwaltliche Tätigkeit in dem Verfahren

. . . .

– *um Streitigkeiten über die Reichweite der Honorarvereinbarung vorzubeugen, ist der Mandatsgegenstand und der konkrete Verfahrensabschnitt, für den das Honorar vereinbart werden soll, möglichst präzise zu beschreiben* –

wird vereinbart, dass der Rechtsanwalt zusätzlich zu den ihm gesetzlich zustehenden Anwaltsgebühren ein pauschales Zusatzhonorar von Euro . . . . zzg. der gesetzlichen MwSt. erhält.

2. Das Honorar ist fällig. Der Rechtsanwalt kann Zwischenabrechnungen erteilen.

3. Für alle weiteren Verfahren, insbesondere bei Einleitung von Gerichtsverfahren oder vor Eintritt in eine neue Instanz oder bei Einbeziehung zusätzlicher Streitgegenstände in die anwaltliche Tätigkeit, behält es sich der Rechtsanwalt vor, den Abschluss einer weiteren Honorarvereinbarung vorzuschlagen; mindestens sind in diesen Fällen die gesetzlichen Gebühren zu zahlen.

4. Der Ausgang des Verfahrens ist ohne Einfluss auf die Höhe des Honorars; der Rechtsanwalt hat insbesondere darauf hingewiesen, dass die vorstehende Vereinbarung von der gesetzlichen Regelung abweicht und dass die durch die Vereinbarung entstehenden Mehrkosten auch im Falle des Obsiegens weder vom Gegner noch von einer Rechtsschutzversicherung erstattungsfähig sind. Eine Erstattungsfähigkeit ist allenfalls im Rahmen der gesetzlichen Gebühren gegeben.

5. Die Kostenerstattungsansprüche des Auftraggebers gegenüber dem Gegner, der Justizkasse oder sonstigen erstattungspflichtigen Dritten werden in Höhe der Kostenansprüche des beauftragten Rechtsanwaltes an diesen abgetreten, mit der Ermächtigung, die Abtretung im Namen des Auftraggebers dem Zahlungspflichtigen mitzuteilen.

6. Gemäß § 29 Abs. 1 ZPO ist der Sitz der Anwaltskanzlei als vertraglicher Erfüllungsort gleichzeitig Gerichtsstand für alle Honorarstreitigkeiten, die sich aus dieser Vereinbarung ergeben. . . . ., den . . . .

Rechtsanwälte . . . .

Anmerkung: Vgl. auch 2.–4. Muster, Anh II 2–4; ferner G 90 ff., insbesondere G 128 ff.

2. Muster: Vereinbarung eines Pauschalhonorars

Honorarvereinbarung

zwischen Rechtsanwälte . . . .

einerseits

(nachstehend „der Rechtsanwalt")

und . . . .

andererseits

(nachstehend „der Auftraggeber")

wird folgende Honorarvereinbarung getroffen:

Für die anwaltliche Tätigkeit in dem Verfahren

. . . .

– um Streitigkeiten über die Reichweite der Honorarvereinbarung vorzubeugen, ist der Mandatsgegenstand und der konkrete Verfahrensabschnitt, für den das Honorar vereinbart werden soll, möglichst präzise zu beschreiben –

1. zahlt der Auftraggeber an den Rechtsanwalt anstelle der gesetzlichen Gebühren ein Pauschalhonorar von

Euro . . . .

(in Worten: . . . . Euro),

der Auftraggeber zahlt jedoch mindestens jedoch den Betrag der gesetzlichen Gebühren.

Das Pauschalhonorar umfasst nur die Kosten der anwaltlichen Tätigkeit im Zuge des oben beschriebenen Verfahrens. Für alle weiteren Verfahren, insbesondere bei Einleitung von Gerichtsverfahren, oder bei Eintritt in eine neue Instanz oder bei Einbeziehung zusätzlicher Streitgegenstände in die anwaltliche Tätigkeit, behält es sich der Rechtsanwalt vor, den Abschluss einer weiteren Honorarvereinbarung vorzuschlagen; mindestens sind in diesen Fällen die gesetzlichen Gebühren zu zahlen.

2. Mehrere Auftraggeber haften als Gesamtschuldner.

3. Das Honorar ist fällig. Der Rechtsanwalt kann Zwischenabrechnungen erteilen.

4. Alle Auslagen, wie MwSt, Reisekosten, Tagegelder, Abwesenheitsgelder, Schreibauslagen und dergleichen werden daneben gesondert erstattet. Der Auftraggeber hat dem Rechtsanwalt die Kosten für Abschriften und Ablichtungen, deren Anfertigung sachdienlich war, nach § 27 BRAGO auch dann zu erstatten, wenn es sich nicht um zusätzliche Abschriften und Ablichtungen im Sinne des Gesetzes handelt.

5. Der Rechtsanwalt behält sich vor, für jede weitere Instanz ggfs. eine neue Honorarvereinbarung zu treffen.

6. Der Ausgang des Verfahrens ist ohne Einfluss auf die Höhe des Honorars; der Rechtsanwalt hat insbesondere darauf hingewiesen, dass die vorstehende Vereinbarung von der gesetzlichen Regelung abweicht und dass durch die Vereinbarung entstehende etwaige Mehrkosten auch im Falle des Obsiegens weder vom Gegner noch von einer Rechtsschutzversicherung erstattungsfähig sind. Eine Erstattungsfähigkeit ist allenfalls im Rahmen der gesetzlichen Gebühren gegeben.

7. Die Kostenerstattungsansprüche des Auftraggebers gegenüber dem Gegner, der Justizkasse oder sonstigen erstattungspflichtigen Dritten werden in Höhe der Kostenansprüche des beauftragten Rechtsanwaltes an diesen abgetreten, mit der Ermächtigung, die Abtretung im Namen des Auftraggebers dem Zahlungspflichtigen mitzuteilen.

8. Gemäß § 29 Abs. 1 ZPO ist der Sitz der Anwaltskanzlei als vertraglicher Erfüllungsort gleichzeitig Gerichtsstand für alle Honorarstreitigkeiten, die sich aus dieser Vereinbarung ergeben.

......., den

Rechtsanwälte ....

Anmerkung: Vgl. auch G 130–132.

3. Muster: Vereinbarung eines Gegenstandswerts

Honorarvereinbarung

zwischen Rechtsanwälte . . . .

einerseits
(nachstehend „der Rechtsanwalt")

und Herrn . . . .

andererseits
(nachstehend „der Auftraggeber")

wird folgende Honorarvereinbarung getroffen:

Für die anwaltliche Tätigkeit in dem Verfahren
. . . . – *um Streitigkeiten über die Reichweite der Honorarvereinbarung vorzubeugen, ist der Mandatsgegenstand und der konkrete Verfahrensabschnitt, für den das Honorar vereinbart werden soll, möglichst präzise zu beschreiben* –
wird vereinbart, dass der Rechtsanwalt seine ihm zustehenden Anwaltsgebühren nach folgenden Gegenstandswerten abrechnen kann:

1. Die anwaltliche Tätigkeit im Verfahren über . . . . wird nach Streitwerten/Geschäftswerten von Euro . . . . (in Worten: ...) abgerechnet.

2. Der Auftraggeber zahlt jedoch mindestens den Betrag der gesetzlichen Gebühren. Mehrere Auftraggeber haften als Gesamtschuldner.

3. Das Honorar ist fällig. Der Rechtsanwalt kann Zwischenabrechnungen erteilen.

4. Alle Auslagen, wie MwSt, Reisekosten, Tagegelder, Abwesenheitsgelder, Schreibauslagen und dergleichen werden daneben gesondert erstattet. Der Auftraggeber hat dem Rechtsanwalt die Kosten für Abschriften und Ablichtungen, deren Anfertigung sachdienlich war, nach § 27 BRAGO auch dann zu erstatten, wenn es sich nicht um zusätzliche Abschriften und Ablichtungen im Sinne des Gesetzes handelt.

5. Diese Vereinbarung gilt sowohl für die außergerichtliche Tätigkeit als auch für etwaige Schiedsgerichtsverfahren, die von einer der Parteien angestrebt werden; etwaige, sich an ein Schiedsgerichtsverfahren anschließende Gerichtsverfahren gelten als neue Instanz. Beauftragt der Auftraggeber den Rechtsanwalt mit weiteren Angelegenheiten, deren Streitgegenstand über den des oben erwähnten Verfahrens hinausgeht, so handelt es sich um einen Folgeauftrag, der nach den allgemeinen gesetzlichen Bestimmungen gesondert zu honorieren ist; der Rechtsanwalt kann die Mandatsübernahme von dem Abschluss einer neuen Honorarvereinbarung abhängig machen.

6. Der Ausgang des Verfahrens ist ohne Einfluss auf die Höhe des Honorars; der Rechtsanwalt hat insbesondere darauf hingewiesen, dass die vorstehende Vereinbarung von der gesetzlichen Regelung abweicht und dass durch die Vereinbarung entstehende etwaige Mehrkosten auch im Falle des Obsiegens weder vom Gegner noch von einer Rechtsschutzversicherung erstattungsfähig sind. Eine Erstattungsfähigkeit ist allenfalls im Rahmen der gesetzlichen Gebühren gegeben.

7. Die Kostenerstattungsansprüche des Auftraggebers gegenüber dem Gegner, der Justizkasse oder sonstigen erstattungspflichtigen Dritten werden in Höhe der Kostenansprüche des beauftragten Rechtsanwaltes an diesen abgetreten, mit der Ermächtigung, die Abtretung im Namen des Auftraggebers dem Zahlungspflichtigen mitzuteilen.

8. Gemäß § 29 Abs. 1 ZPO ist der Sitz der Anwaltskanzlei als vertraglicher Erfüllungsort gleichzeitig Gerichtsstand für alle Honorarstreitigkeiten, die sich aus dieser Vereinbarung ergeben.

. . . ., den

Rechtsanwälte . . . .

Anmerkung: Vgl. allgemein G 135–137.

4. Muster: Vereinbarung eines Stundenhonorars

Honorarvereinbarung

zwischen Rechtsanwälte . . . .

einerseits

(nachstehend „der Rechtsanwalt")

und . . . .

andererseits

(nachstehend „der Auftraggeber")

wird folgende Honorarvereinbarung getroffen:

Für die anwaltliche Tätigkeit in dem Verfahren

. . . . – *um Streitigkeiten über die Reichweite der Honorarvereinbarung vorzubeugen, ist der Mandatsgegenstand und der konkrete Verfahrensabschnitt, für den das Honorar vereinbart werden soll, möglichst präzise zu beschreiben –*

sowie in allen weiteren mit dem vorstehenden Verfahren in Zusammenhang stehenden Folgeverfahren, auch soweit sie einen anderen oder weitergehenden Streitgegenstand betreffen.

1. Zahlt der Auftraggeber an den Rechtsanwalt anstelle der gesetzlichen Gebühren ein Honorar von Euro . . . . zzg. der gesetzlichen Mehrwertsteuer für 60 Minuten der anwaltlichen Tätigkeit. Die Höhe des Honorars ist von der Art der Tätigkeit unabhängig (z. B. Fahrtzeiten, Terminswahrnehmung, Erstellung von Schriftstücken, Telefonaten, Aktenlektüre etc.), wobei die kleinste Zeiteinheit (Abrechnungseinheit) 5 Minuten beträgt. Der Rechtsanwalt ist berechtigt, seinen zeitlichen Tätigkeitsumfang für jeden einzelnen Arbeitsgang auf volle 5 Minuten aufzurunden.

Der Auftraggeber zahlt jedoch mindestens den Betrag der gesetzlichen Gebühren.

2. Mehrere Auftraggeber haften als Gesamtschuldner.

3. Das Honorar ist fällig. Der Rechtsanwalt kann Zwischenabrechnungen erteilen.

4. Alle Auslagen, wie MwSt, Reisekosten, Tagegelder, Abwesenheitsgelder, Schreibauslagen und dergleichen werden daneben gesondert erstattet. Der Auftraggeber hat dem Rechtsanwalt die Kosten für Abschriften und Ablichtungen, deren Anfertigung sachdienlich war, nach § 27 BRAGO auch dann zu erstatten, wenn es sich nicht um zusätzliche Abschriften und Ablichtungen im Sinne des Gesetzes handelt.

5. Der Rechtsanwalt behält sich vor, ein Jahr nach Abschluss dieser Vereinbarung den Abschluss einer modifizierten Honorarvereinbarung vorzuschlagen.

6. Der Ausgang des Verfahrens ist ohne Einfluss auf die Höhe des Honorars; der Rechtsanwalt hat insbesondere darauf hingewiesen, dass die vorstehende Vereinbarung von der gesetzlichen Regelung abweicht und dass durch die Vereinbarung entstehende etwaige Mehrkosten auch im Falle des Obsiegens weder vom Gegner noch von einer Rechtsschutzversicherung erstattungsfähig sind. Eine Erstattungsfähigkeit ist allenfalls im Rahmen der gesetzlichen Gebühren gegeben.

7. Gemäß § 29 Abs. 1 ZPO ist der Sitz der Anwaltskanzlei als vertraglicher Erfüllungsort gleichzeitig Gerichtsstand für alle Honorarstreitigkeiten, die sich aus dieser Vereinbarung ergeben.

. . . ., den

Rechtsanwälte . . . .

Anmerkung: Vgl. allgemein G 138–148.

III. Gesetzestexte

1. Verwaltungsgerichtsordnung (VwGO)

in der Fassung der Bekanntmachung vom 19. März 1991
(BGBl. I S. 686), zuletzt geändert am 20. 12. 2001 (BGBl. I S. 3987)

BGBl. III 340–1

Übersicht

Teil I. Gerichtsverfassung

1. Abschnitt. Gerichte

§ 1. [Unabhängigkeit der Verwaltungsgerichte] Die Verwaltungsgerichtsbarkeit wird durch unabhängige, von den Verwaltungsbehörden getrennte Gerichte ausgeübt.

§ 2. [Gerichte und Instanzen der Verwaltungsgerichtsbarkeit] Gerichte der Verwaltungsgerichtsbarkeit sind in den Ländern die Verwaltungsgerichte und je ein Oberverwaltungsgericht, im Bund das Bundesverwaltungsgericht mit Sitz in Leipzig.

§ 3. [Gerichtsorganisation] (1) Durch Gesetz werden angeordnet

1. die Errichtung und Aufhebung eines Verwaltungsgerichts oder eines Oberverwaltungsgerichts,
2. die Verlegung eines Gerichtssitzes,
3. Änderungen in der Abgrenzung der Gerichtsbezirke,

4. die Zuweisung einzelner Sachgebiete an ein Verwaltungsgericht für die Bezirke mehrerer Verwaltungsgerichte,
4a. die Zuweisung von Verfahren, bei denen sich die örtliche Zuständigkeit nach § 52 Nr. 2 Satz 1, 2 oder 4 bestimmt, an ein anderes Verwaltungsgericht oder an mehrere Verwaltungsgerichte des Landes,
5. die Errichtung einzelner Kammern des Verwaltungsgerichts oder einzelner Senate des Oberverwaltungsgerichts an anderen Orten,
6. der Übergang anhängiger Verfahren auf ein anderes Gericht bei Maßnahmen nach den Nummern 1, 3, 4 und 4a, wenn sich die Zuständigkeit nicht nach den bisher geltenden Vorschriften richten soll.

(2) Mehrere Länder können die Errichtung eines gemeinsamen Gerichts oder gemeinsamer Spruchkörper eines Gerichts oder die Ausdehnung von Gerichtsbezirken über die Landesgrenzen hinaus, auch für einzelne Sachgebiete, vereinbaren.

§ 4. [Präsidium und Geschäftsverteilung] [1]Für die Gerichte der Verwaltungsgerichtsbarkeit gelten die Vorschriften des zweiten Titels des Gerichtsverfassungsgesetzes entsprechend. [2]Die Mitglieder und drei Vertreter des für Entscheidungen nach § 99 Abs. 2 zuständigen Spruchkörpers bestimmt das Präsidium jeweils für die Dauer von vier Jahren. [3]Die Mitglieder und ihre Vertreter müssen Richter auf Lebenszeit sein.

§ 5. [Besetzung und Gliederung der VG] (1) Das Verwaltungsgericht besteht aus dem Präsidenten und aus den Vorsitzenden Richtern und weiteren Richtern in erforderlicher Anzahl.

(2) Bei dem Verwaltungsgericht werden Kammern gebildet.

(3) [1]Die Kammer des Verwaltungsgerichts entscheidet in der Besetzung von drei Richtern und zwei ehrenamtlichen Richtern, soweit nicht ein Einzelrichter entscheidet. [2]Bei Beschlüssen außerhalb der mündlichen Verhandlung und bei Gerichtsbescheiden (§ 84) wirken die ehrenamtlichen Richter nicht mit.

§ 6. [Übertragung auf Einzelrichter, Rückübertragung auf die Kammer]

(1) [1]Die Kammer soll in der Regel den Rechtsstreit einem ihrer Mitglieder als Einzelrichter zur Entscheidung übertragen, wenn
1. die Sache keine besonderen Schwierigkeiten tatsächlicher oder rechtlicher Art aufweist und
2. die Rechtssache keine grundsätzliche Bedeutung hat.

[2]Ein Richter auf Probe darf im ersten Jahr nach seiner Ernennung nicht Einzelrichter sein.

(2) Der Rechtsstreit darf dem Einzelrichter nicht übertragen werden, wenn bereits vor der Kammer mündlich verhandelt worden ist, es sei denn, daß inzwischen ein Vorbehalts-, Teil- oder Zwischenurteil ergangen ist.

(3) [1]Der Einzelrichter kann nach Anhörung der Beteiligten den Rechtsstreit auf die Kammer zurückübertragen, wenn sich aus einer wesentlichen Änderung der Prozeßlage ergibt, daß die Rechtssache grundsätzliche Bedeutung hat oder die Sache besondere Schwierigkeiten tatsächlicher oder rechtlicher Art aufweist. [2]Eine erneute Übertragung auf den Einzelrichter ist ausgeschlossen.

(4) Beschlüsse nach den Absätzen 1 und 3 sind unanfechtbar. Auf eine unterlassene Übertragung kann ein Rechtsbehelf nicht gestützt werden.

§§ 7 und 8 (weggefallen)

§ 9. [Besetzung und Gliederung der OVG] (1) Das Oberverwaltungsgericht besteht aus dem Präsidenten und aus den Vorsitzenden Richtern und weiteren Richtern in erforderlicher Anzahl.

(2) Bei dem Oberverwaltungsgericht werden Senate gebildet.

(3) [1]Die Senate des Oberverwaltungsgerichts entscheiden in der Besetzung von drei Richtern; die Landesgesetzgebung kann vorsehen, daß die Senate in der Besetzung von fünf Richtern entscheiden, von denen zwei auch ehrenamtliche Richter sein können. [2]Für die Fälle des § 48 Abs. 1 kann auch vorgesehen werden, daß die Senate in der Besetzung von fünf Richtern und zwei ehrenamtlichen Richtern entscheiden. [3]Satz 1 Halbsatz 2 und Satz 2 gelten nicht für die Fälle des § 99 Abs. 2.

(4) (aufgehoben)

§ 10. [Besetzung und Gliederung des BVerwG] (1) Das Bundesverwaltungsgericht besteht aus dem Präsidenten und aus den Vorsitzenden Richtern und weiteren Richtern in erforderlicher Anzahl.

(2) Bei dem Bundesverwaltungsgericht werden Senate gebildet.

(3) Die Senate des Bundesverwaltungsgerichts entscheiden in der Besetzung von fünf Richtern, bei Beschlüssen außerhalb der mündlichen Verhandlung in der Besetzung von drei Richtern.

§ 11. [Großer Senat beim BVerwG] (1) Bei dem Bundesverwaltungsgericht wird ein Großer Senat gebildet.

(2) Der Große Senat entscheidet, wenn ein Senat in einer Rechtsfrage von der Entscheidung eines anderen Senats oder des Großen Senats abweichen will.

(3) [1]Eine Vorlage an den Großen Senat ist nur zulässig, wenn der Senat, von dessen Entscheidung abgewichen werden soll, auf Anfrage des erkennenden Senats erklärt hat, daß er an seiner Rechtsauffassung festhält. [2]Kann der Senat, von dessen Entscheidung abgewichen werden soll, wegen einer Änderung des Geschäftsverteilungsplanes mit der Rechtsfrage nicht mehr befaßt werden, tritt der Senat an seine Stelle, der nach dem Geschäftsverteilungsplan für den Fall, in dem abweichend entschieden wurde, nunmehr zuständig wäre. [3]Über die Anfrage und die Antwort entscheidet der jeweilige Senat durch Beschluß in der für Urteile erforderlichen Besetzung.

(4) Der erkennende Senat kann eine Frage von grundsätzlicher Bedeutung dem Großen Senat zur Entscheidung vorlegen, wenn das nach seiner Auffassung zur Fortbildung des Rechts oder zur Sicherung einer einheitlichen Rechtsprechung erforderlich ist.

(5) [1]Der Große Senat besteht aus dem Präsidenten und je einem Richter der Revisionssenate, in denen der Präsident nicht den Vorsitz führt. [2]Legt ein anderer als ein Revisionssenat vor oder soll von dessen Entscheidung abgewichen werden, ist auch ein Mitglied dieses Senats im Großen Senat vertreten. [3]Bei einer Verhinderung des Präsidenten tritt ein Richter des Senats, dem er angehört, an seine Stelle.

(6) [1]Die Mitglieder und die Vertreter werden durch das Präsidium für ein Geschäftsjahr bestellt. [2]Das gilt auch für das Mitglied eines anderen Senats nach Absatz 5 Satz 2 und für seinen Vertreter. [3]Den Vorsitz im Großen Senat führt der Präsident, bei Verhinderung das dienstälteste Mitglied. [4]Bei Stimmengleichheit gibt die Stimme des Vorsitzenden den Ausschlag.

(7) [1]Der Große Senat entscheidet nur über die Rechtsfrage. [2]Er kann ohne mündliche Verhandlung entscheiden. [3]Seine Entscheidung ist in der vorliegenden Sache für den erkennenden Senat bindend.

§ 12. [Großer Senat beim OVG] (1) [1]Die Vorschriften des § 11 gelten für das Oberverwaltungsgericht entsprechend, soweit es über eine Frage des Landesrechts endgültig entscheidet. [2]An die Stelle der Revisionssenate treten die nach diesem Gesetz gebildeten Berufungssenate.

(2) Besteht ein Oberverwaltungsgericht nur aus zwei Berufungssenaten, so treten an die Stelle des Großen Senats die Vereinigten Senate.

(3) Durch Landesgesetz kann eine abweichende Zusammensetzung des Großen Senats bestimmt werden.

§ 13. [Geschäftsstelle] [1]Bei jedem Gericht wird eine Geschäftsstelle eingerichtet. [2]Sie wird mit der erforderlichen Anzahl von Urkundsbeamten besetzt.

§ 14. [Rechts- und Amtshilfe] Alle Gerichte und Verwaltungsbehörden leisten den Gerichten der Verwaltungsgerichtsbarkeit Rechts- und Amtshilfe.

2. Abschnitt. Richter

§ 15. [Hauptamtliche Richter] (1) Die Richter werden auf Lebenszeit ernannt, soweit nicht in §§ 16 und 17 Abweichendes bestimmt ist.

(2) (weggefallen)

(3) Die Richter des Bundesverwaltungsgerichts müssen das fünfunddreißigste Lebensjahr vollendet haben.

§ 16. [Richter im Nebenamt] Bei dem Oberverwaltungsgericht und bei dem Verwaltungsgericht können auf Lebenszeit ernannte Richter anderer Gerichte und ordentliche Professoren des Rechts für eine bestimmte Zeit von mindestens zwei Jahren, längstens jedoch für die Dauer ihres Hauptamts, zu Richtern im Nebenamt ernannt werden.

§ 17. [Richter auf Probe, Richter kraft Auftrags] Bei den Verwaltungsgerichten können Richter auf Probe oder Richter kraft Auftrags verwendet werden.

§ 18 (gestrichen)

3. Abschnitt. Ehrenamtliche Richter

§ 19. [Aufgaben] Der ehrenamtliche Richter wirkt bei der mündlichen Verhandlung und der Urteilsfindung mit gleichen Rechten wie der Richter mit.

§ 20. [Voraussetzungen der Berufung] [1]Der ehrenamtliche Richter muß Deutscher sein. [2]Er soll das dreißigste Lebensjahr vollendet und während des letzten Jahres vor seiner Wahl seinen Wohnsitz innerhalb des Gerichtsbezirks gehabt haben.

§ 21. [Ausschluß vom Ehrenamt] Vom Amt des ehrenamtlichen Richters sind ausgeschlossen

1. Personen, die infolge Richterspruchs die Fähigkeit zur Bekleidung öffentlicher Ämter nicht besitzen oder wegen einer vorsätzlichen Tat zu einer Freiheitsstrafe von mehr als sechs Monaten verurteilt worden sind,
2. Personen, gegen die Anklage wegen einer Tat erhoben ist, die den Verlust der Fähigkeit zur Bekleidung öffentlicher Ämter zur Folge haben kann,

3. Personen, die durch gerichtliche Anordnung in der Verfügung über ihr Vermögen beschränkt sind,
4. Personen, die nicht das Wahlrecht zu den gesetzgebenden Körperschaften des Landes besitzen.

§ 22. [Hinderungsgründe für Laienbeisitzer] Zu ehrenamtlichen Richtern können nicht berufen werden

1. Mitglieder des Bundestages, des Europäischen Parlaments, der gesetzgebenden Körperschaften eines Landes, der Bundesregierung oder einer Landesregierung,
2. Richter,
3. Beamte und Angestellte im öffentlichen Dienst, soweit sie nicht ehrenamtlich tätig sind,
4. Berufssoldaten und Soldaten auf Zeit,

4a. (gestrichen)

5. Rechtsanwälte, Notare und Personen, die fremde Rechtsangelegenheiten geschäftsmäßig besorgen.

§ 23. [Ablehnungsrecht] (1) Die Berufung zum Amt des ehrenamtlichen Richters dürfen ablehnen

1. Geistliche und Religionsdiener,
2. Schöffen und andere ehrenamtliche Richter,
3. Personen, die acht Jahre lang als ehrenamtliche Richter bei Gerichten der allgemeinen Verwaltungsgerichtsbarkeit tätig gewesen sind,
4. Ärzte, Krankenpfleger, Hebammen,
5. Apothekenleiter, die keinen weiteren Apotheker beschäftigen,
6. Personen, die das fünfundsechzigste Lebensjahr vollendet haben.

(2) In besonderen Härtefällen kann außerdem auf Antrag von der Übernahme des Amtes befreit werden.

§ 24. [Entbindung vom Ehrenamt] (1) Ein ehrenamtlicher Richter ist von seinem Amt zu entbinden, wenn er

1. nach §§ 20 bis 22 nicht berufen werden konnte oder nicht mehr berufen werden kann oder
2. seine Amtspflichten gröblich verletzt hat oder
3. einen Ablehnungsgrund nach § 23 Abs. 1 geltend macht oder
4. die zur Ausübung seines Amtes erforderlichen geistigen oder körperlichen Fähigkeiten nicht mehr besitzt oder
5. seinen Wohnsitz im Gerichtsbezirk aufgibt.

(2) In besonderen Härtefällen kann außerdem auf Antrag von der weiteren Ausübung des Amtes entbunden werden.

(3) [1]Die Entscheidung trifft ein Senat des Oberverwaltungsgerichts in den Fällen des Absatzes 1 Nr. 1, 2 und 4 auf Antrag des Präsidenten des Verwaltungsgerichts, in den Fällen des Absatzes 1 Nr. 3 und 5 und des Absatzes 2 auf Antrag des ehrenamtlichen Richters. [2]Die Entscheidung ergeht durch Beschluß nach Anhörung des ehrenamtlichen Richters. [3]Sie ist unanfechtbar.

(4) Absatz 3 gilt entsprechend in den Fällen des § 23 Abs. 2.

(5) Auf Antrag des ehrenamtlichen Richters ist die Entscheidung nach Absatz 3 von dem Senat des Oberverwaltungsgerichts aufzuheben, wenn Anklage nach § 21 Nr. 2 erhoben war und der Angeschuldigte rechtskräftig außer Verfolgung gesetzt oder freigesprochen worden ist.

§ 25. [Wahlperiode] Die ehrenamtlichen Richter werden auf vier Jahre gewählt.

§ 26. [Wahlausschuß] (1) Bei jedem Verwaltungsgericht wird ein Ausschuß zur Wahl der ehrenamtlichen Richter bestellt.

(2) [1]Der Ausschuß besteht aus dem Präsidenten des Verwaltungsgerichts als Vorsitzendem, einem von der Landesregierung bestimmten Verwaltungsbeamten und sieben Vertrauensleuten als Beisitzern. [2]Die Vertrauensleute, ferner sieben Vertreter werden aus den Einwohnern des Verwaltungsgerichtsbezirks vom Landtag oder von einem durch ihn bestimmten Landtagsausschuß oder nach Maßgabe eines Landesgesetzes gewählt. [3]Sie müssen die Voraussetzungen zur Berufung als ehrenamtliche Richter erfüllen. [4]Die Landesregierungen werden ermächtigt, durch Rechtsverordnung die Zuständigkeit für die Bestimmung des Verwaltungsbeamten abweichend von Satz 1 zu regeln. [5]Sie können diese Ermächtigung auf oberste Landesbehörden übertragen.

(3) Der Ausschluß ist beschlußfähig, wenn wenigstens der Vorsitzende, der Verwaltungsbeamte und drei Vertrauensleute anwesend sind.

§ 27. [Zahl der ehrenamtlichen Richter] Die für jedes Verwaltungsgericht erforderliche Zahl von ehrenamtlichen Richtern wird durch den Präsidenten so bestimmt, daß voraussichtlich jeder zu höchstens zwölf ordentlichen Sitzungstagen im Jahr herangezogen wird.

§ 28. [Vorschlagsliste] [1]Die Kreise und kreisfreien Städte stellen in jedem vierten Jahr eine Vorschlagsliste für ehrenamtliche Richter auf. [2]Der Ausschuß bestimmt für jeden Kreis und für jede kreisfreie Stadt die Zahl der Personen, die in die Vorschlagsliste aufzunehmen sind. [3]Hierbei ist die doppelte Anzahl der nach § 27 erforderlichen ehrenamtlichen Richter zugrunde zu legen. [4]Für die Aufnahme in die Liste ist die Zustimmung von mindestens zwei Dritteln der gesetzlichen Mitgliederzahl der Vertretungskörperschaft des Kreises oder der kreisfreien Stadt erforderlich. [5]Die Vorschlagslisten sollen außer dem Namen auch den Geburtsort, den Geburtstag und Beruf des Vorgeschlagenen enthalten; sie sind dem Präsidenten des zuständigen Verwaltungsgerichts zuzusenden.

§ 29. [Wahlverfahren] (1) Der Ausschuß wählt aus den Vorschlagslisten mit einer Mehrheit von mindestens zwei Dritteln der Stimmen die erforderliche Zahl von ehrenamtlichen Richtern.

(2) Bis zur Neuwahl bleiben die bisherigen ehrenamtlichen Richter im Amt.

§ 30. [Heranziehung zu Sitzungen, Vertreter] (1) [1]Das Präsidium des Verwaltungsgerichts bestimmt vor Beginn des Geschäftsjahres die Reihenfolge, in der die ehrenamtlichen Richter zu den Sitzungen heranzuziehen sind. [2]Für jede Kammer ist eine Liste aufzustellen, die mindestens zwölf Namen enthalten muß.

(2) Für die Heranziehung von Vertretern bei unvorhergesehener Verhinderung kann eine Hilfsliste aus ehrenamtlichen Richtern aufgestellt werden, die am Gerichtssitz oder in seiner Nähe wohnen.

§ 31. (weggefallen)

§ 32. [Entschädigung] Der ehrenamtliche Richter und der Vertrauensmann (§ 26) erhalten eine Entschädigung nach dem Gesetz über die Entschädigung der ehrenamtlichen Richter.

§ 33. [Ordnungsgeld] (1) [1]Gegen einen ehrenamtlichen Richter, der sich ohne genügende Entschuldigung zu einer Sitzung nicht rechtzeitig einfindet oder der sich seinen Pflichten auf andere Weise entzieht, kann ein Ordnungsgeld festgesetzt werden. [2]Zugleich können ihm die durch sein Verhalten verursachten Kosten auferlegt werden.

(2) [1]Die Entscheidung trifft der Vorsitzende. [2]Bei nachträglicher Entschuldigung kann er sie ganz oder zum Teil aufheben.

§ 34. [Ehrenamtliche Richter beim OVG] §§ 19 bis 33 gelten für die ehrenamtlichen Richter bei dem Oberverwaltungsgericht entsprechend, wenn die Landesgesetzgebung bestimmt hat, daß bei diesem Gericht ehrenamtliche Richter mitwirken.

4. Abschnitt. Vertreter des öffentlichen Interesses

§ 35. [Vertreter des Bundesinteresses beim BVerwG] 1) [1]Die Bundesregierung bestellt einen Vertreter des Bundesinteresses beim Bundesverwaltungsgericht und richtet ihn im Bundesministerium des Innern ein. [2]Der Vertreter des Bundesinteresses beim Bundesverwaltungsgericht kann sich an jedem Verfahren vor dem Bundesverwaltungsgericht beteiligen; dies gilt nicht für Verfahren vor den Wehrdienstsenaten. [3]Er ist an die Weisungen der Bundesregierung gebunden.

(2) Das Bundesverwaltungsgericht gibt dem Vertreter des Bundesinteresses beim Bundesverwaltungsgericht Gelegenheit zur Äußerung.

§ 36. [Vertreter des öffentlichen Interesses] (1) [1]Bei dem Oberverwaltungsgericht und bei dem Verwaltungsgericht kann nach Maßgabe einer Rechtsverordnung der Landesregierung ein Vertreter des öffentlichen Interesses bestimmt werden. [2]Dabei kann ihm allgemein oder für bestimmte Fälle die Vertretung des Landes oder von Landesbehörden übertragen werden.

(2) § 35 Abs. 2 gilt entsprechend.

§ 37. [Befähigung zum Richteramt] (1) Der Vertreter des Bundesinteresses beim Bundesverwaltungsgericht und seine hauptamtlichen Mitarbeiter des höheren Dienstes müssen die Befähigung zum Richteramt haben oder die Voraussetzungen des § 110 Satz 1 des Deutschen Richtergesetzes erfüllen.

(2) Der Vertreter des öffentlichen Interesses bei dem Oberverwaltungsgericht und bei dem Verwaltungsgericht muß die Befähigung zum Richteramt nach dem Deutschen Richtergesetz haben; § 174 bleibt unberührt.

5. Abschnitt. Gerichtsverwaltung

§ 38. [Dienstaufsicht] (1) Der Präsident des Gerichts übt die Dienstaufsicht über die Richter, Beamten, Angestellten und Arbeiter aus.

(2) Übergeordnete Dienstaufsichtsbehörde für das Verwaltungsgericht ist der Präsident des Oberverwaltungsgerichts.

§ 39. [Verwaltungsgeschäfte] Dem Gericht dürfen keine Verwaltungsgeschäfte außerhalb der Gerichtsverwaltung übertragen werden.

6. Abschnitt. Verwaltungsrechtsweg und Zuständigkeit

§ 40. [Zulässigkeit des Verwaltungsrechtswegs] (1) [1]Der Verwaltungsrechtsweg ist in allen öffentlich-rechtlichen Streitigkeiten nichtverfassungsrechtlicher Art gegeben, soweit die Streitigkeiten nicht durch Bundesgesetz einem anderen Gericht ausdrücklich zugewiesen sind. [2] Öffentlich-rechtliche Streitigkeiten auf dem Gebiet des Landesrechts können einem anderen Gericht auch durch Landesgesetz zugewiesen werden.

(2) [1] Für vermögensrechtliche Ansprüche aus Aufopferung für das gemeine Wohl und aus öffentlich-rechtlicher Verwahrung sowie für Schadensersatzansprüche aus der Verletzung öffentlich-rechtlicher Pflichten, die nicht auf einem öffentlich-rechtlichen Vertrag beruhen, ist der ordentliche Rechtsweg gegeben; dies gilt nicht für Streitigkeiten über das Bestehen und die Höhe eines Ausgleichsanspruchs im Rahmen des Artikels 14 Abs. 1 Satz 2 des Grundgesetzes. [2] Die besonderen Vorschriften des Beamtenrechts sowie über den Rechtsweg bei Ausgleich von Vermögensnachteilen wegen Rücknahme rechtswidriger Verwaltungsakte bleiben unberührt.

§ 41 (weggefallen)

§ 42. [Anfechtungs- und Verpflichtungsklage] (1) Durch Klage kann die Aufhebung eines Verwaltungsakts (Anfechtungsklage) sowie die Verurteilung zum Erlaß eines abgelehnten oder unterlassenen Verwaltungsakts (Verpflichtungsklage) begehrt werden.

(2) Soweit gesetzlich nichts anderes bestimmt ist, ist die Klage nur zulässig, wenn der Kläger geltend macht, durch den Verwaltungsakt oder seine Ablehnung oder Unterlassung in seinen Rechten verletzt zu sein.

§ 43. [Feststellungsklage] (1) Durch Klage kann die Feststellung des Bestehens oder Nichtbestehens eines Rechtsverhältnisses oder der Nichtigkeit eines Verwaltungsakts begehrt werden, wenn der Kläger ein berechtigtes Interesse an der baldigen Feststellung hat (Feststellungsklage).

(2) [1] Die Feststellung kann nicht begehrt werden, soweit der Kläger seine Rechte durch Gestaltungs- oder Leistungsklage verfolgen kann oder hätte verfolgen können. [2] Dies gilt nicht, wenn die Feststellung der Nichtigkeit eines Verwaltungsakts begehrt wird.

§ 44. [Objektive Klagehäufung] Mehrere Klagebegehren können vom Kläger in einer Klage zusammen verfolgt werden, wenn sie sich gegen denselben Beklagten richten, im Zusammenhang stehen und dasselbe Gericht zuständig ist.

§ 44a. [Rechtsbehelfe gegen behördliche Verfahrenshandlungen] [1] Rechtsbehelfe gegen behördliche Verfahrenshandlungen können nur gleichzeitig mit den gegen die Sachentscheidung zulässigen Rechtsbehelfen geltend gemacht werden. [2] Dies gilt nicht, wenn behördliche Verfahrenshandlungen vollstreckt werden können oder gegen einen Nichtbeteiligten ergehen.

§ 45. [Sachliche Zuständigkeit des VG] Das Verwaltungsgericht entscheidet im ersten Rechtszug über alle Streitigkeiten, für die der Verwaltungsrechtsweg offensteht.

§ 46. [Instanzielle Zuständigkeit des OVG] Das Oberverwaltungsgericht entscheidet über das Rechtsmittel

1. der Berufung gegen Urteile des Verwaltungsgerichts,
2. der Beschwerde gegen andere Entscheidungen des Verwaltungsgerichts und
3. (aufgehoben)

§ 47. [Sachliche Zuständigkeit des OVG bei der Normenkontrolle] (1) Das Oberverwaltungsgericht entscheidet im Rahmen seiner Gerichtsbarkeit auf Antrag über die Gültigkeit

1. von Satzungen, die nach den Vorschriften des Baugesetzbuchs erlassen worden sind, sowie von Rechtsverordnungen auf Grund des § 246 Abs. 2 des Baugesetzbuchs,
2. von anderen im Rang unter dem Landesgesetz stehenden Rechtsvorschriften, sofern das Landesrecht dies bestimmt.

(2) [1]Den Antrag kann jede natürliche oder juristische Person, die geltend macht, durch die Rechtsvorschrift oder deren Anwendung in ihren Rechten verletzt zu sein oder in absehbarer Zeit verletzt zu werden, sowie jede Behörde innerhalb von zwei Jahren nach Bekanntmachung der Rechtsvorschrift stellen. [2]Er ist gegen die Körperschaft, Anstalt oder Stiftung zu richten, welche die Rechtsvorschrift erlassen hat. [3]Das Oberverwaltungsgericht kann dem Land und anderen juristischen Personen des öffentlichen Rechts, deren Zuständigkeit durch die Rechtsvorschrift berührt wird, Gelegenheit zur Äußerung binnen einer zu bestimmenden Frist geben. [4]§ 65 Abs. 1 und 4 und § 66 sind entsprechend anzuwenden.

(3) Das Oberverwaltungsgericht prüft die Vereinbarkeit der Rechtsvorschrift mit Landesrecht nicht, soweit gesetzlich vorgesehen ist, daß die Rechtsvorschrift ausschließlich durch das Verfassungsgericht eines Landes nachprüfbar ist.

(4) Ist ein Verfahren zur Überprüfung der Gültigkeit der Rechtsvorschrift bei einem Verfassungsgericht anhängig, so kann das Oberverwaltungsgericht anordnen, daß die Verhandlung bis zur Erledigung des Verfahrens vor dem Verfassungsgericht auszusetzen sei.

(5) [1]Das Oberverwaltungsgericht entscheidet durch Urteil oder, wenn es eine mündliche Verhandlung nicht für erforderlich hält, durch Beschluß. [2]Kommt das Oberverwaltungsgericht zu der Überzeugung, daß die Rechtsvorschrift ungültig ist, so erklärt es sie für nichtig; in diesem Fall ist die Entscheidung allgemein verbindlich und die Entscheidungsformel vom Antragsgegner ebenso zu veröffentlichen wie die Rechtsvorschrift bekanntzumachen wäre. [3]Für die Wirkung der Entscheidung gilt § 183 entsprechend. [4]Können festgestellte Mängel einer Satzung oder einer Rechtsverordnung, die nach den Vorschriften des Baugesetzbuchs erlassen worden sind, durch ein ergänzendes Verfahren im Sinne des § 215 a des Baugesetzbuchs behoben werden, so erklärt das Oberverwaltungsgericht die Satzung oder Rechtsverordnung bis zur Behebung der Mängel für nicht wirksam; Satz 2 zweiter Halbsatz ist entsprechend anzuwenden.

(6) Das Gericht kann auf Antrag eine einstweilige Anordnung erlassen, wenn dies zur Abwehr schwerer Nachteile oder aus anderen wichtigen Gründen dringend geboten ist.

§ 48. [Weitere sachliche Zuständigkeit des OVG] (1) [1]Das Oberverwaltungsgericht entscheidet im ersten Rechtszug über sämtliche Streitigkeiten, die betreffen

1. die Errichtung, den Betrieb, die sonstige Innehabung, die Veränderung, die Stillegung, den sicheren Einschluß und den Abbau von Anlagen im Sinne der §§ 7 und 9 a Abs. 3 des Atomgesetzes,
2. die Bearbeitung, Verarbeitung und sonstige Verwendung von Kernbrennstoffen außerhalb von Anlagen der in § 7 des Atomgesetzes bezeichneten Art (§ 9 des Atomgesetzes) und die wesentliche Abweichung oder die wesentliche Veränderung im Sinne des § 9 Abs. 1 Satz 2 des Atomgesetzes sowie die Aufbewahrung von Kernbrennstoffen außerhalb der staatlichen Verwahrung (§ 6 des Atomgesetzes),

3. die Errichtung, den Betrieb und die Änderung von Kraftwerken mit Feuerungsanlagen für feste, flüssige und gasförmige Brennstoffe mit einer Feuerungswärmeleistung von mehr als dreihundert Megawatt,
4. die Errichtung von Freileitungen mit mehr als einhunderttausend Volt Nennspannung sowie die Änderung ihrer Linienführung,
5. Verfahren für die Errichtung, den Betrieb und die wesentliche Änderung von ortsfesten Anlagen zur Verbrennung oder thermischen Zersetzung von Abfällen mit einer jährlichen Durchsatzleistung (effektive Leistung) von mehr als einhunderttausend Tonnen und von ortsfesten Anlagen, in denen ganz oder teilweise Abfälle im Sinne des § 41 Abs. 1 des Kreislaufwirtschafts- und Abfallgesetzes gelagert oder abgelagert werden,
6. das Anlegen, die Erweiterung oder Änderung und den Betrieb von Verkehrsflughäfen und von Verkehrslandeplätzen mit beschränktem Bauschutzbereich,
7. Planfeststellungsverfahren für den Bau oder die Änderung neuer Strecken von Straßenbahnen, Magnetschwebebahnen und von öffentlichen Eisenbahnen sowie für den Bau oder die Änderung von Rangier- und Containerbahnhöfen,
8. Planfeststellungsverfahren für den Bau oder die Änderung von Bundesfernstraßen,
9. Planfeststellungsverfahren für den Neubau oder den Ausbau von Bundeswasserstraßen.

[2]Satz 1 gilt auch für Streitigkeiten über Genehmigungen, die anstelle einer Planfeststellung erteilt werden, sowie für Streitigkeiten über sämtliche für das Vorhaben erforderlichen Genehmigungen und Erlaubnisse, auch soweit sie Nebeneinrichtungen betreffen, die mit ihm in einem räumlichen und betrieblichen Zusammenhang stehen. [3]Die Länder können durch Gesetz vorschreiben, daß über Streitigkeiten, die Besitzeinweisungen in den Fällen des Satzes 1 betreffen, das Oberverwaltungsgericht im ersten Rechtszug entscheidet.

(2) Das Oberverwaltungsgericht entscheidet im ersten Rechtszug ferner über Klagen gegen die von einer obersten Landesbehörde nach § 3 Abs. 2 Nr. 1 des Vereinsgesetzes ausgesprochenen Vereinsverbote und nach § 8 Abs. 2 Satz 1 des Vereinsgesetzes erlassenen Verfügungen.

(3) (aufgehoben)

§ 49. [Instanzielle Zuständigkeit des BVerwG] Das Bundesverwaltungsgericht entscheidet über das Rechtsmittel

1. der Revision gegen Urteile des Oberverwaltungsgerichts nach § 132,
2. der Revision gegen Urteile des Verwaltungsgerichts nach §§ 134 und 135,
3. der Beschwerde nach § 99 Abs. 2 und § 133 Abs. 1 dieses Gesetzes sowie nach § 17a Abs. 4 Satz 4 des Gerichtsverfassungsgesetzes.

§ 50. [Sachliche Zuständigkeit des BVerwG] (1) Das Bundesverwaltungsgericht entscheidet im ersten und letzten Rechtszug

1. über öffentlich-rechtliche Streitigkeiten nichtverfassungsrechtlicher Art zwischen dem Bund und den Ländern und zwischen verschiedenen Ländern,
2. über Klagen gegen die vom Bundesminister des Innern nach § 3 Abs. 2 Nr. 2 des Vereinsgesetzes ausgesprochenen Vereinsverbote und nach § 8 Abs. 2 Satz 1 des Vereinsgesetzes erlassenen Verfügungen,
3. (weggefallen)
4. über Klagen, denen Vorgänge im Geschäftsbereich des Bundesnachrichtendienstes zugrunde liegen.

(2) (weggefallen)

(3) Hält das Bundesverwaltungsgericht nach Absatz 1 Nr. 1 eine Streitigkeit für verfassungsrechtlich, so legt es die Sache dem Bundesverfassungsgericht zur Entscheidung vor.

§ 51. [Aussetzung bei Verfahren über Vereinsverbote] (1) Ist gemäß § 5 Abs. 2 des Vereinsgesetzes das Verbot des Gesamtvereins anstelle des Verbots eines Teilvereins zu vollziehen, so ist ein Verfahren über eine Klage dieses Teilvereins gegen das ihm gegenüber erlassene Verbot bis zum Erlaß der Entscheidung über eine Klage gegen das Verbot des Gesamtvereins auszusetzen.

(2) Eine Entscheidung des Bundesverwaltungsgerichts bindet im Falle des Absatzes 1 die Oberverwaltungsgerichte.

(3) Das Bundesverwaltungsgericht unterrichtet die Oberverwaltungsgerichte über die Klage eines Vereins nach § 50 Abs. 1 Nr. 2.

§ 52. [Örtliche Zuständigkeit] Für die örtliche Zuständigkeit gilt folgendes:

1. In Streitigkeiten, die sich auf unbewegliches Vermögen oder ein ortsgebundenes Recht oder Rechtsverhältnis beziehen, ist nur das Verwaltungsgericht örtlich zuständig, in dessen Bezirk das Vermögen oder der Ort liegt.
2. [1] Bei Anfechtungsklagen gegen den Verwaltungsakt einer Bundesbehörde oder einer bundesunmittelbaren Körperschaft, Anstalt oder Stiftung des öffentlichen Rechts ist das Verwaltungsgericht örtlich zuständig, in dessen Bezirk die Bundesbehörde, die Körperschaft, Anstalt oder Stiftung ihren Sitz hat, vorbehaltlich der Nummern 1 und 4. [2] Dies gilt auch bei Verpflichtungsklagen in den Fällen des Satzes 1. [3] In Streitigkeiten nach dem Asylverfahrensgesetz ist jedoch das Verwaltungsgericht örtlich zuständig, in dessen Bezirk der Ausländer nach dem Asylverfahrensgesetz seinen Aufenthalt zu nehmen hat; ist eine örtliche Zuständigkeit danach nicht gegeben, bestimmt sie sich nach Nummer 3. [4] Für Klagen gegen den Bund auf Gebieten, die in die Zuständigkeit der diplomatischen und konsularischen Auslandsvertretungen der Bundesrepublik Deutschland fallen, ist das Verwaltungsgericht örtlich zuständig, in dessen Bezirk die Bundesregierung ihren Sitz hat.
3. [1] Bei allen anderen Anfechtungsklagen vorbehaltlich der Nummern 1 und 4 ist das Verwaltungsgericht örtlich zuständig, in dessen Bezirk der Verwaltungsakt erlassen wurde. [2] Ist er von einer Behörde, deren Zuständigkeit sich auf mehrere Verwaltungsgerichtsbezirke erstreckt, oder von einer gemeinsamen Behörde mehrerer oder aller Länder erlassen, so ist das Verwaltungsgericht zuständig, in dessen Bezirk der Beschwerte seinen Sitz oder Wohnsitz hat. [3] Fehlt ein solcher innerhalb des Zuständigkeitsbereichs der Behörde, so bestimmt sich die Zuständigkeit nach Nummer 5. [4] Bei Anfechtungsklagen gegen Verwaltungsakte der von den Ländern errichteten Zentralstelle für die Vergabe von Studienplätzen ist jedoch das Verwaltungsgericht örtlich zuständig, in dessen Bezirk die Stelle ihren Sitz hat. [5] Dies gilt auch bei Verpflichtungsklagen in den Fällen der Sätze 1, 2 und 4.
4. [1] Für alle Klagen aus einem gegenwärtigen oder früheren Beamten-, Richter-, Wehrpflicht-, Wehrdienst- oder Zivildienstverhältnis und für Streitigkeiten, die sich auf die Entstehung eines solchen Verhältnisses beziehen, ist das Verwaltungsgericht örtlich zuständig, in dessen Bezirk der Kläger oder Beklagte seinen dienstlichen Wohnsitz oder in Ermangelung dessen seinen Wohnsitz hat. [2] Hat der Kläger oder Beklagte keinen dienstlichen Wohnsitz oder keinen Wohnsitz innerhalb des Zuständigkeitsbereichs der Behörde, die den ursprünglichen Verwaltungsakt erlassen hat, so

ist das Gericht örtlich zuständig, in dessen Bezirk diese Behörde ihren Sitz hat. [3]Die Sätze 1 und 2 gelten für Klagen nach § 79 des Gesetzes zur Regelung der Rechtsverhältnisse der unter Artikel 131 des Grundgesetzes fallenden Personen entsprechend.

5. In allen anderen Fällen ist das Verwaltungsgericht örtlich zuständig, in dessen Bezirk der Beklagte seinen Sitz, Wohnsitz oder in Ermangelung dessen seinen Aufenthalt hat oder seinen letzten Wohnsitz oder Aufenthalt hatte.

§ 53. [Bestimmung des zuständigen Gerichts] (1) Das zuständige Gericht innerhalb der Verwaltungsgerichtsbarkeit wird durch das nächsthöhere Gericht bestimmt,

1. wenn das an sich zuständige Gericht in einem einzelnen Fall an der Ausübung der Gerichtsbarkeit rechtlich oder tatsächlich verhindert ist,
2. wenn es wegen der Grenzen verschiedener Gerichtsbezirke ungewiß ist, welches Gericht für den Rechtsstreit zuständig ist,
3. wenn der Gerichtsstand sich nach § 52 richtet und verschiedene Gerichte in Betracht kommen,
4. wenn verschiedene Gerichte sich rechtskräftig für zuständig erklärt haben,
5. wenn verschiedene Gerichte, von denen eines für den Rechtsstreit zuständig ist, sich rechtskräftig für unzuständig erklärt haben.

(2) Wenn eine örtliche Zuständigkeit nach § 52 nicht gegeben ist, bestimmt das Bundesverwaltungsgericht das zuständige Gericht.

(3) [1]Jeder am Rechtsstreit Beteiligte und jedes mit dem Rechtsstreit befaßte Gericht kann das im Rechtszug höhere Gericht oder das Bundesverwaltungsgericht anrufen. [2]Das angerufene Gericht kann ohne mündliche Verhandlung entscheiden.

Teil II. Verfahren

7. Abschnitt. Allgemeine Verfahrensvorschriften

§ 54. [Ausschließung und Ablehnung von Gerichtspersonen] (1) Für die Ausschließung und Ablehnung der Gerichtspersonen gelten §§ 41 bis 49 der Zivilprozeßordnung entsprechend.

(2) Von der Ausübung des Amtes als Richter oder ehrenamtlicher Richter ist auch ausgeschlossen, wer bei dem vorausgegangenen Verwaltungsverfahren mitgewirkt hat.

(3) Besorgnis der Befangenheit nach § 42 der Zivilprozeßordnung ist stets dann begründet, wenn der Richter oder ehrenamtliche Richter der Vertretung einer Körperschaft angehört, deren Interessen durch das Verfahren berührt werden.

§ 55. [Ordnungsvorschriften des GVG] §§ 169, 171a bis 198 des Gerichtsverfassungsgesetzes über die Öffentlichkeit, Sitzungspolizei, Gerichtssprache, Beratung und Abstimmung finden entsprechende Anwendung.

§ 56. [Zustellungen] (1) Anordnungen und Entscheidungen, durch die eine Frist in Lauf gesetzt wird, sowie Terminbestimmungen und Ladungen sind zuzustellen, bei Verkündung jedoch nur, wenn es ausdrücklich vorgeschrieben ist.

(2) Zugestellt wird von Amts wegen nach den Vorschriften der Zivilprozessordnung.

(3) Wer nicht im Inland wohnt, hat auf Verlangen einen Zustellungsbevollmächtigten zu bestellen.

§ 56a. [Öffentliche Bekanntmachung im Massenverfahren] (1) [1]Sind gleiche Bekanntgaben an mehr als fünfzig Personen erforderlich, kann das Gericht für das weitere Verfahren die Bekanntgabe durch öffentliche Bekanntmachung anordnen. [2]In dem Beschluß muß bestimmt werden, in welchen Tageszeitungen die Bekanntmachungen veröffentlicht werden; dabei sind Tageszeitungen vorzusehen, die in dem Bereich verbreitet sind, in dem sich die Entscheidung voraussichtlich auswirken wird. [3]Der Beschluß ist den Beteiligten zuzustellen. [4]Die Beteiligten sind darauf hinzuweisen, auf welche Weise die weiteren Bekanntgaben bewirkt werden und wann das Schriftstück als zugestellt gilt. [5]Der Beschluß ist unanfechtbar. [6]Das Gericht kann den Beschluß jederzeit aufheben; es muß ihn aufheben, wenn die Voraussetzungen des Satzes 1 nicht vorlagen oder nicht mehr vorliegen.

(2) [1]Bei der öffentlichen Bekanntmachung ist das bekanntzugebende Schriftstück an der Gerichtstafel auszuhängen und im Bundesanzeiger sowie in den im Beschluß nach Absatz 1 Satz 2 bestimmten Tageszeitungen zu veröffentlichen. [2]Bei der öffentlichen Bekanntmachung einer Entscheidung genügt der Aushang und die Veröffentlichung der Entscheidungsformel und der Rechtsbehelfsbelehrung. [3]Statt des Schriftstückes kann eine Benachrichtigung ausgehängt oder veröffentlicht werden, in der angegeben ist, daß und wo das Schriftstück eingesehen werden kann. [4]Eine Terminbestimmung oder Ladung muß im vollständigen Wortlaut ausgehängt und veröffentlicht werden.

(3) [1]Das Schriftstück gilt als an dem Tage zugestellt, an dem seit dem Tage der Veröffentlichung im Bundesanzeiger zwei Wochen verstrichen sind; darauf ist in jeder Veröffentlichung hinzuweisen. [2]Nach der öffentlichen Bekanntmachung einer Entscheidung können die Beteiligten eine Ausfertigung schriftlich anfordern; darauf ist in der Veröffentlichung gleichfalls hinzuweisen.

§ 57. [Fristen] (1) Der Lauf einer Frist beginnt, soweit nichts anderes bestimmt ist, mit der Zustellung oder, wenn diese nicht vorgeschrieben ist, mit der Eröffnung oder Verkündung.

(2) Für die Fristen gelten die Vorschriften der §§ 222, 224 Abs. 2 und 3, §§ 225 und 226 der Zivilprozeßordnung.

§ 58. [Rechtsbehelfsbelehrung] (1) Die Frist für ein Rechtsmittel oder einen anderen Rechtsbehelf beginnt nur zu laufen, wenn der Beteiligte über den Rechtsbehelf, die Verwaltungsbehörde oder das Gericht, bei denen der Rechtsbehelf anzubringen ist, den Sitz und die einzuhaltende Frist schriftlich belehrt worden ist.

(2) [1]Ist die Belehrung unterblieben oder unrichtig erteilt, so ist die Einlegung des Rechtsbehelfs nur innerhalb eines Jahres seit Zustellung, Eröffnung oder Verkündung zulässig, außer wenn die Einlegung vor Ablauf der Jahresfrist infolge höherer Gewalt unmöglich war oder eine schriftliche Belehrung dahin erfolgt ist, daß ein Rechtsbehelf nicht gegeben sei. [2]§ 60 Abs. 2 gilt für den Fall höherer Gewalt entsprechend.

§ 59. [Belehrungspflicht; Verwaltungsakte von Bundesbehörden] Erläßt eine Bundesbehörde einen schriftlichen Verwaltungsakt, der der Anfechtung unterliegt, so ist eine Erklärung beizufügen, durch die der Beteiligte über den Rechtsbehelf, der gegen den Verwaltungsakt gegeben ist, über die Stelle, bei der der Rechtsbehelf einzulegen ist, und über die Frist belehrt wird.

§ 60. [Wiedereinsetzung] (1) Wenn jemand ohne Verschulden verhindert war, eine gesetzliche Frist einzuhalten, so ist ihm auf Antrag Wiedereinsetzung in den vorigen Stand zu gewähren.

(2) [1]Der Antrag ist binnen zwei Wochen nach Wegfall des Hindernisses zu stellen. [2]Die Tatsachen zur Begründung des Antrags sind bei der Antragstellung oder im Verfahren über den Antrag glaubhaft zu machen. [3]Innerhalb der Antragsfrist ist die versäumte Rechtshandlung nachzuholen. [4]Ist dies geschehen, so kann die Wiedereinsetzung auch ohne Antrag gewährt werden.

(3) Nach einem Jahr seit dem Ende der versäumten Frist ist der Antrag unzulässig, außer wenn der Antrag vor Ablauf der Jahresfrist infolge höherer Gewalt unmöglich war.

(4) Über den Wiedereinsetzungsantrag entscheidet das Gericht, das über die versäumte Rechtshandlung zu befinden hat.

(5) Die Wiedereinsetzung ist unanfechtbar.

§ 61. [Beteiligungsfähigkeit] Fähig, am Verfahren beteiligt zu sein, sind
1. natürliche und juristische Personen,
2. Vereinigungen, soweit ihnen ein Recht zustehen kann,
3. Behörden, sofern das Landesrecht dies bestimmt.

§ 62. [Prozeßfähigkeit] (1) Fähig zur Vornahme von Verfahrenshandlungen sind
1. die nach bürgerlichem Recht Geschäftsfähigen,
2. die nach bürgerlichem Recht in der Geschäftsfähigkeit Beschränkten, soweit sie durch Vorschriften des bürgerlichen oder öffentlichen Rechts für den Gegenstand des Verfahrens als geschäftsfähig anerkannt sind.

(2) Betrifft ein Einwilligungsvorbehalt nach § 1903 des Bürgerlichen Gesetzbuchs den Gegenstand des Verfahrens, so ist ein geschäftsfähiger Betreuter nur insoweit zur Vornahme von Verfahrenshandlungen fähig, als er nach den Vorschriften des bürgerlichen Rechts ohne Einwilligung des Betreuers handeln kann oder durch Vorschriften des öffentlichen Rechts als handlungsfähig anerkannt ist.

(3) Für Vereinigungen sowie für Behörden handeln ihre gesetzlichen Vertreter, Vorstände oder besonders Beauftragte.

(4) §§ 53 bis 58 der Zivilprozeßordnung gelten entsprechend.

§ 63. [Beteiligte] Beteiligte am Verfahren sind
1. der Kläger,
2. der Beklagte,
3. der Beigeladene (§ 65),
4. der Vertreter des Bundesinteresses beim Bundesverwaltungsgericht oder der Vertreter des öffentlichen Interesses, falls er von seiner Beteiligungsbefugnis Gebrauch macht.

§ 64. [Streitgenossenschaft] Die Vorschriften der §§ 59 bis 63 der Zivilprozeßordnung über die Streitgenossenschaft sind entsprechend anzuwenden.

§ 65. [Beiladung Dritter] (1) Das Gericht kann, solange das Verfahren noch nicht rechtskräftig abgeschlossen oder in höherer Instanz anhängig ist, von Amts wegen oder auf Antrag andere, deren rechtliche Interessen durch die Entscheidung berührt werden, beiladen.

(2) Sind an dem streitigen Rechtsverhältnis Dritte derart beteiligt, daß die Entscheidung auch ihnen gegenüber nur einheitlich ergehen kann, so sind sie beizuladen (notwendige Beiladung).

(3) [1] Kommt nach Absatz 2 die Beiladung von mehr als fünfzig Personen in Betracht, kann das Gericht durch Beschluß anordnen, daß nur solche Personen beigeladen werden, die dies innerhalb einer bestimmten Frist beantragen. [2] Der Beschluß ist unanfechtbar. [3] Er ist im Bundesanzeiger bekanntzumachen. [4] Er muß außerdem in Tageszeitungen veröffentlicht werden, die in dem Bereich verbreitet sind, in dem sich die Entscheidung voraussichtlich auswirken wird. [5] Die Frist muß mindestens drei Monate seit Veröffentlichung im Bundesanzeiger betragen. [6] In der Veröffentlichung in Tageszeitungen ist mitzuteilen, an welchem Tage die Frist abläuft. [7] Für die Wiedereinsetzung in den vorigen Stand bei Versäumung der Frist gilt § 60 entsprechend. [8] Das Gericht soll Personen, die von der Entscheidung erkennbar in besonderem Maße betroffen werden, auch ohne Antrag beiladen.

(4) [1] Der Beiladungsbeschluß ist allen Beteiligten zuzustellen. [2] Dabei sollen der Stand der Sache und der Grund der Beiladung angegeben werden. [3] Die Beiladung ist unanfechtbar.

§ 66. [Prozessuale Rechte des Beigeladenen] [1] Der Beigeladene kann innerhalb der Anträge eines Beteiligten selbständig Angriffs- und Verteidigungsmittel geltend machen und alle Verfahrenshandlungen wirksam vornehmen. [2] Abweichende Sachanträge kann er nur stellen, wenn eine notwendige Beiladung vorliegt.

§ 67. [Prozeßbevollmächtigte und Beistände] (1) [1] Vor dem Bundesverwaltungsgericht und dem Oberverwaltungsgericht muß sich jeder Beteiligte, soweit er einen Antrag stellt, durch einen Rechtsanwalt oder Rechtslehrer an einer deutschen Hochschule im Sinne des Hochschulrahmengesetzes mit Befähigung zum Richteramt als Bevollmächtigten vertreten lassen. [2] Das gilt auch für die Einlegung der Revision sowie der Beschwerde gegen deren Nichtzulassung und der Beschwerde in Fällen des § 99 Abs. 2 dieses Gesetzes sowie des § 17 a Abs. 4 Satz 4 des Gerichtsverfassungsgesetzes und für den Antrag auf Zulassung der Berufung sowie für Beschwerden und sonstige Nebenverfahren, bei denen in der Hauptsache Vertretungszwang besteht, mit Ausnahme der Beschwerden gegen Beschlüsse im Verfahren der Prozesskostenhilfe. [3] Juristische Personen des öffentlichen Rechts und Behörden können sich auch durch Beamte oder Angestellte mit Befähigung zum Richteramt sowie Diplomjuristen im höheren Dienst, Gebietskörperschaften auch durch Beamte oder Angestellte mit Befähigung zum Richteramt der zuständigen Aufsichtsbehörde oder des jeweiligen kommunalen Spitzenverbandes des Landes, dem sie als Mitglied zugehören, vertreten lassen. [4] In Angelegenheiten der Kriegsopferfürsorge und des Schwerbehindertenrechts sowie der damit in Zusammenhang stehenden Angelegenheiten des Sozialhilferechts sind vor dem Oberverwaltungsgericht als Prozessbevollmächtigte auch Mitglieder und Angestellte von Verbänden im Sinne des § 14 Abs. 3 Satz 2 des Sozialgerichtsgesetzes und von Gewerkschaften zugelassen, sofern sie kraft Satzung oder Vollmacht zur Prozessvertretung befugt sind. [5] In Abgabenangelegenheiten sind vor dem Oberverwaltungsgericht als Prozeßbevollmächtigte auch Steuerberater und Wirtschaftsprüfer zugelassen. [6] In Angelegenheiten, die Rechtsverhältnisse im Sinne des § 52 Nr. 4 betreffen, in Personalvertretungsangelegenheiten und in Angelegenheiten, die in einem Zusammenhang mit einem gegenwärtigen oder früheren Arbeitsverhältnis von Arbeitnehmern im Sinne des § 5 des Arbeitsgerichtsgesetzes stehen einschließlich Prüfungsangelegenheiten, sind vor dem Oberverwaltungsgericht als Prozessbevollmächtigte auch Mitglieder und Angestellte von Gewerkschaften zugelassen, sofern sie kraft Satzung oder Vollmacht zur Prozessvertretung befugt sind. [7] Die Sätze 4 und 6 gelten entsprechend für Bevollmächtigte, die als Angestellte juristischer Personen, deren Anteile sämtlich im wirtschaftlichen Eigentum einer der in den Sätzen 4 und 6 genannten Organisationen stehen, handeln, wenn die juristische Person ausschließlich die Rechtsberatung und Prozeßvertretung der Mitglieder der Organisation entsprechend deren Satzung durchführt und wenn die Organisation für die Tätigkeit der Bevollmächtigten haftet.

(2) [1]Vor dem Verwaltungsgericht kann sich ein Beteiligter in jeder Lage des Verfahrens durch einen Bevollmächtigten vertreten lassen und sich in der mündlichen Verhandlung eines Beistands bedienen. [2]Durch Beschluß kann angeordnet werden, daß ein Bevollmächtigter bestellt oder ein Beistand hinzugezogen werden muß. [3]Vor dem Verwaltungsgericht kann jede Person als Bevollmächtigter und Beistand auftreten, die zum sachgemäßen Vortrag fähig ist.

(3) [1]Die Vollmacht ist schriftlich zu erteilen. [2]Sie kann nachgereicht werden; hierfür kann das Gericht eine Frist bestimmen. [3]Ist ein Bevollmächtigter bestellt, so sind die Zustellungen oder Mitteilungen des Gerichts an ihn zu richten.

§ 67a. [Gemeinsamer Bevollmächtigter in Massenverfahren] (1) [1]Sind an einem Rechtsstreit mehr als zwanzig Personen im gleichen Interesse beteiligt, ohne durch einen Prozeßbevollmächtigten vertreten zu sein, kann das Gericht ihnen durch Beschluß aufgeben, innerhalb einer angemessenen Frist einen gemeinsamen Bevollmächtigten zu bestellen, wenn sonst die ordnungsgemäße Durchführung des Rechtsstreits beeinträchtigt wäre. [2]Bestellen die Beteiligten einen gemeinsamen Bevollmächtigten nicht innerhalb der ihnen gesetzten Frist, kann das Gericht einen Rechtsanwalt als gemeinsamen Vertreter durch Beschluß bestellen. [3]Die Beteiligten können Verfahrenshandlungen nur durch den gemeinsamen Bevollmächtigten oder Vertreter vornehmen. [4]Beschlüsse nach den Sätzen 1 und 2 sind unanfechtbar.

(2) [1]Die Vertretungsmacht erlischt, sobald der Vertreter oder der Vertretene dies dem Gericht schriftlich oder zur Niederschrift des Urkundsbeamten der Geschäftsstelle erklärt; der Vertreter kann die Erklärung nur hinsichtlich aller Vertretenen abgeben. [2]Gibt der Vertretene eine solche Erklärung ab, so erlischt die Vertretungsmacht nur, wenn zugleich die Bestellung eines anderen Bevollmächtigten angezeigt wird.

8. Abschnitt. Besondere Vorschriften für Anfechtungs- und Verpflichtungsklagen

§ 68. [Vorverfahren] (1) [1]Vor Erhebung der Anfechtungsklage sind Rechtmäßigkeit und Zweckmäßigkeit des Verwaltungsakts in einem Vorverfahren nachzuprüfen. [2]Einer solchen Nachprüfung bedarf es nicht, wenn ein Gesetz dies bestimmt oder wenn

1. der Verwaltungsakt von einer obersten Bundesbehörde oder von einer obersten Landesbehörde erlassen worden ist, außer wenn ein Gesetz die Nachprüfung vorschreibt, oder
2. der Abhilfebescheid oder der Widerspruchsbescheid erstmalig eine Beschwer enthält.

(2) Für die Verpflichtungsklage gilt Absatz 1 entsprechend, wenn der Antrag auf Vornahme des Verwaltungsakts abgelehnt worden ist.

§ 69. [Widerspruch] Das Vorverfahren beginnt mit der Erhebung des Widerspruchs.

§ 70. [Form und Frist des Widerspruchs] (1) [1]Der Widerspruch ist innerhalb eines Monats, nachdem der Verwaltungsakt dem Beschwerten bekanntgegeben worden ist, schriftlich oder zur Niederschrift bei der Behörde zu erheben, die den Verwaltungsakt erlassen hat. [2]Die Frist wird auch durch Einlegung bei der Behörde, die den Widerspruchsbescheid zu erlassen hat, gewahrt.

(2) §§ 58 und 60 Abs. 1 bis 4 gelten entsprechend.

§ 71. [Anhörung] Ist die Aufhebung oder Änderung eines Verwaltungsakts im Widerspruchsverfahren erstmalig mit einer Beschwer verbunden, soll der Betroffene vor Erlaß des Abhilfebescheids oder des Widerspruchsbescheids gehört werden.

§ 72. [Abhilfeentscheidung] Hält die Behörde den Widerspruch für begründet, so hilft sie ihm ab und entscheidet über die Kosten.

§ 73. [Widerspruchsbescheid] (1) [1]Hilft die Behörde dem Widerspruch nicht ab, so ergeht ein Widerspruchsbescheid. [2]Diesen erläßt
1. die nächsthöhere Behörde, soweit nicht durch Gesetz eine andere höhere Behörde bestimmt wird,
2. wenn die nächsthöhere Behörde eine oberste Bundes- oder oberste Landesbehörde ist, die Behörde, die den Verwaltungsakt erlassen hat,
3. in Selbstverwaltungsangelegenheiten die Selbstverwaltungsbehörde, soweit nicht durch Gesetz anderes bestimmt wird.

[3]Abweichend von Satz 2 Nr. 1 kann durch Gesetz bestimmt werden, dass die Behörde, die den Verwaltungsakt erlassen hat, auch für die Entscheidung über den Widerspruch zuständig ist.

(2) [1]Vorschriften, nach denen im Vorverfahren des Absatzes 1 Ausschüsse oder Beiräte an die Stelle einer Behörde treten, bleiben unberührt. [2]Die Ausschüsse oder Beiräte können abweichend von Absatz 1 Nr. 1 auch bei der Behörde gebildet werden, die den Verwaltungsakt erlassen hat.

(3) [1]Der Widerspruchsbescheid ist zu begründen, mit einer Rechtsmittelbelehrung zu versehen und zuzustellen. [2]Zugestellt wird von Amts wegen nach den Vorschriften des Verwaltungszustellungsgesetzes. [3]Der Widerspruchsbescheid bestimmt auch, wer die Kosten trägt.

§ 74. [Klagefrist] (1) [1]Die Anfechtungsklage muß innerhalb eines Monats nach Zustellung des Widerspruchsbescheids erhoben werden. [2]Ist nach § 68 ein Widerspruchsbescheid nicht erforderlich, so muß die Klage innerhalb eines Monats nach Bekanntgabe des Verwaltungsakts erhoben werden.

(2) Für die Verpflichtungsklage gilt Absatz 1 entsprechend, wenn der Antrag auf Vornahme des Verwaltungsakts abgelehnt worden ist.

§ 75. [Klage bei Untätigkeit der Verwaltung] [1]Ist über einen Widerspruch oder über einen Antrag auf Vornahme eines Verwaltungsakts ohne zureichenden Grund in angemessener Frist sachlich nicht entschieden worden, so ist die Klage abweichend von § 68 zulässig. [2]Die Klage kann nicht vor Ablauf von drei Monaten seit der Einlegung des Widerspruchs oder seit dem Antrag auf Vornahme des Verwaltungsakts erhoben werden, außer wenn wegen besonderer Umstände des Falles eine kürzere Frist geboten ist. [3]Liegt ein zureichender Grund dafür vor, daß über den Widerspruch noch nicht entschieden oder der beantragte Verwaltungsakt noch nicht erlassen ist, so setzt das Gericht das Verfahren bis zum Ablauf einer von ihm bestimmten Frist, die verlängert werden kann, aus. [4]Wird dem Widerspruch innerhalb der vom Gericht gesetzten Frist stattgegeben oder der Verwaltungsakt innerhalb dieser Frist erlassen, so ist die Hauptsache für erledigt zu erklären.

§ 76. (weggefallen)

§ 77. [Ausschließlichkeit der Regelung des Vorverfahrens] (1) Alle bundesrechtlichen Vorschriften in anderen Gesetzen über Einspruchs- oder Beschwerdeverfahren sind durch die Vorschriften dieses Abschnitts ersetzt.

(2) Das gleiche gilt für landesrechtliche Vorschriften über Einspruchs- oder Beschwerdeverfahren als Voraussetzung der verwaltungsgerichtlichen Klage.

§ 78. [Beklagter] (1) Die Klage ist zu richten

1. gegen den Bund, das Land oder die Körperschaft, deren Behörde den angefochtenen Verwaltungsakt erlassen oder den beantragten Verwaltungsakt unterlassen hat; zur Bezeichnung des Beklagten genügt die Angabe der Behörde,
2. sofern das Landesrecht dies bestimmt, gegen die Behörde selbst, die den angefochtenen Verwaltungsakt erlassen oder den beantragten Verwaltungsakt unterlassen hat.

(2) Wenn ein Widerspruchsbescheid erlassen ist, der erstmalig eine Beschwer enthält (§ 68 Abs. 1 Satz 2 Nr. 2), ist Behörde im Sinne des Absatzes 1 die Widerspruchsbehörde.

§ 79. [Gegenstand der Anfechtungsklage] (1) Gegenstand der Anfechtungsklage ist

1. der ursprüngliche Verwaltungsakt in der Gestalt, die er durch den Widerspruchsbescheid gefunden hat,
2. der Abhilfebescheid oder Widerspruchsbescheid, wenn dieser erstmalig eine Beschwer enthält.

(2) [1]Der Widerspruchsbescheid kann auch dann alleiniger Gegenstand der Anfechtungsklage sein, wenn und soweit er gegenüber dem ursprünglichen Verwaltungsakt eine zusätzliche selbständige Beschwer enthält. [2]Als eine zusätzliche Beschwer gilt auch die Verletzung einer wesentlichen Verfahrensvorschrift, sofern der Widerspruchsbescheid auf dieser Verletzung beruht. [3]§ 78 Abs. 2 gilt entsprechend.

§ 80. [Aufschiebende Wirkung] (1) [1]Widerspruch und Anfechtungsklage haben aufschiebende Wirkung. [2]Das gilt auch bei rechtsgestaltenden und feststellenden Verwaltungsakten sowie bei Verwaltungsakten mit Doppelwirkung (§ 80a).

(2) [1]Die aufschiebende Wirkung entfällt nur

1. bei der Anforderung von öffentlichen Abgaben und Kosten,
2. bei unaufschiebbaren Anordnungen und Maßnahmen von Polizeivollzugsbeamten,
3. in anderen durch Bundesgesetz oder für Landesrecht durch Landesgesetz vorgeschriebenen Fällen, insbesondere für Widersprüche und Klagen Dritter gegen Verwaltungsakte, die Investitionen oder die Schaffung von Arbeitsplätzen betreffen,
4. in den Fällen, in denen die sofortige Vollziehung im öffentlichen Interesse oder im überwiegenden Interesse eines Beteiligten von der Behörde, die den Verwaltungsakt erlassen oder über den Widerspruch zu entscheiden hat, besonders angeordnet wird.

[2]Die Länder können auch bestimmen, daß Rechtsbehelfe keine aufschiebende Wirkung haben, soweit sie sich gegen Maßnahmen richten, die in der Verwaltungsvollstreckung durch die Länder nach Bundesrecht getroffen werden.

(3) [1]In den Fällen des Absatzes 2 Nr. 4 ist das besondere Interesse an der sofortigen Vollziehung des Verwaltungsakts schriftlich zu begründen. [2]Einer besonderen Begründung bedarf es nicht, wenn die Behörde bei Gefahr im Verzug, insbesondere bei drohenden Nachteilen für Leben, Gesundheit oder Eigentum vorsorglich eine als solche bezeichnete Notstandsmaßnahme im öffentlichen Interesse trifft.

(4) [1]Die Behörde, die den Verwaltungsakt erlassen oder über den Widerspruch zu entscheiden hat, kann in den Fällen des Absatzes 2 die Vollziehung aussetzen, soweit nicht bundesgesetzlich etwas anderes bestimmt ist. [2]Bei der Anforderung von öffentlichen Abgaben und Kosten kann sie die Vollziehung auch gegen Sicherheit aussetzen. [3]Die Aussetzung soll bei öffentlichen Abgaben und Kosten erfolgen, wenn ernstliche Zweifel an der Rechtmäßigkeit des angegriffenen Verwaltungsakts bestehen oder wenn die Vollziehung für den Abgaben- oder Kostenpflichtigen eine unbillige, nicht durch überwiegende öffentliche Interessen gebotene Härte zur Folge hätte.

(5) [1]Auf Antrag kann das Gericht der Hauptsache die aufschiebende Wirkung in den Fällen des Absatzes 2 Nr. 1 bis 3 ganz oder teilweise anordnen, im Falle des Absatzes 2 Nr. 4 ganz oder teilweise wiederherstellen. [2]Der Antrag ist der Anfechtungsklage zulässig. [3]Ist der Verwaltungsakt im Zeitpunkt der Entscheidung schon vor Erhebung schon vollzogen, so kann das Gericht die Aufhebung der Vollziehung anordnen. [4]Die Wiederherstellung der aufschiebenden Wirkung kann von der Leistung einer Sicherheit oder von anderen Auflagen abhängig gemacht werden. [5]Sie kann auch befristet werden.

(6) [1]In den Fällen des Absatzes 2 Nr. 1 ist der Antrag nach Absatz 5 nur zulässig, wenn die Behörde einen Antrag auf Aussetzung der Vollziehung ganz oder zum Teil abgelehnt hat. [2]Das gilt nicht, wenn

1. die Behörde über den Antrag ohne Mitteilung eines zureichenden Grundes in angemessener Frist sachlich nicht entschieden hat oder
2. eine Vollstreckung droht.

(7) [1]Das Gericht der Hauptsache kann Beschlüsse über Anträge nach Absatz 5 jederzeit ändern oder aufheben. [2]Jeder Beteiligte kann die Änderung oder Aufhebung wegen veränderter oder im ursprünglichen Verfahren ohne Verschulden nicht geltend gemachter Umstände beantragen.

(8) In dringenden Fällen kann der Vorsitzende entscheiden.

§ 80a. [Verwaltungsakt mit Doppelwirkung] (1) Legt ein Dritter einen Rechtsbehelf gegen den an einen anderen gerichteten, diesen begünstigenden Verwaltungsakt ein, kann die Behörde

1. auf Antrag des Begünstigten nach § 80 Abs. 2 Nr. 4 die sofortige Vollziehung anordnen,
2. auf Antrag des Dritten nach § 80 Abs. 4 die Vollziehung aussetzen und einstweilige Maßnahmen zur Sicherung der Rechte des Dritten treffen.

(2) Legt ein Betroffener gegen einen an ihn gerichteten belastenden Verwaltungsakt, der einen Dritten begünstigt, einen Rechtsbehelf ein, kann die Behörde auf Antrag des Dritten nach § 80 Abs. 2 Nr. 4 die sofortige Vollziehung anordnen.

(3) [1]Das Gericht kann auf Antrag Maßnahmen nach den Absätzen 1 und 2 ändern oder aufheben oder solche Maßnahmen treffen. [2]§ 80 Abs. 5 bis 8 gilt entsprechend.

§ 80b. [Ende der aufschiebenden Wirkung] (1) [1]Die aufschiebende Wirkung des Widerspruchs und der Anfechtungsklage endet mit der Unanfechtbarkeit oder, wenn die Anfechtungsklage im ersten Rechtszug abgewiesen worden ist, drei Monate nach Ablauf der gesetzlichen Begründungsfrist des gegen die abweisende Entscheidung gegebenen Rechtsmittels. [2]Dies gilt auch, wenn die Vollziehung durch die Behörde ausgesetzt oder die aufschiebende Wirkung durch das Gericht wiederhergestellt oder angeordnet worden ist, es sei denn, die Behörde hat die Vollziehung bis zur Unanfechtbarkeit ausgesetzt.

(2) Das Oberverwaltungsgericht kann auf Antrag anordnen, daß die aufschiebende Wirkung fortdauert.

(3) § 80 Abs. 5 bis 8 und § 80a gelten entsprechend.

9. Abschnitt. Verfahren im ersten Rechtszug

§ 81. [Klageerhebung] (1) [1]Die Klage ist bei dem Gericht schriftlich zu erheben. [2]Bei dem Verwaltungsgericht kann sie auch zur Niederschrift des Urkundsbeamten der Geschäftsstelle erhoben werden.

(2) Der Klage und allen Schriftsätzen sollen Abschriften für die übrigen Beteiligten beigefügt werden.

§ 82. [Inhalt der Klageschrift] (1) [1]Die Klage muß den Kläger, den Beklagten und den Gegenstand des Klagebegehrens bezeichnen. [2]Sie soll einen bestimmten Antrag enthalten. [3]Die zur Begründung dienenden Tatsachen und Beweismittel sollen angegeben, die angefochtene Verfügung und der Widerspruchsbescheid sollen in Urschrift oder in Abschrift beigefügt werden.

(2) [1]Entspricht die Klage diesen Anforderungen nicht, hat der Vorsitzende oder ein von ihm bestimmter Richter (Berichterstatter) den Kläger zu der erforderlichen Ergänzung innerhalb einer bestimmten Frist aufzufordern. [2]Er kann dem Kläger für die Ergänzung eine Frist mit ausschließender Wirkung setzen, wenn es an einem der in Absatz 1 Satz 1 genannten Erfordernisse fehlt. [3]Für die Wiedereinsetzung in den vorigen Stand gilt § 60 entsprechend.

§ 83. [Sachliche und örtliche Zuständigkeit] [1]Für die sachliche und örtliche Zuständigkeit gelten die §§ 17 bis 17b des Gerichtsverfassungsgesetzes entsprechend. [2]Beschlüsse entsprechend § 17a Abs. 2 und 3 des Gerichtsverfassungsgesetzes sind unanfechtbar.

§ 84. [Gerichtsbescheid] (1) [1]Das Gericht kann ohne mündliche Verhandlung durch Gerichtsbescheid entscheiden, wenn die Sache keine besonderen Schwierigkeiten tatsächlicher oder rechtlicher Art aufweist und der Sachverhalt geklärt ist. [2]Die Beteiligten sind vorher zu hören. [3]Die Vorschriften über Urteile gelten entsprechend.

(2) [1]Die Beteiligten können innerhalb eines Monats nach Zustellung des Gerichtsbescheids

1. Berufung einlegen, wenn sie zugelassen worden ist (§ 124a),
2. Zulassung der Berufung oder mündliche Verhandlung beantragen; wird von beiden Rechtsbehelfen Gebrauch gemacht, findet mündliche Verhandlung statt,
3. Revision einlegen, wenn sie zugelassen worden ist,
4. Nichtzulassungsbeschwerde einlegen oder mündliche Verhandlung beantragen, wenn die Revision nicht zugelassen worden ist; wird von beiden Rechtsbehelfen Gebrauch gemacht, findet mündliche Verhandlung statt,
5. mündliche Verhandlung beantragen, wenn ein Rechtsmittel nicht gegeben ist.

(3) Der Gerichtsbescheid wirkt als Urteil; wird rechtzeitig mündliche Verhandlung beantragt, gilt er als nicht ergangen.

(4) Wird mündliche Verhandlung beantragt, kann das Gericht in dem Urteil von einer weiteren Darstellung des Tatbestandes und der Entscheidungsgründe absehen, soweit es der Begründung des Gerichtsbescheides folgt und dies in seiner Entscheidung feststellt.

§ 85. [Klagezustellung] [1]Der Vorsitzende verfügt die Zustellung der Klage an den Beklagten. [2]Zugleich mit der Zustellung ist der Beklagte aufzufordern, sich schriftlich zu äußern; § 81 Abs. 1 Satz 2 gilt entsprechend. [3]Hierfür kann eine Frist gesetzt werden.

§ 86. [Untersuchungsgrundsatz, Aufklärungspflicht, vorbereitende Schriftsätze] (1) [1]Das Gericht erforscht den Sachverhalt von Amts wegen; die Beteiligten sind dabei heranzuziehen. [2]Es ist an das Vorbringen und an die Beweisanträge der Beteiligten nicht gebunden.

(2) Ein in der mündlichen Verhandlung gestellter Beweisantrag kann nur durch einen Gerichtsbeschluß, der zu begründen ist, abgelehnt werden.

(3) Der Vorsitzende hat darauf hinzuwirken, daß Formfehler beseitigt, unklare Anträge erläutert, sachdienliche Anträge gestellt, ungenügende tatsächliche Angaben ergänzt, ferner alle für die Feststellung und Beurteilung des Sachverhalts wesentlichen Erklärungen abgegeben werden.

(4) [1]Die Beteiligten sollen zur Vorbereitung der mündlichen Verhandlung Schriftsätze einreichen. [2]Hierzu kann sie der Vorsitzende unter Fristsetzung auffordern. [3]Die Schriftsätze sind den Beteiligten von Amts wegen zu übersenden.

(5) [1]Den Schriftsätzen sind die Urkunden, auf die Bezug genommen wird, in Urschrift oder in Abschrift ganz oder im Auszug beizufügen. [2]Sind die Urkunden dem Gegner bereits bekannt oder sehr umfangreich, so genügt die genaue Bezeichnung mit dem Anerbieten, Einsicht bei Gericht zu gewähren.

§ 86a. [Elektronische Dokumente] (1) [1]Soweit für vorbereitende Schriftsätze und deren Anlagen, für Anträge und Erklärungen der Parteien sowie für Auskünfte, Aussagen, Gutachten und Erklärungen Dritter die Schriftform vorgesehen ist, genügt dieser Form die Aufzeichnung als elektronisches Dokument, wenn dieses für die Bearbeitung durch das Gericht geeignet ist. [2]Die verantwortende Person soll das Dokument mit einer qualifizierten elektronischen Signatur nach dem Signaturgesetz versehen.

(2) [1]Die Bundesregierung und die Landesregierungen bestimmen für ihren Bereich durch Rechtsverordnung den Zeitpunkt, von dem an elektronische Dokumente bei den Gerichten eingereicht werden können, sowie die für die Bearbeitung der Dokumente geeignete Form. [2]Die Landesregierungen können die Ermächtigung durch Rechtsverordnung auf die für die Verwaltungsgerichtsbarkeit zuständigen obersten Landesbehörden übertragen. [3]Die Zulassung der elektronischen Form kann auf einzelne Gerichte oder Verfahren beschränkt werden.

(3) Ein elektronisches Dokument ist eingereicht, sobald die für den Empfang bestimmte Einrichtung des Gerichts es aufgezeichnet hat.

§ 87. [Vorbereitendes Verfahren] (1) [1]Der Vorsitzende oder der Berichterstatter hat schon vor der mündlichen Verhandlung alle Anordnungen zu treffen, die notwendig sind, um den Rechtsstreit möglichst in einer mündlichen Verhandlung zu erledigen. [2]Er kann insbesondere

1. die Beteiligten zur Erörterung des Sach- und Streitstandes und zur gütlichen Beilegung des Rechtsstreits laden und einen Vergleich entgegennehmen;
2. den Beteiligten die Ergänzung oder Erläuterung ihrer vorbereitenden Schriftsätze sowie die Vorlegung von Urkunden und von anderen zur Niederlegung bei Gericht geeigneten Gegenständen aufgeben, insbesondere eine Frist zur Erklärung über bestimmte klärungsbedürftige Punkte setzen;

3. Auskünfte einholen;
4. die Vorlage von Urkunden anordnen;
5. das persönliche Erscheinen der Beteiligten anordnen; § 95 gilt entsprechend;
6. Zeugen und Sachverständige zur mündlichen Verhandlung laden.

(2) Die Beteiligten sind von jeder Anordnung zu benachrichtigen.

(3) [1]Der Vorsitzende oder der Berichterstatter kann einzelne Beweise erheben. [2]Dies darf nur insoweit geschehen, als es zur Vereinfachung der Verhandlung vor dem Gericht sachdienlich und von vornherein anzunehmen ist, daß das Gericht das Beweisergebnis auch ohne unmittelbaren Eindruck von dem Verlauf der Beweisaufnahme sachgemäß zu würdigen vermag.

§ 87 a. [Entscheidung im vorbereitenden Verfahren] (1) Der Vorsitzende entscheidet, wenn die Entscheidung im vorbereitenden Verfahren ergeht,
1. über die Aussetzung und das Ruhen des Verfahrens;
2. bei Zurücknahme der Klage, Verzicht auf den geltend gemachten Anspruch oder Anerkenntnis des Anspruchs;
3. bei Erledigung des Rechtsstreits in der Hauptsache;
4. über den Streitwert;
5. über Kosten.

(2) Im Einverständnis der Beteiligten kann der Vorsitzende auch sonst anstelle der Kammer oder des Senats entscheiden.

(3) Ist ein Berichterstatter bestellt, so entscheidet dieser anstelle des Vorsitzenden.

§ 87 b. [Fristsetzung, Fristversäumnis] (1) [1]Der Vorsitzende oder der Berichterstatter kann dem Kläger eine Frist setzen zur Angabe der Tatsachen, durch deren Berücksichtigung oder Nichtberücksichtigung im Verwaltungsverfahren er sich beschwert fühlt. [2]Die Fristsetzung nach Satz 1 kann mit der Fristsetzung nach § 82 Abs. 2 Satz 2 verbunden werden.

(2) Der Vorsitzende oder der Berichterstatter kann einem Beteiligten unter Fristsetzung aufgeben, zu bestimmten Vorgängen
1. Tatsachen anzugeben oder Beweismittel zu bezeichnen,
2. Urkunden oder andere bewegliche Sachen vorzulegen, soweit der Beteiligte dazu verpflichtet ist.

(3) [1]Das Gericht kann Erklärungen und Beweismittel, die erst nach Ablauf einer nach den Absätzen 1 und 2 gesetzten Frist vorgebracht werden, zurückweisen und ohne weitere Ermittlungen entscheiden, wenn
1. ihre Zulassung nach der freien Überzeugung des Gerichts die Erledigung des Rechtsstreits verzögern würde und
2. der Beteiligte die Verspätung nicht genügend entschuldigt und
3. der Beteiligte über die Folgen einer Fristversäumung belehrt worden ist.

[2]Der Entschuldigungsgrund ist auf Verlangen des Gerichts glaubhaft zu machen. [3]Satz 1 gilt nicht, wenn es mit geringem Aufwand möglich ist, den Sachverhalt auch ohne Mitwirkung des Beteiligten zu ermitteln.

§ 88. [Bindung an Klagebegehren] Das Gericht darf über das Klagebegehren nicht hinausgehen, ist aber an die Fassung der Anträge nicht gebunden.

§ 89. [Widerklage] (1) [1]Bei dem Gericht der Klage kann eine Widerklage erhoben werden, wenn der Gegenanspruch mit dem in der Klage geltend gemachten Anspruch oder mit den gegen ihn vorgebrachten Verteidigungsmitteln zusammenhängt. [2]Dies gilt nicht, wenn in den Fällen des § 52 Nr. 1 für die Klage wegen des Gegenanspruchs ein anderes Gericht zuständig ist.

(2) Bei Anfechtungs- und Verpflichtungsklagen ist die Widerklage ausgeschlossen.

§ 90. [Rechtshängigkeit] (1) Durch Erhebung der Klage wird die Streitsache rechtshängig.

(2) (weggefallen)

(3) (weggefallen)

§ 91. [Klageänderung] (1) Eine Änderung der Klage ist zulässig, wenn die übrigen Beteiligten einwilligen oder das Gericht die Änderung für sachdienlich hält.

(2) Die Einwilligung des Beklagten in die Änderung der Klage ist anzunehmen, wenn er sich, ohne ihr zu widersprechen, in einem Schriftsatz oder in einer mündlichen Verhandlung auf die geänderte Klage eingelassen hat.

(3) Die Entscheidung, daß eine Änderung der Klage nicht vorliegt oder zuzulassen sei, ist nicht selbständig anfechtbar.

§ 92. [Klagerücknahme] (1) [1]Der Kläger kann bis zur Rechtskraft des Urteils seine Klage zurücknehmen. [2]Die Zurücknahme nach Stellung der Anträge in der mündlichen Verhandlung setzt die Einwilligung des Beklagten und, wenn ein Vertreter des öffentlichen Interesses an der mündlichen Verhandlung teilgenommen hat, auch seine Einwilligung voraus.

(2) [1]Die Klage gilt als zurückgenommen, wenn der Kläger das Verfahren trotz Aufforderung des Gerichts länger als drei Monate nicht betreibt. [2]Absatz 1 Satz 2 gilt entsprechend. [3]Der Kläger ist in der Aufforderung auf die sich aus Satz 1 und § 155 Abs. 2 ergebenden Rechtsfolgen hinzuweisen. [4]Das Gericht stellt durch Beschluß fest, daß die Klage als zurückgenommen gilt.

(3) [1]Ist die Klage zurückgenommen oder gilt sie als zurückgenommen, so stellt das Gericht das Verfahren durch Beschluß ein und spricht die sich nach diesem Gesetz ergebenden Rechtsfolgen der Zurücknahme aus. [2]Der Beschluß ist unanfechtbar.

§ 93. [Verbindung und Trennung von Verfahren] [1]Das Gericht kann durch Beschluß mehrere bei ihm anhängige Verfahren über den gleichen Gegenstand zu gemeinsamer Verhandlung und Entscheidung verbinden und wieder trennen. [2]Es kann anordnen, daß mehrere in einem Verfahren erhobene Ansprüche in getrennten Verfahren verhandelt und entschieden werden.

§ 93 a. [Musterverfahren] (1) [1]Ist die Rechtmäßigkeit einer behördlichen Maßnahme Gegenstand von mehr als zwanzig Verfahren, kann das Gericht eines oder mehrere geeignete Verfahren vorab durchführen (Musterverfahren) und die übrigen Verfahren aussetzen. [2]Die Beteiligten sind vorher zu hören. [3]Der Beschluß ist unanfechtbar.

(2) [1]Ist über die durchgeführten Verfahren rechtskräftig entschieden worden, kann das Gericht nach Anhörung der Beteiligten über die ausgesetzten Verfahren durch Beschluß entscheiden, wenn es einstimmig der Auffassung ist, daß die Sachen gegenüber rechtskräftig entschiedenen Musterverfahren keine wesentlichen Besonderheiten tatsächlicher oder rechtlicher Art aufweisen und der Sachverhalt geklärt ist. [2]Das Gericht kann in einem Musterverfahren erhobene Beweise einführen; es kann nach seinem Ermessen die wiederholte Vernehmung eines Zeugen oder eine neue Begutach-

tung durch denselben oder andere Sachverständige anordnen. [3]Beweisanträge zu Tatsachen, über die bereits im Musterverfahren Beweis erhoben wurde, kann das Gericht ablehnen, wenn ihre Zulassung nach seiner freien Überzeugung nicht zum Nachweis neuer entscheidungserheblicher Tatsachen beitragen und die Erledigung des Rechtsstreits verzögern würde. [4]Die Ablehnung kann in der Entscheidung nach Satz 1 erfolgen. [5]Den Beteiligten steht gegen den Beschluß nach Satz 1 das Rechtsmittel zu, das zulässig wäre, wenn das Gericht durch Urteil entschieden hätte. [6]Die Beteiligten sind über dieses Rechtsmittel zu belehren.

§ 94. [Aussetzung des Verfahrens] Das Gericht kann, wenn die Entscheidung des Rechtsstreits ganz oder zum Teil von dem Bestehen oder Nichtbestehen eines Rechtsverhältnisses abhängt, das den Gegenstand eines anderen anhängigen Rechtsstreits bildet oder von einer Verwaltungsbehörde festzustellen ist, anordnen, daß die Verhandlung bis zur Erledigung des anderen Rechtsstreits oder bis zur Entscheidung der Verwaltungsbehörde auszusetzen sei.

§ 95. [Persönliches Erscheinen] (1) [1]Das Gericht kann das persönliche Erscheinen eines Beteiligten anordnen. [2]Für den Fall des Ausbleibens kann es Ordnungsgeld wie gegen einen im Vernehmungstermin nicht erschienenen Zeugen androhen. [3]Bei schuldhaftem Ausbleiben setzt das Gericht durch Beschluß das angedrohte Ordnungsgeld fest. [4]Androhung und Festsetzung des Ordnungsgelds können wiederholt werden.

(2) Ist Beteiligter eine juristische Person oder eine Vereinigung, so ist das Ordnungsgeld dem nach Gesetz oder Satzung Vertretungsberechtigten anzudrohen und gegen ihn festzusetzen.

(3) Das Gericht kann einer beteiligten öffentlich-rechtlichen Körperschaft oder Behörde aufgeben, zur mündlichen Verhandlung einen Beamten oder Angestellten zu entsenden, der mit einem schriftlichen Nachweis über die Vertretungsbefugnis versehen und über die Sach- und Rechtslage ausreichend unterrichtet ist.

§ 96. [Unmittelbarkeit der Beweisaufnahme] (1) [1]Das Gericht erhebt Beweis in der mündlichen Verhandlung. [2]Es kann insbesondere Augenschein einnehmen, Zeugen, Sachverständige und Beteiligte vernehmen und Urkunden heranziehen.

(2) Das Gericht kann in geeigneten Fällen schon vor der mündlichen Verhandlung durch eines seiner Mitglieder als beauftragten Richter Beweis erheben lassen oder durch Bezeichnung der einzelnen Beweisfragen ein anderes Gericht um die Beweisaufnahme ersuchen.

§ 97. [Beweistermin] [1]Die Beteiligten werden von allen Beweisterminen benachrichtigt und können der Beweisaufnahme beiwohnen. [2]Sie können an Zeugen und Sachverständige sachdienliche Fragen richten. [3]Wird eine Frage beanstandet, so entscheidet das Gericht.

§ 98. [Beweisaufnahme] Soweit dieses Gesetz nicht abweichende Vorschriften enthält, sind auf die Beweisaufnahme §§ 358 bis 444 und 450 bis 494 der Zivilprozeßordnung entsprechend anzuwenden.

§ 99. [Vorlage- und Auskunftspflicht der Behörden] (1) [1]Behörden sind zur Vorlage von Urkunden oder Akten und zu Auskünften verpflichtet. [2]Wenn das Bekanntwerden des Inhalts dieser Urkunden oder Akten und dieser Auskünfte dem Wohl des Bundes oder eines deutschen Landes Nachteile bereiten würde oder wenn die

Vorgänge nach einem Gesetz oder ihrem Wesen nach geheimgehalten werden müssen, kann die zuständige oberste Aufsichtsbehörde die Vorlage von Urkunden oder Akten und die Erteilung der Auskunft verweigern.

(2) [1] Auf Antrag eines Beteiligten stellt das Oberverwaltungsgericht ohne mündliche Verhandlung durch Beschluss fest, ob die Verweigerung der Vorlage der Urkunden oder Akten oder der Erteilung von Auskünften rechtmäßig ist. [2] Verweigert eine oberste Bundesbehörde die Vorlage oder Auskunft mit der Begründung, das Bekanntwerden des Inhalts der Urkunden, der Akten oder der Auskünfte würde dem Wohl des Bundes Nachteile bereiten, entscheidet das Bundesverwaltungsgericht; Gleiches gilt, wenn das Bundesverwaltungsgericht nach § 50 für die Hauptsache zuständig ist. [3] Der Antrag ist bei dem für die Hauptsache zuständigen Gericht zu stellen. [4] Dieses gibt den Antrag und die Hauptsacheakten an den nach § 189 zuständigen Spruchkörper ab. [5] Die oberste Aufsichtsbehörde hat die nach Absatz 1 Satz 2 verweigerten Urkunden oder Akten auf Aufforderung dieses Spruchkörpers vorzulegen oder die verweigerten Auskünfte zu erteilen. [6] Sie ist zu diesem Verfahren beizuladen. [7] Das Verfahren unterliegt den Vorschriften des materiellen Geheimschutzes. [8] Können diese nicht eingehalten werden oder macht die zuständige Aufsichtsbehörde geltend, dass besondere Gründe der Geheimhaltung oder des Geheimschutzes einer Übergabe der Urkunden oder Akten an das Gericht entgegenstehen, wird die Vorlage nach Satz 5 dadurch bewirkt, dass die Urkunden oder Akten dem Gericht in von der obersten Aufsichtsbehörde bestimmten Räumlichkeiten zur Verfügung gestellt werden. [9] Für die nach Satz 5 vorgelegten Akten und für die gemäß Satz 8 geltend gemachten besonderen Gründe gilt § 100 nicht. [10] Die Mitglieder des Gerichts sind zur Geheimhaltung verpflichtet; die Entscheidungsgründe dürfen Art und Inhalt der geheim gehaltenen Urkunden oder Akten und Auskünfte nicht erkennen lassen. [11] Für das nichtrichterliche Personal gelten die Regelungen des personellen Geheimschutzes. [12] Soweit nicht das Bundesverwaltungsgericht entschieden hat, kann der Beschluss selbständig mit der Beschwerde angefochten werden. [13] Über die Beschwerde gegen den Beschluss eines Oberverwaltungsgerichts entscheidet das Bundesverwaltungsgericht. [14] Für das Beschwerdeverfahren gelten die Sätze 4 bis 11 sinngemäß.

§ 100. [Akteneinsicht; Abschriften] (1) Die Beteiligten können die Gerichtsakten und die dem Gericht vorgelegten Akten einsehen.

(2) [1] Sie können sich durch die Geschäftsstelle auf ihre Kosten Ausfertigungen, Auszüge und Abschriften erteilen lassen. [2] Sind die Gerichtsakten zur Ersetzung der Urschrift auf einen Bild- oder anderen Datenträger übertragen worden, gilt § 299a der Zivilprozeßordnung entsprechend. [3] Nach dem Ermessen des Vorsitzenden können die Akten dem bevollmächtigten Rechtsanwalt zur Mitnahme in seine Wohnung oder in seine Geschäftsräume übergeben werden.

(3) Die Entwürfe zu Urteilen, Beschlüssen und Verfügungen, die Arbeiten zu ihrer Vorbereitung, ferner die Schriftstücke, die Abstimmungen betreffen, werden weder vorgelegt noch abschriftlich mitgeteilt.

§ 101. [Grundsatz der mündlichen Verhandlung] (1) Das Gericht entscheidet, soweit nichts anderes bestimmt ist, auf Grund mündlicher Verhandlung.

(2) Mit Einverständnis der Beteiligten kann das Gericht ohne mündliche Verhandlung entscheiden.

(3) Entscheidungen des Gerichts, die nicht Urteile sind, können ohne mündliche Verhandlung ergehen, soweit nichts anderes bestimmt ist.

§ 102. [Ladung, Sitzungen außerhalb des Gerichtssitzes] (1) [1]Sobald der Termin zur mündlichen Verhandlung bestimmt ist, sind die Beteiligten mit einer Ladungsfrist von mindestens zwei Wochen, bei dem Bundesverwaltungsgericht von mindestens vier Wochen, zu laden. [2]In dringenden Fällen kann der Vorsitzende die Frist abkürzen.

(2) Bei der Ladung ist darauf hinzuweisen, daß beim Ausbleiben eines Beteiligten auch ohne ihn verhandelt und entschieden werden kann.

(3) Die Gerichte der Verwaltungsgerichtsbarkeit können Sitzungen auch außerhalb des Gerichtssitzes abhalten, wenn dies zur sachdienlichen Erledigung notwendig ist.

(4) § 227 Abs. 3 Satz 1 der Zivilprozeßordnung ist nicht anzuwenden.

§ 103. [Gang der mündlichen Verhandlung] (1) Der Vorsitzende eröffnet und leitet die mündliche Verhandlung.

(2) Nach Aufruf der Sache trägt der Vorsitzende oder der Berichterstatter den wesentlichen Inhalt der Akten vor.

(3) Hierauf erhalten die Beteiligten das Wort, um ihre Anträge zu stellen und zu begründen.

§ 104. [Richterliche Frage- und Erörterungspflicht] (1) Der Vorsitzende hat die Streitsache mit den Beteiligten tatsächlich und rechtlich zu erörtern.

(2) [1]Der Vorsitzende hat jedem Mitglied des Gerichts auf Verlangen zu gestatten, Fragen zu stellen. [2]Wird eine Frage beanstandet, so entscheidet das Gericht.

(3) [1]Nach Erörterung der Streitsache erklärt der Vorsitzende die mündliche Verhandlung für geschlossen. [2]Das Gericht kann die Wiedereröffnung beschließen.

§ 105. [Niederschrift über die mündliche Verhandlung] Für die Niederschrift gelten die §§ 159 bis 165 der Zivilprozeßordnung entsprechend.

§ 106. [Gerichtlicher Vergleich] [1]Um den Rechtsstreit vollständig oder zum Teil zu erledigen, können die Beteiligten zur Niederschrift des Gerichts oder des beauftragten oder ersuchten Richters einen Vergleich schließen, soweit sie über den Gegenstand des Vergleichs verfügen können. [2]Ein gerichtlicher Vergleich kann auch dadurch geschlossen werden, daß die Beteiligten einen in der Form eines Beschlusses ergangenen Vorschlag des Gerichts, des Vorsitzenden oder des Berichterstatters schriftlich gegenüber dem Gericht annehmen.

10. Abschnitt. Urteile und andere Entscheidungen

§ 107. [Entscheidung durch Urteil] Über die Klage wird, soweit nichts anderes bestimmt ist, durch Urteil entschieden.

§ 108. [Urteilsgrundlage, freie Beweiswürdigung, rechtliches Gehör] (1) [1]Das Gericht entscheidet nach seiner freien, aus dem Gesamtergebnis des Verfahrens gewonnenen Überzeugung. [2]In dem Urteil sind die Gründe anzugeben, die für die richterliche Überzeugung leitend gewesen sind.

(2) Das Urteil darf nur auf Tatsachen und Beweisergebnisse gestützt werden, zu denen die Beteiligten sich äußern konnten.

§ 109. [Zwischenurteil] Über die Zulässigkeit der Klage kann durch Zwischenurteil vorab entschieden werden.

§ 110. [Teilurteil] Ist nur ein Teil des Streitgegenstandes zur Entscheidung reif, so kann das Gericht ein Teilurteil erlassen.

§ 111. [Zwischenurteil über den Grund] [1]Ist bei einer Leistungsklage ein Anspruch nach Grund und Betrag streitig, so kann das Gericht durch Zwischenurteil über den Grund vorab entscheiden. [2]Das Gericht kann, wenn der Anspruch für begründet erklärt ist, anordnen, daß über den Betrag zu verhandeln ist.

§ 112. [Besetzung des Gerichts] Das Urteil kann nur von den Richtern und ehrenamtlichen Richtern gefällt werden, die an der dem Urteil zugrunde liegenden Verhandlung teilgenommen haben.

§ 113. [Urteilstenor] (1) [1]Soweit der Verwaltungsakt rechtswidrig und der Kläger dadurch in seinen Rechten verletzt ist, hebt das Gericht den Verwaltungsakt und den etwaigen Widerspruchsbescheid auf. [2]Ist der Verwaltungsakt schon vollzogen, so kann das Gericht auf Antrag auch aussprechen, daß und wie die Verwaltungsbehörde die Vollziehung rückgängig zu machen hat. [3]Dieser Ausspruch ist nur zulässig, wenn die Behörde dazu in der Lage und diese Frage spruchreif ist. [4]Hat sich der Verwaltungsakt vorher durch Zurücknahme oder anders erledigt, so spricht das Gericht auf Antrag durch Urteil aus, daß der Verwaltungsakt rechtswidrig gewesen ist, wenn der Kläger ein berechtigtes Interesse an dieser Feststellung hat.

(2) [1]Begehrt der Kläger die Änderung eines Verwaltungsakts, der einen Geldbetrag festsetzt oder eine darauf bezogene Feststellung trifft, kann das Gericht den Betrag in anderer Höhe festsetzen oder die Feststellung durch eine andere ersetzen. [2]Erfordert die Ermittlung des festzusetzenden oder festzustellenden Betrags einen nicht unerheblichen Aufwand, kann das Gericht die Änderung des Verwaltungsakts durch Angabe der zu Unrecht berücksichtigten oder nicht berücksichtigten tatsächlichen oder rechtlichen Verhältnisse so bestimmen, daß die Behörde den Betrag auf Grund der Entscheidung errechnen kann. [3]Die Behörde teilt den Beteiligten das Ergebnis der Neuberechnung unverzüglich formlos mit; nach Rechtskraft der Entscheidung ist der Verwaltungsakt mit dem geänderten Inhalt neu bekanntzugeben.

(3) [1]Hält das Gericht eine weitere Sachaufklärung für erforderlich, kann es, ohne in der Sache selbst zu entscheiden, den Verwaltungsakt und den Widerspruchsbescheid aufheben, soweit nach Art oder Umfang die noch erforderlichen Ermittlungen erheblich sind und die Aufhebung auch unter Berücksichtigung der Belange der Beteiligten sachdienlich ist. [2]Auf Antrag kann das Gericht bis zum Erlaß des neuen Verwaltungsakts eine einstweilige Regelung treffen, insbesondere bestimmen, daß Sicherheiten geleistet werden oder ganz oder zum Teil bestehen bleiben und Leistungen zunächst nicht zurückgewährt werden müssen. [3]Der Beschluß kann jederzeit geändert oder aufgehoben werden. [4]Eine Entscheidung nach Satz 1 kann nur binnen sechs Monaten seit Eingang der Akten der Behörde bei Gericht ergehen.

(4) Kann neben der Aufhebung eines Verwaltungsakts eine Leistung verlangt werden, so ist im gleichen Verfahren auch die Verurteilung zur Leistung zulässig.

(5) [1]Soweit die Ablehnung oder Unterlassung des Verwaltungsakts rechtswidrig und der Kläger dadurch in seinen Rechten verletzt ist, spricht das Gericht die Verpflichtung der Verwaltungsbehörde aus, die beantragte Amtshandlung vorzunehmen, wenn die Sache spruchreif ist. [2]Andernfalls spricht es die Verpflichtung aus, den Kläger unter Beachtung der Rechtsauffassung des Gerichts zu bescheiden.

§ 114. [Nachprüfung von Ermessensentscheidungen] [1]Soweit die Verwaltungsbehörde ermächtigt ist, nach ihrem Ermessen zu handeln, prüft das Gericht auch, ob der Verwaltungsakt oder die Ablehnung oder Unterlassung des Verwaltungsakts rechtswidrig ist, weil die gesetzlichen Grenzen des Ermessens überschritten sind oder von dem Ermessen in einer dem Zweck der Ermächtigung nicht entsprechenden Weise Gebrauch gemacht ist. [2]Die Verwaltungsbehörde kann ihre Ermessenserwägungen hinsichtlich des Verwaltungsaktes auch noch im verwaltungsgerichtlichen Verfahren ergänzen.

§ 115. [Klagen gegen Widerspruchsbescheid] §§ 113 und 114 gelten entsprechend, wenn nach § 79 Abs. 1 Nr. 2 und Abs. 2 der Widerspruchsbescheid Gegenstand der Anfechtungsklage ist.

§ 116. [Verkündung und Zustellung des Urteils] (1) [1]Das Urteil wird, wenn eine mündliche Verhandlung stattgefunden hat, in der Regel in dem Termin, in dem die mündliche Verhandlung geschlossen wird, verkündet, in besonderen Fällen in einem sofort anzuberaumenden Termin, der nicht über zwei Wochen hinaus angesetzt werden soll. [2]Das Urteil ist den Beteiligten zuzustellen.

(2) Statt der Verkündung ist die Zustellung des Urteils zulässig; dann ist das Urteil binnen zwei Wochen nach der mündlichen Verhandlung der Geschäftsstelle zu übergeben.

(3) Entscheidet das Gericht ohne mündliche Verhandlung, so wird die Verkündung durch Zustellung an die Beteiligten ersetzt.

§ 117. [Form und Inhalt des Urteils] (1) [1]Das Urteil ergeht „Im Namen des Volkes". [2]Es ist schriftlich abzufassen und von den Richtern, die bei der Entscheidung mitgewirkt haben, zu unterzeichnen. [3]Ist ein Richter verhindert, seine Unterschrift beizufügen, so wird dies mit dem Hinderungsgrund vom Vorsitzenden oder, wenn er verhindert ist, vom dienstältesten beisitzenden Richter unter dem Urteil vermerkt. [4]Der Unterschrift der ehrenamtlichen Richter bedarf es nicht.

(2) Das Urteil enthält

1. die Bezeichnung der Beteiligten, ihrer gesetzlichen Vertreter und der Bevollmächtigten nach Namen, Beruf, Wohnort und ihrer Stellung im Verfahren,
2. die Bezeichnung des Gerichts und die Namen der Mitglieder, die bei der Entscheidung mitgewirkt haben,
3. die Urteilsformel,
4. den Tatbestand,
5. die Entscheidungsgründe,
6. die Rechtsmittelbelehrung.

(3) [1]Im Tatbestand ist der Sach- und Streitstand unter Hervorhebung der gestellten Anträge seinem wesentlichen Inhalt nach gedrängt darzustellen. [2]Wegen der Einzelheiten soll auf Schriftsätze, Protokolle und andere Unterlagen verwiesen werden, soweit sich aus ihnen der Sach- und Streitstand ausreichend ergibt.

(4) [1]Ein Urteil, das bei der Verkündung noch nicht vollständig abgefaßt war, ist vor Ablauf von zwei Wochen, vom Tag der Verkündung an gerechnet, vollständig abgefaßt der Geschäftsstelle zu übergeben. [2]Kann dies ausnahmsweise nicht geschehen, so ist innerhalb dieser zwei Wochen das von den Richtern unterschriebene Urteil ohne Tatbestand, Entscheidungsgründe und Rechtsmittelbelehrung der Geschäftsstelle zu übergeben; Tatbestand, Entscheidungsgründe und Rechtsmittelbelehrung sind alsbald nachträglich niederzulegen, von den Richtern besonders zu unterschreiben und der Geschäftsstelle zu übergeben.

(5) Das Gericht kann von einer weiteren Darstellung der Entscheidungsgründe absehen, soweit es der Begründung des Verwaltungsakts oder des Widerspruchsbescheids folgt und dies in seiner Entscheidung feststellt.

(6) Der Urkundsbeamte der Geschäftsstelle hat auf dem Urteil den Tag der Zustellung und im Falle des § 116 Abs. 1 Satz 1 den Tag der Verkündung zu vermerken und diesen Vermerk zu unterschreiben.

§ 118. [Urteilsberichtigung] (1) Schreibfehler, Rechenfehler und ähnliche offenbare Unrichtigkeiten im Urteil sind jederzeit vom Gericht zu berichtigen.

(2) [1]Über die Berichtigung kann ohne vorgängige mündliche Verhandlung entschieden werden. [2]Der Berichtigungsbeschluß wird auf dem Urteil und den Ausfertigungen vermerkt.

§ 119. [Berichtigung des Tatbestands eines Urteils] (1) Enthält der Tatbestand des Urteils andere Unrichtigkeiten oder Unklarheiten, so kann die Berichtigung binnen zwei Wochen nach Zustellung des Urteils beantragt werden.

(2) [1]Das Gericht entscheidet ohne Beweisaufnahme durch Beschluß. [2]Der Beschluß ist unanfechtbar. [3]Bei der Entscheidung wirken nur die Richter mit, die beim Urteil mitgewirkt haben. [4]Ist ein Richter verhindert, so entscheidet bei Stimmengleichheit die Stimme des Vorsitzenden. [5]Der Berichtigungsbeschluß wird auf dem Urteil und den Ausfertigungen vermerkt.

§ 120. [Urteilsergänzung] (1) Wenn ein nach dem Tatbestand von einem Beteiligten gestellter Antrag oder die Kostenfolge bei der Entscheidung ganz oder zum Teil übergangen ist, so ist auf Antrag das Urteil durch nachträgliche Entscheidung zu ergänzen.

(2) Die Entscheidung muß binnen zwei Wochen nach Zustellung des Urteils beantragt werden.

(3) Die mündliche Verhandlung hat nur den nicht erledigten Teil des Rechtsstreits zum Gegenstand.

§ 121. [Rechtskraft] Rechtskräftige Urteile binden, soweit über den Streitgegenstand entschieden worden ist,

1. die Beteiligten und ihre Rechtsnachfolger und
2. im Fall des § 65 Abs. 3 die Personen, die einen Antrag auf Beiladung nicht oder nicht fristgemäß gestellt haben.

§ 122. [Beschlüsse] (1) §§ 88, 108 Abs. 1 Satz 1, §§ 118, 119 und 120 gelten entsprechend für Beschlüsse.

(2) [1]Beschlüsse sind zu begründen, wenn sie durch Rechtsmittel angefochten werden können oder über einen Rechtsbehelf entscheiden. [2]Beschlüsse über die Aussetzung der Vollziehung (§§ 80, 80a) und über einstweilige Anordnungen (§ 123) sowie Beschlüsse nach Erledigung des Rechtsstreits in der Hauptsache (§ 161 Abs. 2) sind stets zu begründen. [3]Beschlüsse, die über ein Rechtsmittel entscheiden, bedürfen keiner weiteren Begründung, soweit das Gericht das Rechtsmittel aus den Gründen der angefochtenen Entscheidung als unbegründet zurückweist.

11. Abschnitt. Einstweilige Anordnung

§ 123. [Einstweilige Anordnung] (1) [1]Auf Antrag kann das Gericht, auch schon vor Klageerhebung, eine einstweilige Anordnung in bezug auf den Streitgegenstand treffen, wenn die Gefahr besteht, daß durch eine Veränderung des bestehenden Zustands die

Verwirklichung eines Rechts des Antragstellers vereitelt oder wesentlich erschwert werden könnte. [2]Einstweilige Anordnungen sind auch zur Regelung eines vorläufigen Zustands in bezug auf ein streitiges Rechtsverhältnis zulässig, wenn diese Regelung, vor allem bei dauernden Rechtsverhältnissen, um wesentliche Nachteile abzuwenden oder drohende Gewalt zu verhindern oder aus anderen Gründen nötig erscheint.

(2) [1]Für den Erlaß einstweiliger Anordnungen ist das Gericht der Hauptsache zuständig. [2]Dies ist das Gericht des ersten Rechtszugs und, wenn die Hauptsache im Berufungsverfahren anhängig ist, das Berufungsgericht. [3]§ 80 Abs. 8 ist entsprechend anzuwenden.

(3) Für den Erlaß einstweiliger Anordnungen gelten §§ 920, 921, 923, 926, 928 bis 932, 938, 939, 941 und 945 der Zivilprozeßordnung entsprechend.

(4) Das Gericht entscheidet durch Beschluß.

(5) Die Vorschriften der Absätze 1 bis 3 gelten nicht für die Fälle der §§ 80 und 80a.

Teil III. Rechtsmittel und Wiederaufnahme des Verfahrens

12. Abschnitt. Berufung

§ 124. [Statthaftigkeit der Berufung] (1) Gegen Endurteile einschließlich der Teilurteile nach § 110 und gegen Zwischenurteile nach den §§ 109 und 111 steht den Beteiligten die Berufung zu, wenn sie von dem Verwaltungsgericht oder dem Oberverwaltungsgericht zugelassen wird.

(2) Die Berufung ist nur zuzulassen,

1. wenn ernstliche Zweifel an der Richtigkeit des Urteils bestehen,
2. wenn die Rechtssache besondere tatsächliche oder rechtliche Schwierigkeiten aufweist,
3. wenn die Rechtssache grundsätzliche Bedeutung hat,
4. wenn das Urteil von einer Entscheidung des Oberverwaltungsgerichts, des Bundesverwaltungsgerichts, des gemeinsamen Senats der obersten Gerichtshöfe des Bundes oder des Bundesverfassungsgerichts abweicht und auf dieser Abweichung beruht oder
5. wenn ein der Beurteilung des Berufungsgerichts unterliegender Verfahrensmangel geltend gemacht wird und vorliegt, auf dem die Entscheidung beruhen kann.

§ 124a. [Zulassung und Begründung der Berufung] (1) [1]Das Verwaltungsgericht lässt die Berufung in dem Urteil zu, wenn die Gründe des § 124 Abs. 2 Nr. 3 oder Nr. 4 vorliegen. [2]Das Oberverwaltungsgericht ist an die Zulassung gebunden. [3]Zu einer Nichtzulassung der Berufung ist das Verwaltungsgericht nicht befugt.

(2) [1]Die Berufung ist, wenn sie von dem Verwaltungsgericht zugelassen worden ist, innerhalb eines Monats nach Zustellung des vollständigen Urteils bei dem Verwaltungsgericht einzulegen. [2]Die Berufung muss das angefochtene Urteil bezeichnen.

(3) [1]Die Berufung ist in den Fällen des Absatzes 2 innerhalb von zwei Monaten nach Zustellung des vollständigen Urteils zu begründen. [2]Die Begründung ist, sofern sie nicht zugleich mit der Einlegung der Berufung erfolgt, bei dem Oberverwaltungsgericht einzureichen. [3]Die Begründungsfrist kann auf einen vor ihrem Ablauf gestellten Antrag von dem Vorsitzenden des Senats verlängert werden. [4]Die Begründung muss einen bestimmten Antrag enthalten sowie die im Einzelnen anzuführenden Gründe der Anfechtung (Berufungsgründe). [5]Mangelt es an einem dieser Erfordernisse, so ist die Berufung unzulässig.

(4) [1]Wird die Berufung nicht in dem Urteil des Verwaltungsgerichts zugelassen, so ist die Zulassung innerhalb eines Monats nach Zustellung des vollständigen Urteils zu beantragen. [2]Der Antrag ist bei dem Verwaltungsgericht zu stellen. [3]Er muss das angefochtene Urteil bezeichnen. [4]Innerhalb von zwei Monaten nach Zustellung des vollständigen Urteils sind die Gründe darzulegen, aus denen die Berufung zuzulassen ist. [5]Die Begründung ist bei dem Verwaltungsgericht einzureichen. [6]Die Stellung des Antrags hemmt die Rechtskraft des Urteils.

(5) [1]Über den Antrag entscheidet das Oberverwaltungsgericht durch Beschluss. [2]Die Berufung ist zuzulassen, wenn einer der Gründe des § 124 Abs. 2 dargelegt ist und vorliegt. [3]Der Beschluss soll kurz begründet werden. [4]Mit der Ablehnung des Antrags wird das Urteil rechtskräftig. [5]Lässt das Oberverwaltungsgericht die Berufung zu, wird das Antragsverfahren als Berufungsverfahren fortgesetzt; der Einlegung einer Berufung bedarf es nicht.

(6) [1]Die Berufung ist in den Fällen des Absatzes 5 innerhalb eines Monats nach Zustellung des Beschlusses über die Zulassung der Berufung zu begründen. [2]Die Begründung ist bei dem Oberverwaltungsgericht einzureichen. [3]Absatz 3 Satz 3 bis 5 gilt entsprechend.

§ 124 b. [Vorlagepflicht des OVG] [1]Das Oberverwaltungsgericht legt die Sache unter Begründung seiner Rechtsauffassung dem Bundesverwaltungsgericht zur Entscheidung über die Auslegung von § 124 Abs. 2 oder § 124 a Abs. 4 Satz 4 vor, wenn

1. die Rechtsfrage grundsätzliche Bedeutung für die Auslegung dieser Bestimmungen hat oder
2. die Fortbildung des Rechts oder die Sicherung einer einheitlichen Rechtsprechung eine Entscheidung des Bundesverwaltungsgerichts zur Auslegung dieser Bestimmungen erfordert.

[2]Der Beschluss ist nicht anfechtbar. [3]Er ist den Beteiligten bekannt zu machen. [4]Das Bundesverwaltungsgericht entscheidet nur über die Rechtsfrage.

§ 125. [Berufungsverfahren, Entscheidung bei Unzulässigkeit] (1) [1]Für das Berufungsverfahren gelten die Vorschriften des Teils II entsprechend, soweit sich aus diesem Abschnitt nichts anderes ergibt. [2]§ 84 findet keine Anwendung.

(2) [1]Ist die Berufung unzulässig, so ist sie zu verwerfen. [2]Die Entscheidung kann durch Beschluß ergehen. [3]Die Beteiligten sind vorher zu hören. [4]Gegen den Beschluß steht den Beteiligten das Rechtsmittel zu, das zulässig wäre, wenn das Gericht durch Urteil entschieden hätte. [5]Die Beteiligten sind über dieses Rechtsmittel zu belehren.

§ 126. [Zurücknahme der Berufung] (1) [1]Die Berufung kann bis zur Rechtskraft des Urteils zurückgenommen werden. [2]Die Zurücknahme nach Stellung der Anträge in der mündlichen Verhandlung setzt die Einwilligung des Beklagten und, wenn ein Vertreter des öffentlichen Interesses an der mündlichen Verhandlung teilgenommen hat, auch seine Einwilligung voraus.

(2) [1]Die Berufung gilt als zurückgenommen, wenn der Berufungskläger das Verfahren trotz Aufforderung des Gerichts länger als drei Monate nicht betreibt. [2]Absatz 1 Satz 2 gilt entsprechend. [3]Der Berufungskläger ist in der Aufforderung auf die sich aus Satz 1 und § 155 Abs. 2 ergebenden Rechtsfolgen hinzuweisen. [4]Das Gericht stellt durch Beschluß fest, daß die Berufung als zurückgenommen gilt.

(3) [1]Die Zurücknahme bewirkt den Verlust des eingelegten Rechtsmittels. [2]Das Gericht entscheidet durch Beschluß über die Kostenfolge.

§ 127. [Anschlußberufung] (1) [1]Der Berufungsbeklagte und die anderen Beteiligten können sich der Berufung anschließen. [2]Die Anschlussberufung ist bei dem Oberverwaltungsgericht einzulegen.

(2) [1]Die Anschließung ist auch statthaft, wenn der Beteiligte auf die Berufung verzichtet hat oder die Frist für die Berufung oder den Antrag auf Zulassung der Berufung verstrichen ist. [2]Sie ist zulässig bis zum Ablauf eines Monats nach der Zustellung der Berufungsbegründungsschrift.

(3) [1]Die Anschlussberufung muss in der Anschlussschrift begründet werden. [2]§ 124 a Abs. 3 Satz 2, 4 und 5 gilt entsprechend.

(4) Die Anschlussberufung bedarf keiner Zulassung.

(5) Die Anschließung verliert ihre Wirkung, wenn die Berufung zurückgenommen oder als unzulässig verworfen wird.

§ 128. [Umfang der Nachprüfung] [1]Das Oberverwaltungsgericht prüft den Streitfall innerhalb des Berufungsantrags im gleichen Umfang wie das Verwaltungsgericht. [2]Es berücksichtigt auch neu vorgebrachte Tatsachen und Beweismittel.

§ 128 a. [Neue Erklärungen und Beweismittel, Verspätung, Ausschluß]

(1) [1]Neue Erklärungen und Beweismittel, die im ersten Rechtszug entgegen einer hierfür gesetzten Frist (§ 87 b Abs. 1 und 2) nicht vorgebracht worden sind, sind nur zuzulassen, wenn nach der freien Überzeugung des Gerichts ihre Zulassung die Erledigung des Rechtsstreits nicht verzögern würde oder wenn der Beteiligte die Verspätung genügend entschuldigt. [2]Der Entschuldigungsgrund ist auf Verlangen des Gerichts glaubhaft zu machen. [3]Satz 1 gilt nicht, wenn der Beteiligte im ersten Rechtszug über die Folgen einer Fristversäumung nicht nach § 87 b Abs. 3 Nr. 3 belehrt worden ist oder wenn es mit geringem Aufwand möglich ist, den Sachverhalt auch ohne Mitwirkung des Beteiligten zu ermitteln.

(2) Erklärungen und Beweismittel, die das Verwaltungsgericht zu Recht zurückgewiesen hat, bleiben auch im Berufungsverfahren ausgeschlossen.

§ 129. [Bindung an die Anträge] Das Urteil des Verwaltungsgerichts darf nur soweit geändert werden, als eine Änderung beantragt ist.

§ 130. [Entscheidung des Berufungsgerichts] (1) Das Oberverwaltungsgericht hat die notwendigen Beweise zu erheben und in der Sache selbst zu entscheiden.

(2) Das Oberverwaltungsgericht darf die Sache, soweit ihre weitere Verhandlung erforderlich ist, unter Aufhebung des Urteils und des Verfahrens an das Verwaltungsgericht nur zurückverweisen,

1. soweit das Verfahren vor dem Verwaltungsgericht an einem wesentlichen Mangel leidet und aufgrund dieses Mangels eine umfangreiche oder aufwändige Beweisaufnahme notwendig ist oder
2. wenn das Verwaltungsgericht noch nicht in der Sache selbst entschieden hat,

und ein Beteiligter die Zurückverweisung beantragt.

(3) Das Verwaltungsgericht ist an die rechtliche Beurteilung der Berufungsentscheidung gebunden.

§ 130 a. [Entscheidung durch Beschluß] [1]Das Oberverwaltungsgericht kann über die Berufung durch Beschluß entscheiden, wenn es sie einstimmig für begründet oder einstimmig für unbegründet hält und eine mündliche Verhandlung nicht für erforderlich hält. [2]§ 125 Abs. 2 Satz 3 bis 5 gilt entsprechend.

§ 130 b. [Vereinfachte Abfassung des Berufungsurteils] Das Oberverwaltungsgericht kann in dem Urteil über die Berufung auf den Tatbestand der angefochtenen Entscheidung Bezug nehmen, wenn es sich die Feststellungen des Verwaltungsgerichts in vollem Umfange zu eigen macht. Von einer weiteren Darstellung der Entscheidungsgründe kann es absehen, soweit es die Berufung aus den Gründen der angefochtenen Entscheidung als unbegründet zurückweist.

§ 131. (aufgehoben)

13. Abschnitt. Revision

§ 132. [Zulassung der Revision] (1) Gegen das Urteil des Oberverwaltungsgerichts (§ 49 Nr. 1) und gegen Beschlüsse nach § 47 Abs. 5 Satz 1 steht den Beteiligten die Revision an das Bundesverwaltungsgericht zu, wenn das Oberverwaltungsgericht oder auf Beschwerde gegen die Nichtzulassung das Bundesverwaltungsgericht sie zugelassen hat.

(2) Die Revision ist nur zuzulassen, wenn

1. die Rechtssache grundsätzliche Bedeutung hat,
2. das Urteil von einer Entscheidung des Bundesverwaltungsgerichts, des Gemeinsamen Senats der obersten Gerichtshöfe des Bundes oder des Bundesverfassungsgerichts abweicht und auf dieser Abweichung beruht oder
3. ein Verfahrensmangel geltend gemacht wird und vorliegt, auf dem die Entscheidung beruhen kann.

(3) Das Bundesverwaltungsgericht ist an die Zulassung gebunden.

§ 133. [Beschwerde bei Nichtzulassung der Revision] (1) Die Nichtzulassung der Revision kann durch Beschwerde angefochten werden.

(2) [1]Die Beschwerde ist bei dem Gericht, gegen dessen Urteil Revision eingelegt werden soll, innerhalb eines Monats nach Zustellung des vollständigen Urteils einzulegen. [2]Die Beschwerde muß das angefochtene Urteil bezeichnen.

(3) [1]Die Beschwerde ist innerhalb von zwei Monaten nach der Zustellung des vollständigen Urteils zu begründen. [2]Die Begründung ist bei dem Gericht, gegen dessen Urteil Revision eingelegt werden soll, einzureichen. [3]In der Begründung muß die grundsätzliche Bedeutung der Rechtssache dargelegt oder die Entscheidung, von der das Urteil abweicht, oder der Verfahrensmangel bezeichnet werden.

(4) Die Einlegung der Beschwerde hemmt die Rechtskraft des Urteils.

(5) [1]Wird der Beschwerde nicht abgeholfen, entscheidet das Bundesverwaltungsgericht durch Beschluß. [2]Der Beschluß soll kurz begründet werden; von einer Begründung kann abgesehen werden, wenn sie nicht geeignet ist, zur Klärung der Voraussetzungen beizutragen, unter denen eine Revision zuzulassen ist. [3]Mit der Ablehnung der Beschwerde durch das Bundesverwaltungsgericht wird das Urteil rechtskräftig.

(6) Liegen die Voraussetzungen des § 132 Abs. 2 Nr. 3 vor, kann das Bundesverwaltungsgericht in dem Beschluß das angefochtene Urteil aufheben und den Rechtsstreit zur anderweitigen Verhandlung und Entscheidung zurückverweisen.

§ 134. [Sprungrevision] (1) [1]Gegen das Urteil eines Verwaltungsgerichts (§ 49 Nr. 2) steht den Beteiligten die Revision unter Übergehung der Berufungsinstanz zu, wenn der Kläger und der Beklagte der Einlegung der Sprungrevision schriftlich zustimmen und wenn sie von dem Verwaltungsgericht im Urteil oder auf Antrag durch

Beschluß zugelassen wird. [2]Der Antrag ist innerhalb eines Monats nach Zustellung des vollständigen Urteils schriftlich zu stellen. [3]Die Zustimmung zu der Einlegung der Sprungrevision ist dem Antrag oder, wenn die Revision im Urteil zugelassen ist, der Revisionsschrift beizufügen.

(2) [1]Die Revision ist nur zuzulassen, wenn die Voraussetzungen des § 132 Abs. 2 Nr. 1 oder 2 vorliegen. [2]Das Bundesverwaltungsgericht ist an die Zulassung gebunden. [3]Die Ablehnung der Zulassung ist unanfechtbar.

(3) [1]Lehnt das Verwaltungsgericht den Antrag auf Zulassung der Revision durch Beschluß ab, beginnt mit der Zustellung dieser Entscheidung der Lauf der Frist für den Antrag auf Zulassung der Berufung von neuem, sofern der Antrag in der gesetzlichen Frist und Form gestellt und die Zustimmungserklärung beigefügt war. [2]Läßt das Verwaltungsgericht die Revision durch Beschluß zu, beginnt der Lauf der Revisionsfrist mit der Zustellung dieser Entscheidung.

(4) Die Revision kann nicht auf Mängel des Verfahrens gestützt werden.

(5) Die Einlegung der Revision und die Zustimmung gelten als Verzicht auf die Berufung, wenn das Verwaltungsgericht die Revision zugelassen hat.

§ 135. [Revision bei Ausschluß der Berufung] [1]Gegen das Urteil eines Verwaltungsgerichts (§ 49 Nr. 2) steht den Beteiligten die Revision an das Bundesverwaltungsgericht zu, wenn durch Bundesgesetz die Berufung ausgeschlossen ist. [2]Die Revision kann nur eingelegt werden, wenn das Verwaltungsgericht oder auf Beschwerde gegen die Nichtzulassung das Bundesverwaltungsgericht sie zugelassen hat. [3]Für die Zulassung gelten die §§ 132 und 133 entsprechend.

§ 136. (aufgehoben)

§ 137. [Zulässige Revisionsgründe] (1) Die Revision kann nur darauf gestützt werden, daß das angefochtene Urteil auf der Verletzung

1. von Bundesrecht oder
2. einer Vorschrift des Verwaltungsverfahrensgesetzes eines Landes, die ihrem Wortlaut nach mit dem Verwaltungsverfahrensgesetz des Bundes übereinstimmt,

beruht.

(2) Das Bundesverwaltungsgericht ist an die in dem angefochtenen Urteil getroffenen tatsächlichen Feststellungen gebunden, außer wenn in bezug auf diese Feststellung zulässige und begründete Revisionsgründe vorgebracht sind.

(3) [1]Wird die Revision auf Verfahrensmängel gestützt und liegt nicht zugleich eine der Voraussetzungen des § 132 Abs. 2 Nr. 1 und 2 vor, so ist nur über die geltend gemachten Verfahrensmängel zu entscheiden. [2]Im übrigen ist das Bundesverwaltungsgericht an die geltend gemachten Revisionsgründe nicht gebunden.

§ 138. [Absolute Revisionsgründe] Ein Urteil ist stets als auf der Verletzung von Bundesrecht beruhend anzusehen, wenn

1. das erkennende Gericht nicht vorschriftsmäßig besetzt war,
2. bei der Entscheidung ein Richter mitgewirkt hat, der von der Ausübung des Richteramts kraft Gesetzes ausgeschlossen oder wegen Besorgnis der Befangenheit mit Erfolg abgelehnt war,
3. einem Beteiligten das rechtliche Gehör versagt war,
4. ein Beteiligter im Verfahren nicht nach Vorschrift des Gesetzes vertreten war, außer wenn er der Prozeßführung ausdrücklich oder stillschweigend zugestimmt hat,

5. das Urteil auf eine mündliche Verhandlung ergangen ist, bei der die Vorschriften über die Öffentlichkeit des Verfahrens verletzt worden sind, oder
6. die Entscheidung nicht mit Gründen versehen ist.

§ 139. [Frist; Revisionseinlegung; Revisionsbegründung] (1) [1]Die Revision ist bei dem Gericht, dessen Urteil angefochten wird, innerhalb eines Monats nach Zustellung des vollständigen Urteils oder des Beschlusses über die Zulassung der Revision nach § 134 Abs. 3 Satz 2 schriftlich einzulegen. [2]Die Revisionsfrist ist auch gewahrt, wenn die Revision innerhalb der Frist bei dem Bundesverwaltungsgericht eingelegt wird. [3]Die Revision muß das angefochtene Urteil bezeichnen.

(2) [1]Wird der Beschwerde gegen die Nichtzulassung der Revision abgeholfen oder läßt das Bundesverwaltungsgericht die Revision zu, so wird das Beschwerdeverfahren als Revisionsverfahren fortgesetzt, wenn nicht das Bundesverwaltungsgericht das angefochtene Urteil nach § 133 Abs. 6 aufhebt; der Einlegung einer Revision durch den Beschwerdeführer bedarf es nicht. [2]Darauf ist in dem Beschluß hinzuweisen.

(3) [1]Die Revision ist innerhalb von zwei Monaten nach Zustellung des vollständigen Urteils oder des Beschlusses über die Zulassung der Revision nach § 134 Abs. 3 Satz 2 zu begründen; im Falle des Absatzes 2 beträgt die Begründungsfrist einen Monat nach Zustellung des Beschlusses über die Zulassung der Revision. [2]Die Begründung ist bei dem Bundesverwaltungsgericht einzureichen. [3]Die Begründungsfrist kann auf einen vor ihrem Ablauf gestellten Antrag von dem Vorsitzenden verlängert werden. [4]Die Begründung muß einen bestimmten Antrag enthalten, die verletzte Rechtsnorm und, soweit Verfahrensmängel gerügt werden, die Tatsachen angeben, die den Mangel ergeben.

§ 140. [Zurücknahme der Revision] (1) [1]Die Revision kann bis zur Rechtskraft des Urteils zurückgenommen werden. [2]Die Zurücknahme nach Stellung der Anträge in der mündlichen Verhandlung setzt die Einwilligung des Revisionsbeklagten und, wenn der Vertreter des Bundesinteresses beim Bundesverwaltungsgericht an der mündlichen Verhandlung teilgenommen hat, auch seine Einwilligung voraus.

(2) [1]Die Zurücknahme bewirkt den Verlust des eingelegten Rechtsmittels. [2]Das Gericht entscheidet durch Beschluß über die Kostenfolge.

§ 141. [Revisionsverfahren] [1]Für die Revision gelten die Vorschriften über die Berufung entsprechend, soweit sich aus diesem Abschnitt nichts anderes ergibt. [2]Die §§ 87a, 130a und 130b finden keine Anwendung.

§ 142. [Unzulässigkeit von Klageänderungen und Beiladungen] (1) [1]Klageänderungen und Beiladungen sind im Revisionsverfahren unzulässig. [2]Das gilt nicht für Beiladungen nach § 65 Abs. 2.

(2) [1]Ein im Revisionsverfahren nach § 65 Abs. 2 Beigeladener kann Verfahrensmängel nur innerhalb von zwei Monaten nach Zustellung des Beiladungsbeschlusses rügen. [2]Die Frist kann auf einen vor ihrem Ablauf gestellten Antrag von dem Vorsitzenden verlängert werden.

§ 143. [Prüfung der Zulässigkeitsvoraussetzungen] [1]Das Bundesverwaltungsgericht prüft, ob die Revision statthaft und ob sie in der gesetzlichen Form und Frist eingelegt und begründet worden ist. [2]Mangelt es an einem dieser Erfordernisse, so ist die Revision unzulässig.

§ 144. [Revisionsentscheidung] (1) Ist die Revision unzulässig, so verwirft sie das Bundesverwaltungsgericht durch Beschluß.

(2) Ist die Revision unbegründet, so weist das Bundesverwaltungsgericht die Revision zurück.

(3) [1] Ist die Revision begründet, so kann das Bundesverwaltungsgericht

1. in der Sache selbst entscheiden,
2. das angefochtene Urteil aufheben und die Sache zur anderweitigen Verhandlung und Entscheidung zurückverweisen.

[2] Das Bundesverwaltungsgericht verweist den Rechtsstreit zurück, wenn der im Revisionsverfahren nach § 142 Abs. 1 Satz 2 Beigeladene ein berechtigtes Interesse daran hat.

(4) Ergeben die Entscheidungsgründe zwar eine Verletzung des bestehenden Rechts, stellt sich die Entscheidung selbst aber aus anderen Gründen als richtig dar, so ist die Revision zurückzuweisen.

(5) [1] Verweist das Bundesverwaltungsgericht die Sache bei der Sprungrevision nach § 49 Nr. 2 und nach § 134 zur anderweitigen Verhandlung und Entscheidung zurück, so kann es nach seinem Ermessen auch an das Oberverwaltungsgericht zurückverweisen, das für die Berufung zuständig gewesen wäre. [2] Für das Verfahren vor dem Oberverwaltungsgericht gelten dann die gleichen Grundsätze, wie wenn der Rechtsstreit auf eine ordnungsgemäß eingelegte Berufung bei dem Oberverwaltungsgericht anhängig geworden wäre.

(6) Das Gericht, an das die Sache zur anderweitigen Verhandlung und Entscheidung zurückverwiesen ist, hat seiner Entscheidung die rechtliche Beurteilung des Revisionsgerichts zugrunde zu legen.

(7) [1] Die Entscheidung über die Revision bedarf keiner Begründung, soweit das Bundesverwaltungsgericht Rügen von Verfahrensmängeln nicht für durchgreifend hält. [2] Das gilt nicht für Rügen nach § 138 und, wenn mit der Revision ausschließlich Verfahrensmängel geltend gemacht werden, für Rügen, auf denen die Zulassung der Revision beruht.

§ 145. (aufgehoben)

14. Abschnitt. Beschwerde

§ 146. [Statthaftigkeit der Beschwerde] (1) Gegen die Entscheidungen des Verwaltungsgerichts, des Vorsitzenden oder des Berichterstatters, die nicht Urteile oder Gerichtsbescheide sind, steht den Beteiligten und den sonst von der Entscheidung Betroffenen die Beschwerde an das Oberverwaltungsgericht zu, soweit nicht in diesem Gesetz etwas anderes bestimmt ist.

(2) Prozeßleitende Verfügungen, Aufklärungsanordnungen, Beschlüsse über eine Vertagung oder die Bestimmung einer Frist, Beweisbeschlüsse, Beschlüsse über Ablehnung von Beweisanträgen, über Verbindung und Trennung von Verfahren und Ansprüchen und über die Ablehnung von Gerichtspersonen können nicht mit der Beschwerde angefochten werden.

(3) Außerdem ist vorbehaltlich einer gesetzlich vorgesehenen Beschwerde gegen die Nichtzulassung der Revision die Beschwerde nicht gegeben in Streitigkeiten über Kosten, Gebühren und Auslagen, wenn der Wert des Beschwerdegegenstands zweihundert Euro nicht übersteigt.

(4) [1]Die Beschwerde gegen Beschlüsse des Verwaltungsgerichts in Verfahren des vorläufigen Rechtsschutzes (§§ 80, 80a und 123) ist innerhalb eines Monats nach Bekanntgabe der Entscheidung zu begründen. [2]Die Begründung ist, sofern sie nicht bereits mit der Beschwerde vorgelegt worden ist, bei dem Oberverwaltungsgericht einzureichen. [3]Sie muss einen bestimmten Antrag enthalten, die Gründe darlegen, aus denen die Entscheidung abzuändern oder aufzuheben ist, und sich mit der angefochtenen Entscheidung auseinander setzen. [4]Mangelt es an einem dieser Erfordernisse, ist die Beschwerde als unzulässig zu verwerfen. [5]Das Verwaltungsgericht legt die Beschwerde unverzüglich vor; § 148 Abs. 1 findet keine Anwendung. [6]Das Oberverwaltungsgericht prüft nur die dargelegten Gründe.

(5) (gestrichen)

(6) (gestrichen)

§ 147. [Form; Frist] (1) [1]Die Beschwerde ist bei dem Gericht, dessen Entscheidung angefochten wird, schriftlich oder zur Niederschrift des Urkundsbeamten der Geschäftsstelle innerhalb von zwei Wochen nach Bekanntgabe der Entscheidung einzulegen. [2]§ 67 Abs. 1 Satz 2 bleibt unberührt.

(2) Die Beschwerdefrist ist auch gewahrt, wenn die Beschwerde innerhalb der Frist bei dem Beschwerdegericht eingeht.

§ 148. [Abhilfe oder Vorlage an das OVG] (1) Hält das Verwaltungsgericht, der Vorsitzende oder der Berichterstatter, dessen Entscheidung angefochten wird, die Beschwerde für begründet, so ist ihr abzuhelfen; sonst ist sie unverzüglich dem Oberverwaltungsgericht vorzulegen.

(2) Das Verwaltungsgericht soll die Beteiligten von der Vorlage der Beschwerde an das Oberverwaltungsgericht in Kenntnis setzen.

§ 149. [Aufschiebende Wirkung] (1) [1]Die Beschwerde hat nur dann aufschiebende Wirkung, wenn sie die Festsetzung eines Ordnungs- oder Zwangsmittels zum Gegenstand hat. [2]Das Gericht, der Vorsitzende oder der Berichterstatter, dessen Entscheidung angefochten wird, kann auch sonst bestimmen, daß die Vollziehung der angefochtenen Entscheidung einstweilen auszusetzen ist.

(2) §§ 178 und 181 Abs. 2 des Gerichtsverfassungsgesetzes bleiben unberührt.

§ 150. [Entscheidung durch Beschluß] Über die Beschwerde entscheidet das Oberverwaltungsgericht durch Beschluß.

§ 151. [Erinnerung] [1]Gegen die Entscheidungen des beauftragten oder ersuchten Richters oder des Urkundsbeamten kann innerhalb von zwei Wochen nach Bekanntgabe die Entscheidung des Gerichts beantragt werden. [2]Der Antrag ist schriftlich oder zur Niederschrift des Urkundsbeamten der Geschäftsstelle des Gerichts zu stellen. [3]§§ 147 bis 149 gelten entsprechend.

§ 152. [Beschwerde zum BVerwG, Erinnerung] (1) Entscheidungen des Oberverwaltungsgerichts können vorbehaltlich des § 99 Abs. 2 und des § 133 Abs. 1 dieses Gesetzes sowie des § 17a Abs. 4 Satz 4 des Gerichtsverfassungsgesetzes nicht mit der Beschwerde an das Bundesverwaltungsgericht angefochten werden.

(2) Im Verfahren vor dem Bundesverwaltungsgericht gilt für Entscheidungen des beauftragten oder ersuchten Richters oder des Urkundsbeamten der Geschäftsstelle § 151 entsprechend.

15. Abschnitt. Wiederaufnahme des Verfahrens

§ 153. [Wiederaufnahme des Verfahrens] (1) Ein rechtskräftig beendetes Verfahren kann nach den Vorschriften des Vierten Buches der Zivilprozeßordnung wiederaufgenommen werden.

(2) Die Befugnis zur Erhebung der Nichtigkeitsklage und der Restitutionsklage steht auch dem Vertreter des öffentlichen Interesses, im Verfahren vor dem Bundesverwaltungsgericht im ersten und letzten Rechtszug auch dem Vertreter des Bundesinteresses beim Bundesverwaltungsgericht zu.

Teil IV. Kosten und Vollstreckung

16. Abschnitt. Kosten

§ 154. [Kostentragungspflicht] (1) Der unterliegende Teil trägt die Kosten des Verfahrens.

(2) Die Kosten eines ohne Erfolg eingelegten Rechtsmittels fallen demjenigen zur Last, der das Rechtsmittel eingelegt hat.

(3) Dem Beigeladenen können Kosten nur auferlegt werden, wenn er Anträge gestellt oder Rechtsmittel eingelegt hat; § 155 Abs. 4 bleibt unberührt.

(4) Die Kosten des erfolgreichen Wiederaufnahmeverfahrens können der Staatskasse auferlegt werden, soweit sie nicht durch das Verschulden eines Beteiligten entstanden sind.

§ 155. [Kostenverteilung] (1) [1]Wenn ein Beteiligter teils obsiegt, teils unterliegt, so sind die Kosten gegeneinander aufzuheben oder verhältnismäßig zu teilen. [2]Sind die Kosten gegeneinander aufgehoben, so fallen die Gerichtskosten jedem Teil zur Hälfte zur Last. [3]Einem Beteiligten können die Kosten ganz auferlegt werden, wenn der andere nur zu einem geringen Teil unterlegen ist.

(2) Wer einen Antrag, eine Klage, ein Rechtsmittel oder einen anderen Rechtsbehelf zurücknimmt, hat die Kosten zu tragen.

(3) Kosten, die durch einen Antrag auf Wiedereinsetzung in den vorigen Stand entstehen, fallen dem Antragsteller zur Last.

(4) Kosten, die durch Verschulden eines Beteiligten entstanden sind, können diesem auferlegt werden.

§ 156. [Kosten bei sofortigem Anerkenntnis] Hat der Beklagte durch sein Verhalten keine Veranlassung zur Erhebung der Klage gegeben, so fallen dem Kläger die Prozeßkosten zur Last, wenn der Beklagte den Anspruch sofort anerkennt.

§ 157. (weggefallen)

§ 158. [Anfechtung der Kostenentscheidung] (1) Die Anfechtung der Entscheidung über die Kosten ist unzulässig, wenn nicht gegen die Entscheidung in der Hauptsache ein Rechtsmittel eingelegt wird.

(2) Ist eine Entscheidung in der Hauptsache nicht ergangen, so ist die Entscheidung über die Kosten unanfechtbar.

§ 159. [Mehrere Kostenpflichtige] [1]Besteht der kostenpflichtige Teil aus mehreren Personen, so gilt § 100 der Zivilprozeßordnung entsprechend. [2]Kann das streitige Rechtsverhältnis dem kostenpflichtigen Teil gegenüber nur einheitlich entschieden werden, so können die Kosten den mehreren Personen als Gesamtschuldnern auferlegt werden.

§ 160. [Kostenpflicht bei Vergleich] [1]Wird der Rechtsstreit durch Vergleich erledigt und haben die Beteiligten keine Bestimmung über die Kosten getroffen, so fallen die Gerichtkosten jedem Teil zur Hälfte zur Last. [2]Die außergerichtlichen Kosten trägt jeder Beteiligte selbst.

§ 161. [Kostenentscheidung, Erledigung der Hauptsache] (1) Das Gericht hat im Urteil oder, wenn das Verfahren in anderer Weise beendet worden ist, durch Beschluß über die Kosten zu entscheiden.

(2) Ist der Rechtsstreit in der Hauptsache erledigt, so entscheidet das Gericht außer in den Fällen des § 113 Abs. 1 Satz 4 nach billigem Ermessen über die Kosten des Verfahrens durch Beschluß; der bisherige Sach- und Streitstand ist zu berücksichtigen.

(3) In den Fällen des § 75 fallen die Kosten stets dem Beklagten zur Last, wenn der Kläger mit seiner Bescheidung vor Klageerhebung rechnen durfte.

§ 162. [Begriff der Kosten, Erstattungsfähigkeit] (1) Kosten sind die Gerichtskosten (Gebühren und Auslagen) und die zur zweckentsprechenden Rechtsverfolgung oder Rechtsverteidigung notwendigen Aufwendungen der Beteiligten einschließlich der Kosten des Vorverfahrens.

(2) [1]Die Gebühren und Auslagen eines Rechtsanwalts oder eines Rechtsbeistands, in Steuersachen auch eines Steuerberaters, sind stets erstattungsfähig. [2]Soweit ein Vorverfahren geschwebt hat, sind Gebühren und Auslagen erstattungfähig, wenn das Gericht die Zuziehung eines Bevollmächtigten für das Vorverfahren für notwendig erklärt. [3]Juristische Personen des öffentlichen Rechts und Behörden können an Stelle ihrer tatsächlichen notwendigen Aufwendungen für Post- und Telekommunikationsdienstleistungen den in § 26 Satz 2 der Bundesgebührenordnung für Rechtsanwälte bestimmten Pauschsatz fordern.

(3) Die außergerichtlichen Kosten des Beigeladenen sind nur erstattungsfähig, wenn sie das Gericht aus Billigkeit der unterliegenden Partei oder der Staatskasse auferlegt.

§ 163. (aufgehoben)

§ 164. [Kostenfestsetzung] Der Urkundsbeamte des Gerichts des ersten Rechtszugs setzt auf Antrag den Betrag der zu erstattenden Kosten fest.

§ 165. [Erinnerung gegen die Kostenfestsetzung] [1]Die Beteiligten können die Festsetzung der zu erstattenden Kosten anfechten. [2]§ 151 gilt entsprechend.

§ 165 a. [Prozesskostensicherheit] § 110 der Zivilprozessordnung gilt entsprechend.

§ 166. [Prozeßkostenhilfe] Die Vorschriften der Zivilprozeßordnung über die Prozeßkostenhilfe sowie § 569 Abs. 3 Nr. 2 der Zivilprozessordnung gelten entsprechend.

17. Abschnitt. Vollstreckung

§ 167. [Anwendung der ZPO, vorläufige Vollstreckbarkeit] (1) [1]Soweit sich aus diesem Gesetz nichts anderes ergibt, gilt für die Vollstreckung das Achte Buch der Zivilprozeßordnung entsprechend. [2]Vollstreckungsgericht ist das Gericht des ersten Rechtszugs.

(2) Urteile auf Anfechtungs- und Verpflichtungsklagen können nur wegen der Kosten für vorläufig vollstreckbar erklärt werden.

§ 168. [Vollstreckungstitel] (1) Vollstreckt wird

1. aus rechtskräftigen und aus vorläufig vollstreckbaren gerichtlichen Entscheidungen,
2. aus einstweiligen Anordnungen,
3. aus gerichtlichen Vergleichen,
4. aus Kostenfestsetzungsbeschlüssen,
5. aus den für vollstreckbar erklärten Schiedssprüchen öffentlich-rechtlicher Schiedsgerichte, sofern die Entscheidung über die Vollstreckbarkeit rechtskräftig oder für vorläufig vollstreckbar erklärt ist.

(2) Für die Vollstreckung können den Beteiligten auf ihren Antrag Ausfertigungen des Urteils ohne Tatbestand und ohne Entscheidungsgründe erteilt werden, deren Zustellung in den Wirkungen der Zustellung eines vollständigen Urteils gleichsteht.

§ 169. [Vollstreckung zugunsten der öffentlichen Hand] (1) [1]Soll zugunsten des Bundes, eines Landes, eines Gemeindeverbands, einer Gemeinde oder einer Körperschaft, Anstalt oder Stiftung des öffentlichen Rechts vollstreckt werden, so richtet sich die Vollstreckung nach dem Verwaltungsvollstreckungsgesetz. [2]Vollstreckungsbehörde im Sinne des Verwaltungsvollstreckungsgesetzes ist der Vorsitzende des Gerichts des ersten Rechtszugs; er kann für die Ausführung der Vollstreckung eine andere Vollstreckungsbehörde oder einen Gerichtsvollzieher in Anspruch nehmen.

(2) Wird die Vollstreckung zur Erzwingung von Handlungen, Duldungen und Unterlassungen im Wege der Amtshilfe von Organen der Länder vorgenommen, so ist sie nach landesrechtlichen Bestimmungen durchzuführen.

§ 170 [Vollstreckung gegen die öffentliche Hand] (1) [1]Soll gegen den Bund, ein Land, einen Gemeindeverband, eine Gemeinde, eine Körperschaft, eine Anstalt oder Stiftung des öffentlichen Rechts wegen einer Geldforderung vollstreckt werden, so verfügt auf Antrag des Gläubigers das Gericht des ersten Rechtszugs die Vollstreckung. [2]Es bestimmt die vorzunehmenden Vollstreckungsmaßnahmen und ersucht die zuständige Stelle um deren Vornahme. [3]Die ersuchte Stelle ist verpflichtet, dem Ersuchen nach den für sie geltenden Vollstreckungsvorschriften nachzukommen.

(2) [1]Das Gericht hat vor Erlaß der Vollstreckungsverfügung die Behörde oder bei Körperschaften, Anstalten und Stiftungen des öffentlichen Rechts, gegen die vollstreckt werden soll, die gesetzlichen Vertreter von der beabsichtigten Vollstreckung zu benachrichtigen mit der Aufforderung, die Vollstreckung innerhalb einer vom Gericht zu bemessenden Frist abzuwenden. [2]Die Frist darf einen Monat nicht übersteigen.

(3) [1]Die Vollstreckung ist unzulässig in Sachen, die für die Erfüllung öffentlicher Aufgaben unentbehrlich sind oder deren Veräußerung ein öffentliches Interesse entgegensteht. [2]Über Einwendungen entscheidet das Gericht nach Anhörung der zuständigen Aufsichtsbehörde oder bei obersten Bundes- oder Landesbehörden des zuständigen Ministers.

(4) Für öffentlich-rechtliche Kreditinstitute gelten die Absätze 1 bis 3 nicht.

(5) Der Ankündigung der Vollstreckung und der Einhaltung einer Wartefrist bedarf es nicht, wenn es sich um den Vollzug einer einstweiligen Anordnung handelt.

§ 171. [Vollstreckungsklausel] In den Fällen der §§ 169, 170 Abs. 1 bis 3 bedarf es einer Vollstreckungsklausel nicht.

§ 172. [Zwangsgeld gegen Behörde] [1]Kommt die Behörde in den Fällen des § 113 Abs. 1 Satz 2 und Abs. 5 und des § 123 der ihr im Urteil oder in der einstweiligen Anordnung auferlegten Verpflichtung nicht nach, so kann das Gericht des ersten Rechtszugs auf Antrag unter Fristsetzung gegen sie ein Zwangsgeld bis zehntausend Euro durch Beschluß androhen, nach fruchtlosem Fristablauf festsetzen und von Amts wegen vollstrecken. [2]Das Zwangsgeld kann wiederholt angedroht, festgesetzt und vollstreckt werden.

Teil V. Schluß- und Übergangsbestimmungen

§ 173. [Entsprechende Anwendung von GVG und ZPO] [1]Soweit dieses Gesetz keine Bestimmungen über das Verfahren enthält, sind das Gerichtsverfassungsgesetz und die Zivilprozeßordnung entsprechend anzuwenden, wenn die grundsätzlichen Unterschiede der beiden Verfahrensarten dies nicht ausschließen. [2]Gericht im Sinne des § 1062 der Zivilprozeßordnung ist das zuständige Verwaltungsgericht, Gericht im Sinne des § 1065 der Zivilprozeßordnung das zuständige Oberverwaltungsgericht.

§ 174. [Befähigung zum Richteramt] (1) Für den Vertreter des öffentlichen Interesses bei dem Oberverwaltungsgericht und bei dem Verwaltungsgericht steht der Befähigung zum Richteramt nach dem Deutschen Richtergesetz die Befähigung zum höheren Verwaltungsdienst gleich, wenn sie nach mindestens dreijährigem Studium der Rechtswissenschaft an einer Universität und dreijähriger Ausbildung im öffentlichen Dienst durch Ablegen der gesetzlich vorgeschriebenen Prüfungen erlangt worden ist.

(2) Bei Kriegsteilnehmern gilt die Voraussetzung des Absatzes 1 als erfüllt, wenn sie den für sie geltenden besonderen Vorschriften genügt haben.

§§ 175 bis 177. (aufgehoben)

§§ 178 und 179. (Änderungsvorschriften)

§ 180. [Zeugen- und Sachverständigenvernehmung nach dem VwVfG oder SGB X] [1]Erfolgt die Vernehmung oder die Vereidigung von Zeugen und Sachverständigen nach dem Verwaltungsverfahrensgesetz oder nach dem Zehnten Buch Sozialgesetzbuch durch das Verwaltungsgericht, so findet sie vor dem dafür im Geschäftsverteilungsplan bestimmten Richter statt. [2]Über die Rechtmäßigkeit einer Verweigerung des Zeugnisses, des Gutachtens oder der Eidesleistung nach dem Verwaltungsverfahrensgesetz oder nach dem Zehnten Buch Sozialgesetzbuch entscheidet das Verwaltungsgericht durch Beschluß.

§§ 181 und 182. (Änderungsvorschriften)

§ 183. [Nichtigkeit von Landesrecht] [1]Hat das Verfassungsgericht eines Landes die Nichtigkeit von Landesrecht festgestellt oder Vorschriften des Landesrechts für nichtig erklärt, so bleiben vorbehaltlich einer besonderen gesetzlichen Regelung durch das Land die nicht mehr anfechtbaren Entscheidungen der Gerichte der Verwaltungsgerichtsbarkeit, die auf der für nichtig erklärten Norm beruhen, unberührt. [2]Die Vollstreckung aus einer solchen Entscheidung ist unzulässig. [3]§ 767 der Zivilprozeßordnung gilt entsprechend.

§ 184. [Sonderregelungen der Länder] Das Land kann bestimmen, daß das Oberverwaltungsgericht die bisherige Bezeichnung „Verwaltungsgerichtshof" weiterführt.

§ 185. (1) In den Ländern Berlin und Hamburg treten an die Stelle der Kreise im Sinne des § 28 die Bezirke.

(2) Die Länder Berlin, Brandenburg, Bremen, Hamburg, Mecklenburg-Vorpommern, Saarland und Schleswig-Holstein können Abweichungen von den Vorschriften des § 73 Abs. 1 Satz 2 zulassen.

§ 186. [Sonderregelungen für ehrenamtliche Richter in den Stadtstaaten]
§ 22 Nr. 3 findet in den Ländern Berlin, Bremen und Hamburg auch mit der Maßgabe Anwendung, daß in der öffentlichen Verwaltung ehrenamtlich tätige Personen nicht zu ehrenamtlichen Richtern berufen werden können.

§ 187. [Disziplinar-, Schieds- und Berufsgerichte; Personalvertretungssachen]
(1) Die Länder können den Gerichten der Verwaltungsgerichtsbarkeit Aufgaben der Disziplinargerichtsbarkeit und der Schiedsgerichtsbarkeit bei Vermögensauseinandersetzungen öffentlich-rechtlicher Verbände übertragen, diesen Gerichten Berufsgerichte angliedern sowie dabei die Besetzung und das Verfahren regeln.

(2) Die Länder können ferner für das Gebiet des Personalvertretungsrechts von diesem Gesetz abweichende Vorschriften über die Besetzung und das Verfahren der Verwaltungsgerichte und des Oberverwaltungsgerichts erlassen.

(3) (aufgehoben)

§ 188. [Sozialkammern, Sozialsenate, Kostenfreiheit] [1]Die Sachgebiete der Sozialhilfe, der Jugendhilfe, der Kriegsopferfürsorge, der Schwerbehindertenfürsorge sowie der Ausbildungsförderung sollen in einer Kammer oder in einem Senat zusammengefaßt werden. [2]Gerichtskosten (Gebühren und Auslagen) werden in den Verfahren dieser Art nicht erhoben; dies gilt nicht für Erstattungsstreitigkeiten zwischen Sozialleistungsträgern.

§ 189 [Fachsenate für Entscheidungen nach § 99 Abs. 2] Für die nach § 99 Abs. 2 zu treffenden Entscheidungen sind bei den Oberverwaltungsgerichten und dem Bundesverwaltungsgericht Fachsenate zu bilden.

§ 190. [Weitergeltung bestimmter Sonderregelungen] (1) Die folgenden Gesetze, die von diesem Gesetz abweichen, bleiben unberührt:

1. das Lastenausgleichsgesetz *vom 14. August 1952 (Bundesgesetzbl. I S. 446)* in der Fassung der dazu ergangenen Änderungsgesetze,
2. das Gesetz über die Errichtung eines Bundesaufsichtsamtes für das *Versicherungs- und Bausparwesen* vom 31. Juli 1951 (Bundesgesetzbl. I S. 480) in der Fassung des Gesetzes zur Ergänzung des Gesetzes über die Errichtung eines Bundesaufsichtsamtes für das *Versicherungs- und Bausparwesen* vom 22. Dezember 1954 (Bundesgesetzbl. I S. 501),

3. (aufgehoben)
4. das Flurbereinigungsgesetz *vom 14. Juli 1953 (Bundesgesetzbl. I S. 591),*
5. das *Personalvertretungsgesetz vom 5. August 1955 (Bundesgesetzbl. I S. 477),*
6. die Wehrbeschwerdeordnung (WBO) *vom 23. Dezember 1956 (Bundesgesetzbl. I S. 1066),*
7. das Kriegsgefangenenentschädigungsgesetz (KgfEG) *in der Fassung vom 8. Dezember 1956 (Bundesgesetzbl. I S. 908),*
8. § 13 Abs. 2 des Patentgesetzes und die Vorschriften über das Verfahren vor dem Deutschen Patentamt.

(2) (aufgehoben)

(3) (aufgehoben)

§ 191. [Revision im Landesbeamtenrecht] (1) (Änderungsvorschrift)

(2) § 127 des Beamtenrechtsrahmengesetzes bleibt unberührt.

§ 192. (Änderungsvorschrift)

§ 193. [OVG als Verfassungsgericht] In einem Land, in dem kein Verfassungsgericht besteht, bleibt eine dem Oberverwaltungsgericht übertragene Zuständigkeit zur Entscheidung von Verfassungsstreitigkeiten innerhalb des Landes bis zur Errichtung eines Verfassungsgerichts unberührt.

§ 194. [Übergangsvorschriften für das Rechtsmittelrecht] (1) Die Zulässigkeit der Berufungen richtet sich nach dem bis zum 31. Dezember 2001 geltenden Recht, wenn vor dem 1. Januar 2002

1. die mündliche Verhandlung, auf die das anzufechtende Urteil ergeht, geschlossen worden ist,
2. in Verfahren ohne mündliche Verhandlung die Geschäftsstelle die anzufechtende Entscheidung zum Zwecke der Zustellung an die Parteien herausgegeben hat.

(2) Im Übrigen richtet sich die Zulässigkeit eines Rechtsmittels gegen eine gerichtliche Entscheidung nach dem bis zum 31. Dezember 2001 geltenden Recht, wenn vor dem 1. Januar 2002 die gerichtliche Entscheidung bekannt gegeben oder verkündet oder von Amts wegen an Stelle einer Verkündung zugestellt worden ist.

(3) Fristgerecht vor dem 1. Januar 2002 eingelegte Rechtsmittel gegen Beschlüsse in Verfahren der Prozesskostenhilfe gelten als durch das Oberverwaltungsgericht zugelassen.

(4) In Verfahren, die vor dem 1. Januar 2002 anhängig geworden sind oder für die die Klagefrist vor diesem Tage begonnen hat, sowie in Verfahren über Rechtsmittel gegen gerichtliche Entscheidungen, die vor dem 1. Januar 2002 bekannt gegeben oder verkündet oder von Amts wegen an Steile einer Verkündung zugestellt worden sind, gelten für die Prozessvertretung der Beteiligten die bis zu diesem Zeitpunkt geltenden Vorschriften.

(5) § 40 Abs. 2 Satz 1, § 154 Abs. 3, § 162 Abs. 2 Satz 3 und § 188 Satz 2 sind für die ab 1. Januar 2002 bei Gericht anhängig werdenden Verfahren in der zu diesem Zeitpunkt geltenden Fassung anzuwenden.

§ 195. (1) (Inkrafttreten)

(2) bis (6) (Aufhebungs-, Änderungs- und zeitlich überholte Vorschriften)

2. Ausführungsgesetze zur VwGO und sonstige verwaltungsgerichtliche Regelungen des Landesrechts

2.1. Baden-Württemberg

2.1.1. Gesetz zur Ausführung der Verwaltungsgerichtsordnung

In der Fassung der Bekanntmachung vom 16. August 1994
(GBl. S. 485), zuletzt geändert am 10. 5. 1999 (GBl. S. 173)

Erster Abschnitt: Gerichtsverfassung

§ 1. Aufbau der allgemeinen Verwaltungsgerichtsbarkeit. (1) Das Oberverwaltungsgericht führt die Bezeichnung „Verwaltungsgerichtshof Baden-Württemberg". Es hat seinen Sitz in Mannheim.

(2) Gerichtsbezirk der Verwaltungsgerichte sind

der Regierungsbezirk Stuttgart für das „Verwaltungsgericht Stuttgart" mit dem Sitz in Stuttgart,

der Regierungsbezirk Karlsruhe für das „Verwaltungsgericht Karlsruhe" mit dem Sitz in Karlsruhe,

der Regierungsbezirk Freiburg für das „Verwaltungsgericht Freiburg" mit dem Sitz in Freiburg,

der Regierungsbezirk Tübingen für das „Verwaltungsgericht Sigmaringen" mit dem Sitz in Sigmaringen.

(4) Die Zahl der Senate des Verwaltungsgerichtshofs und der Kammern der Verwaltungsgerichte bestimmt das zuständige Ministerium.

§ 2. Dienstaufsicht. Die Aufgaben der übergeordneten Dienstaufsichtsbehörde für den Verwaltungsgerichtshof nimmt der Ministerpräsident wahr.

§ 3. Vertrauensleute. Für die Vertrauensleute im Sinne des § 26 Abs. 2 VwGO und deren Stellvertreter gelten die §§ 20 Satz 2, 24 und 25 VwGO entsprechend.

§ 4. Normenkontrollverfahren. Der Verwaltungsgerichtshof entscheidet in der Besetzung von fünf Richtern im Rahmen seiner Gerichtsbarkeit über die Gültigkeit von Satzungen und Rechtsverordnungen der in § 47 Abs. 1 Nr. 1 VwGO genannten Art sowie von anderen im Range unter dem Landesgesetz stehenden Rechtsvorschriften.

§ 5. Zuständigkeit des Verwaltungsgerichtshofs im ersten Rechtszug. In den Fällen des § 48 Abs. 1 VwGO entscheidet der Verwaltungsgerichtshof im ersten Rechtszug auch über Streitigkeiten, die vorzeitige Besitzeinweisungen betreffen.

§ 6. Großer Senat beim Verwaltungsgerichtshof. Der Große Senat beim Verwaltungsgerichtshof besteht aus dem Präsidenten und sechs Richtern. In den Fällen des § 11 Abs. 2 VwGO entsendet jeder beteiligte Senat, in den Fällen des § 11 Abs. 4 VwGO der erkennende Senat einen abstimmungsberechtigten Richter zu den Sitzungen des Großen Senats. Satz 2 gilt nicht, wenn der beteiligte oder der erkennende Senat bereits durch ein ständiges Mitglied im Großen Senat vertreten ist.

Zweiter Abschnitt: Vorverfahren

§ 6a. Ausschluß des Vorverfahrens. Eines Vorverfahrens bedarf es nicht, wenn das Regierungspräsidium den Verwaltungsakt erlassen oder diesen abgelehnt hat. Dies gilt nicht, soweit Bundesrecht die Durchführung eines Vorverfahrens vorschreibt, und für die Bewerber einer Leistung im Rahmen einer berufsbezogenen Prüfung.

§ 7. Widerspruchsbehörden bei Verwaltungsakten einer Polizeidienststelle. Nächsthöhere Behörde im Sinne des § 73 Abs. 1 Satz 2 Nr. 1 der Verwaltungsgerichtsordnung ist bei Verwaltungsakten einer Polizeidienststelle nach § 60 Abs. 2 des Polizeigesetzes die unterste nach § 73 des Polizeigesetzes zur Fachaufsicht zuständige allgemeine Polizeibehörde. Im übrigen entscheidet über den Widerspruch gegen einen Verwaltungsakt einer der Wasserschutzpolizeidirektion oder der Landespolizeidirektion nachgeordneten Polizeidienststelle die zur Fachaufsicht zuständige Polizeidienststelle.

§ 8. Widerspruchsbehörde bei Verwaltungsakten einer Gemeinde und eines Zweck- oder Schulverbands. (1) Den Bescheid über den Widerspruch gegen den Verwaltungsakt einer Gemeinde, die der Rechtsaufsicht des Landratsamts untersteht, erläßt in Selbstverwaltungsangelegenheiten (weisungsfreie Angelegenheiten) das Landratsamt als Rechtsaufsichtsbehörde. Die Nachprüfung des Verwaltungsakts unter dem Gesichtspunkt der Zweckmäßigkeit bleibt der Gemeinde vorbehalten.

(2) Für den Widerspruch gegen den Verwaltungsakt eines Zweck- oder Schulverbands, der der Rechtsaufsicht des Landratsamts untersteht, gilt Absatz 1 entsprechend.

§ 9. Widerspruchsbehörde bei Verwaltungsakten in sonstigen Selbstverwaltungsangelegenheiten. Über den Widerspruch gegen Verwaltungsakte von Wasser- und Bodenverbänden entscheidet die Aufsichtsbehörde.

Dritter Abschnitt: Übergangs- und Schlußbestimmungen

§ 10. Rechtsweg. Bestimmungen in Landesgesetzen, welche öffentlich-rechtliche Streitigkeiten auf dem Gebiet des Landesrechts anderen Gerichten als den Gerichten der allgemeinen Verwaltungsgerichtsbarkeit zugewiesen haben, bleiben in Kraft.

§ 11. Aufhebung von Rechtsbehelfen. (1) Alle landesrechtlichen Vorschriften über Rechtsbehelfe gegen Akte der öffentlichen Gewalt, gegen die der Verwaltungsrechtsweg gegeben ist, insbesondere Einspruch, Rekurs, Beschwerde und Verwaltungsbeschwerde werden aufgehoben.

(2) Unberührt bleiben die Bestimmungen über Rechtsbehelfe in zwischenstaatlichen Vereinbarungen.

§ 12. Inkrafttreten. (nicht abgedruckt)

2.1.2. Verordnung der Landesregierung über die Aufhebung des Amtes des Vertreters des öffentlichen Interesses bei den Gerichten der allgemeinen Verwaltungsgerichtsbarkeit

Vom 17. Februar 1997

(GBl. S. 74)

Auf Grund von § 36 Abs. 1 der Verwaltungsgerichtsordnung in der Fassung vom 19. März 1991 (BGBl. I S. 687) wird verordnet:

§ 1. Das Amt des Vertreters des öffentlichen Interesses bei den Gerichten der allgemeinen Verwaltungsgerichtsbarkeit wird aufgehoben.

§ 2. Rechtsmittel, die bis zum Zeitpunkt des Inkrafttretens dieser Verordnung vom Vertreter des öffentlichen Interesses eingelegt worden sind, können von einem Bediensteten des Justizministeriums mit Befähigung zum Richteramt als Vertreter des öffentlichen Interesses weiterverfolgt werden. Im übrigen gelten Beteiligungserklärungen und sonstige Anträge des Vertreters des öffentlichen Interesses an anhängigen Verfahren als zurückgenommen.

§ 3. Diese Verordnung tritt am 1. Mai 1997 in Kraft. Gleichzeitig tritt die Verordnung der Landesregierung über die Aufhebung der Landesanwaltschaften und die Bestellung eines Vertreters des öffentlichen Interesses bei den Gerichten der allgemeinen Verwaltungsgerichtsbarkeit vom 11. April 1983 (GBl. S. 185), außer Kraft.

2.2. Bayern

2.2.1. Gesetz zur Ausführung der Verwaltungsgerichtsordnung (AGVwGO)

In der Fassung der Bekanntmachung vom 20. Juni 1992
(BayRS 34–1–I, GVBl. S. 162), zuletzt geändert am 25. 11. 2001 (GVBl. S. 734)

Art. 1. Zu §§ 2, 3 Abs. 1, § 184 VwGO. (1) Das Oberverwaltungsgericht für den Freistaat Bayern führt die Bezeichnung „Bayerischer Verwaltungsgerichtshof". Der Verwaltungsgerichtshof hat seinen Sitz in München. In Ansbach werden drei auswärtige Senate des Verwaltungsgerichtshofs errichtet.

(2) Die bayerischen Verwaltungsgerichte haben ihren Sitz

1. in München für den Regierungsbezirk Oberbayern,
2. in Regensburg für die Regierungsbezirke Niederbayern und Oberpfalz,
3. in Bayreuth für den Regierungsbezirk Oberfranken,
4. in Ansbach für den Regierungsbezirk Mittelfranken,
5. in Würzburg für den Regierungsbezirk Unterfranken,
6. in Augsburg für den Regierungsbezirk Schwaben.

Art. 2. Zu § 3 Abs. 1, § 187 Abs. 1 und 2 VwGO. (1) Die beim Verwaltungsgericht München für Personalvertretungsangelegenheiten des Bundes und für das bayerische Personalvertretungsrecht bestehenden Fachkammern sind für die Regierungsbezirke Oberbayern, Niederbayern und Schwaben, die beim Verwaltungsgericht Ansbach gebildeten Fachkammern für die Regierungsbezirke Oberpfalz, Oberfranken, Mittelfranken und Unterfranken zuständig. Für die Besetzung und das Verfahren der Gerichte der Verwaltungsgerichtsbarkeit in Personalvertretungsangelegenheiten nach dem Bayerischen Personalvertretungsgesetz gelten dessen Vorschriften.

(2) Die Vorschriften der Bayerischen Disziplinarordnung über die Bildung von Spruchkörpern für Disziplinarsachen bleiben unberührt. Für die Besetzung und das Verfahren der Gerichte der Verwaltungsgerichtsbarkeit in Disziplinarsachen gelten die Vorschriften der Bayerischen Disziplinarordnung.

Art. 3. Die Staatsregierung ernennt den Präsidenten des Verwaltungsgerichtshofs. Die übrigen Richter des Verwaltungsgerichtshofs und die Richter der Verwaltungsgerichte werden vom Staatsminister des Innern ernannt.

Art. 4. Zu § 38 VwGO. Der Staatsminister des Innern übt die Dienstaufsicht über den Präsidenten des Verwaltungsgerichtshofs aus.

Art. 5. Zu § 9 Abs. 3, § 47 VwGO. Der Verwaltungsgerichtshof entscheidet im Rahmen seiner Gerichtsbarkeit auf Antrag über die Gültigkeit von Rechtsvorschriften, die im Rang unter dem Landesgesetz stehen. Über Satzungen nach Art. 91 Abs. 1 und 2 der Bayerischen Bauordnung entscheidet der Verwaltungsgerichtshof nur, wenn

1. der Antrag von einer Behörde gestellt wird und
2. die Rechtssache grundsätzliche Bedeutung hat.

Art. 6. Zu § 48 Abs. 1 Satz 3 VwGO. Der Verwaltungsgerichtshof entscheidet im ersten Rechtszug über Streitigkeiten, die Besitzeinweisungen in den Fällen des § 48 Abs. 1 Satz 1 VwGO betreffen.

Art. 7. Zu § 12 Abs. 3 VwGO. Der Große Senat beim Verwaltungsgerichtshof besteht aus dem Präsidenten und sechs Richtern. Bei einer Verhinderung des Präsidenten tritt sein Stellvertreter an seine Stelle. Ruft der erkennende Senat den Großen Senat an, weil er in einer Rechtsfrage von der Entscheidung eines anderen Senats oder des Großen Senats abweichen will, so entsendet jeder beteiligte Senat einen abstimmungsberechtigten Richter zu den Sitzungen des Großen Senats. Wird der Große Senat zur Klärung einer grundsätzlichen Rechtsfrage angerufen, so entsendet der erkennende Senat einen abstimmungsberechtigten Richter zu den Sitzungen des Großen Senats.

Art. 8. Der Verwaltungsgerichtshof hat seine Entscheidungen zu veröffentlichen, soweit sie grundsätzliche Bedeutung haben. Die Auswahl trifft das Präsidium.

Art. 9. (1) Der Verwaltungsgerichtshof gibt sich eine Geschäftsordnung, die das Präsidium beschließt. Sie bedarf der Genehmigung des Staatsministers des Innern.

(2) Der Präsident des Verwaltungsgerichtshofs erläßt für jedes Verwaltungsgericht eine Geschäftsordnung. Das Präsidium des Verwaltungsgerichts ist vorher gutachtlich zu hören.

Art. 10. Zu § 13 Satz 2 VwGO. (1) Urkundsbeamte der Geschäftsstelle sind die Beamten des gehobenen und mittleren Dienstes beim Verwaltungsgerichtshof und bei den Verwaltungsgerichten.

(2) Als stellvertretende Urkundsbeamte können bei Bedarf bestellt werden die Beamten auf Widerruf des gehobenen und mittleren Dienstes, die nichtbeamteten Kräfte und in Ausnahmefällen, insbesondere während ihrer Ausbildung für den Aufstieg in den mittleren Dienst, Beamte des einfachen Dienstes beim Verwaltungsgerichtshof und bei den Verwaltungsgerichten.

(3) Die stellvertretenden Urkundsbeamten werden vom Präsidenten des Gerichts bestellt. Die Bestellung ist schriftlich vorzunehmen; sie kann auf einzelne Arten von Geschäften oder zeitlich beschränkt werden. Sie ist jederzeit widerruflich und gilt nur für die Dauer der Verwendung bei dem Gericht, dessen Präsident die Bestellung verfügt hat.

Art. 11. Zu § 26 Abs. 2 VwGO. (1) Die Vertrauensleute und ihre Vertreter werden vom Bezirkstag, mit seiner Ermächtigung vom Bezirksausschuß gewählt. Art. 42 Abs. 3 der Bezirksordnung ist anzuwenden.

(2) Für den beim Verwaltungsgericht Regensburg zu bestellenden Ausschuß zur Wahl der ehrenamtlichen Verwaltungsrichter wählt der Bezirkstag Niederbayern je vier, der Bezirkstag Oberpfalz je drei Vertrauensleute und Vertreter.

(3) Die Vertrauensleute und ihre Vertreter werden auf vier Jahre gewählt. Die §§ 23 und 24 Abs. 1 und 2 VwGO gelten entsprechend; über die Befreiung von der Übernahme oder der weiteren Ausübung des Amts und über die Entbindung von diesem Amt entscheidet der Bezirkstag, mit seiner Ermächtigung der Bezirksausschuß.

Art. 12. Zu § 187 Abs. 1 VwGO. (1) Die Gerichte der Verwaltungsgerichtsbarkeit sind als Schiedsgerichte zuständig für Vermögensauseinandersetzungen öffentlich-rechtlicher Verbände, soweit das in besonderen Gesetzen bestimmt ist.

(2) Für die Besetzung der Schiedsgerichte und für das Verfahren gelten die Bestimmungen der Verwaltungsgerichtsordnung, für das Verfahren jedoch nur, soweit in besonderen Gesetzen nicht anderes bestimmt ist. Die Schiedsgerichte entscheiden unter Würdigung der Rechts- und Sachlage nach billigem Ermessen.

Art. 13. Zu § 40 Abs. 1 Satz 2 VwGO. Soweit öffentlich-rechtliche Streitigkeiten bisher einem anderen Gericht zugewiesen sind, hat es dabei sein Bewenden.

Art. 14. (1) Soweit nicht anderes bestimmt wird, tritt der Widerspruch an die Stelle aller förmlichen Rechtsbehelfe, die das Landesrecht für das Verwaltungsverfahren einräumt.

(2) Unberührt bleiben die Rechtsbehelfe nach der Bayerischen Disziplinarordnung.

(3) Unberührt bleiben die Rechtsbehelfe nach dem Landeswahlgesetz, dem Bezirkswahlgesetz und dem Gemeinde- und Landkreiswahlgesetz soweit sie nicht Voraussetzung der verwaltungsgerichtlichen Klage sind.

Art. 15. Zu § 68 VwGO. Ein Vorverfahren nach § 68 der Verwaltungsgerichtsordnung entfällt

1. bei ausländerrechtlichen Entscheidungen,
2. bei Entscheidungen nach dem Bundes-Immissionsschutzgesetz und den dazu ergangenen Rechtsverordnungen,
3. bei abfallrechtlichen Entscheidungen der Regierungen und des Landesamts für Umweltschutz,
4. bei Entscheidungen nach dem Bundesberggesetz und nach den auf Grund dieses Gesetzes erlassenen Verordnungen,
5. bei Entscheidungen nach dem Güterkraftverkehrsgesetz und nach den auf Grund dieses Gesetzes erlassenen Verordnungen, soweit die Ausgangsbehörde auch für den Erlaß des Widerspruchsbescheids zuständig wäre,
6. bei Entscheidungen nach dem Luftverkehrsgesetz und den auf Grund dieses Gesetzes erlassenen Verordnungen,
7. in Verfahren nach dem Ersten Abschnitt des Gesetzes über die Angelegenheiten der Vertriebenen und Flüchtlinge (Bundesvertriebenengesetz – BVFG) in der vor dem 1. Januar 1993 geltenden Fassung sowie in Verfahren zur Erteilung einer Bescheinigung nach § 15 BVFG in der ab 1. Januar 1993 geltenden Fassung,
8. bei Entscheidungen des Landesamts für Arbeitsschutz, Arbeitsmedizin und Sicherheitstechnik und bei Entscheidungen der staatlichen Gewerbeaufsichtsämter,
9. bei den Bewilligungsverfahren der Förderprogramme
   - Bayerisches Agrarkreditprogramm für die Landwirtschaft,
   - Bayerisches Agrarkreditprogramm für die Ernährungswirtschaft,
   - Agrarinvestitionsförderungsprogramm für die Land- und Forstwirtschaft,
   - Bayerisches Wohnbauprogramm für die Landwirtschaft,
   - Umstellungshilfe für Landwirte,
   - Sozialer Wohnungsbau nach dem II. Wohnungsbaugesetz sowie der eigenen Programme der Kommunen und der sonstigen Programme des Freistaates Bayern zur Wohnungsbauförderung und zur Baulandbeschaffung,
   - zur Städtebauförderung,
   - zur Wohnungsmodernisierung aus Fördermitteln des Freistaates Bayern und der Kommunen,
10. bei Entscheidungen der Regierungen nach Art. 93 Abs. 1 Satz 2 der Bayerischen Bauordnung,
11. bei Entscheidungen der Regierungen und der Landratsämter über Flächennutzungspläne, Bebauungspläne und sonstige Satzungen nach dem Baugesetzbuch und dem Maßnahmengesetz zum Baugesetzbuch,
12. bei Entscheidungen der höheren Landesplanungsbehörden über Anträge auf Verbindlicherklärung von Regionalplänen und deren Fortschreibung (Art. 18 BayLPlG),
13. bei Entscheidungen der Bezirke nach dem Bundessozialhilfegesetz und nach den §§ 276 und 276 a des Lastenausgleichsgesetzes,
14. bei aufsichtlichen Verwaltungsakten gegen Große Kreisstädte in Angelegenheiten, die ihnen nach Art. 9 Abs. 2 der Gemeindeordnung übertragen worden sind, und bei aufsichtlichen Verwaltungsakten gegen kreisfreie Gemeinden,
15. bei aufsichtlichen Verwaltungsakten gegen Landkreise,

16. in Verfahren nach dem Gesetz über die Änderung von Familiennamen und Vornamen (BGBl. III 401-1), zuletzt geändert durch Art. 14 § 10 des Gesetzes vom 16. Dezember 1997 (BGBl. I S. 2942),
17. im Bereich des Waffenrechts,
18. bei staatsangehörigkeitsrechtlichen Entscheidungen der Regierungen,
19. bei Entscheidungen über Anträge auf Erteilung, über Rücknahme, Widerruf oder Ruhen einer Approbation oder Erlaubnis nach dem Berufszulassungsrecht der ärztlichen oder anderen Heilberufe, ausgenommen das Heilpraktikerrecht,
20. bei aufsichtlichen Verwaltungsakten der Regierungen gegenüber Zweckverbänden.

Art. 16. Zu § 36 Abs. 1 Satz 2 VwGO. Vertretungsbehörde des Freistaates Bayern vor den Gerichten der Verwaltungsgerichtsbarkeit ist die Ausgangsbehörde, soweit die Vertretung nicht auf die Widerspruchsbehörde oder die Landesanwaltschaft übertragen ist. Das Nähere regelt die Staatsregierung durch Rechtsverordnung. Die Regelungen der Verordnung über die gerichtliche Vertretung des Freistaates Bayern (Vertretungsverordnung – VertrV) in der Fassung der Bekanntmachung vom 4. Oktober 1995 (GVBl. S. 733, BayRS 600-1-F), zuletzt geändert durch Verordnung vom 13. November 2001 (GVBl. S. 742), bleiben unberührt.

Art. 17. Die Staatsregierung erläßt die zur Ausführung dieses Gesetzes erforderlichen Rechtsvorschriften. Die Verwaltungsvorschriften zur Ausführung dieses Gesetzes erläßt das Staatsministerium des Innern, soweit erforderlich im Einvernehmen mit dem Staatsministerium der Finanzen.

Art. 18. Dieses Gesetz ist dringlich. Es tritt am 1. Dezember 1960 in Kraft. Die Art. 1, 5 bis 8, 10 und 11 des Gesetzes treten am 1. April 1960 in Kraft.

2.2.2. Bayern: Verordnung über die Landesanwaltschaft Bayern (LABV)

Vom 4. November 1975 (BayRS 34–3–I),
zuletzt geändert am 29. 6. 1999 (GVBl. S. 286)

Auf Grund des § 36 Abs. 1 der Verwaltungsgerichtsordnung, des Art. 43 Abs. 1 und des Art. 55 Nr. 2 der Verfassung des Freistaates Bayern erlässt die Bayerische Staatsregierung folgende Verordnung:

§ 1. (1) Die Vertretung des öffentlichen Interesses in Verfahren vor den Gerichten der Verwaltungsgerichtsbarkeit, auch soweit sie als Schiedsgerichte entscheiden, wird

1. in Verfahren vor den Verwaltungsgerichten von den örtlich zuständigen Regierungen,
2. in Verfahren vor dem Bayerischen Verwaltungsgerichtshof und vor dem Bundesverwaltungsgericht von der Landesanwaltschaft Bayern am Sitz des Verwaltungsgerichtshofs sowie dessen auswärtiger Senate

wahrgenommen. Bei der Wahrnehmung dieser Aufgabe sind die Regierungen und die Landesanwaltschaft Bayern für die jeweiligen Gerichte Zustellungsempfänger.

(2) Der Generallandesanwalt leitet die Landesanwaltschaft Bayern. Er sorgt für die Einheitlichkeit der Gesetzesauslegung und der Rechtsanwendung.

§ 2. (1) Die Beamten der Landesanwaltschaft werden nach Art. 55 Nr. 4 der Verfassung des Freistaates Bayern und den Vorschriften des Bayerischen Beamtengesetzes ernannt.

(2) Die Landesanwälte müssen die Befähigung zum Richteramt besitzen oder die Voraussetzungen des § 174 der Verwaltungsgerichtsordnung erfüllen.

§ 3. (1) Die Dienstaufsicht über den Generallandesanwalt übt der Staatsminister des Innern aus.

(2) Der Generallandesanwalt ist Dienstvorgesetzter der Beamten der Landesanwaltschaft Bayern.

§ 4. (1) Als Vertreter des öffentlichen Interesses hat die Landesanwaltschaft mitzuwirken, daß das Recht sich durchsetzt und das Gemeinwohl keinen Schaden leidet. Sie ist hierbei nur an Weisungen der Staatsregierung gebunden; § 1 Abs. 3 bleibt unberührt.

(2) Unbeschadet des Weisungsrechts der Staatsregierung beschränkt sich die Beteiligung der Landesanwaltschaft nach Absatz 1 auf Rechtsgebiete und Verfahren, in denen die Wahrnehmung dieser Aufgabe von besonderem öffentlichem Interesse ist.

(3) In Verfahren vor den Kammern für Disziplinarsachen und vor den Disziplinarsenaten wirkt der Vertreter des öffentlichen Interesses nicht mit.

§ 5. (1) Der Freistaat Bayern wird vor den Gerichten der Verwaltungsgerichtsbarkeit nach Maßgabe des Absatzes 2 durch die Behörden, die die Vertretung des öffentlichen Interesses wahrnehmen (§ 1 Abs. 1), die Ausgangs- oder die Widerspruchsbehörde vertreten, wenn

a) die Klage oder ein sonstiger Antrag gegen den Staat gerichtet ist,
b) die Klage gegen den Staat gerichtet ist und der Staat Widerklage nach § 89 VwGO erhebt,
c) der Staat als Hoheitsträger beigeladen wird,
d) der Staat vor dem Bundesverwaltungsgericht Klage nach § 50 Abs. 1 Nr. 1 VwGO erhebt,
e) das Verfahren eine Wert-, Kosten- oder Entschädigungs(Vergütungs)festsetzung im Zusammenhang mit verwaltungsgerichtlichen Verfahren zum Gegenstand hat, soweit der Freistaat Bayern am Festsetzungsverfahren als Staatskasse beteiligt ist.

In diesen Fällen vertreten sie den Staat als Beteiligten des Ausgangsverfahrens auch in damit zusammenhängenden Verfahren vor dem Bundesverfassungsgericht und vor dem Gerichtshof der Europäischen Gemeinschaften. In den Fällen des Satzes 1 Buchst. a verbleibt es bei der Zuständigkeit der Ausgangsbehörde, wenn die Klage sich gegen einen Vollstreckungstitel richtet, der aus einem Verfahren hervorgegangen ist, in dem der Freistaat Bayern nicht durch Behörden, die die Vertretung des öffentlichen Interesses wahrnehmen, vertreten war.

(2) In Verfahren vor den Verwaltungsgerichten ist die Ausgangsbehörde Prozessbehörde und Zustellungsempfänger, solange die Vertretung nicht auf die Widerspruchsbehörde oder die Behörde, die die Vertretung des öffentlichen Interesses wahrnimmt, übertragen wurde. Die Ausgangsbehörde kann die Vertretung in Verfahren, die ihr von besonders herausgehobener Bedeutung oder die ihr prozessrechtlich außergewöhnlich schwierig erscheinen, auf die Widerspruchsbehörde oder die Behörde, die die Vertretung des öffentlichen Interesses wahrnimmt, mit deren Einverständnis übertragen. Die Übernahme der Vertretung ist dem Gericht durch die übernehmende Behörde mitzuteilen. Ab Eingang der Mitteilung bei Gericht geht die Zuständigkeit nach Satz 1 auf die übernehmende Behörde über. Die Vertretung umfasst auch die Befugnis zur Einlegung eines Rechtsmittels oder eines Antrags auf Zulassung eines Rechtsmittels.

(3) In Verfahren vor dem Bayerischen Verwaltungsgerichtshof und dem Bundesverwaltungsgericht wird der Freistaat Bayern durch die Landesanwaltschaft Bayern vertre-

ten; sie kann bereits bei den Verwaltungsgerichten Anträge auf Zulassung von Rechtsmitteln stellen. Die Landesanwaltschaft Bayern kann die Vertretung im Einzelfall auf die Ausgangsbehörde mit deren Einverständnis übertragen. Ist das Landesjustizprüfungsamt oder eine Direktion für Ländliche Entwicklung Ausgangsbehörde, gilt Satz 1 nur, wenn die Vertretung im Einzelfall der Landesanwaltschaft Bayern übertragen wurde. Für die Übertragung gilt jeweils Absatz 2 Sätze 3 und 4 entsprechend.

(4) Die Landesanwaltschaft Bayern oder die Behörden, die den Staat vertreten, können Vertreter beteiligter Staatsbehörden zur mündlichen Verhandlung und zum Beweistermin zuziehen.

(5) Behörden, denen die Vertretung übertragen wurde, nehmen ihre Aufgaben im Benehmen mit den beteiligten Behörden wahr. Sie haben grundsätzlich den ihnen im Einzelfall von den beteiligten Behörden gegebenen Instruktionen zu entsprechen. Sätze 1 und 2 gelten nicht, soweit der Vertretungsbehörde die Vertretung als Widerspruchsbehörde übertragen wurde. Lassen sich Meinungsverschiedenheiten zwischen Staatsministerien und der Landesanwaltschaft Bayern nicht ausgleichen, entscheidet die Staatsregierung.

§ 6. Bestimmungen der Geschäftsordnungen des Verwaltungsgerichtshofs und der Verwaltungsgerichte über die Amtstracht gelten für die Landesanwälte entsprechend.

§ 7. Das Staatsministerium des Innern erläßt die zum Vollzuge dieser Verordnung erforderlichen Verwaltungsvorschriften.

§ 8. (1) Diese Verordnung tritt am 15. November 1975 in Kraft.

(2) Gleichzeitig tritt die Verordnung über den Vertreter des öffentlichen Interesses bei den Gerichten der Verwaltungsgerichtsbarkeit vom 23. März 1960 (GVBl. S. 31), zuletzt geändert durch Verordnung vom 9. Dezember 1974 (GVBl. S. 802), außer Kraft.

2.3. Berlin: Gesetz zur Ausführung der Verwaltungsgerichtsordnung (AGVwGO)

In der Fassung der Bekanntmachung vom 22. Februar 1977 (GVBl. S. 558), zuletzt geändert am 30. 7. 2001 (GVBl. I S. 313)

§ 1. Aufbau der Verwaltungsgerichtsbarkeit. (1) Im Land Berlin bestehen als Gerichte der allgemeinen Verwaltungsgerichtsbarkeit das Oberverwaltungsgericht Berlin und das Verwaltungsgericht Berlin.

(2) Zuständig für die Aufsicht über die Gerichte der allgemeinen Verwaltungsgerichtsbarkeit und für ihre Verwaltungsangelegenheiten ist der Senator für Justiz.

(3) Der Senator für Justiz bestimmt nach Anhören des Präsidenten des Oberverwaltungsgerichts Berlin die Zahl der Senate und der Kammern sowie der Geschäftsstellen.

§ 2. Besetzung des Oberverwaltungsgerichts. (1) Die Senate des Oberverwaltungsgerichts Berlin entscheiden in der Besetzung von drei Richtern und zwei ehrenamtlichen Richtern. Bei Beschlüssen außerhalb der mündlichen Verhandlung und bei Gerichtsbescheiden (§ 84 der Verwaltungsgerichtsordnung) wirken die ehrenamtlichen Richter außer in den Fällen des § 47 Abs. 5 Satz 1 und Abs. 6 Satz 1 der Verwaltungsgerichtsordnung nicht mit.

(2) Die Vertrauensleute im Ausschuß zur Wahl der ehrenamtlichen Richter des Verwaltungsgerichts sind zugleich Vertrauensleute im Ausschuß zur Wahl der ehrenamtlichen Richter des Oberverwaltungsgerichts.

§ 3. Disziplinargerichtsbarkeit. Die Aufgaben der Disziplinargerichtsbarkeit für die Beamten und Ruhestandsbeamten, deren Rechtsverhältnisse sich nach dem Landesbeamtengesetz bestimmen, sowie für die Beamten zur Wiederverwendung, Ruhestandsbeamten und früheren Beamten, zu deren Unterbringung und Versorgung nach § 63 Abs. 1 oder 2 des Gesetzes zur Regelung der Rechtsverhältnisse der unter Artikel 131 des Grundgesetzes fallenden Personen das Land Berlin oder eine der Aufsicht des Landes Berlin unterstehende Körperschaft, Anstalt oder Stiftung des öffentlichen Rechts verpflichtet ist, werden den Gerichten der Verwaltungsgerichtsbarkeit übertragen. In Dienststrafsachen regeln sich die Besetzung der Verwaltungsgerichte und das Verfahren nach der Landesdisziplinarordnung und nach Abschnitt II des Gesetzes zur Ergänzung des Dienststrafrechts für Beamte vom 24. Mai 1956 (GVBl. S. 537) in den jeweils geltenden Fassungen.

§ 4. Rechtsbehelfe. (1) Rechtsbehelfe haben keine aufschiebende Wirkung, soweit sie sich gegen Maßnahmen richten, die in der Verwaltungsvollstreckung getroffen werden. § 80 Abs. 4, 5, 7 und 8 der Verwaltungsgerichtsordnung findet Anwendung.

(2) Gegen die Ablehnung eines Antrags auf Erteilung oder Verlängerung eines Aufenthaltstitels durch die Behörden Berlins nach dem Ausländergesetz vom 9. Juli 1990 (BGBl. I S. 1354, 1356), zuletzt geändert durch Artikel 3 § 11 des Gesetzes vom 16. Februar 2001 (BGBl. I S. 266), in der jeweils geltenden Fassung und den auf Grund dieses Gesetzes erlassenen Rechtsverordnungen sowie nach ausländerrechtlichen Bestimmungen in anderen Gesetzen findet kein Widerspruch statt, soweit durch die Ablehnung des Antrags eine Ausreisepflicht begründet wird. Das Widerspruchsverfahren entfällt auch bei Ausweisungen und sonstigen Verwaltungsakten, die die Rechtmäßigkeit des Aufenthalts beenden, sowie bei allen Maßnahmen und Entscheidungen zur Feststellung, Vorbereitung, Sicherung und Durchsetzung der Ausreisepflicht auf der Grundlage der in Satz 1 genannten Bestimmungen.

§ 5. Revisibilität von Landesverfahrensrecht. Die Revision an das Bundesverwaltungsgericht kann auch darauf gestützt werden, dass das angefochtene Urteil auf der Verletzung des Gesetzes über das Verfahren der Berliner Verwaltung beruht.

§ 6. Anwendbarkeit anderer Vorschriften. (1) Zum Schutz personenbezogener Daten bei den Gerichten der allgemeinen Verwaltungsgerichtsbarkeit finden die §§ 21, 22, 24, 25, 28 *und 29* des Gesetzes zur Ausführung des Gerichtsverfassungsgesetzes vom 23. März 1992 (GVBl. S. 73) in der jeweils geltenden Fassung Anwendung.

(2) Für die Gerichte gilt § 12a des Gesetzes zur Ausführung des Gerichtsverfassungsgesetzes entsprechend.

§ 7. Schlußvorschriften. (1) Dieses Gesetz tritt am 1. April 1960 in Kraft.

(2) Rechtsvorschriften des Landes Berlin gelten weiter, soweit die Verwaltungsgerichtsordnung die in ihnen getroffenen Regelungen durch Landesrecht zuläßt.

2.4. Brandenburg: Gesetz über die Errichtung der Verwaltungsgerichtsbarkeit und zur Ausführung der Verwaltungsgerichtsordnung im Land Brandenburg (Brandenburgisches Verwaltungsgerichtsgesetz – BbgVwGG)

In der Fassung der Bekanntmachung vom 22. November 1996
(GVBl. I, S. 317)

§ 1. Im Land Brandenburg wird eine selbständige Verwaltungsgerichtsbarkeit errichtet.

§ 2. (1) Verwaltungsgerichte werden eingerichtet

1. in Cottbus für das Gebiet der kreisfreien Stadt Cottbus sowie für die Landkreise Dahme-Spreewald, Elbe-Elster, Oberspreewald-Lausitz und Spree-Neiße,
2. in Frankfurt (Oder) für das Gebiet der kreisfreien Stadt Frankfurt (Oder) sowie für die Landkreise Barnim, Märkisch-Oderland und Oder-Spree,
3. in Potsdam für das Gebiet der kreisfreien Städte Brandenburg an der Havel und Potsdam sowie für die Landkreise Prignitz, Ostprignitz-Ruppin, Oberhavel, Uckermark, Havelland, Potsdam-Mittelmark und Teltow-Fläming.

(2) Die Verwaltungsgerichte werden nach ihrem Sitz benannt.

§ 3. Das Oberverwaltungsgericht wird mit Sitz in Frankfurt (Oder) eingerichtet und führt die Bezeichnung „Oberverwaltungsgericht für das Land Brandenburg".

§ 4. (1) Das Oberverwaltungsgericht ist in Normenkontrollverfahren nach § 47 der Verwaltungsgerichtsordnung auch zur Entscheidung über die Gültigkeit einer anderen im Range unter dem Landesgesetz stehenden Rechtsvorschrift zuständig.

(2) Das Oberverwaltungsgericht entscheidet im ersten Rechtszug auch über Streitigkeiten, die Besitzeinweisungen in den Fällen des § 48 Abs. 1 Satz 1 der Verwaltungsgerichtsordnung betreffen.

(3) Entscheidungen des Oberverwaltungsgerichts ergehen in der Besetzung von drei Berufsrichtern und zwei ehrenamtlichen Richtern. Bei Beschlüssen außerhalb der mündlichen Verhandlung wirken die ehrenamtlichen Richter nicht mit.

§ 5. Oberste Dienstaufsichtsbehörde für die Gerichte der Verwaltungsgerichtsbarkeit ist der Minister der Justiz des Landes Brandenburg.

§ 6. Der Präsident des Gerichts bestimmt nach Anhörung des Präsidiums im Einvernehmen mit dem Minister der Justiz die Zahl der Spruchkörper des Gerichts.

§ 7. Für die Wahl der Vertrauensleute des Ausschusses zur Wahl der ehrenamtlichen Richter und deren Vertreter (§ 26 Abs. 2 der Verwaltungsgerichtsordnung) gelten die §§ 24 und 25 der Verwaltungsgerichtsordnung entsprechend.

§ 8. (1) Behörden sind in Verfahren vor den Gerichten der Verwaltungsgerichtsbarkeit beteiligungsfähig.

(2) Anfechtungsklagen und Verpflichtungsklagen sind gegen die Behörde zu richten, die den angefochtenen Verwaltungsakt erlassen oder den beantragten Verwaltungsakt unterlassen hat. Dies gilt nicht für Klagen im Sinne von § 52 Nr. 4 der Verwaltungsgerichtsordnung.

(3) In Angelegenheiten, die den kreisangehörigen Gemeinden und den Ämtern als Pflichtaufgaben zur Erfüllung nach Weisung übertragen, erläßt die Aufsichtsbehörde den Widerspruchsbescheid.

§ 9. Funktionsbezeichnungen nach diesem Gesetz werden in weiblicher und männlicher Form geführt.

§ 10. Die für die Kammern für Verwaltungssachen bei den Kreisgerichten Cottbus, Frankfurt (Oder) und Potsdam gewählten ehrenamtlichen Richter für die Verwaltungsrechtsprechung werden ehrenamtliche Richter bei dem Verwaltungsgericht, in dessen Gerichtsbezirk sie ihren Wohnsitz haben. Die ehrenamtlichen Richter bei dem Bezirksgericht Potsdam, die für die Senate für Verwaltungssachen gewählt worden sind, werden dem Oberverwaltungsgericht für das Land Brandenburg zugewiesen.

§ 11. Wird in Rechtsvorschriften des Landes auf die Kammern für Verwaltungssachen bei den Kreisgerichten verwiesen, treten an deren Stelle die Verwaltungsgerichte; an die Stelle des Senats für Verwaltungssachen beim Bezirksgericht Potsdam tritt das Oberverwaltungsgericht für das Land Brandenburg.

§ 12. (1) Die bei den Kreisgerichten – Kammern für Verwaltungssachen – anhängigen Verfahren gehen mit dem Inkrafttreten dieses Gesetzes mit Ausnahme der Baulandsachen in dem Stand, in dem sie sich befinden, auf das nach § 2 Abs. 1 zuständige Verwaltungsgericht über.

(2) Die bei dem Bezirksgericht Potsdam – Senate für Verwaltungssachen – anhängigen Verfahren gehen mit dem Inkrafttreten dieses Gesetzes mit Ausnahme der Baulandsachen in dem Stand, in dem sie sich befinden, auf das Oberverwaltungsgericht über.

§ 13. (Inkrafttreten)

2.5. Bremen: Gesetz zur Ausführung der Verwaltungsgerichtsordnung

Vom 15. März 1960

(GBl. S. 25, ber. S. 36 und S. 119 – SaBrR 34-a-1), zuletzt geändert am 2. 11. 1993 (GBl. S. 352)

Der Senat verkündet das nachstehende von der Bürgerschaft (Landtag) beschlossene Gesetz:

I. Abschnitt

Art. 1. (zu § 3 VwGO). Im Lande Bremen bestehen ein Verwaltungsgericht und ein Oberverwaltungsgericht. Sie haben ihren Sitz in Bremen. Ihr Gerichtsbezirk ist das Land Bremen.

Art. 2. (zu § 5 Abs. 2, § 7, § 9 Abs. 2 und 3 VwGO). (1) Die Zahl der Kammern bei dem Verwaltungsgericht wird vom Präsidenten des Verwaltungsgerichts, die Zahl der Senate bei dem Oberverwaltungsgericht wird vom Präsidenten des Oberverwaltungsgerichts nach Anhörung des jeweils zuständigen Präsidiums und im Rahmen des Stellenplans bestimmt. Der Präsident des Oberverwaltungsgerichts kann dem Präsidenten des Verwaltungsgerichts hierfür Weisungen erteilen.

(2) Die Senate des Oberverwaltungsgerichts entscheiden in der Besetzung von drei Richtern und zwei ehrenamtlichen Richtern. Bei Beschlüssen außerhalb der mündlichen Verhandlung und bei Vorbescheiden (§ 84 VwGO) wirken die ehrenamtlichen Richter nicht mit.

Art. 2a. (zu § 13 VwGO). (1) Urkundsbeamte der Geschäftsstelle sind die vom Senator für *Rechtspflege und Strafvollzug* bestimmten Beamten.

(2) Beamte auf Widerruf des gehobenen und mittleren Dienstes können mit der selbständigen Wahrnehmung von Aufgaben des Urkundsbeamten der Geschäftsstelle beauftragt werden.

(3) Mit der selbständigen Wahrnehmung von einzelnen Aufgaben des Urkundsbeamten der Geschäftsstelle können widerruflich auch Angestellte beauftragt werden.

(4) Zuständig für die Beauftragung sind der Senator für *Rechtspflege und Strafvollzug* und die von ihm bestimmten Stellen.

Art. 3. (zu §§ 16 und 17 VwGO). (1) Richtern des Oberverwaltungsgerichts kann ein Richteramt beim Finanzgericht übertragen werden.

(2) Die Ernennung nach § 16 der Verwaltungsgerichtsordnung nimmt der Senat vor.

Art. 4. (zu §§ 26 und 34 VwGO). (1) Die Vertrauensleute des Ausschusses zur Wahl der ehrenamtlichen Verwaltungsrichter des Verwaltungsgerichts (§ 26 VwGO) und ihre Vertreter werden von der Bürgerschaft (Landtag) für die Dauer ihrer Wahlperiode gewählt. Eine Ersatzwahl gilt nur für den Rest der Wahlperiode.

(2) Mindestens ein Vertrauensmann und ein Vertreter müssen in der Stadtgemeinde Bremerhaven wohnhaft sein.

(3) Bis zur Neuwahl bleiben die bisherigen Vertrauensleute und Stellvertreter im Amt.

(4) Die Vertrauensleute und ihre Vertreter im Ausschuß zur Wahl der ehrenamtlichen Richter des Verwaltungsgerichts sind zugleich Vertrauensleute und Vertreter im Ausschuß zur Wahl der ehrenamtlichen Richter des Oberverwaltungsgerichts.

Art. 5. (zu § 38 VwGO). Die Gerichte der Verwaltungsgerichtsbarkeit gehören zum Geschäftsbereich des Senators für *Rechtspflege und Strafvollzug*.

Art. 6. (zu § 40 VwGO). Soweit in bisherigen Landesgesetzen öffentlich-rechtliche Streitigkeiten auf dem Gebiete des Landesrechts ausdrücklich anderen Gerichten zugewiesen worden sind, verbleibt es dabei.

Art. 7. (zu § 47 VwGO). (1) Das Oberverwaltungsgericht entscheidet nach Maßgabe des § 47 der Verwaltungsgerichtsordnung auf Antrag durch Beschluß über die Gültigkeit einer landesrechtlichen Verordnung oder einer anderen im Range unter dem Landesgesetz stehenden Rechtsvorschrift.

(2) Der Antrag ist an keine Frist gebunden.

(3) Antragsgegner ist der Staat oder die Körperschaft, die die bestrittene Rechtsvorschrift erlassen hat.

(4) Die öffentliche Bekanntmachung der Entscheidung kann auf den Entscheidungssatz beschränkt werden.

Art. 8. (zu § 68 VwGO). (1) Eines Vorverfahrens nach § 68 der Verwaltungsgerichtsordnung bedarf es auch vor Erhebung der Anfechtungsklage gegen erstinstanzliche Verwaltungsakte des Senats oder eines Senators. Das gleiche gilt für eine Verpflichtungsklage, wenn der Senat oder ein Senator die Vornahme des Verwaltungsaktes abgelehnt hat.

(2) In diesen Fällen erläßt den Widerspruchsbescheid die Stelle, die den Verwaltungsakt erlassen oder die Vornahme des Verwaltungsaktes abgelehnt hat.

Art. 9. (zu §§ 73 und 185 Abs. 2 VwGO). (1) Abweichend von der Vorschrift des § 73 Abs. 1 Nr. 2 der Verwaltungsgerichtsordnung erläßt den Widerspruchsbescheid der zuständige Senator, sofern nicht eine andere Stelle die nächsthöhere Behörde ist.

(2) Entsprechendes gilt abweichend von § 73 Abs. 1 Nr. 3 der Verwaltungsgerichtsordnung in Selbstverwaltungsangelegenheiten der Stadtgemeinde Bremen.

Art. 10. (zu § 187 Abs. 1 und 2 VwGO). (1) Bei den Gerichten der Verwaltungsgerichtsbarkeit bestehen als Disziplinargerichte für die in § 1 Abs. 1 der Bremischen Disziplinarordnung aufgeführten Beamten und Ruhestandsbeamten die Disziplinarkammer bei dem Verwaltungsgericht und der Disziplinarhof bei dem Oberverwaltungsgericht. Für die Besetzung der Disziplinargerichte und für das Verfahren vor diesen Gerichten gilt die Bremische Disziplinarordnung in der jeweils geltenden Fassung.

(2) Den Gerichten der Verwaltungsgerichtsbarkeit sind die Berufsgerichte für die Heilberufe angegliedert. Für die Besetzung und das Verfahren dieser Gerichte gelten die Vorschriften des Bremischen Gesetzes über die Berufsvertretung und Berufsgerichtsbarkeit der Ärzte, Zahnärzte, Tierärzte und Apotheker vom 9. Juni 1959 (Brem. Ges.-Bl. S. 95) in der jeweils geltenden Fassung.

(3) Bei Entscheidungen der Gerichte der Verwaltungsgerichtsbarkeit nach dem Bremischen Personalvertretungsgesetz gelten für die Besetzung und für das Verfahren des Verwaltungsgerichts und des Oberverwaltungsgerichts die §§ 69 Abs. 2 und 70 des Bremischen Personalvertretungsgesetzes vom 3. Dezember 1957 (Brem. Ges.-Bl. S. 161) in ihrer jeweils geltenden Fassung.

Art. 11. (zu § 187 Abs. 3 VwGO). Rechtsbehelfe, die sich gegen Maßnahmen in der Verwaltungsvollstreckung zur Beitreibung von Geldbeträgen richten, haben keine aufschiebende Wirkung. § 80 Absätze 4 bis 7 der Verwaltungsgerichtsordnung findet Anwendung.

II. Abschnitt

Art. 12. (Änderungsvorschrift, hier nicht abgedruckt)

III. Abschnitt

Art. 13. Überleitung früherer Zuständigkeiten. (1) Soweit in Gesetzen und Rechtsverordnungen der Senat oder der Regierende Bürgermeister zur Entscheidung über Beschwerden für zuständig erklärt worden ist, erläßt an ihrer Stelle der zuständige Senator den Widerspruchsbescheid.

(2) Soweit in anderen bremischen Gesetzen oder Verordnungen noch die Bezeichnung Verwaltungsgerichtshof erscheint, gilt sie künftig für das Oberverwaltungsgericht.

Art. 13 a. Amtstracht. Der Senator für *Rechtspflege und Strafvollzug* kann bestimmen, dass Richter, Rechtsanwälte und Urkundsbeamte der Geschäftsstelle in den Sitzungen der Gerichte eine Amtstracht tragen. Vor einer Regelung über die Amtstracht der Rechtsanwälte ist der Vorstand der Rechtsanwaltskammer zu hören.

Art. 14. Inkrafttreten und aufgehobene Vorschriften. (1) Dieses Gesetz tritt am 1. April 1960 in Kraft.

(2) (Aufhebungsvorschrift, hier nicht abgedruckt)

(3) (vollzogene Ermächtigung, hier nicht abgedruckt)

2.6. Hamburg: Gesetz zur Ausführung der Verwaltungsgerichtsordnung vom 21. Januar 1960

Vom 29. März 1960

(GVBl. S. 291), zuletzt geändert am 14. 6. 1989 (GVBl. S. 99)

Der Senat verkündet das nachstehende, von der Bürgerschaft beschlossene Gesetz:

§ 1. (zu § 195 Absatz 6 Verwaltungsgerichtsordnung). (1) Das Hamburgische Oberverwaltungsgericht und das Landesverwaltungsgericht Hamburg bleiben als Gerichte der allgemeinen Verwaltungsgerichtsbarkeit bestehen.

(2) Das Landesverwaltungsgericht Hamburg erhält die Bezeichnung Verwaltungsgericht Hamburg.

§ 2. (zu §§ 38 und 39 Verwaltungsgerichtsordnung). Die §§ 22 bis 24a des Hamburgischen Ausführungsgesetzes zum Gerichtsverfassungsgesetz in ihrer jeweils geltenden Fassung gelten entsprechend.

§ 3. (zu § 9 Absatz 3 Verwaltungsgerichtsordnung). Die Senate des Hamburgischen Oberverwaltungsgerichts entscheiden in der Besetzung mit drei Richtern und zwei ehrenamtlichen Richtern. Bei Beschlüssen außerhalb der mündlichen Verhandlung wirken die ehrenamtlichen Richter nicht mit.

§ 4. (zu § 26 Verwaltungsgerichtsordnung). (1) Die für die Wahl der ehrenamtlichen Richter und ihrer Vertreter zu bestimmenden sieben Vertrauensleute und ihre Vertreter werden von der Bürgerschaft gewählt. Gewählt ist, wer die Mehrheit der abgegebenen Stimmen erhält.

(2) Die Vertrauensleute und ihre Vertreter werden auf fünf Jahre gewählt. Im übrigen gelten die §§ 20 bis 24 der Verwaltungsgerichtsordnung für die Vertrauensleute und ihre Vertreter entsprechend.

§ 5. (zu § 40 Verwaltungsgerichtsordnung). Soweit öffentlich-rechtliche Streitigkeiten auf dem Gebiete des Landesrechts anderen Gerichten zugewiesen sind, ist der Rechtsweg zu den allgemeinen Verwaltungsgerichten ausgeschlossen.

§ 6. (1) Verwaltungsakte werden in einem Vorverfahren (Widerspruchsverfahren) nachgeprüft. Das gilt auch für Anordnungen, Verfügungen oder sonstige Maßnahmen der Vollzugsbehörden, über deren Rechtmäßigkeit auf Antrag die ordentlichen Gerichte zu entscheiden haben (§ 23 Absatz 1 Satz 2 Einführungsgesetz zum Gerichtsverfassungsgesetz, § 109 Strafvollzugsgesetz).

(2) Absatz 1 gilt nicht für

1. Verwaltungsakte der Bürgerschaft,
2. Beschlüsse des Senats,
3. Anordnungen, Verfügungen oder sonstige Maßnahmen, die von den Justizbehörden zur Regelung einzelner Angelegenheiten auf den Gebieten des bürgerlichen Rechts einschließlich des Handelsrechts, des Zivilprozesses, der freiwilligen Gerichtsbarkeit und der Strafrechtspflege getroffen werden (§ 23 Absatz 1 Satz 1 Einführungsgesetz zum Gerichtsverfassungsgesetz),
4. Widerspruchsbescheide, die gegenüber dem ursprünglichen Verwaltungsakt eine zusätzliche, selbständige Beschwer enthalten,

5. Entscheidungen des Ordnungsausschusses einer Hochschule,
6. Verwaltungsakte, die in förmlichen Verwaltungsverfahren erlassen werden, und Planfeststellungsbeschlüsse (§§ 70, 74 Hamburgisches Verwaltungsverfahrensgesetz).

(3) Für das Widerspruchsverfahren gelten die §§ 69 bis 73 Absatz 1 Satz 1, 73 Absatz 3 und 80 Absatz 4 der Verwaltungsgerichtsordnung.

§ 7. (zu § 73 Absatz 1 Satz 2 und § 185 Absatz 2 Verwaltungsgerichtsordnung). (1) Über den Widerspruch entscheidet die Stelle, die den angefochtenen Verwaltungsakt erlassen hat.

(2) Durch Rechtsverordnung des Senats kann bestimmt werden, dass die Entscheidung über den Widerspruch durch einen Ausschuß getroffen wird. Dabei sind die Zusammensetzung und das Verfahren des Ausschusses zu regeln. Die Zuständigkeit des Ausschusses kann auf bestimmte Verwaltungsakte und bestimmte Fachgebiete beschränkt werden.

(3) § 1 Absatz 4 des Gesetzes über Verwaltungsbehörden in der Fassung vom 30. Juli 1952 (Hamburgisches Gesetz- und Verordnungsblatt Seite 163) bleibt unberührt.

§ 8. Widersprüche gegen die in § 6 Absatz 1 Satz 2 bezeichneten Maßnahmen der Vollzugsbehörden haben keine aufschiebende Wirkung. § 80 Absätze 5 bis 7 der Verwaltungsgerichtsordnung gilt sinngemäß. Gericht der Hauptsache ist das für die Entscheidung über den Antrag auf gerichtliche Entscheidung zuständige Gericht.

§ 9. (zu § 187 Absätze 1 und 2 Verwaltungsgerichtsordnung). Unberührt bleiben

1. die Hamburgische Disziplinarordnung (HmbDO) vom 8. Juli 1971 (Hamburgisches Gesetz- und Verordnungsblatt Seite 133),
2. das Hamburgische Personalvertretungsgesetz (HmbPersVG) vom 17. November 1972 (Hamburgisches Gesetz- und Verordnungsblatt Seite 211).

§ 10. (1) Dies Gesetz tritt mit Ausnahme des Absatzes 3 und des § 7 Absatz 2 am 1. April 1960 in Kraft. Absatz 3 und § 7 Absatz 2 treten am Tage nach der Verkündung des Gesetzes in Kraft.

(2) Mit dem Inkrafttreten dieses Gesetzes werden die folgenden Gesetze und Verordnungen mit den zu ihrer Änderung ergangenen Vorschriften aufgehoben, soweit sie nicht schon unwirksam geworden sind:

1. das Gesetz über Verwaltungsgerichtsbarkeit vom 2. November 1921 (Hamburgisches Gesetz- und Verordnungsblatt Seite 585),
2. die Verordnung über die Wiederaufnahme der Tätigkeit der Verwaltungsgerichte vom 18. März 1946 (Hamburgisches Verordnungsblatt Seite 31),
3. die Artikel VII bis IX der Verordnung Nr. 141 über die Gerichtsbarkeit in Verwaltungssachen in der britischen Zone vom 1. April 1948 (Verordnungsblatt für die britische Zone Seite 111),
4. § 19 des Ausführungsgesetzes zum Reichsgesetz für Jugendwohlfahrt vom 17. März 1949 (Hamburgisches Gesetz- und Verordnungsblatt Seite 25),
5. das Gesetz über die Einführung des Einspruchs als einzigen Rechtsmittels gegen Verwaltungsakte in der Hansestadt Hamburg vom 29. Oktober 1949 (Hamburgisches Gesetz- und Verordnungsblatt Seite 265),
6. das Gesetz über die Errichtung des Landesverwaltungsgerichts Hamburg, über das Hamburgische Oberverwaltungsgericht sowie über die Wahl ihrer ehrenamtlichen Mitglieder vom 16. Mai 1950 (Hamburgisches Gesetz- und Verordnungsblatt Seite 107),
7. das Gesetz über die weitere Einführung des Einspruchs vom 6. Dezember 1954 (Hamburgisches Gesetz- und Verordnungsblatt Seite 135).

(3) Rechtsverordnungen, die auf das in Absatz 2 Nummer 5 genannte Gesetz gestützt sind, gelten als auf Grund dieses Gesetzes erlassen.

§ 11. Soweit in Gesetzen und Rechtsverordnungen in Bestimmungen über die Nachprüfung von Verwaltungsakten die Wörter „Beschwerde" oder „Einspruch" einzeln oder in Wortverbindungen verwendet worden sind, tritt an ihre Stelle das Wort „Widerspruch".

2.7. Hessen: Hessisches Gesetz zur Ausführung der Verwaltungsgerichtsordnung (HessAGVwGO)

In der Fassung der Bekanntmachung vom 27. Oktober 1997
(GVBl. S. 381), zuletzt geändert am 31. 10. 2001 (GVBl. I S. 434)

Erster Abschnitt. Gerichtsverfassung

§ 1. Sitz und Bezirk der Gerichte. (1) Das Oberverwaltungsgericht führt die Bezeichnung „Hessischer Verwaltungsgerichtshof". Es hat seinen Sitz in Kassel.

(2) Verwaltungsgerichte bestehen

1. in Darmstadt für die Städte Darmstadt und Offenbach am Main sowie die Landkreise Bergstraße, Darmstadt-Dieburg, Groß-Gerau, Odenwaldkreis und Offenbach,
2. in Frankfurt am Main für die Stadt Frankfurt am Main sowie die Landkreise Hochtaunuskreis, Main-Kinzig-Kreis und Main-Taunus-Kreis,
3. in Gießen für die Landkreise Gießen, Lahn-Dill-Kreis, Marburg-Biedenkopf, Vogelsbergkreis und Wetteraukreis,
4. in Kassel für die Stadt Kassel sowie die Landkreise Fulda, Hersfeld-Rotenburg, Kassel, Schwalm-Eder-Kreis, Waldeck-Frankenberg und Werra-Meißner-Kreis,
5. in Wiesbaden für die Stadt Wiesbaden sowie die Landkreise Limburg-Weilburg und Rheingau-Taunus-Kreis.

§ 2. Dienstaufsicht und Geschäftsbereich. Die Landesregierung bestimmt, wer die Dienstaufsicht über die Gerichte der Verwaltungsgerichtsbarkeit ausübt und zu wessen Geschäftsbereich die Verwaltung dieser Gerichte gehört.

§ 3. Bildung der Kammern und Senate. Der zuständige Minister bestimmt im Rahmen des Haushaltsplans durch Rechtsverordnung die Zahl der Kammern bei den Verwaltungsgerichten und der Senate bei dem Verwaltungsgerichtshof.

§ 4. Ernennung von Richtern im Nebenamt. Der zuständige Minister ernennt die Richter im Nebenamt; dies gilt nicht für die ordentlichen Professoren des Rechts, die nicht auf Lebenszeit ernannte Richter sind.

§ 5. Ausschuß zur Wahl der ehrenamtlichen Richter. (1) Für die Ausschüsse zur Wahl der ehrenamtlichen Richter werden die Vertrauensleute und ihre Vertreter für die Dauer der Wahlperiode des Landtags gewählt. Eine Ersatzwahl findet nur für den Rest der Wahlperiode statt. Bis zur Neuwahl bleiben die bisherigen Vertrauensleute und Vertreter im Amt.

(2) Die Vertrauensleute und ihre Stellvertreter beruft der Landtag nach den Regeln der Verhältniswahl. Jede Fraktion ist berechtigt, eine Vorschlagsliste vorzulegen. Die Sitze der Vertrauensleute werden auf die Wahlvorschläge nach dem Höchstzahlverfahren verteilt. Die auf der Liste folgenden Namen gelten in gleicher Anzahl als Stellvertreter. Über die Zuteilung des letzten Sitzes oder der letzten Sitze entscheidet bei gleicher Höchstzahl das durch den Präsidenten des Landtags zu ziehende Los. Im Falle des Ausscheidens eines Vertrauensmannes rückt der jeweils erste noch nicht berufene auf der gleichen Liste gewählte Stellvertreter nach.

§ 6. Asylsachen. Die Streitigkeiten nach dem Asylverfahrensgesetz in der Fassung vom 27. Juli 1993 (BGBl. I S. 1362), geändert durch Gesetz vom 2. August 1993 (BGBl. I S. 1442), werden für die Stadt Offenbach am Main und den Landkreis Offenbach dem Verwaltungsgericht Frankfurt am Main und für den Main-Taunus-Kreis und den Landkreis Groß-Gerau dem Verwaltungsgericht Wiesbaden zugewiesen.

Zweiter Abschnitt. Vorverfahren

§ 7. Ausschuß. (1) Vor der Entscheidung über Widersprüche gegen Verwaltungsakte des Kreisausschusses, des Gemeindevorstandes, des Bürgermeisters und des Landrats als Behörde der Landesverwaltung ist der Widerspruchsführer durch einen Ausschuß oder durch den Vorsitzenden des Ausschusses mündlich zu hören.

(2) Ausschüsse werden gebildet

1. bei den Städten mit 30 000 und mehr Einwohnern für die Anhörung über Widersprüche gegen Verwaltungsakte des Magistrats und des Oberbürgermeisters (Bürgermeisters),
2. bei den Landräten als Behörden der Landesverwaltung für die Anhörung über Widersprüche gegen Verwaltungsakte des Landrats als Behörde der Landesverwaltung, des Kreisausschusses sowie des Gemeindevorstandes und des Bürgermeisters kreisangehöriger Gemeinden mit weniger als 30 000 Einwohnern.

(3) Die Anhörung findet statt

1. in Weisungsangelegenheiten vor der Entschließung nach § 72 der Verwaltungsgerichtsordnung, ob dem Widerspruch abgeholfen wird,
2. in Selbstverwaltungsangelegenheiten vor Erlaß des Widerspruchsbescheids nach § 73 der Verwaltungsgerichtsordnung.

(4) Von der Anhörung kann abgesehen werden, wenn

1. der Widerspruch bei der Behörde eingelegt ist, die den Verwaltungsakt erlassen oder seine Vornahme abgelehnt hat, und die Behörde dem Widerspruch abhelfen oder stattgeben will,
2. in Weisungsangelegenheiten der Erlaß oder die Ablehnung des Verwaltungsaktes auf einer Weisung der Aufsichtsbehörde für den Einzelfall beruht,
3. die Anhörung wegen der Dringlichkeit des Falles nicht rechtzeitig stattfinden kann,
4. vor der Entscheidung über den Widerspruch sozial erfahrene Personen oder ein Gutachterausschuß zu beteiligen sind,
5. der Widerspruchsführer auf die Anhörung verzichtet,
6. der Widerspruchsführer nicht erklärt, ob er die Anhörung wünscht oder auf sie verzichtet, obwohl er vom Vorsitzenden des Ausschusses aufgefordert wurde, diese Erklärung innerhalb einer von diesem zu bestimmenden Frist abzugeben, die mindestens zwei Wochen betragen muß,
7. die Sach- und Rechtslage hinreichend geklärt erscheint und der Streitstand eine gütliche Erledigung des Widerspruchs nicht erwarten läßt,
8. der Widerspruchsführer trotz ordnungsgemäßer Ladung unentschuldigt nicht erscheint.

Über das Absehen von der Anhörung entscheidet der Vorsitzende des Ausschusses.

(5) Die Anhörung findet nicht statt in Verfahren nach § 142 der Hessischen Gemeindeordnung und nach § 182 des Hessischen Beamtengesetzes.

§ 8. Unentschuldigtes Ausbleiben. (1) Einem ordnungsgemäß geladenen Widerspruchsführer, der nicht zum Anhörungstermin erscheint, kann zur pauschalen Abgeltung des durch die Vorbereitung des Termins entstandenen Verwaltungsaufwandes ein Betrag von fünfzig Euro auferlegt werden. Dies gilt nur, wenn der Widerspruchsführer in der Ladung darauf hingewiesen worden ist. Macht der Widerspruchsführer glaubhaft, daß ihm die Ladung nicht rechtzeitig zugegangen ist, oder entschuldigt er sein Ausbleiben genügend, wird der Betrag nicht erhoben.

(2) Der Betrag ist im Falle des § 7 Abs. 2 Nr. 1 vom Magistrat und im Falle des § 7 Abs. 2 Nr. 2 vom Landrat als Behörde der Landesverwaltung zu erheben.

§ 9. Vorlagefrist. Der bei einer kreisangehörigen Gemeinde mit weniger als 30 000 Einwohnern eingelegte Widerspruch ist dem beim Landrat als Behörde der Landesverwaltung gebildeten Ausschuß innerhalb einer Frist von zwei Wochen vorzulegen, soweit die Gemeinde dem Widerspruch nicht abhilft.

§ 10. Zusammensetzung des Ausschusses. (1) Den Vorsitz im Ausschuß führt der Landrat oder der Bürgermeister. Sie können sich allgemein oder im Einzelfall vertreten lassen. Dem Ausschuß gehören zwei Beisitzer an.

(2) Die Beisitzer werden für die Wahlzeit der Vertretungskörperschaften gewählt. Die Wahl erfolgt im Falle

1. des § 7 Abs. 2 Nr. 1 durch die Stadtverordnetenversammlung auf Vorschlag des Magistrats,
2. des § 7 Abs. 2 Nr. 2 durch den Kreistag auf Vorschlag des Kreisausschusses.

(3) Das Amt des Beisitzers soll nur Einwohnern übertragen werden, die allgemeines Ansehen und das Vertrauen ihrer Miteinwohner genießen. Die Einwohner müssen das achtzehnte Lebensjahr vollendet haben. Berufs- und andere Vereinigungen oder sonstige Einrichtungen mit Sitz im Stadt- oder Kreisgebiet (§ 7 Abs. 2) haben gegenüber dem Magistrat oder Kreisausschuß ein Vorschlagsrecht, auf das vor der Wahl der Beisitzer durch ortsübliche Bekanntmachung hinzuweisen ist. Bei Übernahme des Amtes ist der Beisitzer zur gewissenhaften und unparteiischen Ausübung und zur Verschwiegenheit zu verpflichten; die Verpflichtung ist aktenkundig zu machen.

(4) Die Reihenfolge, in der die Beisitzer zu den Sitzungen des Ausschusses hinzuzuziehen sind, wird von dem Landrat oder dem Bürgermeister vor Beginn des Kalenderjahres bestimmt. Im Falle der unvorhergesehenen Verhinderung eines Beisitzers kann der Vorsitzende von der Reihenfolge abweichen.

(5) Die §§ 25 und 27 der Hessischen Gemeindeordnung finden entsprechende Anwendung. Die Kosten trägt im Falle des § 7 Abs. 2 Nr. 1 die Stadt, im Falle des § 7 Abs. 2 Nr. 2 der Landkreis.

(6) Die Beisitzer sind nach Ablauf ihrer Wahlzeit (Abs. 2 Satz 1) zu den Sitzungen des Ausschusses heranzuziehen, bis ihre Nachfolger gewählt sind.

(7) Das Amt eines Beisitzers kann abgelehnt oder niedergelegt werden, wenn ein wichtiger Grund vorliegt.

(8) Der Beisitzer darf die Kenntnis von Angelegenheiten, über die er verschwiegen zu sein hat, nicht unbefugt verwerten. Dies gilt auch dann, wenn er nicht mehr Beisitzer ist.

§ 11. Ordnungswidrigkeit. (1) Ordnungswidrig handelt, wer ohne wichtigen Grund das Amt eines Beisitzers ablehnt oder niederlegt.

(2) Die Ordnungswidrigkeit kann mit einer Geldbuße bis zu zweihundertfünfzig Euro geahndet werden.

(3) Verwaltungsbehörde im Sinne des § 36 Abs. 1 Nr. 1 des Gesetzes über Ordnungswidrigkeiten ist

im Falle des § 7 Abs. 2 Nr. 1 der Gemeindevorstand,
im Falle des § 7 Abs. 2 Nr. 2 der Landrat als Behörde der Landesverwaltung.

§ 12. Durchführung der Anhörung. (1) Der Ausschuß hat die Sach- und Rechtslage mit den Beteiligten zu erörtern und auf eine gütliche Erledigung des Widerspruchs hinzuwirken. Der Vorsitzende des Ausschusses kann die Erörterung ohne die Beisitzer durchführen, wenn die Sache keine Schwierigkeiten tatsächlicher oder rechtlicher Art aufweist.

(2) Das wesentliche Ergebnis der Anhörung ist in eine Niederschrift aufzunehmen und mit einem Vorschlag des Ausschusses der Behörde vorzulegen, die den Verwaltungsakt erlassen oder seine Vornahme abgelehnt hat.

(3) Die Beteiligten können zur Erledigung des Widerspruchsverfahrens einen Vergleich auch zur Aufnahme in die über die Sitzung zu fertigende Niederschrift schließen, soweit sie über den Gegenstand und die Kosten verfügen können. Der Text des Vergleichs ist den Beteiligten vorzulesen oder zur Durchsicht vorzulegen. Ist der Inhalt der Niederschrift auf einem Tonträger vorläufig aufgezeichnet worden, so genügt es, wenn der Wortlaut des Vergleichs abgespielt wird. Die Zustimmung der Beteiligten zu dem Vergleich ist in der Niederschrift zu vermerken.

Dritter Abschnitt. Verfahren

§ 13. Wasser- und Bodenverbände. In Angelegenheiten der Wasser- und Bodenverbände erläßt den Widerspruchsbescheid die Aufsichtsbehörde.

§ 14. Verwaltungskosten. (1) Soweit der Widerspruch erfolglos geblieben oder zurückgenommen worden ist, sind von der mit der Bearbeitung des Widerspruchs zuletzt befaßten Behörde Kosten (Gebühren und Auslagen) nach Maßgabe des Hessischen Verwaltungskostengesetzes in der jeweiligen Fassung zu erheben. Kostenregelnde Rechtsvorschriften der der Aufsicht des Landes unmittelbar unterliegenden juristischen Personen des öffentlichen Rechts stehen dabei Verwaltungskostenordnungen im Sinne des vorgenannten Gesetzes gleich.

(2) Hat eine Anhörung nach § 7 Abs. 3 stattgefunden und gehört die in Abs. 1 Satz 1 genannte Behörde nicht zu dem Rechtsträger, in dessen Dienst der jeweils tätige Vorsitzende des Ausschusses steht, hat der Träger der Behörde ein Viertel der Widerspruchsgebühr an die Anstellungskörperschaft des Vorsitzenden abzuführen. Dies gilt nur, wenn die Gebühr im Einzelfall hundert Euro übersteigt. Die Erstattungen sind jährlich vorzunehmen. § 43 Abs. 2 des Finanzausgleichsgesetzes bleibt unberührt.

(3) Abs. 1 findet keine Anwendung bei der Erhebung von Steuern durch Gemeinden und Landkreise.

§ 15. Normenkontrolle. (1) Der Verwaltungsgerichtshof entscheidet im Normenkontrollverfahren nach § 47 der Verwaltungsgerichtsordnung über die Gültigkeit im Range unter dem Landesgesetz stehender Rechtsvorschriften, auch soweit diese nicht in § 47 Abs. 1 Nr. 1 der Verwaltungsgerichtsordnung genannt sind.

(2) Die Entscheidung im Normenkontrollverfahren ergeht in der Besetzung mit fünf Richtern. Bei Beschlüssen außerhalb der mündlichen Verhandlung wirken nur drei Richter mit; dies gilt nicht für Beschlüsse nach § 47 Abs. 4, Abs. 5 Satz 1 und Abs. 6 Satz 1 der Verwaltungsgerichtsordnung sowie für Beschlüsse über Anträge nach § 47 Abs. 8 der Verwaltungsgerichtsordnung.

§ 16. Wegfall der aufschiebenden Wirkung in der Verwaltungsvollstreckung. Rechtsbehelfe, die sich gegen Maßnahmen in der Verwaltungsvollstreckung richten, haben keine aufschiebende Wirkung. § 80 Abs. 4 bis 8 der Verwaltungsgerichtsordnung gilt entsprechend.

§ 16a. Wegfall des Vorverfahrens. (1) Ein Vorverfahren nach § 68 der Verwaltungsgerichtsordnung entfällt bei

1. Entscheidungen der Enteignungsbehörde, auf die das Hessische Enteignungsgesetz vom 4. April 1973 (GVBl. I S. 107) Anwendung findet,
2. Entscheidungen der Regierungspräsidien als Einbürgerungsbehörde und als zuständige Verwaltungsbehörde im Sinne des § 25 Abs. 2 des Staatsangehörigkeitsgesetzes vom 22. Juli 1913 (RGBl. S. 583), zuletzt geändert durch Gesetz vom 15. Juli 1999 (BGBl. I S. 1618),
3. Kostenentscheidungen, mit denen Gebühren und Auslagen festgesetzt werden, sofern
   a) die Kostenentscheidung von der Widerspruchsbehörde erlassen wurde oder
   b) gegen die Sachentscheidung, auf die sich die Kostenentscheidung bezieht, nicht Widerspruch oder bei Entfallen des Vorverfahrens nicht Klage erhoben wird;

   dies gilt nicht für die Kostenerhebung in Selbstverwaltungsangelegenheiten, für die unmittelbare Ausführung einer Maßnahme, für die Ersatzvornahme oder für die Sicherstellung,
4. Entscheidungen nach § 21 des Denkmalschutzgesetzes in der Fassung vom 5. September 1986 (GVBl. I S. 270),
5. Entscheidungen nach § 14 Abs. 1 des Hessischen Gesetzes über den Brandschutz, die Allgemeine Hilfe und den Katastrophenschutz vom 17. Dezember 1998 (GVBl. I S. 530).

(2) In den Fällen der Nr. 1 bis 5 entfällt das Vorverfahren auch bei Nebenbestimmungen und Maßnahmen der Verwaltungsvollstreckung.

§ 17. Besetzung der Senate des Verwaltungsgerichtshofes. (1) Die Senate des Verwaltungsgerichtshofes entscheiden unbeschadet des § 15 Abs. 2 in der Besetzung mit drei Richtern und zwei ehrenamtlichen Richtern, in den Fällen des § 48 Abs. 1 der Verwaltungsgerichtsordnung in der Besetzung mit fünf Richtern und zwei ehrenamtlichen Richtern.

(2) Bei Beschlüssen außerhalb der mündlichen Verhandlung und bei Gerichtsbescheiden (§ 84 der Verwaltungsgerichtsordnung) wirken die ehrenamtlichen Verwaltungsrichter nicht mit.

§ 18. (vollzogen)

Vierter Abschnitt. Schlußvorschriften

§ 19. Weitergeltendes Landesrecht. Unberührt bleiben Vorschriften, nach denen

1. öffentlich-rechtliche Streitigkeiten nichtverfassungsrechtlicher Art abweichend von der Verwaltungsgerichtsordnung einem anderen Gericht zugewiesen sind oder
2. Gerichten der Verwaltungsgerichtsbarkeit Aufgaben der Disziplinargerichtsbarkeit und der Schiedsgerichtsbarkeit bei Vermögensauseinandersetzungen öffentlich-rechtlicher Verbände übertragen sind oder
3. Gerichten der Verwaltungsgerichtsbarkeit Berufsgerichte angegliedert sind oder
4. für das Gebiet des Personalvertretungsrechts von der Verwaltungsgerichtsordnung abweichende Bestimmungen über das Verfahren der Gerichte der Verwaltungsgerichtsbarkeit getroffen sind.

§ 20. (vollzogen)

§ 21. Zuständigkeitsvorbehalt. Soweit dieses Gesetz Verordnungen ändert, bleibt die Befugnis der zuständigen Stellen unberührt, diese Verordnungen zu ändern oder aufzuheben.

§ 22. Inkrafttreten. Dieses Gesetz tritt am 1. April 1962, der § 11 am Tage nach der Verkündung in Kraft.

§ 23. Außer-Kraft-Treten. Dieses Gesetz tritt mit Ablauf des 31. Dezember 2006 außer Kraft.

2.8. Mecklenburg-Vorpommern

2.8.1. Gerichtsstrukturgesetz

In der Fassung vom 7. April 1998
(GVOBl. M-V S. 444, ber. S. 549)

– Auszug –

§ 9. Oberverwaltungsgericht. (1) Das Oberverwaltungsgericht für das Land Mecklenburg-Vorpommern hat seinen Sitz in Greifswald.

(2) Der Bezirk des Oberverwaltungsgerichts umfaßt die Bezirke der zugehörigen Verwaltungsgerichte.

§ 10. Verwaltungsgerichte. (1) Verwaltungsgerichte werden in Greifswald und Schwerin errichtet.

(2) Der Bezirk des Verwaltungsgerichts Schwerin umfaßt das Gebiet der Landkreise Bad Doberan, Güstrow, Ludwigslust, Nordwestmecklenburg und Parchim sowie der kreisfreien Städte Rostock, Schwerin und Wismar.

(3) Der Bezirk des Verwaltungsgerichts Greifswald umfaßt das Gebiet der Landkreise Demmin, Mecklenburg-Strelitz, Müritz, Nordvorpommern, Ostvorpommern, Rügen und Uecker-Randow sowie der kreisfreien Städte Greifswald, Neubrandenburg und Stralsund.

2.8.2. Landesverordnung über die Bestellung von Vertretern des öffentlichen Interesses bei den Gerichten der allgemeinen Verwaltungsgerichtsbarkeit

Vom 17. Juli 1992
(GVBl. S. 407)

Aufgrund des § 36 Abs. 1 Satz 1 der Verwaltungsgerichtsordnung in der Fassung der Bekanntmachung vom 19. März 1991 (BGBl. I S. 686) verordnet die Landesregierung:

§ 1. (1) Bei dem Oberverwaltungsgericht Mecklenburg-Vorpommern und bei den Verwaltungsgerichten Greifswald und Schwerin werden durch die Landesregierung Vertreter des öffentlichen Interesses bestellt.

(2) Die Landesregierung erläßt eine Dienstanweisung für die Vertreter des öffentlichen Interesses.

§ 2. Diese Verordnung tritt am Tage nach ihrer Verkündung in Kraft.

2.8.3. Gerichtsorganisationsgesetz (GOrgG)

Vom 10. Juni 1992

(GVBl. S. 314), zuletzt geändert am 28. 6. 1994 (GVBl. 94, 660)

– Auszug –

Art. 1. Gesetz zur Ausführung des Gerichtsstrukturgesetzes.

Abschnitt 1.

§ 1. Geltungsbereich. (1) Die Bezirks- und Kreisgerichte des Landes werden aufgehoben. An ihre Stelle treten die durch das Gerichtsstrukturgesetz vom 19. März 1991 (GVOBl. M-V S. 103) eingerichteten Gerichte.

(2) Dieses Gesetz regelt die Aufnahme der den Gerichten und Staatsanwaltschaften zugewiesenen Aufgaben sowie die damit verbundenen personellen, sachlichen und organisatorischen Angelegenheiten.

Abschnitt 2. Allgemeine Vorschriften

§ 2. Wappen des Landes. Die Sitzungssäle der Gerichte werden mit dem Wappen des Landes Mecklenburg-Vorpommern ausgestattet.

§ 3. Dienstaufsicht. (1) Oberste Dienstaufsichtsbehörde für die Gerichte und Staatsanwaltschaften des Landes ist der Minister für Justiz, Bundes- und Europaangelegenheiten.

(2) Die Dienstaufsicht üben im übrigen aus

1. der Präsident des Oberlandesgerichts und der Präsident des Landgerichts über die Gerichte ihres Bezirks,
2. der Präsident oder der Direktor des Amtsgerichts über dieses Gericht,
3. der Generalstaatsanwalt über die Staatsanwaltschaften,
4. der Leitende Oberstaatsanwalt über die Staatsanwaltschaft seines Bezirks,
5. der Präsident des Oberverwaltungsgerichts, der Präsident des Landessozialgerichts und der Präsident des Landesarbeitsgerichts über die Gerichte ihres Bezirks,
6. der Präsident des Finanzgerichts über dieses Gericht,
7. der Präsident des Verwaltungsgerichts über dieses Gericht,
8. der Direktor des Arbeitsgerichts und der Direktor des Sozialgerichts über dieses Gericht.

(3) Dem Präsidenten des Landgerichts steht die Dienstaufsicht über ein Amtsgericht, das mit einem Präsidenten besetzt ist, nicht zu.

(4) Der Minister für Justiz, Bundes- und Europaangelegenheiten kann im Einzelfall die allgemeine Dienstaufsicht über ein Amtsgericht, das nicht mit einem Präsidenten besetzt ist, dem Präsidenten des Landgerichts übertragen.

§ 4. Dienstvorgesetzter. Wer nach diesem Gesetz die Dienstaufsicht ausübt, ist Dienstvorgesetzter der Richter, Beamten, Angestellten und Arbeiter der seiner Dienstaufsicht unterstellten Gerichte und Behörden.

§ 5. Zahl der Spruchkörper. Die Zahl der Kammern und Senate der Gerichte bestimmen die Präsidenten und Direktoren für das ihrer Dienstaufsicht unterstehende Gericht. Im Dienstaufsichtswege können ihnen hierfür Weisungen erteilt werden.

§ 6. Justizverwaltung. Die Präsidenten und Direktoren der Gerichte und die leitenden Beamten der Staatsanwaltschaften erledigen die ihnen zugewiesenen Geschäfte der Justizverwaltung einschließlich der Gerichtsverwaltung und erstatten auf Verlangen des Ministers für Justiz, Bundes- und Europaangelegenheiten Gutachten über Angelegenheiten der Gesetzgebung oder der Justizverwaltung. Sie können die ihrer Dienstaufsicht unterstellten Richter und Beamten zur Erledigung dieser Geschäfte heranziehen.

§ 7. Amtstracht. (1) Berufsrichter, Handelsrichter, Vertreter der Staatsanwaltschaft. Rechtsanwälte und Urkundsbeamte der Geschäftsstelle tragen eine von dem Minister für Justiz, Bundes- und Europaangelegenheiten zu bestimmende Amtstracht.

(2) Die Amtstracht ist in den zur Verhandlung oder zur Verkündung einer Entscheidung bestimmten Sitzungen zu tragen, sofern nicht das Gericht im Einzelfall eine andere Regelung für geboten hält.

§ 8. Geschäftsjahr. Das Geschäftsjahr ist das Kalenderjahr.

Abschnitt 5. Verwaltungsgerichtsbarkeit

§ 12. Besetzung des Oberverwaltungsgerichts. (1) Die Senate des Oberverwaltungsgerichts entscheiden außer in den Fällen des § 48 Abs. 1 der Verwaltungsgerichtsordnung in der Besetzung von drei Richtern.

(2) Bei Beschlüssen außerhalb der mündlichen Verhandlungen und Gerichtsbescheiden wirken die ehrenamtlichen Richter nicht mit.

§ 13. Normenkontrollverfahren. Das Oberverwaltungsgericht entscheidet in Normenkontrollverfahren nach § 47 der Verwaltungsgerichtsordnung auch über die Gültigkeit einer im Range unter dem Landesgesetz stehenden Rechtsvorschrift; in diesen Fällen entscheidet das Oberverwaltungsgericht in der Besetzung von fünf Richtern.

§ 14. Behörden als Verfahrensbeteiligte. (1) Behörden sind fähig, am Verfahren vor den Gerichten der allgemeinen Verwaltungsgerichtsbarkeit beteiligt zu sein.

(2) Anfechtungs- und Verpflichtungsklagen sind gegen die Behörde zu richten, die den angefochtenen Verwaltungsakt erlassen oder den beantragten Verwaltungsakt unterlassen hat.

2.9. Niedersachsen: Niedersächsisches Ausführungsgesetz zur Verwaltungsgerichtsordnung – VwGO – (Nds. Verwaltungsgerichtsgesetz)

In der Fassung der Bekanntmachung vom 1. Juli 1993
(GVBl. S. 175), geändert am 10. 12. 1997 (GVBl. S. 501)

§ 1. (1) Oberstes Landesgericht der allgemeinen Verwaltungsgerichtsbarkeit ist das „Niedersächsische Oberverwaltungsgericht". Es hat seinen Sitz in Lüneburg.

(2) Verwaltungsgerichte bestehen in

1. Braunschweig,
2. Göttingen,
3. Hannover,
4. Lüneburg,
5. Oldenburg (Oldenburg),
6. Osnabrück,
7. Stade.

Die Verwaltungsgerichte führen den Namen der Gemeinde, in der sie ihren Sitz haben; ändert sich der Name der Gemeinde, so ändert sich auch der Name des Verwaltungsgerichts.

§ 2. (1) Der Bezirk des Niedersächsischen Oberverwaltungsgerichts umfaßt das Land Niedersachsen.

(2) Gerichtsbezirke der Verwaltungsgerichte sind:

1. die Gebiete der Landkreise Gifhorn, Goslar, Helmstedt, Peine und Wolfenbüttel sowie der kreisfreien Städte Braunschweig, Salzgitter und Wolfsburg für das Verwaltungsgericht Braunschweig,
2. die Gebiete der Landkreise Göttingen, Northeim und Osterode am Harz für das Verwaltungsgericht Göttingen,
3. der Regierungsbezirk Hannover für das Verwaltungsgericht Hannover,
4. die Gebiete der Landkreise Celle, Harburg, Lüchow-Dannenberg, Lüneburg, Soltau-Fallingbostel und Uelzen für das Verwaltungsgericht Lüneburg,
5. die Gebiete der Landkreise Ammerland, Aurich, Cloppenburg, Friesland, Leer, Oldenburg (Oldenburg), Vechta, Wesermarsch und Wittmund und der kreisfreien Städte Delmenhorst, Emden, Oldenburg (Oldenburg) und Wilhelmshaven sowie das außerhalb von Landkreisen und kreisfreien Städten gelegene Gebiet des Regierungsbezirks Weser-Ems für das Verwaltungsgericht Oldenburg,
6. die Gebiete der Landkreise Emsland, Grafschaft Bentheim und Osnabrück sowie der kreisfreien Stadt Osnabrück für das Verwaltungsgericht Osnabrück,
7. die Gebiete der Landkreise Cuxhaven, Osterholz, Rotenburg (Wümme), Stade und Verden sowie das außerhalb von Landkreisen gelegene Gebiet des Regierungsbezirks Lüneburg für das Verwaltungsgericht Stade.

§ 3. Die oberste Dienstaufsicht über die Gerichte der Verwaltungsgerichtsbarkeit führt das Justizministerium.

§ 4. (1) Die Senate des Oberverwaltungsgerichts entscheiden in der Besetzung von drei Richterinnen oder Richtern und zwei ehrenamtlichen Richterinnen oder Richtern.

(2) Bei Beschlüssen außerhalb der mündlichen Verhandlung und bei Gerichtsbescheiden wirken die ehrenamtlichen Richterinnen und Richter nicht mit. Dies gilt

nicht für Beschlüsse, durch die in Verfahren nach § 47 der Verwaltungsgerichtsordnung in der Hauptsache entschieden wird.

§ 5. (1) Die Vertrauensleute und die stellvertretenden Vertrauensleute für den bei jedem Verwaltungsgericht zu bestellenden Ausschuß werden durch eine Versammlung von Wahlbevollmächtigten gewählt. Die Vertretungskörperschaften der Landkreise und kreisfreien Städte der Verwaltungsgerichtsbezirke wählen je ein Mitglied und ein stellvertretendes Mitglied der Versammlung der Wahlbevollmächtigten.

(2) Die Versammlung der Wahlbevollmächtigten wählt aus ihrer Mitte eine Vorsitzende oder einen Vorsitzenden und deren oder dessen Vertreterin oder Vertreter. Die oder der Vorsitzende beruft die Versammlung ein. Zu ihrer ersten Sitzung wird die Versammlung von demjenigen Mitglied der Versammlung einberufen, das die Gebietskörperschaft vertritt, in der das Verwaltungsgericht seinen Sitz hat.

(3) Die Versammlung ist beschlußfähig, wenn mehr als die Hälfte ihrer Mitglieder anwesend ist. Gewählt ist, wer die meisten Stimmen auf sich vereinigt. Die Stimmengleichheit entscheidet das Los.

(4) Die Vertrauensleute und die stellvertretenden Vertrauensleute werden auf die Dauer von vier Jahren gewählt. Eine Ersatzwahl gilt nur für den Rest der Wahlperiode der bereits gewählten Vertrauensleute.

§ 6. Für den bei dem Oberverwaltungsgericht zu bestellenden Ausschuß wählt der Landtag oder ein durch ihn bestimmter Landtagsausschuß die Vertrauensleute und die stellvertretenden Vertrauensleute. § 5 Abs. 4 gilt entsprechend.

§ 7. Das Oberverwaltungsgericht entscheidet nach Maßgabe des § 47 der Verwaltungsgerichtsordnung auf Antrag über die Gültigkeit einer landesrechtlichen Verordnung oder einer anderen im Range unter dem Landesgericht stehenden Rechtsvorschrift.

§ 8. (1) Fähig, am Verfahren beteiligt zu sein, sind auch Landesbehörden.

(2) Hat eine Landesbehörde den angefochtenen Verwaltungsakt erlassen oder den beantragten Verwaltungsakt unterlassen, so ist die Klage gegen sie zu richten.

§ 9. Dieses Gesetz tritt am 1. April 1960 in Kraft; gleichzeitig treten außer Kraft:

1. die Artikel VII bis IX der Verordnung Nr. 141 über die Gerichtsbarkeit in Verwaltungssachen in der brit. Zone vom 1. April 1948 (Verordnungsbl. f. d. Brit. Zone S. 111);
2. das Gesetz über die Errichtung eines Oberverwaltungsgerichts für das Land Niedersachsen, die Mitwirkung ehrenamtlicher Mitglieder bei der Rechtsprechung des Oberverwaltungsgerichts und über die Wahl von Vertrauensleuten vom 28. März 1949 (Nieders. GVBl. Sb. I S. 448);
3. das Dritte Gesetz zur Verlängerung der Geltungsdauer des Gesetzes über Beschränkung der Berufung und der Beschwerde in Verwaltungsstreitsachen vom 12. Juni 1959 (Nieders. GVBl. S. 81);
4. die Verordnung über Verwaltungsgerichte im Lande Niedersachsen vom 31. März 1949 (Nieders. GVBl. Sb. I S. 448).

2.10. Nordrhein-Westfalen

2.10.1. Gesetz zur Ausführung der Verwaltungsgerichtsordnung (AG VwGO)

Vom 26. März 1960

(GV. NW. S. 47, ber. S. 68), zuletzt geändert am 17. 12. 1991 (GV. NW. S. 566)

Der Landtag hat das folgende Gesetz beschlossen, das hiermit verkündet wird:

§ 1. (1) Das Oberverwaltungsgericht für das Land Nordrhein-Westfalen hat seinen Sitz in Münster.

(2) Die Verwaltungsgerichte haben ihren Sitz

a) in Aachen für das Gebiet der kreisfreien Stadt Aachen und der Kreise Aachen, Düren, Euskirchen und Heinsberg,

b) in Arnsberg für das Gebiet der kreisfreien Städte Hagen und Hamm sowie des Ennepe-Ruhr-Kreises, des Hochsauerlandkreises, des Märkischen Kreises und der Kreise Olpe, Siegen– Wittgenstein und Soest,

c) in Düsseldorf für das Gebiet der kreisfreien Städte Düsseldorf, Duisburg, Krefeld, Mönchengladbach, Mülheim a. d. Ruhr, Oberhausen, Remscheid, Solingen und Wuppertal sowie der Kreise Kleve, Mettmann, Neuss, Viersen und Wesel,

d) in Gelsenkirchen für das Gebiet der kreisfreien Städte Bochum, Bottrop, Dortmund, Essen, Gelsenkirchen und Herne sowie der Kreise Recklinghausen und Unna,

e) in Köln für das Gebiet der kreisfreien Städte Bonn, Köln und Leverkusen sowie des Erftkreises, des Oberbergischen Kreises, des Rheinisch-Bergischen Kreises und des Rhein-Sieg-Kreises,

f) in Minden für das Gebiet der kreisfreien Stadt Bielefeld sowie der Kreise Gütersloh, Herford, Höxter, Lippe, Minden-Lübbecke und Paderborn,

g) in Münster für das Gebiet der kreisfreien Stadt Münster sowie der Kreise Borken, Coesfeld, Steinfurt und Warendorf.

§ 2. Oberste Dienstaufsichtsbehörde für die Gerichte der allgemeinen Verwaltungsgerichtsbarkeit ist der Justizminister.

§ 3. (1) Der Präsident eines jeden Verwaltungsgerichts bestimmt nach Anhörung des Präsidiums die Zahl der Kammern.

(2) Für das Oberverwaltungsgericht gilt Absatz 1 entsprechend.

§ 4. *(aufgehoben)*

§ 5. (1) Behörden sind fähig, am Verfahren vor den Gerichten der allgemeinen Verwaltungsgerichtsbarkeit beteiligt zu sein.

(2) Anfechtungsklagen und Verpflichtungsklagen sind gegen die Behörde zu richten, die den angefochtenen Verwaltungsakt erlassen oder den beantragten Verwaltungsakt unterlassen hat. Dies gilt nicht für Klagen im Sinne des § 52 Nr. 4 der Verwaltungsgerichtsordnung.

§ 6. (1) Einer Nachprüfung in einem Vorverfahren im Sinne des § 68 der Verwaltungsgerichtsordnung bedarf es nicht, wenn eine Kollegialbehörde den angefochtenen Verwaltungsakt oder die Ablehnung eines Verwaltungsaktes in einem förmlichen Verfahren beschlossen hat.

(2) Vorschriften, nach denen über einen Rechtsbehelf gegen eine Entscheidung einer Kollegialbehörde eine andere Kollegialbehörde zu befinden hat, bleiben unberührt.

§ 7. In Angelegenheiten, die den Gemeinden und Kreisen als Pflichtaufgaben zur Erfüllung nach Weisung übertragen sind, erläßt die Aufsichtsbehörde den Widerspruchsbescheid.

§ 8. Rechtsbehelfe, die sich gegen Maßnahmen der Vollstreckungsbehörden und der Vollzugsbehörden (§§ 2 und 56 des Verwaltungsvollstreckungsgesetzes für das Land Nordrhein-Westfalen) in der Verwaltungsvollstreckung richten, haben keine aufschiebende Wirkung. § 80 Abs. 4, 5, 7 und 8 der Verwaltungsgerichtsordnung gilt entsprechend.

§ 9. In Verwaltungsangelegenheiten erheben die Behörden der allgemeinen Verwaltungsgerichtsbarkeit Kosten (Gebühren und Auslagen) nach dem Gesetz über Kosten im Bereich der Justizverwaltung vom 7. Januar 1958 (GV. NW. S. 11).

§ 10. (1) Die Senate des Oberverwaltungsgerichts entscheiden vorbehaltlich der Absätze 2 bis 4 in der Besetzung von drei Richtern und zwei ehrenamtlichen Richtern. Bei Beschlüssen außerhalb der mündlichen Verhandlung wirken die ehrenamtlichen Richter nicht mit.

(2) In den Verfahren nach § 47 der Verwaltungsgerichtsordnung entscheiden die Senate des Oberverwaltungsgerichts in der Besetzung von fünf Richtern.

(3) In den Verfahren nach § 48 Abs. 1 Satz 1 und 2 der Verwaltungsgerichtsordnung entscheiden die Senate des Oberverwaltungsgerichts in der Besetzung von fünf Richtern und zwei ehrenamtlichen Richtern. Absatz 1 Satz 2 gilt entsprechend.

(4) Der Große Senat beim Oberverwaltungsgericht besteht aus dem Präsidenten und sechs Richtern. In den Fällen des § 12 Abs. 1 Satz 1 in Verbindung mit § 11 Abs. 2 der Verwaltungsgerichtsordnung tritt ein Mitglied jedes beteiligten Senats, in den Fällen des § 12 Abs. 1 Satz 1 in Verbindung mit § 11 Abs. 4 der Verwaltungsgerichtsordnung ein Mitglied des erkennenden Senats hinzu. Satz 2 gilt nicht, soweit der beteiligte oder der erkennende Senat bereits durch ein ständiges Mitglied im Großen Senat vertreten ist.

§ 11. *(aufgehoben)*

§ 12. *(aufgehoben)*

§ 13. *(aufgehoben)*

§ 14. *(Änderung des Verwaltungsvollstreckungsgesetzes für das Land Nordrhein-Westfalen.)*

§ 15. Dieses Gesetz tritt am 1. April 1960 in Kraft; gleichzeitig treten die nachfolgenden Vorschriften außer Kraft, soweit sie nicht schon früher ihre Geltung verloren haben:

1. die Artikel VII und IX der Verordnung Nr. 141 über die Gerichtsbarkeit in Verwaltungssachen in der britischen Zone vom 1. April 1948 (Verordnungsblatt für die britische Zone S. 111),
2. die Verordnung über die Errichtung des Oberverwaltungsgerichts und der Landesverwaltungsgerichte vom 6. Juli 1949 (GS. NW. S. 539),
3. das Ausführungsgesetz zu der Verordnung Nr. 165 der Militärregierung über die Errichtung von Verwaltungsgerichten vom 18. März 1949 (GS. NW. S. 539),
4. die Verordnung über die Vereidigung der Mitglieder des Oberverwaltungsgerichts und der Landesverwaltungsgerichte vom 6. Juli 1949 (GS. NW. S. 539).

2.10.2. Verordnung über die Bestellung von Vertretern des öffentlichen Interesses bei den Gerichten der allgemeinen Verwaltungsgerichtsbarkeit

Vom 26. März 1960
(GV. NW. S. 48), geändert am 9. 5. 2000 (GVNW S. 462)

Auf Grund des § 36 Abs. 1 der Verwaltungsgerichtsordnung vom 21. Januar 1960 (BGBl. I S. 17) wird verordnet:

§ 1. (1) Bei dem Oberverwaltungsgericht werden durch die Landesregierung Vertreter des öffentlichen Interesses bestellt.

(2) Die Vertreter des öffentlichen Interesses können sich an jedem vor einem Gericht der allgemeinen Verwaltungsgerichtsbarkeit anhängigen Verfahren beteiligen.

§ 2. Diese Verordnung tritt am 1. April 1960 in Kraft.

2.11. Rheinland-Pfalz

2.11.1. Landesgesetz zur Ausführung der Verwaltungsgerichtsordnung (AGVwGO)

In der Fassung der Bekanntmachung vom 5. Dezember 1977
(GVBl. S. 452), zuletzt geändert am 18. 12. 2001 (GVBl. I S. 308)

1. Abschnitt. Gerichte der allgemeinen Verwaltungsgerichtsbarkeit

§ 1. *(aufgehoben)*

§ 2. Besetzung der Senate. (1) Die Senate des Oberverwaltungsgerichts entscheiden in der Besetzung von drei Richtern und zwei ehrenamtlichen Richtern. Bei Beschlüssen außerhalb der mündlichen Verhandlung wirken die ehrenamtlichen Richter nicht mit.

(2) In Normenkontrollverfahren (§ 4) und in Verfahren nach § 48 Abs. 1 der Verwaltungsgerichtsordnung (VwGO) entscheidet das Oberverwaltungsgericht in der Besetzung von drei Richtern.

§ 3. Amtszeit der Vertrauensleute. (1) Die Vertrauensleute des Ausschusses zur Wahl der ehrenamtlichen Richter (§ 26 der VwGO) und ihre Vertreter werden auf die Dauer von vier Jahren gewählt.

(2) Die Vertrauensleute und ihre Vertreter bleiben auch nach Ablauf ihrer Amtszeit bis zur Neuwahl ihrer Nachfolger im Amt.

§ 4. Normenkontrollverfahren. Das Oberverwaltungsgericht entscheidet nach Maßgabe des § 47 der VwGO über die Gültigkeit einer im Range unter dem Landesgesetz stehenden Rechtsvorschrift. Dies gilt nicht für Rechtsverordnungen, die Handlungen eines Verfassungsorgans im Sinne des Artikels 130 Abs. 1 der Verfassung für Rheinland-Pfalz sind.

§ 5. Veröffentlichung von Entscheidungen. Das Oberverwaltungsgericht veröffentlicht seine Entscheidungen, soweit sie von grundsätzlicher Bedeutung sind. Die Auswahl trifft das Präsidium.

2. Abschnitt. Vorverfahren vor den Rechtsausschüssen

§ 6. Zuständigkeit. (1) An Stelle der in § 73 Abs. 1 Satz 2 Nr. 1 und 3 VwGO genannten Behörden erläßt, soweit gesetzlich nichts anderes bestimmt ist, den Widerspruchsbescheid

1. der Kreisrechtsausschuß, wenn sich der Widerspruch gegen einen Verwaltungsakt
   a) der Kreisverwaltung,
   b) einer der Kreisverwaltung nachgeordneten Behörde,
   c) einer Verbandsgemeindeverwaltung,
   d) der Gemeindeverwaltung einer kreisangehörigen Gemeinde oder
   e) der Behörde einer sonstigen der Aufsicht der Kreisverwaltung unterstehenden Körperschaft, Anstalt oder Stiftung des öffentlichen Rechts

   richtet,
2. der Stadtrechtsausschuß, wenn sich der Widerspruch gegen einen Verwaltungsakt der Stadtverwaltung einer kreisfreien oder großen kreisangehörigen Stadt oder der Behörde einer ihrer Aufsicht unterstehenden Körperschaft, Anstalt oder Stiftung des öffentlichen Rechts richtet.

(2) Verwaltungsakte, die von einer Verbandsgemeindeverwaltung, der Gemeindeverwaltung einer kreisangehörigen Gemeinde oder der Behörde einer sonstigen der Aufsicht der Kreisverwaltung unterstehenden Körperschaft, Anstalt oder Stiftung des öffentlichen Rechts in Selbstverwaltungsangelegenheiten erlassen worden sind, können vom Rechtsausschuß nur auf ihre Rechtmäßigkeit nachgeprüft werden. Das gleiche gilt für Verwaltungsakte, die von der Behörde einer der Aufsicht der Stadtverwaltung nach Absatz 1 Nr. 2 unterstehenden Körperschaft, Anstalt oder Stiftung des öffentlichen Rechts erlassen worden sind.

(3) Richtet sich der Widerspruch gegen eine Entscheidung der Kreisverwaltung, die diese im Rahmen der ihr übertragenen Aufgaben der höheren Verwaltungsbehörde nach § 6 Abs. 1, 3 und 4 Satz 1 Halbsatz 2 oder § 10 Abs. 2 des Baugesetzbuches getroffen hat, so erläßt die Struktur- und Genehmigungsdirektion den Widerspruchsbescheid.

§ 7. Bildung der Rechtsausschüsse. (1) Bei jeder Kreisverwaltung wird ein Kreisrechtsausschuß, bei jeder Stadtverwaltung einer kreisfreien oder großen kreisangehörigen Stadt ein Stadtrechtsausschuß gebildet. Die Rechtsausschüsse sind Ausschüsse des Landkreises (der kreisfreien oder großen kreisangehörigen Stadt); sie unterliegen jedoch nicht den Weisungen der Organe dieser Gebietskörperschaften.

(2) Der Rechtsausschuß entscheidet in der Besetzung von einem Vorsitzenden und zwei Beisitzern. Alle Mitglieder haben gleiches Stimmrecht. § 1 Abs. 1 des Landesverwaltungsverfahrensgesetzes (LVwVfG) in Verbindung mit den §§ 90 und 91 des Verwaltungsverfahrensgesetzes (VwVfG) findet keine Anwendung.

§ 8. Vorsitzender. Der Landrat (Oberbürgermeister) führt den Vorsitz im Rechtsausschuß. Er kann Beamten mit der Befähigung zum Richteramt oder höheren Verwaltungsdienst (§ 174 der VwGO) den Vorsitz im Rechtsausschuß übertragen; Ausnahmen sind nur mit Genehmigung der Aufsichts- und Dienstleistungsdirektion zulässig.

§ 9. Beisitzer. (1) Der Kreistag (Stadtrat) wählt für die Dauer seiner Wahlzeit mindestens sechs Beisitzer. Sie müssen wählbar nach den Vorschriften des Kommunalwahlgesetzes sein.

(2) Die Beisitzer bleiben bis zur Neuwahl ihrer Nachfolger im Amt, jedoch nicht länger als sechs Monate nach Ablauf der Wahlzeit des Kreistages (Stadtrates).

(3) Das Amt des Beisitzers ist ein Ehrenamt im Sinne der §§ 12 bis 15 der Landkreisordnung (§§ 18 bis 21 der Gemeindeordnung).

§ 10. Ausschluß vom Beisitzeramt. Vom Amt eines Beisitzers sind ausgeschlossen

1. Personen, die wegen einer vorsätzlichen Straftat zu einer Freiheitsstrafe von mehr als sechs Monaten verurteilt worden sind,
2. Personen, gegen die öffentliche Klage wegen einer Straftat erhoben ist, die die Aberkennung der Fähigkeit zur Bekleidung öffentlicher Ämter oder zur Erlangung von Rechten aus öffentlichen Wahlen zur Folge haben kann,
3. Personen, die durch gerichtliche Anordnung in der Verfügung über ihr Vermögen beschränkt sind.

§ 11. Abberufung von Beisitzern. (1) Ein Beisitzer ist von seinem Amt abzuberufen,

1. wenn seine Wahl nach § 9 Abs. 1 Satz 2 und § 10 nicht zulässig war oder nicht mehr zulässig wäre, oder
2. wenn er seine Amtspflichten gröblich verletzt hat, oder
3. wenn er die zur Ausübung seines Amtes erforderlichen geistigen oder körperlichen Fähigkeiten nicht mehr besitzt, oder

4. wenn er einen wichtigen Grund im Sinne des § 13 Abs. 1 und 2 der Landkreisordnung (§ 19 Abs. 1 und 2 der Gemeindeordnung) geltend macht.

(2) Die Entscheidung trifft der Kreistag (Stadtrat) nach Anhörung des Beisitzers. In dringenden Fällen kann der Landrat (Oberbürgermeister) dem Beisitzer vorläufig die Ausübung seines Amtes untersagen (Absatz 1 Nr. 1 bis 3) oder ihn vorläufig von seinen Amtspflichten entbinden (Absatz 1 Nr. 4).

(3) War die öffentliche Klage erhoben, so ist die Entscheidung vom Kreistag (Stadtrat) auf Antrag des Beisitzers aufzuheben, wenn dieser rechtskräftig außer Verfolgung gesetzt oder freigesprochen worden ist.

§ 12. Ausschluß von der Mitwirkung im Verfahren. (1) Hält sich ein Mitglied des Rechtsausschusses nach § 1 Abs. 1 LVwVfG in Verbindung mit § 20 Abs. 1 VwVfG für ausgeschlossen oder bestehen Zweifel, ob die Voraussetzungen für einen Ausschluß gegeben sind, so entscheidet über den Ausschluß

1. des Vorsitzenden im Falle des § 8 Satz 1 die Aufsichts- und Dienstleistungsdirektion, in den Fällen des § 8 Satz 2 der Landrat (Oberbürgermeister),
2. eines Beisitzers der Vorsitzende.

(2) In den Fällen des § 1 Abs. 1 LVwVfG in Verbindung mit § 21 Abs. 1 Satz 1 VwVfG gilt Absatz 1 entsprechend.

(3) Ein Mitglied des Rechtsausschusses ist nicht nach § 20 Abs. 1 Satz 1 Nr. 3 VwVfG ausgeschlossen, wenn es die Gebietskörperschaft, bei der der Rechtsausschuß gebildet ist, kraft Gesetzes vertritt.

§ 13. Reihenfolge der Mitwirkung. (1) Die Beisitzer sind zu den Sitzungen des Rechtsausschusses gleichmäßig heranzuziehen; die Reihenfolge wird vom Landrat (Oberbürgermeister) vor Beginn des Kalenderjahres bestimmt.

(2) Bei unvorhergesehener Verhinderung eines Beisitzers kann der Landrat (Oberbürgermeister) von der Reihenfolge (Absatz 1) abweichen.

§ 14. Verpflichtung. Der Beisitzer ist bei Antritt seines Amtes in öffentlicher Sitzung von dem Vorsitzenden des Rechtsausschusses durch Handschlag zur gewissenhaften und gerechten Ausübung seines Amtes zu verpflichten. Über die Verpflichtung wird eine Niederschrift aufgenommen.

§ 15. Entschädigung der Beisitzer. Die Beisitzer erhalten vom Landkreis (der kreisfreien oder großen kreisangehörigen Stadt) eine Sitzungsvergütung, deren Höhe durch Rechtsverordnung festgesetzt wird.

§ 16. Verfahren. (1) Vor Erlaß des Widerspruchsbescheides ist der Widerspruch mit den Beteiligten mündlich zu erörtern. Wenn bei der Ladung darauf hingewiesen wurde, kann beim Ausbleiben eines Beteiligten auch ohne ihn verhandelt und entschieden werden. Die Verhandlung ist öffentlich; der Rechtsausschuß kann die Öffentlichkeit aus wichtigem Grund ausschließen. Mit Einverständnis aller Beteiligten kann von der mündlichen Erörterung abgesehen werden.

(2) Bei der Beratung und Abstimmung dürfen außer den Mitgliedern des Rechtsausschusses nur die bei der Kreisverwaltung (der Stadtverwaltung) zu ihrer Ausbildung beschäftigten Personen zugegen sein, soweit der Vorsitzende ihre Anwesenheit gestattet. Das gleiche gilt für die Anwesenheit des Schriftführers. Die Teilnehmer sind verpflichtet, über die Beratung und Abstimmung Stillschweigen zu bewahren.

(3) Die Beteiligten können zur Erledigung des Vorverfahrens einen Vergleich auch zur Aufnahme in die über die Sitzung zu fertigende Niederschrift schließen. Der Text des Vergleiches ist den Beteiligten vorzulesen oder zur Durchsicht vorzulegen. Ist der

Inhalt der Niederschrift auf einem Tonträger vorläufig aufgezeichnet worden, so genügt es, wenn der Wortlaut des Vergleiches abgespielt wird. Die Zustimmung der Beteiligten zu dem Vergleich ist in der Niederschrift zu vermerken.

(4) Wird durch den Widerspruchsbescheid ein Verwaltungsakt ganz oder teilweise aufgehoben oder die Behörde zum Erlaß eines abgelehnten Verwaltungsaktes verpflichtet, so ist der Widerspruchsbescheid außer den Beteiligten unverzüglich auch der Aufsichts- und Dienstleistungsdirektion zuzustellen; betrifft der Widerspruchsbescheid eine Angelegenheit im Aufgabenbereich einer anderen oberen Aufsichtsbehörde, so ist auch dieser der Widerspruchsbescheid unverzüglich zuzustellen.

§ 17. Aufsicht. (1) Die Aufsichts- und Dienstleistungsdirektion, im Falle des § 16 Abs. 4 Halbsatz 2 die andere obere Aufsichtsbehörde, kann gegen einen Widerspruchsbescheid gemäß § 16 Abs. 4, dessen Rechtswidrigkeit sie geltend macht, Klage bei dem Verwaltungsgericht erheben, wenn sie es im öffentlichen Interesse für geboten hält. Der Widerspruchsführer ist unverzüglich von der Klageerhebung zu benachrichtigen.

(2) Für dieses Verfahren ist die Aufsichts- und Dienstleistungsdirektion, im Falle des § 16 Abs. 4 Halbsatz 2 die andere obere Aufsichtsbehörde, beteiligungsfähig im Sinne des § 61 Nr. 3 der VwGO.

§ 18. Anderweitige Regelung des Vorverfahrens. Gesetze, die für bestimmte Fälle die Mitwirkung der Rechtsausschüsse im Vorverfahren ausschließen, bleiben unberührt.

3. Abschnitt. Erstattung von Kosten im Vorverfahren

§ 19. (1) Soweit der Widerspruch erfolgreich ist, hat der Rechtsträger, dessen Behörde den angefochtenen Verwaltungsakt erlassen hat, demjenigen, der den Widerspruch erhoben hat, die zur zweckentsprechenden Rechtsverfolgung oder Rechtsverteidigung notwendigen Aufwendungen zu erstatten. Dies gilt auch, wenn der Widerspruch nur deshalb keinen Erfolg hat, weil die Verletzung einer Verfahrens- oder Formvorschrift unbeachtlich ist. Soweit der Widerspruch erfolglos geblieben ist, hat derjenige, der den Widerspruch eingelegt hat, die zur zweckentsprechenden Rechtsverfolgung oder Rechtsverteidigung notwendigen Aufwendungen der Behörde, die den angefochtenen Verwaltungsakt erlassen hat, zu erstatten; dies gilt nicht, wenn der Widerspruch gegen einen Verwaltungsakt eingelegt wird, der im Rahmen

1. eines bestehenden oder früheren öffentlich-rechtlichen Dienst- oder Amtsverhältnisses oder
2. einer bestehenden oder früheren gesetzlichen Dienstpflicht oder einer Tätigkeit, die an Stelle der gesetzlichen Dienstpflicht geleistet werden kann, oder
3. einer Angelegenheit, für die auf Grund einer Rechtsverordnung nach § 7 Abs. 2 Nr. 1 und 2 des Landesgebührengesetzes für Rheinland-Pfalz Gebührenfreiheit besteht,

erlassen wurde. Aufwendungen, die durch das Verschulden eines Erstattungsberechtigten entstanden sind, hat dieser selbst zu tragen; das Verschulden eines Vertreters ist dem Vertretenen zuzurechnen. Erledigt sich der Widerspruch auf andere Weise, so wird auf Antrag von der Behörde, bei der der Widerspruch anhängig war, über die Kosten nach billigem Ermessen entschieden; der bisherige Sachstand ist zu berücksichtigen.

(2) Die Gebühren und Auslagen eines Rechtsanwaltes oder eines sonstigen Bevollmächtigten im Vorverfahren sind erstattungsfähig, wenn die Zuziehung eines Bevollmächtigten in der Kostenentscheidung für notwendig erklärt wird.

(3) Die Behörde, die die Kostenentscheidung getroffen hat, setzt auf Antrag den Betrag der zu erstattenden Aufwendungen fest; an Stelle eines Rechtsausschusses trifft die Festsetzung die Kreisverwaltung als Verwaltungsbehörde des Landkreises oder die Stadtverwaltung.

4. Abschnitt. Rechtsbehelfe gegen Vollstreckungsmaßnahmen

§ 20. Rechtsbehelfe, die sich gegen Maßnahmen in der Verwaltungsvollstreckung richten, haben keine aufschiebende Wirkung.

5. Abschnitt. Gerichtliches Disziplinarverfahren nach dem Bundesdisziplinargesetz

§ 21. Wahl der Beamtenbeisitzer. (1) Die Beamtenbeisitzer der Kammer für Disziplinarsachen (§ 47 des Bundesdisziplinargesetzes) werden von dem zur Wahl der ehrenamtlichen Richter bestellten Ausschuß (§ 26 VwGO) auf vier Jahre gewählt. Wird eine Nachwahl erforderlich, ist sie nur für den Rest der Amtszeit vorzunehmen.

(2) Das für die Angelegenheiten der Rechtspflege zuständige Ministerium stellt in jedem vierten Jahr eine Vorschlagsliste von Beamtenbeisitzern auf. Hierbei ist die doppelte Anzahl der durch den Präsidenten des Verwaltungsgerichts als erforderlich bezeichneten Beamtenbeisitzer zugrunde zu legen. Die obersten Bundesbehörden und die Spitzenorganisationen der Gewerkschaften der Beamten können Bundesbeamte für die Aufnahme in die Liste vorschlagen. In der Liste sind die Beamten nach Laufbahngruppen und Verwaltungsbereichen gegliedert aufzuführen. Die Liste ist dem Präsidenten des Verwaltungsgerichts zuzusenden.

(3) Für die Beamtenbeisitzer des Senats für Disziplinarsachen (§ 51 Abs. 1 in Verbindung mit § 47 des Bundesdisziplinargesetzes) gelten die Absätze 1 und 2 entsprechend.

6. Abschnitt. Schlußbestimmungen

§ 22. Ermächtigung. Die zur Durchführung des Zweiten Abschnittes dieses Gesetzes erforderlichen Rechtsvorschriften erläßt die Landesregierung.

§ 23. Inkrafttreten. Dieses Gesetz tritt am 1. April 1960 in Kraft.

2.11.2. Landesverordnung über den Vertreter des öffentlichen Interesses bei den Gerichten der allgemeinen Verwaltungsgerichtsbarkeit

Vom 18. Oktober 1960

(GVBl. S. 255)

Auf Grund des § 36 Abs. 1 der Verwaltungsgerichtsordnung (VwGO) vom 21. Januar 1960 (BGBl. I S. 17) verordnet die Landesregierung:

§ 1. (1) Bei dem Oberverwaltungsgericht und bei den Verwaltungsgerichten kann die Landesregierung einen Vertreter des öffentlichen Interesses bestellen. Dieser untersteht der Dienstaufsicht des Ministerpräsidenten.

(2) Der Vertreter des öffentlichen Interesses kann sich zur Wahrung des öffentlichen Interesses an jedem vor dem Oberverwaltungsgericht und den Verwaltungsgerichten anhängigen Verfahren beteiligen. Er ist an die Weisungen der Landesregierung gebunden.

§ 2. Der bei Inkrafttreten dieser Verordnung bestellte Vertreter des öffentlichen Interesses bleibt bis zum Widerruf seiner Bestellung im Amt.

§ 3. Diese Verordnung tritt am 1. November 1960 in Kraft. Gleichzeitig tritt die Dritte Landesverordnung zur Durchführung des Landesgesetzes über die Verwaltungsgerichtsbarkeit (3. DVO – VGG) vom 18. April 1956 (GVBl. S. 57) außer Kraft.

2.12. Saarland: Saarländisches Ausführungsgesetz zur Verwaltungsgerichtsordnung (AGVwGO)

Vom 5. Juli 1960
(Amtsbl. S. 558), zuletzt geändert am 16. 10. 1997
(Amtsbl. S. 1130, ber. 1998, S. 195)

Übersicht

Der Landtag des Saarlandes hat folgendes Gesetz beschlossen, das hiermit verkündet wird:

1. Abschnitt. Verwaltungsgericht und Oberverwaltungsgericht

§ 1. Bezeichnung und Sitz der Gerichte. (1) Im Saarland wird die allgemeine Verwaltungsgerichtsbarkeit durch das Verwaltungsgericht und das Oberverwaltungsgericht ausgeübt.

(2) Das Verwaltungsgericht führt die Bezeichnung „Verwaltungsgericht des Saarlandes", das Oberverwaltungsgericht die Bezeichnung „Oberverwaltungsgericht des Saarlandes".

(3) Das Verwaltungsgericht und das Oberverwaltungsgericht haben ihren Sitz in Saarlouis.

§ 2. Dienstaufsicht. (1) Oberste Dienstaufsichtsbehörde für das Verwaltungsgericht und das Oberverwaltungsgericht ist das Ministerium der Justiz.

(2) Die §§ 1 und 14 bis 18 des Saarländischen Ausführungsgesetzes zum Gerichtsverfassungsgesetz vom 4. Oktober 1972 (Amtsbl. S. 601) in ihrer jeweils geltenden Fassung sind auf die Gerichte der Verwaltungsgerichtsbarkeit entsprechend anzuwenden.

§ 3. Vertreter der Präsidenten. Das Ministerium der Justiz kann einen Richter des Verwaltungsgerichts zum ständigen Vertreter des Präsidenten des Verwaltungsgerichts und einen Richter des Oberverwaltungsgerichts zum ständigen Vertreter des Präsidenten des Oberverwaltungsgerichts ernennen. Ist ein Richter in eine für den ständigen Vertreter bestimmte Planstelle eingewiesen, so ist er der ständige Vertreter.

§ 4. Kammern und Senate. Die Zahl der Kammern bei dem Verwaltungsgericht bestimmt der Präsident des Verwaltungsgerichts, die Zahl der Senate bei dem Oberverwaltungsgericht der Präsident des Oberverwaltungsgerichts, beide nach Anhörung der zuständigen Präsidien. Das Ministerium der Justiz kann dem Präsidenten des Verwaltungsgerichts und dem Präsidenten des Oberverwaltungsgerichts hierfür Weisungen erteilen.

§ 5. Geschäftsstelle. (1) Die Einrichtungen der Geschäftsstelle bei den Verwaltungsgerichten bestimmt das Ministerium der Justiz.

(2) § 10 des Saarländischen Ausführungsgesetzes zum Gerichtsverfassungsgesetz vom 4. Oktober 1972 (Amtsbl. S. 601) in seiner jeweils geltenden Fassung ist auf die Gerichte der Verwaltungsgerichtsbarkeit entsprechend anzuwenden.

§ 6. Wahl der Vertrauensleute. (1) Die in den Ausschuß zur Wahl der ehrenamtlichen Richter (§ 26 VwGO) zu entsendenden sieben Vertrauensleute und ihre Vertreter wählt der Landtag für die Dauer seiner Wahlperiode. Wiederwahl ist zulässig.

(2) Die gewählten Vertrauensleute und ihre Vertreter bleiben auch nach Ablauf der Wahlperiode des Landtages bis zur Wahl ihrer Nachfolger im Amt.

2. Abschnitt (zu §§ 68 bis 73 VwGO). Vorverfahren

§ 7. Bildung der Rechtsausschüsse. (1) Zur Entscheidung über Widersprüche im Vorverfahren, denen die Behörde, die den Verwaltungsakt erlassen hat, nicht abhilft, wird für die Fälle des § 8 Abs. 1 Nr. 1 bis 3 in jedem Landkreis ein Kreisrechtsausschuß, im Stadtverband Saarbrücken ein Rechtsausschuß für den Stadtverband, in der Landeshauptstadt Saarbrücken und in jeder kreisfreien Stadt ein Stadtrechtsausschuß gebildet.

(2) Der Rechtsausschuß entscheidet in der Besetzung von einem Vorsitzenden und zwei Beisitzern.

§ 8. Besondere Zuständigkeit. (1) Abweichend von § 73 Abs. 1 Satz 2 VwGO erlässt den Widerspruchsbescheid

1. der Stadtrechtsausschuß, wenn sich der Widerspruch gegen den Verwaltungsakt
   a) der kreisfreien Stadt oder der Landeshauptstadt Saarbrücken oder
   b) einer unteren Landesbehörde oder einer Körperschaft, Anstalt oder Stiftung des öffentlichen Rechts, deren örtlicher Zuständigkeitsbereich über das Gebiet einer kreisfreien Stadt oder der Landeshauptstadt Saarbrücken nicht hinausgeht,

   richtet,
2. der Kreisrechtsausschuß, wenn sich der Widerspruch gegen den Verwaltungsakt
   a) einer kreisangehörigen Gemeinde,
   b) des Landkreises oder
   c) einer unteren Landesbehörde oder einer Körperschaft, Anstalt oder Stiftung des öffentlichen Rechts, deren örtlicher Zuständigkeitsbereich über das Gebiet eines Landkreises nicht hinausgeht,

   richtet,

3. der Rechtsausschuß für den Stadtverband, wenn sich der Widerspruch gegen den Verwaltungsakt
   a) einer stadtverbandsangehörigen Gemeinde,
   b) des Stadtverbandes oder
   c) einer unteren Landesbehörde oder einer Körperschaft, Anstalt oder Stiftung des öffentlichen Rechts, deren örtlicher Zuständigkeitsbereich über das Gebiet des Stadtverbandes nicht hinausgeht,

   richtet,
4. die zuständige oberste Landesbehörde, wenn sich der Widerspruch gegen den Verwaltungsakt einer dieser obersten Landesbehörde unmittelbar nachgeordneten Behörde richtet, es sei denn, dass diese eine untere Landesbehörde im Sinne von Nr. 1 Buchstabe b, Nr. 2 Buchstabe c oder Nr. 3 Buchstabe c ist,
5. das Ministerium für Umwelt, Energie und Verkehr, wenn sich der Widerspruch gegen den Verwaltungsakt einer Vermessungsstelle im Sinne des § 2 Abs. 3 des Saarländischen Vermessungs- und Katastergesetzes richtet.

(2) In kommunalen Selbstverwaltungsangelegenheiten und bei Verwaltungsakten von Körperschaften, Anstalten oder Stiftungen des öffentlichen Rechts im Sinne von Absatz 1 Nr. 1 Buchst. b, Nr. 2 Buchstabe c oder Nr. 3 Buchstabe c beschränkt sich die Nachprüfung im Widerspruchsverfahren nach Absatz 1 auf die Rechtmäßigkeit des Verwaltungsaktes.

§ 9. Vorsitzender. Den Vorsitz führt im Kreisrechtsausschuß der Landrat, im Rechtsausschuß für den Stadtverband der Stadtverbandspräsident und im Stadtrechtsausschuß der Oberbürgermeister. Der Vorsitzende kann sich durch einen Beauftragten vertreten lassen, der die Befähigung zum Richteramt oder zum höheren Verwaltungsdienst (§ 174 VwGO) besitzt.

§ 10. Beisitzer. (1) Beisitzer kann sein, wer

a) beim Kreisrechtsausschuß für den Kreistag,
b) beim Stadtrechtsausschuß für den Stadtrat,
c) beim Rechtsausschuß für den Stadtverband für den Stadtverbandstag wählbar ist.

(2) Das Amt des Beisitzers ist ein Ehrenamt. Die Vorschriften des Kommunalselbstverwaltungsgesetzes über ehrenamtliche Tätigkeit sind entsprechend anzuwenden, soweit dieses Gesetz nichts anderes bestimmt.

(3) Der Kreistag, Stadtrat oder Stadtverbandstag beruft innerhalb von drei Monaten nach dem Beginn der Amtszeit mindestens sechs Beisitzer für die Dauer seiner allgemeinen Amtszeit. Ergibt sich bei der Berufung der Beisitzer keine Einigung, so werden diese vom Kreistag, Stadtrat oder Stadtverbandstag auf Grund von Wahlvorschlägen nach den Grundsätzen der Verhältniswahl unter Bindung an die Wahlvorschläge gewählt. Das Wahlergebnis ist nach dem Höchstzahlverfahren nach d'Hondt festzustellen.

(4) Die Beisitzer führen auch nach Ablauf der allgemeinen Amtszeit des Kreistages, Stadtrates oder Stadtverbandstages ihr Amt als Beisitzer bis zur Berufung ihrer Nachfolger weiter.

§ 11. Unvereinbarkeit und Ausschluß. (1) Zum Beisitzer können nicht gewählt werden

1. Mitglieder des Bundestages, des Landtages, der Bundesregierung oder der Landesregierung,
2. Beamte, soweit sie nicht Ehrenbeamte sind, Richter und Soldaten sowie Angestellte im öffentlichen Dienst,

3. ehrenamtliche Richter am Verwaltungsgericht,
4. Rechtsanwälte, Notare und Personen, die fremde Rechtsangelegenheiten geschäftsmäßig besorgen.

(2) Vom Amt eines Beisitzers sind ausgeschlossen

1. Personen, die infolge Richterspruchs die Fähigkeit zur Bekleidung öffentlicher Ämter nicht besitzen oder wegen einer vorsätzlichen Tat zu einer Freiheitsstrafe von mehr als sechs Monaten verurteilt worden sind,
2. Personen, gegen die Anklage wegen einer vorsätzlichen Tat erhoben ist, die den Verlust der Fähigkeit zur Bekleidung öffentlicher Ämter zur Folge haben kann,
3. Personen, die durch gerichtliche Anordnung in der Verfügung über ihr Vermögen beschränkt sind,
4. Personen, die die zur Ausübung des Amtes des Beisitzers erforderlichen geistigen und körperlichen Fähigkeiten nicht besitzen.

§ 12. Abberufung. (1) Ein Beisitzer ist abzuberufen,

1. wenn eine der Voraussetzungen des § 11 im Zeitpunkt seiner Wahl vorlag oder nachträglich eintritt, oder
2. wenn er einen Befreiungsgrund nach dem Kommunalselbstverwaltungsgesetz geltend macht, oder
3. wenn er seine Amtspflichten gröblich verletzt, oder
4. wenn er seinen Wohnsitz im örtlichen Zuständigkeitsbereich des Rechtsausschusses aufgibt.

(2) Die Entscheidung nach Absatz 1 trifft der Kreistag, Stadtrat oder Stadtverbandstag.

(3) Auf Antrag ist die Entscheidung vom Kreistag, Stadtrat oder Stadtverbandstag aufzuheben, wenn sie auf § 11 Abs. 2 Nr. 1 oder 2 beruhte und der Antragsteller rechtskräftig außer Verfolgung gesetzt oder rechtskräftig freigesprochen worden ist.

§ 13. Mitwirkung der Beisitzer. (1) Der Vorsitzende des Rechtsausschusses bestimmt vor Beginn des Kalenderjahres die Reihenfolge, in der die Beisitzer zu den Sitzungen herangezogen werden. Werden während eines Kalenderjahres neue Beisitzer gewählt, so bestimmt der Vorsitzende alsbald nach der Wahl die Reihenfolge ihrer Mitwirkung bei den Sitzungen für den Rest des Kalenderjahres.

(2) Für die Heranziehung von Vertretern bei unvorhergesehener Verhinderung kann eine Hilfsliste aus Beisitzern aufgestellt werden, die am Ort des Sitzes des Rechtsausschusses oder in seiner Nähe wohnen.

§ 14. Verpflichtung. Die Beisitzer werden vor ihrer ersten Dienstleistung vom Vorsitzenden des Rechtsausschusses in öffentlicher Sitzung durch Handschlag zur gewissenhaften und unparteiischen Führung ihres Amtes verpflichtet. Die Verpflichtung ist in der Sitzungsniederschrift zu vermerken.

§ 15. Entschädigung der Beisitzer. Die Beisitzer der Rechtsausschüsse erhalten von der Gebietskörperschaft, bei der diese gebildet sind, eine Entschädigung entsprechend dem Bundesgesetz über die Entschädigung der ehrenamtlichen Richter in seiner jeweils geltenden Fassung.

§ 16. Verfahren vor dem Rechtsausschuß. (1) Der Rechtsausschuß entscheidet über den Widerspruch auf Grund mündlicher Verhandlung, es sei denn, daß alle Beteiligten auf die mündliche Verhandlung ausdrücklich verzichten. Die §§ 84 und 102 Abs. 2 VwGO sind entsprechend anzuwenden, § 84 jedoch mit der Maßgabe, daß

Antrag auf mündliche Verhandlung ohne Vorliegen der in Absatz 2 der Vorschrift geregelten Voraussetzungen gestellt werden kann.

(2) Die Sitzungen des Rechtsausschusses sind öffentlich. Der Rechtsausschuß kann die Öffentlichkeit ausschließen, wenn eine der Voraussetzungen des § 172 des Gerichtsverfassungsgesetzes vorliegt.

(3) Bei der Beratung und Abstimmung darf der Vorsitzende den beim Landrat, Landkreis, Stadtverband, bei der Landeshauptstadt Saarbrücken oder Stadt in der juristischen Ausbildung stehenden Personen die Anwesenheit gestatten.

(4) Die Mitglieder des Rechtsausschusses und die nach Absatz 3 zugelassenen Personen sind verpflichtet, über die Beratung und Abstimmung Stillschweigen zu bewahren.

(5) Der Rechtsausschuß hat den Widerspruchsbescheid gleichzeitig mit der Zustellung an die Beteiligten auch dem fachlich zuständigen Minister zuzustellen.

§ 17. Aufsichtsklage. (1) Der fachlich zuständige Minister kann binnen eines Monats nach der Zustellung (§ 16 Abs. 5) durch Klageerhebung die Entscheidung des Verwaltungsgerichts herbeiführen, wenn er geltend macht, dass der Widerspruchsbescheid des Rechtsausschusses rechtswidrig ist (Aufsichtsklage).

(2) Die Klage ist gegen die Gebietskörperschaft zu richten, deren Rechtsausschuß den Widerspruchsbescheid erlassen hat.

3. Abschnitt. Besondere Verfahrensvorschriften

§ 18. Normenkontrollverfahren. Das Oberverwaltungsgericht entscheidet im Rahmen seiner Gerichtsbarkeit auf Antrag über die Gültigkeit von Rechtsvorschriften, die im Range unter dem Landesgesetz stehen.

§ 19. Beteiligung von Behörden. (1) Fähig, am Verfahren beteiligt zu sein, sind auch Behörden.

(2) Anfechtungs- und Verpflichtungsklagen sind gegen die Behörde zu richten, die den angefochtenen Verwaltungsakt erlassen oder den beantragten Verwaltungsakt unterlassen hat.

§ 20. Rechtsbehelfe gegen Maßnahmen der Verwaltungsvollstreckung. Rechtsbehelfe haben keine aufschiebende Wirkung, soweit sie sich gegen Maßnahmen richten, die in der Verwaltungsvollstreckung getroffen werden. § 80 Abs. 4, 5, 7 und 8 VwGO findet Anwendung.

4. Abschnitt. Übergangs- und Schlußvorschriften

§ 21. Weitergeltendes Landesrecht. Unberührt bleiben Vorschriften, nach denen

1. öffentlich-rechtliche Streitigkeiten nichtverfassungsrechtlicher Art abweichend von der Verwaltungsgerichtsordnung einem anderen Gericht zugewiesen sind, oder
2. Gerichten der Verwaltungsgerichtsbarkeit Aufgaben der Disziplinargerichtsbarkeit und der Schiedsgerichtsbarkeit bei Vermögensauseinandersetzungen öffentlichrechtlicher Verbände übertragen sind, oder
3. Gerichten der Verwaltungsgerichtsbarkeit Berufsgerichte angegliedert sind, oder
4. für das Gebiet des Personalvertretungsrechts von der Verwaltungsgerichtsordnung abweichende Bestimmungen über das Verfahren der Gerichte der Verwaltungsgerichtsbarkeit getroffen sind.

§ 22. Verweisungen. Soweit in anderen Gesetzen und Rechtsverordnungen auf die durch dieses Gesetz aufgehobenen oder geänderten Vorschriften verwiesen wird, treten die entsprechenden Vorschriften dieses Gesetzes an ihre Stelle.

§ 23. Inkrafttreten und Aufhebungen. (1) Dieses Gesetz tritt am Ersten des auf die Verkündung folgenden Monats in Kraft. Gleichzeitig treten außer Kraft

1. das Gesetz Nr. 268 über die Verwaltungsgerichtsbarkeit vom 10. Juli 1951 (Amtsbl. S. 1075) in der Fassung des Gesetzes Nr. 363 vom 16. März 1953 (Amtsbl. S. 185), des Gesetzes Nr. 486 vom 22. Februar 1956 (Amtsbl. S. 309) und des Gesetzes Nr. 540 vom 11. Dezember 1956 (Amtsbl. S. 1657), soweit es nicht bereits durch die Verwaltungsgerichtsordnung aufgehoben ist, jedoch mit der Maßgabe, daß das Oberverwaltungsgericht im Rahmen des § 2 Abs. 2 des Gesetzes über die Einführung deutschen Rechts auf dem Gebiete der Steuern, Zölle und Finanzmonopole im Saarland vom 30. Juni 1959 (Bundesgesetzbl. I S. 339) weiterhin zur Entscheidung über anhängige Rechtsmittel in Steuersachen zuständig bleibt,
2. die Verordnung betreffend den Sitz der Verwaltungsgerichte vom 27. September 1951 (Amtsbl. S. 1256),
3. die Anordnung betreffend die Senate beim Oberverwaltungsgericht vom 12. Februar 1952 (Amtsbl. S. 163),
4. der Erlaß betreffend die Geschäftsordnung der Verwaltungsgerichte vom 5. Mai 1952 (Amtsbl. S. 526),
5. die Anordnung betreffend die Kammern beim Verwaltungsgericht vom 13. Oktober 1953 (Amtsbl. S. 650).

(2) § 22 tritt am 31. März 1965 außer Kraft.

2.13. Sachsen: Gesetz über die Justiz im Freistaat Sachsen (Sächsisches Justizgesetz – SächsJG)

Vom 24. November 2000
(GVBl. S. 442)

– Auszug –

§ 2. Oberverwaltungsgericht und Verwaltungsgerichte. (1) Das Oberverwaltungsgericht hat seinen Sitz in Bautzen. Es führt die Bezeichnung „Sächsisches Oberverwaltungsgericht".

(2) Die Verwaltungsgerichte haben ihren Sitz

1. in Chemnitz
   mit Zuständigkeit für den Regierungsbezirk Chemnitz;
2. in Dresden
   mit Zuständigkeit für den Regierungsbezirk Dresden;
3. in Leipzig
   mit Zuständigkeit für den Regierungsbezirk Leipzig.

Abschnitt 3. Ausführung der Verwaltungsgerichtsordnung

§ 22. Vertrauensleute. (1) Die Vertrauensleute im Sinne des § 26 Abs. 2 der Verwaltungsgerichtsordnung (VwGO) und ihre Vertreter werden auf die Dauer von vier Jahren gewählt. Eine Ersatzwahl gilt nur für den Rest der Wahlperiode der bereits gewählten Vertrauensleute.

(2) Für die Entbindung der Vertrauensleute und ihrer Vertreter von ihrem Amt gilt § 24 VwGO entsprechend.

§ 23. Dienstaufsicht. (1) Die Dienstaufsicht üben aus:

1. der Präsident des Verwaltungsgerichts über die beim Verwaltungsgericht beschäftigten Richter, Beamten, Angestellten und Arbeiter;
2. der Präsident des Sächsischen Oberverwaltungsgerichts über die beim Sächsischen Oberverwaltungsgericht und bei den Verwaltungsgerichten beschäftigten Richter, Beamten, Angestellten und Arbeiter;
3. das Staatsministerium der Justiz als oberste Dienstaufsichtsbehörde über die Richter, Beamten, Angestellten und Arbeiter der Gerichte der Verwaltungsgerichtsbarkeit.

(2) In der Ausübung der Dienstaufsicht werden vertreten:

1. der Präsident des Verwaltungsgerichts durch seinen ständigen Vertreter oder, falls ein solcher nicht bestellt oder verhindert ist, durch den dienstältesten, bei gleichem Dienstalter durch den lebensältesten Vorsitzenden Richter;
2. der Präsident des Sächsischen Oberverwaltungsgerichts durch seinen ständigen Vertreter oder, falls ein solcher nicht bestellt oder verhindert ist, durch den dienstältesten, bei gleichem Dienstalter durch den lebensältesten Vorsitzenden Richter.

(3) Das Staatsministerium der Justiz kann für den Fall der Nichtbestellung oder Verhinderung des ständigen Vertreters eine abweichende Regelung treffen.

§ 24. Normenkontrollverfahren. (1) Das Sächsische Oberverwaltungsgericht entscheidet im Rahmen seiner Gerichtsbarkeit auf Antrag über die Gültigkeit von Rechtsvorschriften, die im Rang unter dem Landesgesetz stehen.

(2) In Normenkontrollverfahren entscheidet das Sächsische Oberverwaltungsgericht in der Besetzung mit fünf Berufsrichtern.

§ 25. Zuständigkeit des Sächsischen Oberverwaltungsgerichts im ersten Rechtszug. In den Fällen des § 48 Abs. 1 Satz 1 VwGO entscheidet das Sächsische Oberverwaltungsgericht im ersten Rechtszug auch über Streitigkeiten, die vorzeitige Besitzeinweisungen betreffen.

§ 26. Widerspruchsbehörde bei Verwaltungsakten einer Polizeidienststelle. Nächsthöhere Behörde im Sinne des § 73 Abs. 1 Satz 2 Nr. 1 VwGO ist bei Verwaltungsakten des Polizeivollzugsdienstes auf Grundlage von § 60 Abs. 2 des Polizeigesetzes des Freistaates Sachsen (SächsPolG) in der Fassung der Bekanntmachung vom 13. August 1999 (SächsGVBl. S. 466), in der jeweils geltenden Fassung, das Regierungspräsidium. Im Übrigen entscheidet über den Widerspruch gegen einen Verwaltungsakt einer dem Polizeipräsidium nachgeordneten Polizeidienststelle das Polizeipräsidium.

§ 27. Widerspruchsbehörde bei Verwaltungsakten einer Gemeinde, eines Verwaltungsverbandes oder eines Zweckverbandes. (1) [1]Den Bescheid über den Widerspruch gegen den Verwaltungsakt einer Gemeinde, die der Rechtsaufsicht des Landratsamtes untersteht, erlässt in Selbstverwaltungsangelegenheiten das Landratsamt als Rechtsaufsichtsbehörde. [2]Die Nachprüfung des Verwaltungsaktes unter dem Gesichtspunkt der Zweckmäßigkeit bleibt der Gemeinde vorbehalten.

(2) Für den Widerspruch gegen den Verwaltungsakt eines Verwaltungsverbandes oder eines Zweckverbandes, der der Rechtsaufsicht des Landratsamtes untersteht, gilt Absatz 1 entsprechend.

2.14. Sachsen-Anhalt: Gesetz zur Ausführung der Verwaltungsgerichtsordnung und zur Anpassung richterrechtlicher Vorschriften

Vom 28. Januar 1992

(GVBl. S. 36), geändert am 27. 4. 1994 (GVBl. S. 549)

Der Landtag von Sachsen-Anhalt hat das folgende Gesetz beschlossen, das hiermit verkündet wird:

Artikel 1. Gesetz zur Ausführung der Verwaltungsgerichtsordnung (AG VwGO LSA)

§ 1. Errichtung und Gliederung der Verwaltungsgerichte der Verwaltungsgerichtsbarkeit. (1) Es werden Verwaltungsgerichte mit Sitz in Dessau, Halle und Magdeburg errichtet.

(2) Es wird ein Oberverwaltungsgericht mit Sitz in Magdeburg errichtet.

§ 2. Gerichtsbezirke. (1) Gerichtsbezirk ist

1. für das Verwaltungsgericht Dessau
   der Bezirk des Landgerichts Dessau in seinem jeweiligen Gebietsumfang,
2. für das Verwaltungsgericht Halle
   der Bezirk des Landgerichts Halle in seinem jeweiligen Gebietsumfang,
3. für das Verwaltungsgericht Magdeburg
   der Bezirk des Landgerichts Magdeburg und des Landgerichts Stendal in seinem jeweiligen Gebietsumfang.

(2) Der Bezirk des Oberverwaltungsgerichts umfaßt das Land Sachsen-Anhalt.

§ 3. Bezeichnung der Gerichte. (1) Die Verwaltungsgerichte führen den Namen der Gemeinde, in der sie ihren Sitz haben.

(2) Das Oberverwaltungsgericht führt die Bezeichnung „Oberverwaltungsgericht des Landes Sachsen-Anhalt".

§ 4. Besetzung des Oberverwaltungsgerichts. (1) Die Senate des Oberverwaltungsgerichts entscheiden in der Besetzung von drei Richtern und zwei ehrenamtlichen Richtern.

(2) Bei Beschlüssen außerhalb der mündlichen Verhandlung und bei Gerichtsbescheiden (§ 84 der Verwaltungsgerichtsordnung in der Fassung vom 19. März 1991, BGBl. I S. 686) wirken die ehrenamtlichen Richter nicht mit. Dies gilt nicht für Beschlüsse, durch die in Verfahren nach § 47 der Verwaltungsgerichtsordnung in der Hauptsache entschieden wird.

§ 5. Dienstaufsicht. Die Dienstaufsicht üben aus

1. der Minister der Justiz
   über alle Gerichte der Verwaltungsgerichtsbarkeit,
2. der Präsident des Oberverwaltungsgerichts
   über dieses Gericht und die Verwaltungsgerichte,
3. der Präsident eines Verwaltungsgerichts
   über dieses Gericht.

§ 6. Zahl der Kammern und Senate. Der Präsident des Gerichts bestimmt im Rahmen des Stellenplans nach Anhörung des Präsidiums die Zahl der Spruchkörper des Gerichts.

§ 7. Bildung des Ausschusses zur Wahl der ehrenamtlichen Richter. (1) Zur Vorbereitung der Wahl der Vertrauensleute und ihrer Vertreter für den bei jedem Verwaltungsgericht zu bestellenden Ausschuß wählen die Vertretungskörperschaften der Landkreise und kreisfreien Städte des Verwaltungsgerichtsbezirkes je einen Wahlbevollmächtigten und seinen Vertreter.

(2) Die Versammlung der Wahlbevollmächtigten wählt aus ihrer Mitte einen Vorsitzenden und seinen Vertreter. Der Vorsitzende oder im Falle der Verhinderung sein Vertreter beruft die Versammlung ein. Die erstmalige Einberufung erfolgt durch den Wahlbevollmächtigten der nach Absatz 1 beteiligten kommunalen Gebietskörperschaft, in der das Verwaltungsgericht seinen Sitz hat.

(3) Die Versammlung der Wahlbevollmächtigten wählt die Vertrauensleute und ihre Vertreter.

(4) Die Versammlung der Wahlbevollmächtigten ist beschlußfähig, wenn mehr als die Hälfte ihrer Mitglieder anwesend ist. Gewählt ist, wer die meisten Stimmen auf sich vereinigt. Bei Stimmengleichheit entscheidet das Los.

(5) Die Vertrauensleute und ihre Vertreter werden auf die Dauer von vier Jahren gewählt. Eine Ersatzwahl gilt nur für den Rest der Wahlperiode der bereits gewählten Vertrauensleute.

(6) Für den bei dem Oberverwaltungsgericht zu bestellenden Ausschuß wählt der Landtag oder ein durch ihn bestimmter Landtagsausschuß die Vertrauensleute und ihre Vertreter. Absatz 5 gilt entsprechend.

§ 8. Beteiligungsfähigkeit von Behörden. Fähig, am Verfahren beteiligt zu sein, sind auch Landesbehörden. Die Klage ist gegen die Landesbehörde zu richten, die den angefochtenen Verwaltungsakt erlassen oder den beantragten Verwaltungsakt unterlassen hat.

§ 9. Ausschluß der aufschiebenden Wirkung. Rechtsbehelfe, die sich gegen Maßnahmen in der Verwaltungsvollstreckung richten, haben keine aufschiebende Wirkung.

§ 10. Zuständigkeit in Normenkontrollverfahren. Das Oberverwaltungsgericht entscheidet nach Maßgabe des § 47 der Verwaltungsgerichtsordnung auf Antrag über die Gültigkeit von Satzungen und anderen von den Gemeinden und Kreisen erlassenen Rechtsvorschriften.

§ 11. Erstinstanzliche Zuständigkeit des Oberverwaltungsgerichts. Das Oberverwaltungsgericht entscheidet im ersten Rechtszug auch über Streitigkeiten, die Besitzeinweisungen in den Fällen des § 48 Satz 1 der Verwaltungsgerichtsordnung betreffen.

§ 12. Überleitungsbestimmungen. (1) Die bei den Kreisgerichten – Kammern für Verwaltungsrecht – anhängigen Verfahren gehen in der Lage, in der sie sich befinden, auf das zuständige Verwaltungsgericht über.

(2) Die bei dem Bezirksgericht Magdeburg – Senat für Verwaltungsrecht – anhängigen Verfahren gehen in der Lage, in der sie sich befinden, auf das Oberverwaltungsgericht über.

Artikel 2. Änderung richterrechtlicher Vorschriften

(hier nicht abgedruckt)

Artikel 3. Inkrafttreten

Dieses Gesetz tritt mit Ausnahme des Artikels 2 am ersten Tage des auf die Verkündung folgenden Kalendermonats in Kraft. Artikel 2 tritt am Tage nach der Verkündung des Gesetzes in Kraft.

2.15. Schleswig-Holstein: Ausführungsgesetz zur Verwaltungsgerichtsordnung (AGVwGO)

Vom 6. März 1990
(GVOBl. S. 226, ber. S. 347)

Der Landtag hat das folgende Gesetz beschlossen:

§ 1. (1) Für das Land Schleswig-Holstein besteht ein Verwaltungsgericht in Schleswig. Es führt die Bezeichnung „Schleswig-Holsteinisches Verwaltungsgericht".

(2) Für das Land Schleswig-Holstein wird ein Oberverwaltungsgericht in Schleswig errichtet. Es führt die Bezeichnung „Schleswig-Holsteinisches Oberverwaltungsgericht". Das gemeinschaftliche Oberverwaltungsgericht für die Länder Niedersachsen und Schleswig-Holstein in Lüneburg wird für das Land Schleswig-Holstein aufgehoben.

§ 2. Oberste Dienstaufsichtsbehörde für die Gerichte der Verwaltungsgerichtsbarkeit ist die Justizministerin oder der Justizminister.

§ 3. (1) Die Senate des Oberverwaltungsgerichts entscheiden in der Besetzung von drei Richterinnen oder Richtern und zwei ehrenamtlichen Richterinnen oder Richtern.

(2) Bei Beschlüssen außerhalb der mündlichen Verhandlung und bei Vorbescheiden wirken die ehrenamtlichen Richterinnen und Richter nicht mit. Dies gilt nicht für Beschlüsse in Normenkontrollverfahren nach § 5.

§ 4. (1) Der Landtag oder ein von ihm bestimmter Landtagsausschuß wählt die Vertrauensleute sowie ihre Vertreterinnen und Vertreter für den bei dem Oberverwaltungsgericht zu bildenden Ausschuß für die Wahl der ehrenamtlichen Richterinnen und Richter für die Dauer von vier Jahren. Sie sind für denselben Zeitraum zugleich als Vertrauensleute für den beim Verwaltungsgericht zu bildenden Wahlausschuß gewählt. Eine Ersatzwahl kann nur für die verbleibende Wahlzeit der bereits gewählten Vertrauensleute vorgenommen werden.

(2) Um eine angemessene Vertretung der Einwohnerinnen und Einwohner des Gerichtsbezirks für die Vertrauensleute zu gewährleisten, wird je eine Vertrauensperson gewählt aus

1. dem Kreis Schleswig-Flensburg und der Stadt Flensburg,
2. den Kreisen Dithmarschen und Nordfriesland,
3. den Kreisen Pinneberg und Steinburg,
4. dem Kreis Rendsburg-Eckernförde und der Stadt Kiel,
5. den Kreisen Segeberg und Stormarn sowie der Stadt Neumünster,
6. den Kreisen Ostholstein und Plön,
7. dem Kreis Herzogtum Lauenburg und der Hansestadt Lübeck.

(3) Die Berufung in das Amt einer Vertrauensperson dürfen nur ablehnen

1. Geistliche und Religionsdienerinnen und Religionsdiener,
2. Personen, die in einem öffentlichen Amt ehrenamtlich tätig sind oder die acht Jahre lang ein öffentliches Amt ehrenamtlich ausgeübt haben,
3. Ärztinnen und Ärzte, Krankenpflegerinnen und Krankenpfleger, Hebammen und Geburtshelfer,
4. Apothekerinnen und Apotheker, die keine Gehilfinnen oder Gehilfen haben,
5. Personen, die das 65. Lebensjahr vollendet haben.

Im übrigen kann in besonderen Härtefällen von der Übernahme oder weiteren Ausübung des Amtes Befreiung gewährt werden.

(4) Die Landesregierung wird ermächtigt, durch Verordnung Vorschriften über die Wahl der Vertrauensleute zu erlassen.

(5) Die Wahlzeit der vor dem Inkrafttreten dieses Gesetzes gewählten Vertrauensleute und ihrer Vertreterinnen und Vertreter des jeweils bei dem Verwaltungsgericht und dem Oberverwaltungsgericht zu bildenden Ausschusses für die Wahl der ehrenamtlichen Richterinnen und Richter endet am 31. März 1991.

§ 5. Das Oberverwaltungsgericht entscheidet nach Maßgabe des § 47 der Verwaltungsgerichtsordnung über die Gültigkeit einer landesrechtlichen Verordnung oder einer anderen im Range unter dem Landesgesetz stehenden Rechtsvorschrift.

§ 6. Fähig, am Verfahren beteiligt zu sein, sind auch Landesbehörden. Die Klage ist gegen die Landesbehörde zu richten, die den angefochtenen Verwaltungsakt erlassen oder den beantragten Verwaltungsakt unterlassen hat.

§ 7. (1) Wer zur Kirchensteuer herangezogen ist, kann gegen die letztinstanzliche kirchliche Entscheidung binnen eines Monats nach deren Zustellung das Verwaltungsgericht unmittelbar anrufen.

(2) Soweit sich die Klage darauf stützt, daß die der Kirchensteuer zugrundeliegende Maßstabsteuer unrichtig festgesetzt ist, wird in dem für die Maßstabsteuer geltenden Verfahren entschieden.

§ 8. Alle am 31. März 1991 bei dem gemeinschaftlichen Oberverwaltungsgericht für die Länder Niedersachsen und Schleswig-Holstein anhängigen Verfahren aus Schleswig-Holstein gehen mit Inkrafttreten dieses Gesetzes auf das Schleswig-Holsteinische Oberverwaltungsgericht über.

§§ 9–12. *(Änderungsvorschriften)*

§ 13. Dieses Gesetz tritt mit Ausnahme von § 11 Nr. 1 und § 12 Nr. 1 am 1. April 1991 in Kraft. Gleichzeitig tritt das Ausführungsgesetz zur Verwaltungsgerichtsordnung vom 29. März 1960 (GVOBl. Schl.-H. S. 86), zuletzt geändert durch Gesetz vom 23. Dezember 1969 (GVOBl. Schl.-H. S. 280), außer Kraft. § 11 Nr. 1 und § 12 Nr. 1 treten am 1. Januar 1991 in Kraft.

2.16. Thüringen: Thüringer Gesetz zur Ausführung der Verwaltungsgerichtsordnung (ThürAGVwGO)

Vom 15. Dezember 1992

(GVBl. S. 576), geändert am 29. 9. 1998 (GVBl. S. 288)

§ 1. Errichtung, Namen und Bezirke der Gerichte. (1) In Thüringen werden drei Verwaltungsgerichte und ein Oberverwaltungsgericht errichtet.

(2) Die Verwaltungsgerichte haben ihren Sitz in Gera, Meiningen und Weimar. Sie führen den Namen der Gemeinde, in der sie ihren Sitz haben. Der jeweilige Verwaltungsgerichtsbezirk ergibt sich aus der Anlage zu diesem Gesetz.

(3) Das Oberverwaltungsgericht hat seinen Sitz in Weimar. Es führt die Bezeichnung „Thüringer Oberverwaltungsgericht".

(4) Die Zahl der Kammern und Senate bestimmt das für die Organisation der Gerichte zuständige Ministerium.

§ 2. Dienstaufsicht. Die Gerichte der allgemeinen Verwaltungsgerichtsbarkeit unterstehen der Dienstaufsicht des für die Organisation der Gerichte zuständigen Ministeriums.

§ 3. Urkundsbeamte. (1) Urkundsbeamte der Geschäftsstelle sind die Beamten des gehobenen und mittleren Justizdienstes bei den Verwaltungsgerichten und bei dem Thüringer Oberverwaltungsgericht.

(2) Mit der selbständigen Wahrnehmung von Aufgaben der Urkundsbeamten der Geschäftsstelle können bei Bedarf Angestellte der Verwaltungsgerichte und des Thüringer Oberverwaltungsgerichts widerruflich beauftragt werden.

§ 4. Zuständigkeit in Normenkontrollverfahren. Das Thüringer Oberverwaltungsgericht entscheidet nach Maßgabe des § 47 der Verwaltungsgerichtsordnung über die Gültigkeit von im Range unter dem Landesgesetz stehenden Rechtsvorschriften.

§ 5. Zuständigkeiten des Oberverwaltungsgerichts im ersten Rechtszug. Das Thüringer Oberverwaltungsgericht entscheidet im ersten Rechtszug auch über Streitigkeiten, die Besitzeinweisungen in den Fällen des § 48 Abs. 1 Satz 1 der Verwaltungsgerichtsordnung betreffen.

§ 6. Sachgebietszuweisungen. Im ersten Rechtszug ist abweichend von § 1 Abs. 2 Satz 3 das Verwaltungsgericht Meiningen zuständig für

1. Verfahren aus dem Bereich des Personalvertretungsrechts und für die den Verwaltungsgerichten übertragenen disziplinarrechtlichen Streitigkeiten,
2. berufsgerichtliche Verfahren nach dem Heilberufegesetz,
3. Streitigkeiten nach dem Beruflichen Rehabilitierungsgesetz und dem Verwaltungsrechtlichen Rehabilitierungsgesetz.

(2) Die Zuständigkeit für Streitigkeiten nach dem Asylverfahrensgesetz und dem Ausländergesetz richtet sich nach der von dem für die Organisation der Gerichte zuständigen Ministerium zu erlassenden Rechtsverordnung.

§ 7. Widerspruchsbescheid in Angelegenheiten der Wasser- und Bodenverbände. In Angelegenheiten der Wasser- und Bodenverbände erläßt den Widerspruchsbescheid die Aufsichtsbehörde.

§ 8. Rechtsbehelfe gegen Verwaltungsvollstreckungsmaßnahmen. Rechtsbehelfe, die sich gegen Maßnahmen in der Verwaltungsvollstreckung richten, haben keine aufschiebende Wirkung. § 80 Abs. 4 bis 7 der Verwaltungsgerichtsordnung gilt entsprechend.

§ 9. (Inkrafttreten)

Anlage
(zu § 1 Abs. 2 Satz 3)

Verwaltungsgericht[1]	Zuständigkeit für die Landkreise, kreisfreien Städte und Gemeinden
1. Gera	Landkreis Altenburger Land
	Landkreis Greiz
	Saale-Holzland-Kreis
	Saale-Orla-Kreis
	Landkreis Saalfeld-Rudolstadt
	kreisfreie Stadt Gera
	kreisfreie Stadt Jena
2. Meiningen	Landkreis Hildburghausen
	Landkreis Schmalkalden-Meiningen
	Landkreis Sonneberg
	Wartburgkreis
	kreisfreie Stadt Eisenach
	kreisfreie Stadt Suhl
3. Weimar	Landkreis Eichsfeld
	Landkreis Gotha
	Ilm-Kreis
	Kyffhäuserkreis
	Landkreis Nordhausen
	Landkreis Sömmerda
	Unstrut-Hainich-Kreis
	Landkreis Weimarer Land
	kreisfreie Stadt Erfurt
	kreisfreie Stadt Weimar

[1] Gebietsstand am 1. Januar 1998.

3. Vorschriften im Europarecht

3.1. Vertrag zur Gründung der Europäischen Gemeinschaft

(Auszug)

Art. 220 [Wahrung des Rechts] Der Gerichtshof sichert die Wahrung des Rechts bei der Auslegung und Anwendung dieses Vertrags.

Art. 221 [Besetzung des Gerichtshofes] Der Gerichtshof besteht aus fünfzehn Richtern.

Der Gerichtshof tagt in Vollsitzungen. Er kann jedoch aus seiner Mitte Kammern mit je drei, fünf oder sieben Richtern bilden, die bestimmte vorbereitende Aufgaben erledigen oder bestimmte Gruppen von Rechtssachen entscheiden; hierfür gelten die Vorschriften einer besonderen Regelung.

Der Gerichtshof tagt in Vollsitzungen, wenn ein Mitgliedstaat oder ein Organ der Gemeinschaft als Partei des Verfahrens dies verlangt.

Auf Antrag des Gerichtshofes kann der Rat einstimmig die Zahl der Richter erhöhen und die erforderlichen Anpassungen der Absätze 2 und 3 und des Artikels 223 Absatz 2 vornehmen.

Art. 222 [Generalanwälte] Der Gerichtshof wird von acht Generalanwälten unterstützt. Für die Zeit vom 1. Januar 1995 bis zum 6. Oktober 2000 wird jedoch ein neunter Generalanwalt ernannt.

Der Generalanwalt hat in völliger Unparteilichkeit und Unabhängigkeit begründete Schlußanträge zu den dem Gerichtshof unterbreiteten Rechtssachen öffentlich zu stellen, um den Gerichtshof bei der Erfüllung seiner in Artikel 220 bestimmten Aufgabe zu unterstützen.

Auf Antrag des Gerichtshofes kann der Rat einstimmig die Zahl der Generalanwälte erhöhen und die erforderlichen Anpassungen des Artikels 223 Absatz 3 vornehmen.

Art. 223 [Ernennung der Richter und Generalanwälte; Amtsdauer] Zu Richtern und Generalanwälten sind Persönlichkeiten auszuwählen, die jede Gewähr für Unabhängigkeit bieten und in ihrem Staat die für die höchsten richterlichen Ämter erforderlichen Voraussetzungen erfüllen oder Juristen von anerkannt hervorragender Befähigung sind; sie werden von den Regierungen der Mitgliedstaaten im gegenseitigen Einvernehmen auf sechs Jahre ernannt.

Alle drei Jahre findet eine teilweise Neubesetzung der Richterstellen statt. Sie betrifft abwechselnd acht und sieben Richter.

Alle drei Jahre findet eine teilweise Neubesetzung der Stellen der Generalanwälte statt. Sie betrifft jedesmal vier Generalanwälte.

Die Wiederernennung ausscheidender Richter und Generalanwälte ist zulässig.

Die Richter wählen aus ihrer Mitte den Präsidenten des Gerichtshofes für die Dauer von drei Jahren. Wiederwahl ist zulässig.

Art. 224 [Kanzler] Der Gerichtshof ernennt seinen Kanzler und bestimmt dessen Stellung.

Art. 225 [Gericht erster Instanz] (1) Dem Gerichtshof wird ein Gericht beigeordnet, das für Entscheidungen über einzelne, nach Absatz 2 festgelegte Gruppen von Klagen im ersten Rechtszug zuständig ist und gegen dessen Entscheidungen ein auf Rechtsfragen beschränktes Rechtsmittel beim Gerichtshof nach Maßgabe der Satzung eingelegt werden kann. Das Gericht erster Instanz ist nicht für Vorabentscheidungen nach Artikel 234 zuständig.

(2) Auf Antrag des Gerichtshofes und nach Anhörung des Europäischen Parlaments und der Kommission legt der Rat einstimmig die Gruppen von Klagen im Sinne des Absatzes 1 und die Zusammensetzung des Gerichts erster Instanz fest und beschließt die Anpassungen und ergänzenden Bestimmungen, die in bezug auf die Satzung des Gerichtshofes notwendig werden. Wenn der Rat nichts anderes beschließt, finden die den Gerichtshof betreffenden Bestimmungen dieses Vertrags und insbesondere die Bestimmungen des Protokolls über die Satzung des Gerichtshofes auf das Gericht erster Instanz Anwendung.

(3) Zu Mitgliedern des Gerichts erster Instanz sind Personen auszuwählen, die jede Gewähr für Unabhängigkeit bieten und über die Befähigung zur Ausübung richterlicher Tätigkeiten verfügen; sie werden von den Regierungen der Mitgliedstaaten im gegenseitigen Einvernehmen für sechs Jahre ernannt. Alle drei Jahre wird das Gericht teilweise neu besetzt. Die Wiederernennung ausscheidender Mitglieder ist zulässig.

(4) Das Gericht erster Instanz erläßt seine Verfahrensordnung im Einvernehmen mit dem Gerichtshof. Sie bedarf der einstimmigen Genehmigung des Rates.

Art. 226 [Anrufung des Gerichtshofs durch die Kommission] Hat nach Auffassung der Kommission ein Mitgliedstaat gegen eine Verpflichtung aus diesem Vertrag verstoßen, so gibt sie eine mit Gründen versehene Stellungnahme hierzu ab; sie hat dem Staat zuvor Gelegenheit zur Äußerung zu geben.

Kommt der Staat dieser Stellungnahme innerhalb der von der Kommission gesetzten Frist nicht nach, so kann die Kommission den Gerichtshof anrufen.

Art. 227 [Anrufung durch einen Mitgliedstaat] Jeder Mitgliedstaat kann den Gerichtshof anrufen, wenn er der Auffassung ist, daß ein anderer Mitgliedstaat gegen eine Verpflichtung aus diesem Vertrag verstoßen hat.

Bevor ein Mitgliedstaat wegen einer angeblichen Verletzung der Verpflichtungen aus diesem Vertrag gegen einen anderen Staat Klage erhebt, muß er die Kommission damit befassen.

Die Kommission erläßt eine mit Gründen versehene Stellungnahme; sie gibt den beteiligten Staaten zuvor Gelegenheit zu schriftlicher und mündlicher Äußerung in einem kontradiktorischen Verfahren.

Gibt die Kommission binnen drei Monaten nach dem Zeitpunkt, in dem ein entsprechender Antrag gestellt wurde, keine Stellungnahme ab, so kann ungeachtet des Fehlens der Stellungnahme vor dem Gerichtshof geklagt werden.

Art. 228 [Wirkung und Durchsetzung von Urteilen; Zwangsgeld] (1) Stellt der Gerichtshof fest, daß ein Mitgliedstaat gegen eine Verpflichtung aus diesem Vertrag verstoßen hat, so hat dieser Staat die Maßnahmen zu ergreifen, die sich aus dem Urteil des Gerichtshofes ergeben.

(2) Hat nach Auffassung der Kommission der betreffende Mitgliedstaat diese Maßnahmen nicht ergriffen, so gibt sie, nachdem sie ihm Gelegenheit zur Äußerung gegeben hat, eine mit Gründen versehene Stellungnahme ab, in der sie aufführt, in welchen Punkten der betreffende Mitgliedstaat dem Urteil des Gerichtshofes nicht nachgekommen ist.

Hat der betreffende Mitgliedstaat die Maßnahmen, die sich aus dem Urteil des Gerichtshofes ergeben, nicht innerhalb der von der Kommission gesetzten Frist getroffen, so kann die Kommission den Gerichtshof anrufen. Hierbei benennt sie die Höhe des von dem betreffenden Mitgliedstaat zu zahlenden Pauschalbetrags oder Zwangsgelds, die sie den Umständen nach für angemessen hält.

Stellt der Gerichtshof fest, daß der betreffende Mitgliedstaat seinem Urteil nicht nachgekommen ist, so kann er die Zahlung eines Pauschalbetrags oder Zwangsgelds verhängen.

Dieses Verfahren läßt den Artikel 227 unberührt.

Art. 229 [Ermessensnachprüfung; Zwangsmaßnahmen] Aufgrund dieses Vertrags vom Europäischen Parlament und vom Rat gemeinsam sowie vom Rat erlassene Verordnungen können hinsichtlich der darin vorgesehenen Zwangsmaßnahmen dem Gerichtshof eine Zuständigkeit übertragen, welche die Befugnis zu unbeschränkter Ermessensnachprüfung und zur Änderung oder Verhängung solcher Maßnahmen umfaßt.

Art. 230 [Weitere Zuständigkeit; Klagefrist] Der Gerichtshof überwacht die Rechtmäßigkeit der gemeinsamen Handlungen des Europäischen Parlaments und des Rates sowie der Handlungen des Rates, der Kommission und der EZB, soweit es sich nicht um Empfehlungen oder Stellungnahmen handelt, und der Handlungen des Europäischen Parlaments mit Rechtswirkung gegenüber Dritten.

Zu diesem Zweck ist der Gerichtshof für Klagen zuständig, die ein Mitgliedstaat, der Rat oder die Kommission wegen Unzuständigkeit, Verletzung wesentlicher Formvorschriften, Verletzung dieses Vertrags oder einer bei seiner Durchführung anzuwendenden Rechtsnorm oder wegen Ermessensmißbrauchs erhebt.

Der Gerichtshof ist unter den gleichen Voraussetzungen zuständig für Klagen des Europäischen Parlaments, des Rechnungshofs und der EZB, die auf die Wahrung ihrer Rechte abzielen.

Jede natürliche oder juristische Person kann unter den gleichen Voraussetzungen gegen die an sie ergangenen Entscheidungen sowie gegen diejenigen Entscheidungen Klage erheben, die, obwohl sie als Verordnung oder als eine an eine andere Person gerichtete Entscheidung ergangen sind, sie unmittelbar und individuell betreffen.

Die in diesem Artikel vorgesehenen Klagen sind binnen zwei Monaten zu erheben; diese Frist läuft je nach Lage des Falles von der Bekanntgabe der betreffenden Handlung, ihrer Mitteilung an den Kläger oder in Ermangelung dessen von dem Zeitpunkt an, zu dem der Kläger von dieser Handlung Kenntnis erlangt hat.

Art. 231 [Nichtigerklärung] Ist die Klage begründet, so erklärt der Gerichtshof die angefochtene Handlung für nichtig.

Erklärt der Gerichtshof eine Verordnung für nichtig, so bezeichnet er, falls er dies für notwendig hält, diejenigen ihrer Wirkungen, die als fortgeltend zu betrachten sind.

Art. 232 [Untätigkeitsklage] Unterläßt es das Europäische Parlament, der Rat oder die Kommission unter Verletzung dieses Vertrags, einen Beschluß zu fassen, so können die Mitgliedstaaten und die anderen Organe der Gemeinschaft beim Gerichtshof Klage auf Feststellung dieser Vertragsverletzung erheben.

Diese Klage ist nur zulässig, wenn das in Frage stehende Organ zuvor aufgefordert worden ist, tätig zu werden. Hat es binnen zwei Monaten nach dieser Aufforderung nicht Stellung genommen, so kann die Klage innerhalb einer weiteren Frist von zwei Monaten erhoben werden.

Jede natürliche oder juristische Person kann nach Maßgabe der Absätze 1 und 2 vor dem Gerichtshof Beschwerde darüber führen, dass ein Organ der Gemeinschaft es unterlassen hat, einen anderen Akt als eine Empfehlung oder eine Stellungnahme an sie zu richten.

Der Gerichtshof ist unter den gleichen Voraussetzungen zuständig für Klagen, die von der EZB in ihrem Zuständigkeitsbereich erhoben oder gegen sie angestrengt werden.

Art. 233 [Verpflichtung aus dem Urteil] Das oder die Organe, denen das für nichtig erklärte Handeln zur Last fällt oder deren Untätigkeit als vertragswidrig erklärt worden ist, haben die sich aus dem Urteil des Gerichtshofes ergebenden Maßnahmen zu ergreifen.

Diese Verpflichtung besteht unbeschadet der Verpflichtungen, die sich aus der Anwendung des Artikels 288 Absatz 2 ergeben.

Dieser Artikel gilt auch für die EZB.

Art. 234 [Vorabentscheidung] Der Gerichtshof entscheidet im Wege der Vorabentscheidung

a) über die Auslegung dieses Vertrags,
b) über die Gültigkeit und die Auslegung der Handlungen der Organe der Gemeinschaft und der EZB,
c) über die Auslegung der Satzungen der durch den Rat geschaffenen Einrichtungen, soweit diese Satzungen dies vorsehen.

Wird eine derartige Frage einem Gericht eines Mitgliedstaats gestellt und hält dieses Gericht eine Entscheidung darüber zum Erlaß seines Urteils für erforderlich, so kann es diese Frage dem Gerichtshof zur Entscheidung vorlegen.

Wird eine derartige Frage in einem schwebenden Verfahren bei einem einzelstaatlichen Gericht gestellt, dessen Entscheidungen selbst nicht mehr mit Rechtsmitteln des innerstaatlichen Rechts angefochten werden können, so ist dieses Gericht zur Anrufung des Gerichtshofes verpflichtet.

Art. 235 [Zuständigkeit bei Schadensersatzforderungen] Der Gerichtshof ist für Streitsachen über den in Artikel 288 Absatz 2 vorgesehenen Schadensersatz zuständig.

Art. 236 [Streitsachen zwischen Gemeinschaft und Bediensteten] Der Gerichtshof ist für alle Streitsachen zwischen der Gemeinschaft und deren Bediensteten innerhalb der Grenzen und nach Maßgabe der Bedingungen zuständig, die im Statut der Beamten festgelegt sind oder sich aus den Beschäftigungsbedingungen für die Bediensteten ergeben.

Art. 237 [Zuständigkeit für gewisse Streitsachen betreffend EIB und EZB] Der Gerichtshof ist nach Maßgabe der folgenden Bestimmungen zuständig in Streitsachen über

a) die Erfüllung der Verpflichtungen der Mitgliedstaaten aus der Satzung der Europäischen Investitionsbank. Der Verwaltungsrat der Bank besitzt hierbei die der Kommission in Artikel 226 übertragenen Befugnisse;
b) die Beschlüsse des Rates der Gouverneure der Europäischen Investitionsbank. Jeder Mitgliedstaat, die Kommission und der Verwaltungsrat der Bank können hierzu nach Maßgabe des Artikels 230 Klage erheben;
c) die Beschlüsse des Verwaltungsrats der Europäischen Investitionsbank. Diese können nach Maßgabe des Artikels 230 nur von Mitgliedstaaten oder der Kommission und lediglich wegen Verletzung der Formvorschriften des Artikels 21 Absätze 2 und 5 bis 7 der Satzung der Investitionsbank angefochten werden;
d) die Erfüllung der sich aus diesem Vertrag und der Satzung des ESZB ergebenden Verpflichtungen durch die nationalen Zentralbanken. Der Rat der EZB besitzt hierbei gegenüber den nationalen Zentralbanken die Befugnisse, die der Kommissi-

on in Artikel 226 gegenüber den Mitgliedstaaten eingeräumt werden. Stellt der Gerichtshof fest, daß eine nationale Zentralbank gegen eine Verpflichtung aus diesem Vertrag verstoßen hat, so hat diese Bank die Maßnahmen zu ergreifen, die sich aus dem Urteil des Gerichtshofes ergeben.

Art. 238 [Zuständigkeit auf Grund einer Schiedsklausel] Der Gerichtshof ist für Entscheidungen aufgrund einer Schiedsklausel zuständig, die in einem von der Gemeinschaft oder für ihre Rechnung abgeschlossenen öffentlich-rechtlichen oder privatrechtlichen Vertrag enthalten ist.

Art. 239 [Zuständigkeit auf Grund eines Schiedsvertrags] Der Gerichtshof ist für jede mit dem Gegenstand dieses Vertrags in Zusammenhang stehende Streitigkeit zwischen Mitgliedstaaten zuständig, wenn diese bei ihm aufgrund eines Schiedsvertrags anhängig gemacht wird.

Art. 240 [Zuständigkeit einzelstaatlicher Gerichte] Soweit keine Zuständigkeit des Gerichtshofes aufgrund dieses Vertrags besteht, sind Streitsachen, bei denen die Gemeinschaft Partei ist, der Zuständigkeit der einzelstaatlichen Gerichte nicht entzogen.

Art. 241 [Geltendmachung der Unanwendbarkeit einer VO] Ungeachtet des Ablaufs der in Artikel 230 Absatz 5 genannten Frist kann jede Partei in einem Rechtsstreit, bei dem es auf die Geltung einer vom Europäischen Parlament und vom Rat gemeinsam erlassenen Verordnung oder einer Verordnung des Rates, der Kommission oder der EZB ankommt, vor dem Gerichtshof die Unanwendbarkeit dieser Verordnung aus den in Artikel 230 Absatz 2 genannten Gründen geltend machen.

Art. 242 [Keine aufschiebende Wirkung; Aussetzung] Klagen bei dem Gerichtshof haben keine aufschiebende Wirkung. Der Gerichtshof kann jedoch, wenn er dies den Umständen nach für nötig hält, die Durchführung der angefochtenen Handlung aussetzen.

Art. 243 [Einstweilige Anordnung] Der Gerichtshof kann in den bei ihm anhängigen Sachen die erforderlichen einstweiligen Anordnungen treffen.

Art. 244 [Vollstreckbarkeit der Urteile] Die Urteile des Gerichtshofes sind gemäß Artikel 256 vollstreckbar.

Art. 245 [Satzung und Verfahrensordnung] Die Satzung des Gerichtshofes wird in einem besonderen Protokoll festgelegt.

Der Rat kann auf Antrag des Gerichtshofes und nach Anhörung der Kommission und des Europäischen Parlaments einstimmig die Bestimmungen des Titels III der Satzung ändern.

Der Gerichtshof erläßt seine Verfahrensordnung. Sie bedarf der einstimmigen Genehmigung des Rates.

3.2. Vertrag von Nizza zur Änderung des Vertrages über die Europäische Union, die Verträge zur Gründung der Europäischen Gemeinschaften sowie einiger damit zusammenhängender Rechtsakte

(Auszug)

(Hinweis: Der Vertrag von Nizza war zum Zeitpunkt der Drucklegung noch nicht von allen Mitgliedsstaaten ratifiziert und daher noch nicht in Kraft getreten)

Erster Teil. Sachdienliche Änderungen

…

Artikel 2. Der Vertrag zur Gründung der Europäischen Gemeinschaft wird nach Maßgabe dieses Artikels geändert.

…

26. Artikel 220 erhält folgende Fassung:

„*Artikel 220*

Der Gerichtshof und das Gericht erster Instanz sichern im Rahmen ihrer jeweiligen Zuständigkeiten die Wahrung des Rechts bei der Auslegung und Anwendung dieses Vertrags.

Außerdem können dem Gericht erster Instanz nach Maßgabe des Artikels 225 a gerichtliche Kammern beigeordnet werden, die in einigen besonderen Bereichen in diesem Vertrag vorgesehene gerichtliche Zuständigkeiten ausüben."

27. Artikel 221 erhält folgende Fassung:

„*Artikel 221*

Der Gerichtshof besteht aus einem Richter je Mitgliedstaat.

Der Gerichtshof tagt in Kammern oder als Große Kammer entsprechend den hierfür in der Satzung des Gerichtshofs vorgesehenen Regeln.

Wenn die Satzung es vorsieht, kann der Gerichtshof auch als Plenum tagen."

28. Artikel 222 erhält folgende Fassung:

„*Artikel 222*

Der Gerichtshof wird von acht Generalanwälten unterstützt. Auf Antrag des Gerichtshofs kann der Rat einstimmig die Zahl der Generalanwälte erhöhen.

Der Generalanwalt hat öffentlich in völliger Unparteilichkeit und Unabhängigkeit begründete Schlußanträge zu den Rechtssachen zu stellen, in denen nach der Satzung des Gerichtshofs seine Mitwirkung erforderlich ist."

29. Artikel 223 erhält folgende Fassung:

„*Artikel 223*

Zu Richtern und Generalanwälten des Gerichtshofs sind Persönlichkeiten auszuwählen, die jede Gewähr für Unabhängigkeit bieten und in ihrem Staat die für die höchsten richterlichen Ämter erforderlichen Voraussetzungen erfüllen oder Juristen von anerkannt hervorragender Befähigung sind; sie werden von den Regierungen der Mitgliedstaaten im gegenseitigen Einvernehmen auf sechs Jahre ernannt.

Alle drei Jahre findet nach Maßgabe der Satzung des Gerichtshofs eine teilweise Neubesetzung der Stellen der Richter und Generalanwälte statt.

Die Richter wählen aus ihrer Mitte den Präsidenten des Gerichtshofs für die Dauer von drei Jahren. Wiederwahl ist zulässig.
Die Wiederernennung ausscheidender Richter und Generalanwälte ist zulässig. Der Gerichtshof ernennt seinen Kanzler und bestimmt dessen Stellung.
Der Gerichtshof erlässt seine Verfahrensordnung. Sie bedarf der Genehmigung des Rates, der darüber mit qualifizierter Mehrheit entscheidet."

30. Artikel 224 erhält folgende Fassung:
„Artikel 224
Das Gericht erster Instanz besteht aus mindestens einem Richter je Mitgliedstaat. Die Zahl der Richter wird in der Satzung des Gerichtshofs festgelegt. In der Satzung kann vorgesehen werden, dass das Gericht von Generalanwälten unterstützt wird.
Zu Mitgliedern des Gerichts erster Instanz sind Personen auszuwählen, die jede Gewähr für Unabhängigkeit bieten und über die Befähigung zur Ausübung hoher richterlicher Tätigkeiten verfügen. Sie werden von den Regierungen der Mitgliedstaaten im gegenseitigen Einvernehmen für sechs Jahre ernannt. Alle drei Jahre wird das Gericht teilweise neu besetzt. Die Wiederernennung ausscheidender Mitglieder ist zulässig.
Die Richter wählen aus ihrer Mitte den Präsidenten des Gerichts erster Instanz für die Dauer von drei Jahren. Wiederwahl ist zulässig.
Das Gericht erster Instanz ernennt seinen Kanzler und bestimmt dessen Stellung.
Das Gericht erster Instanz erlässt seine Verfahrensordnung im Einvernehmen mit dem Gerichtshof. Sie bedarf der Genehmigung des Rates, der darüber mit qualifizierter Mehrheit entscheidet. Soweit die Satzung des Gerichtshofs nichts anderes vorsieht, finden die den Gerichtshof betreffenden Bestimmungen dieses Vertrags auf das Gericht erster Instanz Anwendung."

31. Artikel 225 erhält folgende Fassung:
„Artikel 225
(1) Das Gericht erster Instanz ist für Entscheidungen im ersten Rechtszug über die in den Artikeln 230, 232, 235, 236 und 238 genannten Klagen zuständig, mit Ausnahme derjenigen Klagen, die einer gerichtlichen Kammer übertragen werden, und der Klagen, die gemäß der Satzung dem Gerichtshof vorbehalten sind. In der Satzung kann vorgesehen werden, dass das Gericht erster Instanz für andere Kategorien von Klagen zuständig ist.
Gegen die Entscheidungen des Gerichts erster Instanz aufgrund dieses Absatzes kann nach Maßgabe der Bedingungen und innerhalb der Grenzen, die in der Satzung vorgesehen sind, beim Gerichtshof ein auf Rechtsfragen beschränktes Rechtsmittel eingelegt werden.
(2) Das Gericht erster Instanz ist für Entscheidungen über Rechtsmittel gegen die Entscheidungen der nach Artikel 225 a gebildeten gerichtlichen Kammern zuständig.
Die Entscheidungen des Gerichts erster Instanz aufgrund dieses Absatzes können nach Maßgabe der Bedingungen und innerhalb der Grenzen, die in der Satzung vorgesehen sind, in Ausnahmefällen vom Gerichtshof überprüft werden, wenn die ernste Gefahr besteht, dass die Einheit oder Kohärenz des Gemeinschaftsrechts berührt wird.
(3) Das Gericht erster Instanz ist in besonderen in der Satzung festgelegten Sachgebieten für Vorabentscheidungen nach Artikel 234 zuständig.
Wenn das Gericht erster Instanz der Auffassung ist, dass eine Rechtssache eine Grundsatzentscheidung erfordert, die die Einheit oder die Kohärenz des Gemein-

schaftsrechts berühren könnte, kann es die Rechtssache zur Entscheidung an den Gerichtshof verweisen.
Die Entscheidungen des Gerichts erster Instanz über Anträge auf Vorabentscheidung können nach Maßgabe der Bedingungen und innerhalb der Grenzen, die in der Satzung vorgesehen sind, in Ausnahmefällen vom Gerichtshof überprüft werden, wenn die ernste Gefahr besteht, dass die Einheit oder die Kohärenz des Gemeinschaftsrechts berührt wird."

32. Folgender Artikel wird eingefügt:

„*Artikel 225 a*
Der Rat kann durch einstimmigen Beschluss auf Vorschlag der Kommission und nach Anhörung des Europäischen Parlaments und des Gerichtshofs oder auf Antrag des Gerichtshofs und nach Anhörung des Europäischen Parlaments und der Kommission gerichtliche Kammern bilden, die für Entscheidungen im ersten Rechtszug über bestimmte Kategorien von Klagen zuständig sind, die in besonderen Sachgebieten erhoben werden.
In dem Beschluss über die Bildung einer gerichtlichen Kammer werden die Regeln für die Zusammensetzung dieser Kammer und der ihr übertragene Zuständigkeitsbereich festgelegt.
Gegen die Entscheidungen der gerichtlichen Kammern kann vor dem Gericht erster Instanz ein auf Rechtsfragen beschränktes Rechtsmittel oder, wenn der Beschluss über die Bildung der Kammer dies vorsieht, ein auch Sachfragen betreffendes Rechtsmittel eingelegt werden.
Zu Mitgliedern der gerichtlichen Kammern sind Personen auszuwählen, die jede Gewähr für Unabhängigkeit bieten und über die Befähigung zur Ausübung richterlicher Tätigkeiten verfügen. Sie werden einstimmig vom Rat ernannt.
Die gerichtlichen Kammern erlassen ihre Verfahrensordnung im Einvernehmen mit dem Gerichtshof. Diese Verfahrensordnung bedarf der Genehmigung des Rates, der darüber mit qualifizierter Mehrheit entscheidet.
Soweit der Beschluss über die Bildung der gerichtlichen Kammer nichts anderes vorsieht, finden die den Gerichtshof betreffenden Bestimmungen dieses Vertrags und die Satzung des Gerichtshofs auf die gerichtlichen Kammern Anwendung."

33. Folgender Artikel wird eingefügt:

„*Artikel 229 a*
Unbeschadet der sonstigen Bestimmungen dieses Vertrags kann der Rat auf Vorschlag der Kommission nach Anhörung des Europäischen Parlaments einstimmig Bestimmungen erlassen, mit denen dem Gerichtshof in dem vom Rat festgelegten Umfang die Zuständigkeit übertragen wird, über Rechtsstreitigkeiten im Zusammenhang mit der Anwendung von aufgrund dieses Vertrags erlassenen Rechtsakten, mit denen gemeinschaftliche Titel für den gewerblichen Rechtsschutz geschaffen werden, zu entscheiden. Der Rat empfiehlt den Mitgliedstaaten, diese Bestimmungen gemäß ihren verfassungsrechtlichen Vorschriften anzunehmen."

34. Artikel 230 Absätze 2 und 3 erhält folgende Fassung:

„Zu diesem Zweck ist der Gerichtshof für Klagen zuständig, die ein Mitgliedstaat, das Europäische Parlament, der Rat oder die Kommission wegen Unzuständigkeit, Verletzung wesentlicher Formvorschriften, Verletzung dieses Vertrags oder einer bei seiner Durchführung anzuwendenden Rechtsnorm oder wegen Ermessensmissbrauchs erhebt.
Der Gerichtshof ist unter den gleichen Voraussetzungen zuständig für Klagen des Rechnungshofs und der EZB, die auf die Wahrung ihrer Rechte abzielen."

35. Artikel 245 erhält folgende Fassung:

„*Artikel 245*

Die Satzung des Gerichtshofs wird in einem besonderen Protokoll festgelegt.

Der Rat kann auf Antrag des Gerichtshofs und nach Anhörung des Europäischen Parlaments und der Kommission oder auf Antrag der Kommission und nach Anhörung des Europäischen Parlaments und des Gerichtshofs einstimmig die Satzung mit Ausnahme ihres Titels I ändern."

3.3. Protokoll über die Satzung des Gerichtshofes der Europäischen Gemeinschaft

Vom 17. April 1957

(BGBl. II S. 1166), zuletzt geändert durch den Amsterdamer Vertrag vom 2. 10. 1997 (BGBl. 1998 II S. 387)

(Hinweis: Durch den Vertrag von Nizza wird das Protokoll über die Satzung des Gerichtshofes geändert. Zum Zeitpunkt der Drucklegung war der Vertrag von Nizza jedoch noch nicht von allen Mitgliedstaaten ratifiziert und daher noch nicht in Kraft getreten)

DIE HOHEN VERTRAGSPARTEIEN DES VERTRAGS ZUR GRÜNDUNG DER EUROPÄISCHEN WIRTSCHAFTSGEMEINSCHAFT –

IN DEM WUNSCH, die in Artikel 245 dieses Vertrags vorgesehene Satzung des Gerichtshofs festzulegen

Sind über folgende Bestimmungen ÜBEREINGEKOMMEN, die dem Vertrag zur Gründung der Europäischen Gemeinschaft als Anhang beigefügt sind:

Art. 1. [Geltung der Satzung] Für die Errichtung und die Tätigkeit des durch Artikel 7 dieses Vertrags geschaffenen Gerichtshofs gelten die Bestimmungen dieses Vertrags und dieser Satzung.

Titel I. Die Richter und Generalanwälte

Art. 2. [Eidesleistung der Richter] Jeder Richter leistet vor Aufnahme seiner Amtstätigkeit in öffentlicher Sitzung den Eid, sein Amt unparteiisch und gewissenhaft auszuüben und das Beratungsgeheimnis zu wahren.

Art. 3. [Immunität der Richter] Die Richter sind keiner Gerichtsbarkeit unterworfen. Hinsichtlich ihrer in amtlicher Eigenschaft vorgenommenen Handlungen, einschließlich ihrer mündlichen und schriftlichen Äußerungen, steht ihnen diese Befreiung auch nach Abschluß ihrer Amtstätigkeit zu.

Der Gerichtshof kann die Befreiung durch Plenarentscheidung aufheben.

Wird nach Aufhebung der Befreiung ein Strafverfahren gegen einen Richter eingeleitet, so darf dieser in jedem Mitgliedstaat nur vor ein Gericht gestellt werden, das für Verfahren gegen Richter der höchsten Gerichte dieses Mitgliedstaates zuständig ist.

Die Artikel 12 bis 15 und 18 des Protokolls über die Vorrechte und Befreiungen der Europäischen Gemeinschaft finden auf die Richter, die Generalanwälte, den Kanzler und die Hilfsberichterstatter des Gerichtshofes Anwendung; die Bestimmungen der Absätze 1 bis 3 betreffend die Befreiung der Richter von der Gerichtsbarkeit bleiben hiervon unberührt.

Art. 4. [Verbot der Übernahme eines politischen Amtes und einer anderen Berufstätigkeit] Die Richter dürfen weder ein politisches Amt noch ein Amt in der Verwaltung ausüben.

Sie dürfen keine entgeltliche oder unentgeltliche Berufstätigkeit ausüben, es sei denn, daß der Rat ausnahmsweise von dieser Vorschrift Befreiung erteilt.

Bei der Aufnahme ihrer Tätigkeit übernehmen sie die feierliche Verpflichtung, während der Ausübung und nach Ablauf ihrer Amtstätigkeit die sich aus ihrem Amt ergebenden Pflichten zu erfüllen, insbesondere die Pflicht, bei der Annahme gewisser Tätigkeiten oder Vorteile nach Ablauf dieser Tätigkeit ehrenhaft und zurückhaltend zu sein.

Im Zweifelsfalle entscheidet der Gerichtshof.

Art. 5. [Beendigung des Richteramtes] Abgesehen von den regelmäßigen Neubesetzungen und von Todesfällen endet das Amt eines Richters durch Rücktritt.

Bei Rücktritt eines Richters ist das Rücktrittsschreiben an den Präsidenten des Gerichtshofs zur Weiterleitung an den Präsidenten des Rates zu richten. Mit der Benachrichtigung des letzteren wird der Sitz frei.

Mit Ausnahme der Fälle, in denen Artikel 6 Anwendung findet, bleibt jeder Richter bis zum Amtsantritt seines Nachfolgers im Amt.

Art. 6. [Amtsenthebung] Ein Richter kann nur dann seines Amtes enthoben oder seiner Ruhegehaltsansprüche oder anderer an ihrer Stelle gewährter Vergünstigungen für verlustig erklärt werden, wenn er nach einstimmigem Urteil der Richter und der Generalanwälte des Gerichtshofs nicht mehr die erforderlichen Voraussetzungen erfüllt oder den sich aus seinem Amt ergebenden Verpflichtungen nicht mehr nachkommt. Der Betroffene wirkt bei der Beschlußfassung nicht mit.

Der Kanzler bringt den Präsidenten der Versammlung und der Kommission die Entscheidung des Gerichtshofs zur Kenntnis und übermittelt sie dem Präsidenten des Rates.

Wird durch eine solche Entscheidung ein Richter seines Amtes enthoben, so wird sein Sitz mit der Benachrichtigung des Präsidenten des Rates frei.

Art. 7. [Neubesetzung] Endet das Amt eines Richters vor Ablauf seiner Amtszeit, so wird es für die verbleibende Amtszeit neu besetzt.

Art. 8. [Entsprechende Anwendung für Generalanwälte] Die Artikel 2 bis 7 finden auf die Generalanwälte Anwendung.

Titel II. Organisation

Art. 9. [Vereidigung des Kanzlers] Der Kanzler leistet vor dem Gerichtshof den Eid, sein Amt unparteiisch und gewissenhaft auszuüben und das Beratungsgeheimnis zu wahren.

Art. 10. [Vertretung des Kanzlers] Der Gerichtshof regelt die Vertretung des Kanzlers für den Fall seiner Verhinderung.

Art. 11. [Beamte u. sonstige Bedienstete] Dem Gerichtshof werden Beamte und sonstige Bedienstete beigegeben, um ihm die Erfüllung seiner Aufgaben zu ermöglichen. Sie unterstehen dem Kanzler unter Aufsicht des Präsidenten.

Art. 12. [Hilfsberichterstatter] Der Rat kann durch einstimmigen Beschluß auf Vorschlag des Gerichtshofs die Ernennung von Hilfsberichterstattern vorsehen und ihre Stellung bestimmen. Die Hilfsberichterstatter können nach Maßgabe der Verfahrensordnung berufen werden, an der Bearbeitung der beim Gerichtshof anhängigen Sachen teilzunehmen und mit dem Berichterstatter zusammenzuarbeiten.

Zu Hilfsberichterstattern sind Persönlichkeiten auszuwählen, die jede Gewähr für Unabhängigkeit bieten und die erforderlichen juristischen Befähigungsnachweise erbringen; sie werden vom Rat ernannt. Sie leisten vor dem Gerichtshof den Eid, ihr Amt unparteiisch und gewissenhaft auszuüben und das Beratungsgeheimnis zu wahren.

Art. 13. [Wohnsitz der Richter, Generalanwälte und des Kanzlers] Die Richter, die Generalanwälte und der Kanzler sind verpflichtet, am Sitz des Gerichtshofs zu wohnen.

Art. 14. [Gerichtsferien] Der Gerichtshof übt seine Tätigkeit ständig aus. Die Dauer der Gerichtsferien wird vom Gerichtshof unter Berücksichtigung der dienstlichen Erfordernisse festgesetzt.

Art. 15. [Besetzung des Gerichtshofs und der Kammern] Der Gerichtshof kann nur in der Besetzung mit einer ungeraden Zahl von Richtern rechtswirksam entscheiden. Die in Vollsitzungen getroffenen Entscheidungen des Gerichtshofs sind gültig, wenn neun Richter anwesend sind. Die Entscheidungen der Kammern mit drei oder fünf Richtern sind nur dann gültig, wenn sie von drei Richtern getroffen werden. Die Entscheidungen der Kammern mit sieben Richtern sind nur dann gültig, wenn sie von fünf Richtern getroffen werden. Bei Verhinderung eines Richters einer Kammer kann nach Maßgabe der Verfahrensordnung ein Richter einer anderen Kammer herangezogen werden.

Art. 16. [Befangenheit und Ablehnung von Richtern] Die Richter und Generalanwälte dürfen nicht an der Erledigung einer Sache teilnehmen, in der sie vorher als Bevollmächtigte, Beistände oder Anwälte einer der Parteien tätig gewesen sind oder über die zu befinden sie als Mitglied eines Gerichts, eines Untersuchungsausschusses oder in anderer Eigenschaft berufen waren.

Glaubt ein Richter oder Generalanwalt bei der Entscheidung oder Untersuchung einer bestimmten Sache nicht mitwirken zu können, so macht er davon dem Präsidenten Mitteilung. Hält der Präsident die Teilnahme eines Richters oder Generalanwalts an der Verhandlung oder Entscheidung einer bestimmten Sache aus einem besonderen Grund für unangebracht, so setzt er diesen hiervon in Kenntnis.

Ergibt sich bei der Anwendung dieses Artikels eine Schwierigkeit, so entscheidet der Gerichtshof.

Eine Partei kann den Antrag auf Änderung der Zusammensetzung des Gerichtshofs oder einer seiner Kammern weder mit der Staatsangehörigkeit eines Richters noch damit begründen, dass dem Gerichtshof oder einer seiner Kammern kein Richter ihrer Staatsangehörigkeit angehört.

Titel III. Verfahren

Art. 17. [Bevollmächtigte, Beistände und Anwälte] Die Staaten sowie die Organe der Gemeinschaft werden vor dem Gerichtshof durch einen Bevollmächtigten vertreten, der für jede Sache bestellt wird; der Bevollmächtigte kann sich der Hilfe eines Beistands oder eines Anwalts bedienen.

Die Vertragsstaaten des Abkommens über den Europäischen Wirtschaftsraum, die nicht Mitgliedstaaten sind, und die in diesem Abkommen genannte EFTA-Überwachungsbehörde werden in der gleichen Weise vertreten.

Die anderen Parteien müssen durch einen Anwalt vertreten sein.

Nur ein Anwalt, der berechtigt ist, vor einem Gericht eines Mitgliedstaats oder eines anderen Vertragsstaats des Abkommens über den Europäischen Wirtschaftsraum aufzutreten, kann vor dem Gerichtshof als Vertreter oder Beistand einer Partei auftreten.

Die vor dem Gerichtshof auftretenden Bevollmächtigten, Beistände und Anwälte genießen nach Maßgabe der Verfahrensordnung die zur unabhängigen Ausübung ihrer Aufgaben erforderlichen Rechte und Sicherheiten.

Der Gerichtshof hat nach Maßgabe dieser Verfahrensordnung gegenüber den vor ihm auftretenden Beiständen und Anwälten die den Gerichten üblicherweise zuerkannten Befugnisse.

Hochschullehrer, die Angehörige von Mitgliedstaaten sind, deren Rechtsordnung ihnen gestattet, vor Gericht als Vertreter einer Partei aufzutreten, haben vor dem Gerichtshof die durch diesen Artikel den Anwälten eingeräumte Rechtsstellung.

Art. 18. [Schriftliches und mündliches Verfahren] Das Verfahren vor dem Gerichtshof gliedert sich in ein schriftliches und ein mündliches Verfahren.

Das schriftliche Verfahren umfaßt die Übermittlung der Klageschriften, Schriftsätze, Klagebeantwortungen und Erklärungen und gegebenenfalls der Repliken sowie aller zur Unterstützung vorgelegten Belegstücke und Urkunden oder ihrer beglaubigten Belegstücke und Urkunden oder ihrer beglaubigten Abschriften an die Parteien sowie an diejenigen Organe der Gemeinschaft, deren Entscheidungen Gegenstand des Verfahrens sind.

Die Übermittlung obliegt dem Kanzler in der Reihenfolge und innerhalb der Fristen, welche die Verfahrensordnung bestimmt.

Das mündliche Verfahren umfaßt die Verlesung des von einem Berichterstatter vorgelegten Berichts, die Anhörung der Bevollmächtigten, Beistände und Anwälte und der Schlußanträge des Generalanwalts durch den Gerichtshof sowie gegebenenfalls die Vernehmung von Zeugen und Sachverständigen.

Art. 19. [Klageerhebung] Die Klageerhebung beim Gerichtshof erfolgt durch Einreichung einer an den Kanzler zu richtenden Klageschrift. Die Klageschrift muß Namen und Wohnsitz des Klägers, die Stellung des Unterzeichnenden, die Partei oder die Parteien, gegen welche die Klage erhoben wird, und den Streitgegenstand angeben sowie die Anträge und eine kurze Darstellung der Klagegründe enthalten.

Art. 20. [Anrufung des Gerichtshofs durch ein Gericht eines Mitgliedstaates] In den in Artikel 234 dieses Vertrags geregelten Fällen obliegt es dem Gericht des Mitgliedstaats, das ein Verfahren aussetzt und den Gerichtshof anruft, diese Entscheidung dem Gerichtshof zu übermitteln. Der Kanzler des Gerichtshofs stellt diese Entscheidung den beteiligten Parteien, den Mitgliedstaaten und der Kommission zu und außerdem dem Rat oder der Europäischen Zentralbank, sofern die Gültigkeit oder Auslegung einer Handlung des Rates oder der Europäischen Zentralbank streitig ist, sowie dem Europäischen Parlament und dem Rat, sofern die Gültigkeit oder Auslegung einer von diesen beiden Organen gemeinsam erlassenen Handlung streitig ist.

Binnen zwei Monaten nach dieser Zustellung können die Parteien, die Mitgliedstaaten, die Kommission und gegebenenfalls das Europäische Parlament, der Rat und die Europäische Zentralbank beim Gerichtshof Schriftsätze einreichen oder schriftliche Erklärungen abgeben.

Der Kanzler des Gerichtshofes stellt die Entscheidung des Gerichts des Mitgliedstaats darüber hinaus den Vertragsstaaten des Abkommens über den Europäischen Wirtschaftsraum, die nicht Mitgliedstaaten sind, und der in diesem Abkommen genannten EFTA-Überwachungsbehörde zu, die binnen zwei Monaten nach der Zustellung beim Gerichtshof Schriftsätze einreichen oder schriftliche Erklärungen abgeben können, wenn einer der Anwendungsbereiche des Abkommens betroffen ist.

Art. 21. [Recht zur Einholung von Auskünften und Urkunden] Der Gerichtshof kann von den Parteien die Vorlage aller Urkunden und die Erteilung aller Auskünfte verlangen, die er für wünschenswert hält. Im Falle einer Weigerung stellt der Gerichtshof diese ausdrücklich fest.

Der Gerichtshof kann ferner von den Mitgliedstaaten und den Organen, die nicht Parteien in einem Rechtsstreit sind, alle Auskünfte verlangen, die er für die Regelung dieses Rechtsstreits als erforderlich erachtet.

Art. 22. [Einholung von Gutachten] Der Gerichtshof kann jederzeit Personen, Personengemeinschaften, Dienststellen, Ausschüsse oder Einrichtungen seiner Wahl mit der Abgabe von Gutachten betrauen.

Art. 23. [Zeugenvernehmung] Zeugen können nach Maßgabe der Verfahrensordnung vernommen werden.

Art. 24. [Befugnisse gegen ausbleibende Zeugen] Nach Maßgabe der Verfahrensordnung kann der Gerichtshof gegenüber ausbleibenden Zeugen die den Gerichten allgemein zuerkannten Befugnisse ausüben und Geldbußen verhängen.

Art. 25. [Eidliche Vernehmung von Zeugen u. Sachverständigen] Zeugen und Sachverständige können unter Benutzung der in der Verfahrensordnung vorgeschriebenen Eidesformel oder in der in der Rechtsordnung ihres Landes vorgesehenen Weise eidlich vernommen werden.

Art. 26. [Vernehmung v. Zeugen u. Sachverständigen am Wohnsitz] Der Gerichtshof kann anordnen, daß ein Zeuge oder Sachverständiger von dem Gericht seines Wohnsitzes vernommen wird.

Diese Anordnung ist gemäß den Bestimmungen der Verfahrensordnung zur Ausführung an das zuständige Gericht zu richten. Die in Ausführung des Rechtshilfeersuchens abgefaßten Schriftstücke werden dem Gerichtshof nach denselben Bestimmungen übermittelt.

Der Gerichtshof übernimmt die anfallenden Auslagen; er erlegt sie gegebenenfalls den Parteien auf.

Art. 27. [Behandlung von Eidesverletzungen] Jeder Mitgliedstaat behandelt die Eidesverletzung eines Zeugen oder Sachverständigen wie eine vor seinen eigenen in Zivilsachen zuständigen Gerichten begangene Straftat. Auf Anzeige des Gerichtshofs verfolgt er den Täter vor seinen zuständigen Gerichten.

Art. 28. [Öffentlichkeit der Verhandlungen] Die Verhandlung ist öffentlich, es sei denn, daß der Gerichtshof von Amts wegen oder auf Antrag der Parteien aus wichtigen Gründen anders beschließt.

Art. 29. [Vernehmung von Sachverständigen, Zeugen u. Parteien während der Verhandlung] Der Gerichtshof kann während der Verhandlung Sachverständige, Zeugen sowie die Parteien selbst vernehmen. Für die letzteren können jedoch nur ihre bevollmächtigten Vertreter mündlich verhandeln.

Art. 30. [Protokoll der mündlichen Verhandlung] Über jede mündliche Verhandlung ist ein vom Präsidenten und vom Kanzler zu unterschreibendes Protokoll aufzunehmen.

Art. 31. [Terminliste] Die Terminliste wird vom Präsidenten festgelegt.

Art. 32. [Geheime Beratung] Die Beratungen des Gerichtshofs sind und bleiben geheim.

Art. 33. [Begründung der Urteile] Die Urteile sind mit Gründen zu versehen. Sie enthalten die Namen der Richter, die bei der Entscheidung mitgewirkt haben.

Art. 34. [Unterzeichnung und Verlesung der Urteile] Die Urteile sind vom Präsidenten und vom Kanzler zu unterschreiben. Sie werden in öffentlicher Sitzung verlesen.

Art. 35. [Entscheidung über die Kosten] Der Gerichtshof entscheidet über die Kosten.

Art. 36. [Abgekürztes Verfahren] Der Präsident des Gerichtshofs kann nach einem abgekürzten Verfahren, das erforderlichenfalls von einzelnen Bestimmungen dieser Satzung abweichen kann und in der Verfahrensordnung geregelt ist, über Anträge auf Aussetzung gemäß Artikel 242 dieses Vertrags, auf Erlaß einstweiliger Anordnungen gemäß Artikel 243 oder auf Aussetzung der Zwangsvollstreckung gemäß Artikel 256 Absatz 4 entscheiden.

Bei Verhinderung des Präsidenten wird dieser durch einen anderen Richter nach Maßgabe der Verfahrensordnung vertreten.

Die von dem Präsidenten oder seinem Vertreter getroffene Anordnung stellt eine einstweilige Regelung dar und greift der Entscheidung des Gerichtshofs in der Hauptsache nicht vor.

Art. 37. [Beitritt von Mitgliedstaaten, Organen der Gemeinschaft u. interessierten Personen] Die Mitgliedstaaten und die Organe der Gemeinschaft können einem bei dem Gerichtshof anhängigen Rechtsstreit beitreten.

Dasselbe gilt für alle anderen Personen, die ein berechtigtes Interesse am Ausgang eines bei dem Gerichtshof anhängigen Rechtsstreits glaubhaft machen; ausgenommen davon sind Rechtsstreitigkeiten zwischen Mitgliedstaaten, zwischen Organen der Gemeinschaft oder zwischen Mitgliedstaaten und Organen der Gemeinschaft.

Unbeschadet des Absatzes 2 können die Vertragsstaaten des Abkommens über den Europäischen Wirtschaftsraum, die nicht Mitgliedstaaten sind, und die in diesem Abkommen genannte EFTA-Überwachungsbehörde einem bei dem Gerichtshof anhängenden Rechtsstreit beitreten, wenn dieser einen der Anwendungsbereiche dieses Abkommens betrifft.

Mit den auf Grund des Beitritts gestellten Anträgen können nur die Anträge einer Partei unterstützt werden.

Art. 38. [Versäumnisurteil] Stellt der ordnungsmäßig geladene Beklagte keine schriftlichen Anträge, so ergeht gegen ihn Versäumnisurteil. Gegen dieses Urteil kann binnen einem Monat nach Zustellung Einspruch eingelegt werden. Der Einspruch hat keine Aussetzung der Vollstreckung aus dem Versäumnisurteil zur Folge, es sei denn, daß der Gerichtshof anders beschließt.

Art. 39. [Drittwiderspruch] Mitgliedstaaten, Organe der Gemeinschaft und alle sonstigen natürlichen und juristischen Personen können nach Maßgabe der Verfahrensordnung in den dort genannten Fällen Drittwiderspruch gegen ein Urteil erheben, wenn dieses Urteil ihre Rechte beeinträchtigt und in einem Rechtsstreit erlassen worden ist, an dem sie nicht teilgenommen haben.

Art. 40. [Urteilsauslegung] Bestehen Zweifel über Sinn und Tragweite eines Urteils, so ist der Gerichtshof zuständig, dieses Urteil auf Antrag einer Partei oder eines Organs der Gemeinschaft auszulegen, wenn diese ein berechtigtes Interesse hieran glaubhaft machen.

Art. 41. [Wiederaufnahmeverfahren] Die Wiederaufnahme des Verfahrens kann beim Gerichtshof nur dann beantragt werden, wenn eine Tatsache von entscheidender Bedeutung bekannt wird, die vor Verkündung des Urteils dem Gerichtshof und der die Wiederaufnahme beantragenden Partei unbekannt war.

Das Wiederaufnahmeverfahren wird durch eine Entscheidung des Gerichtshofs eröffnet, die das Vorliegen der neuen Tatsache ausdrücklich feststellt, ihr die für die Eröffnung des Wiederaufnahmeverfahrens erforderlichen Merkmale zuerkennt und deshalb den Antrag für zulässig erklärt.

Nach Ablauf von zehn Jahren nach Erlaß des Urteils kann kein Wiederaufnahmeantrag mehr gestellt werden.

Art. 42. [Festlegung von Fristen] In der Verfahrensordnung sind besondere, den Entfernungen Rechnung tragende Fristen festzulegen.

Der Ablauf von Fristen hat keinen Rechtsnachteil zur Folge, wenn der Betroffene nachweist, daß ein Zufall oder ein Fall höherer Gewalt vorliegt.

Art. 43. [Verjährung der Ansprüche aus außervertraglicher Haftung] Die aus außervertraglicher Haftung der Gemeinschaft hergeleiteten Ansprüche verjähren in fünf Jahren nach Eintritt des Ereignisses, das ihnen zugrunde liegt. Die Verjährung wird durch Einreichung der Klageschrift beim Gerichtshof oder dadurch unterbrochen, daß der Geschädigte seinen Anspruch vorher gegenüber dem zuständigen Organ der Gemeinschaft geltend macht. In letzterem Falle muß die Klage innerhalb der in Artikel 230 vorgesehenen Frist von zwei Monaten erhoben werden; gegebenenfalls findet Artikel 232 Absatz 2 Anwendung.

Titel IV. Das Gericht erster Instanz der Europäischen Gemeinschaften

Art. 44. [Rechtsstellung der Mitglieder und Organisation des Gerichts] Die Artikel 2 bis 8 und die Artikel 13 bis 16 dieser Satzung finden auf das Gericht und dessen Mitglieder entsprechende Anwendung. Der Eid gemäß Artikel 2 wird vor dem Gerichtshof geleistet; die in den Artikeln 3, 4 und 6 genannten Entscheidungen trifft der Gerichtshof nach Stellungnahme des Gerichts.

Art. 45. [Kanzler und Personal] Das Gericht ernennt einen Kanzler und bestimmt dessen Stellung. Die Artikel 9, 10 und 13 dieser Satzung finden auf den Kanzler des Gerichts entsprechende Anwendung.

Der Präsident des Gerichtshofs und der Präsident des Gerichts legen einvernehmlich fest, in welcher Weise Beamte und sonstige Bedienstete, die dem Gerichtshof beigegeben sind, dem Gericht Dienste leisten, um ihm die Erfüllung seiner Aufgaben zu ermöglichen. Einzelne Beamte oder sonstige Bedienstete unterstehen dem Kanzler des Gerichts unter Aufsicht des Präsidenten des Gerichts.

Art. 46. [Verfahren vor dem Gericht] Das Verfahren vor dem Gericht bestimmt sich nach Titel III dieser Satzung; Artikel 20 ist gegenstandslos.

Das Verfahren wird, soweit dies erforderlich ist, durch die nach Maßgabe von Artikel 225 Absatz 4 des Vertrages erlassene Verfahrensordnung im einzelnen geregelt und ergänzt. Die Verfahrensordnung kann von Artikel 37 Absatz 4 und Artikel 38 dieser Satzung abweichen, um den Besonderheiten der Rechtsstreitigkeiten auf dem Gebiet des geistigen Eigentums Rechnung zu tragen.

Abweichend von Artikel 18 Absatz 4 dieser Satzung kann der Generalanwalt seine begründeten Schlußanträge schriftlich stellen.

Art. 47. [Verweisung; Zuständigkeit] Wird eine Klageschrift oder ein anderer Schriftsatz, die an das Gericht gerichtet sind, irrtümlich beim Kanzler des Gerichtshofs eingereicht, so übermittelt dieser sie unverzüglich an den Kanzler des Gerichts; wird eine Klageschrift oder ein anderer Schriftsatz, die an den Gerichtshof gerichtet sind, irrtümlich beim Kanzler des Gerichts eingereicht, so übermittelt dieser sie unverzüglich an den Kanzler des Gerichtshofs.

Stellt das Gericht fest, daß es für eine Klage nicht zuständig ist, die in die Zuständigkeit des Gerichtshofs fällt, so verweist es den Rechtsstreit an den Gerichtshof; stellt der Gerichtshof fest, daß eine Klage in die Zuständigkeit des Gerichts fällt, so verweist er den Rechtsstreit an das Gericht, das sich dann nicht für unzuständig erklären kann.

Sind bei dem Gerichtshof und dem Gericht Rechtssachen anhängig, die den gleichen Gegenstand haben, die gleiche Auslegungsfrage aufwerfen oder die Gültigkeit desselben Rechtsaktes betreffen, so kann das Gericht nach Anhörung der Parteien das Verfahren bis zum Erlaß des Urteils des Gerichtshofs aussetzen. Handelt es sich um Klagen auf Nichtigerklärung desselben Rechtsaktes, so kann sich das Gericht ferner für nicht zuständig erklären, damit der Gerichtshof über diese Klagen entscheidet. In den in diesem Absatz genannten Fällen kann auch der Gerichtshof die Aussetzung des bei ihm anhängigen Verfahrens beschließen; in diesem Fall wird das Verfahren vor dem Gericht fortgeführt.

Art. 48. [Entscheidungsübermittlung] Der Kanzler des Gerichts übermittelt jeder Partei sowie allen Mitgliedstaaten und den Gemeinschaftsorganen, auch wenn diese vor dem Gericht der Rechtssache nicht als Streithelfer beigetreten sind, die Endentscheidungen des Gerichts und die Entscheidungen, die über einen Teil des Streitgegenstands ergangen sind oder die einen Zwischenstreit beenden, der eine Einrede wegen Unzuständigkeit oder Unzulässigkeit zum Gegenstand hat.

Art. 49. [Rechtsmittel zum Gerichtshof] Gegen die Endentscheidungen des Gerichts und gegen die Entscheidungen, die über einen Teil des Streitgegenstands ergangen sind oder die einen Zwischenstreit beenden, der eine Einrede der Unzuständigkeit oder Unzulässigkeit zum Gegenstand hat, kann ein Rechtsmittel beim Gerichtshof eingelegt werden; die Rechtsmittelfrist beträgt zwei Monate und beginnt mit der Zustellung der angefochtenen Entscheidung.

Dieses Rechtsmittel kann von einer Partei eingelegt werden, die mit ihren Anträgen ganz oder teilweise unterlegen ist. Andere Streithelfer als Mitgliedstaaten oder Gemeinschaftsorgane können dieses Rechtsmittel jedoch nur dann einlegen, wenn die Entscheidung des Gerichts sie unmittelbar berührt.

Mit Ausnahme von Fällen, die sich auf Streitsachen zwischen der Gemeinschaft und ihren Bediensteten beziehen, kann dieses Rechtsmittel auch von den Mitgliedstaaten und den Gemeinschaftsorganen eingelegt werden, die dem Rechtsstreit vor dem Gericht nicht beigetreten sind. In diesem Fall befinden sie sich in derselben Stellung wie Mitgliedstaaten und Organe, die dem Rechtsstreit im ersten Rechtszug beigetreten sind.

Art. 50. [Rechtsmittel bei Ablehnung als Streithelfer] Wird ein Antrag auf Zulassung als Streithelfer von dem Gericht abgelehnt, so kann der Antragsteller binnen zwei Wochen nach Zustellung der ablehnenden Entscheidung ein Rechtsmittel beim Gerichtshof einlegen.

Gegen die aufgrund der Artikel 242, 243 und des Artikels 256 Absatz 4 des Vertrages ergangenen Entscheidungen des Gerichts können die Parteien des Verfahrens binnen zwei Monaten nach Zustellung ein Rechtsmittel beim Gerichtshof einlegen.

Die Entscheidung über das gemäß den Absätzen 1 und 2 des vorliegenden Artikels eingelegte Rechtsmittel ergeht nach Maßgabe des Artikels 36 dieser Satzung.

Art. 51. [Rechtsmittelgründe] Das beim Gerichtshof eingelegte Rechtsmittel ist auf Rechtsfragen beschränkt. Es kann nur auf die Unzuständigkeit des Gerichts, auf einen Verfahrensfehler, durch den die Interessen des Rechtsmittelführers beeinträchtigt werden, sowie auf eine Verletzung des Gemeinschaftsrechts durch das Gericht gestützt werden.

Ein Rechtsmittel nur gegen die Kostenentscheidung oder gegen die Kostenfestsetzung ist unzulässig.

Art. 52. [Verfahren vor dem Gerichtshof] Wird gegen eine Entscheidung des Gerichts ein Rechtsmittel eingelegt, so besteht das Verfahren vor dem Gerichtshof aus einem schriftlichen und einem mündlichen Verfahren. Unter den in der Verfahrensordnung festgelegten Voraussetzungen kann der Gerichtshof nach Anhörung des Generalanwalts und der Parteien ohne mündliches Verfahren entscheiden.

Art. 53. [Aufschiebende Wirkung] Unbeschadet der Artikel 242 und 243 des Vertrages haben Rechtsmittel keine aufschiebende Wirkung.

Abweichend von Artikel 244 des Vertrages werden die Entscheidungen des Gerichts, in denen eine Verordnung für nichtig erklärt wird, erst nach Ablauf der in Artikel 49 Absatz 1 dieser Satzung vorgesehenen Frist oder, wenn innerhalb dieser Frist ein Rechtsmittel eingelegt worden ist, nach dessen Zurückweisung wirksam; ein Beteiligter kann jedoch gemäß den Artikeln 242 und 243 des Vertrages beim Gerichtshof die Aussetzung der Wirkungen der für nichtig erklärten Verordnung oder sonstige einstweilige Anordnungen beantragen.

Art. 54. [Entscheidung des Gerichtshofs über das Rechtsmittel] Ist das Rechtsmittel begründet, so hebt der Gerichtshof die Entscheidung des Gerichts auf. Er kann sodann den Rechtsstreit selbst endgültig entscheiden, wenn dieser zur Entscheidung reif ist, oder die Sache zur Entscheidung an das Gericht zurückverweisen.

Im Falle der Zurückverweisung ist das Gericht an die rechtliche Beurteilung in der Entscheidung des Gerichtshofs gebunden.

Ist das von einem Mitgliedstaat oder einem Gemeinschaftsorgan, die dem Rechtsstreit vor dem Gericht nicht beigetreten sind, eingelegte Rechtsmittel begründet, so kann der Gerichtshof, falls er dies für notwendig hält, diejenigen Wirkungen der aufgehobenen Entscheidung des Gerichts bezeichnen, die für die Parteien des Rechtsstreits als fortgeltend zu betrachten sind.

Art. 55. [Verfahrensordnung] Die in Artikel 245 des Vertrags vorgesehene Verfahrensordnung des Gerichtshofs enthält außer den nach dieser Satzung zu erlassenden Bestimmungen alle sonstigen Vorschriften, die für die Anwendung dieser Satzung und erforderlichenfalls für ihre Ergänzung notwendig sind.

Art. 56. [Änderung der Satzung] Durch einstimmigen Beschluß kann der Rat die Bestimmungen dieser Satzung ergänzen, um sie den Notwendigkeiten anzupassen, die sich aus den gemäß Artikel 221 Absatz 4 dieses Vertrags getroffenen Maßnahmen ergeben.

Sachverzeichnis

Die fetten Buchstaben beziehen sich auf das Kapitel, die mageren Zahlen auf die Randnummern

Sachverzeichnis

Fette Buchstaben = Kapitel

Magere Zahlen = Randnummern

Sachverzeichnis

Sachverzeichnis

Sachverzeichnis